WHITE HOUSE YEARS

Henry Alfred Kissinger

白宫岁月：基辛格回忆录

[美] 亨利·基辛格 著

方辉盛 赵仲强 陈瑶华 钱乃复 江瑞熙 帅鹏 译

Vol.

1

上海译文出版社

图书在版编目(CIP)数据
白宫岁月 /(美)基辛格(Kissinger，H.)著；
方辉盛等译.—上海：上海译文出版社，2016.7(2025.1 重印)
(基辛格回忆录)
书名原文：White House Years
ISBN 978-7-5327-7218-6

Ⅰ.①白… Ⅱ.①基…②方… Ⅲ.①基辛格，
H. A.–回忆录 Ⅳ.①K837.127=6

中国版本图书馆 CIP 数据核字(2016)第 046833 号

HENRY A. KISSINGER
WHITE HOUSE YEARS

图字：09－2013－936 号

白宫岁月
基辛格回忆录
White House Years

Henry Kissinger
亨利·基辛格 著
方辉盛 赵仲强 等译

出版统筹 赵武平
责任编辑 陈飞雪 邹滢
装帧设计 陆智昌

上海译文出版社有限公司出版、发行
网址：www.yiwen.com.cn
201101 上海市闵行区号景路 159 弄 B 座
苏州市越洋印刷有限公司印刷

开本 720×1000 1/16 印张 114.75 插页 8 字数 1,358,000
2016 年 7 月第 1 版 2025 年 1 月第 4 次印刷

ISBN 978－7－5327－7218－6
定价(全四卷)：458.00 元

以此纪念

纳尔逊·奥尔德里奇·洛克菲勒

目录

前言

不管怎么说，我应召在美国外交政策的决策和执行中扮演了一个显要的角色。起先是当尼克松总统的国家安全事务助理，后来担任尼克松总统和福特总统的国务卿。这本书就是叙述理查德·尼克松的第一任总统期间我国的外交政策，从一九六八年十一月大选后我被任命为总统国家安全事务助理开始一直到越南谈判结束——大体上是一九七三年一月尼克松第二次就任总统的时候。这只能是我个人所见到的历史，描绘的是我所见所想和所作所为，不可避免，我必须对这些事件加以选择和压缩。从历史学家的意义上来说的完整的记载，必须等到其他文件、回忆录和传记——并不都得是美国人的——发表之后。

本书所涉及的时期是国内分裂和国际动荡的时期。在这段时期中，美国进入了这样一个世界，在这里我们不再处于支配地位，但仍然拥有巨大的影响。这是一个痛苦的、但是我希望并不是没有成就的过渡。它开始了美国对自由社会的前景作出新的贡献的过程，这种贡献从长远来说也许能带来更大的发展。对有些人来说，本书对于一些有争议的问题、特别是对越南战争的处理，将是从街垒的一边看问题，而这一边是他们所不熟悉的。在这里，我的叙述尽可能忠实于事实，目的是为了和解，而不是为了重提旧事，企图在辩论中得分。作为一个国家，我们只有承认街垒两边的人都是严肃认真的，才能对我们的分裂采取超脱的态度。

在回忆录的下一部里，我想写的是从一九七三年一月到一九七七年一月这段时期的事情，其中大部分时间，我担任国务卿。在那一卷里，我将讨论这样一些问题：水门事件和理查德·尼克松辞职；一九七三年十月的中东战争和其后的“穿梭外交”；石油危机之类的国际经济问题和南北方对话；南部非洲问题；萨尔瓦多·阿连德的倒台和我们的拉美政策；共产党接管印度支那；第二阶段限制战略武器谈判；与中国关系的发展；杰拉尔德·福特担任总统和一九七六年的竞选，等等。在有些问题上，我可能追溯到一九六九年——一九七二年时期的事态发展．这些事件，由于篇幅和连贯性关系，我在这里予以省略。手里拿着这本厚书的读者，可能难以相信还有什么事情没有包括在这本书里，但他也许会感到高兴，有些事情确实被留到第二部再谈。

在写这本书的时候，我尽量设法不依靠记忆。我参考了许多文件，在书中所谈的某一段时间，还有我自己的日记。我想把这部附有注释的书和我的文件一起留给学者们使用，他们将来也许会更详细地回顾这一个时期的历程。

在这样一个备忘录和复印机的时代，在这样一个官僚文牍日益蔓延和无事不作记录的时代，有一件咄咄怪事：写历史也许已经变成几乎办不到的事情了。

当一个历史学家撰写前几个世纪的历史时，问题是要找到足够的当时的材料；当他写现代外交的时候，问题是要避免被太多的材料淹没。如果让一个具有完美无缺的资格证书和无懈可击的客观态度的学者任意使用现代任何一个四年时间的数以百万计的文件，他的最大困难将是不知从何着手。长篇累牍的书面记录说明了问题，也会模糊一些问题；这种书面记录没有提供尺度，来判定哪些文件的制定是为了推卸责任、找寻借口，哪些文件真正指导决策，哪些反映了实际的参与，哪些是在根本不了解重大事件的情况下制定的。在快速电讯联络的时代以前，上级给一个谈判代表的指示必须是概念性的，因此人们可以从这些指示中看出政治家们的想法；在电传的时代里，这些指示通常是策略性或者技术性的，因此不谈较大的目的和前提。我们时期的官方档案不一定会透露哪些决定是绕过了正式的程序通过“小道途径”作出的，哪些决定是口头作出，而从未成为正式记录的一部分。参加谈话的人对谈话的叙述往往是事后的自我辩解。（迪安·艾奇逊曾经说过，他从来没有读到过一份谈话报告，作者不把自己说成是辩论中理由最充分的一方。）通过有选择地使用文件材料，一个人想证明什么，就能证明什么。目前人们未经许可或者擅自做主把文件透露出去的做法，几乎使得人们在编写每一份文件时都要考虑到怎样保护自己。新闻工作者的所得就是历史学家的所失。

重大事件的参与者在写他的报告的时候，自然也难免有这种倾向。显然，他的视野将受到他自己参与程度的影响。想说明问题的意向是与为自己辩护的意向结合在一起的。但是，一个参加者对写历史至少可以作出一个重要的贡献：他知道在无数可能的考虑中哪一些考虑实际上影响了他所参与的决定；他知道，在他看来哪一些文件反映了现实；他能够回忆起来，哪一些意见得到认真的对待，哪一些遭到了拒绝，以及最后作出的决定所根据的理由是什么。这一切都不能证明他的判断正确，只能证明它的依据。一个参加者如果采取不偏不倚的态度撰写他的回忆录，那么他的回忆录就有可能帮助未来的历史学家判断事情的真相，即使是在（也许特别是在）时机成熟有了更多证据可以证明事态全貌的时候。

我深深感激那些帮助我写成这本书的人们。我的朋友、知己和十五年的好同事彼得·罗德曼监督调研工作，他自己也承担了大量的调研工作，并且帮助做了编辑、核对和许多其他的琐事。如果没有他，这个工作绝不可能完成。另一位可信赖的同事和老朋友威廉·海兰对调研工作，特别是关于欧洲、东西方关系和限制战略武器谈判的调研工作作出了巨大的贡献。我在政府中的另外两个同事罗斯玛丽·尼赫尔·尼赫斯和玛丽·布劳内尔在调研工作和审核手稿方面非常熟练，专心致志，给我帮助不小。

温斯顿·洛德和威廉·罗杰斯出于友谊答应阅读此书的全文。他们提出了许多明智的建议，并且在编辑上作出了宝贵的贡献。看过部分手稿的人有布伦特·斯考克罗夫特、劳伦斯·伊格尔伯格、戴维·金斯伯格、理查德·赫尔姆斯、约翰·弗里曼、塞缪尔·哈尔彭、杰西卡·卡托和约翰·肯尼思·加尔布雷思。我并不是说我采纳了他们所有的建议，但是我热诚地谢谢他们的努力。

哈罗德·伊万斯在奥斯卡·特尼尔的协助下以卓越的编辑眼光读完了全书。他们教会了我，熟练、明智的编辑工作如何能够帮助搞好文章的组织和写出漂亮的文章。贝特西·皮撒和利特尔和布朗出版公司的已故的内德·布雷德福精细地阅读了手稿，对我很有帮助。梅利莎·克莱门斯熟练地做完了索引。凯瑟琳·德西博、凯思林·特罗亚和杰弗里·亚克尔协助做了调研工作。

我感谢国会图书管理人丹尼尔·布尔斯廷，手稿处的男女工作人员：约翰·布罗德里克、保罗·赫夫龙、约翰·诺尔顿和他们认真负责的助手。我感谢他们的服务、协助和保管我的文件。他们提供的工作安排对我和我的工作人员是一个很大的帮助。本书中对于保密材料的处理是和总统国家安全事务助理兹比格纽·布热津斯基博士办公室一起拟定的，在这里，我也向他表示感谢。尼克松总统也欣然同意让我援引他的总统档案中的一些材料。

我特别感激我的私人助手克里斯廷·维克先生，他负责组织手稿的处理和几个草稿的打字工作，同时还努力安排好我的日常事务。谢里尔·旺布尔和玛丽·贝思·巴卢塔也极其专注地帮助打字。大家都加班加点地工作。

我的妻子南希用她的建议和爱情来鼓励我，像往常一样，她是我的良心的一面镜子。

我把此书献给纳尔逊·洛克菲勒。他是我二十五年的朋友，今年一月不幸逝世。

我个人对此书的内容负全责，正如我对书中所记述的我的行动负责一样。

于华盛顿特区

一九七九年六月

第一部分

上任伊始

第一章　应召

总统就职典礼在一个天气晴朗、寒风凛冽的日子举行。我坐在台上，就在新内阁成员后面，眼看着林登·约翰逊在《向领袖致敬》的乐曲声中最后一次在过道上大踏步地走过。我不知道这位有权势的悲剧人物在结束一个以崇高愿望开始、而以痛苦的分裂告终的任期时心里作何感想。这个得到一致拥护的人最后如何导致了一个国家的分裂？约翰逊像一只笼中之鹰，傲然挺立，志不可侮，他的两眼凝视着他现在再也无法攀登的远方高峰。

在另一阵吹奏声中，当选总统理查德·尼克松在国会大厦台阶的最高一层上出现了。他穿着一件晨礼服，裤脚总是稍嫌短一点。他的下颌突出，有点轻蔑的神情。然而他又似乎没有把握，好像不敢相信自己真是站在那里。他同时流露出松了一口气和不相信的心情。他在经过了一段预想不到的历程和表现了美国政治史上最不寻常的一次自我约束精神之后，终于如愿以偿。他似乎很得意，好像等不及仪式结束就想开始实现他平生的梦想。但是他也显得精疲力尽，甚至虚弱，好像一个长跑运动员，在一次马拉松赛跑中使尽了浑身的力气。和以往一样，很难断定尼克松真正欣赏的究竟是眼前这个场面，还是过去对这个场面的憧憬。他走下台阶，以坚定而低沉的声音宣誓就职。

纳尔逊·洛克菲勒

我对自己能出席这个场合感到意外，这是可想而知的。仅在八个星期以前，如果有人说我会以新总统最亲信的顾问之一的身份参加总统就职典礼，那一定会显得十分荒唐。在此以前，我在政治生活中所接触的人都自认为是理查德·尼克松的死对头。我在哈佛大学教书已有十多年，哈佛教授们瞧不起尼克松已经成为固定的正统观念。而对我一生影响最深的一个人，曾经两次争取获得总统候选人提名，而两次都被尼克松所击败，那个人就是纳尔逊·洛克菲勒。

纳尔逊·洛克菲勒在一九五五年作为艾森豪威尔总统的国家安全事务特别助理把我引进了高级决策班子。他召集了一批学者，其中包括我，为总统起草一份关于外交政策根本问题的文件，这个问题就是美国如何能够在国际事务中掌握主动、明确它的长远目标。

这是一次有启发性的聚会。洛克菲勒走进房间，拍拍每个与会学者的肩膀，微笑着，用与他记忆中各人的教名最相近的称呼叫每一个人。然而，这一表现和他的纯粹美国式的魅力加在一起倒使人产生了一种疏远的感觉：对每一个人都以教名相称而且都同样地友好相待的时候，这种关系就失去了个人的意义。我们每一个人都为自己接近了权势——而且我敢说也接近了财神爷——而感到陶醉。洛克菲勒坐着，听我们各人拿出自己的看家本领，尽力用自己切合实际的聪明才智来打动他的心。教授们一个个欣然拿出聪明的策略见解：如何左右别的国家，或者至少左右它的官僚机构；如何对付一个我们所不了解的总统；或者是（总统国家安全事务助理们长期遇到的问题）如何压倒一个同样不熟悉的国务卿。当我们讲完了的时候，洛克菲勒脸上的笑容消失了，他紧皱眉头（我后来非常熟悉他的这种表情，这种表情说明谈正经事的时候到了）说道：“先生们，我把你们请到这里来，不是叫你们来告诉我在华盛顿应该如何运筹帷幄——那是我的事情。你们的任务是告诉我什么是正确的。如果你们能够说服我，我就去向总统提出。如果我不能说服他接受，我就辞职。”

洛克菲勒是说到做到的。我们写了一个报告；里面有一个主张，即“开放天空”的建议被接受了。提出长远目标的章节被删除了，部分是因为国内普遍存在的自满情绪，但是更主要的是由于一个有权势的、坚持己见的国务卿对此表示反对。洛克菲勒在一九五五年年底辞了职。

我曾参与过一次典型的洛克菲勒尝试。在我所认识的社会名流中，他对思想意识的力量具有最绝对的、几乎是令人感动的信心。他花了极大的力量去探求什么是应该做的“正确的事情”。他的竞选活动是根据这样一个幻想来进行的，即在政党的全国大会上争取代表的办法是，提出高人一等的有实质内容的纲领。他花在演说上面的时间多得简直叫人受不了。尽管看来也许并不典型，但他的无限精力、他的务实精神和他的百折不挠的乐观主义在某种意义上说是纯粹美国式的。障碍是要去克服的；问题就是机会。他决不能设想有什么错误是不能纠正的，有什么正当的愿望是不能实现的。对别国人民来说，乌托邦是一个永远不可复得的神圣往事；但是，对美国人来说，只要他们立意去争取，它就不难到手。

我确信，纳尔逊·洛克菲勒本来会成为一位伟大的总统。他完全具备果断勇敢、远见卓识这样一些当领袖的品质。但是，就在他的目标有可能实现的当口，一次在一九六〇年，一次在一九六八年，他却一反本性，犹豫不决起来。为了他的信念，他可以冷酷无情；他百折不挠到了令人难以置信的程度。但是，在他身上，也存在一种深刻的矛盾心理。某种贵族气质的、道德上的考虑牵制了他，使他不能一心一意、全神贯注地去争取这个宝座，这种全力以赴的精神状态曾经使他为了使自己配得上当总统而耗竭全部精力。他的整个教养使他不愿在他想要为之效力的人民面前显得他似乎是在追求个人的目的；他感到自己已经是一个幸运儿，无权为自己个人再要求什么东西。所以，他谋求当总统的办法是，设法向全国人民提出关于这个国家的潜力的最全面的见解以及如何实现这种前景的最好蓝图。

从深处来看，纳尔逊·洛克菲勒是吃了非常有钱的人在权利均等的社会里天生吃不开的亏。他要证明，他已经超越了本来就是混淆不清的事情：他的事业是靠他的本领，而不是靠他的财富，他所以能做这一番事业是由于他的成就，而不是他的世袭。在具有贵族传统的国家中——例如在英国，直到第二次世界大战结束之后很久——上层阶级深信，担任公职是他们的权利，因此身居高位，去就自如，当仁不让。可是在美国，名门望族的子弟却极怕被人指摘公然依仗财势而得到权力。他们认为，必须靠自己的本事来取得职位。但是，正如一个美丽的女人难以断定，别人对她的爱慕是否只是“为了她这个人”一样——其实，她这个人也是和她的美分不开的，在美国，一个有钱的人也很难断定是什么使得他担任公职的。如果他幸运的话，他就会及时地知道，这中间并没有多大差别。对一个身居高位的人，人们是以他所解决的问题和取得的成就来衡量他，而不是以他的钱或者那些捧他上台的人的动机来衡量他。历史判断一个人不是根据他的得天独厚，而是根据他的成就。

这个难题，纳尔逊·洛克菲勒始终没有充分予以解决。在他不幸逝世之后，有人说，他虽然是洛克菲勒家族的人，可是终于没能当上总统。这句话其实应当反过来说。他之所以未能当上总统，主要是因为他是洛克菲勒家族的一分子。他不惜耗费巨资参加竞选。但是同时，他有一种过分的责任感，要用他的纲领来说明他为什么有这样的雄心，同时，他有一种不同寻常的顾虑，不愿用他所认为有失身份的办法去争取共和党全国大会的代表们的好感，从而实现他的梦想。然而，我们的政治程序并不完全是像这样运转的，事实上决定因素更多的是个人，而不是纲领。

在三次(共和党)全国大会上，洛克菲勒都是为他认为像样的党纲而斗争，不去考虑美国政治史上最确实的教训之一：党纲只是在代表们聚会一堂来选择党的候选人的短暂时刻有用，那个时刻一过，它就悄悄地从人们记忆中消失了。一九六〇年，在共和党全国大会之前只不过三个星期的时候，他已经注定得不到候选人提名，而且已经没有改变这个结局的现实希望了，就在这种时候，他提出了一个重大的、全面的纲领。这样，他迫使尼克松接受了著名的《第五大道盟约》——在洛克菲勒的公寓里起草的一个文件，使共和党的竞选纲领倾向于符合他的观点。但是为此，他在党内的地位却付出了重大的代价。一九六四年，他不顾一切地反对巴里·戈德华特，因为他真正相信，戈德华特在那时候是为一种危险的保守极端主义打掩护的工具(虽然他后来又钦佩他了)。戈德华特的欠涵养的追随者则报之以要在共和党大会上把洛克菲勒轰下讲台。一九六八年三月，当他仍然很有可能被提名时，他退出了竞选，后来，当尼克松已经有确实的把握可以得到多数票时，洛克菲勒又发表一连串详细、有思想的政策声明，重新参加竞选。

他的作风同理查德·尼克松的作风形成了最强烈的对照。在今日的美国，那些像着了魔一样热衷于追求权力的人，越来越有可能掌权。一个人，随便他有多么突出的才干，只要他不是发狂一般地去争取提名，只要他对提名的过程有所疑惧或鄙视，他的一切努力总会落空。对于谋求总统这个最高职位的竞选人，就像对于运动员一样，一切依赖于准确地掌握时机，依赖于直觉地抓住机会的能力。大会代表们只有像蝴蝶一样短暂的政治生命。在一个很短的时期里，他们受到别人称赞、讨好、施加压力、献媚奉承，甜言蜜语的哄骗和无休无止的纠缠。一旦选举过后，他们又湮没无闻了。因此，他们对任何候选人的缺乏自信非常敏感。

必须具备这样一些本事才能从这样一个临时性的机构获得美国总统候选人提名，但这些本事，未必与治国之才有多大相干。的确，随着在每次总统选举中，候选人提名程序的要求越来越多，这两者之间的不能协调一致也与日俱增了。提名程序有利于擅长组织工作的候选者，他能使政治语言符合于当前的需要，他是一个含糊其辞和求同存异的能手，他能使纲领服从于组成一个广泛的联盟的需要。一个像尼克松那样极其了解提名过程的复杂实质的人，势必会战胜一个以强调实质来争取提名的候选者。

按个性来说，纳尔逊·洛克菲勒和艾德莱·史蒂文森不同。洛克菲勒是一个硬汉子，他比史蒂文森要果断得多。但是奇怪的是他们的命运却完全相同。在机会面前，他们犹豫不决，或者倒不如说，他们不屑于使用新的政治学所需要的手段来塑造他们的机会。如果说这一点对一个民主党人来说是危险的话，那么对一个共和党人来说就是致命的了。共和党在野已经一个世代，已经转为内向，强调正统和纪律性，从而对大胆的新的纲领表示高度怀疑。这两个人所受的挫折都是从这个缺陷来的。一九六〇年，史蒂文森败于肯尼迪一伙，洛克菲勒在一九六〇年、后来又在一九六八年两次败于尼克松的竞选机器。洛克菲勒极其不喜欢尼克松有许多因素，但是关键因素是他对权术政治的直觉反抗，而这种政治也许仍然是现代美国总统政治的实质。

此外，洛克菲勒和尼克松之间的对立并不是不含有个人交恶的成分，这种个人交恶甚至超过了为了争夺唯一的目标而自然会产生的那种感情。尼克松认为，洛克菲勒是一个自私的业余政治家，他宁可毁掉他控制不了的东西，而且是一个在尼克松的整个政治生涯中用恩赐态度对待尼克松的传统势力代表。洛克菲勒则认为尼克松是一个缺乏那种掌握我国命运所必需的远见和理想的投机分子。

在一九六八年，这种对待尼克松的态度有许多我是同意的，虽然我并没有作为判断依据的直接证据。我出席了洛克菲勒向尼克松让贤的那次颇有大丈夫气概的记者招待会，心里感到很不好受。我的感情很像是那个曾经采访洛克菲勒竞选的记者的感情，他竞选结束时在美利坚大饭店的酒吧间里失声痛哭。他说："这是我在感情上与之相投合的最好的政治家。""搞政治的人都像狗一样。他们的政治生命太短，不配得到别人对他们表示忠诚。”一个本来会成为伟大的美国总统的人永远没有实现他的目标。想到这一点，他的朋友们感到尤其难受，因为我们心中深深知道，如果不是由于一些策略上的错误和犹豫不决，情况本来是可以完全相反的。

电话铃声

在那个令人沮丧的日子之后几个月，当时理查德·尼克松已经当选总统，我正在纽约市原始艺术博物馆四楼上洛克菲勒的小公寓里同洛克菲勒州长以及他的几位顾问共进午餐。那一天是一九六八年十一月二十二日，星期五。洛克菲勒资助的这个博物馆通过一条穿过小巷的、有篷顶的过道与西五十五街洛克菲勒的州长办公室相连。这所公寓是建造洛克菲勒中心的建筑师华莱士·哈里森设计的。它的红色的、曲线的、引人注目的墙壁上挂满了图洛斯-劳特雷克的画；还有一些名画没有地方挂，只好放在储藏室里。在这样华丽的环境中，我们在讨论，如果尼克松邀请洛克菲勒参加他的内阁，洛克菲勒应该采取什么态度；如果能由他选择的话，他应当选择什么职位。

意见是分歧的。有的顾问认为，洛克菲勒当一个大州州长、控制着一个政党组织和人事任选权，影响会来得更大一些。另一些人则认为，间接的影响是不切实际的。一个州长很难首尾一贯地、全面地控制国家的政策，他要是打算这样去做又可能会在特别不利的条件下重揭过去的疮疤。洛克菲勒倾向于第一个意见，他的理由是，他感到很难居人之下，特别是对尼克松这样的人。

我的看法是，如果被给与这样的机会，洛克菲勒应该参加内阁；我还进一步力陈，如果能当国防部部长，他会感到十分愉快。我认为，总统当选人几乎可以肯定会贯彻他公开宣布过的意图：当他自己的国务卿。而且，在我看来，国务院不能提供洛克菲勒的个性所需要的独立性。而作为国防部部长，他却能够满足他数十年来对国家安全的兴趣。从罗伯特·麦克纳马拉的例子来看，我也认为国防部部长能够在外交政策的制定上起重大的作用。

我们随心所欲地讨论着这种种考虑，突然，电话铃声打断了我们的谈话，电话是从总统当选人办公室打来的，打电话的人是替尼克松安排约会的秘书德怀特·查平。他打断了洛克菲勒的战略会议，邀请我，而不是洛克菲勒，去见他的上司。这件事尖锐地反映了洛克菲勒在国家政治生活中令人泄气的经历。回想起来，这个电话显然已经使得我们的讨论毫无意义。但是我们又接着进行讨论，好像什么事都没有发生似的。参加午餐的人谁也没有想到，这次电话的目的可能是建议我担任新政府中的重要职位。

这个电话并没有使我产生期望，也没有使我产生热情。我和洛克菲勒交往甚久，在此期间，我曾在约翰·肯尼迪总统当政初期出任白宫顾问，那是大学教授们首次从咨询身份转而负责实际工作。肯尼迪总统曾经读过我新出版的书《选择的必要性》（至少是读过《纽约客》周刊上关于我这本书的长篇书评），要求我参加白宫班子。我们进行了一次长时间的谈话，他的生气勃勃和敏锐的头脑使我敬佩，虽然在初期，我还没有感到，肯尼迪的自信也不逊于他的充沛精力和惊人的想象力。在我的印象中，总统的国家安全特别助理、我从前的哈佛同事麦乔治·邦迪也不是像总统那样迫切希望在白宫人员中再加上一位有同样学术地位的教授。无论如何，我是很不愿意割断和洛克菲勒的联系。所以，我们达成协议，我以顾问的身份每周在白宫工作一两天。

担任一个局外顾问，再加上我自己是一个学院式的自我中心论者，又没有受到总统府日常工作压力磨练，使得这个安排从各方面来说都是一个失败的经验。一个忠于某一候选人的顾问* 距离形势太远，不能参

* 指忠于纳尔逊·洛克菲勒作为候选人。——译注

加作出瞬息万变的决定，而且牵连太深，不能保持一个局外顾问的内心的距离和神秘。他几乎不可避免地会变成他的助手们以及他为之提出咨询意见的人们的负担。由于对当时白宫工作如何进行缺乏了解，我把我的精力都花在提出一些不需要的建议上，并且在我和肯尼迪总统不多的接触中，用长篇的学术谈话来困扰他，那些谈话即使引起了他的兴趣（当然那是不大可能的），他也不可能有所作为。结果，在一九六二年年中，我们拆伙了，这使双方都感到松了一口气。

会见理查德·尼克松

有了这样一次令人失望的经历，我更没有理由期望被邀参加尼克松政府。我并不认识这位当选总统。我的朋友、保守派专栏作家小威廉·巴克利多年来一直告诉我，尼克松被批评他的人低估了，他比他的反对者所设想的要更加敏锐和明智。但是我一直到一九六八年总统选举之前不曾有机会对他这个人作出我自己的判断。

我只见到过尼克松一次，那是一九六七年，我们两人都去参加克莱尔·卢斯在她的公寓里举行的圣诞节聚会。当尼克松到达的时候，我正好要离开。卢斯夫人把我们拉到书房里。尼克松说，他看了我的第一本书《核武器和外交政策》。他从中学到了东西，并且曾经给我写过一封短信。我感到很尴尬，因为我忘记了这件事。我的回答是生硬的，这并不是由于二十年来的偏见，而是由于我们会见的场合尴尬。那时，我对于闲聊天还感到十分不习惯，而理查德·尼克松直到今天也还没有克服他怯于社交的习性。我们在不大自然的气氛中说笑了几句，然后就分手了。

我第一次和尼克松的工作人员打交道是在一九六八年迈阿密的共和党大会上。那时，投票还没有举行，但是尼克松被提名为总统候选人已经是明显的事了。我会见了尼克松当时的首席外交政策顾问理查德·艾伦，设法就一个对越南问题的纲领达成协议，以免在大会上争吵。我主要关切的是要保证共和党纲领要把谈判解决的希望考虑在内。由于提名已经没有问题，尼克松的支持者认为没有必要在把前两届大会搞得一塌糊涂的那个实质问题上进行拼死决斗。一个相当温和的折衷方案产生了。我们站在洛克菲勒这一边的人没有什么东西可以欢庆，把这个方案当作精神上的胜利表示欢迎。

在大会后，我回到哈佛，认为我对美国政党政治过程的贡献已经结束。在一九六八年的全国竞选运动中，有几位尼克松的代表——有的是自命的——曾打电话给我征求我的意见。我采取的态度是，我愿回答关于外交政策的具体问题，但是不愿提出总的意见，也不愿主动提出建议。对汉弗莱的工作人员提出的询问，我也给予同样的答复。

无论怎么说，尼克松的班子只向我提出过一个问题。那是在一九六八年十月初，比尔·巴克利把我介绍给当时尼克松的竞选运动经理约翰·米切尔。米切尔问我，我是否认为，约翰逊政府会同意在越南停止轰炸，以换取在选举前开始谈判。我回答说，在我看来，北越十分可能希望以这样的条件换取停止轰炸，而且他们会设法使两个党的总统候选人都承担这一义务。因此，我相信河内大概会在选举前夕同意这一点。我还提醒他们不要在这上面大做文章。在竞选中，米切尔又有一两次找我核实这一见解。有一次，他对我说，如果我获得了任何可靠的情报，要我打电话给一个叫做霍尔德曼先生的人，他还给了我一个电话号码，但我从未用过它。我对尼克松班子的有限印象就是，他们是一批完全埋头于竞选的技术问题的人们，把实质性问题留待竞选结束之后，这是任何总统竞选人的竞选班子都采取的典型态度。

在皮埃尔饭店的会见

我应查平电话之约，于十一月二十五日星期一上午十时来到尼克松的临时总部，那是在皮埃尔饭店的三十九楼。我不知道会发生什么情况，没有预料到这次谈话会改变我的生活。我想当选总统可能要我谈谈对于他面临的政策问题有些什么看法。几个整齐利落的年轻人还在接待厅中校验监控录像机。其中一个最整齐利落、最年轻的小伙子走上前来和我打招呼，他就是德怀特·查平。他彬彬有礼地把我领到大厅尽头处的一个大起居间里，说总统当选人马上就来。那时我并不知道，尼克松会腼腆得那样令人难受。会见陌生人使他感到莫名其妙的害怕，特别是如果对方处于能够拒绝或者反驳他的地位。正如他在这样的约见之前所习惯做的那样，尼克松这时多半是在隔壁房间里镇定神经，重温一遍他要讲的话，这些话毫无疑问是随手写在一本黄色拍纸簿上的，至于这本簿子，他是从来不给来客看到的。

尼克松终于走进房来了，他装出轻松自在的样子，然而却掩饰不住他内心的紧张不安。他坐在一张沙发上，背对着俯瞰第五大道的窗子，要我坐在他对面的一张安乐椅上。他的神态腼腆，缺乏自信，他的动作含意模糊，和他所说的话没有关系，好像推动他的言语和手势的是两种不同的动机似的。他的语声低沉而温和，他一面谈话，一面喝咖啡，一杯一杯的咖啡不等他要便送进来。

他的话题是组织新政府这项任务。他说，组织问题繁重得很。他对国务院没有什么信心。国务院的人员不效忠于他。在他当副总统的时候，外事机构瞧不起他，他一下台，立刻就对他不予理睬。他决心要从白宫掌管外交政策。他认为，约翰逊政府忽视了军方，军方的决策程序没有给总统提供真正的选择自由。他觉得决不能让中央情报局插手政策的制定。中央情报局的工作人员都是些名牌大学的自由主义分子，他们往往以客观分析为幌子推行自己的主张。他们在政治上一直是反对他的。尼克松请我就这些问题发表意见。

我回答说，他不应该用外事机构过去对一位总统候选人或者甚至对一位副总统的表现来判断他们将来对一位总统会采取的态度。无论如何，一位有主见的总统总是能够控制对外政策的。关于中央情报局，我了解得太少，提不出什么看法。我同意他的看法，需要有一种比较正式的制定政策的程序。约翰逊政府的决定往往是在非正式的会议上作出的，时常也在饭桌上作出决定，就是有名的“星期二午餐”，没有其他工作人员参加，也不要他们去继续贯彻。因此，很难确切知道究竟作出了什么决定。每一个有关的机构，即使是本意再好不过，也总是按照最适合于它自己的先入之见的方式，来理解这些会议所得出的往往是模棱两可的结果。当然，它很有可能出大错和误解，也很少有机会去考虑理性探讨、连续行动或细微的差别。在我看来，必须建立一个比较有系统的结构。艾森豪威尔政府的那种繁文缛节应该避免，因为在那种情况下，决策过程往往具有各独立部门之间缔结一个特别条约的性质。但是，在我看来，某种新的连贯性和精确性是必不可少的。

尼克松扼要说明了他对外交政策的一些看法。他的见解与知识与我以前对他的看法全然不同，这使我大为惊讶。他问我，据我看来，他在外交上的目标应当是什么。我回答说，压倒一切的问题在于，要把我们的外交政策从时而乐而忘形、时而惊慌失措的历史性剧烈摇摆中解脱出来，从那种认为作出决定主要取决于决策者的癖性这种错觉中解脱出来。政策必须和国家利益的某些基本原则连在一起，这些原则凌驾于任何一届政府之上，尽管总统易人，这些原则却要保持不变。

谈到这里，谈话变得不那么明确了。尼克松很怕被人拒绝，所以在他提出什么建议时，话说得令人捉摸不定，很难猜透他的真意，不知道他是不是在表示什么具体的事情。经过经常的接触后，我才更好地了解了他那种微妙的迂回曲折的表达法。我了解到，在尼克松来说，说话就像打台球一样，重要的不是它的开初的冲力，而是后续击撞。然而在和他的第一次会见中，我只能从字面上来理解这位当选总统的话，没有别的办法。我的理解是，他问我是否在原则上准备参加他的政府，担任某种策划工作。我回答说，如果洛克菲勒州长应邀出任内阁中的一个职位，我将乐于充当他的工作人员。总统当选人没有对我的前途进一步发表意见。他建议我把我对最有效的政府结构的看法写成一个备忘录。

现在回想起来，任命洛克菲勒的可能性本来极小，如果说还有一点可能的话，显然也因为我的这句答复而消失了。理查德·尼克松无意让我作为洛克菲勒的下属参加他的政府，他更不想造成这样一种局面，让我必须在他们两个人中间进行选择。后来我才知道，我对尼克松来说有吸引力的原因之一是，我的任命可以显示他有能力吸收一个哈佛大学的知识分子。我来自洛克菲勒身边，使得这个前景更有意思。

尼克松按了一下电钮，表示谈话行将结束。一个服饰整洁、蓄小平头、模样精明的人进来了，据介绍他是鲍勃·霍尔德曼。尼克松吩咐霍尔德曼，安装一条直接通到哈佛大学我的办公室的电话线，以便当选总统以后继续和我谈话。这样的安排好像意味着纽约与剑桥之间没有正常电话联系似的。霍尔德曼把这个古怪要求写在小黄本上，但他后来并没有照办。

当我离开总统当选人的时候，我并不确切知道他期望于我的是什么。从这次谈话中，我还看不清楚，尼克松所要我做的究竟是提些意见，还是承担义务，如果是后者的话，对什么承担义务。在我走出来的时候，霍尔德曼要我到尼克松房间隔壁，他的房间里去坐坐。他也没有说什么话，能在这个基本问题上给我启发，我也没有问他。看来，他倒是急于向我介绍他的工作。他平平淡淡地解释说，他的主要职责是，防止不通过正常途径办事的情况。他必须保证，任何备忘录都要由有关白宫人员签署了意见才到达总统手里，总统和任何人的谈话都必须有一个白宫工作人员在场，以保证实施。他还指出，他要把高级白宫工作人员的“总统特别助理”的头衔改为“总统助理”，因为谁也不知道这个“特别”是什么意思。霍尔德曼把他要说的这些话说完之后，并没有要我发表意见，就很有礼貌地向我说再见。

我当天下午回到哈佛，还来得及参加我四点钟的国家安全政策讨论会。在哈佛，人们都叽叽喳喳，对我和总统当选人的会晤感兴趣，但是，没有人当真推测到，我可能被邀请在新政府中任职。没有报纸记者问及这次会见，也很少有朋友表示关心。

第二天，我接到纳尔逊·洛克菲勒的电话，他已见过总统当选人，尼克松对他说，他做纽约州州长，比担任内阁阁员，对国家会有更大的贡献。尼克松说，由于在一九七〇年要举行重要选举，洛克菲勒继续作为州候选名单上的第一名候选人是十分重要的。尼克松还问了他许多关于我的问题，特别是我在工作繁忙时的表现。洛克菲勒告诉我，他在这一点上向总统当选人说，他完全可以放心。洛克菲勒平心静气地叙述了他和尼克松的谈话，没有发表什么评论；他对我是否应该在尼克松政府中供职没有表示意见。

一小时之后，我又接到第二个电话，这次是从约翰·米切尔的办公室打来的。他提议次日相会，商谈我在新政府中的职位问题。他没有解释，他所说的是什么职位，他是否以为我已经被邀请担任什么职位，或者是否仅仅是要进行另一次探讨性的谈话。

当天傍晚，我去纽约拜访麦乔治·邦迪。他在离开白宫后，担任福特基金会会长。我和邦迪多年来有着好恶参半的关系。我钦佩他的才华，甚至在他过多地用他的才华来为华而不实的主张服务的时候，我也是如此。他有时态度显得粗暴，但我认为他还是较为机灵和文雅的。他对我的态度往往是，一方面彬彬有礼，另一方面又有一种下意识的屈尊感，这是上层波士顿人用新英格兰的标准来对待外国血统、同时具有非常过激的个人作风的人们的方式。

整个说来，我是很敬佩邦迪的。他如果是生活在一个不这么革命的时代，他的事业成就本来是可能和他当作偶像一样崇敬，并且为之编写自传的亨利·斯廷森相媲美的。邦迪本来有可能在政府中历任要职，充分发挥他的才华和他很有自信的判断力，累积资历。不幸的是，邦迪开始在政府供职的时候，正是本来应该作为他的固定的研究单位的机关团体内部发生大变动的时候。因此，他总是发现自己所在的主流势力正渐渐失势。在越南问题上，他是一个鹰派。传统势力以其行为准则制造了这场战争，然而它们又士气不振，使他感到难以理解；从内心来说，他是一个保守派，他以前的一些社会关系使他参加了一些事业，最后，他对这些事业又缺乏热情。由于自己的信念和本能之间、才智和需要感情支持之间的矛盾，邦迪逐渐失去了一些选区，这些选区本来是可以使他成为像约翰·麦克洛伊或戴维·布鲁斯那样的常任公众顾问的。他的才华、个性和教养的确可以使他对国家作出更大的贡献，可是命运迄今没有给他这样的机会。

我对他十分尊重，所以他是我在会晤米切尔之前征求意见的唯一的人。我告诉他，我预料新政府会邀请我在国务院中担任一个职务。邦迪对于适合于我的职位的估计反映在他这样一句话里：他说，总统当选人如果在选定国务卿之前就先任命助理国务卿，那就不好了。他说，肯尼迪的经验证明，这样一个做法会有损国务卿的权威，而又不能增加总统的影响。邦迪告诉我，如果我可以选择的话，如果国务卿是我所了解并且信任的人的话，我应该选择政策规划司主任的职位。他在原则上没有表示强烈反对我参加尼克松政府。

我见到约翰·米切尔的时候，他正坐在写字台后面抽烟斗，他很自信，沉默寡言，显得是一个实权人物。他一见我就直截了当地问道："关于国家安全的工作，你决定怎样？"

"对此任命，我一无所知。"

"啊，老天爷，"米切尔说，"他又把事情弄糟了。"米切尔从转椅中站起身来，蹒跚地走出了房间。五分钟后，他回来说，总统当选人要见我，于是他送我走出大厅。

这一次，尼克松的主意很清楚了。要我出任总统国家安全事务助理。总统当选人主要是重复他两天前说过的话，更着重强调中央情报局无能，国务院不可靠。因此，对于他个人以及他要从白宫掌管外交政策的计划，总统国家安全事务助理这个职位对于他都具有关键性的意义。我们简短地谈了一下工作。我强调说，在我以前几次担任顾问职务的时候，我一直拒绝见报界代表。总统当选人欣然同意我应该继续保持沉默。在这一点上，我们两个人都证明不是特别有远见。

我心里很明白，尼克松就是二十多年来在政治上遭人唾骂的理查德·尼克松。由于这个原因——如果没有其他原因的话——我觉得不能当场就接受这个职位。我告诉总统当选人说，如果我得不到朋友和同事们精神上的支持，我对他是没有多大用处的——这个判断后来证明是错误的。我要求给我一个星期的时间来和友好们商量。

这个异乎寻常的要求在不小的程度上反映了学术界思想的局限性和哈佛教授们的妄自尊大。在这里，美国总统当选人邀请一个在外国出生的教授担任世界上最有影响的职位之一，这位教授居然犹豫不决，要去和同事们商量，而这些同事，在选举中是一致反对尼克松的，将来肯定也会反对他。总统当选人这样做也许是在冒一场巨大的政治风险；这位未来的顾问不愿牺牲他的学术上的同事们的尊敬。尼克松本来是满有理由一笔勾销，叫我忘记这整个事情的。然而，尼克松却宽洪大量地接受了我延期答复的要求，这个要求本来是不值得他这样宽厚对待的。他还相当令人感动地提出了杜克大学里对他有了解的几个教授的名字，这些教授对于他的道德水平的评价比我从哈佛能了解到的更加公正。他还说，如果我定期把一些知识分子带到白宫来，使我们听到各种各样的见解，他会感到高兴的。他特别尊崇像英国的阿拉斯太尔·巴肯和法国的雷蒙·阿隆这样的人。

在这次会见之后，我立即开始征求我的朋友和同事们的意见。他们个个都劝我接受这个职位。毫无疑问，他们的意见带有这样一种愿望，希望华盛顿某位有影响的人是他们的熟人，能够提供代表他们接近权力的机会。在肯尼迪执政的年代后，接近权力的欲望已经成为许多学者先生们的癖好了。就是在那个时候种下了将来的误会的种子。我的有些友好把我们之间的关系不仅当作接近权力的保证，而且看作是他们的见解取得优势的保证。但是，这是不可能的，原因有二：尼克松和知识分子之间的敌对情绪无论是在哲学上还是在个性上都有深刻的根源。尼克松并不是真正信任他们，他们也不是真正接受尼克松。他们有时可以并存，但从来不能合作。虽然我尊重我的同事，也喜欢他们中间的许多人，然而作为总统助理，我势必只能为我的首脑效忠，因为我毕竟在很大程度上参与制定了他的政策。随着时间的流逝，这种看问题角度的分歧引起双方的许多痛苦。

和纳尔逊·洛克菲勒的谈话是决定性的。他说，我没有选择余地。这个邀请是一个义务。拒绝会是一个纯粹自私的举动。如果我拒绝应召，那么我就会为每次外交政策上的失败而责备自己，而且的确，我会受到严厉的批评。于是，在十一月二十九日星期五下午晚些时候，那是在洛克菲勒饭厅里接到第一个电话之后一个星期、在被邀请担任这个职务之后两天，我打电话给尼克松的顾问布赖斯·哈洛，请他转告总统当选人，我荣幸地接受邀请。

预订在十二月二日星期一上午十时宣布这件事。

于是就发生了这样的情况：总统当选人和我走上皮埃尔饭店舞厅的乐队指挥台，去举行我的第一次记者招待会。尼克松像通常一样神经紧张。为了避免任何批评，他宣布了一个和他私下对我谈的大不相同的计划。他说，他的总统国家安全事务助理主要职责是进行策划。他打算任命一位强有力的国务卿，总统国家安全事务助理不会介入到总统和国务卿之间去。国家安全事务助理将处理长远问题，而不是策略问题。我证实他的话反映了我自己的思想，还说我并不打算在外交政策问题上公开发表意见。

但是，每一届新政府所作的保证就像波涛汹涌的大海上漂流的树叶一样。总统当选人或者是他的顾问们，谁也不可能知道，一阵充满了不可逾越的界限、意义含糊的情报、复杂的抉择和压在一个大国所有领导人身上的重重压力的疾风暴雨，最后会把它们冲向何方。

第二章　天真无知的时期：交接工作

熟悉情况

紧接着选举胜利后的时期是一个上天保佑的天真无知的时期。总统当选人在争取这一伟大荣誉的斗争中，曾受到肉体和精神上的折磨，因前途未定而感到苦恼，现在精神上得到解脱了。多少个月、也许是多少年来，他第一次能够转而考虑实质问题。他和他周围的人都为即将掌权而高兴，但是还没有被权力所带来的不明的含义和工作压力所折磨。他的顾问们原来默默无闻，现在突然变成了大家注意的中心。他们的每一句话、每一个举动都被新闻界人士、外交官和外国情报机构当作未来政策的线索来加以分析。一般地说，这种研究是徒劳无益的；一个总统候选人的工作人员没有时间考虑将来如何治国的问题；他们被选进这个班子也不是由于他们精通各种问题。选举一过，他们马上就投身处理组织一个新政府的实际问题。

我的情况也是这样。对一个新被任命的人来说，最微妙的任务之一就是如何处理与前任的交接。我尽可能地待在外面，不去华盛顿。约翰逊总统的国家安全事务助理沃尔特·罗斯托在白宫隔壁的总统办公楼中给我安排了一间办公室，并且慷慨地建议我立即开始阅读每天的电报。我认为这样做不明智，因为我还没有工作人员来帮助我评估电报中所说的情况是否属实。

我对约翰逊和罗斯托的感情是亲切、友好的。在我被任命后，我立即拜会了他们，向他们表示敬意。我会见过约翰逊总统几次，但是没有直接为他做工作。一九六七年，我通过两个法国中间人为他同北越举行过一次谈判。为了这件事，我曾经出席过一次他在内阁办公室与他的高级顾问们举行的会议。这个大块头的强有力的人物给我很深的印象，并且很奇怪地打动了我。他是如此盛气凌人，又是如此没有主见；如此势不可挡，又是如此经不起打击。约翰逊总统的悲剧在于，他的名字是和美国的一场错误冒险联系在一起，而这一冒险在他就职以前就早已在酝酿之中，而且是属于外交政策的范围，对此，他把政治天线调得再好，结果证明还是不顶用的。约翰逊总统的秉性并不爱好国际关系。他绝没有给人一个印象，例如说在刮胡子的时候会自然而然地想到国际关系方面的问题。他并不相信他自己的判断，因此，他依靠顾问，而他的大多数顾问并没有得到他的任命，他们的思想方法也并不是和他气味相投的。他们中间有许多人自己在六十年代的大动荡中就不是很有主见，有的人看到自己的建议所引起的后果而变得惶惶不安，并且开始反对他们自己所策划的政策。

没有一位总统曾像约翰逊这样竭尽全力地想博取别人的赞许。而自从安德鲁·约翰逊以来，没有一个总统曾受到更多的恶毒攻击。林登·约翰逊辛辛苦苦地努力，要在历史上争得一个特别的地位；他在立法工作上的成就以及真诚的人道主义，到头来总会使他名留青史。但是，他在国内政治上取得成功所依赖的那种妥协和与大家商量的品德，在外交政策上却带来了灾难。在党内自由派的人看来，他显得过于强硬；在保守的那一派人眼中，他又显得太优柔寡断。林登·约翰逊在国际上每采取一个举动，从来没有得到他的党或者全国人民的衷心支持。他采纳了在他看来胜过他的初衷的更有见识的意见，结果是使他自己脱离所有的选民，也脱离他感情的根源。

当我到那个椭圆形办公室去谒见他的时候，约翰逊显得神情忧郁。

对于一个即将卸任的人来说，移交(正如我后来了解到的一样)是一个令人沮丧的时刻。从表面看来，权力仍然存在。政府机构继续起草各种各样的文件，要首长决定。但是，权威已经在消失。首长的决定，如果官员们不同意，就可以暂缓执行；外国政府研究他在外交上的动议，但是不作最大的努力，不给予真正的注意，以待新的班子组成。然而，人们已经变得如此习惯于行使权力，以致只是很模糊地偶尔意识到权力的丧失。日子一天一天地过去，人们照样执行他们的职务，好像他们的行动仍然管用似的。

约翰逊总统的情况也是这样。在他当总统的时候，椭圆形办公室的墙上装着一排排的电视机，电传收报机嘀嘀嗒嗒地响，吐出一条条的新闻。我奇怪地看到，这个世界上权力最大的领导人，我们的情报机构提供的各种情报就在手边，他不时一跳而起去看看收报机上发出的新闻是什么。

他开始滔滔不绝地谈起越南战争来。他叫我们一方面使用军事压力，同时进行认真的谈判。他没有确切说明他在这两方面的具体想法。他向我提出忠告，必须设法做到使僚属忠贞不贰。他认为，他之所以垮台，部分原因在于有人有计划地泄露机密。他说：“教授，我向你提供一个忠告。”于是，我倾身向前，听取他从数十年担任公职的经历中提炼出来的智慧。“要读报章上的专栏，”他接下去说，“如果专栏作家们称赞你的属员思虑周到，公而忘私，或者使用任何其他友好的形容词，那你就立即将这个人开除，泄露你的机密的就是他。”我离开椭圆形办公室的时候，决心要作最大的努力使新政府不致遇到约翰逊当政后期那些头疼的事和孤立的处境。

在移交时期很少有时间去想这些事情。摆在我眼前的是更实际一些的问题：同在竞选运动中和尼克松在一起的顾问们建立关系以及物色我自己的班子。

要尼克松班子中的有些人不讨厌像我这样的一个外来者，是需要超人的宽容品德的。这个外来者似乎占尽了世界上所有的好事：在他们看来作为一位哈佛教授和洛克菲勒同僚的令人钦羡的地位，以及在尼克松竞选总统胜利后和这位总统当选人的联系。我毕竟不仅仅是没有参加竞选斗争，而且还属于那些敌视或者瞧不起尼克松的人们的主流。一位新总统的最头疼的任务之一就是，从帮助他上台的人员当中挑选一些人来帮助他管理国家。这几乎不可避免地会导致在竞选过程中帮助他当选总统的人们，和在这些老卫士眼中成了采摘他们的劳动果实的后来者之间的矛盾。后来者肯定是会有的，因为一个竞选助手所需要的条件同一个决策者的条件不同。在竞选初期，当胜利的希望通常还不大的时候，需要一种很特别的人才去参加一个想当总统的人的班子。竞选的一些事务是很技术性的，有一些是有失身份的：准备日程，“准备开好”集会和会议，无休止地争取代表们和新闻界代表的好感。一个竞选人的工作班子是根据忠诚和忍耐力挑选出来的——或自己愿来的；他们在一种本来就令人焦急不安的情况下给予感情上的支持。即使有最坚定的决心和最良好的意愿，谁都很难预言，当这个捉摸不定的、谋取最高职位的目标终于达到的时候，他们将要做什么或者争取担任什么；他们在竞选期间的表现并不说明他们在政府机构中的能力。

对于尼克松的僚属们来说，这是一个特殊的问题。在尼克松一九六二年竞选加利福尼亚州长失败后，只有少数忠实追随者始终跟随着他，这几个人表现了几乎是任性的忠心和献身精神。根据一般的判断，尼克松的政治生涯是结束了。他还执拗地谋求总统职位变成了全国的笑柄（林登·约翰逊就曾讥笑他是一个“长期竞选者”）。坚决支持这样一个不大可能取胜的想当总统的人，不会很快得到明显的报酬——甚至得不到那些在长远的机会上下赌注的人们的注意。只有天生的门外汉才会在这样一个不可能成功的事业上孤注一掷。这些人几乎肯定会感到四面楚歌；他们天生地缺乏争取别人支持的能力。

这种态度并不缺乏事实上的根据：偏执狂就是确有其事。尼克松于一九六二年搬到纽约居住，他是美国前任副总统，差一点当选了总统，本来预期人们会对他表示尊敬，然而人们对他却避而不睬。他心目中的名门望族从来没有邀请过他。这一点刺痛了他的心，而且加深了他那种已经很强烈的、认为自己四面受敌的倾向。和他共事的人像他一样，也感到孤立和愤愤然。尼克松班子从一开始就四面设防；他们在真正受到围攻以前很久，在心理上就已受到围攻了。

这种设防心理在许多方面表现出来，将对整个政府产生一种腐蚀性的影响。例如说，这个班子从气质上说，就不善于利用华盛顿社交生活的机会使国家的政治活动顺利运行。华盛顿是只有一个行业的城市。在这个城市里，工作就是生活方式。政府工作是由无穷无尽的会议来进行的。而政府的高级人士，人人都经常在这些会议上碰头。到了晚上，他们又和同样的人会面，再加上少数新闻界高级人士，活跃于社交界、而且有势力的国会议员，以及几位华盛顿权势集团的成员。实际上，话题总是离不开政府，在华盛顿，所谓政府，其意义一般并不是指这个国家，而是指当时政府中几个关键性人物之间的关系：在某一个特定的时刻，谁"上去了"，谁"下来了"。

社交生活中的标尺是残酷无情的。它主要地取决于权力，掌权和失权。一个人一旦挤进了走运的掌权人的圈子，他就立刻会被社会接受。当他一旦失去他的地位，他的专栏停止了，或者不当国会议员了，他就会被社会所抛弃，很少有例外。没有必要花费力气来打垮这个走运的圈子；成为这个圈子里的一员——或者至少是取得这个资格的可能性——几乎是自然而然的事；最后被开除出去也是自然而然的事。所以，在华盛顿，权力的外表几乎和权力的现实同样重要；事实上，外表往往就是主要的现实。因为谁"上去了"、谁"下来了"的谈论消耗了所有的时间和精力，斗争的结果有时只不过是挂一些徒有其名的官衔而已。

正是因为官场生活是这样拘泥于形式，社交生活就提供了一个衡量那些看不见摸不着的东西和了解一些尽在不言中的变化的场所。报人、大使和高级文官可以摸得出在正式会议上无法辨别的气候。就是在他们的宴会和招待会上形成了各种关系，如果没有这些关系，政府机器就会转不动。尼克松班子对华盛顿的这一个方面的鄙视使得他们的行动更加困难，并且使他们失掉了对酝酿中的国内忧烦作出反应的敏感。

应该说，当我在记者招待会上宣布我不愿意与报界打交道这一新观点的时候，我也是不了解华盛顿或者说政府的这些习惯的。当我的任命一经宣布，一些老资格的报界人士就开始找我，想了解我。我被这些知名人士吓唬住了，多年来，我读他们的文章，听他们的演讲，现在我和他们直接见面了。我见到了沃尔特·李普曼、詹姆斯（“斯科蒂”）·赖斯顿和约瑟夫·艾尔索普——赖斯顿和艾尔索普后来变成了私人朋友。（李普曼不久后就生病了。）李普曼告诉我，必须按我们的能力大小来承担义务，特别是在印度支那和中东。赖斯顿从那以后总是以长者的善意和卡尔文主义的怀疑态度，对我谈人不可能没有缺点。乔·艾尔索普在采访我的时候持这样一种态度：他衡量我是否适于担任要职的标尺比尼克松的还要严格。他给我造成的印象是，他对印度支那问题的了解远远超过了任何刚上来的总统助理。我感觉到，他对总统选择我担任国家安全事务助理是否明智暂不作出判断；在以后一段时期内，我将处于试用地位。

《新闻周刊》的主编们约我会见他们。我迂腐地又向他们解释了一遍，我的地位不适合对报界作任何有价值的情况汇报。我的话使他们感到很逗笑，他们用对待客串外行或者吃过亏上过当的人的那种宽恕态度对待我的讲话。

我很快就发现我的态度是如何天真。总统助理最重要的职责之一，就是解释总统的政策和目的。我了解到，我不能无视新闻界，并且开始会见新闻工作者，虽然在最初几乎总是他们主动找上门。我体会到了在华盛顿报界和政府之间的互相依存的关系。新闻工作者也许很不喜欢这一点，他实际上是起一部分政府的作用。他是这样一个中心人物，他可以相当有把握让所有的重要人物都会听到他的声音，听取他的意见。官员们找他，为了使他们得意的计划引起公众的注意，肯定他们的成绩，或者改变一个对他们不利的决定。不管这个官员的动机是什么，他的动机不可能是没有私心的，至少，他是希望尽量使自己显得好一些。对于一个有经验的华盛顿观察家来说，仔细阅读报纸，或者听一听重要评论员的意见，就可以得到关于政府机构内错综复杂的情况，或者关于受压抑的政治势力在地下聚合的宝贵情报。

新闻工作者在同官员的接触中有比较大的涉及个人利害的动机。他必须讨好和奉承这个官员，因为没有官员的善意，他就搞不到情况。但是，他不能让自己被人引诱——这是大多数官员内心的想望——否则他就会失去他的客观态度。一种又爱又恨的关系几乎是不可避免的。官员们很容易认为，社会关系为得到同情的对待打下了基础；新闻工作者往往恰好是用攻击那些无微不至关怀他们的人们的办法来证明他们“客观”。如果双方都是现实和成熟的人，他们就会建立一种相互尊重的关系。官员应该承认，最后保证一个新闻工作者公正无私的东西不是甘言诱惑，而是这个人的品德。新闻工作者应该接受这一点：对一位官员来说，职责是高于一切的，履行职责的需要并不总是和提供独家新闻相吻合的。如果政策的制定者和解释者能够互相尊重对方的基本职责，这样产生的工作关系就可以成为自由社会的最有力的保证。

我很快也发现，我原来的另一个想法也不能实现。我原来以为我可以在哈佛任教一直到快要举行就职典礼的时候。这办不到。我必须学习履行我的职务；我必须建立总统当选人在竞选过程中作过许诺的分析和计划机构。我的修养有些是通过征求曾经在艾森豪威尔、肯尼迪和约翰逊政府中有杰出表现的人们的意见中得来的。在整个战后时期，一些在其他方面取得了卓越成就之后又献身公职的杰出的人们给我们的外交政策增添了光辉。迪安·艾奇逊、戴维·布鲁斯、埃尔斯沃思·邦克、艾夫里尔·哈里曼、约翰·麦克洛伊、罗伯特·洛维特、道格拉斯·狄龙等都是罕见的、第一流的才子，他们代表超越党派利益的原则，为这个国家服务。各国的自由人民应该为他们所取得的成就而感激他们；总统们和国务卿们靠他们实实在在的爱国主义和慷慨贡献的智慧来维持。在我任期内，他们随时可以提供咨询，不附任何先决条件。也从来没有人担心，他们会利用政府情报来谋取个人的或者政党的利益。不幸的是，当我担任公职的时候，他们都已经是七十开外的人了。我这一代人中并不乏才智与他们并驾齐驱的人；但是还没有一个人曾经受到足够的考验来发扬他们的前辈所特有的那种公而忘私和诚实正直的精神。当这些老一辈的人离开公职的时候，他们也带走了我们外交政策中的一个稳定和指导性的因素。

这些人中间，我在过渡时期见得最多的是约翰·麦克洛伊；后来，当我搬到华盛顿去了以后，迪安·艾奇逊和戴维·布鲁斯成了我的密友和顾问。约翰·麦克洛伊有着一个摔跤运动员的身躯和一个圆脑袋，他看起来更像是一个愉快的土地守护神，而不像是一个杰出的纽约律师和历届总统和国务卿的常任顾问。从表面看来，他的影响是很难估计的。他从未在内阁一级供职；他担任过的职位是重要的，但不是决定性的。他可以因为对轶事的爱好而浪费许多时间；他的智慧表现为稳妥，而不是一针见血。但是高级官员们总是面临令人为难的选择。历届总统和国务卿发现约翰·麦克洛伊是一个指引船只驶过险滩的可靠的领航员。他很少给一些难题提供解决办法，但是他总是能够提供心理上和道义上的信心，使问题得以解决。我一九七五年在中东参加一次谈判失败后回到办公室的第一天，就请约翰·麦克洛伊来会面。他接到要求就来了，没有一句怨言。几个星期以后，我才了解到，那一天是他八十岁的生日，他是放弃了家里做寿来看我的，他做梦也没有想过要我把会见推迟二十四小时。他总是随叫随到，他的主意总是聪明的。

当我开始选择工作人员的时候，我和尼克松班子的摩擦马上就发生了。按照习惯，选择国家安全委员会人员，应由总统国家安全事务助理负责。作为总统在外交政策领域中第一个被任命的人，我是能够早日开始物色人的。作为白宫助理，我可以不受部门的或者文官机构习惯做法的限制。因此，政府机构的种种限制约束不了我，总统当选人又有言在先，叫我从头开始建立一个全新的组织，所以我下定决心要物色我所能找到的、最有能力、最强的人。

虽然我的意见很明确，但我还总是认为有必要在那些有才智和个性的人们身上试验一下，那些勇敢应战的人就得到我的尊敬，而且往往就成了我最亲密的同事。如果我的工作人员要在指导部门间的计划工作起决定性的影响，那就需要他们在质量上取胜，以代替在数量上的不足。的确，人少可能是一个有利条件，因为我们可以避免那种无休止的内部谈判，而这正是使大机构运转不灵的致命伤。所以，我就找年青的男女工作人员，而且很快地提升他们，因为我认为，那些在事业上有一些成就的人可能在工作水平上已经到顶了，到我这里来不见得会比在他目前的岗位上干得更好一些。我从外事机构、国防部和情报部门找一些专业官员，一则利用他们的经验，同时让他们帮助我穿过官场迷宫；我从学术界雇用一些有才能的人。为了平衡起见，我也设法尽可能地物色各种不同观点的代表。

我在物色班子问题上的态度是，我遵照安全部门的不同意见，除此以外，我只接受一个标准，质量第一。尼克松班子里负责政治任命的彼得·弗拉尼根(他后来成了我的好朋友)给我送来了六个人的名字，这六个人他们曾经许愿要给予政治任命。在和他们中的几个人谈话以后，我一个也没有要。至少有两次，霍尔德曼以保卫方面的理由不同意我选择的人，后来事实证明，当事人只不过是具有自由色彩思想和喜欢对记者谈话的倾向而已。在这两个任命上，我都否定了霍尔德曼的意见。

尼克松总是支持我的。他私下里也有怀疑，后来，当公众的压力越来越大的时候，他也开始以不安的心情看待我的工作人员。他怀疑我的有些同事不喜欢他(这是真的)；并且怀疑他们透露情况，助长辩论，关于这一点，从来没有任何证据。但是在过渡时期，尼克松支持我对人员的选择。他这样做是因为他对待外交政策和国内问题有所不同。在国内政治方面，他曾经使用——而且还会再次使用——粗暴的手段，依靠一些奇怪的僚属。说句公平话，尼克松一直到最后始终认为，在国内问题上，他只是遵照传统的做法，而虚伪的势力集团，却根据令人难以理解的双重标准，只归罪于他。但是外交政策，他认为是一个不同的方面。只要是有关国家的基本利益以及自由世界的安全与进步的事，他的准则就是，按正确的去做，而不是权宜之计，不管一般的习惯做法是什么，必要时，甚至违反一般认为是明智的做法。只是在极少有的情况下，他曾允许党派利益影响外交政策决定。

虽然我对工作人员的有些选择到最后证明是不明智的，然而，我整个班子的忠诚和能力是第一届尼克松政府在外交政策上取得成就的基本因素。我的班子中的核心成员——温斯顿·洛德、劳伦斯·伊格尔伯格、赫尔穆特·索南费尔特、威廉·海兰、哈罗德·桑德斯、彼得·罗德曼和亚历山大·黑格——和我一起经过了无数的甘苦，后来成了我的密友。我这个班子的高质量是总统国家安全事务助理办公室的影响越来越大的一个重要原因，而且我的办公室能够存在下去变得至关重要，因为尼克松任命的内阁是一批能干、精明、刚愎自用的人，但是作为一个班子却永远也不能有效地进行工作。

不安宁的班子

理查德·尼克松从某种意义上说是三十六年中的第一位共和党总统。德怀特·艾森豪威尔是作为共和党候选人当选的，但是，他之所以当选并不是因为他是共和党人，他的行为也是如此。共和党差不多两个世代处于在野地位，已经变得不习惯于当政了。其后果在就职后不久就变得明显起来。党在国会的代表团往往表现得好像是反对共和党总统一样。新政府的成员本来就是互相不认识的，加上总统的复杂个性的影响，从来没有真正形成一个团结一致的班子。

一位法国社会学家①曾经写道，在一个机构中，仅低于最高一层的每一个负责人都面临着这样一个带根本性的选择：要么就把自己当作这个机构头号人物的代表，承担起在机关里作出不为官僚们所喜欢的决定的某些责任；要么就充当他的下级的代言人，从而使第一把手不得不承担起作出令人不愉快的决定的全部责任。如果他采取第一种态度，他在官僚机关中就很可能不得人心，至少在短期内会是这样，但是，他促成了团结，给大家一种有领导的感觉，最后提高大家的工作劲头。如果他把作出每一个困难决定的责任都推到他的上级身上，如果他执意要当“好人”，他可以得到下级的好感，但是却牺牲了纪律性和效率，最后使机关松松垮垮。这样的做法招来的正是它想避免的争斗；把人们的注意力都集中到各种困难上来，看不到目标。

在华盛顿，由于政府和新闻界之间关系密切，对各方领导人来说，这一挑战变得更加复杂。有牢骚的官员们利用报界来泄愤。新闻界十分热衷于打听政府内部的分歧；有些新闻工作者写出了一条消息，助长了不和，他们也满不在乎。国会也越来越多地在高级官员内部的矛盾中为它的许多意见听取会寻找材料。因此，寻找分歧的倾向受到鼓励；华盛顿的危机是官僚机构内部的斗争。

毫无疑问，这个所谓尼克松班子只存在于白宫之中。即使是在白宫之中，这个班子后来也因为困难重重而瓦解了。原因有好几个，新闻界有很多人因为尼克松的观点和他的过去的所作所为而讨厌他。于是就形成了一种倾向，有好事发生，就归功于他的比较讨人喜欢的同僚，遇到不得人心的事，就把责任推到他身上。这些同僚们除非有超人的大公无私和自制力，才能拒绝这些送上门来的荣誉。没有一个人，包括我自己在内，具有这样的品德。

结果就产生与常态相反的做法。在大多数总统当政时，好消息由白宫宣布，不得人心的消息则由各部分别去透露；在尼克松政府内，官员们发明了一种高明的技巧，一方面，把好消息提早泄漏出去，来沽名钓誉；另一方面，在宣布坏消息时则设法把一切责任归咎于总统。尼克松本来就有一种强烈的倾向，好像自己四周都是阴谋，草木皆兵，甚至他的内阁同僚也参与了阴谋，这样一来，更加深了他的这种倾向，使他更加喜欢退缩与孤立。政府变得好像是一群封建领主统率的贵族，严守自己的领地，以防中央王公侵犯，这王公则居于由一些热衷于维护其权力的家臣坚守的堡垒之中，不时开城出击。

到了适当的时候，我成了这种情况以及新闻界的这种倾向的受益者。可笑的是，总统之所以这样信任我，让我负这样多的责任，派我去完成这样多的使命，是因为我更多是他直接控制下的人，而不是他的内阁控制下的人。因为我在开始的时候没有什么名气，他也用这样的办法来保证，至少一部分功劳会归之于白宫。

尼克松还把他自己的问题搞得混乱不堪，他的办事作风很不干脆，他所选任的那些内阁同僚和他的私人关系复杂异常（说是复杂，那是最客气的说法了），因此始终没有建立一种真正通力合作的关系，在同国务卿的关系上尤其如此。

当威廉·皮尔斯·罗杰斯被选任为国务卿时，我和他并不相识。在我被任命之后不久，尼克松和我有过一次简短的谈话，谈到国务卿人选问题。他说，他要找的是一个能干的谈判者，而不是一个决策人——决策的任务，是保留给他自己和他的国家安全事务助理的。尼克松不信任外事机关，所以，他要找一个强有力的办事人，这个人能够确保国务院支持总统的政策。尼克松当时给我的印象是，他的第一个选择是罗伯特·墨菲大使，那是一位已经退休的杰出外交家，当时，他是康宁玻璃公司的董事长。墨菲曾担任许多高级职务，工作得很出色，我渐渐重视他的判断和机智。几年后，尼克松告诉我，墨菲拒绝了这个职位。

在我自己被任命之后不几天，我在皮埃尔饭店尼克松套间的餐室里第一次会见了威廉·罗杰斯。总统当选人要我与罗杰斯随便谈谈，并向他汇报我的印象。他只告诉我，他正在考虑任命罗杰斯一个高级外交政策职位。因为罗杰斯和我都不清楚我们这次会见的目的是什么，所以我们的谈话杂乱无章，而且有点紧张。我也没有得出任何印象，只是我觉得他和蔼谦虚。

第二天，尼克松没有事先和我谈到我和罗杰斯的会见，也没有征求我的看法，就告诉我，威廉·罗杰斯将成为他的国务卿。他说，在艾森豪威尔政府中，当罗杰斯担任司法部长时，他和罗杰斯曾经是好朋友。他们离职之后，友情就慢慢疏远了。他们两人都是私人执业律师，曾经为了争取顾客而竞争。尽管在他们的关系中有这样一层阴影，他还是认为罗杰斯是担任国务卿的理想人选。尼克松认为罗杰斯不熟悉这一行是一个优点，因为这可以保证白宫能够掌握政策大权。同时，尼克松说，罗杰斯是他生平所认识的人当中最强硬、头脑最冷静、最有主见和雄心勃勃的人之一。去和苏联人谈判，一定会整得他们气急败坏。“国务院里的那些小萝卜头们”最好也当心一点，因为罗杰斯不容许他们胡闹。由于总统深信某人不懂外交政策而选择他为国务卿，这样的事是不多的。

把高级内阁职务任命给这样一个人来担任，而他的全部经历和锻炼却在其他方面，这恐怕是不公平的吧。罗杰斯曾经是一个出色的司法部长。但是，根据我的经验，人们所谓的工作岗位造就人才这句古话并不正确。高级职务教会一个人如何作决定，但是教不会实质的东西。内阁成员们一上任，很快就会被充斥他们部门的迫切需要弄得晕头转向。总的来说，担任高级职务时期，只是消耗，而不是增加一个人的智力资本。大多数高级官员离职时的洞察力和见解与他就职时一样；他们学会了如何作出决定，而不是作出什么决定。他们在一开始时知识越少，他们就越是信赖可以得到知识的唯一来源：老官员。他们对自己的判断没有把握，又不知道其他的办法，除了听专家们的意见之外，几乎没有其他选择了。

对于一个国务卿来说，这就是一个特别的难题。他领导着这样一个机构，其中的工作人员大概是公职人员中最能干、专业最强的人们。他们聪明、有能力、忠诚并且埋头苦干。但是，在他们这种献身工作的另外一面，则是这样一种根深蒂固的观念：经过一辈子的工作和钻研，他们的洞察力已经超过那些未经训练的、知识浅薄的新任命的政治工作人员。如果领导很强，他们的专业能力就会使得外事部门成为一个宝贵的、不可或缺的决策工具。在这种情况下，外事部门就变成了一个纪律严明的、锋利的工具：他们偶尔的任性举动会引起一番重要的、有时是令人兴奋的对话。但是如果掌舵的人不强，派系之争就会破坏纪律。外事部门的官员就会为他们打交道的国家，而不是为美国的政策说话；助理国务卿就会只管有关他们所管地区的事。官员们会坚持不懈地，用他们数十年为生存而斗争所取得的官场技巧来为狭隘的局部利益而斗争。他们会以极大的忠诚来执行明确的指示，但是，要一个典型的外事官员相信，他所不同意的指示的确很好，那可不容易。

国务院的工作程序很容易助长官僚主义的刚愎自用。尽管口头上说要有计划性，然而却有一种强烈的倾向，就是在回答电报的时候用发电报的方式来制定政策。所以，新上台的国务卿在他的办公桌上看到的，不是政策分析或多种选择方案，而是一堆堆的电报，要求他签署，并且万分火急。电报中所谈的所有的问题，也许是其中的任何一个问题，他都很少有足够的了解，都还拿不出一个主意来。无论如何，从这样一些电报稿中，他不会知道他有几种什么样的选择。即使他拿定主意，驳回了某一个电报稿，这个电报稿又会几乎是原封不动地回到他这儿来，其改动之小，只有一个法律学者才能说出其中的差别。后来当了国务卿之后，我才发现，即使终身搞外交政策的人，也要费九牛二虎之力才能控制国务院的这部电报机器。那些没有经验的就更倒霉了，只好听任那一批不同凡响、专门从事这种工作的专家班子摆布。

可笑的是，尼克松任命一个在这方面并不具备实际条件的人来担任国务卿，结果反而增强了他最不信任的两个集团的势力——一是专业外交人员，一是新闻界人士。因为这位新任国务卿实际上只有两个选择：要么就是接受白宫的指示，并向国务院、国会和全国人民鼓吹总统的政策，要么就是充当自己的下级的代言人。如果是在比较太平的时候，罗杰斯国务卿也许能够把对他的各种要求恰当地摆平。但是在越南战争在国内引起分歧的动荡年代，要做到这一点需要更大的自信和更丰富的学识，但是要他具备这样的条件是要求太高了。结果，看来他所关心的很自然就是避免他的前任者迪安·腊斯克所受到的那种攻击。由于他倾向于把东部几家大报的编辑部意见当作就是公众和国会的意向，由于这些报纸又强烈地影响他的下属，所以到了紧要关头，罗杰斯总是不愿为总统去战斗，他主张采取的立场往往和尼克松的大不相同。

奇怪的是，他的这种倾向可能由于记得他在五十年代和尼克松的友谊而加强。在五十年代，罗杰斯在很大程度上是一个在心理上占优势的伙伴。因此，他不能真正懂得，在新的关系中，他显然处于下属的地位。他更不能正视这样一种事实，即他之所以被任命，部分原因是，他的这位老朋友想和他调换一下位置，建立一种关系，这一次无论是在等级上还是实质上都应该是他尼克松来定调子。

由于这两个人之间这种奇怪的轮换关系，我的地位得到了加强。但是我自己的作用显然是这种关系的结果，而不是它的起因。从一开始，尼克松就下定决心要控制最重要的谈判。例如，在一九六九年二月十七日、就职典礼以后四个星期，尼克松在第一次会见苏联大使阿纳托利·多勃雷宁的时候，他没有让国务卿参加，在那个时候，根本不能想象我会建议采取这样的做法。这一做法在我自己的地位确定以前已经形成，而且在继续这样做下去。在尼克松的整个任期内，当他在椭圆形办公室接见国宾、进行长时间谈话时，我是唯一在座的另一个美国人。

这一场在由谁负责政策问题上的拔河比赛很快就出现了。国务卿罗杰斯的态度是，对于他不同意的命令，只有在总统亲自交代时，他才执行。而这样的事，尼克松从心理上来说是不能做的。他会采取任何借口来避免他们个人的对抗。他会写信解释他的意图；他会利用密使。但是，因为罗杰斯认为这些信是我或者我的工作人员起草的——他想得对——所以，即使信上有总统签字，他也不完全相信。他对总统派去的人，通常是约翰·米切尔，是不买账的。他说，他和尼克松是老朋友，他对总统了解得更多。这种争夺在无休止地进行，但是，由于双方都把责任推到第三者身上，争夺显得不那么突出。尼克松一再下令，一切往外发的政策电报必须由白宫批发。但是，这一点往往被绕过了，无论如何，一个国务卿拥有各种各样的和他的下级联系的途径，命令是控制不住的。

随着时间的消逝，总统或者我代表总统，在同重要的外国领导人打交道时，越来越多地使用从白宫战情室绕过国务院而直接通向现场的渠道，也就是所谓后门渠道，以避免无休止的对抗。这个过程是在总统就职典礼后第二天就开始的。新总统要改变国务院起草的关于越南问题的谈判指示，这些指示反映了前任政府的方针。但是，他又希望避免争论。因此，他就要我打电话给我们在巴黎的谈判代表亨利·卡伯特·洛奇，要他把总统赞成的行动方针作为他自己的建议通过正常途径发回来。洛奇欣然同意了。由于这种程序复杂，在多数情况下不灵，所以尼克松越来越多地把敏感的谈判转移到白宫直接掌握，以树立自己的威信，并且避免他所厌烦的官僚机构的争议和惰性。

总统还喜欢表示，他和国务院的外交政策上的冒险行动没有关系。例如，在一九六九年三月，尼克松要我私下告诉多勃雷宁大使，国务卿与这位苏联使节关于越南问题的第一次长时间的谈话内容超越了总统的想法。我没有马上就告诉，我要等到某一具体的问题发生时再说。然而，毫无疑问，白宫和国务院的做法使得苏联人知道了我们内部的辩论，而且尽力利用这一点。尼克松把他在一九六九年七月至八月和北越胡志明主席的私下信件来往向罗杰斯保密，一直到十一月他在电视上透露这件事情以前四十八小时才让罗杰斯知道。一九七〇年初，尼克松通过他的助手伦纳德·加门特和司法部长约翰·米切尔向美国犹太人吹风说，关于中东问题的“罗杰斯计划”是国务院定名的，不是来自白宫。一九七一年五月，直到正式宣布之前七十二小时，国务卿才知道，导致限制战略武器谈判取得突破的是通过白宫-克里姆林宫渠道进行的谈判。一九七一年七月，罗杰斯是在我已经在秘密访华途中时才得知此事。一九七二年四月，总统为我的莫斯科之行——这次旅行是秘密安排的，当罗杰斯在最后一分钟得知此行的时候，他表示反对——向罗杰斯作了十分迂回曲折的解释，以致谈判复杂化了。这样的例子是不胜枚举的。

我的意思并不是说，我对尼克松对待他的高级内阁官员的做法有所抵制。从一开始，我的存在使他这种做法在技术上成为可能，过了一段时期，我毫无疑问也是鼓励他这种做法的。像绝大多数高级官员一样，我对事物有很固定的看法，而且决不放过机会让我的观点占优势。是什么使得身居高位的人对工作中的紧张劳累不仅感到可以忍受，而且说实话还感到兴奋鼓舞？那就是这样一种信念：他是在为一个更加美好的世界作出贡献。像虚荣心和权力欲这样一些不那么高尚的动机究竟在多大的程度上起了作用，目前还很难说——看来要说完全没有这些动机是不大可能的。但是，我深信，在尼克松的政府中，无论政府的习惯做法如何，无论是哪些人物当政，外交政策中心肯定会是白宫。

一旦尼克松任命了一个精通外交政策的强有力的人物担任国家安全事务助理，和国务卿的竞争就会成为不可避免的，虽然我最初还没有意识到这一点。如果担任这两个职务的人都想在政策方面起主要作用的话，这两个职位本来就是会造成竞争的。竞争使他们发生争论；的确，如果要这两个人意见一致，那么就没有必要设这两个职位。虽然我当时的想法不一样，然而我现在认为，一个总统应该把国务卿当作他的主要顾问，而把国家安全事务助理主要当作一个高级行政官和一位协调人来使用，以保证不漏听每一种重要的观点。如果总统国家安全事务助理在制订和阐明政策方面变得很活跃的话，他势必会降低国务卿的权限，削弱他的作用。外国政府会感到迷惑不解，而且如果得到机会来挑动我们的一个政府部门和另一个政府部门对立的话，也会变得同样危险；国务院会意志消沉，退缩到自己的小圈子里去。如果总统对他的国务卿没有信心，他就应该撤换他，而不是用一个个人助手来监视他。在尼克松执政时期，由于他对国务院整个机构的不信任，由于他和罗杰斯的关系，罗杰斯的缺乏经验以及我自己的强烈信念，国务卿要起杰出作用是不可能的。罗杰斯坚持他作为国务卿应有的权力，这是可以理解的，然而这却使得问题复杂化，而且产生了削弱他的地位的相反后果。在官场纠纷中，光靠等级权力而没有其他更好的理由的一方很可能是会失败的。当总统的人听取顾问们的意见，是因为他认为他们能提供他所需要的意见，有些人只是因为组织机构上的规定坚持要总统听他们的话，总统是不肯听的。

除了这些原因外，国务卿和我之间真正的观点上的分歧也造成了尼克松决策机构中的紧张状态。罗杰斯事实上比人们所描绘的要能干得多。他思想敏锐，擅长于分析，而且很有见地。但是他的观点是战术性的。作为律师，他习惯于在问题发生时“就事论事地”加以处理。我的观点是战略性的和从地缘政治看问题的。我要把各种事态发展联系起来看，推动或者施压力于某一个地区借以影响另一个地区的事态发展。罗杰斯对于具体谈判的要求特别适应，我却要把各种细腻微妙的材料收集起来供制定长远战略之用。罗杰斯关心的是国会和新闻界眼前的反应，作为外交事务的主要发言人，这在某种程度上是他的责任；而我所担心的更多是某一事件在今后若干年内会产生的后果。罗杰斯一定认为我是一个自私自利、专门找人岔子的人，破坏了他和总统的关系。我倾向于认为他是一个会把我国对外政策的精心构想弄糟的感觉迟钝的新手。我们的关系必然会越来越坏。如果我们两人都聪明一些，我们就会懂得，我们为国家效力的最好办法就是收起我们个人之间的分歧，转而互相支持。这样就可以使尼克松少去和既让他害怕而又是他所造成的紧张局面相周旋。但是，我们想定期会晤的一切企图都失败了。罗杰斯太骄傲，我在学识上又自视很高，而且我们两人的地位都不牢靠，以致不能采取这样一个方针，使我们能够避免许多不必要的痛苦和官僚机构方面的头疼问题。

但是，如果尼克松和罗杰斯真的是像他们真诚地相信的那样关系密切的话，本来是不会有什么大不了的分歧的。担任国务卿的一个不可或缺的先决条件就是总统的充分信任。像迪安·艾奇逊和约翰·福斯特·杜勒斯这样一些成功的国务卿，都和他们的总统建立了亲密的工作关系。像罗伯特·兰辛或者詹姆斯·贝尔纳斯那样一些想和总统争高下的人，很快就失去他们的影响或职位。艾奇逊经常强调一点，当他感到想要表达与杜鲁门总统有巨大分歧的意见的时候，他从来不使杜鲁门感到好像艾奇逊是在试验他的权威，他也从来没有和其他内阁成员一道来对总统施加压力。一个总统需要实质性的建议，但也需要感情上的支持。他一定知道，他的顾问们是有能力的、自信的。他也一定意识到，他们对他的地位所带来的孤独处境和重大责任抱有同情，不会有意增加他心理上的负担。这种无形的因素正是尼克松总统和他的第一任国务卿的关系中缺少的东西，部分原因在尼克松上台以前就存在了。就是因为他们从前关系接近，使得罗杰斯不能按现实办事，也使得尼克松不能承认现实。

在外交政策领域中的另一高级内阁成员是国防部部长梅尔文·莱尔德，和他的关系就不一样了。关于国防部人选，就像国务院一样，我好几天来一直认为，也有别的人可能得到这一职位，我相信参议员亨利·杰克逊大概会接受总统当选人的提名。当他表示拒绝之后，我被告知尼克松先生决定任命莱尔德，但他并没有征求我的意见。

我在一九六四年的共和党大会上会见过莱尔德。他那时是政纲委员会主席，曾经巧妙地战胜了洛克菲勒派。后来，我曾为他编纂的关于保守主义的文集[②]撰稿。莱尔德是一个职业政界人物；他用的语言，尼克松是懂得的。尼克松对他的国防部部长没有心理上的保留，也没有旧账要算。莱尔德当国会议员十六年，其中大部分时间是在众议院拨款委员会国防小组委员会，所以在就任国防部部长以前，莱尔德就精通本行。而且，莱尔德还有一批重要的支持者。特别是由于他和有势力的众议院拨款委员会主席乔治·马洪的友谊，莱尔德在国会很有影响。总统如果忽视他，就会冒严重的风险。尽管莱尔德的手法像尼克松的一样，常常具有拜占庭式的复杂风格或迂回曲折，但是，他却能以充沛的热情和令人吃惊的善意，完成尼克松以坚强的决心和带着内心的苦恼正在做的事情。莱尔德也喜欢胜利，但是他却不同于尼克松，不是看到别人失败就感到快意。他身上有一种轻松而淘气的气质，使得和他一起工作总是令人感到满意的，有时也可能令人气得发疯。

莱尔德的举止言行好像宪法给了他权利，使他可以战胜他的职务使他接触到的任何一个人。这既是一种赌斗，也是一个老练政界人物为了保护自己的权利和声望的做法。莱尔德是搞授意泄露情报的能手。过不多久，我就了解到，当莱尔德一大清早来一个电话，对报纸上某条消息表示不满时，他多半就是提供这个消息的来源。埃利奥特·理查森常常说——并非出于恶意——当莱尔德用他的一句口头语“你懂我的意思吗”的时候，对方往往是没有可能猜透他的意思。

莱尔德可以满不在乎，先同三军参谋长在白宫开会，在会上支持参谋长们的观点，然后又私下向总统和我表示他有保留，然后又去和他的朋友马洪制订第三种方案。尼克松和莱尔德想把每一次宣布从越南撤军都归功于自己。为了做到这一点，他们以歌舞伎的全部表演技巧，以十五世纪佛罗伦萨宫廷政治的各种手法玩弄了许多花招。这两个强劲的职业演员，每个都想窥测对方的意图，同时又想迷惑对方，他们来来回回的厮杀冲挡不是用传记的方式可以描述的，只有一本小说或剧本才能恰当地描绘。但是，在这样的比赛中，尼克松是很少失败的，因为他比较认真，比较舍得干，而且拥有一个总统所拥有的王牌。

如果给他一定程度的挽回面子的余地，可以转换到一个新的位置而不显得尴尬，莱尔德就会毫无怨言地接受在官场斗争中的失败。但是，他坚持要有一个公开陈述他的意见的机会。在和他共事的时候，理智上的论据只会起有限的作用，而直接下命令，那就等于是自杀。我终于了解到，要同莱尔德展开一场斗争，最好的办法就是，尽可能地切断我所能够发现的——这并不一定是一件容易的事情——他在政府机构或国会中的一切退路。只有在这样做了之后，我才会接触问题的实质。但是，即使是采用了这样的手法，我也是胜败参半。

总统的另一位助理约翰·埃利希曼认为我的办法是一个懦怯的办法。一九七一年，埃利希曼要把陆军在夏威夷的一块土地弄来开辟一个国家公园。他决定要教教我如何和莱尔德打交道。埃利希曼按照白宫凌驾一切这个最好的办事理论，不屑去触动任何行政机构或国会这两个基础，直接向莱尔德发出命令，要他放弃这块土地。莱尔德对这一笨拙做法的处理，就像一个斗牛士对付一头牛的冲击一样。他加速进行他利用这块土地来修两个陆军游乐饭店的计划。莱尔德和他的朋友马洪一起在国会通过了一个法案，干净利落地压倒了他所接到的命令，同时却口口声声表示，他愿执行得到国会批准的任何白宫命令。那两个饭店仍然在那里，属于陆军控制，而国家公园仍然是计划者的梦想。埃利希曼痛苦地认识到，政治这门科学里有许多方面是在大学里学不到的，那门科学虽然实质上是对的，但是在华盛顿却未必总是能够保证办成事情。

作为一个很老练的政界人物，莱尔德是不打必输的仗的。他可以极其熟练地解决日常的问题；他对明天可能出现的问题不那么关心。在平静无事的时候，他可以使人气得发疯。在发生危机的情况下，他的表现是杰出的，坚定、忠实、勇敢，口若悬河地维护总统的决定，包括那些他在政府会议上曾经反对过的决定。莱尔德当国防部部长的时期正是我们的军事力量不断受到国会中的多数、新闻界、学术界和反防务院外集团的攻击的时期。他保存了我们国防实力的精华，并且为日后公众情绪有了转变的时候扩张我们的实力打下了基础。梅尔文·莱尔德保存我们国家的实力，度过了一个非同寻常的动荡时期。这就是一项重大的成就。

在内阁这一级下面，还有另外一个阶层的有影响的顾问：参谋长联席会议主席厄尔·惠勒将军和中央情报局局长理查德·赫尔姆斯。

当尼克松就任总统的时候，“巴士”·惠勒是最后一年当参谋长联席会议主席。他的任期本来应在一九六八年七月届满，但是约翰逊慷慨地给他延长了一年，好让下一届总统有机会选择下一个参谋长联席会议主席。惠勒的正直品德和丰富的经验证明他是这样的不可或缺，结果，尼克松又把他的任期延长了一年。身材颀长、文雅安静的惠勒在那时候，心情是十分失望的。他看起来像一头细心的猎兔犬，他的柔和的黑眼睛警觉地注视着下一次打击的来源地。在他生活过来的六十年代，五角大楼里来了一些年青的武器系统分析家，他们怀疑长期以来的设想，从而动摇了军事建制。从道理上说，这些系统分析家们往往很多是对的；但是，他们很快了解到，提出问题的方式往往事先确定了答案，他们以“客观”的神圣名义所作的努力，时常是以推行个人的先入为主之见而告结束。

除了滥用体系分析之外，还有一个高级军事官员们通过毕生的工作认识到了，但是还没有正式用文字表达出来的真理：那就是，力量不仅包含技术因素，还有心理因素。统计数字对人们只能在一定程度上发挥作用，到了这个限度以外起决定作用的是更带根本性的价值。归根结蒂，军事这一行业就是克敌制胜的艺术，这一点在我们这个时代比在过去需要更仔细的计算，但是，也要靠一些难以用数量计算的基本的心理因素。军方发现他们自己根据一些抽象的标尺设计武器，执行他们自己并不真正相信的战略，最后进行一场他们并不理解的战争。的确，他们也给自己招来了一些麻烦。他们很容易给人家拉过去。他们耳软心活，接受新的体制，而内心里却憎恶它。在越南，他们采取从格兰特、潘兴和马歇尔那里继承来的传统的消耗战略；他们从来没有充分理解到，在一场游击战争中应用消耗战是几乎不可能的，因为敌人能够融合到人民群众中间去，根本就不一定要作战。这样一来可中了文官领导的圈套，他们所加的限制越来越多了。军方的传统观念和文官方面的过分讲究成熟老练加在一起，毁掉了在约翰逊仍然享有广泛的公众支持的时候使战争迅速结束的一切机会。战争拖得越久，心理上的因素就越是变得对我们不利，军事努力也就变得越是令人泄气。

整个六十年代，军方感到内心的矛盾和苦恼，一方面是世世代代在军队中养成的对文职领导的尊重，另一方面又预感到灾难的来临；一方面要设法使新的体系运转，同时又反对这种体系。他们情绪低落，因为上面命令他们去采购他们并不相信的武器，因为他们必须进行一场其目的证明是越来越难以捉摸的战争。一种新型的军事官员出现了：这些人学会了新的一套术语，他们能够给体系分析提供一些非常时髦的论据，他们能比他们的前辈更清楚地表达自己，在官场活动中也更有办法。这一情况在某种程度上缓和了文职和军方之间的关系；但是，在更深刻的意义上，它使得决策过程缺少一些更质朴、更单纯，但也许是更中肯的估计；而最后分析起来，在问题归结到武器试验的时候，这些估计是很需要的。

厄尔·惠勒正是在这样一个过渡时期当参谋长联席会议主席的，他对这种现象并不是没有进行斗争。他正确地认为，五角大楼在六十年代没有足够认真地对待军方的意见，但是，等到提出代替办法的时刻到来时，他又只是对现状提出一些较小的调整。他珍视他直接接近新总统的途径，但是，他很少使用这个途径——部分原因是，莱尔德不怎么鼓励总统和参谋长联席会议主席之间没有他参加的会晤。惠勒提出不同意见更多是采取私下向我表示担心的形式，而不是采取和他的上级公开对抗的形式。在一九六九年六月的夏威夷会议上，尼克松为他的从越南撤退计划寻求军方的支持，在我看来，惠勒和克赖顿·艾布拉姆斯将军（我们在越南的司令官）不高兴到了极点。他们本能地感到，我们不可能通过削减我们的力量而取胜。我们撤退部队越多，要想取得一个说得过去的结果就越少可能。但是，他们没有自信向他们的文职上级说出这些话，那些文职上级，包括我在内，都争辩说，为了要给一个体面的政治解决保存国内的基础，撤退是必不可少的。惠勒和艾布拉姆斯力争尽可能减少撤退人数借以减轻他们的担心，但是他们很快就发现，他们默认的计划已经是势头难挡了。由于撤军时间表已经成为军事预算的一部分，要放慢撤退就必须以放弃武器现代化为代价。

高级军事官员们必须随时使自己的信念和自己的这一认识——为了能够起作用，他们必须保全职位以便明天再进行战斗——协调起来。他们天生的对最高统帅的敬畏使得他们为他们认为是几乎不可容忍的事情去找寻一个军事理由。和公众中流传的一些神话相反，他们很少对最高统帅的话有什么异议；他们寻找理由来支持他，而不是反对他。就是这样，惠勒参加作出了一系列的决定，他可以为这些决定中的任何一项来进行辩护，但是，这些决定加在一起所产生的影响，他自己也的确不能找到理由来为之辩解。他是一位道地的正人君子，一名很优秀的军官，他帮助他的国家度过了悲剧性的时期，而他自己吃尽了苦头。

惠勒的继任人托马斯·穆勒海军上将具有比惠勒更质朴的性格。在六十年代，他担任指挥官职务时，虽然不是没有挫折，但是却没有产生华盛顿上层人士的那种生理上和心理上的心灰意冷。穆勒是一个机警的官场角逐者，但他并不装作是高深莫测。如果要夸张一点说的话，他倒是有点像一个天真无邪的乡下孩子撞见了一群骗子。他的观点稍欠风雅，但却清楚明确。到他上任的时候，在越南战场上已经是打后卫战的时候了。他庄严地指挥了这个令人心碎的最后收场。没有一位总统能够找到比他更坚强勇敢的军事顾问。

负责国家安全的班子中的另一个成员是中央情报局局长理查德·赫尔姆斯。他是尼克松上台后继续留用的。我在肯尼迪时期曾会见过赫尔姆斯，在一九六一年，应白宫的要求，我和他就柏林危机进行过几次谈话。当时以及自那以后的日子里，他的专业才能给我的印象很深。后来，一直到我被任命为总统助理的时候，我们才再次见面。在白宫战情室里，他向我介绍了中央情报局的结构和工作情况。

当时，赫尔姆斯的处境微妙，甚至比国务院还要微妙。尼克松认为中央情报局里的人都是一些反对他的名牌大学知识分子。他和赫尔姆斯个人相处也感到很不自然，因为他怀疑赫尔姆斯是乔治敦自由主义社会阶层的宠儿，而尼克松认为他的许多困难是这一帮人引起的。我对赫尔姆斯没有很固定的看法，但是我反对换掉他。我认为，把中央情报局变成一个政治上的奖品，局长随着总统的更换而易人是危险的。尼克松妥协了。他同意让赫尔姆斯留任中央情报局局长，但是，提议不让他参加国家安全委员会会议。这一点又被莱尔德阻止住了。莱尔德正确地指出，如果国家安全委员会讨论重大的决定，没有中央情报局局长参加，会使总统很难经得住国会和公众的批评。尼克松又软下来了。他同意让赫尔姆斯出席国家安全委员会会议，但是只是为了作事实汇报，不得提出建议，而且一结束汇报就得离开内阁办公室。赫尔姆斯有六个星期处于这种不正常的地位。很快，这种局面变得非常尴尬、不自然和自找没趣，以致维持不下去。即使在正式汇报结束后，情报在通常情况下对讨论也是至关重要的；而且说到底，事情在很大程度上还要取决于对考虑中的各种选择办法可能引起的后果的估计。赫尔姆斯虽然从来没有成为总统的心腹，但终于成了国家安全委员会的正式参加者。

我的国家安全事务助理职位势必需要中央情报局局长的密切合作。

总统要依靠局长来提供早期警报；在发生危机的情况下，助理首先要找局长来了解事实、分析形势。而且，因为作出什么决定要取决于对行动后果的看法，所以，中央情报局的估计几乎等于是政策建议。

赫尔姆斯是一个纪律性强、一丝不苟和谨慎小心的人，他以有效的情报工作所必不可少的绝对客观态度来履行他的职务。多年来，我们没有直接的社交接触；我们偶尔在别人家里的宴会上见面。我尊敬赫尔姆斯并不是因为他友好、容易相处——当然他肯定是那样——而是由于他在专业上的眼光和镇静自若。除了问到他的问题外，他从不主动提出政策建议。然而，甚至在他的看法和总统的或者总统国家安全事务助理的设想相反的时候，他也毫不犹豫地提醒白宫注意他所见到的危险。在有的情况下，性格不那么坚定的人就会采取模棱两可的态度，而赫尔姆斯却坚持他的观点。在尼克松执政初期，有一派人持这样一种想法，认为苏联SS－9洲际导弹的三级弹头是一种多弹头分导式重返大气层运载工具，其目标是我们的民兵式导弹发射场。中央情报局认为，这些弹头不可能是分导式的。我倾向于那个更不祥的解释。为了澄清问题，我采取了一个做法，这种做法是那些把估计过程的独立性奉若神明的传统派所极端厌恶的。我把所有的分析家都召集到白宫战情室，指出那些吹毛求疵人的错误，周密地、尖锐地盘问这些形势分析家。赫尔姆斯坚持他的看法，后来的事实证明他是正确的。

凡是从行伍提升为中央情报局局长的人，没有一个不是久经战斗锻炼出来的。赫尔姆斯很坚强，同时也很小心。他谦恭有礼，同时非常坚韧不拔；他微笑时眼睛并不笑。他看见过政府一届一届地更换。他懂得，在华盛顿，知识就是权力。他被认为是知识丰富的，事实证明确实是这样。同时，我从未发现他滥用自己的知识或权力。他从未忘记，他的作用要靠他的正直清白来保证，他对付总统们的最好武器就是可靠的声誉。

然而，中央情报局的分析并不是永远正确的。它远不是抨击它的人那么轻易地描绘的一帮鹰派国际冒险者，而出错往往是错在遣随了华盛顿权势集团中的时髦看法。根据我的经验，在很多的情况下，中央情报局是为不采取行动、而不是为大胆向前闯寻找理论根据。它的分析家们十分清楚地知道，没有一个人曾经因为没有预见到一个机会而受惩罚，但是，许多人却是因为没有预见到一个风险而毁了终生。所以，情报人员总是倾向于预言任何可以设想的行动方针的可怕后果，这种态度鼓励麻痹瘫痪，而不是鼓励冒险主义。在每一场危机之后，报纸上总是出现一些含糊不清的情报报道或分析，把自己说成是预见到了这场危机，然而决策者们愚蠢地未予重视。这些人没有提到的一点是，如果警告成了家常便饭，它们就失去了一切意义，这些报告如果没有特别引起高级领导的注意，它们就会消失在官僚主义的背景讨论嘈杂声中，特别是因为，对于每一份提供忠告的报告，人们大概都可以在档案中找到它的对立面。

尽管有这些保留，我还是认为中央情报局里的男女工作人员都是一些大公无私的人，而且是绝对不可缺少的。赫尔姆斯为他的国家和他的总统服务得很好。他在作出了三十年杰出的贡献后结束公职时受到一些人的指摘，他应该得到更好的评价。

上面所说的这些人就是新总统凑起来为了制定全球战略的班子。这个班子时刻都在设法想把这个国家从他们的前任者留给他们的一场战争中解救出来。内阁成员于一九六八年十二月十二日在华盛顿的肖拉姆饭店举行了第一次见面会。在这次会议上开创了一个先例，即关于新政府面临的问题的情况汇报不是由内阁官员来作（他们是前一天才任命的），而是由大多数是在一个多星期以前任命的总统助理们——其中包括我自己——来作。这些能干、机敏、强有力的人物是否能够形成一个在任何领导下的团结一致的班子，谁也不知道；他们的有病态心理的首长宁愿把他们当作互不联系的顾问来控制他们，这样，他带着把权力集中在白宫的决策体制，走上了他孤独的旅程。

组 织 起 来

总统候选人理查德·尼克松在一九六八年一月二十四日的广播演说中，曾经作出保证，要“恢复国家安全委员会，并让它在国家安全计划工作方面起杰出的作用”。他甚至说，“我们在国外蒙受的严重挫折，是由于艾森豪威尔总统的继任者不能或者是不想利用这一个重要的委员会。”作为总统当选人，他在一九六八年十二月二日宣布了对我的任命，在宣布这一消息时，他透露说，“基辛格博士已经建立了我所认为的，或者是目前正在建立一个十分令人振奋的新的程序，以保证下一个美国总统不只是听到他所要听的话……”尼克松并没有解释，我怎么能够在接受任命后短短的三天里完成这一切工作。

我同意总统当选人所说的恢复国家安全委员会机构的重要性。纳尔逊·洛克菲勒州长一九六八年六月二十一日竞选提名时发表的一项声明反映了我的看法：

> 没有正规的工作班子通过一定的程序来作出决定，相反地，只是在需要时成立一些特别小组。没有专门机构来监视决定的执行情况，各机构之间的长远计划工作没有一个中心。如果没有一个集中的行政管理中心，外交政策就变成了一系列互不相干的决定——这些决定面向着危机，而且是属于就事论事和马后炮的性质。这样，我们就变成了形势发展的俘虏。

在我接受任命时，我脑子里没有任何关于组织工作的计划。我主要担心的是，一个庞大的政府机构，无论组织得多么好，都容易窒息创造性。它把明智的政策和有条不紊的行政管理混为一谈。在一个现代化的国家中，政府机构变得如此庞大，以致常常是把更多的时间花在行政管理上，而不是花在规定它们的目标上。一个复杂的政府机构，容易夸大技术上的复杂性，缩小政治判断的重要性；它赞成现状，无论这种现状是怎么得来的，因为只要不发生一场真正的灾难，现状是人们所熟悉的，而且也绝不可能证明另一个方针会产生更好的效果。大多数伟大的政治家总是不断地和外交部门的专家进行斗争，在我看来，这并不是偶然的，因为政治家们思想的范围总是向专家们想把冒险减少到最低限度的倾向挑战。

现代政府的复杂性使得庞大的行政机构必不可少；但是革新的必要性，也要求必须制订超越行政管理常规之上的目标。说到底，答案不能纯粹在组织上去找；这首先是一个领导问题。组织上的补救办法本身不能改变坐等危机爆发和避免制订长远计划的偏向。我们给自己规定的任务是，进行自觉的努力，按照美国目标的概念来创造国际环境，而不是坐等形势的发展迫使我们不得不作出决定。

我担任肯尼迪总统定期的、但又是局外的顾问的不愉快经验，证明是十分宝贵的。我那时懂得了咨询和权力之间的差别。政治家首先需要有分寸感和均衡感，需要从一大堆表面现象中看出本质的能力，需要一种直觉，在许多看来同样有道理的关于前途的假设中，判断哪一个假设可能证明是正确的。权力也是重要的——权力就是掌管事态发展的先后次序和施加某种引导的力量。在某种情况下，一个局外人可以提出他的看法；但是，他几乎不掌握足够的情况，来对战术行动提出正确的意见。在我当肯尼迪的顾问前，曾经像大多数学术界人士一样，认为决策过程主要是智力方面的工作，一个人所需要做的，只是走进总统的办公室，使他相信你的意见是正确的。我很快就认识到，我的这种看法同外界广为流传的看法一样，很不成熟。的确，在我们的制度下，总统有作出最后决定的权力；他的权限比任何其他大国的——大概甚至包括苏联在内——行政首脑还要大。但是一个总统的日程是如此消耗他的精力，以致他根本没有时间来进行抽象的考虑。他的来访者，几乎全是有求于他或者提出某些主张的人，他们的论据多数是极有道理的——这一点首先决定他们能进椭圆形办公室。其结果是，总统的最困难的任务之一，就是如何在一些听起来同样令人信服的、无休止的论证中进行选择。容易决定的事，是到不了他那里的；这些事交由下级去处理。因此，除了遇到极大的危机，一个总统随着他在任时日的推移，总是越来越多地根据他对顾问们的信任来作出选择。他变得越来越意识到压在他身上的是官僚机构的压力和政治上的压力；在他的脑子里，往往把实质问题与代表各种互相矛盾思想的人物纠缠在一起。

总统所作的决定，经常是他的判断、他对僚属的信任以及对他们的情绪的关怀的混合体。任何一个总统很快就会发现，他的问题不仅是发布命令的问题，还要使命令得到执行，而这就需要自愿的合作。官僚主义式的、不孚众望的命令，可以被人们用各种各样的办法来回避。人们可以用巧妙的注解来解释这些命令，以便尽可能产生一个接近于该部门首先最关心的结果；命令的执行可以无休止地拖延下去；情况的透露也可以引起争端，破坏政策的执行。这里还有个看不见的人的品质问题：总统被隔绝于大多数正常的接触之外，和一些不愉快的僚属相处得极不融洽——因此只要有可能就尽量设法避开问题。

为了要能对总统有所帮助，决策机构必须符合几条标准：它必须适合于他的个性和作风。它必须导致行动；没有行动内容的漫谈只会起瘫痪作用。最重要的是，它必须善于理解总统和他的亲信顾问之间的心理关系；它必须能使僚属加强总统的自信，同时又能给他提供真正的选择，提供一些见解，而又不是把每一个问题变成是一场意志的考验。它必须给总统留有真正的裁决余地，而不是助长那些莫与伦比的人的狂妄自大。另一方面如果每一件事情都捅到总统办公室来作决定，总统就不能利用常设官员技术上的能力和长期积累的经验。

如果重要的决定是在没有准备的会议上非正式地作出，那么，讨好总统、不得罪同事的倾向就可能败坏真正的抉择。在我看来，肯尼迪和约翰逊政府的决策似乎都有这个问题。另一方面，如果决策程序变得太形式主义，如果总统十分谦虚，根据官僚机构的一致意见来作出判断——就像艾森豪威尔政府所做的那样——这样就会产生另一种危险：总统实际上只有对建议的方针表示同意或者不同意的选择权。因为没有人向他提出其他代替办法，也没有人告诉他不同意的各种后果，这样一种制度，势必产生一种求最小公分母的偏向。它为了行政上的效率而牺牲目标。有时可能因为总统心血来潮，为了使别人（以及他自己）相信他的权威而坚持自己的意见，从而使这一现象得到补救，但是，这种偶尔的感情冲动势必只是暂时的，因为如果他拒绝接受一致同意的建议，他就没有可行的代替办法。

在我看来，让总统作真正的抉择是至关重要的，这不仅是为了建立总统的真正威信，而且让他知道他已考虑了各种有效的方案，从而使他产生了自信，这样就增强了他的领导。在总统面前提供尽可能多的各种各样的选择方案，并且说明它们可能产生的后果，的确是国家安全事务助理的主要任务。一个总统在他的任期中，不可避免地有时会在某些问题上遭到失败；我从来不愿意让人说，这些失败之所以发生，是由于没有考虑到可以预见到的情况。在一位年轻的哈佛同事莫顿·霍尔珀林和前艾森豪威尔总统顾问安德鲁·古德帕斯特将军的协助下，我开始工作了。

古德帕斯特将军原来是在西贡当副司令官，是暂时抽调来参加尼克松的过渡班子的。在艾森豪威尔总统的部分任期内，他曾帮助管理国家安全委员会，从而引起了尼克松的注意。作为普林斯顿大学的哲学博士，他属于那种在非军事大学研究班受过熏陶（如果应该用这个字的话）的新型高级军官。军事训练和学术上的探讨加在一起，往往可以培养一种近乎书呆子气的刻板作风，也给他一种比其他高级军官远为宽阔的眼界。也有可能是军方过高估计了古德帕斯特的学术上的造诣，而学术界又被一个有学问的将军这一现象所迷惑。然而实际情况是，古德帕斯特将军是一个经验丰富、十分令人尊敬和具有相当大的才干的人。

一九六八年十二月底，我准备向总统当选人提出我的建议。十二月二十七日，我递交给他一份备忘录，讨论我对以前的制度的优缺点的看法：约翰逊的非正式程序有它的灵活性，但是有时造成混乱；艾森豪威尔行政班子的形式主义和僵硬，使得总统面对官僚机构的一致意见并没有真正的选择。我认为，我们的任务是，结合这两种制度的优点：国家安全委员会的规律性和效率，再加上一些程序来保证总统和他的高级顾问考虑所有现实的抉择，每一种抉择的代价和优点以及所有有关机构的看法和建议。国家安全委员会下面应该有一些小组委员会。这些小组委员会，像国家安全委员会一样，也应该包括各有关机构的代表；它们的任务是，起草提供事实、问题和抉择的政策分析性文件。关于不同问题的跨部门小组，应该由一位助理国务卿，或者（如果适当的话）由一位助理国防部部长来主持。像在艾森豪威尔时期一样，总统的国家安全事务助理将担任一个研究小组的主席，这个小组事先审阅这些跨部门的文件，然后提交给总统主持的国家安全委员会全体会议审议。

在我的备忘录的结尾处出现了这样一句不关痛痒的话：“有了这种精心安排的国家安全委员会机构，现有的高级部际小组就没有必要继续存在。”这个取消高级部际小组的建议引起了官僚机构的一场重大争吵，也是新政府中的第一次争吵。尽管争论看来可能只局限于较小的范围，但是对它的处理却清楚说明了总统当选人的作风，其后果影响了尼克松整个任期中政府内部的权威见解。

高级部际小组（官僚术语称之为“SIG”）是一九六七年建立的，由政府中仅低于内阁级的最高级官员——国务院的副国务卿、国防部和财政部的副部长、中央情报局副局长和参谋长联席会议主席——组成，由副国务卿担任主席。它的作用是审议各种待提交国家安全委员会的抉择，以及其后作出的决定。高级部际小组监督一些负责世界不同地区的部际小组，这些小组也是由国务院代表担任主席。自不待言，国务院认为这一套机构是它在官僚政治中的一项重大胜利，因为这套机构正式肯定了国务院在外交政策中的优势地位。同样可以预见到的是其他各部门的不满。在约翰逊执政时期，国家安全委员会很少开会，所以高级部际小组也没有多少事情可做，这倒没有什么关系。在星期二午餐会上作出决定后，其后又在高级部际小组结构以外继续进行工作，同样也没有关系。对国务院来说，它的优势地位，不管是多么空洞和形式主义的，却是一个重要的象征。而且，只要在华盛顿倾向于把权力的表面现象和现实看成是一回事，它就认为这样做是对的。

最初，我还是一个不可知论者。在早期一次和总统当选人会见之前，我写下了几条意见，提出在我看来我对白宫职位的要求。这几条意见毫无疑问地表明，我的第一个直觉是保存现有机构，因为我建议，我由于职务关系成为高级部际小组的当然成员，我的工作人员参加各个部际小组。总统当选人拒绝了所有这些建议。尼克松坚信外交部门对他怀有根深蒂固的敌意，断然拒绝考虑保存高级部际小组。在一次会议后，我的笔记记下了这样的指示："国务院势力集团的影响必须削减。"

古德帕斯特将军和前总统艾森豪威尔的态度同样坚决，但不像尼克松那样出于个人考虑。在我被任命后不久，古德帕斯特将军把我带去见这位前总统，那时，他在沃尔特·里德陆军医院住院，已经卧床不起。艾森豪威尔总统由于疾病的折磨，显得消瘦了一些，而且由于使用一个心脏起搏器，基本上不能行动。我以前没有见过他，对他抱一种通常的学院式的看法，觉得他是一位和蔼的、但是不善于言辞的战争英雄，而且是一位相当不起作用的总统。我曾在两本书和几篇文章中抱怨在他执政时期出现了领导真空——后来我改变了这种看法。连续的心脏病发作使人很少怀疑，他在世的日子不久了。尽管如此，他的坚强性格是令人吃惊的。他的句法，在印成书面时显得如此别扭，然而，在他那冷静、深蓝色的眼睛所发出的非常敏锐的目光和他那仍然很威严的声音的配合下，却变得生动得多了。

艾森豪威尔坚持说，高级部际小组这种组织机构必须结束，因为五角大楼绝不会心甘情愿地接受国务院在国家安全程序方面的统治地位。它要么就回避，要么就会通过泄露情况来进行反击。他很幸运，有一个强有力的国务卿，但是杜勒斯的影响是由于总统对他的信任，而不是来自国务院。而且尽管他十分尊重杜勒斯，他一向坚持由白宫来控制国家安全委员会。

随着时日的消逝，我逐渐认识到，艾森豪威尔总统是正确的。尼克松的指示可能是出于个人意气；然而，它们却反映了总统的需要。一位总统不应该把提出供选择的方案的权利交给一个内阁部门或机构。因为各部门的看法经常是互相矛盾的，让一个部门负责提出方案，其他部门会认为是给这个部门的偏袒。而且，各个部门都有一种强烈的倾向，即总是缩小提交总统作决定的事情的范围，而不是扩大。它们的组织形式就是为了制定一个有倾向性的政策，而不是各种各样的选择方案。如果一定要它们提出选择方案，典型的部门会提出两种荒唐的方案作幌子，而把它赞成的方案——通常是以中间形式出现——放在括号里面。一个完全无知的决策人可以在部门提出的任何三个方案中盲目地挑选第二种，而轻而易举地使这些部门满意。最后一点是，每一个部门都害怕它的意见被总统否决。因此，大家都想掩盖它们的分歧。选择方案往往消失在空洞的一致意见之中，这种意见到头来允许每个机构或部门有极大的自由去执行它原来赞成的政策。要保证能把真正的、不是虚假的选择方案提到总统面前，总统需要有一个强有力的、全心全意、大公无私的工作班子。

我提交给总统当选人的计划并没有什么特别的新奇之处。实际上是艾森豪威尔的国家安全委员会体制，通过保留国务院主持各小组委员会的权利多少有点偏向国务院。在艾森豪威尔政府时期，一个类似的在形式上更多是由白宫控制的体制，实际上是完全由国务卿杜勒斯主宰的。

然而，在过渡时期，各部门并没有看到这一点。一九六八年十二月二十八日，总统当选人把他任命的高级人员——威廉·罗杰斯、梅尔文·莱尔德和我——召集到佛罗里达州的比斯坎岛讨论我提出的关于组织工作的建议。具有特殊意义的是，尼克松在头一天就同意了我的备忘录，因此没有必要在会上就这个问题进行讨论，虽然其他与会者并不知道这一点。就像尼克松执政时期其他许多次会议一样，比斯坎岛会议的方案事先已经确定。大家随便交谈了几句以后，尼克松就告诉他未来的内阁同僚，他已经同意我的备忘录中提出的组织机构。没有人表示反对，这可能是因为这些被指定的部长还没有得到僚属们的意见，也可能是因为总统当选人只是简略地陈述了他的看法，所以其含意还没有立即被与会者所理解。他的唯一改动的地方就是，不让中央情报局局长继续参加国家安全委员会会议。

罗杰斯和莱尔德一离开比斯坎岛，很快就变了卦，也许是因为他们和总统当选人太熟，他们并不认为尼克松同意一份备忘录，就是一个最后的决定。

第一个发表意见的是莱尔德，他逐渐让我认识到他在官僚机构斗争中的特有技巧：提出他并不真正感兴趣的一些重大反对意见来施放烟幕，而把他真正关心的事项缩小到这样无关紧要的程度，以致如果在这一点上拒绝他，就肯定会显得不大合适。莱尔德使用这种手法和我进行了谈话，然后提出了一份备忘录，说明他对建议中的新体制的几个根本性的不同意见。他反对不让情报人员有直接接近总统的机会；他害怕国家安全委员会的人员垄断了倡议研究的权利；多少有点自相矛盾的是，他又要求保证，防止高级官员“围绕着国家安全委员会转，直接面见总统要成为一个经常的做法”。（在这里，他主要关心的是，不让参谋长联席会议主席太名正言顺地执行他作为总统主要军事顾问的合法权利。）但是，当我在华盛顿的喜来登-卡尔顿饭店和莱尔德一同进餐、讨论他的备忘录时，原来，他争取的只不过是让中央情报局局长参加国家安全委员会的会议，并建议具有进行研究的权利。这些要求很容易地得到了采纳。

但是，罗杰斯的反对意见触及到这个体制的核心。罗杰斯发现，他的新的僚属们极端重视国务院主持高级部际小组的权利，以及这个小组作为国家安全委员会一切事务的情报交换所的作用。新任命的负责政治事务的副国务卿亚历克斯·约翰逊是国务院这一观点的主要支持者。作为最杰出的外事官员之一，亚历克斯·约翰逊，工作干练，纪律性强，谨慎而且忠诚。他以极大的才能代表着我后来逐渐感到钦羡的一个机构——一批不管是在谁的政府下，都全心全意、默默无闻地为我们的国家服务的职业外交官，他们保证了我们的外交政策的连贯性。亚历克斯·约翰逊所具备的这些品质使得比尔·罗杰斯有勇气去打一场后卫战，来维护国务院的优越地位，而这种地位，只要你和尼克松进行五分钟的谈话，就会毫无疑问地相信，这位总统当选人是绝不会容忍的。

一月七日，我写了一封信给总统当选人，解释和国务院有争论的问题。国务院建议，它在外交政策的制定和执行方面，继续作为总统的“执行代理人”。国务院要控制部际机构的人员配备；它还坚持有权解决与其他部门的争端，并且要享有把分歧意见提交国家安全委员会的权利。我向总统当选人解释说，他已经批准的程序里体现了他的指示。国务院在新的国家安全委员会机构中有充分的发言权，它主持各个部际小组，参加研究小组和国家安全委员会。就像在艾森豪威尔政府时期一样，只有最后的审议由白宫主持。虽然，我在开始时并没有强烈的倾向性，但是我并不认为，尼克松经受得起在这个问题上后退。如果他听之任之，不把这个问题加以解决，他就会在上任伊始就遇到一个官僚机构中的尖锐分歧；如果他改变他的比斯坎岛决定，他就会鼓励进一步的挑战。

在这个时候，我第一次认识了尼克松的两个突出的属性。他是非常果断的。在他的整个总统任期中，他的决定几乎总是勇敢、坚定，而且时常是不顾所有专家的意见而独自作出的。但是，在可能的情况下，他也是根据一些备忘录单独作出这些决定，或者和几个很亲密的助手一起作出这些决定的。他不愿面对有意见分歧的同事，他也不能去面对一个不同意他的意见的朋友。威廉·罗杰斯这两种情况兼而有之。突然间，可以一连几天找不到尼克松。当我见到他时，他总是含含糊糊地说，组织方面的问题会自行得到解决的，他也不说明如何解决，然后就谈其他的问题。公众很少听到三周前如此大吹大擂地宣布的新的国家安全委员会体制。为了使事情有个了结，古德帕斯特将军和我又起草了一个指示，提交总统签字。在官场术语中，这个指示叫做“国家安全决定备忘录之二”，简称 NSDM2 * 。这个 NSDM2 按照尼克松在比斯坎岛所同意了的方针，正式确立国家安全委员会的体制。

与此同时，我设法谈判解决这个问题。安迪·古德帕斯特**、我和我的助手拉里·伊格尔伯格*** 去到国务院会见罗杰斯和他的内定副国务卿埃利奥特·理查森，会见地点是在过渡时期为罗杰斯安排的办公室里。古德帕斯特极力维护这个指示。罗杰斯提出了一个辩解，再次坚持要由国务院来主持整个国家安全委员会的机构。理查森开始时站在罗杰斯一边，后来转过来相当有力地维护“国家安全决定备忘录之二”。我怀疑理查森知道这个备忘录是总统赞成的，而且，我相信他作为律师的精确头脑也看出了备忘录中的道理和均衡。然而，尼克松准备既不接受我们所起草的那个“国家安全决定备忘录之二”，也不准备接受罗杰斯的反对意见。不接受的原因和实质没有多大关系；他的基本问题是策略性的。鉴于尼克松的具体指示，他对需要一个国家安全委员会体制的坚定看法以及他对国务院的强烈不信任，其结果是毋庸怀疑的。但是，如何去执行他的主张，而又不通过直接发布命令的方式却是另外一个问

* NSDM2 是一个技术性指示，根据这一指示，又制定了两套总统指示：一系列国家安全研究备忘录(NSSMs)和一系列国家安全决定备忘录(NSDMs)。

** 安迪·古德帕斯特，即安德鲁·古德帕斯特。——译注

*** 拉里·伊格尔伯格，即劳伦斯·伊格尔伯格。——译注

题。在纽约皮埃尔饭店，每个人都有办公室，但尼克松还感到，甚至难以给一个书面命令或者是通过一个中间人去传达命令——在通常情况下，这是他喜欢用的方式。所以，在这个有关我们的外交政策机构的第一个问题上，他继续保持沉默和暧昧态度。

当尼克松闭门写他的就职演说时，情况发生了变化。地理上的距离提供了解决争议的途径。我突如其来地接到霍尔德曼的一个电话，他告诉我总统当选人已经决定在"国家安全决定备忘录之二"上面签字，如果有人反对，就请他提出辞职。这完全是典型的尼克松做法：先给一个明确的指示，然后以令人感到恼火的暧昧态度和拖延——这是为了掩盖寻找间接的解决途径，最后是一个突然的决定，通过两道中间人传达到失败者那里。这也说明，为什么他的白宫助手能起这样重要的作用。他们是一种缓冲人，可以摒挡不受欢迎的谈话者——这一类谈话者包括要当面表示不同意见的任何一个人。他们下达不孚众望的指示。在各部门有不满意见的时候，他们也是出气筒。

"国家安全决定备忘录之二"是在一月十九日签字的，在一月二十日就职典礼后不久就公布了。

鉴于尼克松的坚定看法，这场争论的结果是在预料之中的。它也不是像人们常说的那样，是对我的关键性授权③。这件事情在表面上以及在预示总统和他的主要顾问们的关系上，要比在实际权力上来得重要。这一场斗争的结局看来是我们取得了胜利，在早期就帮助树立了我的威信。而且，这件事成了总统和国务卿之间看来是无休止的争论的开端——由于每一方通常都要为这场分歧另找一个人来当替罪羊，因此这场争论就变得使双方都更加被激怒了。实际上，在很大的程度上是这些徒劳无益的争斗，而不是组织机构，形成了尼克松主要顾问们的相对的重要性。我们的决策程序的真正由来，在于尼克松(在我被任命以前就有了的)要从白宫指挥对外政策的决心，在于他对现有官僚机构的不信任，再加上他的哲学和我的哲学的吻合以及新国务卿的相对缺乏经验。

的确，这样的组织机构使得白宫更容易进行控制。它给我提供了一个途径，使我自己和我的工作人员得以参加拟订政策的前面的几个阶段。虽然在开始的时候并没有这样设想，也是随着时间的推移，一些秘密谈判把我逐渐卷进去的。尼克松和我可以拟订出举行谈判的计划文件（这种计划文件对于有关机关来说是假设性的），从而利用部际机构来教育我们自己；这些研究告诉我们可以有哪些选择方案，以及什么是能够在政府内部得到支持的。这样，我们就能够在正式途径之外，把部门的主张付诸实施。看起来也许很奇怪，我进行的每一次谈判没有不得到部门的有力支持的，即使这些部门并不知道我在进行什么事情。

但是，归根结蒂，一个总统助理的影响几乎完全要靠总统对他的信任，而不是来自行政安排。几乎可以肯定地说，如果约翰逊的体制继续下去，我的作用大体上也会是一样的。互相接近起了很大的作用：一天能有机会和总统谈几次话往往具有决定性的重要意义，比当委员会主席或者提出选择方案的权利重要得多。肯尼迪以后的每一个总统信任他的白宫助理似乎超过信任他的内阁，其中的道理必须留待研究心理学的人去研究。这可能是因为这些助理对他的依靠更多；也可能是因为这些总统助理身上没有要管理一个大官僚机构的压力，能够更充分地投合总统的癖好；也可能很简单地就是由于在位置上的接近而产生的心理上的信任。至于说到尼克松，由于总统的工作习惯，助理们的作用变得更加重要了。尼克松喜欢工作一阵，歇一阵。在他歇息期间，他就依靠他的助理作出日常的决定；在工作极端紧张的时候，他依靠他的助理去检查他那比较仓促的指令。他需要助理预先防止他很不喜欢、又很胆怯的面对面的场面。他们得保证尼克松不要一时冲动而发出命令，或者是随便同意他所接见的来访者。霍尔德曼的人事制度并不是像人们常说的那样“孤立”了总统；尼克松坚持要孤立他自己；这是他能够集中精力的唯一途径，也是使他的指示能够得到有条不紊的检查的唯一途径。

在这种情况下，对于部际机构的控制和在国家安全委员会会议上提出方案的权利是有用的，但不是决定性的。各种方案毕竟是由部际委员会准备的，通常是在国家安全委员会会议上在所有的负责人都出席的情况下辩论过的，如果所陈述的理由有片面性，其中任何一个负责人——甚至更坏的是，他们都联合起来——有权表示反对。而且还有一道更根本的检查：一个总统不会轻易忘记由于就某些问题没有展开充分的讨论而招致的失败。

最后我终于成了主要顾问，虽然在刚开始一年半内的情况还不是这样。一直到一九七〇年年底以前，我是有影响的，但还不是占支配地位。从那以后，由于尼克松设法绕过各部门的拖延，有时是各部门的反对，我的作用增加了。事实是，在我的权威得到肯定以前，国家安全委员会机构得到了更充分的使用。而在那以后，策略上的决定越来越多地是在这个体系以外，在和总统的私人谈话中作出。

转向实质

在过渡时期，实质性问题通常是以要求举行会议或者呼吁连贯性的形式出现的。几乎从我的任命宣布之时开始，外国的外交官，出于写报告的需要和为了要开一个头来和新政府打交道，就纷纷要求约见。即将卸任的政府也设法争取新任命的官员支持它自己的主张。

我们对前政府的主要成员怀有相当大的尊敬心情，他们中间许多人，已经在华盛顿供职五年或者八年了。我们尽我们的力量使他们顺利地从担任公职过渡到平民生活。无论是在就职典礼以前或以后，尼克松班子的人员，不曾对约翰逊政府的任何重要官员发表过批评性的意见。我们尽力有礼貌地对待他们，并且学习他们的经验；在前总统约翰逊和几位顾问离职后好几年，我们还是定期向他们汇报情况。后来，每逢要在国外开设一个重要的使馆，我们总是首先提议由迪安·腊斯克担任这个职务；我们曾要求赛勒斯·万斯承担一个高度机密的任务。

但是，我们不能继续按过去的势头来处理我们的外交政策。我们不准备掩盖我们对目前某些倾向和程序的怀疑。在这方面，最令人苦恼的问题是，如何对付约翰逊政府继续努力想安排卸任总统和苏联总理阿列克谢·柯西金之间的最高级会谈。约翰逊总统曾经利用一九六八年七月一日《防止核扩散条约》签字的机会，宣布两国政府已经同意就限制战略武器开始会谈。预定在八月二十一日发表一个联合声明，这次最高级会谈将由柯西金和约翰逊于九月三十日在列宁格勒开始举行。这一联合声明由于后来苏联入侵捷克斯洛伐克而宣告流产。

甚至在苏联入侵捷克斯洛伐克之后，在美国已经举行了总统选举，约翰逊政府还继续为举行最高级会谈而努力。从苏联方面来说，它是很想举行这个会谈的。苏联想让美国在尼克松总统就职以前对限制战略武器的原则承担义务；（然后，如果出现任何僵局，他们就可以把尼克松和他的前任相比，从而把责任推到尼克松身上。）他们也想清除由于侵捷事件而给外交气氛带来的恶臭。一九六八年十一月十四日，在尼克松当选以后一个星期，多勃雷宁大使告诉总统助理沃尔特·罗斯托说：苏联政府认为，不要放松进行关于导弹的谈判是事关重要的；同样重要的是，要为批准《防止核扩散条约》创造良好的气氛。多勃雷宁还说：如果约翰逊总统能为苏联与下届政府关系的迅速发展打下基础，这将是对未来美苏关系的一个巨大贡献。虽然罗斯托回答说，苏军继续占领捷克斯洛伐克是一个问题，然而谈话却转向讨论最高级会谈。迟至十二月十五日，国防部部长克拉克·克利福德还在《面对全国》的电视节目中，强烈敦促美苏及早举行最高级会谈，以便开始战略武器谈判。

约翰逊总统渴望突破通往和平之路而青史留名，但是命运、个性和局势发展却使得他未能实现他的梦想，想到这一点，不可能不为之感动。他为执行一个部分是继承下来的越南政策而搞得声名狼藉，所以想在离职时留下一点好名声的心情是可以理解的。但是，我们认为，在过渡时期举行美苏最高级会谈是不合适的。而且，一位美国总统也不应该在苏联侵捷几个月内会见苏联领导人。这样一个姿态会产生破坏性的影响，特别是在西欧。对于一个即将离任的政府来说，这样做尤其不明智。在那种情况下，如果谈判能取得任何成就，将不得不由一些没有参加谈判或者策划的官员去执行，而苏联的领导却有连续性，因此他们可能成为达成协议的权威解释者，而且新政府可能希望作的任何政策改变，都会被批评为背弃庄严的国际义务，要不然与它的前任政府相对照而处于不利的地位。

因此，在十二月二日宣布对我的任命后作出的首批决定之一，就是防止在就职典礼之前举行一次最高级会谈。十二月八日，尼克松的顾问罗伯特·埃尔斯沃思——在竞选活动中，苏联大使馆和他保持联系——受命去向苏联代办尤里·N·切尔尼亚科夫说，总统当选人不会赞成在一月二十日以前举行最高级会谈。我也向克格勃人员鲍里斯·谢道夫说明了这一点。在竞选活动中，谢道夫似乎接受过洛克菲勒的任务，从那以后，他就死盯着跟我在一起。十二月十八日，切尔尼亚科夫在纽约的广场饭店交给埃尔斯沃思关于苏联的答复。苏联的备忘录解释说，最高级会谈的想法是美国在七月份首先提出的，然后又在九月中旬再次提出过，最后一次提出是在十一月底。苏联人原来以为，总统当选人一直知道这些情况。现在既然“这方面的情况”已经“澄清”，苏联方面承认，他们“很难”判断，在目前情况下举行最高级会谈，会有多大成功的可能。切尔尼亚科夫还说，如果总统当选人给莫斯科有任何答复，他很乐于转达。后来尼克松没有答复。最高级会谈想法就此结束了。

和谢道夫的零星接触仍继续进行着。他主要关心的是，尼克松在他的就职演说中应包括这样一点：要保持同莫斯科的联系渠道畅通。他说，克里姆林宫对此将会感到高兴。我从来也没有弄清楚，谢道夫提出的这一要求，究竟是反映他想显示他对莫斯科的影响，还是当真反映政治局的政策态度。无论情况怎么样，我认为这是没有害处的。尼克松在就职演说中确曾向所有的国家宣布：“在本政府执政时期，我们的联系渠道将是畅通的”，他还作出了其他的一些合乎现行标准的献身和平的表示④。

过渡时期的另一个问题证明主要是自找的麻烦：所谓的斯克兰顿使命。

威廉·斯克兰顿一九六四年竞选总统未获结果，那时我曾和他有过很短暂的会见。后来，他当美国驻联合国大使，我曾和他有过密切的工作关系。我发现他这个人无私、能干。他不愿担任全日工作任务，然而随时可以找他征求意见，或者执行特别使命。一九六八年十二月初，尼克松派他作为尼克松的私人代表到中东六个国家进行了九天的访问。在十二月九日从约旦跨过艾伦比桥进入以色列占领的西岸以后，斯克兰顿在杰里科向记者发表讲话，给中东外交的词汇增加了一个新的警句。他说：“重要的是，美国(在这个地区的)政策要变得更加不偏不倚。”他又说，他所谓的“不偏不倚”，就是说美国应该同“这个地区的所有国家”打交道，“而不一定要偏袒某一方”。当斯克兰顿十二月十一日到达罗马的时候，他宣布说，尼克松政府将起草一个新的中东“和平计划”。这在以色列引起了轩然大波，迫使尼克松的新闻发言人罗纳德·齐格勒在同一天发表声明说，关于一个“不偏不倚的”政策和一个新的“和平计划”的谈话并不一定出自总统当选人。但是，当斯克兰顿十二月十三日回来向尼克松作汇报的时候，他后来又举行了一个记者招待会，而且，由于他是一个信心很强的人，又重复了他的说法：美国在中东应该有“一个不偏不倚的政策”。一阵恐慌的浪潮传遍了以色列，又传到了美国的以色列支持者中间。当尼克松和我在十二月十三日会见以色列国防部部长摩西·达扬的时候，我们才找到机会让局势平静下来。达扬像尼克松一样不希望在新政府上任伊始，就发生一场美国和以色列之间的争吵。达扬公开否认说以色列不满斯克兰顿的访问的消息报道。达扬含糊地向报界解释说，他的政府感到，斯克兰顿使以色列“对问题有了更好的了解”。斯克兰顿闯的这场乱子是过去了，但是，中东僵局像一块坚硬的岩石，仍然屹立未动。

我们面临中东的复杂局面，决不仅仅是只此一次。十二月十七日，总统当选人在约翰逊总统的坚决要求下，会晤了科威特酋长。约翰逊总统作为一项个人的荣幸，坚持要他的最后一个国事访问者也受到尼克松的接待，他这样做是对的。这件事情之所以值得注意，主要是因为，它给了我第一次机会为总统当选人准备一次高级会晤——在这次考验中，我不光彩地失败了。我以为，阿拉伯-以色列冲突会是酋长最关心的问题，因此准备了关于这个问题的一个旁征博引的备忘录。不幸的是，酋长首先希望了解的是，在英国像它自己所宣布的那样，在一九七一年撤出波斯湾以后，新政府对这个地区有什么计划。如果，例如说，伊拉克进攻科威特的话，美国的意图是什么？尼克松没精打采地看了我一眼——这种眼色是在他认为由于他的僚属工作做得不到家而使他处于措手不及的地位时使用的。然后，他果断地回答说，关于这个问题，还需要进行研究，但是，我们当然关心这个地区所有国家的领土完整；我们会采取什么样的策略措施自然要视情况而定。酋长对这个含糊的答复看来还是满意的。

后来，我学会了如何改进我的预见本领——必要时可以事先问问客人，他想向尼克松提出什么问题。

在过渡时期，新政府必须注意，不要去干预外交政策的日常运转。但是它可以作一些姿态，建立一种积极的气氛。一月初，总统当选人给夏尔·戴高乐总统、哈罗德·威尔逊首相、库尔特·基辛格总理和北大西洋公约组织秘书长曼利奥·布罗西奥写了热情洋溢的信，声明他打算把加强大西洋纽带当作头等任务。他也给日本首相佐藤荣作、约瑟普·布罗兹·铁托总统和教皇保罗六世写了友好的信。

在过渡时期，最重要的外交主动行动是向河内作出的。根据我的建议，总统当选人在十二月底和一月初两次采取主动和北越当局交换了意见，强调我们准备进行严肃认真的谈判。中间人是我的朋友、前法国驻河内总代表让·圣特尼，但这些接触从一开始就宣告失败，因为北越在实际上取得了单方面停炸之后，立即又提出了要美国推翻西贡政府的要求。

事实上，我们在过渡时期犯的主要错误是在越南问题上。越南好像有一种天生的本领来蒙蔽美国的判断力。在就职典礼的前几天，为使参加巴黎和谈的美国代表有可能解决自十一月一日停炸以来一直阻挠正式谈判开始的僵局，我们做出了努力：在谈判桌形状和与会各方排座位的问题上的争论。这并不是一个无关紧要的问题。它对我们的南越盟友来说，有着巨大的象征性的意义，因为他们认为自己是合法政府，不愿给予河内在南方的分支民族解放阵线以平等地位。因此，在三个月的时间里，西贡一直拒绝接受河内提出的使用一张方桌，让河内、民族解放阵线、西贡和美国四个方面享受平等地位的建议。河内提出这个建议，其目的是想利用谈判开始，来确立民族解放阵线作为一个替换政府的地位。

一月中旬，苏联突然代表北越提出了一个折衷办法。后来很快就达成了协议，使用圆桌，不用名牌、旗帜或其他标记。这样一个安排是足够含糊的，可以让共产党还是谈他们的四个方面，而美国和南越也可以说只是两方(盟国对共产党)在进行谈判。共产党方面的动机是显而易见的。如果僵局持续到新政府上任，新总统的公开讲话一定会是好战的，他可能废除停炸。如果在就职典礼以后打破僵局，新政府就能够利用这一个“进展”的迹象，来加强公众对它的支持，从而加强新政府抵抗河内即将对它发动的心理战的耐力。与一个即将卸任的政府取得谅解，为北越解决了上述两个问题。

如果我们要鼓励南越继续进行拖延，阻挠在总统就职以前达成协议，那本来是轻而易举的事。即使我们无所举动，西贡也是会这样做的。但是，比尔·罗杰斯* 授权国务卿腊斯克去告诉西贡说，总统当选

---

* 比尔·罗杰斯，即威廉·罗杰斯。——译注

人敦促它在就职典礼以前接受妥协方案。而尼克松，尽管我多方劝告，觉得义务已经承担，不能出尔反尔。所以，卸任政府在它在职的最后日子里，还找到了一个机会庆祝胜利。这个胜利对它来说是毫无意义的。但是，正如河内所曾预见到的一样，这个胜利却削弱了新总统，使他马上面临一个僵局，这个僵局很快就会重新点燃国内的辩论。果然，不到几个星期，尼克松就由于在谈判中没有取得足够的实质性进展，而被人指责为缺乏灵活性。

过渡时期证明是太短促了：它总是短促的。一月二十日正午时分，在国会大厦石阶的平台上，寒风凛冽，我注视着理查德·尼克松宣誓就职。现在轮到我们这些满怀希望、但也是诚惶诚恐地担任新职的人来作出决定了，这些决定可能塑造我们国家的未来，可能决定世界和平和自由的前景。

注释：

① 米歇尔·克罗泽著《官场现象》（芝加哥：芝加哥大学出版社，一九六四年），第四四至五五页，第一八七至一九八页。

② 梅尔文·莱尔德著《保守的文件》，序言（加登城，纽约州：安克书局，道布尔戴公司，一九六四年）。

③ 例如，参看罗杰·莫里斯著《不一定伟大》（纽约：哈珀与罗氏出版公司，一九七七年），第二章，《皮埃尔饭店的政变》。

④ 尼克松第一次就职演说的有关段落如下：

> 经过一段对峙时期之后，我们正在进入一个谈判的时代。
>
> 让所有的国家知道，在本届政府执政期间，我们的联系路线将畅通无阻。
>
> 我们谋求的是一个开放的世界——向各种思想开放，向货物和人员的交流开放，在这个世界中，任何国家——不论大小——的人民都不会生活在愤怒的孤立之中。

我们不能指望使每个人都成为我们的朋友，但是，我们可以设法不使任何人成为我们的敌人。

对于那些会成为我们的对手的人，我们邀请他们来参加一场和平竞赛——不是竞相征服领土或者扩大地盘，而是竞相丰富人类的生活。

在我们探索空间领域的时候，让我们一道去新的世界——不是去征服新世界，而是作为共同进行的新探险。

让我们同那些愿意参加的人们合作，来减轻军事负担，加强和平结构，赈饥济贫。

但是，对于那些见软就欺的人，让我们清楚地告诉他们，我们将根据需要保持强大的力量，需要保持多久就保持多久。

第三章　一个初出茅庐政治家的信念

一个历史学家的看法

肩负重任的时刻是十分严肃的，对于一个学者出身的人来说，尤其是这样。从思考问题，突然要转向作出决定，我必须要认识到结论和政策之间的区别。仅仅是嘴巴上能说会道就不够了；还必须要在行动上令人信服。问题不再是理论性的了；谈话对象也不是辩论家，而是主权国家，其中有一些是以物质力量来使它们的看法得以实现。

任何政治家都或多或少地是一些当务之急事情的俘虏。他所面临的环境并不是他自己造成的，而且被一个身不由己的个人经历牵着鼻子走。如果有人认为，领导人经验越多，就会变得越成熟，那只是幻想。正如我所说过的，领导人在跃居高位以前所形成的信念，是他们智慧上的资本，在任职期间将要逐渐消耗掉。领导人很少有时间思考问题，他们陷入了没完没了的战斗，在这些战斗中，紧迫的问题经常比重要的问题得到优先处理。每一个政治人物的公职生活，就是一场从环境的压力中不断作出抉择的斗争。

我从二十年的研究历史中形成了一种哲学，并带着这种哲学上任担任公职。历史当然不是一本提供预先试验过的食谱的烹调书。它是通过类比法，而不是通过格言来教育人的。历史可以阐明在类似的情况下的各种行动的后果。然而，每一代人必须自己去找，哪些情况是真正的类似。学术熏陶不能够从我们肩上减去作出困难抉择的重负。

我曾经写过一本书和几篇文章，谈十九世纪的外交。我写这些书和文章的动机是，要了解欧洲在经过几场拿破仑战争后建立已持续一个世纪的和平过程；我还想了解，为什么那个和平在一九一四年土崩瓦解。但是，我从来没有设想，从前的雄图和战略，可以原原本本地适用于现在。当我任职时，我相信，过去的事情能够给我们一些重要的教益。但是，我也知道，我们正在进入一个无论是在武器的摧毁力方面，在思想传播的速度方面，在外交政策对全世界的影响方面，还是在实现由来已久的改善人类条件的梦想的技术可能性方面，都是史无前例的时期。

如果说历史有任何教育意义的话，那么其教育意义就在于：没有平衡，就没有和平；没有节制，就没有公正。但是，我同样相信，如果没有一个道义上的罗盘，在含糊暧昧的现实中确定航向，并且使得牺牲具有意义，任何国家都不可能正视甚至明确它的抉择。是否愿意照这条良好的路线走，是标志着学者——或者任何局外人——的道德观和政治家的道德观之间的区别。一个局外人，从绝对观点考虑问题，他是从概念上来判定是非的。而一个政治领导人却没有这样舒服的事。他很少能够不分阶段就达到他的目标；任何一个局部的步骤，从德行上来说，本来就不会是完美无缺的，但是，没有这个局部，就不可能有接近于完美的德行。对一个哲学家的考验是他的警句背后的推理，对一个政治家的考验不仅仅是博得人们对他的目标的称赞，而且是他为人类避免了灾难。人类永远不会知道，由于避免了风险，或者由于采取了行动，从而避免了可怕的后果——那只是因为一旦被挡住了，这些后果就永远不能显现出来——这样他们才有可能避免了浩劫。所以，学者和政治家之间的对话，总是得不出什么结果的。没有哲学，政策就会没有标准；但是，如果不愿窥伺暗处，不冒风险，没有把握地采取某些踉跄的步子，人类就永远不会有和平。

历史是永远不停止地前进的，也没有什么平稳时期。我们知道，有史以来的所有社会，都经历过衰落时期，其中大多数终于崩溃。但是，在必然性和偶然性之间还有一点回旋余地，政治家必须通过坚韧和直观来进行选择，从而塑造他的人民的命运。无视客观条件是危险的，拿历史必然性来做挡箭牌，就等于是精神上的推卸责任；那就是忽视了力量、希望和灵感的因素，而这些因素，多少世纪以来，却支持着人类的生存。政治家的责任是对一个瞬息进行斗争，而且不要追求永垂青史。他可能知道，历史是不会永久不变的；但是，一个领袖没有权利听天由命。为了他的人民，他应该斗争、创造，并且抵抗困扰着人类制度的腐蚀剂。

美国的经验

在我出乎意外地担任这样高的职务的时候，我们的国家正处于一个特别复杂的时期。在各个国家的生活中，就像一个人的情况一样，事情往往到了这样的地步，好像青年时期的看起来无限的机会突然变得狭窄了，而且人们必须严肃地认识到，并不是所有可供选择的机会都继续存在。这样一种领悟能够唤起新的创造性的动力，这种动力也许不像早年朴素的勃勃生气那样天真无邪，但却更加复杂，而且更加持久。一个人认识到自己的局限性，绝不是一个容易的过程。最后可能导致失望或者反抗；也可能引起一种怨恨自己的心情，这种心情把不可避免的妥协变成了一种机能不全感。

美国在六十年代后期就经历了这样一个怀疑自己和怨恨自己的时期。起因是越南战争。美国是在两任政府期间逐步陷入越南战争的，到了一九六九年，它已经使美国牺牲了三万一千多人，而且战争还没有早日获得解决的希望。在开始时，人民和国会以压倒优势表示拥护，但到后来，这种拥护首先发展为怀疑，接着又成为日益敌对的反抗。对于大多数的人来说，一场抗击侵略的战争变成了美国带根本性的罪恶的象征。这个十年时间，开始时，美国大胆宣称，它将付出任何代价，承担任何重负，来保证自由得以存在和胜利，但到最后，却以一连串接着爆发的暗杀、城市暴乱和不雅观的示威宣告结束。六十年代标志着我们的清白无辜已经结束，这一点是肯定无疑的。尚待确定的是，我们是从这一认识中得到教训，还是背叛我们这个成熟时期的现实，消耗我们的钱财。

六十年代的动乱尤其使美国人感到不安，因为它发生在美国取得了成就的、非同寻常的时期的末尾。我们建立了联盟，这些联盟维护了和平，促进了北美、西欧和日本这些产业民主国家的成长。我们帮助建立了一些国际经济机构，这些机构助长了全世界一代人的繁荣。我们促进了非殖民化，并且首先给新兴国家提供了发展援助。在一个由于通信和技术的发达而缩小了的星球上，在一个不是受到战争破坏，就是努力着手建立国家的世界里，美国有充分的理由以它对全世界的贡献——它的精力、它的理想主义和它的持久的成就——而自豪。

然而，实际情况仍然是，经过二十年的努力后，美国本身也并不是没有意见分歧。作为我们战后外交政策基础的一致意见已经烟消云散了。一向支持我们所承担的国际义务和我们所取得的成就的男男女女，由于认为我们在越南遭到了失败而灰心丧气。大多数年青人起来反抗，反对他们的父辈的成就，攻击他们所谓的承担过多的义务，嘲笑那些激励我们取得成就的价值。一种新的孤立主义抬头了。在二十年代，我们采取脱离世界而孤立的态度，是因为我们认为和外部世界相比，我们自己是太好了。而在六十年代后期危害自己的论点是，因为我们自己的毛病太多，所以我们应该脱离世界而孤立。

美国对自己的怀疑，证明是有传染性的，这一点并不足为奇，因为如果一个国家对自己都缺乏信心，很难要别的国家对它有更多的信任。欧洲一些知识界人士开始认为，引起冷战的根源除了苏联的政策之外，还有美国的政策；他们敦促政府，提出自己的和平倡议，以便摆脱恶性循环。许多欧洲领导人，为了迎合这种心理，变成了缓和的热烈鼓吹者，在东西方之间起“桥梁”作用——访问莫斯科，探讨与北京建立联系的可能性，主张裁军和东西方贸易。

他们的这些主张倒也很好，到了六十年代后期，美国开始注意到这些主张，并且采取有这方面含意的政策。突然，欧洲政治家又变了主意。现在，他们又害怕美苏“共管”，害怕美国和苏联领袖越过欧洲各国政府搞一次“超级雅尔塔”来解决世界问题。在苏联入侵捷克斯洛伐克那一年，美国的许多盟国都指责美国一方面在东南亚太好战，同时在和苏联打交道时又太迁就。这种矛盾情绪损害了联盟的团结。捷克斯洛伐克的形势发展，剥夺了它们的勇气，公众舆论强迫它们进行和解，同时又受到加强安全的信念的驱使，西方联盟就像一只驶入了无风的海面的船只，停止不动。

我们的其他政策的情况也是同样不稳定。二十年来，我们同中国的接触只限于在零零星星的华沙大使级会议上互相指责。中东的局势一触即发，但是经过一九六七年的战争之后，还没有准备进行什么外交活动。由于我们国内的分歧，不能提出什么决定性的倡议。美国在世界上似乎降到了被动的地位，而在这个世界上，尽管我们对自己也有种种怀疑，但仍然只有美国的力量才能够保证安全，只有我们的献身精神才能带来希望。

在我看来，越南并不是我们的困难的原因，而只是一个征象。我们正处在一个令人痛苦的调整时期，来适应世界政治的深刻变化；我们不得不面对我们的历史和我们的新需要这两者之间的紧张关系。两个世纪以来，美国在世界上所起的作用，似乎总是在过分卷入和退守本土之间摇摆，在对我们的力量期望过高和引以为耻之间摇摆，在乐观的精神焕发和对一个不完美的世界上的暧昧不定感到灰心丧气之间摇摆。我相信，我们国家的不安情绪的最深刻的原因，是这样一种人们还只是模糊地觉察到的认识：我们正变得像其他国家一样，需要承认我们的力量虽大，但还是有限度的。我们的能力和我们的问题相比，再也不是无限的了；相反，无论是在才智上，还是在物质上，我们都必须规定一个轻重缓急。在五十年代和六十年代，我们曾经企图对一些具体问题找到最后的解决办法；现在，摆在我们面前的要求是，塑造一个世界和确定美国在这世界中长期应起的作用，我们再也不能用我们的努力总会有尽头这种幻想，来维持我们扮演的这个角色。

在一九六八年选出的无论哪个政府都会面临这个问题。在最好的情况下，这也是一个艰巨无比的任务；越南战争使它成为一项灼人的、令人痛苦的事业。

我们的历史没有使我们作好准备。具有讽刺意味的是，我们的开国先辈都是一些成熟的政治家，他们了解欧洲的力量均衡，并且很出色地利用这种力量均衡，首先实现美国的独立，继而维护美国的独立。富兰克林和杰斐逊巧妙地运用外交，使英国的敌人（法国、西班牙和俄国）站在我们一边，从而加强了我们的谈判地位。约翰·杰伊设法取得了英国皇室的承认，并且解决了我们与英国的战争的残余问题。但是，在那个时候，按着欧洲力量均衡的最好传统，我们又和我们的暂时盟国切断了联系，走我们自己的路。在独立后三十多年的时间里，我们像别的国家一样，生活在不稳定之中。我们险些和法国打仗，我们忍受了英国军队攻占我们的首府。但是，我们机智地行动，利用新的机会。我们成功地消除了法国和西班牙在西半球的存在，俄国在太平洋西北部进行扩张的新的危险以及大不列颠同欧洲国家的日益疏远——这一切使得我们在一八二三年和英国一起商订了门罗主义，把欧洲的力量排斥在我们的半球之外。

英国的观点是搞欧洲平衡。首相坎宁认为，门罗主义“是创造一个新世界来恢复旧世界的均衡”。但是，在新世界里，这就意味着，我们可以径自背弃欧洲，把我们的精力用来开辟我们西面的大陆。在滑铁卢和一九一四年之间的一百年间，我们地理位置的遥远和当时维持世界稳定的英国海上力量一直是我们的护身符。

随着美国力量的增长，以及欧洲的竞争集中在欧洲、非洲和亚洲，美国逐渐认为，两个大洋所造成的孤立是正常的对外关系形式。我们相当骄傲地把我们的安全完全归之于我们的信念的优越性，而不归之于我们的力量，也不归之于历史和地理条件的巧合。在拿破仑的大动荡之后，美国在整个十九世纪都置身于欧洲冲突之外——虽然为了实现我们国家的领土完整和维护我们国家的统一，我们打的战争不少于任何欧洲国家，而且可能蒙受了更大的伤亡。但是，这些战争并不被认为是属于国际关系概念的范畴：对美国人来说，它们反映了一个明显的命运的必然现象。

美国人——无论是“五月花号”的子孙，还是因为一八四八年的失败了的革命而逃到美国来的难民——逐渐认为，我们不像其他国家一样，为贫困所迫。当然，也有一种务实的、现实主义的气质。马汉海军上将对于海上力量的作用的看法就证明，美国人也能从地理政治的角度进行深思熟虑。我们取得菲律宾和巴拿马运河的办法，证明我们并没有完全忽视强权政治。然而，美国的政治思想越来越带着怀疑态度来看待外交。武器和联盟被认为是不道德的、反动的。谈判不被当作是调和我们的理想和我们的利益的方法，而被看作是把我们拖进一个道德成问题的世界上的无休止的争吵的陷阱中去。我们喜欢直爽的性格，我们喜欢以公开的吵嚷的方式来谈政治的本能，我们对于欧洲的礼节和大陆上的权贵的不信任——这一切都使得美国人对欧洲外交的那一套老方法及其达成模棱两可的妥协方案的倾向越来越感到不耐烦。甚至购买阿拉斯加，最后把俄国赶出美洲大陆这件事，在当时也被认为是一大蠢事，只能用美国在旧世界外交阴谋面前受骗上当来加以解释。当时费了极大的劲，才说服国会拨款七百万美元来完成这笔交易。

关于外国人在外交方法上其狡猾程度比美国高明的错误看法一直传到了二十世纪。每当威尔·罗杰斯说“美国在战争中从未失败，在会议上从未得胜”这样一句笑话时，他总是会博得笑声的。

这样，美国在进入二十世纪时，基本上没有作好准备来扮演可能会要它扮演的角色。它忘记了开国先辈赖以取得美国独立的娴熟的治国才能；它又瞧不起各国为了维护自己的利益必须使用的技巧。正如布赖斯勋爵一八八八年在《美利坚联邦》一书中所说的，美国曾经在“夏日的海上”航行，现在一层云峰“在地平线上出现了，现在距离不远了，这是充满云雾和阴影的时刻，危险可能隐藏在后面，它的形状和大小，美国几乎无法估量”。

我们信赖很久的英国统治下的和平将要结束了，尽管美国在几十年里还没有了解其重要性。我们已经发展成为世界上的主要经济强国；我们迅速变成了拥有足够的力量来维持千钧一发的世界均衡的唯一民主国家。

我们参加第一次世界大战，是我们出于地理政治考虑，为了维护海上自由、防止欧洲被一个敌对国家所统治的必然结果。但是，我们忠实于我们的传统，选择了从法律的和理想主义的意义来理解我们的参战。我们打这场战争是为了“结束所有的战争”，是为了“使民主得以在这个世界上不受损害”。对一个不完美的结局所产生的不可避免的失望情绪引起了孤立主义的浪潮。我们退而依靠我们所喜爱的法律，一再试图通过制定法律来结束国际争端——保障集体安全的自动机器，新的裁军方案，宣布战争非法的《凯洛格-布赖恩德公约》*。我们不同意说外交政策必须从保障安全出发，这一思想使得我们在战后年代把盟国当作对手看待，要它们限制军备，因为武器这一个词的定义，就会加剧国际紧张气氛。我们寻找替罪羊——所谓的军火制造商——来解释我们为什么从事像第一次世界大战这样一个肮脏的事业。情报工作被认为是不值得

* 一九二八年八月二十七日签订的公约，谴责用战争手段解决国际争端。该公约先是由法国外交部部长阿里斯蒂德 · 布赖恩德提议，美国国务卿弗兰克 · 凯洛格附议，经过长时间磋商，由十五个国家在巴黎签订的。——译注

的，即使不被认为是对我们自由权利的威胁的话。经济活动被认为是美国插手海外的唯一可以辩护的形式；它的目标或者是人道主义的，例如赫伯特·胡佛的救济工作；或者本质是消极的：科德尔·赫尔所主张的自由贸易。

后来，当极权主义兴起，整个国际秩序受到挑战的时候，我们仍然奉行孤立主义，而当时孤立主义已经从一种政策主张变成一种精神上的信念。我们实际上已经抛弃了维护我们的国家安全所必需的基本防范措施。罗斯福总统是在克服了极大的困难后，才能采取初步的措施，对付日益增长的威胁的：我们秘密地援助英国和重新建立我们的军事实力。在第二次世界大战已经进行了很长的一段时间后，对美国土地的一次突然袭击，才使我们震惊得放弃了孤立主义。但是后来，我们又被完全的胜利冲昏了头脑，抛弃了关于战后世界的安全也许要依靠某种均势的想法。因此，我们对战争留下的余波感到大吃一惊。战后时期的主要事实是，德国和意大利被消灭，英国和法国打得筋疲力尽，这样，使得苏联的力量进入了欧洲大陆的中心，一时之间，西欧似乎仰承苏联的鼻息。莫斯科在意识形态上重新采取敌对态度，它越来越多地否定了我们在战时怀抱的关于战后国际和谐的如意假想。而且，我们的科学家爆炸了原子弹，于是在武器方面开始了一场划时代的革命。

当迪安·艾奇逊说他“参加了创造”的时候，他指的不仅是创造了我们战后的外交政策，而且还创造了我们历史的新纪元。在经过了二十世纪的两场世界大战后，担任世界领导的责任和负担是不能逃避的了。美国不由自主地变成了这种新的均势的维护者。那一代美国人以他们的精力、想象力和技巧，承担了这些责任，值得永远赞扬。通过帮助重建欧洲、鼓励欧洲团结、组织经济合作机构和扩大对我们的联盟的保护，他们拯救了自由的前景。这一连串创造性的行动是美国历史上的一个光荣时刻。

但是，这个欣欣向荣的时期肯定是会消逝的，即使是我们必然会遇到胜利果实，情况也会是这样。欧洲和日本的恢复，需要调整我们的联盟关系；我们帮助其取得了独立的新的发展中国家，肯定会要求多分享一点世界上的繁荣。不管我们有能力做多少事情，我们也阻止不住苏联从战争中恢复过来，并且发挥它的新的威力。我们在战后早期所取得的成就，没有使我们对新时代的更复杂的问题有所准备。我们早期的计划，例如马歇尔计划和第四点计划，表达了我们的理想主义，我们的技术知识和我们有办法解决问题的能力。在某种意义上说，我们是在实施我们自己的新政方案，期望政治上的冲突会消融在经济进步之中。这在欧洲和亚洲的部分地区是行得通的，而在数十个新建立的国家中却不行。在冷战时期比较简单的两极世界里，在柏林、在朝鲜、其后又在柏林以及最后在古巴导弹危机中，我们坚定地顶住了压力或讹诈。这些都是我们的成就。但是，在一个很重要的意义上说，在热核时代面对同苏联关系这个长期的问题上，我们只是刚开始触动一点皮毛，更暧昧复杂的问题很快就会出现。

我们的更深刻的问题是概念性的。因为和平被认为是“正常状态”，我们在国际上作的许多重大努力，都是为了取得最后的结果，克服搅扰障碍来恢复正常状态。恢复欧洲经济的各种计划，都是为了带来持久的繁荣。为保证安全所作的努力，都是为了达到与苏联求得最后解决的目的。这一点包含在“遏制”概念中，这一概念代表了我们战后对苏联的政策。①

根据乔治·凯南一九四七年在《外交季刊》上写的著名的《未知数》一文，我们的任务是，以对应力量来抵抗苏联的试探行动，耐心地等待苏联制度的成熟。应用到迪安·艾奇逊的以及在某种程度上约翰·福斯特·杜勒斯的外交上，就是要我们原地踏步，一直到我们建立了力量，可以遏制苏联侵略——特别是占据我们整个战略思想的在中欧进攻——的时候。在遏制成功以后，外交才取而代之。国务卿艾奇逊说：“我们必须做的事情是，创造一种实力形势：我们必须建立实力，如果我们建立了那种实力，那么，我认为整个世界的局面就会开始改变……有了这种改变，各方的谈判地位就会有了不同，由此，我希望，克里姆林宫方面就会愿意承认现实……”②

这种给遏制下的定义，是把实力和外交当作政策的两个不同因素或者方面来看待。它的目的是最后举行谈判，但是，对于谈判的内容，没有提供什么线索。它暗含这样的意思：实力是不言自明的，谈判一旦开始，其内容也会是不言自明的。它没有回答下面的问题：如果我们或者我们的盟国没有受到直接的进攻，实力情况如何能够表现出来。它也没有说明白，在我们取得了实力地位以后，如果我们的对手不与我们谈判，而是集中力量削弱我们的实力地位，或者是从侧面来包抄我们，将会发生什么样的事情。

这种遏制政策存在着三方面的弱点：第一，我们过分强调军事力量的均势概念——其必然后果，即把谋求解决战后问题的谈判往后推的政策——反而给了苏联时间去巩固它的征服成果、补上它在核力量方面的不平衡。的确，在战争刚结束时期，苏联在中欧集结的重兵，大大超过了对立面的力量；西欧一蹶不振，美国已经裁军。但是，苏联真正的力量和我们相比是微乎其微的。四年的战争和两千万人的伤亡，把苏联弄得筋疲力尽。我们则垄断了核武器，二十年来，拥有巨大的核优势。我们的相对实力在很快就被称之为冷战的开始时期达到了顶点。

第二，军事技术的性质，也使得力量均衡不再被认为是一成不变的。核武器能够引起灾难性的巨变，以致随着核武器储备的增加，它们变得越来越不能用来击退所有可以设想的侵略。在一段时期内，我们的核垄断以及后来我们在数量上的优势模糊了这一现实。但是，事情不可避免地到了这样的地步：技术使得克里姆林宫能够进行冒险，从而减少了人们对核报复威胁的信赖。从那以后，处理军事上的力量均衡需要从两方面提高警惕：不仅在战略核武器方面要足够强大，而且在局部范围内在常规武器方面也要这样。我们正式宣布，我们给予盟国核保护的诚意依然一如既往。但是这并不能消除核僵局的事实以及因此而产生的建立其他的区域防务的需要。尽管如此，每隔十年，我们都不得不重新认识一下我们的防务负担的必不可少的两重性。

第三，我们的遏制理论绝不可能是对现代共产主义意识形态冲击力的充分的回答。这种意识形态把国家之间的关系变成了哲学思想之间的冲突，而且通过制造国内动乱对力量均衡提出了挑战。

总而言之，我们从来没有充分认识到，虽然我们的绝对力量在增长，然而，随着苏联从第二次世界大战的创伤中得到恢复，我们的相对地位肯定是削弱了。我们的军事和外交地位也不如四十年代后期刚开始实行遏制政策时那样有利了。当时是就欧洲前途问题举行认真讨论的大好时机，但我们错过了机会。

实际上，我怀疑斯大林原来是不是想把整个东欧都囊括进他的卫星轨道上去。他在战后采取的首先几个步骤——例如，允许波兰、捷克斯洛伐克和匈牙利举行自由选举，在所有这些选举中，共产党都遭到了失败——说明，他可能已经准备让这些国家取得类似芬兰的地位。出乎意外的是，我们又把认真的谈判拖延到要等我们动员更多的潜在力量之后再举行。这样，我们把时间给了苏联，而时间是苏联为了巩固其征服成果、恢复战争创伤所需要的最宝贵的商品。

温斯顿·丘吉尔过去对于这一点是了解得再透彻不过了。他在一九四八年十月不在台上时发表的一篇很不受人注意的演说中说：

有人提出这样的问题：在他们自己也有了原子弹，并且有了不少的储备的时候，会发生什么样的事情。你可以从现在发生的情况自己来判断那时将会发生的情况。如果在他们还不具备条件的时候，都能做出这样一些事情，在他们具备了条件的时候，他们会干些什么呢？如果他们现在能够月复一月继续不断地搅乱、折磨这个世界，相信我们的基督教教义和我们的利他主义精神，会阻止我们对他们使用这种奇怪的新的威力，那么，当他们自己有了大量原子弹的时候，他们会做些什么呢？……没有一个有理性的人会相信，摆在我们面前还有无限制的时间。我们应该把问题挑开，求得一个最后的解决。我们不应该不顾未来，毫无办法地凑合着过下去，等待着新的事情发生，我的意思是说，等待着对我们不利的事情发生。当西方国家拥有了原子力量，而俄国共产党人还没有得到这种力量之前，如果西方国家就明确地提出它们的正义要求，它们十之八九是有可能不需通过流血战争而达成一个持久的解决办法的。③

实际情况是，美国在一九四五年以后进行的两场战争——朝鲜战争和越南战争——都不符合我们的任何政治或战略期望。朝鲜战争并不是由于美国或美国的主要盟国受到进攻而引起的。这场战争的目标并不是针对欧洲的中心地带。它也并不直接牵涉到苏联。所以，难怪华盛顿的负责人士认为这场战争是一个战略上的转移目标的手段，想在苏联正在准备对欧洲发动进攻的时候，把我们的注意力引向亚洲，因此，我们进行这场战争也只是试验性质的。我们的目标随着军事形势的变化而摇摆，在不同的时期，我们宣布的目的也各异：击退侵略、统一朝鲜、为了我们部队的安全，或者是批准军事僵持局面的有保证的停战等等。

由于我们把实力和外交看作是对外政策的各不相同但又有连续性的两个方面，我们就没有在仁川登陆以后，当我们处于最强的军事地位时，通过谈判来解决朝鲜战争。这种看法，引诱我们把我们的目标升级。一年以后，当谈判刚一开始，这种看法又使得我们停止了除纯防御性质的行动以外的任何军事行动，从而使敌人失去了想迅速求得外交解决的主要动力。我们采取的行动，就好像是谈判过程不受军事力量对比的影响，而按它自己内在的逻辑在进行一样——的确，军事压力可能挑起谈判对手的敌对情绪或者暴露自己没有诚意，从而危及谈判的进行。接着而来的是将近两年的僵持局面，这是无足为奇的。在这期间，我们蒙受的伤亡不亚于在战争不受限制地进行的时候。把力量和外交当作两个分开的现象，使得我们的力量缺乏目的，也使得我们的谈判缺少力量。

其结果是国内的动荡，这种动荡是全国在外交政策上的新的一致意见第一次发生破裂：道格拉斯·麦克阿瑟将军和华盛顿的军事与非军事领导人之间的意见冲突。麦克阿瑟主张在远东取胜。批评他的人的一个论点是，我们必须保存我们的力量，来进行一场可能是迫在眉睫的与苏联的全面较量，地点大概是在欧洲。麦克阿瑟反对上级给他的指令，因为他认为，这些指令用传统的战争概念来衡量，约束性太强了。另一方面，政治领导者认为，朝鲜战争是为了在战略上转移视线：华盛顿认为，欧洲是决定性战场，从这个意义上来说，朝鲜战争的规模太大了。

如果考虑到苏联日益增加的核武器储备行将造成的威胁，人们有可能怀疑时间对我们有利的前提，以及在一场与苏联的全面战争中我们有更多的东西会损失的前提。我们永远没有解决这样一个矛盾：我们参加朝鲜战争，是因为我们害怕，如果我们不参战，欧洲在最近的将来就会面临一种严重得多的危险。但是后来，就是这种不愿面临对欧洲的全力进攻的心情，又严重地限制了我们为了在朝鲜取胜而准备冒的风险。随之而来的僵局损害了我们国内的团结，促成了以麦卡锡主义形式出现的对我们自由的进攻。

十年后，我们又在越南遇到了同样进退两难的局面。我们又一次被卷入了战争，因为我们认为，印度支那战争是共产党全球战略的表现。同样，我们也想少冒些风险，因为在全球性的挑战中，印度支那看来是其中的一个部分，而在越南这个地方摊牌看来没有好处。在战争的各个阶段，我们都设法把我们的风险限制在估计不会引起中国或苏联干涉的程度。简言之，我们对全球性挑战的看法同时也在诱使我们参加远处的战争冒险，最后又不让我们打下去。我们在公众的热烈支持下参加了战争，又一次变成了令人沮丧的逐渐不能为公众接受的僵局。

到了一九六九年，越南战争变成了一个全国性的噩梦，这使得我们的整个战后的外交政策受到了攻击。到那时为止，几乎一致认为冷战是由于苏联的顽固不化而引起的，这种看法受到了一个少数派口头上的有时激烈的攻击。这个少数派坚持认为，美国的好战成性、美国的军国主义和美国的经济帝国主义才是国际紧张局势的根源。这种土生土长的激进主义，从来没有许多真正的支持者，后来我们一撤出越南，它马上就土崩瓦解了。令人注目的是，与其说是它暂时的号召力，不如说是它起了败坏各阶层士气的破坏作用，而这些社会阶层，本来是可以指望来维护我们的战后政策的前提和成就的。使我们的对外政策取得伟大成就的国际主义势力集团，在这些怀疑它的一切社会准则的子孙的攻击面前瓦解了。

新上任的尼克松政府，是战后这一代第一个不得不在没有全国一致意见的情况下来处理它的外交政策的政府。自从一九四七年以来，历届前任政府都是基本上享有这种一致意见的支持的。因此，我们的任务，如果说有什么困难的话，只是比前任政府更为复杂些。我们面临的不仅是战争造成的脱节和混乱，还必须为一个新的时代制定一个新的外交政策。越南战争迟早是要结束的。我们面临的全球挑战是什么？我们在全世界的目标是什么？我们是否能够形成一个把我们的理想和我们的责任、我们的安全和我们对社会准则的看法、我们的梦想和我们的机遇调和起来的一致意见呢？

形成一个新的平衡的问题

甚至在我们就职时，就可以清楚地看到，越南战争的苦恼，有可能引起对国际事务的新的幻灭感，从而使美国转向国内，医治战争创伤，放弃在世界上的领导地位。这当然会是一个深刻的悲剧，远比越南悲剧本身更加令人发愁。如果发生那样的情况，我们就会回到摇摆在洋洋自得的承担过多义务和阴郁沉闷的孤立主义之间的历史周期。而这一次，我们抛弃的世界远比三十年代的世界更为复杂，更为危险，并且更深地依靠美国的领导。因此，尼克松政府认为，即使从印度支那脱身，它也有责任为一个长远的美国外交政策打下基础。仅限于处理危机，如像六十年代学术界集中研究的那样，是再也不够了。危机只是更深刻的问题的表面症候，这些问题如果任其发展，就会变得越来越难驾驭。精神上偏激引起了过多承担义务和孤立主义。我认为，对于我们的基本民族利益有了一个概念，才能保证沉得住气，才能保证始终如一。我们的理想主义一定不能成为不负责任的借口，而应该是勇气、耐力、自信和方向感的源泉。只有这样，我们才能够创造出一个新兴的国际体制，这个体制在它所冒的危险、它所给人们提供的希望和它具有的全球性质方面，都是前所未有的。

因为我们被一种要比越南战争更厉害的病症所困扰，所以它的解决也不是一个专门技能的问题，而是一个哲学问题。在一九六八年选举以前的几个星期，我曾发表了一篇文章，提出了我的看法，当时我一点也没有想到将来会有机会要求把我的想法拿到实践中去考验。我是这样写的：

当今世界上的动乱，无疑在被某些人利用，这些人的目的是显而易见的。但是，存在着动乱让人利用这一事实就证明，人们对现代化国家仅仅是经营管理和着眼于消费的性质，对于一个似乎惯于产生危机的世界，是深感不满的。现代化的官僚机构国家，尽管貌似强大，但经常由于看来是微不足道的原因而动摇了它的基础。这种国家的脆弱性和世界范围的革命——特别是在先进国家中和在比较富足的国家中间——说明了一种精神上的空虚，说明人们对于越来越强调官僚机构上的挑战、并且致力于物质享受的肤浅目的……的政治环境感到一种几乎是形而上学的厌烦。

在最好的情况下，下一届政府将被危机所缠绕。在世界上几乎每一个地区，我们都是在吃老本，摆脱开眼前的事，很少去处理带根本性的问题。当越南战争的后遗症之一——美国强烈不愿冒险卷入海外事务——变得明显了的时候，这些困难看来还会增加。

一个新政府有权利要求其人民给与同情和谅解。但是，政府提出要求的基础，决不应该是对困难的问题只从技术上作适当的答复，而首先应该提出正确的问题。政府还必须承认，在外交政策方面，除非我们首先对一种稳定的、创造性的世界秩序形成某种概念，否则我们将永远不能帮助建立这样一种秩序。④

我们这个时期，作为标志的最不祥的变化就是力量性质的变化。在核时代开始以前，不可设想，一个国家拥有过多的军事力量，无法在政治上有效地使用。每增加一份力量——至少是在理论上——在政治上都是有用的。核时代摧毁了这种传统的衡量办法。一个国家可以强大得足以摧毁它的敌手，但是却不再能够保护它自己的人民不受攻击。由于历史的恶作剧，力量的大幅度增加却侵蚀了力量对政策的关系。从这以后，主要的核大国能够互相摧毁对方，但却很难用它们的力量来对可能要发生的问题施加影响。核大国也许能够吓阻对它们的生存的直接挑战；但却不一定能够用这个力量来把它们的意志强加于人。摧毁能力甚至对没有报复能力的国家也很难成为一种真实的威胁。超级大国和非核国家之间的差距逐渐扩大了；但是，超级大国的使人畏惧的力量也增加了对它们的禁忌。随着力量变得越来越令人生畏，因此这种力量也就变为抽象、无形和难以捉摸的了。

我们采取的军事政策是威慑政策。但是，威慑是一种心理现象。它首先取决于，一个可能的侵略者认为什么事情才是一个不能接受的风险。在核时代，一种恐吓，只要被人认真看待，就是有用的；一个认真的威胁，如果被人当作是恐吓，那就有可能带来一场灾难。威慑奏效的时间越长，就越难说明是什么在使之奏效。究竟是冒发生战争的危险使和平得以保持呢，还是首先是因为对手根本就没有想要发动侵略？和平运动越壮大，和平维持得越久，这并不是偶然的。但是，如果威慑是有效的，那么，假使我们拆除维持这种威慑的力量，就只会使我们面临严重的危险。

核武器使得这个由两个大国构成的世界上严峻的政治更加复杂了。十九世纪均势的维护者是愿意按力量结构的变化来调整这种均势的。在二十世纪下半叶，超级大国的决策者，对于均势经过动乱之后自行矫正的能力信心很不够。超级大国之间的"均势"变得岌岌可危，而且是僵硬而不灵活。随着世界越来越两极化，它也失去了观察细微差别的眼力。一方增添了一分一毫似乎就是另一方的绝对损失。每一个问题似乎都牵涉到生存问题。外交变得僵硬了；彼此的关系本身就是随时会出问题的。

同时，非常奇怪的是，军事上的两极分化鼓励而不是减少了政治力量在全球的扩散。较小的国家，一方面想得到保护，另一方面又希望逃脱大国的控制。较小的盟国，在多大的程度上怀疑老大哥会冒自己生存的危险来保存它们，它们就在多大的程度上，被迫去寻求保卫自己的独立手段。甚至在它们的确是依靠老大哥来保卫它们时，它们更想奉行独立的外交政策，甚至违反老大哥的愿望，也在所不惜。夏尔·戴高乐在六十年代对美国的大胆挑战很可能更多地反映了他的这样一个信念：一旦苏联发动进攻，美国除了保卫法国之外没有别的抉择，而不是反映他口头宣称的害怕我们不会保卫法国。同样，一些新兴的国家还表现得特别善于挑拨超级大国互相争斗，甚至在超级大国拥有巨大的日益增长的军事优势的时候。

每一个新总统很快就会了解到，他面临着两个看来互相矛盾的义务。他必须集中足够的力量来保护美国以及它的盟国和朋友的安全，同时，他也还有必要在道义上避免核战争。如果人们发现他不是这样，他就会失去国内的支持，而这种支持，在一旦对抗成为不可避免时，是他所需要的。他必须一方面聚集力量，一方面又要限制力量的使用。他必须使美国随时可以进行防御，又随时可以接受和平。如果没有群众对他的目的具有信心，那么上述这两点他是都做不到的。总统必须先建立他在精神上的领导地位，然后才能进行实际指导。

难以捉摸的和平问题，在任何情况下都是够难办的：在我们的时代，意识形态上的冲突，使得这个问题更加复杂化。在受到意识形态巨大影响的时期，政治上的忠诚，再也不能以国界来划分了。世界各地的共产党都相信一种自称具有普遍性和历史必然性的哲学，并且向一个往往是和它们的国家有冲突的外国表示忠心；许多新兴国家都是一种意识形态主宰全国，其中心信条，如果说不是共产主义的，也是以反帝的名义强烈反对西方的；在发展中的世界里，一个决定性的新的冲突是温和派和激进派之间的斗争。在这种情况下，任何国家内部的大动乱都可能引起国际阵容的重大改变。一些国家开始感到，它们不仅受到外交政策的威胁，而且，也许特别受到国内变革的威胁。布拉格自由化的共产党政权，尽管在外交政策方面决不否认苏联的支配地位，也在一九六八年招致苏联的入侵，因为苏联不愿冒险让这种思想扩散，担心它们会传播到苏联帝国的其他地方。十年以后，伊朗的动荡，又动摇了整个中东的稳定。

所有这一切对抗和不稳定，第一次在全球范围内得到充分的表演。有史以来，各个大陆是处在相对的隔绝状态中。一直到第二次世界大战爆发时，关于世界政治的重大决定都是在几个欧洲国家的首都作出的。从战后时期开始，各个大洲才互相影响。一九四五年，世界大家庭中才包括五十一个国家；到了一九六八年，增加了一倍多，达到将近一百三十个。现代化的电讯联络把消息和思想立即传送出去。通常是局部性事件——战争、争夺、丑闻、国内动乱、天灾——突然开始具有了全球意义。当尼克松政府上任的时候，所有的国际关系因素都同时汇流到一起了。

一方面是，产业民主国家经济上的福利和政治上的生命力都加强了。这不可避免地形成了对我们从前在联盟中的支配地位的挑战。大多数美国领袖喜欢把这种情况归咎于令人敬畏的谜一般的人物夏尔·戴高乐，我不同意人们对戴高乐的习常看法。我认为他并不是目前的困难和怀疑的根源，而是大西洋关系中更深刻的结构变化的象征。西欧和日本这样富于传统、民族自豪感和经济实力，然而，有关这些国家命运的重大决定居然要在数千英里以外作出，这种情况是不自然的。我多年来一直力陈我的看法：鼓励大家分担责任是符合美国的民族利益的。如果美国坚持要当所有非共产党地区的托管人，我们就会首先很快在心理上弄得筋疲力尽，过不多久，在物质上也会枯竭。我认为，一个有着更多的作决定的中心的世界，是完全符合我们的利益和我们的理想的。因此，我反对肯尼迪和约翰逊政府为打消法国的核计划，如果可能的话，甚至也打消英国的核计划而作的努力。我也反对华盛顿在六十年代把协商变成对美国行动的解释的倾向。

与此同时，由发展中国家组成的所谓第三世界也在考验我们理智上和政治上的领悟力。我们在新政时期和马歇尔计划中所取得的经验，不能完全适用于在那些没有政治传统、没有经理人和行政管理人员形成的中产阶级的国家中来促进经济进步和国家建设。相反，领导人往往被搞好团结的任务压得喘不过气来。我们不是在和成熟的经济打交道，而是在和刚刚使尽力量迈步走向现代化的社会打交道。看来已很明显，建设国家主要取决于建立政治权威的能力。经济援助，由于加速了对传统（常常是封建的）秩序的侵蚀，往往使得政治稳定更难实现。历史对人们的嘲弄之一是，马克思主义之所以对发展中国家具有吸引力，并不是由于它所引以为自豪的经济理论，而是由于它对政治合法性和政治权威的问题提供了答案——提供了一个进行社会动员的方案，一个为政治权力进行辩护的理由，一个把对西方的文化和政治控制的愤怒作为促进团结的方法。民主制度的号召力小了，这并不是西方的罪过，而是由于大多数发展中国家的领导人，没有敢于站出来去冒反殖斗争的风险。历史在和我们开玩笑了，唯物主义的哲学，没有解决任何国家的经济问题，却由于它道义上的主张而得到传播，而西方虽然公开表示信仰唯心主义的哲学，但却在不知不觉中提供了基本上与潜在的政治和精神问题无关的经济和技术补救办法。

所以，新政府面临着一个动荡的和复杂的世界，需要我们具备美国经验中前所未有的品质。我们需要同时进行几件事情：结束一场战争；在核武器的阴影下，与苏联进行全球性的竞争；给我们与产业民主国家的联盟注入新的生命力；把新兴国家包括在一个新的世界均势中，这种均势只有在符合各国人民的愿望的情况下才能持久。即使我们知道了我们的能力的局限性，我们仍然必须转向新的建设任务。尽管我们的社会被人家怀疑，我们还是需要从我们自己身上找到精神上的力量来坚持下去。

在十八世纪后期，哲学家伊曼纽尔·康德在他的文章《永久和平》中写道，世界和平是必然会到来的；不是由于世界各国人民都有共同的正义感，就是由于威力越来越大的战争周期会教育人们，冲突无补于事，世界和平总是会到来的。我们的时期赋予了康德的预言以新的意义。在一些国家有能力在短短几小时内造成数以千万计的伤亡时，和平就变成道义上的绝对必需了。任何上台的人，都不能逃避这个带根本性的责任。但是，我们时代的根本难题在于，如果对和平的追求成了政策的唯一目标，那么对战争的恐惧就会成为最冷酷的人手中的武器；它会造成精神上的解除武装。如何争取和平与正义，争取废止战争，而又不至于导致暴政，争取对正义承担义务，而又不至于引起灾难性的震动——找到这样一种均衡，是核时代政治家们的长期任务。

这就是我在做教授时想到的一些看法，并且写得很多。这些看法很快就要在实际中受到考验了。一位新总统一旦宣誓就职，就再也没有时间进行冷静的考虑。决策人就像一个走钢索的人一样：只有向前走，才能避免从上面栽下来。

注释：

① 我在《核武器与外交政策》（纽约：哈珀兄弟出版公司，一九五七年）第二章中讨论了“遏制”这个概念。科拉尔·贝尔在《从实力地位谈判》（纽约：艾尔弗雷德·诺夫有限公司，一九六三年）一书中作了绝妙的分析。

② 美国国会、参议院、军事委员会和外交委员会《关于远东军事形势的意见听取会》，第八十二届国会，第一次会议，一九五一年，第二〇八三页。

③ 一九四八年十月九日在威尔士的兰达诺发表的演说，引自一九四八年十月十日的《纽约时报》。

④ “美国外交政策的中心问题”，克米特·戈登所编《全国的议程》（华盛顿：布鲁金斯学会，一九六八年），第六一四页。

第二部分

一九六九年：旅程开始

第四章　欧洲之行

尼克松访问欧洲

理查德·尼克松在一九六九年二月二十三日从华盛顿附近的安德鲁斯空军基地动身，这是他当总统后第一次出国访问。那天是一个星期日的早晨，天下着雨。人们花了半个小时，从市内赶来给他送行，不停的毛毛细雨浸湿了他们的衣服。内阁成员都在场，还有来自国会过道两侧的国会领袖们。一群摄影记者在铁栏杆后面挤来挤去，想选一个好地方。

那时还是蜜月时期，那是尼克松有生以来第一次得到了群众的广泛同情和支持。他对此非常高兴，就像一个穿过了荒凉沙漠的人到达了一个绿洲一样。他很精明，不会没有注意到这样一个矛盾：与他的整个政治生活记录相反，人们称赞他具有和解的品质。他比任何人都知道得更清楚，今天的称赞，明天就可以变成诽谤。但是现在，他却陶醉于一种很不习惯的赞誉之中。

尼克松和站在机场停机坪上的知名人士简短地、不自然地开了几句玩笑，然后就大踏步走向麦克风去发表他的告别讲话。这篇讲话是典型的尼克松讲话。其中关于外交政策的部分是微妙的、谦虚的。他到欧洲去是为了征求朋友们的意见。这意思是说“真正地”征求意见，因为在世界上的许多地方，“我们不仅是寻求他们的支持，而且还要听取他们的意见”——这是对他的前任政府执政时期联盟关系恶化的攻击，他在竞选运动中就抨击过这一点。但是，他的讲话的其余部分，有着他经常用来给人家的热情和善意泼冷水的那种奇怪的低调。几个星期以来，他一直在发愁，在欧洲可能发生反对他的示威，这种场面如果放映在电视屏幕上，可能削弱他在国内的地位。尼克松认为，他可以通过把话说在前面的办法，以减轻一个不利事件的刺痛。如果他说清楚他会遇到困难，那么在困难发生时，损失就会以这种或那种方式得以减轻。有时，他这样做是对的。但是，更经常的情况是，预言会遇到麻烦或者反对，如果事实证明是预言错了，那么只会使他显得勤于防守；如果证明是对了，则又会使他显得自找祸患。他这次动身出访就属于这种情况。他的简短讲话，有一半以上是谈遇到与他作对的示威者的可能性；他说这些人无关紧要，因为他们只代表群众中很小一部分。他们不会把他吓得不去谋求和平。这篇讲话的另一部分带有挑衅味道，而且很奇怪地有懈可击，它并不是一篇经过周密计划的启发性的讲话，但是它确切地反映了这位在以后五年半的动乱时间里决定我们国家命运的、不可小看的人的复杂心理。

我没有听到他把这篇演说讲完，因为先遣人员把我和其他的随行人员匆匆忙忙弄上了“空军一号”总统座机。每一次总统出访时，都是这样做的。这种做法有两个理由，它的设计者要在总统一上飞机、机舱门一关上，飞机就立即起飞。更重要的是，他们决心要做到，在尼克松为了让记者摄影而站在舷梯上向群众挥手告别时，镜头上除了总统以外，别无他人。

在这次出访期间，这一切还有许多其他的事情，都是由约翰·埃利希曼和先遣人员干的——把他们叫作先遣人员，是因为在总统要访问的每一站，他们这少数几个人要在总统到达前几天就先到达，以便安排好总统的每一项活动。埃利希曼在一九六八年的竞选中，是尼克松的主要先遣人员。他是在一九六二年参加尼克松的班子的，当时成功的前景还很渺茫，只有具备一种勇于牺牲自己的献身精神才能支持他们的堂吉诃德式的努力。

在尼克松身旁工作，如果不装出一副刚毅的样子，是不能得到重用的：开始时，作为权宜之计而摆出这么一副神态，到了后来，久而久之就可能变成一种生活方式。对于埃利希曼，我并不认为他是一个天生刚毅的人；他的禀性实际上是很温和的。他有一个十分可爱的家庭，他很爱他们。他本来是最想制订一个向前看的国内计划的——而且最后，他也被赋与了这个任务。但是他有野心。他首先要人家承认他是白宫的重要人物。正因为这一点并不是自然形成的，所以他为了追求这个目标，可能表现得非常盛气凌人，有时甚至会使人不愉快。他尊敬我，他羡慕我，因为他认为——这一点从他的观点来看并不错——我占有了权力和荣誉的精华部分，而他还得继续忍受由尼克松的老班底和华盛顿权势集团之间的互不信任而产生的社会对他们的排斥。他抓住了几个机会来找我的麻烦，常常采用一种对泄露情况进行调查、旨在表明我的工作人员不可靠的方式。但是，他时常也帮助我，鼓励我。在大部分时间里，我们的关系是诚挚的。如果换一个环境，他可能对他的国家作出伟大的贡献。在尼克松的白宫中，他正好赶上了毁于硬汉子热和那种腐蚀性的、四面楚歌的心理状态——带来白宫所最害怕的噩梦的一个因素。埃利希曼是鲍勃·霍尔德曼的朋友和竞争对手。随着埃利希曼在白宫活动的实质方面逐渐得势，而霍尔德曼对这一方面又是明显地不感兴趣。他们两人的关系改善了。但是在这次出访中，他们的关系又相当紧张起来，因为霍尔德曼决心要把先遣人员完全置于他的控制之下。他做到了这一点。在这次出访中，埃利希曼是最后一次担任先遣人员，以后，这个责任就由霍尔德曼的副手德怀特·查平接管过去。

埃利希曼忙得不可开交，因为总统出访，从后勤上说是一个重大的任务。几年来，我对这方面的了解少得可怜，以致在一九七一年七月，我到北京作秘密访问时，周恩来问我尼克松一行会有多少人，我猜想大约五十人。这说明我的无知，引起了霍尔德曼的恩赐般的怜悯。单单是总统保镖就得超过这个数目。然后还有总统的随身人员、秘书和管行李的人，一组一组的电讯工作者，因为无论总统走到哪里，他和他的工作人员必须能够通过电传或者电话，立即同世界上任何地方取得联系。而且，只要总统出访，他就不能不带许多助手和各部门的代表，对这些人来说，只要跟随总统出访，就是一个为人所称羡的地位象征，即使他们并不参加什么会议，而且几乎很少或者是完全看不到总统。还有随行的新闻记者也常常有三百多人。总的算起来，一个典型的总统出访班子，大概是在六百人到八百人之间。

要在一个日程紧迫的访问中，有条不紊地安排这一大帮随行人员的活动，可不是一件小事。单单是报界人员，就是一个很大的难题。他们必须报道总统的到达和离开。为了解决这个问题，记者乘坐的飞机，通常是在"空军一号"之后起飞(这样他们就能够采访离开时的消息)，然后在飞行中要超过总统座机，先行着陆(这样他们才能够采访总统到达时的消息)。此外，还有四个到六个的少数报界代表乘坐"空军一号"。记者必须出席所有的重要场合，但同时又得让他们有机会写消息，发消息。

被弄得有点晕头转向的正式成员，处在这场奇妙的事业的核心。每个人被发给一个小册子，上面记载着每一项活动和每一个行动，时间规定得几乎一分不差，此外还画了一些图表，说明在举行仪式时什么人要站在什么地方，小册子上还记载了住宿、参加会议以及其他重要事项。奴隶般的服从是唯一可靠的办法，虽然这样做对一个人的力量，有时对他的神经健全都是一个沉重的负担。当我担任总统助理时，我的权力虽大，但在礼宾规格上地位是不高的。我的座次远远排在下席；我花了很多时间计算我和总统本人之间的距离，以及我在总统的轿车开动前走到我的轿车的可能性。在马德里皇宫宽敞的宴会厅举行的盛大宴会上，坐在我旁边的一位雅致的西班牙贵妇对我说："我非常想知道像你这样一个有地位的人现在正在想什么。”我回答说：“坦白告诉你，我怕赶不上我的车队，这简直愁得要发疯了。”听了我这句话，她一定会感到奇怪，美国的高级决策人情绪是否稳定。

这次欧洲之行使我第一次接触到总统出行的礼仪，也领教了先遣人员的滑稽可笑：他们都是一些整洁漂亮、能干精明、训练有素的人，是霍尔德曼得意地从一些广告公司和低级主管人员中挑选出来的。有些是全日工作的正式先遣人员；有些是志愿当先遣人员的，他们主要在私营企业中供职。这些人缺乏理想，学无专长，然而他们却用埋头苦干来弥补不足。后来就可以看得很清楚，这样一些缺少根基的人，对未来也没有承担什么义务，他们忙的主要是升官发财。当他们的事业处境不利的时候，就沉不住气了。因此，在水门事件期间，就出现了每一个小头目为了抢救生筏保全自己，不惜把他们的亲兄弟推下水去的令人恶心的场面。

但是在一九六九年，离水门事件还遥远得很的时候，这个先遣班子，由于在竞选运动中的磨炼，正是锋芒毕露达到了自信的顶峰。他们被灌输这样一种思想：他们唯一的义务就是对总统的义务。在竞选中，每到一个新站，就把头一站的主人抛在后面，所以，考虑这些可有可无的陌生人的情绪，并不属于他们所要遵循的行为准则。他们唯一的责任是：保证尼克松一切顺利，保证不让他面临他非常憎恨的意外情况。他们应当给他安排较长的休息时间——新闻公报中称之为“工作人员时间”，尼克松需要利用这个时间来集中精力，准备重要的面对面的会谈。最重要的是，先遣人员认为他们有责任保证，当尼克松在人们眼前出现时，总要给人以最好的印象。他们在这方面有时做到了荒唐的地步。一九七二年到渥太华进行国事访问时，一位先遣人员认为，皮埃尔·特鲁多办公室里的黄褐色家具在电视上不会使尼克松上镜，因此自作主张，要用蓝色罩布的沙发，来重新装饰加拿大总理的私人办公室。特鲁多的一位僚属起先还不信真有此事，后来气得连话都说不清楚，在最后一分钟，阻止了他这样做。

这次出访欧洲是这些先遣人员第一次接触外交界的事情。他们解决问题的做法就像是安排竞选人员路过德莫恩时的政治停留。他们根本不重视我们的驻外大使，其中有许多人他们是不信任的，把他们看作是下了台的民主党的留用人员。他们对作为我们东道主的主权国家政府也只给以极有限的重视。有一次，埃利希曼设法为唐宁街十号的一次宴会拟定客人名单，我们驻伦敦大使戴维·布鲁斯，这位阅历丰富的杰出外交家，根本不管你是什么新上任的政府，打电报回来说："我方授意英国首相应邀何人参加首相府宴会，其荒谬的确不言自明。"其他到巴黎的先遣人员，为准备总统宴请戴高乐察看美国大使的官邸，又引起了一场紧张。他们发现了几张约翰·肯尼迪总统的照片，后来征得了上级的特许，才让萨金特·施赖弗大使——他是肯尼迪总统的同胞姊妹尤妮丝的丈夫——把他的妻舅的照片保留在看得见的地方。但是，除了这些偶尔的愚蠢小事之外，这些先遣人员的后勤工作做得很好——在七天里跑了七站，没有发生任何障碍，而且每件事情都安排得井井有条，计划周密。

尼克松总统一上了"空军一号"，就埋头去阅读他那些范围广泛、内容详细的汇报文件。演说稿当然是早就起草好了的。无论用的是什么理由，当总统的总是没有时间起草自己的演说稿的。尼克松的外交政策演说都出之于同一个来源：国家安全委员会工作人员在我的监督下准备一个详细提纲，尼克松看过，也许还得作一点修改，然后就交给一个演说起草人撰写。当他要发表一篇重要演说时，他可能亲自作大量的改写，特别是在开头和结尾，任何政治上的含意他都尤其当心。如果他认为我会同意他在修辞上的改动，我就可能看到最后文本，否则我就看不到。在像我们进行的这样一次动作迅速的国外旅行中，不会有时间对演说稿作较大的删改，演说起草人爱怎么写就怎么写了。

选择谁来起草演说稿，总是决定了演说的调子，而且往往也决定了一篇总统演说的实质。一般人都以为，演说起草人是被动的工具，他们温顺地把总统的政策思想巧妙地写成优美的文字，但是情况正好相反，绝大多数演说起草人，自己就是一些失意的首长，他们想利用他们的特有地位，来表达他们自己的思想。他们清楚地知道，总统的一句话，可能被官僚机构当作一个宪章来使用，所以企图垄断起草演说的最后过程，把他们的努力说成是为了维护总统的灵魂而进行斗争。无论我们是在为什么进行斗争，当我们看到演说起草人所作的改动时，在我的工作人员和起草人之间，有时候的确发生过相当激烈的争吵。

尼克松的演说起草班子，是一些具有非常的才能的各种各样的人组成的；每个人的专长细到这样的程度，他要拨什么样的弦，就有什么样的起草人。在这次出访中，我们大家合作得很好。主要的演说起草人是比尔·萨菲尔。他时而妙趣横生、机动灵活，对公职方面的关系惊人地敏感，有时能写出一个句子来，用聪明的字首押韵法，来模糊句子的含义。虽然他的文风是如此独特，以致尼克松在想表现他自己的文才的场合很少使用他，但是萨菲尔是最不可能把他自己的实际思想塞到演说中去的演说起草人。雷·普赖斯是演说起草人中资格最老的。他聪明、四平八稳、倾向于自由派。当尼克松要想表达崇高的、多少有点带哲学味道的超党派精神时，就用上他了。帕特里克·布坎南是一个住在白宫的保守派，他深恐有一些人会诱使尼克松偏离他天生的右翼倾向，他相信有一帮知识分子，正在搅混总统哲学的质朴的本质，不愿承认这个事实，即以不同的脸孔对待不同的人是我们的八面玲珑的首长的本性。他很少被叫来写尼克松的外交政策演说——我记得的只有柬埔寨演说是他写的。

除了一大文件夹的演说稿之外，尼克松还要看我的工作人员和国务院为他写的成本大套的汇报，其中包括一份总的概念性文件。这份文件是解释我们的目标，为了达到这些目标的战略以及这些目标与我们的总的外交政策的关系。此外，还有在每个国家的谈话要点，其中讨论可能会提出的问题，还有关于他要会见的领袖的传记材料。为了尊重总统的癖好，谈话要点设法把每一次会见尽可能变成一次按计划进行的会见。它们分成许多问题，这些问题是领导人可能提出来的，以及建议如何回答这些问题，同时还提醒要避免哪些敏感的问题。

我对于为尼克松作这些准备工作的重要性已经有一些经验了。与任何生人的会见都使尼克松充满了莫名其妙的紧张。他害怕突然发生的意外问题，某一个不是意料中的话题，或者是他没有准备应付的论点，而这种论点一经提出，就可能使他显得不像他的自我形象所要求的那样掌握着形势。因此，他坚持要有这样一些汇报文件，极其详尽地设想谈话的可能进程。但是，因为尼克松不愿意承认他需要指导，因此他给自己规定了一条非同寻常的纪律，要把这些备忘录的内容都记下来。并且为了表示他记得多么清楚，同时也是为了要一些他自己非常得意的小花样，他就像滑冰一样，敢于滑到人家告诉他去不得的地方的边缘。有时，他表演一些惊险的镜头，他的顾问们在心里为他捏了一把汗，但是他却决不会从悬岩上掉下去。

在“空军一号”赴欧途中，总统除了要谙记这些逐点分析外，还忙着读一篇关于戴高乐的长文。这篇文章是参照我写的一本关于北大西洋公约组织联盟的书《同床异梦》* 改写的。我却怀着焦急的心情期待着我们未来的几天日子。自然，我正在回到我出生的大陆去，但是，我对这次出访感兴趣的真正原因是地缘政治现实和有着类似的历史、社会准则和体制的国家之间的历史联系。

后来，我们对机场欢迎那一套感到厌倦了，但是，“空军一号”在黑夜到达布鲁塞尔时的动人情景，无论怎么描写也不算夸大。机舱门一打开，我们就沐浴在电视摄像的弧光灯中。一条红色的地毯伸展在仪仗

---

* 这本书的销路平平，关于北大西洋公约组织问题的大部头著作也只能期望这样。这本书只有在一个城市里异常畅销。经过调查，我才发现，原来那个城市里的主要书店把它放在婚姻指南那一排书架上了。

队面前。文雅而敏锐的比利时国王博杜安站在舷梯旁边欢迎总统。在一篇简短的到达声明中，总统宣称，他进行这次访问是重新来开始寻求和平。他引用了他生平崇拜的伟人之一伍德罗·威尔逊的话。当时在场的有北大西洋公约组织以及比利时的要人——从技术上说，访问布鲁塞尔是为了访问北大西洋公约组织总部。但是，比利时方面要来安排这天晚上的活动，所以，汽车把我们送到了市中心的巍峨的皇宫。博杜安国王说了几句客套话之后就告退了，剩下总统和比利时首相加斯东·伊斯更斯、外交大臣皮埃尔·阿麦尔、国务卿罗杰斯和我。比利时方面对我的在场感到迷惑不解，他们的礼宾条例没有接待总统助理的规定。我的出席还打乱了外交官心目中十分重视的人数上的精确对等。因为他们不知道用什么方法来摆脱我，所以，他们在自己方面又加上了首相办公室的一个成员。

我们所访问的所有领导人都把建立和尼克松的密切的个人关系——也许更重要的是，让人看到是在这样做——当作是他们的主要目的。比利时的部长们也不例外。在那时或以后，无论尼克松在美国可能引起怎样的憎恶，然而在欧洲，同美国总统的友谊被认为是一笔政治上的资产。而且，当尼克松还没有当总统时，会见过他的人对他的看法是好的，特别是他对世界问题的知识。这种对他在外交政策方面的能力的尊敬，在他任职期间与日俱增了。

伊斯更斯是一个略微瘦小的、长得方方正正的人。他强调比利时重视欧洲团结。比利时希望结束阻挠英国参加欧洲经济共同体的英法争端。伊斯更斯显然对法德共同主持欧洲事务的可能性感到不安，他说，英国参加共同市场会改善均衡，会制约过分的民族主义。他没有说明，比利时除了表示善意外，还有什么办法来促进这个过程的发展。他的希望似乎是，有人——也许是美国——会想办法实现大家所向往的结果。比利时领袖们关心的第二件事，是国际关系的缓和。像大多数欧洲领导人一样，他们也认为尼克松有冷战战士的声誉，对他很不放心。他们显然认为，他需要力陈一下缓和紧张局势的好处。他对我们说，苏联由于人民希望得到消费品并且害怕中国，是需要缓和的。比利时方面还断言，北大西洋公约组织有强大的防御力量，是缓和的先决条件。但是，他们也表明，要欧洲增加防务努力几乎是不可能的。本质上，他们是要求美国继续大量驻军欧洲。他们还机智地暗示了越南战争给欧洲各国政府带来的国内问题。

这种正式的交换意见是尼克松的拿手戏。他安静地解释了他要实现一个和平新时代的决心；他同意和平，但只能建立在西方实力的基础上。他强调他对大西洋团结的诚意，和他决心在作出重大倡议以前，先向我们的盟国征求意见。

第二天上午，尼克松向北大西洋理事会——联盟常任大使的会议——发表了一篇重要演说。他提出了联盟在未来二十年中必须集中精力对付的一些问题。他说：

北大西洋公约组织是鉴于来自苏联的威胁而成立的。今天，这一威胁的性质又如何呢？

在成立北大西洋公约组织的时候，欧洲各国的经济仍然带有战争的创伤。现在，各国的经济正在欣欣向荣。这一点，应该如何在北大西洋公约组织成员国之间的改变了的关系上反映出来？

我们都在设法解决有关现代化环境的问题，这些问题是我们的先进技术所带来的副产品，例如空气和水的污染问题和城市拥挤问题。我们如果齐心协力，就能大大促进对这些问题的掌握。我们能够通过什么方式进行最好的合作来促其实现？

尼克松声明，美国决心进行适当的准备之后，同苏联就广范围的问题举行谈判。但是他的基本目的还是要给联盟赋与新的活力。他说：

把欧洲和美国联在一起的纽带，并不是出于对危险的考虑，随着恐惧程度的变化而时松时紧的。

把我们两个大陆联系在一起的纽带，是共同的自由传统，对进步的共同愿望以及对和平的共同热望。

本着这种更富有建设性的精神，让我们用新的眼光来看待新的形势，并且通过这样做，给全世界树立榜样。

如果说参加会议的理事会代表，都像触电一样作出了迅速的反应，那未免失于夸大。他们只是一些大使在会晤一个国家元首，他们还不习惯于在这样的场合进行深入的辩论，他们也没有被授权这样做。何况，总统还要访问其他四国的首都。一位大使如果想抢在他的首长之前发言，那他就未免太轻率了。所以，大使们的一致反应是，对总统对北大西洋公约组织所作的许诺表示满意。大家都避免给人一种印象，好像他们的国家，可能愿意扩大它们的防务努力。然而，他们一致强调美军留驻欧洲的必要性。只有法国大使提醒说，缓和与防务可能是有矛盾的；他提醒总统，不要鼓励哪怕只是美苏共同主持世界事务的印象。

对布鲁塞尔的访问，显示了一九六九年欧美关系中各种问题的一个剖面。欧洲的前途未定。对共同防务的态度也十分奇特，欧洲各国自己不愿更多出力，又害怕美国撤退。欧洲领导人敦促我们与东方缓和关系，但是，我们不安地感觉到，他们的主要动机是，解除欧洲作出困难的决定的负担。越南事件也叫欧洲各国政府为难：国内的压力不能不管，但是，为了自身的安全，又害怕美国丢脸或打败仗，凡是会促成这种局面的事情，它们都不会去做。显然，我们的一切看法和计划都将受到考验；在这里，有必要回顾一下，随着哲学逐渐让位于政治，我们是如何看待大西洋关系以及它的不安定和不团结现象的。

西方联盟的毛病

在六十年代后期，大西洋联盟步伐混乱，由于这种情况发生在一个取得了巨大成就的时期之后，因此更加令人感到痛苦。美国主动提出了马歇尔计划；美国的资源促成了欧洲的经济复兴；美国的军事力量保障了欧洲的安全。明智的欧洲领袖，像让·莫内、罗伯特·舒曼、阿尔塞得·德·加斯帕里、康拉德·阿登纳和保罗-亨利·斯巴克都赞成在欧美伙伴关系的范畴内，实现欧洲一体化这个想法。在这段时期，美国的对欧政策，是有见识和一贯的，这种政策，有时对这些欧洲伟人有所鼓励，在更多情况下，是跟在他们后面走。战后历届美国政府，都支持以超国家联邦机构为基础的欧洲政治统一的思想。大家认为，只有一个联邦的欧洲，才能杜绝欧洲战争，提供一支对付苏联的有效的对等力量，把德国永远和西方联系在一起，构成美国的一个平等伙伴，并且和我们一起分担领导世界的责任和义务。

我在一九六八年写的一篇文章中曾经指出，美国在欧洲驻军二十年，已经减少了对苏联进攻和美国撤离的恐惧心理，一个新的、更强大的欧洲，一定会同一九四九年的欧洲表现不同："美国不能指望把欧洲战后力量耗尽的偶然情况，变成国际关系的一种永久类型。欧洲的经济恢复，不可避免地导致恢复到更传统性的政治压力。"①

同样，在《同床异梦》一书中，我写道："一个统一的欧洲对世界事务大概会坚持一种特别的欧洲的观点——这就是欧洲将挑战美国在大西洋政策方面的霸权的另一种说法。这很可能是为了欧洲的统一值得付出的代价，但是美国政策的弱点就是不愿承认要付出代价。"②

到了一九六八年，我们的大西洋关系基础的改变，引起了明显的失望和焦虑情绪。约翰逊总统的国家安全事务特别助理沃尔特·罗斯托在离职的时候，把欧洲政策列为他感到失望的事情之一。③约翰逊白宫的一位哈佛教授弗朗西斯·巴托尔坦白宣称，关于大西洋政治一体化的早期概念，已经失去了它们的力量："为了解决第二次世界大战和防止第三次世界大战的中心构想一个也不会实现。"④在欧洲，在有威望的伦敦战略研究所多年来任所长的阿拉斯泰尔·巴肯在一九六八年写道，在欧洲事务的潮汐中，现在正处于平潮时期：

冷战所带来的发达世界各国间的明确的关系、特别是两大联盟各自内部的和衷共济感，已经变得模糊了；关于大西洋世界国家有着天然的共同利害关系的设想，已经不那么强烈，东欧和苏联之间的利害一致感，也遇到了同样的情况；人们对西欧内部的经济联合自然会导致政治联合的信念，产生了怀疑；欧洲国家间分裂的传统根源、民族主义和在战后相当一个时期已经销声匿迹了的对政府日益增长的不信任，又重新抬头了。⑤

大西洋联盟的结构上的改变，来源于安全的需要，这种需要曾经给了第一个推动力，使联盟得以成立。成立大西洋联盟，就是为了提供共同的防御；联盟的军事战略的基础是，美国扬言不惜进行全面的核战争来保卫欧洲。在五十年代，甚至在官方的战略还是用以美国为基地的部队进行大规模报复的时候，美国就派了地面和空军部队到欧洲去。就我们的欧洲盟国而言，美国从一开始就应该参战，不能有任何选择自由。面临着发生现代化战争的风险，欧洲人认为，我们经常重申美国的坚定性，如果不是天真的话，至少也是不够的。曾经被盟国抛弃——或者自己曾经抛弃盟国——的欧洲国家太多了，以至于成为北大西洋公约组织会议上老生常谈的冠冕堂皇的保证已不能使人完全放心了。直截了当地说，就是要把我们的军队作为人质。

情况既然是这样，我们的盟国从来没有一种推动力来促使它们对真正的区域性防务能力作出贡献。当然，我们的欧洲盟国是作了它们自己的防务努力的，以免国会抱怨说全部负担都由我们承担。但是欧洲的这种努力从根本上说是充满了矛盾。盟国的军事力量，起一个绊脚绳的作用嫌太大了，但要作为抵抗苏联的全面进攻，却又嫌太小了，它只是一个偶然的力量组合。训练和装备得最好的部队是美国部队。他们在南部守卫着最美丽的风景区——主要是因为在一九四五年停战的时候，他们碰巧是那里的驻军。不幸的是，传统的入侵路线是在德国北部平原上，那里是由一些后勤支援最差的西德和英国部队负责驻守。各部队所用的武器过去是、现在仍然是各国武器的大杂烩。装备和使用装备的判断标准都没有规范化。在六十年代后期——我怕今天的情况仍然如此——北大西洋公约组织的力量在一次冲突的初期阶段足以进行抵抗，可是它没有能力结束这场冲突。但是这也许恰好是我们的盟国所需要的；这样就正好可以保证美国最后用战略核武器来作为回应。

为使欧洲防务结构合理化，因此每隔一段时间就要进行一次努力，这样势必会遇到各种抵抗。美国要加强局部防御的任何倡议，都会使人们怀疑我们是否想借此来减轻我们的核保证。至少，我们有些盟国会担心，只要有别的办法，我们就根本不会来保卫它们，或者至少是在地面战斗失利的时候放弃战斗。欧洲人一方面害怕核战争对他们人口稠密的大陆的摧毁力，同时又害怕我们越来越不愿使用核武器的明显倾向。他们要使苏联相信，如果苏联发动进攻，美国就会动用核武器。然而，如果这种恐吓不灵，他们也并不急于要我们在他们的土地上把我们的威胁付诸实施。他们内心的希望是——这一点他们从来没有敢明确说过——欧洲保卫战将是一场越过欧洲头上的洲际核战争；为了保卫他们自己的国家，要美国来冒核毁灭的危险，而他们自己却得以幸免。

各方面的真正考虑都没有明说。欧洲人不敢把他们的担心说清楚，唯恐这些担心会变成弄假成真的预言。美国光明正大地宣布了不言自明的诚意，但是它不承认，战略平衡已经变化到了超过言辞所能修补的程度。战后大部分时间，苏联实际上处于无力防御美国第一次打击的状态，它也不能够以发动进攻来大大改善它的处境，因为在那种情况下，他们就得冒我们还击的危险，而这一点是他们所不能干的。所以，我们的战略力量是防止苏联从地面发动任何大规模进攻的有效威慑力量。在六十年代初期——尽管我们当初满脑子想的都是一个根本不存在的“导弹差距”——我们的报复力量比他们的仍然要大很多，如果苏联发动任何局部的军事冒险，那就是极端莽撞。但是，从六十年代中期开始，在古巴导弹危机以后，苏联就开始迅速增加他们的战略武器，其速度之快，肯定会把美国在一场核武器交火——不管它是怎样开始的——中的伤亡增加到数千万。当我们在一九六九年上任时，对在苏联进行第二次打击情况下，我们的伤亡的估计是，受到直接影响的有五千多万（不包括以后因辐射引起的死亡）。

如果假装说这样的前景不会影响美国随时准备动用核武器的状态，那就是逃避自己的责任。苏联核力量的增长，肯定会一年又一年地使我们的全面、自动的核反击威慑作用为之失色。

如果无视这种新的局势在欧洲所引起的深刻忧虑，那也是同样地不负责任。美国在六十年代，努力设法维持自己作为联盟核武器的唯一保管人的地位，这一点表现在我们反对英国和法国发展核武器计划上。一些欧洲领导人公开认为，美国的这一做法，是企图独揽对于什么是整个联盟的根本利益的解释权。抱这种看法、但是没有明说的欧洲领导人比这些人还要多得多。更走极端的是，美国想垄断核武器的主要决定权的企图，还能够被说成是为了保证我们可以进行选择——不管我们的当前意图是什么——把我们的防务和我们盟国的防务“分开”。这对欧洲人来说是一场噩梦，现在仍然如此。戴高乐一九六九年退休后，他在同安德烈·马尔罗的一次谈话中，以最赤裸裸的方式表达了这种忧虑。他说：“尽管美国是强大的，但我不相信它有一个长远的政策。它的愿望是遗弃欧洲，有那么一天，它会实现这个愿望。你定会看到这一天。”⑥

在六十年代，美国在纯军事分析方面一般是正确的：我们的盟国基本上是采取鸵鸟政策。它们不愿意正视改变了的战略关系，也不愿增加他们的防务努力。遇到什么事情，实际上主要是无法阻挡的技术变革所带来的结果，但它们却毫不犹豫地说成是由于美国有复杂的、有时是不正当的意图。同时，美国又迟迟不肯承认这个问题是政治性的，还是心理上的。人们可以期望，在早期的均势状态下，核超级大国会设法使核环境比较可以预料、可以驾驭。但是，即使这种做法在别人看来势必也像是两家共管天下的开端：它显然会对我们作出打一场核战争——欧洲人把这看成是他们安全的基础——的决定起抑制作用。我们的盟国抱怨缺乏足够的协商，但是充分的协商也不会平息它们的忧虑。一旦美国和苏联都拥有了不可摧毁的、能够给对方以难以接受的损失的报复力量，联盟的团结就要取决于是否能够保证美欧对切身利益有一致的看法，而且苏联也认为美欧有一致的看法。

所以，关于战略的辩论只是冰山一角。更深的问题在于，几个世纪以来，欧洲都是世界的盟主，而现在世界事务的重心向别处转移了。要在国际上起重大作用的国家一定认为，它们的决定是举足轻重的。从十八世纪中叶以来，战争与和平、进步或者停滞都取决于欧洲列强的决定。其他大陆上的冲突，如果不是它们出兵干涉，往往也是受到它们策动的。经济上的进步要靠欧洲的资本和欧洲的技术。第一次世界大战——其起因是愚蠢无聊的，其结果是毫无意义的——引起了一场大灾难，其规模与战争起因极不相称。一九一四年，英国牛津大学毕业生中的百分之九十，都作为下级军官，死于大战。一个世纪来，欧洲人洋洋自得，以为取得了不断的进步，随后，又遭受了这样突然、这样巨大的苦难，欧洲的自信发生了动摇，它的经济基础受到了侵蚀。第二次世界大战和非殖民化时期完成了这一过程，进一步缩小了它的视野，加深了它的无能为力。欧洲各国政府突然认识到，它们的安全和繁荣取决于远方作出的决定：它们从主角变成了配角。因此，欧洲在一九四五年之后，面临着精神上的危机，而它那仍然可观的物质资源已经无法挽救。美国和欧洲之间的真正紧张气氛，是围绕着这样一个问题：欧洲在世界上已经不再掌握最后决定权，但它要在这个世界上有它的地位，起它的作用。

美国在六十年代的答复是很简单的。我们说，美国和欧洲的利益是一致的：美国不可能在外交上或者战略上故意危害它的盟国的切身利益。我们认为，盟国合作的真正障碍是欧美实力上的差距。随着盟国的力量的加强，欧洲会担负起全球性的责任。而要达到这一点须要靠建立在超国家基础上的一体化来实现。主张欧洲统一的美国人，有时比他们的欧洲同事更热衷于欧洲统一。少数深思熟虑的欧洲人，却怀疑事情是否就是这样简单。他们怀疑，“分担责任”这个专门术语，是否会解决地位问题，或者国家目标问题。他们觉得，欧洲需要它自己的政治目标，而不仅仅是一个联盟中指派的一个技术任务。

有些人认为，如果欧洲实行了联邦式的一体化，它就会更愿意承担世界性的责任。在我看来，他们所遵循的历史概念是太机械了。欧洲没有起世界性的作用的原因，与其说是力量衰弱，不如说是视野缩小。在我看来，一些国家分担责任，并不仅仅是因为它们有能力这样做。美国在它历史上的绝大部分时间里是有力量的，但是并不想起世界性的作用；相反，许多欧洲国家甚至在它们的力量开始衰退以后，还继续保持着海外义务。在整个六十年代和七十年代的一部分时间里，维持着最大的殖民帝国的是北大西洋公约组织最弱的成员国之一——葡萄牙。要盟国分担责任要有两个条件：欧洲必须要形成它自己的国际关系观念；必须使欧洲相信，我们不可能、也不会单独担负重任。在六十年代后期，哪一个条件也没有实现。欧洲人成天想的是国内问题。即使当他们设法要美国保证不从欧洲撤退的时候，他们也不是通过与我们分工来达到这个目的，而是重复搞我们这一套，建立他们自己的战略武器。欧洲需要明确制订它自己的政策，然后才能承担更大的负担或责任。

我是赞成欧洲统一的，但是，我不知道这种统一应该采取什么形式，究竟应该是民族国家组成的邦联，还是一个超国家的联邦。我希望欧洲在国际上起较大的作用，但是，我们必须面对一个事实，就是这种作用应当来自一个不一定总是和我们意见一致的独立的欧洲。在总统选举前不久，关于我们对欧洲的关系，我曾经这样写道：

没有哪一个国家，能够在同一个时候、在世界每一个地方都采取明智的行动。一个更加多元化的世界——特别是在与朋友的关系上——是非常符合我们的长期利益的。政治上的多极化，虽然难以习惯，但却是出现一个创造性新时期的先决条件。一个平衡力量，对我们会有好处，尽管承认这一点可能是痛苦的。它能惩戒我们偶尔发生的粗率行动，并且还能给我们提供历史眼光，从而限制我们追求抽象的、“最后的”解决办法的癖好。⑦

对自由人民的生命力的考验是，他们将如何解决很多年来关于自由的悬而未决的难题：如何使多样化和统一、独立和合作以及自由和安全彼此协调起来。

伦敦和“特殊关系”

从布鲁塞尔，尼克松飞到了伦敦。他所受到的自然、热情的欢迎掩盖了刚刚发生的一场大风暴：英国和法国之间关于欧洲前途的激烈争吵，这场争吵预示着我们面临的问题。

争吵是在戴高乐总统和英国驻巴黎大使克里斯托弗·索姆斯的私人谈话中开始的。索姆斯是温斯顿·丘吉尔的女婿，他并不是完全不知道什么叫伟大，要不就是在宏伟的事业面前趑趄不前了。他们的争端在很大程度上反映了欧洲以及整个联盟内部的辩论。一九六九年二月四日，戴高乐总统和索姆斯大使在爱丽舍宫(总统的住所和办公室)闲谈欧洲的前途;二月十四日,他们又会见了,讨论的是同一个问题。其后,英国告诉了它们的其他盟国,包括我们在内,戴高乐将军是用相当挑衅性的、而且多少有点新奇的措辞,来叙述他关于欧洲前途的概念。

为了建立一个能够对具有全球重要性的问题作出决定的、真正独立的欧洲,戴高乐说,首先欧洲必须从“美国设计和控制的”北大西洋公约组织的限制下把自己解放出来。一个成功的欧洲政治组织,必须依赖最重要的欧洲大国:法国、英国、德国和意大利之间的协作。而在这种协作关系中的中心因素,势必会是英法谅解与合作。其次,在这个过程中,共同市场的结构必须改变,而且戴高乐无论怎样,都对共同市场的前途没有什么信心。相反,他可以设想用某种广泛的自由贸易区,特别是农产品自由贸易区来取而代之。第三,因为英法关系是这个计划的基石,戴高乐将军准备同英国就经济、货币、政治和财政问题举行私下的双边会谈。他说,他欢迎英国对举行这种会谈采取主动。

英国人告诉我们,他们已经答复戴高乐说,英国仍然希望参加共同市场,并且希望很快就可以重开谈判。虽然英国对北大西洋公约组织、同美国的关系以及是否宜于在欧洲成立一个四国指导机构等问题上的看法和戴高乐的观点大不相同,但英国仍然认为将军的建议是很有意义的。英国愿意进一步讨论这些问题,但是必须达成一个谅解,即讨论情况要完全让北大西洋公约组织伙伴们知道。关于这一点,索姆斯在同戴高乐第二次会见时告诉他说,英国首相威尔逊于二月十三日、十四日在波恩会见德国总理基辛格时,感到有义务向他通报这件事。英国也把戴高乐-索姆斯会谈的要点告诉了我们、比利时以及其他盟国;消息就像野火一样传遍了北大西洋公约组织。

二月十七日和十八日,法国驻欧洲各国首都的大使想弄清楚,关于戴高乐-索姆斯的谈话究竟传出去了多少,他们还设法保证,戴高乐将军无意拆散北大西洋公约组织。他们说,戴高乐只是告诉索姆斯,共同市场如果扩大，就势必会改变它的性质，因此它以后的方向就需要仔细研究。

到了二月二十一日，关于谁对谁说了什么的争吵到了这样的程度：以致英国、法国两方面都感到有必要把它们各自关于这两次谈话的说法向报界公布。在英国，伦敦《泰晤士报》的一位了解背景情况的作家把他们早些时候弄到的私下叙述向我们作了很仔细的对比。巴黎《费加罗报》在一篇授意的报道中回答说，戴高乐只是概述了他对一个独立的欧洲的看法，这样一个欧洲可以实现，“而不会对北大西洋公约组织的概念有任何影响”。此外，《费加罗报》还对索姆斯大使进行人身攻击，说他拿戴高乐的讲话，在欧洲散布一个“耸人听闻的说法”，这“令人怀疑索姆斯先生是否可信”。紧接着，法国外交部部长米歇尔·德勃雷也公开宣布，将军只是想了解一下英国是否对关于“欧洲政治和经济前景的”探索性会谈感兴趣。

就像参加过一场战斗的老战士一样，他们通过回忆来保持其激动的感情和正义感，美国所有从前同戴高乐发生过争论的人都一拥而来参加这一场大混战。政府内外人士，向新政府提出的建议像雪片似的飞来，他们建议政府抓住机会，重申我们对一个联邦欧洲的义务，拒绝戴高乐提出的——幸好还不是向我们提出的——关于由欧洲大国成立特别指导机构的建议。他们要求新政府拾起前任丢下的长矛，再次与这个欧洲教条风车搏斗，将那场由于选举而中断了的、同法国的激烈辩论再继续下去。

我们决心不这样做。我们认为，欧洲的组织是欧洲人自己决定的事情。美国曾在这种关于原则的争吵上丧失了太多自己的威信。二月二十二日，在我们动身去欧洲的前一天，我给尼克松送去了关于这件事的简短备忘录，在结尾部分，我是这样写的：

我相信戴高乐在向索姆斯谈他对欧洲前途的看法时，用的基本上是英国人原来汇报的措辞。无论如何，希望有一个独立于美国的“控制”，并由欧洲几个大国协作领导的欧洲，是完全符合戴高乐公开发表过的看法的。还有一点也可以说明问题：戴高乐认识到，这样一种协作必须建立在英法一致的基础上，虽然要以英国脱离与美国的“特殊关系”作为前提。

人们会逼你发表意见。

我建议你可这样表态：

1. 肯定我们对北大西洋公约组织的义务；

2. 肯定我们对欧洲统一、包括英国参加共同市场的传统支持；但是

3. 说清楚我们不愿卷入欧洲内部关于走向统一的形式、方法、什么时候和采取什么步骤的辩论。

尼克松在他的私下会谈中仔细地、巧妙地遵循这一方针；我在这次欧洲之行以前和以后的背景汇报中时常重复这一点。二月二十一日，记者问到我对索姆斯-戴高乐争端的看法，我对他们说：“我们关心的是美国与欧洲的关系，而不是欧洲的内部安排。”我们利用索姆斯-戴高乐争端来表明我们重视的是大西洋关系，而制订欧洲的内部安排是欧洲人自己的事，应该留给他们自己去解决。从长远来说，这种态度是最有助于英国参加共同市场的。

尼克松是在星期一晚上从布鲁塞尔到达伦敦的，当时正下着雨。哈罗德·威尔逊首相和外交大臣迈克尔·斯图尔特在希思罗机场欢迎我们。欢迎仪式是低调的，因为尼克松害怕人们指责他在越南战争还在激烈进行的时候耽于游乐，因此要求把礼宾限制在最低限度。这是一种令人痛苦的牺牲，因为他是很爱好仪式的，特别是在英国，他们已经把低调的盛举发展成为一门艺术了。此外，英国的国事礼宾工作者还会处处使自信心不强的人感到，他们自己的功绩配得上享受这样的荣誉。

哈罗德·威尔逊在欢迎尼克松时的神气，表现出一片婆心，颇像一

个旧式家庭的长者。这个家庭过去显赫一时，现在依然叫人肃然起敬，记得这家人的智慧、尊严和威力，也就是这个家庭向来出名的原因。威尔逊给戴高乐一个突然的打击，宣布拒绝他对外交事务的“内向态度”，表示支持尼克松提出的“更宽广的世界概念”，并且把二者作一对比。但是，威尔逊的更重要的主题是在整个西欧已经变成老生常谈的论点：联盟需要从安全转向“合作与和平”这样的积极目的。在六十年代后期，北大西洋联盟的目的不再是防务了——特别是在公开讲话中是这样；它存在的主要理由变成了缓和紧张局势。尼克松是决不会让自己在别人的一些唱高调的话语面前相形见绌的。他用这样一句话作为回答：“我今天站在这里说话，我相信在我们的时代就能实现持久和平。”在一九七二年的总统竞选中，他对这句话拼命加以宣扬，其结果引起了对于缓和的过分期望。尼克松的心情是轻松愉快的。他直截了当地谈到在我们政府内部就有很大争论的所谓英美特殊关系问题，并用最肯定的措辞两次明确提到了它。

这一点，使得国务院内以及政府外面的许多支持欧洲一体化的人感到非常苦恼。这些主张——几乎是狂热的主张——欧洲统一的人迫切希望结束与我们的最老盟友的这种“特殊关系”，认为这可以促成英国参加共同市场，对英国有利。他们感到，必须停止英国在与我们关系中的任何特殊地位，免得由于这种地位而妨碍英国在欧洲起他们所想起的作用。他们主张形式上平等对待，不受传统或者是民族利益概念的影响，认为这是实现他们的宏伟计划的最好保证。

我怀疑这种主张是否适宜，即使是适宜的，也是不切合实际的。因为同英国的特殊关系特别不受抽象理论的影响。它也不是靠正式安排产生的；它部分来自对于英国在战时所作的英勇努力的回忆；它反映了两国兄弟人民的共同语言和文化。在相当程度上，它也是由于英国在物质力量削弱了以后，还以极大的律己精神保存了它在政治上的影响。在第二次世界大战后，当英国力量已被削弱、不能坚持自己的意见的时候，它马上就感到哀伤，认为过去的事已一去不复返了。英国领导人转而坚持不懈地与我们搞好“特殊关系”。这实际上是一种协商形式，这种协商，实际上是如此亲密，以致在心理上说还不可能忽视英国的看法。英国领导人还形成了一种定期会晤的习惯，以致美国自发地采取任何行动，都会显得是违反了俱乐部的规则。最重要的是，他们卓越而有效地利用他们丰富的智慧和可以信赖的行动，以致历届美国领导人认为，在作出重大决定前，先征求英国的意见是符合美国自身利益的。这是一种不同寻常的关系，因为它并不是根据什么法律上的规定；没有文件把它在形式上固定下来；历届英国政府就是把这种关系继续下去，好像不可能设想采用其他办法一样。英国的影响是大的，就是因为它从不坚持要发挥巨大影响；“特殊关系”说明了无形的东西的价值。

英美关系的一个特点是，在很大程度上，外交上的微妙克服了实质上的分歧。关于欧洲一体化问题，英国领导人的看法，实际上更接近戴高乐的看法，而不是更接近我们的看法；一个一体化的、超国家的欧洲，在英国就像在法国一样遭到诅咒。英国和法国观点的主要不同点是：英国领导人一般来说在——关于欧洲一体化和大西洋团结的——理论上向我们让步，同时设法通过与我们的最密切接触来计划它的实施。而戴高乐则往往让我们面对既成事实和理论上的挑战。英国是把和解变成了一个武器，使得无视它的意见在道义上是难以设想的。

我认为，我们政府内部对英美特殊关系的攻击是无关紧要和形式主义的。中断我们的特殊关系——就算是可以做到的话——会使英国丧失自信，而我们也不会得到什么好处。在二月二十一日动身出访欧洲以前的背景汇报会上，我指出：

我个人在这个问题上的看法是，我们一点也没有因为朋友太多而受到损害，以至于要给那些觉得对我们怀有特别友情的人泼冷水。我是这样想，处理与英国的特殊关系的办法应该是，把其他国家提高到同样的地位，而不是向英国泼冷水，让它同美国不要保持那样热的关系。

尼克松接受了我提出的关于不要卷入索姆斯-戴高乐争端的意见；只要争论是局限于不刻薄的、在理论上的官僚主义背后诽谤，他对这场争论也没有什么兴趣。他相信“特殊关系”，他在到达声明中解决了这个问题。

这正好符合接待我们的人的做法。每一个安排都是低调的、私人性质的，而且是巧妙地使人喜欢的。英国人作了非常大的努力，使我们感到舒服而又不显得碍事，随时可以找到他们来交换意见，而又不要求美国方面以任何具体的行动作为酬答。他们把我们从机场接到首相的乡间住所契克斯，这个别墅是舒服的，但并不华丽，里面的历史陈迹正好足以使人想起英国昔日的光荣。但是，就像它的主人一样，它给人的教益和影响是微妙的和间接的。第一次会谈就在那里的宴会上进行。那是一个人数不多的私人性质的集会，参加的只有尼克松和威尔逊、罗杰斯和斯图尔特、英国内阁秘书伯克·特伦德爵士和我。

当我们最初见到他的时候，哈罗德·威尔逊有一个狡猾的政客的名声，人们说他有洞察一切的智慧，但却缺乏最终的可靠品质。我国前任政府中有些人认为，他太接近工党的左翼；他们认为，这一点加上他的虚荣心，使他非常容易受到苏联谄媚的影响。他也被指责为不惜利用我们在越南的困境来支撑他自己在国内的地位。根据我和威尔逊接触的经验，这些批评证明都不正确。的确，任何工党领袖都必须考虑党内左翼的意见。他也不是第一位把自己打扮为与东方媾和的特别吹鼓手的英国首相——毕竟还有哈罗德·麦克米伦，由于他在柏林危机的高潮时刻出现在莫斯科、戴着俄式羊羔皮帽、宣传和解，而得到了“超级麦克”的绰号。根据我的经验，威尔逊是美国的诚挚朋友。他感情上的联系，像大多数英国人一样，都是在大洋彼岸，而不是在海峡对岸，即英国人意味深长地称之为“欧洲”的那个地区。他在美国度过了很长的时间。他真正相信英美伙伴关系。他邀请尼克松参加一次内阁会议——这是给予一个外国人的前所未有的荣誉——并不是一个戏剧性的行动。至于威尔逊可靠与否，我无法判断他在国内问题上的行为，但在与美国的关系上，我总是发现他是一个说话算数的人。他代表着英国政治中的一个奇怪的现象：他那一代工党领袖比许多保守党领袖在感情上更接近美国。保守党人似乎对把物质上的优势输给了美国感到痛心，他们认为，特别是在苏伊士危机中，我们出卖了他们。

威尔逊虽然是在牛津受的教育，并在那里教了几年经济学，但他对抽象的思想几乎没有任何兴趣。他醉心于操纵政治力量；他喜欢解决一些具体的问题。长远的目标只会引起他极草率的关心。他认为计划没有什么意思，因为他有充分的信心，他的那许多本领能够保证他渡过任何难关。威尔逊有惊人的记忆力，能够说出他多年前读过的一句话在书页上的确切位置。他很喜欢表现他的这种技巧，而且在寻找这种机会方面也表现出几乎同样的技巧。他对人是相当冷淡的，虽然——像尼克松一样——有点令人同情地渴望得到别人的赞许，特别是他所尊敬的人的赞许。这一类人，通常包括掌权的人或者学术界人士；他特别珍视同美国总统的密切关系。他一上来就向尼克松建议，互相以教名相称。尼克松一愣，瞪了他一眼，才打消了他这个想法。但是，这件事并没有改变威尔逊对美国的友好态度。我个人是喜欢他的。他从来没有拆过我们的台。

他的同事，外交大臣迈克尔·斯图尔特属于一种不同的性格。斯图尔特是善意的，有点好卖弄学问，喜欢发表长篇的道德演说，可以使尼克松心烦意乱。他曾当过中学教员——这一点可以看出来——后来又当上了教育大臣，然后就是外交大臣。像许多在一生中比较晚的时候才担负国际责任的人一样，他也好像是把外交工作当成是宣布一些理论上的警句。然而，斯图尔特从其信念来说，是致力于让英美结成紧密关系的。尽管他对越南战争也有许多怀疑，在牛津学生会的一次辩论会上，他比一些曾经作出决定把我们的军队派往越南的美国人更有力地、更巧妙地为我们在越南的立场进行辩护；他从未向外人表示过他的疑虑。他是一个正派、扎实的人，不是有才华或者有远见，但他具有刚毅的品质，因此，对英国的辉煌业绩作出了巨大的贡献。

参加宴会的第三位高级英国官员是内阁秘书伯克·特伦德爵士（改封为勋爵）。他虽默默无闻但又深具影响力，一位尽管政府改变但他的职位不变的高级文官。他整理内阁会议记录，监督常任文官机构，并且根据数十年积累的经验，提出无私的意见。现任内阁秘书特别有效地发挥了这一职位本身所包含的影响。伯克·特伦德是一个瘦弱、学者似的人，有着闪亮的眼睛，显示智慧和谨慎的风度。当讨论进行到接近他知道曾经使以前的粗率冒险者沉船的浅滩时，他以看起来并不唐突的方式把讨论引导开去。他很巧妙地使他所效劳的内阁大臣显得比他们本人原有的能力还更大些。他是一个豁达的人。他的博学和忠言也为我们的"特殊关系"带来好处。

在契克斯的晚宴就像是一个家宴一样。讨论在嵌板的宴会厅开始，在有名的长廊喝白兰地时还在继续进行。讨论范围是环顾世界前景。在未来几年中要决定他们的国家的前途的人们在那里互掂对方的斤两，大体说来，他们对讨论结果是感到满意的。

后来，尼克松把我叫到他在克拉里奇斯饭店的套间去回顾一下这一天的事情。这一天的活动从布鲁塞尔北大西洋公约组织理事会开始，在英国首相的家里结束。尼克松硬说契克斯有几百年的历史。我实在不忍告诉他，契克斯只是在第一次世界大战以后才起目前的作用。尼克松看起来精神焕发；他喜欢古老的仪式。他上台不久，对于发生的一连串事件都感到非常新奇。乘坐"空军一号"在外国的领土上着陆，受到一位国王、后来又是一位首相的欢迎，检阅仪仗队，访问契克斯——所有这些都是他年青时的美梦的顶点，是身居要职的理想，对于来自加利福尼亚一个小城镇的一个多少有点愤懑的穷青年来说，这一切都似乎是不可能达到的。这一切使得尼克松表现了一种近乎自发的欢欣。自从我认识这个腼腆、捉摸不定的人以来，很少看到他这样情不自禁地快活过。虽然这一天的讨论没有解决什么重大问题，尼克松还是喜欢既不会发生对抗局面又不纠缠细节的哲学性的对话。尼克松拼命希望听到人家说他干得多么好。就像他后来在其他许多场合所做的一样，一再要我复述他在这一天的各项活动中所起的突出作用。那时他已经上床，就像在神经紧张时偶尔发生的情况一样，他开始说不清楚话了，或者是费了极大的劲才把话说清楚。给他鼓气是容易的。这一天，虽然没有遇到什么棘手的挑战，他的行为举止都表现了他的尊严和才干。

第二天，在唐宁街十号（首相的官邸和办公的地方）的内阁会议室，双方有更多的人参加讨论头天晚上谈过的问题。主要的话题是，英国决定重新申请参加共同市场、北大西洋公约组织的前途以及东西方关系的发展方向。英国大臣们说，他们要想成为欧洲的一员，与其说是为了经济上的利益，不如说是为了他们想促使其实现一个更外向的欧洲的政治上的利益。尼克松同意这个观点，但是他强调说，如果美国对戴高乐采取敌对的态度，就不可能促成这一点。他要设法改善美国同法国的关系，虽然这不会改变戴高乐的基本观点，但却有可能使他更容易接受实际上的妥协。英国大臣们则说，这正好也是他们的看法——好像索姆斯-戴高乐的争议根本没有发生过一样。

关于北大西洋公约组织的讨论又一次揭示了大西洋联盟内部的矛盾心理。每个人都同意尼克松的估计：苏联在缩小核差距，我们在国会的压力面前应该有所作为，以保存我们正在开始的新的核计划。但是，没有人愿意得出明显的结论：欧洲的防务也必须得到加强。威尔逊说，北大西洋公约组织需要一个新的战略思想；他怀疑会有哪一个欧洲国家准备答应大大增加其防务开支，因为它们害怕，如果这样做，美国就会削减它的义务。威尔逊留给我们去设想一个不以建立新的部队而体现出来的新战略思想究竟有什么意义。

迈克尔·斯图尔特说的话后来变成了标准的欧洲论点。我们和苏联的谈判，特别是关于限制战略武器的谈判，是必要的。年轻一代再也不会把大西洋联盟仅仅当作一个防御工具来给予支持。他们认为，这个联盟也是一个争取缓和的工具，这一点，对维护西方的团结来说是必不可少的。他的话是对的，但是，他说的这些话，也揭示了我们的欧洲盟国的深刻矛盾的心情。在紧张气氛加剧的时刻，它们害怕美国强硬；在紧张气氛缓和的时候，它们又害怕美苏两家共管世界。它们要求我们坚定，然后它们又从中斡旋来打破由于我们坚定而引起的僵局。它们坚持要我们在采取任何行动之前先和它们商量，但是，它们又要有自由和自主权，不受任何限制地去推行它们自己的缓和外交。如果它们认为我们阻挠缓和，我们就会失去我们的西欧盟国的支持，它们就会加紧与东方的接触，不要有任何协调好的战略；它们的力量太弱，不足以抵抗同时来自国内和苏联两方面的压力。我们发现我们自己处于一种自相矛盾的境地：如果我们要保持联盟的团结，我们就必须在东西方关系中起领导作用，并且给东西方接触规定几条基本原则。但是，如果我们的步调太快，或者是引起了没有根据的希望，我们就会破坏我们关于军事力量的主张，而军事力量毕竟是我们赖以和苏联打交道的唯一可靠基础。这个问题是参加唐宁街会谈的人们在将来都离职后还会长期存在的问题。

我们在白金汉宫与伊丽莎白女王共进了午餐。我认为，人们一成不变地把她说成是索然寡味的人是不对的。她很精灵机智，她对国际事务的知识以及她对有关人物的深刻了解，给我印象很深。下午，总统对美国大使馆人员讲话，还会见了一些英国主编和知识界人士。

晚上的事情之所以值得注意，是因为它显示了尼克松这个人身上鲜为人知的一个方面。在一九六八年春天，哈罗德·威尔逊犯了一个非常大的判断性的错误，他估计民主党会在选举中取胜，因而任命休伯特·汉弗莱的老朋友、约翰·弗里曼为英国驻华盛顿大使。这可能成为一个近乎灾难性的决定。弗里曼属于工党左翼，曾经当过劳工大臣。他在政府向人民索取保健费问题上曾与政府发生争吵而辞职。其后，他又当过电视记者，当过左翼《新政治家》周刊的主编以及英国驻印度高级专员而颇负声誉。在当《新政治家》主编时，弗里曼曾为尼克松在加利福尼亚州竞选失败而庆贺，他祝贺美国人除掉了“一个毫无原则、只愿意为了迪克·尼克松的事业不惜牺牲任何东西”的人。弗里曼被任命七个月后，尼克松竞选总统获胜了。威尔逊对他这个别扭的任命毫无办法。威尔逊拒绝更换大使，这是他的优点，但尼克松大发脾气。从尼克松政府开始工作之日起，他就发誓不和弗里曼打任何交道。艾森豪威尔将军也支持他。艾森豪威尔一月份当我在场的时候对尼克松说，弗里曼的任命不仅是对尼克松个人的侮辱，而且是对美国总统的侮辱。但是，要美国宣布一位英国大使为不受欢迎的人，这是难以设想的事，所以除了在弗里曼的大使任期内尽量给他制造困难和别扭外，尼克松似乎也别无他法。毫无疑问，尼克松是能够做到这一点的。我们的先遣人员要求威尔逊从在唐宁街十号为总统举行的宴会客人名单上除掉弗里曼的名字，但遭到威尔逊勇敢的拒绝，我们大家都怀着惶恐的心情去赴晚宴。

但是，尼克松是可以出奇制胜的。在宴会快结束时，他起立祝酒。尼克松看着坐在桌子正对面的弗里曼说：“有些人说，现在有了一个新的尼克松。他们想知道是否有一个新的弗里曼。我倒愿意把那些都看作是过去了的事情。毕竟他是新的外交官，我是新的政治家，我们都想尽我们最大的努力来争取世界和平。”

这番话产生了惊人的影响。威尔逊说这个祝酒辞是他在唐宁街十号听到的最优美的祝酒辞。他在他的菜单上给尼克松写了一个条子：“你不能保证一生下来就是一位勋爵。但是，生来就是一位君子却是可能的，你已经证明了这一点。”通常沉着冷静的弗里曼，这时都感动得快流下泪来。这样后来就产生了一个证明是惊人成功的驻华盛顿使团。约翰·弗里曼是我曾打过交道最起作用的大使之一。其中的原因不是很简单的。他的作风别扭。弗里曼绝不阿谀奉承；他在社交场合只会见他所尊敬的人；他没有做什么努力去把英国大使馆变成一个时髦的沙龙。当他要传达一个信息时，他总是一开头就正式声明，他是奉命说话的。但是，弗里曼也准备超出他奉命要说的话的范围，发表他个人的意见。因为他有超人的智慧和完全的正直的品德，这一点以后很快就成为可贵的了。他有一个很精明的地缘政治头脑，并且，正如后来事实所证明的，他相当同意我们的对外关系哲学。我对弗里曼的判断非常尊重，所以遇到他职责范围以外的事情，我也时常征求他的意见；有一两次，我还让他看总统演说的初稿，利用他作为一个主编的才能。他完全有权把他的一切谈话向他的首相汇报，几乎可以肯定他似乎是这样做了。但是，密切和相互信任的“特殊关系”就是为了进行这种亲切的合作。

从尼克松方面来说，他逐渐变得先是信任、后来就是喜欢弗里曼了。在尼克松第一任期间，弗里曼是唯一被邀请到白宫参加私人社交活动的大使。他也变成了我的最亲密的朋友之一；在我们两人的公职结束后，这种友谊仍然存在。我认为他的友谊是我任职期间的最大收获之一。

我们的伦敦之行，就这样以满载特别的友谊而告结束。这次访问暴露的矛盾心理比解决的要多，但是，正像原来所计划的，它为以后两国间的有成效的合作打下了基础。

波恩、柏林和德国这个谜

我们的下一站是波恩。德意志联邦共和国的局势更加复杂。德国的政治是处于选举前的动荡状态，而且我们到达时，正是柏林危机刚刚开始的时候。西德总统这个主要是礼仪性的人物，是由联邦议院，或者是各州代表(州代表)特别会议选举产生。以前的总统选举，都是在西柏林的老国会大厦举行的，这是为了强调，波恩要求承认它是代表合法的德意志国家的连续性的。苏联人和他们的东德伙伴，以前对这一含蓄的挑战是不过问的，但到了一九六九年，他们感到有足够的力量来使它成为一个问题，于是他们抗议在柏林举行的选举会议，理由是西柏林在法律上并不是联邦共和国的一部分。他们又开始骚扰前往西柏林的通道了，这是一九六二年以来不曾有过的事。

这种情况肯定会引起波恩深刻的不安。大家都在谈论柏林的不利地位。关于美国新政府会如何反应也没有把握。一种不安心情在蔓延开来，这种不安，部分是由于德国所处的前沿地位；部分来源是由于同我们以前的两届政府的政策争论。波恩不同意麦克纳马拉强调的非核区域性防务，担心这样做会招来苏联的侵略。波恩还认为，《防止核扩散条约》是在核子方面歧视它的一个明显例子。波恩讨厌美国对它施加压力，要它支付驻德美军的费用。德国的两位总理——康拉德·阿登纳和路德维希·艾哈德——都是因为同美国政府、肯尼迪和约翰逊政府发生争论而加速下台的。

这一切都反映了这个看来十分强大的新德国的动摇不定的心理状态。在两次世界大战中战败、背着过去的纳粹的污名、作为一个被肢解的和分裂的国家，西德是一个在寻找政治目的的经济实体。在波恩，没有英国那种由于数百年不间断的政治演进和帝国荣耀而产生的自信。波恩本身被选为新的首都也只是因为战后第一任总理的个人方便(阿登纳就住在波恩附近的一个小城镇里)，并不体现以前的政府传统。波恩本身就是德国战后复兴不稳定的象征。联邦共和国就像一棵头重根浅的大树，猛然一阵大风就可以把它吹倒。

它的地位的脆弱反映在它的领导人感到不安全的心理上。阿登纳是一位真正的伟人，他认为他的主要职责是恢复德国的可靠的声誉。他坚决拒绝了多次的诱惑，不去利用德国的机会在东西方之间耍手腕从中渔利。他顶住了国内反对派的指责，说他的亲西方路线威胁了德国统一的前景。他蔑视有时来自东方的笼络行径。他所追求的是使联邦共和国扎根于欧洲，欧洲扎根于大西洋联盟，这样，曾经给德国带来灾难的民族主义就永远不会再有机会传染到他的人民身上。

阿登纳取得了惊人的成功。在联邦共和国成立十二年后，它的亲西方方针在德国内部再也不成其为一个问题了。昨天还在要求德国在东西方之间恪守中立的反对派骤然改变了它的纲领，现在与政府竞相保证忠于同西方的关系，甚至在军事方面也是如此。由于命运的捉弄，在肯尼迪政府中主持政务的那些有才干的年轻人，选择了这个时机来要求这个人对东方更加灵活一些，就是这个人曾经如此重视坚定不移和忠实可靠，刚刚大显身手，使得全国一致支持他的与大西洋保持密切关系的政策。这一做法造成了六十年代德国国内的动荡，而且把各党派的作用颠倒过来。在十年前想唤起潜伏的德意志民族主义、反对阿登纳的亲西方方针的反对党社会民主党，现在却批评政府危害与美国的联系。仍然执政的基督教民主党至今还一成不变地恪守五十年代的至理名言。他们几乎是念念不忘其连续性，使得美国政府很不耐烦。这个美国政府急于在历史上翻开新的一页，相信它自己的宏伟计划健全合理，并且整个说来同左派、或者至少是改良主义组织相处，比同建设了战后欧洲的基督教民主党保守派相处感到更合得来。

这样，德国战后政策固有的两难局面就表面化了。在欧洲国家中，唯独联邦共和国有尚未实现的民族目标。这种实现重新统一的愿望表现为拒绝与东德政权打交道，或者甚至拒绝与任何同东德政权打交道的政府保持外交关系。（这就是所谓的哈尔斯坦主义。）但是没有别的欧洲政府支持德国的这一目标。对所有其他欧洲政府来说，一个统一的德国使人回想起过去德国称霸的噩梦；它们同意克里孟梭的一句饶有风趣的话：他是如此喜欢德国，所以他希望有两个德国。而且，它们知道，德国的统一，如果能够实现的话，也只能通过与苏联的大规模摊牌来实现。所以，在联邦共和国宣布的德国统一的目标和为了实现这一目标它所能采取的行动之间，势必还有一个鸿沟。这一鸿沟使得苏联能够在柏林问题上不时来一个对抗，以便对西德施加压力，这种对抗至少部分地是用来使联邦共和国默认现状，并且迫使它的北大西洋公约组织的盟国不支持它的民族愿望。

西德领导人暴露在一个分裂的欧洲的最前线，经常受到来自东方的压力，意识到在西方残留的对他们根深蒂固的不信任，而且因为民族目标未能实现而感到苦恼，他们把同美国的联系当作是他们防患于未然的措施。他们并不希望在世界事务中起作用。他们缺乏想在更宽的范围上影响我们的政策的那种自信。他们的目标是比较有限的：弄清楚他们可以在防务上依赖我们，我们的政策不会骤然转向东方，从而使德国在物质上或心理上暴露在外。

所以，我们的吵吵嚷嚷的政治过程倾向使西德感到不安。定期产生新的政府，大声宣布新的态度，或者废弃从前的政策。这引起了一种恐惧心理：在未来的某一历史时刻，美国脱离欧洲的可怕事情终会来到。

尼克松进行访问以恢复波恩的信心和稳定是特别适时的，因为抛开柏林危机不谈，德国的政治也正处于过渡阶段。阿登纳已经在一九六三年十月辞去总理职务，由当时大名鼎鼎的恢复德国经济“奇迹”的建筑师艾哈德继任总理。但是，正如阿登纳所预见到的，艾哈德在政治上没有他在经济上那样的才干。基督教民主党和自由民主党联合政府分裂了；一九六六年，基督教民主党和社会民主党组成了新的所谓大联合，由库尔特·格奥尔格·基辛格任总理，维利·勃兰特任副总理兼外交部部长。

这对于在整个战后时期处于统治地位的温和保守派基督教民主党来说，是一个致命的决定。社会民主党处于有可能成为永久性的反对党地位，但它本来已经奄奄一息。主要的原因是，有相当数量的选民认为，这个党——尽管有着光荣的民主历史——继承了太多的激进传统，以致不能委之以政府重任。由聪明的社会民主党战略家赫伯特·魏纳设计的大联合解决了社会民主党实际上是否适于治理国家的问题；他们仅仅参加政府这一事实，就最后给他们增加了足够的选票，使他们在一九六九年接近年底的时候竞选获胜。尽管组成大联合时打错算盘，这对于基督教民主党人来说是令人痛苦的，但它对于德国的民主却是一件大好事。它显示了社会民主党实际上是一个负责任的民主政党；这就防止了在德国发生对其他许多欧洲国家来说已经成为地方病的政治生活激进化或两极化。

但是，这一结局在当时还是即将来到的事。在波恩欢迎我们的政府，尽管美其名为大联合，实际上是深深分裂的。它的领导人物过几个月就要参加竞选。他们在接待我们时所说的话，几乎每一句都是处心积虑为了争夺阵地。基辛格总理是一个有礼貌、严肃、不动感情的人*，他宣布一件极小的事，也摆出一副极其深奥的神气。在我们访问时，他在政治上正处于困境，因为他当政一天，他的主要对手、正好也是他的副总理、维利·勃兰特的声望就增高一些。勃兰特是一个身材高大、结实、尽管态度恳切、却基本上是沉默寡言的人。他丝毫没有给人以认为自己是总理的下级的印象。

英国政府在威慑力量、缓和、西方团结和东西方关系这样一些问题上是心情矛盾的，但德国领导人，个人的看法比较清楚，而在他们之间却有意见分歧。两个人都赞成在柏林问题上要坚定，但是他们的一致意见也就仅此而已。基辛格赞成对东方采取强硬路线。勃兰特却正式强调互谅互让，要讲究微妙的分寸。然而，不需要很丰富的想象力就可以推断，他准备硬着头皮承认东德。基辛格珍视同法国的联系；勃兰特准备强调让英国参加共同市场。基辛格的看法更接近尼克松的；勃兰特的看法更符合我们国务院的。因此，在波恩的会谈表明，在秋季选举前，德

---

* 基辛格的命运说明，一个人的政治生涯能够有多么偶然的转变。在九月份的选举中，基辛格得到的选票仅次于基督教民主党历来所得选票最多的一次。但是一个小小的新纳粹党参加竞选——这在战后是仅有的一次——并且通过德国选举法的一个花招，搞掉了基辛格的一些席位，正好使他不能成为多数派。因此，社会民主党和自由民主党能够组成联合政府，基辛格的党得席位最多，但反而成了反对党。他的党在他任职期间失去了政权，他也就越过了一条很细的分界线，不是作为杰出的政治家受到欢迎，而是作为被击败的领袖而受到责备。在我写这本书的时候，基督教民主联盟仍然处于在野地位。

国的政策主要是静观以待变。

西德之行以游览柏林宣告结束。大批大批的人群出来欢迎总统的车队。但是，尼克松心里却感到很不安，担心欢迎他的人数会比不上一九六三年欢迎肯尼迪时那样多。只是在我们一再向他保证不会发生比不上那次热烈的情况之后，他才放下心来。（我注意到，车队经过的路线是S形，让群众可以很容易地从一条街跑到另一条街。人们告诉我，在肯尼迪访问时，用的也是这个办法。）

尼克松想避开另外一次柏林危机，因此愿意拿上任不久的总统的威望明白无误地压在柏林问题上。此举见于他在西门子工厂发表的雄辩演说。他说："我前面的四任总统都坚持柏林一定要保持自由这个原则。我也在此时此地告诉各位，我也同样坚持这个原则。我说这句话并不是虚张声势，也不是穷兵黩武。我只是陈述国际生活中的一个不可改变的事实。"

罗马插曲

出访下一站是意大利。从柏林的井井有条、循规蹈矩，一下到了热情洋溢、乱七八糟的罗马机场，变化是太大了。国务卿罗杰斯竟被簇拥着去检阅仪仗队，还是一位吓得目瞪口呆的先遣人员惊魂稍定，才把总统换了上去。在闹了这个笑话之后，一切都是顺利进行的，只是随时都有可能再出乱子。

这是我在任期内第一次访问意大利，以后曾多次访问该国。我一向喜欢这个国家的非常美丽的国土和特别富于人情味的人民。但是，每一次访问都证实，意大利遵循着有别于其他西欧国家的政治规律和对于国家的作用的概念。也许意大利人太文明了，太浸透了个人价值的思想，不肯让自己完全受制于政治目标，这些政治目标在一百五十多年的时间里，推动着其他欧洲国家的对立和野心。毫无疑问，意大利的国内问题占据着最高领导人的大部分注意力，外交政策只是处于次要地位。而罗马这个首都与其说是民族觉悟的中心，不如说是历史传统的中心。它亦曾是一个古老帝国的政府中心。在其后的一千五百年期间，它又是罗马教皇的首都——实际上，现在作为意大利总统府的奎里纳尔宫在一八七一年以前曾经是教皇的夏宫。和其他欧洲国家首都不同，罗马不是推动意大利统一的动力；而是在这个国家已经形成十年后加上去的。意大利政府搬到了教皇的城市，教皇制度仍然是罗马的中心制度。

无论是什么原因，我对意大利的每一次访问都使我感到，我们一到达机场，就是完成了访问的主要目的。这象征着美国重视意大利；美国是在征求意大利的意见，这是有照片可证明的。我们这样做的时候，意大利部长们表现得非常聪明，从不自命对国际问题的看法可能对事态产生决定性的影响。

我在任职期间，意大利总理换来换去，主要人物是马里亚诺·鲁莫尔和阿尔多·莫罗两个人，短期偶然也由埃米利奥·科隆博担任。不担任总理的那位领袖总是做外长。鲁莫尔充满友情和善意，诚心要使别人高兴。他显然是党的管理人。一遇到了剑拔弩张、需要降温的时候，他就出来，向天主教民主党的各个派系表示善意。科隆博是知识分子，温文而有思想，更多的是一位专家，而不是一位领袖。遇到了派系僵持、需要一位看守总理的时候，他就上升为最高职位，在新的调整谈妥以前，他不会使天平倾向任何一方。莫罗显然是最有力量的人物，他知识丰富、沉默寡言、出名的智力过人，关于这一点，我只有一个证据，就是他用的像拜占庭式建筑那样复杂的句子结构。不过，我对他有催眠的魔力；他和我会谈时不止一次睡着了；我要是能叫他醒着，就算有本领了。莫罗显然对国际大事不感兴趣。他是党的出色战略家，巧妙非凡地推行内政的改辕易辙；他主持外交政策，是为了用作权力的基地，从来没有当它是天职。意大利对领袖的选择，显然反映了国内的需要，特别是反映天主教民主党内部的力量对比。

我所效劳的总统，从来没有充分了解这一点，总幻想意大利总理掌握着行政大权，因此想和他们进行需要作出具体决定的讨论。我所会见过的意大利总理，没有一个鼓励这种态度，他们认为，美国总统采取这种态度，不是生硬地想讨好，就是出于无知。他们知道，他们所领导的是不稳定的联合政府，他们有权主持内阁会议，却无权发出具有约束力的命令。决定是通过包括许多非政府人士在内的一致意见作出的。在和总理或者外交部部长进行的讨论中，国内政治总是他们最关心的问题。在意大利外交部，有一些我所遇到过的最杰出、最有思想的外交家。然而，我们有时还是不能避免得出这样的印象，和他们的外长讨论国际事务，有令人感到厌烦的危险。

事实上，的确有种种理由为意大利在国内的困境担忧。天主教民主党战后一直是执政党。一个时髦的说法是，这个党没有解决意大利的根本问题，效率低是普遍的现象，贪污腐化也很猖獗。但是，这种说法只有一部分是正确的。意大利在经济上取得了明显的进步，在过去十年中，它的平均经济增长率是百分之五点五。但是，就像在其他各地一样，发展的过程，引起了脱节现象，破坏了政治稳定。意大利南部的农民一直很穷，在道义上得到了传统势力和教会的支持。经济的发展使南部的男男女女转移到北部的工厂工作。在这一大规模的重新调整中，他们的主要精神支柱是共产党，共产党在火车站接待他们，在他们举目无亲的时候，维持他们的生活。如果说尽管有经济上的迅速发展——而且是在违背各种时髦的理论的情况下取得的——共产党的票数在意大利还能够保持不变，那多半是因为很多人认为共产党是他们的安全的保护者，因为罗马的政府没有建立人和人之间的联系，而这一点在意大利是决定性的。

美国没完没了地要从体制上来寻求解决问题，这样使问题更加复杂化了。在战后大部分时间里，意大利是由天主教民主党和一些左的和右的温和党派联合执政的。社会民主党代表执政政党的左翼；他们的突出特点是拒绝和共产党合作。反对党是共产党，他们有左翼社会党的支持。右面的是保皇党和法西斯党。一九六三年，美国决定支持所谓的向左翼开放，其目的是实现左翼社会党和天主教民主党的联合，从而孤立共产党。在美国相当大的压力下，这一联合，事实上是谈判成功了。

其结果，虽然是在十几年以后才来到，但它完全和原来的意图相反。随着新联合的实现，社会民主党失去了它生存的主要理由——作为非共产党左翼反对派的作用。每举行一次选举，它的力量就遭到削弱，它的地位也越来越无足轻重。赞成自由竞争的自由党被排除在政府之外，作为社会党参加政府的代价；自由党在选举中也是每况愈下。左翼社会党人也没有得到好处，因为他们在省里还是和共产党搞联合，而在罗马又和天主教民主党人组成联合政府。这样一个党，只会在自相矛盾中耗尽自己的力量，因为它不愿意放弃这两方面的联盟，所以它既不能在省里起防范共产党的作用，又不能期望在罗马改造天主教民主党。

这样一来，向左翼开放的政策不仅未能孤立共产党，反而使他们变成了唯一重要的反对党。由于摧毁了较小的民主党派，这一试验丧失了意大利政治制度的灵活性。从那以后，任何一次政府危机，都可能对共产党有利。意大利日渐面临这样的局面：必须在僵硬到了不能动弹的地步的天主教民主党和激进的反民主变革之间进行选择。在六十年代后期，这一不祥的历史性进程正好变得明显了。部长们口头上仍然公开表示反共，但是，选举结果却越来越与他们所说的相反。任何带根本性的改变都不仅会威胁执政党的统治，而且还会威胁到民主制度本身。

在尼克松到达罗马时，正碰到大规模暴动，这是此行唯一有这种情况的首都。共产党还没有假意地公开表示要和北大西洋公约组织合作（要等到他们掌握政权有望、这样做在策略上对他们有利的时候，他们才会公开宣布）。他们示威时的口号是：“北大西洋公约组织滚出意大利，意大利退出北大西洋公约组织。”尼克松则重复他在别的国家提过的基本论点：保证和他们进行充分的协商，对苏联采取谨慎态度，他希望实现和平。这一切意大利领袖们都欣然赞同，但是却仿佛是来自遥远的星球的消息——很有趣，但基本上和他们主要关心的事无关。

会见是以多少有点偶然的方式进行的。朱塞佩·萨拉盖特总统坚持要单独接见尼克松，不要他的部长们参加，因为在他们面前，他害怕说出他对共产党得势的预感。在私下会谈中，萨拉盖特表现得干脆、有思想，但是由于意大利总统并不参与政治过程这一宪法事实，他的影响就减弱了。萨拉盖特在华丽的奎里纳尔宫为尼克松举行了盛大的国宴。由于在这样的宴会上不可能进行认真的交谈，由于谁也不知道在那许多意大利领导人中，谁在以后一些年会起主要作用，尼克松就在宫内一个较小的房间里，一个接着一个地接见了许多意大利领导人，而其余的客人们却在品尝着白兰地酒。这一程序给人的印象是万花筒似的，而不能使人看清什么问题。无论哪一个政党，没有一个领导人拿得出任何具体纲领，因为如果他能够上台，他在台上的行动与其说是取决于他个人的信念，不如说是取决于当时当地的力量对比。

奇怪的是，意大利还没有抛弃它在文艺复兴时的传统。它的政党还像统治着意大利很长一段历史时期的许多城邦那样进行活动。天主教民主党人是那不勒斯和佛罗伦萨的结合，以诱骗的方式扼杀温和的变革，并且以马基雅维利式的狡猾手段来对待他们的政敌；共产党人是受到莫斯科支持的皮埃蒙特，就像过去皮埃蒙特受到法国鼓励一样；他们纪律性强，讲道理，严峻。共和党像摩德纳那样一个质朴的古希腊城邦一般，靠智慧的名声过日子。只有社会党人处境困难。他们渴望在全国和欧洲打下基础，而这在意大利历史上却没有什么根基。

马顿纳别墅是一座俯瞰罗马的、美丽的文艺复兴时代的宫殿。在那里，我们同意大利政府举行了一次包括几乎所有部长在内的大型正式会议，上述的许多倾向在那次会议上都显示了出来。起先，尼克松和鲁莫尔总理举行私下会晤，这种会晤注定是不会有什么结果的，因为鲁莫尔在他的部长们不参加的情况下，不可能作出什么决定，而在部长们都聚会一堂时，人数又嫌太多，不能在这样一个全体会议上集中讨论什么问题，尼克松总是讨厌这种会议，讨厌它人数太多。意大利关心的是结束越南战争，以便剥夺共产党的宣传题材，鼓励英国参加共同市场，削弱戴高乐的倾向，并且与东方和解，以使联盟有一个目的。这些主张都是作为向一个可信赖的盟友提出的友好规劝，并没有伴以任何具体的建议。在防务问题上，意大利部长们一言未发。

巨人戴高乐

尼克松长途旅行的最后一站是巴黎。在机场欢迎我们的是法兰西第五共和国总统、伟人戴高乐。他显得十分权威。四周后，他将去华盛顿参加艾森豪威尔总统的葬礼。他出席了尼克松举行的招待会，他压倒一切，无论他站在哪里，他都成为那里注意的中心。其他的政府首脑和许多平常声称憎恶极权主义将军们的参议员们都簇拥在他周围，把他当作某种奇怪的人。人们感觉到，如果他走向一个窗口，重心就会改变，整个的房间就会倾斜，把人们抛到花园中去。

戴高乐已经成为民族国家和欧洲脱离美国而自治的发言人。高卢人的逻辑常常使得他把他的一些设想发展到极端，以致不必要地伤害了美国人。当我们就职时，互不信任已经使得平心静气的讨论不可能进行。对我们的决策者来说，戴高乐已经成为被诅咒的人物。戴高乐对他们也有同样的情绪。这是令人遗憾的，因为戴高乐已经提出了关于国际合作性质的重要问题。华盛顿梦想的结构是，给每一个伙伴分配总任务中的一部分，从而使单独行动成为实际上不可能。戴高乐则坚持说，只有在每一个伙伴有真正的选择自由的情况下，合作才会有效，因此，每一个盟国必须——至少在理论上应该如此——能够自主地行动。华盛顿从纵横交错的共同的利益为出发点，依靠协商来解决不同的意见。在美国看来，在协商过程中，各国的影响同它对共同事业的贡献成正比，有点像在合股公司中拥有的股票一样。

欧洲大陆，创痕遍布，证明人类的预见不一定正确。作为欧洲大陆的后代，戴高乐不接受这一套按照惯例的做法。他认为，欧洲的自信，不仅需要有协商的机会，而且还得取决于在分歧发展到不能解决的情况下是否可能有几种选择。所以，美国发言人强调伙伴关系，戴高乐则强调平衡。在戴高乐看来，健全的关系，与其说取决于个人的善意和合作的愿望，不如说取决于压力的均衡和对力量对比的了解。他说："'受到本性限制的'人，'其欲望却是无限的'。""因此，世界上充满了敌对的力量。当然，人类的智慧常常成功地制止了这些敌意演变为杀人的冲突。但是，竞争是生活的条件。今天我们的国家，正如两千年来的情况一样，面临着物竞天择这一规律。"⑧戴高乐认为，政治家的艺术，就是了解历史的趋势。一个伟大的领袖可以是聪明的，但是首先，他必须是头脑清醒和眼光清楚的。对戴高乐来说，伟大不仅仅是物质能力，而且是由于有精神目的而得到加强的力量。在他看来，竞争也不一定就会发展成为实际的冲突。奇怪的是，戴高乐认为，真正的伙伴关系，只可能从意志的较量中产生，因为只有这样，各方才能保持它的自尊："是的，国际生活，像一般的生活一样，是一场斗争。我们的国家正在进行的斗争会带来团结，而不是分裂；会带来尊严，而不是屈辱；会带来解放，而不是统治。因此，这场斗争是忠实于它的使命的，这个使命一向是、并且仍然是符合人性和遍于宇宙的。"⑨

本着这样的哲学，戴高乐不可能接受美国认为民族国家已经过时的看法。问题倒不是像他的许多美国批评者所说的，在于他希望重新点燃欧洲传统的民族之间的敌意。相反，他热情地肯定欧洲统一的目标。但是，美国和欧洲支持"一体化"的人们坚持认为，欧洲的统一，需要把民族国家包括在一个联邦性质的、超国家结构中，而戴高乐却争论说，欧洲的个性以及最后欧洲的统一，取决于传统的欧洲各民族实体的生命力和自信心。戴高乐认为，国家是唯一合法的权力源泉，只有国家能够负责地采取行动。“……的确，民族是一个属于人和感情的因素，而欧洲却可以建筑在活动的、有权威的、负责任的因素的基础上。什么因素呢？当然是国家，因为，在这方面，只有国家才是有效、合法，并且能够取得成就的。我已经说过，我还要再说一遍，在目前这个时代，除了由许多国家——当然还有各种神话、传说和游行示威——组成的欧洲以外，不可能有任何其他的欧洲。”[10]他又说：“的确，国家当然是各不相同的，每一个国家有它自己的精神，它自己的历史，它自己的语言，它自己的不幸、光荣和雄心；但是，这些国家是有权下命令、有权采取行动的唯一实体……”[11]

当戴高乐在一九六三年否决英国参加共同市场之后，华盛顿采取了一种几乎是明显的个人形式的愤怒。在他一九六六年退出北大西洋公约组织一体化司令部的时候，这种愤怒变成了复仇心理。我们在六十年代后期的对欧政策，很大一部分是为了要孤立和惩罚法国而作的徒劳无益的努力——其所以徒劳无益是因为有些欧洲人同意他的意见，另外一些人又没有足够的力量去反对他。

如我所说的，我从未和别人一道谴责戴高乐将军，事实上，我认为，我们六十年代的对欧政策，一般来说是判断错误的。在我看来，我们对像法国这样一个国家的心理上的问题，感觉非常迟钝。法国这个国家经过两次世界大战，好不容易地保存了自己，在一九四〇年又受到屈辱，在一九五八、一九六〇和一九六二年几次濒于内战的边缘。戴高乐面临的最大挑战就是，恢复法国对它自己的信心。他在这一方面进行得是否成功，可以从下面的事实中看出来：阿尔及利亚战争结束三年后，大家的抱怨是，法国奉行的外交政策比它的实际力量所允许的更强有力，更固执己见，而大多数观察家曾经预料，那一场战争所引起的内部分裂会使法国在数十年内一蹶不振。

我深信，一个要想在国际上起作用的欧洲，即使偶尔固执己见，也比一个以追随美国领导为名、实际上推卸责任、无所作为的欧洲对我们更为有利。戴高乐对超国家机构的态度，在我看来，也不值得大惊小怪。英国的看法和戴高乐的完全一样；主要的不同只是，英国政治家的特点是，以更实际的理由、以不那么教条的态度来表达他们的不同意见*。我们并不需要坚持搞一种结构来把我们的领导地位奉若神明，因为如果让欧洲人去设计他们自己的结构，他们也很有可能得出结论，认为在有关大西洋地区安全的大多数问题上，他们的切身利益和我们的是并行不悖的。尼克松的看法同我一样，只是没有那么浓的理论色彩而已。

在我们访问巴黎之前和访问期间，我们抓住每一个机会，强调我们要结束与法国的宿嫌的决心。二月二十八日，我在巴黎对报界举行的背景汇报会上说：

> 总统认为，在美国和法国之间保持本来是可以避免的不和关系，是没有好处的，对任何人来说都是没有好处的。在我们此行所到的每一个国家里，人们都清楚地告诉我们，他们不愿意处于在美国和法国之间只能选择一个的地位……我想，如果我们和法国不是处于带根本性的永久矛盾中，我们就让每一个国家有可能按照问题的是非曲直作出它们的决定。

在爱丽舍宫举行的豪华国宴上，尼克松表达了他个人对戴高乐的钦佩心情。他说，戴高乐的一生是“一首充满勇气的史诗，一首表现了世界上少有的领袖之才的史诗，这种领袖之才，已经使这个伟大的民族在各民族大家庭中占据它应有的适当地位”。他说，戴高乐是这样“一位

---

* 英国的两个党都不赞成设立超国家机构。当哈罗德·麦克米伦在一九六一年七月宣布英国第一次申请参加共同市场的时候，他就向议会保证，他对“联邦制度”不感兴趣，说这是建筑在把这种制度与美国联邦式的结合相比的“完全错误的比拟”基础上的。工党领袖休·盖茨克尔也反对英国参加，因为，尽管麦克米伦作出了保证，他还是担心，英国如果淹没在一个基督教民主党的欧洲里面，会失去奉行它自己的社会主义国内政策的自由。

领袖，他成了人中的巨人，因为他有勇气，因为他有远见，因为他有当今世界为了解决一些困难问题所需要的智慧”。戴高乐对这种热情尊敬报之以礼，后来亦到美国大使馆来参加尼克松的答谢宴会（这对戴高乐来说是少有的做法）。

尼克松和戴高乐举行了三次长时间的会谈。我只参加了一次，其余两次，我看了我们的翻译老手弗农·沃尔特斯将军所作的记录。戴高乐运用生动的语言，是他的很大一部分权威赖以表达的工具。他精通历史，好像历史必然性都变成了可供这位远见卓识的政治家差遣的女仆。在爱丽舍宫的第一次会谈谈的是东西方关系。戴高乐谈到了中国人民，他说，一定不要让他们“满腔怒火、与世隔绝”。他呼吁停止越南战争，建议我们给我们的撤退规定一个时限，以换取政治上的谅解。他虽然大体上提出了目标，但是，没有提供达到目标的办法。他敦促强制性地解决中东问题，他认为，这个问题应该在四国会议上来解决。当尼克松提出同时举行美苏会谈的想法时，他用一种冷漠的态度，清楚地表示他对此有极大的保留。戴高乐根本无意鼓励美苏共管世界事务。（这一点在关于中东问题的第十章还要进一步讨论。）

至于苏联，戴高乐一方面坚持要有坚强的防御，同时又提出关于缓和的必要性的广泛历史论点。他说，俄国还存在，共产主义还存在。共产党人不再前进了，共产主义的危险还没有过去，但是它已不再能够征服世界了。时间太晚了，它做不到那一点了。动力已经没有了。俄国是一个幅员广阔的国家，有着悠久的历史，巨大的资源，自豪感和未必一定就是共产主义的雄心壮志。如果美国和欧洲削减它们的防务努力，苏联领袖会感到高兴，但是他们也不大可能向西方进军。如果他们那样做，就会导致一场大战，莫斯科知道，在一场大战中，他们是不能取胜的。美国不能让它征服欧洲，因为这也就意味着征服亚洲，并且把美国孤立在美洲大陆上。在一场战争中，莫斯科可能在一开头取得胜利，但是美国最后会倾其全力，摧毁俄国。

戴高乐说，苏联领袖们的主要顾虑是中国。俄国人是考虑到他们预料会碰到的与北京的问题来看待同西方和美国的关系的。因此，他们小心慎重，再加上西方采取某些灵活态度，他们很可能选择与西方和解的政策，以保证西方不会在他们背后同中国打交道。因此，他相信，他们是诚心希望缓和的。他认为，缓和还可以对西方有其他的好处。缓和意味着接触、旅行、交换货物和意见。东欧尚未湮灭的争取自由和尊严的倾向，在缓和的气氛中肯定还会发展。当人们看到自己处于战争边缘的时候，总可以找到进行严密控制的借口，但是一俟紧张局势得到缓和，这就不能维持下去。此外，还有什么别的办法呢？如果人们不要打仗，又不要拆掉柏林墙，除了什么也不做以外，没有别的办法。而这一向是最糟糕的办法。

因此，戴高乐赞成美国与苏联接触，认为这就是实行他已经在执行的原则。但是，他提醒美国不要搞美苏勾结。美国在和苏联达成协议时，应该有“同伴”；它应该避免“有些人”所谓的“雅尔塔思想”。总之，他主张缓和，但是不至于达到希望促进美苏搞双边安排的程度。

一天以后，尼克松和戴高乐在凡尔赛的大特里亚农宫会面了。戴高乐将军滔滔不绝地谈大西洋关系。他概述了他的欧洲概念：意大利，几面是地中海环抱，阿尔卑斯山又把它和其他国家隔开；德国，是欧洲所有灾祸的源泉，现在一分为二，受到双方的监视；法国，一个有着出海口的大陆国家；英国，面对海洋，生来就是搞海外贸易的。这四个国家是欧洲真正有影响的国家，它们的语言、风俗、历史、兴趣，就像它们的地理位置一样，各不相同。但这些国家，而不是某种抽象的一体化概念，是这样一个并不是超越于它们之外的欧洲的政治现实。

戴高乐强调说，必须要让苏联知道，一旦发生进攻，美国会和它的欧洲盟国站在一起。但是，北大西洋公约组织一体化司令部却完全是另一回事。他并不反对其他国家愿意接受美国的保护。但是，对法国来说，一体化就等于是放弃它自己的防务。如果一场战争由一个一体化的北大西洋公约组织来打，那么，法国人民就会觉得这是一场美国的、而不是法国的战争。这就意味着法国民族努力的终结，也就是法国民族政策的终结。像这样士气不振的法国，就会很快地退回到从前存在着三十个政党的状态。在戴高乐看来，法国闹点独立性，反而给联盟作出了最大的贡献。

这些看法，同美国战后的一些设想全然背道而驰。这是一个古老国家的想法。这个国家的热忱多次遭到破灭后，现在变得容易怀疑了。它意识到，法国要被别人看重，首先要被自己看重。这位将军一方面拒绝军事力量一体化，同时却赞成协调外交政策。我们过去的态度正好与此相反。尼克松政府是想在两个方面都能够协调。

在爱丽舍宫开的第三次会议是一次短会，谈的是越南、中国和双边关系。关于越南，戴高乐总结了他对第一次会议的看法。关于中国的讨论，我以后将在适当的章节中谈到。关于双边问题，尼克松明智地认为，没有办法弥合联盟中在理论上的争端；因此，应该共同努力来进行共同关心的具体计划。戴高乐同意这一点。

除了在欧洲问题上和他在陈述自己的见解时具有强大的说服力以外，戴高乐的看法和其他西欧领导人的看法并没有多大的不同。他主张有强大的国防力量；这在一个谈判的时代是不可或缺的条件。他也没有比他的同事做更大的努力来协调缓和和防务这两个天然不可协调的东西：缓和越是搞得成功，防务就越是缺少动力。一个比较大的区别是，他的同事以国内的压力作为奉行他们的东西方政策的理由；而戴高乐则说，他的主张是服务于一种历史性的高瞻远瞩。

我同戴高乐的接触，如果是在相当于我对他的历史分量的认识的水平来进行，那就好了。不幸，情况并非如此。戴高乐将军认为总统助理无非是一些工作人员，征求他们的意见，只是为了使首长们能够弄清某些技术上的问题；他没有把他们当作独立自主的实体看待。在爱丽舍宫的宴会快要结束、正在上酒时，一个助手告诉我说，将军想见我。戴高乐一见到我没讲一句客套话，一上来就问：“你们为什么不撤出越南？”

我回答说：“因为突然撤退可能给我们带来信任问题。”

将军问道，“在哪里会产生这样的问题？”我提到中东。

“多奇怪啊，”将军回答说。他站在那里比我足足高出一英尺。“在我看来，正好是在中东，你们的敌人有信任问题。”

第二天，我被叫去和两位总统在午餐前共同喝开胃酒。尼克松以一种惊奇的想法问我如何看待戴高乐对欧洲问题的观点。而我在这方面非常缺乏判断，难以回答尼克松的话。戴高乐认为尼克松的这一要求令人吃惊，为了准备听取我的卤莽意见，他更加挺直了腰杆，因此显得更高、更加气势逼人。我回答说：“我觉得他的看法很有意思，但是，我不知道总统将用什么方法来防止德国控制他刚才描绘的这样一个欧洲。”戴高乐对我的粗率深感不快，他好像又长高了一英寸，他像阿尔卑斯山的雪峰对它脚下的一个小山丘一样极其自然地居高临下俯视着我。他只用了几个字作为回答：“通过战争。”

为了要给我一个机会谈谈他认为一位教授所熟悉的范围内的问题，戴高乐把话题转向了历史。他问我，在十九世纪的外交家中，哪一位给我印象最深？

我回答说：“俾斯麦。”

将军问道：“为什么？”

我说：“因为他在胜利后还表现节制。”如果我的话就此停住，那就好了。可惜，这一点我明明知道，但是不能控制自己，我继续说，“他只失败过一次，在一八七一年，他违背了自己的正确判断，默认了参谋总部的意向，并吞阿尔萨斯和洛林。他总是说，他这一点做得太过分了，对德国不利。”

戴高乐到这里不想再谈下去了。他说：“我很高兴，俾斯麦没有能够如愿以偿。那给了我们一个机会在一九一八年夺回了失去的一切。”

我不相信我给这位伟大的法国领袖留下了一个久久不忘的印象。

巴黎这一站是尼克松的第一次欧洲之行的顶点。他从那里又回到罗马与教皇作短时间的会见，讨论共产主义从哲学上吸引人的地方以及青年的动荡不安，然后启程回国。

当我们回到安德鲁斯机场时，尼克松有充分的理由对他的欧洲之行感到满意。他对国会领袖们所作的汇报是实事求是的。他已经着手建立同欧洲领袖们互相信任的新关系。他已经取得了在这次访问中在限度内可能取得的成就。他已经设法使美国摆脱欧洲内部的争吵。在所有这些方面都取得了进展。他在某种程度上，缓和了欧洲对美苏勾结、牺牲欧洲的恐惧；他警告人们不要为了缓和而搞缓和，这样容易引起心安理得的危险。他强调在北大西洋公约组织内必须公平分担义务，并且必须修改联盟宗旨，使之适应于新的现实。已经朝着新的协商精神迈出了第一步。

很清楚，单凭一次访问或者总统之间的交换意见，不可能克服联盟内部的矛盾：既怕美苏妥协，又想实现缓和；本能上既想有坚强的防御力量，又想牺牲军事来搞国内的计划；既希望美国承担永久的驻军义务，对于不属于北大西洋公约组织管的美国战略部队来保卫欧洲又表示不放心。但是问题已经摆出来，我们将利用总统任期的其余时间来寻求答案。

注释：

① 《美国外交政策的中心问题》，克米特 · 戈登所编《全国的议程》（华盛顿：布鲁金斯学会，一九六八年），第五九五页。

② 《同床异梦：重新估计大西洋联盟》（纽约：麦格劳-希尔出版公司，一九六五年），第四〇页。

③ 见沃尔特 · 罗斯托一九六八年十二月四日在得克萨斯 A&M 大学的演说

《美国力量的限度和责任》(《国务院公报》，第六〇卷，第一五四一册，一九六九年一月六日)。

④ 见弗朗西斯·巴托的《联盟的政治：美国和西欧》，戈登所编《全国的议程》，第三三九页。

⑤ 阿拉斯泰尔·巴肯著《欧洲的未来，欧洲的选择》(纽约：哥伦比亚大学出版社，一九六九年)，第七页。

⑥ 见安德烈·马尔罗著《砍倒的橡树：与戴高乐的谈话》(纽约：霍尔特，莱因哈特和温斯顿出版公司，一九七一年)，第三〇页。

⑦ 《美国外交政策的中心问题》，戈登所编《全国的议程》，第五九九页。

⑧ 戴高乐总统一九六〇年五月三十一日的讲话，见《戴高乐将军的重要讲话、声明和记者招待会，从一九五八年五月十九日到一九六四年一月三十一日》(纽约：法国大使馆，新闻情报处，一九六四年)，第七五页。

⑨ 同上，第七八页。

⑩ 一九六二年五月十五日的记者招待会，见《重要演说》，第一七六页。

⑪ 一九六〇年九月五日的记者招待会，见《重要演说》，第九二至九三页。

第五章　同莫斯科下的头几步棋

初见阿纳托利·多勃雷宁

苏联驻美国大使馆在本世纪初建成的时候，原来是一座雄伟的私邸，但现在已经没有花园了。高大的现代办公大楼殷殷垂顾似的俯瞰着这块盘踞的地方。维多利亚式的附加装饰现在既不实用也不优美了。屋顶上是密密麻麻林立的无线电天线。这些装置暗示着，要么是苏联大使馆雇员们对欣赏美国电视有特殊的兴趣，要么是要满足对美国电话的不可遏制的强烈爱好之类的更加实用的目的。

人们一进大使馆，就面对一条长廊，长廊尽处，一位苏联保卫官员正在监视着闭路电视的荧光屏。二楼上是几间高大宽敞的房间，有些年久失修，直到一九七三年为了迎接列昂尼德·勃列日涅夫的访问才油漆一新、重涂金饰。当年资本家主人还在的时候，这些房间无疑都是客厅。现在只在举行大型招待会或宴会的时候才派上用场。

一九六九年二月十四日，我第一次应邀参加苏联大使馆的正式招待会。招待会是为了欢迎专门研究美国的苏联科学院美国研究所所长格奥尔基·阿尔巴托夫而举行的。阿尔巴托夫是克里姆林宫路线的忠实解释者。当我还在当教授的时候，我曾在各种讨论控制军备的国际会议上见过他。他对美国很了解，善于使他的论据适应于风行的时尚。他特别精于利用美国知识分子的没完没了的变态心理，这些知识分子的信条是，苏美关系中的每一困难都必然归因于美国的愚蠢和不妥协。阿尔巴托夫非常机敏伶俐，他尽力说明美国的拒绝行动正在挫伤克里姆林宫爱好和平的、敏感的领导人，这些领导人正由于我们的僵化固执而被硬拖进同他们固有的文质彬彬本性格格不入的冲突之中。

在这个二月的夜晚，大使馆房间里挤满了平常华盛顿鸡尾酒会的常客——有中级官员，有些院外活动集团人员，间或有位国会议员出现。就华盛顿的标准说，还算不上辉煌华贵的盛会。阿纳托利·多勃雷宁大使在他楼上的套间里，刚患过一场流感，正在将养，那晚充当主人的是苏联临时代办尤里·切尔尼亚科夫。

我向阿尔巴托夫问好，感情有点复杂，正要打退堂鼓的时候，一位低级苏联官员扯了我的袖子，他问我能否抽出几分钟见他的头头。

这是我们的第一次会见。我看到多勃雷宁披着晨衣在他小套间的第二间起居室里，这套房间按原设计一定是作卧室用的。两间中等大小的起居室，相互连通，陈设的格调几乎跟我年轻时在德国记得的浓重的中欧格调一模一样。多勃雷宁带着微笑、警惕的眼光和坦率自信的神态欢迎我，这种神态是那种掂量过他侪身于他同代高级美国官员之间的那份地位的人才有的。他说，因为我们将要密切地共同工作，我们相互叫教名。从那时起，他就是“阿纳托尔”，我就是“亨利”了（或者更多的时候是“肯利”，因为俄语没有“h”音）*。他说，他刚刚从苏联回来，在苏联，他在勃列日涅夫、柯西金、波德戈尔内常去的那所疗养院作体格检查。他没有谈他们是否跟他在一起过，也没有谈他是否在克里姆林宫里见过他们。他说，他带来了他的领导人的一个口信，要亲自带给新总统。他告诉我，他从一九六二年起就待在华盛顿，而且经历了多次危机。从那以来，他一直同高级官员保持个人信任的关系：他希望不管官方关系如何变化，他能同新政府保持同样的关系。他认为，苏美关系，

---

* 我们讲英语，我没有因为他带口音而取笑他。

特别是一九五九到一九六三年，失去了一些重大良机。那时他曾是苏联外交部美国司司长，他知道赫鲁晓夫是真心要同美国和解的。那时机会失去了，现在我们决不要再丧失到手的机会。

我告诉多勃雷宁，尼克松政府准备在互惠基础上缓和紧张局势。但是我们不相信这种紧张局势是由于误解引起的。它们有其现实的根源。如要取得真实的进展，就得解决这些根源。至于多勃雷宁关于一九五九至一九六三年丧失良机的说法，我指出，这话在美国人听来是非常奇怪的。那毕竟是两个柏林最后通牒、赫鲁晓夫在维也纳粗暴对待肯尼迪、古巴导弹危机和苏联单方面破坏暂禁核试验的时期。如果苏联领导人还用这些方法来寻求同新政府和解，那么危机就不可避免，更多的“机会”将被丧失。

多勃雷宁笑着承认，并非所有的过错都在美国一边，我则保证安排他同尼克松尽早会晤。

美苏关系的长期持续的哲学问题

在对外政策问题中，没有什么比对苏关系问题更为复杂的事了，它使美国国内的辩论混乱不堪，它对我们的传统思想范畴提出了挑战。我们在对付一个从长远看是势均力敌的对手方面缺乏历史经验。过去我们从来不需要长期大力对付激烈反对我们的国家。由于战时伟大的联盟使得人们得出一个信念，认为胜利者们的持久联合一定能维护和平，因而俄国在一九四五年以后的敌意所引起的震惊就更大了。相反的，我们发现自己处于一个被恐怖武器的阴影所笼罩的、政治上对抗和思想上斗争的世界之中，这些恐怖武器一下子使紧张局势复杂化了，并使之无法解决。毫无疑问，对付同另一个核超级大国的关系的难题，成了战后美国对外政策中必须长期全神贯注的当务之急了。

值得注意的是，我们总是想着我们能够退回到我们传统的孤立政策中去。而两次世界大战摧毁了那曾经控制世界事务两百年之久的国际体系。德国和日本暂时不再是主要因素了；中国遭到内战的破坏。除了英国外，海外稍有力量的国家不是在战时被占领，就是占领的产物。而英国呢，由于它的英勇斗争而筋疲力尽，无力再承担均势保卫者的历史重任。当我们在胜利后几个月内把我们庞大的军事机构裁减的时候，我们或多或少认为，这种真空是可以容忍的。我们的外交政策是追求和解、裁军和通过联合国实行全球合作。战后最初年代里我们内心的梦想是，要充当印度总理尼赫鲁后来傲然自诩的那种角色：我们希望某个国家，如英国来维持力量平衡，而我们则超然地调停其同苏联的冲突。杜鲁门总统在参加波茨坦会议时来往都不在英国停留，就是这种态度的征兆，因为他不希望造成联合反对我们苏联盟友的印象。我们对力量平衡的政治的传统反感，使我们长期看不到，我们的全面胜利在中欧造成了力量和势力的巨大不平衡。美国的裁军成了苏联的机会；它加速了共产党对全部东欧的统治，这可能连斯大林都是预料所不及的。这在苏联势力范围周围的国家引起了普遍的警惕和不安全感。

一九四七年当英国通知我们它再也无法保证希腊和土耳其的防务的时候，我们天真烂漫的时代宣告结束了。我们不得不参与进去——但不只是充当国家完整的口头保证者。不论愿意不愿意，我们正在承担维护力量平衡的历史责任，而我们却对之缺乏准备。在两次世界大战中，我们都把胜利与和平划上等号。而且甚至在一九四七年危机时我们还认为，保持全球均势的问题，不过是对付某些事物的自然秩序的暂时解体的问题。我们只从军事方面看实力，而且，在我们刚刚解散了那支为进行一场世界大战而建立起来的巨大军队之后，我们就发觉我们需要拥有同样的实力才能同苏联进行认真的谈判。我们推断，一旦我们遏制了它的扩张势头，外交就能重新起作用，以实行善意的和解。

但是控制力量平衡是一个长期任务，不是能预见其止境的。在很大程度上，它是一个心理现象；如果说力量均等是觉察得到的，它却是试验不得的。必须把潜在力量和实有力量都计算在内，不仅要计算力量的拥有，而且要计算使用力量的意志。控制力量平衡需要毅力、敏感，要有不小的勇气，特别是要懂得控制平衡的各种要求。

正如我在第三章中所说的，我们最初的反应是遏制政策，根据这个政策，在同苏联人进行认真的谈判之前，我们首先得扩大自己的力量，然后，我们才能希望苏联领导人了解和平的好处。很荒唐的是，这个方针夸大了苏联的军事优势，低估了我们的潜力和心理优势(且不谈我们的核垄断)，而给予了苏联以它所急需的巩固胜利成果和补救核劣势的时间。

我也谈到了核武器所带来的力量性质的转变。因为核武器具有巨大的灾难性的威力，它就不等于把侦察、游击战、局部危机之类的挑战加起来的总和。五十年代杜勒斯的“大规模报复”战略(即对待局部性挑战，我们保留以发动战略性大战来进行报复的权利)的弱点，并不是它使我们接近了核战争，而是发生危机时我们只能在核战争和无所作为之间进行选择。我们到头来无所作为(或者是使用常规武器，如一九五八年在黎巴嫩，那是同我们宣布的战略相矛盾的)。

这就是美国试图同苏维埃制度的原动力搏斗的来龙去脉。

苏联外交政策最独特的特征，当然是共产主义意识形态；它把国与国之间的关系变成哲学之间的冲突。它是一种历史的教义，也是一种推进的力量。从列宁到斯大林，到赫鲁晓夫，到勃列日涅夫，以至继承他的无论什么人，苏联领导人都部分地受到他们自称的历史洞察力和认为他们的事业是历史必然的事业的信念所推动。他们的意识形态认为，阶级斗争和经济决定论使革命动乱不可避免，革命和反革命力量之间的矛盾不可调和。对产业民主国家来说，和平似乎是天然可以达到的状况；它是各种不同意见的组合，是斗争的消失。而对苏联领导人来说，恰好相反，斗争不是以和解告终，而是以一方的胜利告终。按照共产主义理论，持久和平只有消灭阶级斗争才能达到，而阶级斗争只能在共产主义胜利的时候才能结束。因此，任何苏联的行动，不论其如何好战，都是推进和平事业，任何资本主义的政策，不论如何和解，都是为战争目的服务的。列宁说："直到(资本主义和共产主义之间)最终见分晓之前，可怕的战争状态都将继续存在……温情脉脉跟在战争中表现胆怯一样，是一种罪恶。"① 西方领导人和分析家强调善意重要性的那些话，对苏联领导人说不是伪善就是愚蠢，不是宣传就是无知。

苏联政策就这样使用完全是他们自己的语汇。在一九三九年，苏联宣传说，国际联盟谴责苏联进攻芬兰就是威胁和平。苏联坦克在一九五六年秋枪杀匈牙利公民的时候，莫斯科说，联合国辩论苏联武装干涉是威胁和平。当一九六八年苏联及其《华沙条约》的盟友入侵捷克斯洛伐克的时候，尽管西方拼命不卷入，他们还是以指控美国、西德和北大西洋公约组织"干涉"作烟幕，说它们威胁和平。在一九七八年，苏联"警告"美国不要干涉伊朗，并不是因为他们害怕美国干涉了，而是因为他们明知美国不会干涉。这不过是加速瓦解那些可能抗拒已经出现的动乱的人们的斗志的一种方法而已。苏联领导人没有自我怀疑或负疚的心情，也没有有力的国内反对派来对它的行动是否合乎道德提出疑问。结果就形成了这样的对外政策，任意填补每一个真空，利用每一个机会来实现其教义。政策主要是受对客观条件的估计的制约。苏联关于和平意向的宣言，都必须用这种语汇来判断。它们只有在实用主义的理由下才能是"真诚的"。在核战争危险出现的时候，它们无疑是真诚的，因为苏联领导人无意自杀。但是这些宣言从根本上说，与其说是反映一项原则，不如说是反映一种判断，即力量对比不利于施加军事压力。甚至在最卖力的和平攻势时期，苏联领导人也从不掩饰要进行征服人心的持久战的意图。

赫鲁晓夫在他向党代会的报告中提出了他对共处的新义务，他用纯战术语言说明他的政策不过是使资本家不战而降的方案："毫无疑问，在若干资本主义国家，用暴力来推翻资产阶级专政……是不可避免的。

不过社会革命的形式有各种各样。……在向社会主义过渡时，斗争激烈的程度，使用或不使用暴力，……取决于剥削者抵抗的程度。”②

历史趋势被认为是没有战术上的和解的。马克思主义理论和俄罗斯民族优越感相结合，把苏联置于第三世界一切激进的反西方运动一边，而不管东西方就核问题达成了什么样的实际和解。列昂尼德·勃列日涅夫一九七一年三月底在第二十四次党代会上宣称：

我们声明，苏联始终不渝地奉行和平与各国人民友好的政策，今后仍将对帝国主义进行坚决的斗争，坚定不移地回击侵略者的阴谋和破坏活动。我们将一如既往坚定不移地支援各国人民争取民主、民族解放和社会主义的斗争。

他的同僚，苏维埃主席尼古拉·波德戈尔内在一九七三年十一月宣称：

正如苏联人民所看到的，各国人民不得到民族解放和社会解放，正义和民主的世界就不可能达到。苏联争取缓和国际紧张局势的斗争，争取各国之间和各种不同制度之间和平共处的斗争，并不表明，也不能表明背离了我们外交政策的阶级原则。③

这样，就使国际斗争的领域扩大了，包括了各国的国内政策和社会结构，这就嘲弄了谴责干涉一个国家内政的国际法的传统准则。在欧洲国家控制世界的那些世纪里，一个国家只能用攫取领土的办法来扩大势力。这是看得见的，而且过一段时间就引起那些因既定秩序被打乱而受到威胁的人们的联合反抗。但是在战后时期，有可能通过在另一国家领土内的某种发展——动乱、革命、颠覆——来改变力量平衡。这样，意识形态就向国际体制的稳定提出了挑战——像法国大革命后的拿破仑大动乱，或震撼欧洲几个世纪的宗教战争那样。意识形态越出界限，避开遏制，蔑视宽容或和解。

当然，苏联政策也继承了俄罗斯民族主义的古老传统。许多世纪以来，异己的俄罗斯帝国从莫斯科公国向外渗透，向东向西扩展，跨过无边无际的平原，那儿除了距离以外没有任何地理障碍来限制人们的野心，它制服反抗者，吞并屈服者。当然，这片茫茫大地对入侵者说也是一种诱惑。但是当它——在不小程度上是借助于恶劣的气候——终于吞没了所有的征服者的时候，就促使那熬过来的俄国人把驱退周围的国家视为安全的保证。也许是由于这种不安全的历史，也许是由于自卑感，俄罗斯的统治者——共产党或者沙皇——不仅把距离当作安全的保证，而且把控制别人当作安全的保证。他们从来不相信他们能在其他国家人民中间建立起道义感。俄罗斯的绝对安全就意味着它所有邻国的无穷无尽的不安全。列宁主义的共产主义的不同之点，只是它在俄国历史上第一次给这个扩张主义的本能，订了一个放之全球而皆准的理论公式而已。它安慰了俄国人的良心；却加重了其他国家人民的问题。

苏联政策背后的民族主义和意识形态的这些经久不衰的动力，使西方的大量辩论显得更加文不对题，西方老辩论苏联的这一行动或那一行动是否是全球摊牌的前奏，有时又辩论某些新姿态是否标志着解冻、回心转意。人们不断提出的问题是：苏联的最终目的是什么？苏联领导人的真实意图是什么？这本身就可能是一个错误的问题。它的含意似乎是，答案在苏联领导人的内心深处，好像勃列日涅夫在午夜梦回或一时不慎的时候会泄漏出来似的。把注意力集中在最终目的的问题上，必然使民主国家在苏联的每一个地缘政治的新行动面前把握不定、犹豫不前，因为他们试图分析和弄清楚：危机地区的内在价值是否具有“战略重要性”，它是否导致转入强硬路线。这些都不是苏联领导人心目中的抉择。苏联的作法是相信历史潮流的，它是一点一点地消耗对手，而不是孤注一掷。列宁说：“在明显地有利于敌人而不利于我们的时候接受战斗，是一种罪恶。”④由于同样的原因，当力量对比有利的时候不参与冲突，同样也是罪恶。所以，苏联策略的选择，每时每地都取决于他们对“客观力量对比”的估计，马克思主义者们往往是以善于分辨这种对比而自傲的。

所以，我认为，把苏联战略看作实质上是残忍的机会主义的战略，是比较有益的。它决不会因为西方对善意的看法而放弃攫取日益增长的利益的任何机会。为了攫取东欧堡垒，第二次世界大战期间培育起来的无边的同情心，被毫不犹豫地牺牲了。一九五五年的日内瓦最高级会议被用来使苏联在东德的地位永久化，用来为苏联同埃及作军火买卖开辟道路，从而促成中东二十年动乱的产生。一九六二年，新政府曾经以急切的心情——几乎是恳求——表示希望迎来美苏关系新时期，却碰到了关于柏林问题的最后通牒和古巴的导弹危机。在一九七五至一九七六年，可能达成的限制战略武器谈判协议，并没有防止苏联支持的古巴军队被派往安哥拉。一九七七年，新政府渴求恢复缓和，有希望的前景并没有使天平转向有利于克制，因为当时埃塞俄比亚出现了进行代理人战争的机会。苏联领导人在作政策抉择时，总不认为他们的利益与别国的善意会有一致性，根据苏联的教义，这些国家都被划定为天然的敌性国家。他们只认为他们的利益同他们心中的战略机会是一致的。要想苏联领导人克制自己不利用他们眼中的有利形势，那是不懂历史。因此，西方的责任的关键所在就是事先杜绝苏联的机会。我们有责任划定苏联目的的限度。

这是一项可以达到的目标。极权国家外表堂堂的铁板一块掩盖了它们内在的虚弱。苏维埃制度在政治上是不稳定的；它没有接班的制度。苏联共产党的四个总书记有两个死在任上；第三个是用政变式手段免职的；第四个的命运至今未卜。正是由于没有替换领导人的“合法”手段，他们都在任期内一起衰老。沉重的官僚机构和集体领导的复杂性，使苏联外交政策很少焕发光彩，甚至很少对瞬息万变的事态作出敏捷的反应。

他们的经济制度也不出色。带有讽刺意味的是，在一个高唱经济决定论的国家里，共产主义统治六十多年，而且资源丰富，可是生活水平却比东欧卫星国还落后。长期的这种无效率必然带来紧张和对现在大大优先用于军备的资源的争夺。共产党看来也不是永远铁板一块，无懈可击的。全面计划的制度，产生了由政治局里的一些老年领导人艰难地把持着的、头重脚轻、钩心斗角的官僚机构。共产党人煞费苦心地说，共产党即使渗入社会各个方面，但并不担任实际职能，这也是一个讽刺。共产党并不需要管经济，管行政，管政府。毋宁说，它倒是体现了一个特权社会结构，它以对国内外敌人的警惕来证明自己存在的必要性——这就产生了寄托于紧张局势的一种既得利益。迟早这种实质上的寄生职能必然导致内部的压力，特别是在一个包括许多民族的国家。

如果轻信苏联不断前进是由某些超级计划者所精心策划的这样一种神话，那是再错误没有的了。因此以力量均衡为基础的共处应该是我们能够得到的——如果正确地理解了挑战的本质的话。但是，这正是民主国家所难于做到的。在西方对苏联的认识中，反复提出的主要话题是：第一，苏联的目的已经变了，苏联领导人将要集中力量发展经济，而不是对外冒险；第二，气氛的改善和同苏联领导人建立良好的私人关系，将有助于减轻敌意；第三，克里姆林宫分为鹰派和鸽派，西方民主国家的责任是以和解政策来增强鸽派的力量。

非共产主义世界里那么多人急切地要求宣布制止紧张局势和冷战的危险，这是不乏深刻教训的。在二十世纪三十年代，著名的美国历史学家米·弗洛宁斯基说："当年不惜一切代价搞世界革命的十字军战士已经把他们的剑换成了机床，现在他们更多地依靠他们的劳动成果，而不是依靠达到无产阶级最后胜利的直接行动了。"⑤在三十年代，甚至当古拉格群岛* 不断增长、一系列清洗嘲弄了任何正义观念、苏联成了第

* 《古拉格群岛》是苏联作家索尔仁尼琴的著作。现在常被用于指代政治迫害集中营的同义语。——译注

一个向希特勒搔首弄姿的大国的时候，苏联《宪法》中描绘的民主自由在欧洲和美国却赢得了赞扬。在一九四三年斯大林解散共产国际的时候，据报道，得克萨斯州参议员托姆·康纳利——当时还不曾因他对共产主义的软弱而为人所知——曾说："俄国人多年来一直在改变他们的经济，接近放弃共产主义了，整个西方世界将为他们努力达到幸福顶点而高兴。"⑥副国务卿苏姆勒·韦尔斯写道："在目前战争结束后，苏联政府无疑将把其主要精力长期用于恢复和重建它被摧残的城市和国土；解决产业化问题，致力于人民生活水平的提高。"⑦

认为苏联应致力于发展经济这种论调，从来也没消失过。西方民主国家以他们自己的国内经验来推论，人民的灰心丧气要以经济的进展来缓和，经济上的进步是比对外冒险要更加合理的目标。一九五九年艾夫里尔·哈里曼写道："我想赫鲁晓夫先生是急于要提高苏联的生活水平的。我相信他把当前的七年计划看作是共产主义革命的辉煌胜利，看作是苏联人民生活的历史转折点。他也将把它看作是他自己的纪念碑，标明他是他国家的历史上的大救星之一。"⑧而后来痛苦的失望并没有埋葬这种思想。

因此，在一九六四年二月，很难说是鸽派的国务卿迪安·腊斯克满有把握地说："他们(共产党人)似乎已开始认识到，以暴力推进共产主义同苏联国家和人民的需求之间，存在着无法解决的矛盾。"⑨对东德和匈牙利暴动的镇压、柏林问题上的多次对抗、古巴导弹危机、入侵捷克斯洛伐克、大规模供应越南武器、中东紧张局势的加剧、对非洲弱点的无穷无尽的试探——凡此种种都没有影响许多人长期的信念，他们老是相信苏联马上要回心转意啦，苏联要发展经济而不对外冒险啦。(当然，要考验这种见解的正确性是困难的，其原因之一是：产业民主国家从来没有坚持要苏联在发展经济和对外冒险之间作出抉择，即使在苏联侵略的时期，贷款和贸易仍源源不断地继续下去。)

还有一个同样出现多年的想法是，认为克里姆林宫经常闹着斗争，美国可以利用和解政策在这种斗争中帮助那些比较爱好和平的分子。西方一直在努力为苏联领导人的替换辩解，而在位者总被认为是“开明”派的领袖——甚至包括约瑟夫·斯大林也被认为是“开明”派。西方这种态度的明确的书面例证也许是一九四五年写下的，今天我们可以欣赏它的讽刺意味了。在雅尔塔会议后，白宫顾问哈利·霍普金斯对作家罗伯特·舍伍德说：

俄国人已证明，他们能够成为有理性和远见的人，总统心里或我们心里都不怀疑：我们可以同他们和平共处下去，直到我们能够想象到的未来。但是我得修改一点——我认为我们所有人的心中有一个保留，那就是我们不能预言如果斯大林出了什么事，那么结果将是怎样。我们相信，我们能指望他是通情达理、实际明智的人——但是我们无法断定，在他之后，克里姆林宫里会是什么人，会发生什么事。⑩

一九五八年五月五日《纽约时报》报道说，“西方外交官们正在谈论，尼基塔·谢·赫鲁晓夫开明政权生存的前景，要以这一年这位苏联总理与西方领导人的会晤为转移。”这种看法导致了一九五九年赫鲁晓夫访问华盛顿。当赫鲁晓夫企图改变战略均衡的努力在古巴导弹危机中遭到挫败之后，华盛顿的专家们认为，赫鲁晓夫是在同克里姆林宫的强硬派作斗争的，而且需要美国的谅解和支持，否则这些强硬派就要得势——殊不知正是赫鲁晓夫本人把导弹派往古巴的，而且他之所以受到攻击还主要是他没有把这件事干成。⑪其实，我们真要加强克里姆林宫的任何温和派的话，坚定不移地指明苏联冒险的危险性，比造成一种印象，似乎边缘行动可以不付代价要强。这种说法似乎是有道理的。

认为克里姆林宫存在着美国应设法影响的斗争的想法，助长了另外一个流行的见解，那就是，紧张局势是由于一些可用魅力和诚意消除的个人误会造成的。艾森豪威尔政府用把共产主义推回去的口号上了台，在它上台后刚两年多一点，就同苏联人举行了最高级会谈，会上这位总统的个人魅力，被广泛地欢呼为迎来了一个新的时代。《纽约先驱论坛报》一九五五年七月二十一日说：“谁也不会低估俄国态度的转变。没有这种转变，任何事都是不可能办成的……但是，艾森豪威尔总统的成就在于他领会了这种转变，他抓住转变的契机，使它有利于世界和平。”《生活》杂志一九五五年八月一日断言：“日内瓦会议的主要成果是这样明白而惊人，以至于那些冷嘲热讽的人和挑鼻挑眼的人还在对它打问号，而美国人却由于另外的原因觉得有点掌握不住。和平冠军已经易手。在欧洲的心目中(它正对这一非正式称号进行裁判)，这一称号从莫斯科转到华盛顿了。”这就产生了问题，一个在短期之内把东欧全部变成了卫星国、封锁了柏林、镇压了东德的造反的国家，怎么会有资格充当头号和平冠军。可是，和平要依靠良好的个人关系的信念，甚至在五十年代也特别流行。当年英国外交大臣哈罗德·麦克米伦在一九五五年外长会议结束时发表了代表这种态度的最典型的谈话。然而，恰恰是因为在它之前举行的最高级会谈达到了苏联要完全通过气氛来缓和紧张局势的目的，这次会谈才陷于僵局。麦克米伦却说：

> 这次会晤(最高级会谈)为什么给全世界带来一阵希望和期待呢？那并不是由于它的讨论特别引人注目……也不是他们达成了什么非常惊人的协议，也不是他们实际上干了什么或说了什么。而激发全世界的想象的一个事实是，把世界分成两半的两大集团的首脑们进行了友好会晤。这些人担负着巨大的责任，却像普通人一样会面、交谈和开玩笑……所谓日内瓦精神就是真正恢复了正常的人类关系。⑫

一年之后，恰恰是这些苏联领导人镇压了匈牙利的起义，并且在中东危机中以核战争威胁英国和法国(在美国大肆张扬地与它的盟友闹分裂之后)。然而，十年之后，约翰逊总统在他一九六五年的国情咨文中还表示，希望赫鲁晓夫的继承人也能访问美国，以便减少个人误解的危险：

如果我们要共同和平生活，我们就必须增加彼此的了解。

我相信，美国人民欢迎有机会听取苏联领导人对我们的电视的意见——正如我愿意苏联人民听取我们的领导人对他们的电视的意见一样。

我希望新的苏联领导人能访问美国，以便直接了解我们的国家。

面对苏联含意模糊的挑战，西方就目瞪口呆，而且，不仅搞一些过分的讨好让步，而且搞一些过分的粗暴表现。每过十年，不是搞温情的和解政策，就是照例用好战的语言来干一场，好像大肆鼓吹反共就能推倒大墙似的。有人认为苏维埃制度已经发生了根本变化，与此同时，又有人认为苏联的目标是决不会改变的，苏维埃国家是历史上第一个不受历史变革影响的国家。那些责备美国不妥协的人，往往受到那些认为不可能同苏联达成对我们有利的协议的人的反对。有时，苏联人想要达成某一协议，也会被提出来作为反对那项协议的理由。这两种见解都出于错误地认为，国际紧张局势是有某个最终点的，不是用善意导致就是用强硬来导致这个最终点。他们忽视了一个现实，那就是，我们正在对付的制度，是一个在意识形态上敌对得无法一时达成和解、在军事上强大得无法摧毁的制度。我们必须防止它抓住战略机会；但是我们也必须有足够的信心，相信我们自己的判断力，能作好安排来赢得时间——等待共产主义制度的内在停滞发挥其腐蚀作用，使得在克制的基础上实行共处的必要性得到了解。

在我担任公职前的十年中，我一直批评影响战后各届政府的这两派观点：

由于对苏联的意图纠缠不清，使得西方在缓和时期沾沾自喜，在危机时期又惊惶失措。苏联一阵温和的腔调，就会被看作和平的成就，苏联一时表现敌意，就被看作新的紧张时期的信号，而且常常引起地道的军事对应措施。就这样，西方始终对苏联方针的变化没有准备，对缓和和强硬同样都没有准备。⑬

他们争论激烈的程度有时掩盖了一个事实，那就是，谈判的支持者和反对者在他们的根本设想上是一致的。他们一致认为，有效的解决问题就预示着苏联制度会有改变。他们一致认为，西方的外交应设法影响苏联内部的事态发展。两派都给人造成这种印象，似乎同共产主义世界可能取得解决办法这一点，是完全显而易见的……他们的分歧主要在于时机问题。谈判的反对者认为，苏联的回心转意那还是将来的事情，而谈判的支持者则认为，这种回心转意已经出现了……

在这一过程中，注意力更多地是放在我们是否谈判上，而不是放在我们要谈判什么上。关于苏联国内事态发展的争论，牵扯了我们制定自己目标的精力。这使得我们愿意谈判这件本来是理所当然的事也成为问题了。它还使我们不去制定具体的纲领，而只有有了具体纲领，才能使谈判有意义。⑭

一直到尼克松政府就职，政治资产负债表上已经没有什么盈余了。苏联刚刚占领捷克斯洛伐克。它正把大量武器源源供应北越；如果没有苏联支持河内，无疑谈判是可能成功的。苏联没有表示要帮助解决中东问题的意愿。而且这时苏联正接近于达到战略武器的平等地位。曾经成为整个战后时期特征的美国的决定性优势，到一九六七年已经结束，停留在自己规定的一千枚民兵洲际弹道导弹、六百五十六枚北极星潜艇发射弹道导弹和五十四枚大力神洲际弹道导弹的巅峰上。到了一九六九年，很明显，苏联能发射到美国的导弹的数目，马上就要等于美国可用来对苏联报复的全部导弹了，而且，如果七十年代，苏联制造导弹的计划继续下去，导弹数目就将超过美国。

新政府不得不试图解决一系列矛盾。不管你对日益增长的苏联力量、共产主义意识形态、俄国的扩张主义和苏联的干涉主义怎样说，任何人在六十年代晚期上台，都不能不对和平所受挑战的空前规模感到震惊。任何好战的言词都不能掩盖一个事实：即现存的核武器已足够消灭人类；对苏联的不信任一丝一毫也不能利用来批准采用那种以对抗来解决危机的传统的力量平衡政策。没有任何责任比防止核大战灾难更为崇高的了。然而光只是温情就等于出卖。使我国人民对谈判担惊受怕而让共产党领导人视谈判为搞政治战的行得通的手段，会把我国人民和共产党领导人都导向错误。我们不得不承认，只有我们能表明危机不是我们制造的，我们才能在国内和我们的盟友中间赢得他们对我们在危机中采取坚决行动的支持。但是，在试图建立一个更加和平的世界的努力中，哄骗人民，不让他们知道将持续若干世代的意识形态和地缘政治挑战的性质，或者不坚持不得人心的用于战略防务和战术防务的开支，那也是愚蠢的。一个置身于亚洲分裂性战争之中的民主国家，日子是不好过的。

对于那些处于负责地位的人说来，他们是否致力于和平和自由，不能用他们公开言论的腔调来考验。我们必须说明我们保卫自己的价值观念并创造长期安全环境的信条所赋予我们的义务。我们必须教育我们的人民正视自己长远的责任，不要指望紧张局势——或我们的对手——就会一下子长久地消逝了。这堂教育课可能是不那么舒坦安怡的，特别是对像我们这样不太耐心的民族来说。但是，未来的子孙将判断我们是否留下了一个比我们现在所见到的安全一些的世界，是否留下了一个既保持了和平又没有放弃权力，而且加强了自由人民的信心和希望的世界。

过渡期的回顾

克里姆林宫倾向于小心翼翼地对付一个新的美国政府。官僚政治是需要预见性的，而苏联领导人是在一个不折不扣的拜占庭式的官僚主义环境中活动的。他们能够适应坚持不变的稳定状况，一旦碰到迅速转变的时候就神经紧张，就破坏了他们对他们同事们判断和掌握事态的能力的信任。我们的结论是，一个新政府上台伊始就想用呼吁道义上的一致感来克服这种不安心理，那是毫无意义的，因为苏联领导人受到的全部训练和他们的意识形态都否定这种可能性。自身利益是他们比较了解的标准。在苏联同其他社会的关系中，那些最拼命向苏联对手表示“谅解”的西方领导人最少成功，这并不是偶然的。一个以深知政治动力的客观源泉而自傲的苏联领导，不可能承认它受暂时考虑的支配。因此，肯尼迪政府几乎达到恳求程度的努力并没有取得一点进展，而一直到心理平衡得到恢复之后。首先是对柏林施加压力后美国加强了军事力量，接着是古巴导弹危机。只是在这些事件之后，才取得了若干进展。

反之，克里姆林宫知道尼克松是反共专家；但它从来不让个人反感妨碍苏联的国家利益。斯大林毕竟在纳粹上台几个星期内就向希特勒作出了姿态。不管有多大的相互不信任，克里姆林宫和尼克松政府之间的关系还是比以前大部分时期都要认真，而且大体上没有那种一时欢天喜地、一时灰心丧气的起伏跌宕的状况。勃列日涅夫和尼克松这一对奇人，由于彼此都了解对方对其自身利益的看法，终于得出了共同的信条。尼克松在最早的时候就访问过苏联，那时他作为副总统曾和赫鲁晓夫进行过他著名的“厨房辩论”*。尼克松对苏联领导特点的了解，比近来的任何总统角逐者都深刻得多。莫斯科是害怕这位新总统开始一轮新的武器采购的，这可能使苏联经济紧张。但是即使在它外表上摆起对威胁无动于衷的久经考验的面孔的时候，莫斯科还是要打听用什么代价

* 厨房辩论，指一九五九年夏天尼克松和赫鲁晓夫在莫斯科的一场辩论。当时，美国展览会在索科尼基公园举行。赫鲁晓夫由首次访问莫斯科的美国副总统尼克松陪同参观。有几十名记者、官员和保卫人员跟随。他们开始辩论两大对立制度的优劣。后来在一组住宅模型的厨房里争吵起来。——译注

能避免这种前景，而且还施展其传统的惯伎，来设法破坏美国国内对莫斯科所害怕的政策的支持。

使关系蓬勃发展是花了些时间的，但是当它发展起来时，也不是偶然的。在过渡期间，没有什么问题更引起这位当选总统的注意了：他和我常在一起一连几小时制定方针。尼克松比我更加从政治的角度来探讨这个问题。由于他曾以强硬、有时大喊大叫地反共而著名，他有保持他传统的保守的选民的义务。他认为他作为强硬派的声名是执行我们的政策的特有资本。但是他了解，作为一位总统，他必须把他的政治基地扩展到政治中心中去，的确，他精明地看到东西方关系是他利用来建立新的多数的长远的机会。他倾向于把这种敏锐的本能和极端个人的判断结合起来。他曾担心葛拉斯堡罗最高级会谈会使约翰逊的时运恢复过来——因此他曾认为苏联已经同民主党人勾结起来挫败他。但是他也曾看到那次一事无成的结果怎样迅速地使约翰逊风起云涌的声望一下子烟消云散——因此，他决心不举行最高级会谈，除非有把握取得成功。

我的看法——如上所述——本质上同他的看法是十分类似的，如果说，由于我的学术背景，还更带有一点理论性的话。一九六八年十二月十二日，总统当选人要我向新内阁汇报我们对外交政策的看法，我对我的新同僚说，在我看来，苏联外交政策是沿两个方向推进的。有一种要求同西方和解的压力，它来自日益增长的对消费品的希望，来自对战争的害怕，也许还来自那些希望放松警察国家控制的人。与此同时，也有一种要求同美国继续对抗的压力，它来自共产主义意识形态，来自一些领导人、党的机构和军方的怀疑，来自那些害怕紧张局势的任何缓和只会鼓励卫星国再一次要求莫斯科给以更多的自由的人。莫斯科的外交政策自从八月入侵捷克斯洛伐克以来就集中在两个问题上：如何克服入侵给共产主义世界其他国家带来的惊惶影响；和如何减少它在其他地方的损失，特别是如何减少它对美苏关系带来的损害。

由于后一原因，苏联人似乎特别急于要使限制战略武器谈判之门保持敞开。这有好多动机：它可能是重新赢得尊重的策略手段；它可能是利用人们对美苏共管世界的害怕心理来分裂联盟的一种花招；也可能是他们认为一个合理的稳定的战略平衡是不可避免的，因而决心想把军备竞赛稳定在现有水平上。我们的反应则以我们对这个问题的概念为转移。我们过去的政策往往是一种为“建立信任”而建立信任的政策，认为信任增强了，紧张局势就会缓和了。但如果认为紧张局势是对具体问题有分歧而引起的，那么解决问题的办法就是着手解决那些分歧。持久和平就有赖于那些把两个核超级大国分裂开的政治问题的解决。

事实上，我曾用与这几乎相同的调子，同一位苏联重要代表谈过话。十二月十八日当我在皮埃尔饭店遇见伪装成大使馆参赞的克格勃特务鲍里斯·谢道夫的时候，我对他说，总统当选人在谈到谈判的时代的时候，他的态度是认真的。苏联领导会发现，新政府准备谈出一个反映真实利益的持久解决办法来。我们认为，对气氛的关心太多，而对实质的关心太少了。在新政府看来，美国和苏联之间存在着真正的分歧，如果要达到紧张局势的真正的缓和，就必须缩小这些分歧。我说，我们准备谈判限制战略武器。但是，在我们分析了这个问题以前我们不会卷入谈判。我们还要用苏联是否愿意在广泛的问题上前进，特别是它在中东和越南问题上的态度，来判断苏联的目的。我们希望苏联在世界上的纠纷地区克制(这就是著名的“联系”论)。我希望他把这些考虑传达给莫斯科。

莫斯科发来了一个使人安心的答复。一九六九年一月二日，谢道夫给我带来了一封信，苏联领导人在信中说，他们对总统当选人并没有他们在“世界许多地方”所看到的那种“悲观看法”。“莫斯科主要关心的”不是尼克松过去的记录，而是我们的领导是否以“现实感”积极行事。裁军具有突出的重要性。苏联领导人认为，越南问题的解决、中东问题的政治解决、整个欧洲特别是德国的“现实解决办法”将对我们的关系产生有利的影响。克里姆林宫并没有忽略它自己在东欧的“特殊利益”。

现在双方都亮出基本立场了。新政府想利用苏联对它意图的关心来吸引克里姆林宫讨论越南问题。因此，我们坚持关于所有问题的谈判要同时进行。苏联领导人特别担心新的军备竞赛对苏联经济产生影响；因此他们把军备限制放在头等优先地位。这对他们还有一个好处，那就是，谈判这个事实本身，不论其结果如何，都会使美国新防务拨款问题复杂化，而且——尽管我们当时还没觉察到——将使中国人不安起来。

当然，在新政府上任之前没有出现更多的事情了。但是我们在皮埃尔饭店探讨的过程中，总统当选人和我提炼了几条标志我们任期内处理美苏关系的特色的基本原则：

实际的原则　我们坚持美苏之间的谈判要处理紧张局势的具体根源，而不是讲气氛。最高级会谈，如果要有意义的话，就必须有充分准备，而且要反映已经通过外交途径取得了重大进展。我们要认真看待苏联领导人在意识形态上所承担的义务；不要把我们引到去谈我们两国在很多问题上互不相容的利益。不要装扮得让人以为，良好的个人关系或温情的言词就能结束战后时期的紧张局势。但是，我们准备探讨共同关心的问题，并且在严格的互利基础上达成明确的协议。

克制的原则　超级大国之间合理的关系，是经不起经常试图追求单方面的利益和利用种种危机来破坏的。我们决心抵制苏联的冒险；同时我们准备谈判真正缓和紧张局势的问题。我们不赞成那种旨在哄骗上当的老实人的缓和；我们准备支持在相互克制的基础上的缓和。我们要采用胡萝卜加大棒的办法，准备给冒险主义以惩罚，愿意在负责行动的背景下发展关系。

联系的原则　我们坚持，超级大国的关系要真正取得进展的话，就必须在广泛的问题上取得。我们认为，世界各地的事态发展都是相互关联的；由于苏联在世界各地活动，情况更加是这样。我们的前提是：如果把问题分隔开来，那就会使得苏联领导人认为，他们能够利用一个方面的合作当作安全阀而在别的地方谋求单方面的利益。这是不能接受的。尼克松在一九六九年一月二十七日他的第一次记者招待会上就表示了这一看法。他说，同苏联的限制战略武器会谈，只有在如下情况下进行才会更有成效，即“谈判的方式和时机要同时能够促进悬而未决的政治问题取得进展”。我在二月六日的新闻发布会上使用了“联系”这个词，并且解释说，“提出政治和战略环境的联系问题……（总统）……是想全面处理和平问题，而不仅仅是在军事方面处理和平问题，和平是在各个方面受到挑战的。”

然而，美国政治思想的实用主义传统十分强大，以至这个联系概念在一九六九年遭到广泛的责难。它被认为是一种怪诞的主意，一种无缘无故地推迟军备控制谈判的手法。它一直遭到非议责难，好像它反映了一个特殊政府的政策偏好。我们认为联系有两种形式：第一种是外交家人为地在谈判中把两个分立的对象硬联系在一起，利用一个对象作为影响另一个的平衡手段。另一种是现实产生的，因为在一个相互依赖的世界里，主要大国的行动不可避免地是关连的，而且行动的后果是超出直接有关的问题和地区的范围的。

新政府有时要借重于第一个意义下的联系；例如，当我们在解决越南战争问题上取得进展的时候，就得以在苏联利益有关的方面如中东、贸易或军备限制等问题上有所进展作为某种条件。但是从更为重要的意义说来，联系是一个现实，而不是人们的决定。美国在世界上的一个地方如亚洲或非洲表现软弱无能，那么就不可避免地要损害我们在世界其他地区如中东的信誉。（这就是我们为什么要下这样大的决心，使我们撤出越南不致成为一次溃退，而成为美国的战略行动的原因。）我们在军备控制谈判中的态度，不能同这种谈判所导致的军事平衡分割开来，也不能和我们作为全球性的联盟体系的主要军事大国所要承担的责任分割开来。由于同样原因，在国际局势越来越紧张的时候，军备限制也几乎肯定是继续不下去的。总之，我们把联系看作是全面战略和地缘政治观点的同义语。不了解事物的相互联系就是破坏所有政策的连贯性。

然而，联系对美国人说来并不是一个习惯成自然的概念，他们传统地把外交政策看成是插曲式的事。我们的官僚组织，是划分成地区机构和职能机构的，而且，我们专业化的学术传统也加重了分门隔户的倾向。美国人的实用主义产生了把问题分隔开来考查的爱好，就问题解决问题，没有时间感，没有来龙去脉的观念，没有现实的千丝万缕的联系的观念。而且美国的法律传统鼓励严格注意“事实的本相”，不相信抽象。

然而，外交政策避不开整体概念结构的需要。在国内事务上，新方针由立法程序确定；开创一个新纲领的唯一途径可能是引人注目的主动倡议。而在外交政策上，最重要的倡议需要耐心艰苦的准备；成果要花长年累月的时间才能显示出来。要获得胜利就需要有历史的眼光，要对超出我们控制的多种力量有所了解，要对事态发展的来龙去脉有广阔的视野。考验国内政策要看法律根据，而考验外交政策，则看微妙的差别，交错的关系。

外交事务中对决策者最困难的要求，就是确定轻重缓急。概念结构——它把事态“联系”起来——就是主要的手段。没有联系就会恰恰导致行动自由的反面，决策者就被迫对狭隘的利益作出反应，在压力下失去明确的方向。国务卿变成了他的地区机构的俘虏；总统则过分地为他的办事机构所驱使。两个人都有变成事态发展的俘虏的危险。

因此，联系是新政府的另一个尝试，试图使我们的外交政策不在管得过宽和孤立不管之间摇摆，而把它置于民族利益的坚定概念上。

公众和国会的态度：春季风潮

尼克松当选的一个稀奇古怪的因素是，许多因为他激烈反共而反对他的人，却把他的当选解释成授权他在对苏关系上来一个新的开端。人们以源源不竭的要求向改善对苏关系迅速迈进的忠告来迎接尼克松政府。人们很快感到尼克松在这方面的欠缺，过于怀疑苏联的意图，过于相信军事力量，过于抵制缓和的需要了。

举行“结识”性的最高级会谈是一种主张；其目的是开始约翰逊政府曾准备过的限制战略武器会谈，是要改善个人关系。这就是许多人广泛拥护的主张，其中兹比格纽·布热津斯基曾写道：一种“有益的办法——既是象征性的又是实际的——就是要开始每年美国和苏联政府首脑举行一次为时两天的非正式工作讨论性的会晤……会晤并不需要每次都有正式议程……其目的就是为两个领先的核大国……的首脑提供定期的机会来个人交换意见，保持个人接触”。⑮

于是开始出现了一股浪潮，敦促政府消除东西方贸易的障碍，并且利用扩大经济关系的许诺来敲开政治对话的大门。两个超级大国有着越来越互相补充的经济利益，而这些利益又被认为可以消除政治不信任。杰出的苏联问题专家马歇尔·舒尔曼说：“这些共同利益可能解决不了目前促使苏美竞争的分歧，但是它们可能及时地使这些分歧看来不那么重要。”⑯以阿瑟·戈德堡为主席并包括若干专家的联合国协会专门小组在一九六九年二月一日——在捷克斯洛伐克事件之后不过五个月——发表了一个报告，要求把放宽对东西方贸易的限制作为一个“特别优先的问题”。国会也接受了这个要求。一九六八年参议院举行了听证会，后来又举行了一系列关于扩大对苏贸易的听证会。

当然，军备控制几乎被普遍认为是一个突破的方面：首先因为有避免核大战的共同利益，其次是因为一九六九年战略力量的水平被认为大体相等。以卡尔·凯森（肯尼迪政府的副国家总统国家安全事务助理）为主席并有许多拔尖的军备控制学术专家参加的对外关系委员会，在一九六九年一月向总统当选人递交了一份报告，要求把及早达成限制战略武器协议作为“当务之急”。它认为，难得的机会可能被错过。要求美国单方面推迟部署反弹道导弹和多弹头分导导弹，以便使限制战略武器协议可能达成。上述联合国协会还敦促“必须紧急地及早同苏联开始双边战略导弹谈判”。

在欧洲，出现了一种同美国对苏政策保持某种距离的倾向，在某种程度上我们卷入越南加深了这种倾向。戴高乐带头同苏联搞双边交易；他在一九六六年访问莫斯科。英国两党的首相都曾在克里姆林宫戴着阿斯特拉罕羊羔皮帽亮相，来表示他们对和平负责。在西德，甚至在维利·勃兰特一九六九年担任总理之前，他在联合政府担任外长时就放松了德国早期对东欧的僵硬立场，同苏联直接会谈。美国对苏联的姿态越严峻，就越让盟国领导人情不自禁地要充当东西方之间“搭桥”的角色，使欧洲领导人不得不向他们的公众保证，他们不会让美国的粗暴导致一场世界大战。盟国都认为，对相互裁军和苏联旷日持久的欧洲安全会议的建议表示兴趣，是谨慎精明的。在这种情况下，“有区别的缓和”发展的前途是现实的；苏联能在欧洲玩弄这种态度，而在与我们有关的全球问题上保持不妥协，从而在我们和我们的盟友之间打上楔子。

在整个西方，包括美国和欧洲，占压倒优势的潮流是恢复对缓和的积极追求，而不允许侵入捷克来破坏它。约翰逊总统在捷克斯洛伐克事件后仅三个星期，即一九六八年九月十日，对布奈布里思反诽谤联盟(犹太人组织)发表演说时宣称：“我们希望——我们要努力——使这个挫折成为一个暂时的挫折。”奇怪的是在捷克斯洛伐克事件之后，被要求表现诚意的反倒是美国。《华盛顿明星报》在三月九日的一篇社论结尾处总结说：“如果说有一个缓和时期，那么这就是缓和时期了。”到底有什么具体事实证实这种确定不移的希望和迫切的意识，也是不清楚的。正是在这种气氛下，苏联选择在宣誓就职日提出要求立即开始限制战略武器会谈(即所谓SALT)。

总统不愿意凭感情冲动行事。他决心让苏联领导人了解，我们不会进行只是简单地制造较好气氛的谈判，不会进行没有准备、看不到真正成就的最高级会晤；不会接受由苏联来决定会议议程的程序。我也抱有这样的见解。我们需要时间来决定我们的目标，制定我们的战略，并且判定苏联对我们认为是关键性问题的态度。我们并不认为机会就像那些要求立即谈判的人所说的那样稍纵即逝，也不认为苏联领导人会那样容易激怒地作出反应。事实上我们认为，毫无准备地去参加谈判，让苏联领导人相信我们是可以被宣传压倒的，那才是毁掉谈判的妙方呢。

事实上，我们是很愿意参加那种也许规模空前、旨在解决根本问题的谈判的。但是，我们要这些谈判反映深思熟虑的战略，而不是对苏联策略的反应；我们认为，创造一种正确的双方鼓励的平衡是必不可少的。二月六日我在向报界作背景介绍的时候，强调了联系的重要性。我说："我们要求的……是要有某种愿意降低政治紧张局势程度的迹象；要有某种不是停留在言词上而是同时要有削减军备竞赛的表示，减少政治领域的冲突的意图。"具体地说，这就意味着我们不像我们的前任们那样，忽视苏联在越南战争中的作用。同时我们也不会不设法利用苏联的担心（如对中国的担心）来把它推向更广泛的和解的政策。

但是公众和国会的情绪是绝然不同的。联系的概念和总统对苏战略一旦变得明显之后，批评的炮火排空而来，这对一个总统任期的蜜月期来说是很不寻常的。《华盛顿邮报》在总统就职的第二天发表社论说："导弹会谈显然能在尼克松先生方便的时候开始。""他们给他提供了一个直接的机会，他的第一个机会，来实现他表述过的信念：即东西方关系'对抗的时代'已让位于'谈判的时代'……他派给了自己一个最高角色，'和平缔造者'的角色，究竟扮演得如何，现在考验降临到他身上了。"《时代》杂志在总统就职后的一期（一月三十一日）提出了早日取得进展的期望："俄国人选择了尼克松就职日来刺激美国——而且向全世界强调，下一步该华盛顿走了……华盛顿的某些外交人士和裁军专家相信，尼克松和罗杰斯已经得出结论，会谈就要开始——而且会谈可能就在两个月到四个月之内开始举行。"

但是，有益的忠告就此传开了，如果要抓住这个机会的话，开始会谈就不能有先决条件或联系。《纽约时报》在二月十八日发表社论说，“总统曾表示，”

他要把过去十多年的美国政策翻过来，要把拟议中的苏美关于战略武器控制的谈判同那些政治上的问题联系起来。但是再也没有什么比这一着更使北约组织的盟友担心的了……看来他心里所想的那种同苏联的全面谈判，涉及许多东西方问题。正当尼克松先生设法赢得西欧国家信任的时候，这无疑将引起大多数西欧国家的疑虑。而且，东西方的政治问题，如中东、越南和德国问题，是难于解决的，而解决战略武器的问题，则时机成熟了。

（在几个月内，我们的盟友恰恰是因为看到没有把这些问题联系起来的前景而担心。）《华盛顿邮报》在四月五日用同样的论点来加重分量：

尼克松总统不要无所事事，马上着手同俄国人进行导弹谈判吧。让新总统听取汇报和决定自己策略的宽限期已经过了。而尼克松政府还在瞎忙乎……呃，更待何时？俄国人已经准备好几乎一年了。

在谈到联系时说：

现实太错综复杂，不容许任何总统相信他能把这么多不同的鸭子赶成一行。军备限制有其完全区别于政治问题情况的价值和迫切性。

而且，整个东西方关系的历史都告诫人们不要搞联系。

《商业周刊》三月二十二日写道：开始会谈“比任何时候都迫切了”。斯克利浦斯-霍华德报系的R·H·沙克福德二月十九日写道：

“尼克松政府正裹足不前。”《纽约邮报》在三月二十七日要求政府“不要支吾拖延”。

重要的参议员和社会名流也唱同样的调子；我们的前任们最多只给我们几个星期的宽限期。爱达荷州参议员弗兰克·丘奇二月四日在参议院讲台上警告说，我们必须站出来解救克里姆林宫的“鸽派”：“如果尼克松总统听信美国那些反对马上进行限制导弹会谈的人的话，那么苏联政府内要求导弹会谈的那些人的地位和信誉就要受到损害，也许被损害到无法补救的程度。”田纳西州参议员艾伯特·戈尔在三月初在他的裁军小组委员会听证会一开始就宣称：“可能我们得到了一个制止另一次核军备竞赛的逐步升级的无与伦比的机会。”前国防部部长克拉克·克利福德两个月前还提出过一个包括反弹道导弹和多弹头分导重返大气层运载火箭的国防预算，在三月中旬发表了一个要求冻结他本人建议的计划的演说，他说：“铁一般的事实证明，我们可能再也无法期待找到比我们现在所处的更有利的地位来参加冻结战略核军备谈判了。一年以后，或半年以后，技术的发展就可能大大地使任何军备限制协议比今天更难于产生和执行。”⑰

这些见解在官僚机构内部得到了共鸣。外交官员总是赞成谈判的；谈判是外交职业的命脉。国务院里的苏联事务吸引了我们某些杰出的外交官，如卢埃林·汤普森、查尔斯·波伦、乔治·凯南等人。他们的专长是受到一些赏识的。在那单是承认苏联(在一九三三年以前一直没有做到)就似乎是美国外交的极限的时代，他们就设法保持对对苏关系的兴趣。在第二次世界大战期间，由凡是苏联的东西无批判地一概拒绝变成了凡是苏联的东西无区别地一律接受，这时，他们大吃一惊。在那个时期，他们对苏联社会的动力写了一些有预见性的分析。乔治·凯南比我们历史上任何外交官员都更接近于左右他那一代的外交主张。也许毕生的时间搞专业不可避免地会带有感情成分来研究苏美关系。这几十年中交往实际上是中断了，这部分由于我们处理问题的严峻态度，但主要是由于斯大林手下的苏联领导的偏执狂，这些外交官员受到些限制；但是他们从斯大林死后的周期性的和平攻势中，终于看到了实现毕生愿望的开端。

在我们上任的时候，卢埃林·汤普森，特别是，他当时是国务院苏联事务高级顾问，要求迅速接受苏联的提议，免得克里姆林宫里的力量平衡转向强硬路线。这并没有阻止尼克松一月二十五日在国家安全委员会会议上强调他决心从白宫控制对苏谈判的势头。这也没有影响总统利用每一个机会强调，在摸清苏联在政治问题特别是越南问题上愿否合作之前，他不愿给自己规定限制军备谈判的具体日期。

国家安全委员会的程序——一般认为由我进行独断控制——在这种情况下不能产生一致的态度和确定的政策。那个月晚些时候，我要求研究一下“关于美苏关系的性质……就其最广义而言”，可供选择的办法和见解。结果，就产生了国务院准备的综合选择意见书，按格式很快就达到了标准，它把唯一可行的选择打了括弧。即在两个明显的假设性关系，即敌对关系和全面和解关系之间，选择“有限敌对的关系”。甚至“有限敌对的关系”的定义的措辞也得容许每一个机构毫无障碍地各取所需。主要问题是总统根本拒绝让他的顾问们直接面对中心问题。从来没有一次会上问题经过讨论得到解决，因为尼克松要避免同他的国务卿当面对立。反之，尼克松二月四日给罗杰斯、莱尔德和赫尔姆斯——但实际上是给罗杰斯——一封信，重申联系是官方的政策：

我相信，我们公开和私下谈论苏联时，或公开和私下同苏联交谈时，调子都应该是平静、有礼和非争论性的……

我相信，可行的解决问题的基础，是互相承认我们的切身利益。我们必须承认苏联有它自己的利益；在当前情况下，在确定我们利益的时候，我们不能不考虑到苏联的利益。我们应当使苏联领导不怀疑，我们希望他们以同样的态度对待我们……过去，我们常常试图在一阵热情冲动中依靠个人外交解决问题，但是充满各种会议的“精神”缺乏坚实的互利的基础，因此，每次最高级会谈之后不到一年就来一次危机。

我相信，重大问题在根本上都是相互关联的。我这样说并不是要在一个问题或另一问题的具体因素之间，或在我们可能选择采取的策略步骤之间，硬建立人为的联系。但是我确信，一个地方的危机或对抗，同另一个地方的真实合作，是不可能长期并存的。我承认，前任政府的看法是，当我们认识到我们与苏联在某个问题上有相互利益的时候，我们就应该谋求达成协议，并且应该试图尽可能把它同别处此伏彼起的冲突分隔开来。这在许多双边和实际问题上，如文化交流、科学交流之类的问题上，是挺不错的。但是，在当代的关键问题上，我相信，我们必须谋求在广泛的问题上取得进展，至少要明确我们已在政治问题和军事问题之间看到某种关系。我相信，应该让苏联领导人了解，他们不能指望，当他们在一个地区谋求紧张或对抗的利益的时候，还能够在另一个地区取得合作的利益。这样一种过程，就包含着苏联人利用军备谈判作为他们在别的地方不妥协的安全阀的危险……

……我愿谈谈在我心目中，作为直接和广泛利益的例子——拟议中的战略武器谈判。我相信，我们决定何时和如何进行谈判，并不完全以我们对纯粹的军事和技术问题的研究为转移，尽管这些研究是极端重要的。这种决定还要考虑主要的政治背景，特别是要考虑稳定爆炸性的中东局势的进展，考虑巴黎（关于越南问题的）谈判。我相信，我应该保留保证做到下一点的自由：就是要保证，在我们能控制的范围内，使同苏联就战略武器进行会谈的时间，是最令人满意的。事实上，这可能意味着把它推迟到我们对技术考察所需的时间之后。的确，这就意味着，我们应该——至少在我们公开表明立场时——不排除可能根本谈不起来的选择。

这封信只是说了尼克松事实上已经执行了的事（只不过他在执行中

有许多迂回曲折罢了)。但是由于这封信被猜测是——猜得非常正确——我和我的班子所起草的，它被当作反映了总统顾问的恶意影响而不予置理。国务院最急切地要求单方面放宽东西方的贸易；要求我们介入中东冲突，其方式只会扩大而不会缩小苏联的影响；特别是要求尽早开始限制战略武器谈判。任何与此相反的白宫的指示，不是被完全置之不理，就是被尽可能地任意解释。(在这种情况下，这封信因为是给内阁部长的一封私人信，无疑就从未到达官僚机构。)

尽管总统似乎明明白白毫不含糊地申明他相信联系的概念，而且还没有承担义务要无条件地开始限制战略武器会谈，三月十九日，我们的裁军谈判代表杰勒德·C·史密斯却在日内瓦向他的苏联对手阿列克谢·罗申说，限制战略武器会谈的开始“不要被某种一揽子公式纠缠住，不要被具体国际问题的解决纠缠住”。三月二十七日，国务卿罗杰斯在参议院外交关系委员会作证时说：“我们希望这种会谈能在几个月内开始……我们已经同苏联达成协议，我们很快就举行这些会谈。”罗杰斯四月七日在记者招待会上答复是否有什么东西阻碍限制战略武器会谈时说：“没有，没有什么障碍。会谈可能很快推进。我们现在正在进行准备。我们预期会谈将在暮春或初夏开始。”国务院为总统起草的四月十日向北大西洋理事会的一篇演说中让总统宣布：“我今天已经训令我们驻莫斯科的大使告诉苏联政府，我们乐意在四月……在日内瓦开始会谈，”让总统填写一个日期，而这是总统五星期前明确拒绝的主张。国务院的策略非常明显：就是说，他们认为总统不恰当地受到了我的影响，要设法通过演说起草人绕过我。

那年春天，官僚机构一天天地砍削总统宣布的政策，助长军备会谈的期望。四月十八日的《纽约时报》说，据报道，“官员们”主张，同苏联达成军备协议“是尼克松外交政策的压倒一切的目标”。四月二十二日《时代》周刊引述“美国外交官员”的话猜测限制战略武器会谈在七月举行。五月四日，卢埃林·汤普森对多勃雷宁说，罗杰斯希望在他五月十二日访问亚洲之前同多勃雷宁讨论日期和地点。五月八日罗杰斯对多勃雷宁说，他希望在他从亚洲回来后马上能讨论日期、地点和方式，指出“初夏”作目标。同日，我们驻莫斯科的大使雅各布·比姆会见苏联副外长瓦西里·V·库兹涅佐夫，根据罗杰斯的指示重复了六月或七月这个目标日期。库兹涅佐夫说，苏联人已准备好了。五月十三日，查默斯·罗伯茨在《华盛顿邮报》上引述政府人士的话说，罗杰斯将在五月二十九日会见多勃雷宁，确定日期；据报道，苏联人重申他们准备好了。五月十四日合众国际社自日内瓦报道，美国准备在七月初开始限制战略武器会谈。五月十四日，英国政府向国务院请教如何公开评论限制战略武器会谈，人们已使他们相信会谈已迫在眉睫。其他北大西洋公约组织盟友也得到同样印象纷纷前来请教。五月十六日在华盛顿，杰勒德·史密斯给西德大使罗尔夫·保罗斯介绍了限制战略武器会谈的问题，推测可能着手谈判多弹头分导重返大气层运载工具和反弹道导弹问题，而且可能“在夏季”开始。

这些先发制人的议论和日积月累的压力，并不是国务卿和总统之间明显观点分歧的结果。它们是一系列策略上一天天摆脱白宫政策的偏向。它们要得出结论。他们干的，就是要把我们想根据精心制定的战略积累起来的财富一股脑儿花费掉。苏联人是急于要举行限制战略武器会谈的。我们则想把苏联人拽到如越南之类的其他问题上。那头一年春天短短的时间里，白宫和国务院明显的分歧给了苏联以在我们政府内部要花招的机会，他们处心积虑地怂恿国务院、舆论界和国会，向白宫施加压力。

官僚机构的不守纪律行为所造成的越来越大的影响，再加上舆论界和国会的压力，我们不得不放弃我们想把开始限制战略武器会谈作为其他谈判的一个平衡杠杆的意图。六月十一日我们授权罗杰斯通知苏联人，我们准备开始限制战略武器会谈——后来由于苏联的作梗，四个月之后才会晤。

但是官僚机构的胜利是皮洛士的胜利*。在开始谈判的日期问题上屈服之后，尼克松在我的支持下越来越把谈判的事务转移到白宫手里。本来他主张保密就多少已经使他倾向于这样做，而官僚机构的不守纪律加速了这一进程。苏联领导人很快就知道，总统一方面可能不情愿拂逆他的国务卿，另一方面，当他可能早晚要在策略上后退的时候，尼克松是不想在我们外交政策作根本决定的问题上听从别人的意见的。一旦苏联人了解到，实际执行的决定是总统的决定的时候，多勃雷宁大使和白宫之间的直接接触就开展起来了。美苏通称的“渠道”出现了。

渠　　道

二月十四日我同那位苏联特命全权大使在他套间里的相逢，是后来持续了八年的一系列密切交往的第一次。越来越多，美苏关系中最敏感的事务都在多勃雷宁和我之间处理了。我们几乎毫无变化地在白宫的筹划室会面，这是外交人员入口旁边的一个令人愉快的厅室，花园里的杜鹃花丛遮住了它的视野。弗兰克林·罗斯福在第二次世界大战期间曾用它作为他的筹划室——它因此而得名。

多勃雷宁和我开始就几乎所有的主要问题进行预备性谈判，他代表政治局，我作为尼克松的密友。我们总是非正式地澄清我们政府的基本目的，而当我们的会谈产生了达成具体协议的希望时，问题就转到正常外交渠道。如果正式谈判遇到了僵局，这条个人谈判渠道又会重开。我们制订了一些程序来避免那种只能以力量较量才能解决的僵局。经总统批准，我有时以我自己的看法的方式概述我们的观点，说是我正在“想到就说”。多勃雷宁于是在同样不承担义务的基础上给我以克里姆林宫

---

* 公元前二七九年，古希腊国王皮洛士以极大牺牲大败罗马军队，皮洛士的胜利是指付极大代价而得到的胜利。——译注

的反应。有时程序颠倒过来。由于对方有不利反应，双方就都不正式提问题。但是至少防止了由于疏忽而导致的对抗。这是一条侦察地形、避免重大僵局的途径。

多勃雷宁令人钦佩地适于担任这一微妙角色。当今大使参加谈判授权都是很有限的。从国内打来的电话电报可以给他们详细指示；一个钟头内也可以改变。但是如果说喷气机时代的大使们已成了外交信使的话，他们却像政治翻译一样处于关键地位——而且在出现紧急状态之前更是这样。国内官员们花费大量的时间办理繁重麻烦的官僚事务，以至对别国的首都和领导人的复杂性是很少觉察的——的确，比起以往的时代说，简直少得多。在以往的时代，世界上重要的外交官员都来自类似的背景并且在同样的文化圈子里交往。而现在，一个人置身于现场，按准当地政治生活的脉搏，而又不钻牛角尖，迷失方向，这样的人的洞察力是什么都不能代替的。而在危机时刻，有关生死问题的判断往往要以对难以捉摸的事物的敏锐了解为转移，那时他的作用就是关键性的了。

这对苏联大使们来说是一个特殊的难题。他们是一个提倡纪律性反对主动性的官僚机构的产物，是一个对外国人持有传统的怀疑态度的社会的产物，是一个以断然的一意孤行来掩盖其隐藏着的惶恐不安的心情的民族的产物。与某些苏联外交官在一起，人们就往往有不放心的感觉，怕他们以迎合他们身在远方而随时警惕着的上司的先入之见的方式进行汇报，因为这样他们才能十分容易地避免判断失当的指责。大多数苏联外交官的确是严格墨守正式立场的，因为他们不表现出主动性，就不会在莫斯科被指责为作了不必要的妥协。他们背诵政治标准答案，因为他们不能赌运气去向意识形态的正统性挑战。除了最正规的措辞以外，他们很少用任何措辞来解释他们采取的立场的理由，因为他们不愿冒因主张不当而被责备的风险，也不愿在没有授权的情况下暗示哪些苏联的目的可以谈判。

多勃雷宁没有染上这些职业性的弊病。他是共产主义社会的典型产物。他生于一个有十二个孩子的家庭，他是他家庭中的第一个大学生，他是从他这么能干地代表的那个制度得到了好处的。他曾被训练成一个电气工程师，战争期间才调到外交部。不论他的灵活性是由于他主攻的学科受到令人压抑的意识形态的影响较少，还是由于他的天性所致，他是我所认识的少数能够了解别人心理的苏联外交官之一。他温文尔雅，不仅按苏联的标准——这种标准对于笨拙的举止不太计较——而且按任何标准衡量，他的举止都算得上文雅的。他懂得如何用巧妙地符合美国人先入之见的方式来同美国人谈话。他特别善于激起美国人的深疚，所用的办法就是坚定不移而又态度和蔼地向人们灌输一种任何僵局都是我们的过错造成的印象。

我从未忘记，多勃雷宁是苏联共产党中央委员会的委员；我从不幻想他那随和的态度反映了对我或对西方的倾心。我毫不怀疑，如果他的国家利益需要，他可以跟其他任何共产党领导人一样冷酷无情和口是心非。我认为这是理所当然的，即他的效率是依靠他反映他政府政策的技巧而达到的，而不是依靠他的个人抉择而达到的。但是，我认为他对苏联路线的毫无疑问的支持是他的长处，而不是他的缺点。因为这使我们能精确地衡量他的主子的政策，并扶持他本人在国内的影响。我们的目的充其量不过是希望他对美国景象非常了解。他偶尔也向我谈谈他个人对美国政局的分析；毫无例外，这些分析都是尖锐的，而且甚至是明智的。这使我有了一些信心，相信克里姆林宫对于我们这里的情况有深刻的认识。正确的了解不见得能保证莫斯科选择我们所要的反应；但是它可减少严重估计错误的前景。

一般苏联外交官都爱搞点欺骗性小动作来向上级显示他的警惕性。多勃雷宁没有这种倾向。他懂得，可靠的信誉在外交政策中是一笔重要资产。多勃雷宁机敏而又训练有素，态度温和而行动谨慎，他以炉火纯青的技巧往来于华盛顿的上层社会。他在大使所能及的范围内的个人作用，几乎肯定地说是有利于美苏关系的。如果有朝一日我们时代所要求的真正的紧张和危险的缓和到来的话，阿纳托利·多勃雷宁将是有一份主要贡献的。

一九六九年二月我们刚刚才开一个头。每一方都还在试图摸点对方的底。多勃雷宁会见总统的要求使尼克松面临一个程序问题和一个实质问题。在程序上说，尼克松想把对苏谈判控制在自己手里；他认为，这就要求排除罗杰斯，罗杰斯可能过于迫切，他对能够取得的任何进展都要赞许。在实质上，尼克松想按自己的步伐开始采用联系的办法。尼克松企图用他惯用的方式解决罗杰斯问题，让霍尔德曼担责任(无疑霍尔德曼转到我身上)。霍尔德曼建议最好罗杰斯不参加会见。罗杰斯的参加会传布一种同我们的战略相违背的紧急感；它可能导致一种不恰当的乐观情绪。罗杰斯却不习惯老朋友的这种要求，抵制这种周密考虑；那个周末大部分时间就花在拒绝掉罗杰斯的要求上——他的要求从根本说来是不无道理的——国务卿要参加新总统和苏联大使的第一次会晤。

但是，这种问题，只要尼克松能找到什么人肯卖力干，他就不会罢手。罗杰斯没有参加上会晤。为了应付门面，当时国务院苏联司司长(后来是第一流的驻莫斯科大使)马尔科姆·图恩应邀参加。但是，甚至这一点也失去了意义，因为在会晤末了尼克松要图恩和我退出，然后私下对多勃雷宁说，特别敏感的问题应该先跟我谈。

渠道就这样正式确定了。

尼克松在会见多勃雷宁之前，要我写份备忘录，概述多勃雷宁可能提出的问题，他的目的以及我愿建议采取的总的态度。我的答案是，预计多勃雷宁谈判的线索可能是：向我们保证苏联准备开始谈判，特别是关于限制战略武器的谈判；表示担心我们不充分响应苏联自一月二十日以来的和解姿态；暗示我们不该错过有利的机会；并且要建立总统和俄国领导人之间的直接渠道。我建议，如果多勃雷宁带来苏联领导的信件，总统要对具体建议表示欢迎，但不要让苏联人没有实质表示的含糊口惠迫使我们加快步伐。我们必须坚持，进展要靠具体解决问题，不靠个人外交。任何最高级会谈都必须在精心的准备之后才能举行。就具体问题说，意思是，如果因西德联邦总统选举而干扰柏林通道问题长期拖延不决，那么就会终止谈判的一切希望；在中东，各方都要运用影响来达到克制和灵活的外交；我们决心停止越南战争，而且我们同苏联的全面关系如何，要以苏联能否帮助解决那个冲突为转移。我还加上了一个让人捉摸的方案，即如果苏联的支持不能兑现的话，“我们并不排除让另外有利益关系的人来参与取得进展……”这是暗指中国人——虽然对于精明的多勃雷宁说，这是清清楚楚的。

按他的老习惯，尼克松在我的备忘录上那些对他有用的字句下仔细地划了线。他记下了强调我们对柏林的完整性和生命力所承担的义务的段落。他在中东问题和越南问题的那些段落的几乎每一句话下都划了线；他记下了谈到中国的部分。

在会见外国领导人时，尼克松事先精心准备好意见，他是个非常典型的照本宣科的人；他也懂得外国人的心理，比懂得大部分美国人的心理还多——也许他认为他们少带些威胁性吧。但是谈判中彼此交换意见使他感到紧张；他不喜欢那种不是预先精心安排好的个人见面；他很不喜欢直率地坚持他的观点。他对小事情很不耐烦，不愿面对旷日持久的僵持局面，而这种局面往往是取得解决的手法。虽然尼克松擅长作概念上的讨论，但是他过于自豪，不愿向来访者承认他甚至需要借助于一份备忘录。正如上面指出的，他进行外交会晤时，总把那些为他准备好的谈话要点记在心里——公道地说，这些要点是按他自己的看法起草的，如果我们事先讨论过的话。

尼克松对个人之间的谈判的反感，对一个总统来说，不是一个弱点而是一个长处。我们外交史上某些灾难就是由一些把自己幻想成谈判家的总统造成的。照例，椭圆形办公室所要求的那一套，是没有谈判所需要的坚持到底和巨细留神的精神的。不但如此，当总统成了谈判者的时候，外交就没有什么后路了。让步总是免不了要丢面子的。僵局得赌上经手人的个人威信，犯错误时得要承认错误。因为政府首脑不服几帖自尊心的保健药就不会干这一套营生，谈判就可能很快从棘手变成对抗。而谈判在较低级进行——甚至国务卿与总统相对而言也是较低级——就可能让政府首脑在关键时刻才干预；调整起来代价就小得多。到政府首脑出场的时候，协议的文本都该已经解决了——我所服务过的一些总统多数时候都是这样的——尽管还有一两点可能留下，以证明对要点的干预决定了问题。当然，总统们是对制定全面战略负责的。他们必须作关键性的决定；他们必须对此负责；不管在整个过程中他们得到别人多少协助，他们应为此得到充分的信赖。而当他们试图在策略上执行他们的战略的时候，那他们就会导致灾难了。尼克松从不干这种错事。

多勃雷宁和尼克松的第一次会晤在一九六九年二月十七日进行。多勃雷宁那时流感已痊愈，他走进椭圆形办公室，被介绍给总统，他大部分沿着前几天与我谈话的线索阐述他的领导的观点。他暗示了举行最高级会谈的可能性；他不反对把问题联系起来；相反，他声称，苏联愿意同时谈判许多问题。他说，苏联准备运用它的影响寻求中东问题的解决。而且他询问我们什么时候能准备好进行限制战略武器的谈判。

尼克松采取了他激动时采取的谨慎态度，他答复说，最高级会谈需要仔细准备。他强调超级大国在全球基础上表现克制的重要性；他坚持必须缓和中东问题和越南问题。他说，军备谈判也需要仔细准备，冻结武器并不能保证和平，除非同时有政治上的克制。他强调我们对柏林地位的重视，多勃雷宁在谈这一问题时答应苏联将尽力使局势平静下来。

由于尼克松对个人会晤感觉烦躁不安的特点，那天他四次叫我进他的办公室，以确保他干得很出色。他认为出现了激烈的对抗，而我的印象几乎相反——会晤有和解的趋向。或者说，至少这是两位高手下棋开局时人们预期达到的局面。双方下的棋着都保留了尽可能多的选择余地，双方都保护自己预防对方意外的高着。我可以凭良心对尼克松说，他干得不能再好了。

第二天早晨，二月十八日，我给尼克松送去了一个回顾第一次会晤的备忘录。我的结论是：

我认为，当前苏联的和解方针和对谈判表现的兴趣，特别是在军备控制以及中东问题上的兴趣，在很大程度上是因为他们对本届政府的计划捉摸不定。他们显然担心你可能要执行新的武器计划，这会迫使莫斯科作出新的耗资巨大的决定；他们希望，早日谈判至少会抵消华盛顿的这种趋势。（我不相信克里姆林宫在这一点上会有很大分歧，虽然在同我们达成协议的具体条款上很可能有较大分歧。）总之，我认为，在这对我们的意图捉摸不定的时刻（苏联人认为是我们这里“理智的”力量和“冒险的”力量之间正在较量的时刻），莫斯科想缠住我们。有人说，不管动机如何，我们不该让这苏联人感兴趣的时机轻轻放过，否则莫斯科又会摆回到完全敌对的道路上去。我本人的看法是，我们应该设法利用苏联的这种兴趣（我认为这种兴趣来自于担心），来引导他们处理紧张局势，特别是中东以及越南紧张局势的真实根源。这一办法也要求我们在柏林问题上保持坚定态度。

要估计苏联人究竟要干什么还为时过早。多勃雷宁只是在苏联领导人暗示准备就广泛的问题进行谈判的意义上同意联系的概念；他们并不同意让一个谈判取得成果作为另一个谈判取得进展的条件。多勃雷宁温和地同意越南和平问题上的进展有助于全面关系的改善；但是这一公式也同以“反联系”来讹诈我们的企图相一致。苏联愿意在中东问题上提供帮助的建议，实际上不过意味着——事实上证明是意味着——他们准备支持他们的阿拉伯朋友。

正如后来所证明的，一直到一九七一年，我们同苏联人之间的僵局没有突破。一九六九年没完没了的来往变成了一九七〇年持续整年的一系列对抗。在我一九六九年同多勃雷宁的每月会晤中我有将近十次想谋求苏联合作来帮助结束越南战争。多勃雷宁总是回避。他不承认苏联有兴趣继续这场战争；他警告(极温和地回顾说)战争不要升级；可他从不提出结束战争的具体建议。

总统的日子也不好过。三月二十六日，尼克松按照二月十七日他同多勃雷宁谈话的路子给阿列克谢·柯西金写了一封信(苏共中央总书记列昂尼德·勃列日涅夫在一九七一年年中以前在外交政策方面还没有担任明显的公开的角色)。柯西金在五月二十七日复信中除了标准的苏联立场外没有什么新东西。他复信的主要新特点是，也许美国国内对我们的联系概念的批评使他壮了胆，他现在公开猛烈地对这个概念表示异议。柯西金说，“考虑到这些问题中每一个问题本身的复杂性，哪怕是要想多少把它们相互联在一起，都几乎是不合算的。”我们决定不在这个问题上争论；我们只想继续实行我们的办法。

五月十四日，给多勃雷宁送去了总统关于越南问题演说的预发稿。按事先作好的安排，当我和多勃雷宁会见的时候，尼克松打电话给我，邀请我们两人到林肯厅，对多勃雷宁强调他要结束战争的决心。苏联没有反应。对我们提出的派出由赛勒斯·万斯率领的越南和平使团的建议，苏联也没有反应*。部分的原因是，苏联抵制尼克松预定在八月对罗马尼亚的访问。尼克松的目的是要提醒莫斯科，我们对东欧、对中华人民共和国还有选择的自由，对这一点，罗马尼亚有时是支持的。那年秋天，我们拒绝邀请安德烈·葛罗米柯到华盛顿来同总统一起进行形势探讨。而在这之前，葛罗米柯每年到纽约出席联合国大会的时候，应邀到华盛顿作这种探讨几乎已成惯例了。我们暗示，如果要求约见的话，总统愿意接见苏联外长。这一点，苏联人也不干。

苏联在一九六九年的行动也是一样，这使人毫不怀疑，他们基本上是重形式胜于重实质。直到四月，正如前面说过的，一系列未经白宫授

---

* 美苏关于越南问题的这些讨论详见第八章。

权而发展的较低级别的公开声明和泄密，已经造成一种非在“暮春或初夏”开始限制战略武器谈判不可的架势。在六月十一日白宫授权通知苏联人我们准备开始谈判时，我们的官员们满有信心地推测，在几周或更短的时间内就会得到答复。而事实上，苏联过了四个多月没有答复。理由几乎是肯定的，那就是他们要等到参议院关于反弹道导弹的辩论结束，以免破坏那些批评我们的人的论据，那些人认为，我们的反弹道导弹计划与军备控制谈判是不相容的。

不管理由是什么，一直拖到十月二十日多勃雷宁才拜会总统，通知他苏联愿意确定开始限制战略武器谈判的日期。多勃雷宁利用这个机会抱怨总的美苏关系进展缓慢。尼克松答道，苏联有一切权利作出它自己的决定，但是总的进展要看苏联对越南问题的态度。为了把问题说彻底，我在第二天把他同总统谈话记录中有关越南问题的部分作为备忘录交给了他；我故意把某些点说得尖锐些供莫斯科去研究。多勃雷宁在同尼克松会晤时是从来不作记录的，但他发现了差异的地方，并且问我他该用哪一个文本当作正式记录送给莫斯科。我对他说，用书面文本。

我们没有在欧洲安全问题上取得进展，特别是在柏林问题上也无进展。东德通过干扰通道对西柏林的联邦总统选举表示抗议，引发了一个小小的危机，尽管过去三次选举都平安无事地过去了。二月二十二日，尼克松在他第一次访问欧洲的前夕，下令加紧美国对西柏林的军事运输。他是在国务院的反对下这样干的。由于多勃雷宁二月十七日向尼克松许诺苏联要保持局势平静，才算没有发生什么意外。三月五日，联邦选举在国会大厦顺利举行，没有发生危机，干扰也停止了。当一九七一年七月我在秘密访问中同中国总理周恩来会见时，周恩来提出了他自己对这些事件的解释。他认为，在西德议员们畅通无阻地去到柏林的时候，苏联蓄意制造了一九六九年三月同中国的边界冲突，以转移视线。周恩来认为，那次边界冲突是苏联人制造出来以“逃避他们在柏林问题上的责任的”*。

无论如何，尼克松总统还是在他第一次欧洲之行中，于二月二十七日在西柏林西门子工厂发表演说时提出了柏林问题谈判的公开建议。在重申我们保卫这座城市的决心之后，他表示希望柏林问题可以变成“谈判……和解”的对象，以取代威胁和强制。总统三月二十六日给柯西金的信里也提出了讨论柏林问题的建议。在四月华盛顿北大西洋公约组织会议上，联邦共和国敦促三个对柏林负责的西方盟国——法国、英国和美国——就柏林问题同苏联人进行交涉。为此盟国协商了整整一个夏天。葛罗米柯七月十日公开宣布，苏联愿意“就目前和未来如何能防止西柏林的纠纷来交换意见”。西德总理库尔特·基辛格显然了解紧张局势的缓和对定于九月进行的德国选举的好处，他敦促尽快接受这个表态。八月七日，西方盟国表示愿意开始会谈。苏联人一直拖到九月间——就是说恰恰在德国选举之时——才给予了一个规避性答复。在这以前除了重复葛罗米柯的一般性词句和强调(西方国家谁都不承认的)东德政权的主权之外，什么也没有干。苏联人避开就改善通道进行谈判的义务，而建议就抑制西德在柏林的活动进行谈判。

在我看来，正如我交给总统的备忘录中所说的，苏联的答复“实际上没有实质上的前进”。苏联人又一次表现出的是，谋求开始另一重大问题谈判的气氛上的好处，而不表示他们准备取得实质性进展。我的结论是：“他们显然不急，我看不出我们要急的理由，特别是因为如果硬要谈判的话，就有迫使苏联人直接重申他们严格支持东德‘主权’的危险。”

苏联领导人打算安排的关于柏林的谈判是同美国的双边谈判。柯西金在他五月二十七日的信中接过了总统关于讨论这个问题的提议，多勃雷宁在十月二十日同尼克松谈话时就提出了正式的建议。如果苏联不愿

---

* 一九六九年中苏边界上的军事交火详见第六章。

像我们所希望的那样讨论改善通道问题，我建议我们就抵制双边谈判的设想。苏联人只会利用这些会谈来煽动我们盟国之间的怀疑。我建议，我们当前要极力坚持这个问题只能在例行的四强会议中来讨论。

在中东问题上，苏联人采取了类似的策略。他们又一次以紧急要求会谈开始。而当会谈开始的时候，正如第十章要谈到的，苏联人又抱着标准的、激进的阿拉伯立场不放，而他们一定知道这种立场是不能谈判的。几个月中，他们告诉我们说，在美国澄清其对边界的立场之前，苏联不能要求它的依附者让步；最后我们在十月二十八日澄清了我们的立场，实质上接受了一九六七年的边界。可是，两个月没有得到苏联的回答；等收到回答的时候，却什么也没有提出。就苏联人而论，一九六九年，是逃避具体问题的一年。

但是，如果说苏联人拖拖拉拉的话，美国人则在几乎所有的领域一个劲儿地加紧谈判。

为限制战略武器谈判作准备

一九六九年三月初，杰勒德·C·史密斯大使被任命为我们参加限制战略武器谈判的首席谈判官兼军备控制和裁军署署长。虽然他和我常常意见不一致，我还是认为这是一个很好的任命。史密斯富于献身精神、不屈不挠、精明强干，他是那些曾在多届政府中任职、体现公职理想的能干的行政官之一。由于他偶尔现出的沉闷的姿态，很容易使人小看了他。但是他懂得在华盛顿该如何应付，他对官场那一套并不是新手。从他并没有自己的权势基础来看，他能发出的压力是使人吃惊的。他起草指示很快，他起草时能使他名义上的上级对他独立判断力的影响缩小到最小程度，同样，在解释他所不同意的指示而使指示适合他的想法方面，他也是不无技巧的。此外，他总是愉快而体面的，为一个美好的事业奋斗的战士。那个美好的事业就是军备限制；赋与他的机关的任务，就是要在我们的政府中保持裁军这个目标不让它无声无息；他以百折不挠的毅力从事这项工作。

我在前面已描述过那种迫使政府提出一个召开限制战略武器谈判日期的压力，以及苏联人如何与这些施加压力的人的愿望相反，过了四个月还没有反应。幸而这倒反而给了我们更多的准备时间，使我们在谈判终于开始后能够在谈判中保持前后一致。

三月六日，我发了一个指示，征求人们对美国在谈判中应采取什么立场提出意见。这个调查得到的大部分答复都是攻击。二、三等的官员都是前政府的留用人员。他们选择的当然是约翰逊可能向柯西金建议的方案，如果他所向往的列宁格勒最高级会谈举行的话。官员们在一九六八年干了整个夏天才产生了一个精心准备的一致的建议。这个建议的主要优点是它得到了参谋长联席会议的同意。然而，当人们研究它的主要特点，即冻结陆基和海基战略导弹的时候，这个官僚机构的小小的胜利就失去光彩了。虽然在一九六九年苏联日益增长的陆基导弹储备开始在数量上接近我们，但俄国人在潜艇发射的弹道导弹方面还远远落在我们后面。当人们把我们在洲际轰炸机(建议中没有提)方面的巨大优势加上去的时候，苏联人接受这种冻结的可能性并非必然的。

我努力让总统有更大的选择余地，这在官僚机构中碰到了非凡的困难。尼克松对限制战略武器谈判的战略和进行谈判的渠道很感兴趣。但是各种计划的细节却使他感到麻烦，结果他就把选择方案的事交给我。然而，如果官僚机构知道这个底，纪律就将荡然无存，事情就会乱了套。因此，我在尼克松不耐烦的抗议下安排了一系列国家安全委员会的会议，会上向眼光无神、烦躁不安的总统提出选择方案，以便让一些指示可以多少显得是在他的授权下发出的。

为了使国家安全委员会的讨论比较井井有条地进行，我要求考虑许多选择方案，包括有限处理的方针和综合处理的方针。对这些方案进行分析时发现，除了一个方案外，所有的选择方案都使我们在战略上比根本不达成协议还要不利，这个事实证实了我们研究它们时的信念。限制战略武器谈判开始日期的意外拖延，使我们有机会整理一下内部。我从理查森和我建立的跨单位专门小组了解到许多事，这个小组专门系统地分析限制多弹头分导重返大气层运载工具的战略含意、这种限制的可检查性、逃避检查的可能性和危险。几星期后我把这个任务扩大到不仅是多弹头分导重返大气层运载工具，而且包括可能成为谈判题目的所有战略武器。我们要求中央情报局估计每一种建议中的武器限制的可检查性——我们能怎样按规定进行核查，在发现之前多少欺骗有可能进行，违反协议所引起的战略后果如何。我们要求国防部分析可能采取什么补救措施和要花多少时间才能执行这些措施。当第一个跨单位方案提到研究小组面前的时候，我对我的同事们说，把各种谈判主张综合在一起就含糊不清了，这样要总统去挑选是不公道的。于是我们重新去找新的办法。我们分析了对每种武器进行限制的可能性。然后综合起来分析。我们把这些限制的可能分成约七个组，我们认为每一组都符合我们的利益；这些就是构成我们具体建议或修改建议的一堆现成的积木。这样，我们就能对苏联建议作出灵活反应，而不需每次在它提建议时都要我们商讨出一个新的美国立场来。结果，这项研究成了本届政府乃至历届政府对武器控制的战略上的含意和核实上的含意所作的最全面的研究。我们的谈判立场不仅要反映官方的和解态度，而且要反映对后果和目标的精心分析。

这些研究工作的一个意想不到的好处是，在我后来通过白宫渠道同多勃雷宁就限制战略武器进行谈判的时候，它们给我提供了知识，也提供了官僚机构的支持。它使我能分辨哪些选择方案是官僚机构同意的，而且要保持会谈秘密。这样我同多勃雷宁打交道时，知道自己的根据是较为充分的。（然而，这并不能完全保护我不受那些放马后炮的人的攻击。）

限制战略武器会谈第一次正式会议一九六九年十一月十七日在赫尔

辛基开始了。当我们研究了各种各样方案而发现没有得到政府同意的时候，我感到最聪明的办法就是把会议当作是探讨性的。我们不愿使苏联有机会取得宣传上的成就，也不愿提出明知对方无法接受的建议来冒失败的风险。杰勒德·史密斯支持这一点是有他自己的理由的；他担心他可能不会喜欢总统极可能将要发出的指令；他希望利用第一次会议，从苏联建议中谈出他所赞成的禁止反弹道导弹和暂时禁止多弹头分导重返大气层运载工具的试验来。正像在巨大的官僚机器中常常发生的那样，出于不同动机颁发了一些指令，要求初期的会谈要制订一个工作计划，并引出苏联在程序上的意见。我们要说明我们愿意讨论既限制进攻性又限制防御性武器系统。要强调可检查性。为了抑制过分的热情，代表团奉命，有关多弹头分导重返大气层运载工具或其他暂停的建议一律都要报告给华盛顿。

第一轮限制战略武器会谈如期开始，直到十二月二十二日结束。初期僵局出现在什么是战略武器的问题上。苏联人关于“战略”的定义是，任何能达到对方领土的武器都是战略武器，这样一来，我们在西欧前沿基地上的飞机以及我们航空母舰上的飞机就都包括在里面了，而他们的中程弹道导弹和以西欧为目标的中型轰炸机大机群，则通通排除在外了。这个方案还可捞到政治上的好处，它蓄意把我们的安全考虑同西欧的安全考虑分割开来，从而使西方联盟关系紧张。不用说，我们拒绝了苏联的定义。苏联人还提出了“不扩散”核武器的问题，它使我们同我们英国盟友在核问题上的合作、甚至可能同整个北大西洋公约组织防御机构的合作都成为问题了。

苏联人特别急于要讨论的武器系统是许多专家反对讨论的武器系统——反弹道导弹，专家们说，讨论反弹道导弹将使所有限制战略武器会谈都不可能进行。特别使我们限制战略武器会谈代表团吃惊的是，苏联人对禁止多弹头分导重返大气层运载工具没有兴趣。他们没有提出这个问题，而且在我们提出时他们也没有反应。整个说来，他们的调子倒是明确的、非争论性的和严肃认真的。

十二月十八日我在华盛顿一次背景介绍会上评价会议结果时说：

> 在我们去赫尔辛基前，许多人告诉我们说，如果我们去时不准备好要采取的立场，苏联人会失去对我们的信任，也有人告诉我们，如果我们没准备好详细的立场，那么苏联人会先发制人地炫耀他们的立场。
>
> 事实上，看来会上发生的奇怪的事情是，苏联进行准备工作时采取了差不多跟我们一样的方式；就是说，他们对这些问题也作了详细分析，我认为这是一个较有希望的迹象，不管会谈的下一阶段会出现什么情况。

尽管官僚机构施加了种种压力，限制战略武器会谈的进程还是达到了预期的目的。我们没有为了参加会谈而放弃任何战略计划。我们没有作单方面的让步。我们使我们的政府了解了问题的重要性和复杂性。我们向苏联人说明，他们必须明确，光是宣传没有用。但是我们也保证要取得进展。我们不会把核武器简单地视为不过是另一种武器，一旦开始谈判我们就要向限制战略武器迈进，既不幻想，也不停歇，致力于安全，并且相信后代子孙一定会了解我们是抓住了一切机会来驱除核战争的幽灵的。我们并不忽视我们的防务，也不会冒落后的风险；我们从不忘记，自由的未来要依靠我们的核力量。但是核力量的增长不像历史上任何军备竞赛。它关系到整个人类的生存。它使军备控制成为我们不能推卸的义务。

东西方贸易

共产主义的怪事之一是，一个以经济学的不可抗拒的影响为基础的意识形态，而实践结果却是那么糟糕。无论什么时候，市场经济和共产主义经济在大致相同的条件下展开竞争时，共产主义经济总是大大落后。不论用什么标准衡量，把西德和东德，奥地利和捷克斯洛伐克，韩国和朝鲜，强行统一前的南越和北越加以对比，就看出市场经济比他们的共产党对手能生产更多更好的货物，提供更多更好的服务，满足更多的人的需求，提供更多的职业。共产主义经济只在一个领域得分多，那就是军事力量的累积。可惜历史并没有保证那更人道、更慈善的生活方式必然获胜。那些准备节衣缩食几十年的人可能取得军事优势；那个超级大国几乎不可避免地迟早要产生在政治上的优势。这是产业民主国家不能不认真去对付的挑战。

共产党社会的经济搞得差是有许多原因的。即使有了现代计算机——它们本身就是尖端中心产业，共产主义经济在这方面是落后的——的发展，计划工作也逃不脱少数人说了算和官僚主义的影响。共产党的计划不是刺激管理人员去生产更多东西，而是刺激他们低报生产潜力，以便不致因未能完成生产定额而被揪住。共产党的行政人员总想把难得的物资囤积起来，以便不受变化莫测的计划过程的制约。不管什么原因，由于匮乏和官僚主义的过失，苏联和东欧共产党国家自五十年代后期以来就一直设法扩大同西方的贸易，以吸收现代技术和资金，这是不足为怪的。就我们说，自从四十年代后期冷战开始以后，我们一直单方面或配合盟国实行了一些限制。除了波兰和南斯拉夫外，美国法律禁止对来自共产党国家的进口给予最惠国待遇。

结果，在后来的贸易谈判中不能实行大量减税，进口要按一九三〇年的《霍利-斯穆特法令》支付很高的关税。根据一九四九年的《出口管制法》，凡是可能提高共产党国家军事和经济潜力的美国产品或技术资料的出口，都需要许可证——这种许可证很少颁发。根据所谓《法诺修正案》，禁止美国进出口银行对任何与北越进行贸易的国家(实际上是所有共产党国家)提供贷款或担保。同朝鲜、北越、古巴和(一九七一年以前的)中国进行任何金融或商业往来，都需要特别许可证。从一九五〇年开始，代表北大西洋公约组织国家和日本的出口管制协调委员会执行了一个禁止战略物资输出的共同清单，尽管不像美国的禁运那样严格。美国法律还限制到许多共产党国家去旅行。

尼克松政府是在几乎所有这些限制在国内都遭到抨击的时候上台的。自由派舆论认为这些限制都是冷战的遗风，他们认为冷战已在消失的过程中。一九六六年十月七日，约翰逊总统曾宣布“狭隘的共处概念”已转入“和平打交道的广阔前景”。这表现在他在他政府力所能及的范围内对贸易和贷款问题实行了一系列小的松动措施。这一提议在十月十六日遭到勃列日涅夫的拒绝，他说，如果美国相信，在越南战争仍在进行的时候关系能够改善的话，那美国就要在“奇怪和固执的幻想”下吃苦头——这句话使勃列日涅夫成了联系理论的创始者。

这个问题沉寂了两年。接着在一九六八年春，前总统顾问西奥多·索伦森和前副国务卿乔治·鲍尔领导了一场运动，敦促取消对东西方贸易的限制。一九六八年六月和七月举行了参议院的听证会。参议员沃尔特·蒙代尔提出一项决议案，要求降低这些贸易壁垒。一九六八年的讨论只是被苏联入侵捷克斯洛伐克和总统选举盖过了很短一段时间，一九六九年初尼克松就任后就很快又激烈起来，因为一九四九年的《出口管制法》在那年六月三十日就该满期了。

一九六九年从四月到七月，听证会连续举行。唯一意见不一致的问题，不是要不要放宽现有法律，而是放宽到什么程度的问题。《纽约时报》在六月三日宣称，美国的贸易限制是“自招失败”。它们是“与尼克松政府的理论不符的冷战政策”，“尼克松政府的理论是，现在已经是从对抗的时代转向谈判和合作的时代的时候了”。——这倒很有助于使总统知道他自己的政策是什么。政府明显的不愿放宽《出口管制法》的态度是“费解的”。参议员J·威廉·富布赖特、沃尔特·蒙代尔和埃德蒙·马斯基等人的基本论点是，冷战已经过去了，把贸易和外交政策联系在一起，只能导致猜疑和紧张。蒙代尔说，限制“妨碍美国经济的发展，而不妨碍东欧的发展”。马斯基指出，有些东西人家可以从我们的欧洲盟国那里买到。前副国务卿尼古拉斯·卡曾巴赫搞了一个层层加码的政治判断：贸易就意味着苏联消费者和经理人有更自由的选择，更自由的选择就是更自由的社会的开端，而且更高级的苏联经济就会挖苏联意识形态的墙脚，鼓励不同政见。以政治理由来保持限制，被谴责为经济上自捆手脚、政治上徒劳无益、把牌都打到斯大林强硬路线分子手中。

我本人的看法是同我的总的态度一致的。由于苏联需要，我们不要政治代价去扩大贸易就等于是白送；苏联在经济上是帮不了我们什么忙的。我看，要求苏联在中东、柏林和东南亚这些麻烦地区实行克制来作为报酬，是不无道理的。尼克松有同样的看法，并且更有政治上的敏锐性。他的确曾向多勃雷宁提出要增加贸易来换取苏联在越南问题上帮忙，但他怀疑苏联人是否会上钩。如果搞不成，他就看不出接受放松立法来招致他的老选民的反对有什么意思了。相反，由于他在越南问题上正采取“软”的立场，因而要利用东西方贸易来重振他的保守派信誉。

在官僚机构里，东西方贸易问题激起了对联系论的极力反对。只有国防部一般地支持白宫的意见。国务院主张放宽限制，理由是可以改善政治气氛，这当然是同白宫认为贸易必须带来政治进展的看法截然相反的。商务部的看法是最有趣的，因为它反映了实业界很大一部分人的使人吃惊的态度。实业界领导人当然是直言不讳地反共的。他们抽象地宣扬对共产党人就是要拼命讨价还价，而且动不动就骂政府随便“让步”。但是一到做买卖的时候，他们的态度就变了。在我任职期间，最热衷于主张无条件地进行东西方贸易的人，倒是在那些被列宁主义理论所不齿的资本家中间。他们热衷于自由市场，至少在自由市场能给他们的公司带来更多生意的情况下是这样。他们讨厌使经济关系服从于政治目标的各种条例和限制的机构，指责这是“政府干预”。如果苏联能在纯粹经济标准的基础上进入我们的信贷和货物市场的话，那么一切政治杠杆就都消失了。苏联官员有时以温和的态度讨好那些他们想影响的人——这是某些资本家同业公会的联欢会上不难见到的带有点如醉如痴的好伙伴关系的格调——在碰到这种情况时，我们的那些实业界人士的态度，也许就更加可疑了。

五月二十一日，国家安全委员会着手讨论东西方贸易问题。国会有人提出要用比较适应新情况的法律来代替即将期满的《出口管制法》，对这些建议政府必须明确表态。对已经申请的许多许可证，政府也要作决定，其中有的要求给苏联一个新卡车厂的翻砂厂提供材料；有的要求给炼油厂提供材料；有的要求按照国际市场价格向苏联提供一千五百万美元的谷物。会前我交给尼克松一份报告，概述了各单位的建议和我的意见。我的意见是不反对而是默然同意制定一项新法律，授权总统来决定扩大贸易，但只能在政治上有补偿的情况下行使这一授权。我还建议把美国的出口管制清单订得宽大一些，以求跟出口管制协调委员会的清单一致，因为不一致只能使我们把生意丢给我们的盟国，而不影响共产党的活动。最后，我主张给炼油厂发许可证，因为建设这种厂要长时间，这可以使我们不时给以制约。我反对给翻砂厂和谷物发许可证。

尼克松不同意我的建议。在吃了苏联拒绝在越南问题上帮忙的闭门羹之后，他在国家安全委员会会议上说："我不同意扩大贸易会导致政治关系改善的想法。事实上恰好相反。政治关系改善了，贸易才能发展。"这也是我的信念，但是尼克松把它推进了一步。他下令政府反对一切放宽贸易的立法努力。那些具体项目呢，包括炼油厂都暂时"搁置"。我指出大家一致的意见是，除了计算机和我们现在实际上保持着垄断的关键项目之外，我们应该把我们的限制清单跟出口管制协调委员会的清单一致起来。总统同意了。五月二十八日发出了指令。我注意使那个指令的措辞比较积极，以保持在政治关系发生变化时扩大贸易的可能性。

这些命令刚刚发出，政府各部就开始零敲碎打地突破它。各部只是在受到严密监督时才接受违反他们意志的决定。否则的话，下级人员的解释的厚颜无耻，是可能达到惊人的程度的。这就要总统的国家安全事务助理来做国家安全方面的这项整顿工作了。马上我就忙得不可开交。尽管总统五月二十一日在国家安全委员会会议上明令禁止贸易开放，商务部七月间就要宣布在行政上取消向苏联和东欧输出的约三十个项目的管制。其根据是，他们认为尼克松只是裁决反对放宽立法；并不反对用行政命令放宽贸易；因此商务部就认为在现有法律范围内它有采取重大的放宽东西方贸易的自由。我制止了这一行动，但后来还不得不定期地同类似的计划反复作斗争。例如，十月间国务院和商务部要求授权向苏联出卖计算机供它同东欧通信之用；商务部长莫里·斯坦斯要求不带政治报偿地取消多达一百三十五个项目的管制。根据尼克松在国家安全委员会的决定，我拒绝批准这些要求。

然而，我们对东欧多少乐于帮助些，但也要为政治战略服务。对那些奉行对苏联相对独立的政策的东欧国家，我们的贸易可作为胡萝卜使用。于是，当六月二十八日宣布总统将访问罗马尼亚的时候，我要求埃利奥特·理查森和国家安全委员会副部长委员会就可能对罗马尼亚人作出的贸易让步提出建议。在总统访问之后，白宫以一切可能采取的行政步骤积极促进对罗贸易。莫里·斯坦斯是富有想象力的，科学顾问李·杜布里奇则就技术合作提出了卓越的主张。然而，我们刚刚对罗马尼亚行动，各部就纷纷强烈要求放宽对所有东欧国家的贸易了。这就会败坏我们有选择地利用贸易来鼓励政治自治的深思熟虑的战略。我们花了好几个月的时间才使我们的观点赢得同意。

经过漫长的辩论之后，国会在十二月通过了一项法案，《一九六九年出口管制法》。放宽了旧的《出口管制法》的限制，并且宣布美国的政策是主张扩大对苏联和东欧的和平贸易的。但是它的实施，则大部分要留给总统决策。* 过了一些时候，莫斯科开始了解，如果它希望放宽

---

* 带有讽刺意味的是，从后来发生的事情看，总统并没有得到给予苏联和东欧最惠国待遇的权力。尽管如果我们要求这种授权的话，我们可能得到它。后来有几年，当我们要求这种授权的时候，这个问题老纠缠着我们，而国会的态度则同时来了一个一百八十度的大转弯。

贸易，它得在国际行动上表现克制，而且还得设法在关键的外交政策问题上取得进展。在苏联在政治方面同我们合作之后，根据我们的战略，我们设法提供若干让步的时候终于到来了。接着，我们又突然碰到了态度的逆转。许多指责我们不该把贸易同苏联的外交政策联系起来的人，开始批评我们没有更加进取地把贸易同苏联的国内政策联系起来。于是，同样，我们不得不开始认真考虑东西方贸易的根本问题：如果规划得好，它就构成一套连锁关系，其累积起来的效果可能加强对苏联的进攻性的遏制；但是搞不好也可能增强苏联的实力。忽视可能性和无视危险性，同样是错误的。

东欧：尼克松的罗马尼亚之行

沿着德国中部的易北河把欧洲分成了两半，这既不符合历史传统，也不符合这些国家的愿望。苏联军队把一个完全不符合本国人民意愿的政权强加于东欧的每一个国家；在其中三个国家，红军粉碎了人民起义。甚至在一代人的专制统治之后，共产党人还不能在任何一个东欧国家里通过自由选举取得胜利。苏联设法把我们和我们的盟友分裂，开始走上了有选择的缓和的道路。对我们来说，说实在的，缓和必须既适用于西欧，也适用于东欧。

但是这提出了一个特别复杂、而且的确是悲剧性的问题。一九五六年，当匈牙利被残忍地镇压而我们却袖手旁观的时候，自由解放的号角声遭到了嘲弄。一九六八年，当布拉格起义被粉碎的时候，我们又一次麻木不仁。我们的罪过与其说是出卖不如说是使他们感到失望。约翰逊政府宣布了“和平打交道”的政策，谋求促进同东欧的贸易和文化关系，但是除了宣传一番聪明的理论之外并没有什么建树。我们则试行一项较有区别的政策，以鼓励东欧国家在其可能的范围内比较独立地行事。我们没有许下不能兑现的诺言，也不使用可能触发导致灾难的行动的辞藻。对那些奉行较为独立的外交政策的国家我们要予以鼓励，对那些由于客观需要或由于自愿选择而俯首听命于苏联路线的国家，我们则袖手旁观。有区别的缓和可以在两个方面起作用。

关于捷克斯洛伐克给予宇航员弗兰克·博尔曼以狂热欢迎的报道，使总统在一九六九年六月初给了我一个便条："亨利，我认为我们可以安排更多的对东欧国家的访问，以刺激一下我们的莫斯科朋友，如果有机会的话，那些国家的人民是会以巨大的热情欢迎我们的阁员和其他人的。"

几星期后，尼克松有了更具体的想法——他该亲自去访问东欧。他建议把罗马尼亚纳入他的环球旅行之内，从而使他成为第一个对共产党国家进行国事访问的美国总统。他这样做有两个理由：一九六七年在他没有任政府职务的时候，他在访问期间曾受到罗马尼亚领导非常尊重的对待，而其他东欧国家对他的待遇则恰好相反。尼克松是永远不会忘记这样一种国家的。但是他的主要理由是要刺激一下苏联人，也就是他对我说的，"等到我们完成这一旅行的时候，他们就将会因为担心我们玩中国牌而发狂了。"

六月二十一日，根据尼克松的指示，我召见了罗马尼亚大使科内尔·博格丹，向他指出，总统正考虑在七月下半月观看了阿波罗二号在太平洋溅落之后，作一次环球旅行。如果总统在八月二日和三日在布加勒斯特停留的话，是否方便？在四十八小时之内，即六月二十三日，我们得到正式答复：罗马尼亚政府欢迎这个访问——尽管这不得不推迟早已定期的罗马尼亚党代会，这次党代会已邀请苏联领导参加。没有任何比这更能证明罗马尼亚对于单独向华盛顿开放和对于总统访问的重视了。

六月二十八日作了这个戏剧性的宣布。一位美国总统将第一次访问东欧一个共产党国家。我在一次新闻发布会上温和地说，这不是"一个反苏姿态"。总统对于他同罗马尼亚领导人的会见有着"非常愉快的回忆”，他们曾对这位作为私人进行访问的公民给予热烈的接待。“美国对于在互相尊重的基础上同东欧国家打交道很感兴趣……我们感觉，对主权国家进行访问之前，没有义务同苏联一道进行审查。”

很多人假定尼克松政府是无可救药地好战和反苏的，这种假定传播得如此之广，以至于访问罗马尼亚马上就被谴责为鲁莽行动。国务院有些人反对访问罗马尼亚(这是通过白宫渠道安排的)，认为这是危险的挑衅；他们害怕这会破坏限制战略武器会谈和其他谈判。各大报也抱同样观点。罗马尼亚之行被攻击为“捣乱”，说它可能危及限制战略武器会谈，是没有必要地招惹苏联人的“大错”，它将没有必要地使苏联在东西方问题上的态度更加强硬——而又没有必要地由美国给一个“残暴的共产党专制”唱赞歌。⑱

苏联人也以一种表明他们懂得这次访问的意义的姿态作出了反应，勃列日涅夫和柯西金原定要参加罗马尼亚的党代会，改期后这个计划取消了。七月三日我问博格丹他的政府是否事先向苏联作了通报。他说他不知道；然而，他认为在宣布之前不久可能已经通知他们了。他说，罗马尼亚自己作决定。

总统在八月二日到达布加勒斯特，按《纽约时报》报道，受到了“数十万挥舞旗帜的罗马尼亚人的热烈接待，这次欢迎是他这次环球旅行中受到的最盛大、最真诚友好的欢迎”。他参观了一个当地市场和一所民间舞蹈学校，同罗马尼亚总统尼古拉·齐奥塞斯库一道参加了一个舞会。《纽约时报》这时才信服了，它在八月五日发表社论高呼，那热烈的欢迎显示了美国在东欧所享有的巨大善意，对于那些对侵略捷克记忆犹新的东欧人来说，总统关于和平、国家主权和和平共处的论点不是陈词滥调。

尼克松受到如此压倒一切的、盛大的接待，当然一部分是由于政府的鼓励和安排。但是，即使接待是经过组织的，它还是不寻常地显示了罗马尼亚对苏联的独立性。而且要制造一种热情、愉快、富有人情味的公开表露的场面，对任何一个政府来说，如果不是不可能的话，至少也是很困难的。数十万人伫立在布加勒斯特街道两旁，等待看一眼总统的汽车。他们不仅沿着从飞机场出来的林荫大道，或只在总统下榻的宾馆附近待着，他们还冒着下个不停的雨，一小时又一小时地等待尼克松在任何地方出现，哪怕只能看他一眼。一个共产党国家的人民对他们第一次有机会欢迎这样一个国家的总统所作出的热情洋溢的反应，实在是深为感人的，这个国家对他们中的大多数人来说，现在仍然像十九世纪一样，是民主和人类自由的象征。

尼克松在布加勒斯特的公开讲话，反映了美国政策反复重申的主题：共处的重要性，驳斥勃列日涅夫主义，我们希望通过具体谈判解决问题：

> 我们不认为相互争辩有什么价值，也不认为虚幻的欣快感有什么价值。我们谋求缓和的实质，而不仅仅是缓和的气氛。
>
> 总之，我们不是谋求霸权的和平；不是谋求人为的整齐划一的和平；而是谋求所有国家的合法权利都得到尊重、所有国家都得到保护的和平。

同样明显的是，东欧各国领导人，并不像我们的盟友，害怕苏美牺牲他们的利益进行交易。这并不是我们的政策；总统的这次访问——以及他后来进行的对南斯拉夫和波兰的前所未有的访问——是最好的说明。

结　　论

尼克松总统任期内的革新之一是以总统的名义提出外交政策年度报告。我在过渡期曾在给尼克松的一份备忘录中建议这样办。它可以作为总统外交政策的思想大纲、情况报告和行动日程。它可以同时指导我们的官僚机构，并且把我们的想法告知外国政府。

这个主意是按照罗伯特·麦克纳马拉创始的年度《国防形势声明》的模样提出的，可它却制造了一大批问题。首先是，国务院要维护专有利益，尽管事实上在共和国整个历史上国务院从来没有想到发表这样的报告。这就引起了现在罗杰斯和我两人间成了习惯的拔河比赛，在这一比赛中，宽厚地说，我们两人在年度报告问题上的表现都不比其他问题上的表现更好。国家安全委员会的工作人员和国务院都着手准备草稿，但都互相瞒着对方。我和我的副手们有接近总统和了解更多总统的观点的优越条件。国务院由于在起草工作中要讨好那个庞大笨拙的机构中每一个官僚衙门的欢心，因而使自己处于更困难的地位；由于每一主管官员都坚持报告中要提到他所负责的一个或者几个国家，使得国务院的草稿既没有思想锐利的特点，也没有能突出重点。

尼克松采用那已成为典型的办法，解决了这场争论。他一直等到罗杰斯出国访问非洲，才规定国家安全委员会和国务院都可以发表报告，但是总统的要比国务院的至少先一个月发表。这就给国家安全委员会准备总统报告的工作以猛烈的推动。我的忙得精疲力尽的副手们既要对付我对他们草稿的修改，又要对付来自官僚机构的反对意见。一九七一年部门间的争论达到了高潮，那时，国务院反对关于对濒于灭绝危险的生物物种要实行国际保护的一句话；我们的草稿不过从文字角度提到，这类生物是适于国际合作的课题，因为它们的迁徙是不遵循国界的，不能完全靠国家行动来保护。国务院从来都是细心的，它建议要把那句话改成只说“有些”这样的生物不遵循国界移动。我没有接受这一改动，冒了得罪某些“爱国者”的风险。

总统年度报告一旦确定，就会产生一些关于外交政策的最深思熟虑的政府声明。使我们伤心的是，我们想提出一些带根本性的问题和表达一个哲学思想，可是这个基本目标始终没有达到。尽管我们尽了最大努力，媒体还是只报道关于越南问题的部分，找热门新闻，找信任差距，而把其他部分当作没有新闻价值而弃之不顾。一九七三年我们碰到另一个问题。报告在五月初发表了，这是在与中国和与苏联举行了最高级会谈和越南谈判高潮一年之后；我们在事前几周选定的报告发表的日期，是在霍尔德曼和埃利希曼辞职后四天。无论如何，总统报告是起了有益的作用的。它们对官僚机构具有粗浅的指导意义。它们非常坦率。在把微妙的变化传达给外国政府方面，它们尤为宝贵。正如我在本书各章里将指出的，在对中国的态度上的转变，在防务政策、中东问题和其他地区的问题上的变化，往往是在总统的年度报告里预示出来的。

总统的第一个报告在一九七〇年二月十八日发表，它温和地说："我们同苏联的全面关系仍然远远不能令人满意。"在越南问题上，苏联人"在巴黎没有对北越人施加有益的影响"，而且由于它对北越的军火供应而"对战争的继续负有严重的责任"，这都是"有损于和平事业的"。在中东问题上，报告说，"我还没有看到苏联一方表现出实际和建设性的灵活性，而这是获得顺利成果所需要的"；甚至还有，报告指出，"有证据……说明苏联在这整个地区谋求的地位，将更加可能导致大国竞争"。（这一点在一九七〇年中东两次危机中将得到证明。）

这些判断反映了苏联在一九六九年无所作为的现实。但是，不知不觉地，已经有了缓慢前进的开端。任何大国的外交决策，都是在官僚机构、国内和国际的压力的复杂格局中形成的；而苏联的官僚机构和政策程序则尤为曲折。一九六九年苏联人不得不同一个新的美国政府作斗争，这一向是苏联领导人要进行大量分析研究的问题，而我们呢，又在改变一些程序。举例说，就广泛的问题同时进行谈判，这不仅对苏联的行政程序来说是陌生的，而且会使它感到很伤脑筋。虽然它的机构是庞大的，却只有最上层的很少几个人能够作出决策。他们的命令又通过不灵便的指挥线慢慢传开。决定往往要费很大力气才能做出，而且由于决定使最高领导的威信担有风险，因而只有在最不得已的情况下才会改变决定。不但如此，一九六九年同中国的冲突又肯定占去了苏联领导人大部分注意力。三月间和夏天中苏边界上严重的军事冲突，引起了一场大的宣传战，可能还有严重的政策辩论，以及后来边界谈判的开始。

然而，一九六九年苏联无所作为的最深刻的原因无疑是，现实情况还没有产生足够的鼓励，或给予足够的惩戒，使得它非做出决策不可。在越南问题上，苏联人所说的他们愿意帮助我们解决战争的说法可能是有相当诚意的，因为他们知道这阻碍着美苏关系。但是，对他们的盟友施加压力这一困难决定，则是决不能说一说就算定了的。的确，只要美苏关系所冒的风险仍然是假设性的，只要印度支那问题解决所得到的好处是猜测性的，莫斯科所能采取的最少受到反对的方针就是拖延。换句话说，现实情况没有刺激苏联作出决策。他们对我们的求助避不作答，却没有受到惩罚。而当时他们警告我们不要升级，我们倒是认真对待了，虽然回头来看我认为这是一个错误。在我准备写这本书的时候，我重读了有关文件，我对苏联声明中的模棱两可和审慎的腔调感到吃惊。他们贬低战争升级，说是“解决不了问题”，说是“加剧国际紧张形势”，更一般的说法是“危险的”。苏联人甚至没有一次近乎暗示一场威胁。有一次多勃雷宁指出，如果我们恢复约翰逊总统在一九六八年停止的对河内和海防的轰炸，几年前撤出的中国的一些工兵营可能重新回到越南，那将增加中国在河内的影响。我说，“如果你们受得了，我们也受得了”；多勃雷宁默然。

回忆起来很明显，只有我们使苏联的重要利益受到明显具体的危险时，才会刺激苏联人对他们在河内的偏执狂门徒施加压力。积极的诱导是有用的，但是只有伴之以施加压力才会奏效，单是诱导就会使苏联感到它在共产党世界的处境太难堪，而加以拒绝。一九七二年我们终于得到了苏联帮助，那就恰恰是通过这种压力和鼓励相结合而达到的。但是在一九七二年北越复活节攻势之前，我们根本没有准备面对这一发展在国内外引起的后果。

如果说惩罚对苏联领导来说是不明确的话，那么得到报酬也是不明确的。总统反复说，一旦越南问题得到解决，中东问题的谈判就会加速进行；我也支持他的说法。但是我们没有能明确地答复五月十四日多勃雷宁向我提出的问题，他问道："如果战争解决了，你们打算怎样改善关系呢？"我所能作的最好的回答是召开最高级会谈和改善贸易的一般性许诺。在中东问题上，我们的利益是与莫斯科的利益背道而驰的；我们的战略目标终归是要减少苏联在中东的影响，而苏联的战略目标是增加或至少保持它的影响。我们也不准备拿这个中东利益来换取越南问题的解决。

无疑美国的国内政局也助长了苏联的拖延倾向。初期担心尼克松会进行大规模重新武装，很快这种担心就被另外一种认识所压倒，即在国会日益增长的反对下，政府很可能会维持现有的防务预算。新的军事计划遭到了猛烈的攻击；有的只以极微弱的多数通过；一旦授权通过了，执行中也不断被削减，经费年年在减少。所有的压力都朝着一个方向，就是要求"调整重点"，不要防务优先。而且，要美国的盟友支持在越南问题上高度冒险的政策，看来也是不可能的。因此，苏联人就没有什么理由变得那么愿意漏底了。

但是，一九六九年初在我们对美苏关系可能过于乐观的时候，我们开始以我们在别的领域的行动——显示联系论的正确性方面——为最终取得进展奠定了基础。我们制定了导致中东反向联盟的战略。我们开始决定性地转向中国。我们在越南问题上的方针，使苏联的帮助在三年中可有可无，后来在一九七二年终于实现了。我们加强了联盟关系。通过动乱和紧张，我们使苏联人了解，如果说我们的风格是庄重的，那么我们的政策是严肃认真、深思熟虑的，而且在必要的时候是敢作敢为的。

一九六九年底，我送给总统一份苏联政策的分析。这份分析是我在副手哈尔·索南费尔特和比尔·海兰的帮助下准备的。分析一开始就驳斥了说苏联的政策一定是按照一个总计划制定的这种看法：

有人总是试图把苏联的各种行动归之于一个大的计划中。克里姆林官学更加秘传的商标，往往是把每一桩每一件行动都看作是精心谱写的管弦乐总谱的一部分，在这个总谱里各种事件不可抗拒地一直发展到大终曲。

经验证明，如果有这样的情况，那也是很少的。从古巴导弹危机，经过阿以战争，到侵略捷克斯洛伐克，苏联政策中有大量即席演奏的因素。

我怀疑目前的情况也是这样。克里姆林宫放出了一些试探气球。但是苏联的行动似乎是对一些具体情况的反应。有些分析家看出，中苏会谈和苏联在限制战略武器会谈中的所作所为之间有密切的策略联系。把美国拴在漫长的限制战略武器会谈上，这样苏联人就可以利用因此而造成的苏美勾结反对中国的这一表象。这一理论的主要问题是，苏联在限制战略武器会谈中的立场与中国的情况并无关系，而苏中会谈的恶化可能很容易根据问题本身的是非得到解释。苏联人在限制战略武器会谈时不承担义务，主要是跟我们一样要摸摸底，也想判定我们在国内压力下所做让步的程度以及对我们军事计划单方面裁减到什么程度。中国人向我们伸出了触角，作为对苏联军事压力的反应。因此，如果说苏联人是想用他们在限制战略武器谈判中的行动来刺激中国人的话，他们在某种程度上是达到目的了，但是结果可能并不是苏联人所希望的，事实上，它可能加速了中国人同我们的接触。在欧洲，苏联人不是采取和解路线以腾出手来对付中国，而是在与威利·勃兰特新政府的初步会谈中拼命讨价还价——主要是因为西欧明显渴望缓和，似乎提供了通过不妥协而捞到廉价好处的机会。

我的分析得出的结论是："总之，看来并没有那么一条单一的线把苏联政策贯串起来。"

在这条贯串的线能够形成之前，苏联领导人曾经在同一时间进行多方试探。只是在一九七〇年和一九七一年的一些激烈对抗中我们进行了抵制之后，我们的关系才转向改善。

注释：

① V·I·列宁著《列宁选集》(纽约：国际出版社，一九四三年版)，第九卷，第二四二页、第二六七页，见纳旦·雷蒂斯所著《布尔什维主义研究》一书(格伦科，自由出版社，一九五三年版)，第三四七页。

② 尼基塔·赫鲁晓夫，在苏联共产党第二十次代表大会上的报告，一九五六年二月，《当代苏联报纸文摘》，第八卷(一九五六年三月七日)，第十一至十二页。

③ 尼古拉·波德戈尔内，见《真理报》一九七三年十一月二十日载文。

④ 列宁著《列宁选集》第十卷，第一一九页，见雷蒂斯《布尔什维主义研究》一书第四九五页。

⑤ 迈克尔·T·弗洛宁斯基著《世界革命和苏联》(纽约：麦克米伦公司，一九三三年)，第二一六页。

⑥ 《纽约时报》，一九四三年五月二十三日。

⑦ 萨姆纳·韦尔斯著《决策的时候》(克利夫兰和纽约：世界出版公司，一九四四年)，第四〇六页。

⑧ 艾夫里尔·哈里曼著《同苏联和平相处》(纽约，一九五九年)，第一六八页。

⑨ 《为什么我们对共产党国家区别对待》，国务卿腊斯克一九六四年二月二十五日在华盛顿的演说(见国务院公报，L字第一二九〇号，一九六四年三月十六日，第三九三页)。

⑩ 罗伯特·E·舍伍德著《罗斯福和霍普金斯：一段亲密的历史》(纽约：哈帕尔和布罗斯公司，一九四八年)，第八七〇页。

⑪ 见马克斯·弗兰克尔《我们在胜利之后走向何处？》，见《报道者》，一九六二年十一月二十二日，第二四页。

⑫ 麦克米伦在日内瓦外长会议上的闭幕词，一九五五年十一月六日，《一九五

五年国际事务文献》援引(牛津：皇家国际事务研究所，一九五八年)，第七三至七七页。

⑬《美国外交政策的中心问题》，克米特·戈登版，《国家的议程》(华盛顿：布鲁金斯学会，一九六八年)，第六〇九页。

⑭《选择的必要性》(纽约：哈帕尔和布罗斯公司，一九六一年)，第一九五至一九六页。

⑮ 兹比格纽·布热津斯基著《和平和权力》，《会战》，第三十一卷，第五期(一九六八年十一月)，第十三页。

⑯ 马歇尔·D·舒尔曼著《苏美竞争的未来》，见《苏美关系和世界秩序：两国和多国》，双字第六六号(伦敦：战略研究所，一九七〇年三月)，第十页。

⑰ 参议员艾伯特·戈尔在美国会参议院外交委员会援引克利福德的演说，《反弹道导弹体系在战略和外交政策上的含意，国际组织和裁军事务小组委员会听证会》，第九十一届国会，第一次会议，一九六九年三月二十一日，第一六五页。

⑱ 参见斯蒂芬·S·罗森菲尔德著《尼克松的旅行计划可能影响会谈》，见《华盛顿邮报》，一九六九年七月六日；詹姆斯·赖斯顿：《尼克松总统可以避免的大错》，见《纽约时报》，一九六九年六月二十九日；以及《纽约时报》一九六九年六月三十日社论。

第六章　走向中国的最初步骤

在我们草拟好了宣布我一九七一年七月的秘密中国之行的公告以后，周恩来指出，这一宣告会震动世界。他说对了。这不仅使新闻界震惊；而且一夜之间改变了国际政治结构。在经过二十年痛苦的孤立状态之后，一位美国使者踏上了北京这块神秘的土地；而且总统阁下很快也会接踵而至。这是突然而令人感到惊异的。但是，在这个高潮背后，双方都进行了长达三十个月的耐心而周到的准备。双方都小心谨慎地互相试探，以便一旦受到挫折时，不致显得面上不光彩；双方都探步前进，以便一旦事情张扬开来，不会使神经过敏的盟国感到难堪，或者给那些不愿事情顺利发展的人提供新的战略机会。

甚至我们自己都感到惊讶。原来，我们并没有想到和解是可能的，我们深信中国人是狂热而怀有敌意的。虽然最初我们没有找到实现和解的道路，但是，尼克松和我都深信打开通向中华人民共和国的大门的重要性。

事态的发展给了我们以帮助。但是，我怀疑，如果换上任何其他总统，以同样的坚定性是否能使这种和解发生。尼克松对于推动事物前进具有特殊的本能。他对策略问题和一些细枝末节的变化不感兴趣；过多地讨论执行细节也使他伤脑筋。一旦他确定了政策方向，他几乎总是要我来贯彻他的战略并和官僚机构周旋。虽然我自己也作出了同尼克松相同的判断，而且其中许多行动方案也是我设计的，可是我没有那种政治实力或官场神通来作根本性的政策转变。尼克松深谙机会的重要性，而且他抓住机会不放。从右的方面说，他有政治基础，这使他不致被指责为“对共产主义软弱”。他的行政风格有助于采取政策所需要的秘密而隐蔽的策略。如果说他对国家安全委员会的提供各种选择方案的制度有任何兴趣的话，那只是因为它向他提供了他所不信任的一个官僚机构的各种意见，并且向他提供了掩盖他自己的目的的机会。

我们两个人的看法有出入。尼克松认为，打开通向中国的路可能提供机会，来迫使苏联在越南问题上提供短期的帮助，对这种机会他比我多少看得大些；而我更关心的是这一政策对国际关系结构所产生的影响。尼克松倾向于认为，结束八亿中国人的孤立，就消除了对和平的一个巨大威胁。而我认为，一个奉行积极外交政策的中国，将使我们需要有更高的外交技巧，以便在将会引发和改变一切国际关系的更为复杂的情况下，来确定我国的外交政策。但是这些分歧是基于同样的基本判断的，即如果能够同苏联和中国都发展关系，这种三角关系将为我们维护和平提供巨大战略机会。我们各自得出了这一相同的认识。在一九六七年十月的《外交季刊》上，尼克松发表了一篇重要文章，他写道：

从长远来看，我们简直经不起永远让中国留在国际大家庭之外，来助长它的狂热，增进它的仇恨，威胁它的邻国。在这个小小的星球上，容不得使十亿最有才能的人民生活在愤怒的孤立状态之中。但是，在追求这个长远目标时，如果我们不能及时汲取历史教训，我们就会犯灾难性的错误……

因此，从短期来说，意味着要奉行一个坚决克制、不予鼓励和创造性地施加反压力的政策，目的在使北京明白，只有接受国际文明的基本准则，才会得到它自己的利益。从长期来说，这意味着使中国重新回到世界社会中来，是作为一个伟大而进步的国家回来，而不是作为世界革命的中心回来。

一九六八年八月九日，即接受总统候选人提名后不久，尼克松在对一家杂志的谈话中重申："我们必须不要忘掉中国，我们必须经常寻找机会同它对话，就像同苏联对话一样……我们不仅要注视着变化，而且必须设法促成变化。"①

在我自己的著作中，没有详细论述过中国。一九六一年，我曾写到中苏分裂的可能性。我说，"绝对不能忽视"这种前景，如果它发生了，"我们就要加以利用"。但是，我们自己无法促进这种分裂，我们也不能把政策建立在这种期望上。②（事实上，现在我们知道，那时分裂已经发生。）我在一九六九年一月号的《外交季刊》上发表的、三个月前写成的关于越南谈判的文章中，曾经论述说："根据苏联的理论，莫斯科为了保护社会主义国家的国内结构，有权进行干涉，这使得中苏战争至少成为可以想象的，因为莫斯科对北京的指责，如果说有什么不同之处，就是甚至比对布拉格的指责更激烈。"我认为，对河内来说，这可能是一个严重的问题，可能是迫使河内走向解决的一个因素。更重要的是，一九六八年七月，即在苏联入侵捷克斯洛伐克之前，我曾同纳尔逊·洛克菲勒共同起草一篇关于美苏关系的演说稿。演说中有一段预示后来要采取的政策说："我们将必须学会富有想象地同几个互相竞争的共产党国家中心打交道……我愿开始同共产党中国对话。在华盛顿、北京、莫斯科之间微妙的三角关系中，当我们增加对他们两家的选择自由的时候，我们就改善了分别同他们和解的可能性。"

我的想法在某种程度上来自我对处理外交政策的总的态度，我们对可能的敌对者的关系就应该是这样的。我认为，我们对他们两者的选择比起他们彼此之间的选择余地总要大得多。如果我们能使我们的外交摆脱二十年的重复，每个共产党超级大国都会更愿意建设性地同我们打交道。

虽然有许多学者促请重新与中国接近，但这种处理问题的方式并未得到广泛支持，一些研究中国的学者敦促为改善关系而改善关系，为此，美国应该作出让步。举例说，哈佛大学和麻省理工学院的一批著名学者，在政府上任前的过渡时期曾经向尼克松递交一份对华政策备忘录。他们主张以逐步废除我们同台湾的联系和邀请中华人民共和国参加联合国这种办法来接近中国。他们的备忘录没有提到——我也记不起有任何其他中国问题专家在那时候提到过——在对苏方面为我们提供的地缘政治机会，即没有提到中国可能不经美国让步而愿意靠拢我们，因为他们需要美国来抗衡苏联。

但是，不管这一切重新接近的设想如何合理，必须说，在新政府上任的时候，都不过是空洞的理论。二十年实际上存在的孤立状态和思想敌对，由于朝鲜战争而加剧了。在这场战争中，美国和中国的士兵激烈地互相拼杀。一九五四年在日内瓦开始了美国和中华人民共和国间领事级官员的双边谈判，于一九五五年提高为大使级，后来移到华沙举行。一九五五年九月十日，就互相遣返一些国民的问题达成了协议。情况也就止于此。从一九五四年到一九六八年，共举行了一百三十四次会议，遣返协议是唯一的具体成就。

一九六八年五月二十八日，北京推迟了华沙谈判，建议在美国总统选举后十一月份的两个日期来举行谈判。北京广播电台说，“目前时期没有什么事情可谈”。最初的轻微模糊的变化发生在一九六八年八月二十一日苏联入侵捷克斯洛伐克之后。在一九五六年波兰和匈牙利大动乱的时候，中国人曾企图充当调停者，而这一次他们的反应却是明确地谴责苏联。例如，中国共产党的报纸《人民日报》一九六九年三月十七日把对捷克的入侵称作“苏修叛徒集团”的“武装侵略和军事占领”。它谴责勃列日涅夫的有限主权论是“彻头彻尾的法西斯理论”。因为就其字面意义说，勃列日涅夫主义同样适用于中国，就像其适用于任何东欧国家一样；实际上，鉴于中国对苏联领导集团的毫不掩饰的敌对情绪，甚至更适用。

因此，一九六八年十一月二十六日，也就是在入侵捷克三个月和美国选举刚刚结束之后，北京建议在一九六九年二月二十日同美国举行另一次华沙会谈。在提出这一建议时，中国严守其古老的传统，即决不显得中国需要外国人的合作，因而采取了一种进攻的腔调，要求美国参加一项“关于和平共处五项原则的协定”，“从中国领土台湾省和台湾海峡地区撤出它的一切武装力量，并拆除它在台湾省的一切军事设施”。

毫无疑问，苏联越来越成为中国对外政策的主要关心所在。中苏敌对有许多根源。那开始时密切的联盟国的关系，很快就显得越来越紧张，这种紧张最初还被掩盖起来。中国曾经扬言，不经过社会主义阶段而直接实现共产主义——毛泽东的一种理论，这意味着北京在思想上比莫斯科更纯洁，双方对这一点思想上就有分歧。两个大国之间还有民族敌对以及越来越大的互不信任。在五十年代后期，赫鲁晓夫拒绝同中国实行核合作；中国则加强了思想上的攻击作为报复。一九五九年，苏联撤退了一切技术顾问，并停止了一切经济援助。不顾马克思列宁主义关于反对“主观主义”的一切教导，两个共产党领导人集团之间个人的互相嫌恶发展了。中国人重新提出了渊源已久的不满，要求归还据说在俄国几个世纪的扩张中被沙皇攫去的大片西伯利亚土地。

到一九六九年，政治冲突开始采取不祥的军事方式。在一九六五至一九六六年之前，中苏边境上大体保持着军事均势，双方的军力都比较少。在新疆的对面，苏联人数多一些；在“满州”，中国在人数上占优势。当然，苏联部队在质量和后勤方面一贯占优势。边境事件在一九五九年左右开始发生，此后即不断增加。可是，在好几年内双方都没有大规模增加部队。后来，从一九六六年初，苏联开始从东欧把训练有素和装备精良的战斗部队调往远东。可以发射核弹头的地对地导弹也出现了。使北京更加不安的是，一九六六年一月，苏联同蒙古签订了为期二十年的《友好、合作和互助条约》，这项条约容许苏联在蒙古驻扎军队和设置基地。苏联在中国边境部署的军队，一九六四年为十二个不满员的师，到一九七〇年则增加到了四十个现代化的师。

一九六八年十一月二十九日，约翰逊政府在总统当选人尼克松的支持下，接受了中国关于恢复华沙谈判的建议。（那时我还未被任命为尼克松的助理。）

最初的信号

追溯一切成功的政策，看来都有其预兆。领导人都爱谈他们所致力的工作的预兆，把计划归之于通常在开始时的一连串即兴动作。对中国的新的政策也不例外。新政府有着重新开始的大体意向。但是，坦白地说，如何重新开始，它并没有具体明确的设想，而且它还必须考虑到国内的现实，更不用说尼克松一向在保守的“中国帮”得到的支持，这个“中国帮”从来没有原谅过所谓出卖了蒋介石的杜鲁门和艾奇逊。

北京的领导人可能也有同样的问题，看来，在入侵捷克事件发生后不久，毛泽东就决定向美国靠拢。但是，他所治理的国家刚刚脱离了文化大革命。毛企图以这种不同寻常的震动来避免共产党国家走向官僚化和停滞的那种致命倾向，其办法是从最高级施以不断的革命动荡——这确是历史上少有的事例之一，即一个国家的首脑故意打乱他自己的机构作为一种教育方法。下述事实说明了这种动乱对外交政策的影响：一九六九年，中国在国外只有一位大使（他就是黄华，驻节开罗，后来任驻联合国大使，其后又任外交部部长）。

尼克松政府采取的最初和最重要的步骤之一，就是我们对某些事无为而治。约翰逊政府曾经用以北京为首的亚洲共产主义幽灵作为进行越南战争的主要理由。一九六五年四月七日，约翰逊总统在约翰·霍普金斯大学发表演说时曾经说，“河内的统治者受到北平的唆使”*；越南的斗争是“一个更广泛的侵略目标的组成部分”。国务卿迪安·腊斯克

* 北平是中国国民党人对北京的叫法，这种叫法又是一种大不敬。

一九六六年二月十八日在参议院外交关系委员会发表了同样的讲话，他认为北京是侵略的鼓动者，北京和河内是勾结在一起的。与此相反，尼克松政府从一开始就从未明说、甚至暗示我们在越南的卷入有反华动机；我们不同意这种分析；我们不需要更多的敌人。

在最初几个月，充满着各种矛盾的倾向。尼克松在他的就职演说中含糊提到新政府愿意与中国对话：“让一切国家都知道，在本政府当政时期，我们的通话线路是敞开的。我们寻求一个开放的世界——对思想开放，对货物和人员的交流开放——一个民族，不管其人口多少，都不能生活在愤怒的孤立状态中。”“愤怒的孤立”这一词组使人回忆起他在一九六七年在《外交季刊》上发表的文章。但是没有得到反应。中国人没有被一个简单的和解暗示所打动。

在就职典礼之后的第二天，新华通信社指责尼克松是“垄断资产阶级集团”选定的新“代理人”，以实现“美帝国主义继续在全世界进行侵略扩张的狼子野心”。据新华社说，尼克松的低调演说和就职时在华盛顿发生的反对他的示威，表明美帝国主义“已深深陷入危机之中”，面临着“垂死挣扎”。《人民日报》一月二十七日发表文章，幸灾乐祸地说，美帝国主义已经“到了末日”。文章嘲笑道：“走投无路的尼克松竟说到了未来……快要进坟墓的人用幻想中的天堂来安慰自己，这反映了一种接近死亡的阶级的自我陶醉和绝望挣扎。”

尼克松的就职演说本来可以更具有政治家风度些，可是，中国人却不乏更尖酸刻薄的作者。

在最初的日子里，尼克松确是有些自相矛盾。在就职五天之后，尼克松给我和罗杰斯一封信，对我们驻欧洲一个国家的大使未能阻止那个国家承认北京表示不满。他说，这个大使是个“灾星”；要求我们马上“撤掉他”。在尼克松一月二十七日举行的第一次记者招待会上，有人问他是不是打算同共产党中国改善关系。他在大量叙述了中国的敌对行动之后说，在即将举行的华沙会谈中，中国将有机会来证明它是否已改变了态度。“可是，在他们未作某些改变之前，我认为我们的政策不会很快有任何改变。”

当然，反过来说，如果中国以不甚明确的方式改变了态度，我们就会接受。形式上说，这同以前各届政府所作的宣布并无实质差别。这同在这次记者招待会上谈到苏联、限制战略武器谈判和不扩散核条约时所用的更加和解的语气，也形成了明显的对照。对于多疑的中国人来说，这一切必然看来像是可怕的共管。而且他们已经在为另一个事件而烦恼了。在这次记者招待会前三天，由于发生了一个外交事件，二月六日，中国提出了抗议。二月十八日，他们取消了预定二月二十日举行的华沙会谈。为了不被中国占上风，尼克松在他三月四日举行的记者招待会上，对中美重新接近的前景进一步浇了冷水。他说：“展望一下前面的道路，我们可能想同赤色中国取得较好的谅解。但是，我们是非常现实的。鉴于赤色中国中断了计划中的范围非常有限的华沙会谈，我不认为我们应该对在当前情况下在这方面取得任何突破抱很大乐观。”

二月一日，尼克松为了一则报道——该报道谈到某个东欧人士对中美可能进行接触感到关切——给我写了个备忘录，说：

在你一月三十一日的报告中，我注意到来自（东欧）人士的引人感兴趣的评论。我认为，我们应该对下述一种态度给予一切鼓励，即本政府正在“试探重新与中国人接触[原文如此]的可能性”。当然，这种试探应该私下进行，而且在任何情况下都不能把这种事情搞到公开出版物上面去。可是，在同你的朋友接触中，务必特别设法使这一点为该……人士所知。我将继续来传播这一想法。

备忘录的确没有要求我对中国人做任何事情；它只是嘱咐我可以制造这样一种印象，即我们正在试探对中国的靠拢行动。而且，我不是要向中国的朋友，而是要向东欧人传播这种想法。这样做的目的是要使苏联人感到不安，而且几乎肯定——按照尼克松的设想——会激发他们帮助我们结束越南战争。

我利用尼克松的备忘录进行一次政策审查，二月五日，我召开了一次各机构间的联席会议研究对华政策，要求有关部门和机构研究下述问题：

一、美国同共产党中国和中华民国关系的现状；

二、中国共产主义对亚洲的威胁和意图的性质；

三、美国和其他有关大国对华政策的相互关系；

四、改变美国对华态度的方案及其代价和风险。

在一九六九年三月一日尼克松访问巴黎时与戴高乐的会谈中，中国问题也占有重要的地位。实际上，尼克松没有要求提供任何特别的帮助；的确还是戴高乐首先提出了这个问题，而尼克松看来是持怀疑态度的。戴高乐以特有的高度概括的措辞强调了中国的重要性，指出中国是一个巨大的实体，拥有丰富的资源。随着时间的推移，中国人将会使全世界各个部分都感受到它的影响；他们的雄心同他们的技巧相称。把他们孤立起来“使他们狂暴发怒”是不明智的；接触只会有好处。尼克松回答说，短期内不会有大的改变，因为这种行动将会在亚洲其他地区产生不安定的影响；但是长期说，比如十年，我们将会同中国有更多的往来，特别是它开始在核武器方面取得进展之后。尼克松的这种间接回答是一个确实的迹象，即他愿意使自己保留选择的余地。愿意等待十年和一旦有机会就采取行动，这二者并不矛盾。最多这不过反映了一个现实：新政府并没有明确的计划。

因此，三月十四日，我们的言论看来又回到反华方向去了。在宣布我们的“卫兵”反弹道导弹计划时，总统概述了与约翰逊政府一九六七年的“哨兵”反弹道导弹计划的主要理论相同的反华意图。两届政府的理由都是一样的：看来取得某种保护以防较小的核国家的意外袭击或蓄意进攻是明智的，而不要企图建立一个防御苏联的庞大民防体系，因为这将会引起武器控制问题和预算问题。尼克松的声明说："中国对我国人民的威胁以及一次意外进攻的危险是不能忽视的。批准这一计划，就会使得在七十年代发生中国的核进攻时，或者来自任何其他方面的意外进攻时，把美国遭受的损失减少到最低限度。"在中国人看来问题更严重的是，尼克松进而暗示，在遏制中国方面，苏联和美国有共同的利益。他说："我可以想象，苏联像我们一样，不愿意使他们的国家暴露在潜在的中国共产党的威胁之下。因此，我认为，哪一国也不会赞同放弃这整个计划，特别是在中国人的威胁存在期间。"不出所料，新华社通信于三月十六日谴责这一反弹道导弹决定是美国"同苏修勾结，共同保持对世界人民、特别是中国人民的核威胁、核讹诈"。

这样，一直到一九六九年三月，中美关系看来实质上冻结在同二十年来一样互不了解、互不信任的敌视状态中。新政府有一个走向中国的意念，但还不是一个战略。当这种想法遇到机会的时候，政策就形成了。这个机会发生在苏联和中国军队在一条默默无闻的江上冰封的西伯利亚冻土地带爆发冲突的时候。从那时起，一切朦胧不清都消失了，我们毫不犹豫地走向世界外交的重大变化。

乌苏里江的冲突

在东北亚最边远的地区，乌苏里江划分了苏联和中国之间的四千英里的边界。如果从符拉迪沃斯托克* 往东北偏北划一条直线到哈巴罗夫斯克**，乌苏里江大部分就在这条线上。在这条江上离符拉迪沃斯托克

---

* 即海参崴。——译注
** 即伯力。——译注

二百五十英里的一个荒凉的地方，有一个小岛，俄语叫达曼斯基岛，中国人叫珍宝岛。这个小岛面积约三分之一平方英里，上面矮树丛生，荒无人烟。这个岛略为靠近乌苏里江的中国一岸；江两岸多为沼泽地，很少居民。除了来自两岸的季节性的渔民和打柴的人外，在这个地区出现的唯一的人就是苏、中两国的边境哨兵，守卫着他们各自的江岸。就这个岛来说，边界从来没有确定过。一些时候以来，中国人说界线应该沿江中心划分，这样，该岛就应该是中国的。而苏联人则认为，历史边界使整个乌苏里江河床都在苏联控制之下。到现在为止，还没有人能够充分说明，双方为什么如此重视处在一个荒凉不毛之地的没有人烟的小岛。

根据苏联报纸的说法，一九六九年三月二日早晨，岛上的三百名中国部队用机枪伏击俄国的一支边境巡逻队，在二十分钟的战斗中，打死二十三人，伤十四人。苏联随后派遣了增援部队，在到达时也受到伏击。其后，双方都撤离了该岛。③

苏联立即大量宣扬了这一冲突。这种作法是前所未有的。看来这是第一次，两个国家都报道发生了一次武装冲突，或者宣布了死伤人数。双方互提抗议照会，进行宣传指责。中国人说，自一九六七年以来，苏联军队十六次“入侵”珍宝岛，其中有八次发生在一九六九年一月和二月；他们还列举了一长串苏联入侵乌苏里江其他有争议的岛屿的事件，以及刁难和污辱中国渔民、边防哨兵和当地居民的事件。约有一万名中国人三月三日在北京举行示威游行，冲击了苏联驻华大使馆；据报道，三月七日，十万名苏联示威者攻击了中国驻莫斯科的大使馆，打碎了橱窗，向大使馆投掷了墨水瓶。接着四天，示威扩大到了苏联其他十八个城市。苏联国防部机关报《红星报》三月八日报道说，苏联驻远东部队已处于戒备状态。在苏联外交部里举行的一次记者招待会上，展示了据说是被中国人杀死和残害的苏联士兵的照片，苏联还播发了关于边境冲突的专题电视节目。中国的报纸在三月四日宣布：“打倒新沙皇！”北京电台报道，四亿多人（占全国人口的一半）在全国各地举行了各种各样的示威游行。

在华盛顿，我们仍然主要关心着越南问题，而不能对我们不了解其根源、而且其意义要经过好几个星期才能看清楚的事态发展作出反应。作为一个理论问题，我是赞同建立三角关系的，然而，尼克松和我都认为，中华人民共和国是一个更富侵略性的共产党国家。我们认为，更可能是北京挑起了战斗。

具有讽刺意味的是，苏联心狠手辣的外交倒使我们考虑起我们的机会来了。三月十一日，感情激动的多勃雷宁大使向我提出了乌苏里江事件。我甚至问都没有问到这件事，可是，他却坚持要向我叙述所谓中国犯下的血淋淋暴行，并加以详细说明。当我试图改变一下谈话主题，指出这是中苏之间的问题时，多勃雷宁感情激动地坚持说，中国问题是牵涉到大家的问题。我平静地听着，想了很多，但没有发表意见。当天晚上，我把这件事报告了总统。尼克松很感兴趣，并且说，往往有些意料不到的事会产生重要的影响。我建议我们应该抓住这个巨大的战略机会。尼克松同意，乌苏里江事件一定震动了中国人。

三月十五日晨，在达曼斯基（即珍宝岛）又发生了第二次边境冲突。同三月二日的冲突相比，这一次双方都有所准备。战斗持续的时间更长，伤亡更多。苏联加强了巡逻，一支巡逻队于三月十四日夜间在岛上建立了营地，可能是要设一个陷阱。重大的战斗爆发了，而且持续了九个小时才停下来；战斗中使用了坦克、装甲车、大炮和反坦克火箭。双方都声称自己取得了胜利（虽然看来中国人继续占有着这个岛）。④

这些事件的根源——谁在开始时做了些什么——可能永远弄不清楚。但是，中国人说他们是回击苏联一连串的入侵，这种说法是有一定道理的。毕竟，居于劣势者通常不会去进行无端的进攻而自招失败。正像我曾经提到过的，两年之后，周恩来说，苏联故意挑起事端，以转移人们对他们未能阻止西德在西柏林举行联邦总统选举一事的注意。不管冲突的真实原因如何，共产党外交官都明白，我们不会忽视这些冲突。据报道，三月中，苏联在布达佩斯要华沙条约有关国家谴责中国是乌苏里江事件中的进攻者。他们还呼吁华沙条约的每一个盟国向中苏边境地区派遣“象征性的军事部队”。罗马尼亚人阻止了这两个行动。

在我们参加巴黎会谈的新代表三月二十二日同北越人举行的第一次秘密会谈中，春水自动出人意料地咆哮说，美国想利用苏联和中国的分歧，这决不会得到什么好处。他声称，越南人将依靠自己。不论在华盛顿或在巴黎，美国都没有提出这类问题（虽然我在《外交季刊》发表的文章中曾作过推测）。但是春水坚持认为，尽管争论已持续将近十年，莫斯科和北京多年来都在援助北越；他毫不怀疑它们将继续这样做。

三月二十八日，在一项要求重新研究对共产党国家的贸易限制的指令中，我特别要求重新研究我国对“亚洲共产党国家”的贸易禁运。

四月三日，多勃雷宁返任。他曾读到关于我正领导审查对华政策的新闻报道（大概就是二月五日关于研究对华政策的指令）。关于这一点，他希望知道更多一些情况。虽然我们还没有同中国人建立任何来往，我还是给了他一个含糊其词的回答，暗示重建接触的选择已摆在我们面前。多勃雷宁提出，现在还有时间由两个超级大国来指导事态的发展，但是，不久它们可能就不会有这种力量了。他还说，对许多苏联人来说，看来台湾很可能成为一个独立的国家。我使尽全副本领，装作莫测高深的样子。我未作回答。

四月二十二日，我们驻莫斯科的大使雅各布·比姆把尼克松总统的一封信交给了柯西金总理，信中谈及美苏关系的许多问题；故意没有谈中国。可是，我们指示比姆口头说明，我们无意利用中苏之间的困难——当然，这意味着，如果我们愿意的话，我们是能够加以利用的。苏联接受了这一点。五月二十七日，外长葛罗米柯召见比姆，递交了柯西金的复信。葛罗米柯还口头说明，苏联也不会利用我们同中国之间的麻烦，而且，总的说来，美苏关系应该建立在“长远考虑的”基础上。

仍然非常模糊的三角关系，已经初露端倪了。

在这同时，中国并没有静止不动。四月一日，林彪——很快就被指定为毛的接班人——向中国共产党第九次全国代表大会提出政治报告说：

我们决不可因为胜利，放松自己的革命警惕性，决不可以忽视美帝、苏修发动大规模侵略战争的危险性……毛主席早就说过，人不犯我，我不犯人；人若犯我，我必犯人。它们一定要打，我们奉陪到底。中国革命的胜利是打出来的。

尽管报告的调子好战，但是是使人感兴趣的，而且确是逗人的、充满寓意的。报告强调，除非中国首先受到进攻，它就不会发动进攻，这样，就减轻了我们对中国会干涉印度支那的担心。报告指出，苏联和美国对中华人民共和国构成了同等的威胁，这就满足了实现三角外交的先决条件之一，即美国不应该被视为主要的敌人。

四月二十九日，我向总统递交了一份关于中国党代会的概况的报告。代表大会似乎反映了中国在内政、经济和社会政策以及政治权力等问题上继续存在着斗争。对外政策看来也是同样不稳定的，但是，中国人首先关心的是苏联、而不是美国，危险似乎正在增长。我告诉尼克松说：

政策方向尚未确定……报告重申了支持东南亚、印度和以色列的阶级斗争，但是未予强调。

贬低美国只是走走形式。

报告提到，中国拒绝了苏联提出的讨论边界问题的一项紧急要求，但是，他透露中国正在考虑是否进行边界谈判……

公开言论中一点也没有表明中国人担心马上会同美国或者苏联发生

战争。

谈到越南时是敷衍塞责的，中国人也没有同意朝鲜在最近的紧张关系中采取的立场*。

……代表大会没有对任何一个政府说句好话，而只对一个党——阿尔巴尼亚党说了些好话。道义上对其他共产党持严厉的态度和公开表示希望推翻非共产党邻国，这两种作法结合起来，看来只会赢得两方面的敌视。

不管我的分析有什么长远的意义，其中提到毛继续为整顿教育政策而斗争的部分，引起了尼克松固有的报复心理的反应。他在边上写道："亨(利)·基(辛格)：注意毛(也)对教育机构进行斗争。"

在党代表大会在北京继续进行的同时，四月十六至十七日在中苏边境又爆发了战斗，这次战斗发生在往西二千五百英里的新疆和哈萨克斯坦之间的边界上。四月二十五日，那里又发生一次战斗，五月二日，又有另一次。四月二十六日，苏联公开向中国提出了建议，恢复边境河流通航联合委员会的会议，这种会议从一九六七年以来就中断了。五月八日，苏联报纸透露，苏联军队在中国边境附近举行了军事演习。五月九日，国防部部长安德烈·格列奇科在纪念对德作战胜利二十四周年的命令中，把中国、美国和西德并列为苏联的主要敌人。

中国人显然感到了热度的上升，于五月十一日接受了苏联关于恢复河流通航谈判的建议。但是，在五月十二、十五、二十五和二十八日，沿阿穆尔河** 又爆发了战斗；而且，五月二十日和六月十日，在新疆边境又发生了冲突。在新疆发生的敌对行动打翻了我心中对谁是可能的进攻者的天平。最初，我也同意流行的看法，中国是一个更好战的国家。

---

* 指朝鲜击落美国一架 EC－121 侦察机的事件。见第十一章。

** 即黑龙江。——译注

但是，我看了一份详细的地图，发现新疆事件发生的地点离苏联的铁路终点只有几英里，而离中国的任何一个铁路终点却有几百英里。这使我认识到，中国军事领导人不会选择这样不利的地点发动进攻。此后，我对问题的看法就不同了。可是，如果苏联是进攻者，对我们来说则既是问题，也是机会。问题是，苏联对中国的全面入侵不仅会破坏地缘政治，而且也会打破世界上的心理平衡；这就会造成这样一种势头，以致出现无法阻挡的严酷局面。但是，对于一个我们既没有与之建立外交关系，又没有在任何一级建立有效的联系的国家来说，要为它出面抵制这种入侵不是一件容易的事。

机会在于，中国可能愿意重新进入外交舞台，这就要求它缓和以前对美国的敌视。在这种情况下，中国对我们在亚洲的许多朋友的威胁可能会减轻，同时，由于激起苏联对其漫长亚洲边界的关心，也会减轻欧洲受到的压力。但是，为了弄清楚这种可能性，我们需要同中国领导人建立某种联系。如果我们行动太快，或者太张扬——在“文化大革命”没有完全结束之前——中国人就可能拒绝这种行动。如果我们行动太迟缓，又可能会促使中国人怀疑这是苏美勾结，这可能驱使他们只好同莫斯科作现实的交易。我们考虑后认为，对苏联来说，我们选择中国可能有助于使苏联实行克制；但是，我们又必须注意不要操之过急而刺激它对中国发动先发制人的战争。而在国内，我们必须克服长期来形成的心理状态，即不是把中华人民共和国视为不共戴天的敌人，就是把它看成只与台湾问题有关的受伤害的国家。

在这一阶段，我主要关心的是要弄清楚政府中在提出些什么问题。根据我二月五日的指示，产生了一份由有关机构联署的关于中国的文件，国家安全委员会的研究小组五月十五日讨论了这个文件。文件对于一般性的中美双边问题给予了很多关注：台湾问题，接纳中国进入联合国问题，贸易和旅行问题，以及各种裁军计划；会议还讨论了我们在亚洲的相反的利益；所有这些讨论都是空对空的。没有谈到中苏紧张关系的全球含义和在三角关系中我们可能获得的机会。在我看来，会上似乎过分强调了中国的意识形态和所谓好斗，我在会上对这一点提出了质疑。我认为应该从不同的角度来提出问题。联署文件认为，美国的政策有一个基本的心理目标，即改变中国领导人的思想，使中国人的思想从好斗变为和解。这种看法无视了中国在力量均衡中的作用。一个周围都是弱小国家的拥有八亿人口的国家，不管谁在统治它，都是一个地缘政治问题。我们和中国之间的问题，哪些是由于它的面积和局势引起的？哪些是它的领导引起的？我们想从中国得到些什么以及我们怎样才能合理地影响中国的决策？我们怎样看待中苏关系的演变？我们能起多大影响？我们应该倾向哪一边？我还询问大多数克里姆林宫学家，我们同中国改善关系的努力会不会破坏我们同苏联的关系。历史表明，在两个敌对的伙伴之中，联合弱的一方更有利，因为这样可以遏制强者。

六月八日，苏联恢复了他们的外交攻势。勃列日涅夫在莫斯科的国际共产党会议上谴责了毛，并且鼓吹建立“亚洲集体安全体系”。他没有细说，但是，这样一个“体系”只能是针对中国的。六月下旬，苏联驻西欧各国大使展开了配合一致的行动，“揭露”中国对他们驻在国政府的政策，阻挠西欧各国承认北京。苏联还设法扩大它同亚洲非共产党国家的联系；甚至向台湾伸出了触角。在这个阻挠中国打破孤立状态的努力的运动中，苏联外交官暗示，为了利于孤立中国，苏联准备避免恶化同美国的关系。我把这些越来越多的迹象汇集起来向总统提出了报告：

> 我相信，这确实表明，苏联领导人越来越被中国问题所困扰了……它至少显示苏联在处理东西方问题上可能变得更灵活些……因此，苏联的关心最后可能归结为这样一点：如果他们在其遏制中国的政策中企图使我们恪守中立，即使不是使我们积极合作的话，那么事情可能会变得对我们有利。

总统在边上加了热情的评语，如：“这正是我们的目标。”他建议我们“巧妙地鼓励”所有被苏联敦促不要与北京建立关系的国家去建立关系（这是一个戏剧性的变化，因为在他就职典礼后五天他还抱怨过我们驻欧洲的大使）。

我们现在要加倍努力同北京建立联系。六月二十六日，总统给我一封信，说明我们应该鼓励长期以来关心中国问题的参议员迈克·曼斯菲尔德，鼓励他贯彻他的弄张签证去访问中国的计划。我把总统的指示推进了一步，敦促布赖斯·哈洛——当时他负责国会同白宫的关系——鼓励曼斯菲尔德把他的主动行动公开化。但是，还需要有一个更明确的姿态。修改我们对华贸易禁运的时机到来了。这种实际的改变并没有多大重要性，但是其象征意义却非常广泛。为实行这种微小的步骤而需要进行的绞尽脑汁的讨论，是衡量我们已经走了多长的道路的尺度。在三月二十八日对贸易禁运问题进行全面研究之后宣布了决定，我们决定把对华贸易作为一个专门问题来处理。六月二十六日，我签署了一项给有关单位的指示：“总统决定，在广泛的对外政策的基础上，修改我们的某些对华贸易管制。”由能干的埃利奥特·理查森主持的国家安全委员会副部长级委员会，被要求就如何实行总统的决定提出详细的建议。

最初，我们以为任何实际的执行都必须等到国会可望在九月通过经过修正的《出口管制法》之后。可是，理查森和我很快就认识到，如果我们等到那个时候，我们就可能赶不上亚洲的事态发展，这种事态发展看来正在走向高潮。我向尼克松指出，六月二十六日的指示确有漏洞，可能触发一场可能冲淡对中国的有利影响的国内辩论。当时还有美苏关系问题。我们料想，不管在什么时候宣布开始举行限制战略武器谈判；如果在这同时我们放宽对中国的贸易限制，我们就会招致美苏关系鼓吹者的指责，指责这是给苏联脸上一巴掌，而且我们还可能被指责为阻挠限制战略武器谈判。同样，如果在尼克松当时将要进行的罗马尼亚（中国的一个朋友）之行回来之后宣布这一决定，那么，罗马尼亚之行就会被认为具有“过于明显的反苏意义”。

理查森和我最后提出了三点建议：一、允许美国旅游者购买不超过一百美元的中国制的非商业货品；二、取消不让去中华人民共和国的禁令；三、允许向中国出口谷物。总统同意了前两项，但是在保守派参议员的建议下否决了第三点。在我们正准备公开宣布的时候，发生了一个可能破坏这个周密制订的计划的微不足道的意外事件。七月十六日，两个美国人驾驶的一只游艇在香港海面倾覆，他们乘救生艇漂到了中国领海，被中国人俘获。我和理查森决定，把宣布推迟几天，看看中国人会不会利用这次事件掀起反美运动。可是，中国保持沉默。一九六九年七月二十一日，即在总统就要出国作环球旅行的时候，国务院作了一个低调的、就事论事的宣布，即放宽（但不是取消）对中国的贸易限制和到人民共和国的旅行。这一宣布没有要求对等。中国人可能考虑到了这一点，因而未作正式反应。七月二十四日，中国人释放了两名美国游艇乘客。周恩来也知道如何采取不对等的行动。北京理解了。

这时候，尼克松开始了他的环球旅行。他在旅程中的每一站都打算为中国人留下一张名片。他开始传播这种信息，我们准备开始同北京来往。在印度尼西亚和泰国，他告诉两国领导人说，我们完全不同意苏联关于建立亚洲集体安全体系的建议。这是间接要中国人放心，同时也是一个警告，说明我们将反对苏联把影响扩展到东南亚。正像他向泰国总理指出的：“谈不上[美苏]共同统治的问题。”

尼克松对巴基斯坦的叶海亚·汗和罗马尼亚的尼古拉·齐奥塞斯库说话更自由些，因为他知道他们都对中国很友好。八月一日，尼克松在拉合尔对叶海亚总统说，他个人认为——他政府中的其他人和许多美国人完全不这样看——如果像中国这样一个大国继续处于孤立状态，亚洲就不能“向前进”。（看来尼克松似乎认为，如果他暗示他是不顾他的下属的建议而行事的，就会提高他在外国领导人心目中的形象。的确，他的下属如果知道他所干的事，一定会反对他的。至于这些习惯于等级制的领导人如何看这种自白，则要等他们自己将来的回忆录来说明了。）他强调说，美国决不会参加孤立中国的任何安排。他要求叶海亚把他的想法在最高一级转达给中国人。在这一天晚些时候，叶海亚安排在拉合尔的国宾馆，由不久前访华归来的空军元帅谢尔·阿里·汗向我介绍情况。阿里·汗认为，中国国内的动乱正在结束，中国很快就会设法结束自我实行的外交孤立状态。他还用同我们当时那些几乎是失掉理智的狂热理论家中间广泛流行的陈词滥调完全不同的语言，描述了中国的领导人。他认为他们是有教养的、务实的、说话算数的。

接着两天，即八月二日和三日，尼克松在布加勒斯特又向齐奥塞斯库总统重提他的话题。他再次强调反对亚安体系，理由是在亚洲建立反对中国的小集团是错误的。尼克松说，中国在二十五年内将有十亿人口。如果把它孤立起来，可能变为一个爆炸性力量。我们的政策是同苏联和中国都建立良好关系。他希望罗马尼亚同意充当通向中国的渠道。齐奥塞斯库表示，他愿意充当信使，他答应向中国人转达我们的看法，并把中国人的反应告诉我们。

同我们的预期相反，罗马尼亚渠道后来证明是条单行道。我们曾想，中国人可能宁愿通过共产党中间人同我们打交道。事实上，他们过于小心翼翼，以至不愿通过他们，可能是担心即使像罗马尼亚这样一个极力维护独立的国家，也可能受到苏联的渗透。

回到华盛顿后，我召见了巴基斯坦大使阿迦·希拉利，要巴基斯坦起作用，并建立一条可靠的渠道。希拉利出身于巴基斯坦的名门望族，长期担任公职，很能干。他的兄弟那时是驻华大使，后来出任巴基斯坦外交部常务首脑；希拉利的妹妹——在一个冷漠的社会里最初鼓吹女权的人——在五十年代是我在哈佛大学的学生。希拉利是一个精细的、思虑周到的人。我要求他向叶海亚总统重申，我们认为尼克松的信息只能在最高一级上转达给中国人；在这同时，巴基斯坦可以在随便什么时侯碰到很自然的场合出现时，以低调的方式转达我们的态度。我告诉希拉利，尼克松只把他和我之间的渠道作为对这个问题进行任何进一步讨论的唯一可靠的接触点。希拉利提出，叶海亚将待不久后周恩来访问巴基斯坦时把尼克松的详细观点告诉他。

八月八日，国务卿罗杰斯在堪培拉发表一篇重要演说，宣布我们希望改善同中国的关系。他说：

当然，我们认识到，台湾的“中华民国”和大陆上的共产党中国，都是生活中的事实。我们也知道，大陆中国终有一天会在亚洲和太平洋事务中起重要作用——但是，这一定不会是在它的领导人继续持这样一种内向的世界观的时候……

这就是我们在一直寻求打开来往渠道的一个原因。就在几天之前，我们放宽了美国旅客购买他们的货物的政策，并且正在批准去中国旅行的签证。我们的目的是消除我们关系中的刺激因素，并帮助大陆上的中国人记起我们过去对他们的友谊。

这样，八月底，我们就以单方面的步骤，通过中间人以及公开的声明与中国通了信息。所有这些，都是通过一系列临时的决定采取的。并没有在内阁一级正式讨论过对华政策。在八月之前，国家安全委员会也没有开会讨论过这个问题。在国家安全委员会开会之前，我对政府内部在应该如何根据我们的对苏关系来运用我们的对华关系这一问题上存在的不同观点，作了分析，并报告了总统。一种观点（我们可以叫它亲斯拉夫立场）争论说，苏联非常担心美中勾结，因此，任何改善对华关系的努力都会使苏美合作成为不可能。那些持这种观点的人认为，我们应该把改善对苏关系放在最优先的地位，为此，不应该设法增加同北京的接触。另一种相反的观点（一种现实政治观）争论说，苏联可能更愿意和解一些，如果他们担心不然我们就会寻求同北京接近。这一派力促我们扩大同中国的联系以制衡苏联。第三派“亲华派”争论说，我们同苏联的关系不应成为制定对华政策的主要因素，尽可能采取行动增加苏联的不安可能是有用的，但是美中关系的根本改变应根据其他考虑来进行。

毫不奇怪，我是站在现实政治派一边的。

一九六九年八月十四日国家安全委员会开会讨论这些问题的时候，什么决定也没有作。但是，总统以他的革命性的理论（我非常具有同感）使他的内阁同僚大吃一惊，他说，苏联是更具有侵略性的一方，如果听任中国在一场中苏战争中被摧毁，那是不符合我们的利益的。一个美国总统宣称一个共产主义大国、一个我们与之没有任何联系的长期以来的敌人的生存，对我们具有战略利益，这是美国外交政策中的一件大事。总统心里所以考虑到中苏战争，其原因是边境紧张局势的加剧引起了我们严重的不安。它还加强了我们这样的信念，即越来越迫切需要建立联系了。

关于战争的传言

八月八日，也就是罗杰斯发表堪培拉演说的同一天，苏联和中华人民共和国结束六月份开始在哈巴罗夫斯克举行的会谈，签订了改善边境河流通航的议定书。这远没有缓和紧张关系，看来反而促进了它们。几天以后，在新疆和哈萨克斯坦之间的边境上爆发了流血战斗。八月十四日，《真理报》报道哈萨克斯坦进行民防准备；八月十五日，新华社指责苏联进行战争准备，并且提醒中国人民也要作好战争准备。

关系紧张的信号越来越多，八月十八日，国务院的一名中级官员、苏联问题专家威廉·斯蒂尔曼同苏联大使馆的一个官员共进午餐。这个苏联官员突如其来地询问，如果苏联对中国的核设施发动袭击，美国会作何反应。我对这一点给予了充分严肃的看待，于八月二十五日在圣克利门蒂召开了华盛顿特别行动小组、即国家安全委员会紧急计划和危机处理小组委员会的会议。我要求他们拟定一个在中苏发生战争的情况下美国政府的应急计划。华盛顿特别行动小组拟出的计划不够完善，我又指定我手下的人成立一个小组来进行更好的研究。一个完善的计划在一九七〇年初出笼了，这个计划冷静而严酷地分析了我们防止战争爆发或者影响战争结果的可能性，这一点将在第十八章中加以论述。总统在国家安全委员会八月十四日会议上表示的我们不能听任中国被摧毁这一信念，已经不再是一个假设性的问题。如果这个大动乱发生，尼克松和我将不得不在政府中——而且可能是全国——对我们认为支持中国是战略上的需要这一观点得不到什么支持的情况下，来面对这种局面。

八月底，中苏宣传战明显地加剧了。八月二十八日，《真理报》警告中国不要再进行武装挑衅，并且要求全世界在为时不太晚之前认识到中国的危险。《真理报》还预兆不祥地说，"在当前拥有最现代的技术、有效的致命武器和发射这些武器的现代化手段的条件下，如果爆发战争，哪一个大陆也不能幸免"。同一天，中国共产党中央委员会发布公开命令，号召人们再次加强备战，包括加速在城市中建设地道。八月下旬，我们侦察到苏联空军在远东的一次停飞待命。这样一种行动将使所有飞机都同时进入高度准备状态，它往往是一次可能的进攻的信号；至少也是在一场紧张的心理对峙中发出的严酷警告。停飞待命在整个九月份都继续保持着。

在第二次世界大战爆发的三十周年纪念日，两个著名的苏联将军对北京磨刀霍霍。九月一日，苏联总参谋长兼国防部第一副部长马特维·查哈罗夫在苏联政府机关报《消息报》上发表文章，直截了当地追述了苏联在二十五天内摧毁日军七百万人的进攻。总参谋部高级军事学院院长斯·波·伊凡诺夫将军九月二日在《红星报》上发表的文章发出了同样的论调。

因此，我们把我们的态度表示得更明确些，表明我们对苏联的这些威胁不会漠不关心。八月二十七日，中央情报局局长理查德·赫尔姆斯在为一批外交记者举行的介绍背景的午餐会上，发表了讲话，透露苏联可能就它对中国的核设施发动先发制人的打击的可能性问题，向其东欧共产党同伙进行试探⑤。九月五日，副国务卿埃利奥特·理查森在美国政治科学协会在纽约举行的会议发表讲话说：

谈到共产党中国，不断改善我们的关系是符合我们自己的国家利益的。我们不打算利用苏联和中华人民共和国之间的敌对来谋求我们自己的好处。两个共产主义巨人之间的意识形态分歧不是我们该管的事。可是，我们不能不深深地关注，这种争论的不断升级会造成对国际和平与安全的巨大破坏。

对于美国来说，这样公开地关注对这样一个国家的威胁，这是又一个革命性的步骤。因为二十年来，它一直对这个国家采取敌视态度，而且在新政府上台后与之没有任何来往。

没有立即引起反响。九月十日，苏联驻联合国代表团的一个成员漫不经心地对一位美国代表说，苏联在军事上具有对中国的压倒优势，如果中国现在的敌视态度继续下去，一次军事较量可能是无法避免的。同一天，苏联的塔斯社指责中国从一九六九年六月到八月中旬，蓄意侵犯苏联边境四百八十八次，并且挑起武装冲突，参加的有二千五百名中国人。

九月十一日柯西金总理和周恩来总理举行戏剧性会晤时有一个小小的插曲。柯西金和周恩来曾分别前往河内吊唁胡志明的逝世。柯西金是经过印度而不是取道中国这条近得多的道路飞赴河内的，而且在周恩来到达之前就离开了。这一事实反映了他们两国关系的紧张。塔斯社曾报道柯西金离开河内回莫斯科。他飞到了苏联中亚城市杜尚别。这时，他的飞机突然改变了航程，取道一条从河内出发最远的道路飞向北京。他在北京机场同周的简短会晤是四年半内两国间的第一次最高级会晤。

很多人以为，意义重大的事件都会及时通知到高级官员。但不幸的是，官方的消息几乎总是无例外地要通过官僚机构检查的障碍，或者需要写一个提要，把事态发展置于某人的观点之下。而有一种情况并不是不经常发生的——经常到使国家安全事务助理的情绪波动——那就是，甚至总统也是从报纸上才得知一个重大事件的发生。柯西金和周的会晤就是如此。使我尴尬的是，在总统从《华盛顿明星报》上读到这一消息之前，我竟然没有能向他提供一些看法。他召见了我，并询问我的看法。我告诉他说，初步看来，关于会见的联合声明是非常冷淡的。声明中没有使用描述这种会谈的标准形容词是“兄弟般的”，这意味着有严重分歧。我揣测，中国人可能还邀请柯西金路过一下北京，因为他们认为使“温度降低一些”符合中国的利益。总统考虑这是不是意味着他们之间的缓和。我认为不是；在我看来，这是双方严阵以待，以准备下一个回合的斗争。

关于这次会晤的起因，有各种各样可能的解释。柯西金飞机的改变航向，可能是说明他的北京之行是由于中国人在最后一分钟提出的邀请。另一方面，给予柯西金的不过是起码的礼仪待遇——没有允许他离开机场，以及苏联先宣布了这次会晤，又可能意味着是苏联采取了主动行动。不管是中国想寻求和解也好，或者是苏联给北京的最后警告也好，有一点是清楚的：中苏关系在走向一个危机点。

九月十六日，伦敦《新闻晚报》登载了一篇预兆不祥的文章，证明了我的分析。经常放出试探气球的苏联“自由撰稿记者”维克托·路易斯——我们认为他很可能是苏联政府的一个发言人——在这篇文章中写道，“马克思主义的理论家”一直在讨论一场中苏战争的可能性，他暗示，如果这场战争发生，“世界只会在战争爆发之后才得知它”。路易斯提到了苏联对设在新疆罗布泊的中国核试验基地进行空中袭击的可能性。他还宣称，有一个反毛的地下电台正在中国广播，这证明了反毛力量的存在。它“很可能”产生一个领袖，这个领袖将会要求其他社会主义国家给予“兄弟般的援助”。路易斯指出，“过去一年的事态发展证明了苏联恪守这样一个理论，即社会主义国家为了自身的利益或者那些受到威胁的国家的利益，有权干涉彼此的事务。”

我们不能无视苏联对中国的进攻。这会打破世界的力量平衡；会在全世界造成这样一种印象，苏联正在实现它的统治。但是，美国直接作出反应不会得到我国舆论的支持，而且可能加速我们想要防止的事情的到来。

九月二十九日，我把到当时为止的前一个月来苏联的活动报告了总统，并且促请他，我们要作出更多的反应。我说：

我关心我们对这些试探的反应。苏联人对他们的对华政策可能还不十分确定，而我们的反应可能影响他们的打算。其次，苏联人可能利用我们来在中国和世界上造成这样一种印象，即我们正在秘密咨商，而且很可能对他们的军事行动处之泰然……我认为，我们应该表明，我们没有玩弄这些策略……

在总统还没有来得及就这些建议采取行动之前，新华社在十月七日突然宣布，中国同意在副外长一级重开同苏联的边界谈判。中国在一项和解性的声明里重申它愿意和平解决；它否认它要求归还十九世纪被沙皇俄国强占去的领土。第二天，中国公布了一项共有五点的建议，要求彼此从争议地区撤退军队。十月二十日，边界谈判在北京复会，由副外长瓦西里·库兹涅佐夫和乔冠华进行。

在我看来，中国在心理对峙中后退了。我写报告给总统说，我认为中国态度的变化可能有两个因素：越来越担心苏联的进攻和可能重新表明以周恩来为代表的务实派控制着外交政策。但是，我不认为发生了任何根本性的变化：程序性的协议是改变不了渊源深远的紧张关系的。在尼克松的批准下，我建议同埃利奥特·理查森共同探讨对中国采取某些新的行动。尼克松同意了。

正在这个时刻——并不使人惊异，巴基斯坦渠道突然开始出现了生机。十月十日，过去曾在拉合尔向我介绍过情况的空军元帅谢尔·阿里·汗，到访白宫我的办公室。他说，叶海亚已向中国人转达了关于我们愿意改善关系的大体信息，但是，现在他需要有些更具体的东西以便在周恩来访问巴基斯坦时转达给他。我把几天前同埃利奥特·理查森共同拟定的一个步骤告诉了谢尔·阿里。自从一九五〇年朝鲜战争爆发以后，有两艘美国驱逐舰奉命在台湾海峡巡逻，以象征我们对“中华民国”防务承担的义务。事实上，这两艘驱逐舰不是该岛防务的一部分；它们的作用主要是象征性的。理查森和我得到总统的同意，取消了常设的巡逻；而代之以由其他美国军舰每月轮流巡逻十五次，以表明我们继续对台湾的防务承担着义务。叶海亚总统可以把这一决定秘密地转达给共产党中国的大使。可是，他应该保证，中国不会误解：我们对台湾防务承担的基本义务并没有变，这只不过是一种消除刺激因素的姿态。我告诉谢尔·阿里说，一旦总统决定有某些更具体的事情要告诉中国人时，我将与希拉利大使接触。我把这些事报告了尼克松，他在我的报告结束的地方批道：“基——也要打开贸易可能性。”由于谢尔·阿里已经离开华盛顿，并且由于我不愿给人以求之过急的印象，我决定把这件事留待下一个回合。

十月二十日，多勃雷宁大使在同尼克松的谈话中，在转达了苏联愿意开始限制战略武器谈判的同时，还正式警告不得企图利用中苏紧张关系谋利。尼克松告诉他说，我们的对华政策并不是针对苏联的。同时，我们也不打算比苏联更愿意成为中华人民共和国的长期敌人。我们期望加速贸易，交流人员，以至最终建立外交关系。在这次谈话之后，我把我的估计向尼克松写了报告：

苏联人再次道出了他们根深蒂固的怀疑，怀疑我们为了向他们施加压力，而正在试图与中国拉关系。他们“事先”警告我们，任何这种想法都会导致严重的失算，而且会妨碍美苏关系的改善。你已经回答了这一点，我认为，给苏联过多的保证是没有好处的。在任何情况下，我们都不应该改变我们的对华政策。

我们没有改变。在确知我们的意思已经得到理解之后，十一月二十六日，我受权发出国务院建议的另一个信号，即把我们结束驱逐舰巡逻的决定透露给香港的中国官员。

这样，我们与中国人之间就开始了一场错综复杂的小步舞。这种小步舞安排得如此微妙，以至双方都能够总是说他们没有任何接触；如此风度优雅，以至任何一方都无需显出主动的样子；如此圆润周到，以至双方现存的关系都没有受到妨碍。从一九六九年十一月到一九七〇年六月，至少有十次美国驻国外的官员在外交场合下同中国官员搭了话。这同以前的情况大不相同了，以前，只要中国人一知道他所遇到的是美国人，他们就总是马上中断接触。在这些场合中，至少有四次是中国官员主动接触的。于是，接触开始超出社交性的闲聊。一九六九年十二月，我国驻香港的副总领事从一位可靠的中间人那里，听到了一位共产党官员的“个人”意见，即美国和中华人民共和国之间的一切分歧得花长时间去解决，而在一九七三年之前，可以先建立某种形式的关系。

我们自己采取了一次主动行动。九月九日，在战争谣诼盛传的时候，我们驻波兰的大使沃尔特·斯托塞尔对总统作了一次例行的礼节性拜会。我于一九五九年同斯托塞尔相识，当时他作为一个研究员在哈佛大学的国际问题研究中心任职。我认为他是最优秀的外事官员之一——有专业知识，勤于思考，办事周密谨慎。当我们在等待见尼克松的时候，我请斯托塞尔在有他和中华人民共和国大使都参加的下一次社交场合，同后者进行接触，告诉他我们准备进行认真的会谈*。

有三个月的时间没有什么事情。到了十二月三日，斯托塞尔终于在

---

* 后来证明，“文化大革命”召回了这位大使；在华沙的最高级官员是临时代办。

华沙文化宫举行的南斯拉夫展览会上，碰上了中国临时代办雷阳。当斯托塞尔向雷阳走去的时候，后者后退，下了一段楼梯。斯托塞尔追踪而至，并通过雷的波兰语译员向雷转达了他的信息。为了让中国人了解，斯托塞尔的接触并不是他个人特殊的行动，我们要国务院发言人在下次例行的午间记者招待会上宣布斯托塞尔和雷交谈了几句。多年之后，周恩来告诉我说，我们差一点使这位尊贵的代办得了心脏病，雷阳完全没有得到指示如何应付这种意外情况，他躲开斯托塞尔，是因为他不知道该如何对付他。

可是，周恩来知道。十二月六日，中华人民共和国释放了自从二月十六日因为其游艇误入中国广东省海面而一直被拘留的另外两个美国人。*

一九六九年十二月十一日，斯托塞尔大使被邀请去中国大使馆——这是自从共产党人在中国接管政权以来在所有中美接触中第一次发出的这种邀请，这使我们大吃一惊。斯托塞尔答复说，他将高兴地、小心地从后门进入大使馆；中国人告诉他说，这种安排是不必要的；完全可以走正门(可能是为了免得使苏联情报人员漏掉这一机会)。斯托塞尔真的从正门进去了，并在“融洽的”气氛中会见了他的中国对手，正像国务院发言人罗伯特·麦克洛斯基在第二天宣布的那样。斯托塞尔建议恢复华沙会谈；没有谈到其他问题。双方同意，月内再会见一次。

斯托塞尔的这次接触是正规的国务院机构第一次参与实行对华外交。副国务卿埃利奥特·理查森、助理国务卿马歇尔·格林、他们的助手和一些高级研究人员，对于在国家安全委员会系统中所完成的各种研究作了重大贡献，他们能干地制订了放宽贸易限制的各种计划。但是，国务院作为一个机构，并没有参与全面的战略，而且也没有办多少外交。现在，它的官僚机构却活跃起来了，不是致力于分析研究而是抓谈判，看着各种研究报告来而复去，它不愿就各种方案展开争论；可是却

---

* 这是同在本章所叙述的七月插曲无关的另一件事。

拼命在对驻外使节发指示。他们深信，发电报就会使政策得到最有效的执行。考虑到大多数谈判都要求能较快作出反应，因此，把外来者(例如总统，或者甚至国务卿)的干预保持在最小限度是会有更多好处的。

华沙会谈在国务院引起了各种各样潜在的反应，首先听到的是那些专门研究美苏关系的人的反应。这些人深信超级核大国掌握着和平与战争的钥匙，他们要求把这种关系可能遭到的风险保持在最小限度；他们看不见重新接近中国会得到的好处。相反，他们认为，三角关系将会打乱在他们政策范围里的一切预见性。这些人认为，改善对华关系可能实际上会改善对苏关系的这种看法，不是荒唐就是乱来*。这批人精神上的领导人是国务院最卓越的苏联问题专家，有才学而忠诚的前驻苏大使卢埃林·汤普森。早在六月间，汤普森和他的一个同样卓越的同事查尔斯·波伦在听说我们打算放宽对华贸易限制时，就主动拜会了总统，勇敢地提醒总统不要“利用”中国反苏，说这不会有什么好处，而只会给美苏关系和世界和平造成不幸后果。当然，我们并未预见到事情会有如此严重，以至是“利用”中华人民共和国来反对苏联；我们只想能鼓舞双方都改善同我们的关系。尼克松按典型的老一套行事——当着他们的面，表示理解他们的意见；而当他们一离开房间，就马上讥笑他所认为的外交机构里的不可救药的没主见的家伙。

在得知华沙会谈很快就要恢复之后，卢埃林·汤普森要求向多勃雷宁通报我们(与中国)的一切接触。罗杰斯把这个建议转告了我，并且说他不同意这个建议，但是，希望“总统能有机会加以考虑”。我表示强烈反对。由于苏联人从来不向我们通报他们同中国人或其他国家接触的情况，我认为没有理由给它以单方面的礼貌或无代价的保证。我还认为

---

* 这一点在国务院九月间提交国家安全委员会研究小组的报告中表露如下：苏联可能真的会容忍美国同北京和好，可是这种和好只会在美苏关系中引进刺激因素。不但如此，如果中美关系真的得到了重大改善，苏联就很可能在国内和国际事务中采取更强硬的方针。要预见中美关系改善的好处在哪一点上会被美苏关系的紧张所抵销是不可能的。但这一临界点几乎肯定是存在的，这一事实就使我们在采取行动改善对华关系时要多加小心。

没有必要给俄国人提供机会，使他们可以向北京夸耀说我们向他们通报了(我们同北京接触的情况)，从而从一开始就增加中国人的怀疑。尼克松同意我的意见。十二月十二日，我告诉罗杰斯说：“总统……要求在任何情况下我们都不得向多勃雷宁通报会谈的情况或会谈的内容。如果多勃雷宁问到，我们可以若无其事地回答说，会谈只涉及双方关心的问题，而没有其他。总统关心的是，下级机关在非正式的谈话中不要越出这样一个限度。”

不幸的是，官僚机器的另一个分支也在加班工作。国务院通过一个奇妙的交换系统在行使着它的职权，经过这个系统，国务院的各种下属机关以及外国政府被或多或少地自动告知了重要的事态发展。这样做的动机是多种多样的：确保重要官员了解可能同他们履行职责有关的事件；制造一种参与其中的感觉；使神经过敏的盟国放心；有些时候——在一个情报就是权势的职业中——制造一种互相交换情报的义务。困难之处在于，这些很好的准则也往往从属于虚荣心或官场威望的极为短浅的考虑，而且又得如此经常地执行，以至高级官员们感到很难加以控制。在几天之内，事情就变得很清楚了，国务院把华沙会谈的情况通知了我们驻东京、台北和莫斯科的大使馆和驻香港的总领事馆。英国、澳大利亚、加拿大、法国、意大利和新西兰等国的政府不是在事前就是在事后得到了斯托塞尔会晤情况的通报。一方面每个人都得到警告不得公开发表意见，另一方面这样一则非常津津有味的消息的传播，一定会扩展到整个外交界。当我向总统谈到已发生的情况的时候，他叹息地说：“我们将使这个婴儿胎死腹中。”对华外交被逐步置于白宫的控制之下，其主要原因就是难以控制一个巨大的官僚式的传递机器。

十二月十九日，我们采取了另一个主动行动。在《联邦记录》上发表的一篇低调声明里，宣布了进一步放宽贸易限制：取消只准旅游者最多购买一百美元货物的规定；允许美国公司的国外子公司同中华人民共和国做生意；改由政府来鉴定什么样的艺术品是中国制造的，从而放宽艺术品的进口。

突然之间，一切渠道好像都出现了生机。十二月十七日，罗马尼亚第一副外长乔治·马科维斯库会见了我，说明了中国对尼克松同齐奥塞斯库的谈话的反应。中国人非常有礼貌地听取了谈话；他们说他们有兴趣同西方实行关系正常化；当前，他们没有什么具体的信息要转达。中华人民共和国似乎说明了两点：它愿意进行接触，但是不一定通过罗马尼亚这个渠道。两天之后，阿迦·希拉利大使转来了巴基斯坦渠道的最新消息。他要说的多得多。宣读了一封亲笔信——为保密起见，巴基斯坦渠道的一切信息都是用这种方式来传递的——希拉利报告说，叶海亚已把我们愿意改善关系和决定不再让两艘驱逐舰在台湾海峡巡逻这两件事都告诉了中国大使。中国大使最初反应很冷淡，并对美国的动机进行攻击，但是，几天之后——显然是从北京得到了指示——作了一个较和解的答复。他表达了北京对巴基斯坦所起作用和所作努力的谢意。希拉利说，中国人在十二月六日释放两名美国游艇乘客是对我们的主动行动作出的具体反应。

总统为使对话继续，就美-巴关系向叶海亚写了一封长信。在谈到中国时，尼克松写道："你知道我愿意设法同中国领导人进行更有意义的对话。最好这是一个慢慢来的过程，但是我决不放弃它。"当我于十二月二十三日把这封信转交给希拉利的时候，他又接到了叶海亚的另一封信，他在信中向我们通报了他的"印象"(用外交辞令说，就是来自一位高级中国官员的不具名的信息)，即中国人愿意没有先决条件地恢复华沙会谈。很明显，中国人赋予巴基斯坦渠道以特殊的价值。在中苏关系中，巴基斯坦的地位比罗马尼亚简单。

三角政治

因此，到了一九六九年底，美国同共产党世界的关系就慢慢演变成三角关系了。我们不认为我们打开通向中国的路就一定是反苏。我们的目的是清除对外政策中的一切感情用事。我们没有理由把我们同主要的共产党国家的接触局限于苏联。我们同中国接近并不是要赎四十年代后期我们对华政策的大量罪过，而是要塑造一个全球的均衡。它并不是要勾结起来反对苏联，而是给我们以均等的地位用来从事建设性的目的——使两个共产党大国都能同我们保持较好的关系。这样一种均衡可以保证大国之间的稳定，甚至在七十年代和八十年代终于实现合作。

十二月十八日，在东厅举行的一次年终记者招待会上，我试图说明我们对两个共产党大国的总的方针："我们一向都表明，我们没有永久的敌人。我们对其他国家——包括共产党国家，特别是像共产党中国这样的国家——的判断，将以它们的行为为依据，而不是以国内的意识形态为依据。"我在讲话中赞扬了使我们的对苏关系得以发展的那种求实风格，而不再出现意气用事的宣传，而后者正是以前交往中的特点。我们愿意进行严肃的谈判。我们愿意进行仔细的准备，但是我们坚持这必须是相互的。我们准备同苏联领导人举行最高级会谈，但是我们要求这种会谈一定要取得相当的进展，而不是为举行最高级会谈而举行最高级会谈，我用更带哲学性的腔调谈了中国，因为我们还要走更长得多的道路来复活两国的关系：

中国人民显然是一个伟大的民族。在现有文明的地区里，他们有着最悠久而未曾间断过的一套统治记录；其次，八亿人民代表着人类的百分之二十五，是一个不容忽视的因素。不管我们打算做什么和采取什么样公开宣布的政策，他们都会给国际事务以影响，他们是一个现实。不管他们的政策是好是坏，都将决定和平和进步的可能性。而且不管我们要做些什么，都是这样。

……如果说第二次世界大战后初期一个紧迫的大问题是避免出现动乱的话，如果说今后二十年的一个大问题是建立一个较为持久的和平的话，那么，单单是无视八亿人民这一件事，在我们看来就不可能建立和平，而这种和平与我们所说的避免危机是有所不同的。

我们也不能过高估计我们对他们采取单方面行动的作用。

他们将根据他们的概念和需要来作出他们的决定。但是，他们的行动可以受到我们行动的影响，因此，我们准备同他们进行对话。

十二月二十二日，我同多勃雷宁有一次私下的年终回顾。我很有把握地认为，他将会提出中国问题，我写出了我的答复请总统批准，总统同意了。我写道：

我将重申

1. 我们不接受这种意见，即长期敌对是美中关系不可改变的法则；
2. 我们的政策目的不是反苏；
3. 在中苏争端中，我们不站在任何一方。

我没有料错，多勃雷宁果然再次提出了中国问题，问我们做了些什么，中国有什么反应。我避开了他的问题，只提出了我准备好的一般性保证。

到了一九六九年底，甚至当中国通过恢复关于边界争端的时断时续的对话来抵挡一阵苏联时，它也已作出要与美国接触的决定。

一九七〇年初，中国同意举行另一次非正式会晤，在这次会晤中，斯托塞尔要提出正式恢复华沙大使级会谈。会晤定于一月八日在美国大使馆举行。为准备这次会晤，同国务院发生了又一次小的争吵。总统和我都很想利用这次机会告诉中国人，不论是在亚洲或任何其他地方，美国都不会同苏联实行共同统治。我们想要中国人直接听到到那时为止我们只是通过第三方对他们所说的话。那时还存在这样一种危险，如果美国外交官没有能够重述总统和我通过中间人再三说过的话，我们就会破坏我们的秘密渠道的信誉。

东亚和太平洋事务助理国务卿马歇尔·格林反对这一点，他争辩说，在专门讨论程序问题的会议上，我们应该避开实质问题。这种反对无疑还有更深刻的原因：不满白宫的干预，在东亚问题专家中存在这样的看法，在对苏关系中没有必要掺杂地缘政治的考虑；还有一种可能是，在那些习惯于把中国看成主要威胁的专职人员中，对打开通向中国的路仍持谨慎态度，再不就是对麦卡锡时代那些主张对共产党中国采取大胆步骤的人所受到的严酷迫害记忆犹新，心有余悸。

终于，一月八日的华沙会晤进行得非常顺利。中国代表乘坐一辆悬挂着中国国旗的高级轿车招摇过市地到达美国大使馆。程序问题顺利解决。双方同意恢复两国大使间在华沙的正式和定期会晤。总统关于不谋求联合统治的信息也传递了过去，双方都避免争论（虽然中国新闻界还在继续向公众报道尼克松政府的罪恶）。中国人接受了轮流在两国大使馆举行会晤的原则。下次会晤定于一月二十日在中国大使馆举行。雷阳建议会晤应予宣布。

这样，在总统就职后一年的那一天，中华人民共和国同美国之间将要进行两年来的第一次具体对话。但是，这些对话不同于在这之前举行的一百三十四次会晤。它们经过了历时数月互通信息的耐心准备，开始是间接地、后来就越来越明确地表示愿意使我们的关系作根本性的改变。我们前面仍有很长的道路要走。但是，我们终于到达了山脚下，从而使我们能够再用十八个月的时间越过山去。

这是一个大有希望的时刻。除了三角外交可以带来的好处之外，还有其他一个理由是越南。向中国开门可能帮助我们结束那场战争的苦恼。春水在三月二十二日的爆发生动地表明河内对其两个主要盟国之间的不和上升非常敏感。中苏冲突使河内的境况变得困难了，除了其他原因之外，有一个实际的原因是，苏联给予它的军事援助，很多都要经过中国大陆由火车运输，因此，需要中苏之间有某种最低限度的合作。河内可能意识到中苏的不和会给我们提供回旋的余地，像在一九七二年发生的那样。而且，有助于弥合我们国内分裂的任何主动行动，还会剥夺掉河内手中的重要资产之一。

我们对中国的主动行动在国内的影响具有更深远的意义。越南问题的苦恼看来已使人们对于执行一项创造性政策的可能性陷于绝望，使人们对卷入国外事务产生了厌恶情绪，而且在某些人中产生了自暴自弃心理。以合乎人情的条件戏剧性地结束同这个伟大民族的隔绝，以及这件事对全世界和平前景的含意，将会像是吹来一股新鲜的空气，并且重新使人认识到美国作为一个世界领袖所能够完成的事情。在一场意见纷纭的战争中这样做还会向我们自己以及别人证明，我们仍然是世界事务中的一个主要因素，能够大胆而有技巧地采取行动，以促进我们的目标和一切仰赖我们的人们的福利。

注释：

① 《美国新闻与世界报道》，一九六八年九月十六日，第四六页。

② 《选择的必要性》（纽约哈泼兄弟出版公司，一九六一年），第二〇二页。在一九六五年出版的我写的关于欧洲问题的书里，我认为戴高乐总统把中国视为一个必要的制约苏联的力量这一概念，有某些值得赞许之处，虽然我又倾向于认为，对美国的“全球责任”来说，中国是一个客观的问题。《麻烦的伙伴关系》（纽约，麦克格鲁-希尔出版公司，一九六五年），第五九至六〇页。

③ 我们所知道的在乌苏里江上发生的大部分事情，都是根据双方发表的声明。托马斯·罗宾逊在一九七〇年八月由朗德公司出版的《中苏边界争端：背景、演变和一九六九年三月的冲突》一书（RM－6171－PR），对这些说明作了分析。还可参考内维尔·马克斯维尔所著《中国对一九六九年珍宝岛战斗的说明》一文，见《中国季刊》第五十六期（一九七三年十月至十二月），第七三〇页。

④ 马克斯维尔著《中国对一九六九年珍宝岛战斗的说明》，第七三一页。

⑤ 见一九六九年八月二十八日和二十九日《华盛顿明星报》。该报认为，由于它没有被邀请参加午餐会，因此，它可以不受约束而破坏介绍“背景”的规则。

第七章 防务政策与战略

防务与战略平衡

在整个历史上，各国的政治影响大体上是跟它们的军事力量相关联的。尽管各国在其制度的道义价值和威望上各不相同，外交技巧可以增加而决不能替代军事实力。说到底，软弱总是招引侵略；虚弱无力的结果是放弃政策。有些较小的国家短时期内在世界范围内起过重要的作用，但是它们只有在国际均势的安全范围以内行动时才能起这样的作用。力量均势，这个在美国政治著作中备受诽谤的概念——使用时很少不在它前面加上“过时的”这个轻蔑的字眼——实际上是和平的前提。当然，计算力量只是政策的开端，不可能是它唯一的目的。事实仍然是，如果没有实力，那么就连最高尚的目的也有受人摆布的危险。

这对美国人来说是需要学习的艰难的一课。在两大洋的保护下，一个多世纪来我们深信，我们不必讲战略问题。在大国中间，只有我们设想，我们可以凭纯洁的动机得胜；我们对世界的影响似乎跟自己的实力没有什么关系。我们总是在孤立与愤然卷入之间摇摆，而不管是孤立还是卷入，我们都是从道义的角度来考虑问题。甚至我们的军事努力也有抽象的特色，我们更多地注重后勤而不是地缘政治。在我国的历次战争中，我们一般地是用资源的力量而不是用果敢大胆或战略概念来拖垮敌人。

到六十年代后期，我们再次受到撤退的诱惑。一场拖延不决的战争引起的苦闷，使有些人认为：我们的问题是由于我们在全世界管得太多而引起的。原来针对越南战争的批评，很快扩大到我国全部军事计划和义务。明达的舆论曾经支持我国在战后一个世代里开明地卷入世界事务，可是这时似乎急剧地转过来反对了。

这样，我国和其他自由国家人民就有陷入岌岌可危的处境的危险。欧洲和日本的政治稳定，拉丁美洲、非洲和亚洲发展中国家的未来演变，将取决于美国是否拥有跟它目标相适应的力量，以及人家是否认为它有能力保卫自己的利益和朋友的利益。如果越南战争销蚀了我们愿意用军事实力来支持自由国家人民安全的意志，那么无法计算的千百万人就要陷入危险。

技术，连同以前深思熟虑后作出的决定，正在改变着战略平衡的性质，不幸，正在这种时刻，我们国内的痛苦也最为剧烈。在整个战后时期，苏联在常规地面部队方面享有巨大的优势。但是，苏联的军事能力有两个缺陷：苏联力量能够达到的地方，相对地说来是不远的；它实际上被限制在与苏联毗连的地区内。而美国战略核力量的优势是压倒性的。苏联不敢贸然发挥它的局部优势，因为它害怕碰到美国的核优势。苏联尽管偶尔也吓唬一下，但是它从来没有使用它巨大的常规力量来对付同美国结盟的国家，其主要原因就在于此。我们时代一件可笑的事情就是，自从一九四五年以来，苏联只对它自己的盟国才大举使用了红军（一九五三年在东柏林，一九五六年在匈牙利，一九六八年在捷克斯洛伐克，一九六九年在中苏边境）。

但是，到六十年代后期，战略核均势趋向于相等。这本来应该改变我们战后全部的战略设想。不幸，正当在我们全国应当集中讨论这种新形势的含意的时刻，我们所有的防务计划却受到越来越多的攻击。这些计划受到诋毁，说是过分了；说责任在于鲁莽的领导人；还批评这些计划助长了危机和冲突。

六十年代当政的政府有意识地决定接受战略武器的均等，它们认为这是不可避免的；但是接受均等，也就加速了均等。在六十年代，美国自动停造陆基洲际弹道导弹和海基潜艇发射弹道导弹，我们没有建造另外的战略轰炸机的计划。当时决定维持一支由一千零五十四枚陆基洲际弹道导弹、六百五十六枚潜艇发射弹道导弹和约四百架 B-52 轰炸机组成的战略力量。我们是在我们的战略力量远远超过苏联的时候确定这些最高限额的。但是，苏联部分地是由于它在一九六二年古巴导弹危机中受到的屈辱，作出了巨大的努力来全面扩大军事力量。即使这种情况变得很明显的时候，这些最高限额也没有予以改变。

按美国人的说法，古巴危机被认为是美国的一个伟大胜利。的确是这样。但是美苏两国政府从这里得出了截然相反的结论。在美国政策方面，这种胜利造成了对军备控制和缓和的追求，《禁试条约》和《不扩散条约》就是例证；并且决定一旦我们的导弹达到了一定的数目，我们就停止制造。相形之下，在苏联，赫鲁晓夫在古巴遭受的屈辱是他两年后倒台的一个原因。苏联对古巴事件的反应体现于瓦西里·库兹涅佐夫对约翰·麦克洛伊所说的一句尖刻的话：“你们美国人永远无法再对我们干这种事了！”①这是一九六二年年底说的，当时这两位老资格的美苏外交家正在谈判从古巴撤走苏联武器的细节问题。苏联随即倾全力实施一项坚决的、系统的长期计划，扩充所有各种军事力量——导弹和轰炸机、坦克、潜水艇和战斗机，提高其工艺质量，使其射程达到全球。一九六二年的古巴危机因此是一个历史性转折点——可不是出于某些美国人得意洋洋地设想的原因。

在古巴对峙事件后三年，即一九六五年，苏联的战略武器库内，有大约二百二十枚洲际弹道导弹和一百多枚潜艇发射弹道导弹。到一九六八年，数目增加到将近八百六十枚洲际弹道导弹和一百二十多枚潜艇发射弹道导弹。到一九七一年，苏联人赶上了我们——而且他们继续制造。我们对他们计划作出的估计，结果总是偏低。杰出的分析员艾伯特·沃尔斯泰特令人信服地表明，六十年代流行的看法——即说五角大楼夸大了苏联的计划来争取更多的拨款——恰恰与实际情况相反。五十年代和六十年代的美国计划人员一贯低估苏联实力的增强。② 苏联的计划总是处于我们所作各种估计的最高水平——不是被说成是“极其可能”的事，而是作为“最坏的情况”提出来的。苏联人不是像有些人所期望的那样，一旦达到同我们相等就停下来，而是继续制造——直到一九七二年由于签订《限制战略武器条约》时才停住，于是他们转而大力提高质量。

美国人在约翰逊政府时期对苏联加强实力的反应是双重的。我们作出过一个决定要建立一个反弹道导弹防御系统，但是这个决定是惊醒过来的国会迫使约翰逊政府作出而留给尼克松实施的。在进攻方面，我们的前任不是使导弹数目与苏联的相当，而是决定研制多弹头分导重返大气层运载工具弹头，来增加我们现有的每一枚导弹的进攻力量。美国装有多弹头分导重返大气层运载工具的导弹第一次飞行试验是在一九六八年进行的。我们的前任还决定我们的战略力量的基础是轻量的然而是高度准确的导弹，即民兵式洲际弹道导弹和海神式潜艇发射弹道导弹。(苏联作出了相反的决定，它着重制造比我们的导弹大得多的导弹，从而能够投掷重得多的有效载荷。随着苏联技术的提高，它在数目和有效载荷方面的优势将由于准确性的提高而得到加强。)这样，约翰逊政府的决定确定了我们整个任期内我国导弹的数目和大小。这是因为，就大多数新武器来说，从设计到投产这段时间至少是六年，而且因为国会在越南战争结束之前一直抵制新的计划。因此我们作出的决定没有一个能够在七十年代中期以前生产新武器。而且国会的反对有更进一步延迟新武器生产的危险。

这样，我们在四十年代和五十年代所享有的那种压倒优势无情地受到销蚀，我们的陆基力量先是降到与苏联相等，最后变得经不起打击了。苏联导弹的有效载荷较重和他们在数目上即将取得的领先，暂时可以由我们技术上的优势所抵销。据认为，我们在研制多弹头分导重返大气层运载工具方面至少领先五年；我们的导弹的准确性仍然占优势，这在计算一场假想的核交锋时是一个关键性的因素。我们维持大致相等的战略平衡的能力还没有受到危害——如果我们的技术优势得到充分利用的话。我们可以部署反弹道导弹系统来保护我们的城市或导弹场地。我们还可以加速初步工作来制造更先进的轰炸机（后来叫做 B－1），新的潜水艇和潜艇发射的导弹（三叉戟）以及新的洲际弹道导弹。在一九七八年后，我们就会处于强有力的地位，如果在七十年代初期开始的所有计划都能坚持下来的话。我们采取了这一切步骤，但是每一个步骤在国会、在新闻界都受到攻击。我们在战略上的两难处境是，没有这些未来的武器系统，我们的战略力量就会越来越容易被摧毁；即使有了这些系统，我们的长期安全要求也在改变。

因为即使达到平等，或者略占优势，任何新政府也会面临前所未有的挑战。我们在自己占优势的时期制定的防御战略，必须根据新的严峻现实来重新加以审查。要不了太久，一场全力以赴的核交锋可以使美国遭到几千万人的伤亡。于是存在着一种毁灭平衡；即便我们造成伤亡的能力一时超过我们敌手的这种能力，我们不愿采用核战争的心理肯定会急剧发展。美国愿冒最后决战的风险去保卫盟国的保证，其可信性一定会成为疑问。这就提出了一些紧要的问题：我们怎能维护那些处于苏联日益扩大的核武器库以及地面部队（也在增加）的阴影下的盟国的独立和自信？对于使用我们的核力量，我们应该采取什么战略。如果一场全力以赴的热核战争变得过于危险，那么有限地使用核力量，是否仍然可行？

防务辩论

这种问题在最好的情况下也是难以回答的。不幸，六十年代后期和七十年代初期不是一个可以对战略问题进行冷静的、理性的分析的时期。对越南战争的激烈的批评扩大成为对整个防务体制的攻击。的确，有人认为攻击防务预算是迫使东南亚战争结束的一种方法。“重新安排国家事务的轻重缓急次序”，从防务转到国内计划上来，这变成了这个时期的口号；这是要求大砍国防预算的委婉说法。在艾森豪威尔任期间嘲笑他的语法结构和领导能力的知识分子，现在很快就把他一九六一年警告不能允许所谓军事-产业复合体过于影响美国生活的话看作是至理名言。武器——特别是我们的武器——被认为是造成紧张局势的原因而不是紧张局势的征候，因为据说是我们的计划触发了苏联的反应，而不是苏联的计划迫使我们作出反应。美国政府说，苏联加强军力使我们面临一个真正的防务问题，这种说法受到嘲笑，说这是“五角大楼宣传机器”③的标准产品，每年唱一阵来影响国会的预算决定。战略武器竞赛已经同过去的任何竞赛都不一样了，这种正确的观点变成了这样一种说法：任何用于战略力量的新拨款都是荒谬的，因为已经有了足以把人类毁灭几次的武器。一九六九年三月由十位参议员和将近四十位众议员组成的一个两党委员会召开的讨论“军事预算与国家事务的轻重缓急次序”的会议很能说明时代的特征。出席这个会议的有卓越的学者、科学家、前政府官员以及国会两院的议员。他们的报告后来以《一九七〇年美国的军国主义》为题发表，报告的结论是“我们的国家势将成为一个寻求国家安全的国家”。④由八十名两党议员组成的“国会议员通过法律争取和平组织”在七月份发表了一项报告，攻击六个主要的武器计划，其中有反弹道导弹系统，用《纽约时报》的话来说，这是“把反弹道导弹系统辩论的势头发展成为对军事开支的广泛得多的攻击”⑤。一切有关军事的东西都受到了攻击——计划、预算、战略理论。一个反对反弹道导弹系统防务的整版广告，用了一个讽刺性的标题：“来自那些制造越南战争的人：反弹道导弹系统。”⑥

人们谈得最多的越南战争的“教训”是，美国必须减少它的海外义务。这造成了一种印象，似乎我国在国外的军事部署，不是遏制了侵略，实际上是鼓励了侵略。据说，撤回海外的美国军队，全球性冲突的发生率就会降低，使降低防务开支成为可能。根据同样理由，削减军事预算，就可以迫使政府减少其在国外的卷入。另外一个好处是，钱就可以腾出来用于国内福利计划。

这种认为削减防务预算可以加强安全的奇谈是肯尼迪-约翰逊政府的两名前官员在一九六八年底写的文章中表示的。这两位是约翰·肯尼迪手下的前负责国家安全事务的副助理、名声很大的普林斯顿高级研究院当时的院长卡尔·凯森以及约翰逊的预算局局长查尔斯·舒尔茨。⑦凯森论证说：

新的政治现实和技术现实，说明主要用增加军事实力的办法来谋求安全是无效的；说明政治因素、关于武器控制的安排和协定越来越重要。的确，如果在今后五年内重视这些因素，那么，较之我们继续在一种根本改变了的形势中奉行我们过去的政策路线，我们会有更好的前景来达到较高水平的真正安全——这就是说，只要武装力量和军事预算比现在的低三分之一，美国及其重大利益受到损害的风险就会降低。简单说来，限制武器、限制军事部署和控制武器的方针，不但比继续搞武器竞赛和军事对抗的方针要便宜些，而且更安全些。

舒尔茨的结论是，如果越南战争结束，国防预算每年就可以减少二百亿到二百二十亿美元。但是他担心，这笔“和平红利”有被已经在进行的采购主要的新武器的做法吞掉的危险。他因此力陈在批准新计划方面保持最大的警惕。凯森认为、舒尔茨也表示同意：如果限制战略武器会谈取得进展；如果我们的常规力量削减到更有节制的规模，体现为缩减美国的对外义务，那么，在这笔所谓的和平红利之外还可以省出一百五十亿到一百六十亿美元。

这样，批评家们从即将来临的核均等中得出了一个令人惊异的结论：我们应该削弱我们已经大大处于劣势的常规部队。他们认为，越南战争的结束不是一个补足长期遭到忽视的采购的机会，而是一个削减我们国防预算的时机。只有在外来危险减少或现有的力量过多的时候，进行这些削减当然是有道理的。这些明确的论点是三位哈佛大学教授在一九七〇年一月提出来的：

现在还看不清楚，（常规）力量是不是能够起遏制重大的非核冲突的作用，或者由于这种冲突有充分的可能发生，因而就把这种力量置于准备状态。只有军事计划人员（职业使他们相信会发生最坏的偶发事件）今天认为苏军很有可能突然开过德国北部平原，红军很可能向北大西洋公约组织的地中海侧翼发动突袭，甚至共产党中国很可能突然袭击缅甸或泰国。美国非核力量在那种看来的确很可能发生的小规模战争中能够起到什么作用，同样也是不清楚的。⑧

文章并没有讲苏联发动常规进攻的可能性，是否可能在某种程度上受到对方的部队的多寡的影响；文章只是断定，由于过去没有发生过侵略，所以将来也不会发生侵略，因此我们正维持着的部队是不必要的。

当然，威慑自身有一个问题，即人们永远不能证明，是什么东西阻止了侵略。是我们的防御态势吗？还是首先是由于我们的敌手根本就不曾打算发动进攻？说来也怪，一定的军事态势越是遏制了侵略，它就越是给那些希望取消这种态势的人提供了论据。这三位教授坚持认为，缩小常规力量，就能减少预算达三百亿美元，这样一个防务预算比五角大楼主张的越南战争后最低限度军费少一百七十亿美元；比尼克松总统在第一个预算中计划的常规力量费用少一百亿美元。

更加值得注意的是，国会也提出同样的论点。多数党领袖迈克·曼斯菲尔德在一九六九年四月宣称，他将带头斗争，把尼克松政府第一个预算中的七百七十六亿美元防务拨款请求，至少砍去五十亿美元（尼克松的预算比即将卸任的政府提出的预算已经减少了一些）。曼斯菲尔德瞄准了十五项防务计划。例如，他批评海军建造一支快速后勤调度舰队的建议是“那种挤进门来的典型做法，对此我们必须小心”。⑨五月间，《纽约时报》报道：“国会中有越来越多的一部分人，在越南战争造成的反军事气候的推动下，正在寻求某种有效的方法来削减不断上升的军费。”这种“限制军费”的努力是两党性的，这些人士中有俄勒冈州参议员马克·哈特菲尔德和肯塔基州参议员约翰·谢尔曼·库珀这样一些共和党人。《纽约时报》援引新任共和党俄亥俄州参议员威廉·萨克斯比的话说：“我们是抱着这种态度来到参议院的，就是：尼克松是由于这场战争当选的；这场战争毁灭了约翰逊，它也会毁灭尼克松，除非他作出响应。我们同这批一起进来的人相信，我们的当选在很大程度上反映了这种国民态度。我真的希望，我们将击败反弹道导弹系统，并且在这个基础上向整个（军事-产业）复合体进攻。”⑩

六月三日，国会在两条战线上采取了行动。以参议员威廉·普罗克斯迈尔为首的联合经济委员会开始举行如何减少防务预算的八天的听证会。查尔斯·舒尔茨，并没有由于以前的预算是在他担任预算局局长期内制定的而变得老实一些，他在听证会上首先发言，建议国会成立一个新的委员会来审查国防部的防务报告，并且实行大量的削减。在新参议院办公大楼里的一层楼上，参议院军事委员会对C－5A型超级运输机十五亿美元的超额费用展开了调查。（这种飞机后来在一九七三年中东战争中起了极其重要的作用。）

这些压力不可避免地在政府系统中表现出来。六月十七日，我向总统报告说，在国务院、武器控制和裁军署，甚至在中央情报局，有相当多的人强烈认为：

美国采取战略主动或表示决心要在战略上保持强大，总的说来，将使我们的盟国由于害怕加速武器竞赛而感到失望和担心；并将由于苏联态度的硬化而导致东西方关系的恶化。还有，人们似乎广泛认为，苏联在作出战略决定时对我们自己的决定是高度敏感的；美国的每一个行动将激发苏联采取行动来抵销它。

在评论这些看法时，我给尼克松写道：

我认为，迹象既不证明提出这种看法是有力的，也不证明缺乏有力的不同看法。根据我的判断，好像同样可能的是，总的说来，欧洲人将由于美国明白表示战略决心而感到宽慰；苏联领导，在非常实际的经济问题面前，对设法以某种形式放慢竞赛的兴趣将会增加而不是减少。

从一开始起，尼克松就决心抵抗这些倾向，认为美国的力量不但在道义上是说得过去的，而且对自由国家的生存来说也是有关键性意义的。但在当前的气候中，加强我们的防务证明不是一件简单的工作。不但战争的进行，而且还有国家安全的费用都在受到攻击。

对我来说，这次辩论使我同一些老朋友和从前的同事的关系非常紧张，我曾同他们在武器控制小组和研究组里一起工作过十年多。我同意他们这一点：核武器给武器竞赛增添了一个独特的方面。肯定地说，我读史所得，并不支持他们认为一切武器竞赛都会造成紧张局势的看法；从历史上说，武器的增加，更经常的是反映了、而不是造成了政治冲突和不信任。但是，我实质上同意，使我们时代具有革命性变化时期的特征的是战略武器的高度准备状态以及它的毁灭能力。战略力量，既是很容易被摧毁的，又是具有极大威力的，因此在危机中，它可能使一方禁不住先发动打击，特别是在有一方害怕会失去对第一次打击进行报复的手段的时候。

像学术界许多人一样，我赞成一种有意识地稳定武器竞赛的政策。

我还认为，国家领导人有责任摆脱那种认为只有军事力量才能带来安全的简单化的观念，这种观念在即使判断错误也只会带来不那么大的灾难性后果的时代就有了。在我看来，减少报复力量的易被摧毁性，是符合双方利益的，其办法是，如果可能的话，达成互相克制的协议；如果必要的话，采取单方面的行动。更加重要的是，我深信，一个民主的社会决不能够不顾核时代的危险，除非这个社会的人民深信他们的领导人对存在着空前多的大规模毁灭性武器能采取有理性的、清醒的态度。由于苏联制度的原动力，我认为，进行军事挑战是可能的，甚至也许是很可能的。我希望美国及其盟国能够在公众的一致的支持下对付这种挑战。越南战争的教训之一是，坚定的抵抗——这必然会带来牺牲——总是可以被国内的分裂所破坏的，如果我们的人民认为政府不必要地谋求或挑起对抗的话。

我跟朋友们和从前的同事发生分歧的地方是我对苏联动机的分析。我不接受这样的观点：我们在武器采购方面实行单方面的克制，就会引起克里姆林宫方面类似的反应。苏联领导人相信“客观因素”起主要作用，他们很可能把这种步骤看作是由于国内压力或经济压力造成的软弱，而不是和解的姿态。苏联在古巴导弹危机后倾全力采购各种重要的武器。美国的退让将使苏联想要填补每一个真空；苏联只有在确信不会容许它获得优势时，才会同意把武器竞赛稳定下来。符合我们利益的做法是，向苏联表明，由于资源的不平等，它绝不可能在武器竞赛中获胜；在均势变得不利于我们时，我们不会听之任之；如果把我们惹火了，我们完全可以在生产上压倒他们。

我也不同意我们防务计划的批评家十分经常提出的军事分析。的确，军事优势的概念在核时代有不同的意义；但不能因此就说，在我们的敌手狂热地加强军事力量的时候，我们可以冒站着不动的危险。在几十年期间，日益增大的不利于我们的不平衡，一定使我们保卫我们盟国的保证失去任何可信之处；在极端的情况中，它可能引起对美国的进攻。

即使进攻美国给苏联带来的风险看来总是太大，但逐渐销蚀的战略均势必定会产生地缘政治的后果。它将突出表明我们能够进行区域防御的力量的大家都知道的劣势。苏联周围的国家将不禁越来越想从忍让中寻求安全。我们的危险还不仅仅在于苏联蓄意施加军事压力的行动。在一个革命时期，发生双方都不希望发生的危机，那是可以想象的；苏联愿意冒险的心理一定会随着战略形势变得对我们不利而增长。这一定会使那些期待我们保护的国家为之丧气，不论它们是结盟的，或是从技术上说来是不结盟的。

因此，即使当我们在谈判中要求大力谋求控制武器的时候，我也赞成新的战略计划和加强常规防御。到一定的时候，我的这种观点既会激怒保守派，也会激怒自由派。激怒前者，是因为他们反对任何武器控制，激怒后者，是因为他们反对任何武器扩充。由于同样的原因，一九六九年关于军事平衡的辩论，终于在尼克松政府整个任期内影响到国家关于武器采购和限制战略武器会谈的决定。

辩论集中于两种新武器系统上：反弹道导弹系统以及部署我们导弹上的多弹头分导重返大气层运载工具计划。新政府从前任那里继承下来了这两个计划。但是尼克松的胜利改变了党派政治的平衡；它解放了民主党那些批评防务计划的人，他们在自己政党执政时闭口不谈他们自己的看法。他们很快得到了约翰逊政府一些官员的支持，就是这些人制订了这些计划，现在切望重新参加自己党的主流派。虽然尼克松已经把约翰逊提出的防务预算削减了十一亿美元，但是他还是几乎立即就受到民主党批评家们一场持久的合唱的侮辱。有些共和党人，认为反对军事预算的情绪是占主导地位的公众情绪，跟他们合流了。

反弹道导弹

一九六四年，反弹道导弹成了一个争论的问题，因为那时情况已变得很明显，苏联正在莫斯科周围部署导弹防御系统，显然是希望保护苏联首都抵御袭击。在国会经常的推动下，国防部部长罗伯特·麦克纳马拉，以颇为犹豫和勉强的态度，终于在一九六七年提出了“哨兵”反弹道导弹计划。麦克纳马拉夹在武器控制论与国内压力之间，夹在防务的必须与主张克制的意见的中间，备受折磨。他选择了妥协。他拒绝了用反弹道导弹来全面保卫美国对付苏联全力袭击的主张。这样一个系统太贵，搞不起；但是还有一种看法，认为苏联可能把这种做法理解成为取得第一次打击能力的一个步骤。（一个实行全面的反弹道导弹防御的国家可能设想，它可以先发动打击，然后使用反弹道导弹来截阻已遭削弱的报复性打击。）约翰逊政府甚至走得更远，积极给那种认为“哨兵”反弹道导弹在限制苏联袭击美国所造成的损害方面有任何效用的见解泼冷水。一九六七年提出“哨兵”计划的主要理由并不是苏联的威胁，而是中国可能在七十年代中期建立一支小规模的洲际弹道导弹力量造成的较小的威胁。克拉克·克利福德一九六八年一月以国防部部长身份向国会提出的最后一个报告中着重提出这种观点：在战略均势中，防御是次要的，“我们仍然深信……我们在分配现有的资源方面应该继续首先考虑我们战略力量的主要目的，即‘确保摧毁’”。

到尼克松就职的时候，国内的情绪跟六十年代中期相比，已有很大的变化，六十年代中期，国会实际上是把建立反弹道导弹的拨款强加给麦克纳马拉的。除了学术界和科学界以外，国会反对反弹道导弹的呼声也在增长。尼克松的全部本能是反对单方面放弃任何一项武器计划的——特别是他的前任所批准的武器计划。我的看法跟他一样；我认为，如果苏联方面不采取任何相应措施，在我们一向占优势的领域——先进的技术——停止实施武器计划是极其危险的。

但是，为了使公众的批评不起作用，尼克松在二月六日要求他的副国防部部长戴维·帕卡德主持一项对反弹道导弹计划的联席复查。他告诉我说，他的目的是要使人觉得我们是考虑周到的。这个打算证明是错误的。像在越南问题上一样，同批评家们妥协，并没有平息反对；反而刺激了胃口。这鼓励了这种想法：既然施加政治压力后就进行复查，那么同样的压力也可以使政府完全放弃反弹道导弹。例如，《纽约时报》并没有因为总统下令进行复查而称誉他，而是认为——并不全是不正确的——进行复查是由于受到了国会的压力。《纽约时报》说，下一步应当是审查全部军事计划："国会的压力促使尼克松政府停止部署哨兵式反弹道导弹，这标志着国会山向军事-产业复合体挑战的健康的新倾向，艾森豪威尔总统八年前曾警告过人们提防这个集团。"还说，"既然那种权利的运用已促使政府重新估计反弹道导弹，有令人鼓舞的迹象显示，国会山将提出更多这样的问题。"⑪

二月十六日，有影响的两院原子能联合委员会主席、众议员切特·霍利菲尔德说，他要反对任何对付中国的导弹防务和在加利福尼亚州他家乡附近建立的任何反导弹场地。这样一来实施反弹道导弹计划当然就没有任何道理可言了。二月十九日，参议员爱德华·肯尼迪指责说，五角大楼复查反弹道导弹，其主要目的是要使批评者平静下来。二月二十六日，休伯特·汉弗莱在明尼苏达大学发表的演说中说，我们应当停止部署反弹道导弹，并且"尽速开始同苏联谈判缩减进攻性和防御性战略系统的问题"。三月六日，参议员艾伯特·戈尔的裁军小组委员会开始举行关于反弹道导弹的战略和对外政策含意的听证会。作证者几乎毫无例外地反对反弹道导弹。

表示反对的理由是各种各样的、激昂的、而且未必是一致的。六位著名的科学家——汉斯·贝蒂、赫伯特·约克、乔治·基斯塔科夫斯基、詹姆斯·基利安、沃尔夫冈·帕诺夫斯基和乔治·拉思詹斯——在三月份作证说，反弹道导弹是不可靠的；它在技术上太复杂，因而运行时不可能有充分的准确性。第二个论点是，即使反弹道导弹按计划运行，它也可能较容易地被苏联各种反措施所击败。贝蒂教授讲这种道理的热情使他忘乎所以，以致在公开的会议上举出了击败我们反弹道导弹的五种科学方法。

在另一方面，这种据说是无效的、不可靠的而且易于被击败的反弹道导弹却被认为是一种威胁，因为它可能触发一场武器竞赛，而在这个过程中，很可能削弱战略武器的威慑作用。有人说，建立反弹道导弹意味着我们可能等待苏联的袭击，并试图经受住袭击。而较好的战略是，让苏联相信，我们在一得到袭击的警报时就立即发射我们的导弹。参议员弗兰克·丘奇在参议员戈尔的小组委员会上说："如果我是俄国人，而且知道美国对自己遭到的任何第一次打击的反应是立即以民兵式导弹反击的话，那么，我是不情愿发动这种进攻的，如果我认为美国依靠的是我(作为一个俄国人)所看不起的防御性系统的话，我倒愿意在大得多的程度上发动这种进攻。换句话说，在我看来，正是你们在谈论的那个防御性系统……倒是甚至会使俄国人得出结论，认为他们可以冒险发动第一次打击。"美国在最多只有十五分钟的预警时间内，立即作出反应，才能保护自己。除非总统授权战地司令官一得到苏联发射导弹的警报就发射导弹——这种警报后来可能证明是正确的，也可能证明是不正确的——否则这种战略就行不通。这位参议员并没有解释为什么他觉得在这种状况下更加安全些。

另外一些人说，有人之所以认为我们需要反弹道导弹，是因为对部署在莫斯科周围的苏联反弹道导弹的效力，作了夸大的估计。但是，批评家们认为，即使苏联人建立了一个有效的反弹道导弹系统，那也没有什么不同。美国搞反弹道导弹计划，不论刺激它这样做的原因是什么，都会引起新的一轮武器竞赛，威胁到限制战略武器会谈的前景。还要过多年才建成的美国反弹道导弹系统为什么会危及限制战略武器的前景，而现在就在莫斯科周围的苏联反弹道导弹系统却不会，这一点没有得到说明。

最后，反弹道导弹系统——像许多其他军事计划一样——受到攻击，说这是浪费资源，使这些资源不能用到国内的紧急需要上去。事实上，战略力量始终只占我们国防预算的一小部分；我们大部分的国防预算是用在常规力量和人员上面。在一九七〇会计年度，所有的战略力量约占国防总预算的九分之一。然而，像反弹道导弹系统这样一个非常显眼的新计划是一个遭受攻击的天然目标。在参议院辩论反弹道导弹时，参议员马斯基说：

城市扩张和乡村衰落的无情锁链、个人贫穷和社会瓦解的无情锁链、浪费资源和恶劣环境的无情锁链，不是一个态度冷漠的政府，或一个不活跃的——或者说一心想猎取下一个武器合同的——私人企业部门所能打破的。

参议员蒙代尔采取的观点也是这样，他说：

这种不稳定的威慑平衡受到部署……卫兵式……系统的威胁。这种威胁来自捉摸不定——反弹道导弹系统能否起作用……为了破坏反弹道导弹系统防御的效力，这种捉摸不定必然要采用进攻性武器……部署更多的武器，就表明决心要把钱用在军用物资上，而不是用在和平和国内需要上，这就是对我们的意图捉摸不定。

一九六九年初，在爱德华·肯尼迪参议员赞助下出版了一本书，书中收录一整套攻击美国反弹道导弹的政治、外交、经济、军事和技术论点。⑫

这就是尼克松政府的反弹道导弹复查工作进行时的气氛。戴维·帕卡德在二月底结束了他的研究。他建议，约翰逊政府一九六七年的“哨兵”计划，以略加修改的形式继续搞下去。第一，他建议反弹道导弹的雷达不仅仅面向北方（洲际弹道导弹的袭击可能来自那里）；而且还要面向海洋，因为潜水艇可以从海上发射导弹。第二，帕卡德建议，反弹道导弹的截击导弹，更多的一部分用来保护我们的民兵式洲际弹道导弹发射场。第三，他要求稍微减少用于保护城市的导弹数目。提出头两个建议的理由是军事性的：美国周围的防务是用来防范来自任何方面的偶然的袭击或一次小的(指中国人的委婉语)蓄意的袭击。这还使我们得到一种选择，即在限制战略武器会谈失败时，可以扩大对付苏联的防务。保护民兵式导弹场，使得苏联搞第一次打击更加困难。减少对居民的保护纯粹是一个政治决定；这样做是为了使控制武器的鼓吹者放心，他们害怕对我们居民的严密保护看上去像是在威胁苏联人。我们的难题是，看来只有使反弹道导弹计划失去对付我们主要敌手的军事效力，才能使国会接受它。

我同意我们应该继续搞反弹道导弹的结论。在我看来，决定性的理由既是军事性的又是外交性的。苏联的领导人和军事理论家从来没有采纳西方这种学究式的概念：易被摧毁是可取的；或者是：反弹道导弹造成威胁和不稳定。柯西金总理一九六七年二月在伦敦一次记者招待会上说，反弹道导弹“不是要杀人，而是要救人命”。他在葛拉斯堡罗对约翰逊总统说，放弃防御性武器是他所听到过的最荒谬的主张。此外，苏联人有点畏惧美国的技术，他们只能把一个积极的美国反弹道导弹计划看成是美国将在一个他们认为是重要的领域内确立优势的预兆。

因此，在一个苏联人正在积极干的技术领域内搞下去，这不但是可取的；而且，表示愿意限制我们的反弹道导弹，还可以成为促使苏联达成限制战略武器会谈协定的一大动力。我们自己新的进攻性导弹还要过好几年才会有，国会的气氛如果保持不变，这些导弹可能永远也不会得到批准。在最近的将来，我们无法对付苏联进攻性导弹的令人吃惊的增加，除非部署一个防御性系统并且促使多弹头分导导弹计划赶快实现。如果这两个计划遭到削减——像国会内这么多人所要求的那样——那么，在苏联每年制造两三百枚新导弹的时候，美国将没有任何战略上的选择自由——一种从长远观点看来是不能容忍的处境。事实证明我们这个道理是正确的。用我们愿意限制反弹道导弹系统，来换取苏联愿意限制进攻性武器，是产生三年后第一个限制战略武器会谈协定的不可缺少的推动力平衡。

还有别的理由使我支持有限度部署反弹道导弹系统。完全否定一次偶然袭击的可能性或将有更多国家掌握核能力的前景，在我看来是极其不负责任的。中国只是第一个可能成为这样的国家；别的国家还会跟上来。如果没有任何防御，一次偶然的发射可以造成巨大的损害。甚至一个核小国也能够讹诈美国。我看不出通过深思熟虑的选择把我国人民变成人质有什么道义或政治价值。

尼克松面临的显然将是一个引起争论的决定。他暂时停下来，征求他同事的意见。莱尔德强烈赞成搞下去。罗杰斯的态度有点不明朗，他偶尔来告诉我他有几个国务院同事建议，我们的反弹道导弹计划以研究和试制为限，而不要投入生产，但是他强调说，他不一定赞成他们的看法。我问戴维·帕卡德，这样搞是否可行。帕卡德回答说，这是扼杀这个计划的一种方法。如果我们现在后退——这是这个建议的实际后果——那么国会更不见得会在来年支持部署。主张部署的论点那时不会比现在更有力一些，而反对者将由于拖了一年而得到加强。此外，停顿一年将使这个系统运转方面实际上要耽误两三年：生产设施一旦关闭，以后再开动起来又要一两年。因此，作出推迟的决定，就意味着作出了这样一个决定：在七十年代的大部分时期内美国没有任何导弹防御，而且没有苏联实行克制的保证。

三月十四日，尼克松宣布他决定把反弹道导弹计划搞下去。尼克松的计划要求建立十二个不相连的搞地区防御的场地(其中四个也将保护民兵式导弹)，总共十九个雷达站和几百枚截击导弹。这个计划定于一九七三年完成。为了表明独创性，约翰逊的“哨兵”系统现在改名为“卫兵”。它跟“哨兵”的不同主要在于雷达的作用遍及整个美国，为迅速加以扩大来对付苏联提供了一个更好的基础；并且更加集中于保卫洲际弹道导弹基地。尼克松的声明还说：

我注意到这样一种观点：开始建立美国弹道导弹防务将使同苏联达成战略武器协定变得复杂起来。

我并不认为，近来的迹象证明了这个论点。苏联对战略会谈的兴趣，并没有由于上届政府决定部署哨兵式反弹道导弹而打消——事实上，这个决定是稍后不久正式宣布的。我认为，我们对前一个计划所作的一些修改，将使苏联更没有理由把我们的防御努力看成是对会谈设置障碍。而且，我想强调说，在同苏联进行的任何限制武器的会谈中，美国充分准备既讨论限制进攻性武器系统，也讨论限制防御性武器系统。

这项宣布激起了一场激烈持久的辩论，从三月份持续到八月份。八月六日，参议院在一次惊险的表决中，以仅仅一票之多批准了反弹道导弹的拨款。

但是反对派并没有罢手。一连几年他们设法减少拨款，直到一九六九年原来要建立十二个场地的“卫兵”计划缩减到一九七二年的三个场地。一九七二年《限制战略武器会谈条约》把反弹道导弹限制为每国各有两个场地，其中一个保卫全国指挥所，一个保卫一个洲际弹道导弹场。一九七四年，美国和苏联修改了条约，限每方只有一个场地(洲际弹道导弹场或全国指挥所，任择其一)。由于国会的坚持、政府系统的泄气，一九七五年美国单方面决定拆毁连根据条约我们也有权拥有的那一个场地。但是到那时，反弹道导弹计划已达到了它的最低目的，使一九七二年《限制战略武器会谈协定》有可能签订，而这条约制止了苏联进攻性战略力量在数量上的增加。然而我始终认为，一九七五年决定放弃我们最后一个场地是一个错误，尽管我曾对此予以默认。

多弹头分导重返大气层运载工具

多弹头分导导弹问题是反弹道导弹问题的另一面。多弹头分导导弹在约翰逊政府时期就研制了，为的是用几个飞过去的弹头突破苏联反弹道导弹防御，从而抵消苏联部署这种防御系统的作用。而这样做并不用增加我们的发射装置的数目，增加发射装置被认为是破坏稳定的。这种理论是这样的：如果在对苏联加强军事力量作出反应时，我们增加自己的导弹数目，就会刺激武器竞赛；但是如果我们增加装在每一枚导弹上的弹头的数目，我们就能确保我们的报复能力而不会刺激武器竞赛。如果苏联人扩大它的反弹道导弹系统，我们装着多弹头的导弹就可以制服它。按照这种理论，即使我们只有少量的导弹在一场突袭后保存下来，这少数导弹仍然能够使侵略者遭受无法忍受的损害，因为它们运载好几个弹头。这种推理有点模糊，因为多弹头分导导弹力量再次给了发动攻击的一方以相当大的好处。即使双方力量是相等的，比如说，各有一千枚导弹，每枚导弹装三个弹头，那么，先发动打击的那一方就能发出三千个弹头来袭击一千个目标，这样，成功的机会是很诱人的。增加弹头为什么比增加发射装置更能稳定形势，这既不是不言而喻的，也没有得到过解释。在苏联研制了它自己的多弹头分导导弹以后，当发射装置的数目与它们的易被摧毁性又变得相互关联的时候，我们的处境也没有受到注意。

多弹头分导导弹并没有像反弹道导弹系统那样引起国内激烈辩论。一个原因是多弹头分导导弹已由约翰逊政府提供经费，而且已在一九六八年八月开始试验。多弹头分导导弹这个妖魔实际上已从瓶子中放出来。但是新的、也是最后一轮的多弹头分导导弹试验定于五月份开始。反对派，特别是在尼克松三月十四日作出关于反弹道导弹的决定后，集中火力反对的正是这一轮试验。他们遵循对新武器系统反对派来说几乎已经成为宗教仪式的那种方法行事。他们一齐诋毁新系统是不必要的，是破坏稳定的，是跟完全足够的现有武器重复的，或是抢先搞出来的，不然十年后会有一种可能好得多的武器。特别是，据说，我们的计划比苏联的“领先”；如果我们实行克制，我们的敌手也会这样做。（当然，在反弹道导弹问题上，尽管我们的敌手没有实行克制，有人也要求我们克制。）这是氢弹反对派的论点，在多弹头分导导弹问题上，这个论点又用上了。在这两个实例上，在美国国内正在激烈辩论的同时，苏联人早就着手进行自己的研制计划了。

六月，参议员克利福德·凯斯提出一项拨款法案的修正案，要求结束多弹头分导导弹试验。这个建议被拨款委员会否决后，凯斯扬言要再次提出来。六月十七日，参议员爱德华·布鲁克提出一项关于暂停研制多弹头分导导弹的提案，联名提出这项提案的还有另外四十名参议员。布鲁克对我说，至少还有十名参议员要投票支持这项提案。六月十五日，参议员托马斯·伊格尔顿强烈要求总统停止研制多弹头分导导弹。在众议院，众议员乔纳森·宾厄姆提出一项提案，要求暂停，附议的有他的一百多个同事。六月十六日，众议院共和党议员会议主席、众议员约翰·安德森建议在武器控制会谈期间，停止试验多弹头分导导弹。十月九日，众议院外交小组委员会发表报告，要求总统在限制战略武器会谈期间把冻结多弹头分导导弹试验当作“非常优先考虑”的事项。

猛烈推进这个运动是要美国单方面停止多弹头分导导弹试验，作为一种鼓励苏联人也这样做的办法。《纽约时报》六月十二日的社论说：“诱使柯西金先生中止多弹头分导导弹试验的一个办法是，主动提出中止美国的多弹头分导导弹试验——甚至实际上中止试验，同时宣布，只要苏联不试验多弹头，这种试验就不会恢复。”六月二十日，这家报纸说：“尼克松作为总统将要作出的决定，大概没有一个比他今后几天内就中止多弹头分导导弹试验的建议作出的决定，更为重大的了……把试验继续进行下去，哪怕是再继续几个星期，也有可能把世界带到无法回头的地步，而进入一场费用浩大的、危险的新的一轮导弹竞赛。”

白宫的一些国会事务专家强烈要求我们同意暂停多弹头分导导弹试验以便改善国会对反弹道导弹系统的态度。我不认为这样可行，在五月二十三日写信给总统说，结束多弹头分导导弹试验，“可能造成要使民兵Ⅲ式和海神式计划停下来的压力(这两种导弹都是设计来运载多弹头分导导弹的)……这样进一步拆散美国的战略计划”。既然多弹头分导导弹的主要目的是突破反弹道导弹系统的防御，那么认为将使那些主张暂停多弹头分导导弹计划的参议员变成“卫兵”计划的支持者的逻辑，是“晦涩难解的”。

布鲁克参议员继续坚持他的建议。布鲁克五月二十三日跟我进行了一次激动的谈话。他强调说，如果试验完成了，那么“妖魔”真的就会是“从瓶子中放出来了”。整个问题是一个“良心”问题。学术界也参加进来了，大学里我自己的许多朋友写信给我力主单方面停止多弹头分导导弹试验。

人们逼迫我们采取两个重大的步骤：第一，放弃我们的反弹道导弹系统，而不要求互惠；第二，作为一个单方面的姿态，推迟部署我们的多弹头分导导弹——总之，既放弃我们的导弹防御，也放弃击败苏联已经部署的导弹防御的手段。这一切都是在苏联的导弹武器库以一年增加两三百枚导弹的速率扩大的时候鼓吹的。如果苏联人在加强自身的力量，而我们却放弃自己的计划，那么推动他们去谈判一项限制(武器)协定的力量是什么？我们单方面实行克制，会促使苏联不是去达成解决而是拖延下去，在我们使自己瘫痪的时候使对比尽量对他们有利。把反弹道导弹系统连同多弹头分导导弹一起放弃掉，因此不但根本破坏了达成《限制战略武器会谈协定》的前景，而且大概会保证苏联享有十年的战略优势。

碰巧，当限制战略武器会谈在十一月份开始的时候，跟武器控制鼓吹者的可怕的预料相反，苏联人证明自己是切望就反弹道导弹系统进行谈判的；另一方面，他们显示，只对限制部署多弹头分导导弹有兴趣，这样他们可以放手试验，从而在技术上赶上我们。我们的反弹道导弹系统计划和多弹头分导导弹试验，都没有给限制战略武器会谈造成困难，相反，却是促进了会谈。

对国防预算的攻击

但是，一九六九年对反弹道导弹系统和多弹头分导导弹的攻击，不久就扩大成对整个国防预算的攻击。尼克松在一九七〇年二月二日提出了他的第一个全面的预算。他雄辩地谈到需要重新安排国家事务的轻重缓急次序，想以此抢先阻止反对意见的提出；他在国情演说和预算咨文中，提议增加家庭补助、食物津贴、净化空气和用水以及改善运输的经费。他的七百三十五亿美元的国防预算，比上一年度国防拨款减少五十亿美元以上。实际上，他的支出建议是二十年来头一次一位总统把国防经费压缩到低于“人的需要”：百分之三十七用于武装部队，百分之四十一用于社会和福利计划。（在上一年度——基本上是约翰逊的预算——百分之四十四用于防务，百分之三十四用于社会和福利计划。）理查德·尼克松做到了他的批评者多年来慷慨激昂地鼓吹的重新安排国家事务的轻重缓急次序。

我对这种趋势并不完全感到高兴，因为，尽管说砍掉的只是“冗款”，但是我肯定，我们最终将降低我们部队的战斗力。因此，军事均衡在战略力量和常规力量方面都将朝着错误的方向移动。一九七〇年一月十四日，我同约翰·埃利希曼谈这个问题，他作为负责国内计划的助理自然为国内优先辩护。埃利希曼说“人人”都知道国防得到的钱一直太多。我回答说——当时我有一种并不自觉的预感，一九七三年中东爆炸的时候，他们就不会“知道”这一点了。尽管霍尔德曼说尼克松对一切争预算的话已经感到厌烦，我还是在那天晚些时候向尼克松提出同一个论点："问题在于，今后两三年内你可能很容易发现，你就是没有部队来对付紧急事态。"

尼克松表示同情，但是他盘算：如果他不提议作一些削减，那些批评家就会把这一进程抓到自己手里，把军事计划全部搞掉。他有理由感到担心。他的削减根本平息不了批评家们的叫喊，他们说减得太少了，不予考虑。据说，我们的常规力量太多，与总统关岛主义表示要减少义务的意思是不相容的，他们说，战略力量预算可以进一步缩减，而仍然是一支可信赖的威慑力量。一九七一年度预算包括一些据说只会使将来的预算膨胀的长期计划，如航空母舰、战术空军，还有昂贵的新的战略武器。一九七〇年一月十七日《纽约时报》抱怨说，尼克松精简国防预算，只反映了越南战斗规模缩小后预期会作出的削减；它们说明"战略没有根本的变动，更谈不上什么重新安排轻重缓急次序了"。詹姆士·赖斯顿一月十八日写道，国防预算可以安全地削减到五百八十亿至六百三十亿美元范围以内，他援引的是前国防部部长麦克纳马拉和他的副手罗斯韦尔·吉尔帕特里克这样一些权威人士的话。空军前分析家欧内斯特·菲茨杰拉德，曾经由于谴责C-5A型飞机造价超过规定而被解职，现在是反防务集团的发言人，他在一月二十七日说，应当从国防预算中砍掉二百亿美元，其中五十亿美元从采购和研制经费中削减。两天后《纽约时报》一篇冗长的社论认为，除了预期削减的五十亿美元外，还有削减八十亿美元的余地：暂停反弹道导弹系统-多弹头分导导弹计划，可以省二十亿美元；加速从越南撤退可以省十五亿美元，缩减一般任务部队可以节省四十多亿美元。

国会的意见反映了社论的看法。休伯特·汉弗莱在民主党政策委员会研究国家事务轻重缓急次序委员会二月举行的一次会议上，指责尼克松不顾卫生和教育事业的需要，把几十亿美元用于军事方面，参议员爱德华·肯尼迪向同一个组织提出，有几个方面能够进一步削减费用，其中包括B-1轰炸机计划，"卫兵"反弹道导弹系统，以及美国驻欧常规部队：

> 我们不应该重犯五十年代和六十年代的错误，那时我们对冷战恐惧心理作出了过度的反应，并助长了不断急剧上升的武器竞赛……
>
> 既然联邦预算正在这么多的方面急剧削减，所以任何方面的军事开支都不应该不受到周密审查……我想，我已经表明，总统为国防部提出的预算请求，并不是最低数字。在完全不违背加强国家安全的条件下，可以而且将作出进一步的重大削减。⑬

五月二日，十二位参议员组成的一个两党小组，宣布了严格审查国防预算的计划，其目的是要重新安排“军事安全与国内需要之间的相对的轻重缓急次序”。这些参议员还说：“我们相信，这样周密审查的结果，能够大大降低总的开支水平，并且为美国提供同样巨大的(如果不是更大的话)真正安全。”一批自由派众议员和参议员在六月底发表一项非正式的报告，建议进一步削减四十六亿五千万美元，削减的钱来自多弹头分导导弹的试验和部署，来自 F－14 型战斗机、F－111 型轰炸机和“卫兵”反弹道导弹系统的采购费用。

最后，国会在一九七〇年十二月最后表决国防拨款的时候，下决心再削减二十一亿美元，尽管尼克松已经减少了五十亿美元，即比上一年度减少了七十亿美元以上。但是就连这样削减也衡量不出到处弥漫的反军事气氛，对国防费用的敌视，任何新的军事计划将导致激烈斗争的可能性以及在六十年代这十年结束时笼罩着防务计划和我们的长期安全的捉摸不定的疑云。

诚然，十分广泛的攻击最后是挡回去了，反弹道导弹系统通过了；多弹头分导导弹试验继续进行；我们甚至获得了制造 B－1 轰炸机和三叉戟导弹的经费——尽管以缓慢的速率制造，我们至关重要的海外部署没有剧烈的缩减。但是，在苏联的扩军要求我们对战略理论和部队进行紧急的重新研究的时候，行政当局的精力却被为保住一个最低限度的武器库而进行的后卫战消耗掉了。五角大楼的计划人员被迫集中力量保全现有的力量结构，而不是使这种力量适应已经改变了的形势。

若不是尼克松试图响应全国的情绪，亲自减少国防预算；若不是我们从亚洲逐步撤军来缓和预算压力，这种削减大概要糟糕得多。我们永远不会知道，从那时以来，我一直怀疑，正面对付这个问题，是不是更明智一些。也许一九六九年应该进行一场关于我们防御态势的全力进行的全国性辩论。它就没有能安抚批评者，而可能使强大防务的支持者灰心丧气；像在越南问题争论中那样，它就促使政府陷于孤立，因为政府似乎同意了它实际上并不同意的批评者的方案，并使辩论转向实施一致同意的设想。另一方面，总统几次讲防务的重要性的响亮演说，例如一九六九年六月在空军军官学校的那次演说，遭到了新闻界和国会的嘲笑和反对。在国会内，唯一的问题不是防务是否应该缩减，而是应该减多少。国会内和国内支持防务的人，并没有冲向路障。在越战酿成的反军事狂热中，向国会主张"国内优先"的压倒一切的感情挑战，那几乎肯定是白费力气，给越南问题辩论的没有愈合的伤口撒盐。

尼克松和莱尔德通过几年的混乱、削减和冲突，终于保住了我们军事结构的实体。尼克松政府开始搞新的极其重要的计划——B－1轰炸机、三叉戟导弹和巡航导弹——并且奠定了一个基础，在国会在七十年代中期心情有了改变的时候，有可能在这个基础上制造这些武器。

战 略 理 论

在这种混乱中，我的工作班子和我——在总统的强有力的支持下——着手重新研究军事理论。目的是要使我们能够根据合理的标准及时拟订和保卫我们的军事计划，调整我们的战略，使之适应新的现实，并试图引导公众辩论摆脱感情用事。

第一个问题是重新规定全面核战争的战略。根据“确保摧毁”论——上届政府是受这个理论指导的——我们要维持能够造成某种程度的平民死亡和产业损害的进攻性部队，以此来遏制苏联的进攻。* 这一战略的目的不在于摧毁对方的导弹或轰炸机，这种方针会把我们的力量结构同对方力量结构的水平联系起来——这恰好是“确保摧毁”论鼓吹者力求要避免的。他们喜欢用经济学名词来说话，明确而肯定地给摧毁的绝对标准下定义。（系统分析，毕竟是经济学家的拿手好戏之一。）这就使我们没有必要去赶上日益增长的苏联实力。能造成巨大规模毁灭所需要的核武器数目是固定的而且是不大的。

奇怪的是，“确保摧毁”论意味着进行战争的最不人道的战略。自由派核控制鼓吹者却拥护这个理论，他们被认为是最以人道为怀的人。道理是，战争的后果越是可怕，我们就越不可能采用战争手段；战争的后果越是能控制，实际发生战争的危险性就越大。因此，让美国和苏联互以对方的居民为目标，而不是以对方导弹基地为目标，那是可取的；如果互相灭绝是唯一的道路，双方都不会动用核武器。万一估计错误，将发生什么情况，这个问题留给了将来。在这种情况下，我们将怎样保卫盟国，这个问题没有得到分析。

这个理论一直没有解决的问题，是心理上的。为了达到威慑的目的，特别是在国家生存直接受到威胁的情况下，相互以自杀相威胁，那是再好也没有了。但是没有一个总统可以使这种威胁受到称赞，除非他把外交搞得使人觉得非常荒唐——而这又是为我们的政治制度所不许可的，因为这种制度要求我们有一个可靠的、有节制的形象。如果威慑不奏效，总统最后面临要实行报复的决定，那么对建议以大规模灭绝平民为基础的战略，谁负道义上的责任呢？由于美国战略的可信性在下降，

---

* 在一九六五年，五角大楼规定“确保摧毁”是毁灭四分之一至三分之一的苏联居民和三分之二的苏联产业的能力；一九六八年，标准降低到五分之一至四分之一的苏联居民和一半苏联产业。

美国怎能使它的盟国团结一致呢？一旦苏联相信我们战略的基础是灭绝平民这话是当真的，那么我们怎么对付苏联的常规部队呢？

再进一步，“确保摧毁”论导致这样一个奇怪的结论：我们的老百姓易被摧毁是使苏联放心并保证它在一场危机中实行克制的一笔资产。这是一个大国第一次认为提高它自己的易被摧毁性是一种好处。“确保摧毁”论是那些在学术讨论会上听起来动人、但对一个现实世界中的决策者来说是完全行不通的理论之一，而且，如果真要实施起来的话，将导致浩劫。

我还担心，由于美苏之间即将达到战略均衡，战略力量可能在一次非全力以赴的袭击中使用。我在一九六九年六月向总统指出，一旦苏联发动有限度核袭击他将面临着进退两难的局面，同时力促他请五角大楼制定战略来对付全力以赴的核挑战以外的不测事件。总统同意了。发出了照办的命令。但是我们的军事机构拒绝干预战略理论，即使白宫请求帮忙的时候也是这样。我就任的时候，前国防部部长罗伯特·麦克纳马拉对我说，他试了七年，想使总统得到更多的选择自由。他说，在官僚机构的反对下，他终于放弃了，而决定到时候再设法应付。我决心干得好一些。我只得到部分成功。文职防务计划人员不愿意，因为增加选择自由，就需要搞一些新的部队，使预算决定复杂化。各军种首脑不愿意，因为他们宁愿在彼此之间讨价还价，谈判他们的兵力水平，而不愿使它们受到文职分析人员的摆布，经验表明，这些人更可能的是削弱而不是加强兵力。由于我们的军事行动是由不从属于各军种的联合司令部计划的，各军种参谋长与其说是负责贯彻战略的兵种的首脑，还不如说是采购企业单位的首脑。他们对作出任何理论上阐述，疑虑很深。因为这样做以后可能干扰他们的采购决定。碰巧，一九六九年总统有一个具体指示要查问一些海军计划的理由何在，这个指示在我在华盛顿任职的八年期间，从来没有得到过满意的答复。答复总是唯唯诺诺，但是也没有什么用处。尽管每半年催促一次，但是在我们离职时，本子上还是注着尚未完成。其他军种也是这种态度。

在制定对付一场全力开展的战争的更具有区别性的战略方面，多少取得了些较大的进展。这部分是由于白宫施加了相当大的压力。参谋长联席会议是采取合作态度的，因为他们懂得，“确保摧毁”论会不可避免地导致作出政治决定，使改善我们的战略部队的工作停止下来或者被忽视，并且总有一天会削减它们。我们因此在一九六九年拟出了新的“战略足量”的标准，把我们的战略计划不仅与毁灭平民，而且还与摧毁军事目标联系起来。这种标准是以基本理论为根据的，而不是凭直觉反应，这至少使我们在理论上能够对大规模灭绝居民以外的目标使用武力。

把这些理论上的创新，转化成实际执行的计划，证明要困难得多。计划工作是立刻开始了，但是直到詹姆士·施莱辛格在他的国防部部长任内（一九七三年至一九七五年）才完成。那时制订出了一些新的选择目标的方案。不幸，到出现这些选择方案的时候，技术进展又赶到前面去了。就连对最低限度的核方案来说，一场核战争的死伤人数估计也要增加一倍。国防部部长哈罗德·布朗在卡特政府内，继续进行这种努力。制定出一种更能区别对待的核战略，至少保持一些文明生活的希望，到今天仍然是最难贯彻的任务之一，要求大大地改造我们的军事体制。这个问题如果不解决，它迟早会使我们的战略和我们的对外政策陷于瘫痪。

战术核武器

战术核武器方面也存在着类似的问题。人们可能想，如果我们的战略武器趋向于同苏联均等，如果同时我们在常规军事力量方面处于劣势，那么就要更加着重战术核武器。这确是北大西洋公约组织宣布的“灵活反应”战略。但在我们政府内部对这个概念却没有什么热情。国务院和五角大楼的文职官员，特别是系统分析专家，切望在常规武器与核武器之间建立一道明确的“防火线”，并且尽量推迟作出采用任何核武器的决定。因此，他们不愿依靠战术核武器，因为他们认为战术核武器倾向于抹掉核战略与常规战略之间的一切区别。

一篇研究北大西洋公约组织军事选择方案的论文中有一段话，反映了这种心情。这篇论文认为北大西洋公约组织的核武器没有任何用处，即使我们储备的核武器数以千计。这篇论文说，我们在欧洲的核力量的主要作用是，使苏联要付出比预期估计的侵略代价要高，并使他们的如意算盘大大失算。论文最后说，核力量对于侵略的可能性和形式不一定有决定性的影响。一个国家依靠自己的核优势，保持欧洲和平达二十多年，竟说出这样的话来，这是令人惊讶的。一种被认为没有决定性影响的力量，如何能影响一个潜在的侵略者的打算，这也是不清楚的。发誓把战略核武器和战术核武器都抛弃掉，这是招致失败的主张。因为没有一个北大西洋公约组织国家——包括我们自己国家——愿意大事增加常规部队，而这是唯一的替代办法。

使问题更加混乱的是，正当美国文职分析人员认为使用核武器不起作用，而且有引起升级的危险因而反对使用的时候，我们的盟国却力促实行一条与华盛顿流行的理论相抵触的路线。它们强烈要求保证及早使用战术核武器，同时又不在它们的领土上使用这种武器。不可避免地，自从一九六八年以来一直在北大西洋公约组织核计划小组进行的讨论，开始产生了严重的意见分歧。

这个小组是由麦克纳马拉部长设立的，作为我们盟国无须自己有核武器也能参与核决定的一个机构*。当时的英国国防大臣丹尼斯·希利在尼克松一九六九年二月访问伦敦的时候，说明了英国政府的观点。据希利的判断，北大西洋公约组织常规力量只能抵抗几天；因此早日使用

---

* 核计划小组由四名常任成员和每隔十八个月轮换一次的三名成员组成。常任成员是美国、英国、西德和意大利（法国为了保持其在核武器问题上的独立性，拒绝参加）。

核武器是极其重要的。希利强调说，使苏联人懂得，西方宁可升级到战略交锋也不愿投降，这是具有决定性重要意义的。另一方面，北大西洋公约组织应当设法把破坏减小到最低限度。核计划小组那时正在设法解决这个难题；它的“解决办法”就是使用非常小量的战术武器作为表示事情快要失去控制的一种警告。

英国在西德的支持下提出的强烈要求，即所谓核武器的“示威性使用”。这就是在某一遥远的地方——例如地中海上空——引爆一枚核武器，这并不会造成很多伤亡，以此作为一个信号，表示如果这个警告不奏效，那么就要更加剧烈地使用核武器。我从来不喜欢这种概念。我认为，苏联对西欧发动进攻肯定料到会招来核反击，一个有意做得同军事不相干的反应在更大的程度上表明了犹豫而不是决心，因此这更可能刺激进攻而不是遏制进攻。如果要使用核武器，我们需要一个可以用来制止地面进攻的概念。犹豫的或是不起作用的反应，有这样一种风险，即我们除了投降或惨遭浩劫之外，别无选择。

但是“有效的反应”是什么呢？由于政治上不可能建立足够的常规部队，欧洲人认为核武器是最有效的威慑力量。但是他们又害怕在自己的领土上使用它们；在我们看来是“有限的”东西，在他们看来可能就是灾难性的。我们盟国的真正目标——这突出表明了使用战术核武器的困难——是，要使美国承诺及早使用战略核武器，这意味着一场在他们头顶上面进行的美苏核战争。这正是美国计划人员不能接受的情况。我们的战略——那时和现在——必须设想最后才使用战略核武器，假使不能用其他方法来保卫欧洲的话。但是它还必须设法取得别的抉择，既增加威慑力量的可信性，在威慑不奏效时也可以灵活使用我们的力量。

一九六九年，出现了暂时的妥协，实际上把这个争端掩盖了起来。核计划小组把战术核武器的“示威性”使用和“作战性”使用的可能性都保持下来。换言之，避免作出决定。莱尔德向总统报告说：“美国和欧洲在战略上的这个长期的意见分歧问题，依然没有得到解决。”他说得对。

一个半战争

虽然核问题没有得到解决——也许不可能得到解决——我们的战略理论在一九六九年的确发生了一次大调整。这注定会对我们的对外政策产生深远的后果。开始时作为一次高度机密的军事战略讨论变成了我们对中华人民共和国发出的最重要的信号之一，即我们是真的要改善同它的关系的。

在尼克松政府就任时，关于常规部队的流行的理论是“两个半战争”战略；根据这个理论，美国需要的部队足以（一）进行初期（九十天）的战斗，保卫西欧，抵抗苏联的进攻；（二）进行持久的防御战，抵抗中国对东南亚或朝鲜的进攻；（三）还要对付别处的，例如中东的不测事件，我们的战略计划所设想的形势是同政治现实不相符的：我们面对的是铁板一块的共产党；在一场全面的战争中，苏联和共产党中国几乎一定会同时向我们的要害处进攻。的确，我们从来没有决定建立这种雄心勃勃的战略所设想的常规部队。用军事术语来说，两个半战争计划是一种纸上谈兵。某些师派往欧洲，另外一些师派往亚洲。但是，它的主要结果是心理上的。它在我们思想中，把苏联的威胁和中国的威胁联结起来，到了难分难解的程度，以致一分析可能使用核武器问题时，就倾向于预先假定苏联和中国是一个单一的目标区。在政治上，它使我们不理解这两个共产党巨人之间正在出现的分裂，不理解这是美国的机会。

我作为总统国家安全事务助理在早期采取的主动行动中有一个行动是，对两个半战争概念的设想进行了一次重新研究。一个部际小组提出了五种选择方案作为答复，我的工作班子和我把它们压缩成为三种。每一种可供选用的战略，都是从它可以使我们能够对付的不测事件的角度以及从它的预算含义的角度来加以分析的。对北大西洋公约组织的战略以各种组合方式同对亚洲的战略相配合。这几种组合方式那时是跟计划中的国内开支相关连的，这样，总统就可以断定，如果他要放弃某种战略选择而实施某一国内计划，他要冒多大的风险。这三种选择方案如下：

⊙ 第一种战略方案维持的常规部队，可以为保卫欧洲、抵抗苏联大规模进攻进行初期（九十天）战斗，同时向一个亚洲盟国提供援助（提供后勤支援和有限度的美国战斗部队）来对付各种威胁，中国的全面入侵除外。

⊙ 第二种战略方案维持的部队可以进行北大西洋公约组织的初期防御战，或者进行对付中国对朝鲜或东南亚的全面进攻的防御战。这就是说，我们不保持在欧亚同时大规模作战的部队。

⊙ 第三种战略方案（基本上是我们在越南战争前的战略）维持的美军可以进行北大西洋公约组织的初期防御战，并且保卫朝鲜或东南亚抵抗中国的全面进攻。这支部队能够同时对付华沙条约组织和中国的重大威胁。

一九六九年十月二日，我写信给总统，概述了这些选择方案，以及它们的军事和预算含义。各机构看法不同，我都作了公正的汇报。但是在看法有分歧的时候，总统总是要我提出建议。我力主他批准第二种战略，“我认为，华约在欧洲进攻同时中国在亚洲发动常规进攻，是不大可能的。不论怎样，我并不认为，这种同时发动的进攻可以而且应该用地面部队来对付。”

尼克松接受了我的建议。这是他当总统时作出的较为重要的决定之一。首先，这使理论和能力协调起来。我们从来没有建立过我们的两个半战争论所要求的部队，我们宣告的政策和我们实际的政策之间的差距，一定会在潜在的侵略者的心中造成混乱，如果我们实行它的话，一定会引起严重的风险。中国人和苏联人同时对我们采取行动的现实前景并不存在。但是，如果中国和苏联发动联合进攻，那我们就碰到了对全球均势的威胁；在这种情况中，硬要说我们将把自己的反应限于在两个分得很开的地区进行常规战争，那就会增加我们的危险。

政治上的含义更有决定意义，我们必须抛弃那种固执地认为共产党是铁板一块的思想。把苏联和中国的目的联结起来，我们就造成了限制我们外交灵活性的推断；这与这两个共产党大国的明显的对立是截然相反的。调整我们的战略方向，就向中华人民共和国发出了信号，表明我们认为它的目的同苏联的目的是可以分开的；我们的军事政策并不认为中国是一个主要的威胁。虽然我们理论的转变从没有得到北京的承认，但是很难设想，那些这样小心地注视着所有的美国公开声明的谨慎的地缘政治研究家会忽视这种转变。因为我们不但开始在我们对核战争和常规战争的军事计划方面反映出新的战略构思；而且为了不使我们的意图有任何疑义，我们采取了特别的步骤，在总统一九七〇年二月十八日致国会的第一个外交政策报告中，按照我刚刚讲过的分析，明确地讲出了我们的理论基础。几句关键性的话如下：

我们力求理论和能力协调一致，选择了最恰当地称之为“一个半战争”的战略，根据这个战略，我们在和平时期保持这样的一般任务部队，它足以同时对付在欧洲**或**亚洲发生的一次共产党大规模进攻；援助盟国对付亚洲的非中国的威胁；应付其他地方发生的紧急事态(强调是原文所标的)。

选择这个战略是基于如下考虑：

——我们的战略和战区核部队的核力量起遏制苏联向北大西洋公约组织的欧洲部分发动全面进攻或中国向我们的亚洲盟国发动进攻的威慑力量的作用；

——俄国和中国在两条战线上向我们的盟国发动配合一致的进攻的可能性是很小的，因为这既有核战争的风险，而且中苏合作大概是不可能的……

而西欧——不是亚洲——被挑出来作为最有可能受到威胁的战区。总之，我们更担心的是苏联、而不是中国侵略的威胁。

我们已经向中国发出了一个重要的信号。我们不再认为一场同苏联的冲突会当然地把这个人民共和国卷进来。我们将根据我们的两个敌手对我们采取的行动，而不是它们的意识形态，来对待它们。我们公开地承认，它们是不同的，它们不大可能进行合作。中国人可以选择向我们靠拢。

尼克松主义

新战略规定了我们要建立的部队。跟六十年代相反，我们力量水平的规定目标实际上是达到了。但是仍有必要使我们的意图与盟国和朋友(特别是亚洲的)关心的事联系起来。同我们有些国内的批评家形成对照的是，这些受威胁的国家认为我们从越南撤退是不可逆转的，它们担心，在这个过程中，美国可能卸掉它一切责任，并抛弃它在这个地区的一切利益。没有与我们结盟的各国想知道，我们是否会从严格的法律角度开始规定我们对太平洋安全的关心仅限于对那些我们对之承担书面义务的国家。这将把那些具有巨大战略意义的国家，例如印度或印度尼西亚置于何地呢？而那些承担书面义务的国家则想知道我们将怎样解释这些义务。

考虑到国内对美国过分卷入的攻击，甚至企图减少我们对北大西洋公约组织的义务，这些可不是天真的或鸡毛蒜皮的问题。但是，如果人们以为美国要放弃它在亚洲的作用，那么关键国家的外交政策，甚至国内局势很可能发生急剧的变化。另一方面，提出一种得不到国内一致同意的共同防务理论，是没有意义的。

在一九六九年夏为尼克松前往亚洲的时候做准备，尼克松和我常常讨论这个问题。我们的结论是，区别三种类型的安全威胁是很重要的，这三种威胁是：内部颠覆，一个相邻的亚洲国家进行的外来进攻，一个核国家(实际上是指苏联或中华人民共和国)的侵略。在最高水平的威胁方面，我们必须明确表示，我们反对亚洲任何一个主要国家的侵略意图的态度没有变化。在低水平的威胁方面，我们必须避免卷入内战。在这两者之间的灰色地区，任何简单的方案都是不够的。原来的打算是要在夏天某个时候按这个方针搞出一篇总统的演说。我在七月十八日的一篇白宫背景文件中概述了政府对越南战争后亚洲的哲学：

关于承担义务性质的争论，在美国往往采取讨论法律义务的形式。但是更深入一层，就必须涉及总统这一级，美国同其他国家的关系，当然，部分地取决于法律关系，但是更根本地说，取决于美国对自己在世界上的作用这个观念；取决于各国在与全面安全和全面进步的关系中的固有的意义。

我们所要讨论的是，像我所指出的，这些国家怎样设想它们自己的未来，因为，展望今后十年，不言自明的是，我们将要去访问的亚洲、东南亚的前途，必须依靠的不是在华盛顿制定的指示，而是这个地区的劲头、创造性和合作。

我们仍然愿意参加，但是我们不能提供所有的主意和所有的资源。主动性必须越来越多地移到这个地区。因此，我们考虑我们对它们前途的看法，是重要的。

接着，使我很感意外的是，尼克松七月二十五日在关岛一个军官俱乐部同报界进行的一次谈话中采用了这个主题，我原来以为那是一次非正式的背景谈话。那时我们是在前往菲律宾的途中。这是傍晚时分。我们已旅行了几个小时，跨过了几个时区，途经约翰斯顿岛去看第一批登月人的安全着陆。这使尼克松感动得说，我们看到了“创世以来世界史上最伟大的一周”——这句话使使团中的那个牧师有点狼狈。直到今天，我并不认为尼克松原来打算在关岛发表一个重大的政策声明；他原来的目的是要制造一点新闻，因为跨过国际日期变更线造成了一个空白期。尼克松心中一开始并不想发表正式声明，他的话是在谈背景时说的，这个事实表明了这一点⑭。但是，也许当时的情景使他控制不了自己，尼克松用有力的而且常常是雄辩的话明确地讲出了他对亚洲的关注和态度。

尼克松看到亚洲的潜在的军事威胁来自一个主要的国家，共产党中国，和两个较小的国家，朝鲜和北越。但是尼克松说，我们“必须避免采取那样一种政策：它使亚洲国家这样地依赖我们，以致我们被拖进我们正在越南碰到的那种冲突中去”。不可避免地，记者们向他追问细节。尼克松回答说：

我认为，时至今日，美国，在我们同我们所有的亚洲朋友的关系方面，（应该）十分强调两点：一、我们一定遵守条约义务，例如，根据东南亚条约组织对泰国承担的条约义务；但是，二、就内部安全问题而言，在军事防务方面，除拥有核武器的主要国家的威胁以外，美国要鼓励而且有权利期待，这个问题将越来越多地由亚洲国家自己来处理，而且这样做的责任也由它们来承担。

这样，既非来自核国家，也不是来自内部颠覆的侵略怎么办的问题，仍然没有得到解决。尼克松建议说，在五年到十年以后，这个问题可能由一个亚洲集体安全体系来对付：“由于它所涉及的是一个并非由核国家造成的威胁……这是自由的亚洲国家，独立的亚洲国家能够解决也是美国应该支持的一个目标”。他避开了跟着提出来的一个问题，就是：在这样一个安全体系成立之前的那段时期内，我们将怎么办。

尼克松制造了比他原来想要的更多的新闻。彼此相距甚远的一些地区对这次非正式的情况介绍会发表的评论轰动一时，超出了他在亚洲所到之处发表的谈话。尼克松起初对这些反响感到惊讶，他不久把这些话上升为一种主义，并挂上他自己的名字——实际上，他相当一部分时间是用来确保“关岛主义”这个最初的名称，让它在新闻词汇里迅速地被一个更给人以深刻印象的、纪念人而不是纪念地方的名词来替代。尼克松最后在一九六九年十一月三日的越南问题演说以及在一九七〇年二月十八日的外交政策报告中，把这些非正式的话提炼成三个要点：

——美国将遵守它的一切条约义务。

——如果一个核国家威胁一个同我们结盟的国家的自由，或者威胁一个我们认为它的生存对我们的安全以及整个地区的安全至关重要的国家的自由，我们将提供保护。

——如果发生其他类型的侵略，我们将在接到请求时，提供适当的军事和经济援助。但是我们希望直接受到威胁的国家承担主要责任来提供其防务所需的人力。

在一个方面，尼克松主义所包含的东西比看得见的要少一点。如果我们准备遵守我们的条约义务，这包括日本、韩国、菲律宾、台湾、泰国和南越。如果我们现在保证连不结盟国家也要加以保护，使它们不受核国家侵犯，那就要照顾到印度尼西亚、印度或马来西亚这样一些国家不受假设中的中国进攻。尼克松主义所排除的是美国自动地参加其他亚洲国家之间战争，尽管我们可能提供军事和经济援助。我们应该不再卷进内战，这是——在一九六九年——传统的智慧。

另一方面，把美国的立场正式讲出来，就是第一次给朋友和敌人提供了一个明确的准则。就国内来说，它给所谓过多地承担义务的指责提供了一个清楚的答复；就连那些鼓吹作更加广泛的紧缩的人，也不得不认真对待尼克松声明的冲击和影响。而那些害怕美国撤退的国家，在一旦理解了关岛声明之后，在其中发现了很多使人放心的东西。

一个令人啼笑皆非的后果是，我们政府内部和外界那些要求作出更加重大的紧缩的人，开始运用尼克松主义来反对它的作者。例如，在讨论柬埔寨问题时，使人感到好笑——同时也使人感到恼火——的是，那个很想援助一个受到威胁的国家的人，以他的名字命名的主义，却反而阻止美国提供援助，而这个人却不承认这是自相矛盾的。

这样，在一场关于防务问题的紧张的国内辩论中，我们得以保持一个基础，后来随着国会和公众情绪的转变，再在这个基础上发展。我们制定了一个适合我们能力的战略，以对付更可能的威胁。我们提出了一项维护太平洋地区安全的主义，给了我们的盟国和朋友新的信念。在尼克松第一个任期中取得的所有成就中，我认为，保持我们主要的军事实力，是最重要的成就之一。没有它，一切缓和紧张局势的努力都会失败。因为只有那些被认为有选择权的人，才适度具备这种美德。

注释：

① 查尔斯·波伦著《历史的见证，一九二九年至一九六七年》引库兹涅佐夫语（纽约诺顿公司一九七三年出版），第四九五至四九六页。

② 艾伯特·沃尔斯泰特著《有战略武器竞赛吗？》，《外交季刊》第十五期（一九七四年夏季），第三至二十页。《是对手而非“竞赛”》，《外交季刊》第十六期（一九七四年秋季），第四八至八一页。

③ 这是威廉·富布赖特一本著作的书名：《五角大楼的宣传机器》（纽约兰登书屋一九七〇年出版；文泰奇书店一九七一年出版）。

④ 欧文·诺尔和朱迪思·尼斯·麦克法登合编《美国的军国主义一九七〇年》（纽约维京出版社一九六九年出版），第十一页。并见约翰·芬尼所写《四十五名国会议员设法钳制军事》，见《纽约时报》，一九六九年六月三日。

⑤ 尼尔·希恩著《国会一团体希望利用反弹道导弹限制其他武器》，见一九六九年七月十日《纽约时报》。

⑥ 见《国会季刊》，一九六九年五月三十日出版，第八四七页。并见一九六九

年三月八日《星期六评论》周刊社论(《反弹道导弹系统决定：尼克松总统的越南吗？》)，一九六九年三月十一日《纽约时报》转载，第十九页。

⑦ 卡尔·凯森著《军事战略、军事部队和武器控制》，收入克米特·戈登编《国家的议程》(华盛顿布鲁金斯学会一九六八年出版)，第五四九至五八四页(引文在第五四九至五五〇页)；查尔斯·舒尔茨著《越南战争后的预算替代办法》，出处同上，第十三至四八页。

⑧ 格雷厄姆·艾利森，欧内斯特·梅和亚当·亚莫林斯基著《干涉的限度》，《外交季刊》第四十八卷第二期(一九七〇年一月)，第二四六页。

⑨ 《纽约时报》，一九六九年四月二十一日。

⑩ 《纽约时报》，一九六九年五月十八日。

⑪ 《纽约时报》社论，一九六九年二月七日及二月九日。

⑫ 艾布拉姆·蔡斯和杰罗姆·威斯纳编《反弹道导弹系统：对部署反弹道导弹系统的决定的评价》，由爱德华·肯尼迪参议员作序(纽约哈珀与罗氏出版公司，一九六九年出版)。

⑬ 爱德华·肯尼迪参议员在民主党政策委员会国家事务轻重缓急次序委员会上的讲话，一九七〇年二月二十四日。还见一九七〇年二月二十五日《纽约时报》。

⑭ 尼克松的话，原先是在背景基础上讲的，后来予以发表，收入一九六九年卷的《美国总统公开文件集：理查德·尼克松：一九六九年》(华盛顿美国政府印刷局，一九七一年出版)，第五四四至五五六页。

第八章　越南问题的苦恼

我现在一提笔写到越南的往事，还免不了有一种痛苦和忧伤的感情。

当我们就任的时候，五十多万美国人正在一万英里之外作战。根据我们前任制订的计划，他们的人数还在增加。我们发现并没有任何撤出的计划。已经死了三万一千人。不论当初我们作战是抱着什么目的，到一九六九年，我们在国外的信誉，我们所承担的义务的可靠性，和我们的国内团结一样，都受到了地球上离北美最远的这个国家所进行的斗争的危害。当初我们是公开卷进这场战争的，并且得到了国会、美国公众和新闻界的一致同意①。但是到了一九六九年，我国已被抗议和苦恼分裂了，这种抗议和苦恼有时带有一种狂暴的和丑恶的性质。一个民主社会所赖以生存的崇尚礼让的风气败坏了。任何一个政府如果得不到最起码的信任，就不可能进行治理。然而，我们所能有的抉择都十分严酷，而国内争吵又日益剧烈，因此这种信任就销蚀殆尽了。

心理学家或社会学家们有一天也许解释得出来那个遥远的单色调的绿野青山连接着蓝色大海的国家到底是怎么回事；一千年来，这块地方吸引着一些外国人，他们到那里去追求荣耀而得到的却是挫折，他们相信在它的稻田和密林里总会建立起某种原则来，他们去到那里而结果却只有在幻灭中退出来。是什么东西在它的人民中激发出如此奔放的英雄主义和偏执狂，致使一连串外来人到那里去寻找揭开某种秘密的线索而随后却被极端的固执行为驱赶出来？这种固执行为不仅使外国人的努力遭到挫败，而且危害到外国人自己的内部平衡。

我们的前任曾经天真地卷了进去，他们深信这场残酷的内战意味着某种国际局势的风口浪尖。他们在四年的斗争中都未能制定出一项取胜的战略，而且现在就我们所知，这样一项战略也是无法实现的。他们作了不少的事情使美国以其力量和信誉作出重大的承诺，却没有进行足够的工作来使战争结束。在约翰逊执政的最后一年，共产党人发动了一场大规模的全国范围的攻势。今天研究这一问题的人员无人怀疑这个攻势遭到了重大失败。但是战斗的规模和牺牲的惨重却使它成了一场心理上的胜利。在春节攻势的影响下，我们首先是减少然后又终止了我们对北越的轰炸，交换条件只是使谈判开始，而我们毫不容情的对手又立即使之陷入僵局。对于这一场我们不会取胜但似乎也无法终止的战争，公众的支持正在日益减弱。

而且在我们国内，反对势力有了增长。它的组成是多种多样的：有些是真心实意的和平主义者，他们痛恨他们的国家参与千万里以外的杀戮；有些是看不出任何可取结局的务实主义者；有些是希望结束美国在海外的战争行动的孤立主义者；有些是理想主义者，他们认为我们的价值观念同第一次在国内由电视实况转播所反映的战争恐怖是完全不相容的。这几派人士还受到一小批人的鼓动，他们运用辱骂和暴力行动这样一些冲击手法，来表达六十年代开始出现的暴怒情绪，表达他们对美国，对它的“制度”及其“邪恶”的憎恨。所有这些派别联合起来，形成了一九六八年民主党代表大会的令人痛苦的混乱现象，造成了大学校园里的暴乱行动，并使得曾经支持美国在战后对外政策上采取伟大的主动行动的领导人们思想混乱和士气沮丧。

理查德·尼克松接管的是这样一个沸腾的局面。如果需要一个人来采取一种通情达理的行动同反对党的负责人士取得和解，那他在所有可供选择的人选中间大概是最不适合的一位了。他看到自己不管怎样都是那些要让他毁灭的自由派阴谋打击的目标，因此他怎么也不能不把越南战争引起的动荡看作是长期来对他的政治存在所进行的攻击的继续。尽管他对真心实意的抗议者的苦恼所抱有的同情比这些人所了解的要多，然而他却从来不曾鼓起自信或以精神上的豁达大度来向他们伸出手来。他接受了他们的论点，即我们面临着一场你死我活的国内斗争，而在事件发展的过程中他却促进和加深了这场斗争的激烈程度。

为了保持公正，我们必须承认他得到的帮助极少。毕竟，像休伯特·汉弗莱这样一个一生都在寻求和解的人，他在竞选总统活动中所受到的对待也并没有好多少。在尼克松就任以后，那些当初使我们卷入越南的人们先是转向中立，接着就采取反对立场，把这场尼克松继承下来的战争的责任强加在他的身上，并且以寻求解决办法为名对他进行攻击，而这些解决办法却是他们在过去有机会这样做的时候既没有主张过更没有实行过的。

尼克松政府上台时决心停止我们在越南的参战。但是它不久就在现实面前碰了壁，这种现实情况也曾经折磨过它的前任。差不多有一代人的时间，自由国家人民的安全与进步有赖于对美国的信任。对于一项涉及到两届政府、五个盟国和三万一千名战死者的事业，我们不能只是一走了之，就像换一下电视机的频道那样简单。许多人要求我们“仿效戴高乐”，但是他们忽略了即使是戴高乐也花费了四年的时间，才使他的国家从阿尔及利亚解脱出来，因为他也一样认为，重要的是使法国摆脱它的艰苦境遇而同时又保证内部团结和国际形象不受损害。他让法国从阿尔及利亚解脱出来，这是作为执行政策的行动，而不是作为一场崩溃的结果，他的举动反映着一项国家的决策，而不是一次大败退。

对美国来说，使越南战争取得这样一种结局甚至是更为重要的。作为民主联盟的领导者，我们必须记住有一大批国家和千百万人民把他们的安全寄托在我们与同盟国并肩作战的信念上，实际上是寄托在我们对自己的信心上。任何一个严肃的政策制定者都不能让他自己屈服于那种流行的做法——把“威望”、“荣誉”或“信用”一概贬为虚假的东西。我过去认为，现在也还认为，一个大国仅仅为了使自己从艰苦的境遇中得到喘息的机会而不惜听任一个小国遭受暴政的统治，那是极不道德的，而且对我们要使国际关系最终形成一种更为和平的新格局的努力也是具有破坏作用的。如果北大西洋联盟各国政府对美国力量的持久性产生怀疑，我们就不可能使这个联盟重新具有新的活力。如果我们在一场大战中屈膝投降，那么在这样的背景下，我们就无法推动苏联朝着必须互相克制的方向前进。如果我们一蹶不振，表明我们对亚洲安全不起作用，从而失去了我们作为一种抗衡力量的价值，我们也许就不能打开同中国的关系。我们中东外交的成功要看我们是否能使我们的盟友相信我们是可以信赖的，并让他们的对手们确信我们决不接受军事压力或讹诈的威胁。很明显，美国人民想要结束这场战争，但是每一次民意测验，而且事实上尼克松的当选(以及支持华莱士的投票)也同样表明，他们认为他们国家的目标是高尚的，他们不愿意让美国遭受屈辱。新政府不得不考虑反战者的关切，但同时也必须考虑这样一些家庭所遭受的极大痛苦，他们的儿子为国家经受苦难并捐躯沙场，他们不愿意让政府——在发生这些事情以后——作出的决定使他们的儿子们的牺牲变得毫无价值。

对我来说，关于美国的荣誉和美国的责任的这些原则并不是空洞的词句。我是强烈地感受到它们的。我是在希特勒图谋在巴伐利亚首府慕尼黑发动啤酒店政变六个月以前，出生在德国巴伐利亚州的费尔特镇的。当我九岁的时候，希特勒上了台。费尔特是纽伦堡的紧邻，二者在地理上和心理上都有联系，就像布鲁克林同纽约那样。纽伦堡当时是举世闻名的，因为它得到纳粹的大力支持，那里经常举行大规模的纳粹党集会，它所通过的种族歧视法律也是臭名昭著的。直到我移居美国之前，我的家庭和我自己忍受着变本加厉的排斥和歧视。我的父亲失去了他毕生从事的一项教育工作，我父母的朋友们的孩子躲着他们，不愿意同他们见面。我被迫去一所种族隔离的学校上学。每一次到大街上走路都会成为一种冒险行为，因为与我同年龄的德国人可以任意殴打犹太儿童，而不受警察的任何干涉。

在这一段时期里，美国对我来说简直具有奇妙的特征。当我还是一个孩子的时候，它是一个美丽的梦，一个不可思议的地方，宽容忍让是那里的天然本色，个人自由是没有任何疑问的。即使后来我了解到美国也有许许多多的问题，我还是永远不能忘记，在那残酷的可耻的年代里，对于受迫害的牺牲者，对于我的家庭和我自己，美国曾经是多么大的鼓舞。我永远记得我第一次走在纽约大街上时的一阵激动。我看到一群孩子，就马上走到马路的另一边，以避免挨打，然后我想起来我是在什么地方。

因此，我总是怀着一种特殊的感情来对待美国所意味着的一切，而当地出生的公民大概把这一切看作是理所当然的。我不同意那种自我憎恨的态度，把每一个缺陷都当作一种借口，来诋毁一项可贵的社会实验，而这种实验对世界其他地方所具有的重要性曾经构成我生活意义的一部分。我极其高兴能有机会来报答这样一个社会，我认识到这个社会的缺点，但对之也有一种不同的观察，我认为这些缺点并不能模糊它的伟大、它的理想主义、它的博爱仁慈以及它所体现的人类的希望。

因此国内辩论越南问题的吵嚷使我深为痛苦。我不同意造成印度支那僵局的许多决定，然而我觉得我被任命担任高级职务，就有责任来帮助结束这场战争，其方式应当同美国的自尊心相称，并且符合对一切善良的男女都有重大利害关系的美国的力量和目的。在我看来，重要的是：美国不能受到屈辱，不能被搞垮，而是在这样的方式下离开越南，使得即使是抗议者以后也会认识到，这表明了美国是出于尊严和自尊心而作出的选择。具有讽刺意味的是，后来有人指责我犯了“历史悲观主义”的错误，而事实上我恰恰认为，越南问题的结局关系到我们的自信和对未来的信心。

我相信我移居入籍的国家在道义方面的重要作用。在自由国家中只有美国有足够强大的力量来保证世界的安全，反对暴虐的势力。只有美国既有力量也有正气来鼓舞那些为其特性、进步和尊严而斗争的其他国家人民。三十年代，当民主国家面对最严重的危险的时候，美国跃跃欲试地等待着去援救欧洲。现在，如果我们放弃我们在国际上肩负的责任或者听任自我憎恨的心理支配自己，那就没有任何人来援救美国。

与我的大多数的同时代的人不同的是，对于现代社会结构的脆弱性，我是曾经体验过的。我已经看到，使社会的一切维系力量解体和破坏所有基本的价值标准，其可能结果就是过激主义、绝望和残暴。一国人民切不可丧失对自己的信心；那些沉溺于社会的缺陷或者以这些缺陷为借口而纵容虚无主义泛滥的人们，最后通常是取消所有的社会和道义的节制；他们无情地攻击一切信念的结果是使苦难大大增加。

我永远也不能使自己认为越南战争是一种极其罪恶的阴谋，在有些人士当中，这是当时流行的一种看法。在我看来，我们之所以参战，并不是由于一种尚武好斗的心理，而是由于一种天真的理想主义，这种理想主义想要纠正世界上的一切弊端，并且相信美国的善意就将使它的活动取得成效。我曾经作为一个教授去越南参观。我在那里看到的并不是丑恶的美国人（虽然，像一切战争一样，那里也存在这样的人），而是一些有献身精神的年轻人，尽管国内存在分歧，他们却每天都在面对着死亡；在我的记忆中，许多有理想的美国人在无法忍受的条件下努力工作，使那个国家吓坏了的、不知所措的人民得到治理、健康和发展。我认为，由于他们的牺牲，美国应当感到有负于他们，而不应当只是对那些大声疾呼抗议这场战争的人抱有这种情意。有些批评这场战争的人认为越南是一出道德戏剧，在这场戏剧中，坏人在闭幕之前必须受到惩罚，任何试图在结局中争取挽回一些自尊的努力，将使错误加重。我却认为它是一场真正的悲剧。痛苦并不是什么人所专有的。

我认为我的任务是帮助我移居入籍的国家愈合它的创伤，保全它的信念，从而使它重新献身于等待它去完成的伟大的建设任务。

我陷入的困境

我自己是在难以察觉的情况下逐步地接触越南战争的，而这种接触使我日益清醒起来；这同那种导致我国政府参加这场冒险行动的简单推理过程是类似的，这场冒险的最后代价证明远远超过了任何可以想见的收获。我也逐渐感到幻想破灭。

六十年代初期，我是不大注意越南的。欧洲、战略和军备控制是我在学术方面专门研究的问题。要说我有什么观点的话，我同意那种认为越南战争是北越试图用武力接管南越所导致的传统论点。这是我现在继续相信的论点。在六十年代初期，我不曾想到会有派出美国战斗部队的可能性。正如第六章所阐明的那样，约翰逊政府认为越南的侵略行动是北京策划的。曾把第一批一万六千名美国军事顾问派到越南去的肯尼迪政府，也被游击战争的奇怪现象迷惑住了，尽管它对尼基塔·赫鲁晓夫一九六一年一月发表的支持“民族解放战争”的讲话中的鼓动性已开始有所领会。

在肯尼迪政府把一万六千名顾问派到越南的时候，我记得我曾问过当时的国务院政策制定室主任沃尔特·罗斯托，法国过去派了几十万人都失败了，是什么使他认为，我们派去这么一点人就会取得成功呢？罗斯托以寥寥数语就回答了我的问题，这是被问得发烦的官员为了应付本该少管闲事的高级非职业专家所惯用的手法。他就像教一个文盲认字母似的对我说，法国人不懂得游击战；他们缺乏美国军队的机动能力。我并没有深究下去，因为我那时对越南并没有多大的兴趣。

直到一九六三年十一月，我才对政府的一项政策采取强烈的反对态度，而且那是政府当时得到广泛支持的一项政策。令我震惊的是，美国在推翻南越的吴庭艳总统从而导致他被暗杀这件事上显然起了直接作用。这一愚蠢的行动使我们走上了一条无法预见的道路，同时我们却在破坏这条道路的政治基础。在继之发生的清洗中，那个国家几乎全部的民政机构都垮台了。让别人看到我们合谋推翻一个友好政府，必然会使东南亚其他盟国的信心动摇。我不相信那些把我们引向了这样一种赌博的种种主观的设想。反对吴庭艳的人，包括驻西贡的记者团中的许多人都说，非得把吴庭艳推翻不可，因为在吴庭艳当政的情况下，绝对不可能以充分的精力或得到人民的支持来进行这场对付共产党人的战争。人们指责他的兄弟企图同共产党人达成妥协——这在七年之后恰恰又成了同样一批提出批评的人士的正统观点，他们现在由于吴庭艳的继承人阮文绍拒绝这种观点而想要推翻他。但是既然这场战争关系到南越非共产党政府的合法性，那么为了打赢这场战争又要去推翻它，这实在是一种很古怪的做法。在军事上预计会取得的胜利不可能比丧失政治威信更重要。对于曾由我们扶植起来的政府，我们要在道义上承担深重得多的义务。我们现在知道河内也得出了同样结论。虽然它曾积极地支持游击战，但是在吴庭艳倒台之前，他们并没有派正规军队去。在肯尼迪总统遇刺时，我已开始沿着这一思路撰写一篇文章，预言越南局势将会大大恶化。后来我想，那时候再写下去就未免太不得体了。

在一九六四年，我鼓励洛克菲勒州长在预选中就越南问题发表强烈意见。无论是他还是我当时都不曾对什么是一项适当的战略有过明确的见解，无论是他还是我都不曾预见到要派遣美国战斗部队。不过，到了一九六五年，我也属于缄默的大多数，他们都赞同约翰逊政府投入美国作战部队以顶住河内当时已经十分明显的直接卷入的行动。

一九六五年八月初，当时担任驻西贡大使的亨利·卡伯特·洛奇(我的一个老朋友)要求我作为他的顾问去访问越南，这时我就不再是一个旁观者了。我在一九六五年十月和十一月第一次周游了越南两个星期，后来在一九六六年七月又待了大约十天；第三次在一九六六年十月，停留了几天，最后这次旅行是应艾夫里尔·哈里曼之请而去的。洛奇让我随自己的心意去深入地了解我所选择的任何问题，让我使用大使馆的各种设施和条件。

我很快就认识到，我们已经卷入了一场我们既不知道如何取胜、也不知道如何结束的战争。敌人在老挝和柬埔寨的庇护所使我们达不到战争的典型目的——摧毁敌人的军事力量。我们在北越进行的轰炸，猛烈到足以把世界舆论动员起来反对我们，但又是极为半心半意的，而且是逐步进行的，以致不能发挥决定性的作用。因此，我们的对手就得以控制双方军事行动的步调和双方伤亡的水平。而美国的伤亡人数在美国舆论中是要成为一种中心因素的。

我深信，在一场内战中，军事的"胜利"是毫无意义的，除非这种胜利会带来在我们最终撤出后还可以保持下去的政治局面。只有当河内认识到，战争持续得越久，他们就要面对不断地丧失自己对当地居民的政治影响的局面，谈判才可能举行。这是一个十分艰巨的任务。对在熟悉的土地上作战的北越人和越共来说，只需要坚持下去，保持足够强大的力量，以便在美国对战争感到厌倦之后控制那里的人民。而我们的任务却复杂得多了：我们不得不去打这场战争，同时还要加强南越人的力量，使他们在没有我们的情况下存在下去。换句话说，使我们自己不再是不可缺少的。游击队不败就是胜利，这是游击战的一条重要原则；而正规军只能胜利否则就算是失败。我们是对一个难以捉摸的敌人进行一场军事战，我们的敌人却是对固定不动的居民开展一场政治战。从一开始我就怀疑我们制订计划的人员是否领会到了这一点。一九六五年十月在前往越南途中，我曾在我们驻夏威夷的太平洋司令部停留。在听完关于越南的第一次正式的情况介绍之后，我在日记本上写道：

使我印象深刻的是这样一个事实，没有一个人能够真正向我说明，即使根据我们对越南战争所作的最有利的估计，这场战争将怎样结束……我认为我们甚至还没开始解决这样一个心理上的根本问题。在我看来，越共和北越人必然在自言自语地说，虽然（由于美国的干预）他们今年取胜的希望落空了，但存在一种可能性，甚至很大的可能性，那就是如果他们能够把战争拖得足够长的话，就将使我们精疲力尽。一个人怎样使一国人民同意，他准备在远离国土一万英里的地方无限期地待下去，以对付那些在本国国土上作战的对手？……如果我们在我们的太平洋行动中失败的话，那不是由于技术上的差错，而是因为我们难以在一种局势中使政治和军事的目的一致起来，我国极其庞杂的军事机构并不是为应付这样的局势而设计的。

在我看来，作为我国军事行动主要目标的北越部队，起着斗牛士的披肩斗篷的作用：他们诱使我们的部队陷入在政治上无关紧要的地区，而越共的基层组织则在人口众多的农村破坏南越政府。一九六五年十月二十一日当我参观了越南一个省份之后，我在日记上写道：

这里显然在进行着两种互不相关的战争：（一）在关于部队安全的统计数字中反映出来的战争；（二）影响到居民的战争。这两种标准并非一码事。对军队说来，如果车队能够通行，这条公路就是畅通的；对村民说来，如果他不用交税就可以通过，这条公路才是畅通的。对军队说来，如果能够把部队驻扎在一个村子里，这个村子就是安全的；而对居民说来，一个村子在受到保护，不只是不会遭到有组织的越共部队的袭击而且也不会遭到越共恐怖主义分子的侵害时，它才是安全的。

由于没有胜利的标准，自欺欺人之谈代替了分析判断。一九六五年十月我去参观永隆省时，曾问该省省长他这一省内已平定的地区占多大的百分比，他自豪地对我说占百分之八十。一九六六年七月我第二次访问越南期间，特地访问了同样几个省份，以便对发生的变化作出估计。在永隆，还是那位省长对我说，自从我上次访问以来已经取得了巨大进展。我问他，现在平定的地区占多大百分比，他骄傲地对我说，百分之七十！

我在一九六五年十二月三日写给亨利·卡伯特·洛奇的一封信里概述了我第一次访问的印象：

笼罩在一切之上的是一个社会学或也许是哲学的问题：越南人作为一个独特民族的意识是强烈的，但是国家观念却很淡薄。因此我们所面临的最严重的问题是，当社会由于内部分裂而分崩离析，并且正处于内战的战火之中的时候，如何建立一个国家。所有的新生国家都有着实现政治统一的问题；但没有一个像越南这样为了达到这一目标而面临着如此巨大的困难。

一九六六年八月十八日在我第二次访问越南之后，我又给洛奇写了一封信："出于坦率我不得不说，我在各省没有看到任何重大变化……"美国官员试图判断农村的安全情况无异于试图为不可捉摸的东西确定分量。也许是由于我们驻在各省的顾问经验不足(他们任职的期限很短，到他们熟悉职务的时候就不得不离开了)，我们所作的努力是缺乏政治眼光的。举例说，有些被列为平定的地区，可能是由于越共觉得，不去干扰那里的农业而使它成为自己的粮源是有好处的，因为他们定期地征收农业税。我又提出了几条建议：大使馆应当设法对保安情况作出比较明确的估计，地方政府应当得到加强，并且应当坚决确定轻重缓急的顺序。另外，我们迫切需要制定一项政府经常宣称它是热切希望进行的谈判的策略。因为谈判也许是我们的麻烦的开始而不是终结。

而我曾经有过一些同北越人打交道的有限的经验。

一九六七年七月到十月之间，我应约翰逊政府的请求，充当了促使谈判开始的中间人。我通过我认识的两位法国知识界人士传递信息，其中一人曾经在四十年代帮助过胡志明，当胡在巴黎同法国人谈判时提供他的房子接待过胡。我受权敦促我的朋友访问河内，以便提出一些美国停止轰炸的妥协条件，作为谈判的前奏。他们去河内并会见了胡志明，在好几个月期间，我不时前往巴黎，传达或接受北越人的信息。这种努力终于失败，尽管它是朝着一年以后产生停止轰炸和开始和平谈判的协议方面迈出的一步。

在这种谈判终于开始以后，我在一九六八年底在《外交季刊》上发表的一篇文章中提出了我的估计②。这篇文章是在我被任命为国家总统国家安全事务助理以前写成的，但是发表却在任命以后。我阐述了我的基本结论：

⊙ 我们的军事战略不能带来胜利；

⊙ 我们的军事行动必须与明确规定的谈判目标一致起来；

⊙ 南越政府只有实施一项能够团结非共产党的南越人的政治纲领，才能继续存在下去；

⊙ 美国必须把越来越多的进行战争的责任转给南越人；而且

⊙ 如果在谈判中“河内表明是毫不妥协的，而战争继续进行下去的话，我们应该争取单方面地尽可能多地实现我们的目标”。

⊙ 我们应当把停火之类的军事问题当作我们谈判的重点，而把政治权力的分配问题留给越南各政党去解决。

在某种程度上，我同意对立双方的政界人士所提出的批评。约翰逊政府由于处理战争的做法，已经放弃了取得一次常规的军事胜利的任何希望，它规定了我们派出武装部队的最高限额，并且接受了一项停止轰炸的要求，要求得到一个光荣的结局决定于我们是否有能力提供一种政治上的刺激力量来促使河内实行妥协，而除非我们能够把我们在地面上的军事阵地转变为一种持久的政治结构，否则我们就做不到这一点。我们的谈判立场必须取得国内公众的长期支持，以便向河内表明它如果使我们纠缠在旷日持久的谈判中他们将得不到任何好处。使这一切安排妥帖，而同时实现脱身，对于任何一个新政府，这都是一个艰巨的任务。

到了一九六九年一月，我虽然对这场战争已经感到深为不安，但是在若干方面同许多批评者的意见还是不同的。我不赞成无条件地撤退。到一九六九年，五十万以上的美国部队，七万名盟国部队，以及三万一千名战死在那里的人员，已经解决了这样一个争论的问题：这场战争的结局对我们和依靠我们的人们到底重要还是不重要的问题。我也不同意许多批评这次战争的人的态度，他们似乎认为和平首先要看我们是否有诚意。河内的那些倔强的人曾经在斗争中度过他们的一生，这些人认为妥协不属于道德的范畴。他们受到越南历史——一部同中国人、法国人、日本人，现在同我们打仗的历史——中的英雄传奇力量的驱使，曾经利用对胜利的梦想来支持他们无可怀疑的英雄主义；他们只是在精心计算和出于必要的基础上才会接受妥协。通过谈判取得的和平将是对双方所冒的风险进行深思熟虑而产生的结果，而不是一阵感情冲动产生的结果。这一见解使我永远无法同许多抗议者站在一起——即使我同意他们的分析，认为这场战争正在大量消耗我们的国力因而必须加以了结。

我们所发现的情况

我们的许多批评家，包括政府内部许多促使我们在越南参战的人士，所取得的一项可疑的成就就是，把关于越南问题的辩论的重点放在尼克松政府的所作所为上，就好像是尼克松使我们卷入越南似的。最好不要忘记，在一九六九年一月二十日尼克松就任的那一天，五十万以上的美国军队已经驻在越南；实际上，军队人数还在继续增加，越来越接近上届政府在一九六八年四月所规定的五十四万九千五百人的最高限额。（部队实力的实际最高峰是一九六九年四月的大约五十四万三千人。）我们在越南的作战费用一九六九财政年度达到三百亿美元*。美国伤亡人数在一九六八年下半年平均是每周二百人阵亡；一九六八年总共有一万四千五百九十二名美国人在作战中死亡。到一月二十日为止，从一九六一年以来在越南的作战行动中死亡的美国人的累计总数达到三万一千人；南越人的伤亡接近九万人。

战斗似乎已陷于僵持状态。我们决定性地打败了一九六八年越南的春节攻势；但是这次攻势对那些支持这场战争的美国公众所造成的震动导致了停止轰炸并使要求我们撤退的压力大大增长。我们南越盟友的正规部队有八十二万六千人，比一年以前的人数（七十四万三千人）大大增加了。他们的装备也强得多了。但是他们的任务是惊人的：要守卫一条六百英里长的渺无人迹的边境，同时要保障那里居民的安全。虽然越共干部在春节攻势中已被大批消灭，但是北越正规军大部队稳住了局势。现在几乎所有的战斗都是由北越主力部队进行的——同“人民战争”的神话正好相反。

南越在政治上看起来比前四年中任何时候都更加稳定。出生在北越的阮文绍一九六七年当选为总统，他的政府容纳了更多的像陈文香总理这样的南方人和受人尊敬的民族主义者。但是我们驻西贡使馆估计，共产党基层组织在百分之八十的村庄中仍然存在。据估计，总人口中的百分之六十五和农村人口中的百分之八十一都处在共产党的某种影响之下，哪怕只是向共产党缴纳他们所生产的大米和其他的产品税。换句话说，自从我一九六六年十月的上一次访问以后，农村的局势并没有发生重大变化。

敌人的策略是制造最大限度的不安全感，同时又不谋求占领任何可能会成为美国进攻目标从而导致一场激烈战斗的领土。相反，北越人在

---

* 其中二百四十亿美元是越南战争所花费的“额外费用”，这就是说，要是不曾发生这场战争，我们为维持我国武装力量本来要花费的费用没有计算在内。

南越所有地区发动零星的攻击。主力部队进攻美国部队使之遭受伤亡，游击队作战则是为了破坏抚慰活动；他们一直在竭力加强共产党的基层政治组织，以便最终实现接管。

一九六八年下半年，克赖顿·（“阿贝”）·艾布拉姆斯将军接替威廉·威斯特摩兰将军担任美军在越南的总司令。艾布拉姆斯曾经是乔治·巴顿将军领导下的一位坦克兵司令，他曾率领过在比尔热战役中解放了被围困在巴斯托尼的坦克营。艾布拉姆斯改变了美国的战略。他放弃攻打共产党主力部队的大规模攻势行动，而集中力量保护当地居民。美国军队围绕主要城市部署了纵深防御。他把两师美军从越南北部调出，重新部署在人口稠密的南部。这是约翰逊总统一九六八年十一月一日实行停止轰炸在军事上取得的一项好处，因为从那时起，北越人同意不侵犯非军事区，也不向主要城市不分青红皂白地发动进攻。

停止轰炸主要是由于两个原因。反对越南战争的人集中攻击轰炸，部分是由于它的代价巨大，部分是因为这是一种美国可以单方面予以停止的行动(不像其他方面的战斗)，部分也是由于河内曾经巧妙地暗示停止轰炸会带来迅速的谈判，而谈判又会产生一项迅速的解决办法。一九六八年三月三十一日这一天，约翰逊总统宣布他退出总统竞选，同时宣布停止对北纬二十度以北地区的轰炸。这样，美国同越南民主共和国* 就在巴黎开始了谈判，但是它仅限于如何开始会谈的程序性问题。十一月一日约翰逊总统同意完全停炸，虽然对北越通过老挝的补给走廊(所谓的胡志明小道)的轰炸以及侦察飞行仍在继续。达成的一项“谅解”就是“不得对大城市实行不分青红皂白的进攻”(诸如西贡、岘港、顺化等地)；不得从非军事区、越过非军事区和在该区之内发射大炮、火箭炮或迫击炮；不得从非军事区、越过非军事区和在该区之内调动军队；不得“以威胁另一方的方式”在非军事区附近集结或调动军队。河

---

* 越南民主共和国是北越的正式名称。

内从来没有明确表示同意这些规定，而是“不声不响地照办”，同时还加上一九六八年十月二十八日苏联总理阿列克谢·柯西金在给约翰逊总统的信中提出的保证，这封信说：“对越南方面所持立场的怀疑是没有根据的。”美国主要谈判代表艾夫里尔·哈里曼十一月四日在巴黎对北越人说，对大城市不加区别的进攻“会造成一种不利于进行认真的会谈从而无法维持停止(轰炸)的局势”。

事实证明，认真的会谈并不像河内让我们相信的那样很快就开始。正如我在第二章中曾经叙述过的那样，围绕谈判桌的形状问题进行了历时三个月的争论，这实际上是一场关于河内在越南南方的外围组织——民族解放阵线——的地位问题的争执。这场程序性的争论直到一九六九年一月十六日，即我们上任的前四天，才宣告终止。到尼克松就职的那一天，还没有举行过一次实质性的谈判会议。

新的班子接任以后，我们必须做的第一件事就是对形势作出可靠的估计。我们想要制定一项前后一致的战略的愿望遇到了事实不足的困难，而我们打算修改既定做法的尝试又遭到了因循守旧哲学所造成的惰性的反对。在一月二十一日召开的国家安全委员会第一次会议上，简短地讨论了越南问题，接着在一月二十五日的国家安全委员会会议上又比较详尽地讨论了这个问题。但是这个班子太新，而职业官员们的士气又太消沉。官员们的汇报并没有为新总统提供他所急于得到的富于远见卓识的主意，甚至军方也是一样。多年以来，军方一直抱怨他们受到文职领导人的钳制，但是当尼克松要他们提出新的战略时，他们所能想到的只是恢复对越南北方的轰炸。这时候尼克松所发出的唯一的新指示是停止同西贡当局经常不断的争吵；他不打算破坏南越的政治结构而实现河内的愿望。

我们迫切希望获得情报，这就是新政府发出的第一项调查研究指令的原由。标题为《越南局势》的《国家安全调查备忘录第一号》要求各部门和各机构回答一个庞大的长达六页而且单倍行距打印的问题单子，其中包括二十八个主要问题和五十个次要问题。要求每个机构分别回答问题，以便突出不同的意见，使我们得以准确地掌握有争论的问题和不同的观点。《国家安全调查备忘录第一号》要求对发生的事件作出解释（例如，“为什么越南民主共和国要派人到巴黎去？”“为什么北越军队去年夏天和秋天离开了南越？”），这个备忘录要了解影响谈判的政治因素，敌方的军事能力，南越的能力，农村地区安全的进展情况，西贡的政治情景，以及美国的军事战略和行动。在每种情况下我们都提出这样一些问题：“证据是什么？”或“我们掌握的情报够不够充分？”

不幸，所提出的种种问题有时候恰好证实了引起我们提问的那些令人困惑的情况，而不是促使它们得到解决。对《国家安全调查备忘录第一号》所提问题的回答在二月间一一到达，我的工作人员把答案加以概括和分析，写成一份四十四页的文件，在三月十四日发给国家安全委员会审查小组成员传阅。[3]或许并不令人惊奇的是，这份概要发现官方机构意见不一致，而发生分歧的方面同全国其他地方的情况是非常相似的。有一派思想比较乐观，其中包括埃尔斯沃思·邦克（我国驻西贡的大使），三军参谋长艾布拉姆斯将军和约翰·麦凯恩上将（美国太平洋舰队司令）。这一派相信北越人由于军事上虚弱而同意在巴黎举行和平谈判；相信抚慰活动的成果是真实的，并且认为“应当坚持下去”，而且“形势是对我们有利的”。对立的一方反映了五角大楼文职人员和中央情报局的观点，在较小的程度上还反映了国务院的观点，这种观点承认南越的能力有所提高，但是认为“这主要是造成了一种相持不下的僵局”。这种观点认为，战况平息的成果是“夸大了的和不牢靠的”，“在政治上”没有取得“切实的进展”，敌方无论是在巴黎还是在战场上都不是出于软弱而采取行动的，它还认为，“一项妥协的解决办法对越南来说是唯一可行的出路”。

这两派在下述问题上的意见是一致的：大多数军事行动是越共和北越人发动的，而这一点决定了双方伤亡的人数；敌方没有改变它的目标；河内奉行“一条基本上不受莫斯科和北京支配的行动路线”。然而，对于诸如敌人兵力的大小和部署，柬埔寨，特别是作为一条补给线的西哈努克港的重要性这一类基本事实，情报部门内部却存在着令人不安的巨大分歧意见。这些答案清楚地说明政府各部门在事实方面看法是不一致的，更不用说对于政策有什么一致意见了。

在我们能够解决我们的内部辩论——或者甚至是能够进行这场辩论——之前，河内比我们的分析抢先了一步，于一九六九年二月二十二日在南越发动了全国性的攻势。

北越的进攻和对柬埔寨的轰炸

一九六八年同北越人达成的停炸的谅解包括这样一种“期望”：不袭击主要城市或越过非军事区。但是，当我们就任时，敌人的渗透活动日益增加，这强烈表明一次新的攻势正在酝酿中。

我们所找到的应付这种可能性的唯一办法就是恢复对北方的轰炸。一九六八年十一月二十四日，国防部部长克拉克·克利福德在美国广播公司和电视广播网的《问题与回答》节目中宣布：“如果他们在某个时候向我们表明，他们不是采取认真的态度而且不守信义的话，我毫不怀疑总统将不得不重新按照原先的概念行事，那就是对敌人施加压力，包括必要时进行轰炸。”艾夫里尔·哈里曼在一九六八年十二月四日在一次白宫汇报会上发表了同样观点。参谋长联席会议主席厄尔·惠勒将军在一九六九年一月二十五日的国家安全委员会会议上对尼克松说，在越南，一切可能做的事情都在做，“除了轰炸越南北方以外”，他这样讲只不过是遵循一向实行的理论而已。

然而在新政府里，没有一个人不是一想到恢复对北越的轰炸就满心厌恶。我们那时正尝到一个新总统就职之后的蜜月时期的甜头；在这以前，尼克松还从来没有得到过新闻舆论界的赞同。我们知道，重新轰炸会在国内激起轩然大波，即使这是由于北越背弃导致停炸的双方谅解而直接引起的，也是一样。我们中间没有一个人愿意出现这种情况。而且首先是，在新总统上任的第一个月内，我们还没有放弃这样一种希望：围绕一项体面地解决越南战争的计划使全国团结起来。

不幸的是，除了轰炸北越以外，要找到其他办法是很难的。一月三十日，我在五角大楼会见莱尔德和惠勒，一起研究一旦敌人在南越发动攻势我们可以采取什么对策。惠勒反复说明，美国在南越的军队已全部投入战斗；唯一有效的反击就是在非军事区采取行动或者是重新轰炸北越。莱尔德对后一个建议提出异议，强调说停炸已促使公众产生了希望，认为战争正逐渐趋于结束。我也并不赞成这个建议，因为我非常希望给谈判一个机会。二月一日那一天，尼克松给我一个便条，上面写着："几乎所有的新闻报道都说'我们预料共产党将在南越采取一次主动行动'。我不喜欢看到这种说法。我认为要是有什么主动行动，那应该是来自我们方面，而不是来自他们。"但是我要参谋长联席会议提出建议，却得到了现在已为人们所熟悉的回答：列举对北越目标进行的各种不同等级的空中和海上攻击；梅尔文·莱尔德和我本人对这些建议表现了同样典型的不愿意接受的态度。

后来想到要去轰炸越南在柬埔寨的庇护地区，其理由与人们设想的恰恰相反；并不是要扩大战争，而是要避免轰炸北越，同时又能挫折敌人的无缘无故的进攻的锐气，这种进攻每周都要使四百名美国人牺牲生命。

主张修正我们行动路线的人们有时集中攻击尼克松政府，硬说它攻击了一个"和平"国家的"中立"地位。这种指责忽略了下面的情况：这个问题所涉及的领土在任何实际意义上都已不再是柬埔寨的土地。四年以来，多达四个师的北越军队一直在从沿南越边境的一连串基地地区出发到柬埔寨土地上进行活动。一九七八年，据已经胜利的柬埔寨共产党人估计，一九六九到一九七〇年间，在柬埔寨东北部不请自来的北越军队达到三十万人，这远远超过了我们的估计。④柬埔寨官员从他们自己的土地上被排挤出去，这些土地上已差不多没有柬埔寨居民*。它们是完全由北越人控制的。北越军队从这些领土上发动进攻，打进南越，制造伤亡，破坏政府统治，然后又退到一个形式上中立的国家的保护之下。那种认为美国破坏了一个和平国家的中立地位的说法，只能是蓄意偏袒一方，而决不是明辨是非，因为当时在柬埔寨的鼓励下我们为了自卫而予以零星轰炸的领土，是柬埔寨多年来未曾行使过管辖权、人烟稀少或根本无人居住的地区，这些地区是被侵犯柬埔寨中立、并凭借这些庇护所每周杀害数以百计的美国人和南越人的敌人所占领的。

第一个建议来自惠勒将军。当莱尔德在一月三十日表示怀疑重新轰炸北越在政治上是否站得住脚的时候，惠勒提出，作为一个替代方案，建议袭击北越在柬埔寨边境一方非法建立的基地网。二月九日，艾布拉姆斯将军从西贡打电报给惠勒将军说，最近一名逃兵提供的情报和空中摄影侦察表明，负责南越全境的共产党总部就设在紧靠柬埔寨边境的那一边。（当时我作为一个新手，这些看起来很肯定的证据给了我深刻的印象，如果是后来的话，就不会这样了。后来，金边的共产党领导人在八年以后也证实那个逃兵所提供的那方面的情报是正确的。）艾布拉姆斯要求授权用 B-52 轰炸机从空中袭击那个总部。邦克大使在另一份通过国务院渠道发来的电报中表示赞同这个意见。

这些建议得到了积极的支持。当选总统在政府交接阶段的一九六九年一月八日曾写给我一封便信说："在你对越南问题进行研究时，我需要一份报告，确切说明敌人在柬埔寨有什么兵力以及我们正在采取什么行动来摧毁在那里集结的力量。我想当我们就任时议事日程上的第一批事项之一大概应该是：非常明确地改变对柬埔寨的政策。"古德帕斯特

* 协助指出北越军司令部所在地的共产党叛逃者说，柬埔寨人不允许住在司令部地区内。艾布拉姆斯将军二月份将此情况报告了总统，并保证射击目标至少距离任何柬埔寨村庄一公里之远。

将军起草了一份由我来签字的报告，提供了沿柬埔寨边界的北越基地地区的详细情况。他报告说："我们在南越的野战司令部确信进入柬埔寨的绝大部分补给品是由西哈努克城运进的……我们对此所采取的行动是非常有限的……野战司令部多次请求授权进入柬埔寨采取先发制人的行动和追击袭击我们以后又撤退回去的军队。所有这些请求都遭到拒绝或者仍在审议中而尚未采取行动。"

在《国家安全调查备忘录第一号》的调查中，关于西哈努克城的重要性是有争议的问题之一。在西贡的美国军事指挥部确信在一九六七年十月到一九六八年九月之间，大约有一万吨武器通过西哈努克城运进了柬埔寨，但是中央情报局和国务院对此提出异议。根据他们的意见，由穿过老挝的胡志明小道运进的补给品不仅可以满足南越所有共产党军队的外部需要，而且绰绰有余。在分析家们的这个辩论中具有利害关系的问题自然是，柬埔寨的庇护所是不是一个极为重要的目标，使我们必须加以打击；这里正像常常发生的那样，情报估计往往是跟在有关机构的政策观点的后面，而不是走在前面。那些赞成打击庇护所的人们强调西哈努克城的重要作用；而那些反对这样做的人却贬低它的重要性。（在一九七〇年四月美国和南越部队开进这些庇护所的时候，存放在共产党储藏室里的文件表明，通过柬埔寨运进的补给品远远超过了甚至军方最高的估计数字。）

但是对于是通过西哈努克城还是沿胡志明小道运进作战物资的问题不论有什么争议，人们对于柬埔寨境内的北越基地对美国和南越部队的威胁却没有任何争论。二月十八日，我和莱尔德、国防部副部长帕卡德、惠勒将军和莱尔德的军事助理罗伯特·E·珀斯利上校一起听取了来自西贡的一个两人小组的汇报。我向总统报告，艾布拉姆斯将军深信在目标区以内并没有任何柬埔寨平民居住。尽管如此，我建议不要无缘无故地轰炸那些庇护所。我提出，我们应当给谈判一个机会，并谋求保持公众对我们政策的支持。我们可以到三月底重新检查一下局势——这是政府机构的一种典型的拖延手法，以缓和一下那些意见被否定的人们的苦恼。尼克松在二月二十二日批准了这个建议，这正是他动身开始他的欧洲之行的前一天。

就在尼克松决定推迟对那些庇护所采取行动的这一天，北越人使一项本来是模糊的应变计划变成了对付一场危机的必要行动。河内在新政府就任之前就做了好几个星期的准备，在完成这些准备之后，就发动了一次全国规模的进攻。在进攻的第一周里作战死亡的美国人有四百五十三人，第二周有三百三十六人，第三周有三百五十一人；南越人的伤亡还要大得多，平均每周达五百人。这是一次特别厚颜无耻的行动。在巴黎由亨利·卡伯特·洛奇率领的我们的新代表团还没有举行过一次实质性的谈判会议；新政府还来不及制定它的政策。无论是巧合还是预谋，这场攻势是在总统预定作一次国外旅行的前一天开始的，这样既使我们无法作出反应，又使新总统受到屈辱。尼克松曾经在过渡时期同北越人有过联系(正如我们将在下面看到的)，强调他决心在保证有关各方的自尊和荣誉的基础上解决这场战争，尽管这样，这场进攻还是发生了。河内甚至不肯考验一下所表白的这种意图，它采取的第一个行动就是加紧杀戮美国人。我在给总统的一份报告里说明，北越人曾经“能够给美国和南越军队造成相对高的伤亡率，而又不暴露它的主力部队”。

尼克松在椭圆形办公室听取了一次关于敌人这次攻势的军事汇报，他的周围摆满了一堆堆由我的工作人员和国务院人员编写的关于他即将访问的每一个国家的活页情况简报。(尼克松后来主要在礼节性的场合才利用椭圆形办公室；通常他宁愿在行政办公大楼里他的非正式办公室工作。)尼克松正在阅读那些简报，他一边设法把它们记在脑子里，一边大发牢骚，抱怨他不得不花那么大力气。他在听完汇报以后情绪激昂。依照他的全部直觉，就是要对河内的无耻行动作出激烈的反应。几年来，他一直指责他的前任在对共产党行动作出反应方面软弱无力。但是他也非常希望他作为总统的第一次国外旅行取得成功。美国的报复可能在欧洲激起骚乱；消极忍受又可能鼓励我们的敌手。他并没有能立即解决这个进退两难的问题。攻势开始那一天，白宫的唯一反应是我给苏联大使多勃雷宁打了个电话。我说，总统要莫斯科理解，如果北越的攻势继续下去，我们就会进行报复。

但是第二天，二月二十三日，在由华盛顿飞往布鲁塞尔的途中，尼克松下了决心；他突然下令轰炸柬埔寨的庇护所。在我看来，像这样重大的决策，如果不同有关的官员商量，或者不制订一项应付各种后果的详细计划，是不能简单地从“空军一号”飞机上用电报传达给华盛顿和西贡的。因此，我向尼克松建议把最后的“执行”命令推迟四十八小时，并急电当时担任我的军事助理的亚历山大·黑格上校，带上一位五角大楼的专家，到布鲁塞尔同我会面。我想要再检查一下军事行动的准备工作，并制订一个外交上的计划。

黑格，霍尔德曼（代表尼克松，因为他不来参加就会引起别人注意），五角大楼的计划官和我，二月二十四日早晨在停在布鲁塞尔机场的“空军一号”上会晤，这正好是总统在北大西洋公约总部发表讲话之前。尼克松使用的这架飞机内部是按照约翰逊指示的规格装修起来的。在总统特舱的后面是一个会议区，这里有一只特大的椅子同一个腰子形的桌子装配在一起；椅子和桌子上都装有按钮，使它们能自行活动起来。那把椅子能变换各种姿势；那张桌子则利用液压可以上下移动。如果有人按错了电钮，桌子就会徐徐下沉，把他钉在椅子里动弹不得；如果椅子同时却在上升，那情况就会变得危急起来。我们就是在这种令人生畏的环境里制定了轰炸敌人庇护所的指导原则：轰炸将限于距离前线五英里之内的范围；我们将不宣布这种攻击，但如柬埔寨提出抗议，我们将予以承认并愿赔偿任何平民遭受的损失。我们在剩下的短暂时间里，制定出一个军事和外交的日程表以及向报界介绍情况的指导意见。黑格和五角大楼的那位专家立即动身去华盛顿向莱尔德汇报。尼克松晚些时候在伦敦用隐讳的方式向罗杰斯谈了他的想法，但没有提供细节。

这一天还没有过去，莱尔德就从华盛顿打电报来提出他的保留意见。他认为要对轰炸保守秘密是不可能的，报界很难对付，而且不能保证取得公众的支持。他要求暂缓采取行动，等对方挑衅的情况更明朗时再说。这典型地表明了普遍存在的那种犹疑不决的情绪，生怕惊醒公众抗议这只沉睡的野兽。我们全都在很大程度上集中考虑双方的谅解是否已被破坏这一法律问题，而不是集中考虑每周都有四百名美国人死亡，而河内正是要利用这一点在我们还没有来得及制订出行动方针之前来摧毁我们的意志。回顾这些情况，真是令人吃惊。现在看来甚至令人更加惊愕的是，在这整个期间，没有认真考虑过重新轰炸北越；停炸原来是为了加快求得一项解决办法，本身却正在变成一种目的。

虽然我不一定认同莱尔德的推理，但却同意他关于轰炸柬埔寨问题的结论。我想，如果我们对河内如此卑鄙的行动不作出反应的话，那就会使我们对谈判所抱有的希望注定落空；那只能被河内看作是表明尼克松在国内压力下束手无策的一种迹象；北越就像他们曾经成功地击败约翰逊那样，力图击败尼克松，在这时候，这种情况很可能促使他们进一步提出军事挑战。但是时机问题使我感到烦恼。正当总统在欧洲旅行的时候发动一次新的军事行动，我认为这是不明智的，他可能会遇到敌意的示威，而且又不能同他自己的政府人员聚会并使他们团结在他的周围。我也不喜欢看到这样一种前景：越南问题成为我们在欧洲为报界举行的所有情况介绍会上的主题或者私下里试图向盟国政府进行解释，这些政府并不总是急于把他们私下支持我们在越南的行动的态度同在公开场合表示与我们的行动无关的态度协调一致起来。我把这些都对总统说了。第二天，当我们在波恩的时候，尼克松取消了这个计划。

所谓小型春节攻势暴露了我们国内地位的不稳。敌人的攻势一定已经策划了好几个月。攻势是在我们刚刚上任四个星期时发动的，那时敌人还来不及了解我们的意图，因为我们自己都不知道我们的意图是什么。可是，《纽约时报》在三月九日却责怪新政府擅自耗费了一个月时间来研究在这场牵涉到五十多万远征军的战争中有什么可供选择的办法，因而得罪了河内："不幸的事实是，当洛奇大使等待白宫批准提出新的和平建议或同意进行私下会谈(只有在这种会谈中才可能得到真正的进展)的时候，巴黎谈判已经陷于僵持状态。在尼克松政府进行它的军事和外交研究的时期，一切都陷于停顿了。"不久在国会中也就一再发出这样的论调。

总统在公开场合采取了克制的态度，而私下里却恨得咬牙切齿。在三月四日的记者招待会上，他说：

我们并没有仓促行事，不过不应当把我们表现出的耐心和克制的态度看作软弱的标志。我们决不容忍继续违反一项达成的谅解。但是不仅如此，当我们真心实意地试图在巴黎的会议桌上谋求和平的时候，我们决不容忍造成我方人员更大伤亡的进攻。这种进攻如果继续下去，将对之作出适当的反应。

三月四日，我把莱尔德的一份备忘录转交给总统，我对之未予置评，这份备忘录反对参谋长联席会议提出的袭击北越的建议。莱尔德决不是一个"鸽派"；在正常情况下，他的直觉本来会使他站在好战的一边。但是他又是一个研究公众和国会情绪的有心人。他是一个很好地斟酌各种意见的政治家，他因此知道那种对和平设置障碍的人很可能丢掉自己的政治前途；他是不打算作这样的牺牲的。因此，他极为小心翼翼地在两者之间行进：一边是他的信念，这种信念主张作出一些军事反应；另一边则是他的政治直觉，这种直觉要求采取克制态度。他过去是反对轰炸北越的，可是他强烈支持袭击柬埔寨庇护所。(他表示不同意的唯一一点在于他考虑到了对公众宣传的政策；他认为要对轰炸保密是不可能的，这是基于实际的而不是道义上的理由。)总统从同样的逻辑出发，下令在三月九日轰炸柬埔寨庇护所。三月七日，罗杰斯由于巴黎出现私下会谈的希望而提出反对意见。

尼克松第二次收回成命。尼克松每次登上国会山又走下来，他的愤怒和急躁都在增长。像莱尔德一样，他一直说他并不想打击北越，但是他想要“有所行动”。三月十四日，有人在记者招待会上问尼克松，他的忍耐是不是正在渐渐消失，他回答说：

我从今天上午看到的报纸报道中不能得到安慰，这些报道说，上周我们的伤亡从四百人下降到三百人。那仍然是太高太高了。我们究竟应当作出什么反应，这必须根据这种反应对巴黎谈判所起的作用来决定。我将仅仅像早些时候那样作出反应……我们已经发出了警告，我将不再提出警告。如果我们断定伤亡人数高于我们所能容忍的，就将采取行动。

第二天，北越人向西贡发射了五枚火箭炮——这是进一步升级和对已达成的谅解的进一步破坏。敌人在三月的头两个星期对南越主要城市发动了三十二次攻击。在火箭炮弹打到西贡的那天下午三点三十五分，我接到总统的电话，他下令立即出动 B-52 袭击柬埔寨庇护所。总统在经受一个月以来的挫折之后，用压倒的语气说：“只有在事情已不能回头的时候才通知国务院……这个命令是不可上诉的。”（“不可上诉的”是尼克松爱用的一个词儿，这个词在了解他的人们说来，就意味着局势相当捉摸不定；当然，这往往增加而不是减少了上诉的可能性。）

我对总统说，不应当在不让他的高级顾问有机会发表自己的意见的情况下作出这样的决定，哪怕只是为了在万一引起公众大哗的时候可以保护他自己。这样做并不会浪费时间。因为反正得订出详细的方案不可，而且对总统指示的准备工作也需要至少二十四小时。因此预定第二天在椭圆形办公室召开会议。我于是先找莱尔德商量，他坚决支持总统的这一决定。为这次会议作准备，我给总统写了一个备忘录，列举了赞成和反对的论点。我们所担的风险，包括从柬埔寨提出正式抗议并认真地加以对抗到苏联作出强烈反应，以及北越采取明确的报复行动——虽然很难设想，北越除了已经在干的事情外还能采取什么进一步的行动。最后的风险是国内的批评高涨，掀起新的反战示威活动。我建议让我们驻巴黎的代表在轰炸当天要求举行一次秘密会议，以强调说明我们更愿寻求谈判解决的办法。我还要求总统向他的同事们着重指出，建议采取的轰炸行动并不是没有先例的。我开的清单所没有预见到的是（我们大家在考虑时谁也没有预见到）事实上发生的情形：河内、金边、莫斯科或北京都没有作出任何反应。

参加三月十六日（星期日）下午椭圆形办公室会议的是罗杰斯、莱尔德、惠勒和我。尼克松作为总统第一次面临着在一场国际危机中必须作出具体决定的局面；这大概也是他第一次面临着他的同事们对一项他决心采取的行动的反对。他用日后成了典型的尼克松做法的策略应付了这种状况。一方面，他已做出决定，并且不会改变；说实话，他在会议召开二十四小时之前就指示我向国防部发出了通令；另一方面，他又觉得有必要装模作样，好像这决定还有商量的余地。结果是费了几小时的时间来进行令他非常厌烦的辩论，并使他更加倾向于排除那些固执己见不肯顺从的人参加进一步的讨论。

椭圆形办公室会议是按照可以预见到的情况进行的。莱尔德和惠勒坚决支持发动攻击。罗杰斯反对，其理由不是基于对外政策而是国内的原因。他并没有提出柬埔寨的中立地位；人们理所当然地认为（这种看法是正确的），既然柬埔寨不愿意或不能够捍卫它的中立地位，我们就有权对抗北越公然破坏柬埔寨中立的行为[5]。罗杰斯担心的是，恰恰在情况逐渐平息下来的时候我们会在国会遭到反复责难。在几小时的讨论期间，尼克松允许自己被莱尔德和惠勒说服去做那他已下令要做的事。我事先已在备忘录中提出了我的想法，就没有再说话。最后，罗杰斯终于同意让 B－52 打击估计包含共产党总部的基地地区。这些讨论是很有启发意义的：北越无端发动了一个月的攻势，致使一千多名美国人死亡，经过数星期的痛苦讨论，美国仅仅对一个距柬埔寨边境三英里范围内北越人占领了四年以上的地区，发动一次报复性的袭击。而这就会被当做一个肆无忌惮的“非法行为”的实例在民间广为流传。

会后，参谋长联席会议想要在这次袭击中增添一些行动——轰炸侵犯非军事区的北越军队集中中心。莱尔德和我一致认为，使罗杰斯站在我们一边是更为重要的，这一建议就未被采纳。

三月十八日，B-52轰炸了离柬埔寨三英里的北越三五三号基地地区。为了这次袭击，五角大楼查遍了它的庞大无比的代号汇编，决定用“早餐”这一代号——既无意义又不典雅。当空袭击中了弹药库或油库时，总会引起一些继发性爆炸。它们可以提供说明轰炸成功的几乎无可置疑的证据。据进行三月十八日“早餐”轰炸的机上人员初步估计，在目标地区总共发生了七十三起继发性爆炸，其强度最高时为典型继发性爆炸的通常强度的五倍。

本来打算对三五三号基地地区只进行一次空袭。但尼克松在一九六九年四月下令再进行一次打击，部分是因为无论河内还是金边对第一次袭击都未作出什么反应，部分是因为效果超过了我们的期望，但最主要的是由于在遥远的朝鲜发生的一个事件。尼克松曾经打算轰炸朝鲜，以此作为对朝鲜击落一架非武装的美国侦察机一事的反应（尼克松曾严厉批评约翰逊，因为他未能采取强有力的措施对朝鲜获电子侦察船“普埃布罗号”作出反应）。主要是由于罗杰斯和莱尔德的强烈反对，他才没有这样做。但是尼克松一向的脾气是，每当他要采取重大反应的本能受到压抑的时候，他总得找到另一个地方来显示他的勇气。他最害怕的莫过于被人视为软弱；而且他在对外政策方面也有充分的理由不让河内认为他是无能为力的。

尼克松在五月间下令轰炸柬埔寨其他一系列无人居住且位于距边境五英里之内的基地地区。袭击三五〇号基地地区的行动代号是“餐后点心”，袭击三五一号基地地区的代号是“快餐”；七四〇号基地地区的代号是“晚饭”，六〇九号基地地区的代号是“午餐”；三五二号基地地区的代号是“晚餐”。基于一种认为凡是值得去做的事情就值得大做特做的理论，整个一系列行动的代号就定为“菜单”。从一九六九年四月到八月初，袭击一直是断断续续的；每一次都得到白宫的特别批准。后来被授权定期进行轰炸。这张地图标出了距边境数英里的狭长基地地区，从而驳斥了那种所谓美国“大规模轰炸柬埔寨”的指责，正是这种指责促使众议院司法委员会的十二名成员在一九七四年建议提出弹劾，其根据是像众议员罗伯特·德里南所想象的那样[⑥]，尼克松向国会隐瞒了“这一比美国全部历史上任何一位总统在任何一次战争中的行动更令人震惊和难以置信的行动”。然而，不论是柬埔寨还是北越都从未声称有柬埔寨人或平民受到伤亡。在这几次空袭时投下的炸弹吨数，常常被人作为说明政府野蛮暴行的实例而引用，这些统计数字为了适合它们的计算者们的方便而不提上述突出的事实，也未指出轰炸仅限于沿边境一带只有数英里宽的一条狭长地带。这次行动持续到一九七〇年五月为止，那以后就开始公开发动空袭来支持美国和南越攻击北越基地的地面行动。

“菜单袭击”的定期报告都送交总统。一九六九年十一月，他在一份报告上批道：“继续干。”在一九六九年十二月和一九七〇年二月，他要求对这些行动的效果作出估计。每一次莱尔德都报告说，艾布拉姆斯将军和邦克大使深信（正如他曾报告过的那样），“‘菜单行动’是整个战争中最有效的行动之一”。艾布拉姆斯将军认为“菜单行动”起了破坏敌人后勤，使敌人几次攻势失败并减轻敌人对整个西贡地区的威胁的作用。莱尔德赞同参谋长联席会议和艾布拉姆斯将军的论点，那就是“菜单袭击”“一直是有效的，并且在风险不是太大的情况下继续有效”。

我们最初准备在答复柬埔寨或北越的反应时承认进行了“早餐袭

击”。我们是坚信它们会作出反应的。例如，中央情报局在二月二十日和三月六日的备忘录中预言，河内“肯定”或“几乎肯定”会试图从指责美国扩大冲突中捞到宣传上的好处。但国防部怀疑能不能对这些袭击保守秘密；我本人则在这个问题上持一种不可知论的观点。我在三月八日同尼克松谈话时说：“帕卡德和我都认为，如果我们这样干了，而缄口不言又与事无补的话，我们就不得不宣布我们所做的事情。”总统表示同意我们的意见。为了应付柬埔寨可能提出的抗议，我们拟定了一份正式承认的声明，其中表示愿意赔偿损失并要求进行国际视察。

起先我们保持缄默，为的是避免迫使北越人、柬埔寨的西哈努克亲王、苏联人和中国人公开作出他们可能并不急于想作的反应。美国自愿发表的声明势必将迫使河内不得不公开作出回答，也许是采取军事报复行动或中断和谈。这样一来，西哈努克就得在如同走钢丝一样地极力保持中立的时刻公开采取倾向河内的立场。这也可能促使苏联和中国在我们认真实行三角外交的同时作出反应。

但是河内并没有抗议。事实上它驻巴黎的代表在我们提出要求后七十二小时之内就接受了洛奇表示要在三月二十二日举行秘密会议的建议。而且西哈努克也并没有表示反对，他把这些轰炸看做与他无关的事情，因为它们都发生在完全由北越人占领着，对柬埔寨人不产生影响的地区内。因此，这是他无法控制甚至是无法知道的事情。

其实，我们同柬埔寨的关系在整个轰炸时期显著地得到了改善。西哈努克在国内外的压力下巧妙而精彩地保持平衡的手段，十年来一直使人惊奇。一位世袭的亲王，诺罗敦·西哈努克，却能在人民当中得到似乎使他不可能受到攻击的广大支持。他曾使他的国家独立，并且造成了一种好像国家少不了他的气氛。他曾经力图使国家保持中立。在一九六二年老挝问题取得解决以后，他曾断定，他所憎恨的共产党人将会在印度支那得势。他默许北越人在他的国土上建立基地以适应这一现实，并在一九六五年找了个借口同我们断绝外交关系。然而他同共产党人的合作是很勉强的：红色高棉(柬共)得到河内的鼓励，早在美国在柬埔寨采取任何行动之前，他们就开始了游击活动。西哈努克缺席判处共产党领袖死刑。由于所有这些原因，我强烈支持罗杰斯一九六九年二月向总统提出的一项建议：为了改善关系而接近西哈努克*。西哈努克热切地接受了我们的表示。我们驻金边的大使馆重新开放，为首的是一位代办。

西哈努克对轰炸不置一词应当是并不出人意料的。早在一九六八年一月十日，还是上届政府任职期间，他就对总统特使切斯特·鲍尔斯说：

我们并不希望越南人待在柬埔寨……如果你们解决了我们这一问题，我们将感到非常高兴。我们不反对在无人居住的地区穷追猛打。你们将会把我们从越共的统治下解放出来。对我来说，只有柬埔寨是重要的。我要你们迫使越共离开柬埔寨。在无人居住的地区，在没有柬埔寨人的地区内，对这类事情我将假装看不见。

一九六九年五月十三日，在轰炸开始了将近两个月之后，西哈努克举行了一次记者招待会，在这次记者招待会上他只是证实进行了轰炸，但断然否认有平民丧失生命，实际上等于请我们继续轰炸：

我没有对轰炸越共兵营一事提出抗议，因为我没有听到轰炸的消息。我不了解情况，因为在柬埔寨的某些地区没有柬埔寨人居住。

柬埔寨只是对摧毁柬埔寨人的财产危害柬埔寨人生命的行动提出抗议。我只能这样讲，只要我不了解情况，我就不能提抗议。但是，如果

---

* 非常有趣的是，在外交上对柬埔寨做出的这些表示遭到了国防部和参谋长联席会议的反对。他们担心，这也许对轰炸柬埔寨境内的庇护所的可能性会有所影响。我接到了一项国防部的备忘录，反对作出那种“意味着约束或妨碍我们扩大目前旨在保护我国在南越部队的行动权力的外交行动”。这一备忘录是由保罗·沃恩克签署的，他当时是负责国际安全事务的助理国防部部长。

柬埔寨人的生命财产受到损害，我就要抗议。

这里是关于 B-52 几次轰炸情况的第一份报告。可是我根本没有听到有关这一方面的任何消息，因为我们没有损失一幢房屋，一个同胞，没有损失，没有任何损失。没有人在弹火中受到伤害，没有人，没有柬埔寨人受到伤害。

先生们，这就是我要告诉你们的。如果有一头水牛或是柬埔寨人丧命，我就会立即接到报告。但是这是美国人和越共-越盟之间的事情，没有柬埔寨的人证。没有柬埔寨的人证，叫我怎么提抗议？不过这并不意味着——我要着重指出这一点——我会允许任何一方的侵略行动。请注意这一点。

一九六九年八月二十二日，电讯报道说西哈努克对参议员曼斯菲尔德讲了同样的话*：

对他的国家的轰炸仅仅打击了越共而没有危害到柬埔寨的村庄或人民，因此柬埔寨并没有就此提出抗议。他宣称，他收到的关于美国轰炸柬埔寨无人居住地区的消息，大部分是来自美国报纸和杂志的报道。他强烈要求避免发生危及到柬埔寨人生命的事件。

一九六九年七月三十一日，也就是在轰炸北越人在柬埔寨境内的庇护所四个半月之后，西哈努克热情地邀请尼克松总统访问柬埔寨，以突出表明美柬关系的改善。直到西哈努克出人意料地被推翻以前，这种关系一直都在改善。

没有人怀疑袭击那些用来杀戮美国和友好部队的基地地区的合法

---

* 参议员曼斯菲尔德并不知道“菜单计划”，因此他毫无疑问地认为西哈努克讲的是一些意外的轰炸。

性。柬埔寨的一切权威都被撵出了这些地区，而在这些地区内，据西哈努克本人说，柬埔寨连一头牛也没有被杀害。我们认为，把柬埔寨鼓励我们去做而北越人又予以接受的事情公布于世，并没有什么意义。要保密的理由是避免使这一问题发展成一场国际危机，否则几乎肯定会使我们的外交活动和军事努力复杂化。四年前，占领了柬埔寨领土的北越人就已经把战火扩大到柬埔寨境内。从二月二十二日以来，北越人违反一九六八年达成的谅解而袭击城市，就已使这场战争在越南境内升级了。北越人把所有的柬埔寨人赶出基地地区，以便更加有效地杀死美国人（一星期达四百人之多），轰炸这些基地地区，是一种最起码的、同国际法完全相容的防御性措施。这一定会得到美国公众的支持。所以要保密是因为公开宣布这一行动对柬埔寨政府就是一种不必要的打击，他们可能因此而不得不要求我们停止这一行动；这还可能促使北越人进行报复（如果我们宣布我们在做这样的事情，他们怎么能不有所反应呢？）。北越人保持缄默是因为他们并不急于宣扬自己在柬埔寨土地上的非法存在。我们的轰炸挽救了美国人和南越人的生命。

新闻界把情况泄露出去，其来源却是美国人，这就是尼克松和我难以容忍的原因。关于 B－52 或其他飞机空袭柬埔寨境内的庇护所的消息刊载在《纽约时报》（三月二十六日，四月二十七日）和《华盛顿邮报》（四月二十七日）上；威廉·比彻写的一条详细的报道刊登在五月九日的《纽约时报》上面；另一条刊登在五月十六日的《华尔街日报》上面；一条广为流传的合众国际社消息五月十八日刊载在《华盛顿邮报》上；《新闻周刊》在六月二日报道了这个消息。

总统和我都认为，新闻界泄露军事秘密是无端地使美国人的生命受到危害，这种看法促使总统同司法部长和联邦调查局长商讨如何采取补救措施。埃德加·胡佛建议采用电话窃听的手段，他指出，前任历届政府都曾为了这个目的（以及其他一些理由远非如此充分的目的）而广泛使用过这种手段。司法部长肯定了这种手段的合法性。尼克松下令按三类情况采取这种措施：安全档案里载有不良情况的官员；有机会接触已经泄露的机密情报的官员；根据前两项原则在调查过程中提到的可能有嫌疑的人。依照这些标准，联邦调查局给十三名官员和四个新闻记者安装了十七个电话窃听器，其中有的仅仅持续了几个星期，有的则长达几个月（我的办公室对所有这些情况并不都是知道的）。同恶意的传说相反，高级官员并不花时间来热心地阅读个人谈话的长篇记录。他们收到的是联邦调查局人员认为具有有关敏感的军事或外交政策问题的谈话的简单摘要（通常大约一页）。引起联邦调查局怀疑的标准一般要比白宫的低得多。一九七一年五月，尼克松停止向我的办公室送交这类报告；而后只把它们送给霍尔德曼，他一直接到这些报告。

我将在另一卷中论述国家安全窃听的道德问题以及尼克松政府总的政治作风。在这里我只想说明，这种做法在这种情况下是合法的而又为大家所认可的，我完全没有理由去质疑，所以才同意这样做，何况照人们对我们所说的，那些前任政府是以更大的魄力和更少的保障措施来采取这一行动的。这样做的动机（我亦明确地抱有这种动机）就是，防止（从未被发现的）个人危害美国和南越人的生命，这些人泄露交托给他们的军事情报，以破坏经过虔诚的考虑才决定下来的、我们认为从法律和国家利益的观点看都是合理的政策。我现在相信，从那以后，对国家安全窃听采取更为严格的保护措施，这甚至更为符合国家的根本利益。但这丝毫没有改变我的这一看法：这些人是不道德的，他们辜负了对他们的信任，试图破坏国家的政策并且不惜牺牲美国人的生命。

同时，我现在认为，我们那时没有以更为坦率的态度对待国会的领袖们是做错了。诚然，尼克松总统和我曾于一九六九年六月十一日在椭圆形办公室向参议院军事委员会参议员约翰·斯坦尼斯和拨款委员会主席参议员理查德·鲁塞尔作了情况介绍。也向参议院少数党领袖埃弗雷特·德克森作了通报。在众议院，我们也曾向众议院军事委员会主席众议员门德尔·里弗斯和这个委员会中的少数党高级成员莱斯利·阿伦兹及少数党领袖杰拉尔德·福特作了情况介绍。莱尔德还向两院的军事委员会和拨款委员会的重要成员介绍了情况。没有人提出应该与整个国会磋商的问题。但在当时向国会汇报机密的军事行动已被认为是理应采取的做法。同国会进行磋商的标准从那以后已经发生了变化，这无疑是一种向好的方向发展的变化*。

那种认为轰炸把北越人赶出了庇护所因而使战争蔓延到柬埔寨内地的说法也是违背事实的。如果北越军队离开庇护所，那他们是回头向越南境内移动，而不是深入柬埔寨——直到一年以后西哈努克出乎意料地被推翻为止，情况都是这样。此后，北越军队开始蓄意地占据柬埔寨的城镇和军事阵地，以便孤立金边和颠覆西哈努克的继承者，我将在以后的一章里对此加以叙述**。由于北越新的侵略行动而扩大了的战争虽然是摧毁性的和悲惨的，却并不是秘密进行的。这场战争我们的公众完全了解，国会就此进行过辩论，报界又作了广泛的报道。那时我们的空中行动是根据严格的作战规则进行的，这些行动受到我们驻金边大使的监督，并辅之以空中摄影的检查，目的是在最大可能的程度上避开柬埔寨平民居住的地区。这种“秘密”轰炸涉及的是完全由北越人占领的小块的人烟稀少的土地。把政府描绘成好战的、嗜血的、阴谋策划进行欺骗的样子，其实只是对一些苦恼万分的人们的实际情况的讽刺，这些人既害怕在战场上投降，又害怕战斗更暴烈的升级，他们在轰炸北越和逆来顺受地接受一次无耻的血腥进攻的凌辱这二者之间尽量选择一条他们所认为的中间道路。打击敌人在柬埔寨的庇护所是不得已而采取的行动，

---

* 五角大楼保持两本账的动机，远不是像添油加醋的传说所描绘的那样邪恶。为了对第一次袭击（最初打算只进行这一次）保密，五角大楼的指示没有列入通常的报告。这样做的目的并不是要欺骗国会（那里的重要领袖已经得到了通报），而是为了防止人们把这次袭击照例向西贡新闻界透露出去。两个月以后轰炸变得更经常了，但还机械地继续这种做法。四年之后当国会的一些委员会要求提供资料时，五角大楼的新官员不了解有两套报告的制度，无意中提供了从秘密的正规档案中找出的资料。这是一种官僚机构的错误，而非有意安排的。

** 西哈努克在一九七九年四月二十五日同我谈话的时候，当着在场的人士的面否认我们的轰炸在促使北越人向西行动方面起了任何作用。他开心地说，我们的轰炸“并没有给他们留下任何印象”。见第十二章。

当我们面对一场每周杀害四百名美国人的无端进行的攻势，这是作为一种最后的手段，作为一种最低限度的反应而采取的行动。我们袭击了没有平民居住的军事基地，而且最多只到距边界五英里的地方。如果在外交上有人提出了抗议，我们倒是愿意承认这些轰炸行动并申述其理由。事实上没有人提出抗议；柬埔寨没有提出反对，北越没有提出反对，苏联人、中国人也没有。因此，秘密地干变成了这样一种手段，它既对敌人保持了压力，又不使柬埔寨的微妙地位复杂化，不使总的国际紧张局势加剧，也不致促使人们抛开一切行为的界限。

为和平解决展开的外交活动

越南经验中有许多莫名其妙的地方，其中的一个实例就是公众辩论的升级是何等地迅速。反战的批评家们要求政府采纳他们所提出的一些谈判条件，他们鼓吹作出某些具体的让步，并且认为这些让步是赢得和平所必不可少的——直到政府接受这些建议为止，但是到那时候，他们又斥责说这些让步是不够的了。“鸽派”的方案是不断变化的。（河内对鸽派的妥协建议通常是不感兴趣的；它利用这些建议来破坏我们国内对政府的支持，但几乎从不根据这些建议来进行谈判；但那是另一个问题，我们以后再来论述。）

一个很说明问题的例子就是鸽派在一九六八年总统竞选中的立场。尼克松政府（或者说，至少是我）曾经抱着很大的希望，想使全国团结起来，因为我们准备在寻求谈判的过程中采纳鸽派在一九六八年的许多意见。后来证明这只是天真的幻想。

举例来说，参议员罗伯特·肯尼迪在一九六八年初曾经提出一项谋求“体面的谈判解决办法”的建议，这项建议同我们自己的想法是一致的：

⊙ 停止轰炸北越；

⊙ 对“大”部队或补给品集结实行国际监督（由联合国、国际管制委员会，或另一个国际组织来执行）；

⊙ 减少美国的“搜索与摧毁”的任务，转为保卫人口稠密的地区；

⊙ 举行包括冲突的所有各方，特别是民族解放阵线在内的谈判；

⊙ 举行有国际保证的自由选举，使南越人能选择他们自己的政府；

⊙ 同我们的对手取得谅解，在谈判过程中任何一方都不得大幅度地增加渗透或增援的速度⑦。

在罗伯特·肯尼迪被刺以后，三位主要的民主党反战人士——乔治·麦戈文、尤金·麦卡锡和爱德华·肯尼迪——在一九六八年民主党大会上联合起来，支持下列纲领：

⊙ 无条件停止对北越的一切轰炸；

⊙ 为实现美国**和北越**部队分阶段、**共同**撤出南越而进行谈判；

⊙ 鼓励南越“同民族解放阵线谈判取得政治和解”，以促使在南越“建立一个有广泛代表性的”政府；以及

⊙ 减少美国在南越的攻势行动，“从而使我们能够早日撤出大批的军队”。

这项建议在民主党大会上被认为是鸽派气味太重，因而遭到失败。

民主党多数派的纲领是具有鹰派色彩的，它要求：同时撤退一切外来的军队，包括北越的军队；“当停炸行动不会危及我们在前线的部队时”实行停止轰炸；以及在国际监督下举行自由选举。共和党的纲领（我在制定的过程中起了一定的作用）⑧明确反对“不惜任何代价的和平”或“遮遮掩掩的投降”。但是它保证实行“一项将提出一个对所有各方都是公正和公平的解决办法的积极纲领”。它批评民主党人没有拿出任

何和平方案，同时保证一个共和党的政府一定会“真诚地和积极地进行和平谈判”。它还保证“使战争逐步去美国化”，全力支持我国军人，采取集中力量保障居民安全和加强南越人力量的战略。

到一九六九年八月，我们已经表示接受或单方面实行一九六八年民主党鸽派纲领(这些曾在芝加哥大会上被击败)中的所有条件。我们已经超出了共和党纲领中所作的承诺，这样做是期望由于我们显示出灵活性而促使河内采取温和立场，同时在国内促进团结。我们在这两方面的期望中都犯了幼稚的错误。河内想要取得的是胜利，而不是妥协。它拒绝讨价还价的态度被美国许多批评政府的人当作是没有改变余地的。同时，有许多刚刚退休的前任政府的官员，他们曾在使我们卷入越南战争的行动中起过作用，而且在他们自己的档案记录中从未有过任何和平建议；这些人并不感到上述的任何一种情况使他们有所顾忌，他们还是放手用他们自己的建议来增加公众对政府的压力。(国防部部长克拉克·克利福德曾在一九六八年十二月十日宣称：“我要再说一遍，当前没有任何真正减少我们在越南的部队人数的计划。”但是这并没有妨碍他在离职不到六个月的时候要求新政府宣布完全撤出美国军队。)当时唯一尚未注销的美国谈判建议就是一九六六年十月二十四日的所谓马尼拉方案，这项建议规定“在另一方把部队撤退到北方，停止渗透，从而使暴力行动的水平降低的时候，盟国部队……将在密切磋商之后撤退。上述条件实现后，这些部队将尽快撤退并且不迟于六个月时间”。南越政府提出，根据“一项全国和解计划，对那些误入歧途或受到胁迫而与越共共命运的越南人敞开大门”。美国谈判代表艾夫里尔·哈里曼和赛勒斯·万斯一九六八年九月十五日在巴黎的私下会谈中向北越人表明，马尼拉方案实际上意味着共同撤退，双方同时开始，但有一个条件：一部分美国军队将在全部北越人离开以后继续驻留六个月。

在政府交接阶段中，我曾就谈判可能采取的策略问题征求过哈里曼和万斯的个人意见。他们的意见同约翰逊政府的官方立场并没有多大不同。

艾夫里尔·哈里曼正在完成他卓越的事业中最后一次常规外交任务。我是在他在早期的肯尼迪政府中担任东亚事务助理国务卿的时候第一次遇见他的。这位头发灰白、经验丰富的老外交家以非凡的坚定意志在他的岗位上执行任务，要是一些品格较差的人物就会瞧不起这个岗位，认为这是降职使用。他是属于那样的一代人，他们把公职看作一项为国效劳的机会，而不是谋求个人晋升的时机。他在四十多岁时（二次世界大战以前）进入政府部门，从此他就没有把自己的全部身心用来从事任何其他的活动。哈里曼的贵族气派是同一种力图实现明确信念的强大决心结合在一起的。他装出一副怪僻的样子，并且利用他有点耳聋的毛病，从中得到了很大的好处。他在参加会议期间坐在那里装着什么也听不见，除非是一些言语引起了他的兴趣，这时候，他就可能讲出要么是摧毁性的要么是激励人心的话，这要看他是不是喜欢他所听到的东西。他一向是举止懒洋洋的，可是却也可能突然爆发出一大串犀利的言词，因此人们给他起了一个“鳄鱼”的绰号，不是没有原因的。

他的献身精神，巨大的精力，他的经验和智慧，没有人不为之感动。哈里曼是曾经同二次大战中的伟大领导人物丘吉尔、罗斯福和斯大林亲自打过交道的最后一个还在从事活动的政治家。他的持久性部分是由于他性格顽强，但是在更深的意义上来说，这种顽强的性格却反映着一种朝气蓬勃和充满活力的聪明才智。除非他确信其具有重大意义，否则他从不接受任何任务；他往往把所接受的使命变成一次个人的进军运动。如果说他未能获得以他的才能无疑理应获得的最高职位，那一部分是由于他的刚强的个性在比他差的人中间引起了不安全感，一部分是由于他往往成为他当时所执行的任务的热情代言人，因而有时候考虑得不够周全。

在越南冲突的早期阶段，哈里曼就确信要取得军事解决是不可能的，这部分是由于他认为那些为取得胜利而必须采取的行动会引起中国人的干涉。从此以后，他变成一个不屈不挠地鼓吹谈判的人。他是官僚政治内部的一个不留情面的斗士，他毫不退缩地利用他的魅力和他的财富造成的声望来形成一个社会关系的网络，借以推进他的事业。而且他在利用新闻界方面是很有手腕的。

当我在政府交接阶段看到他时，他是我国的一位阅历丰富的公务人员，那时他就要离开巴黎会谈(这些会谈正开始转向谈判实质问题)，而我即将第一次担任公职。随着年月的消逝，我们中间也发生过意见不合。这些意见不合并没有影响我对他的钦佩和爱戴，或他对我始终保持的彬彬有礼和乐于帮助的态度。尼克松总统对“东部势力集团”抱有深刻的猜疑情绪，而哈里曼自己的党派色彩又妨碍我所参加的政府正式起用哈里曼，我对此一直感到遗憾，虽然如此，在我任职的年代中，我经常在私人基础上同他晤谈，这使我受益非浅。

一九六九年一月七日，哈里曼提出了一份未获约翰逊政府“通过”的备忘录，其中规定了他认为我们应当谋求的目标，包括：应当要求全部北越人员离开南越，不仅是正规军和干部，甚至越共游击队中的北越替换人员都要离开。如果谈判进行顺利，他准备建议使军事行动降级。但是他着重重申了马尼拉方案：“若干(美国)部队可能必须留驻越南相当一段时间，直到我们确信全部北越人撤出为止。”在政治方面，哈里曼同样坚定不移，这里指的是对西贡的态度。他赞成“双轨”谈判的办法(我曾在一九六九年一月在《外交季刊》上发表的文章中建议过)，即军事问题由美国同河内进行谈判，而政治问题则留待越南各方讨论。他还尖刻地说，美国并没有“保持现政府的义务”。哈里曼的副手赛勒斯·万斯在一九六八年十二月三十一日交给我的备忘录里赞成采取同样的态度。

这样，不久以后积极参加了反战辩论的我们两位高级谈判代表，在离任时都曾强调过下述各点：共同撤退的重要性；把协议的美国军队的撤退推迟六个月以考验北越人是否遵守协议；举行自由选举并且把政治问题交给越南各方自己去谈判。两人都确信一支美国留守部队必须不规定限期地留驻。他们两人没有一个要求甚至暗示要美国单方面撤退，建立联合政府，或无条件停火，但是不到一年这些条件却成了越南辩论中的主要话题，而他们两人为此是出过力的。

争论的另一方是河内。出于天真也由于刚刚获得权力而感到兴奋，我甚至在尼克松还只是总统当选人的时候就鼓励他抓紧时间来证明他的良好意愿。我劝他通过我的朋友琼·圣特尼（前法国驻河内总代表，当时在私人商界任职）来开辟一条通往河内的私人渠道。一九六八年十二月二十日，我们向北越人发出一封信，强调我们准备随时举行认真的谈判：

一、尼克松政府准备着手举行认真的会谈。

二、这些会谈将以有关各方的自尊和荣誉感为基础。

三、尼克松政府准备谋求一个体面的解决办法，但决不降格以求。

四、假如河内要首先讨论最终目标的话，尼克松政府将乐于这样做。

五、如果河内愿意在一月二十日以前通报他们的一些总的意见，对这些意见将本着建设性的态度并在严格保密的情况下予以研究。

北越在一九六八年十二月三十一日的答复中对荣誉或自尊问题并不怎么关切。它蛮横地陈述了两项基本要求：全部美国军队完全撤出和撤换河内所说的“阮文绍-阮高其-陈文香集团”，这是河内称呼那些按说要同他们谈判的西贡领导人时特别爱用的说法。河内只是重复民族解放阵线（越共）中央委员会在约翰逊宣布停炸两天之后的一九六八年十一月三日所表明的正式立场。停止轰炸远没有像许多人所期望的那样激发对方作出响应的思想，反而鼓励了河内在政治领域中提出了最高要求，首先就是要推翻我们所支持的政府。

尼克松政府就这样第一次遇到了北越人的令人恼火的外交作风。世界上不可能找到哪两个国家，像越南和美国这样被命运注定了无法互相了解。一方面，越南的历史和共产党思想意识加在一起，产生了几乎是病态的猜疑心理和极端强烈的自以为公正的思想。这种状况又和法国殖民主义遗留下来的笛卡儿哲学的逻辑掺杂在一起，这就使得越南在为自己的主张辩护时采取了一种使人怒不可遏的教条主义的手法。越南的每一项建议都被当作唯一的合乎逻辑的真理提出来，而且每一项要求都用命令语气来陈述(美国“必须”如何如何)。到一九七一年，我们对于这一点的适应性已达到了这种地步，以至于北越人用“应当”这个词来代替“必须”时，我们就以为已经取得了重大进展。另一方面，美国人相信诚意的功效和妥协的重要性——这些品德大概正是忠实的列宁主义者所蔑视的，他们把自己看作是这样一些事物的不屈不挠的代言人：必然到来的未来、绝对真理和优异的道德观念。

在他们整个历史中，北越人的生死存亡曾经依靠使用狡猾的手段来摆布物质上比他们强大的外国人；他们几乎是不惜一切代价避免表现出软弱的样子，而且在他们看来承认有妥协可能就是同意对方观点有某些正确的地方，这本身就是一种不能接受的让步。因此，越南的传达意见方式是间接的，而且根据美国的标准来看，是迂回曲折的和令人迷惑的。美国变得伟大是由于它吸收了不同文化和信仰的男女，因而我们形成了一种宽容忍让的道德观念；我们在不可弥合的分歧方面没有多少经验，我们解决冲突的方式是在对立的立场之间，寻求一种解决办法。但是对越南人来说，这意味着我们对于我们所提出的东西态度不是严肃认真的，并且意味着我们认为他们是无足轻重的。他们打了四十年的仗不是为了实现妥协。越南人传达信息的方法是难以理解的，是故意要保持尽可能多的选择，并且破坏我们在国内的地位。我们的做法则是讲求实际的，致力于寻求某种调和那些无法调和的因素的方案，而这在河内看来，不是一种应予抵制的诡计，就是一种可以利用的弱点。

但是根本问题比这还要深刻得多。北越人认为他们自己是在进行一场生死斗争；他们并不把谈判当作一件同斗争无关的事情；谈判是斗争的另一形式。对他们来说，巴黎会谈并不是求得解决的一种方法，而是政治斗争的手段。它是一种武器，用来从心理上使我们精疲力竭，使我们同南越盟友分裂；他们利用它来隐隐约约地暗示，某些解决办法似乎由于我们政府的愚蠢或顽固不化而告吹，从而分裂我们的公众舆论。北越人感到担心，唯恐我们利用谈判的事实来取得公众的支持；他们不愿妥协，因为任何获得“进展”的现象都可以加强我们的持久力量。他们宁愿进行秘密会谈，因为这使他们有机会来侦察形势而毋需为出现进展而付出代价。当他们解决一个问题时，他们的动机是要在美国国内产生最大限度的影响。停炸刚好是在一九六八年的选举之前实现的，以便使两党的总统候选人都保证加以实行；谈判桌的形状问题刚好是在（新政府）就职前解决的，以防止新政府由于就职伊始就获得“成功”而加强了自己的地位。在整个战争期间北越人对来访者，特别是那些反对美国政府的人们，表现出十分通情达理的样子，使我们由于这种情况而遭到嘲笑。对待这些来宾彬彬有礼，对他们发出一大堆巧妙的有迷惑力的暗示性言词，这些言词可以作各种各样的解释，但其中没有一项是像访问者想象的那样清楚、肯定，因而是可信赖的和有意义的。当我们在认真的讨论中来检验这些话的时候，它们就全都烟消云散了。

北越为争取停止轰炸而发起的外交攻势取得了成功，这更使他们坚信谈判是心理战的一种形式。他们曾经出动大批军队，无缘无故地侵入南越、老挝和柬埔寨；他们公然破坏我们曾作为一方参加签订的一九六二年关于老挝的《日内瓦协定》。然而当美国要维护协定和保障盟国人民的自由时，河内却要求停止轰炸，作为同意进入会议室的代价，而它的要求居然得到了实现。

从谈判的观点来看，我们最好的策略应当是制定一个非常宽宏大量的建议，然后坚持这个建议不作进一步的让步，直到对方愿意采取互惠行动。但是我们却由于保持坚定立场而受到国内和官僚政治的压力，这就更加促使河内坚持它毫不妥协的态度。另一种办法就是，我们可以作出一两个降级和撤退之类的和解姿态，来显示我们的诚意，但随后就决不再做更多的事情，而等待河内作出某种让步。这种办法也由于我们国内的形势而排除了。河内利用每一步朝向降级或撤退的行动来证明它的事业的正确性，接着就谴责这种行动是不够的。所谓“够”，其定义就是要满足河内提出的最高条件。我们实际上是把我们的大部分精力消耗在同我们自己进行谈判。

巴黎谈判很快就形成一种固定的程式，在会议室内，北越人的行动就像一个严厉的教师训斥一个不听话的学生；对这个学生的评分要看他对试题如何回答，而试题的拟订他无权参与，评分的标准又完全由教师来掌握。在会议室之外，北越人造成了一种印象，仿佛谈判就像一篇侦探小说。他们提出一些模糊不清的线索，其答案必须由我们来加以猜测；如果我们猜不中这个谜语，战争就要继续进行下去，我们则被指责为“错过了一次机会”。我们的许多批评者就上了这种手法的当。在我们的公众辩论中，这种手法很少受到质疑，几乎没有什么人质问河内为什么不提出清楚明白的建议，他们为什么要用如此隐晦和曲曲折折的手法来谈判。当然，当河内最终准备解决问题时（一九七二年十月间），情况证明，他们是进行真正谈判的能手，他们拟订具体方案的本领不亚于过去把事情弄得扑朔迷离的本领，他们也是迫不及待的，其急切的程度同他们以往总是拖拖拉拉的程度也不相上下。

处在反战压力的铁锤和河内的铁砧之间，新政府内部各方面的领导人在他们所持的态度和所抱的期望方面产生了重大分歧，这是不足为奇的。花费了大半年的时光，才制定出一项确定的谈判策略。总统是持最强烈怀疑态度的。他不相信在军事形势根本改变以前谈判会有任何结果。他认为河内只有在它没有其他选择时才会接受妥协。总的说来，他赞成最大限度地施加压力的政策；在取得一些军事上的进展之前他是不那么急于谈判的。

站在另一个极端的是罗杰斯。他过去的经验是在国内方面；他对外交政策并没有确定不移的看法。他的首要目标就是避免引起国内的争吵并避免被人指责为态度僵硬。国务院的许多人和一些主要大报以及国会里带有更多鸽派色彩的人物持有同样看法，这种看法一部分是出于信念，一部分是由于害怕。实际的结果是，我们被国务院的建议所淹没，这些建议的主要特点是它们包含着另一方曾经模糊地暗示过它可能会接受的那些因素。（稍后我们就将看到，这在后来几乎无例外地证明是幻想。）罗杰斯往往把这些计划提出来，并且表示他并不赞成它们，可是除非我们准备至少是在巴黎讨论它们，我们就无法对付公众的压力。当然，这些建议的任何一项一旦列入讨论的议程，我们就已经承认它们的合法性，而且很快我们面临的选择就只能是要作多大让步的问题。

莱尔德的观点更复杂一些。他对谈判的效用和对军事上取得胜利的可能性同样地持怀疑态度；而且他在政治上是精明的。他主要关心的是在我们丧失太多的国内支持以前使美国从越南脱身。但是他希望做到这一点而又不招致南越人的垮台。因此他就全力鼓吹使战争越南化的方针。总的说来，他支持在谈判中采取强硬方针，同时要以尽可能迅速的步调撤出军队。他使自己确信越南化将会起作用，这成了他最优先考虑的事情。

我对谈判是抱着很大希望的。也许，像后来事情所证明的，这种希望并不是那么有根有据的。我甚至于认为一年之内能够取得一个过得去的结果。谈判的大部分动力来自我这一方面。正如我将在下面加以说明的那样，我对越南化是有怀疑的，我也不认为我们还有赢得胜利的时间——这种机会如果曾经有过的话，也早已为我们的前任所丧失了。但是，要使外交手腕获得成功，我们必须善于使用我们在谈判中所拥有的资本。我们需要这样一种策略，它使得河内认为，继续这场战争还不如寻求一项解决办法那么具有吸引力。我赞成双轨道的谈判策略，这是哈里曼和万斯在政府交接时期提交的备忘录中所极力主张的，也是我曾经在《外交季刊》上发表的文章中扼要陈述过的。尼克松总的说来赞成这个办法。

但是问题并没有按照这个样子提出来。相反，有好几个月，我们就沿袭下来的体现在马尼拉方案中的共同撤退政策展开了争论。在那些遥远的日子里，还在辩论这样一个问题：我们的撤退究竟是应该在北越人完成他们自己的撤退以后才进行呢，还是与他们的撤退同时进行。这种辩论是荒唐可笑的，因为首先，河内根本不打算撤出他们自己的军队，其次，谁都知道我们打算在几个月之内开始单方面的撤退。我们争吵了几个月的第二个问题是，在共同撤退之后，应该留下多大一支留守部队。所有政府机构都认为，必须留下相当数量的留守部队，大概是十万名的支持部队。(哈里曼和万斯在他们的交接备忘录里已经接受这种意见。)国防部主张还要留下作战人员。不久以后，事态的发展和公众的激情使这个争论也完全失去了意义。

辩论的第三个中心是关于使战场上的战斗降级的问题。我们在巴黎的谈判代表团预料(后来事情证明，这种想法是错误的)河内会提出这个问题，并且竭力主张我们非回答不可。国务院和我们在巴黎的班子主张我们提出讨论减少 B－52 的袭击，减少美国的攻势行动以及减少使用大炮来进行阻击的问题。我们驻西贡的指挥官和参谋长联席会议都强烈反对这样做，他们坚持认为这种措施会把军事上的主动权拱手送给敌人，并且使他们可以在人口稠密地区重新集结力量。这在后来也证明是一场不切实际的争论，因为河内对于军事行动降级问题从来没有表现过丝毫的兴趣，即使我们单方面地采取这种行动时也是一样。北越人更感兴趣的是赢得战斗，而不是停止战斗。

河内是执拗而顽固的，对比之下，我们具有的是那种富于想象力的官僚政治所固有的劲头，在这一阶段，它还没有受到任何谈判策略的约束。不论是哪一届政府，也不管争执的是什么问题，美国谈判代表总是希望取得成功。他们使华盛顿淹没在试图打开僵局的各种各样的建议里；他们不厌其烦地想出种种采取主动行动的倡议。他们往往给另一方的建议添上他们自己的压力，这在开始时还不大容易察觉。他们非常重视妥协的意愿，或者至少看上去是愿意妥协的样子；他们是处在这样的心理状态下，因此，一旦遇到僵持局面，他们就变得烦躁不安起来。由于华盛顿的决定多半是通过对立意见的互相交锋以后作出的，这些谈判人员在要求作出广泛的让步时感到很放心，他们满有把握地知道，其他一些持反对意见的政府机构在表示反对时也和他们一样，只是代表一方面的意见。总统只能在互相竞争的压力集团之间谋求妥协，而不是真正去制订一项策略计划。而且，如果他不愿意具体地控制这整个过程，他就要冒这样的风险，就是持对立意见的各个官僚机构会自行其是。

巴黎谈判的情况也是这样。二月份和三月初，我们经常受到我们巴黎代表团的压力，要求以各色各样的妥协方案为基础来建议同北越人进行私下会谈。第一次实质性的私下会谈终于在三月二十二日举行，但是它带来的并不是真正的谈判，而是北越要求无条件撤退全部美国军队和解散阮文绍-阮高其-陈文香政府*。

政府各部门的反应并不是就此对局势进行彻底估计，而是极力提出看来简直没完没了的妥协主张。

罗杰斯第一个偏离原定方针。在三月八日同苏联大使多勃雷宁的一次谈话中，罗杰斯单方面地取消了把军事和政治问题分开处理的双轨道办法。罗杰斯告诉多勃雷宁我们愿意同时就政治和军事问题进行会谈。同总统的决定——在西贡遭到炮击的情况下不举行私下会谈——相反，罗杰斯建议立即同河内进行私下会谈。同以往的原则相反，他暗示私下会谈将把西贡和民族解放阵线都包括在内。罗杰斯甚至不要求以停止进

---

* 第六章中已经提到，第一次私下会晤中唯一值得注意的事情是，北越谈判代表春水在巴黎对洛奇作了一次毫无道理的、出人意料的激烈发言，他说，美国不要指望中苏分歧来帮助我们解决越南战争，我应当说明，这一点倒是使我们注意到以前所不曾充分意识到的一些机会。

攻居民中心作为一个条件。无怪乎多勃雷宁在回答时表示他相信他所听到的意味着我方立场有了重大转变。

我感到非常失望。在我看来，罗杰斯白白抛弃了我方立场中的基本内容而没有得到对方丝毫的报答；他只是为了报上有一天刊出大字标题——设想会谈终于举行——而浪费我们的资本。尼克松来得贤明一些。公众心目中的尼克松是个帝王式的总统，他向战战兢兢的下属大声咆哮，发号施令，其实没有比这个更歪曲事实的了。尼克松最不喜欢直接下命令，特别是对那些可能不同意他的人。他很少惩戒任何人；他从来不愿意压服一个内阁成员。当他碰到有人不服从的情况时，他设法完成他的目标而不让那个不服从命令的人知道。这种做法可能会使他达到目的，但对保持纪律性和内部的一致性却没有什么好处。它多半会向外界人士暴露出一种使他们可能会加以利用的不团结现象。天长日久就造成了一个四分五裂的政府，其中的几乎每一个成员在受到压力的时候都是自己顾自己。尼克松由此产生的孤立感以及他的班子缺乏内部一致性的状况，就成了水门事件的根源之一。这也就是尼克松对罗杰斯的失言事件的反应中所反映出来的情况。他并没有对他的国务卿重申他的策略，或者召集顾问们开会，来坚持他所采取的态度，而是让我在三月十一日去会见多勃雷宁，告诉他苏联关于美国立场有所改变的印象是“为时过早的”。我在三月十四日委婉地向罗杰斯解释说，总统的基本考虑是，我们同河内先在双边基础上开始私下会谈，然后再把会谈扩大到把西贡和民族解放阵线包括在内。罗杰斯只是回答说，他“非常急切地”想让会谈开始。

莱尔德接着在军事方面采取了一个单方面的步骤。尼克松在举行过有关军事行动降级问题的多次会议之后，于四月一日发布一项指示，禁止超越共同撤退的范围而提出任何有关军事行动降级的建议。就在这一天，五角大楼公开宣布，由于预算方面的考虑，从六月三十日起，我方将把 B－52 出击任务减少百分之十。在我提出抱怨时，莱尔德轻松地解释说，在六月三十日之后他无法为保持高的出击率支付费用，而且，事实上他保持这种高出击率的时间比他的前任计划的时间已长了三个月。总统和我，事先谁都没听说有过这么一项计划，也没听说国防部宣布过这么一项计划。

我对B－52出击多少次数才算恰当并无定见，但是我要节省使用我们不多的一点谈判本钱。如果我们要使行动降级，那应当是谈判的一部分内容，最糟糕不过的就是由于预算的压力而单方面地这样做。因为总统不愿意摆出同他的国防部部长针锋相对的架势，我就同莱尔德谈妥了一项相当含糊其词的对报界的声明："美国的政策是，外来军队必须分阶段地共同撤退，才能使军事行动减少。将在定期审查的基础上使预算计划数字符合这一政策。"

但是损害已经造成了。一个新闻记者对我说，他认为减少B－52出击次数是对河内和西贡发出的信号，因为"你决不会出于预算原因而做这样的事情"。他说，河内只会把它理解为朝着我方军队撤出的方向采取的一项行动，而西贡也只会理解为对它的一项警告，表明美国承担的义务是有明确限度的。他在这两方面的判断都是正确的，只不过他以为我们这样做是经过深思熟虑的策划，对我们说来，这实在是过奖了。最后，我们把非做不可的事情装成自愿做出的事情。洛奇大使奉命在巴黎和谈中发表公开讲话时陈述美国削减B－52出击次数的事实。总统在他十一月三日的讲话中也提到减少出击的问题。不管是在当时还是以后，河内的不动感情的领导人们对这些让步从不领情。他们决不酬谢已经到手的礼物。

我们的政策常常冒着两头落空的风险。对河内，我们由于一系列得不到报答的让步而有使我们抛弃自己立场的危险。在国内，我们越是要安抚批评者，就越是使那些愿意支持一个争取胜利的策略的人们感到灰心丧气，他们无法理解为什么要为体面的撤退这样的难以捉摸的目的继续作出牺牲。而且我们也得不到另外一些人的赞许，他们想要把这场战争当作道德上的教训，来说明美国本身所具有的缺点，即使我们的行动已经超过了他们所支持的计划，仅仅九个月以前他们曾为之举行示威活动。

万斯的使命

由于以上所有这些原因，我断定时间对我们是不利的，我们应当找到一些办法来使事情到达决定性阶段。我力图使苏联参加到一个复杂的外交活动中来，并推荐赛勒斯·万斯作为执行这项任务的理想人选。

我是在万斯担任约翰逊政府的国防部副部长的时候见过他的。他的举止从容不迫，说话语调温和，为人正直可敬，他给我的印象是集中体现了纽约大公司律师的特点：谨慎细致地执行他的任务，向他的委托人提供明智的咨询意见。在他稳重而克制的举止后面，我觉得我看出了一种激情的特质，这种特质同他所交往的人士中间现在广泛持有的进步观点是协调一致的。在巴黎代表团中，他和他的团长哈里曼一样，热切地致力于通过谈判来寻求解决办法。我被任命为国家安全事务助理以后，推荐万斯担任副国务卿，这是当时国务院的第二把交椅。罗杰斯表示同意，我们两人在他的马里兰州贝塞斯达的家里同万斯见了面。万斯对任职问题未置可否，但也没有马上拒绝这个建议。最后我再次会见万斯，向他说明当选总统非常希望他为新政府服务，而且运用他的经验使国家得益又是何等重要。万斯以前的上级罗伯特·麦克纳马拉也劝说他接受建议。万斯当时还是拒绝了，他解释说，将近八年，他曾不间断地在政府中工作，现在他需要恢复不担任公职的生活。后来万斯在一九六九年二月十九日卸下巴黎和谈的美国代表团副团长的职务时，尼克松向他发出一份热情的感谢电。我钦佩万斯的分析才能和判断力；作为个人来说，我是非常喜欢他的。

就他的才能而言，我所设想的使命对他简直是最合适不过了。这次使命就是要谋求苏联的赞助，来迅速解决越南战争。

在我同多勃雷宁的所有谈话中，我都强调指出，美苏关系的根本改善首先必须以苏联在解决越南战争方面给予合作为条件。多勃雷宁总是避而不答，声称苏联对河内的影响是极为有限的。作为报复，我们对苏联感兴趣的所有谈判——限制战略武器会谈，中东以及扩大经济关系的谈判——都采取拖延的态度。但是我们从未对苏联提出过关于越南的全面建议。

我在三月十八日会晤万斯，想了解一下原则上他是否愿意接受一项前往莫斯科的使命。所建议的这项使命需要把关于限制战略武器条约的谈判同越南问题的全面解决联系起来。万斯将被派往莫斯科去开始关于限制战略武器条约的讨论，他在这次旅行中，还将秘密会见北越的一位高级代表。万斯将受权在上述两方面取得迅速进展，同时使两件事串连起来。（我没有告诉万斯的是，如果他的使命失败，我就要向尼克松建议在军事上同河内摊牌。）第二天，万斯提出了几个明智的问题：怎样使在莫斯科举行的两项谈判互相联系起来；怎么能有充裕的时间来完成这两项任务；如何把他关于越南的会谈向负责限制战略武器条约的小组人员保密？

四月三日，我向总统正式提议派万斯执行这项使命。我指出在巴黎会谈进程中反映出来的它本身所具有的进退两难的性质。我们必须使美国公众相信我们是殷切希望解决战争的，同时又要使河内相信我们并不是急切到这种地步，以致它可以满不在乎地在拖延时间方面超过我们。我们必须施加足够的军事压力，以防止河内把谈判变成另一次板门店；但行动上又不要过于刺激，以免促使河内把战争进行到底。我们的政府必须受充分的纪律约束，保证用同样的口径发言。同西贡保持密切的关系，使河内不能期望利用谈判来瓦解南越政府的士气。我们有没有能力实现这些条件，我是怀疑的。我认为预算的压力和迫在眉睫的撤退势将使我们的军事行动减少，而没有使对方采取相应行动的任何希望。巴黎代表团缺乏纪律性；我们内部的分歧使我们不大可能提出一项前后一致的政策，或防止我们在两种极端不同的主张之间摇摆不定。我们越来越可能把气撒到西贡身上。早日取得解决是符合我们利益的，因为我觉得我所论述过的所有那些倾向，会导致一种局势，到时候，我们现在的最低纲领就会显得比一年以后我们的最高纲领还要强硬。但是如果没有一点压力，河内是一动也不会动的。因此，苏联的参加可能是关系重大的。

由于这一切理由，我建议由我来同多勃雷宁接触，向他提出警告说，美苏关系处于十字路口。我要说，总统准备在广泛范围内使美苏关系取得进展。但是越南战争成了一个重大障碍。为了打开这个僵局，尼克松准备派遣一个由赛勒斯·万斯率领的高级代表团到莫斯科去，以便在限制战略武器的原则方面立即达成协议。在莫斯科期间，万斯也将受权会见一位来自北越的谈判代表，就印度支那的军事和政治解决方案同他达成协议。（由于罗杰斯已经放弃了双轨道的作法，我认为最好是制订一个能维持西贡生存的政治方案。）在军事方面，我们将建议实行停火和共同撤退。在政治方面，我们将提出保证，如果民族解放阵线放弃使用暴力，它可以参加国家的政治生活而不用害怕受到镇压。与此同时，还要就五年之内南越保持分立和独立达成协议，五年之后，将就统一问题进行谈判。总统将划出六周的时间，使这项努力获得成功。如果万斯的使命获得积极成果，总统还将考虑“甚至更高一级的其他会晤”（那就是说，可能举行一次最高级会谈）。

我对总统说，并且建议向多勃雷宁暗示，除非总统准备在这次使命失败时采取“强硬的升级步骤”，否则不应批准这一行动方针。

在我提交尼克松的备忘录中所提出的和平条件，远远超过了我们政府中曾经讨论过的任何东西，或者大部分鸽派人物在这方面所提出的主张。例如，它超过了八个月前民主党大会上被击败的鸽派方案中的条件。它包括了停火——当时五角大楼是激烈反对这一点的。它接受全部撤退(不留任何留守部队),而且同意民族解放阵线可以在西贡的政治生活中起一定作用。当时,我们对河内还是太缺乏了解,因而不理解它的领导人所关心的是取得胜利,而不是停火;是实现政治控制,而不是在自由选举中起一定作用。

四月五日上午,当我在比斯坎湾同总统谈话时,他对他称之为“万斯计划”的做法能否收效,表示怀疑。但是他同意我们必须采取一次外交行动。一九六九年四月十二日,为了把事情引入决定性阶段,我向总统提交一份备忘录,重申我建议在预定四月十四日同多勃雷宁的会晤中采用的各点意见。尼克松批准了这个建议,他在文件的边上亲笔作了一些批注,他把限期延长到两个月(而不是六周),同时在对苏联人提出经济合作的前景时比我的草案更直截了当。

我采用了一种后来我常常使用的办法,我让多勃雷宁自己看这些谈话要点,连同总统的签名和他亲笔修改的地方。这个办法的好处是既避免引起误解,又证实我是代表总统说话的。多勃雷宁记了大量笔记,不时停下来要求我作一些解释。等他全部看完了以后,他问我,我们是不是把越南问题的解决当作在中东、经济关系和战略武器等问题上取得进展的条件。我回答说,我们是准备继续会谈的,但是如果越南问题不成为障碍,会谈就会进展得更迅速。此外,如果找不到解决办法,我们可能采取一些会造成“复杂局势”的步骤。

多勃雷宁滔滔不绝地强调说明,不管越南发生什么情况,莫斯科愿意同我们继续谈判下去。他推测中国正企图在美苏之间制造冲突。他说,越南战争升级仅仅符合中国的利益。我说情况如果是这样,苏联同我们就有共同的义务来避免使事情复杂化。多勃雷宁告别时说,这是一次“非常重要”的谈话。

然而,我们却从来没有接到莫斯科的任何答复——既没有拒绝,也没有邀请,甚至连一个承认收到建议的拖延应付的表示都没有。六月间,多勃雷宁在一次谈话中顺便提到,我们的建议已经转到河内,但是没有得到那里的赞同。八个月以后的十二月二十二日，我第二次从多勃雷宁那里听到他谈起关于万斯使命的建议，那是在探讨全球局势的过程中，他对我说，莫斯科曾经试图对万斯的使命有所帮助。但是河内拒绝谈判，除非美国事先同意南越成立联合政府。克里姆林宫宁愿保持沉默，而不愿提出一个否定的答复。我冷冷地回答说，至少应当作出某种承认收到建议的表示。

直到现在，我都不知道莫斯科究竟是否把建议转给了河内，是否在接到否定的答复后作出了既不想承认自己无能为力又不愿冒遭到美国某种报复的风险的决定。莫斯科也有可能根本没有转达我们的建议，因为能够得到的好处太不具体，而谈判如果失败的话，苏联卷入其中所冒的风险却太大。我倾向于前一种看法。鉴于河内狂热地坚持它的独立立场，并善于使自己在莫斯科和北京之间左右逢源，那应使莫斯科成为一次决定性谈判的地点所冒的风险就太大了。北京可能反对；因为莫斯科可能利用这个机会顺应我们的策略行事，而在印度支那作出让步来加强超级大国之间的关系。对莫斯科来说，它不可能过于热切地在它的国土上主持这样一场谈判，其有关各方可能要它对谈判的结果承担责任，而它自己又不可能对谈判发挥决定性的影响。我们在一九七一年再次尝试采取同样的做法，这一次提出由我来担任谈判代表。可能由于同样原因，我们又一次碰了钉子。就在既无外交压力，又无军事压力的情况下，越南谈判重新吃力地进行下去。

回到疲于奔命的单调工作

五月八日在巴黎谈判的第十六次全体会议上，共产党人大吹大擂地提出了一个包括十点内容的和平方案。这个用那时已成惯例的最后通牒式的文体来提出的十点方案列举了美国为结束战争所“必须”做的事情。它要求美国完全的、无条件的和单方面的撤退，取消南越政府，并由美国赔偿战争损失。它建议由一个包括南越所有“主张和平、独立和中立的各社会阶层和各种政治倾向的人士”组成的联合政府来取代南越政府。

建立联合政府的建议听起来并不是不合理的，许多容易上当的美国人认为它只不过是要求让共产党人参加西贡政府。但是一旦我们开始探索它的含意，我们就发现共产党人给他们自己保留了解释谁是主张“和平、独立和中立……”的人的权利。十点方案真正起作用的要点是，我们通过完全和无条件的撤退把南越政府置于死地，并使那里的居民士气消沉，在这以后，我们接着就会同共产党人串通起来，迫使剩下来的非共产党人士参加这样一个结构，这个结构将包含民族解放阵线和共产党人单独确定为可以接受的任何集团。而这个新的联合政府又只是临时性的；南越的最后的政治结构要由联合政府同河内军队所支持的民族解放阵线谈判解决。这就是共产党人对于“公正的”政治解决所下的定义*。用不着说，当共产党人接管西贡以后，并没有成立任何联合政府；事实上，连民族解放阵线都被排除在外，不让它分享任何权力。现在越南南方的所有重要职位都由北越人担任。

这一建议就其内容而言是片面的，语气是傲慢的。但是单是共产党已提出一项和平方案这个事实，就造成了来自国会、新闻界和公众的不要错过这个“机会”的压力。如果我们不想招致两面夹攻，就显然需要制定我们自己的明确立场。四月下旬，我曾建议总统发表一篇提出美国和平方案的讲话。四月二十五日，我要求总统注意春水说的一句话：“如果尼克松政府有一个和平计划，像它使人相信的那样，那为什么不把这个计划公之于众呢？”

但是总统迟疑不决。他想再等一会儿，等待莫斯科对万斯之行的答

---

* 一九七一年七月，我和黎德寿一起查阅一张西贡政界人士的名单，其中包括所有那些知名的反对派领袖，这些人可能由于符合主张“和平、独立和中立”这样一项考核标准而证明是可以接受的。结果却没有一个人符合这个必要的标准。

复。他自己的国务卿的态度使他不安，这也妨碍他采取行动。他深信，如果国务院看到一篇讲话的讲稿，就会捅出去，或者提出一大堆同他的战略不相容的补充意见，而他如果予以拒绝，就会被看作是一个强硬路线派的人物。像往常一样，尼克松找到了一个有效的、但又是带有欺骗性的解决办法。他等到五月十二日罗杰斯动身前往东南亚访问以后，就在当天命令我督促有关人员在四十八小时内作好一篇总统讲话的准备工作。

五月十四日那天，尼克松在全国电视上第一次详细地阐明他的越南政策的依据、已经采取的步骤以及一项新的具体的谈判建议。他回顾了他执政头四个月的行动：敌人攻势的锋芒受挫，我们同西贡政府关系改善，南越部队得到加强，最重要的是，制定出了一种明确的谈判立场。

他提出了一项八点计划，这使美国在谈判立场方面远远超过了约翰逊政府。具体说来，他放弃了马尼拉方案(即河内在我们之前六个月撤退)，而主张采取同时撤退的办法。然而，北越人的撤退可以是(通过“非正式的谅解”而实现的)事实上的撤退，而不一定是由河内公开予以承认的撤退*。美国同意让民族解放阵线参加南越的政治生活；南越保证在国际监督下举行自由选举并接受选举的结果。总统表示愿意提出撤退的确切时间表，他还提议在国际监督下实行停火。简言之，五月十四日的讲话提供了一切机会来试探进行公平的政治竞争的可能性。它唯一没有满足的是共产党人的必要条件：美国军队无条件撤退，在美国默许下建立一个受共产党控制的政府。

起先，北越谈判代表春水作出了比较温和的反应，使人满怀希望。他微妙地指出在民族解放阵线的十点和总统五月十四日讲话的八点之间存在着“一致点”。但是在正式谈判中，他死硬地拒绝讨论它们。不

* 我在讲话前的白宫背景情况介绍中解释说：“我们不管他们是否承认他们在那里驻有军队，只要他们保证让军队离开那里，我们就接受那种保证南越不再有任何北越军队的监督措施”。

久，谈判会议又回复到北越毫无结果地重复其标准立场的状态。僵局在继续下去。

我们为了打破僵局而作的努力也在继续下去。

撤退的开始

在五月十四日讲话扼要说明我们进行谈判的妥协条件之后，我们就转而采取单方面的撤军行动。我们继承了（用本世纪外交政策中一个不太恰当的词来说）使这场战争“去美国化”这样一项笼统的义务。约翰逊政府开始设法加强南越军队的力量，但是没有撤军的计划。正如国防部部长克拉克·克利福德在一九六八年九月二十九日所说的那样：“战斗的局面是，我们在增加而不是减少我们的部队。”一九六八年十二月十日克利福德在记者招待会上重申没有制订任何撤军的计划。我们天真地以为，撤出美军就可能帮助我们赢得公众的支持，而且这样一来，留下来的部队以及我们加强了的驻守力量就能促使河内认真地进行谈判。同时，如果我们充分加强南越人的力量，那么我们的撤退还可能在没有同河内达成协议的情况下逐步结束我们的卷入。

由于以上这两点理由，尼克松赞成撤军。他在三月十四日举行的记者招待会上列举了我们撤退的三条依据：南越人在没有美军的情况下保卫自己的能力；巴黎会谈的进展情况；敌人活动的规模。尼克松最初几个月的战略实际上就是，试图尽最大可能地削弱敌人，加速西贡部队的现代化，然后开始撤退。他以为这将是在宣传上高明的一着。

惠勒将军在一九六九年一月二十五日的国家安全委员会会议上曾说过，他认为阮文绍总统大概会同意稍许削减美国军队，因为这将在国内帮尼克松的忙，并且树立一个具有自信心的南越的形象。罗杰斯认为，我们撤出五万军队就能在国内争取到无限的时间。莱尔德和尼克松不发表意见。阮文绍二月六日公开表示他相信到一九六九年相当数量的美军就可以离开越南了。当时作为艾布拉姆斯将军的副手的古德帕斯特将军三月二十八日参加了国家安全委员会的一次会议并在会上报告说，南越人已经作了切实的改进；他说，我们实际上已经接近于使战争“去美国化”，但是还没有达到“决定关头”。这时莱尔德开腔道：“我同意，但不同意你的‘去美国化’这个提法。我们需要的是‘越南化’，把重点放在正确的问题上。”这句话打动了总统。他说：“梅尔，这话有见识。”“越南化”一词就这样产生了。

四月十日，我发出了一则指示，要求各部门和各机构制订出使战争越南化的计划。尼克松断定在他发表了五月十四日讲话之后不久，时机就会成熟。他一方面想要在没有罗杰斯干预的情况下发表他的五月十四日声明，另一方面又试图以先发制人的方式着手进行撤军而不让莱尔德讲话。

安排在六月八日举行一次同南越总统阮文绍的会谈以取得他的支持。会谈地点定在太平洋上的中途岛，选定这个地点是由于人们担心，如果阮文绍访问美国会引起骚乱。夏威夷被否定了，因为林登·约翰逊曾在那里同越南领导人举行过一次会谈。总统与一个三万多美国人已经为之丧生的国家的领导人会晤，却不得不在太平洋中间的一个无人居住的岛屿上举行，这一事实象征性地表明越南战争已使我们的社会陷入了泥潭。

在前往中途岛的途中，尼克松六月七日下午在檀香山俯瞰太平洋的卡哈拉·希尔顿旅馆的会议室里同罗杰斯、莱尔德、惠勒将军、洛奇大使和我本人举行了一次会议。邦克大使、艾布拉姆斯以及麦凯恩海军上将也在场。这次会议是就撤退的战略作出最后的决定。军方显然是带着沉重的心情来商议这个问题的。他们在内心深处知道，这同他们曾经为之战斗的目标是完全相反的。不管怎么说，这将使胜利成为泡影，甚至要得到一个体面的结局也成了问题。撤退的进程很可能是不可改变的。从此以后，我们将在我们的战斗力下降和南越部队增强之间展开一场竞赛，这场竞赛的结果往最好里说也是前途未卜的。

同一种神话相反，军方即使是在私下里也是很少反对他们的总司令的。他们只要能想得出并不充分的但是言之成理的理由，也就会克服疑虑情绪而支持总统的决定。作为一个战地指挥官典型的艾布拉姆斯将军，虽然明显地是满心不乐意，却同意了撤出二万五千名战斗部队，看到他这个样子是令人很不好受的。他当时就知道，他注定要担负起一种后卫的责任，他的指挥部的任务是要越来越多地采取后勤性质的重新部署的行动，而不是在战斗中取得胜利。在我们的部队不断减少的时候，他不可能取得我们在满员时都不曾取得的胜利。现在，要看怎么样向阮文绍总统兜售这个主意了。

中途岛会谈不可能再找到一个更加超现实的背景。在短短七个小时中，这个不超过两平方英里的珊瑚岛遭到五百多名总统随从人员——官员、安全保卫人员、通信联络员、新闻记者和一些自认为不可缺少的其他人员的入侵。机场的飞机库是新油漆过的；总统同阮文绍会见的指挥官办公室换了一套新家具，而且房间也粉刷过了，这使这位海军军官成为中途岛会谈的一位毫不含糊的受惠者。迎送贵宾的汽车和筹备国宴的供应都是空运来的。所有这一切，都没有逃过这个岛上的信天翁的细小而明亮的眼睛，它们世世代代受到内政部的保护，因而变得傲然不可一世。到那时为止，还没有一个人发觉这个沉寂的小岛与这些奇怪的大鸟之间的神秘联系。它们威严地向高空飞去，但在起飞的时候却像笨重的飞机一样，要在跑道上滑行很长一段路。在它们唯一愿意居住的中途岛上，它们倨傲地蹲在道路中间，引起交通阻塞而洋洋得意。它们满心欢喜地知道，无论谁要是出于人的本能而禁不住猛踢它们一脚的话，那就一定会受到内政部的严厉惩罚。

阮文绍的地位还不如这些信天翁更令人艳羡。几天来一直流传这样的消息(我们政府中有些人对这种流传并没有采取不予鼓励的态度)，那就是尼克松总统将宣布开始撤出美国军队，而且是有意以此作为对阮文绍的警告，要他整顿好自己的国家。批评他的人说这句话，一般的意思即使不是成立联合政府，也是要求早日建立西方式的民主政体。这些批评者很少说清楚，在一个被三十万敌对的军队和游击队横加蹂躏的国家，如何能够保证民主自由。他们指望阮文绍在几个月之内而且是在内战的战火中实现东南亚其他任何领导人在数十年的和平时期内都未能实现的事情。人们既要求他打赢一场战争，使自己的防御结构适应一支庞大的美国军事力量撤出的状况；又要他在这个整个一代人都没有享有过和平、历史上也从来没有过民主的国家里建立民主的体制。他作为一个民族主义领袖的合法性能否提高，却要看他在一个大国的压力下是否实行了改革，而这个大国过去却曾与人合谋推翻了他的前任，从而使国家失去了它的文职政府。

当阮文绍轻快地走下他包租的泛美公司的飞机的时候，那个景象是令人心酸的。现在已有三万六千名美国人为他的国家丧命，可是却不允许他踏上他的强大的盟国的国土。我为他感到难过。他成为美国国内压力的中心，这不是他的过错，他毕竟是数百万不愿遭受北越军队统治的南越人的代表。他来自一个文化与我们不同并按照不同的价值观念管理的国家。但是所有的越南人都有一种天生的尊严，这可能是由他们美丽国家的残酷和血腥的历史造成的。越南人并没有“接受他们的命运”，就像西方神话所说的亚洲人总是逆来顺受那样。他们几个世纪来一直在进行战斗，为了决定他们国家的命运而同外来人战斗，也在他们彼此之间进行战斗。他们有时候会变得难以相处，甚至令人憎恶，但即使如此，他们还是堂而皇之地拒绝向敌人或盟友低头，而且继续使自己存在下来。

这时候举行了两次会议。决定性的一次会议是在粉刷一新的指挥官寓所中举行的。会议的参加者有尼克松、我、阮文绍和他的私人助理。在军事俱乐部还举行了一次专家会议，主要讨论经济问题，由两位外长担任主席。（这种做法几乎成了尼克松同所有外国领导人会谈时所遵循的格局。）阮文绍的行动并不像一个乞求者。他的举止表明他是有自信心的；他没有要求恩惠。我们曾经担心，撤军的计划会引起尴尬的场面。阮文绍却抢先一步，自己提出了这一建议。我们提议在总统一级同河内进行私人接触。阮文绍表示同意，只是要让他知道所有政治讨论的情况。因为与东海岸有五小时的时差，使得新闻记者发消息的时间很紧，两位总统在讨论一个半小时以后走出指挥官的寓所，尼克松总统就宣布了撤出第一批美军的计划。

尼克松兴高采烈。他认为这个宣布是一个政治上的胜利。他以为这将会给他争取到必要的时间来制定我们的战略方案。他的顾问包括我在内，都同意他的观点。但我们在两个方面讲来是错误的。我们已经越过了一条注定要倒霉的分界线。撤军使那些仍有子弟在冒险作战的家庭更加情绪沮丧，而且撤军并没有缓和批评者的火力，他们当中的大多数认为，既然他们的压力已使政府作出撤军的初步决定，因而施加更大的压力就可能加速这一过程。如果加快撤退引起垮台的话，他们是满不在乎的，而且有些人还会感到非常高兴。

当年六月，六个月前还声称美国没有撤军计划的前国防部部长克利福德，在《外交季刊》上写了一篇文章，郑重其事地敦促在一九六九年底以前单方面撤军十万人，在一九七〇年底以前撤出全部战斗部队，仅仅留下后勤和空军人员⑨。尼克松总统在辩论中从来是不让步的，他在一次记者招待会上激烈地反驳说，他希望对克利福德的时间表作出修正。虽然人们费劲地努力“阐释”总统这句话，但是损害已经造成；我们坚持要求共同撤军的主张到那时几乎已经失去了任何真实性。我们单方面撤军的决心在国内外尤其是在越南被认为已是无可改变的了。当国防部开始根据预期的裁减兵员的计划制定预算的时候，灵活性的最后一点痕迹也不复存在。从此以后，如果中断撤军，就会造成财政亏损，从而影响新武器的采购。

另一方面，北越人感兴趣的不是象征性的意义而是实际的作用。他们冷静地分析了撤军的问题，权衡了对美国的利弊：一方面，撤军增强了美国坚持下去的能力而使我们得到了心理上的好处，然而美军人数的减少就意味着我们战斗力的下降。河内一个劲地要求在尽可能短的时间内做到最大限度地撤军。我们的撤退越是自动，其作为讨价还价的武器的作用就越小；随着我们的撤军步伐的加快，我们要求共同撤军的主张就变得越来越没有意义了。我们越迅速地撤退，南越垮台的可能性也就越大。因此，对于我们这种没有得到对方任何响应的撤退，北越人还不断地抱怨说，这不过是“点点滴滴的”，或者说我们对自己的最终意图也并不是“很清楚的”；他们从来没有背离他们的立场，我们单方面的步骤没有给他们带来什么义务。他们在一年之内就要求我们无条件地规定一个撤军的期限。

这些现实在我们考虑国内问题时占了支配地位。莱尔德在一九六九年已为撤军准备了五套可供选择的计划。最低的指标规定撤出五万部队，最高的规定撤出十万。在这两者之间，撤军的人数和撤退的军种是各不相同的。罗杰斯支持撤军八万五千人。莱尔德意识到参谋长联席会议的主张，正式表示支持最小的数字（五万人），但是在私下里他表明如果他的意见被否决，那他是不会在意的。从比较长期的考虑出发，莱尔德提出的时间表从十八个月到四十二个月不等，留守美军最高数字（在河内撤退前留下来的部队）约为二十六万人至三十万零六千人。莱尔德六月二日在写给总统的备忘录中提出了一个“切实可行的”撤军时间表，规定时间为四十二个月（使撤军延续到一九七一年底），留守部队为二十六万人。他警告说，在北越不采取相应行动的情况下，更为迅速的撤军将使绥靖计划遭到严重挫败，使盟国军事能力大大下降，并且可能造成南越的垮台。

在政府内部，两种趋向迅速发展起来。既然实现越南化计划（除了尼克松以外）要归功于五角大楼，国务院只有在政治上加倍作出努力，才能分享结束战争的光荣。于是人们接二连三地向不幸的阮文绍发电报，要他加快政治和经济改革进程。其实他已在土地租佃方面实行了彻底的改革。可是我们的敌人却竭力使阮文绍相当广泛的改革看上去不像是出于他的实力和日益增长的自信，倒像是迫于美国的压力，这可能削弱了他的地位。阮文绍七月十一日* 表示愿意举行自由选举，共产党人可以参加选举，并接受包括共产党在内的越南联合选举委员会及一批国际观察员的监督。国务卿罗杰斯在七月二日的记者招待会上就泄露了某些细节，阮文绍一怒之下决定推迟向我们提交他的新计划草案。

等待总统和他的高级顾问七月七日在总统游艇“红杉号”会议中商讨的就是这些问题。参加会议的有罗杰斯、莱尔德、司法部长米切尔、中央情报局副局长罗伯特·库什曼和我。那次会议讨论的主要问题是，战斗明显地暂时缓和一事意味着什么。这究竟是由于河内精疲力竭，还是由于他们的一项新的谈判策略？还是由于河内试图通过默契而实行逐步降级？一个表明当时知识界思想混乱的典型事实是，在军事行动缓和使伤亡人数及国内压力减小而感到如释重负的情况下，竟然没有一个人提出这样的问题：这种暂时的缓和是否并不一定说明我们的战略是成功的而且应该就此继续下去。相反，人们一致认为，我们应当放慢军事行动作为回报。当时决定对发给艾布拉姆斯将军的战地命令作出根本性的变动。向东南亚美军颁发的现行的“任务声明”里曾经提出雄心勃勃的意图，就是“击败”敌人并“迫使”他们撤回北越——这是从约翰逊政府手中承袭下来的。新的任务声明（八月十五日生效）的重点是，向南越人提供“最大限度的援助”以加强他们的兵力，支持绥靖行动，并减少敌人补给品的运输供应。事实是，总统在最后一刻忽然改变主意，撤回了新的指示。但是莱尔德已经发出去了，因此这些新的指示就生了效。我不知命令改变（很快就泄露出去了）究竟有没有起什么实际作用。

---

* 疑为七月一日。——译注

既然我们已经决心撤退，因此，不论我们意图如何，这些新指示都反映了我们并没有多大力量。

七月三十日那天，尼克松在他周游世界的访问中出人意料地在西贡作了逗留。他是违反了总统保镖的意见到那里去的，由于安全的原因直到最后一刻才宣布。尼克松乘坐一架直升机从机场急忙飞向总统府，这架直升机似乎是直上云霄冲到可能遭遇到的狙击火力射程之外，然后像一块石头那样栽到阮文绍办公室外的林木之间。我根本不知道驾驶员是否曾多次试验过这种飞行，也不知道同遭受炮火狙击相比，这种飞行的风险有多大。尼克松对阮文绍说，为了继续取得美国公众的支持，继续撤退是必要的。他还争辩说，重要的是，应使减少兵力的行动看起来是按照一个妥善安排的时间表进行的，并且是我们主动采取的。显然，我们已走上了这样一条道路：如果可能，通过谈判撤出越南；如果需要，就通过单方面撤退来实现这一点。

同春水秘密会晤

在六月份，我通过我的老朋友琼·圣特尼，前法国驻河内总代表，主动提出再作一次谈判的尝试。圣特尼的妻子克劳德曾经是一九五三年夏天我在哈佛大学主办的国际问题研究班上的学生，那个班是专为年轻有为的外国领袖人物开办的。她是一位作家兼历史学家，既聪明又漂亮。她和圣特尼结婚以后，我常常到他们在里沃利路的俯瞰杜伊勒里花园的寓所去看望他们。圣特尼风度优雅又极富才华，他在美国同河内没有任何接触的那几年，曾使我第一次深入了解越南人的心理状态。他花了许多时间向我追述他在河内的经验并且告诉我他对我们卷入越南的行动所作的估计。像许多曾在印度支那工作过的法国人一样，他认为我们的事业是毫无希望的——当然这并非不带一点民族主义色彩：在法国失败了的地方美国怎么能够自以为会成功呢？同他的许多同胞不同的是，他了解体面地撤军对美国以及其他自由人民的重要性。我不怀疑他将会把我们的接触情况向他的政府汇报。这只是次要的，因为了解这一情况将使法国得到不只是单方面的好处；这既可以满足好奇心，又不影响政策。我相信圣特尼对于自己所答应做的事情是讲信誉的，并且是可以信赖的。他也得到了北越人的信任。对于一个中间人来说，不能期待比这更多的了。

因此，在六月二十四日我向总统建议，邀请圣特尼到美国来探索采取新的主动行动的可能性。我对总统说："我对局势的理解是，鉴于河内目前的心理状态，新的主动行动大概不会产生多大影响。然而我认为，为了能够记录在案，并且由于巴黎谈判未能取得真正的进展，我们应当再作一次表示。"圣特尼七月十五日在椭圆形办公室会见了总统。由于谁也不知道他到了美国，只好由我来充任译员。但我的法语会话不大在行，肯定无助于任何人确切地了解谈话的意思。圣特尼表示，他愿意代表我们访问河内并带个信去。不然的话，他建议黎德寿同我举行会谈，黎德寿是北越政治局的一个重要成员，不时前往巴黎参加同哈里曼的会谈。

我们选择了头一个办法。当下起草了尼克松给胡志明的一封私人信件。我们要求圣特尼亲自交给河内。这封信强调说明我们致力于谋求和平的决心；表示愿意在讨论我们的计划的同时讨论河内的计划。信的最后写道：

在会议桌上朝着早日解决这场悲惨的战争前进的时刻已经到来。你将发现，我们在把幸福带给勇敢的越南人民的共同努力中是乐于尽力并且不抱成见的。让历史记录下来：我们双方在这一决定性的时刻都在面向和平而不是冲突和战争[10]。

但是北越人不为所动；他们甚至不给圣特尼入境签证。这封信交给了河内驻巴黎的代表梅文蒲。我们下了决心要取得突破，因此要求圣特尼为我安排一次同北越谈判代表的会见。

七月底，我陪同总统作了一次环球旅行。从“阿波罗11号”在大海中溅落的时候开始，我们先后访问了东南亚、印度、巴基斯坦和罗马尼亚。在总统乘飞机回国的时候，我同总统一行分手，前往巴黎和布鲁塞尔。我的秘密会见预订于八月四日在圣特尼的寓所举行。黎德寿当时已经离开巴黎，同我对话的人将是河内参加和谈的全体会议的全权代表春水。我后来才知道，这样一来，会议管保是除了重复过去大量发表过的老一套言论以外，不会有任何其他东西。春水不是决策人，只是一个执行人。他代表外交部而不是共产党，河内派他来只是在公开会议上宣读官方的主张。春水身材瘦小，一副菩萨面孔，思想敏锐，即使是在发表最令人气愤的言论的时候也永远是面带微笑。他是没有进行谈判的权威的。他的职责就是进行心理战。当河内想要认真谈判的时候，它驻巴黎代表团的“特别顾问”黎德寿就会从北越来到巴黎。这个人，也可以说，只有在最荒唐的想象里才是灵活的。但是，他至少是有权威的，而且最后结束谈判的也是他。

我去巴黎的借口是向蓬皮杜总统和沙邦-戴尔马总理介绍尼克松总统环球旅行的情况。八月四日下午接近傍晚的时候，我假装说出去观光，同我的私人助理安东尼·莱克以及我国驻巴黎武官弗农·沃尔特斯将军离开了美国大使馆，前往不远的里沃利路上的公寓。当时，新闻记者们没有采访我，因此用不着大费周折就可以到达那里。沃尔特斯将军在场，是因为他很有充当译员的才能，而且是尼克松总统和我所充分信任的。（后来就全由他以绝对的准确无误、远见卓识和小心谨慎的态度安排我最初几次巴黎谈判之行以及在那里同中国人的几次接触。）沃尔特斯可以流利地说九国语言。他口译的本领是罕见的；他富有演艺才能，不仅能够表现出讲话人的言词，而且能够表现出他的语调和态度。他的戏剧天赋使得翻译纵使有什么差错的话，也只是讲得比原话动听，不过讲话人还是不易保持镇定，因为沃尔特斯记忆力非常强，不肯作笔记。同春水的会谈持续了三个半小时，这部分是因为需要进行两重翻译。我用英语讲话，由沃尔特斯译成法语，春水的译员再把它译成越南语。在春水讲话的时候，他的译员则把他的发言从越南语译成英语。

我曾经以忐忑不安的心情期待这次会见。这将是我作为主要人员参加的第一次谈判。这将是我第一次会见难以捉摸的北越人，我曾代表约翰逊总统在整整一个夏天设法同他们举行这种会谈而未能成功。我仍然半信半疑地以为，如果我们能使他们相信我们是诚心诚意的，就会取得迅速的进展。我的同事们和我在预定时间半小时之前到达圣特尼的公寓。圣特尼把我们带到他的起居室并指点给我们点心和饮料都摆在什么地方。他的寓所里陈设了他在越南任职期间收集到的一些珍贵的古玩。他冷冷地说："我希望如果你们意见不合的话，不会彼此扔这些坛坛罐罐。"然后就告辞了。

春水和梅文蒲准时到达。我们面对面地坐在沙发上。美国人员背对着里沃利路，让越南人面对着杜伊勒里花园。像后来我参加的所有的会谈一样，他们表现出尊严和不声不响的自信，这给我留下了深刻的印象。这里坐着的是一批以暴力行动和游击战争为职业的人士；他们只是偶尔才同外界接触，而且是由他们从事的许多种斗争的需要来决定的。但是他们在同地球上最强大的国家的代表会谈的时候，却表现得不动声色和训练有素，而且有无限的耐心。只有一次，由于一九七二年春季攻势最初的胜利而变得态度傲慢，除此以外，他们始终是彬彬有礼的，他们从未显示出过分的热心；从不让自己显得慌乱不知所措。他们是进行政治战的专家，决心只按自己的步调行动，不为别人的魅力所迷惑，也不为急躁情绪所驱使。他们把美国的让步当作理所当然的事情来接受，而不承认自己有什么以温和行动相回报的义务。他们认为妥协就是自认孱弱。只有他们自己对河内的自身利益所作的估计才能打动他们。他们不允许有任何自我怀疑；他们永远不会承认（哪怕是对他们自己），他们由于我们的论点而有所摇摆，甚至受到影响。他们的目的是掌握南越的全部权力，或者至少取得这样的结果：使他们的对手士气败坏到在下一回合斗争中会很容易地被消灭的地步。只是在他们一九七二年复活节攻势失败使他们完全精疲力尽之后，他们才改变一心谋求胜利的计划。

双方略事寒暄，主要是谈到我在一九六七年几次想要同梅文蒲会面而未能成功的尝试，然后我就转入正题，说明这次会见的目的。我对越南人民的勇气和苦难表示了尊敬。美国真诚地希望谋求一项无损于双方自尊心的解决办法。可是事实是，从停止轰炸时开始举行的谈判到十一月一日就将达一年之久了。在这段时期内，美国已作出一系列重要的、没有得到回报的姿态：我们已经停止派遣增援部队；我们已经宣布单方面撤退二万五千人，而且还答应继续撤军。我们已经表示愿意接受在国际监督下举行的可以有民族解放阵线参加的自由选举结果。以上种种一直没有得到任何响应。我说，我来到巴黎，就是为了在尽可能高的级别和以非常认真的态度建议，由我们双方作出巨大努力以在谈判历时一年之前也就是说在十一月一日之前解决这场冲突。我们准备讨论民族解放阵线的十点方案，但是我们不能接受如同铭刻在石头上的、没有商量余地的十诫那样的建议。长远说来，我们不能容忍在每一次会议上都受到这样的待遇，就像小学生考试那样，考查我们对河内的正式立场了解到了什么程度。

我建议加紧谈判并努力寻求民族解放阵线的十点方案与尼克松五月十四日的八点计划之间的共同立场。具体地说，美国准备毫无例外地撤出它的全部部队，作为共同撤军计划的一部分。我们准备接受任何自由的政治进程的结果。我们了解到，不能期望任何一方在会议桌上放弃它不曾在战场上同意放弃的东西；我相信公正的进程必须符合政治和军事力量之间现有的平衡。由于我们不要求共产党方面的军队解散，因此，也不应当要求我们解散非共产党的政治派系。成功的谈判要求每方都承认，不可能乘其不备击败自己的对手。我代表总统提议，打开一条特殊的联系渠道。如果谈判证明是认真的，总统准备调整军事行动以便达成一项协议。但是，如果到十一月一日还没有进展，美国必将采取后果严重的措施*。

春水不动声色地聆听，丝毫没有显示出他听到美国的立场有什么变化的样子。事实上我是提出了美国到那时为止的一项最全面的和平方案。我表示愿意撤出美国的全部军队而没有对余下多少部队作任何规定。我这样做就是提出了美国政府内部所主张采取的最富于鸽派色彩的立场，我已经提出了使军事行动降级的建议。春水按照北越人的习惯，提出了几个要我加以澄清的问题，然后就发表了长篇独白。他首先追述了越南许多世纪来争取独立的斗争的光荣史。这是我在以后四年中又听了不知多少遍的故事。它成了一种仪式，就像饭前的祷告一样，只不过时间要长得多。越南人击败了所有的外国人这段英雄史诗使人印象深刻，甚至是动人的，虽然在多年的不断重复之后，这篇冗长的经文已经成为对我的自制力的一种磨炼。大约四十五分钟以后，他转入了实质性的话题，他否认十点方案是像我所说的那样的十诫；然而却是“解决战争的唯一合理的现实的基础”——这二者之间的差别是我不够深奥的西方气质的思想所无法领会的。

据春水说，存在两个问题，军事问题和政治问题。军事解决的办法就是美国以及北越人所说的“卫星国家”的部队（盟国的军队）完全撤出越南。他说，美国在这一问题上是说得非常不准确的——意思是说，我们没有提出美军无条件撤离的时间表。政治解决的办法则要求阮文绍、阮高其和陈文香（我们盟国的总统、副总统和总理）下台并建立一个由共

* 尼克松在他的环球旅行中向许多东道国政府并向来华盛顿进行国事访问的许多领导人发表过同样的论点，他期望这些警告会传给河内。它们的确是传到河内去了。但到那时为止，还没有制订出当进展未能取得时就把这些威胁付诸实施的计划。

产党临时革命政府* 及西贡政府的下余人员（只要他们主张“和平、独立和中立”）组成的联合政府。春水说，这两个问题——军事问题和政治问题——是有联系的；另一个问题不解决，这一个问题也解决不了。换句话说，即使美国单方面撤退也不会使战争结束或使我们的战俘获释。

因此，河内继续坚持要求美国在南越建立一个新政府——在新政府之内的非共产党一方由于美军的撤退和撵走了它的领导而虚弱无力和元气大伤的条件下建立这个政府。如果美国继续厚着脸皮撤退而并没有实现这样一种政治大变动，那么战争就会继续下去，而我们的俘虏将会留在那里。许多年来，我们的立场换了一个又一个，从共同撤军变成单方面撤退，从余下一部分军队到完全撤出。但是河内从未作丝毫让步。在我们实现河内显然不再相信自己可以达到的目的——推翻我们的盟国——之前，我们既不可能享有和平，也不可能接回我们的俘虏。

我们不打算为共产党人做那些他们自己做不到的事情。这在我们看来是会在今后很长一段时间内把美国的国际地位抵押出去的一种屈辱。我们拒绝推翻一个盟国政府，这件事一直是使每次谈判都陷入僵局的一个单独的和关键性的问题，直到一九七二年十月八日河内撤回这个要求为止。

那天春水和我重新申述了双方既定的立场，只是态度和缓了一些，不再是那么争吵不休，此外便无甚成就。尽管如此，我们还是同意每一方都可以自由地同对方接触，并且同意应该举行另一次会议。春水表示河内不喜欢来自其他国家的中间人，而且要求我们指定一名美国人通过这一渠道来接受或传递信件。我指定了沃尔特斯将军。我们向西贡的邦克大使发出了一份简报，以便报告阮文绍总统，阮总统曾在中途岛会谈中授权进行这种秘密会晤，而且从一开始我们就一直充分地向他提供关于我所进行的秘密谈判的汇报。在洛奇大使不在巴黎的时候，由我向他

---

* 在一九六九年六月以后，“临时革命政府”就成了民族解放阵线的正式名称。

的副手菲利普·哈比卜作简要介绍。

这条新建立的渠道到一九六九年就没有再利用了。两天以后的八月六日，共产党对金兰湾发动进攻。对这场进攻，人们勉强能用这样的理由来解释，就是它必定是在同春水会晤很早以前就已经策划好了。然而，到八月十一日，共产党军队进攻了整个南越境内的一百多个城镇和基地，终止了为期八周的战斗间歇。即使对事情作最宽厚的解释，也不能不得出这样的结论：河内不相信外交上的姿态、谈判、善意和互惠互利。

又一次重新评估

尼克松对北越新的进攻的反应是，在八月二十三日从圣克利门蒂西部白宫（尼克松住所）宣布他在返回华盛顿以前将暂不考虑下一次撤军的问题。在巴黎的北越人的反应是异乎寻常地迟缓而且看起来举棋不定。我们明显地推迟单方面撤军已使河内踌躇起来——这是一个表明它对美国军力的重视的迹象，也提示我们，假如国内局势容许我们显示更为坚定的态度的话，就可能出现什么情况。但是国内局势并非如此。虽然尼克松的决定完全符合他在三月间宣布随后又经常重申的撤军三准则（敌人的活动，巴黎谈判的进展和南越部队的改进）中的两项，这个决定还是在国会和舆论界引起了愤怒的反应。

八月二十五日，胡志明答复了尼克松总统七月十五日的信件。（实际上，复信是在八月三十日收到的，也就是胡去世的前三天。）胡志明的信对尼克松开头的称呼“亲爱的总统”毫无响应，以专横的方式重申了北越的公开立场：

我们越南人民热爱和平，热爱保证独立和真正自由的真正的和平。为了保卫他们的国家和神圣的民族权利，他们决心战斗到底，不怕牺牲和困难。南越民族解放阵线和南越共和国临时革命政府的十点方案中所提出的全面解决办法，为解决越南问题提供了合乎逻辑的与合理的基础。它已经赢得世界各国人民的同情和支持。

你在来信中表达了为谋求公正和平而采取行动的愿望。为此，美国必须停止这场侵略战争并从南越撤出它的部队，尊重南越人民和越南民族在不受外国影响的情况下处理自己事务的权利。这才是解决越南问题的正确态度……

不论胡志明作出这一答复的原因何在——不论它是基于真正的还是虚假的义愤——它又一次清楚地表明只有胜利才能使河内满足。它指望美国在神经上疲惫不堪；它不容许谈判显露出取得“进展”的样子，因为那样的话就可能使我们得以把公众舆论团结在一起。我方非常自然的回答本应是停止撤退兵员回国，但是到了那个时候，撤军本身的势头已经越来越强大了。我们总是事先宣布在一个特定时期中要削减的兵员的数目，而当每段时期即将告终之时，部分来自公众，部分来自官僚制度内部的压力就不可避免地不断增大。八月二十三日对河内的好战态度的回击是尼克松最后一次试图停止撤退军队。

九月十二日国家安全委员会举行了另一次会议来讨论下一次的减少兵力问题。当时没有再进行任何辩论。九月十六日，总统宣布他的决定：到十二月十五日，军队的最高限额再减少四万零五百人。对批准的最高限额的削减总数迄今已达六万五千五百人。这个数字比罗杰斯年初为使公众相信我们是认真要结束战争的而认为必须削减的人数还多一万五千人。在九月十六日的宣布以后，我们的撤退就变成不可遏止的了。此后总统再也不放过每一阶段撤退时期终了的时机来宣布下一次新增加的削减数字。河内差不多就要在没有采取任何互惠行动的情况下实现它的第二个目标了：停止轰炸现在正把我们引向单方面的撤军。我们已经走出了很长一大段路：我们接受了全部撤军，我们已开始单方面撤出越南，我们已使我们的军事行动降级——我们采取了所有这一切而没有得到对方的丝毫反应。

我对我们的方针政策感到忧虑不安。在九月十二日国家安全委员会研究越南问题的会议上，我在讨论中发言不多，但在会议快结束的时候我大声说："我们需要一个结束战争的计划，而不只是撤退军队。这才是人民所关心的。"在此两天前，我向总统递交了一份个人的备忘录，表达我深切的忧虑，并对越南化的种种设想提出了疑问。撤军对美国的公众会变得像"咸花生米"一样，撤得越多，人们就越盼望多撤，最后导致他们也许要求在一年之内就单方面全部撤出，而事实上情况的确如此。我说明我们的军事战略无法迅速奏效以抵挡舆论的削弱作用，我预言(而且不幸而言中)河内大概会等到我们完成了大规模撤退之后再发动一次全面进攻。总之，我认为我们的政策是行不通的。在本书末尾的注释部分全文刊载了我在九月十日提出的这份备忘录[11]。

第二天我接着又提出第二份备忘录，扼要说明了我所设想的可供选择的政策，并且再次警告，一种完全依靠战争越南化的战略是行不通的。这份备忘录的一部分也刊载在本书后面的注释中[12]。

我主张采取的方针就是曾经作为拟议中的万斯使命的核心的方针：提出我们所能提出的最广泛的、条件最宽大的建议，只是排除推翻一个盟国政府这一条，但保证政治上的自由竞争。如果这些建议遭到拒绝，我们就停止撤退部队，并通过对北越港口布雷，或许还轰炸它同中国的铁路联系来封锁北越。目标是迅速通过谈判取得妥协解决。在策划万斯出访使命的时候，已经制订了一项实现和平的详细建议，在九月和十月间，我召集了一批我所信赖的工作人员在白宫战情室研究局势所涉及的军事方面的问题。我告诉我的工作人员们，我们目前的战略是设法在下列二者之间找出一条伸缩余地很小的路线：为使河内相信我们的决心而避免撤退得太快；为满足美国公众的要求又避免撤退得太慢。假使总统对这项政策失去信心而他又不准备屈服的话，他有什么办法迫使战争迅速结束呢？我要求制订一个军事计划，目的是要给敌方的军事能力以最大限度的冲击；我还要求对外交上造成的影响作出估计，并预先拟定最后谈判的方案。

这项计划定名为“鸭子吊钩”，为什么起这个名字我现在已完全记不起来了。哈尔·索南费尔特和约翰·霍尔德里奇就苏联和中国对一次重大的战争升级行动可能作出的反应写了一篇分析报告。他们还作出了关于法律和外交方面的估计。罗杰·莫里斯、托尼·莱克*和彼得·罗德曼为总统起草了一份讲话稿（其中的一些部分后来在十一月三日讲话中采用了）。参谋长联席会议拟订了一项向北越港口布雷和在定期四天的空袭中摧毁二十九个重要军事和经济目标的计划。这项计划还预先规定进行四十八小时到七十二小时的定期空袭，如果河内继续不肯进行认真谈判的话。预定的日期是一九六九年十一月一日，即达成停炸谅解的一周年的日子，这项谅解曾经向我们保证进行“迅速而富于成果的”谈判。

我们的计划工作是以一种杂乱无章的方式进行的。当总的前景逐渐显现的时候，我断定迅速的和“决定性的”军事行动看来是无法实现的，而且我们政府内部也没有达成一致意见，足以采取这样一个大胆的冒险方针。十月十七日，我建议总统，在他能对本年余下时间中北越的渗透速度作出估计以前，暂不考虑采取这一方针**。我对使战争越南化的办法继续抱怀疑态度，这反映出既要对付北越军队又要对付国内批评者这样一种无法解决的进退两难的局面，这些批评者中间有很大一部分激烈反对采取前后一致的战略。十月三十日，我写给总统另一份备忘

---

* 莫里斯和莱克后来据说是由于一九七〇年对柬埔寨的军事行动而辞去他们的职务；但是在一九六九年秋天，他们对于我们当时正在考虑的强硬得多的做法并没有表明在道义上有什么顾虑。

** 这实际上是一种拖延的手段。“鸭子吊钩”计划包含的策略本来是同渗透速度没有任何关系的，事实上，根据我的预测，只有在我们大大削减军队数量的时候，渗透才会加快。这个计划本来应当主要是同谈判进展情况联系起来。

录，对我们政策所依据的那些假设再次提出我的怀疑：

我们已经看到，有许多关于越南的方案在大吹大擂地宣布之后相继归于失败，因此，我认为我应该概要地向你提出我对于构成越南化的基础的那些假设所怀有的疑问。如果要相信这一方针是可行的，我们就必须对若干因素作出有利的假设，并且必须相信河内也愿意接受这些假设。

美国方面对于使越南化成功的估计——以及河内方面使他们的战略成功的估计——取决于我们各自对以下各点作出的判断：

——对于我们以任何形式继续作战，美国公众反对的步调。（过去的经验表明，越南化将不会使反对的步调大大放慢下来。）

——美国政府在执行这一政策时维持它自己的纪律的能力。（随着公众压力增长，你可能面对政府内部的日益混乱，同时向报界泄露情况的事情也会增多，等等。）

——南越政府和武装部队在物质上和心理上顶替美国撤出的军队的实际能力。（这方面缺乏确凿的证据；不过这件事本身以及过去的经验都说明，乐观的结论是没有根据的。）

——河内目前的损失——指的是军事干部、政治基础等方面的损失——对它今后作战能力有多大影响。（在这方面，证据也不是明确的。关于取得进展的报告涉及的大半是美国部队在治安方面的进展，而不是敌人政治实力遭到长期的削弱。）

——越南国民政府有多大能力从它目前的绥靖行动取得的进展中获得扎扎实实的政治上的好处。（有关进展的报告多半也是属于在美国掩护下维持治安方面的进展。）

因此，我们关于越南化的政策是建立在一系列有利的假设上，这些假设可能是不正确的，虽然根据当前的一些分析，没有人能够提出肯定的意见。

这时候，我的备忘录已越来越带有狂热空想色彩了。事实上，真正能代替越南化的唯一办法就是立即撤军或者是使战争升级，后者正是精心策划的万斯计划以及“鸭子吊钩”计划中的一部分。一九六九年，在美国国内的主流中即使是那些最激烈的批评者也并不主张立即撤退。那将是一种公然的背叛，促使我们的盟友垮台，不让它有靠自己的力量生存下去的任何机会。它会动摇亚洲，特别是日本对美国的信心；而在整个时期中，欧洲没有任何一个领导人敦促我们无条件地放弃我们所继承下来的这场战争。我怀疑如果做出这样一种丢脸的事情，我们打开同中国的关系这件事还会不会取得成功。中国慢慢地向我们靠近，毕竟是为了寻找一股对付边界上日益增长的苏联威胁的抗衡力量。要即刻撤出五十万军队，即使从后勤工作的角度来看也是不可能的；五角大楼估计至少需要十二个月到十八个月的时间，才能把过去在四年时间里调往越南的兵员撤出来。这些军队将不得不在我们的崩溃肯定会引起的分崩离析和惊惶失措的状态下撤出来；将近一百万人的南越军队很可能会回过头来反对一个对他们如此背信弃义的盟友。而且，这样一种做法几乎不会得到公众的任何支持；每一次民意测验都表明，单方面的撤退遭到压倒多数的反对。公众像政府的计划制订者一样具有矛盾心理：他们既希望我们从越南脱身，又不希望遭受失败。首先，河内早已一再表明，即使我们单方面撤退，战争也不可能结束——我们的战俘也不可能获释。他们一直对我们说，在我们退出的时候，我们还必须使我们的盟友不再掌权，而且要建立一个共产党人占统治地位的联合政府。

从一九七〇年起，虽然不是从那一年年初开始，我们的批评者们就要求我们宣布一个撤退的最后期限。但是这样做，要么就是变相的越南化，要么就等于是投降。如果这个期限是随意确定的——就是说，为时太短——一切都会瓦解，这是一种招致崩溃的方案。如果按照我们的越南化计划来看，这个期限是可行的话，那么唯一的区别就在于它是公开宣布的。问题涉及一种作法上的判断，就是作这样的宣布，究竟是有利于、还是有碍于我们从战争中解脱出来。无论如何，我们的判断是，公开宣布撤退的最后期限，会消除促使河内谈判的最后一点动力；它就会干脆等着把我们拖垮。而且我们如何向美国家庭解释呢？既然全部撤退的时间表已经确定，为什么还要让他们的儿子冒牺牲生命的危险？记住这一点是重要的：包括克拉克·克利福德在内的最有责任感的批评者们，当初只是要求到一九七〇年底撤出作战部队，而留下一大批留守部队。我们自己定出的时间表同这种主张所提出的时间表整整差了四个月的时间。

人们经常要求我们接受的另一个论点是，我们应当不再让西贡对我们的谈判立场拥有“否决权”；用比较笼统的话说，这是批驳南越政府对我们的所谓的约束性。否认在其国家领土上驻有我们军队的政府对我们的政策有一定的影响，那是荒谬的。这个政府的自信心、合法性和存在下去的可能性，毕竟是引起这场战争的关键问题之一；如果我们施加超出它所能忍受的限度的压力来使它垮台，我们实际上就是按照河内的条件来解决问题。但是我们对西贡的影响远远超过他们对我们的影响。毫无疑问，作为对我们施加压力的反应，西贡政府作了特别的努力来扩大它的基础，并且同意同共产党进行政治上的竞赛。他们颁布了一项重大的土地改革计划，成立了一个共产党在其中可以派有代表的选举委员会。西贡的政治生活是多方面的和激烈动荡的，其程度比美国批评者们所愿意承认的要大；而且从人性的角度来看，比北越的那种冷酷无情的极权主义统治要优越不知多少倍。事实上，如果推翻西贡政权，就有由这种极权主义统治取而代之的危险。

南越政府的国内安全问题并不是为实行独裁统治而提出的站不住脚的托辞，而是一种现实，这就是城市里的有组织的恐怖活动和农村地区几乎每天都发生的暗杀和绑架事件*。南越军事指挥官闹独立性，他们

---

* 暗杀和绑架的对象通常是西贡最优秀的而不是最恶劣的官员，包括教师在内，因为他们是西贡最得公众支持的人。

在政治上都是有权势的，而且有一种军阀主义的倾向，这对阮文绍个人的权威尚且是一个挑战，对立宪政府的威胁就更不用说了。但是，在这方面，美国政府也要负一部分责任，因为正是一九六三年推翻吴庭艳的事件以及随之而来的对文职政府的大规模清洗，使继任的各届政府依赖军界到这种地步。一个具有长期自由传统的发达国家的政治实践，显然无法充分运用于一个为内战所严重破坏的不发达国家；在我国的内战时期，林肯总统也没有运用这些政治实践。过分经常地攻击阮文绍，不是支持进行具体的改革，而是为我们放弃责任制造借口。

事实是，代替干脆撤出或撤除西贡政府的唯一办法，就是使战争升级或使战争越南化。我们最后否定了军事上的办法，因为我们认为，我们无法在为取得胜利所需要的那样长的时间内一直得到公众的支持；因为战争的结果如何很难预料，而且因为即使取得成功，西贡仍然未必能立即接手战争。说实在话，我从来只是半心半意地研究军事解决的办法，这主要是因为我和政府的全体成员不仅想要结束战争，而且迫切希望以最不引起震动的方式来结束它。政府同它的一些温和的批评者的不同之处，不在于基本宗旨方面，而在于做法上的细微差别。我们的方针是要撤退，我们的愿望是保持灵活性，因此我们拒绝公开定出一个最后期限，其原因是我们始终希望，河内会在某个时刻愿意进行谈判，并且愿意付出一些代价来使我们加速撤退。

无法安抚的鸽派人物

公众有一种对政策上的细微差别根本不予重视的气氛。因为这场战争已使超越争论问题之上的各种力量活跃起来，并且使人们感情用事，越出了辩论的实质。

新政府举行就职仪式一周以前的一九六九年一月十二日，《华盛顿邮报》杰出的外交记者查默斯·罗伯茨以其善于洞察的眼光，概述了尼克松的困难处境：

> 估计国家和国会将给新总统六个月的时间，去寻找体面地退出越南战争的道路。但是，六个月时间或公众情绪可能同意的任何有限的延长，大概都将是不够的……
>
> 尼克松总统必然要继续按照约翰逊的方针行事，这与其说是由于他自己发表过的言论，不如说是由于全国的情绪……
>
> 竞选运动已经很清楚地表明，绝大多数美国人要求从越南脱身，但是这种脱身又不能成为对迄今已达三万一千多名的美国牺牲者的讽刺。
>
> 这两种态度结合起来，就使尼克松先生在时间和实质问题上都受了限制……

情况正是这样。随着一九六九年岁月的流逝，我们遇到的是公众的抗议和示威，以及舆论界和国会中接二连三提出的要在谈判中作出单方面让步的要求。他们的一个共同主题是：和平的障碍不是河内，而是他们本国政府没有充分地致力于争取和平。

后代的人们可能难以想象越南战争在国内引起的动乱。一九六九年七月二日，纽约的反战妇女销毁了征兵的档案材料。七月六日，“妇女为和平而斗争”组织的成员乘飞机到多伦多大学去会见越共三名女代表。两个城镇的市长向总统请愿，要求停止把他们的青年派往越南。七月十五日，示威群众向路易斯堡发动一次模拟的入侵。在五角大楼前每周都举行示威，示威时还有把鲜血洒在台阶上这一类美妙的举动。八月十四日，檀香山一个基地的十二名青年士兵到一家教堂去寻求庇护，以此来表示他们“深深反对美国军事制度所具有的一切非正义现象”。一个叫作“支持越南和平的企业行政人员”的团体在八月二十八日来到白宫，通知政府“蜜月已经过去”。当尼克松八月间在西海岸的时候，人们在他的位于圣克利门蒂的寓所前面一再举行示威。九月三日，一批超过二百二十五人的心理学家在白宫外面举行抗议越南战争的示威，他们说这个战争是“我们时代的疯狂行为”。抗议者在公众集会上宣读战争死亡者的名单，并且把名单塞进“国会记录”里。(这种做法后来成了约翰逊和肯尼迪政府某些前阁员的拿手好戏，他们本来满可以对他们的继任者做得更漂亮一点，而不是影射这些人对人员的牺牲和死亡漠不关心。)抗议运动的领导人们在八月间宣布要从十月十五日起举行一系列的每月一次示威活动来对政府施加压力——这就是所谓的“暂停正常活动”。新闻传播媒介显著地并且一般是以赞许的态度报道了所有这些活动。抗议的人们中间几乎没有什么人呼吁河内表现出哪怕是一点点灵活性，或者愿意承认(哪怕只是当作一种设想)他们本国政府也许是有诚意的，这种人即使有，也是极少数。

当暑期即将结束，学生们回到大学，国会休会完毕的时候，抗议的步调更快了。人们硬说胡志明九月三日去世的消息为结束巴黎谈判僵局提供了新的机会。人们叫嚷，我们应该提出停火建议，以表示对这位曾经使我们异常狼狈的领袖的敬意；人们并且希望这样一个停火接着就会成为永久性的，仿佛河内会听任人家使它不知不觉地接受它始终反对的一种安排似的。事实上，我们在河内举行胡志明葬礼的那一天实行了停火，当然，我们的对手并没有加以延长。当夏季快要过去的时候，查默斯·罗伯茨在九月五日的《华盛顿邮报》上写了一篇很有见地的分析文章。他预料反战情绪还只是刚刚开始变得激烈起来：

(在圣克利门蒂逗留)使尼克松先生得以不必解释他正在试图为越南战争做些什么事情。国会会期未到，大学生们依然在海滨游乐……注意力还没有集中在反战者的身上。

但是所有这一切肯定很快就要改变了。尼克松下星期二就要回到白宫，到那时候，即使国会里最后一个懒散议员也将回到城里。几天之内……学生们也将回到大学校园……

胡志明逝世一事正激起要求尼克松采取新的主动行动的呼声。胡志明派驻巴黎的人员春水星期二似乎是在暗示，美国大批撤军也许可能会使巴黎谈判摆脱僵局。

这两种情况大概将为美国的鸽派提供有利机会……漫长的夏季已经过去，美国舆论中新的势力将开始行动起来。总统要想取得公众的支持，很快就得发表更多的意见，大概还得采取更多的行动……

后来证明罗伯茨的预测简直是准确无比。九月三日，缅因州参议员埃德蒙·马斯基指责尼克松总统结束战争的计划"太含糊不清"；他还质问尼克松实际上究竟是要通过谈判谋求解决，还是要谋求军事上的胜利。（"胜利"已变成一个有特定含意的名词。）九月五日，参议员约翰·谢尔曼·库珀和盖洛德·纳尔逊提议总统应利用胡志明逝世的"机会"来主动提出结束战争的新建议；他们没有告诉我们这个机会是怎样形成的和包含些什么内容。九月六日，参议院多数党领袖迈克·曼斯菲尔德提出同样的建议。九月十八日，就是总统宣布再撤退四万零五百名军队的消息两天以后，参议员爱德华·肯尼迪攻击总统的越南政策，并且把西贡政府说成是达成解决办法的主要障碍。赛勒斯·万斯在九月二十一日对记者的谈话中要求"就地停火"，建议采取"由各分散据点构成联邦或邦联的豹斑式政治解决办法"。⑬（虽然我们在此以前作为万斯计划的一部分曾经向多勃雷宁建议实行停火，而河内表示对此毫无兴趣。）九月二十五日，纽约州众议员阿拉德·洛温斯坦宣布一项计划，要动员公众的支持来发动另一次"打倒约翰逊"式的运动，这一次打倒的对象是尼克松。同一天，纽约州参议员查尔斯·古德尔宣称他将在参议院提出一项决议案，要求在一九七〇年底以前把美国军队全部撤出越南。

当预定十月十五日举行的"暂停正常活动"日益临近的时候，国会两党的批评者叫得越来越响了。十月二日，参议员曼斯菲尔德要求总统建议就地停火。参议员尤金·麦卡锡同一天宣布他支持古德尔的建议。参议员查尔斯·珀西在十月三日要求政府停止盟军的攻势行动，只要敌方不乘机利用这种局势——这是过去开始讨论停炸问题时所提出的同一个方案。在九月二十四日到十月十五日之间，国会里提出了十一项反战决议案。其中包括：参议员古德尔提出的在一九七〇年十二月以前停止向美国作战部队提供经费的决议案；参议员马克·哈特菲尔德和弗兰克·丘奇要求制定立即从越南撤出全部美军的时间表的法案；参议员雅各布·贾维茨和克莱本·佩尔要求在一九七〇年底以前撤出作战部队的决议案，这个决议案还要求撤销一九六四年的《东京湾决议案》，约翰逊总统曾经根据后一议案第一次向越南派出作战部队。知名人士的公开声明也不断增加。十月九日，耶鲁大学校长金曼·布鲁斯特要求无条件撤出越南。十月十日，七十九位私立学院和大学的校长联名写信给尼克松总统，强烈要求制订一个明确的撤退时间表。十月十三日，全国都市同盟的惠特尼·扬发表一项措辞强烈的声明，声称这场战争造成“道义和精神上的枯竭”，并且认为它使国内的种族间的紧张关系加剧。十月十四日，北越总理范文同对我国的公众辩论火上加油，他向美国反战抗议人士发表一封没有先例的公开信，对“暂停正常活动”这一行动表示敬意，他赞扬他们的“斗争”“崇高地体现了美国人民……越南人民和美国进步人士反对美国侵略的合理的和迫切的要求，这一斗争必将获得彻底胜利”。

十月十五日，全国各地都举行了“暂停正常活动”日示威活动。两万人中午在纽约金融区举行集会，前约翰逊总统助理和新闻秘书比尔·莫耶斯向群众发表讲话，要求尼克松总统对公众的反战情绪作出反应。三万人在纽黑文草地集会。五万人在可以看得到白宫的华盛顿纪念碑广场上集合。在纪念碑前举行示威以前，数千人手执蜡烛游行全城。在华盛顿大学，本杰明·斯波克博士对参加一次庞大集会的群众发表讲话说，尼克松总统由于“他的品格上的局限性”而没有能力结束战争。波士顿示威的规模看来是全国最大的，那里有十万人集合在公共广场上。千千万万的人挤满了附近的大街。包括参议员乔治·麦戈文在内的演讲人对庞大的人群发表讲话的时候，一架飞机在天空上画出了象征和平的符号。每当一位演讲人发言结束时，人群就齐声叫喊："现在就要和平，现在就要和平！"所有这些示威活动的共同特点就是人们确信美国政府是实现和平的障碍；认为政府需要的不是一项实现体面的和平（这已经成为人们自鸣得意地加以嘲笑的概念）的方案，而是需要给它一顿教训，让它明白战争是不得人心的。

《时代》周刊和《新闻周刊》都用好几页篇幅和生动的图片来报道各大城市和大学校园内举行的这些示威活动。《时代》周刊以下面这段话解释了"暂停正常活动"日向尼克松总统传达的信息：

"暂停正常活动"日实际上向理查德·尼克松发出的信息是什么？许多参加者要求美国军队立即和全部地撤出越南。然而"暂停正常活动"日决不意味着要求总统采取这样的解决办法，虽然这种做法显然已得到人们新的重视与欢迎。这个"暂停正常活动"日的确明白无误地向尼克松发出一个信号，告诉他必须为结束战争做更多的事情，并且要做得更快些。除非取得进展的步调加快，否则他就很难在两三年的时间内继续取得国内的支持，而这两三年时间正是他认为为完成下列任务所必需的，这就是设法使美国体面地撤出越南，并以一种保障美国在全世界的利益和影响的方式来实现这一点。

事隔十年再来观察，看到一个国家在一场艰苦战争的期间使自己陷于四分五裂的景象，还是令人不禁黯然神伤。到十月份，政府宣布撤退五万名以上的部队，把 B－52 出击次数减少百分之二十，把战术性空中活动减少百分之二十五，同时改变对艾布拉姆斯将军的战地命令，这种改变等于是决定停止一切攻势行动。上届政府向越南派出了五十五万名部队，除了声称我们将在北越人撤离之后的六个月撤出以外，没有提出过任何供谈判用的建议，而且曾经强烈暗示它将坚持在撤军后保留大批的留守部队。然而，人们对这样一个新总统——他曾经主动提出在达成协议后十二个月内全部撤军、举行有民族解放阵线参加的自由选举、并成立民族解放阵线派有代表的混合选举委员会而且首先提出停火问题——却大加折磨、诽谤而不感到于心有愧。

公众的不满深刻地提出了这样一个问题，就是一个民主国家的领导人对公众负有什么责任。如果一位领导人对什么是符合国家利益的信念恰好同公众的情绪一致，他可算是幸运的。但是在他的这些看法与公众不同的时候，他负有什么义务呢？对于民主制度有一种浅薄的看法，根据这种看法就会使领导人处于被动状态，让他只不过是表达他所了解的公众意见。但是这样一种做法就使那些主持公众事务的人们不具备公众有权期望他们具备的品质。领导人不是负责进行民意测验，而是要对他们的行动的后果负责。他们要对一切灾难承担责任，即使在作出引起这种灾祸的决策时曾经得到公众的广泛支持。一九三八年，《慕尼黑协定》曾经使张伯伦深得人心，而使丘吉尔沦为一个危言耸听的捣乱者；十八个月以后，张伯伦就完蛋了，因为《慕尼黑协定》已经信誉扫地。涉及越南战争，问题甚至更加复杂。不论是对还是错——我现在仍然深信我们的看法是对的——我们当时认为，屈膝投降或等于是屈膝投降的行动会导致一个美国信誉趋于瓦解的时期，而这样一个时期只会加速地使世界更加不稳定。反对派叫得很响，有时很激烈，它是由受过高等教育的一大批少数派组成的，它的确在新闻传播媒介中占有统治地位，并且充分利用这一传播媒介。但在我们看来，他们是错误的。我们不能放弃我们的信念，由于美国人民的大多数看来是同意我们的看法的，我们就更不能这样做。在一九六九年举行的盖洛普民意测验中，支持总统处理战争的作法的人从来不曾低于百分之四十四(那时反战的占百分之二十六)。到十月份大规模公众示威进入高潮时，有百分之五十八的人支持总统，而反战的只有百分之三十二。

如果我们要在谈判中取得进展，就必须使河内相信有一些条件是不能降低的，超过一定限度我们决不让步。我们需要某种计划使我们能够通过它来争取公众的支持。但是年复一年，我们作出的每一个让步只是使公众要求作出更多的让步。在新闻界和国会的反对之下，从来无法采取任何可以使我们坚持下去的坚定的立场。

实际上对河内的批评是根本不存在的。出现僵局即使不是归咎于我国政府怀有恶意，往往也归咎于美国方面目光短浅。人们把结束战争这件事说成事实上是我们方面能够掌握的事情，而我们却由于心理上的乖戾而故意避免这样做。于是造成了这样一种印象，在我们和一种解决战争的办法之间存在着某种奇妙的让步，而这种让步却遭到了阻挠，这首先是由于美国方面的僵硬态度，如果不是由于更实际的道德上的缺点的话。人们从既伤害人又引起误解的角度来说明问题：谁支持战争，谁反对战争，谁喜欢轰炸，谁反对轰炸。一个突出的例外是《华盛顿邮报》，尼克松认为这家报纸是一贯持敌视态度的。但是同这种看法相反，它事实上是满怀同情的。十月十二日它发表社论说：

> 不幸的是，这已经晚了——三四年以前，无论在政府内部还是政府之外都不曾有任何活动分子来组织这种关于越南的“暂停正常活动”日。星期三的示威事件使人难以接受的倒不在于人们组织了这场示威，问题将发生在如何解释它并以一种实际的和有意义的方式来把这股汹涌的抗议浪潮应用到现实中去……
>
> 即使是那些感到极端痛苦的人们的祈祷、抗议和说教，也不能向总统提供什么有益的或具体的意见：高声叫喊要停止战争，不论是多么诚心诚意，也不成其为一项战略计划……
>
> 无论是从总统的所作所为，还是从对他的最大利益作出的合理估计来看，都几乎不可能认为他不算是(要求结束战争的)很可能占多数的这

一派中的一个老牌成员。

但是舆论界总的调子可以从重读《纽约时报》的社论专栏中显示出来。一九六九年十月间，我要求我的一位工作人员彼得·罗德曼去查一查《纽约时报》的社论立场的演变。我并不想单单挑出《纽约时报》来进行招人忌恨的比较，这家报纸是批评者中间比较有见地的，它认为它是在提出合理的妥协建议，而不是仅仅要求我们屈膝投降。然而它的建议的调子对说明我们所面临的情况却是很有启发性的。

在一九六九年，当对方看上去愿意和解的时候，《纽约时报》经常要求美国作出让步，它解释说，这是为了抓住和平的机会⑭。但是当对方加紧进行战争的时候，它还是要求作出让步，在这种情况下，是因为共产党加紧军事行动一事表明，依靠我们的军事努力，永远也不可能带来和平。⑮这种不顾河内的反应如何而再三要求美国作出让步的呼吁的做法，使《纽约时报》提出了一系列不断升级的建议。一九六八年这家报纸鼓吹美国和北越双方共同撤退，但是不久这种主张就变为建议美国实行象征性撤退来首先推进这个过程，接着又要求不管河内反应如何我们都要撤退，然后又施加压力，要求为美国部队的完全撤退规定一个确定的、不附带条件的时间表。⑯谈到美国撤军的规模，《纽约时报》起初要求美国只是“倡议”或“开始”削减部队人数；五月间的一篇社论谈到预期美国削减五万到十万人的数字时，认为这是“相当多的”。尼克松六月间在中途岛宣布撤军计划时，这家报纸最初表示欢迎，说它是“走向脱身的一步”；但是到了九月份，它又抱怨撤退六万人是“不够大胆的”，是“象征性的”，而且“意义不大”或“不够充分”。⑰

在政治领域内，出现了同样的不断升级的建议。一九六九年五月，《纽约时报》要求建立一个“联合选举委员会”来监督南越的自由选举。但是过了不到四周——这是在西贡表示愿意建立这样一个联合委员会的一个月以前——它的立场又变了，变成要谈判一项“关于南越未来政府……的协议”，也就是说，谈判建立“临时的联合政府”⑱。关于军事战术，《纽约时报》在一九六九年四月开始要求减少搜索与摧毁的军事行动。七月二十五日，它在新闻栏里报道说这种减少即将实现。不到两周，《纽约时报》又要求就地停火。⑲即使这样还被认为是不够的。尼克松在一九七〇年十月七日提出了这个建议，河内立即加以拒绝。《纽约时报》还是继续提出它的批评意见。

这种不断升级的让步要求，每一次都是当作谋求和平的最主要条件，当作促使谈判开始的唯一办法提出来的。⑳一旦作出让步，它会在短时间内受到欢迎，并且的确也要求河内作出响应。㉑但是如果河内对这些建议不予理会，结果不是要求美国采取坚定立场，而是要求美国作更多的让步，㉒理由是谈判没有取得进展全是美国㉓或西贡㉔的过错。到这时早先作出的让步的重要性就被贬低了，㉕要不然就硬说河内实际上已经作出了响应，㉖或者硬说美国已经使自己的立场变得强硬起来了。㉗这些不断要求美国作出新让步的呼吁是经常用这样一种论据来解释的，那就是美国负有特别的义务，不但要向另一方证明它抱有诚意，而且要放弃追求军事上的胜利。㉘然而却没有人发现对方负有这样的义务。社论表达的意见一再改变的这种情况，并不只限于《纽约时报》一家。相反，这是一个生动的例子，说明我们的批评家们即使建议得到采纳，也很少会长时间地感到满足。

国会也出现同样的状况。例如，参议员威廉·富布赖特对总统五月十四日的讲话的反应是说，尽管尼克松本来可以更直截了当些，但是他不想“责备总统，说他没有走得更远”。但是到了六月二十二日——尽管在这段时期内美国宣布单方面撤军二万五千人——这位参议员竟说他感到失望，他要重新举行参议院外交委员会关于越南问题的听证会。㉙参议员迈克·曼斯菲尔德以同样腔调谈到五月十四日的讲话，他说，这篇讲话给他“很深的印象”，并且表示“看起来还有许多互相作出让步的余地……”。两周以后，他却攻击起政府来，因为政府的军事战略使他看不出“有使战争结束的迹象”。[30]

反战派的领袖人物们不讲礼貌，不讲情理，他们无情地折磨那些被他们认为是应受谴责的人。麻省理工学院不再聘请沃尔特·罗斯托担任教授，他曾在政府中担任了八年最高级的职务，这显然降低了他在那座庄严的学府中任教的资格。威廉·邦迪被任命担任《外交季刊》主编一事引起了一片抗议的吼声。迪安·腊斯克在国务卿岗位上无私地、干练地和忠心耿耿地任职八年，离任后却好几个月都找不到一个职位，后来还是他的母校佐治亚大学任命他担任教授并派给他一个兼职秘书。休伯特·汉弗莱这样一位温文尔雅和善可亲的人，在担任公职期间竟被折磨到这样的地步，以致事隔多年他一提起来还激动得落泪。而且尽管时间过了十年，这种深仇大恨也没能缓和下去。一九七九年纽约大学的二十四位教授抗议任命麦乔治·邦迪为教授，理由是他曾参与一场“灭绝种族”的战争。就在同一个月内，芝加哥大学三分之一的教职人员以同样理由对学校当局向罗伯特·麦克纳马拉授奖提出抗议，他们无视印度支那在共产党胜利后所发生的而他们这些人曾经力图加以阻止的真正的种族灭绝行为。他们从来不承认，十年以前这些严肃认真的人可能是在追求尽管也许是错误的但却是体面的目标。这些鸽子们已被证明是一种特别恶毒的鸟。

对我来说，最令人心碎的莫过于罗伯特·麦克纳马拉的命运了，他在一九六七年被约翰逊强迫辞去了国防部部长的职位，随后担任世界银行行长。我是在肯尼迪总统任命他为五角大楼首脑以后不久第一次见到他的。他给我的印象是精明强干、生气勃勃和非常自信。我赞成他把我国的防务政策置于一个更注重分析的基础之上。但是我认为他过分强调了国防计划在数量方面的重要性。他忽视无形的心理和政治的因素，目的在于使计划具有一种预测性，但这是一种不着边际的空想，徒然使我们同盟国的关系紧张。他的热心的年轻同事们把他们道义上的信念隐藏在一种看上去像是客观的分析方法后面，这种分析方法掩盖了这样一个事实，即他们提出的问题时常预先就决定了答案，而且这些答案使我们的军事技术长期停滞不前。

尽管有这些缺点，麦克纳马拉作为国防部部长，还是作出了巨大的贡献。他的目标是以始终一贯的态度来处理防务政策，而这是早就应该实现的。即使我不同意他的某些结论，我仍然认为他提出了应该提出的问题。但是，麦克纳马拉虽然是一位卓越的国防部部长，在处理战争方面却证明是一个不适当的人选。他所用的那些办法总的说来对于他控制政府的一个难以驾驭的部门确有帮助，但对于领导一场战争却并不那么合适，因为这场战争的结局还取决于许许多多无形的政治和心理因素。他在同一个时间里表现得既过分强硬又非常模棱两可，既过于狭隘地把重点放在战场的考虑上面，又太容易受某些感情气氛的支配。但是最重要的是麦克纳马拉并不热衷于自己的任务。他一心想要把我国极为雄厚的力量同高尚的目的联系起来，他无心进行一场没完没了的战争，他深深感到内疚，因为他曾默然同意那些使战争不可避免然而又得不到结果的决定。我在一九六五年第一次访问越南回来的时候，他是约翰逊政府中来迎接我的最高级的官员。我发现，当时已经显露出来的战争打不出确定结果的苗头使他异常苦恼，他的怀疑和他的责任感，他对局势的分析和他对职责的忠诚使他陷入了痛苦的矛盾之中。他很清楚，如果他戏剧性地作出抗议的姿态，就能够重新得到许多人的可贵友谊，但是他觉得，照直说出自己的意见是不对的，因为他自己对事情也负有一部分责任，而且他感到在政府内部比在政府以外能够更有效地实现自己的信念。

在这个意义上，麦克纳马拉归根结底是典型地反映了更大范围的现实状况。同样的矛盾心理影响到那个政府进行越南战争的行动，造成了一种踌躇不决的状况，时而猛打猛冲一阵，时而又耽于逃避现实的空想之中。麦克纳马拉一开始就强烈要求——不，是恳切地请求——要通过谈判来实现和平，而不是硬要对方接受一种强加的和平。他总是随时听取那些为美国的挫败感到痛心的人们的意见。在政府的议事过程中，他比那些通常受命谋求解决办法的政府机构更积极和始终如一地支持探索外交主动行动的机会。一九六七年，政府曾试图通过两名法国中间人来谈判停止轰炸，他是这次尝试的主要推动者。他非常急切，因此每次我同北越人接触之后回来，他总要打电话给我，他用了个让人一下就能看穿的假名，以致特工人员只要偷听上十秒钟就不难发现是谁了。在这次努力失败以后不久，约翰逊强迫他退出政府。约翰逊的理由是——倒也不是毫无道理——麦克纳马拉对战争的怀疑使他不可能有效地履行他的职责。恰恰在那个时候，公众指责国防部部长为“战争贩子”的叫喊正喧嚣一时，他只要一公开露面，就会遭到最粗暴的围攻。

麦克纳马拉辞职以后在行动中保持了他特有的尊严。从一九六九年起，他抓住每一次机会敦促我采取他所建议的一些行动方针，这些方针连那些诽谤他的人们也都会热烈赞同的。尽管他在大学校园里受到人身攻击，并且在报纸杂志的漫画中被当作战争贩子来加以丑化，但是他始终清楚地懂得制定政策的艰难以及他自己负有的责任，因此他不肯选择他过去的一些同事们所采取的道路，由于一场并不是由本届政府开始的战争而公开责骂政府从而开脱自己，改善他个人的处境。他默默地忍受着极大的痛苦，但从不流露出来。

在这样的气氛下，下面两个方面之间的思想沟通就断绝了。一方面是继承了这场战争但根据任何合理的尺度来衡量都表明是在设法结束战争的一个政府；另一方面是那些过去曾认为总统职位和美国在国际上的地位对他们是利害攸关的人们。发生这种情况的部分原因是，那些曾在战后时期保持了伟大首创精神的领导人的锐气大伤。印度支那战争使人们十年来的失望情绪达到了顶点。这十年开始时曾公开号召人们恢复理想主义，但终了时却到处是暗杀、种族冲突和社会动乱以及激进政治。我们进退维谷的处境，在很大程度上是自由派的改良主义干预学说和学院派逐步升级的理论造成的。这些崇高的愿望一旦破灭，人们就失去了自信心，而没有自信心，各势力集团的脚根就不稳。那些曾经在其启发下制定对外政策的领导人，对学生们闹事特别感到不安。这些中上层的青年男女——他们毕竟是这些领导人自己的儿女——所攻击的不仅是政策，而且还有生活方式和迄今一直视为神圣不可侵犯的价值观念。现代精神病学的发展和富裕城郊的中上层阶级时髦的激进言论，助长了青年的内疚感，从而使这些青年不再单纯地信仰物质进步，代表了一个时代的终结。具有讽刺意味的是，正是他们长辈的不安全感把正在成熟的青年人的不满情绪，变成一种有组织的义愤和全国性的创伤。

此外还有另外一些与美国政治结构有关的原因。越南战争使约翰逊和汉弗莱在一九六八年倒台，这并不是因为整个国家已转而反对这场战争(反映大多数人观点的支持华莱士的选民和共和党人要么是赞成干涉，要么就是保持沉默)，而是由于这场战争使他们的权力基础——民主党陷于分裂。民主党一旦退出白宫，他们就发现团结起来在越南问题上反对一个共和党总统，不仅是很容易办到而且是很有吸引力的。那些虽然反对这场战争但还勉强支持约翰逊和汉弗莱的人们，现在不再受到对党的忠诚的约束。在共和党那边，作为总统的尼克松得以同共和党右翼就一项撤退计划和一个难分胜负的战争结局达成谅解，如果是一个民主党总统，就很可能为此而遭到保守派的攻击。这样，就没有什么保守派的抗衡力量来对抗越来越刺耳的抗议运动了。尼克松稳定了右翼的情绪，就使抗议运动从它们所受的约束下解脱出来，而美国政治的重心也就因此而决定性地移向反战的一边，即使公众并没有改变他们的基本观点。

对尼克松新政府的基本挑战同戴高乐在阿尔及利亚问题上所遇到的很相似，这就是：把撤退作为一种政策，而不是崩溃造成的结果。这一点对美国来说甚至更为重要，世界上有如此众多的国家有赖于美国的稳定。但是戴高乐就他所遭到的反对而言要比尼克松幸运，因为反对势力是那些要求取得胜利和认为他让步太多的人。这种情况使他在对付阿尔及利亚叛乱者时能有回旋的余地，那些叛乱者必然认为代替戴高乐的力量只会比他更糟。而反对我们的则是那些要求更快地撤退(即便不是要求我们承受失败)的人们，这就破坏了我们讨价还价的地位。我们的敌人只会从我们国内的瓦解中得到好处。这样一来，即使每次民意测验都表明美国公众的大多数切望取得体面的解决并且坚决反对屈膝投降，尼克松曾经在许多场合高明地激发起这种公众情绪，可是美国政治的势头是朝着单方面让步的方向发展的。对尼克松政府来说，在我们制定一项自信的政策来实行有条不紊的脱身的同时，能够使这些狂暴的势力受到约束，这的确是不小的成就。在四年时间中保持主动，并取得一项妥协解决办法和越南地面上力量的平衡，不管它多么不稳定，实在可以说是一个政治上的了不起的杰作。

但是，毋庸置疑的是，我们遭遇到的这么多艰难险阻有些本来是不应遇到的。全国公众的骚动情绪触到了尼克松最大的痛处。他已经主动扭转了前任的方针，他已经撤出一些部队并且使战争降级——所有这些步骤都是势力集团敦促他采取的，对于这些势力集团，他又羡慕又不信任。但他不但没有得到赞扬，反而受到斥责，因为他没有沿着这条路更快地前进，而责怪他的那些人过去甚至不敢在这条路上迈出第一步。并不需要花多大力气就会得出这种看法：他面对的并不是政策上的分歧，而是自从阿尔杰·希斯案件以来一直串通一气想要毁灭他的自由派。所有那些报界和势力集团中的宿敌又一次联合起来，为了一代人的复仇，这些人甚至会接受(就算他们不主动要求)他们国家军事上的失败。尼克松生性不能了解青年人特别是大学生们的激烈情绪。他靠自我奋斗上了高等学院和法学院，因此他以为他们对于有机会接受高等教育应怀感激之情。他高估了名牌大学。当一九六九年春天哈佛大学爆发学生骚乱的时候，他对我说，这也可能是件好事，因为这所全国最好的大学无疑会对付好这种挑战，从而可以给其他学校作出榜样。我申述了我的看法，当时他看起来真的大为惊讶，我对他说，按照哈佛大学的做法，事隔三天之后，就没有任何人会知道谁对谁干了些什么事情。这恰恰是后来发生的情况。回想自己的青年时代，他就只能在这些他认为是得天独厚地享有特权的人们的狂暴行为中，看到那种敌视他个人的邪恶势力故意对他们进行思想灌输的结果。有些人觉得自己的前途是生活富裕而精神贫乏，因而产生一种形而上学的绝望心理，他对此不抱任何同情。他相信，如果他面对一场决定生死存亡的政治决战，而不是一次外交政策辩论，他认为他就有理由使用他过去采用的并曾使他得有今天成就的那些办法。在真正的国际问题上，尼克松对微小的意见差别都是敏感的，并且善于运用和解和妥协的手法。但在政治斗争中，他是一个有胆略的斗士，他毫不迟疑地使用总统的权力，而他从来都认为——的确有许多证据——他的前任同样也是这么干的。

但用这种办法来对付我们全国公众的极度痛苦是不适宜的。需要做搭桥的工作，而国家的行政首脑，唯一的全国选举出来的官员，应当迈出第一步。然而，这一点尼克松却硬是不知道怎样做。他的地位太不巩固，而且很奇怪，他是太容易受到攻击了。事实上，通过接受反对者的和平方案，他在实际行动中表明了对他们的尊重，对此他却从未找到过适当的话来加以说明。他们的计划竟然是由一个二十年来他们所诅咒的人来实现，这样一个讽刺大概正是使某些批评他的人大为恼火的原因。

毫无疑问，宽宏大量不是尼克松具有的品德，他从来不能把他的怨恨和感情上的症结置之度外。但是他也从来没有因为他的前任留给他的任务之艰巨而从他的批评者那里得到任何同情，在双方相互抱有的怨恨中间反映着一种固执己见：尼克松相信自由派合谋反对他，而批评者认为尼克松政府决心继续这场战争是为了它自己。越是这样想，成见就越深。双方都错了。在这个过程中，每一方都将了对方的军，但同时却降低了自己的身价。

我同意总统的越南政策，这个政策大部分是由我制定的。如果我有任何批评意见的话，那就是总统在需要作出痛苦的选择的时候拖延了时间。但是我觉得美国的国内问题远比这场在为越南和平条件而争吵的名义下展开的争夺政治权力的斗争要深刻得多。在一九七〇年的一次背景情况简报中，我曾经指出：

如果你环顾世界，你必将得出结论，认为混乱的出现主要不是，或者至少不完全是由于人们所说的那些原因。柏林有学生闹事，那里的学生是参加（大学）管理的；巴黎有学生闹事，那里的学生不参加管理大学。牛津有学生闹事，那里实行的是导师制；罗马也有学生闹事，那里是采取听大课的做法。在这个国家也有学生闹事，据说是由于越南战争、种族和贫民窟问题；而在荷兰，也有学生闹事，那个国家并没有越南战争，没有种族问题、贫民窟问题。换句话说，我们是在对付现代社会都存在的一个问题，就是在越来越官僚主义化和技术化的国家里，如何使一代人，年青一代人的生活具有意义。

由于这些原因，我对抗议者的态度与尼克松不同。他把他们当作必须战胜的敌人，我把他们看作是同我有分歧的学生和同事，但是他们的理想却是我们的未来所不可缺少的，我想要在自己同他们之间搭桥。抗议运动中那些并非激进派的人们的苦恼，我是理解的，就人性一面来说，我同他们中的许多人是息息相通的。虽然我坚信他们的政策是十分错误的，他们固执地自以为公正的思想对我国的国际地位和国内安定是极其危险的；但是，我试图在政府和它的批评者之间保持认真的对话。一九六九年十一月，尼克松要求我对当时的总统法律顾问帕特·莫伊尼汉写给他的一份备忘录发表意见。这份备忘录所描述的是哈佛大学对普林斯顿大学的一场足球赛的情景。当哈佛大学乐队进入球场时，介绍者学着阿格纽的腔调，重复他说过的一句骂人话：“这帮老朽的哈佛臭知识分子”；这时，聚集在球场上的毕业生——据帕特说，他们至少值一百亿美元——大声喝采，表示声援。帕特警告说，虽然尼克松抵制那种街头政治左右政策制定的做法是正确的，他却不应该向青年们进行不必要的挑战——因为这些青年对他们的父母具有重大的影响。尼克松在备忘录的边上写下了他的意见，表明他怀疑他自己有本领赢得“哈佛派”的欢心；而且他相信他所获得的政治和财政上的支持是来自美国南部、中西部和加利福尼亚州，这些地区的势力对哈佛大学师生的鼓噪是毫不在意的。虽然如此，莫伊尼汉备忘录中有一处提醒注意年轻人“简直难以置信的嘲弄人的力量”，总统在这句话下面意味深长地划了横线。在一九六九年十一月十五日的回答中，我写下了自己的一些意见。这里摘引其中的主要内容如下：

他们是谁？

他们是一个非常混杂的集体——无论就其社会出身、政治观点还是就其起支持作用或起危害作用的潜在力量来说，都是如此。在参加“暂停正常活动”日游行的青年中间，有一些无疑是富裕阶层的子女，因此，他们的政治观点同他们的父母显然是不同的。然而，许多人的父亲曾经在四十年代后期就靠《美国军人法案》的援助上了大学，并且曾经投票支持史蒂文森。许多游行示威者无疑是从主要是民主党人的城市居民阶层中进入大学的第一代子弟。因此，如果托姆·威克代表他自己和他的同事们发言时声称，在大街上的“那些人是我们的子女”，那些人实际上也就是传统上属于民主党的职业阶层的子女……

他们为什么游行？

他们的动机也是各不相同的。广义地说，大部分人都是我们富裕社会的受害者。他们有闲暇来自我怜悯，他们受到的教育使他们能够把这种情绪发泄到批判现行“制度”方面，这是一种时髦的做法。可是，从心理根源来看，却同上述情况可能是不相干的。思想混乱、愤懑情绪或福音主义，消耗了每一代青年的精力。帕特所说的那群人，就其政治觉悟和积极性的广泛程度来说是相当突出的。这些人毕竟是来自历史上人数最多的受过教育的青年。

由于他们有政治觉悟，许多人大反特反势力集团，这不仅是由于青年人离经叛道的自然倾向，而且由于这也是当代学术界著作的锋芒所向。现代美国社会学、心理学、政治学等等把我们社会的弊端统统暴露在光天化日之下(它们应当这样做)。我们的一些最优秀的现代文学作品中强有力的社会批评也是这样。所有这一切必然要在一个有**八百万**孩子上大学的国家的沃土上开花结果——而且比以往任何时候都更加广泛。

实际产生的结果是各式各样的。

少数人在毫无理智的激进主义里寻找安慰(他们历来如此)。

但是我相信，全国各地的这些青年中间占压倒多数的人在今后的政治归属问题上仍然保持着非常开放的态度。他们中许多人是聪明而富有思想的。他们决心要纠正一切邪恶现象，并且要发现自己的抱负和特长。他们热切地希望参与一切活动，而且急不可耐地想要取得具体的成果。他们对每一种答案都怀有戒心，他们总是怀疑关于取得逐步的(**现实的**)进展的主张(不论是越南的和平，还是取消种族隔离)的背后，是不是掩盖着某种违反目标的邪恶阴谋。

他们的政治影响

……他们变得势力雄厚不可轻视，因为除了握有选票之外，他们还展开了规模宏大的政治活动，这对其他人以及他们的父母都必然会产生影响。我们在麦卡锡得势的时代看到了大量的这样的证明。

越南战争只不过是一个具有象征意义的问题。这一问题解决了，另一个问题又将取而代之。因为他们反对的不单是某一个特定的问题而是反对现有体制的立场。

你能够做什么？

我同意莫伊尼汉的意见，就是正面攻击这一集团是没有什么好结果的。这并不是说，对这些气势汹汹的激进分子应当采取软的态度。在这个问题上，不论是从心理的还是政治的角度来看，都需要坚定的领导……

有人提出强有力的论据，主张以避免发生冲突的办法而使这样一股潜在的势力不起作用。这决不是非采取姑息的作法不可。但是它确实意味着让人看到政府是认真对待这些青年当中的负责的多数的。对他们将采取这样的态度：他们在论据的是非曲直方面可能是错误的，但是不怀疑他们是真正地、诚心实意地关心国事。

你能争取到什么东西吗？

除了这种使青年人不起作用的办法以外，还存在这样一种可能性，就是，经过一段时间，把其中一部分青年人争取到你这一边来。民主党和共和党在四十年代和五十年代老的争论，并不成为阻挠这一代美国青年前进的障碍。

你同其中许多人有一些共同的基本信念——新政的自由主义机构必须从根本上加以整顿。你们还都关心一个问题——让美国在全世界发挥一种更为平衡的和有节制的作用。你实际上正在国内外大刀阔斧地进行变革。这些变革正是这些青年人希望看到的。

大家同心协力地作出使人容易感受到的努力，使他们了解你的政府采取的这种新的作法，你就很可能从这些现在看来是无法挽回的人们当中争取到一些改变了思想的人站到你一边来。

不论尼克松事实上是否抱有那些我认为他抱有的全部观点，也不论我是否像一个好大臣那样，试图让他博得持有这种观点的名声，从而影响他的行动，反正我花了很多时间并作了很多努力来同这些反战组织会谈。霍尔德曼反对我会见这些组织，他认为，往最好里说，这是浪费时间，往最坏里说，似乎是在给这些坚决的反对派以道义上的支持。每次总统就越南问题发表讲话，我都要向报界发表背景情况介绍，我在一九七〇年陪同总统在全国各地旅行，同一批批主编、发行人和广播员谈话。我的主题是始终如一的，那就是，战争的结束必须是一种政策行动而不是对示威的反应。一九六九年十月在我同一批企业界领袖举行的会议上，我争论说："屈服是不会终止示威活动的。如果大街上的对抗行动在这个问题上能够得逞的话，那就很可能大大改变美国政治的作风。有些领袖正是在芝加哥为了早已得到满足的要求而挑起骚乱的那帮人。真正的问题在于总统的权威，而不在于是哪一位总统。"

具有讽刺意义的是，政府和批评它的人可以互相挫伤对方，但是他们这样做的时候，谁也不能达到双方所渴望达到的目的：早日通过谈判终止越南战争。在整个这段期间，河内站在一边，冷冷地看着美国如何同它自己而不是同它的对手进行谈判。

摸索制定一项战略

我们已开始走向撤出越南的道路，我们试图在屈膝投降以及我们所继承的、看起来是没完没了的僵局之间找出一条中间道路。我们是否能成功将取决于我们是否有能力在面对公众毫不留情的、急不可耐的抗议的同时，使一系列复杂的外交、军事和政治行动彼此很好地配合起来。

尼克松想要以各种行动，首先是我们的谈判姿态以及逐步降级的行动，使他在国内政局中处于优势地位。九月十九日，尼克松和莱尔德（他本来已经要求国会批准实行抽签征兵的办法）在白宫一次新闻发布会上宣布，从越南撤退六万人，使我们能够取消十一月和十二月的征兵命令。十月份的征兵计划将延长到当年最后一个季度。国防部开始规定限于十九岁的青年入伍；在十一月二十六日，总统把准许抽签征兵的法案签署为法律。

八月间为扣押在越南的美国战俘发起一项宣传运动，要求北越人遵守《日内瓦公约》和接受红十字会视察。以后美国又在巴黎和谈中以及一九六九年九月的国际红十字会会议上发表强有力的声明，四十位参议员于八月十三日签署了一项谴责北越对美国战俘的暴行的声明；两百名众议员九月份签署了一项类似的声明。约翰逊政府担心遭到报复，一直不愿在这个问题上穷追猛打。尼克松政府的做法证明对于美国战俘的待遇产生了有益的影响。最初，这个问题在国内使政府取得了人民的支持，虽然在以后几年，由于战俘问题成为要求单方面撤军和解散南越政府的新的论据，人们却利用它来反对我们。

但是，尼克松像他一向所做的那样，试图把所有的赌注都押上去，而且情况往往是这样的：他一上来就玩弄一种看上去气势汹汹，实际上并没有任何明确计划的花招。简单说来就是，他是在吓唬人。我已经提到过，在他于一九六九年下半年的几个月里同几位外国领导人进行的多次会谈中，尼克松给人造成的印象是：到十一月一日停止轰炸一周年就将是一个最后限期。他在环球旅行期间相当明显地暗示，他不能再忍耐下去了，如果在十一月一日以前在巴黎还不曾取得什么进展，他就要采取强硬的行动。就我所知，尼克松对于他所想象的行动只有一个极其模糊的概念。（事先肯定没有制订什么工作计划；“鸭子吊钩”计划实际上是把一种早已作出的威胁变为行动。）在尼克松于一九六九年八月同叶海亚·汗谈起最后限期这个问题的时候，我才第一次听到有这么一回事。由于尼克松从来不让国务院的人员列席他同外国领导人的会谈（国务卿也很少参加），我国政府另外没有一个人知道已经发出了一种威胁。

虽然尼克松不断地提到最后限期，可是他同时又作出了一些往往会使他的威胁不起作用的行动，例如宣布进一步撤军之类。他在九月底私下里对我说，他考虑在十月十五日之前采取“强硬行动”，以便看起来不像是由于“暂停正常活动”日的示威才采取的。我建议他不要这样做，因为他在自己提出的最后限期之前就抢先采取行动，可能使我们的敌人莫名其妙。他从来不曾积极地实现他的威胁；这也许是他的一种办法，使他自己或许还有历史记录相信，他是一个由于软弱的同事拉后腿而未能实现自己意愿的强硬的领导人。

九月二十七日，多勃雷宁来见我，要我想办法在外交部部长葛罗米柯前来美国参加联合国大会的时候，发出请他同总统会见的邀请。在我们谈话的时候，尼克松按照事先的安排打电话到我的办公室并且要我转告多勃雷宁，越南是美苏关系中的重大问题，告诉他“火车已经离开车站，正沿轨道驶去”（这是尼克松喜欢讲的一句话，举例说，他曾在一九六八年俄勒冈预选之后为了鼓舞代表大会中动摇的代表们说过这句话）。我重复了尼克松的意见并且补充说，下一步要看河内的了。

尼克松在十月六日会见了罗杰斯，他命令在河内以某种方式作出反应之前，禁止在越南问题上采取新的外交主动行动；他第一次提到他的十一月一日的最后限期。罗杰斯认真地看待这一命令，因为他在十月八日对我说过，他深信总统在事实上将会在十一月一日采取某种行动，虽然他心中对于这一行动将会是一种什么行动，显然也不比我更清楚。我在十月八日建议尼克松，宣布要在十一月一日左右向人民作出汇报。这将会带来这样的好处：使河内和莫斯科保持也许加强最后限期的意识，不管怎样，这也许会促使北越作出出乎意料的让步。白宫在十月十三日宣布，总统将于十一月三日发表研究越南政策的重要讲话。（所以要选定那一天是因为十一月二日是新泽西州州长选举日，尼克松不希望在那一天引起大批反对共和党候选人的抗议投票，那位候选人那一次成为新泽西州在十六年内的第一位共和党州长。）这样早就预先宣布总统要发表讲话，这是一个大胆的决定，因为这加强了人们感到捉摸不定的心理，而且促使人们施加压力以改变他可能宣布的任何决定。

尼克松在发表这次讲话之前的一段时期内，力图取得苏联的支持。他在十月二十日那天会见了多勃雷宁。后者经常回国述职，那次刚刚从莫斯科回来。尼克松指出，停止轰炸已有一年之久；如果不是很快取得进展，美国将不得不采用它自己的使战争结束的办法。另一方面，如果苏联给予合作使战争体面地结束，我们就将“采取一些引人注目的行动”以改善美苏关系。多勃雷宁没有准备好提出任何关于北越的建议，但是他倒是提出了苏联的某种让步。经过几个月的对骂之后，我们在六月间向苏联人表明，我们准备好立即开始战略武器会谈。具有典型意义的是，虽然苏联人在好几个月以来就表示热衷于举行会谈，一旦我们下了决心要举行会谈，他们却避免作出答复。多勃雷宁在十月二十日通知我们，苏联准备好在十一月中旬开始会谈。

这是精明的一着。克里姆林宫意识到我们的政府很多人热切希望开始限制战略武器谈判，它正确地作出判断，认为尼克松不可能拒绝。在随后产生的抱有希望的气氛中，在越南采取任何升级的行动，看起来都会是有损于使紧张局势大大缓和的前景的；因此，在几天前由于“暂停正常活动”日的示威而突现出来的国内压力之外还要加上这样一种使白宫受到限制的因素。简单说来，苏联人反过来对我们实行了把两个问题联系起来的手法。他们的估计证明是正确的。尽管白宫努力想要拖延到十一月三日的讲话之后才作出关于限制战略武器会谈的答复，可是罗杰斯坚持要在十月二十五日宣布我们接受苏联的建议。尼克松勉强同意了，因为他担心，如果不这样做，就要面对在一周的时间内有人走漏消息的危险。

尼克松向来有这么一个习惯，如果他不情愿以力压服他的老朋友，那么他就要把他对苏联人的威胁升级，以此作为他对老朋友让步的补偿。这一次他马上对我说，我应当向多勃雷宁表示，总统在越南问题上已经“无法控制”自己的火气。我发现，在尼克松手下工作，可以学到以不同的态度对待他发出的命令，再给他一个机会来考虑那些无法实行的或者是危险的命令。这次发出的命令就属于后面一类。我知道尼克松不打算在十一月一日采取什么行动。发出可怕的威胁，而后又不采取任何行动，就将降低我们的威信。所以我就等待一下，看尼克松是否重新提出这件事情。他没有这样做。

那时候尼克松把自己关在戴维营内撰写和研究他的十一月三日的讲话。讲话的核心部分是由我的工作人员和我本人提供的，但是尼克松在他的黄色拍纸簿上(这种拍纸簿在白宫到处都是)写下了讲话的开头和结尾，还在其他段落加上富于宣传色彩的词藻。这证明是尼克松的最强有力的公开表演之一。他拒绝全体内阁成员的建议，而划出一条不能逾越的界限，而且不对抗议的人们作出让步。我同意他的方针。他把问题提交给人民，从而为他所说的“体面的和平”争得所需要的活动余地。这篇讲话产生了一种使人感到震惊的作用，因为它悍然违抗抗议者、北越人的意愿，并且出乎所有人的预料，宣布我们的谈判立场不作重大改变而且不撤军。它呼吁美国“缄默的大多数”支持他们的总司令。作为一项总统的声明，它第一次清楚地讲明，在总统提到他有一项“结束战争的计划”时，他的意思是什么，那就是，采取战争越南化和举行谈判的双轨策略。而且讲话特地讲明这样一点：越南化提供体面地脱身的希望，而又不取决于对方是否采取合作的态度。

我曾经向总统建议，不要为当初派军队去越南的决定辩护，这是他从上届总统那里继承下来的，他只要提出他使美国退出的策略。他不同意，并对我说，美国公众不会同意为一场没有合理的目的的战争作出牺牲，我现在认为他这样讲是明智的。此外，这篇讲话尽管语气强硬，却表明我们的谈判立场有一些微妙的变化。五月十四日的讲话曾经建议，在一年之内把我国的“大部分”军队撤出来，留下留守部队来监督协定的执行情况；十一月三日的讲话表示，一旦达成共同撤退的协议，美军在一年之内就全部撤出来，从而使我们公开表明的立场同我们私下向春水表示的立场一致起来。五月十四日的讲话提到“在监督之下实行停火”，其中包括制订局部安排和总的安排两种可能性；十一月三日的讲话只谈到实行单方面“停火”。我在背景情况介绍中说明，我们的态度将是灵活的；我们愿意谈判停止敌对行动的局部安排或总的安排。可是，正如尼克松所宣布的那样，问题不是具体的细节而是关系到一项基本的原则："河内甚至拒绝讨论我们的建议。他们要求我们无条件地接受他们的条件，那就是，我们立即无条件地撤出全部美军而且在我们撤离的时候推翻南越政府。"

尼克松列举了为撤退美军、减少空中活动并增加对南越的训练所采取的各项行动。他着重指出，越南化计划的设想是："根据一个有条不紊地计划好的时间表，把美国的地面作战部队统统撤出来，并由南越部队来替换。"按照我的建议，尼克松在这次讲话里透露了他在就职以前同北越的秘密的信件往还，为推动谈判而同苏联一再举行的会谈，七八月间同胡志明交换的秘密信件，信件的全文由白宫印发。他没有透露我同春水举行的秘密会晤。但是他坦白地说明，"除了就会谈桌子的形状达成协议以外没有取得任何进展"。

他说明根本的争论问题如下：

几个星期以前我在旧金山看到示威者手持写着如下字样的标语："在越南是白费气力，把我们的士兵调回国来。"

我们这个自由社会具有力量的一个原因就是任何一个美国人有权利得出这样的结论并支持这种观点。但是作为美国总统，如果我容许少数持有这种观点的人来左右这个国家的政策，我就是不忠于我就职时的宣誓，他们这些人企图用在大街上举行示威的办法强使国家接受他们的观点。

将近二百年，这个国家的政策一直是根据《宪法》由国会和白宫里那些被全体人民选出的领导人来决定的。如果大声疾呼的少数人，不论他们多么热衷于他们的事业，竟然使他们的意见压倒多数人的理智和意愿，这个国家作为一个自由的社会就没有什么前途可言……

这篇讲话引起的反应是极其强烈的。从它结束的那一分钟开始，白宫的电话总机就由于祝贺的电话太多而应接不暇。各地拍来的成千上万封表示支持的电报，很快地压倒了笼统地提出批评的报纸社论和电视评论。毫无疑问，这种热情有一部分是霍尔德曼手下的干劲十足的人员激发起来的，他们曾要求全国各地的政治支持者拍来电报。但是即使是白宫处理公共关系的天才也没有这样大的本领使人拍来势如潮涌的电报。尼克松无疑触到了听众的痛处。民意测验表明，支持他的人数大大增加。美国人民对这场战争可能是感到厌倦了；他们却不愿意被人击败。

尼克松是兴高采烈的。他装出对公众的喝彩无动于衷的样子，其实尽情地领受了他难得碰到的这种向他欢呼的时刻。他让人把祝贺的电报堆在他的办公桌上，电报数量之多使人无法利用椭圆形办公室来工作，一连几天他都不让人把电报收走。

一旦人们清楚地看出公众的心情，有组织的压力就开始多少缓和下来，因此，自从一月份以来，政府第一次有一些活动余地。

可是，光是依靠这一点，我们是无法拖垮并在计谋上胜过河内那帮难对付的、死心眼的领导人的。在一九六九年，即使作最宽厚的解释，也不能说这些领导人进行了可以称之为谈判的努力。他们拒绝探讨甚至拒绝讨论任何妥协的建议，拒绝讨论自由选举或混合选举委员会或停火。单方面撤退兵员和飞机并没有改善气氛；军事行动降级并没有加快谈判进程。河内下决心要破坏我们国内的意志，为了达到这一目的，它就不能容许人们抱一丝希望或表现出取得进展的样子。北越人是世界上最后一批虔诚的列宁主义者，他们是不打算与人分享权力的。

现在回顾一下促使我在四月份提出派万斯出行的建议并在九十月份对越南化提出批评的理由，差不多肯定是正确的。时间对我们是不利的，零敲碎打地作出让步，反而鼓励对方采取坚决不让步的态度，而不是妥协的态度。用分析的眼光看来，还不如提出可以设想的最宽厚的建议，如果遭到拒绝的话，就设法通过军事力量迫使对方接受。不是这样就不可能使苏联采取合作的态度，因为不发生危机，就没有促使苏联采取具体行动的推动力。（在一九七二年终于发生一场危机时，我们曾迫使苏联进行某种合作。）假如我们曾经在一个引人注目的时刻，表示愿意作出我们后来在三年战争期间终于作出的一切让步，假如我们把后来在一九七〇年、一九七一年和一九七二年，分别在柬埔寨、老挝和北越等地以不断减少的兵力来进行的所有那些军事行动总起来在一九七〇年初就一下子完成（即使没有进行最后的轰炸袭击），战争的时间很可能就会明显缩短，虽然在相隔这样久以后，现在很难说，在达成一项解决办法之后，西贡是否会准备承担单独作战的负担。面对国内的骚乱和政府内部的分歧，我并没有拼命坚持我的理论分析。我采取了随大流的做法，考虑到种种情况，越南化是我们在国际、军事和国内形势下势必采取的最好的混合计划。

一旦走上了这条道路，就不能回头了。我知道这条道路是漫长而痛苦的，我曾多次向总统扼要指出它包藏的危险，而且它最终可能失败。我还认为，比起我们国内的批评者向我们提出的代替办法，它还是略胜一筹。

结果那一年是在我们作出两个估计之后结束的。战争的结果如何取决于我们所作的估计之一是否正确。总统在一九七〇年二月十八日向国会作的第一个对外政策报告，以惊人冷静的词句综述我国对越南政策。一位总统的声明很少是这样坦率地承认自己抱有怀疑情绪并提出问题的：

在我们卷入越南期间，时常提出取得进展的说法，而且时常证明是过于乐观了。不论我们多么仔细地制订我们的计划，不论我们对这些计划的进展抱有多大希望，我们意识到有两个基本的事实：

——我们不能试图欺骗敌人，他们知道实际的情况是什么。

——我们也绝对不能欺骗我们自己。美国人民必须了解全部事实真相。我们可不能失去对我们的判断和对我们的领导的信心。

报告承认存在尚未解决的问题，而且提出了可以衡量将来的进展的标准。我们承认，政府还不知道解决战争所引起的所有下列这些问题的最后答案——敌人的意图，越南化的前景，越南人民的态度：

——敌人持久地进行军事行动的能力如何？他们能够成功地使我们取得的成果化为乌有吗？

——盟军能力实际上提高了多大程度？特别重要的是，越南人是否有了他们要继续取得胜利所必不可少的领导、后勤能力、技术专门知识和了解他们自己人民需要的敏感？

——在面对盟军继续取得胜利的情况下，敌人有什么可供选择的战略？如果他们决定进行旷日持久的、军事行动不太激烈的战争，他们是不是可以干脆等待美国撤军，然后重新加强努力，再度取得主动并击败南越军队？

——最重要的是，越南人民的态度如何？我们正是为了维护他们的自由选择而作战。他们同越共是真正地疏远了吗？还是说，他们对两方都是采取淡漠的态度？对于绥靖计划取得的成果将会保持下去的可能性，他们的态度意味着什么？

这不是响亮地鼓吹国内对抗或呼吁取得军事胜利；这是由于十年来的挫折而变得慎重的领导人的冷静考虑和分析，他是严肃认真地使政策建立在现实的基础上，而且愿意接受合情合理的妥协解决。

由于河内的领导人决心要取得胜利，他们对一九六九年的看法同我们的看法相反；他们不认为结果是未可预卜的；他们也绝口不谈妥协解决。河内的目的是独揽政治大权。一九六九年底缴获的一份共产党军政领导的重要政治文件，即北越共产党南方总部的《南越中央局第九号决议》就说明了这一点。这是给战区干部的一个指示，指示认为，美国的让步不是努力要想取得妥协而是遭到失败的证据：

他们的“有限战争”的战略已经破产。他们在战略上陷入极其严重的危机之中，而且**不得不一步步地使战争降级并采取使战争去美国化政策**，首先是撤出两万五千名美军，希望使自己脱离他们在我国国内进行的这场侵略战争……

在(一九六九年)春季战役取得伟大胜利之后，我国军民又在军事、政治和外交领域内发动一场新的大规模攻势：我们在巴黎会议中提出了**十点**和平解决方案，并着手召开选举了**临时革命政府**的全国人民代表大会，同时发动了我们的**夏季攻势**。因此，已经被我们一九六九年春季攻势的强大攻击所打败的尼克松政府，又受到更多的沉重打击。由于美国在战场和会议桌上遭到新的失败，尼克松受到美国人民和世界人民的严厉攻击，他们要求终止在越南的侵略战争……尼克松被迫提出八点计划，在中途岛安排同阮文绍的会谈，并开始撤退二万五千名军队，这一事实反映美帝国主义的顽固和诡诈。另一方面，它表明**尼克松政府所陷入的危机和僵局正发展到新的高度**。这是一个**新的机会**，要求我们在各个行动领域作出更大努力以便争取伟大的胜利。

根据《南越中央局》的规定，一九六九年的战略目标就是，杀死美军使美国国内的紧张状态加剧，削弱南越陆军和绥靖努力，在这样的基础上迫使美国接受“走向统一越南的联合政府”：

a. **激烈袭击美军**，使他们遭受极其沉重的损失，使他们在所有领域的困难加剧……

b. **猛攻伪军，消灭伪军和政府的最顽固分子，使余下的军队瘫痪和瓦解**……

c. **大力加强我们的军事和政治力量，把他们部署在日益强有力的战略攻势阵地上**……

d. 继续摧毁和削弱各级的傀儡政府，**特别是击败敌人的绥靖计**

划；消灭傀儡政府的主要部分……加强临时革命政府的作用。

e. 在这种基础上，**粉碎美国人的侵略意志；强迫他们放弃在强有力的基础上结束这场战争的意图**，在伪军和政府还很软弱不能把美国人的责任接管过来的时候**迅速结束战争并撤退军队；迫使美国人接受政治解决**，承认一个独立、民主、和平和中立的南越以及一个致力于统一越南的全国的、民主的联合政府。（强调是原文所标）

北越人是狂妄自大的；我们有责任证明他们是错误的。我本人怀着沉重的心情和相当不祥的预感执行我们的暧昧不明的复杂政策。但是没有可以接受的代替办法。我们有责任以一种最适宜于使它取得胜利的方式来贯彻执行这项政策，因为如果我们失败，将不单是影响到我国的命运，其他国家的人民的前途也取决于他们对美国的信心。在河内改变它对自己的可能性的看法以前，我们将不得不继续打下去，不论我们是多么勉强。如果我们坚持我们的方针，河内到时候就可能要求暂停，即使不是要求和平。在这个过程中，我们自己非得避免发生分歧不可，因为人们将要求我们对一场灾难负责，即使这场灾难是由国内势不可当的压力造成的。在我们取得一种符合我们的价值观念、我们的国际责任以及美国绝大多数人的信念的公正解决之前，继续同一个难以和解的敌人斗争下去，我认为这是我们的痛苦的责任。

注释：

① 亨利·费尔利令人信服地证明了所有关键性的决定，甚至六十年代初期的决定，都是为公众所知悉的，见他在《华盛顿月刊》（一九七三年五月号）发表的文章《在我们进入越南时我们知道我们是在干什么》。

② 《越南谈判》，见《外交季刊》，第四十七卷第二期（一九六九年一月号），第二一一至二三四页。

③ 喜爱秘密文件的人们可以在一九七二年四月二十五日的《华盛顿邮报》上读到国家安全委员会工作人员整理的关于各政府机构对《国家安全调查备忘录第一号》所提问题的答复的概述。

④ 见第十二章注⑪。

⑤ 一九〇七年《海牙公约》规定，一个中立国有义务不让它的领土为一个交战国所利用。如果这个中立国不愿意或不能够防止这一点，则另一个交战国有权采取适当的对应行动。见一九七〇年五月二十八日国务院法律顾问约翰·史蒂文森对纽约市律师协会的讲话，他在讲话中解释了有关一九七〇年四月三十日到六月三十日之间美国和南越部队在柬埔寨的行动的我国在法律方面的立场(载于国务院公报第六十二卷，一九七〇年六月二十二日，第七六五至七七〇页)。

⑥ 众院司法委员会全体会议以二十六票对十二票表决通过，不提出这个建议的弹劾案。在美国国会众议院文件——一九七四年八月二十日第九十三届国会第二会期中提出的《研究弹劾美国总统理查德·尼克松的司法程序委员会的报告》中可以找到所引用的这些精彩的词句和其他诸如此类的话。见第二九八页(共和党议员沃尔迪："大规模轰炸中立的柬埔寨")；第三〇八页(共和党议员德里南："比……任何一位总统……的行动更令人震惊……"等等)；还有第三〇七页、三一二页(共和党议员德里南："大规模轰炸"、"在一个中立国家中进行的大规模轰炸")；第三二八页(共和党议员霍尔茨曼及其他九名议员："对一个中立国家的系统的轰炸")。

⑦ 罗伯特·F·肯尼迪著《争取一个新的世界》(班坦书店，一九六八年四月出版)，特别是第二〇七至二一八页。肯尼迪写道："现在撤退是不可能的"(第一八六页)，还有"通过谈判获得的解决办法必须不意味着任何一方取得胜利……对任何一方来说，放弃它最低限度的条件都将是事实上的投降"(第一九六至一九七页)。

⑧ 见约翰·W·芬尼的文章《洛克菲勒的计谋使共和党纲领带上鸽派色彩》，载于一九六八年八月六日的《纽约时报》。

⑨ 克拉克·M·克利福德的文章《越南问题的重新评估》，载于《外交季刊》第四十七卷第四期(一九六九年七月号)。

⑩ 尼克松七月十五日给胡志明的信和胡志明的复信是一九六九年十一月三日

尼克松就越南问题发表演说时由白宫公布的。

⑪ 《致总统的备忘录》，一九六九年九月十日

送件人：亨利·A·基辛格

题目：《我们在越南的方针》

我对目前我国对越南的方针感到深切的不安。本备忘录就是为了向你说明我感到不安的原因。它并不是探讨可供选择的其他行动方针，而是供你作为背景情况加以考虑。至于我的建议，你是知道的。

尽管时间对我方和敌方都是不利的，但将更快地对我方的战略变得不利。这种悲观的论点，其根据是我对河内战略的看法以及我认为我们国内的各种势力很可能取得成功。

一、美国的战略

实际上，我们是试图通过密切相关的三个方面来解决越南问题：(1) 美国国内，(2) 越南，(3) 通过外交活动。而要通过外交活动来实现我们的基本目标，我们就必须在其他两个方面取得相当大的成功。

a. 美国

在未来几个月里，公众舆论要求你解决越南战争的压力将要增长——而且我认为将大大增长。虽然民意测验可能表明许许多多的美国人现在对政府处理这场战争的方式是满意的，但是还显然存在着使这种支持化为乌有的因素。十月份学生举行示威的计划是众所周知的，而许多美国人虽然将反对学生的这些活动，可是他们也会因此而想到他们自己也是反对继续这场战争的。正如下面所说的，我不相信“越南化”能大大减少要求结束战争的压力，事实上，经过一段时期以后，它反而会增加这种压力。舆论界的许多“温和派”领袖，特别是报界和东部地区人士(即《生活》杂志的那些人)持明显的反对态度，这是特别具有重要意义的。如果重新发生公众感到极为不安的状况，其结果必然导致舆论的两极分化。到那时你将处于某种同约翰逊总统相类似的地位，虽然在实质上是不同的。你将受到鹰派和鸽派的两面夹攻。

这些公众压力对美国政府所产生的影响将是使国内公众和河内都已明显看出的我国内部分裂的状况更加突出出来。政府官员试图安抚鹰派或鸽派的发言将会使河内感到迷惑不解，可是也将使它坚持它所采取的等着把我们拖垮的方针。

b. 越南

在涉及越南方面必须考虑三个因素——(1)我们为“打赢这场战争”而通过军事行动和绥靖措施所作出的努力，(2)“越南化”，(3)越南政府的政治立场。

(1)我不相信按照目前的计划我们能在两年之内赢得这场战争，虽然我们在给敌人造成损害方面成败如何仍是至关重要的。

(2)“越南化”问题必须联系两个方面来考虑，一是它容许我们把战争交给越南人来接手的前景如何，一是它对河内和美国舆论的影响如何。我对南越武装部队有无能力承担比目前越南军事援助司令部计划规定的更大的负担不抱乐观。不论如何，这些计划还要求有三十个月的时间来把战争的负担转移给越南政府。我不相信我们能有这样长的时间。

除此以外，在我们沿着“越南化”的道路走下去的时候，它将碰到越来越严重的问题。

——撤退美国军队对美国公众来说将会变得像咸花生米一样，撤回国的部队越多，人们就越是要求多撤。这实际上会终于导致要求也许在一年之内就单方面撤出。

——部队撤出越多，河内就越是受到鼓励，他们这些人决不会受我们的骗而相信南越人能够接手这场战争。他们可以选择在整个过程中袭击越南政府的部队来使我们为难，或者等待我们大批撤退以后再这样做(大概在经过一个较大规模的渗透阶段以后)。

——所撤出的每一个美国士兵对我们在南越所作的努力，相对来说将变得更加重要，因为他在美国武装力量中所占的比重比他以前的同伴们要更大。(当然，我们不需要继续撤退作战部队，我们在下几批增加撤退的人员中可以着重撤出那些支援部队。可是，迟早总有一天，我们必然要从根本上损害到我们在南越的行动。)

——要维持留下来的那些人员的士气将变得日益困难，更不用说维持士兵母亲们的士气了。

——“越南化”在最后阶段到来之前，不一定会减少美国的伤亡，因为我们的伤亡率与在南越的美军总数可能并不相关。敌人要在每周杀死一百五十名美国士兵，只需要进攻一小部分我军就可以做到。

——“越南化”有赖于扩大越南政府的基础，而阮文绍的新政府的基础比原来的政府并没有显著地扩大（见下述）。扩大越南政府的最好办法是造成西贡政府正在取胜或至少能长期存在的印象。战争的结局越是捉摸不定，“越南化”的前途就越是黯淡。

（3）我们在越南政府问题上面临着进退两难的局面：目前的越南政府不能在实现政治解决方面走得太远，否则就必然要严重威胁到它本身的存在；但同时它的确未能采取足够的行动来使这种政治解决成为可能。

阮文绍未能“扩大”他的政府基础，这个事实是令人不安的，但这不是因为他未能网罗西贡的形形色色的茶馆政治家。其所以令人不安，是因为这些政治家显然不相信阮文绍和他的政府对掌握未来的权力能代表多大希望，而且也因为新政府对中立主义人士也没有做多少搭桥的工作，这些人在未来的政治解决中是可以起一定作用的。在非天主教的村庄中未能培植自己的政治实力也是他的一大失算。此外，由于美国部队正在撤退，阮文绍越来越依赖南越军方的政治支持。

c．外交方面

因此，越南局势没有多少希望能取得良好进展，使河内相信不得不在巴黎谈判中作出真正的让步。他们的不妥协态度也是因为估计到美国国内反对我们越南政策的潮流日益高涨。看来他们好像是准备拖垮我们。

二、河内的战略

毫无疑问，敌人已经遭到盟国在南越的军事行动的伤害，他们已不能在持久的基础上在那里保持主动。有关敌人主动出击行动的统计资料以及武元甲最近的一些谈话都表明河内已有意识地决定采取“持久战”的战略。这种战略显然包括出动小部队采取“得分高的”短促出击行动，重点在造成美国士兵的伤亡（特别是利用火箭炮和迫击炮进攻）。这种活动方式看来清楚地表明了他们所采用的是一种代价低的战略，目的在于给美国造成心理上而不是军事上的失败。

我们对敌方渗透情况的估计也证明了对他们战略的这种看法。根据情报估计，他们本可以派遣更多的人渗透进来，尽管国内困难在增长。他们并没有这样做，其唯一合理的原因是，不需要通过输送渠道派进更多的兵员——至少在几个月内是如此——来支持持久战争中的一种低代价战略。看来他们决不可能是要向我们发出一个“信号”，表示愿意实现事实上的共同撤退，虽然这一点也不可忽视。在这方面并没有出现任何外交上的迹象——除了春水把临时革命政府纲领中的第二点和第三点联系在一起以外——而且我认为他们对我们的信任还没有达到使他们“撤退”军队的比例大于我们撤军的比例的程度。

河内采取这种拖垮我们的战略是符合他们关于如何打一场革命战争的理论的，也是符合他们期待美国会出现日益增多的重大问题的愿望的。

三、结论

简言之，我认为我们无法在越南取得足够的明显的进展，使我们能在美国国内（以及美国政府内部）坚定不移地保持原有立场，而河内则已经采取一种他们能够保持相当时间的战略——除非出现某种类似中苏爆发战争这样的突变。因此，我越来越感到不安。

⑫ 我在一九六九年九月十一日给总统的备忘录中特别说明：

鉴于过去几年中对越南局势作了一系列过分乐观的报道，我们实际上不可能使美国人民相信：对方正在给我们造成损害，因此，只有耐心从事，时间才能对我们有利。首先，我们对于同敌人相比自己的状况究竟如何并不清楚——我们过去曾多次错误地理解了那些能说明情况的迹象。其次，即使我们断定盟军的军事地位是巩固的，我们也不懂得怎样从政治上来理解它——而在南越的政治前景方面，情况更是岌岌可危的。第三，政府面对的是持极端怀疑态度和喜欢冷嘲热讽的美国群众——总统不愿意显得乐观并且承认他自己在公众中的信任差距，他这样做是对的。最后，对我国的一大批吵吵嚷嚷的持不同政见者来说，盟国地位的强弱是无关紧要的——他们需要不惜任何代价结束越南战争。

⑬《纽约时报》，一九六九年九月二十一日。

⑭ 例如，一九六九年三月一日，《纽约时报》举共产党攻势的缓和为例，认为这是寻求谈判的机会。共产党人对尼克松五月十四日讲话的和解性的反应也被这家报纸在五月十八日举出来作为美国应当开始撤退的理由。六月十日的一篇社论指出民族解放阵线十点纲领同尼克松纲领的接近之处，作为美国应该谈判成立联合政府的理由。七月二十八日、八月二十五日和三十一日的社论都指出战斗的暂时沉寂，以此作为理由，主张美国使军事行动降级并建议停火。

⑮ 一九六九年三月九日的社论论证说，敌人的春季攻势只是证明了美国要取得军事上的胜利是不可能的，证明必须设法进行和平谈判。七月二十八日的报上，把河内拖延巴黎会谈的事实说成是美国应加速撤退的理由。敌人在八月十一日到十二日之间发动的进攻浪潮促使《纽约时报》在八月十六日竭力要求美国实行战争降级并提出停火建议。

⑯ 见一九六八年十二月二十六日和一九六九年一月十九日的社论（共同撤退）；一月三十日和三月二十一日社论（由美国主动倡议共同撤军）；五月十八日社论（美国单方面撤军）；五月三十一日社论（美国撤退的时间表）。

⑰ 一九六九年一月三十日（“主动采取行动”）；三月二十一日（“开始”）；五月三十一日（五万到十万是“大量的”）；六月十日（“走向脱离接触的步骤”）；九月十七日（“胆小的”，不“重要”的）；九月二十七日（不“充分”的）；十月二日（“象征性的”）。

⑱ 见一九六九年五月十四日社论（联合选举委员会）；六月十日（临时联合政府）。

⑲ 一九六九年四月三日（削减搜索与摧毁的出击行动）；一九六九年八月五日和十月十五日（号召停火）。

⑳ 一九六九年一月十九日（共同撤退军队）；一月三十日（撤退美国军队）；四月三日（减少搜索与摧毁的出击任务；撤退美国军队）；五月十四日，五月十五日，六月十日（联合选举委员会）；五月十八日（撤退美国部队）；八月五日，八月十六日，八月三十日（减少攻势行动；就地停火）；九月七日（为胡志明葬礼实行停火）。

㉑ 例如，一九六九年七月二十八日（撤退美国部队）。

㉒ 一九六九年一月十九日，一月三十日（停炸后的撤退部队行动）；一九六九年

四月三日（在削减 B－52 的出击以后，提出减少搜索与摧毁的出击任务）；五月十五日（在五月十四日的演说以后，提出联合选举委员会）；五月十八日（在五月十四日演说以后，提出单方面撤退部队）；六月十日（在六月间宣布撤军以后，提出临时联合政府）；八月五日，八月十六日，八月三十日（在六月份宣布撤军以后，提出停火，防御性的地面战术）；十月二日（在九月份的撤军宣布以后）。

㉓ 例如，一九六九年五月五日（继续追求军事胜利）；五月十七日（未能放慢攻势行动；撤军方面的延误）；八月十六日（未能建议停火或实行降级）；八月二十五日（撤军方面的延误）；八月三十一日（继续施加军事压力；对战斗的沉寂视若无睹；延误撤军）；十月二日（挑衅性的地面战术；不顾胡志明葬礼期间的休战，搞象征性的撤退）。

㉔ 例如，一九六九年五月五日（监禁反对派人士；拖延土地改革）；五月十七日（监禁反对派人士）；八月二十五日（新总理的选择）；九月十二日（在胡志明葬礼期间的休战面前逡巡不前）。

㉕ 例如，一九六九年三月一日（全面停止轰炸）；一九六九年五月十五日、五月十七日（五月十四日演说）；一九六九年八月十六日、十月二日（撤退部队，等等）。

㉖ 例如，一九六九年三月一日（共产党进攻的缓和）；一九六九年五月九日（民族解放阵线的十点）；一九六九年五月十八日（对五月十四日演说的初步反应）；一九六九年七月二十八日、八月二十五日、八月三十一日（战斗沉寂）；一九六九年八月十六日（渗透已“实际上停止”）。

㉗ 一九六九年三月九日、五月五日（加紧了盟军的进攻）；一九六九年八月二十五日、八月三十一日（战斗的暂告沉寂）。

㉘ 例如，一九六九年四月三日（削减搜索与摧毁的出击行动）；五月五日、五月十七日（防御性态势，美国的撤退）；五月十八日（美国的撤退）；六月十日（临时联合政府）；九月五日（胡志明葬礼休战）。

㉙ 《纽约时报》，一九六九年五月十五日；《华盛顿邮报》，一九六九年六月二十三日。

㉚ 《纽约时报》，一九六九年五月十五日、五月三十日。

第九章　上任之初在亚洲遇到的考验

越南使得我们纠缠在一个广阔大陆上的一个小小的角落里，而这个大陆更加广大的地区在世界事务中却变得越来越重要了。

世界各大国的安全利益在亚洲相互交错，特别是在东北亚。这个大陆的心脏地区是中国。苏联的远东部分横跨亚洲的顶端。日本诸岛伸展在大陆附近两千英里的海洋上。美国在太平洋的势力则环绕着这整个地区。西欧同亚洲有着重要的经济联系，这个地区的平衡发生任何动乱，都会被西欧间接地感觉到。

亚洲的人口和资源占全世界的一半以上。过去三十年来，亚太地区的经济增长比其他任何地区都快。我们从一九四五年以来进行的战争，都发生在这个地区。美国在海外的商务，也以这个地区为最大，增长得也最快。在过去一百年里，美国和西方的影响在亚洲许多地方引起了变化。从新英格兰先验论者一直到现代，亚洲的文化和思想对美国的精神生活有很大的影响，这反映了人类所憧憬的东西是具有普遍性的。

一九六九年初，我们在亚洲受到了第一次重大危机的考验，并且得到了我们受之有愧的称赞。另一次考验也是发生在这个地区，当时我们不声不响地采取了一个有远见、有政治家风度的行动。初上台的政府遇到两桩怪事：一是 EC－121 飞机事件，二是冲绳复归日本。前者我们默默地忍受了一架非武装的美国飞机被无情地击落；后者为我们日益亲密的关系打下了基础，这种亲密关系经受住了许多次冲击而终于成为美国外交政策中一个关键因素。我们同非凡的日本人所结成的长期联盟关系——这中间并不是没有发生过笑剧和受到挫折的时候，特别是在经济问题上——我在这一章后半部将会谈到。在这一章的开头必须先谈 EC－121 飞机事件，因为对于以后甚至更加严酷的危机来说，我们从这个事件中汲取了很多教训。

EC－121 飞机被击落

一九六九年四月十四日，东方标准时间下午五时，美国海军舰队空军第一侦察中队一架 EC－121 飞机（四引擎螺旋桨推进的非武装星座型）从日本厚木空军基地起飞到日本海上空执行例行的侦察任务。这种飞行很重要，它给我们提供了敌对军队的调动和部署的情报。对于使我们提防突然袭击，特别是在朝鲜，这种飞行是极关紧要的。这架飞机载有三十名海军人员，一名海军陆战队人员，还有六吨装备。它奉命从厚木飞往朝鲜海岸舞水端（半岛）外面的一个地点，在与朝鲜海岸相平行的地方，进行若干次长度约为一百二十英里的椭圆形轨道飞行，然后在大韩民国乌山空军基地着陆。执行这一任务的指示规定，飞机距离朝鲜海岸不得少于四十海里，这样飞机就在任何时候都明确地飞行在公海上。①朝鲜宣布的领海宽度是十二海里。四月十四日，这架飞机的机长接到太平洋舰队总司令的命令，离朝鲜海岸还要更远一些，不得少于五十海里。

后来经查明，这架飞机——我们的雷达一直跟踪着它——大概是为了侦察一个电子讯号，曾稍稍偏离了给它规定的轨道。但是它始终不曾飞到离海岸少于四十八海里的地方。当这架飞机得到通知说它有可能受到袭击时——在十分钟内三次得到这样的警告——它回答说接到了放弃这次使命的指示，离开了它通常的侦察飞行轨道，进入了公海上空。

到美国东部时间下午十一时五十分的时候，在朝鲜清津东南约九十海里处，这架飞机从我们的雷达屏幕上消失了。这架 EC－121 飞机在日本海上空被朝鲜的米格式机击落，坠落在离海岸约九十海里处。没有一个幸存者。尼克松政府就是这样被推入了它的第一次重大危机。

任何一个新总统在没有面临这样一个紧急局面时，是不会真正知道他的“班子”的水平的。问题在于必须在压力之下迅速作出冒很大风险的决定。在通常的情况下，他绝看不清楚他的高级顾问们所提供的究竟是他们自己的主意，还是只不过反映了他们的僚属们的共同见解。做万无一失的事情总是比较容易的。要赢得有节制或者明智的声誉是很容易的，因为成败要过了一个时候才能确定，而到那个时候，什么是因，什么是果，已经弄模糊了。但是危机却使人和政策立刻就显露出本来面目。在危机的时候，特别看得清谁是沽名钓誉，谁是迎难而上。在某种意义上说，一个总统能早点遇到危机是件幸运的事；因为这使他可以调整好他的班子。

不能够说尼克松的新政府杰出地经受了这次考验。这倒不是说它作出了什么错误的决定，尽管我以为是这样；而是说，最主要的是，我们的考虑平平庸庸，或者说不得要领。我们很少抓住问题的核心。国家安全委员会系统成了汇集各种供选择方案的机构，而不能提供一种远见或方向。

所有的负责人都十分醉心于作决定的过程，以至于在安排办事的先后次序时，倒把作决定的目的忽略了。像许多届新上台的政府一样，他们更加关心的是不要做他们自己指责过前任的事情，而不是就事论事来作出决定。他们唯恐违反了自己竞选时讲过的话，这是一个新上台的政府最严重的——也是最容易犯的——错误，这种毛病常常使得新的政府以为，人们对它的判断是要看它在风格上与前任有些什么不同。实际上，不出一年，竞选时唱的那些调调差不多总是被人遗忘了。要考验一个新政府，无论如何决不能是看它是否还记住自己的诺言，而是要看它是否能掌握它所面临的挑战。采用前任使用的方法，新政府不会因此受到任何惩罚；但是即使有一套纯粹是自己的风格，如果把事情办坏了，那也得不到任何赞赏。尼克松确实相信，约翰逊总统是吃了“战情室综合症”的苦头，这就是说，他居然相信了这样一种夸大狂的想法：在发生危机的时候，他可以从白宫的这间地下室来驾驭这个世界。够有意思的是：尼克松虽然也跟着叫喊不要患“战情室综合症”，但是在轮到他自己的时候，也犯了这个毛病。

战情室给人的印象是名不符实的。这是一间小小的、不舒适的、既矮又没有窗子的房间，它所以能被派上这个用途，主要是因为在它的隔壁就是一个摆满了电传机和其他通信装备的房间，可以把白宫同世界各地的大使馆联系起来。早先有一位总统曾设想国际上的局势可以用墙上的地图随时表现出来，这间房子就是以他这个幻想而得名。在我任职时期，并没有最新的地图，甚至连个地图的影子也看不见。在挂地图的地方是一些窗帘，给这个简朴又狭窄的房间增添了一种人情味。尼克松的想法是有些道理的，因为约翰逊喜欢给人一种印象，以便让人知道他用了许多时间来计划一次轰炸机出击，但是尼克松终究还是吃了他自己对别人的批评的亏。由于他对战情室综合症的抨击，因此尼克松同他的同僚不愿意一看到快要出乱子的苗头时就把他的顾问们召集到这里（或其他任何地方）来开会。他不想卷入搞策略或者制订计划的战斗中去。办什么事情都必须冷静对待。

当我们听到 EC－121 飞机被击落时，情形就是这样。我们极其审慎地把处理危机的机器开动起来，每走一步之后都要全神贯注地检查一下我们自己，以确保我们并没有鲁莽从事。不幸，行动缓慢并不比匆忙行事更能保证判断的正确。四月十五日半夜十二时五十分，战情室得到报告说，一架 EC－121 飞机受到两架朝鲜飞机的袭击。我的军事助理亚历山大·黑格上校在凌晨一点零七分得到通知。过了三分钟，黑格告诉我，有一架飞机被击落，但还没有证实。我要他把一切情报都收集起来，如果事件得到证实，立刻就向我报告。我不想打扰总统，除非飞机被击落的事已经得到证实，或者需要由总统来作出决定。凌晨一点四十五分，黑格打电话给莱尔德的军事助理罗伯特·珀斯利。珀斯利的决定和我一样：事情还没有证实，他不打算叫醒莱尔德。

凌晨两点十七分，平壤电台宣布，一架美国侦察机侵入朝鲜领空，已被朝鲜的飞机击落。这是公然撒谎，因为这架飞机一直由我们的雷达跟踪着，它离朝鲜海岸绝不少于四十八海里，是在离海岸九十海里的地方被击落的。但是当时由于我不了解的缘故，大家都决定不理睬这个广播。直到上午七时二十分我向尼克松作汇报的时候，我们还在以没有自己的来源证实这个消息为理由，把这件事作为“未证实的”事情。谁也没有去想一想，如果朝鲜没有打下这架美国飞机，它为什么要宣布这件事。

事情就好像是，有人按了一下“处理危机”的揿钮，而回答却是“无动于衷”。尼克松把他那被说得神乎其神的国家安全委员会机器慢慢地开动起来；这是一种收集各种供选择方案的好途径，但是如果不愿意采取行动，这也是浪费时间。在飞机被击落的第二天下午要召开国家安全委员会研究小组会议，为定于次日即四月十六日上午十时举行的国家安全委员会会议准备各种供选择的方案。尼克松没有表示他打算采取什么行动。他是想等待各种方案向他提出来。这样一种程序安排是错误的，因为这表明尼克松无意采取报复行动。把各种可供选择的方案弄清楚，这当然是好的，但是当一架非武装的飞机在远离海岸的地方被击落时，不慌不忙地作决定就会使人猜测是打算不了了之。这时需要的是对这个挑战的性质作出某种分析，它对美国的政策意味着什么。只有这样，提供选择方案才有意义。当时还有一个使人不能放开手脚来办事的原因。尼克松早在这场危机发生以前很久，就决定要在四月十八日举行记者招待会。这种事情常常使他既挂心又兴奋，他没有更多的精力来考虑其他的问题。

我觉得，朝鲜在公海上无端击落一架非武装飞机的问题，许多友好国家——特别是亚洲的友好国家——会把我们的反应看作是对新政府是否有决断的一个考验。我赞成采取某种报复行动，但是，对于应当怎样报复又不那么明确。在第一天，我的僚属们的意见是令人吃惊的鹰派意见。即使莫顿·霍尔珀林——后来他变得公然无忌地表示反对尼克松政府的所谓好战倾向——也建议立即进行空中袭击。但是如果照国家安全委员会时间安排，至少在二十四小时内不能调动军事力量，后来证明这又是一个错误。立即动员军事实力至少可以使朝鲜知道，它闯下了一场大祸。朝鲜可能会作出一个姿态表示退让，或者承认需要作某种赔偿。在朝鲜人一九七六年在非军事区打死两个美国军官时，他们确实这样做过。

既然没有一个明确的指导，每一个单位就各自拟订出或多或少局限于自己眼光的选择方案。我的僚属拟出的方案：有的主张在板门店提出强硬的外交抗议；有的主张扣留在海上的朝鲜船只；还有各种军事行动，如在元山港口布雷，轰炸海岸，袭击机场，不一而足。在所有这些计划中，缺少的是执行这些计划的军队，没有具体的行动计划，也没有我们要向朝鲜提出的具体赔偿要求，而没有这一切，我们就是纸上谈兵。

国务院忙于应付朝鲜人要求四月十八日举行的停战委员会会议。问题在于去不去参加，如果去，准备讲些什么话；或者是不是坚持另定一个开会日期。国务院给了我们一份备忘录，对军事报复措施表示保留。它对任何具体的军事报复方式都没有提出反对意见，只表示不同意扣留海上的朝鲜船只，认为这在法律上站不住脚。

国防部采取了一个最令人费解的步骤，它停止了在苏联、中国附近、地中海和古巴上空的一切侦察飞行。这一步骤显然未同其他部门和白宫商量。这个问题我们是经过一段时间后才发现的：尼克松大事张扬地在四月十七日下令对我们在朝鲜的侦察飞行实行武装护航，可是发现没有飞机来执行。莱尔德看到，多年来，这种飞行增加了很多，而对于这种飞行是否需要和可行却没有定期地进行研究。他这种看法毫无疑问是对的。对这个问题早就该研究了。我所关心的是，作为对飞机被击落的反应而停止一切侦察飞行，会给人造成一种我们有自危感的印象；这种做法不能表现出政府在蛮横的挑战面前决心保卫自己的权利。

因此，四月十五日这一天很大一部分时间就在没有定论的计划工作中度过了。当时大家似乎越来越同意在海上扣留一艘朝鲜船。于是要求从法律上来分析一下这个问题；得出的结论各不相同，但是这已经没有意思了，因为经查明，没有朝鲜船在海上，而且自从发生扣留“普埃布罗号”事件以来就不曾有过。另一个好主意也因此而被勾销了：我们用潜艇击沉朝鲜的海军船只。传闻有一艘挂荷兰旗的朝鲜船正在什么地方行驶。尼克松想要扣住它，这使我们的法学家忙了大半天。后来经查明，我们找不到这条船。就我所知，根本没有这样一只船。

在这样的情况下，国家安全委员会四月十六日的会议开得既没有中心，也没有作出决定。会上没有讨论这样一个根本问题：对于一架非武装的侦察机在公海上空被击落，我们不作出反应是不是会造成一种我们太没有决断的印象，以致使我们在河内的敌人得到鼓励，使其他地方反对我们的人放肆起来。同时，一个新上台的政府在蜜月期间通常是不愿意冒险的。当时，我们还正在洋洋自得，因为别人称赞我们与前几任总统相比是比较能够节制和约束自己的。而且人们存在着一种理所当然的担心，害怕在两个战场卷入战争。莱尔德指出，如果我们卷入同朝鲜的针锋相对的斗争，我们在越南的战事肯定会受到损害。这些考虑，有许多在会上是含蓄地表示的，没有正式说出来。军事方案只是偶然间讨论的，没有郑重其事地进行研究。这些方案事实上无法执行，有的看起来比较保险，但是不足以对付这样一次挑衅；有的似乎配得上用来对付这一个挑战，但是从担心陷于两线作战这一点看来又风险太大。

我们后来才懂得，在危机中果敢是最保险的方针；犹豫不决只会鼓励敌人顽固坚持，甚至下新的赌注。今天回头来看，显而易见，我们是大大地过高估计了朝鲜同我们进行一场针锋相对的较量的意愿了。由于这还是新政府刚刚执政，我起初只限于提出一些供选择的方案，没有提出正式建议。在国家安全委员会的会议上，尼克松没有作出肯定的决定，这天他用了很多时间来询问那只荷兰-朝鲜船的问题。在采取有风险的军事行动和尼克松在“普埃布罗号”船事件上曾经声色俱厉地批评过的消极被动的态度之间，这只船似乎提供了一种介乎二者之间的方案。

第二天，四月十七日，尼克松作出两项决定。在向国家安全委员会提出的好几项方案中，他接受了第二个方案：恢复空中侦察，派空军护航。他命令两艘航空母舰开进日本海，准备可能进行的报复攻击。出动航空母舰的考虑是：使用以日本为基地的战术空军，会使我们涉及同日本政府进行复杂的磋商，这样，消息肯定会走漏出去，引起公众的抗议，有可能危及同日本的安全条约谈判。而使用驻在关岛的 B－52 轰炸机，又未免太小题大作了。为了避免麻烦，大家都不提驻在韩国的空军。毫无疑问，大家在下意识中引以为慰的是，这两艘航空母舰要三天才能到达它们能够出动飞机的地方。鹰派可以对自己说他们在做点事情了；鸽派可以安慰自己说还有点时间可以缓冲。时间每过一天，妨碍采取报复袭击的牵制也就增添了一些，特别是，我现在想来，我们错误地没有向朝鲜人提出要求，接受这种要求可以看作是补偿，如果遭到拒绝，进行报复就有理由了。我们在板门店提出的抗议是温和的；国务院力主采取一种非对抗的调子；罗杰斯反对提出任何要求。我们的政治和军事行动实际上是互不协调的。在这种情况下，出动航空母舰的决定实际上是白费时间；看起来是强硬，但却意味着不会有什么行动。

四月十七日，我召集了一个处理危机特别小组，这个小组由国务院、国防部、中央情报局和参谋长联席会议的中层代表组成，我担任主席。这就是后来华盛顿特别行动小组的核心，后来的历次危机都是由它来处理的。由于没有明确的指示，所以在这第一次危机中的计划工作是杂乱无章的。没有真正要使用武力的决心；一切讨论都是理论上的，一直没有提出过具体的行动计划。

四月十八日，尼克松在记者招待会上宣布的恢复武装侦察被人们普遍看作是我们对击落飞机事件的官方反应，即使我们政府内部也是这样看的。亚历克斯·约翰逊认为，继续作出我们的军事反应的应急计划工作是没有意思的。我不同意这种看法。我知道，尼克松的记者招待会已经举行过了，他现在会认真地考虑这个问题的。

四月十八日快到中午时——就在记者招待会结束之后——尼克松和我研究了局势。我对他说：不要求某种赔偿，或者不采取某种报复行动，大概会使他以后不得不采取更加果敢的行动。但是，尼克松必须保证以下三点：第一，将要采取的行动必须是有意义的；第二，如果朝鲜人作出反应，我们必须作好坚持下去的准备(我们肯定坚持不了一场旷日持久的地面战争)；第三，如果没有一个团结的政府做他的后盾，他是不能使用武力的。我的判断是朝鲜不会升级，虽然总统行动的依据应当是朝鲜有可能升级。我建议由我来个别地征询罗杰斯、莱尔德和赫尔姆斯的意见，以免到国家安全委员会会议上他们也许会看总统的意思行事。尼克松同意这样做，原因之一是因为举行一次记者招待会通常总是使他精疲力尽，他在这以后几天想避免紧张。

罗杰斯、莱尔德和赫尔姆斯一致反对对朝鲜进行军事报复：罗杰斯反对是因为这会惊动舆论界；莱尔德反对是因为他认为这会妨碍在越南作战，而且得不到国会支持；赫尔姆斯反对是因为上面这些顾虑他都有。四月十八日深夜，我把总统的这些顾问的一致意见报告了尼克松，我还提出一项建议，由于他刚上任不久，而班子里的意见又不一致，他不能在这样一个难办的问题上冒那样的风险。尼克松和我在白宫的条约厅聚会。在我的印象里，他不曾想过要进行报复袭击。他把时间拖得太长了。他在个人的谈话中也不曾真正力陈要这样干。他并没有拿定主意，绕过反对者的意见，采取坚定不移的军事调遣活动。现在他既然有了一个借口，就对他的顾问大发了一通雷霆。只要有机会，他就会尽早抛弃罗杰斯和莱尔德。他在遇到危机时再也不会同他们商量事情了。在我们没有透露的一系列供挑选的轰炸目标的单子上，他挑出了几个地点，下令对柬埔寨境内的庇护所进行轰炸，以使河内不致以为我们不坚决。但是他的底牌是我们不会对朝鲜作出军事反应。四月十九日上午，我把这个意思告诉了部际小组。

虽然如此，尼克松还是下令航空母舰开往日本海去显示实力。这样一种威胁同另一方提出的要求全面采取行动是不相符的，因此有可能被看作是放空炮。由于我们没有经验，我们甚至没有要求朝鲜赔偿。我们没有向他们提出要求。因此也就没有办法来使问题得到解决。两艘航空母舰继续按照它们的航线气派十足地又航行了几天，后面跟着一队日本的小船以及为电视台摄下这个场面的小飞艇。如果事态变得严重起来将会发生什么事，那就只能猜测了；日本电视台的几盏摄影照明灯十之八九会成为牺牲品。然而，一旦向我们的官场亮了底，我们不会采取报复行动的消息很快就走漏出去了。第七十一特遣舰队——这是当时对那支舰队的叫法——太平无事地在日本海巡游到四月二十六日，引起苏联私下提出温和的抗议，我们的回答是严加驳斥。到四月底，这场危机在一阵子喧闹之后沉寂下去了，从惩罚朝鲜的暴行的角度来说，什么结果也没有，尼克松觉得没有能很好地对付他所受到的第一次全面考验（这当然也是我对自己所起的作用的估计），除了他这一点遗憾以外，这场危机就再也没有留下什么东西了。

莱尔德停止一切侦察飞行这个叫人几乎无法理解的决定依然没有了结，还有待处理。（直到四月二十二日，白宫才收到五角大楼一份备忘录，具体列举了停飞的范围——不仅在朝鲜周围停飞，而且还在中国、苏联和古巴上空以及地中海停飞。）总统的武装侦察命令，被利用来再一次拖延时间，理由是需要首先把适当的护航战斗机调集拢来。每天不断的催促得到的是闪烁其词的答复。我越来越担心了，倒不是因为我认为每一处的侦察飞行都那样重要，而是因为这样做开了一个先例，一架飞机被击落竟会使我们的全球侦察系统停下来。在我看来，这一做法造成了诱发其他事件的巨大可能性。一直到五月八日，在停飞了将近四个星期之后，正常的侦察飞行才奉命恢复。

从作出不采取行动的决定来看，说明 EC－121 事件并不是太重要的——这个决定本来是可能出差池的，但是有理智的人却持不同的看法，幸好还没出大错。但是这表明了我们作决定的程序有重大的缺陷。我们没有从战略上进行估计，相反，我们只在技术性的办法上转来转去。白宫没有进行坚强的领导，我们没有采取有重大意义的政治行动。我们的军事部署是在真空中进行的。要有效地处理危机，有关的机构和部门必须明了总统的意图。必须密切地注意这些机构和部门的活动，务使外交和军事行动互相配合。在这次危机中，我们的机器不灵，观点也不明。我们没有提出使朝鲜可以接受或者是拒绝的要求。我们没有调集一支能使人相信确实构成威胁的力量，直到事情过了很久，等到调集起来时已经几乎是没有意思了。相互间的协调也做得很不好。总统一直没有真正下决心。然而，EC－121 事件从另一方面来说也是一件好事。它使我们狠狠地把办事的程序紧凑起来了。后来的一次次危机都处理得干净利落，有一个强有力的领导中心。我们专为这种事情成立了华盛顿特别行动小组。我们从那以后给人以更强烈得多的有目的的印象。尼克松对罗杰斯和莱尔德的不满是没有理由的。他们直截了当地提出了他们最好的判断。然而，事情的结果却更加强了尼克松独自作出决定的做法。在后来发生的危机中，他知道他要的是什么，并且达到了目的，即使他为了达到这个目的往往要迂回曲折绕一些弯子。

总的来说，我认为，我们对 EC－121 危机的处理是很软弱的，举棋不定，而且涣散，虽然当时得到了很多的称赞。我相信，我们为此付出了许多看不见摸不着的代价，使朋友丧气，使敌人放肆。幸而这件事发生得早，而且相对来说是在一个非中心的问题上。我们所取得的教训使我们在处理以后的危机中得到了教益。

美国-日本联盟

日本和美国成为盟国已有二十多年。我国太平洋政策的基石就是我们同这个了不起的国家的友谊、伙伴关系和相互依靠。美国人讲求实用、脚踏实地、尊重法律、朴实；日本人头脑复杂而细致，办事凭心领神会，表达意思凭间接的、几乎是审美学的敏感而不是靠言词。两国人民之间的不同再大莫过于此了。

日本和美国打交道已经有一又四分之一世纪了。我们之间的关系经历了令人难以置信的变化：从好奇到竞争，到冲突、占领、和解、结盟以至相互依靠。美国人的祖先来自各个方面，他们经常努力设法重新找出大家的共同点。另一方面，日本是一个团结得非常紧密和单纯的国家。对于美国人来说，契约和法律是社会安宁的主要保证。日本人保持社会和谐更多的是靠人们之间的良好关系和不成文的共同观点与义务，而比较少地依靠法律和成文的规章。

美国得天独厚，土地广阔、资源丰富，他们视富裕为理所当然。日本是一个大产业国，但是达到繁荣还是比较晚的事。由于它的产业要依靠进口的食物、能源、原料和国外市场，因此它的繁荣是比较经不起打击的。

人们有一种成见，认为两个这样不相同的国家竟然走到一起，是件奇怪的事。这种成见像大部分成见一样，大体上是对的。但是这种看法也适用于日本同其他任何国家的关系，因为日本的成就，有时还有它的挫折，是产生于这样一个社会，它的结构、习惯和作决定的方式是如此独特，以致使日本同所有其他文化绝缘。奇怪的是，日本人利用外国人、取得外国人的方法和技术越多，就能越好地保持日本人自己的活力和特色。

日本是由中国海岸外面的一连串岛屿组成的，云雾笼罩的山峰从汹涌澎湃的海上巍然耸立，青翠的山川在人们的辛勤耕种下物产丰富，但其他自然资源则很少。日本的丰足富裕是纪律、信念和专心努力的胜利。在这样没有很大希望的条件下，只有最辛勤的人民才能生活下来。日本人受中国文化的影响很大，但是经过独立的奋斗，在几个世纪中，形成了完全是自己的一套风格。这使他们既可以生存，也可以防御外侮，取得了民族的动力，甚至成为一种武器。日本变得与其说是一个民族，不如说更像一个家庭。管理这个家庭的，在很大程度上是一套复杂的、赋予每个日本人具体任务的默契，而在较小程度上是法律（法律只管表面现象和最明白不过的违法行为）。在其他国家仅限于人数很少的上层阶级的封建价值观念和义务，在日本却渗透到整个社会之中。在这些人口稠密的岛屿上，男男女女都懂得生存要靠纪律和合作，这就消除了一切对抗的因素。日本人所以能够形成那样高雅的互相交往的方式，是因为他们从来不提出会遭到别人拒绝的主张，他们在表达最微妙的不同意思的时候，能够给自己留下退路而不至丢失面子，而同时又使人不能不尊重不同的观点。日本人细腻含蓄的言辞，还只是那种微妙的待人接物中的一小部分。每一个姿态都含有象征意义——鞠躬致意，按社会地位而分等级，桌上花的摆设也有它的学问。

当然，日本这种复杂和严密的社会结构也有它不好的一面，它使个别日本人对自己的地位有一种固定的自我意识，因此在日本社会环境中造成了抑制和相互支持。但是在日本以外的地方，当这种行为准则与外来的、似乎是野蛮的行为相对抗而消失时，这些日本人也会变得迷失方向，甚至变得残忍。

使人吃惊的是，日本人对过去的尊重和文化上的独特之感并没有造成社会的停滞。其他的一些社会，由于固守自己的传统，往往越来越与现代的潮流格格不入，因而使自己遭受损失。日本整个社会有一种强烈的尊重自己过去的意识，在对付外国人的时候，决不让自己的内部分歧损害他们之间的团结，这样，他们也就把自己封建的过去变成了一种资产。事实证明，日本人的这种独特精神比中国的文化上的优越感更为有益。日本没有因采纳其他社会的方法而丢失面子。日本经得起采纳几乎随便什么制度而不失去自己的性格，保持这种性格既不取决于政府的形式，也不取决于经济的方法，而是取决于一种复杂的、无所不在的、为人人所共有的社会关系。传统在日本不仅不构成妨碍进步的阻力，而且提供了感情上的安全保障，确实是成了创新的动力。

在日本被海军准将佩里“打开了门户”之后——在其他一切地方，这都是引起殖民地化的开端的一种微妙的委婉语——日本人以钢铁般的决心使自己的封建社会适应了现代社会不可抵挡的要求。天皇制保证了社会的连续性，同时他们建立了产业国家，不出五十年就强盛得能够打败一个欧洲大国——俄国；又过一代人的时间，它自己也采取了自己曾经抵抗过的殖民主义方式，引起了世界大战。

日本在第二次世界大战中战败，但并没有动摇它与众不同的紧密团结和复原能力。日本好像有一架校得很准的雷达，使它能查明全球的力量对比，从而使其制度适应自己的必需，并相信这种适应不会扰乱日本社会的实质。议会民主代替了独裁，天皇依然是日本独特性的象征。日本改变了它的制度，修复了战时遭到的破坏，不到二十年就变得空前强盛。

自由亚洲其他国家的经济开始享受到本来曾是日本独家享有的廉价熟练劳动力的好处，它们的经济日益发展，日本决策人面对着这些国家正处于萌芽状态的竞争，精明地把劳动力和资源从受竞争打击的产业转到他们比较有优势的产业中去。他们没有让保障工人终身就业的制度成为工人工作固定不动的权利。当然，在某种程度上，日本先是从大量美援中得到好处，后来又从国防费用开支少得到好处。国防费用所以能够少，是靠同美国订立的安全条约。但是，这种成功首先要归功于日本制度的连贯性和日本人民的才能。日本在一九七三年能源危机中表现出来的恢复能力很能说明这个问题。日本以它令人敬畏的民族意志力，在两年时间内，就使这个百分之九十的石油要靠进口的国家，摆脱了收支亏空而恢复了结余。虽然日本领袖们做事的风格是像日本文化的特点那样，做三分只说两分，而且不事声张，但是，在我看来，在战后时期所有各主要国家中，日本人的决定是最有远见和最聪明的。

尼克松政府上台时，我们对日本有两件事不放心：一是我们的经济机构因我们的贸易逆差而担忧；二是我们的政治部门在催促日本要对亚洲的经济发展和政治稳定乃至安全负起更多的责任。这些意思表达得十分直截了当，但是实际上我和我的同僚对日本的文化和心理都不甚了解，因此我们做出了很多错误的事情。在起初对日本人的敏感心理造成了一些不必要的震惊之后，我以为我们学到了不少东西，而且终于建立了非同寻常的密切关系。我们最难以理解的是，日本的这种非凡的决定是由以自己那种不事声张的风格自豪的领袖们作出的。可以肯定，有几位首相是很伟大的。但是他们做事不引人注目，他们的态度说明他们的政策反映了社会的一致意见，而不是一个人的偏好。他们履行自己的职责的能力可能有大有小，但是，他们归根到底是一种连续不断的传统的产物，这种传统在决定什么是为社会所必需时，不是通过居于领导地位的个人，而是把社会的目的灌输给整个社会。

我们这些人全都是在西方作决定的方式中培养出来的，这种方式着重的是作决定的行动，因此我们要理解日本人的这种特质简直是困难得令人难以置信。我们的谈判方式是对谈，说服我们的对话者接受我们所采取的方针。但是日本领导者所作出的决定，不是把自己的意志强加于他的下属，他的技巧在于，塑造他们的倾向性，诱导大家朝着他所希望的方向走。日本领导者不是宣布他的决定，而是把决定引导出来。西方人作决定很快，但是我们执行决定需要的时间却很长，特别是当这些决定还有争论的时候。在我们的官场里，对每一个权力中心，都必须加以说服，或者对它施加压力。因此执行一项决定的自觉性或者纪律性也就差了。在日本，这样一个过程是走在决策之前，因此作出决定比较慢，但是执行起来却很快，而且同心同德。由于所有执行政策的人都参加了制定政策的过程，因此实施起来也就有了更大的动力。

日本人不喜欢搞对抗，因为对抗会产生出一连串看得出来的得胜者和失败者。他们对于做那种结果难以预料的事情感到心中不安。同他们举行会晤以前，他们总是先要派出许许多多使者来细致地打听清楚你的立场的各种含义。在这个探索阶段过了之后，还要经过一个时间来形成必不可少的全国的一致，然后才是正式的协议阶段。日本的大臣在国际会议上很少发言，其原因就在这里。他们在会上收集材料供他们自己作决定之用。如果有人要越过这个过程，逼日本对话者达成一项协议，这种做法有时也能取得表面上的成功，因为人们传为美谈的日本人那种讲客气的习惯也许会压倒他们对事情是否可行的判断。但是在这种情况下达成的协议几乎从来不会见诸行动。一九六九年至一九七〇年冲绳谈判之所以成功以及纺织品谈判之所以失败，道理就在这里。

冲绳谈判

战后，我国对日本的占领在一九五二年结束之后很久，冲绳和琉球群岛的其他岛屿仍然在美国军事当局的管辖之下。这些岛屿的最后主权属于日本，这一点并没有严重的争论。我们坚持占领地位是因为冲绳成了我国在亚洲最重要的军事基地之一。我们要依靠冲绳的飞机场来保卫韩国和台湾。我们利用冲绳作越南战争的中间整备区域和 B-52 轰炸机的紧急设施。我们在冲绳储藏了核武器。冲绳在战略上虽然重要，但是我们直到六十年代后期还占领着它，这就把我们同日本的长远关系抵押出去了。特别是，这使《美日安保条约》罩上了一层暗影，而我们的整个亚洲战略就是围绕着这项条约建立的。这项条约签订于一九六〇年日本全国各地发生反美骚乱的时候，艾森豪威尔总统的访日计划就是因为这些骚乱而宣告取消的*。这项条约可以在十年之后作废，但要双方中的某一方在一年前通知另一方。这就意味着，日本的反美分子会在一九七〇年再次掀起反对这个条约的运动。如果日本一再提出修改冲绳地位的要求没有得到美国同情的答复，我们就一定逃不脱这样一个不愉快的前景。在这个问题上，日本的民族主义者和激进分子是联合在一起的，后者是在广岛和长崎特别有力的反对核武器运动的一个组成部分，前者是要收复历史上属于日本的领土。

在约翰逊总统一九六七年十一月与佐藤荣作首相会晤时，我们告诉日方，由于我国的选举，这个问题势必要等到一九六九年。因此，尼克松上台时，冲绳问题已迫在眉睫。在佐藤-约翰逊会谈以后的一段时间里，冲绳问题变得更加紧张了。公众抗议我国利用这里的基地进行越南战争。一艘核航空母舰访问佐世保，受到在海面上留下了辐射残迹的指责（美国否认这事与这艘军舰的访问有任何关系）。一九六八年二月，冲绳立法机构通过决议，反对 B-52 轰炸机以这个岛为基地，在野的社会党反对派也在日本国会提出了同样的提案。一九六八年十一月，琉球群岛举行第一次直接选举，一个社会党人当选为行政首脑。他上台后的第一个行动，就是宣布他要成立一个委员会来研究逐步关闭基地和使琉球复归日本的问题。

尼克松就职后的第二天，我就命令一些机构来共同研究我们对日本的政策，而把冲绳列为优先研究的问题之一。尼克松在同一天召开了国家安全委员会第一次会议，一月二十七日，他第一次与参谋长联席会议正式会面，在这两个场合中，都简要地讨论了日本政府急迫要求收回冲绳的问题。参谋长们认为我们的冲绳基地的价值是难以估计的，不仅是因为这些基地为进行印度支那战争提供了方便，而且对我国在太平洋的

---

* 尼克松曾经希望完成艾森豪威尔的访日计划而成为访问日本的第一个美国总统。命运使他也失败了。杰拉尔德·福特于一九七四年十一月访问了东京，这本来是计划好由尼克松来进行的。

整个战略地位也是如此。参谋长们已经开始同意得到我所支持的国务院的看法，即冲绳归还日本，在政治上势在必行。但是他们要确实得到保证，使他们继续有权使用这些基地，而且对这种使用权的干涉应减少到最小最小(他们希望根本不受干涉)。他们还要求继续在这个岛上储存核武器。如果冲绳交还了日本，而我们的使用权受到我们在日本本土上的基地那样的限制，那么，基地设施事前不同日本商量就不能用于作战行动，核武器根本就不许存放。由于日本是世界上受过原子弹轰炸的唯一国家，对这个问题特别敏感，因此在日本本土上，我们是接受对核武器的限制的。这样使我们遇到了一个重新找地点的大问题，因为附近找不到一个方便的基地。不过我还是决心要在国务院的合作下，寻求一个能符合双方要求的解决办法。当我们的有关机关在联合研究这个问题时，佐藤首相于一九六九年二月在日本国会表示他有“坚定的决心”要使冲绳复归日本，并且要向美国的新总统提出这个问题。似乎是为了强调他的观点，冲绳人民在一个美国机场外面举行了大规模的示威，抗议用于印度支那战争的 B－52 驻在那里。

这里要谈一谈佐藤荣作。他像其他的日本领导人一样，不声不响地在办事。他从来不表现出他好像有权作出超越日本全国一致意见的决定。然而他的威望是如此之高，谁也不怀疑，日本举国上下一致的意见是由他来帮助形成的。用不着说，他是一个典型的日本式的人物。他也是美国的真心朋友，他认为同美国这个过去的敌人结成伙伴关系是东亚和整个太平洋地区和平的最好保证。他的根本立场是日本，他的外交政策立场是同美国结盟，他所向往的是和平。他以非凡的细致和智慧处理困难的谈判。他在任首相期间，倒霉地碰上了尼克松冲击——秘密的北京之行和一九七一年夏的经济协议。但这并不是他的过错。(我们认为我们没有别的办法，只好那样，关于这一点我在本书后面还要说明。)他非常有气量，没有让这些事情损害我们之间的紧密关系。我非常钦佩他的性格，在一九七二年六月，他任首相的最后两个星期里，我专程前往日本，故意让人都看到我是去同他进行磋商，并且同他共同进餐，以显示我们对这位伟大的领导人的尊敬。即使在他离职之后，我每次去日本，没有一次不要求前去看望他。我以有他这样一个私交而自豪。一九七四年他得到诺贝尔和平奖，他把这件事看作是我们两人之间又多了一条纽带。在我看来，他体现了日本最好的品德——安详的内在力量、智慧和尊严。对于所有相信和平和自由的人来说，他的去世是太早了。

各有关机关继续进行着对日政策的联合研究，在这期间我经常向尼克松汇报。三月八日，我给了他一份国防部部长莱尔德送来的参谋长联席会议起草文件，再次表示了参谋长们很关心在冲绳岛上储备核武器和除了核武器以外的其他军事用途不受限制的问题。十天后，我向尼克松提交了一份备忘录，说明送交给他的这项决定的各个要点。当时的政治现实是日本要求收回冲绳的压力已经无法阻挡。反对我们驻在那里的示威运动，不仅对我们使用那些基地构成了现实的威胁，而且会危及佐藤和执政的自由民主党的政治地位，而发起和保持日本同美国结盟达二十年之久的就是这个自由民主党。简而言之，在日本的主权之下，使用冲绳基地会使我们不能那样随心所欲，这就会使我们在军事上受到损失；但是要保持现状，就要在军事和政治上冒风险，而这种风险却超过了军事上所能受到的损失。的确，我们如果拒绝谈判一个双方都能接受的解决办法，很可能真的会使我们完全失去这些基地。

这一次，美国政府在一个问题上是团结一致了。到四月间，我们在对日总政策的主要方针上取得了一致意见。我们一致认为，日本是我国亚洲政策的基石，加强这种关系，必须成为我国的基本目标。只要日本国内在《美日安保条约》的问题上不发生分裂，我们就要在一九七〇年以后尽力继续保持这个条约不作修改。我们要鼓励日本在亚洲起更大的政治作用，使它的国防能力有适度的增加，虽然我们不会对它施加压力，逼迫它大大扩充军队。这些方针在研究小组四月二十五日的一次会议上取得了一致意见，在国家安全委员会四月三十日的会议上，得到了尼克松的批准。

在冲绳复归问题上，甚至在一些技术性的细节上也取得了进展。参谋长们总算同意了减少在冲绳的基地数目。他们同意，如果日本不让我们在整个亚洲的作战行动中不受限制地使用这些基地，那我们可以退一步，争取在保卫韩国、台湾和南越时不受限制的权利，而日本方面赞同我们两国在亚洲的防务上有着共同的利益，这样将使我们使用冲绳基地的权利更加牢固。这两种不受限制的权利其实只是理论上的，在实际上并无区别。很难想象，除了这里具体提到的韩国、台湾和南越之外，我们还有什么地区要从冲绳基地出发去保护。争论的主要问题在于，参谋长联席会议坚持要继续保有我们在冲绳储存核武器设备的权利。在国家安全委员会四月三十日的会议上，负责政治事务的副国务卿、前驻日大使亚历克斯·约翰逊把关键的问题归结为：如果处理得当，我们让日本收回冲绳可以成为对日本的一种推动力，使它在亚洲的稳定和防务上负起更大的责任。但是核武器问题非常敏感，我们对日本人的这种敏感需要表现出某种谅解。

在国家安全委员会这次会议之后举行的冲绳谈判表明：如果白宫和国务院在其他问题上也能这样，做到互谅互让，有许多令人神经紧张的事情本来是可以避免的，我们政府的工作也会做得有效得多。在执行尼克松四月三十日的决定中，华盛顿各部之间的日常工作由亚历克斯·约翰逊主持。阿明·迈耶大使在东京出色地进行谈判。我的作用是提供适宜的气候，并在关键时刻向日本人做些工作。我认为我的任务是，表明总统一定要使谈判获得成功的决心。

本着这种精神，我在五月二十一日同日本大使下田武之讨论了由日本提出它自己将在亚洲起什么作用的看法。他强调说，如果冲绳问题在一九六九年就得到解决，日本愿意在亚洲承担更大的责任。我看到他这个诺言既不可行，也不十分精确，因此我只是同样含糊其辞地保证说，尼克松总统将以积极的精神来对待即将举行的谈判。

尼克松在技术问题上的决定是在五月底告知各有关机构的。这个决定接受了国家安全委员会会议的一致意见：如果我们在使用冲绳基地保卫韩国、台湾和南越这个问题上能获得令人满意的谅解，尼克松就可以把冲绳归还日本，并且考虑日本在核武器问题上的意见——换句话说，他示意可以不坚持在冲绳储备核武器的权利。总统作出这个指示之后不出四天，它的实质内容就被走漏给《纽约时报》了，这一下可起了好作用。我们的谈判还没有开始，我们的底牌就见诸文字了。

美日两国官员的正式谈判在一九六九年六月通过外交途径认真开始了。这时，在美日对话中出现了另一个问题，这个问题与冲绳不相干，但却注定与冲绳问题密切相连，这就是纺织品问题。如果说冲绳谈判显示了很高的政策性，那么纺织品问题确实是一个很不高明的喜剧、挫折，几乎是一场大失败。

由于各种原因，我们同日本的贸易经常存在逆差。也许是由于日本的生产率正像日本人所说的那样特别高，也许是由于日本对美国市场搞倾销，而对于外国渗入日本的市场却树立起壁垒(我国有一些贸易专家坚持这个看法)，日本向美国的出口，特别是产业制品，远远超过美国对日本的出口。日本很容易进入我国的市场，而我国在日本却享受不到同等的机会。这样一来，日本的竞争对许多美国产业就形成了激烈的、有时甚至是压倒之势的挑战，这就使人担心因旁的国家在贸易上的做法而造成美国的失业。美国企业家、议员和经济官员发出呼声，坚持要日本方面在经济问题上表现出灵活性，这样美国在冲绳问题上才好采取行动。我国的经济机构各自代表着他们自己的一部分选民，像放排炮一样向日本提出一大堆要求，包括要他们采取措施限制日本羊毛织品和混纺织品的出口，或者降低对美国投资的壁垒。这样一大堆建议实际上是行不通的。日本从中挑选出一些对他们来说是最省事的建议。日本方面有一整套连贯的政策，而我们的种种要求却互不相干。这就使日方能够从我们的许多方案中挑选一些对他们最不碍事的来，其中常常有些出口货在日本的出口中已经不占什么分量，譬如说，他们决定放宽美国在日本投资的条件，但是他们心里非常清楚，有许多行政的、社会的和文化的障碍是正式的立法管辖不到的。他们甚至宣布要同克莱斯勒汽车公司联合开办一个企业。我把这种情况报告了尼克松，我建议把我们最主要的要求直截了当地提出来。他表示同意，并在我的备忘录上写了批语："这样放宽投资在政治上对我们并不重要。我们必须在纺织品问题上有所得。"

纺织品问题是使尼克松恼火的事。美国南部的纺织品制造商是受日本竞争打击最重的产业之一。许多工厂被迫关门。这些厂商也有一个力量强大而起作用的院外集团。这就促使总统候选人尼克松在一年前向南方代表和选民作出一项干脆的诺言：他将在纺织品问题上有所作为，这项诺言是作为每四年一次的那种不可思议的美国宗族礼仪的一部分而作出来的。

新政府决心要实行尼克松的诺言。商务部长莫里·斯坦斯以及白宫的助手罗伯特·埃尔斯沃思和彼得·弗拉尼根想马上同日本干一场，使日本自愿地同意减少它的纺织品出口。我不是一个职业政治家，我认为，在我们全面的政治和经济研究工作还没有完成以前，专门考虑某一种产业是不适当的。因此我就以国家安全委员会作出决定需要一个过程作为借口来拖延时间。我很快受到了教育：尼克松用毫不含糊的话对我说，他真的要取得一项纺织品协议。我作为总统的助理，应当出力来办成这件事。这说来容易，做起来可不简单，因为我对这个问题一窍不通。我不得不学习国际贸易的整套词汇，例如"出口补助技术"，还有"触发点"（到了这一点就必须克制）和"类别"（属于抑制之列）这些神秘的复杂事物，所有这些词汇学过就忘了。我忘不了的唯一的一件事，就是我们的经济专家看到日本方面那样机灵有办法，不禁既佩服又担忧，因此他们坚持谈判必须包括一切种类的纺织品。他们深信，任何一种遗漏都会被狡猾的日本人钻空子，借以规避整个协定。

我就是这样被推到这个谈判中来了，这使我难过，后来又使我遗憾。我的任务是要使莫里·斯坦斯和彼得·弗拉尼根交代给我的立场带有来自总统的味道。我只能够转达这个立场，而不能谈判这个立场，因为一旦放弃了这个交代给我的立场，我思想上就失去任何立脚点。像后来同蓬皮杜举行的货币问题谈判一样，这使我毫无松动的余地。在我这方面没有一个退让的方案，也不需要我发挥想象力，那么，如果对方想要达成协议的话，那就只有叫他们让步了。

佐藤以典型的日本方式派来了一个侦探，这个人同我们两人都是私交，而又不在日本政府中担任公职。这样一来，我就开始卷进去了。这个非官方人士于是就同我这个不了解情况的人搞起谈判来了。这位特使和我都可以很容易地被开脱责任。我们很快就演起了一出错综复杂的歌舞伎戏。七月十八日，佐藤的特使来看我，我们于是绕过了两个国家的官僚机构(但是由于我在贸易问题上是外行，我便把情况详详细细地告知我方的主要角色)，建立了秘密渠道。佐藤想同尼克松在核武器和纺织品这两个问题的基本原则问题上取得谅解。一旦基本问题得到解决，就可以要双方的办事机构着手草拟细节。我找尼克松把佐藤的方案告诉了他。尼克松很有劲头，他说："让我们设法把事情办成，不要同国务院在那里耗时间了。"

在同日本的关系上，尼克松总是有远见的。一九六七年他在《外交季刊》上发表一篇文章，题目是《越南战争以后的亚洲》，他写道：

> 不让今天的日本拥有它自己的武装力量，不让它负起自己国防的责任，这就是把日本人民和日本政府置于无能为力的状态——尽管有其痛苦的历史根源——这种状态同日本帮助确保非共产党亚洲的共同安全所**必须**起的作用是不相符合的。

在这篇文章中，尼克松还把他对日本在区域安全中作用重要的想法同他对美国作用的演变的看法联系起来：

> 许多美国人对战争感到厌倦，对盟友感到伤心，对援助丧失了幻想，对国内危机感到沮丧，他们在留心地倾听新孤立主义的呼声。处于这种状态的并不只有他们。在整个西方世界有一种转而面向国内、变得目光狭窄的孤立主义倾向——这是很危险的。但是，在今后一代的时间里不会有和平，也不会有安全，除非我们现在认识到在亚洲起作用的力量之巨大，世界一半以上的人生活在那里，最大的潜在危险也是在那里。

我费了几天时间同这位日本使者讨论这些问题，然后同总统出发去迎接阿波罗 11 号返回地球和环游世界。这位使者和我在解决纺织品问题上就大体轮廓达成了协议，其余通过外交途径来谈判。核武器问题留到以后再考虑。

但发生了一件谁也料想不到的、一旦碰上似乎就没完没了的伤脑筋的事，把这种和谐的气氛给破坏了。美国陆军在冲绳用罐子存放了一些神经毒气。有一位少校由于审美观念使他失去了判断力。他决定要把这些罐子漆成白色，在上漆前，要把罐子表面磨光弄平，碰巧把有些罐子弄漏了，毒气跑了出来，报纸、电台和国会的压力很快就来了。日本人的注意力集中地盯着冲绳。有几个星期，一些办事认真的人，花费了许多时间来寻找一个地方好把这些毒气运到美国来，但是，没有一个州同意让这些东西过境送到它最后的目的地。最后，这些东西运到太平洋中间的约翰斯顿岛，并在那里销毁。

国务卿罗杰斯于七月底访问了东京(他是陪同总统访问东南亚时中途离开的)，以便继续同日本举行冲绳谈判。陪同罗杰斯的有莫里·斯坦斯和农业部长克利夫顿·哈丁。他们同罗杰斯一起进行关于贸易和其他经济问题的内阁级谈判。会谈后发表的公报仅仅宣布罗杰斯和日本外务大臣爱知揆一"讨论了把冲绳的行政管辖权交还给日本的问题"。但是日方很快就向报界透露，美国已在原则上同意把冲绳归还日本。罗杰斯在八月三日的记者招待会上证实了这个消息。这种情况更加肯定了尼克松和佐藤先前的一种想法，即一定要把最敏感的讨论限制在比较不容易走漏消息的私下会谈中进行。

关于邀请佐藤十一月来华盛顿举行最后解决冲绳问题的关键性的会谈，双方的谈判进行得非常顺利。留给领导人来处理的问题实际上只是两个：一是在冲绳存放核武器，这个问题是明摆着的；二是纺织品，在这个问题上的让步不能透露出去，否则佐藤在国内的基础会受到损害。总统决心要解决纺织品问题是白宫从政治方面考虑硬塞给我的。把一个战略上具有重要意义的问题，同一个暂时的国内政治问题扯到一起，实际上是对日本进行讹诈，我对此是很不热心的。但是在一九六九年时，我的地位还不够强有力，因此我挡不住集体的判断。

避免正面对峙是尼克松的个人风格，而对于佐藤来说，这是他必须遵守的个人素养。这两位领导者都需要一个经过周密准备的预期结果，这一点是完全不谋而合的。佐藤的使者提前十天来到，他同我拟订将要达成的主要谅解和公报的措辞。亚历克斯·约翰逊和助理国务卿马歇尔·格林知道我在同佐藤的使者举行秘密会谈，他们便向我建议不要把总统关于不坚持存放核武器的决定这一手亮出来，而要一直保留到最后一分钟，借以在纺织品问题上取得最大限度的让步。我冷淡地对那位使者说，核武器问题的最后决定留待佐藤到达后来作，这样就可以成为"他来到这里之后的成就了"。

这个策略在短时间内是行通了，但是这超过了佐藤把这件事情兑现的能力。佐藤处于不利的地位。他一旦来了之后，就不能在核武器问题上使谈判遭到失败，因为这样便危及日本同美国的整个安全关系，而这是日本外交政策的支柱。因此这位使者告诉我说，佐藤可以同意通过一个全面安排来把日本对美国出口的纺织品限制在一定的水平上。于是莫里·斯坦斯给了我一个纺织品限制出口的方案，我就照原样拿了出去。对我来说，这个方案就好像是用日文写出来的一样。这位使者飞回日本去向佐藤汇报。过了几天，他证实，提出来的限制纺织品出口方案可以接受。尼克松和佐藤会晤成功的舞台看来已经准备就绪。

佐藤到达美国前两天，我接到东京打来的紧急电话。是佐藤的使者打来的。为了掩盖他的身份，暂时迷惑一下可能正在窃听的情报机关，他用了一个假名叫“吉田先生”。在公用线路上谈问题，他省略地说“我的朋友”（指佐藤）和“你的朋友”（指尼克松）。（这种“我的朋友”-“你的朋友”的交谈在以后的一段时间里成为我生活中的一个特色，最后还将考验我是否神经健全。）在这次电话交谈中，他告诉我说，佐藤（“我的朋友”）不能够在秘密谈判中解决纺织品问题。他就是不能够把他的诺言兑现。由于国内的原因，他想要使已经达成协议的立场在正在日内瓦进行的正式贸易谈判中提出来。“吉田”证实，日内瓦谈判的结果将是双方已经同意的具体数字。但是这个或多或少拖长了一些的过程，可以使日本的一致意见能够表达出来。我同我国政府各个有关方面进行了磋商，大家都同意了这个程序。我们本来应当知道事情会是怎么一个样子。如果说在冲绳问题还悬而未决的时候，佐藤的地位还没有牢固得敢于把他已经同意的事情宣布出来，那么他在纯粹属于商务的谈判中就肯定不敢做这种事情，因为在这个谈判中主要是由日方来作出让步，而对我们却没有什么明显的压力。

佐藤于一九六九年十一月十九日到达白宫。他所代表的国家在整个安全问题上和对外政策上是依赖美国的。日本指靠着美国的实力、决心和领导。的确，佐藤在那天晚上的宴会祝酒词中纵情地赞美美国阿波罗12号刚登上月球的成就。在佐藤看来，“这不仅是美国非凡的组织力量的胜利，而且也是美国人民的想象力和勇气的胜利”。

他的这种态度使他同尼克松的会谈更加融洽了。他从尼克松身上看到了待他亲如家人的味道。尼克松对美日关系曾经用过心思，作为一个公民六次访问过日本，对日本的潜力和对它的领导人的评价甚高。他特别钦佩佐藤的异父兄弟岸信介，岸担任过首相，后因被迫取消艾森豪威尔一九六〇年预定的访问日本而尴尬辞职。尼克松也久闻佐藤大名，对他的印象很好。

佐藤表示他的政府要在“很长一个时期内”继续保持《美日安保条约》的坚定决心。佐藤再次认定，冲绳协议将大大有助于消除对美日关系的异议。佐藤表示，冲绳问题得到了解决，日本就可以增加自己的国防力量。尼克松重申了他个人在一九六七年《外交季刊》上发表的文章中所阐述的对日主张。他鼓励日本在太平洋防务中起更大的作用，并对日本最近扩充海空军的做法表示高兴。尼克松表示，希望日本对亚洲发展中国家提供经济和技术援助，能够为增强自由亚洲的力量作出贡献。佐藤同意尼克松的这些观点，实际上联合公报大力阐述了韩国、台湾和南越的安全对日本的利害关系。日本也作出了一般的保证，“要对亚洲的和平与繁荣进一步作出积极的贡献”。作为表现这种共同关心的象征，在东京和华盛顿之间建立了一条热线。（北京对日本重新活跃起来的前兆起初很不以为然。在我第一次访问北京时，周恩来指责我们把日本引上传统的民族主义道路。我费了一些时间才说服了他：美日联盟不是针对中国的。的确，诱引日本民族主义的最可靠的办法是中美两国竞相讨东京的好。）

所有这一切在冲绳问题上起的作用是：日本对韩国、台湾和南越安全的关心是以一种带哲理的方式表达出来了，它为实质上不受限制地以常规武器保卫这些国家的原则提供了一个模式。这里留下了核武器问题。尼克松已经同意放弃在冲绳储存核武器的权利。我们认为，我们保留在遇到紧急事态时恢复存放核武器的权利是重要的。因此就产生了“吉田”和我之间的一场复杂的对话，企图找到一个能符合双方国内需要的方案。日本希望能发表这样一项声明：关于核武器问题，将按照“首相所阐述的日本政府的政策”加以处理。这句话你随便怎样解释都可以。在日本来说，这一定会被解释为禁止把核武器运进来。另一方面，我们的参谋长联席会议却坚持要找到某种方案，便于他们能够在遇到紧急事态时把核武器再度运进来。在某种意义上，我们是在争论着怎样做给别人看。要决定在多大规模上运进核武器，靠的不是援引以前公报上的某某条款，而是取决于当时的情况。而且，再度运进核武器还需要在美日两国都得到国内的批准，如果不摆脱在很大程度上是自设的困境，就不可能做到这一点。

亚历克斯·约翰逊和我终于找到了一个既巧妙又空洞的方案。在《美日安保条约》中有一项条款，即遇到紧急状况时进行事前磋商。如果在公报中引出这一条款来，双方都可以满足自己的需要。佐藤可以保持他的政府反对核武器的立场；尼克松则可以说，这项条款给了我们甚至在真正发生紧急事态前就提出在冲绳存放核武器的权利。我把这个方案提交给“吉田”，他得到了佐藤的同意。

可是还有一个怎样拿出这个方案以及由谁拿出来的问题。“吉田”和我草拟了一个字斟句酌的底稿，我们几次让我们的主角进行排练，这样可以有一个正确的录音备查。“吉田”征求了佐藤的意见，佐藤认为这个办法也许可行。

按照这个办法，佐藤在开场白中会重申反对运进任何核武器的标准日本立场。尼克松则可以非常强硬地提出我们的最高要求，佐藤在经过了几分钟的考虑之后就把先前经双方同意了的折衷方案拿出来。尼克松在为官员们着想（或者至少是为录音着想）而仔细思考了这个问题之后，表示接受佐藤的“折衷方案”。如此办理，这个方案就成了日本出的主意。这不是谁强加给谁的。录音是真实的。

这个棘手的问题一经解决，其余的事就好办了。尼克松和佐藤同意把冲绳的行政权交还给日本，这样可以开始进行技术性问题的商谈，以便在一九七二年交割完毕。（这个限期没有超过，冲绳在一九七二年五月十五日正式交给了日本。）在用常规武器的战争中使用冲绳基地的问题也解决了：双方表示同意冲绳的复归应当“不损害远东的安全”，因此“不应妨碍美国有效地履行其保卫远东国家(包括日本在内)的国际义务”。佐藤访美的最后公报指出，尼克松总统在冲绳问题上保证承认“日本人民反对核武器的特殊感情”。换句话说，冲绳应与日本其他地区一样成为“无核地区”，但并不妨碍在遇到紧急事态时按《美日安保条约》的规定举行共同磋商的可能性。② 佐藤对尼克松归还冲绳的“宽宏大量的”决定曾私下表示“深为感激”。

这场复杂的谈判就这样以一个有远见和有政治家风度的行动结束了。危机得以避免，没有成为报上的头条新闻。在表面上，我们在冲绳问题上作了让步。但实际上，我们保持住了美日关系。我们把核武器搬出了这个岛，在使用常规武器方面，我们接受了某种有限的限制。通过这些措施，我们避免了把一切都丧失掉。自一九七二年以来，我们在冲绳的基地继续在使用，没有受到任何干涉，公众也没有采取重大的反对行动。冲绳谈判为我们同日本加强伙伴关系打下了基础。尼克松兴高采烈，他在与佐藤告别时说：“在这种场合，人们常常说，两个有关国家之间的关系开始了一个新的纪元。但是我今天相信，这句话确实说出了事实：我们不仅在太平洋，而且在全世界的双边关系中，美国和日本之间开始了一个新的纪元。”尼克松的这几句话可谓大致不差。佐藤在一封信中也作了相同的估计，他回答说：“我深信，我们两国进入了一个相互合作关系的纪元，这种关系的基础比过去任何时候都要牢固得多。”

我们为同日本的关系而高兴的心情由于一九六九年十二月二十七日日本大选的结果而更加强烈。这次大选使佐藤的自由民主党重新当选，他们的议会多数甚至超过了原来预期的结果(在众议院的四百八十六席中取得二百八十八席)。我们认为这证明了冲绳谈判做得对。日本支持同美国搞好关系的人的力量加强了。佐藤到退休时将能够在选择他的继承人上施加影响。尼克松在一九七〇年二月作的外交政策报告中谈到冲绳时说，这是“我作为总统作出的最重要的决定之一”。他这样说是有些道理的。

在纺织品问题上的惨败

纺织品是一个更为复杂难办得多的问题。“吉田先生”在华盛顿又扮演了他那悄悄的中间人角色，他在佐藤到达后的那天晚上来电话告诉我说：在纺织品问题上，我们原来的方案是打算在日内瓦安排出全面的出口限额，但佐藤在重新考虑这个问题，他想在晚上“仔细再想一想”。我对于我们已达成的谅解居然这样快就被告吹表示惊愕。第二天早晨，“吉田”又来电话说，“他的朋友”打算维持原计划的方案。在日本选举之后，佐藤将在日内瓦的正式谈判中使事情取得双方已经一致同意的那种结果。但是，如果要使这个做法行得通，就一定不要在公报中提纺织品问题。由于问题的解决方案只能在还没有开始举行的谈判中提出来，所以佐藤就无法事先估计谈判会产生什么结果。而要是暴露了我们是拿冲绳来换取纺织品问题上的让步，那么美日新关系就会受到损害。因此，公报中的经济部分只是冠冕堂皇地大谈莫里·斯坦斯爱谈的其他题目，使佐藤政府有义务降低对外国进口货和对日投资的壁垒，但是在纺织品问题上一字不提。

尽管如此，事情看来还是在顺利进行着。佐藤在同尼克松进行的第二天谈判中明确保证，纺织品问题将会如总统所希望的那样得到解决。佐藤宣称，他完全负责，并说言而有信是他的“信条”和“誓言”，说这是他的诚意，他将为此而尽一切努力。尼克松说他觉得这很好。这两个领导人握了手。佐藤没有用“全面的”这个词，但是“吉田”在当晚的交谈中要我放心，说佐藤是会尊重这个谅解的。佐藤回国后，“吉田”在十二月又再次同我通话，证实佐藤确是作出了保证，要缔结一项双边的纺织品协议，虽然不用全面这个字眼，但是协议实际上将是全面的，这样可以缓和佐藤的国内问题。这当然很合情合理，因为佐藤刚刚宣布了要在十二月二十七日举行大选。

在举行谈判时，要想取得超出参与谈判一方的国内结构能力以外的成就，那是很危险的，如果还想取得超出双方国内结构能力以外的成就，那就更不用说了。纺织品问题始终没有得到尼克松和佐藤所一致同意的最后解决，因为两国政府中实际上没有人理解怎样才能达到这个目标，甚至不知道目标究竟是什么。我国根据佐藤-尼克松协议提出的正式建议立刻就遭到日方较低级官员的拒绝。我打电话给"吉田"，他再一次对我说，佐藤将会尊重我们所达成的谅解，但是佐藤不让日本知道有这么一回事，他希望这样做能够使他在政治上和在政府机构中比较容易取得他所希望的结果。我把这些话全都告诉了亚历克斯·约翰逊，我对他说："这是一场歌舞伎剧。"后来的结果证明这更像是卡夫卡的故事。

美日之间关于纺织品问题的正式谈判继续在好几个不同的级别进行。但是在任何一级的谈判中，日本政府既没有提出，也没有接受类似于佐藤作过保证的那种主张。佐藤面临着日本纺织业的坚决反对，也面临着相当于我国商务部的日本通商产业省中为纺织业说话的人的坚决反对。佐藤在法律上没有办法强迫纺织业接受那个他们不愿意接受的解决方案。佐藤一度改组了内阁，并更换了通商产业大臣，但是这个新大臣后来也是同样反对让步。

我们方面的做法使得问题更加复杂化。为了使佐藤-尼克松方案能行得通，我们应该提出一个非常强硬的方案，这样做的目的是为了使佐藤能够把他同尼克松达成的协议当作一项折衷方案拿出来。但是我们的中级官员，只是从日本谈判对手的谈话中来判断事情能够办到什么程度，因此他们一直不相信能够达到我们的最高限度的要求。他们坚持要提出他们认为是现实的方案，因此就不再坚持为了使佐藤-尼克松方案能够通过而需要采取的强硬立场。我们的谈判者提出来的是我们告诉他们的、已为双方同意了的最后结果，而不是强硬方案。这就当然使佐藤站不住脚了，因为这样做就是要他接受美国的方案。“吉田”拼命地打电话来，责备我没有履行美国在开头要提出一个强硬方案的诺言——一个外国政府抱怨向它提出的方案过于和解，这种情况是很少见的。“吉田”对我的责备肯定是这样少有的例子当中的一个。在这过程当中，美国国会一直在加强压力，要求把经济战中最重的重炮拿出来——制定法律，规定严厉的定额来限制日本纺织品进口。这样，纺织品问题没有得到和谐的解决，而且有变成一场正面对抗之势。

一九七〇年二月，“吉田”邀请我去日本解决这个问题。要这样深地陷入一场我不很了解的谈判中去，我一点也不热心，而且对于这个问题的解决，我无力作出多大的贡献。于是我要亚历克斯·约翰逊提出一个代替人选。亚历克斯建议要国务院的贸易专家菲尔·特雷齐斯去，但遭到“吉田”拒绝，说这个人级别太低，他要求去一个内阁阁员，于是就选上了莫里·斯坦斯，“吉田”的希望得到了满足，可是五天后，他又来电话对我说，要我们推迟去日本的日期，因为日本方面家里的事情还没有安排就绪，斯坦斯去不会有什么用处。

斯坦斯没有去。三月间日本派了一个谈判者来到华盛顿，并带来了一份不能令人满意的建议。“吉田”给我来电话说，日方的建议只是“看起来”不能接受。日本的实际立场是比较灵活的。在亚历克斯·约翰逊、莫里和我看来，这一点不很明显。我后来又几次接到“吉田”的电话，答应将提出较好的建议，要求我方不要中断谈判。我这时已经习惯于照例把这些情况同约翰逊和斯坦斯商量，我告诉“吉田”，我们等他的新建议。我们完全不知道事情将会变得怎么样，但是就在这个时候，一位主张自由贸易、力求避免制定限制性立法的美国知名企业家在东京提出了他自己的折衷建议。他是以个人身份提出的，但是日方却利用他的建议作为庇护。这位企业家的建议还比不上国务院所提出的方案，而国务院的方案已经是“软”得没法让佐藤提出一个折衷方案，这个建议比“吉田”要我相信的佐藤可能准备要拿出来的方案还要软。因此，日方很快就接受了这位企业家的主张是并不奇怪的。在斯坦斯和约翰逊的建议下，我不得不打电话告诉“吉田”，说明这位企业家只代表他自己，他没有权威。尼克松要我同佐藤的使者“办成这件事”，“掐手的人太多了”。我同意这个意见。听任日本人到处去物色他们最喜欢的建议，这不能说是聪明之举。

这场喜剧又继续了两年，剧本差不多总是一样的。一九七〇年六月，日本通商产业大臣宫泽喜一来到华盛顿，会见了斯坦斯（经过我和约翰逊的同意）。宫泽喜一的建议，斯坦斯认为，似乎在日本谈判期间已经同意的每一个问题都后退了，更谈不上是体现佐藤的计划（斯坦斯讥讽这是“神风特攻队的态度”）。这使得尼克松总统改变了政府的立场，“勉强”批准了实行纺织品进口限额的立法。我有好几次向斯坦斯和约翰逊说，我很想摆脱这个谈判，但他们鼓励我继续留下来。在美日双方都没有章法的情况下，我的“后门渠道”似乎提供了取得任何协调的唯一希望。一九七〇年秋季，总统的国际经济政策助理彼得·弗拉尼根也参加了进来，于是又作了一次同日方达成协议的尝试，然而也是中途夭折。

佐藤首相因出席联合国成立纪念庆祝会于秋季来到美国。无所不在的使者先他而来——虽然这一次不是“吉田”。这位使者坚持说，佐藤来拜望尼克松时想要解决纺织品问题，因为这是个信誉问题。我极力劝他不要提这个问题了，除非佐藤能够履行协议。尼克松懂得，有时，国内有难以克服的障碍能够挫败政治家最好的心意。他自己有过这样的经验。但是，如果再一次办不成就会使信心动摇。

然而佐藤一定要在纺织品问题上再尝试一下，于是又重演了去年那个做法。在十六个悬而未决的问题中，佐藤打算把其中十四个问题达成协议。他说，他想把剩下的两个问题留待他回国后解决，这样，最后的决定就可以在东京而不是在华盛顿作出。佐藤向尼克松告辞后，乘车绕过白宫到西行政大街，出人意料地出现在我的办公室。他说，他想要在我的同僚面前重申他许诺过的事情。他接着把他对尼克松说过的话又重复说了一遍。

他就是这样做了，然后回到了东京，但是仍然什么都没有发生，谈判依然僵持着。我并不怀疑佐藤的保证是真诚的。他非常有头脑，不会去做这样笨拙的逃避责任的事；他非常有身份，不会对一个他真心喜欢的国家和一位他所尊敬的总统耍这样的花招。我们要求于他的太多；他许下的诺言超过了他所应当承担的限度，他由于无力把诺言兑现而深深感到难堪。受到责备的决不应当只是他一方。

一九七一年初，众议院筹款委员会主席威尔伯·米尔斯做了一件不寻常的事：直接同日本纺织界谈判了一项协议。美国的纺织界和白宫把这斥之为是不愉快的事。一九七一年，前财政部长、无任所大使戴维·肯尼迪被任命来负责纺织品谈判。这场争执当时同尼克松一九七一年八月十五日宣布的新的经济政策结合起来了。这是一九七一年(继秘密访华之后的)第二次“尼克松冲击”，是过去美日贸易谈判失败的产物。在这个沉重的震动下，加上总统要根据一九一七年的《对敌贸易法》下令实行进口限额的令人不快的威胁，日方终于在一九七一年十月十五日同肯尼迪大使达成了协议。

有人指责我们说，这个所谓尼克松-基辛格外交，说明对一个民主的盟国的多元政治制度一向是不理解的，在这种制度下，国家的领导者不能够像在独裁制度下那样控制作决定的过程。③当时我虽然还没有透彻理解日本政治传统的全部细微特征，但是我对我们所面临的问题是非常明了的。实际上，那并不是通常意义上的“通过后门渠道的谈判”。不管尼克松怎样叮嘱我不要那样做，由于有必要，我在每一个关节上都是与国务院和商务部的重要官员保持联系的。其他的机构确是希望白宫与佐藤之间的渠道能够从双方的混乱局面中做出一些有意义的事来。那场争执之所以产生，也不像人们所说的那样是由于尼克松错误地理解了佐藤简要的保证。④佐藤所作的明白无误的诺言是经过他自己指派的使者再三反复重申的。可以这样说，根本的错误是尼克松一九六八年竞选时所作的保证，这个保证使我国的外交政策目标付出了太高的代价。

但是，真正的问题当然还要更深刻一些，这对于所有产业民主国家的未来都具有根本的重要意义。日本、美国、加拿大和西欧国家是政治和军事上的盟国，但是我们同时也不可避免地在经济上是互相竞争的。作为民主国家，的确，我们的制度把经济权力和在经济问题上作决定的政治权威分开了。我们没有哪一个国家的政府解决了这样一个问题：如何执行自主的国家经济政策，同时又不至于同既是政治盟友又是贸易敌手的国家搞得关系日益紧张。至于我们所面临的协调大家的经济目标，以加强自由人民之间的团结的问题，我们就解决得更差了。我们宣告大家要互相依赖，但是我们一直不愿意承认，要做到这一点就需要一定程度的信任。

因此，产业民主国家之间的贸易争执依然存在。一九七三年至一九七四年的能源危机把产业世界抛进了长期的衰退之后，竞争和保护主义的压力再度涌现。纺织品谈判的惨败，在日本本来令人赞叹的经济决策记录上是一个重大的过失。然而，美国政策却经不起保护主义的压力，这仍然是美国制度的一个严重弱点。这种压力使我们不得不把那样多的利害得失寄托在同日本达成这样一项协议的努力上(即使只是为了要避免国会制定一项更加无情的限制进口的立法，也需要取得这样一项协议)。保护主义是经济上的弱者采用的手段。比较明智的国家的政策应当是设法去加强劳力和资源的机动性，这样我们就可以摆脱走下坡路的产业，扩大希望较大的生产部门。保护主义，对于一个要想充当产业民主国家联盟领袖的国家来说，更是一种站不住脚的做法。作为政治家，在经济领域里，必须重新强调根本利益的一致性，这样在我国的安全遇到明显的外来威胁时，肯定是会起作用的。在这样一种时候，保护主义把我们推进了冲突之中。反过来说，危险在于：激愤情绪的增长所造成的经济摩擦会破坏利益和理想的一致，而这种一致正是保护我们自由的屏障。我们还需要拿出我们的胆略来面对这个挑战。

注释：

① 这一段所引用的材料摘自厄尔·惠勒将军一九六九年四月二十五日在众议院军事委员会的一个小组委员会会议上作的非保密证词。

② 尼克松-佐藤公报的这一段内容如下；

首相详细地介绍了日本人民反对核武器的特殊感情和日本政府反映这种感情的政策。总统表示他非常理解，并向首相保证，冲绳的复归当以符合首相所介绍的日本政府政策的方式予以实施，而不损害美国政府按照《相互合作与安全条约》所规定的事前协商体制承担的立场。

③ 例如，参看I·M·德斯特勒等著《管理一个联盟；美日关系的政治》（华盛顿：布鲁金斯学会，一九七六年），第一五六页，我认为这本书在其他方面是对国际事件很有用的概述。

④ 例如，参看罗杰·莫里斯著《不一定伟大》（纽约：哈珀与罗氏出版公司，一九七七年），第一〇四至一〇五页。

第十章　言论和幻影：中东战略的演进

我在就职时对中东情况很不了解。我没有到过任何阿拉伯国家，也不熟悉中东谈判的格式。我第一次听到中东外交常用的一种套话是一九六九年二月在英国大使馆的一次宴会上。那时有人用联合国安理会二四二号决议那种庄严神圣的语言，咕噜什么必须在安全和公认的边界内建立公正而持久的和平。我觉得这些话完全是陈词滥调，因此指责说这话的人是在捉弄我。这是我后来再也没有重犯的一个错误。到我任职结束时，我也变得像其他所有中东问题老手一样：语言成了现实，形式和实质已融为一体。我也沉浸在这个令人发狂的、神异的、使人振奋的地区存在的那种含糊不清、激情和沮丧之中去了。如果读者看这一章时觉得这里描绘的外交像是一片令人痛苦的沼泽，存在无穷无尽的玩弄手腕和混乱，他就可以体会到我当时的心情。

一九六九年以前，我对这个地区的直接了解仅限于六十年代对以色列的三次短期私人访问。我对加利利海岸边吉诺萨尔集体农场的访问至今记忆犹新。那是伊加尔·阿隆的家乡，他是一九五七年我在哈佛大学开办的国际讲习班的学生，后来担任以色列副总理兼外交部部长，成了我的同行。那里的土地都是精耕细作的，每一寸土地都是通过信念和痛苦、从与人作对的地理条件和冲突的环境中夺取过来的。在加利利海的那一边，我记得曾看到停在戈兰高地陡岸边的一只孤独的渔船，叙利亚人用步枪一下就可以打着它。当时我想：唯物主义的哲学家是多么不理解人类的动力啊。这里的人民依靠信念的支持经受了两千年的迫害，现在在重新实现他们的梦想，而这种梦想始终比他们悲剧的现实更加强而有力。但是，我同时也在想：在英勇地保卫可能变成又一个被围困的犹太人区的国家时，可不能把这种信念的力量消耗尽啊。他们迟早必须同那陡坡上的男女们实现和解。中东和平不仅是现实的必需，而且也是精神的要求。我当时根本没有想到，居然有一天我也会参加到为实现这个目标而进行的战斗中来。

当时我也没有怎么意识到，用来为各种要求辩护的滔滔不绝的言辞是怎样掩盖了根本的立场，而不是使这种立场更能让人看得清楚。这块不毛的沙漠和光秃秃的山地，是世界三大宗教的发源地，这里有一股使人抒发宗教狂热的深沉的诱力，这里的地理环境没有束缚人类的想象力，因而这股诱力更加强大。在这样困难的地理和气候条件下，只有虔诚的人才能够活下来。人的主要乐趣不是自然，而是信仰和人类的情谊。世界上没有任何其他地方有这样多性格如此鲜明的领袖人物，也没有任何其他地方的政治家的信念起着如此举足轻重的作用。人是通过信念把自己同同伴们连在一起的，而语言在这里常常起着一种决定性的作用。不管是在以色列人的犹太教法典注释中，还是在阿拉伯人的史诗倾向里都可以看到，他们很容易从实用主义的西方认为可以直接体验的现实中进入激昂的谈吐和人类灵感的领域。如果一个粗心大意的局外人竟从字面来理解他们滔滔不绝的言论，并想通过查问这些互相敌对的人的真正要求来找到解决办法，那他就倒霉了。

中东冲突各有关方面真正想要得到的东西深深地埋藏在信念、愤怒和梦想的混合体之中。他们的正式立场，就像柏拉图的洞穴中的幻影，只是一种超自然现实的反映，而这几乎不可能用谈判过程中那种枯燥的法律措辞来加以表述。

中东的冲突，并不像人们常说的那样持续了几千年。在很大程度上，它是我们二十世纪的产物。可以肯定地说，犹太复国主义运动和阿拉伯民族主义是十九世纪后期产生的，它们并不是互相对立的，只是在几个世纪的奥斯曼帝国统治让位于英国的委任统治、从而使巴勒斯坦自决的前景出现时，阿拉伯人和犹太人经过几代人的和平共处后，才开始为在这块土地上的政治前途进行生死的斗争。现代产生的教族之争，把其一切恶劣的东西都带到这块土地上来。纳粹的大屠杀，使得建立一个犹太人的国家在道义上更为急迫。但是，这个国家在一九四八年刚一建立并得到国际上的赞同，它就被迫为保卫自己的独立、不受阿拉伯邻国的侵害而斗争。这些阿拉伯国家不能理解，为什么要由它们作出牺牲来赎回欧洲人犯下的罪过，它们可并没有参与这种罪过。以色列在一九四八年至一九四九年战争中取得的胜利，给阿拉伯民族主义火上加油，因战败而信誉扫地的那些旧政权，于是为激烈的意识形态——泛阿拉伯主义和社会主义——所控制。这个地区变成了冷战对立的焦点，从而不仅加剧了当地的冲突，而且可能把外部国家拉进到一场严重的对抗中来。

到一九六九年，以色列已成立了二十年，但邻国不承认它，游击队骚扰它，国际讲坛上攻击它，阿拉伯的经济联合抵制排挤它。以色列的形状本身也表现了这个国家的脆弱性。它的国土，从地中海海岸到约旦边界的最狭窄处，只有九英里宽。从分裂的耶路撒冷到特拉维夫的主要公路，有些地方距离阿拉伯哨所不到一百码。由于边境周围到处都是不共戴天的仇敌，所以以色列的外交政策和国防政策就变得无法区分。它的外交政策的最高和最终的目标也就是绝大多数其他国家的外交政策的起点——争取邻国承认它的生存权利。因此，以色列很自然地把它在一九六七年占领的领土看作安全的保障，从立国以来，以色列一直在谋求这种保障，但是没有成功。它力求既得到领土，又得到承认，它不愿承认这两个目标是不相容的，但事实也许会证明是这样。

认识上的鸿沟——像一切悲剧一样，双方的看法都有道理——是使阿拉伯-以色列冲突变得极其难以驾驭的原因所在。双方各执一词的结果，首先就是无法取得妥协。只有回避一些问题才能达成协议。双方一接触到具体问题，进展就会烟消云散。这种情况在我就职时变得越来越明显。中东依然陷在“六日战争”留下的泥坑里。双方更加坚持己见，外交活动处于僵持状态，对立情绪日益激烈。

一九六七年六月五日，以色列突然越过了边界，事态变得极端恶化，阿拉伯人所用的措辞像他们的意图一样激烈。一九六七年五月，苏联警告埃及，说以色列马上要对叙利亚发动进攻。苏联这个警告不是真的。无论是故意发出这个假警告来制造紧张并谋求得到某种廉价的信任，还是它自己真的把事情搞错了，它的这一举动触发了一系列致命的事端。加麦尔·阿卜杜勒·纳赛尔总统一冲动，就命令军队开进一九五六年以来实际上已经非军事化的西奈，并宣布封闭红海通往以色列埃拉特港的要冲的蒂朗海峡。他要求联合国秘书长吴丹撤走在国际边界上隔开以色列和埃及军队的联合国紧急部队。纳赛尔不见得是要在军事上摊牌。他甚至有可能被吴丹那样快地接受了他的要求所吓坏。他这样做，也许只不过是想显示一下他的英雄姿态。

有时候，事情的发展不顾当事人的本意而变得不可收拾。一旦埃及军队代替了边境上的联合国部队，以色列便没有别的办法，只好动员起来，因为它的领土太小，经不起第一次进攻的打击。而以色列一旦动员起来后，它就必须在几周内作出打的决定，因为以色列的经济经不起把人力无限期地耗费在动员上。埃及的军队在边界上，以色列的军队就不能够裁军。国际上的外交活动是慢条斯理地进行的，在磋商和安抚之后，继之而来的便是探索。世界上的政治家讨论了各种解决封锁蒂朗海峡的方案。不得要领的来回商谈还在进行着，直到以色列在六月五日早上发动突然进攻，一举消灭了埃及空军。这场战争六天便结束了。以色列占领了埃及、叙利亚和约旦的领土——西奈、戈兰高地和约旦河西岸。以色列新夺来的领土为以色列面积的三倍。

一九六七年战争以后，阿拉伯的激进主义飞速地在增长。在阿拉伯国家中起关键作用的埃及的政策，阿拉伯世界许多国家的政策，仍然还是由脾气暴躁的纳赛尔在推动。约旦境内巴勒斯坦游击队的日益增多，使温和而亲西方的哈希姆王朝侯赛因国王的存在受到了威胁。由于巴勒斯坦人闹事，因而使得黎巴嫩在一九六九年的绝大部分时间里没有了政府。苏联给埃及、伊拉克和叙利亚运来大量军事装备，这就使它比较深入地插手这个地区。阿拉伯的前线国家，由于在一九六七年切断了同美国的联系，这就在物质和外交上都要依赖于苏联的支持。不管苏联表面上的外交立场怎样，它的武器供应加强了阿拉伯政策中要收复失地不妥协的特色，这表现在一九六七年八月下旬喀土穆阿拉伯首脑会议上一致通过的“三不”宣言：“不同以色列言和”、“不同以色列谈判”和“不承认以色列”。

在阿拉伯世界中，有些人士逐渐开始明白，持不妥协的态度，会使以色列抢去的土地被长期地继续占领下去。叙利亚对谈判是不予置理的，而埃及和约旦则试验性地、勉强地伸出了触角，想谋求某种形式的和解。它们要求以色列撤回到一九六七年六月五日以前的边界，但是也示意可以考虑发表一个非战宣言，承认每一个国家有安全生存的权利并承认以色列。这比起阿拉伯人二十年来的敌对态度来说，是一个明显的进步，可是距离以色列所宣布的要求——进行面对面的谈判；划定安全和公认的边界（这是修改边界的委婉的说法）；开放边界进行贸易和旅行；保证国际水道的自由通航——还很远。甚至阿拉伯人当中的温和派，也不接受任何低于以色列完全撤出占领区的解决办法，他们也拒绝进行直接谈判。（至少在公开场合是这样说的。在那段时间里，约旦实际上同以色列保持着秘密的直接接触。）阿拉伯激进派拒绝在任何基础上的和平进程。巴勒斯坦突击队组织“法塔赫”一九六八年十月发表政策声明，拒绝“一切以停止武装斗争为目的的妥协”，警告阿拉伯各国政府不要采取这种方针，并宣告它所主张的“在巴勒斯坦成立一个自由的、开放的、非教派的和非种族主义的社会”，① 换句话说，就是完全消灭以色列国家。

我以后还不断听人谈起二四二号决议，它是一九六七年十一月二十二日在联合国安理会得到双方赞成后通过的。这项决议只是把一些分歧稍稍掩盖了一下。它谈到“安全和公认的边界”范围内的“公正持久和平”，号召停止“交战权利或交战状态”，要求以色列撤出“在最近冲突中占领的领土”和承认各国的“主权、领土完整和政治独立”。但是，事情很快就变得明白了，双方之所以能够接受这些含糊不清的词句，是因为它们能够被用来作出对自己有利的解释。埃及和约旦对“撤出被占据的领土”这一条的解释，是要求以色列撤出所有被夺去的土地；而以色列则认为“安全和公认的边界”就是不恢复“六日战争”以前的界线。在以色列看来，撤退占领区就等于放弃具有实效的保障，它要求得到补偿；在阿拉伯方面看来，撤退就意味着收回属于他们自己的领土，因此，他们认为要以色列撤出占领区是他们的权利，而不是以色列的让步。

这些互相冲突的观点，浸透在中东的纠纷之中，妨害了任何真正的谈判。每一方都想达到自己的基本目的，并把这当作开始谈判的要价。埃及坚持，以色列的撤退，必须走在实施任何其他条件、甚至是谈判任何其他条件的前面。以色列则要求从一开始就进行面对面的谈判，这样做有两重好处：一是这样至少可以得到含蓄的承认；二是可以把大国强加它们的意志的危险减小到最低限度。约旦之所以在一九六七年默认二四二号决议，是因为这一决议得到了我们驻联合国大使阿瑟·戈德堡的许诺，并答应约旦，我们将按照这项决议的条款，设法使西岸归还给约旦，只对边界作些无关紧要的修改，而且我们还准备发挥我们的影响，来为约旦在耶路撒冷取得一定的地位。由于后来并没有举行谈判，所以这个诺言是没有意义的。

二四二号决议授权秘书长吴丹指派一个特别代表同有关各方会谈，从而设法使谈判得以开始进行。吴丹挑选了瑞典驻莫斯科大使贡纳尔·雅林。雅林想了解一下在这些不协调的意见当中，能否找出共同点，以便把大家拉到一起来，于是向有关各方送出一份调查表，询问它们的立场。他的工作就这样开始了。有关方面回避了几个月之后，终于各自以不同的绕圈子的语言作了回答。他们向雅林作的回答，同它们已经公开说过的一样，用语简单，有时还蛊惑人心。雅林在访问中东时发现，各有关方面真正的立场，甚至比它们的公开声明还要难以协调。

每方在申述自己的论据时，感情激动，从中可以看到不小的激愤。以色列坚持“有约束力的和平”。只有从来没有享受过和平的国家，才会对这个词如此重视。主权的属性之一就是有权改变主意，因此主权国家之间还说得上什么有约束力的和平呢？三个世纪以来，法国和德国几乎每一代人都发生战争。每一次战争都是以“有约束力的”正式和平条约而结束，但是这并没有防止下一次战争的爆发。一九一四年，“开放的边界”也没有能防止那场震撼欧洲根基的世界大战的爆发。历史上绝大部分战争都是在原来和平相处的国家之间打起来的。而中东国家之间的战争，却是在严格意义上已经处于交战状态的国家之间爆发的。这是中东特别反常之处。

纳赛尔坚持以色列必须无条件地撤出全部被占领的领土，可是他从来不曾解释，他所提出的非战建议是这样含糊其辞，以色列凭什么理由要撤出去。纳赛尔也举不出一个先例来说明，什么时候曾经有过以战胜者无条件撤出它所征服的领土为基础的和平解决。但是对于纳赛尔来说，承认以色列的前景是如此触伤他个人，在他看来只要他提到一下这个词儿，就完全没有必要去赋予它具体的含义了。

在世界其他地区，这种情况也许会造成一种僵持不下的局面，其间会发生一连串战争，直到大家精疲力尽，终于出现一种靠人类智慧无法实现的平衡。但是在二十世纪下半叶，中东问题是处于全球政治的漩涡中心。在六十年代后期，虽然人们还没有把石油看作稀有物资，但是人们对中东——它位于几大洲和几种文明的交汇之处——的重要性却是了解得太清楚了。苏联在四十年代后期，曾经认为中东是自己鞭长莫及的地方，曾经采取听之任之的态度②，十年后，它通过出售军火，钻了进来，二十年后，进一步把成千的军事顾问派到埃及。苏联置身于中东，是第二次世界大战以来地缘政治上的一大变化。十五年来，这个地区加剧了冲突。随着时间的推移，苏联的活动也越来越大胆。一九五六年，苏联稍稍介入了苏伊士运河危机的外交活动，并且在我们对英法两国施加压力之后发出了要进行军事干预的含糊威胁——因为那时苏联这样做已不会引起什么风险了。一九六七年后，苏联派到中东的军事顾问增加到五倍。在整个六十年代中，苏联的影响在埃及、叙利亚、伊拉克、阿尔及利亚、苏丹以及后来几年还在利比亚急剧增加。苏联帮助挑起的一九六七年战争，使它得以在历史上第一次在地中海建立一支约有五十艘军舰的常驻舰队。

外国所起的作用几乎和主角们一样错综复杂。苏联是以阿拉伯事业的维护者的姿态出现的。它支持阿拉伯国家的建议，没有提出一点可以妥协的暗示。西欧国家苦于无能为力，但又预感到再发生一次冲突将在经济上造成的危险。其中最活跃的国家是戴高乐的法国。在“六日战争”后，法国实际上是赞成阿拉伯国家的立场。至于美国，约翰逊总统在一九六七年六月十九日的演说中，竭力绕开争论的暗礁，含糊其辞地说了一通。在谈到边界、承认和海上权利问题的时候，他的话后来变成了暧昧不明的二四二号决议的预兆。埃及和其他阿拉伯国家在一九六七年战争的余波中，断绝了同美国的外交关系。我们在主要的阿拉伯国家的首都没有高级外交官，可是这些国家在谈判过程中，还是要求我们帮助的。纳赛尔坚持要我们对以色列施加压力，作为报偿，他表示可以同我们恢复外交关系。他以毫无根据的借口，断绝了同我们的关系，可是却要我们来为恢复这种关系付出代价，其理由何在，他从来也没有说明过。* 只要他的政策是继续依靠苏联的支持和迎合整个阿拉伯世界的激进情绪，那么，

---

* 纳赛尔指责美国在一九六七年的战争中，直接在军事上参加到以色列一边。约翰逊总统坚持要纳赛尔撤销这个指责，然后才能恢复外交关系。纳赛尔通过报纸撤销了，但是约翰逊坚持要纳赛尔直接向美国作这个表示。

我们就更没有兴趣要恢复这种关系。

我一向认为，必须迫使苏联压缩它在中东推行的冒险政策的规模，因此，美国在一九五六年苏伊士危机中的做法使我大为遗憾。我们应当了解，突然撤销对埃及阿斯旺水坝的财政支持会成为一个危机的开端，而不是结束。这场危机发生时，我认为是处理不当的。不管人们认为英法两国的军事行动是否明智，我深信，我们在以后的年月里，将为我们目光短浅地讨好观众的做法付出沉重的代价。我并不认为这样粗暴地对待我们最亲密的盟国，能够博得纳赛尔或者那些崇拜纳赛尔的人持久的感激，相反，这倒可能会使他更加坚信不疑地推行从根本上说有损于西方利益的政策。在由英国的实力和声望支撑的温和政权(特别是伊拉克)的心目中，我们的行动只能被看作是美国站在以纳赛尔为代表的激进分子一边，这种做法可能削弱、甚至摧毁这些国家的政权，英国和法国的自信以及同世界事务息息相关的感觉遭到破坏之后，就会赶紧摆脱他们担负的其他国际责任。那时，力量的现实，将逼使我们去填补在中东和苏伊士以东形成的真空，从而承担起在地缘政治方面作出困难决定的全部道义责任。

但是，当我身居高位时，我在中东政策方面实行自己观点的能力和在其他方面不同。在其他问题上，尼克松经常是听取一下从各个机构来的意见，然后由白宫采取行动。这样，我所负的责任总是越来越大。但是在中东问题上，总统是把我的计划工作同我的具体执行计划的作用分开来的。我可以作计划、提出警告、把问题拖一拖，也可以硬把问题提到国家安全委员会的范围来讨论，但是一直到一九七一年年底，除了个别发生尖锐危机的时期之外(例如一九七〇年九月叙利亚入侵约旦)，我都不能进行外交活动。

我认为这样做有两个主要原因：一是尼克松同国务卿罗杰斯存在心理上的矛盾；二是他认为执行积极的中东政策在国内会面临障碍。由于尼克松对国务院的不信任，于是把我推到前面来了，这当然使罗杰斯感到难堪和沮丧，而尼克松总是要想方设法来安慰他的这位老朋友。他要在外交政策上保留一些方面，以便让罗杰斯发挥主要作用。但是尼克松用这只手给人家，又用那只手拿回来。在这样一些成功机会看来难以捉摸的地方——如非洲——或者是在国内引起反应的风险很大的地方，他可以毫不介意地把任务交给别人去做。中东就符合尼克松这两个条件，他估计几乎任何积极的政策都不会取得成功，相反几乎肯定还会引起以色列的支持者的愤怒，因此，他认为，使白宫尽可能离开直接的火线远一些是有好处的。

他也怀疑我的犹太人出身可能会使我太偏向以色列。此外，像其他的总统一样，助长国务卿和安全事务顾问这两个机关之间固有的对立（尽管有许多与此相反的礼仪上的声明），以加强自己的控制的做法，他也并不是没有。

国务院在中东事务上之所以起了比较积极的作用，还有一种个人因素。这里指的是被任命为近东和南亚司司长的助理国务卿约瑟夫·西斯科。这个人热情很高，爱交际，偶尔还有点爱激动。他和其他外交官不同，也不曾在国外工作过。他被提升到外交事务的最高级，完全是由于迪安·腊斯克坚持的结果，循规蹈矩的人事部门是一致反对的。一旦被提升上来后，他便成了一个活生生的例证，说明即使在一位决心亲自掌握外交政策的总统之下，国务院的领导如果富有想象力，是能够取得很大成就的。他的点子非常多。中东外交的命根子是计谋和策略，他有这方面的擅长，有时候他提出的解决办法比存在的问题还要多。约·西斯科抓住了官场里的主动权，从来也不曾放弃过。他对于华盛顿那一套权术很机敏。他看到在尼克松政府中，总统的权威是最后的决断人。他很快就同我建立了个人的关系。到后来，他在罗杰斯和我之间进行调解活动的时间，大概同用在调解阿拉伯人和以色列人之间一样多。关于国务院日常对中东问题所做的事情，白宫得到的报告，很多都是由西斯科传给我的，或者传给我在中东事务上的高级助理哈尔·桑德斯的。西斯科总算对他的两位上司——罗杰斯和总统——都保持了忠心，给他们两人都服务得很周到。我任国务卿后，让他担任了负责政治事务的副国务卿，这是国务院中最高的职业决策职位。在这个职位上，他成了我不可缺少的合作者和亲密的朋友。

层出不穷的主动行动

当一个新政府上台后，理所当然要“处理”世界上的重大问题。新上任的总统总是指责他们的前任把还没有最后“解决的”问题移交下来。任何一个美国领袖都难以接受这样一个事实：在有些冲突中，互相对立的立场就是无法协调。的确，当不存在妥协的意愿时，时机不成熟就强行解决，这样只能扩大不安全和不稳定。应当放慢下来的事态也许会加速起来。压力一旦形成，可能就无法控制。每一届新政府必须懂得——常常是好不容易才懂得——制定政策时，最困难的责任之一就是耐心地选择适当的时机，并采取决定性的行动。

新政府就职后，许多引诱政府去“有所作为”的事情，正等着它。一九六九年二月初，以色列人士报告说，在从“六日战争”到一九六八年底的一年半中，发生了一千二百八十八起破坏和恐怖事件：九百二十起发生在约旦前线；一百六十六起发生在埃及边境；三十七起发生在与叙利亚的停火线上；三十五起发生在黎巴嫩边境；一百三十起发生在加沙。在同一时期，以色列军事人员的损失是：死亡二百三十四人；受伤七百六十五人。非军事人员的损失是：死亡四十七人；受伤三百三十人。这对于一个二百五十万人口的国家来说，是一个可惊的数字。按比例来算，就等于美国这样的国家死亡二万人，伤十万人。以色列进行了报复：空袭了约旦境内可能是游击队根据地的地方；一九六八年十二月二十八日，对贝鲁特国际机场发动了大袭击；越过苏伊士运河的炮战是常有的事。

美国接到要求它参加外交活动的邀请可不少。特别是有这样两个邀请在等待着新政府：一是十二月三十日，苏联提出一项实施二四二号决议的和平计划，这个计划反映了阿拉伯人希望以色列完全撤出占领区的要求；它把和平的定义规定得极其有限，以至一眼就能看出根本就不会有和平；二是一九六九年一月十六日，法国提出一项由美、苏、英、法四国举行中东问题协商的建议。

在我们二月一日召开的国家安全委员会会议上，我们必须决定如何答复这些建议。从根本上说，必须决定是否要抛开约翰逊当政那几年的低姿态政策。事情很快就被看清，国务院急于要发出一项美国的创议。至于美国投身进去想达到什么目的，形成什么战略，则要等到进行谈判的时候再看。国务院认为，我们有责任弥合各有关方面的鸿沟，使他们在雅林的帮助下求得妥协。他们还提出理由说，由于战事在加剧，我们不能显得漠不关心。那个地区的有关各方都认为，解决那里冲突的关键掌握在美国手里。因此，国务院认为，我们的确应当积极参与进去。他们指望，仅仅凭谈判进程的势头，大概也可以在有关各方之间以及局外的国家之间找到共同的基础。至于苏联，国务院说，由于莫斯科利用那里的紧张局势，似乎还得到了好处，如果能达成和平解决，就一定可以挫败苏联的战略，因此采取这种方针至少可以考验苏联的意图。

新总统眼看就要第一次尝到官僚们硬要他办某件事情的压力的滋味了。官僚们当然是要通过一些几乎无法察觉的阶段来达到他们自己可能也只是模模糊糊看到的目标。通常的做法，第一个步骤就是要求总统或国务卿授权他们去“探索”某种“原则上的”方针，他们庄严地打保票说，这样做既不形成必须要采取的下一步行动的先例，也不承担采取下一步行动的义务，政策制定者完全可以控制事情的进程。可是这第一个步骤，总是一无例外地预示着还要采取一连串的其他步骤。对一个严重的问题进行探索，只会把问题的种种困难暴露出来，于是就形成了要克服这些困难的压力。不久，他们就要求总统采取行动来消除他自己的政策所造成的困境。这当然正中鼓吹积极政策的人的下怀。他们正求之不得地想要提出打破僵局的计划。国务院有很多中东问题专家，不满约翰逊总统对中东冲突的超然态度，他们认为，这是他出于国内政治的考虑。有些美国外交人员有一种心理，总不把没有美国参加在里面的危机看成是名副其实的危机。这种心理把这些专家的热心进一步挑逗起来了。这就是为什么有些人会觉得，决不能让人（但从来没有说清楚究竟是谁）认为我们对已经隐然出现的大争斗无动于衷。

仓促地投身到一场谈判中去，对于这场谈判的目的，我们还没有弄明确，对于谈判的结果，人们却要我们负责。我对参加这样的谈判是十分怀疑的。我对提出这种谈判建议的理由也提出过疑问。在我看来，我们不大可能在有关各方之间找到共同的基础。对于向我们提供的谈判场所，我也不甚欣赏。苏联和法国对阿拉伯的观点有固定的倾向性（加上这一倾向性对英国方面所形成的压力），因此法国建议的四国协商，就可能形成一种对付美国的联合阵势。而举行两国的会谈——美国和苏联——如果取得进展，将给苏联带来的是它迫使美国接受解决中东问题的办法的声誉；如果谈判失败，它把责任推在我们身上。

比选择谈判的场合更为重要的是这样一个始终不变的根本前提：美国势必要代表以色列表示同意——国务院的一个代表在二月一日国家安全委员会会议上明白地这样说。这就是说，要我们来代表那些同我们断绝了关系（只有约旦除外）、总的来说又是执行敌视我国的政策和依附于莫斯科的国家对我们的一个盟友施加压力。因此，我怀疑由美国出面谋求一个总的解决是否可取，除非我们能够比较清楚地看出阿拉伯人准备作出什么让步，而且从这个解决中得到好处的将是美国的朋友，而不是依附苏联的人。同时，我很赞成举行以色列-约旦谈判，因为其中正好有一个朋友；我不赞成以色列-埃及谈判，因为这样的谈判，要求我们为一个受苏联庇护的人摆脱困境。简单说来，我认为，进行有成效的中东外交活动的前提，是缩小苏联的影响，只有这样，取得的进展才不会把功劳归之于它的压力，而温和国家的政府可以得到一些回旋的余地。

次日，我向总统表示了我的关切。他邀我去沃尔特·里德陆军医院看望前总统艾森豪威尔。他当时患的病已到晚期，七个星期后就去世了。他坐在一张安乐椅上，显得比我上次看到他的时候更加消瘦。这次见面时，他费了许多时间叮嘱尼克松不要把国家安全委员会的活动走漏出去。尼克松把我们关于中东问题的讨论情况告诉了他。艾森豪威尔主张美国不要更多地卷到谈判中去。也许这是反映了他在一九五六年苏伊士危机中的痛苦经验，他认为，最好的办法是让有关方面自己去解决。我们如果积极参与，到后来就不得不成为一个仲裁者，不管最后出现一个什么处置办法，只好由我们自己来向有关各方提供保证。这会使我们永无止境地纠缠在中东的困难局面中。

第二天，我到办公室不久，艾森豪威尔就打电话来了，他很生气。他刚从《纽约时报》上看到消息说，国家安全委员会在会上决定美国要在中东问题上实行比较积极的政策。他说话的气势不像我印象中身体那样虚弱的人，激烈的用语也同他那开朗的笑容不相称。他训斥我没有限制参加国家安全委员会会议的人数，这样办事对不起总统。他说，我的责任是防止官场上的人这样走漏消息来扰乱总统。这件事更加说明了他头天晚上的叮嘱：我们不应当过问中东的事。

同一天，我向总统提出了一份备忘录，说明了我在这个问题上的进一步考虑。我估计他快要就某种形式的积极外交作出决定了，这既是对国务院的催促的答复，也是因为在他竞选时作过美国要采取新的主动行动的保证。我尽力说明了这样的做法可能要付出什么样的代价，并且提出了我对成功的可能性的怀疑。我说，有关方面在日益加剧的暴力行动中，靠他们自己确实是无法求得一个解决办法的。但是这并不是说我们就会把事情办得好一些。我怀疑纳赛尔能否接受以色列愿意接受的最低限度的和平条件。全力以赴地谋求一个总的解决的努力，多半是会失败的。因此，我们将是浪费政治资本，使引起冲突的压力更加大，并且使我们在一旦冲突爆发时要控制局势也就无能为力。在我看来，集中力量求得部分的解决，例如与约旦，这对我们就算不错了*。约旦同美国有着悠久的友谊，两国间关系很好。我敦促总统，如果他着手去做，就不是要国务院只是拿出程序建议来，而是要拿出国务院赞成的实际和平条件的方案来。说来说去，明确这些和平条件才是这场演习的目的所在。

二月三日下午，尼克松和我进行了一次私下谈话。他感到自己"被困住了"。他不能够直截了当地拒绝法国的建议，因为这样一来，他同戴高乐改善关系的努力就完了。他也把中东问题看作是能够促使苏联在越南问题上合作的杠杆。国务院在这个问题上是一致的，而且还非常坚持，因此，他不想在这个问题上否定国务院。可惜，这些目标不是并行不悖的。我对他说，照我的想法，与其通过谈判来解除中东的困境，使苏联人得到一个大好机会来表现他们对阿拉伯朋友是多么有用处，倒不如在中东（这里受苏联庇护的人是较弱的一方）采取深思熟虑的行动，这样就更有可能在越南问题上采取合作的态度。我们也不必迁就这些官场人物，在他们首次走出这样一着棋的时候就照着他们的意思办。那样一来，他们肯定会要求给予更具体的指示，以致把我们引上滑坡。我们如不小心，他们就要我们提出计划来打开每一个僵局——要我们迫使不听约束的有关方面接受我们的计划。

但是，外交政策上的决定很少是从抽象的分析中得出的。由于我说过的那些原因，尼克松不愿否决国务院，不想使戴高乐不高兴，也不想断然拒斥苏联。我意识到他的这种心情，因此提出了一种不至于使我们自己无法回旋的办法。我们不再在举行四国会议还是举行两国会谈这两者之间选择其一，而是两项建议都接受，这样就能够保持某种行动自由。我们可以先摸一下同苏联举行的探索性会谈进行得如何，然后再决定是否使四国会议取得进展。照这个做法，我们就能够设法把中东问题

---

* 这个判断后来证明是错误的，因为西岸和耶路撒冷是以色列最难处理的问题。

的谈判同我们所关心的更广泛的问题联系起来，包括苏联在越南问题上帮忙的问题也连在一起。在四国会议中，我们的欧洲盟友如果知道我们还有两国会谈这条路可走，就不至于那样贸然站在苏联一边来对付我们了。为了使这样的进程不至于变得无法控制，我们可以坚持先把探索性会谈的结果提交总统审查，然后才进行正式谈判。

总统同意了我的这个办法。二月三日，我把这个决定告诉了罗杰斯和西斯科。二月五日，国务院按照指示宣布，美国“赞同地”看待法国的建议，我们将开始同苏联、英国和法国进行双边的磋商，以增进“了解的程度”，从而使四国会议早日举行，而且要成为“有成果和建设性”的会议。

我这个点子没有行通，因为它聪明过头了。我可以发动订计划的工作，并且设法转移官场人物的精力，但是我没有法子控制会谈的进度。国务院把白宫的这个策略把戏当作是投合国内政治的需要，于是赶紧尽快地把“探索性”会谈完成。没有过两个星期，我发现国务院已经在计划下一步行动了：制定和平解决中东问题的实质性的全面的原则，这正是我几个月来希望一步步制定出来的东西。

外交活动的进度加快了，国内的激动反应也加速了。国务院宣布我们对四国会议的“赞同”态度后，不出一个星期，以色列的支持者反应强烈，其气势之猛我在后来几年中也渐渐司空见惯了。这些人反映了以色列本身唯恐外界来代替他们同阿拉伯人直接谈判的心情。一个由六位众议员组成的代表团，在二月十三日先来会见我，然后再会见总统，为首的是纽约州的伊曼纽尔·塞勒，他们代表着众议院两党的领导。他们认为，四国会议的开始，是美国行将强制解决中东问题的迹象。他们很不信任四国会议的方式，担心会使我们接近法国和苏联的观点。

国会对四国会议这个方式尚且不安，一旦讨论实质问题，反对的激烈程度更可想而知。两方面立场的距离之大，再一次从埃及总统纳赛尔和以色列总理列维·埃什科尔接见一家美国新闻杂志的谈话中表现出来。③埃及总统要求把以色列完全撤出占领区作为阿拉伯履行二四二号决议其他条款的先决条件。以色列总理则明确地说，以色列无论如何也不会回到战争以前的界线上去，他对于实现“和平”需要做些什么，有非常具体的意见。埃什科尔于二月底去世，这样局势变得更加复杂，因为这使以色列面临着选举年的复杂的政治前景，这种情况，一直要继续到被提名为埃什科尔的继任人——果尔达·梅厄在十月选举中得到新的委任时为止。

这就加强了我的看法：举行积极谈判的时机还不成熟。因此造成的战略上的分歧一直没有真正解决。那些官场人物想尽早举行实质性会谈，因为他们害怕局势的恶化会增强苏联的影响。我认为，拖延时间整个来说对我们有利，因为这样可以使我们甚至对激进的阿拉伯人表明，要取得任何进展，就少不了我们，苏联的压力是勒索不了我们的。国务院想至少接受苏联的某些主张以求得妥协，企图借此来推动谈判的进程。我想的却是要使激进派受点挫折，让他们看到，在中东，同美国友好是在外交上取得进展的先决条件。这些激进派不管怎么样都是敌视我们的。二月中旬，我对西斯科说，在纽约联合国举行的四国会议中，我们并不想取得迅速的成功。我说这番话完全同国务院的想法相反。

与此同时，苏联人很快就上钩了。二月十四日，我同多勃雷宁头一次会面时，他对我说，苏联领导准备就中东问题同我们举行双边会谈，地点最好是在联合国之外。他在二月十七日第一次会见尼克松时，也说了这样的话。尼克松避开了在白宫一级就中东问题举行秘密双边会谈的建议。他坚持只有苏联在越南问题上采取合作的态度，这条渠道才能开放。

总统在一九六九年二月底到三月初访问欧洲时同这些国家举行的会谈，加强了要美国积极参与中东问题的会谈的压力。英国和法国当然想使主要的会谈在四国范围内举行，虽然他们并没有断然反对同时也举行美苏两国间的讨论，但是他们对这个做法是很不热心的。戴高乐以高傲的超然态度说，美苏两国愿意谈什么，就谈什么，只要不给人以两国在把持一切的印象。除了这些程序上的考虑——戴高乐对由四国保证以色列全部撤出占领区这一点表示一般的支持——之外，欧洲的领导人，谁也没有对如何推动有关各方达成全面的协议提出具体的意见。他们慷慨地把这种具体的事交给我们去做。

到三月初，国外的压力和官僚机构的压力加在一起，造成了促使美国起积极作用的难以抗拒的势头。甚至在总统还没有作出决定之前，约·西斯科就已经同多勃雷宁讨论举行两国会谈的可取之处。当四国会议正由我们驻联合国大使查尔斯·约斯特主持的时候，两国会谈由西斯科来主持，这对西斯科的热情是影响不小的。

多勃雷宁多少有点迷惑不解。他在三月三日同我共同进餐时，要我澄清两国会谈（这是他急于想开始的）与四国会议的关系。他想要逗弄我，于是就露出口风说，苏联愿意讨论一揽子交易，也就是说，一个要求同时执行全部条款的方案，而按阿拉伯-苏联过去的要求，这个进程应当是以以色列撤出占领区作为开端的。他希望知道他的这个计划应在哪一种会谈中拿出来。他示意，他倾向于通过白宫的渠道，讨论某些比较微妙的问题，譬如边界问题。我根据我们利用中东问题作为处理越南问题的杠杆的策略——我知道尼克松不愿看见我参加进去——我回避了他这个建议，我鼓励多勃雷宁继续去同西斯科谈。

第二天，三月四日，以色列大使来打听我们的目的了。伊扎克·拉宾是以色列独立战争的英雄，以色列国防军参谋长。他是“六日战争”胜利的缔造者。除了他的聪敏和韧性，他不是当大使的料。他沉默寡言、腼腆、沉思，几乎是厌恶闲聊，他很少具备从事外交活动所需要的特质。好啰嗦的人使他厌烦，平庸琐碎的言谈可以使他感到受了冒犯。可是不巧，在华盛顿这类事情可不少。他讨厌模棱两可的话，而这正是外交活动的诀窍。他这个人从不去讨人欢喜，但是我却变得极其喜欢他。他为人正直，他分析问题抓住要害的才能令人肃然起敬。我尊重他的判断，甚至在与中东无关的问题上也常常如此，即使在以色列的立场并不总是与我们的相同的时候，我也信任他的动机。我们成了好朋友，我们各人的职务有时使得我们不得不变更我们的立场，并发生口角，可是我们仍然是好朋友。

在第一次交谈中，我不能回答他对我国政策的询问，因为我们自己也还没有定下来。但是我有理由断定，总统将同时进行四国会议和两国会谈。我个人的忠告是：以色列应当制定一个具体的纲要，明确说明它能够经得住的“和平”的定义，只有这样，我们才能有一个准则来判断是否取得了进展。

果然，我的担心不是没有道理的，是谈判的那股势头，而不是经过深思的策略，在催逼着我们作出决定。三月初，我认为以推迟一些日子为好的事情，西斯科却报告说，已经办好了。给他的第一个指示，这时他已经完成，并要求给他进一步的指示——国务院为此已忙了两个星期，唯恐总统把时间耽搁了。换句话说，在“深思熟虑的”、“探索性的”进程开始后不到一个月，西斯科和他的同僚，就要向尼克松建议由我们来提出实质性的全面的原则方针。

国务院这时提出的理由与他们为说服总统同意进行探索而提出的理由恰恰相反。在一个月前，我们曾经说过，举行四国会议的决定，不会使我们对实质性问题承担任何义务，可是，现在他们却说，除非提出某种具体方案，例如一套原则方针，否则非正式的探索是进行不下去了。他们说，除非提出我们的主张，否则我们就会被其他三国提出的不甚协调的立场难住，因此，我们必须赶快提出。国务院催促说，以色列外交部部长阿巴·埃班预定在三月中旬来访问，应当以这个日期为总统作出决定的最后限期。埃班还将被告知，我们打算在四国会议和与苏联的会谈中把这个文件拿出来。我为了拖延事情的进程而设计好的做法，这时还不到四个星期就已完成。

我的看法并没有因过去一个月的形势发展而改变。三月五日，我给总统写了一个书面材料，把我的考虑归结如下：

大家都在说，在任何谈判中，我们大概都会支持以色列。阿拉伯人以为——他们想错了，却无法更改——我们要以色列怎样，他们就会怎样。法国和英国以为，我们能够做的绝不仅仅是我们已经做的那一些。也许只有苏联——他们知道他们自己对开罗和大马士革的影响有限——现实地了解我们对耶路撒冷的影响有限，但是他们觉得，利用我们对以色列的支持进行宣传，好处太大了，但又不能公开这样承认。

但是大家也都在说，今年不像是能够解决问题，因为以色列在埃什科尔死后的选举年中的政治情况，使以色列妥协的可能受到了很大的限制。

为了尝试着去做那些不大可能做到的事情，人们通常举出的理由有以下几点：（一）尝试本身就会成为中东的一个稳定因素；（二）在年内使问题得到解决是使好斗的巴勒斯坦人无法有所作为的唯一办法。但是，问题在于：（一）尝试得太积极，结果可能比现在不全力以赴更糟；（二）问题得到解决后，实际上可能会加强巴勒斯坦人的地位，削弱接受这种解决办法的阿拉伯政府。

我们的困难在于：如果我们压制以色列，就会鼓励阿拉伯的激进派和那些投靠苏联的人，他们会以为采取顽固态度是做对了，投靠苏联有好处；因此，这种压力会逼迫以色列采取极端行动，至少是寸步不让。另一方面，如果我们不逼迫以色列，造成僵局的责任又会落在我们身上。一旦以色列同意接受妥协条件，巴勒斯坦人在叙利亚和伊拉克的支持下，大概会出来阻挠；而同意那个解决方案的温和派阿拉伯政府，就会遭到激进派的攻击。侯赛因会站不住脚，甚至连纳赛尔也会站不住脚。这样一来，不仅使谈判遭到失败，而且会使局面更加混乱，甚至又有发生战争的危险。换句话说，我认为，苏联能够施加影响，但态度寸步不让；纳赛尔好斗，敢死队有力量。在这种情况下，中东问题不具备由美国来采取全面的主动行动的条件。

国务院提出了一份“总的原则”的文件，恰恰是要朝另一个方向走。文件说，谈判的目的是要缔结一个具有约束力的契约性协议，虽然不等于和平条约。面对面的谈判在早期阶段“不是非要不可”，但是“在某个时刻”可能势在必行。这些原则允许对以前的边界作很小的变动，但是这种变动“不应反映征服的压力”。（关于“征服的压力”的说法，是国务院用来表示坚持要以色列几乎完全撤出占领区的委婉语；约翰逊总统在一九六八年九月十日的演说中曾经用过它。）在这些原则的背后，明显的想法是：虽然有联合国的贡纳尔·雅林来带头，有四国会议和两国会谈来给他“撑腰”，但是归根到底，只有在美国对以色列起充分的杠杆作用的情况下，他们的努力才能起作用。国务院提出一般原则的文件的早期文本，坚持要以色列撤退到战前与埃及和约旦接壤的边界线，只是与约旦的边界线作很小的调整。这一条规定，在我有一次与西斯科会谈时，总算把国务院的原则改得缓和了一些，要不然以色列肯定还是会大发雷霆的。

三月十日，尼克松批准了国务院的一项建议：在埃班访美期间，把一般原则这个文件提交给他；然后由西斯科和多勃雷宁逐项讨论；最后再提交四国会议作为协商的基础。尼克松对我说，他也和我一样，对于这种做法将会收到什么样的效果感到怀疑，但是他说，这可以使我们在白宫处理越南、限制战略武器谈判、欧洲和中国问题时，给国务院有事可做。（也有可能，他对罗杰斯作的解释与此正好相反。）罗杰斯三月二十七日在参议院外交委员会的公开听证会上很得意地披露了这个新的方针，他对参议员们说：“以任何有益和有效的方式发挥美国所具有的影响，是美国直接关心的事……”罗杰斯主张建立“安全的公认边界”和“有契约性约束力的”和平状态。当他说到这里时，添上了一个关键性的方案：“在我们看来，对从前的边界线的调整，应限于共同安全所需要的范围以内，而不应反映征服的压力。”

西斯科与多勃雷宁从三月十八日到四月二十二日共会谈了九次。会谈的情况是我们可以预料到的。他们会谈的唯一议题，就是美国的“总的原则”文件，多勃雷宁在会谈中要求西斯科要更明确一些。在这里所谓要更明确一些，就等于说，在最后边界这类问题上，立场还要坚定一些，这就明显地表现出我们已更加接近了苏联-埃及要求以色列完全撤出占领区的立场，这样势必激起以色列的剧烈反对。我们在三月二十四日把一般原则提交给四国会议，也得到了同样的结果。美国的立场再次成为辩论的焦点，我们的盟友竭力想推动我们去作出更大的努力。所谓“更大的努力”在做起来的时候，同“更明确一些”的意思是一样的。他们在会谈中步步紧逼我们，没完没了地要求我们为了拯救谈判而修改我们的立场，而我们着手进行这个谈判本来据说是为了要减轻对我们的压力的。

到三月底，我向总统递交了一份关于两国会谈的临时报告：

虽然我们到目前为止避免了因缺乏准备而可能产生的最糟糕的危险，但是整个谈判的担子仍然可能落到我们身上——提出各项实质性的建议和说服以色列……给公正解决下一个恰当的定义，就是使双方都不高兴的事情。果真如此的话，我们就必须得到苏联的帮助，使苏联分担推行一个令人不快的解决办法的责任。

我们已把我们同以色列的立场区别开来了；可是苏联却没有采取相应的行动，他们丝毫没有把自己的立场同阿拉伯的立场区别开来。我再一次说明，在我们采取新的立场以前，我们必须制定出一致同意的美国立场：在最后解决的条件上；在取得这种解决的策略问题上；在如何安排两国会谈和四国会议这两者的关系问题上；在如何使这两个会谈与雅林协调一致的问题上。如果没有这样一个一致同意的美国立场，那么整个工作势必以紊乱而告终。

所有这一切程序上的活动，都不能使我们免除听取各有关方面的意见的必要性——这样一个进程，必然会使我们又一次更深入地面对现实。

中东来客

我们听取意见的第一个人是善于雄辩的阿巴·埃班，他在三月中旬来到华盛顿同白宫和国务院进行会谈。埃班任教育部长时，我在以色列的一个社交场合曾会见过他。这一次是我任职以来第一次同他接触。我从来没有遇见过像他那样精通英语的人，句子汩汩而来，结构流畅而又复杂，既是对听者智力的考验，又使听者为他的才华惊倒。他说话像散文一样平稳流畅，没有高峰起伏，像山间一股潺潺清泉。打断他的话几乎是难以想象的，因为人们知道，只有在看来相对粗俗的习语中，人们才不得不从中打断。没有一个美国人或者英国人说起话来能使我这样痛感到英语对于我来说毕竟是后来学得的语言。

埃班的雄辩——对于不得不同他谈判的人来说可真是不幸——是同他头等的智力和对外交职业的精通结合在一起的。他胸有成竹，他明白自己的目的，他的格言是，凡是同以色列的观点不是百分之百地相符的东西都是不客观的。他百分之百地照这个格言办事。即使最合意的立场——譬如说百分之九十合意——也被他叹之为“侵害”、“削弱”或“不坚定”。埃班在耶路撒冷的那些较为实事求是的同事，究竟是不是像我那样欣赏他的雄辩，我也不一定说得上。他的总理看来有时把他撇在一边，使用比较非正规的渠道。但是从道义上来说，我并不是很有理由来反对绕开外交部部长的做法。

埃班极力反对举行任何四国会议或两国会谈，理由是这两种场合都会对以色列不利。埃班所强调的一个要求，是他明知阿拉伯方面最不可能同意的，即坚持直接谈判，阿拉伯在联合的和平条约上签字。他说，由于阿拉伯人一向特别尊重书面的诺言，所以一定要有经过他们签字的和平条约。我说，我承认我对阿拉伯的历史读得不多，但是我并不认为，他们对自己已经签了字的条约的尊重同世界上任何其他地方有什么不同。但是埃班对我这个说法却不以为然。

埃班十分机灵，他不肯浪费时间同我辩论历史。他在三月十三日同国务卿罗杰斯有过一次长时间的会晤，会上国务卿给他看了总的原则的文件，但遭到了他的拒绝，他要求不要把这个文件提出来。埃班强烈反对我们在边界问题上的提法。以为以色列所坚持的立场只能由各有关方面来进行谈判，下这样一个判断看来为时过早。埃班唯恐我们对一般原则文件的其他部分变得太自信，因此他也拒绝由大国来提供保证的想法。他说，把中东的任何事件都扩大为“全球性的”问题，这样会使这个地区成为另一个柏林。埃及并不想要以色列所需要的那种和平。他确信苏联人来到埃及已使纳赛尔更加不可能采取有伸缩性的态度。但约旦，相对地说来，不是那样无节制，而且不为苏联所左右，所以同约旦谈判则比较有希望。

说到底，埃班并不认为保持现状有什么难以忍受的地方。以色列在很大的程度上不愿意美国起积极的作用，而主张让雅林去干好了。以色列说起来是愿意谈判的，但是对于全面解决的前景是深深地感到悲观的。这就是说，照我们确定的方针办理，我们就一定会同以色列发生重大的冲突。

接着而来的便是阿拉伯客人，他们并不更好说话。

前总统艾森豪威尔于三月二十八日去世，纳赛尔派了他的外交顾问马哈茂德·法齐作为埃及的代表参加葬礼。法齐前来追悼一个与埃及并没有外交关系的国家的领袖，这是一种特别尊敬和礼貌的表示。法齐是一个有教养的绅士，又是一个专业人员，他有受过教育的埃及人那种迎合人的风度，他有见多了人类弱点的人的那种消沉的神情。由于我认为埃及是依附苏联的国家，因此我没有利用这个机会同他建立比较密切的个人接触。从我后来的经验看来，我对这个做法感到很后悔。

法齐是在埃美两国之间的关系江河日下将近十五年之久以后来到美国的。在这转换期间，纳赛尔给当选的总统写了一封便信，信中列举了他对美国的不满，但暗示他将在适当的情况下恢复关系。斯克兰顿州长在十二月初访问开罗时，纳赛尔也是唱这个调子。埃及想要恢复关系，但是希望美国的中东政策转好一些，这样就可以有个理由。在整个一九六九年初期，纳赛尔反复地要求美国做出一个姿态来打破坚冰。他的主意之一便是不把 F－4 鬼怪式喷气飞机卖给以色列。这是以色列不会高兴的。虽然，在我看来，纳赛尔未免过分地以为同我们恢复外交关系是给了我们恩典。但是我在三月间给尼克松的报告中说，我们已经采取了某些纳赛尔提议我们采取的步骤(我们所以采取这些步骤，原因是不同的)。我们已经进行了积极的外交活动；我们提出了一般原则；罗杰斯向参院外交委员会说明了我们在边界问题上将要采取的立场。华盛顿与开罗可能和解的基础看来是打下了。

在这样的背景下，我同法齐举行了两次会晤，为他在四月十一日会见尼克松做好准备。但是事情很快就清楚了：埃及没有授权给法齐恢复两国的外交关系。他要把我们的反应报告给开罗，只有取得了某些具体的进展，关系才能恢复。他的话是什么意思，并没有明确说出来。他说，埃及所以切望取得进展，部分原因是苏联极力催促它和解。苏联似乎懂得，除此以外，他们是无法帮助他们的阿拉伯朋友的。如果事情陷于僵持状态，那么苏联在阿拉伯世界的地位一定会变得更糟。

当然，法齐所说的最后这一点，在我看来正好为美国提供了战略上的可乘之机。如果中东问题的解决长期拖延下去，苏联在埃及的地位势必要恶化，那么我们就没有任何理由接受苏联或埃及第一次提出的建议，特别是苏联在埃及保持着巨大的力量，而且在埃及的外交唯莫斯科的马首是瞻的情况下，法齐所提出的条件无论如何也不能使人乐观。埃及拒绝同以色列签订一项共同的文件；埃及只对安理会（苏联在那里有否决权）负有义务；埃及不同以色列建立外交关系；联合国维持和平部队在接到通知后六个月就可以撤走。持这样一种态度是绝不能使以色列像埃及所要求的那样完全撤出占领区的。

法齐四月十一日温文尔雅地要尼克松相信，埃及迫切希望减少军事开支，把自己的资源用于国内建设。他没有要求美国施加压力迫使以色列做违反它自己利益的事情。他要求的是一视同仁地对待埃及。至于恢复外交关系，他说时机还不成熟。

我至今也还搞不明白，纳赛尔为什么要这样做。他有好几个月发来紧急信号，示意要恢复两国关系，他还把以和事佬知名的法齐派来华盛顿。法齐表现得很能干，但是在这个关键性的问题上，他所得到的指示使他没有松动的余地，这显然使他感到沮丧。我一直弄不清楚，纳赛尔怎么能以为尼克松可以不顾及国内的反对、以色列的拒绝和苏联的超然态度，来支持他这样一个国家的最大限度的目标，而这个国家拒绝同我们建立外交关系，它的外交政策从根本上说仍然是不友好的。纳赛尔实际上是竭力想用讹诈来同我们打交道，可是又没有本钱来威胁我们。到这一年将近年终时，我们政府依照纳赛尔先前宣称可以接受的方针提出了关于埃及和约旦边界的具体计划，但纳赛尔既不接受我们的计划，也不恢复关系。他以自己的激进做法而自鸣得意。他认为，这种做法是实现他的泛阿拉伯野心所必需，因此他认为，他不得不在中东和第三世界长期同我们分庭抗礼，即使危及我们向他靠拢的意愿也在所不惜。

我确信，要是纳赛尔的态度比较灵活一些，美国在尼克松当政的早期会更加有力地推动和平的进程。妨碍美国起更积极作用的主要障碍是纳赛尔的反美外交政策和苏联在开罗的支配作用。法齐没有权力来使我们相信这不是埃及政策的既定方针。相反，法齐按照纳赛尔给他的指示，以他的全部魅力不动声色地坚持要得到埃及所想得到的一切，而自己却不付出任何代价：要美国支持他们反对以色列，让苏联支持他们反对美国，接受激进运动在整个第三世界起领导作用。外交政策是不能这样办事的。纳赛尔通过他的言谈表达了他的雄心，可是他又直觉地意识到埃及实现这种雄心的能力有限，他不能在这两者之间作一抉择。他直到死去也没有作这样一个抉择，只有他的伟大的继任人安瓦尔·萨达特才能收拾这一残局。

法齐使命的失败，影响了另一位阿拉伯来客——能干的约旦国王侯赛因。他从来不曾拿他同美国的友谊来做交易。侯赛因是我所见过的最有吸引力的政治领袖人物之一。这位小个子国王——我国官员这样亲热地称呼他——坚定不移地维护阿拉伯事业，即使在他的阿拉伯兄弟并没有回报他的忠诚时也是如此。当我对他有了相当的了解后，我可以从他更加显出他那传奇式的礼貌和客气中衡量出他对不讲情理或官场俗套是多么厌恶——碰到这种情况，他会摆出一副冷若冰霜的样子，并不断使用“阁下”这种尊称。甚至当我只不过是一名总统助理时，他这样一位世袭君主也会对我以“阁下”相称。

他待人客气，对妇女十分殷勤。有一次，他驾驶直升机让我妻子南希和我作了一次只有树梢那样高的飞行，这真叫人提心吊胆。南希想请他飞高一点，天真地说，她可不知道直升机竟能飞得这样低。国王对她说，还可以飞得更低，于是他就把飞机飞得简直就像贴在甲板上一样。要是他利用这样的机会的话，他只要同意把飞机飞高一些，就能使我同意他的任何政治要求。

侯赛因既不失他的尊严又有勇气把他作为一个阿拉伯民族主义者和美国的朋友的身份协调起来。他是处在阿拉伯激进主义漩涡中的一位亲西方的君主，可是他既保持了他的独立，又保持了中东地区那些对王朝原则并不欣赏的统治者对他的尊敬。他虽然在很大程度上要仰赖美国的援助，但是他却顶住了我们不灵活的、有时是使人伤面子的程序，从来没有失去他的镇定或耐心，但是他也从不卑躬屈膝求人恩赐。他是愿意讨论同以色列讲和的第一个阿拉伯领袖，并同耶路撒冷保持着接触，尽管这种接触并没有结果。可惜，侯赛因讨价还价地位的力量同他温和节制的态度不相称，他所能做的选择和他的善意也不相称。因此在他的能力范围内，他既不能采取独立的行动，也不能进行讹诈，而这些恰恰是中东政治的实质。一九六九年，巴勒斯坦解放组织的敢死队在他的国家里形成了一个国中之国，但是这也没有使他离开温和的方针；过了几个月后(我们将在第十五章中看到)，他勇敢而毅然决然地处置了他们对他的权威的挑战。

侯赛因在四月八日同尼克松会晤时也代表了纳赛尔讲话，他强调他们这两个领导人都承认安理会二四二号决议，愿意同以色列签订任何文件，但和平条约则除外。侯赛因承认需要对边界作某些细小的调整。如果以色列把加沙交给约旦管辖，西岸的调整可以是相当不小的。(今天回头来看，可惜当时没有进一步探索是否有可能达成约旦与以色列的单独安排，其中包括将加沙与西岸的领土作交换。)侯赛因说，纳赛尔和他都愿意考虑设立非军事区以及苏伊士运河和蒂朗海峡的自由通航问题。阿拉伯极端派的压力是“切望”同美国恢复关系，但是，前面已经说过，这些话所起的和解作用在很大程度上被法齐同我的会谈以及他在三天后同尼克松的令人失望的会晤所破坏。

外交活动：不断更新的建议

中东各有关方面的僵持不可避免地要反映到四国会议和两国会谈中来。照我们的谈判对手来看，一个似乎很明显的解决方案就是把我们抛进一场强制实现和平的争吵中去。四月十四日，多勃雷宁对我说，两国会谈需要有比较具体一些的建议，特别是在边界问题上。苏联人和阿拉伯人想的是要我们把“细微的调整”和“征服的压力”这些含糊不清的提法说得具体些，这就是说，要毫不含糊地坚持以色列撤出占领区必须是完全的。多勃雷宁向我保证，苏联是真心切望帮助促成问题的解决，他建议我们来尝试提出一项美苏联合建议，如果美国在这些原则上都表明比较具体的立场，苏联就可以劝阿拉伯人接受。由于多勃雷宁实际上是要求我们接受阿拉伯人的计划，因此他打算“劝说接受”的究竟是什么就弄不清楚了。在我看来，他似乎是想在阿拉伯世界捞取名声，把实际上是我们强加于以色列的和平归功于苏联。在四国会议中，我们也受到同样的压力。亲自前来参加艾森豪威尔总统追悼会的戴高乐三月三十一日对尼克松说，四国应当设法在解决问题的条件上取得共同的协议。然而我从我们在纽约举行的会议中了解到，对于这些条件应当是什么，会议参加者各有各的打算，而这些打算都是以色列所不能接受的。在每个会谈的场合，都要求我们强行实现这样一种和平，这种和平我们根本不需要通过任何会谈。这恰恰就是我早已料到了的结局。

在国内，国会两院的多数发表了一项公开声明，支持以色列的立场，举行直接谈判，缔结契约性的和平，不要过早地逼迫以色列撤出占领区。像在越南问题上一样，我们应当结束同我们自己的谈判。

不出所料，一九六九年三月和四月的谈判越是没有结果，地面上的对抗就越紧张起来，暴力行动在升级。吴丹四月二十二日发出警告说，沿苏伊士运河存在着“实际上的真正的战争状态”；开罗发言人宣布，一九六七年那个战线上的停火业已无效。以色列对从约旦出击的敢死队进行报复，冲突事件逐渐增多；黎巴嫩宣布紧急状态，企图停止敢死队从黎巴嫩国土上袭击以色列，但是没有用处。当时被称为“消耗战”的战争真的是在进行了。

换句话说，美国采取新的主动行动之后两个月，我们或多或少又回到了起点上。我们又一次证明了我们早已估计到的事情：安全和公认的边界的含义、撤退的时间和程度、承认的性质以及谈判的进程。在这些问题上，有关各方的观点是大不相同的。

再进行一次政策研究显然是必要的。

二月份为查明举行谈判是否可行而开始的探索，到五月份却变成了这样一个问题，似乎美国有义务提出越来越具体的新建议来挽救谈判。但是无法回避的事实是，双方提出的建议都是对方完全不能接受的。想要通过巧妙的程序来使有关方面放弃它们在二十个年头中用三次战争来坚持和维护的立场是不可能的。他们之间的巨大鸿沟只有用十分含糊的、同安理会二四二号决议一样难以捉摸的措辞才能加以弥合。

在这种情况下，对于我们来说至关紧要的问题就不是要提出什么样的一般建议，而是我们是否准备坚持——必要时通过施加压力——我们的建议得到实施。在我们回答这个问题——这就是说，在拟定建议时，就得对以色列施加压力——以前，谈判就必然会这样或那样地陷入僵局。如果我们坚持我们的含糊立场，四国会议和两国会谈就无法进行，这样罪责便落在美国身上。如果我们说得具体些，我们就会同以色列发生争吵，而且也得不到阿拉伯人的友谊，相反，得到好处的主要是苏联和受苏联庇护的人。如果我们出于国内政策或外交政策的考虑，不愿对以色列施加压力，谈判就会重新陷于停顿。我认为，在有关各方面的立场还大相径庭时，在苏联支持阿拉伯的立场而我们还未能取得调解人地位时，就企图获得全面解决，这种结果是不可避免的。

罗杰斯说，提出一个具体的计划会改善我们的处境，即使计划遭到拒绝。照他说，不试探一下埃及人、苏联人和以色列人的观点，就无法知道问题是不是有可能得到解决。因此，国务院提出了一份详细的埃及和以色列和平解决草案，并提请总统批准。这项和平解决草案的基础是一九六七年六月五日以前的边界线。至于约旦和以色列的和平协议草案，打算不久就紧接着提出。

我向总统表示了我的强烈保留态度。我预料这样的做法会使我们同两个方面都搞崩。以色列肯定不会接受那个边界线；而阿拉伯人，从纳赛尔目前那种心理状态来看，他并不打算对和平作出必要的承诺，因此这不会改善我们同阿拉伯人的关系，相反却会加强苏联人的地位。首先苏联人和受他们庇护的人，可以由于迫使我们走了这么远而获得声誉。

其次他们还可以指责我们走得不够远，说我们没有按照我们曾经答应的条件解决以色列问题。

在国家安全委员会四月二十五日上午的会议上，当着总统的面辩论了这些问题。总统一方面受到我上呈的备忘录的警告，另一方面又受到官僚机构的压力，因此他避免作出决定。他的做法是后来要我同西斯科一起修改国务院的建议，以消除我预料会发生的危险。这个文件经修改后，在五月五日得到总统的批准。修改的地方大部分是做做样子的。人们知道，总统不打算在中东问题上断然否决他的国务卿，因此我的影响是微弱的。在新的文本中，第一，美国不会提出一个一下子解决埃及-以色列冲突的全面计划；而是在西斯科和多勃雷宁的连续会谈中，把文本中的条款零零碎碎地提出来。第二，美国起初在推动以色列完全撤出西奈问题上没有表过态；在边界问题上的提法依旧含糊不清，“并不一定排除”撤到战争前的界线。这些修改只能够推迟——不能够制止——国务院势不可挡地向前挺进；最后的立场一经总统批准，那就一定会以某种方式提出来。

由于约·西斯科不喜欢消闲自在的谈判，因此情况就更加是这样的了。经过修改的战略一旦得到总统批准，他就开始了同多勃雷宁的第二轮会谈。他没有浪费时间，他从五月六日开始，到六月九日就结束了。西斯科轻快地把美国在重大问题上的立场放了出去。事情很快就变得很清楚，苏联不准备接受美国的立场，他们总是要得寸进尺。譬如说，我们坚持到某个阶段举行阿拉伯-以色列直接谈判，而多勃雷宁却把这一点放在次要的地位。在边界问题上，我们认为“埃及和巴勒斯坦委任统治地之间的前国际边界不一定排除在外”，苏联则要求不加变动地全部撤退到战争前的界线。我们主张在整个西奈实行非军事化，苏联却不是这样主张。我们坚持蒂朗海峡和苏伊士运河等国际水道自由通航，而苏联则以一八八八年的《君士坦丁堡公约》——这项公约应用于目前的情况下含义是暧昧不明的——来维护自己的立场。在难民问题上意见也有分歧。六月十一日，多勃雷宁向我抱怨会谈又陷入了新的僵局。他惋惜西斯科不够明确，特别在边界问题上的提法是——按照多勃雷宁用的字眼——“抽象的”（这至少向我表明约·西斯科并没有越出给他的指示）。

在这整个期间，尽管多勃雷宁站在阿拉伯一边攻击我们的方案，但以色列以它无可比拟的方式明白表示了它对美国新的主动行动的不快在不断增长。五月十三日，拉宾大使询问我们新的美苏对话的目的何在，他表示特别担心我们可能在边界问题上让步。他还批评了其他的条款。以色列仍然主张同阿拉伯人举行直接谈判。果尔达·梅厄总理向尼克松总统发出了一封感情激动的信，再次表示她担心美国在主要问题上事先确定结局会危害谈判。为了不让局势变得不可收拾，拉宾建议邀请梅厄夫人早日来华盛顿，但是我们当时还没有作好马上面谈的准备。后来，我从总统那里得到请梅厄夫人秋天来访问的邀请。

在外交争论过程中，不时地发生新的战事。在五、六、七这三个月中，中东天天发生爆发事件：敢死队从约旦出袭；在埃及和叙利亚前线发生空战。梅厄夫人担保以色列的报复会是迅速而严厉的，“七倍”地报偿阿拉伯对以色列的袭击。五月间，纳赛尔对《时代》杂志发表谈话说，问题的解决是可能的，如果以色列同意完全撤出占领区以及让巴勒斯坦人可以选择回来的话——这两项条件都是以色列已经拒绝了的。他在这次谈话中还说，他接受了以色列的“现实”，但是他又命令开罗报刊从关于这次谈话的报道中删去这一句话，这就表明了他的矛盾心理。后来，在七月二十三日的一次重要演讲中，纳赛尔似乎又反过来了；他这次宣称，埃及在对以色列的战争中正进入“解放阶段”，并谴责美国和英国支持以色列。与此同时，在六月十三日，苏联外长葛罗米柯结束了对开罗的访问，公报保证苏联充分支持埃及“消除侵略后果”的斗争。

六月十七日，苏联终于给了我们一份反建议。苏联的答复有一些积极因素：它谈到了要为缔结一项有约束力的协议而努力，也谈到了承认以色列。但是，在我们最关心的重大问题上，它并没有表现出什么伸缩性：没有提直接谈判；最后边界必须严格按照一九六七年线；自由通航问题说得很含糊；在最后和平的定义中没有提到任何控制游击队的义务；拒绝写进这样一条建议：以色列应对返回到以色列的巴勒斯坦人拥有某种控制权。

可是罗杰斯却认定，苏联的答复表现了足够的“前进”，值得美国再提出一项建议。由于多勃雷宁已回国磋商，罗杰斯在六月三十日建议派西斯科去莫斯科提出某些新的主张。具体来说，罗杰斯想要授权西斯科去莫斯科见机行事，如果苏联在和平、安全和直接谈判这些问题上愿意帮忙的话，就拿出退让方案，打出我们的“王牌”——明确地接受战前的边界。

我觉得，这种想法，说得客气一些，也是不成熟的。在我看来，苏联的答复并没有表明他们作了有意义的让步。从根本上说，苏联竭力想用狡猾的含糊其辞的手法，而实质上是毫不退让的方案来骗取我们接受其全部阿拉伯计划。苏联的答复并没有表现出他们愿意配合我们对以色列的催逼，也对阿拉伯人施加同样的压力。这个答复的一个根本的目的看来是要向依附苏联的阿拉伯人显示：少了苏联就什么事也办不成。如果我们同意这样做，就一定会同以色列搞崩。尽管如此，我还是没有力量来阻止罗杰斯的主动行动。我向总统建议，只要我们在边界问题上不作出新的让步，他可以同意西斯科去莫斯科。我劝总统说：“在现在这个阶段，我不想授权给他以任何方式使我们按照退让方案承担义务。这样会使我们在以色列前面走得太远，并且毫无报偿地放弃我们的立场。我认为，应当由俄罗斯人——而不是由我们——来安下钓饵。”我主张采取的策略是：坚持要苏联向它的阿拉伯朋友付出一笔相当于我们向以色列付出的代价。这种做法既可以保证谈判进行得比较公平一些，也可以使苏联同埃及的关系趋于紧张。尼克松同意了我的意见。西斯科得到批准去莫斯科，但是不提出我们在边界问题上的任何新立场。

西斯科从七月十四日到十七日访问了莫斯科。他进行的会谈就是把以前两个月交换过的意见重复了一遍。等到他回来时，他也对苏联的意图和是否有灵活性产生了怀疑。他向总统报告说：他没有看到有任何证据能说明苏联打算在和平和直接谈判这些重大问题上向纳赛尔施压；他们把纳赛尔看作他们在中东问题上的主要工具；他们不想使纳赛尔的政治地位和他们对纳赛尔的影响冒什么风险，因此不愿催促纳赛尔实现和平，除非是按照纳赛尔自己的条件。既然不压纳赛尔，他们的策略看来就是稳坐不动，一点一点地侵蚀我们的立场，一直到我们愿意把他们的条件强加于以色列。西斯科的结论是：我们也应该稳坐不动。我觉得他的这个结论很对。

西斯科这趟莫斯科之行使得采取主动行动的劲头停止了整整两个月。虽然白宫和国务院此刻很罕见地一致同意什么事也不干，但是外交活动仍然可望在秋天恢复。外国显贵们，包括中东争端的各个有关方面，前来参加联合国大会，这将提供一种推动力，并提供了再作一次尝试的机会。

又一个主动行动

从八月份起，各条战线都重新爆发了战斗，其中苏伊士运河沿岸的战斗特别危险，因此更加需要再来尝试一次。一个精神错乱的澳大利亚人在耶路撒冷的阿克萨清真寺纵火的事件也没有使战事平静下来。果不出所料，阿拉伯人说这是以色列干的。纳赛尔和沙特阿拉伯的费萨尔国王号召进行圣战，解放耶路撒冷。恐怖分子绑架了环球航空公司的一架开往大马士革的班机，以色列乘客被扣在大马士革好几个星期。以色列工党着眼于秋季的大选，它宣告：不论和平条件如何，都要保持一部分被占领的领土。

局势如此暗淡，需要再一次重新考虑政策问题。和通常的情况一样，国务院力陈采取主动行动的必要性，我则敦促应在事前拟订好具体的策略。葛罗米柯前来出席联合国大会。罗杰斯和我国驻联合国大使查尔斯·约斯特要求尼克松允许我们提出赞同一九六七年的边界，但以作出令人满意的安全安排为条件。西斯科则采取比较谨慎的态度。

这些压力说明了被我奉为有关美国外交决策的一个基本格言：一旦有了一个退让方案——不论怎样附有条件——它总是会以这样或那样的方式提出来，首先是通过私下的评论和从报刊透露出来，最后作为一个正式立场提出。一个总统如果批准退让方案而又指望他可以不面对这种方案带来的后果，他是准会失望的。这个方案的存在本身就使人们不会那样顽强地去坚持维护原来得到批准的方案。如果官僚们的特权和个人的私心同这种底牌方案和它的成功希望联系在一起，那么这种坚持原方案的劲头就消失得更快了。

因此，那种老一套的辩论如今又再一次展开了，这一次是在国家安全委员会九月十一日的会议上展开的。国务院的代表们说，我们如果不提出退让方案，就不可能取得进展（这样的论据发展到一定程度，最后会使我们在每一个问题上接受苏联的立场）。我怀疑这样一个建议是否明智，因为这项建议肯定会遭到以色列拒绝，而且因为它附有已经遭到拒绝的和平条件，甚至使埃及也不会接受。这样，到下一轮谈判的时候，由于我们已经公开采取了这样的方针，我们一定会受到压力，要我们更进一步软化我们的立场，然后再拿来强加于以色列。

我们又回到了我们在二月间开始的战略争论。主张进一步退让的人说，时间对于我们不利；僵持局面拖得越长，我们在阿拉伯世界的地位就越糟。我强调说，事情恰恰会同他们所说的相反。继续保持僵局，是符合我们的利益的。这样可以说服埃及面对现实，使它相信受苏联庇护和奉行激进外交政策会妨碍谈判取得进展，只有美国才能使问题得到解决。这样可以把苏联的无能为力暴露出来，到一定的时候，还可迫使阿拉伯人，特别是埃及人，从根本上重新改变他们的外交政策。罗杰斯把两国会谈看成是使苏联来帮助我们摆脱我们在中东困境的手段。我认为，面临困境的是苏联，因为除非得到我们的合作，或者通过一场他们的附庸肯定会吃败仗的战争，否则他们就没有办法达到他们的目的。如果我们镇静自若，他们迟早要付出代价来取得我们的帮助，不是在中东，就是在别的什么地方付出代价。罗杰斯担心美国可能在四国会议中陷于孤立。我认为，这是四国会议这种方式必然会造成的局面，再聪明的办法也避免不了。

国家安全委员会九月十一日会议之前，总统找约翰·米切尔来商谈，要他就总统面前几种可能的做法以及在国内政治上会起什么影响向总统提供意见。米切尔外表生硬，抽着烟斗，后来命运不佳，但却是一个深思熟虑和机灵的人。尼克松很尊重他的政治判断。他扮演着一个超然的旁观者和总统利益保护者的角色，有许多次证明他是很有眼力的。米切尔这次要尼克松提防他面前的国内舆论的压力——同以色列不可避免的争吵，没有实现和平的希望。

这就使尼克松对国家安全委员会这次会议很有准备，他在会上很不客气地询问罗杰斯和西斯科。他问道："你们这些老兄跟以色列人谈过话吗？"他们认为以色列对我们接受一九六七年的边界会有什么反应？罗杰斯和西斯科肯定地对总统说，以色列人对全面方案会高兴的，因为那里面将包括以色列人自己的关于和平定义的因素。我对此表示怀疑，我指出，如果我想得对，而我们又不打算向以色列施加压力，我们就会在阿拉伯人面前丢人，让他们不仅指责我们用心不良，而且还显得无能。总统决定在梅厄夫人来访以前在谈判中只限于"探索"。同时，他命令着手研究同埃及以及同约旦和叙利亚谋求解决的条件。召开国家安全委员会会议也许不能真的当作是拟订选择方案的办法，但是利用这个会议来找一个借口推迟作出决定却非常方便。

米切尔后来告诉我，总统对于如何着手进行并没有定见。尼克松在几个星期之后对我说，他同意我的意见，最好把具体的建议推迟一下，看看苏联人和埃及人之间会发生怎样的紧张状态："他们（莫斯科）可以举行首脑会谈，可以进行贸易，但是如果他们得到了中东，我可就要倒霉了。"因此，罗杰斯和西斯科奉命在同葛罗米柯会谈时，不提出任何新的东西。

果尔达·梅厄

果尔达·梅厄在九月二十五日到达华盛顿，这是她担任以色列总理后第一次来美国。她是一个脾气古怪的人。她在帝俄虐待犹太人的时候，在俄国度过了她的童年，在荒凉困苦的巴勒斯坦作为拓荒者度过了她的青年时代。这种经历教育了她，使她懂得，只有审慎小心才有机会生存下来，只有敢于斗争才能获得成功。她那饱经风霜的脸孔，是活生生的见证，说明了一个看透了人类非人道行为的民族的命运。她那警惕的眼睛清楚地表现出，她不想让她所领导的人民束手无策地听任同样的命运来宰割。但是，她渴望能看到她的人民能实现他们的和平梦想。她偶尔表现出来的嘲讽的表情，遮盖不住她的那股同情心，把每一个以色列士兵的死亡都看作是她的家庭里丧失了一个成员。她是自己祖国的一个缔造者。以色列为之战斗的每一寸土地，在她的心目中都是她的人民生存下来的象征。她要顽强地保卫每一寸土地，不让敌人侵占。要她放弃这一寸土地，就必须得到实在的安全保证。她有一个富于洞察力的头脑，朴实而又带恶作剧的幽默感。不为花言巧语所迷惑，也不对谈判策略中那些细腻微妙的地方特别感兴趣。她能够一下就抓住问题的要害。对于虚夸自负她用的是反唇相讥，她以她的人品和机敏的心理来控制同人家谈话的进程。她对我像是一个慈祥的姑母对待她特别疼爱的侄儿那样，因此，哪怕只是承认有可能存在意见分歧也会使我像是对家庭长者不敬，造成情感上的伤痛。这种情况通常是可以估计得到的。我的妻子常爱说，她所见到过的最有戏剧性的场面就是果尔达·梅厄和我意见不一的时候。梅厄夫人对待罗杰斯国务卿的态度是，好像他那些报告中的观点都不可能是真的；她相信，只要罗杰斯有机会来说明他的立场，那些由于电报和报告中难免的疏漏而造成的误会就会烟消云散，那时她就会表示原谅。至于尼克松，梅厄夫人称赞他是犹太人的老朋友，对于我们这些比较熟知尼克松在这个问题上犹豫不决的矛盾心理的人来说，这简直是令人吃惊的新闻。但是这给了尼克松一种值得保持的声誉。尼克松为以色列做了很多好事，如果不是出于爱慕之情，就是出于他这个人身上特有的那种对于国家利益的冷静考虑。

她同尼克松谈话的论点很简单：美国不应当让别人来规定条件而让纳赛尔规避缔结和平的责任；必须使苏联知道美国是决不会听任以色列被人摧毁的；阿拉伯人必须明白以色列不是弱者。只有这样才能实现和平。

然而尼克松所以能发迹并不是因为他听了一些笼统的原则就信以为真。当他正在为国务院硬要强行推行他们那一套做法而烦躁时，他一点也不相信，只要我们坚定，和平就会自动地到来。主要是出于国内的考虑，他还不打算对以色列施加压力，他向果尔达·梅厄保证援助以色列对付苏联的进攻，这一点并没有困难。他赞成以色列强大，因为他不希望美国有朝一日不得不替以色列打仗——梅厄夫人的观点也正是这样。尼克松认为，纳赛尔只有在占压倒优势的实力面前才会变得温和一些。

但是摆在尼克松面前的还有他的国务卿的政策建议，因此他很难许下诺言，说美国决不提出新的和平条件。他踏步不前，给人的印象是，他比他的官僚机构更同情以色列的忧虑——这一点确也属实——并且提出一个“以硬货换软货”的办法。这就是说，他答应以色列提出的供应武器的要求，如果以色列给我们在谈判中有某种自由的话。他有力地表示他可以保证，美国所要求的这种自由决不会很大。

不能说梅厄夫人同意这个做法，说得准确一些，她是默认了一个只有等到将来才看得清楚会有什么含义的提法。她保留了将来在必要的时候再进行战斗的权利，她会选择某个地位比总统低的当权人物作为她的对手。后来的事实证明，她不久就得到了进行战斗的机会。总统提出的“以硬货换软货”的办法被泄露给报界了——意思是说，从此以后，军火援助要取决于以色列在谈判中的弹性。梅厄夫人冒火了，她抗议的矛头直指(也许指得对)国务院(国务院得到了一份总统与梅厄夫人谈话的摘要)。

官场里一场严重的战斗隐然出现。九月二十七日，多勃雷宁来拜访我，向我提出了苏联每过一段时间就提出一次的建议，即美苏两国采取一个共同的立场，这一次是以向联合国特别代表雅林提供一个指导方针的形式出现的。我拒绝了这个建议，我的理由是：只要苏联在越南问题上不起好作用，要在别的地方采取联合行动就“有困难”。苏联人显然指望由我们来出力，而他们却可以搭顺风车，在这种情况下，我不打算同苏联搞联合行动。但是碰了我的钉子只不过是使多勃雷宁又回到其他渠道。他在九十月间，继续同西斯科举行了频繁的会谈。西斯科和多勃雷宁拣起访问莫斯科时的线索，仔细地探讨了解决埃及和以色列争端方案中的各项条款。到十月十四日，西斯科报告说，在程序问题上(例如举行二十年前拉尔夫·本奇在罗得岛上进行的那种间接会谈)取得了足够的进展，下一个星期就可以进而讨论边界问题了。

我对这种“进展”是抱怀疑态度的。我认为苏联人是在利用中东问题，同他们利用限制战略武器会谈一样，使尼克松重新考虑他所宣布的越南问题上的十一月一日“限期”(见第八章)。我的忧虑并没有因为多勃雷宁和总统十月二十日的会晤而减轻。多勃雷宁念了一份备忘录，把中东僵局的全部责任推给了华盛顿。尼克松的回答很尖锐，他指出，苏联在以色列撤退问题上毫无松动，苏联没有表示他们准备要求埃及作出任何牺牲，而这个受苏联庇护的国家打输了战争，丧失了领土，没有资格提要求。

尼克松把多勃雷宁压下去了，可是西斯科这时却在设法得到允许让他把我们的底牌方案告诉多勃雷宁，即接受一九六七年的边界，但必须有安全保证。西斯科想在十月二十八日举行的会谈中向前推进。我同总统讨论了这个问题，总统同意，在十一月一日越南问题上的限期来到以前，美国不采取任何主动行动。尼克松事实上是下了一道明确的命令，在他十一月三日发表越南问题重要讲话以前，不得同苏联再有任何接触。西斯科表示不同意，因为罗杰斯已经答应了葛罗米柯：西斯科将在十月二十八日与多勃雷宁会晤。（这个理由并不是不能更改的，因为西斯科总可以拖一拖。）但是尼克松的心神都放在越南问题上了，他在准备十一月三日的讲话，在处理暂停轰炸问题，他比平常更没有心绪同他的国务卿争斗。他勉强退让了。非常能说明尼克松的特点的是，他又要了一个两面手法，他要求约翰·米切尔和伦纳德·加门特——总统顾问和犹太人事务顾问——使美国犹太人领袖知道他对国务院的这种外交是有怀疑的。尼克松明确地向他们示意，他一定会竭力使他批准进行的这个主动行动得不到任何结果。

我们就是处在这样一种不正常的状态中：尼克松赞成我的策略，可是却在照着罗杰斯的办法做。尼克松在中东政策上相对地照罗杰斯的办，这中间的缘故我已经在这一章开头的时候就说过了。尼克松非常明白，这样的外交活动不会有什么结果。每当事情看来要搞崩的时候，他通常就照我的意见停止谈判。说到底，非常可笑的是：这样造成的冷一阵热一阵的政策，先采取主动然后又使之中断的政策，实际上做起来正好达到我内心想要收到的效果：使我们处于谈判中的枢纽地位，显示出苏联没有能力取得进展。

只要苏联的无能还没有显露出来，美国采取积极的政策就不会有什么收获。尼克松有时也禁不住想要强制解决问题。一九六九年后期，我在一份备忘录中告诉他，由于以色列的态度很强硬，侯赛因国王对和平的前景很悲观，尼克松明确地批示说："我开始在想，我们得考虑单方面采取有力的措施来挽救以色列，不让它自己毁灭自己。”但进一步考虑后，他作罢了，因为在一九六九年，我们采取这样一种方针，得益者将会是苏联和公然吵吵嚷嚷与我们为敌的苏联的附庸。

十月二十八日，西斯科终于向多勃雷宁提出了国务院一直巴不得要提出来的底牌方案——表示美国赞成一九六七年以色列和埃及之间的国际边界线。这个方案中，包括这样一些和平与安全安排的条款，国务院没有明确的证据就冒险地断定这一方案足以吸引以色列接受撤退，并使苏联认为值得对埃及施压力。但这两个希望后来都落了空。

与国务院的估计相反，苏联对我们这个建议的反应是不明确的；同纳赛尔过去使我们相信的情况也相反，接受战前的边界并没有改善我们同他的关系。不仅如此，纳赛尔在十一月六日向他的国民议会发表了一篇激烈的讲话，宣称他将用“火与血”而不是用政治上“不彻底的方案”来收复被占领土。他指责美国站在以色列一边进行军事参与。纳赛尔这一通话非常极端，国务院采取了一个少有的行动，发表声明进行反驳，认为纳赛尔这种态度使和平受到“挫折”。没有多久，埃及外交部部长马哈茂德·里亚德说，我们的和平计划(包括那个计划中在边界问题上的新方针)比以前的建议“甚至更坏”。以色列的态度更在意料之中。在和平定义上的让步，本来预想可以得到以色列的默认，但却被他们扔在一边。以色列以最强硬的外交辞令，对我们在边界问题上提出的具体方案表示抗议。美国支持以色列的人表示震惊。战事再次升级，特别是在苏伊士运河一带。一九六九年九月利比亚政变推翻了君主制，卡扎菲上了台，引起了人们对这个地区政治前途的担心(使我们丧失了我们在那里的基本特权)。黎巴嫩在瓦解。我们举行了紧急会议来讨论一旦发生公开内战的应急计划。在我们的朋友当中，中东温和领袖——侯赛因国王、摩洛哥的哈桑国王、沙特阿拉伯的法赫德亲王、伊朗的国王和黎巴嫩人——直接或者通过使节告诉我们，他们对这个地区越来越激进的趋势感到绝望。

罗杰斯计划

但是，鼓吹美国应当起积极作用的人却像一个连连赌输的赌徒一样，一味地要增加赌注。他们不管双方都明确表示了他们的立场，仍然坚持说，按照我们所选定的道路，还是有可能取得妥协的。他们还相信，只要改善和平条款的内容，就可以换得以色列在边界问题上的伸缩余地。因此，到了十一月下旬，国务院正式向总统建议恢复四国会议。他们建议，我们的埃及计划实质上仍保持原来的那些原则，但附上一份关于约旦问题的姊妹文件。他们说，我们对朋友不能比对敌人还不如，无论如何，约翰逊总统实际上曾经答应约旦对一九六七年的边界做微小的修正，以使约旦接受二四二号决议。他们认为，这可以使我们在世界的心目中显得不偏不倚，而且即使目前的谈判失败，还可以使以后的谈判有一个起点。他们没有说明，我们是要打动什么“世界”的心目，也没有说明，这样一个几乎可以肯定不会收到任何效果的建议能够得到什么长远的好处。谁也没有说明一下，为什么这个文件的命运会比埃及文件的命运好一些，以及接二连三地遭人拒绝究竟是为了什么。

在把国务院的这项建议转给总统的时候，我那种老话已经说得厌烦了，不过我还是再一次表示，所有这一切尝试肯定是白费力气的。我们想象不出有任何办法能把两方面的分歧弥合起来：“一个方案如果不对以色列施加巨大的压力，问题是解决不了的。它的结果十之八九是使双方对立。它也许会引起战争。”我担心以色列在失望之余可能会发动先发制人的袭击，也可能阿拉伯国家看到我们的建议行不通会转而诉诸战争。美国的主动行动每失败一次都会正中苏联人的下怀，加强激进派的地位。

尼克松决定在十二月十日召开国家安全委员会会议考虑我们的方针。在这期间不再提出什么建议。但是罗杰斯国务卿定于十二月九日发表演说，公开全面地阐述我国的中东政策。这个日子选择得很古怪，因为发表演说的日期，正好在预定要就这个问题作出决定的国家安全委员会会议的前一天。罗杰斯要总统放心，他不会讲什么新的东西。罗杰斯和西斯科说，这个演说决不会损害总统在十二月十日国家安全委员会会议上作出的决定。他们的这番话居然行通了。（这是玩弄权术来制服国家安全委员会的一种手法，在这以后，在任何其他问题上，这种手法再也没有得逞过。）

于是罗杰斯在一九六九年十二月九日晚向成人教育骨干会议发表了他的演说。毫无疑问这是一个非常显赫的团体，逼迫着要由高级人士就中东问题发表一个声明，可是我一直没有注意到他们的这个要求。这篇演说以“罗杰斯计划”而出了名。罗杰斯强调我国的政策是不偏不倚的，双方都必须作出让步。他把西斯科和约斯特在两国会谈和四国会议中提出的我国的方案提了出来。罗杰斯坚持说，和平的条件和义务必须在自由通航和主权这些问题上的具体条文中加以规定；有关各方必须在雅林大使的帮助下作出可靠的安全安排。但是受到所有各方面注意的是他在领土问题上的提法：

我们认为，公认的政治边界必须建立，并得到有关各方的同意，但是对过去存在的界线做任何修改都不应反映出征服的压力，而应当仅限于为共同安全所需要的非实质性的变动。我们不支持扩张主义。我们认为，军队必须按决议的规定撤退。我们支持以色列的安全，我们也支持阿拉伯国家的安全。

把这些原则应用于埃及-以色列协议，罗杰斯接着提出了以色列武装力量撤到以色列和埃及之间的国际边界的建议。

几个小时后，人人都向这篇演说开火了。正因为在这篇演说中包含了已经为双方所拒绝的因素，因此它势必受到各方面的抨击。阿拉伯报界，主要是埃及的，把这篇演说看作是美国的一个花招，向阿拉伯人摆出美国不偏不倚的样子，损害苏联同埃及的关系。苏联人先是发表了一个很和解的声明，说罗杰斯的演说“早就该发表了”，真正的问题在于美国是否愿意逼迫以色列撤退。后来，《真理报》为了同埃及的反应合拍，指责这篇演说是美国想要把自己偏袒以色列的态度掩盖起来。演说发表后的第二天，以色列内阁拒绝了外界要把边界确定下来的一切尝试；梅厄总理说罗杰斯是在“说教”，大国不能代替他人缔造和平。美国犹太人各大组织主席会议表示“严重忧虑”；国会议员也参加提意见了。埃班再次被派来华盛顿同美国官员会谈。

国家安全委员会就是在这样一种惬意的气氛下在十二月十日开会讨论国务院的一项建议：提出一个可以与埃及计划相仿的约旦计划。一切迹象都说明了这一计划肯定会失败，但是什么东西使国务院着了迷一定要干下去呢，这只能让官场心理学的专家去研究。也许在官僚们把威信押在一种政策上之后，他们就宁可看着它失败，也不愿意放弃它。我多多少少不诚恳地对罗杰斯说，他这篇演说很起作用，看来美国用不着再有什么作为了。我应当懂得，这样的调皮话，是不会使他们长时间撒手不再去干他们硬要干的事的。国务院向总统提出建议：在四国会议中，正式把具体的以色列-约旦和平计划提出来(这本来据说是只作为“指导方针”的)，以使美国的方案“更加完善”。

到这时，辩论已经定型了。那些要求提出具体建议的人认为，这样可以改善我们在阿拉伯世界的地位。我的看法是：如果我们不打算强制实行我们的建议，光是把建议提出来，最多只能使我们赢得两三个星期的时间，这段时间一过去，我们又不得不再拿出一点什么东西来，或者是让谈判搞崩。主张我们的建议要具体化的人认为，这样可以使苏联变得温和。我却相信，美国一个劲儿不停地让步，只会使苏联更加禁不住想要充当阿拉伯激进派的律师。主张奉行积极政策的人以为我们的方案越来越慷慨大度就可以把那些激进的政权争取到我们这边来。我却认为，那些激进的政权是争取不过来的；如果我们坚持以他们改变方针作为美国认真参与其事的先决条件，倒比较可能使他们变得温和一些。

在国家安全委员会会议上，对于僵持局面继续下去会加强苏联的地位这样一个我们外交活动的根本前提，我提出了异议。在我看来，事情恰恰相反，僵持局面持续的时间越久，事情就看得越加清楚，苏联拿不出阿拉伯人想要得到的东西来。随着时间的消逝，苏联的阿拉伯附从一定会认定，同苏联友好并不是实现他们目的的关键所在。只要我们坚持得住，迟早会使激进的阿拉伯人不得不重新估计他们的政策。

这就是我的策略，从一九六九年起，这逐渐地成了我们的政策。（这是踩过了国务院各种各样和平计划的尸体才实现的，这些和平计划不是被我扼杀的，扼杀它们的是中东地区各有关方面的强烈情感。）到一九七二年和一九七三年，这个策略便开始见效。

国家安全委员会十二月十日会议的结局在某种意义上与这次讨论的主要目的是背道而驰的。尼克松不愿否决国务卿的意见，但又不想面对同以色列摊牌的后果，于是就决定把关于约旦的建议进行下去，同时使白宫尽可能同这项建议保持远距离。尼克松这一次还是希望把意料之中的批评引向国务院，同时却得到从提出这个计划本身可以得到的任何外交上的好处。因此，他在十二月十七日授权在四国会议上提出这项关于约旦的文件。与此同时，尼克松下令通过莱恩·加门特私下向梅厄夫人作出保证：我们不会走得更远，我们不会使劲去推行我们的建议。

官僚们在执行他们所不同意的指示时素来是拖拖拉拉的，可是一旦实行他们所高兴而又唯恐会发生变化的命令，那股办事敏捷伶俐的劲头真是了不得。关于约旦的计划得到批准后不出二十四小时，约斯特大使就在十二月十八日把它提出去了。

尽管尼克松作了保证，以色列人对罗杰斯的演说、恢复四国会议和关于约旦的文件发动了公开的和私下的攻击。梅厄夫人召开了内阁特别会议来讨论美国-以色列的关系。一个以色列官方人士对莱恩·加门特说，梅厄夫人“极为失望”和“伤心”，认为这种局面是“丑闻”和“灾祸”。埃班外交部部长公开指责美国在把关于约旦文件提出来以前没有让以色列知道它的细节，尽管他在十二月十六日会见过罗杰斯。国务院官员反驳说，罗杰斯一般地向埃班描述过这个计划。十二月二十二日，一个美国犹太人领袖代表团会见了罗杰斯，表示了他们的关切。以色列内阁发表了一项声明，断然拒绝了美国建议；梅厄夫人据说认为这项建议是对阿拉伯人危险的“安抚”。

为了平息以色列人的忧虑，西斯科建议由我们来说明，尼克松政府的立场与前一届政府的立场没有什么不同——这就突出地表现了我国政治中一个令人脸上无光的事实：一个新上台的政府除非是出了麻烦，否则从来不愿意表示它同过去的政府的连续性。西斯科还建议就以色列提出的经济和军事援助要求早日作出肯定的决定。尼克松批准了。这就形成了一种循环：我们每采取一个以色列不赞同的谈判步骤，就要同时把对以色列的援助计划加紧一步，而我们同以色列的意见并没有真正地一致起来。

演进中的战略

虽然我们在不到九个月的时间里，从讨论总的原则演进到了提出具体的计划，但是外交上并没有取得进展。我们同埃及的关系也没有改善。一个主要原因很可能是我们同埃及没有什么直接的接触，纳赛尔当然会断定，他等待的时间越长，我们提供的条件就会变得更好。只要美国每过几个月就无偿地采取一个新的行动，他就没有必要在采取激进政策和苏联勾结以及在取得美国支持这两者之间作出抉择。我们在边界问题上的立场一步步地在朝着一个方向移动——从“征服的压力”到“调整”，再到“非实质性的变动”。在有关和平的紧要问题上，不论阿拉伯激进派或者苏联方面都没有作相应的变动。与此同时，苏联还没有懂得，僵持局面保持下去，它所受到的损失最大；苏联的所作所为，只不过是在纳赛尔抨击过后，它也跟着来一番抨击。在等待了两个月之后，十二月二十三日，苏联人终于对我们主要是支持一九六七年边界的十月二十八日建议作出了答复。他们拒绝了这项建议。多勃雷宁对我抱怨中东谈判停滞不前，毫无结果。他说，莫斯科如今想使中东问题成为通过特种渠道来讨论的问题之一，因为，显然这种问题只有“在最高一级”才能真正解决。我对他说，我们对我们已经提出的方案没有什么可以补充。苏联人做事过头，反倒救了我们，这种事情是常有的。四国会议和两国会谈都完了。尼克松到这个时候坚定地同意了我的看法：解决问题的时间还没有成熟。但是他宁可等我们的主动行动自行冷却，而不愿发出明确的命令。

那年冬天，我在草拟总统第一次向国会作的外交政策报告时，试图把他的观点反映出来。为了降低公众的期望，我在第一稿中写了一句话，说阿拉伯-以色列冲突是“难以驾驭的”。国务院发出了一阵喧嚣的抗议声，他们说这样暗淡的看法把他们出力做的工作全败坏了。我不同他们正面争吵，在最后定稿（发表于一九七〇年二月十八日）中把这句话改得缓和一些说，阿拉伯-以色列的问题“有着严重的难以驾驭的因素”。这使中东问题专家气平下来了。这句话文字上的笨拙，反映了在官僚之间要达成妥协可不容易。俗话说，骆驼就是委员会设计出来的马，再也找不到更好的例子来说明这句俗话了。

但是，通过外交上的僵持局面，根本的问题就变得清楚了。有关各方正式采取的立场只不过是冰山一角而已。阿拉伯国家，除约旦以外，显然并不打算以同以色列建立正常关系来实现真正的和平，也不打算具体确定什么才是安全。以色列不愿归还全部领土——即使接受它所提出的和平的定义，大概也不愿以归还全部领土来做回报。有关各方的立场之间的矛盾事实上是难以驾驭的。

纳赛尔指望我们来把他从一九六七年的轻率行动所造成的后果中解

脱出来。但是他不愿放弃他扮演的阿拉伯激进民族主义倡导者的角色，这个角色使得他几乎在一切国际问题上摆出粗鲁的反美姿态。他也不准备放弃这样一个幻想：把美国拉过来的最好办法是通过苏联的讹诈。这使得他的绝大部分谈判都是通过莫斯科来进行，而不肯直接同我们打交道。苏联人这方面不是因为他们没有眼光，而是因为他们要保持激进民族主义的保卫者的资格，寸步不让地为阿拉伯人的最高要求辩护。我们没有任何理由去为这样一个不太可能的联盟火中取栗。因此，一九六九年所有形形色色的谈判计划都没有成功。

但是，通过这样一番吵嚷，美国在中东问题上的立场也就逐渐显出了它的内在力量。没有我们，谁也实现不了和平。只有我们，而不是苏联，才能对以色列施加影响。以色列很强大，它不会屈服于阿拉伯的军事压力，而我们则能够堵塞一切外交活动，直到阿拉伯人表现出他们愿意对以色列的让步作出相应的报偿，如果我们保持坚定，不被吓倒，我们所处的关键地位就会越来越明显。尼克松采取支支吾吾的态度，他支持我的战略，但又批准(后来又中止)国务院的策略。在这过程中，部分的是由于办事有缺陷，我们开始实行我所赞许的方针。官场中的僵持局面倒是实现了我所主张的政策：实行一种得不到肯定结果的方针，经过一段时间后，一定至少可以诱使某些阿拉伯领导人回过头来想一想，他们依靠苏联的军火和作出激进姿态是不是能帮助他们达到目的。阿拉伯的头头一旦看清楚了——不管是什么原因使他们看清的——从我们这里勒索不到解决问题的办法，他们就会逐渐明白，苏联向我们施加压力和他们自己的顽固态度只会使事情停顿不前。我认为，他们到头来还是不得不找我们。

总之，经过辩论和长期犹豫之后，一九六九年终于为以后扭转中东的结盟打下了基础。但是，完成这个扭转却花了很长的时间，经历了一些危机和一场痛苦的战争。

注释：

① 一九六八年十月十九日“法塔赫”政策声明，载于一九六八年十月二十日《纽约时报》。

② 见一九四七年九月安德烈·日丹诺夫在建立共产党情报局会议上做的报告，美国国会众议院外交委员会复印，题为《世界共产主义的战略与策略》，向小组委员会提出的关于国家的与国际的运动的第五号报告，众议院第六一九号文件，第一号补充文件，一九四八年第八十届国会第二次会议，第二一一页。日丹诺夫实质上是把中东看作从英国的势力范围向美国的势力范围过渡。

③ 见一九六九年二月十日《新闻周刊》所载阿诺德·德·博什格拉夫的纳赛尔访问记和一九六九年二月十七日《新闻周刊》所载他的埃什科尔访问记。

第十一章　不愉快的联盟：欧洲和美国

欧洲的成就带来的难题

自一九六〇年以来，每一届新政府上台时都深信它的前任忽视了大西洋关系，因此宣称新政府要优先弥补这个缺陷，保证要执行果敢的新纲领。可是，没有任何一届政府实现了它宣布要实现的重大改进。说来可笑，在这方面费的力气越多，问题似乎也越多。

这并非事出无因。对于大西洋关系，有一种挥之不去的怀念，这种情况可以追溯到马歇尔计划。当时美国提出的一项大胆的创议激起了欧洲的热情和感激之情。大西洋和欧洲的机构大量涌现，要制定一个伟大的宏图。美国外交政策的梦想实现了：美国道义上的领导作用，引起了自发、真实的一致意见；毫无强制之意的合作；民族利益和强权政治的“过时”观念被破除了。

在战后那些令人兴高采烈的年代里，人们大致看到，欧洲人的态度也许并不像表面上看来那样新奇；这同民族利益的牢固观念是完全一致的。我们采取这种新方针的实际后果是使一个疲惫破损的大陆得到保护，得到经济援助和技术力量，而并不要求它拿出相应的报偿。然而，对于一整代的美国领导人来说，这个经历却代表着理想的国际关系。他们没有进一步去想，慷慨大度虽然使称王称霸变得可以令人忍受，但是却没有变得可以令人接受。对于“新的”大西洋关系的考验，不是在它形成的那几年，而是在它所宣布的目的达到了的时候。等到欧洲恢复了它的经济实力和政治自信心，欧洲国家有能力坚持自己的观点的时候，换句话说，等到他们真正有了选择的余地时，我们就会知道，我们究竟是参加了一个新纪元的诞生，还是参加了旧传统的修整。

六十年代进入了考验时期。很明显，大西洋合作和欧洲一体化的重要的新机构相继地出现了。协商之紧张和认真为我国任何其他外交关系所未见。欧洲经济一体化，帮助了世界贸易和美国出口，而不是像某些人所担心的那样起了妨碍作用。欧洲是在向着政治团结前进——即使发展的道路并不总是我们所喜欢的。与此同时，四十年代的目标已经达到，这个事实本身已在开始导致误解和紧张。随着实力的增长，欧洲也变得更加自行其是了。协商不仅产生一致的意见，而且也越来越变成表达分歧的手段。对于这种情况，自信已经使大西洋地区的民族主义过时的美国领袖，却仍然怀念后来被称为“马歇尔计划的美好时日”的那个时期，而且其思恋之情，甚至超过了马歇尔计划带来的不容置疑的成就。

但是，在国际关系上进行新的建设，即使从字义上来看，也不可能是频繁进行的。成就本身排除了很快又要去从事新的建设的必要。如果企图把这种举世无双的业绩变成老套，事实上反倒会危害国际关系的建设。随着战后欧洲的形成，大西洋关系也必然会变得比较平凡，它的问题也变得不那样引人注目了。说来奇怪，大西洋合作当它集中在处理日常家务事的时候，它的成就最为可观；而当它的目标“初具规模”的时候，倒变得有些棘手了。在尼克松当政的时候，事情正是这样。尼克松政府也和它的前几届政府一样，在它把目标定得很一般化时，也就是说，只要求建立信任，强调协商，保持国内舆论一致支持我国在欧洲部署军队，让欧洲人自己去进行欧洲的一体化，它的成就最大。然而在那个时期，我们却受到了“忽视我们的盟友”的指责。后来，当我们决定要做到传统的“恢复活力”的时候，我们就碰上了我们的前任和我们的继任者所碰到的困境：人们不能把外交政策建立在抽象地追求心理效果之上。

在尼克松当政的头几年，西方联盟处在动荡之中，这在很大程度上是由于欧洲的主动行动造成的：威尔逊力图争取英国加入共同市场；勃兰特的东方政策；先是戴高乐、后来是蓬皮杜对恢复与美国的联系的兴趣。我们并不谋求重大的突破，但是我们不动声色地鼓励接纳英国加入共同市场。我们的作用对于东方政策和柏林谈判的最后成功是起了决定性作用的。我们同法国的合作有了重大的改善。我们顶住了国会拼命要减少美国在欧洲驻军的压力，保住了在欧洲部署美国军队。

我在给总统的一份备忘录中，总结了我们的方针。那是在一九七〇年三月写的，但是用在这里也很合适。尼克松曾经问我：鉴于欧洲一体化已经取得进展，美国在大西洋事务中的领导作用是不是还有必要。显然，尼克松是希望听到肯定的答复。尼克松是在阿瑟·范登堡时代的思想里培养起来的，范登堡的思想使我们同欧洲的史无前例的联盟关系得到了两党一致的支持。尼克松提的这个问题，同他偶尔考虑他是否不竞选连任的问题是属于同一类型的。当他问人们他的政治前途时，他实际上是要人家说他是不可缺少的。在欧洲问题上，他希望听到我再次肯定他在政治上当学徒时期的一个信条：美国的领导作用仍然是问题的核心。

作这样一个断语，并不需要我去进一步发挥我的信念，这是我自己思想的核心。我说，美国的力量和领导作用仍然是必需的，因为欧洲人尽管经济上取得了那样的进展，但是还没有形成凝聚力、内部稳定或对抗苏联实力的意志力。我写道：联盟的团结一致，需要美国的三样东西。

第一，我们在同苏联打交道时，必须要有节制。如果我们太性急，欧洲国家会担心美苏勾结。这样，会使他们加紧主动行动，甚至顾不上保持谨慎，同苏联作出他们的安排，从而保护他们自己。但是，有趣的是，如果美国停留在冷战的战壕里，结果也会是这样。因为在这种情况下，欧洲的领导人就容易情不自禁地要在本国公众面前以好战的超级大国之间的“调解人”的面貌出现。美国的对苏政策必须谨慎：既要足够强硬，以保持共同防务的利益；又要有足够的弹性，以防止我们的盟友赶快投奔莫斯科。

第二，我们在进行协商时，必须十分当心。必须使我们的盟国放心，在限制战略武器条约之类的谈判中，他们的切身利益会得到保护。只有我们的行为举止无懈可击，我们才能使欧洲人相应地在盟国间的协商中保持高标准。

第三，我们必须避免单方面减少美国驻欧洲的部队，不管是由于政府的财政拮据，还是由于国会的新孤立主义倾向。这对我们的领导艺术是一个重大的考验，因为大量的减少驻军，不管出于什么原因，会严重地损害北大西洋公约组织，助长向苏联屈服的倾向。

这些就是我们在同大西洋盟国的关系中要努力实行的原则。我们不是始终都做到了，但是在尼克松当政的头几年，形势是令人鼓舞的。

协　　商

我们严格遵守尼克松在一九六九年初第一次访问欧洲时许下的诺言，在随后的几个月里，我们同盟国进行了紧张的协商。一九六九年三月，尼克松在华盛顿同加拿大总理皮埃尔·特鲁多举行了会晤。加拿大同北大西洋公约组织的关系，一向保持着比较特殊的性质。加拿大同欧洲国家不一样，它没有受到直接的威胁。它不像美国，它不可能在共同防务中起决定性作用。加拿大在防务上的贡献同主要欧洲国家和美国相比是很有限的。因此，加拿大与北大西洋公约组织的关系，首先是高度象征性的。加拿大愿意提供某些军事力量来维护集体安全的原则；同时，它也强烈主张采取缓和紧张局势的措施。

然而，加拿大多少有些超然的立场，加上它的领导艺术很高明，使它产生了一种远远超出它的军事贡献的影响。它的外交政策是全球性的。它参加国际性维持和平的努力。它对发达国家和发展中国家之间的对话作出了建设性的贡献。同时，加拿大同美国又有它自己的特殊关系。加拿大的贸易有三分之二是同我国进行的。它的经济对我国经济的依赖非常大，以致这在加拿大国内也成为一个重要问题。加拿大事实上是被一种矛盾心理所烦扰，这种心理虽然与欧洲国家不同，却有它自己的复杂性。加拿大既需要同美国保持密切的经济关系，有时又需要做出吵吵嚷嚷的独立姿态。具体地说，它既需要美国市场，又想对美国采取歧视性经济措施，这两方面经常发生矛盾。它出于本能地拥护共同防务，但又想成为某种国际仲裁者而超然于战斗之外，这就发生了矛盾。加拿大的领袖深信合作是必需的，但又为国内在国际对抗问题上的禁忌所迫，因此，他们的回旋余地很小，但他们却利用得格外巧妙。

尼克松和特鲁多这两个人不能说相互很投合。特鲁多出身于魁北克旧家族，潇洒、聪明、才华横溢、莫测高深，他引起尼克松对“上流人”的全部痛恨，在尼克松眼里，这种人总是瞧不起他的。他鄙视特鲁多那种明显的对社交生活的喜爱。他倾向于把特鲁多看成在防务问题上是持软弱态度的，对东方的态度一般说来也是软的。但是，当他们两人在一起时，特鲁多对尼克松一点没有屈尊俯就的样子，尼克松对特鲁多则是尊重而殷勤。他们两人在一起时，看不出有什么紧张。他们解决了他们面临的问题，在各自回到自己的首都以前，谁也没有向对方讲过什么不宽厚的话。

他们两人的第一次会晤也不例外。特鲁多支持尼克松在反弹道导弹防御问题上的立场。关于他要使加拿大退出北大西洋公约组织司令部的消息证明是不确实的。经济问题交给专家去处理。两人同意要经常举行商谈，事实上也是这样做了。美国-加拿大之间的关系证明国家的利益可以超越个人的喜好。

一九六九年三月底，艾森豪威尔的去世使欧洲领袖人物来到华盛顿。戴高乐也来了。他到达的时候穿着法国准将的制服。尼克松派我到法国大使馆对他表示欢迎，并且告诉他：白宫的通信系统可以供他使用。戴高乐在伦敦住过四年，从来不说英语，这一次，他却用英语答话以表示他的赞赏，他说："告诉你的总统，他是一个非常客气的人。"

尼克松和戴高乐在椭圆形办公室会了面，这也是他们最后的一次会面。我事前叮嘱尼克松不要"作任何表示，好像你同意这位将军目前对威尔逊政府深恶痛绝的态度"——这是索姆斯事件（见第四章）的残留后果。戴高乐事实上和尼克松纵谈了世界形势；谈了一个月以前在巴黎谈过的大部分问题。戴高乐增添了一个新调子，叮嘱同德国合作要谨慎。他反对英德两国最近签订的关于为核反应堆生产浓缩铀的离心工艺的协定。他担心这会变成德国进入核俱乐部的棋子；应当当心，不要再一次唤醒了在本世纪曾两度撕裂欧洲的那种野心。尼克松和蔼地回答说，他希望法国和德国能保持密切和友好关系。

这一次，戴高乐表现出一种忧郁的神情，他就要引退了，因此对自己的行动已成了一个冷眼旁观者，在谈到未来时，他用的都是抽象的话，他知道，他已经不能再参与塑造这个未来了——这是他几个星期之后将要退休的先兆。他的神态使我想起了西德的基辛格总理几个星期以前在波恩对我说的使人难受的消息，他根据这个消息推测戴高乐担任国家元首不会很久了。据基辛格总理说，在他们一次定期的商谈中，戴高乐是这样描述法德关系的："我们和德国人有过不少共同的经历。我们走过了被野兽包围的森林。我们穿过了被太阳烤焦的沙漠。我们爬过被白雪覆盖的山峰，总是在寻找一件隐藏起来的珍宝——一般总是互相竞争着去寻找，在最近若干年来是彼此合作地去寻找。如今我们知道了，没有隐藏珍宝那回事，留给我们的只有友谊。"

参加艾森豪威尔总统的葬礼，为大家提供了一个讨论根本的防务问题的机会。这个问题是一位老朋友、当时担任英国国防大臣的丹尼斯·希利提出来的。希利和我从五十年代中期就互相认识，当时我们两人都写战略问题的文章。他才华横溢，爱交际，知识格外渊博，辩论问题毫不让人。他那考虑问题的才智，使他常常改变自己原来的想法，他的思路变化之快，甚至连他的崇拜者也不能领会。尽管如此，他和大多数政治活动家一样，很能使自己适应时宜，总是起建设性的推动作用。

希利给我写了一封私人信，询问我们在把西欧国家联合在北大西洋公约组织之中，以协调他们在防务方面的立场这个问题上持什么态度。欧洲成立一个防务协商机构的前景为我们提出了一个有趣的问题。我国官僚机构之中和官僚机构外面的“一体化派”热情地赞成欧洲经济统一；同时，他们却强烈地反对欧洲在防务问题上保持自己的独特性，认为这样可能会使联盟分裂。我认为，问题很可能恰恰相反。在经济方面，欧洲和美国在某种程度上是冤家对头；而且，实行竞争并没有什么风险或不良后果。在军事领域中，倒想象不出在什么情况下，欧洲如果没有美国的支持境况会更好一些。我们大家的切身利益是互相补充的。各自为政的不良后果是再大不过了。我确信，欧洲在防务上保持自己的独特性，不会像欧洲经济统一那样起分裂作用，所有的美国领导人，包括我自己在内，倒都是欢迎这种经济统一的。只有各自得出自己的结论，欧洲才会懂得有必要努力加强它自己的防务。

我认为，这个问题非常重要，我得请求总统给我指示，应如何答复希利：

> 有些美国官员……指出，一个欧洲协商机构会发展成为以法国为中心的第三势力，从反美主义中取得它实现统一的主要推动力……
>
> 我认为，在北大西洋公约组织中，建立一个更有凝聚力的欧洲声音是符合我们的根本利益的，虽然在短期说来不是没有问题。欧洲具有更大的凝聚力，这完全符合你所说过的这样一种看法：从长远看来，我们如果能够把欧洲当作一个真正的更加平等的伙伴来与之打交道，是可取的。

因此我建议，由我来告诉希利，我们的态度总的说来是赞同的，只要这样一种结合不被用作孤立法国的手段。我们应当准备好告诉其他欧洲人："一个更强大、更统一的欧洲声音，将会促进更加平等因而也更加有成果的大西洋伙伴关系。"尼克松批准了这个方针。"欧洲集团"逐渐形成起来，但是，在防务问题上并没有出现欧洲一致的意见，其原因是：在欧洲的政治结构上没有达成协议。法国希望有一个统一的欧洲声音，但是不在北大西洋公约组织之中；它势必把英国的主动行动当作解决英国加入共同市场的一种办法。美国的官僚不管总统的决定如何，态度是不热心的；他们不拿出力气来支持这种做法，只要有可能就偷偷摸摸地反对实施这个计划。其他欧洲人的心理是矛盾的，他们抽象地赞成统一，但是他们担心，在北大西洋公约组织中这样明确地突出欧洲的独特性可能会使美国得到一个口实，用以减少它在欧洲的驻军。

在外交和国防部部长们为庆祝联盟二十周年在华盛顿聚会期间，这种态度再次成了注意的中心。我在四月九日的一份备忘录中，敦促尼克松强调我们在欧洲保持一支强大的美军的诺言；但是，他应当首先强调，要得到美国国会的支持，就需要我们的盟国作出相应的贡献。第二，尼克松需要反驳这样一种观念：仅仅由于苏联的口气软下来，缓和的局面马上就要到来。我们应当表明，我们大体上是愿意探索同苏联达成协议的具体领域，而不仅仅是改善气氛。第三，在欧洲内部的安排上，我建议我们要鼓励北大西洋公约组织的欧洲成员国改善他们之间的合作。但是，我们应当避免支持某种具体的方法；我们既不应当参加任何孤立法国的努力，也不应当让人得到这样的印象：退出联盟的人将会得到特别的酬偿。

特别是，我敦促总统要强调这样一个原则："这个联盟的安全应当有广泛的含义，它不仅包括防御外来进攻的实体安全，而且要包括我们各国应付我们社会内部问题的能力。"为了形成一种超越于防务之上的共同利益感，我赞同成立一个委员会来对付现代社会的挑战。成立这样一个委员会的思想是来自帕特·莫伊尼汉。作为现代化的产业国家，我们大家都有一个环境保护或改善运输的问题，可以肯定地说，西方国家的资源和想象力可以用于提高人们的生活水平。此外，为了给他加强协商的诺言作出一个具体的表示，我建议总统提议，在每半年一次的外长会议间歇期间，至少举行一次副外长会议。这种副外长会议可以试行拟订较长期的计划，特别是在东西方的关系方面。尼克松接受了我的这些建议，在一九六九年四月的一篇雄辩的演说中向北大西洋理事会提了出来。

人们可能预料，在经过了这么些年抱怨美国注意不够、协商不够之后，我们的盟国会热情欢迎我们的这些建议。但是，这种想法没有考虑到心理上的暗流。联盟对于“协商”的渴望实际上是想要限制美国的行动自由；并非我们所有的盟国都同样地愿意限制他们自己的自由。成立一个政治计划机构正投合了法国寻求“独立”的要求，而主张奉行比较局限于一国政策的德意志联邦共和国，则态度冷淡。成立关于现代社会的挑战委员会的主张遭到了反对，他们说，北大西洋公约组织不是成立来处理这类问题的。这种反应同尼克松访问欧洲期间所有的盟国领导人私下表示的意见相去甚远。当时他们表示，共同防御已不足以引起年轻一代人的劲头了。

因此，四月间召开的这次纪念性会议的最后公报是有很大的保留的。公报要求“考虑”总统提出的定期举行副外长会议的建议，“研究”各国如何“改进意见和交流经验……不论是通过适当的国际机构的行动，或其他途径，以便为他们的社会创造一个较好的环境”。很明显，欧洲对于美国的建议采取一种矛盾的态度：他们欢迎美国承担义务，又要不限制他们自己的行动自由。与此同时，尼克松的新政府已开始面临国内越来越不愿履行我们对欧洲的义务的局面，更不用说要扩大这种义务了。在尼克松任期还剩下的全部时间里，我们只得在这种浅滩之间航行。

戴高乐的离去和欧洲统一

一九六九年，我们确实是大大缓和了承袭下来的大西洋联盟内部的紧张气氛。尼克松对戴高乐的尊敬得到了报偿。当然，戴高乐没有改变他的基本原则，但是，他不再那样无情地一定要实施这些原则了。尼克松在法国所得到的接待，戴高乐出席在美国大使馆的答谢宴会，他前来参加艾森豪威尔总统葬礼的礼貌姿态——所有这一切都帮助缓和了以前的紧张关系。法美关系的改善，也使得英美特殊关系不那么成为妨碍英国进入欧洲大家庭的障碍了。这样的趋势在戴高乐总统一九六九年四月二十七日突然辞职的时候进一步加速了。他有两次，在实质上属于次要的问题上进行的公民投票中遭到失败，一次是关于法国地方政府的结构问题，另一次是关于参议院的改革问题。因为这样的事情辞职使人猜测，举行这些公民投票至少有一部分原因是要给戴高乐辞职提供借口。危机使他上台执政，他为解决这些危机立下了汗马功劳。他巩固了新的政治制度。他实现了法属非洲的非殖民化，同时又保住了法国在国内的自信心和在前殖民地的威信。他好不容易抑制了刚露苗头的内战，他使法国在欧洲和西方联盟的政策中起核心作用，从而恢复了法国的自豪感。他对美国的挑战在很大程度上是为了鼓起法国的自信。

但是，一九六八年的学生闹事震动了戴高乐。他后来面临的挑战在他看来也无需他这样一位人物来对付。保证经济增长，在有限的资源争夺者之间充当仲裁人，组织和管理一个官僚国家——他多少有些轻蔑地说这是向“军需官”而不是向英雄人物提出的任务。四月十七日的公民投票使他有机会突然离开舞台，以免像他非常担心的那样看到自己的权威慢慢受到侵蚀。从这以后，戴高乐退休到科龙贝，完全过着隐居的生活。他不会见政界人物，不发表谈话，写他的回忆录，等待着自己的去世。

戴高乐辞职时，我向总统写了个报告，说明我对戴高乐辞职会产生的后果的看法。我预料乔治·蓬皮杜将会在更加复杂的政治局面中成为戴高乐的继任者。戴高乐能够设法让自己超越于党派之上，他用温和的国内政纲来打动右翼，用独立的外交政策来号召左翼。我认为，将来法国政治生活的特点比较可能的是："在最左边是一个人数众多、组织良好的共产党。一个由左、中、右翼各政党组成的经常变动的混合体，通过一个勉强一致的意见来执政，这样一种一致意见是不能实行什么积极的政纲的。"我预料，法国的外交政策实质上不会有什么变化，但在作风上可能会比较随和。但是，从长期来说，我认为，"法国的外交政策可能会变得同我们更加难以相处。由于政府不那么有决断，左翼就可以轻而易举地否决他们所不喜欢的外交政策行动，这在西欧的其他民主国家是司空见惯的"。事实证明，这种推测如果不是完全错误，至少也是言之过早。蓬皮杜成了一个强有力的、有决断的、能驾驭局势的总统，至少一直到他恶病缠身任职最后一年仍是如此(他在一九七四年去世)。

戴高乐离职的时候，一个跨部门小组，在国务院主持下，草拟了一份很有思想的分析文件，预测蓬皮杜将会慢慢地、不显眼地离开戴高乐的立场，不反对英国加入共同市场；他将加速在戴高乐当政时已经开始的与美国改善关系的进程。我建议我们在法国总统竞选期间不采取任何具体的主动行动。我们应当做的是继续加强"美国最近为了给更密切的美法政治关系加进实际内容而进行的努力"，"慎重地"鼓励"法国对北大西洋公约组织采取更合作的态度的任何趋势"。

法国第二轮总统选举后不久(这次投票使蓬皮杜战胜了艾伦·波埃)，我会见了我国驻巴黎大使萨金特·施赖弗，同他讨论了蓬皮杜可能访问美国的问题。我提出，最简单的办法是，戴高乐曾经同意在一九七〇年一月或二月访美，现在就由蓬皮杜来代替戴高乐进行这次访问。施赖弗可以去探听一下蓬皮杜的意见，然后再正式发出邀请。我对施赖弗说，总统很愿意探讨同法国军事合作的可能性。总统不会让"北大西洋公约组织的神圣性”来妨碍法国同美国加强军事合作。甚至在核领域内实行有限合作的可能性也并不排除在外。

在尼克松一九六九年八月访问亚洲和罗马尼亚回国途中，我有机会在蓬皮杜正式访美之前会见他。总统在英国机场停留，向英国首相威尔逊通报情况，我则离开总统那一行人，去向蓬皮杜和北大西洋理事会通报情况（还要会见春水）。基辛格总理几天之内将来华盛顿，他将在华盛顿得到情况通报。

蓬皮杜对于尼克松派我到巴黎的做法表示赞赏。像我后来每次同他接触时一样，我发现他总是彬彬有礼，极其尖锐，稍稍带一点嘲讽的味道，这是法国的知名学府——法国许多领导人是从这些大教育机构里培养出来的——毕业生的派头。他表示支持尼克松的关岛主义，即亚洲人要对自己的未来负起更多的责任；他认为欧洲也应当如此。他原则上接受了在一九七〇年早些时候访问美国的邀请。他愿意在越南问题上出力，如果我们要求的话，他明白表示他不会寻找机会与我们过不去。

一九六九年九月的一次选举，使勃兰特政府在西德上了台，戴高乐对美国或英国采取超然政策的前提条件无论如何是消失了。勃兰特正式表示过他赞成英国加入共同市场；他对东方的新政策（东方政策）造成了德国要奉行一种更加独立、更加从自己的国家利益出发的政策的忧虑。这种情况使得英国加入欧洲对法国似乎更有吸引力。因此，在一九六九年十二月二日举行的欧洲经济共同体各国政府首脑会议上，在法国的附议下，宣布了共同体愿意同英国举行谈判，在“扩大范围的意义上”考虑政治合作。

就这样，到了这年年底，美国眼看它长期期待的一个目标——扩大欧洲的统一——就要实现了。二十年来，我们一直认为，一个统一的欧洲会缓和大西洋关系，必定会实行和谐一致的政策，而且能分担我们较大一部分负担。我从来不相信欧洲一体化能自动来到。在货币和贸易政策方面的分歧已经越来越明显了。一个政治上统一的欧洲，更容易在其他领域里也表现出它自己的观念。在十二月十一日举行的一次某些部门之间的联席会议上，我指出，在东西方谈判，在加强共同市场将会带来的保护主义影响这些问题上，我们将会面临欧洲更加自行其是的态度。

但是考虑这样的问题是多余的，因为这些都是成功引起的结果。我们在欧洲统一问题上的“低姿态”，使英国的前景有了重要的改善；我们拒绝参加欧洲内部的争吵，从而加强了欧洲的关系和大西洋的关系。可以肯定，过去那些高喊加强美国“领导作用”的人，是不高兴我们的克制态度的。① 我在十二月二十九日答复尼克松一个问题时写道：

有些人认为，我们应当继续执行上届政府的政策，按照我们认定对欧洲最合适的方针积极卷入欧洲的内部事务中去。这些人对于我国对欧洲采取的“低姿态”是有某些批评的。在大西洋两岸仍然有一群学者、前任官员和新闻工作者认为，除非美国提供动力，否则欧洲统一的运动就会完蛋，特别是由于成为推动力的、害怕俄罗斯人的情绪大部分已经消失。

实际上，我们同欧洲的关系已经有了不可估量的改善。你访问欧洲时开始执行的经过修改的方针非常成功。这种方针的出发点是更加关心欧洲人的需求，并且大大改善了影响欧洲的重大问题进行协商的程序。当然，这方面的一个例子就是你扭转了过去同法国恶化的关系。我个人确信，你做的是对的。我同各种不同政治见解的欧洲人进行的许许多多接触，证实了你是对的。

一九六九年，大西洋地区各国把精力更加贯注在国内问题上，我们贯注在越南，欧洲人贯注在政府更迭、经济或者欧洲一体化问题上。隐隐出现在联盟所有成员面前的是一个全新的问题：在寻求同东方改善关系——这是第一次有计划地这样做——的时候如何保持安全；如何把我们的团结一致同缓和政策调和起来。

共同防御：美国的看法

关于北大西洋公约组织防务问题的讨论，主要有三个问题。第一个是，北大西洋公约组织一九六七年在美国压力下，正式采纳的“灵活反应”战略思想是否有效。第二个是，共同防御的“负担”在欧洲和美国之间如何分配；具体说来，欧洲是否可以再多出一些力。第三个是，驻欧美军的兵力。

正式的灵活反应战略是在法国退出北大西洋公约组织统一司令部之后，由国防部部长麦克纳马拉强使北大西洋公约组织通过的。在五十年代，联盟的军事战略依靠的是大规模报复的威胁——对欧洲的任何进攻，美国都将立即以全力以赴的核打击来回答。随着苏联核储存的增加，美国——必然地——要寻求其他办法和更广泛的选择方案。按照灵活反应理论，我们在必要时，仍然要诉诸全力以赴的战争，但是我们只有通过逐步升级，才会达到这种程度，开始时是使用常规武器，通过一个与我们受到威胁的大小相适应的阶段后，才进到使用核武器。经过长达五年之久的辩论，我们的欧洲盟友才极其不安地接受了这个战略。他们认为——他们是正确的——这种战略是美国越来越不情愿使用核力量的征兆。他们担心，不愿诉诸核战争的心情一旦表现出来，可能会使苏联利用常规兵力的不平衡状态来谋取好处。他们忧虑，这种使发生核战争危险减少的战略，可能会使以常规武器进行侵略的可能性增大。

麦克纳马拉的见解仍然在我们政府中占上风。一九六九年六月十七日，我提醒总统：

在政府中似乎有一种牢固的观点，以为我们的战略态势（以及我们的战术核态势）与威慑（或对付）常规战争这两者之间没有什么关系。这种观点似乎是基于两个结论：（a）只有我们拥有可以信赖的第一次打击能力(而这是不可能达到的),我们的战略力量才能够有助于威慑住常规战争;(b)在欧洲发生的战术核战争,大概会以我们的失败而告终,因此我们就不会有兴趣去依靠战术核武器,把它当作防护我们常规武器态势上的弱点的手段。

但是,如果这些判断是正确的,我们所面临的就是一个几乎难以解决的局面。如果使用我们的战略力量变得风险太大,如果战术核战争大概会以我们的失败而告终,我们实际上也就是放弃了认真保卫欧洲。当然,人们可以辩解说——许多人的确是这样说的——这些人口和国民生产总值加在一起至少为苏联的三倍的国家,是有能力对华沙条约国家进行一场常规武器防卫战争的。困难在于,没有一个联盟的成员国,包括美国在内,愿意作这种努力。(在为九月十日国家安全委员会会议作准备的过程中,我的下属估计,以常规武器保卫欧洲而要增加的开支,仅美国一个国家,每年就需要一百二十亿美元,就在那个时候,国会正坚持要大大削减我们的国防预算。)人们也完全不能期望欧洲人会出更大的力气,拿出为提供持久的常规武器防御所必需的钱来。国内的压力要他们拿出事实来证明在缓和方面取得的进展;国防费用的巨额增加在政治上是办不到的。他们还确信,他们常规力量的任何增加,只会鼓励美国进一步减少军队。在他们看来,这样一来就会使他们得到的核保护减少,而常规武器防御能力却并没有增加。

这样一种逻辑推理,使得威尔逊首相在尼克松访问欧洲期间断然表示,他完全赞成一种新的战略理论,如果这不会使国防开支大大增加的话。戴高乐对苏联“西”进抱怀疑态度,实质上也是这种观点的反映;他深信,即使苏联在开头时得到胜利,美国除了使用自己的全部力量——包括战略武器——来防止丢掉西欧之外,没有别的办法。因此戴高乐宁可建立一支他自己的小战略力量,以防万一美国看不到自己利益所在,而不愿扩充常规力量。说得不客气一些,在欧洲占优势的观点是：地面上的常规力量悬殊是可以忍受的，甚至是可取的，因为保卫欧洲最后还要靠美国的战略核威慑力量。

美国政府在一九六九年重新研究了北大西洋公约组织的战略。我们实质上认为有四种选择方案：

⊙ 美国在欧洲驻扎一支象征性的力量作为"绊网"。

⊙ 采取常规防御态势，能够在短时间（九十天）以非核武器保卫欧洲。（这是北大西洋公约组织目前的战略。）

⊙ 以常规力量进行持久的防御，在华沙条约组织的常备力量面前，这些常规力量足以无限期地保卫欧洲而用不着求助于核武器。

⊙ 进行全面的常规防御，使我们能够对付充分动员后的华沙条约组织进攻。

在对这四种战略进行分析时，我们捉襟见肘的状态就极其明显了。绊网的想法被否定了。这种战略违背了我们这样一种绝对的必需，就是我们必须争取到时间，在是否发动核战争这样一个命运攸关的问题上，作出经过深思熟虑的决定；而且在这种战略下，我们的部队大量撤退，会使我们的欧洲盟国丧失斗志。以常规力量进行持久的保卫欧洲之战的主张也被否定了。在国家安全委员会九月十日会议之前，我向总统指出，我们的各个部门，只有参谋长联席会议除外，都认为我们的北大西洋公约组织盟国会抵制这个战略，因为这个战略要求在欧洲进行长时间的陆上战争，从而使他们难以相信我们愿意使用核力量来保卫欧洲。第四个选择，即全面防御，就更加是这样。对四种战略的预算开支进行的分析，进一步限制了我们的选择范围。以常规武器进行长时间的防御，会迫使我们放弃全部的国内新计划；如果总统一定要实行业已作出保证的国内计划（福利改革、岁入分享和城市大众交通系统），就要征收百分之四的附加税。

盟国的敏感和预算上的限制，逼迫我们重新肯定现行的战略——设法打九十天常规防御战。但是只要稍稍仔细地考察一下，就会暴露这个战略的空洞的实质。我们的研究表明，甚至在侃侃而谈要抵抗九十天的美国，任何一种重要的军需品都没有足够的储备。而决定我们的抵抗能力的只是数量最小的紧要物资，而不是某些理论上的平均数字。有人曾经要求五角大楼就短缺的军需品作出一个估计，可是得到的回答却是闪烁其词，使人糊涂。显而易见，我们某些必不可少的军需品，不到九十天就会用光。由于武器没有标准化，不可能用这个盟国的后备物资来帮助那个盟国。又因为每一个盟国计算军需品消耗率的方法不同，所以谁也无法判断整个北大西洋公约组织的供应水平如何。但是不管使用的是什么标准，北大西洋公约组织显然远远不能实现它自己所宣布的目标，情况是一团糟。

我们也像我们的前任一样，力图鼓励我们的盟国增加国防经费来对付这个问题。梅尔文·莱尔德在准备北大西洋公约组织防务计划委员会五月二十八日的会议时，曾经请求授权他要求我们的盟国增加对北大西洋公约组织的贡献，从一九七一年到一九七五年，每年平均增加百分之四。我支持莱尔德的建议，总统也批准了。但是盟国不同意固定的百分比；他们只愿意“适度地”增加，不规定计算增加贡献的基数。由于没有一个确实有能力实行的现实战略，因此这个问题也就没有切实可行的解决办法，直到今天也还没有解决。

粗略地看一下——的确，再看一下也是一样——在新的战略情况下，美国继续在欧洲驻军的重要性，看来是不可能再有什么可以争论的了。核均势正在形成，欧洲大陆上的地面部队——美国的和欧洲的——的意义是更大了。但是我们受到的全部压力都来自相反的方向。我们承担在欧洲驻军的义务，受到了越南地震余震的冲击。参议员曼斯菲尔德和富布赖特以及其他许多人对此提出疑问，认为这是我们在全球范围承担义务过多的又一个例证，有引起战争的风险。他们很快就要向参议院正式提出这样的提案。他们这种态度，反映了一种普遍的气愤：第二次世界大战结束已经二十年了，有着军事上自主历史的欧洲人，竟然还没有建立足以保卫自己的力量。此外，人们认为，我们自己有那样大的支付逆差要求减少外汇支出，而减少驻欧洲的军队就可以减少一部分外汇支出。这就形成了一种恶性循环，美国要求撤军的压力越大，我们的盟国就越不想扩充他们自己的军事力量，因为不然的话，美国就更有理由撤军。

在约翰逊总统当政期间，美国事实上是开始了一个不太掩饰的撤军过程。在一九六七年至一九六八年，一个陆军师的一部分和某些空军部队已回到美国；回到国内的部队总计几乎达六万人。这些被撤回来的部队装备，有一部分留下储存起来了，我们定期地举行演习，以显示我们有迅速回来的空运能力。但是这些措施不是那样切中要害：欧洲人越来越怀疑的不是美国履行保卫欧洲义务的能力，而是是否有这种意愿。他们怀疑的不是我们的空运能力，而是我们的政治意志。

约翰逊政府为单方面缩减计划——缩写的名称叫“缩欧费”（即“缩减在欧洲的费用”）——提出的理由是：这是在一般行政管理费上“减肥”，不会削弱战斗力。这是照神圣的老规矩办事。这些缩减加在一起会造成一种印象，似乎我们一度拥有人们可以设想的最臃肿的军事建制，不然就是这种建制的战斗力是如此之低，以至不论怎样缩减，都对它毫无影响。尼克松政府的问题是，在我们正在敦促我们的盟友多作一些贡献的时候，如何对付早就打算要做并正在付诸实施的缩减。

就在这个时候，我们目睹了梅尔文·莱尔德制造的令人眼花缭乱的奇观。莱尔德单方面决定，在北大西洋公约组织内部进行缩减——这发生在催促我们的盟友每年增加开支百分之四之后刚刚三个月。一九六九年九月初，莱尔德建议，在美国驻北大西洋公约组织的海军力量中，缩减一艘攻击型航空母舰、六艘反潜航空母舰和四十八艘驱逐舰（现在作为后备役停泊在太平洋海岸）。他还建议减少派往北大西洋公约组织的陆军战略后备部队以及——从政治观点看来更加重要的是——在发生危机时应当调回北大西洋公约组织的第二十四步兵师的部队。莱尔德还写了另一句意味深长的话："由于已经宣布的和正在考虑的削减国防开支的结果，我们派给北大西洋公约组织的力量，也许还需要作出进一步的改变。"从根本上说，莱尔德是北大西洋公约组织的坚定拥护者，那么，他为什么要这样粗鲁、这样不客气地削减北大西洋公约组织的部队呢?

说来真奇怪，主要原因是莱尔德很关心要保持国防预算，同时也保持北大西洋公约组织的防御能力。他受到预算局(以副局长詹姆斯·R·施莱辛格为代表)和国会的压力，要他把我国的国防预算至少削减五十亿美元，而尼克松在上任时认为应作的那些削减还不包括在内。莱尔德估计，北大西洋公约组织在政府内外拥有很多的拥护者。如果他能够证明国防预算的全面削减会立刻影响到北大西洋公约组织，那么他就可以使要求削减的压力缓和下来，至少约束住这种压力。他断定，要把行政或立法部门要求削减预算的积极性打消掉，最好的办法就是尽可能地削减，使他们感到心疼。事实证明他判断得很对。

但是要使这种策略取得成功，在实行的时候就必须有毅力，而毅力在莱尔德身上是从不缺乏的。莱尔德这种策略思想越是说得头头是道——这是它成功的要素——我们在北大西洋公约组织的地位就越遭殃。我在把莱尔德的建议转给总统时，写了下面这样一个注释：

这些事实一经透露出去，北大西洋公约组织中的人们就会联想到其他说明美国在削减它对欧洲的义务的种种迹象。缩减海外人员和莱尔德部长的许多言谈都会被人认为说明了一种趋势……减少有效兵员和降低作战准备状态是已经在做的事情，这当然提出了进一步进行协商的问题。

为了在某种程度上控制这种局势，我在九月十七日指示各部门，在"向总统提出备忘录说明已经发生的事态"之前，在提出供北大西洋公约组织磋商的建议之前，不得再公开或在北大西洋公约组织内部讨论削减问题。

但是莱尔德行动之迅速令我措手不及。在他第一次提出建议后十天，他又向总统提出了一份备忘录，提醒我们他在上一次备忘录中含蓄地发出的警告：进一步的缩减是办得到的，他说。“如今事实证明，情况确是这样……我们的详细分析一旦完成，我们交给北大西洋公约组织的海军部队就需要作出更多的改变……这种缩减可能被认为与你向欧洲人发表的声明有矛盾，你当时说的是，我们认为北大西洋公约组织的部队应当保持在目前的水平上。”莱尔德实际上是对总统说，要么增加国防预算，不然就废弃他对欧洲领导人许下的诺言。

莱尔德没有说明，在这十天当中发生了什么新的情况，以至需要进一步的缩减；此外，他为什么不告诉白宫他当初打算实行的缩减有多大的规模。事情很清楚，他是在利用缩减驻欧军队来迫使总统增加国防预算。为了添上一点异乎寻常的格调，莱尔德承认，参谋长联席会议认为这种缩减会给美国增添一些风险。他说：“我同意参谋长们的意见，但是我认为，我们在东南亚承担了那么些义务，而我们目前的财政情况又很紧，在这种情况下，这种缩减是必须实行的。”毫无疑问，总司令受到了讹诈：或者增加他的国防预算(由于国会反对，他不愿出此一举)，或者从东南亚挤出这笔钱来，而这样做又会限制他在越南谈判中的灵活性。

莱尔德一旦占了上风，继续同他斗下去就只会使自己失败得更惨。莱尔德着手实施他的计划了。但是我还是竭力想办法来防止这种单方面的缩减再次发生。九月十九日，我以书面的方式向总统概括了莱尔德的决定和参谋长们的反对意见。我建议在国家安全委员会的体制中成立一个国防计划研究委员会，以使白宫和其他机构能够对莱尔德的决定取得某些发言权。这个建议得到了尼克松的批准。委员会真的建立了，并且做了一些有益的工作。然而，白宫从来不曾像它控制外交政策那样控制住国防政策。莱尔德很机灵；参谋长联席会议则怀疑有局外人在确定他们做事的轻重缓急次序；而我们的精力又全给规划和执行全面的地缘政治战略占住了。但是，如果国防计划研究委员会不能全面制定国防政策的话，它也可以牵制住单方面的措施。这种作用在莱尔德十月间再度发起冲锋的时候，就变得很明显了。他建议对后备部队进行裁减，并表示希望顺便向我们的北大西洋公约组织盟国提一下这种前景。我促请总统停止这种零打碎敲的做法，不然的话，这会造成一种我们似乎是在无穷无尽地撤退的印象。尼克松同意了我的意见。从这时起，我们总算防止了单方面缩减我们的北大西洋公约组织部队。

我们的盟国不很理解我国政治过程中这种微妙之处，他们没有马上懂得这一切实质上是对他们有好处的。在新成立的国防计划研究委员会十月二十一日的第一次会议上，参谋长联席会议主席惠勒将军，预料我们同盟国会有一段非常难以相处的时间——他想得不错，他把这归罪于削减预算的人，而不是莱尔德。他的猜测果然为事实所证明。北大西洋公约组织秘书长曼利奥·布罗西奥十一月十四日访问华盛顿时，对在美国缩减部队的同时提高欧洲兵力水平的前景表示悲观。他还说，在联盟当中同苏联谈判相互裁减军队的兴趣在增长。他说，由于美国总是要撤退的，北大西洋公约组织也可以利用我们有计划的缩减来换取苏联的某些让步。

平心而论，应该说莱尔德的主要目的是达到了。他把各个选区吓坏了，以为他的国防预算确是削减到了绝对的最低限度。从长远来说，这对北大西洋公约组织，对美国的国防态势大有好处。但是，在一九六九年，这肯定是使已形成有连贯性的北大西洋公约组织新战略的前景复杂化了，并且使我们有一段时期和盟国难以相处。

从根本上说，莱尔德使人们注意到一个根本问题。没有疑问，压缩预算使我们的外交政策有受到破坏的危险。在随后的一年里，同样为难的局面又再一次出现。到一九七〇年六月，制订一九七二财政年度的预算计划工作已在着手进行。预算局（现已改名为组织和预算处）预计国防预算为七百六十亿美元。梅尔文·莱尔德在我的支持下，开始发挥他令人难以对付的玩弄手段的威力。他认为七百九十亿美元就少到不能再少了；他给总统写报告说，如果他不得不砍掉三十亿美元，后果是很不妙的。莱尔德有一种把预算要求得不到满足的后果描绘得令人毛骨悚然的天才。他的这种才华并没有受到挫伤；倒不如说，他在头一年取得的成功使他这种才华更加丰茂了。他提出了惊人的削减项目清单，其中包括削减四艘航空母舰，两个陆军师要退役，一百三十到一百四十架我们最陈旧的 B－52 式飞机要退役，还有一些其他的重大采购计划要取消。（如果削减三十亿美元的影响是如此之大，整个国防预算能够买到的新武器是那样少就令人惊讶了。）

为了使大家都看到各种可供选择的方案以及这些方案会造成什么样的后果，我召开了国防计划研究委员会会议。经济顾问委员会主席保罗·麦克拉肯担心，二千三百七十亿美元联邦预算计划会“把财政界人士吓得魂不附体”，使联邦储备委员会垂头丧气，以至于可能妨碍经济恢复。到头来我们会碰到可能是最糟糕的结果——经济停滞，对通货膨胀的恐惧重新抬头。麦克拉肯要求削减六十亿美元，为组织和预算处建议的两倍。另一方面，副国防部部长戴维·帕卡德说，国防费用的任何削减，对我国的安全都会造成不堪设想的后果。

各军种对于他们的要求提不出一个一致同意的说明来，这就使作决定的工作更加复杂化。在国防预算相对宽裕的那些年头里，每一个军种只是推行他们自己合意的计划，这种计划通常是根据技术上是否切实可行来拟订的。参谋长联席会议“意见一致的”认可，往往就是各军种之间签订互不侵犯条约，而不问战略上是否前后连贯。我对我的同僚说：“我希望拟出一个文件来报告总统：‘如果照此办理，后果将是如此这般。’”如果我们不再有能力摧毁苏联的军事力量，我们的战略力量的正确水平应当如何？这种新的局面对于保卫苏联周围的国家（包括欧洲在内）会有什么影响？我们是不是能够无限期地把保卫周围地区寄托在消灭和平居民的战略上？当美国要发动全面核战争的政策正在失去人们的信任的时候，我们却受到同时俱来的压力要裁减其他各种部队。“我们在裁减我们执行一般任务的部队，在撤离朝鲜这一类的地方*。我们将怎样保卫这些地区？这个问题必须向总统提出来。他必须知道我们正在走向一个什么境地。”

事实证明，要以大家一致同意的方式，把问题提交总统是非常困难的。谁也没有兴趣很认真地去考察北大西洋公约组织的理论和军队。进行这样的调查，很可能把力量部署的不协调暴露在睽睽众目之下，欧洲人希望能保证美国作出核反应，而我们则企图保证只有在万不得已的情况下才使用核武器；这种力量部署就是这两者妥协的产物。人们不愿对北大西洋公约组织的常规战略进行认真审查的另一个原因，是他们担心这种审查会暴露必要军需品短缺的现象（按照各国议会和舆论目前的情绪，这是无法补救的），从而可能为单方面缩减兵力提供借口。

在一次又一次会议上，我不断指出我们的战略和我们的兵力态势越来越不协调。谁也不否认这是事实，然而谁也不愿意采取任何行动。有一次会上，我发现根本不可能为我们的计划当中用来描述某一类武器的“边际效用”这个词下一个定义。为了把事情搞到底，我安排参谋长联席会议在一九七〇年八月十八日同尼克松一起开会。这次会议是按照传统方式进行的。每一个参谋长都提出理由，说明他那一份预算建议是他执行“任务”的最低需要。他们都认为自己任务的确切性质是不言自明的，因此根本不予说明。总统被这些充满技术细节而又故意含糊其辞的说明弄得莫明其妙，无法判断他们是在为自己争预算，还是确实有道理。实际上通常是两者兼而有之。

第二天，即八月十九日，国家安全委员会要开会讨论国防预算。讨

---

* 这指的是我们从朝鲜撤出一个师的计划，作为补偿，我们将加强韩国军队。

论拖拖拉拉得不到结论。尼克松讲了一番话，这番话从理论上说是很强硬的，但是这也并没有改变他的预算最高数字；最后决定我们威力的是预算最高数字，而不是他的规劝警告。尼克松认为，我们一定要提出一个“精瘦的”预算，以使国会不至于更加严酷地削减它。整个讨论得到的结果是：把建议中的削减从六十亿美元减少到四十五亿美元；国会后来再削减了三十亿美元。我在一份备忘录中预先向尼克松提出了警告：

我们有可能滑进一个依靠大规模报复的时期之中，尽管这种报复是荒谬的。我们必须着眼于执行一般任务的兵力。我们必须拥有我们能够信赖的兵力。在全面核战争已经不再是一种可能的或合理的选择的情况下，我们必须能够在国外部署一支令人信服的力量。盟国是从执行一般任务的兵力来看我们的——这是看得见、摸得着的实实在在的东西。

梅尔文·莱尔德在十一月份提出的一份备忘录中强调说，他也担心常规兵力的危险下降。

莱尔德、帕卡德和我互相安慰，表示我们都决心要尽我们最大的努力来弥补被“漏掉的”几年——目前预算所管不到的那几年——的欠缺。不幸，此刻一切压力正与此相反。实行志愿兵役制度的决定进一步减少了武器的采购，并不得不增加薪饷，这样使我们的军事预算最后有将近百分之六十用于薪饷和津贴（苏联这方面只占百分之三十多一点），用于采购新武器的款项减少了很多。尽管有这样的鼓励，志愿兵役制度还是造成人力的短缺。到一九七〇年十一月，驻欧美军比受权保持的兵力约少一万七千人；其中几乎有三分之二是七月份以后缩减的。

即使保持现有的兵力也要遇到越来越大的政治障碍。参议院多数党领袖迈克·曼斯菲尔德参议员，如今也使用勃兰特的东方政策作为理由主张大大缩减我们的驻欧部队②。紧张局势的每一次缓和都带来了要求削减部队的压力，虽然正是这些部队的存在才使缓和成为可能。有些人主张削减美国在欧洲的军事力量，因为他们认为这不再有必要了，也有人认为我们的海外兵力部署是我们的经济吃不消的。参议员斯图尔特·赛明顿向助理国务卿马丁·希伦布兰德提出了这个问题：

美国人民希望看到减少我们在欧洲的开支，他们认为，以前同我谈过话的所有的经济学家，除你之外，也都认为，这会对美国的经济起相当大的促进作用。③

在国会里，北大西洋公约组织的支持者为了共同分担（军费开支）负担争辩说，如果欧洲不出更多的力，我们就应当少出一些力（因为我们有难以应付的支付困难）。"共同分担负担"的后果事实上同预算压力客观上是一样的：这是走向缩减我们驻欧洲兵力和减少我们对欧洲安全的贡献这条路上的一个站。

我们的欧洲盟国知道军事上经不起打击，也像他们担心美国撒手不管一样，他们对于因扩充自己的防务而要在国内担风险这一点心中感到不安；他们带着不祥的预感在注视着我们的辩论。他们既担心我们撤退，又害怕我们压他们加强防务。他们在寻找摆脱这种进退两难的局面的办法，他们找到了两个——至少是不好也不坏的——权宜之计。

总统在一九七〇年二月十八日做的外交政策报告中有一句话把两者都提到了：

在根本的安全问题上达成共同谅解，将会大大地改善我们合理而现实地应付我们面临的机会和要求变革的压力的能力，包括在我国有人提出来的大量缩减美国驻欧军队以及把均衡削减兵力变成东西方谈判中的一个议题的可能性。

精力充沛、能干和很有些足智多谋的北大西洋公约组织秘书长曼利奥·布罗西奥把助手们起草的一句话解释为总统发出的行动信号。他建议北大西洋公约组织进行一次防务检查，以此来延缓美军的撤退。北大西洋公约组织同东方谈判互相削减中欧的兵力——后来叫作相互均衡裁军——的兴趣在增加，他就是这种主张的推动力。这两种做法的目的——布罗西奥一九七〇年九月在那不勒斯同尼克松私下会晤时坦率地向尼克松这样承认——是要煞住美国单方面作出的决定。他的想法是：在这两件事没有探索和完成以前，美国国会不要做出无法挽回的事。重新提出相互裁军的主张并不是对这个含混不清的目标有什么热情，而是企图——美国政府对此完全没有泼冷水——防止美国单方面削减兵力。

布罗西奥建议进行的防务检查占去了一九七〇年的许多时间。作为这个检查工作的一部分，“欧洲小组”(前一年在希利的动议下建立的欧洲小组委员会)准备制订出一个加强防务的新措施计划；其目的在于打消美国国会指责欧洲人努力不够的批评。尼克松给了这个计划一个额外的推动力，他在一九七〇年九月地中海之行中在那不勒斯会见北大西洋公约组织司令官时强调指出，对于共同分担负担的问题，我们的态度是希望欧洲为了自己的防务增加一些开支，而不必在财政上玩什么偿还美国驻军费用的花招。他说我们不想让美国人充当欧洲人的雇佣军。他这话是高尚的，在理论上也是正确的；但是他这话却对梅尔文·莱尔德拼命要减轻一些预算开支的尝试不利，不管是以什么方式(例如西德同意为我们的营房付钱，购买美国武器，以抵销我们的一部分预算开支)。梅尔文·莱尔德要把我们的北大西洋公约组织部队实质上保持在现有的水平上，而又为我们的战略武器现代化奠定基础，他在这两个方面都在做出奇迹来。但是我们的全部精力都得用来阻止国会制定削减兵力的立法，因此根本谈不上使北大西洋公约组织现代化的问题。《华盛顿邮报》驻波恩记者十月五日发表了长篇文章，说明总统这番口气很重的话，并没有减轻欧洲在这方面的忧虑：“经过了很长一段时间把这个问题搁在一边，希望它好歹总会成为过去，北大西洋公约组织的欧洲成员国现在又开始认识到，美国国会要全面地削减美国对北大西洋公约组织承担的义务，要对付这个压力，他们剩下的时间已经不多了。”

军事预算草案无可怀疑地表明了，国会和公众在无情地逼着我们走向何方。虽然预算的美元数字略高于上一个预算，但是通货膨胀和实行志愿兵役制的费用使得预算以美元的不变价值计算反而减少了不少。我们的盟国不愿意承担重荷；他们用来实施一九七〇年的防务检查的措施是避免在财政上认真承担义务。北大西洋公约组织的防务检查于一九七〇年十二月完成，提交给北大西洋理事会。在五年的时间内总共对北大西洋公约组织的永久性防御设施（飞机库、营房以及其他固定设施）资助四亿二千万美元，在同一个时期中，用于改进各国自己的军事力量大约要用四亿五千万到五亿美元，还有其他一些财政措施计达七千九百万美元。总数是十亿美元上下，也就是在五年期间每年二亿美元。这中间究竟有多少是新增加的，有多少只不过是在账目上的改动，谁也说不清楚。增加的数目充其量只相当于我们的国防预算的百分之零点五。这个数目太小了，不能解决问题，最多也只能说是扭转了削减预算的趋势。

整个来说，我们的盟国显然是把希望寄托在与华沙条约组织相互裁军出现意外的转机上。他们会敦促我们，在还没有举行谈判时，应保持美国的欧洲驻军，并极力避免增加军费，说新的军备控制协议也许会使增加军费变得没有意义。这造成了整整一系列的新问题。我不反对利用相互均衡裁军来煞住国会单方面缩减兵力，但是我对这件事的复杂性和它本身存在的不利因素抱有怀疑，自前一年以来，这种怀疑并未消退。我向总统写道：

我们没有能够拟订出对于相互均衡裁军的方针，这种方针将保持或改善北大西洋公约组织的军事地位，尽管相互裁减很少量的军队可能会带来极小的不利的效果。我们没有能够弄明白什么是可以谈判的“平行抑制”，使其能够阻止华沙条约组织动员和增强兵力而同时又不至于对北大西洋公约组织造成损害。我们考虑核实问题，只是触及问题的表面。

在这种情况下，一九七〇年十一月十九日研究北大西洋公约组织战略的国家安全委员会会议除了表现我们处境的困难之外不会有什么作用。我向总统汇报情况的备忘录中又对战略问题作了一个概括：

……我们和我们的盟国必须保持足够强大的常规力量，以使我们能够对付苏联的侵略和他们的巨大兵力所带来的侵略威胁，除非我们和我们的盟国重新制定我们北大西洋公约组织的战略和建立我们的部队，使这种战略和部队能够提供这种能力，否则我们很快就会看到西欧逐渐“中立化”。为了避免这种情况，我们必须采取有力的行动，保持北大西洋公约组织的常规能力，同时拟订在这种基本上是崭新的战略形势中合理地使用常规力量的战略。

到一九七四年为止，对于越南战争的国防费用支出的攻击，一直妨碍了这件工作。

十一月十九日的国家安全委员会会议开得认真而实在，这是很少有的。唯独这一次会议没有耍官僚手腕，因为在重大问题上，总统的所有高级顾问意见都是一致的。这次会议作出了两项重要决定：再次有力地重申我们在欧洲驻军的义务，决定重新研究整个相互裁军问题。改善欧洲防务的计划不管怎样稀少和实质上不得要领，但却因此而达到了它眼前的目的。在联盟外长的十二月会议上，罗杰斯国务卿宣读了尼克松的一封信，宣布由于欧洲加强了他们的防务努力，美国将保持和改进它驻欧洲的兵力而不会缩减，除非同东方谈判的相互裁军容许这种缩减。

这些声明就其性质来说，只是一种应急措施，它们足以防止眼前的灾祸，但作为长期的补救办法却是不够的。如果一个联盟保持自己力量的唯一手段只是表示愿意谈判裁军（而进行谈判的敌方又知道有着要求单方面裁军的巨大压力），这个联盟就不是处于它最有创造力的阶段，特别是当它的基本力量的结构是不充足的时候。要进行根本的重新研究，势必要等到越南战争结束、我国恢复了全国团结一致的时候。

欧洲的东西方关系

一九六九年，对冷战的艰苦严峻感到不耐烦的情绪在西方弥漫。所有的领导人都受到压力，要他们表现出自己是致力于和平的；苏联在巧妙地利用这种情绪。对捷克斯洛伐克的残酷入侵之后不出几个月，西方各国政府已经使自己被摆布到了这样一种地步，以至于觉得不得不用事实来表现他们对东西方关系的诚意了。

尼克松一九六九年第一次访问欧洲时，他每到一地都发现自己在讨论如何回答苏联的建议问题。欧洲每一个领导人都催他尽快开始限制战略武器谈判，并在谈判时不断进行协商；苏联人由于国内要求增加消费品的压力和来自中国的外部压力，是愿意实现真正的缓和的，这样一个道理没有人表示异议。人们还要求同苏联扩大交流和贸易。戴高乐强烈要求同苏联接近。西德自由民主党领袖、不久将任外长职务的沃尔特·谢尔在六月间会见尼克松时表示，欧洲人已经不再害怕美苏两家的天下了；欧洲舆论大多数不仅赞同缓和，而且力求参与寻求缓和的进程。

虽然尼克松抱怀疑态度，我也与他有同感，可是这种几乎是一致的要求形成了对我们的严重挑战。在过去几十年里，美国的严峻立场成了欧洲左翼抨击的目标，使北大西洋公约组织在每一个欧洲国家中成了一个有争论的问题，迫使欧洲的领导人转而采取缓和方针，声言要在东西方之间起“桥梁”作用。如果美国寸步不让，我们就可能在联盟中陷于孤立，把欧洲推向中立。这已经成为明摆着的现实。同样，在美国国内，因为我们的好战而不断受到攻击，在越南问题上的歇斯底里，将会发展到我国政策的其他领域。

由于种种原因，我们终于确定：我们要保持联盟的团结，最好是接受缓和的原则，但是要规定一个明确的准则来确定缓和的方向。尼克松在他的欧洲之行中，不厌其烦地申述他的政府这样一个信条：我们愿意迎来一个谈判的时代，但是，实在的对抗因素依然存在；谈判必须是严肃而具体的，不能徒有其表。而要做到这一点，联盟的团结和实力至关紧要。决不能让苏联幻想只是同某些盟国而不是同另一些盟国搞有选择的缓和，从而分裂我们的联盟。我们决定要确定这样一个议程：不能允许苏联挑选他们自己的问题，按他们的意思规定缓和的定义，或者使西方丧失警惕，自我陶醉。

第一个复杂微妙的问题是限制战略武器会谈。尼克松上台后，热心于限制战略武器的人最坚持的一个论点是欧洲人要求限制。的确，一九六九年当我们把会谈向后推延，以便研究我们面前各种可供选择的方案，并把限制战略武器会谈同其他一些问题联系起来的时候，许多欧洲领导者强调迫切需要举行会谈。这对他们来说是很轻而易举的，因为这不需要他们作出决定。我的一位僚属在一次欧洲之行结束后给我写报告说："人们可以料到对缓和的胃口是在增长，只是因为考虑缓和问题要比考虑军事问题心情愉快得多。"但是，一旦他们那样一股劲要求举行的谈判真的来到，欧洲人必然会有的矛盾心理就出现了。我们关于开始限制战略武器谈判的日期一确定，并且开始把情况通报我们的盟国，他们就开始领会到战略上的含义了。苏联和美国限制战略武器的协议必然要同意战略上的平等。不可能有其他的谈判基础；的确，我们在情况通报中向他们指出，由于苏联兵力的不断加强，即使没有协议，均等也在临近。当时的荷兰外交大臣约瑟夫·伦斯对总统说：均等这个概念是他听到过的最令人震惊的命题。同样，基辛格总理说，他在最近一些年里没有密切注视战略形势；看到双方已经实力多么接近，真是令人吃惊地"发人深思"。我们的盟国没有理由感到惊讶，但却有一切理由感到忧虑：战略上的均等，势必增加苏联早就在欧洲大陆上占有的常规武器优势的威胁。

在北大西洋公约组织理事会六月三十日的情况汇报会上，英国代表问道：鉴于双方武器发展的趋势，现在是不是一个举行谈判的时机？西德大使罗尔夫·保尔斯在七月四日和我交谈时说得很中肯：限制战略武器谈判标志着美国战略优势的结束；苏联将通过扩充自己的兵力或通过谈判来侵蚀我们的优势。我回答说，认为世界上最大的产业国家竟命中注定会在军备竞赛中输掉，我很讨厌这种想法。但是，由于六十年代的军火采购决定，技术方面的趋势，越南战争造成的分裂，以及要国会批准任何新的战略计划的巨大困难，我知道保尔斯说的话是对的。

我在七月十日向尼克松概括欧洲的反应说：

认为当初对限制战略武器谈判的某种热情正在消退，这种估计是正确的。原因之一，在于对限制战略武器谈判协议的影响有一种潜在的忧虑。有一些国家显然是担心，在均等基础上达成的协议，会使苏联在欧洲常规力量方面占有很大的优势，其最后的结果，将是对苏联进攻的总的威慑效果减弱。也有一些国家，主要是德国，担心把限制战略武器会谈同政治问题连在一起的做法不再能够保持了。

对于有关方面来说，幸而苏联拖拖拉拉地没有接受我们提出的开始谈判的日期。这使我们有机会来完成我们内部的研究工作，同我们的欧洲盟国取得良好的谅解。

我们无法完全克服我们盟国的不安，虽然这种不安在很大程度上是由于他们催促我们实行缓和而引起的，后来他们由于看到缓和的后果又往后退缩。七月四日，我警告保尔斯大使说——只是半开玩笑似的——我们的盟国以后向我们提建议最好是慎重一些，因为他们的建议很有可能被我们接受。但是，欧洲的危险不是来自缓和所造成的美国单方面的让步；而是由于在战略均等的条件下，欧洲大陆上兵力的不均等迟早会发生影响。联盟各国政府，由于各种不同的原因，主要是国内原因，不愿意或者不能够采取必要的补救措施；而不采取补救措施，他们就必然会生活在越来越大的危险之中。这是不论你怎样安慰和保证都改变不了的。在许多问题上要把盟国的凝聚力和东西方谈判协调起来，这取决于对当前世界的现状、我们要共同达到的目的和共同防务的需要等问题具有某种一致的观点。

柏林和勃兰特的东方政策

共产党世界和西方的关系绝不会有一种划一的结构。限制战略武器会谈仅限于美苏两国，虽然我们的北大西洋公约组织盟国显然也有利害关系。柏林问题牵涉到对这个城市负有法律责任的所有战时盟国：英国、法国、美国和苏联。由于柏林从技术上说处于军事占领之下，西德没有法律地位进行谈判。在二十年中几乎始终未断的危机表明一种矛盾的局面：柏林的自由有赖于保持柏林作为仍在占领下的城市的地位。这是美国和西方盟国能够抵挡苏联和东德的压力的唯一的法律基础，虽然在第二次世界大战结束已经过了一代人的时间之后，这种状况是很不正常的。一九五九年，后来在一九六一年到一九六二年，由于西方坚强不屈地保持占领权利，赫鲁晓夫无法坚持同样一种政策，才使柏林的自由得以保持。但是谁也无法改变这个城市孤立在共产党领土之内一百英里深处这样一个地理现实，它受到骚扰，随时可能遭到讹诈。它的易受攻击，象征着东西方关系的脆弱性；这活生生地证明了我们的把一个问题同另一个问题连在一起的主张是多么重要。我们只有把柏林的自由同苏联关心的其他问题连在一起才能保卫柏林。由于柏林在军事上容易受到攻击，任何把柏林当作一个单独的问题来处理的政策，都一定会使西方盟国在谈判中处于很不利的地位。

在尼克松初任总统期间，柏林问题几乎是偶然地再度出现了，这主要是由于德国宪法周期使一九六九年成为总统选举年，逢到这种年头，事情往往会发生难以预测的变化。我已经提到过，联邦议院和州的联邦选举团成员，像过去一样打算在西柏林旧国会大厦举行特别会议选举总统。一九六八年十二月，苏联外交部正式向美国大使卢埃林·汤普森抗议在柏林举行特别会议。约翰逊政府决定把对苏联抗议的答复留给他的下届政府来作。一九六九年一月二十二日，罗杰斯国务卿向尼克松总统提出了一份拒绝苏联抗议的草稿。我同意罗杰斯这个答复；但是，我建议——需要征得德国的同意——等到离三月五日这个德国总统选举日很近的时候，再把答复送出去。招来一场肯定会是没有益处的而且可能是恶毒的对骂，在我看来，这不符合我们的利益，因此我们的答复给压下来了。

东德为此开始对通往柏林的非军事交通故意找些小麻烦。我在一月二十八日和二月十一日的备忘录中对总统说，我们应当保持冷静，现在看来不是苏联有意同我们闹一场对抗的时候。我同时也把如果苏联继续捣乱、甚至捣乱得更加厉害的情况下我们的应急计划报告了总统。我为总统定于二月十七日首次会见苏联大使多勃雷宁而写的汇报提纲中建议："我认为特别重要的是，你要打消多勃雷宁的错误念头，叫他不要以为因为联邦议会定于三月五日在柏林开会，苏联和东德就对柏林通道进行干扰，是一件与美国没有直接关系的事。"尼克松在二月十七日与多勃雷宁会晤时尖锐地讲了这一点。多勃雷宁表示苏联并不打算在尼克松初上任的时候就考验他，他要总统放心，说莫斯科并不想制造对抗。

二月二十二日，总统动身去欧洲的前一天，多勃雷宁给了我一封信，要我们出面向西德基辛格政府交涉，要他们取消在柏林举行选举。苏联的照会说，这可以使我们"避免不必要的紧张，制止加剧紧张局势的趋势"。我拒绝了这个提议；我们不准备向基辛格提出这样的要求。我严肃地警告多勃雷宁不要采取单方面的行动；为了强调我这个警告，总统根据我的建议，下令增加通往柏林的交通线上美国军事车辆的来往。

我已经叙述过，尼克松在二月二十七日访问柏林期间，在西门子工厂的讲话中有力地重申了美国对柏林这个城市的自由所承担的义务："谁也不要打错了算盘：任何单方面行动，任何非法行动，来自任何方面的任何形式的压力，都动摇不了西方国家保卫他们作为自由柏林人民的保护者的正当地位的决心。"我们回国之后，在这次选举之前不久，多勃雷宁对总统用的词句表示了温和的不满。我回答说，总统只不过是重申了已经承担的义务，我们会把对柏林通道的任何骚扰都看得极其严重。对缓和紧张局势有益的事情，莫过于使去柏林的手续正规化。多勃雷宁这时第一次表示，存在着就这个问题举行谈判的"肯定的可能性"。联邦新总统古斯塔夫·海涅曼的选举于三月五日在柏林举行，没有再发生事故。我们经受住了同苏联的第一次对抗，虽然这次对抗比较小。

这次小小的危机，触发了一系列的私下活动，终于带来了柏林问题的正式谈判。没有一个西方国家在一九六九年初的时候，曾经有这个意图，甚至苏联也没有。（这个过程是慢慢地来劲的。但是在经过了许多次虚假的开头后，终于在一九七一年夏末达成了新的四国协议，使持续达二十五年之久的柏林紧张局势至少暂时告一段落。）

根据多勃雷宁的暗示，尼克松在三月二十六日给柯西金的信中再次提出了讨论柏林问题的建议。柯西金五月二十七日复信说，苏联不反对讨论柏林问题，但是柏林的一切紧张局面，责任都在联邦共和国。我建议不要继续在双边的渠道把这个问题进行下去了："我怀疑现在是仓促进入任何正式谈判的好时机。等到德国选举之后，* 我们可以向波恩的新政府提出这个问题，然后再考虑是否继续同莫斯科谈判以及如何

---

* 下次议会选举定于一九六九年九月举行。

谈判。”

苏联没有再从美国方面得到答复，于是转向公开舞台。七月十日，苏联外交部部长葛罗米柯发表讲话，宣称苏联愿意“就现在和将来如何避免在西柏林问题上的纠纷交换意见”。当时仍任外交部部长的勃兰特，自北大西洋公约组织四月部长会议以来，一直在敦促他的盟国设法就“改善”通往柏林的民间来往举行谈判，但是他没有告诉我们应该怎样去做；这时，他催促我们迅速接受葛罗米柯的建议。他那种急迫感，在我看来与即将来临的德国选举并不是没有关系。不论如何，由于盟国间进行磋商是一件很费事很不灵便的事情，“迅速”二字变成了四个星期的耽搁。八月七日，我们同英法两国一道通知了苏方，我们愿意进行探索性会谈。

然而整整等了一个多月苏联才回话，而且基本上是一个令人失望的答复。他们接受四国会谈，但是不肯就改善去柏林的手续进行任何谈判；他们要把谈判集中在限制联邦共和国在西柏林的活动上。

多勃雷宁在十月二十日会见尼克松时，再一次表示要搞美苏双边谈判，他建议举行正式的意见交换。我在第五章已经讲过，我叮嘱总统不要接受：“我认为我们在目前阶段不应当鼓励美苏就柏林问题举行双边会谈的想法。苏联会利用这种会谈在盟国间挑起猜疑，使我们互相争斗。我认为，我们目前最好是把这个问题放在四方会谈的场合来进行，我们自己不要太主动。”

事实上，那时，在维利·勃兰特的新政府上台之后，苏联在柏林问题上的政策已经把重心转到波恩了。

一九六九年九月二十八日德国大选的结果，是社会民主党和自由民主党的新联合政府上台，这个政府许诺要向东方作新的开放。* 自由民

---

* 尼克松错误地以为基督教民主党得票最多就意味着库尔特·基辛格继续当总理，打了电话向基辛格祝贺。后来却是社会民主党和自由民主党联盟成立多数政府，勃兰特很漂亮地原谅了这个失礼行动，他说：“人总是会犯错误的，特别是隔得很远。”

主党领袖沃尔特·谢尔在六月十三日同尼克松的交谈中预示了这种方针。他认为，哈尔斯坦主义——不同承认东德的非共产党国家政府建立外交关系——会使联邦共和国孤立于第三世界之外。两个德国在一个新的条约安排或其他某种法律形式的基础上建立比较密切的关系是十分必需的。

但是这样的政策不是没有它的危险。国务院在十月六日的一份有见解的文件中指出，新的联合政府不可能同时既执行对东德的积极政策，又实行联邦共和国同西欧一体化。国务院断言——我也同意——“在社会民主党-自由民主党的联合政府执政下，第一件要做的事将是积极的面向整个德国和东方的政策。”

我在给总统的一份备忘录中也有这个忧虑：

应当着重指出，像勃兰特、魏纳和国防部部长(赫尔穆特·)施密特这样一些人毫无疑问地认为自己是在执行同东方和解和正常化的负责的政策，他们并不想使这种政策与德国的西方关系发生矛盾。他们根本上倾向西方是没有疑问的。但是他们的问题在于驾驭住这样一个进程，如果失败了，便会危及他们的政治生命，如果成功了，就会造成这样一种势态，它也许会动摇德国国内的稳定，并搅乱它的国际地位。

在我看来，勃兰特的新东方政策——在许多人看来，这是一种寻求缓和的进步政策——如果由不那么审慎的人来掌握，就会变成一种新形式的古典德意志民族主义。从俾斯麦到《拉巴洛条约》，德意志民族主义的外交政策的实质就是在东西方之间搞纵横捭阖。而四十年代以来美国(和德国)的政策却是牢固地把联邦共和国放在西方、大西洋联盟以及欧洲共同体的基地之上。

勃兰特的当选，实际上把德国外交政策的这个中心问题鲜明地突出出来了。德意志民族二十年来分裂成为两个国家。苏联实力横暴肆虐，违反人民的意愿，把一个共产党政权强加于这个国家三分之一的东方土地上，那就是所谓的德意志民主共和国。当然，在民族主义发源地的欧洲中心地带，世界公众竟然默认(如果不是积极地赞同的话)一个外国军队人为地强加的政权，一个在自由选举中绝不可能获胜的政权，这是违反常理的。这样一种“帝国主义行径”，如果发生在亚洲或非洲，是会引起愤怒的呐喊和示威的，可是在中欧，接受现状却成了是否有理性的考验。

任何一个西德政府，都一定要表示矢志于重新统一的目标。但是，在现有的情况下，苏联的威力不是大规模地崩溃，这个目标是不可能达到的。西方盟国愿意等待；他们不愿为实现重新统一而冒大风险——其原因有一部分是：在许多西欧人和某些美国人的心目中，一个统一的德国会使新的德国霸权妖魔出现。

但是联邦共和国不能光是等待，它需要有某种对付一个分裂的德国的言之成理的办法。在整个五十年代和六十年代，历届德国政府都曾经试图通过排斥东德政权来解决这个难题。但是到一九七〇年，越来越多的国家不顾波恩的断交威胁(哈尔斯坦主义)，承认了东德。这种政策使自己受害的风险越来越大；它势必使波恩而不是使东德陷于孤立。到了六十年代中期，联邦共和国不得不把东欧国家当作“例外”来处理，但其理由却没有说服力，就是说这些国家不能自己作主。

阿登纳坚持把其他一切考虑都服从于为他的国家赢得一个可靠而坚定的名声的需要。我非常钦佩他和他的这个英明做法。但是到了七十年代，阿登纳关于国家重新统一的政策，势必要使联邦共和国与盟国和不结盟国家越来越发生矛盾。波恩要是坚持以前的方针，它就实际上单独面临可能与东方发生危机的局面。勃兰特为德国承担了形势所强加的重担和苦恼，这是他的历史功绩。

我不能说我立即就认识到了这一点。但是一旦我认识到这个不可避免的趋势，我就同勃兰特以及他的同事们密切合作，把它引导到建设性的方向。不论联邦共和国走什么道路，民族主义的再起都是一个危险；避免这种危险的最好的办法是建立信任的关系，使得走单独的道路得不到一点益处，风险也太大。我们决心不遗余力地使德国的民族目的和德国与大西洋以及与欧洲的关系之间的潜在矛盾不致爆发。

苏联向联邦共和国和对其他盟国所作的表示，其更深一层的动机是要实行有选择的缓和——同某些盟国缓和紧张关系，而对我们却保持寸步不让的立场。蓄意渲染他们心目中的我国和我们盟国之间的冲突，或者想方设法使我们显得是缓和紧张局势的障碍，都可以达到这种目的。不管他们采取何种策略，目的都是要分化联盟，孤立我国。但是我们并不是没有办法的。联邦共和国单靠它自己一个国家就没有讨价还价的手段来推行它的东方政策，我们的其他盟国没有我们的安全伞也是不行的。在柏林问题上，双方的谈判实力太悬殊；柏林市是被包围的，东德是被占领的，在这样的情况下，联邦共和国需要得到盟国的支持。这中间的连锁关系是生来就存在的。东方政策要取得成功，它就必须与牵涉到整个联盟的其他问题联系在一起；只有这样，才能推动苏联谋求妥协。

勃兰特的新政府还没有正式上任，他就要求我们在十月十三日接见他的政治亲信埃贡·巴尔。这时，我们的态度就是如此。在勃兰特还是柏林市长的时候，埃贡·巴尔是新闻发言人，那时候我就认识他。在勃兰特任外交部部长的时候，巴尔领导政策计划工作，我们彼此又相识了。巴尔是一个非常有才智和有非凡自信心的人，他深信自己有能力想办法克服外交僵持局面。他致力于改善西德同东方的关系；他认为，同苏联和东德要人私交密切，会对这方面有帮助。他的虚荣心使他炫耀这种联系，这当然有时候会被对方利用。他的对头——这种对头是很多的——指责他亲苏；有许多人不信任他们心目中的他那种邪门歪道。虽然巴尔是一个左翼人物，但我首先认为，他是一个德意志民族主义者，想利用德国的中心地位来同两方面讨价还价。他这一类型的人总是相信德国只有同东方友好，或者至少是避免引起东方的敌意，才能实现它的民族使命。我们知道德国上一届政府中的人物是毫无疑问地致力于同西方的团结的，巴尔显然不是这种人；他对美国没有任何感情上的联系。对于他来说，美国是一个可以在适当的时候以适当的方式拿来放在西德天平上的砝码，但是他优先要做的事情，首先是恢复两个德国之间的关系。至于人们所说的他的邪门歪道，我倾向于同意梅特涅的观点：在谈判中，完完全全直截了当的人是最难以对付的人。不管怎样，对付巴尔的手腕，我却并不缺乏自信。

就是这样，我在会见巴尔时的态度是要建立合作的关系。我觉得东方政策可能导致德国永久分裂，而不会弥合裂痕。不过，我这种想法同我要建立合作关系的态度并不相干。勃兰特政府并不是征求我们的意见，而是要我们同他们合作推行一种方针，这种方针是它的主要人物早就立意要执行的。我认为，我们应当接见巴尔，借以冲淡尼克松在大选之夜打给基辛格的那次不幸的电话所造成的不信任。在我看来，重要的是同勃兰特共事，而不是与他作对；如果我们与他作对，德国两党中凡是认为应当让勃兰特有机会试一试的人都会责骂我们。不仅如此，勃兰特的方针是得到所有盟国的支持的，只有法国可能例外，可是法国又不愿意把自己的反对态度明白表示出来。从长远来看，勃兰特在中欧实现和解的目的，从历史的角度来说是对的，虽然他在追求这个目的时过于热心，过于死心眼儿，以致削弱了他的讨价还价地位。

埃贡·巴尔要来拜访的第一个结果是使我同国务卿发生了程序性争执。罗杰斯反对他来访，这当然不是没有道理的，理由是谈判应当在国务院举行。罗杰斯和我像两个主权实体打交道一样，最后订了一个条约：我可以接见巴尔，但不同他谈判，会见时要有负责欧洲事务的助理国务卿马丁·希伦布兰德在座。我同罗杰斯订的合同发生了不是微不足道的背离，因为巴尔从前门离开白宫后，又从地下室进来同我进行个人谈话，主要是为了建立一个渠道，使我们能够在正式的程序之外保持接触。我同多勃雷宁有通往莫斯科的渠道，同巴基斯坦有通往中国的渠道，有时还有同以色列、甚至同埃及的渠道，与这些渠道相同，我同埃贡·巴尔的联系成了白宫的后门渠道，使尼克松能够绕过国务院处理外交事务。

巴尔把勃兰特想要奉行的方针告诉了我们。他强调他希望在同美国的合作和友谊中奉行这个方针，但是他明白表示，这个政策本身是不容讨论的。得到的一个主要结果是勃兰特将与我们进行密切磋商，我们则同他合作。十一月十一日，新外交部部长沃尔特·谢尔宣布波恩很快将动议就一项互不使用武力的协议同苏联举行谈判。十一月十六日，就此提出了一项正式的建议。* 同时，西方盟国决定要答复苏联九月二十四日提出的关于柏林问题的建议，办法是提出自己的一系列具体建议。我们希望来往于柏林的民间地面交通能得到保障，西柏林人去东柏林时过界程序能够正规化和简化，柏林市两半部之间的邮政、电话和其他通信能够放宽。这项照会是十二月十六日发出的。

这时候，北大西洋公约组织外交部部长的十二月会议在美国的敦促下建立了一系列的连锁关系，以防止“有选择的缓和”和加强勃兰特的谈判地位。我们决定只有在柏林问题会谈和苏德谈判取得进展的条件下才同意举行欧洲安全会议。东方政策将取决于谈判的进程。这加强了联邦共和国的谈判地位，但是也给联邦共和国规定了一个限度，不得到盟国一致同意，它就不能越过这个限度。在这些可能举行的谈判中，欧洲安全会谈也许是最复杂的了。

欧洲安全会议

召开欧洲安全会议的主张成为东西方讨论的主题已经有十五年了。

---

* 勃兰特政府先同苏联会谈，是希望为以后同东德和其他与之相邻的苏联卫星国谈判铺平道路。这个大联合政府，曾经尝试不先同苏联打交道就径直同东欧国家接洽谈判，因此被苏联所堵住。

在五十年代，苏联曾经再三主张要召开这一会议，但是这个建议同样再三地立即遭到拒绝，认为这显然是要阻止德国重新武装，阻止北大西洋公约组织发展，而且也确是要阻止美国在欧洲起任何作用，因为这样的建议总是以美国不是“欧洲”国家而把美国排除在外。也是在五十年代，一些有头脑的观察家——其中最出名的是乔治·凯南——主张美国和苏联的军队从中欧脱离接触。在当时的气氛下，这个意见也没有得到认真的考虑，因为，即使只拿一点来说，美国和苏联要撤走的距离就太不相等。

到尼克松上台的时候，政治条件变了。一九六六年七月，华沙条约国家发表了一个“加强欧洲和平与安全宣言”，要求召开欧洲安全会议。一九六七年四月，欧洲共产党会议也依样画了一通葫芦。到一九六七年十二月，西方国家政府受到国内的压力，要他们放松先前的反对态度。因此，联盟在一九六七年十二月向北大西洋公约组织提出的《哈默尔报告》（因比利时外交大臣而得名）中，把集体寻求同东欧“在建立更稳定的关系方面取得进展”放在仅次于威慑侵略的优先地位。一九六八年六月，北大西洋公约组织在雷克雅未克外长会议上发出了愿意同华沙条约组织讨论相互均衡裁军——脱离接触的技术新名词——的信号。

人们常常把共产党的政策描绘成像恶魔般地机灵、复杂，按着精心策划的道路来达到征服世界的目的。我的印象不是这样。相反，我发现苏联的外交一般是僵硬的；苏联外交将来在历史上也不会以巧妙见称。事实上，苏联通过外交活动或伦理道德上的一致来推进它的事业是极少取得什么成就的。苏联所取得的进展几乎全都不是用外交技巧得来，而是用部署巨大的军事力量进行威胁，或者真的采取这种行动得到的。

但是苏联外交有一个重要的有利条件，那就是有一种异乎寻常的坚韧不拔的精神。它用坚持来代替用脑筋。它没有国内的压力来迫使它经常拿出新的点子来打破僵局。如果它年复一年地提出万变不离其宗的老建议，也没有人会责备它思想僵化。在政治局里，探索日新月异的方案是得不到报偿的，然而为了进行这种探索，美国外交人员却不得不用大量的精力在自己人当中进行谈判。苏联反复不断的老调重弹，就像滴水可以穿石一样，迟早有可能削弱缺乏耐性的民主国家的抵抗。他们受到压力，要他们“原则上”接受苏联建议，或者至少是谈谈这个建议。这种建议一旦被接受为合法，讨论立刻就转到条件上来了。人们对缓和紧张局势的渴望形成了对苏联议程有利的设想。想要达成协议的期待助长了一种经常的压力，要在苏联的立场中至少找出某种可以接受的东西来。

召开欧洲安全会议的主张在某种程度上就是这样。这个主张在五十年代受到蔑视，六十年代又遭到拒绝，但似乎只是因为拖了几年没开成，就开始被接受了。国内的人渴望结束冷战，(部分是由于越南战争造成的幻想破灭)结果使得苏联更加坚持不放。另外，由于美国在联盟中的领导地位开始受到怀疑，盟国舆论在为自己的安全另找出路。由于美国似乎是在撤离欧洲，相互裁军的主张变得受人重视了。有些人认为相互裁军本身是可取的；有些人提出这个主张是作为一种手段，用以防止美国单方面撤离欧洲，或者使苏联对美国的单方面撤离作出某种酬答，我们国内的动荡使得这种撤退看来已经不可避免。

苏联继续要求召开欧洲安全会议，一方面是利用西方明显的兴趣，一方面是分散人们对捷克斯洛伐克事件的注意。一九六九年三月十七日，华沙条约组织的布达佩斯会议正式提出早日召开欧洲安全会议。会议要求加强政治、经济和文化接触；承认不侵犯边界，包括(东德和波兰之间的)奥得-尼斯分界线和东西德之间的边界；东德、西德互相承认彼此都是主权国家；联邦共和国放弃它所要求的代表全体德国人民的权利；承认西柏林不属联邦共和国。总而言之，这是苏联以加强欧洲的名义提出的欧洲最高纲领。

四月三日，多勃雷宁通过渠道把华沙条约组织的这项建议提交白宫。他甚至在提出这项建议时作出了一个让步。他第一次告诉我，苏联不反对美国参加过去被称为“全欧洲会议”的会议。他还特别要我注意，布达佩斯宣言没有再提过去历次宣言中的一项要求：解散欧洲的联盟体系。这就是说，莫斯科慷慨大度，同意北大西洋公约组织继续存在。

我不想把撤销两个荒谬的先决条件看作是让步。我在四月四日给总统的报告中指出：“任何一个认真地想在欧洲问题上取得进展的人都知道，我们必须是其中的一方；我们不应当使苏联以为，如果他们同意生活中这样一个明显的事实，他们就是给了我们什么恩赐。”

可是，苏联这种明显的和解调子在联盟内部引起了很大的兴趣。当时的意大利总理马里安诺·鲁莫尔为出席艾森豪威尔葬礼来到华盛顿时对尼克松说，苏联的建议尽管有它的宣传目的，但是，意大利的政局要求作出迅速的响应。对一个宣传花招作出迅速的响应不是一件不足道的事；可是要使这种事情不变成一个一旦走上去就收不住脚的大滑坡却更加困难。勃兰特赞成举行欧洲安全会议，他的理由很奇怪，说这样可以使美国在欧洲的存在合法化。蓬皮杜认为这是避免德国单独主动同东方打交道而把它放到多边的轨道上来的一个办法。英国的领袖们主张召开这种会议是把它看作摆脱冷战的手段。

在这样的情况下，我向总统建议，完全拒绝苏联的建议会使我们在北大西洋公约组织中陷于孤立。但是我们要在具体的欧洲问题，特别是在柏林问题上有了进展才能表示我们原则上同意召开。我在四月八日的一份备忘录中指出：

如果没有这样的进展，举行这样的会议大概会发现东欧国家同苏联僵硬的立场紧密地站在一起，而与会的西方国家却竞相寻找办法去“打破僵局”。最后的结果……将是使最后解决欧洲问题的前景受挫。因此，我们的着重点应当是，必须谈判具体的问题，必须在北大西洋公约组织内部进行协商，以便使西方在这些问题上形成共同的立场。

这就是美国的立场；北大西洋公约组织一九六九年四月的部长级会议实质上采纳了这个立场。

欧洲安全问题就这样被放在慢行轨道上。在十二月举行下一次北大西洋公约组织部长级会议以前不能采取具体的步骤；欧洲的安全同具体的问题要连在一起；必须有美国参加这一点明确了；而且在这以前必须在德国问题上取得进展。

但是外交进程一旦开动之后是不能单凭形式上的声明来控制的——特别是不能从白宫地下室的总统国家安全事务助理办公室来控制。好的政策要靠耐心地把一些细微差别一点一点积累起来；要特别注意把个别的行动协调成为首尾一贯的战略。政策问题极少是像黑白那样分明的。更经常的情况是取决于差别细微的解释；政策上重大偏差开始于很微小的背离，其影响只有到了将来才能看得清楚。因此，欧洲安全会议不可避免地提出了同样的老问题，即连锁的问题以及一直使我国政府意见不一的东西方关系的理论问题。白宫的方针是把苏联在柏林问题上和在德国之间的谈判问题上的让步作为我们参加欧洲安全会议的条件。国务院却认为欧洲安全会议是一个可取的讲坛，可以用来也许是在均衡裁军上，也许是在共处的原则问题上取得某些结果。国务院反对连锁的思想，但是像通常一样在白宫的抵制下失败了。

这时，多勃雷宁插了进来，他提出了华沙条约国家的建议：在一九七〇年上半年举行欧洲安全会议，议程有两项：在欧洲国家的关系中，放弃使用武力或以武力相威胁，扩大欧洲国家之间的贸易、经济、技术和科学的关系。我反对这个开会的时间和议程。在其他的谈判，特别是柏林问题的谈判还没有取得进展以前，我们不能同意开会的日期；在波恩的东方政策的结果能看得比较清楚以前，我们也不能让苏联把注意力的中心放到承认现状上来；要对接受德国的分裂承担责任的应当是波恩，而不是我们。如果紧张局势还存在，扩大贸易和技术联系就没有意义。总统按照这种方针发出了指示。

罗杰斯可以带着对北大西洋公约组织十二月部长级会议感到满意的心情来向总统提出报告：

在欧安会和东西方关系问题上，我们已使北大西洋公约组织同意采取一种现实而慎重的立场，强调在我们同意召开欧洲安全会议之前，需要进行进一步的探讨，需要有较好的取得有意义的成果的前景。我们还使联盟在北大西洋公约组织主动向东欧提出建议方面取得了协议，包括为谈判相互均衡裁军时采取何种立场的准备工作，支持在德国和柏林问题上提出的主动建议……那种为开会而开会的兴高采烈情绪是收敛起来了……

我们通过把紧要的问题互相联系起来，实际上挫败了苏联有选择的缓和的战略。苏联想召开欧洲安全会议，但是除非在柏林问题上取得进展（在这个问题上，我们作为占领国拥有否决权），否则他们就开不成。不管我们做些什么，勃兰特的东方政策都倾向于承认欧洲的现状，但是不达成改善柏林通道的协议，他就无法使议会批准他同苏联或东德缔结的协定。因此，如果我们保持镇定，我们就能够鼓励缓和并且控制缓和的步伐，响应我们盟国缓和紧张局势的要求，并且进行恰当的、符合我国安全的谈判。

欧洲领袖们来华盛顿：一九七〇年

因此，当西欧的领袖们作为对尼克松头一年欧洲之行的回访，相继访问华盛顿的时候，就有很多话可谈了。他们从一九七〇年一月底开始，差不多每隔一个月就有一个人来到华盛顿。第一个来的是哈罗德·威尔逊；然后是乔治·蓬皮杜，他于二月底来访；接着便是维利·勃兰特，他于四月初来访。

威尔逊，他同尼克松在一起时老是那样，摆出一副老前辈的架子，就像一个小城镇的银行老板，断定同最不会节省钱的主顾打交道，最好的办法是给他戴上一顶一毛不拔的悭吝鬼帽子。他向尼克松说勃兰特的政策如何如何好，就好像再也想象不出还有其他的政策了。由于尼克松对勃兰特的怀疑并未消除，因此，只是表示他不会去反对勃兰特，但也仅此而已。同时，威尔逊也并不是不屑于利用东方政策来推进英国参加共同市场的目标，他说，英国成为共同市场的成员，可以抑制德国的民族主义野心。

他们用了很多时间谈尼日利亚的比夫拉省问题。那个省的居民是伊博部族，他们要求脱离中央政府。非洲国家的边界是强权帝国从行政管理上的方便出发强行划定的，把部族或者语言的联系强行割开。现行边界内的国家统一经常处于危险之中，同时又要感情激动地来维护这种统一。分开独立——特别是在部族的基础上——有破坏一切既定秩序之势；而且先例一开，没有一个国家能保险不受影响。非洲统一组织大大支持尼日利亚联邦政府维护国家统一的战争。英国也是如此，它确信自己的殖民传统使它对非洲的问题有一种特殊的了解。

由于某种原因，比夫拉省成了一九六八年美国总统竞选中的一个问题。尼克松当时声称，美国在减轻这个被围困的省份中老百姓的苦难方面做得不够。我们国务院同意英国的看法，认为与尼日利亚的主权过不去会使我们受到非洲这个人口最多的国家的敌视，并受到所有其他非洲国家的怀疑。我却倾向于相信，尼克松所以持与此相反的观点，部分地是因为他高兴要让那些惯于攻击他的所谓德行上的缺陷的人看到，他们自己也是在人权问题上玩弄权术。

在威尔逊一九七〇年一月访美期间，尼日利亚的内战正在悲惨地结束。中央政府眼看就要打垮这个谋求分立的省份了。无偏见的调查研究表明，除非立即有大批救济品运到比夫拉，否则就会有一百五十万人饿死。尼日利亚政府坚持一切救济物资都要通过它来发放。白宫——我的下属罗杰·莫里斯在热心而积极地起作用——设法要直接把救济品赶运到那里。我支持莫里斯。尼克松也支持，他对于自己这一次能站在人道方面是高兴的。英国不知所措，国务院办事拖拉，这个问题很快变得争论不绝。我们一直没有能建立起一个独立的救济计划。尼日利亚联邦政府的军队控制了比夫拉省，扑灭了比夫拉的“独立”。一幅沉默的帷幕落下来了。最后，尼日利亚联邦政府顺利地执行了同被打败的伊博部族实行和解的政策。威尔逊在某种程度上影响了尼克松的政策，抑制住了我们的干涉冲动。从我国的长远利益来看，他和国务院无疑是对的。

威尔逊访美时，另一件值得注意的事是他出席了国家安全委员会的一次例会。尼克松在一九六九年二月访问伦敦时，曾经出席了英国内阁的一次会议，尼克松用这种办法来答谢他那次同样具有历史意义的出席。这两件事多少是做做样子的，因为很明显，有外国领导人在场，不会进行认真的辩论——特别是由于尼克松这个人，对于他不能预先看到结局如何的任何讨论，总是感到不舒服的。那天挑选来讨论的问题非常合适，是美国对欧洲的政策。事实说明，在这次例会之前，官僚机构的背后活动比这次例会本身更要有趣得多。我的部门一年来竭力想要国务院的欧洲司就这个问题拿出一份各种选择方案文件来。国务院坚决不干。国务院认为欧洲政策是由它专管的禁区，它不能容许别人插手修改政策；不幸的是，提出供选择的方案本身就意味着有可能要修改政策。

在一些次要的问题上拖了几个月之后，终于拿出了一份选择方案政府文件。摆到总统面前来的选择方案并没有令人眼前一亮。这些选择办法是：(1)维持“目前的方针”；(2)支持一个“加强了的欧洲”(指英国加入欧洲共同体和更紧密的一体化)；(3)美国脱离接触。这是一种标准的官僚手法，就是使决策人实际上只有一个选择，为了容易辨认出来，放在中间。我开玩笑地说，典型的做法是使决策人在核战争、现行政策或投降这三种办法中任择其一。这一次，官僚们也没有依靠碰运气。选择方案(1)和(2)是一回事；我们的现行方针是“加强了的欧洲”。“美国脱离接触”有一种贬义，在我国政府和我们的所有盟国政府中都没有人支持。因此，鼓励一个“加强了的欧洲”的政策，很快就得到了不成问题的一致支持。尼克松阐述这个道理说：

我从来不认为应当由美国来控制欧洲的行动。一个经济、政治和军事上强大的欧洲共同体，有英国参加在其中，是符合美国的利益的。我赞成欧洲独立地行动，与美国平行活动。一个强大、健康而独立的欧洲，对于保持世界均势是件好事。美国起高压作用是会起反作用的。我们希望的是与美国的友好竞赛。

威尔逊慷慨大度地对国家安全委员会说，这是“令人心醉的政府程序方式”。这也许象征着威尔逊个人对美国事物的喜爱，也许是典型的英国人讲话留点分寸的习惯。美国这种政府程序，产生了谁也不会加以考虑的选择方案，经过了几个月的研究后，才得出这样一个已经在实行的方针——英国加入一个更加一体化的欧洲。对于这样一种程序，“令人心醉”这个词显然是人们能够用的最起码的字眼了。

没有过几个月，情况就开始明白了，问题不是那样简单。“加强了的欧洲”有它的政治前途，但是它也显然有力量同我国进行激烈的经济竞争，造成六十年代的宏图所不曾预见到的紧张。但是到了那个时候，哈罗德·威尔逊已经离职了。六月间，他宣布举行他必胜的大选——我国所有重要官方人士都认为他确是会取胜，只有尼克松一人例外，他认为希思会当选的预言从未动摇过，他一直不让他的同僚忘记他这个有先见之明的预测。

下一位来客是法国总统乔治·蓬皮杜，他同我们的关系比较复杂一些。他是戴高乐派传统的继承人，担任戴高乐的总理将近十年。一九六八年学生骚乱后，戴高乐免去了他的总理职务。要是戴高乐一九六九年春没有辞职，蓬皮杜几乎可以肯定会从法国政坛上消失。他很少提起戴高乐，但是当他谈到他的时候，感情上深深的伤痕就明白显露出来。按照我的记忆，他一次也没有提到过他这位前任有什么好的品质，倒是多次谈到戴高乐的孤傲和具有破坏性的多疑性格。然而蓬皮杜显然也是一位戴高乐式的总统，也有他自己的孤傲之处。他有帝王派头，这是与法兰西第五共和国宪法赋予它的总统(任期七年，可以连任)的选任君主制相称的。他强烈意识到自己的职务所赋予的特权，认为这种特权是法国重新团结起来、恢复了自信和影响的象征。他的这种想法是有些道理的。

蓬皮杜是一个具有非凡的才智、尊严和性格的人物。浓眉下一双警惕的眼睛透露出一个奥弗涅山区出生的人对事物持怀疑态度的性格，奥弗涅是一个条件很艰苦的地区，那里的法国农民正是因为不过于信任邻人的无私才安然度过了历史的风暴。蓬皮杜学识极其渊博，是在谈论政治以外的问题时能够使人感到是一种享受的为数很少的政治家之一。他具有怀疑论者那种抓住问题的核心的本领，又有法国知识分子使问题变得错综复杂的倾向，这种错综复杂较多地是反映了他们自己的老练，而并不反映性格不那么复杂的人物所使用的比较粗浅的准则。蓬皮杜还有一种带有嘲弄味道的幽默感。

关于美国，国家利益的考虑同法国知识分子的偏见发生了有矛盾心理的冲突。他明白，把戴高乐时期的对峙继续下去必然会使法国孤立；同美国闹别扭，只有在美国把它的不高兴局限在言词范围以内的时候才是法国表现自己的独立性的有益的办法。到了最后较量的时候，法国相对而言比较弱是一定会表现出来的。一旦不得不在法国和美国之间作一个选择，大部分欧洲国家，特别是德意志联邦共和国，势必要放弃他们同法国的联系。因此，蓬皮杜决定走结束法美两国对立的道路，尼克松同戴高乐的交谈已经为走这条路开了一个头。蓬皮杜像戴高乐一样坚持要在双边的基础上这样走；他不信任多边组织或多边决定，认为这样是解除法国的独立性。

同时，蓬皮杜具有许多法国人那种天生的猜疑，觉得同美国的关系到头来不会有什么好下场。除了并非典型的代表人物——如尼克松，我也勉强算一个——以外，蓬皮杜确实不大相信美国人懂得国际事务，至于政治哲学这样比较神秘的问题，就更不消说了。善意、大国地位和充沛的精力，把这三者典型地结合在一起的美国，如果同莫斯科敌对或者和解做过了头，就可能使欧洲共同体这样还比较脆弱的结构被摧毁，或者使欧洲的安全受危害。这样的担心，蓬皮杜可不少。他像大部分法国人一样，不怀疑我们能够从法国人细致敏锐的教养中获益。即使在一种共同的规划中与我们合作达到了空前的程度，他也力求要建立牵制我们的平衡力量，以防范他们心目中的我们鲁莽行事。

尽管他有那么些怀疑和天生的猜疑，但与法国的关系，在蓬皮杜当政期间有了显著的改善。他似乎喜欢尼克松对国际事务的理解和他对法国作出的许多有思想的姿态，包括尼克松在芝加哥发生敌视蓬皮杜的示威（我后面将会谈到）之后出席了纽约欢迎蓬皮杜的宴会，后来又飞往巴黎参加在圣母院举行的戴高乐追悼会。（尼克松是宣布自己要出席的第一个国家元首，从而迫使其他许多国家元首也宣布要出席。）作为回报，这一点我后面还要谈到，蓬皮杜在安排我同北越人接触方面帮了不寻常的忙，他甚至拿他自己的喷气式飞机供我在法国国内旅行。我定期地把我同北越人会谈的情况向他通报——比我对大部分我们本国高级官员做的还要经常。他对这些情况完全保密，并且从不利用他给我们的这些照顾来索取任何报答。

关系无疑是缓和了，因为蓬皮杜是选举产生而不是通过刚刚露头的内战上台的，在这个意义上，他是第五共和国的第一任“正常的”总统。法国外交政策不是着眼于克服殖民战争，也不是为了要建立法国的自主权，蓬皮杜是能够执行有系统的外交政策的第一任总统。在这个过程当中，事情变得很清楚，戴高乐建立起来的东西要比贬低他的美国人所愿意承认的为好。戴高乐认为，法国只有在它遵循在法国看来属于它自己的利益的时候，才能够在国际上起有效的作用，事实已经证明，这个看法是正确的。一个独立的法国对西方有好处，这个论点在提出来的时候曾经受到讥笑；但事实说明的确如此。在蓬皮杜的领导下，后来在他的杰出而能干的继任人瓦莱里·吉斯卡尔·德斯坦的领导下，法国的外交政策常常是多刺的，但却是认真的和始终一贯的。它的基本原则同我们的目的是一致的，即使当它的手段有时听来刺耳的时候也是如此。有时，法国的外交政策比我们自己的更坚定，更有远见（例如，在七十年代后期在非洲的政策）。

法国坚持按它自己的意思来执行全球政策，这使它与其他的欧洲盟国，甚至英国也包括在内，越来越显得不同。英国仍然具有大国的经验和头脑，管理着那个国家的是一些对美国非常友善的领导人。但是时间一年年过去，他们具体做得少了，好像是他们的决定起了作用似的。他们提供意见，常常是明智的；他们很少用自己的政策来把这种意见体现出来。英国的政治家们满足于在我们考虑问题的时候充当荣誉顾问。勃兰特在他的回忆录中以他的国家完全不再向往扮演一个全球性的角色为荣。④因此，在北大西洋公约组织的盟国中，只有法国还想实行全球性的政策，并且在设法积累把这种政策付诸实现的手段。而且，与六十年代人们的预料完全相反，随着时间一年年地过去，法国的独立政策在一些偏远的地区确实很有益处。特别是在非洲，在那里，法国从来不受感情上的幻想所诱，以为通过顽强的以善意相待，就可以使非洲大陆同当代世界的物质的和意识形态的现实绝缘。

可以肯定，法国的历史和笛卡儿派的教育制度有时使他们对别人的动机，特别是对美国人的动机有一种复杂的理论，这种理论时常使法国的政策追求实实在在靠得住的东西，而不耽于幻觉。法国的传统认为，考虑国家的利益是至高无上的，不必因此而于心不安，法国的领导人从这种传统中得到了好处。法国曾经因为从事意识形态的十字军或者太依赖别人而受到最大的损失；他们的国家在懂得力量均衡是绝对必需的时候，就兴旺发达。这位法国总统和尼克松在观察国际事务的时候，是在同一个波长上说话。

蓬皮杜利用我一九七〇年二月同黎德寿第一次秘密会晤的机会邀请我用餐，地点在古时巴黎的中心圣路易斯岛上他的美丽的住宅，圣母院举目可见。他对于自己作为法国总统第一次访美情况将如何，表现出明显的放心不下。已经有消息说，有人打算举行示威，抗议法国把先进的飞机卖给利比亚。他对于就要同我国恶名昭彰的新闻界照面感到不安。在这两方面，我都竭力要他放心。（后来的事实证明，关于新闻界我完全可以不说什么，他对新闻界处置得泰然自若。示威的事是另外一回事，抗议者的下场很不光彩。）我们讨论了他即将同尼克松会晤的议程。我强调我们不会为难他。我们将把会谈集中在实际合作，而不放在阐释这种合作的理论上。我对他说，尼克松打算出席法国大使馆的宴会，这将是他进入白宫以来第一次接受这种邀请。蓬皮杜强调，只要不让他参加北大西洋公约组织一体化这场礼拜仪式，他愿意讨论一切共同关心的问题。虽然他不会把戴高乐的国防政策扭转过来，但他赞成在军事领域里实行实际的合作。

尼克松用不着别人来敦促他把会谈集中在切实的合作问题上，那是他自己的倾向。在他第一次同蓬皮杜会晤时，他阐述了他喜爱的力量均衡这个题目：一个经济上强大的欧洲，也像日本一样，是符合美国的利益的。蓬皮杜直接提到他所担心的核心问题，那就是东方政策。他也像他的所有同事一样，说他信任勃兰特，但是担心勃兰特的政策可能会把民族主义倾向放出笼，那会变得无法控制。日耳曼人性格中急不可耐的特点使他不安。在两次世界大战中被打败并非盖棺论定，因为打败他们曾经不得不用了全世界其余各国的联合力量。德国民族主义可能又会东山再起，如果德国从灾祸中学到了要有耐心的话，其危险性甚至会更大。蓬皮杜断言，担心德国东山再起使他改变了戴高乐反对英国加入欧洲的政策。由此看来，蓬皮杜的论点实际上与两周前威尔逊来访时谈的论点并无不同；人人都希望英国加入共同市场来抑制德国。蓬皮杜甚至在思考建立伦敦-巴黎轴心的问题，以抗衡不受控制的民族主义。甚至勃兰特也赞成英国加入欧洲，但原因显然不一样。他要回答那些批评他向东方一面倒的人，这就是他十二月初在海牙发表他那创新的演说的原因所在，他在那次演说中敦促英国加入共同市场。总之，勃兰特向东方开放招来了一个出乎其本意的后果，即促使西欧结成一体。在欧洲三个最重要的领袖中，有两个不信任那第三者所主张的倾向，这个第三者需要作出一个姿态来平息这种疑虑。英国加入共同市场提供了这样一个办法。

蓬皮杜奉行戴高乐的对苏方针。他虽然深深地怀疑苏联的目的和担心苏联越来越大的实力，但是他主张实行缓和紧张局势的政策。在蓬皮杜看来，苏联人因为中国而梦寐不安，需要在西方太平无事。因此，苏联人要求缓和紧张局势，其出发点不是感情上的问题，而是经济、政治和军事上的必需。他们也需要经济上的支持，特别是对东欧。他们禁不住要想从德国得到这种支持。然而，德国成为苏联的伙伴是太危险了，对苏联、对西方都危险。这就是为什么法国决心不能让德国在缓和政策上走在它的前头(从而无意之中树立了一个同莫斯科赛跑的先决条件)。照蓬皮杜的想法，西方与俄国建立更密切的接触就其本身来说也是可取的；这会鼓励苏联社会的自由派和倾向于实行改革的人，使莫斯科到头来被削弱。蓬皮杜没有解释克里姆林宫为什么会采取这样一种照他的分析会使苏联制度起变化的政策。也许他的意思是要表示，互相竞争的国家——特别是超级大国——的政策常常在对未来的估计上也是互相竞争的，他是把赌注压在我们身上。很可能，蓬皮杜最受黎塞留学说的影响。防止在法国边界上出现一个东山再起的德国，对于他来说比害怕一个隔得比较远的俄国更加重要，说到底，俄国毕竟是要由我们来对付的。

法美之间没有什么具体的问题要解决，蓬皮杜的来访达到了一切可能达到的目的。会谈是亲切的，两国领袖在欧洲和联盟的问题上观点相似，只有缓和问题除外。为两国的密切磋商作出了实际的安排，建立了直接的“热线”通信，指定由蓬皮杜的助手米歇尔·儒贝和我为联系人。两位领袖同意在参谋一级开始双边军事会谈。唯一不愉快的事发生在芝加哥。蓬皮杜和他的夫人挨了抗议法国卖飞机给利比亚的示威者的打。蓬皮杜几乎因此取消了他访美的下一部分日程。后来他好不容易才打消了这个意思，这也是因为尼克松宣布他将出席纽约欢迎蓬皮杜的宴会。

历史往往是一些小事拼凑成的。这个事件加强了蓬皮杜固有的对美国的矛盾心理。他理智上依然致力于保持密切的关系，但是在感情上他总是把这个事件看作是对法国的侮辱和对他妻子的严重失礼。在他临去世的痛苦的最后一年（那时他因得癌症而垂危），他情感上的偏见加深了他在“欧洲年”问题上的一切实质分歧，使一些争执带上了感情的成分。而当时的外交部部长儒贝（他由一个助理人员出任外交部部长，由一个不出头露面的助手变成了搞联盟外交的可怕的雄辩家），使这种争执变得更加尖锐了。

维利·勃兰特在一九七〇年四月访问了华盛顿。作为一个非比寻常的表示尊敬的姿态，尼克松把戴维营的总统小屋（“白杨”）让给勃兰特，供他在正式会谈开始前作几天休憩。在总统举行重要的会谈前，作为一种习惯的做法，我在戴维营同勃兰特一同用餐，我把总统的立场预先向他说了，同时探听了他自己的意见。

勃兰特迎接我的时候，他穿着一件上面有他的名字和总统印徽的海军夹克（到这里来的客人照例都会得到一件这样的夹克）。戴维营通常是不让外宾来的，邀请他来这里，又用总统小屋招待他，使他感到非常荣幸。他尽力做出非常知心和愉快的样子。但是可以看出，他在担心我们对他的东方政策会有什么反应。

我使他放下心来。我们不会要他改变他的基本方针。我们不打算鼓励任何特别的谈判策略。我们也不会对他的谈判的具体条件发表意见。他对这一点得自己负责；我们不参与德国国内的辩论，哪一边都不参加。我们可以支持勃兰特的目标，对他的方法不发表意见，敦促他同他的盟友进行密切的磋商，叮嘱他不要引起不切实际的期望。我们要给他一种伙伴关系感，这是防范他奉行纯粹民族政策可能具有的危险的最好保证。勃兰特大为放心了。

要不是命运把大国的领导责任放到他们身上，这两个人是谁也不会互相找到一起来的，从这个意义上来说，勃兰特同尼克松的会晤是亲切得出人意料。尼克松对于他心目中的左翼人物是真的不放心的，而勃兰特那种长时间沉默的习惯也使他心神不安。尼克松对他在德国大选那天晚上的失礼作了某种补救，他在漂亮的宴会祝酒词中，保证从今以后要把他打出去的一切电话都交给白宫的接线生，因为他在德国大选那天晚上自己动手拨电话时把号码拨错了。更重要的是，勃兰特在离开华盛顿时，他的总的政策得到了公开的赞同。

勃兰特在他的回忆录中说，尼克松和我没有抓住他更有意义的一句评语的意思。这句话是说：苏联的欧洲安全会议建议构成了“与欧洲连接起来的一个新奇的环节，这个环节既不是来自从上次战争中得到的法律权利，也不是完全仰仗北大西洋公约”。⑤勃兰特想得不对。我们是懂得他的意思的。我们只是不相信那种论据，我们觉得还是以不谈下去为佳。欧洲安全会议的“新奇”之点在于苏联参加它的讨论。我们很愿意同苏联谈判悬而未决的问题；但是我们在欧洲起的作用需要得到苏联的批准才算合法，这种含义我们认为是危险的。我们认为，是不是应该举行欧洲安全会议，要从完全不同的角度来看。

很奇怪，越南问题在欧洲领导人的来访中起的作用很少。欧洲舆论，至少从新闻界看来，是反对这场战争的。但是欧洲的领袖们并没有表示反对。在整个越南战争期间，我记不起有哪一个欧洲的领袖，即使在最私下里的交谈中提出过批评。他们似乎也被我们所面临的那种左右为难的处境弄得不知如何是好。他们希望越南战争早日结束，因为他们认为，他们本国的某些政治动乱是从美国的大学和知识界传染来的，因为他们担心这场战争到时候会使我国无力来对付他们本国安全所受到的威胁。但是，他们又希望美国的威信不受损害。勃兰特和威尔逊没有主动发表评论，在尼克松介绍我国在越南问题上的战略时，他们说了些同情的话。蓬皮杜强调，只要美国表现出它想要解决这场战争的愿望——他认为我们正在这样做——他就不会事后批评我们的策略。他知道法国在阿尔及利亚脱离接触的过程是多么艰巨，多么费时间。爱德华·希思任英国首相时，他力陈他的看法：美国在被人看作是美国的意志力垮了的情况下撤出越南，可能会使苏联在欧洲发动新的一轮侵略活动。这些看法究竟是真的心里就是那样想，还是领导人在无法影响具体的决定而又不想得罪他们的主要盟友的情况下一种圆滑的反应，这是没法断定的。反正这没有多大关系。没有讲出来的动机可以作为写回忆录的材料。真正讲出来了的意见才是影响政策的东西。

欧洲的三位领袖来华盛顿访问就是这样表明，传统类型的欧洲政治又在开始起作用了。英国人对尼克松说，他们也许又要扮演平衡大陆力量的历史角色。法国人说，他们需要保持同莫斯科的线路通畅，以便注视德苏关系。德国人和法国人在他们进行了华盛顿会谈之后，显然都在向英国接近，但双方实质上都是出于自己民族的要求。结果是大家一致同意英国进入共同市场，不管动机如何不同。但是英国眼看马上就要进入共同市场了，这使我们第一次面对着我们过去所作所为的全部后果。

再考虑一下共同市场

一个扩大了的欧洲共同体从理论变成了现实，事情这时变得很明显了：前几十年里感情成分比较多的各种理论把局面描绘得太简单了。一个经济上强大的欧洲，应当是更加能够自立的；但是要达到这个目标也得付出代价。随着关税联盟——这是欧洲共同体最实在的一个表现——开始影响到美国的出口，欧洲在世界其他地区同我们竞争，我国企业界沉不住气了，他们的怨声很快就影响到政府的决定。大西洋关系头一次变成了一个引起争论的问题。一九七〇年春，我命令各部门联合对大西洋关系作一次正式的研究。

到一九七〇年秋季，对扩大了的欧洲共同体的影响更为担心害怕，特别是在我国的经济机构中，已经叫得很厉害了。财政部、商务部和农业部仿照五角大楼那种经过考验确实不错的办法，对共同市场扩大到把英国和（当时以为）挪威* 包括进去的后果，进行一次“往最坏处想”的分析。他们实际上是把它看成统治世界贸易和货币安排的经济妖怪，把美国农产品和产业品排斥于外，逐渐把它的经济触角伸进第三世界。最后这一层忧虑是共同市场各国的特惠制安排引起的，这些国家通过这种安排，同它们的地中海邻国和前殖民地建立了特殊的排他性的贸易关系。如果英国的前殖民地如今都加入这种排他性的贸易安排网，这种危险就会变得更大。一份为国家安全委员会写的研究报告指出：

长远看来，我们可能面对一个“扩大了的欧洲”，包括一个至少由十个正式成员国组成的共同市场；有欧洲自由贸易区中立国的联系会员关系；还有至少同地中海和非洲大部分地区订立的特惠贸易安排。这个集团将占全世界贸易的一半，而我国只占百分之十五；它拥有的货币储备将近我国的两倍；在各个国际经济组织中，它甚至能够经常得到比我们多的票数。

我们各经济机构的怒火被一九七〇年二月总统外交政策报告中的一段话点燃起来了。这段话在没有参加报告起草工作的人看来，等于是听

---

* 挪威选民在一九七二年九月二十六日的公民投票中否决了加入欧洲共同体。

任欧洲经济民族主义为所欲为：

我们对加强和扩展欧洲共同体的支持并未削减。我们承认，我们的利益一定会受到欧洲演进的影响，我们也许要为共同利益作出牺牲。我们认为，为了形成一个真正统一的欧洲而可能要在经济上付出的代价，与整个西方在政治生命力上得到的收获相比，是占次要地位的东西。

财政部和其他单位认为这段话等于鼓励欧洲对我国施加经济压力。其实，只有一个轻率的政府才会根据这样一句孤零零的、意义含混的话制定很容易激起美国报复行动的政策。但是这段话为部际辩论提供了一个很好的焦点。在五月十三日的部际会议上，各经济部门所要求和认真提出的是对总统报告作一正式的“重新解释”——实际上是向特惠制宣战，甚至是向欧洲共同体的概念宣战。各经济部门坚持说，我们要利用即将来到的英国加入共同体谈判来进行这场战斗。

可是，美国外交政策的一个长期的要素受到这样的攻击，却把国务院吓坏了。（对于由我和我的僚属起草的这个报告，国务院倒并不感到有多大的义务要来维护。）欧洲共同体的扩大和进一步一体化一直是我们所谋求的，特别是在六十年代，有时候甚至比欧洲人自己还热心。欧洲政策一直是国务院欧洲司的没人敢惹的禁区；它认为除了进入欧洲之外，英国没有别的办法。如今这项工程眼看就要完成，却受到了挑战，不是来自趾高气扬的法国人，而是来自最没有被人料到的地方——美国政府内部。不仅政府的优越地位受到威胁，而且使官僚们的优越地位也受到威胁。欧洲司采取拖延战术和弄得你莫明其妙的手法来进行抵抗。在一个关于英国加入欧洲问题的部际文件上，究竟是提欧洲的一体化“将会”引起问题，还是提“将能够”引起问题，就辩论了几个小时。国务院英勇作战，反对对扩大了的欧洲将带来的消极经济后果作任何全面的估计。他们担心，如果英国加入欧洲的谈判不管由于什么缘故破裂，美国方面的反对会成为方便的替罪羊。

但是，抽象说来，国务院虽然是对的，可是它没有看到政治现实，特别是在国会选举年头。这样做有一个天生的风险，就是有可能使自己被诱入在维护美国的利益上显得“软弱”的地位。国会的情绪很快就在一项针对着欧洲和日本的歧视性很大的贸易法案中表现出来了。推动这项法案的是当时权力极大的众议院筹款委员会主席威尔伯·米尔斯。如果通过了这项法案，将会对某些进口货，特别是纺织品和鞋，树立起很高的保护主义壁垒。一九七〇年夏秋两季，一场贸易战眼看有一触即发之势，共同市场国家有可能对我国的农产品出口进行报复。保罗·麦克拉肯七月二日提醒总统有这个危险，要求总统出来制止米尔斯。

我实质上是同意麦克拉肯和国务院的。我从不认为，一个统一的欧洲会自动地赶忙来挑起我们的担子。我认为，我们在五十年代和六十年代作的战略选择太过于片面了。由于着重提出欧洲的经济统一，我们就强调了最有可能与我们发生竞争的、使我们的利益最有可能分道扬镳的一面。由于在防务方面给欧洲共同体泼冷水——至少是在一九五四年开头的计划遭到失败之后——我们就把大西洋利益最有可能取得一致的领域贬低了。我愿意要某种形式的欧洲统一，而不愿意要一些国家的人组成的互相冲突的不和谐的合唱，这种合唱办不成任何事情，迟早会使他们放弃对外交政策的认真关心，从而起一种中立主义者的作用，如果不说是真正的中立主义者的话。欧洲有些方面的人士曾经支持建立一个强大的大西洋联盟，我们如果冒险毁坏欧洲的统一，就不可能不破坏这些人的政治影响。非洲的很大一部分，地中海各国，如西班牙、摩洛哥和突尼斯（且不说以色列）同欧洲结合起来是符合西方的地缘政治利益的。阻挠这些重要的国家与欧洲发展关系在政治上是愚蠢之极的。

六月三十日，在给总统的一份备忘录中，我正面地谈到我国外交政策目标的问题。在纺织品和鞋的问题上，进行惩罚会使国内局势微妙的那些国家受到打击：在西班牙，可能使我们关于基地的谈判遭到破裂，并且危及我们同佛朗哥以后的西班牙的关系；在意大利，共产主义在取得进展；还有日本。但是要影响总统的决定，光反对一项建议是不够的；你必须拿出办法来。在国际方面，我建议举行谈判，把我们的忧虑提到欧洲共同体面前；在国内，我提出了一个使各个经济部门能够向总统反映意见的办法，即扩大国家安全委员会副部长级委员会，吸收各个经济部门参加，并随时把欧洲共同体造成的经济影响告诉它。这一着，实际上是让经济部门在重新解释总统的报告上“取胜”，但同时通过国务院担任处理这个问题的委员会主席来把它当作一个外交政策而不是当作一个经济问题来对待。把有争议的问题提交总统这一条规定——害怕国务院说了算的各经济机构非常看重这一条——可以起一种保证作用，如果纯粹的商务考虑看来要压倒重大的对外政策的时候，我可以有机会发挥我的作用，虽然我没有最后决定权。

美国在十月十日开始同欧洲共同体举行谈判。率领欧洲代表团的是拉尔夫·达伦多夫，他是西德的一个自由派(欧洲人用自由派这个词是指主张自由企业、代表中间阶层的党派的代表人物)。达伦多夫在十月十五日同我会晤时强调他对美国贸易政策的趋向“深感忧虑”。但是他对共同体的前景作的分析不是很叫人放心的。达伦多夫期待着英国加入共同体，但是他认为共同体已经不再从政治统一的角度考虑问题；为了经济上联合成为一体也应当实行经济一体化。我在五月十三日的部际会议上说过，这对我们来说是最糟糕的结果。没有政治上的进展来补偿，引起残酷的竞争和美国的报复的经济一体化，必定会损害大西洋两岸的联盟支持者的地位。

总统写下的一条批语，反映出美国和欧洲之间的危险的、日益紧张的关系。在我十一月十三日写的一份汇报同欧洲共同体谈判的近况的备忘录上，他写道：“基——我看，在我们同共同体所打的交道中，我们提‘抗议’，可还是继续受到不公道的对待。农产品是一个主要例子。国会绝不会容忍我国代表在这类谈判中采取这样过于消极被动的态度。”尼克松是一个大西洋派，他决不会袖手坐视这场毁灭性的战斗。他向威尔伯·米尔斯呼吁，但是没有起作用。保护主义倾向太强烈了；米尔斯没有被说服，在一九七〇年的整个夏秋两季，限制性的贸易法案一直摆在国会的议事日程上。在某种程度上，国会中沉默的多数是在平息一下他们对于美国在世界上“任人摆布”的状况的灰心丧气情绪。我们同欧洲的贸易谈判拖了将近一年得不到结果，这种情况一直继续到一九七一年八月。尼克松在八月十五日作出了一个戏剧性的决定，对一切进口货征收百分之十的附加税、停止以美元兑换黄金和建立工资和物价管制。他这个做法使同共同体的谈判至少暂时成了一件毫无意义的事了。

初次的接触说明了西方联盟对共同防御是有矛盾心理的，对于同东方的关系心里没有底，只有在扩大欧洲共同体的问题上是一致的，而这件事又触发了同美国的经济争论。但是协商的过程使得大家的目标更趋一致，而且这一点越来越明显地表现出来。西方领导人开始领会了根本的问题。大家开始在提出一些正确的问题，虽然要作出共同接受的答案还需要一些时间。在民主国家之间求得意见一致本来就是一件比同极权国家谈判复杂的事。从监护关系向伙伴关系演变绝不是一件简单的事。西方联盟如今正在从事这样一个演变，借以证明自由人民的联合是能够在新的一代里兴旺发展起来的。

注释：

① 例如，见一九六九年十二月七日《纽约时报》C·L·苏兹贝格专栏。

② 例如，见《国会记录》（日刊）一九七一年五月十八日，S七二一七页，约翰·纽豪斯等人所著《驻欧美军：问题，费用和选择》（华盛顿：布鲁金斯学会，一九七一年）中曾摘引，第五页。

③ 见美国国会参议院外交委员会的《美国在国外的安全协定和义务：美国驻

欧部队，小组委员会关于美国在国外的安全协定和义务的意见听取会》，第九十一届国会第二次会议，一九七〇年六月二十四日证词，第二二四三页。

④ 维利·勃兰特著《人民与政治：一九六〇至一九七五年》（波士顿：利特尔-布朗公司，一九七八年），第二四八页。

⑤ 同上，第二八九页。

WHITE
HOUSE
YEARS

Henry Alfred Kissinger

白宫岁月：
基辛格回忆录

［美］亨利·基辛格 著

吴继淦 张维 李朝增 译

Vol.

2

上海译文出版社

目录

第三部分

一九七〇至一九七一年：从混乱到希望

第十二章　战争扩大了

印度支那一九七〇年的动乱和传言至今还影响着我们。老挝和柬埔寨都卷进了战争漩涡。一九七〇年初，上台还不算太久的美国政府的最大愿望莫过于使战争降级。然而北越一方面同我们进行秘密和谈，一方面使军队的行动同美国舆论巧妙地配合起来，故意搞了个战争升级。这年二月，北越在老挝查尔平原发动了攻势。三月，他们开始从一九六五年以来一直被他们完全非法占领的、位于柬埔寨同南越接壤地区的庇护所出击，切断交通，骚扰金边，企图推翻在我们既不了解也未参与的情况下取代了西哈努克政府的朗诺政府(联合国和苏联都承认朗诺)。

可是，由于接踵而至的悲剧而受到愤怒谴责的并不是河内，而是美国。当我在巴黎同北越使者黎德寿谈判时，他拒绝使柬埔寨和老挝中立化，强调他的人民命中注定不仅要接管南越，而且要统治整个印度支那。牛皮是私底下吹的，但表现这种狼子野心的军事行动是有目共睹的。有一种说法认为柬埔寨的噩梦是美国决策引起的。这是一种顽固的民族变态心理的产物。现在，越南人已经在没有美国挑衅作为借口、在世界上几乎没有什么抗议声的情况下终于实现了他们征服整个印度支那的野心，然而这种论调还在流传。在柬埔寨，一伙杀人不眨眼的理论家结成的乌合之众看来确实已为一个有组织的共产党国家取而代之，但完成此事的正是早在一九七〇年就开始试图这么干的外来武装力量。柬埔寨苦难的根源是河内贪得无厌地谋求霸权，而不是美国优柔寡断的反应。

我们的军事反应引起了大量痛苦的呻吟，而我们则认为要使我们的撤退不至成为溃败，这些反应是最起码的。错误肯定是有的。但是所谓美国官员在柬埔寨阴谋推翻中立的西哈努克亲王、更深地投入到老挝和柬埔寨战争中去的说法之所以能够长久流传，正说明感情胜过了现实。四月三十日宣布我们对柬埔寨庇护所发动进攻的理查德·尼克松，正是四月二十日宣布撤走十五万军队的同一个总统。最后终于采取行动阻止共产党完全接管柬埔寨的美国政府，正是四月四日提出柬埔寨中立化建议——并遭到轻蔑拒绝——的同一个政府。关于印度支那，存在大量令人痛苦的怪事。顽固拒绝和解的是河内，受谴责的却是美国，这几乎使美国政府不知所措。这些大事相互联系，都需要在本章分别加以叙述，但开始必须谈谈当时政府的实际状况：一九六九年底和一九七〇年初，我们为了解越南当地情况——并再次同河内进行秘密和谈——正进行重大努力。

研究工作从一九六九年秋天就开始了。那时，埃利奥特·理查森和我建立了一个跨部门委员会，即越南问题特别研究小组。我在一九六九年九月五日给总统的备忘录中简单说明了这个小组的目的。我说：

回顾我们过去几年的经验，值得注意的是官员们多么频繁地被他们关于越南的成见引入歧途——尽管对唾手可得的事实做一点细致客观的分析就会使他们得出不同的结论。

这个小组十月二十日举行第一次会议，出席的有埃利奥特·理查森、戴夫·帕卡德、理查德·赫尔姆斯以及参谋长联席会议和国防情报局的代表。我的工作人员拉里·林恩和鲍勃·桑塞姆领导的一个工作组对南越四十四个省当中的十二个省进行了深入细致的研究，以便解决准确地估计农村形势——即为控制农村人口而斗争的形势——这个多年存在的难题。

我读了长达一百页的研究报告，在上面注满了问题。例如：为什么一九六五年、一九六六年和一九六七年给我介绍的情况是南越人正在取得进展？什么情况发生了变化？美国顾问们了解他们看到的情况吗？我写道："我发现最不称职的人正是最容易感到满足的人……如果你那儿事件较少，这究竟意味着你干得漂亮还是敌人故意如此呢？如果是后者，那么，这是否是一个信号？我们怎么知道我们摧毁的是什么样的营设基地？……大家都说土地改革很重要。可是土改还没有进行，我们的绥靖工作却取得了进展。这怎么可能呢？"重新起草的文件回答了这些问题。于是我在一月二十二日把文件的结论摘要报告了总统。南越百分之三十八的人口生活在城市，相当可靠地处在政府的管辖和保护下（特别是一九六八年春节攻势的失败使越共损失大量干部之后）。但是敌人战略的一个主要目标是控制占人口百分之六十二的农村居民，从农村包围城市，使城市"像熟透了的果实般掉下来"。这次研究得出的结论是：从一九六八年九月以来，西贡政府对农村的控制从百分之二十增加到百分之五十五；共产党的控制则从百分之三十五减少到百分之七。约四百万南越农村居民生活在双方争夺地区，白天受西贡控制，夜晚受越共控制。但是，我们在继续撤军的情况下，对能否保持这个比例是没有把握的。

统计到的数字比较令人鼓舞，然而我们也知道北越并没有丧失信心。一九六九年十二月十四日至二十日，河内发表了其国防部长武元甲将军写的一系列文章，共计七篇，其主要论点是：通过持久斗争可以战胜美国的技术优势。我在一九七〇年一月七日送呈总统的文章提要中预言，河内将拖延时间，直到美军撤出的数量使它可以在比较势均力敌的基础上向西贡武装力量提出挑战。一月中旬，我把自己对一些态度乐观的报告的怀疑归纳如下：

（一）北越人战斗了二十五个年头，不可能不再作一次重大努力而就此罢休。这种努力可以通过对美军、越南共和国部队*或地方部队发动攻击等多种方式表现出来。但是，如果他们决定不作这种努力，照说他们应当对于谈判更积极些。（总统在这里批注：“有道理。”）

（二）我们还没有见到说明越南共和国部队真正有所改进的证据。可能的情况是敌军受到了创伤，而不是越南共和国部队比过去大有进步。还有一种可能是：也许由于我们八月初在巴黎提出的威胁，敌人主力后撤了，减少了八、九两个月的活动，而低估了这种做法对他们游击部队的影响。

（三）也许上级要求乐观报道的压力太大……

由于这些原因，我建议总统把我的军事助理亚历山大·黑格和一个分析专家小组派往南越访问。他们从一九七〇年一月十九日到二十九日调查了九个关键省份，证实了我们在华盛顿研究得出的结论。但他们也警告说：形势好转的速度在一九六九年最后几个月已经明显地放慢了。“没有迹象说明敌人已经认输……美军撤退给越南政府**造成的压力可能导致……地方保安部队工作的恶化，使越南政府丧失民众支持。”中央情报局独立进行的研究得出了类似的结论，表明南越领导人由于害怕美国过分仓促撤走，悲观情绪日益加剧。我把中央情报局这份报告送给了尼克松。他在报告上写道：“基***——心理状态极为重要。他们必须挑起担子，才有可能建立信心。就这一点来说，我们必须冒点风险。”

诚然，当时也有相反的观点。以打败马来亚共产党游击队的战略设计者著称的英国游击战问题专家罗伯特·汤普森爵士一九六九年十一月访问了越南。后来他报告说，西贡处于“取胜的地位”，而且除非美国

---

* 即南越部队。

** 即南越政府。

*** 指基辛格。——译注

撤走过快并减少援助，西贡将可保持这种地位。各部门都得到了这份报告，并且——同他们在越南问题特别研究小组里表达的观点多少有点矛盾——对报告表示赞同。

但无论进行多少研究，无论这些研究多么客观或恳切，都解决不了我们的基本矛盾。对于决心持久作战的敌人，必须使他们在战场上遇到不可逾越的障碍，才可能使他们走向妥协。我们要想这么做就必须加强南越的力量，挫败河内在这方面的一切阻挠。我们的战略肯定会遭到美国人当中那些虔诚的、大声疾呼的、人数日增的少数派拼命反对。十一月三日的演说为越南化赢得了一定时间。可是时间是靠不住的。我们必须利用这段喘息时间来加强我们在当地的力量。同时，我决心探测一下谈判的前景——通过谈判，双方可以检验自己对于对方的估价，而我们则力图从似乎无解的僵局中找出解决办法。

回到秘密谈判

我一贯认为举行谈判最有利的时机是局势发展看来顺利的时候。向压力屈服等于鼓励对方施加压力；给自己造成一个缺乏毅力的名声等于大力鼓励对方拖延谈判。主动让步是促使对方也让步的最有力的办法，也是使我们能够坚持下去的最好保证。在我参与过的谈判中，我总是设法判断什么是最合理的结局，然后努力用一两步就迅速达到目的。那些喜欢零敲碎打、到最后一分钟才举步的人嘲笑这种战略是“先发制人式让步”。但是我认为他们那种战略的主要作用不过是安抚官僚机构，并使良心得到慰藉。初出茅庐的人可能会认为这是强硬的表现。在通常的情况下，这种战略总是弄巧成拙；零敲碎打地吊胃口会促使对方坚持不让，等着瞧下次可能出现什么让步，总也不能断定这是否真正的底牌。因此，在我同越南人以及其他人进行的多次谈判中，我倾向于在出乎意料、压力最小的情况下采取重大步骤，并使对方认为我们将坚守这一立场。我几乎一贯反对在压力下修改谈判立场。

一九六九年十一月似乎是尼克松政府就职以来我们的地位最强有力的时候。我们顶住了河内发动的一次军事攻势，也顶住了反战大示威；总统向人民陈述了自己的意见，并得到大量支持。这个月，亨利·卡伯特·洛奇由于个人原因辞去了出席巴黎谈判的大使职务，而尼克松为了对谈判进展缓慢表示不快，拒绝提出继任人选。河内把这看作是我们可能恢复轰炸的信号，因为停止轰炸是以开始谈判为条件的。它顽固阻挠巴黎谈判达一年之久，现在却不断叫嚷要美国任命新的高级谈判代表。我建议尼克松利用这段时间再试试是否可能举行秘密谈判。北越无法利用巴黎秘密渠道进行宣传；如果他们拒绝谈判，公布出去对他们是不利的；如果河内准备解决问题——这一点我是怀疑的——我们也只有通过秘密谈判才能获悉。无论属于哪种情况，只要我们采取严肃认真的态度，就可以立此存照，证明河内是谈判的阻力。

由于各种复杂原因，尼克松对谈判持怀疑态度。他不大相信河内在遭受重大军事挫折之前会按照我们能够接受的任何条件解决问题。这种看法后来证明是正确的。总的说来，任何谈判过程都使他感到忐忑不安；他非常不喜欢使自己处在可能失败的地位。正因为如此，他总是小心翼翼为失败安排借口。我每次参加谈判之前，尼克松都要通过书面或口头下达要我保持强硬态度的命令，并以某种方式表示他并不真以为谈判会成功。但是，因为尼克松尽管说话很硬，实际上却真诚希望和平，所以他最后总是不得不同意我的论点，即我们对人民负有责任，无论机会多么渺茫，都必须探索光荣解决的可能性，并且记录在案，说明我们已经这么做了。

于是，一九六九年十一月底，我们请我国驻巴黎武官弗农·沃尔特斯将军提出同春水秘密会晤的要求；他们迅即接受了要求。这是尼克松当政时期我们第一次不通过外国中间人直接同北越人接触。沃尔特斯建议他们同我再次秘密会晤。但北越人当时还没有准备好。作为周密的计划者，他们对尼克松十一月三日演说的全部含意还没有得出结论。或许由于春水不是决策人，他们认为在这一级再次会唔没有意义。河内感觉必须首先表示冷淡，以便恢复心理平衡。

不管是什么理由吧，十二月十二日，沃尔特斯将军被召请到北越人的驻地。北越驻巴黎总代表梅文蒲宣称河内对十一月三日的“好战”演说、对总统拒绝任命一位高级官员接替亨利·卡伯特·洛奇感到不快。他要我们注意河内在八月会议上提出的、他称为“既符合逻辑而又合情合理”的建议。既然我们过去已经拒绝这个“既符合逻辑而又合情合理”的建议，河内认为举行新的秘密会晤是毫无意义的，除非我们有什么新的意见要谈。

在遭到河内拒绝整整一个月之后，我又做了巨大努力，说服尼克松授权再做一次尝试。于是，沃尔特斯将军在一月十四日会见了春水，建议在二月八日以后的任何一个周末举行会晤，“如果双方都愿意摆脱现状的话”。尼克松仍持怀疑态度。“我不知道这些小丑要谈些什么玩意儿，”他对我说，“但我们的方针是：如果他们不谈，我们就沉默到底。我并不认为现在是做出让步的时机。”

河内一连几个星期毫无反应。但是，一月二十六日，我们看到了谈判可能即将开始的第一个迹象。河内宣布，北越政治局委员(实际上是统治集团中第五号人物)、河内同艾夫里尔·哈里曼谈判的主要代表黎德寿将参加即将召开的法国共产党代表大会。然后，二月十六日，北越人把沃尔特斯召到他们驻地，通知他说，我们傲慢的谈判对手同意在二月二十日或二十一日举行会晤。他们让我们等了一个多月，现在却要求我们在十二小时内答复。后来我一直感到遗憾的是，我们在限期内接受了二月二十一日作为会晤日期。现在回想起来，我毫不怀疑，当时遵从这种蛮不讲理的要求给人一种迫不及待的印象，而这是不必要的；它使河内在心理上赢得了它极为珍贵的一分。这件事并未造成长期损失，但使我们从一开始就别扭。

黎德寿和我的秘密谈判就是这样开始的。从一九七〇年二月二十日* 到四月四日，共开了三次会。

精力充沛的沃尔特斯真是得其所哉。他给谁担任翻译就喜欢模仿谁。如果说有什么事比这更使他得意的话，那就是安排秘密会晤。为了进行得更秘密一些，我一般是在周末或假日由一名秘书和两三名工作人员陪同，乘总统专用的波音 707 飞机从华盛顿附近的安德鲁斯空军基地起程。飞机航行证件上说，这是为检查总统旅行航线而进行的一次定期训练飞行。它将在法国中部布尔日附近一个法国空军基地阿沃尔机场着陆。法国人在这个基地驻扎着幻影战斗机和 KC－135 加油飞机，外形同总统专用飞机差不多。我坐的飞机降落后只停很短的时间，让我在那里下飞机；它从雷达追踪电波中消失的时间不会超过二十五分钟；然后它就载着我的秘书飞往法兰克福的莱茵-美因机场。这时我的助手和我已转乘蓬皮杜总统专用的神秘－20 式喷气机飞向巴黎附近供私人飞机使用的库布莱镇机场。

在库布莱镇机场上，沃尔特斯将军登上飞机来接我，理所当然为自己的安排洋洋得意。[①] 他把我和我的同事领到一辆没有标志的租来的雪铁龙牌小轿车上——这对沃尔特斯是一个敏感问题，因为他是正式派驻巴黎使馆的人员，而这次旅行不能告诉使馆，开始的时候又没有官方拨款可以偿还他支付的费用。他开车把我们送往巴黎纳伊区他居住的那幢公寓楼，途中通常都要提醒我这件事。到达后，他就偷偷用电梯把我们从地下车库送到他住的一套房间。他的管家只知道我是前来访问的一位美国将军，名叫哈罗德 · A · 基尔希曼。我们在那儿过夜(他把自己的卧室借给了我)。第二天沃尔特斯开车把我们送往巴黎郊外舒瓦齐勒罗瓦区达迪路十一号。这里距离我们住处有三十分钟路程，是一个中下阶层居住区。有一年半时间，秘密会晤就是在这里举行的。

---

* 从上下文看，应为二十一日。——译注

在三次旅行中，两次都是按这种程序顺利进行的。但是三月十六日的会晤却由于飞往巴黎途中发生技术故障险些儿流产。驾驶员突然发现起落架液压控制系统失灵，必须用手操作才能使它降落。然而降落后如果不补充制动液就无法使起落架重新升起。在阿沃尔机场着陆是不可能了，因为驾驶员不了解法国军事基地是否有设备进行这种虽然次要但却必需的修理；即使有这种设备，也会由于一架进行训练飞行的总统专机从一切追踪雷达上消失过久而引起疑问。

飞机必须飞往德国的莱茵-美因机场，而那儿谁也不知道我们马上就要到达，更不知道我们的使命和困境。我的旅行并没有通知国务院的官僚机构，因此无法告诉德国当局有一架法国飞机要来接我。

幸好总统专机都配有优越的通信设备。我当时的特别助理托尼·莱克通过华盛顿线路中转，从飞机上同巴黎的沃尔特斯将军取得了联系。沃尔特斯前往法国总统官邸爱丽舍宫交涉，由当时担任法国总统府办公厅主任的米歇尔·若贝尔和蓬皮杜总统亲自授权派法国总统专机去接我——这次是在法兰克福。

我在莱茵-美因机场一个黑暗的角落着陆；蓬皮杜专用的喷气机已在那里等候。直到今天我还不知道沃尔特斯是用什么借口在这样不可思议的地方搞到一架波音707飞机用的舷梯。我的工作人员和我迅速换了飞机，着陆不到十分钟就又起飞了。沃尔特斯自称，西德人之所以迅速合作是因为他们——在他的糊弄下——相信飞机上的乘客是蓬皮杜的秘密的女朋友。[2]沃尔特斯戏剧化的禀赋曾经办成许多非同寻常的事，不过我常常纳闷，他怎么会认为乘客的性别可以瞒得过在那里等候的地勤人员。

不管怎样，沃尔特斯以他的想象力和不屈不挠的意志使我们三月十六日的旅行化险为夷。他一切出色的成就都具有这种特征。结果我们又欠了若贝尔和蓬皮杜一笔债。后来若贝尔担任外交部长时，他同我经常要交锋，但是在越南谈判期间，他从来都是很帮忙而且慎重其事的。至于蓬皮杜，他从来没有辜负过我们的信任，没有因为了解我们的秘密而试图得到任何特殊好处，也没有要求我们对他采取的大量友好行动做任何报答。

我们在舒瓦齐勒罗瓦同北越人会晤用的那幢房屋可能属于当地工厂的一个领班。底层有一间小起居室，旁边是一间更小的餐厅，通向花园。起居室内面对面摆着两排绷着厚实的红套垫的安乐椅。美国谈判小组——我、我的越南问题专家理查德·斯迈瑟尔、托尼·莱克以及沃尔特斯将军——沿着门左边那面墙就座，北越代表团共六人，坐在对面，相互之间的距离只有四五英尺，但观点上的距离是无限的。

一九七〇年二月二十一日举行第一次会晤时，春水出来迎接我，把我领进起居室，去会见作为当权的政治局成员地位比春水高好几级，但却宁愿使用春水的特别顾问这个头衔的人。

特别顾问黎德寿和第一轮谈判

黎德寿头发花白，仪表端庄，总是穿一套黑色或褐色毛式制服。他那双大而明亮的眼睛，只是偶然才显露出使他十六岁就参加共产党抗法游击队的那种狂热。他一直神态自若，除一两次外，举止态度都无懈可击。他总是胸有成竹，并且竭诚而巧妙地为自己的目标服务。

对我们来说，不幸的是他的目标是要摧毁美国的意志，并在我们力图保卫的一个国家里建立河内的统治。随着会谈的进行，我们建立了有限的个人接触，私下开玩笑的时候多了，了解到黎德寿以革命为职业，他的专业就是游击战争。他可以口若悬河地高谈和平，但就他个人的经历来说这完全是一个陌生而抽象的概念。他在法国统治时期蹲了十年监狱。一九七三年，他领我参观河内一座历史博物馆，忸怩地承认他过去从没有来过。那些越南历史文物——十分具有讽刺意味的是，都是法国殖民政府搜集的——使黎德寿想到出土这些文物的城镇里的监狱，而不是想到越南文化的光辉灿烂。我们走过一个又一个陈列室，期间我获得大量关于各种牢狱中单独监禁的相对优点，关于警察如何识破伪装的农民以及其他方面的知识。我若是决定在印度支那领导一场游击斗争，这些知识是极为宝贵的。

对列宁主义戒律的热烈信仰和对越南民族的信心支持黎德寿以惊人的英勇进行活动，把极端自信转化为一种信念，即越南注定不仅要统治印度支那，而且要统治整个东南亚。他的民族优越感使个人对美国的憎恨都无足挂齿了；我们不过是几百年来由于天生愚昧无知而撞入印度支那的又一批洋鬼子，而越南的使命就是把这些洋鬼子赶出去（当然，我常常想，还要先把他们折磨一番）。

黎德寿的列宁主义使他深信他比我自己更能了解我的动机。他的越南传统表现为一种无法摆脱的唯恐上当的情绪。我有时怀疑，表面上的斗智失败可能比实际失败更使他烦恼。四年后，谈判终于严肃起来，这时他却要在我们提出的最无害的建议中寻找陷阱。开始时，抱着这种心态的他大讲特讲任何资本主义诡计都骗不过他。后来，这种说教让人越听越厌烦。

我逐渐明白，黎德寿把谈判看作是另一种战斗。按照他的定义，任何妨碍河内取得最后胜利的解决办法都是一种诡计。他来就是为了把我拖垮。作为真理的代表，他根本没有妥协的概念。河内的建议是唯一“既符合逻辑而又合情合理”的谈判基础。北越人是“被压迫的民族”；尽管历史上存在大量相反的证据，他仍认为北越人根本不可能压迫别人。引起战争的全部责任都在美国。我们建议通过战争降级或停火来减少敌对行为——这在批评我们的人当中是非常时髦的——而黎德寿认为这是阴谋诡计或制造混乱的机会。照他看来，结束战斗的唯一“合理”办法是美国接受河内的条件，即在规定期限内无条件撤退并推翻南越政府。作为“真理”的代言人，黎德寿根本不理解我们的谈判方法。用让步换取让步对他来说似乎是不道德的；除非出现比道德更高的需要，否则他准备无限期等待，直到我们不愿继续为止。他关心的似乎是使自己在越南斗争伟人祠中得到有利地位；他无法平等看待我这样一个来自大洋彼岸的、把雄辩看成是扭转历史不可抗拒的进程的一种手段的野蛮人。黎德寿无疑是一个做英雄的料。我们很不情愿地理解到——而国内许多人始终不理解——英雄之所以成为英雄是因为他们具有偏执狂般的决心。他们中很少是使人感到愉快的人；他们顽固得近乎疯狂；他们并不擅长通过谈判取得和平。

我们在达迪路那间昏暗的起居室里第一次见面时，幸好我还没有完全认识到自己面临的问题，否则我可能早就不干了，最低限度我会把自己由于希望这次会晤成为和平对话开端而产生的期待感——几乎是欢欣鼓舞的感情——克制一下。

黎德寿同我见面时表现冷淡而彬彬有礼，就像一个具有不言自明的优越性，因此即使表示一种近乎纡尊降贵的礼貌也不会有失身份的人那样。我讲笑话他也笑，有时放声大笑，有时则像重任在身而又被琐事耽误的人那样不耐烦地笑。他知道自己要什么；经过十年囹圄和二十年战斗生涯，他不会倾倒在一个资本家幻想的魅力面前。二月二十一日的会谈分两次进行。上午谈了三小时，后来休会，使沃尔特斯将军和我可以到圣路易岛蓬皮杜总统寓所去同他共进午餐，并讨论前面提到过的他即将访问美国的问题。午后较晚才恢复谈判。我那些来自河内的对话者连最细微的程序问题也不放过，直到我马上就要出发去看蓬皮杜的时候才同意下午开会。这正是他们的特点。

我过去在学术界的同事认为，河内不相信我们的意图是通过妥协取得和平的主要障碍。我对这一点仍然半信半疑。上午开始会谈时，我宣读了一篇事前准备的讲稿，保证我们一定认真谈判。我强调说，我们希望达成一劳永逸的解决方案；过去一切协议只是使无休止的战争暂时停顿下来，我们不想重蹈覆辙。我指出，从八月份我同春水举行会晤以来，河内的处境并没有改善，而尼克松总统已经证明是得到公众支持的；按照当地的力量对比，河内也没有理由坚持在政治上得到支配地位。最后，根据我们判断，“国际形势的发展可能使其他国家不再专心关注越南，现在支持越南的国家也可能不再一致予以支持”——相当明显，是指中苏争端而言。

我接着提出了两点新的意见：美国愿意撤走全部军队，而且不在越南保留基地；在安排双方撤军时，我们并不坚持把北越军队放在和美国军队同等的法律基础上。我说：我们要求的是实际上而不是理论上结束战争。只要河内确实把军队撤走，我们并不坚持要它正式加以宣布。在这个基础上，我建议把宣传撇在一边，订出一些双方同意的原则。然后可以在克莱贝尔大街举行的全体会议上补充具体内容。我们准备派一名新的高级谈判代表到巴黎来达成协议。

从技术上说，黎德寿只是河内驻巴黎代表团的“特别顾问”。因此，答复首先来自代表团形式上的团长春水。春水舍不得放弃这样一个在上级面前卖弄口才的机会(内容显然是事前准备的)。他坚持在进行任何谈判之前美国必须确定单方面撤军的期限。然后，可以谈判我们撤走的方式，但不得影响撤走的时间。作为报偿，北越方面唯一的义务是在我们的队伍登上船只或飞机撤走时不向我们开枪。北越对南越的战斗将继续下去，直到推翻西贡政府为止；释放美国战俘问题根本没有提。春水仍然坚持认为美国的任何姿态都是没有意义的。我们已经宣布撤走十万多名军人，他却认为这是“零零碎碎的撤退”而不值一谈。尽管我们把B－52飞机出击架次减少了百分之二十五，并通过改变战斗指令大大减少了美军的攻势，他却荒谬地断言我们正在使战争升级。

下午轮到黎德寿发言。他一开始就反驳我提出的八月以来形势发展对我们有利的估计。他用列宁主义讲师的口吻说：“我们必须正确估计力量的对比，才能得到正确的解决办法。”他的发言把我国舆论放在突出地位，从而透露了河内对我国舆论的重视。他否认尼克松在公众心目中的地位有所改善，并引用盖洛普民意测验材料，说明赞成立即撤军的美国人已经从百分之二十一上升到百分之三十五。但这还“仅仅”是舆论。“此外，我还看到参议院外交委员会、民主党、克利福德先生等发表的多次声明，都要求美军全部撤离，要求撤换阮文绍-阮高其-陈善谦*集团，要求指定洛奇大使的继任人选。”我尖锐地回答说，我不愿再听河内谈什么美国舆论了；黎德寿到巴黎来是就越南立场进行谈判的。虽然我对国内分歧感到痛心，我认为同敌人讨论这种分歧是不符合我们的尊严的。开了几次会我才使他们弄懂这一点，但我从来没有完全成功。

黎德寿接着又攻击我们对军事形势的估计。他一针见血地击中了越南化的痛处，十分精明地指出，美国的战略是撤走足够的军队，使美国人民可以忍受这场战争，同时加强西贡军队，使他们可以自立。然后，黎德寿提出一个我当时也感到十分苦恼的问题：“过去你们有一百多万美国军队和傀儡军队，尚且失败了。那么，让傀儡军队单独去打仗，又怎么能够成功？现在美国仅仅提供支援，你们怎么可能打得赢呢？”

根据这种分析，黎德寿得出了无情的结论。他坚持军事问题和政治问题必须同时讨论，并且在一九七二年十月以前从未偏离这个立场。他认为需要讨论的唯一军事问题就是无条件结束美国的卷入。民族解放阵线为撤军提出的六个月期限是确定无疑的，是不以其他方面的协议为转移的。但是，即使我们撤退，河内也只有在取得政治上的和解的条件下才停止战斗。按照黎德寿的观点，这就是说，首先必须搞掉“好战成性的”阮文绍总统、阮高其副总统和陈善谦总理，建立联合政府，其中包括三股力量：“西贡政权”中真正主张“和平、独立和中立”的成员(二阮一陈除外)，符合同样标准的中间人士，以及共产党的民族解放阵线。至于谁是主张“和平、独立和中立”的人，那要由民族解放阵线决定。但是，光是这个组成状况对河内如此有利的联合政府还不算数。尽管三分之一的成员是共产党，其余成员是共产党批准的，反共领导人全部被摒除在外，联合政府还必须同全副武装的民族解放阵线去谈判最后解决

* 陈善谦已取代陈文香担任南越总理。

办法。黎德寿安慰我说，这个宽宏大量的方案会带来富有希望的前景。他说："如果你们表现善意，态度认真，问题很快就会解决。"

在三月十六日的会谈中，我尝试了另一种办法。我向黎德寿建议，双方在谈判期间都不要向越南或"有关"国家施加压力——也就是说，在整个印度支那减少相互军事行动。黎德寿以学究式的说教轻蔑地拒绝了这个建议。他说：任何战争都有自己的高潮，这是无法加以干预的。在四月四日的会谈中，我再一次提出这个建议。北越方面没有进行任何探讨就再次轻蔑地加以拒绝。三月十六日我还提出了一份在十六个月内撤走全部美军的时间表，对每个月的进度都有精确的规定。北越方面说，总统在十一月三日演说中建议的是十二个月，这份时间表又变了，因此不能接受(我提出十六个月是因为五角大楼当时只有这样一份精确的时间表，它反映了我们对撤退剩下的四十万军队及其装备所需时间的技术评估)。我解释说，这份时间表只是说明性的，期限当然要同总统宣布的时间统一起来。河内仍然表示拒绝，因为他们支持民族解放阵线提出的"即符合逻辑而又合情合理"的六个月限期。照黎德寿看来，我们的时间表的缺陷在于它要等到达成协议之后才开始执行，而河内要求我们无条件撤退，其时间不受任何其他问题影响。此外，任何政治解决办法，凡是要求保留南越政府任何领导人的，黎德寿就拒绝讨论；他嘲笑我们作为监督自由选举的公正手段提出来的、成立包括越共成员在内的混合选举委员会的建议。他们是要求我们投降，而不是举行任何正常意义的谈判。

在四月四日的会谈中，春水总结了河内反对我们立场的理由：期限比他们要求的六个月长，还要以解决其他问题为前提，因此是"错误的"；双方共同撤军是不能接受的；只要阮文绍、阮高其、陈善谦和其他"反对和平、独立和中立"的领导人仍然在位，就无法解决问题；我们在巴黎的代表团还没有一个高级官员来接替洛奇的职务。我建议探索一些办法来组织公平的政治竞赛。他们的答复还是寸步不让，认为只有推翻西贡政府才能解决政治问题。

不过，最尖锐的意见还在老挝和柬埔寨问题上。北越刚在老挝发动了一场攻势。黎德寿指责我们使老挝战争升级。我回答说，究竟是谁在搞谁、搞的什么名堂，一个很好的检验办法是看哪一方面在往前推进。黎德寿辩解说，北越的攻势是美国“挑起来”的；无论怎么说，打仗的是老挝部队。（因此我说，巴特寮的越南话说得那么高明，真是了不起。）谈到柬埔寨问题，黎德寿情绪激昂，毫不退让，对我提出的使柬埔寨中立化的建议大肆嘲弄。他坚持说，印度支那的战争已合而为一，他们将在这个基础上打到底。关于老挝和柬埔寨，我将在这一章稍后加以讨论。

简单地说，同黎德寿举行的三次会谈说明河内的立场是蛮横无理、寸步不让的。北越拒绝双方共同撤军的时间表，拒绝使战争降级，拒绝使柬埔寨中立化，也拒绝在南越建立混合选举委员会。黎德寿所想的谈判就是他单方面提出要求，其实质是美国必须在很短的限期内撤走，以至西贡非垮台不可。在撤走的时候，还要求我们解散盟国政府，建立一个成员由河内选定的政府代替它。即使这样一个政府，其唯一任务也只是同河内的民族解放阵线谈判最后条件。我问黎德寿，他的政治方案是表示一种愿望，还是作为条件提出的。他回答很干脆：“是条件。”直到一九七二年秋天，河内一直都坚持这个条件。

黎德寿声明，除非我们改变立场，否则再没有什么可以讨论的了。* 我

---

* 我同黎德寿举行首次会谈的第二天，《费城公报》上出现了一篇足以说明公开辩论如何完全脱离现实的文章。作者罗杰·希尔斯曼在美国卷入越南战争初期曾经担任负责远东事务的助理国务卿。他说总统“拒绝了共产党提出的、几乎是立即在越南实现和平的建议，虽然建议的条件照许多美国人看来可能是完全可以接受的”。希尔斯曼自称这种观点得到艾夫里尔·哈里曼等专家的支持。根据他们对河内含糊其词的声明的解释，希尔斯曼和他的朋友们自称发现了以下几点和平建议：

不进行选举，而是通过旧式政治交易建立一个把共产党和非共产党等一切政治派别的代表都包括在内的联合政府；

虽然他们的宣传仍然要求立即全部撤走美军，他们私下已经表示撤军可在两三年内分期进行；

把越南北方和南方的重新统一推迟五年到十年；

对老挝和柬埔寨的领土完整给予国际保证。

当然，以上各点都已经十分明确地遭到河内的拒绝。

们同黎德寿进行的第一轮秘密谈判就此结束。

经过一段时间以后再来看过去的记录，我对自己当时乐观得异乎寻常的报告感到惊讶。造成这种情况的一部分原因是我希望保持这条渠道。尼克松持怀疑态度我是知道的，结果我掉进了许多谈判代表经历过的陷阱，成为自己参加的谈判的鼓吹者。这种情况没有造成损害，是因为河内使我们根本没有机会做什么具体决定。感到乐观的另一个原因是，当时我们对河内冷酷的心理战的奥妙还相当缺乏了解。例如三月十六日会谈后，我报告尼克松说：河内已经暗示它愿意讨论双方共同撤军问题。事实上，第二次会谈时就明显看出，黎德寿原来就坚持只有在我们撤退之后，河内才会讨论他们军队的作用问题，而且只能同在西贡建立的、其组成由他们控制的联合政府进行讨论。

记录毫无疑问证明，我们当时在寻找各种理由使谈判成功，而不是使谈判失败。我们的批评者喋喋不休地说我们决心用武力解决问题。实际情况远非如此。我们总是竭力把谈判解决的可能性想得尽可能多一些。尼克松尽管比较悲观，也同样持积极态度，并且愿意冒风险。二月二十七日，在准备三月会谈时，我写信给他说：

> 我们阐述的主张应当足够合情合理，使它们具有吸引力，但又要十分坚定，以免在现有渠道垮台后转向另一条比较常规的谈判渠道时被迫退让……由于我们同越南政府尚未就立场问题达成协议，您必须确定我们的立场，而这种立场以后若是透露出去，可能使我们同西贡的关系发生困难。这样做有风险。但是为了保持势头和保守秘密，我看舍此别无他途。

尼克松在最后一句话边上批注："同意——这么办行。"

把阮文绍说成是一个障碍——除非就河内反对阮文绍存在这种特殊意义上来说——也是不公平的。每次会谈后，我都通过秘密渠道用电报把全部情况报告给驻西贡的埃尔斯沃思·邦克大使，以便向阮文绍总统汇报。无论是对程序问题还是对实质问题，阮文绍都没有表示异议。我们是慢慢地、到整个过程快要结束时才知道阮文绍并没有真正同意我们的主张。开始，他估计这些主张河内是不会接受的，只有默认才能使我们继续支持战争。

秘密谈判带来的一个不幸后果是加剧了部门与部门之间互不通气，给尼克松政府造成严重的祸害。罗杰斯直到一九七一年相当晚的时候才获悉有关秘密谈判的事。由于戴维·布鲁斯一九七〇年七月担任我们参加巴黎谈判的代表团团长之后听过汇报，而邦克则随时都了解最新情况，这就产生了一个有趣的结果：两位大使都比他们名义上的上司更了解内情。莱尔德从未收到正式通知，虽然我敢肯定他一定充分了解是谁在使用他控制下的飞机，以及使用飞机的可能原因。这是一种糟糕的制度；尽管我利用过这种制度，我仍然认为今后绝对不应加以效法。尼克松对内阁成员缺乏信任，加深了他们已经很强烈的固执己见的倾向。他们不断干扰我们的主动行动，或对我们已经明确阐述的战略表示异议，一部分原因是不了解情况，还有一部分原因是他们感觉对并非自己制定的政策无需承担义务。

同黎德寿举行的第一轮谈判之所以失败，是因为外交永远是某种力量对比的反映，而黎德寿的估计并非完全错误。他对美国舆论的了解，特别是对他具体谈到的几个领导集团的了解，是颇为准确的。越南化确实存在矛盾。美国官僚机构的纪律涣散使政府内部哲学观点的分歧彻底暴露出来。在这种情况下，黎德寿看不出有任何理由要修改他提出的无条件撤军和推翻西贡政府的要求。直到两年半之后，军事形势的发展使他别无选择余地，他才看到需要这样做的理由。

老 挝 插 曲

在印度支那西北角的崇山峻岭和湄公河平原之间，老挝的各个部落和民族在一个信仰佛教的国王统治下过了几百年和平生活，基本上不受比较黩武的邻国进行的战争和斗争的影响。十九世纪法国人征服老挝时，根据记载并没有遇到抵抗。后来，他们就从河内对老挝和整个印度支那进行统治。

作为历史的一个小小讽刺，为独立而斗争的人有时也会继承前殖民统治者的帝国抱负。因此，信奉列宁主义的河内主人认为自己是法国曾经从他们现在占据的总部统治过的一切地区的合理继承人。早在十八世纪和十九世纪初叶，越南就试图统治老挝和柬埔寨；③现在又增加了要同法国殖民统治规模媲美的倾向。一九五四年签订日内瓦协议、结束了法国统治之后，爱好和平的老挝各民族不幸正处在北越为了便于绕过协议规定的非军事区侵入南方的必经之路上。④

巴特寮（受河内控制的老挝共产党人）一开始就控制了万象政府权力始终鞭长莫及的两个东北部省份。一九六一年，位于东北的巴特寮、位于老挝中部神话般的查尔平原上的中立力量和位于湄公河沿岸靠近泰国边界的右派集团三派之间正在进行一场激烈的内战，有六千多名北越军人卷入。这场冲突的严重性使肯尼迪总统不得不在一九六一年三月二十三日一次记者招待会上警告说："老挝离美国很远，但世界是狭小的……如果老挝不能保持中立，整个东南亚的安全都会受到威胁。"一九六一年五月开始在日内瓦举行有关老挝前途的谈判。同河内谈判总是旷日持久的，这次也是一样；河内按照它惯用的策略，一直施加军事压力，直到一九六二年五月肯尼迪总统把五千名美国海军陆战队队员派到毗邻的泰国去为止。这次显示力量之后不到两个月，包括北越和苏联在内的十四个国家就签订了保证老挝中立的新的日内瓦协定。美国接受了苏联和北越的建议，同意撤退一切外国军事人员，建立以中立主义的梭发那·富马亲王为首、包括所有三派代表的联合政府。

北越从签字那天起就无视协定的存在。驻老挝的六百六十六名美国军事人员全部通过国际检查站离开了老挝；而驻老挝的六千名北越人员，只有四十名（的确是四十名）通过检查站撤走；其余数千名都留下了。

一九六三年四月，老挝不稳定的联合政府分崩离析。战斗迅即重新爆发。北越军队实际上兼并了老挝南部，在那里建立了向南越渗透的错综复杂的交通网——胡志明小道。到一九七〇年为止，已有五十多万北越军队沿着这些通道开赴南越。驻扎在老挝的北越军队增加到六万七千人——十倍于一九六一年至一九六二年肯尼迪总统任职时期曾经造成一次重大危机的人数。

从六十年代中叶开始，美国逐渐增加了对我们曾经反对，但一九六二年日内瓦协议各方一致承认其领导地位的中立派领袖梭发那·富马首相的支持。我们的目的是保持一个中立主义的政府，同时设法使富马默许我们切断胡志明小道。我们为老挝王国部队、王宝将军领导的某些非正规的苗族部队，有时还为在老挝活动的泰国志愿人员提供财政援助。这些情况大部分已在报刊上零星加以披露；一九七〇年，由于斯图尔特·赛明顿参议员举行了几次秘密听证会，参议院外交委员会已获悉全部情况。但是美国政府没有正式承认，以免河内以此为借口更大规模地违反日内瓦协议，接管整个老挝。

这段历史有一定的重要性，因为一九七〇年初一个短时期内老挝成了我们在印度支那注意的焦点，也是国内辩论的焦点。北越的攻势有可能席卷老挝北部。国内批评者趁机惊呼，说我们有不知不觉在印度支那承担新的“看不到尽头的”义务的危险。

河内在老挝打的基本上是两场战争，虽然目的都是称霸印度支那。老挝南部的胡志明小道是河内通往南越战场的纽带。在老挝北部，河内支持巴特寮，但我们认为这种支持是有节制的，因为它害怕引起美国或泰国的反应。河内准备在南越获胜后再来对付老挝军队，现在仅对它保持必要的压力，以免它作为行使权力的工具巩固自己的地位。我们不想打破这种不稳定的平衡。美国政府也不希望在老挝这样的国家发生战争。把冲突扩大到老挝是毫无意义的——除了为保护自己而不得不进行的最低限度的冲突之外，于是我们开始忙于从南越撤军。一九七〇年一月底，北越方面打破了这个局面，突然向查尔平原增派了一万三千名军人，并运去大量额外的装备。当时，中立部队正在查尔平原狙击巴特寮。北越的增援既威胁到富马亲王，也威胁到我们和富马的关系；如果富马不再默许我们轰炸胡志明小道，就会大大减轻河内在后勤方面的困难，使我们在南越面临日益严重的危险。更糟糕的是，如果北越军队进抵湄公河畔，这场战争对泰国就失去了意义。曼谷那时将在沿河数百英里的地带受到压力，大河两岸都是平原，无险可据。它几乎肯定不会让我们继续使用泰国空军基地，然而这些基地对我们在越南使用 B-52 轰炸机和战术空军作战是必要的。

一月二十三日，敌人攻势已迫在眉睫。我国驻老挝大使 G · 麦克默特里 · 戈德利要求用 B-52 轰炸机打击北越一个据信驻有四千军人的重要集结点；这将是我方第一次在老挝北部使用这种飞机。这件事在华盛顿引起了一场仪态万千的官僚主义小步舞，很能说明我们政府的精神状态。感到应对美国部队负责的官员要求给部队提供保护，而来自国会的冷酷无情的攻击吵得他们无法思考问题。我们则被夹在当中。

我预定一月二十六日召集华盛顿特别行动小组开会，考虑戈德利的请求。开会前两小时，梅尔 · 莱尔德告诉我他赞成用 B-52 打击那个目标；另一方面，他害怕走漏风声，希望不要在跨部门会议上讨论这个问题。莱尔德主张通过秘密打击柬埔寨时使用过的渠道来批准这次行动。因此，他对我说，他已指示他在华盛顿特别行动小组的代表反对在老挝北部使用 B-52，虽然他本人是赞成的。这样一来，无论莱尔德个人是什么观点，会议记录将表明五角大楼是持反对态度的；总统将承受这个决定引起的愤怒。开会前一小时，比尔 · 罗杰斯来电话说，他反对在老挝北方使用 B-52，而且莱尔德也站在他一边。我对这种说法含糊地表示怀疑，但建议我们三个人一起去见总统。不幸总统刚好挑了这个时候去戴维营，要在清静的环境中为他第一次使用否决权、拒绝一项福利拨款法案准备咨文。按照习惯，他在这种情况下是拒绝接电话的，即使是我打的电话也不行。等到可以再找到他时，所有主要人物都已表态，立此存照，以便局势无论怎么发展都可以保全自己。

因此，我又从头开始进行联系——这一次是找厄尔·惠勒将军。我问他是否可以不用B－52而用战术飞机攻击莱尔德谈到的目标。（由于某种原因，战术飞机出击引起的抗议声似乎小于B－52。）惠勒告诉我正在使用战术飞机进攻那个目标，但效果同B－52出击不能相提并论。当我回头再找莱尔德时，他强调集结的四千名敌军即将分散；这是他就任国防部长以来最适合使用B－52的目标。另一方面，他说，如果这个建议遭到拒绝，他也不会见怪。我最后说，要就这个特定目标取得一致意见为时已晚，但我答应要请总统作出明确的原则决定。

二月十二日，担心已久的北越攻势终于在查尔平原开始。次日，梭发那·富马首相正式要求派B－52去轰炸——几次要求中的第一次。到二月十六日，北越和巴特寮部队已将政府军队逐出控制查尔平原通道的大多数高地。当天下午，总统召集莱尔德、代理国务卿理查森、赫尔姆斯、（参谋长联席会议代理主席）穆勒海军上将和我开会。我建议，若是敌人越过一九六九年夏天政府军发动攻势前共产党入侵最深的地点芒绥，总统就授权B－52出击。总统表示同意。不到二十四小时，共产党军队就越过了芒绥。二月十八日晚，三架B－52进行了轰炸。长达一个月的讨论，北越的一次重大攻势，加上老挝前线接近崩溃的状况，才使我们出动一次B－52。直到今天我也不知道莱尔德究竟是赞成还是反对这次行动；他的立场与双方都合拍。惠勒是一贯赞成。罗杰斯开始时反对，后来转而采取漠不关心的态度。

然而，B－52出击一次已足以在国内引起轩然大波。第二天，即二月十九日，《纽约时报》就报道说，对付南越的B－52已经转用于攻击老挝北方的北越部队和巴特寮部队。尤金·麦卡锡和弗兰克·丘奇参议员迫不及待地对美国飞机和驾驶员卷入老挝表示哀叹，而对北越攻势却绝口不提。二月二十一日，迈克·曼斯菲尔德参议员同样不提北越还在继续进攻，却把美国战争“升级”记录在案。当时还出现了这样的报道，说“穿便衣的美国武装人员”正在支援老挝指挥部。⑤二月二十五日，马赛厄斯、曼斯菲尔德、戈尔、赛明顿、库珀和珀西等参议员攻击政府对他们所谓“美国卷入日益加深”的情况“讳莫如深”。同日，戈尔和曼斯菲尔德参议员要求公布十月份他们在小组委员会上听取的有关美国卷入状况的秘密证词。赛明顿参议员还致函国务卿罗杰斯，要求把戈德利大使从老挝调回作证。二月二十七日，《华尔街日报》对使用B－52表示半心半意的支持，但是提出警告，反对进一步升级。三月二日，《华盛顿邮报》也抛出一篇措辞尖刻的社论，标题是：“老挝：老一套骗人的把戏”。

参议院和新闻界为弄清老挝问题“真相”进行了为期数月的运动，现在达到了高潮。问题不在于获得事实——事实已是众所周知的——而是要诱使政府公开证实这些事实，这就完全是另一回事了。参议院外交委员会通过工作人员调查和秘密听证基本上已经掌握全部情况。新闻界也差不多，他们已经给公众提供了相当准确的报道。对于我们来说，问题在于正式承认我们在老挝的行动会在什么程度上毁掉一九六二年协议的残余部分，使河内进一步加紧在老挝北方进行侵略有借口，并在国内煽起更激烈的争论。

两党分别领导的前后三届政府之所以都对我们在老挝的作用“讳莫如深”，是因为每一届总统都希望使这种作用保持一定限度。公开、具体地说明这个限度，正如具体说明我们卷入的程度一样，都会危害这个战略。当时我们受到压力，要我们把两方面的情况都公布于众。从批评者的观点来看，提出这个问题的好处在于可以借此非难我们在越南的整个事业。如果老挝垮台导致越南垮台，某些人甚至会认为是一种额外的收获。他们要求得到的不是事实，而是弹药。

尽管存在这些危险，我们仍然认为需要发表某种正式声明，阐明我们对老挝的政策和意图。得出这个结论的推理有点拜占庭的特点。莱尔德要求发表公开声明，以免国务院走漏风声，使他成为替罪羊；因此，解释必须由其他任何部门出面去做，但绝不能由国防部去做。出于同样的理由，罗杰斯反对由国务院介绍情况；他不想为老挝问题冲锋陷阵。他建议公开发表国务院过去在赛明顿小组委员会上提供的秘密证词。赛明顿的表现是高尚的。在离现在已经很久的那些年代里，许多国会委员会还把向它们介绍的秘密看作是神圣不可侵犯的；赛明顿不愿不经政府同意就发表保密情报。但如果政府表示同意，就会破坏秘密听证会的惯例和原则。将来只要掀起一场公开争论就可以迫使政府把秘密证词公之于众；这对于不友好的委员会永远是一种诱惑，使它不禁要对秘密证词进行组织安排，造成极为不利的宣传效果，然后强迫发表。

我在送呈总统的一份备忘录中说明了这个问题：

在老挝，真正的问题同越南密不可分：

——只要北越愿意为破坏一九六二年协议支付政治上和心理上的代价，他们无疑可以在他们高兴的任何时候席卷老挝。

——如果北越席卷老挝，我们关于越南冲突的整个交易将遭到破坏。事实上，如果北越在老挝的军事行动取得足够的胜利，使富马相信他必须屈服于北越的影响才能生存，我们可以预料他将拒绝允许我们继续轰炸胡志明小道，结果我们在南越的军事行动将受到灾难性打击。

——这是基本的考虑，其他一切都不过是胡说八道……

——要做到这一点，国务院认为最简单的办法是发表赛明顿小组委员会上的证词。我们可能达到一箭双雕的目的：既可安抚赛明顿、富布赖特和其他人等，又使公众了解我们行动的真相。

——另一方面，发表证词中敏感部分是否能安抚这些参议员是值得怀疑的。老挝情况的真相以及造成这种情况的原因，他们是了解的。内部会议已使他们了解一切……

——发表证词将使北越可以用文件证明它的说法，即我们正在违反日内瓦协议，而用不着承认他们违反这些协议，从而严重破坏我们行动的真正基础。

这样做还会使苏联人更难于保持他们目前对老挝王国政府采取的比较友好的姿态……

——在老挝问题上屈服，就会在相关其他国家的问题上损害政府不发表记录敏感部分的立场。我们可能会打开一个名符其实的潘多拉魔盒，不仅在国内，而且在对外关系上给自己带来一连串难题。人们无法再相信我们维护国际协议尊严的诚意，谈判这些协议的外交使者的作用也将受到损害。我特别担心泰国的反应，他们已经在怀疑我们对他们承担的义务。

二月二十七日，国家安全委员会开会讨论了我们在老挝问题上的公开立场。使内阁成员大为宽慰的是，会议决定由这个委员会的工作人员起草一个声明，由白宫发表。我当时会同意这种使白宫每逢事实性争论都处于直接承受批评火力的位置的做法，是由于官僚主义缺乏经验，或仅仅是由于无穷无尽的推卸责任的企图使我感到精疲力竭——现在事隔已久，无法确定。无论出于什么理由，国家安全委员会工作人员很快就着手起草解释我们卷入老挝情况的公开声明。为了避免显得过分被动，我使声明在形式上看起来是一个新的建议，即建议日内瓦会议两主席英国和苏联召开一九六二年协议签字国会议，为老挝中立提供新的保证。我对开会并不抱幻想。伦敦和莫斯科当时都不大想暴露自己对这个问题的立场。

三月六日发表的这个声明，充分而坦率地陈述了美国卷入的情况以及从肯尼迪政府以来一直秘而不宣的理由。但是，声明里有一处不准确，因此引起轩然大波。造成不准确的一部分原因是各部门（由于他们不会受到攻击)在为我的工作人员提供全部细节时不够审慎，还有一部分原因是官僚主义的粗枝大叶。尼克松原来认为，要证明美国人并没有卷入老挝地面战斗，最好的办法是着重指出没有任何美国人在这个活动中阵亡。国家安全委员会开完会以后，他对我说："B－52 轰炸老挝，谁也不会放在心上。但对我们在老挝的士兵，人们是担心的。"声明是由我的新任特别助理温斯顿·洛德——后来成为我最亲密的朋友之一——负责起草的。他和其他工作人员经过同各部门仔细核对，得到的印象是：没有任何美国人员在老挝阵亡这个说法需要斟酌，唯一原因是偶尔从越南进入老挝南部的美国侦察小组出现过一些伤亡。小组的任务是观察并在可能的情况下骚扰胡志明小道的渗透活动(代号"燎原行动")。这种行动同越南战争有明显联系，而同老挝北部的战斗毫无关系，因此我们认为可以容许这样一种说法，即"从来没有任何驻老挝的美国人在地面战斗中阵亡"。

把将近十年的事情说得这么绝对当然是一种缺乏经验的迹象。谁也无法肯定官僚机构尘封的角落里隐藏着什么事实会突然冒出来。很快我就得到一次教训，懂得了说话过于绝对的危险。

三月六日发表声明之后，官僚机构突然开始向报界透露它不愿向总统提供的情况，即过去九年内的确有极少数派驻老挝的平民和非战斗军事人员因被流弹击中丧命。三月八日，白宫被迫承认现在已从国防部获悉，一九六九年初以来有六个平民和一个"未参加战斗"的陆军上尉在老挝被打死。在这以前的五年中，平均每年约有四个美国平民在老挝被打死。三月十日，国防部又殷勤地宣布从一九六六年一月一日以来在老挝服役的美国军人就有权获得"火线津贴"。至于谁应当对这些错误负责，后来进行了调查，结论不出所料：错误是由一连串误解和互不通气造成的。洛德在事后分析时回顾了起草过程，也回顾了国防部和国家安全委员会工作人员之间的讨论；这种分析并不能反映这位聪明正直的人在担任我的特别助理这个吃力不讨好的职务时最初几个星期经历的巨大痛苦。

尼克松认为这是我曾经吹嘘过的工作人员造成的失误，因此大为光火；有一个星期我都见不到他。我承担了全部责任。三月九日，我给莱尔德写了一封信，并抄送总统：

亲爱的梅尔：

为了避免任何误解，我希望告诉你，你的记忆是正确的。你的工作人员曾经两次划线标出没有美国人在战斗中阵亡这句话。我当时误认为他们指的是燎原行动，因此对声明作了相应改动。无论如何，防止这种错误是我的职责。我希望你了解，你是没有责任的。

向你热烈致意。

亨利·A·基辛格

当然，报界和国会对当时——在一年有四五个人非战斗死亡的基础上——称之为已经证实的美国在老挝的军事卷入都显得义愤填膺。公开辩论的焦点是新的“信用差距”，而不是基本事实，即美国卷入老挝的程度显然微不足道，而北越正处于攻势。

老挝的形势不久又出现了一个严重转折。共产党部队已挺进到通往首都万象的最后一个要塞龙镇地区，威胁到领导苗族抗击共产党统治的王宝总部。共产党向湄公河进军已迫在眉睫，因此泰国表示：如果老挝政府提出要求，它愿意派志愿人员到龙镇去。在华盛顿特别行动小组举行的两次会议上，国务院极力反对这个建议，其他部门也只表示半心半意的支持。当我们收到老挝和泰国双方政府的正式请求后，总统推翻了各部门的意见。他深信拒绝这个建议会使泰国怀疑我们承担的保卫泰国的义务，还可能使富马惊慌失措。我同意这种看法。三月二十六日，我把总统的决定告诉了华盛顿特别行动小组。

三月二十七日，老挝政府发动了反击。这次反击得到泰国志愿人员的支援。他们的干预起了决定性作用。三月三十一日，老挝政府部队夺回了龙镇附近的桑通；桑通机场迅即恢复使用，我国飞机开始运去给养。第二天北越部队就从龙镇地区后撤了。

老挝危机就此平息，直到年底；老挝北方的政治和军事平衡得以维持。但是，我国政府内部的分歧已经戏剧化；反对派对我们的疑虑已经非常深切，以至指责我们挑起了我们力图避免的事，连后来发生的事——邻国柬埔寨发生的政变——也怀疑是我们组织的。事实远非如此。

西哈努克的垮台

将近三十年，柬埔寨的政治生活是同诺罗敦·西哈努克亲王暴风雨般的生涯和性格紧密联系在一起的。一九四一年西哈努克十八岁的时候加冕成为国王，一九五五年逊位，以首相身份从事积极的政治活动；一九六〇年六月，柬埔寨国民议会一致投票推选他担任国家元首。一九五三年领导柬埔寨王国脱离法国、宣布独立的就是西哈努克；他塑造了柬埔寨政治制度并支配着柬埔寨的政策。

作为柬埔寨的领导人，西哈努克善于走钢丝——在世界政治中介于东西方之间，在初露端倪的共产主义分裂中介于中苏之间，在越南战争中介于敌对双方之间，在国内则介于左右两派之间。他说话口若悬河，为人难以捉摸，耽于逸乐——人们通常说他“反复无常”。当血腥的战争使印度支那其他地区生灵涂炭时，他巧妙地把自己的国家保持为一片世外桃源。最后，在一九七〇年，这位轻捷灵巧的走钢丝演员突然失足跌下，使柬埔寨人民坠入甚至比邻国的境遇黑暗得多的地狱。

一九七〇年一月七日，西哈努克亲王带着他的夫人莫尼克和十一名随从人员离开柬埔寨首都金边，去法国里维埃拉海滨的格拉斯疗养院休息两个月。他习惯两年一次到那里去“接受治疗”，以减轻他所说的

"肥胖病、血液病、蛋白尿"等疾病引起的不适。他出国时把政府托给了他自己挑选的领导人：国民议会议长郑兴(担任代理国家元首)，首相朗诺(西哈努克一九六九年八月任命他担任首相，九月又赞扬他"效忠王室和民族，是我唯一可信赖的人")* 和第一副首相施里玛达。

西哈努克同他自己的政府关系并非一贯融洽。他前几年曾把左派人士搞得名誉扫地，逐出政府(事实上，共产党红色高棉的领导人曾在缺席的情况下被判处死刑)。朗诺-施里玛达内阁对他的经济政策，对他无法赶走占领柬埔寨东部地区的北越和越共部队，对他的随从人员贪污腐化，对他在金边开设国营赌场的不得人心的决定也有不同意见。但是在一九七〇年一月，这些争吵似乎都没有严重到足以阻挠他的法国南部之行。

美国更没有预感到会出现什么麻烦。前面说过，我们已经在一九六九年七月同柬埔寨恢复了外交关系，并且在那里有一个以劳埃德·里夫斯代办为首的规模很小的使团。从一九六三年西哈努克取消美国援助以来，我们就没有对柬埔寨实行军事或经济援助。此外，主要由于曼斯菲尔德参议员的坚持，恢复外交关系后我们也没有向金边派遣中央情报局人员。一九七〇年一月、二月和三月上半月，美国政府高层的注意力都集中在老挝已经露头的危机和与此有关的国内争执方面。三月十七日，我同国务院东亚司的马歇尔·格林和威廉·沙利文共进午餐；我们讨论的焦点是中国、越南和老挝；根据记录，柬埔寨问题甚至根本没有提到。

在西哈努克虽然变幻莫测但却非常巧妙的指导下，中立的柬埔寨保持了不稳定的政治平衡。从美国观点来看，这是可能达到的最好的局面了。当然，河内悍然无视国际法、利用柬埔寨领土向我们的军队发动军

---

* 一九六九年十月一日，朗诺还作为西哈努克的代表参加了中国国庆，在天安门上同毛泽东站在一起。

事进攻的危险是经常存在的。但是这方面也建立了某种平衡。西哈努克即使不鼓励我们轰炸庇护所，也是默许的；我们则停止从地面上穿越边界作战；河内还继续使用这些庇护所，但代价更高了。我们对柬埔寨内部平衡不稳定的程度也还有一些认识。一九六九年七月三十日尼克松总统和阮文绍总统在西贡见面时，阮文绍很有预见性地警告说，如果柬埔寨的平衡由于推翻西哈努克而遭到破坏，最后获胜的将是共产党人：

(尼克松)总统询问了他对西哈努克的看法。阮文绍总统回答说，西哈努克坏，但我们不希望出现比他更坏的人。他又说，柬埔寨只有两个集团能推翻西哈努克，那就是军方和共产党。军方力量单薄，缺乏效率，共产党更有可能成功。即使军方起来反对西哈努克，他感觉最终还是会由共产党接管。西哈努克干什么或者能够干些什么，很大程度上取决于越南局势。柬埔寨是一个弱国。如果推翻西哈努克，如果我们鼓励推翻他，共产党接管的可能性是很大的。

我们同意这种估计。柬埔寨的悲剧在于它内部存在的压力终于破坏了西哈努克力图保持的微妙平衡，让阮文绍曾经准确预见到的那些力量脱颖而出。使这种局面加快出现的因素是北越用来骚扰我们的部队的共产党庇护所。这些庇护所日益激起几百年来曾经目睹越南历代统治者使自己祖先的国土殖民地化的柬埔寨人的民族主义愤怒；事实上，西贡周围地区是越南人在十九世纪初叶才从柬埔寨人手里抢走的。如果后来不是法国占领，很可能整个柬埔寨都会遭受同样的命运。柬埔寨人自古以来就厌恶一切越南人。由于西哈努克不能把令人恐惧的北越人从柬埔寨土地上赶走，这就日益削弱了他的地位。

西哈努克在那个时期发表的公开声明里明确指出了他认为对柬埔寨独立构成威胁的人选。他曾经一再公开抗议北越“侵略”和侵犯柬埔寨主权。一九六九年六月，即秘密轰炸开始三个月之后，他在一次记者招待会上抱怨说，柬埔寨的腊塔纳基里省“实际上成了北越的领土”，而且“越盟”(北越人)和越共部队已经大量渗入柴桢省。西哈努克主编的《民盟》月刊一九六九年十月号刊载了一篇题为《越共和北越人盘踞我们边境》的文章，以很大篇幅抗议北越的占领；有一幅地图标明了三万五千至四万北越和越共军队占领柬埔寨领土的地点(对我们的情报工作不无补益)。西哈努克在该刊一九六九年十二月号一篇署名文章中甚至推崇美国在越南的作用。他指出：“十分坦率而客观地说”，美国部队在东南亚的存在造成了区域均势，使柬埔寨这样的小国“受到欧洲甚至亚洲社会主义阵营的尊重，如果不能说是受到他们追捧的话”。西哈努克写道：如果美国力量撤退，美国在亚洲的盟国无法转向共产党得到补偿，否则无异飞蛾投火，“无论飞蛾是否温驯，最后总是会被吞掉的”。西哈努克在文章结尾对尼克松主义表示了有力的支持：

新宣布的尼克松主义预计不再动用美军进行干预。这个主义有可能，甚至很有可能……付诸实施……但是，他们(美国人)出于自身的利益，将不得不支持深孚众望的民族主义者抵抗新帝国主义，即亚洲共产主义……如果美国提供援助时不附带条件，也不出兵干预……肯定要比他们亲自出兵更有希望遏制共产主义洪水的泛滥。实际上，他们这样做有助于铲除共产主义颠覆性的宣传力量，因为在外国军队“占领”这个地区的时候，共产党就要号召人们起来造反，争取“民族解放”……

一九七〇年二月十二日，我把这篇文章摘要送呈尼克松。根据他的指示，我又在二月二十三日把文章全文送给了曼斯菲尔德参议员。

西哈努克十分清楚，究竟是谁在印度支那进行侵略。举例来说，一九六九年十一月，越共从柬埔寨领土上向设在越南的一个美国特种部队的营地开火；美国进行的报复性空袭受到大肆宣扬，据说杀害了大约二十五名柬埔寨人。西哈努克为此对美国提出了抗议；我们的政策是赔偿损失。尽管如此，西哈努克在十二月十五日发表的一篇讲话中，指出这件事应当由北越承担责任。他说：

达丹事件是谁挑起的呢？是从我国领土上向美国人开火的越共。美国人挨了打，生气了，就轰炸我们。那时越共和越盟都溜走了，仅留下高棉居民作为牺牲品。这就是全部真相……

号称我们的朋友的红色大国，联合国的欧洲赤色分子，不准我们向联合国提出控诉……

西哈努克告诉听众，他不会像某些人敦促的那样再次同美国断绝外交关系，原因是：如果他这样做，“我们将不得不对越盟和越共采取同样的办法，因为甚至在我们已经同他们建立外交关系之后，他们还在继续对我国领土进行侵略”。

一九七〇年二月二十二日，西哈努克在法国休假即将结束时宣布他打算在三月份回国途中访问苏联和中国“这两个伟大的友好国家”，谋求他们的支持来减少或消除北越在柬埔寨的影响。

但是，西哈努克在他的政治生涯中第一次对局势失去控制。三月八日，柬埔寨柴桢省村民示威反对北越占领。三月十一日，两万柬埔寨青年洗劫了北越和越共驻金边的大使馆。（游行示威显然是柬埔寨政府插手组织的。）柬埔寨议会两院举行特别联席会议，要求政府重申柬埔寨中立，保卫国土。议会要求扩大柬埔寨军队，西哈努克由于害怕军队造反而故意削弱其力量。

西哈努克从巴黎给在金边的母后发了一份公开电报，谴责柬埔寨政府中“某些人”试图“把我国抛入一个帝国主义的资本主义强国的怀抱”。他宣布他打算立即回到金边，“向全国人民和军队发表讲话，要求他们做出抉择”。西哈努克离开巴黎以前就在接见记者时警告北越和越共要么尊重柬埔寨中立，要么就得面对亲美派接管柬埔寨政府的局面。⑥但是，由于从未充分说明的原因，他在巴黎犹豫不决，而金边的局势开始失去控制。三月十二日，施里玛达副首相宣布暂停执行和越共签订的贸易协定，并为柬埔寨军队增加一万名士兵。金边爆发了新的反越骚动，越南人开办的商店和教堂受到攻击。三月十三日，柬埔寨外交部宣布，它已通知北越和越共大使馆：一切属于越南共产党的武装部队必须在两天后，即一九七〇年三月十五日黎明前撤出柬埔寨领土。

同日，即三月十三日，西哈努克做出了对他的命运影响最深远的一个决定。他离开了巴黎，不是像两天前宣布的那样回到金边，而是按预定计划访问莫斯科。为了在国内群众最关切的问题上夺回主动权，他在巴黎宣布："我即将前往莫斯科和北京，要求他们制止越共和越盟在我国的活动。"他通过高棉通讯社转发了他写的一封信，说他将"对利用军事形势渗入并盘踞我国领土的越南共产党人"进行斗争。尽管他原来打算迅速返回金边，尽管苏联的波德戈尔内主席劝他第二天就飞回国去，西哈努克还是在莫斯科消磨了关键性的五天，就军援问题讨价还价，为抚慰由于得不到任何新装备而感到愤怒的柬埔寨军队做最后的努力。甚至在那以后他也没有前往金边，而是到北京去了。西哈努克在自己的叙述中有些自我辩解地说，他"需要更多时间观察金边形势的发展"，⑦并多次声称即使他企图回国，也会由于朗诺和施里玛达阻挠而回不去。但是直到三月十八日他自己的议会才抛弃他，机场也是那时才关闭的。西哈努克在乘车前往莫斯科伏努科沃机场途中才从柯西金总理那里获悉自己已被废黜的消息。这使他目瞪口呆，因为他的随从都不敢告诉他：拥有九十二名议员的柬埔寨国民议会和王国议会在当天早些时候再次举行特别联席会议时已一致通过解除他国家元首职务。

西哈努克抵达北京后受到周恩来总理的拥抱，还参加了中国人为他举行的宴会，似乎什么事情也没发生；周向他保证说，中国仍然把他看做国家元首。同时，在金边，柬埔寨议会把西哈努克留下处理其事务的郑兴任命为临时——而不是代理——国家元首。这不是典型意义的军事

“政变”；这是西哈努克自己的政府，就是缺了西哈努克。

数月后，我从让·圣特尼处获得一份描绘西哈努克表现的报告。我是一九七〇年九月二十七日同北越方面举行会晤前在巴黎圣特尼的寓所见到他的。他透露，就在北越和越共驻金边使馆受到攻击的那一天（三月十一日），他曾在巴黎同西哈努克共进午餐。当时西哈努克计划立即回国——圣特尼深信，如果西哈努克那样做了，他本来是不会被罢黜的。圣特尼深信，使西哈努克改变主意的部分原因是莫尼克公主想去探望他们在布拉格和北京念书的孩子。我认为另一个理由是西哈努克过分自信；他无法相信由他提拔起来的那些人会危及他的统治地位。他还希望莫斯科会通过军事援助和迫使河内撤离柬埔寨的办法帮助他安抚他的军队。最后（西哈努克后来告诉我），他收到他母后从金边发来的电报，警告他回国很危险。

如果要对使柬埔寨卷入血腥冲突旋涡的责任作任何估计，就必须从这里开始。就朗诺和施里玛达来说，关键在于他们胆大妄为，竟敢站出来同受到憎恨然而实力远占优势的北越和越共部队进行大众要求的战斗。就西哈努克来说，关键在于他举棋不定达一星期之久，因为他如果大胆重返金边，亲自出面压倒对手，本来可以扭转局势，对每个人都最有利。这正是朗诺和施里玛达害怕的，是波德戈尔内建议的，也是美国相信和希望的。一旦重新掌权，西哈努克就可以从他传统的地位再次起平衡作用——这种地位就是我在四月二十一日给尼克松描绘过的，“故意把自己摆在右翼的极左一端”。我们几乎肯定会对这种努力给予合作。到三月二十日，形势已如脱缰之马，难以控制了。

美国在这些事件中起的作用并不像某些人想象的那样有目的性，也不像其他一些人自诩的那么有效。那一年的头三个月，我们在专心处理老挝问题，也没有情报人员驻在金边，认识已经远远落后于事物的发展。我们既没有鼓励别人去推翻西哈努克，事前也毫不知情。甚至过了许多星期我们还不理解这件事的意义。我个人对当时局势的无知反映在呈交尼克松的两份备忘录中。虽然尼克松每天收到要闻简报，但我直到三月十七日才就反对西哈努克的第一次游行示威（三月十一日）做出比较详细的分析给他送去。一个星期的耽误表明柬埔寨当时远不是我们优先关注的事。更突出的是我在分析中暗示这一切可能都是西哈努克精心策划的把戏：

鉴于施里玛达和西哈努克之间存在尖锐的竞争，可能施里玛达是想使西哈努克面临既成事实，或者是想在自己呼声正高时挑战西哈努克的地位。另一方面，多年来还从来没有一个人曾经如此直截了当地向西哈努克挑战，这完全可能是一种精心策划的花招，使西哈努克可以呼吁苏联和中国同他合作，一起敦促越共和北越军队撤离，理由是如果这些军队留在柬埔寨，他就会垮台，被一位"右派"领导人取而代之。

这两个论点——不是共谋策划的诡计就是西哈努克确实面临来自施里玛达和朗诺的挑战——都符合西哈努克和高棉王国政府最近的表现。

我很难理解金边那些主要人物的动机，一个相当重要的原因是朗诺属于同共产党部队——也就是他的政府现在反对的那些部队——进行走私交易而捞到利益的人。三月十九日，我在送呈总统的另一份备忘录中仍然认为西哈努克可能试图返回金边去收拾残局：

朗诺过去一直满足于充当第二号人物，但这一次看来是对权力直接提出了挑战。他从人民反对越南共产党入侵的怒火中找到了向西哈努克挑战的很好的切入点（这场怒火是军队煽动起来的），不过朗诺同共产党人的交往并不说明他是一个强烈反共或反越的爱国者。

将来的抉择。形势的发展存在三种可能性：

——在军队支持下建立朗诺或施里玛达占统治地位的新政府。这个政府得不到人民多少支持，将不得不通过反越口号和发展经济来收买人心。

——达成不稳定的妥协，类似一二一五年英国贵族同英王约翰之间的休战，允许西哈努克重任国家元首，但权力将受到很大限制。这种局面将是不稳定的，因为西哈努克要设法包围和消灭他的对手，并且可能成功。

——西哈努克使军队转过来反对朗诺，从而取得胜利。

对外交政策和对我们的影响。高棉民族主义已(被)煽动起来反对越南共产党的占领。将来任何政府要同越南合作大概都得更加小心谨慎，更加隐蔽。朗诺选择这个问题做文章，就必须设法公开证明他正在采取行动反对越南人的占领。同样地，西哈努克在一段时间内将不会“对越南人心慈手软”，以免授人以柄。

这将给越共和北越军队造成严重问题。他们将有很多理由对柬埔寨采取更加敌对的路线。

我送呈总统的任何报告都没有谈到过美国情报人员有任何牵连，也没有对政变表示任何特殊的高兴。中央情报局的报告也并不比我更有预见性，一部分原因无疑是该局已奉令不得在金边进行活动。直到三月十八日，即西哈努克被赶下台的那一天，才有一份中央情报局的报告在华盛顿传阅。报告的要点是：如果西哈努克拒绝接受反对河内的政策，朗诺鼓励的骚动就会成为反西哈努克政变的前奏。这份情报是一个星期以前从一位不便说明身份的亚洲商人那里获得的。这份报告分发过程中的耽误和中央情报局未能预见西哈努克垮台问题，后来成为总统国外情报咨询委员会调查的专题。我回忆不出政变前有任何预料到这次政变的文件曾引起我的注意；我的文件中也找不出这样一份东西。至于指责情报工作失败，应当记住：作为政变对象的领导人比我们有强烈得多的理由要了解他本国的真相，而他也没有预料到会出现这场阴谋。

三月二十日，尼克松和我讨论了他即将举行记者招待会的问题。我建议他除要求尊重柬埔寨中立外不要对柬埔寨问题发表意见。他同意我的建议，并且说：西哈努克“可能卷土重来，再次接管政权”。在三月二十一日举行的记者招待会上，尼克松称柬埔寨的形势是“无法预测的”、“流动不定的”，并希望北越尊重柬埔寨的中立。他公开重复了他私下对我说的话，即他仍然认为西哈努克可能返回金边：

……大家知道，我们已在一种暂时的基础上同议会选出的那个政府建立关系；只要那个政府看来是该国政府，我们将继续同它打交道。至于这个政府将朝什么方向发展，**西哈努克亲王回国时将有什么遭遇**，我认为任何猜测都是不成熟的，也是于事无补的。

三月十九日召开的讨论老挝和柬埔寨问题的华盛顿特别行动小组会议反映了我们优先关注的项目；大部分讨论都涉及老挝。我的工作人员为我准备的汇报材料记录了美国船只“哥伦比亚之鹰”号由于两名水手叛变而改道驶往西哈努克港，并被柬埔寨扣押，他们对此事表示的关切不下于对政变长远影响的关切。至于政治形势，他们认为结局还不能肯定，对西哈努克回国的可能性也没下结论。我的汇报材料提出一个关键问题：“朗诺可能更加亲西方的倾向是否能够补偿西哈努克下台可能导致的更加严重的不稳定状态？”

但是，无知并不能保护我们，使我们无需做出决策。政府在柬埔寨问题上甚至比在老挝问题上意见分歧更加大。这是毫不奇怪的。尼克松从一开始就赞成采取比较积极的方针。他在我三月十七日的备忘录中谈到朗诺打算给柬埔寨军队增加一万人的那一段话旁边批注：“让我们拟个计划来援助新政府实现这个目标吧！”我还没有执行这个批示，尼克松就把我三月十九日写的、通知他西哈努克已被推翻的备忘录退了回来，并附有以下批示：“我要赫尔姆斯拟订并执行一项计划，为柬埔寨亲美分子提供最大限度的援助。不要告诉三〇三* 或官僚机构。要用我们（代号“菜单”的）空中袭击那种办法处理。”三月二十二日，黑格把总统的要求直接转告赫尔姆斯，我确定三月二十三日同赫尔姆斯开会。

赫尔姆斯的答复主要是程序性的。他说：除非让中央情报局在金边设站（中央情报局术语，指常驻办事处），否则它提不出什么切合实际的建议。他概括地谈到从秘密空运到为朗诺罗致国际支持等一系列可能采取的行动，但暗示中央情报局在掌握更多情报以前无法提出具体建议。因此，总统决定让中央情报局在金边设站。后来发现这件事并不简单，因为国务院极力反对，部分原因是害怕曼斯菲尔德会在国会对它采取什么行动。四月一日，当我外出休假——说明我并不认为形势岌岌可危的另一确证——的时候，总统把罗杰斯和赫尔姆斯叫到椭圆形办公室，向他们下达了自己的命令：立即在金边建立一个中央情报局办事处。

尽管如此，或许是因为尼克松在同罗杰斯面谈时，像他往常那样说得太简略，要不就是国务院成见甚深，以至无视直接下达的命令，总统的愿望根本没有执行。第二天，即四月二日，中央情报局指定一名官员和一名通讯人员前往金边。但是罗杰斯打电话给赫尔姆斯说他认为这种办法是不明智的，不过他同意研究如何解决通讯问题。在国务院考虑是否向柬埔寨政府提出正式要求期间，又耽误了一段时间。四月七日，劳埃德·里夫斯代办去拜访了柬埔寨一位低级官员；这种做法最大限度地增加了遭到拒绝或至少是拖延时日的可能性。使东亚司明显感到沮丧的是，对方当场就表示初步同意，并且答应很快发出正式通知。国务院坚持要等待正式答复，并再次采取拖延战术，建议通过商用飞机而不是军用飞机把通信设备运往金边。

到四月十六日，也就是总统直接下令的十五天以后，中央情报局的

---

* “三〇三号”委员会，当时已改称“第四十号”委员会，是一个监督秘密情报活动的跨部门委员会。

官员、通讯人员和装备还毫无动静。虽然尼克松讨厌直接下命令，他在十分激动的时候也会变得粗暴起来。他把赫尔姆斯、他的副手库什曼将军、黑格和我(已经休假回来)叫去，对这种因循怠惰和违抗命令的做法表示了他的愤怒。为了表示不悦，这次会议没有请国务院代表出席。尼克松限定二十四小时内派出中央情报局的官员和通讯人员。作为惩罚，他还给了国务院另一个耳光：因为国务院曾经说障碍之一是我们大使馆面积太小，于是尼克松下令从金边撤走一名国务院官员，给他们腾出地方。

我们再次目睹现代国家的奇迹之一，即领导人在控制官僚机器、削弱它们成年累月扯皮的权力方面是相对无能为力的。二十四小时的限期在继续动摇犹豫中消磨过去。整整隔了一个星期，直到总统又发了一次火才终于有了结果。减少使馆人员的命令则从未执行，因为局势的发展已经走在总统指示前头了。

因此，在四月中旬以前，我们监控或影响柬埔寨局势的能力一直受到严重限制。在柬埔寨两派当中，任何一派获胜本来都符合我们的利益。但是到四月中旬，问题已不再是派系之争，因为西哈努克已于三月底做出他第二个重大决定。他在北京安顿下来(当时我们同北京毫无接触)，决定与河内共命运，转而激烈攻击美国。三月二十日，即西哈努克被废黜的两天后，他正式对新政府宣战。他发表声明要求举行全国公民投票，抨击把他撤职是“绝对非法的”。他谴责中央情报局勾结废黜他的“卖国集团”造成了柬埔寨的“动乱”；他为北越在柬埔寨的活动辩解，说他们是在“抗击美帝国主义”。第二天，西哈努克发誓要同新政府斗争到底，“直到取得胜利，或是死亡”，并谴责新政府是“美帝国主义的走狗”。从那以后，如果西哈努克重新上台，结果就不会是恢复中立主义，而是他新找到的、完全不能由他控制的共产党保护人的胜利。

作为报复，柬埔寨国民议会三月二十一日投票决定，如果西哈努克回国就予以逮捕，按叛国罪论处。金边的报纸和广播连篇累牍地渲染他腐朽的私生活，对他多年来的领导进行攻击。三月二十二日，在一连三天避免对柬埔寨形势直接发表意见之后，北越给柬埔寨新的领导人扣上了“亲美极右集团”的帽子。河内具有权威性的党报《人民报》声称西哈努克的下台是美国策动的。该报郑重表示“我国人民完全支持柬埔寨人民（反对新领导人）的斗争”。三月二十三日，西哈努克发表五点声明，答应建立一支“解放军”和一条“民族统一阵线”，并吹捧越南、老挝和柬埔寨共产党的反美斗争。

四月初，北越部队和越共部队开始提供他们曾经保证要给予的“支持”。共产党的部队离开根据地，开始深入柬埔寨国土去推翻新建立的政府。四月三日，北越开始向柴桢省的柬埔寨军队进攻。到四月十日，柬埔寨军队已被迫撤出位于鹦鹉嘴地区的边境阵地。共产党还开始骚扰湄公河的运输。四月十六日，北越和越共部队袭击了金边以南的茶胶省省会。柬埔寨战争就是这样开始的，时间早在美国采取任何行动的几个星期之前。

同时，西哈努克还在四月二日谴责美国是“使印度支那三国出现战争和政治不稳定局面的罪魁祸首”。四月三日，他呼吁本国同胞进入丛林，到“已经在那里建立起来的抵抗地区”去。四月四日，周恩来总理在访问朝鲜时，正式表示支持西哈努克的抵抗运动。四月十四日，北京电台报道了西哈努克的“民族统一阵线”已于四月六日在柬埔寨柴桢省正式成立临时委员会的消息。总之，到四月中旬，即在我们采取任何重大行动之前，西哈努克已经破釜沉舟地同共产党携手合作，共产党已经决心推翻金边政府，北越部队已经深入柬埔寨境内发动进攻。

黎德寿在秘密谈判中采取的态度无可怀疑地表明，河内已经把柬埔寨同越南战争正式联系在一起。他强调河内意图推翻金边政府，用河内可以接受的人取而代之，把柬埔寨用作在越南作战的基地。三月十六日，即西哈努克被废黜的两天之前，黎德寿在秘密会谈中指责我们，说五天前金边发生的骚乱是我们组织的。我有力地否定了这个指责。我认为黎德寿火气很大的发言令人十分担心，所以我向总统报告说："他们有关柬埔寨的发言是令人不安的，可能是要在柬埔寨增加压力的迹象。"

南越突然出现的军事"高潮"只能增加人们对河内大致意图的担心。这次"高潮"打破了从九月份起就一直存在的沉寂局面。三月三十一日，尽管我们还在同黎德寿继续进行谈判，而且提出了使战争降级的建议，北越方面却在南越全境发动了几十次进攻。美国一周阵亡人数高达一百三十八名，几乎是上一周总数的两倍。

这种情况为我们四月四日在巴黎举行的会谈进入高潮准备了条件。黎德寿再次指责我们，说我们要对柬埔寨的动乱负责；他实际上已对柬埔寨新政府宣战：

你们认为可以利用一伙军事反动派推翻诺罗敦·西哈努克，然后就没事了。这种想法未免过分简单。正是你们在那里的行动使整个柬埔寨的人民奋起对抗美国代理人。他们已经对西哈努克亲王和柬埔寨民族统一阵线的号召表示响应。高棉人民已经站立起来全力捍卫自由和中立。

我着重地然而徒劳无益地驳斥了他的指责：

我已经不可能使特别顾问相信我们同金边出现的事态毫无关系，虽然我为他对我国情报机构的高度评价感到荣幸。如果这些情报机构知道我在此地，我就会把这种高度评价转告它们。

这次也有一种简单的检验方法。究竟谁在柬埔寨派有军队？不是美国。印度支那半岛人民的语言天才再次使我印象深刻。我们曾经发现巴特寮是说越南语的，现在我们又在柬埔寨发现了同样的现象。

你们在柬埔寨保持基地，利用这些基地进攻我们在越南的军队。对此，我们表现了极大的容忍……

我对黎德寿强调指出，美国不希望扩大战争。为此，我建议立即讨论保证柬埔寨中立的具体步骤：

我们准备立即讨论保证柬埔寨中立的明确的、具体的措施，使柬埔寨绝对不会在任何国际冲突中充当卒子。我们愿意同你们在双边范围内讨论，也愿意在国际范围内讨论……我们准备考虑使老挝和柬埔寨——特别是柬埔寨，因为它是一个新问题——的中立得到保证的各种合理建议。

然而黎德寿否定了关于实行中立或举行国际会议的任何建议。他断言，印度支那的冲突现在已经成为一体；他甚至根本不愿讨论把战争范围限制在越南的问题。柬埔寨已经成为一个战区；讨论保持柬埔寨中立的问题是河内不能容忍的。早在我们采取行动的三个多星期之前，黎德寿就说：

印度支那三国人民——越南人民、老挝人民和高棉人民——在反对殖民主义的斗争中保持了传统的团结。这种团结是你们无法破坏的。现在面临美国把战争扩大到柬埔寨的局面，三国人民将不惜任何代价，坚持斗争，直到胜利。

按照黎德寿的看法，不可能就柬埔寨中立问题达成任何正式协议。相反，在金边夺权的那个政权必须推翻，“我们不承认朗诺-施里玛达政府。我们支持诺罗敦·西哈努克的五点声明。我们深信，只要朗诺-施里玛达政府继续留在柬埔寨，就不可能解决柬埔寨问题”。

在柬埔寨，同在越南一样，我们当时面对的建议是：打开和平之门的唯一钥匙是推翻现在的政府(虽然包括苏联在内的大多数国家都继续承认这个政府)。四月六日，联合国秘书长吴丹的发言人宣布，联合国将“同有效地控制了柬埔寨局势的当局打交道”，实际上是承认了朗诺政府。

在柬埔寨，同在越南一样，河内拒绝谈判并蓄意扩大战争，并且只愿讨论夺取全部权力的问题。因此，柬埔寨的形势已经发生了根本变化。三个星期之前，我们总的说来是宁愿西哈努克继续在位的。现在，如果他通过河内的军事压力，并且作为河内的工具卷土重来，整个柬埔寨就会成为敌人的庇护所；通过西哈努克港的补给线将造成加倍的威胁。正如四月一日的一份工作人员计划书指出的那样，我们最害怕的是“一个受共产党支配的西哈努克政府为越共和北越部队提供安全的庇护所和后勤基地”。

正当我们逐渐无可奈何地认识到由于河内坚持要让共产党统治柬埔寨全部国土、柬埔寨中立已无可能的时候，柬埔寨提出了要求美国军事援助的第一次正式请求。四月九日晚，朗诺的弟弟、金边宪兵司令朗农要求会晤我们大使馆的官员。朗农谈到柬埔寨军队要从三万五千人扩充到六万多人；马上需要十万到十五万件武器，最后将需要二十万至二十五万件武器，包括弹药在内。

美国驻柬埔寨的代办劳埃德·里夫斯认为这些数字是夸大了的；他认为无法对柬埔寨的需要做出估计，因为他们没有提供分类数字，说明他们要求提供什么类型的武器。里夫斯建议华盛顿“认真考虑通过第三方的一个国家或几个国家——如果找得到的话——来提供武器”。朗农的要求最初是通过情报工作渠道加以考虑的，因为我们仍然渴望避免直接介入。秘密供应武器可以避免河内以此为借口发动全面进攻；这种做法本身也限制了我们所能提供的数量。当时大家一致认为，不应当把美国的军事力量和美国武器投入柬埔寨。大家同意，我们的主要兴趣是防止越南利用柬埔寨作为补给基地。我们甚至准备接受朗诺和越共之间达成某种程度的和解，如果这种和解为柬埔寨政府继续生存所必需的话。我们试图按照里夫斯的建议，通过第三方安排军事援助。当时决定：指示里夫斯建立同柬埔寨政府联系的秘密渠道；同法国交涉，鼓励他们给柬埔寨提供更多的援助；探索是否可能找到其他的中间人；请国防部查明南越有什么缴获的共产党武器和弹药可以转让给（一直是用共产党的武器装备起来的）柬埔寨军队。当时并没有授权提供美国军事援助。

里夫斯并未认真执行所有指示，他同东亚司完全合拍——当时东亚司正热情洋溢地致力于保持一种比柬埔寨政府的看法更严格的（并且已经被河内完全拒绝的）柬埔寨中立。里夫斯把通过第三方提供援助的建议变成了一篇说明美国不愿直接卷入的学术论文。他向柬埔寨外交部长暗示，法国是提供军需物资的符合逻辑的来源，并以赞成的口吻向国内报告：柬埔寨外交部长回答说，鉴于美国不愿卷入，柬埔寨政府将仅同美国大使馆保持最低限度的接触。

共产党人并没有表现类似的克制。四月十三日，柬埔寨在靠近南越边界的贡布省的一个军事哨所遭到蹂躏。四月十三日和十四日，柬埔寨在金边以南的茶胶省的好几处军事阵地都被占领。四月十四日，柬埔寨政府报告，有“数百名”越共士兵袭击了金边东北约二十五英里处波萝勉省的戈罗卡。四月十五日，位于蒙多基里省斯雷克顿的一个柬埔寨哨所陷入北越手掌，使沿一三一号公路往东的奥朗镇的联系被切断。同日，位于磅湛省克列地方的一个军事哨所被共产党攻占，使柬埔寨方面无法同横跨七号公路的该省省会棉末保持联系。四月十六日，越南共产党部队进攻茶胶省会被击退。但是他们那天攻占了贡布省的金船镇。同日，一小股敌军进攻了桔井以北的一个哨所和桔井省会南面的川龙。他们的战略显然是要切断金边同各省的联系，从而使朗诺垮台。

四月十四日，首相朗诺通过广播宣布：“鉴于局势严重，从现在起有必要接受任何来源提供的任何不附带条件的外援。”他指责共产党使“有系统的侵略行动升级”。当我把这个情况告诉总统时，尼克松说，他决心不让柬埔寨新政府在共产党压力下垮台。当天我就召集华盛顿特别行动小组开会。这个小组的组成和过去基本上相同，但是让更多的工作人员出席，文件也通过正式渠道处理。这种变化说明柬埔寨问题的发展已经超出情报系统的范围，不久之后可能需要做重大决策。

会议组成可能是新的，但与会者不愿美国卷入的情绪依然如故。我要求华盛顿特别行动小组就军援水平和类型问题提出建议，既要从心理上解除朗诺的疑虑，又不要使河内有借口进一步加强攻势。一致的意见是从南越库存中拿出最多三千支过去缴获的共产党 AK－47 型步枪，通过南越渠道送给朗诺，从而保持我们不介入的姿态。包括我在内，大家都认为提供美国 M－1 型步枪的“时机尚不成熟”。正因为如此，我对华盛顿特别行动小组说，总统现在还不准备批准提供可供一千人使用的美军装备包（中央情报局有时秘密向友好部队提供的整套小型武器）。当时没有讨论大中型装备问题。国务院甚至连医药用品也不愿公开提供；最后大家同意让柬埔寨自己选择提供这些物资的方式。总之，在北越方面已经走出庇护所、力图孤立金边三个星期之后，美国不多不少只拿出了三千支缴获的步枪，暗中运交朗诺。我们没有提供其他援助。

次日，柬埔寨政府要求我们给予军事和经济援助，使他们可以把军队扩充到二十万人。这个要求显然超过当时政策范围，也大大超过据我们判断柬埔寨能够吸收的能力。四月十五日又举行了一次华盛顿特别行动小组会议，决定通过一个友好政府给柬埔寨提供五百万美元（然后由我们偿还），而不是正式开辟一条美国军火补给线；这样柬埔寨就有钱到公开市场上购买军火。款额当然是象征性的，同柬埔寨的需要完全不成比例，更低于柬埔寨提出的要求。数以千计的北越军队正在柬埔寨国土上有系统地破坏它的政府的权威，屠杀它的公民，鲸吞它的领土。对于这样一个国家的政府提出的要求，这笔钱很难说是一种英勇的或紧迫的反应。

由于外来侵略的方式现在已经十分清楚。北越部队正在柬埔寨全境进攻，特别集中攻击省会和通往金边的交通线。

北越的威胁和尼克松的沮丧情绪都在增长。在这种背景下，总统亲自插手加紧对柬埔寨的援助。四月十六日，在同赫尔姆斯和库什曼举行的、主要讨论建立中央情报局金边站问题的一次会议上，尼克松下令拨付可供一千人使用的整套装备，四十八小时前我曾按照他的指示予以否定。几天后，他又把华盛顿特别行动小组批准的应急费增加了一倍，达到一千万美元。事实上，在河内进一步升级使这些指示失效之前，在尼克松两周后决定对庇护所采取行动之前，这些指示都还来不及执行。

起初出现过短暂的希望。苏联驻联合国常任代表雅科夫·马立克在四月十六日举行的一次记者招待会上说："只有举行新的日内瓦会议才有可能找到新的解决办法，缓和印度支那半岛的紧张局势。"苏联要求召开新的日内瓦会议是一件耸人听闻的大事；它必然使人联想到朝鲜战争结束时的类似情况。美国政府认真分析了这个要求，舆论界也广泛予以重视。这本来是我们最渴望探索的。我认为马立克的发言事前不告诉河内简直是不可能的——特别是黎德寿当时正在莫斯科。我给总统提供了以下几种可能的解释：

——北越的地位比我们的情报所说的要弱；河内特别担心在柬埔寨再打一场旷日持久的战争。它需要喘一口气。在获得一段喘息时间后，它可能设法中断会议。（一九五四年和一九六一年至一九六二年的会议都中断过，时间长短不一。）

——在巴黎一切有效的接触都陷入停顿后，河内感觉需要通过某种讨论会来认真对付我们。此外，它也可能是想认真对待越南政府，而这只有在较大范围内做起来比较容易。

——任何有关日内瓦会议的谈论（即使还没有开会的苗头）都会限制我们对河内可能采取的任何新的军事措施进行报复。（但是当苏联有些严肃的事务需要在维也纳同我们打交道的时候〔指限制战略武器会谈〕，我们怀疑他们是否愿意这样被人利用。）

但是我们还来不及作出答复，马立克就在四月十八日以苏联外交官惯用的冷酷方式撤回了他的“建议”——苏联外交官是善于突然变卦的老手，他们变了卦还说这实质上是符合逻辑的正统做法。马立克突然不加解释地把举行日内瓦会议说成是不现实的，还说“美国人必须滚出越南，否则其他问题都免谈”。谈判之门又砰的一声关上。会议开不成了；美国单方面撤出越南仍然是举行谈判的先决条件。

尼克松对我们反应之慢越来越恼火。他在阅读一份关于柬埔寨内地某山区的一个越共基地的报告时，下令在两小时内用 B-52 进行轰炸。这道命令多少有点不切实际，因为 B-52 飞到那里就不止两小时，而且那份报告还没得到证实；此外，在做出其他基本决策之前用 B-52 深入柬埔寨内地进行轰炸还具有一种不符合我们的愿望的象征意义。他要求掀起一场心理战，把西哈努克同共产党人说成沆瀣一气，使美国对朗诺的支持戏剧化。他过高估计了中央情报局进行“黑色宣传”的能力，更过高估计了这种宣传的影响。这种办法也很快为形势的发展所推翻。

到四月中旬，柬埔寨政变已经发生了一个多月，而美国还几乎纹丝未动。到那时为止，我们还没有提供军事援助或情报支持，我们同新政府也仅保持形式上的接触。政变本身是突如其来的；其后果不仅威胁到柬埔寨的自由，也威胁到我们在越南的整个地位。朗诺政府垮台之后，我们面临的将不是靠近越南边界的狭窄而孤立的庇护所，而是整个柬埔寨都将变成共产党基地，其范围沿南越边界延伸六百英里，并拥有离海岸很近的补给线。越南化和撤退美军的计划将化为泡影。因此，我们是由于既非我们所能预测也非我们所能控制的柬埔寨形势的发展而犹犹豫豫地、无可奈何地被迫支持朗诺的，我们采取的一系列折衷措施也总是落后于迅速恶化的形势。那个时期做过重大决策的所有各方——河内、朗诺、西哈努克、美国——当中，我们的选择自由最小。记录证明，尽管三月政变也出乎北越意料，他们无疑应对柬埔寨发生的事承担最严重的责任。他们对柬埔寨领土的非法的、蛮横无理的占领破坏了西哈努克那个中立主义国家存在的脆弱团结；早在西哈努克垮台前，他们就搞了一个红色高棉来反对西哈努克；当西哈努克流亡国外时，他们又利用他来提高那一小伙匪徒的声誉。四月四日，黎德寿不仅拒绝讨论在印度支那任何地方实行停火，而且拒绝讨论有关柬埔寨中立的任何方案。是他们决定在一个只希望不受干扰的小小中立主义王国流血的尸体上打到底，而不是我们。

所以，柬埔寨的苦难具有希腊悲剧式的必然性。共产党人决心夺取全面胜利；西哈努克受到伤害的自尊心使他同过去的死敌联合起来；而我们那时已在撤离印度支那，正在失去控制局势的能力。

但是在局势变得无可挽回以前有过一段短短的间歇时间。在这段时间里，我们为了维持自己在越南的地位还不得不再采取一个单方面行动来削弱这种地位，因为当时已到做出新的撤军决定的时候了。

四月二十日的撤军声明

表面上，问题很简单。(一九六九年十二月十五日宣布的)最近一次撤军是到一九七〇年四月十五日为止的四个月内撤出五万军队。由于我们已经撤出十一万五千军队，进一步撤军显然将开始严重削弱我们的战斗力。矛盾一目了然。撤军有助于医治国内公众的创伤，但这样一来河内就没有必要同我们就脱离接触问题讨价还价了。如果越南化不能填补我们撤军造成的防务缺口，我们不仅可能失掉用于谈判的杠杆，而且可能使南越丧失独立，我们做出牺牲的整个基础也就不存在了。

虽然各部门口头上都支持越南化，但到一九七〇年中至少出现了三派意见。国务卿罗杰斯在国内政策方面是有经验的。他对公众和国会的意见非常敏感，然而对美国失败可能带来的地缘政治后果、对根据国内考虑做出的决定可能给我们的谈判地位带来什么影响，则比较缺乏本能的反应。他主张在尽可能短的时间内撤出尽可能多的军队；至于军事上的影响，他认为不属于他的职责范围。他主管的国务院不断提出使西贡穷于应付的实行政治改革的建议；这些建议主要是为了应付美国国会的压力，而并不符合一个仅具有程度有限的民主传统、遭到数十万敌军和游击队蹂躏、被战争弄得支离破碎的国家的实际情况。

莱尔德部长在总统的高级顾问当中是政治上最精明的。他了解每次民意测验反映出来的公众的矛盾心理：既反对单方面撤军又要求结束战争，把减少我们军队的实力看作是前进的迹象。莱尔德希望同这种情绪保持协调。他愿意使越南化真正有成功的机会，所以长期主张在越南留下几十万美国军队。但是他要求把人数迅速降到这个水平；为了保持公众的信任，他认为重要的是使我们的撤退尽可能显得坚决一些。他还把越南看成是使他难以实现武装部队现代化计划的障碍，认为如果他支持撤军就可以减少国会要他削减国防预算的压力。为了保证实现他选择的方针，莱尔德力图把撤军速度同国防预算套在一起，使撤军方面的任何拖延都必然会减少武器采购——也就是用威胁各军种心爱的新计划的办法使他们赞成迅速撤军。

起初我是总统高级顾问中最抱怀疑态度的人。但是越南化一旦开始，我就竭力使它拥有获得成功的机会。此外，我清楚地知道——如果我的同事并不全都清楚的话——我们在越南化问题上承担的义务正在逐渐减少我们的选择余地。当时许多人建议规定一个期限。这已成为公众和国会辩论的主题，并在政府中层人士里面获得部分支持。倘若我们愿意接受西贡垮台的局面，我们本来可以采纳其中任何一个建议。但是，如果我们关于美国失败会给全球造成什么后果的谈论是认真的话，我们就必须给南越时间，使他们可以取代美军而不至引起灾难。此外，如果我们想要有节制地使用我们进行谈判的有利条件，我们撤退的战略必须使总统拥有按照敌人的行动加速或放慢撤军速度的某种自由处置权。尼克松也是这么看的。

这些观点上的分歧有的只有细微的差别，有的则是实质性的。由于各方要员对公众的看法都非常敏感，分歧就显得更加尖锐起来。大家都想从撤军计划中捞一点功劳；谁也不愿为撤军可能带来的失利或失败受到责难。立此存照的备忘录数量激增；它们的作者大概认为历史对主张大量撤军者会采取仁慈的态度。热衷于猎取一切可能的机会使自己得到有利宣传的总统小心翼翼地保持缄默。他害怕话讲多了，他手下的人会透露比他准备授权撤退的人数更高的数字，使他在公众眼里处于不利地位。

这是谁也难以胜过莱尔德的一场博弈。莱尔德是一个爱国者，他的一切本能都是要赢得战争；他又是一个现实主义者，他了解赢得战争的前景再好也是成问题的。他是一个彻头彻尾的政客。他完全愿意支持一项强硬政策，只要不把他看成是这项政策的主要制定者就行。发生危机时，他是一个令人生畏的人物。在紧张地对付危机的时候，他会铺天盖地抛出一系列备忘录，使大家几乎无从了解他的真正意图或——对他来说更重要的是——确切建议。

每一个撤军决定都为莱尔德表演他的惊人绝技提供了舞台。一九七〇年，他很早就开始表演了。二月二十七日，他写信给总统，说明在一九七〇至一九七一年财经年度要从预算上为美国对越南的军事行动分配"日益匮乏的资源"将越来越难于做出抉择。预算情况"按任何合理标准来说都是紧张的"；改变战斗需要还可能造成新的"资源问题"，而为此重新安排资金将"不是轻而易举的事"。莱尔德提醒总统说，一九七一年财经年度的预算是根据美军战斗行动和支援活动将要减少的假设安排的，这些约束"相当严重地限制了我们强行增加军事活动的能力"。换句话说，莱尔德既反对进行新的或更大规模的军事行动，但又力图把任何军事失利说成是由于预算限制而无法进行新的军事行动的结果。

三月十一日，我征求惠勒将军的意见，请他谈谈究竟是一次宣布四个月(当时考虑的最大限度)的撤军数字比较好，还是每两个月一次、分两次宣布撤军比较好。惠勒在三月二十日送来一份未署名的备忘录，作为答复。这份备忘录是通过黑格转给总统的，以免通过国防部渠道引起麻烦，也避免肯定会使莱尔德大发雷霆的局面。惠勒建议采取“一气呵成方式”，因为时间放长一点可以把关键部队留到最后撤，更灵活些。但是，他补充说，鉴于“总的形势”尚难逆料，他主张根本“不要进行新的重新部署”。他强烈要求把下次撤军决定搁置九十天。

四月四日，莱尔德提出一份冗长的备忘录，再次参加辩论。备忘录的意图是提醒大家注意我们在越南花的力气是“巨大而昂贵的”。他建议固定每月撤军人数，并相应减少 B－52 和战术空军活动。莱尔德侵犯国务院的职权范围，建议我们设法用外交手段解决问题。他要求我们建议在越南停火，并提出使老挝和柬埔寨战争降级的有分量的新建议，为巴黎和谈任命一名新的高级大使，或者研究一下法国提出的召开印度支那会议的建议。除此之外，莱尔德保证全力支持总统的政策和计划。

莱尔德不了解这些方案已经全部遭到黎德寿拒绝，错不在他；事实上，我们的国防部长在这样一种真空状态中工作正是我们政府管理方法的一个弱点。但是，他在备忘录中提出的问题超出了他的策略知识的范围。至于他有关军事问题的建议，正如我在作为附件送交总统的一份备忘录中指出的那样，全都假设敌人的威胁会伴随我们的撤退相应减少。相反的情况倒是更有可能。

整个战争时期，政府内外都有许多人主张避免军事解决而寻求外交解决。但是，赤裸裸的事实是：我们的对手不但不能接受而且根本无法理解这种区别。每次我同黎德寿会谈，他都把大部分时间用来描绘我们的军事处境如何毫无希望。他认为这是终将迫使我们接受北越要求的“客观”因素。单纯的外交是没有出路的。军事同政治必须保持步调一致，否则两方面都会劳而无功。一九七二年以前，河内从来没有在政治上给我们选择的余地；它在谈判中采取的立场是要求我们单方面在很短的期限内撤走，要求推翻西贡政府。河内这么做是因为它相信自己正在取得胜利；只是在军事僵局已经明显之后，它才选择妥协的道路。

我同其他高级顾问一样竭诚致力于政治解决，甚至比他们更乐于提出谈判方案。但正因为如此，我才要求制定一种可以说服河内进行妥协和谈判的军事战略。确定期限和自动撤退无助于政治解决，而只是浪费我们借以讨价还价的有利条件。我认为存在这样一种危险，即我们的撤军计划既慢得无法使我们的批评者满意，同时又快得使我们无法取得军事和政治的效果。这根本不成其为政策，而是放弃职守；为了推迟垮台，结果倒会使垮台成为不可避免。

四月八日，艾布拉姆斯将军对形势的估计送到了白宫（事实上几乎三个星期以前就送出了，但是因为他的意见不受欢迎，被五角大楼扣下以供“研究”）。它支持惠勒使撤军暂停九十天的建议，而对莱尔德减少战术空军活动和 B－52 出击架次的主张表示严重怀疑。艾布拉姆斯强调美军的撤退使他不得不把南越部队用于消极防御。因此，B－52 已成为他手中唯一的战略后备。四月十五日，我给总统送去一份备忘录，指出越南化的成果还很“脆弱”，盟国军队的使用已“紧张到接近他们能力的极限”，因此国防预算实际要求的那种大量减少空军活动的做法将产生令人不安的影响。我建议总统下令对越南化必需的空中支援进行研究。四月十七日颁布了一道这样的命令，制止了在眼前危机中减少活动的做法。但是秋天又开始——以几乎难以察觉的方式——减少空中活动了，结果敌人在一九七二年发动攻势时我们不得不大量增援。

我认真看待艾布拉姆斯和惠勒要求保持部队水平的意见，特别是考虑到北越已在老挝和柬埔寨发动攻势。但我也知道，停止撤军九十天会引起头一年夏天曾经发生过的那种公众抗议，使最后不可避免要恢复的撤军看上去是失败的表现。我的结论是：主要毛病出在看似一成不变的时间表上。人们期待我们每隔数月就宣布一次撤军，此事每次都会在政府部门内部和公众当中引起辩论。这些国内强加的期限正在削弱使我们能够支持下去的力量，使人怀疑我们的意图。

由于所有这些原因，我建议尼克松宣布一个巨大的撤军数字，同时把撤军时间延长到一年。我同惠勒将军磋商后提出的总数是十五万人。按每月平均数计算，这比过去略有增加；但是，作为补偿，我建议开始九十天只撤出很少数的人，大部分人计划在一九七一年撤出。尼克松明白这种做法使他在战略上拥有灵活处置的余地，并且可以在公众中造成有利影响。另一方面，他确信如果把他的意图透露给手下的人，就会使自己至少在三方面卷入争论的漩涡：他们会设法把他的计划化为按月固定的数字；他们将要求增加人数；最后几乎肯定会有人把消息泄露出去，故意造成一种印象，似乎其他的人曾经建议一个甚至比这更大的数字。

结果是一局错综复杂的官场棋赛：尼克松在我的协助下一面向业已确定的方向移动棋子，一面故布疑阵，使他的内阁摸不清他有什么打算。我们首先需要了解邦克和艾布拉姆斯的反应。四月六日，我通过秘密渠道给他们发了电报：

……任何宣布如果大大低于过去已经定型的格局，都可能给我们同国内批评者的关系造成重大困难。因此他考虑宣布的决定是在今后一年内至少撤出十五万人，但今后几个月内如果要撤的话也只是象征性的。你们对这个方案的影响有什么看法，盼告。

四月八日，艾布拉姆斯和邦克通知我说，如果在一九七〇年内军队大部分留下不撤的话，那么一年内陆续撤出十五万人的方案是他们，并且按他们判断，也是阮文绍总统可以接受的。此外，邦克和艾布拉姆斯坚持 B－52 出击架次必须保持尽可能高的水平，特别是一九七一年上半年军队人数迅速大量减少的时候。

此时，华盛顿官场博弈的复杂性达到了新的高度。总统撰稿人开始为宣布新一轮撤军起草讲稿，但把人数和时间空着不填。四月十一日，我通知邦克和艾布拉姆斯现在总统需要取得阮文绍同意。我强调必须“绝对保密”，因为在华盛顿除尼克松本人和我以外谁都不知道总统的意图；邦克必须向阮文绍强调防止走漏任何风声的重要性。与此同时，政府各部门也在根据自己的研究结果和意愿给邦克下达指示，使用的数字同正在通过秘密渠道磋商的数字大相径庭。邦克和艾布拉姆斯在使这两套指示保持有条不紊方面干得真了不起。阮文绍同意了我们的方案，但在时间和飞机架次问题上保留了艾布拉姆斯和邦克原先报告过的那些条件。

四月十七日，尼克松前往夏威夷欢迎返回地球的“阿波罗 13 号”宇航员。为了密切注视柬埔寨局势和撤军问题上的策略斗争，我没有陪他去。太平洋美军司令约翰 · 麦凯恩海军上将在檀香山向尼克松做了详细汇报。这位性情执拗的猛将的举止风度、火爆脾气和说话方式简直同水手波拜* 一模一样。他的儿子成为河内战俘已经好几年了；这个悲剧并没有使他畏缩不前。为了取得他的本能和教养所要求，然而政治现实不容许他得到的胜利，他进行了斗争。麦凯恩使尼克松明确看到老挝和柬埔寨存在的危险，使尼克松更加坚信撤军计划必须灵活。

四月十九日晚，尼克松和我在圣克利门蒂重新会合。尼克松在远离内阁成员三千英里的地方向报界宣布，他将在第二天晚上就驻越美军重新部署问题发表演说，但拒绝吐露任何内容。我们被来自华盛顿，特别是来自莱尔德的电话弄得应接不暇。尼克松拒绝接电话。他指示我在第二天早晨告诉莱尔德和罗杰斯，说他正在考虑只宣布每月撤军数字而不讲总数——同实际情况正好相反。他的目的是避免泄露他已决定的总数

---

* 美国漫画中的人物。——译注

或其他任何数字。

四月二十日下午很晚的时候——那时要把消息泄露给电台晚上的新闻节目已经来不及了——我从圣克利门蒂给莱尔德和罗杰斯打电话，告诉他们总统的决定是：一九七一年春季结束以前撤出十五万人，其中六万人一九七〇年撤出，其余九万人一九七一年撤出。在一九七〇年的人数中，大部分要在八月一日以后撤出。四月二十日，尼克松宣布了他出人意料的决定。这是我们借以维持我们在越南的努力的精心杰作之一。它既满足了制定撤军日程的政治需要，又满足了军事上的需要，即未来三个月内，在河内部队进攻柬埔寨并在老挝挺进的关键时期保持尽可能多的军队。无论官僚机构施展过什么计谋，无论每月撤军数字有过什么起伏，事实仍然是事实：我们已在一年之内作出计划，要把军队从我们上任时发现的最高数字——五十四万九千五百人——整整减少二十六万五千五百人。

罗杰斯拥护总统的决定；使他感到遗憾的只是由于无法更加频繁地宣布撤军，总统丧失了定期从公众压力下获得喘息的机会。莱尔德要求使撤军速度更均匀些；他坚持要见到尼克松。我把这次约见安排在第二天，地点是华盛顿。尼克松发表声明后立即飞返华盛顿。当他们四月二十一日见面时，尼克松向莱尔德解释说，未来两三个月内“我们必须进行一场激烈的竞赛”，因此不得不推迟撤军。莱尔德表示异议。他说：“我希望你知道你存在一个财政问题。这你是知道的，是吗？”（这是莱尔德喜欢用的一个词，无论别人是否能够弄懂他刚刚表达的意思——特别是在别人弄不懂的时候。）总统说他确实知道。莱尔德对总统说，他必须在十一月国会选举前撤出六万军队，否则“你就甭搞选举了”。尼克松回答说，别人将按照我们最后离开越南的方式而不是按照一定时期内多少人离开越南这个标准对他作出判断。尼克松说他将“考虑”莱尔德的警告。

当尼克松告诉一位内阁成员他将“考虑”某件事的时候，这几乎总是意味着他希望避免面对面的冲突，然后就会通过霍尔德曼或用备忘录的形式确认他原来的决定。情况果然是这样。第二天，即四月二十一日*，尼克松给莱尔德送去一张简短的便条，后面签上他姓名的缩写：

致国防部长的备忘录：

经过我们昨天下午的讨论，我希望重申我的决定：今年重新部署的军队不得超过六万人。应按此制订计划并于五月一日前呈报给我。

在我重新审查计划以前，不应安排进一步撤军。

莱尔德表面上欣然接受了这个决定。但是他十分了解自己的上司，所以会在比较有利的时机重新提出争论。八月，他使总统相信如果要使柬埔寨行动的胜利引人注目，最好的办法是——同总统原来的打算完全相反——在一九七〇年底以前撤出九万人，一九七一年再撤六万人。莱尔德达到了目的。尼克松默认了这种做法，部分是因为他讨厌不断争论，部分是因为国会选举已迫在眉睫。

我如此不惜篇幅讨论撤军问题是因为它可以深入说明两个有关的难题：一是我们想要摆脱过去遗留下来的一场战争，而又陷入毫不妥协的国内反对派和毫不妥协的河内两头夹攻这种进退两难的处境；一是尼克松政府的领导作风问题。

我们对现实的认识同公众辩论的性质之间存在的鸿沟反映了我们的越南政策左右为难的情况。我们面临的现实是敌人在老挝和柬埔寨的攻势威胁到我们在南越的军事地位。然而在客观威胁日益增加时，人们却要求我们继续实行单方面撤军计划。公众辩论的焦点集中在我们是否面临在另外两个遥远的国家里不知不觉承担新的“义务”的危险。我们面

* 时间可能有误，因为前面说尼克松同莱尔德见面是四月二十一日。——译注

临的现实是只有防止这些国家垮台才能加强南越人的力量，使他们能够收拾我们撤军造成的残局，而不至溃不成军。公众的辩论否定一切军事考虑，认为军事方面的努力都是徒劳，同我们的外交希望达到的目的不是毫无关系就是不协调的。（武元甲将军肯定不知道这种看法。）我们同黎德寿的接触已足以使我们懂得，没有一个说得过去的军事战略，就谈不上有效的外交。

至于尼克松的领导作风，他是愿意面对现实做出决定的。一旦确立自己的信念，他敢于毫不留情地抓住核心问题；但是每做出一个引起争论的决定都使他更感到无限孤独。他确实几乎没有办法面对意见不同的人，也害怕去说服或鼓舞他的下级。他躲在自己织成的茧里独自做出决定，而不愿和意见不同的人交换意见。这是一位在作出决定方面坚强有力，而在实行领导方面不能坚持到底的总统。决定的制定和执行给他和其他人留下了这么多伤痕，以至政府部门的团结成了总统职权祭坛上的牺牲品，事与愿违地促使刚愎自用的下级尽量规避执行他的指示。尼克松不屑做任何努力来灌输集体精神，并且一般不吐露自己的打算，等于鼓励他的内阁夸大本部门的自主权。反过来这又加强了他认为官僚机构不支持他的信念；这个官僚机构确实也很少为执行他的命令的精神特别卖力。这一切已经成为恶性循环：总统越来越向自己孤独的壳中蜷缩，使主要决定权日益集中于白宫，反过来又增加了他任命的人当中存在的愤懑和对抗情绪。

不久之后，这种程序就会受到另一次危机的考验，使白宫再次处于漩涡中心。如何对待柬埔寨已经到了非做出决定不可的时候了。

进攻北越的庇护所

历史学家很少对政策制定者心理上承受的压力给予公正的评价。他们能够得到的文件是为各种不同的目的写的，发表时受到当时条例的限制，日益粉饰现实，并不都能说明决策时的情况。至于各种意外事件、各种难以捉摸的因素、担心和犹豫加在一起造成的影响，则是任何文件都无法说明的。

一九七〇年三四月间是非常紧张的时期。我同黎德寿的谈判看不出会有什么结果，令人十分恼火。我们面临的局面是：老挝看来出现了一场重大攻势；柬埔寨政变和接踵而至的北越在柬埔寨全境出击；苏联战斗人员出现在埃及——这是它第一次在卫星国范围外冒战斗的风险。当这些事件纷至沓来时，总统日益烦躁。尼克松把自己受到的挫折归咎于官僚机构在执行他的愿望时办事拖沓、反复无常，又把这种状况说成是三十年民主党统治的流毒。霍尔德曼逗趣说总统的“情绪好极了”；他们在电话中一个问题还没谈完，尼克松就把电话挂断了好几次。

四月十三日，正当柬埔寨形势即将出现决定性转折时，节外生枝发生了一件使尼克松大伤脑筋的事——“阿波罗 13 号”发生了故障。四月十一日这艘宇宙飞船发射不久之后就可看出它运转严重失灵，宇航员可能不得不乘坐为在月球短暂着陆设计的狭窄而脆弱的登月舱环绕月球飞行。我是晚间十一点钟左右获悉此事的。我想设法通知总统，但却受阻于霍尔德曼为确立自己的权威而制定的一种愚蠢规定：没有他的明确授权不得叫醒总统。他拒绝为一件在他看来不涉及外交政策考虑的技术问题叫醒总统。我警告霍尔德曼说，不让总统了解此事将很难做出解释；他坚持公共关系属于他的职权范围。翌晨，龙·齐格勒不得不从语言上玩弄花招，在不直接撒谎的情况下暗示总统似乎整夜都在坐镇。

在柬埔寨所受压力成倍增长的那个星期，援救宇航员问题占据了尼克松很大一部分注意力。不仅如此，“阿波罗 13 号”事件还使他不得不在四月十七日前往夏威夷，去欢迎在同无限空间的遭遇战中几乎是奇迹般地幸存下来的宇航员返回地球。麦凯恩海军上将的军事汇报说明了我们在柬埔寨面临的风险，也说明了柬埔寨形势给越南化带来的威胁。这次汇报增加了尼克松的不安，促使他更快做出决定。但是尼克松的思想状态首先还是紧迫的客观原因造成的，这些原因是任何认真看待总统责任的人都无法忽视的。后来在水门事件时期，霍华德·贝克参议员曾经提出过一个著名的问题：“他知道什么？是什么时候知道的？”这个问题现在同样适用。

四月头两个星期，共产党就对柬埔寨城镇和交通线发动了一系列进攻，现在更进一步升级。四月十七日，森莫诺隆(蒙多基里省的省会)附近几个柬埔寨政府军哨所被北越攻占。同日，柬埔寨军方发言人宣布，敌军已在前两周内把控制地区扩大了一倍以上。四月十八日，柬军一个营在湄公河西岸金边以南二十五英里处遭受重创。沿湄公河再往南，柬军设在兴雷的一个司令部被敌人重兵围困了一个星期。四月二十日，敌军向桔井省的斯努进攻失利。在干丹省，共产党部队暂时占领了金边以南约二十英里的萨昂镇。四月二十一日，星期二，即总统宣布撤军的第二天，共产党部队攻击茶胶市并切断从茶胶通往金边的道路。

共产党军事行动的格局日益明显。惠勒将军缺席期间，代理参谋长联席会议主席的威廉·威斯特摩兰将军报告说，在北越和越共的优势兵力面前柬埔寨武装部队“作用极其有限”。他写道：“敌人的目标很可能是孤立金边市，从各方面对金边施加军事压力，最后在适当的时候或许把西哈努克弄回来，重新取得政治上的控制。”

共产党的政治压力也在升级。四月二十一日，西哈努克的“柬埔寨民族统一阵线”通过越共秘密电台号召推翻朗诺。同日，西哈努克从北京播发了一个文告。据河内电台报道，他在文告中号召柬埔寨人“立即抛弃和孤立朗诺-施里玛达反动集团，把枪口对准这些卖国贼”。

主张改变政策的人写的历史描绘了这样一幅画面：一个和平中立的柬埔寨受到美国部队猖狂进攻，并被推入一场本来可以避免，但由于美国迷恋军事解决而未能避免的内战中去。事实并非如此。西哈努克早在三月二十日，即他被推翻两天之后就对柬埔寨新政府宣战，同曾经被他搞得走投无路的共产党人站在一边，并在北京安顿下来——北京当时仍被认为是全世界最革命的首都，而且我们同北京没有任何联系手段。四月，共产党发动了一系列进攻，企图推翻柬埔寨现存政府结构。黎德寿已经在三月十六日拒绝了使军事活动降级的一切建议，四月四日又拒绝了有关中立化的一切建议。他声称柬埔寨、老挝和越南人民是一个整体，他们将并肩战斗，直到在整个印度支那赢得胜利。到四月下半月，北越方面已经在有计划地扩大他们的庇护所，把这些庇护所合并成一个“解放区”。他们正在包围金边，切断通往金边的一切道路——使用的正是五年后导致金边陷落的那种战术。

如果这些措施通行无阻，迄今一直局限于靠近越南边界的一些狭窄而荒无人烟的地区的共产党庇护所，就会组成一个连成一片的大根据地；这个根据地将拥有一定的纵深并且有一个使他们可以迅速调运部队和补给品的后勤系统。四月二十一日，我对一批共和党参议员说：我们本来宁愿要原来的西哈努克政府。但是西哈努克的历次声明几乎无可怀疑地表明，我们已经失去做这种抉择的机会。如果朗诺倒台，重新上台的西哈努克将领导一个共产党政府，而不是保持中立、在相互对立的各种势力之间起平衡作用。他本身的需要(以及他受到伤害的虚荣心)将使他不得不清洗过去他曾经借以在对立各派间保持行动自由的温和派；他将被降为一个挂名元首。西哈努克港将重新对共产党补给品开放。在南越的整个南半部，安全状况将急骤恶化。

到四月二十一日，越南侵略成性的行动已经使基本问题暴露无遗。这个问题就是：越南化仅仅是用来掩饰美国失败的一种托辞，抑或是一项用来达成光荣和平的严肃认真的战略？如果是前者，则撤军速度和邻国局势都无关紧要；事实上，任何加速南越崩溃的事态都会使我们因祸得福。某些反对派，如乔治·麦戈文参议员，采取的就是这种立场。虽然我认为这种立场违背国家利益，但还是合乎情理的，是诚实的。使我百思莫解的是这样一些人：他们自称存在一条中间道路，既可避免越南的崩溃，又可无视共产党即将接管柬埔寨的事实。

如果河内在毫无抵抗的情况下征服了柬埔寨，这将给南越致命的一击。这一点是没有人真正怀疑的。当战争仍在进行时，它的主要盟邦却在加速撤军和减少空军支援。正当河内增加援军使战斗力大大超过前一年水平的时候，却要求西贡接受这种严峻考验。如果此时此刻柬埔寨变成一个统一的武装营地，灾难将是无法避免的。西贡需要时间来巩固和加强它的部队；美国必须在尽可能长的时间内对敌人保持可靠的威胁；必须减低河内渗透的速度，摧毁它的补给品，从而削弱它发动攻势的潜力。这是越南化、美国撤军和河内攻势三方面进行的一场竞赛。

战略上无法把柬埔寨看成一个与越南无关的国家。一九七〇年，柬埔寨本国的共产党部队——杀气腾腾的红色高棉——规模尚小，而且完全依靠河内提供补给。从柬埔寨那边威胁南越和美国的部队全都是北越的；那里的根据地是越南战争的一部分。正在为切断交通线忙个不停的北越部队已经占领柬埔寨四分之一国土。所谓“在柬埔寨陷入新的战争泥坑”的危险是荒诞的说法；在柬埔寨碰到的敌人就是在越南碰到的敌人。无论我们在柬埔寨与什么部队作战，我们都无需再在越南对付这些部队了。反之亦然。正如黎德寿宣布的那样：战争当时已经成为一个整体；柬埔寨之所以出现动乱，正是因为河内决心用它作为入侵南越、在印度支那建立霸权的一个基地。

到四月二十一日，我们已经面临严峻的抉择。我们可以让北越席卷整个柬埔寨，使柬埔寨成为整个战场无可争议的一部分，然后我们可以从空中和海上发动进攻——甚至罗杰斯四月二十一日也对我说：如果共产党接管了柬埔寨，他认为那就应当取消一切轰炸限制。另一种办法是：我们阻止他们吞并柬埔寨，支持得到联合国以及包括苏联在内的其他大多数国家承认的政府的独立。*

四月二十一日以前没有人考虑过进攻庇护所。最后决定是四月二十八日做出的。因此，要了解何时谁知道什么，就需要比较详细地回顾一下做出决定的过程。

四月十八日麦凯恩海军上将向尼克松做的汇报无疑已使尼克松在柬埔寨问题上开始萌生的忧虑明确起来。尼克松担心的程度已足以使他要求麦凯恩四月二十日到圣克利门蒂去给我做一次同样的汇报。毫无疑问，前一星期连续用脑过度使尼克松变得有点神经质了；但是这一点并不能改变事实，即他的分析基本上是正确的。在前往圣克利门蒂同他会合途中，我得出了同样的结论。我看不出我们怎么能够袖手旁观、瞧着柬埔寨倒下去而不同时瓦解我们在越南的全部事业。要不是麦凯恩在某种意义上先我一步的话，我本来也会向尼克松提出这个问题。尼克松返

---

* 十分有趣的是，我们的柬埔寨政策的一个最固执的批评者对我们当时面临的抉择也是这样分析的：

> 早在三四月间，政府在怎样对柬埔寨事态做出反应方面曾经有过选择的自由。如果政府当时决定不鼓励朗诺，更不用说去武装朗诺的话，它本可以促使西哈努克重新上台，至少是促使朗诺设法维持柬埔寨残缺的中立地位。这可能不是华盛顿理想的解决办法，它很可能意味着建立一个受河内控制的政府，至少要让共产党继续使用西哈努克港（已被朗诺重新命名为磅逊）和那些庇护所。但是，正如遭到封锁的《全国情报估计》指出的那样，除非永久占领，否则这些庇护所对南越政府永远都会是一个军事难题；从地理和革命战争方面来看，都是如此。⑧

这段话之所以有趣，首先是因为它集中反映了对一九七〇年柬埔寨事态的各种错误看法。我叙述的情况无可怀疑地说明我们并没有鼓励朗诺；在北越军队蹂躏一个中立国家几个星期之后我们甚至还没有开始武装朗诺。由朗诺恢复柬埔寨中立地位的可能性根本不存在；黎德寿已经明确加以拒绝。此外，西哈努克当时的地位已经使他不能保持中立了。过去他的政府是由朗诺派组成的，将来他也需要有这一派的核心人物才能同他新结识的红色高棉"朋友"保持均势。但是他只有摧毁朗诺派才能重新上台。因此，我们面临的实际前景恰好是前面引用的那段话描绘的最可能出现的结局：重新开放西哈努克港，金边成立受河内控制的政府，重新开放的庇护所现在将包括柬埔寨整个东部地区，而不再是一条孤立而狭窄的地带。那段话同我的看法截然不同之处在于它断言我们有过"选择的自由"。我们恰好没有这种自由，因为它描绘的那种前景意味着印度支那军事力量对比将发生翻天覆地的变化，对南越的生存将是一种势不可挡的、无法克服的、决定性的威胁。

至于所谓"遭到封锁的"《全国情报估计》，那是另一个虚假消息。国家安全委员会办公室从来没有"封锁"或压制过任何情报估计。这种估计照例发给一切主要部门。中央情报局送来的情报在每次政策协商时（包括就柬埔寨问题做出决定前进行的协商）都是一个重要因素。尼克松四月份至少在三次国家安全委员会或阁员级讨论中听取过赫尔姆斯局长详尽的汇报，更不用说他私下还三次会见过赫尔姆斯。

抵华盛顿后第一个行动就是确定四月二十一日上午七时同赫尔姆斯和我开会了解最新情况。赫尔姆斯的汇报说明北越正在柬埔寨全线出击，金边要长期顶住这种进攻是不可能的。在讨论我们(微不足道的)反应执行情况时，尼克松发现华盛顿特别行动小组四月十五日批准、后来不久他又加拨一倍，供柬埔寨购买武器的五百万美元，由于官僚主义的拖沓仍未拨出。他四月一日下令、四月十六日又坚持拨给中央情报局的通信设备也没有运出。尼克松暴跳如雷，下令立刻把钱拨走。他决定第二天召开国家安全委员会来确定总的战略。

在准备过程中，我问威斯特摩兰将军，让南越部队进攻庇护所是否可行。他认为能起作用，但如无美军支援就不能起决定性作用。我还通过秘密渠道给埃尔斯沃思·邦克发去一份电报，要求了解他和艾布拉姆斯对西哈努克重新上台或共产党在柬埔寨获胜可能造成的军事、政治和心理后果的“真实判断”。同时，我请他们就可能采取的对策提出建议。

从二月份起，南越方面就考虑在我们的后勤支援下偶尔稍稍越过边界——越过三英里左右——打进庇护所去，行动规模不超过一个连，目的是搜寻武器贮藏所。黑格将军一月份访问南越后报告说：越过柬埔寨边界几英里处就有敌军补给品贮藏所；这些贮藏所离居民区太近，所以B-52把它们当做轰炸目标可能伤及无辜。莱尔德二月份访问越南时已经授权艾布拉姆斯将军为南越部队穿过边界短途出击提供后勤支援。三月二十七日南越部队就进行过一次越界作战，报界已予报道。第二天他们再次越界作战，也报道了。三月二十八日，白宫新闻秘书龙·齐格勒宣布，现在已经授权美军战地司令官在美国部队受到威胁时可以越过柬埔寨边界。

我获悉第一次越境作战的消息时，就要求在我们根据新的形势做出考虑周密和协调一致的判断之前，暂时停止这种行动，以免河内以此为借口扩大战争。我不愿让战地司令官的战术决定确定政策。在发出这些指示以后，我就去度我（早就安排好了的）一个星期的假日了。因此，执行这些指示的电报是黑格三月二十七日发给邦克的。电报说：

如果这些行动继续下去，我们就会受到指责，说南越政府正在把美国拖进更大的战争。

基辛格先生知道你在这方面并不能自行其是，但希望你能鼓励阮文绍除现行美军作战条令适用的情况外不要采取这些行动。基辛格先生希望你了解：虽然总统理解南越的动机，他担心越境作战会危及我们为保持国内目前对我们总的越南政策的支持而做的努力，这种风险可能超过越境作战带来的军事上的暂时利益。

三月三十日，邦克按照指示会见了阮文绍，向他解释了应当暂停越境作战的理由。邦克对他说：我们的目标是防止战争扩大。阮文绍接受了我们的建议。三月三十一日，《纽约时报》警告说：柬埔寨政府愿意让盟军越境袭击共产党庇护所一事可能使美国更深地卷入战争。柬埔寨政府随即在三月三十一日“忠实执行严守中立的政策”，正式否认曾授权美国和南越进行这种袭击。

同日，当我仍在休假时，莱尔德往谒总统，对停止越境作战表示抗议。我电话指示黑格在我回来之前设法推迟答复，无论如何在我四月四日按预定计划会晤黎德寿之前不要授权继续越境作战。总统否决了我的建议。他命令黑格通过秘密渠道指示邦克恢复越境作战行动，条件是不要超过反战大示威以前的水平，并且要同柬埔寨武装部队协调一致。就我现在所能确定的情况来说，四月份头三个星期进行了四次短途越境作战——都在我四月四日会晤黎德寿以后，每次不超过一天。

四月份最后两个星期，共产党部队加紧进攻柬埔寨城镇。四月二十二日，边境城市斯努受到攻击，柬埔寨政府再次呼吁联合国为其反击侵略提供援助。尽管这种侵略明目张胆到了无以复加的程度，柬埔寨政府的呼吁却同其他各次呼吁一样遭到忽视。四月二十二日是国家安全委员会在华盛顿举行重要会议讨论柬埔寨问题的日子；这一天我还不断收到来自总统的打字信件，其中反映了他与日俱增的激动情绪。

尼克松的第一封信是早晨五点口授的，信中强调必须在柬埔寨采取“大胆的步骤”，并且表示尽管他认为朗诺恐已无法维持，他仍然决心“采取某种象征性行动帮助（朗诺）生存下去”。他认为我们由于担心美国援助会破坏朗诺的中立地位、使北越获得介入的借口，因而“放弃了自己的责任”；正如一九五六年匈牙利事件、一九六八年捷克斯洛伐克事件以及老挝和柬埔寨事件证明的那样，共产党从来不是等到有了“借口”才行动的。总统建议派罗伯特·墨菲大使去消除朗诺的疑虑。“如果我决定采取这个方针，”尼克松说，他就要我向“我们在世界各地的所谓朋友派来的某些胆小如鼠的大使”强调指出，他们在这个问题上表现的姿态将告诉我们“谁是我们的朋友”。（信件全文附后。）[9]

同一天收到的第二封信再次谈到这个题目——我应召见日本、法国、英国和其他友好的大使，对他们强调指出我们指望盟国的支持。第三个备忘录评论了西哈努克最近给曼斯菲尔德参议员写的一封信。西哈努克拿朗诺政权同希特勒进行了比较。他说：“最严酷的意识形态——在基于社会正义的前提下——也比由极端腐朽堕落的人和压迫人民的反动派组成的政权好得多得多……”西哈努克说他决心解放自己的国家，即使“以柬埔寨改变意识形态作为代价”也罢。尼克松指出西哈努克“一切方面都在仿效共产党的路线”；他要我把这封信谨慎地转给罗杰斯和赫尔姆斯。第四封信要我召见苏联代办，警告他说总统已经做出“带有命令性质的决定”，如果共产党进攻金边就要作出反应。

事态发展的速度使我来不及执行这些指示。四月二十二日上午，我后来见到总统，劝他不要派墨菲（或者是他后来建议的迪安·艾奇逊）到柬埔寨去，因为这样做只会引起大量辩论，并且很可能落后于国家安全委员会的决定。总统说：“好吧！无论如何我希望保证柬埔寨不会无所作为就此完蛋。”他接着说：“所有到我办公室来的人都是建议如何输掉战争。从来没有什么人来建议如何赢得战争。”总统下令撤换我们驻金边的代办劳埃德·里夫斯，并为短途越境出击提供美国支援。同尼克松要求撤换人的许多命令一样，这道命令是为了表示他的不悦，是并不打算执行的；下级也根本没有执行。

在此期间，我们收到邦克和艾布拉姆斯通过秘密渠道发来的长篇复电。他们勾画了西哈努克作为共产党傀儡重新掌权可能产生的可怕后果：越共和北越的士气将得到加强；河内进行持久战的能力将得到提高；南越将出现冲击波；越南化将受到威胁。邦克和艾布拉姆斯建议立即增加短途越境作战次数，同时由美国和南越部队联合对共产党主要庇护所采取行动。

国家安全委员会开会时实际上提出了三种可供选择的策略：一种是无所作为(国务院和国防部选择的方针)；一种是只用南越部队进攻庇护所(我的建议)；一种是使用包括美国战斗部队在内的一切必要的部队，使全部根据地失去作用——这是邦克、艾布拉姆斯和参谋长联席会议的建议。

大家特别关注两个根据地。柬埔寨柴桢省被称为“鹦鹉嘴”的地区楔入越南直到离西贡仅三十三英里处。在整个越南战争年代里，这个地区为进攻西贡地区和盛产大米的三角洲地区的北越军队提供了藏身之处。由此往北还有一个代号“鱼钩”的地区。我们的情报分析人员相信南越中央办事处——共产党在南方指挥全部战斗的总部——就设在那里；这也是周期性地威胁西贡并不断到邻近的南越西宁省进行骚扰的北越第七师集结休整的地区。鱼钩地区防御坚固；我们认为南越部队要同时对这两个地区作战是实力不足的。因此，建议仅由南越部队采取行动等于建议仅对一个根据地采取行动。

重大的决策很少是经过深入讨论才产生的。一个问题提交至国家安全委员会讨论前早已经过无数下级委员会分析研究，以至内阁成员起的作用类似早已排练成熟的戏剧中的演员；他们基本上是重复他们的部下已经在其他场合说过的话。尼克松的国家安全委员会还存在另一个因素，即每个参加者都疑云满腹，认为几乎肯定有什么他不知道的勾当在进行。照例还有一种矛盾心理：既想迎合性格复杂的首长的意图，又害怕国内的影响。任何可能被说成令越南问题升级的事都会使他们心情沉重起来。会议桌上谁也不怀疑共产党接管柬埔寨会造成的后果。但是我们都知道，无论做什么决定，都很可能在国内激起新的愤懑、抗议，甚至暴力行为。如果柬埔寨垮台，我们单方面撤军就更加困难；如果我们接受其他任何选择，又会被指责在“扩大战争”。中间道路是没有的。

因此，进攻庇护所的初步决定是在国家安全委员会一次气氛沉闷，甚至有点漫不经心的会议上做出的。罗杰斯反对大举越境进攻，即使南越部队进攻也不行，但是他认为金边政府倒台后理所当然要对柬埔寨进行不受限制的轰炸。莱尔德是短途越境作战最坚定的鼓吹者，但是他反对艾布拉姆斯将军要求把庇护所一扫而光的建议。赫尔姆斯则赞成使庇护所失去作用的任何行动。尼克松通常是在国家安全委员会开完会以后而不是在会上宣布自己的决定；他要经过仔细斟酌，然后用书面或通过中间人发出指示。他这样做是为了强调国家安全委员会是一个咨询机构，而不是决策机构，同时也是为了避免有人对他的命令表示异议。尼克松这次却一反常态地告诉他的僚属说，他同意由南越部队在美国支援下进攻根据地。由于南越的实力只能进行一场攻势，惠勒建议他们攻打鹦鹉嘴。这就引起了一场关于美国参与问题的争论；莱尔德和罗杰斯力图把美国的参与限制在低到不能再低的程度，甚至连派遣美国顾问或用战术空中支援也反对。

这时，斯皮罗·阿格纽副总统发言了。他认为整个辩论都不得要领。庇护所要么是一种威胁，要么就不是一种威胁。如果拔掉这些钉子有价值的话，他无法理解为什么在美国作用问题上要那么观望不前，也不理解仅仅进攻一个地区能达到什么目的。我们的任务是使越南化获得成功。他主张同时进攻鱼钩地区和鹦鹉嘴，包括使用美国部队。阿格纽是正确的。尼克松讨厌别人给他提出他没有考虑到的计划。如果有什么比这更使他讨厌的事，那就是当着一群人的面使他显得不如他的顾问们强硬。尽管尼克松对此感到恼火，但他机敏地采取了介于副总统和内阁两者之间的立场。他授权为鹦鹉嘴行动提供美国空中支援，但仅仅“在显然必要的基础上”才能这样做。对鱼钩地区他则避免明确表态。这些决定后来用书面发出。会后，尼克松把我狠狠埋怨了一顿，说我事前没有把阿格纽的观点告诉他。事实上，我事前也不知道。现在看来，阿格纽的干预对尼克松最后决定下令进攻全部庇护所并且使用美军无疑起了促进作用。

第二天，四月二十三日，各部门就开始进行部署，都想把必将随之而来的公众抗议导向其他部门。罗杰斯请求批准他把柬埔寨要求提供庞大援助一事通知国会各委员会，理由是可以使预定的作战行动相形之下显得比较克制——当然，看上去倒像是一种避免实行全面军事援助方案的办法。莱尔德要求保证任何美军地面人员都不进入柬埔寨，即使是为尼克松前一天刚刚批准的战术空中支援服务的空军地面控制人员也不行。四月二十三日，我召开了两次华盛顿特别行动小组会议，安排执行尼克松决定的措施。毫不奇怪，小组成员都是根据他们自己上司的意见照本宣科。国防部要求每次战术空中出击都得经过华盛顿批准。很难想象有什么打击目标会保持静止不动，一直等到我们完成这么累赘的程序。经过两次会，小组成员多少有点勉强地同意把必要时使用美国战术空军飞机的总权力交给艾布拉姆斯将军，并授权美国空军地面控制人员随南越部队行动。四月二十四日，尼克松批准了华盛顿特别行动小组这两项建议。

无论怎么说，北越是不受这种限制的。四月二十三日，星期四，北越和越共部队攻打了柬埔寨的棉末和安塔松城，并在从斯努镇通往桔井省会的十三号公路上夺取了一座重要桥梁。已被围困数天的干丹省兴雷地区柬军司令部，虽有南越空军支援，仍不得不在四月二十三日予以放弃。柴桢以西一号公路上两座桥梁也被敌人占领。共产党部队四月二十三日开始、四月二十四日还继续对滨海城市白马进行打了就跑的袭击。

共产党在政治方面也采取了升级行动。四月二十四日，根据西哈努克提议，在老挝-越南-中国边境某地召开了“印度支那人民最高级会议”，协调三个叛乱集团的战略。参加会议的有西哈努克、巴特寮的苏发努冯亲王、越共的阮友寿和北越总理范文同。西哈努克四月二十七日在北京公布的一个长篇联合声明保证他们要在“反对共同敌人”——即“美帝国主义”——“的斗争中相互支持”。西哈努克在会议闭幕词中还欢呼“人民柬埔寨”的诞生。

这个时期是非常紧张的。我认为如果我们不对共产党攻势做出反应，柬埔寨和南越都无法继续生存。但是我痛苦地意识到进攻庇护所必然会造成政治上的动荡，也意识到我的工作班子里存在意见分歧。我有意识地吸收了我所能物色到的最能干的青年男女。我认为使他们的精力和理想发挥作用是很重要的；在我看来，关键在于使大批和他们同时代的人以抗议形式表现出来的那种关心也能表现在愿意从事政府为探索和平而进行的比较平凡无奇的工作上。同我最接近的三个工作人员是托尼·莱克、罗杰·莫里斯和温斯顿·洛德。他们都不大喜欢尼克松，从感情上说很可能都愿意要一位民主党总统。我费了很大劲使他们继续工作下去，因为我国面临的问题不是哪个党派的问题，而且我深信他们必须懂得在某些情况下表现美德最好的办法不是堂而皇之的姿态，而是愿意在争取一个更加美好的世界的到来所需要经历的各个不那么美好的阶段中坚持下去。莱克和莫里斯二月份就告诉我他们已决定离开；矛盾的心情使他们不愿再像工作需要的那样加班加点。我让他们继续干下去，负责一些不那么紧张的计划工作，一直到秋天莱克回研究院去、莫里斯参加蒙代尔参议员的工作班子时为止。温斯顿·洛德留下来了；他成为我极可宝贵的合作者和挚友。

就在做出最后决定之前，我为莱克、莫里斯和洛德费了不少时间。在反对我们打算采取的方针的意见中，说理最充分、立论最翔实的意见不是来自各个部门，而是来自他们联名给我写的一份备忘录。具有讽刺意味的是，他们讲的道理倒使我得出了我本来不太情愿得出的结论，即我们唯一切合实际的选择是摧毁庇护所。他们的基本判断同我一样。他们说，我们的一个主要目标必然是避免西哈努克重新上台：

如果他重新上台，那将是共产党决定让他这么做的结果，其中包含意味深长的保证，即他将听他们的。……更重要的是，西哈努克作为共产党的傀儡重新上台将在越南和老挝造成严重的心理影响，至少会给阮文绍的反对派——特别是军队中危险的强硬派——提供反对阮文绍的论点。

尽管如此，他们的备忘录还是反对美国对庇护所采取军事行动。他们赞成：

由现有领导人或除西哈努克之外的其他领导人主持成立柬埔寨中立政府，同共产党私下达成谅解，允许他们像从前一样利用边境地区。这种办法意味着柬埔寨政府将不是公然默认，而是采取掉头不顾的态度。这也包含继续“菜单”（秘密轰炸）行动并继续让越南政府进行防御性越境作战的可能性——而柬埔寨政府对两支越南部队在有限的边境地区采取军事行动都不积极反对。这种局面虽然不好，但比建立一个积极反对越南政府并公开反对“菜单”等行动的西哈努克政府要强。

换句话说，我的三位年轻朋友和助手认为继续秘密轰炸柬埔寨和越过边境几英里的短距离进攻是必要的，但深入进去则是没有道理的——我现在仍然无法理解这种区分有什么道德上的意义。他们希望得到的结果，即恢复“原状但不要西哈努克”，是有吸引力的，但是无法实现。为了取得这种结果，他们要求我们鼓励朗诺政府向河内妥协，同时警告河内我们将用武力反抗把西哈努克强加于人的做法。黎德寿四月四日已经一再声明河内绝对不同朗诺打交道。在这种情况下，妥协是不可能的。更有可能的是，如果我们设法安排这种“解决办法”，这个行动本身就会导致金边的崩溃，使共产党获胜。我也无法想象，为了使河内相信我们将反对西哈努克而采取的措施怎么能够同妥协一致起来。由于并非我们所能控制，也非我们所能调解的不同力量作用的结果，柬埔寨不幸已分成两个极端。总之，他们建议的办法只是规避做出艰难的抉择，安慰自己的良心，而不能成为行动指南。

我对实际上是我建议的国家安全委员会的决定，即仅用南越部队进攻庇护所的决定，越来越感到不安。阿格纽说得对，我们要么使全部庇护所失去作用，要么就应当放弃这个计划。很难想象仅对一个庇护所采取有限行动，而且南越部队最多只能得到美国极其有限的空中支援，怎么可能使形势发生决定性的变化。我们当时有把各种行动方针的缺点都凑在一起的危险。我们将因为干涉柬埔寨而受到严厉谴责，而在实现战略目标方面又一事无成。

我还来不及把这些看法告诉尼克松，就发生了一桩看来微不足道但却加快了历史进程的事情。《纽约时报》记者威廉·比彻报道了一份高度机密的电报的内容——这份电报通知我国驻金边代办，我们已经决定向柬埔寨政府提供缴获的共产党步枪。尼克松大发雷霆。即使在最好的情况下，泄密也会使他怒不可遏，而这次泄密在他看来似乎是官僚机构为了造成国会和公众的压力来反对为柬埔寨提供任何援助而作的一次明显的尝试。更糟的是，大约就在这个时候，尼克松发现他在四月一日和四月十六日两次下令送往金边的通信设备和中央情报局代表的命令仍然没有执行。

他勃然大怒。四月二十三日晚，他至少给我打了十次电话——三次是我在富布赖特参议员家里非正式会见参议院外交委员会成员的时候。就像他极为激动时惯于做的那样，他狺狺地下一道命令，然后立刻挂上电话。他要立刻撤换我国代办里夫斯；他下令开除马歇尔·格林；念头一转，他的副手比尔·沙利文也得调职；要立刻派一架空军飞机把中央情报局人员送往金边；每一个有可能接触过那份电报的人都应接受测谎器检查；立刻任命一位将军负责柬埔寨问题。

在这种情况下，通常比较审慎的办法是不要争辩，而是等待二十四小时，看看哪道命令是尼克松平静下来后还坚持要求执行的。结果，他一道命令也没再提过(不过我的确让军用飞机把中央情报局的通信设备送到金边去了)。但是四月二十三日这场发作终于促使他接受了阿格纽的劝告：同时进攻鱼钩地区和鹦鹉嘴，使用美国部队对付鱼钩地区。四月二十四日上午，他召集参谋长联席会议代理主席穆勒海军上将以及中央情报局的赫尔姆斯和库什曼开会。尼克松要讨论的是在进攻鹦鹉嘴的同时由美国和南越部队联合进攻鱼钩地区是否可行。他以只想听取军事和情报工作汇报为借口，没让罗杰斯和莱尔德参加会议。这反映他对官僚机构磨磨蹭蹭的做法极为恼火。赫尔姆斯和穆勒都强烈主张进攻鱼钩地区的庇护所，认为这样做将迫使北越放弃包围和恐吓金边的努力。摧毁补给品将为越南化赢得宝贵的时间。但是尼克松当时还不准备宣布什么决定，而是乘直升飞机到戴维营去进一步斟酌，考虑用什么办法使内阁同意他越来越倾向采取的方针。在此期间，他把我留下来对付官僚机构。

这种状况有它异乎寻常之处。总统已经开始越来越倾向由南越和美国部队对全部庇护所采取联合行动，而各部门还在为南越进攻其中一个庇护所提供美国空中支援的问题上拖沓不前。我认为不让国防部长了解参谋长联席会议代理主席同总统会晤的情况是不对的。因此，我打电话给莱尔德，就说穆勒汇报了军事方面可供选择的办法，包括美军进攻鱼钩地区在内。莱尔德强调在四月二十七日罗杰斯去参议院外交委员会作证以前最好避免授权美军采取任何行动，这样罗杰斯就可以如实地说没有任何美国人卷入柬埔寨事件。莱尔德报告说，甚至通常属于鹰派的两院军事委员会也对美国卷入柬埔寨感到不安。他争辩说——后来几天他还多次提出——艾布拉姆斯和惠勒实际上也反对进攻鱼钩地区。我同穆勒海军上将核对了这个情况，他说他的部长对情况做了错误的理解（穆勒用的海军行话更富有色彩，这里只是转述大意）。

尼克松一旦开始执行一项方针，他的决心之大同他的多谋善断是不相上下的。他决定按照罗杰斯的建议用柬埔寨要求大量援助的前景吓唬国会，但目的是为美军进攻庇护所提供根据，这却是罗杰斯从来没打算做的。

根据尼克松的要求，我请参议院军事委员会主席、密西西比州参议员约翰·斯坦尼斯同我会晤。斯坦尼斯属于参议院中资深位高、选区地位巩固、在多年积累的经验中体现出连续性的那一代领导人。在国内问题，特别是种族问题上，他们有时落后于时代精神潮流，但是在国家安全和外交政策方面却是中流砥柱。他们当中有许多南方人，来自一个自身经历过悲剧的地区。他们懂得国内其他多数地区所不懂的道理：有些灾难是无法弥补的；人类是难免犯错误的；完人是无法设想的；没有权力的美德是软弱无力的。斯坦尼斯风度优雅、博学明智、富有爱国心，和他杰出的同事理查德·拉塞尔一样，属于那种能够使僵硬刻板的三权分立制度起作用的人。他高尚的品德是总统可以信赖的；内阁成员可以指望他尊重他们的努力。

四月二十四日下午，我会见斯坦尼斯，并且向他解释了为使越南化继续进行下去，从军事上说就必须在美国支援下打进柬埔寨去的理由。我给他看了一幅地图，图上标出了作为越南战争不可分割的一部分的那些根据地。在我们谈话过程中，尼克松按照事先的安排给我办公室打来电话。我当着斯坦尼斯的面把我介绍的情况扼要谈了一下，并告诉他斯坦尼斯的反应大致是赞同的。然后，斯坦尼斯接过电话，亲自向总统表示支持。

我又同惠勒和赫尔姆斯一起把计划重新审查了一遍，并要求赫尔姆斯对可能出的纰漏做一次研究，以防万一。我强调说，如果他有任何犹豫不决都应当告诉我；如果他改变了主意，我将立即转告总统。赫尔姆斯仍然坚持原来的建议。他感觉打两场仗和打一场仗在国内付出的代价是同样的，而两路进攻战略上的报酬要多得多。

然后我同我的高级工作人员当中那些反对这种行动的人——除洛德、莱克和莫里斯外，还有比尔·瓦茨和拉里·林恩——谈了一小时，给他们表示反对意见的最后机会。这是一次令人痛苦的会议，因为我们打算干的事给他们刺激很深。莱克、莫里斯和瓦茨提出了辞呈。

从两天前开过国家安全委员会以后，就没有人能从国务卿和国防部长那里听到什么消息。他们知道存在涉及美国军队的应急计划；实际上，参谋长联席会议制订的进攻鱼钩地区的计划本来就是莱尔德转来的。他们对总统日益激动的情绪不可能毫无察觉；但是他们无法相信尼克松会当真做出决定，授权美军入侵。他们的做法就好像只要他们不提出可供选择的办法，甚至只要他们提出系统的批评，问题就会化为乌有。

我敦促尼克松召开国家安全委员会，使各方都有机会发表自己的意见。正如我告诉赫尔姆斯的那样："我认为，并且强烈建议，任何决定都必须同这两位内阁成员讨论——即使决定早已做出、命令已经在抽屉里准备停当也罢。在他们有机会表达意见以前，你不能硬要他们接受。"这次会议确定在四月二十六日星期天下午举行。

这时尼克松已经决心干下去，他的主要问题是把同罗杰斯和莱尔德不可避免的对抗减少到最低限度。当尼克松被逼得走投无路时，他略带浪漫色彩的气质就会表现出来；他就会把自己看作是一位像巴顿将军那样遭到围困的军事指挥官。但是，撇开个人特有的气质不谈，尼克松提出的根本问题是：如果西哈努克港重新开放、整个柬埔寨都变成一个庞大的连成一片的根据地，我们能够心安理得地继续一步步从越南撤军吗？政府内部那些畏缩不前的人多数是担心国内的反应。至于柬埔寨整个边界都为大规模渗透敞开大门时我们怎么能够继续推进越南化这个难题，谁也没有提供答案。无所作为也不能避免我们在国内碰到的难题。如果我们抵抗，人们就会指责我们搞战争升级。但是，如果我们默许共产党接管柬埔寨，我们的伤亡开始增加，越南开始解体，人们又会指责我们执行了一个毫无希望的战略。

四月二十五日，星期六，尼克松把我召到戴维营去审查计划工作进行状况。他在游泳池里扑通扑通打水，我则沿着池畔跟着他。我们讨论了预定在第二天下午召开的国家安全委员会问题。尼克松决心把鱼钩作战计划付诸实施；实际上他还开始开玩笑似的谈到豁出去干一场的念头：或许我们在进攻柬埔寨庇护所的同时应当恢复轰炸北越并在海防布雷。无论我们是否这么干，反对派都会同样歇斯底里地大喊大叫的。我认为这是尼克松为了证明自己态度强硬而倾向于提出，然而实际无意执行的冥想之一，虽然他以后可能以此为例向心腹朋友证明是工作人员拆了他的台。同时，我不认为总统在班子内部意见分歧的情况下能够安然度过如此严重的危机。因此，我回答说，现在的任务已经够我们干的了；我们不能抛弃我们刚刚断然宣布的一个战略。

十分钟后，尼克松就不谈这件事了，以后也没有再谈。我不相信他当时是在认真考虑那种办法。但是现在回过头来看，我认为我们本来应当更认真地考虑一下的。我们在越南的军事行动之所以出毛病，祸根就在于优柔寡断；我们总是努力把最低限度需要多少军队或多少时间计算得分毫不差，没有为可能出现误差或混乱留有余地，这就鼓励我们的对手坚持下去，直到我们的疑虑使我们的努力归于无效。

对于一个国家的领导人来说，最难领悟的一个教训或许是：在使用军事力量方面，他的基本抉择在于要么行动、要么就不行动。半心半意或表现无能并不能使他摆脱因使用武力而引起的道义上的谴责。疑虑重重、动摇不定是得不到报酬的；失败的政治家也不会因为表现克制而得到奖励。一旦投身战斗，就必须取胜；如果不打算取胜，就不要投入国家的力量。在越南战争期间，历届政府及其批评者都没有充分理解这个道理。这是越南战争中许多悲剧的根源所在。

无论如何，戴维营的池畔战略会议并不是当天讨论的结束。我们坐飞机回到了首都。下午接近黄昏的时候，尼克松邀请约翰·米切尔同贝比·雷博佐和我一起乘总统游艇“红杉”号游览波托马克河。严肃的军事计划工作造成的紧张气氛在几杯饮料作用下变成了兴高采烈，甚至使我们做出一些表示爱国但却令人尴尬的事：大家决定在“红杉”号经过芒特弗农* 时都要肃立致敬，然而并不是所有的人都能同样成功地表演这番绝技的。回到白宫，尼克松又把同他一起饮酒作乐的同事请去看电影《巴顿将军》。我已是第二次享受这种荣幸了。影片无疑是动人的，但我仍然设法在放映中途溜出来一小时，以便为第二天国家安全委员会开会做准备。

四月二十六日，星期天，北越和越共军队袭击了在通往金边的湄公河上航行的商船，使我们的讨论更形紧迫。共产党部队占领了安塔松城。从金边往南经过茶胶省的铁路线已被分割成好几段。河内和北京发出的新闻报道拒绝了印度尼西亚关于召开亚洲会议、恢复柬埔寨中立地位的建议——这个建议我们本来是会赞成的。

那天晚上，总统在行政办公大楼他的工作室里会晤了他在国家安全委员会的主要顾问——罗杰斯、莱尔德、惠勒、赫尔姆斯和我。阿格纽不包括在内。尽管尼克松现在接受阿格纽的劝告，他对副总统那次出其不意的袭击仍然耿耿于怀，决心要在这次会议中充当铁腕人物。会议从一开始就有点奇怪。赫尔姆斯从情报方面估计河内正在扩大根据地，使这些根据地联结起来，力图给金边造成极度不安全的感觉，从而促使政

---

* 芒特弗农是美国开国总统乔治·华盛顿墓地所在地。——译注

府垮台。惠勒叙述了使用美军进攻鱼钩联合基地的建议，并谈到使这次行动扩大、把其他根据地也包括进去的可能性。尼克松极力避免同国务卿和国防部长顶牛，所以装做我们只是在听取汇报。他以后将发出书面指示。使我感到惊讶的是，罗杰斯和莱尔德——他们现在对这位难以捉摸的首长的手法毕竟已经熟悉了——居然同意这种把戏，似乎这不过是制订计划工作的一次演习，都没有表态。但是尼克松为什么要在星期天晚上把高级顾问们召集起来听一次应付意外事件的汇报呢？这个问题他们都避而不提。

尼克松大大松了一口气。他把沉默解释为同意；无论如何，他总算避免了争端。会议刚刚结束，他就把我叫到他的官邸那边去，命令我发出授权美国部队进攻鱼钩地区的指示。我让人起草了一份指示，总统签了字。为了表示郑重，他先在指示上签署了自己姓名的缩写，然后在缩写下面又签署了全名。

总统的双重认可也未能保证指示的贯彻。第二天上午，我正在战情室主持华盛顿特别行动小组会议、讨论执行总统指示问题的时候，就被叫出去接罗杰斯打来的电话。他想知道他刚收到的指示是否意味着总统已经下令美军向一处柬埔寨庇护所展开进攻。我承认几乎不存在任何其他解释。罗杰斯说这将使他在同参议院外交委员会打交道时处于非常为难的境地，因为当天下午他就准备作证美国没有卷入柬埔寨问题。我建议他给总统打电话。

我刚回到战情室，另外那位高级阁员就来了电话。莱尔德按照他一贯的策略——即提出一个最易攻破的枝节问题——反对在指示中把华盛顿特别行动小组称为“负责执行的机构”。他说这种提法破坏了按照规定必须经过他的办公室的指挥系统。我对他说，可以改成“负责协调”，或者改成他认为合适的其他任何字眼。然后莱尔德才转到真正使他伤脑筋的问题上来。他说同时对鹦鹉嘴和鱼钩地区作战可能使每周阵亡人数达到八百。他争辩说，艾布拉姆斯和惠勒并不认为双管齐下的办法可行。莱尔德坚持说：当惠勒星期天下午谈到对两个庇护所采取行动时，他指的是鹦鹉嘴加上鹦鹉嘴南面很远的一个叫做七〇四号根据地的庇护所(后来发现这个庇护所倒是非常符合莱尔德的意图，因为在这个季节那里已是一片汪洋)。我建议莱尔德也打电话找总统去。

华盛顿特别行动小组刚刚重新开会，我再次被叫了出去。这次是霍尔德曼。他对我说，罗杰斯和莱尔德都已动身到总统那里去。他请我也去参加，但提醒我要“让总统去挑担子”。

总统同内阁高级官员的会晤很有点超现实主义的色彩。罗杰斯首先关心的是他下午出席参议院外交委员会的事。他希望能够声明美国人并没有卷入柬埔寨问题；因此他要求总统撤销他的指示。莱尔德则比较复杂。他再次提出担心伤亡增加的问题；他暗示对艾布拉姆斯的建议存在极大的误解，这个建议实际上指的是那个积水未退的南方根据地。莱尔德再次重申他反对指示的措辞——这一点(他很清楚)我早已承认了。

尼克松说得很少，说了也是模棱两可——任何熟悉他的做法的人都知道，这是他决心坚持自己的决定的明确无误的迹象。他宣布休会，对那两位内阁官员说他们很快就会听到他的意见。罗杰斯和莱尔德刚走，尼克松就向我倾诉了一切使他感到失望的事情。他无法理解为什么他的高级顾问从来不给他提出战略上的论据，而用他们个人的政治问题浪费他的时间。这种态度不会使他改变主意。我建议他把执行指示的时间推迟二十四小时，甚至可以暂时收回成命，如果这样做可以减轻罗杰斯的困难的话。在此期间，我将用他的名义询问邦克和艾布拉姆斯，以便证实他们的看法；我们必须保证对他们的建议和他们预计的伤亡人数都不存在任何误解。同时，我将要求莱尔德把电报送来——他正是根据这些电报作出判断，认为战地司令官不赞成同时进攻鹦鹉嘴和鱼钩地区的。尼克松接受了我的建议，撤回了那份指示。我则通知内阁成员，最后决定即将在二十四小时内做出。

同时，我通过秘密渠道致电邦克大使，以最迫切的方式要求他和艾布拉姆斯阐述他们对一些问题的看法：美国和南越部队联合进攻鱼钩地区是否符合我们的愿望？应与进攻鹦鹉嘴同时进行还是以后进行？是否在南越境内发动类似进攻效果更好？是否进攻其他根据地——例如七〇四号根据地——成果更大？预计伤亡如何？这份（以总统名义发出的）电报最后说：

我关心的是：艾布拉姆斯将军究竟是真正根据这次行动本身的价值而希望采取行动，抑或仅仅因为他认为这是我的愿望所以表示赞成。因此，请把你和艾布拉姆斯将军对以上问题的想法原原本本地告诉我，这些看法在很大程度上将指导我的行动。请将此电交艾布拉姆斯将军一阅。

黄昏时收到莱尔德的备忘录以及邦克和艾布拉姆斯的复电。莱尔德重申他原来的立场：反对在柬埔寨使用美国战斗部队；因此他赞成南越部队进攻鹦鹉嘴，必要时，作为补充，还可进攻七〇四号根据地，也由南越部队进行。莱尔德值得大大称赞之处在于，一旦尼克松决定投入美军作战以后，他并没有参加当时流行的推卸责任的活动；这位在枝节问题上泄密的能手也从来没有公开透露他曾以书面形式反对过在柬埔寨采取的这次无比重要的行动。

至于艾布拉姆斯和邦克，他们强烈建议由美国和南越部队联合进攻鱼钩地区，认为这是"最理想的"办法，最好同时进攻鹦鹉嘴，其重要性仅次于鱼钩地区。艾布拉姆斯证实七〇四号根据地同其他两个根据地的"重要性不能相提并论"。邦克和艾布拉姆斯认为在南越境内发动任何进攻都不能产生类似的效果。艾布拉姆斯态度谨慎，他对可能伤亡的人数避不表态，但保证他将竭尽全力使伤亡保持在"绝对最低的限度"。

从罗杰斯那里没有听到任何消息，只是新闻报道说他在参议院外交委员会作证时说还没有就在柬埔寨使用美军问题做出决定。

尼克松在做具有重大政治影响的决策时多数情况下都要找约翰·米切尔商量。这次他也决定这么做。我们三人仔细研究了各种备忘录以及赞成和反对现有抉择的各种意见，一直讨论到将近午夜。最后，尼克松决定维持原议，并在上午当着米切尔的面通知莱尔德和罗杰斯。尼克松要我准备一份新的指示，把莱尔德反对的那句话修改一下，使华盛顿特别行动小组拥有“协调”而不是“执行”权。指示其他部分则保持原样。

第二天上午，星期二，即四月二十八日，尼克松同米切尔和我从九点半到十点二十分再次审查了行动方案。尼克松要我在他会见罗杰斯和莱尔德以前从旁门出去；他认为最好避免使我成为各部门批评的靶子。然后，总统同罗杰斯、莱尔德和米切尔谈了二十分钟，再次肯定由美国和南越联合进攻鱼钩地区的决定。他指出，国务卿和国防部长曾经反对使用美国部队，基辛格博士也“倾向于反对”。(这种说法已不符合事实；我至少在一个星期以前就改变了看法。我认为尼克松把我同两位内阁成员混为一谈是出于各种复杂的、通常是混在一起的原因。他真诚而慷慨地想保护我，使我免遭各部门的打击报复；他无疑也希望保持他在自己心目中一个不但能够给畏缩不前的部下打气，还能孤身临战的领导人的形象。)尼克松向他们保证，他将口授一份决策过程大事记，明确说明其高级顾问的相反意见；他们的反对将记录在案；他将承担全部责任。(米切尔关于这次会晤的记录见附注。)⑩

由此可知，采取行动的最后决定并不像事后人们喧嚣一时力图暗示的那样是一个失去理性的狂人的一时冲动，而是一个几乎每天都不得不克服自己容易神经紧张的毛病去对付僚属，克服行政部门半是无意、半是有意的因循怠惰的人经过多次动摇犹豫后十分审慎地做出的决定。他承担全部责任是某种高贵品质的表现。这个决定并不是像后来说的那样背着他的高级顾问做出的——虽然后来其他一些决定是那样做的。尼克松推翻了内阁成员的意见，但并没有使他们蒙在鼓里。这是总统职务的实质，是这种职务无法避免地造成了其孤独状态，而这种状态由于尼克松的高级阁僚总是试图把担子推给他并公开同他保持距离而复杂化了。尼克松遮遮掩掩、迂回曲折的决策方式无疑加强了他们固执己见的癖好。但是尼克松的意见是众所周知的；各部门有许多机会陈述自己的理由。直到现在，事实证明，就柬埔寨问题的实质来说，尼克松是正确的。而且他当时是总统。执行总统直接指示时拖延迟缓，对总统明确表达的意图加以自己的解释以便阻挠这些意图的实现——这些做法在那以后无疑助长了尼克松本来已经很强烈的守口如瓶地独自决策的倾向。

和持不同意见的人面对面谈话使尼克松精疲力竭。在椭圆形办公室举行过那次会议之后，他就躲回到行政办公大楼那间隐蔽的办公室去，直到四月三十日他发表演说、宣布进攻柬埔寨时才重新露面。我每天同他一起消磨几个小时，使他了解计划方面的最新情况。演说的基本内容是帕特·布坎南根据我的工作人员提供的简单提纲起草的，但主要论点是尼克松的。演说的动人词藻和格调也是尼克松提供的；他每天用很长时间润色一次又一次送来的草稿。

一天早晨，他给我看他在一张黄色横格便笺纸上写的利害得失清单；我从口袋里掏出一张类似的黄色纸片。或许是因为我们经常口头交换意见，我们得出的结论实际上是完全相同的。但是，在他担任总统职务的早期做出的这个最重大的决定宣布以前的那些日子里，理查德·尼克松几乎是完全孤独的。他坐在行政办公大楼一间光线暗淡的房间里，在立体声系统播送的柔和的新古典派音乐声中沉思、郁闷、集中思绪、抑制自己的愤懑。演说中出现的丘吉尔式的词藻与其说反映了决定的实际重要性，倒不如说反映了他无疑存在的反抗情绪——这种情绪的产生，是因为他知道这个在制定过程中几乎得不到僚属支持，然而他深信是正确的决定将引起轩然大波。

我忙于两种工作：既要协助总统，又要协调决定的执行。一个内阁部门一旦认识到决定已经无法挽回、已经不能通过巧妙的解释或泄密的办法加以改变的时候，这个部门可以成为一个颇为胜任、效率很高而且考虑周到的非常出色的工具。前几个星期那种逃避责任、拖沓不前得令人害怕的华盛顿特别行动小组会议现在却开得干净利落、简单明了。久经锻炼的负责政治事务的副国务卿U·亚历克西斯·约翰逊提出了他擅长制订的极为高明的总体计划（在官僚术语中叫做“电影脚本”），其中对每个关键人物和关键部门在战斗打响前后的任务都按钟点做了安排。

进攻鹦鹉嘴一役以“碎石机行动”为代号——南越人称为“全胜第四十二号”——是四月二十八日晚间开始的。约五十名美国顾问随先头部队行动，后来四天又增加了二十二名。

在四月三十日这个命运攸关的日子里，总统在晚上九点发表演说，向忧心忡忡的公众解释说：“敌人最近十天的行动明显危及现在越南的美国人的生命，对于再撤走十五万人以后仍然留在那里的人则将构成无法接受的威胁。”他在开始演说时，用一幅地图说明北越方面已经开始威胁金边，并把过去分散的根据地扩大成“一个供敌人集结休整的辽阔地区、一个沿着长达六百英里的边界向南越发动进攻的跳板”。我们有三种办法可供选择：一是无所作为；一是“为柬埔寨本身提供庞大的军事援助”；一是清除庇护所。他现在宣布：决定由美国和南越联合进攻“指挥共产党在南越全部军事活动的总部”。这次行动是有限的、短期的，不是针对任何其他国家的，是实现越南化并使伤亡保持最低限度所必需的。

总统使用的词藻同演说的主题不大相称，然而同过去几个星期受到的压力却并不是不相称的。他强调美国不会接受“屈辱”；我们不会屈服于“无政府状态”；我们不会像个“可怜的、束手无策的巨人”那样行动。他也不会选择“轻而易举的政治途径”，把责任全部推卸给过去历届政府。这是典型的尼克松。他已经“抛弃一切政治考虑”：

同正在越南为我们的国家、为和平与自由的事业英勇战斗的四十万美国人的生命相比，我所属的党派是否能在十一月获得更多选票是无足轻重的。同美国是否会由于我们在这场危机中无所作为而证明不配在世界历史这一关键时期充当自由力量的领导相比，我是否只能担任一届总统是毫不重要的。我宁愿只担任一届总统并采取我认为正确的行动，而不愿担任两届总统而眼睁睁瞧着美国沦为第二流强国，目睹这个国家遭受它一百九十年光荣历史上的第一次失败。

后来有人批评这次演说充满自命不凡的说教，过分矫揉造作，是一篇制造分裂的演说。他毕竟还要过两年多才会面临另一次选举；他无疑把问题同他个人联系过多了。对于那些以结束越南战争作为唯一目的，并因此认为应当不顾后果尽快结束一切战斗行动的人，这次演说肯定是不能使他们满意的。毫无疑问，尼克松本来应当对那些真正被这场同我们国家的经历大相径庭、既无明显意义又无明显结果的战争搞得痛苦不堪的人表示更多同情。他正好干了对他的批评者有利的事，因为他把一次时间和地点都受到限制、基本上是防御性的行动描绘成一件震撼世界、使良心受到考验的大事，从而使他的批评者可以振振有词地指责他“扩大”战争，因此超越了总统权限。而且他还加上了一句既与中心主题毫无关系又不符合事实的话，说我们在这以前不曾对庇护所采取行动——忽略了秘密轰炸。

但是，说句公道话，这些批评者很少越过词藻去探讨决定的实质。因为在那些既顾影自怜而又自命不凡的字眼后面，事情本身的是非曲直是无可争辩的。我们并没有鼓励柬埔寨政变，事前甚至不知道会发生政变。我们有四个星期几乎没有利用这次政变来做任何事情。促使我们采取行动的因素是：黎德寿已经把越南战争和柬埔寨战争联系起来；西哈努克已经同共产党站在一起；北越部队已经从庇护所破门而出，开始向柬埔寨内地进击，其明显目的是要推翻柬埔寨政府，建立连成一片的地区，使他们可以从一个大大改善了的后勤基地对南越的南半部进行战争。在这种情况下，我们如果不停止撤军就会使越南化成为摧毁一个盟邦的遁辞。尼克松过分玩弄词藻这件事并没有改变现实，即我们只有他概括的三种办法可供选择。无所作为等于坐视柬埔寨和南越陷于崩溃。如果我们真想减少我们在越南卷入的程度而又不让曾经依靠我们的人去自生自灭，我们就必须挫败河内对柬埔寨的阴谋。简单地说，如果要有条不紊地撤出印度支那并有任何可能阻止河内统治这个地区，进攻庇护所就是符合这种做法的唯一方针。

飘忽不定的共产党总部及其他战斗

五月一日，西贡时间上午七点半，美国和南越部队攻入鱼钩地区。同日，尼克松视察了设在五角大楼的国家军事指挥中心，并由于一时冲动下令把他长期考虑的进攻所有其他根据地的念头付诸实施。结果在最初三个星期中就有十二个敌人根据地遭到进攻。有些是美国和南越部队联合进行的；有些则是在美国空军和后勤支援下由南越部队单独进行的。有的行动时间短促（一星期到十天）；有的则持续到整个战役结束。

两艘美国舰艇以及海军巡逻飞机在离西哈努克港（当时已重新命名为磅逊）十二海里的领海线外监视港口活动，必要时就封锁港口。它们的活动进行到六月十三日结束。秘密进行的一系列“菜单”行动已于五月二十六日正式结束；B－52则继续出击，为在柬埔寨的美国地面部队提供公开的支援。此外还对北越进行了两天空袭，目标是设在非军事区北沿的三个敌军补给基地。艾布拉姆斯将军早在四月底就要人们注意这个后勤联合基地，认为它是敌军补给工作的中心。

尼克松的演说突出点到设在鱼钩地区的南越中央办事处，把它列为我们进攻目标之一。莱尔德曾经正确地提出警告，反对在演说中提得这么具体，但他到演说发表前一两小时才看到讲稿，而尼克松已经不愿修改了。结果出现了一个著名的、自作自受的信任差距——这个差距同讨论的中心问题毫无关系，但对公众的信心起了侵蚀作用。八年后，柬埔寨共产党证实了某些美国人不愿相信的尼克松的话：南越中央办事处确实设在鱼钩地区。[11]尼克松发表演说之前，我在给报界介绍情况时承认南越中央办事处具有高度机动性，我们并不认为可以把它一锅端。事实上，对鱼钩庇护所的进攻严重破坏了南越中央办事处的活动，俘获了它许多人员，摧毁了大量补给品和设施。五月十八日，南越中央办事处通知所属单位说，它已受到盟军进攻的严重威胁；它指示所属一切电台密切注意收听，因为总部仅在必要时才恢复短暂的通讯联络。虽然所属单位多次试图重建无线电联系，南越中央办事处却在相当长的时间里没有发报。但是，由于我们不能透露情报系统得来的消息，只好听任新闻界无情嘲弄我们搜寻飘忽不定的共产党总部的工作而毫无招架之力。

即使不谈南越中央办事处，这次行动的成功也是无可怀疑的。第一个月结束时，已经缴获五吨半重的敌人文件，其中包括有关敌军在越南的战斗序列的极其重要的文件，为推翻金边政府的战役制订的详细计划，还有通过西哈努克港运送物资的提货单，其数量超过了我们对西哈努克港重要性的最高估计。五月二十二日，国防部估计已有一万二千名北越军人由于我们的行动在渗透途中受阻。共产党在电讯中哀叹这些军队把他们预定在雨季使用的储备物资消耗掉了。共产党逃兵人数大增。六月底，尼克松在向全国报告最后结果时列举了缴获军用物资的数量：

——单人使用的武器二万二千八百九十二件，足够装备七十四个满员的北越步兵营；数人使用的大型武器两千五百零九件，足够装备二十五个左右满员的北越步兵营；

——弹药一千五百多万发，约等于过去一年敌人在南越发射的数量；

——大米一千四百万磅，足够在南越活动的全部敌军战斗营维持四个月左右；

——用于进攻城市和基地的火箭、迫击炮和无后坐力步枪弹药十四万三千发。根据最近一个时期的经验，迫击炮、大型火箭和无后坐力步枪弹药的数量等于敌人在南越约十四个月的发射量；

——高射炮弹十九万九千五百五十二发，地雷五千四百八十二颗，手榴弹六万二千零二十二颗，炸药八万三千磅，其中包括一千零二个炸药包；

——至少四百三十五部车辆，摧毁了一万一千六百八十八座地堡和其他军事建筑。

如果我们不是武断地在两个月内撤出部队的话，军事效果本来可能更大。国内震耳欲聋的喧嚣是非常使人气馁的。

四月三十日发表演说以后不久，尼克松就开始催逼，要求从庇护所做象征性撤退，然后又要求大量撤出部队。六月三十日的期限开始只是尼克松就这次行动将持续多久而临时给国会领袖提供的一个粗略估计；但是很快这个期限就变得神圣不可侵犯了。在另一次给国会介绍情况的会上，他突然给美军进攻规定了三十公里的限度（五角大楼又莫名其妙地把它换算为二十一英里）。总统险些又犯了我们在越南的军事政策长期存在的那种错误：采取足以引起抗议风暴的强硬行动，然后却举棋不定，使这些行动不能产生决定性效果。为我们部队的行动规定时间和地理限制只能略微平息国会和新闻界的情绪，但肯定妨碍我们从这些行动中获得充分的好处。根据地当时已扩大到几百平方英里；不进行系统搜索就不可能发现秘密仓库；发现后也需要一定时间才能把找到的物资运走。规定时间限制就不可能进行彻底搜查。而地理上的限制简化了敌人的计划工作：他们只要把部队和某些仓库撤退到我们宣布不予侵犯的地区去就行了。如果我们按照认真搜查的需要把部队逗留时间延长两三个月，是否就会在公众当中引起大得多的敌对情绪呢？对此我表示怀疑。如果延长时间，共产党可能就无法保持某些基地了——他们后来就是从这些基地出发在柬埔寨获胜的。这些禁令虽然使我们未能获得完全成功，因而令人遗憾，但并未妨碍我们达到主要目标。对庇护所的进攻使我们比较容易撤出越南；它还拯救了生命；甚至在共产党重新占领部分庇护所以后，他们已经由于丧失储备物资而不能发动持久的攻势了。

我的工作班子里的系统分析人员估计我们的行动摧毁或缴获了敌人在柬埔寨的全部储备的百分之四十。我自己的估计比较谨慎。在行动开始时给记者介绍情况的会上，在同总统谈话时，我曾预言通过破坏敌人的供应和军事行动将“为我们购买到”六至八个月的时间。罗伯特·汤普森爵士代我们巡视印度支那以后，认为共产党不可能在那年雨季增加自己的补给品，旱季也无法完成重新储备的计划。只有在下一个雨季之后他们才能使储备物资恢复过去的水平。换句话说，他认为我们已经赢得长达两年的时间。

后来证明汤普森是正确的。一九六九年以后，越南战争已经变成美国撤军、提高南越军队素质，以及河内发动攻势阻挠这个过程的能力三方面的一场竞赛。随着美军战斗作用的减少，凡是能够削弱河内战斗力的事对我们都是极为重要的。河内必须远离本国基地作战。因此，切断河内的补给线路、减少它的储备物资就会破坏它的计划，削弱它的战斗力。无论系统分析人员得出什么结论，在那以后，过去最易受到来自庇护所的攻击的那些南越地区将近两年没有发生重大战斗。湄公河三角洲和人口稠密地区得到了有效的保护。而且在一九七二年春天河内发动全国攻势时，它的主攻部队是穿过补给线最短的非军事区来的；它从柬埔寨方面发动的攻势力量最弱，也是最容易遏制的。

当然，对美国人来说，最关键的检验标准是我们的伤亡。进攻庇护所期间，伤亡数字短期有所上升，但从来没有超过莱尔德曾经担心的每周八百这个数字的四分之一。后来，阵亡人数四年来第一次降低到每周一百以下，然后继续逐月下降。从一九七〇年六月开始，每月平均伤亡人数还不到一九六九年同期的一半。到一九七一年五月，即一年以后，伤亡数字已经降低到每周三十五人；一九七二年五月是每周十人。美国部队的撤退肯定是使伤亡人数下降的一个因素；但是整个一九七一年我们还有几十万美国人在越南，如果河内有力量的话，它本来可以造成比实际数字大得多的伤亡。它之所以未能做到的一个重要原因就是：柬埔寨战斗为我们提供了喘息时间。

在国际舞台上，并没有出现某些批评者曾经强烈预言的同其他国家的纠纷。苏联讲了些含糊其辞的带刺的话，远未发出任何具体的威胁。五月四日，苏联总理柯西金举行了一次态度强硬的记者招待会，说在我们"侵犯"柬埔寨中立的情况下，苏联怎么能信赖美国承担的国际义务。但是他拒绝把这种泛泛的抱怨应用于限制战略武器条约的谈判。他并未保证苏联支持"印度支那人民最高级会议"的声明，甚至并未表示不承认朗诺政府。五月十八日，苏联副外长尼古拉·费留宾对我们一个欧洲盟友说，苏联打算在金边保留大使馆，因为"没有其他办法"。费留宾把柬埔寨的局势说成是混乱的，把西哈努克说成是北京的囚徒。

中国人尽管语言更生动些，也同样持慎重态度。五月*，中国政府发表声明，对美国"猖狂挑衅"提出"严正"警告。中国提醒大家要记住毛主席关于美国是"纸老虎"的名言，断言"印度支那三国人民"只要团结一致就"一定"会取得胜利。** 第二天《人民日报》社论重复谈到同样的主题，并且安慰印度支那的革命者说，"辽阔的中国领土是印度支那三国人民的可靠后方"***。换句话说，正如我告诉总统的那样，"中国人已经发表声明，实际上是说他们什么也不打算干。"五月二十日，一个以毛主席名义发表的非同寻常的声明用了一个颇为唐突无礼的

---

* 即五月四日。——译注

** 引文见一九七〇年五月五日《人民日报》第一版。——译注

*** 同上。——译注

题目：《全世界人民团结起来，打败美国侵略者及其一切走狗！》。毛支持西哈努克新成立的流亡政府和《印度支那人民最高级会议的(联合)声明》，并再次指出，“美帝国主义看起来是个庞然大物，其实是纸老虎，正在垂死挣扎。”我在五月二十三日送呈总统的分析中说，这份声明除了口头鼓励外也没有给河内提供什么东西。

柬埔寨行动远远没有伤害我们同两个共产党巨人的关系，倒是给莫斯科和北京增加了一根可供争夺的骨头，从而改善了我们的地位。由于莫斯科承认朗诺而北京承认西哈努克，中苏分歧被移植到印度支那去了。六月十日，多勃雷宁和我又开始探讨限制战略武器谈判问题、中东问题，甚至美苏最高级会谈问题；后来，在夏天，我们同莫斯科的关系紧张起来，但那是因世界其他部分出现利益冲突造成的。到六月底，我们已经从中国方面得到毋庸置疑的信号，表示他们愿意同我们重新开始接触。

危机既不是出现在战场上，也不是出现在外交方面，而是出现在国内。

国内的阵痛

这些成就对一九七〇年春天爆发的、使进攻柬埔寨那个时期变得异乎寻常地紧张的抗议浪潮没有起任何作用。我参加政府工作时曾经希望通过努力使战争结束，帮助我移居的国家弥合裂痕。我对学生的痛苦感到同情——他们热望实现美国梦想的世界，在那个世界上，思想以其纯洁性战胜一切而无须求助于权力这种暧昧的手段。越南战争是可以通过电视屏幕看到的第一次战争；报界也是第一次对战争持压倒性的敌对态度。任何战争必然会带来的悲惨、痛苦和混乱变成了美国人现实生活的一部分；过多的人把战争造成的痛苦归咎于他们自己的领导人的缺陷。

尽管某些抗议者的伪善和残暴使我反感，我对学生仍然怀有特殊的感情。他们是在怀疑论者、相对主义者和精神病学者培养下长大的；现在他们在世界上像是一艘失去了舵的船，他们要求得到保证而无须付出牺牲。我这一代人鼓励他们放纵不羁而没有使他们有所寄托，因此对他们是有愧的。后来几个月，我耗费了多得不相称的时间去和学生集团交往——仅在五月就有十次。我同抗议者在私人家庭里见面，倾听他们的意见，向他们解释，同他们辩论。但是，我对他们的痛苦感到同情并不能使我忽视照我看来是我对国家应尽的义务。我认为他们是错误的，正如他们是热情的一样。他们的压力推迟而不是加快了战争的结束；他们那些简单化的想法并没有使我们更接近和平，而对和平的渴望并不是只有他们才有的。感情不成其为政策。我们必须结束战争，但条件是不得损害美国帮助建立国际新秩序的能力——即使那些最愤怒的人的前途也将取决于这种新秩序的建立。

把动乱主要归咎于尼克松的夸夸其谈，甚至归咎于肯特州立大学事件也是不公平的。在我们的民主制度中，对话过去也失败过。从十一月份起，反战运动就处于休眠状态，在等待新的时机。四月中旬，大约有两百个城镇出现了抗议活动，情绪激动到如此程度，以至四月二十八日南越部队单独进攻鹦鹉嘴的消息也被当作一次重大战争升级加以谴责。这是美军卷入战斗和尼克松发表演说两天以前的事。北越部队在柬埔寨横冲直撞已经大大超过一个月，谁也没有批评河内一句。但南越的反应却遭到各报的谴责，其中包括《纽约时报》（“实际上抛弃了总统要从东南亚脱身的诺言”）、《华尔街日报》（“美国人要求的是从印度支那脱身的可以接受的出路，而不是更深地陷入印度支那”）和《圣路易邮报》（“一次令人震惊的升级”）。南越进攻的目的是帮助我们有条不紊地撤退。但是国会几乎立即开始制造障碍，反对援助受到野蛮侵略的柬埔寨——虽然侵略柬埔寨的就是在越南同我们作战的那些敌人，并且用的正是同样的部队。参议院外交委员会主席J·威廉·富布赖特参议员四月二十七日在早就使罗杰斯痛苦不堪的那次汇报会后对全国广播公司记者说，外委会几乎一致认为援助柬埔寨抗拒北越征服“将是进一步扩大战争的行为”。

后来抗议浪潮中提出的一切批评性论点早在总统演说以前就存在：我们正在使战争升级；任何军事行动都不可能成功，因此，政府声称取得胜利是假的。人们认为我们对自己的决定已经如此缺乏控制，以至把我们采取的最微小的步骤都看做会使数十万美军无限期投入战斗。信任差距已经涉及为摆脱战争寻找光荣出路的任何努力。因此，报界对尼克松在四月三十日演说中讲的道理有一种简单的回答：他们不相信他。这是“又一个军事幻想”——据《纽约时报》说——“时间与经验已经使美国人民和国会再也不会轻信了。”对于《华盛顿邮报》来说，这是以“可疑的证据、似是而非的道理和过分夸大的词藻”作为根据的一场“自动继续的战争”。而按照《迈阿密先驱报》的看法，“柬埔寨演出的剧本和肯尼迪时代以及约翰逊时代的越南故事惊人地雷同。我们过去都听过了——听过无数遍了。”辩论已经淹没在群众的激情中。

同四月三十日以前刚刚萌芽时的情况一样，进一步高涨的抗议浪潮是以学生领袖号召罢课和游行开始的。这些学生领袖已在过去的抗议季节中证明他们擅长制造对抗的能力。在任何事都可能遭到曲解的感情激动的时刻，总统发表的摇摆于伤感和刺耳音调之间的声明是无济于事的。他五月一日视察五角大楼时随口说到“在校园里扔炸弹的……不务正业的浪荡子”。这句偶然被记者从旁听到的嘲弄话是一种不必要的挑战，虽然原意指的只是向建筑物投掷燃烧弹，并把斯坦福大学一位教授毕生研究的成果付之一炬的为数极少的学生。五月四日，俄亥俄州州长詹姆斯·罗兹为了在连续数天的暴力活动中维持秩序而派遣的国民警卫队开枪打死了肯特州立大学四名学生。这件事产生的冲击波把全国上下及其领导力带到了心力衰竭的边缘。

政府的反应是一篇极为麻木不仁的声明。龙·齐格勒奉令发表谈话说，这次枪杀事件“应当再次提醒我们大家：意见分歧转化为暴力，就会带来悲剧”。

学生罢课和抗议的势头立刻激烈起来。校园的动乱和暴力活动超过了柬埔寨战斗本身，成为公众注意的主要问题。华盛顿就像一座被围困的城市。五月九日，大规模群众抗议达到高潮。在那个炎热的星期六下午，估计有七万五千到十万人聚集在白宫南面的埃利普斯（椭圆）公园举行示威。警察把白宫围绕起来；为了保护总统官邸的庭院，还用六十辆公共汽车组成了一个防御圈。

五月九日以后还有数以千计的学生，常常是在老师带领下，到首都来谴责“战争升级”和政府的“愚蠢行为”。一千名律师到国会游说，要求结束战争，接着就是三十三名大学负责人、建筑师、医生、卫生官员、护士，还有来自纽约的一百名公司经理人员。报界为这种情绪火上加油。报纸社论对五角大楼所谓在柬埔寨取得胜利的说法表示怀疑。除了和平示威以外，反战的学生还善于采用富有想象力的策略，把破坏同直截了当的暴力行为结合起来。哥伦比亚大学约两千名学生在交通拥挤时刻拦路静坐。好几所大学的校园里有人纵火作为庆祝和平的营火。在锡拉丘兹大学，当两千五百名学生举行示威时，有人纵火烧毁了附近一座新建筑物。五月七日和八日，学生在纽约市的金融区举行示威。作为报复，正在盖世界贸易中心的建筑工人蜂拥到华尔街，用棍棒和其他代用武器殴打抗议者。这个事件造成的震动使某些人认识到社会秩序遭到破坏会反过来给示威者带来危险的后果。这件事并没有使抗议运动放慢步调；它只是使尼克松更加相信美国广大群众是同他站在一边的。

确实，盖洛普民意测验表明有很多人支持总统的行动。在回答“你认为美国应当运送军火和物资去帮助柬埔寨吗？”这个问题时，百分之四十八被问到的人都说应当，百分之三十五说不应当，百分之十一没有表态，还有百分之六的答复是有保留的。在回答“你是否赞成尼克松总统处理柬埔寨局势的方式？”这个问题时，百分之五十表示赞成，百分之三十五表示不赞成，还有百分之十五没有表态。此外，百分之五十三的接受询问的人赞成尼克松总统处理越南局势的方式，百分之三十七不赞成，百分之十没有表示意见。

新闻界和学生的批评形成的轩然大波对国会产生了强烈影响。国会因为总统同它磋商不够而提出批评不是没有道理的。但是它现在也开始升级，企图通过立法手段规定必须撤出柬埔寨，并禁止美军重新进入。五月十三日，参议院开始辩论对外军事物资销售法案。弗兰克·丘奇和约翰·谢尔曼·库珀参议员提出修正案，要求禁止美国在六月三十日以后继续为柬埔寨提供军事援助或继续在柬埔寨进行军事活动。另一方面，罗伯特·伯德参议员提出的一个修正案则要求授权总统采取他认为必要的一切行动来保护驻在南越的美国军队。这个修正案在六月十一日被看作是一场预赛的表决中，以五十二票对四十七票的微小差额遭到否决。参议院的辩论和国会中的斗争一直进行了七个星期，直到六月三十日参议院在一次唱名表决中以五十八票对三十七票通过了库珀-丘奇修正案。尽管按照行政部门的判断这样做等于宣判南越死刑，参议院仍然投票赞成，使共产党可以在柬埔寨为所欲为。这个法案后来送交参众两院联席会议。由于众议院拒绝同意参议院通过的修正案，造成了僵持局面，结果整个对外军事物资销售法案在一九七〇年剩下的时间里一直停留在讨论阶段。到那个时候，大部分损失已经造成；正当北越公然入侵期间，参议院却告诉敌人：柬埔寨得自己照顾自己。

库珀-丘奇修正案的焦点是柬埔寨，而对国防采购法案提出的麦戈文-哈特菲尔德修正案则想通过在一九七〇年底——后来推迟到一九七一年十二月三十一日——停止一切拨款的简单办法结束印度支那战争。参议院最后在九月一日以五十五票对三十九票拒绝了这个提案。但是他们行动的格局是清楚的。参议院里的反战派要接二连三提出修正案，迫使政府必须不断打后卫战才能为谈判保持最低限度的机动余地。这只能鼓励河内采取拖延战术，等待我们国内鹬蚌相争使它可以从中渔利。

所有这一切都加快了幻想消失的过程。保守派由于战争转为退却而灰心丧气；自由派则由于他们自己造成的后果而陷于瘫痪——因为他们无法完全忘却正是一个自由派的政府把五十万美国人派到印度支那去的。他们既不愿正视自己过去的行动造成的恶果，又同样不愿认真保持镇静。大家拼命规避责任。一个十分不寻常的现象是，包括持不同政见者和其他人在内，所有集团都把责任推给担任总统职务的人。一位高级教授宣称“离开越南的办法就是坐船”。这句话已经在大学生中传为笑谈。实际结果是：在缺乏任何可以认真考虑的选择办法的情况下，政府除了贯彻自己的政策以外，就只有投降一条路可走了。

政府结构也开始瓦解。行政部门患了炮弹休克症。政府工作人员的孩子和他们的朋友的孩子毕竟也参加了示威游行。国务院大约二百五十名雇员，包括五十名外交官员在内，签署了一份反对政府政策的声明。内阁成员明显存在的不同意见说明行政部门几乎同全国一样处于分裂状态。内政部长沃尔特·希克尔公开提出了抗议。《纽约时报》五月九日报道说：国务卿已禁止大家对他的态度进行任何猜测——这很难说是对总统表示有力的支持。一群雇员占领了和平队办公楼，在上面悬挂了一面越共旗帜。卫生、教育和福利部长罗伯特·芬奇拒绝在公开场合反对他的总统和老朋友的意见——就像他私下确曾做的那样——而他属下的一大批官员却占领了该部礼堂以示抗议。[12]总统把自己看做是中流砥柱，但是动乱对他也是有影响的。对于抗议者的敌意，他装作不以为意，实际上深感痛苦。如果能够得到一点点像学生对受人钦羡的肯尼迪兄弟表现的那种爱戴，他愿意付很大代价。由于这种矛盾心情，尼克松感到精疲力竭，甚至使他的顾问们深为忧虑。五月九日上午五点他去林肯纪念堂同学生进行的那次令人尴尬的会晤，只是说明他的心理状态的一个小小的苗头。

精疲力竭是当时我们所有人的共同特征。为了获得一点睡眠，我不得不从被抗议者团团包围的住处搬到白宫地下室去。尽管我需要协调处理危机的工作，我还得耗费大量时间对付心情抑郁、近乎惶惶不安的同事，用甚至更多的时间对付游行示威的学生和同事。我同宣布要在拉斐特公园绝食到全部美军撤出为止的两位年轻的和平主义者布赖恩·麦克唐奈和托马斯·马奥尼谈了相当长时间。我在战情室对来自各个大学和研究生院的一群群学生谈了我对他们的绝望情绪从何而来的看法，我认为这种情绪的根源比为战争感到忧虑要深刻得多。

我发现同学生讨论问题比同参加抗议的老师讨论问题收获更大一些。当我应一批大部分曾经担任过政府高级职务的哈佛大学教授的要求同他们在战情室共进午餐时，我建议在不供发表的基础上同他们推心置腹地讨论一下我们做出决定的理由。这些人过去多数都是我的亲密同事和朋友。但是他们不愿接受我的建议。他们不是作为卓越的学术界人士，而是作为政界人士来的。他们背后都有一个选区，即由于肯特州立大学的悲剧和战争而燃烧起来的校园。他们事前已向报界宣布——但没有对我宣布——这次来是同我对抗的；他们宣布从今以后拒绝在研究或咨询工作方面同政府发生任何关系。

他们就柬埔寨决定提出的反对意见说明，夸大其词并不是政府才有的毛病。一位杰出的教授经过仔细考虑的分析提出来的意见是：“某些人忘了告诉总统，柬埔寨是一个国家；从他的所作所为来看，他似乎并不知道。我们是否对柬埔寨承担了很大的义务？承担是腐朽的外交政策。不承担也是腐朽的外交政策。”他深信这种行动“明显危及美军的撤退”——虽然事实恰恰相反。在毫无证据的情况下，这位教授居然愿意相信国防部长莱尔德在总统宣布这些军事行动以前是不了解情况的。他令人惊讶地认为“这是一场根本不应当进行的赌博，即使它获得成功也是一样”。还有人说关于柬埔寨的决定是“无法理解的”，“比约翰逊干的任何事都更加令人发指”，是“灾难性的”、“令人惊骇的”。有位教授提出一个异乎寻常的假设，即这次为时八周、范围二十一英里的行动可能会使我们的军事司令官认为现在使用核武器已经是可以想象的了。另一位教授宣称，对方的一切行动都是我们挑起的。

这次会晤使我彻底走出了学院的象牙之塔，进入了现实世界。这些人在他们从事的专业方面都是执牛耳的人物；他们曾经是我的朋友，是毕生从事研究工作的学者，因此是应当能够正确地看待事物的相互关系的。他们不同意我们的决定，这一点可以理解；我自己在确信没有其他可供选择的办法以前也经历了长期动摇犹豫的过程。但是那种缺乏同情、自以为是、拒绝提供任何选择的态度加强了我的两个信念：为了我国的内部安宁，必须结束战争；在努力按照符合任何国际义务的条件结束战争时，我们不能指望那些曾经和我共事多年的人的帮助。创伤必须战后才能愈合。结果，这些创伤并没有愈合。

柬埔寨问题不是一个道德问题。尼克松和反对派根本都不应当这样提出问题。我们面临的基本上是一种策略上的抉择：在八个星期的时间里，用美国部队使庇护所失去作用是不是保证我们撤出越南的既定步调和安全，并防止河内席卷印度支那最好的办法。通情达理的人可能有不同的意见；但实际情况不是这样，理性的讨论已经结束了。总统的表达方式把他的决定提高到和第二次世界大战时期某些关键性抉择相同的举足轻重的水平。批评者反击时则把他描绘成一个失去控制、毫无理性，并且挑动敌人进攻的总统，其行动即使成功也是不道德的。

但是辩论的真正主题并不是对柬埔寨的进攻，而是前一年反战大示威时曾使国家陷入分裂的同一个问题：美国是否应当为自己的荣誉、世界地位和已经做出的牺牲坚持下去，还是应当立即无条件地使自己的努力归于失败。富布赖特参议员鼓吹的那种政治解决——除迅速把一个共产党政府强加给西贡这一点以外——恰恰是河内已经拒绝的办法，正如不到三个星期以前黎德寿曾以斩钉截铁的口吻向我证实过的那样。那些温和派的批评者谁都不愿承认的是：如果我们按照他们的建议办事，拒绝援助柬埔寨，很快我们就只有接受他们谁也不赞成的河内的条件，别无其他选择。我们的反对派不断宣扬一种毫无根据的假设，似乎存在某种未加说明的政治选择、某种保持中立的法宝，而我们执意予以摒弃。

以六月三十日作为从柬埔寨撤出美军的期限，这个仓皇失措的决定是公众压力造成的具体后果之一。

政府的中间阶层则更不安定。公众抗议的影响使他们不是去讨论如何使战斗获得胜利，而是为战术空军的出击、为六月三十日我们撤离后南越在柬埔寨的行动、为美国顾问的作用精心制定种种限制。华盛顿政府的矛盾心情必然会感染战场上的人员。他们很快就意识到华盛顿并不鼓励在柬埔寨采取大胆而富想象力的行动追击敌人。从这个意义上说，柬埔寨正是我们在印度支那的全部努力的一个缩影。

在一个民主国家里，当对话完全断绝时，胜利者是不存在的。如果企图用激动的情绪强制决策，如果身居高位的人只是为了平息街头抗议而被迫采取他们并不真正相信的措施，那就不可能有什么严肃的国家政策。如果批评者获悉我同黎德寿的谈话——由于政府坚信保密是使谈判成功的必要条件，这些谈话没有公布——他们当中某些人或许会比较谅解。但是，一个无法避免的印象是：多数批评者，并不需要抓住总统什么错误，那只是他们的一个借口。（如果他们知道我在进行谈判，很可能会谴责柬埔寨战役危及谈判的整个前景。）我们面对的是一种把所有解释都看作同过去历届政府一样的夸大其词而不予理会的不分青红皂白的情绪。批评者很少提到我们的根本矛盾：在允许敌人开辟新战场时，我们怎么能够——像我们正在做的那样——以负责任的态度撤出部队和减少军事活动呢？

为了寻找一种温和的办法来代替我们的政策，人们重新开始施加压力，要求为撤退全部美军规定期限。六月七日，《洛杉矶时报》要求我们立即全部撤出东南亚。它说：“现在是美国迅速地、毫不含糊地离开越南的时候了。”《时报》毫无根据地说，规定十八个月的期限“将比总统现在奉行的政策的危险小得多”。《生活》杂志七月份也跟着说了起来。

不幸的是，主张规定撤军期限的论据并没有随着时间的推移有所改进。期限只有两种：一种是同越南化并行不悖的，那就同我们的政策完全一致，但将剥夺我们在谈判中使用的杠杆。另一种是武断地规定的，那就不过是垮台的一种委婉的说法；而且在这种情况下，就几乎不可能证明在期限到来之前还要继续拿人的生命去冒险的正当性。因此，当我们结束柬埔寨的战斗时，我们还走在撤出越南的漫长道路上，面对着毫不妥协的敌人和国内同样毫不妥协的反对派。

得失对照表

我国国内这种痛苦局面的最终受害者是温厚的柬埔寨人民。几年之后，当我们支持的柬埔寨政府垮台、被共产党接管时，多年来一直要求抛弃柬埔寨的那些人出于自身固有的利益，力图通过各种曲解，避免对部分是由于他们的主张带来的可怕后果承担责任。有人断言使西哈努克垮台的柬埔寨内部紧张局势是共产党部队西进造成的，而共产党部队西进据说是我们一九七〇年五月入侵[13]或一九六九年以来的轰炸[14]造成的。事实上，北越部队向西进军是四月初，即我们进攻以前开始的，其起因只是柬埔寨政府居然胆敢要求他们撤离柬埔寨领土。

如果我们不进攻，共产党就会早好几年接管柬埔寨。在那种情况下，这些狂热的空想家的统治不大可能比现在仁慈；对于如此脱离人民、如此热衷于可怕的社会改革试验而又如此死啃教条的暴君，是不能用正常标准加以衡量的。这些人不是被人误解的人道主义者，他们并不是由于我们五年前的行动在一阵激怒驱使下去屠杀本国人民的。的确有人在根本提不出任何事实根据的情况下发表过一种稀奇古怪的论点，认为红色高棉获胜后表现的残暴是美国和柬埔寨对他们进行了五年抵抗造成的。[15]除了为嗜杀成性的红色高棉曲意辩解的人以外，谁也不能把这个论点当做适当的解释加以接受。西哈努克就不相信；他曾在一九六七年把这些人从柬埔寨一脚踢开，因为他们对国家造成了威胁。一九七九年四月，西哈努克对我说，红色高棉领导人从一开始就是“一贯的杀人犯”。[16]红色高棉当权时的行动是对几十年意识形态狂热孕育出来的经济理论的有系统的运用。它的领导人乔森潘五十年代后期在巴黎写的博士论文就说到必须动员“农民群众中蕴藏着的力量”反对腐朽的城市，从而改造柬埔寨的经济和社会结构——二十年后这个理论以惊人的彻底性和残暴性付诸实施，直到绝灭种族的程度。[17]

河内后来以铁蹄踏平一个同伙的共产党政权，正是由于这个政权希望保持独立。因此，所谓河内本来会尊重中立主义的西哈努克的独立的说法是无法言之成理的；黎德寿同我们的每一次谈话都驳斥了这个论点。我们本来是会在中立主义的西哈努克身上碰碰运气的。不幸到一九七〇年四月底，事态的发展和他自己的愤怒已经使他处于只有作为共产党代理人才能重新上台的地位。六十年代中叶——在统治印度支那的贪得无厌的欲望推动下——入侵柬埔寨，并且早在任何美国炸弹落到柬埔寨国土上之前很久就组织起红色高棉的正是河内；在我们发动有限进攻前的一个月内力图扼杀柬埔寨的正是北越部队；一九七八年至一九七九年期间推翻红色高棉的也正是北越部队。如果我们不进攻庇护所，柬埔寨早在一九七〇年而不是一九七五年就给鲸吞了。如果说有什么因素决定了自由柬埔寨人的灭亡，这个因素就是美国的厌战情绪。

可怜的柬埔寨逐渐成为我国发泄灰心失望情绪的对象。我们国内的批评者通过立法结束越南战争的各种计划都遭到挫败，但在迫使我们撤出柬埔寨方面比较成功。同一个敌人正使用柬埔寨作为基地；河内除已增加的部队外已无法继续增援，因此柬埔寨力量的任何增加都必然会削弱河内的力量或使河内处于守势。尽管如此，美国顾问按照法律规定却不准进入柬埔寨，美援也受到严格限制。柬埔寨钳制了河内在南方的大量人力，而我们的援助款项却如涓涓细流，一九七〇年仅约两亿美元，而且附加限制，不得用于“维持朗诺政府”——援助一个国家但不得援助它的政府，真是一种令人震惊的政策。这种情况既反映了一种恐惧，即害怕我们像在印度支那其他国家一样在柬埔寨“陷入泥潭”，也反映了当时已经流传甚广的传说，即我们正被阮文绍而不是被河内扣作人质。为什么我们的盟友在老挝和柬埔寨的地位恶化会使我们更容易从越南脱身？这个问题从来都没有说清楚。

我们的大使十分刻板地看待国会不准军事顾问进入柬埔寨的禁令，甚至不让我们的武官前往旅行，以便了解柬埔寨部队的表现。柬埔寨变得死气沉沉了；南越部队在它的边境活动；美国飞机轰炸敌人的交通线——很大程度上由于我们限制援助的结果，柬埔寨部队越来越软弱，因此更加不得不依靠我们的飞机作为唯一的战略后备。很有讽刺意味的是，批评者自称厌恶日益依靠空中力量的情况，但他们恰恰造成了这种情况。任何决定性行动都是不被容许的；本来早就可能被逼入窘境的北越现在获得了加强红色高棉军队的时间。柬埔寨军队不得不按照鸽派对尼克松主义的定义维持生存，因此日益失去活力。在此期间，冷酷无情的共产党敌人在为发动全面进攻聚积力量，而照章办事的美国却在逐渐扼杀柬埔寨军队进行抵抗的能力。

柬埔寨的困境甚至触动了参议院外交委员会的两位工作人员——理查德·M·穆斯和詹姆斯·G·洛温斯坦。这两个人每年都要到东南亚访问。他们的访问曾经使我们的官员感到恐惧，因为他们都反对这场战争，而且善于揭官僚们的疮疤。他们半年一次的报告为国会攻击我们的越南政策提供了弹药。但是，穆斯和洛温斯坦一九七〇年底访问柬埔寨时，得出了同我们差不多的结论，并且大胆讲出了这些结论。他们的报告的要点是：美国实际上为柬埔寨干得很少；柬埔寨政府是得到人民广泛支持的；美国在给柬埔寨拆台。报告说：

和南越的形势截然不同，朗诺将军的政府看来在青年和知识分子当中，而且在文官和参议院、国民议会的议员当中得到很大的支持……明显存在一种民族团结的意识和目的感，存在不靠外国军队、自己捍卫祖国的决心……

柬埔寨人感到难以理解造成美国今天在东南亚所处困境的各种曲折复杂的因素。他们回顾二十年来美国在亚洲行事的方式，对美国在武装他们，抵抗由中国和苏联装备起来的北越军这个问题上举棋不定的迹象似乎感到迷惑不解。

过去对流行的成见表示支持的穆斯—洛温斯坦报告都印成花哨的小册子广为散发，这次报告却在委员会里压了好几天。然后，显然是在某些委员的压力下，报告发表了——不过是以尽可能不引人注意的方式发表的。富布赖特参议员只是把它同几篇报纸社论一起塞在一九七〇年十二月十六日的《国会记录》里，既不叫人注意，也未公开宣读。[18]

是否进攻庇护所是一个有很大风险的问题。在这个问题上，诚实而严肃的人完全可能存在不同的意见。但是，一旦北越军队推进到全国，一旦他们建立起受共产党控制的“解放区”来推翻金边的非共产党政府（这一切都发生在美国做出任何反应以前），命运就已经决定了。进攻庇护所防止了柬埔寨的立即崩溃，但不能消除长期的威胁。反对原来决定的人现在力图取消该决定，办法是阻止对柬埔寨政府提供进一步援助。但是这种做法既没有取消决定，也未能防止战争的扩大；它起的唯一作用是为河内和红色高棉提供了喘息机会，使他们可以增强实力，展开最后的攻势。它使保持一个独立、自由和中立的柬埔寨的最后一线希望化为乌有。一九七〇年辩论的是非曲直姑且不论，也可以提出强有力的理由证明：由于我国的民主政治程序发生了故障，由于政府和批评政府的人都能够阻止对方达到目标、挫败对方的政策，我们不可能采取任何首尾一贯的战略；最后，柬埔寨成了牺牲品。北越的决心、柬埔寨的内讧和美国内部的冲突这些因素糅合在一起，使一切事态发展具有希腊悲剧式的必然性，最后使这个淳厚的国家遭受了并非应得的灾难。这是我们大家谁都没有权利忘却的。

一九七〇年六月，我们还不相信事态注定将以悲剧结束。我们仍然努力保持一种既坚定又和解的平衡态度，使谈判得到最大限度的促进。因此我们请沃尔特斯将军在一九七〇年五月八日发出信件，建议同黎德寿再次会晤。我并未期望河内立即接受。五月六日，河内已经把预定在克莱贝尔大街举行的公开谈判“推迟”到五月十四日，并且发表了一个支持红色高棉的新的声明。但是甚至这次推迟，用我的工作人员的话来说，也是“以比较谨慎的方式”提出的，说明对方希望保持这条谈判渠道——即使目的仅仅是使我们不致有借口、恢复轰炸而已。河内拖了几个星期不答复我们同黎德寿恢复秘密谈判的提议。六月五日，它拒绝了我们再次会晤的建议，称之为“暂时中断”。

但是到局势明朗化、战场上出现新的均势的时候，显然会进行新一轮的外交活动。因此我在五月二十五日请各部门研究美国在外交方面可以在印度支那采取什么主动。我还建议总统为巴黎谈判任命一位新的高级代表。这是北越在公开和秘密会谈时都坚持要求的。我从来不认为仅仅指定一位代表就会推动谈判走出死胡同；河内对巴黎会谈的主要兴趣是避免我们以缺乏认真谈判为由恢复对北方的轰炸。尽管如此，我认为任命一位高级代表将使河内丧失一个作宣传的题目。我建议让戴维·K·E·布鲁斯当代表；尼克松欣然同意；布鲁斯这位非凡的外交家以他特有的责任感接受了这个职务。

我从来没有见过一个比戴维·布鲁斯更出色的公仆或更优秀的人物。他是马里兰州一个古老家庭的后裔，在马里兰州和弗吉尼亚州都有深厚的根基，他在不同时期担任过这两个州的州议员。他写过关于美国早期总统的作品，而他的敬仰者发现他本人就具有许多和那些总统相同的刚毅的品质。他以毕生精力为公众谋福利，并在第二次世界大战期间，在战略服务局的工作中证明了自己的勇敢精神。他是一个英俊、富有、情绪稳定的人，完全没有那些比较渺小的、把公职当成自我表现机会的人那种喜欢坚持使自己的看法占上风的习惯。他的行为举止说明他是为一种超越任何个人生命的事业服务的；他浑身焕发出一种信念，即他的国家代表着各种需要爱护，同时也值得捍卫的社会准则。他的尊严要求第一流的工作成绩；他保持低调的口才证明在品质高贵的人身上内容和形式是无法分割的。他认为耐性和善意——即使是逐步地——将克服世界的缺陷，而在这个世界上只有人类能够通过理性和机智得到改进。

布鲁斯从来没有拒绝过任何总统提出的高尚的要求，也从来没有按照个人的利害得失估价这些要求。三十年来他曾为两个政党的总统服务，担任驻伦敦、巴黎和波恩的大使。后来他又在越南谈判中、在北京和北大西洋公约组织为尼克松总统和福特总统工作——一直干得非常出色。他说话坦率，必要时毫不含糊，但是他并不把自己的辛勤劳动当作追求个人地位的手段。总之，他是一个有个性的人。

戴维·布鲁斯对我的影响是很少有人超过的。当我做某些最重要的决定时，我本能地会向他讨教。我并不是每次都采纳他的意见；但每次我都从他的判断、他的幽默感和他无穷的机智中获得教益。他使我不过分重视自己的作用。他深信为我国前途而工作是一种严肃的职责。这种信念对我永远是一种鼓舞。

一九七〇年七月，已经七十二岁、体质虚弱的戴维·布鲁斯开始执行新的使命，他知道对手的主要目标就是把他搞得精疲力竭。他懂得辩论的技巧并不能代替他的谈判对手如此重视的客观上的力量均衡。他在巴黎得不到什么荣誉；他也不追求荣誉。但是他懂得国家的荣誉绝不是无足挂齿的小事；我们生存了几百年并不是为了出卖那些信赖我们诺言的人。

我们走在一条漫长的、肯定是痛苦的道路上。但是有戴维·布鲁斯作为旅伴，肩上的负担就不显得那么沉重了。只要他愿意承担某种工作，就可以很有根据地说这种工作是符合国家利益的。

注释：

① 沃尔特斯有极为详尽的描述。见弗农·A·沃尔特斯《秘密使命》（纽约花园城，双日出版公司，一九七八年版），第二十四章和第二十八章。

② 同上书，第五八〇页至五八二页。

③ 关于过去越南对老挝和柬埔寨的统治，见伯纳德·福尔《两个越南》修订本（伦敦，帕尔马尔出版社，一九六五年版），第一二页至一九页，第三三页。

④ 同上书，第三八六页。

⑤ 例如：《纽约时报》，一九七〇年二月二十五日。

⑥ 西哈努克访问记，见《纽约时报》，一九七〇年三月十二日。

⑦ 见西哈努克回忆录《我同中央情报局的战争——诺罗敦·西哈努克亲王回忆录（贝却敌记录）》（纽约，万神殿图书公司兰多姆出版社，一九七三年版），第二四页。并见第二一页至二二页，第二四页至二六页，第四二页至四三页，第五〇页，第五四页，第二〇一页至二〇二页。

⑧ 威廉·肖克罗斯著《穿插小戏：基辛格、尼克松和柬埔寨的毁灭》（纽约，西蒙-舒斯特联合出版社，一九七九年版），第一六五页。

⑨ 此信全文如下：

总统

致亨利·基辛格的备忘录

假如我在我们今天会议上的想法同我此刻（四月二十二日凌晨五时）的想法一样，我觉得我们需要在柬埔寨采取大胆的行动，以表示我们是同朗诺站在一起的。我并不认为他会存在下去。不过，他或许有存在下来的某种机会。反正我们必须采取某种象征性行动帮助他生存下去。这次我们可真的放弃了自己的责任，因为我们上了当，相信我们如果进行援助，就会破坏他的“中立”，从而给北越人以干涉的借口。我们一而再、再而三地没有接受这样一个教训：共产党进行干涉从来不需要什么借口。一九五六年在匈牙利，他们不需要借口。那时国务院的专业人员提出了同样的论点，并获得杜勒斯的赞同，因为他那时累了，并且又是在竞选期间。他们在捷克斯洛伐克也不需要借口，那时国务院的人员曾提出了同样的论点。他们在老挝也不需要找什么借口。在那里，因为我们没有在他们整个攻势开始之前就实施打击，以挫伤他们的锐气，以至坐失良机。他们在柬埔寨也是一样，而我们完全采取了袖手旁观的态度，向参议院声明，我们的大使馆里只有“国务院七个笨蛋组成的代表团”，并且不打算提供任何种类的任何援助，因为我们担心，如果提供援助就会“刺激”他们进行干涉。他们正在那里轻易地取得胜利，过去二十五年来唯一敢于采取亲西方和亲美立场的柬埔寨政府正摇摇欲坠。我正考虑派一个像鲍勃·墨菲那样的人到那里去走一趟，回头向我报告；他要到那里去，消除朗诺的疑虑。当然，这将同你的活动同时进行。国家安全委员会会议结束之后，如果我决定采取这个方针，你将立即同我们在世界各地的所谓朋友派来的某些胆小如鼠的大使接触。我们要搞清楚现在谁是我们的朋友，因为如果我们决定在这里挺起身来，剩下的那些人当中的某些人最好迅速跟上。

在国家安全委员会开会以后，我要同你谈这个问题。

⑩ 约翰·米切尔给这次会议做了记录，并写了一份简单扼要的仅有两页的备忘录：

会议备忘录（一九七〇年四月二十八日）

出席者：总统、国务卿、国防部长、司法部长

主题：柬埔寨／南越问题

讨论这个题目的会议是星期二，即一九七〇年四月二十八日在总统椭圆形办公室举行的，上午十点二十分开始，持续约二十分钟。

总统说，开会的目的是把他就南越和柬埔寨形势的发展做出的决定通知出席者。总统又说，他过去十天不断在考虑这个问题，并考虑了中央情报局局长、参谋长联席会议，以及麦凯恩海军上将和他的参谋人员在夏威夷汇报会上提供的全部情报。总统又说，在决策过程中，他还考虑了国务卿和国防部长反对在柬埔寨使用美军的立场，以及基辛格博士倾向于反对使用美军的建议这个事实。

总统又说，他头一天向邦克大使和艾布拉姆斯将军提出了某些问题。总统宣读了他给邦克大使的电报和星期一深夜收到的大使的复电。

总统又说，根据他对柬埔寨总的形势的研究，他决定不改变美国目前在柬埔寨

军援问题上的立场和他授权越南共和国军队进攻鹦鹉嘴的决定。总统又说，为了保护南越的美军，他决定批准授权美国和越南政府部队联合进攻鱼钩地区的南越中央办事处总部。总统表示了这样一种意见，即进攻南越中央办事处的行动是继续执行越南化计划所必需的，这种行动可能有助于而不是妨碍美国为和平谈判的努力。

总统又说，他在决策时考虑了国会某些人士和公众中某些阶层可能产生的不利反应。总统又说，为了把导致这些决定的情况和他在这个问题上得到的劝告记录在案，他在头一天晚上口授了一个录音记录，其中包括国务卿和国防部长的反建议。

总统讲完话之后就离开了椭圆形办公室，到内阁室去参加另一个会议。当总统在场时，其他出席者未就会议主题进行讨论。

（签字）约·N·米切尔

⑪ 见伊丽莎白·贝克尔《柬埔寨：同越南的边界战争一瞥》，载《华盛顿邮报》，一九七八年十二月二十七日；亨利·卡姆《波尔布特证实了尼克松的断言》，载《纽约时报》，一九七九年三月十八日第七版。

⑫ 《纽约时报》，一九七〇年五月十八日。

⑬ 例如：斯坦利·卡诺《柬埔寨：尼克松就是那个家伙》，载《华盛顿邮报》，一九七九年一月十二日。

⑭ 例如：威廉·肖克罗斯《柬埔寨：责任所在》，载伦敦《星期日泰晤士报》，一九七六年十二月十二日；《谁“弄掉了”柬埔寨？》，载《纽约时报》，一九七九年二月六日；《穿插小戏》中多处可见。

⑮ 例如：肖克罗斯《穿插小戏》，第三七二页至三七三页，第三八九页。令人惊讶的是，这样为红色高棉暴行开脱的肖克罗斯却受到另一位作者的鞭挞。这位作者认为缺乏足够证据说明曾经发生过这种暴行。见理查德·达德曼的文章，载《纽约时报书评副刊》，一九七九年四月二十二日。某些批评我们的人似乎愿意在自己的政府面前假定波尔布特是无罪的。

⑯ 另见西哈努克访问记，《远东经济评论》，一九七九年五月十一日，第一四页。西哈努克在这次接见记者时把波尔布特描绘成一个应对二百万柬埔寨人死亡负责的“刽子手”。

⑰ 见弗朗索瓦·蓬肖《柬埔寨：前途未卜之年》（纽约，赖纳哈特和温斯顿·霍尔特出版公司，一九七七年），对红色高棉有系统地运用意识形态理论的情况做

了极为出色的分析。乔森潘论文中引出的话见该书第八七页。

⑱ 《国会记录》（日刊），一九七〇年十二月十六日，第二〇二八三页，第二〇二八九页，及其后各页。

第十三章　苏联之谜：欧洲、限制战略武器谈判、最高级会谈

捉摸不定

超级大国的表现常常像两个全副武装的盲人，同处一室，到处摸索，都以为对方目光如炬，因而使自己受到致命的威胁。双方都应当懂得，从本质上说，制定政策这种工作经常是没有把握的、妥协的、缺乏连贯性的。但是他们都倾向于认为对方具有已经被自己的经验否定的一致性、预见性和连贯性。当然，时间一长，即使是两个盲人，如果同处一室而又手执武器的话，也能相互造成极大的伤害，更不用说对房间会造成什么破坏了。

美苏关系的困难不仅在于两个相互竞争的官僚机构各有自己的设想和猜测；他们对谈判的看法也是相互矛盾的。美国人倾向于认为每次谈判都有它自己的逻辑，谈判结果很大程度上取决于讨价还价的技巧、善意和善于妥协的能力。但是，如果谈判一方只得到含糊的授权，只有达成协议的一般愿望，谈判可能性——这个漂亮词汇的意思是：了解对方可能接受什么条件——本身就变成了目的，结果必然是坚持谈判的一方不断让步。国内把坚持谈判立场贬为“态度僵硬”、“顽固不化”或“缺乏想象力”。立场从来不是一成不变的。批评者总要求更加灵活，谈判开始不久就有人提出美国有义务通过让步克服僵局。对方意识到我

们实际上正急于求成，当然有一切理由想要坚持僵硬态度，看看我们还会提出什么建议。

美国谈判代表的这些特点，加上我们国内的辩论，使我们一九六九年的工作复杂化了。在政府内部，我们不得不同那些希望通过善意的姿态增加谈判势头的人进行似乎没完没了的斗争。例如，不少人提出我们应当放弃反弹道导弹系统和多弹头分导重返大气层运载工具发展计划，否则就会破坏限制战略武器的前景——虽然事实上这两种武器属于我们为数很少的几张可打的牌。与此类似，有人警告我们说，对中国开放将使对苏关系倒退；事实上这种开放使我们同苏联的关系在好几个方面打破了僵局。

我们内部的分歧使苏联领导人情不自禁要利用机会对我们进行夹攻。举例来说，克里姆林宫会强调它渴望就限制战略武器条约问题开始谈判。当白宫努力按照苏联的全面表现作出反应的时候，政府其他部门却千方百计——从对报界透露消息到非正式暗示——表明它不仅愿意，而且渴望开始会谈。苏联大使馆在老练的多勃雷宁领导下会在记者和国会领袖当中散布说，贸易可以对缓和紧张局势做出重大贡献。当白宫努力坚持必须随着政治关系的改善，而不是在关系改善之前发展贸易的时候，各个部门和国会领导人却坚持要求早日放松贸易限制。因此，我们第一个年头的大部分时间都用来说服苏联和我们自己的官僚机构，使他们相信我们打算根据我们对国家利益的考虑、根据严格对等的原则进行谈判，而不是根据抽象的口号、“姿态”或“讯号”进行谈判。到一九六九年底为止，双方最初的目标一个也没有达到，但是小心翼翼地避免正面接触的阶段看来就要结束了。一九六九年底，“渠道”——我同苏联大使阿纳托利·多勃雷宁的会谈——日益活跃。这通常是出于苏联方面的主动。我们已经成功地使他们明白，稍后又使官僚机构明白，起决定作用的是总统的意见。但是一九七〇年初通过“渠道”进行的活动，就像下棋时开始布局的第一着棋那样是看不出结果的。双方棋手都决心避免犯无可挽救的错误；每一步棋都小心谨慎，尽可能不透露自己的意图，因此使对方甚至更加警惕起来。

一九六九年十二月二十二日，当多勃雷宁同我在一起进行一般性讨论时，他以讨好的口吻说，莫斯科料想它将不得不同尼克松再周旋七年。莫斯科要等待我们出局，这段时间未免太长；对河内则肯定太长了。令人惊愕的是，他暗示莫斯科对东南亚实际上并不感兴趣，而是出于“误会”卷进去的；他没有解释是什么误会。据多勃雷宁说，中国是继续战争的唯一获益者。

多勃雷宁列举了他所谓使苏联感到沮丧的事：美国政府坚持要搞反弹道导弹；中东谈判停滞不前；尼克松接见了罗马尼亚的副外长，但拒绝邀请葛罗米柯到白宫去；我们企图使每次谈判都以其他某种谈判为条件(连环套)。最后，他询问我们是否可以通过“渠道”开始带根本性的讨论，即使我们决定把达成的任何谅解推迟到越南战争结束以后执行也可以。我告诉多勃雷宁，我认为他很可能得到肯定的答复。

一九七〇年一月二十日我们再度会晤，借口是苏联就西德议会的一些委员会在西柏林开会一事提出了抗议照会。意味深长的是这份照会是通过“总统渠道”提交的，因此不会大肆宣扬；莫斯科显然不希望中欧出现危机。

多勃雷宁借此机会问到我们同中国人在华沙举行的最近一轮会谈。他希望我理解这是一个使莫斯科感到“神经痛”的问题。我能给他介绍一点情况吗？我现在同当时一样不懂，苏联为什么对中国这么不断感到烦恼；差不多十年之后，在中日条约问题上也可看出同样忐忑不安的情绪。接连不断的询问不可能产生任何实际的好处。如果苏联真有理由感到不安，也不大可能得到如实的答复；倒是更有可能使我们看到我们在战略上可以利用的机会——一九六九年确实造成了这种结果。毫无疑问，多勃雷宁在莫斯科的上司官僚主义地认为，只要他们能够拿出一份查询记录，就不能责备他们对华沙会谈一无所知了——他们根本没有意识到这种做法使他们显得多么惶惶不安。

我一直反对把我们同中国人的谈话拿去给莫斯科吹风，因为这样做使苏联人不费吹灰之力就可按照他们的版本向北京透露，借以煽动中国人对苏美共同统治的恐惧。因此我回答说，如果莫斯科如此容易“神经痛”，那么他的上司反正也不会相信我对他说的任何情况的。即使不吹风也清楚，我们根本无法“利用”中国作为一种军事威胁。同时，莫斯科必须认识到我们也有自己的“痛”处，这就是越南。我指出最近莫斯科电台播送美国战俘讲话是一种不友好的举动。

不过多勃雷宁这次来访的真正目的是继续就十二月二十二日谈到的使用“渠道”问题交换意见。开始时，他用一种反常的愚蠢办法就最高级会谈问题对我进行试探，问我是否听说日本大使曾经谈到尼克松的目标是在夏末秋初会见苏联领导人。我向他保证，当我们准备举行最高级会谈时，我们是不会通过第三国提出的。

最后，多勃雷宁转达了莫斯科对我们上次交换意见的反应。苏联领导人欢迎通过“渠道”进行严肃的讨论。他建议我们每次谈一个题目。他很快就会提出苏联对欧洲安全的看法；或许在限制战略武器会谈四月复会以前，我可以概述我们的基本态度。我同意这个程序。

由此可知，到一九七〇年一月底，我们似乎已经开始进行严肃的对话。但是，就像苏联人经常做的那样，他们又出乎预料地改变了航程。他们答应举行的关于欧洲安全的讨论根本没有举行；多勃雷宁干脆就不再提这个问题了。限制战略武器会谈问题也没有进行实质性讨论。相反，多勃雷宁一月三十一日出现在我的办公室，带来柯西金总理就以色列在苏伊士运河沿岸的军事行动提出的警告。照会说，如果以色列继续深入埃及进行空袭，苏联“将被迫保证使阿拉伯国家拥有供其支配的手段”来“反击”以色列。尼克松在一封冷淡然而有礼貌的信中拒绝了这种说法，并明确地表示美国将抵抗苏联在中东的任何升级*。二月一

* 详细情况见第十四章。

日，多少经过点磨炼的多勃雷宁重新提到这种指责，辩解说柯西金写信的意图只是说明困境而不是提出威胁。

一个星期之后，多勃雷宁前来提出一种异乎寻常的怨言。这件事再次表现了苏联人天生的不安全感，同时又巧妙地使我们处于防守地位。他指出最近发表的长达四万字的总统外交政策报告中指名提到的外国领导人只有阮文绍总统和齐奥塞斯库总统。他的领导人可能得出结论，认为我们不重视他们。我委婉地撇开这个令人惊讶的论点，多少有点言不由衷地对他说，这份报告主要是写给美国人看的。多勃雷宁接着问到同一报告关于欧洲那一章里面一句无关痛痒的话：世界上“唯一永恒不变的东西”就是“变化的必然性”。这是否意味着我们不再承认欧洲现有分界线了？我回答说，一个马克思主义者居然反对变化的必然性这种哲学提法是奇怪的。我们并没有对现有国界提出异议，但是我们不承认东德边界是一条国界。我知道苏联人即将同维利·勃兰特总理就德国内部安排问题开始微妙的谈判，我不想给他们增加谈判的资本。

多勃雷宁再次向我保证苏联领导人渴望他能同我继续秘密交换意见，特别是在限制战略武器会谈问题上。但是具体谈什么问题，他还没有得到指示。然后，三月十日，在正式的限制战略武器会谈预定开幕时间之前不久，多勃雷宁提出他同我是否应当集中考虑一项“全面的”或“有限的”限制战略武器协议。我告诉他主要问题在于具体化。这次谈话后不到一个星期，我们获悉苏联正在把他们最先进的防空导弹(SA-3型导弹)运入埃及，还有操纵导弹的苏联人员。于是，我在十天之内第二次会见多勃雷宁，坚定地对他说，这使人回想起他们在古巴导弹危机期间的表现。我们肯定要保证军事平衡得到维持。四月七日，多勃雷宁又探询了就限制战略武器会谈交换意见的可能性。他说：如果在维也纳提出我们的主张之前我能加以概述，莫斯科将把这看作是表示真诚的迹象。这样做使克里姆林宫最高层领导人可以在各个部的专家把自己搞得毫无伸缩余地以前加以考虑。

我们还没来得及讨论这些问题，多勃雷宁就被调回莫斯科进行磋商去了。在此期间又出现了柬埔寨危机。但是已经发生的事情已足以说明克里姆林宫缺乏一条明确的路线。它试图同时使用压力及和解两种手段。它提出问题却又不讨论下去，在中东挑起一场对抗却又缺乏显而易见的目的。这种令人迷惑的态度后面隐藏着什么动机呢？

苏联行为之谜

即使在最平静的时期，所谓苏联领导人是根据深刻的长远考虑办事的这种形象也可能是一种过分的渲染。通常由十五名拥有巨大权力的领导人组成的政治局是最后决策机构。当然，党的总书记——从一九六四年以来是列昂尼德·勃列日涅夫——是最有发言权的。他可以决定政治局开会的议程；他控制着书记处；他在挑选新的成员时具有决定性影响。尽管如此，自从斯大林死后，任何总书记也不是随心所欲、毫无约束的——虽然勃列日涅夫的地位从一九七一年以来显然已经日益突出。他必须设法取得一致意见；每个问题无疑都存在需要加以调和的、相互竞争的思想派别和影响中心。

作为决策机构的政治局和政府执行机构的截然分离使这部机器更加笨重。官僚机构只有在自己管辖范围内才有权表示意见，对其他部门的专业，即使实质上同它有关，似乎也无权发言。因此，外交部可以对军备控制建议的政治影响发表自己的看法，对其军事方面则不行。国防部是军事问题的唯一权威，对外交就没有什么发言权。部门之间的一切争议都得提交政治局解决。在一九七三年葛罗米柯和安德烈·格列奇科元帅参加政治局以前，他们主管的外交部和国防部有十年在政治局没有代表。在葛罗米柯提升到政治局去以前，我有时得到一种印象，即我比葛罗米柯更了解苏联军事部署。我们参加限制战略武器谈判的代表当着苏联外交官的面讨论苏联军事部署问题，显然使苏联代表团里的军事官员们很不舒服；在此以前，他们有一位军官曾经私下向我们代表团暗示最好不要在外交官面前提出军事技术方面的问题。

由此可知，甚至在总书记处于突出地位、政治局意见一致的时候，苏联的决策过程也是很累赘的，而在变换领导时期则更加动弹不得。在这种情况下，主要政策方针一旦确定就会以毫不动摇的僵硬态度加上俄罗斯的固执来执行。权力斗争时期则完全可能采取相互矛盾的方针，直到某种危机使他们不得不做出明确决定为止。苏联曾经不知不觉陷入危机之中。这些危机基本上不是事先策划的，并且对善意造成了威胁。陷入危机的原因是某一事件——例如一次即将召开的党代表大会——完全吸引了最高级领导人的注意力，或者使它这部庞大而复杂的官僚机器的某一部分获得了更大的影响力。

一九七〇年初就是这样一个时期。当尼克松就任总统时，阿列克谢·柯西金总理似乎是政治局中负责外交政策的主要人物。来自苏联领导的信件是由他署名的；他还在葛拉斯堡罗会见了约翰逊总统。凡是在最高级会谈问题上伸出触角时，总是提到他的名字。但是，同样明显的是，这个时期勃列日涅夫的影响一直在上升。他似乎把自己的作用从管理党务和国内经济方面扩大到国际政治领域。通常每四年一次的党代表大会预定在一九七〇年举行(事实上直到一九七一年春天才举行)。这是建立勃列日涅夫的突出地位的机会；一九七一年春天以后，几乎所有的高级会谈都是同他进行的。

这意味着一九七〇年是一个过渡时期。在这个时期里，苏联的领导或许全神贯注在内部勾心斗角上，对事态发展只能做策略上的反应。另一方面，美国国内在越南战争问题上出现的纷扰又使他们想乘机渔利。

二月二日，我在送呈总统的备忘录中指出，这个调整时期的局势由于苏联国内存在严重而长期的困难而恶化了。主要由于技术落后，经济增长率在下降。赫鲁晓夫倒台后，新的领导人即着手增加消费品供应，同时提高防务费用，包括在中国边境加强军事力量。虽然这种做法使经济陷入紧张局面，苏联领导人希望产业改组将会给投资和经济增长提供新的刺激，但这些希望已化为泡影。“当然，原因在于苏联领导人不愿意正视他们自己制订的产业改组计划的失败。这些领导人谁也提不出既能刺激经济发展又能保持中央政治控制的新的改革方案。这是使苏联进退两难的中心问题。”（尼克松在这段话旁边批注：“关键问题。”）

我的结论是，最高层可能因此出现拔河比赛的现象：

预计今年举行的党代表大会可能使困难达到严重状态。所有最上层的领导人都希望自己的支持者保持关键地位。勃列日涅夫领导的老年集团可能力图在党代会上扩大自己的权力，而青年集团则倾向于阻止这种前景的出现。

最后，内部的紧张局势并没有达到破裂点。但是在我称为“青年”集团的成员中，有两个人——德米特里·波利扬斯基和亚历山大·谢列平——很快就从高位清洗下来。勃列日涅夫看来同意我对谁可能争权这个问题的分析。

克里姆林宫政局的变化无常一直继续到春天结束。在五月五日送呈总统的备忘录中，我列举了苏联政策杂乱无章、自相矛盾的进一步迹象，例如迅速撤回建议，演说中提到已经改变的决定。我指出：

得到一些主要学者同意的政府内部人士的一致意见似乎是：领导层事实上已经出现麻烦，但是解决办法，即使是暂时的，是对勃列日涅夫有利的。

由于全国电视的集中宣传，他的形象更清楚了；他发表的涉及所有重大内政外交问题的内容广泛的演说显然反映了他的信心。而且好几个第二级人物职务的变化……暗示他是高高在上的。

一九七〇年六月举行的一次中央委员会会议和苏联议会(最高苏维埃)的选举确定了勃列日涅夫的优势地位。六月，我为总统分析了外交政策上可能产生的后果：

勃列日涅夫的优势地位和日益增长的力量不会立即表现在政策方面。在代表大会上，他不惜牺牲重产业和国防产业而站在消费者一边，提出了自己的“和平纲领”。他在闭幕词中又重申了这两个主题。可能更重要的是：如果他获得更多权力，从而可能获得某种较大的行动自由，他可能因此愿意在我们正在研究的某些国际问题上有所行动——限制战略武器谈判、柏林问题等等。

但是在苏联确定缓和紧张局势的方针以前，他们还想通过“有选择的缓和”来孤立我们——一方面同我们的欧洲盟国改善关系，一方面对我们增加压力。苏联领导人从西德新任总理维利·勃兰特的政策中看到了施展这种策略的缺口；有几个月，东方政策(Ostpolitik)占据了舞台的中心。

东方政策

多勃雷宁在一月二十日提出要阐述苏联对欧洲安全问题的看法之后为什么就从此没有下文了呢？随着时间的推移，原因越来越清楚。莫斯科认为直接同波恩打交道要比把我们牵涉进去干得更好。一九六九年冬天，维利·勃兰特采取主动，对苏联和东德都提出了放弃使用武力、接受中欧现状的建议。苏联领导人及其东德被保护人显然对同三十年代以来德国出现的第一个社会民主党政府打交道的前景感兴趣。同时，莫斯科已经同北京开始就长期以来接近沸腾的边界争端问题进行谈判。苏联很可能认为存在同时减少两条战线上的压力的某种机会；如果他们能够使勃兰特接受欧洲现状，就会使中国人更加孤立。此外，波恩同莫斯科的直接和解还有另一个有利之处，就是在解决欧洲一个重大问题时把美国排除在外，从而建立一个先例，可能使其他欧洲人越来越面向莫斯科而不是面向华盛顿。逐渐，这种情况必然会削弱北大西洋公约组织的联系。

正如我说过的那样，我已经产生一种看法，认为勃兰特决定修改他的前任基督教民主联盟政府的政策是不可避免的，而且可能是有益的，但只有在不让苏联支配德国和欧洲政策的情况下才是如此。除非我们设法对这个过程取得某种控制，勃兰特在实现德国这一新政策的目标方面将越来越依靠苏联及其善意。二月十六日，我写信给总统谈到这件事可能带来的后果：

但是，东方政策最使人担心的方面多少是更具有长远性的。只要勃兰特还在同东方国家谈判当前已经摆在桌面上的那些问题——承认德意志民主共和国、奥得-尼斯线、可能为柏林做出的种种安排——他在保持基本上是亲西方的政策方面不会有任何严重困难……

然而，假若勃兰特实现了一定程度的正常化，他或者他的继任者不用多久就可能发现人们企望得到的好处并没有出现。……已经在东方政策上投入大量资本的德国人这时可能认为他们面临痛苦的抉择。应当记住，早在五十年代，不仅舒马赫领导下的社会民主党内，而且传统上醉心于东方、梦想德国成为东方和西方之间的“桥梁”的保守派中都有许多德国人反对波恩同西方制度结合，理由是这样做将使德国永远分裂，再也不能在东方起积极作用。关于德国基本立场的这种辩论很可能以更加造成不和的形式重新出现，不仅使德国国内矛盾尖锐化，而且使德国的西方朋友怀疑它作为一个伙伴是否可靠*。

---

* 在此书撰写过程中，波恩似乎正在出现这种情况。

但是，设法破坏勃兰特的政策是没有意义的；我们只有一种选择，就是把不可避免的事导入建设性的方向。勃兰特的联合政府是根据他现正执行的纲领当选的。我们使他的东方政策流产的唯一办法是大规模干涉德国内政，使我们的盟友离心离德，还要（正如蓬皮杜总统担心的那样）改组北大西洋公约组织，使它变成解放东欧的德美同盟。我们也提不出其他可供选择的办法。蓬皮杜和哈罗德·威尔逊正是因为担心德国采取“解放政策”，所以公开支持勃兰特的方针，并且私下极力劝说我们也支持。我国的舆论也无法理解一项违背德国政府意愿而坚持德国重新统一的政策；我们不可能比德国人更像德国人。相反，我们将日益受到指责，说我们破坏了减轻德国分裂造成的严酷后果的富有希望的前景。

因此，我敦促尼克松附和勃兰特的政策，并运用我们的影响把它纳入一个比德意志民族主义更广泛的格局中去。勃兰特也用保持密切接触的办法为减少人们的担心做了他应做的事。当然，德国的新政府是通报情况，而不是进行磋商。他们报告进度而不征求意见。不过这种做法也正是我们希望的。我们最不希望有什么人认为我们应该对正在西德成为严重国内问题的德国谈判立场负责。我劝告尼克松，“我们给予勃兰特的任何支持应仅限于一般地赞成德意志联邦共和国同东方改善关系——而不要对它的具体行动表示赞同。”

我们并不是没有办法阻止苏联利用东方政策在我们和我们的欧洲盟邦之间制造分裂。举例来说，要奉行一项我们强烈反对的政策，这是西德任何领导人都担当不起的。他在国内的地位经受不住；他自己的信念也与此不符；对利益的任何合乎理性的考虑都不会鼓励这种做法。此外，勃兰特向承认东德方向走得愈远，他就愈需要有一项柏林协定。柏林是解开整个难题的关键。道理很简单。勃兰特同苏联和东德谈判的任何条约都必须经过西德议会批准，而他的联合政府在议会中只有极其微弱的多数。一项增强柏林安全的协议是勃兰特那些引起争议的、实质上表示德国接受分裂状态的条约所能得到的最明确、最有说服力的报酬。显然只有在签订柏林协定的情况下勃兰特的东方条约才会得到批准。而柏林协定需要战时四大强国（美国、英国、法国和苏联）一致同意。这样一来，我们的积极合作就成为关键了；只有我们有力量抵销柏林处于孤立状态这个现实；因此，无论这个过程是怎么开始的，我们终将获得重大的发言权。

我们是在这个范围内支持勃兰特具有历史意义的方针的，虽不热情，但不乏信心。勃兰特在一九七〇年一月十四日发表的政策声明中规定了同东方谈判的六项原则，其中包括保持四大国在柏林的权利和改善柏林的状况。五天后，东德共产党领导人瓦尔特·乌布利希同意就两个德国之间的关系问题进行谈判而不附加先决条件。二月十一日，东德总理维利·斯多夫又出其不意地建议双方直接谈判。在地点问题上经过某些讨价还价以后，双方同意两个领导人将于三月十九日在东德的埃尔富特会晤。同两个德国之间的行动平行，波恩也开始同苏联讨论放弃使用武力条约问题。西德驻莫斯科大使进行初步接触的结果是在苏联坚持联邦共和国必须首先承认东德这个问题上出现了可以预料的僵局。这时，勃兰特决定使谈判升格，任命他的亲信埃贡·巴尔去领导第二轮会谈。巴尔通过秘密渠道把这个行动通知了我。他从莫斯科回国后，又于二月二十日再次利用秘密渠道转达了他对莫斯科谈判总的说来是乐观的估计。他认为苏联人对签订放弃使用武力条约的可能性是“确实感兴趣”的，并且即将提出经过政治局批准的具体建议。

但是通过谈判巴尔也认识到，把条约同柏林问题套在一起是我们手中暗藏的一张王牌。他向我保证，说他已极力要求葛罗米柯同意使通往柏林的民间交通不受干扰。这是德国舆论要求的必不可少的报偿。葛罗米柯没有做出反应，但记下了这一点。巴尔希望保证柏林问题的谈判不落后于德国问题的谈判。我的看法相反；德国问题谈判一旦完成，将大大改善我们就柏林问题讨价还价的地位，因为那时苏联将亟于使东方条约得到批准。

在使柏林问题谈判拖延六个月后，苏联人开始看到同样的现实。二月十日，苏联正式邀请美国、英国和法国在二月十八日开始谈判柏林问题。考虑到盟国之间进行磋商那种像冰河运动般缓慢的程序，这样短促的期限是完全不现实的。但它证明了苏联的迫切心情，并且突出说明只要我们不仓促行事就有改善我们在柏林的地位的机会。我建议总统接受苏联的建议，但要使谈判分阶段进行，以免苏联利用两场同时举行的谈判在盟国之间挑拨离间。这样我们就跳起了一场兢兢业业的小步舞——我们和我们的德国盟友都不能明确表示自己的立场。勃兰特想要加快柏林问题的谈判，以便利用这场谈判来讨价还价，必要时还可把他的东方政策失败的责任推卸给我们。相反地，我们赞成比较从容的步调，免得他们要求我们以四大国在柏林的权利为代价促进两个德国之间的谈判。

二月二十五日，勃兰特写信给尼克松，正式通报巴尔的莫斯科之行的情况，并委婉地要求早日开始柏林问题谈判。我们等到三月十二日才予以答复；尼克松在信中同意为统一西方立场而努力；我们提出四国柏林会谈可以在三月二十六日开始。柏林问题的错综复杂、西方取得共同立场的必要性，以及多年积累的尖锐对立的观点都使柏林谈判必然旷日持久。勃兰特可以为他的双边倡议规定迅速得多的步调；他的主要谈判代表巴尔的作风就使谈判非快不可。所有这一切增加了我们的筹码。用外交辞令来说，我并不认为柏林谈判的拖沓从策略上看是一个不利条件。

勃兰特同维利·斯多夫在埃尔富特的会晤是一个重大的胜利。他受到东德群众极其热烈的欢迎。他们开始有节奏地高喊："维利！维利！"后来想起两位出席者的名字发音相同，就改口高呼："维利·勃兰特！"这次会晤没有达成重大协议，其意义在于处于分裂状态的两个德国的领导人第一次见了面并举行了会谈。以德国重新统一作为解决任何欧洲问题的前提的西方传统立场从此成为历史陈迹。

这就是三个星期之后勃兰特以总理身份第一次访问华盛顿时的局面。勃兰特抵达之前，我于四月八日在白宫我的办公室里私下会晤了埃贡·巴尔。他更详细地向我介绍了他在莫斯科谈判的情况，但出于某种理由避而不谈他已经交给苏联，然而从来没有同我们讨论过的三种“新文件”。（一贯乐于钻空子扩大盟国团结中任何潜在的裂痕的多勃雷宁已经对我提到过这些文件了！）巴尔相信苏联会敦促东德使他们同波恩的关系正常化，相信他们会在柏林通道问题上有所放松。当然，我们要求的不是苏联可以随意撤销的一种行政性姿态，而是能够增加西柏林生存能力的法律规定。勃兰特同尼克松的会晤进行得很顺利，情况我已在第十一章中加以描叙。勃兰特离开华盛顿时得到了对他的政策的泛泛的支持。五月十二日至二十二日，西德同苏联恢复谈判并达成“原则”协议。五月二十六日至二十七日在罗马举行的半年一次的大西洋联盟外交部长会议上，勃兰特获得所有盟国的一致支持。

在此期间，西德内部的争执一直在增加。反对党基督教民主联盟激烈攻击勃兰特的政策。前总理基辛格警告说，再过“五分钟就要完蛋啦”；对基辛格作为反对党领袖的地位构成挑战的赖纳·巴泽尔寓意不祥地要求“赶紧悬崖勒马”。埃贡·巴尔的谈判文件也泄露给德国报界，使群情更加鼎沸。这场风暴十分明显地说明，除非柏林问题达成令人满意的协议，否则西德议会就不会批准同苏联签订的任何条约。

由于六月地方选举结果良好而得到支持的勃兰特决定开始同苏联进行最后阶段的谈判，任命外交部长瓦尔特·谢尔担任首席谈判代表。谢尔到莫斯科十二天之后，同葛罗米柯外长草签了一项放弃使用武力条约（草案）。五天之后，勃兰特也到了莫斯科，在条约上签字，并利用这个机会同勃列日涅夫进行长谈。联邦共和国已经破釜沉舟；它接受了德国的分裂，肯定了中欧的现状。

两天后，勃兰特写信给尼克松，说他对柯西金和勃列日涅夫都强调了解决柏林问题的关键意义。已经一再正式通知苏联，除非柏林问题得到圆满解决，否则条约就不会生效。八月十七日，巴尔再次访问华盛顿，向我介绍了勃兰特莫斯科之行的情况。他主要关心的是强调勃兰特想在柏林问题上取得迅速进展的愿望。我向总统指出，如果这套错综复杂的谈判失败的话，我们有被人当做替罪羊的危险。但是我认为形势已经发展到不能失败的程度。我们已经成为决定性因素，虽然莫斯科和联邦共和国在其后五个月内都没有完全理解这一点。

苏联一直把柏林谈判拖延到同联邦共和国签订条约之后。他们无疑估计西德那时会给我们施加压力——西德确实半心半意地做了，要我们解决柏林问题。但是这个算盘完全打错了。波恩的回旋余地有限；它自己能做的让步都已经做了；它也无法逼迫我们做更多让步。对于德国相当大的一部分舆论来说，同苏联签订的条约看来是不公平的；波恩断然放弃了自己的民族要求，换来的只是气氛的改善和两个德国之间接触的松动，而这些接触本来就是不应当中断的。条约在议会中的命运现在取决于苏联在柏林问题上毫不含糊的让步。把条约同柏林问题套在一起显然对莫斯科不利，而不是有利。当然，柏林谈判本来就错综复杂。西方盟国要求从苏联而不是从东德那里得到自由经过东德领土出入柏林的保证，而东德肯定是要抗拒的。但是苏联要克服东德的犹疑还有另一个强有力的理由：如果我们不同意，就绝对开不成欧洲安全会议。我们已经明确表示，在柏林谈判结束之前，这种会议根本不予考虑。这样一来，我们就为缓和这匹野马而给它套上了笼头，使欧洲安全会议和勃兰特东方条约的批准问题都取决于是否能达成符合我们目标的柏林协议。

在此期间，我们还得约束自己的盟国。勃兰特希望盟国就欧洲共同均衡裁军的标准问题取得一致意见，以便准备谈判，同时防止美国军队单方面撤退。英国则要求立即建立东西方关系常设委员会。我们撇开德国建议而支持加拿大提出的一套故意含糊其词的关于双方共同均衡裁军的一般原则。我们也反对英国的整个建议。我们不希望建立任何机构，为要求在虚无缥缈的基础上缓和紧张局势的已经过分强大的压力增加势头。

时间对我们有利；只要我们保持冷静，我们的地位是强有力的。这一点苏联人当时并没有看清楚。他们仍然认为同联邦共和国达成协议是在有选择的缓和方面迈出了重大的一步，而且想继续利用它来削弱盟国的团结，办法是制造一系列针对美国的危机。因此，需要长达数月的坚定态度才能使克里姆林宫认识到它必须面对的现实。

限制战略武器谈判与防务辩论

但是在同莫斯科举行的谈判中，有一种谈判是单独存在的。这就是在赫尔辛基和维也纳两地交替举行的限制战略武器谈判。赫尔辛基的第一阶段会谈是探索性的，准备一九七〇年四月中旬在维也纳继续进行。苏联主要关心限制反弹道导弹问题——这是一个富有戏剧性的变化，因为柯西金在葛拉斯堡罗时曾对约翰逊总统说，限制导弹防御是他曾听到过的最荒谬的想法之一。人们可以言之成理地得出结论，认为苏联看法的转变是因为我们决定发展自己的反弹道导弹系统。遗憾的是这样的洞察力并不普遍。事实上，一九六九年关于反弹道导弹问题的激烈辩论又在一九七〇年基本上重复了一遍，这次辩论的是已经批准的计划规模大小问题。究竟是把我们的反弹道导弹限制在已经由上届国会以微弱多数票批准的所谓第一阶段，即建立两处反弹道导弹发射场来保护民兵式洲际导弹基地，还是继续进行第二阶段，即按照我们已经宣布的、在出现偶然触发事件或第三国进攻的情况下保护我国人民这个目标进行建设呢？这就是争论的问题所在。

我在一九七〇年一月二十三日举行的国家安全委员会会议上归纳了相互对立的观点。究竟是美国单方面做出姿态，还是使克里姆林宫面对他们亟欲制止的危险和计划更能使苏联对妥协感兴趣呢？这是多年来争论不休的问题。这个问题把我们从氢弹到 B－1 型轰炸机等一系列防务问题的辩论搞得混乱不堪。我至今还没有听到过美国单方面克制曾经使苏联做出重大反应或持久反应的任何例证。

单方面姿态的鼓吹者要求暂时停止美国反弹道导弹的进一步部署，提出苏联对限制防御系统是感兴趣的。他们感觉暂停执行我们的方案是表示我们态度认真的讯号，而且还可以使国会里批评反弹道导弹的人缓和下来。如果苏联拖延谈判，我们随时都可撤销暂停。持这种观点的有国务院以及军备控制和裁军署。但是希望继续执行第二阶段计划的人，包括我在内，则争辩说，暂停执行我们的反弹道导弹计划就会破坏达成协议的前景。正是因为我们开始执行这项计划才扭转了苏联对导弹防御问题的态度；我们一旦停止建设，就无法促使他们认真谈判，特别是国会里的反对派在制止第二阶段后必然会设法全面废除反弹道导弹，情况就更是如此。苏联只要拖延谈判就可达到扼杀我们的反弹道导弹的目标。但是我认为无论苏联如何拖延时间，我们都不大可能中止暂停。鼓吹暂停主张的人总是满口答应要十分警惕地执行作为暂停基础而设想的条件；实际上，除非出现嚣张到完全无法忽视的挑衅，暂停几乎是从来不会中止的。

一月二十三日的国家安全委员会会议未能做出决定；问题已经超出限制战略武器谈判或反弹道导弹的范围，变成了一场关于我国安全的性质的全国性辩论。

对我国防务计划的一切攻击中最突出的口号是：需要“重新安排国家的优先项目”——这是削减国防预算的一种委婉说法，是越南问题辩论在战略领域中的翻版。为限制越南战费的使用而提出的汗牛充栋的修正案很快就扩大到具体的武器系统方面来。乔治·麦戈文参议员建议把B－1型轰炸机削减掉；威廉·普罗克斯迈尔和理查德·施韦克参议员要求把C－5A型运输机问题推迟到对财政上陷入困境的洛克希德公司调查结束以后再考虑；伯奇·贝赫参议员要求对我国武装部队的整个规模加以限制；爱德华·布鲁克参议员则在进行他一年一度的反对反弹道导弹和多弹头分导重返大气层运载工具的运动。没有人就国防预算可能不足问题提出议案或发表演说。强大国防的信仰者显然是在打一场后卫战。

同越南问题一样，我们陷入了恶性循环。为使国防计划继续得到尽可能多的支持，尼克松认为他必须对要求削减国防预算、要求降低国民生产总值中用于军事目的的比例的压力有所反应。除莱尔德和我之外，所有政府高级成员在这个问题上意见是一致的。他们担心不这样做，国会就会按照国会、新闻界和学术界反对武力的狂热分子的建议，剧烈削减预算。我存在严重的疑虑。我担心的是，当我们正在丧失战略上的相对优势、在东南亚明显实行收缩而苏联军事支出不断增加的时候，坚持削减我们的武装力量会在外交方面造成长远影响。

一九七〇年二月二日尼克松宣布的国防预算比前一年减少五十亿美元以上。（当然，这个数字并不能说明整个问题，因为一九六九年的预算也受到同样压力，所以也是不足的。）国防预算约等于国民生产总值的百分之七，前一年则等于百分之八点七；在整个国家预算中，国防预算占百分之三十四点六，而一九六九年则占百分之三十七点七。（的确，尽管越南战争还在继续，我们提出的国防预算从实值上说仅比和平时期最后一年即一九六四年的预算增加了百分之七。）在这些限制范围内，梅尔·莱尔德在经营管理和计划工作上创造了奇迹，使全部战略计划——B－1型轰炸机、三叉戟型潜水艇和导弹、民兵Ⅲ型洲际弹道导弹以及“卫兵”反弹道导弹——虽然增加不多，但都有所增加。

尽管如此，削减国防预算仍具有潜在影响。它使我们不能对常规兵力日益不平衡的状态做出前后一贯的反应，使我们的战略规划只能修修补补、毫无生气，并使五角大楼轻视曾经使我们在国内付出沉重代价、在我们进行限制战略武器谈判的战略中起关键作用的反弹道导弹计划，因为把钱用在这方面必然会影响其他优先项目。因此，我们的裁军谈判有三条战线：在维也纳和赫尔辛基同苏联谈判；国内，在我们政府内部谈判，并同国会谈判。甚至已经剧烈削弱的国防预算仍受到国会的攻击。参议院多数党领袖迈克·曼斯菲尔德甚至在反弹道导弹第二阶段计划正式提交国会以前就反对这个计划。一月三十一日，他预言参议院将出现新的辩论。他说："这件见鬼的事还有完没完？会对人们产生什么影响？……钱从哪里来？"J·威廉·富布赖特参议员说反弹道导弹的第二阶段是"一个巨大错误"。二月二日宣布新预算后，批评就真正开始了。曼斯菲尔德参议员表示，新预算虽然比前一年的预算低，但还是远远超过应有水平。他警告说，这个预算为许多新的项目提供了将来会要求更多投资的"种子基金"。他说的是对的，但是在六十年代我们自动停止增加导弹以后，"种子基金"已是新的一届政府在苏联战略力量不断增长的情况下所能提出的最低限度要求了。

五月，包括乔治·麦戈文、菲利普·哈特、威廉·富布赖特、沃尔特·蒙代尔、克利福德·凯斯和马克·哈特菲尔德在内的一批属于两党的参议员宣布他们打算提出一个替代预算，要求更加严厉的削减。六月十五日，另一批自由派参议员和众议员建议再削减四十五亿美元，明确提出要减少多弹头分导重返大气层运载工具计划、"卫兵"反弹道导弹第二阶段和海军购买F－14型战斗机的拨款。由上届政府的高级官员准备的一份布鲁金斯学会报告概括提出了一个国防预算"低方案"，共五百九十亿美元——比总统提出的预算减少一百四十亿美元。①一九七〇年八月十七日，《华盛顿邮报》对形势做了扼要的概括：

过去一度几乎是例行公事的立法手续——通过年度军费法案，现在变成了涉及几十种军事计划和政策的一场旷日持久的、常常是很激烈的战斗。……（关于反弹道导弹的冗长辩论）掩盖了事实上是国会山上针对一切军事活动进行的、从未有过的最广泛的攻击。

在苏联战略部队和常规部队加速增长的时候，这种紧缩国防的要求更加令人侧目。一九六六年年中，苏联拥有二百五十枚可供使用的洲际导弹；一九六七年年中是五百七十枚；一九六八年九月是九百枚；一九六九年九月是一千零六十枚，从而超过了我们。根据当时的预计，到一九七〇年年底，苏联将拥有近一千三百枚洲际导弹。（实际上达到了一千四百四十枚。）谁也不知道最高会达到多少；在此以前的五年当中，情报方面的估计一直过低。苏联潜艇发射的弹道导弹预计将从一九六八年九月的四十五枚增加到一九七五年的九百多枚。同时，苏联在欧洲和远东的常规兵力也都在迅速扩充和现代化。

国会和新闻界把这些事实当做五角大楼为保持一个膨胀的国防预算而惯用的吓人战术，不予理睬。甚至强大国防的坚定鼓吹者也开始动摇。反弹道导弹的关键性支持者之一亨利·杰克逊参议员要参加改选，因此反对在他的家乡华盛顿州设立任何反弹道导弹发射场。原子能联合委员会有影响的主席约翰·帕斯托参议员反对在国会已经批准的两处发射场以外再建立任何反弹道导弹基地。他说："我们州的人感到纳闷，不知道为什么给教育增加拨款会造成通货膨胀，而给'卫兵'增加拨款则不会。"[②]众议院军事委员会颇有权势的主席门德尔·里弗斯众议员主张削减反弹道导弹而加强海军——说明预算方面的压力如何影响到五角大楼的优先项目。甚至长期以来一直支持加强国防的众议院议长卡尔·艾伯特也抱怨由于重视国防而忽视了国内计划，特别是有关环境的计划。这种批评得到切特·霍利菲尔德、查尔斯·瓦尼克等关键性众议员的响应。

政府不得不在这种气氛中工作，不仅要制订一个切实可行的防务计划，还要为限制战略武器谈判制定前后一致的战略。后来批评这个谈判的人忘了在七十年代初期即使想要保持最起码的战略计划都是多么困难，忘了他们当中有些人甚至参加了进攻[③]。政府不得不集中全部力量防止国会把我们试图通过谈判使苏联在对等基础上采取的行动单方面强加于我们。我们在海外军队部署问题上不断受到攻击，每年都要与减少驻欧美军的企图进行斗争。一九七二年当我们就双方共同限制反弹道导弹问题进行谈判时，我们的反弹道导弹计划险些被国会取消或缩减成为毫无意义的样品。多弹头分导重返大气层运载工具也一直受到攻击，到签订容许武器现代化的第一个限制战略武器协议才结束辩论。如果政府想要保持适当的防务计划，它越来越不得不以“谈判筹码”为理由使一个一个武器计划得到支持——也就是说，指出制造这些武器不是为了完成战略目的，而是为了在军备谈判中予以放弃。这种说法可能有助于把必不可少的计划保存下来，但不大可能产生深刻的战略理论。

国内就反弹道导弹展开的辩论说明了我们的困境。从某种意义上说，这个问题具有高度技术性，是多数门外汉无法搞懂的。同时，它又涉及严肃的战略理论问题，是我们同苏联进行军备控制谈判的核心。各种对立观点都在官僚机构和国会中有自己的发言人。他们谁占上风取决于许多因素，其中包括这个问题是作为防务问题提出来的还是作为限制战略武器谈判筹码问题提出来的这样一种偶然性因素。这种情况部分地说明了政府最后为什么要在反弹道导弹问题上采取两种互不相容的立场。以五角大楼为主制订的国防预算提出的立场同我们在限制战略武器谈判中提出的立场很不一致，因为后者是经过国务院、国防部、参谋长联席会议、军备控制和裁军署、国家安全委员会工作班子等等部门之间一套复杂程序拟订出来的。总而言之，公开争论的噪音逐渐压倒了系统的考虑。

两届政府为反弹道导弹提出的理由是这种导弹将保护我国人民不受第三国攻击，并为防止意外事件提供某种保证；保卫我们的民兵式导弹是一个次要目标。然而我们的实际计划越来越向后一方向发展。二月七日，我向总统解释了这种困难处境。如果反弹道导弹要完成已经宣布的目的，我们就必须开始实行第二阶段计划，至少在第三国进攻或出现意外发射的情况下使我国人民得到保护。下一步最符合逻辑的做法是着手兴建一个新的导弹场（密苏里的怀特曼空军基地），并在靠太平洋的西北地区兴建一座适应民防需要的发射场。（怀特曼基地靠近圣路易斯，因此还有一个优点，就是能够同时起某种民防作用。）但是，正在竞选的杰克逊参议员拒绝考虑在西北地区建设发射场问题。下一个最好的方案是怀特曼基地加上一座保护华盛顿哥伦比亚特区（用术语说，这里是全国指挥部）的发射场。但是，如果我们要保护“政客和将军”，已经很激烈的反对派将会喊得更凶，更不用说在华盛顿十五英里范围内寻找必要的地皮的困难了。由于这些原因，莱尔德建议只在怀特曼建立发射场。用保护导弹基地不受苏联袭击的办法执行一年前作为防止第三国进攻的民防工程提出的计划，我对这种逻辑深感怀疑。

尼克松选择了莱尔德建议的怀特曼方案，因为他深信任何其他方案都是国会通不过的，而与其一无所得，不如要一个不符合逻辑的反弹道导弹工程。由此可见，公众和国会的压力使我们的反弹道导弹计划的性质和目的一年之内转了一个一百八十度的大弯。

政府的让步与其说使批评者平静下来，倒不如说使他们得到了鼓舞——情况几乎历来如此。政府内部那些反对整个反弹道导弹概念的人更想再干一场了。军备控制和裁军署对反弹道导弹的支持最多也只是半心半意的。（正因为如此，尼克松在四月份给我一张便条中提到，杰勒德·史密斯最好是支持反弹道导弹，否则最好辞去军备控制和裁军署署长职务。我向史密斯转达这个意思时语气多少缓和了一点，因为无论他自己持何看法，他一贯是忠诚而正直地支持政府政策的。但是他并非总能控制情绪激烈的下级私下议论的。）三月十日，甚至以态度坚定的约翰·麦克洛伊为首的总统军备控制和裁军总咨询委员会也反映了当时流行的情绪，建议完全禁止反弹道导弹并暂停试验多弹头分导重返大气层运载工具。一个星期后，即三月十八日，国家安全委员会核实小组第一次开会研究这些问题时，格里·史密斯提出应当指示参加限制战略武器谈判的代表团设法使双方共同达成对反弹道导弹彻底的禁令。

经过几个星期，史密斯、罗杰斯、埃利奥特·理查森以及限制战略武器谈判代表团的保罗·尼采都敦促我们在谈判中提出一个仅限于华盛顿的反弹道导弹系统——主要理由是使我们的计划同苏联部署在莫斯科周围的反弹道导弹系统对称。这样一来，官僚机构和外交工作对这次谈判的要求同我们的防务计划发生了冲突。原来同意甚至建议在我国中部建立三座发射场作为国防预算一部分的高级官员，为了进行限制战略武器谈判，突然提出了根本不同的、以华盛顿为中心的部署方案，而这种方案从来没有提交国会讨论过。如果苏联接受我们的主张，我们将不得不拆毁现正建设的工程，一切从头开始。

所有这一切都迫切要求某种协调。在我的要求下，一个跨部门的专家委员会洋洋得意地提出了一套令人头昏目眩的、限制反弹道导弹的九种不同方案。在三月二十五日我主持召开的核实小组会议上，我抱怨说现在工作程序正变得有些杂乱无章。为了便于总统决策，我们必须给他提供同我们的全国战略有关的某些总的概念，而不是迫使他就令人头痛的技术性争论做出仲裁。

国家安全委员会三月二十五日举行了全体会议。同我曾担心的情况一样，这场讨论变成了各部门首长就尖端科学问题发表一连串毫不相干的议论。我们如何限制双方的雷达网呢？我们如何保证地对空防空导弹(SAM)不会偷偷升格为反弹道导弹呢*？莱尔德、帕卡德和惠勒将军虽然对反弹道导弹不热心，却热烈赞成多弹头分导重返大气层运载工具。他们提出，如果限制这种运载工具就必须规定现场视察，虽然他们对视察什么和由谁视察也没说清楚。罗杰斯和史密斯则保持他们现已根深蒂固的立场，要求禁止反弹道导弹并暂停运载工具的试验。因为讨论是抽象的，并没有落实为几条明确的可供选择的谈判方案，总统不可能就此做出决定。

---

* 这个问题行话叫作“SAM Upgrade”，因此爱打趣的人说这是我工作班子中一位新来的分析家。SAM 是英文“地对空导弹”的缩写。Upgrade 意思是“升格”。两个英文字合起来像一个人名。——译注

三月二十七日，有人把五角大楼的主张透露给《华盛顿邮报》的查默斯·罗伯茨，以便引起公众反应。果然不到两个星期，国务院以及军备控制和裁军署观点的鼓吹者就在四月九日提出了一个表示参议院意图的议案。这个以七十二票对六票的压倒性优势通过的议案要求总统建议双方“立即暂停部署一切进攻性和防御性战略核武器”。议案是两位共和党人——埃德·布鲁克和约翰·谢尔曼·库珀——创议的，并得到亨利·杰克逊的支持。埃德蒙·马斯基参议员鼓吹实行“战略性暂停”，包括停止多弹头分导重返大气层运载工具的飞行试验。他说：这是一种“谈判代表之间的暂停”，不这样做就会“丧失禁止多弹头分导重返大气层运载工具和反弹道导弹的一切机会”。甚至参议院共和党领袖休·斯科特也把这个决议称为可供总统考虑的“一个有益的、非限制性的方针”。

直到下一轮限制战略武器谈判预定四月十六日就要在维也纳开幕的前夕，还没有取得一致意见，有的只是杂乱无章的争吵。因为总统曾经责成我来整理这次谈判可供选择的办法(没有告诉其他主要人物)，我决定首先必须把各种不同意见综合成几套明确的方案，使总统可以就总的目标而不是深奥难懂的技术问题做决定。三月二十七日，我指示各部门把各种杂乱无章的看法归纳为四条，供总统抉择。

一九七〇年四月八日在国家安全委员会会议上提出了四种方案，内容一种比一种全面——有人富有想象力地给它们加上了甲、乙、丙、丁四个标签：

甲方案把洲际导弹和潜艇发射的弹道导弹限制在美国拥有的总数一千七百一十枚内，并且冻结了轰炸机的数目(美国五百二十七架，苏联一百九十五架)。它允许设立“卫兵”这类水平的反弹道导弹(十二座发射场)。换句话说，这种方案要求苏联减少导弹力量而毫不影响我们的轰炸机和反弹道导弹计划。各部门毫不费劲就同意了这个方案；至于说服苏联则是格里·史密斯的事了。

乙方案对进攻性武器的限制和甲方案相同，但把反弹道导弹设置范围限制在全国指挥部（即华盛顿和莫斯科），否则就完全禁止。

丙方案对进攻性武器的限制和甲、乙两个方案相同。和乙方案一样，它也把反弹道导弹限制于全国指挥部或完全禁止这种导弹。但是它还禁止多弹头分导重返大气层运载工具（这是前两种方案没有的），条件是苏联同意现场视察。

丁方案略有不同。它建议对洲际导弹和潜艇导弹大加削减，从我们现有总数一千七百一十枚每年减少一百枚，直到一九七八年双方各一千枚为止。这种方案禁止设置反弹道导弹，否则就把它限制在全国指挥部范围；对多弹头分导重返大气层运载工具则未予禁止。

这些方案说明了政府所处的困境。各部门在反弹道导弹问题上只同意两种办法：一是现有的“卫兵”计划（而我们已经知道，甚至赞成反弹道导弹的参议员也不再支持这个计划了），一是保护华盛顿哥伦比亚特区的计划，而这是同总统已向国会提出的建议背道而驰的。不仅如此，所有的国会事务专家一致认为国会决不会批准在华盛顿周围设置反弹道导弹。可是这个已被判处死刑的计划却是所有部门在限制战略武器谈判方面能够一致同意的唯一计划。

现在回顾起来，我感觉很难解释为什么当时居然会考虑这个方案，更不用说通过它了。就此方案达成的一致意见说明，鼠目寸光的官僚主义考虑压倒实质内容已经到了何等严重的程度。五角大楼担心完全禁止反弹道导弹，因此支持指挥部方案，因为这个方案至少可以保存反弹道导弹技术，为将来扩充提供基础。国务院同军备控制和裁军署认为最好完全不搞这种导弹；但是他们也接受指挥部方案，因为它同苏联的方案对等，因此是“可以谈判的”。不仅如此，他们赞成这个方案是因为国会将加以否决，这就几乎肯定会导致他们希望的结果，即完全禁止我们搞反弹道导弹。就我来说，尽管我知道不行，但还是默认了。这样做是出于一种并不十分高尚的理由：我知道总统不愿就一个如此技术性的问题同负责执行的部门较量。

尽管如此，建议以全国指挥部为中心设置反弹道导弹仍然是一个头等错误，实质上没有任何意义。我们向苏联提出一个明知国会不会批准的方案，又把一个同它背道而驰的方案提交给国会。算是走运，这个错误没有造成永久性损害。由于苏联贪得无厌，我们在陷入不可救药的困境之前设法溜过去了。

四月八日国家安全委员会讨论限制战略武器谈判的情况，同日本歌舞伎的演出同样难以捉摸。各部门都提出复杂的技术性理由，从同样的事实中得出根本不同的结论。每个部门的领导人都提出两种主张——一种是他信奉的主张，一种是作为开局的棋子抛出来的比较强硬的、他估计苏联会拒绝的主张。这样一来，他既可以证明自己是“强硬的讨价还价者”，同时又有他赞成的建议作为后退的依据。所有这些虚张声势、故作姿态的把戏把总统弄得心烦意乱。他木然的表情说明他认为多数理由都是只有他们自己能懂的废话；他力图估计各种方案的政治影响和销路，他的兴趣仅在于了解大概的轮廓。

格里·史密斯为丙方案——少量反弹道导弹、禁止多弹头分导重返大气层运载工具——辩护，但也愿意接受主张削减的丁方案。戴夫·帕卡德和穆勒海军上将分别代表国防部和参谋长联席会议主张以限制最小的方案(限制进攻性武器，但允许制造“卫兵”的甲方案)作为“良好起点”；作为退路，帕卡德令人惊愕地赞成丁方案的削减规划(这样就免得国防部每年为拨款问题展开激烈辩论)。保罗·尼采认为苏联在导弹投掷重量上占便宜，因此即使冻结导弹数量他们终将获得优势。他赞成大削大减的丁方案。他反对禁止多弹头分导重返大气层运载工具，理由是这样做将使苏联可以在我们现尚领先的少数领域之一赶上我们。约翰·麦克洛伊对他这个主张的评价是“愚蠢”，然而没有解释他是怎么得出这种不友好的结论的。罗杰斯赞成主张削减的方案，但对甲方案也愿意接受。

解开这团乱麻、从中挑选某些建议的愉快任务落到我头上。我遗憾地承认，我在挑选时受官僚主义和政治考虑影响的程度超过了我在职期间做出的其他任何决定。从根本上说，国家总统国家安全事务助理是不应玩这种把戏的；他应当就利害得失问题向总统提出他认为最正确的判断，而把政治和官僚机构方面的考虑留给总统去判断。但是在限制战略武器谈判这个问题上，我知道自己的建议将具有不寻常的分量。尼克松根本不会去详细了解那些技术细节，因此也就不可能做出有意义的抉择。在总统密切注视的问题上，我完全准备否决各部门的意见；但在实际上靠我自己做决定的情况下，我觉得从道义方面考虑我只能在政府各部门取得一致意见的大范围内行使委托给我的权力。

我认为乙方案——冻结进攻性武器、在双方同意的水平上保持反弹道导弹——最切实可行，也最符合我们的利益。（我赞成用现在的发射场代替全国指挥部方案。事实上这就是最后采取的办法，虽然开始时没有任何部门推荐。）这个方案使我们在现代化方面拥有最大的灵活性。它将制止我们最迫切关心的苏联进攻性武器的增长，并规定了最高限额，可在以后谈判削减。我们可以冻结正在遭到国会扼杀的反弹道导弹计划，以此作为交换，使苏联冻结他们仍在继续制造的进攻性武器。

可是，如果把乙方案作为我们赞成的主张提出来，国会和官僚机构都会闹得天翻地覆。人们就会说我们对禁止反弹道导弹和多弹头分导重返大气层运载工具问题甚至未予“探讨”。五角大楼的反应也会是冷淡的，因为它虽然并不急于制造“卫兵”，却也不愿用建议限制的办法体现自己的信念。国防部宁愿选择甲方案，因为这个方案限制了苏联正在制造的进攻性武器，却并不限制我们领先的武器（也不限制防御性武器）。尽管甲方案不能成为谈判的起点，但如果不成功的话，总是可以归咎于谈判代表的缺乏警惕。无论怎么说，甲方案的国内阻力甚至比乙方案更为严重。

至于两个更“全面”的方案，我深信苏联在试验自己的多弹头分导重返大气层运载工具之前绝不会同意加以禁止；他们也不会接受现场视察。此外，我不相信苏联会接受丁方案关于大量削减进攻性武器的要求；他们必然认为这个方案是想使他们储备武器的计划中途夭折，而对我们的轰炸机实力丝毫不加限制。另一方面，这两种方案都符合我们的安全要求，从许多方面看都比搞军备竞赛要好。

我的解决办法是建议总统以丙、丁两个方案作为谈判的起点。这符合国会和官僚机构中主张禁止多弹头分导重返大气层运载工具和反弹道导弹的那些人的要求，并使我们能够以赞成全面限制的积极姿态出现。如果苏联接受建议，我们就前进了一大步。如果他们像我坚信的那样拒绝这些建议，我们就可以从对国内和官僚机构来说都更强有力的立场提出乙方案。如果苏联出乎意料地接受我们的建议，那么结果也符合我们安全的要求。总统同意我的看法。四月十日，我据此发出了训令。

这个时期我同多勃雷宁保持着松散的联系。二月十八日，他问我们打算在反弹道导弹问题上采取什么立场，我们希望达成有限的协议还是全面协议。我们安排三月十日再次会晤。我把我工作班子里的系统分析专家拉里·林恩带在身边，让他解释我们对反弹道导弹的一般看法。然而多勃雷宁只肤皮潦草地提了几个问题，然后就要求同我单独谈话。他以偷偷向我吐露什么重要新闻的语调说，无论是全面协议还是有限协议，克里姆林宫都准备干；全面协议可能更好，因为它可以导致其他政治问题的解决。这一切都是令人动心的，但无实际意义，因为多勃雷宁没有说明苏联如何理解“全面”或“有限”的含意。我回答说，我们现在的主要要求就是具体。

多勃雷宁使他的谈话对手美国处于防御地位的技巧真是不胜枚举。四月七日，他抱怨说双方即将恢复限制战略武器谈判，然而对于对方的立场的了解却少到极点；他想不起过去哪一次谈判双方对于对方的目的曾经如此无知。他的论点有些道理。但他似乎认为责任完全在我们这边；他毫不感到尴尬，不想想并没有任何东西妨碍苏联为增进了解做出贡献。就我记忆所及，苏联在整个限制战略武器谈判期间提出的建议毫无例外都是损人利己、明知对方无法接受的，否则就是对我们建议的反建议。

四月九日，经过总统批准，我对多勃雷宁说(脑子里想到丙、丁两个方案)，我们将在维也纳提出几个全面方案。不过，如果苏联决定作为过渡而对比较有限的协议感兴趣，我们也准备加以探讨。多勃雷宁将再次去莫斯科进行磋商。他答应从莫斯科回来后给我们答复。

后来的实际情况是：答复并不是来自多勃雷宁，而是在四月十六日复会的维也纳谈判过程中提出的。我们行将看到，苏联考虑的既不是全面的也不是有限的战略武器协议，而是一个反华政治联盟。

维也纳谈判陷入了我曾经料到的那种格式。美国代表团心存观望地先拿出丙方案，然后拿出丁方案。苏联谈判代表迅即拒绝了两种方案都包括的限制进攻性武器的要求。另一方面，他们以史无前例的惊人速度——几天之内——接受了我们使反弹道导弹限于两国首都的建议。苏联人见到好东西时是识货的。既能保持自己已有的东西，又把我们钉死在国会绝不会批准的协议上——这样做他们毫不介意。

但是他们有一种情不自禁要过分玩弄自己手中的牌的毛病。他们不是提出一个限制进攻性武器的合理建议，从而拔掉美国战略计划中最使他们担心的钉子——反弹道导弹，而是提出了一个极其片面，甚至最偏激地鼓吹限制的人也无法接受的方案。他们要求为洲际导弹、潜艇导弹和重轰炸机的总数规定一个最高限额。他们没有提出数字，但坚持把由于地理部署而能达到苏联的一切武器系统都计算在内——换句话说，包括我们驻在欧洲和航空母舰上的全部轰炸机。多弹头分导重返大气层运载工具的部署和生产都要禁止，然而不禁止飞行试验。这种办法当然干净利落：苏联将继续从事这种运载工具的发展和飞行试验，而把我们的部署工作一直冻结到他们能够赶上为止。而且禁止生产是没有可靠的方法进行监督的。

苏联只有在涉及他们盟国利益的问题上才表现出灵活性。我们参加限制战略武器谈判的代表团普遍担心进攻柬埔寨会损害谈判。后来证明这种担心毫无根据。柯西金仅在一次记者招待会上语焉不详地发出了点怨言；苏联在维也纳的代表团没有理会柬埔寨问题，而是照常办事。这意味着无穷无尽的内部辩论，因为当时逐渐可以看出，谈判已陷入僵局。

我们的官员越来越烦躁不安，有些人是想得到新的指示以便打破僵局，另一些人则是害怕新的指示。在维也纳率领代表团并同华盛顿保持不断联系的格里·史密斯当时正在同我进行内部谈判。正因为我们互相非常了解，这种谈判是复杂的。他要求更大的自由，而我决心不使他得到这种自由。五月二十日，史密斯通知我说，代表团在指示范围内能做的都已经做了，需要得到超过“圣经”指示内容的“搜查证”。我不准备同意开这种空白支票。我已经意识到代表团某些情绪比较激烈的成员有一种倾向，就是向苏联提出他们自己喜欢的方案。当苏联谈判对手由于迷惑不解或者由于缺乏上级指示而没有做出反应时，代表团成员就亟于报告华盛顿，说俄国人“没有表示不同意”或“表示很有兴趣”，暗示他自己的偏爱显然也是俄国人偏爱的东西。为了制止这种自行其是的做法，我要求史密斯提出明确建议，也要求了解其他部门的看法。

结果不出所料，所有部门都开始倾向于采纳四个星期之前他们未予理睬的乙方案(冻结导弹，并把反弹道导弹限制在全国指挥部水平)。大家一致认为，我们应当在容许多弹头分导重返大气层运载工具存在的情况下，同意把进攻性武器的最高限额规定为大约两千件运载工具。国防部的专家坚持要搞多弹头分导重返大气层运载工具，以便对付苏联在发射核弹的工具方面日益增长的数量优势，穿透苏联反弹道导弹防御网。(总之，大家一致认为苏联要求禁止生产这种运载工具而又允许试验的建议是完全无法接受的。)国务院同军备控制和裁军署要求完全禁止反弹道导弹，国防部要求保留全国指挥部方案(虽然这实际上也会扼杀反弹道导弹)。最有趣的一个建议来自国防部。国防部副部长戴夫·帕卡德坚持必须早日冻结进攻性武器，因为国防预算受到的压力使我们几乎不可能维持现有的战略力量，更不用说加以扩充了④。他要求在现有数量基础上迅速签订限制战略武器条约。

换句话说，来自国会和其他方面的压力有剥夺我们一切讨价还价能力的危险；人们要求我们以减少我们自己的兵力作为威胁来制止苏联扩充实力。在一九七二年我们达成协议之后，在批评已经没有什么风险的时候，这些情况就被置诸脑后了。协议规定的数量限制同一九七〇年各部门的要求几乎完全一样，也是五角大楼迫切要求的。但是后来这种限制突然引起了争论。在国会同新闻界的攻击下我们勉强做到了既维持我们已有的计划，又制止了苏联军力的增长。某些人后来却把这说成是美国“单方面让步”。

从参议院军事委员会一次有关反弹道导弹的表决可以看出我们面临的局面。军委会同意已经授权修建的两个发射场，但只同意为保护民兵式导弹再修两个发射场。作为区域防御系统的反弹道导弹已经完蛋；当授权法案送交参议院全体会议讨论时，这两个发射场也有被砍掉的严重危险。我们现在有一个计划，但需要找一个道理来加以说明；我们在限制战略武器谈判中的立场要我们把已经修建了的项目拆掉，而去修建我们并没有要求的项目。

与此同时，史密斯在维也纳强烈要求提供新的选择，而苏联谈判代表弗拉基米尔·谢苗诺夫则建议休会。为了明确苏联的意图，我找了多勃雷宁。更重要的是，尼克松为了同史密斯争夺这次谈判的功劳而开始了长达三年的竞争。他要我转告多勃雷宁，谈判问题应当由最高级会谈来解决，而不是维也纳解决得了的。

六月二十三日晚，我在白宫筹划室同多勃雷宁会晤。我说，谢苗诺夫要求早日休会的建议可做三种解释。第一，苏联根本不希望在今年达成限制战略武器协议；第二，苏联希望在维也纳达成协议，它建议休会是想使美国提出新的建议；第三，苏联希望达成协议，但不在维也纳达成，所以在那里制造僵局，好让最高领导人去解决。我希望得到多勃雷宁的指教。多勃雷宁回答说：第一种解释显然不能成立。苏联确实希望达成限制战略武器协议，尽管我们双方立场接近的程度还不足以预计明确的日期。至于维也纳谈判，苏联认为在现有时间内不可能谈成一项把进攻性和防御性武器都包括在内的协议。他没有收到有关最高级会谈的指示，他必须询问莫斯科。但他明确表示莫斯科宁愿要一项仅仅限制反弹道导弹的协议。我们终于弄懂了苏联给有限协议下的定义。

六月二十五日晨，我随总统前往圣克利门蒂。我们走了以后，多勃雷宁以备忘录形式做出答复，实际上建议立即达成两项协议：一项是把反弹道导弹系统限制在莫斯科和华盛顿，另一项涉及"减少由于意外或未经批准地使用核武器导致苏美导弹核战争的危险"问题。换句话说，苏联想要制止我们真正在进行的唯一的战略计划，同时拒绝对我们主要关心的进攻性导弹施加任何限制。多勃雷宁说苏联代表团已收到按此方式进行工作的必要指示。

至于有关"意外战争"的协议，则很像一个巧妙的陷阱。如果它的目的是防止超级大国自己的武器由于技术失灵而造成危险，这个问题可以通过建立快速联系线路和双方同意的反应程序等办法加以解决。但是，如果"未经批准地"使用是指其他核大国的武器，我们就面临一个重大政治问题，就等于同苏联合作反对英、法这两个盟国——甚至也反对当时我们已在努力建立联系的中华人民共和国。苏联的确是这么想的。这一点到六月三十日谢苗诺夫在维也纳突然开始大谈意外或未经授权发射导弹的危险时就清楚了。七月二日，谢苗诺夫又在私下对我们代表团一个成员说："我们需要采取共同的立场，表明两国政府打算一致行动，以防止来自任何方面的意外的、未经授权的或挑衅性的行动引起战争的爆发。我们需要让他们(其他国家)知道，我们将一起对付任何挑衅企图。”这种做法违背了我们之间建立的、本来应当仅限于在尼克松和勃列日涅夫这一级探索问题使用的“渠道”的规则——原因或许在于苏联人难以理解一个在内部实行分权制度的政府。

无论怎么说，我在七月四日还是把多勃雷宁的建议送给了格里·史密斯，要求他提出意见。七月五日，史密斯答复说，这个建议似乎“局限性太大，因此不符合美国利益。对美国反弹道导弹施加任何限制都应当要求对苏联进攻性武器系统施加相应限制。在维也纳取得积极成果虽然是可取的，但不应使我们过早地投入最强有力的谈判筹码”。

我同意史密斯的看法，然而有一点不同。我也认为仅签订反弹道导弹协议的建议局限性的确太大；但是从意外战争这个花招所反映的他们想搞反华勾结的意图来说，这个建议包括的范围又太广泛了。我的结论是：我们最好是使谈判迅速回到控制战略核武器这个主题上去。经过尼克松批准，我通知史密斯要坚持把限制进攻性武器和限制防御性武器套在一起，因为我们参加谈判的主要目标是限制苏联的进攻性武器，而且我们不会在不对等的情况下放弃我们事实上正在获得的唯一的新武器系统。此外，我们也不愿意破坏我们富有希望的对华政策，通过签订针对第三国的协议暗示美苏共同统治。最好的对策是提出比丙、丁两个方案更现实的建议，然后我们就可以长期坚持这个立场。

因此，我给总统送去一份长篇备忘录，建议按照乙方案的精神拟一份新提案。但我认为必须删去有关全国指挥部的建议，因为就我们来说这个建议等于禁止反弹道导弹。我主张保持双方实际上正在执行的部署方案。但是，禁止反弹道导弹也比全国指挥部方案要强，因为它至少将取消苏联的反弹道导弹，而据我判断，全国指挥部方案的主要受益者将是苏联的反弹道导弹。此外，建议禁止这种导弹同较早提出的丙方案对官僚机构的影响实际上是一样的。这种建议，特别是同冻结进攻性武器联系起来时，肯定会遭到拒绝，从而使我们可以进而坚持继续建设现有发射场。因此，我建议总统授权代表团提出禁止反弹道导弹的建议作为全国指挥部方案的备选方案（后者也暂不撤销）。总统批准了我的建议，七月九日发出了相应的指示。在维也纳谈判后期，一直到八月十四日休会，我们的代表团具体阐述了这个需要进一步发挥的建议。

这个主张是一大改进，其中提出的某些要素写入了一九七二年限制战略武器条约。它容许我们继续发展一种关键性技术（多弹头分导重返大气层运载工具）作为对付苏联日益增加的战略武器数量（我们知道他们正在着手增加战略武器数量）的砝码，而且不需要放弃我们正在考虑实行的任何进攻性武器计划。它使我们把限制进攻性武器同限制防御性武器坚决套在一起；除非苏联以停止增加进攻性武器作为交换，我们就不限制我们的反弹道导弹——如果国会愿意的话。它清楚说明我们不容许限制战略武器谈判限制我们为保卫西欧和亚洲而驻在前进基地的飞机。此外，建议禁止反弹道导弹还是摆脱令人不舒服的指挥部方案的第一步。

苏联常常过分贪得无厌。这次也是一样。他们认为等到我们国内要求单方面削减的压力有了结果的时候条件会更好一些。他们想要制止我们的反弹道导弹计划，而当时还不愿意冻结进攻性武器，原因或许是他们自己增加军备的计划还没有进行到这个程度。尽管如此，我在一九七〇年七月底同麦克洛伊咨询委员会开会时预言限制战略武器谈判将按照我们建议的精神在两年内达成协议。结果提前了两个月。

在此期间，我开始担心一种倾向，即限制战略武器谈判可能使许多人头脑中产生一种看法，认为这次谈判有它本身的势头；我担心——后来证明是正确的——这次谈判可能不得不承担东西方关系的全部压力。因此，我在七月十三日给总统送去一份备忘录，提醒他注意，不要认为达成限制战略武器协议就会从此天下太平。我指出：即使达成协议，苏联总有一天可以通过增加投掷重量、加强准确性和发展多弹头分导重返大气层运载工具等一系列办法来威胁我们的陆基导弹。“苏联可以相当有把握地认为他们今后再也不会处于战略劣势地位了。当然，他们将期望从得到正式承认的战略‘平等地位’中捞到大量政治好处。”中国人无疑会感到担心，害怕限制战略武器协议会带来美苏共同统治的局面。“他们料想苏联西部战线将出现全面缓和，并可能怀疑存在一种心照不宣的交易，即美国放手让苏联对付中国。”至于美苏关系，则将继续以威胁和希望含糊不清的结合作为特征，这是以令人毛骨悚然的大规模杀戮武器为背景的意识形态冲突的固有特征。我指出：

战后同苏联达成的任何军备控制协议都没有像协议鼓吹者希望的那样成为转折点。不过限制战略武器协议，即使有局限性，很可能具有深刻得多的影响。

苏联目前正在起草下一个五年计划，并在筹备第二十四次党代表大会。此外，有大量证据表明最高一级领导可能改组。在这种情况下，达成协议必然会影响苏联政策总的发展方向……

同时，我们必须十分明确，如果苏联感到“缓和”的效果破坏他们在东欧的霸权，这种协议并不能阻止苏联领导人在东欧采取激烈行动；它也不能制止苏联在西欧、中东、地中海和其他地方推进他们的利益而损害我们的利益。不仅如此，苏联统治阶层对增加交流、降低妨碍人员和思想自由活动的壁垒给他们社会带来的任何影响仍将是高度敏感的。苏联很可能认为我们在维持协议方面已经下了很大赌注，使我们不得不容忍苏联在这方面采取的行动，特别是在没有言之成理的证据可以说明苏联违反限制战略武器协议实际条款的情况下，更是如此。

照我看来，限制战略武器谈判并非万验灵药。我认为这次谈判是恢复战略均势，并为双方在政治上保持克制创造条件。照我看来，无论谈判结果如何，如果没有这种克制，危机升级就是不可避免的。从军事方面说，限制战略武器谈判将推迟苏联扩充军备的计划，从而推迟终将出现的对我国陆基部队的威胁。在越南问题引起的暴风雨般的抗议声中，它可能有助于我们保持国防的基干力量，并在数量上赶上去。谈判可能开创一个相互克制的过程，而如果没有这种克制，人类迟早会面临一场大战。谈判必然会导致政治态度的某种变化。此外，限制战略武器谈判必须符合保持西方联盟的团结、留有向中国开放余地的总战略方针。这个谈判确实重要，但我们绝不能使我们的整个外交政策成为谈判的抵押品。

现在只剩下限制战略武器谈判过程中最后一个矛盾需要谈谈了。这是指参议院关于反弹道导弹的表决。我们当时处于一种不可思议的地位。参议院接到的要求是继续建设一个新的反弹道导弹发射场，并着手准备另外五座发射场。与此同时，我们驻维也纳的代表团却向苏联建议完全禁止反弹道导弹，或把这种导弹系统限制在华盛顿地区——而我们甚至并没有为这个系统要求拨款。事实上，我们已使苏联初步同意用反弹道导弹保卫首都的方案。这种混乱肯定不是尼克松政府最感到骄傲的。

我们在限制战略武器谈判中采取的立场开始泄露之后，这种立场同我们在预算方面提出的要求之间的矛盾就越来越令人尴尬了。因此，我在七月二十三日会见了参众两院十位起关键作用的议员，说服他们支持政府的反弹道导弹计划以加强我们的谈判地位。参议院是一九七〇年八月十二日举行最后表决的。约翰·谢尔曼·库珀和菲利普·哈特参议员提出的抛弃一切进一步建设计划的修正案以五十二票对四十七票遭到否决。这次表决正巧赶上杰勒德·史密斯从谈判即将结束的维也纳给参议员们发来了一封电报。史密斯发来的这份措辞谨慎的电报肯定“卫兵”计划对他的谈判是一个重要因素——这几乎是他为了尊重他忠实服务的政府而最大限度地勉强解释自己的信念。据《纽约时报》报道，史密斯的电报对扭转托马斯·麦金太尔和詹姆斯·皮尔逊参议员的投票态度起了决定性作用。麦金太尔对报界说，维也纳一个高层的消息来源“非常清楚地说明谈判的成功几乎完全取决于我们对反弹道导弹不再保持‘毫不松动’的态度”。由此可知，正是作为完全禁止反弹道导弹的热烈鼓吹者并在四月受到尼克松愤怒指责的格里·史密斯挽救了“卫兵”计划。

追求莫斯科最高级会谈

从罗斯福开始，历届总统或迟或早都认识到应当同苏联领导人举行面对面会谈，亲自过问东西方关系问题。渴望在寻求和平的道路上取得决定性突破是人之常情。没有任何人比肩负最后决策重任的总统更清楚地意识到核技术带来浩劫的可能性。由于美国公众感到难以接受存在这种不可调和的敌对状况，而且倾向于从个别人物的作用上考虑国际关系问题，对总统的兴趣就更强烈了。此外，一个能够登上总统宝座的人很少不是异常自负的；他的随从人员也不大可能去纠正他对自己的评价。几乎可以说，总统之所以是总统就是因为他对自己的说服力具有极大的信心；这种信心毕竟使他取得了现在的地位。当总统的人对大肆宣传的最高级会谈所能带来的政治上的利益也不是无动于衷的，特别是在选举年。这是最好不过的“上镜头的机会”。

尼克松受这种倾向的影响比大多数总统都要少。他生性多疑，不相信一次会晤就能改变事态发展的方向。他在国际政治方面阅历甚深，不会不懂得大国之间几十年来的紧张局面并不是个人积怨造成的。此外，他也不大喜欢面对面谈判；这种谈判使他局促不安。对他来说，当时还有——而且从来都有——一种个人因素。他见过约翰逊在葛拉斯堡罗同柯西金会谈之后如何声名鹊起，而后来由于会谈的结果只是昙花一现名声又如何一落千丈。尼克松一度非常担心葛拉斯堡罗会谈会威胁自己当总统的前景，他由此得出结论，认为应当避免重蹈覆辙。由于这些原因，尼克松就职时深信最高级会谈必须经过充分准备才能成功。他原来的意图是：如果举行最高级会谈的前景能使苏联作重大让步，这才举办最高级会谈。

但是，一九七〇年出现了尼克松担任总统期间罕见的情况：他把清醒的估计抛到九霄云外，反而极力要求举行最高级会谈。他深受反战鼓动家的折磨，认为通过一次戏剧性的和平行动就可以使他们偃旗息鼓。在柬埔寨事件后立即会晤苏联领导人可能使河内认识到在一场更大的角逐中是可以把它牺牲掉的；一九七二年的情况正是如此。尼克松还看到会晤对秋天国会选举的好处。因此，他想举行莫斯科最高级会谈的愿望与日俱增。开始是当作一种策略，后来则几乎到了着迷的程度，只是由于苏联永无厌止地亟欲从谈判中榨取单方面利益，才使我们免于遭受严重困难。

如前所述，最高级会谈这个念头开始是以完全无害的方式提出的。多勃雷宁定期试探我们对这个问题的态度。一九七〇年一月二十日他也这样做了。我按照我们的既定政策给这种念头泼了冷水。但是到了四月，尼克松改变了态度。他预计一九七〇年不能在外交政策方面获得亘大成就，因此满怀渴望地转向举行最高级会谈的念头。

我对此保持高度怀疑。虽然由于我们个性的交互作用，有时在策略问题上出现意见分歧和关系紧张，但在我们交往中，我很少在重大外交政策问题上完全不同意尼克松的意见，这次就是其中之一。我认为一九六九年使我们对最高级会谈表示冷淡的那些理由在一九七〇年甚至更加正当。苏联在越南问题上对我们毫不帮忙。限制战略武器谈判实质上仍处于僵持状态。苏联刚把作战人员运入中东——这是他们战后第一次采取这种行动。同他们举行的任何谈判都没有进展到保证成功的程度。我们对中国采取主动的效果尚不清楚；只要我们看上去似乎同苏联进行勾结，就容易前功尽弃。因此，最高级会谈可能轻易就失败了；要不然我们为了挽救会谈就会倾向于达成以后可能后悔莫及的协议，或承担这样的义务。最后——虽然我当时不能明说——我并不认为就大量悬而未决的问题举行面对面谈判是尼克松的长处。

但是尼克松坚持己见。四月初，他指示我通过多勃雷宁渠道探索一九七〇年举行最高级会谈的可能性。我基于策略原因表示异议；不过这件事并不牵涉道德原则问题，所以尽管有种种保留，我还是断然着手进行此事。四月七日，多勃雷宁邀请我去苏联大使馆。他有些关于西伯利亚猎虎的影片，误以为会使我感兴趣。晚餐时，他主动对我说，根据他的经验，每届美国政府上任之初总是在美苏关系方面行动过于迟缓，后期又过于仓促，而那时采取行动已毫无意义。他提到林登·约翰逊在任期最后半年努力想举行最高级会谈一事作为例证。我小心翼翼地回答说，我们认为最高级会谈是一个实际问题；一切取决于可能取得什么成果。如果我们得到将有具体结果的某些保证，我们原则上并不反对。

多勃雷宁是一个训练有素的职业选手，立刻领会了我讲话的意义。他说，到现在为止，他和他的领导人一直按照一九七一年至一九七二年以前不可能举行最高级会谈的设想办事。他们想错了吗？我审慎地回答说：如果某些共同关心的问题，例如越南和限制战略武器谈判即将出现重大突破，就可能举行最高级会谈。不过我现在愿意就一般原则进行讨论。显然并未得到指示的多勃雷宁决定测试我们热心的程度。他暗示最容易的办法是由柯西金总理率领苏联代表团参加秋天的联合国大会，并在这种情况下会晤总统。（当时双方仍把一九七〇年最高级会谈看成是尼克松同柯西金而不是同勃列日涅夫之间的事。）我相信总统不会愿意重复约翰逊以联合国为背景举行会晤的经验。但我对多勃雷宁说，我将了解总统的看法。

我同总统进行了磋商，两天后再次会晤多勃雷宁，正式告诉他我们宁愿把最高级会谈同联合国分开，会议的目的是在已经完成的限制战略武器协议上签字或者是为了打破限制战略武器谈判的僵局。多勃雷宁现在得到了他需要的情报。他答应等他在莫斯科磋商回来后给我们答复。柬埔寨事件并未使我们停止交换意见。多勃雷宁六月初回到美国时，柬埔寨庇护所仍在美军占领下。尼克松对最高级会谈的渴望同几个星期来公众的冲击成正比。出人意料地以和平缔造者面貌出现，和苏联人坐下谈判而同时狠揍他们的盟国——有什么事更能使他那些大喊大叫的反对派狼狈不堪呢？他决定全力以赴要在国会选举前举行最高级会谈。因此，我邀请多勃雷宁到总统游艇“红杉”号上共进晚餐，在波托马克河上泛游时对整个美苏关系进行回顾。

我们动身之前，尼克松到白宫筹划室同多勃雷宁和我待了一会。他对多勃雷宁说，他愿意让过去的事成为过去；现在是把美苏关系置于新的基础上的时候了。他准备亲自为此做出努力。多勃雷宁同意说，算旧账是毫无意义的。他巧妙地回避了关于最高级会谈的暗示，强烈要求美苏在中东合作。苏联刚把由苏联人操纵的先进防空导弹运往中东，从而使那里的局势空前紧张。莫斯科显然希望在举行最高级会谈之前就得到报酬；我们越显得迫不及待，他们要价就会越高。

“红杉”号的航行并未改变这种印象。多勃雷宁热切希望详细讨论一切悬而未决的问题——特别是苏联关心的问题。他提出限制战略武器谈判、中东和东南亚问题，但对最高级会谈则含糊其词。他声称克里姆林宫的初步反应是有利的，但后来柬埔寨事件使他们认为我们的建议是一种策略，目的是使苏联默认我们在印度支那采取强硬政策。我否认了这种想法，指出现在柬埔寨行动正接近结束而我们仍然感兴趣。多勃雷宁和上次同尼克松见面时一样拒绝上钩。他又回到如何处理限制战略武器谈判和中东问题方面，要求通过我们之间的渠道继续讨论。显然双方都可以玩连环套的把戏。

六月二十三日我们再次会晤。这次没有直接提到最高级会谈。我简单谈到中东问题——这个问题将在下一章中阐述——以后，就询问苏联在限制战略武器谈判中的意图。多勃雷宁说他没有得到指示，但答应早日答复。事实上苏联的反应来得很快。这就是六月二十五日建议早日签订限制反弹道导弹协议并制定减少“意外战争”危险的方案的那份备忘录。

苏联在最高级会谈问题上的真正要价是联合反对中国。它以最精彩的侦探小说的传统方式再次出现。谢苗诺夫在维也纳歌剧院里碰到史密斯，交给他一份无人署名的文件，上面概括了苏联对防止意外战争协议的想法。如果第三国正“准备”进行核“挑衅”，双方应相互通知。如果出现挑衅行动，双方有责任对挑衅国家采取报复行动。双方要就这些问题定期磋商。苏联实际上要我们放手让他们对付中国；这是两国共同统治的明目张胆的表现。

在最高级会谈问题上，尼克松可能愿意违背我的策略判断行事。但是在涉及我国基本利益或整个全球战略的情况下，他无需忠告。他和我一致认为必须立即拒绝关于意外战争的建议。七月九日，我会见多勃雷宁，告诉他谢苗诺夫的建议是无法接受的。我说，意外战争问题有两方面。一是真正出现意外事故的可能性，要求制定技术保障措施和规定通知办法。这方面的问题我们愿意同苏联共同探讨。（最后确实导致了一九七一年九月三十日的协议。）意味着对国际阵容作出重大改变并明显针对第三国的政治合作则是办不到的。

多勃雷宁若无其事地假装对谢苗诺夫的建议一无所知，似乎这种念头是不可思议的。（但是建议来自谢苗诺夫可能正是为了苏联可以在我们反应不佳时予以否认。）多勃雷宁迅即把话题转到反弹道导弹协议方面来。这时，我提醒他我们从四月以来一直在谈论举行最高级会晤问题，至今没有得到答复，现在是停止旁敲侧击的时候了。多勃雷宁含含糊糊谈到柬埔寨问题和莫斯科即将召开党代表大会造成的困难。然后他又转而假装没有充分理解我们的建议。他是否可以向莫斯科报告：（一）总统建议举行最高级会谈；（二）会谈应讨论对美苏关系重新做出基本估计的问题？

多勃雷宁在奉命拖延时是做得非常高明的，他甚至不惜装得有点呆头呆脑。其实，三个月来，我们对他提出的询问已经答复过好几次——

最近一次是四周以前总统亲自答复的。我因为知道总统渴望举行最高级会谈，所以才同他周旋；我向他郑重保证，他可以按照他表示的那种意思去报告。但是这一次他无穷无尽地表示茫然不解，简直使人奇怪他怎么能在苏联外交界爬上这样高的地位。他希望了解我们考虑的是一九七一年还是一九七二年。我回答说：不，我们考虑的是一九七〇年。他严肃地考虑了一会儿。这位十分细致地研究我国民主政治的苏联学者又问：是选举以前还是以后？这是我当时无需坠入的一个陷阱。我回答说，等听到莫斯科对整个计划的反应之后我会告诉他的。

但是苏联迟迟不做出反应。相反地，多勃雷宁七月二十日带来一份备忘录，要求美国协助召开欧洲安全会议。苏联领导人显然有一张很长的购货单；在提出整个购货单、看看可以得到多少东西以前，他们不准备满足尼克松的渴望。不过在这一点上我们也有一项安排好的战略；我防守得滴水不漏。

在此期间，多勃雷宁再次回莫斯科磋商，题目同他所说曾在四五月间磋商过的一样。八月初，一名自称和苏联高级人士有联系的美国商人报告，苏联领导人期望在秋天同总统会晤。八月十三日，我以此为借口询问多勃雷宁的副手尤里·伏龙索夫究竟是怎么回事。我们绕了一圈又回到原处：这是多勃雷宁一月把日本大使牵连进去时使用过的同一手法。得到的反应也是同样的。不出所料，伏龙索夫说他没有得到指示，但他知道这个问题正在莫斯科“紧张地讨论”。

八月十九日，我们收到了正式答复。苏联领导人对最高级会谈持“积极态度”，条件是要认真准备。他们还请我们提出关于议程的想法。他们玩的是一九六九年我们玩过的把戏。八月二十四日，我的副手艾尔·黑格* 代表我交给伏龙索夫一份议程，上面列举限制战略武器谈判、欧洲安全、中东、“共处原则”和贸易作为可能议题，但在任何议

---

* 即亚历山大·黑格。艾尔是昵称。——译注

题上均未表明我们的立场。我们请苏联提出反建议。苏联未予答复。直到九月多勃雷宁终于返回华盛顿以前，我们再也没听到克里姆林宫关于最高级会谈的消息。多勃雷宁回来后，进一步发出积极的鼓噪，同时提出开始进行初步准备的程序性建议。按照这个建议，要到一九七一年相当晚的时候才能举行最高级会谈。在一个充满危机的夏天，苏联人显然是在利用最高级会谈作为对我们施加压力的另一种形式。

这种情况是再好不过了。我一想到一九七〇年如果举行最高级会谈将出现什么情况就不寒而栗。当时我们在国内不受支持。我们还处于打基础和试探阶段。我们还没有取得一年后使我们得以制定总战略的那些突破和政治上的意外收获。我们将受到极大压力，要带回某种程度的胜利，否则我们在国内的处境将变得更糟。我们小心翼翼地把德国条约同柏林谈判套在一起的做法可能受到破坏，而欧洲同莫斯科进行的谈判可能不是得到控制，而是失去控制。要求仅就反弹道导弹达成协议的压力可能达到无法遏制的程度；事实上，尼克松七月十一日明确对我说，为了会见苏联领导人，他愿意付这个代价。我等待他把这种看法变为正式指示再开始行动，但他没有这么做，部分是由于苏联从来没有为他提供机会。然而我思想上毫不怀疑，在举行最高级会谈的情况下，国会很可能自行其是，把反弹道导弹扼杀掉。中东危机可能加快速度。对中国的主动行动可能夭折。既然事前没有通过仔细研究达成协议，尼克松将被迫进行冗长的、详尽的讨论而处于不利地位，因为他对这种讨论从来都感到不自在。

对我们来说，幸好苏联领导人为了芝麻大小的利益而抛弃了这一切机会。这是值得那些认为苏联一举一动都是精心策划的总计划一部分的人牢记心头的。莫斯科清楚地看到，尼克松追求最高级会谈的迫切心情使他们显然处于策略上有利的地位。但是尼克松的罗马尼亚之行，他在一九六九年对葛罗米柯的怠慢，以及我们在中东不理会他们的态度使他们满怀不快，而且他们情不自禁想从我们身上榨取最大限度的让步，这就使他们丧失了一个可能的巨大战略机会。他们要事前得到报酬才同意举行最高级会谈，然后会上还要得到报酬。他们企图建立事实上的反华同盟，召开欧洲安全会议，并按他们的条件签订限制战略武器协议——而这一切都不过是进入最高级会谈的门票费。

尼克松并没有迫不及待到那种程度。他也不是一个低能的庸才。他拒绝了所有这些要求，结果苏联一无所得。

苏联领导人表现如此麻木不仁，一部分原因是他们相信已经通过自己在欧洲采取的主动使我们陷入孤立，再则他们幻想我们已经被越南问题搞得动弹不得了。一九七〇年夏，他们很可能认为并不急需同我们打交道，他们估计为促使我们要求在一九七〇年举行最高级会谈而施加种种压力之后将使我们更加迫不及待。不仅如此，他们当时还正在中东制造紧张局势，企图在加勒比海地区进行军事部署，一定认为这样做可能在第二年给他们提供更大的机会。如果举行最高级会谈，则将使这种行动变得极为尴尬。

但是检验政治家的水平，首先要看他是否能对讨价还价关系做出准确估计。一九七〇年夏天，苏联人考试是不及格的。尼克松想要举行最高级会谈，但并不像莫斯科估计的那样不顾一切地想要举行。德国谈判最后必然使我们处于掌握欧洲外交方向的地位。在限制战略武器谈判方面，我们最虚弱的时期已经过去，而在这方面苏联也由于僵硬不化而正中我们下怀。由于他们拒绝了我们的合理方案，我们国内就不再辩论多弹头分导重返大气层运载工具问题，在一定程度上也不再辩论反弹道导弹问题了。我们可以坚持自己的立场，直到取得最后突破，而不会在国内碰到无法忍受的压力。按照中东形势发展的方向来看，随着时间的推移，无论发生什么波折，将日益明显地看出苏联是无法左右局势的。而我们由于对中国采取了主动，还掌握了一张秘密王牌。

将使这些估计受到严重考验的、危机四伏的夏季尚未到来。但是危机如果不使政府垮台，就会使政府得到锻炼。从危机中可以识别谁是可以信赖的。危机可以建立国际范围和政府内部的力量平衡。无论尼克松管理政府的方法如何错综复杂，他正是在逼得他走投无路、使他非做出决定不可的压力下表现得最出色。一九七〇年的夏天和秋天就是这样一个时期。同过去经常出现的情况一样，这个时期也是从中东问题开始的。

注释：

① 查尔斯·L·舒尔茨、爱德华·K·汉密尔顿和艾伦·希克著《确定国家优先项目：一九七一年的预算》（华盛顿布鲁金斯学会，一九七〇年），第二章。

② 转引自《纽约时报》，一九七〇年二月二十四日。

③ 例如一九七〇年三月《评论》杂志上一篇文章，就反弹道导弹计划、多弹头分导重返大气层运载工具试验以及限制战略武器谈判中在确定限额方面漫不经心等问题谴责尼克松。莫里斯·J·戈德布卢姆《到现在为止的尼克松》，载《评论》杂志（一九七〇年三月号），第三〇至三一页。

④ 我的工作人员把戴夫·帕卡德关于我们迫切需要尽可能快地就限制进攻性武器系统问题进行谈判的建议为我概括如下：

帕卡德副部长给你送来一份有关限制战略武器谈判目标和策略的备忘录，要求给代表团发出新的指示，“使我们可以试图在十月中旬或至迟十一月在维也纳达成协议”。他说，早日达成协议，即使是有限的协议也是重要的，因为即将到来的“对国家预算的紧缩”“可能”造成“防务计划、包括战略部队的大量削减”；这将“对我们在限制战略武器谈判中使用的策略的时间安排发生重要影响”。他说，这是因为：如果谈判取得进展，预算造成的削弱在美国较易为人接受，而对苏联则是一种“表示善意的信号”；但是，如果谈判没有进展，这种削减就会“减少我们讨价还价的杠杆”。

（如果知道国防部打算对战略计划进行什么削减将会在今年秋天“减少我们讨价还价的杠杆”倒是有趣的。）

第十四章　一九七〇年的中东

一九七〇年刚一开始，战神们就在检查各自的军备，因为很清楚，这些军备很快就要投入使用了。在苏伊士运河沿岸，每天都有战斗。一月，以色列开始用轰炸机对开罗附近和尼罗河三角洲进行“深入内地”的空袭，其目的是为了要证实纳赛尔的虚弱，从而迫使其结束所谓的消耗战。以色列总理果尔达·梅厄对访问者说过：只要纳赛尔还统治着埃及，就很难说何日实现和平。在约旦前线，巴勒斯坦游击队的袭击和以色列的报复行动都在加剧，形成一种恶性循环。在戈兰高地，以色列和叙利亚发生了冲突。最后，在一月底，纳赛尔突然秘密地访问莫斯科。此后，中东问题就开始日益和超级大国的关系纠缠在一起。

在这一段时期，美国由于政府内部对这个问题的性质看法非常不一致，也处于困扰的境地。国务院认为，困难的根源在于阿拉伯和以色列在领土问题上的冲突。专家们认为，一旦这个冲突问题予以解决，激进的阿拉伯人的影响就会下降，而且苏联在中东的作用也就会随之减弱。这些观点指导着我们一九六九年的外交政策，并且促使我们为全面解决问题而提出越来越具体的建议。

我对于这一类的假定，以及似乎以这类假定为依据的方针，持有很大的怀疑。正如我在一份备忘录中向总统说明的那样，我的估计是，阿拉伯激进主义来自五个方面的因素：以色列一再攻占别国的领土；以色列国家的存在；对社会和经济状况的不满；对西方国家利益所持的反对态度；对阿拉伯国家中的温和派所持的反对态度。一项解决方案只能对这些组成部分中的第一项起到作用，而其余的四个组成部分依然如故。对于这些激进分子来说，西方资本主义仍然是他们的眼中钉。阿拉伯国家中的温和派照样还是不能接受的。社会和经济不安的根源仍旧继续存在。以色列仍然是这些阿拉伯激进分子企图消灭的对象。以色列人懂得这些。正因为阿拉伯激进分子把以色列的存在看成是问题的焦点，而不仅是其边界而已，所以他们不愿意放弃对这个国家的进攻。

我也不相信，解决了阿拉伯和以色列的冲突，苏联的影响一定会削弱。许多问题取决于解决方案的方式和细节。一个涉及一切方面的全面解决方案，从本质上来看是对激进分子有利的，因为它会使最不妥协的政府对全过程拥有否决权。如果一项解决方案看来是苏联的压力和讹诈的结果，那么，那些带有反西方色彩和亲苏联倾向的激进主义政权将会得到加强。人们将认为，这是把这些领土归还到苏联代理人的手中。

我们应该争取的不仅是一项解决方案，而且也要表明，我们的朋友根据这项方案最能卓有成效地取得进展；换句话说，温和派是中东和平的关键人物。我深信，我们完全可以使人们懂得这个道理。二月初，我告诉尼克松说："对我们有利的方面是，阿拉伯人将会懂得，能解决他们问题的是美国而不是苏联。"二月二十五日，我在高级研究小组的一次会议上发言说："到了一定的时候，情况会变得很明显，时间对苏联不利。如果他们不能为阿拉伯人夺回领土，阿拉伯人满可以来找我们。"因此，我们不应该向讹诈低头，也不应该被激进分子的言辞所吓倒，忍耐就是我们的武器。由于同样的原因，一旦出现突破，并且温和的阿拉伯人也转向了我们，我们就得断然采取行动，在外交上打开局面。

但是我不能推行这样一种战略。尼克松把中东问题交给了罗杰斯。总统甚至经过再三考虑，还是不愿进行干预。在这个时期，他也并不认为我的战略是正确的。他仍认为，苏联是在一九六九年战争中政治上的胜利者。他还没有放弃那种隐隐约约的想法，认为美国和苏联可以利用中东和越南问题做交易。他认为，对于犹太选民，他比他的任何一位前任总统负有的义务都少，并且急于表明，他是不受其压力影响的。他还怀疑，我信奉犹太教，是否会在作判断时产生偏差。按照正常情况来说，我应向总统提供可供选择的战略方案，并给予政府部门战术性指导。但是，直到一九七一年晚些时候，在中东政策问题上我都不被允许这样做。

因此，在中东问题上，我们的政策缺乏一种始终如一的指导思想，而这却是尼克松的一贯要求和我的一贯主张。他对事态发展听之任之，认为有我做他的助手，他总是可以在事态发展到不可收拾之前，把它接管过去。他给予国务院一定的处置权限，而在其他问题上，这是难以想象的事情。尽管如此，由于总统的信念和我的信念要比和罗杰斯的信念更为接近些，所以他往往施加种种限制，使得国务院的看法难以前后一贯地得到实施。

在这个过程中，我们得接受痛苦的教训，即只有那些具有明确目标的人，才能控制事态的进程。一个国家貌似谦恭，实际上举棋不定，是得不到什么好处的。因为对手可能把它的善意当作默允，把克制误认为软弱。当我们吃尽了苦头，最后奋起捍卫我们的利益时，他可能会真的感到大吃一惊——的确还感到是受骗了。这样的结果就是一场危机。

从这十年的情况来看，我毫不怀疑，由于柬埔寨和我们国内处于动乱之年，我们想要避免进一步摊牌；又由于我们渴望解决问题，而解决的办法又不符合中东各方面的心理需要，结果是招来了苏联觊觎中东之心。我也认为，正是由于我们下了决心要制止他们觊觎中东的企图，才为最后转向谈判准备打下了基础。这种谈判既是关于中东问题的，又是关于整个对苏关系的。

柯西金的信

一九七〇年一月三十一日，多勃雷宁大使在白宫地下室我的办公室里递交了一封苏联总理阿列克谢·柯西金给尼克松总统的信。在通常情况下，这封信本来会被当作特种渠道来处理。然而，我们得知，柯西金也给威尔逊首相和蓬皮杜总统送去了同样的信件。由于英国和法国肯定会和我们商量，所以我们方面没有别的选择，只好将这封信作为正常渠道来处理。显然，一旦信件来往变得如此正式，那就必然要公开进行。

柯西金的信里警告说，以色列事实上已经在对阿拉伯国家继续采取军事行动。苏联正在注意观察以色列的行动与“某些大国”的外交行动在多大程度上是互相配合的。这是一种不太隐晦的暗示，指责我们在一九六九年提出的一片好心的和平建议是在为以色列深入内地的轰炸打掩护。该信说，如果以色列继续进行攻击，“苏联将被迫保证让阿拉伯国家拥有必要的手段，借以给蛮横的侵略者以应有的回击”。柯西金呼吁四大国“迫使”以色列停止攻击，并以“最快的速度从被占领的阿拉伯土地上撤出以色列军队”作为开端，来建立持久的和平。

我把这封信交给了尼克松，并指出，这是苏联对我们这一届新政府的第一次威胁。虽然柯西金并没有威胁要采取任何具体行动，但是，“以色列必须在其他问题解决之前先撤军的这种主张，是苏联一九六七年主张的阴魂再现，而这似乎是对去年夏天美苏会谈所取得进展的一个很大的否定”。与此同时，我把柯西金的信看成是整个过程中的一个部分；我们可以通过这个过程表明，我们在中东的地位是比较强大的。

我们坚定不移的政策给他们（苏联）造成了下列进退两难的局面：如果他们**不同意**我们的建议，他们会一无所获，逐步升级的责任就会落在他们身上，而如果逐步升级导致一场大的冲突，他们的代理人就会失败。如果他们**同意**了，他们就得按照我们的条件甩掉他们的代理人。我建议采取回击战略，狠狠地惩罚一下苏联的威胁；把以色列的遵守停火协定和另一方——包括非正规部队——相应的遵守停火协定联系起来；迫使苏联明确表态，如果以色列撤军，阿拉伯人将承担什么义务。

这一次，我们政府在如何对付这个问题上是意见一致的。罗杰斯和西斯科同意，我们必须作出坚定的回答。二月四日，我们把总统的复信送交给了苏联。复信坚决地驳回了苏联的指责，指出，双方都违反了停火协定；埃及在一九六九年初就开始采用消耗战，故意使战争不断升级。尼克松的复信警告说，苏联威胁说要增运军火，如果这样做，必将把几个大国都更进一步地卷进这场冲突之中："美国正密切地注视着中东力量的相对平衡，必要时，我们将毫不迟疑地向我们的友好国家提供军火。"这封信的结尾驳回了苏联的下列主张，即在任何别的和平问题得到解决之前，以色列必须撤军。

同一天，我写信告诉总统我对苏联照会的进一步看法。我认为这个照会是一个奇怪的招数，因而是令人不安的：

不用费什么脑筋就可以预料到，至少美国（如果不是法国和英国）会作出答复，它主张在对等的基础上恢复停火……因此，苏联行动的结局将是把恢复停火的责任放在纳赛尔和阿拉伯人身上，从而也就是放在苏联人自己身上，而不是放在我们和以色列人身上。

两天以后，在送交总统的一份很长的关于中东战略的基本问题的分析文件中，重申了我的观点："既然他（纳赛尔）已经投奔莫斯科，指望我们会去迫使以色列停止轰炸，他即将看到，莫斯科无力使他摆脱困境。"

正因为柯西金的信是这样冗长，又不要求实际上解决什么问题，我就开始认识到，这不是一个孤立的行动，必定是一个更大的计划的一部分，几乎可以肯定是战场上要采取某些具体行动的前奏。这封信的含糊其词，可以被解释为他们不希望得到一个可能会干扰他们业已决定的答复。从安瓦尔·萨达特和穆罕默德·海卡尔的自传中我们现在了解到，当纳赛尔一月底在莫斯科的时候，苏联已经作出决定，要把最先进的防空导弹送往埃及。柯西金的信不是一个警告，而只是一个烟幕。

二月的第一个星期，有迹象表明，苏联可能把新式武器送往埃及。我对尼克松说，我怀疑，单是军事装备会有什么用处。如果这批新式武器只是增补了现有的军火库，以色列可以将它们摧毁掉；如果这批武器是较为先进的，埃及人也不会使用。这就引起一个不祥的可能性：如果苏联企图采取某些有效的措施来反对以色列的进攻，“看来这就几乎肯定会使苏联军事人员卷入”。尼克松在阅读我的分析时，作了这样的眉批：“我认为现在是和苏联人直接谈这件事的时候了。艾奇逊让战事平息下来的想法不能实现*。国务院的‘任何讨论会式的谈判’已不顶事了，我们必须设法进行一次双边会谈，看是否可以获得一项对我们有利的交易。”

为了实现尼克松的愿望，我在两条战线上采取行动。国务院指示我们的驻莫斯科大使雅各布·比姆通知苏联外交部长葛罗米柯，美国准备就恢复停火问题进行谈判，并讨论限制双方军备的问题。不出所料，葛罗米柯于二月十一日给比姆的答复是不明确表态。他说，苏联不能考虑停火问题，除非以色列首先停止其深入内地的轰炸。他不反对讨论限制军备问题，但是只要以色列还占领阿拉伯的土地，就不能进行讨论；换句话说，以色列必须从一九六七年占领的一切土地上撤出。所有这一切都可以在两大国的会谈中加以解决，苏联准备恢复这种会谈。

---

* 这里指迪安·艾奇逊在一月的来信，该信主张我们在处理中东问题时“不该管的就不管”。当时，尼克松表示，他总的来说同意艾奇逊的看法。

葛罗米柯的答复闪烁其词的原因无疑是，苏联已经在研究关于美国立场的一份更有权威性的声明。因为在前一天，二月十日，我代表总统和多勃雷宁会谈；而当比姆和葛罗米柯会谈时，苏联方面还没有能够分析透我所传递的信息。我告诉多勃雷宁，“我们希望苏联领导人认识到，我们将会以最严重的关切来看待苏联把军事人员引进中东这件事。”我们选择了这种传递信息的方式，因为我们不希望造成正式的对抗。同时，我遵照尼克松的指示，告诉多勃雷宁说，我们愿意通过特种渠道举行关于中东问题的双边会谈。

多勃雷宁即使没有接到明确的指示，也从来不会放过利用会谈的机会，这次也是如此。他转而重复他那埋怨美国采取的行动的老生常谈；经验告诉他，在华盛顿传统势力中有无数的受虐狂，他们对每次所陷入的绝境都急于引咎自责。他利用了这一特点；他反对围绕柯西金信件而掀起的宣传(当然，这是由于苏联在巴黎和伦敦同时采取的行动而引起的)，并且也反对国务院的公开立场；他认为，这一立场曲解了莫斯科在十二月对我们关于边界问题的建议(“罗杰斯计划”)所提出的答复，并错误地把这一答复解释成为一种拒绝。看过莫斯科在十二月份递交的照会的每一个人，包括我在内，显然当时都没有看出多勃雷宁所说的后一点。而且对于我们把他们的答复解释为拒绝了我们的方案这一点，苏联人以前也没有进行过争辩。

差不多将近一个月，我们没有从苏联人那里听到什么动静。预料苏联将有一些重要的活动——几乎可以肯定要把军事人员送进中东——我便利用这个间歇来制订应急计划。华盛顿特别行动小组各次会议都再次暴露了笼罩着一九六九年进行的国内辩论的意见分歧。我的意见是，如果苏联运进军事人员，我们没有别的选择，只有奋起抵抗，不管是什么事情触发了苏联这一行动。除非我们准备听任阿拉伯的激进分子拥有决定性的力量，否则我们就不能容忍新的苏联军事力量进入。如果苏联要以报复行动来威胁以色列，我们打算重新研究一下我们的计划；如果苏联采用由他们自己的军事人员操纵的尖端武器，我还要要求采取措施来防止以色列的空军受到损失。

政府各部门对此不太热心。政府中的大部分人把僵局归咎于以色列所持的不妥协态度。所有的人（除了我以外）都认为，在这个时候对以色列大规模增加援助，会“引起轩然大波”。至于应急计划，没有一个人能想得出一个言之成理的理由，来反对未雨绸缪。但是事情很明显，对于苏联任何重大的行动所采取的军事对抗，都将会面临官僚机构大规模的反对。国防部提出了一个正式的备忘录，强调指出，它倾向于政治解决——这就意味着，像越南问题一样，别的部门将背起这个包袱，并将承担风险。它并没有说明，我们将如何使以色列全部撤军（这刚好就是谈判桌上的唯一政治解决方案）；或者，如果苏联军事人员出现在中东，这种撤军看起来会不会像是苏联施加压力的结果。

尼克松由于受了国际和国内各种考虑的影响，态度是自相矛盾的。他同意我的地缘政治学的分析，在我的一份备忘录上他批示道：“‘不偏不倚’是正确的政策——但我们的利益毕竟是——要给苏联造成最大的麻烦——不要因为阿拉伯和以色列的冲突就忘掉了这个利益。”同时，他倾向于政府部门的意见，认为根本的困难在于以色列的政策。他怀疑，苏联所表现的无能为力，会不会使得阿拉伯人真正地丢掉幻想。我在一份备忘录中提出的这种可能性，他在上面批注说：“我根本不同意这个结论——苏联人知道，阿拉伯人的谈判能力是很强的——我们一直在得意地注视一九六七年以来苏联在中东的‘失败’——国务院和其他部门都说，六日战争是苏联的一次‘失败’。事实并非如此。他们成了阿拉伯人的朋友，而美国却成了阿拉伯人的敌人。从长期看，这符合他们的利益。”

当然，问题是如何使尼克松的两个批注一致起来；我们默认他们军事人员进入，让他们在这个地区作为主导力量出现，在这种情况下，我们如何给苏联人制造麻烦呢？尼克松从来不用抽象的办法来解决这些问题，他宁肯等待一个需要作出决定的时机。他在持有不同意见的下属面前往往表现为自相矛盾——既鼓励他们，而又只是当他们涌进他的办公室时才表态；在中东危机在国内的影响问题上，他也采取同样的态度。尼克松总统认为，在他的整个政治生涯中，犹太社会的大多数领导人都是反对他的。他曾开玩笑地说，那一小部分投票支持他的犹太人一定是对他崇拜得五体投地，即使他和以色列闹翻了脸，他们也可能会紧紧地跟随着他。他老爱对他的同事和来宾们说，“犹太人院外活动集团”影响不了他。

尼克松这样看他自己，但是不幸的是，他很少有机会在实践中证实他的这一理论，因为差不多在所有的实际问题上，他那不动感情的地缘政治学的分析最后所得出的见解，与其他人根据种族集团政治所得出的见解相去不远。对于他认为是反对他的任何选区，他在私下威胁着要进行可怕的报复。他会作出姿态表明——部分是做给他自己看的——他不受那种曾约束过其他总统的传统影响的束缚。但是，最后，当他面对着中东的强权现实时——经过一番迂回曲折和令人苦恼的对抗之后——为了国家的利益，他会奉行同样的战略：减弱苏联的影响；削弱阿拉伯激进分子的地位；鼓励阿拉伯的温和派分子以及保证以色列的安全。所以尼克松和我往往是先走一段不同的道路，然后在中东问题上要作出决定的时刻，我们又会会合在一起，取得一致意见，并在行动上互相支持。

二月，我国政府正在研究以色列要求购买军援物资的年度清单。在一九七〇年，清单上有二十五架 F-4 鬼怪式战斗轰炸机、一百架 A-4 隼式攻击型轰炸机，以及一大批坦克和装甲车，所有这些军用物资都用不同方式的美国贷款来支付。政府部门的一致意见认为，未来三到五年，不用增运大量武器，以色列也能保持其军事上的优势。这种看法得到各部门的支持，这种支持是以深奥诡秘的综合分析为根据的，它非常符合这些机构领导人的政策意图。（事实证明，一九七三年的中东战争表明，尽管在一九七〇年至一九七三年运送了相当数量的军火，中东的军事力量对比已经变得比我们任何一个分析家所预料的要危险得多。）我们的官僚机构本来就不太愿意向以色列增运武器，由于在阿拉伯世界的朋友——如摩洛哥国王和约旦国王——来信提出警告，它就更加不愿意了。

因此，当发生了一件事情，而这件事尽管与整个问题不直接关联但却会促成问题的解决，政府的考虑总是倾向于作出最低限度的反应。二月底，法国总统蓬皮杜正在美国进行国事访问，尼克松对这次访问是非常重视的。由于蓬皮杜对于美国国内可能发生的反应不太敏感，也可能是对此漠不关心，蓬皮杜于一月份和新成立的穆阿迈尔·卡扎菲上校的革命政府签订一笔军火交易，在四年内卖给利比亚一百多架幻影飞机。从国家需要来说，利比亚是不需要这么多的飞机的；的确，在那个时候，整个利比亚也只有少数几个飞行员能够驾驶这种高级性能的飞机。显然，这些飞机是打算供其他的阿拉伯国家用的，也可能就是埃及。可以预料得到，美国国会中的以色列支持者发出了非常强烈的抗议。蓬皮杜和他的夫人所访问的每一个城市都发生了示威游行。在芝加哥，发生了一起非常恶劣的事件，一些示威者对蓬皮杜夫人表现得极其无礼，以致蓬皮杜断然中止了他对芝加哥的访问，回到了纽约。有好几个小时，他似乎还想取消在纽约的逗留，乘机返回法国。蓬皮杜永远也不会忘记这个不可原谅的事件；从那以后，他对待美国的态度一直受此事影响。

尼克松怒不可遏。他作出两种反应：一种反应是落落大方，另一种则是气量狭小。他的落落大方的表现是，他出人意料地飞往纽约出席三月二日招待蓬皮杜的宴会，还在宴会上发表了一篇既热情而又得体的演说。他的报复性的反应是，他通过约瑟夫·西斯科给国务院直接下达了一道总统命令——显然是想要避开我——无限期地推迟考虑给以色列军火的整个计划。如果他征求我的意见，我肯定会强调说，为了美国一小部分群体的行为而去惩罚一个外国，从而使苏联有可能从中渔利，这是不明智的。

尼克松在下达命令给西斯科之后的几小时内，像通常一样，已经重新考虑这个问题，这时我向他提出的就是上述的看法。事实上，他要霍尔德曼告诉我，这不算最后的决定，他要在乘飞机去纽约参加蓬皮杜宴会的途中解决这个问题。当霍尔德曼接受这样一个任务时，人们可以肯定地认为，总统不是在说着玩的。霍尔德曼含蓄而有涵养的对实质问题的冷漠态度，排除了进行争论的可能性。霍尔德曼还是起了折衷的作用，他开辟了转达反对意见的途径，但并不拥有实现这些意见的手段。我无法接近总统，便警告霍尔德曼说，总统的行动已经增加了中东发生爆炸事件的可能性。抛弃以色列将使我们同时面临和苏联人以及和以色列人对抗的局面。以色列人难免会惊慌失措，并可能会先发制人。苏联人见到我们和我们的盟国之间的关系发生了明显破裂，一定会胃口更大。我们知道，苏联人正在策划某种军事行动，在这个时候，总统下令要中断对以色列的军事援助是不适宜的，因为苏联人迫在眉睫的行动就是针对着以色列的。霍尔德曼长期以来在他的大发雷霆的上司和那些对实质问题持认真态度、脾气暴躁的人——霍尔德曼对这一点不能理解——之间忍气吞声；这时他要我放心，事情会解决的，但没有说如何解决。事实证明他是看错了。

当国务院接到一个为官僚机构所赞同的命令时，它是个效率高得出奇的机构。当它想把固执己见的上司拖垮时，备忘录的草稿可以在迷宫式的渠道里成周累月地旅行，但是当它接到一个它认为是明智的指示时，只消几小时文书工作一下子就完成了，官僚机构马上变得行动神速起来。因此，在尼克松的命令送交给西斯科的三十六小时之内，罗杰斯就发出了一个备忘录告诉尼克松说，他已经做好了准备，手边已有一个方案，可以用来“贯彻你那推迟增派飞机给以色列的决定”。

我认为，在我们没有弄清楚苏联在中东下一步的打算之前，就宣布这样一个决定，是非常不明智的。这时，我对尼克松改变主意的习惯已有经验，可以有把握地说，他一定会——用霍尔德曼的话来说——设法加以补救。因此，在把罗杰斯的备忘录送交给总统的时候，我指出，这一建议中的行动对国内的影响是不言自明的，“在国外，向苏联的压力低头的这种表现，光靠简单地否认是解释不了的”。因此，我建议，修改罗杰斯的建议来减轻一下对以色列的打击。或者是，我们同意补充一九六九年到一九七一年期间损失的飞机（补充到一定的数量为止，以免以色列人任意进行代价高昂的空袭）；或者是如果苏联运进的大量军火破坏了军事均势的话，我们保留一条生产流水线，并拨出一定数量的可以立即交付给以色列的鬼怪式和隼式飞机。甚至西斯科也对我（私下）说，他同意我的看法。为了避免因推迟交付飞机而引起的不良反应，我建议由国务院而不是由白宫来宣布这件事。

我的建议表明，在中东问题上我并不居于举足轻重的地位，充其量不过是，我的建议能使总统停下来再作一番考虑。这样，当苏联正在决定下一步行动的时刻，我们也许避免了一件会引起他们冒险的事情。

不久，苏联的这一行动就开始了。

苏联士兵和导弹出现在埃及

三月十日，多勃雷宁带着克里姆林宫的复信来到白宫。这是一封对我的二月十日警告苏联不要将军事人员派往中东的外交函件的答复。由于某种原因，筹划室不能使用，我们便在总统的军事助理人员办公室里会晤。军事助理人员办公室是在白宫的东翼，距决定政策的地点很远。真正起作用的工作人员和助手的办公室，多数都聚集在西翼的椭圆形办公室附近。衡量白宫助理人员的重要性有一条标准，要看他们离权力中心多近。许多助理人员宁愿待在西翼的一间小鸽子笼式的房间里办公而感到沾沾自喜，却不愿意待在三百码以外的东翼的较为宽敞而雅致的房间里，或者是街对面的政府办公大楼里，去冒失去地位的风险。当然，衡量他们的重要性，还有别的更糟糕的标准，但是正因为东翼的办公室大部分是用来办理社会性或后勤性事务的，所以它是一个避人耳目的开会的好地方。

多勃雷宁的表情是和颜悦色的。对于美国关于停火的好意规劝，他转达政府领导人的信念说："如果以色列停止对阿联(埃及)的轰炸，那么阿联方面也将在行动上表现出克制的态度，当然，就用不着发表什么官方声明来表达这个意思了。"换句话说，多勃雷宁是在提出一个沿苏伊士运河实行事实上的停火的建议。而且，多勃雷宁还愉快地宣布说，他已被授权和罗杰斯重新恢复双边会谈。他还预先告诉我说，在这次双边会谈中要提出的两点"让步"：第一，解决中东问题不仅要结束战争状态，而且还要建立和平秩序；第二，阿拉伯各国政府也将设法约束游击队在他们领土上开展的活动。

实际的"让步"要比所看到的内容少。这个建议——认为和平解决方案可以建立和平秩序——是当作一种让步而认真地提出来的，它说明中东政策的前途是多么渺茫。要求以色列从占领的一切土地上撤军，而又不能保持同多数国家通常享有的和平关系，这是一件荒谬的事情。我们怎么也不能把在实现和平之后停止游击队的出击这件事说成是一种牺牲；任何人都不会持与此相反的主张。但是，多勃雷宁的停火建议看来似乎仍有足够的重要意义，它使我没有能一眼看出，苏联的复信没有回答我们二月十日谈话的主要问题，即我提出的对于他们派军事人员进入中东的警告。复信中对此避而不提的原因，很快就真相大白了。

我向总统提出的报告后来证明是高兴得太早了："多勃雷宁作了一系列重要让步……在关于埃及问题的谈判中，我们政策比较坚定，这在所有有争议的问题上都收到了效果。苏联已经走了第一步棋——虽然这步棋的步子迈得不够大——至少它说明了寸步不让的方针是正确的。"总统对于苏联这种表面退让的态度作出了反应，他修改了原先关于向以色列提供军事援助的决定。尼克松懂得，如果拒绝以色列关于军援的要求，我们是无法向以色列提出停火建议的，因此，在同一天，尼克松批准了我提出的关于在一九七〇年补充以色列损失的飞机的建议，总数为八驾鬼怪式和二十架隼式飞机。我提出，暂时搁置一揽子交易的坏消息由国务院发出，他对此欣然同意，只是把尼克松式的手法加上：由我把尼克松决定补充以色列损失的飞机这件事立即通知以色列驻美国大使拉宾。

三月十二日，我和拉宾会晤，把多勃雷宁的停火建议告诉了他，并且也把总统的决定转达给他。同时，我要求以色列停止作深入内地的轰炸，并同意实行不公开宣布的停火。总统将发出一封备忘录，对我们的要求和保证正式加以确认。

拉宾有许多不寻常的优点，可是却不具备处理人际关系的天赋。如果我国把整个美国战略空军司令部无偿地作为礼物送给他，他会(一)、装模作样地认为，以色列总算拿到了他应该拿到的东西；(二)、他会从飞机上找出一些技术上的毛病，显得他接受这批飞机，是对我们作了一次极不情愿的让步。因此，一点也不奇怪，他没有接受这个补充飞机损失的方案。事实上，拉宾把梅厄夫人写的两封信(其中一封是亲笔写的)交给了尼克松。这两封信是根据外界已公开流传的报道来写的，认为我们可能推迟或拒绝以色列的关于飞机的一揽子要求。梅厄夫人写道，这一决定将会使以色列在军事上处于更加危险的境地，同时将进一步鼓励苏联和阿拉伯的侵略。她担心一种被人“遗弃”的感觉将会使以色列人更加感到绝望，因此也就更容易铤而走险，“人们对于这种形势所产生的严重后果怎样说也不会过分”。

拉宾对停火总体来说也是不太热心的。停火对纳赛尔有利，但并不解决什么问题。然而他认为，这项建议是重要的，值得亲自带回到耶路撒冷去。拉宾飞回以色列，五天后带回了内阁的复信：以色列将在下列条件下同意实行不公开宣布的停火，即同时停止一切军事行动；补充飞机的数字增加一倍；尼克松公开宣布保证维持以色列的空军力量和中东的军事均势。(这是我第一次直接接触以色列人的谈判策略。他们结合使用顽固坚持的态度和迂回曲折的策略，从而使他们的谈判对手疲惫不堪，最后只剩下一点为签署最后文件所需要的清醒头脑。）

然而和以色列的交道还没有打完，我们就发现苏联人打算对埃及所采取的军事行动。就在以色列接受停火的那一天——三月十七日——拉宾通知我说，大量的苏联军火运抵埃及，其中包括最先进的苏制防空系统——SA－3地对空导弹。这种武器从来没有给过任何一个外国，连北越也没有给过。更加令人不安的是，和这种导弹一起运来的还有一千五百名苏联军事人员。显然，这仅仅是苏联一次大规模军事行动的第一部分。这一行动标志着苏联政策的一种不寻常的转变：他们以前从来没有用他们自己的军事力量为一个非共产主义国家去冒险。在我看来，很明显，随着苏联增派武装部队，并对这些部队加以保护和显示他们的行动成果，这就成了一件与他们切身利益相关的事了。

所有的经验都告诉我们，苏联的军事行动一开始往往是试探性的，但必须及早毫不含糊地予以抵制，而抵制的方式应使苏联领导人有一个撤退的理由。如果错过了这个时机，他们的行动规模就会越来越大，除非经历一次很大的危机，否则就无法加以消除。但是，当他们的挑战还不太明朗化的时候，要组织一次强硬的回击就特别困难。从下定义的角度来看，证据不可能是确凿可靠的。进行一次军事集结，在早期往往会受到一些限制，即必须建立一个后勤基地。情报机构——同把情报机构凭空想象成是不顾一切的冒险家的看法正相反——倾向于作出保险的预测；他们常常聚集在一起小心谨慎地谈设想。根据我的经验，几乎在每次危机中，在开始时都会有些争论：到底我们是否真的面临着一次挑战；这场争论很快就会从政府各部门蔓延到国会中去。那些反对作出强烈反应的人认为，政府的“行动过火”了。如果由于政府的及时行动，避免了危险，他们会感到，事实证明他们是对的。他们没有认识到，真正的选择在于：或者是采取表面过火的行动（把挑战遏制住），或者是听任事态发展。到了威胁的真正规模已经变得很明显时——当每一个人都认为事情的性质已到了极其严重的地步时——往往已经为时太晚，无计可施了。至于引起苏联采取行动的原因到底何在，在整个过程中，这个问题倒变成无关紧要的了；美国的政策必须针对其结果，而不是其原因。

因此，一九七〇年春天，苏联的导弹和军事人员出现在埃及时，尼克松政府的反应也是这样。由于把精力都集中在越南、柬埔寨和老挝问题上，由于被国内的动乱弄得心神不定，还由于基本上认为是以色列的好战激起苏联采取军事行动，以致美国政府一直是摇摆不定，把遏制挑战的时机都放过了。

我们作出的第一个反应的方向是对的。三月二十日我召见了多勃雷宁，把他狠狠地训斥了一顿。我说，我们是非常认真地看待苏联三月十日的信件的。事实上，我们已向以色列提出了停火的建议，以色列在原则上也接受了这个建议。但是就在我准备找多勃雷宁来商定停火的时间安排时，我们得到消息说，苏联把SA－3导弹和军事人员运进了埃及。尽管我对于这一做法的危险性事先已提出过明显的警告，但军队还是运进去了。我说，你们这种手法使我联想起古巴的导弹危机。除了终止关于停火的一切努力，并把此事相应地通知以色列外，我们别无其他选择。

直到四月七日，多勃雷宁才回答这个问题。他问道，如果苏联的武器的部署仅限于亚历山大港、开罗和阿斯旺，我们对此是否会持不同的看法；对于军事人员，他就含糊其词了。我问他，这算不算一个正式的建议。他说他以后告诉我。但后来他一直没有告诉我。

我们一旦接受了挑战，下一步的行动就应该紧紧跟上。对于苏联运进先进导弹和军事人员的正确反应应该是对以色列增加军事援助——而不光是答应给一些补充飞机。这种做法将会表明，我们将奉陪苏联的武器升级，而且苏联的军事压力不是解决中东政治问题的办法——这是一个首要的条件，以促使苏联采取温和的态度，实现我所主张的恰到好处的战略。比尔·海兰，我的工作班子里的一位苏联问题专家，于六月八日恰如其分地阐述了我的看法的基本原理：

苏联所崇拜的是权力和实力，他们最懂得军事力量。当然，这并不是说他们一心想打仗，或者是说，他们主张不分青红皂白地使用武力。但是，他们不懂得克制，他们鬼迷心窍，最后使他们得出结论，可以得寸进尺。

如果美国不用军事援助示威性地支持以色列，苏联就会捉摸我们为什么不这样做的道理。最后，他们会得出结论，是由于国内的政治和经济上的考虑，或者是由于军事升级的结果，我们吓得停步不前。

我没有能力使这样一种战略得以采纳。我们的政府机构责备以色列，认为他们应对苏伊士运河沿岸的紧张形势负责，认为——不是没有证据的——以色列深入内地的轰炸惹起了苏联的反应。它们主张对苏联军事行动的“解决办法”是迫使以色列采取更加灵活的态度。宝贵的时间在枝节问题的争论中浪费掉了。我们的情报界集中精力试图估量，如以重武器进行精确的计算，军事平衡是否实际上已经被打破。所有这一切都没有抓住要害。不管人们对于以色列采取较大的灵活性持什么样的看法，我们首先必须挫败苏联人和阿拉伯的激进分子，不然，以色列的让步就会被看成是由于运进了苏联军事人员的结果。随着他们的要价逐步提高，我们的处境就会越来越坏。一旦苏联在中东站住了脚，而且又有了战斗力量，而我们又承认了这种力量，那么政治平衡就会急剧改变，军事平衡也随时会被苏联打破。对于目前的状况，以色列负有不可推卸的责任，但是我们只能在战胜了苏联的军事挑战之后，才有可能去处理政治问题。

由于当时我任总统助理的时间还不长，而中东问题实际上又是国务院管辖的范围，因此，我的这种观点就占不了上风。无论如何，在我的白宫生涯的那个时期，当各政府机构的意见不一，而总统又没有他自己的定见时，我的影响就最大；但当各政府机构之间的意见一致时，特别是在中东问题上，我的观点占上风的可能性就最小。在目前这个问题上，尼克松对问题的估计和政府各部比和我接近得多。他在柬埔寨问题上花去了大部分时间；他对莫斯科最高级会谈寄予很大的希望；他希望中东这个问题会自行消失，如果不消失，他和我以后还可以强行解决。

事实上，尼克松早已决定暂行搁置援助以色列军火一揽子计划的想法——在一种迥然不同的情况下作出的决定——把他束缚住了。国务院已经着手通过繁琐的手续，草拟了一项关于军火问题的决定的公开声明。甚至在得到关于苏联军事行动的最新消息之后，他们还在和国会的主要领导人进行磋商。他们的想法是，我们的行动会使阿拉伯人看到我们的诚意，至少可以避免爆炸性事件的发生；如果我们继续运进额外的重武器，我们的政府机构认为爆炸性事件必将发生。由于以前已经碰过钉子，而且由于深信总统的决心已经下定，我只好听任事态的发展。回忆起来，我认为我的错误在于没有更多地强调我的看法。因此，在三月二十三日——在我们得知苏联派军事人员进入埃及后不到一星期——罗杰斯宣布："根据我们的判断，以色列的空军力量是足以满足目前的需要的。因此，总统决定，现在暂时搁置以色列对军火供应的要求……"

诚然，声明补充说："如果对方采取可能打破现有平衡的行动，或者根据我们的判断，政治局势的发展提出了要求，总统将毫不迟疑地重新考虑……"这句带有条件的话是安定人心的，其用意不言自明。口头保证说得再好听也掩盖不了下列事实：在苏联将军事人员派进中东不到一个星期，也就是取消了和多勃雷宁关于停火问题的会谈的三天之后，美国公开拒绝给以色列飞机。这个决定甚至似乎还暗示，最尖端的苏联制造的武器和苏联的军事人员并不影响军事平衡，也即几乎是暗示他们可以增加军事力量。

计划已久的约瑟夫·西斯科中东之行——表面上说是要和大使们磋商，实质上是去试探和平的可能性——加深了人们的印象，说明美国对于苏军进入埃及并不太介意。苏联显示实力之后不久，西斯科就去履行这次使命，这似乎又暗示，苏联军事人员进入埃及并不是什么障碍，甚至还可能推动美国努力去寻求和平。以色列受到来自苏联和美国两方面的干扰，暂时停止了深入内地的轰炸，采取了一种更加有选择的报复性策略。这种姿态，在几个星期之前可能有助于改善气氛，现在则反而变成对苏联军事讹诈的一种让步。错上加错的是，尼克松选择了当时这个时机，主动提出了美苏举行最高级会谈的倡议，这就消除了苏联仅有的顾虑。一九七〇年四月，并非是尼克松最引以为自豪的一个月份。

由于我们的回答软弱无力，苏联就必然会进一步施加压力。苏联的导弹增多了；军事人员的数量亦在急剧增加，在其后的六个星期内增加到约一万人。拉宾于四月二十四日通知我说，苏联的空军驾驶员在埃及内地的上空执行防御任务。因此，埃及的空军可以腾出手来对苏伊士运河沿岸的以色列阵地发动进攻，并变得越来越放肆。苏联和以色列之间要进行一场空战实际上已成定论了。

最后，美国政府着急了。白宫宣布“立即全面地”研究形势。尼克松于四月三十日（就在他宣布对柬埔寨采取行动的那一天）授权我通知拉宾，尽管他先前已作出了决定，他还是要对以色列提供更多的飞机。但他仍然十分担心阿拉伯国家的反应，因此，要求不要公开此事，因而使这项决定失去了某些威慑作用。由于尼克松没有表明他心目中想要提供的飞机数量，因此有好几个星期，他被纠缠在政府各机构之间的纷争之中，那些人从一开始就反对出售任何飞机给以色列。因为即使是苏联的空军驾驶员出现在埃及，也没有改变官方的小心谨慎的看法。情报界一致认为，苏军所执行的战斗任务纯属防御性的。但是情报界又不打算发表一个明确的声明，以免束缚了自己的手脚；只是提出一条保留条款，警告说，“然而，形势一旦转变，就可以事先不经宣告而从根本上改变他们的任务”——当然，这就是问题的核心。

五月十二日，在人们受到柬埔寨问题极端困扰的情况下，我忧心忡忡地为尼克松总结了一下这种愈演愈烈的僵局：纳赛尔深信，他能耗得过以色列人，而梅厄夫人则认为，同纳赛尔不可能谈和平。梅厄夫人准备坚持到底，直到阿拉伯人回心转意为止。以色列希望美国更加坚定地顶住苏联，给以色列更多的飞机。甚至于西斯科——由于他这次出访的结果——现在也建议要重新评估一下美国战略的一些主要设想。西斯科是正确的，因为这些设想全部都错了：

⊙ 我们曾设想，大国之间的谈判可以打破僵局。事实上，谈判并没有显著地改变任何一方的立场。

⊙ 我们曾设想，苏联为了缓和形势并避免过多卷入埃及局势，会对迫使纳赛尔妥协感兴趣。相反地，莫斯科增加了他们的军事义务，从而鼓励纳赛尔对以色列进行消耗战。

⊙ 我们曾设想，以色列最后会赞同美国的公平合理的倡议。但是以色列断然拒绝了我们的各种方案，而且要求我们，不管谈判是否取得进展，都得给他们以军事上和经济上的支持。

⊙ 我们曾设想，巴勒斯坦人的问题可以当作一个难民问题来解决。相反地，他们已成为一支半独立的力量；在约旦，甚至在黎巴嫩，在政策问题上他们已拥有否决权。

我在备忘录上建议从根本上重新检查一下我们的中东政策。周围的环境不允许我们集中精力进行这样一场战争，为了袭击柬埔寨，在物质上和精神上花的代价太大了。在水门事件爆发之前，尼克松还没有像目前这样憔悴和狼狈过，他不准备再为他自己增添麻烦了。当我们再次研究中东问题时，那是以国务院提出的一项和平倡议为基础的；而这项倡议的实际结果是，默认了苏联军队的集结。

结果，中东危机加深了。纳赛尔在五月一日的演说中向尼克松作了公开表示，他以命令式的语气清楚地说明，我们的地位在下降。美国“必须命令以色列人从它占领的阿拉伯领土上撤出去”。纳赛尔要求我们，如果做不到这一点，那么，“只要是以色列还占领着我们阿拉伯领土，就不要给以色列以任何新的支持，不管政治的、军事的或者是经济的支持”。否则，“阿拉伯人就会得出必然的结论，认为美国希望以色列继续占领我们的领土，以便将投降的条件强加在我们头上”。苏联可能在中东取得主宰地位，这并不是异想天开；这一点从下列事实可以看得很明显，当时纳赛尔曾对一位著名的美国访问者、前世界银行行长尤金·布莱克说，他希望美国的任何外交倡议都通过苏联再提出来；他对于同我们直接打交道不太信得过。

在这种气氛下，政府各部门拒绝执行尼克松的继续供应以色列飞机的决定(当时，现行的飞机交货合同在七月份期满)，所用的办法是在实施过程中加以拖延，以及钻尼克松决定的空子，说他没有将总数讲清楚。这个问题最后和中东战略的全面辩论结合在一起了。表面上，争论竟变成了个空泛之谈，主要争论究竟我们应该采用一种“政治战略”，还是和“苏联进行对抗”。每逢争论陷入这样的格局，高级决策人就应该注意了。没有一个神志正常的人不希望政治解决；对抗不可能作为一个政策目标来追求。然而，我们在一九七〇年所面临的中东问题却很不一样。问题在于：如果不首先使苏联和他们的激进的朋友弄清楚军事压力不顶用，那么政治解决能否成功也成问题。在这样一种情况下，如果把对抗作为一个原则加以抛弃，那么“政治解决”这个词就变成以接受对方条件来解决问题的一种委婉的说法。正如我在五月底高级研究小组的一次会议上愤然表示的那样：“苏联害怕的就是我们和他们对抗。我们必须想办法把这种敢于对抗的思想告诉他们。”

但是，当时我们对形势的这种估计，时机还不成熟。政府由于被公众的抗议弄得心神不安，由于精力都集中在越南问题上，以及对莫斯科会谈还抱有一线希望，因此一方面预感不祥，另一方面又心存侥幸；一方面面对苏联挑战的现实，另一方面又害怕出现各种并发的危机，心理状况十分矛盾。六月五日，罗杰斯召见了多勃雷宁，向他宣读了下列不寻常的声明，就反映了这种矛盾心理。他既没有通知我，也没有通知尼克松(据我所知)：

苏联表示，在阿联的苏军活动将保持其防御性。我们希望明确表示，我们将不把苏联的军事人员从空中或地面进入苏伊士运河战斗地区一事看成是防御性的，因为这样的行动只能是支持阿联所宣布的政策，而这个政策是违反安全理事会所规定的停火决议的。我们认为，苏联的军事人员进入微妙的苏伊士运河战斗地区(在离运河两岸三十公里以内的地区)，只能导致无法预料的后果的严重升级，对此，美国不能置之不理……

表面上看来，这似乎是个强硬的警告。然而，实际上这一声明所起的作用是给了苏联一张空白支票；它默认，除了不得进入最靠近苏伊士运河的地区外，苏联的军事人员可以进驻埃及。事实上就是告诉苏联，他们可以自由地在埃及集结大量的部队，只要他们不直接进入战斗地区。他们的确集结了部队。在两个月内，只要一有机会，他们就能够将他们的作战部队迅速地推进到战斗地区去。我的同事比尔·海兰总结了这次日趋严重的危机：

苏联人看到我们的立场和以色列暂停深入内地轰炸的做法，一定得出了我们已经默认了他们的直接干涉的结论。诚然，他们满可以把我们最近的声明(罗杰斯对多勃雷宁的声明)看作我们确认已经接受了苏联关于“防御性”活动的说法，只是认为向运河推进已不是“防御性”活动，因而感到关切……

一般认为，苏联人可能还不会向前推进，主要因为怕冒和以色列作战的风险。然而，有若干迹象表明，他们的确是已经“慢慢地向前”推进了(运河沿岸的工地)。而且，按照苏联战略的逻辑推断，他们似乎也会这样做。苏联在中东的近期目标是破坏西方的影响。主要的敌人不是以色列，而是整个西方，特别是美国。然而，苏联现在要想取代西方的办法就在于，以行动表明他们不仅能够保护他们的代理人，而且还能够补偿他们在一九六七年所受的损失……

光靠警告已经不够了。诚然，因为我们已经提出过几次严重警告，我们提得越多，其可信程度就越低。断绝接触不管用，而调动军队至少目前时机还不成熟……由于派遣飞机到以色列去已成了衡量我们政策的象征，不幸的是，这也许已成了当前唯一的迫切问题。

只有当我们表明甘愿作出这种选择**之后**，我们才可以期望使以色列人相信，作出一些政治让步是必要的，也才可以使苏联人和阿拉伯人相信，我们是不会被他们最近的行动所吓住的。

但是美国政府还不准备采取这样的方针。而我们拖的时间越久，要付出的最后代价就越高。我们痛苦地、尽管是缓慢地理解到了这一点。事态的发展终于迫使我们采取行动。在这年秋天，出现了一系列的对抗，在这个过程中，苏联的推进起初是遭到阻截，最后是被顶了回去。

美国在外交上的一项倡议

我们的第一个行动与对抗相反，它是另一个和平倡议。我曾设法利用六月十日的国家安全委员会的一次会议，来对我们的战略进行一次根本性的研究。国务院先走了一步，把这次会议变成一次对于策略性决定的讨论。罗杰斯准备了一个复杂的方案，其中包括提出一项美国外交倡议，要求交战双方“停止射击并开始谈判”。要求以色列和埃及都接受九十天就地停火，并在联合国代表冈纳·贾林*的主持下举行间接谈

* 冈纳·贾林，瑞典外交家，一九六七年被任命为联合国调解中东危机的特使，他与阿拉伯和以色列的领导人举行了多次会谈。——译注

判。为了鼓励以色列，美国将在七月和八月提供——作为对其军火需求的答复——三架鬼怪式飞机，以后每月提供四架鬼怪式和隼式飞机作补充之用。然而，这些供应安排得看“谈判是否……开始，并显示成功的迹象”而予以重新考虑。

令人感到惊奇的是，国务院的建议是鼓励以色列把谈判引向失败；而出售飞机只有在谈判“显示成功的迹象”时才会加以重新考虑。拟议中的方案根本就没有谈到苏联军事人员出现在埃及的这个严重问题。在国家安全委员会开会之前，我曾向尼克松提出过我的忧虑。我强调指出，必须把最近的苏联行动——而且还在继续着——与谈判联系起来考虑。

苏联在阿联的行动的性质是不应低估的。你可能会听到(国防部)这样的论点，即认为这种行动是由以色列所造成的，或者认为它纯属防御性的，因此并没有威胁到以色列的安全。这些论点都没有谈到点子上：这是苏联政策一个不寻常的转折——苏联从来没有为了一个非共产党国家的政府而把他们的武装力量投入危险的战斗之中。

有人认为，苏联现在已经挽救了纳赛尔，他们双方都可能突然改变态度，准备认真地进行谈判。这种说法看来是可疑的。苏联在心理上取得了胜利而没有受到明显的惩罚，一般来说，他们的策略首先是巩固他们已取得的胜利，然后向前推进，边探路边前进。

在六月十日的国家安全委员会会议上，中央情报局局长赫尔姆斯总结了恶化的形势。苏联在埃及有四至五个团的SA－3导弹和三至五个中队的苏联驾驶员驾驶的米格－21型飞机；这些数字是不用怀疑的。自三月份以来，苏联所派遣的军事人员现在总计达一万人之多，埃及摧毁以色列飞机的能力大大地加强了。日益增加的损失将对以色列造成新的心理上的压力。由于他们失去了先发制人的能力，以色列便很想控制苏伊士运河沿岸地区。因此，关键的问题是，苏联会不会将他们的SA-3导弹运进运河地区，并在那里驻扎空军，如果苏联这样做了，以色列会不会不向他们挑战。无论如何，苏联的综合性军事力量只要突然向前推进，形势便会很快地变得对以色列不利。

罗杰斯于是便阐述了国务院关于立即停火和通过贾林进行会谈的方案，好像赫尔姆斯没有作过上述的情况介绍似的。实际上他的这个建议像他六月二日和多勃雷宁谈话一样，默认了苏联军事人员进驻埃及。

尼克松在会上只谈晦涩的哲理，这说明他不准备讨论基本设想。他在思索一九五六年苏伊士运河危机对自以为是一个世界大国的英国的影响。他认为没有处理好阿拉伯难民问题是战后时期的一大错误。甚至当我们在考虑一项美国的单方面倡议时，他还在思考一个美苏联合计划的可能性；毫无疑问，他对我在那天晚上将在"红杉"号总统游艇上和多勃雷宁举行会谈，讨论他对最高级会谈的设想，寄以希望。所有这些无目的的闲谈，主要是一个烟幕，以便尼克松能够拖延而不作出正式决定。尼克松并不真正相信，国务院的外交方案会行得通，但是他也不想否定罗杰斯。尼克松私下对我说，他认为目前的中东方针会把我们引向灾难。我同意他的看法，并补充说，最坏的方针是投入"一点军火加上一点建议"。（这并不排除尼克松向罗杰斯表示相反的观点。）

六月十日晚，我在"红杉"号游艇上和多勃雷宁的会谈并没有结果。多勃雷宁重新提出他的请求，要我们利用特种渠道来谈判中东问题。为了使尼克松出席他所珍视的最高级会谈时手中有几根胡萝卜，我没有立即拒绝举行这种谈判的可能性。但我坚持说，只有苏联要求它的阿拉伯朋友作出和我们敦促以色列在领土问题上所作的让步相称的牺牲，谈判才有可能奏效。再说，苏联军事人员进驻中东是美国最关切的事。因此我们非常需要知道，苏联是否准备作为和平协议的一部分，撤出武装部队。多勃雷宁回答说，他要请示国内。

和多勃雷宁交换意见，更进一步加深了我的信念：我们的路线错了。为进行有效的谈判所必需的力量均势根本就不存在。六月十六日我向尼克松送交了另外一份形势分析，就所提出的倡议提出警告：在作出对“停止射击并开始谈判”这一建议的评价时，必须考虑到我们去年所提的那些强制性的和平倡议的情况，“它们使那些对边境不断施加压力的阿拉伯人胆子更大了。以色列开始对埃及进行深入内地的轰炸，而这又转而促使纳赛尔引进大量的苏联军事人员和势力”。在我看来，新的建议也包含着同样的危险；我们最多只能赢得两个月的时间。

国务院的办法是要我们迫使以色列退回到战争以前的边界线，而在夏季之后，他们将得不到更多的飞机。还将要求他们同时放弃两个安全因素——他们的缓冲地带和得到更多的飞机的可能性。在边界处于更加容易受到进攻的状况下，随着和平的临近，他们编制内的飞机总数将会减少。另一方面，如果以色列认为，只要谈判进行得不顺利，它就会得到更多的飞机，它将不想把谈判顺利地进行下去……

纳赛尔会把我们的行动解释成为一次半途而废的行动。他会深感怀疑，我们能否真正在只给六架飞机或者以后还会再给一些的基础上，迫使以色列撤军……

在苏联人看来，在他们继续扩充势力的情况下，国务院的建议是一个软弱的姿态。我们的方案在军事上的影响很小，而且非常犹豫不定，以致会使他们不相信，我们打算在这个地区对他们的逐步升级采取相应的行动。他们认为我们三月声明是靠不住的；他们将以同样的态度看待这个倡议。

首先，我认为现在提出一项重大的倡议是不合时宜的，除非它能解决苏联军事人员进驻的问题，在我看来这是问题的核心。因此，我提出了一个代替办法：我们应明确地告诉纳赛尔，只有美国才能促使以色列撤军，所有其他的道路都是幻想，而且我们将保证使这种情况保持下去。只有美国运送大量军火给以色列，以确保以色列的安全，而且埃及也愿意谈判和平的细则，只有在这种情况下，我们才能促使以色列撤军。作为协议的一部分，苏联的军事人员必须撤走。

我认为，通过提出详细的安全措施，缔结一项和平条约和撤退苏军，这样的做法将会鼓励以色列去进行谈判，它将使埃及有更大的可能性收复西奈半岛。苏联因以色列得到充分武器供应而面临战争升级的危险，以及一项可以接受的解决方案提供的应急退路。但是我告诫尼克松说，接受我的方案将会引起官僚机构内部的一场可怕的争吵："我们在柬埔寨的遭遇刚发生不久，你将不得不压制一下内阁高级顾问的建议，并把一项迥然不同的政策强加在一个非常不愿意加以执行的官僚机构的头上，然后责令他们贯彻执行。"

几乎可以肯定说是出于这些原因，尼克松决意不在这个时刻来正视这个问题。我建议中所包含的政策，将需要三年以上的时间才能得到他的同意。六月十八日，总统采纳了国务院的建议。他认为，这个建议反正会被拒绝；他宁愿应付一个僵持局面，也不愿意去和他的官僚机构再进行激烈的争论。因此，在我们拒绝了停火建议后的三个月——由于苏联第一次在中东进驻约一千名军人而引起的——我们却接受了另一个停火建议，尽管自那时以来苏联军事人员已增加到了一万人。这个简单的事实一直是我们在中东问题上的特点，直到苏联最后在九月份因过高估计自己的力量而失算，给了我们一次新的机会重新恢复心理上和物质上的平衡。

对于尼克松的决定，国务院欣然表示接受。关于停火和在贾林主持下进行会谈的建议立即私下转交给以色列、埃及、苏联和约旦，并于六月二十五日公布。

第一个吵吵嚷嚷的反应来自以色列。以色列对于延迟交付军火以及美国对苏联进驻军事人员的软弱反应，已感到惊恐不安；现在它对我们方案中的一系列条款表示反对，尤其反对我们关于供应飞机的诺言含糊其词。尼克松于六月二十日发出了一封由国务院起草的信给梅厄夫人，但这没有减轻她的担心，因为该信相当清楚地表示，运交军火要选择时机，取决于谈判的进展，换句话说，如果我们认为有助于谈判，我们就可以推迟已经同意了的军火供应。以色列认为(不是没有理由的)，这一例外条款在很大程度上使承担义务失去意义。尼克松根据长期的竞选活动经验，把诺言看成是处理明天的问题的手段，他有一套典型的尼克松式的解决问题的办法。他私下告诉我说，我可以去见拉宾，并且“告诉他们，我们写这封信是为了记录在案。除非有什么大变化，否则我们将着手进行飞机的事情”。(对于“大变化”一词怎么解释，这也是没有准的。)

接着，轮到莫斯科了。六月二十三日，多勃雷宁对我们的中东建议的反应较为冷淡。我问他，对于我所提出的关于撤退苏联军队的问题，莫斯科是否有答复；多勃雷宁回答说，我提出的问题太多，他没有记住。多勃雷宁满以为可以回避这个问题，因为国务院的正式倡议没有提到苏联军队的问题。他表示，他被他所谓的美国想“单方面地”掌握中东的外交行动的企图感到义愤。他宣称，谈判才是我们当前的问题，但是他认为我们以后会不得不回到莫斯科问题上。他不知道，到那个时候，可以作出什么样的“让步”。六月二十九日，在莫斯科，葛罗米柯告诉美国驻苏大使比姆说，苏联研究了我们的建议，没有发现什么新的东西，以前建议中的缺点，这里面全有。

埃及继续保持缄默。

在这种情况下，我们决定把问题说清楚，总统的行动并非出于软弱，苏联的军队是个严重的问题。六月二十六日，在圣克利门蒂的一次背景情况介绍会上，我主动地对苏联军队进驻埃及提出质问。我说，苏联把军事人员派遣到中东的打算是没有道理的。即使原先派遣他们去是为了支援纳赛尔，现在他们继续留驻在那里便构成一种必须认真加以对付的战略性威胁：“我们正设法按照这样的方式寻求解决办法，即加强温和派的政权，而不是激进派的政权。我们正设法驱赶进驻的苏联军事人员，不全是指顾问，而是指参加战斗的驾驶员和战斗人员。在他们牢牢地站稳脚跟之前就把他们赶走(强调部分是我标的)。”

描述这次反应最确切的——如果不是最文雅的——用语是“举座哗然”。国务院和宣传机构的权威评论员都对我加以责难，说我是要破坏和平倡议，是在作出无法兑现的虚张声势的恫吓。批评来自除了苏联以外的四面八方；这些人只有在认为自己很有把握时，才往往是带有挑衅性的，而且他们在私下里听到这些说法已经有三个月了。六月三十日，在一次关于在柬埔寨采取行动的背景情况介绍会上，就所谓的我威胁“驱赶”苏联人的问题，向我提出质问，我坚持自己的看法，表示苏联军队进驻埃及形成了新的危险形势。我说，也许我还应该用一个比“驱赶”更难听的词；但是，苏联军事人员的出现是与和平不相容的。而且“在苏军进驻中东的某个时刻，将会有一些当地的阿拉伯势力，出于自己的理由，并不希望以一种殖民主义来代替另一种殖民主义”。三年以后，我们使这一预言应验了。

到七月一日，尼克松从柬埔寨问题的痛苦中基本上恢复过来。虽然当时他还没有准备过问阿拉伯和以色列的问题，但是对于苏联军队进驻埃及所引起的地缘政治性的危险，他心里是明白的。当时罗杰斯正出国访问，尼克松便利用一次电视讲话的机会，表明他基本上同意我的分析。他警告说，两个超级大国可能在中东问题上引起对抗，美国不会容忍那里的军事均势遭到破坏。“一旦力量均势有了变动，以色列比它邻国弱一些，就会发生战争。因此，维持均势是符合美国的利益的……当苏联派驻军队支持阿联时，这就使美国有必要估量一下苏联的作为；而且一旦力量均势遭到破坏，我们就要做我们认为必要做的事，以便维持以色列与其邻国相抗衡的力量。”

国务卿完全不同意这种看法。他从欧洲发出强烈的抗议，说“他的”和平倡议正在遭到破坏；他甚至在七月十二日的一次电视讲话里谴责西斯科支持了尼克松。

但是苏联的神经并不那么脆弱；他们的分析是建立在他们对自己利益的估计上的，而不是建立在感情气氛上的。由于莫斯科觉得我们真的想谈判了，多勃雷宁在七月七日和九日两次会议上的表现简直是再高兴不过了。他流露出愿意合作的样子，他表示不久将就中东问题发表讲话。他没有提到我们的警告。结果证明，我们的警告一点也不早。因为在七月初，苏联的导弹混合部队，在为开罗、亚历山大港和阿斯旺提供了保护以后，不顾罗杰斯于六月二日给多勃雷宁的警告，开始逐渐向苏伊士运河推进。七月二十二日，我把所知道的情况向尼克松提供了一个综合报告：苏联人和埃及人正在大致与运河平行的地带构筑起一个新的防御屏障，与运河相距约有二十至三十海里之遥。该屏障包括三个SA－3和十一个SA－2发射场，当然这些发射场还可能增加。屏障和运河挨得很近，足可以保护向运河对岸发炮的埃及炮兵阵地。至少，埃及进行一场消耗战的能力是大大地加强了；如果这个导弹武器系统规模扩大了，并继续向前推进——迹象表明已经这样做了——它就可以为埃及进攻西奈半岛准备条件。

总之，在尼克松政府内，我们是第一次经历到了苏联利用驻军来加强他们的地缘政治影响的计谋。在苏联所认为的势力范围内，克里姆林宫会大规模地、迅速地和无情地使用军事力量。但是，当它在超越东西方分界线的地方采取行动时，它的行动就非常小心谨慎了。起初承担的军事义务往往是有节制的，其防御性的动机还可以说得过去。在那个时刻，只要下决心和他们对抗，迫使其撤退，这相对来说还是比较容易的。当苏联人没有碰到抵抗时，他们在行动上很快就会升级。值得注意的是，这样一种近乎公式化的做法——从埃及到安哥拉到埃塞俄比亚——会一而再，再而三地引起人们同样的怀疑和踌躇，这种怀疑和踌躇远不能使苏联有所节制，却反而只能使苏联军事力量大规模地卷入。

一九七〇年七月在中东也是同样的情况。起初作为对以色列深入内地轰炸而采取的保护性行动，几乎改变了整个战略态势。我们的一些综合分析人员开始认为，以色列更加需要适合抵抗越过运河入侵的装备，而不是徒劳无益地消耗飞机来破坏运河那一边的日益加强的防空系统。这些论点忽略了这样一点：防御性的战略包含有消耗战的意思，对于一个和其周围的力量对比是一比三十的国家来说，这样一种前景根本上是无法接受的。以色列正濒于绝望的边缘，有可能被迫在力量均势遭到无可挽回的局面之前，采取先发制人的行动。纳赛尔可能由于过分乐观而不顾一切。对于激进的阿拉伯人来说，苏联正成了不可缺少的依靠对象。美国似乎还没有能够看到危险的实质，那就是，苏联在埃及军事地位的加强以及这个地区力量均势的变化。由于在不合适的前提下开始谈判，而且也由于我们向双方都付以报酬——给以色列以飞机和给纳赛尔以暗示，让他知道我们在领土问题上会给予支持——来换取一个他们比我们需要得更迫切的和平谈判，我们的威信受到了损害。我们对每一方都给得太少，这样反而使紧张的形势更加复杂化了。

七月一日，果尔达·梅厄夫人给尼克松写了一封措辞严厉的信。她指出，苏联人正在设置 SA－2 和 SA－3 导弹群来控制苏伊士运河，并说：“当这些事态在发展时，有人告诉我们说，力量均势仍然没有变。”她警告说，以色列除了轰炸这些设施外，别无其他选择。但是，如果以色列对一个部分由苏联军事人员操纵的导弹设施发动进攻，苏联显然就有可能会用他们的飞机来保护这些设施。以色列和苏联之间直接发生冲突，这是我们不能再置若罔闻的一种危险。我召集了一些缺乏热情的政府机构办事人员着手草拟应急计划，而这些人却还在嘀嘀咕咕地谈什么要迫使以色列人在谈判中持更加灵活的态度——这与我们所面临的问题简直是风马牛不相及。

接着，在七月二十二日——正当一场军事冲突似乎已经是不可避免的时候——纳赛尔突然接受了我们的关于停火和举行谈判的建议。

停火和停止一切军事活动

为什么纳赛尔在这个时刻接受我们的建议，这件事要等到把埃及和苏联的档案弄到手之后才能搞得清楚。他也许是害怕以色列人进行一场先发制人的打击。他和他的苏联顾问可能把尼克松和我发表的白宫对报界的声明理解成为美国有介入的危险。根据后来所发生的事情来看，很有可能他和苏联人从一开始就想利用停火建议，正像利用流产的三月建议那样，作为一种掩护，以便冒最小的风险来推进其导弹设施。

尼克松政府感到很受鼓舞。罗杰斯声称他有功，因为是他想出的倡议——西斯科私下对此表示异议，他坚持说，是他首先想出这个主意的。尼克松认为，是他在七月一日的强硬讲话发生了作用。谦恭并非是我的长处，但我不愿意把某些“成就”归功于我在六月二十六日和三十日的强硬的背景情况介绍及我与多勃雷宁的谈话。或许我们都有些对的地方。不管怎样，后来事情很快表明，我们高兴得太早了。

早先的过分乐观是被多勃雷宁于七月二十三日故意激起的。他利用白宫对芬兰总统乌尔霍·吉科宁的欢迎仪式的机会——多勃雷宁以外交使团代理团长的身份出席——把他将在下午在国务院发表的讲话事先向我打了招呼：苏联对临时停火的态度是积极的，而且苏联也赞成重新恢复贾林代表团的活动。但是，莫斯科深信，贾林应对联合国决议的含义作具体的指导，因为他应该促使联合国的决议得以贯彻执行。因此，多勃雷宁主张，应加快两强和四强会议的进展，为悬而未决的问题寻求解决办法。为了表明苏联人精通我们的复杂程序，多勃雷宁也给罗杰斯带来了一份特别函件。多勃雷宁在国务院把这份照会正式递交给罗杰斯，并告诉罗杰斯他事先已告诉了我，苏联人同意在停火协议中包括停止一切军事活动。为了弥补疏忽，他随后亦给我送来了一份备忘录——罗杰斯不知道这件事——是对我在六月十日和六月二十三日关于苏军在中东继续驻留问题的质问的最后答复。照会说，苏联——在取得一项全面政治解决之后——将“可能”考虑撤军，只要撤军是一种双方共同的义务。当我指出我们在中东没有军队时，多勃雷宁起初说，这样我们就更好办了。写上双方共同的义务，原则上也是为了装饰门面。后来他又对此加以补充说，美国必须从伊朗撤出其军事人员。

如果我们对形势了解得更清楚些，我们本应懂得，我们只是刚刚跨过了最低栏。我们安排的会谈一定将陷入僵局，因为埃及仍要求恢复一九六七年的边界线，而以色列也还是坚持要大幅度地调整领土。埃及希望美国对以色列施加压力，而以色列则在“反对强加于人的解决方案”的口号下，要求放手让它自己干。尼克松还没有拿定主意，当会谈僵局变得很明显时他到底怎么办。苏联的照会也不能令人放心，因为它没有明确表示“停火”，也没有明确表示“停止一切军事活动”。它只是重复阐明苏联对贾林代表团的工作原则的解释，而这些原则在所有主要的问题上是与那个激进的阿拉伯方案相一致的。关于愿意讨论撤军问题，它用了“可能”这个词作为挡箭牌，并且把它与要求美国军事人员撤出伊朗的荒谬要求扯在一起。尤其是，苏联人可能完全是在重演三月份所耍的花招。停火建议现在可能作为掩护，以便其接着就保护它的导弹设施向运河地区推进。

在那个时候，这样一些考虑往往是被人摒弃的，因为我国政府当时正全神贯注在以色列对我们倡议的反应上，而以色列又是非常顽强的，它言辞尖刻，行为粗暴，这并不令人感到惊奇，因为两千年的苦难把对悲剧的预感深深地铭刻在以色列人民的心灵中。以色列这个小国家，人口只有二百五十万，处在近一亿潜在敌人的包围之中，而这个地区又屡经帝国兴衰，一再易主。它的处境时刻都在提醒每一个以色列人，历史是瞬息万变的。以色列人的生存范围是这样的狭窄，以至于它的领导人对于高尚的外交姿态或惊人的外交行动都不轻信。他们把生存和深思熟虑看得密切不可分割，而这在外界的人看来似乎是（有时的确是）过于谨小慎微，冥顽不灵了。即使当以色列领导人接受和平建议时，他们首先总是拼命反对一番，其目的是要表明，他们并不是那么容易对付的，从而使那些想进一步要求以色列让步的人感到踌躇不前。而且，当他们接受建议时，往往附带一系列无休止的要求，包括各种保证、谅解性的备忘录和秘密解释等；所有这一切都是设法用来限制位处五千英里以外的一个较为多变的盟国的行动自由，而这个盟国却在供应其武器，支援其经济，庇护其外交地位，并且似乎还在不断地强迫其提出和平方案。

这种倾向由于其政治制度而更加严重。在这个政治制度中，政府往往是由好几个政党和独立小集团组成的动荡不定的联盟。这样一种制度不能很快地作出决定，也不能执行灵活机动的外交政策。任何一个主张让步的领导人都有可能遭到他的同事的攻击，并在国会被强烈地谴责为，如果不是卖国贼，那么至少也是狡猾的（或愚蠢的）美国人的应声虫。以色列的每次内阁会议都很适合于对和平建议吹毛求疵，使之不能通过，而不适合于制定一项长远的政策。有时，以色列发现，把作出困难的抉择的责任推卸给它的伟大的盟国，比由它自己去作出决定要更容易些。当许多以色列领导人心中明知必须去做某事时，就用“美国压力”当作一种托辞。

要求以色列热情地响应停火建议并开展谈判，这就完全不符合它的本性了。为了得到一个差强人意的答复，几乎用了两个多星期的时间去交换外交信件和由总统亲自过问。七月二十三日，尼克松给梅厄夫人写了一封信，力劝以色列利用阿拉伯人接受美国倡议这个时机，同时他向她保证说，我们将不会强迫以色列接受阿拉伯人对安全理事会第二四二号决议的解释，作为贾林代表团开展工作的指导原则。幸好这封信以后才公开发表，因为当停火建议送到阿拉伯人手里时，他们所得到的印象恰恰与此相反。

以色列的回信要求增加军事援助，特别是用来对付苏联地对空导弹的武器。我们表示将给予同情的考虑。以色列要求我们就撤军和难民等问题，进一步澄清我们的立场。我们的答复并没有能把问题说清楚，因为我们还没有一个统一的政府立场，而且那些了解底细的人也怕把事情说清楚，唯恐说了之后以色列人会不同意这个倡议。七月三十日，尼克松在一次记者招待会上大胆地宣布说，以色列可以满怀信心地进行谈判，“不用担心它的地位会因为谈判在那个时期受到损害，或者是处于危险之中。”最后，在七月三十一日，我们得知，以色列内阁原则上已决定予以“肯定的”答复。一个正式答复很快就要出笼了。总统从圣克利门蒂发表声明，欢迎这个决定。

以色列人的担心远非没有根据。显然，苏联人和埃及人正在利用停火之前这一段时间，沿着运河迅速地集结导弹部队，而这是违反关于停止一切军事活动的规定的文字和精神的。这些导弹部队不但很快地能够保护运河西岸的埃及炮兵阵地，而且还能越过运河，掩护埃及人登陆。而根据停火协议，对这些导弹部队是不能加以还击的。

八月五日，拉宾匆匆忙忙地赶来，描绘了一幅可怕的图景：总共有十四个导弹发射场，已经移到离苏伊士运河五十公里的范围内，三个隐藏的导弹发射场，已经移到十至二十公里的范围内。七月二十五日、二十七日和三十日，苏联飞行员驾驶的飞机，已经和以色列的飞机交战。在七月三十日，四架由苏联飞行员驾驶的飞机被以色列的空军击落。拉宾重申，以色列决心不允许导弹设施向前推进。在八月五日晚上的一次会谈中，拉宾非常强烈地强调了这一点，以致我认为，在停火前，以色列可能对挨近运河的 SA－3 导弹发射场发动一次地面进攻；我把上述情况告诉了尼克松。在最后一分钟，以色列内阁决定不采取这样的行动。我一直没法得知，究竟是拉宾过分地夸大了这种进攻的可能性，还是耶路撒冷在最后一分钟改变了主意。无论如何，以色列于八月六日正式通知我们说，他们接受了停火建议。罗杰斯和西斯科想赶在人们没有改变主意之前，赶紧把这件事办成，在关于贾林代表团的问题上草率从事。这种做法使得以色列人很为恼火。

八月七日，停火协定开始生效，条文原来就规定得含糊不清。埃及和以色列之间有一个停火协议，规定在运河两岸各五十公里的一个地区内停止一切军事活动；遗憾的是，所达成的协议文本，对于什么行动是在停止一切军事活动规定的禁止之列，措辞很不明确。以色列和美国之间达成了一个单独“谅解”，设法弥补这个缺陷，办法是概括地提出我们的共同看法，说明什么行动算是违反埃及和以色列之间的协议。*

我们的驻开罗使馆的代办奉命把以色列和美国之间的谅解中的一些范例告诉埃及人，但是又说，这些范例只是违反停止一切军事活动规定的行动的“说明”而已。人们很难说得出来，以色列和美国之间的协定怎么能够束缚得了埃及和苏联，除此之外，还有一个严重的计算时间的问题。埃及人于美国时间八月七日早晨正式接受了我们的建议，而停火则于开罗时间八月八日凌晨一点开始生效。但是，由于同以色列在谅解的某些条件上讨价还价，国务院的代表一直到开罗时间八月九日下午二点五十分(三十六个多小时以后)才将可能违反停止一切军事活动规定的“说明性”目录通知开罗。事实证明这是很重要的；以色列人后来声称，埃及人在八月八日至九日期间违反了停止一切军事活动的规定，尽管埃及人那时还没有来得及确切地弄清楚，我们到底对于停止一切军事活动应作如何解释。

这些文件和“说明”也送交给了苏联。但是莫斯科是一个既非停火又非停止一切军事活动的正式缔约者。随着对违反规定的指责越来越多，苏联越来越坚持说，尽管它在七月二十三日表示过同意，但该规定对它并没有约束力。

自一九六七年以来的第一次关于谈判的倡议就是在这个不稳固的基础上发出的。尽管以约旦为根据地的巴勒斯坦游击队发誓不遵守这个倡

---

* 规定禁止下列几点，其中有：(1) 不得向这个地区输进、向前搬移、建立或另外安装导弹；(2) 不得为部署导弹建造任何混凝土结构；(3) 不得为建造任何新的导弹发射场而进行任何工程建设；(4) 尽管同意维持现有的设施，但不得对现有的导弹发射场或设施作任何改进。

议，停火的第一天，苏伊士运河沿岸还是平静无事的。苏联人利用这个机会再一次要求以色列撤出它的全部军队，但是他们也公开地把停火描绘成为“重要的第一步”。美国政府开始为贾林主持的会议作准备，并研究以色列的军事援助要求。西斯科甚至于八月十二日告知国家安全委员会的高级研究小组说，为了给贾林所主持的会谈早作准备，他已着手草拟了一个包括明确规定最后边界线的“全面协议”。我们内部关于是否给以色列以军事援助的辩论，很快就成为一场抽象的辩论，辩论中心是支持什么样的以色列战略。这就起了推迟决定的作用，因为武器的种类要看各机构间关于军事原则事先取得的一致看法而定。这些带有神秘意味的讨论，很快就被以色列关于停止一切军事活动的协议正遭到违反的指控所压倒。

关于苏联和埃及初期的行动的消息是混乱的；毫无疑问，以色列的报纸对此大事渲染。使人感到惊奇的事实是，停止一切军事活动的开始时间是午夜，当时侦察机或人造卫星即使在接到通知后立即采取行动，也无法把动静看清楚，尽管如此，但并没有放松核实这些消息的努力。但是毫无疑问，从埃及接到美国的建议，到开始实行停火以及停止一切军事活动之间，有将近三个星期的时间，在这段时间里，埃及-苏联的防空设施曾大大地向前推进了一步。几乎可以肯定，停火开始生效的那个时刻还正在建造的一切工程后来都建成了。这可能是由于他们没有把遵守协议放在眼里，也可能是由于苏联人和埃及人被我们的官僚机构以不寻常的速度发起停火的行动搞得措手不及了。

到了八月十三日，以色列对苏联和埃及违反协议的指控传到了我们的新闻界，梅纳赫姆·贝京把他领导的反对党从一九六七年的紧急状态中组成的联合政府中撤了出来，并对果尔达·梅厄进行了猛烈的攻击，说她首先就不该同意美国的方案。然而，国务院采取的方针是，坚持认为美国还没有得出像以色列所说的违反协议的“结论”。我们驻以色列的大使沃尔沃思·巴伯奉命劝说以色列政府停止公开讨论这件事。而且，我们还要求以色列迅速指派代表参加贾林所主持的会谈。

八月十五日，拉宾大使到白宫来见我。他递交了一份果尔达·梅厄的外交文件，历数证据，指出在SA-3配合下的拥有十四枚SA-2的导弹部队进入停止一切军事活动的地区。结果，以色列损失了五架鬼怪式飞机（这就是发生在中东停火时期的怪事）。换句话说，我们在停止一切军事活动的协议开始生效时刻的前后，向苏联的第一次推进行动作出了温和的反应之后，苏联人和埃及人作了进一步的部署，显然，这是违反协议的。梅厄夫人要求当面向总统本人陈述她的看法。国务院认为这是不合时宜的，因为它正急于想要促使贾林所主持的会谈开始。与此相反，我则给拉宾安排了一个机会，让他把以色列得到的情报给尼克松看。拉宾利用这个机会把我们的情报界不愿意接受以色列所提供的证据狠狠地数落了一番；他说违反协议是千真万确的事。其结果是，尼克松批准将伯劳鸟式导弹迅速运交以色列，用来对付SA-3导弹设施，而且随后又同意于九月份会见梅厄夫人，那时她将到美国来出席联合国成立二十五周年纪念大会。

拉宾抱怨美国的情报界不愿意承认违反协议的事实。他的抱怨是有些道理的。我向总统说：

事关以色列的生死存亡，因此它冒不起这个风险……以色列的处境必然会影响到他们对一些尚未明朗化的事情作出他们的解释。而在另一方面，我们却总想大事化小、小事化了，因为看到这些违反协议的事实存在，其后果是令人不愉快的。既然发生了违反协议的情况，我们就不得不进行下列的选择：或者采取行动，对付这些情况，从而使我们的倡议冒失败的风险；或者无所作为，从而背弃我们对以色列许下的诺言，造成一个迫使它采取军事行动的局面。因此，除非证据确凿，我们倾向于不要走向另一个极端，避免得出阿拉伯人违反了停火协议的结论。

不管是什么原因，很有可能，我们迟疑不决的初步反应鼓励了纳赛尔加速其把导弹向前推进的步伐。事实上，我们亲眼看到春季一些事件的重演：苏联采取了有限的行动，随后便停下来巩固阵地，并分析我们的反应，接着是一阵急速而令人惊奇的集结。诚然，八月前半个月所发生事情的证据是不明确的，即有争议的活动到底是发生在停火生效之前不久还是在之后不久。然而，毫无疑问，不论事情是什么时候发生的，它是对国务卿于六月二日对多勃雷宁提出警告的蔑视，这个警告说，苏联在运河三十公里以内部署导弹不能被认为是防御性的。

到了八月十九日，我们收到了新的证据，正如以色列人所指出的那样，违反停止一切军事活动协议的事情的确是存在的。这就迫使国务院采取正式行动。但是公开的反应——采取由国务院新闻发布官发表一项声明的办法——调子又是如此之低，以至于人们认为我们正在寻找借口，避免采取行动，而不是寻求补救办法：

> 我们断定，苏联的地对空导弹在停火协议开始生效前后，已向前推进到苏伊士运河西岸地区之内。有一些证据表明，这种行动在停火期限之后还在继续，尽管我们的证据还不是结论性的。……我们正在研究（从以色列发来的一些补充情报）……目前我们不打算在这件事上作进一步的公开声明……

为了配合公开声明，我们还把所掌握的某些证据材料通知埃及。但是，由于这种证据“不是结论性的”，我们告诉埃及人，我们将不作公开指控。我们把我们所认为的违反协议的事提醒他们注意，并警告说，类似这样的行动如果继续下去将会危害到和平谈判。我们还把我们在开罗的做法通知了苏联。最后，还花了很大的力气说服以色列人行动要有节制，不要用宣传去为将来制造麻烦。八月二十二日，当我们提出了“无可辩驳的”违反协议的证据时，我们在开罗又采取了第二个措施。

如果美国对一个问题表示抗议，它就必须强有力地把它提出来，并把它所希望采取的补救行动作一番描述。用哀伤的语调最不可能得到令人满意的反应；它使人认为，抗议只是为了记录在案。它使违反协议的国家在国内没有改弦易辙的借口。当这是一个在政治上很敏感的问题而政策又不容易改变时，这就特别重要。八月二十四日这一天，贾林宣布开始和平谈判，其成员包括以色列、埃及和约旦的驻联合国首席代表，埃及断然否认了我们对违反协议的指控。开罗所持的立场是，它的行动与它对协议的理解是一致的；它将不把额外的导弹引进该地区，但是保留“轮换”它们的权利；它将不建立新的导弹发射场，但是保留“维护”和“修理”现有的导弹发射场的权利。开罗认为，以色列违反停火协议；并且还认为美国人把军火供应给以色列，这是与罗杰斯所作的保证以及停火协议背道而驰的。

在这个时候，我告诫总统说，我们把以色列人对我们的全部信任都放在一边，只是为了在谈判开始之前达成停火协议。而这些谈判肯定甚至会把根深蒂固的意见分歧带到桌面上来。苏联人和纳赛尔可能会“想入非非地认为我们愿意默认他们违反停火协议的行为，尽管我们对他们直接进行过警告，并对以色列许下过诺言。这对我们当前在中东问题上的倡议，中东在长时期内的一般前景，以及美苏关系，都会产生严重的后果”。采取一项较为强硬的路线来反对违反停火协议，并使苏联人明白他们所承担的责任，这是十分必要的。

过去十八个月所形成的特殊的外交程序，以及罗杰斯和我个人之间的对立，使得合理地讨论这些问题几乎成为不可能的事。尼克松喜欢通过他的助理们而不是通过他的内阁进行工作，只要白宫的确控制得住局势，这还是能够勉强对付下去的——如果不嫌气氛紧张的话。但是当极为微妙的谈判不在白宫的控制之下，这个制度的弱点就变得突出了。国务院对总统的思想不很了解，无法鞭辟入里地执行其政策。它倾向于把事情纳入其偏爱的轨道，并把总统的指令解释成为适合其先入之见的东西，这就把事情搞得更糟了。因此，也不可能在有把握理解和实行总统指令的思想基础的情况下，草拟这些指令。

如果我和罗杰斯之间的关系较为融洽，我还可以充当一个调解人。但是，到了一九七〇年夏天，罗杰斯知道得很清楚，除了中东问题外，几乎在所有问题的重要决定上他都被排除在外了；要不然，他就是很迟才被邀请进来，以致他只能认可而不能参与决策。诚然，罗杰斯一定会注意到，总统的许多决定，都是在他出国访问的时候作出的，这决不是一件偶然的事。他的自尊心又不允许他承认这种事情会发生在他的老朋友总统的身上。因此，他就责备我。他并不是完全没有道理的。尼克松不信任国务院，希望一些微妙而敏感的事都由白宫单独来处理。但是，由于我的存在，使这种双渠道的做法成为可能。我很愿意挺身而出，同我的小工作班子一道去解决难题，而不需要各政府机构间进行什么联络工作。罗杰斯对这种做法很恼火，显然，这是由尼克松煽动起来的；同样明显的是，我是助长这种做法的。罗杰斯和我都没有这种气量设法走出这个我们应该认识到是不符合国家利益的死胡同。如果我们愿意克服我们那并非不严重的利己主义，我们本来可以弥补彼此之间的不足。当然，即使如此，在政策和策略问题上，我们还会存在着许多意见不一致的地方。

中东问题并不是罗杰斯被授权和负责处理的唯一的问题。而中东停火看来像是一次伟大的胜利，是尼克松政府在外交政策中的第一个无可争辩的成就。完全可以理解，罗杰斯是不愿意面临这项成就可能遭受失败的前景的。对于白宫任何一点干预的暗示，他都非常敏感。他把我的关心看成是企图夺取他的荣誉。西斯科被夹在中间。他表现得很勇敢，设法在两种对立的、有时是势不两立的观点之间选择自己的航道，并对国务卿和总统都保持忠诚。他常常把船稳住了，但是，他无法使船有一个明确的前进方向。

只有总统能够掌握航向，但他已决定在中东问题上不依靠国家安全委员会的工作班子，而且也不信任国务院这个机构，因此他就没有可以赖以持续地执行政府行动的工具。他对于处理他的顾问中所产生的矛盾经常用的办法是拖延。在白宫所控制的工作领域内，这还不会造成很大的损失，因为在某种程度上，在总统不得不作出决定之前，我还能够设法应付几下子。但是在中东的这个易动肝火的问题上，采取这样的办事程序，就有措手不及的风险。由于尼克松每年照例要到圣克利门蒂去逗留几天，这样就更加危险了，因为这减慢了所有要总统来解决的问题的运转步伐。加之，尼克松还没有认真严肃地考虑他是否应亲自过问和苏联举行最高级会谈这个问题。

八月二十五日，在圣克利门蒂，总统、罗杰斯、西斯科和我举行了一次会议，罗杰斯指责我对于违反停火协议这个问题揪住不放，企图制造一次危机。因此，会议没有结果，不欢而散。但是，否认产生危机的事实或者指责带来坏消息的人，都不能避免一场危机的发生。到八月底，事情开始按照它们自己的逻辑发展；正因为我们佯称可以通过不遗余力地表示善意，以拖延作出决定的时间，我们就处于失去作出决定的回旋余地的危险中。

八月八日，美国在给苏联人的一封信中通知他们说，我们将用U－2侦察飞机对停火进行监视。苏联人在八月二十八日抓住这个机会，明显地在这场争端中站到了纳赛尔一边。（当时我认为那封信是一个错误，因为这将鼓励苏联人主张为监视协议的执行而采取必要的行动。一般来说，在外交行动中，当我们还不准备接受很可能得到的回答时，就提出一个问题，那是不明智的。）他们在分送给华盛顿的西斯科和莫斯科的比姆的复信中，在U－2飞机的飞行问题上对我们加以指责，把它描写成为“新的复杂因素”；在苏联人看来，U－2飞机的飞行是与停火协议的条文相抵触的，侵犯了埃及的领空，牵涉到“极其严重的复杂情况”，而且也是“冒了特别令人感到惊异的风险”。我向总统提出了报告，并指出，苏联人可能有充分的理由要求由主持公道的人来核实停火。如果关于违反停火协议的指控只是以以色列人的监视为依据的话，那么苏联人和纳赛尔将会轻易地加以否认。

到八月二十九日，国务院的情报研究局局长雷·克莱因断定，在运河地区三十公里范围内现在已不止存在一个 SA－2 导弹发射场——对此，我们在上星期已提出了抗议——而是七个或八个 SA－2 导弹发射场，以及三个或四个 SA－3 导弹发射场。根据他的判断，几乎可以肯定，其中大多数导弹发射场都是在停火协议开始生效后建造的。八月三十一日中央情报局的一份评估报告也证实了这些判断。

现在，总统和他的高级顾问——罗杰斯、穆勒、莱尔德、赫尔姆斯和我——不得不召开一次会议。会议于九月一日在圣克利门蒂举行。总统指示，在开罗和莫斯科都发出非常强硬的抗议，他要求以色列派一名代表出席在纽约由贾林主持举行的会谈。九月三日，国务院公开证实了违反停火协议的事实。这一次不那么含糊其词了，但措辞还是相当克制的，表示我们只通过外交渠道来处理这件事；与此同时，国务院一个劲儿地催促贾林召集的会谈赶快开起来。

埃及和苏联两方面都继续拒绝我们的抗议，九月四日，开罗否认指控，与此同时，还反对我们不断地给予以色列军事供应，认为这与我们所说的保证克制不相一致。九月六日，苏联外交部副部长谢尔盖·维诺格拉多夫告知比姆，苏联并没有和美国缔结停火协议，因此，对任何违反协议的事不负责任。维诺格拉多夫指出，美国为了监督停火作了“奇怪的安排”，没有得到埃及方面任何请求就飞越西奈半岛上空，侵犯了埃及的领空。大约在同一个时间里，苏联代办在华盛顿递交了一封信，信中对于据称以色列即将对导弹发射场进行先发制人的攻击表示关切。苏联人要求我们采取行动对此加以制止。我们没有掌握这样的证据，我认为这是苏联长期以来要把我们置于守势的努力的一部分。我通知西斯科把这个警告不加评论地转达给以色列，但不要让苏联人知道他已这样做了。让他们充当阿拉伯人的保护人，从而在开罗得分，那是没有道理的。

以色列谢绝谈判

经过这场争论和违反协议的事情之后，毫不奇怪，以色列于九月六日宣布，它不能参加贾林所主持的解决争端的会谈。加之，九月六日，巴勒斯坦游击队劫持了三架飞机。在一个月之前开始走向和平的一步，突然发展成为一场对抗的局面。我倾向于同意我的工作班子中的苏联问题首席专家哈尔·索南费尔特的观点——他在当时和以后都是一个难能可贵的合作共事者——他于九月份给我送来一份分析材料，把这次事件与古巴的导弹危机相类比：

……我深表担心的是，在当前的中东形势中，我们可能（无意地）使苏联人误以为，在停火问题上搞点欺骗动作，对于我们来说是一件无关痛痒的事，而且我们还可能加深了一场潜伏着的更为深刻的危机……我们停火倡议的性质、提出倡议的时机和速度、条文的相对松散，使整个倡议不够完善，加上我们起先不愿意对违反协议的事作出让步，后来在违反协议的事开始**之后**我们又发表了一些声明和采取了行动；这些都可能促使苏联人得出结论：对于我们来说，至关重要的是在选举前的一段时间里实现停火，在这期间，我们不希望面临继续进行公开战争这样一种棘手的选择。……后来我们对于所发生的事情明确地表示了真正的愤慨，这使得他们大吃一惊（与此同时，他们为阿拉伯联邦共和国和他们自己继续违反协议的行为大开绿灯，从而使他们的威信遭受损失）。或者，他们可能甚至还会认为我们只是在演戏而已。

与此同时，我的工作班子中的中东问题专家哈尔·桑德斯向我提出报告说，我们在九月初提出抗议后，苏联人和埃及人违反协议的行为实际上是加剧了。桑德斯是第一流的分析家和客观公正的顾问，并不是以反阿拉伯的偏见而著称的。但是，他写信告诉我说，在我们九月初在莫斯科和开罗采取的外交行动之后，根据U－2飞机所拍摄的照片：

……看来很明显，埃及人在继续进行萨姆导弹的活动，这是违反停火协议中停止一切军事活动这一条规定的。他们没有采取行动来恢复或调整到我们所抗议的二十四个导弹发射场前的形势。……自从八月十日以来，我们至少看到装备齐全的萨姆导弹发射场的数目增加了百分之五十……活动还在有增无已……对于埃及人来说，沿运河建立起来的防御性导弹设施似乎比和平谈判的意义更为重大，因为以色列人已经很清楚地表明，他们在停火前的形势没有得到恢复之前，不能继续谈下去……

即使在当时，还有头脑顽固的分析家编造适合他们胃口的事实，决心要想恢复和平倡议。国防部的一位富有想象力的专家提出这样一种离奇的理论，说什么或许纳赛尔根本没有违反停止一切军事活动的规定。他认为，并不排除有这样的事情，即在停火开始生效之前，这些导弹就已隐藏在五十公里地区之内，只是后来才显露出来。这些导弹并不是被“引进”这个地区的，因此并没有违反停止一切军事活动的规定。但这种高明的推理却无法解释：为什么当允许埃及人进行部署的时候，他们却把导弹隐藏了起来；而当禁止他们进行部署时，他们又将它露出地面来。通过飞机所拍摄到的照片也没有发现大到足以能装得下这么多物资的导弹棚架或仓库，而把它隐藏在沙地里就需要有金字塔这么大的一个孔穴。

事情已无可挽回，到了九月中旬，我们的倡议已经走进了死胡同。在这场交易中，我们满足了自从三月以来就被搁置起来的以色列人的军火要求。我们增加军火供应的结果，与其说是赢得以色列在和平谈判方面表现出更多的灵活性，不如说是阻止他们发动一次先发制人的进攻，以制止埃及人把导弹向前推进——这是我们自己无法加以制止的。我们并没有因此在以色列赢得赞誉，而且还加深了阿拉伯人的不满。苏联人在埃及建立起了一支已经威胁到以色列生存的战斗部队，这支部队对于以后和纳赛尔串通一气，反对任何温和的阿拉伯政府将是有用的。我们所采取的行动并没有能控制事态的发展，它们随着事态的发展而发生，而且往往似乎是被事态的发展所压倒。最大的危险在于：苏联人明显地误解了我们的坚定性。

几乎不可避免的是，更大的危机于九月份降临到尼克松政府身上。我们同时面临着几个问题：约旦的内战，苏联企图在古巴建立一个潜艇基地以及智利的阿连德政府上台。这既是新政府最危险的时期，又是新政府的决定性时期——局势比入侵柬埔寨时还要危险得多，尽管后者引起了一阵歇斯底里的攻击并受到了新闻界的重视。只有在我们战胜了这场风暴之后，经过一年半的苦心经营，我们的全球外交政策的各个组成部分，才逐步完备起来。

第十五章　多事之秋：约旦

在一九七〇年九月的三个星期的时间里，有三大危机降临在尼克松政府头上，它们发生在相距数千里的世界上的几个角落里。

这三大危机的情况是千差万别的。第一次危机是发生在一个沙漠王国——约旦——的内战，交战的一方是王国政府，另一方是企图进攻邻国的基地的武装游击队。第二次危机是苏联突然企图在古巴的西恩富戈斯建立一个核潜艇基地，这可能引起超级大国之间的对抗。第三次大危机是南美一个大国——智利——的总统选举，引起与共产党人联合的激进分子可能接管政府的危险。这些事件的起因，从根本上来说是不相同的，它们在美国政策方面所引起的关注也是不相同的。然而，这些事件却代表着——或者对我们来说似乎是代表着——共产党人的全球性挑战的不同的侧面。没有共产党人的策动和鼓励，这三次危机都不可能成功。苏联在军事上进入埃及，而且它煽动阿拉伯的激进分子，这引起了约旦的危机；苏联在古巴的海军基地是一次苏联的直接挑战；而智利的选举，尽管情况还不清楚，却说明一个国家在历史上首次通过民主程序有加入到共产主义大家庭的可能性。

约旦危机

有史以来，中东的边界是随着流沙而变动的。在公元六二二年伊斯兰教诞生以后的五百年中，阿拉伯国家在政治建设上曾经有过一段光荣的历史。而在以后的几乎同样长的一段历史时期里，它却发现它自己是处在不同的外国统治者的支配之下。国家地位变成了一个不可思议的概念，差不多是预言家脑子里的幻想，也是一场激励着狂热的信徒和英勇的行动但却是难以实现的梦想。这些外国统治者的最后一个帝国——奥斯曼帝国——作为第一次世界大战的结果而被驱逐出这个地区。可是，接替它的并不是一个统一的国家，像许多阿拉伯民族主义者所希望的那样。相反地，在一代人的时间里，中东在欧洲列强的保护下，分裂成为若干个半独立的国家。这些国家各自在为争取独立而斗争；在第二次世界大战的影响下，后来它们全都赢得了充分的主权。

哈希姆约旦王国就是这些国家中的一个。哈希姆约旦王国在一九四九年以前叫外约旦，它是于第一次世界大战后出现的一个国家，* 当时国际联盟给予英国以委任统治权，管理巴勒斯坦——那时的巴勒斯坦包括从伊拉克直到地中海的所有的土地。一九二一年，英国从其委任统治地分割出一块渺无人烟的沙漠地带，为和英国站在一边的哈希姆小酋长国创建了一个王国，因为这些小酋长国在别的地方的希望都落空了。就在这块贫瘠的土地上，一些有才能的统治者和勤劳的人民共同建立了约旦人的国家。而且从它建国之日起，它在中东就成为一个克制、进步和稳定的因素。由于巴勒斯坦的分治，哈希姆王国的统治延伸到了约旦河的西岸。它在这里以其特有的开明政治治理国家，直到它由于过分地强调阿拉伯团结一致，以致卷入一九六七年的纳赛尔的鲁莽的冒险活动为止。** 结果，它那人口稠密和土地肥沃的约旦河西岸就被以色列占领了。

---

* 一九二一年，英国以约旦河为界，把巴勒斯坦分成两部分，西部仍称巴勒斯坦，东部称外约旦，英国在外约旦建立了在它统治下的外约旦酋长国。——译注

** 这是指第三次中东战争，也即“六五”战争。一九六七年六月五日，以色列在美国的支持和苏联的纵容下，对阿联、约旦和叙利亚发动战争。六天之内以色列占领了约旦河西岸、加沙地带、西奈半岛、戈兰高地等大片土地，阿拉伯国家战败，被迫接受停火。——译注

巴勒斯坦游击队——从多次阿拉伯和以色列战争中流亡出来的巴勒斯坦难民——在约旦建立起了他们自己的组织，特别是在一九六七年以后，他们建立了牢固的基地，并从这里对以色列和以色列所控制的土地发动了袭击。另外，代表最激进的阿拉伯政权的一万七千名伊拉克军队，仍驻扎在一九六七年战争中保存下来的约旦东部。国王侯赛因如果把上述两股势力中的任何一股从他的国家赶走，就会被斥责为缺乏“阿拉伯团结精神”。这些激进的武装力量的存在，既说明了在纳赛尔时代阿拉伯激进主义的抬头，也使侯赛因的权威长期处在虚弱的地位。巴勒斯坦游击队和伊拉克人在施行他们的威力方面也毫不手软。游击队不顾为约旦带来的风险，袭击以色列；伊拉克人也在约旦境内进行军事调动。

约旦军队是传奇式的阿拉伯军团的后代，这个军团是由英国约翰·格拉布爵士（格拉布帕夏*）在四十年代训练出来的。这支军队大部分由狂热地效忠于侯赛因国王的贝都因人**组成。但是，在一九七〇年，这支部队发现它要在两条战线上作战，既要保护国王侯赛因，对抗巴勒斯坦游击队队员（和伊拉克人）；又要保卫约旦领土，防御由于巴勒斯坦游击队袭击以色列而引起的以色列人的报复。约旦（以及六年之后的黎巴嫩）理解到，收容游击队的国家要冒很大的风险。他们经常处在不能控制自己命运的危险之中，因为别人决定着他们的战争和和平的问题。实际上，如果游击队成长为一支非常强大的力量，他们早晚要取代东道国政府的权力。

到一九七〇年夏季，这位年轻、能干而有胆识的国王处在严重的危难之中。游击队对于他努力促进和以色列人在政治上的和解感到极为不满，因而就不断地对他的军队进行袭击。六月九日，曾试图暗杀他。侯

* 帕夏是当时土耳其等高级军官的头衔。——译注
** 贝都因人是在阿拉伯半岛和北非沙漠地区从事游牧的阿拉伯人。——译注

赛因免去了他的军队中若干领导人的职务，并亲自出来担任指挥。但是，他不愿意得罪巴勒斯坦人，因为这些人在一九六七年以前曾在他的统治之下，并希望他们和约旦王国重新联合在一起。安曼的情况在恶化。六月十一日，我向尼克松提出报告说，我们的临时代办(我们的新任大使迪安·布朗当时还没有到任)认为“局势已陷于崩溃”。我们驻安曼大使馆已奉命撤退眷属和非必要人员(如果全都决定要撤离，大约有四百人)。

就在同一天，我召开了一次华盛顿特别行动小组会议，这是我们应付危机的各部门之间的协调机构。我们面临着两大紧急事件：第一，撤离美国人员，如果必要，则使用军事运输工具；第二，如果侯赛因请求援助，以使他的政府有能力对抗巴勒斯坦游击队，或者是来自伊拉克或叙利亚的外来干涉，而这两个国家的领导人甚至比纳赛尔更加激进和更加亲苏，在这种情况下，我们应作出什么样的答复。

在华盛顿特别行动小组会议上，关于美国采取军事行动是否明智，而且是否实际可行，意见很不一致。如果约旦军队对机场失去控制，那么撤退美国人员就可能需要空运一些部队去保护，对于这个前景，不管是政治领导人也好，军事领导人也好，都没有很大的热情。如果国王请求美国进行干预，以保证他的统治能继续下去，那么，问题就更大，阻力也更大，甚至制订应急计划也有点犹豫不决。我们在柬埔寨采取的行动还没有结束，我们的兵力分散在世界各地，白宫周围的示威纠察线表明，我们国内存在不团结。在约旦采取军事行动，从技术上来讲也是很困难的，因为自从一九五八年在黎巴嫩登陆后的十多年以来，我们既失去了当时可供利用的中转地区(利比亚、希腊和土耳其)，也失去了利用这些地区供中东战争之用的权利。人们不愿考虑美国进行军事干预还由于，许多人认为，即使干预取得成功，也会使得侯赛因在阿拉伯世界的其他地区丧失信誉，或许等于宣判他在政治上的死刑。

如果可能，我倾向于支持侯赛因。纳赛尔一直死心塌地依靠苏联，并支持所有的激进主义运动，正如我想要设法整一下纳赛尔那样，现在对我来说，似乎重要的是证明，和美国保持友谊是会受益的。侯赛因一直提倡温和有节制，反对激进思潮，避免空喊流行的反西方口号。他处在困难的境地之中，是因为他不愿意让游击队放手去乱干一气。他的垮台会使整个中东趋于激进。以色列不会默认在约旦边界沿线建立起来的游击队基地。爆发又一场中东战争就会成为非常可能的事。因此，在我看来，约旦是对我们控制这个地区事态能力的一次考验。尼克松同意我的这种看法。六月十七日他在国家安全委员会的一次会议上说：

我们不妨假定，在夏季晚些时候，我们会接到来自黎巴嫩或约旦希望能得到援助的请求，或者，黎巴嫩出了一些事情，我们该怎么办？……有这么一天，美国在这个地区的可信赖的程度将受到考验。真正的问题将是，我们会采取行动吗？我们的行动必须根据这种观点来加以考虑。我们必须作好准备……这个问题真的是一个军事问题，或者是关于我们的可靠性是否可作为那个地区的一种力量？

六月二十二日，我重新召集了一次华盛顿特别行动小组会议，利用总统所表示过的愿望，使一些计划最后得以完成。那时，迫在眉睫的危险是缓和下来了，各个部门也正在准备计划，应付他们认为不会发生的紧急事件。虽然撤退美国公民的事情还在进行，但是由于这次危机，侯赛因的地位已大大削弱。我的工作人员哈尔·桑德斯在七月初为总统起草的一份报告中，通篇尽是不吉祥的词句：“哈希姆政权的权力和威信还会继续下降。约旦的国际信誉将会遭到进一步的损害……由于巴勒斯坦游击队享有更大的行动自由，这无可避免地将使约旦河流域的停火遭受更大的破坏……侯赛因面临着一个吉凶未卜的前途。……”

因此，在约旦问题上的考验时刻似乎迫在眉睫了。我们的应急计划——尽管是半心半意制订的——却帮了我们的大忙。到了九月初，星星之火突然蔓延成为一场火灾，而且几乎酿成一场遍及中东的燎原大火。

伊拉克和约旦摊牌

在各届政府的经历中，事件往往是在情报机构没有预测到的情况下发生的；说实在的，它们也许是不能预见的，因为最热衷于预防事件发生的受害者也会感到意外。在平衡遭到破坏时，一开始是件小事，其不断扩大的波浪使它发展成为一次危机，而这种危机如不变成无法控制的汹涌波涛，就会突然转变成风平浪静的沉寂，表明新的平衡又形成了。在危机时期，构成制定政策的因素突然变得不可捉摸。在由危机引起的动乱中，政治家们一定是在经常性的压力下采取行动。说起来好像很奇怪，这种情况赋予人们一种不寻常的进行创造性活动的能力；一切事情突然取决于控制局势的能力和澄清混乱的而且似乎是偶然发生的事件的能力。按照理论来说，这种情况的发生应该不以使用武力为前提；然而，人们有时只有威胁着要使用武力，才能避免动用武力。

有人可能会想象，处理一场危机就像人们都发了狂似的；关键的决策人物乘坐高级轿车云集白宫；神经紧张的助手们，手持刚刚收到的火急电报冲进房来，向已慌了手脚的官员提出各种问题。我发现这种想法并不确切；当然危机时期是处于高度紧张状态的，但是，它也具有异常平静的特点。所有日常琐事都被搁在一边，推迟处理，或者由下级官员代办。个人冲突减少了；往往由于成败关头，事关重大，以至于平日的嫉妒心理也收敛起来了。在一场危机中，只有最坚强的人才努力负起责任；其余的人都裹足不前，因为他们知道，一旦事情失败就需要找一个替罪羊。许多人以一致意见作为屏障，他们不愿意拿出自己的意见；其他一些人则全力以赴地把他们的反对意见记录在案，以便事后为自己开脱。少数准备同形势作斗争的人，往往迎着风暴，从容不迫。他们的四周虽是一片动乱，但他们在极度的沉寂中独自工作；随着危机临近解决，沉寂将转化为疲惫、欢乐或绝望。

九月一日，巴勒斯坦游击队企图在三个月内第二次行刺国王侯赛因，袭击他的汽车队，这件事在约旦激起了所有的部队大动干戈。战斗立即就在效忠国王的军队和巴勒斯坦游击队之间爆发了。伊拉克人威胁说，要动用驻扎在约旦的部队，“采取一切必要的行动来保护巴勒斯坦游击队的行动”。前一天晚上，国王已经通知我们大使馆的官员，说他可能被迫采取更加剧烈的措施。国王表示希望美国给予支持。侯赛因认为，美国公开发表一项强硬的声明可能会制止外国的干涉；如果和苏联共同发表一个联合声明，那就更好了。

国务院对这个信息的复电简直没有一点儿急迫感。负责的官员所关心的是要保持他们的和平倡议，不愿在一个已经装满了埃及违反停火协议行为的盘子里，再加上约旦问题。因此，他们并没有（据我所知）立即将这件事提交给白宫，甚至各机构间都未进行商谈。相反地，第二天却发出了一份态度不明确的复电，通知国王说，由美国出面发表公开的警告会牵涉到许多复杂的问题，必须加以慎重考虑——一纸陈词滥调，没有给那位受困扰的国王侯赛因以什么帮助。他们起初持这种冷淡态度的原因之一是，一些中东问题专家的传统看法认为，阿拉伯人都很容易激动，以至任何一个警告都可能驱使他们采取疯狂的行动。在我看来，这种看法是把善于言词和反复无常混为一谈；在危机中，我发现大多数阿拉伯领导人都是谨慎行事和深思熟虑的。

九月一日傍晚，伊拉克发出另外一个最后通牒式的警告说，如果约旦不在夜晚十一点停止炮击巴勒斯坦游击队，伊拉克军队就将采取行动，加以制止。国王的亲信顾问赛义德·拉菲（过去在哈佛大学曾经是我的学生）通知我们的大使馆，重新提出了国王的请求，要求大国发表声明。他还向我们打听我们是否知道，如果伊拉克采取行动，以色列将会怎么办。

后面这个问题，是一个非常重大的问题。伊拉克是最激进的阿拉伯国家，以色列绝对不可能允许伊拉克的军队向以色列的边境移动。在巴勒斯坦游击队占领约旦河流域的情况下，以色列也的确不可能坐视不理。但是，对于国王来说，有以色列的武装部队加入到他的战斗行动中来，那就不是一件小事情了。他在维护其政治独立性的同时，无意毁坏他在阿拉伯世界的道义地位。关于以色列的意图问题并不是个新问题。这个问题起初是由侯赛因方面于八月四日提出来的，当时伊拉克军队以一种讹诈的姿态驻扎在约旦东部，拒绝按照规定的时间停止他们的军事调动。我们驻以色列的大使当时向华盛顿提出报告说，如果伊拉克军队向西推进，以色列有可能进行还击；他没有向以色列政府提出这个问题。国务院近东司对于这个问题三心二意，在那个时候，对于约旦提出的质疑没有加以答复。由于形势缓和了下来，答复的必要性也就暂时消失了。

到了九月，像惯常没有解决好的争端那样，问题又重新出现了，因此有必要对于以色列人的反应作出判断。国务院采取了老一套的拖延做法，也许因为它不希望使对付埃及-以色列违反停火协议的努力进一步复杂化。九月二日，我们驻莫斯科大使雅各布·比姆拜访了苏联外交部副部长谢尔盖·维诺格拉多夫，态度很平和地请求苏联对他们的伊拉克朋友施加影响，要他们克制一些。维诺格拉多夫装出一副很关心的样子。他说，苏联对于维护有利于和谈的条件是很感兴趣的，但是他对伊拉克的最后通牒却一无所知，因此莫斯科很难拿出一个官方的主张来。维诺格拉多夫表示了他个人的看法，认为伊拉克不会干涉约旦的事务——但是他接着又说，中东的事情，谁也无法预料。总之，莫斯科保持着行动的自由。阿纳托利·多勃雷宁在整个夏末都留在莫斯科没离开这一事实，就令人毫不怀疑地认为，苏联人不想在平息局势方面投下什么本钱。因此，这件事还得用战争来解决。

九月二日，在安曼，赛义德·拉菲又向我们的大使馆提出报告说，伊拉克人进行威吓之后，没有采取行动。三天后，他又重申，对大国发表声明力促对方采取克制态度一事有兴趣。我们的临时代办反映了国务院的看法，以一项异乎寻常的声明答复了约旦重新提出的关于以色列意图的质疑；声明说，他不能想象约旦会接受其敌人以色列的帮助，来反对一个阿拉伯兄弟国家。当然，国王非常机灵，他不会以这样的方式提出问题，并且也非常聪明，不会需要美国官员就他自己提出的质疑的含义给他上课。

就在这个期间，安曼的形势不断有所好转；约旦政府和温和的巴勒斯坦游击队领导人之间开始举行谈判。九月三日，比姆在莫斯科对苏伊士运河沿岸发生违反停火协议的行为提出我们的抗议。在那次谈话过程中，维诺格拉多夫把约旦的事情描述成不好也不坏；他没有提到关于苏联为伊拉克进行调解的事。为了强调我们对约旦事态发展的重视，尼克松于九月四日在圣克利门蒂接见了我们的新任驻安曼大使迪安·布朗。

九月五日，危机似乎平息了。出现了另一个迹象，苏联人突然向我们提出警告，要以色列不要越过运河，他们说以色列人快要这样做了。（正如以前所描述过的，这也起到了转移人们对埃及人和苏联人违反停火协议的注意力的作用。）苏联人的老一套手法是，在一场他们不愿插手的危机快要平息下来的时候，发出一阵威胁；很明显，他们希望在事后给人们以一种印象，即苏联在解决问题方面起了主要作用，从而提出要求补偿。（例如，一九五六年，在英国已经很明显地作出了撤出运河的决定时，苏联向伦敦和巴黎送去一份言辞严厉的警告，要求停止入侵苏伊士运河。）尽管巴勒斯坦游击队接管约旦的行动受到阻遏，然而国王的权力已远不能恢复如旧了。伊拉克军队仍在约旦调动，这使人很容易想起，国王在他的国家里的权威已不如往昔了。美国的态度——只限于神经紧张的说教——是模棱两可的，远没有采取任何能具体影响形势的行动，更不用说控制形势了。不管怎样，平静只是假象，实际上事态现在正像脱缰之马般地向前发展。

劫持飞机的危机

从来还没有一个令人满意的解释，说明巴勒斯坦游击队为什么在这个时期采取他们自己后来说成是“黑九月”这样的行动。在这个月初，纳赛尔和苏联人成功地把他们的导弹系统移到运河地区。美国正准备敦促以色列参加约旦已决定要参加的谈判，希望以色列从西岸撤退。如果一切顺利，谈判对于阿拉伯人有许多可取之处，以色列在运河沿岸的军事优势被打破了。一旦谈判开始，以色列所受到的压力会成倍地增加。但是巴勒斯坦游击队中的极端分子则瞩目于其他方面；他们的目标不是同以色列实行和解，而是要把它毁灭掉。他们还没有被承认是一个政治实体——在国际上他们被当作难民看待；在阿拉伯世界，他们被当作既可怕而又要加以迎合的对象；而在以色列人看来，他们则是些恐怖分子和罪犯。他们并不追求政治解决，因为在政治解决中，他们对提出的要求要作出妥协。他们寻求建立一个由他们控制的基地，并利用这个基地对以色列发动决定性的进攻，并把它消灭掉。在这个意义上，他们反对在外交上取得进展的图谋是有其理由的。另一方面，巴勒斯坦人也逐渐在约旦取得了一些地盘，他们正走向自治。由于对自己的力量估计过高而遭到失败，他们毁了自己的前途，最后被赶到黎巴嫩去了。而非常具有讽刺意味的是，他们制造的危机却给了美国一个机会来收回大部分上个月由于举棋不定而失去的东西，并且为后来几年的外交行动开辟了道路。

这场危机于九月六日爆发了，当时信奉马克思主义的解放巴勒斯坦人民阵线(PFLP)，这个巴勒斯坦游击运动中最极端的一派中的几个成员，劫持了几架飞机。一架泛美航空公司飞往开罗机场的747珍宝喷气客机上的乘客被释放了，而飞机在着陆后不久就被炸毁。一架美国环球航空公司的波音707和一架瑞士航空公司的DC-8飞机由巴勒斯坦游击队分子驾驶，开往离安曼约三十英里的道森机场的一条泥土跑道上。九月九日，一架英国子爵 10 号飞机也被劫持，和别的飞机一道飞到道森机场。一架以色列飞机遭到劫持，但未成功，因为机上的保安人员把劫持者制服了。

这些劫机事件牵涉到好几百名乘客，其中有瑞士人、德国人、英国人、法国人、美国人和其他国家一些人。最容易受到攻击的是以色列人和有双重国籍的人——也就是说，那些既持有以色列护照又持有美国护照的人。九月七日，解放巴勒斯坦人民阵线提出要释放除以色列人和双重国籍的人以外的所有的乘客，用来交换被囚禁在瑞士、德国和英国监牢里的巴勒斯坦游击队队员。他们把以色列和双重国籍的乘客扣下，用来交换被监禁在以色列监牢里的游击队队员。他们限七十二小时内答复。

美国眼下所关心的是，在其他人质被释放之后，要防止美国人和以色列人一道被扣留不放。我们也不能让外国人把美国公民分成若干等级。我们知道，以色列的政策是决不向讹诈低头。它担心的是，一旦让步，就不能再囚禁游击队队员了；而恐怖行为将更加猖獗。我们自己的看法也大致相似。欧洲的有关国家则认为，他们不能采取这种不妥协的态度。我们敦请他们至少进行交涉要统一行动。

九月八日，罗杰斯在他的国务院办公室里召集了一次晨会，应邀参加的有莱尔德、赫尔姆斯、亚历克西斯·约翰逊、乔·西斯科和我。

在第九章中已经讨论过关于 EC－121 飞机被击落一事，也提到所谓的“战情室综合征”，其中有时包括这样的指责，说官员们制造一些危机，以便实现他们在军事上的英勇和男子气概的浪漫主义的想法。这完全是一派胡言。首先，正如我已经谈到过的，战情室并不舒适，布置得并不雅致，而且实际上空气是很沉闷的。再者，这里的讨论往往是高度技术性的。由于附近就有最先进的通信设备，那些在战情室里商议事情的人，都能立即获得最新情报。因为他们一般都是内阁的下级官员，很有可能通过系统地分析，作出一些决定，然后送交上级机构进行审议。

轻率地作出决定的危险并不出在这里，而是出在椭圆形办公室、内阁会议室或者是内阁成员个人办公室里召开的特别会议上。那里才是真正的危险所在，把听起来似乎有理的事误认为是真理，滔滔不绝的讲话压倒了冷静的分析。就在这里，在没有工作人员从事具体工作的情况下，可能会作出没有事实根据的决议，在这说话需要精确的关键时刻，有些人说话只是为了哗众取宠，而不是在说明事实真相。这里比战情室更使人易于根据短暂的和表面的意见一致来批准没有经过检查的设想，这里既存在无所作为，也存在不顾一切后果的危险。头头们不能真正地了解他们提出的建议会带来什么后果，除非用作战中的专门术语来说明才行。

在罗杰斯办公室里开会的情况也是这样。不切实际的想法支配着漫无头绪的讨论。譬如说，人们花了相当多的时间来讨论用某种神经毒气对付飞机劫持者的可能性，这种神经毒气能使中毒者在不知不觉中瘫痪。由于他们不知道我们的军火库里有没有一种合适的毒气，这就使得他们无法讨论下去；同样地，他们也不知道如何去施放这种毒气；特别是如何组织军事行动或者如何维持这种军事行动。罗杰斯在会议结束时所得到的信念和他召开这次会议时的信念一样——没有办法。动用美国部队在军事上是行不通的，侯赛因不会采取军事行动来反对巴勒斯坦人，而以色列的干预可能成为侯赛因的催命符。

在下午召开的有总统参加的一次会议上重复了同样的论点。莱尔德、罗杰斯、约翰逊、西斯科和我都出席了，一道出席的还有 I · 埃德加 · 胡佛和约翰 · 米切尔，他们谈到了劫持飞机在国内产生的影响。总统没有作出决定。他早先曾私下对我说过，应把劫持飞机当作摧毁巴勒斯坦游击队的一个借口。在这次会议上，他没有发表这样的意见。他倒是说过，在没有办法的情况下，他宁肯美国出面进行军事干预，也不要由以色列人来干。罗杰斯表示反对，他说我们将为一个实质上是无益的行动付出巨大的代价。

总统转而问我，我回答说，我们面临着两个问题，即人质的安全和约旦的前途。如果巴勒斯坦游击队能够利用约旦作为他们的主要基地，并在这个过程中破坏了国王的权威——他是这个地区少数几个以温和和亲西方著称的统治者之一——则整个中东将会走向革命化。在我们提出和平倡议后的两个月，运河沿岸的军事平衡可能会由于欺诈行为而被改变；也正是在这个时候，沿约旦前线的政治平衡也会被武力所破坏——我们不能够对此加以默认，站在圈子外面干着急，搓着手叹息，一个劲儿地主张恢复和平谈判，从而表明我们对此无能为力。

由于没有人急于想对付这种分析所牵连到的复杂情况，讨论便转而谈到防止劫持的问题。梅尔·莱尔德谈到将来利用电子装置来保证机场的安全。总统下决心说，他赞成既要使用武装警卫，又要使用电子装置；他转而要我"协调"这个困难的尝试，并要求莱尔德担负起"主要责任"。他指示罗杰斯加紧提出外交倡议。十分钟后，正当我对这一切到底是什么意思感到困惑不解时，尼克松走进我的办公室，并说，他认为我们有一个"可怕的官僚主义问题"；所有的内阁官员都希望要"干点什么"；他就让他们每个人都有点事干；我应该想出个办法来。他没有说如何做到这一点，或者甚至他到底打算做些什么。

与此同时，我们收到来自安曼的令人不安的报道。据说，约旦军队出于受到他们认为的巴勒斯坦游击队的侮辱和挑衅，实际上已在举行兵变。他们效忠于国王，但是拒绝作进一步的妥协，他们威胁着要为了国王的利益自己来处理这些事。要求侯赛因采取强有力的行动的压力越来越沉重地加在他的身上了。

由于得到了总统的批准，为了要结束这场官僚主义的混乱局面，我于九月九日启动了国家安全委员会处理危机的机构。在那以后的十七天里，国家安全委员会实际上每天开会，而且至少每天开一次会，讨论可供选择的方案，准备应急计划，并在一个互相协调的基础上执行各项决定。这不只是个程序性的步骤，它是对官僚机构的一个警告，如果约旦形势恶化，不能再像过去在违反停止一切军事活动的协议问题上那样摇摆不定了。我担任华盛顿特别行动小组主席这一事实就是一个警告，即任何得不到解决的争端将会被提交尼克松。

在一次危机中，总统是个关键性人物。他亲自过问整个进程，以推动作出最后决定；可是他又不应该过分地陷入到细节中去，以致忽视对可供选择方案的彻底研究。在一九六二年古巴导弹危机时，肯尼迪明智地把自己置身于初步的讨论之外。尼克松在一九七〇年的约旦危机中，以及几乎在他的总统任内的所有其他危机中，都遵循了同样的做法。事实上，在这种形势下，他的才智得到了最充分的发展。他并没有紧张地干预战术性的细节问题或者正在形成的构思，借以装得好像是在行使总司令的职责。他把这些方案的拟订工作交给了在我监管之下的政府机构。在他表态之前，他总是犹豫不决的，有时到了令人恼火的程度。但是，他很会选择时机，他本能地懂得，什么时候最适宜于作出决定，这时他就果断地采取行动，特别是如果他能够置身于过多的个人矛盾之外的话。

在约旦危机的开始阶段，我每天至少给总统送交一两份，有时三份形势报告。这些报告所提供的材料包括华盛顿特别行动小组的建议、安曼事态的发展以及有关释放人质问题谈判的进展情况。由于有关单位都参加了华盛顿特别行动小组，可以认为，全部报告都到了内阁有关官员的手中，他们当然有机会向总统提出任何不同的意见。在危机紧张阶段——特别是最后三天——尼克松每天召开主要负责人会议来审查华盛顿特别行动小组的建议。

九月九日，主要的问题是要确定一个方针。在我看来，一项成功的政策必须至少由三个部分组成：一项仔细的分析，以便确定实际的选择范围；细致的准备工作；早日采取主动。在危机中采取消极态度会使人越来越无能为力，因为人们是被迫对争端作出反应的，而且是在情况变得对自己最不利的时候。与此相对比，采取主动的一方能够使对手的精力都花在进行分析上面。由于对手总是往最坏的方面设想，甚至较小的行动也会起到重要的警告作用，除非这些行动是非常明显的虚张声势，以至引起人们的鄙视。为了取得最好的效果，人们的行动必须坚持不懈，必须表现出坚韧不拔和坚贞不屈。犹豫不决或者慢慢吞吞会招致别人采取相应的行动来考验你的决心。

九月九日，华盛顿特别行动小组从上午十一点三十分起在白宫的战情室开了一个小时的会。情报部门介绍的情况表明，关于人质的期限延长了，但我们还不知道会延长多久。我们一致同意，美国必须施加压力，防止欧洲国家企图去单独打交道；单独交涉将使得他们别无选择，只有向劫持者屈服。这将使美国陷于孤立，除了给以色列施加压力外，没有办法来使我们的公民获得自由；而以色列认为——和我们一样——向恐怖主义者的讹诈屈服是决不可能的。实际上，国际红十字委员会的那位干练的代表安德烈·罗查德——正同巴勒斯坦人进行谈判——和我们持有同样的看法。他给有关政府递交了一份照会："如果出现巴勒斯坦人不予合作而不释放人质的情况，本委员会将被迫放弃委托给它的任务。"

但是，如果我们想要防止谈判无限期地拖延下去，在我看来，我们就必须表明我们的决心，并开始施加压力。采取有气无力地责骂几句的态度，只会延长我们忍受痛苦的时间。对于人质的命运以及国王的生存来说，美国的决心同样都是事关重大的。实际上，国王和人质的前途已经开始令人难以理解地结合在一起。如果成百个人质在约旦的土地上被杀害，那么约旦王室威信的下降就将成为世界上有目共睹的事。每次接踵而来而又没有得到解决的危机，都进一步削弱了侯赛因。事态正在发展成为摊牌的局面。不是无计可施的侯赛因对巴勒斯坦游击队采取军事行动，就是巴勒斯坦游击队推翻他。

在解决这个难题之前，没有任何和平倡议会取得成功。以色列决不会和一个不能控制其国家的政府讨论边界问题。由于每个人都认为营救人质的行动只能留作最后一着，我列举了需要作好准备来对付的三种意外事件：巴勒斯坦游击队袭击人质，需要作紧急营救；安曼的秩序遭到完全破坏，需要撤退美国侨民；侯赛因和巴勒斯坦游击队之间进行摊牌，可能会把叙利亚和伊拉克都卷进来。对我们的军事能力进行分析后表明，我们只有四个旅可以很快地调到约旦，而这样行动将要动用我们所有的战略后备力量。调动驻在德国的那个旅需要四十八小时，从美国调动第八十二空降师需要七十二小时。用这些部队进行干预，将需要取得飞越别国领空的权利，或者是在地面上通过别的邻国的权利。我要求参谋长联席会议主席在二十四小时内提出计划，以加强欧洲驻军的戒备状态；研究一下美国长期在约旦作战的实际后果，每次危机需要动用多少部队，以及遏制苏联干预所需要作的有关部署。

与此同时，有必要通知各个方面，我们在认真对待这件事。尼克松下令第六舰队航空母舰“独立”号东驶，就停在黎巴嫩的海岸以外，四艘驱逐舰随同前往，二十四小时后再派二艘驱逐舰参加。六架 C－130 运输机停在土耳其英瑟利克空军基地，供撤退美侨之用。这些措施是在没有公开宣布的情况下采取的。我敢说苏联的情报机构可能由于美国国防部泄露出去的情报帮了他们的忙，将把这些消息公布出去。我们一声不响会使他们感到这些措施带有不祥之兆。

当华盛顿特别行动小组考虑这些部队在什么情况下才动用时，问题就变得更加复杂起来了。当好几十万美国人还在东南亚作战时，谁也不乐意再在别的地方搞军事行动。我们必须调动我们全部的战略后备力量，并空运给养。我们将在别的地方容易受到苏联的突然袭击。军事行动将很难继续坚持下去；我们的供应线很长，而且还必须穿过好几个国家。战争打的时间越长，我们的处境就会越复杂。如果以色列依靠自己的力量对约旦进行干涉，我们就会为了不同的目标而同时在约旦进行作战。如果我们陷入困难的境地，我们可能还得请求以色列来帮助我们摆脱困境，这对于我们在阿拉伯世界的地位和威信来说，甚至就更加糟糕了。

基于所有这些理由，我认为，为了我们的长远利益，有必要把我们的军事行动和以色列的军事行动区分开来。我的看法是，在撤退美国侨民时应该动用美军，因为这件事可以速战速决，而且也是代表美国的切身利益。但是，如果由于伊拉克或叙利亚的行动挑起一场较大的冲突，我主张让最直接有关的国家担负起主要责任。由于我认为以色列几乎肯定会对伊拉克或叙利亚的军事行动作出反应，所以我认为在那个意外事件中能够最有效地利用我们的力量的地方，还在于阻止苏联干涉以色列。围绕着这些问题，人们的意见逐渐趋于一致。

我向尼克松提出了报告。他仍旧坚持他早先的看法，只有美国能采取任何军事行动；他想要我们单独采取行动来对付伊拉克和叙利亚的干预，或者是对付巴勒斯坦游击队的动乱，要把以色列排除在外。

当总统安全事务助理与总统的意见不一致时，他的地位是非常微妙的。总统必须有这样的信念，相信他的顾问将按照他的意思行事，并保证使他的愿望会由各个政府部门加以贯彻执行。另一方面，如果他的命令是带有危险性的，他又必须指望顾问向他提出警告。这对尼克松来说特别重要，因为他容易在一时冲动之下宣布命令，而他又不希望这些命令得以贯彻执行。在约旦危机中，我同时准备了两种应付意外事件的方案来解决这个问题：一个方案体现了总统的意愿，由美国单独采取行动；另一个方案则反映了华盛顿特别行动小组的一致意见，美国应该高举反对外来干涉的旗帜。这样，在需要总统作出决定的时刻到来时，他将能够进行选择。

九月九日，苏联代办尤里·伏龙索夫通知（通过西斯科）我们说，他们已竭力劝说约旦和伊拉克采取克制态度。然而，苏联的规劝是很难指望能扑灭战火的。莫斯科告诉阿拉伯人说，节制政策很有必要，因为他们之间发生了冲突，只会帮助他们的敌人，特别是“以色列侵略者和他们背后的帝国主义势力”——这是对我们的粗野的辱骂。在我看来，克里姆林宫是在玩弄约旦危机这张牌，正如它玩弄过停火协议这张牌一样。他们表面上在一本正经地唱高调，但对扭转走向危机的趋势，却没有作出任何建设性的努力。苏联通知约旦说，它把我们看作是阿拉伯人的敌人，这是对约旦的传统政策的基础进行攻击。把这样的外交文件送交国务院而不缓和一下其中的语气，这也是一种挑衅。莫斯科显然还不认为，它是在冒一次严重的风险。

九月十日下午，华盛顿特别行动小组再度开会。巴勒斯坦人这个时候已改变了他们的要求，部分是由于我们设法保持住了联合阵线的结果。英国、瑞士和德国表示，只有在所有的人质被释放后，才同意交出被监禁的巴勒斯坦游击队的俘虏。巴勒斯坦人于是建议用所有的妇女、儿童和患病的乘客来交换被扣留在欧洲的巴勒斯坦游击队队员；而所有的男人则要用那些被扣留在以色列的所有的巴勒斯坦游击队队员来赎回。

我们加速制订我们的应急计划。一旦政府各个部门知道白宫的态度是认真的，当他们认为这种行动方针的风险最小时，他们往往可能会想出你所想象不到的行动方案来。在九月十日的华盛顿特别行动小组会上，海军上将穆勒报告说，以前一致同意采取的戒备措施使我们在欧洲的驻军作出反应的时间几乎减少了一半。他调集了两艘潜艇，并把它们派往地中海去尾随苏联的舰队。在克里特岛以外举行的两栖演习定于九月十四日结束。如果危机仍未解除，参加演习的部队，包括一支海军陆战队，可以停留在黎巴嫩沿岸一带。我要求参谋长联席会议研究一下美国是否能够以及如何能够在约旦维持一项军事活动，如果总统想要按照他的意愿由美国单独采取行动。我知道华盛顿特别行动小组是反对这样一种方针的，但是我并不希望处于这样一种地位，即总统在“我们不知道应该做些什么事情……”的情况下就发布命令。赫尔姆斯认为，侯赛因由于害怕叙利亚或伊拉克进行干预，很可能要设法避免和巴勒斯坦游击队摊牌。我不同意这种看法，我说：“那将意味着他的末日。对于他来说，不通过战斗，他就无法重新取得控制权。”我认为，即使政府和巴勒斯坦游击队之间达成了一项新的休战协议，对抗也还是不可避免的。这是一项争议，事态的进展将很快地提供答案，因为不需要在抽象的讨论中加以解决。我们做了可能做到的事，来迎接即将来临的风暴。

九月十一日，前两天的戒备措施开始收效了。有关美国舰队调动的传闻被安曼的谣言公司解释成美国即将出面干预。红十字会代表罗查德报告说，“古怪的紧张气氛”笼罩着巴勒斯坦游击队总部。他认为，他们很可能要采取某些行动来表明他们不会被吓倒。所有的飞机周围都拦上许多铁丝网，以免被炸，但作为人质的乘客已被转移走了。到了这天晚上，我们的威吓不无效果，这已经很明显了，当时巴勒斯坦游击队释放了八十八名人质，其中有些美国人（但是没有拥有美、以双重国籍的美国人）。

这一天，在对待危机的办法上，我与罗杰斯之间的意见分歧尖锐化起来。罗杰斯认为有必要让那些神经紧张的敌手放心，我们是无意伤害他们的。我的看法则相反，认为我们一旦进行对抗，坚持到底是最好的也是最安全的行动方针。罗杰斯认为平静一下气氛将有利于解决问题；我深信，促使人们寻找迅速解决办法的原因恰恰在于：危机可能使局势变得无法收拾。这时，罗杰斯向国会领袖们作了情况介绍，所持的论点还是三天前和总统谈话时的论点一样，即我们考虑了一切可能用来营救人质的军事措施，结论是：没有办法——因此，军事行动的冲击无效了，而原来安排这些军事行动恰好使人得出了相反的印象。幸运的是，巴勒斯坦人相信的是我们的行动，而不是我们的语言，他们可能把国会的情况介绍会看成是对他们的欺骗。

那天早晨，总统、莱尔德、罗杰斯和我在椭圆形办公室会晤国会领袖。我突然被激动得发了狂似的西斯科叫出了会场，他带来了一份报告，上面写道，由于第六舰队威胁性的行动，巴勒斯坦人威胁着要杀害尚未释放的人质。我们尽快结束了和国会领袖的会晤，没有引起惊慌失措。总统要罗杰斯和莱尔德留下来，并把西斯科叫了进来参加我们的讨论。西斯科和罗杰斯强烈要求发表一个公开声明，明确表示美国将不采取任何军事行动。我表示反对。向巴勒斯坦游击队再次提供保证只会怂恿他们蛮横地进行威胁，提高他们讨价还价的地位，并给我们自己今后如果要在紧急情况下采取行动留下难题。相反地，我主张通知阿拉伯各国政府，说明杀害人质会引起严重的后果。尼克松支持我的建议。

结果，我草拟了一份经过细心推敲的含糊其词的声明交给龙·齐格勒去宣读，这个声明只是提请人们注意红十字会发表的声明，后者宣称：我们没有“打算”采取军事行动。这是一份怎样解释都可以的声明。西斯科和我又给阿拉伯各国政府起草了一份关于人质问题的警告性照会。尽管发这份电报是总统命令的，电文内容也是经他批准的，但国务院的阿拉伯问题专家最后还是出来进行干预。他们认为这种威胁可能恰恰触发容易被激怒的阿拉伯人走向我们原来意图的反面。我没有坚持，并劝告总统不发也就算了。当时不是为了一份电报展开剧烈争论的时候。事情取决于行动，而不是言词。

经过总统的许可，我通知海军上将穆勒，第六舰队不必过分小心，不妨使用自己的无线电通讯。这样一来，苏联很快就会知道我方舰队的行动；我们用这样一种方式来传送警告，比用外交照会要厉害得多。九月十二日，巴勒斯坦人炸毁了三架机上无人的飞机，在公众中引起了极大的反响；他们继续把人质扣留在安曼几个没有人知道的地方。尼克松和我谈到，我们越来越有可能得把应急计划付诸行动。我提醒总统说，华盛顿特别行动小组中各个部门一致认为，美国地面部队最好是供撤退侨民之用，但是，万一国王和伊拉克部队支持的巴勒斯坦游击队之间进行摊牌，我们应当让以色列打头阵。总统仍旧不愿意让以色列插手；他希望由美国地面部队来应付这两种意外事件。当时，我们没有必要急于来解决这些分歧。但是，由于尼克松的意愿确有其现实上的重要意义，我在华盛顿特别行动小组会上提请调动更多的美国部队进入该地区，而且速度要比在其他地区更快些。

九月十三日至十四日，我们最关心的是，有越来越多的迹象表明，至少是德国人，可能还有英国人，将不顾在谈判中的联合阵线，而着手为了自己的国民去单独交涉。巴勒斯坦人发表了一个声明，说是将把美国人质和以色列人质一样对待，这种担心就更加剧了。苏联的军舰开始尾随黎巴嫩海岸以外的我国第六舰队；不过就地中海的海军力量对比而言，压倒性优势显然是在我们这一边，而且这种优势还在与日俱增。自从九月九日以来，我们和苏联没有进行过外交接触。克里姆林宫似乎认为，对它最有利的方针就是，站在局外观看约旦王国的分裂和美国日益窘困的处境。

事实证明，苏联的这个算盘是打错了。每次危机总有这样一个关口，其中一方必须决定，究竟是占了一点上风就住手，还是继续赌下去。如果苏联在九月十日左右敦促释放人质和执行停火协议，巴勒斯坦游击队的收获本来会很大的；国王的威信将会大大削弱。约旦的不稳将会使苏伊士运河沿岸的不安全状况更为严重。苏联的威信将会显示出来，并得到提高。但是，由于苏联人越来越贪得无厌——没有在约束其代理人方面助一臂之力——他们在力量均势发生根本改变之前给了我们恢复平衡的机会。

九月的第二周周末，巴勒斯坦人毁坏了全部的四架飞机，但是既没有从美国方面也没有从以色列方面取得根本性让步。我们的语调越来越坚定；尤其是我们几乎每小时都在这个地区增强我们的军事力量。在这个时刻，不知道是因为我们的准备措施给他以心理上的鼓舞，还是因为他已濒临绝境，顽强而身材矮小的国王决心与巴勒斯坦游击队进行全面对抗。我们之中有些人预料的和另外一些人担心的摊牌，最后终于降临到我们头上了。

和游击队摊牌

九月十五日晚上，新上任的我国驻约旦大使迪安·布朗从安曼发来一份急电，电文说，侯赛因已决定要在首都重建法律和秩序。国王将派亲信部队包围全城，然后在九月十六日清晨宣布成立军政府。他不愿意对争端施加压力，但是如果巴勒斯坦游击队进行抵抗，他准备动用必要的力量来确保他的权威。侯赛因急切地要求美国运用其影响，使以色列不要插手，或把局势搞糟。国王还提到，如果其他的阿拉伯国家要进行干预，他可能要请求援助。迪安·布朗加上他自己的估计：尽管事态比以前更接近于摊牌，但是国王可能是在吓唬人，也可能是在为一次复杂的谈判采取打开局面的行动，以求最终妥协。布朗并不认为伊拉克或叙利亚可能会进行干预。我则不是这样看这个问题。我认为，现在摊牌是不可避免的。明天的事态发展将会证实这一点。

布朗电报到达时，我正在乘直升飞机飞往弗吉尼亚州的艾尔利庄园的途中；它是东海岸许多早年私人庄园之一，现在已捐赠出来供慈善和学术活动之用。梅尔文·莱尔德在众议院供职时，曾对公共卫生事业有所贡献，为此，他是这次宴会的主宾。莱尔德邀请了他所有的同事和朋友，还包括了在华盛顿的所有有影响的人物。整个华盛顿特别行动小组成员都身穿礼服出席，其中有帕卡德、穆勒、赫尔姆斯、西斯科和我。正当晚餐开始时，我接到艾尔·黑格打来的电话，他把迪安·布朗的电报内容告诉了我。不久，大约晚上九点钟左右，我又接到一个电话。黑格通知我说，英国外交部的常务次官丹尼斯·格林希尔曾设法与我联系。由于我不在，他便将女王陛下政府的意见通知了黑格。该政府认为，约旦军队和巴勒斯坦游击队之间的一场恶战似乎是避免不了的。他代表希思首相想了解一下我们作何打算，特别是如果国王侯赛因处于困境的话。我们对待以色列人进行干预持何态度，首相可能希望在当晚晚些时候和总统亲自通话。

这是英美之间的“特殊关系”的一个很好的例证，它使得最高级领导人在官方渠道之外能够非正式地交换意见。这也是一个不可忽视的警告信号。布朗的电报使人将信将疑，但是除非英国认为形势严重，否则希思是不会考虑要和尼克松通话的。如果总统要和希思通话，我们必须把我们的想法整理一下。经与莱尔德、帕卡德和西斯科商量后，我便召集华盛顿特别行动小组成员，乘直升飞机返回华盛顿。

华盛顿特别行动小组在白宫战情室里开会，从晚上十点半一直开到接近午夜，然后又在我的楼上办公室里接着开下去。我们都穿着讲究的晚礼服，研究可能发生的意外事件：国王和巴勒斯坦游击队之间爆发战争；伊拉克的介入（不知什么原因，在安曼和华盛顿，都没有人认为叙利亚会进行干预）；美国至少是为了撤退侨民而进行武装干涉。这次会议证实了上周的一些看法。国王可能会打败巴勒斯坦游击队。如果巴勒斯坦游击队看来要得手，以色列几乎肯定会进行干预；如果伊拉克采取行动，它也肯定会这样做。大家一致认为，如果以色列采取行动，美国应该不介入，但是应该阻止苏联对以色列进行报复。为了表示支持，我们应该立即对国王提供物资援助。不管发生什么事，我们得加强戒备。

九月十五日午夜前后，我通过保密电话* 和格林希尔通话，这种电话是可以防止窃听的。防止窃听的办法是，让谈话双方都几乎听不清对方的话，促使谈话人大声叫嚷，以至于在谈话人的声音所及的地方别人不能充耳不闻。因此，就安全问题而言，这就造成额外的危险。我告诉格林希尔说，我们非常重视侯赛因的生存。总统还没有作出最后的决定，但不能排除美国在没有别的办法时会进行军事干预。

我对于华盛顿特别行动小组的一致看法的形成是有影响的。我认为维持侯赛因的统治是十分必要的。向世界表明若和西方保持友好的关系，在执行一项温和的外交政策时将会得到美国的有力支持是十分重要的。必须抑止中东的逐步激进化，而苏联把导弹和军事人员运往埃及却加速了这种激进化。必须表明，纳赛尔利用苏联的威胁来对美国进行讹

---

* 所有美国政府使用的绿色保密电话机，通常都钉有一块红色的圆牌，上面写着“保密电话”的字样。由于我的工作人员爱开玩笑，我的保密电话机上刻着语法上有错误的德文“使人安全的电话”。

诈的手法，是枉费心机的。

依我看来，最有效的办法还是迅速地和带威胁性地加强我们在地中海的军事力量，来遏制激进的阿拉伯政权对约旦的干预；对侯赛因国王给予心理上的支持；对苏联的反应进行较量和加以制服（如果必要的话包括进行军事干预）。应该在地中海集结我们的军事力量，发表使人捉摸不透的声明，长侯赛因国王的志气，灭他的对手的威风，以及遏制苏联。

于是，第二天早晨，即九月十六日，在华盛顿特别行动小组又一次召开了简短的会议，对决定进行研究之后，我发出一道指令，要求有关单位作出详细的外交和军事计划，来应付下列意外事件：为约旦部队提供物资援助；为撤退美国侨民进行武装干涉；如果发生外来干涉，为了支持侯赛因，美国将进行空袭或地面攻击（这是总统的选择）；美国默认以色列的空中或地面打击（这是华盛顿特别行动小组的选择）。我也要求对现有的“遏制苏联干预”的计划作相应的修改，以适应形势的变化。所有的计划和方案都将在九月十八日中午以前加以研究。

那天早晨，我还给总统送去了一个报告，把昨晚的华盛顿特别行动小组会议上的结论作了一个概述。出乎意料的是，他竟大发雷霆。他满脑子想的是竞选运动，对于莫斯科的最高级会谈仍寄予希望。他怀疑华盛顿特别行动小组究竟有什么必要开紧急会议，并在我的关于华盛顿特别行动小组的意见报告上写满了怒气冲冲、字迹潦草的批语。他写道，他倾向于完全不搞对抗，如果避免不了对抗，他想动用美国武装力量；他反对以色列采取任何军事行动，除非事先经过他的特别批准，而他却又强烈地暗示，他决不会这样做。对于他宁愿直接地和单独地显示美国力量，我是不感到惊讶的。这是他的一贯见解。我深信，一旦研究了这种做法会造成的影响，以及我们的财力、物力，他就会改变主意。已经没有时间来进行讨论了，因为尼克松马上就要动身前往堪萨斯城、堪萨斯州立大学和芝加哥去作一次竞选旅行。

九月十六日平静无事。西斯科和我飞往芝加哥，为中西部的编辑和广播人员作背景情况介绍。国王按计划宣布成立军政府，但没有在安曼采取军事行动。然而，他的确向布朗提出过，他特别担心叙利亚，而不是伊拉克，可能进行干预。布朗在他的报告情况的电报中，对这件事轻描淡写，政府中也没有人认真对待这件事。我们的担心仍集中在伊拉克，因为它在约旦有一万七千名驻军。在劫持飞机问题上，我们努力维持西方国家的联合阵线，反对欧洲一再提出的为了他们自己的国民单独交涉的要求。

九月十七日，这些都成了基本上是理论性的问题了，因为侯赛因大胆地命令其军队开进安曼。大规模的战斗爆发了，而且扩展到约旦北部巴勒斯坦人聚居地附近的伊尔比德镇。那一天，我两次召集华盛顿特别行动小组开会。我们指示布朗大使通知侯赛因，美国对于他的努力表示同情，布朗将迅速地传达任何关于物资援助的要求。我们还告诉布朗说，不排除美国给予军事上的支持来对付外来的干预。我们还指示驻以色列的代办听取以色列对形势的估计。（不管怎么样，尼克松定于十八日会见果尔达·梅厄。）我们通过经常与格林希尔通电话和英国保持着密切的联系。我们将我们对形势的估计告知伊朗国王，因为在任何一次中东危机中，他的支持都是关键性的。

但是，我们决定不同苏联联系。我告诉华盛顿特别行动小组，我们和莫斯科谈得够多的了，却没有得到令人满意的答复："让他们来找我们。"而且，我在一次和尼克松的谈话中——在这次谈话中他批准了华盛顿特别行动小组的建议——也表达同样的论点："我认为，我们应该一句话也不说，显得莫测高深。他们会了解到（我们的军事活动）。"

既然约旦爆发了内战，那么迅速部署美国的军事力量，对于打消对方任何冒险的念头来说，都是十分必要的。航空母舰"萨拉托加"号本来停泊在马耳他岛的海面上，奉命驶往黎巴嫩沿海和"独立"号会合，并有巡洋舰一艘、驱逐舰十二艘随同前往。第三艘航空母舰"约翰·

F · 肯尼迪”号也被派往参加第六舰队；它由波多黎各启程，要航行九天才能到达那里。不过这艘航空母舰的行动，苏联的情报机关一定会很快发现的。包括一千二百名海军陆战队的两栖特遣部队刚刚在克里特岛演习完毕，奉命停驻在离黎巴嫩沿海三十六小时航程的地方。巡洋舰“斯普林菲尔德”号将与它会合。运载直升飞机的航空母舰“关岛”号和随同行动的特种混合舰队正开往勒任营，去接运另一批海军陆战队。这些舰只都奉命要赶紧开往地中海。

尼克松当时在芝加哥，我和他详细地讨论了所有这些问题。他很热情地批准了所有的部署；这些部署是很符合他的浪漫主义性格的：“主要的是，要不时搞点小对抗、小刺激，这是再好不过的了。”只是费了很大周折，才说服他不对外公布我们所有的军事行动，如果这样做的话，就会引起很严重的危机气氛；对外公布这些事会产生事与愿违的恶果，因为这样做就必须在公众面前做许多消除疑虑的工作，会部分地抵销我们军事部署的效果。这一天下午，尼克松改变了主意。这时他同意，最好不发警告，继续调动军队，用冷漠而满不在乎的态度对待苏联。

他尽可以大胆地慷慨陈词，因为那天早晨他与《芝加哥太阳时报》的编辑们进行了一次不许作记录的谈话，他把所有的消息都说了。我曾极力要求霍尔德曼使这次新闻发布会成为一般化和低调的，但是在外旅行的白宫官员对于低调一词的定义的理解是难以逆料的，特别是在大选之年。当尼克松开始会见记者时，他刚好得知约旦爆发内战的消息。尽管他的自我克制能力很强，但也经不住在高度紧张时刻的感情冲动。由于这个消息以及他刚批准过的军事行动使他感到激动，尼克松告诉那些感到惊异的编辑们，如果伊拉克或叙利亚要干预约旦，只有以色列或美国才能够制止他们；他宁愿由美国来担负这个责任。（他写信告诉我说不进行对抗，这也是他的主意。）由于被这个场合的情绪所激怒，他又说，他要让苏联人为他们在苏伊士运河沿岸用导弹来冒险的行为付出高昂的代价。“如果我们的干预能起作用的话，我们就要进行干预。”这样耸人听闻的新闻不被人记录下来几乎是不可能的。《太阳时报》很快就把这句话原原本本地照登了。尽管由于齐格勒坚持要按照不准记录的规定办事，当时即予以收回，但这却恰恰提高了这一新闻在外交政策上的影响。*

尽管在那件事之后，尼克松感到后悔，我则认为，总的来说，他的声明还是有益的。当我从美国新闻署署长弗兰克·谢克斯皮尔那里得知这件事时，我告诉他说，这件事并没有使我感到有什么不安。首先，它将向我们的官僚机构表明，我强烈要求在地中海集结军队是反映了总统的想法，而不是反映我个人的特质。实际上，这使他们清楚地认识到，他们的真正选择在于：或者是各机构之间进行正常的规划；或者是以专题讨论的方式解决，但是他们却不能参加这种讨论。有一次，我设法使罗杰斯相信，我并没有要尼克松这样做，这件事使我们之间的关系得到了一个短时期的改进。

至于对那些使我们最为不安的国家，如苏联和激进的阿拉伯国家，尼克松声明的影响可能是有益的，因为它表明我们的态度是认真的。下午我向尼克松报告说，当约旦军队歼灭他们附近的巴勒斯坦游击队时，伊拉克部队袖手旁观，没有动静。而这一天美国的行动，包括总统的声明，却一定加强了我们那位勇敢的朋友，约旦国王的决心。

九月十八日星期五是穆斯林的安息日。这一天，约旦军队有步骤地恢复了对安曼的控制，尽管进行得比较缓慢。约旦军队在北方曾遇到顽强的巴勒斯坦游击队的抵抗，实际上，巴勒斯坦人在这里宣布成立了一个“解放区”。十英里之外的叙利亚发出了恫吓的叫嚣，伊拉克军队仍旧按兵不动；约旦军队都转移到安全的地方去了。纳赛尔则一声也不吭。

* 事实证明，尼克松并没有为此而很生气，他事后还向这篇文章的作者彼得·利沙戈尔表示祝贺，称赞他巧妙和谨慎地处理了这一报道。

这天白天，尼克松在白宫接见了果尔达·梅厄。他们之间的谈话多半涉及以色列人的援助要求，以及苏联和埃及在苏伊士运河沿岸违反停火协议的事。这说明，这两位领袖都已经深信约旦国王可能会占上风，危机快要过去。尼克松说，他希望以色列不要鲁莽行事，梅厄总理则向尼克松保证，以色列不会不通知美国就采取军事行动，而且也看不出有必要采取军事行动。

这一天，报纸也在集中猜测总统在芝加哥所作的评论的含意。不利的反应是，人们纷纷提出警告，如果我们打算要执行总统的战略性选择，来一次美国的单独军事行动的话，我们将面临困难。那位受人尊敬的佐治亚州参议员、拨款委员会主席、武装部队委员会的重要成员、强硬路线的一贯支持者理查德·拉塞尔，打电话给罗杰斯，告诉他说，他坚定不移地反对在中东使用任何美国军队。

九月十八日，莫斯科显然也已经得知美国的行动。苏联代办伏龙索夫打电话给助理国务卿罗杰·戴维斯，传达了苏联政府的口信。莫斯科对待指控他们在运河沿岸违反就地停火协议的那种傲慢而又冷淡的态度烟消云散了；一周之前，它为遏制各方而极力散播的帝国主义危险论也销声匿迹了。相反地，苏联表示关注中东日益“复杂的”形势；言论中却不带责骂的口吻。莫斯科表示“希望”美国同意苏联的看法，所有的国家“包括那些不属于这个地区的国家”都谨慎行事。它还进一步“希望”美国在这方面对以色列施加影响。至于苏联方面，它已力促约旦、伊拉克、叙利亚和埃及政府共同来结束约旦的内战。“我们也正在寻求一些办法来把我们的观点传达给巴勒斯坦运动的领袖，提请他们注意”——从而让我们明白(亦可能是真话)，莫斯科和巴勒斯坦游击队已经失去了联系，与他们的行动没有牵连，特别是关于人质问题。

当苏联贯彻执行其外交政策的风险较小，或者当力量均势对它有利时，苏联外交政策的主题中就没有关于可怕的后果这样的“警告”，也没有任何关于美国与约旦国王勾结之类的指责。他们的语调里带点儿哀怨之气，再次保证苏联政府“一如既往”主张在安全理事会第二四二号决议的基础上解决中东危机。塔斯社的一篇评论也持类似的语调，它警告我们不要干预，但用词是模棱两可的，克里姆林宫在中东的代理人不可能不注意到这一点。

所有这一切都有助于证实一种分析，这种分析是我的工作班子里的哈尔·索南费尔特在那一天的早些时候作出的，他预料苏联可能对我们的部署和外交政策作出反应：

实际情况是，苏联人看到美国在这个地区使用军事力量是决不会甘心的。他们一定会对此加以诋毁，找我们的麻烦（包括胡闹一气，并以阿拉伯联合共和国为基地，对第六舰队进行近距离侦察），并全面地反对我们。最使他们感到担忧的先例是，我们表现出能够而且将要使用海空军力量的样子，使得他们忧心忡忡，总是在掂量在其后的一次新的危机中，我们对以色列的支持会达到怎样的程度，我们在国际上的一般姿态将会是怎么样。（如果我们的军事行动是成功，或者看来是成功的话，这样的情况对我们可能是有利的。）

我们深信，苏联是在寻找解决办法，这种看法从苏联外交部副部长瓦西里·库兹涅佐夫和美国驻苏大使比姆，于九月十九日的一次谈话中可以得到进一步的证实；就在九月十九日这一天，约旦军队在对巴勒斯坦游击队的作战中取得虽然较慢但却是无可否认的进展。库兹涅佐夫再度表示“希望”我们不要干预约旦，因为这将为所有关注这个地区的国家带来“困难”。他探问第六舰队集结的目的何在。比姆回答说，关于我们军队的部署情况，他并不知情。这既是事实，也是最可能加深苏联的不安的回答。

在我看来，最好的策略是不提供保证，而是造成一种形势，在这种形势下，苏联只有促使其激进的朋友不进行干预和使危机确实结束，才能感到日子好过些。这就是为什么我主张暂时不给予答复的原因。毕竟，苏联让我们等待了十天，才对我们提出的关于违反停止一切军事活动的协议的照会作出答复。提出保证会事与愿违，而坚决不妥协又会变成一种挑衅；在这两者之间，沉默是最好的折衷方案了。

总的来说，我认为危机正接近于尾声。我们的信誉已大大恢复。九月十九日傍晚，我打电话给尼克松——他当时在戴维营——把苏联方面的信息向他作了报告。我认为这是一种即将退却的征兆。尼克松对于好消息总是不敢轻信，表示怀疑。他说，什么时候苏联人自愿地作出保证，那一定又是在搞鬼。事实证明他是对的。

九月二十日星期日上午，叙利亚的坦克侵入了约旦。

叙利亚入侵

在情况瞬息万变的时刻，那些处于决策中心的人被潮水般的报告压得喘不过气来，这些报告中有推测、消息、希望和焦虑。必须运用他们自己的主见，把这些成分筛除出去。很少见到一幅有连贯性的图景；在某种意义上说，只有政策制定者把事态联系起来，才能得出连贯性；由于正确估计了形势和他自己创造性行动的限度，他抓住了这种挑战，并把它变成一种机遇。在危机中，这种敏捷性类似一个运动员的敏捷动作。决定必须很快地作出。身体的耐力和洞察力一样，都同样受到考验，因为必须花费大量的时间来弄清楚，国内或国外的每个关键性人物都是在同样的情报和目的的基础上来进行活动的。不论平时官僚机构内部如何钩心斗角，在危机时刻，我确信每个机构都得到同样的情报，而且所有的领导人和他们的主要同僚在全面的规划中都是志同道合的合作者。

在约旦危机期间，从杂乱无章的报告中分辨出事情真相，是特别困难的。在国王的军队开进安曼之后，我们大使馆和宫廷之间的联系中断了。国王和里法伊偶尔和大使通电话。我们大使馆和宫廷之间断断续续地进行无线电通讯，但这是公开的电讯，很可能被窃听，因此不可靠。幸运的是，我们有迪安·布朗驻在当地，他是我们的最能干、最勇敢和最有学问的外交家之一。他不时地坐在装甲车里去寻找国王和里法伊，显然，这种通讯办法是快不了的。英国人则运气比较好，他们的使馆比较靠近宫廷，因此，国王偶尔可以通过伦敦给我们送来信息。这种做法不可避免地在传递过程中会产生延误，因为英国还想加上它自己的看法，这是可以理解的——因为伦敦有点儿担心我们可能鲁莽地采取行动，所以他们就更要这样做了。这种判断是错误的，但是他们得到这种印象却是情有可原的，因为至少白宫认为，如果伦敦告知别的国家首都，事情有发展成为不可收拾的危险，这样做倒可以制止一场轻率的行动。伦敦巧妙地掩盖了他们对我们的疑虑，而且也成功地对我们暗示，它主张采取一种比较稳健的步调。

九月十九日，星期六，我们收到的第一批消息说，叙利亚坦克已经开进约旦二百五十码左右，占领了阵地。但是由于消息来自开罗的一位英国官员，而伦敦方面又认为不必要直接通知我们，因此我们并不认为英国政府很重视这件事。我们也一样不重视它。尽管通讯困难，我们相信，如果侯赛因十分担心的话，他是会想出办法来通知我们的。

但是，在九月二十日星期日发生的事情已是无可置疑的了。大约在华盛顿时间上午六点左右，国王和里法伊分别和布朗通了电话，报告说叙利亚坦克两次大规模入侵腊姆萨。约旦军队击毁了三十辆坦克，并把叙利亚军队打退了。侯赛因请求美国援助，但却没有提出具体要求。在华盛顿时间下午十二点三十分，里法伊讲得较具体些了，他代表国王请求美国进行侦察，以判明叙利亚是否增兵了。差不多与此同时，又有两个叙利亚装甲旅越过约旦边境，并在广阔的战线上发起进攻。直到下午晚些时候，我们才证实了这个消息。

我毫不怀疑地认为，对于这种挑战必须予以还击。如果我们不采取行动，中东的危机就会加深，因为激进分子和给他们撑腰的苏联就会采取主动。如果我们成功了，阿拉伯的温和分子就会获得新生。总的来说，我是乐观的。从局部和总体来说，力量均势对我们有利。那天傍晚，我向总统表示了这种看法：苏联“不是控制不住局势，就是要想强行摊牌。如果他们是控制不住局势，我们就会很容易地取得胜利”。我毋需再说，如果他们决定要摊牌，我们也没有别的选择。

罗杰斯、西斯科和我进行了一番会商，并采取了一系列紧急措施。西斯科和我共同起草了一个声明，用罗杰斯的名义发表，断然要求立即撤退叙利亚军队，并且警告说，冲突有扩大的危险。那天下午，西斯科召见了伏龙索夫，并且将一封责骂性的信交给了他。形式上是给苏联九月十八日信件的回信，我们照会中的要害部分内容如下：

在这个时刻，由于叙利亚装甲部队已入侵约旦的领土，并在沿约旦边界的叙利亚境内进一步集结了进攻性部队，局势是进一步而且是危险地加剧了。美国政府谴责这种入侵约旦的行径，并要求入侵部队立即撤退。叙利亚的这种令人不能容忍和不负责任的行动，如果不立即停止和退回，就会使得目前的冲突扩大化。美国政府呼吁苏联政府使叙利亚政府知道它目前行动方针的严重危险性，叙利亚必须从约旦领土上毫不拖延地撤出这些军队，并停止进一步干预约旦。苏联政府不可能不知道冲突扩大化将带来的严重后果。就美国方面来说，美国政府正促使这个地区的各方都采取克制态度。

星期日下午，我建议——总统在戴维营批准了这个建议——把驻在德国的空降旅从演习地区调回到它的基地登机处。而那是在九月十八日危机似乎趋于缓和时，我们批准这个旅进入该演习地区的。早就计划好的这次演习活动，把这个旅作出反应的时间延长到十小时，而在它的原驻地，按照它的戒备状态，其反应时间将减少到四小时。一个营奉命准备空降。下午五点，我们要求我们驻波恩大使馆将这个空降旅的活动通知德国政府。我们解释说，由于可能要从约旦撤退美侨，这个旅有必要处于高度戒备状态。这个旅奉命进行迅速而公开的活动，但并没有采取任何安全防范；我们希望苏联的情报机构很快地就注意到这种情况。德国政府很有可能把我们的活动转告给欧洲的各友好政府。迪安·布朗奉命将我们的公开声明和我们给苏联的照会通知侯赛因，并且不把美国可能进行干预的大门关闭。

下午，叙利亚新的进攻的规模已经很清楚了。我们一直不断地通过设想美国或以色列作出军事反应来策划我们的行动；政府里所有的人都认为，这两个国家不应同时采取行动。九月十七日，我将总统主张主要由美国军队抵抗伊拉克和叙利亚的干预一事，转告了华盛顿特别行动小组。我要求必须根据三条标准来审议各项行动方针：谁具有较为充分的采取行动的理由？谁能够更为有效地把其行动坚持下去？谁拥有防止逐步升级的最大能力？我还要求提出主张美国采取行动的最充分的根据，以及主张由以色列采取军事行动，而美国则不直接出面，同时遏制苏联的最充分的根据。这些文件于周末送到了总统手里，我不知道他是否看了。

为了向总统提出一份最后的建议，我于九月二十日星期日晚上七点召开了一次华盛顿特别行动小组会议。从这时起一直到第二天上午举行的国家安全委员会会议，对我们在华盛顿的人来说，危机表现为几乎不停顿地开会和打电话。要能最精辟地描述这种情景，只有一小时一小时地回顾那天晚上所发生的事情。

从傍晚七点十分到七点五十分，华盛顿特别行动小组主要负责人在白宫地下室的战情室开会，主要是彼此汇报过去几小时内所发生的事情，再次审议应付突发事件的计划。情报和军事情况介绍表明，情况不相上下。大部分时间都花在就琐碎事情进行讨论上。这是一种典型的官僚主义毛病。应国王的要求，将派去两座流动野战医院。所争论的是，这两座医院究竟应该作为美国的捐赠，还是应该由几个国家联合组建。我们迅速地研究了美国进行干预的利弊；我们的信念增强了，我们的军队最好用于牵制苏联，使它不能干预以色列的行动。如果由我们单方面采取有效行动，我们就必须动用我们全部的战略后备力量；这样，我们就会在两个相隔得很远、几乎无法联系的战场上分布我们的军队，并在新的突发事件面前显得无能为力。我们的军队只能在没有重型装备的情况下开进去，并只能从航空母舰上得到空中支援。我们唯一的陆上供应线是通过以色列，这就把我们和以色列联系在一起，但是美国采取行动的主要理由，却是要把以色列和约旦隔离开来。如果我们碰到困难，我们还得请求以色列给予协助。总之，如果约旦的形势失去控制，所能采取的补救办法只有对叙利亚进行大规模打击，而以色列部队是最适宜用于这一目的的。

晚上七点五十分，总统从戴维营回来，打电话把我叫到他办公室里去。这个星期天下午，他和我保持着密切的联系。以前我曾多次按照华盛顿特别行动小组的一致意见的精神，一再谈到我对美国单方面采取军事行动的担心；这一天晚些时候，他改变了看法；就在华盛顿特别行动小组开会之前，他曾告诉我说，如果要在军事上作出反应，不应该由我们来出头。我很快把最新情况告诉了尼克松。我建议他把华盛顿特别行动小组的高级成员叫到他的办公室里去，把他的一些想法告诉他们，并在心理上为他们鼓劲，这种效果只能来自总统的领导地位。尽管他现在的看法与华盛顿特别行动小组的看法是一致的，我主张他不要透露他改变了看法，以便华盛顿特别行动小组能够重新提出全部可供选择的方案，不要受想迎合总统的意愿这种心理的影响。这样他就肯定能作出最正确的判断。他可以在华盛顿特别行动小组会议结束后再作出正式决定。

一旦到了要作出决定的关头，尼克松就会以一种怏怏不乐和不顾一切的勇气去行事——一方面他对国际上的现实情况有他自己的见解和认识；另一方面，他本能地认为，不管他碰到什么事，最后总是注定不会圆满的，他就在这种矛盾的心理状况中心力交瘁。在那个时刻，最大的问题是要防止勇气变为鲁莽行事，防止坚定的态度变为虚张声势。在这种情况下，他不顾短期的政治上的好处，他要做的，是他认为国家的利益要求他做的事。对任何总统来说，这已经是尽到最大的责任了。很多总统还做不到这一点。

从晚上八点到八点二十分左右，尼克松会见了华盛顿特别行动小组的主要负责人——亚历克西斯·约翰逊、托姆·穆勒、迪克·赫尔姆斯、戴维·帕卡德和乔·西斯科。他对他们进行了一次鼓舞士气的讲话，并对他们的努力表示赞赏。他说，他们的工作就是拯救国王，使他免受外来干预。尼克松希望，他们不考虑他们原来认为他的意愿是什么而自行作出判断。他强调，我是他的代言人。

晚上八点二十分，相当受到鼓舞的华盛顿特别行动小组成员离开了总统办公室，在楼下战情室继续进行他们的审议工作。我留下来用十分钟的时间和总统一道研究了可供选择的方案。我们两人一致认为，如果我们继续保持坚定，但不表现为好战，并把手中的牌打好，我们是会占上风的。

晚上八点二十分左右，丹尼斯·格林希尔也用保密专线打来电话。由于我在椭圆形办公室，是黑格在战情室接的电话。格林希尔传来的是那天早晨侯赛因给美国大使的口信，而且侯赛因在两小时之前又重复发了一遍：鉴于形势恶化，国王要求立即进行空袭。

晚上八点三十五分，我又参加了华盛顿特别行动小组会议，这次会议一直开到晚上九点十五分左右。英国人传达的口信加强了我们原先的倾向，即我们按兵不动，让以色列采取行动。我们没有掌握足够的情报或军事目标情况，因此不能动用美国武装力量迅速对国王的请求作出反应。同时如果美国牵制苏联，使之不进行干预，就必须加速我们的准备工作；这样，我们也可以提高我们进行空战的能力，以防备万一事实证明以色列并不像我们所估计的那样愿意采取行动。华盛顿特别行动小组批准了下列送交总统的建议：

⊙ 再进一步提高驻德国空降旅的戒备状态；

⊙ 命令第八十二空降师处于全面戒备状态（这个消息毫无疑问会泄露出去，从而迫使莫斯科和大马士革迅速作出决定）；

⊙ 命令一架侦察机从航空母舰上起飞，飞往特拉维夫机场，获取目标情况（毫无疑问，这会被苏联和埃及的雷达发现，他们会认为这标志着美国的军事行动就快要来了）。

换言之，我们加强了美国或以色列快要进行干涉的印象。

在我看来，在一次危机中，看来似乎是“稳健的”和“安全的”办法往往是最危险的办法。渐进的逐步升级诱使敌对一方在每次活动中要赛过对方；谁打算带点儿温和作风行事，就会被解释成优柔寡断；提出保证可能被理解为提供了一张一目了然的清单，从而鼓励对方伺机而动，延长了固有的危险形势。一个领袖必须仔细和深思熟虑地选择，在什么问题上进行对抗。他只应该为重大目标进行对抗。一旦这样做了，他就负有迅速结束对抗的责任。为此，他必须表现出不可动摇的决心，他必须准备迅速而又勇猛地逐步升级到如此的程度，致使敌方不能再赌博下去。

晚上九点二十七分左右，我邀西斯科一道同我去向总统提出华盛顿特别行动小组的建议；他是处在所有电报往来中心的官员，让他了解白宫想法的细微差别是十分重要的。这也会帮助罗杰斯及时了解情况，他决定留在家里守着电话等待事态发展的消息。首先，我们必须找到总统，因为尼克松决定去玩保龄球。我们在特工人员的帮助下，最后在行政办公大楼地下室的一间不引人注目的保龄球室里找到了他。尼克松安详地听取了我们的汇报，批准了我们的建议。这时候，他手里不协调地拿了个保龄球，他没有穿西装，也没有打领带，这副模样是难得见到的。他说，不管怎么做，必须成功；他下决心要制止叙利亚的进攻。他同意，我们必须立即和以色列大使建立联系。我告诉他，我将立即打电话给拉宾。

晚上十点左右，我回到白宫我的办公室里，打通了电话。原来拉宾正在纽约出席招待果尔达·梅厄的晚宴。必须把他从宴会大厅主席台上请下来，叫到一个相当安全的地方；尽管如此，在整个通话过程中，我还能听到远处乱哄哄的讲话声。我先告诉拉宾，西斯科也在电话机旁。我问道，关于叙利亚的行动，以色列掌握了什么情报。拉宾说，据以色列估计，大约有二百辆叙利亚坦克开到了伊尔比德地区。我告诉拉宾，我们接到了请求援助的要求，但是没有掌握什么情报。以色列能否在黎明时派飞机去侦察一下（按中东的当地时间，再过三小时就是黎明了），并把他们的看法告诉我们。拉宾是个不受人愚弄的人，他问道，如果侦察得到的情况表明，叙利亚军队明显地向前推进，我们是否赞同以色列进行空袭。我回答说，我们还是分析了侦察的结果后再作计议。我们正在讨论这件事的过程中，我又接到国王传来的紧急口信，这一次是直接传给我们的。我对拉宾说，我过一会儿还得给他打电话。

侯赛因的口信是两小时之前通过电话传给我们大使的。其中说，在叙利亚的一次新的大规模入侵（两个旅在中午发动进攻）之后，情况严重地恶化了。约旦军队已被切断彼此间的联系；伊尔比德被占领了。首都的军队感到动荡不安。在国王看来，要拯救约旦，非得立即进行空袭不可；他可能很快还会要求地面部队也采取行动。侯赛因一反他以前的习惯做法，要求我们把他的困境转告给英国。

晚上十点十分，西斯科和我在我的办公室一起打电话给罗杰斯，把和拉宾的通话以及国王刚传来的告急口信告诉这位国务卿。我们说，我们倾向于向总统提出建议，同意以色列进行空袭。罗杰斯也认为我们没有别的选择。

晚上十点十二分，西斯科和我现在认得路了，于是就又返回到保龄球室去。（自从那个命运攸关的夜晚之后，我再也没有去过那个保龄球室。）我们把国王的请求和总统自己的高级顾问们的一致意见告诉了总统。他接受了我们的建议，并批准我们去找拉宾。晚上十点二十五分，西斯科和我又回到我的办公室。

晚上十点三十五分，我又给拉宾打电话，西斯科也在电话机旁等着，刚好打完电话，尼克松的保龄球也打完了。他像往常一样，衣着整齐，走进了我的办公室。我把从约旦得来的消息告诉了拉宾，但没有详细说明来源。在同总统和国务卿讨论过之后，我现在能够告诉他，如果以色列的侦察结果证实了他对我说过的那番话，我们就赞成以色列进行空袭。我们将补偿以色列的物资损失，并尽我们的最大努力，阻止苏联的干预。拉宾小心谨慎地把我的话重复了一遍，以肯定他没有听错。他还得请示总理。

晚上十点四十五分，鉴于以色列有可能在我们的夜晚时间采取行动，我就把华盛顿特别行动小组召回来开了一次午夜会议，并要求我的工作人员（主要是哈尔·桑德斯和理查德·肯尼迪）集中所有的有关情报。然后，我打电话给英国大使约翰·弗里曼，把国王的口信转告给他。我告诉他，我们和以色列大使进行了接触，但没有详细地谈。尼克松仍在我的办公室里，在我不打电话时他就和我闲谈。

晚上十一点十五分，我用保密电话和希思首相的私人秘书通话，把国王的口信念给他听，并告诉他我们和以色列大使进行了接触，以色列将派飞机侦察，以决定下一步所采取的行动。尼克松建议我不要用保密电话，因为在宾夕法尼亚大街上听到我大声讲话的人，可能比在公开电话中窃听谈话的人还要多。

晚上十一点三十分，拉宾将梅厄夫人的答复用电话告诉了我们。以色列在天一亮就派飞机去侦察。伊尔比德附近的情况“十分令人不愉快”，以色列的军事领导人深信，空中作战已经不够。以色列将在详细研究侦察到的结果后，再把它的想法告诉华盛顿；但是不经过进一步磋商，决不采取行动。尼克松也听到了我这边的答话，但他没有说什么。

接着，他就离开了我的办公室。

午夜，华盛顿特别行动小组再次在战情室召开会议。我把上次会议以来所发生的事情向他们作了简略的介绍。我们讨论到，如果以色列在尔后二十四小时内发动进攻，我们将怎么办。我要求今晚就下列四个问题进行紧急研究：如果苏联采取行动，有何对策；对以色列和约旦进行援助，以补偿其损失；对国会作情况介绍的方案；向盟国作情况介绍和敦促苏联不要介入的外交计划。关于苏联人，我强调："我们有两个目标：一是，叫他们对叙利亚施加影响，要他们撤退；二是，让他们不要以为只要对以色列施加压力，就可以使他们避免处于以色列采取行动的困境……我认为，现在多唠叨将给我们今后多添麻烦。"

凌晨十二点四十五分，我打电话给待在家里的罗杰斯，把和拉宾的谈话以及华盛顿特别行动小组的开会情况告诉了他。我问他有没有什么问题。他说没有。这一次，我们高级官员之间是团结一致的。凌晨一点左右，我打电话给尼克松，把华盛顿特别行动小组的开会情况向他作了一个简略的汇报。他听取了我提出的关于各政府部门预测苏联会作出什么反应的情况归纳。当我告诉他，国防部担心苏联会对以色列发动一次空中打击来进行报复时，他哼了一声说："我不相信。"

九月二十一日，星期一，凌晨两点，我回家睡觉。

凌晨五点十五分，我被黑格叫醒，他刚刚接到拉宾的一个电话。尽管还没有收到关于侦察结果的报告，拉宾说，以色列人认为，单靠空袭已经不够了；可能也有必要采取地面行动。以色列希望在两三小时内知道美国的看法。

凌晨五点三十五分，我打电话叫醒总统，把拉宾的初步反应告诉了他。我敦请他推迟作出决定，先召集他的高级顾问在上午七点三十分开个会。但是尼克松知道，以色列提出的关于采取地面行动的请求会引起严重的争论，他不想让这种局面出现。他说："我们现在就作出（决定）。"他和我就以色列进行地面攻击的利弊作了简短的审议。他要我打电话给西斯科，了解他的看法。

我先和黑格商量，不经过罗杰斯而直接打电话给西斯科是否明智；我刚得出结论说，我必须先告诉罗杰斯，这时，尼克松回电话了。尼克松已决定批准以色列进行地面攻击，并且口述了一个经过认真考虑了的口信转给拉宾。他说：“我已经决定了。别再问别人了。告诉他（拉宾），‘干吧。’”

我不想让总统不先同高级顾问商量，就冒同苏联进行一场重大对抗的风险。以色列采取地面军事行动，可能触发一场中东战争。我对尼克松负有责任，应该先和罗杰斯及莱尔德进行磋商，而且情况也没有紧急到这样的地步。不经过一番动员，以色列肯定是不能够采取地面行动的。我打电话给西斯科，他说他同意总统的决定。我又打电话给罗杰斯，他有很大的保留，特别是由于约旦并没有正式请求给予地面支援。莱尔德的态度不明朗，他要研究一下情报。在这些电话的间歇中——这些电话都是在我家里打的——尼克松不时地打电话给我，为他的决定补充细节。早晨七点十分，我再次敦请总统召开高级顾问会议，因为他们的意见不一致。这次他勉强同意了。黑格通知拉宾说，要到上午九十点钟，美国才能给他答复。

从这时开始已没有必要逐小时地加以叙述，因为那天晚上所发生的事情已把主要问题交待清楚了。我们的政府成员一致同意以色列进行空袭，但对以色列采取地面军事行动有不同的意见。我认为这个问题并不要求立即作出决定，虽然以色列威胁着要进行地面战争使情况更加复杂化，但它的答复也提供了一次政治解决的机会。因为，如果以色列认为有必要采取地面行动，它就必须进行动员。动员至少需要四十八小时的时间。而以色列不动员是不行的，因为不管我们的反应如何，它都不能容许叙利亚取得胜利。因此，我们就有一段喘息的时间——如果约旦国王能够顶得住——而在这段时间里，对叙利亚施加的压力将会增强到如此程度，以至不用进行战争，也许危机就会自行消除。当叙利亚在进攻约旦时看到以色列部队在戈兰高地包抄它的侧翼，它一定会感到非常不安。纳赛尔很可能要求结束军事行动，因为这次军事行动可能会使他很快面临难以应付的进退两难的局面，而这种局面曾导致一九六七年的灾难：要么袖手旁观，从而破坏了阿拉伯国家的团结；要么进行干预，甘冒另外一次蒙受耻辱的失败。而且这种相似的考虑也一定压在苏联人的心头。总之，以色列的动员再加上我们自己的军事部署，会把我们所有的敌人弄得“心神不定”，并且也提供了不经过战争而解决问题所需要的时间。

九月二十一日，星期一，上午八点四十五分，国家安全委员会举行了会议。尽管会上讨论的主要是一个突出的实际问题，即如何回答以色列所问到的我们对地面军事行动采取什么态度的问题，但实际上又发展成为一场如何处理危机的哲理性辩论。罗杰斯主张，如果行动要逐步升级的话，则应非常缓慢而有分寸地进行。尼克松和我却认为，那样做才最可能使危机变得无法控制。罗杰斯基本上反对以色列采取地面行动，他举出许多理由，其中包括怕和苏联人进行对抗。尼克松和我则认为，如果我们想避免同苏联人对抗，那就必须迅速造成一种他们不愿意面对的捉摸不定的险情，而不要让他们想逐一对付我们的循序渐进的行动。罗杰斯则要看叙利亚人是否从伊尔比德向南移动再作出最后的决定；在我看来，只有叙利亚人从约旦北部的“解放区”全部撤出，危机才能结束。尼克松最后决定，西斯科可以通知以色列，美国原则上同意以色列采取地面军事行动，但还要看约旦国王的意见而定，而且在作出最后决定之前要商量一下。

我对于征求侯赛因的意见一事表示怀疑。因为在我看来，只有在约旦人濒于崩溃的情况下，以色列才应该进行干预。我们不应该把国王在阿拉伯世界的已经处于不稳的地位作为抵押品，向他提出一些他难以回答的问题。有些事虽然侯赛因没有提出要求，但是却很可能默认。对于目前应付危机来说，不论是要求还是默认，都没有什么关系。以色列已经悄悄地开始动员，再加上我们的军事部署，这将构成一种威慑力量并成为一种现实。

如果以色列政府真想打仗，我们附有条件的答复可能会引起它的一些疑虑，而这些疑虑还会传播到我们的敌人那边去。幸好以色列有它自己的战略估计，不用征得我们的最后答复，它就自己进行动员，其步伐恰好也是我们所希望的。由于以色列政府寻求保证的要求是不可能满足的，实际上它已表现得非常小心谨慎，它提出了一系列的问题，问到万一发生战争，美国将采取什么样的政策。为回答这些问题就花了大半天时间进行准备。在那段时间里，没有必要作出关于采取地面军事行动的决定。在此期间，两个以色列旅正开往戈兰高地，威胁着在约旦的叙利亚部队的侧翼。

那天早晨，收到了法国总统蓬皮杜打来的电报，他对于美国有可能进行干预一事，表示“非常关切”，并敦请尼克松作决定时要慎重考虑。这个电报并没有什么特别可取之处，但我们也不能不注意到，法国想要在一次危机中疏远我们。然而，它起到一种振聋发聩的作用，表明我们的军事部署正引起人们的注意。使巴黎感到担忧的事也可以使莫斯科和大马士革感到焦虑不安。

九月二十一日，星期一的其余时间是用在参加华盛顿特别行动小组的会议上，讨论加强我们的军事准备工作，并为以色列所提的问题起草一封回信，在一定程度上不让以色列在我们与第三国关系上拥有否决权。

那天晚上，一件最重大的事情发生了。苏联代办尤里·伏龙索夫会见西斯科，递交了苏联对我们前一天向他们提出的要求叙利亚立即撤军的照会的复文。复文的速度——与上次答复我们抗议违反停火协议拖延了一个星期相比，这一次仅用了二十四小时——表明克里姆林宫的确是焦虑不安的。考虑到我们的威胁性、几乎是公然炫耀的军事部署，复文的语调是非常温和的。苏联政府注意到，我们似乎和他们同样关心约旦形势的恶化，而且我们“也”(原文如此)认为，别的国家干预约旦的事务是不能容忍的。苏联人先这样转弯抹角地把自己打扮成反对叙利亚干预的样子，然后表示他们“希望”——一种非常柔和的外交言辞——我们也敦促以色列采取同样的方针。为了明确表示它在强迫叙利亚撤退，苏联的照会还补充说：“苏联政府在和叙利亚接触中，也奉行同样的方针。”

西斯科巧妙地使苏联人的预测陷于混乱，他是按照要使苏联人最大限度地担心美国可能采取军事行动这一战略行事的。当伏龙索夫问到约旦是否请求我们给予援助时，西斯科回答说，他没有被授权讨论我们与约旦国王交换意见的事。当伏龙索夫探听第六舰队活动的目的时，西斯科只把这个问题记了下来。总的来讲，我认为伏龙索夫的外交姿态是令人鼓舞的。苏联人是在表示，他们在促使叙利亚停止入侵，除非他们是在欺骗我们。当我们每天都在地中海加强我们的实力，而且以色列也在动员时，要想欺骗我们，那是十分愚蠢的事。

下午六点，国家安全委员会召开了另一次会议，这也是会上的一致看法。会议只是介绍了一些事实，并认为在明天之前毋需作出什么决定。

这二十四小时过得十分紧张，也可能是具有深远和决定性意义的时刻。本来约旦眼看要垮台，现在形势开始扭转过来了。首先，这应归功于国王和效忠于他的军队的英勇。但是，也是由于我们的军事部署和保证给予物资援助加强了他的决心，同时也在他的敌手中间引起疑虑，从而使他们举棋不定。我非常有信心地告诉总统说——在他快休息时我们通了两次电话——不要取消原定于九月二十七日，即下一个星期天开始对地中海国家的访问：“如果以色列人星期四不采取军事行动，那么局势就安定下来了。”

九月二十二日，星期二，早晨八点半，华盛顿特别行动小组正在开会，喜讯传来了。由于我们所采取的行动给约旦人壮了胆，再加上叙利亚空军（在一个名叫哈菲兹·阿萨德将军的指挥下）显然不参加战斗，约旦人便开始从空中攻击伊尔比德周围的叙利亚坦克。据估计，叙利亚损失了一百二十辆坦克，其中六十至九十辆被约旦火力摧毁，其余的在技术上出了毛病。伊拉克部队——这是我们原来所担心的——仍然按兵不动。埃及通知我们，苏联人作了很大的努力，让叙利亚重新考虑它在约旦的行动方针。以色列在戈兰高地继续增加部队。由于军事局面稳定下来了，西斯科和我一致同意，我们应再次要求拉宾，在没有事先商量好之前，以色列不要采取军事行动。与此同时，为了保持压力，我们也进一步加强了准备。我们增派飞机前往欧洲，战斗机和运输机都有。所有的联合指挥部都处在加强情报收集的戒备状态中。第八十二空降师的两个营，处在六小时即可赶到出事地点的特殊戒备状态中。

我的日程表记载了我和总统反复开会。中午，国家安全委员会的会议只进行了一个半小时，会议结束时，总统作出了一项决定，给侯赛因送去一封表示鼓励和支持的信。正如我告诉总统的，基本上说来，我们已达到做了所有可以做到的事的地步；我们应付突发事件的计划基本上已经完成，不管他选择哪一个方案都可以应付。最大限度内可供调配的压力都已经被调集起来；最后的决定取决于别人如何估计这些压力和如何作出反应了。

那天下午，我们收到了两份复电，一份来自约旦，另一份来自以色列。侯赛因对于以色列的空袭，心情矛盾，对于以色列的地面部队支持则持否定态度。以色列通知我们，他们如果采取地面行动，只限于在约旦境内（那就是说，他们不攻打叙利亚）。以色列也要求进一步澄清我们的意图——这是要我们相信，以色列并不急于卷入。这两份电文是互相抵触的。但是，到那时莫斯科和大马士革作的最后选择将取决于已经出现的事态发展，即我们军事力量的增强和以色列的动员。

和苏联代办的一次谈话增强了我的乐观主义情绪。我一反过去从不出席使馆招待会的做法，决定参加九月二十二日晚上在埃及使馆举行的一次宴会，以表示我们的政策不是反阿拉伯的。伏龙索夫兴致勃勃地在众目睽睽之下把我叫住，问我为什么不回答苏联昨天的照会。我说，除了星期日我们提出的要求之外，我们再没有别的可说的了；叙利亚军队必须撤出。伏龙索夫问我，如果叙利亚停留在他们现在的地方，我们是否认为已经足够了。接着伏龙索夫就假装出一副关心我们处境的样子。他断言，约旦并非是苏联的重大利益所在，而美国的干预则会使自己在整个阿拉伯世界中陷入可怕的困境。我打趣地说："假使是那样的话，你们该轻松了，因为不管出现什么情况，你们都会赢。"

所有这一切都发生在其他客人都可能听得见的情况之下，包括记者在内。显然，伏龙索夫急于想让大家都知道他的观点。《华盛顿明星报》记者乔治·谢尔曼于第二天写道：

> 伏龙索夫异乎寻常地坦率，说苏联希望叙利亚结束干预。
>
> 他说，苏联和叙利亚的接触还没有结束。而在受到质疑的情况下，他明显地把叙利亚以及以色列和美国都包括在一个范围里；他用一种笼统的说法表示："我们认为不应该存在任何外来干预。"

全世界的苏联外交官都发出类似的论调。一个仍然没有得到解决的问题是，在约旦事件见分晓之前，这些压力是否会对大马士革发生作用。

在设法结束任何一次危机时，问题在于调准压力，以便既能使对方最大限度地产生解决问题的愿望，又不能使对方产生这样的印象，即一次对抗是无法避免的。令人感到矛盾的是，也许最关键的时刻就是对方看似准备解决问题的时候；这时容易出现松劲情绪，而且也许会做出一种善意的姿态来缓和一下事态的进程，那是很自然的事。这几乎是个经常发生的错误，要知道，只有克服了危机，并且实际上已达成一种解决办法之后，才是进行和解的时机。此时，温和的态度才能被视为宽容和友善；在此以前，温和的态度则会使充满希望的前景化为泡影。因为对方到了最后一分钟，仍有可能怀疑是否有必要付出那样的代价来解决问题。一九五一年在朝鲜，在停火谈判开始时，我们就停止了军事行动，几乎可以肯定，这反而延长了谈判的时间；现在回忆起来，我对一九六八年在越南停止轰炸这件事也持有同样的观点，虽然我在当时持有不同的看法。

正因为如此，所以在九月二十三日，星期三，即使叙利亚已有可能撤退，我还是强烈要求加强我们在地中海的力量。九月二十三日是关键的一天。如果叙利亚部队还不撤退——例如，如果他们只是就地固守——压力的高峰就会过去。这时，要么以色列不惜一切进行干预，要么我们被人们认为是虚张声势。这样，战争就有可能再打起来——否则叙利亚人就会在约旦保持一个“解放区”，把国王的生存当作抵押品。我认为，最聪明的办法是加大压力，直到我们已确知叙利亚军队已经撤退为止。现在就停止行动，则肯定会暴露秘密，并可能在关键时刻给叙利亚送去一个错误的信号。因此，四艘驱逐舰奉命驶离美国，开往地中海；还指定了两艘攻击型潜艇于九月二十五日和九月二十九日驶过直布罗陀海峡。当天早晨华盛顿特别行动小组会议上继续拟订反对苏联干预的应变计划。

这就是在那天早晨晚些时候召开的国家安全委员会会议上，罗杰斯和我所产生的分歧的实质。随着危机趋向于解决，罗杰斯突然发现，两天之前总统当他的面批准的支持以色列采取军事行动的保证是一种无尽头的义务，要求正式予以取消。在我看来，现在不是争论这个问题的时候，因为争论的内容肯定会被泄露出去，并将不可避免地使以色列人、苏联人和叙利亚人对于我们的决心产生疑问。在我们确知叙利亚人的坦克撤走之后，我们有足够的时间来弄清楚这一段经历。而且昨天我们就表明，我们不赞成以色列单方面采取行动，而以色列除了非常小心谨慎之外，也没有任何别的表示。总统支持我的看法，但是他要求西斯科对拉宾重申我们的要求：没有经过商量，不能采取行动。以色列在那天晚些时候，无条件地作出这项保证。

根据我的记录，从上午九点三十分的国家安全委员会会议，到下午两点五十分之间，我和总统单独会见了五次。到了下午两点五十分，我们收到了确凿的消息，叙利亚的坦克正从约旦撤退。

一切都已过去，留下的只是胜利后的一片欢乐。我打电话给华盛顿特别行动小组的每个成员，感谢他们的大力支持。我特别赞赏西斯科的作为。他是国务院和白宫之间不可缺少的联系人．此外，他还迅速而有效地进行了外交活动。侯赛因打电报给总统，表示了他的感谢和敬仰；我们还安排了向国会和新闻界介绍情况的会议。

甚至阿纳托利·多勃雷宁于九月二十四日星期四，也回到了华盛顿，好像是在说明，正常状态已经恢复了。他于九月二十五日拜会了我，对于我们没有答复苏联九月二十一日的照会，他表示痛心。我指出，一年来，苏联的每个照会之后接着而来的便是与照会不相称的不友好行动；因此我们只好等着观察事态的发展。多勃雷宁向我提出保证说，苏联对于叙利亚入侵约旦的事一无所知。他向我保证说，在叙利亚部队越过边界线之前，苏联的顾问就已经离开了叙利亚！这简直是不打自招了。他表情轻松地说，克里姆林宫的想法是，过去的事就让它过去吧，并表示希望商谈中东的问题。我回避了这个问题，并说要把它转告给总统。与此同时，我也向他提出保证，除非其他外来势力进行干预，否则美国不会在约旦采取军事行动。

那一天，我们也给以色列发出下列电报：

根据最近所获得的情报，入侵约旦的部队已撤回叙利亚。我们认为，以色列所采取的措施对于这次撤退作出了显著的贡献。以色列对我们的部署作出迅速而积极的反应，我们为此表示感谢。如果出现另外一次进攻，情况将会不同；因此，我们认为，我们之间就叙利亚入侵约旦问题所交换的一切意见已不再适用。我们想，以色列同意这点。如果出现新的情况，我们必须得重新交换意见。

中东的温和派力量得到了保存。侯赛因国王凭自己的勇气和果断取得了成功。但是，要不是他和美国为友，这一切都会是徒劳的。苏联人退缩了，这使得日益认清莫斯科面目的阿拉伯人，对莫斯科看得更清楚了。

约旦危机过去了。但是平静并没有维持多久。在叙利亚坦克撤出后的四十八小时内，我们又面临另一次危机——这次是由于苏联在古巴建立海军基地。

第十六章　多事之秋：苏联在西恩富戈斯的潜艇基地

来自莫斯科的信息

一九七〇年秋，时局紧张，在这一阶段的大部分时间里，苏联驻华盛顿的代表是尤里·伏龙索夫。此人聪明和善，小心谨慎，但却毫无权力。多勃雷宁大使奉召回国磋商。我后来才知道，多勃雷宁的离开反映了克里姆林宫的愿望，不想举行什么重要的会谈。在这种情况下，也许是特别表明，甚至不想谈关于我们正在盼望的最高级会谈问题。伏龙索夫的级别很高，但是这样的外交家却很少有什么决定权；他们一般都是机械呆板地递交照会，然后小心翼翼地把答复记下来，讨论也只限于几个浅显的问题，不敢表达己见。因此，当伏龙索夫显得轻松愉快时，人们可以肯定，那准是奉命行事；当他的表情严肃时，也准是克里姆林宫在皱眉头。

七月底，我在圣克利门蒂接到伏龙索夫打来的一个电话，他说，一旦我回到华盛顿，他有一个照会要立即递交给我。我猜想这可能是关系到苏联同意举行最高级会谈的事。我们于八月四日在白宫内我的办公室里会面，伏龙索夫按捺不住内心的喜悦。他没有带来莫斯科关于最高级会谈的消息，但是他知道苏方正在积极而赞许地加以考虑；他认为我们两国的关系正在“好转”。他这次是来转达他的政府的愿望，重申一九六二年肯尼迪-赫鲁晓夫关于古巴的协议："我们想要强调，在古巴问题上，我们一如既往，按照以前对这个问题所达成的协议行事，我们希望美国方面也严格地遵守这个协议。"

我对此感到迷惑不解，并且作了这样的表示。关于古巴，我没有觉察到有什么特别紧张的地方，我们并没有做出异乎寻常的举动，苏联提出这个问题显然是没有什么理由的。伏龙索夫态度和蔼，要我放心。他说，最近又有新的传闻，说美国计划要加强关塔那摩海军基地的防务，还说苏联在古巴有什么军事活动；他读了一段照会给我听，抱怨古巴的流亡分子在佛罗里达州加强颠覆古巴的活动。我问他，莫斯科希望确认一九六二年协议中的哪一方面，以及伏龙索夫认为这个协议的主要内容是什么。他说，只要我口头表态就行了；他对这个协议的理解是，我们不应以军事力量入侵古巴。我说，我要和总统商量这件事，并在商量后通知他。

我立即要国务院把一九六二年协议的档案和解释找出来。亚历克西斯·约翰逊把肯尼迪-赫鲁晓夫来往信件的内容摘要，以及约翰·麦克洛伊和瓦西里·库兹涅佐夫随后的关于苏联导弹和轰炸机撤退安排的会谈纪要送了过来。看起来，既没有口头的也没有文字的正式协议。但是，来往信件很长，也很详尽，足以构成一种互相保证。我向总统汇报说：

肯尼迪-赫鲁晓夫的来往信件清楚地表明，存在着一个心照不宣的协议，即如果苏联在联合国的监督下，从古巴撤出其进攻性的导弹，并承诺在适当的防护措施下，停止把这样的武器系统运进古巴，我们就同意提出不侵犯古巴的保证。然而，这个协议从来没有明确地加以完成，因为苏联不同意一个双方都可以接受的检查制度(因为卡斯特罗反对)，而我们也从来没有提出正式的不入侵保证。麦克洛伊和库兹涅佐夫之间的会谈，本来打算要作出一个令人满意的、正式的肯尼迪-赫鲁晓夫“协议”，但最后却不了了之。

因此，我们和苏联的这个“协议”是一个心照不宣的协议，从来没有正式地讲清楚。事实上，苏联撤走了他们的导弹，也没有迹象表明他们又运进了这些武器；当然，我们也没有侵犯古巴。

美国也把它的看法公开地记录在档案上，而且从来也没有引起争论。关于海军或是潜艇基地的问题只是短暂地出现了一下。约翰·麦克洛伊于一九六二年十一月五日向库兹涅佐夫提出了这个问题，声言美国反对苏联在古巴建立任何军事基地。库兹涅佐夫说他理解了。

对于尼克松来说，古巴是一个伤脑筋的问题。当他在一九六〇年他竞选总统时，在他和肯尼迪进行著名的电视辩论中，这是一个主要的问题。在一九六〇年十月二十一日前几天，肯尼迪主张用美国军队进行干预，推翻卡斯特罗；在那些日子里，一种强硬的姿态并不被认为是与自由派的政治哲学不相一致的。尼克松是知道那个后来失败的猪湾入侵计划的；他感到不便否定肯尼迪的这个主张。他的目的究竟是要掩护这个秘密进行的计划，还是如他所说的，他是要与肯尼迪的“缺乏经验”相对照，表明他自己在政治上的老练，那就不得而知了。但是他后来自己承认是他爱国主义的自我约束导致了他的失败。在他的回忆录里，尼克松带点儿辛酸地写道：“在那次辩论中，肯尼迪给六千万人以这样的形象——他对卡斯特罗和共产主义比我要强硬些。”① 尼克松下定决心，再也不让人对他作这样的指责。

尼克松并没有一劳永逸地解决一九六〇年古巴问题。一九六二年，当他竞选加利福尼亚州州长时，古巴导弹危机在竞选运动的最后三周中占了主要地位——尼克松一直把这个阶段看作是对选举结果起决定性作用的时刻。虽然当时他的选票已经落在后面了，但他还是认为，正是这次危机使他失去了挽回败局的机会。他一直认为肯尼迪特地挑选这个摊牌的时机，以便在中期选举中改善民主党人的处境。对于尼克松来说，古巴问题和竞选运动凑巧碰在一起，引起了一阵阵的不祥之兆和怨恨之情。在他看来，在一个国会选举年，没有什么要比避免一次古巴危机更重要的了。

但是在一九七〇年八月中旬，我们的脑子里已不再有这件事了。尼克松和我甚至还在推测，伏龙索夫递交的照会，可能是苏联好心好意要改善今秋最高级会谈气氛的一个迹象。我们的自满情绪反映在我们对待联邦调查局报告的反应上。这个报告碰巧在八月五日送到我们手上；该报告声称，迈阿密的古巴流亡分子雇用了两艘船，企图击沉驶往古巴的一艘苏联油轮。尼克松向来是同情那些古巴流亡分子的，这次却立即同意派遣两艘海岸警卫艇尾随这艘油轮，并在必要时对它加以保护。从迈阿密驶出两艘船对一艘苏联油轮进行袭击，这在莫斯科送交照会之后是无法解释得清楚的。结果，袭击的情况一直没有出现。我们没有其他理由要特别担心。定期执行飞行摄影任务的U－2侦察机已经注意到在古巴境内和古巴周围，苏联的军事活动在增加。但是它们没有侦察到足以说明苏联违反“协议”的行为。

八月七日，我把美国的复照交给了伏龙索夫。复照对于苏联政府保证一九六二年的协议仍然全部有效表示满意。我们认为，这等于规定，在古巴领土上，禁止装置任何类型的进攻性武器，或任何进攻性的运载系统。我们重申，我方将不会用军事力量来改变古巴政权。我还加上一句“个人的”意见，说苏联曾用改装过的轰炸机在我国东海岸外的海面上空作侦察飞行，而且是以古巴作为最后目的地的。在我们看来，这已经到达协议规定的极限。把这种飞行减少到绝对最低限度，对于我们之间的关系肯定大有裨益；如果苏联对它在加勒比海的海军行动加以约束，我们同样也会注意到。

伏龙索夫对我所谈到的这些意见的良好用心表示赞赏。他相信克里姆林宫接到我们对一九六二年协议的确认将会很高兴。他重述他先前说过的印象，即认为我们双方之间的关系有明显好转。

就事论事来看，伏龙索夫或者是他的主子到底打的是什么主意实在难以预料。在外交政策上要拙劣的花招往往是搬起石头砸自己的脚。即使以马基雅维里式的政治家的眼光来看待国际关系，也要清楚要是失去了信誉，那就需要做一些很明显的好事才能弥补过来。而明显的转变是很难争取到的。可以肯定，一九七〇年夏季晚些时候，苏联在古巴的所作所为以及所冒的风险与它所可能得到的好处是不相称的。

一支小舰队驶往西恩富戈斯

在古巴的南海岸，有一个名叫西恩富戈斯的海港。只有一条航道能通到这个港口，而这条航道通往一个小岛林立、并有陡峭山丘环抱的海湾。在这些小岛中的一个名叫卡约·阿尔卡特拉斯的岛屿上，一架 U-2 飞机于八月二十六日拍摄到了新的施工活动照片，而在十一天前的一次飞行中还看不出这些活动。看来这一活动已进行了好几天了；能够确切地识别出的全部情况只是在一个码头上和若干个新营房中进行的施工活动。这件事本身并没有什么异常。使得这件事变得更为耐人寻味的是另外一份情报：一支苏联小舰队正在驶往古巴；其中包括一艘潜艇供应船，一艘导弹巡洋舰，一艘导弹驱逐舰，一艘远洋救护拖船，一艘重型打捞舰，一艘商用油船，以及一艘载有两只八十英尺长的海军专用汽艇的两栖登陆艇。这种类型的供应船和汽艇通常是为了维修潜艇用的。这支特遣队的组成是前所未有的，其规模似乎已超过一次礼仪性的访问。突然，大半年来所发生的一系列事件开始具有新的意义。

卡斯特罗认为，赫鲁晓夫在古巴导弹危机中的行为是卑鄙的投降。莫斯科和哈瓦那的关系急剧恶化。一九六七年，卡斯特罗甚至到了公开攻击苏联的地步，说苏联人在六日战争* 中，没有给他们的阿拉伯朋友

---

* 指一九六七年二月五日至十一日以色列向埃及、叙利亚和约旦发动的战争。——译注

以有效的援助。他反对苏联想要把中国开除出共产主义运动的努力，并在没有苏联的帮助下继续在拉丁美洲执行其“输出革命”的激进政策。柯西金于一九六七年会见了卡斯特罗，但是就在那年十一月苏联革命五十周年的时候，古巴只派了一个低级官员代表团前去莫斯科，实际上，这是对那次庆祝活动的抵制；这个代表团没有受到任何苏联高级官员的接见，几乎立即离开了莫斯科。然而，一九六七年十月切·格瓦拉逝世以后，两国关系有了改善。一九六八年春，两国签订了一项新的贸易协定，包括三亿多美元的苏联贷款。一九六八年八月，古巴赞同苏联入侵捷克斯洛伐克，尽管时间迟了些并附有条件。在一九六九年早些时候，苏联首次恢复了按年度定期向古巴运送军事援助物资，他们也重新补助古巴对苏联的贸易赤字。到了一九六九年六月的各国共产党会议时，古巴代表竟大言不惭地说，如果出现“对苏联人民的挑衅或侵略，不管它来自哪里，哈瓦那将支持莫斯科。”这是在中苏争执中古巴首次站在苏联一边。

下一个月，即一九六九年七月，苏联海军对古巴进行了首次访问。七艘舰只，其中包括两艘柴油动力和一艘核动力的攻击型潜艇，访问了海港，接着在墨西哥湾进行了若干次演习；苏联海军在访问了马提尼克和巴巴多斯之后，离开了这个地区。与此同时，一艘苏联新型的Y级弹道导弹潜艇开始在北大西洋进行首次巡逻。

一九六九年十一月，苏古军事关系又前进了一步。苏联国防部长安德烈·格列奇科对古巴进行了一次大肆宣扬的访问，同行者是苏联海军副参谋长。事后看来很可能就是这次访问导致了我下面所要谈到的事件。至少在格列奇科访问后的几个月里，苏联在古巴境内和古巴周围的军事活动增加了——几乎使我们感到，苏联海军出现在加勒比海已是司空见惯的事了。一九七〇年四月，古巴国防部长劳尔·卡斯特罗对格列奇科的访问进行了回访，并在苏联逗留了五个星期，还会见了列昂尼德·勃列日涅夫。四月二十二日，在一次纪念列宁诞辰的讲话中，菲德尔·卡斯特罗宣布，他准备和苏联建立更加密切的军事联系。其后不久，远程侦察机开始从苏联北部飞往古巴；很明显这些都是装有电子设备的 Tu－95 喷气轰炸机。在它们进行了三次飞行之后，苏联海军特遣队又对古巴进行了第二次访问。这是在四月份，一次在北大西洋举行的大规模苏联海军演习(Okean)之后紧接着发生的事。这一次，七艘舰只抵达西恩富戈斯，作了为期两周的访问。这七艘舰只中包括一艘潜艇供应船和一艘核动力 E－II 级潜艇，上面装有用于攻击海运的短程巡航导弹。

那时，中央情报局和国防部都没有发出警告，而苏联海空军日益加紧其军事行动的步伐却令我非常担心，一九七〇年六月一日，我为此给总统写了一份综合报告：

尽管苏联海军的访问可能是近年来苏联海军日益远离苏联国内的海港进行活动的整个趋势的一部分，但是，这些访问也可能是通过逐渐建立苏联的舰队和空军部队进行访问和添加燃料的先导，企图使华盛顿“习惯于”苏联更多地利用古巴。可以想象，苏联人希望在加勒比海和南太平洋比较永久地保持一支海军。它以古巴作为增加燃料和获得供应的地方……关注这个形势将是非常重要的。

六月下旬，国家安全委员会中我的一位拉丁美洲问题工作人员维龙·P·瓦基提醒我注意中央情报局的一份调查报告，该报告认为，不管苏联如何小心翼翼，它被发现可能打算在古巴建立新的军事设施，例如，为舰只或侦察机提供维修服务的设施。

以这个报告为背景，我们注意到，一支苏联舰队于九月九日抵达西恩富戈斯。第二天，一艘商用油船又加入到这支舰队之中。U－2 飞机奉命从下一个晴朗的日子就开始每天作侦察飞行，这一天是九月十四日。

当时，美国政府对于这支舰队比对这些新的岸上军事设施更为担心。梅尔·莱尔德以一种不寻常的姿态，于九月二日把常驻五角大楼的记者邀请到他的小餐厅喝咖啡，举行了一次即席记者招待会。莱尔德历数包括中东在内的一系列争端问题。但是，成为头条新闻的却是他关于古巴的谈话。他提醒大家注意，苏联的舰只正驶向加勒比海，有关消息应该公开，因为有迹象表明，苏联海军特遣队装有能够发射到美国的武器。但是，他又说“我并不认为这是一次危机”，因为美国有足够的核力量来遏制进攻。②但是，这个报道没有受到新闻界的长期重视。苏伊士运河沿岸的违反停火协议事件以及笼罩着约旦的危机大大地超过了古巴问题。这可能就是苏联人为什么不急于帮助平息中东问题的原因。当约旦局势十分紧张而苏联又在古巴建立潜艇基地时，美国参议院却从美国的防御性战略部署是具有挑衅性的前提出发，正在辩论反弹道导弹问题；这就是这个时代的特点。

古巴对我们U-2飞机的每天飞行作出了反应，这表明不寻常的事正在酝酿中。九月十四日，我们的第一次飞行由于米格飞机紧急起飞尾随，而不得不放弃。另外一次在该岛周围的飞行也受到拦截，被迫停止执行任务。九月十五日，美国海军反潜艇飞机遭遇到米格飞机的拦截并被跟踪了六十英里，米格飞机还作过几次俯冲。九月十六日，我对此十分关切，就警告苏联，携带导弹的潜艇或核武器在古巴进行活动或维修将会导致严重的后果。我是利用在芝加哥召开的一次背景情况介绍会来发出这个警告的。由于我们还没有掌握任何具体的证据，或者是一项既定的政策，我就没有作直截了当的指控，说苏联人确实是在干这些事，看来最好还是给他们留下一条后退的路。

碰巧，就在那一天，U-2飞机搜集到了确凿无疑的证据。照片表明，在不到三个星期的时间里，苏联已经把相当重要的岸上军事设施赶建完成。两座新营房和行政大楼突然矗立在一个月前还是荒无人烟的卡约·阿尔卡特拉斯岛上。娱乐设施也在这个岛上很快地建立起来了，包括一个篮球场和一个足球场。在我看来，这就无可否认地说明它是一个苏联的基地，因为作为一个老足球迷，我深知古巴人是很少踢足球的。更为重要的是，潜艇供应船永久性地系在海湾的四个浮筒上。供应船旁是两艘汽艇，这是从两栖登陆艇上卸下来的。这样，供应船就能维修潜艇了。反潜艇的网已布在港口，作为防卫之用。在古巴本土，在离西恩富戈斯市几英里的地方，建立了一个新的船坞、燃料贮存库以及大型通信设备的初期工程。毫无疑问，这是用于和莫斯科进行无线电联系的设备，由地对空导弹和监视雷达加以保护。总之，我们看到了一个永久性的苏联海军基地所具备的全部特征。

九月十八日，我整理了一份情报材料，并把和伏龙索夫交换意见的概要说明一并写成一份备忘录送交给尼克松。我在结尾中说：

今天的照片分析证明，尽管伏龙索夫和我交换了意见，苏联还是匆忙地采取行动，在西恩富戈斯湾建立了一个军事设施，它可能用来当作加勒比海的一个潜艇补给基地。因为局势严重，我让中央情报局在今天十二点半给我安排一个新闻发布会。到那时，我们将仔细地评估现在所掌握的全部照片证据，以便更加确切地断定苏联在古巴活动的全部规模。我也将紧急召集工作人员对这种发展的战略含义进行详细分析。

那天晚些时候，我收到的情报分析报告断定，苏联人是“（在西恩富戈斯）为其海军在加勒比海和大西洋的活动建立一个补给站”。情报分析报告又不祥地指出，“苏联的海军，包括核动力潜艇在内，可能很快会在古巴的西恩富戈斯港外进行定期活动。”我们的海军专家指出，苏联在古巴有了永久性的军事设施，这样，其潜艇前往大西洋活动区域的时间就可以大大缩短。结果是，苏联弹道导弹潜艇停留在能够射达美国范围的时间可以增加大约三分之一，也就是说，同时驻在该地的潜艇的数目也可以增加大约三分之一左右。这将是苏联对美国作战的战略能力的一次大飞跃。

摊 牌

正当我们在谈判释放被扣在安曼的人质之时，正当侯赛因的军队慢慢地向巴勒斯坦游击队挺进之时，正当美国军队有的快速地开往地中海，有的也在进行动员之时，正当苏伊士运河沿岸不断发生违反停火协议事件之时，正当我们设法计划要对阿连德在智利掌握多数选票作出反应之时，苏联在古巴建立海军基地的确实消息传到了我们的耳边。我们面临的状况对政策制定者来说是一场可怕的噩梦：在全世界广泛的各不相连的地区同时发生危机。

高级官员的反应说明了这种情况。九月十八日——这一天华盛顿证实了关于西恩富戈斯的情报——国务卿罗杰斯告诉我说，我们必须防止“高度紧张”。他希望公文数量要限制到最低限度内，以便不要“在公众的意识里造成一次危机”。当然，主要的问题还不在于公众的意识里有无危机，而是客观上是否存在着危机；我们是否能够接受，苏联除了在埃及派遣军事人员之外，又在古巴建立永久性的海军基地——不管其眼前的军事重要性如何。我告诉罗杰斯，我将要在明天安排一次华盛顿特别行动小组秘密会议，以便有机会来汇总一下大家的想法和一些新的情报。

华盛顿特别行动小组于九月十九日按预定时间开会。碰巧正是叙利亚入侵之前、约旦的战火暂时平息的日子。因为有关西恩富戈斯的情报还只限于一定的范围内，所以工作人员还没有做实际的准备工作，因此意见也只是在随便交谈的方式中打转转。对于事实本身并没有什么争论；大家一致认为，苏联人正在建立一个能维修核潜艇的基地，并企图绕过肯尼迪-赫鲁晓夫协议，把他们的大多数设施建立在沿海岛屿上。关于苏联的行动是否违反了“协议”，却产生了一些争论；我提醒小组说，一九六二年肯尼迪总统作出反应，并不是因为苏联部署在古巴的导弹是“不合法的”——事实上，它当时从技术上讲是“合法的”——而是因为他认为这种做法是对美国安全的一个威胁。于是，该小组就设法精确地测算，一个彻头彻尾的作战基地，将会影响战略平衡到什么程度（这个问题在一九六二年导弹危机时也曾进行过争论）。

这些反应反映了美国在应付苏联模棱两可的战略中遇到的困难。我们面临的显然是一个新的海军设施。它是在不到三周的时间里用欺骗的手法建成的。即使是不再进一步增加设施，它也将增强苏联把弹道导弹潜艇保持在战斗状态的能力。如果加以扩充，它就可能使苏联针对我们而设的海上发射导弹力量有效地增加一倍。如果苏联最初的部署未受到抵制，按照其惯常的做法行事，那么接着而来的便是苏联进一步迅速增加其部署。苏伊士运河沿岸的导弹集结的经验将会重演，而这次却是针对我们的。如果我们对最初的设施默不作声，他们再加以扩展，我们就难以抵制了。但是，由于到当时为止，我国政府对于苏联到底要干什么还不十分清楚，因此我们的反应也是犹豫不定的。由于总统和国务卿都希望在我们没有定下行动方针之前避免造成紧张气氛，我便要求出席华盛顿特别行动小组的每个部门在九月二十一日之前非常秘密地提出他们的估计和建议。国务院还特别征求了卢埃林·汤普森大使——当时是我们的首席苏联问题专家——的意见。

卢埃林·汤普森回答说，苏联的行动主要是象征性的。这是他们自卑心理的一种征兆。尽管苏联对我们在意识形态上进行谩骂，我们还是一个苏联想要竭力仿效的大国模范，他们在发展上落后于我们十五年。换句话说，汤普森认为，苏联现在是在模仿我们十五年以前在海外发展海军基地的做法。国务院建议的办法是，让罗杰斯利用他们一个月后在联合国大会上正常见面的机会，和葛罗米柯在纽约进行一次私下谈话，届时罗杰斯可以提出我们的担心。汤普森并没有说，如果葛罗米柯打守球的话——这几乎是可以肯定的，我们该怎么办。

国防部和参谋长联席会议的估计却与此完全相反。他们把西恩富戈斯的潜艇基地看成是对美国的一种战略性威胁；在他们看来，它将使苏联潜艇能够延长他们在海上的作战时间，并提高苏联海下舰队在墨西哥湾的作战能力，从而使美国有更多的地区暴露在弹道导弹的射程之内。国防部和参谋长联席会议从技术上进行解释，这样的基地将如何用于作战。当然，他们建议撤除这个基地，但是正如许多军事计划文件所建议的那样，留给政治领导人去想办法，来完成这样一个彻底清除的目的。有人提出一种措施，推迟我们的一些海军舰只的退役时间；但这样的建议如何能显示我们的决心，或者使苏联撤出古巴，只好留待人们去想象了。一九七〇年秋有人提出了另一种有眼光的建议——在我们在柬埔寨采取行动后的六个星期提出的——征召预备役军人。

我认为苏联行动的含义已超出军事范围；我把这种行动看成是他们正在世界各个不同地区对我们进行试探过程的一部分。当我们对苏联派军队进入中东作出的反应是促使以色列接受停火建议时，克里姆林宫也许觉得壮了胆。我强烈主张立即应付这次挑战，以免苏联人误认为我们会持宽容态度，并把他们的活动升级到只有通过一次大的危机才能撤除基地的地步。我反对那些浪费时间的活动，如等待葛罗米柯和罗杰斯在一个月后进行会谈。苏联人知道，我们几乎每天都在西恩富戈斯拍照；如果我们不采取任何行动，他们一定会认为我们是默许了。如果后来我们突然进行对抗，他们可能就没有回旋的余地；随之而来的危机可能会加剧，因为他们认为我们是故意羞辱他们。而且我们还在期待他们对我们关于最高级会谈的建议立即作出答复。如果苏联的答复是肯定的，我们将更难以和他们进行对抗。如果我们和他们进行对抗，我们必定会做得很粗暴，而且其粗暴的程度将会损害双方最高领导人的威信，甚至使得制止危机变得更为困难。

苏联这么多的装备都用轮船海运，在我看来，这个事实就表明他们已为自己安排了退路；如果受到挑战，他们会准备格斗；也可能讨价还价；不过如果让他们下得了台，他们就会撤退。要把他们这种策略说得让总统信服，那并非易事。的确，我一直没有能做到这一点。一次偶然事件就触发了最后的摊牌。

在大选期间碰上古巴危机，这最使尼克松感到头痛。任何了解他的人都知道，苏联在古巴建立海军基地，不管为时多久，他都绝对不能容忍。在他的政治生涯中，在这件事上他是采取强硬立场的。查尔斯·里博佐出于一股拉丁民族的狂热，痛恨卡斯特罗，尼克松和里博佐的友谊使他必然会受到主张强硬路线论点的影响；他在他的老朋友面前从不示弱。他迟早会回击，而且不达目的，决不罢休。但是我们现在正处在约旦危机之中，叙利亚的坦克刚刚开进约旦；尼克松完全不知道，危机可能导致和苏联摊牌。总统把全部注意力集中在眼前这次挑战上。而且，尼克松认为，正如越南战争使新闻界和国会诋毁总统的信誉那样，在大选之年，一次新的古巴导弹危机将会引起一次大规模的群众性不满。最后，尼克松定于九月二十七日前往地中海旅行，他对此寄予希望，特别是寄希望于第六舰队的火力演习。如果我们陷入古巴危机之中，他将不知道如何能够离开国家出访。基于这些理由，尼克松倾向于等到大选结束后再和苏联人进行对抗的策略。他接受了我的分析，但是眼下还是采取了罗杰斯的安抚拖延政策。

我把九月十六日U-2飞机执行任务的结果，写了备忘录送给了尼克松，他的初步反应的确是很强硬的。他的亲笔批示如下：

> 我希望看到一个应急报告，说明：(1) 中央情报局有什么办法去支持**任何**使卡斯特罗感到烦恼的行动；(2) 我们能采取迄今没有采取过的什么样的行动，来抵制与卡斯特罗有来往的那些国家；(3) 最重要的是，我们能够采取什么样的行动，秘密的或公开的，来把导弹设置在土耳其——或者在黑海设置潜艇基地——或者做任何其他的事情来为我们搞到一些做交易的本钱。

但是，经过详细研究，就会发现这些都是花费时间的办法。让卡斯特罗为难，六十年代已试过，并失败了，这件事要花费好几个月才能准备就绪；“激怒”卡斯特罗对于苏联的基地不会有什么影响。加紧抵制古巴甚至见效更慢，这与我们盟国的现有政策趋势背道而驰，而且短期内也不会见效。上次由于古巴导弹危机而拆除了在土耳其的导弹，现在重新装置，就难以很快实现。而且即使成功，如果土耳其人认识到我们只是利用他们当作“做交易的本钱”，那么就会动摇我们和他们之间的关系。

九月十九日，当我把华盛顿特别行动小组的讨论结果汇报给尼克松时，他叫我不要把这件事声张出去。他说，他不希望有些“小丑似的参议员”在大选期间要求封锁古巴(就像一九六二年一些共和党参议员做过的那样)。我们正处于一种非比寻常的状态。总统打算进行对抗，但是他那想拖延两个月再摊牌的想法所承担的风险却大大地增加了。

每逢我的个人劝说不顶用的时候，我就去求助于霍尔德曼，他总是会不掺入个人意见地把我的想法忠实地和不加夸张地加以转达。去找霍尔德曼还是有风险的，因为他很可能把严重的关切解释成为一种感情脆弱的表现。他有一种不可动摇的信心，认为没有什么困难是不能用搞好公共关系的办法加以解决的。但是他肯定会把我的不安情绪转告尼克松，即使他认为我把事情看得过分严重了。我告诉霍尔德曼说，总统没有把全副精力放在真正的问题上。如果十一月或者十二月出现了危机，我们就很难说清楚为什么没有在九月份采取任何措施。由于我们同时仍在进行最高级会谈的准备工作，苏联人可能产生错觉，以致采取会把局势弄得不可收拾的做法。

九月二十三日国家安全委员会的会议有助于统一高级官员的想法。有些情报表明我们还有点时间来应付，有些则强调了危机的紧迫性。站在乐天派这一边的有赫尔姆斯，他认为，如果苏联打算在古巴建立永久性的弹道导弹潜艇基地，他们还需要更多的重型设备，特别是大型的起重机。到现在为止，西恩富戈斯还没有这种装备。此外，我们没有听说这个地区有携带导弹的潜艇。另一方面，也有一些情报显示，核武器可能就装在其中的一艘舰只上。结果，总统决定按照他私下向我暗示过的方针办事。他要求为下列行动制订应急计划：在西恩富戈斯布雷；封锁古巴；跟踪苏联舰只；取消对古巴流亡分子的一切限制。这些计划在将来的某个时期将加以贯彻执行。在此之前，他下令采取一种低调的公开姿态，只限于表明我们了解到了所发生的事情，并正予以密切关注。梅尔·莱尔德指出，这绝不会管用；很多人都知道内情，消息总会走漏出去的。

必须指出，在九月二十三日国家安全委员开会的时候，我们还不知道叙利亚坦克已经撤退，约旦的危机已经结束了。因此，总统的拖延是可以理解的。可是，我还是感到非常不安。我认为，我们拟订的政策可能会诱使苏联人在加勒比海的行动升级。我不能理解，如果苏联在古巴的军事设施仍旧没有拆除，我们怎么能从九月份的低调姿态转而在十一月份展开对抗；或者是，如果苏联采取逐渐扩张的办法，我们又怎么去为摊牌作出解释呢？如果在这期间苏联人接受了我们关于最高级会谈的建议，问题将会变得几乎无法处理了。总之，我们拖的时间越长，当我们向苏联人提出挑战时，我们和苏联双方将会更难作出抉择，控制这场迫在眉睫的危机也就更加困难了。

九月二十四日——在叙利亚坦克撤退后的第二天——我在战情室召开了一次华盛顿特别行动小组会议，贯彻执行总统关于古巴问题的决定，虽然我很不同意这个决定。讨论的内容全都是关于发布新闻的导向，假定西恩富戈斯的军事设施的消息被捅出去了，而总统又还在欧洲的话。会议决定，如果这个问题被公开提出来了，国防部将摆出基本事实，但不加评论；国务院将对于把进攻性武器运进古巴表示“关切”；而白宫则仅仅声明，总统已经接到报告，并正在注意事态的发展。把事实详情向政府各部门的新闻发布官们作了介绍，其目的是想让他们了解背景情况，做到心中有数，而不是供他们发布新闻用的。正当我们在设法执行总统的决定的时候，由于官僚机构的极度混乱，这个决定已经无关紧要了。

首先，多勃雷宁在离开七个星期之后又回到了华盛顿。他于九月二十四日傍晚拜会我，脸上流露出友善之意，带开玩笑地说，我违背了答应他在他离开的时候不制造危机的诺言(指约旦)；还说，他带来了一封关于约旦和关于最高级会谈的信件；他奉命要把这封信亲自交给总统。我把这件事汇报给总统，但尼克松不愿意接见多勃雷宁。他唯恐苏联人会拒绝最高级会谈，他不希望亲自接受这个断然的拒绝。我告诉他说，苏联人可能不会拒绝他而是想要戏弄他，把最高级会谈推迟到一九七一年。可是，我们两人一致认为，让总统等待六个星期之久，才得到对于一个八月间提出的要在十月间召开最高级会谈的建议的答复，这是一个无礼的行为，不应得到总统的亲自接见。尼克松也不想在接见多勃雷宁时避谈古巴问题，他也看不出有什么办法可以讨论西恩富戈斯问题而不激起令人讨厌的危机，或者避免给人留下一个我们予以默认的印象。最后决定由我来接受多勃雷宁的信件；这是我们给苏联人以冷遇的最好的示意。当我告诉多勃雷宁时，他推托说他还得请示莫斯科。

最后，在九月二十五日，星期五的上午十点，与往常一样，多勃雷宁和我在白宫筹划室会晤。我以总统即将启程去欧洲，时间紧迫为理由，没有和多勃雷宁作一般性的讨论。多勃雷宁的信件不出我所料，苏联原则上同意举行最高级会谈，我们八月二十四日所提出的议程被接受了。多勃雷宁没有解释，为什么要花费这么长的时间才得出这个意味深长的结论。不过，苏联政府仍然倾向于在一九七一年春天召开的党代表大会之后举行这一最高级会谈，这实际上是指不在六月以前举行。接着，多勃雷宁想知道，总统是否想把莫斯科当作举行会谈的地点。但是，当我多次表示，总统的确曾有过这种想法时，多勃雷宁却并没有提出真正的邀请。他说地点和时间可以以后再作进一步讨论。他还告诉我，柯西金总理将不参加一九七〇年十月的联合国二十五周年纪念会，因而也就堵绝了在国会选举之前举行一次高级会谈的机会。多勃雷宁还带来了苏联领导人对于约旦危机的反应，这我在前面已经介绍过了。我冷淡地回答他说，我以后再和他接触。

当我回到办公室时，出现了一阵混乱。那天早晨，专栏作家C·L·苏兹贝格在《纽约时报》的一篇专栏文章里，以《南方的乌云》为标题，提出警告说，苏联可能在西恩富戈斯建立潜艇基地。国防部发言人在上午举行的新闻发布会上，违背了我们原先仔细计划好的新闻发布方针，当有人提问时，他把所有的详细情况都透露出去了。这是华盛顿的一次把指示搞错了的典型事例。五角大楼新闻发布官知道应急计划中的指导原则，可是他不懂得，只能在万不得已的时候才能运用这些原则，而且不应提背景情况。因此，他主动地说出他所知道的一切，把过去几个月来苏联的建筑工程和海军活动情况，一股脑儿地说了出来。

新闻界的反应可想而知。美联社带头报道说："今天五角大楼说，有确实的迹象表明，苏联正在古巴建立一个永久性的潜艇基地。"合众国际社报道说："今天国防部说，有证据表明，俄国人开始在古巴建立一个潜艇基地。"毫无疑问，晚上的电视新闻和第二天的早报定将绘声绘色地进一步大肆渲染。不能想象，如果白宫不对这次新的"危机"发表声明，总统还能如期于两天后离开美国。尽管梅尔·莱尔德和戴夫·帕卡德打来电话为这次五角大楼粗心大意的新闻发布会表示歉意，但是事情已经搞糟了。莱尔德建议由国防部采取强硬的方针，以便让白宫表现出和解的样子。但是我不赞成这样办："我们可以不加重视，并说这再自然不过了，以便可以照常进行这次旅行。但是这样一来，在这个问题上我们怎么和俄国人进行对抗呢？而总统要做的却正是要进行对抗。"

可是，尽管如此，五角大楼这次所出的洋相倒帮了我们的大忙。原来计划的只发表基本事实的新闻发布方针是太克制了，肯定会让苏联人认为我们是默认了。总统出国旅行将为他们完成基地建设提供一个机会；而最后的无可避免的对抗对双方来说都将是痛苦的，而且风险更大。可是现在我们将被迫执行我们所主张的行动方针。我告诉总统说，我们现在除了压倒苏联外，没有别的选择，但是在做法上，我们应给他们留一条出路。我建议利用那天下午已安排好的关于尼克松地中海之行的一个新闻发布会，对苏联人发出一个强硬的警告，反对他们在古巴建立潜艇基地；我将不提基地是否已经存在，以便给苏联人留一条明显的退路。于是，我便召见阿纳托利·多勃雷宁大使，假装要回答他关于最高级会谈的建议，然后直接向他提出抗议，并告诉他，我们认为西恩富戈斯是一个进攻性基地，因而将采取相应的行动，我们坚持要把它拆除掉。总统的旅行将为完成此事提供了一个间歇时机。

当要明确地作出抉择时，尼克松往往是果断的。他立即懂得，模棱两可只会增加美国的危险。他批准了我的建议，并要我去请海军上将穆勒调一艘驱逐舰到西恩富戈斯附近去，以强调我们的警告。尼克松在执行外交政策中的特点是果敢；他在启程出国旅行前夕，正是以这种果敢的态度下令对苏联进行挑战。因此，我就到白宫东大厅去召开白宫新闻发布会——表面上是为了总统的旅行，当预料中的古巴问题被提及时，我回答说：

对于苏联在加勒比海的海军活动，我们当然正关注着苏联在那里的海军活动，以及可能进行的工程建设的发展情况。我们非常密切地注视着这种情况。苏联可以毫不怀疑，我们将以最认真的态度对待其在加勒比海地区建立战略基地这件事。

我希望大家注意肯尼迪总统于一九六二年十一月在记者招待会上发表的声明。他的讲话如下：

“就我们方面来说，在具备充分的核实和保证的情况下，如果所有的进攻性武器都从古巴撤出去，将来也不进入西半球；如果古巴不再将其用于输出侵略性的共产主义的目的，那么加勒比海将会有和平。”

当然，最重要的一句话是：“如果所有的进攻性武器都从古巴撤出去，将来也不进入西半球。”

当然，本届政府仍然奉行这种政策。

在新闻发布会上后来有人问我，总统现在出国旅行，时机是否不合适。我回答说：

我们在关注着古巴事态的发展。此时此刻，我们还不能准确地说出事态的真正含义。我们将继续监视他们，并在适当时候采取看来是必要的行动。我们有精良的通讯系统。不可能出现急转直下和戏剧性的事态，我们将密切注视事态的发展。

我举行的关于总统出国旅行的这次新闻发布会是不供报纸发表的——在九月二十六日星期六之前不供发表，最早也得在总统离开的那个星期日见报。新闻记者们要求龙·齐格勒准予立即发表我的这次古巴问题声明。我同意了。

下午五点三十分，我的新闻发布会结束后两小时，我在筹划室再次会见了多勃雷宁。我召见多勃雷宁的托辞是答复他就最高级会谈所询问的各点；我们也能够利用关于最高级会谈问题的讨论，把对抗情绪缓和下来。我告诉他，我们原则上同意举行最高级会谈，建议在一九七一年六月或九月举行，视准备情况而定。可以在莫斯科举行。

然后，我便转向会谈的正题。毫无疑问，多勃雷宁已从通讯社的电讯中看到那天下午我在新闻发布会中所谈到的背景情况。我字斟句酌地暗示，美国还没有弄清楚苏联在西恩富戈斯行动的确切性质。我希望他懂得，我说这番话只是给他的政府体面地撤退而不必进行对抗的机会。我们认为，西恩富戈斯的工程明白无误地是一个潜艇基地。莫斯科不应该存有幻想；我们将以“最认真的态度”来看待继续建造这项工程这件事；基地不能保留。如果出现不得已的情况，我们将不惜采取其他措施，包括公开的措施。如果这些舰只——特别是潜艇供应船——离开西恩富戈斯，我们将把这件事当作一次训练演习而了结。

多勃雷宁完全是个外交上的行家。他通常是和颜悦色、和蔼可亲的，但是他也懂得，什么时候和颜悦色是于事无补的，什么时候他惯用的历数我们罪行的故伎是不适用的。现在的争执是关系到两个大国的重大利益的交锋。因此，他一本正经地设法弄清楚我们所提问题的程度和范围。美国是否在声称，一九六二年的协议已被违反？我反驳他说，这是想钻法律条文的空子，为自己辩解。一九六二年肯尼迪采取行动时，并没有声称是因为违反协议。对我们来说，古巴是一个非常敏感的地方。我们把这一连串的事情，从伏龙索夫八月四日的花招开始，看成是极端背信弃义的行为。这些设施是以最恶劣的欺骗手法建成的，不能予以保留。多勃雷宁问，我们是否将在这个问题上掀起一场大的新闻攻势，他显然是在估量，如果撤退，会丢多大的面子。我回答说，我们并没有打算这样做；总统离开美国去欧洲旅行十天，这段时间内，在这个问题上将不再举行新闻发布会。这样，苏联就有机会考虑是准备和解呢，还是要进行对抗。我们作了两手准备。我们已下定决心，不允许苏联在古巴建立潜艇基地。不论一九六二年协议的措辞如何，其实质不可能是以海上导弹基地来代替陆上导弹基地。多勃雷宁冷冷地说，他将向莫斯科汇报，并再和我们进行接触。

我们遵守诺言，没有举行政府新闻发布会。罗杰斯和莱尔德随同总统去旅行，因此比往常更容易保持新闻政策的连贯性。事实仍然是，在叙利亚对约旦的入侵结束后四十八小时，我们又濒临另一次对抗，这一次是和一个超级大国对抗。

消除危机

当然，我们无法阻止因举行新闻发布会而引起的新闻界和国会中的猜测。第二天，《华盛顿邮报》刊登了一篇题为《美国警告赤色分子在古巴建立潜艇基地》的文章。但是新闻的中心仍是总统即将启程去地中海旅行一事。关于古巴问题的传说慢慢地在传开，人们对于尼克松在危机中出访并没有提出批评。《华盛顿明星报》引用巴里·戈德华特参议员的话，认为五角大楼透露的苏联可能在古巴建立核潜艇基地一事，“是苏联令人担心地争夺世界统治权”的一个证明。该报也引用了迈克·曼斯菲尔德参议员的话说：“我的确是以焦虑的心情来看待这件事的。约翰·F·肯尼迪总统在一九六二年古巴导弹危机之后所发表的声明说，进攻性武器不得进入西半球，以确保‘加勒比海的和平’。根据这段话来看，这件事给我们提出了最严重的问题。”专栏作家詹姆斯·赖斯顿于九月二十七日以《古巴问题和冷战已再次出现》为题的一篇文章的提要中写道：“美国和苏联领导人之间现在产生了一些非常严重和危险的问题。他们显然在东南亚、中东和古巴问题上彼此错误地估计对方，这对于他们和世界和平来说，可能是个悲剧。”

但是，这正是越南战争的年代。几乎立刻出现了攻击政府的第二批反应。九月二十七日，星期日，正当尼克松一行离开华盛顿之时，J·威廉·富布赖特参议员在电视节目《问题与解答》中表示了他的怀疑：“差不多每年正当我们即将在参议院讨论拨款法案的时候，就会出现这一类的报道；因此，它可能是真实的，也可能不是真实的。”他谈到，说苏联无权到古巴来，这是一种“站不住脚的提法”。他怀疑，我们能否把苏联人从古巴吓跑，因为他们现在拥有“均势地位了”。我们官僚机构中的怀疑派的看法出现在九月三十日《纽约时报》头版的一篇报道中，是由塔德·苏尔克写的：

> 美国官员今天声称，美国只拥有没有把握和过了时的情报可以说明，苏联可能打算要在古巴建立一个战略性潜艇基地。为此，这些官员——包括情报机构的成员在内——说他们也无法解释，为什么白宫选择上星期来警告莫斯科，反对他们建立这样的基地。

弗兰克·丘奇参议员也谈到同样的话题。他在十月一日一次情报简况介绍会之后谈到，目前的证据并不能得出这样或那样的言之成理的结论。十月四日，我们的官僚机构中的另一派人的怀疑论点由《纽约时报》尼尔·希恩加以报道："军事分析家们说，他们还不能肯定西恩富戈斯陆上的新建工程到底意味着什么；但是他们说，它可能是一个供潜艇人员住宿和文娱活动之用的小规模设施……总之，这些分析家认为，俄国人不需要，可能也不希望在西恩富戈斯建立任何大型基地，供'扬基'级核潜艇*之用。"参谋长联席会议却并不持这种观点；促使苏联建造他们想建造的东西和要扩充他们正在建造的东西的原因，正是由于我们无所作为，这也是很明显的。

这些评论家都没有注意到，苏联人一言不发，既没有否认，也没有措辞激烈的抗议。在整个事件期间，只发表了一篇不大像样的评论，抗议敌对性的宣传。

苏联人认真地对待我们的声明。当我们于十月五日回到华盛顿后，多勃雷宁就立即十分迫切地要求接见。多勃雷宁在第二天带来了两份照会，第一份照会完全是为了保全面子，而做给他们的阿拉伯代理人看的。照会中对我们九月二十五日提出的保证表示满意，我们在那封信里说，如果别的国家不插手，我们也将不干预约旦。克里姆林宫愿意把我们重申的一贯不变的立场，说成是一种建设性的贡献，或许还要把它作为苏联外交政策的成果送给他们的阿拉伯代理人。我认为没有必要和他

---

* 指苏联的一种Y级的核潜艇。——译注

们在这个问题上争论；在外交上，只要对方愿意表示今后持克制态度，人们就乐得接受。

更为重要的是苏联的另一份照会，它涉及到西恩富戈斯。照会一开头就提出过去来往文件所重申的一九六二年协议，照会的结尾是一项明确的保证，苏联没有在古巴建立基地。

苏联过去没有，现在也没有在古巴——包括在西恩富戈斯港地区——采取违反上述协议的任何行动。

照会在重弹苏联抱怨美国在海外建基地的老调，并指出苏联在第二阶段限制战略武器谈判中已经提出了限制弹道导弹潜艇的活动范围的建议，照会的结尾写道：

无论如何，我们愿意重申，苏联方面将严格遵守古巴问题协议的苏方部分，将来也将继续遵守，其前提是美国方面，正如尼克松总统已经重申的，也要严格遵守协议中的美方部分。

多勃雷宁还口头补充说，他虽然不能保证苏联潜艇永远不访问古巴的港口，但他准备代表苏联政府断言，弹道导弹潜艇将永远不在负有作战任务的情况下访问此等港口。我回答说，我们应确保两国政府对“基地”一词作一致的理解。我不久将再和他会晤，提出一些明确的看法。

苏联的答复语调显然是积极的，保证他们不在古巴建立海军基地——即使这个定义到当时为止还是含糊不清的——而且苏联的行动也是与此一致的。在我发表了对报界的声明后，港口设施的建设停止了，供应船开到了码头停泊，而不是充当浮动维修设施。第二天，舰队中的两艘舰只也驶离了。

十月九日，我把关于作战性质的“基地”的书面定义送交给多勃雷宁，这是伦布兰特·C·鲁宾逊上尉和我共同拟订出来的，他是我和参谋长联席会议的联络参谋。这个定义是：

> 美国政府理解到，苏联将不在古巴建立、利用或准许建立任何设施，以此用来补给和维修能够携带进攻性武器的苏联海军舰只，即潜艇或装有可以安装核弹头的地对地导弹的海面舰只。

这个照会接着特别阐明五种根据协议不得进行的活动。为了强调我们的决心，我们加上了“总统的照会”这个标题。

多勃雷宁接受了这个文件，并说他得等待莫斯科的指示。然而，他可以先告诉我，塔斯社很快就要发表一个正式声明。十月十三日这篇声明发表了，重申了苏联十月六日照会的主要精神。国务院发言人把这一行动说成是“积极的”。而它也确实是积极的；关于潜艇和海军舰只上的进攻性导弹问题，便首次成为一九六二年协议内容的一部分。

两周之后，我们有趣地深入观察到苏联人是怎样考虑问题的。苏联外交部长葛罗米柯在美国参加联合国大会，于十月二十二日拜会了总统。十月二十三日，我在纽约苏联常驻联合国代表团里和多勃雷宁谈了一次话，因为尼克松还没有放弃寻求在大选之前就最高级会谈问题发表公告的努力，这是一种注定——对我们来说是好事——要令人失望的努力。多勃雷宁提出古巴问题，他说，葛罗米柯感到惊异，因为总统在稍为提到这个问题之后就一直没有再谈过它。当然，葛罗米柯想要知道其中的情由。我们会不会策划什么新名堂呢？对于那些鬼肚肠多而思想上一贯好猜疑的苏联人来说，总统不谈这件事一定会有极为不祥的含义。事实上，尼克松之所以没有继续谈这个问题，是因为他不希望在他的国务卿面前，多谈这个敏感的基辛格-多勃雷宁来往信件问题。我问多勃雷宁，如果总统继续谈这个问题，葛罗米柯将如何回答。多勃雷宁说，葛罗米柯已奉命要说下面一段话：“我们在古巴没有基地，我们也没有建立海军设施。我们不打算建立海军设施，我们将严格遵守一九六二年的协议。我们还想把八月以后的来往文件变成一九六二年协议的一部分。”多勃雷宁还说，我们列出的不准进行的活动不能构成一项正式协议，因为没有对等的原则；但是，苏联懂得我们所指的基地的含意。换句话说，“总统的照会”变成了这个协议的一部分。

但是，苏联人做事是决不会干脆的。苏联的潜艇供应船和救护拖船，由四艘商船和五艘古巴巡逻小汽艇伴随，于十月十日的确驶离了西恩富戈斯港。然而，十月十五日，它们又驶进了古巴北海岸的马里埃尔港，到十月三十一日才驶离了马里埃尔港。然后，它们向东沿了这个岛国转了一圈，又于十一月七日再次回到西恩富戈斯港。

我于十一月十四日愤怒地向多勃雷宁提出了抗议。十一月二十四日，四处出访的伏龙索夫告诉一个新闻记者，一艘潜艇供应船的任务就是照料潜艇；这就是它的工作，不过是在海上而已。十二月二十二日，我告诉多勃雷宁说，在古巴港口或沿海维修潜艇将会“导致美国和苏联之间最严重的局势”。一九七一年一月四日，总统在一次电视谈话中发表声明强调：“如果核潜艇在古巴港口或沿海进行维修，那就是违反协议。”一月五日，白宫详细地阐述了这个声明，强调要禁止“在海上任何地方”由古巴开出的潜艇供应船来维修潜艇。③

潜艇供应船于一九七一年一月三日驶离了加勒比海。但是，另外一艘潜艇供应船却代替了它，该船于二月二十四日随同另外一支苏联海军特遣舰队抵达古巴，其中包括一艘核动力攻击潜艇。我向多勃雷宁提出了三次抗议，并在一次华盛顿特别行动小组会议之后，于二月二十二日递交给多勃雷宁一份照会，表明一艘供应船在过去一百六十六天中，有一百二十五天待在西恩富戈斯，这是违背协议的。供应船和潜艇驶离了。但是，另外一支苏联舰队于五月又来到了古巴，这次是一艘供应船和一艘核动力巡航导弹潜艇，在一次“训练航行”中，到那里作了一次“短期休假”访问。显然，苏联人认为，访问港口是一个可以利用的空子，要无情地加以利用。各种可以想得出来的编队方式都试过了——除了最重要的一种，即一艘供应船和一艘核动力弹道导弹潜艇编在一起。

我们又提出了另一次严重抗议。于是这艘供应船再次驶离。

必须记住，所有这一切几乎全都是通过秘密的外交途径来处理的。其过程主要是通过总统的渠道来进行一系列书信往来，并得到华盛顿特别行动小组内的各机构协同配合的支持。我们认为，为了给苏联体面地撤退的机会，最好的办法是采用静悄悄的外交，而不是学一九六二年的做法，进行戏剧性的对抗。当苏联进行初期工程建设时，我们便采取了坚定的立场，避免了一次重大的危机，并达到了我们的目的。军事工程已经停工，高射炮掩体也拆除了，通信设备一直没有被使用。参谋长联席会议主席托马斯·穆勒海军上将于一九七〇年十一月九日告知底特律经济俱乐部说，苏联在古巴没有潜艇基地。

当然，苏联人钻了访问港口的空子，给我们带来了一阵子麻烦，但是没有岸上的设施，访问港口在策略上来说是无用的。而正式地禁止访问港口将广泛地牵涉到美国海军的调动，以及我们关于海上自由航行的原则。一九七〇年我们对古巴的担心是，苏联依仗其在加勒比海的基地，扩展其针对美国的弹道导弹潜艇的能力。这是要加以制止的。

当然，我们不能忘记他们所进行的欺骗。我们也不会忘记这个现实，即苏联的克制——在这种克制已经实现的时候——也只是由于我们对争端施加了压力和展示出坚定不移的决心的结果。尼克松政府曾多次告知莫斯科，我们准备实现一个时期的互相克制和妥协。一九七〇年秋，莫斯科决定要考验我们一下，究竟这种愿望是反映了我们的优柔寡断，还是由于越南战争而引起的国内虚弱，或者是一个持严肃态度的政府所采取的策略。莫斯科在得到了回答之后，才又把西恩富戈斯理所当然地搁置下来了。

注释：

① 理查德·尼克松著《理查德·尼克松回忆录》（纽约，格罗西特和邓拉普出版社，一九七八年），第二二〇至二二一页。

② 例如，一九七〇年九月三日《巴尔的摩太阳报》中的报道。

③ 《纽约时报》，一九七一年一月六日。

第十七章　多事之秋：智利

一九七〇年九月四日，萨尔瓦多·阿连德·戈森斯在总统选举中获得了多数票，但票数仅占选民投票总数的百分之三十六点二；在竞选总统的三个候选人中，比仅次于他的候选人多三万九千张选票。奇怪的是，他这次得票的百分比反而比一九六四年那次总统选举有所下降，他那次得票率为百分之三十八点九，却输给了爱德华多·弗雷·蒙塔尔瓦。但是，一九七〇年，按法律规定，孚众望的弗雷不得连任，而反阿连德的选票尽管增多了（占百分之六十二点七），却分散在两个候选人名下。按照法律规定，如无候选人获得过半数的选票，即由智利国会投票决定总统人选。按照传统，国会一般都是支持获得较多票数的候选人的。这一次，人们预料它也会这样做，选定萨尔瓦多·阿连德为智利总统。

原先为肯尼迪所任命的官员、一九六七年以来一直任美国驻智利大使的爱德华·科里报告说：

智利平静地选举产生了一个马克思列宁主义的政府。这是世界上第一个自由地有意识地作出这种选择的国家……**他所得到的票数比仅次于他的那个候选人多百分之一左右，而按照智利宪法规定，这就足以使他稳操胜券**。没有什么理由认为智利的武装部队会发动内战。也没有理由认为会出现什么从中作梗的奇迹，把他的胜利化为乌有。这次智利是在全国选民中只有三分之一多一点（百分之三十六）的人赞成走共产主义道路的情况下作出这个选择的。这个事实令人痛心，但却是不可改变的事实。**这件事势必对拉丁美洲以至更大范围产生深远影响。我们遭到了惨痛的失败，其后果既将在国内也将在国际上显露出来**。有些国家会立即感受到它的影响，另一些国家过些时候也会感受到它的影响。

当我把科里的报告送交尼克松时，他在报告中的一些异体字句子下面划了线。科里确信，“在西方民主世界里，唯独智利具备了这样的客观条件，它的独一无二的宪法容许它过渡到阿连德政府统治下的共产党国家。”他引证说，在智利，马克思主义政党力量雄厚、组织严密；智利总统一职权力很大；国家干预经济部门的趋势已经很普遍，并且还在发展；而智利的民主力量却已陷于一片混乱。

恰好在智利选举揭晓的时候，莫斯科和开罗驳回了我们对中东违反停火协定的行为所提出的抗议；约旦担心伊拉克军队很快就要对约旦国王采取行动；一支苏联海军舰队正开往古巴。九月八日，美国一个部际委员会首次讨论了智利局势的发展情况。也就在这一天，有几架飞机在中东被劫持，苏联舰队已快要开到西恩富戈斯港。六天以后的九月十四日，这个委员会再次考虑智利问题，其时约旦局势已进一步恶化；古巴的米格式喷气飞机截击了企图在西恩富戈斯上空拍照的美国 U－2 侦察机，这次飞行不得不半途而废。在随后的若干周里，美国政府不是孤立地郑重考虑在智利发生的事件，而是联系叙利亚入侵约旦和我们迫使苏联拆除在加勒比海给核潜艇加油的设施这一背景来考虑问题。必须联系这个总的背景来考虑作何反应。

不管怎么样，阿连德的当选确是对我们国家利益的一种挑战。要我们甘心同意在西半球存在第二个共产党国家，那是不容易的。我们确信，这个共产党国家很快就会煽动别的国家采取反美政策，把西半球的团结一致当作攻击对象，跟古巴志同道合，而且早晚会和苏联建立起密切的关系。阿连德的当选意味着一下子打破了智利由来已久的民主传统。他竟然可以利用智利政治制度中的缺陷，而不是靠真正的多数票当上了总统。这就更加使人痛心疾首。本来，百分之三十六的选民票根本不应成为一种授命，可以据此不可逆转地改造智利的政治经济制度，而这正是阿连德下定决心要做到的。

前两届美国政府都得出了同样的结论。这两届政府都断定，一旦智利由阿连德政府掌权，那是违反美国的根本国家利益的。我们在一九七〇年也得出了大体上一样的结论。

萨尔瓦多·阿连德

阿连德后来以身殉职，他的政治色彩倒不那么显目了。他虽然自己标榜为社会党人，但是他的最终目标和哲理跟欧洲的社会党人毫无共同之处。阿连德是智利社会党的创始人。智利社会党之所以不同于共产党，在于它的纲领更加激进。他倒很愿意先通过选举上台执政然后再进行革命。但是，他后来允诺的社会和政治改革与共产党的政治纲领没有多大不同。社会党纲领的主要原则是：取消一切“资产阶级”民主惯例。这也就是开宗明义地说，从他以后不会再有民主选举了。

阿连德当时是共产党和他自己的社会党联合组成的人民团结阵线的候选人。其他一些激进的小党派也参加了人民团结阵线。人民团结阵线的纲领保证要摧毁现存制度，实现“革命性的”、“深刻的”变革。它谴责“帝国主义剥削”和“美国垄断集团”。它号召全面没收土地、基础产业、商业和银行系统，还号召“彻底改革”教育制度，并建立“一个提高大众文化的全国制度”。人民团结阵线纲领的大部分内容简直是逐字照抄智利共产党的政治纲领①。智利共产党是东欧以外对苏联入侵捷克斯洛伐克表示欢迎的极少数共产党之一，可见它对莫斯科路线是俯首听命的。人民团结阵线从共产党人那里搬过来的各条政纲当中，有一条主张实行一院立法制度，主张司法部门从属于“人民代表大会”，其目的是根本废除智利宪法所规定的传统制度，即由两院立法、司法独立、彼此权力分开而互相制约的制度。在人民团结阵线纲领中，有些段落是社会党加进去的，那就是反对“帝国主义”，谴责美国“侵略”越南，要求“积极声援”越南北方和宣告“声援已成为拉丁美洲社会主义革命和建设的先锋的古巴革命”。另一个值得注意的段落是把美洲国家组织斥为“美帝国主义的代理人和工具”。

阿连德在一九六七年时是拉丁美洲团结组织的创始人之一。这个组织的基地在哈瓦那，其政治信条，用那位盲目崇拜历次革命的罗吉斯·德布雷的话来说，是“基于这样一个概念：在整个美洲大陆开展反对北美帝国主义的武装斗争。其基本职能是：声援、协调和支持整个美洲大陆的民族解放斗争。会议在闭幕时发表的宣言正面攻击了拉丁美洲一些左翼政党的改良主义立场。宣言指出，‘革命的武装斗争是拉丁美洲革命的根本路线’”②。阿连德一九七〇年开展竞选运动的时候曾声明，他本人确信：“在加勒比海地区有了古巴，在南美锥形地区有了社会主义智利，整个拉丁美洲就会出现革命形势。”

的确，要是有人把阿连德称为民主改良主义者，那他准会非常愤怒地加以驳斥，他最痛恨这种人。对于一个献身革命的人，如果硬要污辱他正直的人格，说他是他本人一贯坚决否认的那种人，那实在是大可不必。一九七一年他和罗吉斯·德布雷谈话的时候——当时他事实上是根据宪法当选的智利总统——他坚持说，一九七〇年他同意那些民主保证措施，是为了说服智利国会批准他当选，说服军方同意他就任总统，是“策略上的必要”③，那并不影响他为掀起革命运动所承担的基本义务。阿连德指出，“当时最重要的事情是取得对政府的控制权”④。他说这个策略和毛泽东在中国共产党人一九四九年夺取政权后那几年容许私营企业存在的决定差不多，也近似菲德尔·卡斯特罗对关塔那摩所采取的克制态度。⑤

人们可以从中得出的唯一推论是：阿连德勉强同意实行的各项民主保证措施，如他自己说的，不过是一种临时的权宜之计，一有机会就要把它们撤除的。他十分明确地说，他的政府不同于以前在智利出现过的人民团结阵线政府（近似二十世纪三十年代在欧洲出现过的那种政府）。人民团结阵线政府包括各民主党派，而阿连德却以轻蔑的口吻把各民主党派称为“资产阶级政党”。⑥他一九七一年对德布雷说：“过去，在人民团结阵线里，一个多数派政党占主导地位，那是资产阶级的激进党。现在，在人民团结阵线里，没有占主导地位的政党，有的是两个工人阶级的党、两个革命的马克思主义的党。同志，智利共和国的总统终于由一个社会党人担任了。这么一来情况就大不一样了。我就任总统是为了在智利实现经济和社会改革，打开通向社会主义的道路。我们的目标是实现全面的、科学的马克思主义的社会主义。”⑦

德布雷听了这些话疑信参半，便问道：“那么是谁利用谁呢？谁诈骗谁呢？”阿连德回答道：“那肯定是无产阶级。要不然的话，我就不会在这里了。”⑧阿连德在回答另一个问题时解释说：“至于目前的资产阶级国家，我们正图谋战胜它。把它推翻！”⑨

关于阿连德这个人，我们感到不安的是，他公开宣告敌视美国，他实际上显然打算建立另一个古巴。他明确提出的纲领和长期的目标是建立不可逆转的独裁制，从而对我们在西半球的地位提出永久性的挑战。就在出现西恩富戈斯港口问题的那个月，认真对待苏联在拉丁美洲的另一个盟国在军事上意味着什么，这不能说是荒谬可笑的。我们对阿连德感到不安的出发点是我们的国家安全，而不是经济利益。

把美国人所拥有的财产收归国有并非问题所在。我们从未反对容许为公共目的实行国有化这条国际法原则，虽然我们确实强调我们希望得到立即、适当和有效的赔偿（这也是国际法所要求的）。战后历届美国政府都曾设法劝阻发展中国家不要没收外国公司，如果非实行国有化不可，则鼓励它们在做法上要设法限制它对总的投资气氛的不利影响。而且美国国会根据一九六一年的对外援助法（希肯卢珀修正案）规定，一旦美国人的财产被无偿没收，即停止经济援助。

但是，我们曾煞费苦心不让没收问题妨碍美国的对外政策目标。因此，一九六九年阿连德上台以前，科里大使曾经给予合作，实际上等于协商同意了对安纳康达公司实行国有化。同年，尼克松政府在对秘鲁关系上，为了使国际石油公司的开采业务实行国有化这个问题得到公平合理的解决，避免援用限制性立法条款，曾把我们的立法故意加以引申，几乎到了破坏法律的地步。我们一再找借口暂不使用希肯卢珀修正案，并表明我们准备接受低于国际石油公司实际产值的补偿，以便维护同一个重要国家的友好关系——虽然当时统治秘鲁的是一个左翼军政府，它的民族主义倾向很严重，并且正倾向于第三世界中更加激进的分子。我们坚持耐心地做工作，终于同秘鲁政府订了临时协定。

阿连德向我们的政策和利益提出的挑战完全是另一回事。他不仅仅是把财产收归国有；他宣告效忠于马列主义。他十分钦佩古巴的独裁制度，并且坚决反对“美帝国主义”。在他就任总统之前十多年的时间里，他公开宣布的目标一直是在必要时用暴力破坏我们在整个西半球的地位。因为智利是个大陆国家，它这样做的能力比古巴大得多。而古巴本身已经是个不小的挑战。事实上，阿连德当选的时候，美国正在同古巴在西恩富戈斯一带对峙着。智利和阿根廷、秘鲁、玻利维亚接壤，这三个国家又都大受激进运动的折磨。阿连德的成功也会对西欧的各共产主义政党的前途产生深远的影响。不管这些政党的社会地位是多么起伏不定，它们的政策不可避免地会削弱西方同盟。任何一位负责的美国总统都不能对阿连德上台执政泰然处之。

在我们政府中，对阿连德象征着什么没有争论。谁也没有对科里预测阿连德当选的后果的第一封电报提出异议。唯一的不同意见是，阿连德在面对着国内抵抗的情况下是否有能力达到他的目的，以及如果科里的预测证明是对的，美国能采取什么对应措施。

施加影响和干涉：第四十号委员会

美国是否应当图谋影响别国国内局势的发展和做到什么程度，这是一个复杂的问题。这个问题的答案取决于多种因素，其中包括人们对国家利益的概念。在整个战后时期，两党所选出的历届总统都感到有必要在灰色区域采取介乎正式外交与军事干涉之间的隐蔽的活动。我很反感把讨论隐蔽活动的内容印成文字。但是，参议院研究政府情报工作委员会（即所谓的丘奇委员会）发表的一个关于一九七五年智利发展趋势的报告已经公布了这个材料。看不出有什么迹象表明，这个报告的作者曾认真考虑过阿连德胜利的问题，而这一点我们当时已经很敏锐地感觉到了。

有些人过去曾厉声谴责他们所谓的对智利的“干涉”，然而，正是他们当中的一些人却最坚决地要求政府对阿连德以后的执政者施加压力，这岂非咄咄怪事。美国对阿连德倒台以后的政府给予援助所施加的限制，要比阿连德执政时期严厉得多。这些措施虽说是公开的，但并不因为它是公开的就能改变它与不干涉别国内政的原则不符这一事实，而过去对隐蔽活动的抨击，至少有一部分是根据这一原则提出来的。说也奇怪，自从中央情报局的隐蔽活动受到抨击以来，美国对别国内政的干涉反而增加了许多倍，而且也不那么区别对待了。早先在“冷战”时期，中央情报局的活动遵守一定的限制。它所遵守的标准是：美国的对外政策和国家安全受到了威胁，而这种受威胁的情况不是很多的。新的理论为无限的干涉辩解，而干涉的目的是，不分敌国还是友好国家，都要促使它们的内部发生变化。有些受到干涉的国家并没有威胁到我们的国家安全，甚至可能成为美国的盟国。

当然，隐蔽活动在哲理上和实践上都有其难言之隐，特别在美国是这样。我们民族的气质和传统都不适于开展这种活动。我们的政府制度也不是能自发地做到像隐蔽活动所要求的那样保守机密或不露声色。我们缺乏我们敌人所拥有的那一套精心策划阴谋活动的机构。那些热衷于把我们的情报机构搞掉的人要找出外行的或让人一眼看穿的行动的例子并不困难。但是，那些受过训练去执行秘密任务的男男女女，他们所能利用的物质条件通常比我们敌人的条件差得太多，而且活动受到种种严格的限制，他们是应当受到国家的尊崇的，而不应像现在这样受到无情的攻击。这种攻击势必使我们在有关国家安全的这一极其重要的领域里陷于无法保护自己的境地。因为我们所面临的问题是史无前例的。我们生活在意识形态对峙着的世纪里。苏联领导人在和平共处的每一个阶段都坚持说，这并不意味着意识形态的斗争有所缓和。世界各地执行苏联路线的共产党在国内的政策问题上偶尔和在莫斯科的大伙伴有分歧——经过无情的政治角逐才达到显赫地位的那些具有坚强意志、一心要掌权的人有不同看法是可想而知的。但在国际问题上，他们几乎从来没有分歧。甚至西欧和拉丁美洲最明显的“独立的”共产党也几乎毫无例外地在对外政策上追随苏联。一些例外的情况也往往是一些共产党过于激进，以至克里姆林宫认为太缺乏策略了。

问题也不仅仅是各国共产党造成的。当今世界上激进的政治势力还包括遍布全球的许许多多同情它们的组织和团体。这些组织和团体进行恐怖活动或资助这类活动，运送武器，打进宣传部门，图谋左右政局的演变过程。资金怎样从正式的共产党渠道转到那些外围组织手里是难以跟踪的。例如，我们驻智利的大使一九七〇年九月间便报告说，他之所以确信阿连德会成功地建立起一个极权主义国家，原因之一是，“在圣地亚哥这个仍然自由的社会里有三个电视频道，一个完全由智利大学的马克思列宁主义者控制，第二个由天主教大学的马克思主义者和基督教民主党的极左翼联合控制，第三个归国家控制”（所谓国家控制，在阿连德上台执政以后，当然也会成为由激进分子控制）。一九七〇年全年我们都接到可靠的报告说，来自古巴和其他共产党国家的大量隐蔽的资金和援助正源源不断地运送给阿连德。

在这种情况下，美国支持智利内部那些力图与激进派的控制相抗衡的民主力量，不论在道义上还是在政治上都是说得过去的。任何一个负责的国家领导人都不可能有与此相反的做法。美国想使各民主党派能够维持可进行竞争的广播电台或电视台或报纸并非坏事。这些考虑曾诱使肯尼迪政府和约翰逊政府在一九六二年到一九六四年为阿连德的对手、改良主义的有才干的爱德华多·弗雷竞选而提供了三百万美元(显然弗雷并不知道此事)。鉴于阿连德就职以后无所不用其极地开展威逼、恫吓和施加经济压力的运动以图迫使反对他的宣传工具和民主党派倒闭、解散，这些考虑就更加紧迫了。在本书下一卷中我将更详尽地论述这个问题。

不过，读者有权简要地了解，在一个民主社会里，我们是怎样保持对隐蔽活动的监督以保证这种活动继续与我们国家的伦理和目的相符。

我们就职的时候，隐蔽活动是由所谓第三百〇三号委员会负责监督的。该委员会是以一九六四年六月总统发布的一个指示编号(第三百〇三号国家安全行动备忘录)命名的。这个指示申明了它的组成、职能和责任。自从一九四七年通过国家安全法、创立中央情报局和国家安全委员会以来，这种部门间的协调机构一直是以不同名义存在下来。在尼克松政府早期，有一篇新闻报道提到了第三百〇三号委员会这个名称。在那个时候，人们的想法都很简单，既然泄了密便有必要更换名称。第四十号国家安全决定备忘录一九七〇年二月十七日重申了这个委员会的职能，给它贴上了一个新的标签，以这个指示的编号命名[10]。

当时，第四十号委员会的成员有司法部长、副国务卿、副国防部长、中央情报局局长、参谋长联席会议主席和总统国家安全事务助理。安全事务助理任委员会主席。凡是准备进行隐蔽活动的地区，负责该地区的助理国务卿几乎毫无例外地出席委员会会议。换句话说，除司法部长外*，第四十号委员会的组成情况跟高级研究小组及白宫总统国家安全事务助理组一样，是由负责处理我们国家安全的日常事务的高级官员组成。正是这些人对我们对外政策的全部细节都一清二楚。（它和高级研究小组不同之处主要是它的工作人员不出席会议。）

会议的议程一般由中央情报局和我的办公室协商提出。中央情报局通常总是非正式地把议程送国务院审阅通过，它往往把一些议程项目推迟到国务院的反对意见消失了为止。例如，这次在智利问题上就是这样。（因为在现场的大使严格来说是中央情报局站长的监督者；中央情报局懂得，要有效地开展活动，它需要有国务院的支持。）熟悉正在讨论的项目的中央情报局官员向委员会汇报情况。除了所讨论的地区的国务院的专家外，再没有其他工作人员出席会议。派到国家安全委员会去作记录的一个中央情报局官员负责保管会议记录。

绝大多数隐蔽活动都是中央情报局或我国驻外使节建议开展的。在我担任总统国家安全事务特别助理期间，白宫很少提出这类议程项目。智利问题是白宫提出的项目之一，但总统只不过是催促一下第四十号委员会早已在进行的工作。我对沿袭下来的那一套程序所作的唯一改变是，要求第四十号委员会每年至少审查一次每项批准进行的隐蔽活动或侦察行动。这是为了防止由于官僚主义办事不力，在事过境迁之后，这种行动还在继续进行。

一旦第四十号委员会同意批准某一项隐蔽活动——通常是同时授权拨给一定数量的经费——该项活动由中央情报局负责进行，但须经总统批准。第四十号委员会并不监督它所批准的每项活动的日常事务工作。通常只是某一个计划已经完成或在一年一次的审议会上或要求增加拨款的时候才向它汇报情况。在像阿连德得胜后第一个月那样十分紧急的情

* 至少从肯尼迪政府以来，司法部长就一直参加该委员会监督隐蔽的行动。现在他已成为这个委员会的正式成员。

况下，定期汇报倒是比较多。事实上，我们开展隐蔽活动程序上的主要弱点是，尽管这类活动是经过全面审查对外政策后才采取的，但此后政府最高级官员即不再以同样关注的心情去加以控制，委员会下面也没有小组负责监督这些活动。第四十号委员会只管授权不管监督。在理论上，凡是在其驻在国开展隐蔽活动的美国大使都应负责进行监督。但是，大使们很少有那个时间，也缺乏这种专门知识*。就智利问题来说，关键性的问题是，智利阿连德政府上台执政是否确实严重影响到我们的国家安全，因而第四十号委员会参与其事是理所当然的。

一九七〇年的智利大选

前已指出，前两任政府已得出结论，认为萨尔瓦多·阿连德和他所凭借的力量对我们的利益确是个严重的威胁。因此，在一九六四年的大选中，我们为了反对他竟花了将近三百万美元。近在一九六八年，我们的前任还曾偷偷地拨了几十万美元，为在一九六九年三月举行的智利国会议员选举中击败阿连德那一派的势力助一臂之力。在弗雷政府执政期间，我国政府给智利的对外援助总数远远超过十亿美元，这在拉丁美洲按人口平均计算是最高的，比任何其他拉丁美洲国家都高得多。一部分原因是为了加强反对阿连德的民主力量。因此，阿连德政府的出现威胁到我们国家利益，这在尼克松就任总统的时候已经是大家都懂得的常识了。

十分奇怪的是，尼克松政府在开始的时候还没有像它的民主党前任那么积极反对阿连德；一部分原因是它忙于应付许多其他危机；另一部分原因则是错误地估计智利大选的可能结果。当时还欣然同意了错误的

---

* 我看了一些由丘奇委员会公开发表的中央情报局的内部文电，特别是一九七〇年十月十五日以后发表的那些文电。看过以后我确信，我们本应坚持这些文电须经总统国家总统国家安全事务助理办公室审阅，这和国务院的重要文电须经此办公室审阅是一样的。

估计，因为它得出一个十分令人欣慰的结论；这么一来就用不着硬着头皮去作出棘手的抉择，而这恰好是在一九七〇年的条件下，我们非作不可的。

美国政府多年来一直积极支持弗雷，因为他是智利最孚众望而又有才干的人。这个决定在道义上说是简单明了的，因为这样我们就能够既反对共产党同时又站在绝大多数智利人所支持的改良主义派和进步力量一边。但是，到了一九七〇年，我们就不那么顺利了，我们不得不有所抉择了。智利宪法规定弗雷总统不得连选连任。他的基督教民主党在一九六九年的国会议员选举中失利，所得票数减少了百分之十一。保守的国民党相应地多得了选票。基督教民主党发生了分裂，当它拒绝接受极左的那部分党员与马克思主义政党结成“人民团结阵线”的要求的时候，这些人便宣布退党，党的机关落入反弗雷一派势力手中。这一派势力更加喜欢大喊大叫，不那么愿意忠于开放社会和民主传统，不是真心实意的改良主义派。它更加敌视美国。

弗雷尽管有美国慷慨援助计划的支持，一九六九年初，在左派压力下还是被迫采取了两个具有重大意义的行动。这一迹象表明了智利政局的两极分化。弗雷在面对着激进派学生抗议的情况下取消了纳尔逊·洛克菲勒州长的访问，而洛克菲勒州长这一次是尼克松派到拉丁美洲访问以协助制订对西半球的新方针的。弗雷几乎同时坚持要重新谈判和几家美国铜公司签订的一项协定。这个协定是他自己的政府在仅仅两年前缔结和实施的。根据这个协定，智利获得数量很大的铜矿所有权的股份，但并不都具有控制权。他现在要求立即得到多数股票，剩下的美国人的股票也要逐步归智利所有。然而，由于我们及我们的前任对智利温和的民主派寄予最大希望，并且非常愿意加强它的力量，因此指示科里大使从中协助，设法安排双方都满意的条件。这里所谓“满意”是一个相对的概念，因为公司方面已知道，如果不同意这些条件，那就是干脆没收。（和许多一般都缺乏政治远见的跨国公司一样，安纳康达铜公司因早已签有协定觉得有恃无恐，也是为了省得交保险费，便允许其没收保险到期作废，这就进一步削弱了它讨价还价的地位。）

可见一九六九年间将要发生风暴的讯号很不少。智利基督教民主党愈来愈左倾，它的群众基础日益薄弱，因此，各个非革命党派已不大可能像在一九六四年那样联合起来只提出一个候选人。明摆着的前景是：一个保守派的候选人、一个软弱无力的基督教民主党人和激进左派的阿连德这三方面进行票数接近的竞选，最后由国会决定。在国会中，阿连德这一派比较接近于多数。但是，一九六九年间白宫忙于处理越南问题及由此引起的国内动乱、对苏联的关系、西欧问题、同日本的冲绳谈判以及对华关系开始采取的各种行动。我对智利的情况很不了解，对专家们的主张提不出什么意见。

政府中没有一个部门提醒我们注意局势已很严重。有些人本来也许会主张美国起更积极的作用，但因国务院早已明言反对积极进行隐蔽活动，他们也就不愿意再提相反的意见了。智利问题确实是个典型例子，它说明，重大事件在一件件发生而白宫却毫不知情，原因是决定方针路线的政府部门未能就这些事件的意义取得一致意见。各部门遵守所谓“互不侵犯条约”，避免相互竞争，以免作出不利于它们的决定，这样就使智利问题在一九六九年整整一年的时间内提不到白宫这一级来考虑。中央情报局确实在若干场合指出过，如果要在一九七〇年认真努力办事的话，那就必须在一九六九年开始做准备工作。一九六九年四月该局曾估计，激进的左派在竞选总统中胜负的可能各半。但是，当时并没有作出决定要像一九六四年那样进行干预，这个切合实际的判断也只是表明有必要做些什么，而并不是一个采取行动的建议。而且，任何这类的建议肯定会遭到国务院拉丁美洲司的坚决反对，该司就是不肯正视智利的政治现实。一九七〇年已找不到一个可以支持的基督教民主党的改良派了。这个党已分裂，它的候选人软弱无力，并且和激进的左派相互利用。要想制止阿连德当选，那只有保守派的豪尔赫·亚历山德里才能做得到。虽然他的民主政纲是无懈可击的——他确实在弗雷以前当过总统——但是，拉丁美洲司不喜欢他，口头上说他太老了，而实际上是因为他们认为他不够进步。拉丁美洲司里有些人把社会改革和地缘政治混为一谈；他们并不认为阿连德当选总统有那么大的危险，因而必须克服他们在意识形态上对亚历山德里的偏见。

说也奇怪，美国人把政治和技术性的经济发展混为一谈的倾向在约翰逊政府执政的后几年竟然无意中起到了削弱改良主义那一派政治力量的作用，而这一派正是我们的官员真正喜欢的，也是抵抗各革命政党所必不可少的。一九六八年——阿连德得以上台执政的那次总统选举之前两年——美国终止了对智利的无偿经济援助，理由是智利的经济已大体上可以自己维持了。这在技术上可能是正确的，但这正是错误地根据经济上的理由作出本质上是政治性的决定的一个明显例子。骤然断绝了美国的援助在智利是不得人心的，它削弱了弗雷所代表的温和派，为执政党中比较激进的反对美国的那一派所利用。这一派所提倡的经济纲领与各激进政党的经济纲领大同小异。这就使选举的形势更加混乱。

正当从技术的角度看待事态发展的观点十分盛行的时候，又出现了反军国主义的教条主义观点。一九六七年间，美国的政策变得对智利军方(以及本半球其他友好国家的军方)愈来愈不友好。当时的理论是：应当鼓励这些国家把用作军事费用的资金转到社会和经济发展方面。这一理论的前提是，这些国家无需设立国防机构。对我国出售给这些国家的武器也规定了不得超过的最高限额。无偿赠与的军事援助计划已经停止。弗雷受到鼓动，提出拉丁美洲的各种非军事化和裁军计划。到一九六九年十月间，智利军方对于迟迟不实行专业化和军饷过低的不满突然爆发成为一次要推翻政府的未遂政变。弗雷当即宣布全国处于紧急状态。军方不稳的谣言继续传开。尼克松政府在智利继承下来的既有一个激进化了的基督教民主党，又有智利军方对美国以及基督教民主党人的极大的反感。这几乎肯定助长了阿连德在他任期的头几年“收买”军方或使之中立的能力。

二十世纪六十年代美国对智利的政策最清楚不过地——甚至最可悲地——表明，把我们高级研究院里的抽象理论用于外国社会内部的复杂情况是多么危险。认为社会改革和经济发展会自动地产生政治稳定的想法——所根据的是美国新政* 的经验——在两个激进党都下定决心不要改革而要根本推翻现存制度的一个国家里，其适用范围是极其有限的。当时的实际情况是正在进行着一场你死我活的政治斗争，而不是经济学教授之间的一场辩论。由于我们不肯正视这个现实，致使我们从一九六四年是左右政局的因素到一九七〇年变成了只能站在旁边急得咯咯乱叫的老母鸡。

好像这样大出洋相还不够似的，拉丁美洲司竟然在这个时候大肆攻击说，根本就不应该暗中支持外国的民主党派，而这一做法正是我们长期以来在智利工作的中心内容。他们竟振振有词地说，从今以后，阻挡社会党人和共产党人上台执政的资金可以而且应该完全由智利内部提供。拿这个题目真可以写篇很好的大学期终论文，但在一九七〇年突然提出这个问题来，所冒的那种风险使人无法接受，而避免这种风险也正是决策者的本分。这样一种政策必然使我们正要给它打气的那些力量泄气。那些受到美国支持的人会由此推度出一种新的冷漠态度。在得票接近的选举中，由此所产生的心理上的微妙变化是可以起决定性作用的。

我对一九六九年的这些倾向不大了解。事实上，在阿连德九月四日获胜之前，第四十号委员会在整整二十一个月的时间里只对这个问题研究了四次。一九六九年四月它对可能需要采取什么行动的问题未作任何决定。一九七〇年三月，在距离选举只有五个月的时候，它为支持民主党派的候选人拨了一笔微不足道的宣传费。一九七〇年六月下旬，为了同样的目的拨了稍微多一点的款项。但是，合计拨款总数仍然只有美国

* 新政是美国罗斯福政府为挽救三十年代的经济危机造成的严重后果而采取的政策。——译注

在一九六四年为进行隐蔽活动所花的钱数的百分之十五。所拨的款到达智利的时候已经太晚了，距离选举日期只有四个星期。一九七〇年八月，第四十号委员会决定，现在在选举之前再也没有什么办法可想了。换句话说，在四次会议中有两次会议没有采取行动。另外两次同意作一种象征性的努力*。开初还说明了一下无所作为的理由，因为还没有提出候选人。因此，他们便说还没有可以据以作出判断或施展战略的基础。但是，到一九六九年十二月初的时候，这种借口已经根本不能成立了。保守党派提名智利前总统亚历山德里为候选人，他年过七十，很有声望。基督教民主党人提名他们左翼的代表拉多米罗·托米奇为他们的候选人。托米奇的纲领和阿连德的纲领比较，主要在程序问题上有所不同，还在于托米奇真诚地致力于维护民主程序。共产党人和阿连德的社会党人联合起来组成一个联盟，推选阿连德为这个联盟的候选人。我已叙述过，阿连德在一九七〇年的纲领是激进的，是恶毒地反对美国的。现在出现了一个三人竞选的局面。民意测验表明，亚历山德里遥遥领先，美国政府部门为此感到自慰。因此，他们认为美国没有必要插一手。

主要由于负责执行政策的部门像跳复杂的三角小步舞一样，相互扯皮，贻误时机，使问题提不到高级机构中来审议，因而一九七〇年过了相当长的时间后我才集中注意危险的局势。科里大使认为，如果阿连德获胜无异于共产党接管政府；如果我们不把阿连德政府当作另一个卡斯特罗政府来看待，那就不是慎重的态度。而事实上，阿连德政府可能比卡斯特罗政府更坏。但是，国务院的拉丁美洲司不同意这个看法；它不认为存在阿连德取胜的可能和危险。它不想设法帮助保守的亚历山德里。中央情报局倾向于赞同科里的看法，但没有达到要求白宫出面解决

---

* 参议院特别委员会根据在十八个月的时间里所开的四次会的情况——其中只有两次会议作了决定——隐晦地指责说，智利问题列在“第四十号委员会的议程上的时间超过一年……”⑪

分歧的程度。它知道，没有国务院的强有力的支持，它就不能有效地进行工作。就这样，几个部门间的“互不侵犯条约”使我有四个月的时间根本不知道原来在一九六九年十二月间驻圣地亚哥的大使馆和中央情报局的情报站曾联名提出过发动一个制止阿连德上台的运动的建议。我也不知道为考虑这个建议而召开的部际会议，结果是同意把各种矛盾的观点都写进一个说明现状的报告里去，然后提交给第四十号委员会。而国务院和中央情报局又没有抓紧时间办这件事。又过了两个月它们才对一项报告取得了一致意见。一九七〇年三月二十五日，它们终于设法联名向第四十号委员会提交了一个对阿连德采取“破坏性”行动的计划。计划的内容是：由美国援助制定反对阿连德的标语、传单和广告，但不同时支持亚历山德里。所建议并获得批准的拨款总数为十三万五千美元*。但是，国务院明令禁止各项隐蔽活动有赞助亚历山德里的倾向，如有此倾向国务院立即停止支持，这就进一步限制了这笔钱的用途。既要击败一个候选人而又不帮助他的主要对手，这个想法倒是蛮新颖。但是，怎么能够做到既击败阿连德而又不让亚历山德里从中得到好处，那就不明确了。这笔拨款和这个禁令互相抵销了。

现在回想起来，显然我当时的警惕性太不够了。一个真正尽忠职守的总统安全事务助理决不能只是圈阅、核准一下官僚机构协商一致的意见。他应该是个吹毛求疵的人，一个打破砂锅问到底的人，一个对不言自明的事也要反复推敲的人。可惜我自己当时对拉丁美洲这个地区缺乏专门知识。民意测验的结果预言亚历山德里会取胜以及几个政府部门协商一致的意见使我麻痹大意了。而拿几个部门的一致意见来说，要是在我掌握了第一手资料的地区，我是不那么轻易听信它的。此外，在那年春天和夏天，柬埔寨问题占去了我绝大部分的注意力。

待到智利问题再次提到第四十号委员会的议事日程上来的时候，那

---

* 所有这些数字都已经由国会的一些委员会公开发表。

已经是六月二十七日，离投票选举只有两个月时间，要想在智利的总统选举中起有效作用已经来不及了。科里大使担心阿连德获胜的不安心情更加严重了，因为我们现在又面临着另一种危险：中央情报局和国务院的专家们都突然出其不意地下断语说，除非亚历山德里在选举中取胜的票数——当时仍确信他能取胜——比阿连德的多百分之五以上，否则，即使阿连德输了，他在智利国会中的支持者仍然可能占上风。因此，科里提出一个分两阶段进行的计划：增加业已批准进行的破坏性活动的费用，然后花钱去影响国会的投票。

国务院对这两个建议都提出了反对意见。它认为唯一还有些道理的论点是科里提的这么一个问题："假如阿连德掌了权，有人问起我们都干了些什么，我们怎么回答？"在竞选活动还剩下的很短的时间批准的一些费用，如前所述，按一九六四年标准是很少的。对于那些想要了解官僚主义那一套的人来说，应当指出所投的票都是全体一致的；拉丁美洲司宁可不把它当时所鼓吹的观点记录在案，从而保持它不论结果如何都能加以应付的伸缩性，并在一旦有人在阿连德获胜后再度提出科里的那个问题时可以保护它自己。关于第二阶段——谋求影响国会的阶段——的决定推迟到选举以后再作。拉丁美洲司特别注意保证科里不至于因为批准了费用而发生误解。它通过秘密的渠道通知他，它既反对选举前(第一阶段)的计划，也反对选举后(第二阶段)的计划。反对是有理论根据的，它以十分明确的语言重申它反对把批准使用的钱中的任何一部分用来帮助亚历山德里。我们由于过度热情或提出了很明确的战略计划而在智利自找麻烦的危险根本不存在。反对阿连德而又不帮助亚历山德里意味着加强软弱的基督教民主党人托米奇，这么一来就减少了唯一有可能取代阿连德的人的选票。因此，可以蛮有道理地说，我们官僚机构对亚历山德里的偏见保证了阿连德的胜利。

如果说三月份批准的款项实在太少了，那么六月底勉强同意拨的款已经是为时太晚了。(钱数也是太少。)六月二十七日的会议离选举投票只有两个月。由于须经总统批准，其后还有文书手续要办，这些款子要想在七月下半月以前送到智利是不可能的。况且已给大使馆发了禁令，使这些款子几乎无法有效使用*。

尽管民意测验的结果很乐观——在六月二十七日开会的时候，民意测验仍然预示亚历山德里会得到超过其他候选人相当多的选票——我是愈来愈不安了。因此，我在七月下旬发了个指示，要求分析一下一旦和各种预测相反，阿连德赢了，我们能有几种选择。我要求紧急回答下列问题：

一、阿连德政府可能采取什么样的政策？其政策目标是什么？在阿连德政府统治下，智利局势发展的可能途径有哪几种？

二、这些发展途径，不论从眼前还是从对我们的长远目标和地位的影响来说，其对美国利益的威胁属何性质，程度有多大？

三、针对这些问题，可供美国选择的办法有哪些？

与此同时，第四十号委员会八月七日再次开会研究讨论智利局势，并重申了它六月二十七日的决定。现在距离投票选举的时间很短了，不论作什么决定都起不了多大作用了。唯一要考虑的问题是，一旦要求执行第二阶段计划，是否应授权同智利国会进行试探性的联系。看来事情暴露的风险很大，而好处不大，因此，会议暂不作决定。

由于我提的政策问题不涉及隐蔽活动，这些问题就由高级研究小组来审议。我已指出过，这个研究小组的成员和第四十号委员会相同，只是少一个司法部长。研究小组容许工作人员出席会议，会议文件分发的

---

* 我后来才知道，中央情报局的代表在七月下旬和八月间曾非正式地通知一些美国企业公司在选举期间向什么地方送钱。在白宫和国务院都没有人知道这件事。不管怎么说，这也同样太晚了。我自己的态度是：在智利的隐蔽活动统统应由我国政府进行。这不是私营企业的活动范围。基于这个理由，我拒绝接受美国电报电话公司为帮助影响智利选举而提供的一百万美元。我也许会同意这个目标，但肯定不会同意用这个手段。

范围也广得多。我所提的问题，由国务院担任主席的一个部际小组拟好文件来回答。这个文件所下的结论含糊得出奇。它一方面说，美国在智利境内没有重大的国家利益。但是，“智利境内”是什么意思也没有另加解释，后面的分析也没有为所下的结论提供佐证。我提的一个问题是，阿连德上台对于美国在西半球的利益形成何种威胁，部际小组在回答这个问题时所提出的结论令人难以理解，怎么能说我们的国家利益没有受到影响。我的工作人员把那个结论概括如下：

> 地位稳固的阿连德政府会给美国造成政治上和心理上的巨大损失：
> （一）西半球的团结一致将受到威胁。
> （二）反美政策的一个根源将在西半球巩固下来。
> （三）美国的威信和影响将受到挫折，而苏联和马克思主义的威信和影响则相应提高*。

高级研究小组八月十九日开会，但在九月四日举行选举投票之前没有作结论，也不可能作结论。我们只能在智利选民将如何投票的预兆纷纷出现的情况下等待。

我这样详尽地论述了我国政府讨论的情况，那是因为我们以前调查这个问题时这些情况基本上被忽略了——也许是由于这些情况和先入为主的结论大相径庭吧。毫无疑问，在智利举行投票选举之前，美国只是以非常谨小慎微和无效的方式采取行动。不仅所拨的款子不足以产生任

* 科里大使对阿连德胜利的后果不抱幻想。他在回答是否有可能达成某种临时协议这一问题时说：“有意识地努力达成临时协议是一种不切合实际的理论假设。阿连德政府在开始的时候在国内会慎重行事以图维持一种按宪法和法律办事的外表。但是，正如阿连德所说过的，他将坚决执行把美帝国主义当作西半球‘头号公敌’的政策。有些具体行动，包括把美国产业公司收归国有，承认古巴、北越等等，使美国实际上根本不可能同阿连德订立临时协议。除此之外，由于智利国家结构发生了深刻的变化，很可能需要树立一个外部‘敌人’来证明加快进行革命是对的……阿连德这一派势力必然作这样的结论：一旦他就任总统，美国只好承认它自己无能为力。”

何显著影响，而且由于我们坚决不支持唯一有可能击败阿连德的候选人，因而分散了资金，这样也就很可能使反对阿连德的选票更加分散。美国参加进去本来就很勉强，更不愿意被说成是站在一个德高望重的民主派前辈的候选人一边。在我们的官僚机构看来，这个候选人的主要缺点是，他是保守派。（尼克松政府内部竟有人持这样的看法——更不要说这种看法占了上风——这再一次表明，哪怕是总统也很难把他的观点强加于根深蒂固的官僚机构。）

到举行投票的时候，我终于认识到我已被人作弄到与自己的信念不符的地步——而尤其重要的是也不符合尼克松的信念。若是我在一九七〇年的春天和夏天就认为阿连德很可能获胜的话，我就有义务让总统有机会考虑开展像一九六四年那种规模的隐蔽活动，这就包括支持一个候选人。我感到愤慨的是，这个选择甚至未经讨论就被否定了。先是有人争辩说，没有必要搞大规模的计划；后来是因为要搞也来不及了。八月十九日提交高级研究小组审议的那个一致的分析说明了阿连德胜利所引起的种种问题，但如果那个分析哪怕有一部分是正确的话，那么不及早研究其他可供选择的办法也是不可原谅的。那个分析是我们官僚机构的哲理上的偏见，再加上把经济发展和对外政策目标混为一谈，就把事情搞糟了。当时我国政府中风行一时的看法显然是：激进派的候选人接受古巴和其他共产党国家提供的经费是可以的，但美国却不应该去援助一个最有希望成功的民主派候选人，尽管他的纲领不像某些人所希望的那样带有改良主义色彩。关于这个问题，后来我向总统概述如下：

国务院主张的真意是，为了加强亚历山德里力量而采取的任何措施都阻挡不住阿连德。智利这次竞选的情况是，阿连德和亚历山德里所得票数一直十分接近，基督教民主党人托米奇一直落后很多，因此国务院反对加强亚历山德里，就使我们的工作毫无效果。虽然不能肯定，推行一个不那么受限制的隐蔽计划会使亚历山德里得到取胜所需要的较多票数，但赫尔姆斯还是认为，推行一个扩大的计划获得成功的可能性是相当大的。若是亚历山德里获胜，也可能给我们造成一些问题，但是显然不会像阿连德的胜利那样威胁到我们的利益。我们现在同一个智利的马克思主义政府打交道所面临的严重问题至少有可能拖延六年的时间。

要公平合理地估计我们后来对待智利的行动，那就必须以这个序言作为出发点。

绝非政变

前已指出，在一九七〇年九月四日的选举中，阿连德所获得的票数的百分比和一九六四年比下降了。在一九六四年的选举中他输给了弗雷。但是，一九七〇年，反对阿连德的票数的百分比尽管较高，却是无可救药地分散了。按照智利宪法，既然哪一个候选人都没有获得多数票，那么由国会联席会议于十月二十四日，即过了五十天之后在两个得票最多的候选人中选定。

争取国会决定性投票的活动接着马上开始。九月五日，阿连德在记者招待会上为他的胜利欢呼，并保证执行他在竞选中提出的激进的人民团结阵线的纲领。但是，为了减轻国会议员的担心，他开始去掉一些他的保证。他宣称，他“永远不会”赞成在智利实行一党制。他说，他会保留智利在美洲国家组织中的成员国资格（尽管他在人民团结阵线的纲领中“谴责”这个组织）。他还宣布说，他将要求重新安排智利欠美国的八亿美元债务的偿还期。（他后来跟罗吉斯·德布雷解析说，他留在美洲国家组织内是为了缓和一下美国的反应，而他真正信赖的是他参与发起的以哈瓦那为基地的拉丁美洲团结组织。）[12] 第二天亚历山德里的支持者表示他们不会承认阿连德的胜利。但是亚历山德里没有在他们的声明上签字，因为他在竞选的时候宣布过，他将承认赢得票数最多的候选人。九月七日阿连德会见了弗雷总统，弗雷同意安排与阿连德商谈经济问题（他也为亚历山德里作了这种安排）。弗雷虽然拒绝阿连德在政治问题上建立类似联络的要求，但确实同意采取措施防止智利出现经济恐慌。

至于人们在华盛顿的反应，夏天的时候听到民意测验的结果聊以自慰，现在简直是目瞪口呆。官员们对不愉快的前景的反应往往采取不闻不问的态度，总希望这种前景会自行消失。不愉快的前景往往是自行消失的。事实上，并不是所有的灾难性预言都会应验。只是当人们凭借一般常识宁可不采取行动的时候却不曾想到如何应付无可挽回的局势。而一九七〇年九月那么出其不意地出现在我们面前的正是这种无可挽回的局势。

尼克松大发雷霆。十多年来他一直抨击民主党政府容许在古巴建立共产党政权。而现在他所认定的——并没有弄错——另一个古巴却在他没有得到机会去作决定的情况下在他自已执政期内出现了。正是由于这个缘故，他的反应特别强烈，他坚持必须采取某些措施，无论什么措施来纠正以前玩忽职守的弊端。他责备国务院和科里大使（责备科里大使是不对的）应对所造成的事态负责。因此，他千方百计设法限制官僚们的权力。其实，他大可不必采取这种态度。因为现在要做什么也来不及了，而且各政府部门正一个劲地重新估计形势。有些人为早先作了乐观的估计或因循拖延而忸怩作态。全都感到灰心丧气。现在终于一致认为应当采取某种行动——他们这样做也是因为总统已下定决心这样做。不幸现在为时已晚。要是在九月四日以前花点力气去支持一个候选人，也许可以防止现在这个新局面的出现。现在我们却被迫在时间十分紧迫而又毫无准备的情况下临时凑合。时间是那么紧迫，我们手忙脚乱在所难免*。

---

* 我在这里想要讨论的是：白宫是否知情，采取什么态度，作出什么决定并参与其事，而不是完整地阐述中央情报局的全部文电。我认为公布第四十号委员会的讨论情况是违反公共利益的。不幸，这里所提的第四十号委员会文件早已由丘奇委员会公开发表。

九月八日第四十号委员会开会审议智利问题，智利国会在这个时候显然已不大可能作出反对阿连德的决定。毕竟，这时离国会表决只有四个星期的时间了，即使亚历山德里获得较多的票数，国会也仍然可能投票选阿连德。希望智利国会在智利的温和派仍占压倒多数的情况下会行使其独立选择的权力，不让一个少数派的候选人，一个提出激进的、几乎肯定反民主的纲领的人当总统，这种想法不能说是荒谬可笑的。不过，我们知道这是不大可能的。由于事态捉摸不定，我们决定指示科里大使写一个报告，“冷静地估计”一下发生军事政变的可能性和可行性，估计一下“将来在智利组织一支有效地反对阿连德的力量”时有多少人赞成和反对。

九月九日亚历山德里宣布，他怎么也不会退出在国会中的竞选。于是，制止阿连德上台的一线新的希望油然而生。亚历山德里还宣布，如果他在国会中当选为总统，他就辞职。这样就不得不重新选举。在新的大选中一九六四年弗雷和阿连德竞争的那种局面可能再度出现。另一个人插进来任总统，尽管时间很短，弗雷再参加竞选也就符合宪法的规定了。他几乎肯定会赢。至于军方，据报道，九月十日陆军总司令雷内·施奈德将军对一群军官说，陆军不介入选举过程。但是，陆军将要求阿连德“保证”，以后陆军仍然保持职业军人建制，不得政治化。科里大使报告了他自己的信念，他认为这种保证简直是一钱不值。

我本来已决定九月十四日召开第四十号委员会会议。九月十二日，应总统要求，我通过秘密渠道请科里坦率地提出“美国在目前形势下应采取何种切实可行的行动方针”的建议。尼克松对他所认为的官僚机构办事拖沓和国务院四平八稳地照常规办事的作风愈来愈不安，因为这使他想起我们早先对卡斯特罗麻痹大意的情景，他一直认为那是个教训。（这事实上是不公平的。在智利大选之前，不论国务院怎么因循拖拉，它还是大力支持和积极执行第四十号委员会作出的每一项决定的。）科里作了满怀希望的答复。据报道，弗雷已对阿连德接管政权的前景警觉起来，正想方设法避免出现那种局面*。科里大使向我建议找个华盛顿的高级官员把有关智利问题的深刻背景事实公之于美国大众，也把我们深为关切的心情传达给迟疑不定的智利人。

九月十四日第四十号委员会审议了我们当时以“鲁布·戈德堡”为代号的精心策划的一着：先使亚历山德里当选然后辞职；这么一来，按照宪法规定，弗雷就可以在随即举行的特别选举中再次参加竞选。第四十号委员会同意授权科里去探讨这个可能性，并为支持这一着的各个项目拨了二十五万美元。九月十五日，由国务院的副国务卿亚历克西斯·约翰逊将这个决定用电报通知科里，还要求他让他大使馆中的全部适当成员加紧进行和智利军方联系的工作，“其目的是保证我们获得必要的情报，以便我们能够独立估计军方支持弗雷再次当选的决心有多大”。

九月十六日我们得知侯赛因国王即将着手和巴勒斯坦突击队摊牌；西恩富戈斯正被建成一个潜艇基地也在这一天变得明显起来。也就在这一天，我在芝加哥向一部分美国中西部的编辑和广播人员介绍供正式发表的背景情况，其中除谈到其他问题外，还特别按科里的要求，谈到我们对阿连德上台执政的看法：

智利选举已揭晓，共产党支持的人选（而且很可能他本人就是共产党员）获得的票数最多，比仅次于他的那个保守派的候选人还多了三万张。他获得了约百分之三十六的选票。这样，他就得到了较多的票数。

两个非共产党派，共获得了约百分之六十四的选票，可见非共产党派的票数仍占多数，而共产党只是比其他候选人得到较多的票。我这样说只是为了把情况弄清楚……

现在谁要预言，如果阿连德得胜，他就可能会在今后若干年内建立

---

* 弗雷后来坚决否认他会做任何违反智利宪法的事。科里的消息是从弗雷的助手那里得来的。这些助手很可能是未经授权擅自提供消息的。我们不管怎么样必须根据我国大使馆所确认的事实办事。

起某种共产党政府，那是相当容易的。如果出现了这种情况，建立起来的那个共产党政府，不是在我们海岸外面一个岛屿上和拉丁美洲没有传统联系、也没有影响的政府，而是一个拉丁美洲大国。而且这个国家的邻邦，比如，和智利有很长的共同边界的阿根廷，已处于四分五裂；秘鲁，本已出现了难以对付的倾向；另一个邻邦玻利维亚，即便没有出现这种种事态，也已经是更加左倾，更加反美了。

因此，我认为，我们不能自欺欺人地说，一旦阿连德在智利接管政权，对我们、对各民主派和在拉丁美洲的亲美力量，以至整个西半球不会造成很大的问题。

这时候尼克松已经亲自处理智利问题。在九月十四日，他采取的行动是听信了很有威望的智利日报《信使报》的发行人奥古斯丁·爱德华兹的意见后当机立断采取的。爱德华兹特地到华盛顿来要我们注意一旦阿连德接管政权后所造成的后果。他当时住在百事可乐饮料公司总经理唐·肯德尔家里，肯德尔正好那天和他父亲一起去见尼克松。（我和爱德华兹，还有米切尔一起吃早饭。我还要求赫尔姆斯会见爱德华兹以了解他所掌握的内幕情况。）

尼克松见了肯德尔以后于九月十五日下午一两点钟要求赫尔姆斯、米切尔和我去会谈。他和我们谈了不到十五分钟，在谈话中，他告诉赫尔姆斯，他想下大力气，看能否采取什么措施来阻止阿连德上台执政，哪怕只有十分之一的可能把阿连德搞掉，我们也应当试一下。如果赫尔姆斯要一千万美元，他亦会批准。对智利的援助计划应予以削减，应对智利在经济上施加压力，直到它“受不了”为止。他叫赫尔姆斯绕过科里，直接向白宫报告工作，由白宫作最后决定。当时的执行目标仍然是代号“鲁布·戈德堡”的计划。尼克松事实上没有提出具体的行动计划，他只是在灰心丧气之余，毫无重点、满腔热情地希望有所“作为”而已。

现在人们已把这次谈话看作是后来称为第二轨道的开端。而第四十号委员会的正式决定，为区别起见后来就成为第一轨道。关于第二轨道的情况，国会委员会津津乐道地加以揭露，但是，能公之于众的东西并不太多。我已在本书中多次阐明，尼克松老是喜欢发表夸大其词的言论，但一旦当他看清了这些言论的影响，他并不坚持己见。霍尔德曼担心一些粗心大意的来访客人会以为这些言论当真是代表总统的政策，他之所以那么小心翼翼地不让人们随便去见总统，这确实是原因之一。比如，就拿第二轨道来说，不但没有一千万美元的开支，而且根本也没有拨出什么专款。如果说有过什么开支，那不过只是区区几千美元而已。即便以赫尔姆斯所能见到的来说，所做过的事无非是试探一下，探讨探讨各种可能性罢了。

再说，总统的热情迸发，虽然无疑对于接近军方和执行“鲁布·戈德堡”计划起了推动作用，使事情更加迫切，但对各部来说，只不过促使它们得出相同的结论而已。驻智利大使馆通过第四十号委员会（第一轨道）的正常系统所接到的指示，与赫尔姆斯跟总统会谈后命令中央情报局进行的活动极为相似。第二轨道的出现，表明尼克松对国务院系统很不信任，他怀疑国务院不会考虑他的愿望。拿这件事来说，他的想法是错误的，因为阿连德在大选中获胜之后，各部门的意见并没有多大分歧。

中央情报局秘密活动的头子托姆·卡拉梅西尼斯多次就第二轨道向尼克松汇报过情况，每次汇报都是悲观的。中央情报局向黑格和我提出的报告同样也是消极的。我在后面还要阐述，一个月以后，十月十五日那天，我下令停止这种活动。这是经尼克松批准的。得到国务院全力支持的第一轨道，图谋鼓励军方采取行动，以便按照类似总统所希望采取的路线，在智利再举行一次大选。这一轨道同样未获成功，在同一时间被弃而不用。这次是第四十号委员会放弃的。

不论重点放在什么地方，是放在第一轨道（第四十号委员会的正式方案)还是放在第二轨道(中央情报局单独提出的方案)，讨论的焦点越来越集中在智利军方的作用上面。到九月二十一日，已经可以明显地看出，弗雷并没有推行能使他重新当选的任何行动计划。科里枉费心机地转而采取另一套手法——显然是经弗雷的密友同意的——令内阁主要成员辞职，并诱使他们的同事们也辞职。假如弗雷愿意的话，这就可能使他有了让军官们去接替这些阁员的借口。换句话说，这么一来，弗雷就有办法可以造成一次宪政危机，和其他各项计划一样，其目的是再来一次选举，使智利能在弗雷和阿连德之间任择其一，能在民主制度和潜在的独裁制度之间任择其一。弗雷是否愿意这样做当时是有疑问的。而当时有目共睹的主要障碍是陆军总司令施奈德将军；他认为，是政客们把智利弄得一团糟的，他们有责任解救智利。据报告，另一个障碍是：军方担心，如果他们行动起来，他们亦会遇到希腊军政府所受到过的那种对待——那就是说，美国立即停止军事援助，世界各地的左派也会大肆攻击它。

因此，第四十号委员会授权科里同选定的一些军方领导人接洽。科里可以向他们说清楚，不因为他们的介入而有失掉美国军事援助的危险。我不能根据我的记录断定这些信息是否已传了过去，是什么时候传过去的，传给了谁。

从九月二十六日到十月五日，我不在华盛顿，我先到巴黎去和南越副总统阮高其会谈，还同北越人举行了秘密会谈，然后于九月二十七日晚又到罗马去和尼克松会合，出访地中海各国。尼克松一有机会就鼓励友好国家政府利用它们在智利的影响阻止阿连德上台，或至少不过早地认为阿连德的胜利已成定局。他发现，和他一样关心智利前途的大有人在。

九月二十九日，第四十号委员会在我未能出席的情况下开会。主持会议的是副国务卿约翰逊。会议得出结论，智利军方只有在害怕发生经济危机和如不采取行动美国就会停止军事援助的情况下才会采取行动，要求重新选举。美国已通知智利军方，确有这种危险；为了强调这一点，美国中断了运送军事援助的工作。这些步骤是我不在的时候批准的。总统回来后，第四十号委员会又于十月六日开了一次会。会后，我们和出国访问前一样还是迷惑不解。弗雷不但没有采取什么行动，而且他也没有采取任何行动去阻止基督教民主党代表大会于十月五日有条件地赞成智利国会选举阿连德为总统。代号为“鲁布·戈德堡”的那一着，现在肯定是寿终正寝了。智利国会肯定会选阿连德当总统。用内阁辞职的办法来造成宪政危机也来不及了。剩下的唯一可能是，军方接管政权作为重新选举的前奏，以此来阻止阿连德上台。亚历克西斯·约翰逊和我按照全体一致意见通过秘密渠道联名通知科里——按第一轨道——要求他再向军方强调阿连德就任总统的严重后果，并授权他重申：如果军方行动起来，美国保证继续提供军事援助。

第一轨道和第二轨道事实上行将合而为一。十月十日中央情报局向黑格将军报告——作为第二轨道的一部分——发生军事政变的前景比以前更加渺茫了。十月十四日中央情报局的代表托姆·卡拉梅西尼斯向第四十号委员会报告——作为第一轨道的一部分——“目前不存在政变的气候”。我向这个委员会指出，看来我们几乎毫无办法去这样或那样影响智利局势。十月十五日，我接到卡拉梅西尼斯的一份类似的情况汇报。这是第二轨道的一部分。现在唯一还存在的可能性是由罗伯特·维奥将军阴谋绑架施奈德将军，把他送到阿根廷去。但是，维奥将军对这种绑架的事很不在行。我向尼克松报告说：“今天我看见了卡拉梅西尼斯。看来那一着毫无希望。我让他们停下来了。搞一次流产的政变比什么都更糟。”尼克松表示同意。他现在觉得也只好任由阿连德去当总统了。他主要关切的事是不让国务院在阿连德执政的情况下，硬要他同意恢复援助关系。他下令，如果阿连德没收美国财产，就立即按希肯卢珀修正案行事。

卡拉梅西尼斯在十月十五日和我会面时，即奉命要维奥将军的政变阴谋立即停下来，同时还交给他一个一般性的任务，只要将来出现其他机会(显然很渺茫)，就要“维护我们在智利的资产”。中央情报局十月十七日把这个指示传达给了维奥集团；我们派驻圣地亚哥的情报站劝告他们，他们的计划会失败，因而反受其害，所以不要执行了。

参议院特别委员会以调查所谓美国政府的暗杀阴谋的名义，在它的一九七五年的报告中用了大量的篇幅吹毛求疵地论述，是不是艾尔·黑格或我作证时向委员会提供了错误的情报；是不是中央情报局擅自轻举妄动。我和黑格作证时说，策划政变的工作已于十月十五日结束。实际情况是这样。除维奥集团外，参议院特别委员会还发现了另一个阴谋集团。中央情报局和这个集团有联系，这个集团也计划要绑架施奈德将军。我和黑格从来未听说过有这么一个阴谋集团，理由很简单，他们什么事情也没有干。一九七〇年十月十五日，我下令立即停止政变的策划工作时，尼克松、黑格和我都认为，第一轨道和第二轨道都从此结束了。在智利的中央情报局人员显然以为这道命令只对维奥集团适用。他们觉得，他们仍然可以放手和第二个阴谋集团继续干，而白宫对这个阴谋集团毫不知情。他们于十月十九日甚至没有通知白宫的任何人，便给了他们三挺轻机枪。对于需要外国武器来搞军事阴谋的人，这样做是不值得大惊小怪的。这些人确实是这样的。在一出《台柱子警察部队》*似的错误百出的喜剧中，阴谋者准备要在十月十九日晚宴后，在施奈德的汽车里绑架他。但他们没有抓住他，因为施奈德乘了另一辆小汽车跑了。第二天，他们再次想抓住他，但是，施奈德的小汽车在圣地亚哥来来往往的汽车中消失得无影无踪。那三挺轻机枪没有用过就还给了我们中央情报局的情报站。这些阴谋者也就心安理得地不再露面，他们的英勇行为后来才由参议院特别委员会出面把它弄得臭名昭著。

---

* 《台柱子警察部队》是二十世纪十到二十年代在美国流行一时的一部无声影片。这支台柱子警察部队在执行任务时大打出手，错误百出，大闹笑话。——译注

随后，十月二十二日，中央情报局于十月十七日曾明确地通知维奥集团停止活动，但它却违反中央情报局的指令，背着我们自行活动。它试图劫持施奈德将军，但由于行动鲁莽，施奈德立即拔出手枪自卫，中弹受重伤。施奈德将军之死，是他们鲁莽地搞绑架阴谋所造成的。对此我们曾下令停止，我们既不支持又不赞成，既不援助又不同意。而这却是参议院特别委员会调查美国政府阴谋暗杀外国领导人的特别事件之一。参议院特别委员会进行了各种影射攻击，却反而证实了美国没有阴谋暗杀施奈德将军。确实没有谁有意要暗杀他，连维奥将军也无此意图。在我因公出访期间，第四十号委员会的任何一次会议都从未讨论过暗杀或在这类问题上有所暗示，也从未把它当作第二轨道的一部分审议过。绑架是维奥策划的。我们曾劝他不要这样干。第二个阴谋集团什么事也没有干。不论是第一轨道还是第二轨道的一切计谋，哪怕是涉及军方的复杂计谋，其用意都是要重新举行大选，考验智利人民在两个人的竞选中是想选一个民主总统还是选一个标榜马列主义的总统。几乎可以肯定，在这两个人的竞选中，智利人民是会选择改良主义民主派爱德华多·弗雷的。

十月十五日以后，我们的注意力已转移到阿连德上台后怎么办这个问题上。十月十七日，我召开了高级研究小组会议，讨论阿连德就职后可供选择的方案。十月十八日——在上述各种阴谋活动之前——我送交总统一份备忘录，这份备忘录可以毫无疑问地证明，在美国政府最高一级的官员中都已放弃一切搞政变的想法。备忘录说：“现在看起来，阿连德肯定将在十月二十四日国会决定性的选举中当选为智利总统。”

我们估计了阿连德当选总统对我们的利益以及对西半球所造成的危险。我们的估计是对的。我们所寻求的解决办法是促使人民有机会在民主力量和集权力量之间作出明确的选择。我过去和现在都认为，为努力实现上述这一解决办法助一臂之力是对的。有人说，美国被排除在灰色区域之外，未能采取介乎外交和军事干涉之间的行动；而在这个灰暗的世界里，我们的敌人却以政党为工具，所拥有的外国资金也不知多多少倍，还有难以胜数的外围组织为他们打掩护。我不能同意这个说法。我们所想的办法很不在行，是慌里慌张地临时凑合应付，执行时也是一片慌乱。所策划的“隐蔽活动”根本没有开展起来。和一九六四年的情况相反，我们做得太少，行动也太迟缓，这样阿连德就任了总统。没有发生政变。一九七〇年十月以后(尽管参议院的报告中有些无中生有的含沙射影的错误说法)，我们已不再去联系以图组织什么政变。后来阿连德终于被推翻，那是由于他太无能、太固执的缘故。军方领导人没有和我们商量就主动地对他采取行动，因为他们确信阿连德蓄意夺取全部权力，并将为此组织自己的政变。他们这么认为是很有道理的，我将在第二卷中谈这个问题。

阿连德就任总统

十月十五日以后，大家已公认不可能阻止阿连德就任总统，高级官员们越来越转而注意我们同阿连德政府的关系问题。科里大使以前认为，要想和阿连德达成临时协议，那是幻想。但是，他现在改变了这种看法，建议立即同新当选的总统开始谈判。现在科里提出这么一个论点：既然阿连德想要在国际上获得威望，显得他的政府是合法的，而要做到这一点需要我们的默认，所以我们就应主动表示我们对他毫无敌意，以换取智利方面的克制态度。在没收问题上尤其应该这样。十月十五日，我给科里安排了向尼克松陈述他的意见的机会。尼克松已不再反对阿连德任总统，但不主张同他合作。他的回答有些含糊其词，从那以后，不公平地把科里当作一个“软弱的人”。

科里的建议具体分析了我们在政策上所面临的进退两难的局面。十月十七日，我向高级研究小组介绍了建议的主要内容：

要是我们过早地公开表示敌对的态度，那就可能促使智利的民族主义分子团结一致支持阿连德。另一方面，要是我们表示愿意和解，那就是甘冒表现软弱或对在西半球建立马克思主义政府无动于衷的风险。

我离开会场的那一天，谁也不相信可以长期采取和解的态度。我们所面临的唯一抉择是采取什么策略。问题是：让人们看到是阿连德先采取行动而造成对峙局面好呢，还是美国立即采取敌对军事行动好。

第二天，我向总统概述了事态发展的情况。我在给他的报告中写道，如前所述，现在阿连德肯定要就任总统了*。美国政府内部一致认为，阿连德是一个有强烈的反美偏见、强硬、忠实的马克思主义者。他将谋求与古巴和苏联建立密切的关系，领导西半球反对美国影响的一派力量，并有计划地鼓动与我们相敌对的政策。他几乎肯定将没收美国人的投资，而且很可能不付出适当的赔偿。这样一个政府存在的本身，必定会助长其他拉丁美洲国家那些敌视我们的人的气焰。可以断言，阿连德开始的时候地位并不牢固，支持他的那个联合内部派别很多。智利经济情况在恶化。智利的民主传统在一段时间内使他不敢轻举妄动去建立一个极权国家。军方亦不信任他。我写给尼克松的报告说："为了克服这些弱点，阿连德的'行动方案'几乎肯定会谋求合法性和威望；使那些心存疑虑的人放心，并且十分谨慎地避免反对派很快联合起来反对他；分散反对他的势力，然后在他力所能及时逐一地各个击破。如果让他顺利地执行他的行动方针，他便很有可能有能力有办法在一两年内巩固他的政权，使他的反对派不起作用。"

这样我们就面临着和解政策不起作用的困境："阿连德不会自动改变他的目标；他也不大可能仅仅为了能够同我们相处下去而愿意谈判修改他的目标。因此，美国想要同他和解的政策，在他想要而且能够采取

* 这毫无疑问证明，我们事先并不知道维奥十月二十二日的阴谋。

反美方针的情况下，是不大可能使他改弦更张的。”换句话说，我们实际存在的选择就是高级研究小组所已指明的：我们究竟应采取公开敌对的态度呢，还是应当采取一种“正确”而“冷淡”的态度，从而由阿连德去强行造成对峙的局面呢。我促请总统召开国家安全委员会会议讨论这个问题。我表明，我宁可避免对峙，建议采取“冷淡而正确”的态度。

不过，有若干礼仪上的问题必须立即作决定，那就是关于我们对阿连德很快就要就职应如何正式表态的问题。我建议由龙·齐格勒宣布我们已注意到阿连德当选，我们未来的关系要由智利决定；我们派遣一个小的、规格低的代表团由助理国务卿查尔斯·迈耶率领去参加就职典礼；恢复给智利军方的军援输送。我建议，关闭我们设在智利的空军大气层试验站（因为阿连德必定会关闭）；我们和各主要拉丁美洲国家政府协商，设法协调西半球各国对智利新总统的政策。

尼克松批准了我的全部建议。这些建议于十月二十一日传达给各政府机构。智利国会十月二十四日投票选举阿连德为总统。十月三十日我支持国务院的建议，即授权助理国务卿迈耶向阿连德致贺词，说尼克松总统得知，智利人民给予了阿连德巨大的荣誉和责任。这不是一个热情洋溢的贺词。我主张这个贺词用口头转达，不要写成书面的，但在礼貌上要做到得体，以便让阿连德选择和解道路，如果他愿意这样的话。

十月三十日，阿连德宣布组成他的十五名阁员的新内阁。重大的经济和亲信职务全部交给了共产党（财政、公共工程和劳工）；经济部长由一名很亲近共产党的无党派人士担任；四个职务由阿连德自己的社会党员担任（内政、外交、住房和总统秘书）；其余七个职务由其他几个激进的小党派人士担任。新外交部长克洛多米罗·阿尔梅达在过去由于钦佩中国共产党人和古巴人曾采取过反苏立场，可见他左到什么程度了。

卸任总统弗雷于十月三十一日向智利国会发表了告别演说，他在演说中声明，他打算作为阿连德政府的建设性的反对派继续积极从事政治活动。他敦促智利人维护民主制度，要人们警惕不要把大学变成政治战场。看来，他的演说反映了人们对阿连德统治下政治民主权利前途的普遍关注。

阿连德于十一月三日在国会的联席会议上宣誓就职。他保证“维护国家的完整和独立，维护和遵守宪法”。他还号召智利人为建设社会主义而“努力工作”，并作出必要的“牺牲”。有六十多个外国代表参加这次就职典礼，包括北越、中华人民共和国、东德和古巴的非官方代表团(古巴代表团由长期任共产党领导人的卡洛斯·拉斐尔·罗德里格斯率领)。波多黎各独立党的领袖们也应邀参加了就职典礼，这使人先尝到了一点阿连德的反美偏见的滋味。有人在公开谈到就职典礼盛况时，引用了阿连德的话说，他计划，如果国会(在两百个议席中，他们人民团结阵线只控制了九十个席位)拒绝接受他所倡议的政府“新形式”，便举行全国公民投票。⑬ 十一月五日举行群众大会，三天的庆祝活动至此达到了高潮。阿连德在大会上发表演说，保证建立一个“工人阶级共和国”，他指责资本主义社会和经济制度不平等。他暗示要大搞国有化计划。

阿连德接见了查尔斯·迈耶。迈耶向他转达了尼克松的贺词。阿连德没有表示他会采取和解的态度。他的政府的主旨已定。例如，过了几天，切·格瓦拉的雕像在圣·米格尔工人阶级区揭幕。拉丁美洲的一些革命斗士，其中包括古巴工人联合会的总书记出席了揭幕典礼，参加典礼会的群众高唱智利和古巴的国歌。⑭

十一月六日，国家安全委员会就是在这样一种气氛下开会来审议我们对智利的政策的。也就在这一天，一则可靠的报道说，阿连德和智利民族解放军这个为在玻利维亚推进革命而成立的激进团体的成员举行了秘密会议。这个报道自然无助于改善会议的气氛。据说，阿连德在那个秘密会议上保证，一旦他的政府牢牢地掌握了政权，智利将成为谋求通过武装斗争“解放”自己国家的拉丁美洲各革命组织的援助和训练中心。

虽然如此，尼克松还是接受了大家的意见，赞成采取“冷淡而正确的”态度。他表示担心，阿连德成功地巩固了政权会助长整个拉丁美洲所有我们的敌人的气焰，还可能使许多骑墙派转而反对我们。不过，他同意，如果我们采取公开敌对态度，反而可能对阿连德有利。因此，他决定采取体现在十一月九日发布的指示中的政策。指示申明，美国公开的表态应“冷淡而正确，避免给阿连德政府以口实来唤起国内和国际上的支持以巩固他的政权”。但是，指示也要求联合起来施加压力，免得“在智利建立的敌视美国利益和其他西半球国家的共产党国家”得以巩固。总统下令，不得给新的私人投资颁发保证书，已经发了的也应在可能的条件下停止生效，总统还下令，运用我们在国际金融机构中的影响，限制给智利的信贷或其他财政援助。暂时不再承担新的双边经济援助义务，但是，人道主义计划作为例外情况处理。现有的义务应予以履行。

这个指示是严峻的，但在执行上不像措辞所说的那么激烈、果断（比如，在执行上，远不及后来对智利的奥克斯托·皮诺切特或对尼加拉瓜的安纳斯塔西奥·索摩查的政策严厉）。智利政府无偿没收的新政策是为了打击私人投资。政府火上加油造成的通货膨胀（在阿连德死亡的那一天）达到了百分之三百五十的水平。中产阶级受到摧残。智利已无力偿还一九七一年的国际债务。在这种情况下，不论美国在国际信贷机构中推行什么样的政策，从一九七〇年到一九七三年智利的信用都会一落千丈。阿连德在他的一九七〇年竞选宣言中（“人民政府的头四十项措施”），曾保证“把对国际货币基金组织所承担的义务作废”，在他一九七〇年提出的人民团结阵线纲领中曾宣称，打算“没收帝国主义资本……增加为我们的活动自筹资金的能力”。“对于含有限制我们主权义务的条约和协定，特别是智利和美国签订的互惠援助条约、共同援助条约或其他条约”，他认为“酌情复查、谴责或废除是绝对必要的”。

对他这样一个人，任何国家的或国际的金融机构要是提供大量的信贷，都是不慎重的。

至于美国的互惠援助计划，如前所述，赠与的援助已于一九六八年弗雷任总统时就终止。贷款计划在一九六九年即已减到四千万美元左右，到一九七〇年为七千万美元。即便是在阿连德统治时期，作为例外的人道主义计划也还为粮食用于和平计划拨款一千六百八十万美元，为救济特别灾害拨款二十五万美元，还有美国赞成泛美开发银行一九七一年一月贷款给智利的两所大学一千一百五十万美元。和平队留了下来。阿连德在职期间，美国还批准提供四千两百万美元的军事援助，同意重新安排智利所负的约两亿五千万美元债务的偿还期，参加国际货币基金组织向智利提供八千两百三十万美元贷款的计划，并确认以前承担的为数约两千五百万美元的援助义务继续有效。阿连德从各个来源得到的新的信贷加在一起将近九亿五千万美元，其中六亿多美元是从共产党国家借到的。[15]对于那些总想找点外部原因来说明为什么马克思主义经营管理的经济造成了灾难的人来说，承认事实也许是痛苦的事；但是，使阿连德倒台的不是美国的经济压力，而是他的政策。

阿连德迫不及待地执行他的纲领。十一月十二日，他宣布和古巴重新建立外交关系。重新建交的新协定是卡洛斯·拉斐尔·罗德里格斯参加阿连德的就职典礼时签订的。这个新协定违反了美洲国家组织一九六四年通过的决议，该决议被阿连德指责为缺乏“法理和道义基础”。第二天，美国国务院就作出了反应，发表了声明，对智利未与美洲国家组织的协商机构打招呼便采取了行动“表示遗憾”。阿连德政府还迅速地和朝鲜代表团签订了一项条约，条约虽然没有提及外交关系，但还是构成了事实上的承认。智利随即退出了联合国朝鲜委员会。

十一月二十日，阿连德对美国产业采取了第一个行动，他根据一九四五年劳工法下令接管了北印第安纳黄铜和罗森·普瑞纳公司控制的两家智利公司的行政管理权。阿连德指责这两家公司蓄意剥夺智利人的工作权利。他接着于十一月二十六日在共产党的一次全体大会上发表演说，他在演说中宣告，他的政府很快就要提出把美国公司、智利人和外国人的银行与保险公司以及未指明的产业财产收归国有的立法。据报道，他在提出这类立法的同时，很可能也提出提案，修改宪法中保证私有财产的条款，使政府可以接管厂房设备（如工厂、矿山）以及私人所有的土地（业已授权没收）。在他发表了这篇演说后，又公布了把大量基础产业收归国有的计划，对产业、银行业、商业和农业实行由中央计划管理的措施。这些正是他一九七〇年的纲领保证要做到的。阿连德的财政部长向智利国会的一个委员会提出经济计划提纲，他把智利的经济问题归咎于“资本主义制度”，归咎于外国的，特别是美国的投资商。

阿连德在一个月内就赦免了属于战斗工人团的数以百计的革命恐怖分子。战斗工人团是一个比共产党还要左的决意用暴力夺取政权的组织。在一九七一年一年内，特别突出地标志着西半球团结破裂的一件事情是，菲德尔·卡斯特罗对智利作了一次长达近一个月的访问。访问结束时，还发表了联合新闻公报，申明“两国政府和人民的共同斗争和对世界形势的共同观点”，谴责“帝国主义”对越南的“干涉”，为“资本主义货币危机”和“社会主义阵营经济、政治、社会和技术力量的日益壮大”而欢呼。

阿连德的女婿、古巴人路易斯·费尔南德斯·奥那，曾积极参与策划切·格瓦拉在玻利维亚的远征，很快就在圣地亚哥的总统府担任了要职。阿连德在现有的军队和警察系统外还组织了他私人的安全部队，其成员基本上是战斗工人团的极端分子。他秘密进口了大量的古巴武器，把他的支持者武装起来，为巷战作准备。一个“按照宪法产生的”总统竟采取这种手法真是太有趣了。一万到一万五千名无需签证的外国人前来帮助组织智利境内的游击队左派，并在邻近国家进行恐怖活动。他们企图推翻军事机构，一九七一年，一群士官在总统默许下曾发动一次兵变，要接管海军。

有人说阿连德是民主人士，这种话不管说得多么天花乱坠，也不能叫人信以为真。智利最高法院于一九七三年五月二十六日、审计长于一九七三年七月二日、众议院于一九七三年八月二十二日先后宣告，阿连德政府所采取的各项措施违反了宪法，超越了法律的范围。促成一九七三年军事政变的是在智利国内人们对他的不满。这一政变的酝酿、策划和执行我们都没有插手。

在一九七〇年九月，这一切都还是难以逆料的事。那时我们未能阻止阿连德上台执政。我们准备同他和解，如果阿连德出乎意料想要和解的话。但是，我们也认为更有可能出现的情况是，阿连德说话算数，履行自己的诺言，因而我们也做好了准备来维护自己的利益。

这就是智利在我们那个危机四伏的秋天中所处的地位。我们在约旦和西恩富戈斯都已得手，但是，在西半球，我们还要去面对继续出现的挑战。我们的讨论磨炼了我们自己去对付将来其他危机的能力。我们所经受的各种考验，几乎是在同一个时间，而且是紧接着我们在柬埔寨问题上惨痛的经验之后出现的，因而更加错综复杂。我们既已挡住了别人强加于我们的挑战，现在可以设法按照我们自己的目的去左右局势的发展了。

注释：

① 见保罗·E·西格蒙德著《阿连德的倒台和智利政局，一九六四至一九七六年》（美国匹兹堡，匹兹堡大学出版社，一九七七年），第八九页。人民团结阵线纲领全文见乔丹·赞米特编《智利的社会主义道路》（美国奥斯汀，得克萨斯大学出版社，一九七三年），第二五五至二八四页。

② 见罗吉斯·德布雷著《智利的革命：同阿连德的谈话》（纽约，兰多姆出版社，普及本，一九七一年），第一五九页。

③ 同上书，第一一九页。

④ 见罗吉斯·德布雷著《智利的革命：同阿连德的谈话》，第一二〇页。

⑤ 同上书，第一一八页。

⑥ 同上书，第一一七页。

⑦ 同上书，第一一八页。

⑧ 同上书，第一二二至一二三页。

⑨ 同上书，第八二页。

⑩ 按照福特总统一九七六年改组情报系统的命令，第四十号委员会改名为行动顾问组。按照卡特总统一九七八年一月二十四日发布的第一二〇三六号行政命令，一个称为国家安全委员会特别协调委员会的类似委员会行使同样职能。

⑪ 见美国国会参议院研究政府情报活动特别委员会《关于暗杀外国领导人阴谋案的特别报告》，第九十四届国会第一次会议，一九七五年十一月，第二二九页。

⑫ 德布雷著《智利的革命》，第一二三至一二五页。

⑬ 与墨西哥城报纸《至上报》记者的谈话，于一九七〇年十月四日发表。

⑭ 见一九七〇年十一月九日《纽约时报》。

⑮ 在阿连德任总统期间，智利从共产党国家和西方国家共得到九亿四千七百九十万美元的新贷款，其中六亿二千万美元是苏联和其他共产党集团国家提供的。这些数字不包括根据以前允诺继续提供的贷款。比如，泛美开发银行在阿连德时期便继续向智利提供四千六百二十万美元的贷款，事实上，这一时期该银行每年提供贷款的平均数比一九六四年到一九七〇年任何一年所提供的贷款都大。见美国国会众议院外交委员会《一九七〇至一九七三年阿连德时期美国和智利的关系，众议院外交委员会泛美事务小组委员会听证会记录》，一九七五年出版，第三二四、第四四七页；美国国会参议院研究政府情报活动特别委员会《一九六三至一九七三年在智利的隐蔽活动》，第九十四届国会第一次会议工作报告，一九七五年出版，第三二页；美洲国家间争取进步联盟委员会一九七四年一月二十八日提出的关于智利国内形势和需要从外面筹款情况的报告(美洲国家组织丛书 H/XIV，美洲争取进步联盟委员会/650 号)V14 至 V15 页。

第十八章　应邀赴北京

华沙渠道的结束

从表面上看，尼克松政府任内美国和中华人民共和国的第一次会谈没有出现戏剧性场面。会谈于一九七〇年一月二十日在华沙中国大使馆举行。会谈时我国驻华沙大使沃尔特·斯托塞尔和中华人民共和国代办雷阳隔着一张桌子面对面地坐着。这是两年里第一次举行会谈。这种大使级会谈断断续续地举行已有十五个年头。会谈的重大意义似乎就在于，它是不能取得任何一项重大成就的时间最长的会谈。会谈已进行了一百三十四次，全都毫无结果。第一百三十五次会谈的议程上同样是充满那种徒劳无功的气氛。所不同的是，华盛顿的官僚们放过血* 以后，斯托塞尔奉命说点新鲜的东西——当时的情况表明，雷阳也是这样。

以往一百三十四次会谈的主题一直是我们同台湾的关系这个难解决的问题：只要中美敌对状态继续存在，要解决问题是不可设想的，而只要台湾问题一天不解决，敌对状态也就不会结束。在会谈中不时提出的其他问题是：美国方面要求赔偿被收归国有的财产和偿还未按时偿付的债务；中国方面力求收回一九四九年以后美国按《对敌贸易法案》冻结在美国的资产；我们方面力求使监禁在中国的美国人获释，时而也试图使美国新闻记者能到中国去采访，或探讨贸易前景。这都是些双方纠缠不清的老问题。

所有这些大家熟悉的议题都可能在第一百三十五次会谈中不厌其烦地旧事重提。我们方面的指示是国务院东亚及太平洋事务司拟定的。该司根本不知道过去一年中传达到中国方面去的信息，还以为没有理由要改变以往一百三十四次华沙会谈中沿用下来的那一套做法。这个做法确实没有取得什么结果，但也没有造成失败或引起争论。尼克松和我一样，虽未漠视那空洞无物的议程，却认为华沙会谈是向中国传达一个新的更有意义的信息的机会。只要北京认为美国是它的主要外部敌人，而华盛顿又把中国看作是包括越南在内的一切亚洲侵略和革命活动的根源，那么议程上的任何问题都不可能明确规定，更谈不到解决了。

二十年来，美国决策人把中国看作是一个难以理解，不可能左右的阴沉、混乱、狂热和格格不入的国度。他们一直深信，越南战争是中国扩张主义的反映，“文化革命”是迷信意识形态纯洁性的产物。这些对美国人的气质来说是格格不入的，也是很吓人的。中国方面则认为，我们在越南所作的努力的规模同我们想要达到的目标是不成比例的，因此，他们认为，唯一讲得过去的目的是把印度支那变成最后进攻中国的跳板。这二十年的僵持真正反映了这些看法，它使我们的专家看不见这样一个十分重要的变化：美国和中国之间正在出现一种还只是隐约可见的共同利益。中华人民共和国的专家们无疑也像他们一样。两国领导人在一代人的时间里第一次开始彼此从地缘政治的角度而不是从意识形态的角度看待对方。

苏联在四千英里的共同边界上集结力量所造成的明显威胁，迫使中国谋求减少它的敌人，并获得另一股对抗苏联压力的力量。尼克松政府虽然背上了越南战争创伤的包袱，仍然有决心要缔造一个国际关系的新纪元。它深信，同四分之一的人类接触能使我们再次以新的观点去办外交。双方都必须处处小心谨慎，以意味深长而又微妙的信息和姿态去试

---

* 意思是指冷静一下。——译注

探对方，而这些举动一旦遭到拒绝就不必承担责任。那么，中国发出愿意改变方针的讯号所显示的微妙变化为我们的专家们所忽视，也许就不足为奇了。而且在美国的“对华友好”团体所作的好心好意但目的性不明的努力也把问题搞乱了。

他们之中很多人所持的观点都是根据个人“亲善”的抽象概念或甚至历史上的内疚感，而决策人是难以把这些东西同美国国家利益或中国国家利益的现实调和起来的。中国人想要的不是空洞的恩惠，甚至也不是过去一直成为对话的主要内容的实际步骤，诸如承认、联合国会员籍、各种权利要求、交流等。他们想要的是战略上令人放心的保证，使他们四面受敌的噩梦有所缓和。美国新政府准备提供这种保证。它的不感情用事的态度现在倒成了一笔有用的资产，因为它和中国冷静估计的需要合拍。但是，我们必须克服二十年来先入为主的观念，专家们的种种清规戒律所形成的瘫痪性作用和政府内部互相倾轧的怪现象。我认为，除非我们能够摆脱在华沙起阻滞作用的那种仪式，特别是除非我们安排特别使节在两国首都之一，或许就在北京举行高级会谈，否则，这些都办不到。

美国驻华沙大使的人选，通常都没有关于中国事务的专门知识。因此，每次会谈都要有一名中级官员在煞费苦心征得官僚机构和友好国家同意后，带着发言稿乘飞机赶来参加。我们的大使在会上念发言稿；他所得到的回答无疑也是这一类文稿。大使们只有在澄清少数几个问题时才有权自行处理。在下一次会谈里，他们照样宣读在各自的首都重新经过冗长准备的对答。这一切都需要时间而且毫无进展。在当时那种不信任的气氛下，哪一方也不能肯定坦率地陈述真实的目的或看法是否会有什么用处。而没有不拘束的讨论就不能消除不信任。我认为很有必要把对话提到这样一个级别，即谈判代表能进行交换条件的谈判，而且很熟悉他们领导人的想法，因此能掌握基本战略思想。我想利用一月二十日的会谈来表示我们愿意派使节到北京去；我向总统指出，只要发言中谈到我们的基本思想，再谈些别的事情都是可以的，这些基本思想是：我们想要有个新的开端；我们不会参加苏美两国共同主宰世界的谋划；我们将不以意识形态为依据，而以对共同利益的估计为根据来开始我们的谈判。

到那个时候为止，在制定对华政策的那些人看来，这些想法没有一点是可以接受的。到了要草拟斯托塞尔大使一月二十日会谈的发言稿时，这些想法的每一点都遭到猛烈的抵制。亚洲问题专家不赞成我们希望有一个新的开端（部分原因是他们不知道当时正通过秘密渠道传达的信息）。苏联事务专家们担心，光是会谈这个事实就会引起苏联的对抗，如果在发言中再保证不参加苏美共同主宰世界那就更会引起对抗。他们认为，只有对方放弃在台湾海峡使用武力，参加关于武器管制的谈判，或保证在亚洲采取和平行动，才能说是取得了进展。而这些问题除非与更大的问题联系起来，否则北京根本不会考虑。至于派使节去北京，一提这件事就把官员们吓得发抖，因为这样的会谈可能要由白宫亲自掌握，国务院以后再也插不上手了。

这一场官场的争斗是以传统的官场方式妥协解决的：我同意全部接受国务院的得意项目——提到台湾、武器管制、资产、权利要求、扣押人员等问题——以换取他们接受我认为必不可少的那些想法。最后拟定给斯托塞尔的指示仍然比我所希望的要含蓄些。但是，等到我更加了解中国人的时候，我才认识到，弦外之音，不论从什么动机出发，他们几乎总是会注意到的。中国人与外国人打交道已有三千年的历史，而且不乏成功的经验，他们往往认为，谁要一再坚持一种说法，那就说明这里面大有文章。

恰好中国人的想法同我们的想法并行不悖。在一月二十日的会谈中，斯托塞尔宣读了一篇声明，重申美国不谋求“参加针对中国的与苏联共同主宰世界的谋划”。他加上一句其务实精神使官僚们所流的血* 不那么

---

* 和前面“放血”的比喻相呼应，指国务院官员勉强同意。——译注

显眼的话：美国“准备考虑派一个代表到北京去同你们的官员直接讨论问题，或接受你们的政府代表到华盛顿来更全面地探讨我今天的发言中提到的任何问题，或我们同意讨论的其他问题”。

中国临时代办雷阳当然没有对这个惊人的变化作出回答，但是他照着稿子念的发言在台湾问题上显然语气和婉，与往常不同，而且在惯常的词句当中隐藏着两句含蓄的话：

我们愿意考虑和讨论美国政府根据和平共处五项原则提出的任何意见和建议，从而切实帮助缓和中美之间的紧张局势，并从根本上改善中美两国的关系。这些会谈可继续在大使一级进行，也可在更高一级进行或通过双方同意的其他渠道进行。

在相隔一万二千英里的两国首都拟定的两篇正式发言，实际上提出了同样的建议。但是，华沙会谈的性质使我们不得不等候一个月，然后再看看在下一次会谈中能否把这个建议向前推进一步。

快到一月底的时候，我看到一个报告谈到中国总理周恩来和巴基斯坦驻北京大使的谈话，很受鼓舞。巴基斯坦大使发现，周恩来首先担心的是苏联，其次是担心日本军国主义复活。至于美国，周明确地认为是个次要的威胁；他似乎已准备好，只要我们采取主动，便同美国举行高级会议。据这个报告说，周恩来曾考虑过，我们显然不愿意“采取像柯西金那样的步骤”——换句话说，愿意派一位高级官员到北京去。

在这整个过程中，苏联人的愚蠢是够典型的。华沙会谈举行以后的第二天，多勃雷宁出现在我的办公室，他是想要我介绍情况来了。他倒并未因为莫斯科在任何问题上从未开恩向我们介绍过情况而裹足不前，竟跑来要我帮忙。当我避而不谈他的请求的时候，他便说，他希望我们不是在考虑“利用”中国作为一种军事威胁。他这样说实在太荒唐了。

其实，那次会谈的情况很简单，无非是每个大使念了一篇预先写好的发言稿。对于他的说法我一笑置之。苏联大使馆的其他人员同样向其他级别的人打听。显然，北京已成为触发“神经痛”的地方。

我们一面等候举行第一百三十六次华沙会谈，一面加倍努力寻找不那么受限制的渠道。二十年不来往给我们的惩罚之一是，我们根本不知道怎样才能接近中国领导人。亨利·卡伯特·洛奇把我介绍给他的一个朋友、一个西欧国家驻北京的代办，他自称能见到中国领导人。经尼克松同意，我把一个信息托付给这位外交官，这个信息指出，在华沙难以进行认真的会谈，建议通过我国驻巴黎武官弗农·沃尔特斯将军（他已证明很善于安排我和黎德寿的秘密会谈）建立另一条渠道。洛奇的朋友拿了那个信息，以后每过几周便忠实地报告说，他还没有机会传递这个信息。终于，在十个月以后，一九七〇年十二月一日那天他通知我们，他很快就可以把信息传递过去。我想象不出他怎么会有这个信心。但是，这时我们已经建立了另一条渠道。

计划于一九七〇年二月二十日举行的第一百三十六次华沙会谈使白宫和国务院再次出现互相扯皮的现象。我们面临的问题是，看来很可能中国人已接受了我们提的派一位使节去北京或接受他们的使节到华盛顿来的建议，我们应该如何作出反应。我要斯托塞尔表示原则上同意，然后把这个问题提交华盛顿作详细回答。国务院提出这么一个不寻常的建议：我们从我们自己的倡议后退，只表示注意到中国的答复而不发表意见。国务院很怕失去控制权，没有什么比维护其受到威胁的特权更能使官僚们肝火上升了。除此以外，国务院还断然表示，不愿意向多疑的盟国、坚持己见的中立国和易怒的苏联作必要的解释，说明为什么会谈要在新的地点进行，更不要说向新闻界解释了。

我的意见占了上风。尼克松命令我指示斯托塞尔作出肯定的答复，当然也不忽略背诵双边问题的那一套官样文章（台湾问题、权利要求、资产问题、囚犯问题，如此等等）。这些是过去那一百三十五次会谈沿袭下来的。为了确保中国人理解我们改变了的态度，我们在总统的对外政策报告中以空前求实的精神谈论中国。总统的这个报告是在二月华沙会谈之前两天公开发表的：“中国人是伟大的生气勃勃的民族，不应继续孤立于国际社会之外，从长远来说，如果没有这个拥有七亿多人民的国家出力量，要建立稳定的持久的国际秩序是不可设想的。”我们强调我们所崇尚的不是夸夸其谈而是现实的政策。我们关系的关键是彼此对待对方的实际行动。这个报告十分明确地否定在中苏冲突中有任何袒护一方的打算，因而也不打算要搞两大国主宰世界的谋略。

我们希望改善关系不是想要利用中苏冲突的一种策略手段。我们认为这一冲突的加剧对我们毫无好处，因此，我们不打算袒护任何一方。美国也无意与任何一个大国联合起来主宰世界或结成敌对性的联盟来反对两个共产党大国中的一个。我们的态度十分明确：只要某些国家把它们自己看作是另一些国家的死敌，就不可能有持久和平。

正如我所提到过的，报告中关于国防政策那部分相当强调，我们不再把苏联和中华人民共和国两国看作是单独一个敌人。从今以后，我们制订军事计划时将从这样一个设想出发：中苏两国联合起来侵略我国已不再是一种迫在眉睫的紧急事态。我们将根据每个国家对我们的行为分别同它打交道。

对方收到并理解这些信息。在第一百三十六次会谈中，雷阳作了一次非常和婉的发言，表示接受我们派一使节去北京的建议。我们似乎快要突破了。如果说，我们在华沙会谈之前便已示意我们已改变态度，中国人随后也马上作了同样的表示。二月二十二日我们收到巴基斯坦大使希拉利的一个文电，这个文电说，其总统叶海亚 · 汗认为，我们的主动行动鼓舞了中国人。这种迂回的说法无疑说明，叶海亚从中国人那里得到消息，中国人仍然宁可间接和我们打交道。据叶海亚说，中国人现在不像以前那么担心美苏勾结了。但是，如果美国使对方得出这样一种印象，即中国的回答是出于示弱或害怕，那他们会感到很气愤的。循序渐进的前景良好，特别是因为“他们认为扩大越南战争的可能性已经不那么大了。他们认为中美交战的可能性现在已经很小了”。换句话说，周恩来理解我们了。他甚至在一九七〇年初便已了解许多国内批评家们未能承认的事情：我们即将从越南脱身。与此同时，他还明确无误地暗示，中国无意参加越南战争，也无意因为越南战争而攻击美国的其他切身利益。

我立即答复希拉利大使，对报界的揣测我们无法控制，但是白宫将审慎地避免发表任何可能对中国的动机或实力表示怀疑的评论。我再次建议我们开辟一条比华沙会谈更适于秘密交换意见的渠道。尼克松在我汇报谈话内容的备忘录上批示：“同意。”通往北京的道路已经打开，如果我们做好了准备巧妙地走下去的话。

但是，二十年来形成的疑心是不容易克服的。现在，在面临中国接受我们自己的建议的情况下，我们政府内部潜伏着的种种不安再次显现了。在下一次华沙会谈中，我们不能仅仅用大家所喜爱的那些议程项目来回避问题了，哪怕用最巧妙的笔法来拟定给斯托塞尔的指示也不能掩盖我们必须回答中国人邀请我们到北京去这个现实。

国务院东亚司认为，讨论了十五年的那些双边问题还未取得进展就去北京暗含有向中国人让步的意思，而且有使我们的盟国发生误解的危险，更不要说引起莫斯科的敌意了。该司主张要中国人对我们所关心的主要亚洲问题作出让步，作为我们同意参加高级会谈的代价。我认为，同现在使中国人感到不安的主要问题比较，双边问题是次要的。只有非常担心苏联的意图才能说明为什么中国人愿意坐下来跟一个此前被丑化为头号敌人的国家会谈。如果我的看法是正确的，那么中国人真正想要讨论的是全球均势的问题。国务院担心，中国人可能使我们在北京陷入旷日持久的屈辱性谈判中而不能自拔。我对此毫不在意。他们根本不可能想要使我们受辱。只有肯定中国人是在谋求减少他们的敌人才能说得通为什么北京发出邀请。光是开始会谈就会使国际关系发生革命性的变化，因为这表明，我们现在有各种以前认为不存在的选择，表明即便是在越南战争的压力下我们也能够采取大胆的主动行动。

三月十日罗杰斯在向总统提出的一份备忘录中概述了国务院的意见，建议三月十九日为举行下一次华沙大使级会谈的日期。如果我们除去总统考虑问题所需的四十八小时，那么这个备忘录显然是存心在开会日期上造成拖延。中国人不可能在接到通知后那么短时间内准备好去参加会谈。所建议的议程也使会谈不可能有成果，议程是：原则上同意和平解决台湾问题；扩大贸易和彼此间的接触；中国人单方面作些善意的姿态，例如释放美国人或扩大旅游范围。只有中国人在这几点上让步以后才可以万无一失地去讨论仅仅是派更高级的使节去北京的方式问题，而罗杰斯乐观地预期需要再举行“几次”华沙会谈中国人才会作这些让步。

三月十七日，我花了很长时间在战情室和主管东亚和太平洋事务的助理国务卿马歇尔·格林共进午餐，在进餐的时候他再度极力主张要中国人表示愿意满足我们在双边问题上的要求。他后来亲自写了一封短信给我，概述他的不安心情：

在没有这种澄清的情况下到北京去就有这样一种严重危险：北京利用我们去达到它在对苏关系上的目的，而我们不论在同中国人的双边关系方面还是在其他地方，特别是东南亚谋求缓和紧张局势取得进展方面，都得不到任何补偿。由于同样的理由，我认为，除非我们已坚决地最后决定同中国人举行会议讨论像通讯联系、人员来往、会谈的时机、安全等问题，否则我们不应表示愿意讨论这类问题。北京会把我们讨论这类问题解释为十分肯定地承担了举行更高级会谈的义务，并会使中国人更加相信，在举行这种会谈之前，他们用不着和我们讨论“实质”问题。在这个时候承担这种义务会削弱我们力促中国人就他们自己的意图和在更高级会议中的谈判立场进一步表态的能力。

我不同意这些看法。一个美国使节访问北京必定会触发一场地缘政治革命；光是对河内就会造成创伤。这些就是压倒一切的“补偿”。同时，中国人若是完全不了解我们的整个做法就在华沙公开承认与他们的整个亚洲政策相反的原则，那也是不可想象的。我们在同我们的亚洲朋友的关系上肯定会碰到严重的复杂情况。但是，中国最终必定会摆脱它自己造成的孤立状态，到那时我们总是要碰到这种情况的。美国不应甘愿做无能为力的旁观者，而应有目的地去造时势。

尼克松和我持同样的看法。他在几次谈话中都强调他希望把会谈地点迁到北京去，派一个总统特使而不是普通的大使去参加会谈。当然，这也正是国务院对这件事那么缩手缩脚的原因。尼克松提议要我绕过官僚机构，让洛奇的朋友、那位驻北京的欧洲国家的代办通知中国领导人，我们原则上同意派一个总统特使参加会谈。我们当时还不知道，这位一厢情愿的媒人说他能见到中国领导人是信口开河说大话，但既然原先托他的信息都没有传递过去，我看还是不托他办这么惊人的事情为好。

这次内部扯皮扯了一个星期，把原先打算举行华沙会谈的日期给耽误了。为了把事情弄出个眉目来，我在三月二十日给国务院发了个备忘录，建议立即举行华沙会谈，并主张给斯托塞尔的指示要反映出一种对举行更高级会谈的“积极”态度；我们还应接受雷阳的那个暗示，即一般的远东问题也可以讨论，而不仅限于传统的中美双边问题。国务院回答说，最早也要到四月八日才能把“经审批的”发言稿拟好(这倒令我想起了一个问题：要是我们同意三月十九日举行会谈，那么提出的发言稿是不是未经审批的呢)。我同意了这一点。北京在答复中建议四月十五日开会，这是由于策略上的考虑，还是由于他们自己的官僚主义，没有透露。* 这一拖延使国务院想出了推迟的另一个理由。台湾“行政院”副院长、蒋介石的儿子蒋经国定于四月二十二日访问华盛顿。东亚司认为，在访问前两个星期或访问后十天内举行华沙会谈是不明智的（他们始终不肯告诉我这些天数是怎么样算出来的）。因此，美国于四月一日向中国人建议四月三十日或以后的任何一个时间举行会谈。至此，显然中国人被激怒了，他们也决定玩弄拖延的策略了。他们过了四个星期才回答。四月二十八日，他们提议五月二十日举行会谈，我们同意了。

我们能够得到答复就已经是很不寻常的了。到四月二十八日，西哈努克已在北京建立了他的流亡政府和解放军。周恩来一直热情地支持他的事业。南越军队当时正开进鹦鹉嘴。我们的军队已部署好要开进庇护区。在这一切面前，中国同意进一步会谈，其目的是安排一个帝国主义敌人的代表到北京去访问。直到五月十八日，我们在柬埔寨的作战行动开始已有将近三个星期的时候，中国人才通过新华通讯社发表一个简单扼要的声明说，鉴于美国政府“悍然”出兵侵入柬埔寨，“中国政府认为按原定五月二十日举行中美大使级会谈第一百三十七次会议已不适宜。今后何时举行，将通过双方联络人员另行商定”。

这样反而好些。如果中国参加了这样一次会谈，那在印度支那问题上是非严厉谴责我们不可的。这样就免不了要对骂起来。取消会谈的方式方法倒是极其克制的。他们认为“不合适的”只是举行会谈的日期，而不是举行会谈这一事实。中国明确表示愿意继续会谈，甚至提出了继续会谈的程序。以后还有因双方无法控制的事件而使会谈中断的情况，但是，从那以后，中国和美国从未长时间互不接触。

取消五月二十日的会谈凑巧还有另外的原因。我们政府还没有准备

---

* 毛泽东后来于一九七二年二月间向尼克松解释说，在中国方面有过某种官僚主义的阻力或至少是拖沓。

好做单方面发言。诚然，我费了九牛二虎之力成功地修改了五月二十日的安排，把讨论特使访问的技术上的问题包括进去，并授权斯托塞尔谈更广泛的关系问题，特别是远东方面的关系问题。但是，所做的这些修改是很勉强的，措辞又是华而不实的老生常谈，显然华沙就不是个适于进行严肃讨论的好地点。白宫很想同北京谈地缘政治方面共同关心的问题，这在华沙根本不可能讨论，也许连理解都不可能。华沙会谈以后再也没有恢复。在这一年里我们以后重新建立联系的时候，那是通过另一条不同的渠道，要讨论的问题的焦点也更加鲜明了。

三角关系

我国政府内部，在对待华沙会谈的战略上存在严重分歧，但对于继续向北京表示我们的和解态度总的来说是可取的这一点，却没有分歧。国务院巧妙地清除了在朝鲜战争时期建立起来的对华贸易和联系的各种障碍。三月十六日，对前往北越、古巴、朝鲜和当时称为大陆中国的旅行限制又正式延长了六个月。但实际上，对到中国去旅行作了局部的例外规定。美国政府宣布，从今以后，凡是抱有“正当的”目的持美国护照到中国去旅行的，都可以办理批准手续。四月二十九日宣布，在其他国家制造的非战略货物所用的美国造的部件和零件都可以向中国出口。实际的目的是缓和一下由于我们的管制扩大到自己的领土以外而引起的与友好国家的争端，而根本的目的是做一个北京不可能误解的政治姿态。

我仍然确信，中国向我们表态时谨慎小心，是出于苏联在远东迅速地无所不用其极地集结军事力量。沿着中苏边界发生军事冲突的前景使我们面临着各种噩梦一般的选择。对这样一种极其不幸的事件临时作出反应必定是游移不定的，而且很可能是不适当的。在一九六九年这一年里，我一直想方设法使部际机构制订一些应变计划。但是，各个部门和机构都认为可供我们选择的方案都可怕得难以想象，因此，他们只是制定了谨慎回避的方案。他们所开列的巧妙的应变办法似乎更多的是想保险不会被指责为缺乏远见，而不是向总统提出一套实用的选择办法。一九七〇年初，我决定要求我自己的工作人员制订我们自己的计划，结果写成了一个深思熟虑的长篇研究报告，这个报告有几年时间作为我们的基本计划文件用。若干年后，有人在一本书里贬低这个文件，说它是“瞒着政府其他部门偷偷地”采取步骤的又一个事例。这本书的作者写书的时候已不再是我的工作人员，他竟谦虚得出奇，略而不提那篇研究报告是他写的！①

与此同时，我们密切注视中苏关系。一九七〇年四月间有一个报道说，中苏边界谈判取得了一些进展。尼克松是在他上午的新闻简报上看到这个报道的。这个新闻简报是由白宫的助手们组成的一个工作效率很高的小组在前一天晚上综合新闻报道写成的。尼克松常在页边上加些评语，然后传到有关工作人员那里，由霍尔德曼的一个小助手用被动语态写成措辞华丽的备忘录，好像尼克松写的评语是从天而降的雷声似的（“要求你们注意已出现的报道……”）。这一次我回答说，在边界谈判中所取得的进展(这在当时并未证实)固然可能使中国人希望同我们举行更高级会谈的紧迫性减少一些，但不会改变基本现实：

我们知道，苏联人对中国的政策和意图的疑心极大，而中国人已十分明确地表示，他们就是不买他们现在称为“新沙皇”的苏联人的账……因此，我们对共产党中国的战略似乎没有必要作重大的改变。中国人很可能仍然希望继续发展同我们的联系作为抗衡苏联人的措施。他们似乎对和我们开展贸易也颇感兴趣。他们倒可能认为，在北京举行更高级会谈的迫切性不那么大了；我们可能发现，自一九六九年十二月以来我们在华沙同中国人发展联系的迅速步伐将会放慢。

尼克松在上文中提到在北京会谈的地方划了圈，并用正规的书法写道："我们务必使国务院不至于在这件事情上拖延。"

所有这些努力和揣测都因为柬埔寨的事件而暂时停顿下来。当我们宣布进入庇护所的时候，政府内外都有人指责我们既破坏了同莫斯科改善关系的希望，也破坏了和北京改善关系的任何希望。的确有人甚至说，这两个国家现在会被迫联合起来反对我们。但是，根本没有出现这样的情况。所出现的只不过是道义上的口头指责，没有任何行动。

我们在第十二章中已看到，中国人在五月四日和五月五日发表声明，"严厉"警告美国的"明目张胆的挑衅"。他们安慰河内的办法不是答应增加援助，而是引用了毛主席的话，说美国是"纸老虎"，还说"辽阔的中国领土是他们的可靠后方"。我对总统说："中国人已发表声明，实际上是说，他们不会采取什么行动。"

在柬埔寨的事件并没有把两个共产党巨人赶到一块去，倒是因为北京和莫斯科都要争取影响在印度支那起来反抗的各种力量而创立了一个互相角逐的新战场。西哈努克仍然安然流亡在北京，这使莫斯科和河内都感到很不舒服。从更广义上来说，中国和苏联对我们军事行动的有节制的反应再一次清楚地说明，借助于三角外交来解决战争是有可能的。这两个共产党强国，都因为害怕我们可能全力以赴地支持其中一个，而不能在越南问题上冒和我们决裂的风险，这一点已经是明确无疑的了。

五月十八日《真理报》登载了一篇猛烈地攻击中国的文章，指责中华人民共和国拒绝接受苏联提出的在柬埔寨采取联合行动的要求。对这样一种指责非常敏感的中国人以最重的炮火还击，他们五月二十日以毛泽东的名义发表了题为《全世界人民团结起来，打败美国侵略者及其一切走狗！》的声明。这个声明，如果把其中华而不实的词藻去掉，也露出非常谨慎的真面目。我给总统所做的分析指出：

实质上，……那是一篇非常空洞的声明。它只提出要"热烈支持"

印度支那三国人民，甚至关于中国是斗争的“后方”这种常用的词句都没有。声明的中心论点是：小国能够打败大国，河内看来必定从中得不到什么安慰。它没有提出什么威胁，没有承担什么义务，对你没有进行人身攻击，在有争议的双边问题上避免表态。

从策略上来说，毛的声明是要达到这么几个目的：

——利用你在柬埔寨的行动大事宣传。

——以毛的个人威信加强中国人对西哈努克的支持。

——它尖锐地指出，已有二十个（别的）国家承认西哈努克（莫斯科没有承认西哈努克，而且始终不承认他）。

第二天河内公开感谢毛，但在字里行间流露出河内的观点和北京的观点有许多微妙的差异。中国大谈印度支那三国人民需要结成一条统一战线（这一提法特别是指越南共产党人和柬埔寨共产党人之间的分歧），而河内则要求务必注意共产主义大家庭的团结一致，实际上是要求毛弥合他和莫斯科的分歧。

华盛顿收到毛的声明的时候尼克松的脾气特别坏。他没有等我的分析就下令，凡是在越南用不着的第七舰队的舰只全部开进台湾海峡：“挫掉那种好战的锐气。我要他们知道，我们不是在虚张声势，恐吓他们……我不想要什么长篇大论的文件。不要国家安全研究备忘录。* 我要你打电话告诉穆勒，这是总司令的命令。你可以告诉莱尔德，事情已经无可挽回。我要他们在二十四小时内到达那里。”尼克松的亲信们早已认识到，像这类命令如果不在二十四小时内执行是会更有利于公共福利的。我在前面指出过，当尼克松说“无可挽回”时，这正突出地表明他把握不定。等到我们有机会讨论毛的声明的真意以后，尼克松才省悟到在台湾海峡重新部署力量并非良策。把柬埔寨同中国的安全连在一起

* 国家安全研究备忘录是通常由总统发出的要求各部门进行联合研究的指示。

不可能符合我们的国家利益。毛还是留着不少口子以待恢复两国互相接近的长征；在盛怒之下把这些口子都堵死是一点好处也没有的。

因此，到六月中，当在柬埔寨问题上的愤激情绪平息下来的时候，我们便再次想办法重新开始联系。六月十五日，沃尔特斯将军奉命去接近中国驻巴黎武官方文，对他说，有个信息要向他传递。交给了沃尔特斯一份文稿去念，文稿的内容是我们现在都已熟悉的想法：由于华沙这个论坛太公开，也太拘谨，我们希望打开另一条保密通讯的渠道。我们的秘密渠道系统苏联人是很感兴趣的，但对中国人还没有什么吸引力。也许他们不理解，一个严肃的政府怎么可以这样办事。如果确是这样的话，有这种看法的不光是他们。（后来他们也变得精于此道了。）精明能干的沃尔特斯两次试图把交给他的信息传过去，一次是在夏天，还有一次是在九月初，两次都没有成功。这两次沃尔特斯都找到了方文并且谈了华盛顿的信息，方文含糊地说，他将转告他的政府，然后很快开车走了。以后没有回音。

也许中国要实行新政策在内部也有困难。我们很可以设想一下，共产党国家的人同样对革新有抵触情绪；我们有这样一种印象：在北京有人同时发表不同的、有时是矛盾的政策观点，以林彪为首的军方特别主张奉行强硬路线。（我秘密去北京之后不久许多高级军事领导人都更换了，这似乎证明了这一点。）一方面，据报道，周恩来在六月初曾对一些东欧国家的外交官说，由于柬埔寨危机同美国在华沙的接触“暂时”中断以后，中国盼望恢复接触。周主动向几个客人谈这些意见，是联系中国希望同世界各地的一切国家改善关系谈的。② 中国人再次要求推迟六月二十日的华沙会谈时态度温和，似乎证实了这一点；他们强调说，恢复会谈的事将“在以后适当时间讨论”。另一方面，在中国的政策中也有一种好战的倾向。六月二十七日，中国人“纪念”杜鲁门总统决定把第七舰队安插在台湾海峡二十周年，他们谴责这是“美国派军队占领中国的神圣领土台湾”。北京指责美国一再派军队“侵犯”属中国主权的领土，尼克松就任总统以来即已发生了十三次入侵事件。

更加令人不安的是，七月二日，中国人派了两架米格19飞机起飞，显然是预谋要拦截并可能要击落一架在中国海岸外一百海里上空执行收集情报任务的C－130飞机。这是一九六五年以来中国头一次图谋拦截惯常的侦察飞行。我送交总统一份备忘录，谈论这一事件的“令人迷惑不解，甚至不安的”方面。我强调说，如果我们放弃在离中国海岸很远的海上侦察飞行，必然会被中国那些主张奉行强硬路线的人所利用。但是，我尤其担心这个事件引起中国内部的斗争：

也许最合理的假设是：在政府的当权派中确实有人想破坏中美关系。大约有两年时间，中国人降低了通常很刺耳的宣传调子，他们一直小心翼翼地试探我们，看看我们为改善关系愿意做什么。这个政策通常是和周恩来及在同一时期左右国内政策的温和派相联系的。在过去两个星期里，有迹象表明一些狂热分子正在东山再起，还有迹象表明，他们正在由于相对地被排除在经过整顿的党之外而抗争。在三军中，空军是在“文化革命”中最激进的。企图击落飞机可能同政策与权力的斗争有关，其目的是制止对外政策的温和的倾向。这些罪魁祸首也许还希望挑动我们作出反应或发表愤怒的声明，这么一来他们就可以诋毁主张和美国实现有限和解的任何人。

忽然间，七月十日那天，开始出现这么一种情况：中国人似乎已解决了他们内部的争执。北京宣布释放詹姆斯·华理柱主教。华理柱是一九五八年被捕，一九六〇年以间谍罪被判处二十年徒刑的。同时宣布，一九五四年在上海以间谍罪被判处无期徒刑的美国商人休斯·雷蒙德已于三个月以前自杀。这是扫兴的事。但是，释放华理柱主教的时机是有象征意义的。正好在这个时候，北京也宣布重开同苏联的边界河流航行谈判，这又起了相互抵消的作用。

在我们方面，我们继续做些不可能被驳回，也不需要对方首肯的姿态。例如，六月下旬，通用汽车公司申请准许把美国制造的柴油发动机和零件与意大利罗伯托·佩里尼公司生产的八辆大型自动卸货卡车一同运往中国。国防部对这首次把零件卖给中国提出反对。国务院和商务部建议批准。我在（七月十三日）给总统的一份备忘录中支持国务院和商务部的意见。中国人坚持要美国造的发动机作为售货的一部分，尽管他们自称对和美国的贸易毫不在乎，尽管他们可以买到其他发动机。他们可能是以此来试探一下我们的意图。七月二十四日，尼克松批准了这笔交易。七月二十八日，商务部宣布了这个决定。八月二十六日，美国宣布取消禁止在国外的美国石油公司给装载非战略物资运往或运出中国的船只加油的禁令。

虽然中国人继续保持沉默，我们毫不讳言地把我们所采取的行动的初衷公布出去。一九七〇年九月十六日，我在芝加哥对一群美国中西部的编辑和发行人说：

当今世界上最深刻不过的斗争也许是……苏联和共产党中国之间的斗争。沿着四千英里长的边界，在一边有领土要求问题，在另一边大量集结了军事力量。由于这两个共产党大国之间还有谁是正统的共产主义中心之争，使他们的冲突具有准宗教的含义，因而他们之间的斗争就更加严重。

这就是使我们同北京和解具有紧迫感的因素。这就是——尽管有暂时中断的情况——华盛顿和北京正在坚持不懈地互相靠拢的原因。

巴基斯坦渠道

这些信号全都很好。不过，我和尼克松都确信，首要的事情是建立起一条保密的通信联络途径，一条不受官僚们的既得利益和传统仪式的阻碍、双方都信得过的途径。九月二十七日，我在巴黎的时候，我的朋友让·圣特尼告诉我，他偶尔在社交场合见到过中国大使黄镇。我托他提一下我们希望直接联系。圣特尼在十二月间照办了。

周恩来和毛泽东作出决定，认为时机已经成熟，该向我们发出一个信号。不幸他们对我们敏锐地观察事物的能力估计过高。他们传过来的信息是那么拐弯抹角，以致我们这些粗心大意的西方人完全理解不了其中的真意。十月一日、中国国庆节那天，周恩来把美国作家埃德加·斯诺（中国共产党人的一个老朋友）和他的妻子领到天安门城楼上站在毛旁边检阅一年一度的国庆节游行队伍，而且照了相。这是史无前例的；哪一个美国人也没有享受过那么大的荣誉。这位高深莫测的主席是想传达点什么。斯诺自己后来谈论这一事件时指出："凡是中国领导人公开做的事情都是有目的的。"③事情过后我才终于理解到，毛是想以此作为象征，表示现在他亲自掌握对美关系；但是，这在当时真是一种远见卓识。我们在关键时刻理解不到他的真意。事情做得过分微妙反而达不到通信联络的目的。

如果说毛拿的是一把轻剑，尼克松却举着个大锤来传达他自己的信号。几乎就在斯诺看国庆节游行的那个时间，尼克松向《时代》杂志记者发表了谈话，重点谈了刚结束不久的约旦危机。尼克松的谈话中插进了一段关于中国在世界上的作用和他自己在这里面的作用的寓意很深的话：

> 也许在五年时间里，或甚至十年时间里还不可能起这种作用。但是，在二十年内，它应当能起这种作用，否则的话，世界就会处于致命的危险境地。如果说在我去世之前，有什么事情要做的话，那就是到中国去。如果我不能去，我希望我的孩子能够去。④

后来在十月间尼克松又亲自作了进一步的努力去促成这件事。有几个国家的政府首脑到联合国来参加联合国成立二十五周年纪念会。尼克松在华盛顿接见他们中的好些人，并借此机会指出他很希望中美和解。十月二十五日他在椭圆形办公室和巴基斯坦总统叶海亚·汗的会晤是关键性的一次会晤。叶海亚即将访问北京。总统向叶海亚说明了我们力图列入华沙会谈议程但未获成功的各点。他要求叶海亚传话说，我们认为中美和解“十分重要”；我们绝不会与苏联共谋反对中国；我们愿意派一高级使节秘密访问北京。尼克松提到罗伯特·墨菲、汤姆斯·E·杜威，或我自己作为使节的可能人选。

第二天，尼克松和罗马尼亚总统尼古拉·齐奥塞斯库谈的也还是这些内容，他是从一九六九年他访问布加勒斯特时的会谈情况谈起的。尼克松滔滔不绝地说既希望和中国也希望和苏联建立良好的关系，以防万一这次谈话传到苏联人的耳朵里去——这并不是不可能的。在同一天过些时候，尼克松利用齐奥塞斯库的访问公开地向前迈进了一步。尼克松在国宴上致祝酒词时谈到美国和罗马尼亚的许多共同利益，其中突出地列举了罗马尼亚和美国一样都希望和苏联以及“中华人民共和国”有良好的关系。一位美国总统用中国的正式名称这还是第一次。为了确保罗马尼亚人领会了这个信息，十月二十七日在布莱尔大厦我和齐奥塞斯库私下会谈时，又一再用同样的语言谈了尼克松所谈过的事。

现在我们只好等待了。十一月不是一个吉利的月份，因为联合国又一次成功地阻止北京进入，促使《人民日报》的作者们选用最尖锐的词句进行抨击。十一月十九日，联合国投票表决的前一天，我提议就两个问题进行部际联合研究。一个问题是关于我们对中华人民共和国的长期政策；另一个是鉴于在联合国支持我们的立场的会员国不断减少，探讨一下中国的代表权问题。*

---

* 事情真巧，尼克松十一月二十二日写了个条子给我，敦促我开始研究联合国方面的问题。⑤当时这一研究已在进行中。

十一月下旬有一篇报道说，莫斯科和北京签订了贸易协定，因而又引起了尼克松的疑虑。我认为贸易量不很大。我还认为，中苏分歧不是那么简单就解决得了的。商务上的姿态决不能改变四十个师的苏联军队部署在中国未予承认的四千英里长的边界上这一事实。商务上的来往交易也并不能平息苏联领导人对南面那八亿一心要收复失地的人窥伺辽阔、富饶的西伯利亚所必然要产生的不安。西伯利亚这个地方对俄国人倒是没有什么吸引力，不管什么人在俄国首都执政，都是一些被放逐的人到那里去开拓。我给总统写了这么两段话：

在西方，人们普遍揣测，苏联和中国这两个国家那样忙于继续争吵，因而感觉不到要跟我们及西欧达成某种重大和解的压力。为了抵消这种揣测，苏联和中国都很需要表面上有较为正常的关系。因此，关系改善的迹象对北京和莫斯科都有用处。

虽然如此，这多半是形式上的而不是实质上的改善。没有迹象表明能解决根本性的问题。我们得到的情报确实表明，沿着中苏边界的军事能力在继续不断地增强；这一事实无疑起了一定的作用，促使中国人愿意接受使国家关系正常化的各种表示。这一主张他们在两年前是断然拒绝的。

在这个时候，我们还不知道中国人在叶海亚·汗总统十一月十日到十五日访问中国以前已经给我们发出了一个与过去的一切信息大不相同的信息，我们还以为什么事情也没有发生。叶海亚访华三星期以后，十二月八日，希拉利大使同我的工作人员哈尔·桑德斯联系说，他有一个关于叶海亚中国之行的“信息”向我传递。我们始终没有得到很好的说明，为什么叶海亚回到巴基斯坦以后等了三个星期才发出这个信息。也许中国人出于他们自己的考虑确定了一个日期，要过了这个日期才可以发出信息；也许是由于叶海亚谨慎，预防万一。不管怎么样，第二天我就把希拉利请到白宫来。在我的办公室里，下午六点多钟，他拿出一个信封，里面有一封用有蓝道的白色信纸手写的函件，这个函件是有人亲手交给他的。叶海亚就是不相信用电报通信联络是安全可靠的。（以后通过巴基斯坦渠道的一切信息都是采取这种方式。）希拉利说，他没有被授权可以把这个文件给我留下来。因此，他不得不读给我听，他慢慢念，我把它记下来。我们当时忙于干这种刻板的事，根本没有注意到，一个以古宗教为立国之本的国家的杰出而举止文雅的代言人口念一个富有战斗精神的亚洲革命国家领导人的信息，而由西方资本主义世界领导人的一个代表把它记下来，这是多么不和谐；也没有注意到，在这个信息随发随收的时代，我们竟回到前一世纪那种外交方法——由一名信使传递、宣读手写的照会的方法。一件带有根本性的重大事件发生了，其方式是学究式的，几乎是平淡无奇的。

不管怎么样，我当时实在太忙，无法表达我所感到的激动心情。通常在外交上，个别的事件乃是一系列事件的一部分，一系列事件合成一个连续的统一体，其最终的意义只有事过境迁以后才能看得清楚。通常转折点也只有在回顾的时候才能看清楚。但是，希拉利带来的信息显然是个重大事件。这不是一个一遇到困难阻力就应予以拒绝的间接的深奥难懂的信号。这是周恩来发给理查德·尼克松的权威性的个人信息。周恩来宣告，中国“一直愿意并且一直在设法通过和平的方式进行谈判……为了讨论撤出中国领土台湾问题，尼克松总统的一位特使将会在北京受到最热忱的欢迎”。周恩来很有风度地说，美国通过各种渠道发出的许多其他信息都已收到，“但是，一个国家首脑通过另一个国家首脑向一个国家首脑提出建议这还是第一次。美国知道巴基斯坦是中国的真实可靠朋友，因此，我们十分重视这个信息”。

总而言之，中国正邀请总统的个人代表前往北京。诚然，会谈的目的据说是“撤出中国领土台湾”。但是，我认为这是一个标准的公式，也许是为了保证不至于泄露出去，或提防华盛顿失信。用这样的措辞向头号敌人发出邀请不那么有损于意识形态的纯洁性。毛泽东、林彪和周恩来是不会发出那种对方显然不可能接受的邀请的。他们恳请一个美国使节去访问必定不单是为了中国的一个省的前途，而是受到比这更深刻的当务之急的驱使，必定涉及到中国安全问题本身。

希拉利一离开，我就穿过大厅走到椭圆形办公室，在那里我和尼克松谈了很长时间。我们一致欣然接受邀请。我们都认为，不能只把台湾问题列入议程。我们确信，这也反映了中国人的意愿，尽管他们很不愿意把这个意愿写进信件中。因此，我草拟了一封回信，于十二月十六日把它交给希拉利。这个回信也在我们方面确立了一种程序。中国人通过巴基斯坦提交的信件是手写的，与此相对应，我们以后的信件都是用打字机打的，用的是静电印刷术复制的信笺，上端不印什么字样，也没有美国政府的水印图案。信件上没有人签名(没有把这件事通知我们的官僚机构)。

我们的回信表明，美国准备在北京举行高级会谈以讨论

包括台湾问题在内的，存在于中华人民共和国和美国之间的各种各样的问题……在北京的会谈将不仅限于台湾问题，而是将包括旨在改善关系及缓和紧张局势的其他步骤。至于美国在台湾的驻军，美国政府的政策是，随着东亚和太平洋紧张局势的缓和，美国将减少在该地区的驻军。

(最后一句话的用意是，把从台湾撤军与结束印度支那的冲突联系起来，以引起中国人对结束越南战争的关注。这是我国政府的许多部际研究报告一直沿用的一个公式。尼克松十四个月以后访华结束时发表的《上海公报》一字不改地把这句话写了进去。)我们的信息建议较低级的官员先举行会谈，为使节的访问作出安排。双方实际上已同意在北京举行会谈。

中国人一旦走上了这个轨道便连续发出他们的信号。十二月十八

日，毛泽东接见埃德加·斯诺，和他进行了长时间的会谈。可是这个举动又一次把我们的敏锐性和我们的情报机构的能力估计过高。尼克松是在十月间在和《时代》周刊记者的谈话中第一次公开表示愿意访华，而毛泽东则在后来由《生活》杂志刊载的他的谈话中第一次表示欢迎尼克松访华(这两次谈话无疑使亨利·卢斯* 心神十分不安)。毛泽东干巴巴地对斯诺说："目前，中国和美国之间的问题要同尼克松解决。"因此，毛泽东"高兴和他谈，不论作为旅游者还是作为总统都行"。当时把翻译唐闻生所作的谈话记录给了斯诺，但是在几个月内不容许在他的文章中发表，这个做法是够巧妙的。中国人必定估量我们会知道这个谈话的内容，他们估量，既把手写的逐字记录交给了斯诺而又不容许他发表就会增加这个谈话的可靠性。如果他们是这样估量，那他们就要大失所望了。我们过了几个月以后才得悉这个谈话的内容，而到这个时候，我们已接到周恩来的信息，其内容十分明确，我们这些不那么细心的人也能理解。⑥

虽然如此，毛泽东和斯诺的谈话还是很有趣的，因为它告诉我们中国领导人在一九七〇年十二月间的心理状态。它表明，他早在那个时候已在考虑总统访华的问题，而当时在我们的来往信息中都还没有正式提到这个问题。它表明，美国单方采取的一切步骤中国都已注意到了。斯诺引用了一位中国高级外交官员的话说："尼克松正在从越南脱身。"看来天安门广场对我们对越南政策的方向比哈佛广场还理解得更透彻一些。诚然，斯诺的确暗示说，是我们方面要求派个使节到北京去的。实际记录有些不一样。在一月二十日的那一次华沙会谈中，双方都建议举行更高级的会谈。直到我们接到北京的正式邀请之前，我们始终没有排除以华盛顿为会谈地点的可能性。斯诺的文章还暗示说，是总统自己请求到北京去的。事实上，尼克松在他一九七〇年十月和《时代》周刊记

---

* 亨利·卢斯是《时代》周刊和《生活》杂志的发行人。——译注

者的谈话中只是泛泛地表示希望访华，而在我们所交换的信件中，是一九七一年一月十一日传达的周恩来的谈话中第一次提出来的。也许中国人仍然保持着他们自命为中央王国这个传统的形象，周围的野蛮人都要向它朝贡。事实上，在各大国中，不只是中国，其他国家也都不愿意显得有求于人的样子。

十二月二十三日，让·圣特尼在巴黎见到中国大使黄镇，这位大使说，他已把我的信息呈送他的领导人（指我于九月间给圣特尼的信息），在这个信息里我表示我们希望开设一条安全的渠道。北京就是这样使其他途径开始生效的。

一九七一年初，中国人又发出另一个重要信息，这一次是通过罗马尼亚发出的。显然，中国人和我们一样没有把握，不知道应该怎样和我们通信联络。罗马尼亚大使科梅利·博丹一月十一日在白宫面见了我，他带来了一个信息，那是罗马尼亚副总理格奥尔基·勒杜列斯库在十一月下旬访问北京的时候交给他的。（这次对为什么拖了那么长的时间才把这个信件传递过来，也还是没有作什么解释。）这位大使向我们宣读了周恩来的一个书面信件，这个信息和通过叶海亚传过来的那个信息大部分内容是一样的，它也向我们说明，这个信件是“经毛主席和林彪审阅的”，还说明，台湾问题是美国和中国之间的“一个悬而未决的问题”；如果美国准备解决这个问题，欢迎派一位美国特别使节到北京来。不过，周恩来有一个全新的惊人的提法。他说，尼克松总统既已访问过布加勒斯特和贝尔格莱德，那么他在北京也会受到欢迎的。他的这个提法消除了一切顾虑。

总统访华就是这样第一次提出来的。我们之所以访问布加勒斯特和贝尔格莱德正是由于它们独立于莫斯科，现在周恩来把这两个首都和北京放在一块儿提，说明不论在台湾问题上发表过什么正式的言论，他首先最关心的还是苏联的挑战。中国人的这两个信息都没有提到印度支那问题。越南战争可以使美国国内得不到安宁，但却不是同中华人民共和国和解的障碍；而越南战争就在这个信誓旦旦的革命国家的边界上激烈地进行，而且在四年前它还被看作是挑起这场冲突的挑拨者。我在向尼克松提出的一份备忘录中提到了这几点。他在备忘录上批注说，我们不应显得太急于回答。

按照尼克松的这个指示，我一直等到一月二十九日才给罗马尼亚大使作了答复。他行将回布加勒斯特述职，如果我放过这个机会根本不提周恩来的信息，那他会认为这太奇怪了。为了避免发生误会，或对两个信件的意义作不同的解释，我给博丹的那个信息和一个多月以前给希拉利的那个信息字句完全一样。我们准备谈论包括台湾问题在内的各种各样的国际问题。唯一的不同是，这个信息是口头的而不是用打字机打的，这表示我们对巴基斯坦渠道更喜爱一些；我们考虑巴基斯坦对中国和对苏联的地位不像罗马尼亚那么复杂。（要罗马尼亚不向莫斯科透露情况是困难的。）我没有提总统访问的事。在我们先前关于议程的信息未获回音之前提这件事为时过早，而且可能使对方感到尴尬。

我们又一次处在只好等待的地位。我利用这个间隙努力学点关于中国的知识。从一九七〇年十二月中到一九七一年四月初，我和来自各个不同的最高学术机关很有学问的中国问题专家们晤谈了三次。应该说，我的一些老同事传授给我一些很有启发意义的真知灼见，这是很令人快慰的。根据我的记忆，局外的顾问们虽然很有学问，但是，他们进行工作是有困难的。一个决策人最需要外界的咨询意见的地方是介乎策略和目标之间的那个中间领域。策略通常完全取决于当前的形势，看不到电报的局外人很少能够提出十分中肯的意见。在另一头，最终目的反映哲学观点和政治上的必要性；一个顾问在这里固然可以提供某些真知灼见，但是，他的这些见解要起作用的话，那他就必须熟悉决策人的观点——改变方针更多地要求有自信，这比专门知识更重要。局外人的咨询意见对于介乎中间的一个时期最有用，它使决策人能越过紧急时期而又未到最终时期这一段时间内去看问题，即能看到两年到五年的形势。

令人遗憾的是，研究中期问题按理说原本是这些有志于政治问题的院士们的本行工作，但是如果把他们召到华盛顿来要他们做的事无非是他们在家里也能完成的，他们就似乎觉得受骗上当，就失掉了那股因接近政权而兴高采烈的劲头。因此，他们不去集中精力提中期的咨询意见，而是往往向决策人提一大堆细枝末节的策略性的意见，或竭力提些属于宏图大略一类的战略上的意见，直到弄得无精打采，开始对官僚主义那一套感到有了新的、还不那么习惯的爱好。

一九七一年初研究中国问题的专家们的情况就是这样。学院式的中国问题专家们深信，对中国来说，首要的问题是越南问题和台湾问题。事实证明这是完全错误的。他们要我同意，军备控制是另一个优先事项；而中国人从来连提都不提这个问题，每当我们提这个问题他们立即反对。他们一贯的观点和戴高乐的观点是一样的，认为这无非是美苏勾结的另一种形式而已。专家们另一个几乎是普遍的看法是：我们必须首先承认北京为中国的唯一政府或至少容许北京进入联合国，然后才能改善中美关系。这个看法也是错误的。突破发生在中国进入联合国之前几个月，而七年之后卡特总统才承认了北京政府。双边贸易和交流是教授们提出的另一个优先项目（交流意味着教授们可以访问中国）；事实证明，中国人对这些东西兴趣并不大，必要时搞一些以达到象征性的目的。他们还普遍认为，中国会坚持要我们保证撤离亚洲。实际情况正相反。中国非常希望我们留在亚洲作为抗衡苏联的力量。我恭敬地听取了我的同事们所提的各种建议，不敢有任何不耐烦的表示，因为我意识到，由于我担任过前两届政府的学术顾问，我对他们的情况最熟悉不过了。

我们在等待着中国答复的时候，第二个学习机会是一九六九年和一九七〇年要求部际机构作的三个研究报告。* 这三个研究报告是：对华

---

* 高级研究小组于一九七一年三月十二日开会，国家安全委员会于一九七一年三月二十五日开会。

政策，中国在联合国的会员籍问题和我们在太平洋的军事战略。国家安全委员会制度为我们现在进行的秘密外交提供了一个有利条件，它使总统和我能够在不透露我们的战术计划的情况下了解到各政府部门的观点和主张。因此，我要求分类详细说明，在我们的台湾驻军中，哪些是在印度支那的作战行动需要的，哪些是作为和台北的共同安全条约的一部分需要的，把这些问题作为我们对亚洲的军事态势的研究的一部分。这样，我就能做到心中有数，如果随着“这个地区紧张局势的缓和”我们要撤掉一些军队的话，我们可能要作什么让步。我是这样对高级研究小组说的：“我们反正即将要改变军事部署，却可以借此机会作些让步，这样做再好没有了，这是我们以前没有做过的。把这种消息告诉台湾，倒也不错。”

官僚机构和知识界都在中国在联合国的代表权问题上花了很大的力气。这一点我在后面再谈。

一九七一年二月间和三月初，另一件我们花了很大力气的事情是，南越军队在我们的后勤和空军的支援下为切断在老挝境内狭长地带的胡志明小道而进行的战役。在国会和新闻界批评我们的人公开宣称，他们认为这个有限的作战行动——作战行动的地点在老挝的最南端，老挝政府对该地区已将近有十年时间未行使主权——是对北京的挑衅，其规模相当于麦克阿瑟一九五〇年向鸭绿江挺进的那一次。一向被人看不起的南越军队发动这次未敢大力进行的战役，受到很多人的谴责，他们认为，这是向北越本身进攻的前奏。他们说，为了防止进攻北越，北京可能进行干预。（要是南越人果真有这么大的能力，越南战争的结局就很不一样了。）但是，我们确信，中国下的这局棋是从大处着眼的；它不会自愿地使自己陷入最糟糕的噩梦般的逆境——美苏勾结的局面——之中，不会为了河内而在老挝南部无人居住的丛林中向我们发动战争。

事情的结局证实了这个判断是正确的。诚然，《人民日报》一九七一年二月四日振振有词地谴责了在老挝的作战行动。但是，和前一年对待柬埔寨问题一样，它谨慎小心地避免对尼克松进行人身攻击，它只在一个地方直接引用了毛泽东的话："印度支那三国人民加强团结，互相支援，坚持持久的人民战争就一定能克服各种困难，取得完全的胜利。"换句话说，越南完全有能力去赢得它自己的战争；中国不会在军事上把自己卷进去。

中国领导人还怕我们不理解这一点，因而特别选了《人民日报》发表谴责文章的那一天向我们发出另一个信号。周恩来的一个老朋友和亲信、外交部副部长乔冠华对挪威驻北京大使奥利·艾尔格德说，中国了解美国政策的新动向。乔说，由于印度支那战争，不可能恢复华沙会谈，但是中国人迟早要和我们坐下来谈。他表示特别希望和我会晤，并要求提请我们注意这段谈话。我们注意了这个信息，并且加倍努力注意使中国理解我们在老挝的有限目的。尼克松二月十七日在记者招待会上声明，"这个行动的矛头不是指向共产党中国，而是指向以南越和柬埔寨为其目标的北越人的。因此，我不相信中国人有任何理由可以把这个行动理解为对他们的一种威胁，因此也没有理由对此作出反应"。周恩来三月五日到八日访问河内时所表现的克制态度也很值得注意。他提出要给北越人道义和物质支持，但丝毫没有对尼克松进行人身攻击，或威胁说中国要进行干涉。

与此同时，我们在总统于一九七一年二月二十五日发表的第二个对外政策报告中重申我们希望改善关系。在美国的一个官方文件中用中国的正式名称中华人民共和国，这还是第一次。我们还继续放宽对华贸易限制。三月十五日，国务院宣布总统决定取消对持美国护照到中华人民共和国旅行的一切限制；此后只要有正当目的，许可到中国去访问。(中国人在办理入境签证上没有放宽多少，在十八个月内才给三个美国人办了入境签证。)龙·齐格勒按照我的指示在白宫的一次介绍情况的会上提请大家注意这个决定，他说："我们希望对方会有互惠的行动，但是我们不会因为无此行动而裹足不前。"

三月十七日中国人表明，当他们认真的时候，他们尖刻地进行抨击的本事是很不小的。他们在言论上对苏联进行了十分猛烈的攻击。三家中国大报纸* 联合发表社论纪念一八七一年的巴黎公社诞生一百周年，社论强调要有“革命的群众的力量”才能取得革命的胜利。社论谴责勃列日涅夫是“叛徒”，只是随随便便地谈到美国，两者成为鲜明的对照。苏联已取代我们成为北京的主要敌人。

虽然如果莫斯科让人们看到它经不起一击，那对它是有百害而无一利的，但是，现在大家都已能清楚地看到，中国是那么不畏强暴，以至苏联连言论上的攻击也不能采取毫不在乎的态度了。三月二十六日，苏联外事周刊《新时代》拼命攻击美国对中国开展“微笑外交”，希望使中苏关系进一步恶化。该周刊说，连美国“极反动的”集团为了这个罪恶的目的也赞成和北京建立关系。

三月份快结束的时候，苏联共产党在莫斯科召开了第二十四次代表大会，勃列日涅夫总书记三月三十日在会上作了正式报告，哀叹苏联和中国的关系继续处于僵持状态，但是“坚决地”驳斥“正在从北京散布出去并已渗入中国人民思想中”的关于苏联的“莫须有的毁谤”。

帝国主义者正加紧对爱好和平的各国人民采取侵略行动。考虑到在中国和苏联之间散布不和正是在这种情势下进行的，那就更加荒谬和有害。这种情势比以往任何时候都更加要求一切反对帝国主义的革命力量团结一致，采取联合行动，而不是煽动像苏联和中国这样的国家之间的敌对情绪。

但是，勃列日涅夫在报告执行部分提出的建议证明，莫斯科没有能力去防止它所害怕的事情发生。他建议召开核大国——美国、苏联、英

* 原文如此，实为我国的《人民日报》、《解放军报》和《红旗》杂志。——译注

国、法国和中国——的五国会议，“在会上应审议整个核裁军的各种问题”。由于可以预断北京必定拒绝这种建议，这显然又是企图孤立中国。美国如果懂得它自己的利益所在，就不可能有任何参加这种企图的动机。

到三月底，发展趋势就明朗化了。我们漫长而艰难的行程的第一阶段即将结束。正是在这个时候，周恩来又向前迈进了一大步。

乒乓外交

中国在“文化革命”中自己造成了瘫痪状态以后，有条不紊地恢复它的全球外交，这预示着我们即将目睹戏剧性事件的发生。一九六九年五月间，北京开始在这场大动乱中除一人外把全部大使召回国内进行了更换。一九七〇年，它谋求跟以前没有外交关系的国家建立新的关系。到一九七一年四月初的时候，国务卿罗杰斯向总统报告说，在过去六个月，又有七个国家承认了北京，比过去七年还多。罗杰斯报告说，中国正在同各种国家，如奥地利、黎巴嫩、秘鲁和喀麦隆讨论恢复外交关系的问题。中国已向几个非洲国家建议恢复关系和派驻新的经济援助使团；它还谋求和英国、日本改善关系，甚至试探了苏联集团中的东欧国家。据罗杰斯说，北京所作的努力很大一部分目的在于争取别的国家赞成它进入联合国。周恩来三月三日向英国驻北京临时代办表明，中英关系升级的条件是：英国改变它对中国进入联合国的态度，撤销英国驻台北领事馆。

一九七一年四月一日，国务院报告了其他意味深长的发展情况。例如，周恩来在三月间接见了日本前外相藤山爱一郎，并对他说，和美国的关系“可能在某一个时间突然引人注目地有所改善”。周说，他“十分仔细地”阅读了总统的对外政策报告，“特别注意到美国总统第一次用中国的正式名称称呼它”。同一份国务院备忘录中有一个关于埃德加·斯诺前不久跟毛泽东和周恩来谈话的印象的报告，国务院不可能收入谈话的全文，因为它忽略了邀请尼克松这一重要因素；它反而报告说，斯诺和毛泽东、周恩来会谈以后得出的印象是："由于印度支那战争，中美关系没有立即改善的前景"。这个备忘录说，毛泽东预期中美关系在一九七二年以前不会有什么进展。在同一个报告关于中国和日本的暧昧关系的段落中有另一句从表面上看无足轻重的话，如果我们当时懂得它的重要意义的话，倒是足以证明这个令人丧气的结论是不对的。国务院指出，中日两国都有困难，但是，还是有些有积极意义的迹象，例如："北京已派了它的乒乓球队到日本去参加国际比赛，几年来它参加这类体育活动还是第一次。"我们过了五天以后才全部了解这句话的重大意义。

美国乒乓球队也参加在日本名古屋举行的第三十一届世界乒乓球锦标赛。我们乒乓球队的那九名美国青年当时根本不知道，他们也将成为一场复杂的围棋赛的选手。四月四日，比赛暂停，休息一天，洛杉矶附近圣莫尼卡市立学院十九岁的学生格伦·科恩主动接近中国球队领队、三次获得世界冠军的庄则栋，捞到一次和中国选手们一道乘大巴车去参观三重半岛上珍珠农场的机会。(用"捞"这个词几乎可以肯定是用词不当；中国人到名古屋去如果不是带有和美国人交朋友的明确指示，那他们是不会同意的。中国人最了不起的才能之一是使经过精心策划的东西看起来像是临时决定的。)第二天，科恩等候庄则栋打完一场比赛，把一件T恤衫送给他作礼物。科恩是学历史和政治学的大学二年级学生。后来他说，他想要"增进同每一个人，包括同中国人的友谊"。使他感到又惊又喜的是，庄则栋接受了，而且回赠科恩一块上面印有中国风景画的手帕。⑦

四月六日，中国人邀请美国乒乓球队访华，这把大家都惊呆了。担任美国乒乓球队领队的美国乒乓球协会主席格雷厄梅·B·斯廷霍文打电话向美国驻东京大使馆请示。驻日使馆的中国问题专家威廉·坎宁安毫不犹豫地建议斯廷霍文接受邀请。[8]坎宁安只知道我们总的希望改善关系；而对我们向北京提出的建议是一无所知的；他的洞察力和主动精神很值得称赞。华盛顿的官僚们却没有那么大的胆略。四月七日，国务院为确保不至于被指责为冒失，便向白宫打报告说："虽然我们还无法断定到底是怎么回事，这个邀请的用意起码有一部分是作为回答美国最近采取的主动行动的一种姿态。"这次访问在国际上轰动一时，成为举世瞩目的重大事件，周恩来缜密的舞台监督在这里面起了不小的作用。北京广播电台在黄金时段广播了美国乒乓球队到达的消息，虽然被邀请的还有其他几个国家的球队。

在中国向美国乒乓球队发出邀请后的第二天，尼克松发表一篇关于越南问题的演说。尼克松在演说中宣布从一九七一年五月一日到十二月一日再撤出十万名美国军人，同时也振振有词地为他的印度支那政策，包括在老挝的作战行动辩护。这对北京没有产生任何不良效果。美国乒乓球队的选手们在中国受到了盛大欢迎。四月十四日，周恩来在人民大会堂亲自接见了他们。这是一件很了不起的事，驻北京的绝大多数西方外交官都未能实现这个宏愿。这位非凡的中国总理说："你们在中美两国人民的关系上打开了一个新篇章。我相信，我们友谊的这一新开端必将受到我们两国多数人民的支持。"运动员们当时有点发愣，没有答话，这位总理继续谈这个问题："你们同意我这个意见吗？"这些美国人立刻鼓掌欢迎。他们很快就邀请中国乒乓球队访问美国。这个邀请立即被接受了。

这整个事情是周恩来的代表作。跟中国人的所有举动一样，它有许多层意义；描画得光彩夺目的表面是最不重要的部分。对这些美国青年的邀请的最明显的意义是：它象征着中国已承担了和美国改善关系的义务；而更深一层的意义是：它保证——比通过任何渠道发出的外交信息都更有分量——现在肯定将被邀请的使节将来踏上的是友好国家的国土。这是向白宫发出的一个信号，表示他们已注意到我们的主动行动。

从中国的观点看，由于这些选手不可能代表某一种政治倾向，这一做法更加具有吸引力。这样中国就可以在根本不可能刺激美国评论界的情况下表明它的真意。周恩来也懂得怎样做才不会遭到拒绝。在中国内部，这有助于使党政干部适应方针上即将发生的革命性变化。不过，这也暗含有对我们的警告：如果中国的建议遭到拒绝，北京可以积极开展人民对人民的来往接触，很像河内当时所做的那样，设法发动一场公众的运动以求达到他们的目的。

我们预期多勃雷宁随时都可能从莫斯科带来要我们去参加最高级会谈的邀请，这样就使当时的情况变得很棘手。如果宣布举行莫斯科最高级会谈，那么中国的建议就可能实现不了；如果我们的对华外交过于活跃，又可能使我们的对苏政策受挫。结果，苏联人爱占小便宜的老毛病使得多勃雷宁回来的时候带来的又是一个拖延时日的答复。他的主子们仍然没有放弃利用最高级会谈作为诱饵来令我们在柏林问题上让步的打算。这真是弄巧成拙。这一次我们手里拿着苏联政治局根本不知道的牌。莫斯科倒替我们解决了问题。它的高压政策使我们得以顺利地着手建立起中美苏三角关系。

紧接着乒乓外交之后，好几个星期过去了，整个事情的曲折发展过程在许多方面都是令人坐立不安的。只有总统和我才理解周恩来的举动的全部含义，因为只有我们才知道北京和华盛顿之间的来往信息。我们知道，某种重大事件即将发生，但是，我们对于事件将通过什么渠道表露出来、采取什么样的具体形式却是感到捉摸不定。每当重大事件即将来临的时候，尼克松的心情总是很矛盾的，他既有事情变糟的预感，又满怀希望，既抱有为国家着想的崇高目标，又夹杂着一些政治上和个人的考虑。他担心中国会在最后时刻后退；而我认为这是不可能的。同时，他对已决定了的事情——在总统出访之前，先派一个下级使节访问北京——另有考虑。他不顾我们根本没有答复过中国请总统去访问的建议这一事实，现在想省掉先派使节这个阶段，以免使节的出使使他自己的中国之行为之失色。我提醒他，关于这两件事，我们已有三个月时间都没有直接从中国人那里听到什么消息，总统毫无准备地前往中国访问未免太危险了。尼克松对展现在我们面前的前景欣喜若狂；但是，也因为老是担心他的事业得不到完全令人满意的结局而忐忑不安。

在当时的情况下，我自然也有和尼克松一样的感觉。我倒不像他那么样怀疑中国人会后退，或仿效河内进行心理战。毕竟北京的目标和河内的目标很不一样。河内是想使我们丧失斗志；而北京需要我们作为抗衡莫斯科的力量。河内没完没了地攻击我国政府的权威；中国所关心的是，华盛顿能拥有维持全球力量均衡的权威和决心。我倒比较担心北京对我国政府处事的方法是否理解得很透彻，懂得通过什么渠道来接近我们。

我们还是镇静下来了。尼克松同意，我们应按照既定方针继续向北京示意，然后等待在地球另一边的高深莫测的对方官员们回话。我们进一步发出信号，表示我们是稳步前进的。在一九七〇年间，国家安全委员会所属的副部长委员会曾奉命拟订一个增加同中国的旅游和贸易的计划。到一九七一年三月中的时候，已拟定了一个很长的单子，列举在总统行政权限内可以设想的每一个步骤，这些步骤不需要中国表示接受或采取互惠行动。被进取精神冲昏了头脑的这个副部长委员会建议立即批准这个一揽子计划。我抱怀疑态度。虽然我是“无法拒绝的步骤”这种政策的创始人之一，我不赞成在没有互惠条件和我们还不了解中国答复的性质之前采取这么大规模的行动。我在三月二十五日向总统提出的一份备忘录中——早在向乒乓球队发出邀请之前——把这个单子分成三个组成部分。第一阶段把对华贸易保持在略低于对苏贸易的水平上；第二阶段把对华贸易置于和美苏贸易平等的地位；第三阶段超过对苏贸易的水平。我建议第一阶段在近期由单方执行；第二、第三阶段的执行则应等待我们对华关系有了发展以后，而且是以互惠为条件的。

当邀请乒乓球队的消息传到我们那里的时候，这个备忘录正放在尼克松桌上。我对他说，这是总统作决定最合适不过的时候了。尼克松在四月十二日批准了这个基本战略，并下令立即执行第一阶段的措施。四月十三日，我把这个决定通知各政府部门。四月十四日，白宫通过龙·齐格勒宣布第一次大幅度取消存在已有几十年的对华贸易禁运。他是联系一九六九年以来美国政府对华政策的演变过程来谈这些新措施的。但谈到背景，他承认乒乓球事件对这次宣布的时机是有影响的。在同一天，我把总统批准向中华人民共和国出售内有美国制造的发动机和变速器的法国自动卸货卡车的另一项决定通知各政府部门。

要使三角外交有效，那就要靠参加角逐的人本来的动机和倾向去发挥作用。这种外交必须避免给人一种印象，就是说你正在“利用”竞争的一方去反对另一方；否则的话，你就有遭到报复或讹诈的危险。我们要同中苏双方都保持较密切的关系，要比它们彼此间的关系更密切些，只有这样，中苏之间互相敌视的关系才能最好地为我们的目的服务。其余的事就只有让事件本身产生的动力去决定了。

四月十三日，我又一次召见了苏联临时代办尤里·伏龙索夫——他好像命中注定要接收不愉快的消息似的——以便提前一天把我们和中国开展贸易的决定通知他。我强调说，这并不反映有什么反苏意图。这在外交上是惯用的抚慰对方的手段，向被施予这种手段的对象提出正式保证，其用意是既吓唬他一下又叫他清醒清醒。如果对方确实信以为真，那就反而达不到玩弄这种手段的目的。一般来说，苏联外交官不是那么好愚弄的；但是，我认为事情的含义本身已说明了问题。我还敦促齐格勒在白宫的一次新闻发布会上同样否认有反苏意图。他照办了。同时，为平衡起见，他也按照指示发表声明，表示同意周恩来的意见，说：“毫无疑义，尼克松总统所采取的主动行动，已打开了我们和中国关系上新的一页。”

在北京“注视着华盛顿的人们”看到在华盛顿的“不同意见的纷争”必定觉得很可笑。一方面，总统处处表现得欣喜若狂。在美国报纸编辑协会会议的一次常会上，尼克松大谈特谈他使美国和中华人民共和国关系正常化的长远目标，“结束大陆中国与世界大家庭隔绝的状态”。他追述了他所采取的各种不同步骤，并指出，他的政策已开始有了成果。他一向有不到悬崖边上不回头的习惯，这次也是这样，他的顾问们急得直打转。他说，他已向他女儿特里西娅和她的未婚夫（他们准备在六月份结婚）说，中国是度蜜月的好地方。尼克松希望他们有朝一日能看看中国。“事实上，我希望我在某个时候也这样做。”

另一方面，副总统斯皮罗·阿格纽对一群记者说，他不同意同北京的关系正常化的政策。他说，在出现乒乓外交之前的一次国家安全会议上，他提出过反对意见。这个谈话本来不是供正式发表的，但是记者们的克制是有限度的。总统和副总统之间的关系从来就不是那么好处的；在一个人身边有这么一个人，其毕生的宏愿只有等他死了之后才能实现，这毕竟是使人感到别扭的事。尼克松本已感到他周围都是潜在的敌手，听了这种话真是火上加油。他认定，这次失言再次证明阿格纽不适于作他的继承人——他对大多数潜在的候选人都有这个看法——并命令霍尔德曼要求阿格纽以后不要再谈论中国问题。

我们等待的时候焦虑的心情有增无减。尼克松怕整个事情告吹而烦躁不安。我们终于在四月二十七日决定直接去和中国人接洽。我们派了一名信使到巴黎去，带一封信给让·圣特尼，要求他尽快把我们想在巴黎开辟一条渠道的正式建议传达给中国大使。我们选择巴黎是因为，中国人对巴基斯坦和罗马尼亚渠道长时间保持缄默，至少有可能是北京对这两个渠道都不信任。但是，这封信根本没有递交。这封信正在途中的时候，巴基斯坦这条渠道终于活跃起来，我们叫信使不要投递了。

第一个表示是四月二十七日下午三点四十五分到达的——传话说，希拉利需要和我紧急晤谈五分钟。哈尔·桑德斯对他说，我第二天便要动身去休假。希拉利坚持说，他的信息不能等。因此，我在下午六点十二分接见了他。他交给我两页手写的备忘录，传达周恩来的一个信息，这个信息是回答尼克松总统十二月十六日发出的一个信息（我们这时才知道，中国人在一月五日收到这个信息）。这份信息书法很漂亮，原文如下：

周恩来总理的信

周恩来总理感谢叶海亚总统于一九七一年一月五日转达了尼克松总统的信息。周恩来总理十分感谢叶海亚总统；如果叶海亚总统能把下列信件的全文转达给尼克松总统，他当不胜感谢：

“由于当时的形势，未能及早回答美国总统给中华人民共和国总理的信。

“目前，我们正在回顾中华人民共和国和美国之间联系的情况。但是，如果要使中国和美国之间的关系从根本上得到恢复的话，美国就必须把它的全部武装部队从台湾和台湾海峡地区撤走。只有通过两国高级负责人之间的直接讨论才能找到解决这个关键性问题的办法。因此，中国政府重申，它愿意在北京公开接待美国总统的特使（例如基辛格先生）或美国国务卿或甚至美国总统本人，以便进行直接会谈讨论。当然，如果美国总统认为时机还不成熟，可以推迟到以后再进行。至于在北京举行高级会谈讨论的形式、程序和其他细节，这些都不是那么重要的问题，我们认为完全可以通过叶海亚·汗总统的斡旋作出适当安排。一九七一年四月二十一日。”

我问希拉利巴基斯坦是什么时候收到这封信的。他回到他的办公室以后打电话告诉我，这封信是四月二十三日到达巴基斯坦的。拖延的原因是，它是由信使送到华盛顿的。

周为什么等了那么长时间才和我们联系，那只有揣测了。由于在老挝的作战行动，更早联系会是不慎重的。也许中国人和我们一样，对于最好用哪个渠道有点举棋不定。关于罗马尼亚渠道我们两国都得出了同样的结论：它就是太暴露了，利用这条渠道所必须做到的事情太多了，它的地理位置也太不好了，不适于在最后阶段办理联系事宜，尽管它在前一些阶段帮了很大的忙。中国人还试用过挪威渠道，我们则试图开辟巴黎渠道。要能知道为什么北京不想开辟巴黎渠道那会是很有趣的。也许它高度估计了法国情报工作的效能；也许它担心苏联的渗透；也许它和巴黎的通讯联系不是那么好。也许按古典的中国方式，周恩来等着看在乒乓外交已给对方明显示意以后，他能否促使野蛮人去请求他发出邀请。我们保持沉默可能使他感到大惑不解，这和他的沉默把我们弄得大惑不解是一样的道理。差一点儿把事情搞僵了，只是我们外表上的稳重才促使中国人作了不得不先迈出一步的姿态；这对他们来说是很不寻常的。

我们就这样终于到了一条道路的终点和另一条道路的开端。周恩来的语气热情，表明我们用不着担心受屈辱；以前发来的信息的那种高傲的语气已经弃而不用了。建议举行的会谈的题目仍然是台湾问题，但是重点在于撤走我们的军队而不是放弃我们和台湾的关系。中国人谋求举行高级会谈的目的是从根本上恢复和美国的关系。他们特别向总统发出了邀请，不是随随便便口头提出事后可以否认的，而是在正式的信件中提出的。周恩来也不想冒险让下级人员在“形式”问题上争论不休，因而妨害我们的共同设计。他决定把技术上的安排保留在巴基斯坦渠道内，这就保证了有取舍之权，可以进行高级审议并且可以迅速作出决定。

希拉利只待了不到二十分钟便离开了我的办公室。我立即去看总统。我在林肯厅找到了他，把信念给他听。没有必要交谈。信本身说明了问题。

还没有过一小时尼克松就打电话把我叫了回去。即使是重大事件最终也要归结为执行问题。我们第一个执行问题是派谁到中国去。本来并没有考虑派我去。我们一致认为派戴维·布鲁斯当这个使节最理想。我在五月下旬确曾同布鲁斯谈过以后可能派他出去的问题。但是，我们后来意识到，由于布鲁斯担任在巴黎举行的关于越南问题的和平谈判的代表团团长，选他当特使中国人可能认为是明摆着的阴谋。我们不希望在这个搭桥阶段出纰漏。(这个判断证明是正确的。我在十月份第二次到中国去时北京不同意布鲁斯参加我的代表团。他们后来改变了主意，欢迎他出任美国驻北京联络处的第一个主任。)我们讨论了一长串的其他候选人名单，其中包括乔治·布什和埃利奥特·理查森。还反复考虑过派纳尔逊·洛克菲勒，可以让艾尔·黑格陪他去。我们发现，在安排秘密出访时，他们每个人都有这样那样的问题，不是对尼克松的思想了解得不够细致，就是由于他们可能过于引人注目，以致影响人们对尼克松自己出访的注意。尼克松几次提了汤姆·杜威的名字，还大谈特谈杜威怎么能干。不幸杜威再也不能担任公职；他已于几个月以前去世。没有提起过罗杰斯的名字；尼克松决心让人们理所当然地把他看成是对华政策的创始人，而不是国务院，在这种情况下当然不可能提罗杰斯。

我们克制住我们的激动情绪，谈论了这件事的重大意义。尼克松认为，我们在越南问题上的坚定性为我们在战略上铺平了道路，虽然在有些场合造成了暂时的拖延。美国只有在亚洲显得强大，中国人才会认真对待。我对总统说，现在形势变了，我们开始见到国际新秩序的轮廓了。我们事实上已按照我们的意图把我们政策的几个不同部分连接起来了："我们现在已经做到了这一点，我们已经把各部分全都连接在一起了。"我们把对欧洲、对柏林的政策，限制战略武器会谈以及在中东的政策全都连接起来了。尼克松提出了这么一个问题：我们即将宣布限制武器谈判的结果(五月二十日达成协议，同时考虑进攻和防御方面的限制)会不会使中国人感到不快。我认为不会；他们是从大处着眼看问题的。尼克松问，如果宣布九月份和苏联举行最高级会谈——我们当时仍然认为这是可能的——会不会损害我们对华方面的主动行动。我相信苏联领导人不可能行动这么迅速；他们还在等美国国内在越南问题上的抗议把我们进一步削弱；他们还在力图逼迫我们作更多的让步，作为同意举行最高级会谈的代价。我认为，周恩来作了“一个更加精辟的分析”。如果我的这个看法证明是错的，我们无非是决定一下这两个最高级会谈哪个先举行罢了。好事太多也会使人尴尬。这是好事情——两年来我们错过了不少好事。

职位高的人常免不了烦恼，失望，打点小算盘。事情并不像公众所想象的那样，一下子就达到了戏剧化的顶峰，而往往是由似乎没完没了的压力、紧张局势积累而成，这期间，每一次问题显然得到解决，到头来却不过是一系列新问题的先导。对领导人性格的考验是看他们在面对着捉摸不定的形势时是否愿意坚持下去，是否愿意为他们既不能说明也不能完全看到的未来有所建树。偶尔有少数幸运的领导人能参加他们认为将是有意义的大事。那天晚上我回家比平常晚一些，到家后我一个人坐在书房里，思绪万千。有两年多时间，我特别担心的一直是，越南问题使我们举国上下失去了信心，使我们国家逐渐失去维护自由国家和支持争取进步的巨大能力。正当战后世界分崩离析，迫切需要我们作出创造性贡献的时候，我们却有因为东南亚一角的问题在国内闹到不可开交而大伤国家元气的危险。不管在印度支那发生了什么事，我们必须在国际关系上揭开一个新的纪元——这个目标，没有举国一致、努力献身的精神是达不到的。来自北京的信息首先告诉我们，尽管有印度支那问题，我们还是有可能使美国人民高瞻远瞩，看到充满机会的未来。现在，再度出现了美国人终于能够由于憧憬着一个更富于建设性的和平世界而开始团结起来的前景。而且事实证明，美国纵然是在处境困难的情况下，仍然拥有办大事的内在力量。两年来，我第一次在激动之余感到悠然自得，内心平静。

第二天上午我和尼克松在椭圆形办公室再度晤谈。尼克松要我把中国的照会念给霍尔德曼听，并说明这个照会的重大意义。尼克松不是不理解照会的意义，他是想一面听我念照会，向这位当年在离乡背井的孤独的日子里一直和他在一起的老亲信谈事情的经过，一面玩味这一取得伟大成就的时刻。这是一个证据，证明我们没有虚度那些孤单、劳累的岁月。

我们又一次讨论了派谁任使节的事，但是还是没有结果。这次是在霍尔德曼跟前讨论的。尼克松仍然担心中国人可能用河内用过的那种策略，邀请反对我们的其他美国政治人物去访问，以此向我们施加压力（这一疑虑他始终没有克服）。我认为他们不会，北京的战略要求和河内的不一样。北京不希望开始同中国搞关系显得是强求；如果美国政府表现得勉强应付，那就满足不了中国要求得到应急保险的需要。中国人认为，华盛顿能对苏联的压力起抗衡作用，中国人希望这个抗衡力量分量很重，而且是自发的。虽然如此，尼克松还是要我设法劝阻北京，不要跃跃欲试地去和他的政治反对派打交道。表示同意照办并不难，而懂得怎么样去办这件事那就难多了。

当天上午过些时候尼克松告诉我，他已决定派我去当使节，要我立即开始做准备工作。他的动机是复杂的。政治领导人对待这种事情总是这样的。只有浪漫主义的局外人才会相信一个在艰苦的权力斗争中占了上风的人会仅凭理性的分析作出决定。尼克松的压倒一切的动机无疑是，我最了解我们的政策；我熟悉我的思想复杂的首长，因而能给他安排好到北京去的访问，使他感到非常舒适。他可以随便地要我制止他的过于热心的先遣人员提出的关于对外联络的要求。另一个因素无疑是，在所有使节人选中，我最受他的管束。我是白宫工作人员，除了通过白宫新闻处外，我无法公开宣传我的活动。我的成功也就是总统的成功。对于广大公众来说，我基本上是默默无闻的；我任职两年半以来从未举行过公开的记者招待会。

当时，我不能说，我感到十分惊讶。我倒感到如释重负，为设计此行忙了那么长的时间，现在我可以善始善终地去办这件事情了。至于尼克松，不管他的动机有多么复杂，而且他明知道他的传统的支持者会感到十分震惊，却敢于使我国战后时期的对外政策来一个革命性的变化，这是值得称赞的。尼克松当时只有他的安全事务顾问从旁协助，没有经过官僚机构审批的正常手续提供的证件，便授权派出使节，如果使节此行失败，必定会给他造成一场政治灾难，会给他的国家造成一场国际灾难。尽管当时的形势对我们有利，但并不能因此减轻他独自作此决定的责任。尽管尼克松通常有信不过别人的习惯，但并不能因此改变这样一个事实：只有一个刚毅的人才敢于在只有孤零零一个人的陪同下沿着悬崖边行进。

计划和失算

我们等了四个月，不打算立即正式作答，以免显得过于心急。但是，必须很快把决定付诸行动，特别是因为我和尼克松即将要去休假，他到圣克利门蒂，我到棕榈泉去。

我在四月二十八日召见了阿格哈·希拉利，给了他一个临时的答复。我们给中国人的信件在和总统讨论了以后，第一稿由我执笔写成，然后从头到尾地改了几稿，把艾尔·黑格、温斯顿·洛德的意见和我自己重新考虑的意见吸收进去，最后用打字机打下来再送给尼克松审阅。我所作的记录表明，他没有改动便批准了信件。

我们的临时答复表示感谢叶海亚·汗总统办事仔细，考虑周到；感谢周恩来给我们发来的信。我们评价他的信是积极的、建设性的和向前看的。我们将本着同样的精神作答。北京可能期待在五月十日那一个星期得到正式答复。为了把总统担心中国人可能去接近其他的美国政治人物这一点写进去，为了防止中国人因神经紧张而着手开辟新的复杂的渠道，我加上了一些个人的——因此也是可以不承担责任的——意见。我建议叶海亚把这样一个意见作为他个人的意见向周恩来转达：在官方的联系尚未牢固地建立起来以前，务必只通过巴基斯坦渠道交换意见。

我们希望中国人在我们正式回答他们并且任命一个特使之前不会再提出其他倡议。这并不妨碍加紧进行人民与人民之间的交往——学生、记者、学者的交往——这些是我们十分欢迎的。我强调说，不要把这个意见作为美国官方的主张，而是作为叶海亚对我们态度的个人估计来转达。我毫不怀疑周恩来会理解其中真意。五月五日，巴基斯坦人通知我们，所有的信息都已于五月一日传递给了中国人。也正是在这一天，破坏性的示威游行力图使华盛顿陷于瘫痪，据示威游行的组织者宣称，他们这样做是为了说服政府必须为争取和平而努力。

但是，在这个信息能够到达北京之前，我们奇怪的政府制度却造成了一个使整个事情复杂化的失算；这个失算没有造成更大的损害确实证明中国领导集团谋求同我们和解的决心有多大。国务院当然不知道当时正在传递的信息——虽然很可能已经感觉到，从乒乓外交和我们要求国家安全系统所作的许多关于对华政策的备忘录看，即将发生某种大事。明确归国务院管的对华政策的一个方面是中国在联合国的代表权问题。它以政治特权受到伤害的心情狠抓了这个问题。

国务院正确地估计到，我们一贯的主张在联合国中所得到的支持愈来愈少，因此，它急于设计出某种既接纳中华人民共和国进入联合国又不驱逐台湾的方式。它图谋既讨好当时正在折磨我们的国会中的自由派，而又不得罪保守派，更不要说早先得到“援华院外集团”很大支持的总统了。因此，它提出了若干方案，这些方案的共同特点是：台湾和中华人民共和国都表示反对；只有为数不多的新闻记者和国会议员表示赞成。一个是“普遍派代表”方案，即一切分裂的国家的两部分都应由联合国分别接纳。这和两个中国的解决办法差不多，而两个中国的解决办法是台北和北京都坚决反对的。这个方案当时也会引起韩国和西德的反对。另一个方案是：只要有多数票，即可接纳中华人民共和国，把安全理事会的席位给它，台湾则在大会中保留某种不作明确规定的地位（在程序上规定，驱逐需要三分之二的多数票）。这对台湾和中华人民共和国来说，也都是不可接受的；只有在国内批评我们的对华政策的人才认为它是可以接受的。也许它能使我们在大会里再混过一两年。国务院已有好多个月一直在力促总统就采取什么做法作出决定，因为争取别国支持我们选定的方案需要时间。我在总统的同意下采取了延期作决定的办法，因为我不想在这个挑衅性的而又无法解决的问题上危害我们新的对华政策的还不牢靠的开端，而且这类问题反正会被我们同北京的关系的演进甩到后面去。

从我们对华政策问题辩论的理论性质所反映的情况看，许多专家还是那老一套的想法，认为联合国问题的“解决”是改善我们同北京的关系绝对必要的先决条件。而中国通过哪个渠道也没有提出过这么一个论点；中国人发来的信息，连提都没有提出过联合国问题。国务院在得不到总统的裁决的情况下，公开提出了它的理论主张，以便插足于官僚们的辩论之中。四月二十八日，国务院宣布说，我们认为，对台湾和澎湖列岛的主权是“一个未解决的问题，将来要在国际上求得解决”。这一论点，中国争论的双方都拒绝接受，因为双方都认为台湾和澎湖列岛是中国主权国家的一部分。国务院发表这个声明的目的是使我们能为联合国接纳北京，同时保留台湾在大会里的席位这一主张奠定法律基础。四月二十九日，国务卿罗杰斯在伦敦出席东南亚条约组织的部长级会议时，在电视上发表谈话，宣称，埃德加·斯诺在《生活》杂志上报道的毛泽东邀请尼克松去访问是“随随便便地提出的”；他认为，那不是“当真的邀请”。这就使问题更加复杂化了。罗杰斯还说，中国的对外政策在许多方面都是“扩张主义的”；中国对世界其他国家的政策一直“相当偏执”；如果我们努力改善和苏联以及和中国的关系刺激了它们永世结仇，那是一种“红利”。不过，他又说，这不是我们的目标。罗杰斯又说，要是尼克松按照东亚司一直力促他遵循的路线前往中国，那有可能是“殊途同归”，但有一个条件：中国必须无条件地参加国际社会，并遵守“国际法规”。

罗杰斯并不知道我们和中国交换意见的情况，因而造成了混乱，这在某种程度上可以说是情有可原。但是，并不能因此减轻他的谈话的影响。他的谈话对我和尼克松简直是晴天霹雳。我们担心北京可能把罗杰斯的谈话理解为对它的信息的答复，或得出结论，尽管它在许多个月以前便告诫美国不要把它向我们开放当作软弱的表现——事实上那些感到自己是强大的国家是很少说这种话的——我们还是认为中国对压力是敏感的。中国人显然担心我们的要求会层层加码。如果是这样的话，那他们就可能故态复萌，再次陷于阴郁的孤独状态，或发表好战的长篇大论的声明以表明他们是不怕压力的。我们需要发出一个使他们放心的信息。但是，使巴基斯坦渠道超过其负荷是不明智的。况且，拟定一个否认国务卿的谈话的文稿是不容易的，那样做将会害多利少。尼克松在四月二十九日举行的记者招待会上尽可能地作一些纠正工作。他表明，在我们对中国进入联合国问题的态度上，并没有作出什么决定。他列举了人们向他提出的各种建议，其中既有两个中国的解决办法，也有只承认一个代表的解决办法。这是他在不公开否定他的国务卿的讲话的前提下所能说到的程度。尼克松的谈话中用和解的语气提到他可能访问中国。这段话在北京听来比在华盛顿听来更有意义："我希望，事实上是预期，在某个时间以某种身份访问大陆中国，以什么身份出访我还拿不定主意。"尼克松的这个做法是很巧妙的。

中国五月四日的一个广播说明中国人对我们官僚们的鬼把戏的忍耐是有限度的。国务院所说的台湾地位是"一个尚未解决的问题"被谴责为对中国内政的"无耻干涉"，是一种"与中国人民为敌的"行动。北京着重地宣告："世界上只有一个中国。"又说："台湾是中国神圣领土不可分割的一部分。"它说：美国乒乓球队访问中国是中美两国人民友谊的"新发展"，但又说，尼克松政府改善中美关系的行动是个"大骗局"，是企图"捞取政治资本，摆脱它的孤立地位"。这个广播警告我们不要逼人太甚；但是，事实上并没有打断我们的信息来往。

这是由于中国的行动自由也受到了限制。我们双方的官方也许动不动就打嗝，但是在中国边界上那几十个师的军队是苏联的军队。苏联人又调了新的部队到蒙古边界，使总兵力达到四十四个师。中国人也大量增加了他们的地面部队。苏联和中国之间的边界谈判陷于僵局。勃列日涅夫在和一个西方国家的共产党领导人谈话时对中美关系所取得的进展表示十分关注。一个苏联电视评论员在四月二十五日评论中美关系时说："压力对苏联不起作用；这样一种政策是注定要失败的。"凡是自称不为压力所动的国家，要不是吹牛就是很走运，它从未受到过压力。

我继续着手计划到中国去访问的工作。我到棕榈泉去休假时带了一大包关于中国哲学、历史和艺术的书去。温斯顿·洛德负责准备介绍情况的材料。他的美丽、媚人又聪明的中美混血妻子贝蒂生在上海，她父母原来在大陆，但和台湾有密切的关系。温斯顿为了执行任务必须向贝蒂保密，这对他来说是件十分苦恼的事。温斯顿到处张罗，对每一个他设想可能出现的问题都作了一大本一大本的记录。

为了开始作技术上的安排，我在五月三日通过秘密渠道向我国驻巴基斯坦大使约瑟夫·法兰发了个信息：

> 为了只有总统和我知道的非常敏感的原因，总统希望你找点个人的……借口，立即返回美国，以便你能和我会谈。我们的会谈必须完全保密；会谈的性质，除总统、你和我自己以外，不得向任何人透露……我意识到这个信息会给你带来困难。但是，我确信你会认识到，总统重视我们的会谈，这是压倒一切的考虑。我们会谈的题目不要求你作任何准备。

感到迷惑不解但为人忠诚可靠的法兰乘飞机到洛杉矶，他对他的上级说，是为了办点"私事"；我派了一架朋友的私人飞机把他从那里接到棕榈泉。五月七日，他和我在我当时住的那所私人住宅里举行秘密会谈。我们在一起谈了三个小时，然后法兰返回洛杉矶飞机场；法兰曾到棕榈泉来过是根本无案可查的事。

在那个时候我们幸亏有这么一位驻巴基斯坦的大使，他不是一个正规的政府外交官员。如果他是个老牌外交官员的话，他决不会未经“亲自”向华盛顿他所属的部长们发信请示，保证自己不出问题便响应我们的要求。而且法兰这个人办事扎实而能干，也很认真。他是那么巧妙那么慎重地为我这次出使作好复杂的安排。五月七日，我在棕榈泉和他一起回顾了我们和北京的一切通过巴基斯坦渠道传递的来往信息。我告诉他，此行的技术安排应通过他作，以避免由于这么复杂的材料经过太多人手所可能造成的误解。法兰可以利用他使馆的工作人员去深入考察一下一些安排是否切实可行，只要他不告诉他们这些安排的真正目的是什么。在这一点上，我的想法是在巴基斯坦或在中国华南的一个方便的飞机场和中国代表会晤。我对法兰说，凡是我通过希拉利发给叶海亚的信息我都让他知道。我指望他在我待在巴基斯坦的时候管束住他使馆的人员，并使人觉得我“为掩人耳目”而编的那一套是真的。

法兰建议在中国举行会谈，让中国人偷听比让巴基斯坦人偷听要好一些，因为中国人反正要做记录。我对法兰说，我准备通过我国驻卡拉奇海军武官设立一条海军秘密渠道；在柏林谈判期间，美国海军作战部长小埃尔莫 · R · 朱姆沃尔特海军上将曾为我设立过一条类似的渠道，取得了令人满意的结果。（后来，我们发现海军的渠道太不方便了。在赫尔姆斯的合作下，我们通过中央情报局订立了一个有效的制度。）

在那些日子里，搞秘密渠道是一种很奇怪的现象。秘密渠道把每一个官僚机构都排除在外，可它却把使用它的人变成了另一个官僚机构的人质——直到我们终于能够建立起直接以白宫为起点、不通过其他机构的渠道为止。秘密渠道基本上是一种通信系统，它设法绕过正常的程序；不过总得有人提供方便才行。通常被排除在外的对象就是国务院，因为国务院自己甘当技术和习惯的牺牲品。从技术方面来说，那是因为它的电子计算机组按照预定的程序自动地把哪怕是最敏感的电报也分发到整个国务院大楼；从习惯方面来说，那是因为外交官们是靠互通情报过活的，他们有各种各样的巧妙办法来摆脱那些限制性的规定。因此，连国务院都设立了它自己内部的秘密通信渠道，而且几乎每一个现代的总统都想办法避开国务院正式的通信联络系统。赫尔姆斯懂得如何限制电报的来往；他对秘密渠道的掌握是慎重的，也是胜任愉快的。

我把我已计划好了的出访路线概括地告诉了法兰。我将从华盛顿出发作一次“了解情况”的出访，我将访问西贡、曼谷、新德里、伊斯兰堡和巴黎。我预定在每一个停留的地方都举行多个解情况的会议，但不举行新闻发布会。我的飞机上不载新闻记者。我希望，等到一个星期以后我到达伊斯兰堡的时候，记者们从我身上采访新闻的兴趣已经不大了，因为当地的记者对我的这一套已十分厌烦，而且也没有发多少消息。法兰告诉我常驻伊斯兰堡的只有一名美国记者。

我和法兰商定，最有效的计划是：我将于星期五上午到达巴基斯坦。法兰将安排我一整天的活动，既在大使馆又在巴基斯坦政府那里进行。如果叶海亚总统同意，他可以请我到某一个合适的幽静的地方度周末，比如说开伯尔山口或某一个山站。我将让我的飞机停在飞机场一个醒目的地方。我将乘一架预先停放在巴基斯坦的美国、巴基斯坦或中国的飞机到中国去。等我们知道会谈地点并对可行性进行了深入研究以后，我们就会作出最后决定。在我不露面不超过三十六小时以后，我将引人注目地重新露面，然后往西行进，到巴黎去。法兰认为这一切都是办得到的；他答应一回到驻地便马上和叶海亚联系。我对他说，我会把法兰所担负的任务通知希拉利。

五月份和六月份有好些机会使我们和中国的经济关系可以再向前迈进一步，并发出令人鼓舞的信号。五月七日美国国务院、商务部、财政部和交通部公布了执行白宫于四月十四日所宣布的放宽对华经济限制的规定。财政部取消了在对北京的交易中使用美元或美元票据（在限制性账目中使用的票据除外)的管制。这么一来，中国血统的美国人现在可以把美元汇给在大陆的亲戚了。挂着外国旗的美国船只也可以在大陆中国的港口停泊了。挂美国旗的船只从此以后可以把从美国启运的货物经非中国港口运到大陆去了，也可以从一个非共产党国家的港口启运到另一个非共产党国家的港口去。

五月九日，我在棕榈泉休假后回到华盛顿，我已把给周恩来的上一封信的回信拟好。尼克松第二天上午批准照发，我在中午把这个没有签字的信交给希拉利：

尼克松总统仔细地研究了周恩来总理委托叶海亚·汗总统转来的一九七一年四月二十一日信件。尼克松总统同意，为了解决把美利坚合众国和中华人民共和国分隔开的问题，有必要举行直接高级谈判。因为尼克松总统十分重视使我们两国关系正常化，他准备接受周恩来总理提出的请他访问北京以便和中华人民共和国领导人直接会谈的建议。在这样一种会谈中，每一方都可以提出它所关心的主要问题。

为了给尼克松总统的访问作准备，为了和中华人民共和国的领导人建立可靠的联系，尼克松总统建议他的国家安全事务助理基辛格博士和周恩来总理或另一位适当的中国高级官员举行初步的**秘密**会谈。基辛格博士准备在中国国土上参加这样的会谈，地点最好是在巴基斯坦方便的飞行距离内，由中华人民共和国提出。基辛格博士将被授权讨论使尼克松总统的访问成为最有益之举的环境条件、这样一次会谈的议程、进行这种访问的时间，并开始就共同关心的问题初步交换意见。如果认为，在基辛格博士秘密访问中华人民共和国和尼克松总统到达之间这段时间公开派一特使到北京是可取的，基辛格博士被授权作此安排。预期，尼克松总统访问北京在基辛格博士和周恩来总理举行了秘密会谈后不久即可宣布。基辛格博士准备在六月十五日以后来。

我们建议，基辛格博士此行的具体细节，包括地点、停留的时间多长、通信联络以及类似的问题通过叶海亚·汗总统作为居间人进行讨论。**为保密起见，务必不用其他渠道。同时，不言而喻，基辛格博士和中华人民共和国高级官员的第一次会谈要绝对保密。**

后来，我们了解到，中国人对我们希望保密这一点疑心很大；也许他们以为这是一种使我们可以很快根本改变方针的计谋。中国人既谨慎小心又怀疑我们是否有能力保守机密。* 现在要清楚地追忆美国和中国在那些日子里互不理解的感觉已很困难。除了在华沙会谈中作一些形式主义的发言以外，我们一直和中国领导机关没有任何一种联系。本书中所引述的信息不折不扣地是我们唯一的来往信息。因为中国领导人不喜欢闲谈，大多数驻北京的西方外交官往往好些个月都见不到任何重要的中国官员；除了在纯粹为了庆祝的场合，这些西方外交官很少有人能遇见一个高级的中国领导人。因此，连友好国家政府之间偶尔互相交换的珍闻都没有传到我们耳里；我们对于在北京会碰到什么心中无数。

此外，我们知道，如果在访问之前先发表公告，那些想要得到一系列让步的人和那些要我们保证寸步不让的人就会对我们两面夹攻。别的国家会要求向它们说明会谈情况并作出保证，而会谈的议程不过是容许各方提出它认为重要的问题而已。所有这一切就都会成为公开的了，而且这些情况又会回报到一个我们只能通过第三方才能进行通信联络的首都。一些国家可能用先发制人的办法阻止我们去访问；另一些国家则可能设法破坏它。这样，两年多来煞费苦心培养的这棵嫩苗就很可能被掐死。中国人还是及时地理解了我们的情由；我现在毫不怀疑，第一次出访的保密成了踏踏实实、按部就班地改善两国关系的一种保证。

照会的最重要部分是我们正式接受总统访问北京的邀请。我们强调

---

* 埃德加·斯诺后来写道："只有一件事使中国人感到惊奇：基辛格先生成功地保守了他访问的机密。中国人在第二次世界大战期间有过和美国外交官相处的经验，这使中国领导人确信，美国人是保守不住机密的。"⑨

要保密，但也设法使中国人放心，同意访问过后可以立即宣布，还同意在尼克松访问之前派一特使第二次公开地进行访问。我们强调说，我们不能同意只讨论台湾问题；应规定每一方都可以“提出它所关心的主要问题”。北京在五月十七日收到了这个信息。

五月二十日，经过好些个月的讨价还价以后，美国和苏联宣布在限制战略武器的谈判中在程序上有了突破。在这以前，苏联人一直坚持限制战略武器会谈只讨论限制反弹道导弹；现在，莫斯科和华盛顿同意，像我们所希望的那样，同时讨论限制进攻性和防御性武器。尼克松一直担心这可能会使中国人感到不安。我倒不那么担心——显示我们左右逢源往往是一种本钱——我倒认为这是向北京表明同美国联系有好处的好机会；我们可以直接向中国人保证，宣布限制战略武器会谈的结果并不含有美苏合谋主宰世界之意。经总统批准，我把这个正式发表的一份预发副本发给法兰，由他交给叶海亚转给中国人。同时附有一个信息向中国人保证，我们“不会缔结把矛头对准中华人民共和国的任何协定”，保证在我即将进行的秘密访问中我准备讨论“这个问题和有关的问题”。

正当我们等待北京答复的时候，我们发现不只是我们才有这种冒冒失失的官僚。五月二十六日，哈佛大学的一个老同事给我打电话，很激动地告诉我，他在前一天到过渥太华；那里的新建立的中国使团的成员抱怨说，尼克松曾被邀请去访问中国，但是他不愿意去。这是一个奇怪的信号——令人疑信参半的信号；了解事情的整个经过的一个中国官员必定知道，美国已经对邀请作了肯定接受的答复。这也是一种警告——不论是有意或无意——它表明，如果这个主动行动告吹，中国人能公开地采取什么行动来对付我们。我们很快就会发现我们自己处于未能利用机会改善中美关系的守势地位。我决定把总统可能去访问的事，说得无关紧要，并建议这位哈佛大学教授在中国驻加拿大大使到达任所时安排一次我和他的会谈，以此来说服这位教授。

五月三十一日，我们从希拉利那里收到一个激动人心但又很含蓄的信息：由北京发出的一个很长的信息正在由一名巴基斯坦的信使传送过来；希拉利只是简略地被告知这个信息内容。这个信息显然是很鼓舞人的；希拉利相当肯定，中国人接受了我们建议的主要内容。我们焦急地等了那位巴基斯坦信使两天。根本不知道我们的图谋的国务院急于开始在联合国就中国代表权问题争取选票，自然是可以理解的，可它偏偏在这个时候力促总统对它修改过的两个中国的方案作出决定。所建议的办法是，国务卿在快到六月底的时候发表一篇演说。这是最糟不过的时机了；这也表明，我们政府的两个渠道这种制度是漏洞不少的。在当时那种情况下，尼克松本来是非作解释不可的，但是他决计不正面应付他的国务卿。因此，他直截了当地在六月一日的记者招待会上宣布，在七月十五日以前他不会就中国代表权问题作出决定。这个日期的选定不是偶然的。从伊斯兰堡来的那个信使终于到达了。希拉利于六月二日下午八点十分带着周恩来的答复急急忙忙地进来找我：

周恩来总理认真研究了尼克松总统一九七一年四月二十九日、五月十七日和五月二十二日的口信，并且十分愉快地向毛泽东主席报告尼克松总统准备接受他的建议访问北京，同中华人民共和国领导人进行直接会谈。毛泽东主席表示，他欢迎尼克松总统来访，并且期待着届时同总统阁下进行直接谈话，其中各方可自由提出自己关心的主要问题。不言而喻，在中国和美国之间首先要解决的关键问题是美国武装部队如何具体从台湾和台湾海峡地区全部撤走的问题。

周恩来总理欢迎基辛格博士来华，作为美国代表先同中国高级官员进行初步秘密会谈，为尼克松总统访问北京进行准备并作必要的安排。

周恩来总理建议，最好由基辛格博士在六月十五日到二十日之间选定一个到达中国的日期，他可从伊斯兰堡直接飞往一个不向公众开放的飞机场。至于飞行方面，他可以乘巴基斯坦的波音飞机，或在必要时从中国派去接送他的一架中国专机……周恩来总理热烈地期待着在最近的将来在中国同基辛格博士会晤。

我当时那种如释重负的心情简直是难以形容。周恩来已经接受了我们的建议，即每一方都可以提出它所最关心的问题；这就保证可以讨论我们最感兴趣的全球性的问题。周恩来再次以最容易获得解决的方式提出了解决台湾问题的轮廓：撤走美国军队。如果中国领导人不是很愿意，甚至急于从根本上重新估价中美关系的话，那他们是不可能做到这样的程度的。

我从我在白宫西翼的办公室走到正厅去通知尼克松总统。尼克松正在宴请尼加拉瓜总统安纳斯塔西奥·索摩查。我告诉站在国宴厅外面的那个随从武官，务必请总统尽快出来见我一会儿。我一面等候一面在大厅里来回走了几分钟。总统大约在九点半出来。我把信息的内容告诉了他；他兴高采烈地把我领到林肯厅，找到了一种白兰地酒和两个玻璃杯，然后举杯祝贺我们已经取得的和尚待取得的成就。我记得尼克松的祝酒词是这样的：“亨利，我们现在喝这杯酒不是为了祝贺我们个人或我们的成功，也不是为了祝贺使我们能够收到这封信和享受今晚难忘时刻的我们这届政府的政策。让我们为今后的几代干杯，他们可能会由于我们现在所做的事而有更好的机会过和平的生活。”[10]我想起来的这个祝酒词不是十分精确的；也许这么兴高采烈地祝酒未免太早了一点。但是，我所引的这段话准确地反映了这么一种情绪和重新点燃起来的这样一种希望：在摆脱了令人沮丧的战争所造成的怨恨和分裂之后，我们举国上下对国家的前途又有了新的信心。

两天以后，在六月四日下午，我把我们给北京的回信——由我和温斯顿·洛德改了许多稿以后写成的——交给希拉利。在这个信件里尼克松总统表示感谢他们对我去访问所表示的热烈欢迎。“由于时间短，以及基辛格博士需要为他的旅行找个合适的借口，他现在发现在七月份的第一个星期以前不可能离开华盛顿。因此，尼克松总统建议基辛格博士于七月九日到达中国，于七月十一日离开，他将乘巴基斯坦的一架波音飞机从伊斯兰堡直飞北京。”（后来是按照这个日程到达的。）我们的信件对中国人愿意保守秘密表示感谢，并再一次提出授权我就不久以后发表新闻公报事宜作出决定，“如果有此共同希望的话”。我们之所以选定七月九日这个周末是因为罗杰斯计划七月份再过些时候到伦敦去；我们不能在国务卿正在外面旅行的时候宣布总统将访问北京。

六月十一日，周恩来写了一个简短的通知，同意接受七月九日这个日期；我们后来才知道，这对他来说是相当不便和尴尬的，因为朝鲜总理金日成原定在这几天访问北京。叶海亚·汗当时正为处理东巴基斯坦的问题日夜操劳，本来很不开心，但执行这个使命的精神却使他兴高采烈。六月十九日，希拉利带来了叶海亚的一份书面照会：“北京的上次那个信件似乎已最后把事情确定了。请我们的朋友放心，我们一定作好绝对可靠的安排，他在这方面不必有任何顾虑。”

我们现在是大局已定，剩下的问题是落实到行动上了。第一个问题是使国务卿相信，我确实需要到亚洲各地去进行一次漫长的“了解情况的访问”。这是我作为安全事务助理自己安排的第一次到国外去访问。他不大愿意，这是可以理解的。眼巴巴看着我和国家安全委员会的工作人员左右华盛顿制定政策的过程已经够痛苦的了；要同意让我开始插进来，掌管对外政策在海外的执行，那就更痛苦了。事实上，我完全谅解他的反对态度。国务院本应是我们有目共睹的对外政策中心；如果总统不信任他的国务卿，他可以撤换他，而不应当让他的安全事务助理去代替他。如果总统不信任国务院，他应当用行政命令强使它照办，而不应当利用国家安全机构对它处处设防。从理论上说，这些基本道理固然没有什么可争论的，但付诸实施就不那么容易了。要使政策基本上做到前后连贯，需要有一个强有力的国务卿，这个国务卿不仅要在正式场合，而且要在一切细节上都愿按照总统的意图去做。这两者兼而有之的国务卿在历史上是罕见的；在近代，往往缺少这种或那种品德。

一九七一年六月间，我不是以那么超然的观点去看待这个问题的。不管怎么说，这种高明的见解总解决不了我们当前的实际问题。因为在中国人接受了七月九日这个日期以后，我们就只好这样干了。尽管国务院抗议说，鉴于东巴基斯坦的动乱所造成的紧张局势，我去访问印度次大陆的时机很不好，而且可能会引起误解，那也没有关系。我曾短暂地探索过从冲绳岛上的美国空军基地进入中国是否可行，但是很快就决定，这对北京来说会是个令人不愉快的象征，而且也犯不着未经征询日本政府的意见便擅自从我们已承认的日本领土秘密出访，因而使日本政府受屈辱。尼克松不愿意直接下命令；他委派霍尔德曼去说服罗杰斯。国务院终于勉强地收回了它对此行的反对意见。至于怎样把我的最后目的地通知罗杰斯，总统想了个很好的主意，他把罗杰斯请到圣克利门蒂去，在我出访亚洲的大部分时间都把他留在那里。这样，他就能够在最理想或至少控制得最好的环境下把消息透露给他。

另一个复杂的情况是，就在我预定要到北京去这个时间，美国政府的全部高级官员似乎都迫不及待地要去漫游台湾。首先，我们不得不劝阻副总统阿格纽，请他不要去作等待已久的对蒋介石的访问；我们安慰他，请他周游世界，把重点放在中东和非洲。还有梅尔·莱尔德也打算于我在北京那几天去视察在台湾的防务设施；他已经作好了计划要到日本和韩国去同盟国的国防部长会谈。莱尔德是个组织纪律性很强的军人；他没有询问我要求他改变日程的原因，便主动重新安排了他的日程。

而由于安排这种种公费旅行的事，没有为我出访留下一架总统座机。总统到圣克利门蒂去要用两架飞机；阿格纽又要了一架；还有一架政府要员的座机又给莱尔德要了去。我们终于千方百计地找到了一架战术空军司令部的指挥飞机，飞机上装满了电子设备，坐在上面非常不舒服，那架飞机引擎太旧了，它要求很长的跑道。在起飞的时候，它给人这么一种感觉：好像它宁可取道陆路到达目的地似的。

正当各种技术性的和官场里的问题似乎得到了解决时，发生了一件事，这在我启程去执行任务之前的大部分时间里，转移了我们的注意力，那就是公布了所谓的五角大楼文件。在我们奋斗了好几个月建立起一条通往北京的秘密渠道，又克服了许多障碍和疑心之后，突然公布了七千多页的秘密文件，使政府受到很大震动。当然，这些文件丝毫无损于尼克松的总统地位。的确，在白宫的政治工作人员中存在着一种情绪，想利用这些文件来说明我们的前几任总统所搞的阴谋诡计，以及我们从他们手中接过来的困难。但是，在我看来，这样一种态度似乎违背了公众的利益。如果每一位总统都利用他对于取消保密所掌握的权利来诽谤他的前任，或者他对于维护保密制度的取舍之权竟成为一个党争的问题，那么我们的对外政策就永远不可能有其他国家必须信赖的连续性，我们的政府制度肯定会完全失去信誉。这些文件的公布是经过选择的，是片面的，显然是想把它们当作政治战的武器使用。它不公平地损害了像约翰·麦克诺顿这样的人的个人名誉。麦克诺顿是一个杰出的公仆，据我了解，他基本上是反对战争的，但却在五角大楼的文件中被描绘成了一个罪恶的战争贩子。在一九七一年的时候他已不能活着为他自己辩护了，他已在一次飞机失事中和他的家人一同遇难了。

我们当时感到十分担忧的是，北京可能得出结论说，我们的政府太不稳定，太容易受干扰，太不可靠，不是一个可靠的伙伴。大量地泄露政府机密，必然会引起其他友好国家和敌对国家的政府对我们的可靠性的怀疑，甚至对我们政治制度的稳定性的怀疑。刚好在这时候，我们正在和北越人进行秘密会谈，我们还以为会谈快要有所突破——事实证明这个想法是不对的。我们在限制战略武器的会谈中正处在重要的节骨眼上。我们还处在微妙的柏林谈判的最后阶段，其最后结果如何也要看能否保密。

我不仅支持尼克松反对这种大规模盗窃机密和未经批准擅自公布机

密的行为，而且还鼓励他这样做。我们曾向法院提起公诉，以便根据民法下令禁止公布这些文件，但未获成功。（这个主意不是我出的，但是，我并不反对这样做。）我不知道后来所采取的步骤，那些卑鄙、幼稚和无益的举动终于导致尼克松政府的垮台。我认为那些做法是不可宽恕的，但我仍然认为盗窃和公布政府文件的行为给国家造成了严重的损失。公布五角大楼文件这件事并没有阻碍我们向北京表示我们的意愿。但并不因此改变这个原则。我们当时不可能知道这一点。那些盗窃文件的人也没有考虑到他们的行为所造成的后果，甚至没有注意这一点——他们的目的毕竟是破坏人们对政府的信任。我们只能揣测我们那样大力维护保密的原则到底是使北京放心还是它认为这无关紧要。

经过情绪激动的几个星期以后，我们秘密出访的日期快到了。我选择了我的伙伴：约翰·霍尔德里奇，他是职业外交官，在国家安全委员会工作人员中分管东亚问题的中国问题专家；迪克·斯迈泽，也是职业外交官，在我的工作人员中分管越南问题的专家；温斯顿·洛德，以前曾在国务院和国防部工作，现任我的特别助理，主管最敏感的问题，他是我信得过的亲信和密友。

我一向相信，谈判的秘诀是做好过细的准备工作。谈判代表不仅应当知道所谈的问题的技术方面，而且应当知道其中的细枝末节。首先，他必须对他的目标和达到目标的途径有一个明确的概念。他必须研究他的谈判对手的心理和目的，并决定是否及如何把对方的目的和他自己的目的调和一致起来。他必须对这一切了如指掌，因为迟疑不定的印象会招致对方的含糊其词或寸步不让；在谈判桌旁如果还需要经常去查阅文件就有损谈判的权威。正是由于这个缘故，我和我的伙伴们六月十九日到二十日跑到比斯坎岛去度周末，以便熟悉介绍情况的文件，这些文件已经重写过许多次——在我们出发之前还要重写几次。（我常常跟人谈起一位哈佛大学教授的一件轶事。这位教授要求一个学生写一篇期终论文，要他连着写了十稿，每写一稿他都退还给那个学生，在上面写上这么一个问句："你不能比这个写得更好了吗？"这个学生写完了第十稿以后气愤得感叹道："不，我不能够比这个写得更好了。"那位教授说："既然是这样，我现在可以看看这篇论文了。"虽然这不过是一段轶事，我的工作人员还是相信，他们是本着这种精神干的。）在一大本一大本的介绍情况的文件中，包括有关我预料要和周恩来讨论的题目的资料。这些题目是：印度支那问题、和苏联的关系、印度和巴基斯坦问题、贸易和交流、台湾问题和被监禁在中国的美国人问题。这些文件论述了已知道的北京在这些问题上的态度，并概括地提出我应采取的立场。（这些材料大部分取自我下令在国家安全系统内所作的那几个部际研究报告。）有一篇稿子是会谈的开场白，还有一篇是关于此行的目的和要采取的战略的概论性的文件。多次写这些文件使我自己的思路更鲜明了。这些文件可供总统审阅，使他有机会批准这一做法并使之定型。

在集中精力作准备的那个月里，我们也还要照顾到三角的另一边。六月八日，我把阿纳托利·多勃雷宁领到戴维营漫谈美苏关系问题。多勃雷宁心平气和地对我说，苏联并不反对我们逐步地改善与中国的关系；他甚至告诉我苏联是怎样估计各个中国领导人的。至于莫斯科最高级会谈，他继续玩弄他那套捉迷藏的游戏。莫斯科最高级会谈本来暂定于一九七一年九月举行，现在由于苏联图谋在其他谈判中，特别是在柏林谈判和欧洲安全会议的谈判中索取更多的让步，以种种借口顺延。不过，手里拿着对方根本不知道的牌是很值得欣慰的。我对多勃雷宁说，我们已经探索了十四个月时间，看来确定召开最高级会谈日期的时间已经到来。他当时必定又一次断定，跟他打交道的这个人缺乏耐心，很可以利用。事实上，我才不忙于要举行最高级会谈呢。我只不过是想确定一下即将举行的这两次最高级会谈的先后次序而已。我稍为倾向于先举行北京最高级会谈。要是他当时回答说，赞成早日举行莫斯科最高级会谈的话，那倒是给我们造成一个棘手的问题，难以确定先举行哪一个最高级会谈了。苏联人无意中又为我们解决了问题。我曾经设想，如果我突然告诉他，一个月以后我打算到什么地方，多勃雷宁会作何反应。

六月十日，白宫公布了按照总统四月十四日的决定从对华贸易出口管制项目单上撤销管制的项目单子。龙·齐格勒所发布的一项新闻公报宣布，正在使种类繁多的非战略货物从此以后可以向中国出口；二十年来，也是第一次许可中国商品向美国进口。这项公报指出，在对华关系上，我们“以后会考虑采取进一步措施的可能性”。二十世纪四十年代和五十年代以来对中国所施加的单方面的限制现在已经大部分解除了。发信号的时期正在告一段落，下一步就是谈判了。

六月二十八日，《纽约时报》登了一条马路新闻，把我列为将来出任美国驻北京大使的可能人选。比尔·罗杰斯认为这条新闻很可笑。我跟他开玩笑说，也许是国务院故意泄露机密，以便把我弄到远离华盛顿的地方，愈远愈好。罗杰斯也拿我逗趣说，如果你真愿摆脱在华盛顿的种种烦琐事务，到那里去倒是个好差事。我表示同意。我说，我喜欢吃中国菜。

六月三十日，白宫新闻秘书在他的例行新闻发布会上发表了一个简短的公告：尼克松总统即将派我于七月二日至五日到南越去执行调查事实的任务。随后我将到巴黎去和戴维·布鲁斯大使进行磋商；在我到巴黎去的途中，我将在泰国、印度和巴基斯坦和官员们会谈。此外，为了转移经常从河内那里得到情报的苏联人的注意力，我安排了同黎德寿的又一次秘密会谈，于七月十二日在巴黎举行。这么一来，在我的日程表上就没有什么漏洞引起人们的疑心了。

七月一日那天黎明时分，我和我的同伴们终于乘一架拥挤不堪、坐上去很不舒服的飞机动身去作我们一生中最重要不过的一次旅行。

注释：

① 罗杰·莫里斯著《不一定伟大》（纽约，哈珀与罗氏出版公司，一九七七

年），第九七页。

② 见一九七〇年六月十八日《纽约时报》。

③ 埃德加·斯诺著《中国将从实力地位出发进行会谈》，一九七一年七月三十日《生活》杂志，第二四页。

④ 一九七〇年十月五日《时代》周刊。

⑤ 理查德·尼克松著《尼克松回忆录》（纽约，格罗斯特和邓洛普出版社，一九七八年），第五四六页。

⑥ 尼克松的记录说，“在毛泽东发表谈话后没有几天”（《尼克松回忆录》，第五四七页），我们就知道了这个谈话。我看了我所作的记录以后相信，直到《生活》杂志于一九七一年四月三十日发表了毛泽东的谈话，也就是在乒乓插曲以后，我和尼克松才知道毛泽东的谈话。在我的记录中，最早提到毛泽东和斯诺的谈话是在国务院一九七一年四月一日的一个低级官员的报告中，报告的大意是：毛泽东和斯诺的谈话表示对台湾问题有所松动。斯诺一九七一年七月三十日再度在《生活》杂志上撰文谈这个问题。尼克松所说的想必是指，他在我秘密出访之前已知道毛泽东的谈话。这是对的。

⑦ 一九七一年七月十六日合众国际社发表的阿诺德·迪布尔的一篇报道谈到这一点。

⑧ 我国驻东京大使阿明·迈耶谈到这件事，并公正地表扬了坎宁安当时所起的作用。阿明·H·迈耶著《出使东京：一个大使的纪事》（印第安纳波里斯，鲍勃斯-梅里尔出版社，一九七四年），第一三〇至一三一页。

⑨ 斯诺著《中国将从实力地位出发进行会谈》。

⑩ 《尼克松回忆录》，第五五二页。

WHITE
HOUSE
YEARS

Henry Alfred Kissinger

白宫岁月：
基辛格回忆录

[美] 亨利·基辛格 著

杨静予 吴继淦 刘觉俦 译

Vol.

3

上海译文出版社

目录

第十九章　北京之行

“孛罗一号”：序曲

一九七一年七月一日，我经历了平生十分痛苦的一次会晤。“中华民国*”“大使”詹姆斯·沈**来见我，商量在下届联大表决中国代表权问题时，如何保持台湾的席位。沈剑虹对于国务院企图让北京进入联合国同时又不驱逐台湾的“双重代表权”计划，提了很多反对意见。我很难聚精会神地跟他详细讨论这件事，因为就在七月一日这一天，我要启程去亚洲，秘密地如约赴北京。没有哪个国家的政府能比台湾当局更不应当得到这种即将来临的遭遇了。它是一个忠诚的盟友，对待我们的行为一直堪称楷模。它的代表，尤其突出的是它的大使，表现得老实可靠，而且具有中国人所特有的那种精明才干。我感到我和沈剑虹的交谈特别痛苦，因为我知道，不久之后更重大的事件就要来临，他私下里议论的这些联合国程序性的花招，就会全部化为泡影。然而我却什么都不能对他讲，而且还得要尽可能装出一切如常、若无其事的样子，按照预定的问题跟他谈下去。

我的日记上记着，除沈剑虹外，我还会见了总统顾问唐·拉姆斯菲尔德、墨西哥外交部长埃米略·拉瓦萨和印度大使L·K·吉哈。我还同总统三次会晤，共用了两个多小时来重新审查我那些为出访准备的文件。这之后记的是夜间在林肯厅同深思熟虑的总统会晤，与认真思考问题的安全顾问和国务卿会晤，共同策划战略问题。其内容多半是一些有关公共关系的无聊废话。此后一位记者要求会见，要我谈这些会议的内容。我请霍尔德曼代我接见，他同意了。“你撒谎也只能到此为止。”他承认说，这倒给道义上必须讲真话增加了一个新的尺度。实际上，虽然我在转达六月二日中国人的信息时曾在那里和尼克松谈过话，但我们却极少在林肯厅开会，而且罗杰斯从来没有在场。我们几乎都是在椭圆形办公室或者在总统办公大楼尼克松的私人休息室里谈论中国之行。在七月一日这一天，我们讨论的主要是打开同中国的关系、对于苏联的态度以及对越南战争可能产生的影响。很多时间是花在讨论未来与中国以及与苏联举行最高级会谈的先后次序上；当时我们还没有从莫斯科得到是否在九月举行会谈的消息。我们决定，不管莫斯科怎样反应，现在将首先举行同中国的最高级会谈。

这次中国之行使尼克松在公共关系方面特别敏感起来了。他作出这些决定既没有同行政部门商量，也没有同国会商量，因此，一旦出了差错，他就完全处于无法为自己辩护的困境。他极其果敢地独自作了这些决定。可是，他是一个个性复杂的人，高尚的动机往往与一些不那么高尚的考虑相矛盾。他迫切希望自己成为访问北京的第一个美国领导人；因此他三番五次地要我改变我的访问地点，除北京之外改在什么地方都行。我不知道向巴基斯坦人或是中国人怎么讲才好。我们坚持保密已经引起了怀疑。我们不熟悉中国的保卫措施和他们内部商量的情况，如果再想指定谈判地点，那很可能会使他们更加怀疑。因此我拖着不办，因为尼克松在给北京的信中可以讲明这一点——每一次信在发出之前他都是看过的，没有一次信建议在别的地点会晤。然而在我离开华盛顿的时候，他还催我找另外一个地方。

---

* 这里指的是台湾。——译注
** 即沈剑虹。——译注

尼克松还有一个愿望，那就是宣布我这次访问的公报不要提我的名字；他希望他和周恩来的名字首先出现在正式的中美文件上。他没有说明，宣布一位美国使者访问北京怎么能够不透露这位使者的姓名，除非这个人想在中国得到一个神出鬼没的名声。实际处理办法照顾到了这个问题。尼克松还想要中国人保证，在他去中国访问之前，不邀请美国的任何政治人物去中国访问。我间接地向希拉利提了这个问题，但决定在我到达北京之前暂时不提这类请求，因为我们到北京之后情况怎么样谁都没有底，我们就更有理由这样做了。

在我出发之前大约一星期，我把我的工作人员和我编集的文件拿给总统看。那厚厚一册黑皮书的代号叫作“孛罗”，这是假借昔日访问中国的一个欧洲人的名字。尼克松仔细研究了开头的备忘录，并且亲笔在扉页上附注了意见。这本汇编开头是一个“意向篇”，它概述中国邀请我目的何在，而我们接受邀请又目的何在。

这个文件论断说：毫无疑问中国人是想提高他们国家的国际地位和降低台湾的地位；这可能在我们的盟国和朋友中间造成某种混乱；苏联将会面临新的复杂情况。也许真的像许多专家所认为的那样，北京的基本目标是要美国退出亚洲；他们使我们出丑肯定会从那些强硬的革命派那里得到某些好处。但是权衡轻重，我认为北京方面不像是要采取这种做法，这样做也是同造成我去访问和邀请总统访问的那种局势不相符合的。我在备忘录写道：“我们曾经设想，他们现在这个行动部分原因是要对苏联对其边境的军事威胁作出反应。如果他们想利用我们对苏联人起某种制衡作用，那么使我们丢脸不会对他们有什么好处。”如像中国的宣传机构（还有美国国内的批评家们）多年来所要求的那样，美国从亚洲撤出，这也不真正符合中国人的目的，因为美国撤出亚洲就会留下真空，而苏联人就会去填补。中国人一定会认识到，企图对我们施加压力就会引起极大的愤怒，从而加速美苏共谋主宰世界，而这一点正是他们最害怕的。我的备忘录推断说，虽然日本在中国人的眼里越来越成为他们的对手和潜在的威胁，但总有一天他们会认识到，美国继续同日本保持密切的关系，甚至对他们还有好处。

因此，我建议，既然是国际形势促成这次访问，我这次访问就要集中讨论当前国际形势的基本特点，讨论双方似乎都愿意加以肯定的目标的共同点。在这个范围内，我将讨论中国在国际上的作用；取得某种形式的谅解，在我们双方的关系中不诉诸武力；减少我们在台湾的驻军；以及中国人对苏联的认识。我将谋求对印度支那问题能起某种缓和作用，并估计到，单是会晤和此后的最高级会谈这个事实本身就必定会使河内的士气大为低落。我们将谋求建立某种不依靠第三方的联系。我们无疑会遇到那种“中央王国”的复杂的病态心理，认为我们是野蛮人，是来向这个文化和政治中心朝贡的，但是只要“我们对于自己在历史上的地位和国家的力量具有充分的信心”，对于这类的虚荣心我们也是可以容忍的。

此外，这本情况汇编还包括很长的一篇首次发言草稿，即对各种问题的会谈要点，以及大量的背景材料。我不能断定尼克松是如何彻底审查这个材料的；他通常的做法是集中注意开头的备忘录而忽视那些辅助性材料的。

在七月一日这一天，尼克松和我把大部分时间都花在重新审查他在扉页上潦草地写下的那些意见上。在这些意见中，他总是用那套一成不变的强硬的词句，而我每次衔命出使，他都是用那套话打发我走的。他要我强调，如果迫不得已，他将“对越南转向强硬”。他认为我应当暗示“有可能与苏联接近”，表明我们十分懂得三角外交。他要我强调，美日继续保持同盟是减轻中国对日本的恐惧的最好办法。尼克松所担心的事并非都属于重大政策问题。他还要我再次提出早已通过希拉利转达的那个问题，即在总统任何访问之前“严格限制政治访问者”。他要我在他去中国之前安排好粮食装运工作，这样就有助于缓和那些保守派对他的批评。他讨厌皮埃尔·特鲁多，为了发泄对他的不满，他谈到今后同中国人的接触或者联系渠道可以在任何地点进行，就是不能在渥太华。这些话大部分无非都是旧话重提，我知道，只要我把他寄以希望的最高级会谈办好了，那些话尼克松是不会坚持的。尼克松是一个很有经验的人，他不会不知道，我们可以在纸面上写意见，但在我们见到中国人之前不可能决定任何事情。

大约在晚上八点钟我离开安德鲁斯空军基地。我要先访问西贡、曼谷、新德里，然后飞抵巴基斯坦的首都伊斯兰堡，以此为跳板前往我真正的目的地。在每一站，无论我谈话的主题是什么，我都力图缓和消息公布之后即将造成的冲击。谈到乒乓外交和我们放宽贸易限制的时候，我说明为什么我们决定试图接近中国，主要强调这是全球均势的需要。我告诉英迪拉·甘地，我们仍将像尼克松主义所宣布的那样，继续反对任何核国家无缘无故地施加军事压力。我们必须等待会谈中另一方的反应，了解这些话是否被认为是一个骗局，或者被理解为在情况许可下只能做出的保证。

温斯顿·洛德是这次行程中的无名英雄。他不仅要监督大量的准备工作，而且还要掌管我们这伙人中分发的文件。这是一件了不起的工作。因为按照了解情况的范围划分为三类。有些人了解我到什么地方去和我到那里说些什么。另外一些人知道我的目的地，但是不知道我的议程，只是帮助我到达其他各站。还有一些人什么都不知道。洛德必须保证每类人得到他们应该知道的文件和日程表，但不能得到别的。除开做这些以外，他还必须按照我的指示写好每一站的简报（我命令他做什么，总是特别和气而有礼貌的）。他设法保持每个人对他的尊重，也保持自己头脑清醒，这确是这次旅程中不小的成就。

在整个行程中，我通过机密渠道收到华盛顿的信息，我的助手艾尔·黑格使我和白宫的焦灼情绪保持接触。霍尔德曼传达了总统的一项禁令，不许我们这伙人向国务院人员评论关于五角大楼文件的事情。我询问这个奇怪的要求是什么意思，原来，霍尔德曼只是表达总统长期以来对我的工作人员的忠诚感到不放心；总统认为国务院官员对那些泄露文件的人是同情的，他怕我的工作人员助长这种同情。在我离开华盛顿前几小时，罗杰斯曾表明他从官场中学到了一些东西。他想利用我不在的机会，得到总统的授权，让乔·西斯科去中东一行，进行另一轮的谈判；其实当罗杰斯的备忘录到达白宫的时候，两位密使已经出发去开罗进行初步接触了。十分明显这是要花招。我从西贡打电报说，这样去中东，只会加剧当前中东的紧张局势，应予以推迟。我建议，在我回来之后立即安排召开国家安全委员会会议，研究中东问题。总统同意了这个建议。

对于待在华盛顿的那些人来说，等待显然是一件更加折磨人的事情，由于我们正在忙得不可开交反而不着急了。我三番五次地接到训令，还是我在出发前跟我讲过不知多少遍的那些话：公报中不要署名；在尼克松之前其他政治家不许去中国。白宫了解到专栏作家詹姆斯·赖斯顿在我刚到达的时候将去北京访问，这一场虚惊，就非同小可。根据这一“可疑的事态变化”，就嘱咐我在下一站（新德里）设法紧急通知我的“主人”（这是中国人的化名，是精心选定用来迷惑那些通讯人员的，因为在这一段中前面已经提到北京），要他们推迟赖斯顿的访问，或者向我作出“必要的保证”。我不能想象，走进北京驻新德里的大使馆怎能不引起至少是某些印度人的注意。因此我回电说：“至于赖斯顿，主人的决定不会因我的抗议而受到影响……我断定他们能保守秘密，如果他们愿意的话。”

七月五日当我还在曼谷的时候，黑格告诉我伏龙索夫已经递交了我们等待已久的苏联人关于最高级会谈的复信。他们现在建议从原定的一九七一年九月推迟到这一年较后的日期；即使到那时候，也还是有条件的，这要看正在进行的一些谈判的情况而定，并且“假定”在这期间不发生任何事情使局势复杂化。苏联人再一次无意中为我们做了件大好事；他们机关算尽，反害了自己。克里姆林宫的复信使我们摆脱了那种复杂的局面，我们不必同时应付两个最高级会谈了。我们首先同中国举行最高级会谈，莫斯科不能责怪我们了。我们现在可以把摩擦降低到最低限度来完成我们的计划。

我给黑格打电报说：不要给伏龙索夫回信，驻波恩大使肯尼思·鲁斯在我回来之前应该寻找某种借口避免继续进行柏林谈判。我说，我认为苏联的复信“并非一件纯粹的坏事”，因为与苏联的最高级会谈可以晚些举行了，而且将是在好得多的心理状况下举行。苏联的复信使尼克松大怒，并且想办法要报复。我劝他不要有任何被激怒的表示，甚至不作任何反应。如果我们采取“不动声色”这一着，其结果很可能对我们有利；我们再也不能“一味地赌气”了。我深信，未来十天将会给对方以有力的回击，比我们任何正式的答复更有效。

华盛顿忧心忡忡，超级大国勾心斗角，正是在这种背景之下我飞往伊斯兰堡。我在巴基斯坦的停留是通过中央情报局的密电由法兰经过不懈的努力精心策划的。每次联系都是用化名，那些化名也许能愚弄五岁的孩子三分钟(我的化名是“首长”)。一个问题是，如何使我摆脱到处遇到的高级官员礼节性的拜访。我们原来的想法是，要叶海亚表面上邀请我到一个山间别墅进行秘密会谈。这样做的缺点是，我就不得不把停留的时间定为七十二小时。当时，东巴基斯坦的内战正在激烈进行，大批孟加拉难民拥入印度，在巴基斯坦比在印度多待一天就会被理解为偏袒巴基斯坦，从而引起新德里、我们的官僚机构、新闻机构，尤其是我们国会的反应。那样做叶海亚就得两天不露面，这就有从巴基斯坦方面泄露机密的风险。而且完全为了打掩护而利用一个国家元首，这无论如何也是不恰当的。

我建议，我们公布一张行程表，我在巴基斯坦只停留四十八小时，从七月八日到十日，大致相当于我在印度停留的时间。到达之后我就声称腹痛，请大使馆诊所给我治病。我要装得越痛越好，这样叶海亚总统就会在晚宴席上邀我到位于纳蒂亚加利山上的总统别墅去休养。以此为借口，我就能在巴基斯坦多停一天，而有两天的时间，可以暗中往北京一行。但这样做还是不像看起来那么容易。如果我“病”了，我们怎能阻止大使馆的医生赶来照料我呢？我们又怎能限制经过多年外交工作训练的大使馆人员不一天二十四小时听候我的指示呢？我们的聪明的大使想到一个解决办法，最好用他自己的密电概述如下：“大使馆的医生不再是什么问题。他于七月六日离开。在这种情况下，大使馆的护士很好对付，她不会自动地闯进来。使馆副馆长七月七日休假离开；美国开发计划署署长七月二日回国休假。其他人都好办。”几乎可以肯定地说，在长期卓越的外交史上，一位大使因总统代表来访而把他的全部要员赶出城去，居然引以为豪，而且他还因为很有办法而受到华盛顿表扬，这是破天荒第一次。（我是个凡人，竟然如此放肆，天神决意要惩罚我一下；在新德里，我真的腹痛了起来，我只好暗暗忍受，否则的话，到了巴基斯坦，岂不信誉扫地。）

我们的计划甚至还规定了万一被人发现之后怎么办。在那种情况下，就要由白宫发表一个简单的声明，声明如下：“基辛格博士应中国请求与中华人民共和国的领导人会晤。在基辛格回来并向总统汇报以后将发表一个声明。”这样一个平淡无奇的声明能否平息一场轰动，我是不抱什么幻想的。

我在伊斯兰堡完全按照原定计划行事。在法兰大使的官邸与使馆留下来的人共进午餐，与叶海亚总统会晤，在大使馆简单介绍情况，然后又出席了叶海亚及其高级官员的便宴。叶海亚由于那年十二月的印巴战争而被推翻下台，这是他下台以前最后一个欢乐的日子，而我之到来是使他感到高兴的原因。叶海亚对这种警察追强盗般的复杂而冒险的计划安排很感兴趣。他亲自检查了我秘密离开的每一个细节；他向我们提供其政府所有的便利条件，并把他所信任的自己专用的飞机驾驶员供我们使用。与当时许多报刊的说法相反，他并不要求任何报答。尽管他对我们殷勤接待，但在东巴基斯坦的动乱中并没有得到我国政府同样宽厚的对待。叶海亚是一个粗率、直爽而缺乏谋虑的军人，他在东巴基斯坦的动乱之后受到牵累，他对于那些事件，是既无经验又缺乏锻炼的。他铸成了大错。但他对我国帮了大忙；必须指出，他对我们的态度是正直高尚的。

叶海亚总统在招待宴会中开始执行我们的计划。我的腹痛成了大家的话题。他高声宣布，伊斯兰堡天气太热，会影响我复原；他一定要我到纳蒂亚加利山上的总统别墅去休养，这个别墅靠近总统的宾馆，位于穆里以北的群山中。当我迟疑表示不同意时，他坚持说，在一个伊斯兰国家里，要由主人的意志而不是由客人的意志来决定，其实这是完全不符合历史事实的。他说得恳切异常，以致我手下一个特工人员听到之后，立即派了他一个同事前往该地，作为“先行”去了解情况。到半夜十二点钟左右，这位特工人员打电话来，显得很狼狈；他已勘察过该处的宾馆，认为不宜于居住。我们无法可施，只好要求巴基斯坦人把这位倒霉的特工人员扣留在纳蒂亚加利，直到我从北京回来。

在我离开之前，我从圣克利门蒂收到的最后的电报之一告诉我，总统终于——七月八日——把我的中国之行告诉了国务卿，说这次访问是我到巴基斯坦的时候接到邀请临时决定的。在我起飞去北京之前几小时，还通过机密渠道告诉我，要我记住：公共关系专家们认为七月十五日华盛顿时间下午十点三十分是我发表公告的最合适的时机。最后，还提醒我注意：梅尔·莱尔德在东京一次日本记者招待会上发表了一个有利的谈话，说他不反对日本单独拥有核能力，并说限制战略武器会谈将确认战略均势，这会鼓励日本启动核计划。

我出席叶海亚的宴会回来休息的时候，大约已经夜里十一点了，我心潮起伏，前途吉凶难卜，上述那些消息都不能使我平静下来。我辗转反侧不能成寐，这还是我任职以来的第一次。我极力想象将会遇到什么情况。到一个我从未去过的首都去执行如此重大的任务，而且又与国内完全断绝了联系，我开始感到有些没把握了，这也是我任职以来的第一次。

七月九日凌晨三时半，我在伊斯兰堡的国家宾馆中起床，提早吃早餐。四点钟，我和随员们乘坐巴基斯坦的军用车，由外交秘书苏勒坦·汗陪同驶往查克拉拉机场。我的助手温斯顿·洛德、约翰·霍尔德里奇和迪克·斯迈泽和我在一起，还有特工人员约翰·D·雷迪和加里·麦克劳德。按照法兰的建议，我戴上一顶大檐帽和一副墨镜，以免偶然过路的行人把我认出来，其实在伊斯兰堡那样早的时候，这种可能性是极小的，而且在这里我的名字也决非家喻户晓。一架巴基斯坦国际航空公司所属的波音 707 飞机停在机场的军用区等候。这架飞机七月六日、七日两天曾飞往北京，作为试验飞行，回程带来了几名中国领航员，他们要在七月九日的飞行中共同操作；他们一直待在机舱中，不让人见到，直到我们一行到来。飞机由叶海亚总统的私人驾驶员驾驶，这位驾驶员早已得到指示，要他注意有窃听无线电联系的危险，因而要特别小心。我自己那架飞机则停在查克拉拉机场的民航区，刚好遮住巴基斯坦国际航空公司那架波音飞机，但如果有什么记者或外国大使馆人员偶尔路过这里，一眼就可看到它。

离开之前，我亲手拟了一个简短电报打给黑格，告诉他我知道什么时候公布尼克松访华的消息最合适。我通知圣克利门蒂，中国人不仅派了三名领航员，而且还派了一个四人高级代表团陪同我飞北京。叶海亚总统告诉我，由于美国坚持保密，“很伤”了中国人的自尊心，他们很可能希望把全部情况公布出来。我的电报最后说：“出发情况良好。”凌晨四点三十分我们起飞去北京，航程两千四百英里，飞行时间四小时四十五分。

七月九日上午八时，我离北京已经不远，开始执行掩护计划。一队没有我本人在内的伪装车队，花了三个小时，行驶五十英里开到纳蒂亚加利。这个车队的乘客有法兰大使，我的助手戴维·霍尔珀林，两个特工人员，还有一位巴基斯坦副官 M·M·艾哈迈德。哈尔·桑德斯（他了解这个计划)留在伊斯兰堡与巴基斯坦官员们讨论双边问题，并处理紧急事件。第二天上午九时(那时我在北京差不多已有十四小时了)，我的助手戴维·霍尔珀林从纳蒂亚加利打电话到伊斯兰堡，说我要多休息一天，取消一切约会。霍尔珀林还打电话给我乘坐的那架飞机的驾驶员，要求他发电通知飞行计划作必要的改动。他还命令大使馆发电报到其余各站——德黑兰(短时间停留加油)、巴黎、圣克利门蒂，还有华盛顿——告诉他们我修改的日程表。

七月九日凌晨，我登上查克拉拉机场上巴基斯坦航空公司那架波音飞机。我第一个看到的是章文晋，他是中国外交部西欧美大司司长，周恩来派他来护送我到北京，表示他对这次访问的重视。(也许是因为所有的西方人看起来都是一个模样，中国外交部把西欧、美洲、澳大利亚和新西兰合为一个司。)章文晋看起来像艾尔·格雷科*油画中的西班牙红衣主教——当然他穿的是毛式制服——他严肃而大方、聪明而不外露。他运用英语的能力令人敬佩。他很少讲英语，但这对于他起草会议文件大有用处。他跟我们打招呼，对他来说，一个高级中国外交官陪同一个资本主义国家的官员飞行两千五百英里到一个他们自称为世界革命发源地的政府所在地，这似乎是世界上最自然的事。

和他一起的有翻译唐闻生——那个难对付的南西·唐。她生于布鲁克林，“因而讲一口十分漂亮的美国英语。我常跟她开玩笑说，因为她是在美国出生的，她不会像我一样受到宪法的限制不能当总统。这个前途对她似乎没有什么吸引力；她既聪明又活泼，很长一段时间掩盖了她狂热的意识形态信仰。她认为自己不仅是一个翻译，有好几次她当着我们的面毫不犹豫地与周恩来争论。章文晋一行的第三位成员是王海蓉，她也是外交部的一位官员。据说她是毛泽东的侄女或侄孙女；她是一个

* 艾尔·格雷科(El Greco，一五四一年生于希腊，一六一四年死于西班牙)：西班牙著名画家，其绘画富宗教色彩。——译注

腼腆文雅的人，看起来像一只很容易受惊的鹿一样（在我同毛泽东以及周恩来会晤时，这两位妇女总是在场）。第四个人是礼宾司的唐龙彬。

我从未遇到过任何一位中国共产党人；派来的特工人员也不曾见过；我去什么地方不曾告诉过他们，当他们看到这一切时几乎惊呆了。他们不仅指责我们乘坐了一架外国飞机——这是违反他们平日训练的所有原则的——而且由一伙中国共产党人把我们带到一个没有“先遣人员”的地点，在那里，他们完全不知道会出现什么危险。杰克·雷迪和加里·麦克劳德严格执行任务，我们无论到哪里，都紧贴着我们身边，如临大敌。他们甚至在我们和周恩来会谈的时候也要在场。（后来，中国人不许保卫人员进去了。）他们看管两个装满了机密材料的沉重的文件包，走到哪里提到哪里，包括吃饭的时候和游览紫禁城的时候都不释手。他们那副样子，好像八亿中国人无论怎样对待他们，他们都能应付一样。

中央王国：与周恩来第一次会晤

一个成年人很难得有机会回到童年时的那种情景，那时时间仿佛是静止不动的，每一件事情都那么神秘、新奇；每一段经历都很奇特，因而感到津津有味。后来长大了一些，对周围的事物熟悉起来了，也就感到平淡无奇了。再往后，对周围世界更加习以为常了，时间就过得特别快；生活像万花筒一样，各种经历交织在一起，似乎没有什么多大差别。只有某种真正异乎寻常的事情，既新奇又动人，既不平常又具有压倒一切的力量——只有在那时候，人们才回到童年时那种天真烂漫的情景，好像每一天都在经历一场宝贵的冒险，使人的生命富有意义。当我们的飞机飞越白雪覆盖的喜马拉雅山的时候，我的心情正是如此。那时旭日东升，曙光初照，把天空映得一片通红，银白的雪峰巍然高耸，与那玫瑰色的天空相映，景色格外壮丽。我们贴近乔戈里峰——世界第二高峰——飞行。我过去总以为中国是一个人口稠密、到处长满庄稼的国家，其实不然，我们有几小时是在荒芜不毛的沙漠上飞行，间或遇到几个绿洲。当飞机飞越国境的时候，温斯顿·洛德站在飞机的最前端，他颇以此自豪，因为严格地说，他是第一个进入中国国境的美国官员。

中国人和我们围着一张桌子闲谈，好像我们两国之间没有一天断绝过联系一样。还只是在昨天，我们两国一公开谈到对方，就是一顿痛骂，这已经是家常便饭；可是现在却一点也没有这样的气氛。他们很客气地探问我们为什么一定坚持保密。是不是我们承认了为与中国领导人会晤而感到可耻呢？在一九五四年关于印度支那问题的日内瓦会议上，约翰·福斯特·杜勒斯轻蔑地拒绝与周恩来握手，这件事中国人并没有忘怀；在这次飞行中以及以后几天的很多场合，以及以后的访问中，都曾谈到这件事。我告诉章文晋，我此行的目的是宣告我们两国关系的一个新时期，但最好我们首先就整个形势取得一致看法。他说周恩来总理将准备探讨所有的问题。

七月九日星期五，北京时间中午十二时十五分，我们在北京郊外的军用机场降落。前来欢迎我们的有叶剑英元帅，政治局中最年长的委员之一，兼军事委员会副主席；黄华，新近被任命为驻加拿大大使(后来是中国驻联合国首任大使，后任外交部部长)；韩叙，礼宾司代司长(后来是中国驻华盛顿联络处副主任)；此外还有一位译员冀朝铸，他曾在哈佛大学读化学，后来改了行。在检阅的时候，他曾经同毛泽东及埃德加·斯诺站在一起。

叶剑英元帅用一辆大型高级轿车把我们接进城去，车窗用帷布遮起来。我从窗帘后面向外探望，看到街道宽阔整洁，除自行车外车辆稀少。我们通过广阔的天安门广场。我们的目的地是迎接国宾的一个宾馆。这个宾馆位于城的西部，是一个用围墙圈起来的大花园，内有很多座宾馆。据说这个花园里过去曾有一个皇帝钓鱼的湖。每一座宾馆都位于一个小的半岛上，用一座精巧的小桥与相邻的宾馆连接。花园的全貌给人以异常开阔的感觉；不过，当你想要过桥的时候，也许会碰上躲在树丛后面的一个哨兵，使你猛然一惊，感到不快。（后来那些哨兵不那么冒失了，整个花园都向客人们开放了。）

这些宾馆是苏联影响时期的遗物。它们是一些雄伟、庄严的维多利亚式的建筑。在接待室里，填料很厚的笨重的椅子和沙发摆成一个四边形，叶剑英元帅跟我们一起用茶，他使我们感到很自然，无拘无束。在驱车到宾馆的途中，他向我表示歉意，说未能给我以适当的公开接待；当总统访问北京的时候，再补行这个仪式（实际上这个预言并没有完全兑现）。叶剑英元帅盛宴款待我们，菜式之繁复，数量之丰盛，都是惊人的，此后许多餐都是如此；因此我向主人开玩笑说，数千年前，大概中国人曾受到指责，说有位贵宾吃不饱，饿了肚子，自此之后，中国人就决心待客从丰，以免重蹈覆辙。

周恩来于四时半来到。他脸容瘦削，颇带憔悴，但神采奕奕，双目炯炯，他的目光既坚毅又安详，既谨慎又满怀信心。他身穿一套剪裁精致的灰色毛式服装，显得简单朴素，却甚为优美。他举止娴雅庄重，他使举座注目的不是魁伟的身躯（像毛泽东或戴高乐那样），而是他那外弛内张的神情、钢铁般的自制力，就像是一根绞紧了的弹簧一样。他似乎令人觉得轻松自如，但如小心观察就知并不尽然。他听英语时，不必等到翻译，脸上神情就显得已明白语意，或立即露出微笑，这很清楚地表示他是听得懂英语的；他警觉性极高，令人一见就感觉得到，显然，半个世纪来烈火般激烈斗争的锻炼，已将那极度重要的沉着品格烙印在他身上。我在宾馆门口迎接他，特意地把手伸出去。周恩来立即微笑，和我握手。这是将旧日嫌隙抛于脑后的第一步。

周恩来同毛泽东不一样，他曾经到过外国。他一八九八年出生于一个中产阶级家庭；学生时代是一个才华出众的学生，本世纪二十年代曾经在法国和德国学习和工作过。当我跟他见面的时候，他成为中国共产主义运动的一位领袖人物已经将近五十年了。他曾参加长征。他是人民共和国的唯一的总理，担任总理已将近二十二年，其中九年还兼任外交部部长。周恩来在四十年代曾经与马歇尔将军进行谈判。他是一个杰出的历史人物。他精通哲学、熟谙往事，长于历史分析，足智多谋，谈吐机智而有风趣，样样都卓越超群。他对于情况的了解，特别是美国的情况，也包括我个人的背景，了如指掌，简直令人吃惊。他的一言一行几乎都是有明确目的的。他的言论和行动都反映出他内心的紧张状态，正如他所强调的，他关心的是八亿人民无穷无尽的日常问题；也表明他要努力保持下一代人的意识形态信仰。采取什么方式邀请尼克松才能适合上述一切考虑，这对他来说显然是一个颇费思量和有些困难的问题。

因为很明显，我们的到来对中国人来说比对美国一方具有更深一层的意义。对我们来说，这是国际关系中一个有利的新转变的开端。但对中国人来说却不能不成为一个涉及个人声誉、理论思想和感情的危机。他们当年开始的时候是一个分裂出来的看似没有希望取得胜利的小小派别，后来经过艰难困苦的长征，与日本作战，又经历了一场内战，在朝鲜反对我们，然后又与苏联较量，又强行发动了一场“文化大革命”。然而现在呢，正当我们在他们的边界上干预一场他们认为的“解放战争”时，却和他们二十五年来的头号敌人在一起商谈问题了，这就用他们自己的行动表明了他们在哲学思想上遇到了矛盾。这种矛盾的心理状态是有所表现的，周恩来时而陷入沉思，间或神情恍惚，在起草我这次访问的公告时语调也不通畅；他偶尔还提到长征的英勇事迹和毛泽东的卓越的领导。然而周恩来毕竟是一个镇定自若、才能过人的谈判家。我很快就感到，我同其他共产党人谈判时经常要的那类小花招不灵了。在这次访问以及以后的几次访问中，我们所有的会谈都持续几个小时(一次会谈长达五至七个小时并不稀奇)；然而没有一次他表现得有丝毫不耐烦，或者暗示他还有别的事情要做。我们的会议从来没有电话干扰，也从来没有因为他要处理这样一个大国的必要公务而中断。我不懂他是怎么做到这一点的。我曾经开玩笑说，华盛顿的高级官员过基督再临节也不可能腾出这么多时间。

周恩来在待人方面也特别体贴照顾。我的下级人员生病的时候，他亲自前去探望。尽管我们的级别不同，他却不拘礼仪，坚持会谈一定要在我住的宾馆和人民大会堂两地轮流举行，这样他来拜访我的机会和我去拜访他的机会就同样多。在我们决定今后以巴黎作为联系地点之后，他还是提议，有时我们仍不妨继续利用巴基斯坦这个渠道，因为据他说："中国有句老话：不能过河拆桥。"

有一次，那是在一九七二年六月，我告诉他，那些哨兵站到连接各宾馆的桥头上来了，这使我感到像卡夫卡写的《城堡》这部小说中的那个管子工人一样，他被叫来，却不准进去，只好徘徊在外面想办法进去，却完全忘了他原先是为什么被叫来的。我不知道我为什么想过那座小桥，但我的确想走过去。周恩来听了之后哈哈大笑，但在这次访问期间他无所表示。我再次来访是在一九七三年二月；在最后一个晚上，我正在整理行装的时候，一个礼宾司的妇女敲门进来了，告诉我总理邀我去个人交谈。我们开车到湖那边的一个宾馆，在那里周恩来和我一直谈到凌晨三点。当我要离开的时候，他忽然用英语对我说："我们去走走。"我们边走边聊，就走过了两座小桥；这时他坐上跟在我们后面的他那辆轿车，开车走了。这是一个很不平常的姿态。

中国人对他似乎特别尊敬，认为他是他们的所有领导人中待人特别宽厚的一个人。一九七五年年底我去中国访问的时候，我问到一位年轻的翻译，周恩来的健康情况如何；她含着眼泪告诉我，总理病情严重。他逝世后，全中国那么沉痛地悼念他，这绝不是偶然的；也难怪七十年代后期中国出现的那种渴望得到更多自由的异乎寻常的表现都援引他的名字，并且备受群众颂扬。

简而言之，我生平所遇到的两三个给我印象最深刻的人中，周恩来是其中之一。他温文儒雅，耐心无尽，聪慧过人，机巧敏捷，他在我们讨论之际，轻而易举地就点破了我们新关系的实质，似乎除此之外别无明智的选择。我们两国的社会从意识形态到历史，差异是那么大，要把两国促合在一起，这确是一个相当困难的问题。一般人的想法，也许认为最好是先消除造成两国紧张关系的某些具体问题的根源。台湾问题是这样一个问题，但这个问题又不能很快得到解决；至于其他问题，又太微不足道，不能成为我们两国持久关系的基础。所以结论是讨论根本问题：我们对全球事务特别是亚洲事务的看法，以此来澄清我们的目标和前景，这样就可以使我们由二十年来彼此隔绝无知达到相互了解。正是因为我们没有多少实际事务性问题要解决，建立相互间的信任就必须从务虚开始。周恩来和我主要就是把时间花在那些能增进相互了解的看不见摸不着的问题上。

在我们相遇之初的半小时内，周恩来就已定了这次会谈的基调，我早已准备下一篇相当长的略带虚饰的开场白，从中美关系的历史谈起，一直讲到这次会晤。当开场白的前言部分快讲完的时候，我想露一露口才，我说："已有很多人访问过这个美丽的国土了，对我们来说却是一个神秘的国土。"周恩来举起手来，说道："你会发觉，它并不神秘。你熟悉之后，它就不会像过去那样神秘了。"我猛然一愣，但他讲的的确是真话。我们关心的不是两国之间的双边问题，至少开始时是如此。我们必须建立起彼此间的信任，消除那种神秘感。这是他的基本想法，也是我的基本想法。

就这样，周恩来和我之间的会谈，较之在我担任公职时和其他任何领袖的会谈，时间都更长、更为深入，或许和埃及总统萨达特的会谈是唯一例外。两个人在思想意识上是敌人，但我们各自陈述对世界事务的观点，态度之坦率，即使在盟友之间也是很少能做到的；而内容之深刻，只有在一位伟人的面前才会经历得到。在我第一次访问中，我和周恩来会谈用了十七个小时。在他任总理期间我以后的几次访问中，我们每天会谈时间六至十小时，除吃饭时间之外没有中断过。即使在吃饭的时候，我们之间的谈话也是哲理性的，饶有趣味的，富有启发意义的。

尼克松访问中国的时候，也是这个样子。这样建立起来的关系已经经受了多次困难的考验，而且已经成为当代国际关系的基石之一。

伟大人物对重大事件的影响是很难加以确定的。诚然，中美两国的接近是由于客观的必要所使然；不是由于抽象的善良愿望而是由于双方有共同利益才使我到北京来的；不是由于我同周恩来的私人友谊而是由于共同认识到一种危险才促成了两国关系的发展。但清楚地认识到这种利益并采取决定性的行动却是领导人在起作用，是双方的领导人巧妙地利用了那种可供选择的余地。中国和美国在七十年代初谋求和解，这是世界环境所决定的。但事情来的这样快，发展又如此顺利，则是由于中国总理的光辉品格和远见卓识起了不小的作用。

当然，周恩来和我是互相利用；说穿了这就是外交的目的。但还有一个目的就是使双方的目标一致起来；只有那些不懂行的人或不可靠的人才自作聪明，以为能够长久地愚弄对方。在外交政策上切不可忘记：你是在和同一些人循环往复地打交道，在不断地处理一些问题；骗人只能得逞于一时却损害整个关系。讲信用才能使国际秩序得以巩固，哪怕是在敌人之间也是如此；搞小动作决不能持久。周恩来是很了解这一点的，因此我们虽不能做到目标一致，却能作出类似的分析，那就是在当前这个历史时刻我们应该做些什么来利用国际上的均势使之对我们双方都有利。

周恩来从不在小地方讨价还价。我不久就发觉，和他谈判的最好方式，是提出一个合理的主张，详加说明，然后坚持到底。我有时甚至把内部文件拿给他看，使他了解我们为什么达成这个结论。周恩来也采取这样的方式；企图在谈判中多占便宜，那是徒然自寻烦恼。有一次，我们在谈判《上海公报》，我反对《公报》中说明中国观点的那部分中的两句话，虽然我们对于中国人讲的话不负责任，但我认为那两句话在联合公报中出现，会引起争论。我提议删掉那两句话，作为交换，在阐明美国立场的那部分中也删掉两句话。周恩来有点不耐烦地说：“如果你愿意的话，把你那两句话给你的总统，我不需要它们。你用不着讨价还价；你只需说服我，我们所用的词句中确有令人为难之处。”他言而有信；在中国方面所起草的《公报》中，果然把那几段最过分的文字删去了。（在中国，什么东西都不会浪费的，这几段话又出现于中国代表在联合国所发表的演说之中。）

我对周恩来所代表的制度不抱幻想，也不怀疑这位在交谈中如此令人倾倒的人物，在维护其制度时也同样是一个难以对付的敌人。然而，当周恩来逝世时，我深感悲痛。世界将不会那么富有生气了，前景将不会看得那么清楚了。我们两个人从未忘记：我们之间的关系还是飘摇不定的；我们也没有忽视：随着历史的发展，我们两国所走的并行的道路也可能只不过是昙花一现。那以后，他们很可能与我们重新作对。今天他们为了本身的利益很精明地决心与我们合作，但到了那一天，他们也会以同样的决心和精明才干与我们对抗。但我认为，这是我的政治生活中最得意的事情之一。人类的目光是有限的，政治家们总想通过不断的努力，摆脱那种狭隘的见地而取得某种持久的成果，而我能和一位伟人一起努力在顷刻之间就跨过了意识形态的重重障碍，虽然从无情的历史角度衡量，这只是短暂的片刻。

七月九日下午，在我到达北京之后大约四个小时，周恩来和我就在我所住的宾馆开始了第一次会谈。我们面对面地在一张铺着绿色台布的桌旁坐下，坐在那种在旧式避暑山庄中见到的不太协调的大藤椅里。在周恩来两旁是叶剑英元帅、黄华和章文晋，我的班子是霍尔德里奇、斯迈泽和洛德；我们全都在特工人员雷迪和麦克劳德的虎视眈眈的监视之下，他们不愿把我丢给这些不明底细的外国人不管，任其摆布。在我面前是那本厚厚的情况汇编，但自从我的开场白被周恩来打断之后，我就不再翻它了。周恩来面前只是一张纸，上面写着几行字，我想那是他要讨论的发言大纲。

周恩来和我一致同意，这第一次会谈的最重要的结果，是互相了解对方的根本目的。如果我们的判断是正确的，那么促使我们会晤的那些必要因素将决定我们未来关系的方向，如果双方都不要求对方去做那些违背其价值观念或利益的事情的话。这样，会谈就开始了，那种谈笑风生的气氛，简直像两位教授之间一场政治哲学对话一样，几乎掩盖了这场会谈的严重性质，那就是，如果会谈失败，一方将继续陷于孤立，而另一方将加剧其国际上的困难。如果这次使命流产，那会增加中国的危险。毫无疑问，苏联将受到鼓励。我们在国内将声誉扫地，我们从印度支那的撤退将很容易变成一场溃败。尽管周恩来和我都知道这件事情关系重大，尽管会晤的时间限制铁定为四十八小时——如果没有引起怀疑，我要按时在巴基斯坦重新出现——但我们第一次会谈都不接触我此行成败之所系的这个关键问题：我们能否就总统的访问取得一致意见。双方的表现都好像若无其事，似乎这是一个很容易解决的附带问题。我们双方都把对方逼到墙角，企图表明我们都另有选择。我们彬彬有礼，讲些颇有含义的题外话，间或开开玩笑，企图表明我们还可能向后转，表明我们并没有越过鲁比肯河。* 然而我们心里始终都明白，鲁比肯河就在我们背后，事实上我们只能前进不能后退了。

在会谈开始时，我们两人都曾简略提到总统访问中国一事，此后直到第二天结束的时候，我们始终没再提到，那时大约再过十八小时我就要离开北京了。然而，在我们第一次会谈中（包括晚宴在内，历时约七个小时），周恩来却花了一些时间表明他大致上同意尼克松七月六日在堪萨斯城演说中所列举的观点。这使我的处境有些不利，因为这件事以及演说的内容我都一无所知；这证明，哪怕作了最周密的准备工作，碰上意外事件也会猝不及防。第二天早上，周恩来以他特有的作风，派人将他作了记号的那篇英文演讲稿连同我的早餐一起送来，不过请我看完之

---

* 鲁比肯河是意大利北部的一条河流；公元前四十九年恺撒越过这条河同罗马执政庞培决战。这里是指下定决心作出重大决定的意思。——译注

后还给他，因为他只有这一份。原来，美国中西部新闻宣传机构的高级人员们集会，请内阁阁员和白宫助理人员报告国内政策，总统在会上作了一篇事先未草拟讲稿的即席演说。尼克松在演说中谈到“更为广泛的背景”，谈到“这些(国内的)计划与美国在世界上的问题之间的关系”，他的话使那些在场的高级人员不是感到吃惊，就是感到莫明其妙。他知道即将发生的事情，他按捺不住激动的心情，赞扬中国人是“富有创造性的，勤劳的，是世界上最有才能的民族之一”。正是由于这个缘故，“本政府务必首先采取步骤，结束中国大陆与国际社会隔绝的状态”他预见到世界上将出现“五个超级经济大国”(美国、西欧、日本、苏联和中国)，它们之间的关系将决定当代的和平结构。周恩来拒绝“超级大国”这个称号，中国不参与这场比赛。这话一半是真的，一半也是出于审慎；中国之所以需要我们，正是因为它本身没有力量与苏联相抗衡。

周恩来和我有个默契，对于有争议的各种问题，双方不作彻底的讨论。台湾问题只在第一次会谈时简略提到。更多的时间花在由我解释美国的印度支那政策，特别强调我和北越黎德寿的秘密谈判，这件事一度似乎大有可能得到突破。(再过几天，我们又要和黎德寿会谈。)苏联人常常夸耀他们对这些秘密谈判的内容所知甚多，周恩来却声称他于此全不知情。他只限于提出一些试探性的问题。这是避免被迫采取立场的好办法。我们第一天的会谈在晚上十一时二十分结束，并没有解决任何事情，甚至没有讨论到那个必须作出决定的问题。

七月十日即星期六上午，领我们去参观紫禁城。这是十五世纪兴建的一所皇帝的宫殿。紫禁城占地广阔，通常吸引了很多游客，但那天上午却封闭起来专供我们六个美国人游览。我们由黄华陪同，向导领我们穿过那些布局美丽的庭院、大殿和花园。那些朱红和金黄色的精美的建筑，那些大理石雕刻和青铜狮子，那些像瀑布一样向着方形庭院倾注的金黄色的琉璃瓦屋顶，总之那一片广阔动人的景色，正如过去许多外国使节所描述的一样，使我们惊叹不已。这就是过去中国皇帝的住所，他们认为这里就是宇宙的中心，而且长时期以来把这种自命不凡的虚荣变成了现实。全国文物局的局长带领我们参观了最近发掘出来的宝贵文物（后来许多文物曾运到美国来展览）。

中午我和周恩来在人民大会堂继续会谈。这是一座宏伟的建筑物，说不清是墨索里尼新古典主义式的建筑还是共产党人独特的建筑风格。大会堂正对着紫禁城，是用了十三个月的时间在一九五九年建成的，用来庆祝共产党在中国内战中的胜利十周年。大会堂内每一个大厅都用中国的一个省命名；有一所可容纳几千人的宴会大厅，至少有一个剧场，以及数不清的开会地点。我们在福建厅会谈，这个厅是以位于台湾对海的中国的一个省命名的；过去同斯诺会晤也是安排在这里，可惜我对这种安排完全不懂其中奥妙，因为当时我既不懂这个厅的名字，惭愧得很，自然不会明白其中的含义。（后来我再度来访时，我们在另一座厅中相会，周恩来才不得不将这一切向我解释清楚。）

这次会谈的气氛，和前一天晚上的气氛很不相同。周恩来略作寒暄之后，就声色俱厉地谈了一套中国的观点。周恩来不加掩饰地提出了他们经常提到的很多观点，后来我才知道那被称为中国共产党人常念的一篇“经文”。这些观点是：“天下大乱”；台湾是中国的一部分；中国支持北越人的“正义斗争”；大国勾结起来反对中国（不仅是美国和苏联，还有军国主义的日本）；印度是侵略性的；苏联人贪得无厌，正在威胁全世界；中国不是超级大国，也决不想做美国和苏联那样的超级大国；美国正处于困境，因为“我们的手伸得太长”。周恩来把这些强硬的观点复述一遍以后，最后提出了一个难题：既然我们的分歧如此巨大，总统访问是否还有什么意义。

我也同样坚定地回答他，指出是北京首先提出总统访问的，我们不能接受任何条件。我将不再提出这个问题，由中国领导人决定是否发出邀请。然后我故意粗暴地逐点驳斥周恩来的观点。在我说完了第一点后，周恩来就阻止我再说下去，说道：我们如不先吃，烤鸭就要凉了。

在吃北京烤鸭的时候，气氛变了，周恩来又恢复了他那种亲切和蔼的态度。午餐过后，周恩来把话题转到“文化大革命”。我委婉地表示，这是中国的内政问题，但周恩来继续说下去，坚持认为，如果我们要打交道，了解这出戏是有关键意义的。他的内心无疑很痛苦，但表情却显得很自然，他描述了中国既害怕官僚主义化又害怕过分狂热的思想感情，在这两者之间疑虑重重。他描绘了那种在单一的思想信仰下成长起来的社会所处的困境，它一旦遇到多种不同的思想派别纷争于街头就使五十年来的斗争成果陷于危机。他再一次讲到，他有两天时间被红卫兵困在办公室里。他曾经怀疑有无必要采取这样激烈的措施，但毛泽东是更为英明的，他对于前途是高瞻远瞩的。现在回想起来，我还不太明白，周恩来为什么要讲这些事情，除非他想表明至少在某种程度上他与“文化大革命”无关，或者想要说明这场革命已经成为过去。

午饭之后，我继续发言，驳斥他的观点，说了大约一小时。周恩来突然一本正经地建议，总统可于一九七二年夏天来访问，倒似乎一切问题都已解决，剩下来的只不过需要讨论一下日程而已。他还补充说，他认为如果我们先与苏联领导人会晤那会更慎重些。我很了解苏联人对最高级会谈的那些花招，于是回答说：莫斯科最高级会谈很可能要举行，但两次访问应该按照已经排好的次序进行——先北京，后莫斯科。我并没有感到周恩来在听到这个消息时有什么不愉快。我指出，如果在夏天举行最高级会谈，和我们的选举太接近，可能引起误会。周恩来改为一九七二年春天，我同意了。我们在下午六时暂停会谈，因为周恩来必须在一个宴会中做主人，招待另一位未宣布名字的客人(后来我们才知道，是朝鲜的领袖金日成)。周恩来喜欢从午后到凌晨工作。他建议晚饭后十点钟再会晤，起草我这次访问的联合公告。

我同我的工作人员回到宾馆吃晚饭。所有的中国官员忽然全都不见了，只把我们留下来同宾馆的工作人员在一起。那是一个痛苦的夜晚，由于会议改了时间以后又推迟，我们像哨兵一样在夜间踱来踱去，不知道要发生什么事情，难以掩饰我们不安的心情。（由于怕有人偷听，我们所有商量对策的谈话都是在散步中进行的。）据我们了解，中国人另有考虑。周恩来终于在晚上十一时十五分左右回来了，这是因为他的国宴很晚才结束。但我们并没有立即讨论公报，却花了一个小时去研究印度和德国的前途。他的基本观点是，印度在一九六二年侵略了中国；在一九七一年，正有将同样的政策施用于巴基斯坦的极大危险性。他指派黄华代表他来起草声明，随即离去。

但黄华并没有立即露面。这种令人费解的等待更加预兆不祥了，因为我们不是要讨论一个精心推敲的公报，而是要讨论一个宣布总统访问北京的只有一两段的声明。我们猜不透这是不是一种故意把我们挂起来的手法，是不是政治局在开会，是不是毛泽东坚持重新审查这次会谈，也十分可能，我们面临着所有这些情况。最后，黄华终于出现了，他一句话也没有解释，温文有礼，和蔼可亲，而且老练沉着。

黄华带来了一个公报的草稿，这个草稿立即引起争论。草稿以中央王国的惯用语言说话，认为是尼克松要求中国邀请他来访问的。草稿说，访问的目的是为了讨论台湾问题，以作为两国关系正常化的前奏，我对这两点都拒绝了。

我们不愿作为一个恳求者在北京出现。我们到北京来的目的不仅仅是为了讨论台湾问题，甚至不单纯是为了谋求“关系正常化”。必须提到其他共同关心的问题。黄华作了一个明智、实际而又显示他个人风格的姿态，建议我们暂不讨论公报草稿，而互相坦率说明自己的目标。很明显，双方都不愿显得是屈居下风而不得不恳求对方，双方都盼望得到积极的结果；如果暗示会谈议程只对单方面有利，那对谁都是不利的。我们花了两小时说明自己的情况。我说明了我们所关心的原则和国内的要求；我们不愿表现得像是在恳求这次邀请；台湾不能作为唯一的议程。黄华指出，这个公告对中国群众会引起极大的震动。像这样坦率的谈判是很少有的，与潜在的敌人这样谈判几乎是没有过的。约在凌晨一点四十分，黄华提议休息三十分钟，好让他去考虑适合我们双方的文字，于是离开了会议室。我们又在那院子里走了一会儿，回来等候他们到来；凌晨三时我们得知，他们已经离开，要到上午九时才能回来。

我们在星期天，七月十一日，九时四十分又重新会谈，在不可更改的、必须启程的最后时刻之前，谈了三个半小时。黄华还是中国的发言人，还是用我前面提到的中国的那种谈判风格。我以前曾经讲过，其他的谈判者急于想显示自己高明或者哗众取宠，有时采用一种“色拉米”香肠式的办法；他们像切香肠一样，把他们的让步切成小片，切得越薄越好，而每作一点点让步，拖得时间越长越好。这种办法给人以虚假的印象，好像是很强硬。由于双方都不知道哪是最后的一片香肠，因而双方都想等着瞧，这样就进一步拖长了谈判的时间。由于双方消磨了过多的时间、精力，都志在必得，压力也就不可避免地越来越大；这样也就很容易使谈判者走火，超出了慎重的界限。我倒非常喜欢中国人对我们采用的那种做法，而那天上午黄华对我就是采用这种办法，那就是尽可能确定合理解决办法的性质，一步就跨到那里，然后坚持立场不变。只要有可能，我在后来同别人进行的一些谈判中总是尽量采用这种办法——有人把这种办法斥之为“先发制人的让步”。事实上，尽管开头的让步似乎大一些，但与那种“色拉米”香肠式的办法相比，几乎可以肯定，总的让步还是比较小的。这种一步跨到一个合理立场的战略明确无误地摆出了无可改变的立场；这样做更容易维护自己的立场，而那种旷日持久、零敲碎打的细小步伐所积累起来的效果却是不容易维护的，在那样的过程中总是会掩盖问题的实质。

这且不说，那天上午九时四十分黄华提出的草案和我们的要求异常接近，因此我们只需改一个字就可全部接受。事实上，幸好我要求中国方面先提出草稿；这草稿比我们自己拟的草稿更为有利。（双方设身处地考虑了对方的观点。）这就是尼克松七月十五日宣读的那份联合公告。

起草工作完成之后，周恩来立即出现，他原来就在附近房间等候。我们讨论了建立今后联系地点的问题，结果选定巴黎——由沃尔特斯将军与中国驻巴黎的大使黄镇接头。我们初步交换了总统来华的想法。这些事情都完了以后，周恩来花了点时间告诉我在我断绝联系的这两天内北京新收到的国际消息，这也是他特有的姿态。

我们向周恩来告别，我和我的工作人员以及其他中国人坐在一起共进最后一次愉快的午餐。紧张的气氛一点儿也没有了。叶剑英元帅通常是没有表情的，这时脸上也浮现出笑容。在去机场途中，他讲到他的生平。他听到人们谈起毛泽东在山里的小部队，那时，他还是国民党军队里的一个军官；他之所以参加那支队伍是因为他首先把毛泽东看作是一位导师。当我们的车子开向在那里等候的那架巴基斯坦飞机时，他议论说，在长征途中他们谁都没有梦想到这一生还能看到胜利。他们认为他们的斗争是为后代人的。这时我们刚好走到飞机的舷梯脚下，他以中国人的那种讲话艺术，把精心安排好的场面说成是很自然的事，说道："可是我们到这里了，你们也到了。"

叙述这次秘密旅行，我的"衬衫传奇"却也不可不提。我事先料到，这十二天的亚洲之行势必变化多端、忙碌不堪，所以吩咐我的助手戴维·霍尔珀林，在这次长途旅行中，一定要替我留两件干净衬衫，特别留在访问北京时穿。我无疑和往常一样地一再提醒霍尔珀林一定要照办。当巴基斯坦的飞机从查克拉拉机场起飞，飞向喜马拉雅山时，霍尔珀林正带同秘密工作人员乘车前往纳蒂亚加利山中别墅，他突然想起这事，不禁大吃一惊；原来他把我这几件衬衫过于小心地放在一边，因此，我决不会放入旅行箱中。想到这里，他实在懊丧不已。当快要到达北京我想换一件衬衫时，不免大感惶急。其实平时我挺喜欢霍尔珀林，这时也不禁责骂了他几句。无可奈何，我只好向约翰·霍尔德里奇借几件白衬衫；他身高六英尺二英寸，仪容修洁，出身于西点军校，他的身材和我小得多的身型很不相称。我们一行在游览紫禁城时，大家都只穿衬衫，中方人员替我们摄影留念，照片中我的脸露神秘莫测的笑容，身上那件衬衫，显得我好像没有头颈似的——衬衫尺寸不合还是小事；衬衫的主人是一位亚洲问题专家，衬衫上很显眼地印着“台湾造”字样。我对主人说，台湾和我贴得很近，这句话倒是说得分毫不差。

此外还有詹姆斯·赖斯顿的戏剧性事件。斯科蒂* ·赖斯顿要去北京，这使白宫方面大为担心，但对于中国人，其实全然不成问题。他和他的妻子于七月八日到达华南，比我们到北京早了一天。在广州，他们的官方“陪同”通知他们，“计划有所更改”；他们要在广州地区停留两天，然后于十日晚上乘火车去北京，于十二日上午到达首都。赖斯顿表示抗议，要求立刻飞赴北京。但在中国，《纽约时报》可就不像在华盛顿可以大显威风了。他被告知，这是办不到的。七月十日，周恩来笑眯眯地对我说，赖斯顿正在一列慢车上，那将会很容易地拖延他的行程，要等我们离开之后，他才会到达北京。

到七月十五日，赖斯顿才获悉我曾去北京，这使他身感剧痛。赖斯顿后来追述[①]：“就在那个时刻，现在看来大致就在那时候，我的小腹开始感到刀割般的剧烈疼痛。到了傍晚，我发高烧达到华氏一百零三度，神志昏迷；我仿佛看到基辛格先生坐在一辆有帘子的人力车中，飘过我卧室的天花板，他从车帘的一角探出头来，向我露齿而笑。”后来才知道，那不是新闻记者因未赶上报道大新闻而懊丧欲死，其实是急性盲肠炎。他于七月十七日开刀，割去了盲肠，那是在北京反帝医院动的手术(这是当时的名称，这医院是一九一六年用洛克菲勒基金建立的，后来在尼克松访问期间，又改名为首都医院)。他手术后，对他施行针刺疗法，银针扎进他的肘部和膝下部，以减轻术后的痛苦。他躺在病床上，银针露在外面，想到近在身边都错过时机，不能抢先报道这样重大的新

---

* 斯科蒂原为苏格兰人之意，意指其人很吝啬。——译注

闻，这种内心的痛苦是什么药都治不了的，就是中国人也没有办法。

七月十一日，我和我的同事们兴高采烈地飞回到巴基斯坦，把最后运到飞机上的中国菜，新出版的毛泽东著作英文版，以及前天夜间准备好的我们这次访问的照相集都搬下飞机来。

洛德和我草拟了一份给总统的报告；报告的结论也许概括了我们过度兴奋而不太谦虚的心情：

我们已为你和毛泽东打开历史的新篇章奠定了基础。但是对我们对于未来不应抱有幻想。深刻的分歧和多年来的隔绝使我们与中国人之间的距离很大。在最高级会谈之前和会谈期间，他们在台湾问题和其他重大问题上将会是强硬的。如果我们之间的关系变坏，他们将成为坚定不移的敌人。我对这些人的估计是：他们的意识形态根深蒂固，其信仰之坚定几乎达到狂热的程度。同时，他们又表现得很有信心，因此，在自己的原则范围之内与别人交往时，他们是谨慎的，可靠的。

此外，我们现在所开始的进程将在全世界引起巨大的震动……

然而，当我们踏上这条道路的时候，我们就很了解这些风险。我们也很了解，另一条道路，即与一个占世界人口四分之一的最有才能的民族，与一个过去有辉煌成就、未来有巨大潜力的国家继续隔绝的道路，是不可取的。

如果我们保持意志坚定并认真负责地执行我们的外交政策，即使是那些风险也可以设法使之转变为对我们有利。对苏联，我们一定要讲清楚，我们继续把我们与他们之间的具体谈判摆在优先地位。我们不会与他们共谋反对中国，同样，我们也无意与中国共谋反对他们。如果谨慎地加以处理，我们的对华新政策就能够对莫斯科产生较为长期的有利影响。

对日本，我们的任务是要讲清楚，我们在亚洲并没有把我们对她的忠诚转移到中国。关于台湾，我们除了重申我们之间的外交关系、尽量减少损害之外，很难再希望得到别的了。

对亚洲和对全世界，我们需要表明，我们扩大外交范围这种做法，决不会损害其他国家的利益，相反地还会证明对它们有利。

我们的交往，无论是对中国人还是对别人，都需要讲求信用、准确和策略。如果我们能掌握这些，我们就是进行了一次革命。

震动全世界的公告

飞回巴基斯坦，旅程似乎比去北京时短得多。我们都洋洋得意，然而，那不过是一群野蛮人屈服于中国人的巧妙奉承和不着痕迹的殷勤款待之下。公告现在已确定于下星期四华盛顿时间晚上十时三十分发出，我们都同意周恩来的说法，那将“震动全世界”。

我们携带了那么多《毛泽东选集》和中国制的相片簿，在巴基斯坦降落后，居然能保守秘密，其中缘由，我此刻已无从想象。也许对于任何人都认为绝不可能做到的事，保密工作却可以做得无懈可击。

我们于七月十一日下午大约三点钟，到达伊斯兰堡查克拉拉机场的军用区。苏勒坦·汗仍像以前那样热情、谦逊地在那里欢迎我们。我们兜了一个圈子经过穆里路折回伊斯兰堡，看起来似乎是从那个山间别墅归来似的。我们对叶海亚·汗作了短时间的礼节性拜访；对这次秘密之行的成功，他像孩子似的高兴极了。我对他的帮助以及执行这次计划所表现的精神表示感谢。五个月以后，他被赶下台；从此以后，我再没有见到他。然后，我当然要尽可能会见美国大使馆的官员，包括那位护送我的军官，他违反国务院的全部规定，竟然与我失掉联系，并且一直没有弄清我到底出了什么事。到下午六时，我们又坐上了我们自己的飞机西行，经德黑兰去巴黎。抵达布尔歇机场时，已过了午夜很久，这一天就这样结束了；而这一天是以十八小时以前我和周恩来的会晤开始的。

在巴黎，一切注意力都集中于越南问题。这时越共刚刚发表了他们的年度和平方案，实质上仍是要求推翻南越政府。而一年一度的国会例行会议以及新闻界正在对我们施加压力，要我们表现灵活性。我在巴黎不论到哪里，都受到新闻记者的包围，他们要打听的，不是我在巴基斯坦为什么会肚子痛，而是想知道我是否会和黎德寿会晤，因为大家知道他也正在巴黎。事实上，我们的确会了面。美国在巴黎的代表团团长戴维·布鲁斯，从记者云集的前门进入美国大使馆，佯装要跟我商议越南策略。（关于我的中国之行，以及我秘密和越南谈判，布鲁斯都是知道的。）我则通过沃尔特斯将军极为巧妙的安排，从后门溜走。我和北越代表的秘密会谈历时三小时，这是到当时为止最有希望的一次会谈。在此后的几个星期中，我们有些飘飘然，以为在越南和平与中国问题上，我们可以同时得到突破。我和温斯顿·洛德与黎德寿会晤后，在回来的路上颇为自负，我们在推测哪一件事会在历史上被认为是更重大的成就。我又从后门溜进大使馆，同布鲁斯告别，同时花了点时间会见记者。

那天晚上，我与女友玛格丽特·奥丝玛在一家餐厅中共餐，她是一位美丽而聪明的电视记者。一个在当地度假的美国女士，出于当时对越南战争的激动心情，情不自禁地对我大声斥责：此时此刻，你应当为和平而工作，却居然和一个年轻女子上餐厅，真不要脸。阿瑟·沃森大使在餐厅里找到我，送我去上飞机；离开巴黎的时间是这样确定的，我可以在第二天一早到达圣克利门蒂。

七月十三日星期二晨七时我到达加利福尼亚州埃尔托罗海军陆战队空军基地。我这次环球旅行共历时十二天。艾尔·黑格前来迎接我。他在我离开的这段时间里，主持日常事务，办事能干而有魄力。黑格和我搭直升机飞回圣克利门蒂。理查德·尼克松早已迫不及待地在机场等候。他已知道我此行获得成功，我在飞往德黑兰的途中就把约好的代号用电报发给了他。代号是“尤雷卡”*。他收到这个信号后异常激动，他

---

* Eureka，希腊文，意思是：“我想出来了”。——译注

一反原先的约定，要求立即用电报报告。我从飞机上向他发了电报。他回电再三向我表示感谢，并试图跟我开玩笑，告诉我回来之后我可以休假一天。他还要求我对他本人作一次全面的汇报，然后再向他的“客人”——黑格给国务卿起的别名——“有选择地”汇报，当时国务卿正待在圣克利门蒂。尼克松还对我们的保密工作大加赞扬。回想那些电报联系，我得说那纯粹是由于好运气；再有，那就是掌管通讯联系的中央情报局的保密工作做得特别出色。

从上午七点二十分到九点三十分我跟总统在一起，我把事情的经过向他作了详细的汇报。还交给他一份长篇书面报告。我们两人都认识到，我们的外交已经展现了新的前景。当然，苏联一定会有反应；我们认为，过一段时间，这种反应会是有利的。对越南战争将有深刻的影响。在我离开的时候，周恩来曾祝愿我们的谈判能顺利进行。虽然我对中国领导人能够或愿意直接大力帮助抱怀疑态度，但我此行本身就是河内的一次重大失败。它将使越共骗人的“七点计划”不再成为头条新闻。他们的目的是要从心理上把我们拖垮，并且破坏群众对我们的支持，而我这次行动将从根本上摧毁他们的宣传运动。美国人民将会看到，他们的政府是能够采取有胆略的和平行动的。这次行动也将使全世界那些把他们的安全和进步寄希望于美国的可靠和坚决的人们受到鼓舞。我们将无可避免地遇到日本和台湾的问题。当北京的外交攻势开展之后，我们迟早要处理这两个问题。此行使我们能控制事态的发展，而不是消极地等待事件的来临。

我们在尼克松的小书房里纵论天下大事，那书房处在他圣克利门蒂别墅的最高层，从那里望出去可以看到浩瀚的太平洋。这使我们不禁联想起大洋彼岸那数千海里之外的中国。

大约上午九时三十分，霍尔德曼也来了，于是话题转到一些实际问题。他想知道随同总统访问的记者能派多少人。当他知道我没有解决这个问题的时候，露出轻蔑的神情。我告诉他，我曾对周恩来说，估计全部随行人员约为五十人，他对此表示怀疑；随同的保安人员就不止此数，新闻记者的人数就更不用说了。霍尔德曼认为，如果没有电视广播，就没有什么历史意义。这一来，就引起了尼克松与霍尔德曼长时间的交谈，如何尽量扩大新闻报道、特别是电视广播的范围，同时又要适当控制参加的人数。尼克松颇为自负，他确信，这一次他总可以敲诈一下新闻界，使他们对他更温和一些，办法是，特别照顾那些他认为对他公正的记者。不用说，他的想法根本不能兑现；无论是他还是霍尔德曼都不能否决新闻机构选派的随同尼克松去北京的记者。

更严重的问题是，尼克松用什么方式来宣布那个联合公告。按照公共关系的所有常规来看，应该是发袭某种引人注目的、富于感情色彩的演说，用以烘托尼克松的总统身份。但是我坚决反对这种做法。我们的新关系还刚刚开始；我们越是加以渲染，就越会妨害这种尚待巩固的脆弱的外交关系。我们得要稳住心绪不宁的敌人，应该使那些惴惴不安的朋友们放心。那些事情将来总是有机会做的，但在最初阶段，我们既不能许诺也不能肯定什么。尽管那个公告是简短而且干巴巴的，尼克松也要让公告本身去说明问题。尼克松同意这样做，但有些勉强；霍尔德曼则很不赞成这样做。尼克松一整天都在捉摸在那种情况下人们的情绪，但他越想越兴奋了，觉得这种简洁的、令人莫测高深的表现方式会产生一种潜在的影响。洛德和我准备了一篇同公告一起发表的简短的讲话（这样就打发掉了答应我的那一天假期）。两年半的策划、工作和期待最后仅归结为四百个字。

如何宣布总统要出来讲话这个问题也使人有些不安。如果要求定一个电视广播时间，人们肯定会猜想是讲越南问题；霍尔德曼担心，由此而引起的失望情绪将会败坏公告的影响。因此，他主张含蓄地说明，总统想对全国讲一个与越南无关的问题。我反对他的论点。这样来宣布消息所引起的猜想反而会坏事。我深信总统讲完之后将不需要申辩。

最后，罗杰斯也到了。我照总统的建议向他“有选择地”报告了我此行的情况。我们讨论了在即将出现的事件中他应起的作用。通知外国政府将是国务院的任务。罗杰斯干练地履行自己的职责。他准备好了一份情况介绍；将首先从日本开始，在总统讲话之前一小时通知日本。

此后的四十八小时是在能否保密的焦急不安的心情和高度紧张之后的疲劳之中度过的。在我整个的政治生活中，我自己的心情总是和周围的环境不太协调的。我高兴的时刻总是在事情看来已经相当有把握的时候，通常比公众，甚至比我的某些同事要早几天、有时是早几个星期。等到群众中引起轰动的时候，我已在考虑下一阶段的问题了。在外交政策中是没有坦途可走的；每一项成就都是通过新的艰苦努力去换来的，每前进一步都必须作更多的努力去加以巩固。在圣克利门蒂，在总统讲话之前那紧张而又平静的两天里，情况正是如此。我的同事们考虑的是四十八小时以后在广播电台播音室里的一场表演。我则稍事恢复高速飞行后的疲劳，并且越来越关心如何巩固我们已经取得的成果了。

七月十五日下午尼克松作了一次惊险的表演，以缓和他紧张的心情，他喜欢玩弄这一手来显示他的高超的技巧，但同时却给他的下属增加了额外的痛苦。尼克松得知那天中午我同伦敦《星期日泰晤士报》的记者亨利·布兰登和他的漂亮的夫人穆菲共进午餐，于是也把他们邀请到他的住所。他带他们到各房间和花园里走走转转，不断地向他们发出隐隐约约的暗示，而我则如坐针毡，唯恐在这最后一分钟泄露了机密。尼克松若有所思地谈起远在太平洋彼岸的中国，谈到有必要建立一种新关系，还说他很想到亚洲去旅行。谢天谢地，他的话是转弯抹角地讲的，布兰登没有领会他的意思，只是后来回忆起来他才懂的；可是他真使我的神经紧张到了极点。②

七月十五日，太平洋时间下午两点四十五分（东部时间是五点四十五分），西部白宫发出了一个闪烁其词的通知，说五个小时之后总统要对全国的电视广播网发表一项“重大声明”。大约过了二十分钟，美联社就发了号外：“尼克松总统将于今晚十时三十分对全国电视广播网发

表一项‘重大声明’，题目保密，西部白宫拒绝事先透露。”

太平洋时间下午五点四十五分，我和总统坐直升机飞往洛杉矶。尼克松进入设在伯班克的全国广播公司的播音室，出现在全国的照相机和麦克风的前面，他发表了为时七分钟的一篇简短演说：

晚上好！我今晚要求这个电视时间是为了宣布我们争取建立世界持久和平的工作所取得的一项重大进展。

正如过去三年中我曾多次指出的，如果没有中华人民共和国和它的七亿五千万人民参加，就不可能有稳定和持久的和平。因此，我在几个方面采取了主动，以求打开建立我们两国间更正常关系的大门。

为了达到这一目标，我派遣我的国家安全事务助理基辛格博士在他最近的环球旅行期间去北京，与周恩来总理会谈。

我现在读的这个公告，在北京和美国同时发表：

“周恩来总理和尼克松总统的国家安全事务助理基辛格博士，于一九七一年七月九日至十一日在北京进行了会谈。获悉，尼克松总统曾表示希望访问中华人民共和国，周恩来总理代表中华人民共和国政府邀请尼克松总统于一九七二年五月以前的适当时间访问中国。尼克松总统愉快地接受了这一邀请。

“中美两国领导人的会晤，是为了谋求两国关系的正常化，并就双方关心的问题交换意见。”

预料公告发表之后将不可避免地引起推测，我想尽可能讲明我们的政策背景。

我们谋求与中华人民共和国建立新关系的这一行动，决不会损害我们的老朋友的利益。这一行动不是针对其他任何国家的。我们谋求与所有国家的友好关系。任何国家都可以成为我们的朋友而不同时成为任何其他国家的敌人。

我之所以采取这一行动是因为我深信，缓和紧张局势以及美国与中华人民共和国之间较好的关系，将对所有的国家有利。

正是本着这种精神，我将去中国一行——我深切希望这将成为争取和平的一次旅行，不仅是为我们这一代人的和平，而且也是为了我们共有的这个地球上的子孙后代的和平。谢谢大家，祝你们晚安。

尼克松离开伯班克播音室的时候，有一小批人对着尼克松连声高喊“撤出越南”。

在发表这份公告之前约四十五分钟，在华盛顿代我处理公务的理查德·T·肯尼迪上校向那位倒霉的伏龙索夫递交了一份尼克松讲话的副本和一份照会，照会提醒苏联人“在七月十五日以前发生的一系列事件”——直言不讳地讲到苏联人在最高级会谈问题上对我们玩弄的那套手法。照会重申，我们愿意在新的基础上处理与苏联的关系。照会还警告说，如果我们的希望破灭，那将产生“严重的后果”。那篇讲话和那份照会中提出的所有好听的保证都不能掩盖一个事实，那就是华盛顿和莫斯科讨价还价的地位已经改变了。

尼克松离开电视台之后，同他的高级官员来到洛杉矶的佩林诺餐厅，在这里尼克松沉浸在胜利的狂欢中。我们就餐的地方是在餐厅一个角落的小单间里，尼克松缓步走过餐厅，尽情地接受餐厅里一些客人对他的祝贺，同时也想招引那些还没有听到这个消息的人对他表示良好的祝愿。我们的庆祝晚宴吃的是蟹腿肉，喝了一瓶一九六一年酿的法国名牌葡萄酒。当我们要离开的时候，他还在前厅逗留了一会儿，拉住别的一些客人向他们介绍，说我就是到过北京的那个人，有几位没有看电视的人被他弄得莫明其妙。那确是一个动人的场面。尼克松并没有夸张，他那副神情就好像他简直不能相信他刚才宣布的消息是真的。这样就搞得双方都有些尴尬；尼克松在生人面前总是有些不自然，而别的客人接近总统时也有些拘束。尼克松在得意的时候特别容易引起人们的责难，他料想别人一定会来赏识他，而不善于去消除他和自己的同胞之间的隔阂。就这一点来说，佩林诺餐厅的这一幕戏正是象征着理查德·尼克松的胜利和悲剧。

此后几天是群情激动，也颇为可笑的几天。世界各地纷纷发来贺电。新闻界几乎是一片赞扬声。也有一些尖酸刻薄的评论，这类评论不仅来自保守派人士，而且很有意思的是，也来自极少数美国自由派的批评家，他们担心我们是在毫无必要地跟苏联对抗。但是这一抓住全世界心灵的大事件把那些声音淹没了。献计献策的大有人在；有些人要总统在一次出访中既访问北京也访问莫斯科；每一类人都有自己最得意的方案要总统去执行，如结束越南战争，扩大贸易，等等。这个问题说明了一种好现象；志愿支持我们的政策的人从来没有像现在这样踊跃，我们简直应接不暇。

以前，我们的内阁要员们很喜欢到台湾去旅游，但顷刻之间，他们说有重要公务，迫不及待地要去访问北京了。参众两院的议员们的建议像洪水般地提了出来，要到中国大陆去，要求我利用新的联系去同周恩来商定时间。甚至还有一位夜总会的歌星，也请他的代理人想办法提出申请，要到中国各地的夜总会去巡回演出。当有人告诉那位代理人中国没有夜总会时，此人嘟囔了一番，不相信这是真的，竟然写信来把这说成是令人难以置信的借口，是为白宫的盛气凌人打掩护。

霍尔德曼在他的上司的压力下要把这次事件作为一个绝好的机会大力“推销”尼克松，把这幕戏剧润色得像一篇英雄史诗一样。这样就出现了那个大部分出于伪造的传奇故事，说什么尼克松和我与罗杰斯曾经在林肯厅开会研究过云云。我接到详细指示，要我向报界简单介绍周恩来和尼克松相似之处。为了使白宫人员相信这是历史事实，不是捏造，霍尔德曼连吓带骗，做了艰苦的工作；要他们相信，不管怎样，这一回总统的谨慎持重是最好的公共关系政策。

起初，尼克松所鄙视的那些自由派人士对他倍加赞赏，而感情上忠于他的保守派人士对他的赞扬却比较勉强，他对这一点很有些担忧。但是过了几天，经过一些解释以后，保守派也开始认识到其中深意了。不调和的调子主要是来自日本。日本总理大臣佐藤荣作是我们坚定的朋友，他做了很多工作来加强我们两国的友谊，使这样一个人感到为难是特别令人痛心的。关于中国的这一公告在日本被称为“尼克松冲击”，一个月后又来了第二次冲击，那就是在国内对工资物价加以管制、在国外对贸易和货币加以限制的紧急经济方案。

那时候我们能干的驻日大使阿明·迈耶是最感到难堪的一个。他是通过陆军广播电台听到这个公告的，当时他正在理发，开头他认为尼克松提到“中国”是说溜了嘴。根据迈耶的回忆录，③他最初的反应是对这次的感觉迟钝感到难过，这也是当时在东京的许多美国人和日本人的反应。然而，“经过几天、几个星期的深思之后”，迈耶得到结论：“如果要保证取得成就，总统和国家安全事务助理不可能采取本质上不同的其他做法。”迈耶提出了理由：日本人不可能长期保守机密；其他盟友（台湾、韩国、东南亚盟国、北约组织）有更多的理由或同样有理由要求事先磋商（更不用说苏联了）；日本的政策并没有因为我们的政策而遭到根本破坏，只不过是被剥夺了它想走在我们前面的机会——它在我们之前很久就走上了这条道路，早在一九七一年一月二十二日佐藤就曾公开建议与北京扩大贸易和新闻界的往来，并开始政府级的谈判。

虽然迈耶认为事先不可能与日本人磋商，但现在回想起来我认为我们还是有可能采取一种比较聪明的办法告诉日本人。例如，在正式的公告发表之前几小时，派遣一位和我同去北京的同事到东京去向佐藤简要介绍情况，这样做肯定更有礼貌一些，更周到一些。这样做既保守了秘密，又显示出对一位体面的好朋友的特殊照顾。那时事情紧迫，谁都没有想到这一点；这在礼貌上是一个大错误。许多批评家抓住这一点指责我们“对不起盟友”，而他们对我们的军事联盟和保守的盟国的忠诚以前却不曾很好地表现过。现在事情虽然过了将近十年，回想起来，除了基本上要保密之外，我想不出还有其他办法。事情的微妙，机会之难得，使美国对所发表的内容非进行控制不可。

总统在讲话中已经巧妙地强调了我们的政策不是针对任何其他国家的，也不会损害我们的老朋友的利益。这虽然是一些陈词滥调，但人们可以想象，如果在发表公告的那一天任凭人们去猜测，那将造成多大的混乱。假如我们事先公布去中国的消息，那将引起几个星期的猜测，而使我们无法应付。反对者就可以抓住这个机会对我们恶意中伤，我们无论再作什么保证都将毫无作用了——特别是当时我们并没有真正掌握会谈的议程。即使那些公开支持我们的人也会使我们为难，他们会提出那老一套的议程，而那些议程正是我们决心要摆脱的。那些最有权利要求与之磋商的国家也会迫不及待地破坏这次行程。我们对这次事件的公开发表保持控制，也就是对我们的政策及其后果保持控制。正如总统一九七二年二月九日的外交政策报告所承认的，我们为保密付出了代价，但这个代价是“不可避免的”，其所以要保密的理由则是“压倒一切的”。

我此行的结果是难以预料的；在我们知道结果之前我们并不想冒风险，先抱过大的希望，造成压力，致使双方不得不公开表明立场。鉴于乒乓外交的经验，我此行无论采取什么做法，这种立场的根本改变所引起的震动总是难以避免的。那份报告申辩说，在尼克松访华之前，我们毕竟未同中国人进行实质性的谈判，在这之前，我们还有几个月的时间同我们的盟国进行磋商——这一诺言后来我们忠实地履行了。

我的同事比尔·萨菲尔为我们的立场找到了一个先例，一九七一年七月十九日他给我的备忘录如下：

比尔·萨菲尔致亨利·基辛格的备忘录

这里引用有关保密的一句话，也许对你会有用处：

“在道义上最使人感到为难的是：为了促使某件事获得成功，我们不得不隐瞒那件事的真相。”

——达格·哈马舍尔德

“中　国　牌”

可以理解，我们当时正在进行的三角外交，并不是所有的人都能马上领会其含义的。这绝不是一种想要挑拨中国去反对苏联的拙劣图谋。我们并不想玩弄“中国这张牌”。中苏敌对是按其本身的规律发展的，不是我们制造出来的；事实上近十年来，我们对这种敌对的激烈程度根本不了解。北京和莫斯科相互争吵都不是为了讨好于我们，是因为它们吵架才向我们讨好。我们不能“利用”那种敌对关系，是它们自相利用。如果我们企图加剧这种敌对关系，我们在其他方面就会造成损失。那样做反而会使北京感到不安。一谈起中国这张牌，那就意味着，我们不打这张牌就要付出代价。中国人常表示一种恐惧，即我们与莫斯科打交道以实现我们的目标时是拿北京作为牺牲。毛泽东警告我们说，不要“站在中国的肩膀上去接近苏联”。任何想要操纵北京的企图都会驱使中国与我们疏远，也许会使它重新考虑，选择与苏联接近，以掌握自己的命运。同样，任何想要玩弄中国这张牌的动机都会促使苏联人决心结束那场腹背受敌的噩梦，在时间还来得及的时候，从一个方向出击，很可能是对中国，因为中国比较弱，而且没有与美国的同盟关系加以保护。

这场游戏的名称就叫作均势。我们并不想与中国联合起来与苏联进行挑衅性的对抗。但我们同意有必要遏制莫斯科的地缘政治的野心。向埃及派遣战斗部队，促使叙利亚侵入约旦，在西恩富戈斯建立海军基地，在中苏边界制造冲突，这一切都是对全球均势进行挑战的组成部分，是必须加以抵制的。此外，无论是中国还是美国，都想使自己在外交上多一些选择的余地：北京想要摆脱“文化大革命”给自己造成的孤立状态；华盛顿则想加强自己在国际体系中的安全，使国际体系的稳定少依赖美国的经常干预。

中国和美国尽管由于有共同关心的问题而走到一起，但它们对待这个问题的做法却并不因此而完全一致；这样就埋下了未来困难的种子。北京以从前他们打内战时期那种坚持不渝和毫不妥协的热情来与莫斯科对抗。北京的挑战是论战性的，哲理性的；不仅反对莫斯科的地缘政治的欲望，也反对它在意识形态方面的优越感。我们同意有必要阻止它的地缘政治的野心，但我们没有理由卷入它们意识形态的争论。此外，我们拥有大量的大规模毁灭性武器，这使我们不能不对几亿人的生命有一种受委托的责任感。我们在道义上和政治上有责任尽可能去争取和平共处；我们在挑战面前不会退缩，但处在这个核时代，也必须相互克制。批评家们——有些是北京的批评家——对我们的这种追求也许报以嘲笑，或者说毫无用处；这种做法看起来似乎是自相矛盾，但只有采取这种做法，我们才能在需要对付军事压力的时候使我们的人民团结一致。

从一开始尼克松和我就深信——在高级决策人中只有我们两人有这种看法——美国不能同意苏联对中国的军事进攻。在与中国有任何联系之前我们就持这种看法。早在一九六九年夏天，我们就曾要求那些不太情愿的官僚机构制订应变计划。很明显，这说明北京和华盛顿之间并没有什么协议——那时候甚至华沙会谈也没有举行。是根据清醒的地缘政治的估计才这样做的。如果莫斯科得逞，使北京屈服而陷于无能为力的地步，苏联的全部军事压力就要转向西方。在那种情况下，苏联冷酷无情，而美国软弱无力（或者漠不关心——其结果都是一样），就会促使日本和西欧去迁就苏联的其他要求，至于苏联周围的许多小国那就更不用说了。很明显，三角外交要求灵活机动。我们不必用多大力气，而是像日本的柔道一样，利用对手的重量顺势把他推到我们希望的方向去。搞得好，我们就可以对双方都有大量选择的余地，而它们彼此之间的回旋余地则比较少；当然也总会有与双方对抗的风险。我在第二次去中国之前，即十月份，在给尼克松的备忘录中总结这种战略如下：

我们要把我们的对华政策向莫斯科显示一下，它不能代表所有共产主义国家；同我们达成协议对他们是有利的；他们必须考虑美国与中华人民共和国合作的可能性——这一切并没有过分触犯苏联的偏执狂。我们这次对中国采取主动行动得到的最大的好处也许就是对苏联的影响。

我们已经得到这些好处。中国人不需要做什么。在这方面我们的利益是一致的，我们只需要在这条已经开始的道路上继续走下去。对苏联的压力我们显然决不可明白表示。让事实本身去说明问题。

同时，我们和中国之间在某些问题上利益天然是一致的，同那些学究式的或其他专家的意见相反，中国并不仅仅是为了重新获得台湾而显著地改变他们对我们的政策，尽管他们在许多场合作过重要的声明。中国想在国际事务中占有自己的地位，想显示它的威望和重要性。这将使他们在苏联的压力面前获得某种程度的安全，并且减少美苏共同主宰世界的危险性。我在给尼克松的备忘录中写道：

中国人想要减少两面作战的威胁，想要使莫斯科重新考虑，是要进攻中国还是接近中国，而且也许还想使苏联对北京更圆通一些。他们特别想要我们作出美苏不要相互勾结的保证。

这种保证我们是可以作的。这是我们采取主动的本意，也符合我们本身的利益。我们好比在走钢丝；我们必须小心翼翼，切不可向一边摆动——尽管这样做很吃力——否则我们将坠入深渊。

我在第一次访问中就告诉周恩来，我们将与莫斯科继续打交道，但我们将把我们可能考虑与苏联人达成的任何涉及中国利益的谅解，都详细地告诉北京。七月十六日尼克松致周恩来的函件中确认了这些保证；我们还把我七月十六日向记者介绍北京之行情况的稿子全文随函附寄——这样做是一种礼貌，表明我们很关心促进这种新关系。

这封信是通过我们在北京商定的巴黎新渠道初次联系，是七月十九日由沃尔特斯将军向中国大使黄镇递交的。通过巴黎渠道的信件都是由我的工作人员和我起草，经尼克松批准，由情况室的一位工作人员亲自送到巴黎，由那位心情迫切的沃尔特斯递交的。沃尔特斯很快发回信件，生动地描述他同热情好客的中国人会晤的情况，这样就促使我们与中国人作更多的通讯联系。沃尔特斯以他那种高超的夸张手法大事渲染会晤的气氛、当时的情景、人物品格及烹调技术，等等。沃尔特斯本是一个吃喝的行家，他向我们津津有味地描述那些外国风味的山珍佳肴，据他说，其中有些东西是他出于爱国的责任感才吃下去的。他和黄镇都是军人出身，很快就热烈地交谈起他们的战争经历来了，事实上在某些情况下，他们曾经是同一场战争中的对手，却没有因此而感到别扭。

我们多次利用巴黎渠道，因为来自莫斯科的消息很快就大量涌入了。与苏联问题专家的担心相反，莫斯科的反应并没有敌意，至少一开始是如此。莫斯科电台几乎是完全按照公告的原文向国内听众播发了这个消息，只删掉了一句话："尼克松总统已欣然接受邀请。"九天之后才出现了苏联的第一次权威性评论。七月二十四日《真理报》故意装作若无其事的样子宣称："在苏联，没有人认为中美的接触有任何理由值得大惊小怪。"评论继续说：

> 当然，未来事态的发展将会更好地揭露北京和华盛顿的真正意图。我们的党和国家将会考虑中美接触的一切可能的后果。不消说，想要利用北京与华盛顿之间的接触对苏联、对社会主义大家庭各国施加某种"压力"的图谋，其结果都不过是一场空想而已。

当然，宣布有压力并不等于真有压力，否认有压力也不说明就没有压力。

苏联真正的反应是外交上的反应，而不是宣传上的反应。苏联在两条战线上积极行动起来来对付新的国际现实。首先，它很快想跟华盛顿改善关系：它忽然急于要制造一种印象，那就是在莫斯科比在北京能完成更为重要的事情。

七月十九日多勃雷宁多少带些哀伤地询问，是不是七月五日苏联逃避最高级会谈的照会影响了我们的对华政策。我避免回答这个问题。正如我已经指出的，真相是，那个照会更方便了我们到北京去；我们总归是要去北京的，无非多走一些弯路就是了。转瞬间，莫斯科最高级会谈也不再躲避了。多勃雷宁探问：总统可否先去莫斯科访问，再到北京访问？我的答复是同给周恩来的答复一致的：最高级会谈将要按照已经宣布的次序举行。其他僵持了好几个月的谈判也开始像魔术一般地解冻了，例如柏林谈判和防止突发核战争的会谈就是这样。我在别的地方还要讲到，这两种谈判在北京公告发表之后几个星期就很快地完成了。

但是苏联的政策也有坏的一面。在日益激化的印巴冲突中，苏联找到了一个机会去羞辱中国和惩罚充当中间人的巴基斯坦。在巴基斯坦想要镇压东巴基斯坦的分离企图之后，次大陆的紧张局势急剧恶化了。印度和苏联成了事实上的天然盟国。拿印度来说，它本来开始时是欢迎尼克松七月十五日的公告的，斯瓦兰·辛格当时发表了一个很不错的声明，说这是一个“有重大意义的积极的发展”。但到了七月二十日，印度就开始表现出另有想法了，它开始编造中美对次大陆有阴谋的谣言，以此为借口，好让它自己与苏联搞交易。斯瓦兰·辛格在议会回答问题时说：“如果这(指中美和解)意味着这两个国家想要控制这一地区，那我们就不能等闲视之。……我们现在不能完全排除这种可能……(而且)一段时间以来，我们一直在考虑用某种办法来防止出现这种局面。”在谈到苏联的时候，辛格继续说：“在这方面我们并不是孤立的。还有些别的大国和小国也许比我们更为不安。”

辛格心里所想的到八月二十日就变为公开的事实了：印度和苏联在这一天签订了友好条约；条约的全部实际目的就是，苏联给印度以保证，如印度与巴基斯坦发生战争，苏联将反对中国进行干预。苏联采取这一行动是蓄意在次大陆打开通向战争的大门；这是苏联在七十年代所采取的一系列行动的第一步，通过这些行动，苏联人向那些急于想诉诸武力的国家提供武器和保证以煽起冲突。我同意哈尔·索南费尔特和比尔·海兰的敏锐的分析：

这件事情可进可退的性质是很明显的：如果中国人在巴基斯坦方面的压力下去反击苏联的这一行动，他们将怎样办呢？如果他们无所作为，那么苏联人便大有所获——他们的目的之一肯定是要暴露中国，让人们看清它是一个软弱的盟友。另一方面，如果中国人增加赌注，那么苏联人也必然会作出反应来保持自己的信誉，要保持信誉起码也得提供更先进的苏联武器，如此等等。

这样一来，印巴冲突就变成了由代理人进行的一种中苏冲突。

索南费尔特和海兰还预言，苏联人也许想使中国的朋友罗马尼亚丢丑。实际上，苏联人在当年夏末就已开始对那个国家发动一场神经战。我们极力反对那种做法，对于结束那场折磨也许是起了作用的。

要保护我们对华政策的这株幼苗不致被苏联人这种拥抱和威胁相结合的做法所摧垮，唯一的办法就是要确使北京了解我们的行动。因此，我们通过巴黎渠道加强了与中国人的联系。从八月一日到九月底，我们交换的信件比过去二十年还要多。我利用到巴黎与黎德寿秘密谈判的机会，与黄镇大使三次秘密会晤。黄镇是一位干练而和蔼可亲的长征老干部，他后来成了中国驻华盛顿办事处的第一任主任。我花了很大的力量让中国人了解我们对苏联的做法以及我们对苏联意图的估计。我们让北京了解苏联突然急于要举行最高级会谈的情况。我们在事前四星期就提请他们注意关于突发战争会谈和关于柏林谈判这两项协议的内容。双方对印巴次大陆日益恶化的局势交换了看法。我们知道中国不愿意参加由五个有核国家举行的会议，因而拒绝了勃列日涅夫关于召开这样一次会议的建议，理由是：只有五个国家都参加，这种会议才有意义。

北京对于我们的政策和我们的行动当然没有表示反对；也没有想反对。我们的目的是做到使中国领导人了解我们在做什么和为什么这样做，以及我们对国际形势的看法。中国领导人对于提供的情报装作不感兴趣，这种态度是正确的，因为他们对事态的发展无能为力。毫无疑问，北京宁愿我们对莫斯科摆出公开对抗的架势，但他们也知道，我们对外交政策的态度是冷静持重的，是从地缘政治的观点出发的。我们不想以牺牲均势为代价去争取和平共处。我们面对着国内外的反对仍然愿意争取缓和，但有一个条件，那就是苏联人要放弃军事压力和在政治上实行克制。

我们还通过巴黎的新渠道对另外两个问题交换了意见：一个问题是已经明确的，另一个问题没有谈过。正式交换意见的一个问题是我第二次去中国筹备在北京举行的最高级会谈。这个问题很快就被另一个更重要的问题盖过了；这个问题我们从未讨论过，却是我们已深刻地意识到了的问题，那就是林彪在中国的垮台。这场乱子很像是由于中国对我们的政策急剧转变而引起的，一九七二年二月毛泽东对尼克松就是这样讲的。这显然反映了中国政治中埋藏很深的紧张关系。但我们从未提出这个问题。我第二次去中国的问题早在我七月访华之前在双方交换的信件中就讨论过。七月份我在北京的时候，周恩来很急于解决这个问题，也许是由于他想消除因第一次秘密访华可能造成的坏影响，也许是由于他经验丰富，很了解在第一次总统访问之前需要先把一些重要问题解决好，否则就会冒太大的风险。

第二次访华尼克松仍然很想亲自出马，但是需要战胜了虚荣。尼克松决不让最高级会谈去碰运气，所有的最高级会谈都是事前基本上准备好他才去参加的。在他还没有大体上了解会谈的结果之前他不会去参加会谈，直到他处于困境的那最后几个月都是如此。对于一个总统来说这也是唯一负责的做法。政府首脑作为主要的谈判者关系太重大了。他们通常太忙，无法照顾到各方面的细节，而那些细微的事情却往往决定谈判的成败。他们身系重任，不能从容不迫地去应付一次拖长的谈判所必然带来的压力。如果谈判出现僵局，就没有回旋余地。再说，最高级会谈时间都太仓促，不容许过分仔细地去分析问题，而过细才能保证协议持久。尼克松了解这些，因而批准我第二次去中国做准备工作。

关于我第二次访问同北京的联系并不是一帆风顺的。比如说，在中国几千年的历史上从来就没有遇到过一次总统的先遣人员，特别是这些先遣人员的技能是在美国中心地带热烈的竞选之路中磨炼出来的，是由尼克松政府中狂热地醉心于公共关系方面的人员严格训练出来的。我曾经提醒周恩来，过去中国遭到夷狄的入侵能够生存下来，但它从未遇到先遣人员，那不过是一句半开玩笑的话。现在则必须写信专门解释先遣人员去做什么，为什么先遣人员的人数一定要像我过去曾经坦率地向他讲过的那样几乎等于总统访问的全部人马。还有，美国的飞机从来没有在中国的土地上飞行过，这既涉及复杂的政治问题，也涉及复杂的技术问题。最后，中国人拒绝了由戴维·布鲁斯陪同我前往的建议，虽然这是周恩来在七月份曾经同意了的。这次北京是以“可以理解的理由”为借口，考虑到河内的激怒和莫斯科电台不停地指责北京在印度支那问题上进行交易，这个借口也是很有道理的。

当所有这些联系正在进行的时候，发自北京的报道令人迷惑不解，看来情况有些不妙。九月间，我们突然发觉，有五天的时间中国所有的领导人都没有在公共场合露面，这几天所有的中国飞机都没有起飞。随着那个月时间的消逝，我们终于弄明白，有几位关键性的领导人被撤职了，其中包括军队的大部分高级领导人。在那些突然不见的人当中最重要的是林彪。他是国防部长，国务院副总理，共产党政治局的副主席，军委会的主席，并已由一九六九年四月党的第九次代表大会指定为毛泽东主席的继承人和接班人。九月十三日，一架中国军用飞机在蒙古坠毁，情况不明。九月二十日，一年一度的庆祝中国革命的“十一”游行取消了。很明显，中国发生了什么大事情。

我们没有第一手的情报。中国在其他问题上跟我们的联系照常进行，而且照样是那么爽快。安排我去北京的事也没有中断，除开我们的报刊有所反映外，也没有丝毫迹象说明总统的访问会成问题。来自北京的信件偶尔表现得刻薄，但总是进行充分的解释。我们同苏联的关系倒是忽然热乎起来了。双方非但在柏林协议和突发战争的协议上签了字，而且葛罗米柯访问了华盛顿，递交了正式邀请总统访问莫斯科的信件。既然前一年苏联人千方百计地避免引起报界关于最高级会谈的揣测，他们现在就不能过分紧迫地催我们公布这个消息。我们尽可能拖延，以便我们有充分时间在十月五日发表我第二次去北京的消息。刚好是一星期之后我们才发表了莫斯科最高级会谈的消息，定为一九七二年五月的某个时间。不管中国人内心里是怎么想的，但他们咬紧牙关什么都没说。

中国在联合国

当我在为十月的北京之行作准备的时候，联合国正在一年一度地辩论应由台北还是北京代表中国出席联合国的问题。我们打开同北京的关系，对于联合国辩论的结果起了决定性的作用，虽然我们没有很快认识到这一点。即使在一九七一年以前，基本上就已注定我们要进行一场后卫战。现在全部过程在加速进行。

中国是联合国的创始国之一，它是安全理事会最早的常任理事国之一。一九四九年革命之后，联合国大会几乎每年都对这个问题进行表决，即哪一个政府——台北的“中华民国”还是北京的中华人民共和国——是“真正”的中国的代表。起初，大多数国家反对接纳北京。但由于非洲和亚洲几十个新国家加入联合国，赞成北京的国家一年比一年多了。美国退而从程序问题上保卫台湾的地位。从一九六一年起，我们和一些盟国每年都提出一项决议案，把任何要改变中国代表权的提案都作为一项“重要问题”，要求大会以三分之二的票数通过。只要我们能在初次表决中凑足简单多数票，我们在二次表决中就能以三分之一加一票阻止北京进入联合国。

一九六九年，这个“重要问题”决议案以七十一票赞成、四十八票反对和四票弃权获得通过，赞成与反对的票数差额较大。阿尔巴尼亚提出的接纳北京、驱逐台湾的决议案以四十八票赞成、五十六票反对、二十一票弃权被否决；与前一年反对票比赞成票多十四票相比，这一年只多八票。虽然接纳中华人民共和国的决定仍因不能获得三分之二的票数而被击败，但亲北京的势力在精神上正朝向突破简单多数这个目标前进。不仅是每年都有更多的新国家进入联合国，而且时髦的第三世界主义也侵入一向支持我们的拉美集团了，就连我们北约组织的盟国也越来越难以驾驭了。

一九七〇年六月十九日，国务卿罗杰斯鉴于联大的表决即将临近向总统递交了一份备忘录，分析大会中各集团的情况。罗杰斯推测说（这个推测是正确的），一九七〇年大概还能维持现状，但情况正在迅速恶化。他提醒总统，也许需要改变策略，提出某种“双重代表权”的方案。罗杰斯没有提出建议，但暗示他赞成在一九七〇年反对接纳北京这一点仍照旧不变；总统不想对这个问题作出决定。

然而最后失败的结局看来已经日益明显了。加拿大于一九七〇年十月十三日承认了北京。渥太华通知我们，加拿大将继续同我们一起投票赞成“重要问题”决议案，但很可能投票赞成阿尔巴尼亚的接纳北京的决议案。联大的表决日益迫近，压力也越来越大了。我国出席联大的代表团成员之一雅各布·贾维茨敦促政府“采取一种更为积极的方针”，不再强调把北京摒除在联合国之外，而是改为强调在联合国内保持台湾的席位。美国朝着这个方向作了重大的改变，十月二十五日龙·齐格勒在发言中暗示，我们反对驱逐台湾，不反对接纳北京：“美国反对以牺牲‘中华民国’来接纳北京政权进入联合国。”

十一月十九日，我要求部际机构研究中国代表权这个长期存在的问题。第二天联大进行了表决。“重要问题”决议案以六十六票赞成、五十二票反对、七票弃权获得通过(差额是十四票，而前一年差额是二十三票)。阿尔巴尼亚提案是五十一票赞成，四十九票反对，二十五票弃权。该决议案因不足三分之二的票数而遭到失败——但赞成北京的国家第一次赢得多数。

正如我们所担心的，阿尔巴尼亚提案的多数票证明是心理上的分水岭。一九七一年一月初，日本外务省通知我们大使馆，他们估计，双重代表权方案(我们正在拟定这种方案)和“重要问题”提案的前景是悲观的。一月二十二日，日本总理大臣佐藤在新的一届国会会议开幕词中谈到日本希望同北京改善双边关系，并建议开始政府级的接触。英国和比利时私下表示，它们预料美国的主张将在一九七一年被击败。联合国秘书长吴丹说北京将在一九七二年取得胜利；迹象表明，联合国秘书处正在为接纳北京作应变准备。英国希望同北京的关系升级，甚至暗示他们可能反对我们的双重代表权提案。

国务院真的制定了一个双重代表权方案，但是不久就清楚了，这个方案有其难以克服的困难。如果我们仍然坚持“重要问题”那个策略，那么双重代表权提案尽管可能得到简单多数票的支持，但会由于未达三分之二的票而失败。另一方面，如果我们放弃那个“重要问题”提案，那么阿尔巴尼亚提案很可能以简单多数票通过，台湾就会被驱逐。三月九日当高级研究小组开会讨论的时候，我曾经对双重代表权方案表示怀疑；如果某些国家想找一个巧妙的解决办法，那么我们玩弄的双重代表权的种种戏法会有用处。但如果它们同我们一样决心要改善同北京的关系，它们就会不惜以驱逐台湾为代价来投票让北京进入联合国。我猜想后一种的可能性比较大。但是在对华行动方面，中国代表权问题是唯一由国务院主管的事情，因而他们能够一意孤行坚持要这么干。也还有一些别的因素促使他们有那么大的积极性。国务院从未忘记五十年代人们对它的指责，说他们在对华问题上“对共产主义太软”；有些外交人员就是在这个问题上毁了前程。后来证明，国务院有很多人过分夸大了“援华院外集团”* 的势力。正如我已指出的，现在是正处于一种不同往常的情况下，由于提出了某种形式的双重代表权，就能使自由派和保守派人士都感到高兴——自由派高兴是因为他们会把这一行动看作是使人民共和国进入联合国的一条途径，而保守派高兴则是由于这是以某种形式保持台湾席位的一种努力。双重代表权的唯一缺陷是北京和台北都加以拒绝，而且要为这个方案拉拢多数票越来越困难了。

所有这些因素终于形成一种压力，使国务卿宁愿在一次重要发言中公开提出双重代表权的主张——那时我们刚刚开始对北京采取一些试探性步骤。正是由于这个原因，国务院于四月二十八日——也就是我们收到周恩来对尼克松的邀请的第二天——说台湾地位“未定”；这种说法是国务院采取双重代表权这一立场的法律根据。

几个月过去了，我对国务院提出的政策越来越感到怀疑。这种政策对于我们同北京的关系肯定会起很大的破坏作用，甚至对台北也会起某种程度的破坏作用。这种立场决不能维持多久。那些急于讨好北京的国家不会接受这种极为明显的花招。这种立场既笨拙又是自我拆台。我们这种接纳北京的新主张增加了北京的支持者；但由于北京拒绝我们的双重代表权方案，这些新增加的支持者就会支持阿尔巴尼亚驱逐台北的提案，而不是支持我们所主张的保持台北在联大席位的提案。我们也许还能把北京进入联合国推迟一两年，但最后的结果是早已注定了。

我越来越赞成坚持我们原来的立场，即阻止北京进入联合国，即使这样做注定要失败。这至少是一种原则性的立场，可以避免授人以法律上的借口。到最后，反正我们无论采取什么立场总归是要失败的，除非

---

* 指亲台湾蒋介石集团。——译注

我们坚持毫不妥协地同北京为敌的态度，并在我们同其他所有国家的关系上立下一个先例。我们当然不愿意这样做。在三月二十五日国家安全委员会讨论这个问题的会议上，在听取了关于双重代表权方案的意见之后，副总统阿格纽和财政部长康纳利都主张，我们宁可由于采取这种鲜明的立场而失败，也比为了要再多拖一两年而实际上是在自己制造失败要好一些。尼克松后来告诉我，他赞成这个意见。

但他也像我一样，在这个问题上不愿同罗杰斯激烈争论。我们可能被指责为顽固不化，说我们不愿去试一试有可能保住台北席位的办法，特别是由于国务院已经告诉我们北京有可能默认这种做法，我们就更容易受到责难。因此尼克松选择了拖的办法。他最后只好让国务院自己去干——但要在我们同北京的关系出现突破或者显然失败之后，他才表态。对于罗杰斯一月份、此后是四月份、最后是六月份关于双重代表权问题的发言，他都曾加以制止，并且是感到伤脑筋的。有人经常给他施加压力，要求他宣布我们的立场，正如我已说过的，他在六月一日的记者招待会上说，在七月中旬之前他不想作出决定。

在我秘密出访北京的时候，我曾告诉周恩来，我们打算采取什么立场。周恩来肯定地说，北京决不会接受任何形式的双重代表权方案；另一方面，中国不是联合国会员国时间也已很长，因此中国能够再等一些时间。我并没有感到他认为这个问题是中美关系的中心问题。

现在既已确知代价不会太大，总统在我归来之后，就授权罗杰斯继续提出双重代表权方案。罗杰斯照此办理，因而在八月二日的一次长篇发言中主张北京进入联合国，但反对驱逐台北。中国在安全理事会的席位问题，要由联合国大会作出决定。（到九月初我们被迫从这一立场退却，实际上建议安理会的中国席位属于北京，希望大多数国家能为这种妥协所吸引。）周恩来在八月五日接见詹姆斯·赖斯顿时，很客气地把这个建议放到一边，说这个建议是自相矛盾的，这话倒也不错。八月六日，中国驻渥太华的大使、我的新朋友黄华告诉《纽约时报》说，中国不会照这个方案接受它的席位；这只是用一种非常婉转的和解的态度来拒绝我们的建议。但无论是周恩来还是黄华都坚持认为，总统访问中国的事不会由于我们在联合国的立场而受到影响。

九月二十二日，我们在一次关键性的程序性表决中遭到失败。这是一个不祥的预兆。联合国总务委员会在议程上把阿尔巴尼亚提案摆在美国双重代表权提案的前面。由于我们只是把驱逐台北问题作为一个“重要问题”，那就几乎可以肯定，在我们的双重代表权提案还来不及交付表决之前，北京就会被接纳加入联合国了。当我们正在进行这场程序性斗争的时候，北京要求我们推迟公布我十月之行的消息。（有趣的是，北京似乎觉得，正当我们玩弄这种花招的时候，公布我去北京的消息，这会意味着北京赞赏我们的提案。）我去北京的消息是十月五日发表的。

“孛 罗 二 号”

我第二次北京之行代号是“孛罗二号”。当我回想起此行之前双方交换信件的情况时，我简直难以想象三个月以前仅仅通过巴基斯坦渠道我们是怎样与北京进行联系的。在交换信件期间，我们的新关系陷入了复杂的官僚主义的程序之中。中国人对于我们派遣那么多所谓总统访问的先遣人员，以及接着第三次还要派遣更多的技术人员，感到很惊讶。尽管这个国家早在两千年前就发明了官僚制度，但是看来还得了解这些前所未闻的官僚主义的做法。在我第一次秘密来华时，温斯顿·洛德必须把随行人员了解情况的范围划分为几类，这次十月之行由于带了一大批技术人员，这种分类也就更加复杂化了。我这一行人了解情况的范围至少分为四个等级，洛德必须竭力做到有条不紊，不出差错。我、洛德和霍尔德里奇了解政策和总统之行的某些技术方面的细节（虽然不了解他想在国内怎样利用这次访问）。总统的助理帮办和先遣队负责人德怀特·查平了解一切技术问题（在公共关系的计划方面也许比我了解得还多）。安全保卫和通讯技术人员只了解与他们的工作有关的问题。最后还有一位国务院的代表，那位老练、聪明、机智的老中国通艾尔弗雷德·詹金斯。他是一位双边关系问题即二十年来中美会谈的专家；我的任务是使他有一种参加的感觉，但又不让他参与关键性的地缘政治的讨论，特别是起草公报的工作。

我用最妥善的办法解决了这个问题，我通过巴黎渠道向中国人提出一项关于我此行的事务性的建议，建议的内容很复杂，一个不大聪明的人简直很难立即领会它的意思。建议包括几种级别的会议，每一种会议刚好适合某一类人"需要了解"的范围，希望这些会议在相同的时间内举行，这样周恩来和我以及少数几个人就可以解决一些最敏感的问题而不致受到干扰。

中国人对于野蛮人的奇特做法是有长期经验的，蛮有把握地接受了这些建议。他们帮助我们解决了这个错综复杂的官僚主义问题，就好像是对待，一个国家的很自然的礼遇一样，但这个国家在六个月以前还被说成是资本主义的头号敌人。的确，中国人把那些会议安排得如此自然，使人感到仿佛完全是他们自己的主意。首先，必须由坚强的沃尔特斯将军同中国驻巴黎大使馆进行多次接触。沃尔特斯以他特有的风格报告了他同黄镇大使喝茅台酒的一次会晤，这种烈性酒的厉害我是早就领教过的：

后来端来了食品。先是精制糕点、精制圆饼、油爆河虾，最后是汤。每过一会儿就向我的盘子里夹满了各种菜肴。一面大嚼，一面喝一种有香味的红色酒，还有一种很有些类似一一〇号辛烷气的无色液体。只有那种虾的味道使我恶心，因此我不得不泡在酱油里吃。他对于我能使用筷子大为赞赏。我每呷一口那种无色液体，就感到喉咙里像剥掉了一层皮一样，但不幸的是那种虾的腥味又证明喉咙没问题。我对这种烈性饮料很当心，频频举杯但每次只喝一丁点儿，怕喝醉了，也为了保护我的食道。我们边吃边聊，讲了很多我当时能谈的关于中国烹调术的事情。

在我出访之前同国务院发生了一场争论，那时这几乎已成为一种惯例。罗杰斯是在消息公布之前几天知道我要去访问的，他坚决反对这次访问，这一回他的理由是，这将对于我们在联合国关于中国代表权的战略起干扰作用。他在原则上是对的：总统不应该抛开国务卿派遣使节。我不认为联合国的表决会受到决定性的影响，我们驻联合国的大使乔治·布什也不这样认为。我的十月之行无疑加强了这样一种信念，即中国登上世界舞台现在已是活生生的事实。但另一方面也可以表明反对从联合国驱逐台湾，仍然能够同北京保持事务性的关系。（我已指出，中国人似乎也担心这是两面三刀的手法。）我们试图向那些动摇的盟国表明这一点。问题并不在于任何一次访问，而是一种基本趋势：现在北京正在摆脱它自己造成的孤立状态，一些国家将不会根据法律条文来投票，而是根据它们同北京关系的政治重要性来投票。真正的分水岭是尼克松七月十五日的公告。九月二十二日的程序性表决预示了最后的结局。

访问的日期已经商定两个月了，如果改变日期，无论如何总会给我们同北京的新关系造成某种不利的影响，这几乎是可以肯定的。如果总统的访问要在一九七二年初进行——为避免同莫斯科最高级会谈的日期赶在一起这是必要的——我们就不能推迟。（还有一个理由让我不能推迟访问：如果推迟一个月，那就是正当印巴战争的时候我在北京。）

这样，我在十月十六日就出发了。这次是乘坐空军一号飞机，比上次舒适多了。飞机按照总统访问预定的路线试飞，中途在夏威夷和关岛停留，这样可使总统一行在到达中国时不致由于时间差和高速飞行的不适而过分疲劳。我于十月二十二日到达，这时中国的高级领导机关刚刚经历了一次大规模的清洗。中国人正在经历一场哲学上的危机，现实政治的迫切需要和意识形态的严格要求使他们感到矛盾、痛苦。接待我们的气氛是令人扫兴的，至少可说是冷淡的，这部分是由于有这种心理状态。我们的飞机在上海着陆的时候，就在某种程度上预示了这种政治气候，只有少数几个官员到机场迎接——还是七月间到伊斯兰堡去迎接我们的那四个人，加上上海外事处的两位代表。他们的态度是适当的，但是拘谨的。在北京，接待我们的也还是我们上次秘密抵达时的那些人，虽然这次访问是公开宣布过的。像上次一样，也还是以叶剑英元帅为首率领官员来欢迎我们，这次有代理外交部长姬鹏飞参加。

我们坐车从机场到我们上次住过的宾馆，车队进城时沿途仍是断绝交通和布满警卫。我们进入房间，发现每一个房间都有一份英文的宣传性的公报，封面上印着向全世界人民呼吁的一句话："打倒美帝国主义及其走狗。"沿途也涂写了类似的口号，多数是中文的，也有一两处是英文的。我不能接受这种侮辱，尽管我非常重视美中关系。我指示我们一位工作人员把我那份小册子交给中国礼宾司的一位官员，并且评论说，这一定是以前的一个代表团丢在这里的。我把所有其余的公报都收集起来，不加评论交给中国人。他们一声不响地都收下了。

中国同美国新建立的这种脆弱的和解体制并不是为了现在就在意识形态的祭坛上毁掉的。那天下半天周恩来在人民大会堂接待我们全体人员的时候，气氛就开始缓和了。我们在会议室的门口合影后，周恩来照例让我们坐下来喝绿茶，并且对我们每一个人都说几句欢迎的话。总理的准备工作做得很好，他对我的随从人员的生平都很了解，提到他们的学历和工作经历时夸奖他们，提到詹金斯时，说他二十二年前曾在中国居住过。

我们的第一次会议只限于谈一般性问题和议程。会后周恩来设宴欢迎我们。他发表了一篇非常热情的祝酒词，丝毫不涉及意识形态的争论，也完全不谈印度支那战争。他把我的访问说成是致力于中美两国的友谊。他的讲话中也不乏巧妙的恭维之词，拿我对哲学的热爱开玩笑，再次提起几个月前我讲过的那句话——我在开场白中曾把中国称作神秘的国土。这个祝酒词没有发表，由于它不是一个很正式的发言，它比正式的发言能更好地说明周恩来的风格。

基辛格博士和朋友们，我愿借此机会欢迎来中国临时访问的尼克松总统的特使和其他美国朋友们。基辛格博士这次访问的目的是为尼克松总统访问的政治讨论和技术性安排做准备工作。

中美两国在关系中断二十二年之后，现在在两国的关系史上就要揭开新的一章。我们应该说这要归功于毛泽东主席和尼克松总统。当然，一定要有一个人作为先导，这个先导就是基辛格博士，他勇敢地秘密访问了中国这个所谓“神秘的国土”。这是一件了不起的事情。现在是基辛格博士第二次访问这个国土，它不应该再被认为是“神秘”的了。他是作为一个朋友来的，还带来了一些新朋友。

拿我来说，我虽然从未到过美国，但我认识不少美国朋友，美国对我来说也不是不熟悉的。很明显，我们两国的社会制度是不同的，而且我们各自的世界观——基辛格博士喜欢用“哲学”这个词——是完全不同的，但是这不妨碍我们找到共同点。中美会谈到现在已经进行了十六年了，但还没有找到共同点。现在尼克松总统要亲自到北京来讨论，而基辛格博士就是他的先行人员。我们希望这些讨论将取得积极的成果。

我们两国的人民是伟大的人民。我们两国虽远隔太平洋，但友谊把我们两国人民连接在一起。今年我们在接待美国乒乓球代表团之后，还接待了其他一些美国朋友。我们希望将本着一种新的精神来迎接这一新纪元。

我提议，为伟大的美国人民和伟大的中国人民之间的友谊、为基辛格博士和其他所有朋友们的健康干杯！

周恩来提到我们以前的一次谈话，这使我们感到好像我们在继续对话；这是周恩来一种特有的风格，一种非常巧妙的讨人喜欢的技能。在任何访问期间，任何一个地方的任何中国人对我讲的任何一件事，都是一项十分复杂的设计的一部分——虽然我这个西方人头脑迟钝，要过一会儿才能理解。两次会谈相隔数月，又把话题重新搬出来，这使人感到好像会谈从未中断过。

宴会结束时，周恩来在宴会厅内绕行一周，同每一个人握手碰杯，包括那些下级人员、秘书和飞机的机组人员。这就奠定了此行以后几天的热情的基调，这也是中国的舞台监督们预先设计好的一部分，是为了使中国人民对这种新关系习惯一些。

然而，中国人必须首先澄清在我们房间里摆小册子和在我们进城的路上遇到的那些标语的问题。我们到达后的第二天，代理外交部长到宾馆来会见我，陪我一同去出席同周恩来的会谈。在车子开向人民大会堂的路上，他指出，每一个国家都有它自己的办法去同人民群众联系；我们是利用报纸和电视，而中国人则利用墙上的标语。他指着我们正在路过的一个标语作为例子。在那里，昨天还有一条标语怒斥美帝国主义，而今天却新刷了一条英文标语："欢迎亚非乒乓球比赛"。几分钟后，周恩来在谈话中顺便提到，我们应该注意北京的行动，而不是它的言词；那些反美的宣传是"放空炮"。

我不知道那些刺眼的标语是不是周恩来的反对派搞的，然后周恩来利用我的抗议让毛泽东去制服他们；也许是在周恩来的同意下搞的，是为了考验我们容忍的限度；也许是很早以前就摆在那里的，而由于官僚主义的麻木不仁仍然留在那里。无论是哪种情况，以后再也没有发生这类不愉快的事情。我们没有再看到含有敌意的标语，而且许多类似的标语被涂抹掉了。（五天后我们离开北京时，机场上类似的标语牌换掉了。）

这以后气氛很快就改变了。的确，在我访问的以后几天里对我们表现得特别殷勤有礼和友好。而且更重要的是，他们作了很大的努力，在中国公众的心目中造成一种印象，即美国人在那里是贵宾。在我们到达的那一天，官方的党报刊登了欢迎委员会的名单，其级别之高足以说明中方对这次访问是重视的。十月二十一日，《人民日报》登了两幅周恩来和我的照片；一个美国官员和一位中国领导人合影，二十年来这还是第一次。

十月二十二日晚上，我们被带到人大会堂去看“革命”京剧——这真是一种索然无味的艺术形式，剧中的反面人物都是罪恶的化身，穿黑色衣服，好人穿红色衣服，根据我所能理解的，是一个女孩爱上了一个拖拉机手。我们由叶剑英元帅、代理外交部长姬鹏飞、总理的秘书和其他中国领导人陪同走进礼堂，使我们感到惊讶的是已经有将近五百个中国的中级官员坐在那里了。这些人是经过精心挑选的，这也是第一次扩大范围同中国高级领导人以外的人见面。我们大约迟到了两小时，因为同周恩来的一次会议意外地拖长了时间。我们一进入礼堂，叶剑英元帅和其他高级领导人就带头大声鼓掌，观众也随之鼓掌。我必须十分坦率地承认，并不完全是我们这些美国客人博得了全场的喝彩，部分原因是我们不了解共产党人报以掌声的习惯。无论如何，肯定使观众了解了一点：这些美国人是特别受欢迎的人。

第二天，十月二十三日，在公众面前露面又进了一步，这是一个有意安排的场面。上午我们去参观长城和明陵，不像七月份那样，这次我们在那些好奇的游客当中完全没有人护卫。下午我们的东道主安排我们去游颐和园，该地在北京西郊，乘车约半小时可以抵达。还是由著名的叶剑英元帅陪同，他一定要使我们两人在中国的所谓“群众”面前一起出现。代理外交部长和总理的秘书也在场。这个插曲的高潮是我们在小船上喝茶的时候，小船在众目睽睽之下撑向湖面，岸上旁观的中国人足有好几百，其中还有一位摄影的北越记者。周恩来后来提到这位记者的出现，并向我道歉。我没有表示反对；我不会由于河内知道这个消息而苦恼，我猜想周恩来也抱有同样的想法。我们的主人不会由于吹来一股强劲的冷风而被吓住。那只游船的出现显然是安排好了的，只有一场飓风才能阻止同中国人的这种“接触”。

逐步扩大与公众见面是符合中国的国内需要的，但我们这次访问的成败要看我们能否把总统的访问安排好，能否促进我们之间的政治和解，并对公报达成初步协议。尼克松总统访问的细节很快就决定了。我们提了两个日期：二月二十一日和三月十六日；周恩来选定了前一个日期。由于我们提出的访问团的人数比我在七月份所讲的要多得多，我要我的工作人员预先准备了一份向周恩来介绍情况的材料，这份材料说明过去总统历次访问的规模，提出了一个总统访华的“压缩的合适方案”以及我们最后制订的一个“不能再少的最低限度方案”。我的希望是，如果我们提出一个合理的建议，周恩来就不会同我们争论了。中国人用了两天时间研究这份情况说明书，接受了那个总统访问团的最低方案，但人数仍有好几百人。周恩来利用这个机会出于某种原因告诉我，他听说尼克松很欣赏《巴顿》这部电影和它的主题，他已经看了这部影片。

其他技术问题只要先遣人员采取真诚恳挚的态度也都顺利地解决了。通讯技术专家提出了一个雄心勃勃的方案，按照这个方案，它发出的消息比北京任何一条电话线都要快一些。我告诉周恩来，到这项计划完成的时候，他一定能同华盛顿通电话；至于他是否能接通上海却是另一个问题。我们负责保卫工作的头头大出洋相，他竟然要求把总统所可能访问的地方，都开出一份捣乱分子名单。这就提出一个很有趣的问题，因为在中国保守派的共和党人无疑会被列为捣乱分子的，而如果问到共产党的同情者有多少，我们会得到一个使人不安的答案：八亿人。我们的保卫专家还强烈反对总统坐中国飞机和中国轿车旅行的建议——在他的手册里外国人都不可靠，外国的机器也都不可靠。最后还是尼克松制止了他。

周恩来和我用了二十五个多小时一起研究世界形势，还用了十五个小时起草一个声明，就是后来人所共知的《上海公报》。研究世界形势还是照七月份那样子进行，但讨论更加深入了。周恩来和我都明白，我们决不能达成正式协议。我们只能力求了解对方的目的和策略。根据双方一致的程度，就可以在政策上做到相互补充。

我早已说过，我很欣赏周恩来的杰出的品格。除戴高乐以外，我不曾遇到一个领导人像他那样熟悉世界大事。他对事物了解之详细是惊人的。许多领导人利用细节来回避问题的复杂性，但周恩来有一种特别卓越的才能，他能抓住事物之间的相互关系。他是一个为信仰而献身的理论家。他运用他的信仰支持他度过了几十年的斗争生涯，并把他那热情的性格锤炼成为一个我所遇见的最敏锐而又能对现实冷静估价的人物之一。他不把领导工作同表现个人特质混为一谈。他懂得政治家不能造时势，很喜欢引用中国的一句老话："舵手必须顺水行舟，否则会有灭顶之灾。"政治家的风格要求懂得何者不能改变，同时也要懂得在哪种范围内可发挥创造性。正是采取这种异乎寻常的方式——从未讨论共同行动——美国和中华人民共和国对全球和平与均势问题在继续不断地协调它们的做法。

最戏剧化的遭遇是在讨论尼克松访问公报的时候。外界的观察家往往认为，而那些政府首脑也促使他们认为，这些联合公告是从他们原来打算加以归纳的讨论中很自然地产生出来的。事实常常相反。通常是先拟好了公报，而政府首脑的讨论是在这个框框内进行的。如果等到真正访问的时候才起草公报，那是自找麻烦。礼节性的事务花费太多的时间；也有很大的危险碰上不可逾越的障碍。政府首脑应该抓紧时间进行最高级的外交活动，以深入观察对手的认识和想法，而不应该字斟句酌地去推敲文字。这样可以帮助他们对未来作出决定；那就可能在出现危机时起很大作用。

尼克松已经授权我来谈判他访问的公报。我可以用我飞机上的电传打字机同他联系，但尼克松身边没有工作人员来审查我的建议，因为所有的中国问题专家都在我身边。他本人也不想审查；一九七一年以后的所有的谈判，他都赋予我自行决定的权力。我和我的工作人员起草的一份公报初稿，是尼克松已经看过并且批准了的。这份公报初稿是按照老一套的格调起草的，它强调那些模糊不清的共同点，同时用概括性的陈词滥调掩盖分歧；它用这种办法来明白地暗示双方有很多共同点，而实际上却没有那么多。十月二十二日晚我把这份公报初稿交给周恩来。第二天晚上周恩来对我作了初步反应，说我们的公报初稿可以作为讨论的基础。很自然，中国人想在某些地方加上自己的观点；第二天上午代理外交部长姬鹏飞将同我一起开始重新起草这份公报。

出乎意料，在约定的时间总理本人来了。他与往常的样子大不相同，发言尖锐，长达一小时——据他说，这是根据毛泽东的明确指示。他宣布我们的做法是不能接受的。公报必须摆出根本性的分歧，否则措辞就“不是真实的反映”。我们的初稿含义是，和平本身就是目的；中国人认为斗争比和平更为重要，至少是和平只有通过斗争才能得到。我们的初稿是伪装观点一致；中国人并不怕面对现实的分歧。此外，我们还必须同台湾断交。我们目前的初稿是陈词滥调，苏联人才会签订这样的公报，但他们既不会认真对待也不会遵守它。

通常我进行谈判是采取一种谈笑的口气，使对方感到很自然，避免把每一个问题都搞成意志的考验，但当需要决定一项方针时，我的口气就转趋坚定。因此，我用一种异常强硬的态度作了回答。我说，我尊重周恩来的信念，但把那些一贯正确的教条写在公报里是不合适的。如果我们开始我们之间的新关系而背弃我们的老朋友，那么中国人就不会尊重我们。我们不会同台湾断交。我们之间的问题必须由历史去解决，而不是用武力来解决。我们到这里来不是单纯为了记下哲学上的不同观点，而是为了规划一条道路。我们不能光是列举不同的观点，而是必须向着未来有所前进。我不认为，我们应该到总统访问的时候再草率地拟定一项公报；但这要由周恩来来决定。

稍事休息之后，周恩来说他将在下半天提出一个公报初稿。晚上，给我们饱吃了一顿烤鸭之后，周恩来提出了他的公报初稿。这份初稿的构思是前所未有的。它以毫不妥协的词句阐述了中国对一系列问题的立场，而留下一些空白页由我们来阐述料定是相反的立场。在台湾问题上是寸步不让的。乍一看这个初稿，我大吃一惊。在总统访问结束时列举不同的观点，这是一种异乎寻常的事情；我想，这在国际上和国内也是无法接受的。但是，我进一步思考，就开始看出，这种独出心裁的方式也许能解决我们的难题。阐明分歧会使盟国和朋友们放心，说明他们的利益受到了保护。如果我们能形成某些共同的立场，那么就显得很突出，表明这是坚持原则的领导人真正可靠的信念。我们就可以避免那老一套的解释，而这往往是那种典型的公报的祸根。而且在公报发表之后，我们不致冒出现矛盾和恶意的风险，每一方也不会把那些模棱两可的词句解释得对自己有利。

休会片刻之后，我告诉周恩来，我愿接受他的基本做法。公报可以用很大篇幅阐述分歧；在这些方面我们随后提出美国的立场。但是表达不同观点的文字必须同这个场合相适应。中国的某些提法表达方式过于僵硬而难以接受；这是在重复报纸上天天发表的典型的宣传立场，总统是不会在这样的文件上签字的。我们不会接受那种好像是在审判我们或者凌辱美国总统的文字，即使是明白无误地标明为中国观点。此外，还必须有某些共同立场，否则此行将被认为是一种徒劳无益的表演。我答应第二天早上提出我们的草案。

这变成了一场体力的竞赛。我去睡了三个小时，由洛德重新起草公报。然后他去睡觉，下半夜由我修改他起草的公报。我们尽量使表达中国立场的那部分文字温和一些，也写出表达美国立场的那一部分，并且拟出某些双方同意的共同点。我们特别选择温和的措辞来表达我们的观点，因为这是我们第一次有机会向中国公众提出美国的价值观念和目的。我们企图用一种坚定的而不是好战的语调。

十月二十五日，我方提出公报草稿之后随即开会；会议持续了一整天，偶尔有几小时中断，中国人要把草案译成中文，进行研究，无疑地，他们的立场要经毛泽东批准。前面我已讲过，周恩来同意从阐明中国立场的那一部分中删掉最尖刻的几句话。我们概述了主要的共同立场，特别是关于两国都反对霸权的那一段。（虽然霸权一词后来成为中国人非常重视的一个字眼，但实际上是由我们首先提出的。）

不出所料，台湾是最困难的一个问题。我们需要一个方案，承认台北和北京都同意的一点，即中国的统一，但又不支持它们各自的说法。最后我提出美国对台湾的立场如下："美国认识到，在台湾海峡两边的所有中国人都认为只有一个中国，美国政府对这一立场不表示异议。"我认为我所做过和说过的任何事情都没有比这个模棱两可的提法使周恩来印象更深刻的了，按照这个提法，我们双方在将近十年内都可以对付过去。（说句公道话，这个提法我是摘自国务院为谈判所准备的一个文件，那次谈判在五十年代流产了。）中国人在晚上十一时三十五分要求休会。次日凌晨四时四十五分中国人交来新的草案，五时三十分周恩来回到会场。他和我又花了几个小时修饰文字，至八时十分截止，会议连着开了几乎二十四小时。我们对公报的主要内容达成了协议，这就是后来人所共知的《上海公报》。这是一个不平常的文件。公报鲜明的、有些地方甚至是严峻的分歧更加突出了共同的立场——双方对霸权的关切（"霸权"是对苏联扩张主义的一种委婉的说法），双方承诺使关系正常化。关于美国与台湾有防御关系的那一段未作决定，但双方的立场已经接近了，而双方同意的部分则需要加强。我相信，到二月份我同尼克松再来的时候，会找到一个解决办法。

我们已决定在上午九时离开。周恩来把我送到宾馆的门口，第一次用英语对我说："欢迎你很快回来共享会谈的愉快。"

联　合　国

我的飞机刚刚起飞，电传打字机就传来消息：我们在联合国保持台湾席位的那场战斗打输了。周恩来后来告诉我，在我刚要离开之前，他已经知道了联大表决的结果，但他不愿意第一个告诉我，使我难为情。富有讽刺意味的是，在我访问期间，我并没有感到中国人期望在那届会议取胜。周恩来只有一次提到这个问题，而且没有多说；他指出，对北京来说，台湾的地位比联合国的会员资格更重要；北京不会按照我们“双重代表权”的方案接受它的席位。

表决比预计的日期提早了一星期，这主要是因为想要发言的国家比预料的要少。阿尔巴尼亚提案的倡导者们决定在十月二十五日即星期一的夜里迫使联大进行表决。我们驻联合国的大使乔治·布什作了很大的努力，未能把它阻挡住。晚上九点四十七分，联大表决牌上的计票灯光亮出了投票结果：我们仍然指望取胜的那个“重要问题”提案以五十九票反对、五十五票赞成、十五票弃权输掉了。除卢森堡、葡萄牙和希腊外，我们所有的北约盟国都投了反对票或者弃权票。《纽约时报》报道了表决后的情况如下：

坦桑尼亚人，北京的场内监督之一，从座位上跳起来，来到前排，跳了一会胜利舞。阿尔及利亚人，他们是共同提案国发起人之一，相互拥抱。阿尔巴尼亚人严肃地握手。其他人都站起来，鼓掌，欢呼。有节奏的鼓掌声震动四壁。九十分钟后表决阿尔巴尼亚提案的时候，又是一个高潮。表决结果是七十六票赞成，三十五票反对，十七票弃权(没有一个北约盟国站在美国一边)。④

这样，阿尔巴尼亚提案就以压倒多数通过了。美国的双重代表权和把安理会席位给北京的提案，我国政府曾花了很大的力量去制订和提倡，却根本没有表决。问题的实质在于，友好国家改变了立场。它们当中很多国家长期以来感到苦恼，一方面它们不愿同我们对立，另一方面讨好强大的中国又对它们有利。当美国对北京采取敌对态度的时候，他们害怕投票赞成接纳中华人民共和国会受到我们的某种惩罚。现在我们戏剧化地要跟中国和解，他们就不再怕这种惩罚了。因此，国务院要制订一项“合理妥协”方案的全部努力都毫无用处。其他国家投票接纳北京不仅符合它们地缘政治的利益，而且支持北京还是讨好国内左派的一个办法，如果看起来像是在蔑视美国，那就更加有效了。

国会的反应激烈而且异常普遍。有一种强烈的情绪要对联合国、对投票驱逐台湾的国家进行报复。国务卿罗杰斯在十月二十六日星期二的一次记者招待会上表示欢迎北京进入联合国，但他说美国对驱逐台湾“深表遗憾”；说这是一个“非常不幸”的先例，“这会对未来产生很多不利的影响”。他说政府不会支持用削减联合国经费的办法来进行报复，但他不等国会发动攻击就预先暗示：“会员国必须认真想一想”，联合国是不是“花钱太多了”。第二天，十月二十七日，即星期三，龙·齐格勒发表了一个更尖锐的声明。他根据那天早上同尼克松谈话的记录宣称，总统对表决后那种“欢呼、鼓掌和舞蹈”的“场面”极为愤慨；尼克松认为这是一种“毫不掩饰的高兴”和“个人仇恨”的“惊人的表演”。齐格勒注意不谴责表决本身，而是警告说，那种挑衅性的不庄重的行为“可能极其严重地损害这个国家和国会对联合国的支持”，“甚至影响外援拨款”，因为有些表现得如此狂热的代表是来自那些美国对之“十分宽厚”的国家。齐格勒的声明煽起了国会的歇斯底里。令人十分惊奇的是，最激烈的反对者却是那些一向主张接纳北京进入联合国的自由派人士。保守派削减美国对联合国所分担的款额的修正案在参议院遭到阻止而未能通过。然而一批自由派的参议员在十月二十九日即星期五夜晚的一次突然表决中，却大发越南战争时期的那种歇斯底里狂，提出了一系列反战的修正案以及以多边援助代替双边援助的条款，从而把政府整个三十三亿美元的援外授权法案给否决掉了。尼克松正当地谴责这种“极不负责的行动，它破坏了已执行二十五年的建设性的两党对外政策，对美国的国家安全造成了难以接受的危险”。

就在这个当口上，我于十月二十六日下午回到了早已激荡不安的白宫。政府中有些人看准这是一个机会，要拆我的台，私下里议论，把中国问题表决的结果归罪于我去北京访问。总统对于我的声望日高也开始不安起来了。他原先选我去担负七月的秘密使命，一部分原因是我跟别人相比，不那么抛头露面，而且更容易控制。但尼克松也像任何别的总统一样，决不想让他自己的助理串演他的主角戏。我从一件事上看出了华盛顿这股潮流的微波细浪：回国途中要我在阿拉斯加停留，以免在联合国表决的那一天回到华盛顿（这是罗杰斯的要求）——实际上是说我的北京之行要对表决的结果负责。我是在安德鲁斯空军基地的一个偏僻的角落里下的飞机，那是一个新闻记者和摄影师都不去的地方。

这不是英雄的载誉归来，特别是经过几天的艰苦奋斗之后。不过，这也没有多大关系。不能把一个外交人员的挫折看成是政治问题，这种挫折是早已认识到不可避免的，只不过比预料要来得早一些。尽管尼克松可能脾气乖戾、气量狭小，他也不至于拿即将到手的胜利或者他的外交政策的关键因素来冒风险的。

他去北京访问的计划安排工作加快了步调，而且很快就把其他一些考虑压下去了。北京取得联合国的席位，在周恩来和我之间开了一个玩笑。中国外交部副部长乔冠华表明，中国人什么东西都不会浪费掉的；我在公报草稿中删掉的那些有争论的话，几乎全部写进他在联合国的初次发言中了。为此，我指示乔治·布什表示遗憾，说北京决定以“华而不实地放空炮”来作为加入这个世界性组织的起步。对这些话，周恩来心照不宣，但某些社论作家却认为这话讲得很刺激，其他人则对这个奇特的比喻感到莫明其妙。

十一月十五日，我通过巴黎渠道提出，中国驻联合国的新使团应被授权同美国一方紧急会晤。中国于十一月二十日表示同意。在印巴战争期间，这种联系很快就成为必要的了。事实上在此后的一年半中，我同迅速调离渥太华担任中国驻联合国大使的黄华在纽约有十多次秘密会晤。在一九七三年中，华盛顿和北京建立联络处之前，这些会晤以及我每年都去中国就成了我们联系的主要渠道。过感恩节的时候，我和我九岁的儿子戴维乘空军一号飞机去圣克利门蒂，白宫的新闻记者逗弄这孩子，问他是否知道尼克松访华的秘密日期。戴维以前从收音机里听到是三月，就说是三月访华。这位新闻记者得意扬扬地把这句话作为内幕新闻发表了；此后几天新闻记者纠缠不休，想知道我是否打算“封住”我儿子的嘴，不让他泄露国家机密。可是，关于戴维“泄密”的报道和他先前听到的广播报道都是假的。十一月二十九日，白宫宣布了早已商定的尼克松访问北京的日期——我的儿子很幸运，结果变成了一九七二年二月二十一日。

这一年开始的时候，我们是通过第三方拐弯抹角地、试探性地与北京联系，而这一年结束的时候我们就是面对面地会谈和通过几条直接的渠道进行联系了。在同中国领导人断绝联系二十年之后，我们对国际关系进行了在我的外交经历中最全面的一次考察。一位美国总统即将访问中国人的首都，公报基本上已经商定。我们猛跨一步就改变了我国外交的面貌。我们给我国的外交政策带来了新的机动性。我们掌握了主动，也抓住了我国人民的想象力。当然，我们还有很长一段路要走。我们已走上一条新路，并且沿着这条道路走了一段距离了。

注释：

① 一九七一年七月二十六日《纽约时报》，第六页。

② 亨利·布兰登在其所著《美国力量的收缩》（纽约州加登城达布代公司，一九七三年版）一书第二章中优雅而风趣地谈到这件事。

③ 阿明·H·迈耶著《出使东京》（印第安纳波利斯：鲍伯斯-梅里尔公司，一九七四年版），第一三三至一三七页。

④ 一九七一年十月三十一日《纽约时报》。

第二十章　美苏关系：在两条战线上突破

一九七〇年十月葛罗米柯来到华盛顿，尼克松作为总统，第一次与一个苏联领导人会见。这时正处于一个短暂的平静时期。西恩富戈斯危机和约旦危机刚刚过去，限制战略武器会谈定于十一月二日恢复，柏林谈判重新开始。尽管苏联人在古巴问题和中东问题上玩弄了欺诈手段，尼克松要举行最高级会谈的近乎着迷的狂热却并未减退。我们会谈的对手葛罗米柯是一位老资格的外交家、外交部长，他必须为缺乏外事经验的政治局设计外交政策，并且要在官僚机构的争权夺利的斗争中掌管一个超级大国的国际事务；在这种斗争中，他全凭个人的才干来维持自己的权力基础。葛罗米柯是个幸存者。从斯大林时期，莫洛托夫掌管外交部的时期，到赫鲁晓夫的莽撞外交时期，他都活过来了。一九四三年，他出任驻美国的大使时只有三十四岁。一九四六年至一九四九年，他任苏联驻联合国的大使。一九五七年，他接替迪米特里·谢皮洛夫任外交部长至今。在椭圆形办公室里，他曾经会见过富兰克林·罗斯福和此后的每一任美国总统。

作为幸存者，他付出的代价包括充当任何一个苏联最高领导人粗暴嘲弄的对象。赫鲁晓夫和勃列日涅夫都曾嘲笑他。有一次，赫鲁晓夫当着外国来访者的面夸口说，如果让葛罗米柯脱了裤子坐在冰块上，他会毫不犹豫地照办，直到命令他站起来为止。勃列日涅夫的幽默虽然没有那么粗野，却也表达了同样的看法。毫无疑问，在他们看来葛罗米柯最可贵的地方莫过于作为独裁政权的驯服工具刻板地服从命令。

当葛罗米柯受到这种不留情面的嘲弄时，他的脸上会堆起一副笑容。只是眼睛里含有诚惶诚恐和带点伤感的神情；如同一只小猎狗眼巴巴地忍受着主人莫名其妙的怪脾气，却乖乖地听从他的使唤。在整个过程中，葛罗米柯始终保持着一种超然的尊严；他是忠实而顺从的，但决不谄媚。凡是他主持的讨论会，必然会作出某种决定。他是一位干练的苏联外交家，熟悉情况，有自信心，而且很顽强，已经成为苏联外交政策不可或缺的掌舵人了。在未把握住主题之前，他从来不进行谈判。起初他对战略武器几乎一无所知，但他学习得很出色，到后来哪怕在最细微的问题上也能打一场顽强的后卫战了。事实上，对葛罗米柯来说，没有什么问题是无关紧要的；每一个细节他都抓住不放，斤斤计较，逐渐侵越划分的界线，拿本来决不应提出的问题来换取某些最重要的东西。有一次在怎样计算苏联导弹的数量的问题上，他硬要我花了一整天的时间和他讨论；这个问题与任何已知的苏联导弹或计划毫无关系，而且事实上，虽然在逻辑上无懈可击，但在技术上则是荒唐的。那是一个极其玄妙的理论性问题，基本上与本题无关，但是对方一旦提出来，你就不得不仔细研究，以防设下圈套。（事实证明，这里面并没有什么圈套，在下次会议的谈判中就不再提了。）另一次他要求把美国新设计的每一架战略轰炸机，即 B－1，在需要限制的武器的总数中算三件。当问他为什么时，他停了一下然后争辩说，B－1 的速度更快，会在 B－52 之前飞达苏联。引入速度作为战略武器的标准，这倒是一种很别致的思想，当指出 B－1 比起导弹的速度慢得多而每枚导弹只算一件武器时，葛罗米柯瞠目不知所对。最后他以一种堂皇的姿态放弃了对这个问题的争论，但仍然力图声称，这是一个重大的让步，为此他应该得到某种补偿。

在正常情况下，葛罗米柯知晓问题的每一个侧面；同他谈判如果不掌握过去的记录和问题的症结，那就无异于自杀。他不知疲倦而且冷静沉着。当他发脾气时，人们知道那是精心计划好的。奇怪得很，这一来倒显得不那么凶狠了；显然这绝不是个人的感情。他有惊人的记忆力，可以记住他认为我们作出的——或者甚至是暗示过的——每一个极微小的让步。于是这就成为下一轮谈判的出发点了。葛罗米柯不相信一鸣惊人或戏剧性的策略，内禀的谨慎和莫斯科的国内政治不容许他这样做。一九七三年，他被提升到政治局。在此之前，他不过是政策的执行者而不是政策的制定者。在此之后，他明显地变得更有影响而且更加自信。到我任职的后期，如果他觉得勃列日涅夫偏离了既定的路线，就会毫不犹豫地去纠正他的上司。

葛罗米柯的谈判方法近乎刻板，这大概是民族的特性和俄国历史的一种反映。正像俄国在整整几个世纪内，通过逐渐侵吞原莫斯科大公国周围的平原土地以扩张领土一样，葛罗米柯宁愿稳步逼进而不鲁莽行动。他耐心地积累点滴的成果以酿成重大的突变，他依靠对手的急躁来榨取用其他方法难以获得的利益。他总是尽可能地不让步，直到最后时刻，几乎总是到谈判的最后一次会议快结束的时候。他似乎抱定一种看法，只要存在对方首先让步的最微小的可能性，要他让步就是毫无道理的。对缺乏经验的谈判者来说——同葛罗米柯相比多数的谈判者都是缺乏经验的——这种技巧极其有效。然而，一旦人们懂得了这一套，这种战术就往往是自作自受了。最后真相大白，如果人们能够在足够长的时间里保持冷静，葛罗米柯就要露底，原来装在他口袋里的东西比他已经准备应允的东西要多。

只要可能，葛罗米柯对开始一项谈判也要讲价钱；那就是说，他要求对方作出让步，作为他坐到谈判桌前的代价。尔后他用无休止的有关“一般原则”的争论来折磨谈判对手；一般原则一经商定，他就会节外生枝，就如何贯彻这些原则展开争论，暂时达成的协议往往由于对其意义作出的解释而告吹。无论葛罗米柯口头上对相互联系的做法怎样表示不赞成，可是他对这种做法却笃信不疑，把一项谈判的每个细节与其他谈判的细节联系起来。他作的每一让步都是有条件的，这要看在某一其他问题上取得某些进展才让步的。仅当这种费劲的过程对他——或许更重要的是对他的上司——显示出柠檬已经被绝对挤干了的时候，他才开始解决问题，往往很快就会解决。

然后，他就被那种天生的怀疑所控制，而这种怀疑又由于那种制度固有的不安全感和他生活于其中的官僚机构而更加严重。只是到了谈判后期，在协议基本达成之后，这位谈判大师的感情才有所暴露。这时葛罗米柯似乎被一种难以解释的恐惧所支配，他怕他的谈判对手在最后一分钟对他玩弄什么诡计。他会谋求急急忙忙地签字——这表明，经过几个月、几年的顽强努力，他终于不再那么沉着镇定了。也许他是害怕他的同事们会因为他们复杂的决策工作到头来毫无结果而谴责他。先前那种盛气凌人的派头这时却颇带讽刺意味地显得极度缺乏自信了，总怕尽管作了最大的努力，最后还是上当。

毫无疑问，是苏联的制度塑造了葛罗米柯的风格。过多的经历使他懂得，他所提出的某些主张即使他顽强地坚持也不能实现。但是十之八九他能使他的上级，此后再使他在政治局的同事们相信这些主张是能实现的，只是要在接连不断地出现僵局以后才能办到。较大的灵活性看来就有意识形态不纯之嫌，或仅仅是软弱。

每个谈判者都必须作出决断，到了什么程度小利就不值得再争下去了，那种不择手段的争执会失掉对方的信任。在外行眼里大外交家是狡诈的；而明智的外交家懂得，他不能愚弄对手；从长远的观点看，可靠和公正这种声誉是一笔重要资产。一次再次地见面的就是那么几个谈判代表，如果一个外交官得到了躲躲闪闪或者口是心非的恶名，就会削弱与对手打交道的能力。但是在苏联的制度中，对于有远见的克制是没有奖励的。因此葛罗米柯往往一上来就先把微小的分歧点分得更细，拿立场的每一点细微更改作交易，尽量索价。他是个零售商而不是批发商。对他来说每次谈判都像是一张白纸，似乎谈判并未举行过，只是刚刚从头开始，既没有对将来提出要求，也没有承担责任。如果说信任感还有什么意义的话，那得建立在利益的均衡上，而每次谈判都得重新确定这种利益的均衡。

一九七三年以后，我之所以想把莫斯科摒弃于中东谈判之外，一部分原因是地缘政治的，一部分原因是苏联人的谈判作风。我相信，中东外交若想取得进展，取决于较为变通的立场，取决于有关各方在彻底搞清对方谈话内容的法律意义以及心理上的意义之前，不坚持固定的立场。我知道，一旦葛罗米柯牵扯进来，他就会提出某种文件，满篇都是法律条文，然后学究式地逐条讨论。即使苏联人怀着好的愿望（我不能肯定是这样），这条道路也会导致僵局，使最激进分子有了否决权，最终导致爆炸性的局面。

有时葛罗米柯的战术令人嫌恶。他——或者那些作政治决定的人们——偶尔因手伸得太长而失策。我已经提到过，绝对不肯冒任何风险，想要从谈判中榨取一切可能的利益，这使得苏联领导人错过了最高级会谈的机会，一次是在一九七〇年，那时我们的谈判地位较弱；另一次是一九七一年，在我们发布北京最高级会谈的公告之前。一九七〇年假使苏联人作答，他们至少可以使我们对中国采取的主动行动复杂化起来，并能限制我们在中东的行动自由。一九七一年春天，假使克里姆林宫在最高级会谈问题上终止他们的"猫捉老鼠"的游戏，并且公布会谈的日期，它的谈判地位本会大大加强。那样的话，我们国内的长年批评家们和某些克里姆林宫问题专家们，就会把我们与莫斯科谈判的每一次僵局都归咎于我们与北京接近的政策。由于继续向我们施加压力，克里姆林宫无意中却为我们对北京和莫斯科的外交都提供了非常有利的机会。

同时，我逐渐地对葛罗米柯产生了好感并且尊重他了。在他所代表的制度规定的格局内，他是个可尊敬的人。他言而有信，使他赞同一件事固然不容易，但他遵守自己开出的价码，或者，如果不得不改变做法的话，他会显出尴尬的样子。葛罗米柯富有幽默感，尽管他的面部表情冷峻，在起初也不了解美国式的俏皮话。一九六九年九月，总统为联合国大会的各国代表团的团长举行招待会，我和葛罗米柯第一次见面。葛罗米柯走到我跟前说："你看起来真像亨利·基辛格。"我回答说："你看起来真像理查德·尼克松。"这使他过了好几秒钟才说出话来，尤其是直到他作了表示，他的随行人员才作出勉强的笑容。到第二年他已经学会了这种风格。在我们商量他从哪个门进入白宫会见尼克松时，葛罗米柯说，从哪个门进去都一样，卫兵都向他敬礼，他无论到什么地方都畅行无阻，谁能够阻拦总统呢？为了使每个人——尤其是他的同伴——都懂得这是一个轻松的时刻，他发出酣畅的笑声，使人联想起街头的圣诞老人。

一九七二年莫斯科最高级会谈期间，我们的一部复印机坏了，我深知克格勃是以奥韦尔所说的那种无孔不入的本领著称的，在克里姆林宫内雅致的圣凯瑟琳厅举行一次会谈时，我问葛罗米柯，如果我们把一些文件举到枝形吊灯下面，他能否为我们复印几份。葛罗米柯不假思索地回答说，不幸的是，摄影机是沙皇安装的，只能拍摄人像，不能拍摄文件。

葛罗米柯最喜欢的口头用语具有双重的以至四重的否定结构，对他来说，"不是不可能的"，是一种强烈的肯定的表示。当事情变得糟起来时，他的脸上现出一种伤感沮丧的神情，使人不由得生出同情之心而作出让步。但最重要的是，在任何事情上他都坚持他的既定方针，而且利用他所有的一切论据来坚持。一次我们争论一个文件中的不太重要的两段文字，葛罗米柯大声坚持说，各段——所有的段落——的结构应当用逐渐加强的语气，而最后一句语气最强。让他在这一点上取胜之后，我紧接着就下一段文字向他提出了同样的论据。葛罗米柯冷冷地回答说，某些段落应该安排得逐渐减弱语气。我让他选择，他不能两者都要，他选择在这两段中用逐渐加强的语气。

葛罗米柯无疑是跟我打过交道的最有能力的外交家之一。在一个时期，他同时进行几个谈判：限制战略武器会谈，防止突发战争的谈判，柏林谈判，贸易谈判，还有一些较次要的协议由他主持签订。他表现得很干练，有耐心，有素养，熟练地掌握着所有这些谈判。他没有表现出有伟大的理想，或者提出某种有关世界秩序的令人信服的样板，但他所代表的制度也做不到这一点。他的职务或者他对自己的作用的认识都没有要求他提出最根本性的问题，如果他有这类分外之举，他也不可能幸存到今天。周恩来，具有一种古代文明的文化优越感，以其含蓄的安详自若态度消融了意识形态敌对的冰障，并且具有一种轻松自如地把握事物核心的能力。但是葛罗米柯缺乏这种自信心。身为一个除了借助于强硬力量之外从未获胜过的国家的代言人，他不得不在每一次冲突中考验自己的勇气。人们很容易轻视他。持续不断地威吓是他操纵谈判的一种精心计划好的手段，而不是他本人性格狡诈的一个标志。在动荡混乱的时刻他保护了自己的国家，他遮掩它的弱点并为它的目标服务。总之，葛罗米柯不是伟人，但是他取得了重要的成就，而且几乎没有出过什么可以避免的差错。能够得到如此评价的外交部长是很少的。

我最初与葛罗米柯打交道是在一九七〇年十月。在当时那个带有希望的短暂时期，他来到华盛顿。西恩富戈斯事件正式了结之后，美苏关系似乎会改善。柏林谈判和军备控制谈判已经排上日程，中东也凉了下来。最高级会谈从时间到议程似乎已在原则上达成了协议。尽管苏联人九月二十五日的复信把最高级会谈的日期推迟到一九七一年，但据心情急迫的尼克松看来，这未必就排除在十一月份选举之前早日宣布这个消息所带来的好处。尼克松还想确保最高级会谈的计划限在白宫这条渠道之内进行。在他与葛罗米柯会晤之前，他要先与多勃雷宁探讨这些可能性，尤其要保证葛罗米柯在罗杰斯面前不要暴露。从四月份以来我们一直在探索最高级会谈的事情，国务卿只是在消息公布之前几周才知道此事。

情况很快就明白了，夏秋之际的猜疑和紧张状态对双方都造成了损害。十月十七日与多勃雷宁的初步会谈，彼此的言词都有些尖刻。除了照例列举美国的过失之外，他说葛罗米柯到这里来是为了弄清楚我们是否已决定采取一条强硬路线。我告诉他，葛罗米柯会发现总统准备探求一个更幸福未来的前景。几天以后总统打算在联合国发表一个意在和解的演说。多勃雷宁表示，葛罗米柯准备跟总统商讨最高级会谈的事情。

在跟葛罗米柯会晤之前，就一些基本问题我为总统写了一份备忘录。我指出，这次会晤是在美苏关系处于一个不同寻常的敏感时刻时进行的。我们必须问问自己，苏联在中东的所作所为、对古巴的军事侵袭、持续加强的战略力量以及旨在分裂我们与欧洲人的关系的有选择的缓和政策，这些都说明了什么。关于苏联领导人的态度，在党代表大会准备期间他们必然要进行的尔虞我诈的斗争，以及苏联领导阶层内部的权力分配，我们并没有确切的证据。我建议，我们切不可挑拨克里姆林宫内部各派别之间的斗争，我们知道的情况太少，不要促使鸽派和鹰派进行争斗。我们同苏联搞好关系的最好办法是，我们照料好我们自己的利益，并让苏联确定他们自己的利益。总统上任不久，还不可能取得根本性进展，然而我们应当向对方讲清楚，为了单方面的利益而不断施加压力，并以频繁的努力利用多事地区谋取私利，是不可能取得进展的，而这正是近来苏联政策的特征。

参加葛罗米柯和尼克松十月二十二日会谈的有罗杰斯、我和多勃雷宁(还有双方的翻译人员)。葛罗米柯的抱怨与多勃雷宁在十月十七日所概括提出的相同。尼克松——部分是由于他希望最高级会谈仍有可能举行，部分是由于他本人的作风——以更一般的方式给予了反驳，强调了寻求共同点的重要性，尤其是在限制战略武器会谈和贸易方面。这次会谈对中东、柏林、欧洲安全和越南诸问题作了一番回顾。葛罗米柯没有提出新的东西，尼克松也只是重申了美国的立场。会谈的气氛相当诚挚，但在实质性问题上并无转机。

在会谈快要结束时，葛罗米柯提出了尼克松热切盼望的问题：有关最高级会谈的想法。葛罗米柯以他惯用的双重否定方式承认，总统关于这个问题的想法跟苏联领导人的想法没有不一致之处。他建议把会谈安排在一九七一年四月某个时候，地点在莫斯科。尼克松为了国务院作记录起见，假意把它看作一项新的意义重大的提议。尼克松同意在莫斯科举行最高级会谈将是一个引人注目的事件；这件事的确极易受到误解，因此，举行最高级会谈的决定不应当泄露出去，让不留意的公众和国会感到突然。因此尼克松建议早日公布这个消息。葛罗米柯之所以当了近十五年的外交部长，绝不是因为他无条件地白送别人东西。他想利用最高级会谈的前景，在苏联关心的问题上——例如柏林问题——进一步对我们施加压力。葛罗米柯表示反对。他根本没有暗示过，应在一两天内就宣布最高级会谈的消息。他将于十月二十九日返回莫斯科。此后不久，他们就可以商定发表公告的时间。尼克松不想在很多人面前继续谈这个问题，提出要葛罗米柯到总统办公大楼他的休息室去坐。在那里可以避开椭圆形办公室的那群人，他对葛罗米柯说明，有关最高级会谈的一切准备工作都由多勃雷宁和我去商谈。

第二天，尼克松在联合国发表了以美苏关系为核心的重要演说。正像我已告诉多勃雷宁的，尼克松虽未缩小彼此间的分歧，但演说的基调是和解的，抱有希望的。尼克松强调了我们经常谈论的一些主题思想：在核时代，利用紧张状态以谋取单方面利益的传统做法是极为危险的；美国希望从对抗的时代转向谈判的时代，我们准备在互惠的基础上解决尚未解决的问题。莫斯科可以在对抗和谈判之间作出选择；而尼克松的强烈愿望是选择后者。

那天尼克松派我去见多勃雷宁——他正在纽约陪同葛罗米柯出席联合国会议——就最高级会谈的公告再作一次试探。我告诉多勃雷宁，我们想在十月二十九日或三十日从圣克利门蒂发布举行最高级会谈的消息。人们不必十分精通美国政治就能懂得，这个相当明显的策略跟我们的国会选举关系密切。多勃雷宁立刻预先讲明，通信联系工作很差（对一个超级大国来说，这种说法是令人惊讶的），而且作出决定也是缓慢的。但是最后他的态度缓和了，他答应向葛罗米柯和莫斯科报告，以便尽快作出答复。

与此同时，尼克松在联合国要求和解的演说很受欢迎。十月二十四日的《基督教科学箴言报》把担子加到苏联人身上："总统对当前美国外交的基本思想作了阐述，我们为他可信赖的、高水平的呼吁喝彩叫好。我们敦促莫斯科的领导人作出同样的反应。"十月二十五日的《纽约时报》指出，我们正处在一个"十字路口"，说莫斯科对尼克松提出的新问题的反应，"不仅对于缓和而且对于未来的世界和平都是关系重大的"。

然而关系并不是注定会如此戏剧性地得到改善的。小的争端好像会自发地出现，而把事情弄得不愉快起来。先是在十月二十一日，两个美国将军驾驶的一架小型山毛榉号飞机在土耳其苏联边境上空迷失方向，在苏联领土上降落。这两个倒霉的美国军官是无意中犯了一个过错，这一点没有争议，然而苏联领导人不仅对送上门的礼物横加挑剔，而且还在考虑只有立即付出代价才能释放他们。多勃雷宁奉命提出释放犯罪的苏联间谍伊葛尔·伊万诺夫的问题。用两名与间谍活动毫无关系的美国将军来换一名犯罪的间谍，这个主意是令人愤慨的，特别是多勃雷宁知道美国正在考虑释放伊万诺夫。然后在十一月份，一个立陶宛海员西玛斯·库德尔卡企图从苏联拖网渔船上逃到美国的海岸巡逻艇上，其时美苏渔业谈判正在距马萨诸塞州海岸不远的某处进行。那个呆头呆脑的海岸巡逻指挥官允许库德尔卡上了巡逻艇并把他带了回来。这件事使我和尼克松怒不可遏。但是在任何高级官员知晓此事或者能够干预之前，事情就早已结束了。（后来证明库德尔卡有资格申请加入美国籍。在福特总统私下为他向勃列日涅夫说项之后，他被允许移居到美国。）

然而苏联回避问题的真正原因不在于此。尼克松寻求早点发布公告的动机太露骨了，也太富于政治色彩了；苏联人没有看错，从外交的观点来说，尼克松的做法是不合时宜的。在柏林问题解决之前，政治局是不想举行最高级会谈的。而且它还担心，一旦商定进行最高级会谈，我们就会由于没有足够的刺激力而不再前进了。苏联人踌躇不前的另一个原因，而且可能是决定性的原因，是苏联领导集团内部关系尚未定局。一九六四年赫鲁晓夫下台以后，苏联是由勃列日涅夫、柯西金和波德戈尔内三驾马车掌权，直到一九七一年，相当长时间内所有我们同苏联的最高级的信件往还都还是同柯西金进行。在党的代表大会临近之时，勃列日涅夫明显地占了优势，但我们仍推测总理柯西金将以主人身份接待尼克松。当尼克松在最高级会谈问题上提到柯西金的名字时，葛罗米柯并未表示异议。在莫斯科就它内部的人事排出一个先后次序之前，政治局将会小心行事，不会在最高级会谈问题上拿内部的团结来冒险的。

最后对于在欧洲的有选择的缓和，苏联人还继续充分利用一切可乘之机。通过缓和与西欧盟国的紧张状态，同时对我们继续执行强硬路线，莫斯科希望促成西方联盟的分裂。由于指责我们造成紧张局势，北大西洋公约组织有可能被弄得像是在欧洲谋求和平的一个障碍，从而把对美国的友谊变成一种危险的根源，而不是安全的保障。有选择的缓和政策是促使欧洲中立的一招。

葛罗米柯-尼克松会谈后五天，多勃雷宁就早日发表公告的提议给了我一个答复。它重申苏联对最高级会谈的愿望，赞同总统关于最高级会谈必须认真准备的主张。多勃雷宁和我应该立即就这个问题着手工作。作为这些准备工作的一部分，访问的日期和一个适当的公告当然可以讨论。但是十月三十日发表公告显然太早了。苏联领导人对尼克松害怕消息泄露出去的担心不以为然，他们认为，只有很少几个人知道有关最高级会谈的讨论，不可能出现这种危险。苏联人用这种略带轻蔑的方式回避了尼克松的提议。

然而，如果苏联领导人认为时间对他们有利的话，那他们就估计错了。没有我们的合作，他们不可能完全实施他们对德国的政策。因为柏林问题不解决，德国议会就会拖延东方条约的批准，而我们使柏林问题的解决取决于莫斯科与华盛顿之间关系的改善。几个星期以后，克里姆林宫开始认识到它的有选择的缓和的战略也不起作用。一九七〇年十二月中旬，苏联突然面临它自己后院的一场骚乱的危险。

波 兰 暴 乱

一般人总认为产生革命的条件是由于绝望而不惜冒险。而实际情况是，大多数的激变是在境况似乎要改善时发生的。关于这一点，自托克维尔* 以来就为人们所理解了。被彻底践踏的人们往往过于懊丧而不能起来反抗。当政府变得过分自信，当民众感到有某种活动的余地以及某些发展证实了这种期望的时候，发生剧烈变革的可能更大。

在波兰，情况正是这样。一九七〇年十二月七日，勃兰特承认了波兰的新边界，并且放弃了收复奥得-尼斯线以东领土的要求。为了签署条约他到华沙去，跪在华沙犹太人居住区的纪念碑的前面，并对奥斯维辛进行了令人感动的和历史性的访问。波兰党魁 W·哥穆尔卡正确地估计到，与波恩签订的这个条约将会缓和波兰人民长期以来对德国收复土地的恐惧。但他错误地认为，他能够利用这种新树立的声望医治波兰长期的经济弊病。波兰极无效能的工业增加了产量，但是大量积压了不需要的产品。到一九七〇年，他们库存产品总数竟达到占国民生产总值的百分之五十这样的惊人数字。连续两年歉收后，除了出现食品危机外，还加重了消费品的短缺。失业加剧了紧张状态：一九七〇年初，二十万“过剩的”工人被解雇。这些因素合起来，使波兰从一九六五年到一九七〇年在东欧各国中实际工资的增长率最慢。

---

* 托克维尔（Alexis de Tocqueville，一八〇五至一八五九年）：法国历史学家和政论家，以研究美国政治制度和法国大革命著称。——译注

十二月十三日，波德条约签订之后才一个星期，波兰政府就把肉食品的价格提高了百分之十到百分之三十三。骚乱的最初信号来自波罗的海沿岸的城市格但斯克。工人们的抗议活动引起了暴动，蔓延到邻近的两个城市：索波特和格丁尼亚。到了十二月十五日，格但斯克的船坞工人向共产党的总部进军。两天之后，政府不得不使用坦克来镇压什切青港口的暴动。十二月十八日，示威活动蔓延到卡托维兹这个矿业城。十二月二十日，爱德华·盖莱克接替哥穆尔卡任党的总书记，他告诉人民说，骚乱起因于“经济政策方面的轻率观念”，“我们将清除这种观念”。十二月二十三日，波兰议会任命彼得·雅罗谢维奇为总理，接替约瑟夫·西伦凯维兹。新总理立即下令食品价格冻结两年。

这些戏剧性的事件向我们提出了两个难题。最紧迫同时也是成为美国政府讨论焦点的一个问题是，如果苏联对波兰骚乱实行军事镇压，我们能作何种反应。不幸的是，战后近三十年的历史使人确信无疑，我们进行军事干涉的能力有限；应变研究确认了这一点。如果我们不能预先阻止苏联的镇压，那么我们就没有多少办法解除镇压。

跟我对一九六八年捷克危机的看法相反，我深信苏联会很不愿意对波兰这样一个幅员广大和重要的国家实行军事占领。波兰暴动的最为重要的一个侧面是，苏联将从中吸取一些教训。苏联的政策一直是寻求促使西欧脱离美国。然而当其鼓励一种更为民族化的德国政策时，苏联也在东欧引起了类似的民族化倾向。波兰跟波恩在双边基础上的协议，解决了波兰民族外交政策的一个问题，这样就促使波兰政府在民族的基础上缓和其国内矛盾，从而使苏联面临着它的东欧帝国的离心倾向。我认为波兰暴动将驱使莫斯科接近美国。十二月二十日，我给总统写了这么两段话：

苏联领导人还可能倾向于相信，勃兰特的**东方政策**在东欧产生了不安定的效果。例如，他们可能认为是波德条约使哥穆尔卡得出结论，认为可以把不得人心的价格强加在民众身上。因此，莫斯科有可能使它跟波恩的关系暂时停顿下来……

同时，由于与波恩至少是暂时放慢缓和的进程，苏联领导人要想保持缓和的某种前景的话，就可能倾向于在某种程度上同我们改善关系。

因此，到了一九七〇年十二月中旬，在我看来，我们与莫斯科之间的谈判的地位发生了变化；事实上我们处于尼克松就任总统以来最强有力的地位。西恩富戈斯和约旦危机已经过去，我们表现了顶住压力的决心；莫斯科已经体验到它的东欧领地的脆弱性。而且我们还握有克里姆林宫尚不知道的一张王牌：大约十天之前，我们第一次直接收到中国领导人的来信，提议举行高级会谈。

在提出我的备忘录以后，我跟总统就形势问题作了几次广泛的交谈。我对他说，检验多勃雷宁和我这条渠道的时刻已经到来。我推测苏联人可能愿意在一些谈判上打开僵局，其中尤为重要的是限制战略武器会谈和柏林谈判，因为前者影响我们的国防预算，而后者将考验西方联盟的内部团结。

我说，我们又将照例面临着国会对国防预算的一年一度的攻击，攻击的主要对象是反弹道导弹，而反弹道导弹正是我们在限制战略武器会谈中的主要筹码。因为在以前的历次战斗中那些同样的势力正在动员起来；正在安排同样的人物据守营垒，进行对抗，而对抗本身就成了他们的目的。每年委派的科学与学术界的代表团在国会听证会上出现，他们全都反对反弹道导弹，理由是它没有用，并且危及战略上的稳定。一再的重复仍未能澄清，这两种批评意见怎能同时有效。为首的参议员们将会接受这种号召，提出决议案来支配我们的部署或谈判姿态——这是越南问题的综合征扩及一切政策领域的表现。《纽约时报》和《华盛顿邮报》每两周一次的社论随声附和。我们的防御计划将首先被政府削减，以防止国会的攻击；然后又被国会削减，以维护它的特权，并实行各种和平团体一再卖力鼓吹的神话，即只有国会把我们的军事机构弄得软弱无力，我国的政府才会负起责任来结束越南战争。同意苏联人的意见或者接受国会施加的压力，无论是哪一条，我们都将趋向于单方面放弃反弹道导弹。

但是这种情况一旦发生，就不可能再促使苏联停止增加进攻性武器。这就是总统和我坚持试图以我们限制反弹道导弹来冻结苏联进攻性的军事部署的原因。* 国防部不仅支持这个提议而且敦促实现这个提议。一九七〇年十二月，我极力请求总统就这一问题开始谈判；如果我们不谈判，国会的压力就可能使我们对苏联不断加强战略力量无能为力。

关于柏林问题，我对总统说，我认为，德国议会将要求达成一项协议以作为批准勃兰特总理同莫斯科的条约的代价。而达成协议需要我们认可，因为我们是四个占领国之一（美国、苏联、英国和法国），而且很可能需要我们展开积极的外交活动才能成功。我们的举足轻重的作用遏止了德国东方政策的民族主义暗流，并且迫使苏联人寻求我们的支持。在给总统的一份备忘录中，我描述了苏联面对的问题：

> 苏联人可能相当担心，当其西方政策毫无眉目之际——柏林问题没有进展，东方条约的批准尚无动静，从西德得到经济援助的前景暗淡——他们不能如期在三月份召开党代表大会，而对这些日趋复杂的问题，我们却掌握着解开死结的钥匙。

同时我们主要关心的是改善柏林的生活：使柏林居民振作精神，尤其是要消除苏联人在这个问题上长期进行讹诈的借口。不幸的是，柏林

---

* 冻结攻击性武器制造的正式提议当然是适用于双方的。但是由于我们没有新的部署，我们能够承诺在五年之内予以冻结，所以实际上我们是在谈苏联冻结的问题。

谈判陷入官僚政治和死抠法律条文的错综复杂的迷宫。每个提议都得通过那个麻烦的四国机构——顺便说一下，这个机构把德意志联邦共和国排除在外，而谈判的结果却对它影响最大；西德的官员只参加盟国协商小组的会议。每一项建议都要经过每个国家的政府内部磋商，已经很困难了，然后还要经过西方几个国家之间的商讨，最后再同苏联人谈判，进展就像冰河运动似的缓慢。每一点改动要经过几个星期的争论，能够理解的只有几个律师，他们奇异的专业竟是研究一个神秘的主题，即一九四五年的《波茨坦协定》及其后的法律上的演变史。

这个谈判对于我们来说尤其复杂。一方面，我们只有准备长期僵持下去，才能做到改善抵达柏林的通路，并且把勃兰特的东方政策纳入多边关系的结构之中；这就会使苏联人明白，他们比我们更需要一项柏林协议。在某种程度上我们已经做到了这一点。另一方面，除非能够巧妙地处理这个问题，长期僵持下去，看不到解决的希望，又会严重地危害美国与西德的关系。我们会变成代人受罪的孩子，勃兰特会责难我们阻碍了他的政策；而他的反对派又会指责我们使他离开前线走得太远了。如果发生另一次柏林危机，责任就会落在我们头上。苏联外交官经常对我们说，法国和联邦共和国因柏林问题进展缓慢而责备我们。尽管苏联人的意图很明显，是要在我们之间散播不和的种子，然而这个说法却的确含有合理的内核；我们的盟国不是不可能把对苏联人的愤怒转到我们头上，特别是法国，似乎很愿意接受苏联人的追求。

勃兰特的心理状态在十二月十二日写给尼克松的一封信中表露了出来。他催促加速柏林谈判，同时也含有批评的意思。勃兰特建议，会谈应“不断地举行会议”。在这种情势下，我们只有发挥积极的作用，才能防止柏林谈判失去控制；任何其他的立场或者可能造成危险的让步，或许就可能造成柏林危机。我还有另外一个理由，这一点比巧妙地掌握具体的谈判更为重要，那就是想要检验互相克制的政策是否行得通。在所有动乱和危机的过程中，尽管我坚决地防止苏联人得到地缘政治上的好处，但我仍感到在道义上和政治上有责任探索和平共处的可能性，无论前景是多么不妙。每个政治领导人都应对他的人民负责，表里如一地尽最大的努力使人类避免一场大规模的核屠杀。怀疑论者担心，这样一种政策是蒙蔽自由的人民，使他们看不到危险，从而削弱他们防卫自己的决心。反对越南战争的人促使我走向相反的方向。某些极端分子利用“和平问题”来破坏政府的信誉，甚或破坏我们这个社会内部的团结。不能任凭他们胡作非为。假使我们要抵抗苏联的扩张主义，我们反而必须表明，我们是在尽了最大的努力争取和平之后才这样做的。而我过去坚持、今天仍然坚持这种信念，自由的人民能够做到两点：依靠强大的防务以求得安全，与此同时又要探索模糊的和平前景。的确，如果他们不能追求这两个目标，那就一个目标也达不到。

长期以来我就感到，国际上一个平静的时期定会使苏联面临的问题比我们要多，因为苏联内部的团结部分是靠经常宣传外来的危险来维持的。我深信，长期的和平在极权主义国家里比在工业化民主国家里会引起更多的离心倾向。经济的停滞、民族的纠纷和持不同政见的人将会越来越多地消耗苏联的力量。当中国变得更为强大以及日本完全愈合了战败的创伤时，苏联的地缘政治的前景将会变得更加成问题。时间不一定是对苏联有利的。

十二月二十二日，给尼克松写了关于波兰起义的备忘录之后两天，我与多勃雷宁进行了长时间的会谈，开始试探苏联领导人是否可能准备进行严肃的谈判。我重申了我们的看法，莫斯科近来的政策是跟改善关系不相容的：西恩富戈斯的骗局以及随后试图考验我们对这一事件忍耐的限度；苏联人在中东问题上的步步进逼；对柏林走廊的骚扰和推迟释放两个迷航的美国将军，需要作出一个根本性的决定。如果这种讨小便宜的政策继续下去，小伤痕就要变成大创伤；怀疑将使联系中断而发展成一场危机。但有可能建立一种更富有建设性的关系。我建议，利用我们这条渠道在严格的互利基础上解决某些悬而未决的问题。我们的会谈应该能够产生不是互相对骂的某种效果。

由于多勃雷宁没有接到指示，他只能以和解的姿态把苏联的既定立场概述一下。但他同意，有必要打破坚冰。他要我确信，他的政府是赞同与美国达成一项谅解的。他同意我们双方应审查谈判的纪录，以便找出可以灵活处理的一些方面。

一月六日，多勃雷宁在我的白宫办公室里留下一份关于柏林问题的照会，当时我和总统一起在圣克利门蒂。照会以其特有的方式在表示不满中包含着作出让步；跟私下交谈时一样，葛罗米柯也擅长于把双重否定结构用于外交信件中。这一回他抱怨说，美国没有履行据说是尼克松跟葛罗米柯会谈时所许下的诺言。尼克松曾说过，在柏林问题上，美国不能够表现出更大的灵活性了，除非苏联人承认柏林与联邦共和国之间的脐带关系。与此同时，莫斯科的照会中有一个模棱两可的说法，你可以解释为承认脐带联系，但又不说明这种联系的性质，或者苏联人负有什么责任保证这种联系受到尊重。葛罗米柯的照会暗示那种说法是一个很了不起的让步，开辟了同时谈判“作为一揽子解决的……一切问题”的可能性。苏联人心里明白，尼克松的那句话是一种打比喻的漂亮话，政府首脑往往用这种办法来避免在执行问题上纠缠。但无论尼克松的意图是什么——尼克松的基本动机是，在谈话中掠过柏林问题而不作任何许诺——多勃雷宁的照会却转弯抹角地表明，他们正准备改变他们的立场。迄今为止，他们一直坚持，柏林谈判的焦点是减少西德在那个城市里的活动，以此来换取几乎只是确认现有的地位。现在他们暗示，愿意改变立场，谈苏联对柏林通路的保证和改进柏林生活状况的问题。在这个基础上，就有可能进行认真的谈判了。

我向尼克松建议，我们要作出积极的答复，坚持要苏联人作出关于柏林通路的保证并明确规定西柏林的法律地位。我还建议，把柏林谈判跟限制战略武器会谈的进展联系起来，相应地，我们还要使限制战略武器会谈取决于苏联人愿意冻结它的进攻性武器。尼克松赞成我的意见。

多勃雷宁被召回莫斯科进行紧急磋商。这可能意味着由于一场危机迫在眉睫，苏联领导人想要脱离接触，或者是他们希望对某种询问避免作出答复，也或者是他们的确是在对政策作认真的回顾。这一次，最后这个假设更加合理。多勃雷宁推迟二十四小时离开华盛顿，以便能够得到我们对其关于柏林问题的试探所作的反应。

我从圣克利门蒂回到华盛顿。一九七一年一月九日上午，多勃雷宁和我在苏联大使馆里会面。两个小时的会谈是关键性的。我就那两个尼克松已经原则上同意了的主题提出了新建议。首先是我们关于柏林问题的回答。我告诉多勃雷宁，为葛罗米柯同尼克松之间的谈话作抽象的注释是没有意义的。我们想要苏联做两件事：第一，改进往西柏林的通行情况；第二，苏联对新的通行办法作出保证。我们不想使柏林的自由全靠东德政权发善心，而对东德我们很难施加影响。如果苏联人明确了这两点，我们将更直接地参加柏林谈判。我们将通过总统这条渠道进行探索性的会谈，如果会谈顺利，就将会谈的结果提供给已经建立的四国机构。这样不可避免地要涉及与西德官员磋商；没有波恩的预先认可，我们将不同苏联人达成任何谅解。我在以后的谈话中说明，我的提议是为了提供一个机会，使谈判加快速度，而不是为了争取更大的让步。

关于限制战略武器会谈，我提议打破把反弹道导弹和限制进攻性武器联系起来这个问题上形成的僵局。* 我告诉多勃雷宁，我们将接受苏联方面关于谈判一项反弹道导弹条约的建议，条件是苏联人要同意立即开始限制进攻性武器的谈判；这两个谈判将同时结束。限制进攻性武器将包括承担一项义务，即任何一方不得在谈判进行期间构筑以地面为基地的洲际弹道导弹的新设施。以后我们还将提出关于潜艇发射导弹的新建议。这些建议的结果可以在总统与柯西金交换的信件中表达（我们还

* 不像某些报道说的那样，一月九日总统不曾给勃列日涅夫写信，也没有跟多勃雷宁会面，[①] 而是由我提议在总统的批准下，通过总统渠道和多勃雷宁联系的。（尼克松与勃列日涅夫的首次通信是在一九七一年八月。）

以为柯西金是尼克松的对话者）。

我所提出的限制战略武器会谈和柏林谈判的建议，是摆脱那个臃肿的四国机构的一个简便的办法，因为这个机构很可能造成僵持局面，并且肯定会引起公众的尖锐批评。任何成功的谈判都必须建立在一种相互均衡让步的基础之上，但如何达到这种均衡却是一个复杂的过程。作出让步的先后顺序是关系重大的；如果在对方相应的让步明朗化之前，自己一方坚持一步不让，而不是把每一让步作为全局的一部分来看，那么谈判就可能失败。因此，当谈判还处于酝酿阶段的时候，保密是很重要的。卡特政府已经懂得了这一点，他曾努力搞公开的外交，结果却使几个大有成功希望的倡议都告吹了。速度往往也是一个重要问题。每个谈判都会达到一个关键时刻，这时谈判或者急转直下而成定局，或者就停滞不前陷入僵局。正是在这种时刻最高当局必须亲自过问，以克服官僚机构的麻木不仁。我向多勃雷宁提出了办法，也提出一定要保守秘密和加快速度。

多勃雷宁问了几个深入的问题。在他提问的同时，他还试图使中东问题来一个突破，但是我阻止了他；我认为条件还不成熟。这时多勃雷宁不再有错觉了，他已充分理解了我的意图，柏林谈判和限制战略武器会谈要一先一后进行。我也对苏联的制度有了足够的了解，可以确信，当苏联的领导人想要去做的时候，他们能够迅速地采取行动。多勃雷宁答应尽早答复，我确信他会信守这个诺言。

不到两个星期，多勃雷宁就回到华盛顿。一月二十三日，他来到白宫的筹划室，兴致勃勃地畅谈起来。他说政治局以极大的兴趣研究了我们的提议。他见到了所有的最高领导人，而且他可以告诉我，现在举行最高级会谈的条件好极了。（事实上，我在一月九日并未提到最高级会谈。多勃雷宁无疑是想利用尼克松想要一鸣惊人猎取声誉的渴望来捞到某些好处。）苏联人愿意在七月份或八月份举行最高级会谈，而九月份也是适宜的。当然必须首先取得某些进展。但现在每个人都很乐观。多勃雷宁表达了苏联人关于相互联系的想法以后，把话题转到我们一方的想法。苏联领导人对我愿意参加柏林谈判感到高兴，勃兰特和巴尔曾经对他们讲过，在所有的美国领导人中，我对德国的情况了解得最清楚(这倒可能是真的；同时莫斯科一定作出了决定，认为利用我的虚荣心不会有什么坏处)。虽然正式的看法要到会谈实际开始时才能提出，但多勃雷宁现在就告诉我，关于苏联对柏林通路提供某种保证的建议正在莫斯科认真地研究。如他所述，事情已很清楚，要求迅速达成一项柏林协议的压力是在苏联一边。莫斯科已开始认识到，如果没有柏林协议，它将决不会得到它所珍视的东方条约；它将要为此付出代价。

关于限制战略武器会谈，多勃雷宁还不能作出肯定的答复。然而，莫斯科很有可能接受那个想法，即把一项防御性条约和冻结进攻性武器结合起来进行谈判。他提出了一些实际问题。一个既困难又麻烦的问题是：我们在限制战略武器会谈中提出或向国会提出的关于反弹道导弹计划的许多方案，我们真正感兴趣的是哪一个。我只能含混其词地说，我们还没有作出决定；这是属于这样一种情况，即真相如何，不一定多讲。苏联人想从以下三者之间弄清我们的立场是不容易的：我们国会的立场(建立三个发射场以保护洲际弹道导弹)，我们在限制战略武器会谈中的正式提议(对全国指挥机关即在华盛顿和莫斯科部署这种导弹)，我们参加限制战略武器会谈的谈判者的私人信念(要求全部禁止这种导弹)。我对他讲明，限制战略武器会谈将与柏林谈判步调一致。

苏联外交官总是没完没了地提出一大串建议。那种理论似乎是，让你弄不清什么时候那位对话者才会由于心不在焉或者疏忽大意而作出一个让步；莫斯科领导人似乎最低限度也要获得具体证据，证明它的代表并不缺乏坚持到底的精神。我把多勃雷宁所有老一套的提议——其中欧洲安全会议和中东问题在他的目录单上居于首位——都反驳掉以后，我们商定，一旦我把适当的谈判程序安排就绪，就举行定期的和系统化的会晤。

这样，我就参与了这两个像神学一般复杂的谈判。柏林谈判涉及其他三个盟国的重大利益，也涉及苏联和两个早已建立的论坛。限制战略武器会谈正式开始，轮流在赫尔辛基和维也纳举行，下设许多复杂玄奥的技术性和实质性的委员会，其中有些委员会由我任主席。若不兢兢业业、谨慎从事，其结果可能是闯一场大祸。

渠道已经沟通

到一九七〇年底，我与尼克松共事差不多两年了；我们几乎每天都长时间交谈，并以最密切的合作度过了所有的危机。他越来越倾向于把对外政策的策略问题委托给我。在我们共事的第一年中，在每次会谈之前，比如说与多勃雷宁或北越人的会谈，我总是事先拟好谈话要点，呈交尼克松批准，然后再去会谈。我提出的谈话要点他很少改动，但也很少不加几句强硬的话作为告诫。到一九七〇年底，尼克松不再需要这样的备忘录了。他总是同意我的策略，经常是口头表示同意；他几乎从不去干涉这些策略的日常执行工作。每次谈判会开过之后，我都提出一份很长的备忘录和分析，这样尼克松就有机会判断他的意图是否得到贯彻。但据我回忆，在一九七一年以后，谈判方针一经拟定，尼克松从未作过改动。我知道尼克松想要做什么，因为策略是我们共同制定的。他认为，一个乐队指挥没有必要去演奏每一样乐器。

但是，如果说我能肯定尼克松在支持我，那么对于政府中其他成员我就如履薄冰了。在一个庞大的官僚机构中，进行任何谈判都是冒险，那些局外人总是断言他们能做得更好；而参加谈判的人越少，讲这类风凉话的人也就越多。他们没有参加谈判中彼此迁就的过程，尽可以大唱其高调；他们不了解谈判中出现的障碍，把每一个让步都指责为不够强硬，或者说是谈判手腕不高明。我制定的谈判程序加强了果断性，但因此也更难于取得大家的一致同意来支持谈判的结果了。

然后就是熟悉谈判主题的问题。我的工作人员太少，无法帮助我同时进行两方面复杂的谈判。我采取的代替的办法是抓部际机构。这样我就可以利用这个官僚机构而不泄露我们的意图。我对它们说，那是计划中要谈的问题，而实际上却是正在秘密进行谈判的问题。我用这种方式可以了解到这些机构的看法(同时也了解必要的背景)，而无须向它们正式“说明”我的立场。我对多勃雷宁的提议通常反映官僚机构的一致意见，很可能比正式谈判要采取的立场更强硬一些。这是因为，在各机构参加的讨论计划的会议上，通常总是提出更为强硬的路线，这样做可能得到警惕性高的声誉而不冒风险；为谈判作准备工作，调子就不可能那样高，因为总有某些机构为了既得利益而希望谈判成功。

采取这些异乎寻常的做法之所以必要，主要是因为总统既不相信他的内阁也不愿对他们直接下达命令。尼克松怕泄露机密，也不敢强制实行纪律。但他决心要实现他的目的；因此他鼓励那种政治教科书上不会赞成的做法：像螃蟹似的不声不响地绕着现存的机构走。这使官僚机构感到懊丧，它们由于被抛在一边而大闹独立性并自作主张，而正是由于官僚机构的这种作风才使尼克松绕过它们。但这个办法成功了；它居然难以想象地把大量艰苦的准备工作与干脆明确地阐明观点结合起来了，而这正是一项成功的政策所必须做到的。在一九七一年和一九七二年，我们用这种办法实现了限制战略武器会谈的突破，打开了对华关系，达成了一项柏林协议，举行了北京和莫斯科的最高级会谈，都没有遇到任何挫折。结果应以其功绩来衡量，虽然我也承认取得这些成绩的方式是付出了代价的，而且我也不认为这些办法应该重复使用。

关于限制战略武器会谈，进行正式的谈判需要有定期的正式的总统指示。因此，我能了解到各机构在务虚阶段以及关于实际谈判的看法。很明显，在政府内部要求单独达成反弹道导弹协议的压力越来越大了。出席限制战略武器会谈的代表团中的几个成员明确表示赞成这样做。国防部的代表似乎赞成把单独达成反弹道导弹协议与冻结重型导弹联系起来，任由其他一切类型的导弹自由发展。杰勒德·史密斯赞成禁止反弹道导弹或者只对两国首都部署反弹道导弹，而以对方限制某种类型的进攻性武器为交换条件；但这种把它当作谈判筹码的做法很难说服国会接受任何反弹道导弹计划，因为这样我们就可能必须拆除某些设施，而国会不急于在这方面花钱。国务院倾向于单独达成反弹道导弹协议，但又不愿积极要求达成协议。简而言之，如果我把反弹道导弹条约与冻结一切战略导弹联系起来搞成了的话，我就保证不会遭到官僚机构的反对，因为我所争取到的东西比任何机构要求做到的东西要多。

柏林谈判是一个更为棘手的问题。经过几十年的柏林危机，其法律地位已经固定下来了，再加上受到传统和来之不易的协商一致意见的限制，单凭总统的决定是无法加以改变的。我们的政策必须与三个盟国共同制定，任何一方都不会由于先前指责我们采取拖延立场而不责难我们现在过于灵活。

没有勃兰特的充分支持柏林谈判是无法进行的，因此我必须会见勃兰特的私人顾问埃贡·巴尔。但到了某个时候，与苏联人的会谈结果最终还得由四国开会来讨论。因此我也需要我们驻波恩的大使肯尼思·拉什的合作，按照职权他应代表我方参加正式的柏林谈判。

拉什是凭个人的勤奋擢升为大使的；他最后一个重要职务是任碳化物联合公司的总经理和董事。尼克松对他有所了解是因为他曾在杜克法学院任教，虽然他那时不曾见到尼克松。他是约翰·米切尔的密友，其时米切尔任司法部长。事实证明，他是尼克松任命的最得力的人之一。拉什头脑冷静、有分析能力、思想深刻，他机智巧妙地完成了他在波恩的复杂任务。

巴尔的问题跟我完全相同。他也要在不让外交部知道的情况下掌握谈判。德国有长期的官僚主义传统，他要在波恩完成这项任务比在华盛顿更为困难。看来没有任何正常的联系渠道是十分可靠的。巴尔也找不到借口来华盛顿，任何借口都会重新引起前些年那种权限上的争论。国务院会坚持要求参加每一场谈话，德国外交部也会要求他提出报告。为了避开这些问题，一月二十七日我派了一个信使去波恩，带去我个人给巴尔和拉什的信件。我告诉巴尔，我们已准备接受总理的建议，加速柏林谈判的进程，因此迫切需要他和我会见。我期望他能作为总理的全权代表到华盛顿来。至于他此行的公开目的，我已指示信使转达副总统(作为航天委员会的负责人)的邀请，请他来参加一九七一年一月三十一日阿波罗 14 号登月飞行的发射典礼。如果巴尔接受邀请，我也出席典礼，然后我将安排他飞往纽约，我们就可以在飞机上商谈了。巴尔立刻接受了这个建议，在二十四小时内就启程来华盛顿。我在华盛顿避免和他见面，而是在一月三十日飞往肯尼迪角的途中和他会面。

给肯尼思·拉什的信也是由那位信使递交的。为了给拉什来华盛顿找到一个理由，我安排他的朋友约翰·米切尔给他打了个电话。米切尔找了个借口说要与这位大使讨论行政任命问题。于是国务院批准他前来“商谈”。我就于二月三日晚在华盛顿水门米切尔的公寓见到了拉什，那时这所综合公寓还很少为人所知。

我通知多勃雷宁，我已在进行工作(他的政府通过巴尔肯定也会知道的)；我还说，莫斯科也许想要讲些什么，使所有参加的人都有一种信任感。出乎我意料，多勃雷宁在二十四小时内就露面了，提出了一个苏联以前不肯提的建议。苏联曾经坚持，有关柏林通道的程序问题仅仅与两个德国有关；而每当出现麻烦的时候，我们总是依靠国际法的正常手续与东德打交道，由于我们甚至还没有承认东德，我们几乎没有办法实现我们的要求。在这之前，苏联人一直企图利用柏林的不稳定的局面来提高东德的国际地位，同时否认自己对柏林通道的骚扰负任何责任。现在他们提议，对任何有关柏林的新安排，四国中的每一国对于违反规定的事件都有权提请其他三国注意——这是一个很微妙的暗示，虽不能令人满意，但意思是说要由四国共同负责。这只是一个试探性的步骤，是朝着对苏联来说至关重要的保证前进的。但任何熟悉葛罗米柯的策略的人都会知道，他是绝不会一开始就采取一种十分慷慨的立场的。

我和巴尔玩的这个花招很有效，一月三十日我们按时到达肯尼迪角参观登月火箭发射。以前我总以为观看宇宙火箭发射主要是孩子们的事情，但这次在月光下我们一小群人参观“土星五号”火箭，使我很有感触。火箭起飞过程中，我们从数英里外望去，那火箭孤悬空中，周围全无支持，却也并非巍然壮观。但那时已近深夜，它的庞大却使我们感到极为渺小，它本身的意义也使我们感到羞愧。

我知道曾经有过一场关于空间计划是否有用的辩论。早先那种探险的想法逐渐淹没在为国家争名次、比先后的吵闹中。但我考虑，我们是需要一个空间计划的；抛开科学上的理由不说，这是因为，一个社会如不能开阔视野，那就很快会变得心地狭隘。那种认为先解决地球上的一切问题然后再去其他星球探险的论点会限制我们永无止境的追求。这个世界永远不会没有问题；除非人类不断地扩大眼界，这些问题就会变成烦恼而不是挑战。如果十五世纪的欧洲奉行那种首先必须解决本身问题的肤浅口号，哥伦布就不会发现美洲。那些问题就会反而变得无法解决，而欧洲将会窒息在其本身的混乱之中。信仰使人们有勇气去经历人间的千辛万苦。在这个技术专家治国的时代，人们应该怀有怎样的梦想呢？信仰曾经使小农社会建造尖顶直指云天的大教堂，建造经历几世纪才能完成的雄伟大厦，体现了人类坚韧不拔、战胜一切困难的精神。怎样使一个民族重新获得这种信仰呢？谁也不知道我们在宇宙空间能发现什么，月球只是我们迈出的微小的第一步。我记得一个宇航员曾告诉我，当他最后进入太空舱等待起飞的时候，是他最感到神秘恐怖的时刻。没有工作人员伴随这还是头一次。万籁俱寂，他知道他就要被发射到空间去进行一次宇宙航行了，能否回来不能凭自己的意志。这时他几乎恐慌了。

那时我与我十岁的女儿伊丽莎白和八岁的儿子戴维站在肯尼迪角，周围是一种异乎寻常的沉寂，我觉得我们的心境是不会一样的。从主观上说，他们将要生活的世界与我所生活过的世界不同。他们对现实世界的认识也不同。我在儿童时期只知道有国界，宇宙空间超出了我的想象能力，电视也是不可思议的。他们更无拘无束，但也更讲求实际。我小时候地平线就是最远的地方，他们则不然。看来似乎很矛盾，他们了解实际的东西多了，想象力却贫乏了。我们这一代人是书本教育出来的，书本强使读者进入自己想象的世界。孩子们的世界天天展现在电视屏幕上，他们认识事物是一个被动的过程。然而他们所生活的世界是亿万英里的航程决定于一瞬间的推动力，此后航程基本不变——这种概念超出了我在他们这个年龄时的想象能力。

不管怎样，我认为我现在是那种有权提供原动力的人，把未来几代人送上并非由他们选择的旅程。如果我们的目标是错误的，哪怕再熟练的驾驶员也无法纠正。我们的责任是找出一条轨道通向谁也没有到过的世界，但也有飞向太虚幻境的危险。我们最重要的决定是航程是否开始，我们最需要的品质是确信通过负责的行动能够局部地创造未来。

正当发人深思的宇航员飞向月球的时候，巴尔和我掉头飞回纽约，在星式喷气机的密室里一路上畅谈柏林问题。巴尔赞成加速谈判，并对我愿参与其事表示很高兴。但作为各自政府首脑的代表，我们怎能在自己的外交部长不觉察的情况下进行重大的谈判呢？我们又怎能防止苏联人在西方四国之间挑拨离间呢？我知道巴尔与苏联外交官有密切的接触，因而坚持双方在有关柏林问题上与苏联人或东德的每一次接触都要互通消息。关于其他问题，我们商定了一个复杂的协商过程。巴尔和拉什就三方面的问题拟出建议——柏林通道的程序、提出保证以及联邦共和国在柏林的活动——并试探盟国的反应，然后我拿这些建议与多勃雷宁仔细研究，再后来是由拉什或巴尔纳入正常的渠道。在种种不利条件下，这盘三人棋居然下成了。我们在七个月内完成一项协议，而且经受住了时间的考验。

同肯尼思·拉什的工作安排是在二月三日晚我们在约翰·米切尔的

公寓会见时决定的。拉什同意，由于具体时间限制，也许没有别的办法行得通。如果僵持局面拖得太久，勃兰特也许要想办法自行其是，而把德国未能实现民族愿望归罪于我们，也许还会制定一条新的更加独立的民族方针。拉什怀疑，当越南战争正在进行的时候，我们能否应付一场柏林危机以及随之而来的德国内部的骚乱。

剩下来的问题就是建立一条联系渠道。当然中央情报局是可以利用的。可是拉什认为，情报站的站长不可避免地要把他某些部下吸收进来；除此之外，他还与使馆的人员来往密切。最重要的是，情报站的站长不可能经常访问巴尔以接收或传递消息而不引起怀疑。我的副手艾尔·黑格想出一个解决办法。他与参谋长联席会议联络官、海军上校伦布兰特·鲁宾逊一起制定了一套复杂的特殊联络方法，这是通过海军渠道与法兰克福的一位海军军官联系。这条渠道是海军作战部长海军上将埃尔莫·朱姆沃尔特建立的——他后来强烈反对秘密外交。黑格的备忘录中描述那位军官"完全可靠"，不对"我们的使馆负任何责任，也与其他情报部门或行政部门无任何瓜葛"。我想象不出他在法兰克福究竟干什么，也不想去问，这样也许反而更好些。总之，那位海军军官知道巴尔和拉什的专用电话号码，他自己也有一个专用电话号码，这样就成了关键性的联络点。国务院关于柏林问题的电报经常泄密，电报分发的范围太广了。通过海军渠道传递消息从不泄密。我们很感激省掉了那些麻烦，因为到二月初，限制战略武器会谈和柏林问题的秘密谈判的时机已经成熟了。

限制战略武器会谈和五月二十日协议

当我与多勃雷宁开始探讨限制战略武器会谈能否取得突破时，正式会谈已于十一月初在赫尔辛基恢复，那时会谈正像国内的辩论一样，陷入了僵局。我国政府正式的一致意见是，美国应该坚持它上次于一九七〇年八月四日提出的建议，即双方把导弹和轰炸机都限制在一个“商定的数目”上，并把苏方的重型导弹限制为二百五十枚(到一九七〇年底苏联人已经超过了这个数目)。正如我已指出的，参加限制战略武器会谈的代表团的许多成员正私下里不再坚持这些建议。

关于反弹道导弹，我们的谈判立场也陷入混乱。苏联人已经接受了我们的建议，即反弹道导弹只限于全国指挥部门，对此，我们既没有要求也没有得到国会的拨款。我们曾要求国会对三个发射场拨款，但不包括国家的首都。我们的谈判立场同实际计划距离越来越大。参议员约翰·斯坦尼斯在十月份对杰勒德·史密斯说，反弹道导弹这个问题“搅坏”了整个一场国防拨款的辩论。

为了弄清官僚们的正式看法，我通过秘密渠道问史密斯，他是否仍然同意把限制防御性武器和限制进攻性武器联系起来。史密斯的回答含糊其辞，实际上是说完全可能赞成在谈判中禁止反弹道导弹，因而也就是由国会砍掉关于反弹道导弹的拨款。他个人仍然坚持反对单独搞一项反弹道导弹协议，而苏联人在十二月再次提出了单独搞这项协议的建议。然而，他认为“立即”拒绝这一建议也未免失于粗暴。总统也许想要“重新审查”他本人关于反对单独搞反弹道导弹协议的政策。结果是，整个反弹道导弹问题在政府内部重新展开了争论。

实际上，关于限制战略武器会谈应采取什么立场的辩论已经同一年一度反对反弹道导弹变成一码事了，这种反对几乎达到了宗教狂热的程度。舆论界再次加大压力。一九七一年一月十七日《纽约时报》接受了苏联向我们提出的关于反弹道导弹的建议，谴责总统坚持把进攻性武器与防御性武器联系起来。一月二十六日，在民主党总统提名竞选中领先的参议员埃德蒙·马斯基，宣布他赞成鼓励苏联的灵活性。这位参议员在最近访问莫斯科时对柯西金总理说，他断定，“在美国有很多人主张削减武器费用”。这位参议员并不认为一个总统候选人告诉苏联总理美国国会内有影响的议员企图削减国防费用是有害于我们的外交政策的，他说："既然我可以在参议院这里讲这些话，我看不出有哪一点理由不可以对柯西金这样讲。"②

这场反对反弹道导弹的运动由于国防部长莱尔德无意中透露了一个消息而得到了推动，莱尔德说苏联人似乎已放慢了建造新的洲际弹道导弹的进程。许多人把这个消息看作是苏联人的一个普遍性的"信号"，是克里姆林宫那些胆怯的家伙们在暗示他们的意图。这种想法是难以理解的，因为同是那些苏联领导人却在所有他们真正关心的问题上对我们一再发动猛烈的攻击。这个所谓的苏联人的"信号"促使杰勒德·史密斯给总统写了一封信，建议我们宣布停止进一步部署反弹道导弹，以表示我们的诚意。假使苏联人重新建造导弹，我们就可以理直气壮地全力进行我们的导弹防御计划。这种论调在国会和新闻评论中一再加以重复，虽然形式有所不同。二月一日，参议员休伯特·汉弗莱在参议院力陈冻结美国的反弹道导弹和多弹头分导重返大气层运载工具计划。"既然我们不付任何代价，"汉弗莱宣称，"我们的安全又有绝对保证，我们这方面就可以停止核军备竞赛，以响应苏联已采取的行动。"③到三月份，苏联的"信号"无影无踪了。情况已经弄清楚，原来苏联人只是停止建造SS-9型导弹，为的是开始建造新一代的洲际弹道导弹，即SS-18型导弹，与此同时建造SS-11型导弹发射井的工作仍在继续进行。实际上苏联人在一九七一年开始搞的导弹比过去十年中除一年外哪一年都要多。这一事实并没有丝毫减轻要求削减国防费用的压力。那些要求我们对苏联人克制的"信号"作出反应的人，没有一个建议我们对苏联人增加导弹作出反应。

要求停止反弹道导弹和放慢其他计划的呼声甚嚣尘上，闹了整整一个春天。二月三日，在参议院对外关系委员会的秘密听证会上，参议员弗兰克·丘奇要求总统接受"一项单独的反弹道导弹协议，作为第一步"。二月二十六日，约翰逊总统任内的军备控制和裁军机构的负责人威廉·福斯特要求"完全禁止反弹道导弹的部署、生产和试验"。④到三月底，参议员汉弗莱、哈罗德·休斯和乔治·麦戈文联名要求单独搞一项反弹道导弹协议。参议员斯图尔特·赛明顿则建议相互冻结反弹道导弹，并声称，这样就使多弹头分导导弹没有必要再搞了。参议员马斯基答应在四月份再进行秘密听证会。

四月五日，《纽约时报》赞同参议员马斯基先前提出的建议，即美国放弃海神式导弹和民兵Ⅲ式导弹，并同意双方停止反弹道导弹的部署——这是一下子搞掉我们全部的战略计划。四月六日，马斯基纠合其同僚鼓吹搞一项限制或禁止反弹道导弹的协议作为开端。到五月初，采自这些方面的批评更为激烈了，竟指责政府存心拖延限制战略武器会谈以便继续搞军备竞赛。参议员赛明顿甚至指控政府"有意策划根本不去搞什么军备控制协议"。⑤

政府把反弹道导弹作为一个有用的"谈判筹码"的论点遭到了严厉的抨击。参院对外关系委员会主席参议员富布赖特声称，"谈判筹码的论点"是荒谬的，只能有助于军备竞赛的升级。五月十二日的《基督教科学箴言报》指责政府双倍地增加核打击力量，而苏联人却没有部署什么——这真是一个奇特的结论，因为明摆着的事实是，将近十年来苏联人每年以增加二百枚导弹的速度在增加导弹。《华盛顿明星报》四月十三日报道，一个反对军事支出的新联盟正在形成，目标是削减国防预算六十亿到八十亿美元。参议员威廉·普罗克斯迈尔是这场运动的发起者，他的做法是反对B-1战略轰炸机、航空母舰和潜艇，也反对F-14和F-15战斗机以及"夏延"直升机。

简言之，没有一样美国的新式武器系统不遭到新闻界和国会的猛烈攻击。与此同时，参议员迈克·曼斯菲尔德还提出了他的年度决议案，要求撤退一半美国驻欧洲的部队。经过一场激烈的斗争之后，这项决议案才以微弱的多数票被否决(参看第二十二章)。

国会最后还是把政府要求的数字砍掉了三十亿美元。从纸面上看，我们所要求的军备拨款略高于去年，去年是六百八十七亿美元，今年是七百三十五亿美元。但花在武器上的钱实际上比去年大为减少，因为四十六亿多美元是专门用于改志愿兵制而必须增加的支出，其余增加的钱都被通货膨胀抵消了。一九七一年也像往年一样，幸运的是政府保住了逐渐增加B－1轰炸机、载导弹的三叉戟潜艇和新式战术飞机的计划，可以作为以后要求增加经费的基础。这样一来我们总算可以勉强维持我们在限制战略武器会谈中的地位。但危险是确实存在的，这些计划中的某一项迟早会遭到国会的无情的攻击。

正是在这种气氛中，去年那种国内的辩论又重演了一遍。一九七一年一月二十七日，在国家安全委员会的一次会议上，以国务院和军备控制和裁军机构为代表的一派人争辩说，延缓我们的反弹道导弹计划将会对限制战略武器会谈起推动作用。其他人（包括我）则持截然相反的看法，认为要想使苏联人接受进攻性武器的限制，美国的反弹道导弹计划是绝对必要的。梅尔·莱尔德和参谋长联席会议希望搞一项“保证安全”的有四个发射场的反弹道导弹计划，但实际上只有两个发射场在构筑中，第三个发射场即在密苏里州的惠特曼空军基地的那个虽已批准但尚未开始建造。讨论又继续进行了一个月，关于我们是否应该使我们在限制战略武器会谈中的立场符合我们反弹道导弹计划的实际这个问题仍然没有结论。

最后还是尼克松在三月份制止了这场讨论。尼克松是对的，他深信，国会会否决在两国首都部署反弹道导弹的主张，作为全部禁止反弹道导弹的一种手段。结果是总统于三月十一日作出决定，继续进行关于四个发射场的“保证安全”系统，并使我们关于限制战略武器会谈的立场与这种计划相一致。那些赞成禁止反弹道导弹或者只在首都部署反弹道导弹的人对这一决定进行了极为强烈的反抗，致使我们参加限制战略武器会谈的代表团未能向苏联人提出这一主张，后来经过我的办公室的不断督促，又于四月二十二日发出了正式的指示，代表团才提出了我们的主张。

我跟多勃雷宁的谈判必须从这种背景去看。苏联人必定是很想等待我们辩论结束，以便从我们国内辩论的结果中捞到好处，这样也许他们就完全没有必要讲什么互利了。二月四日多勃雷宁肯定说，政治局原则上同意反弹道导弹协议与冻结进攻性导弹的部署同时讨论。但这个表面上的让步却原来不过是诱使我们进入谈判的一张入场券，以便莫斯科玩弄其典型的时而前进、时而后退的戏弄人的策略，把极为吝啬的一点让步一遍又一遍地标价出售。谈判又由于葛罗米柯的策略与我的策略刚好相反而更趋复杂化。我的策略是在柏林问题上坚持下去以加速限制战略武器会谈的进展，而葛罗米柯的策略是在限制战略武器会谈这个问题上慢慢来，以加速柏林问题的讨论。

二月十日，多勃雷宁肯定了把限制进攻性武器和防御性武器联系起来的谅解。如果这两项协议不能同时进行谈判，苏联人将考虑在完成这些谈判之前就冻结进攻性武器的部署。至于反弹道导弹，多勃雷宁表示愿采取对两国首都部署反弹道导弹的方案。

在正常谈判情况下，事情就算到此结束了。原则上既已达成协议，就会开始较为简单的文件起草工作，表明限制进攻性和防御性武器的谈判同时进行。这以后，技术人员将开始工作，除非出现某种僵局要求从政治角度加以解决。可是与克里姆林宫打交道却没有那么简单。现在我们不得不应付苏联人的那种策略，即先推销原则，然后再以具体的方式推销原来的货色。也许是要显示力量——也很可能是要执行几个月前官僚机构定下的某种计划，苏联人明知道我们会作出反应，却又派了一只潜艇供应船到西恩富戈斯。二月二十二日，我会见多勃雷宁，要求把这只船立即撤走。如果这只供应船继续待在古巴，我们决不进行任何谈判（此后不久这只船就撤走了）。同时，我还把尼克松与柯西金交换信件的一个副本交给多勃雷宁，这封信的内容是关于限制进攻性武器和防御性武器同时进行谈判的谅解的。这些信件都是我的工作人员吸收各部际机构为限制战略武器会谈的讨论会准备的意见而拟定的。可是事情又搁浅了。在二月二十六日和三月五日两次会晤时，多勃雷宁很客气地声称，他的所有领导人都离开莫斯科去筹备苏联党的第二十四次代表大会了，因此他们很难集中研究像限制战略武器会谈这样复杂的问题。我忍不住要讲几句，我说：柏林问题比这个问题还要复杂、艰巨，他们倒似乎没有什么困难来集中研究，那时不出一个星期莫斯科就会发来详细的信件。

时间成了一个关键性因素，尤因我们内部的程序而复杂化了。限制战略武器的正式会谈即将于三月十五日在维也纳恢复。我们必须制订新的指示，这些指示最低限度也不能与特殊渠道进行的情况相互矛盾。与此同时，尼克松倒怕起来了，因为把限制进攻性武器与防御性武器联系起来这个问题看来即将取得突破，尼克松担心是杰勒德·史密斯而不是他会得到这个荣誉。他在越南和柬埔寨问题上受到的打击太大了，想在这类实际上等于谋求和平的倡议上落一个好名声，却也是人之常情。我请尼克松放心，除非莫斯科有意避开总统这条渠道，维也纳的会谈是不会出现那种突破的，不仅在这个问题上如此，在其他所有问题上都是如此。如果莫斯科那样做，那将是一个孤注一掷的决定，是对苏联不利的，至少在勃兰特的东方条约还挂在那里的时候它不会这样干。果然，莫斯科在继续打一场游击战，多勃雷宁于三月十二日交给我的方案背弃了限制进攻性武器和防御性武器同时进行的原则。这个方案要求在“今年”达成一项反弹道导弹协议，只限于在两国首都部署这种导弹；只有在这样一项协议达成之后而且只是“在原则上”达成之后，限制进攻性武器才可能进行讨论。苏联人正式改变他们对限制战略武器会谈的立场，这不可能是当真的；多勃雷宁手上一定还保留着什么东西。苏联领导人提出这项建议本身就最后证明他们根本不想取得任何进展；如果通过这条特殊渠道只不过是重演较低一级的谈判所遇到的僵局，那么这条渠道也就没有意思了。我当即驳斥了多勃雷宁的建议，多勃雷宁也就马上亮底了。他不再要求给他时间与莫斯科商量了——假如他的第一方案是当真的话，照理他是会这样做的——而是建议把苏联和美国的方案合并起来，试图消除分歧。很明显，多勃雷宁已有处理这个问题的某些自由，否则他是不会自己做主建议修改他的方案的。

三月十五日我们开会交换新方案。多勃雷宁提出的方案只不过是三月十二日方案压缩后的翻版。该方案依然坚持应先搞反弹道导弹协议，再谈限制进攻性武器，但没有提反弹道导弹仅限于首都的原则。我们的方案仍然是把限制进攻性和防御性武器联系起来，这是我的主要目的。

多勃雷宁和我次日会晤企图搞一个混合方案。结果这个方案很接近我们的主要要求。双方将对各自的谈判代表团发出指示，“立即”就反弹道导弹问题达成协议。在达成协议的同时冻结“战略进攻性武器”，包括洲际弹道导弹和潜艇发射的弹道导弹。允许加以改进和调换，但只能是同类型的武器。换言之，我们认为对我们的陆地发射的民兵式导弹力量威胁很大的苏联重型导弹(SS－9型)将被冻结在现有水平上。

三月二十五日，我向多勃雷宁发出一个照会，用外交术语来说叫作“口头照会”——这是一种书面的但未经签署的文件，其作用等于口头讲话，因而可以更容易不承担责任。这个照会提出了我们认为应当采取的程序。关于反弹道导弹协议和冻结进攻性武器的条款必须同时谈判，同时完成。(我把如何限制反弹道导弹的问题交给谈判代表去谈。)所允许的武器数量是冻结开始生效之日那些现役的和正在建造中的武器的数量。

第二天，三月二十六日，多勃雷宁带来了苏联方面的答复，对我们的三月十六日方案不置可否。他们接受对战略进攻性武器实行冻结的原则，但对其细节要等到对防御性武器的协议达成之后才能讨论。在苏联外交的神秘世界里，任何一点让步都是极为勉强的，这个答复的含义其实是一种妥协：两个协议要连续进行讨论，但同时签订。这是我们所不能接受的。因为一旦人们得知反弹道导弹条约搞成了，我们就会遭到难以抗拒的压力要我们签署，而在我们签字的同时，对进攻性武器的冻结也就告吹了。（即使我们不签署这个协议，国会也绝不会投票赞成为反弹道导弹计划拨款，因此，照苏联人看来，理想的结果是反弹道导弹协议无法执行，美国单方面放弃它的计划。）

我们在取得进展，但进展速度之慢却令人难以忍受。我毫不怀疑，我们会坚持前一天照会中的那些原则。多勃雷宁认为，他的领导人不会有机会研究这个照会。幸好，他很快就要回莫斯科亲自向他们汇报了，因为他刚刚接到命令，再次召他回国述职。我对莫斯科的谈判作风早就司空见惯了，它是想用这种简单的调走谈判人员的办法来进一步拖延谈判。

当进行所有这些活动的时候，限制战略武器的正式谈判也在维也纳继续进行，这就又增加了一个复杂因素，因为我们的谈判人员还不知道有这样一条特殊渠道。三月底，杰勒德·史密斯通过秘密渠道同我联系，据他判断，他已尽了最大的努力，除非他被授权把前进基地系统也包括在谈判中。代表国防部的保罗·尼采建议，我们接受禁止反弹道导弹，以换取苏联冻结以至最后减少其重型洲际导弹（SS-9型导弹）。在美国国内，压力继续加大，要我们接受苏联的单独达成反弹道导弹协议的建议。《时代》杂志、《华盛顿邮报》和参议员马斯基就是其中的鼓吹者。参议员赛明顿把“保证安全”的反弹道导弹比作一家制造降落伞的公司，该公司的广告说：“如降落伞失灵，可退还，包换新的。”⑥说实在的，我们的秘密谈判方式使我们很容易受到这些压力；我们的批评家们不知道我们可以做得更好一些。另一方面，假使他们知道谈判的底细，他们就会迫使我们接受当前的苏联提案，而这些提案是我们仍在设法改进的。

部署多弹头导弹是我们发展新型进攻性武器的唯一计划，而关于进攻性武器的公开辩论的焦点却是要我们停止这个计划，因此美国的确几乎经常要被迫放弃——在达成任何限制战略武器协议之前——我们正在建立的两种战略武器系统。

幸好，多勃雷宁于四月二十三日从莫斯科回来了，使我们摆脱了困境。他交给我一份照会，照会以苏联谈判人员那种特有的刻板、审慎的语调接受了我们的建议，同意限制进攻性武器可以在反弹道导弹协议完成之前进行讨论。这是对两种协议同时谈判下的一个很好的定义，虽然是以葛罗米柯那种双重否定的措辞来表达的。我们已经达到了我们的主要目的；但具有典型意义的是，苏联人抓住了我们以前作出的一个让步：达成协议要取决于我们接受只限于在两国首都部署反弹道导弹。然而这一次政治局又是白费心机，毫无所得。多勃雷宁必定知道——即使葛罗米柯不愿意承认——那个只在首都部署反弹道导弹的方案是他们去年的一个意外的收获。另一方面，假如苏联人不愿意继续谈下去，他们也不会走这么远了。四月二十六日，我在另一个口头照会中提出了一个解决办法，我建议，关于在反弹道导弹协议中规定容许建立的发射场的性质的问题，推迟到以后的谈判中再作决定。但照会提请苏联人注意，美国的立场将根据我们实际正在建立的体系（也就是说，保卫我们的导弹发射场），而不是根据以首都为中心的某种假设的体系来定。多勃雷宁当然不会放弃在辩论中取胜的机会，他说苏联人所接受的毕竟只是去年我们所提的反弹道导弹的建议。我感到有些难为情，也承认这是事实，但对他明确表示，我们现在的立场是不会改变的。

当我们将要达成协议的时候，出现了一件怪事打断了我们的工作。五月二日，苏联参加维也纳限制战略武器会谈的谈判代表弗拉季米尔·西门诺夫，在一次私人宴会上突然向史密斯提出了那同一个建议，即反弹道导弹协议只限于首都，在反弹道导弹协议签订之后再讨论冻结洲际弹道导弹的问题，而这个建议正是我在六个星期以前予以拒绝的。换句话说，在多勃雷宁已经同意两个协议同时谈判以后，西门诺夫又提出了苏联原来的立场。由于这个建议比苏联人在维也纳以前所作的任何让步都要大，而且史密斯不可能知道向他提出的建议正是我们已经拒绝并且取得进展的建议，他还以为自己就要取得突破哩。他催促接受这个建议——这说明假如谈判继续通过正式渠道进行，我们会遇到多大的压力。直到今天我也搞不清楚葛罗米柯玩这一手是想达到什么目的。也许他是看到我们的双重渠道有机可乘，忍不住想加以利用，因而授权他的谈判人员摸清我们的正式谈判人员手上的底牌。也许他是想试一试总统能不能坚持我提出的方案。可以想象，他想授予西门诺夫某种行动权力，而西门诺夫又想证明自己能比多勃雷宁干得更出色。（不要以为在苏联那种制度下比我们要好一些，官僚之间不会钩心斗角，那种斗争很可能是更恶毒的。）

不管是什么原因，西门诺夫的提议除引起对苏联诚意的怀疑之外，实际上对总统渠道的对话造成了困难。这个提议还在我们政府机构内部引起了正式的考虑，不久新闻界和国会就形成了一种压力，要求接受这个“妥协”方案。当时我正在棕榈泉，表面上是休假，实际上在准备中国之行。因此我要艾尔·黑格向多勃雷宁提出质问。多勃雷宁实际上没有作出解释。他指出西门诺夫提出了“过去”的立场，好像这样就可以多少为这种花招辩解。多勃雷宁答应控制事态的发展。

几天之后，五月九日，西门诺夫重新发动了攻势，这一次是选中了奥地利政府主办的一次乘船旅游的机会，说明他对于绕开总统这条渠道多么热衷。西门诺夫把史密斯拉到一边，提议他们在“今年”集中力量达成一项反弹道导弹协议，此后再积极谈判一项关于进攻性武器的协议。在这些谈判进行期间，将在“某段时间”内停止部署洲际弹道导弹。（现在他从六个星期之前的立场变成了上上个星期的立场。他仍然坚持两种谈判先后举行，并继续把潜艇发射的导弹排除在外。）史密斯对于这个表面看来的新“突破”大为高兴。我感到很为难。我很难告诉史密斯，说人家向他兜售的是陈货，西门诺夫的建议已通过一条他所不知道的渠道被另一个更好的建议代替了。我只好建议史密斯在一周内回国复命。

与此同时，我决定与多勃雷宁摊牌。与苏联人打交道，必定会达到一个时刻，那时必须严厉地向对方讲清楚，灵活的极限已经达到，谈判成败的时刻已经到来。这是一个比单纯地表示“强硬”更为复杂的问题。如果时机过早，苏联人就会真的使谈判破裂了；如果时机过迟，他们就不再相信对他们提出的挑战是当真的。谈判要取得成功是一个掌握时机的问题，跟莫斯科谈判尤其是如此。

一九七一年五月我们所采用的策略是由于必要——或者说是由于苏联的笨拙——而被迫采用的，它后来发展成为一种深思熟虑的策略，我们还要不止一次地使用它。当时所以必要，是因为一旦史密斯回到华盛顿，西门诺夫的建议就将成为各机构间正式讨论的题目，那么总统这条渠道就将无法加以控制。五月十一日，我与多勃雷宁进行了一次相当率直的谈话。我说，苏联人也许认为他们能在我们两条渠道之间制造不和，而且我们确实也有某些困难，无法使各机构相信事实上我们已经争取到多勃雷宁所让步的东西。但他无须怀疑，以总统的坚定和我对官僚机器的控制能力，迟早总会使事情照我们的意思去办。我告诉他，他付出的代价将是丧失对一条秘密直接渠道的严肃性的信任。他们的做法，总统只能理解为有意使他声誉扫地，总统对此是极为愤慨的。我要求他在四十八小时内对我们四月二十六日的建议作出答复。否则我们就把全部问题移交给公开渠道去处理。对于柏林谈判我们也要这样做。五月十二日多勃雷宁作了答复。苏联不再坚持在首都部署反弹道导弹的主张了。它同意限制进攻性武器和防御性武器同时进行谈判。到五月十五日，我们已就要在五月二十日发表的公告和尼克松与柯西金私人交换信件的文本取得了一致意见。

这个成功却使尼克松大为苦恼，因为他现在不能不告诉他的国务卿，谈判已经背着他进行了好几个月，而且就要正式发表公告宣告谈判成功了。他的第一个本能的反应是说由于忽然接到苏联的一封信就出乎意料地造成了这次突破。（七个星期之后他对于我的北京之行就是这样说的。）我劝他不要这样说，因为事实俱在，不允许这样编造，而且爱捣乱的苏联谈判人员也会利用这种说法。尼克松的第二个想法是，说他在一月份曾经给勃列日涅夫写过一封信，现在刚接到回信。这种说法我也说使不得，理由基本上如上所述。尼克松最后把这个难题交给了霍尔德曼，让他去告诉他的老朋友这个消息。后来强烈的责骂都倾注在霍尔德曼头上，但这绝抹杀不了他那种任劳任怨的精神，他干了许多工作都是费力不讨好的，忍辱负重的。罗杰斯以值得称道的沉着冷静接受了向他提出的解释——伪称接到勃列日涅夫一封信的那个说法。

向格里·史密斯说明情况的工作交给我来做。这是一个不愉快的任务。尽管我不同意史密斯的政策观点，但我对他的工作作风和忠诚是尊重的。几年的工作即将告成，而他却被排除在外，这对他来说肯定是很痛苦的。若希望我们的首席谈判代表同意，正式渠道的谈判本来还会再拖下去，那就太过分了；面对着公众要我们屈服的压力，我怀疑我们能否坚持我们最后的立场。我给史密斯看了我们与苏联之间所有的交换信件及我的谈话摘要。他表现得礼貌而克制。尽管后来他私下里颇有怨言，这是可以理解的；当这样的行为有损于尼克松政府在东西方关系上的第一个重大成就时，他以举国一致这一大局为重，克制了自己的感情。

一九七一年五月二十日中午，尼克松缓步走向白宫新闻记者团，向他们宣布了当年第一个引起轰动的新闻。他宣读了公告。公告寥寥数语（而且有点绕圈子），根本没有正确表达过去六个月的艰苦努力及其内在的含义。

美国和苏联政府在回顾了它们关于限制战略武器的会谈经过之后，一致同意在今年集中精力制定出限制部署反弹道导弹系统的协议。两国政府还一致同意，与缔结一项反弹道导弹协议一起，两国政府将对有关限制进攻性战略武器的某些措施取得一致意见。

但是与苏联人的这场谈判，没有一样事情是注定能顺利进行的。这个一致同意的声明刚刚发表，就有人告诉我苏联塔斯社发表了一个不同的文本，其含义是限制进攻性武器的讨论将在反弹道导弹协议“之后”而不是“一起”进行。换句话说，这是企图越过我们把苏联原来的立场塞进一份新闻公报。我把这一点提请多勃雷宁注意，他不能自圆其说，争辩道，塔斯社必定是根据俄文本自己转译的（这倒是一个离奇的解释，因为声明的原文是按英文议定的）。多勃雷宁说，很遗憾，由于时差的关系，现在通知莫斯科已经来不及了。我对他说，我要在两小时内向新闻界介绍有关这一公告的情况。我或者是谈苏联背信弃义，或者是把议定的文本说成是两国改善关系的第一个重要步骤，这要由他来选择。这位大使想出了一个聪明的办法，把正确的英文本打印在苏联大使馆的信笺上。这样就可以向那些持怀疑态度、早已作好准备发射重型炮弹的专栏作家们及时地提供。白宫新闻厅用苏联的信笺发布新闻，这也许是唯一的一次。

五月二十日的突破从表面上看是程序性的。它肯定了关于限制进攻性武器和防御性武器的协议将同时签订。* 但协议所包含的内容比字面上讲的要多。例如，我们已把我们关于限制战略武器会谈的立场的实质向苏联政治局提出来了。一九七二年限制战略武器会谈的协议确认了上年五月达成的默契：苏联实际上已同意冻结新型的战略导弹，同意也对重型导弹加以某种限制；他们实际上不再要求把我们国外基地的飞机计算在内；我们已提请他们注意潜艇发射的导弹必须加以限制或提出说明。此外，我们还设法避开了前一年那个不明智的只在首都部署反弹道导弹的提议。总之，一年后所达成的最后协议的基本方面反映了五月二十日公告之前双方交换意见的内容。

---

* 有些学究气的军备控制专家仍然认为总统已经接受了苏联的提议；他们称赞尼克松同意单独搞一项反弹道导弹协议，事实上他所做的恰恰相反。

限制战略武器协议是一九七二年五月签订的，这以后很久，批评这些协议却变成时髦的事情了，他们硬说这些协议是“不平等”的协议。诚然，协议规定的冻结使过去十年中形成的美苏导弹数量的差距保持了五年。但由于我们的前任所作的决定，美国并不存在什么制造新式导弹的计划，至少在五年内不可能生产新导弹。梅尔·莱尔德在国家安全委员会的一次会议上指出，美国计划建造的新潜艇最早要到一九七七年才能下水；他的估计也还太乐观了，至少提前了两年。在这五年期间，美国政府面对国会的激烈反对，积极进行新的计划——制造三叉戟潜艇，B－1战略轰炸机，民兵Ⅲ式导弹，反弹道导弹和多弹头重返大气层运载工具。因此，数量上的冻结并没有阻止美国的计划，而是阻止苏联每年继续部署二百多枚洲际导弹和潜艇发射的导弹的计划。作为交换条件，我们接受了对反弹道导弹的限制，而我们这个谈判本钱却差一点被国会全部搞掉了。

尽管很明显我们的谈判地位较弱——因为我们总不能巧辩说，如果达不成协议，我们能很快制造导弹——我们还是取得了上述成就，这是由于几种因素造成的。苏联领导集团不想利用我们国内由于越南战争造成的压力；它之所以这样决定倒不是由于发了善心，而是由于认识到这条特殊渠道可能是尼克松第一任总统期间达成一项基本协议的唯一的机会。苏联领导人还认为尼克松这个人是“捉摸不定的”——他在执意要干某件事情时确是如此，因而不敢拿我们国内表面上的混乱来下赌注；在美国，这种混乱的根基是薄弱的，拿多勃雷宁来说，他就比我们的许多批评家要懂得多。

更重要的一个因素是，苏联人若想缔结柏林协议或是批准德国条约，就不能冒险跟我们闹翻。我们没有明确地把这两者联系起来，但谈判的步调明确地反映了这种联系。（例如，当西门诺夫举动轻率的那个星期，我要拉什借故推迟与苏联驻波恩大使的会谈两个星期。）而且在冷战的条件下德国议会根本不可能批准勃兰特的东方条约。我们不愿加剧东西方的紧张状态自有本身的理由，但为了坚持达成一项适合我们的安全的限制战略武器协议，我们是准备冒这种风险的。

就国内来说，五月二十日的协议使我们得到了一个喘息机会。它暂时平息了那种硬说政府不愿努力争取和平的批评，它平息了尼克松任期内关于国防预算的辩论。当限制战略武器的谈判已经很明显有可能成功的时候，各种要求暂停发展计划的压力就减轻了。反弹道导弹仍处于胚胎阶段，但在一年内这本是不可避免的。实际上，反弹道导弹使我们赢得了一个好价钱，假使参议院军事委员会在一九七一年五月投票赞成只限于在两个发射场部署反弹道导弹，即使没有限制战略武器协议，价码也不会这样高的。

另外，就政府内部来说，五月二十日的协议可以说是一个里程碑，它确定了白宫对于外交事务的支配权。在前两年，白宫管外交只限于制定政策，现在扩大到执行政策了。有三件大事在正常官僚机构不知情的情况下同时进行谈判：五月二十日的限制战略武器协议，柏林谈判和打开对华关系。我已说明，我不认为这种做法可以成为一种制度。但也必须同样强调，政府各部的作为很难取得总统的信任。尼克松不愿与它们正面对抗，而它们则想利用这一点，这使尼克松不得不经常打游击战，想办法对付他的下属，他是从来不把他们当作自己的下属的。是尼克松一辈子好怀疑，还是十年来由反对派充斥的政府对他不信任，谁先谁后，这是一个先有鸡还是先有蛋的问题。尼克松——在我的帮助下——找到了解决这个问题的他自己的一套办法。这种办法当然对各部门起了瓦解士气的作用。对于像史密斯这样的个人来说，这种做法是不公平的，有辱人格的。对于国家安全委员会的成员来说，这种做法也太粗暴，使人受不了，因为他们的唯一责任是在老挝的作战行动进行期间同时筹划三个重要的谈判。而且由于渠道重叠也浪费了大量人力。但尼克松断定，由于他的信念、他的个性和他的部下的状况，要想取得成就只能采取这种办法。

至于五月二十日达成的谅解，尼克松有各种理由担心，如果通过正规渠道，那会拖延数月也没有结果，因为那时各部门正在对反弹道导弹的三种选择和关于冻结的各种方案进行辩论，它们会把自己喜欢的方案在他作出决定之前就透露出去。苏联人就会始终坚持只达成反弹道导弹协议，并成功地动员新闻界、学术界和国会施加强大的压力要我们接受。而柏林谈判与限制战略武器谈判之间那种重要的相互关系，由于两个完全不同的官僚体系不可能仔细调整它们的意图，几乎肯定就会丧失，每一方都深信自己的责任特别艰巨，理由特别充分，而主张谈判单独进行。

五月二十日的协议对于我们的对华行动也不无作用。它向北京表明我们对莫斯科也有选择的余地，同时我们也有机会表明我们了解中国的主要忧虑。我们通过巴基斯坦渠道告诉中国领导人我们的决定及其理由，并明确表示我们绝无共管世界的野心。最后，五月二十日协议也是美苏间第一个被认可的总统级的谈判——未来几年其他谈判的先驱。两个核巨人已开始探索共处的某些基本规则，尽管这是一条崎岖坎坷的道路。

柏林谈判

我们和苏联就柏林问题的谈判也是通过秘密和官方两条渠道进行的，但柏林谈判比限制战略武器会谈更为复杂，所使用的行话也更加深奥费解。在限制战略武器会谈中我们对自己这一方面负全责，但在柏林问题上我们却不仅要与苏联打交道，而且还要与占领国英国和法国、与这个问题关系最密切的德意志联邦共和国以及西柏林政府保持合作关系，因为代表西柏林人民的毕竟是西柏林政府，事关重大的是西柏林人民的自由生存的机会。此外，柏林谈判多年来一直限于在法律问题上争论不休。在五十年代和六十年代，从通行证印鉴的确切样式到整个城市的法律地位，几乎没有一个问题没有跟苏联人争吵过。任何一项倡议都必须对过去长期积累下来的司法程序进行一场争论；而且还得绕过苏联驻东德大使、首席谈判代表派奥特尔·A·阿布拉希莫夫这块绊脚石，他不是一个外交官，而是一个党务工作者，他的全部经历是与东欧人打交道。因此，即使按苏联人的标准来衡量，他也是过分专横独断、盛气凌人的。只要他不能对西方谈判人员发号施令，他就觉得难以忍受。

从根本上说，西方的谈判地位是不利的。通往西柏林的公路、铁路和空中联系很容易受到苏联人和东德人的侵扰而中断，这些从表面上来看微不足道，很难提出异议，但积累起来就对柏林的自由造成很大的威胁。西柏林人被禁止到东柏林去。东西柏林之间不通电话。为平民服务的铁路和公路都在东德的控制之下，而那时我们甚至还没有承认东德。在技术上，军事运输要通过一个由苏联控制的检查站，但即使这一点也不过是表面文章，因为实际上由东德的卫兵把守大门，一位苏联军官懒洋洋地待在附近的一个哨所里，在发生争执时才出面。

“西方占领区”——盟国一直使用这个名词来强调柏林仍然是四国占领之下的一个单一的城市——在经济上是由西德支持的。的确，联邦共和国无论是在基督教民主党执政时期还是社会民主党执政时期都曾作过一番努力，不仅想在经济上而且也在政治上在柏林待下去。西方三国对于这种努力是支持和鼓励的。然而，为了保持占领的地位——这是使苏联人在柏林问题上承担责任的唯一法律基础，西方三国从未承认，联邦共和国也从未声言西柏林是联邦共和国的一部分。因此美国所最关心的是确定苏联的法律义务，使其容许更正常地进入西柏林，容许被柏林墙相隔十年之久的东西柏林之间能更正常地来往。

十年来，柏林的脆弱性一直被苏联人看作是一个可以利用的机会，而不是促进问题解决的因素。在一九七一年，对我们变得有利的一点是，莫斯科很关心使勃兰特的东方条约获得批准。由于东方政策固有的特点是，似乎仅对一方有明显的好处——波恩接受国家的分裂除了改善政治气氛之外，毕竟一无所得——一项有利的柏林协议就要求提供对等的补偿。因此，莫斯科处于一种自相矛盾的境地，它要作出不符合当地力量对比的让步才能取得其他重要问题上它所希望取得的成果。这是一个相互联系的典型事例。然而这种联系的实际后果是，在这件事情的过程中，变成我们要对勃兰特政策的最后成功负有责任。

两个主要问题必须解决：

⊙ 西方国家想要得到苏联的（不是东德的）保证，它们进入柏林要得到优待和不受阻挠；

⊙ 联邦共和国想要苏联承认联邦共和国与柏林之间的重大的政治联系，以消除共产党对西柏林施加压力的传统借口。

苏联在四国谈判一开始就以一贯的狡诈手段攻击这两点要求，它以一种猛烈进攻的姿态提出了自己的最高方案。关于通道问题，苏联人否认有任何权力；他们坚持说，通过东德的交通，他们无法控制或者施加影响；这是两个德国之间要讨论的问题。如果作为占领国之一的苏联没有责任，那么按照苏联的这个说法西方盟国也就没有责任了。这样，老百姓进入柏林的问题就成了一个纯德国的问题。任何危机都得作为德国内部的事务来解决。

至于“联邦的存在”这个问题，苏联的立场是直截了当的。苏联人仍然是要求彻底消除波恩在这个城市进行“非法”活动的痕迹，关于这方面的活动，他们开列了一张包罗万象的清单。阿布拉希莫夫以其特有的方式要求把联邦存在问题首先解决；只有这样才能讨论通道问题。苏联人似乎想利用谈判把西柏林变成一个“自由城市”，在这个问题上施加压力曾经造成一九五八至一九五九年的严重危机和一九六一年的另一次危机。这是他们在战略武器会谈中的策略的重演；在限制战略武器会谈中，他们也是想先解决莫斯科最关心的问题——反弹道导弹，然后再讨论我们想解决的问题。苏联人提出一个如果勃兰特接受了就非垮台不可的方案是想达到什么目的，这也许永远是个谜。

正当我在一九七一年二月亲自过问时，苏联人想要采取的另一个方针是企图把四个占领国统统抛开。一个名叫迈克尔·科尔的东德官员出现在波恩，谈判东德和联邦共和国之间关系正常化的问题。前面已经提到，我已经建立了秘密的海军方面的渠道，以保持联邦共和国的巴尔、我们的大使肯·拉什和我之间的相互联系；并且我第一次使用这条渠道来警告巴尔，不要受到苏联人的诱惑，利用他参加全德谈判来为苏联圆场。

我的下一步是在二月十日与多勃雷宁讨论二月五日四国会谈中西方国家提出的建议草案。这一草案坚持由苏联提出保证，无阻碍地进入柏林。至于联邦共和国在柏林的存在问题，草案提出，宪法规定的机构，诸如选举总统的议会，将不再在柏林集会，而且所有西德各部将由联邦共和国在柏林的一个代表来执行任务。这并不是一个了不起的让步，因为这些机构将保留下去，但这个建议给苏联人一个他们可以接受的顾全面子的体制。凡是未加禁止的事情都许可办。

肯·拉什是联系的枢纽。他为我和多勃雷宁的谈判不断地提供情报；他与其他西方盟国保持密切的接触，以确保各盟国的立场协调一致；他还要制止巴尔那种喜欢单干、想把苏联人的一切让步都归功于己的倾向。而且拉什必须在自己的国务院全不知情的情况下完成这一切。这真是一种古怪的管理政府的办法。可是它居然能行得通，这一奇迹在很大程度上是由于拉什从容镇定的办事才干。

开始时，多勃雷宁坚持，进入柏林的程序问题应由两个德国来处理，然后他又突然提出一个妥协方案：苏联人将基于他们对东德的看法的理解，以单方面发表声明的形式来表明他们对柏林通道问题应承担的义务。然后这一声明将并入整个协议的总的保证之中。我不得不承认，这个方案只是听起来像一个完全不同的方案，因为实际上它恰恰是在正式渠道中早已讨论过的西方的那个让步的立场。（事实上，二月十日会谈所发生的事甚至使我想到，不是我接受苏联的一个妥协方案，而是苏联接受了我们的让步立场，是莫斯科从某一消息来源了解我们的这一立场后提出来的。）

当我把我和多勃雷宁的谈话内容通知巴尔和拉什时，他们两人都断言，这样一个保证是能为西方盟国所接受的，条件是予以保证的这个进入柏林的程序要详细拟定，足以改善柏林的生存能力。多勃雷宁在二月二十二日作出了反应，建议由我提出有关这一程序的详细文件。这样，巴尔和拉什就投入了紧张的起草工作，而由于经过秘密渠道传递那些冗长的文本经常发生脱漏和歪曲，起草工作也就更加复杂化了。他们起草的文件是各盟国不同立场的混合物，因而在盟国的讨论中可能被接受。二月二十六日我把这个文件交给了多勃雷宁。

三月十五日，多勃雷宁重新提出要求，要西方在联邦共和国在西柏林存在这个问题上作出进一步的让步。我说我们不能超过二月份提出的盟国的立场。多勃雷宁立即提出了一个妥协方案：作为苏联对柏林通道问题提出保证的交换条件，苏联在西柏林也要有某种程度的存在，例如，建立一个领事馆。反应这样快，这表明苏联人想取得进展的心情何等迫切。这个方案看来是承认了二月五日盟国提出的联邦在西柏林存在的提法。

当然，在苏联的制度下，什么事情都没有那么简单。到三月十八日，或是由于莫斯科有了新的考虑，或是由于苏联官僚机构的某位要人要求证明能否争取到更多的东西，多勃雷宁交给了我一份完整、详细的柏林协议的草案，这个草案实际上收回了上个月所做的大部分让步。他请我在莫斯科将此件提交给三月二十六日的四国会谈之前加以评论。在这样短的时间内来处理这样一个长篇文件中的所有玄奥难懂的法律问题是不可能的。另一方面，正式提交给四国审议也无决定性的重要意义；它的主要意义就在于使四国会谈能够继续进行。

与巴尔和拉什磋商之后，我在三月二十二日回答多勃雷宁。我无法提出一个反提案；我也不想被拖进一场讨论苏联文件的详细谈判，这样一个文件肯定会使谈判成为讨论我们的让步的谈判。为了迫使苏联人转向我们的观点——我相信他们是会这样做的，我在与拉什磋商之后，提出几个总的原则：第一，任何协议都必须肯定柏林与联邦共和国的联系，以及苏联承认西方国家在西柏林的权威。第二，在进入柏林通道问题上的许诺，必须由苏联作出切实的保证，即保证平民和军人进入柏林不受阻碍。第三，苏联必须对柏林城两部分之间的相互来往承担予以改进的义务。第四，协议必须表明西柏林的外事代表体制由三国负责——这是允许西德代表柏林的一种委婉的说法，因为西方国家会授权给波恩。第五，任何关于苏联在西柏林的官方机构的谅解都必须在四国柏林协议之外加以处理。这是为了防止苏联以它在西柏林的领事权的行使受到干扰为借口而取消关于柏林通行的规定。我交给多勃雷宁一份备忘录，它相当详细地说明了这些观点的实际含义。

我和多勃雷宁想出了一个主意，让阿布拉希莫夫和拉什秘密会谈。其实这个主意说起来容易，做起来则比较困难。阿布拉希莫夫在东柏林，拉什在波恩。他们两个只在四国开会时碰面。由于要通过柏林墙的检查站，他俩谁和谁接触都会引起新闻界的注意。即使在四国开会期间私自会晤，也会引起其他大使们的怀疑，当然也会通过正式渠道报告给国务院，这样华盛顿就会要求全面汇报。

我们以为已经克服了这些困难，于是安排他们在三月二十五日会见。阿布拉希莫夫或者是由于不了解双方对两条渠道的约定及其意义，或者是由于像西门诺夫所干过的那样想要堵死多勃雷宁这条渠道（或两条渠道都堵死），把要他与拉什秘密会晤的事捅到公开渠道里去了，这一来就引起了华盛顿的纷纷揣测。然后他又莫明其妙地取消了这次会晤。他与拉什的会晤重新安排在四月十六日下次四国会议时进行。阿布拉希莫夫这次又把未能会晤归罪于拉什提早离开了会场。这显然是一个借口，因为拉什已预先告诉每一个人，那天晚上他要为访问波恩的波士顿民间乐团举行招待宴会。显然发生了更重要的事情，也许是苏联外交部（由多勃雷宁代表）与党的系统（由阿布拉希莫夫代表）在扯皮。要不然就是葛罗米柯断定他三月的方案是一个失着，不能再作为谈判的基础了，因而决定用这个办法收回成命。也很可能是苏联人不信任由阿布拉希莫夫和拉什单独会谈，而想找一个方式让巴尔也参加进来，他们对巴尔很明显是信任的。不管是什么原因，当四月二十三日我向多勃雷宁建议由苏联驻波恩大使瓦伦丁，费林代替阿布拉希莫夫时，他很痛快地接受了。费林、拉什和巴尔在波恩会晤不会引起注意。在葛罗米柯看来，这样也许还有另外一个好处，那就是一切事情都由外交部这条渠道控制起来。

显然我有必要再次与埃贡·巴尔会晤。我们再次需要找一个有正当理由会晤的地点。我们选中了比尔德堡会议这个机会，这是欧洲和美国的政界与商界的领导人每年举行的非正式集会，定于四月二十四至二十五日的周末在佛蒙特州举行。会议是在森林中举行的，左翼和右翼团体都布置了纠察线，左翼认为这个会议是资本主义的阴谋，右翼怀疑像戴维·洛克菲勒和贾克·海因茨这样的激进的主办人会把美国出卖给隐蔽的国际主义。巴尔和我就是在这种环境中回顾了谈判进行的情况。他提出了一个巧妙的建议：双方都不要再坚持那些法律上的理由，而要具体地说明自己的责任和义务。我同意这个建议，但表示要与拉什讨论，而且关于柏林通道的程序要相当详细地加以说明，以免将来发生误解。

我于四月二十六日星期一向多勃雷宁说明了巴尔的建议，征求他的意见。多勃雷宁欣然表示同意，这说明他不是第一次听到这个建议。据我所知，没有哪一个苏联外交官——包括葛罗米柯在内——会不请示莫斯科就接受一项新的重要建议。究竟有多少渠道在起作用，谁是主要的谈判者，并不都是绝对清楚的。我坚持要由拉什就程序和实质问题征求勃兰特本人的同意，以此来确定巴尔的权力。拉什于四月三十日得到了勃兰特的同意。

五月三日，显然是在苏联的压力下，东德的党魁、顽固的斯大林分子瓦尔特·乌布利希由于所谓健康的原因被撤换了，而由埃里希·昂纳克充任。昂纳克据说比较灵活——要知道这在共产党东德完全是相对而言的。

费林、巴尔和拉什于五月十日第一次会晤。此后，秘密谈判的中心问题就交给他们去讨论，而由多勃雷宁和我打开僵局。这三位主要谈判代表都把单独谈话的内容互相通报（至少是在理论上如此），作为避免混乱的唯一手段。大量的电报往来充斥于这条特别联系渠道。海军承担的任务比原先答应负责联系时所承担的任务要多，而且完成得很好。

五月十日，费林、拉什和巴尔再次会晤。拉什根据我的指示和他本人的信念，顶住了巴尔的压力，后者要不经其他盟国批准就提出有关进入柏林的程序和联邦在西柏林存在问题的详细建议。拉什坚持要预先召开西方占领国工作组会议。我们预计盟国会原则上同意这些新的解决办法。我们预见到，关于进入柏林的程序，得到它们的同意是不会有困难的，特别是由波恩提出的话。巴尔当着费林的面反对这样做，坚持要立即提出临时性的建议。拉什又机智地挡了回去。最后，工作组还是赞同这些新解决办法，但作为计划文件而不是谈判文件提出。

由于在限制战略武器会谈期间，西门诺夫的行为是要绕过总统这条渠道，我指示拉什推迟了原定于五月十九日举行的一次会议，这样柏林谈判就又延搁了一个星期。限制战略武器会谈于五月二十日取得突破之后，我让柏林谈判继续进行下去。费林沿用苏联人谈判的故技，于六月四日收回了他在五月二十七日和二十八日所作的让步，到六月六日又大部分恢复。六月份其余的时间拉什、巴尔和费林都用来起草那些错综复杂的文件，后来形成最后的柏林协议。他们的每次会议都产生一些协议，我代表总统审查这些协议；也产生一些争论点，由我和多勃雷宁分别加以处理。在这一阶段，苏联人的基本做法是力图缩小他们对柏林通路问题所提保证的意义，所用的手法是插进一些限制性的词句，如“在他们的权限范围之内”，或者含糊地提到“国际法的准则”等等；这样，他们以后就可以争辩说，哪些才是他们的职权范围，或者那些通过一个主权国家领土的程序应该适用哪些国际法的规定。

僵局突然打开了，这是因为柏林谈判进入了这样一个时刻：葛罗米柯似乎达到了惊慌失措的程度，他怕功亏一篑谈判宣告流产。他决定对我们进行讹诈，以最后同意最高级会谈为条件要我们迅速签订柏林协议。也许他是真的担心谈判破裂，也许他是想表现一下自己解决难题的才干，好得到克里姆林宫的额外嘉奖，总之其结果却与他的企图恰好相反。一旦我弄清九月不可能举行最高级会谈之后，我就设法推迟缔结柏林协议，直到我访问北京的消息公布之后再来缔结协议。这样就使苏联人不致急于利用我们打开对华关系为借口来挑起一场新的危机。我的做法成功了，但也不是没有一定的困难。即便是拉什，也由于签订协议大有希望而飘飘然了，要他拖一下，他十分勉强（当然，其中原因他是不知道的）。西方盟国注意到苏联在正式的四国会议上立场软下来时，它们也催促赶快签订协议。

七月七日，费林大使在莫斯科经过磋商后返回波恩，他板着面孔告诉巴尔和拉什，他想不到，葛罗米柯对于六月份所作的让步竟然全部同意了。这样，他（费林）也就没有必要越过葛罗米柯向柯西金和勃列日涅夫请示了。葛罗米柯竟然知道他的下属将首次向他报告一个月来所作的重大让步，而且打算必要时越过他，我对葛罗米柯的这种眼光感到吃惊。然而，即使像我这样持怀疑态度的人，这时也不再怀疑苏联人是想急于要缔结柏林协议了。

拉什接到我另一个必定使他难以理解的指示：避开最后一轮谈判，到七月十五日以后再谈。我访问北京的消息公布之后，巴尔通知我，在波恩的俄国人反应强烈，但他们仍将继续进行柏林谈判。这倒不是他们愿意这样干，因为他们比我们更需要柏林协议。但这是一个有用的情报，这表明我们的克里姆林宫问题专家们的担心是错误的，他们曾认为打开同北京的关系会损害我们同莫斯科的关系。事态的发展证实了那些初步反应是可靠的，在我指示拉什继续进行谈判之后九天，他和巴尔就解决了最后有争议的问题。

苏联人默认了联邦共和国对西柏林公民的领事保护权以及西柏林人持西德护照旅行的权利。作为交换条件，我们同意那个主要是顾全面子的方案，即允许苏联在西柏林设领事馆。这对于苏联把西柏林与联邦共和国分开的理论没有什么用处，因为苏联在西德一些城市也有领事馆。（柏林协议生效已将近十年了，苏联的那个领事馆没有起什么重要作用。）

在谈判结束的那一天，拉什通过秘密渠道以无可非议的骄傲心情电告："临时协议草案作为附件奉上，可是我仍然很难相信协议竟然这样有利。它还需要由你、葛罗米柯和勃兰特分别批准……昨天我们从费林那里得到了我们所要求的一切东西。"他说得对。在以前，关于平民进入柏林的问题根本就没有法律根据，而现在这方面的程序都有细致的条文加以说明，甚至对制造品的密封运输这样的细节也作了规定。以前苏联对于进入柏林这个问题推得一干二净，声称这是东德人主权范围的事情，而现在它却作出了保证。联邦在西柏林的存在略有削弱——特别是盟国从未承认的那些活动，如四年一次的联邦总统的选举。但苏联已经接受了这样一条原则，即联邦共和国和柏林的联系可以"保持和发展"，这样就为波恩与柏林的经济和文化联系提供了一个法律根据。协议授权西德在国际协定和团体中代表柏林，并使柏林人能用西德护照旅行。总之，这个协议意味着可使柏林居民的生活和安全得到很大的改善。协议文本基本上实现了二月五日提出的四国草案中所规定的目标，实际上在主要方面都与那个草案相似。

可是这个协议是由我们、联邦共和国和苏联人三方秘密缔结的，由于存在着两条渠道，官僚机构问题也就成为突出的问题了。我们总得想办法不要使我们自己的国务院把事情弄得复杂化了。另外，协议还得拿到四国会议上去批准，而参加会议的外交官们很懂得他们作为占领国的代表所拥有的特权。除此之外，谈判突然进行得这么快，也使那些十年来习惯于那种僵持局面的人感到迷惑不解。这个问题倒不难解决，因为协议草案中有很多要点是根据工作组的计划文件拟定的，但这也不是小问题。拉什和阿布拉希莫夫想办法介绍那些不存在争议的项目，而由巴尔在我们的支持下提出那些较困难的条款。这时事情还算顺利。但到了八月十日，四国会谈正式开始，当然就得在正规官僚机构的指导下进行了，而官僚机构又决心要表现一下自己的气派。拉什突然从国务院这条渠道接到指示，要他重新修改秘密谈判中早已定下来的一些段落的词句。那些改动倒不太重要，可是巴尔却怕起来了，他怕这样一改会使我们受到指责，说我们没有诚意。我再次对多勃雷宁表示不满，指责阿布拉希莫夫态度粗暴，特别是对待英国大使，这位大使也是容易激动的。到八月十八日至十九日，问题似乎最后解决了。四国全部赞同协议。拉什兴高采烈地拍了一个密电给我，他说官僚们“已遭到挫败”。*

事情的真相是他们刚刚醒悟过来。三个月来，一项谈判即将完成而正常的官僚机构没有参加，甚至根本不知道，这已经是第三次了。任何一项协议，没有参加谈判的专业人员都能够横加挑剔，把它批评得体无完肤。国务院的德国科还没有达到这个地步；协议的文本毕竟是英国和法国的大使接受了的。罗杰斯只是把拉什召回国内两周，进行商讨，以便国务院能够进行“深入研究”。

我们处于十分为难的境地。我们必须使那些近乎妄想狂的苏联人相

---

* 我意识到我也许是从不适当的个人角度来描述一个复杂的谈判过程。我不知道其他参加的人有些什么双边接触，他们所作的贡献也许跟我这里所说的同样大甚至有过之。例如参加谈判的法国代表琼·萨瓦那格斯，当他后来作为外交部长成为我的同事和朋友的时候，曾经几次提到他所作的一个重要贡献，而萨瓦那格斯是不喜欢自吹的；但他的评论使我无法理解。我没有急于要求解释，因为我不想急于回答他。很可能还有别人与苏联人进行过双边接触。我们将等待其他参加者的回忆录问世。

信，拖延是没有意义的，然而又很难告诉国务院，它没有权力重新审查这样重要的协议。我们不能保证哪一位爱挑剔的官僚不会迫使我们重新讨论早已两次决定了的问题，首先是在拉什、巴尔和费林三人的会议上，其次又在四国大使级会谈中与阿布拉希莫夫决定的。以后的情况是，总统、罗杰斯、霍尔德曼和米切尔（因是拉什的老朋友）他们四个人之间电话来往不断，紧密磋商。像往常一样，还是由霍尔德曼去处理这件事。勃兰特在我的建议下也插进来了，他给尼克松写了一封信，极力赞扬协议是一个“重大成就”；这对罗杰斯是有用的。尼克松有一种想办法解释既成事实的才能。他呼吁他的国务卿给以支持，理由是尼克松八月二十五日的经济措施要求增加百分之十的进口附加税，使欧洲人十分恼火，因而我们需要作为交换条件让他们自己去干（意思是说缔结这个协议跟他毫无关系）。八月二十五日罗杰斯与拉什会晤后，态度也开始转变了。这出戏的最后一幕是总统于八月二十七日邀请拉什到圣克利门蒂。其结果是由拉什举行一次记者招待会，宣布他已与总统最后审查了这个协议，并说协议是“尼克松总统对外政策的一个重大胜利”。这样也就了结了我们内部的不和。

还有一个更稀奇古怪的变故，共产党在翻译上又玩了一个小花招。东德人拿出了一个大不相同的文本，非但与英文本和俄文本不同，而且也与西德的文本不同。然而法国人却拒绝联合起来对俄国人施加压力，迫使东德人就范——法国大使琼·萨瓦那格斯一怒之下离开了会场。法国的立场是基于他们根本不承认德文是正式用语。虽然这对于法国人来说感到很痛快，但对于一个主要是解决德国问题的协议来说，这种态度却是怪有趣的。但外交界也常有这样的事发生，这次就是用一个根本荒谬的方案结束了这场争论。只有法文、俄文和英文本被认为是“正式”文本。这场谈判的结局竟出现了这么一种怪现象：用来确定德国前首都的地位，而且在很大程度上也是由德国人去执行的协议，却没有一个权威性的德文文本。

《四国柏林协议》于一九七一年九月三日正式签订。肯尼思·拉什出色地完成了任务，但是艰苦的工作使他付出了代价，他的身体垮了，用了几个星期的时间才康复。如果说柏林谈判有一位英雄的话，那就是拉什。他对我们的盟国言而有信；他制止了巴尔的急躁情绪；他以卓越的才能和准确的判断力与两位苏联大使（驻柏林和驻波恩的）进行谈判。没有他，我们的努力决不会取得这样激动人心的成功。

对苏关系采取冷静持重的态度显然已开始取得成果。我们已开始证明，考虑民族的利益比采取感化的办法能更有效地打开东西方的僵局。相互联系的做法尽管为理论家所摈斥，但依然行之有效；我们把限制战略武器会谈与柏林谈判两者联系起来，终于基本上达到了我们的目的。当然，苏联人有理由为勃兰特的让步而感到满意，但只有外行才相信交易只能对一方有利。

最高级会谈终于确定

不论是限制战略武器会谈还是柏林谈判，都有其附带的目的，那就是企图安排一次最高级会谈。我们在一九七〇年就提出了这个问题，但是所取得的进展却不过是一个一般性的建议：将在一九七一年夏末某个适当的日期举行。这个建议是多勃雷宁于一九七〇年九月二十五日首次提出的，此后葛罗米柯又对尼克松确认了这一点。但是葛罗米柯又停了下来，迟迟不发出正式邀请，多勃雷宁也继续回避，不确定日期。很明显，苏联人是把会见他们的领导人看作是对我们的一种了不起的恩赐，大可以一而再、再而三地索取高价。

直到一九七一年一月二十三日我通过多勃雷宁这条渠道同意讨论柏林问题的时候，最高级会谈的安排才加快了步调。多勃雷宁更多地谈到时间了，但也总是避而不谈最后的确定日期。很明显，如果说我把柏林谈判与战略武器会谈联系起来，那么苏联人则是把柏林谈判与最高级会谈联系起来。莫斯科的战略成问题的是，这期间，我们也在悄悄地安排与北京的另一个最高级会谈，这使我们的谈判地位比表面看起来要强多了。

一九七一年二月，关于最高级会谈的问题，多勃雷宁又谈过几次，重新确定秋天某个日期，但他不想讨论任何具体安排。后来，最高级会谈的问题就从我们的日程上消失了，据说是因为苏联的领导机关正忙于召开第二十四次党代表大会。到三月底，多勃雷宁又一次回莫斯科述职（他回国述职的次数很多）；这样一来，秋天那个日期又变得渺茫了；一定有一位把关的天使在监视着我们，因为我们对最高级会谈还远没有准备好。

这次党代表大会确立了勃列日涅夫显赫的地位。四月中旬我在给总统的备忘录中写道，据我看，勃列日涅夫已成为支配一切的人物。我是根据多方面的情况得出这个看法的：

……在我们之间的重大实质问题上，几乎可以肯定，勃列日涅夫认为他拥有很大的力量。因此，他倾向于让步的可能性是很小的，因为他希望能以等待的办法取胜，当大选临近之际，让“和平问题”本身在我们这里起作用。

虽然如此，合理的基本判断是：（一）勃列日涅夫要进行真正的谈判还有某些回旋余地；（二）他想跟我们保持某种程度的稳定，帮助他完成国内的目标，并控制他的帝国中那些离心离德的趋向。

尼克松在文件旁边批注了一句：“我们将在三十天内见分晓。”

然而所揭晓的是，新领导班子也和旧领导班子一样，并不打算作出明确的决定。他们希望举行最高级会谈，但同时也想抓住机会在柏林谈判期间确能利用这个问题对我们施加压力。他们需要建立新关系，但对我们又不够信任，不相信我们能完成这样一个对双方都有利而且双方都已投入大量精力、时间和威望的谈判。因此，多勃雷宁在四月二十三日建议最高级会谈在九月举行，但明确地把最高级会谈与柏林协议联系起来。我作了针锋相对的反应，坚持说我们决不接受任何条件（这话出自联系论的一位主要倡导人之口，是很不老实的）。多勃雷宁利用我自己的相互联系的论据来反对我，坚持说，莫斯科讲的是实际情况，不是提条件。多勃雷宁这样乖巧地向我学习，我却并不感到高兴。四月二十六日，也就是北京的邀请最后确定的前一天，我警告多勃雷宁，不要在最高级会谈问题上要花招；下次我们再讨论这个问题的时候，他应该准备发表一项公告。

下次的讨论是六月八日在戴维营进行的，由我邀请多勃雷宁对美苏关系作一次全面的考察。多勃雷宁有意讨好，断言据他估计尼克松会重新当选，因而根据这一理由建议，最高级会谈不必急于举行。柏林谈判完成之后，最高级会谈自然就会来临。这是玩弄一个不必要的小花招，因为葛罗米柯必定知道——尽管费林大谈其史诗般的神话，说他不知道——我们正准备早日缔结协议。

那时，我去北京的计划差不多已订好。六月八日在戴维营，我更加担心的是苏联人过早地把最高级会谈的日期定下来，倒还不是想找到一个彼此满意的日期。我最不希望的一件事就是在我赴北京的途中公开宣布美苏关于最高级会谈的协议。因此，我要求多勃雷宁在六月底给我以肯定的答复（我在七月一日将作十二天的亚洲旅行）；否则的话，九月举行最高级会谈就办不到了。多勃雷宁无疑认为我确定这个最后日期表明我已等得着急了，若不加以利用实在可惜。其实，这是一种慎重的反应，我们是想确保在这场赌赛中赢得胜利，而苏联人对这场把戏的性质却还莫明其妙呢。

七月五日，当时我在曼谷，也就是离到达北京还有四天，莫斯科又拒绝了它原先提议的九月那个日期。多勃雷宁的助手伏龙索夫向黑格递交了一封复照，黑格于凌晨三时用双关语（那是无知的孩子也会懂得的）

打电话通知洛德。苏联的照会不仅推迟了最高级会谈，而且还提出了更多的条件。照会承认最近某些问题的讨论已有进展(指柏林问题)。“同时，还不能完全确定能否如所期望的那样尽快达成协议。”苏联人提出的双方可以接受的时间是将近一九七一年年底。宣布日期还要另行谈判“确定”——换句话说，即再次拖延。文件的最后一段暗示，苏联人不仅以柏林谈判作为最高级会谈的条件，而且还要求美国在各方面都要克制(也许指的是越南问题)：“双方决不可让自己的行动使局势不利于会谈的准备和举行，并减少会谈取得积极成果的机会。”

我电告黑格，伏龙索夫的照会对我们有利。我们现在可以按照我们希望的先后次序来完成两次最高级会谈了。苏联想要因为我们打开了对华关系而责备我们没有诚意就更加困难了(这不是决定性因素，而是一个有利因素)。如果苏联人还想继续进行最高级会谈——我想很可能是这样，那么会谈将在对谁有利的情况下举行，就更加显而易见了。前面我已讲到，我还指示驻波恩的肯·拉什，在两周之内暂缓进行柏林会谈。

我们不能完全忽视政府中所有那些一流的苏联问题专家们的意见，他们认为打开对华关系可能促使苏联的政策转趋强硬。我虽然不同意这种判断，但认为有必要采取措施，做到万无一失。七月十五日，在发表我去北京的公告之前约四十五分钟，我们通过伏龙索夫向苏联领导人递交一封信，委婉地提醒苏联政府注意“在这一公告之前所发生的一系列事件”。我们重申，我们愿意继续改善关系。我们着重指出，七月十五日的公告不是针对任何国家的；但对于一切后果，我们也作好了准备。

正如前面我们对苏联动机的分析讲到的，没有必要担心。苏联领导人决不会向客观因素挑战，而是去适应客观因素。他们不打算无可挽回地把我们赶到中国一边去，而是在考虑他们必须拿出更多的东西来。总而言之，克里姆林宫在三角关系中很不高兴扮演它的角色，它无疑是在等待一个机会，以便扳成平局，但事件的逻辑不给它选择的机会。

七月十九日，也就是全世界都知道尼克松即将访问北京之后四天，我去见多勃雷宁，这一回他是满脸堆笑，一味讨好。现在他完全赞成举行莫斯科最高级会谈了。他的问题是：莫斯科最高级会谈能否在北京的最高级会谈之前举行？我作为个人的意见对他说，两次最高级会谈应该按照决定的先后次序举行——完全像我在北京所说定的那样。多勃雷宁无疑为无法向莫斯科交代而十分苦恼，因为他不曾预见到我们的行动；他表示遗憾，说我们事先一点儿也没有向他提过。他回想过去，也承认这样要求太过分了。他不断地追问，是不是苏联拒绝尼克松在九月间访问产生了什么影响(也许他是想把一部分责任推给他的上级)。自从公布了我去北京访问的消息之后，他的腔调和举动都变了样。既然很明显我们有其他的选择，那种胡萝卜和大棒轮番使用的恼人做法也就无影无踪了。他断言，我们完全误解了他们七月五日的那封信。那封信仅仅是因安排有困难才发出的，并不说明对高级会谈不感兴趣。由于苏联领导要在十月份访问法国，才建议十一月或十二月举行最高级会谈，那主要是表示一个程序性的希望。我不愿提醒他十四个月以来的经历和那种猫抓老鼠似的把戏。

苏联人的新策略是明显的。我已讲过，它是想表明，在三角外交中北京只能使我们走一步，但与战略全局无关，莫斯科却能给我们以实际的好处。正如勃列日涅夫后来所说的，尼克松到“北京去赴宴，但到莫斯科来是办事”。莫斯科想用这种办法使北京透彻了解，它并没有真正的选择余地：与莫斯科为敌已招致大军压境；如想打开与华盛顿的关系，那就只能使莫斯科再次表明，它的本钱更雄厚。

没有必要去纠正苏联的想法。让这两个共产党国家竞相与我们搞好关系，这只能对和平事业有利；这正是三角战略的真义所在。在这种扑朔迷离的关系中，我们的方针是对各方都采取正直的态度。从地缘政治的观点来看，让苏联控制中国或者把中国重新赶向苏联一边，是对我们不利的。因此，我们决不可鼓励苏联把中国搞到软弱无能的地步。实际上，如果最坏的情况发生，我深信，一旦苏联进攻中国，我们不会袖手旁观——这个看法，在我的同事中是很少有人赞同的。

另一方面，我们不能凭主观愿望去挑起这种事件。中苏关系紧张是按照本身的逻辑发展的，不是我们制造出来的，我们也不能直接操纵这种关系。我们的行动肯定会影响这两个彼此敌对的共产党国家；它们都想把我们推向对其本身有利的方向；它们在确定与对方的关系时都要考虑我们的意图和行动。但要想操纵它们，那就会使我们成为它们的俘虏。我们没有能力去煽动一场我们根本不了解其根源的冲突；要想这样做，那就很可能引起双方都对我们进行讹诈。

我们必须谨慎从事。我们可以与苏联达成我们认为对我们国家有利的协议。但我们决不可鼓励共同统治世界的幻想，而且我们要抵制莫斯科对中国或对其他地方施展霸权的企图。我们要把我们与苏联谈判的情况告诉中国，而且相当详细地告诉它；我们要考虑北京的看法。我们决不可签订针对中国利益的协议。但我们不会让北京对我们的行动有否决权。这种三角关系一开始，我们就对双方严格遵循这些原则，但由于莫斯科是较强大的一方，我们对它介绍情况要简略得多，次数也少得多。

一九七一年八月初，我建议总统开始与勃列日涅夫直接联系。在这以前，两国最高领导人很少交换信件，而且一直是与柯西金联系的。但这次党代表大会已清楚表明，多勃雷宁也曾加以强调，自此以后，勃列日涅夫要多关心外交政策了。因此，八月五日尼克松致函勃列日涅夫——信件是我的工作人员和我拟定的——概述了我国对苏政策的基本要点。信件重申了尼克松就职以来我们一向强调的主张：两国关系的进展要求具体解决问题，而限制战略武器会谈是最重要的问题之一。接着又按照既定方针扼要地表明了我们对其他问题的看法。信件强调，我们与中国关系正常化的工作将继续进行，这项政策不是针对苏联的，而是贯彻我们建立稳定的世界秩序的思想。

这封信发出以后，两国关系的发展加快了步调。苏联信件的语气缓和多了。前三个月苏联所提的那些条件以及对美国总的行动所附加的例外条款都不见了。八月十日苏联人对尼克松总统访问莫斯科发出了正式邀请，日期是一九七二年五月或六月。苏联的照会表示，它“欢迎”北京与华盛顿关系正常化，但预先声明，一切要以这种关系如何发展而定。吹起口哨过坟场，照会故作镇定，它断言，苏联人不会被“暂时的考虑”所左右，“不管这种考虑看起来是多么重要”。我们想利用这种三角关系固然会破坏这种关系，但同样真实的是，苏联人宣称这种三角关系无关紧要，也是不能摆脱它所产生的影响的。

不管口头上怎么讲，以后发生的事情表明，莫斯科是懂得现实的。总统要访问北京的消息公布之后，有关柏林的未决的问题就在一周之内获得使我们感到满意的解决。关于突发战争的协议也于八月底完成，协议规定在发生技术故障的时候双方迅速取得联系，并且完全没有反华的含义。这项协议于九月三十日即葛罗米柯每年来美国出席联合国大会的时候在华盛顿签字。在我们所有的其他交往中，莫斯科的腔调都明显地发生了变化。共处，至少是暂时的共处，实现了，不是由于刹那间就有了远见卓识，而是由于我们协助形成的这种国际均势使然。

八月十七日，我告诉多勃雷宁，我们接受了最高级会谈的邀请。这个月的其他时间就用来起草一项公告，要像在北京起草的那项公告一样，避免使双方看起来是在向对方恳求。九月七日，多勃雷宁和我最后完成了一个折中的文件，表明美苏关系有了很大进展，两国领导人将于一九七二年五月的下半月在莫斯科会晤。公告将在葛罗米柯访问华盛顿之后于十月十二日发表。

一九七一年九月二十九日，葛罗米柯来到了椭圆形办公室，表露出愉快的神情，他所使用的双重否定的词语全都是肯定的意思。他声明，莫斯科认为美苏关系是世界和平的中心问题；勃列日涅夫将亲自处理这个问题。他表明对中东问题要采取新的做法；一旦获得最后解决，苏联将从埃及撤走它的战斗部队（关于这个问题，第三十章中还要详细谈到）。他甚至还建议向河内转达消息。他表明，他对迅速完成限制战略武器会谈确实是很关心的。

也像一年前一样，事先安排好尼克松把葛罗米柯带到总统办公大楼他的私人休息室里去见面。这样做是非常必要的，因为这时我们的官僚机构中还没有一个人知道最高级会谈已经达成协议，更不用说那个拟好的公告了。尼克松私人会晤从休息室里出来后，满面春风，告诉国务卿说，他和葛罗米柯刚刚确定了莫斯科最高级会谈的计划，给人一个印象，好像葛罗米柯带来了邀请信，尼克松当场接受了邀请，他们两个共同商定了那项公告。（这样做还有一个好处，就是使尼克松成了主要的谈判人，从而也就减少了罗杰斯和我之间的紧张关系。）葛罗米柯显得有些迷惑不解，但面无表情，沉着镇定，他毕竟是在无比冷酷的克里姆林宫政治中经受过几十年的锻炼的。

第二天我在苏联大使馆会见葛罗米柯。接待的气氛真是热情极了。关于限制战略武器会谈，在限制进攻性和防御性武器的关系问题上，不再拖拖拉拉了；而是相反，葛罗米柯明确表示，为了举行最高级会谈，莫斯科愿意尽最大的努力来完成这两项协议。葛罗米柯还主动地表明，苏维埃主席波德戈尔内即将访问河内不是由莫斯科倡议的，而是应北越人的紧急请求才去的。他很想知道，我们是否赞成在西贡建立一个既不包括共产党人也不包括阮文绍的“中立”政府。我回答说，我们不会把推翻阮文绍作为解决办法的一部分，但对于在印度支那问题解决之后由各种力量参加的一种政治局面，我们没有什么意见。这本来是重申我们一贯的立场，但葛罗米柯故意把它看作是一个重要消息，说愿意向河内转达。我们同北越有直接联系的渠道，我看不出由苏联来调解有什么必要；我们很难断定，这个调解人是否了解全部细节，是否像我们那样关心如实地转达情况。我想起了两年前万斯出使莫斯科时所抱的想法，因而建议赴莫斯科与北越的一位高级领导人举行谈判，如果河内认为有某些迅速解决的希望的话。

这一建议遇到了官僚主义造成的困难。自从我秘密访华以来，苏联人很希望我去访问莫斯科准备最高级会谈，得到与北京完全相同的待遇。（既然有秘密的北京之行，他们也希望我来一次秘密的莫斯科之行！）葛罗米柯首先提出邀请；十二月一日又提出书面邀请。这种邀请也反映了实际需要。最高级会谈期间很难进行谈判。会谈有时间限制，礼节性活动太多，若想会谈成功，任何重大协议都必须事先拟好。根据我国政府的组织情况，我是能起决定作用的主要对话人。

尼克松原则上同意我访问莫斯科，但是他想不出办法如何执行，同时又与罗杰斯搞好关系。在这个问题上，他的判断是完全正确的。我同意他的看法，因而从来没有催过他，一直到后来在预定的最高级会谈之前七个星期北越人对我们发动了攻势，迫切需要立即与勃列日涅夫联系的时候，我才催他让我去访问莫斯科。尼克松不让罗杰斯去访问莫斯科已经快三年了，部分原因是他想成为访问莫斯科的第一个高层美国人，另外也还因为在这段时间内他和罗杰斯很少彼此去了解对这些问题的想法。但派我去访问——那时事情已很紧迫——又会不必要地伤感情。

在莫斯科举行越南问题高级会谈的建议，也和那次万斯访问的倡议一样没有成功，只不过这一次得到了一个正式答复而已。十月十六日多勃雷宁正式通知我们，河内愿与我们直接谈判，而不愿通过莫斯科。

在一九七一年里，我们的一些经济组织不断催促，要求放宽对苏联的贸易限制，我们都拒绝了。我们的战略是利用贸易上的让步作为一种政治手段：当苏联人的行为带有冒险性时，我们就拒绝让步；当苏联人表现合作时我们就酌情作一些让步。一般来说，我们赞成搞那些需要较长时间来完成的项目，这样我们可以对苏联的行为不断地施加影响。我们在面对着经济机构和国会的巨大压力的情况下确定了一项计划，由一家美国公司向苏联一家位于卡马河畔的民用卡车工厂出售齿轮切削机器，为期两年。我们接到了许多坚决反共分子的恐吓信，直到他们看到他们会得不到利润时才停下来。苏联同意了我们五月二十日关于限制战略武器会谈的妥协方案后，这家工厂很快得到批准。有关卡马河工厂的其他一些项目则暂不批准，直到我的北京之行宣布之后柏林谈判取得突破时才予以批准。印度-巴基斯坦危机期间，我们又把一部分项目停下来。当时任总统国际经济事务助理的彼得·G·彼得森作了有效的配合，让所有这类经济上的决定都服从于我们对外政策的战略。一九七二年他出任商务部长后，也灵活机智地发挥了同样的作用。

当时我们就是用这种办法一直施加压力，终于使尼克松总统在一九七一年十月十二日宣布了一九七二年五月在莫斯科举行最高级会谈。这一年开始的时候，是一个停滞不前的局面，但在一年之内我们就打开了对华关系，缓和了与莫斯科的关系，缔结了柏林协议和突发战争协议，并使限制战略武器会谈取得突破。越南问题在这一年里也可说有进展。这个问题仍然支配着很多人的情绪，但现在已不再是一个举国关注的问题，而只是被看作过去遗留下来而正在解决中的一个痛心的问题了。河内知道了它的两个最大的共产党盟国不管印度支那战争在进行，却都跟华盛顿改善关系，不能不受到影响。这肯定会改善我们的谈判地位。除此以外，我们的种种创举已开始消除那种认为越南问题会侵蚀我们的民族精神和信心的恐惧心理。我们已经表明，美国在剧烈的痛苦中仍能大有作为。我们看到了建立未来国际新秩序的希望，这种新秩序将反映我们时代的现实和渴望，而且要靠美国的远见和献身精神来实现。

所有这一切，在很大程度上都是由于尼克松在我的帮助下坚持由白宫掌握外交政策而取得的。一九七一年，对于一些重大的主动行动，不仅是策划，而且包括具体执行，我们统统都抓起来。我在此书中已说过，我不认为这些办法从理论上来说是可取的；它们当然不能经常使用。不过，在这种“制度”下一个总统要改弦易辙，是很困难的。各部门和各种机构宁可取得一致意见后才开始行动。他们制定政策喜欢通过一套批准手续，这样也就搞不清是谁的主张，因而也就没有明确的方向了。他们倾向于迎合风向。他们避免彼此对立，避免与新闻界和国会对立。可是当遭到挫败时，他们在反总统的政治斗争中却决不退缩，他们就会泄露机密，最严重的甚至于鼓励国会施加压力。所有的总统都在一定程度上感到有必要摆脱那套履行审批手续的官僚主义积习，摆脱那些没有政治方向单纯追求私利的经济机构，因为它们会使总统寸步难行。毫无疑问，尼克松为取得支配权做得太过分了。那些机构中有很多忠心耿耿的人是愿意帮助他的。但如对中国的主动行动、限制战略武器会谈以及中东问题，前面的叙述已经表明，我们的许多想法是会跟那些固定的见解相矛盾的。

尼克松宁愿绕过那些程序而不愿实行纪律，这反映了他的个性。这种做法没有改变问题的性质，任何一个立志革新的总统还会遇到这个问题。尼克松顶住公众的巨大压力而作出果断的决定，他的战略才能，他的个人奋斗的精神，他敢于冒战争之险也敢于冒谋求和平之险的勇气，这一切都理应使他获得很大的荣誉。他的行政工作作风是怪诞的，给人的印象也是不好的，但历史必定会记下这一基本事实，即所取得的成就是巨大的，而这些成就的取得已证明用通常的程序是无法做到的。

我们对苏联的动机不抱任何幻想。但过去我不同意、现在仍然不同意那种说法，即在政治斗争中我们一定不是苏联人的对手。的确，只要我们不怕探索共处的前景，我们国内是能够支持这种斗争的。只有那样做了，我国人民才能团结一致去制服对方的挑战；这也是能把我们的盟国团结起来的唯一方针。无论苏联人想要谈判还是想要对抗，我们的任务只有一个：美国必须捍卫和平，但也必须做到，这种和平是一种公正的和平，而不要成为单方面的一味退让。

我们是在利用这个谈判的时代来实现我们争取和平、保卫自由的目的。我在向尼克松汇报九月三十日我与葛罗米柯谈话的内容时这样写道：

> 即使按照这个新的“积极的”方针去做，我们也只能预期苏联人追

求自己的利益，顽强地为他们的朋友讨价还价，一如既往地施展各种手段。但你将举行的两次最高级会谈及其相互作用使我们可以施加有益的影响。如果我们的牌打得对，我们有希望取得某些建设性的成果。

注释：

① 例如，理查德·尼克松著《理查德·尼克松回忆录》（纽约：格罗塞特和邓洛普出版公司，一九七八年版），第五二三页。参见马奎斯·蔡尔兹一九七一年六月一日在《华盛顿邮报》上发表的文章。

② 一九七一年一月二十六日《华盛顿明星报》：《美国在国防支出问题上的分裂，马斯基告诉苏联总理》。

③ 一九七一年二月二日《华盛顿明星报》：《向参议院小组报告裁军谈判的进展》。

④ 一九七一年二月四日《华盛顿邮报》：《美国谈判代表对限制反弹道导弹会谈的证词》；一九七一年二月二十八日《华盛顿邮报》：《福斯特要求全面禁止原子弹试验》。

⑤ 一九七一年五月四日合众国际社。

⑥ 一九七一年四月二十日《纽约时报》：《参议院再次就反弹道导弹问题进行辩论》。

第二十一章　偏袒：一九七一年的印巴危机

悲剧的起源

每届政府都会碰到一些使人类预见能力的局限性戏剧化地表现出来的事件。在越南问题、向中国开放问题以及同苏联正在开展的关系都还捉摸不定的那个年头，几乎没有什么事比南亚出现一场危机更不符合美国政府的愿望。似乎是为了强调我们一切计划工作都是靠不住的，这场危机居然是一场飓风触发的。

印度次大陆南临印度洋，北面以喜马拉雅山脉为界，西面是高耸入云、似乎决心使芸芸众生与外界隔绝的兴都库什山脉，往东逐渐消失在孟加拉的沼泽与河流中。几千年来，这个次大陆都是一个独立存在的世界。夏天，它的北方平原在使人精神萎靡的热浪中受到炙烤，冬天又受到不调和的寒霜侵袭；它绿色葱茏的南方孕育着宁静安恬的生活。这里的人民语种庞杂，说明曾经有一批又一批征服者穿过高山隘口、越过邻近的沙漠、有时则跨海过洋光临此地——匈奴人、蒙古人、希腊人、波斯人、莫卧儿人、阿富汗人、葡萄牙人，最后是英国人在此建立帝国，然后一一消失。他们来了又走了，留下大批人群，似乎什么事也没有发生过。

印度不同于中国。中国成功地在入侵者身上打上自己法律和文化的烙印，使入侵者逐渐同中国人混为一体，难以区分。印度不是通过同化、而是通过隔离的办法战胜外来者的。似乎是为了在极为冷淡的气氛中使自己相信自己的伟大，入侵者可能为自己的重要性树立精美绝伦的丰碑，但是印度各族人民创造了一种几乎不受任何外来影响的关系，使自己的存在延续下来。同中东一样，印度是伟大宗教的发源地。但是和中东的宗教不同，这里的宗教信仰的不是欢乐，而是忍耐；它们感化人的办法不是预卜慈航普渡的前景，而是证明人的存在朝不保夕；它们不是使个人得到拯救，而是使人懂得命中注定的道理从而得到安慰。在人们从呱呱坠地之日起就分等级的地方，个人失败从来不是个人问题；检验人的品质的标准是忍受命运摆布，而不是决定自己命运的能力。种姓制度对坚决要在现世寻求满足的文明是缺乏吸引力的。它使人具有非凡的适应力，并从遥远的展望中得到安慰。印度教自命不凡，自成一体，不接受皈依者。一个人如果不是生来就是印度教徒，就永远得不到这种宗教所带来的舒适和有保证的地位。面对这种针插不进、水泼不进的状况，外国的征服归根结蒂只是过眼烟云，并不能使非印度人在印度社会中得到尊贵的地位。这种情况使印度文明在数百年外国统治下得到保存，有时甚至兴旺发达起来。当然，这么多次入侵必然不仅在建筑艺术方面，而且在人文方面也留下遗迹。穆斯林征服者（他们代表一种鼓励皈依的宗教）为低种姓的印度人通过大规模改变宗教信仰来改善自己的处境提供了渠道。他们只得到部分成功，因为一旦改信伊斯兰教，这些新皈依者甚至连低种姓地位应当得到的那种尊敬也丧失了。使次大陆几代人陷入分裂的宗教仇恨的种子就是这时播下的。

英国只是最晚来到的征服者之一。它在北方取代了信仰伊斯兰教的莫卧儿统治者和某些印度统治者，在南方扶植起土生土长的印度统治者——看来似乎是实行了多年的交替轮换办法。但是英国的征服有一个重要不同之处。的确，这种征服之所以可能正是因为英国按照已经成为传统的方式用一批统治者代替了另一批统治者，其心理基础是当时还不存在国家概念。但也正是英国，使过去只是一个宗教、文化和地理概念的次大陆具有了政治特性。英国人使它第一次拥有了单一的政府、行政管理和法律结构，然后又提供了西方民族主义和自由主义观念。自相矛盾的是，正是因为英国人给次大陆灌输了民族和民主观念才使英国人成了“外国人”，并把一种文化表现变成了一个政治运动。英国学校培养出来的印度领导人要求把他们的统治者的价值观念应用到他们的人民身上。英国的抵制是半心半意的，说明它在实际战斗开始之前就已经在精神上输掉了这场战斗。

当成立国家的前景出现时，那些被入侵的洪流卷入印度的说各种不同语言的民族面临着各自日益增长的人口、极度的贫穷，特别是处理他们的相互关系等问题。整个人口中将近三分之一是穆斯林，他们集中在西旁遮普和东孟加拉，但在印度各地也都有小块然而重要的聚居地区。他们当中许多人现在已成为被印度社会遗弃的人；他们不能接受一个由数百年来一直鄙弃他们的那些人占统治地位的世俗国家。英国人一九四七年提出的解决办法是按宗教不同实行分治。

印度和巴基斯坦这两个国家就是这样在难以描述的恐怖行为和宗教骚乱中诞生了。巴基斯坦由两部分组成：西巴由旁遮普人统治，东巴由孟加拉* 人统治，中间隔着一千英里印度领土。他们没有共同语言，把他们捏在一起的不是经济或历史因素，而是伊斯兰教和对印度统治的共同恐惧。印度的民族主义者，同其他独立运动领导人一样，梦想取得前殖民国家统治的全部领土。对他们来说，巴基斯坦的存在就是一种侮辱。在印度眼中，这个毗邻的伊斯兰国家对他们的民族团结还是一种潜在威胁。还有五千多万穆斯林留在印度统治之下。他们迟早会要求承认他们的民族地位，否则巴基斯坦的创立事实上就是不必要的，是英国人强加于人的——这正是某些印度民族主义者不厌其烦地宣传的说法。至于巴基斯坦，它意识到甚至最低阶层的印度人也把自己看作是一种比穆

* 一九四七年分治时孟加拉也一分为二。东部成为东巴基斯坦，西孟加拉仍为印度的一部分。

斯林优越的制度的一部分，因此对那个较大的邻国充满恐惧、憎恶，有时是仇恨。

尽管印度人和穆斯林一起生活了几百年，但很少有相处这样长久的老邻居比他们更缺乏共同点。印度人复杂隐晦，穆斯林则比较单纯直率些。这种差别在建筑艺术的对比上也反映出来。印度寺庙建筑玲珑剔透，大小角落精雕细凿，刻画入微，其含意和给人的印象都不是单一的。穆斯林莫卧儿人在次大陆北部三分之一的地区到处建立的清真寺和堡垒则规模宏大，风格优雅，散发着浪漫气息，其光彩夺目、富丽堂皇同炎热的农村单调平凡的景色适成对比；那里无数的喷泉表达了摆脱严酷环境的渴望和对已经赶走入侵者的比较淳朴的地区的怀念。

在二十世纪五十年代和六十年代，美国不了解这些新成立的国家正在专心致志忙于自己的问题，总是用自己的先入之见看待他们。我们按照表面价值相信印度总理贾瓦哈拉尔·尼赫鲁自称为世界事务中不偏不倚的道义仲裁人的作用。我们几乎没有注意到这正是弱小民族为取得同其实力不相称的影响而奉行的政策，也没有注意到印度除了在它认为自己命中注定处于优势地位的次大陆外，很少愿意承担风险以适应它的国际抱负。至于巴基斯坦，我们只把它当作反对共产党侵略的潜在军事盟友，而不了解大多数巴基斯坦人恰恰是把印度看作对他们安全的真正威胁。我们把印度供奉在抽象道德的万神殿里，而印度则把我们武装巴基斯坦看成是一种挑战，从而破坏了我们希望博得它的好感的尝试。

我们过高地估计了获得印度政治上赞许的可能性，同时又错误地判断了巴基斯坦军事努力的目标。我们对印度自称代表“世界舆论”过分敏感，而我们又想把巴基斯坦包含在它并不接受的遏制概念中去。我们以为共同防御的法律义务对共产党侵略是一种威慑，虽然有关联盟的成员几乎不能增强相互的力量，也很少有共同目标。巴基斯坦成了我们在东南亚条约组织和中央条约组织中的盟友，① 因此有资格获得美国武器援助。这种援助的目的是反对共产党侵略，但是印度怀疑它有其他更为可能的用途。

艾森豪威尔政府时期形成的军事联盟在美国引起了争论。在野的民主党以此为例攻击政府过分强调军事方面的考虑。印度成了美国自由派的特殊宠儿。他们从印度实行民主制度的决心中看到结成思想伙伴的基础，从印度希望获得的经济成就中看到对共产党自称代表未来潮流这种说法的最有力的驳斥。毫不奇怪，一九六一年政府易手之后，华盛顿对巴基斯坦的兴趣明显冷淡下来，越来越多地用提供美国保护的口头保证代替了军用品的供应。（这种保证的不断增加反过来在一九七一年使我们难以摆脱了。）整个这段时期，甚至在印度已经建立相当雄厚的军火工业并同苏联发展了牢固的军事供应关系以后，它还一直坚持不懈地、巧妙地努力破坏巴基斯坦和美国的军事关系。

一九六五年的印巴战争使我们得到在某种程度上脱身的借口。美国对双方都不再供应任何军事装备（一九六六年至一九六七年，政策稍有修改，允许提供非杀伤性装备和各种装备的零件）。这种表面上的不偏不倚具有欺骗性，实际结果是伤害巴基斯坦，因为印度大部分武器可以由共产党国家或它自己的兵工厂提供。约翰逊总统意识到这种行动的片面性，答应通过土耳其一类的第三国安排把若干行将过时的美国坦克转让给巴基斯坦。但是他根本没有完成这项交易，一个原因是他不愿意把国会日益减少的支持，用于对他来说显然已是无足轻重的决定方面；另一个原因是第三国改变了主意。

我自己在次大陆的经历本来应当使我预见到那里存在的激烈情绪。一九六二年一月，我从技术上说还是肯尼迪总统的顾问。那时，美国新闻署安排我去次大陆发表一系列演讲。我国驻印大使、我的好友约翰·肯尼思·加尔布雷思颇为不安，担心我这样一个主要由于《核武器与对外政策》一书而名噪一时的哈佛大学教授会在那些看来非常敏感的和平主义的东道主当中引起什么反响。我一到新德里机场就使他放下心来，因为我立刻卷入了同巴基斯坦的纠纷。在无法避免的记者招待会上，我用自认为是外交辞令的语言回答了一个关于克什米尔的问题，我说对这个问题还不大了解，无法作出判断。在回答关于巴基斯坦开始同中国眉来眼去的问题时，鉴于当时普遍认为中国是侵略成性的，我极不愿意承认自己对这一看来是荒谬的发展一无所知，因此表示我无法想象巴基斯坦会做这样愚蠢的事。巴基斯坦领导人原来就已经感到受了歧视，因为派驻新德里的大使是一位哈佛大学教授，而伊斯兰堡"只"配接待一位职业外交官。不过他们非常谨慎，不愿攻击肯尼迪的一个私人朋友。我在机场对记者讲的话是一次天赐良机，使巴基斯坦报界可以把自己的不满情绪发泄在另一位哈佛大学教授、肯尼迪的次要僚属身上。我承认对克什米尔问题的无知被说成是美国漠不关心的象征。把"愚蠢"这个字眼同"巴基斯坦"放在同一句话里——尽管这句话是否认巴基斯坦愚蠢——也变成了民族侮辱。我只得到一种补偿。巴基斯坦报界的攻击使我在印度陡然身价百倍。因此，至少是在一九六二年，人们对我的指责是偏向印度。

后来，事态终于平静下来，使我可以在同一旅程中在巴基斯坦露面了。我立即证明我并没有丧失自己的本色。当我在开伯尔山口游览后返回白沙瓦时，被一位巴基斯坦记者拦路截住。他问我是否看到任何普什图人动乱* 的迹象。考虑到次大陆已有很久没能听到我说俏皮话了，我回答说："即使我迎面撞上，也认不出什么是普什图动乱。"结果登出来的标题是："基辛格不承认普什图尼斯坦。"这件事使阿富汗在华盛顿提出正式抗议，但至少使我暂时在巴基斯坦成了一名英雄。如果我按照自己喜欢漫游的习惯去访问阿富汗，很难说我还会得到什么成就。但是根据美国新闻署的判断，这种文化交流的收获已经超过它下的本钱，它认为就我的才能来说，还是回国比较安全。

* 指边境地区发起的一个运动。这个运动要求脱离巴基斯坦，并同开伯尔山口另一边的、属于阿富汗的语言接近的人联合。

因此，我也许本来应当更加聪明一点，不使自己卷入次大陆一九七一年的疯狂纠纷。

尼克松政府就职时，我们在次大陆的政策目标很简单，就是避免给自己的议事日程增加麻烦。印度和巴基斯坦在二十二年并不安宁的共处中打了两次仗。我们想同双方都保持良好关系。尼克松对印度自己吹嘘的道义领导地位，说得委婉一点，并不像他的某些前任那样容易受到影响；实际上，他认为他们是在奉承印度，并以此作为自由派人士缺乏判断力的重要例证。但是这并不妨碍他在一九六九年的环球旅行中到新德里进行了一次还算成功的访问。他很快就丢掉了幻想，知道他得不到可与艾森豪威尔一九五六年访问相提并论的群众欢迎场面。接待是有节制的；群众场面只能说是得体的；进行的讨论按照公报用语可以说是"建设性的"、"实事求是的"。尼克松在晚宴上发表了一篇娓娓动听的祝酒辞，赞扬圣雄甘地的智慧，并对现代世界和平的性质进行了富有思想的探讨。

但是尼克松同印度总理、尼赫鲁的女儿英迪拉·甘地夫人的个人关系，命中注定是无法融洽的。甘地夫人认为自己几乎生来就在道德上高人一等。她这种自负和她那阴郁的沉默激起了尼克松全部潜在的不安之感。她对尼克松的态度既表现出发展中国家颇为时髦的对资本主义象征的鄙视，又暗示她过去从一些知识分子朋友那里听到的有关总统的那些丑事不可能全是假的。尼克松同她会晤后对她的评语有些是无法形诸笔墨的。另一方面，尼克松能够理解那些冷静地估计国家利益并据以行事的领导人。一旦透过那些刺耳的、自命不凡的辞藻，就会发现甘地夫人冷酷无情地估计各种权力因素的能力几乎是无与伦比的。因此，他们在政治上的关系，从实质上说，比他们的个人关系要好得多。

无论尼克松个人对印度总理如何疑虑不安，在他整个第一届任期内，印度始终在国会和美国政府内部拥有一大批支持者。甘地夫人当时还没有进行核试验或实行独裁统治，因此还没有使美国人幻想破灭。同这个世界上人口最多的民主国家的感情联系依然存在。美国政府每年提出大量援助拨款，在国会里很少有人反对就通过了。一九六五年至一九七一年，印度获得美国经济援助四十二亿美元，其中约十五亿美元是尼克松时期给的。

如果说印度得到国会的热情支持但受到总统的冷待，巴基斯坦的情况则恰好相反。巴基斯坦是尼克松下台后尊敬地接待他的国家之一；尼克松从来没有忘记这一点。巴基斯坦粗鲁直率的军事领袖也比印度那些复杂而且显然倨傲的婆罗门领导人更投合他的脾气。另一方面，巴基斯坦在美国，至少是在制造舆论的集团中从来没有像印度那样得到同情。同那个世界最大的民主国家的“进步”口号和富于和平主义气息的伦理比较起来，它并不代表美国人乐于认同的那些原则。此外，印度比巴基斯坦大得多，人口等于其四到五倍。因此我们把同印度的关系放在优先地位是有很实际的理由的。

尼克松除对巴基斯坦语调多少比较热情以外，几乎原封不动地继承了过去对次大陆的政策。他和我作为了解情况的仅有的两个高级官员深为感激巴基斯坦所起的通向中国的渠道作用。巴基斯坦领导人从来没有为这种服务要求任何报答或特殊照顾，这是永远值得崇敬的。尼克松所做的唯一具体姿态——也是为了维护他的前任的诺言——是一九七〇年夏天批准给巴基斯坦提供一小批军事装备。这是作为美国武器禁运中“仅此一次的例外”提供的，其中包括大约二十架飞机和三百辆装甲运兵车，但不包括坦克或大炮。这批装备约值四五千万美元(也许稍多一点，视所选飞机型号而定)。平均每年增加三亿五千万美元——几乎十倍于巴基斯坦得到的数字——军事购货的印度提出了暴风雨般的抗议。同时，印度还指责我们干涉它的内政，因为我们大使馆——也许是我国外交机构中冗员最多的大使馆——的某些人偶尔会见过反对党领导人。他们这样做并不是执行华盛顿策划的战略，而是在一个拥有自由制度的国家中自然会有的活动；一个民主国家的领导人提出这种指责是很怪的。不过这场风暴很快就过去了。

到一九七一年，我们同印度的关系已经处于一种密切然而令人恼火地紧张的状况，就像一对既不能分手又无法相处的夫妇。我们同巴基斯坦的关系则是表面上友好而很少有具体内容。至少在次大陆，看不出同美国结盟比不结盟有什么明显的好处。

一九七一年初，我们的高级决策人都没有料到次大陆会在我们的议程上跃居首位。当时除每年的援助计划和因一九七〇年后期自然灾害造成的悲剧需要给予救济以外，似乎没有需要立即做出决定的问题。次大陆似乎是长远研究的理想主题。一九七〇年末，我曾下令进行三项有关次大陆的研究，其中两项涉及苏联在印度洋的海军实力及其影响，第三项是研究我们对印度和巴基斯坦的长远政策，包括苏联和共产党中国的目标及其相互作用。这些研究预定都要很久以后才完成；没有料到会出现任何严重危机。

两次飓风

巴基斯坦建国以来一直缺乏持续的法统。这个国家的缔造者逝世以后，没有一个政府是干完自己的任期的。每次改变都是通过某种政变实现的；军人政府和文官政府交替上台，而军方居于统治地位。一九七〇年预计要成立符合宪法的政府。选举将在十二月举行。巴基斯坦总统叶海亚·汗在十月庆祝联合国二十五周年时拜访了尼克松。前面谈到尼克松托他给周恩来带信一事就是这次办的。我乘机询问叶海亚选举后总统权力会有何变化。叶海亚信心十足。他预计西巴和东巴都会出现大量政党；这些政党将在这个国家的两翼内部并在两翼之间互相倾轧；因此，总统将仍在巴基斯坦政治中充当仲裁人。

他的预言还来不及受到考验，东巴就在十一月十二日至十三日遭到一场毁灭性飓风的袭击。我书面告诉尼克松，根据大多数报道，这是近百年来生命财产损失最惨重的一次灾难；据信有二十多万人死亡。尼克松下令全力以赴进行救济的计划只触及痛苦的表层。恢复工作十分混乱、缺乏效果。反对派指责叶海亚政府腐败无能，还加上更严重的罪名。这场政治风暴最后变得比自然界的风暴更有破坏性。

或许是这场飓风使反抗中央政府的情绪明朗化了，并增加了东巴的愤懑和对自己特性的认识，也可能是叶海亚对群众情绪一直判断错误，总之一九七〇年十二月七日的选举变成了对叶海亚处理危机的方式的一次公民投票，给军事统治者带来了灾难性后果。致力于东巴自治的人民联盟在东部争夺的一百六十九个席位中赢得一百六十七席，从而在共三百一十三席的国民议会中获得多数。因此，人民联盟领袖穆吉布·拉赫曼教长(以穆吉布而知名)必然要成为东巴无人能与之抗衡的人物，在全国也将具有强大影响。使这场政治戏剧更形突出的是巴基斯坦人民党领袖佐勒菲卡尔·阿里·布托在西巴取得了可与之匹敌的统治地位。布托反对军事统治，但鼓吹强有力的中央政府和统一的巴基斯坦；他激烈抗拒穆吉布坚持的东巴自治，而在这方面肯定会得到军方的支持。(实际上，他很可能是为了使军方更能接受他而采取这种立场的。)人民联盟提出了在东巴基斯坦省实行充分自治的六点纲领，只在外交政策和国防方面给中央政府留下某种含糊不清的职责。它建议巴基斯坦两个组成部分分别发行货币、建立外汇账目、征收赋税、确定财政方针并保持各自的民兵和准军事单位。叶海亚和布托拒绝了这个纲领，认为它等于宣告东巴独立。一场僵局或危机迫在眉睫。

一九七一年二月十六日，我请各部门共同研究，如果东巴试图脱离巴基斯坦，有什么对策可供选择；二月二十二日，我把自己的分析报告了总统：

(穆吉布和布托)至今未能就新宪法取得任何非正式协议。甚至一点苗头也没有。叶海亚总统仍决定把军人政权移交给民间政客，但表示他将不主持巴基斯坦的分裂。……（穆吉布）现在打算坚持他使东巴取得实际自治的要求，如果得不到满足——很可能是得不到的——就宣布东巴独立。

叶海亚既不愿同布托合作，又拒绝接受穆吉布使东巴取得准独立地位的要求，结果是两头犯难。他推迟召开原定三月初开幕的国民议会，使政治领导人有更多时间清理他们的分歧。但是这个行动进一步增加了东巴的敌对情绪。叶海亚最后把召开国民议会的时间改为三月二十五日，把希望寄托在两位对立的文职人员在可能使国家分裂的僵局面前选择妥协的道路。事实证明叶海亚这次也判断错了。布托无疑是巴基斯坦政治中最有才华的人物，为人傲慢，意志坚强，后来在他的被肢解的国家中主持恢复工作时表现了政治家的才干和勇气。但是在一九七一年初，他担心妥协会招致西巴群众的愤恨，而正是这些群众的支持才使他接近取得权力。穆吉布也无法制止他自己发动起来的力量。他走向妥协的愿望比布托小得多，而比布托更相信自己的言辞。同希腊悲剧中的人物一样，巴基斯坦这两个深得民心的领导人都拒绝让对方跨过门槛，获得自己也可能得到的权力；他们宁愿向必然低头，而不愿相互让步。

随着紧张程度的增加，我国政府研究了可供选择的对策。三月六日，高级研究小组开会考虑我二月十六日要求在部际小组中进行研究的意见。我们一致认为巴基斯坦无法用武力保住东巴。我向各部门明确指出，总统不愿同叶海亚对抗，但白宫不反对其他国家去说服叶海亚放弃使用武力。如果巴基斯坦分裂，这应是它内部的力量造成的，而不应是美国施加压力的结果。各部门一致同意，美国不应牵连进去。这也是同巴基斯坦的历史渊源更久的英国的政策。

三月间，我们体验到多数危机到来时特有的那种混乱状况。穆吉布在三月七日一次重要讲话中没提要同西巴完全断绝关系，但要求取消军事管制，恢复人民统治，明确表示他的目标仍然是“解放”东巴。叶海亚宣布他将于三月十五日飞往东巴省会达卡同穆吉布谈判。在此期间，印度总理甘地在三月初的大选中获得巨大胜利。到那时为止，巴基斯坦的事态一直还是一个友邦的内部问题；我们可以有自己的观点，但不成其为外交政策问题。甘地夫人忙于竞选和处理选举后的迫切问题，采取了不干涉政策。迟至三月中旬，印度外交部常务负责人特·纳·考尔还对我国驻新德里大使肯尼思·基廷说，印度希望巴基斯坦保持统一。三月十七日，印度驻华盛顿的手腕灵活的大使 L·K·杰哈向我表示了同样的意思。两人都没有提供丝毫迹象说明印度将把毗邻的东巴出现的麻烦当作影响自己切身利益的问题。

但是知名人物的神经有时也会突然绷断的。当他们不能耐心等待事态的发展时，就想勉强加快步伐，结果就会失去平衡。叶海亚就是这样。他以不到四万人的兵力，却决定对东巴的七千五百万人民实行军事统治，镇压人民联盟，逮捕穆吉布·拉赫曼教长。

这样一来，巴基斯坦危机就变成了国际问题。

军事镇压

现在也还不十分清楚究竟是什么原因促使叶海亚在三月二十五日采取那种不顾一切的行动的。毫无疑问，孟加拉群众辱骂了几乎完全来自西巴的巴基斯坦士兵。穆吉布的所谓自治看来同独立没有什么区别。几乎所有国家都会为自己的统一而战斗，即使心怀不满的地区压倒一切的情绪都要求分裂也罢。美国的内战是如此，尼日利亚对比夫拉是如此，刚果对加丹加也是如此。但是巴基斯坦与众不同的是，要求脱离的省份同西巴中间隔着一千英里印度领土。忠实于国家一翼的少量部队根本不可能无限期压服另一翼的七千五百万人。孟加拉当地对巴基斯坦统一的支持一旦消失，巴基斯坦的完整就结束了。即使印度不加干预，也肯定会出现一个独立的孟加拉国。唯一的问题在于这个变化将以什么方式出现。

我们同英国一样，希望尽可能对此保持超然态度。我们甚至得到消息，说西巴怀疑我们可能赞成东巴独立，其实英国和我们都不愿被人当作巴基斯坦解体的替罪羊。我们没有多少手段去影响局势。而且我们有一切理由要保持巴基斯坦的善意。巴基斯坦是我们通往北京的关键环节，并且是中国最亲密的盟国之一。我们十二月份通过巴基斯坦传递信息，原则上接受派遣美国密使前往北京的想法。三、四月间，越来越多的迹象表明中国即将有所反应。四月就出现了乒乓外交。

危机的第一阶段，美国政府——甚至那些毫不了解我们对中国的主动行动的人——一致认为应当避免仓促行事。在三月二十六日举行的华盛顿特别行动小组会议上，我重申自己的看法，认为这场危机将引起内战，而且相当快就会导致东巴独立。国务院代表指出，英国不愿采取行动对巴基斯坦施加压力。我对同事们说："我在午餐前同总统简短地交谈过。他的倾向同其他所有的人一样。他不希望采取任何行动。他不愿处于这样一种地位，使别人可以指责他曾鼓励巴基斯坦分裂。他不赞成一项很积极的政策。"

然而要求采取积极政策的压力开始增加。四月份开始收到有关巴基斯坦在孟加拉的暴行的报道，引起普遍的、理所当然的愤怒。我国驻达卡总领事给华盛顿发来电报，要求美国对巴基斯坦的镇压采取公开反对的立场；领事馆其他成员也在四月初联名发来一封类似的电报。国务卿罗杰斯对我说，他认为外交人员不写报告而写请愿书是"令人不能容忍的"。但是，按照下级在想使上级无可抉择的情况下喜欢采取的办法，电报是以较低的保密等级发来的，因此得到广泛的传播。向国会和报界走漏风声是不可避免的。曾经访问东巴的一位巴基斯坦编辑为伦敦《星期日泰晤士报》写了一篇描绘军队屠杀情况的第一手报道。我国驻新德里大使肯尼思·基廷向华盛顿报告说，他"对这种屠杀深感震惊"，并"十分担心人们很容易把美国同这种军事恐怖统治作有损美国荣誉的联系"。他主张美国立即公开以显著方式对"这种野蛮行径"表示遗憾，私下对叶海亚·汗进行干预，取消我们“仅此一次的例外”，立即暂停向巴基斯坦交付任何军用物资。

我们感到左右为难。美国不能对杀戮了数以千计的平民并使几百万人逃往印度寻求安全的野蛮军事镇压表示宽容。巴基斯坦军方采取了高压手段，这是无可怀疑的。但巴基斯坦是我们通往中国的唯一渠道；这条渠道一旦关闭，就要耗费许多个月的时间另行安排。不仅如此，这个问题在华盛顿提出的时间正赶上越南问题引起的另一次周期性动荡。一场规模浩大的不服从运动定于五月一日举行。对于某些批评者来说，我们在巴基斯坦问题上保持沉默——其理由我们又不能加以解释——是说明政府对道义问题普遍麻木不仁的另一征兆。他们不可能接受所谓政府在两种相互冲突的迫切需要之间左右为难的说法；某些人出于自己的既得利益在出现任何问题时都要破坏政府的立场，因为他们相信这样做会使我们在越南的努力彻底失败。政府的反应也同样表现了胸襟的狭隘；关于道义上麻木不仁的指责是有某些道理的。尼克松下令把我们的总领事调离达卡；他讥嘲基廷“已被印度人接管”。越南战争带来的悲剧之一就是使我们不可能就外交政策进行合乎理性的辩论。

国务院自行其是地采取了先发制人的行动。它完全不了解我们对中国的主动行动，并受到国务院中倾向印度的传统偏见的严重影响，所以在四月初——未经白宫批准——就开始对巴基斯坦实行新的武器禁运；它暂停颁发出售军火的新许可证，已经到期的许可证也不得延期使用；它推迟了从国防部存货中运交的项目，使根据一九七〇年的“仅此一次的例外”提供的一批物资搁置起来。对巴基斯坦切断了价值约三千五百万美元的军火供应，使渠道里只剩下约五百万美元的涓涓细流。（这五百万美元七月初还在国会里引起了争论。）国务院还在未经白宫批准的情况下开始减少给巴基斯坦的经济援助。它用了一个巧妙的借口，说是由于发生内战，现行计划已无法在巴基斯坦全境实施了。我的国家安全委员会工作班子里的专家哈尔·桑德斯写信告诉我，国务院正从超然态度转向同巴基斯坦政府脱离关系的态度，但是“他们还不承认自己是在这样做，而是用技术理由解释自己的行动”。

任何熟悉尼克松的态度的人都十分清楚这种做法是违背他的意愿的；至于那些不熟悉的人则应当去同白宫核实。这种无视总统特权而擅自抢先的做法很能说明尼克松（以及我自己）后来为什么要采取那种态度。整个四月，我的主要任务就是对政府工作过程加以控制，目的有两个：既要保持通往北京的渠道，又要保持在巴基斯坦取得政治解决的可能性。那时，伊斯兰堡已不只是一个联络点，而且可能成为我前往中国的出发点。当时也开始出现种种迹象，说明印度为解决几百万孟加拉难民——这无疑是一种负担——问题提出的建议并不是帮助难民回国，而是加速巴基斯坦的解体（至少是使两个目标合二而一了）。三月三十一日，印度议会一致对孟加拉人表示全心全意的“同情和支持”。早在四月一日我就报告总统说：“印度似乎是在采取一种公开外交和秘密行动相结合的方针，这种方针将使次大陆已经很紧张的局势更加紧张，并有触发更广泛、更严重的国际危机的危险。”四月十四日，加尔各答成立了一个孟加拉国流亡政府。四月中旬，我们收到的消息说印度正在训练孟加拉难民，使他们到东巴进行游击战（即所谓解放军）。四月底，我们获悉印度即将使第一批共两千名游击队员渗入东巴。

我认为克制政策是正确的。这是根据事物本身的是非曲直作出的判断，同我们和中国的联系毫无关系。在人道主义问题上，尼克松政府的战略，无论好坏，目的不是对一个国家的主权提出肯定会遭到拒绝的挑战，而是在不公开对抗的条件下施加我们的影响。现在回顾起来，我认为我们有时把这个基本正确的方针执行到了迂腐的程度，以致使可能的支持者转而采取敌对态度。就巴基斯坦的情况来说，这个战略似乎是妥当的，因为它的政府是我们的盟友，而且我们深信它一定很快就会认识到自己采取的方针是徒劳无益的。我们设法说服叶海亚·汗向承认东巴自治的方向采取行动，以朋友身份劝他采取某些步骤，而这些步骤如果我们公开提出几乎肯定会遭到他的拒绝。正如四月二十九日我在给总统的信中说的那样，中央政府“可以承认使东巴逐渐获得更大自治权的必要性，从而得到孟加拉必要的合作。因此，我们似乎面临着一个过渡时期。在这个时期里，东巴将获得更多自治权，或许最后获得独立”。但是，我指出，印度的政策必然同这种解决办法背道而驰：“通过训练和装备一支人数较少的孟加拉抵抗力量，印度就可以帮助积极的抵抗继续下去，增加开展持久游击战的机会。从一切迹象看来，印度是打算奉行这种方针的。”

按照我们惯用的程序，我在四月份请国务院根据危机发展的情况就我们应当采取什么政策提出各种可供选择的建议，以供总统抉择。一个大致的决策将使处理对巴经济援助和军事援助等具体工作有章可循；鉴于国务院已经开始朝它自己希望的方向行动起来，这种决策就尤其必要。国务院照例把它喜欢的方案夹在荒谬得根本不可能作为决策依据的各种方案里面。（例如，有一个建议是全力支持叶海亚。这既不代表白宫的信念，也不是切实可行的行动方针。）我从国务院提出的各种方案里提炼出一个建议。考虑到国会和公众的愿望，我建议总统批准国务院四月初未经授权采取的关闭军用物资供应渠道的行动，只允许某些零件和非杀伤性装备通过。我还建议用经济援助作为导致政治让步的诱饵，“作出认真努力，帮助叶海亚结束战争，并作出向东巴自治过渡的安排”。尼克松五月二日批准了我的建议，还亲手写了一个批语：“致全体成员。不要在此时此刻去向叶海亚施压。尼克松。”

但是我们碰到三种障碍：印度的政策，我们自己的公开辩论，还有我们官僚机构的缺乏纪律。

五月十八日——当我们同伊斯兰堡安排去北京秘密旅行的准备工作已经相当深入的时候——甘地夫人在一次公开演说中警告巴基斯坦说，印度“完全准备战斗，如果有人把这种形势强加给我们的话”。印度大使也提醒英国和法国说，鉴于难民已如潮涌，印度“可能被迫采取行动以维护国家利益”。当时估计难民已达二百八十万人。② 难民造成的负担确实极为沉重；宗教骚动的危险也不能排除。但是，随着时间的推移，我们开始越来越怀疑甘地夫人意识到了一个更大的机会。随着巴基斯坦在国际上日益孤立，她看来首先是要使巴基斯坦受到屈辱，或许还试图把东巴的离心倾向扩大到西巴去。当美国同意承担救济难民的主要费用时，印度又转而坚持没有政治解决就不可能解决难民问题。然而印度为解决问题提出的条件又不断升级。当美国提出为减轻东巴饥馑出力时，印度——同美国国内许多人一起——要求由国际机构来执行救济计划。表面的理由是保证救济物资得到公平分配，但这种做法也使巴基斯坦政府不能借此提高自己在人民中的声望。

一九七一年五月，我们从迄今一直可靠的来源获悉甘地夫人已下令制订计划，要通过一次“以色列式”的闪电战接管东巴。我们还拥有无可置疑的证据，说明印度正在分散飞机，向边境调派战斗部队和装甲部队。尼克松十分认真看待这些消息，所以在五月二十三日下令在印度发动这种进攻的情况下切断美国给印度的经济援助。五月二十六日，我召集华盛顿特别行动小组开会研究我们在发生战争的情况下采取什么政策。在这前后，我们获悉印度军方领导人认为甘地夫人进攻东巴的建议过于冒险。他们担心中国干涉，担心其他国家(特别是伊朗)会给巴基斯坦提供军事援助，苏联武器的补充并不可靠，并且可能要占领巴基斯坦全境才能结束战争。印度的司令官们坚持至少要等到十一月喜马拉雅山脉的气候使中国更难于进行干涉的时候。

在甘地夫人着手系统地消除这些反对意见并等待山区降雪的时期，我们得到了一段喘息时间。(我必须强调指出，当时美国政府内部多数人并不像我一样相信这些消息；多数高级官员认为印度不大可能进攻。)我们利用这段间歇时间首先加紧给难民提供援助；原来在春天授权使用的二百五十万美元，最后增加了一百倍，达到二亿五千万美元。与此同时，我们大力要求巴基斯坦采取政治和解步骤，敦促叶海亚首先使东巴救济工作国际化，然后提出政治方面的建议。我们还建议用文官代替东巴的军人省长；我们成功地使巴基斯坦宣布，除具体的刑事罪犯外，对所有的人实行大赦。

五月二十八日，尼克松致函甘地夫人和叶海亚·汗，概述了我们的政策。给叶海亚的信措辞并不强烈；这反映我们需要叶海亚作为通向北京的渠道。但信件使人毫不怀疑我们是赞成用政治办法而不是用军事办法解决东巴问题的。尼克松感谢叶海亚愿意接受救济工作的国际化，鼓励他继续奉行“政治和解”方针。尼克松写道：“我还满意地注意到你已对难民公开宣布大赦，并保证把权力移交给选举产生的代表。我深信你将把这些声明化为现实。”尼克松要求巴基斯坦在印巴关系问题上保持克制；他认为恢复东巴状况、“使难民尽快离开印度领土回国”是“绝对必要的”。

总统在五月二十八日同时写给甘地夫人的信中强调我们希望减少难民流入印度的人数并通过财政、技术援助帮助印度减轻负担。尼克松把我们努力推动叶海亚的情况通知了甘地夫人：

> 正如我们已经通知你们的大使和外交部长的情况一样，我们选择了主要通过悄悄的外交进行工作的方式。我们一直在同巴基斯坦政府讨论达成和平的政治和解、恢复使难民停止外流并能返回家园的条件的重要性。我感觉叶海亚总统至少是部分地采取了这种态度，所以他才举行了五月二十四日那次记者招待会，特别是公开宣布接受国际援助，对难民实行大赦，并保证把权力移交给选举产生的代表。

尼克松赞扬了印度民主的活力和它在经济和社会方面取得的进步，并对军事解决办法提出了含蓄的警告。他说：“如果这种进步由于战争而中断，印度的朋友将感到沮丧。”六月三日，我向肯尼思·基廷解释了我们的战略。我深信东巴终将独立。我们的政策是“使事实有时间自行表现出来”。

六月，印度外交部长斯瓦兰·辛格到达华盛顿，要求我们同时结束对巴基斯坦的军事和经济援助。印度越来越给我们提出无法解决的难题。它说难民的洪流迟早将迫使印度采取激烈措施。但与此同时印度又不采取任何行动约束——事实上是训练、装备和鼓励——从印度领土向外渗透的游击队，这肯定使局面无法安定，并将形成更多的难民。尽管叶海亚宣布了大赦，印度仍要把东巴政治解决作为难民回国的条件。但是，在属于邻国主权范围的领土上究竟什么是可以接受的政治解决办法呢——对此印度还保留由它来决定的权利。六月中旬，甘地夫人宣布印度不会同意任何意味“孟加拉国灭亡”的解决办法；换句话说，印度要求肢解巴基斯坦作为它不动手的条件。在逐渐实行自治的方案遭到拒绝、难民得到鼓励、难民回国的可能性已被排除的情况下，印度使危机的增长成为不可避免的了。

我们国内许多人有不同看法。不幸的是这场辩论开始带上辩论越南问题时特有的某种激愤情绪和对动机的责难。政府虽然有道理可说，但却保持沉默，因而无济于事。众议院有关这个问题的小组委员会主席、新泽西州众议员科尼利厄斯·加拉格尔访问印度难民营后，六月十日在众议院发言时说，印度在难民这种负担面前表现了“令人难以置信的克制”。（这是在甘地夫人公开提出战争威胁的三个星期以后。）六月十七日，《纽约时报》又责难政府，说我们要求双方克制的公开声明“姗姗来迟”。它说我们的呼吁是徒劳的，除非我们言行一致，即在东巴达成真正政治和解以前切断美国给巴基斯坦的一切援助。《纽约时报》也赞扬甘地夫人在令人咋舌的难民问题面前表现了“非凡的克制”。

然后出现了新闻界那种用小事件代替大辩论、把焦点集中于某些问题而同时加以歪曲的情况。六月二十二日，《纽约时报》刊登了一则消息，说有一艘载运军事装备的巴基斯坦货轮准备从纽约市起航到巴基斯坦去，似乎违反了政府正式宣布的禁令。不久又有一艘载运军用品的船据报正在前往巴基斯坦途中。报界、国会，还有印度都是义愤填膺。第二天，《纽约时报》指责这种运输对美国人民和国会、对印度都是“失信的行为”，“进一步”破坏了美国的信誉。斯图尔特·赛明顿参议员说这不是无知就是蓄意欺骗。国务院六月二十四日宣布华盛顿再给印度提供七千万美元作为难民费用，但这个宣布却淹没在有关第三艘载运军事装备的巴基斯坦货轮从纽约起航前往卡拉奇的消息中了。

所有这些装备都是根据宣布禁令以前颁发的许可证购买的，因此从法律上说不是我们所能控制的；而第三艘货轮是在国务院暂时停发许可证的指示生效的四天以前起航的。③然而这些事实都没有制止说政府是在骗人的指责。这是越南战争期间人们非常喜欢谈的信用差距的又一个例证。我们无法使任何人相信我们根本没有办法追查已经发出的许可证，无法使他们相信“渗漏”的数量微不足道，不能影响次大陆或孟加拉军事力量的对比。七月五日，《华盛顿邮报》怒不可遏地说：

这是一份惊人的、厚颜无耻的记录……必须放在当前围绕公众了解情况的权利和政府隐瞒情况的权利问题展开的有关五角大楼文件的争论这个背景上来阅读。我们这里看到的是一个能够说明现行体制实际如何工作的典型事例；政府官员躲在公众视线之外，一直在给巴基斯坦提供武器，同时不断毫不含糊地告诉公众，说这种供应已经切断了。

令人啼笑皆非的是这次“信用差距”是因为在禁运方面仓促行事而使白宫大为恼火的国务院造成的。同新闻界和国会的批评意见最一致的这个部门无意中却成了这种批评的焦点。

危机日益激化

六月二十八日，就在我启程前往亚洲之前，叶海亚宣布了向文官交权的计划。四个月内将公布由专家拟定的新宪法；同分裂运动无关的人民联盟成员有资格参加政府。叶海亚没有解释这条规定适用于哪种类型的领导人。

我在旅途中收到令人不安的消息，说明苏联终于看到了它可以从战略上加以利用的机会。它放弃了过去的谨慎态度，通知印度它赞成让游击队进入东巴作战，并答应在中国采取报复行动时保护印度。这场冲突增加了一种新的不祥因素。(这是我们对中国采取主动以前很久的事。)

我访问新德里时有两个多少有些自相矛盾的使命。一个使命是要小心翼翼地使印度对我访华的消息有所准备。我谈到乒乓外交和我们两年来在贸易和旅行方面主动作出的一些表示，着重指出我们必然要同北京继续改善关系。另一方面，如果中国无缘无故进攻印度，我们将严肃看待。如果我主动谈的这个意见并没有使我的对话者感到大惑不解的话，他们可能得到短暂的鼓舞——虽然随着七月十五日有关我访华的消息的宣布，这段欢欣鼓舞的时刻肯定就宣告结束了。

我们必须等到我的对话者写出回忆录之后才能知道印度的部长们当时是怎样看待我的再次保证的，是把它看作我们在受到限制的情况下尽了最大努力，还是看作一种意图欺骗的行径。我在新德里会谈的主要题目是东巴危机。我向总统报告说：

现在似乎存在一种认为战争不可避免，或至少会在印度教徒和穆斯林之间广泛发生暴力行为的日益增长的感觉，不一定是有任何人希望如此，而是因为他们担心他们最后可能不知道如何避免这种情况的出现……

我(向甘地夫人)保证，我们政策的整个着眼点是要保持足够的影响，以便促使人们创造容许难民回国的条件，虽然我们不能保证结果如何。我询问她认为在局势变得无法控制以前还有多少时间。她回答说，现在就已无法控制，他们“只是靠意志力才使局面得以维持”。

我同印度领导人的谈话事实上还是按照前几个星期那种程序进行的。像我对印度驻华盛顿大使杰哈多次谈过的那样，我试图使他们相信美国渴望同印度保持良好关系。我们并不反对孟加拉自治，并且深信如果我们作为一个朋友而不是作为又一个折磨者同叶海亚打交道的话就可以促成一种有利的变化。我邀请甘地夫人访问美国，同尼克松总统一起对印美关系进行一次具根本性的研究。

但是甘地夫人和她的部长们根本没有和解的心情。他们对访问华盛顿的邀请避不作答。他们表示希望同美国改善关系，但激烈指责我们在向巴基斯坦出售武器问题上进行欺骗。这些怨言的刺耳程度并没有由于以下事实而稍有降低：包括“仅此一次的例外”在内的对巴基斯坦的武器运输几乎已经全部停止；当时已不再颁发新许可证；只有在禁令生效前获得许可的极少量物资尚在运输途中。印度不可能对这种涓涓细流感到严重担心；许可证到期时运输就会自动停止；确实，我们估计在十月以后运输渠道里就不会留下任何东西了。甘地夫人甚至对我承认问题不在于数量，而在于它的象征意义。换句话说，印度想要通过美国引人注目地同巴基斯坦脱离关系来破坏巴基斯坦的士气。他们不但施加压力让我切断武器供应，而且让我切断一切经济援助。一个以不结盟名义同我国外交政策的大多数目标保持距离的国家，居然要求我们在一个从国际法角度说属于国内冲突的问题上同一个盟国完全断绝关系——这种做法印度领导人显然是不以为怪的。到七月为止，美国为救济难民提供的捐款已接近一亿美元；但这并没有使甘地夫人不去扩大她批评的范围，把二十四年来我国对巴基斯坦的政策的整个记录都包括进去。我离开新德里时，深信印度已决心同巴基斯坦摊牌。它只是在等待适当的时机。同一个由于自己目光短浅而陷入孤立的对手算账的机会实在太富诱惑力了。

我访问伊斯兰堡时，一心只想着即将前往北京的事。但是我同叶海亚总统和外事秘书苏勒坦·汗谈过几次话。我敦促他们提出鼓励难民返回家园的全面建议，使印度找不到进行战争的借口。我敦促叶海亚和他的僚属在使救济工作国际化方面再前进一步，允许联合国监督救济物资的分配。我还建议早日为东巴任命一名文官省长。叶海亚答应考虑这些建议。然而他基本上不了解自己的危险处境，还不准备正视必然会发生的事。他和他的同事都不相信印度打算进行战争；他们深信，如果发生战争，他们一定会胜利。当我尽可能婉转地问到印度在人数和装备上占优势的问题时，叶海亚和他的同事们的答复是把穆斯林战士的历史优越性吹嘘一通。

一个根本无法闭目不视的事实是，巴基斯坦军方领导人陷入了一个他们无法理解的过程。他们不能想象自己的国家会遭到肢解；能够想到的人则认为如果他们适应潮流就无法在经过这场灾难以后保持自己的政治生命。他们不了解他们已经通过野蛮镇压使自己的国家陷入了心理上和政治上的孤立。他们理论上同意需要制定全面方案才能摆脱困境，然而他们给“全面”下的定义太勉强，太抠法律字眼，太技术性，也太零碎。结果在整个危机时期，巴基斯坦都未能提出一种主张，使它可以在国际上表明立场。事实上，它零零碎碎的让步虽然积累起来也不小了，但却正好对印度有利；这些让步证明了印度的说法，即出现了问题而又提不出令人信服的解决办法。叶海亚发现自己处于一种悲惨的困境。保守的同事指责他拿国家的统一冒险，外国舆论又指责他野蛮地压制自由。他则是摇摆不定，对保守派来说走得太远，对世界舆论特别是美国舆论来说又走得不够远。

在我启程前往北京的前夕为我举行的晚宴上，我找到了责备叶海亚把事情搞得一团糟的机会。叶海亚用他粗率的、模仿桑赫斯特军校风度的方式大声吼叫说：“每一个人都把我叫做独裁者。”他逐个询问每一个客人，包括美国人和巴基斯坦人在内：“我是独裁者吗？”大家以不同程度的诚挚态度明确地说，叶海亚当然不是独裁者。当他问到我时，我说：“我不知道，总统先生。我只知道您搞了一次对于独裁者说来是很糟糕的选举。”

日益恶化的危机自然也成了我在北京谈话的内容。周恩来对事物的观察同华盛顿那些墨守成规的看法相去十万八千里。他非常直率地认为印度是侵略者；他占用我们一小时宝贵的时间，按他的版本回顾了据他说是由印度蚕食引起的一九六二年中印冲突。周坚持指出，如果印度进攻巴基斯坦，中国将不会置之不理。他甚至请我把表示中国支持的这种看法转达给叶海亚——这是做给华盛顿看的姿态，因为北京有大使驻在伊斯兰堡，完全能够传递消息。我回答说，美国同巴基斯坦之间存在传统的纽带，我们也感激巴基斯坦为我们安排了通向中国的途径。我们将继续同印度保持友好关系，但将强烈反对印度的任何军事行动。尽管如此，我们的反对却不能以向巴基斯坦提供军事援助或为它采取军事措施的形式出现。

我是带着灾难的预感回到华盛顿的。照我看来，印度几乎肯定会在雨季结束之后不久进攻巴基斯坦。虽然我相信我们一定能够推动伊斯兰堡走向东巴自治，我怀疑印度是否会给我们这么做的时间，因为这样一来，印度就会失去一个短期内不可复得的、同一个国家算账的机会；而这个国家的存在本身，对许多印度领导人来说就是很大的冒犯。那时，中国可能采取行动。苏联可能乘机给北京一个教训。如果我们结成一伙来对付巴基斯坦——就像新闻界和国会坚持要求的那样——就会使危险更快到来，并使印度更有发动进攻的借口。这将危及我们对中国的主动行动。当时，在尼克松访问北京之前，我们无从了解中国向华盛顿开放的决心究竟有多大。

七月十六日，在尼克松宣布要去中国访问的第二天，他召集国家安全委员会开会。这是说明他如何认真看待这场危机的一个迹象。他要我把问题归纳一下。我说印度似乎已决心要打。我认为叶海亚缺乏及时解决政治问题以阻止印度进攻的见地。另一方面，七万西巴士兵（从三月起就增加了）不可能长期压制七千五百万东巴人民。我们的目标只能是实现一种终将导致东巴独立的逐渐演变的过程。不幸的是，要及时实现这个过程以防止印度进攻是不大可能的。因此需要立即努力制止难民外流并使他们回国，从而消除发动战争的借口。

没有人不同意我的分析。罗杰斯补充说，据他判断印度正在尽它所能阻止难民回国。尼克松的结论是：我们要请巴基斯坦在难民问题上做最大努力。我们不赞成印度进攻；如果印度使用武力，美国将切断一切援助。要做一切努力来避免战争。

七月二十三日，巴基斯坦大使阿哈·希拉利通知我们，他的政府接受我们的建议，让联合国监督难民重新安置工作，以保证他们不会受到打击报复。叶海亚也同意我们提出的、为监督难民救济和重新安置工作任命一名文职管理人员的建议。我强烈敦促希拉利加快他们的努力。

不幸的是，印度什么也不接受。我们对集中解决难民问题的策略感兴趣的理由，却正是使印度进行阻挠的理由。早在七月十五日，印度大使杰哈就告诉我们，印度不能接受制止游击队从印度领土出击的建议。七月十六日，印度外事秘书考尔告诉我们，印度不同意联合国人员到它的边境去，即使是去处理难民问题也不行。这又是一个无法解决的难题。大家一致认为巴基斯坦部队返回兵营是在东巴取得政治进展的条件，这是我们强烈要求任命文职管理人员的理由之一。但是，只要它的邻国还在对它进行游击战——而且宣布了使战争升级的决心——就不可能劝诱巴基斯坦部队返回兵营。巴基斯坦已经同意把重新安置难民的工作置于联合国监督之下。但是，如果禁止联合国人员与住在印度的难民进行任何接触、向他们解释回国后的前景，难民们甚至根本不知道巴基斯坦的建议，这种办法就无法执行。在难民营没有任何外来观察员的情况下，我们甚至无法肯定究竟有多少难民。

七月二十三日和三十日，高级研究小组开了两次会来讨论这些难题。在任何问题上——柬埔寨或许是例外——白宫同各部门的分歧都不像在一九七一年夏天的印巴危机问题上那么深刻。在任何其他问题上都不曾出现过如此明目张胆地无视总统毫不含糊的指示的情况。国务院控制着执行机构。尼克松给我的任务是保证他的政策得到执行，如有重大分歧就向他报告。但我们面临的是在一些看来属于细枝末节的问题上不断明争暗斗，其中每个问题似乎都微不足道或太技术性，不值得提交总统，而积在一起却能确定国家的政策方针。尼克松不愿意在他认为次要的行动问题上否定国务卿的意见；这就使国务院可以按照自己的偏爱任意解释尼克松的指示，从而使尼克松规定的方针失去作用。

任何人只要同尼克松谈上五分钟就会听他谈到他对印度的动机深为怀疑，他对苏联干涉的担心，特别是他希望避免由于考虑不周的姿态危及通往中国的努力。尼克松一再命令我们通过谅解而不是通过压力推动巴基斯坦走向政治和解。国务院完全有权利持相反意见，他们认为巨大的公开压力会使巴基斯坦更易就范。由于总统已经选择不同的方针，而国务院还要自行其是，因此白宫同国务院的关系就紧张起来了。例如，我们九月初通过巴基斯坦了解到，国务院曾经暗中同他们开始谈判，甚至要切断三月二十五日以前发了许可证的那一点点军事装备。白宫认为巴基斯坦正处在痛苦的解体过程中，要考虑这个老盟国极端苦恼的状况、它的领导人眼界的局限性以及它内部的压力；因此我们希望避免宣布正式禁运，虽然我们行动上已经这样做了。国务院对国内批评我们的人比较敏感，很不愿意引起印度的反感。使我害怕的是安抚印度的努力将会引起战争。我在七月三十日对高级研究小组说："我们应当敦促叶海亚逐步恢复东巴人民参与政治的状况。但是印度的战争钟表比政治和解的钟表跑得快。我们决心避免战争。"七月二十七日我曾告诉总统，国务院甚至要开始掐断我们给巴基斯坦的经济援助。我说："如果有任何事情会诱使印度进攻，那就是巴基斯坦处于完全孤立无援的状态。"这场辩论的是非曲直暂且不论，事实是尼克松是现任总统，各部门在各抒己见之后，即使存在不同意见，即使它们必须面对外界或国会的批评，它们仍应不仅按照总统决定的字面，而且按照总统决定的精神贯彻执行。

这个问题由于一种反常情况而更加突出：国务院在早已为人遗忘的某次改组中把次大陆划给了近东司，而这个司的管辖范围只到次大陆东沿为止，把东亚和对中国的任何考虑都排除在外。那些可能意识到中国的担心的高级官员都被排除在向北京开门的努力之外。因此，国务院里没有一个人感到自己对“中国账户”负有完全责任或至少是充分了解这样做的理由——这是我们政府工作的非正统方式付出的代价之一。在跨部门的辩论中，经常有人指责我的办公室一心想要“保护前往中国的旅行”，似乎认为保持这种做法是毫无价值的事。官僚机构这个时期对印巴关系进行的任何分析都没有认真考虑我们的行动对中国的影响。我们的官僚机构并不是排斥北京，而是根本没有把它放在心上。白宫和政府其他部门的看法差距之大在一份为七月二十三日高级研究小组会议准备的、列举各种抉择的文件中明显地表现出来。这份文件建议，如果中国干预印巴战争，美国就应当向印度提供军事援助，并同苏联和英国采取协调一致的行动。这个建议违反总统外交政策的程度是难以想象的。

尼克松在八月四日的记者招待会上简单明了地指出，我们不准备对巴基斯坦公开施加压力。他说：“那种做法的效果将是适得其反。这些事我们将只通过私下的渠道讨论。”尽管如此，官僚机构提出的几乎全部行动建议都是要增加对巴基斯坦的压力。我在七月三十日高级研究小组会议上问道：“就是敌人又会对巴基斯坦怎么做呢？我们已经在切断给他们的军事和经济援助。总统一再说我们应当倾向巴基斯坦，但提出的每一个建议都直接违背了这些指示。”

如前所说，国务院曾经建议同巴基斯坦取得协议，把军事供应渠道中剩下的三四百万美元的物资也撤销掉，理由是我们这样做就比较容易保持经济援助。虽然我认为这种做法对巴基斯坦在中国问题上给我们的帮助是一种可耻的回答，我还是勉强同意了。断绝供应渠道的谈判进行了两个月，终于在十一月初在伤害巴基斯坦感情的条件下结束，正好赶上为甘地夫人的访问创造了“良好的气氛”。但是，巴基斯坦刚刚同意谈判完全切断武器供应问题，人们就开始在经济援助方面拖沓不前，整个一九七一年都没有提供新的发展贷款。我在九月八日的高级研究小组会议上尖刻地指出，国务院卖给我们一条枯竭的武器供应渠道，代价是一项使经济援助也停止的政策。

所有这些花招都没有考虑到核心问题。我确信东巴较快就会变成独立的孟加拉国。然而叶海亚不可能在十月或十一月、即印度最可能发动进攻的时期以前做到这点。因此我认为必须做巨大努力使难民问题立即得到缓和，并运用我们的影响推动事态以巴基斯坦政治结构所能承受的最大速度向宪法统治方向发展。按照宪法成立的政府几乎肯定会使孟加拉国至少获得自治，并最终获得独立。因此我们大大增加了援助捐款，给印度约九千万美元，为东巴在国际监督下救济饥民提供了一亿五千多万美元，以便扭转难民外流的浪潮。我们任命国际开发署一位能干的高级官员莫里斯·威廉斯负责协调美国的全部难民救济工作。

然而结果仍然无济于事。我们的行动落后于印度蓄意加剧紧张局势的速度。七月二十四日，考尔再次拒绝了让联合国人员到印度边界去的想法。八月四日，杰哈大使拒绝了副国务卿约翰·欧文要求印度控制从印度领土出击的游击队的建议。杰哈提出了一个新建议，要求美国接受加尔各答孟加拉国流亡分子提出的进行接触的要求。以后就会知道，当我们这么做的时候，这种接触又部分是由于印度阻挠而流产了。

《苏印友好条约》

八月九日传来了苏印签订友好条约的爆炸性消息。

我们起初是从报纸上获悉苏联外交部长葛罗米柯在结束对新德里的访问时签订了一项为期二十年的和平友好合作条约。条约的温和规定掩盖不了它的战略意义。它包括通常的有关持久友谊、互不干涉内政以及经济、科学、技术和文化合作的条款。更重要的是两国保证要就影响双方的“重大国际问题”定期磋商。具有决定意义的是第九条。这一条要求缔约国不得援助参加了同另一缔约国发生的武装冲突的任何第三国，并保证在任何一方遭到进攻或进攻威胁时立即进行磋商，以便采取“适当的、有效的措施”。

我国政府的初步反应是令人惊奇地乐观。情报机构的估计可能下意识地受到长期存在的看法的影响，以为印度是一个和平主义的、不搞强权政治的国家。当时人们也很难接受这样一种见解，即尼赫鲁的女儿会蓄意把不结盟的印度引向事实上同苏联结盟。因此，到八月十一日为止的估计是：甘地夫人是在抗拒要求摊牌的高涨的舆论。据说苏联担心她可能违反自己的意愿被迫承认孟加拉国，从而促使巴基斯坦宣战。这种分析认为，苏联通过签订条约使甘地夫人获得外交成就，从而帮助她维持温和、克制的政策；反过来苏联则可以肯定印度领土不会被用作敌视苏联的基地。

现在回想起来，要炮制一种比这更愚蠢的估计是几乎不可能的。它是偏见影响情报估计的典型例子。当时根本不存在任何外国在印度国土上建立基地的现实前景；即使有，也肯定不足以使印度如此异乎寻常地背离原来的行动方式或使苏联放弃它惯有的谨慎态度。我们知道制止军事冲突的主要因素是印度军事计划人员的害怕心理，担心发生一场苏联不赞成的战争，可能使苏联的供应中断，并且会鼓励中国进行干预。《苏印友好条约》必然会消除这种担心，因此客观上增加了战争的危险。苏联抓住了战略上的良机。一个能够表明中国软弱无能、又使中国和美国的共同朋友遭到屈辱的机会，其诱惑力实在太大了。如果中国无所作为，就会暴露它的无能；如果中国增加赌注，就要冒受到苏联报复的风险。苏联签订这个条约，等于向火药桶里扔进一根擦着了的火柴。

条约宣布的那一天，我应印度大使邀请同他共进午餐。L·K·杰哈是在一个困难时期到华盛顿任职的。他非常善于分析美国情况，了解国际政治，不感情用事。他至少对我从来没有使用过印度外交官有时使对话者丧失耐性甚至善意的那种自以为道德上高人一等的盛气凌人的口气说话。他善于使报界宣传印度对问题的看法；我总能从报纸的字里行间找到他的足迹——当我们处在对立面时，这种经验是令人痛苦的。(我应该说是善于对付新闻界的。在印巴关系问题上杰哈显然胜我一筹。)但是我很尊敬，甚至喜欢杰哈。我在社交场合或是为了交换意见经常同他见面——一部分原因是我认为不论我们是否同意印度的全部政策，印度在世界事务中是一个重要国家；还有一部分原因是我总是能够从他实事求是的分析中得到教益。

这次杰哈带来了甘地夫人给总统的一封信。甘地夫人把造成紧张局势的责任完全推给了巴基斯坦。她在信中绝口不提我们给难民的大量经济援助，也不提我们推动伊斯兰堡政府采取的和解步骤。相反地，她用大量篇幅影射我们在武器政策方面欺骗了印度，甚至通过一九五四年至一九六五年向巴基斯坦出售武器而给次大陆全部紧张局势火上加油。她再次拒绝在印度领土上派驻联合国人员。她没有提到同苏联签订的条约，但是暗示接受我七月份访问新德里时代表尼克松转达的、请她访问华盛顿的邀请。这种和解姿态伴随着一长串指责，使人无可怀疑地看到，当两位领导人见面时，谁应当处于受审判的地位。

正式解释条约的任务留给了杰哈。有趣的是，他的叙述同报纸社论的批评是完全矛盾的——按照报纸的说法，是我们把印度逼得走投无路了它才投入苏联怀抱的。他证实了我怀疑的事：同苏联签订的条约不是对美国在印巴危机中奉行的政策的反应，而是印度经过慎重考虑已经准备了一年多的战略。我至今还不理解杰哈为什么认为这种解释会使我们放心。(多勃雷宁也对我提出过同样的论点。)④ 我回答说，从字面上看，条约同印度的不结盟政策虽然难以调和，但还是次要问题。我们真正关心的是印度可能由此得出结论，认为它现在可以对巴基斯坦为所欲为了。我以再明确不过的方式警告说，印巴发生战争将使印美关系倒退五年。无论我国政府其他的人对大使是怎么说的，我希望他了解对东巴进行军事干涉很可能会导致断绝对印度的援助。美国同印度没有理由为一个看来已成定局的问题争吵。我们把印度当作一个世界大国认真对待，希望建立良好关系。东孟加拉肯定会获得自治，只要我们给这个必然要发生的事一个机会；我们希望这件事将以和平方式解决。杰哈否认同苏联签订的条约不符合不结盟政策。他避而不谈印巴问题，说甘地夫人访问时将使我们有机会加以讨论。我再次提出警告，反对用战争解决问题的企图，指出在我们支持下通过逐渐演变将使东孟加拉获得自决。

但是印度对逐渐演变不感兴趣。叶海亚也还不了解自己的危险处境。他被事态的发展逼得一筹莫展，于是采取了绝望的人借以使自己相信还有回旋余地的那种蛮横行动，因而使我们的任务复杂化了。八月九日，叶海亚政权宣布将以叛国罪把穆吉布交付秘密审判。我至今仍不理解叶海亚希望通过此举得到什么结果。他肯定会招致世界更大的压力，使印度更加拒绝妥协。甘地夫人立即向世界各国领导人发出了抗议书。十一名参议员和五十八名众议员要求美国施压让巴基斯坦表示宽大。八月十一日，罗杰斯国务卿向希拉利大使转达了美国的关注。

八月十一日，我安排总统同高级研究小组开会，以克服官僚机构办事拖沓的状况。他们之所以拖沓，是怀疑我把自己的偏爱当作总统命令向他们传达。尼克松按照七月十六日对国家安全委员会讲话的精神发表了一篇强硬声明。他要求制订大规模救济难民的计划；我们要做一切力所能及的事来减轻人们的苦难。他认为新闻界的攻击大多出于政治动机；对于他的批评者来说，巴基斯坦正在成为越南的替身——由于我们向中国开门，越南问题没有多少可谈的了。尼克松并不为叶海亚的行动辩解；但是这些行动不能构成发动战争的理由。任何人都不应怀疑他的决心：如果印度发动进攻，他就要断绝对印度的援助。苏联的举止使他想起他们一九六七年在中东的所作所为，那时苏联挑起了一系列事件，结果无法控制。总统说，关于政治演变，不要对巴基斯坦政府公开进行攻击，“我们将在私下处理政治问题”。

这就是我们的方针。八月十四日，尼克松给叶海亚去信，敦促他加紧执行救济计划，设法获得东巴当选代表的支持，从而加快民族和解过程。尼克松写道：这种措施

> 对于应付侵蚀人心的造反威胁、恢复世界上贵国所处地区的和平将起重要作用。它们也将加快这样一天的到来：那时美国和其他国家将能在经过修订的国家发展计划范围内，重新承担援助贵国发展经济的任务，而这种经济发展由于最近的事态而可悲地复杂化和延缓了。

无论使用多少外交辞令，这封信的含意是清楚的：长期经济援助同向选举产生的代表交权联系在一起。事实上，我们是以友谊的名义要求让东巴自决。我们同新德里的主要区别在于它要求的变化速度甚至可能使西巴的团结也遭到破坏。

同孟加拉国流亡者的接触

杰哈要求美国同住在加尔各答的孟加拉国流亡人士直接接触，我们接受了这个建议，从而开始了长达三个月的、寻求政治和解的徒劳无益的努力。如果印度和孟加拉人希望的话，这种努力本来是可以取得某种成果的。七月三十日，同孟加拉国流亡政府有密切联系的一位人民联盟当选代表加尧姆先生同我国驻加尔各答领事馆联系，自称奉令来同美国建立接触。他将过两个星期再来听取回音。领事馆通过国务院渠道报告了这件事。

我们认识到这种接触如果给伊斯兰堡知道将造成爆炸性影响——而且我们不能不设想印度有一切理由要对此大肆宣扬。尽管如此，在征求总统意见以后，我同意了国务院的建议：让领事馆接待加尧姆，并试探

人民联盟是否愿意同巴基斯坦政府谈判。（采取这种主动的指示是国务院近东司起草并经白宫批准的。）加尧姆如期在八月十四日出现了。他肯定地说，如果让穆吉布参加谈判，如果伊斯兰堡接受人民联盟的六点要求，他的集团可能接受低于完全独立的解决办法。他希望美国会鼓励这种演变。几天之后第二次会晤时，加尧姆指出，印度一旦正式承认孟加拉国，甚至这种基本上可以保持面子的建议也行不通了。

我们认为，不通知叶海亚就不可能继续前进；同时，加尔各答的接触可能是推动伊斯兰堡走向政治解决的机会。国务院指示约瑟夫·法兰大使把我们在加尔各答的接触和以六点要求为基础解决问题的可能性告诉叶海亚。法兰奉令避免提出任何建议，但叶海亚不会看不出这一步骤的含意。在正常情况下，各国政府是不会为已被本国宣布为非法的流亡分子传递建议的。

叶海亚的反应出乎意料地有利。他认识到自己已陷入困境，正在摸索出路。他欢迎我们在加尔各答的接触，只要求把情况随时告诉他。他甚至接受了法兰的暗示，即由我们从中斡旋，安排他的政府同孟加拉流亡者秘密接触。

八月二十七日，当加尧姆对促进接触表示有兴趣时，我们又采取了新的行动。九月四日，法兰向叶海亚建议，由我们同孟加拉国“外交部部长”联系，表面上是核实加尧姆的诚意；我们将告诉他叶海亚愿意进行秘密谈判。向一个友好国家的总统提出让我们同已被他作为颠覆性组织加以取缔的一个运动的“外交部部长”。——这个头衔本身就包含着叛国或至少是改变宪法的意思——进行接触的建议是异乎寻常的。但叶海亚的困难处境使他不得不同意了。

叶海亚还接受了我们其他方面的建议。九月一日，他给东巴任命了一名文职省长，代替受人憎恨的军事管制执行官。九月五日，叶海亚把原来对难民的大赦扩大到除已经因刑事犯罪起诉的人以外的一切公民。（但把穆吉布排除在外。）在这前后，叶海亚曾向我们的援助协调人莫里·威廉斯保证对穆吉布的死刑判决将不予执行。十月一日，尼克松宣布他将要求增拨两亿五千万美元用于救济难民，使我们的捐款几乎等于其他国家捐款总额的一倍。

加剧危机最可靠的办法就是拒绝对方的一切建议而又不提出代替方案。这就是印度的方针。任何政府都不会从一开始就提出自己最后的让步；在谈判进行到某种程度以前甚至它自己也不知道自己准备走多远。对于一九七一年巴基斯坦忧心忡忡的军事领导人来说尤其如此。他们现在知道三月二十五日在东巴开始的野蛮镇压是一个天大的错误，用塔列朗* 的话来说就是：比犯罪更糟。但是他们一辈子都是主张巴基斯坦统一的；要他们同意把一半国土分割出去是不可能的。叶海亚既害怕由于自己的僵硬态度引起战争，又怕别人指责他让步过多、因而要推翻他。在左右为难的情况下，他想把权力尽快移交给文官政府，把最后失败的责任推给它。在此期间，他希望通过某些让步使冲突推迟，同时避免西巴出现动乱。

但是甘地夫人却不打算让巴基斯坦领导人如此轻易就逃出困境。她知道巴基斯坦同人民联盟一旦开始谈判，就有可能出现某种妥协；那时印度对事态发展可能失去控制。甘地夫人不愿冒这种风险。巴基斯坦处境如此不利，中国正在经历国内动乱（林彪事件）的阵痛，美国由于越南问题而意见分歧，苏联几乎无条件地站在印度一边——这种局面她以后不会很快再碰到。九月一日，我们获悉印度武装部队已处于全面戒备状态。巴基斯坦的反应是可以料想得到的：它在九月四日增调部队进入靠近西巴-印度边界的前进阵地。九月九日，印度唯一的装甲师所属的一些部队和一个独立装甲旅向西巴边界移动。九月十六日，有报道说印度打算从十月初开始再让九千名孟加拉解放军游击队员渗入东巴。

同时，我们同孟加拉国在加尔各答的代表的接触开始困难起来。九

---

* 塔列朗（Talleyrand）是拿破仑的外交大臣。拿破仑战败后，曾组织法国临时政府。——译注

月九日，我们的领事会见加尧姆，以便安排同孟加拉国“外交部部长”会晤。但是加尧姆这次不仅要求立即释放穆吉布，而且要求巴基斯坦军队立即撤离东巴，要求联合国保证孟加拉国的安全——一句话，就是立即独立。九月十四日，加尧姆告诉我们，他的“外交部部长”看不出会晤有什么意义。他把这种消极情绪归于印度政府的监视。据他说，同美国的任何接触都使印度政府感到心神不安。九月二十一日，叶海亚表露了他的忧虑，向法兰问及我们在加尔各答接触的情况。他希望法兰在出现任何新发展时随时通知他。法兰受到足够的鼓励，所以建议让我们的领事会见孟加拉国流亡政府的“代理总统”——如果还找不到外交部部长的话。

但是在加尔各答，一切信号现在都指向相反方向。九月二十三日，加尧姆派一个信使告诉我们的领事，说印度政府已察觉他同我们的接触并对他们提出了正式警告。我们的反应是建议会见“代理总统”。加尧姆不久就亲自出面证实了他的信使说的话：印度要求一切接触必须通过新德里进行。

与此同时，印度对我们讲的话则完全相反——至少在难民问题上是如此。只要我们一提美印联合救济计划的建议，他们就拿出老一套的回答：这件事应当同加尔各答的孟加拉国代表去谈。印度要我们找孟加拉流亡人士谈，而孟加拉流亡人士则以印度不悦为借口避免高级接触——如果我们怀疑这都是使我们兜圈子的遁词，这种怀疑应当是情有可原的。

九月二十七日，乔·西斯科为了澄清混乱状况，就向杰哈建议由巴基斯坦和孟加拉国的代表无条件地进行直接谈判。杰哈持否定态度，自称不能从这一建议中看到任何进展（尽管这种谈判包含承认孟加拉国的意思，其结果几乎肯定是自治，最后则是独立）。他回到老一套的、明知不可能马上实现的要求：同孟加拉国代表的任何谈判必须从一开始就包括穆吉布，其目的必须是立即独立。（释放穆吉布这时基本上是个面子问题。军人政府无法以如此令人屈辱的一百八十度大转弯开始谈判。另一方面，它必然清楚除非把人民联盟的领导人最后释放出狱，它主动同人民联盟进行的任何谈判都得不出多大结果。）

第二天，孟加拉国的“外交部部长”终于同我们驻加尔各答的领事见了面；他说除非美国施加影响使孟加拉的“愿望”得到实现，否则谈判是徒劳无益的。这些“愿望”包括完全独立、释放穆吉布、美国援助和建立正常关系。为了避免使我们受到诱惑、产生任何让步的念头，加尧姆十月三日又来给孟加拉国的“愿望”加码，要求让苏联参加谈判。既然印度军队将使巴基斯坦部队忙于边境防务，使游击队可以自由行事，最后控制全国，他当然看不出有任何让步的必要。十月十六日，加尧姆以印度反对为理由排除了我国领事会见孟加拉国“代理总统”的可能性。十月二十日，孟加拉国另一位高级官员侯赛因·阿里对我们的领事说，他的组织对向叶海亚传话不感兴趣；“明显的解决办法”是释放穆吉布和使孟加拉国立即独立。到十月底，印度报界就公开提出警告，反对孟加拉同“外国代表”谈判。总而言之，鼓励巴基斯坦政府同孟加拉国流亡政府谈判的努力就此归于无效。

甘地夫人来到华盛顿

与此同时，我们为同印度达成谅解也尽了一切努力。我在同杰哈大使谈话时重申了我经常谈的主题。我们认为印度同美国的长远利益是一致的。我们将尽我们所能使甘地夫人的访问成为两国关系的分水岭。八月二十五日、九月十一日和十月八日，我强调美国并不坚持要东孟加拉留在巴基斯坦之内。相反地，我们认为自治是不可避免的，独立也是很可能的。战争是毫无意义的；如果使目前的程序有机会进行下去，到一九七二年春天孟加拉国就可以建立起来。我们只是在方法上而不是在目的上存在分歧。如果甘地夫人准备根本改进两国关系，她将发现我们是热切的伙伴。如果她利用这次访问掩盖印度的军事进攻，我们的关系就不是短期可以修复的。国务院奉令采取类似的方针。十月七日，我在华盛顿特别行动小组的一次会议上说，如果印度接受逐渐演变的过程，它将在我们协助下达到它大多数目标。“如果他们同我们合作，我们可以同他们一起设法解决他们百分之九十的问题，例如释放穆吉布、使孟加拉国获得某种程度的自治。而这些步骤最后将使他们得到一切。”

同美国国内的批评者不同，杰哈非常了解我们并不反印度；他指望这一点将限制我们对印度显然正在计划采取的行动作出反应。印度继续以难民造成的无法忍受的负担作为理由。据说现在难民已经达到七八百万人。然而印度在叶海亚宣布大赦以后又不愿鼓励难民回国，也不愿在制止难民外流方面合作，而且不让联合国人员常驻难民营，使难民了解大赦的情况。它拒绝为孟加拉游击队在造成混乱方面起的作用负责。虽然这些游击队是在印度领土上招募、由印度军官训练、用印度武器装备并得到部署在边界地带印度一侧的印度炮兵支援的，印度仍然声称他们并不在它控制之下。新德里甚至拒绝承诺使游击队不干预救济物资的供应。战争威胁日益明显。十月八日，杰哈对我说，如果印度的条件得不到满足，它将在年底采取行动；印度外交部部长和外事秘书也在新德里向美国外交官发表了类似的讲话。印度蓄意规定这样短促的限期，必然要动摇巴基斯坦的宪法结构。

苏联起了大肆煽风点火的作用。它虽然一再声称要献身和平，但提出了同新德里一模一样的条件，从而对印度表示支持。这就使摊牌成为不可避免的了。虽然它一再表白它对缓和有新的热诚，它却利用同我们关系的初步改进来避免承担爆炸的后果，而不是防止爆炸。在这整个时期，莫斯科的行动都像一个纵火狂。它在纵火之后还要捞取通知救火队的功劳。

我第一次同多勃雷宁讨论印巴危机是七月十九日，即我秘密访问北京之后不久。多勃雷宁装扮出一副和解的面孔询问我的看法。我回答说，我们主张和平的政治演变，因为战争是无法局部化的。多勃雷宁说这也是苏联的观点；莫斯科支持印度的政治目标，但强烈劝阻军事冒险。苏印友好条约签字以后，我们在八月十七日再次会晤。多勃雷宁给我的解释同杰哈过去的解释一样，坚持说条约经过长期的准备。同杰哈一样，他也没有解释为什么说是早已预谋就会减轻我们的担心。他说，条约并不是针对任何人的。（正如我已经指出的那样，这是外交上常用的橡皮奶嘴，外交官用这种办法对他们希望使其保持悬念的人提供形式上的保证；这也是暗示自己能够做得更厉害些的一种漂亮手法。）我警告说，我们将对军事挑战作出尖锐反应。多勃雷宁的答复是：苏联正呼吁和平解决。

不幸的是苏联的行动同它的保证日益发生矛盾。接近八月底的时候，我们得到不容置疑的证据，说明莫斯科非但没有约束印度，反而答应如果安理会提出印度是侵略者的指责就使用否决权；此外，如果巴基斯坦或中国进攻印度，苏联将以空运军事装备方式作出反应。换句话说，苏联差不多给了甘地夫人一张空白支票。已经发表的有关甘地夫人九月底访问莫斯科的报道也支持这种解释。柯西金总理同甘地夫人一起呼吁叶海亚消除紧张局势——把整个责任都推给了巴基斯坦。柯西金宣称为了避免战争，必须早日取得政治解决——这是克里姆林宫到那时为止对印度战略最强烈的支持。苏联主席波德戈尔内十月初对印度的访问使苏联的支持进一步戏剧化。

九月二十九日，尼克松在华盛顿会见葛罗米柯时说，劝阻印度进行战争对我们两国都有利。葛罗米柯避不表态。避免战争当然是使人向往的；不幸的是，根据他审慎的判断，战争的危险首先在于巴基斯坦的挑衅。他没有提出任何证据来证明这种有趣的判断，即显然处于较弱地位的、已经得不到任何武器供应的国家却可能进攻那个较强的国家。他也没有解释为什么不能让我们等到三月份巴基斯坦把权力移交给文职人员后再考虑可以采取什么行动。

十月九日，我紧急要求苏联协助阻止四万游击队员渗入东巴，因为我们已收到令人不安的消息说这种情况即将发生。我对多勃雷宁说，总统认为最重要的是避免战争。多勃雷宁的态度极为友好——其无济于事也到了无以复加的程度。他说，苏联正在向双方呼吁，但是印度正在变得极为困难。我说我们准备考虑同苏联采取联合行动来消除危机。这个建议从来没有得到理会。印度使巴基斯坦丢脸的机会也是苏联使中国丢脸的机会。莫斯科尽量增加赌注。巴基斯坦是比较弱的一方。可能使天平保持平衡的美国又由于自行规定的武器禁运，由于越南问题引起的对卷入任何外国事务的恐惧，由于国会和新闻界几乎一致认为印度无论采取什么行动都有道理的情绪，而不能帮助巴基斯坦。而中国又由于国内的阵痛而陷入了暂时的瘫痪。

整个十月份，尼克松政府都不断受到激烈批评。十月五日，参议院外交委员会投票决定暂时停止美国对巴基斯坦的一切经济和军事援助。许多参议员叫嚷要采取更强硬的措施。《华盛顿邮报》十月二十二日的社论为这种态度作了总结：

美国的立场仍然是不光彩的。国务院前些日子拼凑了一个要求双方克制的软弱无力的呼吁。这个呼吁由于以下两个事实而显得十分荒唐：争论一方即巴基斯坦几乎应对和平受到的威胁负全部责任，而美国——通过武器、供应、政治支持、救济等——是偏袒这一方的。事实上，对次大陆和平的威胁不在于印巴之间的传统分歧，而在于巴基斯坦以难民形式向印度输出国内政治问题的政策。美国在提供救济方面领先是根本不够的，必须伴之以严厉的政治措施，促使巴基斯坦停止迫害它自己的人民。

引起危机的责任在于巴基斯坦，这是无可争辩的。然而到了十月，中心问题是如何纠正原来的错误，避免一场影响远远超过次大陆范围的战争。在我们对中国采取主动行动以后，苏联的目标是要使北京丢脸，同时证明中国和美国这样的盟国都是靠不住的。不仅如此，如果印度这种策略得逞，就很可能扩展到中东——在那里，也同莫斯科签订了友好条约的埃及正威胁要在所谓决定的一年通过战争解决使它不满的问题。我认为如果苏联能以南亚为例证明战争的效果和美国的无能，那将给中东带来不祥的前景。

十月七日，我在战情室召集华盛顿特别行动小组开会，考虑能够采取什么行动阻止走向战争的趋势。人们对中国干涉有一种习惯性的担心；有人建议对北京提出正式警告，其实际结果将是消除抑制印度的又一个因素。不过这次会议开得比较融洽。国务院建议我们要求印巴双方都从边境撤出武装部队；要求莫斯科和德黑兰支持这种观点；再次向双方阐明，如果发生战争，就要切断美国援助；鼓励巴基斯坦同当选的孟加拉领导人开始对话——并不十分隐讳地暗示它要重新考虑对待穆吉布的态度。会议同意了国务院的方案。

现在回顾起来可以清楚看出，我们当时大大地过高估计了停止援助的威胁对印度的影响。要查明哪些物资已经卖出和尚在途中，并加以处理是很复杂的事，因此断绝援助从来也不像外科手术那样干净利索。印度能够推测——事实证明是正确的——它可以依靠供应渠道中已有的物资度过暂时困难，等到舆论风向再次变化就可以重新得到援助。

我们首先找叶海亚交涉，结果令人鼓舞。十月十一日，他接受了我们提出的双方共同从边境撤军的建议。这时，他给了我们一个政治解决时间表。他将在年底以前召开新的国民议会，把宪法提交议会讨论。紧接着他就要把权力移交给文官政府。西巴和东巴都要召开省议会。东巴将在文职的全国政府中占多数（实际上保证得到的结果会符合孟加拉人的愿望）。他再次承诺不执行处死穆吉布的判决；文官政府可以在三个月内处理有关穆吉布前途的问题。十月十六日，我国驻伊斯兰堡代办会见了布托。布托同意新政府的领导职务应当属于东巴；穆吉布可以发挥积极作用。这时几乎可以毫不怀疑，叶海亚一旦下台，东巴就可以自行决定自己的前途。

同印度交涉的结果却不那么顺利。十月十二日，基廷大使见到斯瓦兰·辛格，听到的还是印度一连串老一套的怨言：美国没有充分运用自己对伊斯兰堡的影响；同孟加拉国流亡人士开始对话的努力是想绕开穆吉布的花招。印度外交部部长表示，共同撤军是无法接受的，但巴基斯坦单方面撤离边界将是有益的；如果巴基斯坦确实撤了，印度可能重新考虑。辛格没有解释，当印度在印巴边境集结军队并使数以千计的游击队进行渗透时，巴基斯坦怎么可能撤走军队。

尼克松获悉这些挫折后，十月十九日命令黑格“还要就这个问题盯住印度人”。（我正在前往北京途中，由黑格代理我的工作。）这个指示还来不及执行，印度国防部部长就再次拒绝了共同撤军的办法——这次是十月二十日对莫里斯·威廉斯说的。这位印度人不祥地补充说，不存在发生偶然性对抗的危险。

十月十八日，驻莫斯科的比姆大使把我们关于共同撤军的建议交给了葛罗米柯。黑格又向多勃雷宁提出警告，以强调尼克松对此事的关心。十月二十三日，我们得到苏联的答复，内容同新德里的答复一模一样，认为避免战争的唯一有效办法是立即释放穆吉布，并以“最快速度在东巴取得政治解决”。双方共同撤军只有在采取“（其他）综合措施”的情况下才是有益的。莫斯科显然不打算在实现克制方面合作。

在此期间，战争危险开始具有自己的势头。十月十八日，印度使陆军和海军处于最高戒备状态。东巴冲突不断增加。十一月一日，印度部队采取重大行动把他们声称曾向印度境内开炮的巴基斯坦炮兵阵地打哑了。（考虑到驻在东巴的巴基斯坦部队处于大约一比五的劣势，而且还得同游击队作战，他们主动挑起敌对行动的积极性不可能很高。）十一月六日，在尼克松同甘地夫人会谈之后，我们获悉小股印度正规部队已于十月三十日开始越过东巴边界。十一月一日，苏联开始向印度空运军事装备。苏联外交部副部长尼古拉·费留宾十月底访问了新德里；印度报界说他曾要求克制。根据设想，他在这么做的时候得到了后来访问印度的苏联国防部副部长兼空军参谋长帕·斯·库塔霍夫元帅的帮助。

在甘地夫人到达华盛顿之前，我们为缓和紧张局势又做了一次努力。法兰大使奉令提请巴基斯坦考虑不顾一切从边境单方面撤军的问题，并敦促叶海亚在政治改革方面发挥最大限度的灵活性。十一月二日，法兰给叶海亚送去尼克松写的一封措辞并不十分隐讳的信：

我知道你非常重视使经过选举产生的东巴人民代表最大限度地参与国事。我也相信你会同意，这一过程对恢复贵国东翼地区状况、从而制止难民流入印度并在巴基斯坦全体人民之间实现切实可行的政治和解是必需的。

出乎我们意料的是叶海亚同意单方面撤军。第二天，他派驻华盛顿的大使在同我会晤时重申了这个建议，条件是甘地夫人要同意在“不久之后”撤退印度部队。叶海亚还同意我们乘甘地夫人访问的时机宣布完全停止对巴基斯坦的武器供应——他以体面的方式做了这个令人屈辱的让步。最后，叶海亚还准备同人民联盟的某些领导人，或未因重大罪名受到控告的现在印度的某些孟加拉国领导人进行讨论；他说他愿意考虑同穆吉布指定的某个人会晤的想法。如果我们还要更进一步，就得等到文官政府成立——按照叶海亚的时间表，也就不到两个月了。十一月三日，布托对法兰说，同孟加拉国代表——包括穆吉布——会谈是必要的；在两个月内，布托可能成为巴基斯坦新的文官政府的领导人之一，如果不是政府首脑的话。

这就是尼克松同任何外国领导人举行的会晤中无疑是最不幸的两次会晤——他在十一月四日和五日同英迪拉·甘地总理的谈话——的背景。这并不是说会谈的参加者气势汹汹或者缺乏礼貌。事实上，他们都着意按照这种场合的常规办事。政府首脑很少直截了当地发表不同意见；他们不希望使自己无法打破的僵局固定下来——否则等于承认自己缺乏谈判技巧或找不出解决办法。政府首脑无法取得一致意见的情况常常表现为各说各的，不管对方说些什么，或者表现为意味深长的沉默，这时双方无疑都在考虑僵局的政治后果。要不然——正如尼克松同甘地夫人会谈时出现的状况——就是突然把关键问题完全抛在一边不谈了。

总统和总理分别坐在椭圆形办公室壁炉两侧的椅子上，她的秘书室秘书帕·纳·哈克萨尔和我坐在椅子旁近的沙发上。在摄影记者匆匆拍完照片并被轰出去之后，甘地夫人开始像一位教授赞扬一个略为落后的学生那样对尼克松处理越南问题的办法和他对中国采取的主动行动表示赞佩。她自鸣得意地对尼克松在中国问题上做了印度十年来一直建议的事情表示满意，这就使她的赞扬失去了几分光泽。尼克松的反应是目光呆滞然而合乎礼节。凡是了解他的人都知道，只是由于他不愿当面表示不同意见才克制住自己的愤恨。

尼克松没有时间欣赏甘地夫人那种居高临下的态度。他私下曾嘲笑过她在道德方面矫揉造作。他对这一点特别感到不快，因为他怀疑她在追求自己的目标时实际上比他更不择手段。他确实认为她是一个冷酷无情的玩弄强权政治的人。八月十一日，尼克松曾向高级研究小组承认，他如果处在甘地夫人的地位，也可能奉行类似的方针。然而他并非处在她的地位——因此他就要拖延时间。和我一样，他希望避免摊牌，因为他知道战争将威胁我们在地缘政治方面的设想，而且根据我们两人的判断，东巴自治是势在必行的，虽然实现的时间可能比印度暗示的稍晚一些。（事实上，印度从来没有提出什么明确的时间表，而是一直暗示昨天就已经太晚了。）

甘地夫人使人难以对付的程度同她自以为屈尊的态度颇为相似。她对尼克松打算做什么并不抱幻想。她自己也受到内心冲突的压力。她的议会将在两星期内开幕，充满嗜血的情绪。她对这种危机气氛起了不小的推波助澜作用，现在这个危机已经产生自己的势头，如果她不能驾驭它，就可能把她压倒。她对尼克松的厌恶表现在冷若冰霜的拘谨态度上。这种厌恶也许由于她不安地认识到下列事实而复杂化了，即她的全部教养都使她鄙视这个人，而此人观察国际关系的方式却又和她自己的方式相似得令人感到别扭。这并不是说她正像尼克松想的那样是个伪君子——如果说她是个伪君子，就是设想她自己已经意识到她的行动和她的价值观念之间的差距——而是说她的利益同她的价值观念对她来说是不可分割的。

我自己对甘地夫人的看法同尼克松的看法相似，主要区别在于我不是从个人角度看待她那种居高临下的态度。后来人们指责尼克松和我对印度有偏见。这完全是误解。严肃的政策必须以分析为基础，不为情绪所左右。当然，正如我已经谈到过的那样，从印度的历史以及印度对待本国人民和邻国的态度中看不出它有什么独特的道义感。照我看来，印度在激烈动荡的历史进程中正是因为在掌握和操纵洋人的心理方面具有不寻常的敏感，因此才生存下来；印度领导人在道德方面的自命不凡似乎完全是为了利用自由主义的、略带社会主义色彩的西方的内疚心理；这种自命不凡是实力弱小的独立运动必不可少的武器——独立运动正是用殖民国家的伦理范畴使殖民国家动弹不得的。对于一个绝不可能单凭实力建立国际地位的新独立国家来说，这种武器是无价之宝。

甘地夫人是一个以巧妙的手腕专心致志、不屈不挠地追求印度国家利益的强有力的人物。即使在她的政策对我们国家利益有害时我也尊重她的力量；但是我不能同意印度所谓我们如不支持印度在次大陆称霸的野心就会永远“丧失”印度的友谊的说法。我相信，无论一时的情绪是冷是热，我们不可能永远“丧失”印度，正如我们不可能永远“赢得”它一样。和大多数人比较，我心目中的甘地夫人是不会因为我们追求自己的利益而反对我们的。她不会轻易放弃她赖以取得讨价还价地位的不结盟政策，至少表面上还要保持可供选择的向美国靠拢的可能性。当她认为印度有此需要时，甘地夫人就会像她现在力图肢解巴基斯坦一样无动于衷地同我们合作。眼前的爆发过去之后，她就会迅速修复同我们的紧张关系；似乎矛盾的是，关系越紧张，她至少使表面恢复正常的积极性就越高。事实证明正是如此。

但是在一九七一年十一月，关系还在继续恶化。使尼克松设法拖延时间的全部理由也正是使甘地夫人要强行加快速度的理由。孟加拉国的不可避免的出现——这是我们料想到的——给印度带来极为头痛的长远问题，因为孟加拉国实际上就是东孟加拉，同印度的最倔强、最具有分离倾向的西孟加拉邦只是宗教不同，而在语言、传统、文化，特别是容易激动的民族性格方面则是共同的。无论孟加拉国将来是成为民族主义国家还是激进的国家，迟早都会加剧印度内部的离心倾向。它可能为建立其他穆斯林国家开创先例，而这一次可能是从印度分割出来的。孟加拉国一旦独立，它的穆斯林传统最后可能使它同巴基斯坦恢复友好关系。所有这一切都迫使新德里那些不为感情左右的策划者考虑，在孟加拉国诞生的同时，必须使印度在次大陆凌驾一切的地位戏剧性地表现出来。

叶海亚不断让步使甘地夫人的难题愈益严重。如果她能肯定叶海亚口是心非，肯定不会成立文官政府、穆吉布不会获释、东巴不会获得自治并在几个月内获得独立，她可能会放长线钓大鱼，利用我们计划的失败作为摊牌的借口。正因为我们的计划几乎肯定会取得有利结果才使她的行动具有了紧迫性。文官政府可能领导巴基斯坦摆脱孤立状态。孟加拉国代表同巴基斯坦谈判，如果不是使印度无能为力的话，也可能会限制印度强行加快步伐的能力。印度必须在这一连串事情发生之前采取行动。甘地夫人走向战争并不是因为她肯定我们会失败，而是因为她担心我们会成功。

因此，尼克松同甘地夫人的会谈就成了典型的聋子对话。两位领导人听不进对方的意见，不是因为他们相互不了解，而是因为太了解了。

尼克松强调他相信东巴结果必然获得自治并从而获得独立；我们的全部要求不过是一张避免使已在向文官政府过渡的西巴的团结遭到破坏的时间表。他列举了美国通过说服取得的成就：避免了东巴的饥馑；救济工作的国际化；东巴任命了文职省长；宣布大赦；不处决穆吉布的承诺；巴基斯坦同意单方面从边境撤军；而且非常重要的是，叶海亚愿意同孟加拉某些领导人谈判。在这种情况下发生战争是美国根本无法理解、也不会当作解决问题——其严重性我们并不否认——的办法加以接受的。

甘地夫人以傲慢的冷淡态度听取实际上是尼克松一次比较成功的表述。尼克松的论点，她一个也不答理，虽然其中某几点——例如巴基斯坦提出单方面撤军、叶海亚愿意同孟加拉国领导人谈判——她本人是第一次听到。巴基斯坦的让步并不涉及她的根本利益。真正使她念念不忘的是巴基斯坦的性质，而不是这个饱经折磨的国家的一部分地方正在发生的非正义的行为。她不理会造成危机的原因，而是就巴基斯坦的历史说教了一番。她否认自己反对巴基斯坦的存在，但她的分析却很难支持她的否认。她断言人们曾经责备她的父亲接受分治。她说经常听到的一种指责含有某种真实的因素，即印度是土生土长的独立运动领导人缔造的，而巴基斯坦是同英国勾结的人组成的，他们一“独立”就开始囚禁真正的独立战士。巴基斯坦是匆匆拼凑起来的一种结构，是出于对印度的憎恨而结合起来的，巴基斯坦每一代新的领导人都给这种憎恨火上加油。东巴的状况反映出来的倾向对整个巴基斯坦都是适用的。俾路支和西北边境省都不是正当地属于巴基斯坦的领土；它们也要求、并且应当得到更多自治权利；它们本来就不应当包括在原来的解决办法之内。

这堂历史课的目的很难说是想要平息对印度意图的担心，说得好一点是不着边际，说得坏一点甚至是对西巴的团结也提出了威胁。甘地夫人如此坚持强调巴基斯坦的先天缺陷，言外之意是仅仅要求东巴分离已经算是印度的克制；西巴的继续存在就反映了印度的容忍。她对叶海亚十一月二日的让步根本不当一回事。她不反对巴基斯坦单方面撤军，但拒绝说明印度是否会照着做。她答应第二天提出正式答复。尼克松向这位总理保证，她可以指望我们尽一切努力使危机得到缓和，包括鼓励政治解决的迅速实现。但是这位钢铁似的夫人把所有这类讨论都推到以后会晤进行。

下午，我同她的助理哈克萨尔再次详细研究了叶海亚的让步。我向他保证，我们将坚持推动即将成立的文官政府走向承认东巴自决。我预计东巴将在三月获得自治，其后不久就会得到独立。我建议我们一起拟订一张时间表。哈克萨尔毫无兴趣。

尼克松同甘地夫人第二天的会谈证实了美印关系的虚幻。甘地夫人根本不提巴基斯坦问题。整个会晤限于回顾世界局势。甘地夫人深入询问了我们对其他地区的外交政策，似乎次大陆是全球唯一的和平而安定的角落。除有关次大陆的问题外，她给我们判的分数都是优等。尼克松自己也十分愿意把前一天的话题略而不谈，一部分原因是害怕出现不愉快的场面，同时也是因为他正确地判断这是甘地夫人拒绝我们业已提出的各种方案的办法。这个典型事例说明政府首脑为什么不应谈判有争议的问题。由于他们之间的僵局似乎是无法打破的，这就加剧了他们避免明确表态的倾向。因此，甘地夫人的访问没有在任何悬而未决的问题上取得进展，甚至没有在寻求进展的程序方面取得进展就结束了。

到十一月十日，已经无法忽视印度军队攻入东巴的消息了——根据一份已经核实的报告，有两营人。当时存在巴基斯坦反击的危险。西斯科召见巴基斯坦和印度双方的大使，敦促两国保持最大限度的克制。巴基斯坦新任大使纳·阿·穆·罗查保证他的政府将避免采取任何挑衅行动。杰哈则否认印度有任何入侵；我们不能揭穿这种谎言，否则就会泄露情报来源。十一月的上半月，我们收到的报告说印度某些官员正在谈论月底以前发生战争的可能性。这些报告同实际情况只差一个星期。

十一月十二日，我召集华盛顿特别行动小组开会。国务院提议敦促叶海亚再制定一个最大限度的政治方案，作为——像国务院的一名代表指出的那样——“帮助（他）在免于战争的情况下摆脱困境”的办法。可惜叶海亚唯一尚未做的让步就是立即释放穆吉布和宣布让一半国土独立——他认为这种让步是令人屈辱的，因此留待即将成立的文官政府去办。没有任何迹象说明这件事可以及时完成，以避免印度莽撞地投入冲突。唯一可能稍有成效的办法是对新德里采取威胁手段，但是谁也不愿提出来。我对我的同事们重申，我们鼓励政治演变，但不支持印度强行加快速度、致使西巴无法生存的战略：

如果甘地夫人希望找台阶下，我们应当努力给她台阶。但是我们为帮助她已经搞得筋疲力尽，而她干了什么呢？我们的建议她一条也不接受。她对总统说了不少友好的话，但却同总统说的话毫不相干。她只是一个劲儿地耍手腕，让我们当恶人。问题在于，我们满足她三分之二的要求，并让她以此作为采取下一步行动的基础，这样我们怎么约束她呢？

然而现在已不是相互指责的时候了。我们面临一场危机，除了规劝外几乎无计可施。于是我们又回到发报机上去。我们要进一步检验一下叶海亚对待穆吉布的灵活程度。国务院也发电报劝双方克制。印度几乎不屑于答复；它抱怨我们的做法把印度同巴基斯坦相提并论。印度在外交上所要求的让步大多数已得到满足，现在只限于让它的大使来询问它明知不可能很快实现的那个条件：释放穆吉布并承认他是巴基斯坦的唯一谈判对手。

我在十一月十五日会见正在华盛顿访问的巴基斯坦外事秘书苏勒坦·汗时也做了我该做的事情。这位正派而能干的人就在四个月前我前往北京时曾在伊斯兰堡给我送行。现在我不得不尽可能委婉地敦促他在穆吉布问题上表现最大的灵活性。他回答说，照他看来现在的军人政府已经走到让步的极限。但是，一旦成立文官政府——约六个星期以后——将会重新考虑这个问题。十一月十八日，叶海亚本人也对法兰大使提出了同样的论点，强调他的主要目标是实现建立文官政府的时间表："如果文官政府那时想通过穆吉布同孟加拉国打交道或采取别的办法，那是文官政府的事，与我无关。我那时将已完成把权力交还人民的目标。"

十一月十五日和十八日，我同多勃雷宁两次谈话时都提出警告，指出苏联继续空运武器，正在加剧紧张局势。多勃雷宁和蔼地回答说，苏联事实上是建议克制的。十一月十九日，我同杰哈讨论了使东孟加拉在三月份以前获得充分自治的时间表。他只是耸耸肩，根本不屑一顾。

当潜在的侵略者看到战利品近在咫尺，自己在当地又享有压倒优势，而作为牺牲品的对象处于孤立状态、士气涣散、解除了武装，这时和平的前景就黯淡了。十一月二十二日，次大陆开始了全面战争的第一个阶段，然而将近一个星期以后印度才承认，我们的各个部门才愿意正视这场战争的含意。

印巴战争

十一月二十二日，我向尼克松报告说：

巴基斯坦今天在电台广播中声称印度"未经正式宣战即向东巴发动全面进攻"……印度声称这些报道是"绝对虚假的"……我们此刻尚未获得站得住脚的证据，但看来显然发生了重大事件。

危机开始时总是一片混乱，这一次则比其他危机更为混乱。巴基斯坦大使没有得到情报；消息来源并不比我灵通的罗杰斯国务卿只能记下相互矛盾的报告。尼克松急于执行他从五月份以来一再重申的停止对印度援助的威胁。为了避免国内批评，他希望用停止向交战双方提供援助的形式予以宣布，因为他知道给巴基斯坦的援助已接近枯竭。我建议他推迟到下午召开华盛顿特别行动小组会议之后再作决定。如果事实证明印度是侵略者，我甚至对是否应当宣布切断给予巴基斯坦的援助也持怀疑态度。这样做未免过于不分是非；并且可能造成北京的误解。尼克松则主张采取任何使印度受到更大伤害的方针。

我毫不怀疑我们现在看到的情况就是印巴战争的开始，而且这场战争是印度发动的。无论流行的传言怎么说，大部队作战都不是偶然发生的，而是由某个司令部指挥它们行动的。说七万名正在对游击队作战的巴基斯坦士兵会进攻二十万印度军队，或者说仅有十二架飞机驻在东巴的巴基斯坦空军会向二百架严阵以待的印度飞机挑战，无论如何胡说八道都不可能使人相信。不存在任何合法的借口。我毫不怀疑——尼克松甚至更强烈地认为——印度蓄意不断提高要求正是为了使问题无法解决。当然，巴基斯坦对东孟加拉的镇压是野蛮的、目光短浅的；几百万难民也给印度经济带来了巨大的压力。但是，按照尼克松和我的看法，战争的起因并不是难民问题，而是印度决心利用危机建立自己在次大陆的统治地位。

但是我们最关切的事超出了次大陆的范围。苏联本来可以抑制印度而不这么做。事实上，它通过签订友好条约、外交上支持印度的最高要求、空运军事物资并保证在联合国安理会否决对印度不利的提案，积极鼓励了战争。苏联鼓励印度利用巴基斯坦的苦难，一部分是为了打击我们的结盟系统，更重要的是证明中国的软弱无能。北京和华盛顿正是对苏联力量有一种共同的关切才走到一起来的。因此，如果证明美国根本不起作用就会使我们同中国新建立的尚不稳定的关系受到严重压力。如果我们按照批评者的意见办——公开地、大规模地同巴基斯坦脱离关系，在它陷入绝望的时刻站在它的对立面——我们的行动看上去就正好是中国恐惧的美苏共同统治；几乎可以肯定，这样做将使我们对中国的主动行动化为乌有。我有时在跨部门的会议上听到一些意见，似乎我们一心只想保证到中国去的机会。但是，正如我对尼克松说的那样，“这些人不了解，我们不到中国，也就去不了莫斯科”。

我们捍卫的也不只是抽象的国际行为准则。不管许多人多么不愿承认，这次进攻的受害者是一个盟国，正是针对这种意外事件我们曾对这个盟国多次作过明确的承诺。这种明确的条约义务加上我们承担的其他责任可以追溯到一九五九年。承担这些责任是否明智是可以辩论的（我们的许多官僚机构如此渴望忘掉它们，以至有一段时间甚至白宫都几乎不可能取得一九六二年往来信件的副本），但是我们不能置之不理，否则就会使伊朗和土耳其这类盟国失去信心。这些国家同情巴基斯坦，他们得到我们同样的保证，把我们的反应看作是美国在可能涉及它们的危机中态度是否坚定的象征。因此，这里涉及很大的赌注。十二月五日，我对尼克松说，印巴冲突将成为春天中东局势的一次彩排。十二月六日国家安全委员会开会前后，我曾对约翰·康纳利提出过同样的论点。

不存在“挽救”东巴的问题。尼克松和我几个月以前就已经认识到东巴独立是势在必行的；但是实现这一点并没有必要通过战争。我们力图保持西巴作为一个独立国家存在，因为我们判断印度的真正目的包括使西巴解体。我们力图防止事态的发展证明苏联的武器和外交支持在出现危机时必然会起决定性作用。十二月四日，我对尼克松说，正因为我们正在退出越南，我们不能容许造成一种印象，似乎一切问题都可以通过赤裸裸的武力加以解决。虽然现在要防止战争为时已晚，我们仍有机会——通过加强我们的反应——使苏联在其他地方采取冒险行动以前感到踌躇。正如我十二月五日对尼克松说的那样，我们必须提出足够的威胁才能阻止苏联在其他地区的朋友，特别是在中东的朋友采取类似行动。如果我们采取足够大胆的行动，我们可能在印度吞没和摧毁西巴之前使它停止进攻。

这种战略几乎不可能实现，因为我们的各个部门是按不同的前提行动的。它们担心惹恼印度，认为无论我们怎么做巴基斯坦都输定了，而且知道我们的方针在国会和新闻界都不得人心。尼克松理解这件事在战略上的利害关系，但下不了为实现行动指令所必需的执行纪律的决心。

外交部门是一个训练有素、干练而有献身精神的非常出色的机构。我担任国务卿时，逐渐对这个机构的作用感到赞赏，对它的成员感到尊敬，并同其中许多人产生了亲密的友谊。但是需要强有力的领导才能把忙于日常工作、各管一摊的各个司捏在一起，特别是在奉行的政策不得人心或同长期的偏爱发生矛盾时更是如此。这种方向感必须由七楼——国务卿及其直接下属办公的地方——提供。不幸的是——并非由于我们任何一个人的原因——我同罗杰斯的关系的恶化加深了我们在政策方面的分歧，危及了政策的连贯性。他容易单纯为了肯定自己的特权而反对我提出的任何建议；我则尽可能绕开他。（至于哪个原因在前，必须由比较超然的历史学家去确定了。）罗杰斯深信我们的方针是错误的，认为尼克松是受到我的有害影响才采取这种方针的。我则认为罗杰斯没有掌握地缘政治的利害关系。结果出现了官僚机构之间相持不下的局面，白宫和国务院的代表打起交道来像两个相互竞争的拥有主权的实体，而不是同一个班子的成员。总统采取迂回办法达到自己的目的，这就使我们政府内部的紧张关系复杂化了。

十一月二十二日，在战争爆发后华盛顿特别行动小组举行的第一次会议上，国务院说我们还缺乏足够事实来作决定。它建议我们敦促巴基斯坦再作政治让步。虽然这场战争明显违反了联合国宪章，国务院对是否提交联合国却犹豫不决；它决心不与印度发生冲突，认为提交联合国的好处不是援引宪章条款反对武装进攻，而只是为了使我们同整个这件事摆脱关系。我——恐怕是颇不耐烦地——问他们从巴基斯坦榨取新的让步来报答进行侵略的印度究竟有什么意义。要求印度等待四个星期看看向文职当局移交权力的结果难道不合理吗？至于提交联合国问题，我请国务院在第二天开始工作前准备好详细方案。当天晚上，总统给我送来一份指示，要求给新德里、莫斯科和伊斯兰堡发出态度强硬的电报，提出反对战争的警告。尼克松特别要求就苏联向印度提供武器一事警告莫斯科。

军事后果逐渐明显起来。巴基斯坦告诉我们，印度有两个旅在东巴境内作战。十一月二十三日，尼克松收到一封叶海亚来信，信中描绘了印度的军事部署，说明印度实际上已经在东巴形成对政府军的包围，并正在通过大规模的无端进攻缩小包围圈。叶海亚向尼克松保证，即使在这么晚的阶段他仍然希望避免战争。他呼吁尼克松“在当前这个关键时刻”发挥他“个人的首创精神”，这“对避免战争仍可能起决定性作用”。

同日，即十一月二十三日，我们收到甘地夫人的来信，不知道为什么信中日期写的是十一月十八日。甘地夫人以对联合企业合伙人说话的口吻，对自己的克制评价甚高，说她之所以克制是因为深信正义必将取得胜利，同时也是因为“从我同你的讨论中得到了支持”。当印度部队在邻国领土上纵横驰骋时，甘地夫人建议不要召开安全理事会，理由是“这种行动将堵塞通往我们共同寻求的解决办法的道路”。诉诸联合国居然可能妨碍军事冲突的解决，这真是一种有趣的国际法理论。关于印度既已进攻邻国，我们正在寻求“共同解决办法”的暗示并没有平息总统的怒气。甘地夫人呼吁尼克松运用他“巨大的勇气”来促进问题的解决，并表示她希望改善美印关系。她对自己希望得到什么解决办法、对改善印美关系的内容，并没有惠予说明。但她显然不愿意被叫到联合国去，当着世界各国的面为印度的政策辩护并申诉理由。

现在双方都要求美国施加影响，但是华盛顿特别行动小组十一月二十三日的会议并没有明确美国施加影响的方向。国务院不反对向莫斯科和伊斯兰堡发出要求克制的电报(对于后者，谁也不曾认为要求军事进攻的受害者表现克制有什么奇怪)。造成麻烦的是给新德里的电报。欧文副国务卿建议推迟到我们有“独立的”情报证实是印度进攻之后再发这份电报。我回答说：“我们这种猜谜游戏只能到此为止了。”

国务院也不愿意按照尼克松的要求切断给印度的军事援助。国务院的代表怀疑切断援助是否符合我们约束甘地夫人的努力，也怀疑这种做法的效果。这同他们几个月来在巴基斯坦军援问题上说的意见恰好相反。几个月来在掐断巴基斯坦供应渠道方面表现了巨大独创性的这些人现在似乎完全不懂得如何对印度实行这个办法，反而大讲寻找已发许可证的装备是如何困难。此外，停止给予双方的经济援助，说到底，对巴基斯坦的损害比对印度严重得多。我指出了本来应当不言自明的道理：我们已经对受害国停止供应军事装备却不对进攻国停止供应，这是没有道理的。

十一月二十三日也是我在纽约第一次秘密会晤中国人的日子。黄华此时已是中华人民共和国驻联合国的常驻代表。北京同意在有关联合国的问题上或有紧急信件时我们可以利用驻在纽约的黄华作为联系人；其余事务则照旧通过巴黎进行。我认为使北京详细了解我们的行动是很重要的，至少必须使中国领导人理解我们并没有同苏联勾结。北京需要了解我们抵抗扩张主义的决心以及我们在这件事上实际可能做到的限度。

黄华同我在纽约市东三十区* 一个秘密地点见面。这是中央情报局曾用作安全接头地点的一幢古老的褐石建筑物里面一套狭小而寒碜的房间。对这种地点的要求之一是没有看门人，其他住户也很少，否则让过多的眼睛很尖的纽约人看到三位穿毛式制服的中国外交官走进一座建筑物，亨利·基辛格又紧随而至，那我们就太冒险了。（后来我们把会晤地点搬到东七十区一幢同样寒碜然而外观稍微华丽一点的建筑物里去了。）当时我能向黄华介绍的只不过是军事形势。我给他看了我们准备在问题提交安全理事会时提出的决议草案，指出我们尚未作出最后决定。黄华强调中国将在安理会支持巴基斯坦，至于是否把问题提交安理会则按巴基斯坦的意见办。

* 指东三十号大街至东三十九号大街之间的地区。——译注

十一月二十四日，甘地夫人第一次承认印度军队越过了巴基斯坦边界，但说只是在十一月二十一日越过一次。她通知印度议会说，印度军队的行动是行使自卫权利。将来是否越过边界将由“现场人员”——一批急于证明自己的才能的司令官——去决定。

在所有这些证据面前，华盛顿特别行动小组十一月二十四日开会时仍然踏步不前，等待我们在新德里、伊斯兰堡和莫斯科采取的措施的反应。我问各个部门它们对印度正规军入侵东巴一事是否还有任何怀疑。大多数人意见是一致的，但是——尽管甘地夫人已经承认——国务院的代表仍然认为证据缺乏说服力。他提出的行动建议仍然是施压让巴基斯坦再作政治让步。如果说美国政府在这个阶段存在“偏向”，它客观上是偏向印度一边的。官僚机构陷入瘫痪的实际效果是配合了印度在外交战线上采取的拖延行动。

十一月二十四日中午，尼克松同罗杰斯和我在椭圆形办公室开会。立场同华盛顿特别行动小组开会时一样，罗杰斯说我们尚无足够证据使安理会采取行动。不幸的是当时直接讨论的问题都过于技术性——可能提交联合国的决议措辞问题和在不同程度上切断援助的方法问题。尼克松讨厌这种细节；讨论这种问题使他明显感到烦躁。无论怎么说，否定老朋友的意见是违反他的性格的。因此，会议开完也没得出结论，后来尼克松又烦躁地对我说不知道把他这位国务卿怎么办才好；他曾动过念头要让约翰·米切尔去约束一下罗杰斯，但最后什么事也没做。

结果是大家都随自己高兴而自行其是。国务院让它的发言人在一次为报界举行的情况介绍会上宣布美国没有证据可以指责印度侵略，从而宣扬了它的观点。当巴基斯坦大使向国务卿提出抗议时，罗杰斯又重申我们“没有独立的情报来证实或否定”印度参与了武装进攻。罗杰斯解释说，在相互矛盾的报道的真实性问题上，华盛顿不愿意处于偏袒一方的地位。当然，战线位置深入巴基斯坦领土这个情况本来会给我们提供相当明确的线索，说明谁可能处于进攻一方。

官僚机构的内讧使美国到第三天还没有作出任何认真的反应。我在前面几章中曾经指出，危机必须及早克服才能加以控制。一旦危机取得势头，有关各方承担了义务就容易使危机失去控制。如果第一天就对印度提出严厉警告，同时无情地执行看来是当真的切断援助的威胁，就有可能使甘地夫人在使行动升级之前感到踌躇。（如果在进攻之前就这么做当然更好。）对谁是进攻者的怀疑大部分是虚假的。游击队是不会用坦克和飞机在几百平方英里领土上纵横驰骋的。苦苦哀求克制只能说明我们优柔寡断；这种哀求可能鼓励了而不是约束了印度的军事行动。

基廷大使在十一月二十五日感恩节那天同斯瓦兰·辛格打交道的经验说明印度是坚持不让的。辛格在气势汹汹地答复我们要求克制的呼吁时，抱怨说从甘地夫人访问以来没有取得政治进展。他没有告诉我们，由于他的总理根本不屑于对我们的提议作出反应，并且直到十一月二十三日即四十八小时以前才同我们联系，怎么可能取得政治进展。他说，如果巴基斯坦单方面撤军就会造成新的形势，但他拒绝告诉我们印度是否会跟着撤军。辛格说是巴基斯坦威胁了印度，而不是相反。当基廷谈到巴基斯坦领土上的印度军队时，辛格轻松地回答说，这同他所了解的事实不符。甚至基廷（这位强烈支持印度观点、在国会中为印度游说，并经常在私下严厉批评尼克松和我的人）也不得不勉强承认辛格"在有关东巴境内的印度军事人员的问题上对我并不是十分坦率的"。

十一月二十五日，我们还从可靠方面获悉甘地夫人曾对她的同事们说，印度将继续进攻并使进攻升级。她的司令官的行动同她说的话是一致的。十一月二十六日，印度在杰索尔地区发动了新的进攻。苏联阻止了日本要求召开安全理事会的试探。他们对比姆大使说，苏联只有在取得使印度满意的政治解决的情况下，才支持结束军事行动。尼克松打电话给英国首相希思，告诉希思他担心印度的目标可能远远超出东巴的范围。希思大体上表示同意，但明确指出英国将保持超然的态度。

十一月二十六日，法兰设法见到叶海亚。叶海亚接受了法兰要他请求联合国派观察员到战线的巴基斯坦一侧去的建议。叶海亚还要请求联合国接管东巴难民设施，并考虑让孟加拉反对派的人去会见仍在狱中的穆吉布。在新德里，基廷借弗兰克·丘奇和威廉·萨克斯比参议员访问的机会见到甘地夫人。她的方针甚至变得更加强硬起来。她再次抱怨从她同尼克松会谈以来一直没有取得政治进展。她说，无论怎么说，现在已不是东巴问题，而是在邻国局势动荡时印度的国家安全问题。甘地夫人始终扮演一个爱好和平、然而为形势所迫的温和派的角色。她说她好不容易才顶住国内要她采取更加激烈的行动的巨大压力——虽然很难看出印度在骚扰、伤害和侵入邻国方面还可能再多干些什么。

尼克松的本能还是要用切断援助的办法来答复甘地夫人。我劝他等待印度下一步行动。在挑衅十分明确、事实无可争辩的时候做出反应对我们比较有利。国务院提议总统致函叶海亚、甘地夫人和柯西金，再次要求撤军，但却毫不表示拒绝我们的建议将带来什么惩罚。虽然总统信件已经变成家常便饭，以致降低了它们的价值，我还是同意了，因为这种信没有害处，还可以为以后采取较强硬的行动提供基础。

总统给甘地夫人的信告诉她叶海亚愿意让联合国观察员前往边界巴基斯坦一侧，并提醒她注意巴基斯坦关于单方面撤军的仍然有效的建议。信件注意到她已承认印度部队在巴基斯坦领土上作战，强调指出：“如果印度的行动导致广泛的敌对行为，美国人民将无法理解。”

致柯西金的信件再次要求苏联在促进危机的和平解决方面予以合作，并敦促苏联施压使新德里撤军。这种姿态是徒劳无益的。苏联所谓可以接受的解决办法同印度如出一辙。

给叶海亚的信则劝阻他不要为了减轻被围困的东巴所受的压力，而从巴基斯坦大部分军队驻扎的西部地区进攻印度。尽管进攻也注定会失败，但走投无路的领导人仍可能为荣誉所驱铤而走险。我们担心巴基斯坦从西面进攻只会使印度终于找到借口来完成它瓦解整个巴基斯坦的计划。尼克松的信列举了我们为促使印度克制而采取的各种没有发生效果的行动，但也提出了反对扩大战争的警告。叶海亚十一月二十七日接见了法兰。他深感绝望，但愿意合作。他表示请联合国立即派遣观察员去边界巴基斯坦一侧，以便为巴基斯坦的防御意图担保。他主动提出让法兰会见穆吉布的律师。（随着战争升级，叶海亚后来撤销了这个建议。）他还重申他愿意同加尔各答的孟加拉国临时政府成员接触，并且说“他们将发现我不是毫无反应的”。

战争中正在取胜的一方很少是急于谈判的；战斗持续时间越长，它讨价还价的地位就越好。唯一的约束是担心把牌打过了头会触动外部力量，因而可能使它丧失胜利的成果。十一月底正是甘地夫人乘风破浪胜利前进的时候；美国和中国的行动都不能使她感到有多少理由要谨慎从事。尼克松政府正受到压力，要它反对巴基斯坦；处于“文化大革命”尾声的中国则在军事上缺乏准备，而且刚刚度过国内一场涉及军方忠诚问题的危机。

在此期间，国务院发言人出面发表了一通评论。这种评论说明他的同事们多么难于按照白宫的战略办事，又多么难于断绝三十年来同印度的感情联系。前美国驻巴基斯坦大使小本杰明 · H · 奥勒特给《纽约时报》写了一封信，发表在十一月三日的该报上，内容是说“当巴基斯坦受到任何其他国家进攻时”，美国有义务“甚至以我们的武器和人员”去援助巴基斯坦。十一月二十六日，国务院发言人在回答问题时说，不存在使美国必须援助巴基斯坦的具有约束力的秘密保证。如果对“武器和人员”这个短语给予足够强调，如果让一位精明的律师来解释“具有约束力”的含意，那么这个声明非常接近真实。但是，如果我们想要制止印度对我们的一个盟国的进攻，这个声明又碰巧是一个完全错误的信号。

我们找不到甘地夫人来接收总统的信件。她已决定去访问边界附近的印度部队。她猛烈抨击超级大国（意指美国）居然厚着脸皮“由于我们采取了保卫边界的行动”而发出怨言。这篇演说不可能使军事司令官们的思想转向和平，他们现在已经拥有穿越边界的自行决定权。同日，印度国防部长贾格吉凡·拉姆在加尔各答一次政治集会上向欢呼的群众透露，已经授权印度部队推进到巴基斯坦境内去“打哑”巴基斯坦炮兵。在同一次集会上还有一个演说者宣布“印度要把巴基斯坦打得粉碎”。一位印度上校在十一月二十八日对记者讲了美国政府中一部分人还不愿承认的事情——“我们的部队是因为孟加拉解放军要求帮助才参加进去的。”⑤

基廷终于在十一月二十九日赶上了甘地夫人。甘地夫人对他的接待是冷若冰霜地又背诵了一次印度的抱怨。她相当准确地指出，叶海亚的困难是他自己造成的，“我们并不处于减轻他的困难的地位。”她不能继续告诉印度人民等待。她还寓意不祥地补充说：“我无法加以控制。”当基廷试图提出侵入巴基斯坦边境问题时，甘地夫人打断他的话头说：“我们无法倾听要削弱我们力量的意见。”

于是问题回到了华盛顿特别行动小组。十一月二十九日，这个小组讨论了印度究竟是在尼克松和甘地夫人会谈以前还是以后决定进攻的问题，没有得出结论。这个问题之不着边际正如答案不言自明一样。甘地夫人显然事前早就计划进攻了；她到华盛顿来不是为了寻求解决，而是为自己的行动施放烟幕。从甘地夫人回国到第一次越过边界作战之间的十天中是不可能完成印度的部署的。华盛顿特别行动小组最后不得不接受事实，即总统要停止对印度的某些援助。然而国务院还在顽固地维护他们的立场，要把对印度的削减保持在最低限度，同时把指示搞得极为含糊，以便执行时有最大限度的自由处置权。关于我们可能切断哪些武器种类的供应，情况混乱之至，所以我说，“我们有没发许可证的合同，又有没签合同的许可证”，究竟停止供应什么呢？后来才搞清楚他们赞成的办法是拒绝颁发新许可证——其理论基础无疑是在战后情绪冷静下来时这种决定随时可以推翻。从各部门轻而易举就达成协议的情况来看，我应当知道所涉及的数量一定很小(约一千七百万美元)。第一步是十二月一日由国务院宣布的，禁止给运往印度的军事装备颁发新许可证。

十一月二十九日，我通过巴黎渠道把我们向其他国家提出的一切建议以及这些国家的反应都通知了北京。

十一月三十日，甘地夫人又使压力升了一级。她在国会发言时以挖苦的口吻对要求撤军的呼吁表示欢迎，但是“应当立即撤退的军队是现在孟加拉国的巴基斯坦军队”。她给同巴基斯坦举行任何谈判的念头泼冷水，理由是只有通过选举产生的孟加拉国的代表才能决定孟加拉国的前途，而照她看来，除了“解放”外，他们不会接受任何其他解决办法。因此，除了肢解巴基斯坦问题外没有什么可以同巴基斯坦谈判的。

于是，华盛顿特别行动小组十二月一日再次开会，讨论在敌对行动已经开始一个多星期后是否到了召开联合国安全理事会的时候，也讨论在切断印度武器供应方面还可以采取什么步骤。奇怪的是，国际上一致的意见是不要把问题提交安理会。印度不希望召开安理会，因为即使在这个机构里也不能虚伪到如此程度，可以不承认联合国一个拥有主权的成员国已被入侵的事实。只有苏联答应使用的否决权才能使它逃避谴责。巴基斯坦不希望安理会讨论，是因为它担心这种讨论会扩大范围，引起对东孟加拉镇压行为的普遍批评；同时，它希望使注意力继续集中在它邀请联合国派观察员驻在边界巴基斯坦一侧的建议上——这个建议已正式提交给联合国秘书长。苏联并不渴望得到被迫使用否决权的机会；黄华则对我说过，中国将支持巴基斯坦的任何要求。在我们政府内部，国务院不急于前往安理会是因为它担心白宫的指示会有“偏向”。我不愿开安理会则是因为我厌恶我们的指示将引起的国内争吵。当一个重要国家遭到全面入侵时，受害国、盟国、侵略国和其他大国都不愿提请按照宪章有责任帮助维护和平的世界性组织正式注意，认为这样做过分危险——这对联合国的状况是一个可悲的评价。

战争扩大了

十二月二日，巴基斯坦大使罗查交来叶海亚给尼克松总统的一封信，信中援引一九五九年美巴双边协议第一条作为美国援助巴基斯坦的基础，⑥从而正式提出了美国对巴基斯坦承担的义务问题。国务院振振有词地辩解说根本不存在具有约束力的义务；它在公开举行的情况介绍会上定期发表自己的观点，指出协议第一条只谈到按照我国宪法程序采取“适当行动”，并没有具体说明要采取什么行动。国务院还声称这种义务受到当时的背景、即一九五八年关于中东的“艾森豪威尔主义”决议的限制。它说这个决议的目的就是把印巴战争排除在外。国务院干脆无视我国政府同巴基斯坦之间的全部其他往来文件。

一个伟大国家像钻法律空子的讼棍那样办事，这种形象不大可能使同我们签有条约或相信我们说的话基本上是算数的、因而加以信赖的其他盟国得到鼓舞。同巴基斯坦签订的条约是同另外好几个双边和多边协议一模一样的——我们的声明似乎使所有这些协议都值得怀疑了。而且就巴基斯坦而言，我们除签订条约外还作过多次表示支持的保证。事实上，在我们同巴基斯坦长达数十年的关系中，肯尼迪政府和约翰逊政府同它相互传递的信息汗牛充栋，有口头的也有书面的，内容超过了一九五九年条约的规定，其明显含意是：如果巴基斯坦遭到印度进攻，美国将援助巴基斯坦。⑦当然，当时提出这些保证的目的是为了在一九六一年十二月印度进攻果阿和一九六五年印巴战争之后避免巴基斯坦要求我们提供武器，也就是用美国保证将来支持的办法代替了立即的物资援助。我们现在发表这样的声明，如果有任何作用，那就是把事情搞得更糟。似乎美国就是为了避免给一个盟国提供武器，所以起初答应在将来威胁成为事实时提供支持，然后又用绝顶聪明的抠法律字眼的办法避不实现诺言。

我并不是说我们应当盲目地仅仅因为我们的前任说过什么就决定我们的政策。大国的决策取决于当时理解的国家利益的需要，而不仅仅取决于抽象的、无论是含糊还是明确的法律义务。不能期望任何国家在自己的利益和义务完全不一致时承担严重风险。然而一贯无视自己保证的国家同样要背上沉重的包袱；它的外交就会丧失可靠的信誉带来的灵活性；它就不再能用答应将来采取行动的办法满足盟国的当前要求。不仅如此，巴基斯坦还是其他盟国——伊朗、土耳其——的盟国，是在当时激进倾向仍占主要地位的中东受到孤立的沙特阿拉伯和约旦的朋友。它也是中国的朋友，同北京保持着密切联系，而北京希望我们能维持全球均势，因此正在小心翼翼地探索同我们建立新的关系。弄得信誉扫地是我们吃不消的。

尼克松当时退居比斯坎岛；我们频繁交谈。他并不想从军事上卷入，但决心有所行动。他下令停止执行已给予印度但尚未执行的军火许可证，要求完全切断经济援助(我知道，由于官僚机构的偏见，这一点是绝不会实现的)。他要国务院发表声明，严厉批评印度顽固不化的态度。“如果他们不愿干，齐格勒将从佛罗里达发表声明，那将是一场爆炸。”我把这些指示转告给毫不热情的罗杰斯之后，他就开始想方设法把发表声明的时间推迟到一天当中很晚的时候，以缩小新闻报道面。

次大陆的形势再次赶在了我们前头。叶海亚终于被他在新德里的狡猾的死对头逼得走投无路。整个危机时期，叶海亚都是长期处在瘫痪的无所作为的境地，然后突然爆发，试图适应自己的困境——一般来说为时已晚。当印军向东巴境内推进日益深入、实际上是在肢解他的国家时，他一连十一天置之不理。对于他的主力部队来说，在西巴边境按兵不动等于放弃职守，但如果有所反应则会落入印度圈套，给印度提供一个在东巴——最后还要在西巴——发动全面进攻的借口。叶海亚选择了他认为是光荣的道路。十二月三日，他让军队从西面发动了一场他自己必然知道是自杀性的进攻。正如我对尼克松说的那样，叶海亚以军人的纯朴方式决定，如果巴基斯坦终将遭到摧毁或肢解，它也应当是在战斗中倒下的。

我们政府内部的反应是利用巴基斯坦进攻作为再好不过的遁词来推迟尼克松头一天下令发表的谴责印度越境的声明，借口是我们又不了解全部事实了。结果我同罗杰斯一再发生争论。他认为战争既已扩大，现在提交安全理事会是势在必行的。在这种情况下批评印度，无异擅自承担了最好是留给那个世界性组织去承担的审判任务；换句话说，我们将作为法官，而不是作为一个盟国、甚至也不是作为一个利益攸关而且承担了义务的超级大国而行动。国务院原来反对把问题提交安理会，现在则赞成提交安理会，因为这可以作为借口来避免由美国单方面作出反应，并使我们暂时无须采取任何立场。我最后默认了国务院的主张，让它溜过了按照尼克松的命令谴责印度这一关。既然安理会要处理战争扩大问题，我们可以到安理会去陈述自己的理由。而且我知道我们驻联合国的那位能干的大使乔治·布什将会执行总统的政策。国务院经过长时间的拖拉以后，终于在十二月三日宣布停止执行发给印度但尚未执行的军火许可证——对次大陆爆发的全面敌对行为来说，这很难说是一种强有力的反应。

尼克松现已加快速度。他的态度照例是由许多因素构成的。他要保持对中国的主动行动，他了解“不偏不倚”将有利于印度。对于当时发生的情况，他希望推卸责任。他害怕同罗杰斯发生冲突，但坚持要在安理会上采取强硬路线。我的办公室接二连三收到他提出的意见。这些意见指出的方向是明确的，至于方法则不那么明确。

在这种气氛下，华盛顿特别行动小组于十二月三日开会制定一项方针。这次会议的记录后来泄露给了专栏作家杰克·安德森。如果孤立地看这些记录，似乎白宫一意孤行；但是，只有看到几个月来官僚机构对总统的明确决定一直进行令人沮丧的猛烈抵制这一背景，才能理解这些记录。在战情室这个我认为是私下的场合，我说：“每隔半小时我还来不及穿衬衣就被总统叫去训斥一通，他说我们还不够强硬。他真的不相信我们在照他的意思办。他要偏向巴基斯坦一边，而他认为每次介绍情况或发表声明却是背道而驰。”这当然是说的实话。

我的挖苦话对各部门的倾向没有产生任何影响。当我转达总统的指示要求中断对印度的经济援助时，国务院建议对巴基斯坦也采取类似步骤——尽管总统认为印度采取了好战行动，因此是有罪的一方。这使我在愤怒中又发表了一次有“偏向”性的谈话：“如果每次我们对印度采取某种行动，就必须对巴基斯坦也如法炮制，那就很难做到像总统所希望的那样偏向巴基斯坦一边。在我向总统请示之前，这只能作为非正式意见。”

国务院代表在跨部门会议上的地位是极不舒服的。我挖苦他们拖沓不前，他们自己的头头又极力要他们更积极地对抗白宫，结果他们不得不在激流险滩中航行，动辄得咎。例如十二月四日白宫指令乔·西斯科向报界非正式介绍情况，阐明我们对印度政策的批评。西斯科忠实而能干地执行了命令，但国务卿极为不快，后来还禁止他在电视中公开阐述同样的论点。我说的这些情况之所以出现，责任在于最上层的人士，包括我自己在内。我回顾官僚机构的斗争不是为了追究责任，而是为了阐明公开的记录，否则这些记录是无法理解的。

分歧在于白宫是从地缘政治观点看问题而国务院则从区域观点看问题，在于执行我国外交政策时双方对中国和印度重视的程度不同。白宫认为这场冲突是一场无情的权力游戏，即印度在苏联鼓励下利用巴基斯坦政府的不称职和巴基斯坦政治结构的脆弱性强行用武力解决东巴危机，虽然当时看来显然是有办法从政治上解决的。无论我们的官员是否高兴，巴基斯坦是我们的一个盟国，我们对它负有条约义务，而且私下还对它作过保证；因此，巴基斯坦的命运将影响好几个把自己的安全寄托在美国诺言上的关键国家的态度。中国将仔细注视巴基斯坦的情况。中东那些热衷于武力解决问题的国家也容易情不自禁地要采取军事手段。如果苏联的政策如此轻而易举地在次大陆得逞，它就可能在其他富有爆炸性的地区采取类似策略——后来在水门事件使政府的权威遭到削弱的时候，它的确这么做了。因此，如果巴基斯坦被武力肢解、最后又遭到毁灭而美国毫无反应的话，就会造成深刻的国际影响。

持相反观点的人认为我们是在毫无必要地牺牲印度的友谊，认为根本没有办法可以挽救东巴，而且不管怎么说，挽救东巴也不符合我们的愿望。罗杰斯抱怨我们采取“中国的立场”。我们是在鲁莽行事，不必要地冒军事上卷入的风险。印度是一个具有巨大潜力的国家，我们需要同它交朋友。但是尼克松和我并不鲁莽。我们深信印度奉行不结盟政策并非出于对美国的热爱，而是出于它心目中的国家利益；眼前的危机一旦过去，这些考虑就可能再起作用。对我们来说，问题在于苏印勾结所包含的对国际秩序的进攻。我在十二月四日对华盛顿特别行动小组说：“大家都知道，我们最后将面临印度对东巴的占领。”但是我们不得不采取坚决行动，挽救更大的利益和关系。我们手上的牌很弱，但绝不能在软弱之外再加上胆怯。十二月五日，我对尼克松说：“我承认这并不是一种英明的主张。但是，如果我们现在垮下来，苏联不会因此就尊敬我们；中国将瞧不起我们，其他国家也将得出自己的结论。”

此外，一旦战争扩大到西巴，就不是成立孟加拉国的方法问题，而是巴基斯坦本身的存亡问题了。印度的军事力量大大超过巴基斯坦，一部分原因是美国六年来禁止向双方出售军火，而这种禁令主要伤害了巴基斯坦。由于印度可以获得苏联武器，自己也有庞大的军火工业，它必然会摧毁巴基斯坦的武装部队。国务院的法律顾问可能找到办法说明我们对巴基斯坦并没有承担有约束力的义务，但地缘政治的影响并不会因此有所削弱。我们最低限度必须证明我们不会由于昏庸无能而使自己更加软弱。我们行动的方式必须使苏联在其他地区、特别是在中东——埃及总统这时已宣布一九七二年是另一个决定年——有可能采取冒险行动之前三思而行。

我们在这场斗争中的软弱地位使我们不得不采取大胆的做法；弱者表示克制就会鼓励对手进一步施加压力，使对手体会到自己地位的强大。我对我们的有利因素不存幻想；但是在非常危险的情况下，领导人有时必须用大胆代替有利因素。十二月十一日，我对霍尔德曼说："我们现在是在无牌可打的情况下大搞虚声恫吓。"我恳求他设法使总统这次坚持要求政府内部遵守某种纪律的意见能够实现。十二月九日，我向我在华盛顿特别行动小组的那些难以驾驭的同事呼吁说："除非我们能够确定一项战略，用同一声音说话，不再通过不同部门发表任何相互矛盾的消息，制止一切泄密事件，否则我们就不配取得胜利。"

使政府各部门保持团结是不可能的，就是使它们在行动上具有任何一致性也非易举。为了使国务院同意由乔治·布什发表演说，对印度诉诸武力表示责难，对安理会要求停火和撤军（指印度军队）的决议表示支持，就耗费了十二月四日大部分时间。

十二月四日，布什按照这个精神提出了一个提案。安理会支持我们的立场，有十一个成员国赞成我们的提案，但由于苏联否决而未获通过。（英国和法国弃权——这个例子也反映了我们的西欧盟国让我们单独承担全球安全责任的倾向。）由于苏联的否决在安理会造成了僵局，我们根据"团结起来争取和平"的决议把问题提交联合国大会，并于十二月七日以一百零四票对十一票获胜。只有苏联集团和印度反对我们的立场。

这是一种离奇的局面。多年来，国内批评者一直指责政府对世界舆论注意不够。但是在这个问题上我们在世界共同体中得到的支持比十年来在任何其他问题上得到的支持都要多。只有这一次几乎所有不结盟国家都站在我们一边。许多不结盟国家都有边界冲突或种族分歧；谁也不愿意让外来势力成为这种争端的最后仲裁者。从联合国早期算起，苏联从来没有这么孤立过。我们得到了压倒多数的赞成票。然而我国那些通常鼓吹世界舆论的人却忙于抨击白宫，似乎白宫毫无理性地反对人类的公正舆论。至于显示美国无能和联合国陷入瘫痪会在全球造成什么影响，则很少考虑。两年来我们一直在谈论安理会的保证是中东和平的关键。如果在继续蔑视联合国决议的情况下进行明目张胆的军事进攻，而美国不能站在一个盟国方面采取任何行动，这对中东外交意味着什么？

在这整个时期，苏联都在为印度争取时间，使它可以完成自己的军事行动。十二月五日，塔斯社发表了一篇激烈的声明，毫无保留地支持印度，反对在按照东巴人民的“合法权利”取得政治解决以前实行任何停火。尼克松获悉此事后，决定对莫斯科施加压力。同多数危机时期的情况一样，多勃雷宁不在华盛顿。他的代办伏龙索夫只有权接收和传递信件，而无权谈判。

十二月五日，我对伏龙索夫说，我们正处于分水岭上。莫斯科鼓励印度侵略，这同改善美苏关系是不协调的。伏龙索夫采用抚慰态度，说危机会在一个星期内过去，无须影响美苏关系。我严厉地指出，如果苏联继续奉行现在这种方针，无论次大陆发生什么情况，危机也不会在一星期内过去。

十二月六日，甘地夫人正式承认孟加拉国独立。虽然她的政策一直具有这种含义，她的声明起了排除取得政治和解的一切剩余可能性的作用。在尼克松下令四天之后，国务院终于宣布切断给印度的经济援助（然而只是半心半意地加以执行，所以几乎没有产生什么影响）。

尼克松于十二月六日召开了国家安全委员会，因为他终于相信有必要实行某种纪律了。但是，同往常一样，尼克松执行纪律的努力是模棱两可的，结果反而把事情搞得更糟。由于他基本上采取被动态度，这次会议的作用只是明确了罗杰斯同我的哲学观点的分歧，这种分歧由于并不能为我们任何一人增光的个性冲突而扩大了。尼克松明确表示了他对甘地夫人的不悦，但没有下行动命令，以免造成不愉快的场面。但是，他的顾问们刚刚离开，他就以典型的方式命令我找约翰·康纳利和梅尔·莱尔德设法使罗杰斯按照白宫的方针办事。可是，既然罗杰斯没有听见尼克松说这种话，他坚信自己是在执行总统的愿望，认为我是在自行其是。尼克松指示齐格勒发言，指出印度的行动“违背”了努力以和平方式解决国际分歧的“国际潮流”。然而各部门并不了解齐格勒的一切发言都必须得到霍尔德曼或尼克松的批准，因此以为这也是我要的手腕。

在这种情况下，决策工作越来越集中到白宫，使尼克松和我可以加以控制。而这时各部门正乐于让我们承担一切事态发展的责任和几乎肯定会引起的责难。我们确认使西巴免遭印度摧毁的最大希望在于增加莫斯科所冒的风险，使它看到次大陆的事态可能危及它同美国举行最高级会谈的计划；在这种情况下，克里姆林宫有可能敦促印度保持克制。因此，十二月六日，我们把尼克松写给勃列日涅夫的一封信交给了伏龙索夫，信中强调“我们原先商定”举行最高级会谈时“所遵循的精神”，要求“实行最大限度的克制，采取最紧急的行动来结束这场冲突和恢复次大陆的领土完整”；如果印度造成“既成事实”，将“使国际局势长期复杂化”，“破坏信任”，并对“其他一系列问题产生不利影响”。

当晚十一点钟，我们收到苏联对我前一天同伏龙索夫谈话的答复。答复的口吻是和缓的，但采取了军事行动进行顺利的一方的传统姿态——拖延时间。苏联否认次大陆的事态代表一个分水岭。它按照塔斯社声明的精神——形式上则比较讲究——要求以东巴的政治解决作为停火先决条件。而苏联所谓政治解决含意同印度是一样的，就是立即独立。莫斯科显然希望战争继续进行下去。

尼克松的反应是，在我的建议下，下令放慢同莫斯科进行经济谈判的速度。这件事说来容易，做起来难。那时已经有相当多的部门在东西方贸易方面有了既得利益，都想保护自己的地盘，即使拖延执行命令也在所不惜。这种抗拒是商务部长斯坦斯带的头。他反映了许多商人强烈认为不应因为政治而牺牲利润的观点。不仅如此，肯定是激烈反共的斯坦斯幻想他已同苏联领导人建立良好的个人关系，极不愿意为了数千英里外玩弄的神秘的外交把戏危及这种关系。

十二月七日，叶海亚通知我们，东巴正在土崩瓦解。对我们来说，这一天是以《华盛顿邮报》一篇社论开始的。这篇社论尖锐抨击政府对次大陆的政策，把切断对印援助称为“莫名其妙”、“单纯惩罚性的”，认为这样做的理由是“可笑的”。《华盛顿邮报》正是在已经可以明确看出问题远远超过东巴自决范围的那一天得出这种结论的。我们从一个其可靠性我们从来没有任何理由加以怀疑、而且直到今天我也不怀疑的消息来源得到的报告说，印度总理甘地夫人甚至决心要把西巴也搞瘫痪。她已表明，在孟加拉国获得“解放”以前，印度不会接受联合国大会关于停火的任何呼吁；在那以后，印度部队将去“解放”自由克什米尔南部——即克什米尔属于巴基斯坦管辖的那部分地区——并一直战斗到巴基斯坦陆、空军全部消灭为止。换句话说，就是要使西巴也遭受肢解，陷于毫无防御能力的境地。甘地夫人还告诉她的同事说，如果中国“动刀动枪”，苏联已答应采取适当反击行动。* 其他情报表明，这意味着在新疆对中国采取牵制性军事行动。在这种相互配合的重重压力下，巴基斯坦——西巴——不可能生存下去；中苏战争的可能性也不能排除。

在这种背景下，我向报界介绍了一次情况，后来引起了很大争论。我这样做是因为罗杰斯已经禁止国务院人员公开介绍情况，因为有人大量泄密、力图破坏总统一再下达的命令，同时也因为我们需要表明我们一贯的立场。我试图阐明我们的理由，警告印度而又使它对我们基本上是善意的态度感到放心，同时向苏联表明情况正日益严重起来。我否认政府是“反印度的”。我着重指出，我们没有原谅巴基

* 杰克·安德森发表了——作为我们制定政策的最重要的理由之一的——有关印度想法的这些报告，但显然没有理解报告的意义。⑧

斯坦一九七一年三月在东孟加拉的镇压行动；我们中断了军事援助，并且做了很大努力来促使巴基斯坦政府同孟加拉国在加尔各答的官员取得政治和解。尽管如此，在我们看来，印度应对这场战争负责。我指出，印度“……本来可以给我们提供一份时间表，或等待一下，看看不过三星期以后就要恢复的文官统治是否会使局势有所变化……”我们的结论是，“在我们看来，采取军事行动是没有充分理由的”。印度拒绝或无视了我们的建议。我警告苏联说，它有责任起约束作用，因为“企图获得单方面利益的做法迟早会导致紧张局势的升级，从而必然危及缓和的前景”。⑨我当时相信，现在也仍然相信，这种说法准确地反映了现实状况。

乔治·布什根据指示在联合国走得更远，给印度戴上了侵略者的帽子。我们在联合国大会支持的一项要求停火和撤军的决议案，赢得了压倒多数的支持，如我已指出的那样以一百零四票对十一票通过。但是，我们介绍的情况和世界舆论的强有力的表现都未能使新闻界或国会的批评缓和下来。《纽约时报》嘲笑我关于本来可以同叶海亚取得政治和解的说法。《华盛顿邮报》继续表示“对尼克松先生亲巴基斯坦的政策持严重保留态度”。

对我们来说，现在的问题是防止西巴遭受肢解。我在华盛顿特别行动小组十二月八日的会议上说：

现在让我们转到关键问题上来。如果印度进攻西巴，占领自由克什米尔并粉碎巴基斯坦的空军和坦克部队，看来会导致若干不可避免的情况。我们应当心安理得地让分裂势力在西巴同在东巴一样自由活动吗？按照我的理解，正如甘地夫人在同总统谈话时以及在纽约举行的哥伦比亚大学讨论会上讲话时表明的那样，俾路支和其他类似问题必然会突出起来。巴基斯坦将毫无防御能力，西巴将变成一个仆从国。

高潮：重大的决策

从根本上说，我们只剩下一张牌可以打，就是增加苏联的风险，使莫斯科看到更大的利益受到了威胁。尼克松认识到这一点，所以在十二月八日晚上向我提出，我们也许应当取消莫斯科最高级会谈。这表现了总统不愉快的程度，并不一定意味着他希望我执行这个建议。他说这句话还有一个好处，就是给历史留下表示他态度强硬的记录，以后可以用来说明，当僚属们动摇犹豫时，他却如中流砥柱，坚定不移。不到一个星期我就了解到，如果照字面理解总统的话就有招致他不快的巨大危险。但是我当时告诉尼克松说，采取这种行动的时机尚不成熟。我们尚未收到勃列日涅夫对总统十二月六日信件的正式答复。一旦把苏联公开逼到墙角，他们对制止印度进攻巴基斯坦就不再感兴趣了。但是我确实赞成加大压力，把取消最高级会谈的威胁留作后备："现在的主要问题是使苏联对我们保持尊敬。"我说："我们必须防止印度进攻西巴；这是主要的事情。"如果我们完全无所作为，"我们就会促使苏联采取真正强硬的行动"。我对赫尔姆斯提出了同样的论点："如果什么事也不干，我们就输定了。如果干点什么，大胆地干，同时采取其他步骤，我们就可能使苏联停止玩他们那套把戏。"

十二月九日，我们收到勃列日涅夫的答复，其中有引起希望的一面。复信建议实行停火，并在谈判中断时取得的基础上恢复巴基斯坦各方的谈判。如果苏联打算借此敦促各方回到三月二十五日的局面，那就有希望，就会提供一块遮羞布，使人们可以说谈判是在统一的巴基斯坦这个大前提下开始的，尽管谈判的结果必然是孟加拉国独立。勃列日涅夫还要求同穆吉布谈判，这样做将需要时间；这可能是一种争取时间的办法，因为我们要向莫斯科探索这个建议的含意。此外，我们必须肯定印度不会利用这段时间来实现它摧毁西巴的意图。

在印度大使同副国务卿谈话时，这种不祥的可能性就更明显了。约翰·欧文召见杰哈，要求印度保证不夺取包括自由克什米尔任何部分在内的西巴任何领土。杰哈回答说，印度无意兼并西巴领土；但在自由克什米尔问题上，他必须请示新德里。（印度从来没有承认克什米尔是巴基斯坦的一部分，因此声称——按照它的看法——它并不是在肢解西巴。）这次会晤结束时，欧文强调指出，我们正走向印美关系的转折点。

巴基斯坦如果同时丧失孟加拉和克什米尔，就无法生存下去；一切离心势力就会泛滥起来。我们利用苏联农业部长弗拉基米尔·马茨凯维奇十二月九日访问美国农业部长厄尔·巴茨的时机强调了我们的严肃的看法。马茨凯维奇没有想到会把他请到椭圆形办公室去见总统。他倔强而热情，焕发出一种天真的善意，向总统转达了勃列日涅夫个人的问候，说勃列日涅夫正满怀期望地等待举行莫斯科最高级会谈。尼克松回答说，美苏关系的一切进展都受到次大陆战争的威胁。我们坚持要求停火。如果印度军队进攻西巴，美国不会袖手旁观。尼克松又说："苏联同印度有条约关系；我们同巴基斯坦有条约关系。你们必须认识到实行停火、用政治手段解决危机的紧迫性。"马茨凯维奇处于极其有利的地位，声称这种属于高级决策的事超越了他的职权范围；陪他来的伏龙索夫也不能使我们得到教益。这就为印度继续挺进争取了时间。

十二月九日，我们政府内部的紧张关系表面化了。那天，尼克松因为报界说美国高级外交官员反对总统的"反印偏见"而气得要命，就把华盛顿特别行动小组的主要官员召集起来，对他们说，虽然他并不坚持要求国务院效忠总统，但国务院应当效忠美国。这是使尼克松后来感到遗憾的一次感情冲动的发言；这次发言使他失去了大量支持。国务院按照它自己的标准说是效忠美国的；它碰巧不同意总统的政策，而是按照国务卿的方针办事。正如我曾对亚历克斯·约翰逊说过的那样，指示基廷批评新德里的电报要好几天才能草拟出来签发，而发往伊斯兰堡批评巴基斯坦的电报却可以奇迹似的在两小时之内发出。

很少人愿意正视的基本事实是，苏联和印度本来只需要做一个简单姿态就可以结束危机（和我们国内的争执）。我们只需要得到不进攻西巴和不肢解克什米尔的保证，就可以让局势自行发展。那时，东巴的战争就会按照本身的势头自行结束。以六比一占优势的印度部队显然会取得胜利。但是印度就是拒绝给予这种保证，苏联也就是拒绝鼓励印度给予保证。杰哈始终没得到新德里的指示。伏龙索夫甚至在尼克松亲自干预后也没有带来这种消息。

十二月十日，我们同叶海亚制定了提交联合国的新建议，其中吸收了勃列日涅夫的提议，即在谈判中断时的基础上恢复谈判。我们的建议放弃了有关印度撤军的要求，而是呼吁就地停火，并在东部和西部地区都由联合国代表进行监督；一旦停火生效就谈判撤军和满足孟加拉愿望问题。简单地说，巴基斯坦为了使印度停止在西巴的军事行动，准备接受（当时大部分已被印度占领的）东巴军事现状，并准备参加谈判——虽然谈判的唯一可能的结果是孟加拉国独立。

我在十二月十日上午把这个建议交给了伏龙索夫，并附有尼克松给勃列日涅夫的信，上面讲到勃列日涅夫要求在东巴实行政治解决的建议正在得到满足。“现在，下一步必须在西线立即停火。”按照处理西恩富戈斯危机时使用过的那种程序，我把一九六二年十一月五日的备忘录念给伏龙索夫听了——在这个备忘录中，美国答应在印度进行侵略时援助巴基斯坦。我警告他说，我们将实行这个保证。伏龙索夫当然没有得到指示。而且整整四十八小时我们都没有听到他的回音。

俾斯麦曾经说过：“在对外政策方面，勇气和成功并非巧合；二者是同一的。”尼克松有许多毛病，但是在危机时期他具有令人注目的勇气。原先已处于戒备状态的一支航空母舰特遣舰队现在奉命驶向孟加拉湾，表面上是为了撤退美国人，实际上是给我们为反对进攻西巴发出的警告增加分量。我们让舰队停留在马六甲海峡以东，距离孟加拉湾约二十四小时的航程，因为我希望在采取下一步行动前同中国磋商。我向梅尔·莱尔德解释舰队行动的目的时指出，我们认识到印度占领东巴已是既成事实；我们的目标是要吓退对西巴的进攻。（我没有说的是，我们也希望在苏联向中国施加压力时有部队在适当地点。）同往常发生危机时的情况一样，莱尔德是忠诚可靠、愿意提供支持的。

我还来不及前往纽约同黄华秘密会晤，我们就得到消息说巴基斯坦驻东巴的司令官正在要求停火。国务院喜出望外。在华盛顿特别行动小组每天举行的会议上，亚历克斯·约翰逊就讨论了如何实现停火问题。我感到为难。东线单独停火同刚向苏联提出的建议是背道而驰的。停火将消灭东线已在沉寂下来的战火，但将加剧我们的主要担心，因为它将使印度陆、空军脱出身来对西巴发动全面进攻。我们知道甘地夫人已下令把印军迅速调往西线，等东巴战斗一结束就发动全面攻势。我召见巴基斯坦大使罗查，要他使停火建议与已经和叶海亚达成的协议一致起来。华盛顿特别行动小组同意通过正式渠道办这件事。停火必须同时包括东巴和西巴；否则孟加拉的战斗结束时，西线的危险将增加。因此，伊斯兰堡暂时撤回了东线停火的建议。但这显然只给了我们一个短促的喘息时间。不久之后，东线的巴基斯坦军队就会覆灭。印度军队将会脱出身来按照计划进攻西巴。我们绝对必须紧张起来。

黄华和我在六点钟左右在东七十区属于中央情报局的一幢没有电梯的公寓里见面。这套公寓里到处挂满镜子的墙壁和华丽然而俗气的绘画，说明这里本来不是为清教徒式的共产党政权代表同美国总统助理开会讨论如何挽救一个遥远的国家用的。

我向黄华详尽地介绍了我们同包括苏联在内的所有各方交换意见的情况。我告诉他我们拥有可靠情报，说明印度计划摧毁西巴武装部队。我们无可奈何，只能得出这样的结论：如果要挽救巴基斯坦，使它免于全面覆灭，我们必须施加最大的政治压力，要求按照同叶海亚一起制订的计划的精神实行就地停火。任何其他方针都不能防止印度拟议中的对西巴的进攻，而这种进攻肯定会取得胜利。我们通过派遣一支航空母舰特遣舰队前往马六甲海峡附近，正在做出我们自己的努力。

显然没有得到指示的黄华，采取了强硬路线。他坚持认为就地停火等于客观上同苏联狼狈为奸。侵略就会得到奖励。东巴将成为优势兵力下的牺牲品。我们不应放弃印度必须在举行谈判前撤军的原则。我尖锐地回答说，如果巴基斯坦和中国坚持这种立场，我们可以在联合国投票支持。但是，事实将说明这样做是徒劳无益的；它正好适应了印度和苏联肢解整个巴基斯坦的战略需要。黄华这时才谈到中国真正关心的事——这将提供一个先例，使印度和苏联有可能勾结起来肢解其他国家。我对他说，美国不会对苏联进一步行动漠然视之。特别是进攻中国将引起严重后果；实际上，正是由于这个原因，我们才不顾舆论、国会和大部分官僚机构的反对而保持了如此强硬的立场。我们甚至把舰队派往受到威胁的地区去了。这是一种异乎寻常的状况；我们正在同一个我们当时并不承认的国家发展一种虽然只是心照不宣、但是积极的合作关系。黄华说他将把我们的看法转告周恩来总理。他又说，他现在就可以告诉我，中国只要还剩下一杆步枪就决不会停止战斗；它肯定要增加对巴基斯坦的援助。我以为——后来证明是错误的——这种迹象说明中国甚至在这么晚的阶段还可能从军事上进行干预。

为了增加对苏联的压力以实现停火，我让黑格在十二月十日很晚的时候打电话告诉伏龙索夫，如果我们的建议不能很快得到满意的答复，美国就要采取强硬措施，包括调动舰队在内。

第二天早晨，我在纽约市瓦尔道夫塔我国驻联合国大使的漂亮公寓里，同几天前刚被任命为副总理的佐勒菲卡尔·阿里·布托共进早餐。中国风的壁纸和服务周到的仆役几乎使人忘记了八千英里外我的客人的祖国的前途正危在旦夕。布托风度优雅，能言善辩，感觉敏锐，是一个终于能够同印度领导人在争取公众注意方面相抗衡的代表人物。他过去的经历是坎坷不平的。当美国领导人还把中华人民共和国看成对世界和平的威胁时，是他使巴基斯坦同中国建立了友谊；为了适应他在国内的目的，他也不免要弹一些带煽动性的反美调子。在布托的整个政治生涯中，他浮夸的举止和有时带有愤世嫉俗气味的行为使我国政府对他一直缺乏信任。我发现这个人才华横溢，具有魅力，能纵观全球，懂得姿态与政策的区别。他对愚蠢无能的人不能宽容。由于他不得不同许多蠢人抗衡，因此树敌甚多。他对巴基斯坦军人领袖行动迟缓并不满意，后来无疑由于过分相信自己纵横捭阖的技巧而忘乎所以。但是在他的祖国发生悲剧的日子里，是他把国家剩下的部分捏在一起，使它恢复了自信。他在最危急的时刻挽救了国家，使它免于彻底毁灭。后来他由于过分骄傲而垮台。但是他在一九七一年表现的勇气和眼光本来应当使他得到较好的命运，而不是他那些感情冲动的同胞为他安排的那种悲惨的下场——这种下场也玷辱了他们生性仁慈的声誉。

在十二月十一日的会晤中，我对布托说，虚张声势的强硬辞藻挽救不了巴基斯坦；我们必须商量出一种能够坚持下去的行动方针。我们已经做了一切可能做的事。“并不是我们不愿意帮助你们，而是我们希望保持你们的生存。高谈原则当然好得很，但归根结蒂我们得保证你们能存在下去。”我敦促他同中国人确定共同立场；如果我们努力帮助的人反过来揍我们，那是不能接受的。如果坚持原来的立场，我们愿助一臂之力使联合国通过虚有其表的决议，但我们将丧失采取有效行动的能力。未来四十八小时是决定性时刻。我说，我们不应浪费时间为青史留名而装模作样。

布托神态自若，能够理解我的意思。他同我一样了解事实真相；他是一个不抱幻想的人，准备为挽救自己国家残存部分采取必要的行动，而无论这种行动是多么令人痛苦。他说，中国人对我们政府里明显的分裂状态感到莫名其妙。一个星期来，他们听到太多的相互冲突的言论——从乔治·布什指责印度侵略的演说到国务院宣布严守中立的声明。他们应当相信什么呢？我对他说，意见不一致的情况不是秘密；尼克松和我的立场同样也不是秘密；最后还是白宫说了算。他有责任同我们当中希望拯救西巴的人合作；我们不能让我们国内的反对派在我们的朋友当中混淆视听，从而达到他们的目的。布托和我最后达成协议：如果第二天中午还听不到莫斯科的回音，我们就以东巴敌对行动即将结束为借口把问题交回安全理事会去。我们开始时将要求停火和撤走印度军队，但准备同意只是就地停火，实际上接受印度在孟加拉造成的既成事实。我不得不靠布托使中国人确实了解我们的立场。

我回到华盛顿就给伏龙索夫去电话，指出十二月十二日中午是一个期限，过期我们就要单方面行动。伏龙索夫告诉我，苏联副外长瓦西里·库兹涅佐夫已被派到新德里去安排令人满意的结局，敦促印度克制。我对尼克松说，这很可能是真的；印度无须苏联人前去加强他们摧毁巴基斯坦的决心，而据我们了解，库兹涅佐夫是一个温和派职业外交官。但无论苏联是去要求停火还是去怂恿印度，我们都得坚持同样的方针：我们必须增加压力，直到印度保证实行停火并且不兼并西巴领土为止。

印度那时还不准备做任何保证。当时在纽约的印度外交部长辛格反对把问题交回到联合国去；而联合国不做决定，就不可能有相应的停火决议。他断然否认对西巴有任何领土野心，然而引人注目地把自由克什米尔作为例外，因为印度不承认自由克什米尔是巴基斯坦的一部分。杰哈大使终于回答了副国务卿欧文两天前对印度意图的询问。他也否认存在领土野心，但也未说明印度对克什米尔的抉择。他争辩说，克什米尔属于印度，其中巴基斯坦那部分是非法占领的。所有给人慰藉的词句加在一起，不过是精心安排的遁词。印度和苏联仍然拒绝承认西巴领土现状；他们蓄意保持兼并领土的可能性，而这种兼并只有完全摧毁巴基斯坦军队、进而使巴基斯坦土崩瓦解才有可能实现。

十二月十二日星期日上午，就在尼克松和我即将动身前往亚速尔群岛会见法国总统蓬皮杜之前，尼克松、黑格和我就是在这种形势下在椭圆形办公室碰头的。当时存在一种紧迫感。我们期望中国对我同黄华的谈话会作出某种反应。这是一次关键性会议；事实表明，正是在这次会上我们第一次决定在苏联-中国-美国的三角关系中冒战争风险。但是，国务卿没有参加，国防部长没有参加，这两个部门也没有任何其他代表参加——这是尼克松政府内部关系的一个典型写照。

当战争扩大到西巴时，罗杰斯在参加北大西洋公约组织的一个会议。他回来之后就禁止乔·西斯科在电视中为总统的政策辩护，以此表明他对这种政策的不快。同往常一样，尼克松既不打算同他的老朋友对抗，也不打算压服他。而罗杰斯也不太想介入此事：危机的结局不大可能带来什么光荣；避免灾难就是胜利，这很难说是什么值得喝彩的成就。

因此，尼克松和我以及黑格是在笼罩一切危机的孤独状态中、在相互矛盾的压力和猜测和逐渐增长的紧张气氛中，在椭圆形办公室碰头的。大家知道这种紧张即将到达爆发程度，但还不知道朝什么方向爆发。伏龙索夫上午十点零五分来电话打断了我们的讨论。他告诉我们苏联的答复已在途中。它向我们保证印度对西巴并无侵略意图——但对印度在克什米尔领土方面的目标这个关键问题则仍保持沉默。这可能是一种策略，目的是争取时间，造成新的既成事实，也可能是真想解决问题，两方面同样解释得通。我们决定，为了强调我们把危机看得多么严重，最好的办法就是提交联合国。这样我们就有机会强调局势的紧迫性，并提出就地停火的建议。

因此，上午十一点半，我们通过热线向莫斯科拍发了一份由黑格和我起草的电报，以保持压力。这是尼克松政府首次启用热线。* 实际上，我们知道这条莫斯科-华盛顿电报线路使用起来还没有苏联大使馆的通讯线路快。但是它给人一种紧迫感，因此可能使苏联加快作出决定。这份仅有一页纸的热线电报说，在等待苏联对我们同伏龙索夫和马

---

* 勃列日涅夫后来在一九七三年十月中东战争期间使军队戒备时也使用了热线。

茨凯维奇的谈话作出反应达七十二小时之久以后，总统已经“准备好”在联合国安全理事会“采取某些(不可逆转的)行动”。“我必须同时指出，印度的保证仍然缺乏任何具体内容。我仍然准备按照我十二月十日信中提出的方针行事”——换句话说，即就地停火并立刻开始谈判。尼克松的电报最后说：“我怎样强调也不会过分，为了避免我们双方都不愿看到的后果，时间是极为重要的。”

我们给莫斯科的热线电报刚刚发完，就听说黄华带有来自北京的紧急答复，需要见我。这是从来没有过的事，因为中国人有一种可爱的中央王国传统，过去总是把他们要想传递的话留到我们要求会见时才讲。我们认为，只有严重的事态才会促使他们脱离这个传统。我们猜想——正如我以为黄华在四十八小时前曾经暗示过的那样——他们大概就要从军事上支援巴基斯坦了。如果真是这样，我们就可能要马上摊牌。因为根据我们得到的一切情报，如果中国采取军事行动，苏联按照它承担的义务就要对中国使用武力。那时，我们将不得不确定是否援助直到一年以前还被认为是我们最不可调和的敌人的一个国家。

尼克松立即认识到，如果苏联羞辱中国的行动得逞，一切保持世界均势的前景都会化为乌有。他决定——我完全同意——一旦苏联威胁中国，我们将不袖手旁观。我们尚未承认而且二十年来几乎毫无接触的这个国家至少在这种情况下将得到某种重要援助——其确切性质将视当时情况而定。尼克松作这个决定时既没有通知国务卿，也没有通知国防部长；这不是处理危机的理想方式。由于尼克松和我都要动身前往亚速尔群岛，艾尔·黑格和温·洛德必须到纽约去接收中国的信件。如果信件包含我们猜测而又担心的内容，黑格奉令答复中国人，说我们不会对苏联干预置之不理。为了采取某些军事手段使我们的战略产生效果，并使我们发往莫斯科的电报更有分量，尼克松这时命令航空母舰特遣舰队驶经马六甲海峡，进入孟加拉湾。

这时迫切需要确定苏联的意图，同时使他们深信我们说话是当真的。上午十一点四十五分，我打电话给伏龙索夫，告诉他有关热线电报的事和舰队调动计划，但同时表示我们仍然愿意按照总统致勃列日涅夫信件的精神进行合作——也就是说，接受就地停火。我们正把问题重新提到安全理事会去，但愿意在联合国辩论中采取和解态度。现在要由苏联做出抉择。伏龙索夫暗示，根据他从库兹涅佐夫那里得到的报告，我们正在为同一目标而努力。他希望到安理会开会时，苏联在新德里进行的努力已经获得成果。我对他说，时间已经越来越少了。

中午，龙·齐格勒宣布，鉴于印度继续抗拒联合国大会以压倒多数票通过的要求停火的呼吁，美国即将把问题重新提交安理会。他警告说："在东巴实际上已被印军占领的情况下，继续战争将日益具有危及联合国一个成员国的生存的武装进攻性质。"

结果，中国电报的内容并不是我们预料的。相反，它接受了通过联合国的做法以及我在四十八小时以前向黄华概括叙述的政治解决办法：要求停火和撤军，但准备接受就地停火。周恩来的分析同我们一样。令人惊讶的是，巴基斯坦、中国以及——如果伏龙索夫是可信的话——苏联这时都在我们支持下朝同一方向努力。但是尼克松在独自作出他那果敢的决定时，并不了解这种情况。如果事态发展像我们上面预料的那样，我们将毫无选择余地，只有不顾政府、新闻界和国会中许多人可能提出的反对，以某种形式援助中国。而我们当时还在越南打仗。当历史评价尼克松时，无论得出什么结论，都不应忽视他为保持世界力量均势、最终也是为了所有自由民族的安全，不惜使自己的眼前政治利益遭受风险而作出这种决定所表现的勇气和爱国心。

我们收到中国的电报后，就让舰队暂缓二十四小时行动，使莫斯科有机会答复我们的热线电报。复电也是通过热线在十二月十三日上午五时收到的。当时，总统和我都在亚速尔群岛。电报重复了伏龙索夫已经对我们说过的话：苏联正在"设法澄清印度的全部情况"，有了结果将立即通知我们。因此，问题原封未动，还是像头天晚上乔治·布什按照我们的指示在安全理事会说明的那样：

现在对印度进一步的意图提出了问题。举例来说，印度是否打算利用目前形势摧毁西线的巴基斯坦军队？印度是否打算利用巴基斯坦在西线反攻作为兼并西巴领土的托辞？它的目的是否违背一九四八年、一九四九年和一九五〇年的安全理事会决议，占领巴基斯坦控制的克什米尔部分地区？如果印度不打算这样做，就需要立即予以否认。世界有权了解印度的意图是什么。巴基斯坦的目的已经清楚：它已经接受了联合国大会以一百零四票对十一票通过的决议。我国政府在过去一周中多次向印度政府提出这个问题。我遗憾地通知理事会：印度的答复是令人不满意而且不放心的。

我们的舰队通过马六甲海峡进入孟加拉湾，引起新闻界很大注意。我们是在威胁印度吗？我们是在设法保卫东巴吗？我们是否失去了理智？实际上，我们作过清醒的估计。我们约有七十二小时的时间，可以在西巴被卷入这场大漩涡之前使战争结束。印度需要这么多时间来调动军队，发动进攻。一旦巴基斯坦的陆、空军被毁灭，这个国家最后必然由于软弱无力而分崩离析。我们必须警告苏联：我们这方面的情况也可能失去控制。我们必须做好准备，以便在我们在联合国的努力失败、中国人终于在最后一刻参加进来的时候给以支持。克里姆林宫需要一个借口来增加它声称正在对印度施加的压力。无论美国对印度采取军事行动的可能性是如何微小，对方是拿不准的；甚至连我们可能不顾理性而采取行动这样一种较小的风险，它大概也是不愿接受的。这也是分裂苏联和印度的最好的手段。莫斯科准备折磨我们；但据我们判断它并不准备在军事上冒风险。让航空母舰特遣舰队驶入孟加拉湾并不会使我们非采取最后行动不可，但恰好造成些许的捉摸不定的状态，迫使新德里和莫斯科作出决定。

十二月十四日上午三时，伏龙索夫向艾尔·黑格递交了一份苏联正式照会。这份手写的长达九页的备忘录声称注意到“我们的立场已大为接近”。它报告说，“印度领导人坚决保证，印度没有夺取西巴领土的计划”。这算是略有进步，但仍然没有回答印度是否认为巴基斯坦占领的克什米尔是巴基斯坦领土这个主要问题。而且它对停火问题也保持缄默。我们从印度方面也没听到任何消息。如果不能很快实行停火，印度军队将处于可以进攻西巴的地位，从而使我们的一切讨论成为空谈。

因此，在离开亚速尔群岛回国途中，我在“空军一号”飞机上作为背景介绍向联合采访的记者代表说，苏联在次大陆的所作所为同真正共处要求双方采取的克制态度是不符合的。如果这种情况继续下去，我们将不得不重新估价我们之间的整个关系，包括最高级会谈在内。最后这一点我并没有征得尼克松的批准。我设想这种说法反映了他的思想，因为他自己曾在十二月八日对我提到过。取消最高级会谈的威胁促使《华盛顿邮报》以“人民了解情况的权利”为名破坏了背景介绍的规则，指名道姓说是我讲的话。这是书呆子气的一场暂时的发作，后来《华盛顿邮报》为了继续得到参加背景介绍会的邀请，就不再犯这种毛病了。

十二月十五日相当大一部分时间是在由此引起的喧闹声中度过的。尽管国务院拼命否认，龙·齐格勒甚至公开向后退缩，信息仍然传到了莫斯科。当时，莫斯科已经懂得我说的话是反映总统思绪可能发展的方向的。(当然，如果官僚机构中那些批评我的人曾经分析过形势的话，他们本应了解在任何其他情况下我是无法继续留任的，更不用说占上风了。)伏龙索夫接连几次出面，一次比一次急迫，又是劝慰，又是要求重新保证。第二天即十二月十六日上午，我们得到可靠的消息说，库兹涅佐夫确实在向新德里施加压力，要它接受包括克什米尔在内的西巴领土现状。

十二月十五日较晚的时候，人数上处于劣势的巴基斯坦驻东巴部队的司令官再次要求停火。他第一次要求停火是在十二月十日，现在已经比我们认为可能的时间多坚持了五天。他的部队的抵抗使我们有时间施加压力，从而阻止了对西巴的进攻。

第二天，甘地夫人提议在西巴实行无条件停火。我直到现在也毫不怀疑，这是在苏联压力下勉强做出的决定，而苏联的压力又是由于美国坚持了自己的立场，包括调动舰队和甘愿拿最高级会谈冒险在内。在四个月后越南问题爆发时，这种认识对我们大有好处。周恩来的判断也是如此；他后来对布托说过，是我们拯救了西巴。危机已经过去。我们避免了最坏的情况，有时这也就是政治家可能获得的最大成就了。

后　　果

一九七一年的印巴战争或许是尼克松第一届任期内最错综复杂的问题。并不是说当时的情绪同越南战争引起的情绪同样激昂，也不是说它的影响非常持久——虽然在辩论中流传的说法曾把“偏袒巴基斯坦”看作是政治上判断错误的案例。这场危机之所以难于对付是由于它涉及的赌注比一般看到的大得多。当我们突然面临这个问题时，巴基斯坦是我们通往中国的唯一渠道；我们没有任何其他手段同北京取得联系。如果我们同苏联勾结起来使中国的朋友——和我们的盟国——公开受到屈辱，美国采取的、对保持全球力量均势具有根本重要性的一次重大主动行动就会完蛋。苏联的一个伙伴在苏联武器和苏联保证的支持下赤裸裸地诉诸武力威胁到国际秩序的结构。当时我们的整个中东战略都取决于是否能证明这种策略毫无效果，而美国作为一个世界因素的分量正由于我们在印度支那问题上的分歧而日益削弱。照我们看来，对巴基斯坦的进攻是苏联做法的一个极其危险的先例。如果我们不想引起动乱升级就必须进行抵抗。如果我们默认这种强权游戏，就会使莫斯科得到错误的信号，使我们所有的盟国、中国以及世界上其他爆炸性地区主张克制的力量灰心丧气。首先，正是由于这种原因，苏联才使印度进攻巴基斯坦成为可能。

但是，一个基本上属于地缘政治的观点在我国公开讨论外交政策的人当中却得不到理解，因此使尼克松政府外交政策中的一个根本矛盾戏剧化了。（我所谓“地缘政治”指的是注意从均势需要看问题。）尼克松和我希望把美国外交政策建立在清醒地认识国家长远利益的基础上，而不是建立在起伏不定的情绪基础上，因为这种情绪过去曾经使我们在进行干预和放弃责任两方面都做过了头。我们对印度是根据它的行动的影响、而不是根据它的宣言或二十年积累的情绪作出判断的。但是我们的估计取决于对印度进攻的更广泛的后果的推测。为了影响事态的发展，必须在当时还无法证明是否正确的估计基础上采取行动。我们对进攻巴基斯坦的影响所作的一切判断都是无法证明的。等到这些影响都了如指掌时再做判断就太晚了；当然，那时可能又要争论这些影响究竟是什么造成的。

大部分了解情况的人都试图根据造成危机的问题本身的是非曲直对次大陆的对抗作出判断。巴基斯坦的行动无疑是不聪明的、野蛮的，甚至是不道德的，虽然按照国际法来看所涉及的问题显然属于它内部管辖范围。但我必须说，即使在这方面，我们对事实的估计也不同于我们的批评者。直到今天我仍然深信甘地夫人的所作所为主要并不是东巴的状况引起的；东巴自治是不可避免的，但解决办法很多，其中好几种办法就是我们提出的。比较准确的看法是：印度总理是在巴基斯坦陷于孤立、苏联提供外交和军事支持、中国国内局势紧张、美国国内意见分歧等因素的鼓励下，早在一九七一年春天或夏天就决定乘机同巴基斯坦算总账，以确立印度在次大陆的凌驾一切的地位。她拖到十一月才行动是为了完成军事训练和准备工作，并等待冬天大雪封山使中国难于跨越喜马拉雅山脉。决定既已做出，印度就把巴基斯坦的每一个让步当作提出新要求的起点，使要求越来越高，作出反应的时间越来越短，直到最后使摊牌无法避免。我们的国家利益并不要求我们阻止东巴自决——事实上，我们提出了好几个实现东巴自决的方案——但是自决实现的过程却同我们有利害关系。我们希望通过逐渐演变的办法实现自决，而不是对一个其生存使美国、中国和世界大家庭（如联合国投票一再表明的那样）确实感到利害攸关的国家进行外部冲击，也不是明目张胆地违犯世界要存在下去就必须遵循的那些准则。印度是十一月末进攻的。按照我们劝说叶海亚接受的时间表，到十二月底就会结束军事管制，由文官政府接管政权。这几乎肯定会导致东巴自治和独立——而很可能不会发生印度训练的游击队、即孟加拉解放军反过头来在达卡实行恐怖统治时出现的公开杀戮等野蛮暴行。

如果国内目光短浅的镇压政策成为外国军事干涉的正当理由，不用多久国际秩序中一切约束因素就会荡然无存。有人以道义的名义猛烈抨击我们支持了输家而得罪了赢家——这真是一种有趣的“道义”理由，且不用说从历史上看深谋远虑和不偏不倚的做法通常都要求站在弱者一边去遏制强者。人们三年来不断责骂我们对和平事业不够虔诚，现在一位属于自由派的专栏作家又提出了一个令人莫名其妙的理由向我们挑战，认为不能总是把战争看成坏事，因为战争有时是实行变革的工具。[10]看来他的原则是：如果理查德·尼克松赞成和平，战争就不全是坏事了。

美国有一种理想主义传统，认为外交政策是善恶之争。有一种实用主义传统，希望就事论事地解决“疑难问题”。有一种墨守法规的传统，把国际争端当作法律案件。但就是没有地缘政治的传统。构成我们的国际经验的一切因素都同一九七一年秋天我们力图在次大陆实现的目标背道而驰。印度作为世界上人口最多的民主国家得到大量同情；需要“解决”的问题是东巴自决；这个“案件”应当象罗杰斯不厌其烦地指出的那样提交给联合国。大家都不相信我们在地缘政治方面感到的担心，把这些担心说成是个人意气用事、反印偏见、对苦难无动于衷，或者是莫名其妙地缺乏道德观念。

如果我们按照这些人的建议办事，巴基斯坦在丢掉东翼之后还会丢掉克什米尔，可能还有俾路支和西翼其他地方——换句话说，它将彻底分崩离析。为了防止灾难，我们的策略是相当巧妙的；考虑到我们手上牌很少的事实，这种策略也是颇为大胆的。我们成功地使冲突的影响局限在次大陆。印度这场强权游戏并未动摇我国外交政策的基础，也没有破坏我们对中国的主动行动，虽然这种可能性本来很大，而且苏联无疑希望如此。既然这些危险并没有得到普遍承认，我们很难期望人们能够理解我们的动机。

相反，注意力都集中在代价方面。我们当时相信，事实将证明这种代价是暂时的，正如它是不可避免的一样。我们并不认为我们已经给美印关系造成永久性危害，或者是把印度无可挽回地推到苏联那边去了——就像经常有人激烈地声称的那样。我们也绝不可能同苏联为这场危机给予印度的东西进行竞争：它同印度进行了六年武器交易，而我们对双方都实行武器禁运；它对北京进行军事威胁以阻止中国干预；它还在安全理事会两次使用否决权，使停火和联合国维护和平的努力无法实现。在这方面我们不可能比苏联出更高的价钱——就我回忆，我们国内也没有任何批评者建议我们这样做。我们争取了二十年之久，并没有使印度放弃不结盟政策，因此印度也不大可能由于我们捍卫了自己的利益就无可挽回地倒向一边去。不结盟使印度在国际交往中有最大的回旋余地。由于这个理由，我们深信印度迟早会设法同我们重修旧好，哪怕只是为了避免莫斯科把它当作囊中之物也罢。眼前危机过去之后，我曾提醒多勃雷宁，要他记住一八四八年俄国军队帮助镇压匈牙利起义后，奥地利大臣施瓦岑贝说过的一句话：“总有一天，我们将以自己忘恩负义的程度使世界愕然。”

实际情况正是如此。危机过去后，美印关系相当迅速地恢复到过去那种目标并行不悖，但相互缺乏理解的状况。我们还没有幸运到免于遭受通常那种责难的程度，但是不过三年美印联合委员会就在各种经济和文化领域中进行合作了。一九七一年曾经恶狠狠地推行对抗政策的印度外事秘书特·纳·考尔奉派到华盛顿当大使，其任务就是修补关系。他以一九七一年印度无情地肢解巴基斯坦时特有的那种专心致志来从事这项任务。

十二月二十日，危机过去之后，尼克松在百慕大对希思首相谈到我们试图达到的目标时说得很好：

> 我感觉如果她（甘地夫人）的目标真的是要在西线迫使巴基斯坦投降的话，就会在世界局势中产生严重反响。这可能对世界其他地区是一个教训……苏联人对我们进行了考验，想看看他们是否能够操纵事态的发展。当然，你们必须考虑在中东和欧洲投放的大得多的赌注。我们撤出越南的行动之所以如此迟缓，一部分原因就是要发出某种信息，说明我们不准备为结束战争支付**任何**代价；现在我们必须问问自己愿意为避免战争支付什么代价。如果不愿意，今后的日子将是不好过的。

我同意尼克松的看法，但是新闻界、我们的官僚机构以及国会都不同意。我现在仍然认为他的看法是正确的。这次危机也证明，所谓尼克松在我的协助下像章鱼一样控制着一个对我们的活动毫无所知的政府这个神话纯属无稽之谈。在某些主动行动上——特别是在双边谈判领域中——确有这种情况，但是在其他领域中，尼克松使用的方法部分是由于官僚机构桀骜不驯、或是他不愿用纪律约束官僚机构的结果。同经常出现的情况一样，对印巴危机的处理反映了我们政府内部的深刻分歧，这种分歧由于尼克松表达自己的意见时转弯抹角而更显复杂了。结果同民间传说正好相反：不是白宫日益扩大统治，而是各部门为了坚持自己的阵地而顽强地抵抗；不是发布了明确的指示，而是用略而不详的手法保持选择的自由；不是政府各个机构不能表达自己的意见，而是总统难以使自己的意见占上风。这种种情况反映了尼克松心理上某些怪诞之处，但并不能改变基本结论。所谓“偏袒”的历史与其说表现了总统的固执己见，不如说表现了管理现代政府的复杂性——特别是由一位不愿直接作出规定的总统来管理。这场争论中究竟谁是谁非是无关紧要的；一个总统必须能够指望他的意见被接受，即使这些意见同官僚机构的成见背道而驰。我一再说过，尼克松政府在行政工作方面的做法是不明智的，从长远看也是不能持久的；但是必须承认这些做法并不是在真空中产生的，否则就不公平。

危机刚刚过去，白宫就发现自己已处于一场不断泄密和遭到谴责的风暴中心。早在十二月十三日，专栏作家杰克·安德森就开始发表国防部有关华盛顿特别行动小组会议记录的摘要。我们反对印度的军事行动——这个立场是公开的，而且我们曾经因此受到攻击——被说成是一次令人震惊的揭发，用来证明我们否认具有反印偏见是在说谎。大量其他保密情报也迅速出现在报纸上——例如肯尼思·基廷从印度发来的敦促我们对叶海亚施加压力或对我十二月七日的背景介绍表示异议的电报。[11]我们舰队的行踪照例是保密的，但一转眼就印在报上了。罗杰斯发泄多年积郁，在十二月二十三日举行的记者招待会上同我在“空军一号”飞机上讲的话针锋相对，宣布莫斯科最高级会谈丝毫不受次大陆事态影响。他还否认我们在巴基斯坦受到印度威胁时对巴基斯坦承担了任何军事义务——这是一个精明的律师的观点。对泄密事件进行的调查表明，一个曾经在我的工作班子里当办事员的海军文书军士有计划地复制了交给他保管的国家安全委员会文件，并转交给他在五角大楼的上级。

尼克松在危机时期英勇果敢，在宁静时期琐细卑微；他在捍卫国家利益时眼光远大，对待僚属则器量狭小。在甘地夫人宣布停火引起的一阵欢乐过去之后，尼克松下达了严格的命令，要在一切介绍情况的场合突出他起的中心作用。但是在批评日益增加时，他就开始寻找从火线溜走的办法。他之所以如此，一部分原因无疑是受到一种可以理解的不满情绪的影响，因为他认为我从政府对外政策的成功中获得过分声誉，而政府比较严厉的措施引起的一切责难都落在他的头上。然而近因还是最高级会谈。虽然尼克松十二月八日谈到取消最高级会谈，而且后来在十二月十六日还要谈，但我在十二月十四日当真对报界提到这件事却触发了他内心的一切矛盾。他原来决心要完成艾森豪威尔一九六〇年计划进行、但没有实现的那次旅行。成为访问莫斯科的第一个美国总统对他具有重大意义。他表面上虽然支持我，内心其实不愿使这步颇为漂亮的棋受到威胁。于是白宫那些公共关系专家就设法把印巴危机期间我们的表现所引起的攻击推到我身上来。当时执行的政策成了*我的*政策。我一连几个星期都见不到尼克松。齐格勒既不出来说话对我表示支持，也不否认报界所谓我已失宠的消息。没有人告诫各部门停止用走漏消息的办法反对我。用后来出现的文学语言来说，尼克松情不自禁要让我在风中慢慢地、慢慢地摇晃。这是一个严厉的教训，使人懂得了总统助理对头头的依附地位。我第一次体会到公众不断批评和总统压力的滋味，我的反应不佳，甚至也不成熟。

然后，一切突然成为过去。次大陆危机既然不存在了，不断强烈的批评就失去了焦点。我很快又受到总统的青睐；我们恢复了过去那种实质上亲密、个人之间冷淡的谨慎关系。还有别的工作需要做。我们外交政策的基本结构完整无损。为两次最高级会谈制定计划的工作很快就恢复了。外交政策上一连串辉煌胜利使这段插曲很快成为过去，也赢得了人民的支持。北京已经了解我们对均势需要的认真态度；莫斯科已经看到足够强硬的反应，不至于在我们更加集中关切的地区再来考验我们。我们成功地度过了这场风暴，船舵完整无损。我们可以继续航行了。

注释：

① 东南亚条约组织成员国包括美国、英国、法国、澳大利亚、新西兰、巴基斯坦、菲律宾和泰国（南越是联系国）。中央条约组织使所谓“北层”国家——土耳其、

伊朗和巴基斯坦——同英国结成一个集团；美国除名义上外，实际上也是成员国。

② 《华盛顿明星报》，一九七一年五月十九日。

③ 六月二十二日，国务院承认它原来在四月十五日宣布禁运时没有提到以下事实，即在此以前达成的交易不一定会受到影响。见《纽约时报》，一九七一年六月二十三日。

④ 多勃雷宁也说这个条约已经酝酿了一年。杰哈对罗杰斯说是两年，印度外交部长辛格公开宣布也是两年。七月十五日尼克松宣布有关中国的公告之后，辛格含蓄地对印度议会说，关于中美可能和解的对策，印度已经考虑了“一段时间”了。（见第十九章）

⑤ 见西德尼 · H · 山贝《印度确定在东巴进行报复的范围》，载《纽约时报》，一九七一年十一月二十九日。

⑥ 这一条原文如下：“巴基斯坦政府决心抵抗侵略。在发生针对巴基斯坦的侵略时，美利坚合众国政府，在巴基斯坦政府要求下，将按照美利坚合众国宪法、按照促进中东和平与稳定联合决议的规定，采取双方同意的、包括使用武装部队在内的适当行动，给予援助。”

⑦ 肯尼迪政府和约翰逊政府都曾提供保证，其中包括一九六二年一月二十六日约翰 · F · 肯尼迪总统致巴基斯坦总统穆罕默德 · 阿尤布 · 汗的信；一九六二年十一月五日美国大使递交的备忘录；一九六二年十一月十七日国务院的公开声明；以及一九六五年十二月十五日林登 · 约翰逊总统给阿尤布 · 汗的口头承诺。

⑧ 见一九七一年十二月二十一日《华盛顿邮报》的安德森专栏，以及一九七二年一月十五日《纽约时报》发表的华盛顿特别行动小组十二月八日会议记录。

⑨ 《华盛顿邮报》在一九七一年十二月八日以一栏地位报道了我的背景介绍会消息，标题是“白宫缓和亲巴基斯坦的态势”。巴里 · 戈德华特参议员如此热衷于我的介绍，没有通知我们就把它全文登载在《国会记录》上。见《国会记录》（日刊），一九七一年十二月九日，第S二一〇一二页。

⑩ 见米尔顿 · 维奥尔斯特《战争令人厌恶，但并非都是坏事》，载《华盛顿明星报》，一九七一年十二月十一日。

⑪ 见《纽约时报》，一九七二年一月六日；《华盛顿邮报》，一九七二年一月六日。

第二十二章　联盟中的危机：曼斯菲尔德修正案和经济对抗

地中海之行

一切总统出访都必然被说成是了不起的外交行动。凡是曾陪同总统出访过的人，在多数情况下，都不会认真看待这种说法。外交是通过对峙进行的。对峙是双方借以考验对方决心的一种办法。即使政府首脑自命不凡想来解决僵持不下的局面，也很少有时间这么做；他们会晤的时间过分短促，礼宾要求也过分累赘。因此，政府首脑出访的主要理由通常都是为了制造一种象征，为下级谈判规定期限，并使领导人有机会相互衡量。出访也是表明意图和强调所承担的义务的一种办法。

当然，还有一种比较狭隘的政治利益。说尼克松决定第二次访问欧洲时，并未意识到这种访问可能给即将举行的国会选举带来什么影响，这等于否认他具备登上总统宝座的才能。他毕竟曾经力图在这个时期同苏联举行最高级会谈，也曾在一个短时期内转过同英国、法国以及联邦德国政府首脑举行会谈的念头。这样一次会议是维利·勃兰特为了推动和使人赞同他的东方政策而建议的。蓬皮杜逡巡不前，因为他希望避免给人一种暗示，即勃兰特是代表整个西方进行谈判的。前面已经谈到的尼克松对东方政策的看法使他并不亟于用如此戏剧化的方式表示赞同。因此这次旅行的中心是访问意大利、南斯拉夫、西班牙和爱尔兰，此外还要在第六舰队停留一夜，并在契克斯同新任英国首相爱德华·希思共进午餐。以地中海为焦点并在第六舰队停留，都是为了强调我们仍然决心要在这个地区的安全和演变方面起自己的作用。从一九六七年以来，苏联在中东的影响不断增加。我们刚刚经历了苏伊士运河沿岸和约旦秋天出现的危机。利比亚政权已被激进派接管。

尼克松出访是从一九七〇年九月二十七日到达罗马开始的。我在巴黎会见春水后也到罗马同他会合。那年秋天，意大利政坛正处于错综复杂的变动的阵痛中。照局外人看，这种变动似乎只是政府的例行改组，事实上是加剧了一九六三年“向左翼开放”以来作为意大利政坛特点的左倾趋势。尼克松一九六九年访问意大利时，由马里亚诺·鲁莫尔担任总理的政府完全由天主教民主党人组成，但策略上得到社会党人的支持。在一九六九年那个“火热的秋天”，共产党控制的工会显示力量，发动了一系列激烈的罢工，常常以暴乱告终。工会成功地设法通过了一个所谓劳工法规，消除了许多不公正现象，并使工会在劳资谈判的力量对比中占了决定性优势。西欧共产党人当时还没有发现北大西洋公约组织的好处；尼克松对意大利的两次访问都碰到了共产党发动的反对北大西洋公约组织、反对越南战争并在很大程度上是反对总统本人的暴乱。

六月份举行的意大利地区选举暂时制止了共产党的进展，但在参加联合政府的各党中造成了新的摩擦。得票略有增加的社会党人把自己的胜利解释为群众赞成进一步向左转。右翼政党的溃败使他们更加相信这种解释。天主教民主党人由于党内左右两翼的斗争而阵容混乱，四分五裂，其左翼同共产党的区别主要在于他们信仰宗教，其右翼同新法西斯党的区别主要在于他们信仰民主。组织纪律严明的共产党人正在推动整个政坛的各种力量向左转。他们奉行党的理论家安东尼奥·葛兰西制定的战略，有系统地向社会上各种关键性组织——工会、司法界、学校——进行渗透，以便最后发动攻势，参加政府。

七月七日，鲁莫尔辞职；埃米利奥·科隆博成为四党（天主教民主党、共和党、社会民主党和社会党）联合政府的总理。阿尔多·莫罗任外交部长。这个政府本身是短命的，但各党联合则不是如此。“向左翼开放”的口号已经非常得势，以至没有社会党人参加就无法进行统治。而社会党又同共产党在许多省组成了联合政府，因此不愿过分扩大他们同共产党人的距离。这样一来，共产党对意大利政府的影响虽然是间接的，却在与日俱增——这是同“向左翼开放”这个口号的创始者的意图完全背道而驰的。事实上，他们的影响已经如此巨大，以至诡计多端的莫罗最后认为，他可以利用共产党使社会党陷入软弱无能的境地。如果任何事都需要共产党默许才行，使这种做法正式化也无不可了。因此，在莫罗的赞助下，共产党的影响就从心照不宣的否决权逐渐演变成正式的否决权。

当时，对我来说，这些趋势似乎是显而易见的，但在美国政府内外都存在激烈争论。人们不是否认共产党的影响实际上在增长，就是认为即使增长也不一定是坏事，因为它可能使天主教民主党感到震动，从而着手进行改革。无论怎么说，对这种情况并无具体办法可想。天主教民主党的政治领袖似乎深信，美国高级人士的定期访问可以证明意大利在国际上的重要性，从而改善他们的前景。我们非常乐于从命：尼克松的访问和我后来担任国务卿时进行的某些访问都有这种含意。我从未看到任何证据可以说明总统或其他高级人士的访问对意大利政治产生任何影响。但是，另一方面，要找到相反的证据也非易事——谁也不知道，如果不进行这种访问被说成美国怠慢意大利的话，会在什么程度上加剧意大利向左转的趋势。

大家普遍感到无能为力。这种感觉反映在一九七〇年一月二十二日国务院致总统的备忘录中，后来我把它保存在无聊建议的卷宗里。备忘录要求我们“密切注视这个问题，对利用智谋慎重而有效地表明我们观点的手段不断进行估计”。至于如何做到既慎重而又有效，备忘录的作者则审慎地保持沉默。说句公道话，我也想不出更好的办法。有些问题是美国政策制定者无法控制的。在某些情况下，他们能够采取的最好的办法，就是不要把可能的结果说成是可取的结果，从而避免加快不利趋势的发展。（照我看来，一九六三年的“向左翼开放”和一九七七年同欧洲共产主义调情就是在这方面犯了错误。）

我们到达罗马已是夜晚。出于安全考虑，欢迎仪式是在奎里纳尔宫庭院中举行的。演奏国歌时，绚丽多彩的持枪骑兵排成整齐的行列。意大利迷人的国歌可能是全世界国歌中最缺乏尚武精神的，听起来几乎像一支圆舞曲，很难使人按着它的曲调迈步走向战场。仪式结束后出现了一阵混乱。奎里纳尔过去是教皇的夏宫，是欧洲最大的这类建筑之一。摩肩接踵的记者和官员把我们挤得七零八落，使人想起来就惴惴不安，因为如果有谁走错了路，可能需要几个星期才能把他找回来。最后，混乱的人群集中到一间宽敞的接待大厅中央。有人把尼克松和我领出来同萨拉盖特总统重新会合，就国际形势进行第一次私下回顾。

朱塞佩·萨拉盖特使人印象十分深刻，远远超过意大利其他领导人。他思想丰富，行动果断，是美国的一位挚友。不幸的是他受到两种牵制。他所属的社会民主党在“向左翼开放”这个口号影响下日益萎缩，对权柄的控制日益减少。尽管他拥有相当大的道义影响，国家元首的宪法地位使他无法积极参与政策制定过程。但是他的意见永远是值得听取的。萨拉盖特担心共产党影响增长。照他看来，相信共产党的进展会局限在意大利是一种幻想；如果不予制止，这种进展肯定会扩大到欧洲其他地区。但是他没有提出任何补救办法。他暗示美国一定能够想出什么锦囊妙计来。

他口若悬河地谈到美国行动在欧洲造成的心理影响。我们国内关于越南问题的辩论正在损害欧洲对美国稳定和坚定性的信心，这将对许多欧洲国家的政治发生影响。东方政策使萨拉盖特感到不安；它是联邦德国设法单独同莫斯科做交易的办法，一部分是美国信誉降低的结果。美国必须谨慎从事，使人看到同苏联关系的缓和是拥有实力的结果，否则整个欧洲都会效法德国。

这次谈话使尼克松有机会宣布他对北大西洋公约组织承担的义务，不惜夸大其词。他愿意在这个问题上以自己的政治生命冒险，而且不打算“束手待毙”。这句话颇为动听，虽然对我们面临的抉择也许做了某种戏剧性的夸张。尼克松面前根本不存在他描绘的那种严峻抉择。北大西洋公约组织是我们外交政策中仍然得到国内某种拥护的唯一支柱；大多数新孤立主义者对我们卷入其他任何地区的事务都进行攻击，但是对北大西洋公约组织则继续表示忠诚。根本不存在尼克松在这个问题上丧失政治生命的可能性。后来外交部长也来参加会谈时，尼克松雄辩地重申了自己的信念：“如果我们不是由于缺乏捍卫自己利益的经济力量，而是由于缺乏维护和加强这一伟大联盟的意志、决心、智慧和领导能力而让它遭受失败或陷入四分五裂，那将是人类的一个悲剧。”尼克松提出了正确的问题。七十年代早期在无数国家中，在各种暴乱、苦难和分歧中受到挑战的正是重申民主信念的意志力。

在位于罗马另一座山上的国宾馆马达马别墅进行的讨论并不比前一次明确。这次会谈表明，要进行真正的对话还存在根本性障碍。我们最关心的意大利政治问题被排除在正式讨论之外。反过来意大利领导人似乎认为外交政策问题同国内的难题是比较次要的、不相干的，因为这些问题是他们无能为力的。参加会谈的圈子越扩大，讨论中陈词滥调就越多，这种情况并非偶然。

程序同奎里纳尔宫会谈一样。首先由科隆博总理同尼克松私下谈，只有译员参加(有时我在场做记录)。然后是一次规模很大的会议，双方几乎全体正式成员都参加。私下会谈之所以必要是为了造成一种印象，似乎意大利总理同美国总统、甚至同英国首相拥有同等行政权力。但是除了极罕见的情况外，他并不具备这种权力。意大利历届总理都是由许多股各自为政的势力组成的联合政府的主席；他们反映了一种政治均势，而不是一种行政权力。他们不是通过决策，而是通过妥协起作用的。在这方面，意大利政府倒是同日本政府差不多，虽然它更趋向于把分歧化整为零，而不是协商一致来解决分歧。无论怎么说，科隆博显然是一个过渡性人物。他只是装装门面。在幕后，比他强大得多的莫罗正以间接的、几乎难以察觉的方式准备实行根本性变革，使天主教民主党人力图拔除其革命螯刺的共产党接近权力所在之处。这次会谈之所以没有完全离题，是因为尼克松获悉，造成约旦危机(见第十五章)的那次劫持飞机事件中某些人质要路过罗马。当时未加思索就决定让尼克松和科隆博乘直升机前往机场，对人质获救表示满意——把他们的僚属留在亲切的社交气氛中继续互相逗弄。

这些会谈都挤在一个上午，因为制定日程的人把访问梵蒂冈安排在下午，总统打算从那里前往第六舰队。这种安排导致了一连串事件，无意中激发了尼克松的一项爱好，给白宫工作人员带来无穷的烦恼。

意大利总统在奎里纳尔宫的城楼上举行午宴，从这里可以眺望“不朽城”* 鳞次栉比的房顶和匀称美观的广场。在这么优美的环境里，由于尼克松的日程排得太紧，一顿精美的午餐只用了大约五十五分钟就把菜上完了。这向他证明，他的一项爱好显然是能够实现的。差不多有两年光景，他的同事一直听到他抱怨国宴令人感到说不出的厌烦。他软硬兼施地要求加快白宫宴会上菜的速度，以便减少他不得不同客人闲谈的时间。他亲自过问哪几道菜可以加快上菜时间，哪几道菜根本可以取消。有时他为了减少谈话时间甚至有意让翻译迟到。但是，即使在霍尔德曼无情的催促下，他曾达到的最快上菜速度——也可以称为白宫宴会的世界纪录——是一小时二十分钟。奎里纳尔宫那次午宴开创了一个新纪录，这是他从来不让白宫工作人员忘记的。可惜，像罗马帝国的许多成就一样，事实证明这项新纪录也是无法赶上的。甚至霍尔德曼也不能把白宫的上菜时间再减少十分钟以上。奎里纳尔宫以整整快十五分钟的

* 罗马的别名。——译注

优势保持了上菜速度的冠军，这使总统心里一直烦恼，喋喋不休。

对梵蒂冈的访问使我们有机会同罗马教皇保罗六世共同回顾国际形势。他是我担任公职期间见过的最敏锐、最有头脑的人之一，曾经率领教会致力于解决他的前任的巨大改革引起的混乱。约翰二十三世在改组现存结构以后就去世了，他还来不及确定改革的最后方向。这个任务留给了保罗六世。保罗六世在梵蒂冈担任外交职务多年，很了解改革可能产生它自己的势头，从而改变改革者的意图。圣徒由于动机纯洁而取胜；制度必须有持久的准则才能支持下去。教皇保罗六世在许多方面象征着时代的艰难。他比我见过的几乎所有其他领袖人物都更了解在专制打着自由的旗号前进时道德上出现的困境，也更了解"改革"为什么有制造缺乏灵魂的官僚机构的危险。他努力奋斗，要为良心和人类尊严保存一席之地，并深深感到一个既需要迅速改造、又需要经久不变的道德准则的时代的极度痛苦。他尽管渴望和平，但认为决不能以正义为代价。保罗教皇并不是缺乏预感，但是他从虔诚的信仰中得到力量，拒绝屈服于这些预感。对他的敏锐的智慧和感受来说，这个世界在某些方面过分粗鄙，使他不愿正面迎击他了如指掌的某些趋势，而是努力减轻世界的苦难。我每次觐见他都深为感动，并且自惭形秽，因为政治领袖任期有限，只能关心眼前可得，而宗教机构却能长久致力于永恒的事业。

保罗教皇对国际事务具有广泛而精湛的知识。他同尼克松对世界形势的评价总的说来是一致的。尼克松有一处讲到拉丁美洲教士中存在左的倾向时，逐渐谈得有些忘乎所以。教皇温和地打断他的话头，微笑着说："总统先生，事实上这更多的是我们的问题，而不是你的问题。"

访问梵蒂冈期间，出现了一幕现在回想起来引人发笑但在当时却令人难堪的场面。我们的先遣人员想出了一个馊主意，要总统直接从圣彼得广场乘美国军用直升飞机前往第六舰队。教廷认为这天的军事花样已经够多了，就委婉地建议在教皇单独会见尼克松后接见总统随行人员时，我们的国防部长不要参加。日程就是据此安排的。当教皇和尼克松单独晤谈时，参加另一摊子会谈的人员中不包括梅尔·莱尔德。但是，单凭分发一纸印好的日程是无法把莱尔德这样机灵而老练的政客排除在教皇接见之外的。正当总统一行走进教皇的接见大厅时，莱尔德突然出现了，嘴里还叼着根老不离嘴的雪茄。当人们问他来干什么时，他支支吾吾地说是来找直升机的。当然，明明一眼就能看到直升机停在梵蒂冈入口处圣彼得广场纪念碑的两侧，莱尔德怎么可能认为这些飞机会在梵蒂冈宫殿内部干什么名堂，这是谁也搞不清楚的。我劝莱尔德至少在教皇面前得把雪茄藏起来。

我们一行人分为两排，同并肩而坐的尼克松和教皇形成直角。正当教皇发表优美而简短的讲话时，莱尔德的衣服口袋里突然冒出烟来。他设法扑灭雪茄引起的这场火灾，起初动作还不显眼，最后无法可施就开始用手拍打口袋。有些人所在的角度使他们无法看清国防部长在教皇面前自我牺牲的全部戏剧场面，把他灭火的动作当成了鼓掌，于是也跟着鼓起掌来。梵蒂冈的官员们亏得有两千年的传统涵养，才能够装作若无其事，让这些事按计划结束。

怪事接二连三。尼克松每次出国旅行，先遣人员都要创造他们手册上所说的“摄影机会”，并且安排好时间，使片子可以赶上晚间电视广播。对色彩和群众场面也提出了寸步不让的要求。霍尔德曼最大的长处并不是对主权概念的理解。在他的鞭策下，先遣人员会突然提出一些要求，使外国政府对美国时髦的公共关系学感到莫名其妙，但这些政府又不愿冒犯总统的随行人员。因此，梵蒂冈虽然怀疑在圣彼得教堂门口出现军事装备的画面是否能真正反映教会的精神使命，最后还是做了让步，因为提出的理由是总统的日程排得太紧，只好这么办。

不幸的是，正是规定的动身时刻，先遣人员突然想起尼克松在罗马还没有碰到群众场面。这本来不是什么异乎寻常的事。罗马有史以来就一直在接待外国要人的访问。数百年来英雄辈出的罗马的居民对政治领袖都感到有点腻烦了。从根本上说，罗马是教皇的城市；只有教皇的活动才引人注意。就是约翰·肯尼迪在罗马也没有能够招徕群众。但是霍尔德曼对历史对比毫无兴趣。他运用了多年来在美国搞无孔不入的竞选活动时积累的智慧：要制造情绪激动的群众场面，最好的办法是堵塞交通。由于尼克松夫人按照当时海军的规定是不能访问舰队的，所以当场决定由总统用小汽车把她送回旅馆。于是临时组成一个车队在交通最繁忙的时刻向罗马市中心出发，其他人则在梵蒂冈宫殿门口的直升机中等候。这次行动完全成功。我们这些没有参加车队的人过了两个小时才重新见到我们的头头。当直升机终于起飞时，满面笑容的霍尔德曼告诉我们，这次交通堵塞确实是一次不朽的成就，聚集了大批人群，激动的情绪几乎无法控制。这一切在电视上看起来是动人心弦的。至于教廷对直升机在圣彼得广场等待两小时有什么想法，谁也无法知道，大概是不错的吧。

我们晚间到达“萨拉托加号”航空母舰，开始了对第六舰队的访问。在海上游弋的舰队至少使门外汉有一种抽象的玄而又玄的感觉。它服从听不见的命令，对罕能亲眼目睹的危险作出反应。受它影响的人几乎从来看不见是什么在保护或威胁他们。在最近一连串危机中，第六舰队都是美国军事力量在中东的主要表现。它有助于决定事态的发展，但同出事地点至少保持了二百英里的距离。虽然第六舰队很容易受到苏联陆基飞机的袭击，它仍然拥有决定性影响，因为攻击它就会使美国全部力量倾巢而出。戏剧性地加强美国海军力量是一个关键信号，说明我们决心防止约旦危机发展到不可收拾的地步。由于我们逐渐失去陆基，剩下的基地也受到政治限制，第六舰队就更加重要了。

按照预定计划，我们应在航空母舰上过夜，第二天要参观火力表演。但这是一次一切都不能按计划进行的旅行。罗杰斯、莱尔德和我正在军官餐厅里看电影——片名《被称为笨蛋的人》——时收到一份路透社电讯，其中引用未经证实的消息说纳赛尔已经去世。我把电讯递给了罗杰斯。他说，如果真有此事，我们肯定已从官方渠道获悉。我倾向于同意他的看法，于是大家又看起电影来。约十分钟后，我逐渐感到不安；这条电讯的内容不可能毫无事实根据。我溜出来同华盛顿联系，得到的答复是典型的：只知道开罗广播电台几个小时以前中断了正常的节目，开始播送哀乐，其他没有什么消息。华盛顿方面慎之又慎地报告说："我们认为这种情况是很不寻常的。"无须特别大胆就可得出结论：有一位高级人士去世了。

尼克松已经就寝，霍尔德曼不准我们在获得已经证实的消息之前叫醒他。我和僚属拼命工作，为这次旅行制订可供选择的计划。我们猜想铁托将去参加纳赛尔的葬礼，从而使我们访问贝尔格莱德的计划告吹。在效率一贯很高的白宫通信局帮助下，电报开始飞往各地，电话打向了四面八方。我们曾经转过念头，想把在马德里和贝尔格莱德停留的时间颠倒一下。但是我国驻马德里大使馆认为，要求准备工作提前四十八小时完成将在后勤方面造成无法克服的障碍；我们的先遣人员一想到这一点就简直急得发疯。另一方面，这四十八小时把总统怎么办也是难于解决的问题。像总统随行人员这样庞大的队伍不经广泛准备硬是要蜂拥到一个国家去是不行的。第二天早晨，我们正在考虑几种不同方案时，铁托把我们从困境中救了出来。他认为总统第一次访问贝尔格莱德的象征意义比参加已经去世的友人的葬礼更为重要。在此期间，当纳赛尔的死讯得到证实时，我叫醒了总统，把消息告诉了他，并取得他的同意，要派一个高级代表团前往参加葬礼。我还把他在贝尔格莱德停留问题当时还悬而未决的情况通知了他。

过了几个小时，大约是半夜两点钟左右，我突然惊醒，想起第二天预定要举行火力表演。照我看来，在地中海燃放烈性炸药来纪念纳赛尔逝世似乎是一种极端麻木不仁的行动。我把自己的判断同罗杰斯和莱尔德核对之后，没有再叫醒总统就取消了火力表演。

事实证明这是一个可悲的错误。总统助理不应当不断用琐事打扰总统；他们稍加等待就会比较了解总统的选择，足以用总统的名义作某些决定。但是他们最好搞得有把握点，因为除了总统的信任外他们并没有什么权威。结果证明，尼克松一心想要看火力表演。我几乎肯定可以说服他放弃此事。但是让他第二天早上面对既成事实，使他罕见地表演了一番那种尼克松特有的脾气。一连二十四小时，我都受到谁都可以看出总统不快的小动作的捉弄。例如在那天总统一次活动中，把我分配到备用的直升机上去坐。在第六舰队旗舰上开会时让我坐在外围。这场风暴不久就过去了。对于印巴危机之后我的遭遇来说，这不过是一个小小的预兆。在这个问题上，我是正确的，但也得到一个教训，使我明白了自己权力的局限性。

我们在贝尔格莱德机场上受到身着蓝灰色制服、佩戴金色肩章的铁托元帅的欢迎。三十年代中等阶级的价值观念，在欧洲任何地方都不像在东欧各国的“无阶级”社会中那样完整地保持下来。否则铁托的服饰同一位共产党国家元首是很不协调的。在生活极为枯燥无味、官僚主义令人窒息、计划无所不包的东欧，推动人们前进的并不是无产阶级思想或马克思主义的意识形态。甚至经过长达一代的共产党统治之后，维持国内团结的力量仍然是在具有较多国际性的西欧几乎已经绝迹的那种民族主义。

约瑟普·布罗兹·铁托这时已是第二次世界大战的传奇人物中仍然在位的唯一幸存者。他是很有名气的游击队头头，是敢于向斯大林挑战的第一个共产党领导人，是民族共产主义的发明人，现在又是不结盟运动的斗士之一。到一九七〇年九月为止，他已当权二十五年。他浑身散发着一个已经消灭一切可能竞争者的人具有的那种权威。他的风度像欧洲中部的中等阶级——彬彬有礼，明显感到生活的乐趣，有一种颇为自满的幽默感。但他也很小心谨慎，有时脸上挂着笑容而眼神却看不出笑意。他已经学会对付资本家而又不一定接受他们的影响。他在战后初期是最倔强的共产党领导人之一，一九四六年甚至同美国发生过短暂的对抗。那时南斯拉夫击落了一架没有武装的美国运输机，扣留了机组人员。

在他同斯大林决裂之后，西方对铁托就另眼相看了，把他对维护自己的政权的关切看做是——不小程度上是由于他玩弄技巧的结果——公开放弃曾经有助于建立这个政权的价值观念。一个几乎被人忘掉的事实是：使铁托同斯大林决裂的问题是民族自治，而不是共产主义理论的正确与否。铁托在饱经沧桑之后仍然信仰列宁主义。维持生存的需要迫使他多方寻求免遭苏联侵略的保证，但并没有明显改变他一生献身革命形成的信仰——也不应当如此期望。只有强烈的信仰才能使一个人经历阴谋和游击战各种艰难险阻和考验而坚持下去。他为什么要在胜利的时刻放弃信仰呢？

由于不愿正视这个事实，结果造成了无穷无尽的误解。南斯拉夫在巴尔干各国当中——较小的程度上也在东欧——是一个对我们有利的因素。它象征独立的可能性，在某种程度上减少了对北大西洋公约组织的威胁。但是在欧洲以外，铁托仍然奉行自己的信念，总的说来对西方的利益或理想是不客气的。他对发展中国家革命的同情和莫斯科并无显著差别。实际上，铁托在迎合激进的发展中国家的要求方面甚至更加积极；他认为获得这些国家的拥护可以支持他自己的独立，进一步从政治上限制苏联的压力。反过来说，他脱离苏联而自行其是使他对发展中世界的影响比东欧任何卫星国政权可能拥有的影响都更大。因此，南斯拉夫在国际论坛上很少支持我们的立场。举例来说，它是联合国有关波多黎各独立的一年一度的决议案的提案国之一。在中东，它一般是支持阿拉伯激进派的。

我对这种情况处之泰然。南斯拉夫同斯大林决裂并不是为了帮我们的忙；它奉行自己的方针也不是为了促进我们的利益。但是，无论铁托的动机是什么，南斯拉夫的独立自主改善了我们的全球地位。斯大林担心它给东欧其他国家提供破坏性范例是很正确的。此外，欧洲安全由于铁托拒绝参加《华沙条约》而得到加强。最后，有一条界线是他不会超越的：如果他同我们对立的程度使他的安全必须取决于苏联的善意，那是他受不了的。他需要我们来维持他的平衡感。因此，我们并不是非讨好他不可。我们没有理由要卑躬屈膝，也没有理由不积极以同样的激情维护我们自己的利益，就像他在追求自己的利益所表现的那样。

南斯拉夫和我们有可能在好几个方面进行富有成效的合作。要了解共产党世界和发展中世界的趋向，贝尔格莱德是一个有用的消息来源。它可以把我们的态度转告给它的朋友，尽管它同我们的意图有许多不同，因此执行中间人的任务并不可靠。高级人士定期交换意见是很重要的，目的是尽可能协调政策，同时强调我们对南斯拉夫独立的关切。

我们并没有设法争取南斯拉夫同意我们的观点。我们了解，它奉行的不结盟政策同印度一样，都反映了对本国利益的冷静分析。严肃的不结盟国家——不是指那些远离一切危险、专做口号交易的国家——力图估计他们在影响国际均势方面能走多远。他们不会拿自己的安全或幸福冒险，以堂吉诃德的姿态反对我们（除非美国自己因循苟且、感情脆弱，使他们情不自禁要这么做）。无论我们的政策对他们的宣言如何表示“谅解”，他们也不会冒同我们联系过分密切的危险。看来荒谬的是：如果我们同他们太接近，他们就不得不走远点；我们同他们疏远时，他们又不得不向我们靠近点。这几乎是不结盟的自然法则。总而言之，我们不受那种感情用事的幻想的影响，并不认为不结盟是某些具体的不满或误解造成的。但是我们对不结盟国家、尤其特殊的是对南斯拉夫表示赞扬，承认他们奉行的是一项严肃的政策。我们接受南斯拉夫漂亮的词藻也不能把它争取过来；我们捍卫自己的利益也不会使它永远同我们敌对。

铁托对国际形势的分析毫不感情用事，略带教条气息，但总是趣味盎然。我们这次访问发现他主要关心的问题是中东。他警告我们不要把全部筹码都押在以色列方面。他认为纳赛尔是中东地区的卓越领袖，纳赛尔的去世对和平的希望是一个极其严重的打击。铁托告诉我们，苏联在九月危机中曾敦促叙利亚和伊拉克撤出约旦领土，这同我们自己的情报是符合的。他的某些僚属希望探询美国在苏联进攻南斯拉夫时将作出什么反应。铁托从来没有提出这个问题，可能因为他自尊心太强，也可能因为他了解在他有生之年不会出现这个问题。尼克松这时已访问了两个东欧国家首都，即布加勒斯特和贝尔格莱德，其象征意义是有目共睹的。美国将特别注意东欧奉行独立外交政策的国家。我前面说过，中国后来注意到了这一点。

我们访问贝尔格莱德时，唯一值得提到的另一特点是使我们的共产党主人有机会接触到美国公共关系的奇迹。苦恼不堪的霍尔德曼在贝尔格莱德又碰到了他曾在罗马予以克服的同样难题：缺乏包括群众的“摄影机会”。他的难题是由于先遣队一个无法解释的疏忽造成的。总统到任何国家去都必须有的活动项目之一，就是向无名英雄墓献花圈。这是一个考虑周到的姿态，必然会吸引群众。总统在贝尔格莱德的日程上第一项就是献花圈。不幸的是，南斯拉夫的那个墓位于贝尔格莱德郊外约二十英里处。先遣队显然是由于疏忽而没有报告——或许这段距离根本没有给他们留下什么印象。当车队蜿蜒前进、愈益深入一个郁郁葱葱、没有任何群众干扰人们沉思默想的森林地带时，全体先遣人员携带的报话机就愈益频繁地响了起来，其中可以听到大发其火的齐格勒和霍尔德曼表示难以置信的交谈。不过霍尔德曼有办法对付这种挑战。总统的汽车在返回途中突然离开车队，带着其他所有的车驶向贝尔格莱德市中心。被弄得莫名其妙的护送警察最后终于赶到。这次又造成了一次交通大堵塞，被迫停下的观众的情绪又达到不寻常的高度。这时，尼克松跳上车顶向群众招手致意，确实激起了真正的热情。

无论铁托对总统访问如何满意，他对我们访问的下一站是马德里不会感到高兴，因为我们是从一个年迈的独裁者的首都前往另一个甚至比他更年迈的独裁者的巢穴。佛朗哥是法西斯在欧洲处于优势时上台的。他虽然对同伙的独裁者欠了债，这并不妨碍他在第二次世界大战中使自己的国家保持中立。但是在几个法西斯帝国垮台时，佛朗哥发现自己处于不友好的国际环境中。不过到尼克松前往访问时，他已在西班牙人民具有历史渊源的褊狭性格和自豪的民族主义帮助下经受了各种压力而生存下来。他促进了西班牙工业的现代化，逐渐放松了自己的统治，并为他身后建立比较自由的制度奠定了基础。七十年代许多用老眼光看待事物的人觉得难于承认西班牙实行镇压的程度比任何共产党国家和大多数新兴国家都要小得多。

现已年老力衰的佛朗哥主宰国家命运已经超过一代人时间。西班牙似乎悬在空中，等待一个人生命的结束使它可以重新进入欧洲的历史。地理位置使西班牙不言自明地对西方具有重大战略意义。只是由于这种原因，我们才关心佛朗哥身后西班牙的政治，希望它一反历史传统，能够温和地演变。我们面临的选择是：排斥并反对现存政权，或者是同它一起工作，扩大接触，从而扩大我们的影响，为佛朗哥身后时期进行准备。我们选择了后面一种方针。

当时需要立即处理的问题是我们同西班牙的军事关系。从五十年代以来，两党轮流主持的历届政府都同佛朗哥政府签订了有关美国战略轰炸机和北极星潜艇基地的协定。在佛朗哥行将就木的时候，又提出了基地租借协定问题。同越南战争时期采取的大多数军事措施一样，这些协定也受到反对派的谴责。他们认为这是同一个法西斯国家做出的不必要的、道义上站不住脚的安排。美国政府认为，在中东发生动乱、我们在地中海的其他基地都受到威胁的时候，我们决不能放弃西班牙基地，以至加深美国进行全球性撤退的印象。我们也看不出同一个任期显然即将告终的年迈的独裁者进行对抗有任何意义。这种对抗将刺激众所周知的西班牙民族主义和自尊心。

即使在最理想的情况下，鼓励佛朗哥身后的西班牙走上民主道路也将是一项错综复杂的任务。西班牙历史的特点就是喜欢走极端，充满死亡和牺牲、悲剧和英雄事迹，因此产生了无政府状态和专制、混乱和纪律严明时期交替出现的蔚为大观的场面。西班牙人似乎只能容忍赞扬，而不能相互容忍。温和、渐进的改革——更不用说是民主的、而不是激进或暴力的改革——在西班牙是史无前例的。国际上的排斥有使西班牙感情用事的危险。在这整个关键性的过渡时期，我们都同未来的国王胡安·卡洛斯以及西班牙政府和社会的温和分子保持着友谊。说实在的，美国对七十年代西班牙的演变所作的贡献是我们外交政策的主要成就之一。

尼克松并不是在马德里停留的第一个美国总统。艾森豪威尔曾在一九五九年十二月进行过一次胜利的访问。事实上，尼克松梦寐以求的事之一，就是保证欢迎他的群众至少等于——而且他希望还要超过——他既尊敬而又羡慕的前任那次访问时的规模。担心是毫无道理的。马德里对尼克松的接待是盛大的。唯一不幸的缺点是在尼克松到达后，机场控制塔忘了关闭跑道，以致喷气发动机的轰鸣淹没了欢迎词。由于双方讲话都琢磨得只剩下陈词滥调了，历史不大可能因为没有听到讲话感到遗憾。在场面盛大的入城途中，那种光彩夺目、适合摄影的镜头就连霍尔德曼也无可抱怨了。他的上司和佛朗哥笔挺地站在敞篷汽车上，两旁有持枪骑兵护送，周围是欢欣若狂的人群。他可以一本正经地说，人群一旦超过几十万，唯一的问题就是宣布一个看来合理的数字，从而使尼克松不必担心这次接待同艾森豪威尔那次访问比较会相形见绌。

在所有的访问中，只有这次发出的信息最明显是象征性的，就是为了说明美国继续关心这个地区。关于基地的谈判在访问以前就结束了；佛朗哥去世后如何过渡是一个十分微妙的问题，即使非常转弯抹角地谈也是不行的。由于另外一种原因，同佛朗哥进行的谈话——至少对我来说——缺乏值得回忆之处。当尼克松在我陪同下拜会佛朗哥时，按照日程应当进行实质性会谈。但是我们发现这位年迈的独裁者经过车队长途跋涉后已精疲力竭。当总统谈话时，他昏昏沉沉差不多睡着了。这对我有一种神秘的催眠作用。尽管我拼命想要为西班牙和美国之间的对话有所贡献，至少要保持醒着的状态，我仍然不禁进入了梦乡。当佛朗哥和我由于操劳过度而安静地闭目养神时，只留下尼克松和西班牙外交部长格雷戈里奥·洛佩斯·布拉沃去交换意见了。我参加会议是为了作记录。如果现在历史上对这件事有什么记载，那得感谢担任翻译的沃尔特斯将军。他那时是醒着的。

我们离开西班牙飞往英国，在英国首相乡间别墅契克斯进午餐。尼克松在那里同爱德华·希思举行第一次会谈。尼克松担任总统时，同希思关系非常复杂。没有任何其他外国领导人比希思更得到尼克松尊重，特别是希思同他的外交大臣、尼克松十分崇敬的亚历克·道格拉斯-霍姆爵士搭配在一起时更是如此。英国竞选期间，尼克松毫不掩饰地偏袒保守党。虽然历次民意测验和他的全体顾问——包括我们驻伦敦大使馆在内——的意见都同他唱反调，尼克松仍然深信希思会取胜。当他的预言实现时，我正在墨西哥城看世界杯足球赛。他得意得一晚上给我打了四次电话，向我表达他的高兴，并让我可以确认他有先见之明。他最希望同希思保持一种他不会同其他任何外国领导人保持的亲密合作关系。他说，在一个重要国家中现在终于出现了同我们有共同情谊的人物，一批不依赖我们、无须我们不断扶持而我们可能从他们那里得到许多教益的领导人。

这种关系始终没有得到充分发展。就像一对夫妇一样，人们都劝他们应当相亲相爱，他们自己也作了很大的努力以求不辜负这种期望，然而毫无成效。希思和尼克松从来没有建立起一种亲密的个人关系，而这是尼克松至少起初就渴望建立的。这两个人的性格都相当严肃，气量较小，渴望人家接受他的意见，而又不能表现为宽宏大度，消除彼此的隔阂。在所有英国政治领导人当中，希思是我开始担任公职时最了解而且最喜欢的。尽管我们在政府任职期间存在某些意见分歧，我们至今仍是很好的朋友。他是我见过的最能干的世界领导人之一。他开始地位较低，后来飞黄腾达，成为浸透英国贵族传统的一个党的领袖，未能摆脱英国阶级历史造成的种种心理状态。他为了实现自己的抱负就必须冷酷无情；这种冷酷并不是天生的，因此更加引人注目。他以态度冷淡著称，但这种冷淡更多只是一种表面现象。他是一个热情而温和的人。他预见要遭到拒绝时，就用一种表面上彬彬有礼的态度加以回避（常常伴随着并不表示喜悦的一笑）。从许多方面来看，他在战后英国政治领袖中是最不典型的。同其他人比较起来，他有一种同大陆欧洲人更相近的喜欢理论的倾向，使他的想法比较抽象，有时接近于空谈。

在所有英国领导人当中，希思可能也是同美国在感情上牵连最少的。这并不是说他反对美国，而是说他没有受到两次大战形成的亲切关系中那些感情因素的影响。对于大多数英国领导人来说，无论地理上实际情况如何，美国都比“欧洲”距离更近。这是从过去时代遗留下来的感觉，那时英国力图越过大洋去实现自己的抱负，而大陆只是危险的源泉，不是发挥自己才能的地方。但是希思深信英国的前途在欧洲，因此英国应当真心实意地、而不是无可奈何地或专为自己打算地同欧洲携起手来。当麦克米伦努力要参加共同市场时，他是英国的主要谈判代表。这次努力在一九六三年由于戴高乐的否决而流产。希思颇为相信戴高乐派的论点，认为主要障碍在于英国同美国的“特殊关系”，因此他担任首相时决心不再重犯麦克米伦的错误。他把自己同欧洲紧紧联系起来，认为美国是一个友好的外国，有权得到能够反映它的力量和重要性的考虑，但“特殊关系”则会妨碍英国在欧洲的使命。希思并不要求在华盛顿享受比欧洲任何其他领导人更高的地位。实际上，他几乎是坚持拒绝接受任何优惠待遇。

这就产生了看来是荒谬的情况。尼克松不信任威尔逊，而对希思非常钦佩。但威尔逊却竭力想同尼克松建立比希思更轻松自如、更带个人性质的关系。对于共和党政府来说，工党对国内问题的观点远不像保守党的观点那样同它志趣相投；在某种意义上，保守党可以说是它的姊妹党。但是工党同共和党政府建立了比保守党更加亲密的关系。在某些情况下，这是希思的性格和信念造成的。在另一些情况下，这则是保守党思想深处一些因素的表现。保守党尖锐地感觉到历史上广泛得到承认的英国的全球作用的衰落。某些保守党分子不免对美国在去殖民化过程中起的作用——从第二次世界大战时期富兰克林·罗斯福施加的限制到一九五六年的苏伊士危机——感到怨恨。

无论原因何在，希思是同华盛顿疏远的。我们毫无代价地向他提供了进行磋商的优惠地位，而这是他的前任需要耐心地、坚持不懈地和不惜阿谀奉承加以争取的。他宁愿不利用这种机会。由于作出这种明显的拒绝，他为英国进入欧洲铺平了道路，但使他和华盛顿的关系复杂化了。希思当选英国首相后，没有像尼克松曾经希望、也是战后历届英国领导人企求的那样，同总统立即会晤。尽管尼克松曾经对负责他的全部电话联系的人明确说过，他拒绝接“未经甄别的”电话这条规定对英国首相并不适用，尽管我再三劝英国大使约翰·弗里曼要鼓励这种接触，他们还是很少亲自通电话。因此，这位英国新首相执行了尼克松就职时美国那些鼓吹欧洲一体化的人曾经呼吁、而当时明确遭到拒绝的办法。实际上，邀请尼克松到契克斯做短暂的逗留——即使气氛极为亲切——也是为希思把正式磋商再推迟几个月的目的服务的。它使希思可以对他的欧洲同事说，这次会晤只是非正式的礼节性拜会，由于时间紧迫不可能达成任何实质性协议；他还可以在开始同大西洋彼岸对话之前，同欧洲同事磋商。

希思对欧洲情绪的判断是否正确，这必须由未来的历史学家去确定。特别是在勃兰特和蓬皮杜都同他相反、正在加强自己的国家同我们的联系时，他真有必要以同华盛顿的亲密关系为代价来取得欧洲的信任吗？除了稍微改变了一点气氛外，他实际上付了什么代价吗？希思在奉行长远的方针时是富有远见、坚韧不拔的。他使英美关系比较正规化，也可以说是使它适应不可避免的现实。尽管如此，这样一位令人畏惧而又富有魅力的人居然看不见无形因素的重要性，总是可惜的事。

表面上看，契克斯的会晤可以说是再好没有了。尼克松把英国同美国的做法混为一谈，仍然认为英国新政府之所以比较冷淡是因为它需要站稳脚跟。（由常设文官和拥有在议会中处理问题的长期经验的、为数很少的党领导人组成的英国政府，通常都不需要很长的调整时期。）会谈分两次进行。午餐前，希思会见了尼克松；同时在座的只有英国内阁秘书伯克·特伦德爵士和我。午餐时，罗杰斯和亚历克爵士也参加进来。整个还不到两小时谈话时间。意味深长的是根本没有讨论欧洲问题，只是尼克松泛泛谈到，我们愿意对英国同欧洲共同体的谈判给予审慎的协助，这个建议也没有接下去谈。全部谈话都涉及国际问题：饭前谈越南和非洲，后来谈中东。希思最擅长这种对话——尖锐、果断而且精明。他对国际事务的看法在很大程度上同我们一样。他要我们注意非洲和印度洋的战略意义，而当时这些问题在我们的议事日程上还没有提到很高的地位。他同意我们的看法，即我们从越南脱身的方式将影响东南亚以外地区。他说："如果苏联感觉你们是在屈辱中退却，他们就会在欧洲重新积极推行他们的政策。"亚历克爵士以向我们介绍他参加纳赛尔葬礼的情况为幌子，温和地催促我们在中东、特别是在四国会谈中采取更积极的行动。尼克松则有不同看法。他同我一样，认为激进势力还没有到无计可施的地步。他认为无论我们做什么，都避免不了新的危机。这个问题来不及加以解决，因为按照日程我们必须启程前往爱尔兰，否则就会到得太晚，失去大家喜爱的"摄影机会"。这次会晤是有益的，友好的，甚至是热情的，但奇怪的是毫无结果。这是前途更为错综复杂的预兆。

总统旅行的最后一站是爱尔兰。我为尼克松准备的情况介绍谈到了可能实现的最高目标："在爱尔兰停留并无巨大国际意义。但爱尔兰在国际事务中并不是完全被动的。它一直是一个富有建设性的、可靠的中立国家；将来也可能起这种作用。"这个目标是有价值的，但通常并不需要总统用整整四十八小时亲自予以注意。老实说，这次停留的意义属于国内政治方面。它使尼克松可以让爱尔兰血统的美国选民注意到他关于自己的祖先是爱尔兰人的说法，同时也是为了答谢一位富有的美国捐助者——我们就住在他豪华的城堡里。这位捐助者决定上演一场爱尔兰历史剧，其主题充满激情和戏剧性，以至演出从半夜一点开始，直到四点半左右才结束。我的工作人员和我由于坐在总统附近，成了他发泄怒火的对象，虽然我们同日程的安排毫无关系。

尼克松对爱尔兰的访问是按照卓越的先例进行的。事实上，为我们制定的日程算是轻松的。一位异想天开的先遣人员原来提出的日程建议尼克松在都柏林领导一次圣帕特里克节* 游行。幸好时间并不合适，而且也没找到任何借口要总统三月份访问欧洲，否则大家就要发疯了。

在爱尔兰停留本来是例行公事，却出乎意料地提供了这次访问中最大的新闻之一。这是戴维·布鲁斯和菲利普·哈比卜从巴黎飞来同我们研究越南谈判问题引起的。（下面一章将谈到，当时正为总统准备一篇建议就地停火的重要演说。）这次会议使报界就越南问题及其和平前景又大肆猜测。甚至当尼克松在爱尔兰寻本求源时，也无法回避这个问题。

戴高乐的葬礼和希思的访问

我们回国刚一个多月，尼克松就又到了欧洲，这次去是为了参加悼念夏尔·戴高乐的弥撒。尼克松立即决定参加，这就确定了礼宾规格，并且保证其他许多国家元首都要出席了。部分是由于这个原因，蓬皮杜同尼克松会晤时显得异常的热情。蓬皮杜重申他愿意英国参加欧洲共同体。他支持我们在解决越南问题方面采取的总的态度，并再次对德国发展的长远趋势表示警惕。

* 圣帕特里克是爱尔兰的守护神。圣帕特里克节是三月十七日，也是爱尔兰国庆节。——译注

这次仓促进行的访问不可能不发生稀奇古怪的事就平安过去。尼克松起初表示他希望弥撒一结束就启程回国。我劝他说，如果他不留下来参加下午较晚的时候蓬皮杜为各国代表团举行的招待会，就会失去许多善意。霍尔德曼对此大为恼火。他之所以反对，一部分属于特权问题，因为总统的日程是他的管辖范围，他不喜欢别人干预。更重要的是，他比其他任何人都更了解尼克松非常需要按时休息；这是使他的决策保持连贯性的基本保证。当霍尔德曼拼命保护总统的日程——特别是新闻稿上委婉地叫做“工作人员时间”的休息时间——的时候，他是在为祖国效劳，并且为尼克松担任总统期间作为外交政策标志的强硬决定作出了贡献。

但是，一旦我在干预他的宝贝日程方面取得胜利时，霍尔德曼就面临一个实际问题，即如何把等待的时间填满。同尼克松的许多僚属一样，霍尔德曼曾一再听说他的上司喜欢马克西姆饭店。因此，他提出尼克松可能愿意同他的正式随从人员到那儿去午餐。让美国总统在巴黎圣母院参加追悼仪式后出来就去马克西姆饭店，当然是一种莫名其妙的想法。但是尼克松在我国大使阿瑟(迪克)·沃森寓所用过一顿丰盛的晚餐后情绪甚高，对此事似乎有不同的看法。所以当时就计划要这么做了。我按照典型的官僚方式，用技术上的理由把我从原则上反对的意见包装起来，指出在参加追悼仪式后给总统拍一张饮酒的照片是不行的。我的意见遭到否决。按照命令还是得去马克西姆饭店，但用餐时禁止喝酒。幸好我们的大使颇为明智。上天保佑，是他而不是一个先遣人员奉令去同饭店联系。我把沃森拉到一边，警告他说，如果法国公众对我们这种麻木不仁的举动表示的愤怒影响到官方关系，他的日子将极不好过。他那天晚上应当什么事也别干。如果有人抱怨，由我负责。事实证明，尼克松睡了一夜后也改变了主意。第二天早晨，当我告诉他这种举动将把他这次旅行得到的全部成就一笔勾销时，他指示我取消一切准备工作。我毫不为难就答应要迅速执行这个命令。

一九七〇年十二月，即一个月之后，爱德华·希思到华盛顿同尼克松进行第一次正式磋商。英国将要参加欧洲共同市场，这件事使欧洲同美国之间日益紧张的关系达到严重程度，虽然这种紧张并不是它造成的。潜在的原因是看法上存在冲突。这种冲突基本上是美国和已经恢复活力的欧洲之间的经济竞争引起的。某些争论稍微有点虚幻的味道。我们谈到非歧视性贸易，然而忽视共同市场从性质上说就是歧视性的；共同市场毕竟是通过提高关税和其他障碍建立起来的——这些障碍是为了减少从外部世界进口，对成员国之间的贸易并不适用。英国即将成为共同市场成员国，这件事使我们不得不正视欧洲一体化这个概念所固有的、然而长期遭到忽视的问题。希思的访问使问题明确起来；他解决不了这个问题。他十分清楚地说明了英国政策中新的优先考虑的项目，强调指出他压倒一切的目标，就是使英国参加共同市场。一旦参加，英国在我们关心的问题上将起建设性作用。但他不能冒险在事先对我们作任何让步。他既不希望就共同市场问题同我们进行双边谈判，也不希望给人印象，似乎他是美国安插在欧洲的内应——就这件事来说，他也确实不愿充当内应。过去任何英国首相都不会考虑对美国总统说这种话。当时存在的亲切气氛和尼克松表示谅解的答复都不能掩盖一个事实，即我们正面临英国战后外交政策的一场革命。

无论这种改变多么令人痛苦，这场革命也有它积极的方面。不管英国是否事前同美国统一看法，它的全球性经验和实用主义作风必然在欧洲的各种理事会中起有益的作用。希思强调英国进入欧洲对我们的主要好处属于政治方面，而不属于经济方面。他这样说肯定是正确的。（当然，这必然引起一个问题，即我们准备为政治上的好处付出多大的经济代价。）此外，他同尼克松就世界事务进行的交谈说明——同在契克斯的时候一样——双方观点在很大程度上是协调的。

同欧洲所有其他领导人一样，希思对德国发展的长远趋势表示疑虑；虽然同他的所有同事一样，他几乎肯定没有在波恩做这种表示，而是把表达所有人似乎都感到担心的这副重担留给我们——如果说是留给什么人的话。他反对勃兰特建立柏林问题常设会议的想法，认为要避免勃兰特的政策变成一系列单方面让步，盟国必须使苏联真正认识到有来有往的必要性——特别在柏林问题上是如此。尼克松表示同意，并对他解释了我们所谓连环套的概念。他向希思再次保证，他不会允许苏联通过限制战略武器谈判获得战略优势。他们还研究了印度支那问题，意见基本上也是一致的。作为英国首相的希思是在冷静地权衡利害得失的基础上、而不是在感情基础上制定他对美国政策的。这对美国领导人是一种新的经验。另一方面，希思的信念同我们几乎完全一致。因此，从自我利益出发也会导致密切的合作。

希思的访问结束了盟国进行深入磋商的又一个年头。在迟疑了一阵子之后，我们支持了勃兰特政策取得的突破。英国进入欧洲终将产生重大后果。但是，总的说来，我们打的是一场狙击战。一九七一年初，我们全力以赴地切断北越在老挝的交通线，打开通往中国的道路，并在五月二十日，在同苏联举行的限制战略武器谈判中，取得了把进攻性武器和防御性武器联系起来的突破。

来自各个不同方面的压力容易使身居高位的人认为把问题拖下去就等于避免了困难；在更多的情况下，这种做法只会招来危机。一九七一年，我们同欧洲的军事和经济关系还是经常使我们伤脑筋的问题。

曼斯菲尔德修正案：
政坛元老，挺身而出，力挽狂澜

首先遇上的是军事危机。一九七一年五月十一日，事先谁也没有来打招呼，我们突然听说，文质彬彬的参议院多数党领袖迈克·曼斯菲尔德，想重新提出他那心怀多年的建议，要把我们在欧洲的兵员裁减一半，即十五万人。建议的形式是对延长征兵制法案提出一项具有法律效

力的修正案。曼斯菲尔德不只是一个普通的参议员。他是多数党领袖，因处事公道而受人敬重，因作风正派而受人爱戴。曼斯菲尔德不属于哪一个激进的派别，但却是参议院传统势力的一位知名人物；他是使我们巧妙得令人难以相信的互相制约的体系真正发生作用的一小股爱国者当中的一员。他是个激烈反对东南亚战争的人。但是尽管他的反对是猛烈的，却从未有失民主政体所必不可少的礼仪和风度。在内心深处，曼斯菲尔德是个孤立主义者，热切希望削减美国的一切海外义务；这反映出一种传统的留恋过去的心理，有这种心理的人总想设法使美国的道义准则一尘不染，不受强权的谋略和目光短浅的外国人的细小纠纷所左右。

因此，曼斯菲尔德提出的修正案是一场严峻的考验。我们所有的研究结果都表明，我们在欧洲的常规兵力需要加强，而不是裁减；但是曼斯菲尔德修正案则会削弱兵力。如果美国参议院以通过一项大量裁减兵员的立法而青史留名，那么北大西洋公约组织就会和我们对外政策中的其他因素一样，成为我们国内没完没了的政治论争的牺牲品。用不了多久，我们就会看到越南化的过程在欧洲重演，到了那个时候，我们就会不得不阉割主体以拯救一个最小的局部。我们长期以来想使北大西洋联盟的防务适应于新的战略现实的目标就会遭到破坏。

问题是作为每年一度的防务预算辩论的一部分提出来的；批评政府对越南政策的人们越来越把这种辩论变为对我们军事战略的全部因素展开的一场攻击。政府已经公开宣布要实行志愿兵役制，现在要求的是把征兵制延长两年。当这项法案被提交给参议院时，参议员曼斯菲尔德重新提出他那每年一度的建议，裁减美国在欧洲的兵员；这次采用的形式不是往常他提出过的“参议院决议”的形式，而是一项具有约束力的法律。他要求在第二天五月十二日进行表决。两党的主要参议员提醒白宫说，曼斯菲尔德很可能会占上风。

这样重要的法案未经小组委员会听取证词，居然能够直通参议院，而且还真的有可能通过，这倒是那个时期人们的怨气和破罐子破摔的情绪以及全国统一意志遭受严重破坏的典型写照。我们的巨额财政赤字为任何关于削减海外支出的号召增添了力量，曼斯菲尔德的名望又使他的同事不愿投票反对他。但是真正的问题还远不止于此。美国参议院愿意拿这项二十多年来经历过五届政府和在两党基础上建立起来的结构去冒险，是因为患了当时全国性的流行病。政府决定加以反对。白宫立即(在五月十二日)发表声明，提醒人们注意，这项修正案会“对大西洋联盟的结构产生严重的损坏作用”。我们的下一步是推迟表决，以便争取时间，赢得支持。我们争取到推迟五天的时间。从涉及的问题来看，五天是少得可怜的，几乎到了荒谬的地步，但是却可能使情况发生变化。

我们决心打掉曼斯菲尔德修正案，但却面临着几道障碍。首先是支持这项修正案的人的热情高涨。其中许多人关心东南亚比关心西欧为重，他们中间有些人认为，拆散这个他们觉得是错误的和以冷战为中心的对外政策结构是件好事，这个结构是国际紧张局势的主要根源。但是决定性的因素是持自由主义态度的传统势力；本世纪以来它一直鼓吹，行政部门的坚强有力是至关重要的，现在却转变立场，强使国会承担义务，以牢牢管住据说是权欲熏心、穷兵黩武的政府。

不容争辩的是，国会应该在执行外交政策过程中起重要作用。但是，在七十年代，感情压倒了理智。在国会和总统的目标存在着尖锐的矛盾，或在国会试图作出日常的战术性决定的情况下，我们的制度便运转不灵了。国会可以而且也应该审查外交事务的后果，它却做不到。在它试图这样做的时候，结果总是不幸的。这一点我在第二卷回忆录中还要详细讲到。国会的主要作用是通过永远有效的法律。它是按照可以预测的情况行事的。外交则要求不断按照情况变化进行调整，它必须给意外事件留有余地；不可预测的事件在外交中是经常发生的。玩弄词藻，随机应变以及有时态度模棱两可，这些都是外交上的手法。但是这些在法律上却算是歪门邪道的东西，法律要求的是肯定和明确。立法和外交不仅在方法和后果上截然不同，做起来也不一样。立法通常是相互冲突的利益集团之间达成妥协的产物，偶然结成的联盟出现不久又消失了。随着各种不同的向国会施加压力集团的推动，国会中的这些联盟和权力中心也发生变化。对外政策要求对于国家利益要有一贯的观点。立法人的艺术在于能够在某一个问题上撮合各种施加压力集团，而外交政策的制订者却反复同原来那些国际活动家打交道，难得能够了结一个问题或者断绝一种关系。

曼斯菲尔德修正案是一个经受多次挫折而结成的联盟的产物。但是即使在产生这项修正案的联盟解体之后很久，它仍可能带来严重的后果。它也表明，由于国会对于对外政策这幅镶嵌画的了解是支离破碎的，它不能作出具有连贯性的战术性决定。在提出修正案的那一周，我们结束了为了使限制战略武器会谈取得突破而举行的谈判；安排了去北京的秘密访问；正在进行柏林问题的微妙的会谈；而且安排了同北越人举行的又一轮秘密会谈。就算尼克松政府有时过度保密，在举行敏感的谈判时，或者在这种谈判还处在筹划阶段时，国会必然是不了解情况的。事实上，即使涉及的政策已经是完全为公众所知道的问题，国会造成破坏的能量也还是可观的。一九七一年五月，国会知道正在举行关于限制战略武器会谈和柏林问题的重要谈判，以及我们正在敦促我们的盟国加强它们在北大西洋公约组织中的兵力，而且取得了某些成果。曼斯菲尔德修正案使所有这些政策岌岌可危。

参议院的一些习气使问题更为复杂。即使那些一直支持北大西洋联盟的参议员也感到左右为难，一方面要保持他们的信念，另一方面却又不得不忠于他们所属的特定集团；一方面明知曼斯菲尔德修正案危害美国对外政策的根本利益，另一方面又不愿公然使一位受尊敬的同事遭受失败。因此，支持我们的参议员提出一项妥协方案，即要求政府既同苏联又同我们的欧洲盟国谈判共同裁减兵力，以避免具体的强制性裁减。还规定总统应在一九七一年九月十五日，并在尔后每隔六个月，向国会报告这些谈判的进展。

政府内部众说纷纭。罗杰斯、白宫驻国会联络工作人员以及国务院，赞同这项妥协方案。他们认为，马赛厄斯修正案无非使我们承担了进行协商的义务；不失为避免进行强制性裁减的高招。莱尔德主要出于策略考虑，不同意这样做。他主张直截了当地就曼斯菲尔德修正案不加修改地进行表决；他的看法是，修正案越是“糟糕”，到头来我们占上风的可能就越大。尼克松倾向于支持莱尔德的意见。他对北大西洋联盟作过很多承诺。他的老练也使他理解，一旦接受裁减的原则，就等于打开拦蓄洪水的闸门。当时正好他主要关心的是，按照时间表将在一周之内达成关于限制战略武器会谈的初步谅解(把限制进攻性武器和限制防御性武器联系起来)，但是他愿意采取一切必要行动以挫败曼斯菲尔德修正案。他要我充当这次行动的主力。

我欣然接受了这个任务。我认为曼斯菲尔德修正案严重地威胁着我们整个对外政策。那些希望我们沉着应战的国家可能会把我们举国上下对于越南问题的苦恼归咎于作出决定时的鲁莽行事以及战事的旷日持久。另一方面，对于我们在欧洲的兵力部署进行抨击，却会动摇我们战后政策的整个基础。我坚决反对拟议中的这项妥协方案。尽管它不要求立即裁减，但是它确立了裁减的原则，而且每隔半年提出报告，会重新激起要求单方面撤军的压力。已经有人——像参议员汉弗莱——把这项妥协性修正案说成是国会指示政府迅速进行裁减。而且还有一大批同样内容的别的修正案正等待参议院的审议。这样多各式各样的妥协方案，只要其中有一个被采纳在案，任何加强北大西洋公约组织兵力的计划，不论其规模怎样小，都会完全落空；我们的盟国会垂头丧气，而同苏联进行的关于共同裁减兵力的谈判很可能草草收场。我们会走上使欧洲越南化的道路。

五月十二日那天，我花了大半天时间在电话上按照上述内容同支持我们的参议员进行了热烈的辩论。像约翰·斯坦尼斯这样老练的领导人深信，曼斯菲尔德掌握了足够的票数，只有进行妥协才能阻挡得住他。

我却宁愿要曼斯菲尔德修正案。所有的拟议中的妥协方案都有同样的缺陷，它们使政府参与了关于裁减我们在欧洲的兵力的决定；而且一旦我们作出让步，我们的处境就会很快地变得每况愈下。同时，直截了当地就曼斯菲尔德修正案进行表决，可以表明，尽管我们在越南问题上存在分歧，我们战后对外政策的基本方面是能够站得住脚的。尼克松政府第一次有可能调动起传统势力中的各种人物的力量，而这些人物曾经为战后美国的许多伟大成就立下汗马功劳。

这些人物中，迪安·艾奇逊要算是最突出的一个。钦慕他人本来不是我的长处，但是这一弱点并不适用于我对艾奇逊的看法。他的丰功伟绩、豪情壮志以及他的道德信念和嫉恶如仇的态度，都是异乎寻常的。我见到他时，他刚离开他所热爱的岗位，在完成一场伟大使命之后精神上感到空虚；他当时感到的寂寞，只有曾经为一项重要的事业操劳过一生的人才能体会得到。艾奇逊曾说，他的去职近似失恋。一九五三年，我到他的律师事务所去见他；他蓄着两撇微微翘着的小胡子，衣着合身而整齐，律师事务已经够他烦心，想来不会愿意帮助我这个刚毕业的大学生去撰写一篇关于朝鲜战争的某些秘密情况的研究报告。我提了一些书生气的问题；后来相交深了我才认识到，他当时一定认为这些问题是学术性的和无关紧要的。当时他只是耐心地作答，有时答得有些尖刻，但总是明确的。一切都还算顺利，最后我问到他对麦克阿瑟的一篇特别鲁莽的报告的反应。这位老外交大师问道："你是指我还没有尿裤子的时候，还是指我尿裤子以后？"此后我们一直没有机会再次见面。又过了些年，有一次他请我吃午饭，才向我谈了对这位当时新政府中的显要人物的印象："他使我想起一个爱投掷飞镖* 但并不精于此道的人在一间挤满人的房间里练艺。"

艾奇逊是个很威严的人，仪态庄重，而且对公务态度严肃。他的力

---

* 飞镖是澳大利亚土著使用的一种武器，投出以杀伤野兽，如不中，会飞回原处。——译注

量总是用在为理想服务上面，而置个人恩怨于不顾。在三十年中，他把大部分时间用于开创和策划美国的对外政策。他和他忠心耿耿地为之服务的总统一起，实现了从孤立主义到一种新认识的转变，这种认识是：没有美国的实力，世界就不会有和平；没有美国承担各种义务，世界就不会有希望。他俩虽不很相配，却一起缔造了北大西洋联盟，同以前的敌国建立了合作关系，创建了帮助欧洲重建的经济机构，而且还为当时备受战争蹂躏的世界带来和平、安全和空前的繁荣。

在私交方面，我永远不会忘记，当我抵达华盛顿就任国家安全事务顾问时，迪安·艾奇逊以文雅的风度——我几乎可以说是彬彬有礼——向我表示欢迎，以及后来他为了设法弥合一位哈佛大学教授的观点和现实生活的最低限度要求之间存在的差距，所表现出来的才智和耐心。有一次我问他对于一项特别伤脑筋的建议的看法："我可以这样提出吗？"迪安回答说："当然你可以这样提出，但是如果你想要取得进展，就别这样提出。"

迪安·艾奇逊珍视道义原则，但是他也鄙视那些以理想为借口而不去争取可以争取得到的东西的人。他常常会嘲弄人的弱点，但却从不诋毁自己国家的准则。他努力争取和平与自由，但是却明智地认识到，在漫长的旅途中，个人力量的影响不可能超越某一个阶段。最高法院法官霍姆斯在一次演说中曾讲过一段话，艾奇逊常喜欢引用它："哎呀！先生们，我们不能把梦想变为现实。如果我们能够实现我们的梦想中最美妙的一部分，而且自己又心里明白，我们的行为是高尚的，那么我们就是够幸运的了。"迪安·艾奇逊的确把他的梦想变为现实；而且，他的行为的确高尚。

在当时，他曾备受辱骂，有些辱骂就是来自现任总统的。由于他成为普遍存在的不信任和怀疑情绪的明显目标，使他在担任国务卿期间所表现的创造力、激情和成就变得暗淡无光。但是，他虽身处逆境，但态度从容、坚定，在原则问题上毫不妥协。而历史给了迪安·艾奇逊最高的奖赏——历史证明，他是正确的。

尼克松在一九五二年的竞选活动中曾经侮辱过艾奇逊，但是，艾奇逊在将近二十年后当总统需要他时，却并没有因此而拒绝帮忙。他忠于总统，而并不计较谁是总统。他曾几次应尼克松的请求提出他的建议，而且总是默默无闻地提出。这次他表示愿意公开帮忙。他对我说，他会打电话给所有他能够施加影响的参议员，或者是报社——虽然他认为他和《纽约时报》和《华盛顿邮报》的缘分可能已尽。他给了我一张“知名人士”的名单，劝我争取他们的支持，其中包括约翰·麦克洛伊、乔治·鲍尔、麦克乔治·邦迪、赛勒斯·万斯等。我对他说，我先试探一下，然后再向他报告。

“知名人士”的反应各不相同。艾奇逊同时代的人，例如麦克洛伊，无条件地向我们提供帮助。我自己同时代的人则还得顾到自己的前途；他们虽然不愿意在行动上出力，但表面上还是帮忙的，他们基本上倾向于妥协。从年龄以及从反应上看，乔治·鲍尔都处在两者之间。他告诉我们说，他的判断是，有必要进行妥协。但是，他愿为正义而斗争，不久他就卓有成效地并以他所特有的那种热情投身于这一工作，以求完全击败曼斯菲尔德修正案。

我向艾奇逊报告了各种不同的反应，他又有了新的主意。他说：“我看我们似乎要来一点儿万炮齐发，而不是只放几声冷枪。”他敦请尼克松总统立即召集一批前任国务卿、国防部部长、驻德国高级专员、北大西洋公约组织司令以及参谋长联席会议主席。这批代表战后两党外交政策的人物应该发表声明，支持总统维持我们目前在欧洲兵力的决心。尼克松和我一样，对艾奇逊的建议大加赞许。尼克松平日对传统势力既尊敬又看不起，对他们的支持既视为至宝又不屑一顾。这时尼克松看到，自从他担任公职以来第一次——结果也成为唯一的一次——有可能得到传统势力的支持，而洋洋得意。如果能够同这个集团搭上一座永久性的桥梁，使这位孤独而心情复杂的总统的内心感到宽慰，多少悲剧可能从而得以避免啊！如果那些当年曾经支持过我国政策的人士这时也来帮助尼克松摆脱疑神疑鬼的阴暗心理和克服莫明其妙的自卑感，事情会怎样发展呢？可惜事与愿违，双方都有责任。

五月十三日黄昏时刻举行的这次会议可称盛会。来到内阁会议室出席会议的都是赫赫有名的人物，有：艾奇逊、麦克洛伊、鲍尔、亨利·卡伯特·洛奇、万斯、卢修斯·克莱、艾尔弗雷德·格仑瑟、劳里斯·诺斯塔德以及莱曼·兰尼兹尔。这是老一辈政治家的最后一次聚会；他们为了国家的利益结成整体，对自己关于世界秩序的看法充满信心并始终为之献身；美国的理想主义也就是借助这种看法使那些受到战争蹂躏的社会得以复兴，并把敌国化为盟友。尼克松精神焕发，发表了动人的演说：他从未要求在座诸公在越南问题上支持他。但是在北大西洋公约组织问题上他们也从未表示过不同意见。总统还追忆道，杜鲁门总统向第八十届国会提出北大西洋公约以及各种有关计划时曾受到共和党代表大会的支持。从那时起，在这个问题上，两党一直是一致的。他反对曼斯菲尔德修正案，正是体现了美国政策的连续性。他引用艾奇逊自传的书名说，他也是个曾经“躬逢创世大业”的人。也许我们和共产主义世界的关系即将出现突破(他这时想的是限制战略武器会谈以及为我访问北京所作的种种准备)。但是只有北大西洋联盟保持自己的力量，我们才能实现这些目标。

所有在座的人都以同样的精神作了回答，讨论了一会儿关于妥协有无可取之处的问题。但是艾奇逊并不像尼克松那样不愿意直截了当地提出反对意见，他对妥协进行了有力的驳斥。在这关键性的时刻，艾奇逊拿出一篇简短的表示支持的声明，请其他人签字。罗杰斯不知道，正是尼克松自己想出这个由艾奇逊提出草稿的点子；也许他被这位前任国务卿的高雅而自信的风度弄得不知所措；也许他还担心将来怎样和曼斯菲尔德共事下去；这时罗杰斯要求把草稿暂时搁一搁。艾奇逊懂得，一旦人们回到存在压力的平时的环境中，现在已经取得的一致看法就会烟消云散，因此要求当场在原则上达成一致意见，并尽快发表声明，并不得迟于五月十五日星期六，也就是说，四十八小时以后。尼克松设法让他的国务卿懂得他是同意这样做的，因此，罗杰斯接受了大家一致的看法。

大家公推艾奇逊向报界宣布消息。他是个说话不爱保留的人。他说，他得到的印象是，总统坚决反对曼斯菲尔德修正案及其任何变种。他说，在苏联不裁减兵力的情况下自己裁减兵力，这简直是“愚蠢”，是“胡说八道”。他说，他认为我们会在表决中获胜。他还告诉报界，总统向那些缔造北大西洋公约组织而且二十年来一直注意着这个组织的发展的人们发出了呼吁。“我们全都作好了战斗准备。”有人问他，会为什么开得那么长。他回答说：“我们都是老年人，又都很擅于辞令。”乔治·鲍尔补充说，听到总统讲，他不想妥协，真是令人如释重负。

尼克松已经初步得到公众支持，当即前往比斯坎岛，而把具体指挥战斗的任务留给了我。麦克洛伊在波恩对勃兰特做了大量工作，后来勃兰特发表了有力的声明提醒说，如果美国单方面撤军，就会留下“美国正在撤离欧洲这一不可磨灭的印象”，从而把缓和转化为绥靖。北大西洋公约组织秘书处的布罗西奥写信给总统提醒说，如果美国大量裁减兵力，会使“北大西洋公约组织能够履行义务的信誉扫地”。

按照约定的时间，星期六总统在比斯坎岛发表了简短的文告，表示反对曼斯菲尔德修正案，并且立即得到早已安排好的一批鼎鼎大名的支持者的赞同。此外，前总统林登·约翰逊发表声明表示支持；表示赞同的还有前国防部长罗伯特·洛维特、尼尔·麦克尔罗伊以及汤姆·盖兹；前国防部高级官员罗斯韦尔·吉尔帕特里克等；外交家罗伯特·莫菲、利文斯顿·麦钱特以及道格拉斯·狄龙；前北大西洋公约组织司令马修·李奇微等以及所有的前驻德国高级专员。只有罗伯特·麦克纳马拉和克拉克·克利福德没有参加这项联合声明；前者由于身为世界银行行长因而具有国际公务员的身份；后者的原因他本人不愿透露。

新闻界的反应说明，维护过去的对外政策的传统势力仍有相当大的影响。《纽约时报》在五月十六日发表题为《参议员曼斯菲尔德干的蠢事》的社论，批评这项修正案是在一个“不恰当的时机”提出来的，并预测说，除非参议院“完全失去责任感”，这项修正案肯定会被否决。该修正案的“被通过就几乎会挫伤美国和其盟国现在正在进行谈判的各种努力”。而且这篇社论还进一步指出，“即使这项修正案被否决，但如果票数相差不大，这种情况也会动摇欧洲盟友的信心”。

就在尼克松文告发表的那一天，五月十五日，我们得到了一种极其出乎意料的支持。列昂尼德·勃列日涅夫在苏联的格鲁吉亚加盟共和国发表了重要演说，其中特别明确表示，苏联愿意开始进行关于在欧洲共同裁减兵力的谈判。勃列日涅夫说，西方发言人正在询问：“裁减谁家的武装力量——外国的还是本国的——和裁减什么武器装备，核子的还是常规的？”他把这种猜测比作想要知道酒的味道却只观看酒的颜色而不去品尝。“用外交的语言来说，这意味着：开始谈判吧！”

政府、国会和新闻界对勃列日涅夫讲话如获至宝，抓住不放。对于本来就是勉强支持曼斯菲尔德的那些人以及政府中反对他的人来说，都是很好的遁辞。这两种人都可以支持这样一种主张，即：由于谈判即将举行，美国现在要单方面裁减兵力，不是时候。《华盛顿邮报》在五月十六日发表题为《勃列日涅夫把牌叫，尼克松时机到》的社论，要求早日举行关于共同裁减兵力的谈判。《纽约时报》和各大报都唱类似的调子。国务卿罗杰斯在五月十六日宣布，已指示雅各布·比姆大使要求苏联官员进一步阐明勃列日涅夫建议的内容。我们赞同举行这项我们还不能弄清其内容的谈判；这样，我们就可以顺利地击败曼斯菲尔德修正案。

我们弄不明白，是什么东西使勃列日涅夫鬼迷心窍，挑选了这个特殊的日子来提出共同裁减兵力的建议。这原是苏联的长期政策；他在三月的一次演说中曾说过完全一样的话。曼斯菲尔德修正案一定使克里姆林宫甚至比我们的政府还要感到意外。莫斯科也不可能料想到这项修正案会引起轩然大波。勃列日涅夫建议的原意，无疑是想表示一下他们愿意打开通向光明未来的门户，以推动关于柏林问题的谈判。尽管有曼斯菲尔德修正案这笔外快，苏联人还是一成不变地执行原来的作战方案；这再生动不过地表明，苏联决策机构尾大不掉，毫无灵活性可言。那些总以为苏联的每一项部署都是经过深思熟虑的人应该好好想想这件事。苏联的力量一般都来自顽固坚持其立场和施加暴力，而并不来自战略眼光或策略上的灵活。

和往常一样，我们最大的问题仍然是，参议院和几位政府大员有一种固有的妥协愿望——一种连“知名人士”加上勃列日涅夫联合在一起的影响都没有能够完全打消的愿望。我向共和党督导员、参议员罗伯特·格里芬说明，没有一项妥协方案是像他所想象的那样“无关痛痒的”。所有妥协方案都要求政府接受单方面撤军的原则以及定期向国会报告“进展”的义务。乔治·鲍尔当时正在国会积极拉票，我也提醒他说，尽管他认为有必要进行妥协，白宫会坚持自己的立场。尽管政府其他大员流露出不同意见，但却并不代表总统的思想。

最后，在五月十九日举行表决，这时人们的头脑早已清醒过来了。受到政府坚决反对的妥协性修正案以七十三票对二十四票遭到否决。参议员彼得·多米尼克提出的类似修正案也以六十八票对二十九票遭到否决。参议员弗兰克·丘奇这时建议对曼斯菲尔德的立场作出修正，只裁减五万兵力，而不是曼斯菲尔德提案所说的十五万。但是，又以八十一票对十五票遭到否决。当我试图鼓励一位支持我们的参议员去投票反对又是一连串的修正案时，他面有难色地对我说：“一个人一天能够投几次反对票？”这反映出当时参议院人们的情绪。最后，多数党领袖曼斯菲尔德又慷慨陈词，然后把他的修正案付诸表决。结果是六十一票对三十六票，被否决了。

第二天，五月二十日上午，尼克松宣布在关于限制战略武器会谈的谈判中实现了突破。这真是一次险胜。我们在进入限制战略武器会谈的决定性阶段的前夕，刚刚勉强保住了二十五年来的对外政策，使它没有遭到破坏。

这次辩论带来了一个意外结果：它推动了关于共同裁减兵力的谈判。在此之前，我们的战略是拖延时间，部分地是为了把这项谈判同别的问题联系起来，但是尤其是因为我们并没有真正看准哪种方案可取。我们审议过的各种方案，都使中欧的兵力不平衡状态更加严重。在中部战线，华沙条约组织的兵力远远超过我们；而且一旦开始动员，这种初步的优势还会迅速增长，尤其是因为离这里不远，就是苏联的欧洲部分，那里驻有苏联许多师的兵力。在这种情况下，如果双方按同一百分比裁减兵力，这种双方同意的共同裁减，只会使北大西洋公约组织的问题更加复杂化。已经兵力分散的北大西洋公约组织的战线会遭到削弱，而苏联增兵的能力却并没有下降。我们的一项研究报告表明，虽然共同裁减百分之十不会产生重要影响，如果裁减百分之三十就会大大加强华沙条约组织的地位。这必然使人们认为，唯一可靠的协议是“不对等”裁减，换言之，即华沙条约组织比北大西洋公约组织裁减更多的兵力。我们的官僚机构奉行的主张是：我们需要提出“可以作为谈判基础”的建议。因此，“不对等”裁减的概念首先在官僚机构里就通不过，而且谁也不相信苏联人会接受这种“不平等”的办法。关于曼斯菲尔德修正案的辩论使我们认识到，我们必须在进行共同裁减谈判的过程中逐步明确我们的思想，而不是像我们愿意的那样，事前就做到思想明确。

在里斯本举行的北大西洋公约组织外长会议大大推动了走向谈判的进程；会议采纳罗杰斯的计划，要求秘书长布罗西奥早日进行试探。尼克松和往常一样，一旦事成，就给自己大帮倒忙。他为限制战略武器会谈出现突破以及参议院表决结果欣喜若狂，想利用六月一日的一次记者招待会的机会从那些总是使他感到恼火的自由派手里赢得一分。他宣布，一旦正在进行的磋商结束，美国就准备“向前推进”，以便早日举行谈判。这样，如果当时苏联人抓住这个机会，尼克松就会使我们几乎非举行这场谈判不可，而对此我们却没有准备好。幸运的是，他们想等着讨点小便宜，这使我们有时间收拾一下自己的屋子。

苏联人碰巧在关于曼斯菲尔德修正案的辩论正在进行的时刻提出在欧洲裁减兵力问题，此后不久，他们又把问题搁置起来。也许他们感到后悔，没有想到帮了我们的忙，使我们能够击败曼斯菲尔德修正案。也许在形成统一的见解方面，遇到了和我们同样的困难。也许他们担心，如果苏联真的撤军，会影响他们对东欧的控制。也许他们想等到关于柏林问题的谈判有了结果以后再说。也许勃列日涅夫只不过是说错了一句话。

不论出于什么原因，北大西洋公约组织刚刚表示有兴趣举行共同裁减兵力的谈判，苏联人马上就进行刁难，把举行这项谈判同他们最欣赏的举行欧洲安全会议的计划联系起来。而且他们以不愿意举行集团对集团的谈判为理由，拒绝同布罗西奥举行试探性谈判。这正合法国的心意，因为巴黎认为，让布罗西奥去谈判有损于他们一向珍视的独立。而且法国主张举行欧洲安全会议，而不愿举行共同裁减兵力的谈判，以抗衡勃兰特采取的单方面外交行动。苏联人坚持要先举行欧洲安全会议。除法国外，所有的盟国都支持我们；我们采取了两种谈判应该同时举行的立场。我们成功地使共同裁减兵力的问题悬而不决，以防止国会通过美国单方面撤军的决议。同时，我们还成功地拖延了谈判的时间，而并没有带来不利的后果。

事实上，曼斯菲尔德修正案引起的辩论是美国国内关于对外政策的辩论的一个水平基点，虽然当时躬逢其盛的人们并没有意识到这一点。到那时为止，政府在全部政策性问题上，一直处于守势。为了维护原有的方针，政府进行了全力以赴但似乎又是没有希望的战斗，以免我们的防务预算遭到削减和单方面裁减我们的兵力。但是，在五月二十日宣布关于限制战略武器会谈取得突破之后，我们开始掌握主动。接着是我秘密访问北京，以后又是宣布要在莫斯科举行最高级会谈，然后是几乎接连不断的针对“和平问题”而采取的惊人之举，把我们的对手弄得不知所措。在后来的岁月里——当这样做没有什么危险时——一些攻击我们最厉害的人，随着当时的民情而改变了观点，开始批评我们对盟国照顾不够；缓和因“吹嘘过度”而受到攻击。我早就说过，我们认为建立在严格的对等基础上的缓和是符合国家利益的。但是，不论我们对抽象的缓和有何看法，根据一九七一年和一九七二年的情况，政府对苏联采取的经过深思熟虑的措施，对于使美国及其盟国不致轻率地放弃责任来说，是完全必要的。我们有讨论缓和的愿望，这就促使勃列日涅夫采取主动提出共同裁减兵力，使我们的整个欧洲防务结构免受国会的粗暴攻击。这是一个典型的例子，说明为什么在越南战争的时代，如果我们要使我们的国防和联盟的团结不受破坏，就必须执行这样的政策，以维护国家安全的要素。

经济危机：第二次“尼克松冲击”

曼斯菲尔德修正案以及由于同苏联谈判而引起的激动暂时掩盖了一场持续已达一年有余的经济冲突。由于三种事态发展的结果，这场冲突在一九七一年达到了高峰。这三种事态是：英国即将进入共同市场；任命约翰·康纳利为财政部长以及对美元的日益增长的压力。

到一九七一年五月，英国进入共同市场的最后障碍已被克服。正如我已经说过的，维利·勃兰特支持英国加入共同市场，至少部分地是为了平衡他的东方政策。蓬皮杜放弃了戴高乐原有的保留立场，因为他担心最后会只剩下法国去面对一个可能走上民族主义道路的德国。希思和蓬皮杜于五月二十至二十一日会面，以解决都是高度技术性的遗留问题。后来，蓬皮杜为了小心翼翼地避免激怒持强硬路线的戴高乐主义者，运用葛罗米柯会为之感到自豪的否定之否定的词句宣布了会谈的主要积极成果："认为我们不会达成协议的想法是没有道理的。"他言而有信。到了七月，希思已经能够宣布他将于年底之前将协议提交议会。

二十年的努力和美国的鼓励所带来的这一成果，对美国来说应该是一件高兴的事。不幸的是，当时正碰上越南战争的挫折促使人们仇视外国人的时刻。那些企图动摇美国外交政策大厦的人现在同那些认为扩大共同市场对我们的经济优势是一种挑战的人携手合作。他们双方都想设法减轻我们的国际义务。越采越多的人开始对欧洲实行优惠关税制以及日本同我们贸易中出现顺差进行批评。美元作为世界储备货币的处境日益明显地不妙，使情况更加急迫。一些因素，如通货膨胀、高工资的协议和愈来愈严重的支付赤字，合在一起便造成了从开春以来的抛售美元的浪潮。情况开始表明，只有欧洲各国的中央银行大规模地进行越来越多的干预，才能使兑换率不致发生重大变化。五月十日，德意志联邦共和国终于停止购进美元；马克开始向上浮动，美元贬值。德国马克对美元的升值，从理论上讲，经过一段时间之后，对我国的出口是有利的；它使得我国的出口货物价格低廉，而进口货物由于成本增加也减少了。由于我们的金融当局一段时间以来一直要求改变汇率，这也算是某种"胜利"。但是这种调整汇率是由于欧洲人所认为的我们对美元的"好心的不闻不问"所造成的，因此，它被看作是一种可以进一步加剧紧张局势的施加压力的战术。

在这段时间，我自己在这场经济问题的讨论中的作用是微不足道的。从一开始，我就不打算在国际经济问题上起重要作用。说得恰当一点，它不是我的主要研究范围。到后来我才懂得，关键的经济决策并不是技术性的，而是政治性的。起初我想，我管国务院、国防部和中央情报局，手头的事就够多的了，不能再管财政部、商务部和农业部了。我拜耶鲁大学的理查德 · N · 库珀教授为"导师"，突击学习了这个问题的基本知识。我任命精明的经济学家弗雷德 · 伯格斯坦和罗伯特 · 霍玛兹为我的工作人员。但是总的说来，我只限于观察动静和汇报情况。因此，我出席过关于这个问题的会议并向总统送交过情况备忘录。但是我并不想掌管、更不用说控制制定政策的过程，像我在国家安全其他方面所做的那样(但这并没有使那些批评我“控制”国务院和国防部的人不去批评我没有控制国际经济政策)。

在组织和预算处处长乔治·舒尔茨的敦促下，白宫新设立了总统国际经济事务助理的职位。虽然从技术上看，这削弱了我的权力，但我还是欣然接受了。彼得·彼得森是第一任助理。他和我建立了很密切的工作关系，而且我们的私交也很好。他为人精明强干，见多识广，教给我很多关于国际经济的知识；我非常尊重他，因此，除非遇上对于外交政策关系重大的事情，否则我很少进行干预。在新的财政部长约翰·康纳利对白宫工作人员制度展开正面抨击以前，我们一直配合得很好。

康纳利是在一九七〇年十二月任财政部长的。尼克松认为他挑选这样一位令人望而生畏的民主党人来担任这一职务是一种不同凡响的举动，因而在后来的几个星期里一直扬扬自得。因为尼克松对康纳利没有他同其他阁员的关系上的那种互相竞争和不安全的矛盾心理。康纳利和罗杰斯、莱尔德不一样，他在尼克松这一生的历次危机中和尼克松没有什么接触。因此，尼克松和康纳利来往不用担心自己不受尊重。康纳利自命不凡，使尼克松把他看作自己身边的沃尔特·米蒂*的形象。他是尼克松唯一不在背后说坏话的人。

康纳利确实是内阁中最威严的人物。他很聪明，体态优美，外貌和举止都使人感到他天生是个领导人物。他身材魁梧，轩昂之气，溢于言表。但是，对于这种自命不凡的人物不应多加指摘；如果没有异乎寻常的自信心，他们是绝不可能指挥若定的。他富有幽默感；但是，即使他

---

* 米蒂是美国短篇小说《沃尔特·米蒂的私生活》中的主人公，此人平庸无奇却梦想过豪华的生活。——译注

放声大笑，也从未给人以一种不能自制的印象。他从不畏缩，很有魄力。他有一次对我说："在这个城市里，人们衡量你的标准是你所消灭的敌人，被你消灭的敌人地位越高，你就越伟大。"约翰·康纳利对他的对手从不畏惧。他喜欢为维护信念而战斗。不论人们对于他的观点有何看法，反正他总是个领导人物。

他和许多靠个人奋斗而成功的得克萨斯人一样，愿意正面进攻，而不愿意迂回作战。他深信，治好越南病症的最好办法是，我们的领导人能让大家看到他们是在顽强地捍卫美国的利益。他说到做到，马上用事实表明，硬要内阁成员通过白宫助理才能同总统打交道的那个臭名昭著的"宫廷侍卫包围圈"，是阻挡不住坚决要见总统的内阁成员的。在国际经济政策问题上，他干脆不理睬彼得·彼得森。他拒绝通过彼得森来呈递备忘录或接受指示。如果他需要白宫的指导，他干脆就从财政部穿过马路走进椭圆形办公室。他的行动表明，人们在许多文章中提到的这种白宫主宰一切的现象，既反映出正式的组织图表中的问题，也反映出内阁对这一现象的消极默认态度。后来尼克松任命彼得森为商务部长，任职期间政绩卓著，从而结束了彼得森的苦恼。但是，即使在这以前，康纳利早已经把彼得森的作用降低为一个旁观者了。

康纳利认为，没有理由要对外国人特别客气。他认为归根结底，国家只有在压力下才会让步。除非拥有胜过对方的力量，他对于协商是没有信心的。他身为财政部长，这就决定了，我们同欧洲在经济问题上的对话不会是死气沉沉的。同时也决定了，欧洲的贡献必须是实实在在的，而不仅是念念有词地表示善意的仪式。

这就是国内官僚机构在一九七一年春的情况；当时，由于英国即将进入共同市场以及美元受到很大的压力，一些久已成为政治和安全方面的主要内容的问题和论点，突然重新引起人们的注意。正如"分担防务费用"的需要已经成为要求裁减美国武装力量和节约政策的一种婉转说法一样，西方工业化民主国家的新兴起的力量也被用作一种论据，说明国际货币制度需要进行结构改革。通常的趋势是要求兑换率具有更大的灵活性；由于美元的定值已越来越明显地偏高，这种要求事实上意味着美元将进一步贬值。随着这一切而来的是一种新的经济民族主义的论调，在西德马克重新定值之后，这种论调更为甚嚣尘上。

康纳利在五月二十八日在慕尼黑以明显的挑战口吻谈到欧洲和日本的责任：

我们目前近百分之九的国民生产总值是用于防务——其中近五十亿美元用于海外，多半用在西欧和日本。为提供军事保护拿出经费是领导者的职责所在；这个责任是不能也不容推卸的。但是在第二次世界大战已经结束二十五年之后，人们合乎情理地提出问题，从这种保护得到好处的自由世界盟国之间，应该如何分摊这种责任所带来的费用。

美国经济已不再在自由世界中占统治地位了。友谊、需要或能力方面的考虑已不再能够成为美国为共同的负担承受如此重任的理由了。

而且，很坦率地说，美国人民再也不会允许他们的政府参与一些国际行动，在这些行动中，美国的真正长远利益并不像我们与之打交道的那些国家的真正长远利益那样清楚地得到确认。

六月七日，在经济合作与发展组织的一次会上，国务卿罗杰斯和助理国务卿纳撒尼尔·塞缪尔斯作了一个措辞更为巧妙但内容同样明确的讲话。

自从我们的联盟成立以来，这样的言辞是前所未闻的。它震动了我们脆弱的官僚机构，几乎也同样地震动了我们的盟国，它们一向轻松地认为协商的原则使它们对美国的单方面行动拥有否决权。首先，康纳利放的这一炮在华盛顿引起了一场争论。保罗·麦克拉肯要求把关于我们对于正在出现的货币危机的对策的讨论转移到白宫国际经济政策委员会中去进行，因为所有的经济机构（以及我的工作人员）都派有代表参加这个委员会。康纳利并不喜欢人家用这种方式削弱他的权威。果然康纳利的地位是明显地与众不同的。尼克松决定绕过他自己的系统，要求康纳利在提出建议时只需同保罗·麦克拉肯、阿瑟·伯恩斯(联邦储备委员会主席)、乔治·舒尔茨以及彼得·彼得森进行“协商”。他们中间谁也没有能够和康纳利对垒的官僚手腕。国务院和国防部则完全被排除在外。

经济机构一致认为，美元比值定得过高，而这种情况使得我国的国际收支平衡处于更糟的地位。但是，他们对于采取什么补救措施持有不同的看法。舒尔茨赞成继续对美元采取“好心的不闻不问”态度，实际上是让美元浮动。伯恩斯倾向于提高黄金的价格。麦克拉肯则主张通过多边协商使兑换率具有较大的灵活性的正统立场。每一种方案都对外交政策有重大影响。对美元“好心的不闻不问”会被其他西方工业化民主国家看作是故意施加压力的策略。提高金价将使一些国家处于不利地位，它们，例如德意志联邦共和国，在我们的敦促下，一直在采取以美元而不是黄金作为储备的办法来帮助我们。多边协商则给人以一种一切照常的印象；它会使所有主要参加协商的国家都拥有否决权。当时康纳利赞成维持现存的固定汇率制度；这在当时被看成是一种非正统观点，然而现在根据我们对浮动汇率的经验看来，这种观点就并不奇怪了。

到八月初，保护主义情绪以及关于对歧视性的贸易做法进行报复的议论有所增加。彼得森主张对日本实行进口限制，除非它对日元重新定值。康纳利建议征收进口附加税。由于这个问题显然即将对外交政策产生影响，我召集高级研究小组开会。这是国务院第一次正式参与决策。讨论没有产生结果，因为大家都认为，我既无权，也的确没有这方面的知识，因此不会坚持什么特殊的政策路线。因此每个机构都宁愿等到在康纳利主持下召开各部门主要负责人会议时再表示态度。但是无论如何，我还是要求研究小组在八月十七日以前提出可供选择的方案。

不到几天的工夫，事态发展急转直下，远远超过各机构间慢条斯理地进行磋商的步伐。康纳利所预料的，或者说是盼望的危机临头了。八月九日星期一，美元对马克的比值降到第二次世界大战以来的最低点。在星期三，抛售美元之风有所缓和。但是，在星期四，欧洲各国的中央银行不得不又一次购进十亿多美元。国家安全委员会的一个工作人员在备忘录中指出：

形势不大可能好转，除非对欧洲的货币重新定值(在目前危机的情况下，这是欧洲人最可能采取的行动方针)；美元贬值；或者美国采取措施限制外国货物进口并鼓励美国出口(这需要采取立法措施)。在欧洲人方面，他们大概也会作出巨大努力，限制其中央银行手中拥有的美元数额，并对美元采取其他严格措施。

康纳利这时敦促尼克松采取一系列彻底的措施；事实证明，他支持我的工作人员提出作为替代方案的所有措施。八月十四日星期六，在我动身去巴黎和黎德寿举行秘密会晤之前，我同尼克松进行了一次谈话。尼克松在向他的谈话对手透露后者可能并不喜欢的消息时，常用的手法是三言两语，一笔带过。他漫不经心地提到，第二天晚上他将就经济政策问题发表重要讲话。他以炉火纯青的手法，避而不谈令人不愉快的主题，对我很轻巧地提到他打算征收进口税的做法，以致我一直到后来才明白这一招的厉害。对于他的这种手法我本来不应感到意外。几个月来，我看到他两次对罗杰斯使用同样的手法，把国务卿罗杰斯排除在重大的政策讨论之外，而且在后来不到一个星期的时间里，在关于柏林问题的协议上，他又将对罗杰斯使用这种手法；这次还提出了精辟的论点，说关于柏林问题的协议将使我们的盟国对他的新经济政策的反应得到缓和。实际情况是，既没有和国务卿商量，也没有和国家安全事务顾问商量，就作出了重要的外交政策方面的决定。当时我随便地问了一下国会持什么态度的问题，未及多说。多说也没有用。尼克松既已作出了决定，争辩是没有意义的。如果后来外交政策方面的后果显然很严重，那才是我发表意见的时候。

第二天，八月十五日，总统发表电视演说，提出了他的新经济政策。在国内问题方面，他宣布了各种减少失业和通货膨胀的措施，例如发放投资贷款、取消汽车行驶税、加快减免征收所得税的步伐、削减四十七亿美元的政府开支、暂缓提高政府工作人员的工资以及冻结工资和物价九十天。不过，新方案的真正核心是采取措施保护国外的美元和扭转贸易逆差。尼克松宣布减少百分之十的对外经济援助，对一切进口商品征收百分之十的附加税，并停止把美元自由兑换成黄金或其他储备资产。

尼克松一举切断了美元和黄金之间的联系，从而打开了实现有效贬值的道路。在采取这项行动的同时，他也制订了对付国内的通货膨胀和保护主义的计划，从而开始了在国际上进行系统的调整的痛苦过程。这是他在外交上的大胆做法向经济领域的延伸。自从一九四四年以来一直对国际货币关系起调节作用的布雷顿森林协议被他打入冷宫。在后来的年代里，这将产生许多大都是无法预见的后果。新方案的直接作用在于它对国外的影响。许多人认为这是对其他工业化民主国家宣布进行一场经济战，是美国从它以前所主张的一种开放性的国际经济制度后退了。西方工业化民主国家、特别是日本感到深受冲击，因为这一方案宣布得突然，某些措施是单方面采取的，而且它使人们不得不考虑正式改革整个国际经济制度的问题。很明显，我们正走向一个紧张的协商、冲突和对抗的时期。

八月十六日晚，我从巴黎回来，面对这一既成事实，这时我发现尼克松扬扬得意。在一个月的时间里，尼克松第二次使全世界目瞪口呆。他自己认为，正如他已经改造了国际外交那样，他正在改革国际经济。他对他造成的新闻上的轰动欣喜若狂。像他常常干的那样，他多次要我向他报告外国的反应，这些反应充其量也只是好坏兼有的。他对国内的赞扬声感到高兴。八月十九日，尼克松欢天喜地地在达拉斯停留（为了证明历届总统的思想都是一脉相承的）并发表了下述值得纪念的话："和平的严重挑战在于要我们每个人分别地再次献身于这个宏伟的美国理想，并要我们全体'作为一个受上帝保佑的民族'也这样做。有了它作为我们在精神上同战争相当的东西，我们就能进入一代人的和平。"有了这篇政纲，提出以和平作为在精神上和战争相当的东西，就不大会走错路了。

我自己对八月十五日的措施的看法是不明确的。后来我开始担心长期对抗对盟国关系会产生不稳定的影响。不过那时候我对自己的判断还未自信到足以使我能根据新措施的优缺点来采取一种立场。事后，我认为，大概需要有某些冲击才能够推动协商。我主要关心的是，在对抗已经达到目的后就应快点收场，以免经济问题压倒外交政策方面的考虑。

从形式上看，这些措施是一种重新确定比价的努力，也就是说，为各国货币确定更加符合它的实际购买力的币值，从而使某些盟国不能再享受那种不合理的便宜，即把他们的币值确定在最有利于他们商品的出口的水平上。事实上，这样做迟早会导致废除固定汇率，而代之以我们现行的"浮动"汇率制，使每个国家的货币根据短期的供求关系找到自己应得的比价。

我们花了近两年的时间使我们的盟国接受一项完全浮动的汇率制。这种制度的支持者本来认为，这样做可以避免周期性的危机。在危机到来时，固定的汇率或者由于货币储备不足而贬值，或者由于储备过剩而重新定值。实行这种制度就可以每天进行"无痛"调整；投机商会从此绝迹；兑换率将更真实地反映作为基础的经济力量；各国不会为了支持"人为的汇率"而使自己的黄金和货币储备发生破产。但情况的发展并不完全像上面所说的那样。新的制度比旧的固定汇率制更易受危机和恐慌心理的影响，而且其方式更富于戏剧性。它给投机商人提供了新的机会。汇率远远没有牢牢地和经济活动联系在一起，却很容易受情况不明以及投机活动，特别是剩余资本的转移的影响。在旧的固定比价制度变换了形式的情况下，仍然花费了储备来保持某种类似稳定的情况。当然，在一九七一年，还没有人预料到石油输出国组织会把油价提高五倍，从而制造出一笔数十亿美元的新的游动资金。但是我们想估计一下尼克松-康纳利方案的后果，这种后果还在发展之中，而且在当时是预料不到的。据我看，美元问题、石油输出国组织的盈余以及整个国际支付制度的问题，将会无限期地成为今后国际事务议程上的问题。一九七一年人们面临的问题是，大家迫切关心在固定汇率制的范围内调整币值（这种固定汇率制后来又存在了两年）。不仅是美元的汇率受到影响，其他货币之间的汇率也必然是相互关联的。

康纳利的战略是，美国不提出解决危机的具体建议。他的理由是，征收进口附加税的办法实行得越久，我们讨价还价的地位就越有利。他担心美国提出的任何建议都会受到所有其他国家的联合反对，即使它们自己永远也不可能达成一项一致同意的积极方案。因此，九月三日在巴黎举行的财政部副部长会议和九月十五至十六日在伦敦举行的财政部长会议等一系列会议都毫无结果。财政部副部长保罗·沃尔克宣布，美国没有解决危机的具体方案。会谈处于“磋商而不是谈判”的阶段。

所以，关系就不可避免地会日趋紧张。其他工业国家不乐意被人逼迫去调整它们的经济政策，虽然它们非常清楚，如果不是由于受到压力，它们几乎肯定根本就不会采取行动。许多国家对美国的独断专行感到震惊。一方面，我们要维持足够的压力，以促使我们所寻求的调整得以实现，另一方面，我们又担心这会引起一场贸易战，以及破坏几十年来精心培育起来的政治关系。我们将不得不在这二者之间的一条羊肠小道上战战兢兢地前进。我设法在取得两者之间的平衡方面作出自己的贡献。

康纳利认为，不进行一点对抗，我们的贸易伙伴是不会作出汇率格局上的重大改革所含有的那种困难的抉择的。起初我赞同他的观点。但是，随着时间的推移，我开始怀疑，这是由于康纳利的得克萨斯州人的性格太强，以致喜欢为吵架而吵架。至少他认为，如果把对抗理解为坚决捍卫美国国家利益的一种行动，那么它就会在国内加强政府的地位。但是，我认为达成协议的最佳时刻就是在对方还徘徊于和解和对抗之间的时候。一旦对方决定进行对抗，它必须在进行过一定的较量之后才肯罢休。因此，我选择的办法是，可以进行一段时间的强硬的谈判，但要避免进行全面对抗，因为这会威胁到我们和盟国的关系。阿瑟·伯恩斯给我看过一张列举我们的主要贸易伙伴准备采取的报复措施的单子，这些措施会产生一种总的说来对我们非常不利的后果，这更加深了我的看法。

我在等待开始这场争论的时机，同时在两个方面采取了行动。我利用国家安全委员会这个正规机构，制定出政治和经济的方针，尤其是对日本的方针，以便缓和一下八月十五日冲击的影响，并为我们一旦度过目前的危机就可以开始的新的合作时期作好准备。副国务卿、前驻日本大使亚历克西斯·约翰逊在这方面助了一臂之力。同时，我设法提出一些明确的目标，以便开始谈判。我向尼克松建议，请他设立一个小组来制定一项谈判方案。小组里有康纳利、保罗·麦克拉肯、乔治·舒尔茨和我。向阿瑟·伯恩斯通报情况。由于康纳利反对，尼克松把彼得森排除在外，但是我非正式地和彼得森保持密切联系，他也帮了大忙。在十月份，这个小组大约每周聚会一次。它拟定了最后达成协议的基本方案。最后的方案主要是康纳利、舒尔茨和伯恩斯的功劳；我不过是推动问题的解决，解释政治上的含义以及最后把事情推向作出决定。

情况一度变得更困难了。尼克松在九月十六日的记者招待会上把取消附加税的问题不仅和币制改革联系起来，而且还和分摊负担、贸易限制和非关税贸易壁垒联系起来——这是一张不可能马上解决的单子，因此有可能使附加税问题成为永远解决不了的问题。他在九月二十三日又重复了同一主题。但是，到了九月底，小组的会议开始产生结果。康纳利在国际货币基金组织的年会上把取消附加税的问题仅仅和达成一项关于币制改革的协议联系起来。形势再度紧张起来，到了十月，康纳利仍然拒绝提出关于币制改革的具体方案；他认为，他还没有充分利用当时的局势。由于欧洲人和日本人自己内部还不能达成一致的意见，实际的结果必然是继续实行征收进口附加税的办法，因此，存在着其他国家迟早进行报复的危险，会造成一场经济上的民族主义的格斗。此外，我担心如果欧洲各国和日本发生一场可能归咎于我们所采取的行动的经济衰退，人们就会责怪我们。而且不仅我们的对外政策会遭受永久性的破坏，我们盟国的国内结构也会如此。新的经济安排，不论如何有利，都不能弥补这一损失。

为了解决问题，我建议尼克松亲自和欧洲各国的首脑进行交涉。我的原意是要举行一次西方各国的最高级会谈。但是蓬皮杜明确表示他不感兴趣。他心里明白，他搞不起一个欧洲的共同阵线。如果出现僵局，勃兰特会受到极大的压力，迫使他和美国站在一边。因此，我们决定发起一系列的双边会谈。关键就在蓬皮杜身上。希思会在法美之间持不偏不倚的态度。如果我们和勃兰特站在一边，就会引起法国的不满；而且如果向蓬皮杜进行的工作失败了，我们总还是能够再回过头来和勃兰特站在一边。我们选择的战略是，让蓬皮杜通过和我们谈判达成解决问题的协议来确立他在欧洲的领导地位。如果他完全不肯让步，我们总还留着一手，可以设法孤立他。我认为事情不会发展到这个地步。我的判断是，如果美国的建议给以机会，大家都是愿意解决问题的。而且我相信，尼克松不愿意看到他亲自参加的会议给公众留下一个僵局的印象。

我们驻法国的大使迪克·沃森在十一月九日到白宫来看我，我请他在回巴黎时安排一下尼克松和蓬皮杜的会晤。蓬皮杜已经原则上表示同意了。这项计划，由于双方对于会晤地点的争议，几乎搁浅。法国人在这个问题上异常敏感。确实轮到尼克松拜访法国了，但是他不能只访问一个国家的首都。但是，遍访欧洲各国又会破坏分别进行谈判的设想。

另一方面，蓬皮杜不愿接受我们关于选择西印度群岛中的一个法属岛屿作为会晤地点的建议，因为这会使他不得不旅行一段不相称的距离，这个岛屿虽然是法国属地，但这样做总免不了被人认为同他登美国的门也差不了多少。我们双方最后都同意以葡萄牙的属地亚速尔群岛这个第三国的地方作为会址。会晤将在十二月十三日举行。正如我预料到的，蓬皮杜坚持要我们在和他会晤之前不同任何别的欧洲国家领导人商谈经济问题。这表明，他想解决问题了。他要求，把原定在十二月十五日举行的十个主要经济大国的财政部长会议提前开掉，以保证首先达成的协议是法美之间的双边协议。尼克松表示同意。于是十国财长会议按预定计划在十二月一日在罗马举行，没有重大收获。就这样，为在亚速尔群岛举行的决定性会晤铺平了道路。（同时还安排了和希思十二月二十至二十一日在百慕大举行会晤，和勃兰特十二月二十八至二十九日在比斯坎岛举行会晤。）

我们动身前往亚速尔群岛的那一天，正是印巴危机到达顶点的时候。在途中，尼克松和我得知，艾尔·黑格正在会见中国人。我们料想他们会告诉我们，他们是否已经决定要帮助巴基斯坦，从而使事情发展到一场总体战争的边缘。即使在中国人的照会消除了我们作出军事上的决定的必要性之后，我们在亚速尔群岛的全部停留期间，仍然都全神贯注在制止印度向西巴基斯坦进行最后攻击的问题上。

我在亚速尔群岛的大部分时间，都花在谈判货币问题上。这并不是我的专长。由于美国和法国的国内政治变化莫测，使我陷入了这个特殊的境地。在美国方面，作为一个高级官员，我是深信这场经济危机的政治代价正在达到谁也经受不起的程度，而且欧洲人是愿意以合理的条件来解决问题的。总统一旦参与其事，他就希望获得成功。而且，和他以往的态度一样，他把这种成就看成是人们把他当作主要角色的一种证明——当时他还认为我可以替他吸引公众的注意力，而不是一个竞争者。而康纳利却并不想让人们认为他已经走向妥协。他很愿意进行谈判，但是他宁愿等到以后出现僵局时再讲话（他还起经常威胁着这场会晤的作用）。

至于法国人，蓬皮杜很想被人看作是解决问题的主要策划者。他和财政部长瓦列里·吉斯卡尔·德斯坦——已内定为他的继承人——的关系并不融洽。蓬皮杜似乎决心要把他排除在谈判之外。（这就使康纳利无论如何也不能直接参加谈判。）但是，从实践上来看，这件事却给予我们一个重要的启示，因为如果蓬皮杜坚持自己掌握谈判，他一定希望谈判会成功。

就这样，解决这场货币危机的谈判，就在这位首屈一指的财政专家、职业银行家蓬皮杜和我这个初出茅庐的新手之间进行了。即使在我极端妄自尊大的时刻，我也没有想到，我会由于对国际货币制度的改革作出贡献而被人铭记在心。我们一行人被安置在美国军事基地的营房里（除了总统是住在基地指挥官的一所小屋里以外）；从那里，我乘直升机前往处在岛的另一端的蓬皮杜的优雅的别墅。只有沃尔特斯将军陪同我前去，他将充当翻译。蓬皮杜以常礼迎接了我，陪同他的有他的翻译康斯坦丁·安德罗尼科夫亲王。我们一起吃早餐，眺望着窗外绿草如茵，群山起伏。这里是葡萄牙在大西洋的前哨，当年，这个小小的国家雄心勃勃但又是贪得无厌地四处开拓海疆，这就是留下的陈迹之一。

实际上，我和蓬皮杜的谈判并不像我们在经济学水平上的差异可能意味着的那样一边倒。康纳利向我提供了他可以接受的一系列主张。我认为，如果进行一场技术性的谈判，就是自找失败。一旦我开始从我们的最高主张退却，按逻辑推论，我就不会止步，除非我们一直退却到最后的退却线上。我最有效的策略就是利用我的无知作为资本，以不熟悉技术情况作为武器。如果我只提出一种主张，然后就拒绝讨价还价，就可以把它说成是——不带敌意地——外行不能和内行相较量。因此我决定利用第一次会议观察对手。会后我和康纳利一起拟定一项主张，在第二天提出来。

为了弄清楚法国的真意，我以哲学和政治的语言向蓬皮杜提出这个问题。一项协议是必要的，也是不可避免的。由于欧洲国家不能达成一项共同的立场，我们必须和一些欧洲国家达成这项协议。如果法国能带这个头，我们就再高兴不过了。我被委派为谈判代表，这件事本身就决定了我们要求的是和双方的自尊心和需要相符合的结果。这是唯一政治上行得通的结果。在建立新的国际货币制度过程中，谁也经受不起一场“胜利”，因为只有全体成员精诚合作，新的安排才能得以维持。我是来谈判的，不想把什么东西强加于人。如果蓬皮杜提出他最低限度的要求，对我是会有帮助的。我会尽我所能使尼克松在下午和蓬皮杜商谈这些要求时，作出谅解的反应。如果他们意见一致，我会在第二天早晨提出一项具体建议，如果他有意再次邀我共进早餐。

这个办法证明是有效的。蓬皮杜禁不住发表了一些尖刻但并非完全没有根据的议论。他认为我们的经济政策似乎更多地取决于我们的选举过程，而不是对世界问题的关切。他问我，如果他要求我们接受一些经济限制，因为这会对他获得某些选区的支持有帮助，我们会作出什么反应。但是他提出这一论点之后，接着就向我就货币情况作了一番精辟的剖析。从他的话里我领会到，蓬皮杜不会接受自由浮动制度。最后他会同意法郎略为升值——即使只是为了维护民族尊严——但是为了保持法国的竞争地位，法郎升值的幅度必须小于马克。他不会反对美元贬值。美元贬值和欧洲货币升值的总差额大约为百分之九，法郎也按这一比例同马克保持一定距离。而且蓬皮杜坚持要我们维护这种新的比价。如果我们同意这样做，他愿意对我们脱离有限的金本位制加以默认。双方同意，上午他和尼克松的会谈将是回顾国际局势，下午商谈货币问题。

午间休息时，尼克松、康纳利和我研究了蓬皮杜的讲话。康纳利同意，在我和蓬皮杜再次共进早餐之前，他交给我一项关于确定新比价的建议。他对我的帮助太大了。

很难判断，下午的会谈究竟有多大成功，因为尼克松并不打算在经济学方面青史留名。蓬皮杜重复他上午说过的话。他带有先见之明地强调指出，自由浮动制度会引起混乱。他愿意帮助确定新的比价，只要这些比价反映出经济力量的对比。不能说尼克松对会谈是完全熟悉的。他要的是解决问题，并不想商谈汇率。如果给他打一针说真心话的血清，毫无疑问，他会表明，他最不想管的就是在新的比价中各种货币的位置。而且，正如以往他参加谈判而不是仅仅交换意见时总是表现的那样，他神经紧张到焦虑不安的地步。他翻来覆去作一些空泛的议论，有些是不着边际的话。但是，蓬皮杜已经能够从中领会到，对于上午谈过的问题，一般来说是意见一致的。最后的细节则由蓬皮杜和我在早餐时再去制定。

当晚康纳利和我拟定了向蓬皮杜提出的建议的最后文本。我对康纳利说，要我进行讨价还价是毫无意义的，因为这是我最不擅长的事情。我宁愿提出一项介乎我们的最高要求和最低要求之间的主张，然后坚持下去。这一主张应该是合乎情理的，因而是蓬皮杜在原则上能够接受的，同时也是符合我们的需要的。从康纳利的本性来说，他不愿接受这种谈判办法，但是他最后认为，对于一位不明世故的教授，他也只好这样办了。

早餐时，我把康纳利和我共同拟定的数字交给了蓬皮杜。这次会谈的非比寻常之处在于，法美两国居然为世界上所有的重要货币都拟定了汇率。实际上相当快地达成了协议，因为我们的建议认真地包括了蓬皮杜的合理要求。于是我们起草了一项文件，在下午双方财政部长首次参加的会议上由所有主要官员加以批准。这项协议促使一星期后在华盛顿举行了十国财政部长会议。所有其他国家也都表示同意。史密森氏学会协议* 批准了新的币制安排。

经济危机结束了。至少在一九七四年之前，不再有危机存在。一九

---

* 由于这次会议是在史密森氏学会大厦举行的，故名。——译注

七四年，石油价格上涨五倍，使工业国家有必要对整个世界经济制度进行重新估价。这样做就必然会引起任何健全的管理结构遭到破坏时所引起的那种恐慌、混乱和焦虑的情绪。美国放弃了美元可以直接兑换黄金的规定，以便获得一整套更为现实可靠的汇率关系。但是这个制度不能持久。尽管有史密森氏学会协议的支持，美元的自由浮动已经势在必行。正如雷蒙德·阿伦正确地指出的那样，由于美元不能直接兑换为黄金，我们的伙伴们面临的选择是，或则无限制地积累美元，或则同意美元贬值，尽管对他们来说这将带来种种贸易上的不利之处。①我们在金融上是强大的；我们的伙伴们在贸易上却越来越强大。新制度必然会对美元产生越来越大的压力，迟早会要求对世界经济制度进行甚至更具根本性的结构改革。

尼克松在一九七一年八月十五日采取的单方面决定，产生了预期的效果。盟国的内在关系变得紧张起来，但没有破裂。在当时，我还难以判断，在秘密的北京之行所产生的冲击之后，紧接着就采取粗暴的单方面决定的做法，是否在许多年内不必要地损害我们与盟国的关系；或者是由于我们的盟国袖手旁观，而使得我们没有别的选择余地。

高级磋商：最后一轮谈判

一九七一年底之前，尼克松和我们最亲密的盟国的领导人又进行了一系列的会谈，包括法、英、德意志联邦共和国。除货币问题外，没有作出重大决定。多数带根本性的问题仍然悬而未决。但是我们从印度支那脱身之后，新方针的基础已经奠定了。只有在这个时候，我们才能克服欧洲的矛盾心理。他们怀疑美国的忠贞不渝，但又不愿在共同防御中承受更大的负担；要求缓和，但又害怕美苏共同统治世界；坚持要求就美国采取的世界性行动进行磋商，同时对美国的选择又表现为闹独立性，有时还持反对态度，来迎合国内的民意。

由于尼克松对于经济问题缺乏兴趣，在他和蓬皮杜在亚速尔群岛举行的会谈中，政治性会谈的确是这次会谈中最有意义的部分。他们对国际事务有着相当类似的看法。两人都深深怀疑苏联，但又深信有必要表明共处的愿望，因为这是争取国内公众支持一项坚强的对外政策所必不可少的。两人都寻求安全，但靠的不是空喊善意，而是加强防御和国际均势，中国在这种均势中起着重要的作用。

他们也存在分歧，因为蓬皮杜像戴高乐那样预感到，不论尼克松如何善于搞外交，美国的国内力量迟早会促使它退出欧洲。因此，他主张建立最终要由欧洲共同防御来支持的欧洲政治联盟，这是美国至少从五十年代以来就表示冷淡的一种想法。蓬皮杜认为，在我们的核遏制战略和欧洲安全的要求之间，有一种潜在的矛盾。他说："我们要求的是保护，而不是事后复仇。复仇只能给九泉之下的我们一点小小的安慰。"蓬皮杜在一九七〇年二月和尼克松初次见面时，曾经劝尼克松和苏联和解。现在他的劝告已被采纳，在莫斯科举行最高级会谈已经确定，蓬皮杜于是也染上了戴高乐对美苏共同统治世界的那种长期存在的厌恶情绪。而且他非常担心德意志民族主义最终将响应来自东方的汽笛声。他认为解决这种困境的最好办法无过于召开一次欧洲安全会议。他认为会议会使那些想单独干的人却步。但是，总的说来，蓬皮杜的思想是理智上的探讨，寻找理由把盟国的义务和法兰西的独立二者结合起来。这二者的结合在美国人看来是不可思议的，但事实上，正是这种结合使法国能够在整个第五共和国期间执行一项严肃而负责的对外政策。

对于这些一般性的回顾局势，尼克松是个内行。他对全面关系了如指掌，而且可以精确地说明我们的立场，往往滔滔不绝。尼克松对于蓬皮杜对欧洲情况的分析，并无不同意见。他最初有些犹豫，但后来就赞同促进欧洲联合。但是，他反对以美国撤军的前景作为欧洲联合的依据；他担心这种前景会成为一种不幸而言中的预言。他集中谈了对苏关系和打开对华关系的问题。他表示了他自己对长期纠缠不清的东方政策的担心。他保证，他的莫斯科之行和北京之行不会引起人们感情上的错觉。他解释了我们在印巴危机中的政策；蓬皮杜表示同意我们的分析。但是他也毫不怀疑，由于我们作出困难的决定，法国倒有一些可以见风使舵的余地。由于我们将保护均势，法国就将倒向印度这个更为强大、人口更多的国家。

蓬皮杜的反应反映出欧洲基本的矛盾心理。在局势紧张的时候，欧洲人主张缓和；到了局势缓和的时候，他们又害怕共同统治。在发生危机的时候，他们仰仗我们维持欧洲以外地区的均势，而在我们承担风险的掩盖下，他们毫不犹豫地为自己谋取特殊利益。这种态度对我们的欧洲政策同时起着推动和制约的作用。它推动我们和盟国交换意见，达到空前的程度，但是最后又使我们面临在最关键的问题上，尤其在欧洲以外的地区，作出最后决定的必要性。而且它还进一步推动我们形成自己对缓和问题的战略。如果没有这种战略，欧洲各国的领导人就会自己去和莫斯科拉关系，并装出一副牵制所谓的美国的好战行动的样子，以争取自己国内左派的支持，尽管他们心里是欢迎这种行动的。如果我们对东方集团有自己的选择余地，这些倾向就会受到约束，因为我们的盟国会担心，如果逼人太甚，我们可能在一场和莫斯科拉关系的比赛中把他们甩在后面。

十二月二十至二十一日和希思会谈的情况也差不多，但是希思比较熟悉美国人的思想方法，在谈论长期的发展趋势时，没有像蓬皮杜说得那样明确。尼克松向他解释说，我们把北大西洋联盟放在比东西方关系更为优先考虑的位置上，希思对于这一说法比蓬皮杜容易接受。希思谈论了他最喜欢的主题，欧洲联合问题。他向总统保证，这种联合是“竞争性的”，而不是对抗性的。它将采取一种有趣的，但并不是完全令人放心的模式；这种模式在相当程度上背离了美英的天然合作关系，而在六十年代提出“两大支柱”主张的美国的大西洋主义者和希思以前的所有英国领导人都认为这种合作是理所当然的。希思还说明了他对实现大西洋合作的最有效程序的设想。首先应该举行一次欧洲国家首脑会议或外长会议，以拟定一项共同的政策。然后会作出努力和我们进行配合——这是对以伦敦和华盛顿举行事先磋商为基础的旧有“特殊关系”的又一重大修改。希思谈到欧洲防务问题时，口气比蓬皮杜热情一些。从希思身上，我们见到了戴高乐的比较温和的英国化身这样一种奇怪现象。

除了这些问题以外，希思的观点和我们是并行不悖的。他和我们一样，对欧洲安全会议持怀疑态度。他有点相信蓬皮杜的看法，认为这一会议可能加强东欧国家的独立地位。但是他也赞同我的观点，认为很难解释苏联人为什么会如此热衷于推动召开这一会议。希思主要关心的是，不介入法美两国在这一问题上的争论。他以需要等到德国的东方条约得到批准之后才能考虑这一问题为借口，建议我们把问题推迟到一九七三年考虑。

回顾世界局势时，气氛是热烈而融洽的。英国与印度次大陆的历史性关系是如此深厚，以至于希思不能支持我们比较冷静的从地缘政治学角度对局势的估价。两位领导人谈论了所有西方国家共同面临的也许是最深刻的哲理性问题。问题是希思提出的：“我们越来越面临一种不再能够采取有效行动的世界局势。你们能够做的事还有多少？”这个问题引起尼克松的一篇比较有说服力的讲话，我们在上一章里已经引用了其中的一段：

我们从越南撤军之所以动作迟缓，其部分原因在于要传达这样一种信息，即我们不准备不惜**任何**代价来结束战争。现在我们必须问问自己，为了避免战争，我们愿意付出什么代价。如果我们不愿意，今后的日子就难过了。……华盛顿的传统势力有一种内疚感。他们不能容忍这样的事情发生，即让我这个政治上的对手来纠正他们过去犯下的错误。此外，传统势力越来越被国内问题所困扰。知识界的传统势力由于他们自己所起的作用以及美国所起的作用而感到思想混乱和沮丧。他们从来就不认为左派分子会造成什么真正的危险。他们正在趋于内向。他们提出了问题，即我们是否将继续参与世界事务。这篇冗长的讲话要说明的问题是：我懂得这个问题；我要彻底解决这个问题；我们要在世界上起我们的作用。日复一日，你在每天早晨醒来时会感到奇怪，我们究竟出了什么事。我们有必要采取主动，为我们的人民带来希望。一个政治领袖必须经常带来希望——但是他必须经常知道自己在干些什么，要丢掉幻想。

尼克松后来交了噩运，但不能抹杀这段讲话的重要性。他是正确的；他对美国和对大西洋各国的问题的剖析是正确的。

最后一位客人是维利·勃兰特。同其他欧洲国家的领导人一样，在他说来，没有什么突出的问题。但是，勃兰特同其他领导人不同，他并不声称自己在世界事务中起什么作用；他为避免起这种作用而感到自豪。因此，要讨论的问题就比较少了。我们商谈了纯粹的德国问题。东方条约和关于柏林问题的协议当时都正等待德国议会的批准。勃兰特在一九七一年十二月二十八和二十九日到比斯坎岛拜访了尼克松，当时我患流行性感冒卧床不起，未能参加会谈。尼克松并没有为此而打破他的常规，仍只由一名白宫助理陪同他会客(这次黑格代替了我)。罗杰斯和德国外长瓦尔特·谢尔单独举行会谈。

会谈的主题是东西方关系。在那些遥远的日子里，勃兰特是研究苏联领导人的首屈一指的专家。他见过他们的次数比谁都多。我们的高级官员中，谁也没有同勃列日涅夫、柯西金或波德戈尔内打过交道——除了尼克松和波德戈尔内在参加戴高乐葬礼之后在爱丽舍宫的招待会上有过一次简短的会面以外。尤其是勃列日涅夫，对我们简直是一个谜。勃兰特对于勃列日涅夫的看法总的说来是积极的。据勃兰特说，勃列日涅夫最初对于对外政策是不熟悉的，但是在过去一年里，有了很大的信心。他不再只是照本宣科了。勃兰特认为，苏联人真心希望缓和，其部分原因是他们对中国感到担心。他对北大西洋公约组织支持他的东方政策表示满意。尼克松冷冰冰地纠正他说，北大西洋联盟对这项政策没有表示反对。但是联邦共和国必须既作出决定又承担责任。勃兰特提出，苏联人对于把关于德国问题的条约和关于柏林问题的协议联系起来感到不满。黑格的印象是，勃兰特自己对于这种联系也不太热心，他担心会出现“反联系”——苏联会对通向柏林的通道施加压力，以加速批准的过程。但是，由于德国的政治局势，勃兰特看不出有什么办法可以避免上述情况。波恩议会如果看不到关于柏林问题的协议顺利实施，肯定不会批准那些条约。对于美国来说，勃兰特所说的这种情况并不是没有带来任何好处的。由于这种情况，我们有了一根可以迫使苏联克制自己行动的杠杆，尤其是如果我们不得不对一场越南的攻势作出反应的话。在德国议会投票表决之前，苏联人是不想发生一场世界性危机的。

尼克松就他将在到北京和莫斯科去举行的最高级会谈中采取的方针作了一番事先说明，也都是一些人所熟知的内容。勃兰特认为，不应该把东西方贸易同政治谈判联系起来。他认为，贸易是使苏联制度发生渐变的一种办法。他也要求举行一次欧洲安全会议。他引用了标准的欧洲论点，即正是东欧的那些最富于独立性的国家要求举行这次会议，作为支持他们自治的一种办法。至于苏联人为什么要求举行一次会削弱他们对卫星国控制的会议，勃兰特未能比蓬皮杜作出更有力的说明。

尼克松和我一样，持比较怀疑的态度。他提醒说，如果举行一次欧洲安全会议，就会为国会中的批评家们提供一个削减兵员的借口。他要求所有的盟国都要谨慎从事。尼克松和勃兰特都提到，经过五月间的短暂的波动之后，苏联人对于共同均衡裁军的念头已经淡薄下来了。勃兰特强调指出，他对于加强欧洲和美国的关系感到关切。这是一次成功的会晤，尽管并不打算取得成果，但也还是成功的。在一九七〇年末和一九七一年初，在欧洲和美国的领导人之间举行了这些一般性的而且主要是哲理性的商谈，这反映了尼克松政府的这几年，正是我国同其他工业化民主国家的关系的多事之秋。联邦共和国的东方政策即将大功告成。我们对这种政策的支持，有助于使它走上同大西洋联合以及西方团结相一致的方向。由于英国即将进入共同市场而产生的经济调整，在一段时期里造成了紧张。但是，一项新的货币制度终于诞生，而且是以一种合作的方式——至少在最后阶段是如此——议定的，因此，每一个主要的国家都感到维护这项制度和它自己休戚相关。尽管在国会遭到猛烈抨击，我们还是维持住了西方联盟的军事力量。

要做的事还很多。一段缓和的时期显然正在临近。我们的联盟是否能够把形式和实质区分开来，紧张局势一时的缓和是否会使我们放松维护均势的努力，或者是为加强团结和新的创造性提供一种刺激因素，尚在未知之数。我们希望，在越南战争已经成为过去之后，可以在和大西洋各国的关系中注入新的领导力量，因为这种关系会——而且必须——继续充当我国对外政策的基石。

注释：

① 见雷蒙德·阿伦《特等共和国：美国和世界，一九四五至一九七三》(剑桥，马萨诸塞州：温思罗普出版社，一九七四年版)，第二九三至二九五页。

第二十三章　一九七〇至一九七一年的越南战争：逼河内就范

我们对外政策的构思，经过月复一月的努力已逐渐形成。其内容有：北大西洋联盟内部的关系；打开对中国的关系；以及从而使莫斯科对于认真的谈判持比较合乎情理的态度。但是，越南战争是我们的一场噩梦，它随时可能使我们的一切抱负化为泡影。如果我们按照河内可以接受的条件结束战争，就会使我们在国外的其他一切事业处于危险之中，我们不能这样做。如果我们把战争继续打下去，一直打到取得决定性的战果，这样，国内就会有四分五裂的危险，我们也不能这样做。因此，我们的航向是介乎两种相互对立的需要之间。我们既需要给予我国公民以希望，使他们感到战争会有个尽头；同时我们又需要让河内面临足够的风险，以迫使他们接受一种和我们的国际义务和国家荣誉相符合的解决办法。

到了一九七〇年夏天，我们国内关于越南问题的论战双方，都由于柬埔寨问题造成的创伤而感到筋疲力尽。政府想削弱河内的进攻能力，已经达到了目的。但是这样做的代价是，造成了心理上的衰竭状态，即那年夏天，行政部门关于越南问题的整个构思都贯穿着一种担心，怕又会引起一场示威行动；尼克松装着泰然自若的样子，但是连他也在担心。因此，由于人们感到厌倦，就暂时停止了行动；而大家如果取得一致意见，倒很难做到这一点。此外，苏伊士运河、西恩富戈斯、约旦和智利的危机也拖住了政府的一部分精力，并使公众的注意力转移到世界的其他地区。

在一件事情上我们交了好运。我曾经建议，任命布鲁斯为巴黎谈判的大使，尼克松也深表赞同。布鲁斯当时立即接受了这一任命。到了一九七〇年夏天，当我们再度在国内陷入越南问题的困境时，布鲁斯起了稳定人心的作用。他要求花两个月的时间研究越南问题，然后提出建议。他不想给人以接到新指示的印象。只有当河内认识到，单凭坚持它的主张已不能取得新的让步，在这种情况下，它才会老实一点。

这起了镇静作用，因为在柬埔寨问题上引起一阵混乱之后，尼克松的情绪波动得很厉害。七月四日，尼克松在圣克利门蒂会见布鲁斯和菲尔·哈比卜这个巴黎谈判班子的时候，他谈话的口气是坚定的。尽管要担政治风险，他还是会坚持到底。他并不认为战争降级或单方面撤军会打动北越人；我们每撤一次军，河内就变得更加强硬。如果谈判失败，尼克松就会把克制的想法置诸脑后，恢复大规模轰炸。但是一周之后，在七月十一日，他私下对我发牢骚说，战争使他在国内失去支持，因此必须在一九七二年以前结束战争；如果他的政敌中任何一个人可望当选为总统，美国在世界上的地位就会受到损害。他提出的解决办法是把全面轰炸和完全撤军结合起来。但是，到了七月二十二日，他在白宫和布鲁斯、埃尔斯沃思·邦克和我共进早餐，这时他对我们的持久力抱有更为乐观的估计：

我完全相信，我们结束这场战争的方式将会决定未来美国在世界上的地位。如果我们结束得好，我们就能够维持美国在欧洲和亚洲的地位。美国人民赞成和反对的各占一半。传统势力反对我。但是即使全国只有我一个人要这样做，我也要干到底。我们做任何事，其结果不是这样就是那样……我上任时就没有得到过所有今天反对我的人的支持，而没有他们的支持，我也能再次当选。

但是，到了八月十日，参议员哈里·伯德和戈登·艾洛特劝说尼克松尽快结束这场战争。这次谈话又使尼克松心绪不宁。他对我说："在我们现在需要左派支持的问题上，左派是支持我们的。他们现在还在争取的只是撤军，那是他们的问题。但是当右派开始要求撤军的时候，不论由于什么原因，那是我们的问题了。"因此，他想封锁北方，恢复轰炸，同时撤出我们的全部军队，从而把事情推进到一个紧要关头。我提醒说，我们在柬埔寨为了维持一次纵横二十英里长达八个星期的军事行动，就遇到那样大的麻烦；有鉴于此，除非发生受到全面挑衅的情况，否则我们是不能坚持这样一种方针的。而且撤军会被认为是和我们的军事行动恰恰相反的信号。尼克松的部署很可能使西贡在北方的大屠杀中崩溃。尼克松没有再说下去。

在整个夏天，从我们收到的研究报告可以断定，路经柬埔寨的北越供应系统已被破坏，而且以柬埔寨为根据地的敌军已被严重削弱。更重要的是，在越南南半部——所谓第三、第四军区——的北越军队，现在已不得不放弃在南越展开攻势的打算，而被用来保护新根据地和训练柬埔寨游击队；他们的进攻能力被严重破坏，要恢复至少需要一年。盟军的伤亡相应地减少。在我们对柬埔寨采取行动之前的一年里，阵亡美军的人数在七千人以上。采取行动以后的一年里，减少到二千五百人以下。以后的一年里，又减少到五百人以下。

但是，政治问题依然存在。河内并没有被削弱到绝望的程度，它继续要求单方面撤退所有美军和推翻西贡政府，毫无妥协的意思。向我们提出的条件无非是无条件投降，出卖那些指望我们帮助的千百万人民，使他们置身共产党统治之下。国内反对我们的人嘲弄我们关于体面的含义，但是他们主张确定无条件撤军的日期，却是一种既无济于事又丢失体面的行动。到了八月底，参议院进行关于麦戈文-哈特菲尔德修正案的辩论，该修正案规定美国撤军的期限为一九七一年十二月三十一日，允许总统在紧急状况下延长期限六十天。这一设想得到许多报纸社论的支持。《华盛顿邮报》说，它会“结束这场骗局”。[①]《圣路易邮报》认为，我们反对麦戈文-哈特菲尔德修正案，是“撕去伪装”，暴露出我们的目标在于军事胜利（它已成为不名誉的词）。但是一旦以立法形式规定了最后的撤军期限，那么已经很小的谈判余地就会消失，我们连争取释放战俘的讨价还价能力也会丧失，因为除了推翻一个友好的政府和把千百万人民置于粗暴的独裁统治之下外，实际上我们已经没有别的什么东西可以向对方让步了。为了体面地结束战争，我们需要使敌人看到我们的意图有一种捉摸不定的伸缩幅度，但是国内反对我们的人却一个劲儿地要消除这个幅度。

如果公众相信我们的目标一定能够实现，而敌人又对我们的策略捉摸不定，我们讨价还价的地位是很理想的，但由于国内意见分歧，事态的发展恰恰相反。在国内，我们的信誉总是欠佳，而我们的对手对于我们正在被推向什么方向却了如指掌。而且，一旦我们接受了固定的撤军日期，如果再想回过头来要求国会批准麦戈文-哈特菲尔德修正案声称可以得到的延长期限，也不会是一件像人家说得那么简单的事。确立这个期限的那股力量肯定会竭力维护它。而且问题的焦点不会表现得很明确。修正案得到通过，就可能足以导致南越人心涣散，军队瓦解。泰国和老挝在受到威胁的情况下，将设法作出适应新形势的调整，泰国可能会关闭我们在越南进行空战所必不可少的基地，老挝的梭发那·富马几乎肯定会要求我们停止轰炸胡志明小道。任何一个负责的政府都不可能仅仅由于希望使批评它的人放心而接受这些风险，后来的情况表明，其中大部分人是不会就此罢休的。事实上，我们后来还是设法在麦戈文-哈特菲尔德修正案规定的期限内撤出绝大部分美军，而且在十五个月之后撤出了剩下的军队。我们留下足够的兵力以抵挡北越在一九七二年展开的攻势。但是我们是在没有抛弃盟友的情况下撤退的，而且如果我们在一九七〇年九月就为自己规定一个无法照办的公开宣布的日期，情况就会很不一样。

麦戈文-哈特菲尔德修正案在一九七〇年九月一日以五十五票对三十九票遭到否决。从形式上看，政府获胜了。但是，这三十九名参议员不顾政府对他们发出警告，提醒他们这是在通过一项会造成溃败局面的法案，但他们却仍然设法为和平谈判划定框框，这对采取一项有连贯性的战略所需的心理基础是一个严重的打击。尽管修正案后来遭到否决，但事情并未了结，它会月复一月地卷土重来，而且得到越来越多的支持。这生动地向河内表明，我们的地位正在遭到削弱，因此，北越对认真进行谈判的兴趣减少了。而且，北越对谈判不热心还有另一个原因。我们撤军的速度太快，以致使越南化给人以轻信敌人的感觉；撤军的结果使我们失去了讨价还价的一支杠杆。我们本来可以提出加速撤军，以换取对方同意由人民进行真正自由的政治选择，以此作为讨价还价的杠杆。

即使在最理想的情况下，也难以让北越人接受自由选择的概念，因为在这方面他们没有可以遵循的经验。他们是靠枪杆子夺取政权的；又靠斗争扩大其势力。他们是虔诚的马列主义者。在他们看来，代表人民“真正意愿”的好战的上层人士具有政治上的正统性；而持不同政见者必须受到再教育或者被消灭掉。越南的历史也提供不了帮助。过去的统治者都是秉承天命来治理国家的，而且成功地保持住统治的地位。我们提出过成立公正的选举委员会和进行自由投票的办法，但都被河内轻蔑地拒绝了；西贡为了迁就一个有钱的施主，才勉强接受了这个自由投票的办法，因为要生存必须仰仗施主的支持，虽然施主的天真成性经常招来横祸。根据共产主义的意识形态和越南历史，人们怎么能够设想，共产党斗争的目标只不过是要成立一个联合政府——或者设想，有哪个越南人居然会接受这个联合政府；这只有留给研究群众心理学的人来回答了。

我在七月二十日写信给尼克松，再次提醒他，依靠越南化的战略和依靠谈判的战略是不能永远并行不悖的。每一次单方面撤军都会削弱我们讨价还价的地位。如果在不至于威胁西贡生存的限度内，我们已经以最快的速度撤军，那么，再要加快的幅度就是有限的。因此，我们就没有什么东西可以送给河内。这条路再走下去，也许到了一九七一年中，我们不得不在越南化和谈判二者之间进行选择。一九七〇年七八月间，正是主要为了想找到一些尚未发现的可能办法，以打破僵局，政府的考虑集中表现为就地停火的想法。赛勒斯 · 万斯在不当巴黎谈判代表之后、[②]艾夫里尔 · 哈里曼、《纽约时报》[③]和参议员迈克 · 曼斯菲尔德以前就提出过这样的建议。这一妥协性建议得人心的地方在于，双方都放弃了取得军事胜利的打算。在一九六九年，对于那些还不愿意鼓吹美国投降或规定撤退期限的温和反战人士来说，就地停火已经成为一种最受欢迎的模式。许多高级官员，出于各种动机，同意他们的看法。国防部有些官员主张停火，为的是缓和一下预算方面的压力和抽出经费来购置军火。国务院也要求采纳这一建议，部分是由于想讨好国会和新闻界，部分是由于本能地希望不断以新的建议来推动谈判。对所有这些想法，尼克松一般是不屑一顾的。总统在一九六九年十一月三日发表演说之后的第二天，曾写信给国务卿和国防部长，具体批驳了各种停火的倡议。但是，罗杰斯在十一月八日还是要求，作为争取鸽派的手段，我们应当支持曼斯菲尔德提出的关于在越南实现停火的提案。国务院在十一月十日正式向白宫提出备忘录，建议提出一项停火的倡议。

不幸的是，存在着两重较大的障碍。北越人对于任何停火都没有表示过兴趣。在一九六九年，南越政府、我们的军事指挥官以及我们在西贡的大使馆都深信，就地停火会加速南越的军事崩溃。越南问题特别研究小组研究了停火对每个省的影响。小组的结论倾向于肯定西贡方面的判断。

但是，我们对这个想法仍不放手。我们根据的理论是，如果在原则上接受停火建议，我们就应坚持下列条件，即应给南越人以应有的生存机会。我在一九七〇年二三月间，向黎德寿建议在老挝和柬埔寨停火；

我把这项建议包括在我们准备讨论的越南问题的内容之内。

但是黎德寿拒绝进行这种谈判。在一九七二年十月之前，他总是以鄙视的态度教训我说，不先实现政治解决，停火是不可能的。而且他提出的政治解决方案无异于赤裸裸的共产党接管。我不明白，河内之所以不屑于停火是因为它认为农村对它比我们更为有利，还是因为它害怕我们会在停火后把军队留在越南，还是因为马列主义的教条使它不信任任何关于均势的概念。不论出于什么原因，河内对于尼克松在一九六九年五月十四日演说中提出的建议置若罔闻，而且对于在十一月三日再次提出这项建议仍不理睬(这两次建议采用的形式都是要求局部停火，但其含义是不言自明的)。

我在一九七〇年五月下令进行一次专门的研究，并提出各种可供选择的方案，以便供六七月间举行的各政府机构联席会议讨论，其间，国家安全事务委员会在七月二十一日举行了会议。大家一致认为，要求军队重新集结或撤退的停火方案是会遭到河内拒绝的。 他们可能接受的唯一方案是就地停火。我们在柬埔寨的军事行动获得成功，使现在就地停火的风险不算太大；北越人已经重新集结了军队，把军队撤到离边境较近的地方，以保护柬埔寨共产党的训练基地。但是，我们的研究报告预测，如果就地停火，西贡对居民的控制至少会削弱百分之六。

但是，在这一年夏天，在国内形成了一种一致的看法，主张提出就地停火的建议；这表明我们在国内的处境就好像是在走钢丝一样。在政府内部，各种意见依然如故，除了尼克松已经逐步认识到，当我们在柬埔寨采取行动而在国内造成创伤之后，有必要提出某种和平建议。在政府之外，这种看法也日益得势。就在麦戈文-哈特菲尔德修正案遭到否决的那一天，《华盛顿邮报》称之为“鹰派和鸽派的不寻常的代表人物”的十四名两党参议员[4]写信给尼克松，要求他在巴黎和谈中努力实现“在国际监督下在全越南就地停火”。到了九月十八日，又有十六名参议员参加进来。同时，克拉克·克尔的争取政治解决越南问题全国委员会站在最前列，鼓吹这一建议。政府中持各种观点的人都暂时联合在这个共同的想法之中；有一些人认为，虽然这个建议几乎肯定会遭到拒绝，但仍应提出，以堵住批评政府的那些人的嘴；另有一些人认为，这是打开了一个缺口，是为一些他们还不愿明说的更为彻底的建议开路的；还有一些人则真正认为，提出停火建议会打破谈判僵局。

连阮文绍也持合作的态度，而且就像他每次遇到一些无法避免的事情时所采用的策略那样，他干脆主动建议这样做。阮文绍对于美国国内厌战情绪的增长深有体会，他的处境进退维谷，人们要求他接管人数不断减少的美军的防务，主动提出和日夜宣称决心要把他消灭掉的那些对手分享权力，而且还要实施政治改革。这些任务即使只完成其中的一项，就连稳定的社会结构也会受到考验；何况他的国家正处在内战之中，而且驻有数十万外国军队，要全部完成这些任务是不可能的。他能干到这个地步应归功于他的才干。阮文绍深知，他是反战人士的攻击目标，他们诋毁他是和平的真正障碍；而且他也知道，只有国破身亡才能平息这些攻击。和所有越南人一样，他不能理解，权力怎么可能分享。他懂得他需要的是时间，而且即使一切顺利，结果也只是个平局。为了换取时间，阮文绍向他古怪的盟国作出了他认为损害最轻的让步；这个盟国试图以单方面削弱自己的地位诱使一个死敌表示出灵活性。因此，他对我们的建议持合作态度，部分是由于他认为这场赌博值得一试，还由于他猜测河内会拒绝接受停火，还由于他可以借此从不断要求成立联合政府的压力下松一口气。

因此，八月间，在布鲁斯站稳脚跟之后，尼克松决定建议停火。他定下的最后期限是夏末。后来的事实证明，这一决定具有深远的长期影响。提出的就地停火只是临时性的。一旦得以实现，接着就要举行结束战争的外交会议，我们可能在会上继续要求北越撤军。如果北越拒绝撤军，我们也可以在南越保留一支留守的部队。但是谁也不会真的相信这种可能性。现在战争还在进行，国会要求我们单方面撤军的压力却在增加。在这种气氛下，不论河内对它的军队采取什么措施，国会是不会允许我们在已经实现停火的情况下在印度支那维持驻军的。因此，在一九七〇年决定建议就地停火，这就预示着一九七二年达成的解决办法。就地停火的建议中就含有北越军队会在南方留下去的意思。如果我们没有能力以武力把他们赶跑，也同样不能通过谈判做到这一点。但是，就在我们提出正式建议之前，北越人又在讲话了。

阮氏萍女士的八点纲领

随着柬埔寨行动的结束，我在七月五日通过沃尔特斯向北越人递交了一封信，建议在七月二十五日以后的任何一个周末和黎德寿会晤。河内一如既往，一直到六个星期之后的八月十八日才作出答复，建议在八月二十九日和春水会晤。这次我们没有表现得像二月间那样迫切。会晤终于在九月七日举行了，这正是我们否决麦戈文-哈特菲尔德修正案的一个星期之后。

我秘密飞往巴黎，走的是现在已经走熟了的那条航线。我从安德鲁斯空军基地起飞，降落在法国中部布尔日附近的阿沃尔军事基地。这次我的主要助手是温斯顿·洛德，他参加了所有的会晤，而且负责为我进行准备；还有我的工作班子里的越南问题专家迪克·斯迈泽。我们一行乘法国总统的喷气式座机，前往维利亚库布雷机场，沃尔特斯将军在那里迎接我们。我们在他的公寓里住了一夜；他向他的女仆介绍我是基尔希曼将军（我的同事也都各有化名）。然后我们前往巴黎市郊舒瓦齐勒罗瓦区达迪路十一号的一所熟悉的小楼，去会见我们的越南对话者。

春水迎了上来，他的菩萨般的面孔满带着笑容，后面跟着一些熟悉的人物。有梅文蒲，他是北越驻巴黎的总代表；其他两名助手；还有一名译员，三年来他以同样的声调和在完全相同的句子上加重语气的方式，发表着同样的标准化的演说，已变得异常纯熟，岂不知他这样做的结果是快把我气昏了。

我曾告诉过尼克松，由于我们在柬埔寨采取行动的结果，我料想这第一次会晤，除了谩骂以外，什么内容也不会有；由于春水是我的对手，取得进展的可能性就更小了。如果河内想认真地谈判，就会派政治局委员黎德寿出场。但是，会晤时并没有谩骂，几乎没有提到柬埔寨，后来我居然能够向尼克松报告说："这类会议——包括和越南人举行的一切会议——以此次会晤的气氛最为友好。"他们似乎放弃了规定在六个月之内撤军的时间表的要求(后来证实这是一种幻想)。他们一再表示愿意继续举行会晤。春水甚至允许我说明我们提出的关于成立混合选举委员会以监督选举的建议。在举行关于越南问题谈判的这个遥远的地方，来自河内的谈判代表居然聆听我们的建议，可以算得上是一种进展；我于是得出一种天真的结论，认为春水可能会考虑我们的建议。

但是实际上情况没有什么变化。春水的讲话，以及他所得到的指令都仍是老一套。这个阶段的谈判是时断时续的，因此每一系列谈判的首次会晤总是极其友好的。(后来当河内到了认真进行讨价还价的时候，却使用了相反的手法；开始时的立场总是强硬的。)北越谈判代表企图以此为诱饵，诱使我们把所有可能作出的让步都端到桌面上来。下一轮会谈开始时，这些让步就又成为新的起点。

我的开场演说事先经过仔细推敲，但犯了所有谈判代表的通病，总是误认为凭自己的三寸不烂之舌就可以打破僵局。我用以前向尼克松提出我的看法时大体相同的言辞，告诉春水，我们正在接近一个三岔路口：

我再一次请求你们和我们一起走谈判的道路。这是符合双方的自尊心和目标的。我们认识到你们的猜疑很深，但是猜疑不会随着时间的推移而消失，因此斗争将继续下去。这就是战争的本性。

我们如果再不抓紧时间，谈判解决的可能性即将消失。错过这个时机，你们实际上就非得大动干戈不可了。我不想预测，你们对于得到我们支持而且自身的力量也得到加强的南越大动干戈，会有什么结果。我也不想预测，战争会打多久。但是，你们必须认识到，这样做会使同美国谈判解决越来越困难。

因此，现在时间还来得及，让我们走向谈判解决吧！

然后我说明，我们的立场有了两点变化；其中有一点是重要的，另一点只是装饰门面。我们的重大让步是，明确表示美军将在战后全部撤退，不留下留守部队、基地或顾问。为了装饰门面，我把我们在私下谈判中表明的立场同我们向公众表明的立场统一起来。四月间，我曾向黎德寿提出过一个在十六个月之内撤军的时间表。由于我们已经向公众表明，我们建议在一年之内撤军，我现在提交给春水一个十二个月的时间表。（我们仍然是在共同撤军的前提下谈论这个问题的。）我建议举行自由选举，由西贡、共产党和中间人士代表组成的混合选举委员会进行监督。我们并不想事先内定选举的结果。我说："我们无意干预由我们在这里一致同意的办法所造成的政治演变。"国际观察员也将起保证作用。

这些建议说来也有些荒唐。国内要求单方面撤军的压力每月都在增加，我们却在这里要求北越人最好现在同意共同撤军，免得以后我们以单方面撤军来逼迫他们。而且我们是在设法劝说一个极其教条主义的列宁主义政权把一辈子斗争的成败系于一场自由选举的结果，这个政权在自己的国家里从来没有冒过这种风险。

无论如何，春水无权对河内的立场作哪怕是很小的改变。而且他对我的外交辞令也不感兴趣。他在谈到他们要求美军在六个月限期内撤退时言语有些晦涩。十天之后我们了解到，这只是由于河内很快就要公布一项新的建议。春水没有花多少时间谈论撤军问题；凡是了解我们国会辩论情况和我国新闻界反应的人，谁也不会怀疑，要求单方面撤军的压力正在有增无已。他不同意我们任命戴维·布鲁斯为首席谈判代表，尽管在二三月间，黎德寿在每次会议上都申斥我们没有任命一位声望不相上下的人士来代替亨利·卡伯特·洛奇。现在春水却说，任命布鲁斯为首席谈判代表无非是结束了我们本来就不该造成的局面而已。这并不说明体现了对等的原则。

春水最感兴趣的是河内希望在南越实现的政治结构。尽管河内很希望我们快点离开越南，它却给我们指定了一项最后的光荣任务。我们在推翻所有曾经是我们盟友的领导人之前，不得离开越南。这些人包括阮文绍总统、阮高其副总统和陈善谦总理，而且不久还似乎包括了几乎所有知名的南越领导人。春水说，如果我们不推翻这个政府，“就不能达成协议”。春水无视过去和目前的经验，告诉我：“越南人爱越南人。在越南人自己内部寻求解决办法总是要来得容易些。”春水竭力否认北越在南方驻有将近二十万军队（此外在老挝和柬埔寨还有大量驻军）是为了施加压力；他说，北越在那里驻军是由于当地人民的自由选择。我开玩笑说，请他在战后到哈佛大学去开设马列主义讲座；他拒绝了，并说马列主义不是为了输出的。这一点在今天印度支那的居民听来真是一件奇闻。这些话当中最精彩的要算是那些一再重复的豪言壮语：“我们什么都不怕。不怕威胁。不怕打下去。不怕谈下去。我们什么都不怕。”会议结束时，我们同意研究双方的发言，并在九月二十七日再次举行会议。

但是，还没有等到下一次会议，共产党人就发表了一项新的和平纲领。在这次秘密会议之后十天，九月十七日，阮氏萍女士在巴黎公布一项新的八点“和平纲领”。春水事先没有给我打招呼，这很难算是河内谈判代表常说的“态度认真”的一种表现。显然，河内对宣传比对谈判更有兴趣。（在形式上，所有的建议都是由临时革命政府的所谓外交部长阮氏萍女士提出的。在河内占领南方之后，她被贬入教育部，并从此默默无闻，这说明了她真实的地位。）她的八点纲领要求美军在九个月之内，也就是在一九七一年六月三十日之前，全部无条件地撤退。这好像是一种宽宏大量，是把河内原先要求撤军的六个月期限延长了，但事实上这是一种倒退。原先的建议是在协议签订后的六个月，而阮女士的新纲领规定的九个月是从即日算起的，不论今后谈判出现什么情况，都得按时完成撤退美军的工作。一旦我们接受，即使河内把所有别的问题都弄僵了，我们仍不得不坚决执行这一期限。而且无条件撤退仅仅是一部书的上篇，下篇紧接着就是要我们在西贡成立临时联合政府。这个政府由三部分人组成：共产党的临时革命政府；主张"和平、独立、中立和民主"的中立人士；以及除阮文绍、阮高其和陈善谦以外的"真正主张和平、独立、中立和民主"的政府成员。至于谁是这些崇高目标的化身，当然要由河内来决定。换言之，河内提出的联合政府将包括河内自己的人；经挑选出来的中立人士；加上失去美国军事上的支持、从群龙无首的非共产党力量中挑选出来的残余分子。但是河内的职业革命家不想留下后患。阮女士说，这个完全是拼凑起来的联合政府，还只是"临时性的"；它的任务是和共产党的临时革命政府谈判一项最后的解决办法。我们先把自己的盟友推翻掉，然后由共产党占优势的政府去同共产党人谈判，决定南越的前途。

这就是河内演出的公正谈判一剧的结局。国内批评我们的人攻击我们没有接受河内的这幅蓝图是一种顽固的寸步不让的表现，只能归咎于我们嗜血成性，一味追求军事上的胜利。作为报答，河内同意不是释放我们的被俘人员，而是仅仅"立即着手讨论"这一问题，而在讨论过程中，他们肯定还会想出一些新的要求来。只有在我们同意所有其他条件——包括出卖我们的盟友——之后，才会实现停火。

在这种气氛中，我和春水于一九七〇年九月二十七日举行了会晤。由于总统正巧在那一天动身去罗马，我在前一天公开到达巴黎，同戴维·布鲁斯进行磋商，并同当时正在巴黎的南越副总统阮高其举行会谈。阮高其曾表示可能在十月间访问美国，这使华盛顿一下子慌了手脚。许多共和党众议员候选人，包括在一般情况下投票支持政府的人，都认为这位来自美国已经在那里牺牲了四万多人的国家的副总统访问美国，简直是大难临头，这表明了当时人们的情绪。为了打消阮高其的想法，我们做了不少细致的跑腿工作，而且提出一种替代的办法，由我在巴黎会见他。罗杰斯连这样做也反对，认为可能激起抗议者的愤怒。

我这次是公开到巴黎去的，这造成了一种新的事务性难题，因为我必须设法暂时销声匿迹一段时间，虽然外界已经知道我到了巴黎。和蔼可亲的迪克·沃森大使这时挺身而出，他表面上陪我驱车到市郊游览，等我们到了市区的边缘，我换乘另一辆车子，由沃尔特斯将军陪同我、洛德和斯迈泽到举行会晤的地点去。

由于上次会晤是我开的场，这次就轮到春水了。他的讲话证实，他确实研究了我们的以十二个月为期限的撤军时间表。他现在提出自己的时间表，它实际上就是阮女士的九个月的期限，而且对撤军作了具体安排，规定在头六个月内把剩余的大约三十五万美军，除留下两万人外，全部撤完。他的最后期限也是硬性规定在一九七一年六月三十日。即使在遗留的问题上，谈判完全陷于僵局，也得照办。春水对八点纲领略加解释。在美军撤退时，在美国和共产党军队之间实行“停火”；至于和南越军队的战斗是否会停下来，春水的回答是否定的。也就是说，一方面我们的盟友在挨打，另一方面却要求我们撤军。关于政府问题的那一点建议，并不适用于老挝和柬埔寨。至于政治问题，春水拒绝讨论混合选举委员会的问题。他坚持要撤掉阮文绍、阮高其和陈善谦。为了表示坚决，他这次还把曾当过总理的陈文香也包括在撤换之列。一年之后，我发现没有一个我所知道的政界人士是我们顽固的对手能够接受的。

在春水的讲话中，唯一的新鲜内容是，他颇为不祥地声称，要实现有效的和平，就要在比南越更为广泛的格局之内寻求解决办法。所有的邻国都必须成为“独立和中立的”。我问他指的是哪些国家，他举了老挝、柬埔寨、缅甸、印尼、澳大利亚和泰国。他说：“我们认为，这些国家应该走上和平中立的道路，以实现这一地区的和平。”（由于某种原因，新西兰没有包括在内。）我有点不信，就问他，越南战争是否要继续打下去，直到所有这些国家都成为中立国家。他缩回去了。他说，这只不过是河内的“心愿”。（实际情况是，截至撰写本书时为止，就老挝和柬埔寨而言，它已经如“愿”以偿，而且正在威胁泰国。春水还可能真是一位预言家哩。）

且不说河内对印度支那以外的地区如何野心勃勃，它在印度支那要求我们做到的是无条件投降和政治上背弃自己的盟友。它为我们撤军规定了硬性期限，不准任何知名的非共产党领导人参与政治活动，此外还要推翻现存的政府。这样一来，唯一可能的结局就是共产党接管，而且还要求我们配合。这不仅仅是一个我们不顾后果撤退的问题，也不是一个我们突然撤退而没有作出替代性安排的问题。问题是：我们单方面撤退是不够的；在我们撤退之前，我们必须进行一次政治改革，否则战争停不下来，我们留守部队撤退时的安全也得不到保证，而且我们也不能接回被俘人员。我们的难处在于：河内在一九七二年十月之前一直坚持这一立场，只要它这样坚持下去，就不可能谈判解决。一边是拒绝妥协的敌人；一边是国会中的反战运动，它既不承认河内是顽固的，也不支持我们采取军事行动迫使河内降低条件。我们在这两者之间左右为难。阮女士的公开建议，概括了我们在秘密会晤中听到过的内容。河内的“私下”见解和它的公开见解是一致的。

我在九月二十七日同春水会晤之后，深信就地停火这个处在萌芽状态的建议，会立即遭到拒绝。但是，由于政府中有许多人对它寄予很大的希望（了解秘密会谈情况的人为数极少），随着我们着手部署这项工作，政府内部的意见竟是罕见地完全一致。任何建议，只要能够使谈判脱离僵局，使报纸头版不再刊登批评我们的消息，哪怕只有几天不登也行，就会得到所有政府高级官员的赞同。十月四日星期日，尼克松访欧回国途中，在爱尔兰克莱尔郡的德罗摩兰城堡与罗杰斯、布鲁斯、哈比卜和我一起讨论他的停火演说的内容。会开得再乐观不过了，哈比卜认为北越人肯定会上钩。我根据同春水谈话的情况推断(这些情况布鲁斯完全了解)，有点不相信，但没有说出来。我想，总统的建议，最低限度可以暂时为我们减轻一下国内公众的压力。

会议结束时，戴维·布鲁斯作了一篇我从未听到美国谈判代表这样讲过的发言。他说，他已意识到，总统受到来自多方面的压力，要他作出让步；他不想在这上面再增加压力了，因为他认为总统打算发表的演说已经把话说到我们能够作出让步的极限了。他发现，由于谈判代表缺乏耐心，造成很大损失；而由于他们追求虚荣，损失甚至更大。他生性并不缺乏耐心，而且现在年事已高，不想追求虚荣。他愿意坚守这一建议。

演说将在十月七日发表，我们当即着手起草讲稿。在预定要发表演说的前一天，尼克松又演了一出他的拿手好戏。他突然来到白宫新闻发布室，向目瞪口呆的记者宣布，明天晚上他将发表“自从这场极其艰难的战争开始以来对这个问题作过的最全面的讲话”。他说话喜欢夸大其词，因而可以肯定几乎说不出任何和他事先的吹嘘相符合的话来。尼克松提醒聚集在一起的报界人士，不要进行猜测。他说完这番会引起人们进行猜测的话之后，就回到椭圆形办公室去，一方面为了新闻界中敌视他的人陷于狼狈和慌乱的境地而感到幸灾乐祸，另一方面又怕他的过于热情的讲话会促使新闻界走漏消息而感到忧心忡忡。

尼克松在一九七〇年十月七日的演说中，实际上提出了一个全面的纲领。若不是对手一心一意想夺取彻底胜利，它本来是满可以作为谈判基础的。尼克松建议就地停火，包括在整个印度支那停止轰炸。他建议举行一次和平会议，以结束所有印度支那国家的战事。他表示愿意就美军全部撤退的时间表进行谈判。他是在谈到共同撤军时提出这一点的，但是他故意用词含混，以造成进一步探讨的可能性。他请河内和我们一起，从南越人民的意愿出发，寻求政治解决。他提出愿意遵守双方一致同意的政治解决方案，但是拒绝了对方“显然无理的”要求，即要我们解散已经组织起来的非共产党势力，以预先保证共产党会取得胜利。最后，他要求双方释放所有的战俘。

这一次，关于越南问题的演说博得几乎一致的好评。参议院通过一项由参议员查尔斯·珀西和一些其他参议员联合提出的提案，把总统的新和平倡议称作是“公平合理的”。参议员富布赖特表示希望总统的倡议可能带来一次突破。参议员迈克·曼斯菲尔德说这篇演说精彩极了，他将“全力支持”。正在明尼苏达州竞选参议员的前副总统休伯特·汉弗莱把这项倡议称为“可靠、值得欢迎和令人感动的”。艾夫里尔·哈里曼这次也难得地表示赞同尼克松的倡议，但是再一次提出他一贯的看法，阮文绍政府对谈判僵局负有主要责任，应防止它破坏停火。众议院议长约翰·麦科马克把这项倡议说成是“及时的，而且在战略上和心理上都是有可靠基础的”。⑤

报界也异口同声地表示赞扬。十月九日的《纽约时报》称尼克松的主张为“重大的新和平倡议”。《华尔街日报》写道：“不论河内最终作出什么反应，总统事实上已经表达了一种深得人心和通情达理的立场，因而只有蛮不讲理的批评家才会反对。”通常反对总统对越南政策的《芝加哥每日新闻》写道：“总统急切地试图结束我国有史以来历时最久和最凄惨的战争，几乎持各种政见的美国人都理应全力给予支持。”⑥通常持反战态度的《圣路易斯邮报》在十月八日欢呼尼克松演说中的“意义重大而又值得欢迎的变化”，他的“颇具政治家风度的建议”，他的“建设性的”和“负责任的”讲话：“我们为此而赞扬他。”

但是好景不长。第二天春水在巴黎发表声明，立即拒绝了尼克松的建议。他甚至拒绝在全体会议上加以讨论。这样，关于越南问题的辩论的老一套方式再次出现了。先是提出了某种建议；它成为人们热情吹捧的主题；人们纷纷要求把它作为实现突破的一把钥匙。最后政府接受这种主张，虽然有时违背了自己的本意。河内于是加以拒绝。这项建议会立即从公众辩论中消失，然后另外一种逗人喜欢的计划又风靡全国。用不了几个星期，批评我们的人又会前来要求作出新的让步。新的花招是要求单方面规定撤军的期限，因为他们相信——虽然毫无根据——这是河内能够接受的。⑦另一个花招是联合政府。《圣路易斯邮报》在欢呼过总统的停火建议之后不到一个月，在十一月五日辩称：

共产党要求成立某种联合政府。他们打了这么多年仗，我们没有理由认为他们会满足于低于这样的要求。他们为什么不要求呢？我们认为，联合政府似乎会使双方都承担责任，也都接受权力，因而是避免尼克松先生念念不忘的战后的残酷报复的合乎逻辑的办法。

不幸的是，河内无意和别人分享政权。它要求的联合政府不包括我们的任何朋友在内。也就在十一月五日，艾夫里尔·哈里曼在全国广播公司的电视节目《今天》中声称，尼克松政府“并没有为达成协议进行过尝试”。

我们在进行空中打击的同时，派遣一支英勇的美军突击队，袭击了距离河内二十英里的山西监狱，因为人们认为，有六十名美国战俘被关押在那里。这一行动进一步激起了对我们的批评。这件事说明了制定政策应该遵循的一项基本原则：总统对什么事情也不能轻信，他的安全事务顾问就更是如此了。他们对每一项假设都必须查问情由，对每一种传闻都必须辨别真伪。听起来颇有道理的事件，并不每件都是真实的，因为提出行动计划的人总是有一种列举事实以支持自己的立场的心理倾向。十一月二十日，对山西监狱进行了袭击，计划周密，行动英勇，但是依据的情报却是极其错误的。这所监狱至少在三个月前就关闭了。我们知道有造成伤亡的危险，但是在决定动手时，所有的情况介绍都没有提到监狱可能是空空的。袭击失败之后，我才听说，有一名战俘曾经用密码写了一份情报说，监狱已在七月十四日“关闭”。军事分析家把这句话误解为，大门上了锁；由于认为这份情报无足轻重，没有送给白宫看。

这次袭击还留下了一个由于我的幽默感大发而造成的轶事。一个军官向我介绍袭击的情况时，为袭击失败而表示道歉。我对他说，不用道歉了。我还开玩笑说，美军突击队一定把一头小水牛给抢回来了，而且北越人一定在冥思苦想，弄不明白为什么我们为了抢一头小水牛而这样兴师动众。一心爱国的军官料想总统的安全事务顾问大概不至于完全胡言乱语，就向他的上级报告了我说的话。他的上级就开始寻找这头水牛。这时战场上的部队深信华盛顿已经精神失常；他们报告说，他们对绑走小水牛的事一无所知。五角大楼不肯相信我是随便说说的。于是发回一封电报，要求切实查明直升飞机上有没有水牛粪。这件事的全部经过都记载在一本书里。⑧

在袭击山西监狱的同时，有两百架飞机对北越的供应设施进行了为期两天的空袭。这次空袭有三个原因：分散北越对山西的防备；对北越断然拒绝我们的和平建议进行报复；以及使北越放松趁着旱季向南方运送物资的努力，现在运送的速度比上一年度快了一倍。国会和新闻界的义愤，仍同往常一样集中在美国采取的行动上，而不是集中在河内的挑衅行动上。中心内容有两条：轰炸从来没有发生过作用，这是“有事实为证的”；还有就是，政府又在欺骗公众了。对于当时许多热衷于进行关于越南问题的辩论的人来说，这种空中封锁的徒劳无功是不言自明的，但是在今天看来，情况远非如此。有大量证据说明，在一九六八年我们发动新年攻势时，河内快要打不下去了，但是又被我们单方面停止轰炸给救了。我敢肯定，一九七二年五月恢复轰炸，加速了战争的结束。一九七〇年我们进行的两天轰炸，由于摧毁敌人供应而赢得的时间，是否超过由于激起反对而失去的时间，这是已有定论的问题，但绝不是无足轻重的。当时人们斥责我们为了能够撤离越南而采取军事步骤，就好像这些步骤正在使我们的行动升级。

无论政府还是反对派都没有正确对待这次空袭。政府官员想尽一切办法避免激怒国会和新闻界，他们贬低我们这次攻势的力量，以一种别出心裁的说法（“保护性反应”）加以解释。闻到了血腥味的新闻界和国会故意装出惶恐不安的样子，以攻击他们富有煽动性地称之为好战的政府。虽然政府缺乏信誉主要是由它自己造成的，但是也有不小的一部分是由那些不留情面的反对派所造成的。这些人的出发点是，认为政府在战争中的所作所为，不可能具有道义上的依据，或服务于任何全国性目标。他们决心使正在竭力使我国从前任政府陷入的战争中脱身的现任政府丧失信誉。当时存在很深的偏见；有一位著名的高级教授很严肃地对我说，这次策划对山西监狱的袭击是为了引起一些战俘被杀害，以便为战争升级制造借口。

到了一九七一年一月十九日，克拉克·克尔的争取越南问题政治解决全国委员会，又同尼克松在十月一日发表演说以前一样地活跃起来了。以前这个组织曾经大声疾呼说，美国提出停火建议实为和平的关键；现在我们提出了建议并遭到对方悍然拒绝，但是这个组织却并不认为我们应该坚持立场，因为对方是没有道理的。相反，它现在要求美国单方面在越南停火。它不认为河内拒绝我们的建议是由于本身的顽固，而认为是由于我们袭击了山西监狱，进行了保护性反应的空袭，以及没有延长圣诞节停火的期限。它硬这样说，而无视事实上早在这些事件发生之前，春水就已经拒绝了我们的建议。它认为，应该由美国作出进一步的让步，以软化河内的僵硬态度。克尔的委员会写信给总统说：“在今后几个月中，如果我们要想改变对方反对停火的态度，并不断对他们增施压力，迫使他们最后通过谈判达成协议，那么，外交努力是至关重要的……我们仍然深信，经过一番积极的外交和政治努力，最终是可以达成这样的协议的。”该委员会没有为这一信念提出任何论据，而我们倒掌握着大量的反面论据。

制定一项战略

到了一九七〇年末，我们面临着一项危险，我们对越南的战略可能会发展成只是就我们单方面撤军的速度进行的一场辩论。甚至在政府内部，人们也普遍感到厌倦。经常存在的压力使每次即使是最小规模的军事行动都成为对政府信誉的考验，还要无休止地出席各种国会委员会作证，再加上新闻界——有的怀疑，有的敌视——不停地进行调查；所有这些情况都在某种程度上使我们不可能实行一项有连贯性的战略。任何谈判方案，如果不是和某种力量均势的计算方法有关的话，简直不可能使那些冷酷无情的河内决策者接受。批评我们的人认为，由我们作出所有的让步以及善意和灵活性的表示，是理所当然的事情，而很少要求对方拿出诚意，并且从未坚持过这种要求。但是在谈判过程中，我们越是不断作出单方面让步，河内就越是想等待一下，看看我们日益严重的厌倦心理会使我们对它的立场作出什么新的让步。

由于国内的压力，我们不得不作出单方面让步，其中之一就是，在一九七〇年秋天，我们把撤军时间表提前了。尼克松在一九七〇年四月二十日宣布，在十二个月之内撤军十五万人。他有一个用意，那就是在实际撤军的日期上，保留了最大限度的灵活性。总统在四月二十二日发布书面训令，肯定了他的意图，即在一九七〇年余下的时间里，最多只撤军六万人；这就使我们从十月到第二年五月的旱季里（旱季的时间因地区而异）有个缓冲。河内就是利用旱季通过胡志明小道运送物资的；共产党的攻势都是在二月以后发动的。总统采纳了艾布拉姆斯将军的意见，想把大规模撤军推迟到一九七一年，以防止再发生一次新年攻势，并有效地使用这支最后的得力的战斗力量，以防不测。但是，由于国会施加压力，要求削减五角大楼的预算，也由于压缩征兵数额这一政治上的需要，我们没有能够实施尼克松的训令。莱尔德在八月二十日写信告诉我，“我们继续受到”预算的“严密限制”。他说，因此，艾布拉姆斯将军、我们的太平洋司令部以及参谋长联席会议“向我提出了”一份撤军的时间表，要求在一九七〇年内撤军九万人，其余的六万人在一九七一年五月之前撤完。

我在八月二十七日把这份备忘录转给了总统，并指出它的“严重含义”。备忘录所规定的数字正和总统的训令以及他对阮文绍的承诺相反。参谋长联席会议的“建议”是出于财政上的考虑，而不是战略上的选择。我说：“建议加速重新部署兵力，实际上会抵消我们在柬埔寨的军事行动对于我们的撤军时间表原来可以带来的好处，而不能利用这些好处作为通过谈判实现和平的杠杆。”

起初尼克松坚持原议。我在九月四日给莱尔德写了一个便条，告诉他总统坚持按照原来的时间表行事。但是这是一场我们注定会输掉的战斗。到十月，莱尔德显然在按照他自己的财政上的考虑行事。他从来是什么也不怕的。他建议在十月十二日星期一五角大楼的例行新闻发布会上宣布提前撤军的消息。这时，我只好认输。阮文绍对于我们这次一百八十度的大转弯处之泰然，因为他早已明白，对于我们国内莫名其妙的变化，争辩是没有用处的。他只是指出，为了接替撤走的美军，他不得不把原来派驻在柬埔寨的一支特遣部队撤回越南。把那支部队派驻在柬埔寨，原想是用来保持公路的畅通，并使共产党在那里重建庇护所陷于困难境地。因此，我们是在把自己的国内问题转嫁给西贡，而西贡又把它的困难转嫁给金边。最后金边成了大家的困难的受害者。

这年秋天，表面上似乎平静，却迫切需要制定一项结束战争的战略。由于受到在国会选举中出现的意外挫折的影响，尼克松在十一月又回过头来要重新恢复他原来在一九七一年宣布的几乎是全部撤军的计划，同时对北越进行封锁并恢复大规模轰炸。我仍然怀疑，这种强行迅速解决的尝试能否奏效。我们骤然撤军，即使不会弄垮南越政府，也不会破坏越南化的前景，却会给河内一种我们急于求成的感觉，因而封锁和轰炸将收效甚微。河内会全力以赴地顶住，并且寄希望于我们国内的喧闹来制止我们的军事压力。我对总统说，即使从政治观点来看，他现在的问题是，在一九七一年撤退不如在一九七二年防止越南局势的崩溃为好。

尼克松和我在一九七〇年十一月花费了许多时间来制定一项比较切合实际的战略。我们不得不制止这种没完没了地在撤军速度问题上要花招的状况。我建议，在目前这批要撤出的军队于一九七一年五月撤完之后，我们再宣布一次大幅度撤军，也许是在六个月之内撤出十万人。这样仍能保证南越在预定十月举行的总统选举的整个期间处于安全状态。在那以后，在我们留下的军队只有十八万人左右的时候，我们将继续相当频繁地宣布小量撤军，直到一九七二年夏天达到留下五万左右的志愿留守部队为止。这五万人将一直留到协议达成。我们将视情况在一九七一年的某个时间，宣布美国不再参与地面战斗。我们还将在一九七一年的某个时间向北越建议较快地撤军以换取停火。如果遭到拒绝，我们也会了解到，我们将在一九七二年面临一场攻势。这样，战争的结局将取决于南越人是否能够在美国空中力量的帮助下，抵挡住这场进攻。因此，和平终将在一九七一年底或一九七二年底实现，或通过谈判，或由于南越的垮台。

然而，要使这项战略奏效，完全有必要在这期间尽量削弱北越。我们在柬埔寨的行动已经至少把河内的后勤供应计划推迟十五个月；我们希望，我们赢得的每一个月的时间，都会使南越人的力量得到加强。我们寻找各种办法，消耗河内的供应，进一步推迟它发动攻势的准备，并在一旦发动攻势时进行抵御。如果我们认真要实现越南化，我们不得不顶住国内的反对，同时在三个方面进行努力，一直到西贡能够自力更生。这三方面的努力包括：撤退美军；迅速加强南越军队；以及逐步削弱敌人。*

* 顺便提一下，韩国处境远比南越有利，但是即使在停战二十五年之后，也从未有人要求从那里全部撤军。

尼克松和我在一九七〇年十一月制定的战略，实质上在一九七一年和一九七二年得到了实施，而且也产生了效果。在麦戈文-哈特菲尔德修正案规定的日期之后的一年多时间里，我们终于撤完全部军队，而且我们是在没有推翻一个盟国政府的情况下做到这一点的。*

正是为了推行这项战略，导致我们一九七一年在老挝采取了军事行动。

我们在老挝的军事行动

北越的公开讲话咄咄逼人，这表明必然还会有一番较量。例如，在一九七一年一月二十一日第一百次全体会议上，春水嘲弄了我们在十月七日提出的停火建议。他随意引用了美国反战人士的话（这是惯用伎俩），要求我们对阮氏萍女士的八点纲领作出积极反应。北越党报《人民报》在报道中央委员会全体会议消息时，号召进行不懈的战争努力，不论战争如何“残酷”和“旷日持久”。

在一九七〇年的最后两个月里，我请政府中和我的工作班子里的专家，就今后两年军事和政治的前景作出估计。

在一九七〇年底，河内显然需要在一九七一年花费大部分时间来保护、扩大和重建它的供应系统。预计河内将在一九七二年发动重大攻势，以便对我们的总统选举施加最大限度的影响。高级研究小组在一九七一年一月十五日举行会议，试图比较确切地预测南越人在一九七二年会面临的局势。我们的研究结果表明，如果美国撤军和敌人的供应工作都以目前的速度继续下去，即使我们继续在柬埔寨和老挝拖住敌人，南

* 有一件我们未能预见到的事情，就是水门事件的惨败。正是这一惨败损害了政府的权威，大量削减了援助，致使南越财源枯竭，并使国会通过了各种禁令，使我们在北越无故违反和平协议的情况下，不能采用强有力的办法使和平协议得以实施；这些情况最后决定了南越的命运。

越人也还是可能短缺八个营的兵力，不能满足它进行抵御的需要。（用系统分析的行话说，这叫做“营亏缺”。）如果河内在一九七二年发动攻势之前，在老挝和柬埔寨获得决定性胜利，亏缺就会是三十五个营。

共产党的战略是依靠游击部队和正规部队（称为主力部队）互相配合，打击对手。如果我们集中力量对付游击队，敌人的主力部队就会占领南越的许多地方。如果我们去对付主力部队，游击队就会在乡村捡便宜。只要游击部队和正规部队之间的联系能够被割断，西贡就能集中力量对付其中之一并相当迅速地占了上风。我们在柬埔寨采取军事行动之后，直到一九七二年，在南越的南半部的战事实际上已经停止；而且即使到了一九七二年，战事也从未恢复到以前的猛烈程度。驻在柬埔寨的北越师正忙于重建和保护在柬埔寨的庇护所；他们只不过是越过边境，在离边境不远的地方进行一些骚扰性袭击。在北部地区，主力部队和游击部队之间的联系继续存在，北越的供应线较短。绥靖的进程相应地是缓慢的。

按照我们的统计，正是在这个地区，出现了部队人数不足。但是数字没有真正反映出问题的性质。问题不仅仅在于数字，而在于部队驻扎的地点。南越军队的组织形式是：有四个军区，每个军区驻有两个师、一个空降师、一个海军陆战师，以及作为战略后备力量的各种别动和特种部队。由于柬埔寨行动的胜利，在南越南部的第三、四两个军区，有多余的部队（行话称为“营盈余”）可以对付各种可以预见的意外事件。在北部地区，尽管在柬埔寨和老挝，战局处于僵持状态，我们预料会出现较大的部队人员的不足。

但是，我们不能用把南部的“盈余”部队派到北部地区的办法来解决我们的问题。除战略后备力量外，所有的师都不得擅离它所驻扎的军区，而且，一般认为南部的各师不适应于在北部的中央高原和非军事区附近作战。这是有几方面的原因：各师的兵员都是从驻地招募来的，士兵的家属就住在营地附近，经验证明，一旦转派到家乡以外的地方去，这个师就会很快出现开小差的现象，士气也会低落。（北越在一九七二年发动攻势时，我们把在湄公河三角洲战功卓著的第二十一师转派到不到七十五英里以外的西贡地区，战斗的结局是很凄惨的。）此外，进行这种重新部署，必然会遭到有关军区的指挥官的反对，而他们都是西贡政府赖以支撑局面的人物，他们认为——事实确是这样——他们在首都的政治势力和他们所统帅的部队数字是有某种关系的。南越指挥官对于能够经得起多大伤亡，也是担心的，尤其是当附近的家属认为这场攻势是不必要的时候。由于所有这些原因，对统计数字的分析不能完全说明战略上存在的问题。实际上，我们可以用来弥补北部地区的人员不足的只是一支可供调遣的战略后备力量。

如果上述分析是有道理的，就可以得出两点结论。如果要使越南化计划有成功的可能，就必须使柬埔寨和老挝不被共产党接管，而且必须使敌人的旱季后勤供应的进程放慢下来，或者如有可能，制止这一进程。一种明显的解决办法就是，在整个一九七二年旱季中在越南保留一个额外的美国战斗师，作为战略后备力量。在它的保护下，第一、二军区的绥靖进程将会加快，从而使南越各师腾出手来在一九七三年抵御敌人主力的进攻。由于我们国内的情况，不能考虑采用这种解决办法。因此，我们的问题只是，怎样弥补这八个营的亏缺，是靠加强南越，还是靠削弱北越，特别是要靠破坏他们的后勤供应来削弱北越。

这就是为什么我们想发动一场联合旱季攻势的原因；它可以破坏共产党的后勤工作，弥补预料一九七二年会存在的营亏缺，以及促使河内有进行谈判的愿望。一九七一年冬季也是美国战斗部队参战的最后一年。虽然我们兵力的重新部署以及我们国内的情况，使我们不能使用美军来发动攻势，但是我们的军队可以担任固定的守卫任务，以使南越军队腾出手来进行破坏性的进攻。

我对在一九七一年展开旱季攻势的想法极表赞同，因为政府各部门面对国内的风暴，无所作为，态度冷淡。当白宫负责制定对越南政策时，它们从来没有对官僚特权有过什么抱怨。政府各部门都非常希望白宫能负起责任，来对付国内必然会掀起的喧闹。我作为国家安全事务助理，认为有责任不是消极地等待灾难的降临，或者不过是凭着最有利于自己的假想去进行赌博。河内恢复供应工作的速度比去年快一倍，因此应发动一场战役，尽可能长期地削弱河内的进攻力量，以便使我们获得一定程度的安全。由于可能每年都要遇到这种破坏性的攻势，河内亦可能愿意谈判。

最初，我认为展开旱季攻势最好的地方是柬埔寨。我的用意是，动用西贡的战略后备力量以及守卫边界的一个师，消灭北越在柬埔寨的供应和部队，并摧毁正在增长的柬埔寨共产党的基础。这样做会消除南越南半部的后患，还会压制仍在发展之中的红色高棉，而且也许会使朗诺政府控制住大部分国土。阮文绍将能把他的战略后备力量转移到北部去击退共产党在一九七二年发动的进攻，或者是在北越的后勤准备工作在第二年得到充分发展之前，再发动一场破坏性的攻势。甚至会有可能把一个正规师调往北部，进行绥靖。

我们在柬埔寨采取行动的有利之处是，几乎肯定可以得到成功。在柬埔寨的北越军队仍然主要忙于遏制朗诺的军队；柬埔寨共产党还没有强大到可以自立的程度。北越几乎没有可供调遣的后备力量；北越部队不能像在越南时一样在柬埔寨人民中藏身。柬埔寨位处北越供应线的末端，因而不能大量得到补给。而且一项人人都可以看得见的胜利会加强南越的自信心，并在心理上起鼓舞士气的作用，从而为在一九七二年几乎必然会发生的摊牌作好准备。我的这一设想有个缺点，那就是它只是间接地解决了我们一九七二年在战略上最大的隐患，即北越可能在中央高原或越过非军事区发动进攻。

总统接受了我的建议。经他同意，我派艾尔·黑格和一个国家安全委员会工作班子到越南去，研究这方面的可能性。黑格回来时报告说，邦克、艾布拉姆斯和阮文绍都认为发动一次旱季攻势是完全必要的。但是，他们提出的想法比我的要大胆得多。他们建议，在老挝境内靠近非军事区的地方割断胡志明小道，一举击溃敌人的后勤供应。

在老挝南部茂密的丛林中，在这块河内曾经在一九六二年的日内瓦协议中正式承认其中立地位的主权国家的领土上，北越近十年来已经建立起一整套复杂的通道，把兵员和供应品源源不断地运进南越。胡志明小道实际上是由全长一千五百多英里的许多通道和一个密密麻麻的小道网组成的。这个系统的中心是一个小小的省城车邦，所有的小道都汇集在这里，而且供应品和人员也从这里渗入南越。驻扎在胡志明小道的大约有四万到五万北越后勤部队，以及保护它的守卫部队。活动从每年的十月开始，到第二年的五月结束。这时雨季开始，道路泥泞，无法通行，北越部队通常在这个时候隐退，等下一个旱季时再出动。

共产党利用胡志明小道在一九六六年到一九七一年期间至少把六十三万北越部队、十万吨食品、四十万件武器和五万吨弹药或相当于六亿发子弹运送到南越。自从西哈努克亲王被推翻、西哈努克城的港口遭到关闭以来，河内几乎完全依靠胡志明小道向它在南越的部队提供后勤供应。

黑格转达艾布拉姆斯将军的意见说，如果能够不让共产党使用胡志明小道，或加以有效的破坏，哪怕只有一个旱季的时间，河内在南越(和柬埔寨)发动重大攻势的能力将会无限期地遭到很大的削弱，如果不是丧失殆尽的话。因此，艾布拉姆斯提出了一个大胆的计划：由美国军队在南越非军事区附近，朝西一直到老挝边境，建立封锁阵地。北越在一九六八年的新年攻势中曾经严密包围过溪山这个重要的道路枢纽和简易机场，从那时起我们已经放弃了这个地方；这次我们将重新攻克溪山。美国炮兵将转移到老挝边境。精锐的南越第一师将沿九号公路越过边境进入老挝，奔赴车邦，并沿着暴露的北翼建立防御性火力点。当这个师正在路上时，空降师将占领车邦机场，并与从陆路开来的坦克纵队连成一片。整个进击行动将用四至五天时间。旱季的其余时间将用于封锁小道，并破坏据认为设立在这条小道上特别是在车邦附近的后勤中心。战役如果成功，我们会赢得至少两年时间，因为敌人将需要一年时间来重建后勤结构；如果南越在后来接着发动破坏性攻势，那么敌人需要的时间也许会更长。

至于柬埔寨，艾布拉姆斯提出了一个比我原来设想的规模要小的作战计划。他将调用第三军区的一个南越师，越过边界，进入北越正在建立新根据地的朱普橡胶园。由于第三军区的指挥官是公认为南越最精明强干、最果敢（同时也是最腐败）的指挥官杜高智将军，艾布拉姆斯颇为自信，认为可以最大限度地破坏河内在柬埔寨的后勤结构。这两项计划都深得参谋长联席会议的赞许。

在纸面上，这是一种很出色的构想。事态证明，它的主要缺点在于，和越南的现实完全不相符合。在越南以外的地方，南越师从未对顽强的敌手展开过重大的攻势，而在越南境内，这种情况也很少。这次他们这样做，将没有美国顾问的帮助，因为库珀-丘奇修正案不准美国顾问参与其事。这项修正案甚至禁止美国军官指挥我们的战术性空袭，从而严重地削弱我们进行空中支援的力量。华盛顿并不知道，越南部队几乎没有会说英语的受过训练的地面控制人员。每逢提出要求空中支援，必须通过双方指挥部从上到下的各级机构，因此费时很多。从根本上说，在老挝这次行动中，南越师还没有能力承担这样复杂的任务。南越的高级指挥部也没有足够的经验，可以同时进行两项重大军事行动。最后，车邦正处在河内最容易得到增援的地方。它的战略地位使北越能够从北越和南越同时调兵。

肯尼迪总统在一九六二年曾经要我向固执的西德总理阿登纳介绍刚刚上任的美国政府的一些军事思想。阿登纳对于肯尼迪这一辈的政治家总觉得不放心，对麦克纳马拉提出的战略原则甚至更加怀疑。在我讲得滔滔不绝的时候，他突然打断了我的话，问我怎么知道我介绍的情况是确实的。我回答说，是一位将军告诉我的。总理又问，这位将军是否身穿军服。我说记不清了。他于是建议我请那位将军穿上平民服装把他介绍过的情况再说一遍；如果我仍然感到是这样的，就再告诉他。

这一带有讽刺性的意见本来应该使我们在一九七一年受益不浅。但是，相反地，由于这种大胆的设想，由于西贡和华盛顿负责制定政策的人们的看法一致，由于在柬埔寨的行动得手的影响以及由于形势可能发生决定性的转折，使我们头脑发热。不久，精力已经不是花在仔细分析形势，而是花在部门之间耍弄手腕上面。尼克松政府就是依靠这种办法作出决定的。

尼克松决定不再像上一年在柬埔寨问题上那样，一个人承受批评的担子。这次他要让主要的内阁官员都来参与决定，迫使他们承受不可避免的公众批评带来的一些压力。但是，他的决心还没有大到想同时应付罗杰斯国务卿以及莱尔德国防部长的程度。尼克松因为不愿对他的下属发号施令，而且认为罗杰斯可能是最难对付的，因此想出一个主意，先设法让莱尔德处于提出尼克松所喜欢的建议的地位，然后让国防部长在国家安全委员会里成为维护这个计划的人。所以他认为花费时间召开一系列会议是值得的；每次会议讨论的主题都完全一样，但每次会议都增加一个与会者——有的是尼克松事先不知道其看法的，有的是他认为可能表示反对的。其道理是，任何难对付的人，对于受到总统支持的一种一致意见，都更有可能顺从，但如果出现大家自由发表意见的场面，可能性就不那样大了。到一月末，我至少听过三遍内容相同的情况介绍，几乎感到厌烦了。尼克松装腔作势的本事十分高明。他每次听，总是兴致勃勃，好像是第一次听到这个计划。他提出的问题——每次都是同样的问题——包含有疑问、向往和赞许的成分，颇为得体。其目的是要向新参加会议的人表示他这位领导正在注意聆听，而且颇为赞许。而由于所有其他人都已同意，只有很倔强的人才会坚持反对立场。没有人这么试过。

因此，黑格先向总统报告他的印度支那之行，这次有我在场。然后尼克松又请参谋长联席会议主席汤姆·穆勒出席，拉他入伙。黑格在十二月二十三日向尼克松作了内容相同的报告，这次有梅尔·莱尔德在场。穆勒没有流露出他事先接触过这事的样子，表示支持在老挝采取行动的计划。尼克松表示，他同意在柬埔寨的朱普橡胶园采取行动，对于割断胡志明小道的打算也颇为赞许。他请莱尔德在一月初到东南亚进行计划中的访问时，再研究一下这一想法。

莱尔德总是瞻前顾后，他深知国内反战压力高涨，但是他也赞同采取可以减少撤军带来的风险的行动。他也许已经通过他自己的秘密渠道从穆勒和艾布拉姆斯那里听到一些关于可能在老挝—柬埔寨采取行动的风声。不论出于什么原因，莱尔德支持割断胡志明小道的想法，认为这样做可以为我们赢得至少一年的时间。他认为南越军队在没有任何美国地面支持的情况下，首次展开重大攻势，会明确地证实，越南化取得了成功。尼克松深感宽慰，原则上批准了这两项计划，只待莱尔德即将进行的访问结束后，再作审议。

莱尔德自一九七一年一月五日开始进行他的访问，与此同时，五角大楼和西贡都在继续进行策划，但其他高级官员都毫不知情。莱尔德回国后，尼克松于一月十八日在椭圆形办公室再次召开会议。参加者除十二月二十三日那次会议的与会者外，还有罗杰斯和赫尔姆斯。和以前一样，唯一毫不知情的重要人物是罗杰斯，他将面对他的全体同事结成的联合阵线。赫尔姆斯无足轻重，因为他作为中央情报局局长，是不提出政策方面的建议的。尼克松根据以往的经验可以认为，赫尔姆斯在表示了他的看法之后，不会公开加以宣扬。召开这次会议的托辞是听取莱尔德的访问报告。

莱尔德的表演无懈可击。他花了很多时间谈论越南化的技术性问题、即将举行的越南总统选举、泰国军队在老挝的表现以及监视在柬埔寨运送装备情况的必要性等。他实际上谈到了除旱季攻势外所有可以想象得到的问题。在听他讲话的人们完全失去戒备之后，莱尔德才把话题转向旱季行动，但是他首先谈到的却是旱季行动对加快撤军速度的影响，据认为这正是罗杰斯关心的问题。在莱尔德讲话的整个过程中，尼克松一直在作出赞许的表示，有时也装作惊讶的样子提点问题，逐渐把谈话引入预定的范围。

但是莱尔德并没有马上点题。他向罗杰斯描述了南越在柬埔寨的一次小规模行动，四千名南越军队士兵参加了这次行动，以打通从金边到出海口的四号公路；他逐步向罗杰斯提出了旱季战役的想法。然后他说明南越打算摧毁在朱普橡胶园的根据地的计划，而且很恰当地把它比作和前一年对柬埔寨袭击相类似的计划。由于莱尔德已经说明，不派美军参与行动，因此谁也没有表示反对这个计划。时间过去将近两小时，我们还是没有接触到问题的核心。这时尼克松宣布休息十五分钟，也许是为了欣赏一下他的顾问们表现出来的不寻常的和谐。

当会议重新开始时，莱尔德终于提出攻打车邦的想法，并出示了地图。他指出，第一阶段将从一月二十九日左右开始，美军占据南越境内沿九号公路的阻截阵地，并重新占领溪山作为挺进基地。第二阶段将从二月八日左右开始，南越部队沿九号公路蛙跳式地进入老挝。

这时轮到唯一剩下的没有事先与谋其事的主要官员表态了。罗杰斯的反应几乎就是四个星期之前莱尔德反应的翻版。他自我安慰地说，伤亡数字不会增加很多，并表示支持莱尔德提出的计划。他坚持说，要力争行动获得成功，这是至关重要的。莱尔德和穆勒明确表示有充分的把握。赫尔姆斯以前也没有参加过会议，而且他的意见对于尼克松来说并没有决定意义，但他却成为认真提出问题的唯一顾问。他指出，拟议中的行动在过去曾多次考虑过，但总是由于过于困难而遭到否决。后来我听说，四年之前，当时我们在越南的指挥官威廉·威斯特摩兰将军曾认为，这样的行动需要使用美军两个军的兵力。虽然这时他仍是参谋长联席会议成员，但却并没有在一九七一年向白宫提出过这种看法。

大势已定。尼克松初步同意着手执行。我制定了日程表，从一月十九日开始举行华盛顿特别行动小组会议，首次在各部门全力配合下制订详细计划。

这种精心策划的方法之所以成功，是由于尼克松对他当时所选择的战略有清醒的分析，他勇敢地面对现实，认识到除非采取某种步骤使北越不能增强其力量，否则第二年南越的局势会发展到确实危险的地步。发动旱季攻势的想法是正确的，尼克松果敢地下令执行。但是，尼克松的办事方法有毛病，这一点很快就显出来了。由于把过多的时间、精力和才干都用在设法使高级顾问意见一致上面，忽略了对计划的缺点或对如何使其他的政府成员遵守纪律的问题进行研究。替魔鬼辩护是没有用处的。尼克松在每次会议上，为了得到可能反对他的人的默许，会提出许多修改，以致最终把他设法实施的复杂计划吞噬掉了。由于所有内阁成员都很关心国内对美国行动的反应，在每次策划在老挝的行动的会议上，尼克松总是同意削减参战的美军人数，并对我们的行动加上新的约束。这些步骤就个别而言可能是次要的；但是积累起来的影响在实际上——尤其在心理上——就很可观了。这种影响遍及各级指挥部，给战场上的指挥官必然带来踟蹰不前的感觉；他们必须把精力既放在他们的主要工作上，也得放在这些约束上。而他们的主要工作正是：在战场上取胜。

总统不能以执行决定时的犹豫不决来消除一项有争议的决定带来的灾祸。在使用武力时必须认真体会俾斯麦的一句名言："政治家在进入战争之初，本来振振有词；到了战争结束时，他的理由听起来却不那样有道理了。这样的政治家，大难将至矣！"领袖的根本抉择在于是否批准使用武力，如果他决定使用武力，他证明自己正确的唯一办法就是取胜。疑虑不能拿来作为为失败解释的理由。执行中的缩手缩脚会使对方占到便宜。失败者尽管失败得不厉害，也不会受到赞誉。总统一旦决定使用武力，就别无选择，只有以最大的决心付诸实施，并把这种精神传达给所有执行这一决定的人。任何国家对于无意坚持到底的军事冒险或外交行动一定不要鲁莽从事。

在处理比较直截了当并可以通过一次像我们在柬埔寨那样的果敢行动就获得解决的军事问题时，尼克松治理国事的办法是行之有效的。在派遣一名可靠的同事，带上一个短小精干的工作班子，采取有目的的单枪匹马的外交行动时，例如打开对中国的关系，关于越南问题的谈判以及对付苏联的各种外交行动，这种办法也是有效的。在需要进行长期军事努力时，如在老挝；或者当外交行动过于复杂以致国家安全事务顾问办公室处理不了时——例如印巴危机——就会出现困难。在这种情况下，由于缺乏一致意见或者甚至无法达成谅解，也不可能实现连贯性和承担义务。在作出关键性决定时被排除在外的部门很可能会指责说，这是官僚机构在一意孤行。如果只有极少数人了解总统的意图，而其中又只有一部分人同意这些意图，往后就会在争吵、分裂或(通常是徒劳无功地)试图执行纪律上花费过多的时间。虽然主要原因在于总统复杂的个性，但我作为这些办事程序的组织者和原动力，当然也对其中的缺点负有责任，正如我曾经由于政府的成就而受到过也许是不恰当的赞誉那样。

一九七一年所发生的情况是，一旦罗杰斯遭到他手下的专家们的竭力反对，十二月二十三日和一月十八日两次会议上政府各部门的一致意见马上就烟消云散了。到了一月二十一日，事情已经很清楚，国务院裹足不前了。在华盛顿特别行动小组的会议上，副国务卿亚历克斯·约翰逊开始表示反对，但并不否定原来的决定，而是使它迟迟不能付诸实施。这是约翰逊拿手的官僚手腕。拖延的办法是，坚持要事先得到老挝首相梭发那·富马的同意。

这是一个古怪的论点。北越悍然违反两次日内瓦会议的协议，占领老挝部分领土已达十年之久。他们实际上占领了沿边界线的全部领土以及老挝南部的大部分地方，作为在越南作战的后勤基地。多年来老挝政府的法令在南部都是无效的。原来的人口就很稀少，而且都已被北越赶走了。我们轰炸胡志明小道至少已有五年之久，梭发那只是予以默许，但没有正式表示同意。熟悉梭发那的人都不会不知道，他欢迎我们的行动，但又不敢表示赞同，因为这会使他无情的邻国得到一个进一步升级的借口。这位领导人手下的官员都不能进入自己国家的南部，而且在北越进逼北部的情况下他只不过是在苟且偷生；设想我们进攻一个以南越为目标的后勤基地的合法立场，还需要得到他的赞同，这个想法真是太离奇了。只要稍稍熟悉梭发那的人都不会不知道，他会欢迎这一行动，但不会希望事先有人找他商量。他宁愿采取的立场，正是西哈努克对于轰炸庇护地区的立场。由于没有老挝官员在南部，他不了解情况，因此不能为任何一方的行动负责。

结果是，我们和在万象的大使馆文电往来，商量怎样去和梭发那谈这件事，花费了好几天；而这当然正是提出这一想法的用意。使我们的官员中至少有一些人感到十分失望的是，我们驻老挝大使麦克·戈德利报告说，梭发那可能给予默许，只要我们不断把情况告诉他。我们指示戈德利，设法获得更为具体的赞同。梭发那深知，他的国家的生存，有赖于北越的失败，他再一次使反对我们在老挝采取行动的人大失所望。只要这次行动的时间不超过三个星期，他就给予有条件的同意。我们又把戈德利派回去，更正式地提出这个问题。但是梭发那懂得他的国家的利益所在，拒绝违背良心说话。不论试探他多少次，他都不表示反对这次行动；这就意味着，他心里是欢迎这次行动的。

事情变得很明显，国务院反对的不仅是程序上的问题。罗杰斯和我谈过几次话，他的意思已很清楚。因此，我向总统建议，请他克服那种不愿意和自己朋友争辩的心理，再召开一次国家安全委员会主要成员的会议。会议预定在一月二十七日举行。

会议举行之前，在一月二十五日，我和海军上将穆勒一起，审议了军事计划。我提出——也许已经太晚了——一些令人担心的问题。如果割断胡志明小道可能起艾布拉姆斯所认为的那种决定性作用，北越将会顽抗。他们甚至可能正等着这个机会来挫败南越。而且车邦位处交通枢纽，可以很快地从北越和南越调兵增援。我们能让南越承担起多大的伤亡风险？他们的作战还能维持多久？考虑到南越师的机动化程度极低，补充兵员从何而来？这些师正在进行有史以来最艰苦的作战，在这个时候，他们第一次失去美国顾问和美国空袭指挥官，会有什么反应呢？而且在这种新的指挥程序中，我们能够肯定我们的空中支持会是充足而又及时的吗？如果目标如此重要，我们是否应该加强我们的空中力量呢？我向尼克松提出一份备忘录，其中包含有这方面的问题，以备和穆勒进行研究之用，并安排好在一月二十六日和他们两人会见。

事实上，尼克松没有按照我的建议明确地提出问题，但是他以自己婉转的方式设法谈到了所有的问题。穆勒在作出保证时语气是坚定的。如果敌人顽抗——他们很可能这样做——美国空中力量将封锁整个战场，并造成难以恢复的重大损失。如果敌人不顽抗，他们的供应系统就会被摧毁。这次行动会保证越南化获得成功，并增强我们加速撤军的能力。割断敌人供应，会有助于柬埔寨政府争取生存的斗争。总而言之，可能会产生“决定性的”后果。

万事俱备，尼克松在一月二十七日和他所有的高级顾问——罗杰斯、莱尔德、赫尔姆斯、穆勒、黑格和我——进行会晤。和往常一样，会议的一半以上时间是用来谈论无关紧要的问题的，如怎样就美国在柬埔寨的空中行动提供证词；对于南越采取小规模行动，打通柬埔寨的四号公路，应该如何对待公众的反应；总统在去年六月曾发表谈话，断然放弃除以封闭通道为目的外的美国在柬埔寨的战斗行动，其确切含义是什么；按计划将在柬埔寨的朱普橡胶园采取的行动。

如此这般地谈论了大约一小时，总统请海军上将穆勒报告关于进攻车邦的计划。穆勒的报告大体上和他向总统作的汇报内容相同。穆勒讲完后，尼克松也不能再拖延下去了；总得让罗杰斯出头露面。罗杰斯谈话异乎寻常地有力，他认为这次行动风险太大。敌人有关于我们计划的情报。仗是肯定要打的。当我们在越南驻军五十万时，我们不肯采取这种军事行动，因为我们当时认为力量不足，但是现在我们却要求南越来采取这一军事行动。如果西贡遭受挫折，我们会有把前一年的收获全部丢光的危险，而且在这个过程中，可能动摇阮文绍的地位。然后他以不太能说服人的口吻，提出需要得到梭发那赞同的问题。他认为，由于这次行动，老挝首相很可能被推翻。

除了最后这一点，罗杰斯的话是击中要害的。不幸的是，尼克松简直就不认为他的国务卿的头脑是清醒的。去年讨论在柬埔寨采取行动的问题时，他听到过类似的反对意见，但是那些预料中的可怕的意外情况，一次也没有出现。至于军事上的把握，他相信艾布拉姆斯和穆勒的话。他听戈德利说，不论梭发那公开可能采取什么立场，他是持同情态度的。因此，他下令立即执行朱普行动以及车邦行动的第一阶段计划。（第一阶段是指由美军守卫通向老挝边境的九号公路。）但是他也命令海军上将穆勒研究，是否可以不调用空降部队进攻车邦，或者进攻而不由美军负责空运。（这里的问题在于：运送南越军队的直升机在着陆时是否构成库珀-丘奇修正案所禁止的“在老挝的地面战斗”。）熟悉尼克松的人都应该懂得，一旦他的话说到这个地步，就再也说服不了他。他既然下令执行第一阶段计划，就必定会下令执行第二阶段计划，不论他在最后下令之前需要费多大的周折。但是，并不是全体与会者都了解尼克松的。连穆勒这样的老搭档也不能肯定，尼克松实际上已在那一天下定了决心。他要求进一步研究空降部队行动问题，给人以犹豫不决、举棋不定的印象，在军事系统里逐级下达的时候，一定会被人夸大。

又一次军事行动即将开始，这自然激起国会和新闻界的反对。六十四名众议员在阅读了关于美国为了支持南越在柬埔寨的行动而进行空袭的报道之后，在一月二十一日提出一项法案，禁止动用经费为在柬埔寨采取的任何军事行动“提供美国的空中或海上的战斗支持”。显然，他们的说法是，河内有权拥有不受干扰的庇护所，以便从那里进攻我们的盟国，并在金边建立共产党政府。参议员乔治·麦戈文和马克·哈特菲尔德，以及另外十九名参议员，重新提出了拟议中的从越南脱身法案；由于已经过去了一段时间，法案要求在一九七一年十二月三十一日（而不是六月三十日）撤出一切美军。

随着老挝行动的第一阶段开始，国防部要求，并得到华盛顿特别行动小组同意，把军事调动的情况向西贡报界进行介绍，但规定不供发表；这样就可以既保密，又防止报道上的失真和差错。事实证明这是一种天真的错误。官方的情况介绍反倒使走漏消息日益严重。西贡记者团可能不发表这些消息，但是他们可以自由地把基本事实告知他们在华盛顿的同事，而后者是不受约束的。华盛顿记者团和电视网的表现是不同凡响的，他们不仅竭力暗示，盟国即将在老挝采取行动，而且把禁止发表消息本身也当做一条大新闻来报道，说这是欺骗和隐瞒的罪恶阴谋。

不久就发表了社论。《纽约时报》和《洛杉矶时报》在二月三日对计划中的行动表示不安。《华尔街日报》在二月五日也参加进来，而且不甘落后的《纽约时报》又补登了一篇社论，强调指出，想切断通过老挝的供应线是必然要失败的，因为可以割断的东西实在少得可怜。《纽约时报》的统计家显然和中央情报局的统计家不一样，后者曾经估计，在这次旱季里，有一万八千吨物资已经通过车邦。许多别的报纸也加入了大合唱。国务院在二月一日以艾布拉姆斯向西贡记者团介绍情况时采用的同样的原则向共和党参议员乔治·艾肯介绍了情况，结局是一样的，不到二十四小时，消息就传出去了。

对于尼克松来说，这一切真是使他太容易回想起一九七〇年关于柬埔寨的经历了。而这次和一九七〇年一样，他缩回到他的贝壳里，寻求他认为支持他的政策的顾问们的支持。我在二月一日向阿格纽、康纳利和米切尔介绍了关于老挝行动的情况。我向他们详细陈述了正反两方面的意见，包括我自己赞同这次行动的倾向，以及罗杰斯一月二十七日发言的详细摘要。正像我们预料的那样，他们赞同进行这次行动，实际上找他们来正是由于这一原因。第二天上午，二月二日，我交给罗杰斯、莱尔德和赫尔姆斯一份长达五页的备忘录，其中列举了正反两方面的意见并包括了罗杰斯一月二十七日的论点；我请他们发表意见。没有人发表意见。尼克松在当天下午五点会见了罗杰斯、莱尔德、赫尔姆斯、穆勒、黑格和我。没有人发表新的论点。

那天深夜，在白宫聆听过歌唱家贝弗利·西尔斯的演出之后，我又见到了尼克松。这次会见若不是翻阅日记我早已忘却了。日记中说，我建议他再次研究一下拟议中的行动，不论这次行动无疑地在军事上是多么有利。人们对这次行动已经不会感到意外；我们的政府内部也存在着明显的分歧。尼克松似乎很轻松，他好像对于和苏联人举行最高级会谈更加感兴趣。

但是，尼克松一旦走上一条他认为是坚实可靠的道路，一般是不肯知难而退的。二月三日，也就是第二天上午，他对我说，他决定继续干下去，并情愿在国内和对苏关系上蒙受损失。然后他召见米切尔和康纳利，他们都劝他进行下去。从十二点半到下午两点，海军上将穆勒和我在我的办公室里向参议员约翰·斯坦尼斯介绍情况。尼克松信步走了进来，把我们三人都带到他自己的办公室去继续商谈。斯坦尼斯也认为这次行功是有道理的，这时尼克松下令“执行”。我把这道命令扣压了几个小时，以便再一次由华盛顿特别行动小组进行研究，并再一次和总统商谈。到了下午六点，我把总统的决定通知了总统的主要助手们。

南越军队在二月八日越过老挝边界，开始了第二阶段的行动。参议员托马斯·P·奥尼尔，以及三十七名联合提案人，在二月九日提出了一项法案，不仅禁止美国直接干涉老挝，而且也禁止美国对在老挝的任何军事行动给予任何支持。我们开始演希腊悲剧中的又一场戏，使我们这次全国性辩论的每个参加者，都按照自己的逻辑，造成了全国性的瘫痪状态。老挝行动的目的在于既保存了南越的生存机会和我们的国际信誉，又使我们能够更快地从越南脱身。这场辩论的主题是，我们的动机是什么：每年撤军十五万的政府是否可能具有取胜的决心（胜利一词早已变成一个附加词）；既对盟国履行义务，又要结束战争，这种努力是否实际上是一种为了无限期地把战争继续下去而使用的托辞。在整个这段时间里，国会通过的决议像潮水般地涌来，千方百计扼杀一切灵活性或行动上的自由。

“兰山 719”军事行动

这次行动是在将信将疑的情况下构想出来的，并受到各方面的非难，然后又在一片混乱的状态中付诸实施。不久后，情况就清楚了，我们多次聆听过的、说得头头是道的宏伟计划，只不过是参谋人员的纸上谈兵，而不是军事现实。作为访问过越南的人，我有这样的印象，那就是：越南化计划取得的最确定无疑的成就之一，就是我们把介绍军事情况的技术传授给南越人了。我把这种介绍情况戏称为“痴人说梦”，其实质是，用大量事实，以无比自信的口吻，把听众弄糊涂，使他能够跟得上、听得懂就算万幸。在一系列图表、示意箭头和统计数字的潜移默化的影响下，他失去了就内容提出疑问的机会。他从杂乱无章的材料中总算提炼出一个问题来，并深感自豪，因此也顾不上去坚持要求一个有道理的回答。

南越的作战计划是经过我们的军事指挥员批准的，而且无疑是研究过的。这项计划明确地预测，会迅速地切断小道系统，接着系统地破坏整个后勤结构。但是从一开始，就可以清楚地看出，南越师没有受过必要的训练来进行“兰山 719”行动所要求的那种大胆进攻。南越人把这次行动称为“兰山 719”。* 他们擅长在南越进行静态防御；他们的进攻行动通常是为了绥靖的目的在农村进行无阻挡的扫荡。这次他们被送到

---

* 兰山是北越的地名，在古代，越南人曾在那里打败过中国人。

异国，而且第一次失去美国顾问和美国空袭指挥官的帮助，却被送去和主要供应基地就在附近的可怕的北越师对阵。他们小心翼翼地开展行动，这招致北越人采取事先摆好阵势的打法；正如我在二月二十二日向海军上将穆勒指出的那样，北越人是擅长这种打法的。我提醒说，如果南越人继续采取这种防御策略，他们可能会被赶出老挝。

至于我们，到了一九七一年，我们在西贡的指挥部专心致志于下列工作已近两年之久，即既要重新部署兵力又要防止出现灾难。诚然，就在老挝行动正在付诸实施的时候，要求指挥部撤军六万，它简直是难以兼顾：既要撤军，又要执行进攻行动。它保持了沉默。而南越的作战指挥部就设在离车邦五十多英里的一个安逸的永久性基地上，它没有建立特殊的指挥结构，以进行有人向华盛顿报告说是“决定性的”行动；它没有试验过，究竟南越的空中指挥官是否能够代替美国的空中指挥官。等到我们发现许多南越人不会说英语时，已经为时过晚。因此，没有经过考验的南越师失去了大部分原来的计划赖以控制战局的空中支持。由于一切照常进行，这次老挝行动不得不和在印度支那进行的其他任务争夺财力。不可避免的结果是，我们的努力受到了挫折，而且对于出现决定性转折所寄予的希望也破灭了。

第二阶段行动在二月八日开始后，我们日益明显地看到，只是在每天早晨一位不幸的参谋长联席会议的上校向我介绍情况时，事情才和原来的计划有相似之处。当事情变得不妙的时候，通常的办法是，设法不让政府最高级官员知道，希望问题会消失。这样做的理由是，让华盛顿知道过多的原始事实可能使人惊慌失措。但是问题并未消失。无法掩饰的现实是，南越部队在渗透达到八至十英里时，简直就是止步不前，并挖掩体以自保。我们无法知道他们在干些什么，是在切断供应线，搜寻贮藏物，还是在坐等北越的进攻。

军事指挥官和大多数政府官员一样，总是喜欢对自己的计划作出很大的许诺。尽管这次军事行动已经明显受挫，在二月八日至二十二日之间，在六次不同的场合，有人向我提出保证开进车邦的新日期，但都没有实现。我于是在二月十三日开始要求海军上将穆勒指示艾布拉姆斯将军“把南越部队的实际流动情况和每个阶段完成的时间同原计划”进行比较，“并说明二者差异的原因”，以便对形势作出评估。艾布拉姆斯将军一直到二月十六日才作出答复，提出一些主要和敌人防空炮火有关的技术原因，在一个外行人看来，这些问题在原先制订计划时本来是可以预见得到的。艾布拉姆斯最后乐观地表示：“我相信最初规定的任务终将完成。”

但是在后来的四天里，情况没有发生很大变化。从战场上传来乐观的报告，但远与战斗中明显的僵持的局面不相一致。一直到三月十八日这一军事行动结束时华盛顿才发现，阮文绍总统曾在二月十二日命令他的指挥官在向西推进时要小心从事，而且规定一旦伤亡达到三千人，就立即停止全部军事行动。由于可能有河内的人打进了南越的高级指挥部（河内对南越高级指挥部内情的了解比我们清楚得多），他们一定知道这一情况，因此能够采取旨在造成最大限度伤亡而不是争夺地盘的行动。我们如果事先知道有过这样一项命令，白宫就决不会批准这个车邦计划。

我在二月二十日再次要邦克提出他和艾布拉姆斯对形势的估计，我补充说：“在我看来，我们必须明确认识到，这次行动的目的不在于夺取地盘或给养，而在于尽可能破坏和切断这条小道本身。”为此，艾布拉姆斯和邦克拜访了阮文绍和他的参谋长高文园将军。邦克大使就这次谈话提出报告说：“结束谈话时，我们两人都感到，毫无疑问，南越军队是坚定的，他们决心把这次行动进行到底。”就在那一天，我由于放心不下，要求黑格亲自到越南去作现场判断。但是由于莱尔德和穆勒都表示反对，这个想法没有实现。他们两人认为，白宫派专人去，等于表明对艾布拉姆斯缺乏信任，这一点他们不能赞同。

二月二十三日那天，正好穆勒不在华盛顿，按照资历，威斯特摩兰将军代理了参谋长联席会议主席的职务。我趁这个机会，要求举行一次情况介绍会，实际上我是想听听威斯特摩兰的看法。根据参谋长联席会议的规定，白宫只能同联席会议的主席打交道，而不能同个别参谋长打交道。因此，以前我们没有机会直接找威斯特摩兰。

威斯特摩兰看起来就像是美国军官的标准形象：身材修直，面貌英俊，态度认真。他和许多同事一样，在投身越南战争之初是满怀着自信和乐观的，但是只落得个茫然和沮丧的结局。他接受了军官手册中没有过先例的各种限令，去对付采用我们的军官学院没有教过的战略的敌人，不久就陷入自从南北战争以来一直是美国指挥官的致命伤的困境：以后勤代替战略。

除道格拉斯·麦克阿瑟这样的难得而明显的例子以外，当代的美国将军们总是宁愿依靠投放大量作战物资来耗垮敌人，而不是依靠大胆地打击敌人；依靠优势的物力，而不是依靠高超的谋略。在这方面，他们反映了我们非军事化的、以技术为中心的社会的偏向。但是，对付一个只有按他自己的条件才肯打的敌人，消耗战是不能取胜的。越南的地形条件、游击战的特性、庇护地区的存在，这一切加起来，使威斯特摩兰不能像他所设想的那样耗垮他的对手。相反地，隐身在居民之中，并能够选择出击时机的北越人，却耗垮了我们。然后就是一九六八年的新年攻势，虽然这是北越在军事上的一次惨败，却成了一次心理上的胜利，使我们走上撤军的道路。（为了公正起见，必须强调指出，威斯特摩兰是在受到政治限制的情况下进行工作的，这些限制使他不能采取任何可能被证实具有决定性作用的重大部署——例如，在一九六七年就封闭胡志明小道。）

不论威斯特摩兰失败的原因是什么，那些曾经勉强受到公众赞扬但后来又由于没有起到应有的作用而受到公众责骂的人们所受过的怠慢，他算是经受住了。不论谁出了差错，都会变得湮没无闻，而且因为只是功亏一篑才没有青史留名，这种湮没无闻的滋味就更加令人难受。威斯特摩兰坐在陆军参谋长豪华的办公室里，考虑着购买军火的问题。由于他的职位，他享受着延期退役的待遇，但是他没有受到制定政策的人们的理睬。他曾英勇地指挥过这场战争——虽然并非常胜，但从来没有人征求他对这场战争的意见。关于拟议中对车邦的进攻，没有单独征求过他的意见，虽然有人告诉我们，他和参谋长联席会议的其他成员一起表示过同意。

我在二月二十三日会见了威斯特摩兰，他的看法很悲观。他认为投入老挝行动的兵力不够充足；他自己曾经认为需要用四个师美军的兵力才能拿下和守住车邦；南越投入的兵力连两个师都不到。而且他还认为，正面进攻不是破坏小道系统的最好办法。他建议从溪山抽调空降部队进行打了就跑的袭击，以便在多处切断小道。这样可以使共产党的供应系统陷入最大限度的混乱，而且，为了达到我们的目的这样做所冒的风险亦小得多。即使威斯特摩兰对他的继任者有一种天然的偏见，他的话在我看来还是很有道理的。

莱尔德和穆勒却不以为然，他们的理由是，在考虑计划的时候，威斯特摩兰并没有表示反对。他们深信，艾布拉姆斯如果知道他的前任在放马后炮，一定会感到不高兴。他们坚持战场指挥官享有自主权这一空洞原则。但是指挥理论不能解决我们的根本问题，即弄清我们要破坏共产党供应系统的目的是否正在实现。我们的行动无疑产生了一些效果。在战斗中消耗掉的给养在较远的南方将得不到补充。关于找到贮藏物的报告，不可能全属虚构，虽然人们不能不注意到，和上一年在柬埔寨的行动相比，声称找到贮藏物的那种炫耀劲头要差得多了。

除此之外，事情就难讲了。每天都有人告诉我们说，正在切断小道。但是沿着小道的自动感应器却报告说，在某几段小道上，运输量还是不小的。每天早晨向我汇报情况的参谋长联席会议的上校辩解说，这是因为在战争的压力下，敌人加紧在小站之间往返运送给养。我觉得这话说不通。事实真相可能是，给养的运送速度放慢了，也被消耗掉了；

但并没有中断。

对战役进行病理学研究是件有趣的事情，其中有一个题目，那就是：判断追求目标到什么程度就成为盲目迷恋了。对拿破仑来说是莫斯科，对德国人来说是凡尔登和斯大林格勒，对英国人来说是加利波利。这些地方在战役的原定目标早已达到之后，还像磁铁一般吸引着日益增多的物力。车邦的情况也是一样，只是规模小得多了。我在二月二十四日向汇报情况的军官提出了三个问题：（一）为什么我们要进攻敌人有准备的车邦呢？在更往南的地方不是也可以切断小道吗？（二）为什么我们不绕过车邦往西推进，并发动一次直升飞机的进攻，以切断二十三号公路（和泰国边界平行的一条公路）？（三）如果我们决心拿下车邦，为什么不投入更多的后备力量？他们的答复只是把原定的行动计划重复一遍；他们告诉我的是我们正在做些什么，而不是为什么要这样做。

到了二月末，北越调动四万多人的兵力投入战斗，这个数字比我们得到的报告中预测的可能数字要大得多。* 西贡的兵力，由于各守一方，却没有什么变动。我在华盛顿特别行动小组二月二十三日的会议上指出了这一危险，并且质问当时代表参谋长联席会议的空军将领约翰·沃特，继续从正面进攻车邦究竟有什么道理。他回答说："收到的报告没有说是什么道理。"由于事实真相是捉摸不定的，要解释我们的政策已经成为一件令人难堪的事。我开始怀疑，甚至连五角大楼也不了解情况。

我在三月一日通过秘密渠道直接发电报给邦克，表示关切：

自从这次行动开始以来，总统收到了关于对计划进行各种修改的报告，这些修改是由南越部队所面临的一系列非常实际的困难所造成的。

---

* 我曾经和伊扎克·拉宾谈论过这次在老挝的行动。他是以色列在六日战争中的英明的参谋长，当时任驻华盛顿大使。他预测北越的反应会是，从南越临时抽回几个师并从南方发动进攻，而不是像我们料想的那样从北方发动进攻。事实证明他说对了。

他从报告中发现，战场上的情况以及有关的作战报告和预测的情况之间是有距离的。具体地说，我们发现自己处在下述境地：

（一）最初向总统汇报说，在开始进攻后四至五天内，南越部队将攻克车邦；

（二）到了二月十五日，总统被告知说，由于天气、给养问题、九号公路上的情况以及敌人的抵抗，会把实现这一目标的日期推迟八至十天；

（三）然后，总统又被告知说，车邦已不太重要，因为一切通过车邦的公路都已在车邦东南的地方被切断了；

（四）然后，又告知总统说，将修改兵力部署，用两个团的兵力沿九一四号公路和北面高地的一根位于西北方向的轴线发动进攻，其目的在于攻克车邦。

自从收到上述各种看法的有关情况以来，战场上的情况并没有证实我们有能力完成这些任务。这种情况很自然地在这里引起了对整个行动的前景的关切。使我深感关切的另一个因素是，当敌人显然已经投入全部力量的时候，南越部队投入这次行动的力量却是有限的……

我们将尽最大的努力来固守城池。但是我们必须知道我们所面临的情况。如果我们不断在事实面前遭受挫折，惊慌情绪恐怕是无法避免的。

但是，我们在西贡的指挥部在六年的战争中收到焦虑不安的文职官员拍来的这种劝说性电报已经不计其数了。他们的倾向是不理会那些头脑发热的华盛顿决策者们，继续坚持下去；过去用这种办法度过了许多危机，现在又何必要改变做法呢？邦克在三月三日拍回一封安定人心的电报，叙述了阮文绍和高文园对于胜利有献身的气概（但这并不是我们的问题）：“在这种行动中，人们不能拘泥于事先形成的关于理想做法的设想。必须保持足够的灵活态度，以适应可能由于天气、地形或敌人战术的变化而造成的千变万化的情况。”这个说法是无可指摘的，但是却并不解决我们的严重关切；这种关切不在于做法方面，而在于：我们不论采用什么计划，究竟在多大程度上是在破坏敌人的集结呢？他的结论似乎使我们放了心：“艾布拉姆斯将军和我都相信，如果我们坚持我们的方针，在柬埔寨和老挝的行动定将影响敌人在南越的活动以及我们原先设想的撤军行动。”

后来有几天，情况似乎有所好转。在一些南北越部队交战的战役中，北越人勉强退让了(如果我们得到的报告是可信的，情况至少是这样)。在三月三日朝车邦方向发动了新的进攻，到了三月六日，南越人逼近目标简直到了已经可以声称攻克的程度。但是不久，人们发生怀疑，他们要攻克车邦只不过是为了可以不丢面子地从老挝全部撤退。到了三月八日，艾布拉姆斯告诉我们说，已经占领车邦地区的南越指挥官认为他们的任务已经完成，急着想要撤退。

这个要求和我所理解的关于这次行动的任何设想都是背道而驰的。没有理由为了占领一个偏僻的老挝小城三天去冒这样大的风险。这次行动的全部用意在于：破坏北越的小道系统，使它不能在旱季的大部分时间里被使用，并毁坏一切找得到的贮藏物。我在三月九日提醒邦克注意这个问题，于是他和艾布拉姆斯再次拜访了阮文绍，他们得到了一项更加令人迷惑不解的澄清：阮文绍没有从老挝撤军，他只不过是在轮换他的部队。他将撤走他的战略后备力量，但是会用新的部队补充上去。这些新的部队将用几个星期的时间搜索贮藏物，然后将沿着九一四号公路通过六一一号共产党根据地朝东南方向撤退，并摧毁沿途的共产党供应系统。

有两个因素使我产生怀疑。阮文绍没有明确告诉我们他说的是哪些新部队，而且我们也不能想象出来可能是哪些部队；我们肯定没有听说过有什么新部队。过去十多天来，我们一直要求他把第一军区的另一个师——第三师——调来。阮文绍拒绝了，他认为——尔后一年的情况发展证实他的看法是正确的——第三师不是久经沙场的北越人的对手。那么，补充兵员从何而来呢？参谋长联席会议每天早晨派来向我汇报情况的那个可怜的上校成了我嘲讽的对象。他每天对我宣读官方的情况，但是大量事实却证实南越人实际上在撤出老挝。他们甚至没有提出任何托辞，说明他们为什么试图通过六一一号根据地撤出。我们不了解具体情况，但是南越人的伤亡已经达到阮文绍规定的限额：这次行动已经结束，虽然他们不告诉我们。

这时，我坚持要派黑格去亲自了解情况。莱尔德也已经发现情况有些不对头；他急于要别人分担责任，于是很快就同意了。同时，我在三月十八日通过秘密渠道向邦克拍了一封电报：

> 我希望阮文绍懂得，他不应把美国总统的信任这笔本钱随意挥霍掉。而且这可能是他得到大量美国支持的最后机会了。

到了三月十九日，黑格抵达越南，消除了所有的幻想。他报告说，经过三个星期的连续战斗，两个南越师的指挥官已经不想把这次行动再继续下去了："我视察第一兵团之后深信，当前的问题已经不是能不能增派援兵和留在老挝不走的问题，而是迫切需要使南越军队懂得，必须在美军密集火力掩护下，以一种有秩序和战术上稳妥可靠的方式撤退出来。"

在那几天里，南越就开始大规模从老挝撤军。除曾经出现过一些惊慌失措的士兵抓住直升机的降落装置不放的个别不光彩的电视镜头以外，南越人脱身的方式总的说来还是过得去的。即使在最理想的条件下，白宫也难以作出不偏不倚的判断。这些镜头更使这种可能性完全破灭，而且华盛顿消息闭塞，加上这次行动偏离原计划很远，以致无法及时获得其他不同的事实真相。

对柬埔寨的朱普橡胶园的进攻也同样没有结果。在杜高智将军指挥时，曾经取得一些战果，南越军队中像他这样进攻意识很强的指挥官还是不多的。但是杜高智在二月二十三日因直升机坠毁身亡，这次行动就使南越人陷入那种他们所特有的小心谨慎的状态之中，反而招致了它企求避免的那种后果。这次战斗行动逐渐停息了，尽管在柬埔寨的一个城镇斯努附近受到一次局部的严重挫折。

一九七一年的旱季攻势是个分水岭。它标志着美军在印度支那参加的——即使只是作为支持者——最后一次进攻性行动。它显然没有实现我们的全部希望；但它也并没有完全失败。像在越南问题上经常遇到的情况一样，事实真相是介乎政府的宣告和批评家们的谩骂这二者之间。对车邦的进攻给北越后勤集结造成破坏的程度，还不足以阻止河内在一九七二年发动攻势。但是它延缓了这场攻势，使它推迟好几个月，一直到旱季快结束时才开始，而且把攻势最大限度的波及面限制在离北越最近的一些地区。一九七二年敌人进攻的主要锋芒来自非军事区的那一边，河内在那里作战，供应线最短，受到柬埔寨和老挝的行动影响也最小。北越人在一九七二年越往南打，力量就越小，因为在前两年，我们的行动破坏了他们的庇护地区和供应系统。事实上，南越地面部队和美国空中力量的结合，使我们能够勉强地缓冲一下北越在一九七二年发动的攻势。如果不是由于进攻老挝和柬埔寨造成对敌人的消耗的话，这本来是不可能办到的。在我看来，一九七〇年和一九七一年的两次战役，在一九七二年拯救了我们。

同时，对老挝的进攻远没有达到我们的期望。原因有好几个。我们的计划工作人员对于南越人的作战情况的了解，远不如对于我们自己来得细致。如果动用的是美军的兵力，我们的计划工作人员绝不会采取这样重大的行动去进攻北越，勉为其难地把战争进行下去。由于来自华盛顿的各种压力，我们在西贡的指挥部已变成了专门负责重新部署兵力的总部了。这一次突然要求它对于分别在两个相距很远的战区进行的复杂进攻行动加以监督，同时又要按照一个它也不以为然的时间表撤军。法律还禁止它派遣自己的地面人员随着南越军队前进，哪怕只是为了协调我们自己的空袭行动，也不允许。由于预算遭到削减，我们空军出动的架次也受到限制。我们在西贡的指挥部做事又很死板，它没有打破常规，从而保证决定性的行动可能获得成功。华盛顿则按照习惯性思维方式办事，它更多地注意对付国内批评它的人们的抨击，而不是对付战场上敌人的攻击。

至于南越人，在老挝的行动暴露出他们的许多老毛病。他们的计划大部分都是抽象的，在计划中亦毫不考虑当地情况，一味生搬硬套我们的指挥参谋学校中教的东西。我现在回想起来，甚至怀疑南越人是否真正理解我们的目标是什么。我们的目标当然不是车邦或其他地理上的战利品。我们的目标是在整个旱季延缓北越的物资和后勤运输，以便减弱一九七二年攻势的锋芒，因为那时美军只剩下一部分部队了。后来才了解到，阮文绍所要求的似乎是立竿见影，而不是长期的战略。最重要的是，南越人的军事组织中存在着传统的弊病。他们后备力量薄弱，除防守性战役外，经受不起重大伤亡。每个指挥官都懂得，他的政治势力的大小部分地取决于他所指挥的部队的力量和士气，因此对于这笔本钱倍加爱护，似乎不愿为很长远的目标蒙受损失。南越人这次打得比以往出色，但是不容否认，没有产生效果。一九七一年的旱季攻势，没有像我们希望的那样制止河内在一九七二年发动的进攻，但是几乎可以肯定这次进攻的势头是被削弱了。当时的情况是，我们很可能在下一年又会面对另一次重大的军事上的挑战。

向华盛顿进军

就在这个时刻，公众抗议这只不甘心休眠的野兽——它是我们的噩梦、麻烦，而且很奇怪地也是我们的动力——又跳了出来。在目标一致的情况下，国内辩论的主题谈到的是策略方面的问题；即使在目标不一致的情况下，为了实现某些更宏大的目标，对立的观点有时也会找到共同之处。但是，如果对根本的前提没有一致意见，这时反对的不仅是观点而且是动机，争论就可能带有内战的性质。

在老挝问题上，“信用差距”* 与其说是政府的缺陷，毋宁说是反对派手中的武器。反对派故意追逼政府，以致受到困扰的政府官员不是作出一些后来被证实为谬误的预言（著名的预言“隧道尽头的亮光”是观察和判断上的谬误，但不是谎言），就是对于事实闪烁其词。这种情况又被滥用于破坏对政府提出的目标的信任。要求完全公布事实的呼声永无休止，但是却无法满足，其部分原因是华盛顿难以得到事实真相，如在老挝的行动；另一部分原因是只有甘冒失去成功的可能性的风险，才能够公布军事或外交计划中的某些成分。此外，许多批评者要求的当然不是事实真相，而是政治斗争中的炮弹。他们常常要求政府把他们已经得知的机密的内部情况公开发表。

有人在反战纲领中要求共同撤军，这已经是很久以前的事情了。在两年前，有人要求我们象征性地单方面撤军，以表示诚意。从那时起，已撤出数十万美军；美军不再参加地面战斗的日子就在眼前了。但是批评者现在要求我们无条件地规定一个最后完全撤军的日期。不久他们就会提出要把阮文绍撤掉，换言之，就是要接受河内的条件。

《华盛顿邮报》——它是一份反战言论比较激烈的报纸——在二月二十六日甚至反对尼克松说过的一句话：“只要还有一名美国战俘被北越扣留不放，我们的军队就要留在南越。”他们没有把这句话当作是一种转弯抹角的说话方式，其实美国不会留下留守部队（这是几个月前已经在秘密谈判中作出的让步）。相反地，倒把它看作是承担了无穷无尽义务的表现。《华盛顿邮报》写道：“这也等于承认，尼克松政府并没有一个单方面的、不变的计划，以保证美国从这场战争中脱身出

---

* 指政府官员的言论与事实不符。——译注

来……”但是要单方面地、一厢情愿地结束战争，只有无条件地接受敌人的条件；如同河内明确表示过的那样，单方面撤军达不到这个预期的目的；它只会使河内继续扣留我们的战俘。通常支持我们的《华尔街日报》在三月三日也加入了大合唱。它分析政府在战争中追求两个目标——撤出美军以及保证在西贡的政府是一个非共产党的政府。同时它提醒说，后一目标虽属可取，但不应抹杀撤军的必要性。《密尔沃基日报》在三月四日以更为生硬的方式表达了同一观点：“只要我们待在那里一天，南越人就会依靠我们。他们的军队是世界上最强大的军队之一，如果他们现在还不能自立，那就无可挽救了。美国不能再继续忍受这场血腥的、悲惨的和不道德的战争在国内造成的挫折和混乱状态。”

不久在国会中也反映出这些观点。从老挝的行动开始到结束，国会通过的决议不下五个，其目的都是在于限制总统对于发动军事行动的决定权，禁止为在柬埔寨和老挝的作战行动支付费用（我们的所有研究报告表明，这两次行动在越南战争中起了关键作用），或者为无条件撤军规定期限。参议院民主党政策委员会在二月二十二日一致通过决议，要求在一九七二年十二月三十一日以前从印度支那撤退一切美军，包括空军和后援部队。参议员沃尔特·蒙代尔和参议员威廉·萨克斯比以及十六名联合提案人一起，在二月二十五日提出一项法案，禁止美军在未经国会“事先的和明确的”批准的情况下，支持对北越发动进攻。这项修正案的意义不在于它对政府的意图加以约束，而在于它设法以法律形式使此时此刻正在派军队肆意蹂躏所有邻国的那个国家享有豁免权，从而也就使它没有任何必要把自己的防务力量关在家里。

从老挝撤军之后，新闻界和国会的压力都增大了。从四月一日到七月一日，参众两院一共进行了十七次表决，其目的在于限制总统指挥战争的权力，或者为单方面撤军规定期限。（这使全年此类表决的总数达到二十二次。）参议院在六月二十二日以五十七票对四十二票通过了参议员曼斯菲尔德提出的“参议院的意见”提案，宣称“美国的政策是尽早结束在印度支那的一切军事行动，而且只要美国战俘获得释放，所有美军将早日撤出，撤军期限为法案付诸实施之后的九个月之内”。虽然这种“参议院的意见”提案，一般并没有法律上的约束力，但这项曼斯菲尔德提出的提案却说明我们在越南问题上的悲剧：反对派不愿为自己的观点承担最后的责任，但是却会竭尽全力使政府不能奉行一项有连贯性的战略。

作为这种具普遍性的厌倦情绪的反映，人们越来越明确地主张，不论在越南问题上存在什么合乎情理的目标，它的重要性也抵不过国内对战争的反感。在两年以前，人们要求以越南化作为结束我们行动的手段；但现在，人们抨击越南化是在拖延战争。《生活》杂志在四月十六日批评政府不肯规定撤军期限：“对撤军无限期地拖延下去，就等于是在打一场无限期地拖延下去的战争……认为战争是一件不可容忍的事情的国家，也会认为这种前景是不能接受的。”《纽约时报》在四月二十五日宣称：“如果尼克松先生放弃越南化这种令人痛苦的妄想，并明确宣布他主张只要对方同意释放所有美国战俘并保证美军安全撤出，就在规定期限内早日撤出在越南的所有美军，那么他就一定会得到公众广泛的支持。”一些持比较温和主张的人认为，在单方面撤军的同时，应责成阮文绍总统扩大政府的基础，和共产党“妥协”——好像他是作出让步的主要障碍，也好像实际上存在这种谈判的可能性似的。《纽约时报》在四月六日发表社论说：“西贡的选择在于，要么无限期地把战争继续下去，要么谈判达成妥协的解决办法。采取行动扩大西贡政府，而且一旦共产党接受停火就允许他们参加今年的选举，这些将是走向政治解决的有效步骤。”

有些以前曾在约翰逊政府中任职的官员，在他们任职期间连个有限度的撤军计划都没有提出过，此时却继续相信，作出单方面完全撤军的许诺将会保证早日实现和平。克拉克·克利福德和艾夫里尔·哈里曼竭力宣扬这种观点，从不放过任何一次机会。别的前政府官员亦成群结队地在国会进行院外游说活动，要求规定最后撤军期限。对前一年停火倡议的颂扬声一时间完全消失，代之以对政府未能提出新的倡议所进行的无情斥责，虽然所有的事实都表明，河内对我们的倡议已毫无兴趣。不论在公开还是私下的场合，河内一直坚持，除非我们解散西贡政府，否则决不结束战争。也没有人解释过，一旦规定了撤军最后期限，继续打这场战争还有什么意义；以及当我们已经宣布放弃整个事业的时候，我们怎样才能为新的伤亡数字进行解释。一九七一年四五月间，在华盛顿，群众举行了六个星期的示威游行：越南战争退伍军人反战集会（包括点烛游行、“以游击战为主题的戏剧”、国会听证会以及象征性地毁弃勋章的活动）；在政府办公楼中散发反战小册子；以及大规模的五一节活动，如怠工、捣乱和破坏行为，以便“使政府住手”。⑨

厌战情绪不只是批评我们的人才有。尼克松坚持他的方针，我也坚决维护这个方针，并不是由于我们想继续打下去，而是因为我们不能同意，为了退出战争，居然不惜解散一个友好的政府（我们的上届政府组织了一场政变使这个政府上台），并把依靠我们支持的千百万人已经作出的牺牲视为儿戏。而且我们也不知道应该怎样向美国的母亲们说明：为什么在已为单方面撤军规定了期限的时候，还要她们的儿子去冒险。尼克松发现，要以落落大方的风度把这个问题说清楚是困难的。但是，他在记者招待会上和在演说中还是作了一番值得称道的努力：“问题很简单：我们是应该在明明知道我们的行动会把这个国家交到共产党手中的情况下退出越南，还是应该在使南越人有相当的可能性可以作为自由人民生存下去的情况下才退出去？”⑩

大多数批评我们的人对这个问题都感到厌烦，有的人还讥讽它是“无尽头的”义务，但是这丝毫不能减轻这个问题的正确性和重要性。作为全世界自由人民的堡垒的美国，不能因为厌倦就轻率地背弃一个小盟国、十年的义务、四万五千伤亡人员以及他们的家庭所忍受的痛苦。如果我们草率从事，这些家庭曾作出的牺牲就会成为事后回想起来的无谓牺牲。而最后的结果很可能是增加了战争的危险。我在二月间举行的一次新闻发布会上说：

在九月间，中东呈现出千钧一发的局势。无论哪一方，只要行动更冒险一些，本来是会爆发一场战争的……我们避免了中东的战争，依靠的也是我们坚定而克制的态度。如果我们没有以过去（在东南亚）的行为建立起某种程度的信誉，在九月间我们坚定而克制的态度就不会有什么作用。

我们无法使国内的反对派相信这个道理。他们并不认为河内所作所为有任何不严肃或挑衅的地方。每逢政府提出一项主张，几乎总是有一个既得利益集团要出来加以贬斥，或认为这种主张带有欺骗性或是毫无意义的。每逢北越要弄一次手法，不论是多么浅薄的手法，他们都认为是一次松动，只是这个一心想打仗的政府过于迟钝，才没有加以理睬。尼克松宣扬自己的主张，而且对他们作了一些沉不住气的批评，这当然于事无补。但是人们如果不愿意承认，在越南战争期间，我国的一些最优秀的人士认为他们为和平服务的最好办法就是诋毁自己的政府，就无法了解在越南问题上我们的悲剧。我在四月八日一次背景情况介绍会上曾经就这个我国最深刻的问题，作过扼要的叙述：

我记得在三年以前，人们通常认为，以谈判为结束战争的有效办法，是一种最开明的主张。

时至今日，许多人已经认为，以为谈判仍然可以作为结束战争的手段的想法，实在是太愚钝了。

曾经有过一段时间，人们认为我们应该以越南人代替美国人打仗。现在这种主张也受到了攻击……

我们认为，必须给南越人一定的机会，让他们自立。而且，经过这七年的战争和四万美国将士的伤亡，如果美国总统还故意把南越交给共产党，这样做对国家所造成的后果，将使我们在今后许多年内深受其害，即使这种解决办法使我们在当时感到一种暂时的宽慰。

我并没有放弃希望，总认为我能够弥合政府和批评者之间的这一裂痕。从一九七〇年四月一日到一九七一年四月一日，我私下会晤学生和举行抗议的青年人十九次，反战学者二十九次，参议员和其他知名的批评者三十次——总数共达七十八次，也就是每周一次还要多。其中许多人是昔日学术界的同行；有些成了新交的朋友。

一九七〇年我们在柬埔寨采取了军事行动，在此期间，我结识了一位年轻的和平主义者，他发誓要绝食到这次行动终结之日，或者到他能够向总统当面陈述他的看法时为止。此人名叫布赖恩·麦克唐奈。他每天和他的朋友一起在白宫对面隔着宾夕法尼亚街的拉斐特公园里静坐一小时，以表示他们愿意为结束这场战争而牺牲自己。一九七〇年六月初，由一位双方都认识的朋友建议，我未经白宫许可，便到麦克唐奈在乔治城的简单住处去拜访了他。我虽然不同意他的结论，却被他的一片赤诚所感动。我对他说，他是在为一个已经实现的目标而牺牲自己。已经作出决定，要撤出柬埔寨；我向他保证，我们会付诸实施。此外，他不能指望通过道义上的讹诈而见到总统；如果他停止绝食，我会尽力安排他会见总统。他停止了绝食。我们也按期撤了军，但是我怎么也没有能够劝说尼克松接见他。

以后我和布赖恩常见面，通常在我的办公室里，总是避免惹人注意。他常和他那不平凡的妻子艾丽斯同来。艾丽斯是一个在费城的黑人区做社会工作的年轻黑人妇女。几个月之后，在黑人区的一次无端的杀人事件中，她被残酷地杀害。憎恶暴力的文质彬彬的人物，竟遭此毒手，实在残忍！我私自参加了她的葬礼。

一九七一年初，布赖恩产生一种极为浪漫主义的想法。他建议我和他的一些朋友见面，讨论战争和我们的社会问题。我把他们请到白宫。这些朋友原来是一名修女和两名普通的天主教徒。他们被指控为参与了一次所谓企图绑架我的阴谋的未被告发的同谋犯。后来报界通过麦克唐奈的一位朋友得知这次会晤的情况，我便受到秘密警察和司法部长的训斥，要我作出解释。

一九七一年三月的一个星期六上午，我和布赖恩以及他的朋友在白宫战情室会晤。我们力图为造成我们社会分裂的隔阂搭个便桥。他们斯文地表达了他们深刻而又激烈的反战主张；但是他们并不知道应该怎么结束战争。我的问题是怎么把一些不管是多么深奥的不完整的想法变成政策。我们的问题是，政治家与预言家之间，实干家与追求不朽真理的人士之间，总是谈不到一起。

我觉得，这些憎恨一切杀戮、一心一意、始终如一的和平主义者，比那些只谴责美国的军事行动，而不谴责北越或印度或苏联的军事行动的有偏颇的道德家们，更受到我的尊重。麦克唐奈认为，由于我们继续打越南战争，在道义上我们正在瓦解自己；我们正在毁坏治愈社会创伤的一切机会。我们正在助长这种想法，认为人的生命是不值钱的，是无关紧要的，只有权力才是决定性的因素。我认为情况恰恰和他所说的相反。牺牲朋友，从而使所有依靠我们的人的信心发生动摇，这是不会确立我们在道义上的地位的。我认为我们的社会正在患一种病症，其痛苦远远超出越南的范围。人人顾影自怜，私下里的那种忧伤的感情就如同参加一场圣餐仪式时的感情一样。会议快结束时，我设法说明这场对话是议而不决的、令人沮丧和痛苦的："总得有人，我不知道应该是谁，在关心局势的人们和左右局势的人们之间搭起一座桥梁。我承认，政府、掌权者以及能够左右局势的人应该搭五分之四的桥。但是，其余的五分之一必须由你们来搭，而我甚至还不知道该怎么向你说明，应该设法去搭这座桥。"

美国政府深感前景凶多吉少，但是出于对国家的长期利益的祝愿，认为世界自由国家人民的安全，会由于一种基本上自我欣赏的退让行为而受到危害。我们不能把上千万的东南亚人民就这样推向我们明知是压迫成性和残酷的统治。我们准备接受最低条件，但是我们不愿和我们的对手联合起来反对我们的朋友，这样做会使我们的国家名誉扫地。而且如果我们接受河内的条件，也只存在着两种可能性：要么我们通过谈判达成一项和我们的社会准则相符合的妥协；要么在一九七二年再去面对一场军事上的考验。

恢复谈判

我一心想要通过谈判来结束我国在越南问题上的苦恼，以恢复它的团结和内聚力，没有别的目标是我更为热情地献身于它的了。尼克松对此勉强默认；我已经说过，他总是比我持更为怀疑的态度，认为要先在军事上摊牌，谈判才能成功。事实证明他是正确的。在老挝采取行动之后，我们首先对一九七二年的军事前景作出评估，然后考虑应该怎样修改我们在谈判中提出的条件，以诱使河内采取灵活的态度。

在韦恩·史密斯领导下由我的系统研究工作人员所作出的军事结论，证实是相当有先见之明的。他们认为进攻老挝为我们赢得了一年的时间。他们预测，由于我们在柬埔寨和老挝采取了行动，北越能够发动重大攻势的地区只有南越北部第一军区靠近非军事区的地方，以及——在较小程度上——第二军区的中央高地。由于我们进攻柬埔寨，河内如果在第三军区发动攻势，也不会得到游击队的支持，因为在那里长期坚持常规的进攻是不可能的。至于第四军区，根本不存在主力部队进攻的威胁。由于在老挝的行动破坏了河内的后勤系统，在旱季的后半季节到来之前，不大可能发动进攻，可能不会早于一九七二年三月初。（这一估计只有三个星期的误差；事实上，进攻是在三月底开始的。）问题在于，河内的估计是否也是这样；如果是的，河内是否还会在一九七二年发动一场进攻，进行一场赌博；或者会在一九七一年试图进行认真的谈判。

我脑子里带着这些问题，重返巴黎出席下一轮秘密谈判。当我们正在老挝作战时，谈判不可避免地冷了下来。一九七一年四月中旬，在一次全体会议上，春水要求美军确定撤军期限；作为报答，河内将保证我们撤退时的安全和“商谈”战俘问题。我们没有在全体会议上讨论这些方案，因为在上一年我们已经听说过了，也因为美国和河内之间单方面实现停火是难以想象的。河内对期限的认识并没有改变；一旦我们接受固定的日期，不论发生什么别的事情，时钟总归是要向前转动的。我们也懂得，如果河内有什么新的有意义的东西要提出，它会留到下次和我秘密谈判时再提。沃尔特斯将军在四月二十四日和北越人在巴黎进行了接触，建议在五月十六日“在新看法的基础上”恢复谈判。河内表现出特有的宽宏大量，一直等到五月十四日才答复。不难想象，如果情况倒转过来，我们让河内等了三个星期才给予答复，而且只是在对方提出的日期的四十八小时之前才给予答复，我们的批评家会说些什么。河内同意谈判，但是提出要在五月三十日才开始。我们的反建议是五月三十一日，一部分是由于不愿直截了当地接受河内提出的日期，同时也由于后勤和安全上的考虑。（这天是一次周末假期的最后一天，因此我离开住地不会被人注意。）

在这次谈判之前，我向尼克松提出一项我打算提出的七点和平纲领。虽然尼克松基本上持怀疑态度，而且害怕河内会牵制我们，但是他还是同意把我们的建议作为一项“最后的建议”提出来。事实上，它是一项到那时为止我们所提出的最彻底的方案，经我和洛德以及我的工作人员斯迈泽共同拟定，并得到邦克的赞同，而且还经过阮文绍同意。这个方案的目的在于使我们的谈判方案和我们的行动一致起来。

在拟定七点方案时，我们认识到，尽管我们单方面撤出大部分兵力，我们仍不能以这一行动来换取河内的全部撤退。我们会设法把留守部队当作讨价还价的筹码，同时我们也认识到，由于国会要求规定期限的压力不断增长——麦戈文-哈特菲尔德式的修正案得到的支持票越来越多，可以说明这一点——连这种退一步设想也迟早会变得不起作用。作为第一点，我们提出，愿意规定一个全部撤退的期限。我们放弃共同撤军的要求，只要河内同意不再向印度支那各国进行任何渗透。提出这个方案是设法使我们避免总是一味要求共同撤军，而同时事实上在单方面撤军。实际上，我们打算用撤出留守部队换取对方的停止渗透。从理论上说，如果北越部队得不到增援，就会衰萎。可以肯定，他们会违反不准增援的禁令（我们方案的第四点），但是，如果他们这样做了，他们同时也违反了关于撤军的规定，就像事实上他们十年前在老挝所做的以及几年后在老挝和柬埔寨要做的那样。不论是什么协议，关键在于我们是否有决心使其实现。我们建议的第三点是，根据双方同意的最后时间表，在国际监督下（第五点），美军开始撤退时，在印度支那全境恰当地实现停火。我们的第六点要求保证老挝和柬埔寨的独立、中立和领土完整，并由双方重新保证尊重一九五四年和一九六二年的《日内瓦公约》。我们重申我们的建议，出于人道主义的理由，并作为美军撤退时间表的不可分割的一部分，双方立即释放一切战俘和无辜平民（第七点）。南越的政治前途留待南越人自己去解决（第二点）。不用多说，我们单方面撤军，是以在所有其他问题上达成协议为条件的。只有在达成协议之后，才能开始计算期限。在本书的注释中，有这一建议的全文。⑪

这一建议标志着我们在越南问题上的外交斗争的转折点。诚然，它的实质内容在十六个月后被河内接受了。它把军事问题抽出来单独解决。即：美军撤退，停火，释放战俘。这是我就任国家安全事务顾问之前，在一九六八年写的、刊登在《外交季刊》上的一篇文章中所提出的做法。阮文绍在一九七一年迫于无奈，接受了这一建议；这使我们误认为，在一九七二年当他认为他正在获胜时，他仍然会欢迎这一建议。

五月十一日的谈判是在达迪路的那间阴暗会客室里举行的。美越双方的代表团，再一次面对面坐着，中间是一条窄窄的地毯和误解的鸿沟。这次谈判后来成为和北越进行的第一次真正的谈判。谈判进行了三个月，终于失败了，其原因是到最后，河内继续坚持要我们先推翻我们的盟友和建立起一个由共产党控制的政府，它才会同意停火和释放战俘。

春水机敏过人，他不会不马上意识到我们在军事问题上的重大变化，但是他还在装糊涂。他仍然主张，“正确而合乎逻辑的”解决办法是，由我们规定一个单方面撤军的期限，而不要和谈判的任何其他方面联系在一起。他的立场毫无退让，仍然是，即使我们规定了撤军期限，河内也只能“商谈”，而不能保证释放战俘；他们显然以战俘要挟我们，要我们推翻西贡政府。他也忍不住就我们摇摇欲坠的国内局势把我教训了一顿，于是我们进行了一场舌战：

基辛格：我们会管好我们的舆论界，但是你们也要管好你们的。

春水：因为你们的舆论界谈到了局势，我们只好也说明情况了。

基辛格：在这种会议上我不听这个。

春水坚持河内的政治条件，即：撤换阮文绍、阮高其、陈善谦和别的“好战的领导人”。他甚至想在这方面帮我们一把。他根据自己对受控制的选举的毕生经验指出，即将在南越举行的总统选举，是我们以一种“自然的”方式摆脱这个盟友的大好机会。

虽然我断然拒绝接受他所附加的政治性建议，他却显然很想继续讨论我们的新军事性建议，这使我感到，河内可能正在重新考虑它的政治要求。总的说来，春水比平时更为慎重地对待我们的主张。他一次也不曾斥责这些主张“没有新的内容”。他一再表示，河内将认真研究我们的建议。由于我们挨斥责已是司空见惯的事情，因而认为这种最低限度的谈判前提是一种新的灵活性的表现。有一次他甚至说：“如果你的建议总的来说已被接受，那么，下一次我们就应该准备商谈所有具体问题。”他强调说，河内愿意谈判。他不再像平时那样坚持：没有充分的政治解决，停火是办不到的。他一再要求，再举行一次谈判。他破天荒地表现得不耐烦，提出了一个比七月一日早得多的日期。我们同意在六月二十六日举行谈判。我们不久后就得知，黎德寿已经离开河内来巴黎，途中将在北京和莫斯科停留。我们似乎第一次感到即将出现认真的谈判，而且还有别的迹象说明可能出现突破的。我们也在为我即将秘密访问北京（华盛顿在六月二日收到肯定的邀请）作最后的准备，而且我们还在探索和苏联举行最高级会谈的可能性。这是大有希望的时刻。

当然，在整个谈判过程中，春水一直在巴黎作出逗弄人的公开暗示，以怂恿国会施加压力，要求规定期限。在六月三日的全体会议上，他一面重复说，政治和军事问题，是“两种关键的而又不可分割的问题”，同时又含混其词地补充说，撤军期限是“当前的关键问题”。克拉克·克利福德在六月八日的晚餐会上，向与会的进行院外反战游说活动的律师发表讲话时宣称，他有“理由认为”，规定一九七一年十二月三十一日为撤军期限，会换来战俘的释放。但是当春水自己在受到记者尖锐的提问时，却否认了这一点。卡尔默·罗伯茨在六月十日《华盛顿邮报》上发表一篇访问记后说：“美国和北越在巴黎和谈中的中心问题一直是南越的政治前途，尽管最近在国会和别的地方，人们的注意力都集中在撤出美军和释放战俘的问题上。”

也就是在六月，国会的一个院首次通过法案，否决政府对越南的政策。六月二十二日，在主要报纸发表社论的一片赞扬声中，参议院以五十七票对四十二票通过曼斯菲尔德修正案，要求总统在河内同意释放全部美国被俘人员的条件下，在九个月之内从越南撤出全部美军。这实际上起到了使我们在秘密谈判中提出的七点计划中有五点失去意义的作用。河内这下子懂得，它的冒险是可以有恃无恐的；如果这些压力继续增加，就没有必要去进行谈判，以便在印度支那的任何地方实现停火，或保证停止渗透，或保证尊重老挝和柬埔寨的中立和独立。如果它同意释放我们的被俘人员，很可能国会会强烈要求无条件全部撤出美军。

现在回顾起来，我怀疑我们为保密而付出的代价是否太高了。河内要求保密，因为它想使我国政府失去通过谈判争取舆论支持的可能性。我们接受了它的要求，因为我们认为取得成就比公布谈判内容更为重要，而且还因为经验证明，不论我们提出什么建议，批评我们的人还会进一步推动我们向前走，从而有损我们的地位。毫无疑问，这种保密在一九七一年使河内欺骗了我们；但是把情况公之于众是否就会制止这种状况，或者甚至早就会造成谈判的僵局，这是一个永远也捉摸不透的问题。

最后，六月份，也是五角大楼文件被人公布出来的那个月。若不把这件事和我们在中国问题上采取的主动以及关于越南问题的谈判联系起来看，就不可能理解为什么政府的反应如此强烈。在这场战争中，河内破天荒地放下了架子，表示愿意研究美国的建议。我们认为，不论我们的看法是否正确，河内正在接近于作出根本性的决定，是否要在十月南越举行总统选举之前结束这场战争。然而，就在河内正拟作出决定的时刻，我们的报纸上突然披露了成千篇文件，都是那些企图诋毁美国在越南问题上所作的一切努力的人泄露出去的。报纸诋毁的对象固然是美国的上届政府，但是这并没有改变我们的问题。只要河内断定，我们的国内支持，不论出于什么原因正在减退，它就必然会坚持自己的立场。战争要打下去。在一九七一年，除了投降以外，不存在实现和平的可能性。现在我并不认为，公布五角大楼文件对于河内不肯在一九七一年达成协议的决定有重大的影响。但是，盗窃文件的人或政府在当时都不可能知道这一点。

黎德寿和我在六月二十六日举行会晤时，情况是很理想的。为了保证不被人发现，我选择一条新的路线前往巴黎。我安排了一次对伦敦的两天的访问，我的好朋友内阁大臣伯克·特伦德爵士向我发出了邀请。他找到的借口是想了解国家安全委员会制度的运转情况；英国人很懂得，要把这种制度移植到英国的内阁制上来，是几乎办不到的事情，所以这种借口与其说是用来骗英国人的，倒不如说是用来骗美国人的。但是，要一名英国文官硬说英国在官僚政治方面还有什么要向美国学习的地方，这还是需要勇气的。在规定进行洽谈的两天中的第二天，伯克建议到郊外走走。所谓的“郊外”，原来是英国的军用机场，在那里，我乘一架英国飞机前往巴黎。但路上出了个意外的故障，维拉库布雷机场关闭了一小时，因为法国总统要从那里启程。最后我们到了达迪路。十四个月来破题儿第一遭，黎德寿已经在那里等我了。

在我们心目中，他已经是“阿德”了。这时的“阿德”简直是满面春风。平时会谈都在会客室举行，这次他却把我们带进一间小餐厅，里面有一张铺着绿台布的会议桌。在我们秘密会谈过程中，还是第一次在这样的环境中进行正式的讨价还价。他的用意在于表明，他是来办正经事的，不是来进行谩骂或心理战的。黎德寿一心一意要制造友好的气氛，他甚至允许我在他慷慨陈词攻击美国在柬埔寨的背信弃义行为时打断他的话。我再次强调指出，我们和西哈努克被推翻一事毫无关系，这时，“阿德”的答复简直为认识论别开了生面。他竭力装出一副大方的样子说：“我暂时相信你和金边的政变无关。”黎德寿唯恐我受宠——即使是有限的——若惊，因为这是一种前所未有的宣告。黎德寿立即又补充说，他的说法是出于礼仪，而不是出于信念。

在谈话中，黎德寿使我明白了北越和它的共产党盟国之间的关系。我在一月九日曾告诉多勃雷宁，我愿意和北越再次举行秘密谈判，而多勃雷宁回答说，河内宁愿通过现有的巴黎渠道打交道。现在黎德寿对我们利用中间人这一点大发怨言。他也明显地暗示说，在我们在老挝采取军事行动之前很久，河内就提出过要直接接触。但是结局却是令人忧伤的。如果黎德寿讲的是真话，莫斯科一定是扣压了河内的答复。我们在策划在老挝的行动时，本来肯定会考虑这项答复的。如果多勃雷宁讲的是真话，河内就是在挑拨我们和克里姆林宫之间的关系，也许是想打消莫斯科想强迫河内接受一项解决办法的念头。我认为多勃雷宁讲真话的可能性要大一些。从此以后，我们再也没有利用过莫斯科作为同河内打交道的中间人。我们告诉莫斯科的事情，总是同时也通过巴黎告诉河内，而且通常要提前很久。

最后，我们进入谈判的正题。春水是形式上的主要谈判代表，他一开始就对我们五月三十一日的建议提出了一些尖锐的问题。黎德寿作为春水的特别顾问，接着作了长篇大论的空泛的发言，他叙述了谈判的整个过程，并指责说，我们的联合军事行动干扰了通过谈判找到解决办法的进程。双方都很谨慎，避免说出任何含有拒绝意思的话。而且，每逢我作出尖锐的答复时，他们的语气很快就缓和下来。

经过两小时的唇枪舌剑，大家休息喝茶。春水上楼去了，很可能是在准备他的下一个发言。但是黎德寿却破天荒地找我一起在屋后的小花园里聊天。我也邀请他在战后到哈佛大学去开马列主义讲座。黎德寿巧妙地回答说，对于一个资本主义国家来说，他的观点可能是一帖烈性药。我请他相信，我在哈佛大学的同事比我更可能会亲切地接待他。

休息过后又开始了互相之间的刺探。最后我说："我们提出了我们的建议。如果你们没有别的自己的建议要提出，我也没有更多的话要说了。"这句话触痛了春水，于是他开始长篇大套地讲述越南的历史。后来的事实证明，他的这番话是北越的新的九点建议的一篇前言。由于河内在每个关头都要显示一下它在道义上的优越性，春水在提出河内的纲领时，半开玩笑地说："我们提出的建议（比你们）多两点，这证明我们结束战争的愿望比你们真诚。"

河内在提出的纲领中建议我们的撤军期限定为一九七一年十二月三十一日，也就是说，还有六个月。这比起阮氏萍女士在去年九月提出的八点建议来是后退了，但是和麦戈文-哈特菲尔德修正案的最新版本却是吻合的。它首次明确表示同意，在我们撤军的同时，在越南的美国被俘人员将被释放——而不仅仅是"商谈"这个问题，这也满足了曼斯菲尔德修正案的要求。在达成协议之日，将实行就地停火，并接受国际监督和保证。有关政治性的建议比较含糊其辞。河内知道，我们绝不会同意它的联合政府方案。因此，这次只要求我们“停止支持”阮文绍、阮高其和陈善谦，以便建立“一个主张和平、独立、中立和民主的新政府”。“停止支持”盟友的含义很广，可以指撤出美军，一直到停止一切经济和军事援助，或者甚至默认别人推翻盟友的行为。

其中有一段提到尊重老挝和柬埔寨的中立和独立的义务（我们的第六点），规定印度支那各国之间的问题应由各国在互相尊重主权的基础上予以解决。这倒是不错的，但是接着又说，河内“准备参与这些问题的解决”。还援引了《日内瓦公约》，好像这些协议是专为美国订立的。他们的意思是，各种限制并不适用于北越，而在决定印度支那各国的前途方面，河内具有特殊的地位。而且还提出了一条要求——我立即加以拒绝——要美国赔偿“美国在越南进行过战争的地区所造成的破坏”。这些建议是作为一个“结合在一起的整体”而提出的；换言之，河内不愿意支持已经成为我们国内辩论的主题的以撤军换取释俘的主张。

关于越南问题的谈判一直被一种神秘的气氛所笼罩，而且两年来备受共产党的刁难和国内的抨击，现在河内第一次对我们的主张作出了回答，真使我和我的同事们感到欣喜万分。尽管河内的回答并不能算是宽宏大量的，只是用过去打交道的标准来衡量，能够算得上是前进了一大步。河内第一次把它的看法作为谈判的文件，而不是作为一整套蛮横的要求提出。黎德寿一再强调，这些都是供谈判的项目，请我们提出反建议。在和黎德寿打交道时，哪怕是很小的善意，人们也会感到高兴。北越人使用“美国应该”一词，而没有使用传统的、蛮横的“美国必须”一词，这一点在我的工作班子里的河内问题专家看来，已经是一大进步了。黎德寿提出，他愿意待在巴黎，直到谈判结束。

事实上，我认为，对我们来说，河内建议中的每一项，除要求赔偿以及对于政治解决办法的含糊其辞外，不论措辞如何令人难以接受，还是可供谈判的。如果在政治解决办法上的含糊其辞所掩盖的是要我们推翻西贡政府这一原来的要求，那么我们将再度陷入僵局。但是如果它标志着一个从原来的立场上后退的阶段，那么就有可能找到一项解决办法。我向尼克松报告说：

直到目前为止，他们的反建议和谈话的真正含义还是不清楚的。除非按照我们能接受的条件，否则很有可能通过谈判也达不成一项解决办法。他们的立场和看法，是和他们想赢得时间的企图相一致的。然而，这也是和向我们的看法靠拢的愿望相一致的，因为如果他们想这样做，他们必须首先为他们的政治要求斗争一番，以显示是我们不肯让步。而且，他们也用不着把黎德寿派到巴黎来戏弄我们；不论怎样讲，还弄不清楚这种手法会给他们实际带来什么好处；现在我们等着瞧，不会有什么损失；他们的建议有一些积极的因素，也有一些难题，而且他们表现出很想进一步具体地进行谈判。

河内提出愿把两个类似的文件中的平行的主张加以调和，这是我和我的同事们以前没有遇见过的事情。我向尼克松建议——他表示同意——在我的环球（包括北京）旅行结束时，我将在七月十二日提出一项反建议，设法把河内的文件和我们的文件糅合在一起。但是那次谈判还没有举行时，北越再次施展他们要两面派的惯技，指责我们在国内的辩论中不守信用，这使我们极为愤慨。他们的花招是由阮氏萍女士出面要弄的。七月一日，正当我行将开始环球旅行的时候，她发表了一个新的七点方案，其中一部分是和黎德寿的九点方案相同的，只不过有些阐述得更为详尽，但有些完全删去了，而且增加了一些新的内容。

阮氏萍女士巧妙地利用了美国公众的辩论，把关于撤军的条款和关于释放俘虏的条款排列在一起，并制造出一种二者互相联系、也许可以从一揽子里面抽出来的印象，从而使那种以撤军换取释俘的简单化的主张成为人们悬盼的前景。在其余各点中，只字不提柬埔寨和老挝，在某些问题上比较含糊其辞，在另一些问题上又不肯妥协。例如，阮氏萍女士的建议提出联合政府问题时，用词比较尖锐，采取了人们熟知的方针。它还规定，要先成立这样的政府才能实现停火，而不是像黎德寿所说过的，一旦我们签订协议，停火即可实现。

几乎就在同时，黎德寿在七月六日向《纽约时报》的安东尼·刘易斯明显暗示，阮氏萍女士的第一点——以撤军换取释俘——的确是可以和其他条款分开解决的。这完全是在瞎说。在秘密谈判中提出的九点建议与此正相反，明确地把所有的条款联系在一起，称之为“结合在一起的整体”。（黎德寿在一九七二年五月二日和我谈判时承认，持刘易斯观点的记者只不过是在“猜测”。）美国的知名反战人士，包括参议员乔治·麦戈文，也接受过类似的欺骗性访谈。不论是记者还是议员，都毫不犹豫地对河内的话信以为真，而把我们的话当成谎言。“阿德”兴高采烈地以前所未有的冷嘲热讽的态度对记者说，如果我要求他会见我，他愿意这样做。

阮氏萍女士的方案产生了预期的效果。国会和新闻界同声指责政府放过了又一个绝无仅有的谋求和平的机会。七月三日《巴尔的摩太阳报》社论谈到了“在巴黎的突破”。七月八日《华盛顿邮报》说，看到了“越南问题的新转机”。七月九日《芝加哥每日新闻》说，嗅出了“微弱的和平气息”。七月十二日《新闻周刊》登出一条标题：《是走向结束战争的道路吗？》艾夫里尔·哈里曼也参加了进来，他在七月十五日的《纽约时报》上发表文章说，阮氏萍女士给了我们一个“合适的机会”去结束战争。七月二十三日《生活》杂志毫不怀疑地写道：“我们希望尼克松总统抓住这一机会。”

正是由于和批评我们的人所说的相反的原因，我们不能随意表明，这个“机会”是伪装的，而且是和秘密——以及公开——谈判的整个记录不一致的。我们保密是由于很想实现突破，但这却使我们玩世不恭的对手可以令我左右为难，既不敢否认我们的公开立场，又不能公布秘密会谈的记录。

难怪对谈判总是持怀疑态度的尼克松，在我进行环球旅行的时候，向我下了一道又一道的指示，要我在巴黎的谈判中持强硬态度，并提出问题的实质。在我参加的几乎所有的谈判中，我总是遇到他的这种矛盾心理。通常要说服他同意开始谈判，每次去巴黎之前总是要经过一番多少有些周折的内部争论。一旦这道难关越过了，尼克松总是会批准我交给他的谈判计划。然后，当我开始谈判的时候，他又会向我发出大批措辞强硬的指示，而这些指令却并不总是和计划相符合的，而且有些是根本行不通的。其原因可能是他对妥协的过程感到不放心，也可能是他甚至害怕在外交舞台上会被人拒绝。还有一个很重要的原因，那无疑就是他对历史记载极为敏感，这使他总想使自己看起来比他的同事更坚强一些；因此，不论发生什么事，都是安然无恙的。但是，他从不坚持这些比较周密的考虑，他总是重新退回到原计划上去。

此时此刻他的矛盾心理更为复杂，因为他想在一九七二年总统选举之前摆脱越南问题，而又不至于使西贡政府垮台。对北京的秘密访问获得了成功，尼克松当时的欣慰的心情使他在越南问题上的立场变得强硬起来，甚至要突然宣布全部撤军同时又进行全面空袭的想法又一次出现在七月十日黑格的电报中：

你应该懂得，他正在认真考虑另一套方案，那就是他早先提出过的要迅速撤军，而同时又对北越进行大规模空袭。显然这封电报的话说过了头，而你必须根据你在上一站（北京）的会谈情况来解释他的指示。我的确认为，你应该体会一下这里的气氛。

尼克松果然在七月十二日早晨用公开线路打电话到巴黎，向我发出明确而且令人毛骨悚然的指示，尽管他同时又重复表示赞同我即将提出的反建议。他的理由是，法国人会窃听到这个谈话——这倒是可能的——他们又会去警告河内——这是比较值得怀疑的，因为要赶上我和黎德寿在当天下午举行的谈判，这在技术上是不太可能的。

我这次到巴黎虽然是比较顺利的——我公开取道巴基斯坦抵达巴黎——但是黎德寿公开邀请我去谈判却引起报界的注意。大批记者守候在雷纳街大使公寓我的住所的门口。我想了个办法，让戴维·布鲁斯故意在大家都看得见的情况下来到我的住所，并宣布他是来报告巴黎谈判的情况的。我在前门把他迎进公寓，当他坐定后，我马上从后门溜进院子，沃尔特斯将军坐在他的私人汽车里，在那儿等我。他想得真周到，甚至还为我准备了一顶帽子。我们缩紧了身子坐在车子里，唯恐记者们守候在后门口——他们没有这样做——一切都按照沃尔特斯事先来电吩咐的那样去做。沃尔特斯觉得有意思极了，他可能会为了让他参加这场演出而倒贴我们一笔钱。他的台本是用最奇特的五角大楼行话写成的，题目是“前往和离开某地的行动计划”，内容如下：

（一）在行动之前，提前一天把我的（沃尔特斯的）雪佛兰牌装有活动顶篷的私人汽车，牌号6CD408，停放在大使公寓的后院中。

（二）我在十二点四十五分步行抵达大使公寓。基尔希曼将军（我的代号）和我从大使公寓的后楼梯下楼，坐进我的汽车，离开这所房子的后院。我们绕道而行，来到我家纽利区夏科大街四十九号。

（三）抵达之后有两种可能采取的办法：

甲、基尔希曼将军走出汽车，走进有电子装置的门，他进门后，门便自动关闭，然后乘电梯到地下室。与此同时，我开车进入地下室。我的随从准尉在我进入之后，锁上车房的大门。然后我们从后门来到圣詹姆斯路；

乙、基尔希曼和我一起走进车房。执行甲项的其余部分。

（四）我的随从准尉留在我家里，保证没有人接电话，并不准任何人进入我的住所。

（五）基尔希曼将军和我走到离某地十条街的事先商定的地方。我们在这里见到坐在一辆出租汽车里的我的秘书，他刚“侦察”好该地区。如果一切顺利，我们就到该目的地去。

（六）我们经过圣詹姆斯路回到我的地下室，换乘我的雪佛兰牌私人汽车，出门来到夏科大街，然后回大使公寓。

我们最后执行的是方案第(三)条乙项，因为沃尔特斯不相信我能够在没有人帮助的情况下找到地下室。方案执行得很顺利，主要是因为没有人盯梢。

最后，我再一次和黎德寿、春水面对面地坐在一张铺着绿台布的长方形桌子面前。但是谈判的架势和从前不一样了，我的北京之行从根本上改变了它，虽然黎德寿这时还不知道。春水又是代表河内首先发言。他扮演的角色就像是斗牛中的骑马斗牛士。他对我们进行攻击，也许是为了让黎德寿研究我们的反应。当谈判真正开始时，黎德寿接替了他的位置，单方面宣读河内的老一套观点。

不出所料，七月十二日的谈判在剑拔弩张的气氛中开始。我指责北越不守信用，公布了阮氏萍女士的七点方案。春水又从他的百宝囊里取出各种指责，作为反击，大部分是关于我们在南越的军事行动，既是含义不清，又是毫不相干的。他和我都知道，在南越，双方都没有采取重大军事行动。但是，北越并不想就这些问题穷追下去。他们似乎急于进行谈判。他们还不知道我已到北京去的事，还以为他们可以左右我们；也许他们要看看我们是否会屈服。

但是，在河内看来，“谈判”一词并无固定的含义。黎德寿和春水把他们的建议称为“具体”和“尊重事实的”；而我们的建议，不论怎样具体，都是“不现实”和“含糊不清”以及“抽象的”。“现实主义”

的标准，要看是否符合河内的观点。“阿德”认为他能出席谈判，本身就是一项让步；他愿意讨论我们的建议这件事本身——即使只是为了拒绝这些建议——就是善意的表现。他每次提出新的要求，总是要说明他掌握着推理、事实和历史的根据，然后作一番极为冗长的说明，使我有一次不禁提出，如果他重视推理，而对历史少说几句，我们大家都会受益。

连正式的决议都似乎有一种特殊的含义。例如，从表面上看，我们在五月三十一日提出的七点建议和他们在六月二十六日提出的九点建议，在根据一九五四年和一九六二年《日内瓦公约》确认柬埔寨和老挝的独立、中立和领土完整方面，是非常近似的。但是，每当我们快要把这些问题作为已经解决的问题搁在一边的时候，黎德寿就理直气壮地指出，河内已经在履行《日内瓦公约》(此时此刻几十万北越军队正在这些国家里巡游)。可是当我提出这一问题时，黎德寿就冷冰冰地说，世界上有许多国家有越南人；有时如果他想讲究点形式，他就说北越人在那里是为了保护老挝和柬埔寨的中立。而且北越人对于撤军的期限问题含糊其辞，弄不明白他们是想把这一点放在协议里面，还是想把它和其余的谈判问题分开，单独处理，就像阮氏萍女士指出的那样。

但是，尽管枝节横生，在七月十二日的会上，双方还是进行了认真的谈判。我们把双方提出的文件逐点进行比较。在多数问题上(全部撤出美军的原则，释放被俘人员，重新确认一九五四年和一九六二年的《日内瓦公约》，以及最后实现国际监督下的停火)，显然是可以达成协议的。但存在着两项基本的分歧：要求赔偿；以及河内坚持要我们推翻西贡政府。尽管我过去曾驳回河内关于要求赔偿的主张，但是这个问题不是没有妥协余地的。它主要是形式的问题，而不是实质的问题。我们在秘密谈判中多次表示，而且尼克松曾公开宣布(在他之前约翰逊总统也曾如此)，在战后，我们将对整个印度支那，包括北越的经济恢复工作予以慷慨解囊。但是我们愿意出于自愿地这样做，而不是一种自赎。

政治问题还是不可避免地成为斗争的中心。黎德寿反复强调："我严肃地告诉你，你们一定要撤换阮文绍……你们有许多办法(可以做到这一点)。"他一再说，一种办法就是让我们利用即将举行的总统选举这一大好时机。虽然他的话里只点了一个人的名，但是不久就显露出他的真意，他要求撤换的是一切河内认为不"赞成和平的"人。由于河内主张要一直战斗到底才肯罢休，谁反对它这样做就是在引起战争，因此就是不赞成和平，也就必须予以撤换。黎德寿和春水轮番哄骗我接受他们的建议，用这样的办法处置所有主要的非共产党的政界人物。如果我们这样做了，我们就会"前进一大步"，而"为达成协议创造有利条件"。(河内谨慎从事成了一种病态心理。它从不作无条件的许诺。即使我们接受它关于推翻阮文绍的要求，那也只是创造了"有利条件"；河内为自己留下提出更多要求的余地。)

批评我们的人曾经主张，我们可以只解决军事问题，然后脱身。对此，黎德寿明确表示反对。英勇顽强的河内人奋战一生，不是仅仅为了谋求一个停止战斗的机会。黎德寿在六月二十六日对我说："没有一场战争不是为了实现政治目标的。军事行动的目的在于实现政治目标。军事手段只是达到政治目的的工具。"听起来就好像克劳斯威茨还活着，而且就住在北越。

经过几个星期，九点建议实际上已经解决了七点，我和我的同事都为之欣喜万分。大家都希望，黎德寿关于推翻西贡政府的激烈的要求，只不过是在走最后的一着，以便向他在河内的同事证明，我们已作了最大限度的让步，而现在他们最好还是适可而止。毫无疑问，他也一定这样看待我们的行为。他一定认为这是值得一试的事情，那就是：以不寻常的灵活态度，坚持谈判下去，看看等到所有其他的问题都已解决之后，我们是否会把南越的非共产党人抛出去喂狼。

谈判进行了四个半小时。我们约定两周后在七月二十六日再度举行，并表示在此期间可以互相研究对方的立场。我按照沃尔特斯的办法的相反顺序，回到了大使公寓。大约晚上七点钟，戴维·布鲁斯和我出现在公寓的前门口，向等待着的新闻界宣布，我们已经完成了对谈判的研究。

在七月二十六日举行会谈前，我向尼克松递交了备忘录，说明我们已经使分歧缩小为一个问题——关于西贡的政治安排。

显然，我们是不能为他们完成他们自己的政治任务的。阮文绍尽管有种种缺点，但是他无愧为忠实的盟友。此外，最近公布的五角大楼的文件，暴露出美国曾插手推翻吴庭艳的政变，这使我们更不宜于动手撤换阮文绍。最后一点，但不是最不重要的一点，我甚至没有把握，如果我们要撤换阮文绍，我们能否办得到，除非我们准备进行一场大规模的对抗，而这场对抗的唯一肯定的结果就是南越的政治结构和所有人的自尊心都将被毁坏殆尽。

我重申，我们不能以搞垮南越政府为代价去换取和平。尼克松对此亦表示同意。然而，如果河内想就一项真正具有开放性的政治进程进行谈判，我们可以提出以下的建议：我军全部撤出；关闭我们的基地；以及保证南越的中立地位。我仍然认为黎德寿很有可能会放弃他的政治要求。

我的估计是错误的。我们在七月二十六日再度举行了谈判，并进一步取得了进展。我们在除政治问题外的所有问题上，都使双方的方案互相吻合。但是，事情变得越来越清楚，这些让步只是一些旨在诱使我们推翻阮文绍的香饵。即使在这些我们似乎正在取得进展的问题上，狡猾的越南人也为自己留下无数进攻我们的可乘之机。战争之神如果在观察这场谈判，绝不会认为河内来的人是代表一个不发达国家的。他们头脑复杂，行动一致，擅长于巧妙地处置各种方案的细微差别，而且永远是富有耐心的。他们以残酷的斗争在会议桌前赢得了自己的席位；他们不会为了妥协、以感情去博得对方的善意或者自由选举等开明的想法这样一些资产阶级的概念而放弃自己已经得到的果实。不幸的是，只有史诗里的英雄才是富有人情味的和动人的。在现实生活中，他们的献身精神往往使他们一意孤行；他们的英雄气概使他们显得骄横；他们不同于凡人，所以不受普通世俗交往的约束。我们不幸成为河内一心想在印度支那称霸的障碍。他们一面和我们作战，一面轻蔑地利用许多支持他们的人，即我们国内的批评家们的感情上的错觉。在这两方面，他们都是同样地不遗余力和精明强干。

我提出了我曾经和尼克松一起研究过的各种建议。对于美国提出的关于中立地位的保证，或者对于他们蔑视的自由的政治进程，黎德寿和春水毫无兴趣。关于由双方达成对美国军事援助的限制的协议问题，他们连听都不愿听；他们想切断西贡的一切军事供应。一连三次谈判，他们都集中火力提出这个问题，即既然我们能够把这个“好战的、法西斯的”阮文绍扶上台，就一定也“有能力”撤换他。春水这一次提议和我们在撤换阮文绍的问题上达成一项秘密谅解：“我们不要求你们发表公开声明。你们应该秘密地撤换他。”我说这样做难以遮人耳目，春水坚持说：“这项谅解只有你们和我们知道，决不会泄露出去。”在前一阶段谈判中，他明确表示，仅仅换人是不够的：“如果你换了人而不改变政策……等于没有变化。”河内要的是统治西贡，而不是妥协。黎德寿一心想帮我的忙。他甚至向我提出他作为革命家的职业性见解。在一次休息的时候，他把我拉到一边向我提出，如果我们不懂得怎样通过总统选举把阮文绍撤换掉，那么暗杀是个好办法。我断然拒绝，使黎德寿一时怔住了，这是我难得见到的事情。他显然不明白我为什么这样激动。但是他很快就恢复了镇静。当我们又回到会议桌前时，我以几乎悲痛的音调归纳了我对河内的政治“解决”的看法：

我们做了许多事情，可以使你们支持的力量更易于参与一场政治进程，并对政治前途施加影响。我们表示愿意接受南越的中立，宣布我们从南越撤军，接受对我们给予南越军事援助的限制，公开宣布我们并不支持南越的任何一种特定的力量，并严格执行。我们愿意听取这方面的其他建议。

我们办不到的是你们要求的事，即达成一项秘密协议，去撤换一个仍然是我们盟国的国家的领袖；此外，这会引起无穷无尽的争论，究竟和平政府的含义是什么；你们在这个和平政府里拥有否决权，因为只有你们才懂得拥护和平是什么意思……

我们想结束战争。我们不想阻挡南越人民前进。我们不是越南永久的敌人。但是你们不能期望我们做那种办不到的事情。

就这样，七月二十六日的谈判又没有能够解决问题。和平的前景依然是那样渺茫。

南越的总统选举

与此同时，人们越来越把注意力集中在定于十月三日在南越举行的总统选举上面。河内已经表明，它意识到这次投票是撤换阮文绍的一次机会。在美国，有许多诚恳而关切的人士，他们认为在南越举行的这场公正而民主的进程，将会打开谈判的大门。为什么会是这样，从未有人加以解释。所谓的越南民主共和国是不允许别的政党存在的，从来没有举行过选举，而且对于自由选择这一概念横加嘲弄。春水和黎德寿就像行家里手那样地有把握，不断向我说明，自由选择的概念是毫无意义的。谁控制着政府，谁就能当选。从越南的历史来看，他们实际上是正确的。自由民主制度是在基本上和谐的社会里发展起来的，在这些社会里，少数派接受选举的裁决，因为他们希望总有一天他们自己会成为多数派。但是这种情况是几个世纪发展的结果。即使在美国，民主自由也经历了一个世纪才到达成年人享有普选权的阶段。在越南，我们正在设法做的是，强使民主传统的发展进程在几个月之内完成，而这个国家的人民二十年来一直在一场内战中互相残杀，在那里，失去政权意味着不仅丢官弃职，而且还有生命的危险。

尽管存在着重重障碍，但是还是取得了重大进展。在第二次世界大战期间，英国在简单得多的情况下，推迟过多次选举。但是，就在几十万北越军队入侵南越的情况下，南越还是举行了几次选举。在一九七〇年八月举行的国会上院的选举中，十六个党派进行竞选，反对派的佛教组织却获得了多数票。在一九七一年八月举行的下院选举中，代表十二个主要政党和团体的一千二百名候选人争夺一百五十九个席位，而这次，又是反对派的佛教组织取得多数议席。在南越百分之九十五以上的村子，举行了地方行政长官和委员会的选举；而且将在一九七一年十一月投票选举省长和市长。*

根据一九六七年四月颁布的、在美国指导和协助下起草的越南共和国宪法，规定南越的总统任期为四年。在一九六七年九月三日的首次总统选举中，阮文绍获得百分之三十五的选票而当选。第二次总统选举预定在一九七一年十月三日星期日举行。就这样，在美国参加越南事务有史以来的关键时刻，主要根据美国的意愿强加于越南的选举倒成了新的动荡不安的根源。

国务院孜孜不倦地敦促阮文绍向共产党人提出新的政治建议；国务院的许多专家主张成立联合政府。（我一直不明白他们为什么会对这项方案这样感兴趣，我们的官僚机构似乎把这项方案粉饰为治愈内讧的标准灵药。美国虽是一个和谐的社会，但要是任命一名反对党成员担任内阁职务，就会成为一条新闻，而且是很少发生的情况。认为把一直在互

---

* 在一九七一年四月在全国举行的北越国会“选举”中，99.88%有资格投票的选民参加了投票，政治局领导人平均得票数都在99%以上。没有反对派。相比之下，南越没有那么高的效率，但手段也没有那么毒辣。

相残杀的人们联合在一个政府里，就可以结束内战，这种想法是荒谬的。一般地说，联合政府是一种手法，或是一种借口，而不是解决问题的办法。在最不需要这种手法的地方，它最能发挥作用。）现在国务院把它的全部热情倾注在自由的总统选举上面。国务院在五月十九日发出详细指示，要求在越南的美方人员“在言语和行动上”保持中立。在选举期间，美国将继续给予援助，但是应“慎重从事，以免被误认为美国支持或反对某个人的竞选”。官僚机构中有许多人希望，阮文绍会被愿意接受联合政府主张的一位候选人击败。但是，我却希望民主选举会对我们盟国增加支持。

只有在一场真正的政治角逐中，并在至少有两名真正的候选人参加竞选的情况下，才能够谈得上保持中立的原则。因此，我们后来的处境很奇怪，我们竟在寻找一名对手，和这位作为我们的盟友正在指挥战争的总统决一胜负。有两个人呼声最高，即副总统阮高其和杨文明将军。不到一年之前，美国的批评家对阮高其厌恶到如此程度，以致我们取消了他原定对华盛顿的一次访问。但是，现在又有人想方设法要把他捧成一名候选人。当杨文明领导推翻吴庭艳总统的军政府时，吴庭艳和他的兄弟吴庭儒的罪名之一就是阴谋组成联合政府。现在杨文明倒成了许多批评家的希望所在，因为他的晦涩的言辞使人认为他会接受共产党加入他的政府。显然河内喜欢他。春水有一次暗示，可以同意由他取代阮文绍。（春水和往常一样，是含糊其辞的。如果我们接受他的建议，他也没有承担明确的义务。）但是，如果春水说的暧昧的话是当真的，那么其原因肯定是在南越的主要人物中，杨文明是最无能和最懒散的人。* 所有了解杨文明的越南人在这一点上都是意见一致的。如果河内对他表示同意——这一点还不清楚，那是因为如果他当上总统，他是所有候选人中

---

* 我的工作人员约翰·内格罗庞特很有见解地指出，杨文明若是当上总统，将难以向敌人作出让步，因为北部的天主教徒和高级军官不信任他；但是，主张“强硬路线”的阮文绍却可以作出这些让步而不至于失去这些保守分子的信任。

最容易被推翻的一个人。（在一九七五年共产党接管西贡的前两天，杨文明终于当上了总统。他被两名北越士兵带出总统府，从此没有再露面。联合政府也就到此结束。）

当然，还有阮文绍。他当上总统并非偶然。他无疑是南越军事领袖中最令人生畏的人，可能也是政界人士中最能干的人。他和多数身居高位的人物一样，代表着个人野心和崇高动机的结合。那些并不感到行使权力是使自己振奋精神的一副补剂的人，很少能够行使这种权力，而且几乎从来没有得到过它。同样地，那些缺乏坚强的道义准则的人，是经受不起和伟大的职责分不开的那种彷徨、压抑和痛苦的。阮文绍显然对于他的职位觉得乐在其中。在这一点上，我所认识的行政首脑中和他一样的大有人在。但是他也是一个讲原则的人，强烈反对共产党，笃信宗教，爱国，头脑很机敏，极其英勇地保护他的同胞，使他们不受来自南越国内外的冲击。那些设法寻求借口要我们抛弃他的人坚持要给他加上种种罪名，但是言过其实了。他上台时接管的文官政府，当时已被推翻吴庭艳的那场狂风暴雨式的政变弄得四分五裂。一支游击队正准备通过系统的恐怖活动推翻他的国家。在长达六百英里的杳无人迹的边界上，外敌正在入侵。他有一个盟国，先是派来几十万军队，遍及他的国土，并训练他的军队应付一种并非东南亚方式的战争，然后又一边加紧撤军，一边敦促他向贪得无厌的对手作出越来越多的让步。这个盟国简直是他的一种负担。他懂得如果他同时干所有这些事，他的政府非垮台不可。但是，凡是他认为可以办到的事他都做了，而且超出了许多人的预料，包括进行了一场大规模土地改革。我们国内的批评家们都是些得寸进尺的人，对于许多人来说，他是一只顺手拈来的替罪羊；但是这不是由于他的过错。在谈判没有到达最后阶段的时候，他并不是谈判的障碍，而且——我还要进一步说明——即使在当时，他的处境也极为困难。他完全了解我同黎德寿谈判的情况，每项建议都经过他的同意，而且每次会议，我们都通过邦克向他提供一个纪要。我们是用初级密码和邦克通消息的。黑格还定期去西贡了解情况，并将最新情况告知阮文绍。阮文绍对于我们虽然疑虑重重，但是他对于我们这个釜底抽薪的盟国，却表现得毫无怨言，而且神态超脱、尊严，还带点轻蔑。（尽管阮文绍对于我通过谈判达成最后协议的方式怀有刻骨仇恨，我还是要在这一点上说他的好话，因为这是他应该得到的。）

阮文绍深信，南越正处在狼烟四起的年代，经受不起长期的权力不稳的局面。他的军队在老挝刚刚遭受重大伤亡。他的盟国正在加紧撤军。他知道我在和河内谈判。而且，由于他熟知我们建议的要点，并确实表示过赞同，他是了解河内会在每次巴黎谈判中坚持要推翻他的。他秉性多疑到了病态的程度——典型的越南人性格——这肯定促使他害怕河内的建议可能对我们有诱惑力。他也不想下台。在一九六七年之后，事实一再提醒了他，他是仅仅以百分之三十五的多数在那次选举中获胜的。这一次他下决心要获得更多选民的信任。因此，他并不过多地讲究方式，就运用起他的职权来了。

在他的对手方面，他们没有兴趣参加一场即使公正地进行也肯定会落选的选举。杨文明轻而易举地收集到足够的签名使他获得了竞选资格，但是对于竞选，仍在犹豫不决。阮高其有竞选的愿望，但是由于阮文绍毒辣的手法，在收集签名方面发生了困难。南越最高法院重新使阮高其获得竞选资格，但是此时他和杨文明都已决定退出竞选了。邦克大使劝说他们两人参加竞选，但没有成功。他们要求的东西，实际上和黎德寿是一样的，即美国保证他们成功。由于阮高其和杨文明不愿参加竞选，因此这场选举就成了一场公民投票。选民面临的选择是：投票支持阮文绍；或者毁损选票；或者抵制选举。百分之八十七的有选举资格的选民参加了选举，而阮文绍获得了百分之九十四的选票。

在竞选期间，我认为阮文绍运用职权迫使其对手放弃竞选是一种不明智的举动。我在七月间去西贡时，故意招摇过市地去拜访了阮高其、杨文明和佛教徒反对派的领袖，以显示我们对于进行一场有角逐的选举是感兴趣的。我在八月一日通过秘密渠道拍发了几封电报给埃尔斯沃思·邦克，支持国务院发出的正式指示，要他探索是否可能找到别的反对派候选人，或重新规定一个选举日期，使他们可以获得竞选资格。我在电报中告诉邦克，阮文绍不应怀疑美国公众对他的毒辣手法的反应的深刻程度。但是，尼克松和我都不愿意把阮文绍抛出去喂狼。诚然，除非断绝一切军事和经济援助，从而为河内办了它想办的事，还没别的可以把他抛出去喂狼的切实可行办法。我们认为，我们支持西贡的政治结构，并不是出于对阮文绍的照顾，而是出于我们国家利益的需要。我们经受住了暴风雨。如果认为河内为了没有在西贡举行一次公正的选举而感到痛心，那真是大错特错了。河内感到烦恼的是，我们拒绝以选举为借口来撤换南越的非共产党政治结构的领导人。

我在八月十六日再度会晤北越人。黎德寿没有来，留在河内了，这就决定了谈判不可能取得突破。谈判开始时，我把一些关于阿波罗号几次登月的不属于机密的技术资料交给春水，因为黎德寿在上次会谈中曾问到过这几次登月的情况。春水不禁讲了一句俏皮话，说我们虽然曾把人送上月球，但是我还是迟到了半小时。（这是由于我同中国驻巴黎大使黄镇进行了私下会晤。）但是当我们转入正题后，就可以看出，这个时期的谈判已陷入僵局。双方都明白，军事问题是可以得到相当迅速的解决的。每一方都定期地就其立场作一些小的调整，使双方在军事问题上的方案甚至更加接近，以便诱使对方在难以处理的政治问题上作出让步。我们原先建议，在我们最后完成撤军之前的两个月，必须释放所有我方被俘人员；我们作了修改，现在我们同意撤军和释俘可以同时完成。我们把我们将在战后向所有印度支那国家提供的经济援助的粗略估计告诉了春水，但不作为协议的一部分，或作为赔偿。河内同意，我们在印度支那全境的被俘人员将获得释放，而不是像他们原先主张的那样，仅仅释放越方扣押下的被俘人员。

但是，这些都不能掩饰，我们双方都没有能力解决政治问题。我们不会按照河内要我们推翻盟国政府的条件去媾和。为了坚持我们的原则，我们愿意经受国内的动乱——动乱的焦点在于无关紧要的、基本上已经得到解决的我们单方面撤军的时间表。有一次特别激烈的交锋结束时，我把僵局作了一番归纳，还对春水的从属地位说了些带刺的话，而且虚张声势地说，时间（和许多事实相反）是在我们这一边的：

好了，部长先生，我知道你得按指示行事。而且我也知道，你未经授权，是不能听信我的话的。而且你将反唇相讥，什么事情都是由于我们的过错。可惜的是……可悲的是，如果我们继续打下去，那么一年之后，我们就还会在原地徘徊。而且总有一天，我们会达成一项其条件和我们现在讨论的差不多的协议。我们告诉过你们，如果你们能够在政治角逐中获胜，我们不会阻挡你们。这是你们迟早必须做的事情。但是从你的话里可以看出，你们现在不准备这样做。我的经验足以使我懂得，不论我说什么，也改变不了你的信念，更改变不了你所得到的指示……我唯一要说的是，我希望有一天河内会以愿意媾和的态度来找我们联系。有了这样的态度，部长和我就可以找到媾和的模式。在这以前，在我们见到这样的态度以前，我们定会在原地踏步不前。

而这正是后来发生的事情。我们在十四个月之后会晤，接受了基本上是我在一九七一年谈判中提出的条件。

春水出于某种考虑，坚持要在大约一个月之后再度会晤。他的迫切态度给予我们一线希望，或许河内的政治局正在利用这段时间来研究自己的立场。虽然尼克松很想断绝这种越来越徒劳无功的接触，但我还是勉强说服了他，使他相信举行会晤会增加我们在谈判中的分数，给河内又一次修改自己立场的机会，而且我们“没有什么可以丢掉的，除了我难受三十六个小时以外”。我们现在如果断绝接触，会毫无所得，更何况河内现在也还没有拦阻我们，不让我们做我们要做的事。于是我们九月十三日在巴黎又再度会晤。黎德寿还是没有出席，这使我们不能再有什么怀疑，这个时期的谈判已经到了山穷水尽的地步了。春水没有说出什么新的东西，实际上他只是宣读了一篇宣传稿，和在克莱伯大街举行的全体会议上一再发表的讲话是一路货色。谈判举行了两个小时就休会了，这是举行秘密谈判以来最短的一次。我们分手时达成了谅解，如果任何一方有什么新的内容要讲，可以重新打开渠道。

这年夏天在国内的辩论以及我们谈判的唯一结果就是，使我们国内的批评家跟上现实。参议员乔治·麦戈文有机会在九月十一日和春水会晤四小时。他得到的确凿无疑的印象是，共产党建议媾和的基础是以确定美军撤退期限换取释放被俘人员。虽然我认为这样的交易和河内的九点方案显然是不一致的，但是还是命令威廉·波特大使在正式巴黎和谈的第一百二十九次会议上进行探讨，以便一劳永逸地结束人们的种种猜测。波特会后对记者说："我们整天都在设法要他们对于他们在个别发表谈话时说过的话加以正式确认或否认。但他们拒绝这样做。"实际上，北越人不久就消除了以前他们公开立场不明朗的状况，并再次宣布，释放我方被俘人员要以政治解决为条件。与此同时，他们把麦戈文和几名记者也置于哭笑不得的境地。《华盛顿邮报》第二天报道说：

北越今天提出强硬的和平条件，使他们两个月来设法表现得比较忍让的精心策划的努力付诸东流。

河内代表春水明确表示，美国必须"同时"宣布不再支持南越总统阮文绍和撤退全部美军，然后美方被俘人员才能得到释放……反战的参议员乔治·麦戈文(民主党人，代表南达科他州)发表过的比较乐观的印象，以及河内的政治局委员黎德寿发表过的、迄今被人深信不疑的谈话，都归于破灭。

《华盛顿邮报》记者，不幸的乔纳森·兰德尔，几个月来一直根据北越人常常发表的隐晦的谈话，报道相反的消息。兰德尔在九月十六日全体会议结束后央求北越新闻发言人说：

你认识我几乎三年了。你难道不明白我们为何什么事情也弄不清楚？你难道不知道我们思想上的混乱？要么是情况真的不清楚，要么因为我是个笨蛋……你今天说的话不仅和我们过去的理解以及发出去的报道的含义相反，而且也许连词义也相反。我真是摸不着头脑。

我理解兰德尔的感受。我们是同病相怜的人。

揭开秘密谈判的内幕

春水重申了河内僵硬的谈判方案，但奇怪的是，这对我们国内的辩论产生的影响甚微。即使像参议员亨利·杰克逊这样强硬的人物，在九月十日也要求停止对越南援助，除非阮文绍举行一次有竞争的选举。《纽约时报》在九月十八日指责尼克松关于要在南越留下去直到西贡能够自己防止共产党接管政权之日为止的主张。《芝加哥论坛报》甚至在九月二十日刊登弗兰克·斯塔尔的一篇专栏文章，敦促我们立刻撤离越南。美国轰炸北越引起了报界的愤怒。这种轰炸部分是为了对敌人袭击我们的侦察机作出反应，但主要是为了向越南表明，破坏谈判是不能不付出代价的。九月三十日，参议院通过了曼斯菲尔德修正案的新文本，提出要在六个月内撤出全部美军，以此作为我国的政策，而要求的条件仅仅是对方释放我们的被俘人员。各方面对此都表示赞同。带有讽刺意味的是，对于越南化和南越抵抗的力量，河内比我们自己的参议员或社论作者更有信心。河内坚持要我们推翻南越政府，这就说明，它对于我们撤退之后，它是否能够依靠自己的力量实现它的目标，并无把握。

在这样的气氛下，我在九月十八日向尼克松递交了一份长篇分析文章，综述我国在对越南外交政策上所持的态度。我重申，如果我们由于仓促撤退或过多的政治让步而推翻了南越的政治结构，朋友和敌人在缓过气之后就会得出结论说，美国在第二次世界大战之后的领导作用正在转化为越南战争之后的退让政策。我们在越南的不光彩的下场也会给我们的社会留下深刻的伤痕，引起互相指责和加深现存的权力危机。我仍然相信，我们撤离越南应该是一种政府的政策行动，是有尊严的，而不是屈服于压力或由于丧失意志。

我认为，用越南化的办法可能会达到上述目的，但它有着先天的不可靠性。如果坚持把越南化进行到底，就必然会到达一个微妙的境地，我们的撤退会造成南越政治前途的不稳，从而在最后时刻破坏整个的事业。如果能够通过谈判解决问题，就会使南越有相当的机会生存下去。我们一直认为这是更为可取的。采取一项政策行动来结束战争，而把南越的前途留给历史的进程去自然解决。

我的分析继续指出，但是，我们现在发现自己在浪费谈判的本钱。尽管由于公众的抗议而造成种种苦恼，越南化使美军的人数、伤亡和费用都稳步下降，在国内为我们赢得了时间。而且它对河内造成两种压力：第一，我们有步骤地撤军，这向北越表明，如果他们要我们很快或全部撤离，他们得付出代价；第二，越南化提出的前景是，最后一个加强了的越南政府将能独立存在。我分析说，不幸的是，我们的第一笔本钱几乎全都耗尽了。我们国内的压力和官僚机构的缺乏纪律性结合在一起，几乎每天都在不停地向北越人保证，我们很快就会全部撤出越南。他们对于唾手可得之物，又何必去花费代价呢？直到一九七一年秋季以前，我们的第二笔本钱——西贡的力量日益加强——仍然能够使河内踌躇不前。南越政府保持相当程度的稳定。具有讽刺意味的是，由于美国帮助把总统任期四年写入南越宪法，这种稳定现在也遭到了威胁。在南越，总统选举、美国撤军以及国内的不同政见这几件事凑在一起，正在再度引起骚乱。阮文绍政府和军队中的某些人开始脚踏两只船，准备向越共投诚。

我在备忘录中继续写道，在美国，要求迅速脱身的势头正在高涨。我们现在面临着真正的危险，国会将通过法案，确定一个我们必须撤军的日期，或许还会限制我们对南越的援助。在政治和道义上都令人感到痛心的事实是，反对派中的许多人已经不管问题的是非曲直了。他们越是认为我们正在撤出，就越是设法在我们撤出的问题上强加许多限制条件，以便把他们明知我们本来就可以做到的事归功于他们的敦促。但要想赶在这种情绪的势头的前面，是不可能的。

我得出结论说，由于所有这些理由，第一，我们不能再用好心的万灵药去削弱越南的政治结构，因为这是我们剩下唯一的一张牌了；第二，我们应该在我们的本钱用光之前，在谈判上再作一次努力。以撤军换取释俘的建议已经遭到春水的拒绝，他坚持要撤掉阮文绍，对西贡的政治舞台来一个彻底的大扫除。把越南化进行到底，是不会使我们的被俘人员返回的。无论如何，关于军队人数和援助数额的限制性法案很快就要通过了。最后，在没有大规模挑衅的情况下，要进行升级在国内是通不过的。

因此，我要求尼克松批准一项政治问题方面的新的谈判倡议，这是一项和我们所负的义务、我们作出的牺牲以及我们的荣誉相适应的最大限度的倡议。我建议，修改我在八月十六日提出的八点——其中主要是关于军事问题——并作出一项规定，即在最后协议签字后的六个月内，在南越举行一次新的总统选举。由一个代表包括共产党在内的所有各种政治力量的选举委员会在国际监督下主持这次选举。在这次选举之前一个月，阮文绍总统将辞职，由参议院议长代行其职务。在这时候，余下的小部分美军也将撤走。我们还将把撤军的最后期限从九个月缩短到七个月。

尼克松在九月二十日批准了这项建议。黑格在九月二十一日去西贡。阮文绍在九月二十三日接受了这项建议，他告诉黑格，他还准备宣布，一旦实现和平，他甚至不打算在一场新的选举中当候选人。我们认为，这样做太过分了，我们建议他不要把话说死。但是阮文绍在他当选前三天在一次公开讲话中宣布，如果实现和平，他将挂冠归里。

过去，我们有任何新的倡议，总是在会议上提交给河内。现在我想，如果在要求开会时一并书面提出我们的倡议，可以节省时间。而且，如果河内拒绝开会，反而发动这场他们几乎肯定会发动的进攻，我希望把我们的倡议记录在案。十月十一日，沃尔特斯将军拜访了在巴黎的北越总代表，要求在十一月一日会见黎德寿。沃尔特斯宣读一份电文说，春水部长在九月十三日发言说，如果美国方面提出一项总建议，北越方面愿意配合。我们的倡议就是答复这一发言的。我们的倡议是为了在一九七一年底以前达成一项公正的协议作“一次最后的尝试”。⑫

但是河内的冷酷无情和蛮不讲理的领导人只有在没有别的出路时才肯妥协，他们是以打持久战为职业的。如果他们要妥协，他们得首先证实他们没有别的选择余地，而现在他们还没到那个地步。他们决心在军事上再碰一次运气。在离开建议会晤的日期只有六天的时候，河内于十月二十五日，以惯有的那种傲慢态度作出答复。没有作出友好的表示，对我们的建议也未予评论，也没有表现出想在一定的时间里解决问题的愿望。河内冷冰冰地建议在十一月二十日举行会晤，提出的理由是“特别顾问黎德寿目前在河内有活动，春水部长还在进行治疗”。河内甚至不屑于把在河内的活动说成是“重要的”。沃尔特斯报告说，照会是在一次迄今为止最简短的会晤中递交的。他哀叹说“没有随意交谈，也没有喝茶”，只是把事先准备好的稿子宣读一遍。

我们在十一月三日发出一份简短的照会，同意河内提出的日期，然后像往常那样等着听黎德寿离开河内的消息。但是，什么也没有听到。十一月十七日，也就是在我准备动身去巴黎前不到四十八小时，河内通知我们，黎德寿不能出席会晤，因为他“突然患病”。没有另行提出日期，在通知中也没有表示打算解决问题；仍然只字未提我们提出新的重要倡议——愿意让一位盟国领导人辞职——尽管我们向他们提出这个倡议已有一个多月。唯一的和善姿态——也是一种瞧不起人的表示——是提出春水“仍然同意”会见我。但是从以前会晤的全部记录中可以看出，春水没有进行谈判的权威。

我们在十一月十九日作了长篇回答，我们总结了谈判的状况，结尾说：

一九七一年十一月十七日，北越方面通知美方，特别顾问黎德寿现在正在生病，不能出席十一月二十日的会晤。美方对此表示遗憾。在这种情况下，举行会晤是没有意义的。

美方随时准备会晤特别顾问黎德寿，或北越的任何其他政治领导人，以及春水部长，以便在对有关各方都是公正的基础上迅速结束战争。美方等待听取北越方面提出关于合适的日期的建议。

我们没有得到答复。北越人正处在为一九七二年重大的军事攻势进行策划的后期阶段，正竭尽全力准备作一次最后的较量。

有许多因素促使河内采取这样的决定，包括他们一辈子也改不了的那种偏执狂。但是，在我看来，最主要的因素是美国内部的分歧。北越人只能得出这样的结论，即再施加一次军事压力，就可以迫使我们基本上无条件投降。北越的政治局知道，如果他们提出释放被俘人员，国会就会强制要求撤军。他们企图迫使我们弄垮西贡，以便使他们获得完全的胜利，他们这样做不会招致任何损失。在会晤中，北越人没有一次不引证我们国内反对派的言论。有一次，当黎德寿表示，由于反对派的压力我们会不得不让步时，我发火了：“特别顾问先生，你是世界上最极权主义的国家之一的发言人。你们在你们的国家里无情地消灭了任何反对派的踪迹。还是把对于反对派应该怎样解释这件事，留给那些容忍反对派存在的人去做吧！对于你们一无所知的事情，还是不要去解释为好。”自那以后，“阿德”很少再提到我们的公众所造成的窘境，但是无法从他们对形势的估计中消除这一因素。

当然，我们的批评家并不了解我们提出的所有建议。这可能是我们为了保密而付出的不必要的代价，因为我们认为，对于认真的谈判来说，保密是必不可少的。但是河内对“政治解决”的看法已经记录在案；不需要很多分析技巧就可以确定，它等于是要由共产党接管。实际情况是，多数反对战争的人在这时已不再关心争论中的具体问题，他们只是渴望结束战争。尽管尼克松多次公开暗示我们正在谋求解决，但人们想当然地认为，政府在三个月内就能够安排好同北京和莫斯科举行高级会谈，而在同河内谈判方面却是行动迟缓。《纽约时报》十一月十七日的社论写道：

总统一再提到他想通过谈判解决问题的愿望……但是他并没有采取新的行动，使他和河内在巴黎已经建立的直接渠道重新恢复活动。他也没有作任何努力，来回答越共在七月间提出的七点建议所提供的好机会；时间已过去四个多月了，而对越共的建议基本上未作答复。

一九七二年一月三日，参议员麦戈文在同一个问题上施加压力：

说我们在巴黎的谈判代表曾和北越人把释放我们的被俘人员和美国从印度支那全部撤出的问题联系在一起进行讨论，这根本不是事实——总统知道这不是事实。⑬

在此期间国会强烈要求以撤军换取释俘的决议案一直有增无已。参议院不断通过这些决议案；众议院多次予以否决，但是否决票数却在逐步下降。四月一日，以一百二十二票对二百六十票否决；六月十七日，以一百五十八票对二百五十四票否决；六月二十八日，以一百七十六票对二百一十九票否决；十月十九日，以一百九十二票对二百一十五票否决。国会规定的最后撤军期限显然快要到了。十月十三日，参议院外交委员会通过决议，把美国对柬埔寨的援助限制为二亿五千万美元，美国在柬埔寨服役人数限制为二百人。最后，在十一月五日，参、众两院会议就曼斯菲尔德修正案达成妥协的一致意见。新的措辞指出，“美国的政策”是要求结束军事行动，并“迅速撤出印度支那”，其条件就是释放所有的美国战俘，并提供在战斗中失踪人员的情况。提案删去了曼斯菲尔德原来提出过的六个月期限，但敦促并请求总统确定一个日期，并就以分阶段撤军换取分阶段释俘问题通过谈判达成协议。这时，河内已经明白，这次交易的条件不会比以撤军换取释俘更差了。

我们之所以没有完全崩溃，是因为北越人自己已经筋疲力尽了。他们可能还有点力气可以再猛攻一次，但是他们的军事力量已经耗费殆尽。他们的后勤力量遭到破坏；我们对莫斯科和北京采取的外交行动使他们不能把我们国内公众对于不同意见的狂热完全煽动起来。两周之后，我们发表的关于中国问题的公告，使得报纸头版不再为预定要用来吹捧阮氏萍女士一九七一年七月一日的七点建议的世界性宣传运动保留版面。由于在十月十二日宣布尼克松要在莫斯科举行最高级会谈，俄国人也不去和河内亲近了。我们把两个共产党大国变成了促使我们国内公众团结一致的同谋者。

旱季一开始，北越的大量后勤集结使人完全相信，共产党快要发动军事攻势。我们必须掌握主动。在十二月，我们不顾报纸的社论和国会的愤怒抨击，对二十度线以南的供给基地进行了两天的轰炸。我们给莫斯科和北京送去强硬的照会，概述了我们与北越人交换过的意见，并警告说，如果北越发动攻势，就会招致最严重的报复行动。我们并不认为它们会对谈判提供帮助，但是我们认为，在即将举行的最高级会谈中，它们可能要维护自己的利益，因此可能会转达我们的警告。中国没有作出答复，这本身就是直到那时还被认为是世界革命中心的国家所作出的一种不介入的重要表示。多勃雷宁耍了一手新花招。我们是定期就世界局势进行商谈的，但在有一次商谈中，他试图把河内不肯妥协的态度归咎于中国。他说，中国邀请我去北京访问这件事，是在公布之前三十六小时才让河内知道的，这使河内大发雷霆，以致河内把谈判搁置起来，以表明必须和它谈判才能实现和平，而不能由大国把和平强加给它。

随着关于中国问题的公告给人们带来的欢乐渐渐消失，美国选举年的临近，北越的攻势迫在眉睫，我们在国内的地位肯定又会遭到攻击。除非人们清楚地看到，我们已经作出一切努力通过谈判结束战争，而且已经跨出了额外的一步，否则我们是无法度过这场风暴的。总统候选人和别的批评家都捡起了河内散布的欺人之谈，说我们没有响应阮氏萍女士的七点建议，但实际上我们的确已经响应了——而且部分地接受了——黎德寿在秘密谈判中提出的类似的九点建议。有人不断地向我们施加压力，要我们定出一个撤军的最后期限，而当时我们在秘密谈判中已经提出过期限，但被拒绝了。因此，尼克松决定在一九七二年一月二十五日向美国人民公布我们的谈判记录。

在作出这项决定之前，在西贡还发生了一场棘手的争执，因为当阮文绍赞成我们提出的建议时，他并不知道，在十一月二十日按预定计划和黎德寿开会以前，事实上我们已经把这项建议告诉了河内。* 当阮文绍知道我们在公开表明立场时已经不再提共同撤军时，他也感到不快。他知道我们五月三十一日的建议，而且也表示过赞同，这项建议并没有提出共同撤军的主张；现在他宣称，凡是公开正式改变立场都会削弱他在国内的地位。（这是后来一九七二年发生争执的伏笔。）最后，阮文绍同意了尼克松的这篇演说，以及在讲话中重申的美国在谈判中的立场，因为他知道反正我们已经在撤退，而且他也可能心存侥幸，河内既然对

* 这只是一个借口。一年以后，当我们就协议的最后条件摊牌时，阮文绍告诉我们，他对建议本身很反感；但当时，他没有给我们只字片言的暗示。

私下提出的建议尚且不作答复，就更不可能去接受一项公开的建议了。

尼克松的这次演说是他所作的最富于戏剧性、最感人的一次演说。他摆出了我和北越举行过的十二次秘密会谈的谈判记录。他透露，我们在一九七一年五月三十一日曾提出过撤军的最后期限，但遭到拒绝。他重申我们在一九七一年十月十一日提出的关于政治解决的建议：在国际监督下，举行有共产党参加的自由选举，而且在选举前一个月，阮文绍愿意下台。他甚至比我们上一次在秘密谈判中提出的建议更进了一步，把撤军期限从七个月减少至六个月。尼克松重申："这个计划唯一没有做到的是，联合我们的敌人来推翻我们的盟友；而美国是永远不会这样做的。如果敌人需要和平，他就必须承认协议和投降之间是有着重要区别的。"

对于我们长期以来作出努力的光荣记录和我们新建议的气派，人们感到大吃一惊。总统竞选人的反应是，小心翼翼地表示支持。跑在最前面的是参议员埃德蒙·马斯基，他称这项计划是"一项受欢迎的倡议"。休伯特·汉弗莱的反应则是一种他所特有的感情的冲动："这又怎么了，还有的是问题哩！"他的意思是，尼克松的演说已经把越南问题作为政治问题解决了。[14]一月二十七日《华盛顿邮报》粗暴地把该计划称为"老一套的骗局"，但是《纽约时报》在同一天暂时放弃了它几个月来吹毛求疵的做法，小心翼翼地表示了支持，如果不是对每一条规定，至少对整个做法是支持的。多数报纸的社论都持这一态度。

不到一星期，许多批评家又闹起来了。僵局——河内拒绝了我们的建议——又一次被看成完全是政府的错误。但是这一次的批评表明，在心理上我们已经取得了胜利。批评家能够提出仅有的不同建议是，单方面撤军的交换条件只有对方释放被俘人员(此建议已遭河内拒绝)；以及推翻南越政府。参议员马斯基在二月二日发表讲话，施加了新的压力。他主张甚至在我们单方面撤军以后，美国也应该停止给阮文绍一切援助，除非他和共产党达成协议。(这是一种"反正你是输定了"的提法：

因为河内能够接受的唯一条件是要推翻阮文绍，他的出路只有被处死或者自杀。）这个方案成了反战分子提出抗议以及报纸发表社论的新纲领。但是反对派的基础越来越薄弱了。战争很不得人心。不过有一点是很明显的，不管公众如何厌倦，他们并不打算联合敌人去打倒一个盟友。对大多数美国人来说，我们长期和不懈地进行谈判的实际情况现在已经清楚。事实是，河内用过高的和蛮横的要求不断地阻碍问题的解决。

在尼克松发表演说之后，我每次离开华盛顿，报界总是很快就盯上了我。因此，后来每逢开会，就在我已经到了巴黎而且已经在开会的时候，再由白宫公布开会的消息。这样做有它的好处，它不断地提醒公众，谈判正在进行；同时也提醒反对派，任何时候都可能出现戏剧性的突变。

我们把总统的演说词递交给莫斯科和北京，并特别警告说，如果发生新的攻势，我们将作出强烈反应。勃列日涅夫以安慰的口吻回答说，他认为和平还是可能的。北京无疑已经受到如同多勃雷宁告诉我的那种河内发出的指责，在一月三十日作了尖刻的答复，指责——不是没有道理的——我们在设法使中国陷入圈套。我们作了尖锐的答复。但这种交锋并没有影响三个星期后在北京举行的最高级会谈。

对于北越人来说，他们是落后了。这对我们来说是新经验。在过去六个月中，我们两次以计谋战胜他们（第一次是我去北京的旅行）。一月三十一日，他们在巴黎发表了他们方面的信件，包括黎德寿在一九七一年六月二十六日递交给我的九点和平建议，作为答复。* 河内发言人阮成黎把双方的和平方案作了比较，他说，两者的差异是“根本性的差异——如同白昼与黑夜一样”。阮成黎声称，河内一直要公布会谈的内

---

* 我在一月二十六日的新闻发布会上已经说明，我们不会去发表河内的文件，但如果河内这样做，我们也“不反对”。

容，但“根据美方的希望”没有那样做；但是，“为了把谈判出现僵局的责任转嫁到越南民主共和国身上”，美国“破坏了信约，为谈判制造了严重的障碍”。他没有说明，我们公布了河内一直想要公布的立场怎么会给谈判制造障碍。

很明显，河内感到它提出的论点根据不足，而且处于守势，因为不久，在二月二日，河内就发表了对它的九点建议的两点“说明”。这是对它的原方案略加修改的版本。现在河内明确表示同意，在我们撤出最后一批军队之日，释放被俘人员。但这是和一项政治方案联系在一起的，该方案要求阮文绍马上辞职，并解散“压迫机器”，指的是警察、军队、绥靖计划。经过大大削弱的南越政府的余部，要去和高度武装的共产党谈判，以建立一个具有人们熟悉的三方结构的联合政府。即使最热爱和平的组织，从这些主张中也很难找到立身之地。这并非偶然。在一年以后我们结束谈判时，黎德寿以一种挖苦而直言不讳的口吻说，那两点“说明”并没有说明什么，提出它只是为了答复我们的倡议，使北越有一些“新的”立场，好答复我们的建议。

不论用任何正常标准来衡量，一九七二年初，我们对越南的政策是相当成功的。在改善我们的盟友的军事处境的同时，我们撤退了四十一万多军队。我们从外交上使河内和它的主要支持者分开。在国内，我们经受了本世纪以来对政府政策最严厉的抨击。我们在做这些事的同时，坚持了不背弃盟友，也不使友好国家的人民遭受压迫的原则，以履行我们在世界上的职责。我仍然相信，如果我们在越南完全垮台，我们对北京和莫斯科采取的主动都将无法实现。只有我们在天平上还占有一定分量的时候，这两个国家才会认真对待我们。而且我们还向美国人民显示，即使在内部分歧十分严重的情况下，美国也还掌握着重大的富于创造性的主动权。

如果几乎无法避免的一九七二年共产党的军事进攻压服了南越人，这些事也就无关紧要了。但是在国内，我们处于坚强的地位，可以采取

有力行动为南越说话。如果我们能够经受住共产党的进攻，总统就可以抱着我们能开始建立国际新秩序的希望到北京和莫斯科去。

注释：

① 见《华盛顿邮报》一九七〇年八月二十八日和九月一日社论。

② 参见一九六九年六月十九日《纽约时报》；一九六九年九月二十一日《纽约时报》杂志。

③ 参见，例如，一九六九年八月五、二十一、二十四日和十月十五日《纽约时报》社论。

④ 包括起草信件的亨利·杰克逊、休·斯科特、迈克·曼斯菲尔德、巴里·戈德华特、雅各布·贾维茨、华伦·马格纳森、鲍勃·多伊尔、艾伦·拜布尔、托马斯·J·麦金太尔、温斯顿·普劳蒂、伯奇·贝、查尔斯·珀西、米尔顿·扬和特德·史蒂文斯。

⑤ 一九七〇年十月九日《华盛顿邮报》：《国会领袖和新闻界普遍赞扬和平计划》。

⑥ 一九七〇年十月十一日《费城问事者报》文章：《报界支持和平倡议》。

⑦ 例如，莫顿·霍尔珀林和莱斯利·盖尔布在一九七〇年十月十一日《华盛顿邮报》上提出过这种建议。后来霍尔珀林在一九七〇年十一月七日《纽约时报》上又一次提出来。

⑧ 本杰明·弗·谢梅尔著《袭击》（纽约哈珀与罗氏出版公司一九七六年版），第二四三至二四四页。

⑨ 《华盛顿每日新闻》曾经发表过一份关于分别举行的十几次有计划的反战集会和活动的简明时间表；见朱迪·卢斯著《这里的示威游行时间表》，刊登在一九七一年三月三十一日该报第三版。

⑩ 一九七一年四月七日向全国发表的讲话，参见一九七一年二月十七日和三月四日在记者招待会上的讲话。

⑪ 我在五月三十一日向春水提出的建议如下：

第一，我们准备为把美军全部撤出南越确定一个期限。正如我以前表示过的那样，我们将会为其他盟国军队的撤退规定出大体相同的时间表。

第二，越南人民和其他印度支那各国人民应在自己内部磋商一切其他外来军队撤出印度支那各国的方式。

第三，当美国按照双方最后同意的时间表开始撤军时，应在印度支那全境实现有效的停火。

第四，作为停火协议的一个组成部分，应规定外来军队不得继续渗入印度支那各国。

第五，对停火协议及其条款的实施应实行国际监督。

第六，双方应该重申，保证尊重一九五四年和一九六二年《日内瓦公约》，尊重老挝和柬埔寨的中立、领土完整和独立。可以在一次国际会议上正式加以确认。

第七，我要求重申，我们建议立即释放在印度支那全境被双方扣押的全部战俘和无辜平民。我们认为，这个问题应立即在人道主义基础上得以解决。如果这一点办不到，作为我们在这项最后的建议中提出的解决办法的组成部分，也必须把这些人员释放。我们期待：

——在达成协议之日起，你方提出在印度支那全境在押的全部被俘人员名单。

——释放被俘人员应在我们按照双方同意的时间表撤军的同一天开始。

——释放被俘人员应至少在我们最终完成撤军的两个月之前完成。

我们准备具体商谈并取得迅速进展。我们拟定这项建议是为了回答你们的建议。我们期望你们将以一种建设性的精神对待我们这项最后的建议。

⑫ 由沃尔特斯递交的我们新的八点方案全文如下：

1. 美国同意从南越撤出全部美军以及其他南越政府的盟国的军队。撤军的方式如下：

——只要本原则声明能够在一九七一年十二月一日之前签订，所有美国和盟国的军队，除少数必要的技术顾问、后勤人员，以及为了实施第六点提到的停火所必需的人员外，将于一九七二年七月一日前撤出。撤军的最后期限无论如何不得迟于本原则声明签订后的七个月。

——留下的人员，在第三点提到的总统选举前一个月，也就是在第三点也规定了的南越现任总统和副总统辞职的同时，开始逐步撤退。撤退将在举行总统选举之日完成。

2. 释放在印度支那全境被俘的全部军事人员和无辜平民的工作将和第一点提到的撤军同时进行。双方将在本原则签订之日提出一份在印度支那全境被俘的军事人员和无辜平民的全部名单。释俘工作将和撤军同日开始，而且只要本声明在一九七一年十二月一日签订，就在一九七二年七月一日以前完成。释俘工作的完成无论如何不得迟于本声明签字后的七个月。

3. 关于南越的政治前途，规定指导原则如下：

南越的政治前途将由南越人民在不受外来干涉的情况下自己决定。

在签订以本声明的原则为基础而拟定的最后协议的六个月之内，将在南越举行一次自由和民主的总统选举。这次选举将由一个代表南越各种政治力量的独立机构来组织；它将在最后协议签订之日开始履行职责。该机构的职责之一，将是审查候选人的资格。南越的各种政治力量都可以参加选举并提出候选人。对这次选举将实行国际监督。

在举行总统选举前一个月，南越现任正、副总统辞职。由参议院议长领导的看守政府负责行政工作，但与选举有关的工作则仍由独立的选举机构负责。

美国方面宣布：

——不支持任何候选人，对南越的选举将保持完全中立。

——尊重这次选举结果以及南越人民自己制定的任何其他政治进程。

——准备和南越的现有任何政府确定军事和经济援助的关系。

双方同意：

——南越应同印度支那其他国家一起采取中立的外交政策。

——越南的重新统一，应取决于南、北越双方在不受任何一方的强制和吞并以及没有外来干涉的情况下进行的商谈和达成的协议。

4. 双方尊重一九五四年关于印度支那的《日内瓦公约》和一九六二年关于老挝的《日内瓦公约》。外国不得对印度支那各国进行干涉。将由印度支那人民自己来解决自己的事务。

5. 印度支那各国现存的问题，将由印度支那各方在互相尊重独立、主权、领土完整和互不干涉内政的基础上予以解决。有待解决的问题包括贯彻实施印度支那各国的武装力量必须留在它们本国边界以内的原则。

6．从最后协议签订之时起，在印度支那全境将实行全面停火。作为停火的一部分，外国武装力量将不得继续渗透到任何印度支那国家中来。

7．对于本协议的军事方面将实行国际监督，包括停火及其条款，释放战俘和无辜平民，以及从印度支那撤出外国武装力量。

8．对于印度支那人民的基本民族权利，印度支那各国的中立以及本地区的持久和平，将作出国际保证。

双方表示愿意为此目的以及其他合适的目的，参加一次国际会议。

⑬ 麦戈文讲话，转引自一九七二年一月四日《华盛顿邮报》。

⑭ 马斯基和汉弗莱讲话，转引自一九七二年二月七日《新闻周刊》。

WHITE
HOUSE
YEARS

Henry Alfred Kissinger

白宫岁月：
基辛格回忆录

[美] 亨利 · 基辛格 著

范益世 殷汶祖 译

Vol.

4

上海译文出版社

目录

第四部分　一九七二年：从战争到和平

第四部分

一九七二年：从战争到和平

第二十四章　尼克松的中国之行

黑格的先遣任务

在尼克松总统宣誓就职三周年的时候，我们正忙于准备一件大事：美国总统访问北京。这在一九六九年是谁也不能想象的。一九七二年初，我们有希望在其他方面取得进展——比如对苏联的关系和谈判结束越南战争——但是，同中国举行最高级会谈才是我们当前的中心任务。

中国对我们重要，并不是因为它力量强大。周恩来反复强调说中国不是超级大国，这是言之有理的。事实上，如果中国更强的话，它就不会这样一心一意地寻求同我们改善关系了。北京需要借助于我们来摆脱孤立，并抗衡它的北部边境上潜在的致命威胁。我们需要借助于中国来加强我们在外交上的灵活性。我们能够随心所欲地选择时机干预世界事务的日子已经一去不复返了。我们始终是参与世界事务的，但是，无论在物质上或道义上，我们的优势地位都不如以前了。我们必须考虑到其他力量中心，并努力在它们之间保持平衡。对华采取主动还使我们的国家政策恢复了应有的立场。它把印度支那还原到它恰当的位置——一个大陆上的小小半岛。它的戏剧性效果减轻了美国人民在我们从东南亚撤退时必然要感到的痛苦。它也使我们在世界各地的朋友的看法恢复了平衡。

新年伊始，一个美国技术小组飞抵北京。这个小组由我的助理亚历山大·黑格准将率领，他的任务是设法使我们的先遣人员的想象力能有一点约束。霍尔德曼和尼克松决定到中国去运用他们关于公共关系的信条。他们不厌其烦地向不知其中奥妙的人解释说：印刷新闻，即报纸，对公众的影响是微不足道的，而电视却能在几分钟时间内改变人们的观念。况且他们感到，文字记者给他们吃过的苦头超过了电视记者，这次北京之行将是报复的大好机会，办法是在随行记者团中大大增加电视工作人员。这一决定给电视系统的负责人打开了方便之门。因为，电视网播送节目的时间有限，所需的电视记者和技术人员的人数，即使为了进行饱和采访，也是有限的；又因为，白宫公共关系专家给了电视系统绰绰有余的新闻人员名额，这样，好多近十年来不作新闻报道的上层人物就得到了一次免费访华的机会，而有些报纸却完全被排斥在外了。

从电视的角度来说，中国的时间比我们早十三小时，这就提供了额外的方便：上午的活动可以在晚上电视的黄金时间传到美国，晚上的活动可以在早晨的电视上作实况转播——要是东道主能合作的话。因此，想法子使那些文化革命中幸存下来的中国官员们充分认识美国公共关系的神奇作用，就成了先遣人员的一项任务了。对我们来说，幸运的是，中国人有抵制野蛮人入侵的古老方法。这些参加过长征的老战士们一弄清我们先遣人员的来意，就立即意识到，由美国总统介绍给美国电视观众，从而立即成为受欢迎的人，有很大的好处。他们急切地同意了霍尔德曼的想法。当时，北京和美国之间没有直接的电视转播设备，这只是一个暂时的问题；安装了一个地面接收站，通过卫星转发电视片，问题就解决了。中国人信守毛泽东自力更生的格言，买下了地面站，拒绝让我们的电视广播公司自己花钱来建造地面站。

一月初黑格打前站之行，解决了我们的先遣人员的主观愿望和中国是个主权国家这个不方便的现实之间的绝大部分矛盾。安全部门不让总统乘坐中国的轿车，但是中国领导人却认为，如果他们突然改乘美国大型高级轿车的话，“群众”就会不理解。最后双方妥协，尼克松如果个人外出活动，可以坐他自己的防弹轿车；但如和周恩来一起外出，就要乘坐总理的车。类似的一个问题是，中国人要为总统提供在中国境内飞行的座机。经过一番内部斗争，安全部门才勉强同意：我方根本不能对东道国说，他们的飞机不保险。如果安全部门坚持己见，我们就可能无法在中国旅行了——认识到这一点，问题也就解决了。总的来说，中方以很高的技巧和我们的先遣人员打交道。只要他们同意了的事，都以出奇的效率兑了现。至于旁的要求，那就消失在穿不透的婉拒的迷雾中，永远也不会有照面的机会了。

黑格和周恩来就政治问题进行了两次私下会谈。黑格向周恩来介绍了我方对于不久前结束的印巴危机的看法。周恩来同意我们对待这次冲突的态度。他认为，苏联在印巴次大陆推行的政策，并不是中美和解所激发的一种变化，而是俄国扩张主义趋势的历史性表现。关于越南，周恩来重申对河内的道义上的支持，并敦促迅速结束越南战争，以削弱苏联在印度支那的影响。黑格还向周恩来递交了一份美方对拟议中的最后《公报》有关台湾的敏感段落的新对案——这是我一九七一年十月之行未及解决的主要问题。周恩来只是答应说，在总统来到之前给予考虑。关于台湾问题的这几句话的谈判，后来在总统访华期间占用了很多时间。

我不知道哪个总统的出访有过这么细致的计划，也不知道哪个总统本人做过如此认真的准备。一本本厚厚的参考资料(在我的指导下由我的助手温斯顿·洛德和约翰·霍尔德里奇编辑的)，收录了有关这次访问的主要目标以及有关已和中方商定的议程中各项议题的文章。这些文章估计了中国在各个议题上可能采取的立场，以及总统可以应对的论据。我在七月和十月同周恩来的各次谈话也都分类摘录了。还有对毛泽东和周恩来为人的长篇分析，由中央情报局和我的班子里的中国问题专家理查德·H·索罗蒙编写，作为背景材料。还有西方中国问题学者写的文章和书籍中的长篇节录，这些学者包括埃德加·斯诺、罗斯·特里尔、丹尼思·布拉德沃思、费正清、C·P·菲茨杰拉德、斯图尔特·施拉姆和安德烈·马尔罗。尼克松极其细致地阅读了所有的参考资料，这可以从他到处在重要语句下面画线一事上看出来。像惯常那样，他把论据一一铭记在脑子里，待到和周恩来会谈时小心背出来应对，同时又力求造成出口成章的印象。

我们从马尔罗的《反回忆录》中选出的段落，竟然促成尼克松在最后一分钟邀请这位法国伟人来白宫做客。当年法国把达·芬奇的名画《蒙娜丽莎》借给我们展出时，约翰和杰奎琳·肯尼迪夫妇曾为马尔罗举行了盛大的招待会。那次盛会对尼克松的影响真不小，以致他想比他所嫉妒的前任更胜一筹。肯尼迪的晚会主要是个艺术集会，这在尼克松的眼光里无非是“花花絮絮”，而他和马尔罗的会见却纯粹为的正经事。他和这位法国作家的合作不是为了搞一场社交活动，而是为了准备一项历史性的使命。

不幸的是，马尔罗对中国的了解太过时了，他对中国近期目标的预言是完全错误的。比如他认为，中国邀请尼克松说明它需要经济援助；中国人对尼克松的评价将取决于他能否提出一项援助中国的新马歇尔计划。考虑到毛泽东的自力更生的思想，这是不可能发生的；说得好一点，马尔罗的想法是早了好几年。

不过，马尔罗的直觉却证明了艺术家的洞察力常常比专家或情报分析家更能抓住问题的本质。马尔罗的许多判断后来证明是非常深刻的。他说，中美和解势在必行，这是中苏分裂的必然产物。越南战争不会构成障碍，因为中国的行动是它国内需要的反映。中国在越南的作用只是一种“假象”；中国决不会有效地帮助越南；中国对越南的宿怨太深了。中国人并不信仰任何思想体系；他们首先信仰的是中国。

马尔罗说，美国在越南的作用如今已非实质性问题。重要的倒是我们在太平洋的政策。如果日本不再相信我们的核保护，它就会转向苏联。如果我们能继续把日本和美国拴在一起，这就可能促使苏联乃至中国更加需要去专心致志地满足本国人民的需要。马尔罗警告说，过些时候，早的话可能在两年以后，美国的对华政策和对日政策就会发生矛盾，而需要小心调整了。在这一过程中，美国决不能被人家看出是在犹豫不决；整个亚洲需要美国坚定。马尔罗说，中国所寻求的首先是统一、荣誉和尊严。到头来也是想要解脱经济困境的。

那是一场极精彩的表演，听众的思想却还为十年来的成见所禁锢，不能加以充分欣赏。马尔罗一面用幻想家的眼光把听众吸引住，一面口若悬河，一泻千里。与其说他作了一个前后连贯的分析，倒不如说他描绘了一系列出色的场景。马尔罗已经有快十年未去中国了；他显然没有跟上形势的发展；也不掌握内幕情况。他有的只是敏感、锐利的洞察力和精明的理解力。我们的任务就是把他的直觉同我们逐渐获得的实际知识相结合。

二月份是在期待中度过的。一月底的时候，我们和北京有过一次令人不快的意见交换。联系总统一月二十五日的讲话，我们向中方详细通报了我们屡次遭到河内拒绝的情况。周恩来回复了一封尖刻的信，指责我们想把中华人民共和国纠缠到越南问题中去。这样讲，一半是事实，一半倒是启示。我们本来希望中国会对河内施加压力。但是既然北京采取不卷入的姿态，我们也很满意。

二月九日我们发表了总统的年度外交政策报告。在尼克松执政的前四年，这种报告每年都是由我和我的工作人员起草的。我们感到难过的是，不管我们怎么认真推敲，我们总达不到我们的根本目的，不能使新闻界把它作为一份美国外交政策基本哲学的声明来对待。报界每年报道的几乎都是关于印度支那的一节；我们想启发人们讨论美国在全世界的目标，而结果总是引起关于对越南策略的辩论。不过，一九七二年的报告中有一段关于中国的内容，回答了去年七月十五日戏剧性公告发表后人们提出的一系列问题：我们目前对台湾的义务是什么；我们是否正在“转移我们的重点”，从东京转到北京；这对我们的对苏政策会发生什么影响。总统的报告肯定了所有现有的对盟国的义务；我们不会因打开对华关系而放弃和日本的二十年密切关系。在我们抵达北京前不到两星期发表的这份报告，重申了我们对台湾的“友谊、外交关系和防务义务”；强调了“有关各方和平解决这一问题将大大有助于缓和远东的紧张局势”。

至于苏联，我们作了一个老一套的辟谣表态，说我们的政策不是“针对莫斯科的”。但事实上，正是苏联的威胁使中国和美国走到一起来了；我们的合作反映了一种地缘政治的现实，产生于对苏联军事力量不断增长的忧虑。我们可以避免挑衅行动；但我们却不能消除这种新关系的明显影响。如果处理得巧妙，它能够促使苏联克制一点，合群一点；如果处理得不高明，可能正好促成企图避免的那种危机。

二月十一日，总统对中国作出了另一个姿态。他批准了国家安全委员会副部长委员会提出的关于松动对华贸易关系的一套新建议。二月十四日宣布了这一消息。从那以后，所有可以卖给苏联和东欧国家的商品同样可以卖给中华人民共和国。这是我们对北京的最后一个单方面的经济姿态。

二月十七日，总统在同国会领袖们进行简短的告别会见以后，来到停在白宫草坪上的直升机前。仅此一次，尼克松未唱高调。他只是谈到有许多来信来电预祝他成功。他表示希望，后人会用“阿波罗十一号”的宇航员留在月球上的那块纪念牌上写的“我们为了全人类的和平来到这里”这句话把他的这次旅行载入史册。

抵达北京：握手

尼克松的第一站是夏威夷；为了避免人们对铺张浪费的批评，他在一个陆军基地停宿，可是一发现这里的艰苦环境又懊悔了。以前在亚速尔群岛，这次在夏威夷，屈尊住在一个小防区司令官的房子里，看上去大有爱国的自我牺牲精神。旅途中，我从霍尔德曼那里领教了如何保证使尼克松能得到最有利的电视镜头。齐格勒显得十分紧张，因为他被告知说，在北京期间他不能在新闻发布会上谈任何实质性问题，他已经在害怕遭受记者的折磨，这些人受新闻报道时限的驱使一定不会轻易放过他。整个旅途中，尼克松时而担心手下平常能干的工作人员会不会忘了公共关系中的某些细节，时而认真而潜心地为访华做准备。看完了所有的参考资料之后，他在长时间的飞行期间就像打连珠炮似的向我发问。

二月二十一日，星期一，上午九点我们到达上海稍事停留，以便让中国领航员登机。同我以前的几次访问唯一不同之处是，现代化停机楼前的一根旗杆上这次有一面孤单的美国国旗在飘扬。我几次经过这个机场，都没有看到过其他任何一个旅客或任何一架降落或起飞的飞机的影子。在上海欢迎尼克松的是乔冠华，他名义上是外交部副部长，但实际上是外交部的关键人物。据说他是周恩来最亲密的助手之一，这也很有可能，因为这个给人深刻印象的人物略有一些周恩来的风度、博学和智慧。在场的还有我前两次访问时认识的章文晋（西欧美大司司长）和王海蓉（礼宾司副司长，据说是毛泽东的亲属），他们两人在一九七一年七月曾陪同我从巴基斯坦前往北京。中国人殷勤好客名不虚传，准是认定未开化的外宾快饿坏了，因此以创纪录的速度给我们送来了丰盛的早餐。这一下子使白宫的工作人员心里为难了，因为他们知道，从此尼克松会要求他们加快宾夕法尼亚大街的服务速度。我们到达北京的时间是上午十一点三十分，即美国东部标准时间星期日晚上十点三十分，正是电视观众最多的时刻。

到达北京这一历史性时刻是事先作了准备的。尼克松和霍尔德曼早已决定，当电视镜头拍摄总统第一次和周恩来见面时，他应该是单独一个人。尼克松读过我在七月访华后写的报告，知道周恩来对一九五四年杜勒斯拒绝和他握手的怠慢之举耿耿于怀。总统决定，当他纠正这种失礼行为时，不能有其他美国人在电视镜头中出现而分散观众的注意力。

罗杰斯和我要留在飞机上，直到他们握手结束。抵达北京之前，我们被这样告诫过至少十几次，根本不可能再忘记了。但是霍尔德曼还是不放心。到那时有一名粗壮的副官挡住了“空军一号”的通道。我们的中国东道主必定大惑不解，不知道官方代表团的其他成员出了什么事情。因为在通常的情况下，他们是尾随总统沿舷梯鱼贯而下的。尼克松单独一人和周恩来的历史性握手完满结束以后，我们大家才像变魔术似的出现。

我们站在寒风凛冽的停机坪上，欢迎我们的是一支仪仗队、体态优雅而纤弱的周恩来以及一批穿着同样毛式制服的中国显要人物。这些人穿着都一样，但当然是严格按政治身份依次排列的。欢迎仪式是极为低调的。除了三百五十人组成的仪仗队以外——这个仪仗队的严格纪律是我随总统出访中印象最深刻的——整个仪式简朴到了极点。这样极度的简朴反映了一个真理，只有最紧迫的必要性才使这两个国家走到一起来——它们的其他关系根本不配享有国事访问常有的那种喜人的欢迎仪式。

中国人事先没有告诉我们，是否会准备任何形式的群众欢迎。当我们的车队驶入市中心的时候，霍尔德曼在和齐格勒的无线电通话中还抱着一线希望，认为真正的欢迎仪式可能在天安门广场等待着我们，那里会有多么值得上镜头的人山人海。这个希望落空了。中国本来到处都是人，可这时却被挡在横街小巷里，所以当我们的车队快速通过广场时，巨大的广场空无一人。车队驶过紫禁城的红墙和它对面那庞大而墩实的人民大会堂；驶过马克思、恩格斯、列宁和斯大林的巨幅画像(这幅斯大林画像肯定是全世界绝无仅有的了)；开进了坐落在钓鱼台湖畔的国宾馆。

我们下榻在两幢楼里。总统和他大部分的工作人员(我也包括在内)住在大一些的楼里；国务卿和他的随行人员住在几百码远的一幢小楼里，这楼我在前两次访问时住过。这两幢楼各有餐厅和厨房，这样就把两批美国官僚之间的日常联系压缩到了最低程度。中国人很熟悉美国行政机构内部奇怪的相互制约和平衡，在北京的中心依样安排了在白宫和国务院之间的鸿沟。

一到总统的宾馆，全体人员都被带到宽敞的会客室里就座，这里的沙发摆成一个圆圈，中央留出很大一块空间。周恩来的夫人在那里迎接我们，在场的还有叶剑英元帅、代理外长姬鹏飞、副外长乔冠华和其他官员。接着送来了茶水。周恩来主持了友好的交谈，时而开几个玩笑。和往常一样，他一一招呼了美国代表团中的每一个成员。

就这样，尼克松第一次亲自领略到中国式的外交。苏联人一般比较生硬；中国人拐弯抹角。苏联人坚持特权；中国人讲究普遍的原则，表现出自信心，试图使实力问题显得无足轻重，而在这样的基础上提出自己的要求。苏联人把友好作为谈判成功后的奖赏。中国人在谈判之前就把友谊作为缰绳。他们至少在形式上使对方成为私交，这样就微妙地限制了对方能提出的要求。苏联人所居住的国家曾屡次遭到入侵，近期则主要利用武力扩大自己的势力，他们连对自己提出的道义主张都没信心，心虚到不敢承认犯错误的可能性。他们从绝对正确的教条转移到不可改变的立场（不论他们的立场改变了多少次）。中国人几千年来都在这一片地区执文化的牛耳，甚至能用自我批评作为工具来为自己服务。他们征求来访者的意见——这是一种赢得同情和支持的谦虚姿态。这样做还可以使来访者说出自己的价值标准和目的；结果他就约束了自己，中国人以后就能够引用他自己的建议（而且时常这样做）。苏联人脾气暴躁，有时口是心非，给人留下一种心理反常、心神不安的印象。中国人则强调中国价值标准的独特性，因为他们对此深信不疑。因此，他们表现了一种不为压力所左右的优越感；他们甚至用暗示“原则问题不容谈判”的方法事先就阻止对方施加压力。

在建立这种关系的过程中，至少在和我们的接触当中，中国外交家证明是完全可靠的。他们从不搞小动作；他们不讨价还价；他们很快就亮出底牌，进行说理，顽强地加以辩护。他们信守协议的意义和精神。正如周恩来喜欢说的：“我们说话是算数的。”

每次对中国的访问都像是一出认真排练过的戏，什么都不是偶然的，然而一切又显得那么自然。中国人记住每一次谈话的内容，从低级官员到最高级政治家说的话全都记住。中国人说的每一句话都是拼图游戏中的一块，尽管一开始我们这种简单的头脑还没有看清整个的图案。(后来，温斯顿 · 洛德和我确实学得很擅长这样做了。)我前后访华十次，好像是在跟一个有机体进行一次连续不断的谈话，这个有机体能记得每一件事，似乎由一个头脑在指挥。这种会晤令人振奋，而有时又给人一种异样的感觉。这样严格的纪律和彻底的献身精神使人不禁产生敬畏，感到自己在它面前完全无能为力——这是外国人在接触到中国文化时常有的感觉。

尼克松这次访华也是这样。到喝完茶的时候，所有在座的人都感到——正像七个月前我在秘密访华时所感到的一样——自己已经被接纳进了一个有严格限制的俱乐部，虽然那时连一次实质性的谈话都还没进行过。

毛 泽 东

实质性的谈话没有耽搁很久。两点三十分，我们才吃完丰盛的午餐，有人来告诉我，周恩来有急事在会客室里等着要见我。他不像往常那样先开开玩笑，而是直接对我说：“毛主席想见总统。”我问他能否带温斯顿 · 洛德同往。他同意了，并且和往常不同地固执地说：“主席已经请了总统，他想很快和他见面。”我决定装作冷淡一点，便问周恩来，在当晚的宴会上他准备念讲话稿呢还是作即席发言。他表示将念稿。我又问他，我们讲话稿的语气应该温和一些呢还是强硬一些，以便和他的语调相配合。周恩来有些不耐烦地说，他将把他的讲话稿事先给我一份。最后我说我就去请总统。

这样，总统和我坐上了中国轿车前往紫禁城，同现代历史上的一位巨人进行第一次会晤。洛德作为记录员也跟来了。洛德的出场没有张扬出去，以免国务院更加不高兴。实际上国务院的人员一次都没有列席过同毛泽东的谈话。五天之前，尼克松就告诉我说，他想让罗杰斯国务卿和马歇尔·格林助理国务卿去忙别的事情，这样他就可以同毛泽东和周恩来讨论敏感的问题。中国人也没有邀请罗杰斯列席，这可能是因为国务院在上一年曾说过台湾的法律地位“未定”。然而我是可以坚持让罗杰斯也来的，如果我这样做的话，尼克松和中方都不会拒绝。总统国家安全事务助理本来有特权、甚至是义务，提请总统修改他认为不明智的决定。但是我没有这样做。这个疏忽在技术上无可非议，但实质上是不应该的。本来不应该把国务卿排除在这次历史性的会见之外。

毛泽东这个毕生致力于彻底改变中国传统的价值标准、结构和面貌的统治者实际上住在紫禁城内，像他所蔑视的历代皇帝那样深居简出，神秘莫测。没有人能事先和他约定见面的时间。去见他的话，那是奉召去朝见君王，而不是应邀去会见政府首脑。我曾五次见过毛泽东。每次我都是像尼克松一样突然受到召见的。有一次我访华时，毛泽东表示有兴趣见见我的妻子南希。当时她正在商店里买东西，但这对我们的中国东道主来说是不成问题的。一个似乎确切了解她行踪的礼宾官员立即把她从一家商店里拉出来，带到毛泽东跟前。而陪同她的国务院安全官员失去了保护对象，被撇下来在那里冲着一个不懂英语的售货员表示对于在北京中心发生绑架事件感到震惊。

我们的车接近毛泽东的住处时通过一个红色的大门，门前有两个人民解放军战士毫无表情地注视着东西走向的宽阔大街，这条街是拆掉旧城墙而修建的。绕过红墙，我们经过一条甬道，开头的一段路两旁都是平常的房子，看不出那些外观平庸的墙院后面有些什么样的建筑。过了一大段路，两旁的房屋不见了，这里一边是湖一边是树林。毛泽东的住房单独在一处，外表简单平常，这里可以是任何一个低级官员的住处。眼前看不到有特殊的安全措施。轿车一直开到正门前的门廊下。我们走进一间小会客室，然后穿过一条宽的过道，我来访问时至少有两次看到这里摆着一张乒乓桌。

走过过道，就来到了毛泽东的书房，这是一间中等大小的房间。四周墙边的书架上摆满了文稿，桌上、地下也堆着书，这房间看上去更像是一位学者的隐居处，而不像是世界上人口最多的国家的全能领导人的会客室。在我最初几次访问时，房间的一个角落里摆有一张简易的木床，后来就不见了。我们第一眼看见的是一排摆成半圆形的沙发，都有棕色的布套，犹如一个俭省的中产阶级家庭因为家具太贵、更换不起而着意加以保护一样。每两张沙发之间有一张铺着白布的V字形茶几，正好填补两张沙发扶手间的三角形空隙。毛泽东身旁的茶几上总堆着书，只剩下一个放茉莉花茶茶杯的地方。沙发的后面有两盏落地灯，圆形的灯罩大得出奇。在毛泽东座位的右前方是一个痰盂。来访者一进入房间，毛泽东就从沙发上站起来；在我最后两次见他时，他需要两个护理人员搀扶，但他总是要站起来欢迎客人的。

在会见一位出名而掌握大权的领袖人物时，人们往往分辨不出在多大程度上倾倒于他的人格，又在多大程度上敬畏于他的地位和声望。会见毛泽东的情况却是不容置疑的。除了召见是突如其来的以外，接见并无任何仪式。房间内的陈设就和屋子的外观一样简单朴素。毛泽东就站在那里边，周围都是书，他在中国人当中身材是高大魁梧的。他微笑着注视来客，眼光锐利而微带嘲讽，他的整个神态似乎在发出警告说，他是识透人的弱点和虚伪的专家，想要欺骗他未免是徒劳的。或许除了戴高乐以外，我从来没有遇见过一个人像他具有如此高度集中的、不加掩饰的意志力。他一动不动地站在那里，身旁有一个女护士协助他站稳（在我最后的几次访问时，他由她支撑着）。他成了凌驾整个房间的中心，而这不是靠大多数国家里那种用排场使领导人显出几分威严的办法，而是因为他身上发出一种几乎可以感觉得到的压倒一切的魄力。

毛泽东的存在本身就是意志的巨大作用的见证。他的一生是传奇式的，他是中国南方一个农民的儿子，早年立志要接管“天朝”，这吸引了许多追随者，他率领他们举行了六千英里的长征，结果只有不到三分之一的人生存下来。他们从一块完全陌生的土地出发，先打了日本人，后打了国民党政府，直到最后他住进了紫禁城。这证明了永恒的中国的奥秘和威严，即使经过一场自命要消灭一切旧制度的革命也能够继续存在。没有任何外在的装饰物可以解释毛泽东所焕发的力量感。我的孩子们谈到流行唱片艺术家身上有一种“颤流”，我得承认自己对此完全感觉不到。但是毛泽东却的确发出力量、权力和意志的颤流。

在我一九七五年十月和他的最后一次私下会晤时以及同年十二月福特总统访华时，毛泽东几乎不能讲话了。他发出一些模糊的声音，唐闻生、王海蓉和另一名助手互相商量以后写在纸上让他过目，证明她们理解对了之后，才进行翻译。但即使那时，在死亡的阴影下，毛泽东的思想还是清晰而带嘲讽的。

毛泽东几乎从来不一个人独白，这同我认识的所有其他政治领袖相反。他也不像多数政治家那样，要旁人给他准备讲稿，然后记诵而装作即席讲话，或者照本宣科。他轻松自如，似乎随随便便地引导着苏格拉底式的对话，从中表达出自己的真意。他在开玩笑之中夹带出主要的论点，牵着对话者转来转去，找机会插几句时而富有哲理、时而冷嘲热讽的话。总的效果是，他的主要意思被包藏在许许多多离题很远的语句当中，以致意思是表达出来了，同时却规避了义务。毛泽东的省略的语句像墙上的人影，虽然是现实的反映，却没有现实的内容。他的话指点了一个方向，但却不规定前进的道路。毛泽东有时也下几句断语。这种断语使听者猝不及防，造成一种令人迷惑并略带威胁的气氛。这个情况竟像是面对着来自另一世界的神灵，他偶尔揭开掩盖着未来的帷幕的一角，让我们瞥上一眼，但从来不允许我们看到全貌，这全貌唯有他自己才看到过。

然而，毛泽东有时也会无情地揭露一个问题的核心。在我后来的一次访问中，我对邓小平说，我们两国之间的关系是建立在健全的基础之上的，因为我们都无所求于对方。第二天，毛泽东在见我时提到了这句话，同时表明了他对细节的注意。他有力地批驳了我的废话，说："如果双方都无所求于对方，你到北京来干什么？如果双方都无所求的话，那么为什么我们要接待你和你们的总统？"在谈到另一个问题时，他表示不满意美国在抵制苏联扩张主义方面太软。他把我们比作是暴风雨来临前的燕子。从他垮了的身躯中痛苦地发出声音说："这个世界不安宁，暴风雨要来了。暴风雨快来的时候燕子忙。推迟暴风雨有可能，但是要阻止它却是困难的。"

这就是我们现在被领去晋见的巨人。他用他特有的斜视的眼光迎接了尼克松，开玩笑说："我们共同的老朋友蒋委员长对这件事可不赞成了。"他用两只手握住尼克松的手，在摄影记者面前热情地向他表示欢迎——这件事本身具有重大的象征意义，至少对当时在场的中国人来说是如此。毛评论了尼克松在飞机上对乔冠华说的一句话，即他认为毛泽东是可以同他谈哲学的人。（这是又一个例子，说明中国人内部联系特别迅速，而且对毛的汇报很详尽。）他开玩笑说，哲学可是个"难题"，对于这个题目他没有什么有意思的话可说，可能应该请基辛格博士谈一谈。但是他一再重复这个说法来避免就尼克松提出的国际问题谈论具体的细节。当尼克松列举了一系列需要共同关注的国家时，毛泽东客气但又坚定地回答说："这些问题不是在我这里谈的问题。这些问题应该同周总理去谈。我谈哲学问题。"

尼克松的回忆录对这次会见有生动而准确的记述。①谈话中，开玩笑地提到我的女朋友以及我怎样利用她们作掩护安排一些秘密旅行。还开玩笑地谈到台北和北京领导人对骂时给对方戴的帽子。毛泽东还作了一个非同一般的表示：他更喜欢态度可以预测的保守派领导人，而不喜欢那些情绪摇摆不定的自由派人士。他对尼克松说：“你们选举时，我是投你的票的。”这使尼克松吃了一惊。他接着说：“有人说你们是右派，共和党是右派，希思首相也是右派。……这些右派上台，我倒比较高兴。”

毛泽东利用大家在取笑着谈论尼克松的政治前途的机会，提到了他自己的政治上的反对派。他说，有一个“反动集团反对我们和你们接触。结果他们乘飞机逃到国外去了”。为了怕我没听出这是指林彪，毛泽东和周恩来还解释说，这架飞机后来在外蒙古坠毁了。尼克松雄辩地介绍了他从反共立场到今天来北京这一段漫长的路程(他的回忆录中记载了这段话)，所根据的论点是，我们两国外交政策的利益是一致的，两国谁也不威胁对方。毛泽东趁这个机会对于美国的盟国作了一个重要的保证，似乎他只是在尼克松说话时才想起这个问题的，他说：“我们也不威胁日本和韩国。”

后来，我慢慢捉摸到毛泽东的谈话有好几层意思，就像紫禁城内的庭院，一个比一个深地套着，除了比例略有变化以外没有什么区别，而他最后的那个意思只有在长时间思考以后才能从总体把它抓住。尼克松回忆录中记载的毛泽东的诙谐谈吐之中夹带有一些暗示和主题，犹如瓦格纳歌剧的序曲，需要加以发展才能显示出它们的意义。

例如，毛泽东在表示他决定要扩大和我们的贸易和交流时，说话有所省略。他的方法是向我们解释中国在前两年为什么迟迟没有对美方的主动行动作出反应。他说，中国采取了“官僚主义的”态度，一直坚持要在解决了大问题以后才能处理贸易和民间往来这类小问题。“后来我看到还是你们的做法对，我们就打乒乓球了。”这不仅是回顾历史和作出委婉的道歉，这意味着在最高级会谈中双方的贸易和交流问题将取得进展，像我在上一年十月份访问时向周恩来建议的那样。在我们的来访得到毛泽东的祝福以后，所有的中方官员似乎都毫不困难地理解了毛主席的指示。我原来不懂的一些话，被他们引用来指明方向。在那以后的一个星期里，所有的中方人员，特别是周恩来，反复地追述毛泽东谈话中的一些主题，而那次谈话总共只延续了六十五分钟，其中翻译还花去了一半时间。

在那些戏谑、玩笑和轻松的俏皮话之间，我们必须小心留神，因为毛泽东是用一种故意显得很随便的方式来发表他的主要意见的，为的是使尼克松此行如果失败的话，也不至于有失面子。他巧妙地把台湾问题放在一个次要的地位，把它当作中国内部的一项不甚重要的争端；他甚至只字不提美国在台湾驻军问题。涉及这个问题的唯一有政治意义的话，只是那一次关于双方如何对骂开的玩笑。就连这也是一种传话的方式：中国人最终是会找到自己的解决办法的。谈到国共双方在二十年代的合作时，毛泽东提醒尼克松说，“实际上，我们和他（蒋介石）的交情要比你们和他的交情历史长得多。”在那次会见以及以后的任何一次会见中，毛泽东从来没有对台湾问题表示过不耐烦，没有规定过任何期限，没有进行过任何威胁，或把它作为我们两国关系的试金石。“我们可以暂时不要他们，过一百年再说吧。”“为什么要这样匆匆忙忙呢？”“这个（台湾）问题不是大问题。国际形势才是大问题。”“台湾事小，世界事大。”这些就是毛泽东多次向我们说明的他关于台湾问题的思想。（周恩来和邓小平的看法也是这样。）但毛泽东跟周恩来和邓小平一样，在会谈中很少谈到这个问题。

当时毛泽东所关心的，以及我以后和他长时间会见时谈论得更充分的，是国际大局的事，也就是苏联。当尼克松长篇大论地谈到美苏两个核超级大国中哪一个威胁更大的问题时，毛泽东回答说：“目前，美国发动侵略和中国发动侵略的可能性都很小……你们想撤回一些在国外的军队；我们的军队是不去国外的。”换言之，通过排除法，显然说明苏联是毛泽东在安全方面主要担心的对象。同样重要的是这里暗示的一个保证，后来周恩来也重复过的，这个保证消除了美国两届政府的噩梦：害怕中国会武装干涉印度支那。在保证中国不会到国外进行军事干涉以及在谈到日本和韩国时，毛泽东是在告诉我们，北京不会对美国的主要利益提出挑战。由于西方人是出名地迟钝，毛泽东又提到周恩来和我会谈时反复提出的一个说法："我认为，一般说来，像我这样的人放了许多空炮。比如，'全世界人民团结起来，打倒帝国主义、修正主义和一切反动派，建立社会主义。'"在听到有人居然会认真看待中国到处墙上写着的这种喊了几十年的口号时，毛泽东放声大笑，周恩来也跟着笑了。中国领导人在和我们打交道时已经超越了意识形态。他们面临的危险使地缘政治占据了绝对的首位。他们实际上是同我们订了一个无形的互不侵犯条约，从而解除了一个方面的敌情。

然而，毛泽东的谈话也不全都是战略问题。甚至在我们短暂的会见中，他也摆脱不了那使他的成就蒙上阴影并给他的晚年带来痛苦的噩梦：一切可能都只是昙花一现；这些努力、痛苦、长征、残酷的领导权斗争可能都只是一个短短的插曲，而驯服了过去一切动乱的几千年的文化却会消极而胜利地继续前进，淹没一切，只在后面留下一点涟漪，好像一块石头落入池中一样。尼克松说，"主席的著作推动了中国，也改变了世界。"毛泽东不无伤感地回答说，"我没有能改变世界，我只改变了北京周围的一些地方。"

在毕生进行巨大斗争来彻底改革社会之后，这样一个评价是谦虚的。无可奈何地接受事实的态度，突出地表明了革命的矛盾。"破"所需要的素质，往往不是"立"所需要的素质。动荡得越厉害，就越有可能导致一个比旧制度更加无所不在和更加有效的新制度。以自由的名义进行的革命往往只造就了新的权威机构。这不是偶然的。学者可以用人权的观点来说明人的自由；历史学家却知道，自由不仅存在于法律制度而且也存在于公众对制度的接受和人与人融洽的关系之中。一个没有不可调和的矛盾的社会，即使在没有法定权利的情况下，也能做到宽容和尊重人的尊严。在这样一个社会的结构中，宽容是固有的。英国从来没有一部成文的宪法，它的公民权利是由传统来保障的。但是在一个分裂成派别的国家里，在那里少数派绝没有希望成为多数派，也就是一部分人永远受排斥，那么这个社会在它的成员看来就是压迫人的社会，不管名义上有什么样的法律保障。

现代集权主义的实质就在于它坚持单一的道德标准，同时破坏一切传统的约束。为了划一新道德，引起了自从宗教冲突以来不曾有过的感情冲动，并使政府独揽了史无前例的大权。（美国革命不是这种意义的革命。它的目的不在于推翻现有的制度，而是使现行制度恢复原来应该发挥的作用。）要做一个真正的革命者，必须具备非凡的自信心。除非一意追求自己的信念的胜利并且毫不怀疑应该为此付出痛苦的代价，还有谁敢强迫追随者作出革命斗争必然要有的牺牲？正是为了追求这种具有无限魅力的真理——有时是神化的，有时也是邪恶的——才造成了现代历史中的巨大灾难和剧烈动荡。因为“真理”不受约束，“道德”不受限制，它们以自己为行动的依据。反对者不是无知就是邪恶，必须接受再教育或者被消灭。破坏越激烈，就越需要用纪律来强制建立新的秩序。自发性一消失，取而代之的必然是强求一律。

毛泽东所创建的中国就是这样的。他所推翻的许多制度无疑是腐败的。毛泽东致力于在八亿人口中争取平等，把地球上历史最长和从未间断的自治时期所发展起来的制度连根拔除，这无疑是一种伟大的献身精神，但是如此超级规模的事业必然带来巨大规模的痛苦。社会本能的抵抗越来越大，激起了这位理想敢与天公试比高的巨人更加强烈的反应。

对毛泽东来说，共产主义就是真理。但是，当他实现了他青年时代的梦想时，他发现了一个更加深刻的真理——这是他和二十世纪所有其他的共产主义之父不同的地方。他发现，共产主义的演变可能最终会使这一主义的理想落空，而中国的本质可能把他所掀起的巨变转化为它那似乎永恒的赓续中的一个插曲。为了创建无阶级的社会，成百万人死去了，但是当这个目标实现的时候，毛泽东发现，革命热情和改造社会所必需的严格控制，这两者到一定的时候就会和人民的传统顶起牛来，而对于人民，他是又爱又恨的。这个发明文官制度的国家会把共产党的干部变成一个新的官僚阶级，他们的真理的教条会使他们的特权空前牢固。孔子曾把这个国家的制度塑造成用来灌输普遍伦理的工具，而这个国家不用很久就会吸收并改造其末代王朝所强加于它的西方唯物主义哲学。

参观、会谈和祝酒

我们谈过了历史之后，转而讨论如何从中归纳出指导政策的方针这个实际问题。固然我在前两次访问中已经相当详细地向周恩来介绍了美国对世界事务的看法，但是唯独总统才有最后的权威和说服力。在很大程度上事情将取决于中国领导人如何评估尼克松，如何评估他与中国人并行不悖地实施一项旨在维持均势的全球性政策的能力。他们之所以对我们开门，真正目的就在于此。

由于我们两国二十多年来一直没有来往，没有外交关系，也没有彼此打交道可遵循的准则，对新的关系作一番正式的表述也有必要。因此最后《公报》是至关重要的。这个文件须能对共产党干部和资本主义观察家同样具有象征意义，须能镇住中国意识形态领域中的左派和美国保守的右派的批评。它既要谈到台湾，又要使它不再成为争执的问题。它既要指出双方真正的共同安全利益所在，又不能用挑衅性的语言来表达。要实现这些目标，口头上说说比做起来要容易得多。在我十月份访问中国时，取得了很大进展，但是还有三段话尚未确定下来。一段是关于印度-巴基斯坦问题，第二段是关于中美间的贸易和交流，第三段便是台湾问题。双方开了四次夜车才把这三段的内容定下来。

与此同时，北京最高级会谈还展开了其他方面的活动，这些错综复杂的活动是由我们细致的东道主和美国不那么细致的先遣人员精心安排的。中国人要利用他们灿烂的文化和文雅的礼貌来制造一种印象：全世界自称最革命的马克思主义国家和资本主义化身的国家之间发展越来越密切的关系，那是最自然不过的事。美国先遣人员的目标却简单得多。他们只想争取利用电视节目的黄金时间。双方的目的结合起来，上演了一套引人入胜的节目——总统马不停蹄地游览了许多中国建筑艺术和名胜古迹：长城、紫禁城、明陵、颐和园和天坛。天坛位于现在的北京城区的南部，在那里妄自尊大的皇帝竟搞了一组同心圆的石坛，规定它的中心就是宇宙的精确的几何学中心点。

我没有参加任何参观游览活动。我在上两次访问中已经看过这些名胜了，固然是被细心的中国人用作豚鼠，来试验时间安排和保卫措施，并看看我们这些外行的美国人在中国历史奇迹面前作何反应。因此我就利用这些时间同乔冠华商讨《公报》，并处理总统总统国家安全事务助理的华盛顿事务。

从一切报道来看，尼克松的游览全部是按计划进行的。不管计划要参观多少地方，最初出发的时间和最后返回的时间总是十分准确的。然而不管美国人做出多少节外生枝的事情，他们从来不感到中国主人催逼他们按照时间表行事。他们可以自由自在地漫步和探索，也可以不这样做；最后时间表总是一分钟也不差。几个月以前，我体验到这种奇妙的安排时，曾问一个中国的礼宾官员，他们怎么能够把精确的时间和自由活动结合在一起，完全不像包括美国在内的其他国家的礼宾司那样着急而气势汹汹地显示自己的才干。这位中国外交官回答说，这很简单。对外宾只告诉他们出发和返回的时间以及要去参观的地点。不像通常礼宾官员所做的那样，用详细的时间表约束外宾（以显示准备的周密），这样外宾就不感到心理上的压力。为供他们自己掌握，中国人把参观时间按八分钟一段分作几段（为什么是八分钟仍然令人莫明其妙）。如果外宾在一个地方停留的时间过长，就从以后参观项目中减少几个相应的八分段；如果相反，可以加上一些八分段。

换句话说，中国人想出了一个非常简单的办法；在时间表问题上不是要客人遵守主人的安排，而是主随客便。这样，中国的礼宾安排给人一种神奇的安逸感；这种做法看起来完全实事求是，更能有效地体现出对客人的尊敬和殷勤。

由于做了这些准备，各种参观活动进行得像彩排的表演一样。每一个场合，大批著名的电视评论员和老资格的记者围了上来，热切地想记录主角的深刻思想。“这是伟大的城墙，”尼克松在长城对聚集起来的记者们说，表示他赞扬这一项人类最壮观的创造。参观活动都由电视转播实况一事更加强调了，这项宣传手段本身就是重要的信息。在美国公众的心目中，电视证实了中华人民共和国这一现实和中国的雄伟壮丽，这是多少外交照会都无法证实的。归根到底，先遣人员也为历史作出了他们的贡献，而这一点我事先并没有认识或重视。

每天晚上都有象征性的活动——有宴会，有在体育馆里举行的体操和乒乓球表演，还有令人眼花缭乱的革命芭蕾舞剧《红色娘子军》。我到过中国十次，宴会对我来说似乎是老一套了。然而一九七二年二月经过东道主精心安排的宴会仍是那样不可思议地新颖，表明东道主认为这次宴请的来宾是与众不同的。他们事先得到了尼克松喜欢的乐曲的名单，每次宴会时他们技艺高超的军乐队便演奏其中的几支。我们出使北京的七天中，有四个晚上举行了正式宴会：周恩来的欢迎宴会、尼克松的答谢宴会、杭州市的宴会和上海市的宴会。此外，在北京周恩来还为美国代表团举行了一次非正式的晚宴。

在首都的几次宴会都安排在巨大的人民大会堂。这座大会堂是为纪念共产党接管中国而建造的。这座建筑物面对着天安门广场对面紫禁城朱红色的城墙，它兼有新古典主义和共产党巴洛克的风格，呆板而一目了然，跟古代中国精巧而含蓄的建筑风格形成鲜明的对照。广场的一侧虽被这座庞然的建筑物所堵住，但是仍显得十分宽阔，大会堂摆在那里像一条搁浅的鲸鱼。它的规模令人生畏，它所表现的企图千古长存的雄心使人们暂时忘记对它的设计的通常想法。

在我历次访问中，宴会的程序都是千篇一律的。人们循着一个庞大而陡耸的分层楼梯走向似乎很遥远的高处，然后进入宴会厅。有心脏病的人走上去恐怕就会丧命。（虽然有电梯，但每逢国家元首来访时，参加宴会的人很多，不得不走楼梯。）中国领导人等候在楼梯的顶上。几个木架子已预先排好，几名有礼貌的官员按照严格的礼宾级别把我们排好，拍那必不可少的集体合影。不论代表团有多么庞大，都会很快排好，不消三五分钟就照好了。接着贵宾们在进行曲的伴奏下被引进宴会厅，同排成长队的各界要人一一握手。宴会厅可容纳多达三千人。在尼克松访问时，赴宴人数约为九百，但是大圆桌安排得毫不使人感到空旷。主宾席设在讲台的下方，台上有两套扩音器，一套供领导人祝酒用，另一套供译员工作用。我同尼克松夫妇和周恩来坐在同一桌，不过距离太远，无法参加他们的谈话。宴会的气氛十分欢快。不仅一道道菜肴无休止似的端上来，而且桌上的每个中国人都按照中国的习惯注意使每个美国人的碟子里随时堆满了食物。

当然还有无休止的祝酒。我们喝的是茅台，这是一种烈性酒。我认为，不用它来做飞机燃料，就是因为它太易燃了。对此我得到过形象化的证明。尼克松回到华盛顿后，要向他的女儿特里西娅演示这酒的厉害。他把一瓶茅台倒在碗里，点着了火。岂知火竟不熄，他大为骇然；碗炸开了，吐着火苗的茅台流满了桌面。美国第一家庭的成员奋勇协力，慌忙救火，才把火扑灭，防止了一场国家的悲剧。否则的话，尼克松政府会自作自受地提前收场，比实际发生的会更早些。

宴席上的中国人只有向美国人敬酒时才喝酒。嘴里欢叫着：“干杯！”那可是言下无虚，当真每次都喝干的。敬酒的人显示他的空杯，逼得对方不好意思不跟着干杯，使谁都蒙混不过去。中国人人数是我们的两倍，而且喝惯了他们自己的酒，于是随着宴会的进行，也就越发热情奔放起来了。幸好宴会的祝酒词是事先准备好的，宴会时只是宣读一下。只有在上海高兴得过了头，尼克松在他此行唯一的一次即席祝酒时，居然似乎提议同中国缔结防御性的军事同盟。* 幸好当时记者们也喝得有些糊里糊涂，而且他们也不想再发表任何超过《上海公报》的重要新闻了。在这些宴会上我的问题是，每次宴会之后我一般还要和乔冠华会谈几小时，来草拟《公报》。有一次我对他说，现在大家都很高兴，我们不妨用汉语来讨论《公报》。

但是这些宴会在美国早晨的电视节目里实况转播，却达到了一个极为严肃的目的。它们迅速而戏剧性地向两国人民表明，中美之间正在形成新型的关系。周恩来在第一次国宴上特别热情的欢迎词中说，尽管中美两国意识形态不同，但仍可以在和平共处五项原则的基础上建立正常的国家关系。他没有提到台湾；他具体表示不会用战争手段解决悬而未决的争端。这只不过是明确说出我们在私下里已经知道的意思。这是又一次虽然是含蓄的保证，要我们无须再担心中国对印度支那进行武装干涉。五周以后，当越南人向我们发起攻势时，这一了解对我们十分有益，特别是莫斯科也作出了类似的(虽然是口才较差的)保证。

尼克松的答词带有更加浓厚的感情色彩。他曾推敲了我给他起草的讲稿，用他自己的语言进行了改写，并且加上了毛泽东的语录。他强调我们两国具有超意识形态鸿沟的共同利益(但没有具体指出这些共同利益是什么)：

我们将给我们的孩子们留下什么遗产呢？他们的命运是为那些使日世界受苦受难的仇恨而死亡呢，还是由于我们有缔造一个新世界的远见而活下去呢？

我们没有理由成为敌人。我们哪一方都不企图取得对方的领土；我

---

* “……这座伟大的城市，在过去，曾多次遭到外国的侵略和外国的占领。我们美国人民，同中国人民一起，忠于这样一项原则：决不允许这个城市，或者中国的任何部分，或者这个世界上的任何独立国家，再度遭受外国的控制，外国的占领。

“总理先生，我们两国人民今晚把世界的前途掌握在我们的手中。”

们哪一方都不企图支配对方。我们哪一方都不企图伸出手去统治世界。

毛主席写过："多少事，从来急；天地转，光阴迫。一万年太久，只争朝夕。"

现在就是只争朝夕的时候了，是我们两国人民攀登那种可以缔造一个新的、更美好的世界的伟大境界的高峰的时候了。

我经过多次访问之后，对这些宴会、祝酒、音乐，都感到颇为寻常了。但是我得承认，当中国总理头一次到每一宴席去绕圈子，向美国官方代表团的人员逐一敬酒，同时二十年前同我们打过仗的军队的乐队奏起《美丽的阿美利加》时，我是深为感动的。不管怎样，理查德·尼克松在乔治·华盛顿生日的那天，居然可以引用毛泽东的话来支持美国的外交政策，显然在外交上已发生了革命性的转变。

这种象征性的表示必须配上实质性内容才有意义。这件工作分三级进行。国务卿和中国外长以及他们的助手进行会谈，讨论我们的东亚司所关心的问题，即促进贸易和人员往来，也就是多年来华沙会谈的问题。这组会谈的另一个作用是使国务院的代表团在尼克松同毛和周会谈时有事可做。（尼克松认为，而且也事先告诉过周恩来，"我们的国务院像筛子一样极容易泄密"。）这组会谈在国务卿下榻的宾馆里举行。这里主要的问题是防止在外长级会谈中透露那些在其他会议上已基本解决的问题，例如《公报》的结构和内容，因为中国人在内部互通消息方面不像我们那样受约束。我没有参加他们的会谈。

另一级会谈是在尼克松总统和周恩来总理之间举行的。早上有参观访问，他们每天下午进行会谈。一共举行过四次，历时共十二个小时，轮流在人民大会堂和尼克松下榻的宾馆里举行。尼克松和周恩来回顾了国际形势，并且明确指出自从我秘密访问以后发展起来的双方相同的观点和事实上的合作。我方参加者有尼克松、我以及我的助手温斯顿·洛德和约翰·霍尔德里奇。

第三级会谈主要是由中国的外交部副部长乔冠华和我来起草《公报》，偶然需要请示我们的领导。这种会谈总共历时约二十小时。此外，我还同周恩来会谈了两小时，他有两次走进来参加我们的会谈，让我向他直接解释我方的某一观点。我们的会谈是在一幢中国人专门用来商讨问题的宾馆楼里举行的。

但是在举行所有这些会谈之前，我和周恩来必须安排好谁将参加哪一种会谈，以及他应知道些什么内容。在我们和毛泽东会见结束二十分钟后，周和我在专为起草《公报》准备的那幢楼里商量了约一个小时。我的主要任务是向他说明，哪些问题应该在哪一组会谈里提出。我告诉他："据美国民间传说，中国人繁琐，我们简单；可是当我听到自己的发言时，我感到我们很繁琐，而你们倒痛快多了。"周恩来在同作风怪异的美国人打交道时雍容大度。苏联人进行秘密谈判时，总企图利用我们各种渠道之间的矛盾；中国人却相反，一丝不苟。他们安排了会谈的时间，并把情报分做几类，各不串乱，就好像他们向来熟悉我们的奇怪做法似的。看来周恩来并不在乎给他的代理外长姬鹏飞安排做另外的事。他冷冷地向尼克松解释说："他有他的局限性。"

在我和周恩来开始讨论实质问题之前，还有美方生活中另一件稀奇的事情需要加以处理。由于有了现代通信设备，不论总统走到哪里，他总是掌管着政府的工作。然而每一个总统都认为他需要某件象征性的大事来显示他的权力。在这次访问期间，曾经决定由总统当着全体记者的面签署一项法案，规定为解决西海岸码头工人罢工进行仲裁。与此同时，他还要发表谈话，要求国会就劳工法采取行动。那些负责公共关系的天才们无疑认为，从一个自称为工人国家的首都发表消息，这些选题很理想。本来什么都好办，偏偏一名先遣人员提出一个想法，要让尼克松把签署过法案的钢笔送给周恩来。我们这位一向处事泰然自若的东道主，头一次不知道怎么办好了。他没有听说过这种赠送总统签署过公开文件的钢笔的做法。我向他作了解释之后，他不愿意参与其事。他婉转地指出，接受钢笔会不会给人一种干涉美国内政的印象。他好意地建议说，如果一定要送他钢笔，可以在我们返回美国之后另送一支。最后我对周说，这件事还是算了吧，大家都省事。

我和周恩来终于开始审议《公报》了。有三个问题需要进一步讨论。十月份我访华时双方就印巴问题起草了各自声明的内容，但在十一月和十二月期间发生了印巴危机，情况变了；看起来修改并不困难。我方认为有关贸易和交流的段落太单薄，需要补充，这是美国公众用来衡量关系进展的一个标准。最后就是有关台湾的段落还没有完成。在这个问题上，双方都不能接受对方现在的草案。周恩来和我一致认为还需花许多时间进行谈判。

二月二十一日星期一下午，双方全体人员举行了第一次简短的正式会议。双方已有默契，因此任何一方领导人都可以似乎自发地提出对方所设想的工作方案。周恩来把我在不到半小时前向他阐述的工作计划作为他自己的想法提了出来，从而承担了另设一摊外长会谈的责任，使我们避免了许多内部的烦恼。尼克松也不甘落后，声称他反对含糊其辞的《公报》。他说在这样重要的会议上，领导人要不怕说出他们的分歧，这样才能显示他们的力量。周恩来欣然同意，《公报》应按他十月份就提议的方法来写。官僚主义的问题解决以后，尼克松高姿态地宣称，他不是按各国的意识形态把国家分类的，而是要看它们执行什么外交政策。那次会议到此结束。

第二次会谈时，参加的人数就有限了，并且开始认真讨论实质问题。星期二下午，尼克松熟练而扼要地向周恩来介绍了美国的政策。他再次指出，他的外交是以其他国家的对外政策为依据，而不问它们的国内结构如何。一九七一年七月他在堪萨斯城的演说，虽然是即席讲话，但却反映了他深思熟虑的看法，即一种以美、苏、中、日、西欧五个力量中心为基础的新的世界秩序正在形成。美国对亚洲没有领土野心，他深信中国对美国也没有领土野心。因此两国之间存在着建立合作关系的基础。尼克松指出，美国同日本的友谊和结盟是符合中国利益的，因为这保证了美国成为西太平洋的一个重要因素，来和别人的野心抗衡，也可以防止日本走上军国主义的道路。这就是为什么美国在菲律宾以至韩国驻军有助于中国的安全，因为我们在靠近中国的地区保持了一种力量均势。尼克松综述了我们通过谈判解决越南问题所做的努力。我们并不像河内那样，想把一种政治解决强加在越南身上。如果我们这样做的话，我们就再也无法得到其他国家的信任——这是暗示我们的信誉和中国的安全也是休戚相关的。他警告说，如果河内在一九七二年再发动大的攻势，我们将作出强烈反应。

谈到台湾问题，尼克松详细论述了我早先已向周恩来谈过的一些基本原则，即我们不鼓励“两个中国”或“一中一台”的解决方案，也不鼓励其他国家来取代我们在台湾的军事地位。尼克松表示希望在他的第二任期内完成两国关系的正常化。他没有明说我方对此的条件，但是他毫不含糊地表示坚持要和平解决。他清楚地表明，我方撤军要取决于这个地区紧张局势的情况。尼克松一再说明他不能就台湾问题搞“秘密交易”；他的确没有这样做。

周恩来和往常一样，在聆听尼克松发言时面无表情，而在他自己发言时则一针见血。他使人清楚地感到，他最担心的是苏联的扩张主义。南亚事态是最近的一例，尽管印度的帝国主义野心在苏联煽动冲突之前就早已有所发展。中国人认为主要问题是维持世界均势。他认为新中国和美国之间的隔阂已经结束。现在的任务是共同反对霸权主义。

周恩来处理越南问题的方法，可称是迂回曲折的杰作。他更多地用悲伤而不是愤怒的口气反驳尼克松。他表示同情越南，但却没有提出两国利益一致。他把支持河内的义务说成是因为中国在帝王统治时期欠下越南的旧债，而不是基于意识形态上的一致，更不是基于民族利益的一致。中国对正在进行的谈判不发表评论。他重申，中美之间的分歧将用和平方式解决。我们把这话理解为：中国不会武装干涉越南；北越不是中国政策的延伸；而周恩来处理越南问题主要是把它放在苏联在东南亚的长期野心这个背景上来看待的。他关于迅速结束越南战争的主要论点是，战争拖住了美国，使我们的力量不能用在世界上其他更为重要的地区。他只敷衍了事地批评了我们在谈判中的立场。他劝我们从越南撤军。他没有认真坚持河内以及批评我们的人所主张的关于建立联合政府和推翻阮文绍的政治纲领。

关于台湾，周恩来一再强调中国人希望和平解放台湾，不过仍然坚持这是中国的内政。周和毛给我们留下深刻印象的观点是，台湾问题上的持续的分歧是第二位的，我们第一位的共同关心的事是国际均势。对台湾的意见分歧，将不让它影响戏剧性地发展起来的、建筑在地缘政治利益上的新关系。尼克松访华和《上海公报》的基调是把台湾问题留到以后再解决，以便两国弥合二十年的鸿沟，在双方利益相符的领域执行并行不悖的政策。

这就是多次会谈内容的精华，这些会谈是以独特的间接方式和微妙的暗示来进行的，尤其中国人方面更是如此。没有作相互的承诺，甚至并没有尝试规定协调的行动。一种奇特的伙伴关系形成了，这种关系正因为从未正式明文规定而更为有效。这种关系始于我七月份的秘密访问，在我十月份先遣访问时继续发展。随着尼克松在中国巧妙而明确地表明了美国的态度，这种关系达到了顶峰并合法化了。在我以后的六次访问中，这种关系又有了细节上的发展。两个大国不是通过正式协议，而是通过协调各自对国际问题的理解，协调它们与此有关的利益来寻求合作。这样的关系不仅是法律上的需要，而且也成了一种心理上的需要。

这就是为什么周恩来在同尼克松会谈的几乎全部时间里，既不谈《公报》（只曾简短触及），也不谈有关行动计划的决定。在尼克松访问期间，以及我几次单独会见毛泽东、周恩来、邓小平或中国大使时，我们讨论的中心都是保持均势的必要性、国际秩序和世界政治的长期趋势。双方都理解，如果在这些问题上观点一致，那么自然就会形成一种并行不悖的战略；如果观点不一致，即使就个别问题达成了策略性的决定，那也会是临时性而缺乏成效的。

《上 海 公 报》

事实上，双方正冷静地使观点趋向一致。然而这种并行不悖的战略确实需要有一种形诸文字的表示。这次访问结束时的《公报》，对于全世界和中美两国人民将是一个象征。《公报》还要指导两国政府机构（它们将不会知道全部谈判的情况）执行新的方针。因此《公报》要成为检验两国关系的标准，而只要华盛顿继续正式承认台北是全中国政府的所在地，那么中美之间的外交关系就不会是正常的。

我已经说过，有关很多有争议的问题的措辞大部分已在我十月的那次访问期间得到解决，其中包括用前所未有的方式把双方冲突的观点一并列出。把这些对立的观点写进《公报》，反而使得那些我们能够采取一致立场的事情更加突出，更加可信，特别是在反对"霸权"（这是对苏联扩张主义的新的叫法）方面。这样，《公报》也不大可能被双方曲解或作不一致的说明，而通常的文件倒倾向于把分歧点和共同点一样搞得含糊其辞：把分歧点搞得似乎双方协调一致，而在共同点上则是避免被人指责为合谋。《公报》使我们双方的盟国和朋友都感到比较放心。

但是，台湾是一个棘手的问题。在我十月间那次访问时，我们已经同意，双方都可申述自己的立场，就像在其他问题上一样。北京声称自己是中国的唯一合法政府，坚持台湾是中国的一个省。它说，台湾的前途是内政。在美国的声明中，我同意对台湾海峡两边的中国人的观点不提出异议："美国政府认识到，在台湾海峡两边的所有中国人都认为只有一个中国，台湾是中国的一个省。美国对这一立场不提出异议。"而北京方面则同意在他们的声明中不抨击美国和台湾的共同防卫条约，甚至对此只字不提，而只要求美军撤走。双方同意声明主张中国统一，但在由此而引申出来的若干问题上，直至尼克松到达北京时，双方仍有分歧。中国方面要我们声明，和平解决是美国的“希望”。我们却坚持要申明这是美国的关心，而且坚持要用“重申”的字眼，表示这是一项具有连续性的义务。中国方面要我们无条件答应从台湾撤出全部美军。我们只肯把撤军说成是一个目标，即使这样，我们仍然坚持，要把撤军跟和平解决台湾问题和缓和整个亚洲的紧张局势联系起来。

在乔冠华和我为解决这些分歧而花的二十个小时内，就像在我那次秘密访问时一样，双方都把对方推到最后的时限，看谁的弹性更大些。巨大的决心用极其友好的态度掩盖起来。双方都装作好像根本没有最后时限，这是向对方施加压力的最好办法。缓和的态度增加了紧迫感，却不致使个人关系过分紧张。虽然在任何谈判中都避免不了施加压力，但这些会谈还是用异常微妙的手法进行的。双方都小心翼翼地不提什么无可挽回的要求，也不搞似乎一方走一步必须对方让一步的讨价还价。由于不同的原因，台湾对中美两国来说都是关系到原则的问题。如果暗示一下原则可以出价购买，那会是唐突的。因此，双方都显出好像必须用对问题的共同理解，而不是通过激烈的讨价还价来解决一个共同问题。我们极力非常坦率地解释各自国内的需要，因为我们知道，假如《公报》是通过耍手腕谈成的，或者不被国内所接受，它就不能存在下去。我们认识到，在有些问题上，谈判双方唯一能做到的是以庄严的姿态争取时间。在台湾问题上，就是把最终解决留待未来，而这种未来将由《公报》其余部分建立的关系以及《公报》谈判的方式加以缔造。

在尼克松处理白宫事务的时候，乔冠华和我利用第一天的谈判时间逐行审查《公报》现有的草案，肯定我们已经达成协议的部分。我解释了我们在台湾问题上的需要；乔冠华表示他无权改变中国方面原提的建议。我决定把这事暂搁一天，利用第二天二月二十三日的谈判时间向中国人介绍了我们准备在莫斯科最高级会谈中达成的协议。

中国人显然对我们的对莫斯科政策感到不快，但他们不得不使自己适应于这个三角外交的现实。美中共同利益之所在是防止苏联利用任何手段——包括进攻中国——来破坏全球的力量平衡。但是，永远同莫斯科处于敌对状态对美国不利，除非莫斯科向国际平衡挑战。作为核超级大国，我们还有义务减少核对抗的危险。北京无疑希望看到一个更简单的格局，即华盛顿和莫斯科公开敌对。这样就能使北京少绞脑汁，并且提高它讨价还价的地位。我们必须做的事要更为复杂。北京的国内的需要把它推向对抗；而我们则需要向我国的公众和盟国表明，冲突并非我们所引起，否则国会就会裁减我们的防务，盟国也会离开我们。我们只有采取和解性的政策，才能够得到支持，以便在危机时刻采取坚决的行动。我们准备抗衡苏联的扩张行动。但是我们不愿事先摒弃真正缓和同莫斯科紧张关系的这一选择，如果到时候这种缓和能够实现的话。因此，我们必须使得北京明白我们的目的，而不致对我们的行动感到吃惊。我们把采取的每一步行动都告诉北京。我们力图避免有任何美苏共同主宰的印象。我们不能让苏联对美中关系有否决权，同样也不能让中国对美苏关系有否决权。这是一场三度空间的游戏，任何简单化的做法都会产生灾难性的后果。如果我们显得游移不决或者是倾向于莫斯科，就会逼得北京对苏联言和。但如果我们采取中国的立场，我们并不能给北京帮忙；事实上，我们这样做很可能促使苏联来个先发制人，进攻中国。这样的话，我们就会面临极其危险的决策。

乔冠华和我的最后时限是二月二十六日，这天上午尼克松要离开北京去杭州。在旅途中是没有什么机会谈判的，而且中国领导人也很难再召开政治局会议批准谈判结果。二月二十四日，也就是我们谈判的第三天，尼克松和随行人员去游览长城，而乔和我之间开始了真正的谈判，这时只剩下三十六个小时了。在那天上午两个半小时的谈判中，乔再次提出中国的方案，即：美国“希望”和平解决台湾问题。他要求我们声明——和其他条件没有联系——美国“将逐步减少并最终从台湾撤出全部美国武装力量和军事设施”。我拒绝了这个方案，我说这会破坏整个关系，因为美国的公众舆论决不会答应的。下午，乔和我进行短暂的会晤，让我提出一个折衷方案，实际上是稍微修改了一下我们原来的建议。我们把撤军同一个“前提”联系起来，这前提就是和平解决台湾问题和缓和远东紧张局势(这样就同越南问题联系了起来)。乔答应进行研究。晚宴之后，过了午夜，乔拒绝了这个建议。于是我们陷入了僵局，而这时只剩下大约十八个小时的谈判时间了。二月二十五日，星期五，上午尼克松游览故宫，乔和我又谈了九十分钟。我们两人都没有显出着急。我们随便交换着意见，“把自己的想法说出来”，让双方都可以装作说的话并不约束自己。我坚持美国撤军一定要有某种条件，尤其是要有和平解决台湾问题这个前提。那天下午，尼克松休息的时候，乔和我又见了两次面。下午两点三十五分，乔提出了一个方案，这第一次符合了我们的基本原则。只要提到撤出全部美军，中国就不再反对我们表示关心和平解决台湾问题。我答应迅速答复他。

我和我的同事、然后又和总统进行了商量以后，下午三点三十分左右，我和乔再次见面。我已想出一个主意，就是把全部撤军这个最终目标和我们愿意在此期间逐步撤出军队这两个问题分开，而迄今为止这两点是包括在一个句子里的。我建议把最后撤出同和平解决台湾问题这个前提联系起来，而把逐步减少军队同逐渐缓和“这个地区的紧张局势”联系起来。乔表示对此有些兴趣，并提出一个略有不同的写法。他说最好提和平解决的“前景”，而不要用“前提”，说这样写，含义更积极些，更显示出是双方的意见；而用“前提”听上去像是华盛顿单方面强加的东西。我觉得这样从我们的观点来看反而更好，这里含有中国在某种程度上承担义务的意思。不论怎样，我相信台湾的命运不会取决于如此微妙的意思上的差别。乔那时还没有准备接受把撤出美军同我们的另一项要求，即缓和“这个地区的紧张局势”联系起来。

我相信我们已经取得了突破。在任何谈判中，都有那么一个点，达到那一点，双方就走得太远而不能再回头了。相互让步积累起来，自然会造成一种势头；到达某一点以后，后退会使谈判者的判断力成为疑问。毛泽东曾用他惯常的间接方式对尼克松谈过同样的道理，虽然同时假称协议并不是必不可少的。他说："……如果头一次我们失败了，人们就会问，为什么我们头一次不能成功呢？唯一的原因只能是我们走错了路。如果我们第二次成功了，他们又会说什么呢？"毛说的是对的。第一次的失败必然会使后来的成功逊色。"但我们相持不下又有什么用处呢？"

周恩来那天下午参加了半小时谈判，这清楚地表明他相信，我们第一次就不会失败的。我们不需要周来证实谈判处于僵局；他的出现表明他将负责作出必要的妥协。我再次说明，我们不能无条件地承诺撤军；而撤军条件，哪怕是部分撤军，也必须是现实的和能够向我国公众说得通的。我们确实关心台湾问题的和平解决，而东南亚的战争事实上也将影响我们在台湾的部署。只要诚实地阐明我们所关心的这些事情，我们就能够在美国为《公报》讲话。否则，我们将被迫单方面公开申明这些同样的条件，这样就会破坏我们相互间的信任，而这种信任正是我们这次谈判和访问的最主要的目的。周说，他将考虑我的论点。

事实上，在谈判的激烈程度和这个问题的内在的重要性之间存在着某种不协调。周非常明白，台湾问题不可能在总统访问期间得到解决。不仅如此，企图这样做还会同中国要和美国建立合作关系的目标背道而驰。这样做，会在美国引起国内的风波，或者在北京造成僵局。这两种可能性都会把两国间的新关系窒息于襁褓之中。双方的根本目的都不在领土，而在地缘政治。双方都已作出结论，自己需要对方来保持力量平衡。从安全的角度考虑，中国的需要大一些；从心理的角度考虑，我们的需要大一些。我们需要使我们的外交有更多的周旋余地，并且在国内外经过痛苦的十年之后，使人民看到一些希望。

事情本来可以当场解决，但是我们必须休会，让尼克松和周恩来进行短暂的会谈，继之以另一个宴会。周恩来的祝酒词很短，并且提到“我们双方之间有着巨大的原则分歧”。尽管尼克松和周恩来一个星期来在他们一般的讲话中不断地重复这一点，尽管周在结束他的祝酒时愉快地表示中国人将致力于同美国的友谊，一些不安的记者们仍旧认为他们觉察到谈判中突然出现了“紧张气氛”，因为这个祝酒词里似乎有些细微的暗示，而且宴会的整个气氛似乎也不如第一天晚上那样热烈。当然，由于双方同意对谈判的要点保密，在没人指点的情况下，记者们挑出最有戏剧性的可能性加以强调，那是可以原谅的。事实是，到开宴会的时候，《公报》的关键问题已经解决，只不过我们代表团内部还有一些小小的争论。尼克松和周恩来在星期五下午的一小时会谈中，根本没有提到《公报》。如果说主宾席上的谈话兴致有所减弱的话，那部分是由于连续开夜车，人们普遍都感到很累了，那些谈判者更是疲惫不堪；还因为我们都是按照礼宾顺序就座的，也就是说，在一次又一次的宴会上，我们都是和同样的人为邻。不消说，到那时，大凡搜肠刮肚能找到的闲聊话题，我们都谈遍了。美国新闻界自我为中心地认为，有他们在场，也就是深入的新闻采访，使尼克松经不起中国人的“压力”，因为他需要一个成功的结局——殊不知中国人下了一样大的赌注，也许是更大的赌注。不论原因如何，报纸上出现了耸人听闻的标题：“宴会祝酒词暗示麻烦”（《华盛顿星报》），“尼周会谈似陷僵局”（《华盛顿邮报》），还有一些毫无具体根据的关于僵局的长篇报道。

星期五这次宴会之后，乔和我在晚上十点三十分再次会晤，并在十五分钟之内解决了关键问题。他立即接受了我向周恩来解释过的所有的美方措辞。在这次会晤中，我们取得乔对以下提法的同意，即：我们认识到台湾是中国的“一部分”，而不是“一个省”，这样就消除了彼此从属的含义。这有关的一段现在行文如下：

美国方面声明：美国认识到，在台湾海峡两边的所有中国人都认为只有一个中国，台湾是中国的一部分。美国政府对这一立场不提出异议。它重申对中国人自己和平解决台湾问题的关心。考虑到这一前景，它确认从台湾撤出全部美国武装力量和军事设施的最终目标。在此期间，它将随着这个地区紧张局势的缓和逐步减少它在台湾的武装力量和军事设施。

我让人把台湾这一段打印出来，送到隔壁楼里给尼克松。像在所有的谈判中一样，我们在主要目标上取得一致意见后，尼克松就让我主持会谈。他对不同的措辞方案没有特殊的兴趣，直到出现了一个须经他最后批准的文本。有一次，我请他给台湾问题的一份草案作了批注，然后拿给乔冠华看，以加强我坚持撤出美军要有条件的立场。现在，决断的时刻到来了。我们手头上有了一份我认为可以接受的方案。星期五晚上十点五十分，尼克松和我逐字逐句地研究了这份草案。和前几份草案比较的结果，说明我们达到了我们的基本目的。我们将重申我们对和平解决台湾问题的关心；我们对于从台湾撤出全部美国军事力量的原则表示同意并把它作为一个最终目标，而且联系于和平解决台湾问题的前景（暗示有一定的根据可以期待它的实现）；撤军将取决于这个地区紧张局势的缓和。双方都明白，美国在台湾防务中的作用并不依靠驻在台湾的那点军队，这为数很少的军队主要是为我们在东南亚的活动服务的通信人员。美国对台湾安全的真正作用是由一九五五年的共同防御条约规定的。在《上海公报》中，双方都没有提到这一点，而尼克松在去北京前一个星期发表的总统外交政策报告中重申了这个条约继续有效。不仅如此，中国之行许多破格作法当中最突出的一件事情，就是这一次是在中国的土地上，当我后来于二月二十七日在上海举行记者招待会时，重申了我们对台湾的防务所承担的义务。

《公报》中关于台湾的这一段文字，并不是哪一方的“胜利”；建设性的关系不能建立在这种“胜利”的基础上。在主权国家合作进行的事业中，一项协议只有在它得到遵守时对双方都有利，才能够持久。这次实际上是把台湾问题暂时搁置起来，而双方都维护了自己的基本原则。虽然在台湾问题上的分歧继续存在，我们和中国的修好却加速进展了，因为双方都严重关注世界均势所受到的威胁。

尼克松批准了关于台湾的这一段以后，我和乔关于其他未决问题、主要是贸易和交流问题的谈判，很快就结束了。中国方面原来的草案上只简单地、不明确地提了一句。但是我们强调，对于很多美国人来说，这个领域里的进展将是衡量美中新关系的一个尺度。乔现在接受了我们的建议，把关于贸易和交流的部分加以扩充。我们把《公报》重新逐行研究了一遍。到凌晨两点，大功告成。文本只待双方领导人确认了，而前几次的经验告诉我们，这将不过是个形式。

星期六，在乘坐一架中国飞机（特工人员对此十分憋气）离开北京赴杭州前，临时在北京机场候机室里开了个短短的全体会议，目的在于使外长们也同两国政府首脑在一起让记者拍拍照，出点风头，同时批准前一天晚上的工作结果。不幸的是，有人一时疏忽，忘记通知仪仗队我们并不马上出发。结果，周恩来和尼克松乘坐的汽车一到达机场，他们就开始立正。而在全体会议进行的五十分钟中间，仪仗队始终在刺骨的严寒里立正站着。他们表现了惊人的纪律性和忍耐性。

会议进行得很愉快，只是讨论《公报》有点减色和不便，因为我们离开宾馆前打印工作刚刚结束，所以我们代表团的大部分成员还没有看到《公报》。大家请两位外长谈谈他们在这个星期里会谈的情况。这花的时间不长。为了避免冷场，周恩来谈到尼克松参观十三陵时的一个小插曲。有一个目光敏锐的美国记者，发现一些穿着花衣服在玩耍的孩子像是经过很好的排练，于是对他们是不是自发地在这里玩儿提出了疑问。周恩来很有风度地表示抱歉说：

有人搞来一些孩子，想让十三陵显得漂亮些，这是制造假象。你们的记者向我们指出了这一点，我们承认这样做是不对的。当然，我们不想掩盖在这件事上的错误，我们已经批评了做这件事的人。

我自己没有去十三陵。我承认我事先并不知道他们要那样做。我还是昨天晚上从你们的报道中了解到这件事的。后来一调查，我发现事情确实如此。我要感谢那位记者。到杭州和上海时，我可能有机会这样做。

周对于掩盖真相是危险的这番话显然没有给他的最重要的客人留下很深的印象。尼克松很得体地回答说，他真高兴见到那些小女孩，不管她们是怎么去的——然后抨击了新闻界，说是不可信。周恩来承认这个错误，需要极大的自信心和高度的机敏。这不但表现了可钦佩的坦率，而且还有一个好处，就是强调中国人在原则问题上的严肃态度，这里甚至连错误的可能性都不能容许。可惜，周的话似乎并没有通过素以效率著称的中国官僚机构传达到下面。在杭州我们又碰到身着彩色民族服装的孩子在做游戏——那是在那个时期在其他情况下中国城市灰色的街道上绝对看不到的场面。两年后，那时周因病不再主持政府工作，我在苏州又碰到同样的情景。看来，这是欢迎贵宾的标准做法，连伟大的周恩来都无法将它取消。

可以愉快地说，我们离开北京以后，这次旅行的公事部分就宣告结束。位于长江下游出海口的杭州，确实是中国最美的城市之一。杭州建于罗曼蒂克的湖畔，到处是精致的花园、庙宇和殿堂。气候温和，春来得早。这是一个历史悠久的文化、学术和诗歌的发祥地。十三世纪马可·波罗访问杭州的时候，赞美它是“世界上最伟大的城市”，它是这样的美，以致“人们以为自己置身于天堂之中”[②]。黄镇大使在巴黎时曾告诉沃尔特斯将军，中国有句俗话：上有天堂，下有苏杭。总统在游西湖时对周恩来说，这里的风景“看起来像是一张明信画片”，西湖的诗情画意被冲淡为尼克松式的散文了。

我自己只在杭州游览了一次。这里最美的风景之一是一个湖心小岛，而这个湖本身又位于被一个更大的湖所环绕的岛中心。中国人在里面的那个小岛上修了一系列简单的建筑，恰似一扇扇窗框，通过它们，人们看风景好像看画一般。漫步时，我眺望着那些秀丽的小山，它们宛如从水里长出来的高大植物。在框边上，一棵孤独的柳树妩媚地垂着。一切都安谧与恬静。突然，沃尔特·克朗凯特蹒跚着闯入了画面。他显得有点疲劳，身穿更适合于到极地探险的厚厚皮衣，脖子上挂满了各种各样的照相器材，压得直不起腰来。我虽然喜欢沃尔特，但这恬静的景色毕竟被他破坏了。

我们这一行美国人的情绪无论如何同这景致的平静不相协调。在去杭州的飞机上国务院的专家们拿到了《公报》，草拟过程他们一点都没有参加。可以预料的，他们觉得《公报》不够圆满。这是把职业外交家排除在谈判之外必然要付出的代价。那些没有参加谈判的人不熟悉所克服的障碍，自然可以尽情树立理想的目标（如果由他们主持谈判，恐怕第一天就会催着放弃这些目标的），并拿它们同手头的这份文件进行对比。或者他们可以挑剔《公报》的文体，指出一些巧妙表达之下的、重要的微妙差别——要是没了他们的火眼金睛，谁也看不出来。我曾建议让助理国务卿格林参加我们的谈判小组，但尼克松不同意，生怕走漏消息，也因为他宁愿总的一次而不要日复一日地同罗杰斯就《公报》的起草问题进行不可避免的对抗。正像没让罗杰斯参加同毛泽东会见那件事一样，我本该坚持自己的意见；现在我们付出代价了。

我们刚刚到杭州，罗杰斯国务卿——正像在柏林谈判以后一样——就对总统说《公报》不理想。他交给总统一份他的工作人员准备的单子，列举着应进行修改的地方，既多又琐碎。例如，他的专家们对“在台湾海峡两边的所有中国人都认为只有一个中国”这句话提出了异议。他们觉得这句话太绝对了，或许有一些中国人不这样认为呢。他们建议把“所有中国人”改为“中国人”——我这个没经过训练的头脑实在难以理解其中的差别。另一个建议是要去掉“对这一立场不提出异议”句中的“立场”二字。如此这般重要的修改大约有十五处，其中包括一个合理的建议，即在英文文本中，美国的立场声明放在前面，而在中文文本中，应当把顺序颠倒过来。（这是传统的外交惯例。）

尼克松气得发疯了。他认识到自己在政治上处于左右为难的境地。他那些保守派支持者对访华的反应已经搞得他够紧张的了；他害怕这些右派会攻击《公报》。他预见到，关于国务院对美国所作的让步不满的传闻，很可能成为导火线。他也知道，在已经告诉中国人他同意《公报》之后又要求重新讨论，很可能使此行变得很不愉快——特别是，要解释这些修改建议的重要性简直是不可能的。他穿着睡衣，烦恼得在杭州漂亮的宾馆里气呼呼地来回走动。他威胁说，一有机会，他就要“收拾一下”国务院——从很多年前我在皮埃尔饭店第一次和他见面以来，每隔一段时间，他总要重复一次这种威胁，然而他从未说过到底要做什么，而且也从未付诸实施。他一会儿说他说话算话，过一会儿又说他不能带着一个分裂的代表团回国。我建议在饭后由我再找乔冠华谈谈，尽管这很难启齿。如果中国人坚持原来的草案，我们只得遵守我们的承诺。

虽然这一席南方菜特别精美，我却没能好好享受，心里老嘀咕着宴会后要干的事。乔冠华和我在晚上十点二十分会晤。我决定，我们唯一的希望在于坦率。我说明，在正常情况下，总统一拍板《公报》就算妥了。但是这一次，如果我们仅仅宣布一些正式的主张，还未达到我们的全部目的；我们需要动员公众舆论来支持我们的方针。因此，如果乔能够进行合作使国务院觉得自己也作了贡献，这对双方都是有利的。随后，我提出建议要修改的地方。

我的论点没有完全说服乔。他尖锐地回答说，双方已经走得很远了，而且中国为了照顾美国的愿望已经作出了很多让步。听到我们说总统已经接受，政治局前一天晚上已批准了《公报》。现在离发表《公报》不到二十四小时，怎么来得及重开讨论呢。然而中国人是注重实际的，而且中国领导人是明智的。给对美新关系奠定一个心理上的基础，比乔的这些正当的反对意见更为重要。乔暂停了我们的晤谈——无疑是为了请示总理——回来时提出了一个妥协方案。中国人不能考虑修改台湾部分；他们已经对我们的意见作出重大照顾；他们的领导人进行过很多辩论才批准了这个文本。任何要修改这一部分的企图都会排除第二天发表《公报》的可能性。但是乔准备讨论我们的其他建议，看看是否有可取之处。

于是，我们又开了一次夜车。中国人在放了不少“空炮”之后，同意了对《公报》中台湾部分以外的大多数文字修改。凌晨二时，另一个“最后”草案终于完成了，再次提交双方首脑正式批准。次日清晨，获得了这种批准。星期日中午，在上海，乔和我又用了两个半小时检查新完成的文本。我们逐字逐句读了一遍，甚至核对了标点符号，并做了一点文体上的改动。(《公报》全文见附注。)③

然后，我向乔冠华扼要介绍了当天下午我准备就《公报》对记者发表的谈话。双方决不要自称取得胜利，也不要自作聪明地进行解释。这是对干练的(而且时常是对工作有帮助的)章文晋部长助理的一个不很隐讳的告诫，他区分意思上细微差别的能力很了不起。我的主要目的是让乔明白，在对记者的谈话中，我要重申美国对台湾防务承担的义务。我希望中国方面对此不要作出什么反应。乔回答说，他指望我会处理得很好。

我在上海产业展览会宴会厅里所举行的记者招待会，肯定是中国土地上革命以来发生的最自相矛盾的事件之一。一个外国官员在这里说明，他的国家将继续承认与他谈判对象政府相敌对的那个政府，而且还要用武力保护这个敌对政府，防备他的东道主对之进行侵犯。我引述了几个星期前刚刚发表的总统外交政策报告中的若干有关段落，重申防御条约继续有效。中国人很明智，没有作任何反应。我们的主人知道轻重缓急。

从中国人对《公报》文字翻译的处理，也可以看出他们能抓住主要之点。在所有的会谈中，我们都用北京的译员，主要因为尼克松认为国务院的译员会走漏消息；而且，他们的译员也比我们的强得多。有人认为这是一个不利条件，其实不然，因为中国方面受英文文本的约束。（再者，中国方面很多人懂英文，而霍尔德里奇则懂中文。发生争议时，有英文文本在那里管着。）由于时间紧迫，我们甚至连检查一下中文译文的机会也没有——在跟俄国人打交道时，要是省略了这一步，那简直就是自杀，我们在宣布第一阶段限制战略武器会谈取得突破时就吃了这种苦头。但周恩来是不搞小动作的；他明白，相互信任要比辩论中的得分更为重要。令人吃惊的是，我们发现中文译文比英文本对我们的立场还更有利。后来，我把我的工作人员理查德·索罗蒙做的一个分析交给了总统，这个材料的末尾写道：

在台湾、印支战争和文化交流三个问题上中英文本之间发现有重大差别。然而，在几乎所有情况下，中文本把英文本中意思含糊的地方讲得明确了一些，或者把我国立场阐述得对我们的目标更为有利，而不是不利。

关于台湾的前途，中文本甚至比英文本还更少给人这样的印象，似乎美国接受了中方关于台湾是中国领土的观点。中文本更有力地表明了我国无意卷入有关中国人对台湾问题的立场的争论，并且更突出地表达了我们对和平解决台湾问题的关心。

《上海公报》和《公报》所确定的新关系一样异乎寻常。《公报》的开头部分载明了双方在朝鲜、越南、日本等许多问题上的不同观点。美国的立场是用和解性的词句阐述的，强调了我们主张和平解决、维护世界各国人民的个人自由和社会进步的原则。这是我们首次向中国人民申述我们的价值标准，我们努力强调美国代表着人道和希望。中国方面的措辞较为强硬，但比之一贯的文风，调子已经是大大降低了。对于文化革命中提拔起来的干部来说，要使自己看得惯中国领导人和美国人会谈已经够难的了；要完全抛弃革命高调，那是不可能的。很明显——毛和周也多次承认——偶尔放些“空炮”是为了记录在案。

这些强烈对照的声明反而更突出双方阐述的共同观点中所体现的中美关系的革命性转变。中国和美国实际上等于声明放弃以武力解决两国间争端。双方宣布共同反对其他国家的霸权野心。双方同意不参加任何旨在反对另一方的协议。双方同意促进交流和贸易。双方以维护各自尊严、自尊和义务的方式处理了台湾问题。

《上海公报》的独特之处在于它成功地指导了两个大国间的关系达七年之久，从来没有对《公报》的解释发生争议，直到一九七九年它为中美正式建交所取代。《公报》没有秘密条款或补充条款。《公报》的意义不仅仅在于它的文字，而且在于它背后的含义。《公报》的重点并不是台湾问题或双边交流(尽管新闻界作了这样的强调)，而在于国际秩序。《公报》把两个曾经彼此敌对的国家带到一起，并不是因为它们想解决双边问题——这些问题再推迟一个时期也无妨——而是要跨越意识形态的鸿沟来处理普遍关心的安全问题。

我们的中国之行渐近尾声了。在上海举行了最后一次宴会。此时此刻，紧张情绪烟消云散了，人们开怀畅饮茅台酒。尼克松对一切都很满意，颇有些情不自禁，发表了他的即席祝酒词(前面已提过此事)，险些提出美国为中国提供军事保护。乔和我对开夜车已习以为常，似乎不再开一次就不舒服似的。我们从二月二十七日晚十一点零五分到二十八日零时三十分再次晤谈，讨论了越南问题。我说明了我们的谈判立场，比尼克松向周说的更为详细，并表明如果河内谋求军事解决，我们决心用一切可用的手段击退河内的攻势。乔重申了中国对北越的道义上和物质上的支持，但他同周一样，解脱了中国同河内的谈判立场的干系。这些是美国和北越之间的事，中国不打算发表意见。他没提出任何警告。也没有暗示，如果美国实施了它的威胁，会受到什么惩罚。

在我的这个工作日结束以前，我还参加了另一次谈话。凌晨三点钟，我被叫到尼克松的房间，那是在我们下榻的一家多层饭店的上面一层。窗外是庞大无比的上海市，闪烁着几点稀疏的灯光，使人几乎想不起这里居住着近一千一百万人口。其他一切都沉浸在黑暗之中。中国的大地伸展在我们面前，无边无际，但又模糊不可见。尼克松把霍尔德曼也叫醒了。他向我们谈到这段时间的紧张和兴奋以及他在完成一件大事时往往产生的隐忧。尼克松谈到了他取得的成就，征求认可和鼓励。我们全都满足了他，部分地因为对这个孤独的、受折磨的、欠沉着的人产生了一种奇怪的同情，部分地还因为熬过令人精疲力竭的一个星期之后，万念俱灰，一心只想睡觉了。不过，尼克松所需要的鼓励也是容易给的。尼克松性格中富于幻想的一面所造成的言过其实之处是微不足道的，而且在有些方面也令人同情。他确实取得了历史性的成就。是他想出了对华主动的主意（虽然我也独立地得出了这个结论）；他推进了这个计划，冒着单独干的国内政治风险，并在访问中国期间表现得令人钦佩。

二月二十八日一早，周恩来在陪同尼克松去机场之前来和他话别。这是估量了彼此的能力，并对彼此的目的感到放心的两个人之间一次文雅和惜别的谈话。因为永远不能肯定西方人是否真正领会其中的意思，周再次阐述了中国在台湾和越南这两个很可能马上就引起麻烦的问题上的立场。讲到台湾，他再次劝我们要有耐心。他说：“作为一个大国，我们已经让台湾问题搁置了二十二年，我们还可以再等一段时间。”关于越南问题，他讲得巧妙极了。他重申了对河内的支持，但是再次表明这种支持不是基于民族利益，或者意识形态上的一致，而是基于几个世纪以前中华帝国对越南欠下的历史旧债。中国显然可能作出一些物质上的牺牲；但中国不愿冒战争风险来偿还这笔旧债。这位敏锐的总理坚持说，中国之所以避免在《公报》中声明和越南有任何特殊关系，是因为不想给人们留下错误的印象。周对尼克松说：

我们非常同情那个地区的人民。我们相信，他们和我们是紧密地连在一起的。我们原想把这些写进《公报》，但后来考虑到这样也许会产生其他后果，所以就没有这样做。……正如毛主席指出的，我们已经胜利了的人民，只有帮助他们的义务，而无干涉他们主权的权利。我们欠他们的债，是我们的祖先欠下的。解放以后，我们就没有责任了，因为我们推翻了旧制度……基辛格博士可以作证，去年七月以来我们尽了最大的努力克制自己。然而，缓和世界紧张局势的关键不在那里，总统先生、毛主席和我本人都明白这一点。

确实，我们是互相了解的；越南战争不会影响我们关系的改善。北京申明采取克制态度，并说缓和紧张局势的关键不在印度支那，这就使人们确信无疑，北京的重点不在于它南部边界以外的战争，而在于同我们的关系。三个月以后，莫斯科也表明了同样的重点，只是更加粗率罢了。尽管彼此仇视，也许正因为彼此仇视，莫斯科和北京在这点上意见是一致的，这就是不能让北越压倒它们更大的地缘政治上的考虑。我们的外交，克服了一切不利的情况，已接近把河内孤立起来了。

评　　价

尼克松的访华之行是在高涨的情绪中结束的，但后来中美关系的发展并不是靠这个来推动的。中国领导人尽管富于魅力和意识形态热情，他们是我所见到的最不感情用事的推行均势政治的人。从古代起，中国的统治者们就不得不抵抗强大的异族邻居和潜在的征服者。尽管他们时常处于软弱的地位，他们还是胜利了，因为他们深刻了解外族的心理和偏见，并能利用它来服务于自己的目的。十九世纪，中国是唯一逃脱欧洲列强的完全占领和征服的捕获对象。尽管受尽了侮辱和欺凌，但中国巧妙地利用西方关于主权的法律概念（中国以前没有与之完全相等的概念）和外国不得干涉内政的主张，还是维持了自主权。纵观中国的历史，每当受到威胁时，它总是设法以夷制夷，而作为最后的手段——例如在十九世纪——就使它们为了争夺瓜分中国而互相残杀。有一次，周恩来对我解释在殖民主义时代中国怎样避免了非洲和印度的命运，他说："一方面是由于要求统一的强烈愿望；另一方面，这么多国家都试图从中国捞取利益，以致没有一个国家能够控制它。"

当尼克松政府就职时，争夺合法性的两个中国政府在使用惊人相似的方法处理着它们的外交问题。蒋介石是从软弱的地位上同我们打交道，毛泽东同样是从软弱的地位上在同苏联周旋。两人都干得很成功。

毛和周运用着中国人高超的政治家手腕，用意识形态加强历史和文化传统以提高自信心。他们发现尼克松是一个天然的伙伴。尼克松担任总统的时期，正是人们普遍反对实力政治的时期；批评他的人断言，美国要取胜只能靠它的动机的纯洁性。但是，需要加以纠正的，正是以这种幻想为基础的、难以预言和兴之所至的政策。一些脱离国家利益的、感情用事的口号，过去曾使我们动摇于极端孤立主义和干预过多之间。据说，新的"道德观"目的在于使我们从承担过多义务中解脱出来。但是，以道德标准为基础的主张既易于用来发起十字军远征，又能够用来使我们无所作为；当初正是这种主张使我们卷入了遥远的事务。美国的这种反复无常破坏了国际均衡，并使那些依靠我们的人感到不安。从维护和平的角度来讲，它最终将是很危险的。知识界对尼克松的厌恶使他们看不到这样一点，即我们确实同意他们公开表示的愿望，应该量力而行，有多少能力才承担多少义务。我们之所以和他们中的许多人分道扬镳，是由于我们认为，以一种感情冲动去代替另一种感情冲动是不明智的。其实，关于越南的辩论之所以达到如此激烈的程度，其原因之一就是因为无论支持或者批评当初卷入越南的人，都持有全球道德使命这种传统的观念。

尼克松政府显得如此"不美国"的是，它试图摆脱各种激情互相冲突的混乱状态而建立一种比例感，并适应于和我们过去的观念完全不同了的今日世界。必须医治那种要么倒向孤立主义，要么从事全球干涉的病态搏动，代之以根据对国家利益更长远的考虑而作出决断。价值标准和原则将激励我们的努力，规定我们的方向。但是，因激动而莽撞行事，或因懊丧而闭门不出，都是无用的。我们必须学会接受不完善的选择、部分的兑现、搞平衡和耍手腕这种不能令人满意的做法，靠道德价值标准支持我们的信心，但同时认识到这种标准要分阶段地、在很长的时间里才能加以实现。

美国人民读到均势这个概念时，经常会看到前面加了"过时的"这个形容词，在这种情况下要让他们接受上面这个经验教训是很困难的。我们时代最富于讽刺意味的事情之一，就是要由尼克松这样一个有缺点的、在某些事情上胸襟非常狭窄的人来采取主动，领导美国接受一种符合新的现实状况和适应核时代的可怕危险的和平概念，而对此最能理解的外国领导人则是两位头发斑白的长征老战士，毛泽东和周恩来——他们公开表示，同美国自由主义反复无常的代表人物相比，他们更喜欢尼克松。他们对尼克松的赞扬，不仅是中国式的巧妙的奉承。俾斯麦在一个多世纪以前写道："感情用事的政策无互惠之可言。"对主权国家来说，可预料性比飘忽的美妙言辞和怪诞的道德说教更为紧要。它们采取什么行动，必须视其他国家长期的实际行为而定；它们的国内生存和国际安全都可能取决于此。正是这种超越哲学和历史的共同地缘政治利益，使得这位原来的反共分子和那两位世界革命的旗手走到一起来了。

通过后来几年精心培育的交往，美中之间发展了一种相互支持的关系，但又几乎从未用明说的方式协调双方的策略。中国领导人原来对美日同盟关系持敌视态度(《上海公报》里仍有所反映)，但他们很快就认识到(部分是由于我们不断地劝说)，这是对美国在西太平洋的持续利益的一种保证以及对日本独行其是的一个制约。不久他们就大力支持日本和美国之间的密切关系了。有一次，毛竟然建议我下次访问亚洲时，在东京逗留的时间一定要和在北京的时间一样长；应当照顾日本的自尊心嘛。我接受了这个建议。中国人甚至强调美日关系比美中关系更加重要。我们同北京关系的一个优越之处在于，中国没有迫使我们或者日本改变轻重亲疏名次，也没有诱使我们去竞争北京的欢心。

几年来，中国对西欧在经济上和军事上强大起来的关心发展到如此程度，以致我不禁半开玩笑地把人民共和国称作我们较强的北约盟国之一。西欧领导人在北京听到的关于大西洋防务重要性的大课肯定只能比他们在华盛顿听到的措辞更为严厉。而且，中国人劝美国密切和欧洲的关系，正如对日本那样。中国默默鼓励我们在菲律宾和泰国驻军，而且中国在支持平壤的基本路线的同时，从未真正促使我们从韩国撤军。中国正确地认为，美国军队在上述地区的明显存在对于保持亚洲和欧洲的均势是至关重要的。我每次访问时，中国领导人总是劝我们密切注视具有关键意义的欧亚大陆南部边缘地区的土耳其、伊朗和巴基斯坦，这三个国家是美国的(也是中国的)亲密朋友，它们的安全阻碍苏联向印度洋的突破，并钳制中东亲苏的激进主义势力。在中东本身，中国领导人不断鼓励我们的谈判努力，因为他们知道这是削弱苏联影响的最好方法。他们对拉丁美洲不大感兴趣，但是他们显然对古巴充当苏联人的代理人加以鄙视。中国人比除法国以外的其他西欧国家更关切和了解苏联培植的激进主义势力在非洲的蔓延。

在大部分动乱地区，中国一直是一种稳定力量。中国的动机无疑不是要鼓励美国的野心，而是要遏制苏联的扩张。只有在一种情况下，这种态度才是反苏的，那就是如果莫斯科的扩张冲动是与苏维埃制度本身如此血肉相连，以致非扩张就活不下去的话。只要莫斯科执行一种有节制的外交政策，美国同北京和莫斯科都保持密切的关系就无不可调和的矛盾。

如果以为中国的目标在各个方面都和我们的目标完全一致，那将是非常危险的。北京当然愿意看到我们和苏联人吵得厉害，这样它无须付出任何代价就可以和华盛顿建立合作关系。在这种情况下，选择美国提供的保护就将是“不花钱的”。中国领导人无疑企望一种明确的结盟关系，胜似看到美国执行对莫斯科和北京保持等距离的政策，其间，美国略为倾向于北京，只是因为它是两个共产主义巨人中较弱和受威胁较大的一方。就我们来说，我们对这种新关系的永久性不抱幻想。北京和华盛顿为方便而合作，这种关系变得带有感情色彩，这主要是由于中国人在影响心理方面颇有技巧，而美国人则对一个不复存在的、也许从未存在的中国抱有怀念之情。一旦中国强大得足以自立的时候，它可能就会抛弃我们。再过一阵，它甚至可能转而反对我们，如果根据自身利益的考虑它认为需要这样做的话。在这之前，如果苏联还不曾首先对中国发动军事进攻以图摆脱孤立地位的话，可能被迫真正缓和同我们的紧张关系。但是，不管中国的长期政策如何，我们的中期利益在于同它合作，并支持它的安全和顶住外来压力。

要理解对华主动对于国际稳定所作的贡献，我们只消问问自己，如果在越南战争期间和以后时期，苏联的全球冒险主义之外又加上中国对亚洲的压力，世界会是个什么样子。对华主动使美国人民重新获得了希望，也使我们有机会对国际格局形成一个新概念，虽然我们那时刚刚从一场大伤元气的战争和国内极度痛苦的十年中解脱出来。因此，打开对华关系的最终意义与其说在于正式的交换意见，毋宁说在于从尼克松之行中产生的默契。在这种默契的基础上形成了非正式的、然而是共同的战略，据此，两个抱着不同的、甚至是相抵触的目的的国家采取了特殊的并行不悖的行动。这是外交政策实施中的无形因素的胜利。

尼克松的随行记者团并不关心此行的深远意义。一个星期没有举行记者招待会简直使他们发疯了，没完没了的宴会和要命的敬酒使他们晕头转向。他们大概打心眼儿里认定了尼克松的首创劲儿是闹不出什么名堂来的。他们吃饱喝足了，缺的是刺激。于是，他们如同老虎扑向扔进铁笼里的鲜肉一样抓住了《上海公报》。二月二十八日的《华盛顿邮报》在报道的开头写道：

尼克松总统答应了中国共产党人的要求，第一次公开保证从台湾撤出所有美国军队和军事设施。……总统所作的这些重大让步看来换回了一些比较次要的东西，这就是，中国同意对美中之间的科学、技术、文化、体育和新闻交流和贸易往来“提供便利”。

这里的许多观察家在权衡总统所作的让步时，感到中国人在这场交易中占了便宜。……看来，中国官员对这次讨论的结果感到高兴。

作者根本没有注意到关于霸权和不使用武力的段落，同样也忽略了我们承诺从台湾撤出的条件。

有一个电视评论员发现，《公报》里没有提到或重申美国对台湾防务的义务，于是得出结论说，中国在《公报》中“所得甚多”，而所失甚少。其实，中国在《公报》里没有对美台防御条约进行惯常的谴责，同样可以被引证为中国的一个让步，而乔冠华也确实是这样对我讲的，因为看来中国放弃了它长久以来所坚持的立场。无论如何，这位评论员忽视了一个事实，即我在中国的土地上重申了我们对台湾的防务所承担的义务。

二月二十八日《底特律自由新闻报》上一位同样深刻的观察家说：“他们得到台湾，我们得到蛋卷儿。”《新闻日报》对它的报道冠以这样的标题：“别了，冲击波”和“一致认为：对华外交搭桥，美国付价太高”。《波士顿环球报》的标题是：“尼克松在台湾问题上让步；保证撤离”，并援引了一位澳大利亚记者的内行的评论：周为台湾部分“奋斗了一个星期，并得到了他所要的东西”。《费城公报》口气一样："尼克松飞回美国；在台湾问题上让步"。在信任危机的时代里，人们无法相信，只是在中国人接受了我们的方案之后这笔交易才达成的；然而事情确实如此。

后来，特别是尼克松回国在华盛顿发表谈话、重申我们的义务未受影响以后，这些耸人听闻的标题才平息了下来。《基督教科学箴言报》聪明地写道："尼克松总统所同意的就是他早已决定要做的事。"只要防御条约依然有效，"什么都没改变"。《华盛顿邮报》二月二十九日的一篇社论对《上海公报》进行了有水平的分析，并代尼克松反驳了关于"出卖"台湾的谴责——鼓励这种谴责的人中也有这家报纸自己的记者。不过这类消极报道终究还是被尼克松访问北京的有目共睹的影响所淹没了，几乎每一个美国家庭都能够从自己的电视屏幕上亲眼看见这个影响。这一次白宫的公共关系战略终于成功了，而且还发挥了外交上的作用。电视图像压倒了印刷文字；公众在看了美国总统在往昔的敌国的首都受到欢迎的场面以后，对于就文件所进行的复杂分析便简直不感兴趣了。

中国之行以后，对双方真正优先考虑的事不存在任何疑问了。有好多年，美国是同北京有政治关系而又无须同台北断绝外交关系的唯一国家。尼克松访问后的年月里，中国领导人反复向我们强调毛的观点，即台湾是个次要问题；主要的共同问题在于保持世界均势。除了名义以外，我们实际享有了外交关系；我们通过固定的渠道和北京最上层保持着密切的联系；同大部分多年以前就承认北京的西方国家政府相比，我们同北京的来往要频繁得多。一九七三年(越南问题解决后)在彼此首都建立联络处以后，两国甚至有了事实上的大使馆来增进只有在友好国家之间才存在的经济、文化和民间的往来。唯一美中不足的是，只要敌对政府的大使馆还在，中国领导人就不愿到华盛顿来。

有人认为，贸易和交流的重大发展是我们的目标，这些目标没有达到，我们应该感到失望。其实，这对双方来说只是占第二位的。从中国方面来说，阻力主要来自毛的意识形态和“中央王国”关于自力更生的信念，而并不是因为我们没有外交关系；毛在世时，没有哪个国家在这方面搞得比我们好多少。一九七七年，特别是一九七八年，中国的新领导开始雄心勃勃地要同西方发展经济和教育交流了；美国是一个主要参加者，并没有由于在一九七九年一月一日前没有建立正式外交关系而受到什么惩罚。

但是在离开北京回国的飞机上，由于当时还不知道事情的这种发展，人们有一种奇怪的复杂心理。尼克松很了解国际事务，知道他赢得了一场真正的外交上的胜利。但同时，他也有足够的政治头脑使他意识到，如果第一批新闻报道决定了公众的情绪，支持他的老保守派可能使他面临怎样的危险。帕特·布坎南，这个自视为尼克松保守主义良心的演说撰稿人，闷闷不乐了。按照总统亲信的优良传统，他把总统的走上歧途归咎于邪恶的顾问(就是指我)。(自由主义的良心，雷·普赖斯，也常有同样的想法，并攻击同样的目标。)尼克松在他的机舱里独自烦恼，不知道回去后会碰到什么情况。其实这毫无必要。美国人民为一场没有结果的战争进行了多年争吵，搞得精疲力竭，现在看到一位总统为和平而努力的镜头，深受感动。尼克松在安德鲁空军基地受到以副总统为首的两党参议员和众议员的热烈欢迎。他借此机会向听众们再次讲述他的成就，但同时说明，我们没有放弃“美国对任何其他国家承担的任何义务”。

晚上十点钟，我到达我的办公室，五分钟之内，我和两位保守派领导人，罗纳德·里根州长和巴里·戈德华特参议员通了电话。他们都说，如果真像我在上海而总统在安德鲁空军基地所说的那样，总统没有背弃我们对台湾的义务，他们一定支持总统。里根还开玩笑说，中国之行是一部很棒的电视“预告片”，应当把它搞成连续的多部电影。

次日，尼克松会见了参众两院的两党领导人，并得到了有力的支持。兴致一高，他甚至想也许能够一举把所有的问题都解决。散会时，他叫住富布赖特参议员，劝他不要再在越南问题上进行公开批评，因为这是一个很微妙的问题，如果再继续争辩下去，“弦会绷断的”。尼克松用手指着目瞪口呆的富布赖特说：“怎么样，比尔，同意了吧？”这位杰出的参议员有点疑惑地站在那里，点了点头(也许是摇了摇头)——在国会联络处工作的记录员汤姆·克罗洛戈斯对这一点不能肯定。

我向新闻界作了介绍，比在上海能说的要详细，还非正式地会见了参议院外交委员会。伴随重大事件而动的机器开动起来了。对各国大使要进行通报。最痛苦的是我和“台湾大使”沈剑虹的会见。虽然事实上我们没有作任何有损台湾安全的承诺，但事情的整个进程必然对台湾的地位不利。最不厌其烦地要打破砂锅问到底的要数日本大使了。早先，他没有察觉我的秘密的北京之行，这次总想靠不断提问来挖出个新的大秘密。

中国之行越来越被认为是一个巨大的成功。由于美国公众从中国之行获得了希望，越南问题变得不那么像是不可解脱的梦魇，而更像是应当迎接而取胜的挑战了。这届政府既已使国际关系起了革命性的变化，要责怪它忽视美国人民最关切的问题就不那么容易了。

然而，我们又一次看到了一种古怪的现象，这就是，成功似乎比失败更使尼克松感到不安。他好像担心自己没有受到充分的评价，并被这念头折磨着。他不断地督促助手们展开宣传运动，引起人们对中国之行的更大注意。他认真地阅读报刊，以便能够迅速反驳任何批评。他读到一个评论家的批评，说在《上海公报》里中国立场的陈述比我们的更为咄咄逼人。于是，尼克松三月九日送给我一份备忘录，让我对新闻界说明，我们“决定”用温和的语气阐述我们的立场，是经过深入的思考和分析的。尼克松说，他喜欢这种做法早在一九五九年就已开始，当时他在苏联做了一次讲话，这篇讲话载在他的《六次危机》一书中，他要我去读一读。其实，是周恩来最早提出了我们分别陈述不同观点的想法；那一段的大部分是周和我在一九七一年十月起草的，没有请示华盛顿；而且，尼克松只是在我返回美国之后才得知了我们采用的方法和起草的内容。虽然如此，他还是要我向新闻界说明——我想他也使自己相信了——这都是他想出来的。尼克松在备忘录里写道：

你可以首先指出，我之所以决定用这种语气陈述我们的立场，有两个基本原因。第一，我们阐述我们立场时语气越强硬，中国人在阐述他们立场时的语气只能更强硬。由于我们用了一种很坚决、但并非好斗的方式表明了我们的立场，他们虽然在原则上也没有妥协，但措辞却不像这些年来他们发表的声明那样粗暴……

对于中国领导人和干部，在一定程度上甚至对于中国的群众来说，这是他们第一次听到美国表明自己的立场，因此我决心在这个文件里尽最大努力用这样一种语气阐述立场，以使中国人听到时不会认为这完全是不可信的。当然，如果我们用更为咄咄逼人的措辞来说明我们的立场，这会成为是不可信的，因为如果语气太严厉的活，在另一极端进行了二十二年的宣传会使读到《公报》或者从收音机里听到《公报》的人根本无法相信它。

当然，尼克松应当由于《上海公报》而受到充分的赞扬。无论是谁做的具体工作，对政策负责的总是总统。当我十月回国后马上把双方分别声明的文本交给尼克松时，若是换个胆量小点的总统，就会退而采用别的比较正统的表达方式。这一小小插曲并没有贬低尼克松在历史性地打开对华关系上表现出来的胆略。然而，它说明了一种追求把幻想变成现实的癖好，一种耽于沉思盘算而纷繁复杂的习性，加上更为显露的一些性格特点，最初是玷污了、而后来则毁掉了这位在外交政策方面成绩卓著的总统。

尼克松暗示的东西，由霍尔德曼挑明了。三月十四日霍尔德曼送给我一份备忘录，要点是批评我在介绍情况时对实质内容花的时间太多了；我应当对新闻界——特别是在电视上——强调，是总统个人的伟大品质使我们取得了成就，这样才会对总统更为有利。为了帮忙，他还列举了总统的十个特点。由于霍尔德曼从没有列席谈判，他只能从一个来源得到这些材料。任何一个熟悉椭圆办公室工作程序的人都会从这份备忘录联想到一个常见的情景：霍尔德曼手持黄色拍纸本(所有白宫工作人员，包括我在内，都随身携带这东西，似乎是我们的行头的一部分)把首脑的沉思冥想记录下来。霍尔德曼的有些描述是中肯的，其他一些则简直是荒诞不经；而整个看法则是牛头不对马嘴。领袖们从强调他们的成就中可以得到最大的好处，而历史所关心的当然也只是他们的成就。认为尼克松的声望更多地取决于对他的行动的宣传，而不是这些行动本身，这种想法害了他的这届政府。这说明，即使在他最有成就的时期，他也是缺乏自信心的。这使他狂热地寻求支持，这是一种无法满足的无休止的寻求。这使得尼克松从来都不信赖事态发展本身的势头。这使他想对自己最无可争议的成就加以吹嘘，或者在有极大的成功的可能性面前仍感到不放心。这就是造成灾难性的水门事件的心理上的原因。

一九七二年我读着这些备忘录时觉得又可笑又可气，因为那时这些事件还离得太近。今天我读到它们的时候，却不禁有些伤感和同情——对于一个孤独的人，他在获得高超成就的时刻，当事实本身不言自喻的时候，却要搞一张成就一览表和许多赞美的形容词来加强自己的信心。尼克松达到了他此行最重要的目的。两个强大国家的领导人互相估量了对方，并且认定他们能够执行并行不悖的外交政策，使世界外交起了革命性的变化。

战后的两极世界时期结束了。对美国要求的将是更多的创造性、更大的忍耐力和更圆滑的处世方法——但是也提供了新的机会。在这个进程的结尾，是我们在动乱的四年当中所盼望的、为之遭受了痛苦的东西：在越南通过谈判达成体面的和平。*

* 本章略有删节。——编注

注释：

① 见《尼克松回忆录》（纽约：格罗塞特和邓洛普出版公司，一九七八年版），第五六〇至五六四页。

② 见罗斯·特里尔的《铁树开花：中国五大城市》（波士顿：利特尔和布朗出版公司，一九七五年版），第一七一页。

③ 《上海公报》全文如下：（略。——译注）

第二十五章　河内孤注一掷：越南的春季攻势

入　　侵

我们从中国回来四个星期以后，等待已久的北越对我们的攻势终于爆发了。三月三十日，北越炮兵和步兵部队对东北部的广治省的南越基地发起了协同进攻。北越的三个师完全无视四年前就停止轰炸达成的谅解，在全部由苏联提供的二百多辆坦克和大量新型的一百三十毫米无后坐力炮的支持下，蜂拥越过非军事区。其他部队作好了从老挝沿着九号公路入侵南越北部的准备，把一年前南越进攻老挝的方向正好倒了一下，想通过阿绍谷地进攻顺化。中部高地出现了部队集结，这是一个凶兆，威胁着昆嵩和波来古市。还有三个北越师正从柬埔寨进入包括西贡在内的第三军区，那里敌人随时都可能发起进攻。把越南冲突假装成"人民战争"，假装成南方游击队起义的做法已经放弃；这次是北越正规军以师的规模发起入侵。

在华盛顿，正如每当一件大事开头时那样，很难弄清楚究竟发生了什么事儿。早在三月三十一日（复活节前的星期五），莱尔德国防部长就说敌人的攻势是大规模的；但五角大楼的报告最初是令人宽慰的。据报艾布拉姆斯将军并不认为这次进攻已经到了危急阶段。南越的炮火支援基地看来固守着。没有必要由最高领导作出什么决定。头两天，人们只把攻势当作敌人的一次重要试探，部分原因是战斗看来还进行得不错，也可能文职官员害怕如果这就是等待已久的共产党攻势，尼克松就可能会把他时常警告要作的全面报复付诸实施。

四月一日，尼克松授权美国空军可对在非军事区以北二十五英里以内的北越军事集结行动进行空袭。但是，我们遇到了越南战争中经常碰到的一件头痛的事：恶劣的天气妨碍空中行动。由于云层总是在二千五百英尺以下，能飞到北方的次数很少。我一天给穆勒海军上将打几次电话，问他我们的飞机是否飞上去了，他在头四十八小时的答复是否定的。可怜的普尔·穆勒，他忍受了我的纠缠和挖苦，其实这不怪他。我们的空军似乎全是由娇生惯养的飞机组成的，只能在七月的沙漠作战时飞行。我说，如果这些飞机不能飞，也许可以在地面上滑行二十五英里到北方去吧*。

四月二日，南越人被迫撤出紧挨非军事区南边的十四个据点。敌人的攻势已经开始，这点不再有什么怀疑了。下两个月对越南化将是一次决定性的考验。如今我们可以看清，过去三年所做的努力和忍受的痛苦是有成效的呢，还是像一缕轻烟被微风一刮就消失了。

我相信，不管这次攻势的结果如何，它将结束战争。这是河内的孤注一掷。不管怎么样，现在将进行认真的谈判了；谈判的实质要取决于哪一方在战场上得胜。如果南越垮下来，战争将以溃败结束。如果西贡在我们的帮助下抵挡得住全部北越军队，那么河内除了让步妥协以外，就别无其他选择。

还有更大的利害关系。如果我们在越南垮台，我们外交政策中耐心企求的意图将陷于危殆。莫斯科最高级会谈——即使能够举行——将在这种背景下举行：由苏联提供武器，接连两次向美国的利益发动进攻得

---

* 飞机架次未遂率之高，很使我烦恼。在我的要求下，莱尔德在八月十九日送来了备忘录，列出了使人沮丧的统计数字。一九七二年从五月八日到八月十二日，原定对北越一级目标进行的空袭取消了百分之五十三，其中百分之四十二是由于天气。

逞(第一次是印巴，现在是印支)。在克里姆林宫那些冷酷盘算力量对比的人的眼里，我们的谈判地位将软弱得可怜。中国可能重新考虑同美国建立联系的价值。我们的盟国，不论它们怎样看待我们的越南政策的是非曲直，也将怀疑我们的判断力和我们掌握事态发展的能力。在世界其他地方，那些迷信武力的人会得到鼓励；这可能使中东乱了套，我们设想政治投降会产生的严重后果，将由于军事崩溃而更为严重。我们决心防止这一灾难发生。我们将挫败这个攻势，而按体面的条件结束战争。现在我们面临着越南战争中最后的一次考验，但也许是一次最痛苦的考验。

集结兵力

一九七二年的敌人攻势早在预料之中。一九六八年北越人就表明他们懂得在总统选举年搞一次重大打击的影响。他们这次的攻势正好发生在越南化过程的紧要关头，这时美国驻军已减少到一个零头，这诱使河内想试一试南越人究竟是否能够接替美国，自己保卫自己。我们一九七〇年进军柬埔寨和一九七一年对老挝的旱季攻势的主要目的，就是要打乱河内的时间表，以便防止我们现在所面临的这种意外事故。由于只有在十二月到七月的旱季才实际有可能发动攻势，我们的打击曾迫使河内每年要花费宝贵的时间来修复供应线和补充储备。我们希望，争取到的每一个月时间都将增强南越的抵抗能力，而对河内力量的每一次削弱都将减少他们发动攻势的有效性。果然北越的攻势比我们预料的晚了两个月，而且从未取得协同作战的势头。

整个一九七一年下半年，河内的公开声明发出了不祥之兆。一九七一年九月二十日，迪克·赫尔姆斯在国家安全委员会汇报会上报告说，就在非军事区对过，敌人大量增援，大有发动攻势之势。大约就在那个时候，河内对我们进行秘密谈判的兴趣明显下降；关于七点建议和九点建议的谈判被黎德寿打断了。沃尔特斯将军于一九七一年十月向河内提出的我方新建议没有得到答复。原定十一月二十日同黎德寿的会晤在三天前被取消了，据称是由于生病。我们提议在另一个双方都方便的日期开会，但对方却置之不理。

从一九七二年一月四日开始，艾布拉姆斯将军就一再发出警报说，攻势迫在眉睫。他在一月二十日报称，预料敌人将力图"使我们面临他们所能造成的最困难的局面"。艾布拉姆斯预料不迟于二月上旬，即在尼克松即将去北京之前就会发动攻势。他要求授权让他空袭非军事区以北地区，来破坏敌人的进攻准备。他最后提醒说，这将是决定性的战斗，他作为战地司令官事先需要有最大限度的灵活性。艾布拉姆斯敏锐地说："归根结底，当所有这一切都结束时，北越南部那些受到袭击的具体目标将不会构成什么大问题。问题倒是，越南化成功了，还是失败了。"

一月二十四日我召开了一次高级检查小组会议来考虑艾布拉姆斯将军的请求。没有人急于恢复对北方的空袭。白宫认为这会影响北京之行；国务院害怕这会毁掉谈判的前景；国防部不愿承担新的预算负担。大家都害怕如果恢复对北方的轰炸，即使局限在一个地区，也肯定会使舆论哗然。有人缩小我们面临的威胁以进行自慰，这是回避作出决定时常用的手法。小组的一致看法是，进攻将来自中央高地。对于艾布拉姆斯将军对非军事区对过敌军集结的关切，没有取得一致意见。一月二十六日，莱尔德找到了一个典型的折衷方案。他建议总统采纳艾布拉姆斯的部分建议，但不让他轰炸北方。莱尔德同意加强南方的空中活动，并在非军事区设置更多的探测器。当然，这些探测器会告诉我们是否发生了攻击，但却不能阻止攻击或加强我们的抵抗力。我赞成莱尔德提出的拒绝授权对北方进行新的空袭，理由有二：在尼克松访问中国以前的两个星期，这样做似乎并不明智；而且我认为轰炸只有持续进行才有意义，但除非对方大规模挑衅，否则不能作出这样的反应。我们不得不过分克制一些，来堵住那些碰到一次危机就要责怪本国政府的人的嘴。因此我赞成在我们能够对攻势规模作出判断以前，暂缓授权恢复轰炸。

但是我主张利用等待期间来最大限度地增加我们自己的力量。我坚持要莱尔德改变一下我们撤军的组成，以便留下尽量多的直升机，保持机动性。我还建议加强我们的 B－52 轰炸机、全天候飞机和航空母舰。为了实现这些目标，尼克松在二月二日召开了一次国家安全委员会会议，还邀请了财政部长约翰·康纳利参加。凡是强硬方针可能遇到反对而需要支持时，尼克松总是请康纳利来参加会议。总统讲话的调门儿反映了我给他准备的论点(我没有找到会议的纪录)：

我将不接受这样一种情况，即由于美国没有提供力所能及的支持而遭到失败，或者是由于我们自己领导有缺点或缺乏决断而遭到失败。我们必须竭尽全力来帮助南越人，以确保他们具有手段和意志来对付河内今年的挑战。

归根结底，我们不能指望敌人会同我们进行认真的谈判，除非他们认识到继续战争不会给他们带来任何好处。这将要求我们在下一个旱季全力以赴。在这次痛苦的冲突中，我想不出会有比现在更为关键的时刻了，希望你们每个人想到什么能保证胜利的进一步措施，立刻向我提出来。

尼克松只在极少情况下才在国家安全委员会会议上作出决定。他要避免在会议室里承受压力。他不愿意造成一种印象，似乎国家安全委员会不仅仅是咨询机构。因此他等到下午才下令增援，加派一艘航空母舰，更多的 B－52 和全天候飞机。

同时，我们面临着国内局势中自相矛盾的需要。这至少促使砍掉了我们战备措施中的一部分。一月十三日，正当北越集结部队时，我们却认为有必要宣布在五月一日以前再撤出七万名美军。在不到三年的时间里，我们撤出了我们就职时驻在越南的五十四万五千人中的四十八万零五百人。我们在这样做的同时，改善了军事形势，扩大了南越政府控制的地区。但是要求撤退的欲望是贪得无厌的，撤退本身已经成为一种目的。因此到三月初，虽然决定性的攻势明显逼近，我们却处于这样一种异常的境地：一方面加强不算在部队限额之内的武力——B－52飞机和航空母舰；另一方面又继续履行撤出地面部队的诺言，并计划宣布下一批撤军订在五月一日实现。尼克松和我都认为，我们无法冒着风险去采取最明智的决定，那就是在面临大规模攻势的时候停止撤军。

这样，三月份就成了等待和作出自相矛盾的决定的一个时期：撤退和增援并行；一面提出要报复的警告，一面又心存侥幸，希望也许河内只是虚声恫吓。我们既不着急，也缺乏信心，而是听任事态自流发展。艾布拉姆斯将军预料对方会越过非军事区同时在中部高原发起进攻，现在开始考虑敌人还可能同时从第三军区对面的柬埔寨境内越界发动第三路进攻。三月十日，我告诉尼克松说，对方可能在十天以内在南越从三条战线上发起进攻。我劝他暂缓对北方采取行动，等到所有公正的人都能看到寻求武力较量的并不是我们，然后我们再狠狠地进行打击。同时，应该运用最近抵达的空军增援来干扰敌人在南越、老挝和柬埔寨的兵力集结，尽可能长时间地阻延对方发起攻势。尼克松提出了他认为是一种“丘吉尔式的策略”：让我们在东南亚的所有飞机停飞若干天，然后一下子全部出动，进行大规模的打击。我认为这样做没有什么害处，但也没有很大的意义。莱尔德却同意这样做。因此所有飞机在地面待了两天，到第三天全部上了天。我不知道这样做有什么不同，但有一点是肯定的：这使河内的情报分析人员大伤脑筋，拼命想弄清楚我们想干什么。不管是什么原因，是由于空中袭击也好，还是由于我们前两个旱季的进攻也好，敌方攻势的日期在不断推迟。但是我们得到越来越多的情报表明，过不了很多星期，全面攻势一定会来临。

运用外交策略

北越进行军事准备威胁着越南的三条战线，我们则在三条外交战线上——在河内、莫斯科和北京积极做工作。我们继续执行尼克松在一月二十五日的讲话中说明的战略，那一天他透露了我们在同河内进行秘密谈判，以向美国人民表明政府已探索了通向和平的每一条途径，并向河内表明，谈判的大门仍然是敞开的。总统发表讲话后的次日，一月二十六日，我在白宫的记者招待会上说：

现在的问题是，会不会发生另一轮战争？我们相信，我们能够制止这次攻势。甚至还有可能，甚至很有可能，越方所以要发动攻势，正是要给随后的谈判奏前奏。至少他们在一九五四年和一九六八年都是这样做的。因此，让我们再次告诉他们，“这是不必要的。让我们现在就结束这场战争吧。”

那天晚些时候，我对另一个记者私下也谈到了这点。我告诉他，今年晚些时候北越人大概会在军事上孤注一掷，如果失败了，他们会在类似我们目前提出的建议的基础上进行谈判。

尼克松和我都想尽快结束战争。但是我们两人对做法的意见，有一点细微的差别。我的想法是织一个复杂的网，这会给我们最大的选择余地。我虽然赞成在军事上作出强烈的反应，但从来不想仅仅依靠力量，也不想光依靠谈判。我认为，外交和军事应该相辅相成，我总是主张在采取一个军事行动以前，或至少在这样做的同时，采取一个外交行动，即使我认为成功的希望不大。如果外交行动被接受，我们就实现了我们的外交目的。如果被拒绝，一个和解性的建议会有助于争取公众支持我们的军事行动。这样做可以防止批评者指责我们坐失机会，从而增强我们坚持体面条件的能力——这正是我们在越南的行动的目的所在。当然，我们同北越人的谈判是秘密的，但在进行谈判时，我始终考虑到公众最后的反响。如果对方逼人太甚，我们就可以透露内容，过去我们通过尼克松一九六九年十一月三日和一九七二年一月二十五日的讲话，就曾这样做过。

尼克松对于谈判一般持谨慎态度。他较多关心失败对公众的影响，而较少关心增加我们选择的余地。他害怕河内以及支持他的保守派选民会把谈判看作软弱的表现。我同意他下面的看法，即河内正企图利用谈判来破坏国内对我们的支持。但我认为我们不能采取拒绝谈判这样的对策。这只能置我们于被指责不准备妥协的地位，而招致当年搞垮林登·约翰逊和分裂国家的那种压力。我相信，如果我们接受河内的外交挑战，我们就可以详细说明体面和平的条件，使形势转为对我们有利，至少我们可以驳掉那种指责我们没有尽力争取结束战争的说法。

因此，我总是劝尼克松要在河内面前没完没了地提些建议——哪怕只是关于会晤的建议。这样我们就能够以具有可供选择的方案的姿态来对付共产党方面不时提出的新建议（八点建议、七点建议、两点说明等等）。这使我们有机会试探河内是否愿意解决问题，也给了我们一个拒绝的立足点，如果还未提出体面的条件的话。有几次我们放弃了这一姿态——比如取消全体会议或拒派大使参加和谈——就很快发现我们在程序问题的公开辩论中受到北越以及我们自己的报刊，电视和国会里批评者的冲击。因此我力主在尼克松一月二十五日发表讲话时，同时私下给河内带信，建议恢复秘密会谈。尼克松勉强同意了，这个信于一月二十六日发出。

同时，我们同莫斯科和北京进行了联系。尼克松致函勃列日涅夫；沃尔特斯将军给中国驻巴黎大使黄镇写了一封信，当时黄镇仍是同我们进行接触的主要人物。这两封信主要谈的都是下面这一点：我们已走到自己能体面地提出任何建议的极限，如果河内发动军事攻势，我们将作出强烈的反应。

北京和莫斯科都变得不安起来。这两家都不想被别人看成是对北越盟国不忠，以免在共产党世界内部的斗争中失去支持。他们都不想替我们火中取栗，但是又都怕难于驾驭的河内会打乱他们同我们酝酿了多年的主要计划。他们还担心我们采取军事行动，会使他们更加进退维谷。我们警告说，如果河内向我们挑战，将遭到认真的报复。这是使莫斯科和北京神经紧张的最好办法。

北京的答复——通过私下渠道传来；每当中国（或莫斯科）想避免公开喧嚷时都采取这种办法——声称不了解越南谈判的内情。它不提国家利益或意识形态的利益，而只说对这个受欺侮的民族欠了历史上的债，负有道义上的义务。复信意味深长地说，中国从未要求美国就越南问题作任何许诺，而中国自己也没有作任何许诺。这确是事实。中国拒绝任何把它“卷进”印度支那的做法。看来北京对这整个事情实际上不愿介入。由于中国力量有限，对河内的物质支持很少，它的冷漠态度同我们的目的并不冲突。于是我们没有再逼中国。

莫斯科的语气更硬，不过基本的意思也一样。如果承认对谈判内容一无所知，那是说不过去的；相反，苏联人夸耀自己对谈判记录很熟悉。一般说来，莫斯科是支持河内的立场的，但并不热情。二月七日，多勃雷宁在转达勃列日涅夫对尼克松的复信时强调指出，对我们最新建议的反对理由并不是以莫斯科的名义提出的，这都是北越人的想法。莫斯科不能永远坚持这种复杂的立场。但是苏联拖了特别长的时间——快两个星期——才表示支持河内的谈判立场。就连这个支持也是在北越大使谒见了柯西金总理之后才得到的。《真理报》把这次会见描述成是应大使之请而举行的——这说明苏联不想把自己同附庸联系在一起。他们的会谈是以“友好和同志般的坦率”的精神进行的，这在共产党的用语中通常意味着存在某种分歧。塔斯社的评论也令人注目地冷淡。

但是我们不能让莫斯科像中国人那么容易地脱身。为河内的攻势而集结的武器几乎都是苏联的。如果说，莫斯科没有鼓励河内采取军事行动（莫斯科自己总是这么说的），那么，肯定也是它使这种行动成为可能的。因此我们早就打定主意，在一旦发生攻势时，就唯莫斯科是问。我不止一次地提醒多勃雷宁，如果河内硬要寻求军事解决，那将危及莫斯科最高级会谈。为了进一步鼓励莫斯科对它的同盟者施加压力，我在年初接受了克里姆林宫多次提出的邀请，去莫斯科协助筹备同苏联领导人举行的最高级会谈。但是，我表示去访问得有一个条件，就是莫斯科必须采取某种行动来结束战争，最好是在莫斯科驻有一个受权能解决问题的北越谈判者。

这些事苏联还没有答复，尼克松就访问中国了。访华回来后，我们收到了北京和莫斯科提出的据称是对美国轰炸北越的低调抗议。显然，河内向它的盟国提供了假情报，河内也用同样手法来影响我们的舆论，并作为拖延谈判的一个借口。其实这个指责是没有根据的，因为，尽管一二月份出现了北越加紧集结兵力的不祥之兆，在尼克松总统访问北京期间我们故意压低了对北越的火力。三月份我们限制了我们的空军行动，以避免没完没了地争论我们是否"挑动"共产党人的进攻。河内显然逼迫了"兄弟般的"共产党盟国去进行交涉，这些盟国无法拒绝，但只是敷衍了一下，这说明它们也感到为难。

正当所有的大国——美国、中国和苏联在一个比印度支那更大的画面上构思时，有一批人脑子里只有一种单一的想法和狂热，这就是河内的政治局。他们不习惯处于防御状态，他们对总统一月二十五日讲话的回答是，在二月二日对前一年七月提出的七点建议宣布了"两点说明"。但是这两点既含糊又空洞，甚至连西方最热烈拥护河内的人也不予支持。二月十四日，我们收到了对我们一月二十六日建议同黎德寿进行另一次会晤的信的答复。使我们吃惊的是，河内同意了这个建议。它还破例地建议三月十五日以后对我们方便的任何日期都可以。

这种异乎寻常的和解口气，与北越过去的做法是如此不一致，与他们在非军事区北面搞的狂热军事准备是如此不协调，本来应该引起我们的警觉。过去河内还从未事先这么早就提出开会的日期。（阮文绍作为越南人，在我们按例告诉他这一消息时，马上注意到了这一点。）北越人过去从未让我们就便决定会谈的日期。如果我们多思考一下，我们应该看出，河内是想把恢复谈判的时间和发动攻势的时间配合起来。他们想让谈判在最大压力下和我们最难办的情况下举行。但即便我们得出了这个结论，我们也不会改变做法的。从政治上和心理上说来，把反击北越的时间推迟到他们发动攻势以后，仍会使我们处在最有利的地位，以便反攻获胜，并得到公众对我们的报复行动的支持。

二月十六日，我们在动身去中国的前夕答复了河内，建议三月二十日同黎德寿会晤。我们警告说："想用军事活动升级的方法向对方施压的做法是不符合这些会议的目的的。"二月二十九日（我们离开中国以后），河内驻巴黎的代表武文充约见沃尔特斯将军，告诉他河内"当然同意按美国的建议在三月二十日十一时三十分会晤"。这么客气地答复也是非同寻常的。河内这么早就同意我们建议的会期，这远不是理所当然的事情，这简直是史无前例的。但是我们没有去特别注意其中的奥妙。

几天以后，河内变了卦。三月六日，它通知我们说，三月二十日已经不合适了，它想把会议推迟到四月十五日。借口是站不住脚的，甚至是可疑的：他们说美国在尼克松总统访问北京的前后，进行了大规模的空袭。这个指责不仅没有事实根据，而且是可笑的，因为河内在虚构的一些所谓空袭之后两个星期已经同意过三月二十日这个日期。至于在河内的答复以后发生空袭，那和我们的策略是完全不相符合的。前一段时间，我们一直退避北方，正是为了避免这种指控。

现在，我们清楚地看出，正是即将到来的攻势决定了北越外交活动的时间安排。他们想先发动正在疯狂进行准备的攻势，然后利用我同黎德寿的会晤来遏制我们的军事反应；他们以为在“谈判”进行时我们会对反攻犹豫不决。但这次他们的手法太露骨，结果是弄巧成拙。我们谋求谈判解决的公开纪录越好，就越处于有利的地位，有利于对攻势作出强烈的反应，像我们决心要做的那样。这次我们谋求谈判解决的纪录，一旦公布于众，将是无懈可击的。没有一个公正的人会对河内无所顾忌的态度存什么幻想。

因此我们只是在文字上作出了反应。三月十三日，我们回复了一封措辞十分尖锐的信，回顾了双方交往的纪录。我们“完全驳回了”河内的指责，指出，“只要仔细核查一下事实，就可以清楚地看出，指责美国在三月一日到三月六日期间进行空袭是毫无根据的”。我们用外交语言把河内的领导人叫做撒谎者。我们拒绝在四月十五日会晤(我已初步计划那时去日本访问)，建议改期四月二十四日。我们利用这个机会重申了我们对军事活动升级的警告。

在这期间，巴黎圆桌会议仍在克莱贝尔大街进行。开始谈判这件事使我国在一九六八年发生分裂。但这一谈判在外交史上已经出了名。在历时四年的谈判中，开了一百四十多次会，连最小的问题也没有解决一个。这么长时间的定期会议，连一项哪怕是鸡毛蒜皮的成绩也数不出来，这是世界上绝无仅有的。(这一纪录永远也不会被打破；后来问题的解决是在另外的场合上取得的。定期会议在维持和平进程中的唯一作用，是在一百七十四次毫无结果的会议之后，举行协议的最后签字仪式。)双方全权代表每周在“华丽饭店”聚会。每方的大使宣读事先准备好的讲稿，再作一番辩驳，然后就休会。会后，各自向记者吹风，介绍自己在会上的雄辩发言。对春水和阮氏萍女士来说，记者招待会显然比会议本身更为重要。

在这出戏里，代表美方的先后有三位杰出的大使：亨利·卡伯特·洛奇、戴维·布鲁斯和现在的威廉·波特。他们在履行职务中表现出来的献身精神和能力是说不尽的。他们每人都得到菲尔·哈比卜的得力支持，哈比卜是我所了解的最杰出的外交官员之一，他是个充满活力和百折不挠的副手，他使我们的代表团团结一致，并且对上级起了很好的助手作用，直到一九七一年他被任命为驻韩国的大使。明知没有希望取得突破——他们知道，取得突破得通过私下的渠道——却要忍受一周一次的长篇训词，这需要有非同寻常的耐心、献身精神和自我约束。关于我同黎德寿会晤的情况，已向他们作了充分的介绍，我时常征求他们的意见。（我甚至曾请布鲁斯一起与会，但由于他的南越同事并不列席，布鲁斯认为还是不参加而只听介绍为宜。后来在一九七二年谈判的最后阶段，威廉·波特参加了秘密会谈。）

尼克松从来就不喜欢在克莱贝尔大街举行的全体会议。他把这些会议同暂停轰炸联系在一起，并认为停炸几乎使他在一九六八年的大选中败北。他认为这些会议给了北越人一个宣讲的场合，可以每周利用电视破坏我们在国内得到的支持。所以他经常设法贬低这些会议的重要性。一九六九年他拖了七个月不派人接替已退休的洛奇。现在他又抓住了机会。

当河内拖了一个星期未答复我们三月三十一日的信时，尼克松中断了巴黎会议。他在三月二十四日的记者招待会上说，我们是在试图打破对方的疲劳战术；敌人是在用巴黎这个场合进行宣传，这样下去“是断然没有希望的”。

我倒不怎么赞成这一做法。我认为更好的办法是把中断巴黎会议留作对北越攻势的报复手段。北越人肯定会攻击说，这个中断行动再次证明我们态度僵硬。他们会发起一个宣传运动迫使我们回到会议桌上来。美国国内的批评者也会抓住这件事做文章。我们迟早得让步。这种原来是施加压力的策略到头来会被看作是外交上的退让。结果正是如此。河内是不会放弃宣传场合的；他们把巴黎会议看成是停止轰炸的法律基础。一九六九年我们没有派人接替洛奇的时候，他们曾提出谈判的进展必须以我方派出首席代表为条件，现在他们也竭力要恢复巴黎会议。三月二十七日，河内在接近完成攻势准备的时候，同意我们提出的四月二十四日举行秘密会晤的日期，但条件是在秘密会晤以前要恢复公开会议。

我建议尼克松表示同意。因为全体会议上的议题毕竟大多在我们的控制之下，如果由于我们拒绝出席全体会议而使秘密会谈无法举行，那我们在宣传上就会不利。全体会议总是在会前一周定下来的，因此我建议由波特大使提议在四月十三日开一次新的全体会议。如果四月二十四日的秘密会谈没有什么结果，我们可以再次中断全体会议。到那时我们会更了解攻势进展的情况。尼克松同意了。

四月一日，当我们还不清楚究竟这次越过非军事区的进攻是一次大规模的攻势还是一次试探时，我们对北越的建议作了答复。我对邦克说，我们的目的是“写下一篇无懈可击的通情达理的纪录”，并且最后一次警告河内，我们的克制已经到了极限。我们告诉河内，波特将提议在四月十三日开全体会议，在这个基础上我们计划在四月二十四日举行秘密会晤。我们的答复最后又一次严重警告说：

> 美方指出，北越近几天来在非军事区附近和其他地方的军事行动，以及从北越领土向南越上空发射导弹是同这些会议的目的不符合的。美方的反应极为克制，目的是尽量使谈判有机会取得成功，但是如果军事行动继续加紧，美方不能置之不理。

这次外交小步舞即将被激烈的战斗所压倒。四月二日我们向北越人递交信件的那一天，攻势的全部规模已经清楚，这包括北越破坏一九六八年关于尊重非军事区的谅解。但是这次我们做的外交上的准备工作取得了良好效果。我们尽了最大努力避免一场军事较量，因此我们在心理上处于一种坚强的还击地位；在军事上，我们决心要取得胜利。

采取什么军事策略？

在进攻的规模变得明朗化的时候，我们政府中出现了几派想法。有一批重要官员认为应听其自然，继续我们目前水平的援助，不要因为危机而增加援助。持这种观点的是国防部文职官员、国务院的好多人以及我手下的系统分析专家，他们的论据是，越南化的最后考验即将到来。因此，我们应该加强南越的自卫力量，而不应增加我们自己的努力。我的工作班子向我提出的一份总结备忘录里写道："我们都认为，现在关键不在于我们做什么，而在于南越人做什么。"

但是尼克松和我都不认为事情是这样。北越已残暴而无所顾忌地选择了武力较量，他们已捉弄了我们好几个月，利用谈判做大规模入侵的烟幕。三年来，他们拒绝了一切认真谈判的努力。三月二十日，攻势发动前十天，北越总理范文同作了一个非常恶劣的公开讲话，拒绝作出任何妥协，他说，"现在美国侵略者同过去一样，正鼓吹这种论点：'谈判中双方应各走一半路来相互靠拢，七点建议必须同八点建议调和一下，云云。'这是强盗逻辑。"若要和平，美国必须停止"对阮文绍傀儡政权的一切支持和许诺"。现在，一如既往，只给我们一条摆脱战争的出路，即解除我们盟国的武装，无条件地撤退。我们拒绝了在会议桌上投降；我们也将拒绝在战场上投降。

从四月二日起，尼克松和我一天几次研究形势。华盛顿特别行动小组几乎每天都开会。四月三日，我告诉总统，这次攻势将促使问题早见眉目。如果由于我们实行节制而遭到失败，我们将得不到什么好处。如果我们击败了攻势，我们就能从中获得一项解决办法。北越人这次可是孤注一掷了。如果他们失败，那他们除了谈判就别无其他选择。如果等到美国大选以后，他们就可能不得不面对这样一位总统，他的反应无法预测，已引起他们的害怕，而且竞选压力过后，他在最后任期内可以放手行动了。

尼克松不需要什么提醒。他多年以来就警告说，他将对北越的攻势作出强烈的反应。他怎么说就怎么做。尽管政府部门强烈反对，他还是下令一再加强我们驻东南亚的海空军力量。他取消了对飞行架次经费预算的限制。他指示海军对北越海岸的袭击再向北推进二十五英里。四月四日，他授权对北越的战术空袭可深入到十八度线，向东南亚增派了二十架 B－52 轰炸机，四个 F－4 战斗轰炸机中队和八艘驱逐舰。四月一日，我告诉华盛顿特别行动小组，总统决心击败越方攻势。如果我们在这样的情况下被赶出越南，我们的整个外交政策将处于危险的境地。河内已把这么多兵力投入这次攻势，如果一旦被制止，就几乎肯定不得不坐下来解决问题。我要求每一个有关部门对击退这次攻势给予绝对的优先地位。

但是要把这一决心变成战场上的行动，证明是困难的。原因之一是天气恶劣。讨厌的天气使我们的飞机在第一周无法起飞。更基本的是，十年的克制和三年的撤退过程中我们的军事将领所形成的精神状态。我在四月五日对华盛顿特别行动小组说："我们的印象是，我们的将领们脑子里已经形成了一套看法，认为我们需要的是把活动减少到最低限度，而他们撤得快就可以得到奖赏。他们缺乏进取精神。"

即使这样打了招呼，战地司令官（得到莱尔德的支持）和白宫之间还是发生了严重的分歧。四年来，艾布拉姆斯将军尊严地履行了一个美国将军所接受的最吃力不讨好的任务。他在一九六八年接手指挥五十四万军队，但立刻就被越来越多的限制拴住了手脚，他不断地接到军事上说不通的命令。一九六九年中开始，又要他一面越来越快地缩小他的部队，一面维护南越的安全和使南越军队能够挑起自卫的担子。艾布拉姆斯取得了很了不起的成就。到一九七二年河内发动攻势的时候，在西贡控制下的农村地区比以前任何时候都要多，南越的大多数部队有了很大改进。但是艾布拉姆斯将军心里清楚，他是负责在这场战争中进行牵制行动，其中哪怕是一小支美国地面部队战略后备队也几乎肯定会对它起决定作用。三年来，他的司令部已变成一个撤军司令部。而现在却要他打赢这场关键性的最后战役。

艾布拉姆斯将军不能很快就适应这一新的情况，这样说并不是有意贬低这位杰出的军事领导人。我第一次见到他是在一九六一年我作为白宫顾问的短暂任职期间，当时他是负责柏林应急计划的装甲师师长，他向我作了一个极好的情况介绍。那时他充满了胆略和想像力。但是在西贡的四年失意挫伤了他的锐气。他自己的信念和对文职上司的服从发生矛盾，使他无所适从，因而越来越变得因循守旧了。他甚至拒绝为老挝行动改变正常的作战程序，这使那次行动未能获得决定性的结果。（但主要的缺点是企图以不足的兵力取得决定性的结果。对于这点，所有高级官员，包括我自己在内，应该承担责任。）一九七二年，他严格地从局部意义来看待北越攻势。三年来，华盛顿一直催他撤出越南，而现在突然又要他用缩减的兵力去获胜。他的反应是，就战地司令官的权力问题发出暴躁的、有时是学究式的牢骚。这终于迫使我有一次恼火地告诉穆勒说，总司令也是有某些权力的。

妨碍艾布拉姆斯开阔视野的原因之一是整个战争中组织空战的奇怪方式。这暴露了五角大楼的官僚主义，而不是军事现实；它实际上表明华盛顿的组织上的要求压倒了战略需要。为了组织空中行动，把北越分成好多片——叫做路线分区——由不同的司令官管辖不同的目标地区。负责整个战役的只是远在四千英里以外的夏威夷太平洋司令部。至于在一九六五年怎么会建立这些路线分区的，理由何在，这个问题只能由研究官僚心理学的人去解决了。

第七航空队负责河内地区、西北铁路线和非军事区北边的目标（第1、5和6A路线分区）。第七舰队的飞机负责海防和北越东北部的目标（第2、3、4和6B路线分区）。所有这些部队，除了一个例外，分别向太平洋空军司令部和太平洋舰队司令部汇报工作，而这两个司令部再向檀香山的太平洋司令部汇报工作。艾布拉姆斯将军只有权管辖北越最南端地区的目标（第1路线分区）。在这一地区，第七航空队要向他汇报工作。B－52轰炸机的分配又是另一码事，而且同样复杂。这些轰炸机由我们的战略空军司令部控制，它们的分配，在南越和在北越最南端是同艾布拉姆斯商量进行，在其他路线分区则同有关的司令部商量进行。

总之，存在着一种制度化了的精神分裂症。一旦飞机飞离第一路线分区的目标，艾布拉姆斯就管它们不着了，因此他无法判断在北方的空中行动是减轻了对他的直接压力呢，还是分散了力量。他倾向于后一种看法。在北越的空战，在构思上和组织上都同在南越的战争相脱节。这种情况，至少像华盛顿的政治限制一样，使空中战役没有什么规律可循，还经常引起关于优先权的争论。在我的敦促下，尼克松几次试图改革这种指挥体制，而且他在恢复对北越的无限制轰炸以前确实下令进行改革。但是莱尔德和穆勒强烈反对。原先确定这种做法的既得利益者反对任何改革。莱尔德和穆勒感到，他们手上的事情已经够多了，不能在这样晚的时候再在内部引起争论。因此这件事流产了，就像尼克松过去几乎每次在组织方面进行改革的企图一样。于是他决定，正当他在总统任职期间遇到外交政策上最大危机的时候，他不能去冒内部分裂的风险。

因此，西贡司令部和其他决策者之间，在我们的空军究竟应该被限制在南方作战还是应该像尼克松迫切想干的那样开始去轰炸北越这个问题上，不可避免地要发生一场争论。虽然可调动的飞机数量现在已比艾布拉姆斯——甚至五角大楼——所要求的还多，但在西贡的司令部却规定所有这些飞机只能在南越使用。莱尔德支持艾布拉姆斯，因为他认为这能最好地证明越南化的有效性。尼克松（我也是如此）看到这会造成僵局。这样做不会对河内及其苏联和中国保护人形成足够的压力。河内可以干脆停止前进，安然待在它新近征服的领土上；莫斯科和北京将没有什么决定可做。尽管北越无视一九六八年关于停止轰炸的谅解，也须得到便宜。既然已经挑战了，尼克松就决心一决雌雄。在军事上定局以前，他认为再在外交上周旋已没有意义了。

我同意尼克松的看法，我们必须把战争扩大到北越；只有这样才能迫使战争打出结局。同时，我认为北越人的行动部分原因也是出于虚弱。河内对秘密会晤一拖再拖这个事实表明，它在为这次攻势集结必要的兵力方面一定碰到了很大的困难。攻势发生在艾布拉姆斯将军原来认为是对河内最有利的时间以后两个月，而即使在这时，北越也从来未能协调好它的三路攻势。在中央高地的进攻和对安禄的进攻，时间间隔很长，使我们能投入我们的全部空军力量分别对付它们，甚至可以把西贡的战略后备队调来以有限的方式对付对方互不协调的进攻。北越的这些困难反映了我们的柬埔寨战役、老挝战役和空中阻拦行动的综合影响。此外，我们同北京和莫斯科的联系无疑使河内感到心理上的压力。几个月以来，我们就一再读到河内同它的两个强大盟国之间意见分歧的报道。特别是河内对北京的不快，在黎德寿向我谈论中就有所反映。

虽然尼克松和我一致认为应作出全面的军事反应，但在联系到河内的两个保护人莫斯科和北京来考虑如何对待河内这个问题上我们看法有分歧。如果北越的攻势成功，就不能举行美苏最高级会谈，我们在这点上看法完全一致。在苏制武器使我们蒙受耻辱之后，尼克松是不能去莫斯科的。但是尼克松想把河内及其两个盟国作为一个整体来对待，而我则主张对莫斯科、北京和河内要区别情况施加压力，以便孤立北越，使它丧失斗志。尼克松把外交看成是内在软弱的表现，而我则认为外交是一种武器。尼克松想把北京特别是莫斯科的动机同河内的动机混为一谈，而我则主张对保护者和附庸的利益作出严格的区分。最后，尼克松同意我提出的策略，即尽量把河内和两个共产党巨人分开，只要这不影响对北方加紧空袭。但对于这种做法，尼克松从未真正感到舒服，这在以后几星期中的几次关键时刻就表现了出来。

我先是按照尼克松喜欢的办法去做，甚至指责莫斯科要对河内的攻势负责。同时，为了鼓励莫斯科同北越割断关系，我强调大局的利益正受到威胁。四月三日，我在白宫的筹划室会见多勃雷宁，指责苏联是河内攻势的同谋。如果攻势继续下去，我们将被迫采取一些措施，这些措施肯定要使莫斯科在最高级会谈之前面临困难的抉择。同时我们将不得不取消对莫斯科的一些特殊照顾。比如，莫斯科曾要求我们劝西德领导人批准东方条约，这个问题定于一个月左右之后进行表决。我们不愿意对德国的内政干预到这种程度。我们就以北越的攻势为借口来避免做我们本来就不愿意做的事。我对多勃雷宁说，在目前情况下，我们不能在波恩起积极作用。莫斯科不能一方面要求我们在欧洲提供帮助，而另一方面却在东南亚挖我们的墙脚。我们提醒克里姆林宫注意，北越的行动可能危及苏联的一些基本目标。

同一天，我派温斯顿·洛德秘密去纽约见中国驻联合国大使黄华。去的正式理由是答复中国关于美国船只侵入帕拉塞尔（西沙）群岛（越南沿海的一列群岛）周围的中国声称的领海所提的抗议（应该指出，这一抗议是私下提出的）。这牵涉到对领海范围的争论。北京声称领海为十二海里，而我们历来的立场是主张三海里。中国人是熟悉洛德的，因为每次去中国都有他，而且他列席了同中国领导人的每次会议。洛德递交了一份“口信”，通知黄华，在不影响我们在领海问题上的法律立场的情况下，我们的海军将奉命不进入离这些岛屿十二海里以内的地方。但是我们信的主要部分是提醒北京注意我们在越南的重大利害关系。我们用了过去对中国的信中从未使用过的尖锐语言，抗议中国公开支持北越的侵犯。我们指出，关于这一问题对美国的极端重要性，北京不能有任何误解。我们还（可以说是有预见地）强调，美国在印度支那受辱，并不符合中国的长远利益。信中警告说，“各大国有责任对这个问题发挥缓和的影响，而不要恶化局势”。企图“迫使美国接受军事解决只能导致不幸的后果”。我们重申我们“极端重视”改善我们同中国的关系——言外之意是警告说，越南是一个障碍。

第二天四月四日，我们开始指出苏联应对这次攻势负责。按照我的指示，黑格要国务院发言人罗伯特·麦克洛斯基在定期新闻发布会上指出，北越侵犯南方之所以可能，是由于苏联提供了武器。麦克洛斯基或许是我知道的最有能力的新闻官员，他出色地完成了这一任务，以致引起其他机构发表一系列附和的评论，引起人们猜测说：整个美苏关系，包括最高级会谈，已经岌岌可危。这稍稍超过了我们的意图，但这是正确方向中的偏差。

同一天，我们又决定让河内知道我们是认真的。我们曾通知河内，我们将在四月十三日恢复巴黎谈判的全体会议。按照议程越不重要程序越繁琐的做法，这在正常情况下需要在一周以前，即四月六日以前，作为正式建议提出。现在攻势的猛烈程度与日俱增，再要求召开全体会议已属荒谬。因此，我们要驻巴黎人员在四月六日向对方转个信，告诉河内我们已改变了主意：

北越政府已对南越政府的领土加紧军事行动，这也是对一九六八年谅解的最露骨的违反。鉴于这一军事活动的严重升级和对日内瓦协议及一九六八年谅解的公然违反，波特大使现在将不建议于一九七二年四月十三日召开全体会议。四月二十日是否召开全体会议的决定，将取决于当时的情况。

我们只字未提四月二十四日的秘密会谈，而把取消秘密会谈的选择留给了河内。

结果我们四月六日的信正好同北越对我们四月一日初步建议的复信错过了，北越的信表明了河内想从秘密会谈得到些什么。这个傲慢的对手，自己正在违反过去的所有谅解发动攻势，却说同意召开秘密会谈，条件是要我们遵守关于停止轰炸北方的“协议”。事实上，由于天气的关系我们还没有真正恢复轰炸。然而，北越在自己已经破坏“协议”的每项条款的情况下，竟然要求美国遵守，这确实需要特厚的脸皮。

四月六日，我又同多勃雷宁进行会晤。我告诉他，当前的情况是不能容忍的。正如我一月份警告他的那样，北越发动攻势将迫使我们以决定性的军事解决办法来结束这场战争。至于苏联人，他们不是参与计划这次进攻，就是由于玩忽而使这次进攻成为可能。不管哪一种解释都产生了不愉快的前景。我简要地回顾了我们为最高级会谈所做的准备，让莫斯科感到各项协议正在形成，要是会谈开不成他们会损失什么东西。我强调指出，我们现在将坚持结束战争，如果可能就通过谈判，如果必要就使用武力。

我们一面施加外交压力，一面继续增强我们的兵力。四月九日，我们又派了二十八架 B－52 去关岛。四月十日，又命令第五艘航空母舰去越南。巡洋舰“新港号”和另一艘航空母舰从大西洋被调到东南亚。四月的第一周结束时，云雾已消散到可以开始对北越的战术目标进行轰炸的程度。我们授权飞机可以空袭北方远至十九度线的地方。

反战的批评者把军事当局描写成急不可耐地要散播死亡和破坏；如果他们知道，几乎所有的增援至少是在五角大楼的文职领导人的反对之下实现的，一定会感到惊奇。五角大楼的文职官员对预算支出感到不安，急于利用这次攻势来解决越南化的命运，他们都坚持认为战场上的力量已经足够。如果按系统分析的精密计算方法，这可能是够准确的；但要实现摊牌和阻遏外来干涉的政治目标，那就不够了。如果我们想促成外交解决，就必须制造一种铁了心要取胜的印象，只有这样才能使苏联要么积极帮助结束战争，要么默许我们加强军事压力，而这一点我们在外交手段失败时是决心这样做的。尼克松强有力的领导使五角大楼从多年晕头转向所造成的麻木中惊醒过来，而我则通过日常监督贯彻他的决定的情况和通过运筹外交策略来支持他。

当增援力量在东南亚集结的时候，我的工作班子就制订使用这支力量的应急计划。由黑格根据我的指示制订的日期为四月六日的一份计划，概述了在南越部队抵挡不住这次攻势时我们应采取的行动。计划规定轰炸北越全境的军事目标（除了靠近中国边界的一个缓冲区），并对北越所有的港口布雷。实际上这就是将于五月八日执行的计划。

尼克松有一阵子曾想在电视上向美国人民报告一下这次攻势的情况，并指定萨菲尔起草讲话稿。①几天以后，约在四月十日，又放弃了这个计划，觉得为时过早。如果南越人能守住，那就没有必要制造一种危机气氛。如果北越的进攻获得势头，我们就不得不采取激烈的措施，而那时总统发表讲话就是时候了。但是正如我对总统所说的那样，如果我们失败，即使发表十篇演讲也不会对我们有什么好处。我们进行了一次心绪黯淡的哲理性的交谈。尼克松沉思地说，如果我们失败，那是因为历史潮流已朝着另一个方向移动，失去的将不仅是南越，而且是整个自由世界。我回答说，“不，如果失败，我们必须勒紧裤带，把这股潮流顶回去。”

我们一直没有放松外交压力。四月八日，我写信给维利·勃兰特的顾问埃贡·巴尔，提醒他我们正在重新估价我们整个的对苏政策。在六个月的时间内，由苏联提供武器发动了两次侵犯美国利益的进攻，这实在太过分了。在这种情况下，我们怀疑缓和政策还有什么价值。在批准勃兰特的东方条约问题仍悬而未决的情况下，巴尔肯定会把我们的这些情绪转达给苏联驻波恩大使。而且他会提醒莫斯科，我们并非不具备施加压力的手段。

四月九日，我邀请多勃雷宁来白宫观看中国拍摄的有关我的北京之行的电影，因为多勃雷宁表示有兴趣看。这当然是一场独特的三角政治表演。散场时多勃雷宁抱怨说，我们在东南亚集结兵力是不祥之兆。我回答说，“阿纳托尔，我们几个月来一直警告你们，如果发动了攻势，我们将采取激烈的措施来一劳永逸地结束这场战争。现在这种情况已经发生。”多勃雷宁说，莫斯科非常愿意看到我和黎德寿预定在四月二十四日举行的秘密会谈能取得成功，并且已经把这一点告诉了河内。

显然，莫斯科感到紧张了。我正告多勃雷宁，在战斗继续的情况下我们将不会再同意会谈。我们将坚持结束这次攻势，否则我们将采取更加严厉的措施。他并没有被这一威胁所激怒。苏联人看到对手是强大和认真的时候，是很少逞威风吓人的。多勃雷宁说，他将向莫斯科转达这个警告，他相信对此会尽早作出答复。

正如我在其他叙述危机的章节中指出的，一旦发生了对峙，停止对峙要比继续对峙下去更为危险。一方暂停行动会使对方犯疑：反应是否已到了极限；并且会使对方动手试探是否可以保持现状。只有当对手看到不值得冒这样大的风险去达到目的时，对峙才会结束。为此必须把风险搞得很大和无法估量。因此我们继续增加外交和军事上的赌注。四月十日，总统参加了国务院举行的一次仪式，由他在一项禁止生物武器的多边公约上签字。多勃雷宁也在场。尼克松利用这个机会提醒苏方说，"各大国特别负有重大的责任不去直接间接鼓励任何国家对邻国动武或进行武装侵略。"这是又一次不太隐晦的警告：我们要莫斯科对河内的攻势负责。

一小时以后，我找多勃雷宁交谈，进一步说明总统的话。我们将不会坐待河内重新使用在前两轮秘密会谈期间欺骗我们的手法。如果河内在谈判过程中再公布新建议，秘密渠道将到此结束。多勃雷宁利用这个机会提出，美国可以带一百名记者去采访莫斯科最高级会谈。显然，还没有发生什么事情足以改变克里姆林宫的优先顺序。

为了保持压力，我问我的苏联事务首席顾问哈尔·索南费尔特，在克里姆林宫领导人很感兴趣的美苏谈判中，有哪些是我们可以放慢速度的。索南费尔特建议：暂且不要使在莫斯科举行的美苏关于出售粮食的谈判产生结果；在其他谈判中避免不必要的友好接触；在解决租借法案欠款问题的谈判中坚持强硬要求；冻结其他双边谈判；利用苏联商业部长尼古拉·帕托利切夫五月初来华盛顿访问的时机向他表明我们的强硬路线；如果局势恶化，取消帕托利切夫的来访。我批准了所有这些步骤。有一个建议没有得到我的同意，就是骚扰苏联去古巴的船只——这看来过于挑衅性了。

我们加紧军事压力的地方是越南。甚至在总统在国务院签字仪式上提醒苏联注意以前，十二架B-52轰炸机已轰炸了非军事区以北约一百五十英里处北越港口荣市附近的供应站。尼克松政府在北越使用B-52轰炸机，这还是第一次*。这是一个警告，说明如果攻势不停止，事情可能会失去控制。

四月十日是忙碌的一天。中国外交部对我们空袭北越发出了一次少有的公开批评，它还欢呼共产党人在南方的胜利。虽然采用了论战的口气，但我们认为发表一个声明是在这种情况下要做的最起码的事情。谴责我们轰炸是为了表明意识形态方面的团结；历数共方的胜利是为了事先阻止向中国要求更多的援助。我们注意到，中国的声明中没有保证通常表示的“坚决”支持，也没有像过去的声明那样要求美国接受河内的条件。整个春天和夏天，中国大多数的抗议都通过秘密的渠道提出，即使在那种场合，也几乎无例外地仅仅对美国飞机或舰只侵犯中国的领空或领海提出抗议。

现在攻势已在所有三条战线上全面展开。共产党人出动几个师越过非军事区插入第一军区的广治省。在中央高地也发起了进攻；再往南，进攻的矛头指向省会安禄。我们在四月十一日作出反应，取消了预定于四月二十日举行的全体会议。我们告诉河内，“鉴于北越继续公然破坏非军事区，并把军事行动扩大到南越第三和第四军区，四月二十日举行巴黎会议的全体会议已不会有什么用处。”我们在信中提出，四月二十四日仍举行秘密会谈，如果秘密会谈开得成功，再恢复全体会议。

但是对河内的压力也开始产生效果。虽然北越的攻势正酣，但它面临着美国集结兵力的可怕威胁，而我们的轰炸则出乎它的预料。南越人

---

* 一九六七年约翰逊政府曾对北越使用过B-52轰炸机。

虽然在逐渐后退，但仍在坚持。他们进攻过分谨慎，但在防守方面打得不错。四月十五日，河内拒绝了关于四月二十四日同黎德寿举行秘密会谈的建议，除非我们同意恢复公开会议。不过河内这样做时表现了异乎寻常的半心半意，说明它不知所措。它建议四月二十七日恢复全体会议，五月六日举行秘密会谈。来信指出，选在五月六日是为了给黎德寿时间来法国。过去河内很少这么快就答复，也很少对自己的决定作什么解释。

我们决定坚持自己的策略。四月十六日，我们建议秘密会谈照原定日期在四月二十四日举行，然后我们就出席四月二十七日的全体会议。北越人于四月十九日就作了答复——这次又是前所未有地快。河内谴责了对北越"残暴地"加紧进行空中和海上袭击，包括 B－52 空袭河内和海防(见下文)，然后对它过去的建议又加了一点小甜头。它坚持四月二十七日开全体会议，五月六日举行秘密会谈，但是说如果美国表示愿意恢复全体会议，黎德寿将马上动身来巴黎。

双方显然在打太极拳，对秘密会谈是既想开，又不想开，但都特别谨慎地避免背上取消会谈的责任。实际上，双方都努力不把门关死，以等待合适的时机。北越想把会谈掌握在我们遭到大规模失败后最丢脸的时刻召开。我们则想等到苏联完全被牵进去以后才召开。让我们确定某种同时同意召开秘密会和全体会的方案是很简单的；这样做能很快解决问题。但是这张牌我要和莫斯科玩。

现在好多事情都要看我们同苏联打交道如何而定。四月十二日，苏联人已开始认真地把自己牵进来。在一次回顾最高级会谈筹备情况的午餐会上，多勃雷宁表示，我计划中的(但不久就取消了)同黎德寿的会晤很重要。他对我担保说，苏联领导不想看到摊牌。我回答道，苏联已经把自己置于这样一个地位，让一个可悲的小国来随意危害已经谈判了多年的任何东西。苏联在这一年签订两项补充援助协议的时候，心里肯定明白自己给北越提供了发动攻势的物质条件。苏联领导人究竟指望什么呢？难道他们认为，尼克松总统会冒被打败和让六万九千名美国兵被俘的风险吗？多勃雷宁反驳说，北越已几次提议立即遣返所有的美国人。我说，“阿纳托尔，这不值得评论；这种情况是不会出现的。本月必须开会，而且必须开出具体结果，不然就会产生不可估量的后果。”

多勃雷宁回答说，今年年初就在议论的我对莫斯科的访问看来现在迫切需要实现。议程除了加速最高级会谈筹备工作以外，可以包括越南问题。我对多勃雷宁说，我将向总统提出这个想法。

这个建议引起尼克松极复杂的心绪。尼克松渴望举行最高级会谈。他将是去莫斯科访问的第一个美国总统，这激起了他的历史感。过去艾森豪威尔吃过闭门羹的地方他去成了，他向往青出于蓝的宿愿也就实现了。当然，他时常谈到要取消最高级会谈，但是熟悉他的作风的人都明白，正如有时他喃喃自语说他这个人并非少不了，[②] 这种质疑的话其实是为了增强自己的信心。我在印巴战争时期痛苦地体会到，谁要按他这种话当真去做，就会倒霉。另一方面，尼克松不想在处于软弱地位的情况下去莫斯科，而且他怀疑苏联在搞鬼，要把我拖入莫斯科旷日持久的谈判中去，以便推迟我们计划中的对北越的军事行动，或使之复杂化。尼克松还有一件很担心的事，就是如何向罗杰斯解释他的总统国家安全事务助理又要去执行一项秘密使命，这次是去莫斯科，而将近四年来，他却一直没有让他的国务卿去访问这个地方。（罗杰斯曾想去莫斯科打前站，以同我去北京打前站比美，但尼克松没让他去。）

一个身居高位的人，他的虚荣心从来不能同他对国家利益的认识完全分开。我迫切希望去莫斯科，无疑是受到我的喜欢戏剧性的性格的影响；但是主要的根据在于，我们不会失去多少东西，而所获的却会很多。莫斯科表示愿意在高级别上无条件直接参加讨论越南问题，这还是第一次。光是这一点就肯定会使河内感到不安。克里姆林宫骗不了我们，它能赢得的时间无非是我待在莫斯科的那些日子。至于最高级会谈的筹备工作，它提供了把莫斯科的利益同河内的利益分开的手段。最高级会谈成了对莫斯科的物质刺激，引诱它压河内妥协，或者默许我们通过军事手段解决问题。如果我这次去促进了最高级会谈的前景——这是可能的——这就有助于缓和苏联对我们在东南亚采取报复行动的反应，那时莫斯科会清楚地了解，起来反对我们要付出什么代价。当然，莫斯科可能在玩弄同样的牌。但是，假如我们受到羞辱，我们在越南失去的要比莫斯科得到的多。因此，奇怪得很，我们处在一个更强的谈判地位；我们的威胁更加有说服力。

尼克松起先同意我的论点。四月十二日，他授权我通知多勃雷宁，我将于四月二十日抵达莫斯科。我甚至再次建议在莫斯科会见一位北越的高级官员，这个建议不大可能被接受，但却很有用，它可使克里姆林宫处于被动而我们则处于愿意谈判的地位。但是尼克松的情绪发生了波动。四月十二日，他敦促我在莫斯科不仅要谈越南，也要谈最高级会谈。但是到了四月十五日，他又担心勃列日涅夫会和我纠缠，这样在军事上我们的手脚将被拴住一个星期。如果我们打出封锁北越这张“得分牌”，最高级会谈肯定会告吹。他对我说，或许我们应该先发制人，自己来取消最高级会谈。我就对他说，即使我在莫斯科，我们也可以轰炸北越全境，只除了河内和海防这两个敏感地区。况且我去莫斯科本身就是一张“得分的牌”，它可以缓和我们国内的批评者和苏联的反应。我也不信最高级会谈一定会取消。于是尼克松同意说，我去访问“是一件好事……我想，去是对的；你非去不可”。现在他相信，“你和我都同意采取的策略是对头的”——但是他显然仍然信心不足。不管怎样，尼克松的回忆录一清二楚地表明，到了四月十五日这天晚上，他重新得出了我应该前往莫斯科的结论。③

为了使河内和莫斯科确实懂得我们的决心，我建议，而且尼克松也批准了派出 B－52 进行两天的戏剧性轰炸，目标是河内和海防地区的油库，同时由海军舰只对海岸进行炮轰。这次袭击于四月十五和十六日这个周末进行——是不顾艾布拉姆斯的反对，但得到莱尔德的支持而进行的。凑巧，四月十五日正是河内拒绝我们关于四月二十四日开会建议的日子，河内这个决定——把电报来往需要的时间计算进去——显然是在袭击之前作出的。这样一拖，就给了我们转入主动的机会。在冒险的时候，几乎总是大胆一些好。我们于四月十五日给苏联人发了一份措辞强硬的电报，质问道：如果苏联连在已同意的日期召开一次会议都办不成，那么我访问莫斯科时还能就越南问题取得什么进展？

那天晚上多勃雷宁来我家讨论这份电报，并劝我按计划访问莫斯科。他肯定已经从收报机了解到B－52的空袭，但没有提起此事。他以极为友好的态度议论说，大国应该善于撇开局部性的分歧，解决根本性的问题。我回答道，“阿纳托尔，对我们来说，这不光是个国际性问题，现在它已经成为一个重要的国内问题。我们不能允许我们的内部结构不断受到这个一万英里以外的国家的折腾。这场战争必须结束，要么同其他大国一起结束它，要么自己单独来结束它。”

第二天，四月十六日上午，多勃雷宁向我宣读了苏联领导人发来的一份电报，电报说他们已向河内转达了我对秘密会谈的流产的不满。河内表示如果全体会议也能恢复，它“可以同意”四月二十四日召开秘密会谈。这使人迷惑不解，因为河内前一天还拒绝四月二十四日开会。还有一个复杂情况，即河内的同意要取决于停止对北越的“扩大了的”轰炸。河内还没有答复我关于在莫斯科会见北越代表的建议，它显然在作各种试探。在它的答复里，前几年那种傲慢、自信的神气已不见了。

最后，这天晚上，苏联提出了正式抗议。我们在轰炸中无意击中了海防港里四艘苏联商船，造成了人员死亡。像中国人一样，只是在危及苏联人的生命财产时，苏联抗议轰炸北越的口气才变得认真起来。关于B－52的轰炸，莫斯科仅限于表示遗憾，说是它“使局势严重地复杂化了”。但克里姆林宫仍向我们保证，已将我们的看法转达给河内。考虑到我访问莫斯科四天前我们还在轰炸河内和海防，这种态度是相当克制的。值得注意的不在于莫斯科仅仅是批评我们一下，并未提出抗议，而在于甚至在他们的附庸受到前所未有的袭击时，他们仍然坚持对我的邀请。显然，在尼克松已访问北京之后，莫斯科不会轻易地冒取消最高级会谈的风险。

在以后的几天里，尼克松重又担心我这次去可能不会有什么决定性意义——这预示着他以后对此感到的不安。我回答说，我去莫斯科，是争取使我们一旦同河内摊牌时，尽量处于最有利的地位，这是一盘棋中的一步；访问本身不可能有什么决定性意义。但即令是一次没有决定性意义的访问，也可以有助于达到决定性的结果。

剩下的还有一件事需要担心，就是怎么告诉国务卿。尼克松决定采用去年用过好多次的经过考验的办法。我在莫斯科时，他将去戴维营，实际上他将替我“打掩护”，因为表面上将宣布他正同我在一起研究形势。在我离开以后，尼克松将在戴维营向他的老朋友透露，我们突然接到勃列日涅夫要我们去讨论越南问题的邀请，鉴于事情紧迫，他当时马上就接受了。

至于北京，四月十二日我们通过秘密渠道收到了对我们四月三日去信的僵硬答复。中国对北越表示声援，并警告说，我们越陷越深了。但中国的信没有提出威胁，而且还在结尾时重申中国愿意同美国实现关系正常化。

当我秘密动身去莫斯科的时候，我思忖着，河内这次攻势并没有使我们惊慌失措；如果河内拒绝谈判，我们已聚集了强大的力量，足以挫败它。我们正在分化河内和它的盟国。究竟是举行谈判还是再次进行残酷的武力较量，以后几个星期就会见分晓。

注释：

① 萨菲尔从演说撰稿人的角度对此事的叙述，见《下台以前》（纽约：加登城道布尔戴公司，一九七五年版），第四一七至四二〇页。

② 例如，见《尼克松回忆录》（纽约：格罗塞特和邓洛普出版公司，一九七八年版），第五九一页。

③ 《尼克松回忆录》，第五九〇至五九一页。

第二十六章　秘密访问莫斯科

四月二十日星期四凌晨一点以后不久，我乘一架总统专机启程赴莫斯科。和我同行的有我的助手哈尔·索南费尔特、温斯顿·洛德、约翰·内格罗庞特、彼得·罗德曼、两个特工人员、两个秘书，以及阿纳托利·多勃雷宁，因为这是他回到莫斯科去最快的办法了。飞机上有一名苏联领航员，带我们飞过苏联领土。

像往常的几乎每一次出行那样，动身时间选在使我能于深夜抵达莫斯科，这样由于时间太晚，可以不再举行严肃的会谈。这保证我在参加重要的会谈前能有一整夜的休息，减轻因高速飞行而引起的时差不适应感。我曾经两次违反过这个原则，在通宵飞行后直接去同黎德寿谈判，结果都使我在心理上付出了代价。当时，北越人的策略是用冰川流动那种低速度来消磨我们的精力，在每次会上重复同样的基本发言稿，并且对我们所提的每一个建议，拒不承认它有丝毫可取之处。为了表示我们也和他们一样有耐心，我通常的反应是讲几句逗乐的话，或者把同样的问题重复来重复去，或者在轮到我发言的时候一再重复我早已表示愿意作的让步，就像它是一个新让步似的。但是，每当我刚刚飞越大西洋直接去参加会谈时，我发现我对北越人的无礼差一点就要发火——差一点就掉进他们为我安排的圈套。打那以后，我从不在经过长途飞行后立刻去参加谈判。

我的莫斯科之行是秘密的，消息要等到我返回后才能公布。几个月来，苏联人一直敦促我秘密地去访问，唯一的理由大概就是因为我曾秘密访问过北京，而他们有权得到同等待遇！尼克松对秘密访问也是欢迎的，因为除其他理由之外，这有助于推迟尼克松同他的国务卿之间的争论。我赞成秘密访问，因为这样我就不必受舆论界和批评我的人事先定的规矩的掣肘。事后汇报情况的时候，我们就可以根据所取得的成果的来龙去脉讲话，而不必按别人的期望、愿望或虚构的口径来谈。

我是在同一天晚上当地时间八点左右抵达莫斯科的。我们的飞机滑行到军用机场一个僻静、黑暗的角落里停住了。在舷梯跟前迎接我的是第一副外长瓦西里·库兹涅佐夫。他是苏联外交部一位葛罗米柯式的白发苍苍的老外交家：很内行、守纪律、注重策略多于战略。陪他来的是一位克格勃的将军塞尔盖伊·安东诺夫，他将负责保护尼克松的工作。中国的礼宾司把我当作安排总统活动日程的试验品，而安东诺夫则拿我来试验他的安全程序。

一个快得吓人的车队以几乎是一百英里的时速把我们送往俯瞰莫斯科河的列宁山上的宾馆大院，那里离莫斯科大学这座斯大林时代的哥特式摩天大楼不远。这些宾馆的设计同北京的几乎一模一样；这种设计是经受了时间考验的、向中国出口的苏联货色之一。这些宾馆楼房很像那些上层中产阶级、白手起家的实业家的别墅，想用它们外貌的庄严和家具的规模来显示主人新获得的殷实地位。苏中两国宾馆的主要区别在于布局。中国宾馆的各栋楼房坐落在大花园里的小湖周围，彼此可以相望，虽然有卫兵设岗，不能通行。苏联人怕有人不守规矩，不保险，把每栋楼房隔成独院，有自己的围墙和紧闭的大门。看不到任何其他住宅，只能望见河对岸广阔无际的俄罗斯平原上的莫斯科城。

宾馆极其舒适。在这里，俄国人传统的好客同苏联人出名的狡猾融为一体。在随团工作人员可以当办公室用的房间里放着一个保险柜。宾馆经理盛情地请我们把机密文件存放在里面。保险柜是个摇摇晃晃的老古董，它的构造使人觉得里面的部件很可能是活的；不难想象，放文件的榻板会像送菜升降机那样，把文件送到楼下主人的手中，供他们在夜间慢慢研究。我们谢绝了这番盛情。我们的机密文件放在一个大锡盒里，由特工人员加里·麦克劳德在他醒着的时候加以看守。夜间，这个盒子放在他和另一特工人员杰克·雷迪合用的房间里他们的床铺之间。

也是在那次访问中，我第一次得知如何使用“干扰器”。它是我带来的一盘盒式录音带，它放出的奇特声音就像几十个人同时讲一些莫名其妙的话。我若要和同事们商谈问题而不被窃听，我们就聚集在干扰器周围低声交谈。我们听得懂彼此讲的话，但据信窃听的人不可能从嘈杂的录音声中分辨出真正的谈话。究竟干扰器灵不灵，我们永远没有把握。只有一点可以肯定：谁想长时间地夹在这种令人麻木的噪声中间同别人谈话，他一定会精神失常。因此，我们不常用它。我们通常用省略语或彼此递条子。有时，我和一位同事在园子里散步，但即使在园子里，我们也采取咬耳朵的办法，因为维利·勃兰特的安全人员曾经警告过我们，树上也装了窃听器。我有一次对葛罗米柯开玩笑说，园子里有一棵怪树，它的树枝跟踪我的每一个行动。我们如此相信克格勃的手段高明，以致我们的秘书都用国内带来的手提打字机，以免电动打字机的信号被我们殷勤的主人“遥测”去了。

晚上十一点，葛罗米柯和多勃雷宁到宾馆来同我商量第二天的日程，我让我的秘书朱莉·皮诺在场记录。这显然使葛罗米柯感到不安。他大概不愿有人做速记记录，所以他低声地用英文讲话，好像故意使她难以听清。对工作人员记笔记，葛罗米柯并不在乎；使他不安的是女速记员。女速记员不知是冒犯了俄国人的大男子主义，还是苏联人的保密心理。（这种情况一直继续到几年以后，勃列日涅夫在接见我时让两个苏联姑娘列席。这或许是专门做给我看的。）

葛罗米柯告诉我说，除了星期天以外，勃列日涅夫将代表苏联方面主持会谈，星期天他要去参加他孙女的婚礼。我向他强调，我的首要使命是使越南问题不成为最高级会谈的障碍。由于我们两国有能力摧毁全人类，我们有义务改善两国关系。现在我们有机会这样做，但河内在进行阻挠。我受权就广泛的问题进行讨论，但我奉命首先要探讨结束越南战争的办法。葛罗米柯说，勃列日涅夫准备详细讨论越南战争问题，而这种表示本身就是前所未有的。葛罗米柯用大部分时间来强调，苏联领导人如何重视最高级会谈，以及他们多么认真地在准备同美国总统会晤。葛罗米柯在我们的 B－52 飞机大规模轰炸海防地区后才四天就如此积极，使我强烈地感到，可以利用最高级会谈约束苏联的行动，同时我们可以放手推行自己结束越南战争的计划。

筹备最高级会谈

到一月二十一日多勃雷宁兴高采烈地从莫斯科回来时，最高级会谈的筹备工作已扎扎实实地开始了。他说，他同苏联领导人有过重要的交谈，后者热切希望最高级会谈取得成功。他带了一封勃列日涅夫给尼克松的信，主张双方“对最重要问题的关键方面定期交换意见”，以此着手进行有关最高级会谈的“实际工作”。他指的最重要的问题是：限制战略武器会谈；中东问题；欧洲安全；消除贸易和经济合作方面的障碍；扩大双方在外层空间、环境保护、公共卫生等方面的科技交流。他表示希望以最高级会谈作为期限，争取在莫斯科就若干上述的领域签订一些协议。在信的结尾部分，勃列日涅夫向尼克松保证“我们极其重视即将同你举行的会晤，也十分重视这次会晤能在怎样的形势下举行”。这一笨拙的短语透露了苏联对尼克松的中国之行感到不安，或许还透露了勃列日涅夫预感到越南的前景不妙。

我告诉尼克松说，多勃雷宁表现得“过分热情”。他把越南僵局怪罪于中国人——他总是下意识地提醒我们可以设法利用苏联的敏感反应。我向他提出警告：如果对方发动攻势，我们将报之以尽可能强烈的行动，不论这种行动对美苏关系会有什么影响。在同尼克松商量后，决定我应接受他们的邀请去莫斯科，条件是：莫斯科应为停止越南战争采取某种行动，最好是安排一个受权来解决问题的河内方面的谈判代表。

最高级会谈的筹备工作这时加速了，而且像通常一样，一开始就引起了一场内部争论：究竟是由罗杰斯国务卿还是由我来负责这次筹备工作。那时我们两人之间的关系已经恶化到这样的程度，以致连共同负责的门面都装不起来了。有一个很说明问题的迹象，就是一年一度围绕起草和出版向国会和公众做的长篇外交政策报告的斗争。接连三次，在总统发表外交政策报告的同时，国务院发表了它自己的同样内容的长篇报告。过去，总统不提出外交咨文之前，国务院自己从未出过这种报告；从那三次以后，它再也没有发表过这种报告。从理论上说，这两份报告应该是相辅相成的。由我和几位同事起草的白宫的咨文是一份较短的分析性文件，只谈总的原则。国务院的那份报告则反映了那个部门官僚机构的需要。报告是由委员会草拟的，因而比较模棱两可，同时又包罗万象，因为各个局的局长和各个地区司的司长都坚持要把他所主管的问题列在报告之内。于是，就不可避免地搞出一个罗列各地区和各专业问题的冗长的清单。白宫和国务院每年都有激烈的争论，问题之一就是先发表哪个报告。当然，像预料的那样，总是先发表总统的报告。这种竞争并不总是围绕国策问题。我总是设法使总统的报告多少提到罗杰斯国务卿的作用，但强调的当然是总统的关键作用，这样也就包含着突出我自己的意思。国务院也毫不迟疑地参加这种竞赛。国务院一九七二年发表的报告提到总统的地方有一百七十二处，提到罗杰斯的地方有九十六处，而提到我的地方只有一处，即在重印总统中国之行的公告全文时，他们无法删掉我的名字。那份报告登了四张总统的照片，八张罗杰斯的照片，没有登一张我的照片。这足以反映那一年的活动吗？在那一年里，我秘密访问中国一次，同北越人秘密会谈七次，更不要说在限制战略核武器谈判中的突破和关于柏林的协定了。上述统计是我手下一名工作人员做的。我不知道哪一方面更小气些，是国务院对我的冷落呢，还是我对冷落的计较。

正是在这种气氛中，罗杰斯于三月十四日向总统呈送了一份报告，说他打算“亲自负责”莫斯科最高级会谈的筹备工作。熟悉尼克松脾气的人都知道，他是不会同意的。霍尔德曼奉尼克松之命发去一份措辞谨慎的批复，要求国务院同多勃雷宁的每一次接触都得事先经白宫批准。这没有起到应有的作用，于是尼克松在三月十七日我同多勃雷宁会谈的时候突然走进屋来告诉多勃雷宁说，筹备最高级会谈的所有重要工作都由我主管。关于经济关系和科学文化交流方面的技术性谈判，则交由内阁各主管部门在国务院指导下进行，但主要的政策性问题将通过现在这个渠道处理。

我们对勃列日涅夫一月来信所列举的几个问题并不同样感兴趣。我们准备完成限制战略核武器的谈判。我们认为，欧洲安全会议的召开应放在西德联邦议院批准了德苏条约之后，我们把这些条约看成是诱使苏联在总体上、特别是在越南问题上克制自己的因素。至于中东，我们认为按照苏联迄今提出的条件是不可能解决的。我上面已经说过，我们在那个地区的策略，与其说是通过合作谋求解决，不如说是为了证实苏联的影响有限——只要苏联继续支持阿拉伯人的极端主张，我们就遵循这种策略。至于经济和技术协定，多勃雷宁很懂得我们把问题联系起来的做法，他知道在基本问题没有解决之前，我们是不会缔结任何协定的。当然，随着筹备工作的进展，我们将不得不草拟一份公报。

在限制战略武器的谈判中，重大的分歧已经压缩到只有三个。苏联当初坚持在研究限制进攻性武器系统之前必须先缔结一项限制反弹道导弹的协议，但是他们在一九七一年五月的公告中同意这两个问题可以同时讨论。然而，如何限制反弹道导弹的问题尚在争论中。我们坚持要允许我们有两个反弹道导弹基地（即我们正在马姆斯特罗姆和格兰德福克斯修建的两处，或者其中的一处再加上华盛顿），而苏联的系统则限于现在莫斯科附近的那一处。苏联则主张平等；双方都应该可以放手保护自己的首都，同时保持同等数量的导弹。由于苏联的导弹基地比我们的小，这意味着按照这项建议苏联将有三个基地来对我们的两个。第二，我们已同意冻结洲际导弹的部署，但冻结的期限没有定。苏联方面，按它惯常的做法，一开始只提议冻结一年半到两年。我们则主张五年。到我去莫斯科的时候，苏联方面暗示他们或许可以同意冻结三年。第三个问题是苏联方面根本不愿意对潜艇发射的弹道导弹加以限制。

我们在谈判中的立场，总是在很大程度上受我们在国防预算上单方面作出的决定的影响。我对于我们在限制战略武器谈判中的立场和我们在防务问题上的决定相互越来越背离的状况感到不安。一九七一年十二月二日，我给莱尔德写信，把总统对一九七三财政年度国防预算的决定告诉他。我在信中说，一个坚强的防御态势对执行我们的外交政策至关紧要，特别是在来年，“因为我们在外交上将要采取主动行动，要求我们从强有力的地位而不是虚弱的地位进行讨价还价”。为了能在谈判中施加压力，新的预算应安排修建四处反弹道导弹基地，尽管限制战略武器的谈判一旦达成协议，可能规定我们只能有两处。我也请莱尔德考虑赞成“一项扩大的战略潜艇计划”，并且要以一种苏联方面很容易看得见的方式实施这项计划。我告诉莱尔德，总统指示为了实现以上目标应该大大增加国防预算。

关于反弹道导弹的这个指示，遭到了总统给国防部的其他许多指示同样的命运。反对的势力太大了。三军不愿意把他们宝贵的采购拨款用来发展反弹道导弹，因为国会通过一再削减经费，已经使反弹道导弹的计划不再具有军事价值。而五角大楼的支持充其量也只是半心半意的。参院军事委员会早在一九七一年就拒绝批准修建两个以上的基地。国务院倾向于完全禁止反弹道导弹，它支持杰勒德·史密斯关于最好只建一处基地的意见。史密斯三月十六日在参院军委会作证，表示支持该委员会已经得出的结论。他说，在他看来，批准修建两处就够了；修建更多基地所需的钱可以暂时存放起来，待美苏限制战略武器谈判有结果时再说。既然谈判快要进入高潮，最高级会谈在两个月内就要召开，总统关于扩大反弹道导弹计划的决定实际上等于被驳回。

潜艇发射的弹道导弹问题更为复杂。本届政府并没有在造这种潜艇；前几届政府在造了四十一艘携带北极星式和海神式导弹的核潜艇，达到最高限额后，就停止建造核潜艇了。苏联则开始时每年约造八艘新的潜艇，总共携带九十六到一百二十八枚导弹，视潜艇类别而定*。到一九七二年，苏联有四十三艘潜艇已经下水或正在建造。我们估计，到一九七八年他们潜艇的总数将超过八十艘。

当时，我们面临一项重要的武器采购决定，这项决定反过来会决定我们在限制战略武器谈判中的立场。我们有两种选择：或者迅速开始生产一种改进型海神式潜艇，或者等到有了全新的三叉戟潜艇后再购买，这种潜艇最早要到一九七八年才能生产出来。如果我们选择建造改进型海神式潜艇，我们就宁愿使潜艇发射的弹道导弹不包括在战略武器冻结项目之中；这样我们就能通过迅速建造新潜艇而同苏联竞争。另一方面，如果我们决定投资于新的三叉戟计划，那么我们就得坚持把潜艇发射的弹道导弹包括在冻结项目内，以便冻结苏联的数目，而同时我们自己则得以在条约规定的五年内研制成我们的新的武器系统。

五角大楼基于充足的理由选择了发展三叉戟的计划。把我们的资金用在研制新的一代潜艇和导弹上，比用来改进原来的海神系统要好。如果突击建造新的海神式潜艇，就会占用许多船坞，影响其他的造船计划。莱尔德国防部长在一月四日的备忘录中，穆勒海军上将在三月八日核实小组的会上，以及他们两人在三月十七日的国家安全委员会会议上，都慷慨激昂地争辩说，宁愿在一九七八年得到一种新一代的潜艇，即便在此期间少得几艘战略潜艇也在所不惜。海军作战部长埃尔莫·朱

---

* 苏联的Y级潜艇，每艘载十六枚导弹，相当于我们的“北极星”；而每艘载十二枚导弹的D级潜艇则相当于我们的“海神”——但我们的潜艇比他们的更好，声息更小。

姆沃尔特海军上将也持这一立场。[1]莱尔德归纳了反对建造现有型号潜艇的各种方案的人的意见，他说："这类方案……都是一种应急的权宜之计，而不是经过深思熟虑的、建设性的长期计划，因此在政治上和外交上都可能收到适得其反的效果。"

然而，如果我们决定要三叉戟，我们就得在谈判中迅速就冻结潜艇发射的弹道导弹达成协议。这项协议要在苏联知道我们已经决定在冻结期间不再建造导弹潜艇之前就谈成，否则就没有什么动力来促使他们同意冻结。我们还可能面临最糟糕的局面，即苏联放手大干，而美国则在好几年内不建造新的海基导弹。如果不冻结包括潜艇发射的弹道导弹在内的进攻性武器，那么对我们不利的数量差距就会逐月扩大。但是，在我们自己没有发展计划，而且在五年内不可能有发展计划的情况下，我们怎样才能诱使苏联停止它的计划呢？一月十八日，莱尔德想出了一个极妙的办法。他在给总统的备忘录中建议迅速通过谈判达成一项冻结进攻性武器的协议；为了使我们在潜艇问题上有讨价还价的本钱，他主张同意苏联可以继续建造潜艇发射的弹道导弹系统（当然建造的速度要放慢些），但条件是：每造一枚潜艇发射的弹道导弹就得拆除一枚老一代的洲际导弹或潜艇发射的弹道导弹。我们估计苏联约有二百零九枚老一代的洲际导弹和装在核动力潜艇上的三十枚老一代的潜艇发射的弹道导弹，即共约二百四十枚。如果苏联采纳这一选择，全部以新换旧，我们就可排除掉他们几百枚投掷重量很大的老一代导弹，这种导弹因为易受袭击，只能被苏联用来作为第一次打击力量。同时，我们就可以使苏联的潜艇发射的弹道导弹总数，比穆勒海军上将估计他们有可能建造的少将近二百枚。

核实小组在三月八日、国家安全委员会全体会议在三月十七日审议并总的来说赞同了莱尔德的方案（但总统像惯常那样，没有立即最后拍板）。在三月八日的核实小组会上，杰勒德·史密斯和副国务卿约翰·欧文都力主潜艇发射的弹道导弹的问题留给总统带到莫斯科去谈判。我表示反对说，一个牵涉到这么多技术判断的问题，要总统在最后一分钟去进行谈判，实在使我感到害怕。我担心急于解决问题的压力可能太大，以致不能得到一项合理的结果。（这场争论从事后来看有讽刺意味，因为后来有人批评说，在莫斯科最高级会谈期间谈的问题太多，而且时间太紧。事实上，除了一个问题外，所有的重大问题都是在最高级会谈前就解决了的，而那一个问题又远没有潜艇发射的弹道导弹问题复杂。）

总统同意我的意见，但是为了避免同他的军备控制谈判代表和国务院争吵，他叫我通过那条特殊渠道把莱尔德的方案告诉多勃雷宁。如果苏联接受，我们就可以去同我们的官僚机构争辩；如果苏联拒绝，这也没有什么坏处，倒可以省去许多内部争吵。我在三月九日执行了这项任务，我以探讨性的口气把这个方案作为我自己打破僵局的设想提了出来；多勃雷宁似乎不感兴趣。于是我威胁说，我们将着手突击建造潜艇。（当时，报纸上正开始攻击莱尔德的三叉戟计划，主张我们放弃建造新的一代潜艇，以换取暂停建造一切潜艇。舆论界的这一批评运动削弱了我那句威胁性的话的影响。）②多勃雷宁的论调同批评我们的人的论调一样：他认为最好只就反弹道导弹问题和冻结洲际导弹的问题达成协议，而把潜艇发射的弹道导弹问题留待将来解决。我坚持说，我们不会对苏联的潜艇发射的弹道导弹放任不管。多勃雷宁说，那就很可能出现僵局。到四月初，多勃雷宁暗示说，苏联领导人正在研究潜艇发射的弹道导弹问题，但他丝毫没有透露他们研究的结论。我动身去莫斯科的时候，这个问题就停留在这个地步。

通过我和多勃雷宁这条渠道讨论的另一个重要问题是最高级会谈的最后公报。一月二十一日，多勃雷宁小心翼翼地提出了这个问题，问我们的设想是要发表一个列举双方讨论的各项问题的单一文件，还是愿意另外发表一项“原则宣言”。苏联人对搞原则宣言很有瘾头。他们大概认为这种宣言确认了他们的平等地位，并且可以用来造成一种印象，似乎在双边关系上正在取得重大的进展。也许由于俄国历史上的原因，使他们重视念经式的、冠冕堂皇的宣言和显眼的象征。不论出于什么原因，当我们的最高级会谈筹备工作大力开展起来的时候，苏联已经同法国蓬皮杜总统和土耳其各签订了一长篇充满热情言辞的“原则宣言”，同加拿大也签订了一项协商议定书，更不用提同西德签订的那个互不侵犯条约了。我对多勃雷宁的提议未置可否，虽然我知道我们准备在访华的公报中声明若干原则。我认为避免给人以存在某种美苏共同统治的印象是重要的，所以我一直拖到完成了中国之行以后才着手同苏联讨论公报的草案，以免消息传到北京，引起误解。

尼克松和我都认为，鉴于早有先例，要想避而不搞原则宣言是不容易的。因此我们想利用原则宣言达到某些积极的目的。我们可以阐述我们主张的国际克制原则，类似一九七〇年十月尼克松在联合国的演讲中所阐述的那些。这些原则如果付诸实施，就可以缓和紧张局势，而如果被违反，就可以用来动员人们共同反对苏联的咄咄逼人行径。所以，二月七日(仍然是在北京的首脑会晤之前)，当多勃雷宁再次提到这件事的时候，我告诉他，我们将乐于看到苏联的方案。多勃雷宁很机灵，不肯拿出来；他怕苏联政府提出的草案有可能被拒绝。至少，公报的最后文本将表明苏联作了重大的让步。三月九日，也就是尼克松的中国之行以后，多勃雷宁建议我们用苏法宣言作范本。我再次要求拿到一份苏联的草案。多勃雷宁不同意，他的理由是：一旦有了一份苏联的草案，今后任何修改都须经过政府的批准了；远距离的谈判将会是极其麻烦的。

到三月中，我觉得北京最高级会谈已经过去了一段足够的时间。三月十七日，我得到总统的批准，交给多勃雷宁一份公报草案，像《上海公报》那样列举了我们认为应该用以指导美苏关系的原则。我们强调了双方要克制，不干涉他国内政，放弃为谋求单方面的好处而施加压力。他当时没有表态。直到一个月后我到达莫斯科之前，关于这个问题再也没有听到什么新的意见。

在中东问题上，多勃雷宁要同我进行对话，实际上是企图强迫推行极端的阿拉伯计划。这同我们的战略是矛盾的，起码当苏联的军队和顾问还如此显眼地待在埃及，而苏联还在支持阿拉伯激进派的时候。当我就以色列的安全问题提出反提案时，他很快就失去兴趣了。

在其他方面，我们利用五月要开最高级会谈的前景，催促我们两国的政府机构就适合进行双边合作的各种技术项目草拟详细的协定。这些协定并不具有重大的政治意义，但它们可以显示美苏两个产业大国在许多领域有着共同的利益。一旦让我们的政府机构放手去干，它们就把多年来搁置一边的项目都挖了出来，并且以最高级会谈为期限，迅速地一一谈定。最大的问题仍然是白宫和各部之间争功劳的无休止的竞争。例如，在二月份达成了一项扩大美苏民用航空服务的协议。按照通常做法，这个协定于三月十七日在国务院签字。三月二十二日，我给总统写便条告知其事时，尼克松在便条上批示："基:设法在功劳簿上给我们记一笔。"

后来，终于达成了一种妥协，既满足了各部希望人们承认谈判是由它们搞的要求，也满足了尼克松坚持要分享荣誉的愿望，决定把大部分双边协定的签字仪式推迟到最高级会谈期间。在莫斯科，将由负责谈判这些协定的各部的部长在满面笑容的尼克松和勃列日涅夫面前在协定上签字。罗杰斯签署卫生和科技协定；海军部长约翰·沃纳签署防止海上事故的程序的协定。由于某种现在回忆不起来的原因，尼克松决定自己签署环境保护协定。推迟这些协定的签字仪式的后果之一，是无意中建立了一种连锁关系。如果最高级会谈开不成，那么苏联很想要的这些协定就不能正式生效。

在经济方面，我们受到苏联和国内的双重压力。我在第五章里已经说过，本届政府执政初期，苏联方面已经表示希望发展贸易。一九七一年秋天，当终于商定要举行最高级会谈以后，葛罗米柯就正式向尼克松提出了这个问题。接着多勃雷宁建议由两国贸易部长进行互访。十一月底，商务部长莫里斯·斯坦斯访问了莫斯科，他回来时热烈称颂苏联的好客，并乐观地认为对苏贸易将出现高涨。其实存在着三个障碍：给苏联最惠国待遇的问题、苏联欠下的租借法案债款问题和用贸易作交换条件的问题。美国给苏联的最惠国待遇是在朝鲜战争期间取消的；恢复这种待遇虽然不会对我们的贸易有多大影响，但却有相当重要的象征意义。然而，没有国会的支持就不可能给予最惠国待遇，而要取得这种支持就必须解决一个二次世界大战时留下的老问题，即要苏联偿还租借法案欠款。苏联对要求他们偿还在反对共同死敌的战争中给予他们的援助一事十分反感，他们在那次战争中蒙受了最重的人员牺牲。国会则认为，起码应偿付我们所给的消费品，尤其是因为英国已经按照这个办法结算了。于是，最惠国待遇和租借法案欠款就联系在一起了；而直至一九七二年初，有关这个问题的讨论仍然没有结果。美国要求八亿美元来算清这笔账，苏联只愿意出三亿美元。他们还表示有兴趣购买粮食——不过他们玩牌太巧妙，一直没有露底，等我们发现他们的需求的迫切性，时间已经太晚了。

莫里斯·斯坦斯所遇到的第三个亦即最后一个障碍，就是拿贸易作交换条件的问题。白宫决心要在政治问题取得进展以后，而不能在这以前扩大贸易。尼克松和我一致认为，在出售粮食的问题上，步骤要慎重（所以把农业部长厄尔·巴茨的莫斯科之行推迟到四月）。我们决定把解决租借法案欠款作为最惠国待遇的先决条件。我们决定在越南战争停止之前，不同他们搞西伯利亚天然气等自然资源的联合开发。简单说来，我们要使经济关系取决于在对美国有重要意义的外交问题上是否取得进展。

我们发现很难说服斯坦斯理解这个方针的明智性。我对他说，根本的问题在于："是我们利用他们，还是他们利用我们。"他拒绝这个论点；在他看来，贸易本身就是好事；贸易的定义就意味着互利。他是一个保守的共和党人，但他却加入了批评我们的自由派大合唱，这些人继续把美苏贸易的一切障碍斥之为过时的冷战遗产，并且把那种用贸易作交换条件的主张指责为顽固阻碍紧张局势的缓和。斯坦斯不断来恳求我多给他一点活动余地。当我们坚持原来的政策时，他的同事们就向报界抱怨，或者斯坦斯本人就对多勃雷宁说，真正妨碍扩大贸易的是白宫。他这样做无意中证明了我们的策略是可取的。多勃雷宁对美国人的作风很熟悉，他并没有轻易放过一个部长去向一个共产党大使抱怨自己在政治上受到束缚的现象。但是多勃雷宁向我解释说，莫斯科把斯坦斯的热情看成是一种巧妙计策的组成部分。斯坦斯本想表示他个人的善意，却被莫斯科认为是我的办公室导演的一种特别巧妙的政治压力。

所有这些政策性的问题，其中许多是联系在一起的，都将在我去莫斯科的时候受到考验。但是，到我将要出发的时候，压倒一切的问题却是北越军队在三月三十日发起的攻势。能否诱使苏联为了最高级会谈的缘故而对它的代理人施加压力？还是我们自己会被苏联摆布得不敢对北越的挑战作出军事反应？我在前面已经说过，尼克松在四月十二日决定让我去莫斯科和我动身去莫斯科之间的一周时间内明显地表现出不安。他担心苏联会在越南问题上采取拖的策略，从而妨碍我们作出反应。我倒觉得更大的可能是相反的情况，即可以利用最高级会谈即将召开这一事实来阻滞苏联的反应，从而离间河内与莫斯科之间的关系。

在我动身前，尼克松发出他惯常的指示，要我采取强硬路线。这并不特别；每次我出发去参加谈判时，他总是这样指示的。这次，它同我自己的意见并不相左。现在河内已把它的全部军队投入了攻势，我强烈主张要摊牌。我深信一旦挫败了河内的攻势，谈判就势在必行。另一方面，我认为莫斯科不可能发一道圣旨就使战争停下来，也不能期望它公开背叛它的盟友。河内那些献身的革命者打了一辈子的仗；他们已经积累了足够的物资，不管莫斯科如何施加压力，都能够把攻势进行到底。他们把战争胜利的希望寄托在这次攻势上；莫斯科要命令他们停止，现在已经为时过晚。要挫败这个攻势全得靠南越，还有美国，采取必要的措施。莫斯科不可能成为我们的代理人，但它如果默许我们的反应，我们的事当然会好办些。

我在一份备忘录里向尼克松阐述了我建议采取的策略。我说，我将向莫斯科说明，“你(尼克松)打算采取必要的军事措施以制止共产党的攻势；从这个意义上说，你准备使对苏关系服从于越南局势当前的需要。”我还说，我将坚持要先讨论越南问题，“然后才转入讨论同最高级会谈有关的美苏关系的各项实质性问题”。我将要求北越

停止他们越过非军事区的入侵；把入侵的三个北越陆军师，连同装甲车、大炮和防空设备一起撤回北越；全面恢复一九六八年的各项谅解，包括充分尊重非军事区和不对南越主要城市进行炮轰。

如果同意以上各点，那么我们将在其执行过程中相应地减少对越南民主共和国的海空轰击，并且在做到前述各点时完全停止这种轰击。

我在备忘录中分析说，苏联想得到的好处在于他们同我们的总的关系。

苏联要对共产党在越南的攻势负相当大的责任，因此不能因为他们施加影响来促成逐步降级而期望我们给予“奖赏”。尽管如此，为推行我们的总方针而最有希望取得成功的策略大概是：使勃列日涅夫感到存在着广泛改善美苏关系的前景。

换言之，胡萝卜加大棒。我们将毫不犹豫地采取为打垮河内攻势所必需的军事措施，不管这样做会使苏联感到多么难堪，不管它会不会危及我们同莫斯科之间的关系，以及不管国内定将出现的一片喧闹。同时，我们将把大大改善美苏关系这根胡萝卜悬挂在苏联领导人的面前。我向尼克松陈述了在限制战略武器会谈、欧洲安全和他的访苏公报等问题上我将要采取的立场。我将把经济关系同政治上的进展，包括苏联在

越南问题上给予的帮助，联系起来。

尼克松用草签的方式批准了我的备忘录，并批注说：“好，按本人口头指示修改。”至于这些口头指示的详细内容，要等尼克松的有关录音带公布之后才能介绍。我的唯一的资料来源是当时在一个黄拍纸本子上记下的笔记，这种本子是白宫椭圆办公室的标准用品。从当时的笔记来看，给我的指示不免有尼克松通常的那种夸张语言。他要我着重说明苏联和美国是对国际和平负有最大责任的两个国家。这次最高级会谈有可能成为“本世纪”最重要的一次外交会晤。最高级会谈前，在越南问题上必须取得“进展”。我的笔记里还记载有我应怎样向勃列日涅夫介绍尼克松的特点，即：“干脆、诚实、坚强……相信宿命论——大选对他来说不是主要的。他丝毫不被舆论所左右。没有第二个总统可以在战争还在进行的时候达成限制战略武器的协议。”另一方面，除非在越南问题上取得进展，否则国会就会反对经济上的交易。我应转达总统本人对勃列日涅夫的敬意。在公报中我应强调按单一标准行事的必要性；我们不能接受那种认为苏联有权在世界各地支持解放运动但却又坚持在它的卫星国范围内实行勃列日涅夫主义的主张。

尼克松的口头评论大部分是对我在备忘录中提出的基本方针的发挥。如果我们之间有分歧的话，这种分歧在他和我的谈话中是不明确的，也不是由于这些谈话而引起的。他这次对我说的话同历次派我出国起程前的指示基本上是一样的。但不久后，明显地可以看出我们在着重点上有重大的分歧。

事实上，就在我乘飞机前往莫斯科的时候，这种分歧就开始出现了。这是第一次我们两人之间在有关一次重要谈判的方针问题上明显地缺乏完全一致的意见。尼克松把电报拍到我的座机上来。他说，经过一段思考，他深深地认为我应该立即谈越南问题，而不让勃列日涅夫用其他的话给岔开。我应该坚持谈越南问题，直到勃列日涅夫和我达成“某种谅解”为止。尼克松说，如果莫斯科保持它全力支持河内的公开立场，批评我们的人就会认为我的莫斯科之行失败了。“附带指出，在对苏关系上将远比在对华关系上难办。我们从来没有假装成好像同中国人在越南问题上取得了进展。另一方面，我们却要设法给人一种印象，似乎我们同苏联人取得了某些进展。”为了避免上述危险，他要我在关于我这次访问的公告中加上一句话，或者明说，或者暗示，越南问题将是最高级会谈日程上要优先讨论的题目之一。此外，尼克松要我坚持已经商定的计划，即作为我们停止轰炸北越的先决条件，要求把参加这次攻势的额外的北越部队撤回非军事区以北。

这是一个奇怪的指示，一方面太软，另一方面又太硬。我在读这份电报时，在上面做了一点笔记，以便作答。我们所需要的不是“假装”取得了进展，而是实际的进展。尼克松关于要把越南问题公开列入最高级会谈议程的指示，在我看来是“过于拖拉”。这样的公告会使我们在最高级会谈结束前难于对河内进行报复。我通过黑格给尼克松回电说：“我认为，发表一个声明把越南问题推迟到最高级会谈去讨论，这不是一个好主意。我们现在势头最大，而河内却在这次战争中第一次有所退却。另外，最高级会谈是我们讨价还价最好的筹码之一。因此，我们必须现在就取得某种具体的成果。”

尼克松很快就回电表示同意，这个困难似乎退居次要地位了。但好景不长。

列昂尼德·勃列日涅夫

我和勃列日涅夫的第一次会见安排在四月二十一日上午十一点钟。事先，多勃雷宁来拜访我，看看一切是否正常。我相信多勃雷宁是真诚地献身于改善美苏关系的；他急于设法保证不发生什么出乎意料的事来败坏他的辛勤劳动的成果。他显然对于总书记将如何行事没有把握，这位总书记在外交政策方面经验有限，只是在近两年才同外国领导人经常有所接触。

事实说明，多勃雷宁的不安是没有根据的。列昂尼德·勃列日涅夫在我们下榻的别墅中最大的宾馆楼里等着我们。葛罗米柯和多勃雷宁站在他的两旁，他的助手安德烈·阿历克山德罗夫侍候在他后面一步远的地方。列宁、斯大林和赫鲁晓夫的这位继承人热情地欢迎我。事先一定有人劝他要注意行为检点，而他的本性却又爱好交际；这两种相反的倾向显然使他不知所措，所以他时而拍拍我的肩膀，时而又一本正经。他引我进入一间餐厅，桌面上铺着绿色的台面呢以表示将在这里进行谈判。我感谢他的热情欢迎。勃列日涅夫开玩笑地说，他们希望能使我感到更加热火。我问这是一种威胁还是意味着一种愉快的前景。勃列日涅夫答称，苏联不赞成搞威胁——这是令人高兴的消息，而且使我感到颇为新鲜。

这样，在两个月的时间内，我同两个共产党大国的强有力的领导人都会了面。勃列日涅夫和中国人大相径庭。这两国领导人都领导着多次遭受过外国入侵的幅员辽阔的国家。但是，由于文化、历史和个人经历的不同，产生了他们个性和风格上悬殊的差别。毛泽东和周恩来代表这样一个社会，它在行政管理艺术方面具有最悠久的连续经验；他们代表这样一个民族，它的文化一直为本地区之冠。中国同化了征服者，使他们归化于自己的社会方式和思想作风，从而证明了自己内在的力量。中国领导人潇洒、自信、安详。勃列日涅夫则代表这样一个民族，它生存下来并不是靠用文化熏陶征服者，而是因为它比征服者更有耐力；他所代表的人民游离于欧亚之间，既不完全属于欧洲，也不完全属于亚洲，他们的文化传统已经被破坏，但还没有完全被取代。他老是试图用吵吵嚷嚷的言辞来掩饰他的缺乏自信，有时则靠吓唬人来掩饰他的外强中干。

勃列日涅夫很注意体面。在我那次秘密访问期间，他很自豪地安排我参观尼克松将来的住处，即克里姆林宫宽敞而豪华的“沙皇套间”，并明显地期待着我表示赞许。中国领导人是绝不可能这样做的。顺着走廊，在每两个窗户之间都有巨大的花瓶立在大理石的基座上。每个花瓶都套着布罩，只有一个花瓶例外，这是为了给我看耐心的劳动把花瓶擦得多么光亮。据解释，为了保护光泽，布罩要等到尼克松抵达前一小时才揭下来。这一切隐约反映着一种内心的不安，一种可怜的防御心理和脆弱感的混合体，它同那种专断的个人作风不大相称。尼克松和勃列日涅夫的性格在这一点上有共同之处。

当然，没有强硬的手腕，谁也不能登上共产党的最高统治地位。然而，中国领导人的魅力掩盖了这一特性，而勃列日涅夫笨手笨脚的粗暴作风却强调了这种特性。中国人即使在最融洽的气氛中也保持一定的距离。体魄引人注目的勃列日涅夫，却总是使同他对话的人感到压抑。他的情绪迅速变化，他的情感流露在表面。这种风格的不同似乎也反映在中国菜和俄国菜上。中国的烹调很细腻、精致，而且变化无穷。俄国菜很扎实、直截了当，而且不出所料。吃中国菜用文雅的筷子；吃俄国菜用手大概也不成问题。吃完一顿中国饭，感到心满意足而不撑，下次还想再吃。吃完一顿俄国大菜，感到很腻，不堪面对再吃一顿的前景。

我们头一次遇到的中国领导人自己就是革命家。毛和周亲自开创了他们心目中的历史新时代。勃列日涅夫已经是革命的第四代继承人——同西方国家相比，四代为数很少，但已经足以使他背后有漫长的传统。中国人从他们亲身的英雄经历，特别是史诗般的长征中得到鼓舞。勃列日涅夫和他的同事们的长征则是共产党制度中野蛮的争夺和官场的倾轧。他们一辈子在向上爬，在把有势力的马克思主义同事挤开（或者消灭掉）。通过一次次的继承，他们的战略理想也许有所磨灭，但是他们的策略技巧却越练越精。

在六十年内，一共只有过四个苏联领袖，这个事实对于苏维埃制度，或许对于任何一个共产主义制度，是很说明问题的（当然，苏联被这个问题缠绕的时间最长）。没有一个共产党国家解决了有规则的继承问题。每一个领袖不是在在职时去世，就是经过类似政变的程序被取代。带着荣誉退休的人是罕见的，这种做法对于最高领袖则是从未有过。除列宁以外，没有一个苏联领导人的名誉在他死后得以保持不变。在每一个共产党国家内，都是由一个领导集团夺取了政权，他们一起老化，最终被一批继承人所取代，而这批人之能够爬到顶峰则取决于他们掩饰自己野心的本领。在向上爬的时候，他们经常面临不测的风云，而即使在取得最高权力以后，也总有一种暂时感，因为他们知道他们的继承人很可能会不让他们在历史上享有应有的荣誉，而这正是大多数政治家追求的东西。这种基于历史真理性的政治制度却不承认其信徒在历史上的作用——这真是莫大的怪事。他们为了长期执政，得付出最终被遗忘的代价。

列昂尼德·勃列日涅夫，在我会见他的时候，显然是苏联的最高领袖。但同样明显的是，他还没有掌握全部权力，而他的体力却已经在开始衰退。在首脑会议期间，他特别注意使柯西金总理和波德戈尔内主席也参加双方的会晤。即使在同我的第一次接触中，他就给我留下印象，他是在阐述一个集体商定的立场，而他又有义务向这个集体汇报。（当然，故意让人看到自己没有机动权也是一种有效的讨价还价的手段，我自己有时也使用过。）勃列日涅夫看来有权对一个集体商定的立场做一点细微的补充，但他不能擅自断然改变立场——而美国的总统却有权力和独立性这样做。同时，勃列日涅夫使我得到一个印象，如果他深信有必要改变立场，他是可以说服政治局跟他走的。越往后，勃列日涅夫的权威显然越增加了。但是在一九七五年以后，由于身体越来越差和能够关注的范围有限，他不得不让葛罗米柯在外交方面发挥越来越大的作用。

在我们第一次会面时，勃列日涅夫似乎有点紧张；这大概是因为他对于初次同美国的高级官员打交道感到没有把握，部分地也因为他吸烟、喝酒太多，曾经犯过心脏病，工作压力太重。他的双手总是在动：

把表转来转去；把香烟灰弹掉（他吸烟一根接一根，直到后来规定他只能用一种定时开启的香烟盒，但他还是想出巧妙的办法来对付这个烟盒）；或者用烟嘴敲击烟灰缸。他是闲不住的。当译员在翻译他的讲话时，他会烦躁地从椅子上跳起来，在房间里走来走去，同他的同事们大声谈话，甚至不加解释就离开房间，过一阵再回来。因此，同勃列日涅夫谈判还包括这样一种异常的特点，即他随时都可能失踪，或者当你正在讲得最雄辩的时候，他不是专心听你讲话，而是硬逼着你吃东西。有一次他把一门玩具炮带进通常是政治局开会用的会议室。炮打不响。他专心致志地修那门炮，远比注意我当时可能在讲的什么深刻的话为甚。那个家伙最后轰的一声打响了。勃列日涅夫在屋里昂首阔步走了一圈，活像一个把对手打倒在地的拳击师。当一种尴尬的肃静降临后，谈判又恢复了，但我们这些已经熟悉勃列日涅夫的人知道，这种肃静只是暂时的。

在他健康恶化之前，他喜欢用讲故事来打断会谈，这些故事有好有坏，有时切题，有时未必。在我们第一次会晤时，为了强调取得重大进展的重要性，他讲了下述故事：

从前有一个旅行者想从一个地方到另一个村庄。他不知道距离有多远，只知道该走哪条道和他的目的地。他看见路旁有一个人在砍柴，就问他到那个村庄要多少时间？那樵夫说，不知道。那个行人对樵夫有点生气了，因为后者就是这一带人，他应该知道。于是行人顺着路走了。他走了几步以后，樵夫大声喊道，“停一下。你大约需要走十五分钟。”行人问道：“为什么当初你不告诉我呢？”“因为我当初不知道你一步有多大。”

勃列日涅夫引述这个陈腐的寓言，为的是敦促我在谈判中要“跨大步”。

勃列日涅夫讲的另一个故事，听了可以多少领略到我们第一次会晤时谈话的风味：

勃列日涅夫："有一个故事，讲到沙皇审理一个被逮捕的人的案子。问题是，应该处决这个人呢，还是予以赦免？沙皇在纸上写了几个字：'处决不可能赦免'，但逗号的位置摆得不对。这句话原来应该读作：'处决不可能，赦免。'但接到这个上谕的官员却读成：'处决，不可能赦免。'其实，不完全是那样。沙皇写的时候根本就没有加逗号，于是得由律师来判断沙皇本来的意思是什么。"

基辛格："那个人结果怎么样？"

勃列日涅夫："我会在会谈结束的时候，在你走以前告诉你。我的回答取决于我们会谈的结果如何。"

葛罗米柯："也许只应该在最高级会谈的时候把答案告诉他。"

勃列日涅夫："不，基辛格博士离开莫斯科的时候，他的每一个问题都应得到明确的答案。因为你或许要把这个故事讲给总统听。总统一定会想知道故事的结局。如果你不知道，他就会怀疑你在这里谈了些什么。"

基辛格："根据我对官僚主义的体会，他们大概既处决了这个人，又赦免了他。"

我始终没有得到答案。

简言之，勃列日涅夫不仅是苏共中央的头头，而且是一个典型的俄国人。他又粗鲁又热情，又蛮横又可亲，又狡猾又善于使人不生芥蒂。当他吹嘘苏联强大的时候，给人一种似乎他并不真正有那么大把握的感觉。他是在一个几乎被纳粹入侵所席卷的落后社会里长大的，他可能知道实力对比的统计数字，但他似乎在骨子里感到他的制度的脆弱性。我的噩梦是：勃列日涅夫的继承者们，是在太平盛世成长起来的，习惯于现代技术和军事实力，可能没有他那么缺乏自信；正由于他们没有这种自卑感，他们或许会相信自己的吹嘘，并且因为到那时他们有了一个扩及全球的军事体制，他们也许更加危险得多。

勃列日涅夫似乎很重视平起平坐。难以想象中国领导人会开口要求平起平坐——别的理由且不说，按照中央王国的传统，让外国人平起平坐本身就已经是一大让步。对勃列日涅夫来说，这却是一个核心问题。我们刚会晤才十五分钟，他就对尼克松在上海的即席祝酒词表示不满。当时尼克松说，美国和中国掌握了世界的未来。勃列日涅夫认为，起码这是对苏联的贬低。当我在简短的开场白里说，我们是以平等互惠的精神对待这次最高级会谈的；这句话本是不言而喻的，勃列日涅夫却对此表示高兴。一个安全感较强的领导人可能会把这句话当成是陈词滥调或惺惺作态，而勃列日涅夫却把它看成是我们态度诚恳的表示。（即使他的动机是想奉承，他选择的话题也是很奇怪的；因为只有当恭维话使人多少感到可信的时候，奉承才能够起作用。）

勃列日涅夫领导的国家经过近六十年可怕的艰苦努力，仍然在技术和生活水平方面落后于西欧。美国的技术似乎使他生畏；每当在一次危机中我们毫不含糊地把美国的实力摆到他面前时，他就退却了。苏联已经取得了巨大的军事潜力；它是一个超级大国；对它必须认真对待。但它逃避不了这样一个现实——甚或是一种预感——即共产主义制度同人的精神是不相容的；靠全面计划不可能有效地管理现代经济；人缺乏自由就不能活跃。这个企图消灭资本主义制度固有矛盾的国家，自己却产生出一种矛盾，它既使我们感到安慰又使我们受到威胁。按照它现有的体制，这个国家不可能兴旺，因为它没有灵魂的官僚制度扼杀了一切创造性。它只有一件事做得好，而且专心致志地在做，这就是聚集赤裸裸的军事实力。这使它握有破坏一切平衡的手段，并抱有到国外去寻找成就的动机，即使它已经越来越外强中干。因此，这个国家使我们面临严重的危险：它的领导人说不定在什么时候会设法利用几十年来顽强地积累起来的武器，以求摆脱他们的历史性窘困处境。

勃列日涅夫最集中地体现了这种矛盾心理。在他的领导下，苏联实现了巨大规模的扩军。它的起因，除了一个精心设计的谋求世界霸权的计划以外，很可能是因为勃列日涅夫在推翻赫鲁晓夫的斗争中需要使军事机构站在自己一边。但是，随着时间的消逝，当初的动机逐渐变得不相干了。积累起来的军事手段要为自己寻找机会，成为一种威胁全球力量平衡的内在危险。另一方面，把不足的资源大量用在制造武器上，也会妨碍苏联社会的现代化。勃列日涅夫想用缓和紧张局势的办法来逃避这种困境，以便得到西方的技术而无须改变本国的体制，无须削减他的扩军计划，无须减轻苏联在全世界各地的压力。尤其使他想这样干的理由是，苏联尽管貌似强大，但从地缘政治上看位置不好。由于我们打开了对北京的关系，要不了多久，世界上所有的主要力量中心，美国、西欧、中国和日本，都将站在一边，而苏联则站在另一边。勃列日涅夫急于求成，他面临着两方面的挑战：他要安抚来自西方的对苏传统威胁，以便腾出手来对付未来的中国。他想通过缓和来做到这一点。中国人没有看错，这是对他们潜在的威胁。对我们的挑战是，我们能否明智地发挥我们的影响以促成紧张局势的真正缓和，也就是说，一方面减少欧洲面临的危险，而同时又不增加对亚洲的威胁。

我们永远不会知道，在紧接一九七二年以后能否有真正的缓和。勃列日涅夫在说服他的同事们时，无疑是把缓和政策说成是欺骗西方的一种手段。这当然是缓和政策的危险之一。但我也认为，勃列日涅夫所真诚寻求的东西中也包括了西方意义的和平；如果不是这个，那至少是想在经历一辈子的冒险和斗争之后能够休息一下。我读过一本小说，它的中心思想认为，每一个人所具有的勇敢、耐力和智慧等品质的数量是有限的，而生活就是不断付出这种日益减少的资源。勃列日涅夫似乎经历了类似的过程。我和他相识时，他已经经历过三十年代斯大林的大清党（就在那时他在飞黄腾达的阶梯上第一次跃进了一大步）、第二次世界大战、新的一轮清党、斯大林逝世后的权力斗争，以及导致推翻赫鲁晓夫和把勃列日涅夫推上顶峰的阴谋活动。他看上去既兴高采烈又精疲力竭；他迫切希望得胜，但所冒风险必须是最小的。他的一辈子热闹够了。他常常谈到二次大战的痛苦和创伤，而且有时说得很感人。

这一切当然丝毫也没有改变苏联实力的现实，而他正在使劲扩充这种实力。不论勃列日涅夫的意图和口号如何，我们必须用自己的实力来和他抗衡。缓和从来不能代替均势；它只能是平衡的结果，不可能是它的代替物。因此，我一贯敦促加强我们自己的国防。勃列日涅夫的表现也许完全是装腔作势，但是我认为局外人夸大了忙碌的领导人长时间进行伪装的能力。我认为他真诚地希望为他的国家赢得一个喘息的机会。我感到没有把握的是，他愿意为此而付出多高的代价。他准备放弃不断试探有无空子可钻和考验各地的力量平衡的做法吗？他准备开始一个真正同我们共处的时期吗？还是这一切只是策略花招，为了在施加下一轮更大压力之前使我们放松警惕？

我们的缓和战略始终取决于坚定地施加心理上和物质上的约束，并坚决地抵抗各种挑战。我们在约旦、西恩富戈斯、印巴事件上就是这样做的；不久后我们在越南也是这样做的；后来，我们在安哥拉也试图这样做。在此后的年月里，水门事件所造成的我们行政权威的垮台、甚至在国会内领导体制的被侵蚀、在越南受挫而引起的孤立主义，以及正在形成的那种自愿放弃地缘政治优势的格局，这一切合起来阻碍我们建立一种奖励和惩罚相结合的平衡来防止某些危机的形成，并且从长远来看给我们带来一个真正的克制的时期。相反，我们把事情弄得极其糟糕而告终：不断用针去刺痛苏联熊（例如拒绝给予最惠国待遇），但又不准备同时冒那种非冒不能使苏联行为检点的风险（例如在安哥拉）。由于缺乏力量平衡，同时又赏罚不分明，于是，一九七二年最高级会谈后没几年苏维埃制度内在的动力又引诱它再次走上扩张的道路。而勃列日涅夫越来越恶化的健康状况，也许有助于那些精力更加充沛的人筹划在七十年代后期向西方提出有意识的挑战。现在，连勃列日涅夫也不知道，如果我们在紧接一九七二年之后，在坚定与和解之间保持恰当平衡的话，他可能作多大的克制来换取真正的和平。

同勃列日涅夫和葛罗米柯会谈

四月二十一日，当勃列日涅夫在会谈中首先发言的时候，他是按照提纲讲话的。这和我们过去听到的情况不同，据说他早先在会见外国领导人的时候，总是靠宣读书面讲稿。他热情洋溢地表示他决心使即将举行的最高级会谈取得成功。他说，一定会达成若干协议的。“我们不希望在(最高级)会谈上吵架。要吵的话，我们完全可以待在华盛顿和莫斯科吵。”他只是略为触及越南问题。他以很不典型的微妙语言提到我到达莫斯科四天以前我们用B－52对河内和海防进行的轰炸。他说：“不幸的是，近来——也就是我们这次秘密会晤前不久——发生的事情使得气氛有点阴沉。”这样一句话，对于每天仍在被轰炸的盟友来说，并不是很有力的支持。即便这句话，他还立刻加以冲淡，以使我放心，他说：“我不是说这将减少会议成功的前景。”第二天，勃列日涅夫说，他既控制不了我们的和平建议，也控制不了我们的轰炸机。对于前者，他没有提出改进的办法；对于后者，也没有发出任何威胁。他优先注意的显然是最高级会谈和美苏关系，而不是越南。

然而，第一天的全部时间还是不得不都用来谈越南战争问题了。我没有一开始就发最后通牒，而是先代表总统表示我们将致力于最高级会谈的成功。我们不仅想改善东西方关系的气氛，而且想改善它的实质。这是一个引子，好接着揭露北越出尔反尔，和表示我们决心在越南摊牌。我直率地说，河内的攻势威胁了最高级会谈。我大胆提出了一个惊人的论点，我说：防止北越的胜利符合苏联的利益；如果我们吃了败仗，我怀疑尼克松总统还能不能到莫斯科来。即使到时候战争还胜负未定，美国人民也知道是苏联的武器使河内得以发动攻势，因此总统的活动余地仍然是很有限的。我说：“我必须坦率地告诉总书记，如果局势不受阻挡地发展下去，那么一种可能是，我们将被迫采取势将危及最高级会谈的行动；另一种可能是，如果最高级会谈举行，我们将失去我们实现已申明的目标所必需的行动自由。”我说，必须在五月六日之前同黎德寿再举行一次秘密会谈，而且一定要谈出结果。我说：“我们对会谈本身不感兴趣。我们关心的是结果。我喜欢黎德寿先生。他给人以深刻的印象。但是我要见他，不是因为我喜欢和他交往，而是想得到一些具体的成果。”

勃列日涅夫的反应是极其温和的。对于我对北越人的表现的描绘，他没有进行争辩。他也没有回答我那比较露骨的威胁。相反，他宣读了河内的一封电报，内容是拒绝派使者到莫斯科来和我会面。他自豪地把这份电报给我看——我当然一字不识——指出抄报对象只有他一个人。（假如这是真的，那么他显然当场就扩大了阅读范围。）北越人现在坚持在四月二十七日恢复全体会议，然后在五月六日举行秘密会谈。但是，他们加了两点次要的让步：如果我们同意开全体会议，黎德寿将立即从河内动身；只要让黎德寿有一周时间前往巴黎，我们可以建议一个更早的日期。（黎通常要途经北京和莫斯科，以便在这两个“兄弟”国家的首都进行磋商。）北越人不相信任何人，甚至不相信他们的主要支持者，他们早在四十八小时前就把勃列日涅夫读给我听的那个建议直接交给我们了。但是，他们觉得没有必要提醒我们，他们一向反对在莫斯科和我会面。

我在去莫斯科前就清楚，要举行秘密会谈需要有一个法子保全大家的面子。为此，我们并不需要苏联的帮助。我们在莫斯科需要做的是表达我们有摊牌的决心；估计一下苏联在我们单方面行事时可能有什么反应；以及用一种最能使河内感到日益孤立的方式来同苏联打交道。我用一种兆头不妙的语气对勃列日涅夫说：“那样我们有两个要求必须满足。第一，会谈不能在五月六日进行。首先是因为我那天有事；其次，我已经告诉你们的大使，那个日期太晚了。五月二日是我能参加会谈的最晚的日期，而且秘密会谈在那天举行还有点意义。”我警告说，在我们下次会谈的时候，黎德寿得改变一下他的谈判习惯。我们将不再耐心地听他背诵最后通牒，在那里边把河内的要求简直说成是金科玉律：“如果他继续这样做，我们就将单方面行事，不管这对哪方面的关系有什么样的危险。”

勃列日涅夫听完了我这些挑衅性的话没有表示反对，可见他是多么想开成这次最高级会谈。他说，只有中国人反对最高级会谈：“你应该记住，世界上有些强大的势力想要阻挠这次最高级会谈。如果会谈开不成，这对中国人一定是个大的礼物。这只会对中国有利。”这句话使我深信，勃列日涅夫会作出很大的让步以防止取消最高级会谈。最能说明中国是苏联的一块心病的，莫过于勃列日涅夫的那种浅显的假定，即任何对中国有利的东西势必是我们所十分厌恶的。“中国的威胁”，已经成为一种第二天性；它是不言而喻的，甚至讲给不到两个月前刚在北京草拟了谴责霸权主义的公报的美国人听，也应该是不言而喻的，因为公报明显是针对苏联扩张主义的。这块心病使苏联领导人感情冲动地不断提到中国，有时似乎很不安，有时又似乎深信只要他们讲得多了，我们迟早会同他们搞联合行动，来扼杀他们所认为来自东方的主要威胁。

我没有立刻提出一个打破程序问题上的美越僵局的方案。我也没有提出我们关于谈判的实质性建议，因为我认为我已经达到了那次会见的负荷极限。而且时间也已经很晚了，我不愿意在结束会议的时候提出一些可能被拒绝的条件，让勃列日涅夫有一整晚的时间来研究拒绝这些条件的理由。

在宣布结束那次五小时会晤的时候，勃列日涅夫建议双方都考虑所交换的意见，以求“取得成果”，使他免遭中央委员会的批评，使我免遭总统的批评。我答称，我被总统责骂的危险比他被中央委员会责骂的可能性要大。他不知道我讲的话有多少真实性。

第二天，四月二十二日，又举行了五小时的会谈。一开始，我就提出了一个折衷方案，以打破我们和北越在全体会议和秘密会谈的次序问题上的僵局：我们将出席四月二十七日全体会议，条件是河内事先同意在五月二日举行秘密会谈。我以兆头不祥的语气指出，五月二日是切实可行的最后一天，在那以后我们将不得不"另作决定"；因此，必须在那次会谈中取得成果。为了加强这个不太委婉的警告，我说在那次会谈前我们将不轰炸河内或海防地区。勃列日涅夫称赞我的建议是"建设性的"。对我来说，建议的主要作用在于使苏联人对会谈的结果分担责任，并且把会谈失败的责任放在河内身上。

因此，我也描述了我准备在五月二日向黎德寿提出的实质性建议。这就是我在给总统的谈判方针备忘录中提出而被尼克松在四月十九日批准的那个建议，即撤走三月二十九日以来进入南越的北越部队，尊重非军事区，立刻交换已经拘禁四年多的战俘，并认真努力在双方商定的时间内谈妥解决办法。作为交换条件，美国将停止轰炸北越，并撤走三月二十九日以来新派去的海空军力量。

有人对这个建议大做文章。一种说法认为这是一个"巨大让步"，使勃列日涅夫感到"惊讶"，是一个"货真价实的外交炸弹"，"是越南问题谈判中第一个重大的转折点"。③据我的印象，勃列日涅夫对越南谈判的细节并不那么熟悉，就是撇开这一点不说，上述说法也纯属胡说八道。我的建议并不像乍一看那样了不起。它比美国的标准立场更强硬，因为它加上了要北越单方面撤走三月攻势中南侵的部队这个胃口很大的要求。这个要求是张广告传单，用一下就扔的；至今还没有人发明出一种在谈判桌上取得在战场上所没有赢得的东西的好办法。这个要求可以在河内准备进行认真谈判时予以放弃；后来尼克松在五月八日的讲话里就悄悄地把它放弃了。我四月之行的重要意义并不在于提出那项实质性建议，而在于苏联卷入了和谈的过程，而且卷入的方式对我们有利。

对于我那项多少有点蛮横的建议，勃列日涅夫的反应却是异常地和解。他咕哝道，要几师北越军队在进攻之中撤退是有困难的。他表示不想“提出任何条件”，不过，他“刚用耳朵听了一遍”，不知我们是否可以删掉这一条规定。假设所有部队原地不动，按现有战线停火，我意见如何？我说，三星期前，我们会立刻接受这样一个好机会。现在不行了，因为河内已经把它的全部陆军派到了南方：

但现在的情况是，北越违背了一九六八年我们之间达成的谅解。你们在座的都知道，当时有一项关于尊重非军事区的谅解。因此，如果要我们停止轰炸，他们就必须将越过非军事区的师团撤回去，并从此尊重非军事区。

我怀疑河内还会接受就地停火——这个建议一九七一年五月三十一日就提出了，一直有效。如果河内感兴趣，五月二日我们一定会听到他们这方面的表示的。那将是作出决定的时刻；这不是要在莫斯科解决的问题。我的苏联主人不想同我辩论越南问题的各种方案。勃列日涅夫显然急于想讨论其他问题。所以，他同意把我们的建议转交给河内。事实上，苏共中央负责同外国共产党联络的那位部长康斯坦丁·卡图谢夫不久就乘专机去河内了。现在莫斯科卷进来了。一个国家一般是不会答应转达一项它自己也想拒绝的建议的。勃列日涅夫对待越南问题的这种很有节制的态度，以及他没有设法软化我们的威胁和反对我们的强硬要求，进一步表明，我们还可以走得更远，而不致引起苏联威胁取消最高级会谈。这是一件关键性的情报，有助于我们对付下述情况下我们将面临的危机：如果北越拒绝在五月二日举行秘密会谈，或者会谈失败。

这时，我做了一个关键性的决定。我同意把越南问题放在一边，着手进行最高级会谈的筹备工作。由于通信上的错乱（这点下面将谈到），我没有接到与此相反的指示。根据我在飞机上同尼克松之间那次含糊的电报来往，我毫不怀疑如果我讨论越南以外的问题，他会感到神经紧张。前天晚上，我接到一项指示，要我缩短会谈，提前回国，除非苏联决定使印度支那战争能够结束。我当即回电请求重新研究这项指示。我认为这样做是危险和不明智的，因此我最大限度地利用了总统给予我的酌情处理的权力，开始讨论议程上的其他问题。一天半来，勃列日涅夫克制地听取了我针对苏联的一个盟友所讲的威胁性的话，这显然是因为他想朝最高级会谈前进。如果我现在就离开莫斯科，甚至不让他有机会提出他显然已经准备好的建议，他势必会把这看成是有意冒犯，是在他的同事面前拆他的台，是彻底扭转方向，是蓄意在总的美苏关系上，而不是在越南问题上逼苏联摊牌。我认为，搞对抗的合乎逻辑的对手是河内。对莫斯科，我们应该设法使它陷入只能选择开最高级会谈的地位；我们不应抢先而应逼它作出决定。由于这些理由，以及我下面还要更详细地谈到的其他理由，我决定让勃列日涅夫提出他对最高级会谈各项主要问题的建议。如果我们想要摊牌的话，总统随时可以拒绝这些建议；这样做要比在莫斯科根本拒绝听苏联的建议，并逼使勃列日涅夫在政治局面前公开丢脸要好得多。

勃列日涅夫的一个最突出的特点，也是几乎所有苏联谈判者的特点，就是一旦他决定要实现一次突破，他就急于求成。他可以讨价还价，拖上几个月，甚至几年。但是一旦他自己笨重的机器吐出一项计划之后，他在国内的地位看来似乎就取决于他是否有能力使这个计划迅速实现了。

勃列日涅夫是带着一些重大建议来同我谈的。在限制战略武器和最后公报这两个主要的悬案上，他们几乎完全迎合了我们的立场。他首先在反弹道导弹的问题上提出了一个新的建议。他说，为了说明“苏联方面是如何本着建设性的精神来解决问题的”，他放弃了苏联原先那个复杂的公式，就是主张让苏联拥有三个反弹道导弹基地来对我们的两个。

他的新方案是让各方都保护自己的首都和一处洲际导弹基地。勃列日涅夫指出，鉴于苏联导弹部署的格局，这意味着苏联所保护的导弹数目只及我们的一半。除了最后这一点外，这个建议恰好就是莱尔德的主张。我怀疑我们将来能否为华盛顿的导弹防务取得拨款。因此，我宁愿主张各方有权选择它自己要的两个基地。就美国来说，我们的第二个基地本来会是业已开工修建的马姆斯特罗姆导弹基地（第一个基地是格兰德福克斯）。但既然双方已经走到这一步，谈判当然不会在双方的反弹道导弹公式的这个比较次要分歧上出现僵局——尤其是因为五角大楼似乎更倾向于勃列日涅夫的公式。

但是，我没有对这项建议表态，因为我看到勃列日涅夫手中还另有一份他急于要提出的文件。但在提出之前，双方还有一段附带的对话，我在此把它重印出来，以传达一点当时的气氛：

基辛格："总书记先生，请允许我说这是一种建设性的做法。我将等到听完你关于潜艇问题的意见后再发表评论。"

勃列日涅夫："没有什么说的。"

基辛格："没有什么说的？"

勃列日涅夫："耐心一点嘛。关于潜艇，我能说些什么呢？它们在水下航行，它们是看不见的，它们是无声的——"

葛罗米柯（用英语说）："是个谜，是个谜！"

基辛格："关于潜艇，你们确实有些想法，对吗？"

葛罗米柯："苏霍德列夫还没有看呢，你怎么能先看！"*

* 维克托·苏霍德列夫是苏联的卓越的译员。人们常常批评我为什么要依靠苏联的译员。这正像指责我不该用中国译员一样毫无道理。事实上，我的工作人员中有三位懂俄语（索南费尔特、海兰和罗德曼）；在勃列日涅夫那一面也有好几位懂英语（葛罗米柯、多勃雷宁和阿历克山德罗夫）。如果苏霍德列夫在一个字或短语上遇到了困难，马上就有好几个人插话帮助他。此外，我始终不明白如果苏联人故意译错我说的话或勃列日涅夫的话，这对苏联人有什么好处。至于一切要签字的文件，我们都能核阅俄文文本。

结果发现，勃列日涅夫的新文件实质上接受了莱尔德一月十八日的方案，这个方案我在三月份曾作为一种“探讨性的设想”告诉了多勃雷宁。苏联同意潜艇发射的弹道导弹的最高限额为九百五十枚(这个数目比我们估计他们在协定生效期间能达到的数目至少少二百枚)，并且为了不超过这个数目，他们将以老一代的潜艇发射的弹道导弹和老一代的洲际导弹来替换新一代的导弹。(以老换新的导弹数目尚待进一步商谈。)勃列日涅夫还同意限制进攻性武器协议的期限可以是五年；这是我们一直想要的，而出席赫尔辛基会议的苏联代表团却还在坚持三年。在那次会晤的剩余时间里，我试图摸清“以旧换新”条款的确切含意，并讨论限制战略武器的正式谈判应该怎样进行才能使它在最高级会谈之前完成任务。我对勃列日涅夫说，他向前迈出了重要的一步；我们将在我回国后的十天内提出我们的答复。

勃列日涅夫关于潜艇发射的弹道导弹和五年冻结期的建议是苏联方面的重大让步。鉴于我们的三叉戟计划意味着五年内将不生产新的潜艇发射的弹道导弹，把苏联的计划限制在它的潜在能力之下，这是对它单方面的一种限制。而且让苏联拆除几百枚老一代的导弹，这是另一个好处。五年的冻结期恰恰是我们研制新武器以弥补六十年代停止发展新战略导弹的决定所造成的差距所需要的时间。

在会晤快结束的时候，勃列日涅夫又在一片笑语声中拿出了另一个文件，即新的“原则宣言”草案。苏联人把我三月十七日提出的六项原则分做十二项，加上了《真理报》式的语言。我想，葛罗米柯或多勃雷宁一定事先对勃列日涅夫说过，尽管这一草案包括了我们关于国际行为要克制的许多想法，但我是不会接受这一草案的，所以他要我“加强”他的文件，并说如果我听他的劝告，我将会受到历史的赞扬。即使我像传说那样的虚荣，我也不相信历史上会有一套如此被冲淡了的原则，它们既可以被主要的资本主义国家所接受，又可以被最强大的共产党国家所接受。然而我认识到，苏联领导人既然已经走了这么远了，他们是不会坚持要使用自己的语言而使这个文件搞不成的。他要我“改进”这个文件，显然表明还有讨价还价的余地，以搞出一个我们可以接受的文本。最后决定由我试拟一个新的草案，然后第二天（星期日）在勃列日涅夫去出席他孙女的婚礼时，葛罗米柯和我将加以审阅。

唯一值得记载的另一件事是，勃列日涅夫和葛罗米柯要我们协助使波恩议会批准即将交付表决的那几项东方条约。（他们要我们帮助勃兰特赢得两次关键性的补缺选举，就好像我们有办法这样做似的。）我用友好的口气做了模棱两可的答复。我说，河内的攻势使得这样做难以有真正的用处。如果越南问题在今后几周内发展成危机的话，苏联这种急于使东方条约生效的心情倒的确是对我们有利的。从我们的观点看，使东方条约暂被搁置正好是最理想的形势。

星期天，葛罗米柯和我在索南费尔特和我连夜起草的文件的基础上商定了“美苏关系基本原则”。这个文件强调有必要采取克制态度并平息世界多事地点的冲突。双方声明不要求在世界上任何地方享有特权（至少我们方面是可以把这解释为放弃对东欧关系上的勃列日涅夫主义）。

在中东问题上讨论了一下，但没有取得结果。葛罗米柯想使我同意制定某些美苏两国能够共同遵守的总原则。我没有直截了当地拒绝他，而是用一些听起来很善意但很不具体的话来安慰他。我建议把这个问题留待最高级会谈去详细讨论。其实，在中东搞一个美苏共管是我们根本不想玩的一张牌。我在中东问题上的目的很有限，我只是想赢得时间，并利用将来有可能进行美苏协商的前景来尽量诱使苏联采取克制的态度。

最后，葛罗米柯和我商定了一个宣布我这次访问的简短公告。苏联想造成一种印象，似乎这次会谈是我们要求举行的，而且讨论内容仅限于最高级会谈的筹备工作。尼克松给我的指示却正好相反，要暗示或表明我在莫斯科讨论了越南问题，从而使北越感到不安并鼓舞我们国内的公众。我准备把谁最先提出的问题挂起来，只要公告中不暗示我们有求于他们。双方最后商定的措辞如下：

四月二十日到二十四日，总统国家安全事务助理亨利·艾·基辛格博士在莫斯科同苏共中央总书记勃列日涅夫和外交部长葛罗米柯进行了商谈。会谈涉及重要的国际问题以及与筹备尼克松总统和苏联领导人五月会晤有关的双边问题。会谈是坦率的和有益的。

所谓“重要的国际问题”，在历史的那个时刻(河内发动攻势之后三周)，显然是指越南问题。

第二天上午，我和勃列日涅夫又谈了一次。他一开始便就越南问题发表了一通长长的感情用事的议论，但离开支持河内的目标很远。勃列日涅夫强调说，莫斯科不是这次攻势的后台；两年来河内一直在囤积苏联的武器；向美国挑战的不是莫斯科而是反对最高级会谈的人，主要是中国人，还有河内。勃列日涅夫坚持说，他是致力于改善美苏关系的。他说河内曾经正式请求取消最高级会谈，但是他不顾这个要求，还是在进行准备。他正在把我们的建议转给河内。

我们接着讨论了经济关系。勃列日涅夫说，两国在西伯利亚搞合资经营可以带来很多好处。他用利他主义的理由来鼓吹搞这些项目，说这对美国大有好处，因为我们即将面临天然气的短缺。勃列日涅夫关心缓和美国经济困难，与其说是暖人心肠的，不如说是十分荒谬的。他谈到了最惠国待遇和贷款问题。他十分精明地避而不谈他所真正需要的粮食。我的对策是，把经济问题推迟到在政治上有了进展之后。我对他说，如果在最高级会谈上两国关系能像我们所期望的那样发展，那么“在最高级会谈期间我们就可以拟定一项完整的计划，并在夏天把它具体化”。但是我没有忘记提醒他，国会的反应将受越南问题的影响。我说：“当越南用俄国制造的卡车运送武器的时候，要说服国会是比较困难的。”

然而，勃列日涅夫当时心情乐观。他要求和我单独会见，并突然提出了一个想法，要双方就互不使用核武器达成“谅解”。他说这将是“极其重大的步骤”，是一枚“和平炸弹”。这话不假。它会在北约内部，在中国，乃至在全世界引起爆炸。它会被看成要么是美苏联合统治，要么是美国弃权让位。我客气地把话题引开。（苏联并没有放弃这个想法。一九七三年六月我们终于同意了一套平淡的原则，当然是在我们系统地删去了所有可能有损我们利益的提法之后。）

接着，勃列日涅夫声称要去参加一次政治局的会议。他说，他认为葛罗米柯和我在前一天讨论起草的那份关于我这次访问的公告，总的来说是可以接受的，但有“几处小的修改”，他已标在他的那份文件上了。他把这份文件甩过来就走了。结果发现，他的这份文件还是我前一天拒绝了的苏联最初草案，其中把我访问的目的说成仅仅是为了筹备最高级会谈，并且造成一种印象，似乎是我们要求对方邀请我去的。

我当然跳起来了。葛罗米柯说，我只有两个选择，要么接受勃列日涅夫的草案，要么不发表公告，因为他不能去干扰政治局的会议。我警告说，访问结束时如不发表公告，将会造成灾难性的印象；公众和舆论界势必会认为这是承认彻底失败。但是，我宁可这样也不愿放弃要求公告必须提到讨论了“国际问题”（作为越南问题的代号）。葛罗米柯继续申辩说，他不能改动文本。我也丝毫没有动摇。最后，葛罗米柯还是决定和勃列日涅夫联系看看。他让我等了几分钟，回来后很快就接受了略加修改的、他和我两人前天商定的草案。主要的修改是，删去最后那个说法，即会谈是“坦率和有益的”。但是葛罗米柯同意，我在向记者吹风时可以用这句话，而苏联方面也会予以证实。换言之，将有两个版本，一个给美国，一个给河内。

这件事的意义就在于它是一个小动作。采用这种笨拙手段所能得到的任何东西肯定不足以抵消给人造成的强烈印象，即你和苏联领导人打交道必须时刻保持警惕。这个例子表明：苏联人宁可丢掉善意来换取极微小的好处，他们迫切想要得到毫无意义的分数，可是这种分数对于他们在政治局内部的钩心斗角中却是有作用的。

在那次波澜起伏的会晤以后，一切又恢复了宁静和愉快。苏联谈判者在最终发现了谈判的极限以后，就总是这样的。葛罗米柯重新提起越南问题。他说，他奉命告诉我，莫斯科只是在十天前才充分认识到局势的严重性。苏联现在需要一些时间才能使自己的影响发挥作用。他们将设法促使战争得以迅速解决。他没有再提停止轰炸的问题。

在离开莫斯科之前，我还需要做最后一件不愉快的事：向我国大使通报我这次访问的情况。雅各布·比姆是一个地道的职业外交家。当尼克松在野时，比姆以尊敬的态度对待尼克松，从而赢得了尼克松的感激。他在莫斯科任大使期间，以温文和谦逊的作风显示了才能。撇开他等于是对他的不信任，这是我们奇怪的政府制度强加于他的不应有的待遇。在我和他会见的时候，他表现得很大方，着重显示出外交官员的为国服务的精神。从那以后，每当我再次访问莫斯科的时候，总是要让我们的大使一起参加会谈。

我秘密访问莫斯科就是这样结束的。我在给尼克松的最后一份情况汇报电中，对我认为取得的成就总结如下：

（1）在我们轰炸河内、海防之后三天，并且在我们正在轰炸和炮轰（北越）的时候，莫斯科愿意接待我。

（2）访问公告加上适当的吹风可以清楚地看出讨论了越南问题。把重要的国际问题和与最高级会谈有关的双边问题区别开来，这就是暗指越南问题。

（3）在我们继续进行轰炸的时候，苏联愿意把我们的程序性建议转告河内并劝它进行秘密会谈。

（4）苏联愿意将一项很强硬的实质性建议转告河内。

（5）苏联认识到我们极其认真地对待越南问题，认识到其他一切都取决于越南问题。

（6）苏方提出了一个限制战略武器建议，该建议使通过白宫渠道的讨论产生了最后的结果，并且接受了我们方案的大部分。

（7）就最高级会谈时将予公布的原则宣言达成了协议，其中包括了我们建议的大部分，而且包含着一项明确的承诺：放弃勃列日涅夫主义。

（8）同意开始探讨中欧共同均衡裁军。

（9）同意不撇开德意志联邦共和国（西德）而力争德意志民主共和国（东德）进入联合国。

（10）在双边问题上采取了足够的拖延策略，使我们得以监督对以上各点的实施。

为交换以上各点，我们同意停止轰炸海防一周。

与总统的一点分歧

使我感到不安的是，华盛顿不同意我对所取得的成就的估计。事实上，我在莫斯科的整个期间，一直处于两线作战：一面对付谈判桌对面的勃列日涅夫，一面对付在戴维营闷闷不乐的尼克松。

当时尼克松从没有明确坚持这一点，但是现在看来很清楚，尼克松根本反对我在莫斯科讨论除越南问题以外的其他问题。而我却最大限度地利用了他给我的权力去讨论其他的问题④。他要我用停止筹备最高级会谈的威胁来迫使苏联在对越政策上作重大的改变。我认为这样做是危险的，而且如果我按照他的建议缩短在莫斯科的逗留，这样做就更完全不可能了。对于应采取什么措施来对付北越，如果它不停止攻势的话，尼克松和我是没有分歧的。在我动身去莫斯科的四天前，我就主张用B－52轰炸海防的油库。我建议当我在莫斯科的时候由B－52飞机轰炸二十度线南边的清和机场，以此来强调我的警告。我和尼克松一样认为有必要把我们的经常轰炸范围扩大到二十度线以北的地方，并且进行封锁，如果北越拒绝和我们再次举行秘密会谈，或者会谈失败的话。

随着莫斯科和华盛顿之间电报往来的发展，可以看出尼克松和我的分歧在于上述这些决定和即将举行的最高级会谈之间的关系。尼克松想用威胁取消最高级会谈来换取苏联在越南问题上的合作态度；我则认为更明智的做法是把取消最高级会谈的风险和责任推给苏联，并且利用苏联急于举行最高级会谈的心情来离间苏联和河内的关系。看着这种分歧发展下去是非常令人沮丧的，因为我们的通信系统和时差关系使得华盛顿总是比事态的发展落后几个小时。这样，尼克松对我的汇报的批语总是在当天会谈已经举行后很久才收到，而且常常是在我已在进行第二次会谈时才收到。即使在最理想的情况下，我也会因此而难以执行他的指示。由于我的访问是秘密的，我们又不能使用大使馆的通信系统；而且无论如何，总统也不太愿意使用大使馆的电台，因为他决心把最高级会谈的筹备工作限制在白宫的这条渠道，以防走漏消息。因此我们使用我们的飞机来进行通讯联络。这架飞机有极好的设备，而且我们带有白宫通讯处的两个人员。但是每当我们要发一个电报，他们就得开将近一小时的车前往机场，才能发报。每当收到华盛顿的来电，程序就倒过来。由于我们一般要到深夜才能写完我们的报告，这些报告抵达华盛顿时（包括去机场途中和发报的时间）已经下班了。造成延误的另一个原因是对通信的干扰。* 不论原因如何，这次我们访问莫斯科发回的第一个报告抵达华盛顿的时候，电文错乱，不得不重发——这使得尼克松更加烦躁。他以为我在执行一项他不愿意（或者起码不再愿意）我执行的方针，从而更加感到不安。

---

* 当时我没有注意这个问题，以为只是气候的关系。一九七二年我去莫斯科为中东战争安排停火，当时时间因素极其重要，但又出现了干扰——于是我想到也许这种干扰不是偶然的。

即使通信联络更加顺利的话，我也不知道如何处理我所收到的那些情绪激动的电报。我同尼克松联系是经过我办公室里的黑格。尼克松当时同他的朋友比比·雷博佐一起蹲在戴维营——这两人在一起无助于进行冷静的思考。苏联人又不必要地增加了另一个复杂因素。四月二十一日，我们参加限制战略武器会谈的代表杰勒德·史密斯从赫尔辛基来电说，他的谈判对手弗拉基米尔·谢苗诺夫表示，莫斯科正在认真地重新考虑潜艇发射弹道导弹的问题。他没有对史密斯讲更多的话，但仅仅这一点暗示就足以使史密斯紧张得赶快向白宫汇报，罗杰斯又向总统打电话，使尼克松认为狡猾的苏联人在设法使尼克松不能从可能签订的限制战略武器协议中捞到个人的功劳。至于谢苗诺夫为什么要像他一年前那样，在我们的两条渠道之间进行挑拨离间，这只能由苏联方面来回答了。看来，要不是苏联官僚机构发生混乱，就是他们在有计划地施加压力。不能排除这样一种可能性，即苏联这样做是为了对我们所收到的那种指示采取双重保险的措施。如果我由于越南问题而中断莫斯科会谈，那么记录上表明，他们事先已经暗示要在潜艇发射的弹道导弹问题上采取新的立场。不仅是最高级会谈，而且一项几乎已达成的限制战略武器的协议看来都好像成了越南问题的牺牲品。如果我们把两者都放弃的话，国内的新闻界、学术界和国会中将会出现一片难以控制的抗议声。

史密斯的电报和罗杰斯的电话使尼克松对我在莫斯科的会谈更加感到不安，并使他对苏联的动机更加猜疑。他现在深信，这一切完全是莫斯科和河内勾结在一起搞出来的复杂计谋，以使我们更难于对越南采取强硬行动，并且使他不能从最高级会谈可能得到的任何成就中捞到功劳。根据这个理论，莫斯科是在利用举行最高级会谈的前景作为手段诱使我们不轰炸北越——这是一种不无道理的猜想。尼克松给我发电说，苏联暗示在限制战略武器谈判中采取灵活态度，是为了给我们“一些甜头以换取我们在越南问题上让步”——不过他们并没有要求我们让步，我们也没有作出什么让步。尼克松担心我会在莫斯科同意停止对北越的轰炸——其实这个问题根本就没有列入议程，而且有趣的是，勃列日涅夫从来没有提出这样的建议。

事实上，我这次访问莫斯科期间，尼克松发来的电报指示始终是极其模棱两可的。对于谢苗诺夫向史密斯所做的暗示将使白宫渠道捞不到限制战略武器协定的功劳一事，尼克松非常生气。同时，如果我按照他的建议行事，只同勃列日涅夫谈越南问题，其他一概不谈，那么莫斯科若有任何限制战略核武器方面的建议就极有可能会通过赫尔辛基这条正常渠道提出，而且这些建议将被利用来证明，我们因在越南问题上拒不让步而失去了多么好的机会。他在同一份电报里既指示我延搁最高级会谈的一切筹备工作，又指示我大力支持当时正在莫斯科安排总统的最高级会谈日程的技术先遣组*。总统把我骂了四十八个小时，因为我讨论了有关最高级会谈的实质问题。后来，尼克松看到了一条新闻报道，说克里姆林宫在礼宾规格上把他的访问从国事访问降为一次正式的工作访问，于是立刻指示我告诉葛罗米柯，不得这样做。（我照办了。事后发现那条新闻是不可靠的。）

这些电文的自相矛盾姑且不论，从这些激烈的、长距离的来往电报中可以看出，我和尼克松之间有一个根本的分歧。我认为，在谈判中最不应该犯的一种错误是提出显然不能被满足的要求。不论这种要求听起来多么强硬，它对双方心理上的平衡起相反的作用。因为对方也许不愿意承认自己的力量或影响是有限的，所以它就可能制造某些理由来予以拒绝，这些理由会恶化整个关系。提出要求的一方则面临抉择，或者中断谈判，或者，如果谈判继续下去，等于暗示对方不必严肃对待它所提出的要求。我认为，华盛顿要我采取的方针，很快就会使我们面临这个

---

* 先遣组由总统的军事助理布伦特·斯考克罗夫特准将率领。他是一个聪明的军官，后来成为我的助手。他知道我的莫斯科之行，因为我的座机是他安排的。陪同他来莫斯科的有我的一位工作人员比尔·海兰。过于热情的克格勃工作人员老是问海兰有没有替基辛格带一封密信给勃列日涅夫。海兰客气地回答说没有，因为他知道我也在莫斯科，我不需要采取这样迂回的做法。

两难处境。不可能设想，北越人会在我访问莫斯科的不到九十六小时内同意放弃他们进行了一辈子的斗争。即使它受到莫斯科的压力，河内也会要把决心进行的当前攻势进行到底，以改进自己的谈判地位。不论莫斯科作出怎样的决定，停止这次攻势并把它顶回去是我们的责任。如果我们放松军事努力，那么在势将到来的谈判中，我们的地位将会是没有希望的。如果我们加强自己的反应，那么苏联对河内施加压力的最好形式就是默许我们的行动。

如果尼克松要在最高级会谈问题上采取拖延策略，他本不应该派我到莫斯科去。拖延策略最好从华盛顿进行。他派我去是因为他知道，我若不去，他自己就会在莫斯科遇到相同的窘境。从逻辑上说，他自己的莫斯科之行也只好被取消，除非越南问题得到解决。如果尼克松照样去的话，他就会被人们认为作了让步——而且那时，限制战略武器会谈的大部分主要问题都还没有得到解决，而在解决这些问题时就将受到大得多的压力。另一方面，如果尼克松取消他自己的莫斯科之行，那么促使苏联在印度支那问题上采取克制态度的主要动机也就会消失了。那样我们将不得不冒着苏联强大的宣传和政治攻势来执行我们的越南政策，而且将受到国内外的指责，批评我们拿世界和平作冒险，以在东南亚追求虚幻的军事解决。萦绕在尼克松脑际的一九六〇年艾森豪威尔最高级会谈夭折的先例，反倒要重演了。

因此，看来奇怪的是，在越南采取强硬政策的条件是让莫斯科去承担取消最高级会谈的责任，同时拿美苏关系取得重大进展的前景来最大限度地使苏联难以作出决定。我们处在有利的地位，能够这样做。勃列日涅夫表示愿意亲自同我会谈，他就拿自己的威信作了担保。现在他必须使最高级会谈取得成功了；苏联要拖延的话，本来同样可以由葛罗米柯来做，或者由多勃雷宁在华盛顿做。

在莫斯科的头一天半，我按照尼克松的指示就越南问题训斥俄国人。然后，他要我停止会谈，不再讨论其他问题，并早日回国。我回电表示异议，尼克松就回心转意了；但到那个时候，我已经擅自开始谈判了。由于通信联系的时间耽误很长，我不得不这样做。

如果尼克松坚持，而我也严格执行他的指示，这就等于在莫斯科向苏联领导人挑战，向他们提出一系列不可能得到满足的要求——这样做尤其没有意义，因为勃列日涅夫急于要使尼克松去莫斯科，正在接受我们关于限制战略武器的立场和我早先通过多勃雷宁传去的公报。如果那样做，我们就会同时在越南问题和对苏关系问题上都面临危机。我们想建立一种三角关系的战略就会彻底完蛋，而我们本想通过这种战略来稳定全球的平衡，来促成越南问题的解决，孤立越南并使我国公众受到鼓舞，看到我们可以不受战争偏激情绪的影响，仍然执行一项创造性的外交政策。越南就会果真消耗掉我们的精华——这是我们的噩梦，不仅仅是批评我们的人的噩梦。在此时放弃我们外交政策的整个构想，势必会被莫斯科解释为我们根本改变了航向，而河内只是我们这样做的一个借口。苏联会认为我们已转而选择中国这张牌，而这将对东西方关系，乃至对中国的安全造成不可预测的后果。

断然要求苏联领导人做他们不可能做到的事，意味着突然改变我们的战略，这直接违背我们同苏联打交道的长期战略。我认为，美国在当今苏联强盛的时代面对着一个理念上的问题，即我们的自由主义和实用主义的传统可能使我们在挑战还不明朗的初期阶段不愿意去正视挑战；而我们的注重道德的反共倾向又可能妨碍我们去探讨同苏联建立更加建设性的长期关系的现实机会。在苏联扩张的早期阶段，我们作出强烈的反应，需要时使用暴力，那是必要的——在西恩富戈斯、约旦、印巴，以及后来在安哥拉问题上，我都是这样主张的。在五月份，我准备冒丧失莫斯科最高级会谈的险而采取击败河内攻势所必需的一切措施。必须防止苏联获得过多的势头，以免我们面临均势垮台，或发生巨大对抗的抉择。

另一方面，我们始终不能忘记核时代加在我们肩上的责任。和平是两个超级大国由于对自己技术力量的破坏性感到害怕而不得不追求的目标，不论它们各自的意识形态、野心和过去的势头如何。和平的门永远不应关死。总统在一九七二年的外交政策咨文中说过：

苏联可以自行选择：当前的缓和仅仅成为另一次进攻的策略，还是真正成为发展以超级大国间关系稳定为基础的国际体系的一个机会。它作出哪一种选择，将在最高级会谈前后的行动中表现出来。

正是这些考虑促使我同勃列日涅夫讨论最高级会谈的议程——这样做不是违抗总统的指示（指示来得太晚，也太含糊），而是执行我们两年来的一贯政策和几天前刚商定的策略。

每天结束的时候，我都向华盛顿作详细的报告。对我第一天的报告的反应是，黑格抱怨通信联系不好，而尼克松警告我不要就越南问题突然作成“交易”。（我是在四月二十一日深夜接到这份回电的。）这项指示文不对题，因为并没有在酝酿这样一笔交易。尼克松要我在四月二十三日星期天晚上赶回华盛顿。我原来的计划是一直待到二十四日星期一中午（我是星期四夜间抵达的），因为星期天勃列日涅夫没有空，他要去参加他孙女的婚礼。星期五全天和星期六的一部分时间都被我用来讨论越南问题了。苏联领导人知道我是有空的，因为我本来建议在那个日期同黎德寿会晤。回华盛顿的实际结果将是在星期六进行完同勃列日涅夫的认真讨论。我在四月二十二日清晨给黑格发去了一份带情绪的回电：

我是这样估计形势的：勃列日涅夫几乎是不惜任何代价要举行最高级会谈。他等于对我明说，在任何情况下他都不会取消最高级会谈。他发誓说他对越方的攻势一无所知。还说，他们没有增加援越物资。这些虽然不真实，但却给我们提供了三个机会：

（1）我们也许可以得到他的帮助来使战争逐步降级或停止下来。

(2) 否则，我们几乎可以肯定得到他的默许，让我们(对北越)施加最大限度的压力。

(3) 我们可以利用最高级会谈来控制美国国内的反越战喧嚣。

我们今天能够做到这一步是因为我们审慎地使用了压力和灵活性相结合的政策。但是，我们在这里根本还没有表现出任何灵活性。为什么现在要使最高级会谈告吹？这样做是为什么？……

我已用最强硬的语言要求五月二日(同黎德寿)的会谈一定要有具体的进展。今天我将向勃列日涅夫提出我们的方案，要求把军队撤过非军事区，释放一些俘虏，等等。他们几乎已答应设法给予帮助。我认为更可取的做法是在本周内加紧在二十度线以南地区的军事行动，前去参加(五月二日的)秘密会谈，如果会谈失败就大打出手。现在叫得最凶的那些人，到将来形势真正艰难的时候就会垮台的。但你可以向总统保证，我在任何情况下都不会在这里同意停止轰炸；何况苏联甚至没有提出这个要求。但是我必须放缓和一些，而不能搞挑衅。尤其重要的是，总统必须相信我。我在出使执行其他各次任务中，从没有让他失望吧。

现在我指靠你的帮助，使形势被正确地看待。我们的全部目标已可望实现了。在最后冲刺阶段，让我们不要动摇。此电你也可给总统一阅。

黑格的答复证实了我的猜想。尼克松之所以想取消最高级会谈，主要是因为他担心如果他增加对北越的压力，苏联就会取消最高级会谈。而尼克松和我都决心要增加对北越的压力，如果我计划在五月二日同黎德寿的会谈失败的话。甚至在我出发去莫斯科之前，尼克松就曾考虑取消最高级会谈。我怀疑这是他的政治经历引起的又一种使他烦恼的恐惧感，就像我在第十六章中解释过的他对古巴事件的神经痛。他十分肯定地认为，他在一九六〇年竞选失败，主要是由于外交政策方面的两件事：一是他在同肯尼迪辩论时，在古巴问题上采取了克制态度，另一件是赫鲁晓夫取消了艾森豪威尔原计划去莫斯科举行的最高级会谈。如果不得不取消这次最高级会谈的话，尼克松希望由他来取消；这样做比让苏联在选举年把一次最高级会谈从他的脚下踢开丢的面子要小些。我之所以会从黑格那里接到语气强硬的电报，还有一个因素。他告诉我说："你要知道，总统看到了辛德林格民意测验的结果，说他自从越南战争升级以来，名望已急剧上升……你可以看到，从今天下午起总统的态度硬了很多。"

不论尼克松有什么怀疑，最终他还是授权我一直待到星期一，只要"在越南问题上的进展"证明应该这样做的话。这再次使人怀疑，尼克松是否真正同意我的谈判方针，或者仅仅是在吹毛求疵；从技术上讲也不可能在七十二小时内就越南问题从苏联方面得到具体的结果。黑格把总统日益不耐烦的情绪描述如下：

在戴维营总统还显得日益不安。他要我告诉你，你必须不迟于星期一晚华盛顿时间六时抵达戴维营。这就是说，你一定要在莫斯科时间下午一点以前离开莫斯科。我刚写完这份电报的时候，总统又来电话补充说，他认为苏联在南越问题上的立场是疯狂和不郑重的，因此他决心要进一步轰炸河内和海防，除非出现重大的突破。我坚持说，在五月二日会谈结束前必须把轰炸继续限制在二十度线以南，但总统以"这也许能够做到，也许不能够做到"这句话结束了这次谈话。

如果把我对黑格的复电描述为宽厚的，那是夸大其词：

我读你的这些来电越来越感到惊讶。我不能同意华盛顿据以进行工作的理论。我不认为莫斯科与河内是直接勾结在一起的。此时此刻，这里的领导人似乎极为窘迫和慌乱。他们为最高级会谈所定的目标远远超过越南，而且如果没有越南问题，达到这些目标会容易得多。他们可能希望瓦解北大西洋公约组织，破坏我们的其他同盟关系，并用一段时间的表面善意来软化我们。但为此他们并不需要越南；相反，越南问题现在恰好是一种障碍。

何况，他们从这一切究竟能得到什么好处？他们在我们轰炸河内三天以后会见我。他们同意发表一项会谈公告，一定会使河内感到恼火和沮丧。当总统还在轰炸河内的时候，他们愿意同总统会晤。……我们能得到一切好处：（一）最大限度地惩罚河内，（二）使鹰派满意，（三）使鸽派满意，（四）在限制战略武器会谈中取得有历史意义的进展，（五）取得一项不错的公报。我看不出我们怎么能甚至考虑用你所说的那种态度来使这一切化为乌有。……请设法使大家保持冷静。我们正接近胜利实现我们的政策了。难道我们一定要勾销这一切，仅仅因为我们连一个星期也不肯等待，要马上去轰炸那些不会搬家的目标吗？

我让艾尔·黑格去用更婉转的语气向美国总统转达我的想法。类似这样的来回电报还有一些，但是基本的问题是清楚的。总统急于要立刻对北越采取无保留的行动，他宁可取消最高级会谈也不愿放弃这一可能性。我赞成用同样的措施来挫败北越的攻势，但是我想用即将举行的最高级会谈和同黎德寿的另一次会谈来取得在国内的活动余地和对苏联施加压力的手段，并且孤立河内。在一九七二年四月，尼克松的注意力几乎全部集中于越南当前危机对美国公众舆论的影响。我则认为我们应该把问题同更大的战略联系起来。扩大河内和它的保护人之间的分歧，而不是迫使莫斯科和河内站在一起，这只会更加瓦解河内的士气，并且最终为我们赢得更多的公众支持。如果北越人坚持进行攻势，拒绝谈判的话，谁也不能顶替我们去对付他们。但为了在国内争取支持强硬路线，必须先有一种北越人顽固不化的明显迹象。因此，奇怪的是，我们反倒需要同黎德寿再举行一次会谈。而且为了孤立河内，我们必须继续筹备莫斯科的最高级会谈。

如果是在几个星期之前，尼克松本会对我这次莫斯科之行的成果感到十分高兴。成功的最高级会谈已有保证；限制战略武器会谈基本上将按照我们自己的建议达成协议；最高级会谈的公报将符合我们的各项原则。但是，尼克松只有雷博佐做伴，独自待在戴维营，变得急躁起来。虽然我和我的同事们都知道我们取得了重大的突破，我们却不断地接到来自华盛顿的电报，指责我们在狡猾的苏联人面前"上了当"。尼克松生怕我们受骗而停止轰炸，而在一九六八年他恰恰抨击了搞这种停炸的约翰逊，而且他认为这是他差点在选举中失败的原因。尽管丝毫没有这方面的证据，尽管勃列日涅夫和其他苏联领导人甚至提都没有提这样的要求，他的怀疑一点也未消除。我也未能说服尼克松，使他相信勃列日涅夫并不是在设法使他得不到对最高级会谈成果的功劳，而且一切迹象表明情况恰恰相反，勃列日涅夫同尼克松一样需要使自己的名字和限制战略武器协定联系在一起。

总统感到不安的全部内容最后都列在他在戴维营口授的一份冗长的备忘录里。（由于时差关系，我收到这份备忘录的时候，已经结束了我在莫斯科的全部会谈，宣布我此行的公报已经双方商定。）尼克松先是表扬我的"技巧、有办法和决心"，可是在下文中实际上收回了这些表扬，说我一切都搞错了。他说："在我看来，他们已经达到了把你弄到莫斯科去讨论最高级会谈的主要目的，而我们要在越南问题上取得一些进展的目的却没有达到，当然你所指出的那些很重要的无形收获没有计算在内。……"尼克松仍然担心，在我的莫斯科之行以后同意回到巴黎开全体会议，会显得好像是一个退却。左右两方面都会攻击我们到莫斯科去而又未能解决越南问题。如果河内在五月二日的会谈中毫不妥协的话，"我们就得毫无保留地进行轰炸"。他自己不能处于软弱地位而去莫斯科。他觉得限制战略武器谈判还有问题，因为谢苗诺夫向史密斯提出了"和你四月二十二日电报中提出的完全一样的建议"。鉴于尼克松对限制战略武器谈判的细节不感兴趣，我无法使他相信情况完全不是这样。谢苗诺夫只是说莫斯科在研究这个问题；他没有举出任何细节。尼克松争辩说，限制战略武器谈判无论如何只是“少数几个行家”所关心的问题；主要的问题是越南，而在这个问题上我们失败了。为了不使我感到灰心，尼克松以一种友好的、安慰的语气结束这份备忘录。他说：“不论结局如何，请记住我们大家都知道，此时此刻我们找不到一个比基辛格更好的人去莫斯科。雷博佐和我们一起向你致意。”鉴于以上所列举的各项错误，人们只能得出一个结论，即尼克松政府处境很糟，因为它的最能干的人也不能做得比这更好一些。

我从飞机上含糊其辞地回答道，我很看重尼克松的来电。我不同意他对巴黎全体会议的意见，我说：

我不同意你的担心。首先，看了我的莫斯科之行的公告后，大家都会估计这里面还大有文章。其次，我们可以强烈地暗示，这同秘密会谈有关。第三，我们可以把全体会议限于讨论如何结束北越的入侵，并且明确表示在这事做到以前，我们将不讨论其他问题。

我在飞机上起草了一份给总统的长篇报告，在那里我再次试图解释我建议采取的战略。我说：

勃列日涅夫的表现令人感到他在最高级会谈上是押了大宝的……我们的大选在十一月份，而他的表现却似乎下一周以及今后每周他都要面临大选。……苏联在目前形势下可以选择的各种做法都面临着难题。在北越攻势仍在继续的时候，如果他们对河内持消极态度，他们现在必然假定你会放手对付北越，在这种情况下按原定计划举行最高级会谈，这对他们在心理上和政治上都是一种痛苦的前景。而取消最高级会谈，在他们看来，将导致你在十一月(大选中)的失败，但在那以前越南民主共和国将已被我们炸得粉碎，勃列日涅夫的西方政策也会垮台。如果由你来取消最高级会谈，或者你虽然来了，但受右翼势力的压力没有行动自由，结果也会大体上相同。然而，（苏联的）另一种选择，也就是逼河内放弃攻势，就意味着背叛一个社会主义盟友，丧失对河内的影响，而且也不能保证河内一定会停止攻势或我们不进行报复。

总之，我只能认为勃列日涅夫本人，以及苏联作为一个集体，遇到了他们多年来没有遇到过的最大政治难题。他们一定希望越南局势能够平静下来，而且我猜想，在他们的各种都十分难办的做法当中，他们有可能选择对河内施加压力的办法——这样做不是为了帮助我们而是为了他们自己。把勃列日涅夫的亲信卡图谢夫派往河内就可能是个证明。

利用你的决心这根大棒和有成果的最高级会谈这根胡萝卜（我去莫斯科所带的和用的就是这些；现在我们必须继续这样做），使我们最有可能左右克里姆林宫内部的政治，而且在我们自己国内的政治斗争中处于最有利的地位。

尼克松读到我这份报告的时候，他的情绪已经稳定下来，使他能在报告上批注："干得出色"。这或许是他的真实判断的反映，也可能只是接受既成事实。因为我去莫斯科会谈的成果正在造成自己的势头。事态发展证明，我们并没有放弃我们的任何一种选择，事实上我们的活动余地大大增加了。四月二十三日，我们从莫斯科通过我们的巴黎渠道向北越送去了那项程序性建议。（在沃尔特斯将军被任命为中央情报局副局长之后，这条巴黎渠道被我们的空军武官乔治·R·盖伊上校操作得效率更高了，虽然不像以前那么花哨。）如果我们马上接到答复说，河内同意在五月二日举行秘密会谈，我们就准备在四月二十五日宣布我们将在四月二十七日回到全体会议。换言之，我们给河内二十四小时来作出答复。以前在答复信息时河内往往让我们等上几个星期，甚至几个月，这次却在第二天就接受了我们的建议。

四月二十五日，我们在白宫宣布，我去过莫斯科。我对此行影响的估计被证明是正确的。在同一天较晚的时候，当确信我们的宣布将成为一条单独的新闻时，我们宣布愿意恢复巴黎和谈的全体会议。虽然我们没有作任何暗示，新闻界就像我预言的那样，把这项宣布同我的莫斯科之行联系了起来。当人们得知黎德寿已经动身去巴黎的时候，这个消息进一步推动了关于外交上的主动行动的乐观猜测。

促使苏联和北越在政策上分道扬镳的重要意义越来越明显了。四月十九日，《纽约时报》在题为“失败的战略”的一篇措辞尖锐的社论中批评政府不该轰炸北越，致使限制战略武器的协议有可能达不成。但是四月二十六日，当我的莫斯科之行宣布后，该报另一篇乐观得多的社论却表示相信，如果我访苏“未能对越南问题上的秘密外交史增添新的一章”，那才令人感到惊奇。其他报刊，包括《华盛顿邮报》和《华尔街日报》，也反映了这种普遍的意见。

我的莫斯科之行给人以一种印象，即我们也许不必在对苏政策和对越政策之间进行选择，因此它为我们赢得了时间。但它没有回答我们心里的根本问题，即我们能对莫斯科施加多大压力而不致危及最高级会谈并因而在国内引起动乱？我的莫斯科之行使莫斯科更加意识到举行最高级会谈的利害关系，因为苏联从中尝到了一点甜头，并且几乎保证了会谈一定会成功。它消除了一种天生的怀疑，即我们不会作一百八十度的大转弯。但它未能使我们解开什么是苏联忍耐的限度这个谜。答案将取决于两个因素：北越攻势能否取得成功，以及我五月二日和黎德寿秘密会谈的结果如何。

注释：

① 见埃尔莫 · R · 小朱姆沃尔特所著《回忆录：保持警惕》（纽约四边形书社/纽约时报图书公司，一九七六年版），第一五二至一六三页。

② 一九七二年二月九日《纽约时报》。二月四日《洛杉矶时报》甚至重新主张

一项仅限于反弹道导弹的协议。

③ 例如，见塔德·苏尔茨在《外交政策》第十五期（一九七四年夏季）所载文章："基辛格是怎样干成的：越南停火协定内幕"和他所著《和平的幻觉》（纽约：维京出版社，一九七八年版），第五四四至五四五页。苏尔茨说，这是美国第一次明确放弃双方撤军要求而提出就地停火的建议。其实，总统在一九七〇年十月七日的演讲中就已经提过就地停火的建议。在一九七一年五月三十一日的秘密建议中就已经不再期望能够通过谈判商定双方撤军，而且我们加速单方面撤军本身就意味着我们放弃了那种期望。我们在一九七一年十月十一日的秘密建议中再次提出就地停火，而且总统在一九七二年一月二十五日的演说中公开提出了这项建议。在我们一九七一到一九七二年的各项建议中，双方撤军的概念只剩下了这样一个提法，即："印度支那各国之间的问题将由印度支那各方按照互相尊重独立、主权、领土完整和互不干涉内政的原则来解决。有待解决的问题包括如何实施印度支那各国的武装力量必须全部留在本国境内的原则。"

④ 见《尼克松回忆录》，第五九二页。

第二十七章　摊牌：在北越港口布雷

准备作出决定

在越南的摊牌临近时，我们的军事和政治地位都很强。南越顶住了，我们也没有恐慌。我们大大地加强了空中和海上的力量；对北越的轰炸又恢复了。我的莫斯科之行以及早些时候总统对中国所进行的戏剧性访问，至少暂时缓和了国内的压力。显然，战争没有使我们的外交瘫痪，美国政府正在为建立一个新的国际秩序而进行重大和成功的努力。莫斯科和北京互存戒心，各自考虑到在对美关系中所下的赌注，小心翼翼地对它们的北越盟友保持一段距离。

但是，河内仍留有进攻的一手，它至少要再作一次全面努力，否则不肯罢休。四月二十四日，就在它接受我们关于五月二日进行秘密会谈的建议的当天，河内在中部高地发动了军事进攻。强大的攻势直逼昆嵩和波来古两个省会，歼灭了南越二十二师的大约半个师。对西贡北面六十英里的另一省会安禄的进攻也大大地加强了。北越显然不相信我们国内的批评者一再要我们作出的善意姿态有什么用处。他们想使我们在恢复会谈时在军事上处于最不利的地位；他们希望在我们的政治和经济压力发挥作用之前就使南越垮台。

然而，不论在对新的攻势进行反击之前的等待状态有多么难熬，我们还是得于五月二日同黎德寿进行会谈。对我们的挑战既是军事性的，又是心理上和政治性的。我们需要使内政、外交和军事行动密切配合。在我们反击时，必须明确，是河内要进行较量，而不愿通过谈判解决问题。对我们来说，国内的支持是任何军事措施取得成效的关键因素。我们采取的行动愈是逼近美苏莫斯科最高级会谈，就愈能促使苏联领导开成最高级会谈，苏联领导层也愈有可能对我们的军事行动作出最小的反应。

起初，一切似乎都很顺利。四月二十五日上午，我们透露了我对莫斯科的秘密之行；晚上我们宣布恢复巴黎和谈全会。第二天四月二十六日上午，尼克松宣布下一批撤军计划。这是三个月前宣布的七万人撤军计划完成后再次强加给我们的另一批，由于有此撤军计划，每撤一批，我们的困境就加剧一次。留下的军队愈少，如果我们不断地撤，影响就愈大。照当时的撤军速度，不久我们就没有什么剩余的部队可作谈判的筹码了。但是，如果我们放慢撤军的速度，批评我们的人就会宣称越南化是个失败，就会在对北越攻势后果的日益不安的情绪之外增添另一个国内的复杂因素。

我们既不能停止撤军，又不想加重西贡肩上的负担，感到左右为难，于是就按老办法同各部门商量。像往常一样，莱尔德主张最大限度的撤军，认为是安定舆论的最好办法。他想在一九七二年五月一日到十二月三十一日之间撤出五万四千人。这样，我们剩下的部队就只有一万五千人。他争辩说，这将表示我们有信心能顶住攻势，同时使公众相信撤军仍会继续。我不同意他的意见。在紧迫的威胁面前，这样的缩减在我看来太过分了，从谈判的角度考虑，也太缺乏灵活性。这可能使西贡丧失士气，而且失去我们手中所剩的同河内打交道的筹码。最后，尼克松决定两个月内撤军两万，在此之前同艾布拉姆斯将军达成另一项谅解，大部分撤军将于这一阶段末才实行；到那时，我们预期北越的攻势已近结束。宣布撤军的最大好处是，尼克松在电视上谈军事局势时可以给人以希望，而不致使总统的谈话完全针对北越的攻势而充满危机的气氛。尼克松在椭圆办公室里所作的讲话既坚定又温和。他把我们不断提出和平建议的记录同敌人不断集结兵力准备发动新攻势的做法相比较。这一“入侵”是“一次越过国际边界而进行的赤裸裸的、无端的侵略行为”。北越的十三个正规作战师有十二个在南越、老挝和柬埔寨。南越的部队在地面上打，美国从空中和海上给予支援。尼克松宣布了撤军两万人的计划。他指示威廉·波特大使参加第二天的全会（由齐格勒在前一天宣布），表明我们愿意谈判。尼克松可以为我们的记录感到自豪：

到七月一日，我们可以撤出一九六九年在越南驻军的百分之九十以上。在敌人入侵之前，我们已把空袭的架次减少了一半。我们为和平提出了极为慷慨的条件。我们所拒绝的只是敌人提出的推翻南越合法政府而强行建立一个共产党独裁政权的要求。

不管我们进行的轰炸引起多少义愤，都不能抹煞这是唯一的遗留问题这一事实。尼克松被反对派看作不道德的人，他加深了反对派的仇恨，因为他重申了他所认为——以及我所同意——的基本道德问题：

我不知道今后谁来担任总统。但我确实知道，今后的历任总统会到各国去旅行，正如我为和平而出访一样。如果美国背叛了信赖我们的千百万越南人民，不论谁担任美国总统，都无权享受尊敬，也得不到尊敬，而美国如要继续发挥应有的伟大作用，帮助建立世界和平的新秩序，这种尊敬是必不可少的。对越南人民的背叛就等于是抛弃我们的道德观念，放弃我们在各国中的领导地位，招致世界处处都以强凌弱。这将是抛弃实现和平的机会。我们决不干这种事情。

以后的事态发展证明尼克松是正确的；印支各国人民的命运完全不出他之所料。反对他的人有理由对战争深感苦恼——总统和政府也有同感。但是他们应该承认，不单是他们感到苦恼，也不单是他们具有美德，他们的政府正在努力体面地处理关系到我国前途和千百万人生命的复杂问题。

河内对我们宣布撤军的答复是发动了另一次进攻，这次进攻是针对最北面的广治。（准备工作一定早在总统讲话之前就进行了。）四月二十七日，就在我同黎德寿见面前的五天，北越用这次战争中最猛烈的炮火和大量坦克发动了进攻。以后几天里，南越第三师被歼。广治于五月一日陷落，北越占领了第一个省会，该省大部分地区也大势已去。南越许多部队惊慌失措，没有秩序井然地撤退的计划，当官的先闻风而逃，南越士兵同数以千计的老百姓一起奔向顺化。北越的炮火无情地轰击难民人群。我们估计有两万人伤亡，其中很大一部分是平民。北越军队故意炮轰南逃的难民，打死了一千多名平民。事实上，逃出广治的难民这样遭伏击而被打死的人数几乎肯定多于北越声称的在八个月后（即十二月）B－52飞机轰炸河内所造成的伤亡人数*。对于北越的残暴行为，公众没有提出抗议。

尼克松越来越坐立不安。我们一直轰炸到北纬二十度，但在五月二日我同黎德寿会谈之前避免轰炸河内和海防。面对河内新的进攻，尼克松急于有所作为。四月三十日他对我说，他已“决定”取消最高级会谈，“除非问题得到解决”。同往常一样，国家安全助理的任务之一——这是尼克松所期待的——就是剔除他并不真想执行的“决定”。有一条好的经验是，总统讲的次数越多和越强调的指示，越不是认真的。霍尔德曼之所以成为不可缺少的人，就是因为他有特殊的本能，能揣摩他的反复无常的上司心里究竟在想些什么。霍尔德曼后来因执行了一些命令而遭贬黜；但有些命令他没有理睬，或者执行起来打了折扣，这是应该得到肯定的。在外交政策上，我也有这一责任。我劝尼克松在

---

* 河内电台于一九七三年一月四日宣布，轰炸十二天后初步统计的死亡人数为一千三百人。①

五月二日会谈之前坚持不要使战争升级。在四十八小时之内我们就可以了解，河内究竟是要摊牌还是要进行谈判。

四月三十日，尼克松给我送来一份长篇备忘录，命令于下周末(五月五日至七日)用B-52飞机对河内和海防进行三天轰炸，显然不顾我同黎德寿的谈判结果如何。备忘录表明，就同在我去莫斯科的时期一样，尼克松再次忧心忡忡，担心因安排秘密会谈而使北越占便宜。他再次说，除非局势好转，他决心取消最高级会谈。② 那天晚上，尼克松在得克萨斯州约翰·康纳利的农场向记者发表谈话，他警告河内说，如果它继续在南方进攻，那就要“冒很大的风险”。

五月一日，勃列日涅夫写信给尼克松，提出只要我们克制，谈判的前景将会改善。这是陈词滥调，同一九六八年为使我们停止轰炸而用的话没有什么两样，只是经过一百四十七次毫无结果的全体会议之后变得更陈旧一点而已。勃列日涅夫反其意而用之，提出只要克制，也能促进最高级会谈的前景。

尼克松从信中看出，他对河内和莫斯科勾结的所有怀疑都得到了证实。③ 然而在我看来，勃列日涅夫的干预只不过是标准的言辞。他的信没有什么威胁口气，只是谈到了轰炸对最高级会谈“气氛”的影响，没有暗示要取消最高级会谈。鉴于那天晚上我就要前往巴黎，随便推测也没有用处。我们的行动得取决于黎德寿的态度，而不是苏联说什么话。毫无疑问，如果会谈失败，就需要采取一些新的、根本性的决定。不论发生什么情况，我们已经准备好了。

五月二日秘密会谈

我同黎德寿的会谈是无情的。与当时的传言截然相反，北越人并非被人误解的可怜的改良主义派。他们是死硬的革命者，威吓周围邻国，不惜使用一切必要的武力来攫取法国在印度支那的殖民遗产。此外，根据我的经验，一旦北越人认为自己有了强有力的军事地位，他们就变得最硬——而一旦在战场上陷入困境，他们就变得最软。五月二日星期二，这一天对我们的情绪稳定是不幸的，因为黎德寿相信他处在优势地位。广治在前一天沦陷了。波来古也岌岌可危。安禄已被围困。（包围安禄证明是北越的失算，要是他们留出一条退路，守卫安禄的部队大概会像广治的部队一样逃跑，安禄就会沦陷。）黎德寿以为南越的崩溃已指日可待。河内总是强调它不怕军事压力。显然它不认为我们也不怕军事压力。

黎德寿一开始就采取攻势。他先指责美国中断秘密会谈——这真是厚颜无耻，因为恰恰是河内在三天前通知取消了十一月二十日的会谈。在那以前，他们拖了两个月不答复我们关于改期的建议，以后又几次推迟约定的会期，以配合北越的攻势。我们已决定要摊牌，加之我连夜飞越大西洋直接赶来出席会谈，又劳累又紧张，使我发了脾气："我不知道你生活在什么世界上，但是我的印象是你们推迟了秘密会谈。事实上，一位自称是你的代表的人给我们发了信，黑字就写在白纸上。"

黎德寿不肯罢休。他继续攻击说，河内的攻势实际上并不是攻势，因为这是美国挑起来的，美国是真正的侵略者。他引用起美国的批评者的言论来支持他的论点，这就导致了一场激烈的舌战：

基辛格："我不愿听美国国内人物的讲话，我已对特别顾问讲过。"

黎德寿："我想引用富布赖特参议员的一句话来向你表明美国人自己是怎么说的。"

基辛格："我们国内的讨论和你毫不相干，而且我懂得这位参议员说了什么。"

黎德寿："我想给你一点证据。这是美国人说的话，不是我们说的话。四月八日富布赖特参议员说，南越解放力量的行动是对你们破坏巴黎会议的直接答复——”

基辛格：“我已经听说过，无需作翻译。我们还是开始讨论吧。”

黎德寿：“我想引用——”

基辛格：“我已听过了。请往下谈。”

当最后开始谈判时，我陈述了我国的立场，暗示我们已同苏联讨论过这一立场：

我们今天同你们见面，原来希望你们有些建设性的话可说。要使谈判有效，需有三个条件。第一，你们的攻势必须停止。第二，必须恢复一九六八年的谅解。第三，必须进行严肃的、具体的和建设性的谈判，导致迅速结束冲突。

我们准备对最后一点作出贡献。我们愿同你们合作，为和平解决做一个良好的开端。但是我不想低估我们这次会晤时形势的严重性。你方假装准备同我们秘密会谈，同时却发动了大规模的攻势，现在你方有责任提出具体的建议。

我暂时只想说这一些。此外，我了解你们的盟友已经把我们的一些想法告诉了你们。

但是黎德寿既无具体建议，也无其他建议。他仅仅是装装样子而已。河内从没有对我们一九七一年十月十一日的建议或一九七二年一月二十五日尼克松讲话中对这项建议的修改作出任何答复。黎德寿借机搪塞，不作进一步讨论。他引用罗杰斯国务卿所说我国八点建议“并非最后通牒”的话，提出要我方从底盘谈起：“让我们看一看你们有些什么灵活性，我准备讨论你们新的灵活性，新的立场。我们知道时间对你们不利。”

美国建议包括停火、全部撤军、一个盟国的政府首脑辞职一个月后举行国际监督下的自由选举、共产党也能参加选举。对这样一个建议河内感到有哪些不足之处，连说明一下这点礼貌都从没有给过我们。这次也不给我们作任何说明。春水只是向我宣读了他们三个月以前就公布过的“两点说明”。既然这次会谈导致了一些重大的决策，需要了解一下它的调门：

基辛格：“这有什么新的东西？我已经读过，我知道它的内容。我们有什么好答复呢？我们逐条讨论过第七点和第九点。这里有什么东西是我们去年夏天没有讨论过的呢？”

春水：“这里说……(继续宣读两点说明中的第一点)。”

基辛格：“我读过了，没有必要再念了。这不是我的问题。这是我们在去年夏天讨论过的。我们在去年夏天作了详尽的答复。还需要作什么补充答复呢？”

春水：“你们没有规定你们撤军的具体日期，你们只提出一个六个月的期限。”

基辛格：“我知道你又在要求我们做去年夏天所拒绝的事(在协议外确定一个撤军的最后日期)。我是想问，你们有没有提出什么新东西需要作出补充答复。”

春水：“既然你们拒绝，我们就不得不继续提出我们的要求。你们越是拒绝，我们越要继续提我们的要求。

“两点说明的第二点是关于南越的政治问题。(他念第二点。)‘美国政府应当真正尊重南越人民的自决权。……’”

基辛格：“我读过了，我对这些文字了解得很清楚。”

春水：“但是你们没有反应。”

基辛格：“我们拒绝它，不是因为我们不懂，而是因为我们太懂了。”

春水：“既然你们仍然拒绝答复，那就表明你们还没有懂。所以如果你要我们再念一遍，我就念。”

基辛格：“不必了。”

就这样，经过这么多星期的努力而得来的我同北越人近八个月来的第一次秘密会谈，光是听河内向我宣读它的公开立场，既无说明和修改，又无谈判的意图。我说，确实是没有什么可谈的了。黎德寿的想法却不然。他认为，我太久没听他描述美国的奸诈和越南的英勇的史诗了，他现在就给我补课。我提出，开始讨论的一种办法也许是回到三月二十九日即越南发动攻势前的局面，这样我们可以结束轰炸，并撤退援军。黎德寿轻蔑地拒绝了，认为这只对我们单方面有利。我归纳了当时的情况：

特别顾问先生和部长先生，我很赞赏这次关于战争历史的谈话，但我觉得你们并不准备为迅速解决战争而进行认真的谈判。既然如此，我对于长途跋涉来开了这么简短的会议感到遗憾，我提议休会，到一方有了新的话要说时再开会……

我想十分清楚地说明，我们在二月份曾通知你们，我们准备讨论我方的八点建议，包括你方的几点建议。你们完全拒绝讨论我方的八点建议。既然你们只准备讨论你方的建议，而这些建议我们已于去年夏天就进行了探讨，那么现在已没有讨论的基础。我们已请你们对我方的建议提出反建议，但也不见下文。我们问你们的建议中有没有新东西，你们仅是向我宣读你们的建议。上星期我们已把我们希望谈些什么告诉了你们的苏联盟友，他们说他们将向你们转告。我感到难以理解的是，既然你们了解我们想讨论些什么，那为什么还要同我们见面呢？

我要绝对清楚地讲明，以免产生误解，我们准备讨论真正不预先规定南越政治前途的任何政治进程。你方建议的实际后果只是在西贡设置一个你们模式的政府，对于这种提案我们不准备讨论。去年夏天我们对你们说过，现在再说一遍。

讲到这里，春水显然认为记录还不够完备，就重申要求阮文绍立即辞职——“越快越好，如在……明天，就更好……”在他辞职后，剩下的“西贡政权”应当改变政策，取消镇压制度，放弃越南化。当我问他为什么一个越南政府要放弃越南化的政策时，他又回到了河内一成不变的组成由三方面参加的联合政府的要求，即由既无首脑、又无警察和军队的反共政府成员同中立派（是经河内同意的）和得到北越军队支持的全副武装的共产党人联合，这一联合政府再同以河内全部野战军为后盾的全副武装的越共进行谈判。这就是春水所说的“南越的真正形势”。

春水当时真是冲昏了头脑，抱怨起西贡限制报刊自由来。这又引起了一阵舌战：

基辛格：“在北越有谁能发行报纸吗？我问这，只是为了开开我的茅塞。”

春水：“越南民主共和国的制度完全不同，我们不把这种制度强加给南越。如果他们现在要我们实行像南越一样的制度，我们拒绝。”

黎德寿：“但我们认为社会民主制度是最民主的政府形式。”

既然这两位对手如此好斗，我决定利用这次机会把一桩事情确定下来，这件事引起了我国公众一年多来的争论。河内在公开场合一直制造一种军事和政治问题可以分开的印象，似乎只要我们撤军，我们的战俘就可以获释。但在同我的所有会谈中，它却一贯地完全拒绝这种想法。正如我已经指出，报界和国会不断地敦促要向这个方向努力。下面一段对话解决了这一问题：

基辛格：“去年整个夏季——你们很清楚——有一连串记者和参议

员们来访问你们。他们得到的印象是，你们只准备讨论军事解决办法。你们固然从未说得如此明确，但你们以巧妙的手法给他们留下了那种印象……

“让我简单地说明我们所要谈的问题。我们准备单就军事问题，就是撤军和战俘加在一起，重开谈判。但我的印象是，你们目前不打算谈这一问题。我想确定一下，我的理解是否正确。”

黎德寿：“你总算有了正确的理解，因为我从来也没有把这两个问题分开。我同新闻记者谈话时，没有告诉他们。报纸只是乱加猜测。”

基辛格：“但你未加以劝阻。”

黎德寿：“他们猜测得太多了。”

到此足够说明，继续会谈已没有什么意义了。同尼克松的担忧相反，黎德寿甚至都没有打算拖延时间。我们的看法已经无关紧要了；他在规定条件。他的表现似乎是认为我们的立场会一天比一天更站不住脚。河内不想利用谈判来防止美国的报复，因为它不愿使自己的行动自由受到约束。黎德寿坚持要对这次会谈的事实及其内容保守秘密——也许是为了不使我国公众获得任何进展的希望。他骄恣狂妄地交来“一些文件供你们参考”。原来这些都是每次全体会议以后北越新闻官在吹风会上经常散发的宣传材料。正当我起身要离开有史以来最短——只有三个小时——的会谈时，黎德寿把我拉到一边，以同谋者的口气说，他方的前景“良好”。

骰子已经投下去了。我曾主张在我们探索了每一条外交渠道之前不要作出全面的反应。我原认为最好先检查一下，是否已为一次大规模的打击积聚了足够的力量。我想在外交上最大限度地孤立河内。关键的是，我们的谈判记录必须是无可指责的，能顶得住今后国内的愤怒。现在毫无疑问，我们不得不摊牌了。只有用军事手段来击败北越攻势这一办法了。我们可能得到苏联对这种必要措施的默许，但在北越攻势的结果分晓之前，莫斯科显然不能或者不肯影响河内的决策。我们别无选择。也许莫斯科会取消最高级会谈。但是如果西贡在苏联武器的压力下垮了，最高级会谈就不值得召开。是应该下决心的时候了。

在北越布雷

五月二日我在从巴黎回国的路上电告白宫和西贡，敦促开始准备作关键的抉择。黑格告诉我，总统收到我的初步报告镇定自若，但也无可奈何。黑格向他转告了我的建议，在我们分析这次会谈的含义之前，请总统不要作出任何决定。我觉得我们不能因失望而感情用事，而要制订一项精密的行动计划。黑格的电报中还有一条令人沮丧的消息，顺化郊区的南越基地在敌人猛烈攻击下已经撤退。这个古都一陷落就乱了；南越可能已处于瓦解的边缘。

过了一会儿，黑格又发来一份电报。尼克松硬要下令于五月五日星期五开始用 B－52 飞机对河内进行两天的轰炸。（以前是在周末轰炸三天。）他认为这对公众舆论和南越的士气至关紧要，也是对苏联和北越发出的一个信号。尼克松再次考虑要取消最高级会谈，把这称为“两党政治”问题——意思是说这已超出了我的职权范围。黑格了解我的观点；他再次说，他已告诉尼克松要谨慎，不要“使我们既丢了最高级会谈，又达不到我们在东南亚所寻求的目的”。黑格要我在归途中考虑一下有哪些可供选择的做法。他和一架直升机将在安德鲁斯空军基地等我，把我送到华盛顿海军造船厂和“红杉号”总统游艇，在那里尼克松将商谈我们的战略。

“红杉号”显然已经不如以前漂亮了。它的下层有带顶的甲板，紧挨着的是一间墙板嵌得很厚的餐厅。楼上是晒太阳的甲板，晚饭前尼克松喜欢在那里喝点饮料散散心。发动机发出讨厌的响声，干扰餐厅的谈话。艇上的家具笨重、粗俗；墙上挂满了平淡的海上风景画。“红杉号”能够去弗农山驶一个来回；但一想到它在公海上会出什么事就会使人发抖。然而它起着一定的作用，总统可以用它来躲避白宫里的造成幽闭恐惧症的紧张气氛。因为白宫既使人兴奋，又把人囚禁起来。住处和办公室在同一楼里可以产生一种被孤立的感觉，似乎总统和他的助手们独处在风暴之中。白宫容易使生活在里面的人既过分自信又产生多疑症；因此有必要定期地从它的压力下解脱出来。“红杉号”是就近的一处庇护所；它比戴维营方便，更适于进行非正式的随便交谈。但它后来被抛弃了，真是可惜。对于那次决定命运的讨论，这条游艇是非常合适的。

尼克松作出决定的过程往往是曲折的。一般情况下，他总是以命令的形式提出主张，他希望有人对这些主张提出不同意见。直至作出最后抉择之前，他总要提出几个往往是矛盾的选择。但到作最后抉择的时刻，神经质的激动就会让位于平静和果断。在真正危机的时刻，尼克松总会进行冷静的分析。他可能会把他的顾问圈子缩小到很少几个意见同他一致的人；他一定会躲进行政办公楼里他的密室，手拿黄色拍纸本坐着，写出他的决定。他会把亲信叫来，进行没完没了的讨论，对同一些问题谈了一遍又一遍，直到人们几乎开始盼着发生某种大的灾难，以便有借口回到自己的办公室去工作。但在外交政策事务上，一旦进入这个阶段，他每次总会抓住问题的实质，采取果敢的行动，哪怕看来会危害到他的眼前的政治利益。

这一次的情况也是如此。我们围坐在“红杉号”的军官餐桌旁，我向总统和黑格描述了同黎德寿会谈的情况。这次会谈的特点不在于北越毫不妥协，甚至残忍狠心。前几次会谈也是这样的。五月二日会谈所暴露的特点是，河内自信胜利在望，连乔装谈判都不需要了。黎德寿本来可以在语气上显得和解一些，提出一些含糊的方案，这就会使我们为难，即面对取得外交突破的可能性，究竟要不要使冲突升级。比如说，提出就地停火——在共产党部队到达顺化郊区、包围安禄、威胁昆嵩和波来古的情况下——如果我们接受，就会使西贡丧失士气；如果我们拒绝，就会动摇国内的支持。黎德寿不屑采取任何策略，表明河内判断南越的溃败已经开始，我国进行报复也不能挽救局势。我们的行动必须能引起震惊，使北越停步，使南越振作。

尼克松仍热心于用 B－52 飞机在五月五日星期五对河内和海防进行轰炸。我不相信这一下子的行动就能解决我们的需要。我劝尼克松等到星期一，给我四十八小时的时间来制订一个持续行动的计划。此外，我了解艾布拉姆斯将军是反对的：他仍然想把所有的 B－52 飞机投入南方的地面战役。作出什么具体反应主要是个战术问题。但是尼克松、黑格和我一致认为应当采取一次大的军事行动，而且要在四十八小时之内就此作出决定。

尼克松最关心的是迫在眉睫的莫斯科最高级会谈。对艾森豪威尔一九六〇年的经验记忆犹新，尼克松下定决心，最高级会谈如需取消或推迟，应当由他采取主动。我认为我们没有选择的余地；我们不得不冒一切必要的危险。如果黎德寿正确，南越眼看就要崩溃，我们也就不能再去莫斯科了。当苏制坦克正在南越城市的街道上隆隆驶过，苏联的武器六个月内第二次决定性地被用来反对我们的利益时，我们不能同苏联领导人握手言欢。我已给了河内一切妥协的台阶，并给了苏联最大的鼓励以停止支持河内的攻势。现在需对这一策略进行考验。我们必须击败河内的攻势，在印度支那重新建立心理上的均衡。至于是先发制人地取消最高级会谈，还是让苏联去做决定，在我看来这件事应由尼克松来作出政治判断。

他坚持认为，如由莫斯科宣布取消最高级会谈对他来说是丢脸的事，而且可能造成政治灾难；如果不得不取消，那必须由我们自己来取消。他下令准备对北越进行一系列严厉报复的军事措施；由于我对他说，这很可能促使苏联取消最高级会谈，他就指示我，在假定他对莫斯科先发制人的基础上制订计划。在下一周初他将向全国发表讲话，解释他最后决定采取的军事行动，并宣布他取消最高级会谈。但是限制战略武器会谈将继续进行；协议可由低一级的官员用低调的方式来签署。决定命运的“红杉号”会议就这样结束了。

我们的第一个行动是警告苏联领导人，我们正在作出重大的决定。五月三日，由索南费尔特、洛德和我起草的一封总统的信送给了勃列日涅夫，通知他我同黎德寿的会谈毫无成果。信中对勃列日涅夫说，我们看来，河内试图强迫我们接受等于是投降的条件。这是我们不能允许的。我们在得到巴黎会谈的经验之后，不会再提出新的建议；从河内的行为来看，没有理由相信新的建议会有积极的效果。信中还谈到了就要作出的“决定”。这封信暗示，苏联至少应负部分责任。信中还冷冰冰地要勃列日涅夫紧急地“对形势作出估计”。

五月三日的其他时间被用来制订军事计划，其中包括对二十度以北的各种程度的空袭。尼克松和我深夜在林肯起居室一起研究这些选择，但没做任何决定。霍尔德曼也参加了其中的几次讨论。他对军事行动没有什么看法，但强烈反对我们取消最高级会谈，并把这个意见说了出来。他认为采取主动没有好处；相反只会使总统显得感情用事而有损他的形象。尼克松建议霍尔德曼和我征求一下约翰·康纳利的意见。

五月四日星期四中午，我们前往财政部拜访康纳利。财政部长的办公室不像三十年代建造的如内政、商务和司法部等内阁办公室那种墨索里尼式的大而无当，也没有地方公司那种特大的董事会会议室的气氛，而国务卿办公室自一九四七年以来的景况就一直如此。财政部长的办公室很雅致，大小适中。安德鲁·杰克逊正是在这里用他的手杖一点，解决了关于财政部办公楼定位问题的争论，从此永远隔断了白宫与国会山之间的视线，也破坏了朗方* 对华盛顿街道安排的精心设计。

霍尔德曼和我坐在一张沙发上，康纳利坐在我们对面的一张安乐椅

* 朗方(L'Enfant)，建筑师。——译注

上。他眯眼斜视，这是他在估量一种挑战时的习惯。我们解释说，总统决心恢复对河内、海防地区的轰炸，首先进行三天B－52轰炸机的袭击，并已决定在莫斯科可能采取行动前首先宣布取消最高级会谈。霍尔德曼说他不赞成取消最高级会谈。康纳利用大嗓门支持霍尔德曼的意见。他不愿听到取消最高级会谈，这在同内不会给我们带来什么好处。无论取消还是不取消，我们都会被指责威胁东西方关系；假如我们首元宣布取消，那么在通常的连珠炮似的批评外还会增添对我们鲁莽从事的指责。我们应做我们认为必要的事情，把难题踢给苏联，这一切都是苏联的武器闯的祸。无论如何，康纳利认为苏联还不一定会取消最高级会谈。

康纳利一说，我就知道他是对的。一个月来，我一直在推行一种策略，用最高级会谈成功的前景来诱使苏联默许我们的军事行动；既然事情已做到这种地步，对我们辛勤劳动的功效连试也不试，那是没有道理的。我原来附和尼克松的初步决定，是尊重他对国内政治后果的了解比我高明。但当被公认为政府中最出色的政治智囊的这位内阁成员认为取消最高级会谈会有损我们在国内的地位时，我惭愧地认识到，在“红杉号”上我犯下了作为总统助理的极大过失：同意一些论点，仅仅因为它们合总统的口味。我的义务是用毫不含糊的语言对我所负责的事务提出意见。显然，在“红杉号”上我没有从外交政策的角度来反对取消最高级会谈。事实上，我的莫斯科之行的主要目的本来就是把取消最高级会谈的责任推到苏联身上，尽可能使苏联难以取消。康纳利的坚定立场给了我一次改正错误的机会。

康纳利的第二个贡献是强调指出，我们不仅不应取消最高级会谈，而且不应因为担心苏联会取消就不做我们认为该做的事。我们不论采取什么措施都得果敢，向苏联挑战，只要我们不瞻前顾后、缩手缩脚，实际上会更安全。他说，主要问题在于，什么是最有效的军事反应。这也一针见血。政府的讨论太集中在小事上了。但好的答复往往不如好的问题。顾问所能作的最大贡献就是要指出中心问题。康纳利做到了这一点。

我对康纳利说，我们需要采取这样一种军事步骤，能立即使河内受到足够的震动，改变越南事态发展的方向，同时要能承受得住美国公众舆论的批评。用B-52飞机对河内和海防进行三天轰炸能引起震动，但时间太短了。从长远的观点来看，它也可能被由此而产生的国内公众抗议所抵消；对批评者来说这会是天赐良机。（而且还得说服不赞成这一做法的艾布拉姆斯将军，虽然他的空军力量已扩充到大大超过他所建议的程度，但他仍然坚持需要把他的全部力量用于在南越的关键战役。）我所倾向的策略是采用我手下的工作人员在一九六九年首先制定并由黑格于四月六日再次提出的计划：以布雷来封锁北越。

我赞成封锁，因为这可以迫使河内节约物资，这样就可以至少在通过中国建立可靠的新的陆地路线之前放慢进攻速度。由于大部分物资供给是苏联的，要做到这点并不容易。我更赞成布雷，因为这样可以一劳永逸；不需三番五次地派截击舰艇去搞对抗。虽然从正面阻击攻势的任务仍需由在南越的部队来担当，一旦敌人在南方的供给枯竭，布雷就会对谈判产生强大的压力。我同意需对二十度以北进行轰炸，包括河内和海防，特别是集中轰炸同中国的公路和铁路联系，河内将试图依靠这些公路和铁路的联系来战胜封锁。但应当由战斗轰炸机来进行不断的轰炸，而不是由B-52轰炸机来进行戏剧性的轰炸。

我同康纳利谈完后，就立即到椭圆办公室把这些论点向尼克松作了报告。尼克松欣然接受，这说明尽管原来虚张声势地作出了取消最高级会谈的“决定”，尼克松内心是很不愿意作这样的决定的。他安排下午三点钟召开会议；仅由他、黑格、霍尔德曼和我四人参加。同时我向穆勒海军上将了解参谋长联席会议对布雷有什么看法以及何时可以进行布雷。穆勒的积极性很高，他在六十年代就一再建议过布雷。他还参加制订过一九六九年“鸭钩行动”的计划，四月初黑格还就此征询过他的意见。他认为在印支时间五月九日（华盛顿时间五月八日晚上）就可进行布雷。

我们按预定时间在行政办公楼尼克松的密室碰头时，总统情绪很好，沉着冷静，采取分析的态度。激动的唯一征象是，他不像往常那样靠在安乐椅上，把脚搁在小沙发上，而是在房间里走来走去，拿烟斗做着各种手势，偶尔喷出团团烟雾。我过去从未见过他有这种举动——然而这仅是我的首长的无穷无尽的惊人举动中的一例。从某一方面来说，他正在扮演麦克阿瑟的角色，在另一方面，他正在下狠心作出事关他政治前途的决定。撇开演戏这方面不说，他的态度干脆、果断，他的提问是有头脑和一针见血的。他想了解，为什么布雷比海军封锁的办法好。我回答说，主要的好处在于只要作一次决定；雷布好后就没事了，直到它们自动失灵，这通常要在四个月之后。与此相反，封锁则每天都会引起同苏联的对抗。每拦阻一条船，古巴导弹危机的老戏就要重演一次；我们一次又一次地挑衅，苏联也会对此作出回应，这大概还要出现在电视上。某种疏忽或借口引起严重事件的危险性太大了。

有趣的是，尼克松没有再提取消最高级会谈的问题。不管他是被康纳利的主张说服了，还是由于他自己长期来渴望完成艾森豪威尔访问莫斯科的计划，他着手采取比以往任何时候所考虑的都要强硬得多的军事反应，同时却愿意把取消最高级会谈的责任推给苏联。尼克松当机立断，决定在北越港口布雷。他将在五月八日星期一晚向全国发表讲话，或者在此后布雷尽早可以实现的时候。他将于星期一上午召开国家安全委员会会议，使他的顾问们有机会发表他们的意见。最高级会谈则让苏联去决定。

这是尼克松任总统期间最英勇的时刻之一。他本来可以听从得到国防部长支持的前线指挥官的意见，在南越战场上全力以赴。这大概能使他在选举中免遭失败，但在年终要面临几乎同样的问题而又没有谈判解决的前景。他本来可以像大多数领袖那样临时应付，把南越的垮台归咎于事态发展失去了控制。他本来可以一心扑在最高级会谈上，利用最高级会谈来掩盖他的越南政策的失败。但是尼克松没有这样做。这一年正值大选，他却甘冒政治前途的风险，采取大多数内阁成员都表示怀疑的方针。他宁可放弃最高级会谈，因为他不愿在苏联武器造成的失败之中前往莫斯科。他坚持要有一个体面的撤军，因为他相信越南战后世界的稳定将取决于此。他的各条意见都是正确的。

我们无需继续隐瞒很快就要作出重大决策；这些决策愈不出人意料，莫斯科作出鲁莽反应的可能性愈小。五月四日，在巴黎举行了成为常例的全体会议，这些会议仅在前一星期恢复。会议结束时，波特大使奉命拒绝确定下次会议的时间，理由是“现有的各种渠道都无进展”。五月五日，河内违背了自己原来所坚持的保密协议，透露说黎德寿和我曾于五月二日见面。河内没有说明会谈的情况，也没有透露我拒绝了再次会谈。相反却散布谣言，说我已同意组织联合政府。这种赤裸裸的两面派做法只能被解释为试图搞心理战，制造假象，使西贡进一步丧失士气。这种手段实在太明显、太卑鄙了。然而聪明反被聪明误，我们正好利用河内在五月二日会谈中的顽固态度来说明现在不可避免地要采取行动。我们劝阮文绍对河内不予置理；我们方针已定，不会受干扰。他可以用他认为合适的任何方式来驳斥关于联合政府的谣言。

我手下的工作人员和我承担了通常是由华盛顿特别行动小组负责的制订计划的任务。我们通知了各有关的内阁成员，但为了防止泄密，总统不愿在五月八日的国家安全委员会会议之前安排任何部门间的活动。我分别征求了一些部门领导人的意见。穆勒很积极，他全速制订计划。布雷可在华盛顿时间五月八日晚上开始。莱尔德持反对态度，他认为决战地点在南越；布雷对战场的作用为时过晚，不能影响北越的攻势。（我同意这一看法，但我关心的是河内在攻势以后的行动。）他还认为北越会以陆路运输来代替海上运输。罗杰斯正在欧洲，他被叫回参加五月八日的国家安全委员会会议。我预料他的朋友们不会赞成总统的决策。赫尔姆斯毫不含糊地表示反对。中央情报局的分析部门从来不是像后来新闻界和国会调查人员所说的激进的冷战英雄，他们一般反映了政府中最自由派的思想。他们早就对越南放弃希望了，他们倾向于认为一切都是徒劳的。至少他们知道，如果作乐观估计，结果估错了，他们就会遭受巨大的损失。如果作出悲观的估计，他们就不要冒多大风险。他们现在对莱尔德的建议提供了分析性的论据。他们说，河内将会以陆路代替海上进口，使用中国南部同北越铁路系统连接的一个港口，或纵贯整个中国进行陆上运输。

尽管我对赫尔姆斯怀有敬意和好感，但我认为这是无稽之谈。我们的估计是，河内通过海防港接受二百一十万吨的物资供应，其中包括它使用的全部石油。铁路目前只运载三十万吨，即海防港总量的七分之一。把其余七分之六的供给转移路线，即使可行，也需要时间，何况这还涉及苏联和中国的政治决策。中国不信任苏联，这是我亲眼看到的，我不认为中国的海港或铁路系统会自动提供给莫斯科使用。在我看来，一套以敖德萨、摩尔曼斯克和海参崴为基地的复杂的海上后勤系统要改成穿越一个不友好的国家用铁路运输，并不那么简单。在陆地上没有输油管，要把石油运输几千英里将是艰巨的事，至少也得几个月的时间，同时河内的物资将日益减少。我们于是继续制订我们的计划。

五月五日，我再次对多勃雷宁强调，正在制订重大决策。我对多勃雷宁说，总统没有发怒，他正在冷静和深思熟虑地准备行动。我们不再要求莫斯科做任何事情。我们将照顾自己的需要。我们只要求莫斯科理解迫使我们到达这种境地的客观情况。

五月六日，我尽力避免在老挝行动中犯过的错误，即没有准备好足够的力量就试图发动大的袭击。为确保我们在西贡的司令部对总统的决心不致产生误会，我给邦克大使发了一份密电：

用最坦率的语言说，我们对折衷办法不感兴趣；我们要向河内显示，我们当真不是开玩笑，我们要给予这样一种打击，使他们遇到最大的困难，对于应当如何对付我们的报复行动茫然不知所措。

无论你还是艾布拉姆斯将军的心中不应有丝毫的疑问，我们要在这次行动中投入必要的力量。如果你们判断，在北方的行动中需投入的力量使你们认为在南方也需要更多的空军以应付战术紧急状况，那么你们应当迅速提出来，我们将给你们派去。

艾布拉姆斯通过邦克答复说，他的力量已足够——这在美国军事领导人中还是独一无二的。其他军事领导人对增加军力的要求常常是贪得无厌的，至少一旦因没有增援而失败，也好作为一种挡箭牌。当然，艾布拉姆斯已在最近接受了总统的大量和出乎意料的赠与。尽管五角大楼的文官方面有相当多的反对，但他未经申请就得到了增援的五十六架B－52轰炸机，三艘航空母舰和一百二十九架F－4鬼怪式喷气机。另外还有七十二架鬼怪式飞机正在途中。邦克补充了他本人对总统的勇气的赞赏。

我同多勃雷宁的谈话促使勃列日涅夫对尼克松总统五月三日的信作出了迅速的答复。五月六日星期六下午，多勃雷宁交来一封信，其特点是同当时的真实形势几乎毫不相干。勃列日涅夫不顾一切事实，硬说我们对同黎德寿会谈的“悲观情绪”是“没有根据的”。根据卡图谢夫对河内访问的情况，他可以向我们担保，北越准备寻求政治解决。他随即补充说，当然这需要有一个联合政府。换句话说，我们只要接受河内的条件就可以有和平。对于这一点，没有勃列日涅夫我们也能领悟。勃列日涅夫粗暴地提到《五角大楼文件》，说这是河内不相信美国的行动和意图的理由之一——这一失礼很难不引起尼克松的强烈反应。勃列日涅夫提醒我们不要对河内施加军事压力，暗示这会对和平和苏美关系“带来严重的后果”。勃列日涅夫劝我们要“克制”，不要坐失通过谈判解决战争的“机会”。但他表明莫斯科不会卷入外交，问题得在华盛顿和河内之间解决。

勃列日涅夫的信更加强了我们的决心。他没有威胁要作出任何具体的反应。他所预见到的对和平的威胁讲得很抽象，而且说是“不以我们的愿望为转移”。无论如何，美国不能因为苏联模糊的预言和没有明说的威胁而耽误行动。我们到行动之后才对这封信作出答复。

为确保我们已考虑到了一切可能性，我在五月六日星期六的当天下午就同我手下的专家们碰头：我的副手艾尔·黑格、苏联问题专家哈尔·索南费尔特、亚洲和越南问题专家约翰·霍尔德里奇和约翰·内格罗庞特、理查德·肯尼迪、温斯顿·洛德以及乔纳森·豪司令官。此外，我邀请了中央情报局的首席越南问题专家乔治·卡弗。这是一次各方面人士的集会：有外交官、军官、中央情报局的一位代表以及几名无官职的专家。但他们对越南战争的看法各不相同，敢于讲话。我们对总统决策的可能后果展开了辩论。苏联问题专家索南费尔特认为苏联会取消最高级会谈。中国问题专家霍尔德里奇预料北京会冻结同我们不重要的民间往来以外的一切关系。内格罗庞特争辩说，这会对南越产生戏剧般的良好影响。卡弗重复了中央情报局的分析，认为陆路运输线将能代替海上的进口。

我把赞成和反对这种行动的意见作了小结。赞成的意见认为，北越已面临很严重的困难，现在又得应付新的压力，但人力物力却十分有限。进行布雷能动摇河内认为时间对它有利的信念，提高南越的士气，可以为我们在争取交还战俘的讨价还价中增加一枚筹码，可能加速谈判的进展，可以恢复心理上的对苏平衡，从而使最高级会谈可能举行。反对的意见认为，假如我们尽最大的努力也不能挽救南越垮台的命运，那么投入的美国威信的赌注越大，遭受的失败就越严重。取消最高级会谈以及一切正趋成熟的协议，包括限制战略武器会谈，可在预料之中。同北京的关系将会冷淡。国内也会有新的骚动，这可能使河内变得更加顽固。

我作了小结以后就征求每个与会者的建议。温斯顿·洛德反对我们的行动，他认为将得不偿失。其他人的一致意见是干。还有一个一致的意见是，要干的话，就要干得“彻底”，我们反正准备付出国内的代价，因此我们不如力争成功。

同时，越南战场上出现了暂时的平静。安禄仍被围困，北越仍在向前运送物资，准备进攻顺化和昆嵩。这更使我们坚定信心，要在暴风雨再次到来之前采取行动，为西贡撑腰打气。

星期天忙于国家安全委员会会议的准备工作。同两年前在柬埔寨采取行动时相反，这次不是一种歇斯底里的气氛，而是沉着和坚定。我向温斯顿·洛德承认，我们三年来所作的耐心努力有可能毁于二十分钟的讲话。但是我们没有办法。我们在越南被苏联的武器打败而同时看着总统去同勃列日涅夫干杯，这是那些在越南冒险或阵亡的将士们在美国的父母所无法理解的。最好还是立场坚定，赢得尊敬，以后再收拾残局。洛德和我把春光明媚的一天花在戴维营同总统一道赶写他准备在第二天晚上发表的讲话。像往常一样，越临近上电视，尼克松就越精神紧张。虽然每一次公开露面都使他胆怯紧张，但一旦当他逾越了心理上的障碍而作出决定时，准备的势头就开始了。虽然从技术上来说，行动决定还有待于第二天上午的国家安全委员会会议来作，但讲话稿每修改一次就使得结果更加确定了。

第二天，五月八日星期一，国家安全委员会在总统的做法所造成的不正常气氛中召开。出席的人都知道，他几乎已经作出了最后决断。因此，他们更关心的不是讨论问题，而是各自考虑如何对付肯定会爆发的公众的喧哗。尼克松是背水一战，精神抖擞：他直截了当，开门见山，一点都没有他在平时遇到反对时躲躲闪闪的那种作风。他首先作了长篇大论的独白，强调他决心不让南越陷落。他相信“最高级会谈举行不成了”——不论我们采取什么方针。如果我们采取强硬行动，就会“危害”最高级会谈；如果我们无所事事，越南崩溃，他也就去不成。

穆勒海军上将介绍了布雷计划和空袭掐断铁路的战役。赫尔姆斯介绍了情报估计。中央情报局经分析认为，莫斯科“几乎肯定会取消最高级会谈”，也可能对柏林施加压力。中国“大概”会像在美国一九六八年轰炸以前派出九万名支援部队一样给河内提供直接的援助。陆路将有效地取代海路。赫尔姆斯最后作了一个不确定的预言，说河内将等待军事考验的结果出来以后再决定自己的行动。（虽然不太有启发性，这却是讨论中唯一正确的预见。）莱尔德争辩说，最关键的物资供给来自铁路，无论如何，北越有四五个月的库存储备。他表示相信，南越“能顶得住。顺化可能失陷，但境况不会像一九六八年那么坏”。他的结论是，布雷和空袭铁路的战役没有必要。从财政预算的角度出发，省钱的解决办法是给南越多送些设备。尼克松突然插问：“要是我们错了呢？要是越南陷落呢？我们怎么办？你没有考虑我们政策的风险。”

约翰·康纳利和阿格纽副总统完全否定莱尔德的分析。阿格纽毫不含糊地认为，我们决不能让南越垮台，否则在国际上会产生灾难性的后果，特别是在中东和印度洋周围。我们“讲话冲动”，“自己捆住了自己的手”，总统确实没有其他的选择。康纳利表示赞同：“要是越南失败，总统先生，你就什么也没有了。”

罗杰斯模棱两可，既同意南越的失败将是“我们政策的灾难”，但又指出，拟议中的行动也许不会有效果，只能使我们的问题更加复杂。我们必须靠军方来判断这会有多大的效果。另一方面，难道我们不能再等几个星期，而非得破坏最高级会谈不可吗？换句话说，如果行动成功，他就赞成，如果失败，他就反对。他安慰总统说，即使我们一事不做，丢了南越，美国人民也会支持总统，因为他们知道总统已尽了一切可能。康纳利强烈反对这个主张。越南的垮台会使总统的整个外交政策名誉扫地，任何借口都不会被人们所接受。

接着我们讨论了如果我们采取行动，最高级会谈的前景将会如何的问题。我发表看法说，“苏联取消最高级会谈的可能性超过百分之五十”。康纳利认为不一定。他认为，不管怎样，由苏联取消比由我们取消好。

然后我对贬低布雷作用的分析进行答复。北越将不得不为原从海上进口的二百一十多万吨物资另找路子。西哈努克港已关闭。他们担心我们的空袭，只能在夜晚使用铁路：“你不能搬弄这些数字而不作出更好的分析。说起来很简单，他们有四个月的(储备)能力，可以全力以赴，结束战争，但结束时他们将精疲力竭……有一点可以肯定，他们不会耗尽自己的供给。”

尼克松作总结说：

真正的问题在于，美国人是否还想有所作为……照《时代》周刊、《华盛顿邮报》、《纽约时报》和三大电视网的观点，你可以说美国已经干够了。“让我们脱身吧；让我们同俄国作成交易，缩回家来吧。”美国就不再是一个军事和外交强国了。如果发生这种情况，美国就会向内看，自顾自，退出国际舞台。世界上每个非共产党国家将生活在恐怖之中。如果美国足够强大，并且愿意运用自己的力量，那么就可保存半个非共产主义的世界，而不让全球赤化。

会议开了三小时二十分钟，于十二点二十分结束。尼克松宣布，他将在两点钟作出决定——按穆勒的说法，如果要使布雷和总统发表讲话同时进行，这是发布“执行”命令的最后时刻了。尼克松叫康纳利和我立即到椭圆办公室去见他。他问我们，国家安全委员会会议上有没有发生什么改变我们主意的情况。我们两人都对他说，讨论更加强了我们按计划行事的信念。尼克松冷静地说，他将这样做。我应在两点钟把必要的文件带到他在行政办公楼的密室里去。

我到达时，霍尔德曼已经在那里了。我还没有把命令交给尼克松，他就对我说，霍尔德曼提出了新的问题，我应当听一听。使我诧异的是，霍尔德曼讲述了拟议中的行动会对公众舆论以及总统在民意测验中的地位产生极坏的影响。要是总统因此而被击败，我们就会丧失一切。我热烈维护原来的决定，几天来我们孜孜不倦地重复的理由仍然有效。还要考虑到，如果总统临阵退却——已向所有主要的盟国吹了风——他的领导地位就有危险，西贡也会惊慌失措。当尼克松上盥洗室时，我对霍尔德曼大发雷霆，他从未在实质性问题上瞎管闲事，我责备他在这样的危机时刻进行干扰。在别无其他选择的时候，他的职责是要给总统鼓气，而不是用总统所不了解的问题来使他激动。霍尔德曼不好意思地憨笑，他的态度说明，是尼克松鼓励他讲这段话的。我已对我这位复杂的领导人的许多鬼把戏司空见惯；但这一招却使我无法理解——直到后来揭露了录音带的事才使我想起可能有一种动机：尼克松要把我对这次行动的支持毫不含糊地记录在案，以免可恶的“乔治城社交集团”又像在柬埔寨问题上一样试图把他和我区别开来。是也罢，不是也罢，尼克松从盥洗室回来，二话没说，就在执行命令上签了字。

悬而未决的最高级会谈

我立即向兴高采烈的穆勒传达了命令。这正是他五年来一直提议要做的事情。他保证老挝发生的情况不会重演；不会因为军方投入物资或注意力不足而使这次努力失败。我给各部门的主要负责人打了电话。就像历次面临大事一样，他们对未定阶段的结束感到如释重负。（当然有几个人已为避免因失败而遭指责作好了准备。）根据以往的经验，我知道不管莱尔德在会上的态度如何，他总会坚决地、想方设法地维护和执行决定。罗杰斯会少出头露面。赫尔姆斯会显示他搞情报的英雄本色。后来情况果真如此。

星期天我花了近一个小时，同亚历克斯·约翰逊一道制订必要的方案：何时何人通知哪个国家。我的办公室将负责苏联和中国；国务院将负责所有其他国家。这次一反常例，我在总统发表讲话前不搞记者吹风会；让总统的讲话本身去表态。我将在第二天举行正式的记者招待会，对所作的决定进行解释。轮到在越南问题上接受激烈的责问，谁也不想同白宫争出风头；其他部门巴不得由我们来接受公众不可避免的责难。总统将在晚上八点给国会领导人吹风。我在同一时间接见多勃雷宁。彼得·罗德曼将前往纽约，通知中国驻联合国的代表团。

这些准备工作就绪后，一切都很宁静。我坐在办公室里，心想今后几天将决定我们外交政策乃至尼克松政府的命运。我感到自己好像个拳击运动员，在争夺冠军赛前的几小时无法再提高自己获胜的机会。为了缓和一下紧张的情绪，我把大部分间歇时间用来给朋友们打电话，闲谈私事，他们对我这种不常有的关怀一定感到惊讶。后来，他们之中有些人赞扬我“镇静”。他们实在是过奖了。我是个宿命论者；他们不知不觉地给了我极大的帮助，帮我消磨了时间，使我感到温暖。当风暴来临时，这种温暖是不常会有的，而这种温暖将帮助我承受今后的考验。有一两个人，他们让我得到了对友好关系的最后一瞥，这种关系不久以后就永远断绝了。

晚上八点半，沉寂结束了。总统给国会领导人吹风时，④我会见了多勃雷宁，我是把他从饭桌上叫来的。多勃雷宁是个十足的职业外交家，在平时他表现亲热，以使外交交涉轻松顺利，但一到危急时刻，他一点不讲情面。他先开腔对我说，每次我在一篇讲话以前见他，他就知道不会有好消息。我打趣说，危机时刻他常常不在城里，而让伏龙索夫首当其冲；显然这次我们把他措手不及地逮住了。我交给他一封尼克松给勃列日涅夫的信。信的语气既坚定又温和，指出勃列日涅夫五月六日的信没有改变时局，实际上肯定了时局。没有任何细微的迹象表明河内将停止进攻并在可接受的基础上重新谈判。信中接着概述了总统将要在讲话中宣布的措施，还提出了结束封锁和轰炸的条件：停止攻势；实现国际监督下的就地停火（这样就放弃了我于四月提出的北越须撤回在三月二十九日以后进入南越的部队的要求）；以及四个月内美国从越南撤出全部军队。（这比我们原先提出六个月内撤出的立场又进了一步。）

尼克松的信采用了我四月份莫斯科之行所用的同样策略：给最高级会谈描绘出成功的前景，以鼓励苏联克制。信中以引诱的手法总结了限制战略武器会谈、原则宣言和扩大贸易方面达成的协议，并雄辩地谈到“我们即将会见”可能取得的成就。尼克松在信的末尾暗示赞扬苏联领导人可能具有高尚的情感，并呼吁他们发扬这种情感：

最后，总书记先生，让我对你说，这是一个发扬政治家风度的时刻。此时此刻，如果我们共同努力，就能结束越南冲突长期以来对我们两国关系和世界和平所产生的不良影响。我随时准备和你一道立即实现双方都不丢脸而造福于有关各国人民的和平。我知道，我们在一起是有能力做到这一点的。

经过几个星期的来回反复之后，尼克松的信就这样表明我方愿意按计划举行最高级会谈。现在责任落到了勃列日涅夫的肩上，就看他是否准备取消了。

多勃雷宁很严肃认真。他询问封锁意味着什么具体措施。他仅有一次失去冷静，那就是当我问他，如果苏联在埃及的一万五千名士兵眼看就要遭到被以色列俘虏时，苏联将会有什么反应。多勃雷宁变得出奇地激动，透露了一些他本不打算说的话：“首先，我们从不把部队派到他们不能自卫的地方去。其次，要是以色列人威胁我们，我们在两天之内就把他们消灭干净。我可以向你担保，我们有这种防备万一的计划。”他的脾气很快缓和下来了。我相信他一直真诚地致力于改善苏美关系（在苏联全球利益的框框之内），现在眼看几年来的努力将毁于一旦，他的失望情绪是可以理解的。多勃雷宁提出要一份总统的讲话稿。由于尼克松直到最后还在进行修改，因此在讲话前半小时稿子还在打字。多勃雷宁根本不信。他说，我对于他能保密十五分钟都不信任，实在令人伤心。最后送来了一份副本。多勃雷宁指出，其中有一句提到我同黎德寿五月二日的会谈是得到苏联的鼓励的，莫斯科对此会感到很不舒服。我告退几分钟前往椭圆办公室，那里已经挤满了摄影机和技师。我在旁边的一个小办公室同尼克松见面。他同意删去这句得罪人的话。幸好，龙·齐格勒设法及时修改了要散发给记者的文本。当我告诉多勃雷宁时，他无可奈何地说，在同我国政府的交道中，他总算做了一点事。

作为个人的谈话，他对莫斯科会作出什么反应表示悲观。他说，他了解尼克松，我们对五月二日会谈的反应并不使他感到吃惊，虽然这一具体行动是他所没有料到的。苏联很可能有激烈的反应；遗憾的是我们已成功在望。鉴于苏联作出决定的方式，政治局一旦通过新的更为敌意的政策，就难以改变；美苏关系可能进入一段很长的冷淡时期。我回答说，在我的四月莫斯科之行以后，苏联政治局本不该误解，五月二日会谈的失败一定会导致美国的激烈反应。多勃雷宁阴郁地表示同意。但这总是一件遗憾的事；他在华盛顿任职期间，我们已取得比过去任何时候都更为密切的谅解。

晚上九点，尼克松向全国发表讲话。讲话的最初几稿，原带有同总统宣布打进柬埔寨那次讲话一样尖锐和世界末日似的语调。到星期天晚上，洛德和我——同考虑非常周密的白宫演说撰稿人约翰·安德鲁斯一起——又改写了一遍。现在讲话的语调中难过多于愤怒。讲话中给河内和莫斯科都留下了出路。尼克松讲话沉着有力，他强调，我们不能接受河内的条件，但仍希望通过谈判解决问题。他追述了我们最近谈判努力的前后经过：我的四月莫斯科之行，五月二日同黎德寿的令人失望的会谈。他重申愿意解决战争。但北越“傲慢地拒绝谈判，一味强加于人”。因此，制止屠杀的唯一办法是“不让北越的国际亡命之徒获得杀人武器”。他列举了他正采取的军事行动；他说明了他在给勃列日涅夫的信中概述的我国的谈判立场。

事实上，这是我们提出的最迁就对方的条件：就地停火、释放战俘、四个月内撤出全部美军。撤军的期限是最短不过的了。就地停火的建议意味着美国将停止轰炸，而河内则可以保留在攻势中所得到的全部好处。我们保证以全部撤军来换取停火和归还战俘。尼克松以同信中相似的话公开对勃列日涅夫说：

近几个月来，我们两国已在谈判中取得重大的进展。我们接近于就限制核武器、贸易和其他许多问题达成重大协议。

让我们不要退回到前一时期的阴影中去。我们不要求你们牺牲自己的原则或朋友，但你们也不应允许河内顽固地抹煞我们一起为此耐心培育出来的前景。

我们美苏两国正在门槛前，即将进入一种新的关系，这种关系不仅有利于我们两国，而且有利于世界和平的事业。我们准备继续建立这种关系。如果我们做不到，责任就在你方。

同一天晚上，彼得·罗德曼向在纽约的中国驻联合国代表团递交了尼克松给周恩来的一封信。黄华大使脸色忧郁地读了这封信，但未作评论；信的内容并没妨碍他作一些愉快的闲谈，并请罗德曼喝了几杯茉莉花茶。尼克松在给周恩来的信中说，我们的谈判建议是公正的，提醒他我们曾一再警告，我们将对敌人的攻势作出强烈的反应。信上还尖锐而有预见地提到苏联，提醒周恩来，“想在印度支那长期待下去的不是美国”。信中表示希望，这次危机不会干扰美中关系的进展：

过去三年来，中华人民共和国和美国耐心地打开了建立在两国深远利益基础上的新关系。我们目前面临一个重要的抉择。我们必须考虑一个小国的短期利益——它的所有合理的目标都如此显然地能得到实现——是否可以被允许用来威胁我们已经取得的所有进展。我希望，在一时的激情冷下来之后，我们能集中精力于长期的利益。

第二天上午，我在白宫东大厅向记者吹风。这类解释固然对我国公众很重要，但它们也起重大的外交作用。每一次讲话都是为了劝告莫斯科和北京默许我们的行动，以便孤立河内，推动它进行有意义的谈判。我们最关心的当然是最高级会谈，现在为期已不到两周了。我采取了“一切照常”的姿态。我解释说，我们还未得到——也不可能得到——莫斯科的答复，但我们正“继续为最高级会谈做准备，从目前来看，我方无需推迟最高级会谈”。我们认识到，苏联领导人要作出决定“在短期内还有困难”，但是我方仍然认为，东西方关系中出现一个新时期是有可能的。由于我不想使苏联人为难，我回避直接回答关于我在访问莫斯科时有没有警告勃列日涅夫我们要采取行动的问题，我只是说，在我访问之后，苏联领导人不可能再“误解，如果攻势继续下去，会引起多么严重的关注”。最后，我向河内发出呼吁：

且不说在目前的状况下举行真正全面的秘密会谈的可能性有多大，我们相信，结束战争的最有效和最可靠的办法是通过谈判。我们敬重黎德寿是越方的严肃的和忠实的发言人。任何时候他准备讨论符合我们的原则的方案时，我们就准备同他恢复谈判。我们也将尽一切努力来理解他的观点。

一时间，国会和新闻机构的愤怒淹没了这些说明和发出的信息。参议员威廉·普罗克斯迈尔斥责总统的行动是“鲁莽和错误的”。参议员迈克·曼斯菲尔德认为我们的决策将会拖延战争。参议员乔治·麦戈文要求国会采取行动：“再也不能让总统在印支问题上随心所欲了……全国人民不能忍受这种情况。国会决不允许它。……西贡政权已不值得为之再牺牲哪怕是一个美国人的生命。”参议员埃德蒙·马斯基认为总统是"危害美国重大的安全利益"。参议员弗兰克·丘奇也谴责这次行动。但他和很少几个人承认我们已为谈判提出重大的建议："有一点被忽略了，即在同一讲话中，他（尼克松）提出了实现和平的建议，这个建议需要得到更密切的重视，不仅是我们国会，而且河内和莫斯科都应给予重视……"⑤

新闻机构几乎是异口同声地怒斥。《纽约时报》的最初反应是在意料之中的："如果一场新的美苏危机阻碍了实质上已在赫尔辛基谈定的限制战略武器协议，那么其对世界和平的威胁甚至要超过我们在越南面临的许多危险。"⑥经过进一步思考之后，《时报》决定加大嗓门，斥责总统进行"绝望的赌博"。《时报》呼吁国会切断一切从事战争的资金，"挽救总统免受自己之害，也挽救国家免受灾难"。《华盛顿邮报》宣称，尼克松"已同现实世界隔绝……莫斯科最高级会谈举行的可能性只有一半，甚至可能已被取消……这一灰暗情景中唯一使人宽慰的是，尼克松先生任职就要期满，美国人民不久就可以有机会对他的政策作出直接裁判"。甚至连《基督教科学箴言报》也觉得"这一决定是否明智和正确是大可怀疑的"。《波士顿环球报》承认尼克松的和平条件可算是"我国迄今最合情合理的建议"。但《环球报》就对于莫斯科的危险挑战写道："在某种程度上，这似乎比我们卷入越战本身更加不道德。"⑦

五月十日，以前在我手下工作过的九名职员签署了一封对我的抗议信。虽然他们同我相处都只不过几个月的时间，而且是在两三年以前，他们不惜利用同我的关系来出风头。在一封被广为宣传的信件中，他们以各种理由来攻击布雷和轰炸——不顾"常识"，总统的行动"危害了"缓和与军备管制，显然是"危险和大概会无效"。这一行动被认为是"毫无成效"、"馊主意"、"双料地骇人听闻"、"危险而虚伪"。

如果批评者多看一看事实，少发一点个人怨愤的话，他们应该会注意到，共产党方面的反应比他们的要克制得多。当然，他们不可能知道，多勃雷宁和我在五月九日早晨谈过话，我告诉多勃雷宁，西德总理勃兰特和反对党领袖雷纳·巴策尔达成了一项协议，这将导致联邦议院批准东方条约。我们并未有意作这样的安排——我们不能影响西德议会的程序——但评论家们如此鄙视的“联系”是显然的。我安慰多勃雷宁说，至少在东南亚以外的地区我们可以继续解决具体问题(当然，也暗示了，如果苏联要强硬，我们也会强硬起来)。多勃雷宁接着说，由于这一天在苏联是个假日(欧洲胜利日)，对总统讲话的官方反应可能要略为推迟一些——在一场国际危机中，这真是一个特别的解释。如果苏联领导人不打算打断节日，他们也不会认真对待此次危机。然而，他猜想迟早会有一个声明或一封信。我告诉他，我将送给他一份我在记者招待会上的讲话，这一讲话肯定了美苏关系。

如我所说，批评我们的人不知道有这些对话。但有许多公开的信号，说明苏联的反应可能是低调的。河内严词谴责“无礼的挑衅”，要求支持它的共产党国家增加援助。但是，莫斯科和北京都不着急。苏联在日内瓦参加限制战略武器会谈的人员继续在工作。(我们已指示我国代表团就像什么事也没有发生一样继续谈判——但拒绝谈越南问题。)由苏联贸易部长尼古拉·帕托利切夫率领的一个商业代表团正在华盛顿访问，这是对商务部长莫里斯·斯坦斯去年十一月访苏的回访。代表团停止了一天的会谈，但仍待在华盛顿。苏联的唯一公开评论是塔斯社五月九日的文章，摘要报道了尼克松总统的讲话，而且有趣的是，要读者注意尼克松保证我们的行动不是针对任何其他国家的。塔斯社悲叹，我们的行动不符合我们所宣称的要结束战争的愿望。

中国的反应更是微妙。五月九日他们发表一个公开声明，抗议五月六日、七日和八日(总统讲话之前)对中国船舶的袭击，这样就维持了最近几个月来的特点：北京可能会抱怨美国对北越的行动，但只有在牵涉到中国人的生命和财产时，才会提出“抗议”(意味着政府的某种认可)。我们立即通知在纽约的中国驻联合国代表团，将加倍小心避开中国的船舶。这一点实际上已只是假设性的空话，因为北越的港口现已封闭。那天晚上，中国给我们上了关于间接手法的另外一课。他们驻巴黎的大使馆——这是我们日常事务的接触点——实事求是地询问关于众议院领袖哈尔·博格斯和杰拉尔德·福特访华的技术安排。这次访问将在六月底进行，距今几乎还有两个月的时间。到这时我们已十分清楚，中国人做的事没有一件是偶然的。北京在对我们说，这些访问仍将进行，两国关系的稳步改善没有受到总统行动的影响。

五月十日下午，多勃雷宁来到白宫的筹划室，向我递交了苏联的一份简短的抗议照会。意味深长的是，照会只限于谈到我们轰炸所造成的苏联船舶的损坏，还有人的生命损失。照会要求保证不再发生这类事件，对布雷的事一字未提。抗议来自秘密渠道这一事实表明，苏联不想公开表态。多勃雷宁甚至向我们谈了他的“个人看法”——不大可能是他个人的观点——莫斯科决定采取这种做法“令人鼓舞”，但要得出最后结论也许“为时过早”。他幽默地问，我认为苏联政治局会作出什么决定。我回答说，我把我的答案用信封封起来，到危机结束后，我们两人一同拆开来看。(我没有这样做，但如果要写的话，我的条子上的预测会是：莫斯科将把最高级会谈推迟到一个确定的较早的日期。)我提醒他，尼克松总统关心两国关系中的新时代。多勃雷宁详细地询问了我们的停火建议。我们两人都巧妙地谈到了两国领导人“如果”相见将要进行的商谈。

多勃雷宁下得一手好棋。会见结束时，他出其不意地问，总统是否已决定接见贸易部长帕托利切夫。这个问题使我吃惊不小；这只能意味着苏联领导人决定同意照常同我们打交道。我试着模仿这位大使，故意装得若无其事的样子，说我大概能够安排一次在椭圆办公室里的会见。我也下一点棋，我说，像这样的场合，按习惯应邀请摄影记者。多勃雷宁认为这样做十分恰当。

在每一次危机中，紧张的气氛不断地积累，有时几乎难以忍受，直至出现某个决定性的转折点。同多勃雷宁的谈话，虽说尚非转折点，但减轻了压力。我们知道最高级会谈仍将举行。只要不取消，每过一天，举行的可能性就愈大。这样河内就被孤立了；我们在赌博中就获胜了。我迅速安排尼克松总统在第二天上午会见帕托利切夫。

五月十一日，我们醒来就听到塔斯社发的第一个正式声明。这个声明为时既晚，语调也温和。苏联认为我们的行动是“不能允许的”，并“将从其中得出适当的结论”。它劝告美国回到巴黎的谈判桌上去。苏联政府“坚决”要求美国“毫不拖延地取消”军事措施——莫斯科明白，这在技术上是不可能的；航行自由应受到尊重——这是风马牛不相及，因为我们没有阻挠海上的船舶。至于对北越的援助，塔斯社使用了一些奇怪的语言。它说，苏联“人民”（即：不是政府）“关心”斗争。苏联“人民”将继续给越南人民提供“必要的支持”（不是像河内所要求的“更多的”支持）。声明散发着拖延时间和犹豫不决的气息。

尼古拉·帕托利切夫到椭圆办公室来作三十分钟的礼节性拜访时，态度可不是如此。记者和摄影师们被带进来目睹所谓“老一套装出来的友好”。⑧但这一次，不论是不是装出来的，笑容可掬的照片传递了苏联的信息，毫不含糊地意味着最高级会谈的举行。甚至做给新闻界看的逗乐也有含义，而且按苏联的标准来看极为巧妙，所谈的题目（我不知道为什么）是“友谊”一字在波兰语和俄语中的不同发音。唯恐有人不理解，帕托利切夫在离开白宫时满面堆笑。一位电视记者问他，最高级会谈是否仍将举行。苏联部长回答说：“我们从没有什么怀疑，”对美国人的似乎无比的迟钝表示惊异，“我不知道你为什么问这个问题。难道你有什么怀疑吗？”

当天，多勃雷宁和我共进午餐，继续照常商谈最高级会谈的准备工作，最后剩下的疑虑也排除了。多勃雷宁说，美国对苏联在越南的作用“看得过高了”。我强调要紧的是解决战争。就我方而言，我们准备只解决军事问题，或就政治解决的一般原则达成协议。在午餐中间，多勃雷宁的一名助手送来了一份俄文电报，这是勃列日涅夫对尼克松五月八日信的答复。苏联使馆通常提供译文。这一次，多勃雷宁的助手以另一种方式尽主人之谊，要是信的含义取决于精确性的话，很有可能达不到原来的目的。但是，即使粗略的口译也使人毫不怀疑，勃列日涅夫想避免任何对抗，尽管信中有对我们的行动的后果提出警告这种常见的恐吓。我装作不懂地问，勃列日涅夫的警告是针对新的行动呢，还是针对已经采取的行动。多勃雷宁似乎对我的迟钝有些不耐烦，他回答说，总书记的意思显然只能是指五月八日所宣布的措施以外的其他措施。既然多勃雷宁显然好为人师，我就问为什么信中不提最高级会谈。多勃雷宁回答说，既然我们在五月八日的信中没有问起此事，苏联政治局就认为没有必要答复。（对于任何熟悉苏联外交策略的人来说，这种细腻的做法真是新鲜事。）我问我们是否本应就最高级会谈提出问题。多勃雷宁说：“不，你们对困难局面处理得很不错。”

最高级会谈有望了。危机过去了。

五月十一日，从北京也来了信息。《人民日报》评论员表示坚决支持越南人民，对在北越布雷表示“极端愤慨和强烈谴责”。但是，评论员既没有骂尼克松，也没有表示中国对轰炸铁路要作出什么反应。中国是越南的“可靠后方”，也就是说，中国不会采取行动。更为令人惊奇的是，《人民日报》刊登了尼克松总统讲话的全文。中国领导人大概想要让本国人民了解美国对苏联的挑战。不管动机如何，这是中国“群众”第一次读到河内的顽固态度和美国的和平纲领。对此，北越政治局里的顽固分子只能理解为两大盟国对他们冷冰冰的疏远。

苏联的东欧盟国很快跟上了步调。波兰副外长公开表示，尼克松访问波兰的计划仍然有效。既然很快就要举行面对面的会谈，波兰无需多谈在北越布雷的事。换句话说，连形式上的抗议都免了。

这时，新西兰、澳大利亚、泰国、韩国和英国也都公开表示充分支持。北约中的其他盟国和日本私下表示理解。谁也没有表示反对。辛德林格电话民意测验表明，有百分之八十六的美国公众支持总统的讲话；“意见研究”测出支持数是百分之七十四。苏联的反应抵消了几乎所有反对的声音。

从此以后，同多勃雷宁一道为最高级会谈所作的准备工作继续友好地进行。五月十二日，他和我已开始商谈礼宾问题，比如交换什么样的礼品。接着，重点是商谈限制战略武器会谈和最高级会谈的其他问题。

五月十一日，我判断河内已十分孤立，愿意恢复接触了。我给仍在巴黎的黎德寿送去了我在五月九日记者招待会上讲话的节录，强调我们愿意恢复谈判。作为答复，黎德寿机敏地给我送来了他在五月十二日记者招待会上讲话的节录，他重申坚持要成立联合政府，虽然所用的语言比五月二日对我所使用的语言要温和得多。这再一次表明，公众认为只要我们表示“善意”，河内就愿意和解，这只不过是一种不切实际的幻想。事实恰恰相反。五月十二日，黎德寿曾肯定表示愿意无条件地恢复谈判：

如果尼克松先生真想进行认真的谈判，就我们来说，我们忠于自己的严肃立场和良好意愿，我们愿与美方一起寻求对越南问题的合乎逻辑的、合理的解决办法。二十年来，越南人民在争取独立和自由的斗争中，为了和了解决越南问题，曾于一九五四年同法国政府进行谈判，并于一九六二年同美国一起参与了和平解决老挝问题。因此，现在没有理由不通过谈判来解决越南问题。这个问题当然取决于尼克松先生的态度。

现在我已断定，一俟河内的攻势结束，就要恢复认真的谈判。

越南的攻势停下来了。北越对顺化的进攻从未能充分展开。昆嵩没有陷落；连被围困的安禄也没有陷落。南越为解安禄之围而发动的反攻极其艰苦而缓慢。但在南方 B－52 轰炸机的战术使用显然破坏了北越力量的集结，再过几个月，布雷会使北越愈来愈难以积聚给养来发动另一次大的攻势。

出乎意料的是，同国内辩论的激烈程度相比，在我们同苏联的对话中，越南已完全不再是争执之点了。五月十二日，多勃雷宁交给我一封信——通过秘密渠道——勉强接受了总统对苏联船舶和海员受损所表示的遗憾以及防止今后发生这类事件的保证。对封锁北越一事只字未提。五月十四口，我们回复了一封语调缓和的信，重申保证尊重苏联的海上航行。我们还告诉莫斯科，尼克松总统不在国内期间，河内不会受到进攻。其含义就是，对越南其他各地，包括海防，轰炸仍将继续。后来就这样做了。

五月十四日傍晚，多勃雷宁递交一封信，劝我们恢复巴黎谈判，如果能在最高级会谈之前宣布恢复巴黎谈判，“这对苏美会谈将会有许多好处”。苏联建议，双方都不提先决条件，全会和秘密会谈齐头并进。苏联的这些建议“只代表我们自己”，并不代表河内。然而，克里姆林宫准备把我们的反应转告北越。

显然有人坐不住了。在恢复对北越全面轰炸和封锁之后还不到一个星期，苏联就在努力恢复“没有先决条件”的谈判——这与河内原先自鸣得意地坚持自己的“正确”条件有了很大的差距。要是莫斯科自动地提出了这些主张——它自称是如此，但我有怀疑——河内的孤立比我们任何人敢于希望的还要快。要是河内在用莫斯科作为中介，那就表明河内终于退回到较为可以进行谈判的立场了。

我们认为宣布恢复全会为时尚早。这可能引起美国公众思想混乱，也可能引起要求我们在军事上克制，而此时争取迅速解决的最好办法是显示我们的坚定性。五月十五日，我交给多勃雷宁一封没有署名的信，原则上同意重开全会。但是，为了避免引起不切实际的幻想，应当先同黎德寿举行秘密会谈，如果取得进展，全会就可恢复。我们的信中原有一段措辞强硬，警告说，如果北越在军事行动上进一步升级，将会造成

“最严重的后果”。多勃雷宁对于被要求转达这一威胁表示为难，我就让人把这一段带刺激性的话打在另外一张纸上，称之为“口信”。多勃雷宁收回了他的反对意见，接受了这一形式的口信。这便是折冲樽俎之士的小小胜利。

五月十七日，多勃雷宁告诉我，莫斯科已用最强硬的语言劝北越接受我们的程序建议。对此河内从未给予答复——也许因为河内的计划制订者对这种新的挑战缺乏应对的策略，也许因为他们担心新的会谈的失败会导致战争的另一轮升级。

同时，我几乎每天都同多勃雷宁见面，为最高级会谈拟订议程和日程。限制战略武器的谈判者正在商定最后的文本。各种辅助性的谈判正取得迅速的进展。五月十七日，多勃雷宁应邀在戴维营过夜。在同总统共进早餐之后，他对我说，莫斯科将不遗余力地使最高级会谈成功。然而，多勃雷宁提出，鉴于越南的关系，在莫斯科的公开欢迎不可能像原来计划的那样热烈。这狡猾的一拳击中了尼克松的痛处——在公众关系的领域里。（这也暴露了苏联群众的所谓“自发性”。）

北京也表示有自己的优先考虑。五月十六日中国驻联合国大使黄华在纽约同我谈话时，重申了中国支持它的朋友的官方路线。但当我指出，我们至少已向北京发出六次警报，如果河内一定要以军事来解决，那我们决心作出强烈的反应，黄华对此没有表示异议。我们在越南的行动也没有阻碍黄华邀请我在六月访问北京。我们不仅在越南取得了行动自由，而且也能够同时继续缔造我们外交政策的更大格局。

尾　　声

新闻机构和国会很快就改变了立场，退回到原来的一些老生常谈，只是抨击“不分青红皂白的”轰炸，并要求通过立法限期结束战争。有些人赞扬苏联人的克制，对尼克松勇气的赞扬却是寥寥无几。

在越南战争的全过程中，我命里注定要受老同事和新首长的两面夹攻。那一阶段，我最伤心最沮丧的遭遇也许是五月十七日，即我们去莫斯科之前三天，在白宫的罗斯福厅同七位名牌大学校长的会见。这些人都是最有名望的美国大学校长，他们实际上是来对我说，就越南战争来说，没有什么合理性判断可言了。其中有一位抱怨说，现在进行的破坏是“为了不明的原因，为了谁都似乎不愿捍卫的事业。”我试图说明北越入侵以及更有甚者河内坚持要我们同他们搞在一起强行建立共产党统治等问题，他就用大学生的情绪来作挡箭牌：“即使情况可能如此，战争正使大批青年对国家产生离心离德。”我回答说，我知道大学生的绝望情绪，但是“我们在政府里的人有责任不仅要倾听大学生的言论，而且要把它纳入长远的计划之中”。我们愿意采取“任何合理的步骤”，但把越南交给依靠暴力的敌人不是什么合理的步骤。另一位问，他应当如何向大学生解释战争的代价。我只能反问，在经历了八年战争之后，如果我们替河内做了它自己所做不到的事，他将如何作出解释。

但那是一次和聋子的对话。这些名牌大学校长对我们和北越争论的问题的是非曲直不感兴趣。他们是来发泄感情的。其中有一位说，即使西贡陷落，大学生中谁也不会真的介意。另一位承认我们的原则可能是“有说服力的”，包括“不让一个集团支配另一个集团”的原则，但既然我们在别处没有帮助同样处境的人们，为什么我们在越南非这样做不可呢？换句话说，除非我们处处都捍卫每一条道德标准，否则我们就没有权利在任何地区捍卫任何原则。但真正的问题归结于他们关心的一桩更实际的事。他们中有一位承认：“如果战争继续升级，我不知道如何继续管理我们的大学……到九月份我们将面临什么？”对于这种推理方法，说服工作就无法做了。下面一段对话可资证明：

基辛格：“如果我们要为你们所关切的事效什么劳的话，我们就得从军事行动上来考虑。……停止援助进行自卫的人们——反对一个既英勇也残酷的人民——在我看来甚至算不得是个道德问题……这次攻势将建立新的力量平衡，不是偏于这边就是偏于那边。如果西贡陷落，新的平衡就成为事实。如果西贡没有陷落，这也将是一个新的事实。北京和莫斯科的反应也是新的事实。如果攻势失败，他们就不能继续下去。

“但是我们最好还是在争论中体现一些同情心，最好不要主观上假想我们之中有些人想要杀人，而另一些人对战争的痛苦享有专利，最好还是提高我们辩论的水平，寻找我们可以进行合作的事。在越南问题上我们永远也达不成一致的意见。现在的辩论就像彼此错过的两列火车一样，谁也不承认对面那列火车上也有严肃的人。

“我们认为——你们可能会觉得很古怪——我们要体面地脱身，这对于社会的健康和国际制度的稳定很重要。”

大学校长：“我们尽量在争论中体现公平和理性——但这就要冒我们自己生命的危险。这是个事实。”

换句话说，全国最了不起的大学校长们已失去了对他们学校的控制，指望美国总统为了减轻他们的困难，改变一项涉及近七万美国军队和世界上好几个大国的经过深思熟虑的国家政策，这还要以道德的名义来做，哪怕其公认的后果是把原来依靠我们的几百万南越人民拱手交给他们中绝大多数人都拒绝和害怕的独裁政权。对这些问题不加周密思考，现在充斥了大学校园的激情根本不听理性的分析。认为美国总统应该负责维持大学秩序的想法是新奇的，尤其是这种想法来自见解开明的学者中间。这集中反映了我国社会中公共机构的领导人已失去威信，反映了中年人屈从于青年人，也反映了那些最应该讲理性的人竟不再用理性讲话了。

从营垒的另一方面，从尼克松那里，我经常受到训斥，因军方在进行战争中魄力不足、心肠不狠而受到责备。五月九日，他给我下达了一个备忘录，要我寻找新的方法用空中力量打击敌人：

我们有力量摧毁敌方的战争能力。唯一的问题在于我们是否有使用这种力量的意志。我同约翰逊的区别在于我有充分的意志。如果我们现在失败，那只是因为官僚们和官僚机构，特别是国防部里的官僚们——他们当然得到国务院中同僚们的大力支持——会设法侵蚀我已经表示要采取的强硬和决定性的行动。这一次，我要军方和国家安全委员会工作人员提出他们自己的意见，而且是建议采取很强硬的、咄咄逼人的和有效的行动的意见。⑨

五月十日总统又下了一道专横的命令，这只是许许多多专横命令中的一个，表示他相信心理战的效果。同往常一样，他荒诞地过高估计中央情报局在这一地区的能力。他想要放出风声，说整团整团的北越部队被消灭，北越的士气正在崩溃。尼克松认为中央情报局对这些事“完全缺乏想象力”。五月十三日的一份备忘录稍微降低了原来强硬的调子说，派往越南的三个新的空军中队应该使我们能撤出增援部队，从而加快我们的撤军计划。到五月十五日，尼克松提议我们集结在南越的所有坦克在可以有效使用的地区“对敌人发动至少一次突然进攻”。他猜想——不是没有理由的——这些想法不会都得到穆勒、艾布拉姆斯、黑格和我的赞赏，但他要黑格和我回忆巴顿和麦克阿瑟的打破常规的非凡才能，并劝我们读一段丘吉尔的鼓舞人心的文章。他有理由地悲叹，军方在遭受文官当局多年领导无方之害后，在得到更大自由的时候也不能发挥想象力作出响应了。（他承认艾尔·黑格“当然是个例外”。）五月十八日，黑格得到了应得的荣幸，收到总统的一份备忘录，命令当总统一行在莫斯科期间，轰炸仍将继续。（黑格奉命留在华盛顿。）尼克松写道，在访华期间，他曾限制轰炸，这次他不能重犯同样的错误。在莫斯科最高级会谈之后，他要用 B－52 轰炸机对河内一海防地区进行更多的空袭。五月二十日星期六，就是我们出发前往莫斯科的那一天，又给黑格留下了一份很长的备忘录，对尼克松出国期间针对北越的军事行动下达了进一步的指示。他不想让报界有任何根据去乱说，我们在这一阶段“松弛下来了”。他要进行“无情的空袭”，而且希望要大加渲染。

尼克松紧张的神经也该有机会得到一些松弛了。尽管他有种种弱点并好虚张声势，事实是他行动大胆并取得了出色的胜利。他向苏联，并在较小程度上也向中国发出了挑战，结果同两国都改善了关系。他防止了南越在军事上的崩溃，要是南越一九七二年在军事上崩溃的话，就会从根本上影响到这些关系以及我们外交政策的整个格局。对于是否取消莫斯科最高级会谈一事，在经过几个星期不耐烦的考虑之后，他最后选择了较聪明的策略，利用苏联在开成最高级会谈上所下的赌注来抑制苏联的反应，在越南赢得了行动自由，并使我们建立更为建设性的美苏关系的耐心努力终于取得成果。

回过头来看一看，所有的发展似乎都是必然的。实际情况是，我、我手下的苏联问题专家、中央情报局和国务院都预料苏联会取消最高级会谈，总统就是在这种背景下作出决定的。(不过，我曾主张采取军事行动，因为在明显的软弱无能的条件下举行最高级会谈是不值得的。)危险没有发生这一点，无损于尼克松甘冒风险的勇气。

事后可以看出，为什么苏联不愿同我们对抗。面对风云变幻的世界，克里姆林宫已懂得美苏关系的极端重要性。不管我们在国会中会遇到什么样的麻烦，我们看来会在真正的军备竞赛中占优势——即使不是立即如此，当美国公众的情绪在日益紧张的形势影响下发生变化时肯定会如此。在苏联人的心目中，“联系”并不是口头上随便说说。取消最高级会谈会使苏联堕入最可怕的梦魇：美国同北京建立了关系，而没有同样的美苏关系与之保持平衡，这也会破坏苏联的整套欧洲政策。三十年来，出于可以理解的原因，莫斯科对德国问题一直心事重重；勃兰特的东方条约在德国议会中就要作出决定，但它们的命运正处于一发千钧之际。我们的行动将起关键的作用。一场新的冷战几乎肯定会破坏勃兰特的整套政策；苏联小心翼翼地制定的欧洲战略将毁于一旦。取消最高级会谈也会危及苏联的经济前景：勃列日涅夫已作出战略决策，要寻求同西方特别是美国进行贸易，并获得它们的技术；如果没有最高级会谈，这个希望也就成为泡影。在中东等其他许多关键地区，对抗的时代给苏联领导人展现了不愉快的前景。

克里姆林宫了解自己的弱点，因此割断了与地球对面难以驾驭的小盟友的紧密联系。莫斯科继续准备举行最高级会谈。等于帮助我们抵消了国内的反对，这样我们就可以放手行动来击溃北越的攻势。我们的缓和战略——对苏联兼施威胁和利诱——使我们有可能不受拘束地、体面地从越南脱身。尼克松可以不失尊严地前往莫斯科，因为我们没有牺牲那些信赖我们的人；他可以信心十足地前往莫斯科，因为我们外交政策的连锁格局已经顶住了异常大的压力；他可以满怀希望地前往莫斯科，相信我们正为全球均势奠定基础，这种均势能给焦急不安的热核世界带来安全和进步。

注释：

① 一九七三年一月五日《纽约时报》。

② 尼克松四月三十日给我的备忘录的节录，见《尼克松回忆录》（纽约：格罗塞特和邓洛普出版公司，一九七八年版），第五九三至五九四页。

③ 见《尼克松回忆录》，第五九四页。

④ 我没有出席五月八日的领导人会议。对这次会议的叙述见威廉·萨菲尔著《下台以前》（纽约：加登城道布尔戴公司，一九七五年版），第四二二至四二七页。

⑤ 一九七二年五月十三日的《国会季刊》中引用了参议员们的话。

⑥ 一九七二年五月九日《纽约时报》社论。

⑦ 一九七二年五月十日《纽约时报》、《华盛顿邮报》、《基督教科学箴言报》和《波士顿环球报》的社论。

⑧ 见马文·卡尔布和伯纳德·卡尔布著《基辛格》（波士顿：利特尔和布朗出版公司，一九七四年版），第三一〇页。

⑨ 《尼克松回忆录》中引用了这个备忘录，见第六〇六至六〇七页。

第二十八章　莫斯科最高级会谈

理查德·尼克松在克里姆林宫

一九七二年五月二十日，星期六早上，出乎所有人的预料，我们乘"空军一号"专机前往莫斯科，当时的情绪乐观，甚至有些兴高采烈，并没有过分低三下四的感觉。尽管河内以及我们国内反对派发起了攻势，但我们坚持了自己的立场。我们是不失尊严地前往莫斯科的。由于上个月发生了令人震惊的事件，我们得到了少有的公众一致的支持。保守派因为我们在北越港口布雷而欣喜，他们认为，美苏最高级会谈的举行表明苏联作出了让步。自由派看到最高级会谈终于举行也感到松了一口气。诚然，有一些社论撰写人感到担心，我们可能正在走入一个类似使一九六〇年赫鲁晓夫-艾森豪威尔巴黎最高级会谈突然落空的陷阱。①然而，登上专机的我们都不相信会发生这种事。

在赫尔辛基，美苏两国人员正就限制战略武器进行谈判，他们差不多每天都解决一些争议中的问题。在我四月份莫斯科之行期间，我们实际上已经同勃列日涅夫商定要发表一个声明，规定解决国际纠纷的原则。最高级会谈的举行，是我们四年来坚持"联系"原则的胜利，这个原则就是：光谈判军备控制还不够，还要涉及苏联援助越南以及苏联在中东应采取克制态度的问题，这些是美苏在其他领域中取得进展的必要的先决条件。最高级会谈是有时限的，迫使我们抓紧时间除了达成关于限制战略武器和两国关系原则这两项重要协议以外，还谈成了一系列别的协议。两国领导人基本上没有参加这些问题的实际谈判。有几次出现僵局时，通过多勃雷宁和我这条“渠道”也就迅速解决了。由于双方都知道勃列日涅夫和尼克松希望在最高级会谈上签署一份事先准备好的文件，这促使双方都表现出一种妥协精神。结果搞出了六项实务性协定供双方领导人签署，即：保护环境合作协定、医学卫生合作协定、为和平目的探索和利用外层空间的合作协定、科学技术合作协定、建立海上船舶避碰规则以防止海上事故的协定以及建立美苏联合经济委员会。

然而，即使正式签署了这些协定，也不足以消除冲突的根源，而美国国内对于这种根源是什么的问题也存在深刻分歧。自由派在当时(索尔仁尼琴的《古拉格群岛》一书发表之前)倾向于认为，苏联人现在已经成熟了，会愿意完全通过外交来清理冷战时期遗留下来的陈年旧账，大不了只要我们自己尽力表现善意，剩下为数不多的紧张局势的真正原因也是不难消除的。保守派则对最高级会谈感到不安，总之，他们宁愿高喊反共口号，好像凭这些口号就可以摧毁苏联帝国的城墙似的。他们没有考虑，在我们国内因越南战争而出现的歇斯底里气氛中，我们如何能长久地采取这种做法。我们的看法既不同于自由派，也不同于保守派。我倾向于保守派对苏联动机的分析，在策略上我尽力采纳自由派的某些意见。总统动身之前，我为他准备了一份备忘录，综述了苏联在世界各地的政策，说明以下的严峻情况：

美苏两国从根本上改变两国关系的前景并不光明。当然，如果签订一项限制战略武器协定将表明两国关系取得一些进展，并预示今后两国关系将较为正常，特别是如果经济关系能有所改善的话。这两个问题与苏联利害攸关，将促使它同美国建立一种不那么动荡的、更为稳定的关系。与德国签订的条约得到批准、柏林协议开始实施后，也将促使苏联更加关心同有关国家保持稳定的关系。

另外，在欧洲地区，苏联人感兴趣的是有助于自己势力范围的安全，而不是真正解决欧洲问题的安排和协议。中东和亚洲的利害冲突将是长期的。

由于苏联政权的意识形态及其国内政治结构方面根深蒂固的原因，苏联的对外政策将仍然是同西方尤其是同美国相对抗的。苏联领导人及其任何可能的接班人具有世界大国的野心，而且他们相信自己有力量用物质资源支持这种野心，这些都表明苏联将越来越加强对西方利益提出挑战，而且在某种情况下将甘冒在此之前看来是太大的风险。

但是犹豫是不行的。我们不得不执行一种复杂的政策，随时准备对付苏联的扩张主义，同时希望局势可能好转。但这种政策会遭到自由派和保守派的夹攻。我们不要让苏联独家代表世界人民渴求和平的愿望；而如果美国被看成是世界紧张局势的根源，那我们就不能维持在自由世界的人民中道义上的领导地位，因为不可避免的事实是，核武器的出现要求我们利用哪怕最微小的机会，来促使双方保持克制态度。如果我们堵住苏联人的一切扩张机会，并随时准备同他们进行真正的合作，我们就有可能培养克制的习惯，而带来更富有建设性的前景。

五月二十一日，我们为了适应时差，在萨尔茨堡停留了一天。我在这里给记者吹风时，着重谈了上面的意思，我说：两个拥有全套武器装备的大国，应该“以和他们的力量相称的远见”来指导自己的行动。

我们在萨尔茨堡的住处堪称我们进入莫斯科前的壮观的序幕。我们住在城外约十英里处的克勒斯海姆城堡，里面有高大的巴洛克式大厅和幽雅整齐的花园。有一道篱笆把记者们隔开，只给他们一次机会拍摄尼克松和我两人沉思地漫步在整齐的树篱之间的碎石路上的镜头。我现在不记得当时我们在讨论什么，但是在那种场合，我们往往是谈论棒球赛，而不是什么深奥的国家大事。

尼克松会见了奥地利总理布鲁诺·克赖斯基。克赖斯基为人精明，眼光敏锐。他常通过在闹纠纷的国家之间进行撮合，成功地把奥地利形式上的中立变成超过其力量的影响力。这种平衡术之所以奏效，应当归功于他八面玲珑，脑筋灵活，掌握分寸恰到好处。他游历很广，对人对事有极精辟的见解。此人极有风趣，他审时度势的眼力远远超过许多较强大国家的领导人。历史上不平衡的现象之一就是某些国家的力量和它的领导人的才能不相称(新加坡的李光耀总理就是当代另一个突出的例子)。克赖斯基和尼克松有说有笑地就国际形势交换了看法。克赖斯基作为一个政坛老手，不得不钦佩这位在竞选中敢于孤注一掷并获得了成功的人。尼克松后来说，他希望克赖斯基能同某些幅员较大的欧洲国家的社会党领导人交换位子，尼克松认为那些人的眼光和坚定性是差劲的。

我们在萨尔茨堡时得到消息说，勃列日涅夫最近加强了他在国内的地位。苏联共产党中央委员会召开会议，正式批准他关于举行最高级会谈的决定。乌克兰党首脑彼得·谢列斯特被开除出政治局，同时被降职为副总理(在共产党国家里，党内职位要比政府职位重要得多)。这件事使会议具有重要意义。谢列斯特被认为是一个有影响的强硬派，勃列日涅夫通过把此人搞下台向苏联统治集团显示他自己是总管。这一人事变动提高了我们在谈判中的地位，因为勃列日涅夫现在处于更大的压力之下，必须在最高级会谈上取得重要成果。

五月二十二日，星期一，我们出发前往莫斯科。这时尼克松情绪很好，虽然他仍在担心如何拿出“美苏关系基本原则”宣言，因为罗杰斯国务卿还不知道有这个宣言。我告诉尼克松说，我将设法使勃列日涅夫在提出这个宣言时，装作这个宣言是在最高级会谈上产生出来的样子。老实说，我对苏联人能否做得不露破绽，也是缺乏信心。不过尼克松只好同意，他暂时还感到懊恼，准备像在杭州突然拿出《上海公报》时那样忍受罗杰斯再发一次雷霆。

在其余的时间里，尼克松研读了我的工作班子和国务院合编的大量背景材料，专心致志地为最高级会议进行准备。有一份备忘录分析了勃列日涅夫的政治处境，建议尼克松避免使对方感到我们处于压力之下，“必须在这次为期一周的会议中解决所有问题”。第二份备忘录具体介绍了苏联政治局内钩心斗角的情况。第三份介绍了勃列日涅夫的为人和他要达到的目标，并把他同中国领导人作了对比：

勃列日涅夫一伙领导着一个在许多方面与我国势均力敌的超级大国。他们讲话的分量来源于苏联在当前战略力量上与美国处于平等地位。而中国领导人的力量来自中国的悠久历史和它必然要实现的未来两者的结合。

鉴于中美关系当时发展的阶段和特点，周恩来可以同我们大谈历史和哲学。而勃列日涅夫则要谈具体问题，如：欧洲安全会议的程序，限制战略武器协议的主要内容，在海防港布雷，以及中东地区画线，等等。显然他不会像葛罗米柯那么了解一切具体细节，但人们会很详细地向他汇报，这样他将充分掌握情况，准备在具体问题上同你周旋。他需要取得成果和谈成协议；但在这一过程中，他也会毫不犹豫地进行策略上的讨价还价。

尼克松在材料上勾勾画画，还向我提了一些寻根究底的问题。他读了四月份我和勃列日涅夫会谈纪录的提要。但他这次不像北京之行时那样紧张和提心吊胆。他了解莫斯科，因此信心较足。另外，他心中有数，这次要谈的主要问题，在我四月份访苏时，以及通过各有关部门的谈判，已经基本解决了，这一点当时还没有对外公开讲。尼克松的主要任务将是同苏联领导人纵谈天下大势，而这正是他的所长，他当然相信自己应付得了。

五月二十二日，星期一，下午四时，我们的座机在莫斯科降落。在这一整天里，太阳都没有决定是否露面来参加抵达仪式。它对于最高级会谈的最后判断，就如同美苏关系一样令人捉摸不定。在我们抵达之前，太阳一直躲在云层里，因而抵达仪式是在蒙蒙细雨中举行的。欢迎仪式刚一结束，雨就停了。我们到达克里姆林宫时，莫斯科春季那北国的微光照着几分钟之前才升到塔顶上的美国国旗。这国旗表明了一个非同一般的情况，即一位美国总统下榻在这里。

最高苏维埃主席团主席尼古拉·波德戈尔内和总理阿列克谢·柯西金到机场迎接尼克松。勃列日涅夫按外交礼仪办事，他是党的总书记，不必在这种场合露面。他几乎从来不去机场欢迎非共产党国家的领导人。然而，一些经验丰富的新闻评论员一看机场上没有他，认为必有文章。欢迎仪式的气氛不像在北京时那样拘谨。显然是上头布置下来的，要搞得比北京的欢迎仪式热一些，但又要不致引起河内的不快。在停机坪的一边有为数不多的人在挥舞着纸旗，各界要人则列队排在停机坪的另一边。可以让心理学家来判断中苏两种做法，哪一种显得更为冷清，是北京那空旷的停机坪呢，还是这里小得可怜的群众场面(这说明压到了最低的规格)。这个欢迎仪式是苏联强暴的力量和表面上的效能的绝妙的混合物，使人隐约感到这部了不起的机器只要出一些小毛病，就会全部停止转动。威武的仪仗队刚刚列队走过，我们就被人乱哄哄地带领到长长的一排停放着的苏联吉尔牌轿车跟前，这种轿车外形像一九五八年美国帕卡德牌车子，坐在上面使人觉得它的底盘就像苏联轻型坦克所用的一样。

莫斯科宽阔的大街上实行了戒严，我们的车队由约五十辆轿车组成，向克里姆林宫急驶，好像决心要超过我秘密访问那次的车速，而且大概是超过了。公共汽车封锁了所有的小街道，防止“群众”向美国总统表示敬意。不时可以看到路障后面一群群的人好奇地探望着，但我们离他们太远，无法看清他们的表情。

克里姆林宫令人产生阴森森的感觉。人们总觉得这里令人生畏的城墙反映着它所经历的那些充满残暴事件的历史。然而从审美观点看，却是另一种情况。这里本来是莫斯科城堡，到了十五世纪，经过意大利建筑大师们的改建，变成金碧辉煌的宫室，它艳丽的色彩和古典的建筑风格使得生活在严冬中的俄罗斯人可以短暂地领略到一种不那么严酷的环境。高踞于莫斯科的克里姆林宫，像一座鼓舞着疲惫不堪的旅游者的美丽的海市蜃楼。黄褐色的宫殿正面，饰有白色贴脸，从红砖城墙墙头微微露出。人们走进那宽广的庭院，要不是迎面看到许许多多金色尖塔耸立的典型中世纪教堂，就会恍如置身于文艺复兴时期的意大利城市。至于那个半现代主义的大会堂，完全是新斯大林主义建筑师们硬塞进比例匀称的广场里的丑八怪。但是它的大理石和玻璃组成的不协调的结构并未能破坏克里姆林宫整个布局的和谐，这要大大归功于当初那些设计师的匠心。

尼克松就下榻在沙皇昔日的宫室里。那里还有一个珍宝馆，陈列着价值连城的珠宝、衣袍和马车，以及其他沙皇时代珍贵文物，如：伊凡雷帝的宝座、鲍里斯·戈杜诺夫的盔甲、叶卡捷琳娜二世的袍服、法贝尔基的蛋*，等等。苏联政府设置这个珍宝馆，其用意大概是为了发扬民族自豪感，同时通过陈列品的说明，来提醒公众牢记这些财宝是通过剥削获得的。总统的下榻处是在一条长廊的一端。长廊上陈列着摆设用的大花瓶，勃列日涅夫曾十分得意地向我炫耀过这些花瓶。由于受到精心保管，花瓶仍然亮泽如新。不管是谁负责擦拭这些花瓶，他肯定是大力支持接待我们访苏的决定，尽管我们在印度支那采取了那种行动。总统住的那套房间十分豪华，配有精致的洛可可式家具。要通过几间会客室才能到达总统的寝室。白宫高级官员住在隔着一个庭院的平行的一排房间里。他们的窗子朝外，景致较好，但房内陈设不那么华丽。家具是共产党时期制作的，也就是说式样笨重，不很舒适。罗杰斯住在红场附

---

* 法贝尔基(一八四六——一九二〇)，俄国人，会做珐琅蛋，揭开蛋壳里面有微型宫殿，内藏珍宝，复活节时沙皇常用这种蛋送人。——译注

近新建的俄罗斯饭店里，乘车约五分钟即可到达总统下榻处。不了解情况的人会觉得这段距离很近。但是这比北京国宾馆那两幢相挨的楼房更加加深白宫和国务院之间心理上的鸿沟，就好像罗杰斯是远在西伯利亚似的。

这样华丽的总统行宫，可惜并不适于处理公务。我们的保卫人员认为房间里肯定装有极先进的窃听器。但尼克松不肯开动防窃听干扰器，因为他受不了这种嘈杂声。结果每逢要商量真正机密事情时，我和他只好钻到停在外边的美国轿车里，指望它的防弹玻璃窗能挡住瞄准汽车的电子设备。

但是我们刚刚抵达莫斯科，还不大在意这个问题。克里姆林宫的历史以及他是访问苏联的第一个美国总统，使尼克松心头别有一番感慨。柯西金和波德戈尔内前来寒暄了几句，就告辞了。最高级会谈终于开始了。

问候和会晤

过了约一小时，就在欢迎宴会前一会儿，尼克松和勃列日涅夫两人第一次会了面，这大概是仿效毛泽东的做法。勃列日涅夫坚持要单独会见尼克松。尼克松按照自己以往的做法，没有带国务院的翻译。而这次我也被排除在圈外了，我对此感到不是滋味。他和往常一样，没有口述正式记录，只是口头向我吹了吹风。我不得不请求苏方那位高级翻译维克托·苏霍德列夫复述当时的谈话内容，叫我的秘书朱莉·皮诺速记下来。显然他绝不会使人觉得他的领导人在这一次谈话中居于下风，这使我想起迪安·艾奇逊的一句名言：任何人在自己整理的谈话记录中，绝不会如实反映自己在辩论中失利的情况。苏霍德列夫把这次会晤介绍得好像大部分时间是由勃列日涅夫一个人作长篇独白。他一上来就说，鉴于美国在越南的行径，苏联方面同意和美国举行会晤是不容易的。这种说法听起来有些道理，但是在一个星期的会谈中天天重弹这个老调，未免令人生厌。苏方主持会谈的领导人老是用这段话作开场白，言下之意就是：美国应当对苏联的克制态度给予报答。

勃列日涅夫强调他十分重视从根本上改善美苏关系，因此他宣称他把“美苏相互关系原则”看得比拟议中的限制战略武器协定更重要。他说参加限制战略武器会谈的双方代表所提出的区区小事“何足挂齿”。这一番表白也可能是真实思想，也可能是作戏。为了渲染最高级会谈的作用，两国领导人往往装做好像多亏他们亲自过问，终于打破了没有头脑的下级官员所造成的僵局。勃列日涅夫强调他对欧洲安全会议感兴趣。几周以前他曾突然向我提出双方签订一份互不使用核武器进攻对方的协议，现在他又向尼克松提出这个问题，想看看他的反应如何。

尼克松这时并不急于谈判具体问题。他引述勃列日涅夫四月份和我会谈时讲的一些话，很想以此显示自己进行了多么充分的准备。他避开越南问题。他表示“原则上”同意召开欧洲安全会议，他说剩下的只是程序上的若干障碍。这句话可以作任何解释。他把讨论禁止使用核武器的事推给了我，弄得我又要在一年时间里忍受苏方的胡搅蛮缠。他还示意准备讨论中东问题。这两位领导人都不是因为擅长于处理具体事务而身居高位的，这时他们所能达成的一致看法就是双方的官僚机构都不可靠和不灵。尼克松向勃列日涅夫建议还是像战时那样，重大问题由国家首脑拍板，下属官员只要具体贯彻就是了。尼克松说：“如果一切决定都让那班官僚去做，我们别想取得任何进展。”勃列日涅夫笑着附和说：“他们一定会把我们埋在文件堆里。”

两位领导人发现彼此在这一点上有共同看法后，又互相介绍了一些自己国内的麻烦。勃列日涅夫说他不能不让柯西金和波德戈尔内参加大多数的会谈；尼克松回答说，罗杰斯还不知道有这个“相互关系原则”呢。他请勃列日涅夫帮忙，在提出这份文件时照顾一下美国官场的程式。勃列日涅夫对此心领神会，欣然答应。

国宴原定在晚上八时开始，但由于这两位领导人的会晤没有结束，参加国宴的客人只好等着。这倒也好，使人以为双方已在讨论重大的问题。宴会在克里姆林宫的多棱宫内举行，这是十分精致的十五世纪建筑物，有穹窿形天花板，四墙全是宗教壁画。因为地方较小，客人比中国欢迎宴会少，大约有二百人，包括苏联的上层领导人物和双方代表团的正式成员。这里的宴会不如北京那样井井有序，像是乱纷纷的家庭聚会。大家在等候首脑的时候，漫无目的地走动，但基本上双方代表团各自待在一起。苏联领导人到达的时间不一。没有搞列队迎接。勃列日涅夫和尼克松终于出现了，他们见到熟人时说说笑笑。这时不再举行什么仪式，大家入座就餐，比原定时间晚了约一小时。

尼克松和波德戈尔内(按照礼仪，他的地位同尼克松相当)发表了冗长但无特别内容的祝酒辞。波德戈尔内重申苏联致力于和平共处，宣称这是自从列宁时代以来指导苏联行动的准则。我们原希望苏联会宣布改变它的一些做法，因为沿用旧章并不是没有危险的。波德戈尔内没有回答这样一个带根本性的问题：苏联是把缓和紧张局势作为一种策略运用于改变世界均势的长期斗争呢，还是真正要改变它的政策?

尼克松答辞的主旨是，我们要努力进入大国真正实行克制的时期。同在北京时的言论相比，此刻他没有采用夸张手法。他表示希望这次最高级会谈将以它的成绩而不是气氛留在人们记忆中。他说：

我们应当注意到，核大国负有严重的责任在任何危机中采取克制态度，并采取积极的行动避免直接的对抗。

巨大的力量带来巨大的责任。正是在责任没有伴随着力量而来的时候，和平就会受到威胁。让我们的力量始终被用来维护和平，而永远不被用来破坏和平。

我们还应当认识到，大国有责任影响陷于冲突或危机的其他国家使它们的行动变得温和。

莫斯科最高级会谈就这样吉利地开始了。然而，它从未像北京最高级会谈那样紧凑，而是比较杂乱无章。我们同中国之间没有多少实务关系，因此北京那次最高级会谈可以集中于建立哲理和心理上的联系，以便根据对国际形势的共同理解来协调各自的政策。但是莫斯科最高级会谈却无法做到这一点，因为美苏两国在地缘政治上正进行激烈的竞争。另外，苏联领导人心里很虚，对一些难以捉摸的问题掌握不了，因此他们对于理论性的讨论缺乏自信。这些人是靠无情的清洗同伙中的竞争者而起家的。他们对自己人都不信任，怎么能信任资本主义的政治家呢。集体领导制度使他们更不自在。错误的决定如果是集体做的倒还罢了，如果是因为某个人过分信任谁而出了问题，那就不可饶恕了。因此，苏联领导人总是要靠文件和书面的解释来求得万无一失。哲理的讨论使他们明显地感到神经紧张；他们觉得这样的讨论不是隐藏着诡计，就是施放烟幕；他们总是急于把讨论引向具体问题，争取能签订具体协定。但由于谈判过程中太斤斤计较，即使达成了书面协议，也是互不连贯，激不起人们的善意。给人的感觉是，只有形成文字的东西才会得到遵守（如果真能做到的话），而没有形成文字的就完全不算数。对于苏联领导人来说，所谓文件的“精神”是毫无意义的。

实际上这就意味着尼克松和苏联领导人的会谈缺乏一个中心主题。双方在越南问题上有过一次唇枪舌剑的会议，此外陆陆续续谈了几次，东拉西扯的，内容包括欧洲、中东和经济关系等问题，既没有得出明确的结论，也没有谈出什么深刻的政治见解。总之，无非是把双方通过私下渠道反复磋商写出的东西不作多大改动就拿来正式宣讲一番罢了。内容有的是已谈成协议的概要，有的是要达成的协议的提示。剩下来不及谈的问题，一股脑儿交给我和葛罗米柯。我们两人只好天天开夜车。五月二十七日星期六总统去列宁格勒参观，我留下和葛罗米柯会谈了一整天；五月二十八日总统在准备向苏联人民发表电视演说的讲稿，我们又在会谈。

最高级会谈的时间表本身就够乱的了，再加上苏联方面订的日程顶多只能供参考。印在我们日程表上的会谈时间基本上不算数。有时，因为苏联领导人内部研究问题，出席政治局会议或者干脆不露面，我们不得不等上几个小时。哪怕双方事先说好了开会的时间、地点和要讨论的内容，也总是不算数。（仅仅苏联最高领导人是这样，葛罗米柯外长却是很遵守时间的。）人们闹不清楚，无数次的拖延以及不断改变会谈的题目，究竟是搞心理战呢，还是仅仅反映了苏联的工作作风。总之，在我同苏联高级领导人的交往中，他们的做法一向如此。一九七三年勃列日涅夫访问美国那一次，在整个按日程应该是与总统举行会谈的时间里，他却坐在戴维营住处的阳台上（从那里完全可以看见尼克松的住处），一直在和自己的顾问谈话，而让总统等了足足两个小时，连一句解释或道歉的话都不说。也是那一年，我去访问莫斯科时，原定的一次会见让我足足等了四个小时还没有动静，于是我对苏联的一位礼宾官员说，我不如干脆在莫斯科休假过冬算了。这句气话到底起了作用，不到半小时勃列日涅夫就露面了（也许他这时本来已准备好了）。每逢出现这种意外的耽搁，多勃雷宁总要设法前来陪着我，笑容可掬地打圆场，不过他显然不能够也不愿意透露到底出了什么事情。

日程表上每天都规定举行一次仪式，通常定在下午五时，签署那些事先已谈妥的事务性协议。苏美两国代表团全体成员到时在克里姆林宫内富丽堂皇的圣·弗拉基米尔厅后边的一个大房间里集合，还有一群新闻记者、摄影师、官员和旁观者等候举行签字仪式。这个休息室好像是一个暴发的产业巨头的娱乐室：盆花的陈设看不出有什么规格，杂乱摆着一些笨重的家具。这些家具费钱不少而毫不雅致。美苏两国代表团很尴尬地分开待在房间的两个对角里，苏联的办事人员大概毫无同非共产党国家的外国人接触的经验，根本不懂得在非正式或个人接触中如何行事。他们优雅的风度不足，却有一股子愣劲。一得到信号说签字的时间到了，他们就以俄罗斯人特有的不顾一切的蛮干精神硬抢在惊愕的客人前面挤过门道，就好像事关苏联国家的威望，非抢在美国代表团之前到达签字的现场不可。这种爱国精神的确可钦可佩！在一个星期的时间里，每次举行签字仪式时，苏联代表团（不论人员的组成多么不同）总是抢先入场，这一点必须载入史册。每次出席签字仪式的竞走中他们总是冠军。

五月二十三日星期二举行第一次全体会议时，就暴露了苏方日程安排方面漏洞百出。会议在圣凯瑟琳大厅内举行，这个宫很宽敞，金碧辉煌，家具不多，四周有精致的烛台，一张长条桌上铺着米色呢子，两边摆着雕花椅子。美国人从这间长型房间的一端进来，苏联人则从另一端进来。两国代表团见面后，乱作一团，各人很费劲地找到自己的座位，面对面坐定下来。美国方面，尼克松坐当中，罗杰斯和我坐在他的两旁；白宫和国务院的全套人马都参加会谈。尼克松在这样的场合肯定不会讲出什么有意义的话来。勃列日涅夫坐在苏联高级官员的中间，两边是波德戈尔内和柯西金。此外，苏联代表团中还有葛罗米柯、多勃雷宁和译员苏霍德列夫。桌子中间放着一排冒着气泡的格鲁吉亚矿泉水和水晶杯子，这仿佛是一条疆界，把桌子分成两边。照例让新闻记者和电视摄影记者照了几分钟，然后最高级会谈的正式会谈宣告开始。

会谈一上来就碰到了没有预料到的问题。我们原先以为首次会议主要谈欧洲问题，因此国家安全委员会的人员为总统准备了这方面的资料。可是会上根本没有谈到欧洲问题。这使得那些准备材料的工作人员对苏联十分反感。作为总统的谋士，被弄得在自己上司面前显得缺乏先见之明，其恼怒可想而知。

勃列日涅夫致欢迎词时重复了很快成为老一套的话，即苏联同意举行这次最高级会谈是“很不容易”的。接着花了半个钟头时间向其他与会者介绍双方通过私下渠道早已谈妥的决定事项。勃列日涅夫建议每天下午举行一项协定的签字仪式。尼克松表示赞成，说这样一来，每天莫斯科的晨报就有新闻可以报道，而美国的电视台也可以每晚播放签字仪式。至于尼克松暗示莫斯科的报纸需要他的帮助才找到新闻可刊印，勃列日涅夫听了作何感想，那只有等到他的自传出版后才能知道了。然后尼克松谈了一阵他自己如何重视这次最高级会谈。他很巧妙地使对方懂得双方继续存在分歧，指出他本人素有“冷战武士”的雅号。柯西金冷冷地插话说，他以前似曾听到过这类传闻。

甚至当谈话的内容转到经济关系和限制战略武器问题时，也没有停止打趣。勃列日涅夫半开玩笑地说，如果美国以百分之二的利息向苏联提供为期二十五年的三四十亿美元贷款，美苏关系就会得到很大的发展。柯西金插话说，这样的话苏联就可以向美国提供大量真正的伏特加酒，这种酒比我们美国人常喝的那种由移民酿的伏特加酒好得多；勃列日涅夫建议说他要和基辛格合办一个公司。尼克松回答说我已经挣够了钱。我不知道他从哪里得到这种错误的印象。

尼克松不大喜欢这种闲聊，因此他很快把话题一转，谈起贸易、贷款和限制战略武器会谈的进展三者互相联系的问题。他说如果能签订一项限制战略武器协定，那就有助于他争取国会支持发展美苏贸易关系。柯西金和勃列日涅夫坚持说贸易有它本身的重要性。冷不防波德戈尔内突然插话说，限制战略武器会谈比贸易关系更为重要，因为它关系到国家的安全。勃列日涅夫表示同意，但又补充说贸易问题是“人民最为关心的问题”。然而波德戈尔内还不肯罢手，他重申限制战略武器问题是更为困难、更加重要的。这时罗杰斯发言重复尼克松所说的，除非双方就其他一些问题也达成协议，否则就很难得到国会支持给苏联以最惠国待遇。波德戈尔内仍坚持说，贸易固然重要，但限制战略武器问题更为重要。柯西金终于改变立场，强调指出：当美苏两家实际上仍然垄断着核武器时，达成一项限制战略武器协议是很重要的；的确是“没有其他替代办法的”。尼克松为了避免罗杰斯像在杭州时那样大发雷霆，就建议由葛罗米柯和罗杰斯来谈欧洲安全问题，这也就暗示着其他一切问题概由我来处理。勃列日涅夫心领神会，于是建议由葛罗米柯和我主持限制战略武器问题的会谈。他十分策略地补充道，我们两人在工作过程中不妨也研究一下指导我们两国关系的总原则。勃列日涅夫还提到，双方在赫尔辛基进行限制战略武器会谈的代表还有一两个问题未达成协议，他建议由他和总统于下午四时来讨论这些问题。例行公事终于办完，第一次全体会议达到主要目的后，便休会了。葛罗米柯显然是个倒霉人，因为他奉命既要分别同美国两个官僚机构谈判，还要参加每次的全体会议。

这次全体会议为以后各次会议定下了调子。除了限制战略武器的讨论和关于越南问题的最后一次短会以外，在其他场合，苏方概由柯西金、波德戈尔内和勃列日涅夫组成的三驾马车同时出场。通常总是由勃列日涅夫代表苏方开场，但他极力表现出，他是征得了同事们的同意的，并给他们充分发表自己意见的机会。波德戈尔内发言古怪，至少对美方来说，他是难以捉摸的。柯西金比较稳重，发言能说到点子上，勃列日涅夫讲完开场白，就由柯西金主谈经济问题。有一次全体会议，勃列日涅夫没来，就由柯西金主持。

美方谈判人员的组成取决于谈判的内容。因为苏联人不断变换谈判的题目，因而有一次竟为安排对口人员参加会议乱成一团。我参加了所有的高级会谈，而且也是参加限制战略武器问题和越南问题会谈的唯一高级顾问。罗杰斯、彼得·弗拉尼根(总统的国际经济事务助理)，还有龙·齐格勒参加了五月二十三日第一次全体会议以及五月二十五日下午的会议，讨论经济问题。罗杰斯和他的国务院的顾问们参加了五月二十四日讨论欧洲问题的会议。五月二十六日讨论中东问题时，苏联领导人全体出席，而我方却只有三个人出席：总统、我以及作为记录员参加的彼得·罗德曼。在这次最高级会谈期间，国务院人员显然比北京那一次参加了更多的会谈，所以我们避免了曾经在北京最高级会谈末期造成不愉快的那种内部争吵。

苏联的权力结构：柯西金和波德戈尔内

和苏联高级领导人举行的这些会议尽管不得要领，但却使人看到了苏联权力结构的一些有趣的情况。勃列日涅夫虽然在政府里没有职务，但显然是首脑。不过他似乎仍需要柯西金和波德戈尔内撑腰，和他共同掌管政治局。不管怎样，他竭力表现出和他们一起决策的样子，甚至还坚持让美方在邀请苏联领导人回访美国时提到他这两位同事的名字，这一邀请是包括在公报内容里的。在军事方面，勃列日涅夫作为国防会议主席看来握有全权。因此他单独一人与尼克松讨论限制战略武器事宜。关于越南问题，他似乎也有决断权，这说明苏联和河内的关系主要是作为党务来处理，只有一次例外，那一次他们三人联合起来压尼克松，柯西金表现得最激烈。

在勃列日涅夫的同事当中，柯西金给人的印象最为深刻。虽然他的权力和权威都在勃列日涅夫之下，也不负责敏感问题的具体会谈，但他对各种问题的发言总是很有把握，十分精确。看来他比勃列日涅夫更全面地掌握具体细节。我们的专家们认为柯西金比勃列日涅夫开明一些。根据我自己同他接触的印象，我认为这是肤浅的看法。他作为总理，实际掌管着苏联政府——除公安和对外政策以外——的日常工作。这必然使他多少要有点实用主义。显然他对西方的技术很着迷，他可以滔滔不绝地谈论增加苏美贸易的好处，但是他也从来不放过机会声称，他把苏联市场向我国的出口货物开放是帮了我国更大的忙。我认为，除了经济问题，柯西金在其他问题上的观点，例如对外政策上，如果不是僵硬的，也是拘泥于正统的。很可能他是以在意识形态问题上严格照章办事来平衡他在管理经济方面的实用主义。

柯西金比其他苏联领导人有风度和有教养。这也许是由于他在苏联上层权力机构混了三十多年的缘故。例如，当年柯西金跻身于由二十几个人组成的苏联最高领导集团中时，勃列日涅夫还只是一个党的中层官员。另一方面，柯西金是个不倒翁，这很可能是因为他没有抢当最高领导人的野心。从斯大林以来的苏联历任领袖都很器重他的才干，而都不把他看成是潜在的竞争者。他的生涯主要是在政府部门里度过的，在党的机构内缺乏任何可资爬到最高地位的权势基础。同时，柯西金要是不精通克里姆林宫的做官之道，他也就不能爬到如此接近最高权力的地位，更不能在那上面待得这么久而不摔下来。例如，在那次推翻赫鲁晓夫的宫廷政变中，柯西金一定起了重要作用。但是他之所以长期不倒，是由于他的行动并非为个人野心而服务。可以举一个关于他忠于职守的生动事例：当他的夫人病危时，他仍照旧处理日常公务，甚至当他听到夫人逝世的消息后，他仍站在列宁墓上检阅红场上的游行队伍，一直坚持到底。

柯西金非常善于估计各类人物，显然这是在苏联的体制中长期生存下去的必要条件。勃列日涅夫善于玩弄谈话对手的欲望、野心和弱点，这似乎是他的本能。而柯西金这样做时给人的印象是，他是经过巧妙算计的。他甚至曾使美国商务部长莫里斯·斯坦斯异想天开地以为，只要他们两人像讲究实际的商人那样携起手来发展经济关系，就可以医治世界的痼疾。不少美国大企业家会见过他以后，对于签订大宗合同的前景垂涎欲滴，准备回到美国后为取得信贷和出口许可证同执拗的政府大干一场。即使在越南战争期间，柯西金也十分巧妙地在艾夫里尔·哈里曼一类的来访者面前展现了军备控制的前景，条件是美国须屈从河内的条件，结束在印度支那的冲突。

柯西金不苟言笑是出名的。美国有些专家觉得在他冰冷的表情后面还是有幽默感的，我可是一点也没有看出来。如果不是我想跟他说句轻松话的唯一的企图碰了壁，就是他的幽默太微妙了，我体会不出来。苏联人和中国人一样，坚持要尼克松在从莫斯科到基辅的旅行时乘他们的飞机。和往常一样，这一要求遭到我们的保卫人员的反对；但也和在中国时一样，反对意见最终还是被压了下去。最高级会谈结束后，在伏努科沃机场举行了送别仪式，我们便登上了苏联的专机。这架飞机比我们的“空军一号”大一些，气派则更大。当时世界新闻界人士都在场，众目睽睽，而飞机的引擎却怎么也发动不起来了。这可把苏联东道主们急坏了。等到备用的飞机准备好以后，柯西金冲上飞机说：“告诉我们，你想如何处置我们的航空部长。如果你想把他就地枪决，我们也照办。”他那副神情好像是说到就要做到似的。我想给他打圆场，就说有的事情是毫无办法的。例如一失手把面包片掉在地上时，总是涂着黄油的一面着地，而且地毯越贵重，面包越爱掉。硬币掉地时，也总是滚向远处，从来不朝人这边滚。很明显我是想帮人开脱责任，但柯西金余怒未消，他恶狠狠地瞧了我一眼，说：“没那事。我的硬币掉地时，总是滚到我身边的。”

至于波德戈尔内，此人最难捉摸，也许他毫无城府。可以看出他的权势在我们的东道主当中是占第三位的，虽然按照礼宾顺序他应排在柯西金之前，他的职务相当于国家元首。他外表像个仁厚长者，似乎比他的同僚们显得随和一些，不过他接连不断地抽烟这一点表明，一个人要爬到苏联权力金字塔尖附近，精神多么紧张啊。他魄力不如勃列日涅夫，机智不如柯西金，他按照自己的身份讲话，有时插话不很得体，但他从未使人以为他是一个要取胜、要占统治地位或是具有决定性影响的人物。

这就是尼克松在大多数会谈中，特别是在五月二十四日晚上那次讨论越南问题的激动的会议上所面对的三驾马车。

限制战略武器会谈的第一轮会议：勃列日涅夫和尼克松

到举行最高级会谈时，限制战略武器的会谈已经进行了将近三年了。我方负责具体问题会谈的是限制战略武器会谈代表团，团长是格里·史密斯，他有魄力，在外交上和在华盛顿的官场中都有一套办法。会谈轮流在赫尔辛基(这是苏方喜欢的地方)和维也纳(由于某种原因，尼克松喜欢这个地方)举行。当时，双方代表团正在赫尔辛基举行最后阶段的谈判。

每当这些正式会谈出现僵局时，就得由白宫通过幕后渠道来干预。在一般情况下，都是由多勃雷宁和我两人就僵持不下的问题达成原则性协议，然后由双方代表团在技术方面敲定，形成文字。这种情况第一次发生在一九七一年五月，多勃雷宁和我商定把进攻性和防御性武器都列入限制战略武器会谈中，从而使会谈取得了突破。第二次发生在一九七二年四月我在莫斯科进行会谈期间，勃列日涅夫同意把潜艇发射的弹道导弹包括在应予冻结的进攻性武器之列。

之所以需要由上面进行干预，有几个原因。一是泄密这个老问题。发给代表团的指示经过办事机构，每个文件都要复制几百份；不管代表团的每一成员如何守口如瓶，还是保不了密，至于某些对双方都很敏感的政治问题则更是如此。二是我国政府中审议限制战略武器问题的机构错综复杂，极费时间。想要痛快作出决定是不可能的；每个部门至少在最初阶段都有一票否决权。三是尼克松决心要把谈成限制战略武器的功劳归他自己，而不归史密斯。为此目的，无数的指示不是直接从椭圆形办公室发出，就是通过霍尔德曼送出。尼克松用心良苦是可以理解的。多年来，他被人唾骂为好战分子，当选总统以来，反战示威者不断地组织游行反对他。他希望留下一个和平缔造者的好名声，这不是一件坏事，也不是歪曲事实，尽管这使他的政敌很被动。尼克松一直关心着限制战略武器会谈的进程，现在快要大功告成了。虽然尼克松喜欢说一些夸大其词的话，如“一代人的和平”，但现实毕竟是经过多年的国内动乱和造成举国分裂的战争后，逐渐出现了一个新的国际秩序，限制战略武器会谈在其中起着重要作用。

显然，参加限制战略武器会谈的正式代表团对白宫老是干预很有意见。几年来，他们默默无闻地进行艰苦的工作，眼看自己呕心沥血争取来的转折点来到时，他们希望充当主角，也是人之常情。但是，关键的决定是政治性的，不仅关系到双方的外交考虑，也牵涉内政考虑，这不能归咎于他们。另外，我们不能仅仅为了照顾我方代表团的情绪而放松打破僵局的努力。从上面来的干预对我们的谈判人员来说是痛苦的，但这种干预往往是必不可少的。（我们的后任也沿用了这个做法。）

举行最高级会谈时，限制战略武器协定中还有三个问题有待解决。这些问题倒不是故意留下来的，当然勃列日涅夫和尼克松无疑都想留一个尾巴由他们两人在仪式性的最后谈判中处理，假如赫尔辛基会谈的进展出人预料的话。事实上，我们在莫斯科期间，赫尔辛基的双方代表团每天都取得一些进展。勃列日涅夫和尼克松（最后由葛罗米柯和我）接过了留下来的僵局。整个最高级会谈期间，双方代表团继续进行着他们的工作。正如我们将会看到的，这种安排造成了相当紧张的局面。

尚未解决的三个问题是：（一）条约所许可的两个反弹道导弹基地之间的距离多远；（二）现有的洲际导弹和洲际导弹发射井的规格和大小允许增加多少；（三）哪一类潜艇发射的弹道导弹应该计算在内。遗憾的是，这几个问题都是非常技术性的。我将设法用通俗的语言来阐述；理解这些问题对于研究限制战略武器会谈中的争执是必不可少的。（如果读者对这些细节不很感兴趣，可以跳过这一节不读。）

两个反弹道导弹基地之间的距离一类的小问题是每一次谈判的最后阶段总要留下来的尾巴。当时双方都已经没有什么可再让步的了，所以这类问题往往既错综复杂又无足轻重。如果两个反弹道导弹基地建造在能彼此呼应的距离内，它们就可以组成一个核心，并迅速扩大成全国一大片地区的防御力量。问题就是要防止出现这种局面。正因为这个原因，我们提议两个基地间要保持尽可能远的距离。我方建议该距离为一千五百公里（九百三十七英里）；苏方提出一千三百公里（八百一十二英里)。两者的差别是微不足道的。事态很快表明，政治领导人无助于解决这类问题；结果它们自行解决了。

另外两个问题更须认真对待。从政治上说，正因为它们难于处理，所以尚未解决。

第一个问题是如何确定和限制“重型”导弹；也就是说，条约允许什么规格的洲际导弹存在。进攻性武器的冻结禁止了新的洲际导弹发射井的建造，但却准许了洲际导弹的“现代化”。只许在条约签订时已在建设中的发射井建完。这些条款对我方不构成特殊的问题，因为我们只有一种型号的重要的洲际导弹，即民兵式导弹，我们也没有任何在建设中的新的发射井。但是，苏联有两种主要型号的导弹：一种是“轻型”洲际导弹，即 SS－11 型，实际上这种型号要比民兵式大；另一种是“重型”的庞然大物，即大投掷量的 SS－9 型，美国的武库中没有与此类似的导弹。如果冻结洲际导弹的规定让苏联能放手地把“重型”导弹装进现在装有 SS－11 型的发射井内的话，那么，条约将是毫无意义的，而且苏联也将会不顾条约建造更大投掷量的导弹。

把“轻型”导弹发射井改装为“重型”导弹发射井同样也是受到禁止的，但是苏联却试图回避任何双方已同意的“重型”导弹的定义，以抽去这个条款的实际意义。美方建议，当量大于 SS－11 型的导弹不得装进到那时为止安装“轻型”导弹的发射井。苏方始终拒绝这种限制或任何这种限制的变种。我们怀疑，苏联是不是正在制造大于 SS－11 型而又小于 SS－9 型的“轻型”导弹。所以，我方代表团又提出另一个方案，即每一个发射井的大小不许有任何变化。这对导弹本身的当量来说只是一个很松的抑制而不是一个限制，因为这个方案允许苏联更为有效地利用现有的发射井来增加他们的导弹规格。我们还碰到一个麻烦：五角大楼担心，禁止改变发射井大小的条款可能会约束我们自己把发射井用于分导式多弹头导弹(即民兵Ⅲ式)。(结果证明这是过虑，但是到那时为止，我们已经深深地陷入一个后来证明没有必要采取的立场。)

由于所有这些原因，我方代表团提出了这样一个建议，应该禁止“显著地”扩大发射井。苏方同意这个建议，但却拒绝给“显著地”下一个定义；美方建议，这意味扩大不超过百分之十到百分之十五，苏方断然拒绝了这个建议。我方代表团建议由美方发表一个单方面的声明——当然这对苏方是没有约束力的——我方认为“显著地”是指百分之十到十五，但这正是苏方所拒绝接受的。把达成一项协定的希望寄托在苏方已经拒绝的单方面声明上，看来对我们这些白宫官员来说简直太冒险了；因此，我们把这个问题放进了最高级会谈的议程中。

第三个问题更为复杂，那就是如何计算潜艇发射的弹道导弹。在我的四月苏联之行时已经决定，允许苏方在六十二艘潜艇上安装九百五十枚潜艇发射的弹道导弹，但没有确定这包括哪些导弹和哪些型号的潜艇。苏方的立场是，旧的H级核潜艇上的三十枚左右的导弹和安装在更老式的柴油机发动的G级潜艇上的六十枚左右的导弹都不是“现代化”的，所以不应该计算在总数之内。换句话说，他们希望把九十枚老式导弹统统排除在协定之外。

按照莱尔德在一月份提出的计划行事，我在四月份和勃列日涅夫达成如下协议：苏方如果要把目前的导弹总数增加到双方同意的九百五十枚，它必须销毁一些旧的洲际弹道导弹和潜艇发射的弹道导弹。但是，从哪里开始销毁——在限制战略武器会谈中的用语是“基数”——则留给赫尔辛基的谈判代表们去讨论。可以断定，苏方希望基数越高越好，以便把销毁数压到最低点；我方则希望基数尽可能低些，以便销毁所有的老式洲际导弹和潜艇发射的弹道导弹。统计工作十分复杂，因为我们最初的企图是根据条约签订时苏方将拥有的现代化潜艇数目来确定基数。苏方声称他们有四十八艘，我们的估计则是四十三艘。即使我们当时同意了这个数目，我们也还会在这些潜艇上究竟有多少枚导弹的问题上争论不休。苏联当时有两种现代化的潜艇：每艘装有十二枚导弹的D级潜艇和每艘装有十六枚导弹的Y级潜艇。总而言之，当勃列日涅夫和尼克松在五月二十三日星期二下午着手这项工作的时候，头绪还是很乱的。

开了两次会议，第一次于下午四点至六点在圣凯瑟琳大厅举行，第二次于七点二十分至九点五十分在克里姆林宫内总书记的办公室里举行。第一次会议我是以记录员名义陪同尼克松参加的。我发现我自己深深地卷入了这次谈判，无法履行我的职责。所以在第二次会议时，我们让索南费尔特作为记录员同往。在这两次会议上，陪同勃列日涅夫的是他亲密的助手安德烈·阿历克山德罗夫，他从不讲话，还有译员苏霍德列夫。

这两次会议表明，政府首脑不宜讨论复杂的问题。勃列日涅夫和尼克松都不了解技术问题；他们都落后于赫尔辛基代表团几小时，而代表团却在就完全相同的问题进行着轻松的会谈。

第一次会谈把双方领导人带进了试图确定“重型”导弹定义的浓雾之中。使我感到惊奇的是，勃列日涅夫采取的恰恰是苏联代表团所一贯拒绝的观点，他说，苏方没有必要改变苏联导弹发射井的大小，而且苏联没有意图增加导弹的直径；这意味着他们将接受冻结发射井的大小和导弹当量的规定。换言之，他似乎倾向于我们在几个月前最初提出的建议，而在那以前，苏联参加限制战略武器会谈的代表团一直是顽固拒绝的。而且，勃列日涅夫似乎还同意一项对苏联实际正在制造的武器不利的建议。他声称，苏联没有意图增加苏制导弹的直径，结果证明他的话和事实不符。为了清晰地讲明问题，我向勃列日涅夫解释说，我们希望对发射井的改进有一个十分明确的限制，因为新的发射技术能提高导弹的威力。这不是一个单纯的理论争论；我们有充分的理由认为，这正是苏联人所想干的。勃列日涅夫矢口否认我们明明掌握的事实；他甚至画草图来证明我是在胡说八道；当然我们不好当场戳穿他，以免暴露我们所掌握的情况的程度或情报来源。此外，每当我描述苏军武器的特征时，他总是怒形于色。苏联人酷爱保密，以致每当我们透露一些我们所了解的有关他们的实力时，苏联领导人就会明显地表现出焦急不安和怒不可遏。不过，为了表示诚意，勃列日涅夫正式建议，从禁止扩大发射井这一条文中去掉“显著地”一词，这样一来发射井的任何扩大都被禁止了。

勃列日涅夫表明了苏联接受冻结导弹规格的立场，他的这个一百八十度大转弯看来给我们制造了一个问题，因为根据最近五角大楼的估计——后来证明是错误的——冻结发射井的大小将有碍于我方在现有的民兵式导弹发射井内安装分导式多弹头民兵Ⅲ式导弹。所以，我们把勃列日涅夫的令人惊讶的建议搁置在一边，这产生了奇妙的后果，两位领导人好像换了位置：勃列日涅夫转到了几个月前美方的立场，而尼克松似乎采纳了苏方的赫尔辛基代表团的意见。四天后，参谋长联席会议决定，尽管如此，我们也可以接受。可是那时苏方已撤回了勃列日涅夫的建议，苏方鉴于这和苏联早已制订的计划有矛盾，所以不管尼克松如何反应，也必然要撤回。

最高级会谈就潜艇发射的弹道导弹的谈判和赫尔辛基代表团采取的立场没有多少出入。在这个问题上，勃列日涅夫的立场和苏方代表团的立场是一致的：把老式潜艇和洲际弹道导弹换成新式潜艇发射的弹道导弹时，应以苏方的四十八艘潜艇作为基数。尼克松让我去应付这一部分的谈判。我建议说，如果这四十八艘潜艇包括九艘老式的H级潜艇的话，我们可以接受。这一建议使勃列日涅夫大动肝火，因为即使是根据苏方的计算法，这样也会把苏联现代化潜艇的基数降到三十九艘；而且这将会迫使苏联拆除全部的H级潜艇或为了保留一艘H级潜艇（装有三枚导弹）而放弃一艘新的现代化的潜艇（装有十二至十六枚导弹）。因此，他把话题一转，谈起条约所许可的美方拥有潜艇的数目。我们坚持四十四艘这个上限，这使我们可拥有与苏方的基数同等的导弹。（要达到这个数目，我们必须替换四十八枚老式大力神式洲际导弹。五角大楼多年来就想报废这批导弹，但为了替换的原因，我一直要求保留着。）但由于我们实际上只有四十一艘运载导弹的潜艇，而参谋长联席会议又拒绝在三叉戟型号潜艇建成以前制造新的潜艇，所以尼克松毫不在乎地对勃列日涅夫说，在条约的五年时限中，美方不会另外增加三艘新潜艇，虽然我们可以这样做。

这时，大家都被桌面上的数字搞得晕头转向。双方都同意休会一小时。我利用这段时间给杰勒德·史密斯打了个电话，告诉他事态发展的惊人转折。

晚上七点二十分，我们在勃列日涅夫的克里姆林宫内的办公室里继续开会。从大克里姆林宫沿街走，来到克里姆林宫尽头一个拐角，勃的办公室就在一幢巴罗克风格的楼里。我们进入一条铺着地毯的相当狭窄的过道，走上几步台阶，进到一部开动时摇摇晃晃的电梯里。三层楼是政治局使用的，二层楼是部长会议的所在地。勃列日涅夫的办公室至少有三十码长，里面摆着一张供政治局委员和候补委员（通常共有二十一人）开会用的大桌子。这张桌子顶端的垂直方向摆着勃列日涅夫用的特大写字台，写字台的一边有一个电话控制台，上面布满了按钮，给人的印象是，只有一个经过训练的风琴师才懂得如何使用它。

两位领导人立即又开始了会谈。勃列日涅夫首先发言，他接受了我方关于两个反弹道导弹基地应相距一千五百公里的建议。但是不幸的是，双方领导人都不知道，在赫尔辛基的美方代表早已在当天上午就接受了苏方的一千三百公里的建议。勃列日涅夫向我们提供了比我方谈判人员已接受的更有利的协议。但差别也不大；最后，双方还是维持了赫尔辛基谈定的方案；两种方案的差别毕竟是微乎其微的。

这一枪没有打中要害，双方领导人接着又冲进了确定“重型”导弹含义这一棘手问题。休会期间，我曾叮嘱尼克松，由于要照顾到多弹头分导式导弹的问题，请他在收到史密斯的报告之前，不要偏离我方代表团的立场，但他应该设法使苏方同意我方关于“显著的”一词的定义。尼克松于是对勃列日涅夫说，我方坚持应规定发射井的尺寸不得有“显著的”扩大(这一点苏方早就接受了)，并把“显著的”含义确定为百分之十五(苏方已经断然拒绝了这一点)。勃列日涅夫在上次会议中本来已经提出过完全冻结发射井的尺寸，现在他似乎有点困惑不解了，美方怎么竟又不同意几个月前自己所坚持的并能够解除我们对苏联改进导弹的担心的办法呢。这时我感到，不妨把美方以前所提的双方既限制发射井的大小、又限制导弹的当量的主张重新提出来，虽然苏联一直断然拒绝这个主张。这对苏联的导弹发展将是一个更严格的限制，因为这样一来他们就不能改进现有发射井的效能。勃列日涅夫似乎也同意这一点了。在限制战略武器会谈中，这是他最后一次在没有顾问陪同的情况下同我们会谈。

我仍然不明白勃列日涅夫当时是怎么想的。他是在向我们作真正的妥协吗？难道他知道我们的民兵式导弹的改装计划并估料我们会拒绝他的建议吗？莫非他只是被技术上的具体细节搞糊涂了，以致未能区分发射井的大小和导弹当量的区别？

当两位领导人转而讨论潜艇发射的弹道导弹时，他们只是在重复早些时候那次会议的争论。最后决定，由葛罗米柯和我在第二天上午碰头，看看我们能否草拟一项给双方代表团的共同指示。但是，还未来得及开这次会议，尼克松和苏联领导人就在勃列日涅夫的别墅进行了一场气氛紧张而且有点怪诞的交锋。

别墅里的交锋

这场戏剧性的交锋是从苏联共产党中央委员会总书记绑架美国总统开始的。五月二十四日，勃列日涅夫邀请尼克松共进晚餐，讨论“悬而未决的问题”；他曾表示苏方只有最高领导人参加。把葛罗米柯也排除在外的做法实际上是向我方示意，把出席者只限于国家安全委员会的成员。起初，对方告诉我们说勃列日涅夫想讨论中东问题，但到了下午，多勃雷宁对我说，他的领导人考虑的很可能是越南问题；直到那时为止，双方还没有触及越南问题，苏联领导人只是一再地说接待尼克松使他们多么“为难”。因此，我就指定温斯顿·洛德（他协助我处理最敏感的问题）以及约翰·内格罗庞特（他那时是我手下的越南问题专家）陪同我前往别墅。按原计划，我们在每天一次的签字仪式（那天是签署空间合作协定）后一小时出发，我方保卫人员正在调集车队前往。

勃列日涅夫把每个人都骗了。离开签字仪式的时候，他突然建议尼克松和他马上一起去别墅。尼克松答应了——他毫无办法，因为勃列日涅夫简直是把他推上了车。一瞬间，两位领导人坐了勃列日涅夫那宽敞的吉尔牌轿车急驶而去。总统的助手们总是很机警地紧紧走在他们的上司身边的，在出国访问中特别是如此。我随即跳上了一辆苏方的后卫车，一边向一个助手叫喊，让洛德和内格罗庞特两人自己想办法赶往别墅。

我的这道命令是荒唐的。没有任何美国人知道别墅究竟在哪里，也没有任何苏方官员会告诉他们。当时，四周根本没有美方的轿车可用。于是洛德和内格罗庞特拼命求助于好几个苏方的官僚。他们不动声色地假装一无所知——或是装作不懂英文，或是拒绝担风险去叫一辆车开往戒备森严的别墅。洛德和内格罗庞特简直要急疯了，因为没有一个总统的助手会心甘情愿地错过任何一次高级会议的机会，而且他们还带着我的全部备查资料。最后，他们在比尔·海兰的帮助下找到安东诺夫将军，他是苏联国家安全委员会（克格勃）负责外国领导人安全的局长。他同意让他们两人去别墅，并提供了一辆车，但是这一切是在勃列日涅夫和尼克松（和我）早已到达别墅以后才安排的。这时，小型车队已经开出了莫斯科，尼克松和勃列日涅夫同坐一辆车，我坐在另一辆车里。紧接在后的是总统自己的座车，里面挤满了保卫人员，美国总统就在他们的眼皮底下被苏联共产党的第一号人物挟持走了，他们气愤已极。

保卫人员最忌讳让总统乘坐外国的飞机，其次是用外国的司机和乘外国的车辆。这一次就很能说明问题。这是一次折磨人的路程。莫斯科的主要大街上至少有六条车道，中间的一条是最高级人物专用的车道。在中央车道行驶的车在每一个交叉路口都可通行无阻。如果苏联公众纪律差或不守交通规则的话，政治局委员都活不长，因为他们的司机以每小时七十英里的速度飞驰在莫斯科的大街上，全然不顾交通信号，他们知道当他们的车来到交叉路口时，肯定是通行无阻的。而且，整个车队以赛车的速度一辆紧接着一辆。随行的护卫车成剪子形一会儿冲向前、一会儿压住后面。如果开道车突然刹车的话，一场大惨案是无法避免的。这是令人神经十分紧张的经历。过一会儿，人们只好听天由命了。我有生以来，唯独在克里姆林宫的入口处未能完全克服眩晕欲呕的感觉。在那里，我们的车猛然横穿来往交通非常拥挤的大街，过了这一关，又加足马力向十五世纪的博罗维茨基城门冲刺，门洞刚够一辆车通过。只要有一个人看错交通信号，那么坐在如此高速疾驰车中的苏联要人准要丧命。

从克里姆林宫到别墅，开快车也要四十分钟左右。别墅坐落在地势略高、树荫掩映的莫斯科河边。附近看不到有其他的房屋。身穿制服的克格勃人员戒备森严地守卫着这座别墅，它采取苏联典型的建筑风格，和列宁山上的宾馆没有多少差别。房子是两层结构，舒适而不显得豪华，但也不到雅致的地步。底层的一边是一间面对着草坪的小办公室和一间陈设舒适的起居室，草坪一直伸展到莫斯科河，岸边停着一艘船。另一边是电影厅。它的隔壁是一间小会议室，里面有一张椭圆的会议桌，靠墙有一个带摆的落地大座钟，房里的家具布置得稀稀落落。和起居室一样，会议室也面对着莫斯科河。

那天晚上发生了突然的、预料不到的变化。勃列日涅夫成功地把美国总统架到别墅的时候，显得兴致勃勃，接着又急匆匆地把总统带上了船，开始了一次水翼船航行。我和阿历克山德罗夫跟着上了另一艘水翼船。* 我方那些保卫人员不快地坐在一艘颠簸前进的普通船上，远远落在后面。这一回，他们又眼睁睁地看着自己的保护对象第二次被狡猾的苏联领导人架走了，这一次是在水上。

水翼船显然试图打破官方车队的速度纪录，据我所知，它是打破了。尽管这次行动完全打乱了计划，使我们下边的人乱成一团，狼狈不堪，但是这次游河却使我的心情特别宁静。河两岸的丛丛白桦树点缀着一片起伏不平的土地，郁郁葱葱，一直伸向远方的地平线。这景色虽不是如何壮观，却令人心旷神怡。这就是俄国广袤大地的一瞥。多少世纪以来，从东方或西方入侵的部落一再席卷这片土地，到头来，他们都被一个具有持久忍耐力的民族征服了，这个民族顽强地守着乡土，不顾暴虐，包括本族领导人肆行的虐政，保持了自己的民族特性。

一小时以后，当我们返回别墅的时候，柯西金和波德戈尔内已经来了，丧魂落魄的洛德和内格罗庞特也到了。但是在会议开始之前，我不得不先去解决克格勃和美国保卫人员之间的一场纠纷。这次，我方保卫人员决心不让自己的保护对象再一次被人架去坐飞车。他们无疑对苏联同行的做法义愤填膺，所以，就把总统的座车一直开到了别墅的门廊口，堵住了大门，假如那时发生火灾的话，必将造成一场大祸。不消说，克格勃人员现在恰似半小时以前美方保卫人员那样怒火中烧。为了排解这次纠纷，我竭尽搞外交的浑身解数，总算说服了我方保卫人员把总统的座车从勃列日涅夫别墅的正门开走，作为交换条件，我答应使尼克松在回程时不乘外国的轿车，不用外国的司机。说句公道话，我国保卫人员所从事的实在是世界上最艰难的工作之一。唯有极端忠于职守的人才能担负起保卫总统安全的责任——这是一项不容出任何差错的任务。他们必须按自己的一套程序行事，不能允许有任何的例外。本书虽

* 勃列日涅夫喜欢各种式样的汽车，我方送他一辆凯迪拉克牌轿车。他把这两艘水翼船之一回赠给了尼克松。

然写了一些有关他们的趣闻，但我的确对我所熟识的以及保护过我的这些保卫人员十分钦佩和爱戴。他们是第一流的、极有才智的专业人员。

苏联领导人和尼克松终于走进了会议室，面对面坐在椭圆会议桌旁。勃列日涅夫首先回顾了各项问题的谈判的情况，内容无关宏旨。他建议由葛罗米柯和我继续关于限制战略武器的会谈，为赫尔辛基的双方代表团拟出共同指示。尼克松附和这种精神，他罗列了一些看来可能取得进展的问题，例如设立一个美苏经济委员会。最后，勃列日涅夫顺便提到，中东和越南问题也许值得在什么时候讨论一下。看来可能要整夜打太极拳了，于是尼克松决定干脆把越南问题拿到桌面上来。他不这样做的话，苏联领导人也一定会这样做的，他们正在待机而发。

尼克松一上来就说，越南问题是“附带的问题”，它不应该阻碍我们两国关系中正在取得的基本进展。（想取得行动自由的一方总是说“联系”原则不适用于它。）接着，他扼要而坚定地阐述了我方的立场。他意识到，苏联和越南有密切的意识形态关系。但是我们没有选择眼下这个时机在越南“大干”。倒是河内在苏联装备的援助下大打出手。一旦攻势开始，“我们不得不作出反应，这就是我们所做的。”要是河内在谈判中不表现出新的灵活姿态，我们也不能重新考虑我们的立场。他刺了一下苏方说，莫斯科应该利用它提供军事装备所获得的影响促使河内重新考虑一下。至于美国，我们决心结束战争，能够通过谈判方式最好，不得已也只好通过军事方式。

话题一转入越南问题，轻松友好的气氛顿时消失。骤然间阴云笼罩，气氛逼人。三位苏联领导人轮番进攻尼克松。而尼克松呢，除了辩驳两句话外，一直尊严而沉默地容忍着。苏方讲话不仅内容粗暴，语气也十分蛮横无理。勃列日涅夫首先开炮。他不仅指责我们最近的“残暴”轰炸，还谴责了我们卷入越南战争的全部历史，并说他认为美国这些行动旨在使苏联难堪。他回顾说，一九六五年柯西金访问河内时，北越遭到第一次轰炸。他认为不需要采取军事行动来结束战争。河内很愿意谈判；美方只须抛弃阮文绍，接受河内“合理的”政治纲领就行了。有几次他露骨地影射美国的政策和希特勒的政策相似。勃列日涅夫解释了为什么苏联还是同意举行最高级会谈的原因，实际上，他的话证实了我方策略的正确性：

在目前这种情况下，我们本来很难同意举行这次最高级会谈。但是我们还是同意了。我想解释一下原因。最高级会谈之前的准备工作使人抱有这样一种希望：即两个具有如此强大经济力量、高度文明以及其他一切必要条件的大国能够走到一起来，更好地改善我们两国间的关系。

勃列日涅夫的缺乏前提的推理再一次揭示了苏联对中国极度神经过敏。他谩骂中国执行邪恶的外交政策，并把《上海公报》作为支持他这种说法的证据。在他看来，双方各自申明自己的立场而不确立共同的立场，使得整个文件毫无原则性。

我们还未能弄清楚他对我们所签署的《上海公报》进行莫明其妙攻击的逻辑时，柯西金又上阵了。勃列日涅夫感情激动，柯西金讲话有条理。勃列日涅夫拍桌子，柯西金冷静而得体。但是正如我所说过的，三驾马车中柯西金实际上是最厉害的一个。他回顾了他和林登·约翰逊的谈话，说约翰逊起先预言会获得胜利，但最后还是失败了。他的意思是说，尼克松也将落得个同样的下场。他尖刻地指责了轰炸给停泊在海防港的苏联船只和苏联人员造成的损失和伤亡。他暗示说，河内可能会重新考虑它过去拒绝外国军队帮它作战的决定。尼克松被这席话激怒了，反驳说我们不害怕任何威胁。说到这里，柯西金转而挖苦了一下中国，他说，北京在一九六五年就准备出兵越南，但遭到北越的断然拒绝。柯西金建议我们搞掉阮文绍；莫斯科最高级会谈是共同讨论这类建议的合乎逻辑的场所；他有充分理由认为，河内会同意这一点。（我们也这样认为。但我们并不认为我们需要苏联的帮助去向人投降。）

波德戈尔内最后一个发言。这三巨头一个接一个地表明了苏联对中国的不安全感。他们巨大而复杂的邻国中总有些什么东西使得苏联人丧失理智。波德戈尔内说，去年夏天他在河内时听说我秘密访华的事。他安慰北越说尼克松也计划要访苏——好像河内被两家出卖和孤立要比被一家出卖和孤立好一些！接着他学着他的同行们的腔调说：对越南的战争是“非法的”，“纯粹是侵略”。波德戈尔内用的形容词和他同行们的一模一样，尽管他的讲话比较平淡乏味，语气实际上还比较温和。波德戈尔内发言的时候，勃列日涅夫在他背后来回踱步，口中喃喃有词。我不明白，他是在设法给波德戈尔内的发言加重语气呢，还是对他的讲话感到厌烦。

突然间我恍然大悟，别看这些苏联头头口出狂言，十分粗野，其实是在演戏给人看。他们的口气充满敌意，态度极为蛮横，然而所有的讲话都没有包含要采取实际行动的意思。苏联领导人明显地避免进行威胁。他们提出的所谓建议只不过是重复北越在巴黎会谈中的口号而已。他们明明知道，我们已经一再拒绝了这些建议，现在更没有理由接受这些建议，因为军事形势几乎天天在朝着有利于我们的方向变化。苏联领导人只是说一道空话，并没有逼迫我们做什么事。他们发言只是为了记录在案。所说的话够编成一份记录应付一下河内就算了。

情况就是如此。尼克松十分庄重地听完，然后坚定沉着地反驳。他说，他确信战争不久就将结束。他淡然地提到，苏联在使美越秘密会谈于四月间得以重开这一点上是“起了促进作用的”；但北越“比以往任何时候都更顽固”，这使我们感到“有些沮丧”。他针对勃列日涅夫的停火建议说，我们接受这个建议，但河内却断然拒绝。他建议双方在本周的晚些时候再讨论越南问题。我们将继续和北越谈判，但是，如果他们不愿意寻求和平的话，谈判是毫无意义的。尼克松说，我们并不指望苏联来解决这个问题，不过，“也许你们可以帮一把忙嘛”。柯西金严厉地评论说，需要有一个新的建议，总统也同样严厉地回答说，会谈的时间拖得太长了。

这时，勃列日涅夫显然认为记录上的话已经足够了，于是说：双方“对一件世界大事进行了极认真的讨论”，好像这是几位教授之间的一场抽象辩论似的。他说，他从尼克松的话中得出结论，美国准备寻求一项合理的解决办法——这话当然是不容争辩的。柯西金插话说，现在苏联没有任何一艘运载军事装备的船只开往越南；“运去的只是面粉和粮食，没有任何武器弹药”。这可能是暗示说，莫斯科正在向河内施加压力；也可能是毫无意义的，因为所有的越南港口反正都被水雷封锁了。

事实上，苏联领导人只有在这次会议上用盛气凌人的口气谈到越南问题，在最高级会谈其他场合都是把越南当作次要问题对待的。他们后来只有一次又提到越南问题：勃列日涅夫问尼克松，我们是否能更改一下我方一月二十五日的建议，使我们原先建议的让阮文绍在新的大选前一个月辞职改为大选前两个月辞职。尼克松暗示说，如果河内接受我们的其他条件的话，他也许会愿意这样做。

在别墅那个夜晚，苏联领导人在越南问题上串演了三个小时的戏，时间已经是十一点了。这时，正像几小时前突然转为敌对情绪一样，现在又突然变为友好了。他们把我们让到二楼餐厅，这餐厅几乎占了整个二层楼。尽管已经是半夜了，端上来的照样是全套的四道大菜，晚饭开始时还是通常的满桌的各色冷盘。

勃列日涅夫这时一反常态地变得沉默寡言了，可能是疲劳了，虽然他有几次快活地插了几句话。晚餐一开始，柯西金就开始敬酒，用苏联产的白兰地酒拼命灌他的客人。这一顿饭的时间里，他对每一个美国客人至少敬了两杯酒。当他注意到洛德和内格罗庞特每次敬酒时都没有饮尽杯里的酒，他就拿美方这两位最年青成员的酒量浅来开玩笑。每一个人都不谈正经事，皆大欢喜。大家始终谈谈笑笑，虽然有时这种欢畅的场面未免有些矫揉造作。双方好像心照不宣地同意恢复在讨论越南问题之前双方所形成的那种良好的私人关系，使之保持到最高级会谈结束。

俄国人浪漫而自豪地谈起贝加尔湖——它巨大的面积、优美的景致、特别清澈的湖水。勃列日涅夫批评尼克松在一次讲话中为了试图说明全球性的环境问题，不准确地把贝加尔湖描述成是污染的湖泊。勃列日涅夫说，美国的五大湖才是污染严重的，而贝加尔湖则不是。他说，尼克松那篇讲话稿大概是基辛格博士起草的，所以责任全在于基辛格，应该把他流放。尼克松说，那就把基辛格流放到西伯利亚去吧。勃列日涅夫说可以把我流放到贝加尔湖，这样我就能亲自看看那湖多么美妙。一说起把人流放到西伯利亚，立刻就引起一阵快活的喧闹，至少在座的苏联人是如此。

但是，当勃列日涅夫说到，尽管已是午夜时分，葛罗米柯和另一个苏联高级官员正在莫斯科等候我前去继续会谈限制战略武器问题，气氛又严肃起来。经过车队的飞驶、水翼船的航行、越南问题上的一番唇枪舌剑和一顿饱餐之后，我实在不想去见由不知疲倦的葛罗米柯带领的一队新人马。虽然已过午夜，尼克松却仍毫不怜惜地让我前去。这就意味着我将面临一场从凌晨一点开始的严肃会谈。柯西金说，如果我失败的话，把我流放到贝加尔湖去反而便宜了我。我说，他是在挑逗我，想看看一个喝醉酒的外交家是否神志还清醒。我暗自决定当晚拖延会谈，除非苏方出乎预料地接受我方的条件。

在五个小时中，双方一会儿从谈笑风生变成剑拔弩张，一会儿又恢复谈笑风生。苏联领导人兴高采烈地陪我们走下楼梯。我们坐上了美国的轿车队，在苏联摩托车队的护卫下急驶而去，这时几乎可以听到美国保卫人员松了一口气的声音。我和总统同乘一辆车返回克里姆林宫。他倒可以上床睡觉，我却还得对付一组精力旺盛的苏方谈判者。

限制战略武器问题的谈判结束

五月二十三日，勃列日涅夫和尼克松结束限制战略武器问题会谈时建议，由葛罗米柯和我于第二天上午会晤，继续进行会谈。结果，葛罗米柯没有露面。这是不足为怪的。因为在他们那位变化莫测的总书记作出几点让步后，苏方的谈判人员显然需要重新研究对策。杰勒德·史密斯认为，我们一定是误解了勃列日涅夫的话。而他的苏联同行们很可能担心，我们极正确地理解了勃列日涅夫的话。由于苏联人内部开会，限制战略武器问题的谈判停顿了差不多三十个小时。到了五月二十五日早晨，继别墅那次会谈后，我一下子陷入了一场争论中。

在谈判空隙期间，我们得以征求史密斯的意见。但这很费时间，因为同赫尔辛基的通信联系出奇地费事。总统出访时，白宫的通信中心总是跟着总统走的，所以现在设在克里姆林宫。国务院的通信中心则设在罗杰斯的住地俄罗斯饭店。这种具体安排本身势必造成各有关人员不能及时了解情况；在他们之间传阅同一份文件也几乎是不可能的。从赫尔辛基发出的普通情况电报须先通过国务院通信系统发到华盛顿，再转发美国驻莫斯科大使馆，然后送到俄罗斯饭店，再由设在那里的国务院秘书组把这份电报连同其他很多“有参考价值的”电报一起送到设在克里姆林宫的国家安全委员会办公室，然后放入传阅文件夹里，国家安全委员会工作人员只是在会议和其他工作之余才拿出来阅看。如果他们觉得哪个材料比较重要，才写个摘要送总统阅。

如有比较重要的事情，史密斯可以由“幕后”的渠道，通过华盛顿的白宫值班室发报给我。不过这要耽误几个小时，因为白宫值班室须用特别的密码把史密斯的电报发往克里姆林宫里的白宫通信室。我们同赫尔辛基之间本来有公开的电话线路，但是不能谈任何机密的事情；使馆里有一部保密电话，但使馆离克里姆林宫好几英里远。

回想起来，当时把双方谈判代表团都弄到莫斯科来就好了，他们可以就地配合最高级会谈继续工作。但由于尼克松十分计较别人争功，即使我当时提出这个建议，恐怕他也不会同意的。对于这一点，我们永远也搞不清，因为我并没有提出这个建议，我自己的虚荣心和想控制最后谈判的心理，对此也并非没有影响。代表团多年来进行了耐心而细致的工作，行将大功告成时却被排除在外，他们感到恼火是可想而知的。而我们也为此付出了代价：谈判代表被排除在理应让他们参加的过程之外，事后他们可能采取比他们自己参加谈判时更为强硬的立场。（在我们到莫斯科之前，代表团的立场一直是比白宫“软一些”，这是赴国外谈判的代表们的通病。）

史密斯在导弹发射井的大小和潜艇发射的弹道导弹问题上的反应说明了这一点。史密斯认为，最好把勃列日涅夫提出的协定可包括导弹当量的主张，同我们提出的确定导弹发射井的大小发生“显著”变化的计算方法结合起来。他给我的电报中说：

如果你能在莫斯科取得苏方同意，对下列两方面不作显著增加：1. 洲际导弹发射井的大小；2. 超过目前双方部署的最大的轻型洲际导弹当量的洲际导弹的当量；并且进一步确定，“显著”一词的含意为不超过百分之十至十五，那将是大进一步。

史密斯对潜艇发射的弹道导弹的态度不够明确。他坚持协议一开始就规定老式的导弹必须加以淘汰。他没有提出计算基数的方法，我猜想他是有意保留选择的余地。史密斯认为，如果我们不能就潜艇发射的弹道导弹做成适当的交易，那么我们应该把冻结进攻性武器的种类限于洲际导弹。他这份电报的最后一句话流露了不满情绪，觉得自己远离决策的现场，并且总以为——尽管是错误的——总统的助理们对总统封锁主要属员的观点而使总统接受自己的意见。这句话说：“我相信你将把这些意见报告给总统。”其实史密斯这些意见和他通过幕后途径发来的一切电报都是一收到就送给总统看的。

在和尼克松从别墅乘车返回克里姆林宫的路上，我和他研究了所有这一切意见。我认为发射井大小的问题还不到须由总统作出决定的地步。我们首先得看一看苏联人会不会以及如何从勃列日涅夫建议的立场上悄悄地后缩；如果他们想后缩，我们就要逼他们同意，“显著”一词的含义是百分之十到十五。谈判代表团主张发表单方面声明，我认为这样的声明是无法执行的。只有当苏联方面顽固坚持它的赫尔辛基立场的时候，才需要由总统亲自出马。

潜艇发射的弹道导弹则不同。争取使苏联淘汰掉尽可能多的老式导弹，无疑对我们是有利的。但是记住我们谈判的实际立场也是同样重要的。如果像史密斯所建议的那样，不把潜艇发射的弹道导弹包括在协定内，那么结果将是苏联在理论上能够比协定所允许的数量（根据苏联过去五年的实际计划，每年建造八艘潜艇）多生产二百枚新式的潜艇发射的弹道导弹。此外，他们还可以全部保留二百零九枚老式的洲际导弹和九十枚老式的潜艇发射的弹道导弹。摆出一副强硬的姿态是很容易的。实际问题是：不管莫斯科会谈的结果如何，我们的参谋长联席会议是反对美国在五年内——即拟议中协定的有效期间——执行任何建造新潜艇的计划。在这种情况下，如果不冻结潜艇发射的弹道导弹，苏联就可以多出五百枚导弹，我们的地位怎么能改善呢？

对苏联究竟有多少艘潜艇，双方要取得一致是不可能的，为了避免这种数字游戏，避免关于什么才算实际“正在建造中”的潜艇这种深奥的辩论以及争论有多少是D级潜艇、多少是Y级潜艇，我和我的工作人员提出了另一个方案。我们按先后次序排列了想要苏联人拆除的导弹，将这些数字从允许拥有的九百五十枚导弹的总数中扣除，然后提出导弹数量而不是潜艇数量的“基数”。要求苏联优先拆除的是七十枚设置在“加固的”发射井内的老一代的SS－7洲际导弹。这种导弹的投掷重量很大，而且设置在很难摧毁的发射井里，如果不加以拆除，它们最终可能现代化，那就会大大增加苏联的实力。其次是大约一百三十五枚在“软的”* 发射场上的SS－7和SS－8洲际导弹。出于它们容易被摧

---

* 即在地面上的。——译注

毁，这使它们成为危险的、用于第一次打击的武器；同时，这些导弹的投掷重量使它们具有非常大的破坏力。再其次就是H级潜艇上的导弹，大约有三十枚，它们的射程比较短(九百英里)，但是潜艇是核动力的，因而可以长期作战。排在最后要对方拆除的，是装在老式G级潜艇上的六十枚导弹。这种导弹的射程更短(三百至七百英里)，G级潜艇是由柴油发动机推动的，噪声很大，续航能力有限。一个拥有一千五百枚洲际导弹和近一千枚新式潜艇发射的弹道导弹的国家，不大可能派出易被发现、发射时须浮出水面的潜艇运载着六十枚短程导弹横渡大西洋。事实上，自从一九六六年以来就没有G级潜艇在我国沿海活动了。

我在返回克里姆林宫的路上向尼克松提出的建议是把七百四十枚“新式的”潜艇发射的弹道导弹作为基数，苏联如果想超过这个数字，就必须用拆除老式导弹来交换。如果苏联人想达到双方商定的潜艇发射的弹道导弹的总数九百五十枚，他们就必须拆除全部老式洲际导弹。然后，我们将坚持，七百四十的基数应包括全部H级潜艇上的三十枚导弹，以后苏联可以将这三十枚导弹算在基数之内，也可以从九百五十枚的最高限额内扣除此数，两者任它选择。对于G级潜艇上的导弹，我们将尽最大的努力。但是我对尼克松说，我们可能还要来请示他，以便进一步作出决定。尼克松说，他要考虑一下这个方案，在我出发去参加预定在外交部举行的同葛罗米柯的会谈之前，告诉我他的意见。

当我回到设在克里姆林宫的国家安全委员会办公室时，发现我们在国内的阵地面临崩溃的危险。五月二十四日，《纽约时报》的伯纳德·格韦茨曼搞到一份泄漏出去的重要文件，使他能够报道在赫尔辛基和莫斯科正在讨论的基本数字。突然间舆论大哗。参议员戈德华特和杰克逊对此表示了严重的关切。保守派要大闹一场了。一时谣言四起，说我们“承认”了苏联在数量上占优势。黑格报告说，参谋长联席会议的人感到不安，他们几乎要放弃我们出发之前他们已同意的立场，而这个立场包含了他们的迫切建议的大部分。

所谓我们“承认”了数量上的不平等，这不是出于误解就是想蛊惑人心。这种不平等的根源在于：我们的前届政府不用增长导弹发射器的数量而是通过增加我们多弹头分导导弹的弹头数量来对付苏联导弹力量的增长。约翰逊政府曾提出称为“确保摧毁论”的战略理论。他们放弃了以毁灭对方军事目标为主的战略，而以毁灭对方产业设施和居民为主来规划我们的军力。只要苏联导弹的命中率低，而且没有搞出多弹头分导导弹，那么我们的洲际导弹实际上就是不可摧毁的，我们的战略力量就不会受苏联导弹数量增长的威胁。因此，苏联人在六十年代增加导弹数量的时候，我们没有增加自己的导弹。甚至当时我们发展多弹头分导导弹也不是为了对付苏联增加导弹的计划，而是针对他们的反弹道导弹的。我们当时有意识地决定集中力量发展“三叉戟”式新潜艇，而不增建现在那种型号的潜艇。由于研制新武器需要六年到九年的时间，七十年代初期尼克松政府受到很大的束缚，国会每年都反对新的发展战略武器的计划，并将国防预算削减到低于政府提出的最低限度，这就使政府的处境更加为难。冻结进攻性武器的主张最初是由国防部副部长帕卡德于一九七〇年夏季提出的，目的是防止我们在数量上落后的差距继续扩大。一九七二年一月十八日，国防部长莱尔德在他的备忘录中再次提出了这个要求，认为这是使我们能够改进战略力量对比的必要条件。大家知道，自一九七一年五月以来就对这个问题进行谈判，当时并没有人提出过任何反对意见。如果我们现在让谈判半途而废，这个数量差距将会扩大。现在即将签订的协议可使苏联人减少他们的导弹数量，而我们正在进行的任何计划都不会受到五年冻结期的影响。我们除了将谈判继续进行下去，别无选择。

我向尼克松谈了这些考虑。当我们于凌晨一时左右从别墅回来时，尼克松正趴在按摩台上，由肯尼思 · 里兰大夫给他揉背。这位大夫在治疗腰疼和减轻疲劳方面有妙手回春之力，所以是总统随行中十分重要的人员之一。我作汇报时需要绕很大的圈子，因为尼克松不愿用扰频器，而我们可以肯定苏联人正在窃听。我想我这样闪烁其词并不会蒙蔽多少人。不过，让苏联领导人知道我们国内的反对派限制了我们的灵活性，这并没有坏处。（但愿我们在河内的对手能同样清楚地看到我们所受到的这种限制！）

尼克松光着身子躺在按摩台上，作出了他在总统任内几项十分勇敢的决定之一。面临着限制战略武器会谈的代表建议在谈判中放弃对潜艇的限制，而参谋长联席会议又动摇不定，尼克松——在别墅参加了令人疲劳不堪的关于越南问题的谈判之后——不顾失去他认为是自己主要靠山的右派的支持的危险，命令我按照我提出的意见去办。他心里很清楚，没有人会支持既冻结洲际导弹又冻结潜艇发射的弹道导弹的主张。但他还是对我说，如果五角大楼的意见超出了事先商定的底盘，可以不理它，对史密斯的意见也要坚决顶住。他决心不为国内政治斗争所左右，也不让苏联人逼得作出超过我所建议限度的让步。处于十足困境的尼克松采取了堪称大胆的立场。

我在前往苏联外交部之前，给黑格发了一封措辞严厉的电报，传达了总统的决定，指出他的任务是争取支持而不单单是转达人们的忧虑。他应当在这个过程中间问问参谋长联席会议和国防部副部长拉什对史密斯所提的从协议中去掉潜艇发射的弹道导弹的主张有何意见。

我办完这些事之后，终于在凌晨一时十五分来到苏联外交部——这是斯大林时期建造的典型的俗不可耐的摩天大厦，形状像结婚蛋糕——与葛罗米柯会晤。所有在座的美国人都不认识同他在一起的那个人。葛罗米柯向我们介绍说，他是斯米尔诺夫副总理。虽然勃列日涅夫在晚宴上曾提到过他的名字，但我不知道他是何许人也。我和我的同事索南费尔特以及海兰交换字条后才知道，他是苏联军事产业委员会的主席，该委员会是管辖所有国防产业部门的党政机构。此人脑袋像颗子弹头，身体魁梧，样子很精明。他表示只是由于最高当局的命令，他才不得不到这里来干这个大伤脑筋的差事的。由于苏方很注意保卫保密，他大概不常同外国人打交道。他肯定从未与潜在的敌手谈判过。我喜欢开玩笑的轻松风格最初弄得他十分狼狈，这显然是同他心目中的这类场合的严肃气氛格格不入的。当我开始描述苏联武器的特性时，斯米尔诺夫恼怒到了发狂的程度。人们不清楚，他究竟为什么这样恼火，是因为一个资本主义分子竟然对苏联发展武器的计划了解得如此详细，还是因为他的同事们——很可能包括葛罗米柯在内——从我这里听到了苏维埃制度对他们这些人也保密的事情？不管是什么原因，斯米尔诺夫显得如此恼怒，以致葛罗米柯不得不把他请到会议厅外面让他平静下来。当会议复会的时候——这时已经二时三十分——我接着刚才的话头继续讲，不料又引起此公大动肝火，只得再次休会。可是，当情绪上的对立逐渐消失之后，斯米尔诺夫和我处得非常好。我发现他是我与之打过交道的苏联领导人中最能干、最聪明的一个。一旦他领悟到要威风并非搞外交的诀窍时，他便表现出一种爱捉弄人的幽默感。

然而在那天熬夜的会谈中，我们面临着这样一个问题：斯米尔诺夫对武器问题了如指掌，但对外交则一窍不通，而葛罗米柯——当时他还没有升到政治局委员——则倒过来：他是外交专家，虽然听过有关武器系统的情况介绍，显然还是一知半解。他可以按苏联的官方立场表态，但不能进行讨价还价的谈判。这个任务就落在斯米尔诺夫和我身上。葛罗米柯处于一种不寻常的地位，每当我和斯米尔诺夫争得不可开交的时候，他就说几句话打圆场。

开始，葛罗米柯的心情甚至按照他自己的标准来说也是极不痛快的。因为他承担了一项棘手的任务：要他撤回勃列日涅夫前一天和尼克松谈判时提出的几乎全部建议。他处理这件事情很有办法，他散发了据称是概括各项问题进展情况的文件，里面概括的与勃列日涅夫所讲过的全不一致。他完全回避同勃列日涅夫所说过的话作对比，让我自己去找出其中的破绽。一个文件把两个反弹道导弹发射场之间的距离定为一千三百公里。另一个文件谈到禁止对发射井的大小作“显著的”改变，但是既没有提到导弹的大小，也没有确定“显著”一词的含义。关于潜艇发射的弹道导弹，葛罗米柯向我提出了标准的苏联立场，把苏联现代化潜艇的基数定为四十八艘。我立刻抓住了破绽，把葛罗米柯考了一下。倒不是希望葛罗米柯回到原议上——考虑到苏联武器规划的现实情况，这是不可能的——而是想使他处于守势，这样我就可以消磨一段时间，以避免在我十分疲劳的情况下进行一场紧张的谈判。我挖苦了一下苏联人，说他们的立场变了，要求他们澄清某些问题，还对他们的总书记说的话不算数表示惊讶和气愤。这一来占去了会议的大部分时间，并且确立了这样一种态势：即苏联人是欠了我们账的。

葛罗米柯无非是老一套的做法。我已经指出，两个反弹道导弹发射场之间的距离有二百公里的出入并不重要，到时候我会让步的，但是要换取对方也作相应的让步。关于发射井大小的问题，我决心把我国代表团没有约束力的单方面声明变为有约束力的双方同意的定义。但是，我的主要目标是使苏联人拆除尽可能多的导弹发射器，作为冻结潜艇发射的弹道导弹协议的一部分内容。

为达到这一目的，我有两张牌。第一是勃列日涅夫表示过的立场和葛罗米柯现在提出的方案之间有差别。第二是勃列日涅夫在别墅会谈中表示，他急切盼望在星期五晚上签署限制战略武器协定（这时只剩下三十六个小时了），苏联所有的官员都会把这看作是一道非办到不可的命令。在限制战略武器问题上，感到有压力的不是尼克松而是勃列日涅夫。勃列日涅夫不仅给自己规定了这个期限，而且尽管美国对北越轰炸和布雷，他仍旧让最高级会谈照常进行。他将谢列斯特清洗出了政治局。他比尼克松更需要获得成功。而对尼克松来说，到了莫斯科就是胜利。因此，我像在北京那样，放慢了谈判的步子，来考验一下谁的神经更坚强。（反正我有尼克松的一句话作后盾——只要他说话算数——他说，他准备在没有达成限制战略武器协定的情况下离开莫斯科。）

到了凌晨三时左右，已经没有时间进行真正的谈判了，我扼要地阐述了我方立场，提出了七百四十枚潜艇导弹的基数。乘斯米尔诺夫还没来得及第三次发作，我先让苏联人得一分，确认我们代表团同意两个反弹道导弹发射场之间的距离为一千三百公里。葛罗米柯仁慈地结束了这次会议，他干巴巴地说，现在时间太早了，也可以说太晚了。我们商定过六个小时再碰头，以便解决剩下来的分歧。

我在凌晨四时左右回到克里姆林宫。暮春时节在纬度这样高的地方，晨曦的微光已洒在金色的拱形屋顶、赭色的宫墙和红砖砌成的雉堞上。下面是寂静的莫斯科，它与俄罗斯大平原连成一片，一眼望去，无边无际。在凌晨的寂静中，我步行穿过克里姆林宫空旷的广场，突然一种稀罕的感觉涌上我的心头，好像有了一线希望，政治家正是凭着这种希望才能够勉力应付纷至沓来的各种事件。虽然双方还没有达成协议，但是会议的调子使人觉得我们能够按照尼克松所同意的底盘谈成一项条约。也许我们正在参与一个将给人类喘息时间的事件，如果搞得好，将开始一个通向更加平静的未来的进程。

但是，我们还不能够想入非非，还有一些艰苦的谈判有待我们去进行。上午十时，葛罗米柯没有露面，多勃雷宁告诉我们说，苏联领导人正在研究限制战略武器问题。勃列日涅夫没有出席下午在富丽堂皇的圣凯瑟琳大厅举行的全体会议，这次会议是讨论经济问题，这也不是尼克松特别擅长或喜爱的题目。苏联方面以柯西金为首，他的发言有条理，又很精确，比美国方面谈得好，美国方面谈的都是大家熟悉的一般性问题。很明显，勃列日涅夫正在研究苏联方面对限制战略武器问题的立场。

我和我的班子则在紧张地研究数字的组合。数字的排列可以是无穷无尽，我们的目的是叫苏联人拆除尽可能多的导弹。关于潜艇发射的弹道导弹基数的数字游戏——可以成交的是多少，装有十二个和十六个发射管的潜艇各为几艘，搭配起来，才能得出不同的总数——迫使我们进行大量的运算，在休会期间在厚厚的黄拍纸本上画画涂涂，在会议过程中这些本子很快就用完了。我们怎么也闹不清楚苏联人怎么能在六十二艘潜艇这个数字基础上得出九百五十枚潜艇发射的弹道导弹的数字*。他们的算法很简单：即假定他们绝大多数潜艇都有十六个发射管，尽管有几艘只有十二个发射管。

限制战略武器谈判于下午五时二十分在圣凯瑟琳大厅复会。同往常一样，仅在半小时之前才通知我们。但我们已准备好，看来苏联人也是如此。苏联方面出席的是：斯米尔诺夫、葛罗米柯、多勃雷宁和格奥尔基·科尔年柯(外交部美国司司长)。美国代表团由我、索南费尔特、海兰和罗德曼组成。按照日程，双方代表团都要去看为尼克松演出的芭蕾舞剧。苏联方面不管是葛罗米柯还是多勃雷宁都推脱不了这场礼宾活动；这样，我们谈判的时间只有一小时。讨论是紧凑的，没有时间开玩笑或者说空话。同华盛顿和赫尔辛基费劲地交换了一天意见后得出的结论是：禁止对发射井的规模作任何改变，原来不妨碍我们发展民兵Ⅲ式导弹的计划。但是，我上面说过，这已为时太晚了。葛罗米柯以接受我们代表团在赫尔辛基的立场作为“妥协”，即仅仅禁止“显著的”改变；苏联人还准备注意列美国单方面对“显著的”一词的解释。我坚持说，双方对“显著的”一词应有一致的解释，即不超过百分之十五。葛罗米柯和斯米尔诺夫说他们要考虑一下。

随后，我们转入尚未解决的计算拆除多少枚老式导弹的基数问题。斯米尔诺夫接受了我前一天晚上提出的建议，即用导弹发射器而不用潜艇作为计算单位。但是，他只是将苏联人声称拥有的四十八艘潜艇乘十六(代表导弹发射管)换算成导弹发射器。这样，苏联人就提出七百六十八枚导弹作为基数，而老式潜艇上的导弹还不算在内。这显然是荒谬的，因为我们知道他们有一些D级潜艇，每艘只有十二枚导弹。双方进

---

* 例如，这些运算当中之一得出迷惑人的结果：34 艘 Y 级潜艇 × 16 枚导弹 = 544；加上 28 艘 D 级潜艇 × 16 枚导弹 = 336；两者相加总数为 880；外加 30 枚 H 级潜艇上的导弹，等于 910。

行了迅速的交锋——在这个过程中我说："我懂得算术，算术并不难，难的是政治。"——斯米尔诺夫接受了七百四十枚作为基数。

这样，剩下的问题只是：什么样的潜艇发射的弹道导弹包括在协定内。我建议H级和G级潜艇上的导弹都包括在内，这使斯米尔诺夫发火了。他强调说，将六十枚射程为三百至七百英里、安装在柴油机推动的、发射前要浮出水面的潜艇上的导弹计算在内，这简直是开玩笑。我想缓和一下气氛，就说也许苏联人应当将他们的SS－9式巨型导弹装在G级潜艇上，这样可为我们一下子解决两个问题。斯米尔诺夫懂得这是寻他的开心(因为这会使潜艇沉没)。而葛罗米柯却以为我提出了什么新的主意。他说："请说得具体一点。"斯米尔诺夫和我言归正传，又继续争论起来。最后，当时钟敲响六时三十分的时候，斯米尔诺夫问我，我说的H级潜艇到底是指什么，因为这是美国的代号而不是苏联的代号。我告诉他，我们是指携有三枚导弹的老式核潜艇。斯米尔诺夫无意中说出，他一直是把它们计算在基数之内的——这点我和我们在赫尔辛基谈判的代表过去都疏忽了。这样，H级潜艇就包括在总数之内了。苏联人现在总共得拆除二百四十枚老式导弹，包括全部投掷量大的老式洲际导弹，才能符合双方同意的九百五十枚新式潜艇发射的弹道导弹的数字。(否则他们可以保留三十枚H级潜艇上的导弹，在这种情况下，他们就只能有九百二十枚新式的潜艇发射导弹，而他们实际上就是这样做的。)

现在，在全部达成协议之前我们面前还有两个问题，即如何处置G级潜艇上的导弹，以及如何对待发射井的现代化问题。我们同意在看完芭蕾舞之后继续会谈。

莫斯科大剧院芭蕾舞团以它传统的带些杂技动作、稍嫌华丽的风格演出了《天鹅湖》。演出中间休息的时候，在贵宾室里为总统一行上了晚餐。柯西金和波德戈尔内作陪，勃列日涅夫作为党的书记不参加任何礼宾活动。他也很可能在同斯米尔诺夫一起研究限制战略武器谈判的问题。在芭蕾舞第三场刚要开始之前，当灯光慢慢暗下去的时候，观众席上一位意大利记者的妻子对着尼克松喊了反对越南战争的口号。这对莫斯科来说是一个前所未有的事件。波德戈尔内立即叫人开灯，他和尼克松在贵宾包厢里起立接受观众的鼓掌。这个姿态做得很漂亮。

演出之后，我向尼克松说明，如果我们能够妥善解决G级潜艇上的六十枚老式导弹问题，就能很快达成协议。我和我的同事们想出了一个方案，打算在晚上谈判时提出。这是个妥协方案：只要不对G级潜艇上的六十枚导弹进行改进，我们将不坚持把它们计算在总数之内，但是，G级潜艇上现有的导弹不能用新潜艇上的导弹来顶替。这样做可以达到两个目的：为了不超过九百五十枚的限额，苏联人就得拆除一部分洲际导弹和核潜艇上的导弹；另外，他们不得把新式导弹装在柴油机潜艇上，否则就要算在总数之内——他们大概不会这样做，因为这类潜艇比较容易发现，续航时间也短。尼克松同意了我们的方案。

双方谈判班子于晚上十一时三十分在圣凯瑟琳大厅再次会晤。我们一上来就谈潜艇发射的弹道导弹的基数问题。我概括地谈了我的理解：苏联方面已接受七百四十枚导弹作为基数，这个数字包括H级潜艇上的三十枚导弹。当苏联方面肯定了我的话之后，我又提出了G级潜艇上的导弹问题。斯米尔诺夫声称，苏联人已经接受了我们的基本建议，而我们却老是提出一些无关紧要的新问题来拖延达成协议。我向苏联人读了黑格给我发来的电报，电报说国防部和参谋长联席会议的人坚持苏联的九百五十枚潜艇发射的弹道导弹必须包括G、H和Y级潜艇上的导弹*。华盛顿还拒绝史密斯所建议的只冻结洲际导弹的主张。华盛顿宁可搞不成协议也不要一个允许自由发展潜艇发射的弹道导弹的协议。渐渐掌握谈判之道的斯米尔诺夫反驳说，他那里也有一些听了会令人吓一

---

* 参谋长联席会议的主张实际上使苏联人可以用放弃G级潜艇上六十枚短程导弹的办法来换取设在发射井内的投掷量较大的洲际导弹。这不如总统批准的妥协方案对我们有利。

跳的电报，他将在下次会议带来(这很可能是真实情况)。葛罗米柯坚持说，苏联方面已经作了最大限度的让步，不可能再让了。

我还是提出了我们的妥协方案。对此，苏方没有接到指示，因此，谈判就回到关于发射井大小的问题。但是，苏方坚持在赫尔辛基所达成的那个初步协议，禁止"显著"地扩大发射井。美国可以就"显著"一词的含义自己发表一个单方面的声明，这对苏联人当然是没有约束力的。我强调指出，苏联方面不应当实用主义地引用美国代表团的话来反对总统的意见；总统有权否决他下属的意见。只有对"显著"一词的含义作出一个双方同意的有约束力的定义，我们才会同意禁止"显著"地扩大发射井。葛罗米柯表示，苏联方面必须举行一次高级会谈来研究我们关于发射井的大小和G级潜艇的立场。我说，这样一来，第二天(星期五)晚上就签不成字了，而勃列日涅夫似乎是有这种想法的。葛罗米柯同意我的说法。大家发现，星期六也不合适，因为总统要去列宁格勒。我们暂时商定将签字时间改在五月二十八日星期日晚上，当然，这要取决于所有的问题是否都能在这以前解决。会议于午夜十二时三十二分结束。

我向尼克松汇报说，谈判陷于僵局，只有苏联人可以打破。我们不能再让步了。星期五晚上不可能举行签字仪式，即使谈成的话，也只能在星期日签字。尼克松感到失望，但未提出异议。他喃喃自语地说，限制战略武器协定的签字仪式可能会冲淡他预定在星期日晚上对苏联人民的电视讲话。他心情局促，但决心坚持下去。

记住这些事情的前后过程是重要的，因为后来有人批评说，由于我们给自己定了时限，结果谈判时急于求成。事实是我们自己并没有确定时限，而是利用勃列日涅夫所定的时限来压苏联方面，我们甚至曾建议推迟四十八小时签字。星期四晚上会议结束时，谈判的结果取决于苏联方面的决断，我明确地向他们表明，我们的让步已经到了极限。我们这些让步实际上与在赫尔辛基的美国代表团的立场是一致的，或更前进了一步(例如在发射井大小的问题上)。* 后来对苏联是否遵守协议发生争论的一些问题——都是提得没有道理的，只有一个例外——没有一个是在莫斯科期间谈判过的。

到了这时，出席最高级会谈的美方人员只好坐等星期五苏联内部高级会议的结果了。我对苏联人会接受我们的“最后”建议颇有信心。他们不可能眼看着持续了近三年的谈判，断送在发射井的大小(他们自己在这个问题上的摇摆表明双方立场很接近)，和G级柴油发动机潜艇上导弹的更新问题(稍加分析就会发现更新这种导弹是毫无意义的)。

因此，我给黑格发去一份电报，请他要求参谋长联席会议对妥协方案正式表态。电报用坚定的语气论证了我们的建议。我在概述了我方建议后指出：

总统不想让五六十枚射程只有三百英里的潜艇发射的弹道导弹成为达成协议的障碍，因为这项协议将明确规定苏联的洲际导弹和潜艇发射的弹道导弹的限额——如果不予冻结，他们不出五年就可以很容易突破这个限额——且不说协议还规定他们必须淘汰掉二百四十个导弹发射器。

同时，还应懂得，现在提出的基数使苏联在Y级潜艇上的导弹降到七百一十枚。这样，苏联必须拆除大约二百四十个导弹发射器，包括全部H级潜艇上的导弹，才能符合协议准许的总数。

参谋长联席会议的回答典型地反映了五角大楼的政治手腕。他们同

---

* 在赫尔辛基的美国代表团曾另搞了一项关于潜艇导弹的方案，该方案通过重新给“正在建设中的”一词下定义，得到的实际结果将与现在的方案大体相同。代表团还试图对“重型洲际导弹”的定义达成协议，因为临时协定禁止将“轻型”洲际导弹发射器改造成“重型洲际导弹”发射器。由于苏联人不同意，我方代表团受权发表单方面声明，说明我们所希望的定义是什么，并表示我们期待着苏方将“对这一点给予应有的考虑”。我们过高估计了这种单方面声明的约束作用。(请参看一九七二年六月十五日我对国会的情况介绍。)

意我们的建议(这建议只不过对我们动身之前参谋长们所同意的立场稍作改动而已)。但是他们却提出了条件，即总统应保证采取“必要的行动以确保和加速实施我们正在进行的发展进攻性武器的计划，并改进现有的武器系统”。这一点我们反正是决心要做到的，而且本来就是我们主张冻结的原因之一。但是，参谋长联席会议的论点在逻辑上是可以找到毛病的：他们坚持加速实施我们的战略武器计划的根据，并不是近十年来苏联武器的发展，而是苏联柴油发动机潜艇上六十枚过了时的、射程很短的导弹。要是苏联人知道这个理由的话，他们很有可能同意把G级潜艇上的六十枚导弹包括在内，以换取我们保证不加速实施战略武器计划。(我们是会反对这样做的，但美国国会里会有很多人支持这个办法。)

我们安下心来等候苏方内部讨论的结果，我们国内的支持显然是有保证的，只不过赫尔辛基那里有一些牢骚，史密斯似乎确信我们有事瞒着他。(其实我们把情况都及时通报给他。问题在于苏联人作决断费时。)于是史密斯和我闹起别扭来。他本来接受了我提出的有关G级潜艇的方案，这下变卦了，说这个方案让苏联人保留这些潜艇，是给他们“白白占了便宜”。我相信(也许我的看法不对)，要不是他感到自己被隔得远远的，不能把他完全有理由认为是他搞起来的谈判一气呵成而沮丧，他是决不会采取这样的态度的。然而，现在我们只能把安抚受委屈的心情留待以后再说，所以我给他发去了一个措辞很不客气的复电：

难道你能说，让占了苏联导弹总数不到百分之三、安装在无法现代化的、发射时需浮出水面的柴油机潜艇上的六十枚射程为三百至七百英里的导弹，竟是给人“白白占了便宜”？我们放弃了哪些要做的事情？苏联人得到了什么？他们潜艇发射的弹道导弹的数量受到限制，G级潜艇现代化遭到禁止，还要拆除二百四十个导弹发射器。如果苏联人拒绝了这个妥协方案，我倒要问一问：当我们那时面对着G级和H级潜艇，比现在多二百四十个的导弹发射器和更大数量的潜艇发射的弹道导弹的时候，我们的安全如何能更加强呢？

苏联方面的决定来得十分突然。上午十时左右，多勃雷宁来到我在克里姆林宫的房间告诉我说，政治局从上午八时起一直在开会，不知要开多久。上午十一时，我们接到通知说，葛罗米柯和斯米尔诺夫要求在圣凯瑟琳大厅紧急会见我。双方于十一时十五分会晤。葛罗米柯一上来，不仅接受了我们对G级潜艇和发射井大小问题的主张，而且同意我们的措辞。苏联人还同意对“显著”一词搞一个共同的定义。

我们感到更为吃惊的是，葛罗米柯坚持按原定计划在当天晚上就举行签字仪式。我到今天还不明白苏联方面为什么如此迫不及待。这也许是苏联谈判代表的特点吧，不管他们曾经怎么扯皮，一旦协议在望，他们就生怕自己费尽心血的成果会被最后一刻发生的事故或者是被捉摸不透的资产阶级分子的作弄而前功尽弃。也可能我在介绍我国国内的反对意见时，说得十分令人信服，苏联人担心出现预料不到的反对意见，使辛辛苦苦作出的调整付诸东流。还有，他们可能窃听了我们同华盛顿通的电话。大部分让步要由他们作，对他们来说，是相当不容易的，要是到了最后一分钟失败了，那是很丢脸的。很可能苏联方面只是迁就勃列日涅夫，因为他在本周初就把自己的声誉押在星期五举行签字仪式一事上了。

不论苏联方面是出于什么原因，我们没有理由予以拒绝。他们毕竟接受了我们的建议和我们的措辞。唯一站得住脚的反对理由是两项条款最后文本（所有其他的条款都已经完成）的起草匆忙了一些（但是其中一项是我们代表团的建议），而且自尊心受到伤害的人们要从赫尔辛基飞到莫斯科来。十一时三十分，我要求休会以便去征得总统的批准。十一时四十七分，我回来告诉葛罗米柯我们同意这样办。他和我又将协定文本仔细核对了一遍。我们商定共同向赫尔辛基那边发出训令；双方的训令将是一样的，以防止含意不清而浪费时间。索南费尔特和科尔年柯两人着手起草训令稿，完了送交葛罗米柯和我批准。这次最高级会谈的历史意义现在得到了保证：过去从来没有对美苏双方谈判代表发过同样的训令。

随着外交政策上一项重大工作的完成，人们这时会产生一种肃穆的心情。我说："我认为这是我们两国关系中一个十分重要的里程碑。有机会同诸位一起为此工作，我感到非常荣幸。"

葛罗米柯是不喜欢夸张的，他用俄文回答说："我们对你们方面办事的风格表示满意，我们也努力这样做。我们所谈的问题确实是困难和微妙的，到今年八月，专家代表团为此花了几乎三年的时间。总算是功德圆满，这确实是一个里程碑。"然后，他用英文开玩笑说："我们显著地感到满意，甚至超过了百分之十五的程度。"

第一次限制战略武器谈判就这样结束了。

但是，我们的工作并没有完。如同在中国那次一样，我们因为自己办公事的程序付出了代价，必须再次安抚行将大功告成时还被排除在局外的谈判代表团。我们在莫斯科不比在杭州那次顺利。因为在技术方面考虑不周，而造成了一些忙乱。葛罗米柯和我在中午商定共同起草一项发往赫尔辛基双方代表团的训令后，我就叫索南费尔特用公开电话告诉史密斯即将发训令给他。由于训令只涉及两个问题，也许只要五句到十句话就行了，我们以为双方在赫尔辛基的代表团结束工作后乘美国飞机能够及时赶到莫斯科参加八点半的签字仪式。没想到我方代表团的飞机是活塞引擎式的，要飞两个半小时才能到达莫斯科。而且我们也没有计算通过白宫值班室转发电报所耽误的时间——更糟糕的是，这封电报在白宫值班室同其他电报混在一起，没有受到优先处理。结果，苏联的训令四十分钟就到了赫尔辛基，而我们的过了两小时还没有到。尽管索南费尔特已向史密斯说明，这是个共同训令，但史密斯这时十分恼怒，拒绝按照苏联的文本进行工作，他这样做是对的。但是，经过反复的电话联系——也顾不得保密问题了(反正没有关系，因为苏联人和我们已经达成协议)——费了很大的周折总算说通了，双方代表团开始工作并在飞往莫斯科的美国代表团的飞机上完成了共同的文件。这是多年辛勤劳动的最后一次巨大努力。

这时，我们将签字仪式推迟到晚上十一点钟，以便使我方代表团能够参加，并使史密斯能和我一起出席预定于晚上十时举行的新闻发布会。早就安排在这天晚上的、尼克松为勃列日涅夫和其他苏联领导人举行的答谢宴会提前一小时举行，利用前面一段空余时间。

不幸当史密斯和他的同事们到达机场时，另一件失礼的行动进一步刺激了他们本来已经十分不舒畅的心情。我们派了使馆的车去接他们。但不知什么原因，车子不让开到机场里面去。这是苏联方面故意整人呢，还是哪个小职员顽固坚持按常规办事——我猜是后者——不管是什么原因，这意味着在史密斯对一项值得骄傲的成就作出了无可否认的重大贡献后，竟然没有一个美国人在机场迎接他。(当然，所有在莫斯科的美国高级官员这时都在参加尼克松为勃列日涅夫举行的宴会，但这更糟糕。)史密斯没有去找美国车子，而是要求他的苏联同事谢苗诺夫帮忙。史密斯想到大使馆去和我一起出席新闻发布会，但是苏联司机却硬把他送到克里姆林宫。此外，史密斯的发言提纲却给另一位同事带走了，他坐着另一辆车到大使馆去了。克里姆林宫里什么事也没有，因为美国代表团绝大部分人员已去我们大使官邸——斯帕索大厦，在那里宴会即将结束，新闻发布会就要开始。我推迟了新闻发布会开始的时间，等候史密斯，心想这老兄不知出了什么事情，史密斯不仅要和我一起在新闻发布会上讲话，而且(我以为)签字的正式文本还在他手里呢。

我手下的人员彼得·罗德曼在克里姆林宫弄到一辆苏联政府机关的车子把史密斯送到大使馆。史密斯终于露面了，他气急败坏，语无伦次——这倒难怪他。我至今也未能使他相信，所发生的一切不是故意整他，而是一连串的错误引起的。出席最高级会谈的人对他的迟到几乎同他一样不安。他完全是粗枝大叶工作的受害者，但也应当承认，尼克松政府里办公事的方式往往会使正派和能干的人受到这种亏待。这一般是无意造成的，有时则是故意的。史密斯无疑应受到更好的待遇。

说明了史密斯有道理的一面后，我也应当指出，他气量小，常常怒形于色。他憋不住一肚子的委屈，大动肝火，差点使新闻发布会砸锅了。新闻发布会是在斯帕索大厦隔壁的大使馆食堂内举行的。我开始讲话了，但史密斯却在一旁低声发牢骚说，他还不知道条约究竟包括什么内容哩。这样的话不会使新闻界信任我们，于是我中断了讲话，把史密斯带到旁边休息室里，勉强才使他平静下来。于是我又继续介绍协定的总原则。接着，史密斯简单分析了协定的条文，他的介绍热情不足，但具体而精确。因为大家都要去出席签字仪式，他讲完后剩下的时间只能提一两个问题了。《纽约时报》的记者马克斯·弗兰克尔是我所认识的最能干的记者之一，他强调说，他觉得应该提醒我们，如果不让新闻记者多提问题，把反对派肯定要抓的含混不清的地方加以澄清，那将会造成宣传上的大失败。

签字仪式进行得相当顺利，苏联方面的出席人员照例比我们先一步来到大厅。事毕，史密斯回到他住的旅馆；我则返回克里姆林宫下榻处，工作人员们分散进行庆祝。我觉得进一步吹风已毫无意义，因为它只会更多地暴露我们代表团内部的紧张关系。

深夜，齐格勒打电话来说，弗兰克尔的话应验了。关于限制战略武器会谈的报道酝酿着一场灾难。协定的条文技术性太强，美国代表团内部的分歧又太明显。几分钟之后，默里·马德打电话来也讲了同样的印象。记者们装作他们与自己所报道的事无关的样子。这是荒唐的。不管他们与此事是否有关，根据他们的报道是否客观可以衡量出他们的业务水准。而最优秀的记者是热情支持限制战略武器会谈的，开始出现制止核武器竞赛的可能性时，他们很想亲临现场。他们想把自己看到的情况如实报道出去，但这次他们会给我们充分的机会来说明真实情况。

霍尔德曼从齐格勒那里得到了同样的消息，并且告诉了尼克松。霍尔德曼急得要命，担心这项条约得不到应有的欢迎，尼克松害怕他的右派选民起来造反，他把史密斯的行为看成是乔治敦区和东部权势集团合伙反对他的阴谋的一部分——这是非常不公正的。史密斯确实受到了委屈（可是他后来还是有力而又巧妙地为协定进行了辩护）。因此，尼克松和霍尔德曼坚持要我单独举行一次记者招待会，对条约的背景进行更好的说明。

这就是五月二十七日星期六凌晨一时开始的那次奇怪的记者招待会的由来，那天正好是我四十九岁生日。我站在苏联国际旅行社旅馆——美国随访记者团的总部——"满天星"夜总会的乐队台上。有人这样描述：这个夜总会"看上去像是一九三五年式的玫瑰园舞厅。基辛格站在舞池里，这位外交界的弗兰克·西纳特拉*，不时地抓住他唯一的支柱——立式扩音器"。②我经过三个通宵的会谈已经精疲力竭，但还是花了一小时尽可能清楚地说明反弹道导弹条约和冻结进攻性核武器协定的条款，回答了问题，并努力解释了这一套复杂文件的意义，指出：这些文件要么是个转折点，要么是对超级大国军备竞赛的进一步推动；要么是较为和平的国际秩序的预兆，要么是一连串新危机前的间歇。

协定的条款对上述两种情况都可以适应。条款冻结了反弹道导弹的部署，我们在反弹道导弹技术上处于领先，尽管国会没有让我们利用这种优势。我们在这方面像在越南问题上一样感到无能为力。我们有足够的后援来推行自己的基本规划，但是，反对这样做的势力也相当大，这些人会从中作梗。因此我们讨价还价的余地就比应有的要小。我们冻结苏联进攻性武器的部署，这是一个高招，因为他们在这方面占有优势，如果不予冻结，这种优势可能继续发展。苏联人放弃了二百四十枚投掷量大的老式导弹；如果他们要使G级潜艇现代化，就得算在限额内。我

---

* 弗兰克·西纳特拉(Frank Sinatra)，美国著名歌唱演员。——译注。

们在进攻性武器冻结期间本来就没有部署导弹的计划，所以协定基本上对我们毫无影响。我们用防御性战略武器的限制换取了对进攻性战略武器的限制。

如果我们想在进攻性武器方面赶上去，我们就需要这个协定。同时，如果我们要探索一下和平共处的可能性，我们也需要限制战略武器谈判。我们必须提高警惕，以保持战略均势。但是，限制战略武器谈判也有助于我们弄清搞缓和是苏联的一个花招呢，还是他们政策上的一个新转折。我们决心防止再次出现只有苏联人在实施发展战略武器计划的局面*。同时，我们也准备订出相互克制的规则。我们不同意核时代使力量平衡失去意义的观点。我们也不同意将国家安全完全押在核对抗政策上的主张。

这些看法迫使我们注意搞平衡。结果是自由派可以指责我们对控制军备做得太少、对加强防务做得太多；而保守派则可以指责我们在谈判中妥协太多。我们所寻求的是这样一种政策，它既能保持我们的实力，又能保留我们在建立新的国际秩序方面的各种选择余地。我们准备走一条羊肠小道，一方面显示我们是致力于和平的，另一方面又表明，我们不会让人利用我们要求和平的愿望进行讹诈；我们意识到，我们再也不应该作出会给本世纪各代人带来全球性冲突的错误估计，但是，我们随时准备对付苏联的扩张和他们破坏力量平衡的行动。保卫和平、维护正义，态度坚决但不好战，既保持警惕又不挑衅，这些将是今后对我们外交政策的检验。这大体上就是我在那漫长的深夜，在莫斯科一间舞厅的奇怪的环境里努力向疲劳不堪的记者们说明的意思。

结果，限制战略武器的协议受到尼克松的许多老对头的欢迎，《华盛顿邮报》和《纽约时报》带头鼓掌。但它也受到尼克松一些传统支持

---

* 我们返回华盛顿后，六月二日，我同梅尔·莱尔德有一次谈话，我对他说："我们应该利用这次冻结迎头赶上去，否则，我们就不配当政。"莱尔德表示完全同意。

者的攻击，说它“不平等”。当没有协定的时候，尽管数字年复一年对我们不利，某种军事力量的对比似乎是可以接受的，但当在不妨碍美国的武器发展计划的情况下制止了苏联实力的增长时，这种军事力量对比突然又受到指摘。没有几个批评者理会我在莫斯科记者招待会上所提出的论点：问题不在于“(协定)把什么局面固定了下来，而在于协定防止了什么局面的出现。问题还在于如果不搞冻结，我们的处境如何”。由于搞了冻结，苏联人放弃了增建进攻性武器的机会，而我们却没有放弃什么。

另一种批评不大好对付。某些考虑周到的观察家们担心我们的公众会产生一种虚假的安乐感，因而放松警惕，不再支持必要的加强防务的努力。起初，情况并非如此。限制战略武器协定达成后的第一年，我们开始了一系列发展新的战略武器的计划，以便赶上苏联：B－1 轰炸机、MX 机动导弹、巡航导弹和三叉戟潜艇导弹系统。确有一位参议员忠告我说：如果第二个限制战略武器协定也像这次一样，使我们发展战略武器的预算如此增长的话，那么我们在财政上就负担不起了。后来，“水门事件”的悲剧使行政部门在同国会的斗争中软弱无力，这大大削弱了我国外交政策的力量。

但是，对上述这种问题不应当轻描淡写地一笔带过。一个民主的国家能否将决心与希望、实力与和解结合起来？我不能同意这样一种绝望的看法，即我们不是走向极端的安乐感，就是走向极端强硬。关于这个问题，我在全面估价这次最高级会谈影响时还要进一步讨论。我在这里还必须感谢史密斯，他在莫斯科发火是可以理解的，后来他为批准限制战略武器协定进行了顽强而又灵活的斗争。

葛罗米柯与中东

在限制战略武器问题解决之后，最高级会谈上的紧张气氛一扫而空。此后，没有对解决任何悬而未决的国际问题作出认真的努力。意味深长的是，尼克松和苏联"三驾马车"关于中东问题唯一的一次讨论，是在限制战略武器条约签字前的那个下午举行的，这就保证苏联人不会捣乱，而我们则可以坚持我们的战略——将中东问题继续冻结到苏联人愿意谈判妥协时为止。因此，尼克松认为这次讨论主要是一次牵制性行动。他建议葛罗米柯和基辛格秋天再谈，而我们争取就某些一般原则达成协议以便指导下一步的谈判。(尼克松甚至给沉着的苏联译员苏霍德列夫出了个翻译上的难题，他建议上述这一切将是对于"nutcutting stage"〔解决问题的阶段〕的准备，苏霍德列夫径直译为"砍下硬果的阶段"，苏方人员听了，显然不知所云。)公报里对中东问题怎么写，首脑们也将这件事交给葛罗米柯和我去办。

葛罗米柯和我确实把这项任务作为星期日下午(我们预定在第二天回国)会谈的最后一个问题来处理。苏联人处境困难，其实比我们所了解的要更加困难。埃及对莫斯科未能推动中东问题的解决开始不满起来。但是克里姆林宫学究式的谈判作风和生硬地坚持极端的立场，使他们提不出可以吸引我们支持的建议。苏联人永远无法解决这个我们花了三年时间使之加剧的矛盾。只要他们支持激进的阿拉伯人的纲领，我们就没有理由同他们搞联合行动。没有我们，这个纲领只能通过战争才能实现，而在这场战争中，追随苏联的国家是要打败的。这样，克里姆林宫僵硬的中东政策向阿拉伯世界表明，它无力影响事态的发展，从而逐步丧失自己的影响。

就我们而言，只要维持现状，直到苏联人改变立场，或者温和的阿拉伯国家转向我们，要求通过实际可行的步骤解决问题时，我们的目的就达到了。一旦搞清楚莫斯科不愿改变立场，我就设法使公报中对中东问题的措辞尽可能地平淡。最高级会谈的时限对我们有利，在公报讨价还价的过程中，不准备退让的一方处于更有力的地位。对方只有以不惜推翻整个会议成果相威胁，才能达到自己的目的。但由于已经达成了限制战略武器协议和“美苏关系基本原则”的协议，实际上可以排除这种可能性。结果是写上了一段毫无意义的话，支持安理会二四二号决议，并声明双方都赞成在中东实现和平。这一段文字还要求达成“和平解决”和在该地区实现“军事缓和”，实际上含蓄地接受了现状。不仅开罗而且阿拉伯世界其他地方都肯定会对此感到不满。(公报中关于中东问题的一段文字见注释。)③为什么苏联领导人愿意搞一个双方一致的措辞，而不是像《上海公报》那样“我方认为……你方认为……”的写法，这得等他们写出回忆录后才知道。如果分开来写，苏联方面就能更充分地表明他们的观点，并且可以很明确地将违反公报的责任推到我们身上。很可能苏联的官僚机构认为传统的形式是神圣不可侵犯的。苏联领导人对中国人的仇恨也许使他们不能学习这个和尼克松北京之行联系在一起的榜样。

几乎同样不可解释的是，在最后一天，星期日，葛罗米柯和我一起花了四个小时力图就解决中东问题的“一般原则”达成协议。我不明白为什么他竟然会认为我们愿意在一个平淡的公报里加上一系列具体的原则。不管怎样，我们在公报问题上的策略必然决定我们对原则的态度。我实际上施展的是拖延战术。葛罗米柯经验丰富，明白我的做法，他也不施加什么真正的压力。十分明显，苏联人不希望在中东问题上搞僵。结果就若干“原则”达成的临时协议，实际上并未超过现有的联合国决议，而且有的原则也很含混，对于如何执行将来大有谈判的余地。(这些原则的书面文本见本书的注释。)④这些原则造成的实际结果是肯定了中东的僵局。多勃雷宁和我返回美国后还要进一步推敲这些原则。很可能苏联人向追随他们的阿拉伯国家进行了试探，遭到了拒绝，所以，以后就再也没有催促我们。我们也没有。一九七三年最高级会谈上又提出了这些原则，同样毫无结果。

我的拖延战术遇到的最大障碍来自自己的工作人员。我在会见葛罗米柯时，为了尽可能地耗费时间，一再请他重复他的某些提法，以便使我能够“更好地理解”。我方负责记录的彼得·罗德曼显然觉得是不相信他记录的可靠性，就老打断我，递给我看葛罗米柯建议的准确内容——这是他在对方第一次提出时就逐字记录下来的。我不断用胳膊碰彼得也未能阻止他，每当我们讨论葛罗米柯单子上的一项新“原则”时，彼得就把记录递过来。尔后，对他这种过分热心，我狠狠说了他一通，以至于后来他和温斯顿·洛德在谈判时再也不当着另一个代表团的面递给我什么文件，即使我要也不给。他们的理由是搞不清楚我是真的要文件，还是进行拖延的借口。一个月之后，访问中国期间，我向洛德要一个文件，他明明有，却说没有，怕又犯同样的错误。我只好没有文件继续会谈。彼得和温斯顿要求我搞一套手势、暗语甚至隐语，这样他们就知道我是否真的要我所要的东西，我没有同意。后来，我偶尔向洛德或罗德曼要一份文件时，都使他们大笑不止，这一定使和我谈判的国家元首或外长对我手下这些据说是整得服服帖帖的工作人员显然完全不顾纪律的行为感到目瞪口呆。

后来表明，这次最高级会谈使得萨达特忍无可忍了。六个星期之后，七月十八日，他对莫斯科的长期积怨最后爆发，赶走了苏联的军事顾问和技术人员——这是最近中东历史上影响深远的事件之一。我在第三十章还要进一步谈这个问题。

对我们来说，越南和中东是同一类问题。我们认为，事态的发展是有利的。一次成功的最高级会谈肯定会增加河内的孤立感。说到底，我们所要求于苏联人的无非是默许我们单方面的行动，我们正在达到这个目的。至于苏联人想在公报里写上某种共同的声明，这部分是为了安抚他们深为不满的盟友，部分是因为勃列日涅夫在别墅会谈时说过，像《上海公报》那样写上互相对立的观点是“无原则的”。葛罗米柯和我都知道，可能找到的唯一的共同文字对双方都会有所损害。但是，我们实际上举行了两次会谈，星期六下午和星期天上午，都是白费力气。显然这两次会谈的记录不是为给河内看的，所以丝毫没有别墅会谈时的那种装腔作势的官样文章。葛罗米柯不具有高谈阔论的作风，他没有把时间浪费在指责对方上。他当然很想向河内表白，苏方在最高级会谈上从我们这里争得了一些新的“让步”。但是，我们不可能迁就他。除非使河内相信，我们不会再让步了，否则它是决不会同我们解决问题的。必须打消以为拖延会迫使我们作更大让步的一切想法。

因此，我严辞拒绝了葛罗米柯一再提出的关于建立联合政府的试探。我指出，奇怪的是，河内想把我们留在越南，让我们来替他们推翻阮文绍。这样的事我们决不干。解决问题只有两条道路：一九七一年五月三十一日提出的军事条件（主要是停火、美军撤出和遣返战俘），一九七二年五月八日我们重新提出了这个建议；或者是总统一月二十五日演讲中提出的全面军事政治解决方案。如果这两条都失败了，我们将采用军事手段结束战争。葛罗米柯对这些观点没有争辩。

当第二天早晨我们再次会谈时，我拿出了内容温和的由三句话组成的一段文字，作为双方关于越南问题的共同声明。（在整个公报的草案上为这一段空出了地方。我说我们也许可以就让它空着吧，这当然是个新的做法。葛罗米柯看上去很不高兴。）不出所料，葛罗米柯拒绝了我们的草案。这样一来，除了沿用“无原则的”《上海公报》的格式外，没有别的办法了。于是双方陈述了各自的立场。苏联对河内的支持表达得很温和，双方没有共同的观点。总之，河内被撇在一边了。

这样，在尼克松访问列宁格勒时，葛罗米柯和我从头到尾讨论了整个公报。我没有去成列宁格勒这件事，成了葛罗米柯和我两人经常开玩笑的话题。苏联人答应给我补上，说在我下次去苏联时将安排去列宁格勒。后来，我多次访问苏联，列宁格勒每次都在我预定的日程上。但每次都由于在莫斯科工作太紧张，不得不取消这个项目。我最后对葛罗米柯说，我不相信真有列宁格勒这个地方，安排这个项目主要是哄我好好合作。葛罗米柯反问道：“那么我们的革命是在什么地方发生的呢？”我不能不回答说：“在圣彼得堡嘛。”

公报以赞扬的口吻提到欧洲安全会议，提法与莫斯科同我们欧洲盟国签署的声明相似，也未提具体日期。我们的策略是将欧安会同中欧裁军谈判联系起来，再将二者同结束越南战争联系起来。我们对于发展经济关系的态度也是如此，这将是使苏联在政治上克制的一根胡萝卜。没有对具体贸易安排进行谈判；成立了一个美苏经济委员会，从总的方面来加速扩大贸易。美国商业部长彼得·彼得森定于七月访问莫斯科，开始就有关解决苏联在租借法案项下的债务和给苏联最惠国待遇问题进行谈判。起草公报的工作进展顺利，只有这一次美国代表团内部没有闹纠纷。

我从中国之行中吸取了教训，认识到应该请国务院参加这项工作。负责欧洲事务的助理国务卿马丁·希伦布兰德担负这项任务，他稳重而熟练地完成了任务。在最高级会谈快结束的时候，葛罗米柯未加说明地拿出了四月份双方已商妥的“美苏关系基本原则”。希伦布兰德也是个行家，他懂得这些原则现在的措辞不可能是苏方人员单独起草的；但是他非常机灵，没有在这方面多加纠缠。所以我们第一次在白宫和国务院没有发生对抗的情况下度过了这次最高级会谈。

在我们这种讲究实际的社会里，原则声明往往是短命的；很明显，这种声明本身是无法执行的。在莫斯科签署的这些原则，肯定了避免对抗的重要性，相互克制的必要，反对企图利用其他地区的紧张局势取得单方面的好处，两国都放弃在任何地区要求特权（我们将此解释为是对勃列日涅夫主义的否定），表示双方愿意在此基础上和平共处，并为建立长期的更为建设性的关系而努力。

当然，这些原则并不是法律契约。它们只是确立了一套行动准则，以判断是否真正取得了进展。对方违反这些准则时，我们可以据此进行指责。四年来，我们一直表示坚信，对政治家来说，再没有比减少核战争危险更为崇高的职责了；通过经常不断的侵略所获得的利益，同核战争的危险比较起来，肯定是微乎其微的。但是，在我们看来，通过控制军备减少核战争危险的努力，应当同苏联方面停止不断改变全球力量对比的努力联系起来。我们致力于和平共处；我们同样也决心维护力量均势和自由。如果我们在阻止苏联破坏行为方面尽到了自己的责任，那么共处就是靠得住的，才能认为缓和的原则标出了通向更有希望的未来的道路。

这时，在最高级会谈结束前还有三件事：尼克松同勃列日涅夫单独会谈(有我参加)，双方代表团再作一次简短的会谈，还有就是在克里姆林宫宏伟的圣乔治大厅举行一次盛大的招待会。

尼克松和我在蒙蒙细雨中从沙皇的宫室步行到几百码之外总书记的办公室。我们离开他办公室的时候天气和来时一样变幻不定。在一整天里，阳光和阴云不断争夺对天空的控制权。我们的情绪很高。尽管我们在越南问题上持强硬立场，我们还是保住了最高级会谈。我们在莫斯科达到了全部目的。当然，前途是不明朗的，苏联人的意图十分难以捉摸，我们还必须结束越南战争。但是，我们很快就能控制国内危机。我们正在奠定国际秩序的基础。看来我们对自己的前途比较能加以控制了，这是过去相当长的一段时间内难以做到的。

勃列日涅夫和尼克松之间最后一次单独会谈比较轻松，带有总结性。勃列日涅夫问，如果有一位苏联领导人——具体说就是波德戈尔内——访问河内，我们是否认为这是有帮助的。葛罗米柯头一天已对我说过，勃列日涅夫可能会提出这个事情的(意在让尼克松和我有时间事先商量一下)。我们认为，莫斯科不大可能根据我们的好恶来决定他们高级领导人的访问。因此，表示反对是没有意义的。勃列日涅夫就一件他们肯定要干的事情征求我们的意见，是想作个姿态。毫无疑问，波德戈尔内是被派去安抚河内的不满情绪的。不过，这种访问也不会有什么坏处。如果莫斯科真想约束河内，河内就将更加陷于孤立。尼克松说，他欢迎波德戈尔内此行。勃列日涅夫总是想捞点资本，他建议在波德戈尔内访问期间，我们对整个北越暂停轰炸。尼克松料到会提出这个要求，只同意不轰炸河内和海防——只要波德戈尔内不在那里待三个月。勃列日涅夫然后问，是否可以劝阮文绍在选举前两个月而不是一个月辞职，这样，波德戈尔内可以把这一点作为最高级会谈的一项成果，尼克松表示，如果我们其他几个条件都被接受了，他准备对他一月二十五日演讲的内容作相应修改。勃列日涅夫无疑将这事通报了河内。我们以后再也没有听到谈起此事。因为稍后，到了夏天，河内决定走另一条道路。

勃列日涅夫和尼克松回过来又讨论了关于达成不使用核武器谅解的主张。尼克松巧妙地将此事推给专门渠道去讨论，就目前的设想，这个问题肯定会在北大西洋公约组织内部，以及我们和中国的关系方面造成极大的混乱。勃列日涅夫主动重申了关于古巴的一般“谅解”，特别是关于潜艇问题。另外，他还保证朝鲜具有和平意图。（这样，在三个月内，我们在北京和莫斯科都得到了关于朝鲜的保证。）接着，勃列日涅夫很隐晦地提出一个问题，很可能这就是克里姆林宫对于缓和抱有这样大兴趣的原因：他暗示苏美两国还是注意北京的核计划为好。但尼克松没有对他表示鼓励。两国领导人最后同意尽量约束针对对方的宣传。

大家不应当过分强调领导人之间的个人关系，尤其是在一系列事件增强了双方在国内的地位，出现了缓和气氛的时候。显然，苏联也达到了一些目的，只有十足的外行才会以为，在大国间的谈判中，一方可以获得一系列单方面的胜利。即使这是可能的，也是极不可取的。任何国家都不会长期遵守一项不符合它的利益的协定。明智的政治家是会慎重权衡自己的目标的；有些“胜利”是不值得争取的，因为它们要以未来作抵押。使苏联人民感到有希望改善同西方的关系，这显然是符合苏联意图的。克里姆林宫无疑希望缓和会涣散民主国家的反抗意志。但是，克里姆林宫的一些强硬派（例如谢列斯特）是反对缓和的，他们担心缓和对苏联有风险。我认为勃列日涅夫有几种动机。他虽然仍希望促进共产主义在全世界的胜利，但他也要和平，并愿为此付出一定的代价。和很多国家的领导人一样，他也许尽可能长时间地避免作最后的抉择。但这不等于说，未来似乎仍未可卜。总之，尼克松和勃列日涅夫两人都把宝押在他们或许能按照各自社会的目标和价值标准来驾驭局势。这里没有预先注定的结果。

上述这些前景使最后那次招待会具有一种出奇的热烈气氛。克里姆林宫的圣乔治大厅里明亮如昼，在大吊灯的闪闪灯光下簇拥着苏联的显要人物(米高扬和德米特里·肖斯塔科维奇都在场)、中上层官员、外国名记者和外交使团。勃列日涅夫和尼克松一同入场，他们穿过人群，走到大厅的上首，那边专为高级领导人安排了座位。接着奏了两国的国歌。前几个月的紧张在这一激动人心的时刻消失了，我们当时在场的很多人都突然觉得也许我们真的参加了开辟一个更美好时代的事业。尽管有种种保留意见，那天晚上在莫斯科至少能够看到一个新世界的模糊轮廓，在这个世界里，人类将超越他们注定要遇到的危机和风险，进入克制和合作的领域。

最高级会谈取得了什么成就?

六月一日，尼克松从莫斯科回到国内时的情景是引人注目的。他在安德鲁斯空军基地降落后便乘直升机到国会山。在那里，他受到了国会领导人的欢迎，并立即被请到国会两院联席会议去作报告。他的讲话既充满希望(有时还故意露出洋洋自得的神情)，又十分谨慎。他说："(最高级会谈)为世界上两个最强大的国家之间建立一种新型关系奠定了基础。"他同时强调说："我们衡量最高级会谈的标准是会谈的具体成果而不是它的气氛。"他列举了达成的各种双边协定，包括限制战略武器协议，说它们标志着"两个主要核国家走向共同克制和限制武器的时代的第一步"。但他也强调了保持强大的国防力量的极端重要性，指出限制战略武器协议对美国发展进攻性武器的计划没有限制。他把"美苏关系基本原则”比作标出双方维护和平应走道路的“交通图”。他还提醒议员们，“保持自由世界同盟的力量、团结和坚定性是我们在世界上争取和平与安全的一切其他行动的基础。在我们谋求同昔日的敌人改善关系的时候，我们决不做对不起我们在世界上的朋友和盟友的事。”

尼克松的讲话很好地总结了我们的成就、任务和机会。但是他并未能使人忘记往事，或相信他有了新开端——似乎尼克松一生始终摆脱不了这个问题，这是他的悲剧。他所采取的每一步骤的意义都被他一生中积累起来的争论和不信任所淹没。他很快陷入这样的矛盾处境：他这位昔日的冷战勇士现在被人指责为过分热衷于同苏联搞缓和。那么实际情况又如何呢？

无论从最高级会谈的内容还是从历史背景来看，这都是美国政策的一项重大成就。我们挫败了河内，而且还完成了同莫斯科的重要谈判（在举世瞩目的北京之行三个月后），这使未来变得更有希望，从而使人们对越南问题有了正确的认识。苏美和中美最高级会谈使莫斯科和北京的切身利益同他们和我们的关系密切相连，这有利于我们使河内完全陷于孤立。最高级会谈后还出现了另一个新气象，在整整一年时间里，我们摆脱了越南人一直加以利用的我们国内的动荡。再加上北越军事攻势的失败，几个月内和谈出现了突破。美苏最高级会谈对中东形势的发展同样也具有重要的意义。我在下文将说明，美苏最高级会谈标志着温和的阿拉伯领导人开始向华盛顿靠拢的转折点。十八个月后，昔日的冤家对头在美国的支持下走上了通向和平的曲折道路，最高级会谈便是这整个进程的一个步骤。

但是最高级会谈的根本成就在于它规定了民主国家和苏维埃制度共处的基本原则。限制战略武器会谈体现了我们的下述信念：核军备竞赛愈演愈烈，对任何国家都没有好处，也不能加强任何国家的安全；美苏关系“基本原则”至少在书面上表示应该采取负责的政治行动。这两件事互相关联，体现了我们坚定的看法：缓和紧张关系不能只建立在控制军备的基础上，最终的试金石是在国际行动上保持克制。在莫斯科期间，一天签订一项双边协定——关于环境、空间和技术合作，海上事故，建立经济委员会等——这些协定将逐渐把人们的利益与和平联系在一起。当然，道路是漫长的，但是要在核时代保持和平就必须这样做。

我们好像在走钢丝：既要致力于和平又不能为谋求和平而摒弃一切其他原则，使我们从精神上解除武装；既要保卫自由，又要表明：毫无节制的争夺有可能导致一场核浩劫，从而使我们丧失一切，包括自由。只有具有崇高权威、深孚众望的领导人，才不会从钢丝上掉下来——这样的领导人既不会温情地把共处看作是个人之间的良好关系，也不会不顾后果地为了共处而共处。究竟理查德·尼克松领导的政府能否在这个问题上得到公众必要的支持，我们不得而知。我认为，他对国际事务的理解是不含温情主义的，这是一个宝贵的优点。总之，不仅在培育美苏关系方面，而且从更广的意义上说，在发展国际关系新格局方面，水门事件阻碍了当时已展示的前景的完全实现。

因为在我们所能预见的将来，美国的任务是重建和保持我们在莫斯科开始确立的对苏政策的两大支柱：既准备对抗苏联的扩张主义，又表明愿意为将来进行合作。偏重两者中的任何一方面都不能使世界更为安宁。如果把和解本身作为目的，冷酷的苏联政策就会把它变成进行讹诈的工具，并以此掩护它追求单方面的利益，苏联有时就是这样做的。当很有希望的美苏对话因为我们采取的行动而中断时，我们在获得国内支持和盟国的团结一致方面就要付出代价。一项政策要取得成功，需要两条：鼓励苏联克制（例如利用经济关系）和惩罚冒险主义（例如美国作出坚决的反应，包括对正在抵制苏联、古巴或激进派压力的朋友给予军事援助）。

和解必须有一个纪律严明的行政部门和信任政府的国会和公众；还要求人们对国家的利益有深刻的了解，并懂得这一领域的事件和问题和另一领域的情况有什么联系。这是很复杂的工作，过去在这方面毫无经验。我心里也有点矛盾，我对苏联的动机非常怀疑，决心阻止苏联的扩张，我鄙视那些对苏联的推进采取逆来顺受的态度，或坐等历史来加以纠正的批评家们。从一定程度上讲，我对缓和问题的兴趣带有策略运用之意，即以此作为增加苏联的犹豫和削弱它在中东等地区影响的一种手段；同时也是出于国内的考虑，是为了对付“和平”运动的压力，一旦不得不摊牌时，我们就能把群众动员起来。此外，还有一点反映了我们时代空前未有的挑战。我深信当代领导人在道义上有责任让人民始终看到进行根本变革的前景（不管这前景多么渺茫），看到我们将尽最大努力使毁灭人类的大决战不致因为疏忽或缺乏远见而降临到我们头上。

不幸的是，尼克松的国内基础逐渐受到了削弱，使我们不能完全实现我们的设想和战略。由于自由派和保守派的夹攻，对美苏关系的争论越来越激烈。三年来一直攻击尼克松好战和死硬的自由派，虽然没有指责缓和本身，现在却实用主义地指责他在美国“过分鼓吹”缓和。意味深长的是，在美苏缓和的全盛时期，即一九七二年和一九七三年上半年，这种指责还寥寥无几。到了一九七三年下半年，批评开始出现，当时苏联镇压了持不同政见者。一九七三年八月，安德烈·萨哈罗夫呼吁批准杰克逊修正案，一九七三年十月中东战争爆发（有些人断言这是苏联人挑起的）——在这个节骨眼上，水门事件又闹开了，总统的地位大为削弱。谁也没有提出证据来说明何谓“过分鼓吹”。相反，只要翻阅一下这个时期的大量讲演、对报界的声明和采访谈话，就可以看到政府一直是很谨慎的，既指出已经获得的实际成绩，同时也一再指出美苏关系中的局限性、不明确的地方和固有的竞争，以及保持警惕的必要性。

本届政府在受到一百年来少有的国内最激烈的攻击下，在西恩富戈斯事件上还是压倒了苏联，抵御了印度和叙利亚代理人战争，在对苏关系中确定了“联系”原则，总统第一次对东欧进行了访问，力争加强国防，承担了前届政府在印度支那的义务以便维护美国反对侵略的全球信誉。对于这样一个政府竟然还横加指责，足见美国国内裂痕之深。

当然，尼克松爱好夸张的作风在选举年里是不可能有所收敛的。他开始时表示“希望”出现一代人的和平，但很快就声称这是一大“成就”。一九七二年竞选快结束时，他又升高调子，称之为“一个世纪的和平”。白宫负责公共关系的人们不厌其烦地提出这些主张——尽管我不断表示了不同意见也不管用。但是排除尼克松讲话中搞竞选的因素，他的正式讲话总要强调苏联和美国制度的相互竞争性以及引起两国激烈争雄的深刻的思想鸿沟。总统在一九七三年五月三日作的外交政策报告就是很好的例子。报告强调了力量平衡和国际关系中克制的必要性，再次强调了我国和盟国的关系，指出缓和并不意味着危险的结束，重申美国愿意和其他国家分担责任，但美国不会放弃自己的责任。

然而，莫斯科最高级会谈、限制战略武器会谈以及缓和问题，确实引起了更深刻而合理的忧虑，这些忧虑不同于历来从左的方面反对尼克松的人——当尼克松支持缓和时，这些人摇身一变为反共分子——所持的那种不问青红皂白、乱反一气的态度。过去支持尼克松的很多保守派开始担心的倒不是政府的政策，而是这一进程带来的心理影响。美国经过了多年的痛苦和动荡，渴望能松口气。像尼克松访问北京和莫斯科这样的举世瞩目的事件，不仅代表了真正的成就和清醒的估计，而且在美国人民经历了十年之久的动荡和内疚之后，使他们产生了完全不同的情绪。在工作劳累和遭到非议之后，肯定会出现心潮起伏、宽慰和兴高采烈的心情。保守派担心，美国人历来对苏联的意图时而乐观时而忧虑，现在可能一下变为高枕无忧，长此下去，就会一蹶不振。他们预言，当美国和苏联的领导人（以及中国共产党领导人）一起谈笑风生地出现在美国电视荧光屏上时，双方的差异将被冲淡，美国的信仰将受到损害。他们不相信——尽管总统在讲话中提出很多保留——在我们宣布开始了新时代后，我们怎么可能还保持警惕。他们怀疑美国是否能保持既对抗又合作的自觉性。

他们这种担心是有道理的，历史记录有利于他们的论点。同苏联制度的共处没有一个时期是长久的。每次都被克里姆林宫用来作为另一次进击的跳板。但是在我们这个时代，这是个绝望的忠告。谋求和平共处显然有它危险的一面，但也不能说，采取积极对抗政策会更成功。前者可能削弱我们的斗志，后者则会危及我们国内的团结和与盟国的关系，因为我国政府将会被人越来越猛烈地谴责为国际紧张局势的根源。我们不同意这样的观点：美国人民只有嘴上叫得很凶才算保持警惕。因为这样做会使我们的敌手独家代表世界上一切谋求和平的愿望，逐渐使美国政府处于孤立状态。美国人应该学会接受维持世界力量均势的地缘政治方面的挑战。我们有义务制止苏联扩张主义，这些清醒的认识给我们的政策以动力。但是，正因为美苏冲突还有意识形态和政治的方面，所以我们认为，如果看不到保持军事均势以外的方面，我们就会削弱自己。在全国充满对越南问题的歇斯底里的叫喊声时，这样做肯定是自讨苦吃。一九七五年在缓和遭到攻击时，美国国会也没有表现得更愿意抵抗苏联在安哥拉的冒险行径——而且很多鹰派人物竟和多数人一起阻挠美国在安哥拉采取行动。我们决心抵御苏联的侵略行为，但我们认为，如果我们的政策能同时指出希望，那么我们获得成功的可能性就更大些。鉴于我们的历史经验和不久前所经历的痛苦，究竟能否走好这条羊肠小道，究竟是否注定要在过分的和解和过分的敌对之间反复摇摆，还不能下定论。这仍然是每届政府的基本任务。

一九七二年六月十五日，我在向国会两党领导人通报限制战略武器会谈的情况时，说明了我们面临的问题：

我们要深深反躬自问的问题，不是我们能不能相信苏联人，而是我们能不能相信自己。有些人对协定表示不放心，倒不是反对协定的条款，而是担心这个协定会使人们以为可以高枕无忧了。当然也不能要求我们仅仅为了实施一项我们反正要实施的、保障我们民族生存的计划，而保持本可避免的紧张局势。我们不应该在全国造成这样的心理，即只能根据我们反对什么来采取行动，而不能根据我们赞成什么来采取行动。

因此，我们面临的问题是：我们能否开辟一条充满希望而不是幻想、具有远大目标而不是徒有温情的新道路？我们能否既宽宏又强大？一个国家很少有机会对这些问题作出有意义的回答。

莫斯科最高级会谈使我们有机会开始回答上述问题。但命运不让我们完成这个进程，而使我们内部争论不休，虚掷光阴。也许短期内给予结论性的回答是不可能的，因为现在美苏关系对美国人民是个长远的挑战，而我们的安全以及创造美好世界的前景都取决于他们的反应。

注释：

① 一九七二年五月十八日《华盛顿邮报》。

② 见马文 · 卡尔布和伯纳德 · 卡尔布《基辛格》，第三二八页。

③ 一九七二年美苏联合公报关于中东问题的一段文字如下：

双方阐述了它们对这一问题的立场。双方重申它们支持按照安全理事会决议第242号和平解决中东问题。

美苏两国注意到有关各方和联合国秘书长的特别代表雅林大使进行建设性合作的重要意义，申明它们愿意帮助他完成使命，并宣布它们准备为和平解决中东问题尽自己的努力。美苏两国认为，实现这样的解决将为中东局势正常化打开前景，特别是将使得有可能考虑进一步步骤以实现该地区的军事缓和。

④ 一九七二年五月最高级会谈期间，我们同葛罗米柯商定的“工作总原则”内容如下：

一、最后协议应是全面的，包括所有各方和所有问题。这并不妨碍协议可以分阶段实施，某些问题和争端也可优先解决。

二、协议应包含以色列从一九六七年所占领的阿拉伯领土撤军的规定。

三、如果出现边界调整的问题，应由有关各方自愿商定。

四、双方就安全问题所作的安排可包括非军事区、联合国人员在沙姆沙伊赫的临时驻扎以及由苏美适当参加的最有效的国际保证等项目。

五、协议应导致交战状态的结束并建立和平。

六、蒂朗海峡和苏伊士运河的通航自由应该得到保证。这和埃及对运河的主权是完全一致的。

七、承认包括以色列在内的所有中东国家的独立和主权是作为解决基础的基本原则之一。

单方面的意见

美方的立场是，在完成协议的某个阶段应该由各签字国进行谈判。

苏方的立场是，巴勒斯坦难民问题应该在公正的基础上并按照联合国的有关决议加以解决。

第二十九章　莫斯科最高级会谈之后

访问伊朗国王

尼克松总统和我参加莫斯科最高级会谈后，于五月三十日从基辅飞赴德黑兰，在那里受到美国最亲密的盟友之一伊朗国王的欢迎。那次旅行很愉快，可是如今时间、感情和动乱的侵袭已经使它具有迥然不同的意味了。

机场上站着瘦小挺直的人，穆罕默德·礼萨·巴列维，王中之王，他有皇帝的头衔，威严的仪态。许多年后在巴列维被推翻的时候，美国的反应是不值得自豪的。历史是胜利者书写的，今天伊朗国王不吃香了。可是今天许多人齐声反对这位领导人，很难提高我们讲交情的名声；他曾被美国两党的八位总统正确地宣布过是我国的良友，是一个动乱的重要地区的稳定的柱石。

伊朗设置国王，并非巴列维自己的发明，而有深远的历史渊源。这个国家位居世界各伟大文化——从富有色彩、激情和韧性的印度次大陆到单调而高昂的阿拉伯——的中央，北邻苏联中亚细亚，同非洲只有一衣带水之隔。伊朗不可避免地处于世界历史的漩涡。这块既有丛山峻岭和沙漠，又有富饶海岸和强烈色彩的严峻国土曾产生过向外扩张的征服者；它也曾被外国征服者所吞并。它光荣历史的大厦遭受过印度人、蒙古人、阿富汗人、阿拉伯人、哥萨克人、希腊人、欧洲人的侵袭，有时他们待一个时期，有时风卷而过。这一切都已逝去，留下来的人融合成了一个民族，从未失去波斯人的特性；波斯人宏大的理想和文化打上了自己意识形态的印记，超越了那些入侵者的种族、血统和目的。其结果不是一个欧洲意义的民族国家，而是波斯、库尔德、俾路支、阿富汗、犹太、土库曼、阿拉伯和许多其他人的大杂烩。

二千五百年来，尽管朝代更迭，帝国却始终如一。这个国家需要一个凌驾于各成员种族之上的起统一作用的原则。历史的讽刺之一是，个性最强的不同人民和离心倾向最大的不同社团有时却创造了最绝对的统治形式，似乎只有最高的权威才有资格要求人们顺从。在伊朗，无论是哪个朝代，统治权最终集中在接触不到的皇帝身上。这是他的历史力量，同时也是他的弱点。伊朗国王无疑是一个独裁者。这符合伊朗的社会传统，甚至也许符合伊朗社会的绝对需要。有一段时期，这是他力量的泉源，但后来也成了他垮台的一个原因。

时间越久，我对伊朗国王了解越多了，我发现他天生的性格并不是专横跋扈的。事实上，他相当腼腆和内向。我一直觉得他是个温和而且易动感情的人，按照君主必须超然和坚强的老观念锻炼了自己，但他从未做到习惯成自然。他显出威严的一方面好像是排练了多年的演出。我猜想，在这方面他是国家需要的囚徒，正像他最终成了自己的成功的牺牲品一样。

尽管有人在事后撒谎，对他进行诬蔑，但他是致力于改革的人。从他争取使国家产业化这点来说，他是“进步的”。实际上，他遭难的主要原因之一是搞现代化的步骤太急了，没有使政治制度充分适应于他所实现的经济和社会改革。他实施了大规模的土地改革。他推行的识字教育甚至远远超过邻国试图达到的规模。数以万计的学生被派到国外公费留学，其中许多人就在国外加入了激进运动。妇女权利被扩大了。从一九六七年到一九七二年，伊朗的国民生产总值每年增长了百分之十，此后比较稳定的百分之六的增长率代替了这个步伐混乱的高速度。当然也有阴暗的一面：玷污高尚理想的上层的贪污腐化，跟开明目标不相称的镇压手段。

伊朗国王基本上是采用了西方所有比较“先进”的书本上的条条。连他忽视政治制度这一点也是来源于西方关于经济发展和政治稳定之间关系的想法。美国有关经济发展的理论很大一部分反映了马歇尔计划的经验。政治稳定会随着经济发展而来。许多西方经济学家认为，而伊朗国王也就相信，政府只要提高生活水平，就能得到人民的赞许。换句话，经济发展本身就有助于政治稳定。事实证明这个理论是个灾难性的错误。

在欧州和日本，政治制度和有效的官僚机构已有几个世纪的发展，对稳定的威胁确实来自现实和愿望的差距。在那里，如果政府取得经济发展，人们就会比较乐意接受它。但是在欠发达的国家里，经济发展会引起相反的结果；它会加剧政治动乱。原有的制度会受到破坏；而如果又没有新的制度来代替，那将不可避免地出现大动乱。大批农民转移到城市改变了工人传统的生活格局，而又没有新的人与人的关系来代替。正当经济发展的势头最大时，现存的政治和社会结构变得最脆弱，而传统的价值标准受到最大的威胁。如果一个国家能够实现向新的政治形式的过渡，同时没有引起动乱，它算是走运了。如果一个统治者懂得，经济发展不但不能巩固他的地位，反而要求建立新的政治机构来适应日益复杂的社会，他就是明智的了。

伊朗国王和他的亲信不能说具有这种智慧。可是也必须指出，他的政敌也不具备这种智慧。反对国王最激烈的并非想更多地参政的人，而是被迫屈服于现代化的冲击的传统势力——地主、被剥夺特权的毛拉、支持旧秩序的人。另一类反对者是激进派，他们讨厌世袭的权威，主要因为他们想用基于意识形态的、更为有效的权力结构来取而代之。夹在这两种势力之间的是真正信仰民主和宽容的人——这是一批人数很少的受过西方教育的知识分子，他们注定要受统治伊朗的任何政权的迫害。

因此伊朗国王发现他日益受自己的成就之害，因为他越前进，树敌就越多。而他又缺乏足够的先见之明去创造新的政治机构，或者争取新的忠诚于他的人，以维持政治的稳定。

也不能说伊朗国王购买军火消耗了本来应该用于经济发展的钱，这是反对把军火卖给发展中国家的人惯持的批评意见。伊朗国王两件事都做了。伊朗的防务开支并没有延缓它的经济发展，也没有影响政治团结。如果断绝军事供应——这是不可能的，鉴于英法随时都愿意提供军火——伊朗可能变得更加抵挡不住外来压力，而同时并不能增加国内的稳定。可能这是历史的悲剧，即似乎能够经受现代化的冲击的只有两种结构：要么是用意志和纪律压服人民的集权政府，要么是在开始产业化以前就存在多党制和宪法传统的国家里的民主政府。可惜照近年的情况看来，发展中世界很少找得到民主演变的新例子。马克思主义（或者现在的神权政治）对于发展中国家的吸引力之一在于，在传统制度崩溃之际，它提供了行使权力的理论基础和建立纪律和权威的严密结构。

无论伊朗国王有些什么缺陷（他要对付的力量恐怕是任何人也控制不了的），他却是我们的无条件的盟友，这是国家领导人中最难得的，他对世界局势的了解对我们很有帮助。这些年来我同他进行过多次谈话。他掌握国际动态和趋势的能力，是我所遇见过的领导人中最强者之一。他充分认识到世界力量平衡和地区力量平衡的重要性。他知道自古以来，对伊朗独立的威胁是来自北方，而不是来自海外。伊朗和苏联边界长一千五百英里，还面临着日益激进的伊拉克政府和阿富汗政府，他知道他必须寻找某种力量来抗衡除了同巴基斯坦以外所有边界上日益加剧的外来压力。他可以采取名义上不结盟、实际上反西方的政策，做苏联在这个地区的代言人，这样来消除压力。他可以在集团之间耍手腕——像印度所做的那样——但要经常小心翼翼避免得罪北方的超级大国，这样来维持独立。他可以倾向我们，但是把我们的保护看作是理所当然的，于是像其他国家的一些领导人那样，利用超级大国的争夺，谋取眼前利益，讨些小便宜。伊朗国王没有这样做，他选择了与美国为友。他是在一九五三年眼看一个左派政府要把他推翻的时候，凭借美国势力而复得王位的。他永远没有忘记这件事。他超乎寻常地信任美国的目的和美国的善意，以及日后他觉察到这个友谊在消失而精神崩溃，其根源可能都在于此。他在有些地方疑心过分，甚至是病态，以为有人要削弱他的权力，可是对美国却保持着近乎天真的信任。同样，对于美国在他身临悲剧时刻会发生动摇，他也是没有精神准备的。

伊朗国王想改变国家的命运，使伊朗成为西方的一个重要伙伴。他立志负责自身的防务，至少达到能抗衡伊拉克等激进邻国的力量，并能迫使苏联在想征服伊朗的时候，非直接大举进攻不可，以致美国将不能袖手旁观。他不仅认真加强本国的防务（这点毕竟具有关键的战略重要性），并且即使在他很可以退处一边的时候，还主动表示对美国的友谊，以此来博得我们的支持。

在伊朗国王的领导下，屡次成为世界历史的关键的亚欧陆地桥梁，在任何情况下都保持了亲美和亲西方。在这个地区的所有国家中，除了以色列，伊朗是唯一以对美国友好作为外交政策的出发点的国家。如果说这是基于冷静的估计，即认为对伊朗的威胁最可能来自苏联和激进的阿拉伯各国，这等于说伊朗国王对世界政治现实的看法和我们是一致的。伊朗施加影响总是在我们这一边；它的资源加强了美国，甚至还帮助了我们有些在远方的事业：一九七三年巴黎协定时援助了南越，七十年代西欧经济危机时帮助了西欧，在非洲支持了温和派反对苏、古的入侵，支持了萨达特总统后期的中东外交。例如在一九七三年的中东战争中，同苏联接壤的国家中只有伊朗不允许苏联利用它的领空——同几个北约盟国形成对照。伊朗国王吸引了激进的阿拉伯邻国的精力，使它们不能威胁沙特阿拉伯、约旦和波斯湾各国的温和政府。他毫不迟疑地给我们的舰队加油。他从不利用对石油的控制来施加政治压力，从没参加对西方或以色列的石油禁运。* 总之，在国王统治下的伊朗是美国在世界上最好、最重要和最忠诚朋友之一。至少我们不应该在事后反过来诬蔑八位美国总统(包括现任总统)过去表示过欢迎和感谢的那些行动。

因此，一九七二年五月我们到达德黑兰的时候，大家都有轻松的感觉。尽管莫斯科的招待很友好，美苏最高级会谈也很成功，但我们在苏联的访问总笼罩着极权制度的浊雾，使人感到压抑，一种严格的千篇一律，预兆着自由国家的人民如果对自由丧失信念并停止维护他们的价值标准和制度的话，人类的精神就会遇到厄运。而在德黑兰却可以感到友谊的温暖。

这次访问虽然使个人感到舒服，但也有尴尬的时候。尼克松跟伊朗国王一样内向和腼腆。国王用丰盛的白领带晚宴招待总统。在结束的时候，尼克松需要临时致祝酒词，因为拍电视的强烈灯光使他什么也看不见；而虚荣心又使他不愿在拍电视时戴眼镜。祝酒进行得倒还顺利。可是尼克松不太知道如何结尾才好。有三次他本来可以很好地结束了，但却决定再绕一下。第四次，他以为找到了恰当的结束语。他引用了艾森豪威尔总统的一句话，说成功的政治家尽管各有不同，有一点似乎是共同的，他们"能够找到比自己更高贵的配偶"。然后他祝国王和"一直在他身旁的可爱的王后"健康。这位王中之王忧郁地凝视着远方。

虽然尼克松的苏联之行已使他精疲力竭，而且在德黑兰也没时间深谈，但是国王和尼克松的谈话还是亲密盟友之间的谈话。最近伊朗国王垮台给西方造成灾难，有人就热衷于想办法把七年以后发生的事情怪罪于理查德·尼克松。一九七二年尼克松的访问被追溯而搞成了替罪羊；人们责怪说，那次访问使国王产生了过分的自信，其实他已经在位三十

* 他当然力争最好的油价，并对一九七三年石油价格大幅度增长有部分责任。不过必须指出几点：当他发现这个行动对西方造成的损害时，他帮助稳定了其后五年的油价。实际上从一九七三到七八年油价还下降了百分之十五。他最初支持涨价的动机不是政治性的而是经济性的；和其他一些国家不同，他想尽量增加收入来发展他的国家，但从没想限制生产以操纵油价。他总是维持最高的石油产量，让供求规律发挥作用，支持稳定的价格。

年，而且得到过美国两党好几任政府的支持。*

当然，一个盟友有自信心，并不一定不好。而且在一九七二年也不存在这样的问题。一九七二年时真正的问题在于，这个所有产业民主国家的安全和繁荣所系的地区所需要的平衡似乎遇到了严重的危险。一万五千多名苏联士兵仍然驻在埃及，埃及同我们还没有外交关系，而同苏联却在前一年签署了友好条约，建立了联系。就在七个星期以前，四月九日，苏联同伊拉克又签署了类似的友好条约，随后大量运去最先进的现代化武器，叙利亚早就是接受苏联武器的一个主要国家——而且在二十个月前侵入了温和的约旦。英国在一九七一年底刚刚完成了从波斯湾撤退它的军队和军事保护，这正是激进的伊拉克得到苏联武装扶植而能提出它传统的称霸要求的时刻。我们的朋友——沙特阿拉伯、约旦、阿拉伯联合酋长国——被包围起来了。

为了我们和西方世界的利益，必须保持地区性的力量平衡，以使温和派不致被吞没，而欧洲和日本的（后来也包括我们自己的）经济生命线不致落入敌人手里。我们可以自己提供这个平衡的力量，也可以帮一个当地的国家去提供。那时越南战争方酣，随之而来的创伤正剧，不可能向印度洋派出美国军队。国会不会容许这样的义务；公众也不会给予支持，幸好伊朗愿意挑这个担子。英国撤退所留下的真空，受到苏联入侵和激进势力冲击的威胁，将由一个对我们友好的当地国家去填补。这样一来，伊拉克要向波斯湾南部的阿拉伯联合酋长国、向约旦和沙特阿拉伯下手，就会有所顾忌。强大的伊朗有助于遏制印度完成对巴基斯坦的征服。凡此种种不需美国花费分文就可做到，因为伊朗国王愿意用自己的石油收入购买装备。如果追不上苏联向邻国输入武器的速度，中东温和力量就会迅速丧失士气，包括伊朗在内的这个地区就会更加速激进

---

* 这些指责是以某种辩护的口气提出的，这使我感到关键的问题依然存在：是一九七二年支持我们最宝贵的盟友之一错了呢，还是一九七八和七九年没有给予他有效支持错了呢？①

化。我敢说，如果那样的话，就会阻止萨达特后来转向西方，至少是使他困难得多。

尼克松面临的具体决断是伊朗国王想得到 F-14 或 F-15 战斗机和有关配件。这个问题上有人反对：国防部有点不愿意输出先进技术，国务院则担心这一出售可能刺激别的国家。伊朗国王的另一个办法是购买法国稍落后一点的海市蜃楼式飞机。尼克松否定了反对意见，并加上一条规定，说今后对伊朗的要求不得犹疑。把这称作是“无止境的”承诺是夸张的，因为我们的官僚机构随时准备并且有办法阉割它们不愿执行的指示，这一点在尼克松政府时期反复出现过(如在印巴危机期间)，而不久水门事件侵蚀了尼克松的权威，情况就更复杂了。后来的决定更多的是根据政府的判断，而不是靠尼克松的指示了。例如在福特政府期间，国防部长詹姆斯·施莱辛格指派了一位高级官员同伊朗国王进行联系并审查对武器的要求。他的结论显然不受两年多前尼克松指示的影响了。他出于同样的理由作出了同一九七二年时尼克松作出的同样判断。后来武器继续大量出售，是因为所有高级官员——和我们的继任人——认为有必要用这些武器去维持力量平衡，而伊朗是个极为重要的盟友，承担了我们本来得承受的重担。在这期间，没有发生什么事件要改变这个判断。

尼克松也同意鼓励伊朗国王支持伊拉克的库尔德人争取自治。当然，库尔德事件及其在一九七三到七五年间的悲惨后果不在本卷的范围之内。就这个问题发表过的激烈争论没有提到，写这些评论没有白宫的任何决定和论点作根据。我将在第二卷里予以说明。* 当时是一九七二

---

* 这里只需提一下，首先，劝库尔德人不要在一九七三年十月战争期间发动牵制性进攻的决定是由于我们的情报官员和伊朗国王一致认为，库尔德人如果进攻必将被击败，以色列政府也同意这个看法。一九七五年伊朗国王同伊拉克解决库尔德问题的决定是基于几乎肯定正确的一种判断，即认为库尔德人即将被优势所压倒，要拯救他们，伊朗必须用两个师的兵力进行干预，而美国必须提供三亿美元的援助。伊朗国王不愿承担前者；这是由他自己决定的事。傻瓜才能设想在越南垮台的那个月份国会会拨给后面这笔钱。如果我们谋求使我们隐蔽的情报活动作这样的升级，许多后来惋惜库尔德人的悲惨命运的人大概会带头指责这种升级。

年，这些毕竟还是以后的事。尼克松对库尔德人事件的决定仅一年多时间就看出好处来了。到一九七三年十月中东战争的时候，伊拉克只派得出一个师来参加。

因此，我们对德黑兰的访问是保持力量平衡的一个重要步骤。我们和伊朗的友谊在不久落到我们头上的危机期间对我们有很大好处。伊朗在地缘政治上的重要性迫使我们的任何一届政府都需要和伊朗搞好关系，不论是哪一派在那里掌权。但是不能因为这一需要而对遭难的老朋友置之不理。三十多年的伙伴现在遇到困难，我们就势利眼地回过去诋毁他们，对他们的生活要求毫不顾念，这种态度对我国不可能是有利的。我们过去很乐意让伊朗国王作为朋友和同盟者和我们合作了三十七年；现在我们谴责他并不会叫人佩服。我们不能总是保证我们朋友的前途。但是我们如果记住谁是我们的朋友，就更有可能保证我们自己的前途。

经华沙回国

共产党世界不会这样轻易放过尼克松。在从伊朗回国的路上。他到波兰停了一下，波兰是苏联控制的东欧各国中面积最大、人口最多的国家。他到波兰去，是出于对波兰的恋念以及内政和外交的需要。尼克松恋念波兰是因为一九五九年他作为副总统去访问时受到过盛大的欢迎。他从不忘记一生中少数几次引起群众自发热情的场面。如果总统选举年能重现类似的场面，肯定是不会被几百万波兰血统美国选民忽视过去的。最后，我们的政策要鼓励东欧民族独立的情绪。就是这个目的使我们一九六九年访问了布加勒斯特，一九七〇年访问了贝尔格莱德。一九七二年它使我们访问了华沙。

在欧洲国家中，波兰争取民族独立的愿望同它的历史最分不开。波兰的过去既光辉又悲惨，既令人鼓舞又有巨大的痛苦。很少有一个民族对自由有着如此崇高的献身精神，对外国的奴役有着如此激烈的反抗精神，为追求罗曼蒂克的自由理想而如此甘心情愿地不断牺牲自身的自由。波兰和苏联同在一块没有天然边界的平原上，但是苏联地域辽阔，有缓冲的余地，波兰却没有。波兰被卷入欧洲所有力量争斗的漩涡之中，并经常受到东西两面的压力。它的边界本身反映了波兰命运的变迁。波兰在地图上挪来挪去，就像房间里的一把椅子一样。随着历史的潮流，它被移往西边或者移往东边。最近一次的一九四五年，波兰实际上被向西移了一百五十英里；俄国拿去了波兰东部的省份；作为补偿，把德国的东部省份送给了波兰。这种特别的重新安排，在东西方都抵押了波兰的未来，是由各战胜国决定的，波兰人没有参与其事。

从十八世纪后期到第一次世界大战结束，将近一百五十年间，曾经是欧洲最重要的国家之一的波兰从欧洲地图上完全消失了。波兰被普鲁士、奥地利和俄国瓜分了。但是民族信念发挥了巨大的作用，波兰仍然铭刻在人民的心中，甚至当他们被邻国分割的时候也是如此。波兰在遭受民族压迫的年代里，甚至根据波兰人异常罗曼蒂克和个人主义的特性，在十八和十九世纪，波兰爱国者产生了英雄式的和感人的思想，认为他们只有在一切地方促进自由，才能恢复本国人民的自由。争取民族独立的战争——包括美国独立战争——都因波兰志愿军的参加而受到鼓舞，他们为了遥远国家的独立的原则，甘冒生命的危险，相信这样做也就是维护了自己的自由权。

在那个英雄的国家里，对上帝的信仰巩固了对民族的信念。波兰是天主教在东方的前哨，而当压迫一个民族的人大多是异教徒时，天主教的神职人员同时成了民族精神的代表。波兰的天主教会比起其他国家来更是民族情绪的一个团结中心。波兰在第二次世界大战中遭受的苦难是任何其他国家不能比拟的。波兰在政治和智力上的活力似乎使它的邻国这样害怕，以致德国人和苏联人相继系统地杀害波兰的这些领导人物。纳粹分子下令屠杀了几百万他们认为是最优秀的波兰人。在《莫洛托夫-里宾特洛甫条约》生效期间，斯大林下令在卡廷森林处死了几百名波兰军官。在一九四四年德国人镇压华沙起义时，苏联红军却在维斯杜拉河对岸袖手旁观，因为他们断定波兰的爱国者对于苏联战后的计划一定是个障碍。因此经过第二次世界大战，波兰东边和西边都出现了陌生的边界，并且被强加了一个格格不入的政权而苏联军队像是要在这个国家永久驻扎下去。但就是依靠外国武力上台的波兰共产党领导人，为了维持自己的统治，也不得不尽量扩大人民决策的成分。共产党的上层建筑被迫勉强向天主教会妥协，教会要求在精神生活方面有很大程度的自主权，这样教会方面起了它历史性的象征作用，象征着有些道德观念是不受政治决定约束的。一九五六年和一九七〇年的骚动告诉人们，波兰人的精神是压不服的，除非苏联显示大规模的军事力量，而在这两次苏联都没有敢这样做。

波兰人对自己民族特性的强烈忠诚，也表现在重建美丽的华沙旧城一事上。民族传统是如此强烈，甚至继承了华沙废墟(该城百分之九十遭破坏)的共产党统治者在重建时也得从旧城开始，即按原样重建一六世纪的华沙建筑物，然后共产党才敢把他们俗气的斯大林哥特式的货色强加给人民。

波兰不需要我们去对它讲自由是何等重要。它所需要的是心理上的慰藉，即老朋友是理解它的愿望的。因此，我们来到华沙一事本身比会谈的内容还重要。

我们降落时，机场上十分混乱。作为欢迎仪式的一部分，一个衣着华丽的波兰陆军军乐队已开始从停机坪另一端向检阅台走来，并进行着复杂而整齐的队形表演。仪式肯定是排练过多次的，但显然不是在有飞机的情况下进行的。乐队走近时，令人担心的是乐队清楚地直冲着“空军一号”机翼下面的发动机走来。确实，如果驾驶员发动机器，整个乐队就会被刮跑或烧掉。然而乐队还是能够随机应变，它没有走乱步子，没有停止音乐，做了个九十度转弯，分两路绕过发动机，在机翼下同机身平行而进，音乐和人员都未受损害。在我们离开的时候，军乐队也没有改变这个程序；它顺着原来的路线走到飞机发动机的下面，这说明惯例是难改的。

我们的先遣人员也不甘示弱，表现了同样的随机应变的本领。遇到的是个老问题：如何组织一个有“自发”人群的摄影机会。在波兰这件事更难办，因为东道主坚持让我们坐他们的轿车，所以我们的先遣人员就无法制造交通堵塞，像一九七〇年在罗马和贝尔格莱德把这一手搞得很成功那样。但是我们的先遣人员真有办法。在从机场去宾馆的路上，尼克松下车向无名战士墓献花圈。幸好使我们的公共关系人员放心的是，这个墓位于华沙城市的中心，因此那里已聚集了许多人。尼克松刚献完花圈，总统的美国轿车突然出现，由通常的特工司机驾驶着。在东道主吃了一惊还未明白过来以前，尼克松已经钻进了我们自己的汽车。司机慢慢地把车开离马路，上了人行道，就是说开进了人群。即使最敌意的摄影记者也不能避免拍下波兰群众把尼克松的汽车围得水泄不通的场面了。在如何制造摄影机会方面，我又长了见识。

同波兰领导人进行的会谈却无法搞得这样机智。波兰共产党总书记爱德华·盖莱克给了我深刻的印象。他是在一九七〇年的骚动后上台的，是一个忠诚的共产党人，一个爱国的波兰人。他给我的印象是：对他来说，破坏民族特性的意识形态是没有意义的，如果一种意识形态竟达到这一步，他最终会抛弃它。他懂得波兰如果对抗东边强大的邻国，无异于自杀。而在受了第二次世界大战的苦难以后，没有一个波兰人能够完全克服对德国的疑虑。盖莱克将在这两个民族噩梦中间玩弄策略，力求得到最大的自主权，同时不放弃他所信仰的共产主义原则。

对于莫斯科最高级会谈的成果，盖莱克无疑是高兴的。苏联领导人对缓和肯定是三心二意的，决不定是利用缓和作为进攻策略来麻痹西方，还是真正转弯，走向共同克制。盖莱克没有这种两面性。他希望能有一个国际行为准则以约束强国不得把它的意志强加在弱国身上。只有在紧张局势得到缓和的情况下，波兰的自主权才能最好地发展。对抗就要求强制一律，和平不只是抽象的爱好，而是民族生存的条件。因此在华沙的逗留提醒了我们，有一些根本的东西最终是值得为之运用政治家的才干的。

美苏粮食交易

必须承认，最高级会谈时，苏联在一个问题上玩牌头脑冷静，使我们上了当。这是指几个星期以后苏联购买美国粮食的事。

从肯尼迪以来，每个总统都认为，卖给苏联它自己种不出的粮食，以证明我们的制度优越，是政治上的一大成功。有一段时间，我们的工会为了阻止向苏联出售粮食，拒绝给苏联船只装货，或者提出用美国船只运输（那对苏联人来说太昂贵了）。但是这些问题在最高级会谈后很快就解决了。现在只要苏联愿意，就可以购买了。从根本上说，苏联在美国市场上买粮食被认为是国内事务，属于我们农业政策的一部分；有关的情况只是一般地通知了国家安全委员会的官员。此外，熟悉农业部长厄尔·巴茨保护农民的态度的人都知道，他决不会高兴接受外交政策方面的指示。巴茨在政府里活动的本领和莱尔德相等，甚至更强有力，因为他所代表的选民具有单一的利益。

一九七二年四月巴茨访苏时，苏联人向他表示，只要美国提供足够的信贷，苏联可以考虑签署一项为期三年的购买粮食协定。六月巴茨就提出一个带有津贴的信贷方案。在最高级会谈期间，尼克松几次向勃列日涅夫和柯西金谈到出售粮食对美国公众舆论会产生有利影响，但苏联领导人装做不感兴趣。柯西金对罗杰斯说，作为特殊照顾，苏联可能购买价值一亿五千万美元的粮食。我提醒尼克松，这个数目太少，不值得在最高级会谈公报中提及。

我们回国后，苏联人兴趣突然大增。现在我们知道（但当时并不知道)，在一九七二年苏联遇到了灾难性的粮食歉收，他们非常需要美国的粮食。当时白宫没有收到关于苏联歉收程度的准确报告，直到那个农业年度空前大量购买完成以后很久才得到了报告。我们本来可以猜到事情有点不对头；苏联人放弃了惯常讨价还价的战术，把粮食问题的谈判推迟到最高级会谈以后在专家一级进行，既不争论，也不作公开报道。现在回过去看，我们也许应该猜到，莫斯科想要避免让我们注意审查，并免得他们粮食歉收的规模透露出去会引起粮食市场涨价。到六月的最后一个星期，苏联农业部副部长悄悄溜到华盛顿来。彼得森和巴茨很快和他商定一项为期三年的包括贷款七亿五千万美元的协定。我当时同彼得森的谈话说明我们太无知了，他对于苏联似乎考虑在第一年就买“多达五亿美元”的粮食感到惊喜。

然而苏联人却敏捷地利用了我们粮食公司之间的竞争。他们使我们懂得了市场经济在同国营贸易企业进行谈判时的弱点。我们的每个粮食公司都想比竞争者抢先一步，尽量多卖粮食，同时严守秘密，甚至对美国政府也保密。几个星期后我们才知道苏联通过一系列分别的买卖已经在一年内买了将近十亿美元的粮食，差不多是我们全部储存的余粮。而且在苏联确确实实无法不按市价买我们的粮食，否则将面临大规模饥荒的时候，我们却对这些交易给予了补贴。

想起我们吃了别人的亏，心里很不是滋味。但是更难于忍受的是，狡猾的商人靠钻我们自由市场制度的空子占了这个便宜。我们只能怪自己。我们关于苏联歉收的情报糟透了。我们对自己市场上发生的情况了解也很肤浅。当时美国政府根本没有作为一项外交事务去组织监督甚或调查私人粮食贸易。苏联人在我们自己的行业里击败了我们。

起先这次粮食出售被看作是政治上的一大成就，受到欢呼。接着按惯例，人们都想报功。我在圣克利门蒂代表白宫举行了一次记者招待会，想为尼克松争点功劳，但是农业部长厄尔·巴茨抢了头条新闻，这是继承了尼克松内阁的传统，只让总统在坏事上占份儿。然而不久就没人想报功了，出售粮食很快成了政治丑闻。人们指责尼克松把粮食廉价出售给敌人而造成价格上涨，使美国消费者受到损失。* 这个指责在很大程度上是不公正的。尼克松赞成出售粮食，而且认识到它在总统选举年带来的政治上的好处。但是粮食出售的条件和数量与尼克松无关。事实上，苏联人之所以能占便宜是因为在高级官员中没有人（可能巴茨除外）知道他们在做什么。最多，我们只能说吃一堑长一智。从那以后，所有这种交易都作为外交事务处理，并受部门间的监督。到一九七五年，福特总统的政府同苏联签署了为期五年的协定，规定了它购买的办法并防止对我们的市场进行新的干扰。当然到那时，早先那批交易在政治、经济和心理上的损害已经造成了。

在其他一些经济问题上，我们同苏联的关系取得了迅速和总起来说令人满意的进展。七月，商务部长彼得·彼得森去莫斯科讨论了其中的一些问题：租借法案债务的清算、给予最惠国待遇问题、信贷的可能性和在彼此的首都建立商务机构问题。这些谈判进行得很顺利，彼得森和他的助手起草了一项基本协定，只留下租借法案债务的最后数字没有确定。

这些数字是我在九月十日到十三日访问莫斯科期间同勃列日涅夫解决的。这次访问的目的是全面审查美苏关系的各个方面。我们现在已经熟悉苏联人的策略，起初提了一个比预期能得到的大得多的租借法案债款数字，然后花了几个晚上一次同意减少一千万美元，最后减到七亿二千二百万美元，这比我们正式的底盘多二千五百万美元。勃列日涅夫比我们先停止了讨价还价。（这不算什么大胜利，在协定生效期内每年不到一百万美元。）像在亚速尔群岛同蓬皮杜会谈时一样，我对问题的无

---

* 丑闻的一部分是政府津贴了美国农民以补足国内价格和国际市场价格间的差额。当这两种价格都飞涨的时候（除苏联购粮以外，还因为世界粮食歉收和美元贬值而需求增加），这种“困难补贴”在已经不应该发放以后很久还在继续发放。这件事当然在外交部门的权限之外。但它当然使公众更加对出售粮食一事不满。

知倒成了谈判中的有利条件，因为这使我不可能灵活。无可选择最能使人坚决。参加我们代表团的商务部副部长詹姆斯·林恩不断提出巧妙的方案，促进了谈判的进展。鉴于这些进展，苏联忽然在八月规定对犹太人出境课税，使尼克松和我惊奇得说不出话来。从一九六九年起，我们就劝莫斯科放宽犹太人出境的条件，强调这一政策会改善美苏关系的气氛。我们是私下这样做的，相信公开对阵只会妨碍我们的目的。我们对成功不抱多大希望。但是出乎我们的预料，随着美苏关系的改善，犹太人从苏联出境移民的数目从一九六八年的四百人增加到了一九七三年的三万五千人。总人数增加之后，我转而注意起一些困难的案例，即有些人由于西方认为是政治性过失而被拒发签证、被抓或受到刁难的情况。我不时私下向多勃雷宁递交“被拒发签证者”和犯有思想罪的苏联犹太人的长名单。这些名单是协调公众努力的美国犹太人团体提供给我的。我是“非正式地”向他递交这些名单的，也从不要求给予正式的答复。在我掌握数字的最后一年(一九七三年)，属于困难案例的八百人中约有五百五十人通过这个办法被悄悄地释放了。例如巴诺夫一家，在我向多勃雷宁作出特别呼吁后过了一段时间便被释放了。

在这种情况下，一九七二年的出境税是无法解释的。它有可能逆转有希望的趋势。而且看不出用意何在。我从未听到任何令人满意的解释。最可能的原因是埃及驱逐苏联顾问使苏联着了慌。苏联于是决定不再冒可能损害它同阿拉伯各国关系的危险。多勃雷宁说这不是政治局，而是有关的部自行决定的。看起来不像，但并非完全不可能。外国政府特别是集权国家的政府，总显得比我们的政府更铁板一块，但也可能不是这样。

不管动机何在，出境税引起的美国公众的义愤集中在政府开放东西方贸易的决定上。十月四日参议员亨利·杰克逊和其他七十一人联名提出一项修正案，要求使给予最惠国待遇取决于苏联出境移民人数的增长情况。参众两院四分之三的议员赞同这个修正案。

但是老习惯是难改变的。十月二十一日，也就是同苏联的一揽子贸易协定(租借法案债务清算和最惠国待遇条款)签字后的第三天，《华盛顿邮报》还在抱怨我们企图利用贸易作为解决越南问题的杠杆。《华盛顿邮报》坚持反对把贸易同政治问题联系在一起，认为："无论如何，贸易协定是可以单独成立的。我们向尼克松先生和勃列日涅夫先生致敬，因为他们为两国的共同利益作出了贡献。"十月二十日《华尔街日报》的社论指出："扩大两国间贸易的原则和扩大美国和其他共产党国家贸易和接触的原则还是有价值的原则。"

然而，几乎是在不知不觉之间，人们的态度开始改变了。既然现在尼克松已主张东西方贸易了，以前拥护这件事的一些人产生了怀疑。理由是一种想法如果得到尼克松同意，有必要对它进行重新审查。过去四年，《纽约时报》一直责备政府不该使对苏贸易取决于苏联国际表现的变化。近至一九七二年九月十三日《纽约时报》还认为扩大贸易对双方都有足够的好处，应根据它本身的利弊给予考虑，不受其他领域中次要争论的影响。然而一个月不到，该报就转到另外一种立场，认为我们应该把贸易同苏联国内结构中的变化联系起来——这是一种野心大得多的联系形式。十月六日该报社论仍然对用经济压力促成国内变化的前景持怀疑态度，但同时警告"克里姆林宫里的现实主义者"，要注意听取美国的公众舆论。但是到十一月二十五日，《纽约时报》完全改变了自己的立场，认为："如果美国商界、尼克松政府，或者即使是苏联官员，急于扩大苏美贸易而忘记美国人民和国会对苏联在国内外政治行为的持续的敏感，那将是一个严重的错误。"《华盛顿邮报》一度曾指责对共产党国家采取贸易歧视是"代价很高的历史错误"，是"冷战思想"，现在却赞扬杰克逊的修正案，并很快就主张从贸易协定上取消最惠国待遇直至苏联允许犹太人出境为止。②

一九七二年天空晴朗，只在远处有些阵风。总的来说美苏关系处于多年来最好的阶段。柏林问题的解决、限制战略武器协定、苏联在中东和越南的克制、一大批技术合作协定和正在进行的谈判都进展得不错。但是在以后的几年里，尼克松政府对东西方贸易的慎重考虑后的做法却受到来自右翼的日益尖锐的反对，正像在前一段时期受到左翼的攻击一样。最具有讽刺意义的是，右翼传统的反共政策跟左翼敌视尼克松和日益关心人权的主张结成了同盟。

欧洲的态度

莫斯科最高级会谈后，我们还要听取欧洲盟国的意见。三年多来，多次会见欧洲领导人，他们都敦促我们同苏联谈判。他们对“联系”方针不感兴趣，他们早在我们以前就搞东西方贸易了。他们渴望开成欧洲安全会议，越来越迫切要求开始谈判共同均衡裁减武装力量的问题。他们公开地但很策略地表明，他们认为我们同莫斯科改善关系的步子太慢，而且在不必要地冒战争危险。

现在我们照他们的建议去做之后，欧洲人却突然暴露出他们的矛盾心理。我们听到一些欧洲人抱怨“苏美关系基本原则”，因为里面用了“和平共处”这个词。这个批评使人吃惊，因为法国签署的类似宣言和德国条约中的提法比我们的用词要走得远得多。有人表示不安，说我们关于克制的有些原则走在了欧安会的前面。这就是说，我们已经同意了欧洲盟国想以自己的名义去送礼的东西。

这些批评并不是来自政府首脑，他们都写了热情的祝贺信(同他们私下的观点也许一致，也许不一致)。但是有影响的中层官员和政论家表示了持续的不安。这部分地反映欧洲没有能够说清自己的目标。正当美国一心致力于建立同莫斯科和北京的新关系的时候，欧洲人对如何组织一个新的共同体还不能达成一致意见。在这种情况下，他们找到了一个方便的共同立场，即抱怨我们搞所谓同苏联勾结，这是可以理解的，但未免过于苛刻。他们既担心我们在几个技术领域里同苏联建立新的合作关系，又害怕我们有一种减少海外义务的总趋势，这种趋势在乔治·麦戈文对总统提出挑战的大选年里尤为显著。

八月二十一日我写信给尼克松说，这种情况是可以补救的：

报界和欧洲各国公众不知道你经常同希思、勃兰特和蓬皮杜秘密交换意见。他们在答复你在最高级会谈后给他们的电报时，都表示信任你的欧洲政策，相信美苏合作关系对他们的国家有利。这些我们当然不能宣扬。但我们的问题不在于对这些领导人，而在于对低一点的官员和欧洲的政治观察家。

我们需要持续地做工作，使这些人相信我们不会从欧洲撤走。……我们得特别留意我们主要盟国的观点，并为这些谈判制订使他们感到不会损害他们安全的立场。

同样重要的是，我们必须解释我们的决定。到一定的时候你可能要考虑举行另一轮私人会谈来进行解释。

根本的难题在于，不论我们采取什么做法，对抗也好，和解也好，总要碰到一个现实，即大西洋关系已停滞不前，战后一代人要求安全和繁荣的愿望已经基本上实现。剩下的是形势造成的战术问题，对于对抗还是和解，长期目标是安全还是其他什么东西，缺乏一个一致商定的战略。这些现在必须通过和盟国对话才能产生，因为盟国现在比历史上任何时候都更能坚持自己的看法了。

一九七二年夏天，我们只能维持战术一级的对话。我同当时的德国财政部长赫尔穆特·施密特、英国内阁大臣伯克·特伦德爵士、法国国防部长米歇尔·德勃雷和法国外交部长莫里斯·舒曼进行了长时间的会谈。我们争取到了对我们当前政策的谅解。然而所有到华盛顿访问的盟友都同意，大西洋关系需要有一个新的推动力。尼克松像我一样深信，不论我们在同敌人谈判中取得什么成就，我们的首要任务是加强各自由国家人民的团结和促进他们的共同目的。这是我们需要最终解决越南问题的另一个原因。新的一代已经认为安全是理所当然之事，并认为经济进步是不可避免的。时间已经到了，相应于一九七二年我们同共产党领导人的最高级会谈，我们需要正式重申我们同盟的义务，并重新规定同盟的宗旨。只有这样我们才能判断同东方进行的个别谈判，并重新建立对彼此最终目标的信心。这样会使各自由国家的人民获得方向感和自豪感。这就是我们把一九七三年定为“欧洲年”的来历。

注释：

① 作为传统的修正派观点的好例子，可参见乔治·鲍尔写的一系列文章，载一九七九年三月十四日到十六日的《华盛顿明星报》；以及他给《经济学人》杂志编者的信，一九七九年二月十七日。

② 试拿《华盛顿邮报》一九七一年六月七日和七月二十七日的社论对照一下该报一九七二年十月七日和一九七三年二月二十一日的社论。

第三十章　萨达特驱逐苏联人

莫斯科最高级会谈还有另外一个重要结果：安瓦尔·萨达特在一九七二年七月把苏联人从埃及驱逐出去了。

尼克松和我一样，甚至在最高级会谈之前就知道萨达特对苏联的幻想越来越破灭了。埃及虽然完全依赖苏联军事上的支持，然而苏联却未能就解决争端或者促使以色列从阿拉伯领土撤出取得任何进展。萨达特本人曾经在二月和四月去过莫斯科。在这两次访问之间，开罗和我们开辟了一条秘密渠道。我们之所以决定使莫斯科最高级会谈公报在中东问题上保持冷漠，以便看看我们的战略还可能产生一些什么其他的结果，原因之一就在于此。我们后来才知道我们的战略取得多么大的成就。为了弄清中东这一重大变化的来龙去脉，有必要回顾将近两年以前发生的事情。

纳赛尔的去世

从某种意义上说，一九七〇年底在中东是个转折点，尽管当时我们还没有意识到这一点。约旦危机和苏伊士运河沿岸的紧张局势是阿拉伯人认识过程中的两个阶段，即认识到解决中东问题的关键在于华盛顿，而不是莫斯科。但是，最具有决定性的事件也许是加麦尔·阿卜杜勒·纳赛尔的去世和萨达特的上台。

当时我们对萨达特不太了解。他是一九五二年推翻法鲁克国王那批军官中的一员；但是多年来，我们的专家并不认为他是个重要人物。起先，连萨达特凭他自己的本领能否当上埃及总统这一点都没有把握。纳赛尔这样一个伟大的人物去世后，任何人去接班都会遇到困难。何况萨达特演说很随便，来自农村，纳赛尔当政时期他在埃及政治生活中的地位又较低，别人也就看轻了他。纳赛尔一九七〇年九月二十八日去世，正是我和总统地中海之行的时候。第二天，一位记者向我问及萨达特。我说，我认为他是个过渡性人物，最多待上几个星期。这是我最大的错误判断之一。一九七一年期间，萨达特逐渐挫败了他的对手，五月间完成了一次惊人的清洗，把一伙阴谋搞掉他的强大的亲苏集团清除了。他渐渐巩固了他在国内的地位，并在国际上自由采取行动。就是在这个时候，很少局外人(肯定不是我)能够设想萨达特后来怀着多大的勇气、先见和决心使他的国家和地区在国际事务中发生了革命性的变化。萨达特就是这样成为我们时代的一位伟大的领导人。(秋季危机的另外一个没有这样引人注目但却具有重要意义的结果是一九七〇年九月哈菲兹·阿萨德在叙利亚上台。阿萨德不像萨达特那样具有远见卓识，但是他使叙利亚得到空前的稳定，在克服国内长期动乱后，成为一个勇敢和比较温和的领导人。)

我国政府确定了的政策似乎是(有时确实是)难以改变的。很典型的一个例子是：埃及领导人的变动并未使美国国务院改变它关于外交行动的原先设想。国务院的努力在一九六九年停顿下来了。一九七〇年六月美国恢复了努力，建议沿着苏伊士运河原地停火，但是由于纳赛尔违反原地停火协定以及由于约旦危机，不久又作罢了。一九七〇年底，又采取了同样的行动，好像在这期间什么事情都没发生过。双方的立场也许变得强硬起来了，并且没有增添任何新的因素，这两者都不成其为放弃速成外交的理由。

一九七〇年十二月底，国务院以尼克松十二月三日写给梅厄夫人的保证信为依据(这封信是罗杰斯促使尼克松写的)，终于说服以色列人回到雅林主持的谈判中来，他们是由于埃及违反原地停火协定而在九月正式退出谈判的。但是甚至早在取得以色列同意之前，乔·西斯科没有得到白宫的许可，就发出指示，敦促雅林根据一九六九年我们对最后边界与和平条款(罗杰斯计划)的建议重新进行他的调解任务。西斯科没有理由相信双方会对至今还对立的立场进行妥协，但正如他在一月初告诉我那样，如果雅林至少去尝试一下，也没有坏处。一个外交家不应该因为盼望奇迹而受到责备。

以色列人由于尼克松十月份批准的新的九千万美元的武器援助计划而得到安抚，他们在一九七一年初主动邀请雅林访问以色列，开始他的调解活动。雅林马上遇到一年前使会谈陷于僵局的问题，即以色列坚持要的是“和平”；埃及坚持要的是撤兵。以色列于一月八日向瑞典调解人递交了一份列举“和平要点”的文件——这些要点包括结束交战状态、恐怖主义、经济封锁和抵制，以及建立“睦邻关系和合作”。以色列寻求带有适当安全保证的“安全的、公认的和商定的边界”——换句话说，以色列打算取得埃及的领土作为和平进程的一部分。总之，以色列的一贯立场一点都没有改变。

雅林在一月十三日把以色列的文件交给埃及人。几天后，开罗用文件作出答复，重申埃及的一贯立场，这就是要求以色列完全撤到一九六七年的边界，并要求以色列放弃“领土扩张”政策。雅林利用程序上的把戏，拼命设法调和双方的对立。他在把埃及的文件交给以色列征求意见之前，先使文件变得婉转一些，删去开罗在开头的一些刺激性的话，如批驳以色列的文件里并未对原先的立场增加什么“新的东西”。雅林试图平息疑虑，结果适得其反。作为相互宣传战的一部分，埃及和以色列都最终把自己的立场泄露给了报界。当以色列人在报纸上看到埃及文件和他们从雅林手里正式收到的文件并不相同时，当然无助于增强以色列人的信任。

不出我的所料，第一轮雅林会谈的结果是陷于僵局。乔·西斯科一月二十一日告诉我说，他并不期望取得更多的东西。他现在说，这些努力的目的在于促使埃及人在停火协定于二月初到期时加以延长。这个目的确实达到了，但是在两个星期后，雅林在国务院的鼓励下提出了他自己的实质性的想法，试图打破僵局。

我们所看到的情况正是一九六九年事情的重演——为了进行活动而活动，又给自己规定了期限，为了满足期限的要求，只能靠粉饰不可调和的分歧，因而使得破裂更加不可避免。在一月份交换文件的基础上，雅林在二月八日向双方提出了新的建议，要求以色列撤回到一九六七年的以埃边界(以具体的安全保证为前提)，同时要求埃及同以色列签订和平协定。以色列人十分恼怒。他们认为(有充分的理由可以这样认为)雅林的文件是根据一九六九年罗杰斯计划制定的，这一计划当时就遭到他们的拒绝。他们还对雅林提出自己的主张的权力表示异议，认为他只是充当信使，仅拥有提提问题的权力。对以色列来说，雅林文件不仅在实质内容上要反对；在以色列人看来，文件本身的提出这一事实就使得萨达特没有必要对以色列以“和平”条款为中心的立场作出反应。

上面所进行的外交活动都没有和白宫取得任何真正的联系。例如，雅林把自己的文件递交给双方的那天，也正是我为了讨论未来策略召集了高级审查小组开会的日子。一月间，罗杰斯国务卿和埃及外交部长穆罕默德·里亚德之间进行了一系列重要联系，也在事后才告诉白宫——我手下那位能干的参谋哈尔·桑德斯尽最大努力打听到这一过程。这些联系包括罗杰斯向里亚德保证，美国将作出“全面努力”在一九七一年以罗杰斯计划为基础使问题得到解决——这种做法根本没有得到白宫的支持。如果说以色列人被雅林提出的主张的实质内容所激怒，那么，由于我们鼓励雅林提出的建议得不到美国的支持，埃及人很快就会幻想破灭。因为一九六九年的僵局现在又重新出现，双方都很生我们的气。以色列人拒绝接受回到一九六七年边界的原则，而埃及人坚持这条原则，这样，到二月下旬雅林的试探归于失败。然而雅林也取得了一些进展。埃及同意签订和平协定，而不仅仅是宣布互不交战，条件是以色列回到一九六七年的边界。但是，因为这个条件遭到断然拒绝，所以雅林的使命实际上已经完结。

美国政府里是有人赞成把罗杰斯计划强加给以色列人的。但是，正当老挝危机，总统对此不感兴趣。而且这在战略上站不住脚。只要埃及事实上是苏联的一个军事基地，我们没有理由代表苏联的附庸来反对自己的盟国。这就是我一直反对全面解决的原因。全面解决将为双方所拒绝，显示出我们的软弱无能，或者成为苏联压力可以解决问题的样板，从而只能对苏联有利。我的目的是制造僵局，直到莫斯科极力主张妥协，或者更好些，直到某些温和的阿拉伯国家政府认识到只有通过华盛顿才能取得进展。

事实上，如果我们对微妙的中东外交感觉更灵敏一些，我们就可能觉察出埃及立场发生根本变化的一些征兆。萨达特在二月四日对埃及国会的报告中接受延长停火协定的期限，并透露出临时协定的想法：以色列从苏伊士运河部分撤军，允许重新开放运河，作为“整个时间表的第一阶段，这个时间表可以随后商订，以执行安全理事会第二百四十二号决议的其他条款”。而且前面已经提到，埃及二月十五日给雅林的答复第一次表示愿意和以色列签订一项和平协定。（当然，条件是要以色列撤回到一九六七年的边界，而以色列是不会接受的。）

萨达特把一九七一年二月的这些步骤看作是走向和平的遥远、艰巨而又不寻常的旅程的开始。①他关于苏伊士运河临时协定的建议成为一九七一年外交的焦点。这个意见最终反映在一九七四年一月的脱离接触协定中，这一协定标志着一九七三年战争后和平进程的开始。萨达特想和以色列签订和平协定的愿望八年以后成为戏剧性的现实。不幸的是，我们当时对萨达特行动的意义的理解是模糊不清的，这是因为有一万五千苏联军队驻扎在埃及，以及萨达特和莫斯科签订了友好条约的缘故。

临时解决的主意

从运河临时撤军原是一九七〇年夏末点子多的以色列国防部长摩西·达扬的想法。达扬的方案要求在运河两岸双方撤军或减少军事力量。达扬的想法当时还不是以色列政府的正式建议；他在一九七〇年十二月访问华盛顿时不得不加以否认，说只是以色列一贯立场以外的“理论上可供选择”的设想。这种一贯立场就是，除非签订最终的和平协定，以色列不会让埃及获得重新开放运河的好处。事实上，我在一九七〇年十月二十五日在肖拉姆饭店见到梅厄夫人时，她曾问起我对达扬的主意的看法，当时梅厄夫人乘庆祝联合国成立二十五周年的机会正在访问华盛顿。我告诉她说，我还没有详细研究这个主意，但看起来似乎是个好办法。这一建议在一九七一年初又重新提出来了。有一位埃及将军一月十一日到我们驻开罗代表处主任那里，以萨达特的名义表示对达扬的建议感兴趣。其后，萨达特在他二月四日的讲话中又公开重申了一下。

临时协定在一九七一年未能成为事实的原因，也就是全面解决的办法所以失败的原因：在追求这一目标时，双方怀有完全不同的目的。埃及希望把临时协定作为走向全面撤出的第一步，而达扬把它提出来是作为阻止全面撤出的手段。对达扬来说，部分脱离接触的好处是：绕过雅林外交，把会谈限制在有限的范围内，更容易在符合以色列的国内政策的情况下加以处理。最重要的是，它将推迟讨论边界的最后划定。临时协定的实施将稳住苏伊士前线，并且减少发生冲突的可能性。埃及如果面临失去重新开放运河所获得的经济实惠，它就不太会发动战争了。这些理由说服了梅厄夫人，她在二月九日的讲话中接受了萨达特要求沿着运河后撤的建议。

然而对于萨达特来说，脱离接触包括广泛的以色列撤军，远比达扬想象的有限后撤为多。达扬建议双方撤军或者减少部队，而萨达特在二月二十二日的《新闻周刊》中建议，要以色列撤回到“阿里什线后面”（撤出西奈一半还多），并让联合国部队接管沙姆沙伊赫。萨达特还坚持埃及军事力量跨过运河，而达扬认为双方都要从运河撤退。最重要的是萨达特签订临时协定的条件是要根据罗杰斯计划制订双方同意的全部撤出的时间表。以色列却完全拒绝这一点。

只要和全面解决联系在一起，脱离接触的谈判就没有成功的希望。而如果没有成功的希望，我就认为没有理由使我们自己卷入进去。我们手中握着的王牌是：如果我们的牌打对了，我们在外交上就能产生实质性的进展，而苏联能够答应的东西只是在战争中提供帮助。但是为了使这一策略发挥作用，我们必须办事见效，不能轻举妄动，损害自己的威望。为了取得成功，临时协定必须和全面解决分开。如果联在一起，我们就会由于追求虚幻，使我们的影响消失殆尽，说是代替困难重重的全面解决方案，事实上依然重重困难，因而和莫斯科同样一筹莫展。

然而，在没有任何其他选择的情况下，国务院在二月底雅林使命失败以后，就马上起劲地提出了临时协定的主意。国务院在三月的第一个星期就开始和以色列人私下讨论采取临时步骤的好处，早在三月六日就和拉宾商讨具体的办法。以色列二月二十六日拒绝雅林的建议，八天之后还来不及考虑下一步如何走法，国务院就行动起来了，这种速度无法减轻以色列长期以来的疑虑。它担心再度被匆匆忙忙地卷入把临时协定和最后解决联系起来的外交活动中去，而这是以色列所反对的。没有一致的目的，想用程序上的花招来填平双方看法上的鸿沟是不可能的。我们不时使各方相信，我们同情他们对临时协定的看法；其必然结果是幻灭、沮丧和僵局。

我的想法是利用一个临时协定来打破僵局。如果成功了，将为进一步取得进展打开方便之门。但是我也不同意那些把临时脱离接触看作是避免再作任何撤退的人。恰恰相反，我认为沿着运河脱离接触的主要优点是推动谈判，最终可能导致以色列和某些或者所有阿拉伯国家的和平。（这当然是“逐步”前进的概念，它在一九七四年肇始了和平进程。）

尼克松让我探索有无切实可行的办法，但没有给我谈判的权力。为此，我在一九七一年三月二十二日向多勃雷宁提出了一个独立的临时协定的想法，看看苏联是否准备不再和详细全面解决方案挂钩。我分别在三月中旬和阿巴·埃班，三月二十五日和埃及驻华盛顿代表阿什拉夫·古尔巴勒谈论这一设想。我的想法是采取一种初步行动，促使双方同意进行撤退，而不对最终目标承担义务。因为多勃雷宁不愿意讨论我的想法，所以谈判又回到通常的渠道。不出所料，结果是各方甚至对有限度的协议都不准备同意。

以色列人在四月中旬拿出了一份文件，上面是他们提出的办法的细节：以色列从运河后撤，距离没有说（但是肯定是短的）；埃及军队不得越过运河；减少运河埃及一侧的埃及部队；没有期限的停火；不和任何进一步撤军联系在一起。事实上拉宾在向国务院公开提出之前就给我看了拟议中的以色列立场的文件。我劝他说服他的政府修改一些内容，否则会谈就无法进行。不加修改的以色列最后文本对埃及来说肯定是不可接受的。

可是罗杰斯却决心要加快他认为是有希望的试探。四月十九日，他得到总统的同意，访问几个中东国家，寻求埃及和以色列在临时解决方案方面的共同点。我在四月二十二日的备忘录中向尼克松表示了我的怀疑：

如果罗杰斯出访要加快外交进程，进一步加剧目前以色列和阿拉伯之间、美国和苏联之间的僵局，那就特别令人担心。为此，我认为重要的是，你得告诉国务卿，在没有向我们充分报告之前，在没有得到你有关任何改变现状的明确许可之前，不要让他偏离目前的做法。

然而，除了警告以外，我无能为力。尼克松不愿意在这个问题上和他的国务卿发生冲突，即使他同意我的分析，他也无法实行上面提出的约束，何况我的分析还远非定论。

罗杰斯在一九七一年五月初访问了中东。他在以色列和埃及的会谈暴露出根本的分歧。萨达特想要让埃及部队在运河两侧驻扎，而以色列坚决不同意。（达扬除外，他明智地认为驻扎一些埃及警察也许是可以的。）萨达特坚持要以色列在原则上承担义务，把运河协定和一九六七年边界问题联系在一起。以色列不愿承担这样的义务（虽然达扬告诉西斯科说，他认为临时步骤是不间断的和平进程的一部分，而他是政府中很少的这样几个人之一）。罗杰斯之行除了使达扬在以色列政府和他本人立场上的分歧被公开以后陷入困境之外，没有取得任何结果。哈尔·桑德斯在五月十九日写给我的一篇精辟的分析中说，他担心萨达特可能指望罗杰斯送来运河协定。萨达特刚刚对他政府中的亲苏分子进行了大清洗，很可能需要外交上的进展，“使他的政策得以推行，并在政治上生存下去……如果现在不采取行动，将使对方大失所望。”当罗杰斯向尼克松提出旅行报告时，我附上了一份我自己的分析，调子和桑德斯的一样：

所有这一切要我们冷静考虑的是：萨达特采取行动（清洗他的对手）主要是为了确保他自己的地位，可是美国却已经在无意中深深地卷入进去了。由于时间上的巧合，在许多人心目中，国务卿的访问和对签订运河协定的期待将和萨达特的重大行动联系在一起。如果他不能表明他寻求谈判的政策取得成功，那么不管事情本身的是非曲直如何，美国就要承担大部分责任。

虚幻的备忘录

在这个时候，寻求临时协定变成了一个侦探故事。要弄清谁向谁提出什么样的建议是越来越困难了。白宫无法分辨双方是在提出各自的意见，还是在解释我们共同的意见，也就不能迫使我们公开支持我们私下告诉他们的那些东西。在这一过程中，我们的一些外交官员进行了白宫完全不知道的特殊活动。作为罗杰斯之行的继续，我们在开罗的外交代表帮助埃及人起草他们自己关于临时协定的反建议。这个事件不仅暴露了国务院倾向于把临时协定作为一致同意的（但又是达不到的）全面解决的一个阶段，更令人担忧的是，在埃及人提出认为是我们同意的建议后，美国又没有能力付诸实施，就将使开罗对美国外交更加不满；他们认为我们要么是无能，要么是欺骗。

三个星期以后，白宫才对开罗发生的事情有所了解。事情显然是这样的：驻开罗的美国利益代表处* 主任唐纳德·伯格斯五月二十三日会见了埃及外交部的官员，讨论有关埃及立场的文件。埃及人征求了伯格斯的意见，他便写下了详细的想法，并把写的东西留给了埃及人。后来得知，伯格斯的草案和埃及的正式提案有着惊人的相同之处，而埃及的提案最终由萨达特在六月四日交给了我们。这种做法不同寻常，我仍然深信，没有一个像伯格斯那样有经验的职业外交家未经上级授权会这样干的。这种做法也必然要遭到失败，把我们置于困境。后来伯格斯备忘录一事的消息泄露给报界时，国务院予以否认，说备忘录并不代表美国的官方立场。② 埃及人现在更加生气了，对否认感到震惊，他们认为美国对本来是它自己的想法都办不到，觉得十分失望。以色列人也很恼怒，因为我们鼓励埃及提出他们曾告诉过我们他们永远也不会接受的条款。说得婉转一些，我也有点恼火，因为这些行动都没有向美国总统透露。

接着又打来了另一发更重要的炮弹。一九七一年五月二十七日，萨达特和苏联签订了友好条约。在萨达特的自传中，他把这个协议作为他

---

* 这里不是指使馆，因为我们没有正式的外交关系。

在埃及政界中清洗和监禁所有的高级亲苏分子后对苏联感情的一种安抚。③现在我相信这一点是他的主要动机——虽然当时我们谁也不了解萨达特。但是，这肯定也反映了苏联的新的果敢精神，以及萨达特对反复无常的美国外交的沮丧。这必然使以色列人感到惊恐，并使临时协定更难达成。国务院对此有更为乐观的评价，这点并不令人惊讶。罗杰斯向尼克松报告说，友好条约“由于强调长期军事支持，加强了（萨达特）对付军方的地位。条约有助于保持他在解决苏伊士运河问题上的灵活性。”（国务院和中央情报局对不到三个月后签订的苏联-印度友好条约作出了完全相同的分析。）我在五月十三日写备忘录给总统，不同意罗杰斯的评价：

埃及军队依靠苏联的支持。萨达特在清洗党和政府之后，现在依靠军队作为他的权力基础。与其说是加强萨达特在谈判解决运河问题方面的灵活性，不如说条约使苏联对未来的谈判有了否决权。这样，不管谈判的结果如何——无论如何，苏联人是苏伊士运河问题获得解决后的主要受益者——最近的事态发展也许已经扩大了苏联长期的影响。一旦重新发生冲突，苏联人肯定会比过去更多地卷进去。

我不知道尼克松接受了谁的看法。我唯一的线索是尼克松在我的备忘录旁边写上了他的忧虑，说“我们不能让这件事作为给以色列增运武器的借口。只有在确凿证据说明苏联的军援估计将严重影响力量平衡时，我们才作出反应，增加对以色列的援助。”尼克松在六月一日的记者招待会上讲的大致相同。我们处于同时同埃及、以色列和苏联对抗的危险之中。

由于不了解萨达特，我以为他仍在玩纳赛尔的把戏。而且，萨达特的急躁情绪越来越明显，他多次宣布一九七一年在中东必将是“决定性的一年”。我们的战略只能是挫败埃及以军事威胁以及和苏联相勾结为基础的政策。因此，萨达特和苏联人的友好条约，不管其动机如何，并没有推动我们如他希望的那样去帮助他。相反，友好条约增强了我更加放慢和平进程的决心，以表明苏联的威胁和条约没有任何决定性的意义。

然而，国务院仍然急不可待。七月一日我去亚洲(和中国)的那天，西斯科向拉宾大使试探关于访问以色列、讨论临时解决方案的可能。(当我出国作十二天的访问时，国务院新的主动行动就出现了，这不是一个巧合！)我已经说过，我在亚洲的时候，设法说服了总统在我回来之前不要对中东问题作出任何重大的决定。总统以七月十六日要召开国家安全委员会会议讨论中东问题为借口，使得在此以前无法采取任何新的主动行动。七月十六日召开的国家安全委员会会议的特点是：总统抱怨亲以色列的院外集团的活动，莱尔德反对继续向以色列提供飞机，罗杰斯迫切要求西斯科访问以色列。会议结束时，尼克松批准了西斯科的访问，以便摸清以色列的立场是否有任何松动。结果并无松动。西斯科之行的收获微乎其微，回国途中甚至不屑在开罗逗留。

正是在这个时候，即我访问中国回来和国务院寻求临时解决方案失败之后，我第一次积极地插手中东外交了。

卷　　入

最终使我卷入中东的具体外交活动是因为尼克松不想在选举年去冒不断发生中东危机的风险。因此，他要求我插手，哪怕只把事情平息一下也好。我的第一个行动是摸清苏联人事实上是否愿意把他们的建议变得和缓一些；如果不愿意，我打算把他们拖进长期和没有结果的谈判中去，直到他们或者某些阿拉伯国家改变立场为止。苏联人仍然抱怨美国在中东进行单方面的外交，这种抱怨与其说反映他们对不能参与其事的不满，不如说他们急于宣扬我们未能取得任何进展。因此，我在一九七一年上半年和多勃雷宁举行的会谈中故意进行拖延。但是在七月十五日发表关于访问中国的公告后，我们在尼克松八月五日给勃列日涅夫的安抚信中提出了超级大国在中东问题上合作的前景。尼克松在八月四日晚上的记者招待会上提出过相似的建议。多勃雷宁在八月五日向我问及我们的打算。我脑子里还没有具体想法（也没有授权我提供什么具体想法），我说这仅仅反映了我们愿意进行广泛基础上的谈判。勃列日涅夫九月七日回信给尼克松，重申苏联对中东问题的解决感兴趣。他对我们早些时候中断和莫斯科关于这个问题的直接交道表示不快。

苏联是在他们加紧在埃及军事活动的背景下作出这些表示的。例如，以色列于九月在运河上空击落了一架苏联进攻性轰炸机——SU－7型喷气机；一枚埃及的地对空导弹摧毁了一架以色列的侦察机。埃及把它的一些地对空导弹发射场向前移动了；没有苏联的同意和合作，这是无法做到的。同时，国务院作出暗示，我们将推迟把飞机运给以色列，除非以色列表现出更大的灵活性。梅厄夫人九月十七日写信给尼克松，重申以色列对临时解决方案的观点，但是同时对于在越来越多的苏联军事力量在埃及出现的时刻停止向以色列运送鬼怪式喷气机，表示了“严重关注”。

要使临时协定的谈判打破僵局而不是加剧僵局，可能需要采取新的方针。九月二十三日我给尼克松写道：

临时解决方案的麻烦在于想要取得的东西太多了。最初的想法仅仅是双方削减部队。从最初这一想法发展到萨达特坚持要把他的部队开到关键的西奈各关口，要做到这一点，美国就得对以色列施加和取得全面解决所需的几乎同样的压力。

据我看来，现在主要的希望在于使埃及的期望减低到这样一种程度，即现实地期待以色列立场的改变，然后在这个基础上达成谅解。官方的立场是和巨大的期望连在一起的，也许达到目的的唯一办法——如果可能的话——是通过不那么官方的交换意见，看看有什么可能性。

我的“不那么官方的交换意见”部分地是从苏联人给我的建议中得到启发而提出的。多勃雷宁九月二十日预先告诉我，葛罗米柯在九月二十九日会见总统时将要建议把中东问题通过专门渠道去处理。在我这方面，我也告诉多勃雷宁说，这至多是个缓慢的过程，需要一些探索，看看是否值得这样做。中东问题甚至比柏林问题还要复杂得多（我们刚通过专门渠道成功地解决了柏林问题）。我们难以控制的因素很多，而且卷入各方的轻率程度着实惊人。

通过秘密渠道进行另一次会谈的前景也需要和埃及接触。九月十六日我和我以前的一个学生、有声望的开罗报纸《金字塔报》的主任阿里·哈姆迪·加麦尔进行了一次谈话，他试图让我和他的主编穆罕默德·海卡尔举行一次秘密会晤，海卡尔是萨达特的密友。加麦尔邀请我去开罗；他讨论了另一种办法，接受一位私人企业经理的邀请，由他作东，在他家里安排我和海卡尔的会晤。* 接着，在十月初，伊扎克·拉宾也极力要求我参与临时协议的谈判；他私下对我说，如果我能参加，如果总统能够保证要求不是漫无节制的，以色列的条件可能会灵活些。我对加麦尔和拉宾两人说，如果我决定参加进去，他们各自的政府需要作出必须作的艰难的决定。埃及必须放弃它要求全部撤军的先决条件；以色列必须准备提出一个合理的一揽子计划。只有取得进展，总统的威望才值得去冒风险。

这时候，总统本人也鼓励我更积极地卷入——至少为了使事情保持平静到一九七二年选举以后，减少对选举造成的损害。一九七一年九月二十九日尼克松会见葛罗米柯外长，我们按照通常的程序，缩短了包括国务院成员参加的大会，以便尼克松和葛罗米柯在总统办公楼的密室里

---

* 海卡尔后来拒绝了邀请，会晤从未举行。直到一九七二年春，开罗才找到一条可靠的渠道。

私下会谈。尼克松虽然把葛罗米柯的建议和苏联对越南援助一事又联系了起来，但是还是接受了他的建议，即由多勃雷宁和我来认真探讨有关中东的各项问题。

接着，我于九月三十日晚上去了一趟苏联大使馆，和葛罗米柯进行了两小时的私下会晤。我跟他再一次讲到通过特别渠道解决中东问题的困难，这和柏林问题不一样。在柏林问题上，有关各方都想要一个协议；在中东问题上就不那么明显。我指出，我不想代表总统卷进去，除非达成协议有相当把握，这就是我提出先进行试探性会谈的理由。真正的问题不在于以色列人从运河撤退四十公里还是二十公里的细节，而在于以色列撤退这一事实本身具有巨大的象征性意义。埃及必须决定它要的是实质性的东西，还是理论性的东西；现在还不存在对最后解决形式取得一致意见的可能性。临时解决方案里要包括的抽象理论越多，就越不可能达成临时解决的协议。实际上，如果我想浪费时间，我就要求临时协议把最后解决办法具体化，因为有关方面永远不会同意。如果我和总统将卷入进去的话，那必须是有取得进展的可能，我认为这就意味着在最后目标方面不可能十分具体。

葛罗米柯拒绝了这个看法。他坚持要使临时协议和最后解决方案具体和详细地联系起来。他争辩说，在最后解决方案订出之前，在确切的时间表订出之前，不可能有第一阶段。据苏联看来，最后解决不能迟于签订临时协议后一年，虽然间隔时间的长短是可以商谈的。（葛罗米柯没有解释，在这种情况下，临时协议还有什么价值。）他认为最后解决必须规定以色列从它占领阿拉伯国家的所有领土上撤出。换句话说，苏联仍然支持阿拉伯最高要求的立场，完全忽视了在这样的情况下，以色列就没有寻求临时协议的必要，我们也就没有和莫斯科共同努力下去的动力。没有迹象表明苏联愿意敦促它所庇护的人放灵活一些。然而，葛罗米柯曾在密室里向尼克松提出一个建议，表面上苏联的一贯立场似乎有了吸引人的改变。葛罗米柯说，如果取得全面解决，苏联人准备从中东撤出自己的部队，参加对这一地区的武器禁运，并对实施参与解决方案作出保证。但是和往常一样，这些建议并不像表面上看起来那样有内容。它仍然要求我们强迫以色列接受它认为损害自己安全的边界。答应要撤走的苏联部队要到整个过程的末了才撤出；换句话说，我们必须为这一安排做了我们全部该做的事情以后，苏联人才有所行动。即使这样，苏联自己从埃及的撤退还要以美国从伊朗撤走美国顾问为条件。所有这些都是正当萨达特威胁要在一九七一年或一九七二年用战争解决问题的时候发生的。（这是我们对印度袭击巴基斯坦反应如此强烈的原因之一。我们要使苏联真正懂得，如果它指使别人在中东进攻，我们的反应将会更加激烈。）

但是葛罗米柯谈话中至少也有些新的东西，足以推动多勃雷宁和我举行试探性讨论。讨论会促使苏联人愿意在来年保持中东的平静。这种策略将会增加埃及人对苏联政策的不满。

随着一年一度在纽约举行的外国领导人参加的联合国代表大会的举行，国务院再次行动起来，试图消除埃以分歧。罗杰斯在十月初联合国发言中透露了关于苏伊士运河临时协定的想法。这是和建议举行“就近谈判”一并提出的，由一位美国外交官奔走于住在纽约相近旅馆的两个代表团之间，进行传话谈判。不用说，埃及和以色列都不期待会谈出什么结果，因为双方的立场仍然无法调和。双方都不可能因为这种过分热心的谈判而作出让步。以色列人尤其担心他们在没有充分得到美国关于武器供应和最后目标的保证的情况下，又将被迫进行无益的外交努力。萨达特十月访问了莫斯科，回国时带着公报里苏联将进一步努力“加强”埃及军事力量的保证，这件事无助于减轻以色列人的担心。（甚至罗杰斯都激动得对该保证公开表示“遗憾”。）

一九七一年末，政府内部存在分歧，国务院一心追求无法达到的目标——以及苏联缺少想象力——造成了僵局，这正是我求之不得的。

接着，在一九七一年十二月，尼克松采取步骤，使我开始掌握了推行中东外交的实权。梅厄夫人十二月二日访问了尼克松，两位领导人在战略和策略两方面都达成了决定性的谅解：即暂时放弃寻求全面解决的办法。（甚至国务院都得出了此路不通的结论。）相反，只是继续争取和埃及达成一项临时协议。西斯科将通过公开渠道进行埃以之间的“就近谈判”。但是真正的谈判将在以色列大使拉宾和我之间以及多勃雷宁和我之间举行。如果通过这种秘密渠道取得进展，我们可以把结果放到“就近谈判”中去。换句话说，我们最终在中东采取了双管齐下的办法，我们在其他谈判中也是采取同样办法的。只有埃及人还留在外边，但是我完全相信他们早晚要参加进来的。

幕后探索

尽管有了新的谈判渠道，我仍然认为没有必要仓促行事。首先，在一九七二年初，西斯科和拉宾必须解决一年一度给以色列军事援助的问题，以免由于徒然试图约束以色列而引起周期性的争吵。我们往往最后同意以色列的要求，但是总是经过国内的政治争论，这种争论无助于推动会谈，只是使政府显得软弱无能。军援问题最终解决之后，以色列在二月初同意了国务院提出的“就近谈判”——可是这个主意又被埃及拒绝了。在此期间，我设法试探苏联人脑子里在想些什么。苏联在临时协议问题上的行动是要想改变目前的外交格局的一种计谋呢？还是想向他们所庇护的人证明所谓我们亲以色列的偏向？最为重要的是，我估计谈判拖得越久，萨达特就越有可能试图直接和我们打交道。苏联人做中间人对我们无疑是一个不得已的办法。

答案马上就来了。我在一九七二年一月中旬开始和多勃雷宁讨论，很快就证实葛罗米柯的灵活性是表面的，不是真实的。苏联人就像在整个尼克松政府时期一样，仍然是僵硬的。他们机械地支持阿拉伯最高纲领，不愿意冒任何风险，甚至在讨论关于苏伊士运河的临时协议时，都退回到原先的立场上去了。多勃雷宁和葛罗米柯一样，非常愿意寻求脱离接触，但是要以密切联系全面解决为条件。我在给总统的备忘录中又一次扼要地指出莫斯科的困境：

他们庇护的人无法赢得这场对以色列的战争。因此，目前这场在暗中沸腾的危机拖下去只能导致以下两种形势中的一种：要么使阿拉伯人相信他们和苏联结盟解决不了问题，要么埃及人发动战争，使苏联面临作出军事支持的决定，所冒的风险要远远超过可能取得的任何成果。

我提出了一种策略来打破僵局。最重要的一点是——后来这点在卡特政府早期的一些建议中重新提出过——试图消除以色列坚持改变边界和阿拉伯方面要求回到一九六七年边界之间的巨大差距。我的想法是把安全问题和主权问题分开来：埃及将重新获得对整个西奈的主权，但是允许以色列在埃及土地上的规定地带保持若干防御据点。我私下和以色列人谈这个问题。拉宾和达扬接受了这个主张，到一九七二年初订出了某些原则：以色列同意撤到西奈各关口的西边，以换取停火协定维持到一九七四年初；埃及警察可以越过运河，但埃及军队不能越过；和最后解决的联系不作明确规定；以色列将不干涉重新开放苏伊士运河。（这些条款许多都体现在一九七四年一月最终达成的第一个脱离接触的协定里。）

与此同时，苏联仍然寸步不前。多勃雷宁在一九七二年二月表示莫斯科可能愿意讨论把安全和主权分开的概念，但是像葛罗米柯在四个月之前一样，当莫斯科了解到我们准备认真探讨这一问题时便马上退却了。我现在认为莫斯科当时没有和开罗达成给予莫斯科灵活从事的任何谅解。多勃雷宁后来从未再谈起这件事。

三月间，多勃雷宁敦促我制订一项我们自己的广泛的和平计划。他说，就莫斯科而言，对我们的建议作出反应比主动偏离阿拉伯立场要容易些。这无疑是真话。同时我们也已经知道阿拉伯对以色列同意的任何建议将会作出什么样的反应。他们时常公开地拒绝这些建议。如果我们通过苏联这条所谓秘密渠道提出的东西跟以色列的立场不同，莫斯科就会利用它来表明，靠着莫斯科的帮助才能取得这些成果，而我们则将再一次受到双方的责难。但是，如果我们通过莫斯科提出跟以色列相同的建议，莫斯科则将利用它表明，和我们打交道是徒劳无益的。

我的策略没有改变。我们没有理由修改我们的政策，除非一些阿拉伯国家表明愿意离开苏联人，或者苏联人准备和阿拉伯最高纲领脱离关系。苏联人从未使这个难题得到解决。同时，由于他们和伊拉克在一九七二年四月九日签订友好条约，并随后马上运去大量武器，增加了我们的不安。苏联人在最高要价的基础上进行谈判，同时还为施加最大的军事压力创造条件。

河内在三月三十日发动的复活节攻势开始后，我中断了和多勃雷宁在中东问题上的私下会谈，以表示对苏联运送武器使北越人有可能采取攻势的不快。一直到我四月二十日至二十四日访问莫斯科，为最高级会谈做准备时，才恢复在中东问题上交换意见。在那次访问中，葛罗米柯递交了一份全面解决的文件，对他去年秋天提出的让步作了最僵硬的解释。他争辩说，只有伴随着“全球”问题的解决，埃以问题单独谈判才是可接受的。并且，不管苏联作出什么许诺，在全面解决方案——如果美国不施加最大的压力，这是以色列决不会签署的——每一条款都执行以后，苏联才会履行它的承诺。葛罗米柯继续使先前提出的撤出苏联军事人员的建议失去其大部分意义。首先，一直要到取得全面解决之后才会履行承诺。（换句话说，要到整个过程结束之后，而这个过程据我估计肯定会十分漫长，使协定几乎失去作用。）即使到了那时，苏联还要在阿拉伯国家驻扎部队，数目和美国在伊朗的人员成比例。事情取决于人们怎么计算法，也许根本就没有撤军这回事。

葛罗米柯接着抱有希望地建议设法克服我们国内的障碍。他建议我们公开谈判签订一个沿苏伊士运河脱离接触的协定，条件是我和他同时在全面解决条款方面达成秘密谅解，这些条款在我们一九七二年总统选举后马上公开宣布并且着手执行。我虽然十分自信，热衷于秘密接触，但是我仍认为这是行不通的。这个建议遭到拒绝。

苏联外交的致命弱点在于它一味追求最大的好处。有时候不断施加压力会削弱反抗，但是这样一来，认真的对话便缺乏推动力，结果往往是适得其反。苏联以武器支持越南进攻，美国国内又已经受到大规模分裂的冲击，加上面临大选，在这种情况下，对于一种得不到明显好处、却要全力强迫一个盟国接受解决办法的建议，没有一个总统会对它感兴趣。这种建议对我们的战略和可能采取的行动作了错误的估计。苏联领导人的行动表明他们以为他们在阿拉伯世界的存在是永久性的，可以由克里姆林宫任意安排。早些时候，在三月十七日，我向多勃雷宁指出，他们的地位并不像他一贯描绘的那样优越。克里姆林宫目前的政策只能向它的庇护人保证僵持状态，或者事实上使他们在战争中被击败。多勃雷宁回答说，莫斯科也可以作出选择：大大增加它在埃及的军事存在。我表示怀疑：首先，因为我深信莫斯科在把自己的军队置于一种很容易升级到和美国直接对抗之前，很快就会缩手。其次，主要是因为我开始感觉到我们的战略已在发挥作用，至少对埃及是如此。

埃及向美国开辟了一条秘密渠道

萨达特在一九七二年二月访问了莫斯科。埃及和苏联之间事情发展得并不顺利。四月八日，我有把握地告诉尼克松说，苏埃关系比起纳赛尔时期显然较为冷淡。我们了解到萨达特要求得到先进武器以及苏联在外交和军事上的支持，其规模使人联想起在印巴冲突时苏联给予印度的支持。萨达特的要求包括帮助埃及制造自己的武器。萨达特得到了给予武器的保证，但是没有得到外交或军事上无保留的支持。埃及对莫斯科施加压力，但是莫斯科很清楚地估计到——如我们所希望的那样——既然我们在巴基斯坦问题上走到了边缘，如果对以色列的生存提出挑战，必将制造失去控制的风险。而且克里姆林宫给埃及建立军火产业，从而大大减少开罗对苏联供应的依赖，这对克里姆林宫并没有好处。我告诉尼克松，我的印象是苏联人避免同萨达特过分亲近，担心全力支持带来的风险，并在等待我和多勃雷宁的会谈产生结果。像往常一样，他们什么都想要：埃及屈从于他们、最小的风险还有全面解决阿拉伯问题的方案。可是外交上很少有那样的事情。那些想攫取一切的人，那些忘记了政治是讲究实际可能的人，最终将一无所获。

我之所以有信心的更具体的理由是，一九七二年四月的第一个星期，埃及向白宫开辟了一条秘密渠道。

四月五日，一位埃及高级官员在开罗告诉一位美国官员说，埃及对目前和美国保持的外交渠道不满意。他的政府认为我们在总统一级建立联系，避开两国外交部是重要的。埃及人建议，让赫尔姆斯或者我访问开罗；另一种办法是与我身份相仿的对应人物、萨达特总统的国家总统国家安全事务助理哈菲兹·伊斯梅尔来华盛顿。对于双方避开外长的建议，我并不感到震惊或生气。我确实认为这是取得成功的先决条件。四月八日我接到有关埃及新建议的报告后，立即在报告上给我的副手艾尔·黑格写了一句："艾尔，让伊斯梅尔来华盛顿怎么样？"

可是，由于忙于对付越南攻势和接着准备我的莫斯科之行，我们没有马上作出答复。我们想看看莫斯科会在我们双方的渠道中提出些什么建议。而且听说萨达特将在四月底再一次访问莫斯科，我们不打算答复埃及，以防可能泄露给苏联人。更重要的是，我们的策略是最大限度地引起埃及对保持现状的不满，因此从容不迫地行事是合适的。所以直到四月二十九日，萨达特还在莫斯科时，我们才发出答复，他回国后就可以收到。我们说我们对秘密高级会晤确实很感兴趣，萨达特总统为此而派来的代表在美国将会受到欢迎。但是在莫斯科最高级会谈之前不会举行会晤。我们估计在最高级会谈之后举行会晤的前景，比更早地进行势必很少结果的第一次接触，将更能诱使埃及采取克制态度。两个星期以后，埃及人答复说正在研究我们的建议，并且在最高级会谈后六月间给我们正式答复。这正合我们的策略要求。

同时越来越多的迹象表明埃及和苏联之间的紧张关系正在发展。萨达特四月的莫斯科之行显然增加了他的担忧，担心苏联可能想保持中东的现状。甚至四五月间空运先进的苏联装备也没有减轻萨达特潜在的不安。五月二十二日我给尼克松送去了我的估计，认为萨达特和苏联人之间的关系现在是保护人和心怀疑虑的被保护人之间的关系，而不是彼此信任的平等伙伴关系。

后来我才知道，萨达特是我所遇到的很少几个真正杰出的领导人之一。他具有一个伟大政治家所特有的见识和勇气。他有胆量发动一场没有人认为他能够支撑下去的战争；开战后不久又马上走向和平，表现出节制性；他还有改变几十年来僵硬态度的才智。但是在一九七二年他的这些优点还没有显露出来。萨达特发出许多威胁，但没有见诸行动。在雅林主持的谈判期间，萨达特比他的前任更为灵活，但是他显然还没有抛弃纳赛尔的幻想，以为有了苏联武器的支持就可以坚持那些无法实现的要求。我们和萨达特没有经常的对话。我们没有一个使者能够透过他颇具魅力的风度了解到他真正的想法。在一九七二年四月秘密渠道开辟之前，我们大多数严肃的交易是通过莫斯科的这条渠道。因此，我对埃及建议的反应主要是战术性的：继续使萨达特感到他的方针是徒劳无益的，同时和他对话，希望因此而改变他的方针。

这也是我们在莫斯科最高级会谈中讨论中东问题时的背景。由于我们忙于越南和限制战略武器条约的问题，中东问题只是在最高级会谈结束时才加以讨论。正如我们在第二十八章中讲到的，在一次长夜的会议上，我和葛罗米柯为全面解决制订出了一些“总的工作原则”；这些原则含糊不清的地方必然会在萨达特心里引起更多的疑问。④“总的工作原则”比第二百四十二号决议案更为软弱，这些原则阐明边界的调整是可能的(省略了修饰语“小”字，这个字在正式文件中成为神圣的东西了)。拟议中有关以色列撤军范围的方案是模棱两可的。我从未弄明白为什么葛罗米柯接受了这些东西，除非他是精疲力尽了——毕竟在莫斯科他比我参加的会议还多，工作时间还要长。结果，这些原则正像我预料的那样，很快成为夭折的许多中东计划的一部分了。

我和葛罗米柯也同意了最后公报的文本，其中只是提一下需要和平解决和赞同雅林的使命。公报并未为雅林谈判或者其他谈判提出具体的指导方针。这一调子温和的公报产生了历史性的后果。它对埃及是个“极大的震动”，萨达特在自己的回忆录中记下了这一点。⑤公报成为对萨达特和苏联的关系的一个决定性打击。

在这段时期，埃及人在我们三重外交下的经历是令人心神不宁的。他们通过秘密渠道和我们交换信息；他们收到苏联方面关于最高级会谈以及我和多勃雷宁谈话的说明；* 而国务院又经常试探埃及人，企图使他们同意参加“就近谈判”。这些做法是令人迷惑的，虽然开罗却因此比白宫或国务院的处境更好，知道来往的有哪些信息。因为国务院一些重要电报不仅没有送给白宫审批；据我现在所知，甚至国务院和阿拉伯关键人物的谈话记录在事后都没有送交白宫。我们往往只是从开罗向它通报的某个阿拉伯国家首都发回的汇报电报中获悉通过国务院渠道传递了些什么。例如我们在事前并不知道秘密地向开罗提出的“就近谈判”的建议。我们在七月十八日从利雅德发来报告前，也不知道西斯科和沙特阿拉伯苏勒坦亲王在六月进行过谈话，寻求亲王帮助说服埃及同意这样的会谈。同样，国务院也不知道我们和开罗的秘密渠道。(我怕不会有很多政治科学教科书会赞成这种办法的。)

---

* 苏联人一直到五周之后才告诉萨达特有关最高级会谈的谈话，缓和了他对苏联政策的失望情绪。⑥

很奇怪，除了当事人感到精神负担外，我们的做法没有造成损害。埃及已经主动和白宫秘密接触，因为它对正常的外交程序失去了信心。六月间，开罗拒绝国务院提出的“就近谈判”的建议——然而这并没有明显地减少国务院追求无法获得的东西的巨大热情。

萨达特现在下更大的赌注了。七月十三日，我们通过秘密渠道收到了一个含糊不清的信息，信息里重申，如果我们有新的东西要提出来，他愿意派遣高级代表来华盛顿。在没有任何新的主动行动时，开罗认为没有必要进行会晤。其含义当然是，我们只要简单地表示愿意探索新办法，就可以使埃及的高级代表到来。

我们还没有来得及对这个含义不明的信息作出充分评价，一九七二年七月十八日萨达特就发表了轰动一时的声明，宣布他中止了苏联在埃及的一万五千多名军事顾问和专家的任务，要他们在一周内撤走。一九六七年以来苏联在埃及建立的军事设施和装备将成为埃及的财产。

这些决定对华盛顿来说完全是个意外。（那天我正在去巴黎途中，准备和北越人秘密会晤。）我的战略确实是试图诱使开罗减少它对苏联的依赖性。我曾估计过在某一个时候萨达特会准备以要求苏联撤退来换取和我们发展关系。但是，由于我仍然低估了埃及总统，我从未猜到他会以这样大的气派，单方面一举解决这个问题。我听到这个消息的第一个反应是觉得他行动鲁莽，没有取得报偿就失去了一笔重要的谈判资本。两天后我准备了一份较长的经过思考的分析：

最近两个月开始明显起来，埃及人已经接受这样一个事实：因为美国大选，在阿拉伯-以色列问题上今年不会有什么外交行动了……这样估计显然是合理的，可是萨达特却面临如何避免由于消极等待而产生形势长期停滞不前的困境。……在阿拉伯-以色列问题上由于缺少行动而引起的失望在开罗是很深的。

美苏最高级会谈证实了今年不会有什么结果的想法，对苏联的批评因而达到高潮，而这种批评甚至在最高级会谈之前在开罗就已经出现了。赞成去年夏天和美国谈判临时协议的、具有影响的《金字塔报》主编海卡尔在四月发动了一系列有关苏埃关系的公开辩论……

这时我已经得出结论，萨达特的决定并不像我开始想的那样鲁莽。我注意到萨达特明确拒绝了在使用苏联提供的武器方面接受任何限制。我推测这一声明“很可能指的是这样的事实，即埃及各部队里的苏联顾问是苏联防止埃及进攻活动的制动器”。我在全面评价中概括了萨达特采取行动的四种可能的动机，其中之一是增加来年（也就是一九七三年）他的军事选择。

（1）需要对国内的失望情绪作出政治反应；（2）需要避免使中东问题在今年无所作为的一年里完全被冻结起来，并且表明他自己为此而采取行动；（3）需要为明年的进攻行动取得苏联更大的支持；（4）利用这些步骤来诱惑美国，表明他可以削弱对苏联系。

萨达特在七月二十四日和二十七日又作了两次讲话。虽然他声称在一九七一年受到美国的欺骗，但是他把最猛烈的攻击指向苏联。萨达特指出，他在美苏最高级会谈之前就警告过莫斯科，开罗无法容忍“不战不和”的局面继续下去；最高级会谈表明苏联对埃及的支持远不如美国对以色列的支持。萨达特第二次讲话是向苏联人发出的间接呼吁，要他们从震惊中吸取教训，使开罗今后在军事方面有充分选择的余地。萨达特宣布，埃及不想让苏联士兵替自己打仗。埃及对制造超级大国之间的对抗不感兴趣。但是莫斯科必须懂得，对埃及来说，中东问题是它最优先考虑的问题，不管这个问题在苏联的议事日程上处于什么地位：

我们的朋友懂得和理解这一点。对他来说，这个问题可能是第四号或第五号的……因此，和这个朋友之间的关系有了一个停顿，使他能够真正理解这场战斗。如果苏埃在这方面的合作能同在技术方面的合作一样的话，一切就会很好。

关于苏联没有恪守它自己在莫斯科最高级会谈上保证要克制行事的原则，已有不少论述。大多数评论是有根据的。但是如果不指出苏联由于在最高级会谈上把中东问题实质上搁置起来而在埃及和整个中东付出了重大代价，那么记录将既不完整也不公平。肯定苏联保持克制不是出于利他主义的动机。以色列的力量无疑是主要的威慑力量。克里姆林宫也估计到挑起战争会冒和美国发生直接冲突的风险。苏联领导人需要美国的粮食，在批准德国条约方面需要我们的支持，他们经不起在如此敏感的地区制造危机的风险。但这正是运用缓和政策应有的结果：既指出风险又鼓励苏联保持克制。在一九七二年，也就是美国深深卷入越南的时候，苏联不同意它庇护的人在中东问题上的立场，为此莫斯科付出了很高的代价。我们在印巴问题和越南问题上（更不用说在一九七〇年秋季冲突问题上）表现的坚定性使克里姆林宫深信：再来一次危机将会超过电路的负荷。伴随着坚定性的还有我们在莫斯科的和解姿态，以及发展贸易的前景，都有助于促使苏联采取克制态度。

不管苏联人困窘的原因是什么，我们决心利用这次机会。我首先需要使多勃雷宁冷静下来。七月二十日，我真实但有点隐晦地告诉他说，我们不了解埃及国内发生的情况，我们事先没有得到征兆。我们准备继续探索曾在莫斯科讨论过的那些“原则”。多勃雷宁肯定认识到这实质上不过是一种安抚。那天下午，他给我带来一封勃列日涅夫给尼克松的信。勃列日涅夫的信带着令人吃惊的厚脸皮争辩说，苏联离开埃及是执行一九七一年九月葛罗米柯给尼克松的撤军建议的一部分，这是作为苏联撤出部队建议的一种定金！信里说，因此现在轮到美国来履行交易中的美国那部分义务，也就是说对以色列施加影响，使之同意一个解决方案，“其中心内容应该是解放以色列在一九六七年占领的所有阿拉伯领土。”我觉得辩论这个糊涂要求毫无意义。我反复提出要探索在莫斯科谈过的那些原则。这是争取时间以便找出开罗真实想法的最好办法。

我们没有等待很久。同一天我收到一份报告说，埃及情报部门的头头前一天通过秘密渠道和我们联系。他强调，我们应该认真对待开罗的要求，提出新的想法作为高级秘密会晤的前奏。我们听说埃及人对沿苏伊士运河达成临时协议特别感兴趣。

我仍然不想纠缠于提出什么“新的”想法而使萨达特感到失望，并使接触一开始就归于失败。我赞成先开始一般性的探索，决定哪些是可行的，然后再决定行动方针。因此，在七月二十九日我给开罗作出答复，重申我们愿意进行秘密会谈，我把这种会谈说成“可能是极其重要的”。

关于埃及声称这些会谈只有在新的美国提案的基础上才能进行，美国观点是这样的：过去在白宫一级举行的所有成功的谈判中，双方首先在预备性讨论中寻求和取得有关协议的原则和总的方针方面的谅解，然后再进行具体谈判。新的提案如果只能导致新的僵局，这对双方的目标都没有好处。因此，美国方面建议在初步接触中只就什么是现实可行的事进行详尽的讨论。这是事情的关键，是要总统直接插手的唯一正当理由。如果能在这一点上达成详细的协议，那么就能制订出详细的方案。

八月间没有从萨达特那里听到任何重要的消息。两位新的可能的中间人出现了：一位是埃及人，自称是萨达特的朋友；还有一位是欧洲商人，据说和埃及高级人士有接触。在和另一个政府接触的初级阶段，我一般是愿意利用各种不同的途径的，但是一旦正当的渠道已经建立，我从不损害它的权威。因此，对这两位自命的中间人就婉转地谢绝了。到八月二十二日就可以明显看出，埃及尚未决定自己的方针，因为那天我们通过秘密渠道得知萨达特还在考虑他的答复，不过答复很快就会作出。接着我们又得知答复还需要几天时间。九月四日我们接到通知说，萨达特原则上接受了会谈，但是将在近日内要求我们作出某些“澄清”。

最后我们在九月七日接到开罗的一份又长又极其微妙的信件。它告诉我们，驱逐苏联顾问纯粹是一个民族自己作出的决定，而不是为了“使别人高兴或不高兴”。换句话说，埃及并不因此而要求给予特别的照顾。信件抱怨以色列似乎对美国的政策有着不成比例的影响，详细叙述了埃及对前几年外交来往的不满以及埃及对重新开放苏伊士运河的愿望。信件说，上述的一切都不是为会谈提出的先决条件。

我以后慢慢认识到，这些都是萨达特的典型做法。他的谈判手法是从不在细节上斤斤计较，而是创造一种气氛，使得对手在心理上难以反对他的意见。他（和周恩来一样）强调哲理性的谅解，认为两个主权国家之间的协议是不能强制执行的，需要双方自愿。概念上的一致有时比细节上的一致更为重要。我不敢说我当时就充分理解了萨达特的远见卓识。伟人是很少的，熟悉他们需要一个过程。

第二天我作出答复，原则上接受和哈菲兹·伊斯梅尔举行秘密会晤，并答应在我另一次莫斯科之行回来后作出更充分的答复。我在九月十八日较长的答复里再一次避开埃及提出的具体问题，因为我想把这些问题留给面对面的会晤。我提出了秘密会谈的可能地点这类事务细节，最后对我们的意向作了一般性说明：

美国愿再次向埃及政府保证，美国有寻求结束中东周期性暴力行动的坚强决心，并强调对为此目的而即将举行的两国政府代表之间的讨论给予极大的重视。

这时候，来往信件的内容已不限于程序问题了。例如，埃及利用这条秘密渠道对我们公开谴责恐怖分子的调子表示不悦，这些恐怖分子袭击了参加奥林匹克运动会的以色列运动员。埃及表示担心以色列对黎巴嫩的报复可能导致其他一些阿拉伯国家要求苏联给予军事援助——这是一个有趣的迹象，表明萨达特事实上反对苏联在中东采取军事行动。九月三十日，我们接到另一封埃及的信件，抱怨我们主张的现实主义太容易使人联想起以色列的立场。它告诉我们，埃及所要的只是得到我们将“开诚布公”地进行会谈的保证。当时我对埃及人的心理了解得太少了，没有作出有同样人情味的答复。我用不那么诗意的言辞说明我们准备“毫无成见”地开始会谈，“以确定在促进公正解决方面我们可以发挥什么有益的作用。”

这些秘密会谈的目的在于找出一种行动方针，使安全理事会第二百四十二号决议最后得以执行。为此目的而制订一些切实可行的措施是当前的主要问题。空头许诺对谁都没有好处。这就是现实主义一词的意义。

双方应该以友好精神会晤，探索一切可能的办法，着手进行持久的、认真的、坦率的意见交流。

正当这些意见交流在进行的时候，苏联外长葛罗米柯来参加联合国大会年会了。在同总统和我的会晤中，他都重复申述了典型的苏联路线，装作好像一点变化也没有发生过的样子。葛罗米柯不愿放弃他视为神圣的立场，尽管他不知道如何使之成为现实。他反对临时解决，宣称埃及会予以拒绝。（我们对埃及了解得比他清楚。）他象征性地敦促全面解决，而以色列回到一九六七年的边界，只能换得停止交战状态的声明。我的精力却已经用在越南问题上，而尼克松又深深扎进竞选运动，以致无法进行任何认真的谈判。尼克松直截了当地告诉葛罗米柯，他只能在越南问题解决之后才能亲自对中东问题给予关注。我回到我自己的建议上来，即接过莫斯科提出的“总的工作原则”——葛罗米柯现在试图放弃这些原则——把它们应用于以色列的每一个邻国（埃及、约旦、叙利亚）。我知道这一程序肯定不会进行得很快，这就使我们有更多的时间探索埃及的渠道。美苏关于中东问题的对话停顿下来了。这正是我们所希望的。

剩下的问题只是为我和萨达特的代表的秘密会谈确定日期。我忙于混乱的、最后阶段的越南谈判，无法接受埃及人提出的十月十六日或二十三日这两个日期，对此萨达特表示了极大的谅解。我和萨达特的国家总统国家安全事务助理哈菲兹·伊斯梅尔的会晤一直到一九七三年二月才举行。把阿拉伯世界的联盟关系扭转过来的新时机必须等到我们最后把越南战争丢到脑后才会到来。

注释：

① 见安瓦尔·萨达特《寻找自我》（纽约：哈珀和罗出版社，一九七八年版），第二一九、二二一至二二二页。萨达特在一九七七年十一月二十日对以色列国会发表的演讲中阐述了同样的观点。

② 见一九七一年六月二十九日《华盛顿邮报》玛里琳·伯杰的文章，题为《特使的“文件”使美国在中东的立场遭到损害》。

③ 见萨达特《寻找自我》，第二二五页。

④ 见第二十八章注四。

⑤ 见萨达特《寻找自我》，第二二九页。

⑥ 同上。

第三十一章　从僵持到突破

河内的困境

到了我们从莫斯科回国的时候，河内的进攻已经泄了气。这是由几个因素造成的。北越没有在占领广治之后一举攻克旧京城顺化，而顺化如果失守则可能会有决定的意义。如同一九六八年一样，河内发动这次全国规模的攻势，与其说是为了达到军事上的目的，不如说是为了造成心理上的影响。和上次一样，这次攻势也以军事上的失利告终。三条战线证明是很难密切配合的，供应上就更为复杂；因此西贡方面能够调动它的少量战略后备部队去应付出现的每一个威胁。力量的分散还意味着北越需要花将近三个星期才能把进攻顺化的援军调来，到那时南越的部分战略后备部队就已经调到顺化了。西贡的空运师既在安禄又在顺化一带作战。在中央高地和第一军区都使用了海军陆战队。而南越各师比以前任何一次战斗打得都好。我们大量增援了 B－52 轰炸机，到五月底达到二百多架，使进攻的部队处于可怕的密集火力之下，因此大部队的进攻越来越困难。由于河内的司令官没有指挥大规模部队作战的经验，问题就越发多了。坦克、炮兵、装甲部队等各兵种彼此失掉联系，进攻常常陷于困境。所以到了六月中旬由于我们的轰炸和布雷发挥了威力，北越的军队就被阻挡住了。

六月九日，我在向总统所做的对五月八日开始的封锁所取得的成果评估中说，南越的前景看来“光明多了”。封锁迫使北越所有的供应都依靠铁路运输，而铁路线又正在被我们的空袭切断。一千多辆火车车厢退回到了边境的中国一侧。结果，供应不得不改用卡车，而卡车的装卸很花时间，在雨季里遇到极大困难。敌人的通讯联络中讲到了弹药的短缺，我们的飞行员报告地对空导弹的发射有明显的减少，这表明河内可能对储备物资实行了定量供应。河内广播电台抱怨：向农业、产业和交通运输业提供劳力遇到了“一些困难”。贪污腐化和黑市成风促使北越用激烈的调子对它的人民进行告诫。

我的备忘录继续写道，河内看到莫斯科和北京对我们五月八日措施的反应，只能认为审慎和节制得使人气愤。苏联拒绝取消最高级会谈使北越深感不安和恼怒。我们出访的前夕，河内公开警告（不指名的）它的共产党伙伴们不要把“民族利益置于世界革命利益之上”（这就是说置于河内利益之上）。几天之后，五月二十一日，我们正在去莫斯科的路上，一位苏联发言人明确表示，莫斯科知道河内指的是谁。他直率地警告说，河内“极为专断地解释了”苏联对北越的“义务”，并且指出，其他共产党国家，甚至包括中国，都赞成“和平共处”。自莫斯科最高级会谈以来，河内不断（虽然不是直接地）攻击最高级会谈和在那里达成的协议。

我们进行的两个最高级会谈毫无疑义使北越产生了孤立的感觉。我们看到，这些会谈对北越领导、公众和武装部队的士气都有影响。而且会谈极大地加强了尼克松在国内的地位，这样就搞掉了河内可以对我们施加压力的主要武器。六月，我们第一次收到了微弱的暗示，说河内可能正在拟定停火计划。夏季，这一点变得更加清楚。到了九月中旬，正如我将要说明的，它已确凿无疑了。

广治陷落后，南越的士气一落千丈。有谣传说，美国已同意把这个国家的北部移交给河内（几乎可以肯定这是共产党干部散布的）。尼克松在北越港湾布雷的决定结束了这个谣传。阮文绍怀着重新燃起的希望和决心，把他的人民团结了起来。我认为，我们处于一个强有力的地位，可以恢复秘密会谈。

许多人把谈判看成是软弱的表现。我总是把谈判看成是取得精神上和心理上优势的一种武器。有些人把在没有压力下愿意进行谈判当成是不必要的妥协。在我看来，它是加强自己战略地位的一种手段，因为谈判的对手知道，我们没有任何必要作出妥协。当然，尼克松六月十二日批准与河内接触，并不是出于理论上的原因，而是出于实际上的考虑。我们建议六月二十八日和黎德寿举行秘密会谈，因为我在访华以后和到圣克利门蒂逗留之间的周末是空闲的。我们的信件建议秘密会谈应先于全体会议，即重复去年春天的那一套做法。如果河内仍然要求在秘密会谈之前举行一次全体会议，我们准备同意七月十三日举行一次全体会议，七月十八日进行秘密会谈。尼克松情愿选择这个时间，因为民主党代表大会将于七月十日开幕，那时我们就可以宣布会谈即将举行。而我选择的六月二十九日却要冒风险，因为存在着在民主党人开会前夕宣布会谈失败的可能性。

当我们等待河内答复的时候，有两件事更加说明了北越的孤立。

六月八日，我问多勃雷宁，我们在莫斯科就听说波德戈尔内要访问河内，这件事究竟怎么样了。他说苏联人仍在等待正式的邀请。根据我对克里姆林宫的这些敏感而任性的小伙计的了解，这个解释显然是可信的。后来，六月十一日我正在日本作短期访问时，多勃雷宁告诉黑格，波德戈尔内定于六月十三日动身去河内，要求我们在波德戈尔内待在越南期间停止轰炸北越。像尼克松对勃列日涅夫讲过的那样，我们的答复是，在波德戈尔内逗留期间，我们将不轰炸河内十英里以内和海防五英里以内的地区，除此以外，我们的行动不受任何限制。六月二十二日勃列日涅夫向尼克松通报说，河内领导人以“认真的态度”听取了波德戈尔内对美国谈判立场的说明。他们准备以求实的精神恢复谈判，并不坚持只讨论北越的提议。如果属实，这倒是我们从来没有从北越人那里听到过的语气。过去，河内对不符合它各种“论点”的意见都看作“不合理和不合逻辑”而加以拒绝。勃列日涅夫在信的结尾建议美国应当提出一个谈判日期。

这使人困惑不解，因为我们在六月十二日向河内提出的正是这样的建议。难道是河内对莫斯科保密？还是勃列日涅夫在催促我们迅速答复我们在六月二十日才收到的河内信件？那个信件比通常的温和多了。同批评我们的人的臆测相反，轰炸和布雷使河内的态度有很大的改进。河内在例行公事般地罗列一些不痛快的事——轰炸、布雷和中止全体会议——之后，用近乎《圣经》般的语言谈到了问题的实质：“越南民主共和国方面出于善意，同意举行秘密会谈。”然而它的善意并没有使它放弃坚持先开全体会议的意见。河内的信件声称，黎德寿和春水正在河内忙于事前安排的工作，所以不可能在七月十三日以前出席全体会议。这又是一个有趣的征兆；河内没有作这样解释的习惯。他们建议七月十五日举行秘密会谈，这个日期是在民主党代表大会之后，这样就一举为尼克松解决了政治难题。

还有一个情况使河内的孤立更加突出。我是在北京收到河内的信件的。从六月十九日到二十三日，我在北京向中国领导人介绍莫斯科最高级会谈的情况，主要是为了保持我们和中国的新关系的势头，并使河内感到困窘。我的访华没有使越南问题有新的发展。像往常一样，周恩来对停火比对政治解决更感兴趣。他很清楚，停火更容易安排，他迫切希望在美中关系方面去掉越南这个使双方不和的因素。北京不同于莫斯科，它没有兴趣看到美国准备抛弃自己的朋友的表现；在寻求同苏联抗衡的力量这个长远目标中，北京的利益实际上系于美国信誉的可靠性。对河内在印度支那称霸的野心，中国总是感到一种潜在的不安。周恩来对尼克松五月八日的建议（实际上是停火建议），提出了一些尖锐的问题，重申了中国在历史上有负于河内的一贯说法，避免作出越南战争涉及中国民族利益的任何表示，暗示中国对越援助大部分是食品。这同柯西金四个星期以前告诉我们关于苏联对越的供应情况相类似。考虑到中国的军事产业比较落后，周恩来讲的很可能是实话。河内的两位保护人实际上是在告诉它的敌手，他们不再给河内提供军事装备，这时候河内的处境就不那么美妙了。

六月二十三日我回到国内的那一天，我们答复了北越人。我们同意七月十三日恢复全体会议，并提议七月十九日举行秘密会谈，这样安排主要是对尼克松的出访计划更为适应。对于河内的抱怨，我们简单地予以驳回："为了有助于造成适当的会谈气氛，美国对越南民主共和国六月二十日照会中的指责将不予回答。"六月二十六日多勃雷宁来到白宫，追问我在北京究竟干了些什么。同时他还问了越南的问题。他说，我们把秘密会谈推迟四天将会引起河内的很大疑心(这暗示了我们对手的新的迫切心情，他们在今年早些时候拖延了四个月才确定会谈日期)。多勃雷宁告诉我，他猜测河内可能要等到美国大选前景更加明朗时，才会最后决定是否结束战争。

这个看法有先见之明。河内的确在观察我们的大选，但是它究竟是想拖到十一月大选之后再举行谈判呢，还是就在大选前夕进行认真的谈判，当时我还不能肯定。在六月二十六日的一份备忘录中，我告诉尼克松：在河内对你是否重新当选有比较清楚的了解之前，它是不会作出决定的。我送给他六月十日河内党报上一篇文章的摘要，文章对麦戈文有所赞扬，但是没有贸然地预言他能取胜。北越对它的盟友的气愤隐隐约约地在对尼克松的谴责当中透露了出来，说尼克松即使"借了和平鸽的翅膀飞到远处去旅行"，他仍然是一只鹰。

这只"鹰"当时正面临着作出另一次撤军的决定。我们留在越南的军队人数已经很少，所以六月底的期限到来时，并没有大量削减的余地。但是尼克松决定宣布在两个月内撤军一万名。他叫齐格勒补充说明，除了志愿人员以外，不再派遣应征的士兵了。征兵曾经是许多大学校园骚乱的主要原因，现在学生不再受到应征去越南服役的威胁了。秋季学校开学时，学生们的抗议活动已经停止了。尼克松在六月二十九日，也就是宣布撤军的后一天和民主党代表大会前一周半，在一次记者招待会上得意洋洋地宣布了恢复美越谈判全体会议。不出所料，《纽约时报》抱怨说，这个安排同政治上的日程表搞到一起了。我向一个记者指出，这是河内选择的日期。因而只有两种可能的结论：要么是河内想要促成尼克松重新当选——这是不大可能的；要么是河内想要保持在大选前解决问题的选择自由——情况正是这样。

对僵局的考验

恢复谈判具有相当重要的象征性意义：它表明河内不再把他们取得军事胜利或者尼克松竞选失败看作是理所当然的了。如果河内确信它会赢得胜利，它就会配合新的大规模攻势来选择恰当的谈判时机。如果它相信它能使尼克松从政治上垮台，它就会设置障碍，发表含糊的和平倡议，以便煽动美国国内的反对派，把尼克松政府描绘成为和平的障碍，就像它在复活节攻势前所干的那样。河内坚持恢复全体会议，而不管这些会议是同民主党代表大会在同一时期举行，这表明河内对取得全面胜利的可能性越来越怀疑了。

我始终认为，不论结果如何，河内的攻势最后都会导致认真的谈判。如果河内在战场上得胜，尼克松就会被迫按照河内的条件解决问题。如果河内的攻势被阻，并且民主党可能的候选人乔治·麦戈文看来将在竞选中取胜，河内就会等待，把赌注押在麦戈文提出的极为有利的条件上。（麦戈文的条件对河内来说，比秘密谈判中河内向我们要求的条件好得多。）如果进攻失利，并且尼克松看来有可能在竞选中取胜，河内就会尽力和我们达成协议。我私下也推测过，如果到九月十五日尼克松在民意测验中能领先十分以上，河内就会大大改变它的谈判策略，设法立即达成协议。为此目的，河内就得做两件事：必须探知我们的意图，从而搞清我们的目标；与此同时，必须设法缩小分歧，以便在大选余下的几周内迅速达成最后协议，如果它决定这样做的话。

我不同意我有些助手的看法，他们认为河内在这次攻势之后会把战争拖下去。由于河内投入正规军队作战，它会感到恢复游击战在技术上是有困难的，而这种做法还会面临思想上的障碍。这就等于承认，他们经历了十年使国家精疲力竭的浴血奋战之后，又回到了原来的老地方。除非一切办法都归于失败，河内才会采取这种方针；只要还有别的办法，它是不会走这条路的。

但是，如果说河内在军事上处于危险的境地，那么我们则在士气和政治上处境困难。尼克松总统果敢地决定轰炸和布雷，取得了一些回旋的余地，但是如果不能相当快地见效，它会被认为是一个“失败”而遭到越来越多的攻击。要求“政治”解决的呼声将会增高。从我们国内辩论发展的情况来看，这实际上将意味着我们要接受越南提出的关于组成联合政府和要我们限期撤军的要求，而对方只要释放战俘就行。（麦戈文甚至不准备坚持把释放战俘作为正式条件，而仅仅表示“希望”我们的撤军会导致越南释放战俘。）在五、六、七三个月份，公众对最高级会谈的成功以及轰炸和布雷的反应极好。然而就是在这个时候，参、众两院就各种结束战争的修正案进行了十九次表决。这些修正案并不是全都不能接受的，其中有些还包含了我们立场的某些部分。可是没有一项能把我们的立场全都包括在内。所有这些修正案全都大同小异地提出用撤军来换取释放战俘。支持者和反对者的分歧已经缩小到一点上：我们应该坚持停火呢，还是以撤军换取归还战俘就可以达成协议？

在这个问题上参议院有三派意见。人数越来越多的一个少数派（大约有三十名参议员）赞成为美国撤军规定一个期限，“期望”由此而导致河内释放我们的战俘。大约四十名参议员赞成只有释放战俘才能撤军。人数越来越少的一个少数派主张撤军取决于停火。到一九七一年底，代表用撤军换取战俘的多数派有了发展，在整个一九七二年人数一直在增加。要求先停火后撤军已经成为一项保守的建议，在解决方案中包括这类建议的修正案在两院总是遭到否决。因此，参议院占统治地位的“和平”立场就是要从越南脱身，尽管战争在越南人中间还继续在打。我们将结束十年之久的战争以换取我们的战俘，而让我们的盟友听天由命去吧。

我们设法阻止各种无条件撤军的要求，但是我们得到的支持越来越少了。七月二十四日一项坚持以撤军换取释放战俘的库珀-布鲁克修正案在参议院以五票多数获得通过。同一天，亚拉巴马州参议员詹姆斯·艾伦以有监督的停火也作为撤军的一个条件的建议又以五票之差被否决。一项中断经费来源的修正案迟早要被通过。至少，河内完全有理由相信，它有了一个可靠的安全阀：如果交出战俘，美国国会就可能停止战争。不管国会的打算如何，所有一再出现的提案同我们的谈判立场那样不同，明显地削弱我们在这场不可避免的讨价还价中的地位。我们不可能同意参议院的意见，我们已经承诺把撤军和停火联系在一起。我们仍然认为：在进攻那些依靠我们的人的战争还在继续的时候，撤军是残忍的，可耻的，并且会损害其他方面的更大利益。抛弃我们的盟友，让他们受到蹂躏，会使我们所作的牺牲前功尽弃，并使我国的外交政策蒙受耻辱。

因此，我们决心寻求一个公正的妥协办法。军事形势正在好转，但眼下似乎还看不到有全面胜利的可能。到了六月份，西贡虽然采取了攻势，可是南越军事作战进展情况还看不到有重大或迅速改善的希望。直到九月中旬才收复了广治。虽然从三角洲调了一个新的师到西贡周围地区，但是通向安禄的公路从没有重新完全打通过。第二十一师在第四军区表现很好，可是像南越任何其他部队一样，一旦调出它的征兵地区就变得迟缓而消极。我们面临一个军事上僵持的局面。从最近还深信会取得全面胜利的河内的观点来看，这将是一个很大的挫折。但是如果我们把这种形势看成是我们全面胜利的一个征兆，那将是非常危险的。

然而，我们仍以前所未有的最有利的地位进入了谈判。如果我的分析正确，九月份的民意测验将出现转机。因此，我方在七月份所作的任何让步都不太可能影响河内的打算。而事实上我们的让步是受到严格限制的。如果我们恪守自己的原则，就不能越出一九七二年五月八日（或一九七一年五月三十一日）的军事建议和一九七二年一月二十五日的政治建议，最多是装潢一下门面。所以我是带着轻松乐观的心情为谈判做准备的。根本性的决定必须由河内而不是由我方作出。在河内对选举的可能结果作出分析以前，我们的上策是保持冷静，不拿出任何特别的新建议，希望以此加强对河内的压力。只有在河内对尼克松竞选的前景作出最后判断之后，关键的时刻才会到来。

后来，出现了一个谣传，说尼克松出于国内政治的原因急于要在大选前结束越南战争。这个说法远非事实。正如我反复说明的那样，尼克松一般对谈判都有很大怀疑（除非他有近乎绝对的成功把握），对同北越的谈判更是如此。他认为谈判不会有任何结果。随着他竞选的前景越来越好，他觉得没有什么国内的原因需要进行谈判。七月份，他感到定期宣布我同黎德寿进行秘密会谈对使他的民主党对手心神不定还有些好处。但是在麦戈文提名托马斯·伊格尔顿参议员当副总统候选人遭到惨败后，尼克松甚至对这样做也失去了兴趣。几个星期以后，他越发相信他已经把麦戈文得到的支持缩小到自由派左翼的一小撮人，不论他在越南问题上怎么做，这些人都会加以反对。另一方面，甚至按我们早些时候公开提出的条件来解决问题，都很可能使尼克松冒着失去保守派支持的风险，而尼克松认为这些人是他的基础。尼克松认为大选前不可能有什么进展，或许他根本就没有这种愿望。甚至大选后，他也宁愿在坐下来谈判之前再来一次军事升级。

我认为，如果事情发展顺利的话，对河内来说美国大选将是一个不可逾越的期限，等于是一个最后通牒。河内对这只“鹰”在连任后的四年中可能要做些什么感到害怕，也许宁愿在美国大选前解决问题。河内可能不得不放弃它利用宣传性的建议动员新闻界和国会来折磨我们的惯技，而寻求真正的谈判。也许河内不会急于这样做。因为我认为大选后我们的情况实际上会更糟糕，这个看法同河内可能作出的分析和我们自己通常的判断是相反的。我见过的所有的民意测验表明，新国会的成员态度将大体和原来的国会一样，或者甚至比原来的还要差些——这一前景由于尼克松为了获得有史以来竞选总统的最高选票，决定把他的竞选和国会选举尽可能分头进行，可能性就更大了。这样，实际上，以立法手段结束战争的压力在十一月以后肯定会重新增长起来。当我们一月份提出追加预算以支付在越南发动攻势期间的增援费用时，反对派就会以此作为一个方便的靶子。莱尔德估计我们可能需要四十到六十亿美元。尼克松已经收到莱尔德的一份建议，主张一九七三年一月一日以后撤回增援部队，免得追加费用高得难以控制。具体说，莱尔德提出从一月份开始撤回九十八架 B－52 轰炸机和三个 F－4 空军中队。河内一旦了解我们的部队正在减少，它就会重新采取等着瞧的办法。国会的组成人员一趋明朗，河内就会恢复它的心理战。

不管怎样，我认为是否举行谈判不完全由我们选择。如果河内发觉我们在设置障碍，它可能会“公之于众”。假如河内接受我们建议的要点并且予以透露(实际上后来河内在十月份就是那样干的)，那么不论尼克松的选票如何遥遥领先，都将使我们在国内陷于十分尴尬的地位。那时我们必将重患越南战争的典型并发症，似乎一步步被推向妥协。不管结局如何，这是丢人的事。我认为，战争必须在表明美国政府控制着局势的情况下结束，这就需要保持外交上的主动权。为了所有这些原因，我在尼克松的默许下——如果不是热情支持下——进入谈判。

六月，北越夸口说，恢复全体会议是他们对美国的巨大胜利。他们重演故伎，邀请他们认为是美国的重要人物访问河内，借以对美国施加压力。这次请的是些劳工领袖和新闻记者。我在六月三十日警告多勃雷宁，如果河内重演去年的把戏，在进行严肃的秘密会谈的同时又公开地加以破坏，我们就中断会谈。多勃雷宁同情地咯咯笑了起来（至少我认为他的笑是同情的表示；不管怎样，我的这个信息是会传达给河内的）。

我们在七月十九日开始的秘密会谈中的基本策略将是，在摸清河内的意图之前不提新的建议。我将设法逐渐把河内政治建议中的有效内容排除掉，比如，用我们的联合选举委员会这个使人安心的建议去对付他们的联合政府的建议。如果河内表示合作，我们就可以逐步端出我们原来所提出的两者并存的办法：一方面解决军事问题，一方面把政治问题基本上留待有关各方协商解决。这种解决办法将维护我们的盟友，给他们一个决定自己命运的机会——实际上这正是我们始终想争取实现的。

七月初，我们派黑格去西贡估量战争形势，并且同阮文绍商谈我们打算在会上采取的立场。黑格七月三日见到了阮文绍，可是这位领导人同我们过去和他打交道时不一样了。现在阮文绍的军队经历了战争的考验；他认为河内再也不会把他打败了，如果有我们空军的支援，这一点就更无疑义了。他几乎准确地算计着，他可以利用尼克松一再重申不愿再用约翰逊一九六八年施加压力的战术，使我们的大选为他服务。此外，他对河内远比我们了解得清楚。在整个尼克松政府执政期间，他对我们的谈判建议从未提出过任何异议，真正的原因在于他估计到这些建议都会遭到河内的拒绝。他认为这些建议是他为了继续取得美国的支持所必须付出的代价。但是在一九七二年他早在大多数美国人之前就嗅出了妥协的气味。像我一样，他似乎相信一场认真的谈判已迫在眉睫。但是我们的问题和他所面临的问题是完全不同的。妥协将是南越大量问题的开端而不是结束。我们将要撤走；南越还要留在那里。河内永远不会放弃它谋求胜利的不懈努力，南越迟早得孤军奋斗。对阮文绍来说，进而争取全面胜利似乎更明智一些，而且也许并不比现在可能达到的妥协代价更高。不幸的是，这并不是我们要作出的抉择。即使河内不会马上接受我们的建议，新的国会也会迫使我们用比我们希望谈判的条件更坏的条件（用撤军换取战俘）来解决问题。阮文绍要继续谋求胜利是可以理解的，要取得这个胜利需要美国以及南越继续奋斗好几年。但是这样做，在美国国内是不允许的。如果在国会的表决使我们不得不退出战争之前能够争取到尼克松五月八日提出的条件，那我们将算是幸运的。

所有这一切，犹如远处传来的最初雷声，在黑格出访期间看得还不是那么清楚。七月三日黑格拿着我和温·洛德准备的谈话要点，向阮文绍介绍了莫斯科最高级会谈关于越南问题的讨论和我六月份访问北京的情况。他还向阮文绍讲了我们的新建议：停火、遣返战俘，四个月内撤军以及阮文绍在新总统选举前两个月辞职的问题。和以前的建议唯一不同的是，规定阮文绍辞职的时间更早一些，就像尼克松已经近乎答应过勃列日涅夫的那样。黑格对我们的策略作了说明："美国一直试图把军事战线上采用的强硬措施和谈判桌上的通情达理结合起来"。黑格向阮文绍提起我正在考虑的一种可能性，"河内设想尼克松总统十一月份选举中会取胜，在他再次当选之前同他打交道可能比当选以后更容易一些"，因此河内也许在不久的将来会采取比较温和的姿态。

阮文绍的回答表明，他并不完全同意我们的意见。这一点他并没有完全明确地说出来，因为在他看来，河内并不像黑格预言的那样感到有谈判的压力。他争辩说，除非实现联合政府，否则河内是不会同意把事情了结的。永久性的停火肯定将导致河内的失败，因为这样他们就再也不能重新开战了。三个月以后，当河内接受的正是这样的永久性停火时，阮文绍已经把这一点忘记了。他似乎很担心我们的官员可能在大选期间强求暂时停火。他坚持对此必须加以拒绝。他反对任何形式的没有监督的停火；当时我们不了解这句话的含义（完全是新的含义），他认为任何就地停火都是不能监督的。他巧妙地否定了一九七〇年十月七日以来我们在他的赞同下一直提出的和直到五月八日总统再次肯定了的建议。（当然，参议院很快就公开表明在没有任何停火的情况下撤回全部美国军队以换取战俘）。阮文绍对在南越新的选举前两个月要他提出辞职这一点没有异议；如果有助于谈判，他甚至愿意在选举前四个月就下台。看来他和他的河内同胞有一致的信念：谁控制了选举机器，谁就会赢得最后的胜利。

黑格答应把他的这些想法转告华盛顿。他结束谈话时向阮文绍保证，“美国在任何情况下都不会在谈判桌上谋求此种解决办法，贬低战场上取得的胜利，或者给予河内通过军事行动无法取得的好处”。阮文绍向尼克松和我表示了最热烈的问候，可能他还没有意识到黑格最后谈到的“保证”中预示了阮文绍刚刚拒绝的就地停火，因为这个“保证”的结果必然是，我们不能谋求超出陆地上军事形势所许可的好处。黑格刚刚参加了为结束越南战争最为冷酷无情的一出戏的开幕。

当我七月十九日动身去巴黎的时候，我们还没有认识到我方主要角色之间一些细小、微妙的分歧的全部含义。至少在七月份，尼克松同意谈判主要是为了利用谈判使他在国内的反对者陷入混乱。阮文绍相信，拒绝联合政府的建议，就可以安全地避免谈判带来的风险和消除在没有美国参与而独自保卫南越的不安心理。我则认为，我所期待的僵局的突破，要到九月下半月才会出现。这样我们大家就可以一起支持这样一项谈判方针：基本上坚持既定的立场，把河内在作出最后决定之前为了缩小分歧而可能作出的任何让步都记下来。

我于七月十九日在达尔戴街十一号幽暗的宅邸里会见了黎德寿。前十四次谈判，除了第一次以外，都是在这所房子里举行的。可以俯瞰花园的小餐室里又摆了一张铺着绿色呢毯的方形会议桌。美国有些人把北越人想象成爱好和平、性情文雅的人，对美国任何炫耀权力的行为都感到恼火，而对美国的善意表示则特别急于回报。我们的体验却不同。我们知道北越人肆无忌惮地侵略了所有的邻国；他们的作战方式一部分是靠恐怖手段。美国显示力量，他们尽管很反感，但一向还是认真对待的。他们对不反映现有力量对比的善意行动是蔑视的，认为这是道义上虚弱的表现。五月二日，他们以为自己要胜利了，就表现得十分傲慢。现在，虽然到目前这段时间里我们在他们的港口布了雷，并且取消了对轰炸的一切限制，他们却表现得和善而友好了。

我首先分析了我们以前谈判失败的原因。河内拒绝区分哪些可以通过谈判解决，哪些应留待历史解决，这就注定战争非打到底不可。我慢条斯理并且多半用哲学的措辞说话，免得以为我们正面临大选的压力。我强调指出，我们的情况在大选后会有好转（尽管事实上我并不相信这点）。我警告说，任何利用谈判来影响我们选举的企图都会立即导致谈判的破裂。我在开场白的结尾讲了总的原则。我们愿意在战后同河内共处。我们不想在东南亚保持永久性的基地。我们不愿把自己的选择强加给自由选举出来的西贡政府。我没有讲任何具体的建议。

北越方面主要是黎德寿主持会谈，这说明他们是认真的。他是一位和过去不同的“可爱的先生”* 了。我仅在前一年七月见过他一面，当时他要我们在南越选举中抛弃阮文绍。现在他讲话不论在实质或作风上都充满了和解精神。他对我开的玩笑哈哈大笑，巧妙地奉承我在学术上的成就。我们不再需要受罪去听越南为争取独立而进行英勇斗争的史诗了。黎德寿强调说，河内在尼克松总统第一届任期内就迫切希望解决战争问题。他一再问我们是否会尊重达成的任何协议，不论这些协议是否签过字。他说，只要双方都重新审查各自的立场——等于承认他们不是一贯正确，这是前所未有的——他将尽“极大的努力”使这次会议成为一个转折点。他断言，河内会记住美国在世界其他地区所承担的责任，即使这些责任和越南人没有直接关系——这又是一个令人吃惊的变化。他只是简单地、敷衍了事地谈了一下轰炸和布雷；令人惊讶的是，他甚至没有要我们停止这些行动，只是重申了一九六八年的说法，说结束轰炸和布雷会给谈判创造一种“有利的”气氛。一九六八年我对这一说法还有点相信；在有了四年的经验之后，我才知道事情和他的说法恰好

---

* 此处英文用“Ducky”，意即“可爱的”，与英文拼音的黎德寿的“德”(Duc)谐音。——译注

相反。

争论一会儿之后，我提出了五月八日的建议，但略去了关于阮文绍提前辞职的那部分。“可爱的”黎先生拒绝了这个建议，但争吵比过去少多了。他重申了河内关于组成三方民族和睦临时联合政府的标准建议，但有一处作了改动：他暗示，一旦阮文绍辞职，在同共产党人进行最后谈判期间，政府其他人员可以留任，甚至可以接受美国的援助。我们的会议进行了六个半小时，是迄今为止最长的一次。我们同意八月一日再次会晤。

我离开时对黎德寿说，我的行动现在很受注意，会谈无法保守秘密。记者会提出许多问题，而我们不得不回避或者不能如实回答。所以，我建议每次会议举行之后要发布消息，但不透露细节。当尼克松一月份透露了秘密会谈时，河内曾大言不惭地声称，只是由于美国的极力主张，它才勉强同意对会谈保守秘密。现在真的试了一下，黎德寿就抱怨起来了。显然在使公开的外交活动陷入僵局，让美国人民感到失望的同时，他是不会放弃秘密刺探我们立场的有利条件的。我没有给他任何选择的机会。进行会谈的事实将公开。对以后的几次会谈，每一次我们都作了宣布，从而使河内武器库中一个心理战武器不再起作用了。事实上舆论界并未认真报道会谈情况或者跟踪我或黎德寿的行动。这表明对和平前景普遍抱有怀疑态度。十一天内宣布举行了两次秘密会谈，加上到西贡的一次访问，都没能动摇人们认为这纯粹是一次选举把戏的普遍信念。没有人说明为什么在搞这种把戏时河内会给予合作。

我在给总统的备忘录中总结了第一次会谈的结果：

他们没有讲任何使他们无法严守原来立场的话，但是他们在第一次会议上表现得相当积极，如果他们真想解决问题，我们对他们的期望也不过如此，特别是由于我们没有把在苏联讨论的整个一揽子计划拿出来，一定使他们有些不知所措。

如果他们确想有所前进，则可能会按照我们一月二十五日建议朝着停火和政治原则相结合的方向前进。但是这种情况最早也要再举行几次会谈之后才能出现。此外，他们还可能利用谈判强调阮文绍是全面解决问题的唯一障碍……

回到美国后，我向多勃雷宁和黄华介绍了会谈的情况。在会谈休会期间，我们又遭到记者周期性的攻击，这一次主要是说我们有意地轰炸北越的堤坝，危及成百万人的生命。这又是一次经常出现的反战辩论，为了增强人们对尼克松政府的“不信任感”和暗示尼克松政府是什么伤天害理的事都干得出来的。如果我们否认，河内就会提出某个堤坝上的一两个弹坑作证；如果我们“承认”轰炸导弹基地的一颗炸弹可能误炸了堤坝，就会惹来像七月十六日《纽约时报》上这样的标题，“如何才能没有瞄准却又炸中了堤坝”。尼克松在六月二十九日和七月二十七日以及莱尔德在七月六日举行的记者招待会上都坚决否认轰炸堤坝是美国的方针。这个道理本来是不言而喻的，如果不是这样，堤坝早就被炸掉了。七月二十七日尼克松反问道，为什么人们那么关心对堤坝假想的轰炸，而很少谈到由于最近北越的进攻而造成八十六万南越人的无家可归呢。过了几个星期，关于轰炸堤坝的传说消失了，后来也再没有出现过。

在此期间，我们又同阮文绍交换过一次意见。我们又一次把后来证明是根本性的分歧当成是策略上的误解，不过它却是今后事态发展的一个预兆。我们按照惯例告诉阮文绍，在下一次全体会议上我们将提出七月十九日没有拿出来的建议：阮文绍拟在新的大选前两个月而不是一个月辞职。我们还要提出停火应在签署原则协议时生效，而不是像河内一直坚持的，停火要推迟到政治问题达成协议时才生效。我们要避免陷入圈套，即把原则协议变成一个用释放战俘来换取我们撤军的协议，使河内可以任意对南越进行战争。

虽然阮文绍在七月三日同黑格的谈话中同意辞职的建议(他甚至暗示可以同意更早一些辞职)，而且第二条关于立即停火的规定在我们看来完全对他有利，但现在他对这两点都表示反对。他说，我们可以非正式地而不是以书面形式提出他在大选前两个月辞职的事。他把停火同北越在三个月内撤走全部军队联系在一起。对第一点，用一个折衷方案和私下的具体保证就很容易解决。要北越撤军这一点是新的。一九七〇年十月七日公开提出就地停火的建议是经他同意的。也是经他同意后，我们正式放弃了在一九七一年五月三十一日的秘密建议中提出的互相撤军的要求，而尼克松在一九七二年一月二十五日和五月八日主张不用撤军就实现停火。

阮文绍的新建议是无法实现的。在战场上没能迫使河内放弃的东西，在谈判桌上也不能使它让步。我们把无条件停火作为我们整个公开立场的基础，要违背这一点而继续把这场战争打下去是绝对办不到的。美国大多数参议员甚至反对单方面撤军需要以停火为条件。一九七一年五月三十一日，我们曾经提出过一项建议，禁止在停火以后继续向南越渗透。要是真能这样做，由于通常的人员消耗，实际上将逐渐削弱北越在南方的军队。连这样的建议在美国也几乎得不到公众的任何支持；但是我们还是决心坚持它。想要比这个要求更进一步，那将是愚蠢的，只会引起国会通过决议迫使我们放弃所有的条件。但是我们没有在这个问题上继续同阮文绍争论下去，因为这似乎同僵持的谈判没有关系。

八月一日我在巴黎同黎德寿的会谈是最长的一次，进行了八个小时。我在给总统的备忘录中把它描绘成“我们曾经举行过的最有意思的会谈”。黎德寿解决问题的热情还没有高到使他放弃一开始就攻击我们诚意的策略，这次他集中火力攻击我们宣布举行秘密会谈一事。然后，经过整整一个小时的争论之后，“可爱的”黎先生也只好在现实面前让步了。他很清楚，假如我们决心公开，那么就没有办法对举行会谈一事保密，当然除非他威胁要中断会谈。

很清楚，他根本不愿意中断会谈。因为八月一日黎德寿在继续后退，这次后退是从七月十九日开始的。我拿出了我们的新“方案”，但是黎德寿意识到这个方案里主要是一些装饰门面的修改。这一次他指责我没有拿出什么“新东西”，算是说对了。我们先是讨价还价，然后又重弹老调，花了将近三个小时之后，黎德寿要求暂时休会。休会延续了一小时零一刻钟，是中断时间最长的一次。这次休会使彼得·罗德曼最先注意到会议的气氛起了有趣的变化，因为他作为记录员最需要补充养料。在以前的会议上，北越人摆出来的是很一般的快餐，其中有越南春卷(茶饺)和软饮料。在八月一日的会上，水果、点心都端上来了，小吃的花样更多了。于是，罗德曼为后代记录了，“快餐比上次会议更丰盛，茶饺也更鼓些”。这表明罗德曼有难以置信的胃口，而且四年来令人失望的谈判使我们落到不得不在小事情上进行猜测的地步。(八月十四日，又出现了酒和米糕。)

休会之后，“可爱的”黎先生就布雷和轰炸问题教训了我一顿。当我表现不耐烦时，他才最后谈到正题。他有一整套北越的新建议。

两年半来，河内一直在用规定无条件撤军期限来折磨我们。他要我们承诺一个撤军时间表，不论以后在谈判中出现什么情况，都要我们履行，而我们的部队实行停火以后，战斗却还要在南越进行下去。我们的对策是同意规定一项撤军时间表，但要看其他条件如何，实际上就是要实现在整个印度支那的全面停火。河内的建议是片面的，甚至是傲慢的，可是它在美国却逐渐得势。它体现在参议院的几项决议和麦戈文的竞选主张上。现在，黎德寿撤回了这个建议。他愿意按照比反对党候选人提出的还要差的条件解决问题，这非常清楚地表明河内对即将举行的大选的判断。黎德寿同意，我们商定的任何时间表都要等所有问题解决之后再开始实行。无条件撤军的期限不存在了，这个期限曾使美国国内在辩论中产生严重分歧。

黎德寿也开始修改他的政治要求。他仍然坚持联合政府的主张，但是他提出两点让步条件。到目前为止，河内要求的临时联合政府中，共产党指派三分之一成员，并对其他三分之二的成员有否决权。然后，这个没有武装的政府还要同全副武装的共产党影子政府谈判一项决定性的解决办法。现在黎德寿建议把三方组成的联合政府变成实际上起决定作用的政府；它不必同共产党进行另外的谈判。此外，黎德寿还放弃了他所提出的机构中对非共产党成员的否决权，这反映了河内的紧迫心情。在由三方组成的联合政府里，共产党和西贡将各自指派三分之一成员以及其余三分之一的所谓“中立”派中的一半成员。换句话说，三方组成的联合已变为一半对一半(这样西贡就有了否决权)，而不是霸占全部权力。我们反对任何形式的联合政府，我们确信，河内的灵活性不会到此为止。

一旦黎德寿开始作出让步，他是很富于创造性的，其程度就像他在制造障碍时令人厌恶一样。接着他又提出一项加速谈判的程序性建议。这个建议完备之至，需要在玄学方面有高深的修养，才能弄清他摆在我们面前的令人眼花缭乱的成串会议的联系。西贡和南越共产党将要就若干政治问题进行谈判；越南三方将要讨论影响整个越南的问题，所有四个方面(包括美国)将讨论有关停火的问题。对我们来说，这个锥形程序建议的重要特征是，当前的南越政府，包括阮文绍，在每个讨论中都可以作为一个平等的成员参加。河内原来坚持在谈别的问题之前阮文绍必须先辞职，它显然正在从这一立场全面后退。

我认为黎德寿的建议很认真，就把厚厚的整个文本送交邦克和阮文绍去研究。我在写给总统的备忘录里(在这份备忘录上尼克松对这次冗长的交涉作了表示怀疑的批语)指出，河内的新建议可以作为走向把军事和政治问题分开的第一步，两者分开是我在一九六八年《外交季刊》的文章中推荐过的观点，也是哈里曼和万斯在过渡时期极力主张我们做的。黎德寿过去一直坚决拒绝这种做法。但是如果现在北越确实在开始松动，我们的策略就必须是继续拒绝任何联合政府的建议。最后可能是采取这样一个保全面子的办法：停火、交换战俘和撤军等军事问题将得到最后解决，而政治问题留待越南各方去进行长期的、也许是无结果的谈判。

当然，我们正在进入危险的水域。当河内要我们毁灭一个盟国政府时，我们在道义上完全有理由拒绝它。但是现在河内正在进入一个是非不那么分明的灰色地带，准备真的接受政治斗争的解决办法，界线就开始模糊了。形式和实质就会混为一体。形式问题对我们脆弱的西贡盟友比对我们远在一万英里以外的美国可能更加危险，因为在我们撤退之后，他们将不得不为自身的自由而战。秘密会谈——新闻记者仍然没有予以注意——越来越认真，事情就越来越清楚，西贡的意志力这个难以捉摸的东西就成为关键的问题。

暂时我们还没有必要作出决定。河内走得还不太远，还没有能够动摇我们的一贯立场，即解决问题的唯一障碍是我们不同意推翻一个盟国政府。尼克松认为没有必要作更多的让步，因为他宁愿在大选以前把整个谈判马上搁置起来。我同意我们应当稳坐不动，因为我想把我们的主张可以进行的一些修改拖到最后才拿出来。据我分析，河内要到九月下旬尼克松竞选的前景更加明朗时才会作出最后决定。有趣的是，多勃雷宁也同意这个估计，看来他对我们的谈判是知道底细的。我认为我们应当做的是，对北越的主动作出一点反应，并不时提出我们的书面建议。这样的建议应当在适当的时候拿出来，使河内没有任何借口把事情公开出去，引起美国国内另一次激烈的争论。尼克松同意这个做法。

为了保持对河内的压力，以便进一步削弱河内的政治立场，并同盟友协调政策，尼克松同意我应当在下一次定于八月十四日的巴黎会谈之后立即访问西贡。这样做的另一个好处是有利于我们的拖延战术，它使我有借口对河内八月一日的建议至少可以推迟两周再回答。如果我的估计正确，我们的大选期限会对河内产生压力，那么河内将被迫迅速亮出手中的底牌。这是在战争中第一次我们的对手，而不是我们自己，受到时间的逼迫。

后来黎德寿也要走了。他告诉我们他已奉命回河内。这就证实了他们要作出根本性的决定。因此八月十四日的会议双方都在拖延。我交给河内一批文件，这些文件的法律形式多于实质性内容，其中包括：以前两次会议为基础的原则声明；答复河内八月一日提出的十点建议的十点谈判文件；关于接受他们八月一日提出的分组讨论的方针但要改变各组议题的程序性文件。军事问题提得直截了当，前一年就已接近解决。我们修改了一些提法，但没有改动实质内容。我们根本没有提出政治性建议，托辞是我即将去西贡访问。我们同意在我从早已安排好的对莫斯科的访问回来后的九月十五日再会面。

三次会谈之后，有了明显的进展。这完全是河内采取的主动。它在朝着正确的方向前进，但还没有快到以后难以倒退的速度。河内放弃了要阮文绍立即下台的要求。它同意西贡政府参加谈判讨论，在某种意义上等于是承认了西贡政府的合法性。它放弃了为美国无条件撤军规定一个期限的无理要求。河内拟议中的联合政府，在此以前明显是作为共产党接管的幌子，现在已经改为两家平分政权。

在我看来，河内似乎还部分失去了它原有的自信。黎德寿的行动几乎是太急切了；各种建议迅速地接踵而来，势必使我要等着看一看他手中可能还有什么别的货色。程序性计划势必导致拖延，因为它安排了那么多的讨论，每一种讨论都可能在一些技术性问题上搁浅，而河内却要求所有讨论终了以后停火才能生效。这个议程对一般准备等着瞧的一方比对急于解决问题的一方更合适，而北越在顷刻之间竟变成了急于解决问题的一方。

但是河内给自己留下了很多漏洞。联合政府的概念甚至按照河内提出的条件都仍然是无法接受的。它给了控制大约百分之十人口的一方以百分之五十的权力。互相残杀了二十年的双方之间平分权力，一定会是虚假的东西。它肯定将成为一场新争夺的开端。我们如果撤军，并把同公众真正的支持不相称的权力给了我们盟友的对手，那么在这场争夺中会使我们盟友的士气受到削弱。程序的讨论既可以说成是要阮文绍参加对他本人让位的谈判，也可以说成是承认阮文绍的合法性。河内还没有作出决定性的选择，它还有很大的机动余地。

我在八月十四日会谈后报告总统说：

北越人将注视着美国民意测验的结果和南越形势的发展，以决定是否在十一月以前作出妥协。他们面临一个痛苦的选择。美国政府愿意给他们一个相当好的机会在南方攫取权力但拒绝保证他们一定胜利，他们可以同这样一个政府做一笔交易。或者他们可以坚持下去，明知这样做几乎肯定地意味着他们面对的将是同一个政府，而这个政府再度取得任期四年的委托，表明美国人民不愿在作出了十年牺牲之后再蒙受耻辱……在这个过程中我们比以往任何时候都更加接近通过谈判取得问题的解决；谈判的记录表明，我们的立场越来越无懈可击了；我们仍然有可能取得体面的和平。

尼克松在我的报告上写给艾尔·黑格的批语反映了他的真实态度：

这意味着在十五次会谈中我们都没有取得进展！*

艾尔：很明显，没有取得进展，而且也不可能期望有任何进展。在大选前必须劝阻亨利——我一直是这样做的。我们已经到了这样一个阶段，仅仅秘密会谈这一事实如果对我们有点用处的话，那么用处也是很小的。我们可以预料，反对派很快就会抓住这一点。

对基辛格会谈的希望的破灭可能在政治上有害，特别是由于他的西贡之行（不管我们如何不事张扬）可能唤起人们的希望。

---

* 事实上，这是我和北越人举行的第十六次秘密会谈。

我们现在最需要的是制定一个向公众宣传的计划，或者停止谈判，或者在继续谈判时给人们一些取得进展的希望。

很清楚，如果我建议在大选前停止一切谈判，尼克松是不会不高兴的。但是我没有那样做，因为我对形势的分析和他不同。

访问西贡

八月十七日，我怀着期待的心情到达西贡。在这之前，我在瑞士逗留了一天，同我的父母和儿女们一起，庆祝双亲结婚五十周年。这一天得到了安静的休息，因为我离开了河内的狂热信徒和西贡的孤注一掷的人们，他们各自都在寻求打开胜利之路的锦囊妙计。我们的处境是这样的：要在一致相信没有妥协余地的双方之间找出折衷的办法，我们受到对于为战争出力感到厌烦的公众的压力，并且也受到那些决意在几乎任何条件下结束战争卷入的国内反对派的攻击。

西贡到处都在传说我到这里是来强力推行和平的。这个城市具有一种不协调的和典型的病态的懒散气氛，充满摩托车和军车的嘈杂声，毫不掩饰地炫耀舒适生活的欲望，使人不禁要问，西贡能否动员人们全力以赴地去战胜那些以战争为唯一职业、也许是唯一嗜好的敌人。埃尔斯沃思·邦克大使像往常一样泰然自若地在新山一机场迎接我。他认为阮文绍觉得自己的力量比任何时候都强，由于对力量新的自信，阮文绍会变得更加固执。阮文绍以为南越在军事上占上风；他在不太顺利的时候同意作出的让步，现在他觉得毫无意义了。据邦克讲，看来他确实是害怕和平。他的一生也是只知道战争，他的发迹全靠美国支持。一个要南越人完全依靠自己力量生活的世界充满了恐怖，而他的自尊心不允许他承认这一点。

我和阮文绍的会见起初并没有证实邦克的预见。我们在现代化的总统府会晤。这座建筑坐落在西贡中心两条林荫大道的交叉处，似乎在蔑视法国殖民主义和越南历史的陈迹（越南历史在这个国家的这一地区充其量也只能称得上是短暂的，这一地区仅仅在一个多世纪以前才从柬埔寨掠夺过来）。陪同阮文绍的有阮富德，他在阮文绍手下大体同我的职位相当，还有阮文绍的外甥、新闻助理和心腹黄德雅。阮富德是法国教育制度的出色产物，他以令人气恼的烦琐推论的巧妙手法从抽象的定义中得出毫不相干的结论。对于臭名昭著的黄德雅，则美国要负某些责任。他在美国受过教育，现在刚刚三十出头，在美国期间他看了许多有关精明的年轻人以自己的才智获得成功的电影。他就像过去扮演强盗的艾伦·莱德一样地出了名。他穿的是最时髦的好莱坞式的服装，讲一口流利的美国英语，他的越南出身只给他留下搞阴谋的非凡能力。他使阮文绍固有的疑心更加增大了。邦克和我都相信，他要了许多鬼把戏，使所有的误解更加深了。

阮文绍和往常一样庄重而有礼貌地迎接了我们。从他炯炯的双眼看不出他内心的想法。在他认为似乎行将胜利的时刻，对急于通过妥协解决问题的超级大国，他心里不可能不怀有蔑视的想法。我向他保证美国不会使自己在越南的长期奋斗以耻辱而告终。我们绝不会和那些认为阮文绍是和平障碍的美国人站在一起。我希望在离开西贡时我们能作出一致的评估和取得一致的立场。我想北越可能已经丢掉了在选举前停火的机会。有待谈判的问题很多；河内建议的程序会助长拖延。但是不论河内有什么打算，华盛顿和西贡都必须采取和解的姿态才能继续得到公众的支持，而“如果能找到合理解决的办法，我们当然乐于接受，一如你们”。

为了达到上述目的，我把原计划在九月十五日向黎德寿提出的建议交给阮文绍去考虑。我们不改变我们的军事建议，只是把撤军的限期从四个月减到三个月。这一点关系不大，因为我们在五月八日提出四个月撤军截止限期，实际撤军已经过去四个多月了。在政治方面我们将拒绝联合政府的建议，但是对一九六九年五月十四日以来的三年中我们一直提议的联合选举委员会的组成，则将详细发表我们的意见。

从那时起，美国的每个方案都建议组成一个有共产党人和所有其他政治力量参加的选举委员会——换句话说，就是某种由三方组成的方案。我现在的想法是要通过将选举委员会改名为民族和解委员会而不改变其职能的办法，把联合政府的方案搞掉。于是，我建议要在理论上详细说明这个组织是三方组成的（这是共产党的提法，在我们过去的建议中只是有这种含义而不明讲）。不过双方都将各自指定第三个三分之一的一半——这就是黎德寿提出的权力平分法。重新命名的选举委员会将根据全体一致的原则作出决定。这样西贡就在委员会的组成上和在委员会的工作中具有双重否决权。我从没想到阮文绍可能会反对这个方案，因为这个方案里的联合机构仅是门面的东西，选举委员会实际上不会起什么作用。为了进一步强调这个委员会只有监督选举的职能，我们的新方案里还有另一条，它规定共产党参加选举产生的政府的人数必须按照得票的比例。我们估计，在二十个席位中共产党可能得到两个。正像我向阮文绍说明的，"在美国，政治上的反对派被安排在内阁，不是为了使他们有影响，而是为了剥夺这种影响。"对这一论点，阮文绍是理解的。

我颇为这个方案感到自豪。我以为它可以一劳永逸地结束所有关于联合政府的念头，而且如果河内拒绝我们的建议，我们还可以借此在美国国内为自己辩护。但是，最后发现阮文绍并不同意我对自己起草方案能力的高度评价。

现在阮文绍身上表现出一个新的重要的特点。他以前从未遇到过一个他认为可能被河内接受的美国建议。过去他一直同我们站在一起，以便有权取得美国的支持。但是在面临认真的谈判时，他同我们的看法就开始出现越来越大的分歧了。有些方案只是使我们过去的建议更加动听一些，现在他却认为是重大的改变；我们认为是策略性的步骤，他却把它们上纲为对抗。他在寻找一个可以追溯既往的理由，以便抹掉三年来谈判的成果。

我们没有马上理解这究竟是怎么回事。我们仍然以为阮文绍和我们是同心协力的，因此将他的保留归咎于起草方面的问题和他目光短浅的顾问。我们准备耐心地寻找一个解决办法。然而，他使我们越发迷惑不解的是，他对我们采取了越南人专门用来对付外国人的令人捉摸不定的手法：他从不在任何事情上挑起争论；倘若要他表示同意，他却永远使你可望而不可即。这使我们伤透脑筋。根据和黎德寿打交道的经验，这个手法我应当能够认得出来的。阮文绍对我的陈述没有马上提出异议。他遵循的是我们后来非常熟悉的一套办法：他似乎同情地听我们讲完，再提出尖锐的问题和修改意见，讨论具体的实施办法。他说他同意我的看法，谈判前景不很光明——这有一种使他宽慰的作用。他怀疑河内会提出停火，因为他说停火只对我们有利。这对尼克松总统将是一件“礼物”，而共产党的士气将受到挫伤，他们得不到任何政治成果，却要放下武器(五个星期以后，他又激烈地反对这些论点)。我同意，河内大概不会放弃它的政治要求，但是我提醒他，我们实际上已经对我们公开提出的建议承担了责任：“如果他们回过头来(我不想哄骗你)说应当实现停火，我们就必须加以接受。”

阮文绍交给我一份八页长的备忘录，批驳黎德寿八月一日的建议。它是由阮富德精心拟成的，内容琐碎而极尽挑剔。我浏览了一下，以挖苦的口吻说，它给我留下的明确印象是，西贡不接受河内建议的每一个细节，而我们呢，也不会接受的。在谈话结束时，我又指出——这已是第三次了——如果河内接受了我们五月八日的建议，我们将没有别的选择，只好同意。

第二天，八月十八日，还是在总统府，阮文绍交给我一份新的备忘录，共四页，对我们的方案提出约二十处改动。其中有十五处很容易就被接受了，其他几点困难较大。阮文绍要把“就地停火”这句话改为

“全面停火”，除了意味着南越部队不想在停火后就地停顿下来以外，未说明任何别的理由，甚至对我们权力平分的三方组成的民族和解委员会，阮文绍也表示反对。他说那将抬高共产党的三方组成的原则，肯定会在南越人民中引起疑虑。我回答时，再次解释了我们的方针。我们需要赢得时间。我们要保护自己，不让河内公布它的建议。我们只是详细阐述两年多来我们所提出的建议。我们一贯公开申明，各方面，包括共产党人在内，在选举委员会中都会有代表。我们实际上是在埋葬关于联合政府的建议。为了这些目的，我们要使有的提法含糊一些；我们不能因为纯理论问题而让谈判破裂。另一方面，我指出(已是第四次了)，如果河内建议无条件停火，我们就只好接受。阮文绍重申了他的看法(再次为后来的事实所嘲弄)，即北越人害怕停火，因为“一旦他们接受停火，他们就再也打不起来了，我们会把政治谈判永远延续下去”。阮文绍看来最怕的是，我们可能要作出一些政治让步。他不那么关心停火的时机问题。其实这是误解；阮文绍反对的是任何看来要接近于解决的东西。不管如何，我们最后决定不改变在停火问题上的现有提法。

但是阮文绍的自相矛盾有其更深刻的原因。他能毫无困难地指出旨在消除死敌之间的分歧的谈判文件中的含糊提法。但是这些草稿措辞上的修改都没有涉及问题的要害。对阮文绍来说，要害是国内问题，最终涉及非共产党政治机构在南越的生存：“我对人民、军队、政治团体和国民议会的义务，首先就是不使他们感到震惊。”他得说服他的人民，使他们相信，签订一项协定既不是失败也不是对南越的内部稳定的威胁。为此，他总是需要时间。“即使我们接受了你的建议，我们也得研究一下如何去向人民解释。”在这一点上阮文绍是完全正确的，我们后来对他催得太急了，不利于南越国内的稳定。但是阮文绍本身令人恼火的谈判手法使我们无法看清他的真实想法，这也是事实。

我们逐渐才弄明白，我们碰到的不是起草协议的困难，而是思想上的根本分歧。事情的真相是阮文绍和他的政府对通过谈判取得和平根本就没有准备。他们有一些等于让河内无条件投降的模糊想法。他们不满足于仅仅能够生存下去，而是要获得取胜的保证。他们宁愿继续进行军事争夺而不愿面对一场政治斗争。就像八月三十一日邦克、总统和我在檀香山会晤回顾过去讨价还价的情况时邦克所说的那样，“他们担心自己还没有完全组织好，还不能同这样一个强硬的、有纪律的组织进行政治上的较量。”

但是我们有自己的紧迫事情要做。四年来，我们在为一场战争进行战斗和遭受苦难，我们正在设法从这场战争中解脱出来。为了保持我们的荣誉和信用，我们受到了难以忍受的社会分裂。只是因为我们使公众相信，我们绝对不能接受把共产党政权强加在一个盟友身上，战争努力才得以坚持下去。但是如果河内接受我们停火的建议，我们就不能没完没了地承担继续进行战争以取得彻底胜利的义务。如果尼克松不这样决定，国会就会把我们的噩梦变成现实，并且通过投票逼使我们不提任何有意义的条件就退出战争，在世界各地损害美国总统的威望。

如果谈判破裂的话，阮文绍——同样，还有我——都拿不出有说服力的军事战略来改变印度支那基本力量的对比。我曾经有过一个想法，让南越人沿北越海岸登陆两天，把北越正规部队从南越引开。阮文绍稍微有点兴趣，但是我们两个人都认识到，这是骗人的鬼把戏，而不是战略。阮文绍的水晶球也没有显示出什么妙计。他认为，到一九七三年十二月——即离现在还有十五个月——“如果我们不签订任何协议，……他们在一九七三年十二月的物资供应、人力和正规部队就会比一九七一年十二月或一九七二年三月更少。”换句话说，再经过一段长时间的战斗，而且假定美国空军的支持未受削弱，我们就可以期待达到类似过去形成僵持局面的那种力量对比。我们认为美国公众和国会都不会坐等这一前景的到来。我还知道预算费用吃紧，很快就会迫使我们削减增援部队。

西贡和华盛顿之间的对话就这样像希腊悲剧一样地展开了，每一方都在寻求自己的需要，而得到的却是它最害怕的东西。因为在实质上我们双方都是对的。阮文绍是一位爱国者和才智非凡的人物。他以自己的才能和献身精神坚持了越南的一场消耗战。美国的反战分子为了发泄自己的愤懑以及为了借口迫使美国政府投降而对他的臭骂是不公道的。但是他的迫切需要几乎同我们的需要截然相反。

他和我们都认为，他是南越政府的合法首脑。要他承认那些企图颠覆南越政府的人具有潜在的合法性就是破坏他的统治的心理基础。可是甚至在最低限度的妥协方案里都包含着给这些人以某种形式的承认。阮文绍由于国内的需要，不得不采取僵硬的态度。而我们想要保持对他的支持，就只能作出和解的表示。我们的目标是荣誉；我们可以(俗话说)为和平冒风险。但阮文绍的问题是生存。我们离开以后，他和他的人民将无限期地留下来；他没有任何犯错误的余地。

阮文绍的预感不是没有根据的。为了满足新闻界和国会里我们反对派的无止境的要求，我们已经把我们的条件降低，远远低于朝鲜战争结束后二十多年来为维护韩国安全所需要的水平，而韩国比南越的条件要好得多。在朝鲜仍驻有五万美国战斗部队，而我们却建议从越南撤出全部美军，何况越南边界要更长，防御更难，面对的敌人也更加死硬。在军事力量对比上基本有利于阮文绍的情况下，他所得到的仅仅是同一个自一九五四年以来从未遵守过协议的敌人实行停火。作为交换条件，美国全部撤军，并且不可能再返回。阮文绍本来最希望的是美国继续有增无减地给予支持，直到他的敌人瓦解为止。

我们不断寻求某种妥协方案的努力，说明了我们同越南人之间在文化上的差异，因为妥协这个概念本身对越南双方都是生疏的。

我们无法理解越南双方根深蒂固的仇恨。他们彼此打了整整一代人的时间，谋杀对方的官员，摧残对方的俘虏。他们之间由于不信任和彼此造成的苦难而形成的鸿沟是无法用善意或美国人所倾向的那种妥协办法来加以填补的。越南双方都把每一次解决当成是在不久以后的某个时候一场新的斗争的起点。双方对我所提出的每一项有意含糊的方案都加以研究，以确定这个方案在多大程度上可以给它提供一个使可鄙的对手丢脸的机会。为了取得这样的胜利，双方都以使人惊奇的狡诈而巧妙的手段不断改变提法，特别是用越南语，它含义上的细微差别我们很难掌握。

幸运的是，八月底我对这些都没有觉察出来，否则我可能就没有勇气去着手后来的工作；甚至阮文绍对此也没有看得很清楚。事实上，他和我在跳一种小步舞，庄重而小心翼翼地避免触及实质性的问题，彬彬有礼地装着维持伙伴关系，毫无结果地按传统而已过时的办法行事。阮文绍从来不明确表示反对意见，这当然使得问题更为复杂化。像在巴黎的黎德寿一样，阮文绍的斗争方式带有越南人特有的暧昧以及夹杂着法国笛卡儿哲学气味的傲慢，这种哲学把任何背离单方面宣布的抽象原则都看成是不可原谅的错误。

我离开西贡时错误地认为已经达成了思想上的一致。阮文绍和我商定，我们将通过邦克交换信件，解决我们建议草案上余下的几处分歧。离开我九月十五日下一次开会还有许多时间——差不多有四个星期。

可是阮文绍却保持沉默；我们从总统府那里什么消息也听不到。黄德雅开始通过新闻界玩弄他的小把戏。我们为了西贡而在国内的辩论中吃了不少苦头之后，也许对攻击我们动机的话过度敏感，来自臭名昭著的黄德雅办公室的这些攻击越来越多地登在西贡的报纸上。埃尔斯沃思·邦克当时已七十多岁了，五年来他一直支持西贡，但是他们对待他的态度确实可以说是卑鄙的。邦克请求会见阮文绍，但是得不到答复，或者拖了很久才受到接见，以致问题已经失去讨论的意义了。例如，我们邀请邦克在八月三十一日来檀香山，因为尼克松在那里会见日本首相田中角荣。会见的目的是商议一下我同黎德寿的会谈情况。邦克要求同南越人进行磋商，了解一下他们的想法。我希望利用这个机会完成建议草案，以便在九月十五日提出来。但是尽管邦克作了多次努力，还是没能及时见到阮文绍。至于对我们在八月十九日从飞机上用电报发出的、对于阮文绍交给我的备忘录所作的评论，西贡也不愿作任何回答。

我们又一次大部分接受了阮富德模棱两可的提法，其中有一些我们认为比我们原来的草案反而对河内更有利。（例如，我们没有接受西贡提出的把被俘的美国驾驶员单独提出来要求早期释放的改动；我们认为不应当区别不同的军种。）但这不是问题的实质。在我们刚刚解决了一个问题之后，不知疲倦的阮富德和黄德雅就又提出来另一个鸡毛蒜皮的小事。主要争论的是西贡反对我们建议的关于民族和解委员会的构成问题。分歧出现在这样一个吹毛求疵的小问题上：是像我们建议的那样三个方面的组成人员应当具体指名呢，还是像西贡所希望的只是一般的提一下（感兴趣的研究者可以参阅注释中列举的不同提法）。①

在夏威夷会议上，邦克向尼克松和我强调指出，他认为我们的做法是正确的。我告诉邦克说，我们指望他告诉我们是否我们做得太过分了；他是我们的知音。我对他说，“我们作出了这么多年的牺牲并不是为了现在去背叛。如果你认为这是不合理的，我们就加以改变。我们会付出我们必须付出的代价。”邦克再次肯定我们的方针是健全的，是唯一可行的。我们同邦克谈话之后，就起草了一封总统给阮文绍的信，并由尼克松签了名。信件中再次向阮文绍保证，“我们现在决不会去做我们过去三年半中一直拒绝做的事情”，去放弃南越。尼克松指出，现在的建议如果敌人接受了，就会维护西贡的利益，如果敌人拒绝，就会增加美国国内对我们共同方针的支持。

邦克于九月五日回到西贡。由于身上带着总统的信件，他终于在九月六日受到阮文绍的接见，可是要到第二天才能得到对我们备忘录的答复。现在离我同黎德寿的会晤只有一周了，离我动身去莫斯科也只有两天了。我打电报给邦克，指出我们的“新”建议实质上就是一月二十五日的建议，只是关于选举委员会的构成说得略微详细一些。至于选举委员会中应有共产党的代表，我们一直是这样讲的。

九月七日，阮文绍对邦克使用了现在大家都很熟悉的手法。他向邦克提了有关我们草案的几个颇有见解的问题，并问我们如果草案遭到拒绝，我们打算怎么办。他倾听着邦克仔细地说明我们根据西贡意见对我们的建议所作的修改。他给邦克的印象是他将给予合作，为此我祝贺邦克取得了“令人鼓舞的”成果。可是在九月九日阮富德和黄德雅交给邦克一份新的草案，又提出了新的问题。九月十日，我已经在去莫斯科的途中，我接受了其中的大多数意见，只是在民族和解委员会的构成上，要求能够酌情作一些灵活处理。九月十三日，经过了一个月的往返商讨，在我同黎德寿会晤前的四十八小时，阮文绍又拒绝了我们关于委员会构成的建议。他的拒绝并不是因为委员会使他不安，而是因为他对停火还没有做好准备。

傲慢是弱者的护身符；它是人们在自己面临惊慌失措时壮胆的办法。不过这一点我现在看得比当时清楚。一九七二年九月，越南的另一方——我们的盟友——使我恼火而又无计可施。越南人总是以这种办法来折磨实力比他们强的对手。经过一个月的交换意见，阮文绍在一个与最终结果无关紧要的枝节问题上卡住了，如果因此使谈判中断，我们永远也无法向美国人民解释。如果我们在九月十五日只是采取拖延做法，河内把事情公开，我们的处境就会非常不利。如果我们容忍阮文绍的做法，一切联合外交行动就会化为乌有，就会出现我们国内批评者一直指责我们容许的情况，使阮文绍对我们的政策有绝对的否决权。

我们在此刻的方针就是我在一九六八年《外交季刊》上刊登的文章中和自那以后许多备忘录和谈判中所主张的：把军事和政治问题分开，首先解决军事问题(停火、释俘、撤军)，把政治问题留给越南人自己去谈判解决，让多年来我们努力使之强大的西贡盟友有机会依靠自己的力量去求得发展。

八月十七日和十八日，我向阮文绍详细解释了我的方针。八月二十五日，我在给尼克松的备忘录中也作了概述：

(1) 我们要以体面的条件通过谈判解决问题，或者至少在原则上取得突破。这方面我们必须确定不得把共产党政府强加给南越，或者使这个政府的出现成为不可避免。

(2) 如果不能获得合理的解决，我们要在公众舆论面前尽可能处于有利地位。为此，我们必须确保是由于对方的过分苛刻的政治要求才导致谈判的破裂，以此来孤立国内那些想要我们接受耻辱条件的人。

河内和西贡都拒绝接受我的方针，因为需要越南双方作出妥协，而他们却仍然在渴望取得决定性的胜利。多勃雷宁八月二十二日告诉我，黎德寿反对这一方针，其理由同阮文绍有令人吃惊的相似之处。据多勃雷宁说，黎德寿认为我所有的方案总的目的都是在结束战争的军事方面，对政治前途则用一般原则来阐述，这样河内就得同南越人谈判如何执行这些原则，而“这个(谈判)过程可能会永远延续下去”。结果是南越的政治结构将会存在下去。河内不可能容忍这一点。阮文绍也反对给共产党以实际存在的机会。双方都感到放松全面胜利的要求有风险，是靠不住的。双方似乎都害怕随着停火而出现的政治斗争。双方都在竭尽全力想使我放弃我打算走的艰难的路程，即给河内一个保全体面的方案，安排一项等于只解决军事问题而同时又保存我们盟友政治结构的办法。

黎德寿企图使我超越形式问题而进入实际上不利于西贡的实质性的讨论。阮文绍则设法阻止我在形式上作出让步，以避免面对停火的现实，停火是他真正关切的事，因为这意味着美国的撤军和结束轰炸。这样，在战争临近结束时，我们终于使越南双方“一致”起来了——他们对美国的目的一致感到惊恐，最终都一致地不喜欢和不信任美国的主要谈判者。

如果我的分析正确，我们在九月十五日的会议上还得作一些装潢门面的让步，免得河内得出结论，说我们在拖延时间，并向外界宣布它的看来像是和解的立场，使我们失去国内支持。

我们现在有三个战略性的选择：第一，设法在大选以前获得解决；第二，大选一结束就采取剧烈升级的做法，使事情发展到顶点；第三，照目前速度使冲突继续下去，希望有朝一日河内会软下来，并提出对我们更为有利的条件。我赞成第一种做法；尼克松赞成第二种。他同我所谋求的条件实质上是一样的，但他宁愿在赢得公众对总统新的委托后，就立即戏剧性地用炫耀武力来取得这些条件。第三种做法实际上不是办法。不论在政府内或政府外，按现行办法继续下去，我们的障碍会越来越多。八月份，梅尔·莱尔德为了减少他国防预算的困难，交给了总统一份备忘录，建议将敌人反攻开始以来所增派的部队立即削减百分之二十，将空军出击次数减少百分之四十，还要减少军火供应。尼克松拒绝了，于是莱尔德提出了削减幅度更大的建议，一月一日生效(前面已经谈到)。这种压力肯定将随着预算过程的进展而加重。

而且，我们又陷进了错综复杂的撤军问题。八月二十九日尼克松宣布再撤一万二千人，这使我们驻越军队减少到两万七千人(比我们当时在韩国的驻军少多了)。总统和我想让公众懂得这些可能是永久留守的力量，只有河内作出让步，我们才能撤走这支部队。但是五角大楼很快就透露说，它不认为这是撤军的结束。过六个月我们无疑将面临以莱尔德为首在预算方面施加的压力，以及国会和新闻界关于实现单方面全面撤军的要求，这将使我们失去一些有利的谈判资本。

一月份国会一复会，我们必将面临一系列新的议案，规定我们退出战争的日期，最好的条件也不会超过我们在巴黎可能赢得的条件。总之，我认为河内判断尼克松在大选之后地位大大加强是估计错误。如果我们不在十一月七日以前趁热打铁，河内很快就会发现我们地位虚弱。那时我们就会再次面临令人恼火地交织在一起的拖延、模棱两可的让步以及不时出现的河内一直想用来折磨我们的军事上的“高潮”。

我可以赞成尼克松关于在大选之后搞戏剧性升级的办法，如果在谈判陷入全面僵局的情况下作为最后手段来使用，它总比再来一次无止境的冲突所带来的长期痛苦要好些。可是它不能作为我们优先考虑的方针。否则将意味着尼克松在国内一片争吵声中开始他的第二届任期；越南战争在我们社会里所造成的创伤将变得更加难以治愈。国会的压力将会加剧；我们将面临一月三日国会复会的最后期限。即使忍受这些麻烦，我们将来得到的条件也不会比现在已经开始有可能取得的条件好多少。到了这样晚的阶段，我们不能把在巴黎的赌注再增加到高于我们两年以来所提出，而特别在一月二十五日和五月八日提得十分明确的条件——这些条件都难以得到国会的一致同意。

因此，如果河内决定在大选之前解决问题，我认为这是我们不可多得的良机。十一月七日以后，不论我们采取什么方针，是忍耐还是战争升级，都得坚持下去，对河内来说再没有期限的约束了；我们将被迫接受国会的沉重压力。我们甚至不可能指望苏联和中国会无限期地默许，换句话说，我们可能需要在同他们的关系上付出一些代价。我认为，把那些使我们多年来得以处在极强有力的国内、军事和国际地位的条件很好地结合起来加以利用，是比较明智的。现在是设法使河内作出最大让步的时候了。

鉴于上述理由，我向尼克松建议，九月十五日我们向对方提出一份略加阐述的关于选举委员会的建议，这是一九六九年五月以来我们立场的主要内容。它包括了阮文绍没有接受的关于民族和解委员会构成的规定。我打电报向尼克松请示：

如果河内接受我们的建议——我们认为不太可能，那么，由于开始了一场实质上是新的斗争，出现无数其他复杂情况，南越政府不完全同意我们建议的每个细节这样一个事实变得不那么清楚了。在这种情况下，不能想象南越政府会认为把我们之间存在的一点点分歧公开化会对它有利……

相反，如果河内拒绝我们的建议，我们认为非常可能，南越政府就完全有理由同我们站在一起。不可设想，一旦我们的合理建议公开了，并且河内拒绝了，南越会把过去同我们的分歧公开化。我们将处于十分有利的地位，可以指出我们在谈判中所采取的主动行动，来对付河内的宣传。

尼克松对此一点都不热心。他得到九月十一日公布的卢·哈里斯民意测验的鼓舞，这次民意测验表明，美国选民的绝大多数(百分之五十五对百分之三十二)都支持对北越继续进行猛烈轰炸。百分之六十二对百分之二十二支持对北越港口布雷。百分之四十七对百分之三十五反对在南越建立联合政府(在这个问题上，这是比数最高的一次)。麦戈文攻击说，"亨利·基辛格到巴黎和西贡的旅行只不过是引起人们对和平抱有虚假幻想的宣传把戏。"公众以百分之五十一对百分之二十六的多数对此表示异议。选民以百分之五十一对百分之三十三的多数同意尼克松总统把美国军队从越南撤回美国的方针，而不同意麦戈文的办法。(十二天前，八月三十日盖洛普关于大选的民意测验的结果是：赞成尼克松，百分之六十四；麦戈文，百分之三十；犹豫不决的占百分之六。)

在这种情况下，尼克松认为采取我的建议在政治上得不到什么好处。但是他的习惯是，涉及国家安全时，他就尊重外交政策的基本理论，同时他又提醒我，这对他的政治利益确实是有害的。黑格打电报到莫斯科对我说：

他(总统)说，国家安全委员会似乎不了解，美国人民对基于妥协的解决办法不再感兴趣，他们赞成继续轰炸，希望看到美国经历了这么多年之后能够取胜。我指出这种态度本身是不牢靠的，之所以产生这种态度仅仅是因为我们把一系列强有力的和即将采取的措施很好地结合起来，以重新树立起总统的信誉……总统最后同意了，但坚持说在向你转达他的同意时，我应当向你强调他的愿望，要你明天在会谈中表现强硬，在公开时合乎鹰派而不是鸽派的心意。我还告诉总统，这些会议到目前为止的记载是无可指责的，我深信明天会议之后，仍将是这样。

事后想起来，我认为我们本来可以按西贡的建议好歹去试一试，而不需要加上我的改动。几乎可以肯定河内不会中断谈判，因为它害怕尼克松显然将要重新当选。此外，我现在觉得，这种做法在战术上也是明智的，它也许会减少阮文绍对我们的不信任；当然由于我们之间的看法不同，任何做法最后都不可能防止破裂。就谈判而言，这一切都没有什么关系，因为我们的建议根本就没有讨论过。九月十五日，黎德寿提出了北越七月份以来四次会议中的第三个新建议，这样，我的建议就无关紧要了。

插曲：九月十五日和九月二十七日的会谈

从莫斯科回来途中，我于九月十四日晚在契克斯停留，向希思首相介绍我同苏联领导人会谈的情况。我们已宣布，我还将去巴黎，向蓬皮杜介绍情况。但是，要打破保守秘密的习惯是困难的。为了获得同黎德寿会谈所需的六小时时间，我于九月十五日清晨从英国一个军事机场乘小飞机飞往巴黎。我们在克拉里奇斯饭店的套间外挂上了“请勿打扰”的牌子，而且让总统座机停留在希思罗机场上，当天晚些时候再飞往巴黎，以此来掩盖我们的行踪。这是一个毫无意义的，甚至是幼稚的、不值得一做的把戏，因为我们无论如何将在这天晚些时候宣布同黎德寿的会谈。从那时起一直到谈判结束，我们都没有作出特殊的努力替我的行动保密。而且实际上，在谈判接近尾声的时候，我们还提前加以宣布。

正如在过去的越南谈判中经常发生的那样，这次会谈本身就使所有精心策划的计划失去意义。黎德寿继续使用他自七月十九日会谈以来一直使用的温和的、几乎是悦耳的调子。他不再重复在谈判最初三年中那种虚张声势的言语，说什么美国和世界舆论将会迫使我们解决越南问题。他用几乎有点哀伤的口气一再询问，我们是否愿意迅速地解决问题。我含糊其辞地重新作了保证，有意增强他的不安心情。最后，我提出了我们的全盘计划，包括阮文绍反对的那段内容。黎德寿认为计划基本上没有什么新的内容而不予考虑，他的看法倒近乎事实。可是他并不坚持他先前的主张，反而提出一项新的十点建议。这项建议的要点是削减民族和睦政府的（这是他仅在我们上次会谈中提出的）某些权力。在八月十四日，河内说过，民族和睦政府成立以后西贡政府就要结束，而黎德寿现在却提议，即使在越南问题解决之后现存的两家政府还可以继续存在下去。民族和睦政府只局限于监督协议条款的遵守和外交政策的执行；这一政府又是“临时的”，可存在到最终解决越南问题为止，然而，却没有明确规定最终解决的步骤。每个省将成立民族和睦委员会；这些委员会管理所有有争议的地区。西贡将负责它控制的所有地区的对内政策。但黎德寿又说——即使在匆忙的时候，他也不愿意轻易放弃在细节上占先——既然大部分地方都是有争议地区，那么民族和睦政府就将接管国家的大部分地区。黎德寿还作了一些摆摆样子的让步，例如把对我们撤离的最后限期从三十天延长到四十五天（我们建议三个月）。

我断然地拒绝接受他的政治建议，这点黎德寿肯定会预计到的。我告诉他，我们不接受任何改头换面的联合政府。跟他以前的做法相反，他的反应只是以最温和的口气形式上抱怨我们缺乏“诚意”，而且谈得似乎更加努力了。他突然想知道，我是否准备就达成原则协议规定期限？在达成这样一项协议以后，他在八月一日草案中建议举行的各种会议将着手谈判对该协议的执行。只要我们不再作出更多的让步，我觉得同意一个期限也无妨。我们双方同意以十月十五日为期。各种会议仍将留有充分余地来完善原则协议的内容。

为了赢得更多的时间，从而对黎德寿施加更大的压力，我提议，我们在下一次会谈中把全部时间用于决定对已达成一致意见的各问题的措辞。这些大多是军事方面的问题。黎德寿是妥协的模范。他表示同意，但指出，在政治问题上取得的进展将有利于解决军事问题；政治进展已不再是一个先决条件了。然后，他建议最好是在一周内举行一次为期两天的会议。我同意了这一不同寻常的要求，但把日期推迟到九月二十六日。我们越是把黎德寿推向他的最后限期（美国大选）——这是他自己选定的，对这一点比以前任何时候都清楚——他越是可能乐于迁就我们。我在这次会谈后立即送给尼克松的总结备忘录中这样写道：

他们如此热衷于进行对话，到底想图些什么，还不很清楚。使他们进退两难的是：继续进行会谈将加强我们的国内地位和谈判成果，而绝不会限制我们在军事抉择上的灵活性；如果他们中断会谈，他们就没有在十一月前解决越南问题的任何希望，而我从会谈中感到他们是强烈地希望在十一月前解决问题的。

我的推测是，他们对你重新当选总统以及这件事对他们的含意极为关切。但是，由于他们实行集体领导，他们在作出政治性让步时可能会遇到很大的困难，而为了摆脱会谈的僵局，他们必须作出这种让步。他们继续提出令人不能接受的要求，这也许是因为他们缺乏想象力，也许是因为他们希望不到万不得已不作必要的让步。

实际上，我们正处在战争中最有利的谈判地位。南越军队在九月十五日收复了广治，这是河内在进攻中攻占的唯一省会。也在这一星期内，民意测试显示，美国公众对尼克松处理越南战争的支持在不断增加，而且，在预测大选方面尼克松获得的支持比麦戈文领先得也最多。越南南方共产党第06号指示也在那时（我们在几周后才获悉）通知共产党干部们，将努力“迫使”尼克松在大选日之前结束战争，这是河内使其人民对基本上按照我们的条件达成一项协议做好思想准备的做法。

九月十五日的会谈原来是在舒瓦齐勒罗瓦的达尔戴街十一号举行的最后一次例会。虽然我力求行踪隐蔽，但黎德寿却做得不太成功——或者是不太谨慎。他来到巴黎这件事被人察觉了。几天前，他甚至向记者们暗示将同我会谈，但是那一次没有给我们带来什么困难。(我在莫斯科时，黎回答一位记者询问有关同我会谈事说："在几天内你会得到回答的。")一群有事业心的哥伦比亚广播电台-电视台记者尾随着黎德寿从他的住处到会谈地点，结果摄下了我进入和离开这个迄今是一所神秘的房子的镜头。以后各次会谈在哪里举行，要由北越人寻找地点了。

九月十五日会谈后，使我感到满意的是，我们再次拒绝了联合政府的建议；同时我相信，河内确实也像我们所希望的那样接近于把军事问题和政治问题分开。河内既然已走到了这地步，它迟早会亮出它的底牌的。这一前景也使阮文绍再次感到沮丧。邦克又无法获得约见阮文绍的机会来通报我同黎德寿会谈的情况了。但是，邦克告诉了我他自己的估计，他认为我们的"耐心和坚持似乎正在获得报偿"。他又说："我认为，我们在遵从他的(阮文绍的)意见时一直表示出谅解和非常克制，我认为我们现在应该坚定地表明，我们也有自己的迫切需要。"

邦克没有见到阮文绍，而在九月十六日，邦克收到了一封阮文绍给尼克松的信，表面上是对尼克松八月三十一日的信件的回答。信的措辞精明(可能是曾在美国攻读的黄德雅写的)，信中表示同意美国总统的所有基本点。突出的是，信中没有对我们在关于联合政府、关于监督下停火和关于不再进一步渗透等关键问题上坚持原则表示赞赏，却警告说，不应再作出任何让步：

……不应鼓励共党分子使用一种更加巧妙和付出更小代价的办法来通过所谓的谈判解决和政治和平解决去接管一些国家。……因此，继续极不符合逻辑地向共党分子作出让步只能鼓励他们更顽固地坚持他们的立场和进行侵略。

阮文绍抹煞我们以前提出的所有建议都是得到他的同意的这一事实。他说，我们已经提出的条件“确实是过于积极、很可以理解和合乎逻辑的，在这方面我们已经走得太远了”。（把我们以前的建议说成是“可以理解和合乎逻辑的”，这是令人寒心地重复了北越人的用语。）阮文绍的责难既是不必要的，也是伤人心的，因为我们无意在下次会谈时提出任何新的东西。

阮文绍终于在九月十七日屈尊让邦克向他介绍我同黎德寿会谈的情况。阮文绍认为有两种可能性：北越人可能准备在美国大选前在原则上达成一项协议，或者他们对我们的策略还无把握。我当时多少还以为阮文绍的敌对情绪是出于误会，就向邦克发了一份关于九月十五日会谈的更为详细的记录，还附了一份关于我在莫斯科讨论越南问题的记录，内容实际上是很有限的，因为我觉得莫斯科对在巴黎进行的频繁讨论不会有多少贡献。然而，成功的希望似乎只使阮文绍更加固执。他于九月二十日在顺化发表的讲话中尖锐地宣布：除了南越人民外，“任何人都没有权利商谈或接受任何解决办法”。九月二十三日，我再次试图弥补裂痕，写信给邦克说：

阮文绍应该明白，在我们所面临的敏感时期，他对谈判的表态会对河内的策略产生重大的影响，讲清这一点也是很重要的。如果阮文绍真的担心我们可能在条件没有成熟的情况下解决越南问题，他就必须懂得，华盛顿和西贡之间出现分歧的实际后果将会是促使河内在秘密会谈中更快地解决越南问题，以便利用他们发觉的美国和越南政府之间的分裂以及随之而来的西贡的政治混乱。这将打乱我们试图保持的经过慎重斟酌的步调。我们此时的策略是迫使河内的立场进一步发生变化，在继续对河内施加最大限度的军事压力的同时，维持在巴黎进行建设性活动的外表。因此，必须使阮文绍同我们紧密地站在一起，以便向河内显示我们的团结。

北越人对他们泄露达尔戴街会谈地点的责任感到有些不安，他们为九月二十六日到二十七日的会谈找到了一个新的地点。到那里去，我们必须走过一条似乎为了使我们回想起我们的东道国法国的过去、今天和将来而事先计划好的路线。我们离开巴黎，经过布洛涅森林向西南方向驶去，越过隆尚的赛马场；然后我们绕过纪念勒克莱尔将军于一九四四年解放巴黎的路线的纪念碑，穿过戴高乐曾在一九六二年遇刺脱险的小克拉马的十字路口，经过在萨克莱的核研究中心。在幽静的乡间小镇伊维特河畔吉夫市镇的勒克莱尔将军街一〇八号，高高的绿色木栅栏后边的大庭园里有一座白粉墙的两层楼房，这就是我们会谈的新地址。我们的环境变得更加优美雅致了。

北越人不愿说出他们是怎样找到这所房子的，只是说它是由“朋友”借给他们的。这些“朋友”结果是法国共产党。这所房子原来是立体派画家费尔南德·莱热的家和工作室，他曾是一个共产党员或是共产党的同路人，一九五五年去世时把这所房子赠给了他衷心感戴的共产党。就在这种很不相称地挂着一些莱热的引人注目的抽象画的仿制品（也许有一些原作）和挂毯的环境里，我们开始了一轮极为重要的越来越具体的谈判，以求结束战争。在我于十月二十六日举行“和平在望”记者招待会之前，我们的新会址还得太太平平地多保密两个月不让人发觉。直到十一月下旬，当我们又回到伊维特河畔吉夫市镇时，来自世界各地的记者就成群结队地紧紧尾随着我们。

黎德寿和春水都像在九月十五日时那样表现出同样迫切希望早日结束战争的心情。他们先用了两个小时阐述一个工作计划（据北越译员阮定芳说是一个“时间表”）*，打算在本月内解决越南问题。这个“时间

---

* 我绝没有取笑任何人口音的意思——他是一个出色的译员。但是黎德寿坚持要遵守的时间表成了在十月份谈判破裂的关键问题。“时间表”这个词——以英国方式发音，但把重音奇特地放在最后一个音节——黎德寿不知重复了多少遍，以致阮先生的发音在我记忆里怎么也忘不掉了。

表”很快就取代了越方多次会谈一开始都要重弹的河内解放斗争史诗的老调。黎德寿像是在作开场祷告似地提出了加速进行谈判的建议，我则给予响应。我们进行讨价还价，因为我认为，“时间表”问题也和其他任何话题一样可以消磨时间，使河内越来越逼近它自己提出的最后期限。我们最终表示同意这个“时间表”。然后，黎就亲自把这件事记在一个小笔记本上，本子上画满了蓝色的框框，使记录的事情显得更为庄重。下次会谈的时候，又照此重复一遍。但是，随着时间的消逝，这个“时间表”也就被遗忘了。有一次，他在恼怒时大声喊道：“我在把它记下来，但我要你知道，我不相信它。”

当我们最终着手研究实质性问题时，黎德寿又提出了要我访问河内解决最后分歧的主意。如果我们谈判告成，这次访问就列入“时间表”。黎德寿在对双方立场的分歧和相似点进行有条理的逐点评论后，提出了另一项新的全面建议，这是在五次会谈中提出的第四次建议。（过去，他们提出的方案至少要坚持六个月。）甚至在我说了我将不发表任何新的看法以便用当天晚上的时间来考虑他的评论之后，他还是提出了新的建议。（这样也好；我要提出的不过是措辞上的一些小的修改。）

黎德寿的新方案——他把它叫做“最后的”提议——进一步削减了共产党对成立三方联合政府的要求，并且更加接近于我们的建议，即原则上只成立一个混合选举委员会，他仍然要求成立一个没有阮文绍的“临时民族和睦政府”，但他再次减少了它的职责。民族和睦政府将向现存的政府提供咨询意见，含糊地负有在双方间进行斡旋的责任，但它既没有执行也没有处理外交政策的权力。如同我们所建议的民族调解委员会那样，这个民族和睦政府将“根据一致同意的原则进行工作”——换句话说，任何成员都有否决权，即使在有限的职责范围内，也什么都干不成。我后来向总统报告说，这个政府仍然是不能接受的，但是“从河内的角度来看，它是一种重大的变动”。我认为，“这是同他们的下述做法不矛盾的，即最终把他们建议成立的联合政府变成一个无关紧要的委员会，以便顾全面子，掩盖就地停火和双方对各自领土保持事实上的控制。”

河内作出的一个更加令人吃惊的让步是，黎德寿建议，在解决越南问题后，河内的军队将撤出老挝和柬埔寨，而且在老挝的美国俘虏也将获释（他说在柬埔寨没有美国俘虏），这是一个重大的突破。我们曾经坚持在印度支那范围内实现停火，要求释放所有在印度支那的美国俘虏，要求北越人撤出其他印度支那国家。除了遣返俘虏外，这些要求在美国国内都没有获得很大的支持。可是现在所有这些要求正在实现之中，甚至送来的快餐质量也大有改进。第二天，九月二十七日，他们给我们送来了鱼子酱、虾、面包片、白酒和雪利酒，外加水果和春卷。

既然我们的策略看来是在生效，我就只限于提交对方一些关于下列问题的简单草案：国际保证，对停火实行国际监督的技术细节，以及交换俘虏。黎德寿由于越来越急于要使谈判取得迅速进展，他生气地表示，我只是在爬行，而且只注重次要问题——事实确是如此。

我告诉黎德寿，他的很多新建议都比以前进了一步。但是，继续要求阮文绍在一项最后协议签字后必须离职是荒唐的。我再次强调，我们永远不会直接地或找一些借口来抛弃我们的同盟者。黎德寿强调了他们的建议是“最后的”。我重申，美国人民将永远不会赞成通过建立一个共产党政府来结束一场他们已经付出巨大代价的战争。最后的结果必须由人民来自由决定——这是黎德寿很难理解的概念。他对西贡总统选举中的获胜者就能得到一切这一点感到烦恼；他想知道，拟议中的选举是否可以不选总统，而选出一个国民代表大会。最后，黎德寿问道，我们建议的全国调解委员会除了监督选举外，是否还能给予更多的职责。他已准备在下次举行为时三天的会谈。他建议会谈在十天以后十月七日举行。他说这次会谈是“决定性的”。为了稍微增加一点对他的压力，我同意在十月八日举行。

这一切越来越清楚地表明，我们已经到了一个关键时刻。我们已经在原则上解决了所有的军事问题：停火、渗透、撤军、释放战俘、国际监督和老挝问题。在柬埔寨问题上我们没有达成协议。黎德寿仍在极力要求旨在损害西贡的政治方案。但是他急于要在十月初举行一次为期三天的会谈这件事毫无疑问地表明，我们还没有听到河内的最后决定。也许最后决定证明是不能接受的，而且当我们着手把在原则上同意的东西起草成协议时，我们所做的全部工作可能成为泡影。但是，我们已经取得了很大的进展。下一次会谈要么取得突破，要么将迫使我们进行另一次军事较量。

阮文绍希望些什么，我是一清二楚的。西贡不断挑衅性地泄露大量消息。感激别人对自己的帮助并不是越南人的特性。阮文绍认为我们理所当然地应该为他的国家进行顽强的后卫战斗，否则他就要把作出所有让步的责任都推到我们身上。但是，既然已经到了这一关键时刻，很明显地有必要同阮文绍再进行磋商。

尼克松在西海岸地区进行竞选活动。九月二十七日，我从巴黎回国后几小时内就和在洛杉矶的霍尔德曼接通了电话。我建议派黑格到西贡去和阮文绍一起研究我同黎德寿下次会谈时可能发生的各种情况。尼克松同意了。

我提议，我们向阮文绍提出一些下次会谈中要提的政治建议，供他选择。我们可以同意进行国民代表大会的选举，而不是总统选举；撤销总统选举的建议将避免阮文绍辞职。我们可以要求拟议中的全国调解委员会在达成和平协议一年后来审查宪法，使宪法同和平协议的条款相一致。在我看来，这是一条最有把握的途径，因为西贡在这个委员会中拥有绝对否决权。

结果，所有这些点子都是徒劳的。黑格大可不必进行这次旅行。黑格非常钦佩阮文绍，但这次却受到了标准的阮文绍式的待遇，这种待遇同河内认为它处于有利地位时黎德寿在巴黎使用的手法很相似。十月二日，黑格和阮文绍第一次在总统府会晤了两小时四十分钟。阮文绍态度平静，口气和解。他问了一些经过认真推敲的问题，想摸清尽可能多的情况。黑格按照我和我的助手们起草的谈话提纲，说明我们利用河内的急躁情绪来获得更多让步的策略。相反地，如果我们没能抓住争取和平的机会而造成持续的僵局，在美国国内可能会招致攻击，从长远来看，就将威胁到我们援助南越的能力。黑格解释了我们在九月十五日谈判中的做法。我们表示愿意提出有点新内容的建议，这个态度对于促使谈判持续下去是重要的。河内实际上已经提出了一项“有了重大修改的建议”。我们需要在下次谈判会议上为同样目的提出一些有新内容的东西。黑格扼要地说明了尼克松批准的各种选择方案。

根据阮文绍的反应，黑格认为已使他消除了疑虑。（阮文绍似乎以为我们会再次要求他承诺在新的选举前辞职。）黑格报告说，阮文绍的态度是“我们所能希望得到的最富于建设性的态度了，而且看来他会比原先更倾向于抱合作态度”。

不久，他就会知道情况恰恰相反。他预定在十月三日同阮文绍的会见突然给取消了。同时，尼克松于十月二日在戴维营会见了葛罗米柯。在黑格的乐观的报告影响下，尼克松告诉葛罗米柯，我们将在十月八日的会谈中提出我们的最后建议。如果这一建议遭到拒绝，在选举期间就不再举行谈判。此后，我们将转而使用“其他办法”。

十月四日，阮文绍彻底地摊了牌。他同国家安全委员会全体成员一起会见黑格，激烈地攻击了美国建议中的几乎全部内容，包括那些他早已同意了的。他不愿意讨论我们向他提出的一些变通的建议。阮文绍有时还痛哭流涕。（此后不到三星期，我碰到了同样的情况。）黑格报告说：

我们刚同阮文绍总统和他的国家安全委员会进行了三小时五十分钟的会谈，出席会谈的人包括陈文香副总统、陈善谦总理、陈文林外长、总统外交政策助理阮富德和总统特别助理黄德雅。我和邦克驶近总统府的时候，我们明显地感到一场对抗即将发生。交通显然已经停止一些时候了，我们进入总统府时，总统府里危机的气氛十分清楚。当我和邦克被召去总统办公室时，我们却被径直引到会议室，国家安全委员会的成员们在那里等着我们。阮文绍用越南语首先致词，黄德雅站在黑板前面充当译员……从一开始就很清楚，我们正面临着越南政府对美国各项反建议的坚决而又一致的反对。

尼克松的反应远不是他在回忆录中所追忆的那样对阮文绍深表同情。[②] 十月四日上午，尼克松告诉我，黑格回国是错误的，虽然回国是在计划之中的；他认为黑格应该留在越南对阮文绍做些工作。邦克最好同阮文绍再进行一次“坦率的”谈话，必须让阮文绍了解，尼克松不愿使自己处于尴尬的地位。尼克松授权让我在十月八日继续进行会谈。他自我安慰地认为，也许河内不管怎样都会拒绝考虑我们的建议。同西恩富戈斯危机时一样，他想把事情拖到大选以后。“依我看，如果他如此不讲道理的话，我们在大选以后势必同他断绝关系。你知道，我是指胳臂扭不过大腿。”我告诫尼克松说，河内最终接受我们的九月十五日建议有百分之五十的可能性(这个建议综合了我们过去十六个月中提出的各项建议)。我认为这是我们最好的一次机会了：“我们不可能通过另一年的轰炸来取得更好的条件了。”尼克松说，他同意这一看法。我重复了对策略的看法：我们使“时间对北越人不利”。我说出了我的怀疑，阮文绍恐怕是希望我们对他施加压力，以便让我们负担责任。

结果决定，我将坚持我们于九月十五日采取的立场，不再提出阮文绍拒绝接受的任何一项变通的建议，没有必要进一步恶化我们同阮文绍的关系。我们将要求河内对军事问题说得更具体些，然后我们才提出一个新的政治方案。如果河内接受我们九月十五日的建议的话，我将要求休会，以便前往西贡。尼克松告诉我，那时我应该“迫使他(阮文绍)接受我们的建议”。

很明显，尼克松希望迫使阮文绍接受建议这件事——近四年来我们一直避免这样做——不宜在大选前发生。我可没有把握这会不会发生，因为我们于九月三十日收到了河内的一封信，再次表明河内急于要迅速解决问题，并可能作出一些新的让步：

越南民主共和国（河内）认为，下一次为期三天的会谈是至关重要的，现在是就谈判的方针作出明确决定的时候了。只有两种选择：要么双方对一些已经提出的问题的实质达成协议，这样就有助于实现双方已达成谅解的谈判日程安排，即在一九七二年十月底前结束战争并签署一项全面协议，时间能提前则更好。

要么双方就无法达成协议，谈判陷入僵局，战争将持续下去。在这种情况下，美国将承担全部责任……。

就越南民主共和国方面来说，它将详细研究美国方面于一九七二年九月二十七日提出的十点建议，并本着建设性的精神和认真的态度参加下一次会谈，为同美国方面就一些实质性问题达成协议而进行最后的努力。

同时，我们的任务是尽可能搞好十月八日会谈的环境。我们必须阻止阮文绍将我们的争议公开化，这会损害我们同河内的谈判地位，损害尼克松在国内保守选民中的地位。但是我们也必须通知他，谈判的进展可能会迫使我们回到黑格已同他磋商过的一些政治建议上去。我于十月五日起草了一份给阮文绍的电报，以尼克松的名义保证在作出任何最后决定前都要同他磋商。第二天，我打电报给邦克说，要让阮文绍研究黑格向他提出的政治建议，即关于选举总统、选举国民代表大会，或者甚至是由选举委员会来审议宪法的建议，“使他不能抱怨他没有足够时间来考虑这些建议的各个方面，如果有必要这样做的话。”

在为十月八日的会谈做准备时，我让国务院参与了这项工作。副国务卿亚历克斯·约翰逊和负责东亚事务的助理国务卿威廉·沙利文拟定了有关国际监督机构和实施停火的工作文件，这些文件是非常有用的。然后，我终于在十月七日星期六上午动身前往巴黎，此行成为我们同河内进行四年之久的旨在结束战争的谈判的高潮。

突破：十月八日会谈

这一次，我和全体随行人员都在沃森大使官邸下榻，这是在时髦的圣奥诺雷郊区街上的一所刚维修一新的大楼。预计要进行三到四天的谈判。我由黑格陪同，因为他对西贡的态度有最新的第一手的了解，同时如果达成协议，他也能帮助我说服尼克松接受。我的工作班子里的理查德·T·肯尼迪留下来主持国家安全委员会的日常工作。

十月八日星期天，秋季的巴黎天气晴朗、空气清新。上午十时三十分，我由黑格陪同到达在伊维特河畔吉夫市镇的那所仍然是秘密的白粉墙房子。会谈开始时，双方开了一些玩笑。我向黎德寿和春水表示歉意，因为他们在星期天误了上教堂，或者是误了去观看正在隆尚举行赛马的机会。北越人很乐于保持当时的这种气氛：

基辛格：“在法国，马在跑道上跑的方向同美国相反。我听说，在巴黎和奥特伊尔有一个赛马场，当马跑到赛马场的另一边时，就被树木遮住了，所以你就无法看见这些马了，据说，赛马骑师就在那里决定让哪一匹马获胜。”

黎德寿：“但是我们呢？我们是向着和平还是向着战争进行一场比赛呢？”

基辛格：“向着和平，而且我们正在树木的后面。”

黎德寿：“但是，我们将征服这些树木呢，还是树木将阻碍我们？”

基辛格："不会阻碍，我们将解决问题。"

黎德寿："如果你们从这些树木背后出来，我们也将这样做。"

基辛格："我们都会从树木背后出来的，我们会解决问题。"

黎德寿："那么，两匹马将在同一条路上。"

基辛格："但是，我们要越过终止线时，你们会说，'你们还不够具体。'"

在会谈开始时谈笑了一阵子后，我注意到在黎德寿面前放着两个绿色的大文件夹。我就问他，他是否想把文件夹里的东西读给我听。春水邀请我先发言——很明显，他们想知道我是否已带来了比他们准备接受的更好的条件。我回答说，我们在黎德寿最近提出的政治建议中发现了一些积极的因素，比如一致同意的原则，但它仍旧有一些重大的缺陷：

在协定签字后，你们将使现任总统下台；你们将废除现行的宪制结构；你们将从西贡直至村庄一级建立一些新的半官方机构。

……这些因素综合起来所产生的影响是很明显的，即使一个因素未必是决定性的，但它们加在一起同时发生，不得不引起我们的关注。

最后，我挖苦地说，我知道西贡因此而受到的损害并不是故意造成的，我纯粹是本着合作的精神作这些评论的。

然后，我转而谈军事问题。我强调军事问题具有"特殊的迫切性"。河内最近提出的建议中有许多悬而未决的问题，特别是停火的方式、北越军队撤出老挝和柬埔寨、结束经由老挝和柬埔寨向南越的渗透以及释放在老挝和柬埔寨的美国俘虏。虽然在谈判中暗示要解决这些问题，但没有具体的建议。我们将坚持在整个印度支那实现停火，但是我们对具体的安排并无成见。即使老挝和柬埔寨的停火要分别作出安排，两者也应该同时生效。我交给对方一系列有关所有技术性问题的简短的解释性文件——实际上就是国务院起草的文件。

我还提交了一项“新”的和平建议，这项建议实际上只作了一些表面上的改动，把民族调解委员会的职能说得稍微具体一点，该委员会将监督选举以及委员会同意的其他事务——由于西贡的否决权，这种事务不可能很多。监督下进行的选举的性质没有正式地具体化。如果像尼克松告诉葛罗米柯的那样，这是我们的“最后建议”，那么这只能向黎德寿表示，我们在保持西贡的现有结构方面一步不让，而且也没有作出任何其他重大的政治让步。

很明显，这也是黎德寿得出的结论。他没有像在过去三年中那样随时会暴跳起来，只是说：“我建议现在休息，然后我再发表意见。”会谈于十二点三十八分告一段落。接着送来了丰盛的午餐，而北越人统统上楼去了。下午一点，黎德寿回到会议室，同我在快餐桌旁闲谈。他打趣地说：“战争结束后，我有一天将带你去看胡志明小道。”他又离开了一会儿，去看他的同事们。然后，他又回来对我说，既然我给了他们“这么多文件”，北越人希望休会时间长一点。他建议会谈于下午四点继续进行。我表示同意。

我和我的工作人员在充满着秋天清新空气的庭园里散了一会儿步，轻声交谈(以防灌木丛里有窃听器)。为了消磨时间，我想开车去转一圈。有人(也许是盖伊上校)建议去朗布依埃——十四英里外的森林和古城堡。我表示同意，我们七个人乘上两辆小汽车，由盖伊和他的同事驾驶，向西顺着三〇六号国家公路驰去。我们并未到达朗布依埃。车开了十分钟后，我有些局促不安，想同黑格秘密地磋商一番。于是，我就要盖伊上校在一个我和黑格可以漫步的地方停车。盖伊把车开到一个地方，那里大路两旁绿树成荫，车一停，眼前豁然开朗，出现一个小湖，这里看来也是一个野餐胜地。来郊游野餐的人们把印着方格图案的桌布铺在地上，放上食品；情侣们双双地躺在树荫下面。初秋的法国，天空是蔚蓝的。我们这些奇特的、专心一致的美国人顺着杂草丛生的小径漫步，丝毫没有引起这些巴黎人的注意。我和黑格在湖边快步走着，回顾了会谈中的策略，然后往回走。美国代表团的其他成员同样是心事重重，紧张地等待着两小时后即将发生的一切。

对我们来说，目前的这种实实在在的宁静气氛同我们的焦急心情相比，简直是令人难以忍受。下午四点，我们就会知道，这么多人曾经忍耐了将近十年的苦痛是否会换来体面地结束越南战争。

会谈按时复会。黎德寿没有旁敲侧击。他立即拿起他的绿色文件夹。他说，如果我们按照我们已取得一致意见的时间表，迅速地结束战争的话，“我认为我们不能像现在这样来进行谈判”。他在谈判中提出的所有的程序和各种方案（我也勉强地如法炮制），他现在都认为是不够的了。这些程序和方案“十分复杂，讨论起来要花很长时间，要花好几个星期”，因此，“为了表示我们的诚意，并像我们所有人希望的那样，确保迅速结束战争，迅速恢复在越南的和平，我们现在就谈判的内容和方法提出一项新的建议，一项非常现实、非常简单的建议。”

黎德寿建议，美国和北越签署一项协议，解决它们之间的军事问题——撤军、释俘和停火。在南越的政治问题上，“我们将只在大的原则方面达成协议。在签署这项协议后，立即实现停火。”不能让政治问题——“最棘手、最困难的问题”——来拖延我们的谈判（“拖延”一词译员阮定芳先生是用法语说的）。黎德寿现在不再要求在实现停火前组成一个联合的民族和睦政府了。实际上，他放弃了联合政府的整个概念。这个政府现在只是一个由南越两方在三个月内建立的一个“民族和睦管理机构”，负责执行已签署的各项协议，实现民族和睦（不管这意味着什么），和“组织”尚未具体规定的大选和地方选举。南越的两个“管理机构”——西贡政府和共产党的临时革命政府——将继续存在下去，并拥有自己的军队。

这个“民族和睦管理机构”由于须经南越两方的批准，可能永远连成立的希望都没有；它的职能还须由两个死敌来谈判决定，然后还要按照一致同意的原则来工作。* 为了要求联合政府，北越人付出了十年的巨大努力，忍受可怕的苦难，落到现在这样只有一个淡淡的影子，这是没有什么可称道的。而且我相信，在今后的谈判中我还可以进一步降低这一“管理机构”的重要性。河内在四年中一直要我们取消我们盟国的政治机构，代之以一个联合政府，现在它已经基本上放弃了它的政治要求了。

其他一些协议条款也有助于消除我们的担心。三年来，河内一直坚持，结束对南越的美国军事援助是解决越南问题的绝对先决条件。现在黎德寿放弃了这项建议。“替换武器装备”（即军事援助）是允许的；换句话说，我们可以继续向南越提供物资。虽然河内闭口不谈撤退它的军队（实际上，河内甚至不承认在南越有它的军队），但是它接受了我们一九七一年五月三十一日的建议，停止对南越的渗透。如果河内遵守这项诺言，它在南越的力量将必然遭到削弱。此外，还将实行国际监察和监督——尽管黎德寿认为这“不是一个迫切的问题”，并建议在实现停火后再加以讨论。当然，我们之间还有一些分歧。黎德寿仍闭口不谈在老挝和柬埔寨的北越军队（虽然他以前曾同意撤军）；他不愿意承诺河内在那里停火的责任，因为这将违反不干涉这些国家的原则。我挖苦他说：“但是你们在那里驻有军队，也是违反这个原则的。”黎德寿表示他现在要像以前在作战时那样坚决地为和平而努力。如果他是确有诚意的话，上面这些问题就可以在以后几天内得到解决。他知道，否则就不可能达成协议。黎德寿在发言后，交给我一项协议草案的全文。

黎德寿一再坚持说，他的计划表示他们已接受了我们的建议：

这就是你们自己建议的，和你们一样的建议……因此，我们的建议

---

* 黎德寿的十月八日书面计划中没有这项有关一致同意原则的内容，但是他在口头建议中提到了这一点。我肯定他是会接受一致同意原则的，因为他在九月二十七日建议中提过这一条。他确实接受了。

表示了我们的善意，表示了我们迅速结束战争的真诚愿望。而且这和尼克松总统自己提出的建议是一样的——停火、释放俘虏和撤军……。至于南越内部的政治和军事问题，我们在一些原则上达成协议，将由南越各方来讨论……我们这样做是为了减少棘手的问题。所以，我们要做的就是你们先前建议过的事情：停火和停止敌对行动、撤军、释放俘虏……。这是你们的建议，我们为了结束战争而以巨大的诚意接受了这一建议。……因为这一新建议同尼克松总统自己提出的建议完全相同：停火、结束战争、释放俘虏和撤军……而且，我们在一些政治问题上提出了许多原则。你们也这样建议。我们将让南越各方来解决这些问题……

事情就是这样。河内终于把军事问题和政治问题区别了开来，我曾在过去四年中极力主张这是解决越南问题的最好办法。河内接受了尼克松五月八日的建议，并承认不用推翻南越政府作为停火的代价。河内对我们有关总统选举的建议置之不理，这样就没有必要再提阮文绍在总统选举前暂时引退的事了。建立联合政府的建议已经作罢；南越的政治结构问题由越南人来解决。

将近四年来，我们一直期待着这一天的到来。然而，当这一天到来的时候，它并不像我们所想象的那样富于戏剧性。一位年迈的革命者以单调沉闷的声音，把十年流血的终结体现在模棱两可的法律词句之中，和平就这样来到了。

我和我的大多数同事马上就懂得了我们听到的这些话的意义。应我的要求立即休会后，我同洛德握着手互相说：“我们成功了。”曾在越南服役的黑格激动地说，我们维护了那些在越南服役、牺牲和受苦的军事人员的尊严。黎德寿的文件中肯定还有许多令人不能接受的东西。在对方发言结束后的半小时休息时间里，我的其他一些同事，特别是约翰·内格罗庞特集中研究了这些不能令人接受的东西。但是，我知道文件的实质是停火，撤退美国军队，释放俘虏，以及不再进行渗透——这是我们提出的基本计划，并从一九七一年五月起就坚持说这个计划是必不可少的。

经常有人问我，在我担任公职期间什么时刻使我最为激动。我参与了许多轰动的事件，我曾经大权在握，我也看到过壮观和隆重的场面。但是最使我感动的时刻是在那个凉爽的秋天的星期天下午，当暮色降临到宁静的法国大地的时候，那所挂着抽象画的宽敞而又寂静的房间旦只有那张绿绒面桌子上灯光明亮，两个代表团面对面地坐在桌子两旁。我们想，在印度支那的流血事件终于要结束了。我们正开始实现我们这么长时间来所追求的目标——符合我们的荣誉和在世界上的责任的和平。我们将有可能去医治战争给我们自己的社会所带来的创伤。

然而，谈判者不应该暴露自己的感情，这可能成为对方手中的武器。在我们复会时，出于战术上的原因，我在这一欢欣鼓舞充满希望的时刻只能讲这些话："当然，我还没有机会来研究你们的文件。从你的发言中，我相信，你们已经在我们的谈判史上揭开了新的重要的一章，有可能使我们的谈判迅速取得成功。"我提请黎德寿注意，任何谈判的结果都必须先由尼克松总统批准，然后再征得西贡的同意。只有在那时才能谈得上像他迫切要求的那样，我去访问河内。最早时间可能是十月二十日。我要求让我用当天晚上和第二天上午的时间来研究越方的文件，并在十月九日星期一下午两点再进行会谈。黎德寿同意了。我同一个朋友共进了晚餐。回到使馆后，我就指示温斯顿·洛德和约翰·内格罗庞特改写黎德寿的文件，进一步地削弱政治性条款，强调我们援助南越的权利，用美国以前提出的建议中的措辞加强那些反渗透的条款，并坚持要北越人撤出老挝和柬埔寨。

后来，我独自在巴黎的大街上漫步，顺着塞纳河西岸一直走到巴黎圣母院。我在圣夏佩勒附近过塞纳河，经过卢浮宫，然后穿过协和广场回到美国大使官邸。任何其他城市都没有像巴黎那样，过去和现在是如此地协调。有些城市要古老一点，但是同目前的现实联系较少；有些城市极为现代化，但不使人有一种同过去相衔接的感觉。在巴黎，历史同当代世界交融在一起，它给人以鼓舞，却不令人感到不知所措。塞纳河西岸使人们回想起巴黎当初是不大的。巴黎圣母院所传播的信念使一个农民的社会建筑起高楼大厦，体现出对上帝的幻象和永恒的憧憬。十九世纪的巴黎显示出如何能使大自然为艺术服务(虽然这些宽广的大道具有更为实用主义的目的——为向造反者开枪提供毫无阻挡的场地，并使巴黎人更难于建筑街垒)。当我在巴黎的街头踱步、陷入沉思之中的时候，这些对巴黎的看法在我的脑海中掠过。一个令人兴奋的目标已经在望；很多事情将取决于以后几天里我干的是什么，我建议的是什么，以及我寻求的是什么。

我有三种选择。我可以说黎德寿的计划不行而在原则上加以拒绝；我可以在原则上接受他的计划，并通过谈判予以改进；我可以进行拖延，如借口要返回华盛顿去磋商。

我决定继续谈下去。多年来，我们已经确切地说明了我们的条件：我们不会直接或间接地推翻一个盟国政府；我们希望在整个印度支那结束战争；我们将坚持越方遣返我国俘虏，并提出了在作战中美方失踪人员的名单。我们要北越从邻国撤走它的军队。我们要求结束对南越的渗透。黎德寿的协议草案满足了所有这些条件；该草案实际上接受了我们于一九七一年五月三十一日和一九七二年五月八日提出的建议。不仅如此，对我们来说，新建议的政治条款比尼克松在一九七二年一月二十五日建议的要好得多。同我们的在六个月内举行总统选举以及阮文绍在选举两个月前引退的建议相比较，黎德寿计划中规定的大选十分含糊，无法付诸实施。“民族和睦管理机构”甚至比我们三年来极力主张的联合选举委员会的权力还要小，因为需要监督的选举还没有商定。而且我确信，在一场迅速进行的谈判中，我们可以进一步冲淡政治条款。

至于军事条件，建议在越南就地停火是无条件的。黎德寿曾暗示，停火可以扩大到老挝和柬埔寨。交给我们的协议草案包括要求从老挝和柬埔寨撤出所有外国军队的条款；当然我还得想法子抓紧撤军的时间，并弄确实：黎德寿是把北越军队算作“外国”军队的。此外，我们的剩余部队撤离时，河内准备遣返美国俘虏。应该承认，协议草案中确实没有一项北越军队要从越南南方撤出的条款。但是在一九七〇年十月七日提出的停火建议中，在一九七一年五月三十一日提出的七点秘密计划中，在尼克松一九七二年一月二十五日和五月八日的公开建议中，我们都已经自动放弃了这项要求，而且征得了阮文绍的同意。值得回忆的是，以前提出没有这一条款的各项建议时，没有一个人——在这点上不论是鹰派或鸽派，或是阮文绍——表示过反对。从原则上说，要求北越撤军当然是合理的。但在实践中，经过十年的战争和三届政府，这证明是无法实现的。我们只能通过全面战争，彻底打败河内才能达到这一目标，但是这样做我国公众和国会是不会支持的。因此，我们在以后的日子里虽然继续坚持要求河内撤军，但是我们不能把它作为最后解决越南问题的条件。我们早已把它放在后边了。我们最多只能坚持一九七一年五月三十一日计划中的条款，禁止向南越渗透更多的人员和物资，而黎德寿现在已接受了这一点。如果这一承诺得到遵守的话，就将导致北越兵力的消耗；如果这一条款遭到违反的话，那么，即使有了撤军条款，我们的处境也不会好一些，因为条款同样不会得到遵守。

我还考虑了如果我们拒绝接受这项建议，而河内却予以公布——这几乎是肯定的——将会产生什么后果。（事实上，河内确实在十月下旬公开了这项建议。）如果我们拒绝河内接受我们自己的建议，可以想象得到公众的抗议会多么强烈。可以肯定，这将迫使我们回到谈判桌上来，而那时我们就要在下列情况下进行谈判：国会和新闻界都大声指责我们玩世不恭，没有诚意，对自己提出的建议出尔反尔。根据我的判断，我们的最好办法是继续进行谈判，把河内逼向它自己规定的以我们大选为最后的期限，对它施加压力，并利用河内急于求成的愿望来取得进一步的好处。

当然，我也知道，总的来说，尼克松是宁愿把我们的会谈拖延到我们的大选以后，然后再全力以赴地对付河内和西贡。但是这种选择实际上并不存在。拖延时间将迫使河内把我们的谈判情况公之于众，那时我们就要理亏了。我们没有理由拒绝，甚至不能再拖延时间。越方的建议比我国国会、新闻界和公众所想象的任何能够得到的条件都好，也比我们所要求的要好。如果河内确实公布它的建议的话，这项建议将成为谈判的起点，而没有任何改进的余地，这种改进我几乎肯定能够借运用最后期限的压力在三四天紧张的秘密谈判中争取到手。

同样重要的是，军事升级的办法——这就是大选以后再冒一下险的含义——富于戏剧性，但不切合实际。那时，我们在军事上的成就不会同现在有什么区别，可能还不如现在。对北越，除了尚未在北越北部三分之一的地方使用 B－52 轰炸机进行大规模轰炸外，我们已经做了我们所能做的一切。但是在河内公布接受我们的条件后再开始在那里使用B－52轰炸机进行攻击，我们就不能自圆其说。而且，我们大选之后河内不久就会重新发现我们在国内地位的脆弱以及预算的压力将迫使我们单方面根据莱尔德的财政计划削减我们的军队。那时候，我们必须通过一系列的新的谈判僵局来考验相互的忍耐力，以求解决我们同河内的争执——这将进一步增加我国国内的分歧，使结束战争同进行战争一样痛苦。

这是那天关系重大的晚上、我在巴黎的街上漫步时，认为是最关键性的问题。我们对我们的西贡同盟者有道义上的责任，不能拿信任我们诺言的成百万人的命运做交易。但是，我们没有责任保证他们取得完全的胜利，他们自己也说不出什么是完全的胜利，这种胜利将需要我们承担今后多年无限制的义务，这种义务我们在过去三年中已经公开声明放弃了。我们向南越派遣了成百万美国人，运去了价值数十亿美元的设备，使我国社会蒙受损伤达十年之久。我们为加强南越自卫能力赢得了时间。但是，我们最终对本国人民也有着道义上的责任：不让他们的分歧再继续下去而超出我们的荣誉和国际责任所允许的范围，用有利于弥合美国人民的分歧的方式来结束战争，而不是使他们分裂。为此，谈判必须迅速，以免由于国内的各种疑虑使我们丧失解决越南问题的机会。如果我们能够取得一项任何人都认为不可能的解决办法，符合我们多年来提出的基本条件的话，我国国内就会有机会实现和平。鸽派可以为战争结束而兴高采烈，鹰派可以因维护了美国的尊严而感到自豪。如果我们采取果敢的行动，就可以结束战争，使我们所付出的牺牲具有某些意义：结束战争是由我们自己意志决定的，不是由于无穷无尽的分歧搞得精疲力尽的结果。而且用这种方式，我可以偿还一小部分我对国家欠下的债，这个国家庇护了我和我的家庭，使我们免遭迫害、仇恨和暴行。

由于所有这些理由，我选择了第二条道路——在原则上接受黎德寿的计划，并立即着手谈判来改进这项计划。我知道，一旦赌注已下，尼克松就会支持我。他不会出于选举的考虑而放弃解决越南问题。他将会明白，等待比继续前进更冒风险。毫无疑问，霍尔德曼将会赞成往后推迟，以免激起保守派的反对。但是，除了事实上不存在这种选择以外，尼克松在越南这样的关键问题上从来也不听取这种意见的，现在他也不会这样做。我回到美国大使官邸后同黑格讨论了我的结论，他表示同意。黑格想起我们的军事部门将终于体面地同这种可悲的、意义不清的冲突脱离关系，他同我一样为这一重大时刻而感到激动。如果还能够通过谈判取得我们仍然需要的对黎德寿计划的改进——我相信能够取得——他认为不能取得比这更好的条件了，除非再经过一年或更长时间的密集轰炸和国内令人苦恼的动乱。

深夜，我拍了一封暗语电报给霍尔德曼："请告诉总统，今天的第一次会谈取得了一些明确的进展，他可以相信，结果将是积极的。"电报没有详细说明情况，但是如果尼克松总统希望推迟解决越南问题的话，他完全可以下令暂停谈判或要求提供进一步的情况。正如我所预料的那样，他没有反应。同时，我也给埃尔斯沃思·邦克发去了一封简短的电报，要他预先告诉阮文绍，“对方可能在这几次谈判中提出一项停火建议”，因此“阮文绍有必要指示他的指挥官们迅速行动，最大限度地夺取一些关键性的地盘”。邦克照例无法送交这份电报，因为他见不到阮文绍。阮文绍于十月八日去玩滑水橇，踩上了一个钉子，打了一针破伤风预防针，后来发高烧卧床不起，至少黄德雅是这样说的。但是邦克注意到，阮文绍于十月六日告诉他，他的军团指挥官们已经得到了夺取地盘的命令。

我把同黎德寿的会谈推迟到下午四时举行，因为我们需要时间来准备一项反建议草案，打算利用他热衷于一项“时间表”的心情来获取最大限度的让步。十月九日会谈开始时，我送给春水一条军装的领带，作为对他在星期日工作的报偿。他说，他将在协议完成后戴上这条领带。(后来他戴了。)会议一开始我就强调说：黎德寿给了我们“一个非常重要的文件，我相信这将使我们达成协议”。我把我们的新建议交给越方，并逐点仔细地讨论了它的各项条款。我们接受了一些条款，修正了一些条款，取消了一些条款，并对我们自己的建议增加了一些条款，加强了关于渗透、替换物资以及有关老挝和柬埔寨的条款。黎德寿表示在研究这个文件以前保留自己的看法，但是他在口头上强烈表示，迫切地希望解决问题，他以前拖延谈判时也曾表现出同样的强烈程度：

这样看来，形势是有利的。现在我们——你们和我们——应该努力迅速地达成一项协议，要迅速而又富于成效。因此，我们各自如果为了解决越南问题而要提出什么问题，就应开诚布公地提出来，并迅速地予以解决。我们能够写进协议的，就写进去。我们不能写进协议的，我们将取得互相谅解。

两小时后，我们休会。这一次，北越人需要一上午的时间来研究我们的草案。下次会谈定在第二天下午四时举行。

散会时，黎德寿交给我一份冗长的文件，他建议应由美国和河内签署。文件为南越双方举行政治谈判制定了方针。当然，这完全违背了我们的把政治问题和军事问题区别开来的策略。这是不可能在黎德寿十分重视的“时间表”内进行谈判的。他对这一点一定是知道的，但是也许他在南越的越共同事们坚持要他这样做，而他也就为了记录在案而这样做了。我表示注意到了这个文件，并将对它进行研究，但从此再也没有去管它。黎德寿也一样。

我又给霍尔德曼发了一封简短的电报：

此时，我相信我们有机会通过保持坚定立场来取得重大的进展，预计明天的会谈就会有进展。关键的问题是要确保不发表任何对目前几轮会谈表示忧虑或关切的公开声明。更为重要的是对实质性问题保持缄默。我们正处在紧要关头。

明天的会谈结束时，我们将看到明确的征兆。

这次又没有答复，也不要求进一步提供情况。

我们汇报不多，主要有两个原因。在白宫中没有留下一个能为总统分析各项条款的越南问题专家。通常做这项工作的国家安全委员会工作人员都同我在一起。总统对国务院极不信任，因而不去同它磋商；而且，无论如何，国务院的越南问题专家们对有关的情况并不知情。更重要的是，在竞选运动将近结束的几个星期里，总统见到最多的是那些公共关系“专家”和那些极想为眼前利益而利用谈判的政治活动家。我和黑格都知道，尼克松会让任何碰巧走进他办公室的人看一份特别令人感兴趣的电报。如果这个人是查尔斯·科尔森——尼克松同他在一起的时间越来越多——就很难预料会发生什么问题。* 我感到特别担心，因为

* 在十二月，尼克松确实让科尔森看了一些我的电报，但在当时没有造成什么损失。科尔森完全误解了这些电报的意思，后来他在他著的书里显著地引用了这些电报。③

乔治·麦戈文内定于二十四小时内，即十月十日晚上宣布他对越南问题的方案。他肯定会向河内提出比河内要求的还要多的东西。我觉得不应当给尼克松的政治顾问任何东西，使他们禁不住要加以利用，为了一时宣传的好处，显得麦戈文荒唐可笑，而去冒着破坏四年谈判的风险。无论如何，我确信，在迅速变化着的策略形势下，我是严格地根据总统的方针行事的（特别是我们在十月四日谈话中确定的方针）。十月八日草案比黑格经尼克松批准在不到一周前交给阮文绍的那个草案对我们要有利得多。而且，此时不需要尼克松作出任何决定。

为了避免河内产生误解，我告诉黎德寿，我们的所有谈判结果在获得尼克松总统批准前都还是非正式的。而且，为了使华盛顿不产生忧虑，我给总统发了一份个人电报：

这一轮谈判是如此复杂和敏感，以致我们无法详细报告这些会谈的内容，以免泄露出去。我们完全清楚我们正在干的意味着什么，我们过去没有使你失望，现在也不会使你失望。在我回国直接向你汇报以前，对麦戈文作出答复时或在其他场合请千万不要透露任何有关目前谈判的内容。

我加了一条只给霍尔德曼看的附言："请保持沉着。我知道你那里情况易变，但是过分紧张只能危及这里的成果。"

很少有哪一位总统会默许这种做法的。在风平浪静的时候，尼克松有时会做出使人气得发疯的行动；可是真正关键性的问题处在成败关头时，他却几乎有着英雄般的气质。他一定感到很紧张；他不可能不心神不安。但是，在这个关键时刻，他却准备让一个远在巴黎的顾问来决定一场冲突的结局，这场冲突分裂了他正努力领导的国家，并可能威胁到他自己的总统地位。不去对一场可能决定大选结果的谈判施加影响，这需要非凡的毅力。这场谈判肯定要决定在他担任第二任总统期间是平安无事还是危机四伏。这就是尼克松的自我克制。他甚至抑制了人所共有的好奇心，连一次电话都没有打。

两国代表团于十月十日星期二下午四时在伊维特河畔吉夫市镇再次开会。前一天晚上，我就交给黎德寿一封信，列举了我们关于安全以及老挝和柬埔寨问题的各项要求。目的是促使他在提出对案时在这些问题上尽可能地持合作态度。黎德寿抱怨说，我们的要求使问题“复杂化”了，我是在施加“压力”——好像这种做法对来自河内的好心肠先生们是一点也不熟悉的。然而，我们还是着手处理各项具体问题，在长达六小时的会议中开始了令人厌烦的工作：对照两个草案，协调它们的不同点，暂时搁置一些无法解决的问题，并开始谈判对一些不宜写进越南和平协定的问题的单独书面协议，比如老挝问题。

第二天，十月十一日，我们继续会谈。我们进入了马拉松式的会谈（虽然我们当时没有意识到这一点），一直进行了十六个小时，从上午九时五十分持续到第二天清晨二时多。那次会谈的记录长达一百二十页密行打字纸。我们代表团所有成员都抱着很大希望，全力以赴，这点从我的秘书艾琳·德鲁斯的身上可以看出来。她在这次会谈中一直在做速记。她拒绝别人去替换她，部分也是因为会谈经常看来就要结束，可是又冒出一些其他问题，但更主要是因为她想参与这一结束越南战争的历史性事件。

叙述这些详尽的谈判过程中的曲折情况是没有多大价值的。我们的谈判环境并不缺乏超现实主义的特色。在抽象画的包围之中，我们逐点审议了两个草案。发生了不同意见，两个代表团就举行顾问会议，讨论是否能提出其他可供选择的方案。然后，需要打字和翻译。在等待的时候，我和黎德寿总是在一起闲谈。我把所有的僵局归罪于春水，并建议把他从房间里驱逐出去。黎德寿威胁说，如果我不是更通情达理一些，他将撤去我在哈佛大学的教授职位（他的威胁结果比我的威胁更有意义）。这种笨拙的玩笑并不能掩盖紧张或振奋的心情，也不能使我们忘记我们的责任，掩盖我们的满腔希望，即我们最终将达到这些年来我们一直充满希望和苦恼去追求的难以捉摸的目标。

我们很快就在停火、两个月内撤出美国军队、同时释放俘虏等问题上达成了协议。我们的主要目标是使政治条款不包含任何要建立联合政府的内容，对双方其他政治义务的措辞，要做到即使不履行这些义务，河内也没有恢复敌对行动的借口。因此，我们把河内关于南越两方必须在三个月内就一项政治解决办法达成协议的条款，改成了一个软弱的方案——他们将“尽力”达成一项解决办法——把一个客观上的义务转变为主观上作出努力的承诺。我们加上了一致同意的原则，削弱了原为联合政府的“民族和睦管理机构”，并把它变成一个模糊不清的近似于我们的选举委员会的机构，称为(把双方建议的名称合并起来)“民族和解与和睦国家委员会”。(黎德寿十月八日提出的草案中的政治条款以及自十月十一日以来的谈判最终结果都放在注解里④。)后来，我于十月十九日在西贡同阮文绍和他的顾问们举行会谈时描述了这些政治条款：

让我来总结一下这些政治条款，我们认为它们体现了共产党的主张遭到重大失败……建立一个民族和睦临时政府的要求已经取消。越南共和国军队同共产党军队合并的要求已经取消。目前的政府可以继续存在下去，接受美国不加限制的经济援助和大规模替换装备的军事援助。唯一的要求是，现政府要同对方谈判成立一个委员会。如果这个委员会能够成立的话，除了为成立你们决定要的机构而进行你们同意的选举时拥有管辖权以外，我看不出还有其他什么管辖权，而且它活动的范围将取决于你们的谈判。换句话说，我们坚持了基本立场，我们让南越人民决定南越的未来，我们承认的政府是越南共和国政府及其总统。

事情的另一面当然是，河内在军事问题上更为固执地讨价还价。因此，我们在作出了巨大的努力后才取得黎德寿的同意，停止一切对南越的人员渗透，军事装备则可以在国际监督下根据一对一的原则进行替换。（黎德寿要求“平等”待遇，意思是共产党将有权向南越输入武器，数量同我们供给西贡的相等。西贡军队的规模要大得多，所以我们就坚持我们的方案，这意味着现有的设备可以替换，但不增加。我们取得了成功——也许因为河内无意遵守这项条款。）

在每次会谈中，我们提出了各种方案，坚持要求北越人承诺从南越撤出他们的军队。我们从未获得他们的承诺。黎德寿把它作为一项原则问题加以拒绝，因为他认为南越不是一个外国，而且这样一项条款将意味着完全的投降。我们最终达成协议，禁止渗透，并决定在停火后，南越两方将讨论“减少双方军事力量和使撤出的军队退役的步骤”。我不抱幻想。每当我们或河内寻找一项体面的办法来搁置某个问题时，我们就让南越两方去解决，我们知道两方可能永远也不会对任何问题取得一致意见。我们加以默许，因为我们两年来一直建议就地停火，而且河内也接受我们提出的折衷方案，禁止人员的进一步渗透。这将通过消耗逐渐地排除在南越的北越军队，前提是河内遵守这些条款或者我们予以强制实施。（这一前提适用于整个协议。如果由于对协议能否得到遵守有怀疑，就不去达成一项令人满意的协议的话，那么这场战争就永远也不可能通过谈判来结束，而必须一直打到底。）

在老挝和柬埔寨问题上也花了不少时间。有三个在几星期内解决不了的问题：用什么法律形式来表示所承担的义务；外国军队，包括北越军队的地位；以及如何在那里实现停火。第一个问题发生的原因是黎德寿声称越南和平条约中不能涉及老挝和柬埔寨的内部问题。我们以另外的书面文件写上我们的协议而解决了这一问题。黎德寿同意，从柬埔寨和老挝撤出外国军队应该是越南协议的一部分。经过反复争论后，他同意，所有外国军队将撤出老挝和柬埔寨，而且在撤出这点上越南军队应视为外国军队。在老挝和柬埔寨停火问题上，我们干得不太出色。我坚持要在一个确定日期实现停火，日期要在我们全部撤军之前。黎德寿答应在协定签字三十天后在老挝实现停火。他坚持说河内对柬埔寨共产党人的影响不是决定性的。我们当时抱怀疑态度。以后发生的情况表明，只有这一次黎德寿是讲了实话。

争论的主要问题是南越监狱里的三万名所谓平民犯人，其中约有一万名越共干部，其余的是罪犯。黎德寿十月八日的建议草案要求把他们同所有战俘一起释放，我认为西贡不可能释放越共游击队的骨干分子。我建议，这一问题留待南越两方去解决，他们将“尽力”谋求解决。黎德寿表示反对，他反对也是有道理的，因为这实际上等于使所有南越共产党俘虏仍旧留在西贡的监狱里，对他的越共伙伴来说，这显然是一个敏感的问题。可是要把我们说服阮文绍释放越共俘虏作为释放美国战俘的条件，这对我们是完全不能接受的。一个星期后，北越人放弃了他们的要求——这是一个我们使越方作出重大让步的例子，我们是用这个问题不解决就无法迅速达成协议来逼他们让步的。

最后，我和黎德寿同意在协议中笼统地提一下首先由约翰逊总统在一九六五年提出，然后由尼克松再次于一九七二年一月二十五日和五月八日明确提出的建议：战后，美国将为印度支那的经济恢复作出贡献，文件中用了更富诗意的措辞：“医治战争的创伤”。我明确指出，我们这样做是符合我们自己的利益的，也是为了人道主义的原因，为了改善我们两国未来的双边关系(从而也更有力地促进河内遵守协议)。但是我们当时拒绝接受——以后也不断拒绝接受——任何认罪或赔款的原则；我还表明，协议将必须获得国会的批准。

对其他问题也进行了无休止的技术性讨论，这些问题包括国际监督机构和国际和平会议的出席者。最后，于十月十二日清晨二时——在不停顿地进行了十六个小时的谈判以后，也是在最后三十个小时中已进行了二十二个小时的谈判以后——我和黎德寿准备结束谈判。除了关于美国有权为南越军队替换军事装备的提法和关于被西贡监禁的平民问题外，我们解决了所有主要的有关越南的问题。我们还需要制定一个在老挝和柬埔寨实现停火的更确切的规定。然而我们已经到了这个地步，达成协议是不可避免的了。即使还需要花些时间，我们已注定要成功了。我不无预见地开玩笑说，谈判的结果可能只是使越南各方联合起来反对我。

我们终于体验到一种在难以忍受的紧张中进行的艰巨努力结束以后的宽慰心情。三年多来，我和黎德寿互相考验对方的忍耐力，试图打破彼此的防卫，寻求使对方失去选择的余地。在敌对各方间进行外交活动会是一种难以忍受的事情，特别是这种外交活动要在和解的形式下进行。双方都冒着损害外交政策目标和内部团结的风险；双方被迫撇开了他们投入这场斗争时所抱的重大目标；双方就未来进行赌博。我们不至于幼稚到相信河内的顽固不化的领导人已经放弃了他们终身为之奋斗的愿望。然而，我们已经为那些信赖我们以及同我们一起努力的人们的自由和独立进行过斗争，我们现在可望用类似的共同努力来保持和平。

那天清晨，我们陶醉于长期以来一直难以实现的光明前景，心情异常愉快。因此，我和黎德寿都作了简短发言，内容同三年来我们在谈判中有时进行的激烈交锋完全不同。黎德寿以我们这些年来已经极为熟悉的调子发言：

我们已经作出了巨大的努力，你们也是如此，也作出了巨大的努力。过去几天内作出了最为巨大的努力。在谈判过程中，我们有时进行了激烈的讨论；有很多次，给人们的印象是谈判可能要破裂，但是我们所作的努力是巨大的。可以说，我们的谈判已经使我们在许多问题上基本达成协议，虽然协议还不完全，还留下两、三个问题没有解决。但是通过努力，毫无疑问我们将达到我们的和平目标。

如果和平得到恢复，我可以说，在我们两国人民的关系史上揭开了新的一页，这是把敌对关系变成友好关系的一页，不仅是眼前的友好关系，而且是长期的友好关系。签署解决越南问题的文件和结束战争的这一天将是我们两国人民喜庆的日子。我们和你们可以保证坚决遵守我们在这里达成的协议。在达成协议后，我们将保证遵守我们签署的文件。这就是我在两、三天后回河内前所要说的话。

我作了答复，但是不想同黎德寿的最后几句话的荷马式风格比美：

特别顾问先生，我极为欣赏你的评论。我从一九六七年起亲自参加对越南问题的谈判，并从一九六九年起同特别顾问进行谈判。我们经历了十分艰难的时期，但是我们度过了这些时期，因为正如我们的人民认识到的那样，我们都认识到和平是应该争取的最重要目标。我昨天告诉你，我们两国曾几次停战，但这一次我们必须实现永久的和平。

但是，当我们从敌对走向友谊时，我们应该记住，我们双方都遭到了很大的苦难，我们对那些受难的人们负有责任，不要把这场战争描绘成为某种模式的战争，我们都不要宣布胜利或失败。

当然，现在我们的真正胜利是我们能够彼此建立起持久的关系。因此，当我和我的同事们来到河内时，我们将向英雄的北越人民表示敬意，并在我们的关系中开始一个新的纪元。

我们是怀着这种心情回华盛顿的。洛德和戴维·恩格尔(我们能干的译员)留下来确保我们和北越人根据同一文本进行工作，并澄清一些技术性问题。我们刚结束马拉松式的会谈，四天来平均每晚只睡三个小时，但是他们还必须在第二天下午和晚上连续花十个小时在技术性问题和措辞问题上进行耐心仔细的推敲。我们其余的人踏上归途，介乎极度兴奋和极度疲劳之间。

在这一段时间里，我一直没有从尼克松那里得到任何消息，虽然我的电报已经无疑地表明，我认为谈判可能已近尾声。十月十日会谈结束时，我发了另一封隐语电报，暗示即将出现突破："请将下述电报交霍尔德曼转呈总统：我们决定在这里再耽一天，预计我们可能获得一项重大突破。不管是否如此，我们将于明天下午回国。根据我的判断，我们已接近一项突破，值得在这里再耽一天。”在参加了十六小时的会谈回来后，我立即发了另一份电报给霍尔德曼，这份电报没有什么引人注意的过于详细内容：“这里刚结束一场很长时间的会谈。因为现在要制订出一项细致的策略计划，明天我需要有充分时间同总统在一起全面地研究形势，千万千万。”霍尔德曼回电说，总统正在进行竞选旅行，因此我应于下午五点以后到达。尼克松希望在五时后同我和黑格共进晚餐。

除了越来越强调指出停火的可能性外，我们对西贡的态度并不十分明确。我有些不够坦率，希望给阮文绍留下一个河内坚持比实际上更高的政治要求的印象。这样，我给阮文绍看最后协议文件时，就可以说河内从原来的立场大大后退，因而赢得赞赏，并使他更愿意接受这项协议。尽管阮文绍还不知道对实现停火的政治条件已大为削减，但他不可能不知道停火即将实现。

我于十月十一日打电报给邦克：

即使听来过于重复，必须叫他(阮文绍)作出最大的努力去夺取尽可能多的地盘，特别是第三军团驻守的西贡周围人口聚居的关键地区(第三军区)。

在此重大转折时刻，我认为停火很少可能在两星期以内实现。因此，既没有理由惊慌，也没有多少时间可让越南共和国军队的指挥官再事拖延了。

我在第二天又接着打了一份长一些的电报，总结了我们目前的形势，作了以下结论：

此时，我的判断是，看来他们不久准备同意就地停火，这当然得到了战地情报的证实。为此，你必须对阮文绍特别强调以下两点：

（1）夺取尽可能多的地盘的必要性；

（2）在政治方面采取更大灵活性的必要性。

当然，我们打算在政治方面保持坚定的立场，但是出于战术上的原因，我们可能不得不在这方面讨论一些要承担的义务。

第二点是不够光明正大的，目的是为了使阮文绍的注意力转向政治性条款，我知道在政治性条款方面我们将得到我们所要求的大部分东西。为了增加阮文绍对政治性条款的不安，我把黎德寿于十月九日提出的“行动方针”文件寄给邦克，该文件提出后早就搁置起来了。这不是一个非常正派的做法，而且它也没有起到什么作用，虽然这是由于另外一个原因。

我决定暂不把我们的协议全文送交阮文绍，部分地是出于安全的考虑，因为我们对他的周围的人越来越不信任，因为我们（正确地）认为有可能进一步改进这一协议，而特别是因为我想他将对结果感到高兴，因此在我们订出我们的策略计划之前，没有必要让他知道详细情况。我和黑格确实相信，由于我们成功地埋葬了联合政府的设想，阮文绍必然十分高兴，要他同意就地停火只是一件例行公事——他毕竟两年来一直是同意的。在我们看来，最大的障碍将是令人憎恶的黄德雅和书生气十足的阮富德，他们会对协议极力吹毛求疵，不懂得这一协议是能够取得的最好的妥协了。约翰·内格罗庞特对阮文绍的反应更为担忧，他证明比我们其他人更有预见。

十月十日，乔治·麦戈文提出了他自己对越南的和平计划。该计划向河内要求的要比河内已经对我们让步的还要少。然而，甚至美国温和的评论家中绝大部分已放弃了按照我们建议中的各项条件去实现和平的希望，更不用说我们草案中的更为有利的条件了。我们带回国的这个文件将证明那些支持政府而熬过这一阶段的人们的祈求是正确的，这样就会结束过去十年来对政府的信心不断下降的情况。同时，反对我们的人们也会同我们一起支持这个文件，因为它终于实现了他们为之努力奋斗的和平目标。所以，我们希望过去几天里的具有重大意义的结果之一，将从全国的严峻考验中获得团结与和睦的精神。我们能够医治我们自己的战争创伤。

后来，大家于十月下旬知道了取得进展的消息，以及协议于一九七三年一月签订时全国的反应确实是普遍地感到宽慰，并开始出现全国和解的动向。但是，也有一些刺耳的调子，不过这些调子淹没不了全国人民在我们完全撤出越南后的满意心情。有些人声称，我们到一九七二年解决问题的条件在一九六九年就存在。就是对越南问题了解很少很少的人也不会支持这种论点。在一九七二年十月八日之前，河内从来也没有同意过放弃它的成立联合政府这一不能接受的要求。（河内只是在这以前几个星期才慢慢放弃坚持要推翻南越政府的要求。）仅仅在十月八日开始的谈判中才出现以下这些重大的让步：允许南越军队存在，美国可以继续向西贡提供军事和经济援助，北越人从老挝和柬埔寨撤军，在老挝停火等等。

要说我们所寻求的只是在西贡彻底垮台之前的“体面的间隙”，这也是不正确的。我们所有参加谈判十月十二日协议的人深信，我们通过一项体面的解决办法，而不是通过一个“体面的间隙”来证明十年的苦痛是值得的。我们有理由认为：由美国慷慨地武装起来和支持的西贡将能够对付一般违反协议的行为；美国将准备实施这项协议，并对重大违反协议的行动进行惩罚；如果河内无法征服南越，它在经济援助下可能作出重建北越的选择；我们还可以利用我们同莫斯科和北京的关系来鼓励河内采取克制态度；在我们的援助下，南越政府将在协议所赢得的时间里变得更加安全和日趋繁荣，并在政治斗争中进行有力的竞争，而在这场斗争中大部分人民无疑是忠于南越政府的。也许越南各方甚至可能制订出暂时和平相处的办法。

我们料想不到，转眼之间水门事件便使这些设想大都成为泡影。我们到达华盛顿时，陶醉在幸福之中，对将来要发生的事情还一无所知。我们兴高采烈，以为我们带回来了和平与尊严。

注释：

① 美国草案的有关条文如下：

委员会的组成如下：

——越南共和国代表，由越南共和国政府指定；

——民族解放阵线代表，由民族解放阵线指定；

——南越各政治和宗教派别的代表，同越南共和国政府和民族解放阵线双方都没有关系，由越南共和国政府和民族解放阵线双方协商指定。

阮文绍总统和他的下属向我们提出的修改草案如下：

委员会将由南越各政治和宗教力量和派别的代表组成。民族解放阵线被认为是包括在上述力量之内。代表名单由双方商定。

我们宁愿具体一些，因为它给了河内三方组成的形式而没有实质内容。我们的方案把联合政府变成了一个双方数目相等、西贡享有否决权的选举委员会。我们认为，西贡的方案对它本身更为不利，因为它会给民族解放阵线以否决权，甚至有否决委员会西贡代表的权力。

② 见《尼克松回忆录》（纽约：格罗塞特和邓洛普出版公司，一九七八年版），第六九〇页。

③ 见查尔斯·科尔森著《再生》（新泽西州：奥德·塔班精选书籍公司，一九七六年版），第七六页。

④ 把河内原来的草案和十月十一日产生的协议文本进行比较，就可以看出结

果。黎德寿提出的十月八日草案如下：

停火后，南越两方将立即本着民族和睦、平等、相互尊重和互不消灭对方的精神举行协商，以建立由三方组成的民族和睦管理机构，并遵照南越人民对和平、独立、民主和中立的愿望解决南越的其他一切内部问题。南越双方将尽快在实施停火后不超过三个月的时间内，就南越的内部问题签署一项协议。

十月十一日的文本如下：

停火后，南越双方将立即本着民族和解与和睦、相互尊重和不消灭对方的精神举行协商，以建立一个由三方同等人数组成的管理机构，称为民族和解与和睦国家委员会。委员会将按照一致同意的原则进行工作。民族和解与和睦国家委员会开始行使职责后，南越双方将就建立各下级委员会的问题进行协商。南越双方将遵照南越人民对和平、独立和民主的愿望，尽快就南越的内部问题签署一项协议，并尽力在停火生效后三个月内完成这项工作。

在后来的谈判中取消了“管理机构”这一词，使这一规定进一步减弱。越南人对这一词的译文曾引起争议。见第三十三章。

第三十二章　通往和平的坎坷道路

黑格和我十月十二日回到华盛顿后，立即来到行政办公楼里尼克松的秘密办公室。这是两间房的套间，外间有张圆桌，几把椅子，墙上到处挂着以尼克松为题材的漫画原稿。没有接待处，也没有接待员。我从未看到外间被使用过。除了由尼克松直接邀请，或由霍尔德曼传达总统指令邀请的人外，谁也不能到这个尼克松躲藏的地方来。因此用不着等候室。尼克松的办公室是相当长的长方形，尽头有个壁炉。窗户外面是阳台，下临西行政街，这是条两边有墙的窄街，把白宫和行政办公楼隔开了。办公室的百叶窗几乎总是关着。尼克松喜欢把他的办公室搞得像蚕茧一般密不透风。窗前有张很大的写字台，旁边的墙角里有张安乐椅，椅子前面有张小沙发。写字台右边是一张小圆桌和几把扶手木椅。

尼克松坐在安乐椅上总是把两条腿搁起来，即使在办公时也是如此。他的助手们坐木椅。会一开得长，他们就会逐渐感到不自在起来，而只要总统陷入沉思默想的神态，情况往往如此。

但是十月十二日的情况不是这样。尼克松装得若无其事的样子，让我和黑格汇报。我多少有点洋洋得意地告诉他说，看来我们似乎已全部实现了一九七二年的三项主要目标，前两项是访问北京和莫斯科最高级会谈。接着我极为详尽地介绍了越南协定的条款，解释了它们同我们自己一月和五月提案的差异，这些差异几乎都对我方有利。尼克松最关心的是阮文绍的反应。我很乐观，乐观得有些天真，因为我们所做到的比多年来共同策划的还要多。尼克松回想起黑格就皱眉头；[1]我却想不起这类值得皱眉头的事。这没有关系，因为黑格很赞同这项协定。

尼克松叫了牛排和葡萄酒来庆贺这件事。我简述了同黎德寿商定的初步“时间表”。十月十七日我将回到巴黎同春水会晤，设法在两个悬而未决的问题上取得进展，即在南越被扣留的平民问题和南越部队军事装备的替换问题。我们还需要就老挝和柬埔寨的停火达成谅解。尔后我将从巴黎飞往西贡，在那里从十月十八日逗留到二十二日。十月二十二日晚我去河内，十月二十四日返回华盛顿。协定将于十月二十六日宣布，三十一日签字。日程安排很紧，后来发现它过分乐观了。那是河内想逼我们做的。我从没有想加快进程。我们的基本目的当然不是使河内满意，而是利用河内的急躁情绪和短促的期限迫使它快点解决争议问题。从这个观点来看，我的策略是成功的。

总统同意了，我们立即开始向河内施压。温斯顿·洛德还在巴黎核对越方和美方的文本。他奉命告诉春水，只要河内答应作四处修改，尼克松就同意基本草案，“如果没有这些修改，美方不能接受这个文件”。这些修改包括对一些问题作更加确切的规定，如禁止渗透、对南越的军援以及民族和解与和睦国家委员会削弱了的权力。我动身前，这些文本在巴黎都已准备妥当，本来可以在那里交付讨论。文件是从华盛顿送去的，以增加紧迫感，使它们带有总统的权威并使“时间表”为我所用。

这里应该谈到这一段时间华盛顿和河内之间来往的电报。所有这些电报都是由我和我手下的工作人员起草的。有些作为无署名的信发出；当我们想强调重要性时，电报就以总统的名义发出。在我代表尼克松进行的所有其他谈判中，凡以他名义发出的函件，我都给他一份抄本，他当然有时间撤销任何函件，但从未这样做过。他一旦提出了总方针，就无意于亲自参加谈判的过程。文件的写法也不会引起他的兴趣。他有时听我口述某一个文件之后会评论一番，但对具体措辞的微妙之处和语调区别不感兴趣。在越南谈判的这个阶段他没有介入，当时流传说他学过法律的敏锐的眼光发现了漏洞，这一点纯属虚构。他批准了协定草案，未加任何修改。他懂得协定的生命力取决于执行的积极性而不在于法律条文的巧妙解释。

继续使他担心的是同西贡闹翻的可能性。他决心不惜代价加以避免。如果阮文绍停止不前，我就应实行退却，到大选后再缔结协定。发指示容易，落实指示难，因为河内仍可用发表协定文本的办法来迫使我们表态。我并不认为事情会发展到那种地步。我当时还存有幻想，阮文绍会高兴地赞同这个协定，因为它在几乎所有主要方面都比我们两年来得到他的同意而提出的方案要好。

尼克松相当肯定，认为对大选来说不需要有一个协定；协定的好处太小，犯不着为之冒任何风险。我见过了尼克松后就直接去找霍尔德曼。霍尔德曼走得更远，他认为协定是一种潜在的负担，他确信支持麦戈文的只剩下反战狂热分子了，即使尼克松安排了耶稣第二次降世，他们也不会投他的票。另一方面，协定可能会使保守的支持者不安，从而减少尼克松获胜的票数。总之，不是利用越南谈判来影响大选；而是利用大选来加速谈判。大选起了通常由最后通牒起的作用，其差别在于大选并不涉及威信问题，而且它的时间是宪法规定的，无法修改。

十月十三日，黑格和我同罗杰斯共进早餐，向他作了情况介绍。他很高兴，认为协定标志着美国立场的完全胜利。鉴于我们之间公事关系紧张，这确实是很高的褒奖，也是他气量宽宏吧。既然停火日期在望，我意识到我这个小班子的力量已经快不够了。许多技术性议定书需要有专门知识的人来起草。我请罗杰斯帮忙；我这个人不习惯于求他帮忙，但本来应该有此习惯。罗杰斯同意了，他把助理国务卿威廉·沙利文派给我去干这件事。沙利文是前驻老挝大使，后担任国务院越南工作组组长，他曾多次能干、大胆和异常积极地完成过吃力不讨好的任务。这次他在我手下工作表现得很漂亮。作为副手，他十月份陪我作了一次环球旅行。他向老挝和泰国领导人介绍了我们谈判的情况，并在同越方作技术性会谈的最后阶段中担任我方首席代表。沙利文对最后一轮谈判的贡献是不可缺少的。

十月十三日，我的日程可以表明我们筹备工作的紧张情况。这天，我同其他人一起工作的安排如下：上午十点四十五分到十一点零五分同沙利文和内格罗庞特，十一点零五分到十一点零九分单独同沙利文，十二点四十分到下午一点零五分同沙利文和内格罗庞特，两点四十分到三点三十分又同沙利文和内格罗庞特，三点三十五分到四点零九分同总统，五点三十六分到六点二十四分同沙利文、洛德（刚从巴黎回来）和内格罗庞特，八点二十分到八点五十五分同洛德和内格罗庞特。

这天，埃尔斯沃思·邦克发来电报，警告说不管达成什么样的协定，我们都可能在西贡遇到风浪。像惯常那样，阮文绍避而不见。现在每次交换意见他总是推托——上次说是打破伤风针，这次又是胃不舒服。黄德雅主动提出了另一个理由：阮文绍对美国大使馆在十三日（星期五）办公感到惊讶。邦克淡淡地回敬说，他已问过占星家，说是没有关系。然而邦克提醒我，阮文绍变得像一九六八年那样处于一种被围困的心理状态。不管我们给他带来什么，他几乎肯定不会买我们的账。他似乎相信，如果战争继续打下去，他“在一两年后能得到更好的解决办法”，但他没有告诉我们好在哪一方面，也说不出在河内十月八日接受我们自己的方案后，我们已失去美国人民能够理解的作战目标，还怎么能把这场战争继续下去。

我让邦克交给阮文绍一份关于我们的前景的扼要分析材料：

我抵西贡前（现暂定星期三夜间）将会见春水部长，预料对方会提出一项政治方案，其中对阮文绍的要求将远比黑格上次访问时向他介绍的另一种安排所要求的为少。此项政治方案将和早在达成全面原则协议之前两周生效的就地停火联系在一起。鉴于这种可能性，阮文绍现在必须懂得，我们本来早就可以按让他下台的条件解决战争。因此，他同我会晤时不能抱着对抗情绪，而应采取积极态度，这样我们就可以确定一种能巩固他未来的控制权的安排。我相信河内正在酝酿这种政治安排，阮文绍必须抛开目前同我们对抗的做法，同时准备在就地停火的方式上表现出合乎情理的灵活性，以换取河内的政治让步。

邦克在十月十四日向阮文绍转达了这份关于拟议的解决办法的材料。我们一直没有得到回音。

十月十四日和十五日，我向多勃雷宁强调了我们对悬而未决的问题的重视。我要求苏联保证在问题解决之后限制武器供应。已从河内得到了协定草案文本的多勃雷宁对此避而不答。尼克松给勃列日涅夫的一封信中要求苏联作出类似的保证，也被回避掉了。更使人担心的是河内显然已在双方同意的草案的翻译上做了文章。据多勃雷宁说，协定草案的越南文本把拟议中的“民族和解与和睦国家委员会”称作一种“政治机构”。而我和黎德寿在巴黎曾花了好几小时才达成一致在英文中称之为“管理机构”，以强调它的非政府性质。越南语的译文当时未定下来。* 我对多勃雷宁指出，河内的译本根本不能接受。

我们也致函北京，要求限制供应武器，他们没有答复。但当时，中国对河内武库的贡献太小，不足以影响越南南方的结局。

十月十六日我同黑格和副国务卿亚历克斯·约翰逊共进早餐。黑格在我离开后将在这里留守。接着我同总统谈了四十五分钟。上午十一点，我肩负着集中了我们四年来结束印支战争的希望的使命前往安德鲁

* 十月达成协议时，黎德寿和我商定了一个提法，各方承诺“建立一个管理结构，叫做民族和解与和睦国家委员会”。河内想在越南语译文中把“管理机构”一词译成含有政府当局的意思。十月十二日在巴黎的技术性会谈中，洛德和恩格尔明确拒绝了这一越南文译法，并坚持用一个不含政府意思的较弱的词。此事留待以后解决。要不是河内十月二十六日发表了协定，致使所有未解决的问题，甚至很细小的问题，都变成了威信问题，几乎可以肯定它很快就会在这一点上让步。

斯空军基地。一上飞机，就读到尼克松给我的一张亲笔条子，上面写道：

亲爱的亨利，在你前往巴黎的时候，我想写下我们讨论过的一些意见供遵循，这对你是会有用处的。第一，不要管美国大选，只要该做的就做。第二，我们不能错过体面地结束战争的机会。就大选而言，问题解决后只要不变卦，在年轻选民中就能起好的影响，但是我们不需要靠它来取胜。变卦会造成损害，但也不会致命。我们必须不惜一切代价避免这样的事实或印象，即我们强行要求了或者同意了一个联合政府。总之，还是回到我原来的指示，做一切该做的事以争取体面的和平，但不要由于大选而急于求成。

巴黎的插曲

我同春水十月十七日的会晤没有我上周同黎德寿会晤那样具有戏剧性。春水无权作出重大修改。我们改进了政治条款，明文规定民族和解与和睦国家委员会可以监督大选，但无权下令进行大选。新的选举必须首先得到南越各党派的一致同意——这是阻挠问题解决的妙方。国家委员会——联合政府的最后残迹——不仅给了西贡以否决权，而且它本身被剥夺了权力，无事可做。河内的政治方案就此寿终正寝。

关于替换军事装备的问题，春水坚持平等的原则，我们坚持一对一地替换废旧武器。春水最后接受了我们的意见，但要以南越释放所拘平民为条件。我拒绝了这个主张，西贡也决不会接受的，这是由越南双方去解决的政治问题。此外，我们觉得河内关于在老挝和柬埔寨停火的保证不能令人满意。我告诉春水，除非我们解决协定文本以及有关的谅解，否则我去不了河内。而且他的领导人应该明白，我们只有得到西贡的同意，方能前进。这样，我可能有必要从西贡返回巴黎，再搞一轮谈判。或者，也许有必要在完成西贡之行后再次会见黎德寿，比如说在万象。春水嘟囔了一番，但显然他无权给我明确的回答。

同时，在华盛顿，尼克松征求了他的高级顾问们的意见。十月十六日，他同莱尔德国防部长和艾布拉姆斯将军进行了磋商。黑格告诉我，他们两人都极力赞同协定。艾布拉姆斯强调说，如果我们按目前的规模再打一年(当然我们几乎不可能维持目前的规模)，我们在军事上也好不到哪里去。十月十八日，罗杰斯和亚历克斯·约翰逊对尼克松说，他们认为协定草案是河内的“彻底投降”，特别是在政治问题上。黑格报告说，尼克松兴高采烈。总统建议我把同阮文绍的会晤当作“打扑克”，不到最后不出“王牌”。例如，我不要立刻把协定中的政治部分告诉阮文绍，而应暗示河内的要价比实际的还要高。然后，当我拿出现有文本，作为我们的“底牌”时，阮文绍就会得到最大的鼓励来跟我们走。我没有听从这一劝告。我早就认为，看过协定文本的人已经太多，我们没有什么牌可玩的了。后来证明，直来直去也没有多大好处。

去西贡的途中，我以个人的名义致电河内，重申了我对春水说过的话，“只有在达成协议的情况下”，我才能去河内。电报中包括了我们对几个争议点提出的条文。为了表示强调，当天十月十八日晚些时候我再次发电河内，这次是以总统的名义，重申只要有任何问题悬而未决，我就不可能访问河内，并提议黎德寿同我会晤，最好在万象，如有必要可在巴黎。这样，河内心爱的“时间表”就要再往后推三四天。

我已同黎德寿约定，在谈判的最后阶段，我们将减少对越南北方的轰炸。在我前往巴黎时，我们已减少了对二十度线以北地区的轰炸。电报说，等协定文本完成，在我到达河内前二十四小时，我们将停止对北方的一切轰炸。同时华盛顿正为加强西贡的军事力量做最后的准备，为一对一替换提供一个尽可能大的基数。这回对南越大规模空运军事装备的行动取了一个相称的代号，叫做“再加码”。

在去西贡的长途飞行过程中，情绪是乐观的。除了约翰·内格罗庞特，我们都认为阮文绍会对这个协定十分高兴。我们再次审查了协定条文。就地停火会让西贡保有百分之九十的人口；向南越的渗透被禁止了；联合政府的恶魔祛除了；国际监督有了；越共干部大概会留在南越的监狱里；美国对西贡的军援可以继续。诚然，我们没有得到河内从南方撤军的允诺。但是如果关于不渗透这一条得到尊重的话，这一威胁将因力量消耗而减轻。这一切有一个前提，协定要得到执行，特别是越南各方都能理性地估计自己的前景。但这办不到，因为他们遭受了太多的痛苦，而且对彼此造成了太多的痛苦。越南双方极度仇恨和猜疑，无法想象和平，现在终于找到的共同点，仅仅是为了想羞辱对方，并把我们拖进他们激情的旋涡里去。各方看来都愿意毁灭自己，如果能够使死敌同归于尽的话。

同阮文绍协商

每逢危机，埃尔斯沃思·邦克总能起镇定的作用。当你在舷梯下一眼看到这位穿着整洁讲究（似乎他的衣服甚至在西贡的热带暑气中都不发皱）、腰板挺直的细高个时，你就会深信不存在因急躁慌乱或因缺乏献身精神而招致失败的危险。邦克是我国伟大的外交家之一。他是在商业上做出一番成绩之后，年事稍高时才参加政府部门工作的。他无需再向自己或他人证明自己的能力。他的志愿是对美国的外交政策作出贡献，他认为美国的利益同一切自由人民的安全和希望是一致的。埃尔斯沃思的价值不表现在自我标榜的言辞上，而是反映在高度负责的切实工作中。他已快八十岁而还显得很年轻，具有典型美国式的乐观主义。他驻在西贡已经五年，为属于不同党派的两任总统服务并得到他们绝对的信任和钦佩。在我们国内最痛苦的时期，他从没有气馁。当有些应对我国卷入越南战争负更大责任的人在躲避风头的时候，邦克在电视台演讲并发表文章支持政府。我有关越南问题的秘密外交，他全都与闻其事；

他来华盛顿时，都收到每次秘密会谈的完整摘要记录和详细的介绍材料。在我为政府工作的这些年里，他始终支持驻在国政府，在官方会议和公开场合为之辩护，反对指责它是和平的主要障碍。没有人比他更不应该受到阮文绍的那种冷遇：没完没了的等待、一拖再拖的约见、规避乃至当面撒谎的答复。面对所有这些，邦克很少抱怨。他工作起来态度温和，讲究纪律，任劳任怨。他为目前的进展费尽了心血；他同我们所有人一样，向往着体面的和平。了解他的人都不会怀疑他能对体面的必要性作出确切的解释。

我们到西贡不一会儿，我便同邦克、邦克的副手查尔斯·怀特豪斯和艾布拉姆斯将军在大使朴素的官邸小图书室里碰头。选这个地方作官邸并不是因为它优雅别致，而是因为它位于一条死胡同的尽头，可以减少安全上的危险。在这里，我第一次有机会让邦克和他的同事们看最新的协定草案。邦克的反应是草案比他原先设想能获得的东西还要多；即使再少一点，也还是可行的和在道义上说得过去的。他的意见得到了艾布拉姆斯将军的赞同，艾把他对尼克松讲的重申了一遍，即按目前水平再打一年也得不到什么好处。他还补充说，如果我们撤出增加的兵力，削弱我们的努力，条件很可能会恶化。他报告了一则令人不安的消息，北越已发动了攻势“高潮”，特别在西贡周围，明显地想(正像我敦促西贡努力去做的一样)在停火之前尽可能多地夺取土地。艾布拉姆斯认为这场攻势是个麻烦，但他相信能够加以击败，不会丢失大片的土地。

查尔斯·怀特豪斯是在场唯一提出要大家小心的人。他同意同事们对协定的判断，但怀疑阮文绍会在美国大选前加以接受。对西贡来说，切断同美国的脐带将是心理上痛苦的打击。阮文绍将需要好几个星期来使他自己和他的人民做好接受协定的准备。不管条件如何，阮文绍都会尽可能久地进行搪塞和拖延。后来事实证明，怀特豪斯是说到点子上了。

我也请教了我国驻韩国大使菲尔·哈比卜，他是我请到西贡来的。

哈比卜的意见对我很有分量。他原籍是黎巴嫩人，生于布鲁克林，受教育于爱达荷大学。他同温文尔雅的外交人员典型正好形成对照。他粗犷和直率，同那种“穿条纹长裤”的形象相差十万八千里。他在越南工作或处理越南问题差不多已有十年了。巴黎和谈过程中，他曾是好几任大使的副手，并且是代表团中保持连续性的唯一因素。他挑选了大部分在南越地方上工作的事业心很强的年轻外交官员。他是一个十分正直的人，他的思想已从乐观的理想主义迅速陷入阴郁的绝望之中。他要我们离开这块埋葬了这样多希望的墓地，但要不失尊严。他要以符合我国国际义务的方式来结束战争，才能不辜负外事队伍和他的同事们。他始终主张灵活性，但也主张现实主义；主张严肃的谈判，但不要变相或不变相的投降。他得说服韩国同意最后的协定，韩国是我们的盟国，曾向越南派过五万名军队，它的安全也有赖于对美国可靠性的信任。他对协定草案感到很高兴，认为它超过了他最高的希望。韩国盟友会认为这是一个胜利。这样，所有熟悉谈判和越南事务的美国高级官员都赞同了我们的努力。

要是阮文绍能说出，哪怕是私下说出怀特豪斯所说的意思，那么以后几周的大部分混乱本来是可以避免的。要是我们当时立刻认识到阮文绍不是反对协定的具体条文，而是反对搞协定这个事实本身，我们肯定会改变我们的做法。不论阮文绍的立场如何不合理，我心中有数，尼克松不愿在大选前同南越闹翻。但是阮文绍始终不肯认真地讨论基本问题。他是用越南人的方法进行斗争的：旁敲侧击，泡蘑菇，不断搞小刺激，不澄清也不解决真正的问题。这是几百年来越南人用以先破外国人的锐气，然后英勇反击，进行一拼的方法。不能说这种方法不起作用；不幸的是，它不能鼓起人们的信心，还使盟国特别难办。但是越南人，不论北越人还是南越人，都不认为信心、信任或友谊是决定性的。他们几百年对付外国人而生存下来，靠的不是信任而是耍弄外国人。

十月十九日的会晤就是这等模样。到达总统府时，让我在记者面前等了十五分钟。然后阮文绍的助手黄德雅出来把我和邦克带到总统面前。阮文绍没有同我们寒暄。他冷冷地接过尼克松的信。信中写道：

基辛格博士将向你最详细地解释拟议中的协定的条款，协定由他带着，因此我不准备在这封信中进一步细谈了。然而，我希望你知道，我认为我们只有接受这一协定而无其他合理的选择余地。协定代表了对方的主要让步，我坚信这个协定的执行将使你和贵国人民有能力保卫自己并决定南越的政治前途……

最后，我必须说，正像我们在战争中冒过风险一样，我认为我们也必须为和平而冒些风险。我们打算忠实地遵守同河内达成的协议和谅解，而且我知道这也是贵国政府的态度。我们期望对方采取对等的行动，并已把这一点明白无误地告诉了对方和对方的几个主要盟国。请你放心，我们将把他们的任何背约行为当作最严重的问题来看待；那将会产生极其严重的后果。

尼克松在我和我手下工作人员起草的打字文本后面又亲笔加上了以下这些话：

基辛格博士、黑格将军和我长时间地讨论过这个方案。我个人相信，这是我们能够得到的最好的方案，它也满足了我的**绝对**的条件——越南共和国必须作为一个自由国家而存在。基辛格博士的意见得到我完全的支持。

如果以前不是的话，那么这次应该是阮文绍真正表态的时候了。毕竟，美国总统把自己的政治前途和国家的信用都作为赌注押在支持南越上面了，现在这位总统的使者来到面前，总应该和他推心置腹地谈一谈吧。可是不，阮文绍读完信不置一词。他把我请到隔壁房间，那里，正好同三周前黑格来时一样，他的国家安全委员会成员齐集，还加上南越驻华盛顿大使和驻巴黎和谈大使。我们方面除我外，有邦克、怀特豪斯、艾布拉姆斯、沙利文、洛德和译员戴维 · 恩格尔。阮文绍不作任何介绍，立刻宣布由黄德雅担任口译，气氛马上定了调。鉴于每个在座的越南人至少能听懂英语，这说明阮文绍不会给我们什么好看的。黄德雅把我的讲话压缩掉差不多一半，嘲弄了他作为译员的责任。我于是指出，难道越南话比英语更简练，否则黄德雅把我的话给吃掉了（在这种情况下，我想知道他删掉了什么）。黄德雅谦逊地说："我是压缩的大师。"

我开始说明了我们的方针。我说，我们在越南问题上的努力是由很少一部分人坚持着的，他们顶着国内的巨大压力。许多人急于结束美国的卷入以换取美国战俘的归来。如果人们看到我们放弃一个合理的谈判方案，特别是我们自己提出的方案，压力将会变得难以控制。我意识到在这一点上，阮文绍所需要的东西和我们的不一样。他要向他的人民表示他是坚定的，我们要表现我们是灵活的。我强调说，我们关心的不是美国大选前的两周，而是大选后的几个月。攻势以后增加的军事开支已达四十一亿美元，这笔钱必须在明年一月份提请国会批准。这将提供一个中止援助的方便机会。两年多来，我们在西贡的同意下提出了一套明确的方案，现在河内已经接受了这个方案。如果我们现在拖延，就连国会中支持我们的人也决不会理解。这才是我们面对的死期限。我忘记了尼克松关于"王牌"的建议，花了一个小时介绍整个协定文本，说明停火这一节如何满足了我们提出的每一项建议，而政治条款又如何比我们公开或秘密提出的条件要好得多。最后，我谈了自己认为的中心问题：

> 我们在一起作战已有八年多了。你们作出了很大牺牲，我们的损失也不小。如果我们现在能一起缔结和平，也不算枉受苦一场，还能一起在越南建立一个我们曾为之饱受患难的结构。正是本着这种精神，总统

让我来同你们谈话。我是作为朋友到这里来和你们解决一个共同的问题，以便我们能够继续友好合作。

结果表明阮文绍对外国人的雄辩无动于衷，和黎德寿三年来在巴黎的表现一样——或许我是过高估计了自己讲话的说服能力。通过黑格和我以往同他接触的经验，我应该已经认识到他所采取的策略。他提出了一些聪明的问题，但没有一个涉及协定的中心。阮文绍想知道我认为协定在多大程度上符合我们五月八日的提案；签署协定的方式；国际监督机构何时开始工作；我建议的时间表如何——这一切暗示，如果答复满意，他是会接受的。突然他问道，协定是否是尼克松再次当选所需要的。作为回答，我读了尼克松在我离开华盛顿时送到飞机上的手写的条子。

我们同意第二天上午和他的国家安全委员会全体成员再次进行讨论。另一次会谈定于第二天下午进行，由艾布拉姆斯、高文园（南越参谋长联席会议主席）和我同阮文绍讨论“再加码”行动预计的额外军援供应。这时邦克、我和我的同事们很乐观。阮文绍提出的问题以及他对讨论“再加码”计划的积极态度说明他正走向解决问题。我向尼克松发电汇报，对前景作了比我们大家实际感觉到的更谨慎的估计。任何略有经验的使者都知道应该许诺得比自己料想能做到的为少。这样如果遭到意外失败，可以减少失望的情绪；而如果成功呢——让我们坦白承认——就可以抬高自己的成就。我的汇报如下：

要判明阮文绍的反应现在还为时过早，从过去的访问中，我们知道他不到第二次会谈不会亮牌。我觉得我们面临着大家都预料到的困难任务；能否成功还难说。……总之，我已十分清楚地说明，我们认为这是一项很好的协定，它可补偿多年的损失并充分保护越南共和国政府和阮文绍。它比任何人期望的解决办法都要好得多，它是我们在军事和外交上坚决支持南越的结果。

十月十九日下午的会上，艾布拉姆斯向阮文绍说明了我们将要留给越南部队的军用物资以及在停火前通过“再加码”计划要增加提供的军需。其中包括一百五十架飞机，准备在十四天内交付。阮文绍再次问了些中肯的问题；对我们这些迟钝的脑筋来说，听起来似乎他正在慢慢地同意协定了。比如，他对我打算访问河内一事没有直接提出反对意见，只是说如果他接受协定，他将不会认为这个访问不合适。

在第三次会谈前，收到了来自另一个越南的信息。现在河内给我的电报必须发到西贡。河内离此地只有八百英里，电报却要周游二万英里。河内把电报发给巴黎的盖伊上校，他通过白宫的内部渠道发给在华盛顿的黑格，黑格再通过白宫内部渠道转来西贡。我们给河内发电时，顺序就倒过来。我们的电报从西贡先到华盛顿，经巴黎，然后到河内。

然而，十月十九日下午的电报却是一则二十四小时内的答复。电报表明河内不愿在万象或巴黎另行会晤，它建议我们仍按原日程行事。为了使我们能按原日程行事，河内在关于平民俘虏和武器替换这两个余留的问题上作了让步。河内不仅接受了我们的实质性立场，还接受了我们从飞机上发去的文字。实际结果是，停火后除了在南越监狱中的越共干部外，所有俘虏都将获释。武器替换的规定，加上实际上已在进行的对南越部队的大规模增援，等于允许美国无限制地对西贡提供军事援助。

黑格把北越的答复电告我时，他估计正确地加上了这句话：“我想此电会极大地增加你在今天会谈中的困难。”河内全盘接受我们的要求，竟被认为给我增加困难，这是极大的讽刺。但实际的确如此。再加上河内加紧夺取土地的行动（黑格也指出了这一点），它给我们造成了一个大问题。河内的军事进攻将使说服阮文绍的工作变得难做得多；如果阮文绍不干，河内的电报就会使我们在国内几乎不可能继续保持现在的立场。关键掌握在西贡手中；它的态度将决定战争是否很快结束。

西贡却不着急。但踩钢丝的时候，最危险的就是停滞不前。一旦上了钢丝，除了继续前进就别无他法。我们已利用“时间表”索取了一些让步，从而放弃了再加拖延的余地。在美国大选前，如果巧妙地利用拖延手段，可以改善我们讨价还价的地位。大选后，再拖延就会越来越对河内有利。既然看出我们军事和政治地位在十一月七日以后不会得到改善，河内会把这个过程倒转过来，并且发现把我们逼近国会复会的死限期，利用我们需要四十至六十亿美元补充拨款一事来压我们，对它是十分有利的。因此，我们现在的选择余地确实有限。河内一直有把事情公开的机动权。据我的看法(即使在事后我也没有改变这个看法)，如果谈判是在国内喧嚣的压力下半公开地进行的话，我们就不能取得像现在几乎每天送到面前的这些让步。我们就会被迫接受协定，不论阮文绍的意见如何。我们真正的选择并不在拖延和协议两者之间，而在于是在河内、国会和公众舆论的压力下签协定，还是按自己的政策结束战争，表明我们是控制了事态的发展，能使我们的牺牲达到一定的目的。

因此，我通过白宫形势办公室“代表总统”给河内回了电。电报称，协定内容是“完整的”，但在三个方面未解决的问题有待取得“谅解”：在老挝和柬埔寨的美国俘虏；结束在老挝的战争；柬埔寨的前途。我们把对这几个问题的建议文字送到巴黎以便转给河内。关于老挝，我们要求达成谅解，越南停火三十天后在老挝实行停火。关于柬埔寨，河内坚持说它在那里的影响并不起决定作用，这点后来证明并不假。我们要求黎德寿以书面声明确认，在那里的进攻行动将予停止，北越撤兵并结束渗透活动。同时我们提出一个新的“时间表”，把我抵达河内的时间推迟了四十八小时。

西贡并不急于让我遵守什么时间表。撤退美国军队对我们来说是胜利，对盟友来说却是噩梦。即使只实现停火，他们也根本不能想象，没有我们他们会好到哪里去。预定十月二十日同阮文绍和他的国家安全委员会的会谈从上午九时推迟到下午二时。会谈进行了三个半小时。越方成员和前一天相同，我方代表团只少了比尔·沙利文一人，我已派他到曼谷和万象向泰国和老挝领导人介绍协定草案去了。

会谈由阮文绍开始，他再次未同美国代表团寒暄。他表示对河内的动机深为怀疑，担心遇到所谓的“埋伏”。然后黄德雅念了一连串的极其聪明的问题，中心围绕着北越在南方的部队、澄清武器替换的规定、民族和解与和睦国家委员会的组成和作用，以及如果协定遭破坏时美国的态度。我详细地加以回答，重复了前一天的论点：禁止渗透将造成北越力量的缩小；武器替换的规定实质上意味着无限制的美国援助，因为西贡的军火本来就不少，还要按“再加码”计划增添；国家委员会的作用由西贡去谈判，西贡对它的组成和作用也有否决权。

至于美国对破坏协定行动的反应，我重申了尼克松的保证，万一北越大规模破坏协定，美国将采取行动强制实施协定。后来有人提出，未经国会明确授权，总统无权给予这种保证。这种观点我们不仅是第一次听说，而且会认为不能想象，美国在为了一个光荣事业打仗多年、丧生四万五千人之后，可以眼看着以牺牲换取的和平条约横遭破坏而袖手旁观。如果按这种诡辩，外交就无法进行，谈判会成为儿戏，协定会得不到维护。在越南，这意味着协定将是投降的托词。如果那样，我们本来早就可以做到，还能少受很多痛苦。荣誉、体面、信用和国际法一起毋庸置疑地要求我们许诺遵守协定并且监督它的执行。如果不是这样，那么由国际会议批准的、庄严的结束战争的条约还有什么意义呢？这一点我们私下里对阮文绍和他的同事们说了。尼克松、埃里奥特·理查森（在担任国防部长时）、我和其他官员公开地也说过。[②]在我们看来，这是协定引起的问题中争议最少的一个。我们认为，如果有了一项美国人民可引以为自豪的和平计划，我们将处于道义上和政治上更有利的地位来帮助西贡维护它的自由，这比目前这种无限期的战争使美国分裂的情况要来得有利。这种判断在正常年代中是否能得到证实将永远不得而知。协定签字后不久，水门事件破坏了尼克松的权威，压制国会反战决议的堤坝决口了。我们试图通过缔造和平来平息的分裂情绪再次爆发出来。对于那些一心想证明十年反战抗议是正确的人，这造成了又一次机会——这次是胜利的机会——在南越独立的废墟上吹嘘自己。

最初的隆隆声

那年十月，在西贡总统府里的美国代表团成员没有一个想象到会有这种结局。我们真诚地相信我们既在维护美国的原则，也在维护南越的自由。使我们心烦的并不是对国内舆论的怀疑，而是阮文绍看起来不能抓住机会。甚至通常沉默寡言的艾布拉姆斯将军也在十月二十日插话敦促阮文绍接受协定草案：

我相信，这里的现有领导机构有能力保住这个国家和政府。我同意基辛格博士的意见：保住这个国家不能靠任何协定，只有靠警惕和决心。

星期一下午尼克松总统曾在他的办公室召见我和莱尔德国防部长，并问我对这件事有什么想法……我对他说，我认为现在是采取下一步骤的时候了。初次撤退和随后逐步撤退都是困难的，但随着信心、能力和技巧的增进，事情就好办了。随着时间的推移，南越的防务越来越为自己所承担。我对南越人民和军队向来很尊敬和钦佩，但从一开始我就认为，为了你、你的自尊心和贵国人民，总有一天安全和政治力量要完全由你们自己掌握，最后只有我们的空军力量在一侧待命，我们的装备和补给输入你们的港口。

这时，阮文绍嘴里滑出话来了，他说真正担心的不是协定，而正是缺乏艾布拉姆斯刚才讲得如此重要的自信心。艾布拉姆斯劝阮文绍不要把河内估计得过高，因为北越犯过严重错误；他们曾一再错误估计了形势。一九六八年如果他们把围困溪山的两个师调往顺化，我们会永远也解不了这个城市的围。同样，在一九七二年攻势中河内“愚蠢地”分散了兵力。“他们现在主动提出建议，是因为打输了，而且他们也清楚这一点。这是他们第一次对这场战争变得聪明起来。”不幸的是，阮文绍从艾布拉姆斯的讲话中得出了反面的结论，并用艾布拉姆斯的论点去反对他：“艾布拉姆斯将军，关于他们本应把两个师从溪山调往顺化一事，他们没有这样做是由于我们将领的才能；共产党打输一事也是由于我们将领的才能。”在这种声称自信的表面后面，隐藏着更深的疑虑；阮文绍不愿接受艾布拉姆斯关于共产党愚蠢的说法。如果胜利来自南越人的本领（或运气）这个更加偶然的因素，列举北越一些失败的例子是不足以增加他的信心的。

这是问题的中心，是任何系统分析或关于越南化的宣告都不能抹煞的。在美国人参战八年之后，南越人还是不敢在没有美国直接参与的情况下对付河内。他们的噩梦不是这项或那项条款，而是怕单独对敌。对西贡领导人来说，停火意味着美国剩余部队的撤走。他们不相信河内会放弃支配印度支那的野心。他们的确将需要独自决定自己的前途了；在内心深处，他们想到这点就惶恐不安，而且又不好意思承认。他们的意见也不错。我们自己也认为，美国军队驻在韩国对朝鲜半岛的军事上和心理上的均势是不可缺少的。

我们实际已走投无路，这并不是阮文绍的过错，而主要是由于我们国内的意见分歧。但阮文绍即使在理性上能理解我们的立场，作为越南爱国者他也不能公开加以接受。我们得到的条件是可能得到的最好条件，确实比我们要求的还要好。从理论上讲，这些条件可以使南越能继续生存下去。但它们本身并没有给西贡以保持均势所需的信心和聚合力，虽然在战场上实际已达到了均势。

即便如此，西贡总统府里的许多讨论都离了题。南越人提出了不少起草方面的建议，这再次使始终摸不透越南人的复杂心理的美国方面以为西贡正朝着同意协定的方向前进。阮文绍在会谈结束时说，第二天上午他将忙于同国民议会领导人和其他政界要人磋商，使他们有个思想准备，这番话使我们的印象更加深了。我们把下次会谈定在十月二十一日下午二时，在此期间由外交部部长陈文林为首的专家小组和美国代表团举行技术性会谈，拟出修改协定文本的共同立场，以便向河内提出。我们知道这将是一项艰巨的工作，因为我们已告诉河内说协定文本已经“完备”——尽管有关的谅解(或议定书)还没有完成。

同阮文绍进行了三个半小时的会谈后，我向华盛顿汇报如下：

从会谈清醒而有些悲哀的气氛来看，很清楚，他们为要割断同美国的脐带正经历很大的心理上的困难。他们大概意识到，这笔交易按美国标准来说是好的，但是他们注意的重点是留下来的北越军队以及协定遭受破坏的可能性。他们一面对自己将领的才能显示出自豪感，一面继续流露出害怕共产党的狡猾和缺乏自信心。他们无疑感到需要更多的时间，但是可以看出他们的时间是永远也不会够的。他们知道自己不得不做的事，而这是很痛苦的。甚至他们可能是对的。如果我们能再多打两年仗，他们就好办了。

……我觉得他们正慢慢地跟上来，并努力从思想上接受这个方案，但他们需要我们继续参与才能维持自尊心。

正像我四月份秘密访问莫斯科时一样，现在我发觉自己和华盛顿之间的通讯联络状态又使有效的交换意见极为困难，而且由于形势变化加快，误解越来越大，加上期限的压力、赌注的巨大和战争最后阶段引起的强烈感情，使情况更为复杂。西贡时间比华盛顿早十三小时。因此我晚上发的关于会谈的报告到达华盛顿是在上午九、十点钟。为了保密，我们两头都有一套复杂的双重译码系统，各用两套机要人员。由于西贡宵禁，每收、发一次电报，我们的通讯员都得有特别的护送。这一切造成了额外的拖延，因而华盛顿远远跟不上我们的会谈进程。到黑格可以同总统讨论我们的电报、起草供尼克松审阅的回电并把它发出的时候，华盛顿的办公时间一般都结束了，第二天上午我才能得到华盛顿的复电，而一般那时我已进入了另一场会谈。这样，两边总是在就已经过时的事件或建议进行着脱节的评论或汇报。

毫不奇怪，我开始患上了派出在外执行任务的外交官迟早都要患的典型的综合神经过敏症。有时我觉得华盛顿更感兴趣的是怎样对过去的事情表态，而不是对我们的关键性的决定分担责任。例如，十月十九日我发出一份抱有相当希望的报告后，尼克松回电让我告诉阮文绍：

我亲自深入研究了同河内一起拟定的协定草案，我相信，接受这个方案符合南越政府和人民的最大利益。请用最强烈的措辞劝告阮文绍，我担任总统的这四年和在此之前未当总统的时期，没有一个美国政界人士比我更坚定地主张不能把任何共产党政府强加给南越人民。而且，也没有一个美国政界人士比我更有力地支持阮文绍总统本人。你要请总统放心，今后他可以无保留地继续依靠这种支持。

但是第二天，作为同高级顾问磋商的一部分，尼克松会见了威廉·威斯特摩兰将军。这位即将退休的陆军参谋长突然对就地停火这个概念本身提出反对。这太令人惊讶了，因为就地停火是我们从一九七〇年十月以来的立场的一部分，经过参谋长联席会议的同意，而威斯特摩兰是其中成员之一。尼克松没有把这次谈话告诉我，他给我发来了另一份电报，在四天中第五次叫我不要管即将举行的大选，而强调同阮文绍的团结：

在你同阮文绍继续会谈的时候，我希望再次强调，做任何事都不应受到美国大选期限的影响。我已得出结论，要赶在充其量也是一个失败的大选前达成解决很可能会严重损害美国国内的局势，如果人们能够指责我们现在急于解决，得到的条件不好，要是等到大选之后就能更好的话。最主要的是取得阮文绍的真心实意的接受，免得有人指责我们强迫他接受了一个不利于防止共产党夺取南越大片土地的解决方案。

像我昨天分析的那样，我们制订任何协定都必须有阮文绍的自愿参加。决不能搞强迫结合。我知道存在着河内把协定公开的危险，但是我相信处理这件事还比较容易些；如果大选前同阮文绍闹翻，或者协定容易被人批评为美国撤军的借口，那处理起来就困难得多。

我第一次听到这条指示时很受感动。现在我开始产生一种小人之心的想法，这是不是一旦事情搞坏，拿我出来当替罪羊的做法。在尼克松的所有助手中，我最少卷入竞选活动。从九月初起我几乎一直在国外。我从未参加过同政党策略有关的会议。根据外交政策是两党共有的原则，我拒绝出席任何筹款活动。我多次回绝了约翰·埃利希曼的要求，他自称传达尼克松的命令，要公开一些涉及到前几届政府名誉的文件以帮助竞选。（这是在通过“新闻自由法案”使这种做法成为惯例之前的事。）一九七二年八月，我在一封这样的信上用笔写道：“我反对——这是廉价政治。”尼克松始终没有向我提起这件事，但他对我的观点很清楚。我的战略方针在许多备忘录中作过解释，就是利用河内公开表明的在我国大选前解决问题的愿望，并把它用作死限期来索取让步。无论在口头上或书面上，我都从未采用过与此相反的论点，即达成协议将有助于我们的竞选前景。有讽刺意味的是，尼克松对我进行影射的指责——说我是为了大选而急躁从事——后来被旁人用来指责他自己了。事实上，对他来说，大选的考虑倒是要求推迟达成协议。我那时被两周来每天十五到十八个小时的工作弄得精疲力竭，被飞行时差弄得头昏脑胀，被两批偏执狂的越南人攻击得心情烦躁，于是向黑格发了一封尖刻的复电：

屡蒙惠赐评论，获益匪浅，不胜感激。必须记住，任何解决方法再好也是靠不住的，并会带来一阵子的烂污事。情况再好，也不能指望南越人高兴，因为他们就要失去我们的军事存在，以后得设法适应从一九六二年以来他们从未面临过的局势。

如果要我停止这一进程，请明言相告。另一方面，这里大家——包括邦克、艾布拉姆斯、哈比卜和沙利文——都认为这是我们所能达成的最好交易。我们必须拿大选的考虑和下列事实加以权衡，即：我不能想象战俘问题在正常情况下能在几个星期内得到解决。

无论如何，如果我得到明确的信号，就准备停止这一进程。

没有发来这样的信号；说句公道话，也不可能发出这样的信号。因为在西贡事态变化开始加速，超出了我们的通信系统所能处理的程度。

同阮文绍摊牌

正如我已说过的那样，十月二十一日我们仍然认为我们正在逐步同西贡达成谅解，尽管这对阮文绍来说是痛苦和不光彩的。上午，我会晤了以陈文林外长为首的南越专家组，把他们对草案的修改意见过了一遍。

修改意见共有二十三处。有些是重大修改。西贡要删掉把“民族和解与和睦国家委员会”说成是一个“管理机构”的一句话，以避免在翻译上的争论。西贡要求加重对非军事区的提法，强调它作为分界线的性质，规定越区袭击是非法的。西贡坚持条文中不提临时革命政府（河内在南方的政治机构）。其他的修改意见看来都关系不大，虽然以迟钝闻名的西方人的思想也许还摸不透那些表面上含糊和不重要的词句的有害性。要争取对我们已经宣布“完备”的文本作那么多修改会遇到困难，我和我的同事们对此不抱幻想。但我们答应西贡我们再试试，而且是真诚地。我们花了整个上午，寻找他们提出修改的理由，以便确定我们在河内提出西贡的建议时按一个怎样的轻重缓急的次序。气氛是专业式的和严肃的，试图估计哪些修改是争取得到的和现实的。

我同邦克一起吃了午饭。将近下午两点时，我们两人到了他的办公室等候被召到总统府再次会晤南越国家安全委员会，当时我们都很乐观。在约定的时间没来电话。过了约一个小时，黄德雅给邦克来电话，叫我们等着；会见改到下午五点钟，说阮文绍有空就会通知我们的。对于会见推迟，他们既没有道歉，也未作解释。黄德雅只是讲完通知，就把电话挂了；他大概一定看到亨弗莱·鲍嘉在电影里是这么干的。下午四点半，即在原定的会晤时间后两个半小时，阮文绍的车队路过美国大使馆，警笛声震耳。直到下午五点半，总统府仍然没有传来半句话，这就引起了一次历史性的事件：邦克发火了。他试着直接打电话给阮文绍，答复是总统正在召开内阁会议。他于是要求同黄德雅讲话，回答是这位新闻秘书不在楼里，找不到他。又过了一个小时，即在原定的会晤时间后约五小时，阮文绍给邦克来电话，说内阁会议仍在进行，结束后马上见我们。又过了三刻钟，黄德雅来电话说阮文绍将在次日早上八点见邦克和我。邦克抗议说，会见的推迟意味着华盛顿作决定的时间至少要耽误二十四小时，黄德雅干脆把电话挂了。

我们回到邦克的官邸，坐在他那小小的书房里，回味刚才发生的一切。很明显，南越人需要时间讨论一些重大的决定。但是他们的无礼态度暗示即将发生一场对抗。原因何在呢？阮文绍还没有表态，他以前只是提问题。上午的专家会议看来开得还不错。我们答应到河内把西贡的意见都提出来，当然我们不能保证结果如何。阮文绍和他的同事们都还没有提出什么原则问题，虽然有关北越军队的条款显然使他们感到很不安。不管他们关切的是什么问题，任何盟国都无权这样对待美国总统的一位特使。而对邦克的态度也是极不公正的。我们感到了越南人狡猾地在外国人心中引起的无可奈何的气愤。阮文绍一定以为我们的策略离了他不行；我们越认识到缺少不了他——不管用多么恶劣的方法来做到这一点——他就越能使河内丢脸，越能投合越南人的民族主义情绪，而且他的讨价还价的地位也就越强。

这不是我的想象；在总统府发生的一场大动肝火的争吵很快表明了这一点。大约在晚上九点钟——也就是在我们原来约会时间七小时之后——阮文绍打电话给邦克。他几乎歇斯底里地抱怨说，三个星期前黑格到西贡来的使命是要组织一次推翻他的政变；而由我率领的代表团成员们正在继续这个企图。他要求我们住手。邦克和我是阮文绍多年的主要支持者，我们顶住了来自河内和反战批评者们要我们搞掉西贡政府的要求。黑格在越南打过仗，他对阮文绍很钦佩。我们为了保全这位领导人吃了不少苦头，现在竟被指责为企图推翻他，这确实如同吞苦药丸一般。虽然邦克这个人禀性温和，他也不免发怒，把阮文绍的指责顶了回去。但是我们想发火也没有时间，除了忍受，我们别无他法——阮文绍已经正确地估计到了这一点。我们让日程捆住了手脚，我得在七十二个小时内到达河内，而我们的越南盟友内部在感情上分崩离析。总统府来的电话使人明确感到气氛正在变成敌意的；他们既没有提出具体的反对意见，我们甚至不知道如何解决问题，或是该解决什么问题。我们开始希望河内拒绝我们十月二十日交给他们的有关老挝和柬埔寨的条文，以使得问题变成纯理论性的。但是我马上产生了怀疑。我向华盛顿报告如下：

一个熟悉的模式正在出现。这使我们的地位极为脆弱。如果河内对我们最近发去的信再次表示认可，而我又拒绝去一趟，他们就会清楚地知道我们的困难所在。他们一定会公开要求我们签署一项我们已经同意的解决方案。

我的预见证明是正确的。十月二十一日晚上，河内再次接受了我们所有的要求。北越人同意了我们有关老挝和柬埔寨的所有提法。他们通知我们，在柬埔寨没有美国俘虏，但是在老挝的俘虏将同被拘留在南、北越的美国人一起释放。他们也同意我在十月二十日通知他们的新“时间表”。我们的计划在一切方面的进展都非常成功——只有对我们在西贡的盟友这方面却例外。事实正如黑格在一份电报中指出的那样：“我们现在很困难，你今天上午同阮文绍的会见是关键性的。”

幸好(在当时条件下)河内犯了一个错误，提供了拖延的正当理由。杰出的记者阿诺·德博什格拉夫突然获得了去河内的签证。更有意思的是，他并没有申请签证。一到河内，他马上得到范文同总理的接见，而他也并未提出要见范文同。接见的谈话将于十月二十三日发表，届时我还在西贡，河内知道我将仍在争取获得南越同意的过程中。* 河内也许仍在照先前的“时间表”而作这种安排的；在谈话发表的当天我本应已经在河内了。不论哪一种安排，这次接见是不守信义的侮辱性行为，而且由于推迟的缘故几乎成为致命的了。因为范文同在谈话中对协定草案提出了北越方面有倾向性的解释，这不仅同我们的解释相矛盾，而且不符合谈判商定的文本。他说阮文绍“落后于事态发展”；将成立“过渡性的三方联合政府”；双方将释放所有拘留的人(包括平民)；美国将付给赔偿。德博什格拉夫报道说，河内已经把协定定稿告知外国外交官，并正准备像是“庆祝胜利”的活动。范文同的谈话肯定会激怒南越人，引起他们最严重的怀疑。这也使我们认识到黎德寿最近采取灵活态度是出于需要，而不是改变心肠。这次谈话反映了他们的软弱和两面手法。范文同承认在达成解决方案后阮文绍仍将留任。通过那些有倾向性的词句，他已表明协定实际上是就地停火，这点以前一直是被河内轻蔑地拒绝的。南方将继续存在“两支军队和两个政权”。

---

* 我们在十月二十一日事先收到了接见记录文本；德博什格拉夫提供了接见的原始记录以换取戈德利大使同意他利用驻万象大使馆的通信设备把他的新闻稿发往纽约，除此别无其他迅速而可靠的电台可用。

几乎同时，尼克松发来电报，就十月二十二日上午同阮文绍的会晤给我作了指示。大家都同意这次会见是决定性的。指示要我尽量推动阮文绍，但不能闹翻。我到河内去也将这么做。最好的办法是把最后达成协定的时间推迟到美国大选之后，并使越南双方在此以前保持安静。对于我如何达到这些目的，指示讲得不清楚。（这使我想起第二次世界大战期间有这么一个人，他说解决潜水艇问题的办法是把海洋的水加热，把潜水艇煮得只好浮起来。有人问他怎么煮法时，他回答说："我给你们出了主意，技术问题由你们自己去解决。"）但是尼克松的指示虽没有提出明确的做法，它无疑表明选举的考虑越来越促使尼克松要推迟解决，而不是像批评他的人后来所说的那样要加速解决。

更有帮助的倒是尼克松亲自起草的给阮文绍的一封信。尼克松在信中重申他认为协定按当时的文本是完全可以接受的。信中还加了一条严重警告，这在我们尽力支持阮文绍之后，一定是十分令人痛心的：

> 如果你现在认为协定不能接受，而对方却显示他们为满足对他们提出的要求作出了极大的努力，那么我认为你这样的决定将产生最严重的影响，使我无法继续支持你和南越政府。

越南的事情总是难以预测的。次日（十月二十二日，星期日）上午八点同阮文绍的会晤，在经过不祥的预兆之后，没有导致对抗。实际上，看来竟好像阮文绍在前一天演出一场闹剧是为了表示一种独立的姿态，使他能在最后的时刻附和我们的意见。越方有阮文绍和黄德雅，我方是邦克和我。阮文绍重申了对协定的反对意见，这些意见我们已经熟悉了。他重点反对北越军队继续待在南方一事和国家委员会的组成——这个委员会没有什么作用，阮文绍在其中将有否决权，后来这个委员会根本没有产生。我逐点回答了阮文绍的问题，把尼克松的信交给了他。他不失尊严地回答说，对我们来说，问题是如何结束我们对这场战争的参与；而对他说来，这关系到他的国家的生死存亡。他不仅要考虑协定的条款，而且要考虑南越人民是如何看待它的。因此他正同国民议会的领袖们磋商。他还要听取他的顾问们详细汇报我们对他们提出的修改意见的反应。他将在下午五点再次会见邦克和我，给我们最后的答复。

邦克和我在会见后感到鼓舞。我乐观地给华盛顿发报说："我想我们终于取得了突破。"我请邦克给华盛顿发一份更详细的报告，因为我要动身去机场赴金边访问。邦克发报说："我们两人在会见结束时都感到我们最终取得了突破……我们在会见结束时都更有信心地认为阮文绍将努力设法解决他的问题。"邦克在报告中还指出，河内想在停火前尽量多占领土的企图已彻底失败。邦克还说，敌人的能力和他们的心愿之间有很大的差距。"我们的结论是，尽管共产党下了指示，敌人也试图执行这些指示，但敌人无法有效地执行，而且在执行过程中遭到了伤亡。"

为了使越南的另一方保持安静，我给河内发去了一封电报，诳称我是在金边接到他们的回电的。我的答复要等我当天晚些时候回来后才能发去。

战争快结束了，有关柬埔寨的安排最复杂，同其他所有解决方案相比是漏洞最多的。

关于老挝和柬埔寨问题的处理有两套文件。河内主张，在越南协定草案中，它只能就自己的行动作出承诺。例如它可以承诺从老挝和柬埔寨撤出自己的军队。至于交战各方间的停火和释放美国俘虏的保证，黎德寿只能答应河内尽力去说服它的盟友。而且河内作这种努力的承诺只能写在同我们的秘密谅解中，不写在越南协定正文内。因此，根据越南协定第二十条，河内保证从柬埔寨和老挝撤军，不利用柬、老领土对本协定的任何签字一方，就是说南越，采取军事行动。

秘密谅解后来证明更为复杂。河内自信对它在老挝的盟友——巴特寮（老挝爱国战线党）——有影响。因此黎德寿答应在越南停火后三十天内在老挝实现停火，并为此签署一份谅解书。至于柬埔寨，黎德寿表示他们对红色高棉的影响较小。他只是笼统地口头保证说，一旦战争在老挝和越南停止，“战争就没有理由在柬埔寨继续下去”。虽然我一再努力争取一项更明确的关于柬埔寨停火的义务，得到的仅仅是河内书面肯定了黎德寿对我口头说的话。我决定劝朗诺在巴黎协定签字后马上单方面建议停火（他后来是这样做了），我还警告黎德寿，如果红色高棉方面的反应是发动新的攻势，这将“违背……本协定所根据的设想”。[3] 我愿意冒一下险，相信如果北越撤走军队并停止渗透的话，朗诺部队在我们的有限支援下能够遏制当地的柬共分子。事实上我们也没有多少选择的余地。如果我们仅仅因为柬埔寨的停火安排有漏洞而拒绝签署一项能归还我们的俘虏和使北越撤出印支国家的越南协定，那我们在国内就会得不到任何支持。

在这之前我曾派比尔·沙利文去曼谷和万象，因为他认识泰国和老挝的领导人，他任驻老挝大使时同他们打过交道。沙利文带回了他们的热情支持。据他说，梭发那·富马欢呼：“他们彻底失败了。”泰国领导人的反应也差不多。但由于我们的援助有限，而且解决柬埔寨问题的条款措辞含糊，我想我有责任亲自去向朗诺说明情况。

这是一次令人惭愧的会见。虽然朗诺确有理由感到不安，但他没有像西贡那样挑剔或无礼。柬埔寨人所得的援助同我们每年给西贡的援助相比是极少的，但他们继续信任我们。朗诺对我们正在进行的工作表示赞同，尽管他知道他的国家是印支国家中唯一没有具体规定停火日期的——不过北越人已肯定地承诺要撤出。朗诺甚至答应在协定签署时由他发表一项声明，表示坚决支持。

因此，金边之行也是令人痛苦的，不过痛苦的原因同我在西贡会谈时的情况正好相反。在所有曾指靠我们的领导人中，朗诺是最不变心的了。在所有受北越在印支谋求霸权之害的人中，柬埔寨人民的民族抵抗精神是最强的，而且得到的外援是最少的。由于我们国内的争论相持不下，柬埔寨确实为此受牵累最大。我们的部队从(北越在柬埔寨的)庇护所撤出以后，那些曾谴责一九七〇年进军的人竭力阻挠给这个被围困的国家任何有效的援助，似乎为了惩罚自由柬埔寨人，说他们作为受害者的风格还不够高。那种认为我们不能陷进柬埔寨泥坑的主张使国会在一九七一年和一九七二年把给柬埔寨的援助限制在约三亿美元这样一个微不足道的数目(相当于我们花在越南的钱的百分之三左右)，限制了派在我们驻金边大使馆的武官的人数，并且禁止派遣军事顾问。我们的立法甚至不准我们的武官访问柬埔寨部队。关于我们要陷进柬埔寨泥坑的说法只是貌似有理，或者是基于一种错误的和越南等同的想法。北越在南方的部队战线已经拉得太长；河内无法给他们增兵；只要柬埔寨力量有所加强就一定会对他们造成强大的压力。红色高棉起初是无足轻重的。我们的自我克制只是让可怜的柬埔寨人只依靠自己微薄的力量去对付河内的死敌，而使当地残忍的红色高棉获得时间为最终的征服积蓄力量。事情本来可以不是如此的。我们放弃了机会，没有武装那些渴望进行抵抗而且能在抵抗中使北越——不是我们——陷入消耗战的人。不论人们对我们最初的进军是否明智这一点持什么观点，有些人为了要维护柬埔寨的独立而发怒，但是当北越和红色高棉决心要征服柬埔寨时，他们却使维护这个国家的独立的抵抗无法有效。他们的逻辑是难以理解的。

后来，朗诺宽宏大量地赞同了协定，宣布了单方面停火，并呼吁进行谈判。灭绝种族的敌人不理他的呼吁；在一年内美国国会通过立法禁止用我们的空军力量去帮助他。柬埔寨人民应该得到更好一些的待遇。

越南的特点是，别人单是失败还满足不了安排越南命运的复仇之神的欲望，他们还必须使别人心碎。我抱着成功有望的喜悦心情回到了西贡。我以为我们取得了朗诺的同意，就可以回家了。邦克和我在下午五点钟准时会见了阮文绍和黄德雅，谈了将近两个小时。会见结束后我给黑格发去了灾难性的消息："阮文绍拒绝了整个方案或者它的任何修订本，他也拒绝在此基础上再进行任何谈判。"

这是一次奇特的会晤。阮文绍能讲流利的英语，但他不讲。他讲着讲着，几次流出眼泪。邦克和我都认为这眼泪与其说是出于悲伤，不如说是出于怨恨。黄德雅当翻译，在翻译到有关段落时，他也哭了。

会晤时，先由我向阮文绍介绍了我在金边、曼谷和万象磋商成功的情况。阮文绍不以为然，说他并不感到奇怪，这些国家没有被人“作为牺牲”。他说美国显然同苏联和中国“串通”要出卖南越。他不参加这种交易。他第一次透露，起码在一年前他就感到自己被出卖了，当时我们建议他同意在新的总统选举前一个月提出辞职。虽然当时他接受了建议，没有提出抗议，而且在不到三个月前还重申了这一点，这件事显然在他内心留下很深的伤痕。他说：

自从美国要我辞职，并且在辞职时间上同我讨价还价之后，如果我不是军人的话，早就辞职了。因为我看到，我认为是朋友的人抛弃了我。不论对我个人的耻辱会有多大，我将继续打下去。我最大的心愿是能签署一项和平协定。我并没有告诉任何人说美国人要我辞职，那样美国人会同我一样不光彩。我装成是我自愿提出辞职的。

我平心静气地回答说：

我钦佩你讲话中表现的勇气、献身精神和英雄主义。但是作为一个美国人，我对你关于我们串通苏联人和中国人的说法不能不表示十分气愤。你想这怎么可能呢？我的总统为了帮助你们，在五月八日甚至冒了可能毁掉他整个政治前途的危险。我们同苏联人和中国人谈是要他们向河内施加压力。我们真诚地相信，拟议中的协定维护了南越的自由——我们的原则同你们的原则是一致的，而且我们维护了这些原则。你只面临一个问题，而尼克松总统面临的问题却多的是。你认为我们毁了你的想法，不会为任何美国人所理解，尤其是尼克松总统。

说到具体问题，我们没有承认北越有权留在南方。我们使用了日内瓦协定的语言，因为我们认为这是制订实际解决方案的最好办法。如果我们真想出卖你，另有许多更容易的办法。

我指出我们现在有一个实际问题："我们已经打了四年仗，把我们整个外交政策押在保卫一个国家上面。你刚才说的话使我们很痛心。"显然，如果他不同意，谈判就无法进行下去。我要回华盛顿去了。如果我们不想嘲弄我们已作的牺牲，那么避免一场对抗是符合我们两国利益的。我建议在我动身之前向他作辞行拜会。我们定的时间是次日，十月二十三日，星期一，早上八点钟。

如果说十月八日当河内最终放弃它的所有政治要求那一天是我在为政府服务生涯中最激动的时刻的话，那么现在是我，至少是迄今为止，最伤心的时刻。不论现在再发生什么，阮文绍的反应决定了战争不会很快结束，或者不会以能够弥合我们国内分裂的方式结束了。我曾热烈希望我们能带来和平，以使那些作出牺牲的人感到他们的痛苦是值得的，使反对过这场战争的人能把这一和平看作是他们努力的结果。作为一个团结的人民，我们便可转而致力于建设富有希望的新国际秩序中的积极任务。阮文绍的行动很可能使和平谈判毒化我们的未来，正像战争的进行抵押了我们的过去一样。如果我们不能按照"时间表"在十月三十一日前达成解决，河内必将公开指责我们撕毁和平协议。如果河内把和平条件公布于世(它无疑会这样做的)，那么批评我们的人——他们一直要求我们降低条件以求解决——将不接受任何辩解而责备我们未能签署协定，何况河内已经接受了我们自己的建议。河内可以确切地历数他们从十月八日直到十月二十一日一再作出的让步。任何对越南问题有所了解的人都懂得，我们只有延长战争才能争取到一个更好的协定，而国会已明确表示决不支持延长战争。如果我们不能大体按照目前的条件谋求解决，国会将通过立法简单地用撤军交换俘虏，从而迫使我们退出战争。

河内既已放弃它的政治要求，一定还会立刻抓住这个机会；这对河内来说比目前的方案要好得多。那样战争结束的方式将很糟糕，对西贡将远为不利，对我们国内的分裂作用将大得多。

然而，我没有反悔的余地了。阮文绍的行为确实恶劣，但我们的争吵是为了一条原则：即美国没有出卖朋友。我同意尼克松的意见，攻击阮文绍不符合我们所作出的牺牲。我的责任是把事情办好，而不是让事情滑向混乱。在这四天中阮文绍使我们越陷越深，他对此要负重大责任。如果在我到达的当天阮文绍就表明他的真实态度，我们肯定会给河内发去另一种信息。然而我们不能动个人感情而把千百万美国人已为之忍受痛苦达十年之久的事情全都闹翻。我们也不能冒险让阮文绍的歇斯底里发展成更大的绝望而把我们的分歧公开化，从而促使河内又一次拒绝妥协。但是我们也不能让阮文绍认为他难住了我们，或者我们会放弃我们的大目标。我们必须使他清楚地认识到，任何时间的推迟都只是策略性的，是为了给他一个机会来掩盖我们的分歧，并提出小的改进要求而不能要我们根本推翻我们解决这场战争的决心。

对待河内，我们也要走一条同样细的钢丝。我们必须使北越政治局相信，我们决心基本上按现有的条款缔结协定。但是我们也要使河内懂得，他们不能利用我们和西贡之间的分歧以求在最后的时刻逼我们做我们四年来一直拒绝做的事，即推翻南越的政治结构。

当我和洛德在西贡同远在一万英里以外的华盛顿的总统和黑格整夜多次联系时，上述考虑是我们交换意见的中心思想。戏剧性的事件常是在不相称的环境中发生的。我们的总部是我在邦克官邸里的一间小卧室。在那里我们无法同华盛顿进行迅速的联系。保密电话不通，公开的电话不保密。双重密码制使通信十分缓慢，以致华盛顿还没有答复我们的前一封电报，我们已发去了第二封。在西贡已经是午夜了。我在房间里来回踱步，洛德坐在我的床上写下我的话。然后他到隔壁房间起草电报稿。院子里有一名司机和一名通信员，等着把洛德的电报手稿送到大使馆通信中心——已事先搞好联系，有把握不致因戒严而受阻。在起草两封电报的间隙时间，洛德和我就考虑我们面临的难题和选择。我们最重要的一个想法是要在河内发火以前赶回华盛顿。更使人着急的是，用电报联络一次只能把我们的一套想法发去。像对话那样交流思想是不可能的，不成熟的想法写成了正式的建议，而且也被当作正式建议来考虑。有几次，线路两头的人都改了主意，但是话还未来得及传给对方，白宫和我已经在答复作废的电报了。

星期天我和阮文绍之间的灾难性的会晤一结束，西贡时间晚上约八点我就给黑格发报说，我们现在有两种选择。我可以按原计划去河内，把西贡的修改意见提出来，然后来回地跑（当时还没有“穿梭外交”这个词），直到南北双方意见达到一致。第二种办法是我马上回华盛顿；同时黑格将通知多勃雷宁，我们在西贡遇到了重大的障碍，我们只得同黎德寿再开一次会，向对方说明。我们希望苏联协助，使河内保持克制。我建议说：“显然我是赞成第二种办法，而提出第一种办法（去河内）仅仅是为了表示考虑全面而已。”

我越想越觉得到河内去没有滋味。如果我去，我将陷入几乎肯定不会有结果的会谈之中；同华盛顿的联系也困难；难以预料我们会遇到什么样的麻烦。如果事情闹僵，我顶多只是个过客。我得尽快回华盛顿。后来发现，好笑的是尼克松在华盛顿开始担心我会去河内，而我在西贡则开始担心他会违背我的建议接受第一种选择而命令我去河内。因此，我还没收到对第一个电报的答复，就又发了一个报：“我再三考虑，认为唯一可行的途径是去找苏联，并须立即行动以便赶在下述口信的前头，该口信须于今天（星期日）巴黎时间晚上十一点在巴黎交出。”（西贡时间是星期一早上七点，也就是说还有约十个小时。）

口信是以总统的名义准备在巴黎交给北越人转河内的，旨在争取足够的时间让我在河内发火之前赶回华盛顿。口信全文如下：

总统以感激的心情读了越南民主共和国总理的来电。该电使总统提出的有关老挝、柬埔寨和美国俘虏的各点都得到了满足。

正如越南民主共和国方面所知，为了争取达成协议，美国方面在西贡、万象、金边和曼谷作出了巨大的努力。越方也知道，美方始终认为它不能单方面行事。不幸的是，在西贡遇到的困难比原先预料的更为复杂一些。其中某些困难所涉及的事情美方认为有责任向越方提出。

总统谨通知总理，在这种情况下，他已请基辛格博士立即回华盛顿研究下一步的行动。

总统必须指出，越方接见阿诺·德博什格拉夫的谈话是违背信义的，对造成西贡目前的情况要负相当大的责任。

总统请越方在他向越方递交更长的信来说明他的考虑之前，不要采取公开的行动。总统的信将在二十四小时内送去。

美国方面重申信守协定草案的实质和基本原则。

在那时，就我们而言，我们已经决定要回华盛顿，而且已经通知了河内，白宫却答复了我的头一封电报。尼克松强烈反对到河内去的主张，尽管这个意见就在那时也仅仅是为“考虑全面”而提出来的，同时还提出了一个具体的相反建议。④黑格以尼克松的名义给我发来大批电报，强调去河内是不明智的。太平洋两岸的火气都上升到危险的程度了。我回电说：

我想我们现在无论如何不能表现出任何惊慌。每个人都应显得很乐观，要给人以我们很接近达成协议的印象。如果我们被追问得厉害，我们应该只说，会谈的最后阶段总会出现一些技术上细节问题的。如果我们真的被逼到墙角，我们应集中谈在南方的北越部队的问题。无论如何，我们不能让阮文绍成为公众咒骂的目标，这不是为了他，而是为了我们自己。如果阮文绍成了反派角色，那么即使我们最后能克服他的反对意见，我们八年来所做的一切就全成问题了。

我相信，用不了几个星期，我们仍然可以取得一个合理的结局。我已经要邦克向阮文绍做工作。所有情报都表明，他正在积极准备停火。所以他很可能让步；特别是如果我们在大选后继续保持坚定立场的话。另一方面，如果他不让步，河内和我们仍然有希望签署一项协定，我们可把它推荐给其他方面，让他们接受。这就可以给阮文绍一个机会说他的意志被人强奸了，但是最终他会让步的。我们只能到了万不得已的时候才搞一笔纯双边的交易。

到关于我的（已取消了的）河内之行的混乱已经消除时，另一个矛盾又产生了；这次是关于我提出的对北越全面停炸的建议。我们曾向北越人表示，在我抵达河内二十四小时之前将全面停炸。我没有想到我们会在这个问题上食言，在河内接受我们的全部建议后还继续进行大规模的轰炸。（对二十度线以北地区的轰炸原来说在我到达西贡时就停止的。）另一方面，我本应该懂得在大选前停止轰炸会刺激尼克松最敏感的神经。虽然总的说来尼克松对约翰逊总统是很尊敬的，但他相信（约翰逊）一九六八年停止轰炸是一个选举花招，目的在于使他在最后一秒钟还难以肯定取胜。他此后不断对他的同事们说，这是单方面的出卖。无论如何不能期望尼克松再搞看来是同样的花招。他拒绝了我的建议，虽然他同意继续轰炸二十度线以北地区是不可想象的，因为阻碍协议的是西贡，而违反日程的是我们。

关于我的河内之行和对阮文绍的态度，华盛顿和我虽然意见一致，但有激烈的争论。关于停炸的意见确有分歧，但奇怪的是关于这个问题的讨论却很冷静，并获得了合理的解决。尼克松是对的，我的反应是过分了。对北越二十度线以南地区的轰炸仍然继续，其目的是切断对在南方还在继续的战争的供应。

我最多只睡了三个小时后，由邦克陪同去向阮文绍辞行，那是十月二十三日星期一上午八点钟。那是一次令人悲伤的会见。我试图消除不愉快。阮文绍尽管有许多毛病，他是爱国者，曾为国家的独立而英勇斗争。我想，一定不能把他推过边缘，使他采取鲁莽行动或公开对抗。我告诉他，我已要求再次会晤黎德寿，向他们提出西贡的建议。我希望阮文绍在此期间不要同我们公开争论。我们方面不会公开批评阮文绍。为了不使他产生幻想，我强调我们认为协定草案是好的，我们将在该协定的范围内继续往前走。我们将争取有尽量多的修改建议被接受，但我们不会改变草案的基本内容。最后，我对这位勇敢的南越总统强调我对他作为一个爱国者和军人的敬意。但是我不得不“痛苦地”告诉他，如果战争按照目前的规模再打六个月，国会将切断我们的经费。我说：

重要的是不能使我们已经作出的牺牲变为白费。如果我们继续对立下去，你会获胜，但最终我们双方都会失败。美国的报界、新闻界和知识分子都把他们的利益寄托于我们的失败，这是事实。如果这几天我显得急躁，那是因为我眼看要失去良机……我不是想说服你，而是想要你理解我们试图做的事。如果我们不以我们的关系为重，我们就不必制定新的计划——我现在怀着悲痛的心情而走，原因也就在此。我们将尽力而为，邦克会同你联系的。

阮文绍现在冷静多了，他再次重述了他对协定的反对意见，立场稍有软化。他现在强调要加强有关非军事区的条款(这一点是重要的，因为这些条款关系到渗透和增兵的问题)以及有关民族和解与和睦国家委员会这一软弱机构的组成问题的条款(这是鸡毛蒜皮)。他同意在南方的北越部队问题可以以北越撤军但不宣布的方式得到实际解决。(我们没有得到河内的这种许诺。如果拟议中的协定得到遵守和渗透停止，那么北越部队实际上会逐步消亡。)阮文绍还郑重其事地表示同意我对美国国内形势的分析。他说，但是这对南越来说是一个生死存亡的问题。他表示决不会公开批评美国。他说：

我（昨天）答应了要避免任何对抗，而且说我不会公开承认尼克松总统和我之间有什么分歧……

我仍然把尼克松总统看作是朋友和战友。不论我是否当总统，我将努力创造条件使美国能帮助越南。如果我成为美国提供援助或争取和平的障碍，我可以不当总统。我无意批评尼克松总统。我只是想指出，同今后柬埔寨和老挝会出现的形势相比，我认为这个方案对南越不利。但是朋友之间没有理由产生仇恨，所以我建议我们忘掉过去说的话。

在向西贡表明我们将按目前的协定继续进行努力以后，我们还要说服河内也相信这一点，同时不使它利用西贡和华盛顿之间的裂缝。在即将离开西贡的时候，我以总统的名义给巴黎的盖伊上校发了一个电报，让他转交给河内的代表。我挑的时间是巴黎时间下午三点，在西贡是晚上十点，也就是说我早已登上去华盛顿的归途了。加上电报转递的时间，我也许能在河内作出反应之前赶到华盛顿。电报的关键段落是这样的：

美国总统谨通知越南民主共和国总理如下紧急事项：

美国有诚意地执行了同越南民主共和国在巴黎讨论过的总原则和实质内容。越南民主共和国一定已获悉基辛格博士和他的同事们在老挝、柬埔寨、泰国和特别是在西贡所作的巨大努力。

越南民主共和国方面同时也知道，美国的一贯立场是它不会把一个单方面的解决方案强加于它的盟国，美国只会在协商的基础上前进……

总统重申他坚信在最近的将来协定就能达成。越南民主共和国和美国双方有必要以我们会谈中迄今一直表现的同样的诚意共同探讨目前的困难。

为此，总统建议特别顾问黎德寿和基辛格博士尽早在巴黎再次会晤，商量解决剩下的问题。基辛格博士将在越南民主共和国规定的任何日子前来巴黎。在目前情况下，在这些额外的会谈结束之前，基辛格博士不可能去河内。

为了表示诚意，美方将维持目前对轰炸的限制，直到会谈结束。

美国方面必须警告，任何想公开利用目前的暂时困难的企图，只会使谈判延长。

战争打了这么久，造成的感情对立已如此之深，在通向最终解决的道路上出现一些暂时障碍是难免的。

美国仍然决心探索每一条通向和平的道路，并敦促越南民主共和国领导以同样的善意和合作精神同它一起努力，正是这种善意和合作精神使得谈判已非常接近于达成解决。如果继续保持这种态度，目前的问题肯定可以得到克服，而且应该在已达成的协议的基础上早日获得解决。

归　途

这一个星期是富有戏剧性的，也使人精疲力尽。我们是十月十六日上午出发的，当时希望回国时能带回符合我们价值观念的和平，结束我们全国人民的痛苦。我们没有成功。我们确实也取得了一些进展。河内在十月八日提出的原草案本身就是一个这样的突破，在其后的两周内又有重大改进。和平条约草案的条件已超过了我们两年来所提的要求，为此我们可以感到自豪。虽然我们的归途笼罩着失望的阴影，它也充满了决心。双方立场已如此接近，双方的投资已经这样多，现在很难倒退了。在今后几天里，我们将努力使破镜重圆。多少人的希望寄托于我们的努力，为了他们，我们现在不能灰心。

我时常回忆这段充满风雨的日子；我想如果我们对阮文绍表示更多的同情是否可能导致另一种结果。最理想的办法也许是，我们应给他更多时间以为行将发生的事情做好思想准备。但是速度也使条件大大改善。把我个人对他的尊敬撇开不论，我不相信一个放慢一些的日程或者更早地同他商量会改变他的态度。这是一件悲剧性的事，不是人们估计中的小错误。双方各沿自己必须走的道路前进，走到了这一点，注定要相撞。阮文绍立场的逻辑要求他摆出一副敢于不妥协的姿态，以证明华盛顿和河内不能决定他的命运——正如河内对我们的做法，逼我们赶快，部分是由于想表明阮文绍是我们的傀儡。不论我们怎么做，阮文绍总是要搞点动作以争取时间，并找办法同我们对抗，正像他过去在黑格和我去访问时也顶过我们一样。

我们的失望产生于一种误解：我们未能及早地摸透，阮文绍真正反对的不是具体的条件，而是任何妥协。结束战争必然要引起阮文绍和我们的冲突，除非河内彻底投降。主权按它本身的定义就是不可分割的。因此，任何使阮文绍不能全部控制他的领土的结局对他都是一个挫折。他也许无力改变地面上的力量对比，但是这远不意味着他会接受现状作为一种法律义务。他曾接受过各种意味与此不同的妥协方案，不是出于信念，而是作为取得美国继续支援的代价。我们美国提出了一系列建议继续支持西贡——这些他都接受了——以表明我们愿意作出特别的努力。但是这些建议，包括就地停火、新的选举和美国撤军的影响加在一起，等于给了西贡以不同于河内的法律地位。这是最使他伤心的。从阮文绍的观点看，他是对的。他是用越南人的办法进行斗争的。固执、顶撞和旁敲侧击，这些是他的武器。下面这些都不是他的错，即在一九六一年我们发动了一个战役，其策略是美国人民无法支持的；在一九六三年他是得到我们鼓励推翻吴庭艳的军官之一。他大概过高估计了我们的机灵和力量；他以为我们懂得他的保留态度。我们方面则夸大了他口头上讲的话；我们不加怀疑地认为他对我们说的是他的真意。到了一九七二年底，这些矛盾就变得难以一下子解决了。用另一种方法也许只会增加他进行拖延的可能性，同样不能避免出现僵局，也许反会使僵局出现得更早，使它更难于摆脱。阮文绍的目的是获得全胜；我们则要一个体面的妥协。到了一九七二年十月，这两种立场已无法调和了。

在归途中我知道华盛顿会有很多人主张先把和约草案丢开，等大选以后再去赌博。我决心维护条约草案，不管我们将会面临什么样的压力——要顶住河内要求签署现有条文的压力；顶住西贡关于放弃协定的要求；顶住华盛顿想走回头路的倾向(其结果将会使事态失去控制)。我从黑格十月二十一日来电中就已经感觉到上述这种倾向，当时阮文绍的顽固态度已初露端倪。黑格建议：如果事情闹翻，我们就应该反对民族和解与和睦国家委员会，说它是一个联合政府，并对协定提出异议，说河内想通过它来加强自己的安全，同时只作出含糊的保证。我认为这种做法是不可想象的。我们几年来所提的条件都比不上现在的条件有利。尼克松曾在十月十二日批准过一个更差的草案。在所有重要段落上，河内刚刚接受了我们的语言。十月二十二日，我给黑格复电说，我们不该“贬低一项我们无力再作重大改进的协定，而应把它看作是巨大的胜利”。十月二十三日，我又给黑格发去了一封措辞尖锐的电报：

关于你对协定内容的描述，我愿意提醒你，当我们谈成时，你曾说这是一个好的协定。其后，协定在有关柬埔寨、老挝、国际会议、美国俘虏、南越战俘和替换条款方面都有了很大的改进。至于要求阮文绍放弃他的领土主权，这不正是停火协议所往往意味着的么？我们早在一九七〇年十月就提出过这样的建议，后来在一九七二年一月和五月又重提过。这些方案难道不都会导致当前这种局面吗？

许多战争都是由于不幸的胆怯而失败的。但是军人们不能抓住解决问题的时机也造成过巨大的悲剧。

我认为时机已经到来了。我在飞机上给华盛顿发电说，如果河内把事情公开出去，我就举行记者招待会，承认有这个协定，并表示协定是一个重大进展，但要坚持说，有些细节尚待商讨，不受人为的时间限制。我将通知河内，协定的基本内容不会被放弃，但需作某些修改；我将通知西贡，我们将给它更多的时间并争取作一些修改，但是协定的基本结构不能改动。

这一策略，被总统所接受，后来促使我在回国后举行我的第一次电视记者招待会。一句话总括了这一戏剧性的事件："和平在望"。

注释：

①《尼克松回忆录》(纽约：格罗塞特和邓洛普出版公司，一九七八年版)，第六九三页。

② 例如，见一九七三年三月十五日尼克松的记者招待会；一九七三年三月二十九日尼克松的演说；一九七三年四月三日尼克松总统和阮文绍总统的联合声明；一九七三年四月一日理查森国防部长在《同报界见面》专题节目中的讲话；一九七三年四月二日理查森在参议院军事委员会的证词；一九七三年四月三日理查森在出席众议院拨款委员会会议前对记者的谈话；一九七三年二月一日我对哥伦比亚广播公司电视台记者马文·卡尔布的谈话；一九七三年一月二十八日威廉·沙利文大使在《同报界见面》专题节目中的谈话，以及美国国会、参议院和拨款委员会收集的资料，《向南越提供紧急军援以及经济和人道援助》(一九七五年)，第九十四届国会第一次会议(一九七五年)上《拨款委员会听证记录》，第十九至二四页。

③ 我在十月二十日给河内发去的一封电报中列述了如下的有关保证：

关于柬埔寨，美国方面是按照黎德寿特别顾问在一九七二年九月二十六日、二十七日和十月八日、十一日同基辛格博士秘密会谈中所作的下述声明而行事的：

"越南战争和柬埔寨战争这两个问题是密切相关的：越南战争解决后，战争就没有理由在柬埔寨继续下去"(九月二十七日)；

"一旦越南问题得到解决，柬埔寨问题当然也就解决了；越南战争的结束将产生很大的影响，也许能立即使柬埔寨的战争结束"(十月八日)；"我们之间的一项谅解是，越南民主共和国将遵守如下原则，即所有外国军队，包括它自己的军队必须停止在柬埔寨的军事行动，从柬埔寨撤出并且不再派入”（九月二十六日）；“越南民主共和国在柬埔寨将遵循同它在南越和老挝所遵循的同样的原则，即它将不向柬埔寨运进部队、军备和战争物资”（十月十一日）；“如第十八条（后来是第二十三条）所述，本协定规定的义务将于签字之日起生效”（十月十一日）。

美国方面重申基辛格博士在一九七二年十月十一日阐明的观点：如果在柬埔寨问题解决之前在那里发生危及目前局势的进攻性活动，这将违背第十五条(b)〔以后是第二十条(b)〕的精神和本协定所根据的设想。十月二十一日，河内在书面回信中确认了上述各点，并书面保证它将“积极为恢复柬埔寨的和平而努力”。

④ 使事情更为复杂的是，尼克松看来还在答复我前一天发去的电报，那些电报所谈的完全是另一个问题。看来他以为我决心要去河内，而记录并不能证明我是那样。他在回忆录中引用了我在十月二十一日发出的一封电报作为证明（《尼克松回忆录》，第六九九页），而该电报所处理的是不同的局面。

十月二十一日上午，当南越小组对协定提出二十三处修改意见后，我们便面临着在什么地方以及如何把这些意见向北越人提出的问题。为了不使河内把事情公开化，我建议我可以按照“时间表”去河内，提出修改要求，以图把我的访问作为一种手段，使协定的达成拖到选举之后。这一电报是在夜里传到华盛顿的，因此耽搁了约十二个小时没有处理。（《尼克松回忆录》第六九九页引语是摘自我更早的时候发去的一封电报，当时我的印象是，只要文件能作些改动，西贡将会接受。）到那个时候，阮文绍已经取消了原定当天晚些时候举行的会议，并像已描述的那样怠慢了邦克。在这种情况下，我撤回了我原来的建议。我还没有收到对第一封电报的复电就给黑格去电说：“我将尽力防止在这里把事情闹翻。无论如何，我看不出阮文绍会从中获得什么好处。我将找借口取消河内之行。”由于某种原因，对第二封电报既没有已被收悉的消息，也没有给予答复。但是建议仍然要去河内的第一封电报却成了双方感情冲动地交换电报的话题。更令人生气的是这些电报已经时过境迁，毫无意义了。

第三十三章　“和平在望”

河内公开秘密

十月二十三日，我从西贡回华盛顿的路上感到心神不宁。当时我和同事们正在埋头研究卡了壳的和平协定草案的细节，尼克松却最不愿意听这方面的情况。他正处于竞选连任总统的最后关头，这是他在二十五年极度紧张的政治生涯中的最后一次竞选。他的抱负是要以美国历史上最大的多数取胜，并认为只要注意不让竞选的最后两个月发生意外，成功是有把握的。因此，他希望越南方面不要冒出新的引起大选中争论的问题，而想在两个星期之中避开越南问题，等大选一过马上予以处理。他指示我设法保持事态沉寂。我确信，我们在越南的敌人和盟友都不会让事态沉寂。

撇开大选考虑，尼克松当然是急于结束越南战争的。然而他善于抓住事物的关键，懂得如果在大选前达成和平协议，而阮文绍一造反，这种协议就可能显得是投机行为，使事情变得糟糕。鹰派就会对维护协议失去信心，而鸽派则得到了不予支持的口实。麻烦在于，尽管尼克松的分析是正确的，但掌握对抗时机的却是河内，而不是我们或阮文绍。

我尽了最大的努力，虽然神经越来越紧张。到十月二十三日为止，我和同事们在外奔波已超过两个星期：巴黎、华盛顿，又到巴黎、西贡、金边，然后回华盛顿。在此期间，我们很少有四小时以上的睡眠时间，情绪急剧变化，从希望到懊恼，从洋洋得意到悲观绝望。现在我们也还不能松劲。千辛万苦拟就的协定草案有毁于固执成性的越南双方之手的危险；华盛顿的大选热潮和党派斗争情绪有可能使美国脱离正道。我们不知道，如果我们回到这场无休止、无结果的战争，对已经接受我们自己提出的条件的莫斯科和北京的盟国进行轰炸和封锁，莫斯科和北京能对此保持多久的沉默。

我努力支撑着局面。十月二十三日我已通知河内我正归途回华盛顿，但愿意会见黎德寿以完成谈判工作。十月二十四日，我要求驻西贡的邦克同阮文绍和陈文林外长保持密切联系。邦克须向两人明确表示，我们打算努力取得和平协定。我们可以容忍阮文绍作某种“做给国内看的姿态”，但他必须记住，他的基本支持力量在于我们对他的信任：“……不论他从目前这个基本上很可行的方案中再得到什么让步，它们根本补偿不了最终失去美国支持的可能性……”同一天，莫斯科送来一封语气较悲观的信，提出如果我去河内，我们将仍然能够“完成整个工作”。在西贡目前的思想状况下，这样做显然是不可能的；但这封信至少表明北越仍很希望继续前进。我对多勃雷宁说，我们准备完成协定，这个诺言甚至在美国大选后仍有效。我还向中国驻纽约的黄华作了通报，请他回想在杭州深夜就《上海公报》进行最后一次谈判的情景。当时周恩来同意我们重新谈判，从而确保了公报在美国得到普遍的赞成。如果中国能对越南施加影响，劝它以同样明智的态度恢复谈判，结果将会令人满意。十月二十五日，北京送来一封信(显然是在接到黄华有关同我谈话的报告之前就起草的)，劝我们抓住目前“极为有利的时机以结束越南战争”。中国人明确责备西贡制造麻烦，表示相信我们有诚意(这是不同寻常的姿态)，但是加了一个虚拟的反问：“……怎么能禁止世界人民产生疑问呢？”

与此同时，河内驳斥了我十月二十三日的去信，指责我们的态度不“严肃认真”，并且不祥地说：

如果美方继续利用各种借口拖延谈判，推迟签订协定，越南战争必将继续下去，美方必须对它造成的一切后果负全部责任。

如果美方确系严肃认真并有诚意，就必须严格履行它对双方商定的协定和时间表作出的承诺。越南民主共和国方面的上述声明是极为严肃的。美方应该充分重视越南民主共和国方面在这封信中阐明的观点。

在这封信中，河内的语气虽然坚定，但却没有以往信件中的蛮横好战的气势，它没有威胁取消协定的意思。河内要求在河内时间十月二十四日给予答复——这是不可能的，因为我们收到信时已是北越时间十月二十五日。然而，我们还是在十月二十五日立即给了一个口气很平静的答复。我们说，不断重复无根据的指责只会把事情越搞越糟。我们建议在十月三十日开始的一周内再次会晤，我将“带着实现最终解决的指示”前来。一俟达成协议，即使西贡不参加，我们也将停止对北越的轰炸：

我们在十月秘密会谈中采取的方针是美国的既定政策。美国决心尽快结束战争，并将尽最大的努力消除已产生的障碍，至迟在十一月底之前。

同一天，这封信的抄件由信使送给了中国人。我还随时向多勃雷宁通报情况。但我们这封信没有对河内的决定产生影响。因为在十月二十五日夜间，即在信还没有到达河内以前，河内就把秘密公开了。

十月二十六日（星期四）早晨五点三十分我被叫醒，得知河内电台广播越方对事情经过的说法已有好几个小时了，先是用越文，接着用法文，最后用英文。河内电台披露了一个月来的谈判记录：在十月八日的秘密会谈中，北越采取了“极其重要的新的主动”，提出一份新的和平协定草案。河内电台准确地概括了草案的要点。“越南民主共和国方面建议，越南民主共和国和美国在一九七二年十月中旬签订这项协定”——这就承认是河内要求在美国大选前签署协定，而不是我们。河内电台援引我的话，说我承认新建议“确是一项重要的、具有根本意义的文件”。它还报道了美方十月二十日和二十二日的信件，说美国总统称协定文本是“完备的”，并且对河内作出的让步表示满意。河内电台接着叙述了“时间表”，以及河内应美方要求多次同意推迟执行“时间表”的情况，并说，然而美国寻找种种“借口”不按时间表行事。因此，河内“强烈谴责尼克松政府缺乏诚意和缺乏认真态度，”并且要求在十月三十一日以前签署协定。河内电台最后用相当消极的口气号召“全国各地的战士们”不顾“一切艰险和牺牲”坚持斗争。

事实上，在这次报道方面河内并没有胜过《纽约时报》多少。同一天（十月二十六日）上午，该报刊登巴黎、西贡和华盛顿三地有关停火的报道和占五栏宽的标题：“据称美与河内就停火时间表达成协议，预期西贡即将同意。”最明目张胆的泄密来自巴黎，在那里弗洛拉·刘易斯自称从“法国高级人士”处获悉，黎德寿和我“就停火及其后的政治解决达成了很大程度的谅解”。（这些法国人几乎肯定是从北越人那里得到消息的，正如德博什格拉夫所预示的那样。）一周来，当阮文绍斥责河内的建议为不可接受时，从西贡也不断泄漏了消息。他在十月二十四日的讲话中宣布：“在最近的将来可能实现停火，”诚然这句话被淹没在一长串尖锐的谴责声中，他反对任何不包括北越从南越撤军或包括成立三方联合政府内容的方案。马克斯·弗兰克尔在发自华盛顿的报道中说，“美国官员”认为“只要西贡或河内不采取极端愚蠢的行动，最近几周内，也许甚至在十一月七日大选日以前”就可能实现停火。十月二十五日，我在同弗兰克尔共进午餐时，只告诉了他这个总的前景，而没有细谈，目的是使河内放心，并对西贡保持压力。

我在十月二十六日举行的记者招待会后来被指责为尼克松的竞选花招，以图在竞选的最后阶段增加人们对和平的希望。引起这场轩然大波的不切实际的“时间表”是河内而不是我们提出来的。直到九月中，我还看不出迅速结束谈判的可能。十月八日河内在巴黎提出建议，放弃了成立联合政府的要求，这才打破了谈判僵局。正是河内坚持作为解决问题的一项条件，须在十月三十一日以前签署协定；为了利用河内的迫切心情，我表示同意。现在，宣布和平协定的是河内，而不是美国。这时，尼克松显然希望保密到大选过后，在举行最后一轮谈判以前才予以公布。只是在选举总统前两个星期，河内指责我们推翻关于和平解决的协议了，美国政府才作出反应。

河内一公开秘密，我们别无他法，只好阐明我方的立场。我举行记者招待会的目的就是要挽救这个将能结束十年痛苦经历的脆弱协定，免于因越南人的仇恨心理而化为乌有。尼克松和我一致认为，我不能不对河内电台的广播作出答复。我有两个目的。一是让河内放心，我们将遵守基本的协议，但保留提出西贡对协定的修改意见的可能性。二是向西贡表示，我们决心按自己的方针行事。难办的是既要这样做，又要不使南越显得成为实现和平的唯一障碍，从而引起批评者再次对我们进行抨击，这种抨击将瓦解盟国南越的政治结构。尼克松和我并没有讨论这件事对美国国内政治的影响。在这方面，尼克松给我的唯一指示是要我强调，我们同河内商定的条款比麦戈文所愿接受的更为有利(这当然是事实)。但后来我始终没有机会指出这一点。

就这样，我的第一次全国电视讲话碰巧是在尼克松首任总统期间的最后时刻进行的。在一九七一年十二月以前，除宣布我的第二次访华以外，我向报界介绍情况都是提供背景，这就是说，我或被称为白宫发言人，或被称为政府发言人，而从未被说出姓名。在印巴危机期间《华盛顿邮报》违反关于背景的规定后，我举行的大部分记者招待会都是公开的。但是白宫的公共关系负责人认为我的口音会使美国中部的人感到不舒服，因此只允许在我公开的记者招待会上照相，不能录音。十月二十六日，他们最后决定在我的口音问题上冒一下险。

事实上，我从西贡回国后一直担心，如果显然不能按商定的“时间表”在十月三十一日签署协定，河内将会把事情公开。因此，我对此是有思想准备的。我手下的工作人员针对记者最有可能提出的问题拟就了答复口径，并编集了我多次提醒黎德寿我们须同西贡商量的话，以及情报部门关于共方企图在停火前夕抢占尽可能多的地盘的报告。我在举行记者招待会前和尼克松一起翻阅了这些材料。我打算在招待会上重申基本协议；坚持在这个框子里作某些修改；向河内保证我们是有诚意的，同时警告它不得施加压力；维护西贡要求作出修改的权利，同时告诫它不能要求作根本性的改变；并承诺致力于迅速达成协定。我没有事先想好将使用的确切措辞，我将即席讲话，但是我们讨论了我讲话的主要内容。尼克松批准了整个做法，还另加一条要求，要我在讲话里刺一下麦戈文(我实际没有这样做)。

在记者招待会上，我按上述方针行事。我在开场白中用了“和平在望”这句话，以后它不断给我带来麻烦。我说：

现在我们已经了解到越南双方各自的意见，显然这场打了十年的战争快要结束了，而且它对所有参加各方都是极其痛苦的经历……

我们相信和平在望。我们相信协定近在眼前，该协定以总统五月八日的建议和经修改的、对各方都是公正的我方一月二十五日方案为基础。在这样一场极其复杂的战争中……在取得最终解决的过程中，偶然出现一些困难是不可避免的。但是我们认为已走完了大半路程，目前阻碍达成协定的问题跟已经解决的问题相比是次要的。

我维护了南越人民参与缔结和平的权利，“他们受尽苦难……在我们离开南越后，他们仍将留在那里。”他们政府担心的事是值得充分重视的。我们将坚持对协定作出修改的要求，但这些问题是在短期内即可解决的。至于美国人民，我们意识到战争给他们造成的巨大痛苦：

> 我们很清楚这场战争在我国所造成的分裂和痛苦。总统十分关心通过谈判结束战争，并且以符合我们原则的方式加以结束，原因之一就是希望实现和平的行动能恢复在战争的某些时期失去了的团结，和平协定能弥补裂痕，而不致引起新的分裂。这依然是我们的政策。

最后，我告诫河内和西贡双方：

> 如果协定条款不适当，我们决不会被迫仓促达成协议。如果条款适当，我们也不会因受干扰而不去达成协议。我们相信，上述态度加上另一方的某种合作，将使我们能很快恢复美国的和平与团结。

十月二十六日是充满激情和复杂活动的一天。我压倒一切的考虑是要保住协定。如果战争继续，国内的分裂局面将会在缺乏根本原因的情况下加深。但是越南双方是否会回到谈判桌上来，我们都没有把握。在那次记者招待会上，我无疑是把赌注押在运气上。因为“和平在望”这句戏剧性的话容易被人们认为象征着政府在越南问题上继续激烈辩论的气氛中所采取的两面手法；我在公开场合中重复我在私下已告诉越南双方的话，说我将试图在下一次谈判中达成协定，这也容易被人们认为是搞两面手法。公平地说，尼克松并不知道我会使用“和平在望”这句话。这是向双方表示我们决心继续努力的一个言简意赅的信息，向河内表明我们不会食言，向西贡表明我们不受干扰——不过后来事实证明，这个信息过于乐观了。

尽管事后人们纷纷责难这句话，从根本上来说，这句话还是对的。当然，如果我重开那次记者招待会的话，我会另选一个不那么戏剧性的说法。谈判在十一月二十日复会（河内在拖延了近四个星期后才同意恢复）。一九七三年一月九日，实现了解决所有原则分歧的突破；协定于一月二十三日草签。语义学家或许会争论说，用“在望”一词来形容为期六周的谈判是不是有点牵强。事实是这场使无数人丧生的、痛苦的十年战争，在我那次讲话后几周内就结束了。

主要的问题是使河内回到谈判桌上来。我在举行记者招待会前打电报给邦克，要他确保阮文绍不会破坏整个协定；阮文绍的评论一定要和我的话合拍。我把我的打算告诉了多勃雷宁。他似乎认为（他没有得到什么指示），在经过一段冷却时期后，谈判可能会恢复。接着我们开始了几天紧张的联系工作，尼克松时常外出作竞选旅行，这增加了麻烦。我的解决办法是，有些信息由我自行发出，只把以他的名义发的信件的大致内容在电话上同他商定。这样我们就可以进行工作了，先发出信件的电文，文本由尼克松回华盛顿后再签字。

十月二十六日晚些时候，北越发来一封令人费解的信，试图解释他们公开秘密的理由。北越似乎拒绝和我再次会谈，虽然信中没有通常那种好斗的语言。这封信提出“最好的”（注意，并不是“唯一的”）办法是在现有的协定文本上签字。但是，信的最后两段清楚地表明，河内可能还是愿意继续谈判：

虽然越南民主共和国政府公布了有关越南民主共和国和美国秘密会谈的情况，它仍重申，进行认真的谈判是迅速结束战争、恢复越南和平的最好方法……

越南民主共和国方面将始终抱着诚意和认真态度继续谈判，以便按照越南人民、美国人民和全世界人民的愿望，早日结束这场战争，恢复越南的和平。这将为越南民主共和国和美国之间建立以平等互利为基础的新关系创造有利的条件。

但是，第二天（十月二十七日）北越驻巴黎的发言人阮成黎看来向后退了。他告诉记者，只有在美国愿意在十月份协定文本上签字的情况下，黎德寿和春水才会再次见我，他说：“如果签字日定于三十一日，而基辛格想在三十日见黎德寿或春水，边喝香槟酒，边等待签字，那么我想对这个要求的回答将是肯定的。”阮成黎提出“和平就在笔端”，不仅是“和平在望”。我们对此不予理会，只对河内前一天的来信作出答复，重申建议举行最后谈判，并答应在取得协议后四十八小时完全停止轰炸。我把这封信的抄件送给了中国人。

接着，苏联送来一封信，温和地指责美国不遵守已商定的时间表，并且暗示说美国和阮文绍的分歧可能是故意制造出来的。（当然，莫斯科并没有同驻有苏联红军的国家的政府发生严重分歧的经验。）我们以尼克松的名义起草了答复（当时他正在肯塔基州竞选），重申我方的基本建议，并要求莫斯科帮助恢复谈判。我和我的助手们表明，在我的记者招待会后二十四小时，我们已经学会了更为恰当的措辞：尼克松的信告诉勃列日涅夫，和平的目标肯定“唾手可得”。

接着，我们听到了阮文绍方面的消息。十月二十八日，黄德雅送来一份吵架的长篇备忘录，说河内广播的内容和我在记者招待会上的讲话跟西贡被告知的情况之间存在矛盾，并称对河内透露的各个时间表感到“吃惊”。（事实上，阮文绍很了解我打算从西贡飞往河内，后因他反对协定而取消。）黄德雅还重复了西贡对“管理机构”一词的反对，他说这表明民族和解与和睦国家委员会是一个“变相的联合政府”。我们获悉，阮文绍已派使者去我们的其他亚洲盟国申述他反对协定的理由。这促使尼克松亲自参与起草了又一封给阮文绍的信。尼克松表现了义气，说我在十月二十六日记者招待会上的讲话反映了他自己的观点。他强调说，他在大选后不会改变方针：

正如我们双方的团结是我们在战争中至今取得胜利的重要原因一样，这种团结也将是取得今后成功的最好保证，今后的形势是斗争将在更大的程度上在政治范围内继续进行。但是，如果我们双方产生分歧的明显趋势继续发展，美国支持你和贵国政府的重要基础将遭破坏。在这方面，贵国外长关于美国正在谈判投降的说法是不公平、不合适，并且是有害的。

请你放心，我关于和平解决办法最终性质的决定将丝毫不受美国大选的影响，同时你不应幻想我关于应该争取早日实现和平的政策在大选后会有所改变。

同一天，我叮嘱国务院的沙利文继续准备关于执行基本协定的各项技术性议定书，并要黑格指示五角大楼做好准备，以便在恢复执行增加西贡军事装备数量的“再加码”计划时，运送重要的军事物资。（在阮文绍拒绝协定后，我放慢了向西贡运送这些物资的速度。）

十月三十日轮到河内来信了。我们被告知，河内正在仔细研究我方的建议，并将在日后给予答复。总的来说，我认为这是个好征兆：河内显然不愿同意在自己公开建议的十月三十一日签字期限以前举行新的谈判。如果这样做，它就会丢面子；河内很有可能在十月三十一日在宣传上大肆攻击我们。我对正在陪同总统旅行的霍尔德曼说，存在着三种可能性：河内可能取消协定，中断一切谈判；它可能坚持原协定而拒绝进行任何谈判；它也可能恢复谈判。我认为最后一种可能性最大，但须在原建议的签字日期后经过一段适当的间隙。

第二天（十月三十一日），北京再次过问这件事，不过像过去一样，它的态度和它的北越盟友的态度略有差别。河内把全部责任都推给美国，而中国人最愤怒的语言又是针对西贡的，要求我们“坚决制止”西贡的行为。更大的挑战是，中国人显然把我们在越南的行动和美中关系联系起来。中国人在信中说，如果美国延长战争，拖延谈判，“那么人们又将如何看待美国自称愿意努力缓和远东紧张局势的声明呢？”

当一个人作了承诺之后，唯一保险的做法是表现出坚定不移的态度。犹豫只会招来新的压力。除了越南和平以外，我所坚决承诺的政策莫过于改善对华关系了。但是，我们不能允许旁人利用这一点来对付我们。因此，我们回了一封语气坚定的信(像过去写给中国人的信一样，信上没有签名，信纸上没印发信机关或发信人的名字，连水印也没有)：

考虑到中国方面曾同美国方面就尊重基本原则问题进行过多次谈话，中方一定懂得，美国不能把盟国当作傀儡来对待。这样做既不符合现实，也不符合原则。越南民主共和国总是以为，并多次公开说，美国完全能控制它的朋友；这是造成目前困难的根本原因之一。美方愿提醒中方，基辛格博士在同周恩来总理的多次谈话中表示，理解和尊重中国对在中国领土上作客的西哈努克亲王这位友好领导人的一丝不苟的礼遇。美方指出，美国和它的朋友之间存在的问题并不比此容易，美国所遵循的原则也并无不同。

在我们竭力保全协定的同时，我国关于越南问题的公开辩论又趋激烈。看来命里注定我们在结束战争时将和进行战争时一样处于分裂状态。十月二十六日消息的透露引起一时的震惊之后，造成了全国欢乐的气氛；绝大多数公众大大松了一口气。与此同时，甚至战争的结束都未能平息这十年的怨恨。在许多批评我们的人看来，声称得到体面的和平似乎是对他们的侮辱。出现了两种主要的攻击我们的论调：有人攻击说，整个事情是帮助尼克松取得大选胜利的骗局——所有的民意测验结果都表明这是胡说；另有人攻击说，同样的条件四年前就能争取到——这完全不是事实。某些反战的批评者虚伪到极点，他们学着阮文绍的腔调，批评协定(特别是在北越部队的部署问题上)存在不足之处。他们过去逼我们单方面规定全部撤军的最后期限。他们早就放弃了停火要求；不要求北越人撤出老挝和柬埔寨；不要求禁止对南越的渗透；不主张继续援助西贡。他们抨击这些要求是好战的典型，甚至更坏的东西。现在我们取得了比这些远为有利的条件，他们还是很不愿意承认；政府也许不像他们的无稽之谈所认为的那么不讲道德和愚蠢；政府可能还是有一种合乎理性的战略的。

乔治·麦戈文采取的是第一种攻击论调。十月二十九日他在《同新闻界见面》的节目中声称，他“感到不解的是，为什么要在竞选运动的最后时刻实现解决……我实在不清楚最近几天发生了什么根本变化，以致尼克松先生能在我们投票前夕宣布，我们已取得了一项解决办法。”麦戈文避而不谈此事是河内宣布的。他对阮文绍的态度比对河内更为严厉；他要保留对任何使美国承担在战后援助阮文绍义务的协议重开谈判的权利。* 到了十一月五日，麦戈文已不只是猜疑，而是确信这是事实了。他在伊利诺斯州的莫林市机场上对一群人说：

当基辛格博士出来说和平“在望”时，他是在欺骗美国人民。他知道他说的是假话。他和尼克松先生都明白，这是一场精心策划的骗局，目的是要愚弄美国人民，为共和党拉选票。

和平没有在望，甚至连影子也没有……②

《华盛顿邮报》十月二十七日的最初反应是含蓄地指出，鉴于河内“在春节攻势后军事力量枯竭”，或许在一九六九年就能取得类似的条款。一星期后，《华盛顿邮报》在十一月三日提出的论点是无论如何，为了取得协定中的这些条款，不值得在一九六九年后又打四年仗。显然，社论撰写人并不打算得出结论，我们必须为争取更有利的条款继续打仗；他也没有提到这些条款的很大部分是我们两年来一直所要求

* 正如尼克松所指出的，与麦戈文宣布过的立场相比，协定草案中的条款在许多方面确实对美国更为有利：麦戈文坚持美国单方面结束军事行动；目前的协定则规定各方彼此停火。麦戈文坚持要美国撤出泰国和近海地区；协定则没有对印度支那以外的美国军队作出这种限制。麦戈文只是表示“希望”，如果我们撤退，战俘能获释，对战争中失踪人员能有所交待；协定则要求在六十天内做到这两点。麦戈文坚持要抛弃阮文绍；协定则使南越政府不受损害。麦戈文坚持要结束美国对南越的军援和经援；协定则允许继续援助。麦戈文并不坚持要河内撤出老挝和柬埔寨；协定则保证这一点。麦戈文没有谈到对停火实行国际监督；协定则包括这一点。①

的——当时他对此不高兴，认为我们要价太高。其他报纸，如《圣路易斯邮报》在十月二十七日也说相同的条款早就可以得到(这种说法毫无事实证据)，同时认为，能使关于和平问题的讨论没有冷下去，在这方面如果有什么功劳可言的话，则应完全归于麦戈文。

到了十一月的第一周，“和平在望”这句话被利用来责问，为什么安排停火需要这么长的时间；人们不知道河内拒绝谈判的事实，但他们本来应该从河内的公开声明中看出这一点。十一月六日，《纽约时报》在社论中表现出不耐烦情绪，并暗示，关于和平的保证可能是为了掩盖新的战争升级。十一月九日，《华盛顿邮报》的默里·马德找到了某些不愿讲出姓名的愿意提供所谓内情的政府官员，这些人竟说：尼克松从未打算在大选前达成协定；这样做会把事情搞得太“乱”；因此，他决定不顾已作出的坚定的保证，甘冒遭到河内指责的风险，拒绝在十月三十一日签署协定。十一月十日，《华盛顿邮报》写了一篇社论，责骂尼克松政府欺骗美国人民。

全国总的情绪远不是这样冷嘲热讽；大部分人并不对早日结束战争抱有希望。我本人的态度是决心克服剩余的障碍；尼克松坐立不安，他在做任何事情——特别是竞选——的最后阶段，总是这样，仿佛这种忧虑预示着某种难以言喻的灾难即将降临。人们能够从尼克松对自己在大选中取得压倒胜利后的反应中看出，他开始向后退了。选举前三天(十一月四日)，我陪他去圣克利门蒂，我们中途在阿尔伯克基停留，以便他进行最后阶段的竞选活动。这一天，我们终于得到了河内接受我方关于恢复谈判的建议的消息——河内同意在十一月十四日或“美方可能提出的另一日期”恢复谈判。河内还主动重申它将坚持协定的文本——换句话说，它本身将不要求作任何修改。按老规矩，这封信也免不了重复河内所谓的“一贯的诚意和严肃态度”，对此印度支那各国人民领教了十多年，今后还得要领教。

我们等候答复已有一个多星期，为了避免在大选前再进行联系，我们于十一月七日回信，建议在十一月十五日恢复谈判。我们想给自己一点缓冲时间，以便黑格能去西贡协调我们和阮文绍的做法。同时，我们告诫河内，希望它不要发表“有倾向性的公开评论，或有选择地公布以前有关谈判的文件，这样做只会使争取达成最后协定的工作复杂化”。十一月八日，河内在答复中建议把谈判日期推迟到十一月二十日，理由是黎德寿“病了”。（毫无疑问，他的日子很不好过。在停火前准备抢夺地盘的所有共产党部队现在都遭到了巨大伤亡。）因为黎德寿需要一星期的时间才能到达巴黎，河内要求“尽快”得到我方的答复。十一月九日，我们通知河内接受他们建议的谈判日期。谈判工作又准备就绪了。

大选插曲

一九七二年十一月七日尼克松在大选中获得了压倒胜利后，出现了尼克松任总统时期最奇怪的阶段。他在一九七一和七二年期间取得了一系列辉煌的成就：柏林协定、北京最高级会谈、莫斯科最高级会谈和限制战略武器协定、越南战争即将结束。大选很可能出现我国历史上最一面倒的结局。但就在他胜利临近的时刻，尼克松变得更加孤独，甚至同一些最亲密的顾问也疏远了。他过去一向能很好地克制住自己的不满情绪，现在这种情绪却越来越表露出来。仿佛胜利不是取得和解的时机，而是算老账的机会。

大选后的那一天（十一月八日）上午，尼克松表露了他的情绪。前一天晚上，白宫工作人员几乎通宵欢庆他的胜利，但即使在当时，我感到我所参加的庆祝活动缺乏这种场合通常有的自发的欢腾场面。对于总统的大多数跟随者来说，他像一个退缩的影子；在参加庆祝活动的人中，只有少数人见过他。他的成就在更大的程度上出之于独处的纪律和勇气，而不是对人的感召力；他们跟随他，更多的是出于对严峻的才干的钦佩，而不是对他个人的感情。但是，他们对本届政府深感自豪，因为它引导国家渡过危机，进入有希望的安宁时期，甚至可能是一个全国团结的时期。

良好的气氛在十二个小时内就被驱散了。白宫工作人员被要求在上午十一点在罗斯福厅集合。尼克松准时从紧靠椭圆办公室的门大步走了进来。他毫无高兴的表情。相反，他脸色严厉和冰冷，仿佛他一生中灾难更大的时期仍在前头。他的举止丝毫没有表现出他是在会见同他共过患难的助手；他仿佛把他们看作已一去不复返的时期的人物。他连坐也不坐，草草向大家表示感谢。大约五分钟后，他请霍尔德曼主持会议，就离去了。

霍尔德曼立即转入正题。他要求白宫每一个工作人员立即提出辞呈；我们要填写一份表格，开列存在我们手里的文件的目录。他说，总统将在一个月内宣布新任期的人事安排决定。大家听了目瞪口呆。这是胜利后的第一天上午，而他们却实际上被开除了。胜利似乎打开了被压抑的对立情绪的大门，这种情绪如此强烈，以致连一个星期都等不得了。它不仅是针对对手，而且是针对同事和助手的。比尔·萨菲尔本来就准备在此时辞职的，在我们离开会场时，他对我说："你知道，如果麦戈文竞选获胜，这些人本来可以多待两个月，他们不会在一月二十日以前被开除。"一小时后，对内阁成员也演出了同样令人吃惊的一幕。

是什么原因促使尼克松对最亲密的助手采取这种侮辱性的做法呢?这个问题一直没有得到令人满意的解答。当然，我早知道尼克松一直认为自己是受骗了，因为他在一九六八年大选中的险胜和在越南问题上所受的压力使他无法对官僚机构实行彻底的清理，而这些机构是他攻击过的和不信任的，认为里面充塞着留用的民主党人。同更有魅力的领导人相比，尼克松自然没有得到职业文职官员的全心全意的支持。然而，这并不能解释围绕这场政治大屠杀的几乎疯狂的急迫感。如果尼克松稍等几个星期，所有的助理和内阁成员本来会按照惯例，主动提出辞呈。然后，尼克松可以按计划，不慌不忙地保留或撤换人员。但是，当选后几小时就要求全体辞职，还分发这些显然是在竞选期间就油印好的表格，那时许多受害者还在为他拼命地工作——这种做法对人是伤害和侮辱。这使解职一事显得是报复积怨，而不是总统运筹未来后作出的结论。当然，尼克松日后的麻烦还有其他直接的原因，但是他在胜利时使人感到他对基本上友善的人这样完全怀恨和无情，这肯定使他丧失了许多人的同情。（这件事对我没有直接影响，霍尔德曼在罗斯福厅会议后就告诉过我，我的辞呈只是个形式而已。）

更为明智的劝告是否能使尼克松不采取这种做法，还是他横下心要最终算这笔记仇的老账呢？这个问题得等当时尼克松曾与之商量过的人写出回忆录方能获得答案。他们还必须解释为什么尼克松开始大清洗时先拿自己的助手和工作人员开刀；而不是先对付他的宿敌——原来的文职官员。

十一月八日下午，我同尼克松、霍尔德曼和埃利希曼乘飞机去比斯坎岛。我再次感到胜利似乎并没有使这个受折磨的人心满意足。尼克松烦恼的是，他在大选中得票超过对方的幅度略小于约翰逊击败戈德华特时的幅度。他特别盘算着如何撤换内阁的大部分成员，乔治·舒尔茨是例外，他最近才接替康纳利任财政部长。罗杰斯定于明年夏季离职，暂定由肯尼思·拉什替换他。尼克松在大选中获得压倒的胜利，实现了毕生的野心，却如此忐忑不安，使我大为惊异。仿佛取得压倒多数票本身就是他追求的目标，而他达到顶峰之后似乎生活再也没有什么别的目的了。

我们一抵达比斯坎岛，尼克松就闭门不出。从这里，他又同霍尔德曼和埃利希曼去戴维营设计他的新政府班子。在此后的九天里，我只见过他两次，其中包括十一月十七日的一次谈话，那是我在去巴黎前夕在戴维营匆匆见了他一面。当时很难有机会和他接触。我们偶尔通一下电话。其他人根本找不到他。这位刚得到百分之六十一选票的领导人把自己同自己的人隔绝了。当时，尼克松已经给美国人民留下了深刻的印象，因此如果他广泛接触群众，本可以赢得美国人民的心，而他却比斗争年代更深藏起来，不通情理。对这个内向、寂寞、可怜的人来说，与世隔绝几乎成了精神上的需要，他执意过孤独的生活，给自己造成了许多痛苦。人们无法不得出这样的印象：靠危机发迹的尼克松同时也喜欢灾祸。

从秘密访华以后，我个人和尼克松的关系变得复杂了。在那以前，我基本上是白宫里一个默默无闻的助理。尼克松对于我拥有一个独立的工作班子一事有些不满，对于挑选他们的主要标准是否严格一致有些怀疑。但是，另一方面，他也认识到正是靠这些人的才干白宫才能够主持外交政策的执行。这种跨部门的机构使尼克松控制了决策权，同时使他不必直接发出指示。我的“背景情况介绍会”描绘了一位驾驭形势发展的总统形象，这正中尼克松的心意，并且也大致符合实际情况。我和被他称为“乔治敦大学那帮人”的友谊或许使他感到不安；有些记者把我国外交政策中给人好感的部分过分地归功于我，而把不得人心的行动归咎于尼克松，这种情况使他的亲信们不高兴，这也不是没有道理的。但是这些情况被当作是取得必不可少的服务而不得不付出的代价。

秘密访华之后，我抛头露面的次数大大增多了，这触到了白宫的最敏感的神经：公共关系。当然，各届总统都留意树立自己的形象；说到底，正是这种精心的努力使他们成为总统。一个被他任命的人如果被新闻界描绘成一切建设性行动的发起者，哪一位总统也不会对之有好感的。尼克松的情况更为复杂，因为他认为自己毕生面临着旧的权势集团决心搞掉他的阴谋，他同时认为新闻界的注意力最终都取决于公共关系，而可惜不知怎么搞的，他的助手实在缺乏公共关系工作的能力。因此，他越来越认为，我正毫无必要地同“乔治敦大学帮”中他的敌人私下来往，同时利用我处理公共关系的才能提高自己的形象，而不是他的形象。他这种想法也有一点道理，虽然事情并不像他认为的那样受我控制。无论如何，这个问题暂时无法解决。由于尼克松不信任国务院这个机构，他不得不把谈判工作委托给我。但是，从一九七一年印巴危机开始，白宫负责公共关系的机构总是利用机会来贬低我的重要性。尼克松本人也越来越暴躁。他给我的有些电报仿佛更多地是为了把他的不同意见记录在案，而不是为了发指示，虽然当时他正在授予我越来越大的权力（也许正因为如此，他才这样做的）。

在越南谈判的最后阶段，尼克松和我从来没有在有关我方谈判立场的实质性问题上发生过分歧。白宫负责公共关系的部门透露说，尼克松在法律方面的训练使他能发现协定起草工作中的缺点，这种说法没有任何文件或其他事实为依据。（尼克松不一定了解每一宗透露；但是透露这种说法的人肯定相信总统是会赞许他们的。）要说我们两人有什么分歧，那就是他想避免在大选日之前摊牌，而我则认为，这种想法虽好，河内不会允许我们规避摊牌。他私下对南越总统的看法并不比我要好；他决心使南越总统就范，但这件事要到大选后去做。我名声四扬，这促使尼克松想方设法来表明掌舵的是他，尽管他往往同意我设计的策略。人们只能从模糊的线索中推想出潜在的紧张关系，这种关系从来没有在我们的个人接触中表露过，每次接触总是那么彬彬有礼，从无分歧。（尼克松如何对待旁人我看得多了，我当然认识到这种客气并不证明他对我有好感。）但是我开始意识到一种正在出现的竞争心理，它迟早会破坏我作为总统助理的有效作用，而越南战争结束阶段所引起的激情加速了这种竞争。

我接受意大利女记者奥里阿娜·法拉齐采访一事使这种趋势有了新的发展。在我同记者的历次谈话中，那次谈话带来的灾祸无疑最大。十一月二日和四日，我在办公室和她简短谈过两次，谈话不时被打断，因为当时我正忙于促使谈判继续进行下去。我接见她在很大程度上是出于虚荣心。她采访过世界各地的名人。我当时还刚出名不久，对于能够加入她所采访过的伟大行列感到荣幸。我没有花工夫去阅读她的作品，因此不知道她对其他被采访人诋毁和歪曲的事实。她的采访记登载在十一月晚些时候一份意大利杂志上。

我为自己的天真付出了代价。她自称引用我的话，把我那些不登大雅之堂的话敷衍成一篇完整的谈话，无疑是我整个公职生涯中最大的自我吹嘘。应该指出，我说过一些高度赞扬尼克松的话。根据已发表的采访记，我称赞他大胆挑选一位素不相识的人当主要顾问，并派此人去北京；我称赞他精通外交，有胆量："我之所以能做一些工作，完全是因为他为我创造了条件。"但即使这句话尼克松也接受不了。最使他恼火的是法拉齐安在我头上的这句话："美国人喜欢牛仔……单人匹马进入小镇或者村子……这种惊人的浪漫性格对我正合适，因为单干一直是我的风格，也可以说是我的技巧。"我相信，我不是在这种上下文中说那些话的，讲的也不是我自己。我认为，我的话可能被巧妙地剪辑过；法拉齐女士一直拒绝向其他记者提供录音带。即使如此，她还是抓住了一点实质问题。当时，尼克松对右派的抱怨感到关切，本能地预感到灾难临头，而我却沉醉于全国宽怀和欢乐的气氛中，因为绝大多数人确信，体面地结束越南战争的时刻即将来临。不管报纸上的社论如何挑剔，那次"和平在望"的记者招待会使人们精神振奋。一年来和不同国家就一系列问题进行了成功的谈判，再加上和平在望，使我此时此刻异常骄傲，忘记了谦虚。法拉齐感染了这种情绪，虽然她任意剪裁了我的谈话（这点我无法证实）。她用罗马人的风格撰写历史；她追求的不是具体的事实，而是真实的心理状况。③

这种意味着自称我起了中心作用的话，肯定要得罪任何一位总统。尼克松更是感到受了伤害，他不无道理地确信，他的对手们故意夸大我的功劳来贬低他。这件事没有立即引起后果。采访记在美国发表时我正动身去参加十一月二十日和黎德寿的会谈，因此尼克松没有机会直接向我表明他的不快。十一月十八日（我动身的前一天），尼克松在白宫，但他不见我，我们只是在电话中简单谈了几句。然而，《新共和》杂志精明的政治评论员约翰·奥斯本在他对采访记的尖锐分析④中抓住了危险的信号。当尼克松和我进入充满激浪的新的一轮谈判时，舵手和他的主要驾驶员之间的暗中不和无助于保持稳定的航向。

黑格再访西贡

谈判即将恢复，西贡是我们的主要麻烦。我们已经向河内、莫斯科、北京以及美国公众作出承诺，将在下一次谈判中达成协议。当然，阮文绍并不这么着急。他拖住我军作战时间越长，就越能推迟孤立的可怕局面。此外，如上所说，由于“时间表”不能执行，共产党在十月三十一日前的抢地盘行动中过早地暴露了他们的干部；他们的部队正被不断削弱，阮文绍希望这种情况能继续下去。他讲话的傲慢口气毫无改变。尽管尼克松多次写信给他，他在十一月一日的公开讲话中称协定草案是一个“投降”文件。然而我们得到情报，他正在为停火做准备，并私下和助手们谈到协定时用词要客气得多。

十一月十日，春水向记者发表谈话，这次谈话一反往常，是有益的：他证实民族和解与和睦国家委员会不是变相的联合政府。他告诉法新社记者，该委员会“将不成其为政府”；目前的两个政府将继续并存，直到举行新的选举为止。看来阮文绍并不满足。为了争取得到他的支持，我们派黑格携带一封尼克松十一月八日的信去西贡，信中表明我们将继续按现行方针行事。信中还对阮文绍的公开讲话表示失望，并重申我们认为协定草案是合理的。我们答应改进某些条款。例如，我们将确保修改“管理机构”一词的越文译法，以便消除国家委员会是一个政府机构的任何含义。我们还将使协定明确规定该委员会将由各方任命相等的人数组成，这一点现在没有明说。我们将谋求加强有关尊重非军事区的条款，以便强调南越的独特性质。协定中有一条有关越南部队裁减的规定；我们将谋求把这一条改为至少撤出一部分北越部队的规定。尼克松写道：“我们将尽最大的努力对协定作出这些改动。但是我希望你不要因此幻想，我们在改进这一我们认为已很满意的协定的过程中能够或将会超越这些改动。”尼克松劝阮文绍在“政治和心理上采取主动，拥护这一解决办法，并以积极的态度执行它的规定”。尼克松要阮文绍作出明确的答复。

然而，越南的文化传统和阮文绍的性格都排斥明确性。阮文绍按当时的老规矩办事。十一月十日他会见黑格，倾听了黑格对总统信件的说明，提出一些聪明的问题，并答应在晚上考虑这个问题。十一月十一日，他又让黑格和邦克大使面对他的国家安全委员会的全班成员，并断然拒绝了我们关于把他对协定文本的修改要求按重要性排列次序的建议。他坚持所有的要求都重要；他要求北越部队撤出南越，但正如我多次提到的，一九七〇年以来这一点从未包括在我们联合提出的建议中。他甚至使这个无法实现的要求变得更苛刻，想规定撤军应如何进行，应携出哪些武器。他在请黑格转交尼克松的信中重申了这些要求，还要求改变拟议中的国际监督机构的人员组成。

在上述两次会见之间，我发电报给黑格说：“你应向阮文绍说明我国新的参议院的组成情况。不管发生什么情况，如果我们不朝目前的方向前进，援款会被削减。”黑格向阮文绍强调了这一点，但阮却是在进行威胁，或是在故意和我们作对。

黑格路过金边作了停留，拜访了我们在印度支那活动中的孤儿朗诺。他有充分的理由感到被抛弃了，但却再一次表示支持我们的战略。他同意在协定生效后立即宣布单方面停火。（这样做至少能取得外交上的主动权，因为红色高棉人拒绝停火。）

十一月十四日，尼克松复信给阮文绍（和往常一样，信是由我和我的助手起草的）。这封信说明我们打算在和平协定中如何处理北越在南越的部队。我们将尽最大的努力修改协定，但是要想满足阮文绍的要求是“不现实的”。尼克松接着写道：

但比协定对这一问题是如何写的远为重要的是，一旦敌人再次发动侵略，我们将如何行动。请你完全放心，如果河内不遵守协定的条款，我打算迅速采取严厉的报复行动。

这封信是南越官员在一九七五年四月公布的信件之一，这是他们绝望的一招，想得到美国援助而使南越免于沦陷。他们有理由认为，他们是在相信上述保证的基础上签署了协定的。不幸的是，在一九七五年春季公布这些信件正好符合了某些人的需要，他们从信中找到了抛弃南越的另一个借口，而不是拯救南越的理由。在一九七二年我们是完全打算实行这些保证的。我们当时相信，签订这项用四万五千名美国人生命换来的体面的协定并不是为了让北越人来践踏它。我们无意签署投降书。我们认为，我们有权实施这项在一九七三年三月由河内签署，并在国际会议上经十二国确认的庄严的协定。一九七三年四月三日，尼克松在会见阮文绍时就是这样说的。国防部长理查森在记者招待会上以及在国会作证时也是这样说的。我在记者招待会上也多次强调这一点。⑤六个月后，在水门事件的影响下，国会却通过一项法律，禁止我们行使国际法认可的强制执行和平协定的权利(美国在以色列-埃及和平条约问题上也正式确认了上述权利)。这种做法破坏了协定遵守者所依靠的危险平衡，并且是对已作出的牺牲的讽刺。

为了避免产生误解和表明我们的诚意，十一月十七日我给邦克送去另一份我们将争取对协定所作修改的总结材料，其中已把阮文绍向黑格表示的意见考虑在内。像惯常那样，邦克无法在二十四小时内约见阮文绍，来递交这份材料。最后，在十一月十八日，即我启程去巴黎的前一天，阮文绍派令人讨厌的黄德雅递交了另一份备忘录。备忘录的内容表明，总统的三封措辞强硬的信件和总统特使的两次访问没有产生任何作用。西贡不仅没有按重要性排列它的修改要求，相反却建议修改六十九处，涉及协定草案的几乎每一个段落。阮提出派一个代表来华盛顿向尼克松解释拟修改处——这是故意损我一下，也是另一个赤裸裸的拖延战术，因为特使根本不可能在我启程前到达华盛顿。我们以总统的名义回了一封冷冰冰的信，再次警告这些改动不可能全部做到，并且拒绝在同河内下一轮谈判结束前接待南越特使。华盛顿和西贡交换意见近四个星期之久，但却不能缩小双方间的意见差距。阮知道他将不得不屈服，但只肯到最后一刻才这样做，他将迫使我们对河内施加最大的压力，同时利用我们要避免公开分裂的愿望。

为了准备会晤黎德寿，我还需安排另一个会见：十一月十三日，我在纽约世纪俱乐部设晚宴招待中国副外长乔冠华。他当时率领中国代表团出席联合国大会。我向他介绍了我们在巴黎的最新打算。我表示，如果黎德寿在去巴黎途中经过北京，希望中国领导人能施加影响，劝他采取温和的态度。乔没有对此作出承诺，但也不支持河内的观点。他劝我们作出让步，说大国是有能力采取宽大态度的："不应该仅仅为了得到南越而丧失全世界。"另一方面，也不应让任何一方丢脸。乔的论调甚至比我们所了解的中国标准立场更显得温和：中国同情河内，但不愿为盟国耗费资本。（这也正是莫斯科的态度，不过它的策略较为露骨。）

乔冠华特别感兴趣的是柬埔寨。我在再一次呼吁在柬埔寨实现停火时，强调在柬埔寨问题上美中两国的利益一致，因为我们都希望看到一个不受任何国家控制的中立和独立的柬埔寨。乔对此没有提出异议。他只是问我是否愿意在下次访华时（当时预定在一九七三年一月）会见西哈努克。我避开了这个具体问题，笼统地回答，如果西哈努克能建立一个独立的国家，我们不会反对他：

现在我可以悄悄地告诉你，我们有可能和周恩来总理一起对西哈努克亲王的事业取得一种公平的谅解。如果柬埔寨战争继续下去，我们将不得不坚持我们目前的立场。但是，坦率地说，我们的目的是要防止柬埔寨变成河内的附庸。谁能够最好地维护柬埔寨的独立和中立，谁就符合我国的政策，我们认为，也符合贵国的政策。

第二天，我在向尼克松汇报上述谈话时重复了我的看法：在柬埔寨实现停火后，西哈努克将再次成为一个因素，他“可以在适当的时机东山再起”。

越南协定没有包括在柬埔寨停火的内容，这显然是它的悲剧之一。但对于过错何在不应有所怀疑。我一直要黎德寿在柬埔寨停火；他总辩解说他对红色高棉人缺乏影响。西哈努克本人对红色高棉的态度作了最好的概括：“一九七三年，越南(北越)人想使他们同朗诺谈判，但这对他们来说是太危险了。如果这样做，他们就得和朗诺分享权力，而他们想要独揽大权。他们在一九七五年夺取了权力。”⑥我本来有兴趣会见西哈努克以安排停火，但是共产党力量执意要获得全面胜利，而西哈努克只是挂名的领导人，同他谈判是不可能成功的。我对北京的下一次访问(后来在一九七三年二月成行)是我会见西哈努克的最初的一次机会。(结果发现西哈努克当时不在北京。)中国人理解我们的态度，因此周恩来请我们保护西哈努克，因为有谣传说有人想趁他出国访问的机会谋害他。我们立即表示同意。(后来我们还安排西哈努克的母亲安全地离开金边前往北京。)

必须要有各种力量的平衡和停火的前景，才能实现包括西哈努克重新上台的真正解决办法——正如越南和老挝的情况那样。除非存在着须加平衡的两方，否则西哈努克根本不可能重新发挥他在一九七〇年前的那种平衡作用。矛盾的是，西哈努克需要一些非共产党力量才能在金边生存下去。由于全面胜利在望，嗜杀成性的红色高棉将不需要他了。从一九七三年春季开始，我们谋求在停火的基础上使西哈努克重新上台。我们愿意这样做，但遭到红色高棉的拒绝。记录表明(我将在本书第二卷中阐明这个问题)，我们是同意，甚至是热切希望西哈努克在这种条件下重新上台的，而且谈判也已经开始。使一九七三年谈判中断的原因是，国会指令我们在那年年中停止轰炸；那时，胜利在握的红色高棉对谈判的兴趣一点也没有了——而西哈努克作为平衡者的作用就注定要丧失了。

恢复和黎德寿的谈判

十一月二十日（星期一）上午是我和黎德寿在十月十二日谈判后的第一次见面，上次长达十六小时的马拉松谈判是在情绪激动中结束的。我们两人在这段间隙时间里日子都不好过。在河内政治局里他的那批生性多疑的同事们看来，黎德寿一定是上了狡猾的资产阶级的当，犯了不可饶恕的罪行。利用我们接受和平协定草案的时机，北越开始了抢地盘的军事行动。南越也采取了同样的行动。北越使它的干部暴露了身份，因而遭到了惨重的惩罚，或许是无法弥补的损失。我们利用河内自己规定的十月三十一日的期限取得了对方的一些让步，如果河内按它通常的谈判风格行事，它本来不会让步，至少也要磨蹭许多月才让步。我们在取得北越人让步之后，却又向他们提出了一系列新的重要性不明确的要求。多勃雷宁对我说北越人恼火了，我是相信他的话的。

另一方面，我们的处境也不太妙。正如我预料到的，协定的主要内容一公开，国会对继续进行战争所作的仅有的一点支持就烟消云散了。我一向认为，河内十月八日的建议就包含这个意图。一旦人们看出河内的建议比我们在一九七二年一月二十五日和五月八日提出的条件还要好，而我们却拒不签字，我们就会完全失去公众和国会的支持。国会关于如果河内释放美国俘虏，美国将停止对南越的援助的一项决议案肯定就会获得通过，正像早先在一九七二年险些发生的那样。

我举行的"和平在望"记者招待会使我们避免了极端被动的局面。但是，谈判一恢复，我们决定公开承认协定临近而不是予以否认的做法使自己受到了压力。尼克松认为我的记者招待会大大减少了我们的选择余地；而我则认为，黎德寿十月八日的建议才是转折点，在他提出建议后，我们只剩下两条路：要么贯彻我们自己的计划，驾驭局势的发展；要么被动应付，其结果必然是国会拒绝拨款。或许尼克松和我的想法都有点道理；我们都认为选择余地日益缩小这一点(虽然对原因的看法不同)，使我们忧心忡忡。

我们对国会态度的担心并非出于感觉，而是有事实根据的。十一月二十七日莱尔德对我说：“现在事情搞不下去了。”他是在上个周末会见一些参议员和众议员后得出这种结论的。十一月三十日，在尼克松召开的参谋长联席会议上，莱尔德重申了他的结论。没有一位参谋长对此提出异议；尼克松也予以肯定，他估计国会在复会后两星期内将停止援助。我的助手约翰·莱曼负责同国会的联系，他估计十一月份选举新参议员的结果使我们失去了三位支持者的票，这种变化的重要性将日益显示出来，因为各重要委员会中来自南方的主席的影响在不断下降。不管原因如何，我们所面临的是我从夏天以来一直担心会出现的可怕局面：在国会复会日期逼近的情况下进行谈判，手中又没有更多的同河内讨价还价的筹码，以便维持这一进程。

在这种(对我们来说)前景暗淡的情况下，黎德寿于十一月二十日在伊维特河畔吉夫市镇住宅门口迎接我。由于这次会谈在十一月十七日已予宣布，记者们有了充分的准备。他们严密监视美国大使馆驻地和北越人住宅。在横冲直撞的法国摩托车队的护送下，我设法甩掉了记者。(要甩掉他们，必须要行动神速，我现在已记不清当时我冒险这样做的原因了；大概是因为秘密谈判的一些做法已成习惯，所以虽然事先已宣布了谈判日期，但还是袭用了老一套。)我这样做是白费心思。黎德寿并没有设法避开记者跟踪，因此我在抵达时发现许多国家的记者和摄影师已在马路对面安营扎寨。在整整六小时的谈判过程中，他们一直等在外面。以后每次会谈，他们都来了——十一月进行了另外五天谈判，十二月进行了十三天，一月初进行了四天。莱热的房子是独立的，周围是大花园和高墙。记者们在马路对面搭了一个台，这样摄影师就可以居高临下，看到墙内的花园。他们本想看到房子里边，但是他们的希望落空了。这些记者冒着巴黎冬天的雨、雪、严寒，寂寞地守候着，反映了全世界对我们结束这场痛苦战争的努力的强烈希望。但他们从来没有得到过任何具体消息，只看到我进进出出，或者偶然看到黎德寿或我休息时在花园里散步。没有任何吹风会，连我和黎德寿在一起的相片也很少，因为通常都是由代表团一位较低级的成员在门口迎接我们，两个代表团总是分别抵达和离开的。

为了缓和气氛，我带了一些礼物给黎德寿和春水。黎德寿得到的是几本哈佛大学的画册，以使他熟悉环境，如果他有朝一日接受我的建议来哈佛大学讲马列主义课的话。另外我送给他一对笔供签署协定用。我送给春水一本美国画册和斯图本公司制作的玻璃马头，因为据说春水喜爱赛马。这一姿态没有能缓和见面时的紧张气氛。黎德寿一开始就大谈河内的诚意，指责美国违反“时间表”的两面态度。他念准备好的讲稿，警告我们不要企图胁迫北越；他抱怨说，北越多次上过法国人、日本人和美国人的当，但从没有像这次上的当大。（他讲这句话时几乎有钦佩之意！）

我真言相告，由于四年来河内的顽固态度，我们对河内突然表示愿意在十月份解决问题缺乏思想准备。我向黎德寿追述了我过去多次提醒他协定须征得华盛顿和西贡两地的同意。我谈到德博什格拉夫采访一事所造成的麻烦（我说，我是“以最近一次采访的受害者的身份”这样说的）。现在是朝前看并签订协定的时候了。

我的讲话鼓舞人心，但由于我提出西贡要求的六十九处修改，讲话的效果立即受到影响。事实证明，这样做是一个策略上的大错误。这些要求极其荒谬，远远超出了我们公开和私下表示过的看法，这必然使河内更加强烈地倾向于持强硬态度，并在我们国会期限之前逼迫我们。我提出这些修改建议，是为了免得被人指责没有精心维护西贡的利益，也是为了有助于取得阮文绍的支持。但事情往往是这样，我们为记录在案而采取行动，结果连一个目的也达不到。既然根本不可能对协定作那么多的改动(正如我们提醒阮文绍那样)，阮文绍可以利用我们放弃的每一项修改来证明我们缺乏警惕，并且作为坚持反对的又一个借口。而且一旦我们开始后退，这就招致河内放慢步子，看看我们还会作什么新的让步。

黎德寿最初的反应是可想而知的。他说，如果这些修改是作为最后通牒提出来的，那么战争还将继续四年。接着，他要求休会到明天，以便研究我们的建议。一天的谈判过去了，毫无进展，而且现在时间对我们不利了。

十一月二十一日下午我们见面时，黎德寿强调了明显的一点：我所要求的改动不只是“技术性”改动，而是实质性改动，不是几处，而是多处。黎德寿拒绝了绝大部分的修改要求，接受了一些技术性的修改要求。更令人不安的是，他开始提出自己的修改要求。他收回过去北越作出的极为重要的让步：释放美国俘虏，而不把这事和西贡释放越共政治犯联系在一起。报界根据五角大楼透露的消息报道说，在我国军事人员撤离后，非军事技术人员可能将帮助南越人；因此黎德寿现在增加了一项要求：所有美国非军事技术人员须同军队一起撤出越南。他坚持北越对“管理机构”一词的越文译法。这些都是老式的竭力讨价还价的做法，也是造成僵局的因素。显然，此时的黎德寿已不是夏末的黎德寿了，那时他拼命争取找到一个解决办法。幸好，他还没有像前三年那样打蛮横的政治仗。他至少保留了选择的余地。他可以很快解决问题，但也可以把我们不定期地吊在那里。

阮文绍派来监视我的三位南越外交官对后一种可能性并不感到担心，他们是西贡驻华盛顿、伦敦和巴黎谈判的大使，当时都在巴黎。每天晚上，我在住所向他们通报情况。他们得到的指示很简单。他们有权接受河内对足智多谋的黄德雅建议的六十九个修改要求作出全面让步。但是他们无权考虑比这更少的东西，无权讨论任何妥协方案，也无权考虑接受对协定作任何其他改动。河内保留坚持十月协定文本的选择，它知道不管该文本是否有利，如果阮文绍不能对文本作任何修改，他就要丢尽面子而倒台。西贡坚持它提出的全部对案，其中许多条纯粹是为了使来自北方的敌人难堪。我们被卷入几十年来越南内战所造成的仇恨的漩涡，而在国内则面临着一触即发的我们自己内部的冲突。

因此，在十一月二十二日三个半小时的谈判过程中，我又回到实质问题上来，把我和西贡的立场分开——从而冒了使我们再次面临十月份困境的危险。我装作逐段讨论协定的条文，乘机放弃了西贡的许多吹毛求疵的要求，并把要求作的修改减少到尼克松十一月八日给阮文绍信中称为必不可少的那一些，我在十一月十四日给西贡的备忘录中已把这些要求具体化了。它们是：澄清用来形容民族和解与和睦国家委员会的“管理机构”一词的译法；加强关于尊重非军事区的条款；找出方法解决北越在南方的部队的问题；此外，我们希望在越南停火后更快地实现老挝停火（当时规定是在三十天以后），希望在停火生效时国际监督机构已能在场执行它的职务，并希望能进一步澄清有关向南越运进武器的条款。

黎德寿玩弄捉迷藏的把戏。应我的请求，他同意放宽关于替换武器的规定。原来的规定是“耗损了”的武器可予替换。现在，他同意我们像一九五四年日内瓦协定那样加上“毁坏”和“用完的”两词。按黎德寿的说法，这个改动的实际后果是“你们将可以放手运进武器了”。但他的灵活性只是表面上的而并不是真的，因为他坚持要求被拘留的越共分子和美国战俘同时得到释放，美国非军事技术人员须同美国部队一起撤离。如果按这样的速度进行，我们就得在巴黎住上一个冬天了。

与此同时，华盛顿方面传来消息。当时，尼克松和我的关系变得拘谨和紧张了。我知道他认为我十月二十六日的记者招待会削弱了我们的谈判地位。这是事实——虽然我认为那次记者招待会挽救了谈判并争取了公众。不管怎么说，这一点现在已无关紧要；我们必须处理现实的局面。尼克松当时隐居戴维营，周围尽是些公众关系专家，他还是那样怨气冲天，他的心情处于任总统期间最阴沉的，或许是最充满恶意的阶段。尼克松发来一份口气强硬的指示，上面标明“此件不是命令——同北越谈判时可能有用”。指示内容如下：

总统对上次和黎德寿会谈的气氛和实质内容深感失望。在此情况下，除非对方像我们一样愿意采取合理态度，否则我指示你中断谈判，那样我们将不得不恢复军事行动，直到对方愿意谈判为止。必须打消他们似乎存在的想法：以为我们除了按他们的条件解决问题外别无选择。你应该立即明确告诉他们，我们确有另一条路可走；如果过去他们对美国总统竟会在莫斯科最高级会谈前和大选前采取强硬行动感到惊异的话，那么现在他们会发现，鉴于大选业已结束，总统更可以采取他认为必要的一切行动来保护美国的利益。

霍尔德曼发来的另一封电报建议，在电视拍摄我和黎德寿在一起的情景时，我的脸部表情应更严肃些。换句话说，我在巴黎的微笑在戴维营不受欢迎。我从经验中知道，强硬的言辞并不一定代表总统的意图；再则在谈判仅四十八小时后就进行威胁似乎为时过早。因此我利用了来电不是命令的这句话，努力使谈判进行下去。

在十一月二十三日另一次六小时的谈判中，我集中力量争取加强有关非军事区的条款，以便为北方的渗透设置法律障碍。黎德寿愿在非军事区问题上作出一半让步，以交换对协定的其他部分的修改，特别是政治条款以及有关俘虏和美国非军事技术人员的内容。他建议我们同意：北越的一部分部队事实上从南越的最北端撤出，以交换释放在南越的政治犯。他不肯告诉我们将撤出多少部队，拒绝了我关于撤出十万部队的建议，并且不愿作出书面保证。我认为这笔交易是对十月份文本的一个重要倒退，因为我们在俘虏方面的让步换来的只是一个含糊的保证，一个口头“谅解”：数目不详的北越部队撤过非军事区很近的距离。*

那时正值感恩节。北越人想得很周到，他们设丰盛的午宴来庆祝这

* 回顾起来，我认为对这一建议或许值得作更加充分的研究。但我依然认为要南越释放几千名越共干部是一笔不公平的交易，这样做的后果意义要大得多。

一节日，请吃烤牛肉和鸡。事后我打电报告诉尼克松，虽然我们使协定有一点改进，但是北越人的态度略有后退，因此，总的说来，协定草案比十月份谈判时稍差一些。我向总统提出两个方案：中断谈判，恢复对二十度线以北地区的轰炸(这就是他要我在二十四小时前告诉黎德寿的做法)；或者敲定对协定草案中有关非军事区和武器的条款所作出的改进，另外争取对政治条款作些修改，以照顾西贡的面子；协定的其余部分就保持十月谈判时的原状。当然，我无法知道河内是否会接受这一方案；但我肯定它会遭到西贡的拒绝。我没有对这两种方案提出倾向性意见，* 这说明我和尼克松的关系日益拘谨。我还有点小气地指出，迄今情况的发展证实了我原先的分析："看来我们以前的判断是正确的，现在十一月七日的期限已过，河内十月份那种急于取得解决的劲头也没有了。"

但是尼克松急于表明他比我棋高一着。他回电说"由于国内对谈判的期望提高了"(这是指我那次"和平在望"的记者招待会)，他自己在二十四小时前提出的中断谈判的做法已不再可能了。他采纳了第二种选择，要我在谈判中尽可能强硬些：

> 我认为，十月八日的协定本来肯定是对我们有利的。你应尽可能考虑西贡的要求，设法改进协定。但最重要的是，我们必须认识到一个基本的现实情况，即我们除了按照十月八日原则的框框达成协议外，别无选择。

尼克松现在宁愿对西贡施加压力，而不是对河内施加压力：

---

* 尼克松说我当时建议采取第一方案。⑦这种说法并无根据；事实上，我曾暗示倾向于第二种选择。

你应告诉西贡代表，如果达不成协议，国会将停止一切军事和经济援助。还要告诉他们，在这种情况下，我将无法取得必要的国会支持。

第二天上午，尼克松又改变了主意，我不知道是什么原因。他又发来一份电报，建议我还是中断谈判为好，借口使谈判双方有机会向上级请示。在那种情况下，他将授权在休会期间对北越进行大规模空袭。这并不是我所喜欢的策略。如果谈判完全中断，我赞成恢复对二十度线以北地区的轰炸，但是目前局势还没有发展到那种程度。不论怎样，尼克松现在准备顶住我们坚持强硬路线将引起的国内风暴：

我们的目标依然是体面地结束战争。假如由于执行我们战略的缘故和这次大选时间的偶然性，我们在公众关系方面处于困境的话，我们必须咽下这口气，挺过去。

在发出这个指示时，我们大家都必须认识到，我们根本不可能像十一月三日（一九六九年）、柬埔寨问题（一九七〇年）和五月八日（一九七二年）时那样，动员公众舆论来支持我们。但是至少大选现已结束，为了对得起到目前为止作出牺牲的大批人们，我们必须采取正确的行动，即使这将使我们失去大量公众的支持。

上述这些指示的实际结果是要我来拿主意。在此期间，西贡的大使们始终坚持顽固的立场，对他们提出的六十九处修改寸步不让。十一月二十三日，我们获悉阮文绍的助手阮富德将来巴黎加强阵容。如果西贡会表示出某种灵活性，我们也得等阮富德到后才能知晓。我还认为，如果美国和北越的代表团按老格式继续谈判下去，死板地讨论协定，那将是一个错误。在黎德寿没有得到新的指示，或者西贡不让步的情况下，这样做只会使僵局更僵。我们得等二十四小时才能得到西贡方面的消息。

因此我向黎德寿建议，他和我分别由一位顾问陪同，在老地方(舒瓦齐勒罗瓦区达尔戴街)会晤。他表示同意。十一月二十四日黑格和我与黎德寿和春水会见了一个半小时，进行了哲理性讨论。我把尼克松来电中措辞较强硬的部分念给对方听，特别是那些强调他愿意冒军事风险的话。我强调，我们决不会接受比已公布的条款软弱的条款——这就拒绝了黎德寿关于作有利于河内的修改的要求。黎德寿坚持他的立场。那次会谈后，我打电报给尼克松，表示我倾向于推迟谈判一周。这将向河内表明我们并不过分着急，并使我们再有一周的时间做西贡的工作，除非阮富德带来什么根本的改变。目前的情况是，西贡不会接受可在巴黎谈判的任何条件。我将等到会见阮富德后再作出最后决定。

阮富德什么也没有带来。尼克松来电中关于国会态度的说明触动了阮富德，但这显然改变不了他所得到的指示。我决定在第二天要求休会一周。看来在这种情况下，两个代表团再开会是不明智的。因此，十一月二十五日上午，黎德寿、春水与黑格和我在达尔戴街会谈了两小时。黎德寿勉强同意休会；我看他并不准备进行新的严肃的谈判。我们商定宣布在十二月四日复会。

就这样，第一轮谈判的结果是对协定文本作出了十二处改进——有些是很不重要的，河内则相应地提出了三四个对它有利的重要修改。我们不了解河内的最终意图。黎德寿采取的可能是强硬的谈判策略，这种策略也可能反映他越来越自信，心理趋势正变得有利于河内。北越人可能估计只要他们顶下去，我们将会设法迫使西贡回到十月协定文本上来，从而破坏阮文绍政府的士气。另一种可能是，国会将迫使我们退出这场战争。与此同时，尼克松又改变了主意。他现在认为我应使谈判继续进行。十一月二十四日晚，在休会已商定后，尼克松向我提出了这样的“建议”。这种做法不符合尼克松的性格，只是表明他在戴维营很孤独。在我见过的所有政治领导人中，尼克松对谈判的规律认识得最深刻。他知道，谈判进程本身很少能产生解决办法；只有在各种利益和惩罚达到均衡时谈判才能取得进展。我们需要使河内放弃关于释放越共政治犯和撤出美国非军事技术人员的要求。我们需要了解西贡在六十九处修改中会同意作出哪些让步。所有迹象表明，目前越南双方都不愿作出一点让步。为了避免使自己陷入无法解脱的僵局，并考虑能施加什么压力，我们需要有一段间隙时间。

我开始预感到在有关问题以外可能发生灾难。有经验的谈判者会培养出第六感，直觉地感到对方在什么时候愿意解决问题。迹象往往在细小的事情上表现出来：有些要求提出了，但不极端坚持；有些要求作了微小的修改；妥协的门总是虚掩着而不关死。十一月份的那一轮谈判毫无这些迹象；事实上，所有的迹象正好相反：河内作出的让步是组微的，不肯定的；他们总是使解决的目标可望而不可即。一个说明问题的迹象是黎德寿一直不愿让双方的专家讨论议定书——这些文件须规定执行主要协定总条款的具体安排，例如，停火的时间和监督问题，国际监督机构的组成和权力问题。我再三要求北越提供议定书的草案或说明自己的想法，并说以沙利文大使为首的我方专家随时愿就这些问题进行谈判。我们每次提出，黎德寿总用站不住脚的借口来推托，说什么北越的草案尚未准备就绪。考虑到三星期前河内还坚持我们须在十月三十一日前签署基本协定，这种做法令人吃惊。（这也说明，在议定书还无着落的情况下，确定“时间表”是多么荒唐。）假如我的直觉是对的，那么更糟的事情还在后头；河内将采取拖延方针，而我们却没法使他们改变方针。我就是带着这种不安的情绪飞回国内的。

华盛顿对谈判初期的挫折反应当然不佳。这座城市充满着有关人们发迹和败落的传闻。强有力人物的兴衰是华盛顿社交生活和日常谈话的基本材料。近四年来，总统对我的明确支持一直保护了我——印巴危机时期的短暂风波除外。我和一系列成功的谈判联系在一起。新闻界可能对我太好了——这在一定程度上与尼克松形成对照。现在，我将为此而受到惩罚。我也得罪了官僚机构中认为我权力太大的某些人，以及白宫人员中妒忌我接近总统和名声四扬的某些人。甚至对我批评最严厉的人也没有指责过我过分谦虚，由于我缺乏谦虚，在我显出弱点时，肯定会招来旁人的挑战。在华盛顿，尼克松显然日益不安。灾难临头的前景总是使那帮惯于说闲话、透露消息和影射攻击的人活跃起来，他们通过旁观者的态度悄悄地决定一个人的命运，这很像古罗马竞技场上的情景。你被判定像罗马斗剑士那样去决斗，直到你的公职生涯结束时决斗才算告终。

在华盛顿，失败是需要有人作牺牲品的。我成了当然的对象。新闻界提醒听众，我曾说过“和平在望”，虽然我必须说，那时新闻界对我还是同情的。白宫有些助手的态度就不一样，他们开始采取预防性措施，使总统和谈判的可能垮台脱离关系。像约翰·奥斯本、伊万斯和诺瓦克，以及杰克·安德森这样一些截然不同的专栏作家开始发表文章，说我在十月份那轮谈判中超越指示行事，尼克松熟悉法律的鹰眼使他发现了协定原文起草中的缺陷，而尼克松站在阮文绍一边反对我。许多话都是损人利己的谎言。在十月份没有什么指示可以让我超越；尼克松没有对协定的条款提出过任何反对意见。他私下对阮文绍的看法比我更缺乏同情，尽管他担心得罪共和党的右翼。但是在华盛顿发生这类泄露消息的事实本身往往比消息是否属实更令人感兴趣；它们不是表示总统不高兴了，至少也表明有些助手认为攻击总统身边的某一个人不会引起麻烦。外国政府将根据高级领导班子中出现的分裂得出各自的结论。在这方面，白宫政治和宫廷生活没有多少差别。

在这类事情上，个人考虑和政策考虑总是紧密地交织在一起的。总统自然想摆脱他和可能发生的灾难的关系；在我这件事上，还有一个复杂的因素：尼克松和他的亲信长期心存不满(这不无道理)，认为人们把外交政策方面的胜利过多地归功于我。而我呢，一面感到自尊心受到伤害，一面又确实担心，如果我们不保持团结和冷静，我们将难以度过日益逼近的危机。我设法向霍尔德曼和齐格勒说明这个道理，我还指出，过分地想把总统和我的努力分开，其结果会适得其反；毕竟我们最终取得成功的可能性是相当大的，那时总统将不希望显得太脱离谈判工作。像去年印巴危机时一样，霍尔德曼和齐格勒对此不表明看法。

这一切纯粹是官场游戏，但对谈判却发生了很不好的影响。它鼓励了阮文绍持顽固态度，并企图利用他想象的尼克松和我之间的分歧。它还必然鼓励了河内在谈判中寸步不让。如果河内重新施展它一贯的消耗战略，希望诱使我们压西贡就范，这将是我们的一场灾难，因为这样河内至少能实现它破坏我们盟友的士气和生存的长期目的。我们决心防止出现这种局面。事实上，尼克松和我在实质问题上的观点仍然很接近；像过去一样，尼克松在危机中头脑冷静，很有分析能力。然而，当时我们无疑处在进退维谷的地位。一方面，阮文绍执意不给我们活动余地；另一方面，河内更是把西贡和华盛顿——以及我国政府内部——日益暴露的分歧看作是拖延谈判的机会，看看从中能捞到什么好处。我们决定摊牌，首先是和西贡摊牌。

十一月二十六日，我要邦克再次告诉阮文绍，我们的最低条件依然不变。为了加强我们的地位，我们现在同意阮文绍以前关于派一位特使前来的建议，并请他立即派阮富德从巴黎来华盛顿，以便尼克松和他研究我们的最终立场。(意在打消阮文绍利用尼克松和基辛格之间分歧的任何希望。)邦克同意这种做法；他和我们一致认为，阮文绍不会帮忙来便利我们的工作，也不会承担对谈判的责任，但他会接受谈判的结果。

十一月二十九日，阮富德抵达华盛顿会见决心已定的尼克松。事实上，总统还认为我建议的谈话口径有些“太软”。他打算向我示范，应如何取得一个干脆的结果。由于没有接触过越南人的谈判风格，他不了解越南人避免摊牌，他们那种软磨的做法往往使人无法确定究竟问题在哪里或者究竟在哪一点上取得了一致意见。阮富德带来阮文绍给尼克松的一封滔滔不绝的长信。这封信回顾了西贡在得到不再要求它作出新牺牲的诺言(据说被破坏了)以后，被迫作出的所有让步。当然，阮文绍的观点是有些道理的；不幸的是，阮文绍认为我们对他施加了难以承受的压力，而批评我们的人却认为这表明我们在谈判中采取了毫不妥协的态度。我们不得不在这个漩涡中航行；在这样迟的时候采纳阮文绍的意见，必将使国内对我们的剩下的支持丧失殆尽。此外，阮文绍的信丝毫不顾谈判的过程以及我们国内的困境。他在信中重申了他在十月份的全部论点，仿佛重复能迫使我们采取至少从一九七〇年十月以来从来没有采取过的方针。如果他的“正义”要求不能得到满足，他提出要诉诸世界舆论。这是毫无希望的；世界舆论早就忘了河内派军队践踏所有邻国主权的侵略行为；虽然一九五四年以来印度支那的每一场战争都是河内发动的。但它却成功地使人们相信它是美国“压迫”的受害者。世界舆论正在对我们，而不是对河内施加压力，并且肯定会加快它的压力。

尼克松向阮富德简要地说明这种做法是根本行不通的。我们不能在现在抛弃近三年来我们联合提出过的和平建议。把一个由共同挑选的人员组成的、没有多少具体职能的并且须经一致同意才能采取行动的组织称之为联合政府未免可笑。不论怎样，我们的战略已定。不管西贡持何种态度，尼克松将根据这个战略行事，西贡不能决定谈判的结果，但能决定我们以后提供援助和强制贯彻协定的能力。尼克松的话很强硬，但还不足以使对方作出明确的反应。阮富德否认有进行对抗的意图。相反，他的目的是密切合作。另一方面，他无权超越他的总统的既定观点。尼克松派头很大地建议阮富德和我坐下来拟定一个实际的解决办法；他自己的决定早就作出了。换句话说，我们回到开始的地方，一点也没有进展。阮富德无权解决问题，阮文绍又决不会向我屈服。

结局早就定了。我在我的办公室里两次会见阮富德，在这中间他又一次简短会见了尼克松。尼克松再次向阮富德强调，虽然他准备谋求对协定作进一步改进，但是他强制贯彻协定的能力比对协定条款作出任何修改更为重要。他对阮富德说，他相信我们能够发现渗透活动；并把那天上午他和参谋长联席会议成员讨论的应急计划告诉了阮富德。尼克松说，不签订协定，美国就不可能继续提供援助。他表示愿意会见阮文绍，以重申我们将在协定签订后继续给予支持。最好的办法是“齐心协力，争取最有利的协定，然后在得到美国经援和军援，特别是美国对强制贯彻协定的坚强保证的情况下共同前进”。最后，他告诉阮富德，如果协定谈判失败，国会大概会在一月中停止拨款。所有这些话对于呆板的阮富德没有起任何明显的作用。会见结束后，尼克松无可奈何地对我说，阮文绍在玩弄威胁手段，我们大概没有其他办法，只能和他斗。

正如尼克松告诉阮富德的那样，十一月三十日上午，他和莱尔德及参谋长联席会议成员一起开会。莱尔德估计国会肯定将表决停止拨款。

十一月二十七日，我们传信息给河内，表示我们将在十二月四日作出最大的努力，并正在减少在北越的空军活动，以表明我们有诚意。根据我的建议，总统命令我方飞机出动架次减少百分之二十五。这大概是个错误；我不记得北越有哪一次对我们单方面的克制作出过相应的表示。更有可能的是，他们认为这种行动是由于软弱所致。总之，河内在十一月三十日的答复中接受了我方的这一表示而故意不予重视：北越认为有必要指出“迄今为止，美国事实上并没有减少对越南民主共和国的狂轰滥炸，特别是B－52型飞机的轰炸”。此外，河内把僵局完全归咎于美国和南越的行动。同一天，我们作了措辞尖锐的答复：

> 正如美国一贯指出的，越南民主共和国对目前困难的片面解释无助于迅速解决这场战争……显然有一天，双方将面临如下的抉择：要么早日实现和平，要么延长冲突，其后果无法预见。美国将作出最大的努力，但如果没有越南民主共和国方面的类似努力，这是不可能成功的。

十二月四日谈判恢复时，我的处境不太妙：国会越来越失望；势不两立的越南两方擅长互相作弄，而我被夹在当中；国内关于我作为谈判者的地位不那么牢靠的风言风语也刺伤了我。

十二月会谈：谈判中断

看来在十二月四日开始这轮谈判时，如果重复过去那种无结果的交换意见，将是没有多大意思的，尤其因为现在双方代表团加上技术专家已经扩大了。因此，我打电报给黎德寿，建议我们在开始时先进行另一次“坦率的”私下谈话。河内接受了这一建议，并提出仍在达尔戴街二号会晤。那次以黎德寿和春水为一方、黑格和我为另一方的谈话可以用许多词汇来形容，但不能用“坦率的”一词。黎德寿没有像往常那样坚持要我先发言，他一开始就重复他在以前会谈中使用过的激烈言词。他指责我们企图加强所谓的西贡“傀儡政权”。他批评我们拒绝释放越共政治犯——这点他在十月份是接受了的。他又重弹了关于北越不怕军事压力的高调。我在回答中试图向黎德寿表明，我们真诚致力于和平——过去这种尝试一直是徒劳的——这次还将是这样：

特别顾问使用了惯用的手法，指责我们不守信用，动机不良。有的时候人们应该怀疑，但有时也应该表示谅解。在我们看来，事实究竟怎样呢？(十月二十六日)我曾公开承认你们在十月份提出了一项重要建议，其实你们并没有这样做。如果特别顾问稍加思索，他会认识到，当时中断谈判对我们很有利，很多人建议我们这样做并谴责你们不守信用。为了保持和平的势头，坦率地说，也是为了使越南的其他派别承担义务，更快地行动起来，我们拒绝了这种建议，从而使自己处于明显的不利地位。……十月八日，你们提出一项重要建议。如果当时我说，我得去西贡商量此事，需要休会两三个星期，那你们又会怎么办呢？我们总算设法打了三年交道了。你们知道，再浪费许多月的时间本来是很容易的。这样做对我们很有吸引力。但我们经过考虑同意了一个加快的时间表，心里很清楚这样做的风险。我们国家担了风险，因为你们将有机会做你们现在正在做的事情，我们参加谈判的人也都担了个人的风险。因此你们必须懂得，你们指责我们不讲信用特别使我们生气。……考虑到我们已取得的进展，如果我们不能签订协定，那将是历史的悲剧，荒谬的历史事件。假如从各方应做的事和具体义务的角度来分析这项协定，我们已经解决了几乎所有的问题。因此，实际上需要谈判的问题不多了。我们要么在本星期内解决问题，要么就永远解决不了。

以上就是我们对情况的看法。我知道你们有不同的看法。我相信，我们可以花整个星期的时间来讨论历史、善意和严肃态度等等。然而，我们现在需要的是看看能否在短期内解决问题的智慧，因为长期的事我们已经知道了。我们将作出最大的努力。你们可能认为这还不够。实际上，我认为我们能够迅速解决问题。我们有两个计划，一个是战争计划，一个是和平计划。对你们谈我们的战争计划没有意思。这个问题我们已经谈得够多的了。还是让我谈谈我们的和平计划。

按照该计划，剩余的问题在两天内解决，即在十二月五日夜晚解决。黎德寿和我达成协议后的第二天上午，阿格纽副总统将由黑格将军陪同前往西贡向阮文绍通报情况。四十八小时内我们就可以全面停止对北越的轰炸。我们最迟将于十二月二十二日签署协定。我扼要说明了我们所能接受的最低限度修改要求。

但是，像过去每次一样，黎德寿没有被雄辩所打动；他是研究力量对比的专家；当他看到力量对比对他有利时，言语不能使他改变主意。轮到他发言时，他玩弄了一大通辞藻，听了使人非常恼火。他要我作出“巨大的努力”；他保证自己将作出“努力”。当他一次又一次这样讲时，我问他是否也应该在自己的“努力”前加上个形容词。不，这位强硬的河内政治局委员回答说，原因是他近来已经作出“巨大的努力”，而我却只报之以“努力”。他怕我没有领会他的意思，重复说：“我们已作出了巨大的努力，想尽了办法。(我们)剩下能作的努力很小了。”

因此十二月四日下午，我们两个代表团再次会面，这次是在北越人挑选的新地点圣然姆，从巴黎乘车西行约一小时。我上午的讲话显然毫无作用。黎德寿甚至没有稍微作一点努力，他压根儿不努力。他抢着发言，对我们的策略进行猛烈的谴责。接着，他拒绝了我们在上午私下会谈中提出的所有建议。同时，他还收回了他在十一月份谈判中对十二条修改中的九条的接受。他还坚持他提出的对十月协定草案的全部修改要求。我向总统汇报如下：

他拒绝了我们的全部修改建议，要求修改有关被拘平民的条款，并要求从南越撤出美国文职人员，这将使南越空军无法维持。他还收回了他在上星期作出的某些让步。总之，我们最终得到的协定将比开始时差得多。我直截了当地告诉他，他的态度没有提供解决问题的基础。在此后的谈话中，他坚持他毫不妥协的立场。除了接受他今天下午提出的东西以外，他给我们的唯一选择是回到十月协定草案，双方都不提任何修改要求。

我认为，除非黎德寿准备冒谈判中断的风险，否则他不敢提出这样的建议。回到大使官邸，我和助手们花了好几个小时仔细阅读会谈的记录，想从一些微妙的语句中找到一线希望。我们什么都没有找到。沃森大使已经辞职，接替他的约翰·欧文还未上任，因此我们占用了整个大使官邸。工作人员忙于重新起草文件，秘书们正在编写材料。每天晚上，餐厅几乎通宵开放，供应美味可口的饭菜，但吃饭的人却越来越愁眉苦脸。

那一天晚上，我得出结论，防止谈判破裂的唯一希望是告诉河内共产党的后台——莫斯科和北京——他们所面临的前景。我请在我的华盛顿办公室值班的迪克·肯尼迪告诉多勃雷宁，我们即将面临类似今年五月份的局面，要求苏联作出像上次那样的反应。为了给莫斯科时间，让它的影响起作用，十二月五日我要求黎德寿把原定于当天下午举行的谈判推迟二十四小时，“原因是十二月四日的谈判使情况变得严重了”。

我向尼克松报告说，我认为我们不能同意回到十月的文本上去(更不用提接受河内提出的更差的协定了)。尽管当时我认为十月草案是好的，鉴于其后发生的事情，现在接受它将会引起灾难。如果西贡提出的修改要求我们连一个也无法使其实现(或者更坏的是，我们接受一项比以前还差的协定)，那将等于毁了南越政府。最糟的是，“这将使我们失去监督协定执行的一切能力，因为如果共产党人知道我们甘愿忍气吞声作这样的让步，他们也就知道我们不会有能力对违反协定的行为作出反应。”

因此，我们唯一可走的道路是采取很可能使谈判中断的方针。这里存在着两种现实的可能性：一、我们可以放弃一切新的要求，签署那个包括北越在十一月同意的十二条修改在内的协定。二、我们可以继续谋求实现阮文绍要求的某些新的修改，把它们减为两个：放弃“管理机构”一词，而增加一个不让河内有干涉南越内部事务的合法权利的条款。“如果对方同意这笔交易(这似乎是完全不可能的)，我们将在政治和军事领域取得有意义的改变。如果是这样，这一轮额外的谈判将是值得的，我们对付西贡将处于较强的地位，虽然我们还将有一大堆问题。”我赞成采取第二种方针。但是，我提醒总统，这两种办法肯定都会遭到河内拒绝：

中心问题是，河内似乎已决定向我们提出正面挑战，跟今年五月我们所面临的一样。如果是这样，那么他们是把赌注押在估计我们不愿做那些必要的事上；他们想通过我们同西贡的分裂或者在国内垮台而取得全盘的胜利，而不冒谈判解决的风险。这是根本的问题；其余都是策略问题。如果他们愿意现在就解决问题，我可以提出他们接受得了的方案，而不必来麻烦你了。假设他们走另一条路，我们就会面临今年春天同样的难以决定的问题。

我认为谈判很可能中断，而且我认识到，在十月份后迫使谈判加快速度，我是有责任的："如果谈判中断，我在回国后将和你谈谈我个人的责任和所起的作用。当然，眼前的任务是挽救我们国家的声誉，并尽量在我国人民和世界面前处于有理的地位，以便在东南亚奉行一项有原则的政策。"我又另加一页纸，表示如果总统接受我的建议，他应作电视讲话向美国人民解释这一决定。黑格、洛德和我在俯瞰大使馆幽雅花园的我的卧室里开会讨论了这段附加的话。黑格特别认为，必须使总统了解，僵局不仅意味着军事升级，而且还可阻止外行人提出一些强硬的建议，而自从大选以来，处于奇怪情绪中的尼克松经常接触的全是这种外行人。

这些外行人是不赞成尼克松在获得压倒多数的大选胜利后向美国公众宣布这种不好的消息的。但是我们之间在实质问题上没有分歧。因此尼克松虽然同意我的分析，却拒绝了这个建议。十二月五日他回电赞许我的谈判策略。他同意我的看法，如果谈判中断，我们必须加强军事压力。他甚至很想在我十二月六日恢复谈判前就命令 B－52 飞机轰炸河内一海防地区的设施。他征求我的意见，是否应命令穆勒海军上将加强我们军队的戒备状态，还问我是否想回华盛顿磋商，以便有更多的时间。不过，他根本不同意我关于作电视演讲的建议："但是，我认为提高到总统一级来讲这件事会迫使俄国人和中国人作出反应，在美国国内则顶多只能引起好坏参半的反应，还可能使西贡变得比现在更难以对付。"

无论是尼克松和他的助手，还是我本人，双方都囚禁在自己的一个天地里，彼此之间只有边缘的接触。我对谈判形势很敏感；尼克松了解谈判对国内的影响。我认为自己了解影响外交的各种利害得失因素。尼克松不太掌握策略方面的情况，但他在处理公众关系方面很有头脑——

或者说他自己是这么认为的。他确信，电视讲话毫无作用。如果他是对的，我看不出有什么方法继续执行有效的谈判方针；因为，只有使河内怕我们会恢复军事行动，才能使它把谈判进行下去。我们一定会遭到双重的失败。无论如何，我反对作出赌气的反应，这样会使公众情绪不安，同时又拿不出成功的前景。

我在给尼克松的回电中表示，现在提高我军的戒备状态还为时过早，在谈判期间不宜进行轰炸，而我在只会谈一天以后就返回华盛顿，会加强危机感，正中河内的下怀。我自杀性地再向尼克松建议，如果会谈中断或休会，他必须作电视讲话，进行解释。尼克松施展了他的高招，要霍尔德曼代表他来向我施压。这位白宫办公室主任在一份很不寻常的电报中把尼克松暗示的想法讲得一清二楚。霍尔德曼说，如果谈判陷入僵局，应该休会而不应中断谈判。在这种情况下，我要用低调向报界介绍情况。他一点没告诉我，对越南和平努力的垮台如何用“低调”介绍。

尼克松认为已经不剩下什么公众舆论好争取了，他的这个判断可能是对的；如果真是这样，并且河内也持这种观点，那么谈判注定要失败了，延长谈判将无济于事。十二月六日我给霍尔德曼回电说：

感谢你十二月五日来电。我们还是面对现实为好。如果在四十八小时内达不成协议，我们也许可以假托谈判休会，争取时间让我能回国再吹风。但是很快我们就会无法阻止越南两方把僵局公布于众。此外，如果我们恢复全面轰炸，那就更会如此。因此，一旦出现僵局，我们只有两种选择：要么屈服，要么争取美国人民支持，再作一次努力，我不相信北越会顶得住。要争取美国人民的支持，最终只有总统亲自出马才能成功。如果你认为应该先由我做，我当然乐于一试。总统参加这项工作的可能性可以留待以后讨论。

在我再次同黎德寿会晤以前，莫斯科给了我们答复。克里姆林宫劝我们要有耐心，表示相信河内的和平诚意，并向我们保证——在黎德寿谈话四十八小时后——北越仍愿意在十月文件的框架里签署一项协定。多勃雷宁私下补充说，莫斯科正在同河内进行接触，他建议我继续谈下去，给克里姆林宫更多时间去施加影响。

我同黎德寿十二月六日的会谈没有引起变化。双方重复了各自的立场。对个别条款谈了一下，但是我们纯粹是原地踏步。黎德寿仍然拒绝让专家开会谈判详细的议定书，甚至拒绝讨论双方无争议的条款，这一点突出证明河内不愿意解决问题。黎德寿说他们正在“研究我们的文件”，而他们的文件还没有准备好。因此，无论他和我作出什么决定，在专家们完成北越拒绝开始做的工作之前，有了决定也无法付诸实施。我们商定在第二天(十二月七日)作最后一次努力；双方应说明各自最低的条件。这是华而不实的花招，几乎肯定要失败，因为这会引诱双方都等待对方作出让步。我把我打算讲出去的底盘告诉了总统。我还提醒总统，即使最后出现突破，我们仍将面临下列问题：

九月中以来我一直对你说，这项工作要冒很大风险。任何解决的最终结果将主要取决于双方的信任和政治表现。我们目睹越南双方之间的刻骨仇恨和病态猜忌，还知道河内无意放弃它的战略目标，因此我们必须正视一个事实，即这个协定可能缺少所需要的最起码的信任基础。因此，协定很可能垮掉。为了防止河内和它在南越的同伙在边缘地区进行蚕食，我们当然必须保持随时准备和愿意进行干预的姿态……

同时，黑格也提醒副总统做好准备，一旦第二天谈判取得突破，他就动身去西贡。

尼克松在回电中指示我在下次会谈开始时像检察官那样提出一连串问题，设法钉死河内采取的一系列顽固立场，以便一旦谈判休会或中断，可以有强有力的记录为证。接着，我应请河内提出最后的建议。⑧尼克松的作法是有优点的，尽管我认为尼克松对我的能力估计大大过高，以为我能逼黎德寿作出明确的答复。我对策略有不同看法，并把我的看法告诉了尼克松。可以说，我的生硬语气反映出总统和我这个顾问之间的关系缺乏发自内心的热情。

感谢你十二月六日来电。我理解并将遵守你的指示。但是，我认为执行指示的策略顺序应该不同。今天下午谈判时，我将首先争取河内接受你已批准的我方最低要求(第一方案)。如果黎德寿拒绝，我将提出你来电第一段中列出的一系列问题，包括撤退问题。然后我将要求休会，以便我回华盛顿同你磋商，下星期我们将和对方联系恢复谈判的时间。我认为，如果今天谈判一开始就提出问题，那将是严重的错误，因为这样做很可能立即遭到反驳，使我们在会议一开始就陷入僵局。

我可以想象尼克松当时的情景，最知情的高级顾问都不在他身旁，他们(包括黑格)都和我在一起。他会冥思苦想，把问题写在他的黄色拍纸本上，而他的那些公众关系事务天才们整天向他献计献策。在我办公室留守的理查德·肯尼迪虽不是越南问题专家，但他做事认真，一丝不苟。十二月七日我曾请黑格送给他一份情况小结，以便他能起一点稳定的作用。我认为，搞公众事务的那些人想避免承认出现僵局的做法，必将使我们日后更难处理目前看来不可避免的休会局面。矛盾的是，只有当河内确信我们愿意冒失败的风险并承担后果时，它才有可能作出最后的让步。如果谈判失败，损失最大的莫过于“和平在望”这句话的作者了。但是，僵局是无法永远掩盖下去的，如果我们不敢面对僵局的后果，我们就不可能克服僵局。黑格用他最漂亮的陆军文体发电给理查德·肯尼迪，其中部分电文如下：

亨利知道本星期你的处境困难，因此感到应让你了解他个人对当前形势的看法。我想强调的是，他在危机时期同总统相处的经验证明，在基辛格博士不在的情况下，总统得到的大部分咨询意见来自白宫的一些人，这些人的目的和背景使他们集中考虑公共关系问题，虽然这是完全可以理解的，但在考虑重大问题期间可能导致对实质性事项的严重忽略。……当然，你必须是能提出实质性咨询意见的唯一来源。亨利希望你不要提出其他的估计，也不要附和有些人对国会态度或公众舆论的评论，这些人的职务就是专门向总统提供这类评论的。因此，你提的咨询意见必须总是从国家安全的实质问题出发，在这方面，显然我们将需要有一段时间，以便使公众舆论对万一谈判失败有思想准备。但是，没有必要让这些考虑影响我们对河内的策略。河内早就知道存在哪些分歧，以及他们必须满足我们的哪些最低要求。问题很简单：他们愿意这样做吗？如果我方的策略手法表明我们想避免正面迎击他们的顽固态度，这只能使情况变得更糟，使他们更坚决地顶下去……

河内完全知道他们应该做些什么。如果他们满足我们的最低要求，执行协定一事本身还需要总统行使最果断的领导来推动，因为我们现在知道，双方将是抱着最少的诚意来签订这个协定的。另一方面，如果由于河内甚至不能满足我们的最低要求而导致谈判破裂，我们无疑只有在最勇敢、最果断的国家领导人的领导下才能取得胜利，这种领导不是光考虑公众关系问题，而是主要根据对国家利益的现实估计行事，正是由于这种估计，我们才走到了现在这个地步……

十二月七日长达四小时的会谈表明，根本问题恰恰是河内继续在搞拖延战术。看来，河内估计时间的推移只能改善他们的处境，而我们则进退维谷。虽然这一点还不是马上就很明显，而且我们仍然希望“让步”会带来突破，事实上十二月七日标志着真正僵局的开始。黎德寿的谈判风格稍有改变。他放弃了以前几次会谈中那种明显的顽固态度，开始作一点让步。但他总是设法使文本不能达成协议。他坚决不同意让专家们讨论议定书；这是他阻止达成协议的另一个方法，并使主要谈判更加显得抽象和脱离实际。他慢慢地开始用威胁的口吻讲话，这表明他认为河内在心理上占了上风。

黎德寿的所谓“让步”很奇怪。第一天，他收回了他在十一月份已经同意的十二条修改中的九条；现在他退还六条；他还放弃了关于释放在南越的被拘平民的关键性要求(河内在十月下旬曾放弃过，后在十一月又反悔了)。另一方面，他对非军事区条款的态度又使人感到不妙。十一月他曾接受一项重要修改，加强尊重作为南北越的分界线的非军事区的义务。黎德寿现在要加一句话，意思是非军事区的法律地位将由南北越加以讨论。正如我一再对总统说的那样，这样做将“使非军事区的整个地位成为疑问”，更不要说禁止渗透的问题了。协定中悬而未决的问题比前一天少了些，但是我们还没有能重新取得黎德寿在四天前收回的、越南在十一月作出的全部让步。我在给尼克松的电报中正确地预言说，下次会上我们可能得到一二条我们最起码的补充要求，但这也正是黎德寿想要我们做的：用接近协议为钓饵，使我们继续谈下去，阻止我们使用武力；但又保持距离以维持压力，以便在最后一分钟还有可能实现瓦解西贡政治机构的目的。我对协定的整个背景情况越来越担忧了。我向尼克松报告说：

我们进一步摸了河内的意图之后看出，他们丝毫没有放弃对南越的目的或野心。他们只是决定修改策略，从正规的主力战转到在协定草案的框架内搞政治和造反斗争。

因此在协定签订后我们也不能预期有持久和平，只是河内会改变手法而已。美国如不表明高度警惕，随时准备采取行动强制执行协定，我们大概将难以维持协定，事实上，美国的决心随时可能受到考验。我们又回到我原来的问题上来了：是现在就放弃协定继续打下去好呢，还是等以后对方违反了庄严缔结的协定，我们再被迫采取行动好？

我建议采取后一种方法，但是黎德寿在迅速使和平的前景失去令人高兴的因素。

如我所料，尼克松接受了我的建议；他的回电表明，他几乎宁愿签订任何一种协定，而不要休会。他指示我争取对十月草案作出“某种”（无具体说明的）改进。发来这封电报之前，总统、国防部副部长肯尼思·拉什和穆勒海军上将在戴维营召开了一次会议，讨论了加强军事行动的应急计划。拉什和穆勒完全同意十月协定草案是健全的，并认为如果该协定不能得到执行，国会在六月三十日后肯定将停止拨款。尼克松几个月来一直对我说他主要担心的是右翼选民，现在却转而认为继续打仗是得不到公众支持的。当然，我从电报的字里行间看出，他把失去公众支持归咎于我那次“和平在望”的记者招待会。不用说，我认为这是借口；我认为，河内在十月八日接受我们方案这件事本身就使我们失去了公众的支持，而西贡的顽固态度使得我们的处境更糟。我们两人的想法都对，但这对形成的后果没有什么区别。因为，在十月八日和二十六日我们都没有选择的余地。无论最后我们受到什么惩罚，我们采取了大胆的做法，它使我们避免了更大的危险。

从根本上说，尼克松和我互相推卸责任都是不应该的，也是毫无意义的。如果谈判成功，就会竭力抢功劳，像现在逃避责任一样。如果谈判失败，我是理所当然的牺牲品——这是无可非议的，不管我对问题的分析如何有道理。是我推行的做法造成了目前的局面；总统的亲信有义务保护他们的头头。由于我是单独行事，我在这方面负有特殊的责任。

当然，考虑这些问题对巴黎谈判没有帮助。我处在为难的夹缝里，西贡任性，河内持含蓄的傲慢态度，华盛顿则有一套稀里糊涂的看法，几乎要不惜一切代价使谈判继续下去，这使我们无法用压力来逼迫解决问题。

在十二月八日的四个半小时的谈判中，黎德寿仍然拒绝讨论议定书，同时勉强作出一些并不落实的让步。黎德寿和我最后商定索性不用“管理机构”一词，这个词的翻译已引起了很多烦恼。* 他还确认他愿意恢复原来有关被拘平民的条款。这些是重大的进展。然而，黎德寿为自己留下了足够的余地。在非军事区定义问题上他还是寸步不让，使非军事区的地位成为问题，从而间接地为河内长期渗入南越提供了合法的根据。他再次要求全部撤出同南越军队一起工作的美国非军事技术人员。这样做实际上将使西贡军方的全部先进装备处于瘫痪。不过，我们现在总算只剩两个问题有待解决了：非军事区问题和美国非军事人员问题。同我们已经解决的问题相比，只要有诚意，这两个问题在一次会谈中即可解决。根据这个假定，我派黑格返回华盛顿。如果我们在十二月九日解决问题，我要他准备第二天上午同副总统一起去西贡，以便征得阮文绍的同意。

然而，黎德寿搞拖延战术之狡猾，可与他制造僵局的凶狠，以及在十月份的一小段时间内解决问题的灵活相比拟。十二月九日的三个半小时的谈判看来取得了进一步的进展。但是，每次表面上的成功都使我们情绪更加低落，感到对方在把我们引入无尽头的迷宫，因为不管解决了什么问题，黎德寿总能使每次会谈至少留下一个悬而未决的问题。

这一回黎德寿把我们早在十月份已经得到的东西“给”了我们，这就是把美国非军事人员留在南越维修先进军事装备的权利。但是他在非军事区方面寸步不让，因为他知道，允许通过非军事区进行军事调动能使禁止渗透的规定无效，而这一点是协定很重要的部分。黎德寿搬出一条理由，这是我们在和共产党谈判经验中从未碰到过的。他说，在十一月他同意非军事区必须得到尊重的条款以后，河内政治局否决了他的意

* 在十月协定草案中，各方同意删去“建立一个管理机构，称为民族和解与和睦国家委员会……”中“管理机构”一词，只说各方同意“建立民族和解与和睦国家委员会……”

见。他说，他还在等待新的指示；其他没有什么可说的了。一个共产党政治局委员，居然声称自己行事越出了指示，这是前所未有的。根据我们对北越人工作程序的了解，也极不可能发生这样的事。（至少这是我现在的想法，当时我不知为什么倾向于相信他的话。）

我提出了一个折衷方案。有关尊重非军事区条款的措辞应按两周前商定的那样不变。但我准备在另一节，关于在实现统一之前，南北越南应为在各个领域建立正常关系迅速开始谈判的规定后面，增加这样一句话："讨论的问题中将包括准许平民穿行临时军事分界线的问题。"这样写的好处是暗示，在双方达成协议前，禁止穿行非军事区，而军队通过非军事区则是永远禁止的。黎德寿担心找不到论据反对这个折衷方案，又玩弄了一个新花招。他突然说自己头痛，血压升高，感到虚弱；他看上去像一个痛苦的老头。他装得这样像，我只好提议休会。黎德寿从来不放过一点机会，他提出他要休息一整天才能恢复，就这样巧妙地把谈判又拖了四十八小时，当然把副总统去西贡的事也报销了。然而他慷慨地同意让专家们会晤——当然还不是开始讨论议定书（他还没有向我们提供河内的草案），而是统一协定各现有文本的措辞。我一同意了这个工作程序——确实，面对这样一个明摆着的病人，我没有其他办法——黎德寿目的已达，病也就玄妙地好了，我们接着谈笑和抬杠达一小时。

现在只剩下一个问题了，我满怀希望在下次谈判时（十二月十一日，星期一）解决这个问题。但是我对黎德寿仍然估计不足。前一天的专家会议开得还可以，尽管他们花了七个小时才统一了已经多次商定的文本措辞。但是地平线上出现了一块乌云，因为北越企图修改协定中关于各方"应严格尊重"一九五四年和一九六二年关于柬埔寨和老挝的协定的规定。北越建议删掉"应"字，这样一改，这句话就不成其为义务，而变成叙述事实——当人们想到当时还有十多万北越军队正在这两个国家横行时，这项建议使人感到十分不安。

从十二月九日晚到十日清晨，我以总统的名义给黎德寿写了一封短信，告诉他尼克松仍在考虑而尚未批准我提出的关于非军事区条款的折衷措辞。总统很想保留原来的措辞。我认为这样做后，河内会把我的建议看作是一个真正的让步。* 但是，这样明显的花招骗不了黎德寿。十二月十日他回了一封短信，说他在河内的上级认为，他们的立场——使非军事区的地位成为问题——才是“最正确和最合理的建议”。

在巴黎，最快活的是奉派监视我的西贡大使代表团。他们唯一的任务是每天晚上听我吹风；他们奉命坚持西贡提出的六十九条修改而不听任何折衷意见——显然是为了考验我在黎德寿面前还剩得下的一点点心理平衡。没有什么折衷可谈的。美国代表团越来越低落的情绪使南越人很高兴，几乎不加掩饰。

十二月十日我还收到黑格有关尼克松一系列令人糊涂的行动的报告。这表明远距离指导复杂的谈判何等困难。尼克松先打电话给多勃雷宁说，他已推翻我建议的关于非军事区的折衷措辞，并要求莫斯科帮助我们使河内回到十一月商定的方案(尊重非军事区，甚至连允许平民通过非军事区的规定也没有)。接着，尼克松对派阿格纽去西贡一事又变了主意，担心他去后可能和阮文绍站在一起反对自己的政府；他现在想派康纳利了。黑格打消了他的这种想法，因为私人使者讲话的分量总比不上持有公职的使者的讲话(康纳利已不再是财政部部长)，还因为阿格纽以亲右派出名，他支持协定将具有更大的影响。黑格最后转达了总统关于谈判的指示：

假设你能把星期一的会推迟到下午举行，你在非军事区的问题上应持强硬态度，以证实总统的态度是坚定不移的。如果莫斯科真的帮了我们的忙，那么河内可能屈服。如果河内不屈服，总统认为(我知道你也这

---

* 尼克松比我还高明，尽管他是在事后才看到信的，他却说这是他自己的指示。⑨

样认为)，我们不应在星期一使谈判中断。在这种情况下，你应再举行一次会谈，如能尽快在星期二上午举行最好，这样我(黑格)就有最充分的时间同副总统于星期二晚上离开华盛顿。这样做便于我们安排副总统的个人日程，对副总统的西贡之行作低调的宣布，并协调好同邦克和阮文绍的联系。在星期二的会谈中你应继续持强硬的姿态，到那时如果莫斯科最后确实施加了影响，效果应该显示出来了。如果黎德寿还是不让步，那么你就把我们的折衷方案作为美方的最后让步提出来。如果这也不灵，如我们预计的那样，总统甚至愿意彻底让步，而希望我们仍能说服阮文绍接受协定。

换句话说，尼克松在多勃雷宁面前否定了我的折衷方案，认为它太软弱。与此同时，他指示我提出该方案，并要我作为最后一着接受河内的方案。他想通过吓唬多勃雷宁占得上风，但是他最终还是准备屈服的。在正式立场和准备接受的条件之间差距这样大的情况下搞诈骗是不可能奏效的。

不论怎样，十二月十一日黎德寿和我会谈时，他比我们棋高一着。他不想达成协定，至少在这一轮谈判中是这样。显然他也想到过我们可能会屈服；因此他果断行事，避免出现只需我们在一个问题上让步就能达成协议的尴尬局面。他很快就排除了这种险情。首先，他推翻了我们认为已经解决了的签字程序。(这是一种复杂的安排，让西贡可以签字而无须承认共产党的临时革命政府。)其次，在同意不再要求撤出协助南越军队的美国非军事技术人员之后四十八小时，他坚持这只是指不在协定的公开文本上写明，以避免使我们难堪。他现在要求有一份秘密的书面谅解文件，写明我们将撤退技术人员。他又表示抱歉地说，还没有准备好讨论任何一项议定书。至于非军事区问题，他要到第二天才能得到指示。总之，黎德寿表明他不准备在那天解决问题，而且(由于存在着悬而未决的问题)第二天也不太可能解决。这种做法本身使人恼火。北越人拖延达成协定是双料地欺侮人，因为他们明知美国副总统四十八小时以来一直准备着离开华盛顿去西贡把谈成的协定强加在执拗的盟友头上，我通过黑格向总统报告如下：

明天达成协议的可能性不是没有，但是他们根本没有急于谈成的表示，相反却很有刚愎傲慢的表现。……

显然，从上星期四以来，本来哪一天都容易达成协议。河内很可能认为，我们是处于被动地位，并由于国内外公众的期望而不敢把战争再拖下去。他们可能认为西贡和我们之间发生了不可弥补的裂痕，而圣诞节的即将来临又使我们不可能恢复对北越的轰炸。如果情况真是如此，我们将面临一次重大的决策。我认为，如果我们现在完全屈服，将使协定无法得到实施。总统还须了解，此时在导致南越垮台的条件下接受协定将对他日后的历史地位产生严重影响。

十二月份的各次谈判轮流在两处举行，一处是伊维特河畔吉夫市镇(莱热公馆)共产党的会议厅，另一处是一位美国商人的漂亮的市内公寓，坐落在纳伊。我们每天在勇敢的法国警察的护送下乘着快得使人毛发耸立的汽车前往会议地点。两处都搭起了木头站台，以便聚集在那里的记者能看到谈判代表在休息时散步的情形。具有讽刺意义的是，室内谈判的气氛越糟糕，北越人在门口迎送我们时就越热情；他们无疑是想造成一种印象，似乎谈判正在取得进展，以防止我们产生搞军事升级的想法。考虑到总统指示不要作出谈判就要中断的暗示，我偶尔在摄影记者视线以内同黎德寿进行友好的交谈——这使我再次受到霍尔德曼的指责。

十二月十一日谈判后，我收到黑格的电报，进一步澄清了华盛顿的想法。总统要我留在巴黎，只要还存在解决问题的一线希望；如果我认为僵局已无法打破，我可以回去进行磋商；谈判可以休会但不要长期中断；如果总统决定恢复轰炸，将让我向报界吹风。应我的要求，黑格向多勃雷宁介绍谈判情况，让他知道，苏联答应进行的调解显然没有奏效。多勃雷宁含糊地讲了些愿意帮助的话。我不断向中国驻巴黎大使黄镇通报情况。尽管他待我再友好没有了，但他甚至不假装北京会出什么力。我在同黎德寿再次会晤前，听说阮文绍向议会作了一篇很强硬的讲话，再次拒绝接受目前谈判的基本内容。

当我回想那段时期的事情时，我很钦佩那位无畏的领导人的勇气，虽然他受到几十万敌军的进攻和唯一盟国的压力，但他仍坚持施展复杂的手腕，在矛盾的急迫事宜之间周旋。同时他千方百计向本国人民表明：他不是美国的傀儡而是真正的越南民族主义者；即使在和平时期他也有能力领导人民抵抗共产党入侵者；而且他不是和平的障碍。他靠机智和决心绕过暗礁险滩，总的来说做了对本国人民有益的事。当时我们需要的东西各有不同。因此他无情的以自我为中心的做法对我们产生的影响是讽刺我们作出的牺牲，损害他自己在美国的地位，并逼迫我们付出越来越大的财力和人员方面的代价。

尼克松写给我一封信，要我在十二月十二日谈判时念给黎德寿听。这封信和他前一天要我最后屈服的指示相矛盾，而表明无论尼克松要什么花招，一旦他对问题作出了分析，他是能够正确行事的。他估计将休会，因此他指示我告诉黎德寿，我们决不会接受错误的解决方法，而如果北越不改变它的顽固态度，美国将不会作出新的让步。

十二月十二日上午，以沙利文为首的我方专家同以阮基石副外长为首的对方专家再次会晤。北越人仍拒绝讨论我方的议定书草案，也不提供他们的草案。与此同时，黎德寿接到了有关非军事区问题的指示。他建议删去我关于允许人员通过非军事区的建议中的“平民”一词。换句话说，河内想保留军队通过非军事区的权利——这是一个巧妙的外交手腕，它使我们对能否禁止渗透活动产生了更大的怀疑。为了安抚我们，黎德寿最后拿出了他们有关停火和国际监督机构的议定书草案。然后，他先发制人，通知我他决定于十二月十四日(星期四)离开巴黎回河内，旅程需花四五天时间。他将无法解决问题，除非他亲自说服政治局中的顽固分子，这些人一直跟他为难，特别是在非军事区问题上。如有必要，他愿回来，但他认为我们可通过交换电报解决遗留下来的问题——这显然是荒谬的，因为有许多技术细节尚需研究解决。我们实在难以相信黎德寿是个主和派，只是被主战的同事们阻拦，才不能作出让步；但是黎德寿这样说有助于他拖延谈判，又不致(这是他的希望)使我们有借口进行报复。黎德寿同意第二天再谈一次，为争取实现突破作最后的努力，并在会上研究总算开始商讨议定书的专家们所作出的结论。

十二月十二日晚，我向华盛顿汇报如下：

总的情况表面上似乎不错；但是我得出了如下的结论：河内已决定拖延时间，这或许是因为我们同西贡发生了公开分歧；或许是因为他们有了解南越人情况的秘密渠道，知道我们之间交换意见的情况；或许是因为他们领导层内部有分歧，在是否签订协定问题上正举棋不定。他们惯用的手法是：每天给我们恰到好处的甜头，使我们继续谈下去，但不作出能导致签订协定的决定性让步。另一方面，他们想确保我们得不到有力的借口来采取强硬行动，他们采取低调的做法，防止我们恢复轰炸。如果他们想解决问题，在过去几天里他们随时可以用三小时就解决问题。但他们有意避免这样做。……

他们已使问题减少到这种程度，以致通过一次电报联系就可以完全解决。但是，如果不施加强大的压力，我认为他们不会发出这份电报。

我们连夜研究了北越提出的几个议定书草案。正如我向尼克松汇报的那样，这些议定书草案“实在不像话”。关于国际监察和监督委员会的规模、组成和职务的草案，使监督机构受这么多否决权的制约，以致不能想象它能视察任何东西。委员会由共产党方面提名的两名成员(匈牙利和波兰)，和我方提名的两名成员(加拿大和印度尼西亚)组成，须经全体成员一致同意才能进行任何调查或提出任何报告；个别成员无权提出少数人的报告。此外，委员会自己没有交通工具，它进行视察必须征得被视察一方同意，还要请该方提供吉普车、电话或其他设备。黎德寿带着嘲讽的口气开玩笑说，他们在共产党区域也许只能坐水牛车。为了避免无意中还留下漏洞，北越草案还规定该委员会的视察员人数限于二百五十人(包括后勤人员)，由他们来视察长达七百英里丛林带和更长的海岸线上是否有渗透活动。按照河内草案的规定，国际监察机构太弱而双方(越共和西贡)联合军事委员会却太强。我们原来设想联合军事委员会主要起联络作用，他们却规定该委员会设有直到区一级的分支机构，这样就要在联络机构的名义下把共产党硬派到南越的每个地区。第二天，我用挖苦的口气向黎德寿提出反对意见：

我们觉得，你们的草案过分夸大了越南人的好客传统，以致使国际监察和监督委员会小组几乎不可能视察任何东西，他们将发现自己每时每刻在越南主人的包围之中(众笑)。根据我们的分析，联络官的人数将是委员会成员的四倍，不熟悉你们的好客程度的西方人可能会误认为自己成了俘虏(众笑)。因此我认为，应让这些委员会成员有更大的主动性。其次，据我们对你们草案的了解——恐怕我们是了解的——草案规定，委员会的一切交通工具和生活必需品都由它工作地区的一方提供。特别顾问已经指出，委员会成员可能得坐水牛车旅行。但我们主要关心的是委员会的宗旨，而委员会在发现违约行为方面的积极性大概比违约的一方要高吧。按你们的规定，调查不但首先须得到违反的一方的同意，还须靠它提供一切通讯和交通工具。

关于停火的条款同样荒唐。这些条款规定，所有的南越飞机应停止起飞，甚至所有在南越水域内的军舰都应停止航行。在规定停火内容的幌子下，河内提出解除南越全部的自卫力量。难怪我的越南问题助手约翰·内格罗庞特说河内在十二月那轮谈判中使用的谈判手法是“笨拙的、嚣张的、实质上是蔑视美国”，是“华而不实的、庸俗的、有时显然很幼稚”。

十二月十三日黎德寿在同我进行最后一次谈判时明显地使用了上述各种手法。这一天最终导致了谈判的破裂。这是我方和平谈判代表团团长威廉·波特第一次参加和黎德寿的谈判。这使波特怀念全体会议上那种比较安静的气氛，虽然谈判同样毫无结果。十三日上午，文字专家再次碰头，以确保双方根据同样的商定文本在进行工作。早些时候的专家会议多少是实事求是的，而在这次会议上，北越人却突然提出十七条新的、毫无道理的句子，实际上是把黎德寿在同我谈判中已经放弃的北越以前的要求重新搬了出来。十二月十三日，我同黎德寿的谈判时间全部浪费在重新讨论所有的实质性问题上。

黎德寿在文字上一直耍着的一个花招可以作为例子。十月份他曾提议民族和解与和睦国家委员会应“领导”某些具体的活动。我表示反对，认为这将意味着委员会拥有某种政府性质的权力，与协定的前提不符。于是黎德寿想改用“监视”或“监督”，这些词在越南文译法中正巧是用同一个字来表达的。我对这些也不同意。最后，我们商定用较弱的“促进”一词。在核对议定书的越文文本时，我们发现河内一直保留了这个令人反感的越文字。

更加严重的是，在翻译会议上北越人重新引起了对“各方应尊重（关于老挝和柬埔寨问题的）一九五四年和一九六二年日内瓦协定”中使用将来时问题的争议；他们再次删去了“应”字。这不仅推翻了黎德寿前一天作出的让步，而且令人十分不安，因为黎德寿反对使用“应”字提出的理由是北越早已尊重这些协定，因此使用将来时会造成误解。根据这样蛮横的解释，关于尊重老挝和柬埔寨中立的协议变成了确认河内有权在老挝和柬埔寨驻军。

我十二月四日来到巴黎是带着尼克松要解决问题的指示来的。黎德寿把我拖在那里达十天之久，这是我们进行的最长的一轮谈判，我们离达成协议的日子似乎一天比一天更远了。十二月九日（星期六）会谈结束时，黎德寿和我一致认为只剩下一个问题（非军事区问题）没有解决。到十二月十一日（星期一）会谈结束时，又有了两个新问题（非军事技术人员和协定的签字程序）。十二月十二日（星期二）会谈结束时问题更多了（星期六和星期一留下的三个问题、协定文本中的若干问题，以及议定书中的几个新问题）。每天，在北越作了弊的谅解或议定书草案里总要冒出几个问题，而这些问题我们原以为在协定中早已解决了。经过一整天的谈判，黎德寿会在大多数问题上作出让步，但也总要留下足够的问题，或者重新提出一些老问题，以阻止达成协议。每天留下的问题往往不同。双方之间并不存在难以处理的实质性分歧，问题是北越人看来决心不让协定大功告成。正是这个无法解决的问题导致我们在五天后开始了圣诞节轰炸。

十二月十三日谈判结束前，我警告黎德寿注意华盛顿越来越不耐烦了：

我们两次来到这里，每次都下决心迅速解决问题，每次都准备向你们提交我们将严格遵守的时间表。为了开始执行我们提交的时间表，我们让副总统等待了十天。我们认为在最近一周，每天取得的进展仅足防止谈判破裂，而不足导致达成解决办法。我钦佩特别顾问使谈判拖延下去的本领。

我们商定告诉报界，我们将就下次会晤的时间保持接触。双方专家将继续讨论议定书问题。

我们回华盛顿的那次旅行，少说也是情绪阴暗的。由于没有提供专机，我们只能乘一架空中指挥机。这架飞机既不舒适，噪声又大，没有舷窗，挤满了通信设备——后来发现其中没有一件可用来和白宫取得联系。我们被关在阴暗的舱内，在实际上和在象征意义上都与世隔绝，可以对两个月来的好坏遭遇进行思考。在我的公职生涯中，没有其他目标像这样牵动我的感情了。如果对方有一点诚意，我们十天来谈判的问题本可以在两天内得到解决。华盛顿和西贡之间发生裂痕，美国政府内部明显的意见分歧，即将复会的国会将对政府采取比上届国会更加敌对的态度——河内显然认为这种形势为他们创造了不可错过的好机会。不久前河内还急于解决问题，而现在它又在施展它传统的心理战术了。无论在打仗还是在讲和，越南似乎注定要使美国人伤心。

但是不论出于何种原因，我们不能长久沉浸在自怜的情绪之中。我们必须设法驾驭事态的发展，而不只是唉声叹气。我仍然认为我们能够很快结束战争，但这需要经过另一段将加深国内创伤的困难时期。和我的希望相反，和平进程将不是治愈创伤的阶段。我们感到恼恨的主要原因是，越南双方都利用我们要解决问题的迫切心情进行讹诈，并使我们不能对他们采取有效的制裁行动。我们的首要义务是重建一个更好的“风险平衡”，使他们双方都认识到我们决心掌握自己的命运。我在从巴黎发回的最后一份电报中把我方的各种选择总结如下：

目前我们的处境如何？昨天我说明了我们的基本难题。由于我们失去了有效的压力手段，河内几乎在蔑视我们，与此同时，西贡破坏协定的目光短浅的手段使我们失去了仅余的几根支柱。……不久，我们将失去施加影响的一切手段，而如果我们不能达成协议，或使我方的被俘人员获释，国内对我们的压力将越来越大。我们将既达不成协议，也保不住西贡。

现在，我们基本上可有两种战略选择。第一，我们对河内采取严厉的态度，用轰炸和其他办法极大地增加对河内的压力。这包括重新布雷，在本周末对发电厂进行两天的大规模袭击，并出动 B-52 飞机进行几次轰炸。这样做将表明他们要为过去十天的行为付出一定的代价。与此同时……对西贡施加压力是必不可少的，这能打消阮文绍已使我们屈服的想法，而且我们可以表明，我们既不容忍敌人的顽固态度，也不容忍盟友采取的这种态度。

第二种做法是维持目前的表面关系，约定明年一月初再次和黎德寿会晤。这可以用来试探可能性极小的假定，即届时黎德寿会得到新的指示。如果我们再次碰壁，我们将对河内采取强硬的态度。我们将放弃目前的努力，责备越南双方，但把主要责任归咎于河内。我们将提议双方就撤军问题达成交易，并用停止轰炸来换取被俘人员。如采用这种方针，我们也得做西贡的工作，以便一旦在一月份达成协议或者谈判失败(这是很可能的)能使阮文绍同我们一块儿走，这也是为同河内达成双边协定打下基础。

圣诞节轰炸

所谓的圣诞节轰炸常被描绘成一场骇人听闻的大破坏，它出于罪恶的动机，并且毫无意义。从多方面来说，这种说法与事实不符。我对十二月谈判的阐述无疑说明了河内实际上已经作出战略决策要延长战争，破坏一切谈判，并在最后时刻再次争取彻底胜利。尼克松和我是在十分不得已的情况下才回头考虑采取军事行动的。

我在一九七二年十二月心情郁闷。不管现在发生什么事情，战争的结束很可能像战争的进行一样引起分裂。如果我们不采取果断的步骤，越南双方会越离越远，十月份一度接近协议的东西会重新拆散；我们再也不可能得到这样的条款了，除非我们采取大规模的、持久的军事行动，而美国国会和公众决不会支持这种行动，即使他们支持，我们的国家也会因此而彻底分裂。我认为，我们摆脱困境的唯一办法是立即同时向河内和西贡摊牌。

在十二月那一轮谈判期间，我努力向尼克松强调：如果我们不愿使战争无限期拖下去，或接受一项无法监督执行的、可能使西贡垮台的和平协定，那么谈判中断(或休会)将意味着我们必须加紧向河内施加军事压力。我曾希望尼克松向美国人民解释僵局的形成，并实行军事升级。当时我忙于谈判，没有时间仔细考虑到时候我应建议采取何种军事措施。黑格曾请国家安全委员会工作班子准备一些计划文件，这些文件主要是关于取消我们于去年十月自己规定的对轰炸的限制，即把 B－52 轰炸机的活动范围限于二十度线以南，而对人口集中地区只能使用战斗轰炸机进行空袭。我在巴黎时没有提出具体建议。

尼克松的态度更为复杂。从根本上说，为了结束战争他现在几乎愿意接受任何条件。尽管我时常接到一些听起来好战的指示，意在念给北越人听，他对我在行动方面的建议要温和得多。他指示我继续谈下去，在当时情况下这样做只能使僵局更僵；还要我退到我们的最低立场之后，并在非军事区问题上接受共产党的方案。我可以肯定，如果在十二月份河内在非军事区或非军事技术人员问题上作出一二项微小的、装门面的让步，尼克松本来会欣然加以接受——比我要乐意得多。他并不想恢复轰炸。他非常害怕在新任期开始时在电视上宣布再次扩大战争。

然而河内越来越贪婪了。华盛顿和西贡之间的明显不和使北越人受到鼓舞，他们大概准确地估计到新的一届国会在明年一月的动向，因此他们以为能获得一切，使我们屈服，并涣散西贡的士气。北越人在同尼克松打交道时犯了一个极大的错误：他们把他逼到了死角。尼克松在似乎一筹莫展时具有最大的危险性。他决心不让第二任期像第一任期那样再受国内创伤的折磨——特别是在解决办法仿佛近在眼前的时候。

另外有一个人，虽然还不是内圈人物，但在日益接近内圈，他在决策中起了重要的作用，这就是我的副手艾尔·黑格。他不久即将被提升为陆军副参谋长。他原来是支持进行谈判的，但是阮文绍拒绝前进和河内拖延谈判的情景使他产生了怀疑。十二月那一轮会谈使他确信，只有施加大规模的军事压力才能克服河内蛮横的阻碍。他赞成使用 B－52 轰炸机对北越进行大规模空袭。十二月十三日星期三晚上，我从巴黎抵达安德鲁斯空军基地时，黑格向我明确表示了这个意见。

十二月十四日上午，尼克松、黑格和我开会讨论我们的方针。我们一致认为，如果我们无所作为，我们将陷于瘫痪，实际上成了河内玩弄的花招的俘虏。即使在一月份恢复谈判，也不能指望河内会改变策略。要我们接受十月协定草案的压力将会增加。在发生了这一系列事情以后再接受十月协定草案，将意味着巨大的失败；这对西贡将是心理上的严重打击；而我们在遭到彻底失败后，必将失去强制执行协定的能力。当然，这正是河内如此傲慢的原因。西贡方面将认为没有必要采取灵活的政策；鉴于美国国会无疑正急于停止援款，西贡坚持它原来的方针反正冒不了更大的风险。我们知道军事行动得不到政府其他部门的支持，而且会在国会和新闻界引起强烈的反对。既然总统不愿亲自向公众说明他的理由，这必将使我们进一步丧失仅有的一些公众支持。当我正在从巴黎回国途中的时候，莱尔德送给尼克松一份备忘录，反对作出军事反应；他声称，拉什和穆勒支持他的观点。当黑格同穆勒核实情况时，穆勒主席认为他的观点“被误解”了。

所有参加十二月十四日椭圆办公室会议的人都认为有必要作出某种军事反应。起初大家对采取什么军事行动有不同的看法，那次会议似乎没有书面记录，因此现在难以回想起当时的详细情况。根据尼克松的记忆，我当时极力主张加强对二十度线以南地区和老挝南部的轰炸，[10]但对人口稠密区完全不要轰炸。我记不起我当时有这样的想法；我记得，我赞成按十月份自我限制的规模恢复对整个北越的轰炸，但在人口稠密地区只使用战斗轰炸机。而黑格则主张使用 B－52 轰炸机，特别是对二十度线以北，理由是只有大的震动才能使河内回到谈判桌边来。尼克松接受了黑格的看法。我开始勉强同意，后来才被说服。现在我仍认为，从根本上说，尼克松和黑格的看法是对的。我们只有两种选择：要么采取大的、使人震惊的步骤，使事态按我们的意志发展，尽快结束战争；要么就放任自流，进行另一轮无结果的谈判，延长战争，加深国内分歧，承受越来越大的伤亡。除此以外，别无选择。

尼克松选择了强行解决问题的道路——恢复猛烈轰炸，并且第一次连续使用 B－52 飞机轰炸北越。选择 B－52 一方面是为了达到震惊的效果，另一方面也是因为我们其他的飞机不能全天候飞行。我在前面曾提到过，夏天我们针对北越的轰炸计划中有一半因天气原因而被迫取消。穆勒估计十二月的气候条件将更加恶劣。（事实是，在 B－52 对北越进行轰炸的两周期间，只有十二个小时是战斗轰炸机能够活动的天气。）尼克松正确地估计到，取消对轰炸的自我限制要付出巨大的国内代价；但只有在轰炸失效的情况下，事情才会不可收拾。他宁愿短期大干一下，而不愿作出长期的、非决定性的努力。

后来有人传说尼克松和我在使用 B－52 轰炸机问题上发生分歧。这是虚构的。事实是，鉴于河内在巴黎谈判中的行为，我同意甚至建议加强军事压力。我认识到尼克松和黑格关于使用 B－52 轰炸机的论据有说服力，因此后来同意了。一旦尼克松作出决定，我就毫不犹豫地执行了，认为这是各种困难选择中的上策，不过我对于和平前景的后退感到痛苦和惋惜。

如果说尼克松的决定我钦佩，那么他拒绝向公众作解释一事我却不那么赞同。他已下令在十二月十七日重新布雷，十二月十八日恢复轰炸。这些行动必然会引起广大公众的激愤。但是尼克松决定避开火线。他要我就巴黎谈判休会的原因向报界作低调的解释；这样戏剧性的事件如何用低调来解释，过去我在巴黎就不清楚，现在在华盛顿仍然不清楚。我对这份差使没有意见；事实上是我主动请战的。然而，如果舆论大哗，只有总统才能使它平息，使公众了解我们前进的方向。我成为攻击的目标是应该的，正如成功时我曾经并将再次成为中心人物一样。如果谈判破裂而无法挽救，我决定辞职并承担失败的责任。

然而，当时最紧迫的需要是消除公众的担忧，并在尼克松的决定必然引起的轩然大波中设法挽救国家的自信心。尼克松解释说，他关心的是不要危及谈判；他保持沉默便能避免使我们的行动带有最后通牒的性质，这样河内还可以回到会议桌边来而不丢面子。[11]这是他关心的一部分事情；但我认为还有其他更复杂的原因。尼克松在大选获胜后那种孤僻和阴沉的怨恨情绪当时仍左右着他。他极不愿意在新的一届政府刚开始时再次经受扩大战争所带来的感情上的痛苦。他对能否成功远比我缺乏把握；他多次向我表示过怀疑。他在内心深处是愿意作出让步，回到十月份的协定草案的。他不愿和与此相冲突的谈判计划联系在一起。从这个意义上说，使用 B－52 轰炸机是他的孤注一掷，正如三月攻势是河内的孤注一掷一样——如果成功，那很好；如果失败，则可以用来向右翼表示他已尽了最大的努力。在那段时间里，尼克松和我的关系是有矛盾的，他赞成军事上硬些，谈判中软些，而我的意见多少有点和他相反。我赞成谈判立场硬些，在开始阶段军事战术则可以更灵活些(不过，我必须重复，我在思考以后马上同意了使用 B－52 轰炸机的决定)。

在巴黎继续进行的专家会谈上，北越人的行为使我们越来越强烈地感到有必要采取军事措施。沙利文留在巴黎谈判关于释放战俘的议定书，这对我们来说是最重要的文件之一。十二月十四日那天，北越人一直采取拖延战术；直到最后他们才提出越文本草案，因时间太晚，不可能在当天对此进行任何讨论。这份草案沿袭他们在前几次会谈中的惯用伎俩，把黎德寿已同意从基本协定中删去的有争议的条款塞进议定书中。例如，议定书中再次出现有关释放被拘留的南越平民的具体义务，这是黎德寿以前至少三次放弃过的，最后一次是在五天以前。沙利文用讽刺的口吻汇报说：“估计明天在吉夫会谈时将得到这个可怕的议定书的英文本，我们将立即通过这一渠道报回。我们将在吉夫作出巨大的努力。”(这是黎德寿的口头禅。)

接着沙利文回华盛顿，我方参加巴黎和平谈判代表团团长威廉·波特大使留下同春水讨论议定书和谅解性协议。他们于十二月十六日会晤；春水比黎德寿更傲气。在实质性问题上他不仅拖延，而且拒绝讨论任何问题，他用了一个死结似的借口，说他只有在处理了所有的悬而未决的问题后，才能讨论其中的任何问题。（当然，他不处理个别问题，也就不可能处理所有问题。）波特在报告中描述了这样的气氛：

从十五点三十分至十八点十五分，我们同越南民主共和国的代表在纳伊会晤，春水自始至终停步不前。

虽然昨天我们商定了议程：（一）关于老挝和柬埔寨问题的谅解，（二）关于国际监察和监督委员会的议定书，春水表示没有准备好讨论这两个问题。

我们交出关于老挝和柬埔寨问题的谅解的修正草案，要求他们对此进行评论，并对以前交给他们的关于在柬埔寨停止敌对行动的互相谅解草案加以评论。春水表示收到了这两个文本，但说他在讨论了所有谅解之前，不能作任何评论。

接着春水滔滔不绝地谈论北越对我方协定有关监察和监督部分的看法，他表明双边委员会要庞大而无所不在，而国际监察和监督委员会则要渺小而与世隔绝。……

谈判结束时，春水厚着脸皮说，越南民主共和国希望尽快取得进展。这只能更加说明，今天的谈判中北越纯粹在拖时间，他们的做法打破了在克莱贝尔创造的顽固记录。（指在克莱贝尔大街国际会议中心举行的四年毫无成果的全体会议。）

就是在这种情况下，我于十二月十六日走进白宫举行记者招待会的大厅，对谈判出现僵局进行解释。尼克松对我进行了具体指导，在十二月十五日和十六日送来两份私人备忘录；第一份有五页纸，第二份两页，字写得密密麻麻。中心意思是，我不应对十月二十六日“和平在望”的吹风会进行辩解；他用了各种巧妙的挖苦的话责备我那次吹风是造成目前困难的原因。尼克松要我强调总统在带领我们度过这段困难时期中的首尾一贯、镇静、坚定、耐心和远见。后来人们注意到，我在十二月举行的记者招待会上提到总统的名字十四次，而在十月二十六日吹风会上只提了三次。[12]我知道霍尔德曼手下的人会计算我提到总统的次数，考虑到尼克松的指示，我几乎没有选择的余地。

我设想吹风的目的是指出这是责备应该受责的人——河内，并再次明确告诉西贡，我们决心签订一项协定。我比较详细地说明了谈判中断的原因，强调是河内屡次横生枝节。我说：“我们不会在讹诈下接受协定，也不会在慌乱中接受协定，而且请允许我说，我们不会受花言巧语蒙骗而接受协定，除非其中的条件合适。”这些话又是讲给两家主要的听众——河内和西贡听的，但我也知道，美国人民的希望是系于目前僵局的结果：

我们现在处于可以使和平临近的境地，* 但是实现和平需要我们作出决定。因此，我们想再一次重申我们的基本态度。

对西贡，我们同情他们人民的痛苦和政府的担忧。但是如果我们能得到一项总统认为公正的协定，那么我们将签订这项协定。

对河内，我们已在十月二十六日的记者招待会上说明了我们的基本目的。我们要结束战争，而不仅仅是实现停战。我们要从敌对状态前进到关系正常化，从正常化前进到合作。但是如果只是继续变相的战争，而且用间接的方法造成我们一向表示不能容忍的局面，那样的安排我们是不接受的。

我们一向说，一项公平的解决办法不可能使各方的条件全都得到满足。我们继续打仗并不是为了使我们的盟友大获全胜。我们希望使他们

---

* 我现在用词比较谨慎了。

有合理的机会参加一种政治结构，但是我们也决不会接受一项实际上使对方取得胜利的解决方法……

自从我担任现职以来，我在工作中从来没有像最近参加谈判中那样，感到有这么多人把他们的希望寄托在这些谈判上面。想到千百万人的希望，想到诸位女士和先生中的许多人的希望，我有时感到痛苦；你们曾站在各个谈判地点外面盼望重大的事件发生，而在里面，最后三天，谈判桌上却轻率地提出了一个接一个的枝节问题。

因此，我们要告诉河内，我们准备本着十月份开始谈判时的那种精神继续谈判。我们准备维护这样一种协定：它规定无条件释放美国及其盟友的全部被俘人员，它不把政治解决办法强加在任何一方身上，它实现国际监督下的停火，并规定在六十天内撤出全部美国军队。这是一个对双方都公平的解决办法，只要求各方作出决定维护各项已被接受了的条款，并停止那些纯粹是嘲弄人类希望的做法。

在这个基础上，我们能够有一个符合人类希望和各方正义感的和平。

新闻界最初的反应是有分寸的，客观的，尽管并不那么宽宏大量。他们几乎都把我的这次讲话同我早先“和平在望”的谈话进行对比。他们这次又找到一个字眼可以做文章了；我说，这次讲话是要避免出现一场“猜谜游戏”。《巴尔的摩太阳报》十二月十八日社论的题目是：“越南猜谜游戏收场”；《华盛顿邮报》十二月十九日在题为“和平猜谜大游戏”的社论中得出结论：美国政府至少是“上了北越人的大当”。《纽约时报》在同一天的社论中写得更明确，社论标题是“欺骗还是天真？”而且总的来说，倾向于认为政府的动机是欺骗人民。

至于在目前的僵局中美国应怎么做，或者我们本来应对北越十月八日的建议作出什么反应，这些博学多才的评论员却不提半点主意。显然他们存在着矛盾心理。当情况似乎有进展（尽管很艰难）时，《纽约时报》在十二月十四日一篇题为“谁赢得了什么？”的社论中曾批评白宫不肯承认拟议中的协定将“严重削弱西贡的地位”。（当然，协定条款比《纽约时报》多年来主张的联合政府和单方面撤军的安排要有利得多。）谈判一出现僵局，所有的批评者又都回到他们原来的立场，认为美国在战争中唯一剩下的正当目的就是搞回俘虏。很少有人对这个看法提出异议，或者问一下如果我们只救被俘人员，而抛弃盟友，那些依赖我们的其他盟友还会信任我们吗？如果我们不只是同美国俘虏一起悄悄溜出来，听任北越侵略者摆布印度支那人民，而是准备坚持若干最低的要求，那么我们除了执行尼克松指示的战略外还有什么别的路可走呢？我们现在又回到那个老问题：无论我们以前提出过什么要求，能使我们保全面子的最低条件是什么？

这类问题很快就被人们对有名的“圣诞节轰炸”的高潮的抗议声所淹没了。轰炸在十二月十八日恢复，持续了十二天。十二月二十日，《基督教科学箴言报》表达了普遍的看法，认为轰炸从未奏效，这次也不可能产生什么结果（这里的前提就难以成立，而且不管怎么说，河内是不同意的）。十二月十九日《圣路易斯邮报》敦促我们抛弃“可鄙的”南越总统阮文绍，并呼吁国会立法，使美国退出战争。

愤怒情绪日益高涨。没有人对所谓美国政府是在一场毫无目的的恐怖战争中蓄意屠杀平民百姓的说法提出异议。一些报纸的社论标题代表着这种说法：“在越南的新的疯狂”（十二月十九日《圣路易斯邮报》）；“死亡之雨继续倾泻”（十二月二十日《波士顿环球报》）；“这样能结束战争吗？”（十二月二十二日《芝加哥日报》）；“恐怖由天而降”（十二月二十二日《纽约时报》）；“人间羞耻”（十二月二十六日《纽约时报》，汤姆·威克语）；“和平名义下的恐怖轰炸”（十二月二十八日《华盛顿邮报》）；“毛骨悚然”（十二月二十八日《纽约邮报》）；“丧尽理性”（十二月二十八日《洛杉矶时报》）。这只是一小部分例子。我从旧时朋友和愤怒的公民那里收到一些十分辛辣的来信。

（当一月份达成协议时，他们却一个也不写信给我。）人们纷纷指责我们不道德，搞欺骗；另一个人们喜欢用的词是“野蛮”。人们似乎想当然地认为，北越人是无可责难的，而我们正开始执行屠杀平民的政策。

国会的批评虽然比较克制，但也在增加。马斯基参议员称轰炸是“灾难性的”，并说他将“要求进行解释”。贾维茨参议员以中断拨款相威胁，并警告说，白宫自由行动的日子已屈指可数了；萨克斯比参议员说，尼克松似乎“失去了理智”。多数党领袖曼斯菲尔德参议员称这次行动是“石器时代的策略”，并许愿要提出法案，规定结束战争的日期。莱斯特·沃尔夫众议员表示了同样的想法。唐·里格尔众议员说这是一次“可怕的暴行”。肯尼迪参议员说：“这应该激怒所有美国人的良心。”全国和平行动联合会协调员杰里·戈登在记者招待会上说：“美国人民再次受骗上当。和平并没有在望，战争却加剧了。在越南的屠杀不但没有结束，反而升级了。”⑬毫无疑问，国会将很快采取行动停止对南越的援助。

来自国外的、以同样的假定为基础的批评也很多。瑞典政府把我们比做纳粹分子（当然，它在第二次世界大战期间是一个中立国）。丹麦、芬兰、荷兰和比利时政府也都指责据称对城市的轰炸。法国外长作了影射批评。北约组织中没有一个盟友支持我们，甚至没有人暗示一下理解我们的观点——特别令人难过的是有些国家在自己的防务中坚持对非军事目标进行大规模袭击的策略，而对我们却持这种态度。有趣的是，北京和莫斯科虽然也批评，但却公道得多，大概因为它们更清楚我们在河内遇到了怎样的态度。北京外交部声明和新华社的评论骂我们的轰炸是“新的野蛮罪行”，因为这发生在“谈判即将进入最后阶段的时候”——这同西方流行的指责，即所谓谈判是骗局的说法大相径庭。莫斯科在它那公式化的谴责中也强调需要缔结协定。如果我们的猜测正确，莫斯科和北京是在告诉河内，让它别指望利用美国的轰炸强迫他们为战争继续下去承担无限制的义务。河内的保护人用含蓄但却明白的语言告诉河内，让它解决问题。而泰国、韩国等出兵帮助我们的国家为我们的行动拍手叫好；印度尼西亚、马来西亚等直接处在共产党前进道路上的国家公开不反对我们的行动，而私下还表示支持。西贡当然感到高兴；西贡官方发言人情不自禁地挖苦我说，整个事情的发展使我陷入了“窘境”。

当时遭到谴责的主要是“对人口稠密地区进行了不分青红皂白的地毯式的轰炸”。这句话在评论员中流行起来后，立即变得活灵活现。事实不是这样。一位对事实进行过调查的学者写道：

当时能得到的证据和事后的现场报道证明这些指责是站不住脚的。北越人自己声称死亡人数为一千三百至一千六百，尽管河内和海防的部分居民已疏散到别处，这个死亡数字——虽然造成平民伤亡总是憾事——肯定不能证明进行了恐怖轰炸。第二次世界大战期间，以打击德国和日本人民士气为明确目的的空袭曾使成万的人丧命。根据东德的一种估计，一九四五年二月对德累斯顿进行的三次袭击约使三万五千人毙命；根据官方统计，在一九四五年三月九日至十日用燃烧弹对东京进行的轰炸造成了八万三千七百九十三人死亡，四万零九百十八人受伤。伦敦《经济学人》杂志写道，“这次河内死亡的人数比四月份北越人炮击安禄造成的平民死亡人数和五月初从广治外逃的难民遭埋伏被打死的人数要少。这就使指责尼克松先生为新的希特勒的说法显得十分不真实。”死亡人数中有一部分无疑是北越人自己造成的，因为他们发射了大约一千枚萨姆导弹，很多都落在河内和海防市内，伤了自己人……

《纽约时报》记者马尔科姆·W·布朗对他在河内看到的情况感到非常惊讶，他写道：“北越宣传机器大大夸张了美国轰炸造成的破坏……”《巴尔的摩太阳报》记者彼得·沃德访问河内后在一九七三年三月二十五日指出：“河内确实遭到了破坏，但是地面上留下的痕迹否定了关于轰炸不分青红皂白的指责。有几发炸弹显然是投偏了，落在平民居住区，但那里的损失同有选择的目标地区的全面破坏相比是轻微的。”⑭

无论军事事实如何，我在华盛顿处于风口，这场飓风的成因不仅有南北越南的憎恨、国内批评者的歇斯底里，还有尼克松和我之间令人痛心的裂痕。甚至在圣诞节轰炸前，白宫就想方设法同我保持一定的距离。我用“白宫”一词是因为我怀疑尼克松是否曾明确指示要这样做。与此同时，他肯定对已开始同他争夺公众注意力的我这个助理感到不安。十二月初，《时代》杂志完全出于好意打算挑选尼克松和我并列为“当年名人”，这件事使尼克松更加恼火了。《时代》的这个打算我是在动身去参加十二月份那轮谈判前夕得知的。我马上就猜到我的上司会怎样看待这件事了，他气量有限，肯定不能容忍别人抢出风头（同他的助理并列为当年名人就是这种情况）。我和龙·齐格勒商量，他对很可能出现的反应看法与我一致，于是我向《时代》杂志提出请求，一层层地直到总编辑赫德利·多诺万，大概是史无前例地要求不要在封面上登我的像。多诺万回答说，如我再纠缠不休，他将把我单独列为当年名人，我才只得罢休。

尼克松对我的名声提高日益感到不安，这种情绪必然传染给他手下的工作人员，这些人正热心于树立尼克松的威信，很想在我飞黄腾达几年以后贬低我，以便从中得到好处。⑮一个总统助理很快就会发现，总统的信任是他力量的唯一源泉；失去总统的信任，他的地位就一落千丈。我离开华盛顿前往巴黎参加十二月份谈判时，以及我在巴黎逗留的整个时期，报刊上出现了一些文章，说我正被贬黜，势力在下降。十二月四日《华盛顿邮报》登载的劳伦斯·斯特恩的文章就是这样说的。他援引了一位前白宫助手的话：“目前的形势是，如果巴黎谈判出了毛病，责任将完全落在亨利身上。基辛格和总统在协定问题上存在不少分歧。”（尼克松想同我保持距离，这无疑是他不愿向全国作电视讲话以解释谈判僵局的主要原因。）十二月七日《底特律自由新闻报》登载了一篇类似的文章，所有纽豪斯系的报纸都转载了这篇文章。十二月十八日，斯图尔特·艾尔索普在《新闻周刊》上撰写了一篇相似的文章。维克托·佐尔扎和伯纳德·格韦茨曼这两个有经验的苏联问题专家猜想我很快在十二月二十日就可能被撤职。在华盛顿，这种猜测往往成为事实。各种传说的一个共同说法是，我在十月谈判中越权行事，在"和平在望"的记者招待会上说话太不谨慎。尼克松把我勒住了；他使我强化了我们的立场。

这些胡言乱语很不错，只要散布它们的公共关系事务天才们有理由相信谈判将取得成功，因而他们事后能够声称一切进展应归功于总统的干预。但是谈判一中断，他们就只能自食其果。尼克松必定被指责为顽固分子；我被认为是搞调和的。（事实不是这样。尼克松只是在十二月这轮谈判期间才过问谈判的具体条件，而且在这方面他一贯要我作出更大的、不够审慎的让步，特别是在非军事区的问题上。总的来说，在十月和十二月之间我们在策略上没有任何实质性的分歧。）轰炸开始后，许多记者就采用了前几个星期白宫负责公共关系事务的人拼命向他们灌输的看法，即所谓尼克松持"强硬"立场，我持"软弱"立场。

我没有向任何记者表示过我曾反对使用B-52轰炸机的决定。但我也没有设法制止别人这样猜测，一方面这是对前几个星期的困扰的消极反应，另一方面是出于一种不很高尚的动机，想避开攻击。有些记者把我因媾和努力眼看要失败而产生的真正的情绪低落错当成我在道义上有不同意见。尽管我确是遭到许多挑衅，尽管我当时的做法主要是保持沉默，而部分是由于厌倦情绪所致，这段时期我的公职生活确是不值得引以为豪的。

尼克松对专栏作家说我反对轰炸一事大为恼火，他这样做是有道理的。虽然我和尼克松只有工作关系，一个安全助理和总统之间不可避免地要保持日常接触，但有很多迹象表明总统并不喜欢我。若干年后，我读到尼克松曾要科尔森为他收集我每天打电话的记录；科尔森把记录给了总统，我不知道这有多长时间。[16]我也不知道这些记录究竟是包括谈话的内容，还仅仅是通电话的人的名单。但是我已充分意识到我的公职该结束了。我前面曾提到，如果谈判失败，我将立刻辞职，承担全部责任。如果谈判成功，我将努力把解决方法搞成，直到情况稳定，然后到一九七三年底辞职。如果没有水门事件，我无疑能实现这个计划；一九七三年最初几个月，我一直在朝着这个方向努力。

然而，处在危机中间，我有责任竭力补台。

这意味着努力使我们回到谈判桌上去。

谈 判 恢 复

那种认为轰炸是在破坏谈判前景的预言，就像将它谴责为屠杀平民的说法一样广泛，一样谬误。事情恰恰相反。十二月十八日，即恢复轰炸那天上午，我们通过巴黎渠道向河内发了一封电报，指责北越“故意并轻率地拖延谈判”。我们对打破谈判僵局和恢复谈判的日期都提出了建议。我们提议回到十一月二十三日第一轮谈判结束时(即黎德寿撤回他的让步以前)的文本，而从十二月份的谈判结果中，只保留删除“管理机构”这一条以及拟议中的签字程序。我准备在十二月二十六日以后的任何时间会见黎德寿。

十二月二十日在巴黎技术性会谈中，北越对恢复轰炸作出了第一个反应。当时替代患流感的波特的海沃德·艾沙姆还在枉费精力地为争取议定书取得进展而同河内的副外长阮基石进行讨论。阮基石宣读了一篇按河内标准算是极端温和的抗议。但“坚决”拒绝“轻率”的指责，并将技术性会谈休会到十二月二十三日，这在当时的情况下算是一个最起码的姿态。

十二月二十二日，我们把阮基石的抗议作为借口，向河内发出另一封电报。我们没有后退，而是在“轻率”上面又加上了“歪曲”的指责。事情到了一个决定的关头，因此我们建议再次会晤——这次有个期限：

现在的抉择是继续冲突下去，还是在协定近在咫尺的时刻为达成解决而严肃地作出最后努力。美国方面倾向于后一种选择，并建议黎德寿特别顾问和基辛格博士在一九七三年一月三日进行会晤。基辛格博士可以抽出三天时间来完成协定。

我们提出，如果河内同意在这个基础上会晤，从十二月三十一日午夜起在整个谈判期间可对二十度线以北地区停止轰炸。

阮基石如约出席了十二月二十三日的专家会谈。他又宣读了一份抗议，并要求再次休会，这次没有提出新日期，而是请我们提出——这是抗议的小小“升级”，戏剧性地表明河内不愿被指控为中断谈判。

十二月二十六日——B－52轰炸最厉害的一天——我们直接从河内收到一封电报。它拒绝了我们前一封电报的“最后通牒式的语言”，但却接受了我们的条件。它用几页的篇幅以对河内来说算是心平气和的语言综述了它对十月以来事件的看法。然后它同意，轰炸一停止马上恢复专家会谈。还说，黎德寿由于健康原因在一月八日前不能参加会谈。河内重申“它一贯严肃的谈判态度”和“同美国方面解决遗留问题”的意愿。从十月中以来，我们还没有从北越人那里听到过这样客气的话。

我把情况报告给了正在比斯坎湾的尼克松。他要确保我们走在国会复会前一步。因此他坚持在停炸的同时宣布恢复谈判。我提出把双方的谅解敲死。我建议我们第一，要求一月二日恢复专家会谈；第二，重申我们十二月十八日提出的建议；第三，坚持把我和黎德寿的会谈限制在三四天之内。与此同时，我们将继续轰炸。尼克松勉强地同意了。设想着可能的结局，他对一旦会谈成功在电视上露面一事变得相当热心。如果河内再执意阻挠，吹风会就得由我来主持。我安抚他说，既然河内反应很软，事情不至于变得这样。

河内是多么急于使轰炸停下来，第二天就表露出来了。那天我们又收到他们一封电报，其中表示愿意在停炸后立即恢复技术性会谈，并重申黎德寿准备在一月八日同我会谈。

我们在十二月二十七日复电，提出了我向尼克松概述过的条件：技术性会谈要在一月二日恢复；黎德寿和我将于一月八日会谈；谈判要规定时限。我们提出警告，不要在议定书里塞进“基本协定已经适当解决了的事项”，恢复谈判要和停炸同时宣布。为了给河内最大的甜头以诱使它迅速答复（并满足尼克松在国会一月三日复会前宣布恢复谈判的心愿），我们答应在得到对这些程序的最后确认后三十六小时之内停止轰炸。我们在电报结尾处又提出新的警告：

美方愿重申乐于迅速达成协议。但这需要越南民主共和国停止它那种阻碍在十二月份达成协议的做法。如果双方回到十月份的善意态度，剩余的问题就可迅速解决。美方将本着这种精神为完成十月谈判作出最后努力。

不到二十四小时后，河内就作出答复了——考虑到往返巴黎发电所需时间和时差因素，这真是令人惊讶的速度。十二月二十八日，它确认了我们的建议以及它“一贯严肃的谈判态度”。

第二天，我们告诉河内，我们将在华盛顿时间下午七点起停止轰炸。最后，我们再次郑重申明：

美方愿申明，它将为寻求在十月框架中商定解决办法而作出最后的重大努力。美方愿指出，这次基辛格博士在巴黎停留的时间将不能超过四天。如果重复十二月份那种做法，将导致会谈的垮台。

美方抱着善意恢复谈判，但促请越南民主共和国仔细研究美国一九七二年十二月八日的去电。能否从敌对阶段转入正常化阶段，现在必须作出决定。这仍然是美方的目的，美方将以极其严肃的态度争取其实现。

同时，双方必须在公开讲话中做到最大限度的克制。

宣告是在十二月三十日发表的。我可以肯定，我们赢得了这场赌博，下一轮谈判将会成功。我们现在可以进入结束战争的最后阶段了。

剩下的问题是我们在西贡的难弄的盟友。我们不希望阮文绍认为，对北方的进攻预示着持久战争的新阶段，也不希望他被批评我们的大嚷大叫所迷惑。十二月十七日，和我一样对阮文绍感到失望的尼克松让我起草一封信，由黑格将军再跑一趟西贡送去："我不希望他因为看到我们打击河内而感到得意……"

我起草了一份措辞很坚决的信稿交给了尼克松。尼克松一反他对我的草稿一贯不加修改就签字的做法，把这封信加强到几乎是野蛮的程度。这封信是他"最后的"、经过深思熟虑的意见；要继续谈判解决是他的"不可更改的"决定；他要阮文绍"决不可"误认为针对河内的军事行动意味着"美国愿意或打算将美国的军事卷入继续下去，如果河内满足我所提出的解决条件的话"。尼克松亲笔写了最后的一段：

我已叫黑格将军听取你对我这一次绝对最后的建议的答复，让我们一起按着我批准的方针努力寻求问题的解决，要不然就分道扬镳。让我最后强调，黑格将军前来西贡不是为了同你进行谈判。现在是组成联合阵线同我们的敌人谈判的时候了。你必须现在就作出决定，你是愿继续我们的联盟，还是要我同敌人寻求一个只对美国有利的解决方案。

即便是这样一封信，尼克松还嫌不够强硬；他要我让人把信隔行打字，以便他把语调改得更加尖锐。

黑格于十二月十九日飞抵西贡并会见了阮文绍。黑格事先给总统府发去一封电报，坚持要同阮文绍私下会晤，而拒绝会见他的国家安全委员会的全体成员。不论人们对阮文绍的态度看法如何，他那种始终如一的精神确实值得钦佩。黄德雅陪同阮文绍，邦克陪同黑格。阮文绍重演了过去的戏。他听完了黑格的话，机敏地作了评论。他（正确地）说，黑格的使命实际是就继续美国支持的问题进行谈判。他预言，美军全部撤走之后，河内将恢复游击战，把它的挑衅控制在足以引起美国报复的水平以下（后来证明这也是完全正确的）。他把尼克松的信描述为最后通牒，并答应第二天给予回答。

在此期间，黑格对朗诺作了例行的、叫人感到脸红的拜会。朗诺表示，只要北越恪守协定，并将他们的军队撤出他的国家，他是有信心的。他重申他愿意提出单方面停火。这样做的意图是把继续战争的责任加在红色高棉身上。尽管如此，这是一个很勇敢的决定；朗诺尽管有很多缺点，却很好地代表了本国人民的和平愿望。

第二天，十二月二十日，黑格打电报给我：“我很高兴加入你十月份加入的同一个俱乐部”。他和阮文绍的约会暂定在上午十一点。后来约会取消了，让黑格听候通知。三点半的时候，他终于受到接见，并交给他一封在我们看来似乎是拒绝尼克松建议的信。阮文绍撤回了他对政治条款的异议，但对北越部队继续待在南方不能接受。黑格和我向尼克松建议，不论怎样要把同河内的会谈继续下去。如果阮文绍还不跟上来，我们就单方面同北越达成用撤军交换我方俘虏的协定。我现在相信，阮文绍的信比我们想象的更精明。在信里，他并没有说将拒绝签署协定。他拒绝接受的是他（正确地）认为有损主权的东西。他愿意屈服于不可抗拒的力量，但不愿参预进去。从他的角度看问题，他是正确的；虽然我们不理解，实际上他是为我们进入最后一幕开了绿灯。

尼克松任总统期间，没有任何涉外事件像圣诞节轰炸引起那样的群情激愤了。他也没有像在这件事上受到那样不公正的对待了。这不是野蛮的报复行为。按照河内自己的数字，也没有造成过多的伤亡。它肯定比另一个选择，即战争继续下去所造成的伤亡要小得多。很难使人避免得出这样一种印象，即各报十年来在越南问题上的不满情绪、三十年来对尼克松的敌意以及——让我直说吧——这次对他选举大胜的恼火，合在一起使它们异口同声地在社论里发泄了偏激的情绪，压倒了一切理智。几乎可以肯定地说，其他任何选择都将造成十二月份策略的无休止的重演。面对持续战争的前景和继续的尖锐分裂，考虑到气候条件使一般的轰炸无济于事，尼克松选择了唯一可用的武器。他的决定加速了战争的结束。就是回过头来看，我也想不出还有什么其他办法能够做到这一点。

一 月 谈 判

恢复谈判一开始就不怎么吉利。一九七三年一月二日，众议院民主党党团以一百五十四票对七十五票通过要求停止对印支军事行动的一切拨款，而提出的唯一条件是安全撤回美国军队并释放我们的被俘人员。他们不要求在包括越南在内的任何印支国家停火，不要求建立非军事区，也不要求停止渗透。国会威胁要放弃我们在印支的所有盟国。一月四日，参议院民主党党团以三十六票对十二票通过类似的决议。可是河内却感到它不能等待几乎可以肯定的终止援助而继续进行谈判，这足以证明河内是处在多么困难的境地了。

一月二日，关于议定书的技术性会谈恢复了，美方以比尔·沙利文为首，河内方面以副外长阮基石为首。据沙利文报告，开始时的气氛是“极端阴沉的”，但后来双方还是谈起正经事来了。沙利文按我的指示一开始就声明，十二月份的拖延手法再也不能接受了。这使会谈进行得还算实在。北越代表团在开场白里谴责了一下轰炸，后来再也未提此事。沙利文报告说：“越南民主共和国代表团没有表现得像刚刚‘击败美国战略空军’的英雄那样。他们都显得垂头丧气，不过到了下午阮基石活跃了一些。”

后来的几天内，阮基石和沙利文解决了四个有争议的问题，把另外四个留给我和黎德寿。这还多少有些令人鼓舞。在黎德寿出场之前，河内显然不会把它所有的牌都亮出来的。

一月四日，尼克松召集罗杰斯、穆勒、莱尔德和我开会。大部分时间由莱尔德和穆勒介绍最近轰炸的情况，他们用图片说明“激光制导弹”对付军事目标的成功。其他时间谈公共关系问题，参加者各讲各喜爱的话题：尼克松强调了新闻界，特别是电视网的虚伪和双重标准；莱尔德想谈轰炸的结果；罗杰斯寻找能在国会吹风的材料；我请大家都不要讲急于求成的话，因为它可能破坏我当时感到相当乐观的谈判。

一月五日，尼克松和阮文绍又交换了信件。我们的信（由工作人员起草）重申了我们最后解决的条件，并在结尾处写道：

我只能重复我经常说的话：南越生存下去的最好保证在于我们两国的团结一致。如果你坚持你们目前的做法，这种团结就要遭受严重威胁。我们的国会复会以来采取的行动已清楚地证实了我们提出的许多警告。

如果你决定同我们一起行动，我相信你会这样做的，我保证在和解以后的时期继续进行援助，而如果北越破坏协定，我们将全力给予回击。最后，我再次吁请你同我们团结。

阮文绍在一月七日作了未置可否的回答，他要求尼克松指示我提出他所关切的问题，而一点也没有表示赞同我们的计划。另一方面，他也没有说要拒绝签字。

一月六日，尼克松和我在戴维营会见，研究最后的策略。他要我接受现有的无论什么条件，只要达成协议就行。和那些捧他的人所说的相反，他甚至说他愿按十月的条件达成协议。我表示异议，指出十月条件虽有优点——我认为它们是较合适的——但现在它们将不可避免地导致西贡的垮台。南越人在对抗了河内和我们之后，总得要拿到一点收获才行。无论如何，我肯定情况还不至于像尼克松所设想的那样。那天，黎德寿到达巴黎，发表了一个令人毛骨悚然的声明。其实那声明表面上强硬的语调使我们更加乐观。黎德寿大模大样地宣称，他来巴黎是为“迅速”达成协议作一次“最后的”努力。既然这正是我们同意恢复谈判的条件，他只是在把我们作为前提所坚持的东西当作最后通牒的条件提了出来而已。他还斩钉截铁地拒绝了在十月草案中作任何“不合理”的修改，这就为作“合理”的修改敞开了大门。

随后，一月八日，黎德寿和我在伊维特河畔吉夫市镇再次见面，进行双方都曾有言在先的最后一轮谈判。那些无处不钻的记者们爬在临时看台上，而现象和实质仍然是混淆难辨。十二月份当黎德寿拖延谈判的时候，他在外面装得和我很友好，可在谈判桌上的态度却令人憎恶。现在呢，为了迎合我们新闻界对轰炸的激愤，完全避免在人们看得见的地方同我握手。甚至在门口一个迎接我的人都没有。门是由看不见的服务员从里面开开的。这些现象使新闻界发出许多自鸣得意的消息，说什么在我们进行轰炸以后气氛是多么冰冷。实际上，在记者看不到的室内，关系是相当热乎的。所有的北越人列队欢迎我们。第一天，黎德寿很利索和就事论事，当我们开始快速解决问题时，他的友好更升级了。

第一天的会谈进行了四个半小时，没有肯定的结果。黎德寿对轰炸进行了老一套的敷衍了事的谴责，语调比他的机场谈话温和得多。在我简单地驳斥了一下之后，我们开始陷入关于哪些问题有待解决的程序争论。我们最后一致认为是非军事区问题以及签字方法问题，后者因需要避免把西贡置于不得不承认南越共产党的地位而复杂化了。在双方都重申了各自的建议之后，就休会了。虽然黎德寿显然还不准备表明他愿意走多远，但他想方设法地预示了灵活性。散会时他强调，第二天发言时要把我们的要求考虑进去——这种话以前我们从未听见过（午餐休息时，他把我拉到一边，再次强调说他不好对付政治局里的同事们，他们认为他太灵活了。果真如此，我倒想象不出他那些持强硬路线的同事们究竟是什么样子）。我审慎地向总统报告说：

从这次会议还不能得出什么有意义的结论。现实一点说吧，在B-52集中轰炸之后，要让他们在谈判的第一天就在争论问题上妥协是不可能的。因此，他们可能在采取技术性会谈中的基本做法，在那里第一天他们也未作出多少让步。另一方面，也可能他们又在像十二月份那样顶我们。按照这种设想，上周技术性会谈的进展只不过是他们的一种手法，用来抵消他们在国际监督机构问题上的立场在宣传方面的弱点。明天上午十点再开会，这次他们的意图应该表现得比较清楚了。

一月九日的第二次会谈出现了突破。同在十二月份一样，会谈在越方和美方两地间交替进行。盖伊上校在离凡尔赛不远的圣侬-拉布雷泰什的一个高尔夫球场附近发现了一所美国商人的住宅。那里在会议休息时间，可以在绿油油的环境里比较安静地散散步。我们很快就发现，黎德寿是为达成协议而来的。他建议，让阮基石和沙利文用全天时间搞议定书，而不要参加我们的主要会谈。我同意了。他接着说：

为了证明我们是在严肃地、真心实意地寻求尽快解决问题，我们应该充分考虑彼此的立场。自然，双方都要作些让步，并且要礼尚往来。如果双方都坚持自己的立场，那就不可能达成协议。这些你同意吗？

我很同意；不过事实上我的诚意几乎没有得到考验，因为黎德寿实际上接受了我们十二月十八日的建议。他同意了选举后十一月二十三日第一轮会谈最后的草案文本，包括会谈期间他所作的全部十二处修改。他同意了我关于非军事区的折衷方案，这是他在十二月份坚决拒绝的。那天正值尼克松六十寿辰。我向华盛顿报告说：

今天我们以在谈判中取得重大突破庆祝了总统的生日。总之，我们解决了协定文本中所有悬而未决的问题，在签约方法上取得了重要进展，在有关谅解方面也取得了建设性的开端……

越南人以前曾几次伤我们的心，所以在一切敲定之前我们还不能说成功。但是气氛和实际解决问题的作风和十月份差不多，这是十月份以来从未有过的现象。

尽管最近几周我和尼克松的关系比较紧张，我还是应该从心底承认：

我们之所以能有今天，是由于总统的坚定性，以及北越人看出来他将不为国会或公众压力所左右。黎德寿不止一次地向我说过这些看法。因此在以后的几天里我们必须保持强硬的姿态。丝毫的急于求成的表现都会是自杀性的。

尼克松马上回电："我很欣赏你的生日祝贺和报告……如果对方照此行事，明天不走下坡路，你今天的工作是我六十年中所收到的最好的生日礼物。"

重大事件很少有戏剧性的结尾。它们往往消失在众多技术细节之中。一月在巴黎，也是这样。非军事区问题解决之后，剩下的首先是如何签署文件才不致迫使西贡承认作为共产党方面的临时革命政府这样一个神学似的问题了。经过几天的讨价还价，我们搞出一个方案。按这个方案，文件里不提临时革命政府；据我所知，在外交史上一个文件居然不把它的主要缔约方面全都提到，结束越南战争的协定可算是独一无二的。而且媾和各方也没有在同一页纸上签字。南越共产党和河内同签一张；西贡和美国签另一张。谈判在一九六八年从争论桌子的形状开始；在一九七三年它实际上也是以争论同一个问题而结束的。

僵局一旦打破，紧张气氛几乎全部随之消失。除非河内发生突变，否则达成协议是势在必行了。黎德寿是关键。他现在同意，河内将在越南停火后的十五天内促成在老挝停火。唯有可怜的柬埔寨只能满足于口头保证。黎德寿重申了河内同红色高棉的矛盾：

我曾多次对你们说过，我们要和平，我们要越南和老挝的和平，越、老和平后，我们还要恢复柬埔寨的和平。因此，我对你们说过，越南和平了，部分的客观条件以及我们的主观愿望对柬埔寨的和平是有利的。但是老实说，我们同在柬埔寨的盟友谈问题，不如同在老挝的盟友谈问题那样容易。但是我深信，在越南和老挝恢复和平将为在柬埔寨恢复和平创造有利的条件，一些对此有利的客观条件。但是就我们而言，我们越南和平了，我们盟友的国家老挝也和平了，我们还想在另一个地方打仗那是不合逻辑的。

河内同红色高棉之间可能有些麻烦事，但是国会和公众不可能支持由于在柬埔寨问题上模棱两可就推迟停火。几个月来我曾为争取在柬埔寨停火作了最大的努力，但都不管事。这很令人遗憾。印支各国之中，柬埔寨人表现得最高尚，而且为他们的爱国主义牺牲得最惨——甚至是由于我们国家里有些人自称对我们所谓破坏了柬埔寨的中立表示义愤，然后在我们的部队早已离开柬埔寨，而北越军队和红色高棉正在剥削那个无辜的国家时，又竭力阻挠向柬埔寨人提供充足的援助。

在接近成功时，我们小组不再有十月份出现突破时的那种欢快情绪。十二月份的谈判使我们清楚地看到两个越南间持久的相互仇恨。我们知道，同阮文绍还有一场尖锐的斗争。我们已经知道，河内领导人的一层和蔼的外表是多么薄。我们可以肯定，他们专心致志的霸权狂战后还会继续下去。不过，我们虽知道维护协定需要斗争，但对做到这一点也是有信心的。我们现在已不存什么幻想，但是总有一种宽慰的感觉，因为危机已接近克服，而国内终于有希望出现一个治愈创伤的时期了。

我和我的同事们比尔·沙利文、温斯顿·洛德、约翰·内格罗庞特、戴维·恩格尔和彼得·罗德曼，接近尾声时又加上了国务院副法律顾问乔治·奥尔德里奇，在谈判期间每天工作十五小时，忙于审核草案，给南越人吹风，和华盛顿电报来往。(总是考虑周到的纳尔逊·洛克菲勒派来帮助我们解除背部疲劳酸痛的肯尼思·里兰医生给了我们很大安慰。)已经商定，在我们于巴黎完成各种文本后二十四小时之内黑格将去西贡。四十八小时之内对北方的一切轰炸都将停止。大约在一月十八日将宣布我于一月二十三日前后回巴黎以完成协定。从失败噩梦中解放出来的白宫，现在转而大力抓公共关系了。总统想在一月二十三日草签以前亲自露一下面。电报来往频繁。这时想选一个时机发表一项既有意义、又是低调而不致引起北越再度设置障碍的公告，但庆祝总统就职的活动使选择时机更复杂化了。西贡的任性解决了这个问题，它一直到一月二十三日才表示了同意协定。尼克松明智地决定，在所有各方最后签字之前，他决不应拿总统的威望去冒风险。

最后，一月十三日，星期六，我们在圣侬-拉布雷泰什的会晤地点，再次完成了协定草案，连同所有的谅解和议定书。两个代表团之间除了在休息时简短谈笑以外，从来没有什么社交接触。在最初的几次会议上，几乎不上什么吃的。后来，每个代表团在它的地方供餐，但不是在一处吃。一九七三年一月十三日，我们第一次在一起用餐。我叫人把菜端进来。越南人和美国人在餐桌上相间而坐。黎德寿和我为两国人民间的持久和平和友谊祝了酒。

在十一月二十日以来的谈判中，发生了几个变化。关于我们继续向西贡提供军事援助的规定已予扩大到实际上允许无限制的军事援助。描述民族和解与和睦国家委员会的“管理机构”一词去掉了，表明它实质上是无权的机构。由于取消了原草案中这个委员会在“维持停火、维护和平”方面的作用，它的职能进一步缩小了。对于非军事区，以引证过去建立该区的一九五四年日内瓦协议的确切规定的方法，明确加以肯定。又加上这样一条，即各方保证不利用柬埔寨或老挝“去侵犯彼此和其他国家的主权和安全”。这一旨在建立安全地带的规定，目的是加强以前那个要求撤出外国军队的规定。现在扩大到一千一百六十人的国际监督机构已经准备好在协定签字之日开始工作。几处中伤美国的提法已勾掉了；另外有几处技术方面的改进。为有效实施协定所需要的所有议定书和谅解都已定稿。

值得不值得花这么大力气呢？这些变化是否重要到足以说明战争最后这几个月的痛苦没有白受呢？对我们来说，大概并不。但对西贡来说，几乎确实如此，因为这次战争的目的毕竟是为了争西贡的生存。很明显，我们认为十月协定是适宜的，否则我们就不会以它做基础。但是，任何协议的生命力都有赖各方的诚心合作。一旦阮文绍不干，我们只得忍受实际接着发生的一切。良心不允许我们把南越盟友不能接受的和平强加在他们身上，用这种方式来结束一场本来是维护南越独立的战争。如果在选举前的两周期间我们企图这样做，我们就会理所当然地被谴责为拿千百万人的命运玩弄政治把戏。而且这种企图肯定会失败。后来还是用了近三个月的时间，在协定文本中做了约二十处修改，和以终止美援相威胁之后，才取得阮文绍的默许。

要求美国撤出的和平，对南越人来说是个打击。对于这样一个十多年来饱尝共产主义的恐怖和战争灾难的民族，不能突然把它加在他们身上。阮文绍需要为此做好细致的准备，并且使自己仍显得是一个越南民族主义者。他需要使他的人民适应我们撤退后的情况，并用不屈的姿态加强他们独立的心理。尽管他用的越南式做法很恶劣，而且在这个过程中他几乎破坏了我们美国内部的团结，但这都不能改变这样的事实：他勇于斗争；从他的观点以及他了解河内的动机的现实来看，他是正确的。但这些都不能开脱他那种极端的、近乎疯狂的策略，以及他对我们的需要全不照顾的态度。

我曾仔细思考过，如果我在十月份同阮文绍打交道更加主动一些，这些问题是否能避免？如果我让他早些参加进来，也许他对我的意见会少一条。但是如果我把十月八日的原始建议告诉阮文绍，他的反应也不会有两样，而且由于建议还没有改进，他会抗拒得更为强烈。西贡反对协定的游击战会立刻打起来。这样，我们费尽气力用接受“时间表”为代价而争得的几点改进便会化为泡影。河内会更早地就把文本公布出去。我们将遇到强大的压力，要我们加以接受。我们谈判的地位就会削弱。河内十二月份的那一套做法会更早地出现。我们的谈判会失去基础。因此步子稳当些，反而几乎肯定会使协定更糟得多，改变不了西贡的态度，加剧我们国内的分裂，增加谈判破裂的危险。在十月份就把协定确定下来，也许是必不可少的，否则后来无法继续谈判，安全通过这场痛苦战争临近结束时不可避免的混乱局面。

至于十二月份那些令人头痛的事，责任在于河内。西贡提出的六十九处修改意见，虽然令人难堪，当时几乎全都处理掉了。我们已经接近完成了——河内忽然作出一个显然是战略性的决定而停止谈判，至今我也不能肯定完全了解它的缘由。因此，当时需要的关键性的“改进”不是什么有争议的具体条款，而是解决问题还是根本不解决问题之间的差别。在我看来，为此而经受十二月份的痛苦，还是值得的。

阮文绍软下来了

一月十三日我回美国，在华盛顿只停了一下，为把黑格带到比斯坎湾去。白宫负责公众关系的人要缩小我的形象的做法仍然看得出来。好多记者在等候，可是指挥塔命令我的飞机停到霍姆斯台德空军基地一个遥远的角落，连望远镜镜头都看不到的地方。

在这一时期，我和尼克松关系中的奇怪之处，如前所述，在于尽管有一种潜在的紧张——我可从他的亲信的态度中推断出来，而且在他们的回忆录中大多有所反映——我们彼此打交道还是很客气的。这个为了保卫自己的地盘可以这样无情、凶狠和狡猾的怪人，在私人交往中能够相当地和善。在午夜前后，我向尼克松报到。我们谈了两个多小时，直至凌晨两点半(我的生物钟是早晨八点半)，回顾了谈判和经受过来的长期的折磨。虽然尼克松对我的一些做法使我不快，虽然他的一些策略我也不同意，那天晚上我却对他有一种奇特的温情感。他带领我们的国家走过了危难的时期，他神秘地作出自己的决定。他对我的信任使我感到荣幸。最后，他努力维护了他所认为的国家的力量和尊严，而且他使国际外交起了革命性的变革。他的成就有赖于很大的才智和很多的知识。在胜利的时刻，他出风头是当之无愧的，但他遭到厄运的时候也未曾逃脱照明灯无情的照射。我们在这种温情的气氛中研究了我们的处境，以及如何取得现在看来如此接近的和平。我们用一种近乎友爱的语言交谈，就像经过苦斗的老战友最后重逢一样，尽管我们都多少意识到彼此之间的嫌隙已经太多，难以再合作下去了。

黑格将于次日晚(一月十四日)赴西贡，带去一个最后通牒，即使阮文绍不参加，我们也要签署文件了。一月十五日，白宫将宣布停止轰炸；一月十八日，宣布我将于一月二十三日返回巴黎去“完成协定”。尼克松将在那天晚上向全国发表讲话。外交部部长的正式签字将于一月二十七日在巴黎举行。作为对罗杰斯的一个安抚，我已同意不出席大功告成的场合。我们为之而斗争、祈祷、希望，也许甚至憎恨的东西——我们在印度支那的卷入的结束以及和平——很快就要实现了。

可是，我们还没有得到西贡那个勇敢的小个子阮文绍总统的同意呢。尼克松决心压服他。他对我说，“残酷算不了什么。你还没有见过什么叫残酷呢，如果这个狗娘养的不听话，等着瞧吧。”一月十六日，黑格转交了尼克松给阮文绍的一封措辞辛辣的信。信里总结了协定的一切好处，并列举了十一月和十二月份谈判中所争取到的改进。关键的一段如下：

因此我义无反顾地决定于一九七三年一月二十三日草签协定，于一九七三年一月二十七日在巴黎签署协定。我将这样做，如果必要的话，单独这样做。如果出现那种情况，我将不得不公开说明，你的政府阻碍和平。后果将是无可避免地立即终止美国的经援和军援，这将是你们政府的人员变动所不能阻止的。然而我希望，鉴于我们两国在战争中曾经共过许多患难，我们将能够继续在一起维护和平并从中得到益处。

黑格奉命要求在一月十七日晚以前给予答复。

但是阮文绍还不肯屈服。他抱怨说，草案还缺乏“平衡”。他现在承认他的部队将能对付留在南越的北越人；但是他们继续留在南方是他有责任反对的一种心理上的挑战。黑格认为，就像我们多次认为的那样，阮文绍最后还是会同意跟我们一起走的。

阮文绍再次使我们感到吃惊。一月十七日，他交给黑格一封给尼克松的信，要求再作一次努力以争取作些修改，这次是修改议定书。但他一定也清楚，这是白费劲。文本已经冻结，谈判不能重开了。尼克松当天就作出答复。回信再次综述了前封信所提的论点和威胁，并要求一月二十日——总统就职日——早晨给以答复，那时黑格给该地区其他国家吹风后将返回西贡。届时不复，将被认为是拒绝。“后果将由越南政府承担责任”。

在我们的建议下，两位坚决支持西贡的参议员约翰·斯坦尼斯和巴里·戈德华特于一月十八日公开警告说，如果西贡在协定问题上作梗，它将危害它和美国的关系。在尼克松规定的期限的最后一天，一月二十日，阮文绍答复了。他说，他将派外交部部长陈文林前往巴黎，负责最后一轮谈判。这无疑是一个挽回面子的方法，暗示他将签字。他仍要求在文字上作些修改；他一定清楚，这一姿态纯为记录在案而已。尼克松马上回答说，他要求阮文绍第二天中午表示同意，不然他将告诉参院领袖说，阮文绍已拒绝合作。这将会引起种种随之而来的后果。（这几封信，和几乎所有其他信件一样，除去十二月十七日那一封外，都是我和我的助手所写，由尼克松签发的。）一月二十一日，阮文绍不失体面地软下来了。只要求美国发表一个单方面声明，承认西贡为南越的合法政府，并说河内无权在那里驻军。这同我们对协定的理解是一致的。协定并不准许外国驻军，而且在好几处提到“南越的主权”。我们做了这样的保证。

我当时相信，至今仍然相信，这个协定本来是可行的。它反映了地面部队的真正均势。如果这一均势得到维护，协定也可以得到维护。我们当时相信，西贡的力量足以对付游击战和低水平的违约行为。我们将采取报复行动的威胁可能遏制大规模的违约行为。我们希望，既然两党的两位总统都曾许诺给所有印支国家，包括北越以援助，如果新的情况能巩固一个足够长的时期，我们甚至可能把河内的注意力（和人力）转到建设任务上来。河内确实指示它在南方的干部准备进行长期的政治竞赛。我们将利用我们同莫斯科和北京的新关系来促进克制。

我们对河内的长远目标不抱幻想。我们进行了四年痛苦的战争和令人心烦的谈判，目的也不只是为了取得一个“体面的间歇时间”以便撤出。我们决心尽最大努力使西贡能在安全和繁荣的环境中壮大力量，以便在任何政治斗争中取胜。我们所寻求的，不是垮台前的间歇，而是体面的持久和平。如果不是由于水门事件引起行政权力的崩溃，我认为我们本来是会成功的。

注释：

① 麦戈文在一九七二年十月十日的讲话中阐明了自己的立场；参看同年四月

四日他在电视节目《今日》中的谈话以及二月九日合众国际社报道的他在新罕布什尔州的谈话(有关老挝和柬埔寨问题)。

② 一九七二年十一月六日《纽约时报》。麦戈文在电视节目《与新闻界见面》中的谈话。见一九七二年十月三十日《华盛顿邮报》。

③ 见奥里阿娜·法拉齐《采访历史》(波士顿：霍顿·米夫林出版公司，一九七七年版)，第一章。

④ 见一九七二年十二月十六日《新共和》载约翰·奥斯本文章，重刊于奥斯本：《观察尼克松的第四年》(纽约：利夫莱特公司，一九七三年版)，第二〇〇至二〇一页。

⑤ 见本书第三十二章注②。

⑥ 引自威廉·肖克罗斯《西哈努克的立场》一文，载一九七九年二月二十二日《纽约书评》。

⑦ 见《尼克松回忆录》(纽约：格罗塞特和邓洛普出版公司，一九七八年版)，第七二一页。

⑧ 十二月六日总统给我的电报全文见《尼克松回忆录》，第七二九至七三〇页。

⑨ 《尼克松回忆录》，第七三一页。

⑩ 《尼克松回忆录》，第七三三页。

⑪ 《尼克松回忆录》，第七三六页。

⑫ 例如，见马文·卡尔布和伯纳德·卡尔布：《基辛格》(波士顿：利特尔和布朗出版公司，一九七四年版)，第四一三页。

⑬ 一九七二年十二月二十一日《基督教科学箴言报》；一九七二年十二月二十一日《华盛顿邮报》。

⑭ 见冈塔·卢埃著《美国在越南》(牛津大学出版社，一九七八年版)，第四一三至四一四页(脚注从略)。

⑮ 对白宫人员当时情绪的很好的叙述见威廉·萨菲尔著《下台之前》(纽约州：加登城道布尔戴公司，一九七五年版)，第六六六至六七〇页。

⑯ 见查尔斯·W·科尔森著《再生》(新泽西州：老塔班市精选书公司，一九七六年版)，第七九至八〇页。

第三十四章　和平终于实现

理查德·尼克松就职第二任总统那天的天气，和他就职第一任总统时的天气差不多：寒冷、晴朗、刮大风。我和我的八十六岁的老父亲坐在台上各位内阁部长的后面。我对于在这里就座已不再感到惊奇了，过去几个月那些令人激动的事件使我的感情有些麻木了。战争即将过去，人们普遍抱着希望。参众议员们过来同我聊天并表示祝贺。父亲毕生的努力，由于纳粹接管他的祖国而付诸东流，现在他笑容满面。他对发生的事几乎不能置信。他一生的痛苦好像以一种奇怪的方式得到了补偿。

号角吹响，尼克松随着《向总统致敬》的乐曲声出现了。他好像也不太相信已经发生的一切。虽然做过一任总统，但他对能出现在这里仍不乏新奇之感。他显出一种超然的神态，如果不是真正高兴的话。

胜利似乎使尼克松预感到好景不长。正如他不厌其烦地常说的那样，在压力之下他的才干才能发挥得最好。的确，有时难于避免这样一种印象，即他需要危机作为动力——而成功对他来说不是目标，刲是一种烦恼，以致他在得到成功之后，不知道拿它来干什么好。围绕就职的庆祝活动是隆重的，但不是轻快的。从参加者的举止看，好像他们是为此付出过代价的，而不是来分担一个新的共同事业。尼克松自始至终表现得像旁观者，而不是主角。他已经取得了十分引人注目的成就。他达到了为第一任总统期间规定的国际方面的目标。现在他面前是一张白纸，任他描画，一位总统可以把主要精力放在外交工作新的创造性的任务上，这在历史上是罕见的机会。过去的遗产正在得到克服；国际环境正处于流动状态，有待塑造，这是三十年最多出现一次的情况。但是，今天的尼克松却有一种超脱的神态，好像他永远舍不得离开他所蛰居的冷漠和敌意的世界，这个世界他可能也恨过，但至少已经习惯了。也许这是一种单纯的腼腆或宿命论思想，也许这是对一场隐约可见的灾祸的预感。

两天以后，一月二十二日，我前往巴黎和黎德寿举行最后一次会谈。会谈将第一次出于中立和礼节性的考虑，在一九六八年以来一百七十四次毫无成就的全体会议的所在地克莱贝尔大街的小会议室里举行。即使这次，它也是被用来做一件象征性的事情。沙利文和阮基石已花了几天时间审查了所有的文本。最后，北越像得了怀疑症似的，坚持每个定稿文本都要用线装订好，并将线头用火漆加封——这大概是防备我们夜里偷偷夹进新页吧。

我到达巴黎时，获悉林登·约翰逊在那天去世了。他本人就是越南战争的牺牲品，他继承并扩大了这场战争，为的是完成他认为是我们国家的责任，并履行对倒下的前任* 的义务。他最不想当一名战争总统，这无疑也是使他没有能领导战争取得结果的因素之一。退休后，他表现端庄，但带有伤感的色彩，因为他痛心地感到他唯一真正想做的事，即担任公职，现在对他大门紧闭，就像一个技术高明的医生被永远拒诸医院大门之外一样。霍尔德曼在一月十五日曾打电话告诉他，轰炸就要停止。（过去我曾多次代表尼克松向他吹风，可是现在“降格”了，霍尔德曼要我别再给他吹风。）可是，我已经送他一份和平协定的副本，并附了一封热情的便函。这是个身材高大、威严端庄却又很脆弱的人，他很健谈，富有理想，生气勃勃，如今竟同使他心碎的战争一起完结了，这真是一件颇有象征意义的事。

---

* 指被暗杀身亡的约翰·肯尼迪总统。——译注

会谈于一月二十三日，星期二，上午九点三十五分开始。就是在这样一个严肃的场合，黎德寿还坚持让美国作出给北越援助的铁的保证，真是讨厌之极。我对他说，签约之前不能进一步讨论此事，而且这还取决于国会的同意和协定被遵守的情况。最后，在十二点三刻，我们草签了各种文本，双方还作了简短的即席讲话。黎德寿说：

顾问先生，我们谈判快五年了。我可以说，这是我们之间新气氛的开端。虽然离开正式签字仪式还有几天的时间，这是标志我们两国新关系的第一块碑石(原文如此)。恢复和平是越南人民的愿望，美国人民的愿望，也是世界人民的愿望。

我们今天完成了我们的工作。我通过你向你的政府讲话，你通过我向我的政府讲话。我们两人都不要忘记这个具有历史意义的日子，因为为了取得今天的成果，我们走了一段漫长而艰苦的路程，但是现在我们已经克服了所有的困难。这是令双方满意的事，你也满意，我也满意。再有几天就要正式签约了。我谨此向你郑重致意(原文如此)，我们将严格地履行协定。我认为，要想在越南和东南亚保持持久和平，我们双方都应该这样做。

我致答词说：

特别顾问先生，我们两国人民经受了很大的痛苦，经历了很多悲惨的时刻，遭受了很大的破坏。你我有幸参与结束了这样的经历。这是我们永远不能忘怀的。

然而，只有当我们给印支人民带来持久和平，给北越人民和美国人民带来和解的气氛，我们的工作才算完成。我也愿严肃地向你许诺，我们将严格地履行协定。除此之外，我们还将努力改善我们两国之间的关系。我想，你和我在这方面有一种特殊的关系，负有一种特殊的义务。

我们今天的工作完成了我们的谈判。我希望，我们将来回顾起来将能够说，今天标志着北越和美国人民之间友谊的起点。

接着，黎德寿和我走到冷雨蒙蒙的街头，握着手让摄影记者照相。我和南越外长陈文林共进午餐。他举止庄重而豪迈，没有流露出最近几个月激烈争吵造成的什么芥蒂。

美国的越南战争结束了。

尾　　声

一月二十三日，华盛顿就像以往在大事件的前夕那样，忙于技术上的琐事。那天下午六点三十五分左右，我回到我的办公室，离尼克松宣布协定和停火还有几个小时。这次，叫我第二天才向记者吹风。据认为（这很正确），总统的讲话不需要什么解释。总统在内阁会议室向国会领袖们吹了风，大部分解释都是他自己作的。

我一个人坐在我的办公室里，等待尼克松向全国发表讲话。这是四年来我们所遭受的痛苦和所作出的努力的最后结果。二百多万美国人把生命的一部分献给了那个遥远的国家；四万五千人为它牺牲了生命，几十万人为它受了伤。这些人和他们的家属现在可以因为没有白白地作出牺牲而感到自豪。现在，和平的目标最终已经实现，我们可以希望，那些曾经反对我们在印度支那作出努力的人们会团结起来。南越、老挝和柬埔寨人民也许最终能得到安宁、安全和进步的前途、一个值得为之付出这些牺牲的前途。

我诚挚地希望，我们正处于一个全国和解时期的开端，而我所预见得到的发挥创造性的独特机会将会推动这种和解。美国也许已经找到了把六十年代初期的理想主义和最近比较严谨的实用主义相结合的方式。中国现在是一个重要的朋友；通过柏林协定、第一个限制战略武器条约和一致同意的国际行为准则，我们和苏联建立了稳定关系的新基础。已实现的外交革命为美国外交开辟了不寻常的机会。除去消除越南战争的创伤之外，这一点也是我们满怀希望的一个理由。我们已缓和了同敌人的关系；现在是转而加强同朋友的关系、解决悬案的时候了。我们决定使一九七三年成为“欧洲年”，重申我们同大西洋集团的同盟关系——当然还有日本。我们要表明，这些关系比同共产党国家的试探性的新关系要牢固和深刻。在同盟协调和活力的基础上，我们将考验缓和的真正机会。我们在中东面临着特别好的机会，我被指定在二月份同萨达特总统的国家总统国家安全事务助理哈菲兹·伊斯梅尔会晤——这是我作为中东问题谈判者的第一步。尼克松是受压倒多数选民的委托开始第二任期的，他是处在威信顶点的强有力的行政领导人。

政治家面临一个各种因素的可塑性都这样大的环境，在历史上是少有的。我认为摆在我们面前的，是一个借助美国人民的精力和梦想，借助人类的希望，创造形势、建设新世界的大好机会。几乎可以肯定，我将不能在今后四年整个地参与这项事业；和平确立以后，我就将离去——可能在年底吧。我为能有机会帮助做些准备工作而感到高兴。

晚上十点钟尼克松作了简短的、语调和解的讲话。他表示悼念曾盼望这一天到来的林登·约翰逊，并要求美国人民致力于“使我们所取得的和平成为持久的和平”。

和过去每次重要讲话之后一样，我马上会见了尼克松，向他表示祝贺。他好像不能在任何成就之后稍事休息一下。他已经在担心第二天的国会吹风了。

尼克松夫人打电话向我祝贺。她说，搞成这件事可真要有巨大的勇气啊。她是一位多么坚强的女性！她默默地、痛苦地忍受了似乎追踪着她丈夫的诽谤和仇恨。和总统不同的是，她不会用罗曼蒂克的想象来装点往往是自找的日常的失望。她没有任何幻想，而始终坚持在孤独中面对考验。她永远是那样庄严。如果她显得不易接近，又有谁知道在她那严峻的生活之中，她不得不压制着怎么样的火热感情呀！她从来不向别人要求什么，她的坚韧不拔使人敬佩，并具有相当大的鼓舞力量，因为人们感觉到那种刚毅是从温柔的天性中有意锻炼出来的。

过了几分钟，纳尔逊·洛克菲勒打来了电话。是他把我介绍进公职生活的，并且一直支持我干下来。很怪，他不爱说话，还有点腼腆，但是充满热情。熟悉他的人才能了解他通过一些动作传话的方式，如挤眼、用胳臂肘轻轻地推你一下、嘴里小声地咕哝，分别表示他的关心、他的满意和他的放心。他具有典型美国人的顽强的乐观主义。他不相信冤案不能纠正，不相信努力不能克服横在高尚目标之前的障碍。他总是鼓励别人，支持别人。在这些年的每个危机中，他都主动给予可靠支持。他本着这种精神，以自豪的口气对我谈到他的国家取得了哪些成就。他认为美国的力量既是天赐的幸事，也赋予了责任——保卫自由的人们，给予处境不利的人们以希望，做到真正的正义和宽容。

午夜左右，我正在家里的时候，在林肯厅孤独沉思的尼克松打来电话。他在考虑新闻界对我们所做的这一切是否欣赏；大概不会。但是他真正担心的倒不是这个。他说他知道每个成功都会带来一种可怕的失望。我不应该让这事发生，我不应该泄气。今后还有很多战斗；我不应该软下去。实际上，我既没有泄气也没有感到失望。听着他的讲话，我想象得出那幅画面：尼克松独自坐在那里，深陷在咖啡色的绒面椅子里，两腿搁在前面的小沙发上，一盏小小的台灯划破了周围的黑暗，烧着木柴的炉火把黑影投在墙上。扩音器里放着罗曼蒂克的古典音乐，大概是柴可夫斯基吧。他在对我谈话，但实际上他是在独白。

命运为了实现自己的设计，选择了多么奇怪的媒介啊！这位成功时如此孤寂、在有些事情上动机如此褊狭的人，领导我们国家度过了历史上最令人痛苦的时刻之一。他生性并不勇敢，但是他硬逼着自己做出了卓越而罕见的英勇行为。他通常并不外向，但他强迫自己把人民团结起来对付挑战。他努力变革美国的外交政策，以使它能克服在过多承担义务和孤立主义之间的灾难性的摇摆。他被权势集团所鄙视，他对人的看法暧昧模糊，然而他却牢固地怀有一种国家荣誉和责任感，决心证明美国这个最强大的自由国家无权放弃自己的领导地位。如果他既爱又恨的权势集团对他表示一些爱心的话，事情会是怎样呢？他会在自己怨恨的荒野里越躲越深呢，还是会来一道大赦令把他解放出来？事到如今，这已经无所谓了。他现在处在难以排解的孤独之中，已经经历了国内严重分裂的时期，但他却看到了光明的前途，这是很少政治家有福气能够企望的。他能够设想一种缓和积怨、加强友谊并给新兴国家带来希望的新型的国际秩序。这对美国和整个人类都是一个有意义的目标。在胜利的时刻，他孤独地待在一个峰巅，而这个峰巅很快就要变成峭壁。但是，尽管他有许多不稳定性和瑕疵，他却以巨大的毅力给我们带来了使理想和可能性相结合的非凡的时代。

当我终于草签了《结束战争恢复越南和平的巴黎协定》之后，当天晚上这些往事一一掠过了我的脑海。我觉得心旷神怡，既不兴奋，也不悲伤。